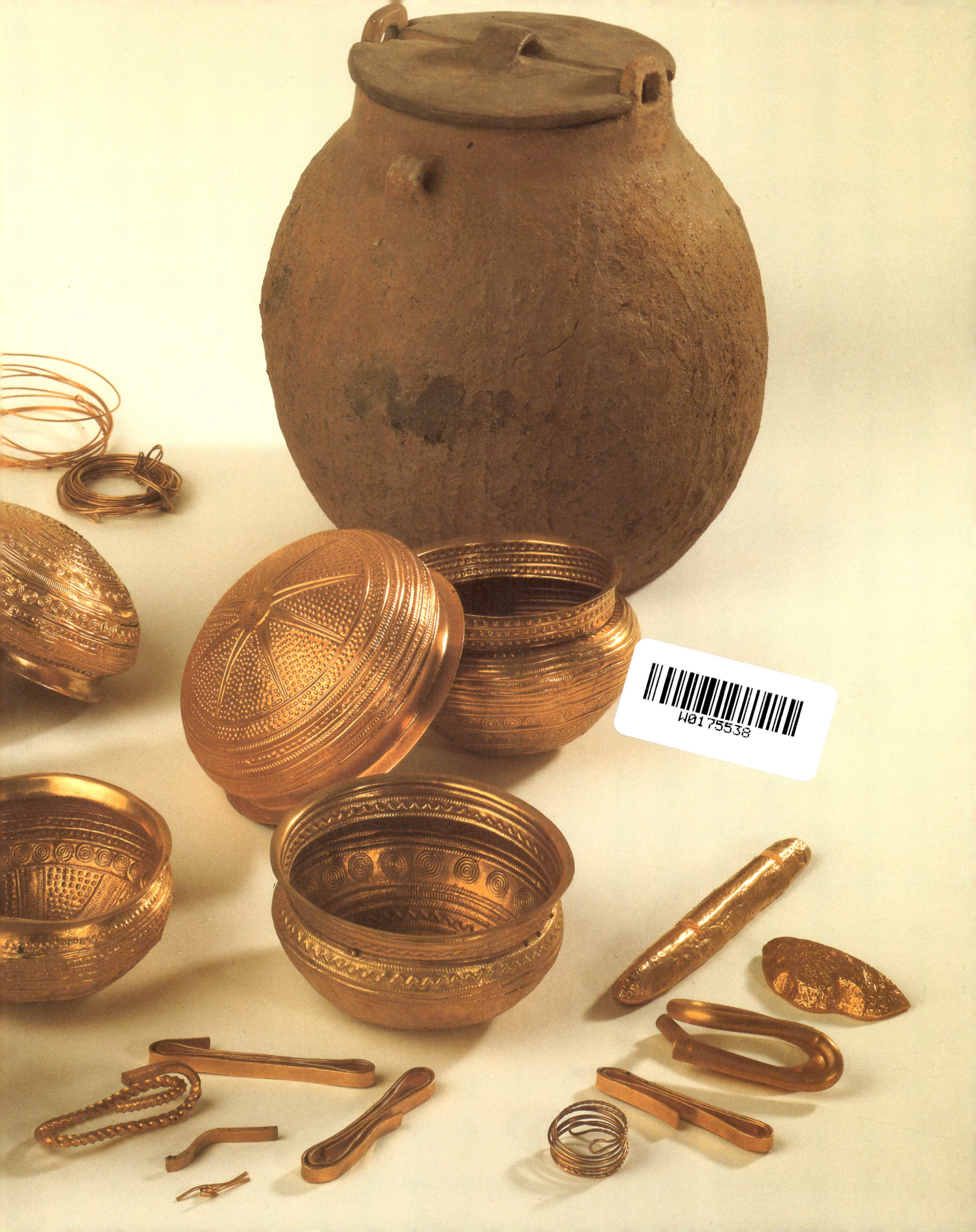

Ernst Probst

Deutschland in der Bronzezeit

*Bauern, Bronzegießer
und Burgherren zwischen
Nordsee und Alpen*

Orbis Verlag

Der Band enthält 60 Farbfotos, 425 Schwarzweißfotos,
25 Originalzeichnungen, 66 Reproduktionen von Zeichnungen
und 14 Karten.

Vorder- und Hintersatz: Der umfangreichste bronzezeitliche Goldschatz Deutschlands wurde bei Eberswalde-Finow (Kreis Barnim) nordöstlich von Berlin entdeckt. Kopien der Goldfunde und Original des Tongefäßes im Museum für Vor- und Frühgeschichte, Berlin.

Frontispiz: Waffendepot mit sieben bronzenen Schwertern und einer Lanzenspitze aus Kehmstedt (Kreis Nordhausen) in Thüringen. Länge des größten Schwertes 76 Zentimeter. Originale im Landesmuseum für Vorgeschichte, Halle/Saale.

Die Originalzeichnungen und Karten
wurden eigens für dieses Buch angefertigt.

Zeichnungen: Friederike Hilscher-Ehlert, Königswinter
Karten: Rainer Veit, Mainz
Lektorat und Register: Dieter Löbbert, München

Genehmigte Sonderausgabe 1999
Orbis Verlag für Publizistik, München
in der Verlagsgruppe Bertelsmann GmbH
© 1996 C. Bertelsmann Verlag GmbH, München
Reproduktionen: Lorenz & Zeller, Inning a. A.,
und RMO-Druck, München
DTP-Satz und Herstellung: Barbara Rabus, Dachau
Druck und Bindung: Mohndruck, Gütersloh
Printed in Germany
ISBN 3-572-01059-4

*Den Wissenschaftlern gewidmet,
die mich besonders unterstützt haben:*

Dr. Rolf Breddin, Potsdam
Dr. Claus Dobiat, Marburg
Dr. Markus Egg, Mainz
Dr. Rudolf Feustel, Weimar
Dr. Gretel Gallay, Nidderau
Ursula Grünewald M. A., Halle/Westfalen
Dr. Albert Hafner, Bern
Professor Dr. Hans-Eckart Joachim, Bonn
Professor Dr. Albrecht Jockenhövel, Münster
Professor Dr. Horst Keiling, Schwerin
Dr. Joachim Köninger, Freiburg/Breisgau
Dr. Rüdiger Krause, Stuttgart
Dr. Friedrich Laux, Hamburg
Dr. Fritz Moosleitner, Salzburg
Dr. Johannes-Wolfgang Neugebauer, Wien
Dr. Jürg Rageth, Haldenstein
Dr. Elisabeth Ruttkay, Wien
Dr. Berthold Schmidt, Halle/Saale
Dr. Peter Schröter, München
Dr. Klaus Simon, Dresden
Dr. Otto Mathias Wilbertz, Hannover

Inhalt

Dank 10

Die Bronzezeit vor unserer Haustür 21

Die Bronzezeit
Das »goldene Zeitalter« der Urgeschichte 23

Ereignisse während der Bronzezeit 39

Die Frühbronzezeit in Deutschland
Abfolge und Verbreitung der Kulturen und Gruppen 43

Bronzegießer, »Fürsten« und Kannibalen
*Die Aunjetitzer Kultur
von etwa 2300 bis 1600/1500 v. Chr.* 44

»Heiliges Geld« für die Götter
*Die Straubinger Kultur
von etwa 2300 bis 1600 v. Chr.* 56

Eine Leibwache im Jenseits
*Die Singener Gruppe
von etwa 2300/2200 bis 1800 v. Chr.
und die Oberrhein-Hochrhein-Gruppe* 62

»Brotlaib-Idole« am Bodensee
*Die Arbon-Kultur
von etwa 1800 bis 1600 v. Chr.* 66

Sie fürchteten ihre Toten
*Die Ries-Gruppe von etwa 2300/2200 bis 1800 v. Chr.
und die Neckar-Gruppe* 75

Das Gräberfeld vom Adlerberg
*Die Adlerberg-Kultur
von etwa 2300/2200 bis 1800 v. Chr.* 78

Die »Prinzessin von Fallingbostel«
*Der Sögel-Wohlde-Kreis
von etwa 1600 bis 1500 v. Chr.* 84

Stabdolche als Zeichen der Götter
*Die nordische frühe Bronzezeit
von etwa 1800 bis 1500 v. Chr.* 90

Die Frühbronzezeit in Österreich
Abfolge und Verbreitung der Kulturen und Gruppen 95

Keramikdepots und Scheingräber
*Die Leithaprodersdorf-Gruppe
von etwa 2300/2200 bis 2000 v. Chr.* 96

Menschenopfer im Megaron
*Die Aunjetitzer Kultur
von etwa 2300/2200 bis 1800 v. Chr.* 99

Die Alpen werden besiedelt
*Die Straubinger Kultur
von etwa 2300 bis 1800/1600 v. Chr.* 105

Banden durchwühlten die Gräber
*Die Unterwölblinger Gruppe
von etwa 2300/2200 bis 1800 v. Chr.* 111

Gute Beziehungen zum Nachbarn
*Die Wieselburger Kultur
von etwa 2000 bis 1600 v. Chr.* 123

Mit vier Pferden ins Grab?
*Die Litzenkeramik oder Draßburger Kultur
von etwa 2000 bis 1600 v. Chr.* 127

Die Festung von Böheimkirchen
*Die Věteřov-Kultur und die Böheimkirchener Gruppe
von etwa 1800 bis 1500 v. Chr.* 131

Versunkene Dörfer auf dem Seegrund
*Die Attersee-Gruppe
von etwa 1800 bis 1500 v. Chr.* 138

Die Frühbronzezeit in der Schweiz
Abfolge und Verbreitung der Kulturen und Gruppen 141

Die geheimnisvolle Totenstätte
*Die Rhône-Kultur
von etwa 2200 bis 1600 v. Chr.* 142

Rückkehr an die Seeufer
*Die Arbon-Kultur
von etwa 1800 bis 1600 v. Chr.* 151

Graubünden war kein Durchgangsland
*Die Inneralpine Bronzezeit-Kultur in der Frühbronzezeit
von etwa 2300 bis 1600 v. Chr.* 163

Die Mittelbronzezeit in Deutschland
Abfolge und Verbreitung der Kulturen und Gruppen 167

Der Kult der »goldenen Hüte«
*Die Hügelgräber-Kultur
von etwa 1600 bis 1300/1200 v. Chr.* 168

Der Goldbecher von Fritzdorf
*Die ältere Bronzezeit in Nordrhein-Westfalen
von etwa 1500 bis 1200 v. Chr.* 184

Flügelhauben und Totenhäuser
*Die Lüneburger Gruppe in der älteren Bronzezeit
von etwa 1500 bis 1200 v. Chr.* 189

Drei Nackte blickten zur Sonne
*Die Stader Gruppe in der älteren Bronzezeit
von etwa 1500 bis 1200 v. Chr.* 196

Der Schalenstein von Wiershausen
*Die Südhannoversche Gruppe
von etwa 1500 bis 1200 v. Chr.* 205

Pfostenavenuen und »Sonnensteine«
*Die Oldenburg-emsländische Gruppe
von etwa 1500 bis 1200 v. Chr.* 207

Der Sonnenkult der »Urgermanen«
*Die nordische ältere Bronzezeit
von etwa 1500 bis 1200 v. Chr.* 211

Ihre Siedlungen kennt man nicht
*Die ältere Bronzezeit
im westlichen Brandenburg
von etwa 1500 bis 1200 v. Chr.* 220

Steinkränze als Sonnensymbole?
*Die Vorlausitzer Kultur
von etwa 1500 bis 1200 v. Chr.* 223

Die Mittelbronzezeit in Österreich
Abfolge und Verbreitung der Kulturen 227

Das große Gräberfeld von Pitten
*Die Hügelgräber-Kultur
von etwa 1600 bis 1300/1200 v. Chr.* 228

Waffenimport aus Bayern
*Die Inneralpine Bronzezeit-Kultur
in der Mittelbronzezeit
von etwa 1600 bis 1300/1200 v. Chr.* 240

Die Mittelbronzezeit in der Schweiz
Abfolge und Verbreitung der Kulturen 241

Arme und Reiche im selben Grabhügel
*Die Hügelgräber-Kultur
von etwa 1600 bis 1300/1200 v. Chr.* 242

Das Bergdorf auf dem Padnal
*Die Inneralpine Bronzezeit-Kultur
in der Mittelbronzezeit
von etwa 1600 bis 1300/1200 v. Chr.* 252

INHALT

Die Spätbronzezeit in Deutschland
Abfolge und Verbreitung der Kulturen und Gruppen 257

Die Zeit der Unruhestifter
*Die Urnenfelder-Kultur
von etwa 1300/1200 bis 800 v. Chr.* 258

Orakelsteine und Kreisgräben
*Die ältere Niederrheinische Grabhügel-Kultur
von etwa 1200 bis 750 v. Chr.* 293

Mit angeschmiedetem Schmuck ins Bett
*Die Lüneburger Gruppe in der mittleren Bronzezeit
von etwa 1200 bis 1100 v. Chr.* 298

Stoßlanzen und Kurzschwerter
*Die Allermündungs-Gruppe in der mittleren Bronzezeit
von etwa 1200 bis 1100 v. Chr.* 303

Zeichen der Unruhe im Norden
*Die Stader Gruppe in der mittleren Bronzezeit
von etwa 1200 bis 1100 v. Chr.* 305

Selbstausstattungen für das Jenseits
*Die Lüneburger Gruppe in der jüngeren Bronzezeit
von etwa 1100 bis 800 v. Chr.* 307

Der »heilige Wagen« aus Stade
*Die Stader Gruppe in der jüngeren Bronzezeit
von etwa 1100 bis 800 v. Chr.* 311

Mit dem Rasiermesser ins Grab
*Die Ems-Hunte-Gruppe in der jüngeren Bronzezeit
von etwa 1100 bis 800 v. Chr.* 317

Die Funde von der Walkemühle
*Die jüngere Bronzezeit im südlichen Niedersachsen
von etwa 1100 bis 800 v. Chr.* 320

Regenzauber mit Kesselwagen?
*Die nordische mittlere Bronzezeit
von etwa 1200 bis 1100 v. Chr.* 325

Das Seddiner »Königsgrab«
*Die nordische jüngere Bronzezeit
von etwa 1100 bis 800 v. Chr.* 332

Geschirr und Menschen als Opfergaben
*Die Unstrut-Gruppe
von etwa 1300/1200 bis 800 v. Chr.* 353

Das Gräberfeld vom Sehringsberg
*Die Helmsdorfer Gruppe
von etwa 1300/1200 bis 600 v. Chr.* 359

Die bemalten Steinkisten
*Die Saalemündungs-Gruppe
von etwa 1300/1200 bis 800 v. Chr.* 363

Als Berlin noch ein Dorf war
Die Lausitzer Kultur von etwa 1300 bis 500 v. Chr. 366

Die Spätbronzezeit in Österreich
Abfolge und Verbreitung der Kulturen und Gruppen 382

Die große Zeit der »Wallburgen«
*Die Urnenfelder-Kultur
von etwa 1300/1200 bis 800 v. Chr.* 383

Golden glänzten die Helden in der Sonne
*Die Nordtiroler Urnenfelder-Kultur
von etwa 1300/1200 bis 800 v. Chr.* 401

Grabhügel, Bronzepanzer, Sonnensymbole
Die Čaka-Kultur von etwa 1300 bis 1200 v. Chr. 408

Das Heiligtum auf dem Schlern
*Die Laugen-Melaun-Gruppe
von etwa 1200 bis 800 v. Chr.* 410

Die Spätbronzezeit in der Schweiz
Abfolge und Verbreitung der Kulturen und Gruppen 413

Das Leben in den Seeufersiedlungen
*Die Urnenfelder-Kultur
von etwa 1300/1200 bis 800 v. Chr.* 414

Die Einwanderer in Graubünden
*Die Laugen-Melaun-Gruppe
von etwa 1200 bis 800 v. Chr.* 436

Das Eisen und neue Ideen erobern die Welt

Es begann im Vorderen Orient 439

Anhang

Fundstätten der Bronzezeit
in Deutschland, Österreich und der Schweiz 442

Sie benannten Kulturen der Bronzezeit 444

Zeugen der Bronzezeit in Museen 449

Anmerkungen 456

Literaturverzeichnis 491

Bildquellenverzeichnis 529

Fundstätten- und Ortsregister 532

Personenregister 541

Pflanzen- und Tierregister 543

Sachregister 545

Die neuesten Entdeckungen 559

Dank

Für Auskünfte, kritische Durchsicht von Texten (Anmerkung: etwaige Fehler gehen zu Lasten des Verfassers), mancherlei Anregung, Diskussion und andere Arten der Hilfe danke ich:

DR. BJÖRN-UWE ABELS
Professor, Hauptkonservator, Bayerisches Landesamt für Denkmalpflege, Leiter der Archäologischen Außenstelle für Oberfranken .... Bamberg

JÖRG ALBRECHT
Kölner Stadt-Anzeiger .... Köln

AMT DER STADT .... Bludenz

AMT FALKENBERG/UEBIGKAU
.... Falkenberg/Elster

AMT GRABOW LAND .... Grabow

AMT .... Krakow am See

AMT MILDENITZ .... Goldberg

AMT PLAU-LAND .... Plau am See

DR. FRANK M. ANDRASCHKO
Archäologisches Institut, Arbeitsbereich II: Vor- und Frühgeschichte Europas, Universität .... Hamburg

DR. SIEGFRIED ANGER .... Kiel

DR. BÉAT ARNOLD
Service Cantonal d'Archéologie
.... Neuchâtel (Neuenburg)

DR. SURENDRA K. ARORA
Rheinisches Amt für Bodendenkmalpflege, Außenstelle .... Titz

WOLFGANG ARTNER MAG.
Steiermärkisches Landesmuseum Joanneum, Abteilung für Vor- und Frühgeschichte .... Graz

CATHERINE ATKINSON M. A. .... Hannover

DR. JÖRG AUFDERMAUER
Kreisarchäologe, Hegau-Museum
.... Singen am Hohentwiel

DR. ELFRIEDE BACHMANN
Bachmann-Museum (Kreismuseum)
.... Bremervörde

ERICH BÄCKER
Leiter des Archäologischen Museums
.... Donauwörth

KARL BANGHARD M. A.
Pfahlbaumuseum .... Unteruhldingen

MARK BANKUS M. A. .... München

HEINZ BARTELS
Dipl.-Restaurator, Leiter der Prähistorischen Sammlungen, Historisches Museum .... Köthen/Anhalt

DR. FRITZ ECKART BARTH
Direktor der Prähistorischen Abteilung, Naturhistorisches Museum .... Wien

PATRICIA BARTKOWSKI
Wayne State University Archiv .... Detroit

VINZENZ BARTLOME
Staatsarchiv des Kantons .... Bern

IRMGARD BAUER, LIC. PHIL.
Konservatorin, Kantonales Museum für Urgeschichte .... Zug

EVELIES BAUMANN
Heimatmuseum .... Coswig

DR. KLAUS-CHRISTOPH BAUMGARTEN
Heimatmuseum .... Bad Oldesloe

BAYERISCHES STAATSMINISTERIUM DES INNERN
Information und Öffentlichkeitsarbeit
.... München

DR. LUDVIK BELCREDI
Leiter des Archäologischen Instituts, Moravske zemske muzeum .... Brno

DR. ZOJA BENKOVSKY-PIVOVAROVÁ
.... Maria-Enzersdorf

DR. JOACHIM BENTHIN
Landrat, Landkreis Uckermark ...... Prenzlau

DR. DANIEL BÉRENGER
Westfälisches Museum für Archäologie, Amt für Bodendenkmalpflege, Außenstelle .... Bielefeld

DR. AXEL VON BERG
Landesamt für Denkmalpflege, Abteilung Archäologische Denkmalpflege ...... Koblenz

DR. ARTHUR BERGER †
Professor, Lehrstuhl für Vor- und Frühgeschichte, Otto-Friedrich-Universität
.... Bamberg

OTTO BERGER
Heimatmuseum .... Bernhardsthal

DR. MONIKA BERNATZKY-GOETZE
.... Höhbeck-Vietze

DR. ALFRED BERNHARD-WALCHER
Kunsthistorisches Museum, Antikensammlung .... Wien

BEZIRKSFORSTINSPEKTION .... Kitzbühel

PETER BIEDENWEG
Amtsvorsteher, Amt Insel Usedom Mitte
.... Koserow

GERD BIEGEL M. A.
Leitender Museumsdirektor, Braunschweigisches Landesmuseum
.... Braunschweig

JOACHIM BIEMANN
Lokalredaktion Kölnische Rundschau
.... Köln

DR. JAKOB BILL
Kantonsarchäologe, Denkmalpflege und Archäologie des Kantons .... Luzern

DR. ELISABETH BLEUER
Kantonsarchäologin .... Brugg

DR. JÜRGEN BOHMBACH
Stadtarchiv .... Stade

ECKEHARD BOESE .... Grabow

DR. HORST W. BÖHME
Professor, Fachbereich Altertumswissenschaften, Vorgeschichtliches Seminar, Philipps-Universität .... Marburg

DR. KLAUS BOKELMANN
Archäologisches Landesmuseum der Christian-Albrechts-Universität Kiel
.... Schleswig

EBERHARD BÖNISCH
Dipl.-Prähistoriker, Brandenburgisches Landesmuseum für Ur- und Frühgeschichte, Referat Braunkohle .... Pritzen

DANK

DR. ANDREAS BOOS
Archäologische Abteilung der Museen
der Stadt .... Regensburg

BÖRDEKREIS .... Oschersleben

JOSEF BOSSARDT
Leiter des Wiggertaler-Museums
.... Schötz

GERT BÖTTCHER
Dipl.-Prähistoriker, Kulturhistorisches
Museum .... Magdeburg

DR. MARCUS BOURQUIN
Stadtarchivar und Leiter des Museums
Schwab .... Biel

DR. JAN BOUZEK
Professor, Institut für Klassische
Archäologie, Karls-Universität .... Prag

JÜRGEN BRANDT
Dipl.-Prähistoriker, Landesamt für
Bodendenkmalpflege, Archäologisches
Landesmuseum Mecklenburg-Vorpommern
.... Lübstorf

DR. KARL HEINZ BRANDT
Landesarchäologe i. R. .... Lilienthal

DR. KLAUS BRANDT
Archäologisches Landesmuseum der
Christian-Albrechts-Universität Kiel
.... Schleswig

DR. ROLF BREDDIN
Brandenburgisches Landesmuseum für
Ur- und Frühgeschichte .... Potsdam

DR. JENS-UWE BRINKMANN
Leiter des Städtischen Museums
.... Göttingen

ULRICH VON BRUNN .... Erfurt

BUNDESPOLIZEIDIREKTION .... Innsbruck

BÜRGERGEMEINDE .... Muttenz

BÜRGERMEISTERAMT .... Bad Säckingen

BUNDESPOLIZEIDIREKTION
Zentralmeldeamt .... Wien

BÜRGERGEMEINDE .... Muttenz

DR. INGRID BURGER-SEGL
Leiterin des Archäologischen Museums
.... Kelheim

DR. RALF BUSCH
Professor, Direktor des Hamburger
Museums für Archäologie (Helms-Museum)
.... Hamburg-Harburg

DR. GERTRUD BUTTLAR
Hofrat, Archivdirektor, Magistrat der Stadt
.... Wiener Neustadt

DR. ANITA BÜTTNER .... Darmstadt

MARY CAHILL
Assistant Keeper, Irish Antiquities Division,
National Museum of Ireland .... Dublin

FRIEDHELM CAPELLARI
Bürgermeister und Kulturreferent,
Stadtgemeinde .... Kitzbühel

MONIKA CHROMY
Stadtmuseum .... Mödling

DR. CHRISTOF CLAUSING
Römisch-Germanisches Zentralmuseum
.... Mainz

PIERRE CORBOUD
Département d'Anthropologie et d'Écologie
de l'Université .... Genève (Genf)

CORPORAZIUN DA VSCHINS .... Zernez

ELENA CORVI
Archäologin-Dokumentalistin,
Schweizerisches Landesmuseum .... Zürich

DR. WOLFGANG CSYSZ
Oberkonservator, Bayerisches Landesamt
für Denkmalpflege, Abteilung für Vor- und
Frühgeschichte, Leiter der Außenstelle
.... Augsburg

DR. HEINZ CÜPPERS
Museumsdirektor, Leiter der Archäologischen
Bodendenkmalpflege Rheinland-Pfalz
und Archäologischen Bodendenkmalpflege
Amt Trier a. D. .... Trier

DR. ALFRED CZARNETZKI
Osteologische Sammlung an der Eberhard-
Karls-Universität .... Tübingen

DR. ROLF D'AUJOURD'HUI
Kantonsarchäologe Kanton Basel-Stadt,
Archäologische Bodenforschung .... Basel

DR. KARL-VIKTOR DECKER
Oberkustos, Landesmuseum .... Mainz

MATHIAS DEFLORIN .... Muttenz

DR. RUDOLF DEGEN .... Benken

DR. JÜRGEN DEICHMÜLLER ..... Bad Salzuflen

DEPARTMENT OF ARCHAEOLOGY
University of .... Edinburgh

DEUTSCHE PRESSE-AGENTUR GMBH (dpa)
Dokumentation .... Hamburg

DR. KLAUS DOBAT
Akademischer Direktor,
Botanischer Garten .... Tübingen

DR. HABIL. CLAUS DOBIAT
Fachbereich Altertumswissenschaften,
Vorgeschichtliches Seminar, Philipps-
Universität .... Marburg

DR. WALTER DRACK .... Uitikon-Waldegg

DR. ULRICH DRENHAUS
Institut für Anatomie und Spezielle
Embryologie .... Freiburg (Schweiz)

CYNTHIA DUNNING, LIC. PHIL.
Museum Schwab .... Biel

DR. HABIL. SIGRID DUŠEK
Direktorin des Thüringischen
Landesamtes für Archäologische
Denkmalpflege mit Museum für Ur-
und Frühgeschichte Thüringens
.... Weimar

FRITZ ECKER
Heimatmuseum .... Schrobenhausen

DR. KLAUS ECKERLE
Oberkonservator, Badisches Landesmuseum
.... Karlsruhe

DR. JÖRG ECKERT
Niedersächsisches Landesverwaltungsamt,
Institut für Denkmalpflege, Außenstelle
für den Regierungsbezirk Weser-Ems
.... Oldenburg

DR. MARKUS EGG
Univ.-Dozent, Römisch-Germanisches
Zentralmuseum .... Mainz

DR. RAINER EGGER
Hofrat, Direktor des Kriegsarchivs
.... Wien

DR. MICHEL EGLOFF
Professor, Direktor des Séminaire de
Préhistoire de l'Université und des
Musée Cantonal d'Archéologie
.... Neuchâtel (Neuenburg)

BERNHARD EHRHARDT
Ehrenamtlicher Leiter des Stadtmuseums
.... Lauingen (Donau)

EIDGENÖSSISCHE TECHNISCHE HOCHSCHULE
Geobotanisches Institut, Stiftung Rübel
.... Zürich

EINWOHNERMELDEAMT
.... Esslingen am Neckar

EINWOHNERMELDEAMT
.... Krems an der Donau

11

DANK

UDO ELERD
Stellvertretender Museumsdirektor,
Stadtmuseum .... Oldenburg

DR. BERND ENGELHARDT
Oberkonservator, Bayerisches Landesamt
für Denkmalpflege, Abteilung für Vor- und
Frühgeschichte, Leiter der Außenstelle
.... Landshut

ERKENBERT-MUSEUM .... Frankenthal

EVANGELISCH-LUTHERISCHE GANGOLF-
KIRCHENGEMEINDE .... Oerel

DR. JÜRG EWALD
Amt für Museen und Archäologie,
Kanton Basel-Land .... Liestal

DR. MAMOUN FANSA
Professor, Direktor des Staatlichen
Museums für Naturkunde und
Vorgeschichte .... Oldenburg

WALTER FASNACHT, LIC. PHIL.
Konservator, Schweizerisches Landesmuseum .... Zürich

THOMAS FEATHERSTONE
Wayne State University, Archives of Labor
and Urban Affairs .... Detroit/Michigan

DR. HABIL. RUDOLF FEUSTEL .... Weimar

DR. CALISTA FISCHER
Denkmalpflege des Kantons .... Zürich

DR. HEINZ M. FISCHER
Amt der Steiermärkischen Landesregierung,
Landespressedienst .... Graz

FLECKEN .... Ottersberg

DR. JERZY FOGEL
Professor, Prähistorisches Institut,
Adam-Mickiewicz-Universität .... Poznań

LUISE FREISING .... Stuttgart-Bad Cannstatt

AXEL FRIEDERICHS M. A.
Archäologische Abteilung, Kulturgeschichtliches Museum .... Osnabrück

DR. HABIL. SIEGFRIED FRÖHLICH
Landesarchäologe, Landesamt für archäologische Denkmalpflege (Landesmuseum
für Vorgeschichte) .... Halle/Saale

DR. PETER R. FUCHS
Archäologische Denkmalpflege,
Landesdenkmalamt .... Berlin

DR. VÁCLAV FURMÁNEK
Archaeologický ústav der Slowakischen
Akademie der Wissenschaften .... Nitra

DR. VERONIKA GÁBORI-CSÁNK
Budapesti Történeti Muzeum .... Budapest

DR. GRETEL GALLAY
Verein für Vor- und Frühgeschichte
im unteren Niddertal .... Nidderau

MARIA GAMPER
Stadträtin, Kommerzial-Rat, Kulturreferat
der Stadtgemeinde .... Imst

CLAUDIA GASSMANN
Stadtarchiv und Stadtbibliothek
.... Hildesheim

DR. HELMUT GEISSLINGER
Fachbereich Altertumswissenschaften,
Seminar für Ur- und Frühgeschichte,
Freie Universität .... Berlin

GEMEINDE .... Ahlerstedt

GEMEINDE .... Biebesheim am Rhein

GEMEINDE .... Diera

GEMEINDE .... Dittenheim

GEMEINDE .... Friedeburg

GEMEINDE .... Küsten

GEMEINDE .... Nordstemmen

GEMEINDE .... Schadeleben

GEMEINDE .... Schiers

GEMEINDE .... Viesecke

GEMEINDE .... Wandersleben

GEMEINDE .... Winklarn

GEMEINDEAMMANAMT .... Schönhölzerwilen

GEMEINDEAMT .... Eichkögl

GEMEINDEAMT .... Oggau

GEMEINDEAMT .... Sankt Egidien

GEMEINDEKANZLEI .... Savognin

GEMEINDEKANZLEI .... Seengen

GEMEINDEKANZLEI .... Wallbach

GEMEINDEKANZLEI .... Wenslingen

GEMEINDEVERWALTUNG .... Döllstädt

GEMEINDEVERWALTUNG .... Haßloch

GEMEINDEVERWALTUNG .... Knonau

GEMEINDEVERWALTUNG .... Nieder-Neundorf

GEMEINDEVERWALTUNG .... Seengen

GEMEINDEVERWALTUNG .... Trun

GEMEINDEVERWALTUNG .... Waltersleben

JOHANNA GENCK-BOSCH
Leiterin des Stadtmuseums .... Nördlingen

GERHARD GRABHER M. A.
Vorarlberger Landesmuseum .... Bregenz

DR. BERNHARD GRAMSCH
Brandenburgisches Landesmuseum
für Ur- und Frühgeschichte .... Potsdam

DR. SIEGFRIED GRIESA
Direktor des Museums Viadrina
.... Frankfurt/Oder

DR. KARL GROSSSCHMIDT
Historisch-Embryologisches Institut,
Universität .... Wien

DR. KLAUS GROTE
Kreisdenkmalpfleger, Landkreis
.... Göttingen

PAULA N. GRUENEBAUM
Editorial, Aufbau .... New York

DR. MATHILDE GRÜNEWALD
Direktorin des Museums im Andreasstift
.... Worms

URSULA GRÜNEWALD
Dipl.-Prähistorikerin .... Halle/Westfalen

DR. IRMGARD GRÜNINGER
Kantonsarchäologin, Konservatorin der
Prähistorischen Sammlung des Historischen
Museums .... Sankt Gallen

HANS GRÜTTER
Kantonsarchäologe, Archäologischer
Dienst des Kantons .... Bern

DR. KLAUS GÜNTHER .... Bielefeld

ANDREAS GUT M. A.
Städtische Sammlungen (Braith-Mali-
Museum) .... Biberach an der Riß

DR. KARL GUTKAS
Kulturverwaltung/Stadtmuseum
.... Sankt Pölten

DR. SUSANNE HAAS
Abteilung Urgeschichte, Museum für
Völkerkunde .... Basel

DR. ALBERT HAFNER
Archäologischer Dienst des Kantons ..... Bern

KARL HAGER
Bürgermeister .... Wieselburg

ARTHUR HAGMANN †
Konservator der historischen Abteilung
des Museums .... Zofingen

ROBERT HAININGER
Volksschuldirektor i. R., Direktor des
Stadtmuseums .... Bad Vöslau

DR. BERNHARD HAHNEL
Bundesministerium für Inneres,
Abteilung II/11,
Kriminaltechnische Zentralstelle
.... Wien

WOLFGANG HALFAR
Oberstudienrat i. R., Regionalmuseum
.... Wolfhagen

GERHARD HALLEN
Ruhrtal-Museum .... Schwerte

CHRISTINE HANNEMANN
Wissenschaftliche Assistentin,
Kreismuseum .... Torgau

JENS HANSEN
Bürgermeister .... Löwenstedt

HANSESTADT STRALSUND
Hauptamt, Abteilung Presse und
Senatsarbeit .... Stralsund

DR. ORTOLF HARL
Stadtarchäologe .... Wien

ANTON HARRER
Kustos, Heimatmuseum .... Melk

DR. ALBIN HASENFRATZ
Kanton Thurgau, Amt für Archäologie
.... Frauenfeld

NORBERT W. HASLER, LIC. PHIL.
Direktor des Liechtensteinischen
Landesmuseums .... Vaduz

DR. FRANZ JOSEF HASSEL
Römisch-Germanisches Zentralmuseum
.... Mainz

CLAIRE HAUSER, LIC. PHIL. .... Uster

DR. HABIL. ALEXANDER HÄUSLER
.... Halle/Saale

VOLKER HÄUSSLER
Bodendenkmalpfleger .... Kühlungsborn

DR. H. C. HAJO HAYEN † .... Varel

DIRK HEILE
Archiv, Samtgemeinde .... Harpstedt

HEIMATBUND DER GRAFSCHAFT
SCHAUMBURG E. V. .... Rinteln/Weser

HEIMATMUSEUM .... Bergen

HEIMATMUSEUM .... Riesa

HEIMATMUSEUM .... Strausberg

ARNO HEINRICH .... Bottrop

DR. WOLFGANG HEINRICH .... Wien

DR. EVA HELLER-KARNETH
Museum .... Alzey

WILHELM HELLMANN, DIPL.-ING.
Kustos, Heimatmuseum der Stadt
.... Traismauer

EGON HENNIG, DIPL.-PHIL. .... Erfurt

DR. HILKE HENNIG .... Augsburg

LOTHAR HENNIG
Direktor, Historisches Museum
.... Bamberg

WERNER HENSCHKE
Arbeitsgemeinschaft Heimatmuseum
.... Frankfurt/Main-Bergen-Enkheim

DR. WOLFGANG HERBST .... Berlin

WILLY HIESTAND
Gemeindepräsident .... Fällanden

DR. HANS HINGST
Ehemals am Landesamt für Vor- und
Frühgeschichte von Schleswig-Holstein
.... Schleswig

HANS-PETER HINZE
Sektionsleiter Vorgeschichte, Museum für
Naturkunde und Vorgeschichte .... Dessau

HISTORISCHER VEREIN .... Günzburg

HISTORISCHES MUSEUM .... Verden/Aller

FERDINAND HÖBARTH
Kulturreferent .... Langenlois

DR. STEFAN HOCHULI
Kantonsarchäologe, Amt für Denkmal-
pflege und Archäologie des Kantons Zug
.... Zug

HELMUTH HOFFMANN
Ehemaliger Direktor des Städtischen
Museums .... Menden/Sauerland

DR. STEFAN HOLČÍK
Direktor des Archeologické múzeum des
Slovenské Národné Múzeum .... Bratislava

HERMANN HOLSTEN
Museumspädagoge, Archäologisches
Zentrum .... Hitzacker

DR. VERONIKA HOLZER
Prähistorische Abteilung, Naturhistorisches
Museum .... Wien

DR. PHILIPP HÖMBERG
Westfälisches Museum für Archäologie,
Amt für Bodendenkmalpflege,
Außenstelle .... Olpe

MARKUS HÖNEISEN, LIC. PHIL.
Kantonsarchäologe .... Schaffhausen

DR. MICHAEL HOPPE
Oberkonservator, Bayerisches Landesamt
für Denkmalpflege, Abteilung für Vor- und
Frühgeschichte, Leiter der Außenstelle
.... Würzburg

ALFRED HUBER
Konservator, Museum Burghalde
.... Lenzburg

DR. CHRISTINA JACOB
Leiterin der Abteilung Vor- und
Frühgeschichte und Stellvertreterin
des Direktors, Städtische Museen
.... Heilbronn

DR. HERBERT JÄKEL
Heimatmuseum .... Alsfeld

DR. DR. H. C. WALTER JANSSEN
Professor, Direktor des Instituts für
Archäologie sowie Vor- und Frühgeschichte
der Universität .... Würzburg

DR. HANS-ECKART JOACHIM
Professor, Rheinisches Landesmuseum
.... Bonn

DR. ALBRECHT JOCKENHÖVEL
Professor, Direktor des Seminars für
Ur- und Frühgeschichte, Westfälische
Wilhelms-Universität .... Münster

ANKE JOHN
Stadtmuseum .... Löbau

DR. LARS JØRGENSEN
Curator, Nationalmuseet .... Kopenhagen

HORST JUNKER
Museum für Vor- und Frühgeschichte
.... Berlin

WOLFGANG KAELCKE
Leiter des Museums der Stadt .... Parchim

DR. GILBERT KAENEL
Direktor des Musée Cantonal d'Archéologie
et d'Histoire .... Lausanne

DANK

DR. NANDOR KÁLICZ
Magyar Tudományos Akadémia
Régészeti intézete .... Budapest

DR. ANDREA KALTOFEN
Landkreis Emsland .... Meppen

PETER KARANITSCH MAG.
Schriftführer, Kustos, Museum der Stadt
Mödling, Bezirks-Museums-Verein
.... Mödling

DR. RAINER KARNETH
Museum .... Alzey

DR. DIETER KAUFMANN
Landesamt für archäologische
Denkmalpflege Sachsen-Anhalt
(Landesmuseum für Vorgeschichte)
.... Halle/Saale

DR. HANS KAUFMANN .... Dresden

DR. SC. HORST KEILING
Professor, Fachgebiet Ur- und
Frühgeschichte am Institut für
Altertumswissenschaften der Universität
.... Rostock

DR. ERWIN KELLER
Landeskonservator, Leiter der Abteilung für
Vor- und Frühgeschichte im Bayerischen
Landesamt für Denkmalpflege
.... München

ESTHER KELLER
Leiterin Zentrale Dienste, Historisches
Museum .... Basel

RÜDIGER KELM
Dipl.-Prähistoriker, Morgenstern-Museum
.... Bremerhaven

PETER KEMPF
Konservator, Fürstlich Hohenzollernsches
Museum .... Sigmaringen

JOSEF KERT
Bürgermeister .... Bischofshofen

DR. IMMA KILIAN-DIRLMEIER
Römisch-Germanisches Zentralmuseum
.... Mainz

KLOSTER .... Weltenburg

HERMA KLAR
Leiterin des Heimatmuseums
.... Strausberg

KLAUS-PETER KLEINER
Bürgermeister .... Engstingen

DR. HERBERT KNEIFEL
Museum Lauriacum .... Enns

HERBERT KOCH
Meldearchiv, Wiener Stadt- und
Landesarchiv .... Wien

HEINZ KÖHLER
Bürgermeister .... Bellin

GEBHARD KÖLL
Bürgermeister .... Karrösten

DR. JOACHIM KÖNINGER
Archäologische Dienstleistungen,
Büro für wissenschaftliche Arbeiten
.... Freiburg/Breisgau

DR. WULF KÖPKE
Professor, Hamburgisches Museum
für Völkerkunde .... Hamburg

DR. WERNER KORN
Leiter des Naturwissenschaftlichen
Museums .... Coburg

DR. GEORG KOSSACK
Professor .... München

DR.-ING. ALBRECHT KOTTMANN
Professor .... Stuttgart

DR. GÜNTHER KRAHE
Landeskonservator i. R. .... Friedberg

KRAHULETZ-MUSEUM .... Eggenburg

IRMGARD KRÄMER
Bibliothek, Römisch-Germanisches
Zentralmuseum .... Mainz

DR. DIETHER KRAMER
Steiermärkisches Landesmuseum
Joanneum, Abteilung für
Vor- und Frühgeschichte
.... Graz

ELMAR-BJÖRN KRAUSE .... Schwelm

DR. GÜNTER KRAUSE
Kulturdezernat der Stadt .... Duisburg

DR. RÜDIGER KRAUSE
Landesdenkmalamt Baden-Württemberg,
Archäologische Denkmalpflege
.... Stuttgart

WILHELMINE KRAUSE-KLEINT
Dipl.-Prähistorikerin .... Stendal

KREISARCHIV .... Bremervörde

KREISMUSEUM .... Senftenberg

KREIS .... Oberhavel

KREISVERWALTUNG OSTVORPOMMERN
.... Anklam

DR. ALFRED KRÖNER
Professor, Institut für Geowissenschaften,
Johannes-Gutenberg-Universität
.... Mainz

BIRGIT KROON
Special Editor,
Nordamerikanische Wochen-Post
.... Troy/Michigan

DR. ISA KUBACH-RICHTER
Seminar für Vor- und Frühgeschichte,
Johann-Wolfgang-Goethe-Universität
.... Frankfurt/Main

ANDREA KUGLER M. A.
Stadtmuseum .... Nördlingen

DR. WALTER KUNZE
Heimatmuseum Mondsee .... Mondsee

GEORG LADENBURGER
Federsee-Museum .... Bad Buchau

LANDESDENKMALAMT BADEN-WÜRTTEMBERG .... Freiburg/Breisgau

LANDESEINWOHNERAMT .... Berlin

LANDKREIS ASCHERSLEBEN-STEINFURTH
.... Aschersleben

LANDKREIS BERNBURG
.... Bernburg/Anhalt

LANDKREIS ELBE-ELSTER
Untere Denkmalschutzbehörde
.... Herzberg/Elster

LANDKREIS .... Güstrow

LANDKREIS JERICHOWER LAND .... Burg

LANDKREIS .... Ludwigslust

LANDKREIS MANSFELDER LAND
.... Lutherstadt Eisleben

LANDKREIS MECKLENBURG-STRELITZ
.... Neustrelitz

LANDKREIS MÜRITZ .... Waren/Müritz

LANDKREIS NORDWESTMECKLENBURG
.... Grevesmühlen

LANDKREIS OBERSPREEWALD-LAUSITZ
.... Senftenberg

LANDKREIS ODER-SPREE .... Beeskow

LANDKREIS OSTPRIGNITZ-RUPPIN
.... Neuruppin

LANDKREIS PARCHIM .... Parchim

LANDKREIS POTSDAM-MITTELMARK .... Belzig

LANDKREIS PRIGNITZ .... Perleberg

LANDKREIS QUEDLINBURG .... Quedlinburg

LANDKREIS ROTENBURG/WÜMME
Kreisarchäologie .... Rotenburg/Wümme

LANDKREIS RÜGEN .... Bergen

LANDKREIS SAALKREIS .... Halle/Saale

LANDKREIS SÄCHSISCHE SCHWEIZ .... Pirna

LANDKREIS SANGERHAUSEN ..... Sangerhausen

LANDKREIS SCHÖNEBECK
.... Schönebeck/Elbe

LANDKREIS SPREE-NEISSE .... Forst/Lausitz

LANDKREIS STADE
Amt für Kultur und Archäologie .... Stade

LANDKREIS UCKERMARK .... Prenzlau

LANDKREIS UECKER-RANDOW .... Pasewalk

LANDRATSAMT DES ILM-KREISES
.... Arnstadt

LANDRATSAMT .... Gotha

LANDRATSAMT .... Halberstadt

LANDRATSAMT .... Kamenz

LANDRATSAMT KYFFHÄUSERKREIS
.... Sondershausen

LANDRATSAMT LEIPZIGER LAND .... Leipzig

LANDRATSAMT .... Mittweida

LANDRATSAMT MULDENTALKREIS
.... Grimma

LANDRATSAMT .... Nordhausen

LANDRATSAMT .... Plauen

LANDRATSAMT RIESA-GROSSENHAIN
.... Großenhain

LANDRATSAMT SAALE-ORLA-KREIS
.... Schleiz

LANDRATSAMT SAALFELD-RUDOLSTADT
.... Saalfeld

LANDRATSAMT SÖMMERDA .... Sömmerda

LANDRATSAMT .... Stendal

LANDRATSAMT TORGAU-OSCHATZ
.... Torgau

LANDRATSAMT UNSTRUT-HAINICH-KREIS
.... Mühlhausen

LANDRATSAMT WARTBURG KREIS
.... Bad Salzungen

DR. HABIL. AMEI LANG
Universität München,
Institut für Vor- und Frühgeschichte
und Provinzialrömische Archäologie
.... München

DR. ERNST LAUERMANN
Museum für Urgeschichte des Landes
Niederösterreich .... Asparn an der Zaya

DR. FRIEDRICH LAUX
Hauptkustos, Hamburger Museum
für Archäologie (Helms-Museum)
.... Hamburg-Harburg

FERDINAND LEJA
Bayerisches Landesamt für Denkmalpflege,
Abteilung für Vor- und Frühgeschichte,
Außenstelle .... Nürnberg

DR. WALTER LEITNER
Professor, Institut für Ur- und
Frühgeschichte, Leopold-Franzens-
Universität .... Innsbruck

FRANCE LEPESANT-REICHERT
Dolmetscherin .... Mainz

DR. ANDREAS LIPPERT
Professor, Institut für Ur- und Frühgeschichte, Universität .... Wien

DR. MICHAELA LOCHNER
Institut für Ur- und Frühgeschichte,
Universität .... Wien

DR. DIETER LOHMEIER
Professor, Schleswig-Holsteinische
Landesbibliothek .... Kiel

DR. HARTWIG LÖHR
Rheinisches Landesmuseum .... Trier

DR. ARNE LUCKE
Landkreis Lüchow-Dannenberg,
Kreisarchäologe .... Lüchow

WILLI LUH
Büdinger Geschichtsverein .... Büdingen

DR. HELMUT LULEY
Rheinisches Amt für Bodendenkmalpflege
.... Bonn

DR. REIMO LUNZ
Direktor des Stadtmuseums .... Bozen

DR. FRIEDRICH LÜTH
Landesarchäologe, Landesamt für
Bodendenkmalpflege, Archäologisches
Landesmuseum Mecklenburg-
Vorpommern .... Lübstorf

DR. ROBERT LUTZ
Journalist .... Puchheim

DR. KARL MÄGDEFRAU
Professor .... Deisenhofen

MAGISTRAT GRAZ
Personenstandes- und Kultusamt .... Graz

MAGYAR NEMZETI MUZEUM .... Budapest

MAINFRÄNKISCHES MUSEUM .... Würzburg

AGNES MAISCH
Stadtarchiv .... Gerlingen

DR. HEINZ-EBERHARD MANDERA †
Oberkustos der Sammlung
Nassauischer Altertümer a. D.,
Museum .... Wiesbaden

DR. RER. NAT. DIETRICH MANIA
Professor, Forschungsstelle Bilzingsleben,
Philosophische Fakultät,
Friedrich-Schiller-Universität
.... Jena

DR. GÜNTER MANGELSDORF
Professor, Direktor des Instituts
für Vor- und Frühgeschichte,
Ernst-Moritz-Arndt-Universität
.... Greifswald

MARKTGEMEINDE .... Asparn an der Zaya

MARKTGEMEINDE .... Dürnkrut

MARKTGEMEINDE .... Grödig

MARKTGEMEINDE .... Großweikersdorf

MARKTGEMEINDE .... Matrei am Brenner

MARKTGEMEINDE .... Ravelsbach

MARKTGEMEINDE ...... Sankt Andrä-Wördern

MARKTGEMEINDE .... Spitz an der Donau

MARKTGEMEINDE .... Straßwalchen

DR. ERICH MARX
Leiter des Archivs der Stadt .... Salzburg

HERMANN MAURER .... Wien

ULRIKE MAYR, MAG. PHIL.
Fürstentum Liechtenstein, Archäologie
.... Triesen

DANK

Dr. Anna Medunova .... Brno

Dr. Walter Meier-Arendt
Professor, Direktor des Museums
für Vor- und Frühgeschichte
.... Frankfurt/Main

Dr. Herbert Melichar .... Wien

Gustav Melzer .... Pöchlarn

Dr. Manfred Menke
Professor, Vor- und Frühgeschichte,
Justus-Liebig-Universität .... Gießen

Karl Menner
Kreisheimatpfleger .... Lupburg

Dr. Gerd Mettjes
Direktor des Schwedenspeicher-Museums
.... Stade

Dr. Ingrid R. Metzger
Univ.-Dozentin, Direktorin des
Rätischen Museums .... Chur

Catrin Meyer
Zentralbibliothek .... Zürich

Dr. Eckhard Michael
Direktor des Museums für das
Fürstentum Lüneburg .... Lüneburg

Hervé Miéville
Service Cantonal d'Archéologie
.... Neuchâtel (Neuenburg)

Dr. Andrei Miron
Staatliches Konservatoramt des Saarlandes
.... Saarbrücken

Heiner Mitschke
Ur- und Frühgeschichte, Städtische
Kunstsammlungen .... Görlitz

Dr. Jutta Möller
Niedersächsisches Landesverwaltungsamt,
Institut für Denkmalpflege .... Hannover

Monuments historiques et Archéologie
.... Lausanne

Dr. Fritz Moosleitner
Landesarchäologe, Direktor des
Salzburger Museums Carolino Augusteum
.... Salzburg

Karin Möse
Harzbücherei .... Wernigerode

Dipl.-Ing. Manfred Moser ..... Regensburg

Irmgard Most
Leiterin des Museums der Stadt
.... Bensheim

Dr. Detlef W. Müller
Landesamt für archäologische
Denkmalpflege Sachsen-Anhalt
(Landesmuseum für Vorgeschichte)
.... Halle/Saale

Dr. Hanns-Hermann Müller
.... Waltersdorf Siedlung

Johannes Müllner
Pfarrer, Römisch-katholisches Pfarramt
.... Roggendorf

Müritzmuseum .... Waren

Erich Müsch
Eifeler Landschaftsmuseum
Genovevaburg .... Mayen

Musée d'Art et d'Histoire
.... Genève (Genf)

Museum .... Hannoversch Münden

Museumsgesellschaft .... Arbon

Museum Reichenfels .... Hohenleuben

Martin Nadler M. A.
Bayerisches Landesamt für Denkmalpflege,
Abteilung Vor- und Frühgeschichte,
Außenstelle .... Nürnberg

Peter Naeve .... Borgstedtfelde

National Museum of Ireland .... Dublin

Naturhistorische Gesellschaft
.... Nürnberg

Wolfgang Neubauer
Institut für Ur- und Frühgeschichte,
Universität .... Wien

Dr. Johannes-Wolfgang Neugebauer
Univ.-Dozent, Bundesdenkmalamt,
Abteilung für Bodendenkmale .... Wien

Dr. Urs Niffeler
Zentralsekretär der Schweizerischen
Gesellschaft für Ur- und Frühgeschichte
.... Basel

Georg Nitzler
Bürgermeister der Stadtgemeinde
.... Bad Ischl

Nordrhein-Westfälisches Staatsarchiv
.... Detmold

Hubert Nutz, Dipl.-Ing., Dr. phil.
Heimatmuseum .... Retz

Hubert Obenaus
Marktgemeinde .... Gars am Kamp

Office des Recherches Archéologiques
.... Martigny

Eilert Ommen
Museumsverein für die Grafschaften Hoya,
Diepholz und Wölpe e.V. .... Nienburg

Ines Otschik
Museen der Stadt .... Aschaffenburg

Dr. Helmut Ottenjann
Professor, Direktor des Museumsdorfs
Cloppenburg, Niedersächsisches
Freilichtmuseum .... Cloppenburg

Österreichische Salinen AG
Generaldirektion .... Bad Ischl

Dr. Gernot Patzelt
Professor, Institut für Hochgebirgsforschung,
Leopold-Franzens-Universität .... Innsbruck

Dr. Eike Pachali
Landesamt für Denkmalpflege Hessen
.... Wiesbaden

Dr. Christopher Pare
Department of Ancient History and
Archaeology, University of .... Birmingham

Dr. Anton Paul †
Verein für Pfahlbau- und Heimatkunde e.V.
.... Unteruhldingen

Dr. Jozef Paulk
Slovenské Narodné Múzeum .... Bratislava

Wolfgang Payrich
Augustiner-Chorherrenstift
.... Herzogenburg

Manfred Pertlwieser
Leiter der Prähistorischen Abteilung, Oberösterreichisches Landesmuseum .... Linz

Dr. Christian Pescheck
Professor .... München

Wolfgang Peterl
Bürgermeister .... Korneuburg

Dr. Sabine Peyer †
Museum zu Allerheiligen .... Schaffhausen

Dr. Ulrich Pfauth
Früher am Vor- und frühgeschichtlichen
Museum .... Thalmässing

Dr. Bernhard Pinsker
Sammlung Nassauischer Altertümer,
Museum .... Wiesbaden

Rolf Plöger
Bodendenkmalpfleger, Mindener Museum
.... Minden

DANK

Dr. Vladimir Podborsky
Professor, Lehrstuhl für Archäologie der Philosophischen Fakultät der Masaryk-Universität .... Brno

Dr. Rudolf Poppa
Leiter des Stadt- und Hochstiftmuseums
.... Dillingen

Dr. Franz Xaver Portenlänger
Hauptkonservator, Historisches Museum der Pfalz .... Speyer

Dr. Johannes Prammer
Leiter des Gäubodenmuseums
.... Straubing

Helga Premper
Dipl.-Bibliothekarin, Bibliothek, Römisch-Germanisches Zentralmuseum
.... Mainz

Dr. Margarita Primas
Professorin, Ur- und Frühgeschichte, Universität .... Zürich

Dr. Hoyer von Prittwitz
Rheinisches Landesmuseum .... Bonn

Doris Probst .... Mainz-Kostheim

Karl-Heinz Probst
Journalist .... Neunburg vorm Wald

Stefan Probst .... Mainz-Kostheim

Dr. Erich Pucher
1. Zoologische Abteilung, Archäologisch-zoologische Sammlung, Naturhistorisches Museum .... Wien

Thomas Pulle Mag.
Leiter des Stadtmuseums .... Sankt Pölten

Dr. Ingeborg von Quillfeldt
Wissenschaftliche Angestellte, Bayerisches Landesamt für Denkmalpflege, Abteilung für Vor- und Frühgeschichte
.... München

Dr. Jürg Rageth
Assistent des Kantonsarchäologen, Archäologischer Dienst Graubünden
.... Haldenstein

Lotti Rathgeber .... Hermannsburg

Dr. Alfred Reichenberger
Philosophische Fakultät III, Geschichte, Gesellschaft und Geographie, Lehrstuhl für Vor- und Frühgeschichte, Universität
.... Regensburg

Nikolaus Reichert
Journalist .... Mainz

Dr. Christoph Reichmann
Leiter des Museums Burg Linn
.... Krefeld

Dr. Hartmann Reim
Professor, Landesdenkmalamt Baden-Württemberg, Außenstelle Tübingen, Archäologische Denkmalpflege
.... Tübingen

Eugen Reinhard †
Steinzeitmuseum .... Korb-Kleinheppach

Lothar Reinhard †
Steinzeitmuseum .... Korb-Kleinheppach

Günter Rennebach, Dipl.-Phil.
.... Schwerin

Dr. Fritz Reuter
Archivdirektor, Stadtarchiv .... Worms

Dr. Sabine Rieckhoff
Professorin, Institut für Ur- und Frühgeschichte, Universität .... Leipzig

Dr. Karl Heinz Rieder
Oberkonservator, Bayerisches Landesamt für Denkmalpflege, Abteilung für Vor- und Frühgeschichte, Leiter des Grabungsbüros
.... Ingolstadt

Dr. Michael M. Rind
Kreisarchäologe .... Kelheim

Dr.-Ing. Dr. phil. Walter Ruckdeschel
Präsident des Bayerischen Landesamtes für Umweltschutz .... München

Dr. Carola Runge
Hohhaus-Museum .... Lauterbach

Dr. Manfred Rupert
Tiroler Landesarchiv .... Innsbruck

Dr. Erwin M. Ruprechtsberger
Univ.-Dozent, Stadtmuseum .... Linz

Wilhelm Ruthammer
Bürgermeister .... Großmugl

Dr. Elisabeth Ruttkay
Prähistorische Abteilung, Naturhistorisches Museum .... Wien

Saale-Holzland-Kreis .... Eisenberg

Samtgemeinde .... Apensen

Samtgemeinde .... Hemmoor

Samtgemeinde .... Selsingen

Eugen Sauter, Dipl.-Ing.
.... Spaichingen

Dr. Ulrich Schaaff
Direktor der Abteilung Vorgeschichte im Römisch-Germanischen Zentralmuseum
.... Mainz

Egon Schaberick
Museumsverwalter, Regionalmuseum
.... Fritzlar

Klaus Schache
Museumsrat, Museum Burg Ranis
.... Ranis

Dr. Klaus Schäfer .... Andernach

Sabine Schafferdt
Landesarchiv .... Berlin

Dr. Jürgen H. Schawacht
Direktor des Siegerlandmuseums
.... Siegen

Dr. Hilmar Schickler
Württembergisches Landesmuseum
.... Stuttgart

Dr. Willy Schilling
Stadtarchiv .... Kahla

Dr. Friedrich Schlette
Professor .... Halle/Saale

Stephan Schlick
Bürgermeister .... Witzhave

Dr. Wolfgang Schlüter
Honorarprofessor, Stadt- und Kreisarchäologe, Leiter der Archäologischen Abteilung des Kulturgeschichtlichen Museums
.... Osnabrück

Dr. Berthold Schmidt .... Halle/Saale

Roman Schmidt
Leiter des Kreisheimatmuseums
.... Luckenwalde

Erika Schmidt-Thielbeer, Dipl.-Phil.
.... Köthen/Anhalt

Rudolf Schmitz
Rektor i. R. .... Emsbüren

Dr. Reinhard Schmook
Leiter des Oderlandmuseums
.... Bad Freienwalde

Dr. Karl Schmotz
Kreisarchäologe .... Deggendorf

Dr. Hugo Schneider
Historisches Museum .... Olten

Otto Schneider .... Augsburg

DANK

REINHARD SCHNEIDER, DIPL.-ING.
Landespflege, Restaurator/Moorforschung,
Staatliches Museum für Naturkunde und
Vorgeschichte .... Oldenburg

DR. WOLFGANG SCHNEIDER
Direktor des Museums der Stadt
.... Gladbeck

DR. LUDWIG SCHNITZLER
Ehemaliger Leiter des Hochrheinmuseums
.... Bad Säckingen

DR. GUNTER SCHÖBEL
Wissenschaftlicher Leiter, Pfahlbaumuseum
.... Unteruhldingen

CHRISTIAN SCHÖLNAST .... Riegersburg

DR. STEPHAN SCHÖLZEL
Museum für Stadt- und Heimatgeschichte
.... Hagen

DR. HABIL. LOTHAR SCHOTT
Institut für Anthropologie, Medizinische
Fakultät (Charité) der Humboldt-
Universität .... Berlin

DR. WOLFGANG SCHÖTTLER
Ehemaliger Leiter des Heimatmuseums
.... Verden/Aller

DR. PETER SCHRÖTER
Konservator, Anthropologische
Staatssammlung .... München

SCHULAUFSICHTSAMT .... Aurich

RAINER SCHULZE
Stellvertretender Chefredakteur,
Sächsische Zeitung .... Dresden

DR. GISELA SCHUMACHER-MATTHÄUS
Westfälisches Museum für Archäologie,
Amt für Bodendenkmalpflege
.... Münster

DR. DETLEF SCHÜNEMANN
Urgeschichtliche Arbeitsgemeinschaft
des Kreises Verden .... Verden/Aller

SVEN SCHÜTTE M. A.
Stadtarchäologie .... Göttingen

ROSEMARIE SCHÜTZ
Kustos, Kreismuseum .... Neuwied

CORNELIA SCHÜTZ-TILLMANN M. A.
Römisch-Germanische Kommission des
Deutschen Archäologischen Instituts,
Außenstelle .... Ingolstadt

HERIBERT SCHUTZBIER
Direktor des Heimatmuseums
.... Mannersdorf am Leithagebirge

DR. HANNI SCHWAB
Professorin .... Freiburg (Schweiz)

DR. WOLFGANG SCHWARZ
Ostfriesische Landschaft,
Abteilung für Vor- und Frühgeschichte
.... Aurich

SCHWERINER VOLKSZEITUNG
Redaktionsarchiv .... Schwerin

DR. ELLEN SCHWINZER
Gustav-Lübke-Museum .... Hamm

JOACHIM SCHYMALLA
Leiter der Städtischen Museen
.... Quedlinburg

KLAUS SEEBACHER
Bürgermeister .... Brixen

ALFRED SEHMISCH
Ehemaliger Leiter des Kreisheimatmuseums .... Frankenberg/Eder

GÜNTHER SEIER
Stellvertretender Museumsdirektor,
Heimatmuseum .... Perleberg

HERMANN JOSEF SEITZ †
Berufsschuldirektor i. R.
.... Lauingen (Donau)

DR. GÜNTER SELLINGER
Bezirksmuseum .... Stockerau

SEMINAR FÜR UR- UND FRÜHGESCHICHTE
DER GEORG-AUGUST-UNIVERSITÄT
.... Göttingen

DR. HEINZ SEYER
Abteilungsleiter der Prähistorischen
Sammlung des Märkischen Museums
.... Berlin

DR. KLAUS SIMON
Archäologisches Landesamt Sachsen
.... Dresden

DR. KLAUS SIPPEL
.... Lohfelden-Vollmarshausen

DR. CHRISTOPH SOMMERFELD
Deutsches Archäologisches Institut,
Römisch-Germanische Kommission,
Oderprojekt .... Berlin

DR. OTHMAR SORGER
Bürgermeister .... Riegersburg

DR. JOSEF SPECK .... Zug

DR. EVA SPEITEL
Thüringisches Landesamt für Archäologische
Denkmalpflege .... Weimar

DR. LOTHAR SPERBER
Historisches Museum der Pfalz
.... Speyer

DR. GEORG SPITZLBERGER
Leiter des Stadt- und Kreismuseums
.... Landshut

STAATSARCHIV .... München

STAATSARCHIV .... Zürich

STADT .... Aurich

STADT .... Bergen

STADT .... Blankenburg (Harz)

STADT .... Borken

STADT .... Gunzenhausen

STADT .... Hameln

STADT .... Kahla

STADT .... Kelheim

STADT .... Ludwigslust

STADT .... Murten

STADT .... Putbus

STADT .... Sulzbach-Rosenberg

STADTAMT .... Langenlois

STADTARCHIV .... Bad Säckingen

STADTARCHIV .... Bremerhaven

STADTARCHIV .... Chur

STADTARCHIV .... Halle/Saale

STADTARCHIV .... Hameln

STADTARCHIV .... Konstanz

STADTARCHIV .... Malchow

STADTARCHIV .... Oldenburg

STADTARCHIV .... Plauen

STADTARCHIV .... Potsdam

STADTARCHIV .... Recklinghausen

STADTARCHIV .... Saalfeld

STADTARCHIV .... Thun

STADTARCHIV .... Würzburg

STADTBIBLIOTHEK .... Karlsruhe

DANK

STADTGEMEINDE .... Bad Vöslau

STADTGEMEINDE .... Kitzbühel

STADTGEMEINDE .... Mistelbach

STADTGEMEINDE .... Traismauer

STADTMUSEUM .... Schwedt

STADT- UND LANDESBIBLIOTHEK
.... Potsdam

STADTVERWALTUNG .... Falkenberg/Elster

STADTVERWALTUNG .... Konstanz

STADTVERWALTUNG
.... Reichenbach/Oberlausitz

STADTVERWALTUNG
Kultur- und Verkehrsamt,
Hegau-Museum
.... Singen am Hohentwiel

STADTVERWALTUNG .... Taucha

DR. HANS R. STAMPFLI † .... Bellach

STANDESAMT .... Südbrookmerland

UTE STEINER
Dipl.-Prähistorikerin .... Weimar

WOLF-DIETER STEINMETZ M. A.
Braunschweigisches Landesmuseum,
Abteilung Archäologie .... Wolfenbüttel

HELMUT STICKROTH
Heimatmuseum .... Friedberg

ALOIS STOCKNER
Heimatpfleger des Landkreises Altötting
.... Perach

FRED STORTO
Stadtarchivar .... Diez/Lahn

DR. CHRISTIAN STRAHM
Professor, Institut für Ur- und
Frühgeschichte der Albert-Ludwigs-
Universität .... Freiburg/Breisgau

DR. WERNER STRÖBELE
Leiter des Heimatmuseum .... Reutlingen

DR. KARL STRUVE †
Professor, ehemals am
Archäologischen Landesmuseum der
Christian-Albrechts-Universität Kiel
.... Schleswig

ANTON STUMMER
Ehemaliger Kustos des Stadtmuseums
.... Krems

DR. PETER J. SUTER
Archäologischer Dienst .... Bern

WILHELM SWATSCHINA
Heimatmuseum .... Hohenau/March

DR. HELMUT SWOZILEK
Direktor des Vorarlberger Landesmuseums
.... Bregenz

JACQUELINE TAFFINDER
Statens Historiska Museum
.... Stockholm

DR. WOLF-DIETER TEMPEL
Kreisarchäologe .... Rotenburg/Wümme

EDUARD THEINER
Archivar .... Remseck am Neckar

HANS THRÄNE
Bürgermeister .... Gutenswegen

THÜRINGER ALLGEMEINE
Redaktionsarchiv .... Erfurt

THÜRINGISCHES STAATSARCHIV
.... Rudolfstadt

ILONA TIETZE
Der Innenminister des Landes
Mecklenburg-Vorpommern, Pressestelle
.... Schwerin

DR. ANTON TOČIK †
Archaeologický ústav der Slowakischen
Akademie der Wissenschaften .... Nitra

DR. ALFRED TODE
Ehemaliger Direktor des Ludwig-
Roselius-Museums für Frühgeschichte
.... Worpswede

DR. WALTER TORBRÜGGE †
Professor, Lehrstuhl für Vor- und
Frühgeschichte .... Regensburg

DR. GERHARD TRNKA
Professor, Institut für Ur- und
Frühgeschichte, Universität .... Wien

KURT TRNKA
Bürgermeister .... Ravelsbach

JOHANNES TUZAR M. A.
Engelshofen-Sammlung auf der Rosenburg
.... Horn

DR. HANS PETER UENZE
Hauptkonservator, Prähistorische
Staatssammlung .... München

HEINZ UHL
Ehemals Historisches Bezirksmuseum
.... Neubrandenburg

DR. INGRID ULBRICHT
Archäologisches Landesmuseum der
Christian-Albrechts-Universität Kiel
.... Schleswig

FERDINAND ULLRICH
Direktor, Städtische Museen
.... Recklinghausen

DR. HERMANN ULREICH .... Wien

UNIVERSITÄT ZÜRICH
Archiv .... Zürich

DR. CHRISTOPH UNZ
Landesdenkmalamt Baden-Württemberg,
Archäologische Denkmalpflege
.... Stuttgart

HANS JÖRGEN URSTÖGER
Prähistorisches Museum .... Hallstatt

WERNER VASICEK
Kustos, Krahuletz-Museum .... Eggenburg

DR. STEPHAN VEIL
Oberkustos, Urgeschichts-Abteilung,
Niedersächsisches Landesmuseum
.... Hannover

RAINER VEIT .... Mainz

VERBANDSGEMEINDE .... Westhofen

VERBANDSGEMEINDEVERWALTUNG
.... Bad Bergzabern

VERWALTUNGSGEMEINSCHAFT QUERFURT
Ortsverwaltung .... Gatterstädt

VOGTLANDMUSEM .... Plauen

SIGRUN VOIGT
Museumsleiterin, Museum Reichenfels
.... Hohenleuben

VOLKSSCHULE .... Tieschen

VOLKSSTIMME
Chefredaktion .... Magdeburg

DR. ROLF VOSS
Direktor, Regionalmuseum ...... Brandenburg

DR. VILI VUK
Professor, Pokrajinski Muzej .... Maribor

DR. EBERHARD WAGNER .... Tübingen

DR. NOTHBURGA WAHLMÜLLER
Institut für Botanik der Leopold-
Franzens-Universität .... Innsbruck

DR. MAX WÄHREN
Brotspezialist .... Bern

19

MONIKA WALDHEIM
Abteilungsleiterin, Hauptbibliothek und
Lektorin Heimatkunde, Stadtbibliothek
.... Erfurt

KARL-HEINZ DE WALL
Kreisvolkshochschule .... Wittmund

WULF WALTHER, DIPL.-PÄDAGOGE
Leiter des Fachreferats Ur- und Frühgeschichte, Mühlhäuser Museen .... Mühlhausen

WALTER WANDLING M. A.
Kreisarchäologe .... Passau

DR. GABRIELE WAND-SEYER
Emschertal-Museum der Stadt .... Herne

KLAUS WANICZEK, DIPL.-ING. .... Saalfeld

WAYNE STATE UNIVERSITY .... Detroit

DR. HABIL. THOMAS WEBER
Archäologische Gesellschaft in
Sachsen-Anhalt e.V. .... Halle/Saale

DR. WILLI WEGEWITZ †
Professor .... Hamburg

DR. DR. GÜNTER WEGNER
Direktor der Urgeschichts-Abteilung, Niedersächsisches Landesmuseum .... Hannover

KURT WEHRBERGER M. A.
Archäologische Sammlung, Ulmer Museum
.... Ulm

DR. KONRAD WEIDEMANN
Generaldirektor, Römisch-Germanisches
Zentralmuseum .... Mainz

JOHANNES WEISS
Dipl.-Grabungstechniker .... Aeugst

ANDREAS WENDOWSKI-SCHÜNEMANN M. A.
Stadtarchäologe .... Cuxhaven

HANNSJÜRGEN WERNER
Stadtheimatpfleger .... Neutraubling

DR. MARTIN WESTPHAL
Leiter des Heimatmuseums .... Rendsburg

INGRID WETZEL
Kustos, Stadt Cottbus, Kulturhistorische
Museen und Sammlungen, Stadtmuseum
.... Cottbus

DR. DANIEL WIBMER
Bürgermeister, Stadtgemeinde .... Wörgl

DR. DIETER WIEGEL .... Leipzig

DR. GEORG WIELAND
Städtisches Bodensee-Museum
.... Friedrichshafen

EBERHARD WIESE .... Mainz

PAUL WIENAND
Bergbau- und Stadtmuseum
.... Weilburg/Lahn

DR. GISELA WILBERTZ
Archivamt .... Lemgo

DR. OTTO MATHIAS WILBERTZ
Niedersächsisches Landesverwaltungsamt,
Institut für Denkmalpflege
.... Hannover

HARTWIG WILCKENS .... Süderschmedeby

DR. KLEMENS WILHELMI
Niedersächsisches Landesverwaltungsamt,
Institut für Denkmalpflege
.... Hannover

DR. ULRICH WILLERDING
Professor, Systematisch-Geobotanisches
Institut, Georg-August-Universität
.... Göttingen

DR. KARL-HEINZ WILLROTH
Professor .... Göttingen

DR. ANDREAS WILTS
Ehemals Archäologisches Landesmuseum
Baden-Württemberg, Außenstelle
.... Konstanz

DR. STEFAN WINGHART
Oberkonservator, Bayerisches
Landesamt für Denkmalpflege,
Abteilung für Vor- und Frühgeschichte,
Leiter des Referats Oberbayern
.... München

DR. WILHELM WINKELMANN
Professor, Altertumskommission
für Westfalen .... Münster

STEFAN WIRTH M. A.
Städtische Kunstsammlungen,
Römisches Museum .... Augsburg

HORST WISCHNEWSKI
Stellvertretender Gemeindedirektor
.... Lintig

FRIEDERIKE WÖBSE
Dipl.-Prähistorikerin, Historisches Museum
.... Verden/Aller

DR. ROTRAUT WOLF
Württembergisches Landesmuseum
.... Stuttgart

ERNST WURTH
Heimatmuseum .... Guntramsdorf

DR. HARRY WÜSTEMANN
Professor .... Rostock

DR. RENÉ WYSS .... Wettswil

KURT ZELLER MAG.
Leiter des Österreichischen Forschungszentrums Dürnberg, Direktor des
Keltenmuseums .... Hallein

DR. LISELOTTE ZEMMER-PLANK
Außerordentliche Universitäts-Professorin,
Direktorin des Tiroler Landesmuseums
Ferdinandeum .... Innsbruck

DR. BERND ZICH
Landesamt für Vor- und Frühgeschichte
.... Schleswig

DR. W. HAIO ZIMMERMANN
Wissenschaftlicher Direktor, Niedersächsisches Institut für historische Küstenforschung .... Wilhelmshaven

DR. KARL ZIMMERMANN
Kustos der Abteilung Ur- und
Frühgeschichte, Bernisches Historisches
Museum .... Bern

ZIVILSTANDSAMT .... Knonau

DR. CHRISTIAN ZÜCHNER
Institut für Altertumskunde I, Lehrstuhl für
Ur- und Frühgeschichte .... Erlangen

ANDREAS ZÜRCHER, LIC. PHIL.
Kantonsarchäologe, Denkmalpflege
des Kantons .... Zürich

DR. DETERT ZYLMANN
Landesamt für Denkmalpflege, Abteilung
Bodendenkmalpflege .... Mainz

Die Bronzezeit vor unserer Haustür

Der große Erfolg meiner Bücher »*Deutschland in der Urzeit*« (1986) und »*Deutschland in der Steinzeit*« (1991) – beide bei C. Bertelsmann erschienen – hat mich ermutigt, diesen zwei Bänden ein drittes umfangreiches Werk über »*Deutschland in der Bronzezeit*« folgen zu lassen. Letzteres beschreibt die Kulturen und Gruppen jenes Zeitalters der Menschheitsgeschichte von etwa 2300 bis 800 v. Chr. im deutschsprachigen Gebiet – also neben Deutschland in Österreich, der Schweiz und im Fürstentum Liechtenstein.

Anliegen dieses Buches ist es, das Leben in der Bronzezeit, das sich sozusagen vor unserer Haustür abspielte, zu schildern. Denn auch fern der damaligen Hochkulturen in Ägypten, auf der Mittelmeerinsel Kreta, in Griechenland, in Mesopotamien und in Indien gab es in diesem »goldenen Zeitalter« der Urgeschichte etliche Kulturen, die erstaunliche geistige und technische Leistungen hervorbrachten. Allerdings ist das Wissen hierüber nicht weit verbreitet.

In der Bronzezeit machte das Metallhandwerk ungeheure Fortschritte. Dank der neuen Metallegierung aus Kupfer und Zinn namens Bronze konnten nun viel kompliziertere Objekte gegossen, getrieben oder zusammengefügt werden. Dies läßt sich an metallenen Werkzeugen, Waffen, Gefäßen, Pferdegeschirren, Wagenrädern, Kunstwerken, Musikinstrumenten, Schmuckstücken und Kultobjekten aus jener Zeit ablesen.

Zu den Neuheiten gehörten unter anderem bronzene Rasiermesser, Pinzetten, Tassen, vierspeichige Wagenräder, Helme, Schilde, Beinschienen, Schwerter, Dolche, Messer und Musikinstrumente (Luren). Die befestigten Siedlungen (»Bronzezeitburgen«) auf markanten Anhöhen mit steilen Hängen, Wällen, Gräben und Palisaden deuten auf unruhige Zeiten hin.

Arbeits- und zeitaufwendige Gräber mit mächtigen Erdhügeln, Einbauten aus Stein oder Holz und ungewöhnlichen Beigaben für die Toten spiegeln einen beträchtlichen Reichtum von Anführern wider, die man wohl als Häuptlinge oder sogar als »Fürsten« bezeichnen kann. Die Macht der Priester des Sonnenkults scheint sehr groß gewesen zu sein, weil sie offenbar sogar Menschenopfer anordnen konnten.

Trotz Tausender von archäologischen Funden aus der Bronzezeit bleiben noch viele Fragen über das Leben in diesem Zeitalter unbeantwortet. So weiß man beispielsweise wenig über die Organisation der Stämme, »Burgen« und Dorfgemeinschaften, über die Machtverhältnisse zwischen Männern und Frauen, über die Kleidung, über die Inneneinrichtung der Häuser, über die Sprache, Kunst, Musik, Moral, über das Recht, über die geheimnisvollen Kulte und die damaligen Gottheiten. Damit werden sich wohl noch Generationen von Prähistorikern beschäftigen müssen.

Auch bei diesem Buch haben mich wieder viele Wissenschaftler verschiedener Fachrichtungen des In- und Auslands sowie sachkundige Heimatforscher durch Auskünfte, Ratschläge, Durchsicht von Texten und Bereitstellen von Abbildungen freundlich unterstützt. Ohne diese wertvolle Hilfe und ohne das Literaturstudium in der Bibliothek des Römisch-Germanischen Zentralmuseums, Mainz (RGZM), wäre der Band über die Bronzezeit vermutlich kaum zustande gekommen.

Für die Erlaubnis, die Publikationen in der Bibliothek des RGZM benutzen zu dürfen, bin ich Generaldirektor Dr. Konrad Weidemann und Dr. Götz Waurick sehr dankbar. Besonderen Dank schulde ich den 21 namentlich in der Widmung aufgeführten Expertinnen und Experten, welche trotz eigener großer Arbeitsbelastung die Mühe auf sich genommen haben, umfangreiche Teile des Buchmanuskripts kritisch zu lesen und – wo erforderlich – zu korrigieren oder zu ergänzen. Andere freund-

Rekonstruktion von Kleidung und Schmuck der »Prinzessin von Fallingbostel« (Kreis Soltau-Fallingbostel) in Niedersachsen aus der Zeit des Sögel-Wohlde-Kreises (etwa 1600 bis 1500 v. Chr.). Rekonstruktion im Hamburger Museum für Archäologie, Hamburg-Harburg.

Wagenrennen während der Bronzezeit im Ostseegebiet: Nach einer 1936 publizierten Ansicht des deutschen Prähistorikers Jörg Lechler (1894–1969) drohte den schnellsten Pferden ein trauriges Schicksal: Sie wurden getötet und geopfert.

liche Helferinnen und Helfer werden in der Danksagung erwähnt.

Diese Neuerscheinung ist wie ihre Vorgänger konzipiert. Es werden wiederum zunächst die Zeitdauer und Verbreitung der bronzezeitlichen Kulturen und Gruppen sowie deren Benennung behandelt. Dann folgen – soweit es die Funde zulassen – Angaben über die Anatomie und Krankheiten der Menschen aus jenen Abschnitten sowie über die Siedlungen, Häuser, das Wirtschafts- und Verkehrswesen, die Kleidung, den Schmuck, die Gefäße, Werkzeuge, Waffen, Kunst, Musik, Gräber und Religion.

Der Anhang stellt Prähistorikerinnen und Prähistoriker kurz in Wort und Bild vor, die den Namen einer in Deutschland, Österreich, der Schweiz und im Fürstentum Liechtenstein vertretenen Kultur oder Gruppe der Bronzezeit eingeführt haben. Nicht berücksichtigt werden konnten hier leider all die vielen Fachleute, die sich um die Erforschung bestimmter Kulturen, Fundstellen und Probleme verdient gemacht haben, wofür ich die betroffenen Wissenschaftler um ihr Verständnis bitte.

Ein weiteres Kapitel des Anhangs ist den Museen in Deutschland, Österreich und der Schweiz gewidmet, die Zeugen der Bronzezeit zeigen. Die Anmerkungen erzählen die Entdeckungsgeschichte von wichtigen archäologischen Fundstellen und Funden, nennen Entdecker und Ausgräber und erläutern die Herkunft von Begriffen. Zudem gibt es für jedes Kapitel über eine Kultur oder Gruppe ein eigenes Literaturverzeichnis. Mehrere Register listen Fundstätten und Orte, Personen, Pflanzen- und Tierarten sowie Sachbegriffe auf.

Die Strichzeichnungen bronzezeitlicher Motive von Friederike Hilscher-Ehlert aus Königswinter, die Karten über die Verbreitung von Kulturen und Gruppen der Bronzezeit in Deutschland, Österreich, der Schweiz und im Fürstentum Liechtenstein von Rainer Veit aus Mainz sowie etliche Farb- und Schwarzweißfotografien von archäologischen Funden wurden eigens für das Buch angefertigt.

Ernst Probst Mainz, im Herbst 1995

Die Bronzezeit
Das »goldene Zeitalter« der Urgeschichte

Als Bronzezeit wird jenes Zeitalter der Menschheitsgeschichte bezeichnet, in dem erstmals in größerem Umfang aus einer Verbindung der Metalle Kupfer und Zinn – nämlich Bronze[1] – Werkzeuge, Waffen und Schmuck angefertigt wurden. Nach der vorangegangenen, viel längeren Steinzeit ist die Bronzezeit in Europa mit ihrer verhältnismäßig geringen Dauer von maximal 1500 Jahren das zweitlängste Zeitalter der Urgeschichte.

Die Bronzezeit begann – nach den ältesten Bronzefunden zu schließen – in Mesopotamien, Ägypten, auf der Mittelmeerinsel Kreta, in Troja und Südosteuropa schon um 2500 v. Chr., nahm in manchen Teilen Mitteleuropas etwa 2300 v. Chr. ihren Anfang und setzte in Nordeuropa erst gegen 1600 v. Chr. ein. Die Bronzezeit endete mit dem Aufkommen des Eisens, also bei den Hethitern in Kleinasien schon 1300 v. Chr., in Griechenland etwa 1200 v. Chr., in Italien und auf dem Balkan um 1000 v. Chr., in Teilen Mitteleuropas ungefähr 800 v. Chr. und in Nordeuropa erst um 500 v. Chr. Bronzezeitliche Kulturen haben in Europa, Afrika und Asien existiert.

Der Begriff »Bronzezeit« wurde 1836 in einem Museumskatalog durch den dänischen Prähistoriker Christian Jürgensen Thomsen (1788–1865) aus Kopenhagen eingeführt. Statt des Namens Bronzezeit schlug der Prähistoriker Christian Strahm aus Freiburg/Breisgau bei einem Vortrag im April 1991 den Ausdruck

Bronzezeitliche Metallhandwerker bei der Arbeit: Flüssige Bronze wird in geschlossene Formen gegossen, die in einem Sandbett stehen (Mitte vorn). Neben einer Werkbank, auf der geschlossene und offene Gußformen sowie Fertigprodukte liegen, wird eine Sichel geschärft (rechts vorn). Im Hintergrund (rechts) werden Bronzegefäße getrieben und verziert (gepunzt) sowie ein Schwert geschliffen (Mitte).

DIE BRONZEZEIT

Der dänische Archäologe Christian Jürgensen Thomsen (1788–1865) aus Kopenhagen teilte 1836 die Urgeschichte nach dem jeweils am meisten verwendeten Rohstoff in drei Perioden ein: nämlich Steinzeit, Bronzezeit und Eisenzeit.

»Metallikum« vor, weil man erst seit diesem Abschnitt von einer weitverbreiteten Metallurgie sprechen könne. Strahm bezeichnete die ältere Frühbronzezeit in Mitteleuropa als »Aufbauphase« und die entwickelte Frühbronzezeit als »industrielle Phase« der Metallurgie.

Bis in die Bronzezeit reichen die Anfänge der Antike, also des klassischen oder griechisch-römischen Altertums, zurück. Die Historiker datieren den Beginn der Antike uneinheitlich. Sie lassen die Antike entweder schon mit der frühgriechischen Einwanderung in Hellas vor 1500 v. Chr. beginnen oder erst mit der eigentlichen griechischen Geschichte etwa 500 Jahre später. Auch bezüglich des Endes der Antike war man sich nicht einig. Es wird durch bestimmte historische Ereignisse – wie etwa den Beginn der Alleinregierung Konstantins 324 n. Chr. oder die Absetzung des letzten weströmischen Kaisers Romulus Augustus durch den Söldnerführer Odoaker 476 n. Chr. – markiert.

Außer den archäologischen Funden geben auch zahlreiche schriftliche Quellen über das bronzezeitliche Leben Auskunft, weil in dieser Periode die Schrift in Ägypten, Sumer und Babylonien bereits bekannt war und auf Kreta, in Phönikien und Griechenland eingeführt wurde. So liegen beispielsweise für Ägypten aus der Zeit nach 2000 v. Chr. die Dauer der einzelnen Herrscherdynastien, die Regierungszeit der Pharaonen, deren Namen sowie Jahreszahlen wichtiger Ereignisse vor. Dieses Zahlengerüst liefert manchmal wertvolle Anhaltspunkte bei Datierungsfragen.

Die Menschen der Bronzezeit kannten vielleicht schon ein altes Maßsystem, das nach neueren Erkenntnissen bereits in der Steinzeit vorhanden war und bis in die Barockzeit galt. Es soll auf der Basis von 33,3 Zentimetern für eine Einheit beruhen. Über dieses »altgermanische Maßsystem« hatte der Archäologe und Numismatiker Robert Forrer (1866–1947) aus Straßburg schon 1907 geschrieben.

Für Skandinavien und Norddeutschland wird die 1885 von dem schwedischen Prähistoriker Oscar Montelius (1843–1921) aus Stockholm erarbeitete Gliederung der Bronzezeit verwendet. Er teilte die nordische Bronzezeit nach der typologischen Abfolge von Bronzeerzeugnissen (Gewandspangen, Rasiermesser, Schwerter, Gürteldosen) in sechs Perioden ein, die er mit römischen Ziffern von I bis VI kennzeichnete. Das auf seinen Erkenntnissen aufbauende Chronologieschema sieht heute so aus:

Periode I	(frühe Bronzezeit):	etwa 1800 bis 1500 v. Chr.,
Periode II	(ältere Bronzezeit):	etwa 1500 bis 1200 v. Chr.,
Periode III	(mittlere Bronzezeit):	etwa 1200 bis 1100 v. Chr.,
Perioden IV und V	(jüngere Bronzezeit):	etwa 1100 bis 800 v. Chr.,
Periode VI	(frühe Eisenzeit):	etwa 800 bis 500 v. Chr.

Für das südliche Mitteleuropa (Süddeutschland, Österreich und die Schweiz) ist weitgehend die Gliederung von 1902 des damals in Mainz arbeitenden Prähistorikers Paul Reinecke (1872 bis 1958) maßgeblich, der später in München tätig war. Er teilte die süddeutsche Bronzezeit nach Fundkombinationen in vier Stufen von A bis D ein. Auch die folgende Hallstatt-Zeit[2] gliederte er in vier Stufen von A bis D, die er der Eisenzeit zurechnete.

Erst später erkannte man, daß das Fundgut der Stufen Hallstatt A und B noch nicht zur Hallstatt-Kultur im eigentlichen Sinne gehört. Aus diesem Grund wurden diese Abschnitte unter dem Begriff Urnenfelder-Zeit zusammengefaßt. Die Stufen Hallstatt C und D gelten heute als eigentliche Hallstatt-Zeit beziehungs-

Zu den Farbtafeln

1 (rechte Seite) Sogenannter »Stammesfürst«, mit Beil und Schwert bewaffnet, aus der mittelbronzezeitlichen Hügelgräber-Kultur nach einer historischen Trachtenrekonstruktion des Münchener Historienmalers und Altertumsforschers Julius Naue (1832–1907).

2 Wandbild des Münchener Historienmalers und Altertumsforschers Julius Naue von 1894. Es zeigt die sogenannte »weise Frau« aus dem mittelbronzezeitlichen Grabhügel 24 im Königswieser Forst (Kreis Starnberg) in Bayern.

3 Sogenannte »reiche Frau« der spätbronzezeitlichen Urnenfelder-Kultur (etwa 1300/1200 bis 800 v. Chr.) auf einer von dem Münchener Historienmaler und Altertumsforscher Julius Naue geschaffenen historischen Trachtenrekonstruktion.

4 »Handwerk und Handel zur Bronzezeit« – ein Motiv aus der Serie »Bilder zur deutschen Vorgeschichte« aus dem Jahre 1936. Dargestellt sind Metallhandwerker (links), ein Händler, der seine Waren anbietet (rechts) und ein vierrädriger Wagen (im Hintergrund).

5 Georg Christian Friedrich Lisch (1801–1883), Archivar und Leiter der Großherzoglichen Sammlungen in Schwerin, war Begründer der mecklenburgischen Archäologie und früher Verfechter des Dreiperiodensystems Stein-, Bronze- und Eisenzeit.

6 Ludwig Lindenschmit der Ältere (1809–1893), der erste Direktor des Römisch-Germanischen Zentralmuseums in Mainz (RGZM) – ein Pionier der Urgeschichtsforschung des 19. Jahrhunderts –, hat auch viele bronzezeitliche Funde untersucht.

△ 4

▽ 5

▽ 6

weise -Kultur im Sinne der frühen Eisenzeit. Bisweilen werden die Stufen A und B je nach Fundgut als früheste Eisenzeit bezeichnet.

Im südlichen Mitteleuropa gilt heute – etwas abweichend von Reineckes Schema – folgende Einteilung der Bronzezeit:

Die Stufe Bronzezeit A entspricht der Frühbronzezeit. Sie wurde zeitweilig nach der vorherrschenden Bestattungsart auch Hockergräber-Bronzezeit[3] genannt (etwa 2300 bis 1600 v. Chr.).

Die Stufen Bronzezeit B und C werden als Mittelbronzezeit bezeichnet. Wegen der charakteristischen Bestattungsart heißt diese auch Hügelgräber-Bronzezeit (etwa 1600 bis 1300/1200 v. Chr.).

Die Stufe Bronzezeit D (etwa 1300 bis 1200 v. Chr.) markiert sowohl das Ende der Mittel- als auch den Beginn der Spätbronzezeit. An manchen Fundstellen weist sie noch Merkmale der Hügelgräber-Bronzezeit auf, an anderen bereits solche der Urnenfelder-Zeit, meistens aber beides. Diese Übergangszeit oder Zeit eines faßbaren Kulturwandels, die Bronzezeit D, wird heute häufig als ältester Teil der Urnenfelder-Kultur betrachtet. Die Hauptphasen der nach ihrer typischen Bestattungsart in weiten Gebieten als Urnenfelder-Kultur definierten Spätbronzezeit umfassen die Stufen Hallstatt A und B (etwa 1200 bis 800 v. Chr.) nach der Terminologie von Reinecke.

Das Klima der Bronzezeit fiel weitgehend in die Späte Wärmezeit (auch Subboreal[4] genannt), die schon in der Jungsteinzeit begonnen hatte und bis etwa 800 v. Chr. dauerte. Es war eine Zeit des Übergangs, in der in Europa gebietsweise Eichenmischwälder, aber auch Buchen-, Buchen-Tannen- oder reine Fichtenwälder wuchsen.

In den Wäldern Mitteleuropas lebten unter anderem Braunbären *(Ursus arctos)*, Wölfe *(Canis lupus)*, Rot- beziehungsweise Edelhirsche *(Cervus elaphus)*, Auerochsen beziehungsweise Ure *(Bos primigenius)* und Wildschweine *(Sus scrofa)*. Funde von Löwenknochen, in einem Fall sogar mit Schnittspuren, Darstellungen der Mykenischen Kultur sowie die Sage von Herakles (Herkules) und dem Nemeischen Löwen zeigen, daß im bronzezeitlichen Griechenland noch wildlebende Löwen *(Panthera leo)* gejagt und verzehrt wurden.

Im Mittelmeergebiet ereignete sich um 1450 v. Chr. eine der verheerendsten Naturkatastrophen der Bronzezeit: Bei einem Vulkanausbruch wurde die griechische Kykladeninsel Thera (das heutige Santorin) so stark verwüstet, daß man dieses Ereignis sogar mit dem Untergang des sagenhaften Atlantis in Verbindung brachte.

Die Menschen der Bronzezeit waren im Durchschnitt etwas größer als diejenigen der Steinzeit. Bei den frühbronzezeitlichen Angehörigen der Aunjetitzer Kultur in Tschechien und der Slowakei, in Mitteldeutschland und Niederösterreich erreichten die Männer eine Körperhöhe von 1,60 bis maximal 1,78 Metern, die Frauen von 1,55 bis 1,66 Metern. Die Männer der nordischen Bronzezeit in Skandinavien und Norddeutschland waren häufig mehr als 1,70 Meter groß, wie an Skelettfunden in Baumsärgen ersichtlich wird.

Für Jungen und Mädchen endete die Kindheit wohl im Alter von etwa 14 bis 15 Jahren. Dieses Ereignis wurde mit einem großen Fest (Initiationsfeier) begangen, bei dem die Jugendlichen Aufnahme in den Kreis der Erwachsenen fanden. Nach der Zeremonie, die möglicherweise vom Häuptling oder Priester durchgeführt wurde, galten Jungen als Männer, die Mädchen als Frauen und konnten nun heiraten. Bei der Feier erhielten die

Der Rektor Johann Friedrich Danneil (1783–1868) aus Salzwedel in Sachsen-Anhalt hat 1836 unabhängig von dem dänischen Archäologen Christian Jürgensen Thomsen aus Kopenhagen das sogenannte Dreiperiodensystem entwickelt.

Jungen vermutlich eine Waffe und die Mädchen bronzene – oder sogar goldene – Schmuckstücke.

Um den Gesundheitszustand der bronzezeitlichen Bevölkerung war es meistens schlecht bestellt. In manchen Kulturen hatte mehr als die Hälfte der Menschen irgendwelche körperlichen Mißbildungen und Krankheiten.

Mehr als drei Viertel der Männer und Frauen litten unter Parodontose, über 25 Prozent an Karies. Auch Kiefererkrankungen waren recht häufig. Weniger als ein Fünftel der Männer wurde älter als 40 Jahre. Bei den Frauen, die häufig wegen mangelnder Hygiene nach einer Entbindung starben, überlebte nur jede zwanzigste das 40. Lebensjahr. Schädelverletzungen und -krankheiten versuchte man gelegentlich durch Operationen (sogenannte Trepanationen) zu heilen.

Die bronzezeitlichen Bauern, Handwerker und Krieger in Mitteleuropa lebten in Einzelgehöften, kleinen Dörfern und befestigten Siedlungen (»Burgen«). Letztere wurden auf Bergen mit zum Teil steil abfallenden Hängen errichtet sowie mit Gräben, Wällen und Palisaden befestigt, was unruhige Zeiten vermuten läßt.

In Süddeutschland, Österreich und der Schweiz gab es – wie zuvor in der Jungsteinzeit – auch Seeufersiedlungen (»Pfahlbauten«). Spuren von ihnen kennt man aus der Früh- und Spätbronzezeit. In der Mittelbronzezeit waren die Seeufer offenbar wegen ungünstiger klimatischer Verhältnisse und steigender Wasserspiegel kein idealer Platz für Siedlungen. Die Wände und Dächer der Wohnhäuser und Nebengebäude hatte man überwiegend in Holzbauweise errichtet.

In manchen Gebieten baute man sehr große Häuser, mehrheitlich jedoch viele kleinere. Aus Angelsloo-Emmerhout bei Emmen in der holländischen Provinz Drenthe sind Grundrisse einer Siedlung mit etwa 50 Lang- und Kurzbauten sowie Spei-

Auf dem Gipfelplateau des Ipf bei Bopfingen (Ostalbkreis) in Baden-Württemberg lag während der Urnenfelder-Zeit (etwa 1300/1200 bis 800 v. Chr.) eine befestigte Siedlung. Dieser Abschnitt der Urgeschichte gilt als große Epoche der »Wallburgen«.

chern bekannt. Die Langbauten hatten eine Breite zwischen fünf und sechs Metern sowie eine Länge bis zu 65, in einem Fall sogar bis zu 80 Metern. Die riesigen Häuser waren in je einen Wohn- und Stallteil gegliedert. In Elp, ebenfalls in der Provinz Drenthe, existierte eine Siedlung, die aus sechs Lang- und vier Kurzhäusern sowie drei Stallgebäuden bestand. Das größte Gebäude mit 40 Meter Länge konnte im Stallteil etwa 20 bis 30 Rinder aufnehmen. Die Wohnhütten der Aunjetitzer Kultur in Tschechien und der Slowakei mit Grundrissen von sechs mal vier beziehungsweise neun mal sechs Metern gaben sich wesentlich bescheidener.

Auf Kreta, in Griechenland, auf Sardinien, den Balearen (Mallorca, Menorca), in Spanien, Frankreich und im Karpatenbecken (Ungarn) wurden in der Bronzezeit bereits steinerne Wohngebäude oder -anlagen mit teilweise kolossalen Ausmaßen errichtet.

Zu den erstaunlichsten Leistungen der bronzezeitlichen Baukunst zählten die prachtvollen Paläste von Herrschern der Minoischen Kultur[5] auf Kreta. Hier sind vor allem die Anlagen von Knossos, Phaistos und Hagia Triada zu nennen. Deren Glanz steht in auffälligem Kontrast zu dem Elend der Hütten in weniger entwickelten, gleichzeitigen Kulturen Mitteleuropas.

Der Palast von Knossos aus dem 16. Jahrhundert v. Chr., der ältere Vorgänger hatte, umgab einen 28 mal 60 Meter großen zentralen Hof, der von zahlreichen mehrstöckigen Gebäuden mit vielen Räumen, Pfeilersälen und Lichthöfen umrahmt wurde, die durch enge Korridore und Treppen verbunden waren. Fresken mit Alltagsszenen schmückten viele Wände. Der Palast verfügte über Warmwasserheizung, Badezimmer mit Sitzwannen und Toilette mit Wasserspülung. Diesem Komplex schloß sich eine Stadt mit schätzungsweise 50 000 Einwohnern an.

Weniger prunkvoll fielen die wehrhaften Burgen der Mykenischen Kultur[6] (1600 bis 1100 v. Chr.) auf dem griechischen Festland und einigen Mittelmeerinseln aus. Das berühmteste Beispiel dieses Baustils findet sich in Mykene (auch Mykenä oder Mykenai genannt), nach dem jene Kultur bezeichnet ist. In den Epen des griechischen Dichters Homer residierte Fürst Agamemnon auf Mykene. Besonders trutzig wirkte die auf einem Hügel thronende Burg in der zweiten Hälfte des 14. Jahrhunderts v. Chr., nachdem sie mit »kyklopischen« Mauern verstärkt worden war.

Auch andere Kulturen beziehungsweise Stämme errichteten in der Bronzezeit schon burgenähnliche Befestigungsanlagen mit steinernen Mauern und mitunter sogar Türmen. Derartige Bauwerke kennt man von der El-Argar-Kultur[7] in Spanien, aus dem mediterranen Frankreich und aus dem Karpatenbecken (Ungarn).

In Mitteleuropa gab es überwiegend »Burgen« mit Mauern, deren Holzkonstruktionen man mit Erde und Steinen füllte. Solche Befestigungen sind häufig durch Brände, die durch ungeschicktes Hantieren mit offenem Feuer verursacht oder durch Angreifer gelegt wurden, zerstört worden.

Für die Bauern, Handwerker und Krieger der Bronzezeit war die Jagd nicht mehr lebenswichtig, weil die Ernährung durch Akkerbau und Viehzucht weitgehend gesichert wurde. Dennoch dürfte gelegentlich der Speisezettel durch zur Strecke gebrachte Wildtiere oder Fische bereichert worden sein.

Verkohlte Getreidekörner aus Siedlungen, Gräbern und an Opferstellen sowie Getreidekörnerabdrücke auf Tongefäßen und Hüttenlehm belegen, welche Getreidearten in der Bronzezeit angebaut wurden. Wie in der Jungsteinzeit gab es weiterhin Nacktgerste (*Hordeum vulgare* var. *nudum*), mehrzeilige Gerste (*Hordeum vulgare*), Saatweizen (*Triticum aestivum*), Emmer (*Triticum dicoccon*, früher auch *Triticum dicoccum* genannt) und seltener das ertragsarme Einkorn (*Triticum monococcum*). Hinzu kamen Rispenhirse (*Panicum miliaceum*), Dinkel beziehungsweise Spelt (*Triticum spelta*), der sogar in Gebieten mit niederschlagsreichem und rauhem Klima gedieh, und im südlichen Mitteleuropa auch Kolbenhirse (*Setaria italica*).

Außerdem säte und erntete man allerlei Gemüse, wie Kohl (*Brassica oleracea*) und vielleicht auch Möhren (*Daucus carota*). Eiweißhaltige Hülsenfrüchte – zum Beispiel Linsen (*Lens culinaris*), Erbsen (*Pisum sativum*) und vor allem Ackerbohnen (*Vicia faba*), auch Pferde- oder Saubohnen genannt – wurden immer beliebter. Man verwendete sie vermutlich zur Herstellung von Brei.

Schlafmohn (*Papaver somniferum*) und Flachs (*Linum usitatissimum*) dienten – wie schon in der Jungsteinzeit – zur Gewinnung von pflanzlichem Öl. Der Flachs (Lein) wurde außerdem zur Herstellung von Fasern für Leinengewebe verwendet. Ab der Spätbronzezeit stellte man häufig aus Leindotter (*Camelina sativa*) Öl für technische und Speisezwecke her.

Als eßbare Sammelpflanzen sind Wildäpfel (*Malus sylvestris*), Wildbirnen (*Pyrus pyraster*), Schlehen (*Prunus spinosa*), Trauben von Wildem Wein (*Vitis sylvestris*), Kornelkirschen (*Cornus mas*), Himbeeren (*Rubus idaeus*), Brombeeren (*Rubus fruticosus*), Schwarzer Holunder (*Sambucus nigra*), Haselnüsse (*Corylus avellana*) und Eicheln (*Quercus robur*, *Quercus petraea*) bekannt.

Dicht bei den Einzelgehöften oder Dörfern dürften gartenartige Flächen gelegen haben, etwas weiter davon entfernt die Felder, auf denen Sommer- und Wintergetreide sowie Hülsenfrüchte angebaut wurden. Zum Schutz der Saat und der Frucht auf den Äckern vor Wild- und Haustieren waren Zäune beziehungsweise dichte Hecken erforderlich.

Neben Feldhacken aus Holz oder Hirschgeweih wurden zum Auflockern des Ackerbodens auch hölzerne Pflüge mit Rindern und später auch Pferden als Zugtieren eingesetzt. Bronzezeitliche Hakenpflüge, welche die Erde aufrissen, aber noch nicht wendeten, sind aus Italien (Lavagnone) und eventuell auch aus Deutschland (Walle bei Aurich, s. S. 207) bekannt. Außer den parallel gezogenen Pflugspuren unter Grabhügeln ist der Einsatz des Pfluges durch spätbronzezeitliche Felszeichnungen nachgewiesen.

Die Getreideernte erfolgte in der Frühbronzezeit wohl überwiegend mit Sichelschäften aus Holz oder Hirschgeweih, in die scharfkantige Feuersteinklingen eingeklemmt wurden. Schlagartig mit Beginn der Mittelbronzezeit setzte sich paneuropäisch die aus Bronze gegossene Sichel als Neuheit durch. Es fällt auf, daß dieses Erntegerät erst jetzt in Bronze ausgeführt wurde, obwohl der Werkstoff Bronze schon seit Generationen bekannt

Auf einem Lebensbild von 1921 wurden die Menschen der Bronzezeit als Jäger und Viehzüchter dargestellt. Die Zeichnung stammt aus einem Buch von Karl Schumacher (1860–1934), dem damaligen Direktor des Römisch-Germanischen Zentralmuseums, Mainz.

war. Sicheln sind fast ausschließlich in Depots (früher Horte genannt) gefunden worden. Sie lösten das frühbronzezeitliche Randleistenbeil als Hortungsgut ab.

Die mittelbronzezeitlichen Sicheln weisen als einziger Gegenstand im bronzezeitlichen Inventar ein komplexes Zeichensystem auf, die sogenannten Sichelmarken. Es spricht einiges dafür, daß diese Sichelmarken ein mit kalendarisch-vegetationszyklischen Begriffen verbundenes Mitteilungssystem beinhalteten. Die mondförmige, heilige Gestalt der Sichel, ihr massives und plötzliches Auftreten in Depots, verbunden mit der Beobachtung, daß zwei Drittel aller Markensicheln nie benutzt wurden, lassen die Bronzesichel als Hortgut erscheinen.

Anfangs wurde die Sichel überwiegend als »Hortgeld« an numinöse Mächte für Bitten oder Danksagungen hergestellt und geopfert. Erst in der Jung- und Spätbronzezeit, als die Zusammenstellung der Depots mehr auf dem Materialwert anstatt auf dem Symbolwert der Opfergaben basierte, büßte die Bronzesichel ihre streng genormte Form und auch ihre Funktion als »Hortgeld« ein. Von nun an diente sie vor der Deponierung in der Regel als profanes Ernteschnittgerät.

Wie in der Jungsteinzeit wurden auch in der Bronzezeit die Getreidekörner mit steinernen Handmühlen zerquetscht. Das auf diese Weise gewonnene Mehl mischte man mit Wasser. Der Teig wurde dann in tönernen Backöfen zu Brot gebacken. Solche Backöfen gehörten zu jedem Haushalt.

Neben den schon in der Jungsteinzeit üblichen Haustieren – wie Hund (Canis), Rind (Bos), Ziege (Capra), Schaf (Ovis) und Schwein (Sus) – gewann in der Bronzezeit das Pferd (Equus) immer größere Bedeutung. In der Mittelbronzezeit kam der vom Pferd gezogene Streitwagen auf. Ab der Spätbronzezeit fand das Pferd vermehrt als Reittier von Kriegern Verwendung. Die während der Bronzezeit gehaltenen Schafrassen trugen noch dicke Stichelhaare in der Wolle. Sobald diese beim Spinnen zu Wollfäden zusammengedreht werden sollten, erwiesen sie sich als recht widerspenstig: Sie knickten und spreizten sich mit den Enden aus dem Faden heraus. Das kann man an bronzezeitlichen Kleidungsstücken gut beobachten.

Der wichtigste technische Fortschritt in der Bronzezeit war die Verwendung des neuen Metalls Bronze bei der Herstellung von Werkzeugen, Waffen und Schmuck. Anders als bei Rohkupfer, das man bereits gegen Ende der Jungsteinzeit (auch Kupferzeit[8]

Pferdeschädel aus der mittelbronzezeitlichen Siedlung von Unterhautzenthal in Niederösterreich. Er gehört zum Teilskelett einer Stute mit einer Widerristhöhe zwischen 1,35 und 1,40 Metern. Original im Naturhistorischen Museum, Wien.

genannt) in Europa kannte, ist Bronze wesentlich leichter zu schmelzen, erweist sich dann aber beim Endprodukt als merklich härter. Aus Bronze ließen sich weitaus kompliziertere Geräte anfertigen als aus Stein.

Wo und ab wann Bronze zuerst bewußt hergestellt wurde, ist umstritten. Wahrscheinlich wurde diese neue Legierung aus den Metallen Kupfer und Zinn im Vorderen Orient entdeckt. Die ältesten Bronzegeräte sind aus Mesopotamien, Ägypten und von der Mittelmeerinsel Kreta bekannt. Anscheinend konnte dort der enorme Metallbedarf bald nicht mehr ausschließlich durch eigene Kupfer- und Zinnvorkommen gedeckt werden.

Dies führte offenbar bereits im dritten vorchristlichen Jahrtausend zu Expeditionen von Erzsuchern nach Mittel- und Westeuropa, die wohl überwiegend auf dem Seeweg entlang der Mittelmeerküste erfolgten. Möglicherweise sind bestimmte befestigte Hügelsiedlungen in Südspanien und Portugal von solchen Erzsuchern als Kolonien erbaut worden. Dieser Theorie zufolge haben Kontakte der Erzexpeditionen mit einheimischen Stämmen und das Abreißen der Verbindung zum fernen Mutterland vielerorts selbständige Kulturen der Frühbronzezeit entstehen lassen.

In Mitteleuropa zeigte sich zunächst nur die Bevölkerung weniger Regionen dem neuen Metall gegenüber aufgeschlossen, dessen Kenntnis wahrscheinlich von der Pyrenäenhalbinsel und von Südosteuropa aus durch Wanderhandwerker verbreitet wurde. Hier ist an erster Stelle die gebietsweise in Tschechien und der Slowakei, Mitteldeutschland und Niederösterreich heimische Aunjetitzer Kultur zu nennen. Es wird vermutet, daß von dieser das ideale Mischungsverhältnis von etwa 90 Prozent Kupfer und zehn Prozent Zinn für die Bronze herausgefunden wurde.

Andere frühbronzezeitliche Kulturen in Mitteleuropa waren am nördlichen Oberrhein die Adlerberg-Kultur, südlich der Donau in Bayern die Straubinger Kultur, in Teilen Baden-Württembergs die Singener Gruppe sowie im westschweizerischen und französischen Rhônegebiet die Rhône-Kultur. Um die Zinnvorkommen der Bretagne und Südwestenglands entstand die Wessex-Kultur[9].

In der Mittelbronzezeit setzte sich die Bronzeherstellung und -verarbeitung in weiteren Gebieten durch. Zum Beispiel war sie nun in der von Ostfrankreich bis nach Ungarn verbreiteten Hügelgräber-Kultur sowie gleichzeitig in der nordischen Bronzezeit Skandinaviens und Norddeutschlands üblich. Während der Spätbronzezeit haben bereits alle Kulturen Europas – beispielsweise Urnenfelder-Kultur, Lausitzer Kultur, nordische Bronzezeit – die Bronzegußtechnik beherrscht.

Der Abbau der Erze Kupfer und Zinn, der Guß von verschiedenen Geräten, die Weiterverarbeitung von Bronzebarren zu Werkzeugen und Waffen sowie der Handel mit Bronzeerzeugnissen ließen neue Berufe entstehen: zum Beispiel Bergleute, Gießer, Schmiede und Händler. Holzgeräte, Keramikgefäße, Textilien und Lederwaren sind wohl noch meistens von jeder Familie selbst angefertigt worden, wenngleich es mit zunehmendem Tauschhandel auch hier bald Spezialisten gegeben haben dürfte.

Der Handel in der Bronzezeit erfolgte – mit Ausnahme von Ägypten, Sumer, Babylon, Kreta, Phönikien und erst viel später auch Griechenland – ohne die Kenntnis der Schrift. Da allgemein noch kein Geld gebräuchlich war, beschränkte man sich auf Tauschgeschäfte. Gehandelt wurde mit den Rohmetallen

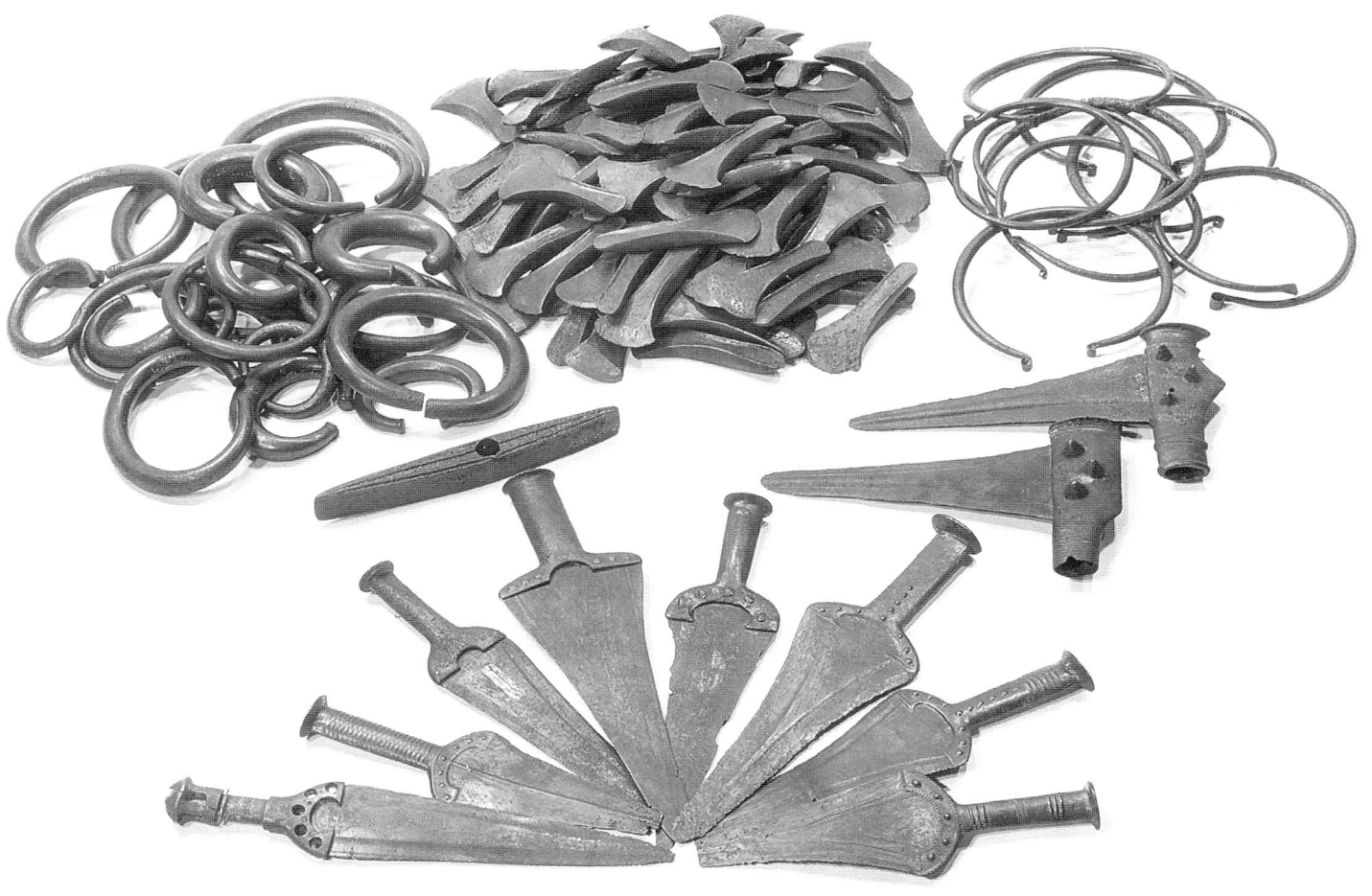

Depot mit 146 Bronzeobjekten der frühbronzezeitlichen Aunjetitzer Kultur (etwa 2300 bis 1600/1500 v. Chr.) aus Guben-Bresinchen (Kreis Spree-Neiße) in Brandenburg. Originale im Brandenburgischen Landesmuseum für Ur- und Frühgeschichte, Potsdam.

Kupfer, Zinn, Gold, Silber, außerdem mit Bronze, besonders kunstvoll gearbeiteten Werkzeugen, Waffen, Gefäßen und Schmuckstücken, Bernstein, Salz und mit Überschüssen aus der Landwirtschaft, wie Saatgut und Haustieren. Vielleicht waren gelegentlich auch Kriegsgefangene als Sklaven Tauschobjekte. Ein Teil der Versteckfunde könnte von wandernden Händlern als Depot angelegt worden sein.

Für den Transport größerer Handelsgüter fanden in der Bronzezeit zunehmend Wagen Verwendung, vor die man Rinder oder Pferde spannte, sowie Boote und Schiffe, die von Ruderern fortbewegt wurden. In dieses Zeitalter fällt auch der früheste Einsatz leichter zweirädriger, von Pferden gezogener Streitwagen, die beispielsweise von den um 1650 v. Chr. in Ägypten einfallenden Kriegern der Hyksôs und außerdem von der Mykenischen Kultur in Griechenland bekannt sind.

Seit etwa 1800 v. Chr. fertigte man in Europa die im Vergleich zu den vorher üblichen schweren Scheibenrädern viel leichteren Speichenräder an. Als einer der frühesten Belege dafür wird ein Fund aus Balkåkra in Schweden gedeutet, den manche Autoren als ein nach 1700 v. Chr. zu kultischen Zwecken gebautes Wagenmodell mit Vierspeichenrädern betrachteten. Das angebliche Wagenmodell soll eine 42 Zentimeter große, kreisrunde Bronzescheibe als Sonnensymbol getragen haben. Andere Experten interpretierten denselben Fund als Trommel (s. S. 217) oder als Altarschmuck.

Ins 16. Jahrhundert v. Chr. werden Abdrücke originalgroßer zehnspeichiger Räder datiert, die in Gräbern (Kurgane genannt) der Andronovo-Kultur[10] von Sintasta im südlichen Transuralien entdeckt wurden. Diese Abdrücke stammen von Speichenrädern, deren Durchmesser bis zu einen Meter aufwies und deren Holz zerfallen war. Darstellungen von Speichenradwagen fand man häufig auf Tongefäßen der jüngeren Ockergrab-Kultur[11] nach 1500 v. Chr. in Rußland. So war in ein Tongefäß aus einem Grab von Suchaja Saratovka im Transwolgagebiet ein zweirädriger Wagen mit Speichenrädern, Deichsel, Joch und zwei Zugpferden eingeritzt.

Besonders häufig finden sich Wagen mit Speichenrädern auf Felsbildern in Südskandinavien und in den Südalpen. Sie wurden zwischen etwa 1800 und 1100 v. Chr. geschaffen. Eine Felsbildgruppe von Frännarp in Schweden zeigt insgesamt etwa ein Dutzend zweirädriger Wagen, die in einer Reihe aufgefahren zu sein scheinen. Sechs davon sind fahrbereit, nämlich mit je zwei Pferden bespannt. Felsbilder von Tanum und aus dem Steinkistengrab von Kivik stellen Zweiradwagen dar, auf denen der Fahrer steht. Andere schwedische Felsbilder wie die von Rished und Langön lassen vierrädrige Wagen erkennen, die lenkbar waren. Zweirädrige Wagen mit Speichenrädern gehören außerdem zum Motivschatz der Felsbilder im norditalienischen Val Camonica, einem etwa 80 Kilometer langen Talabschnitt des Oglio zwischen Tonalepaß und Iseosee.

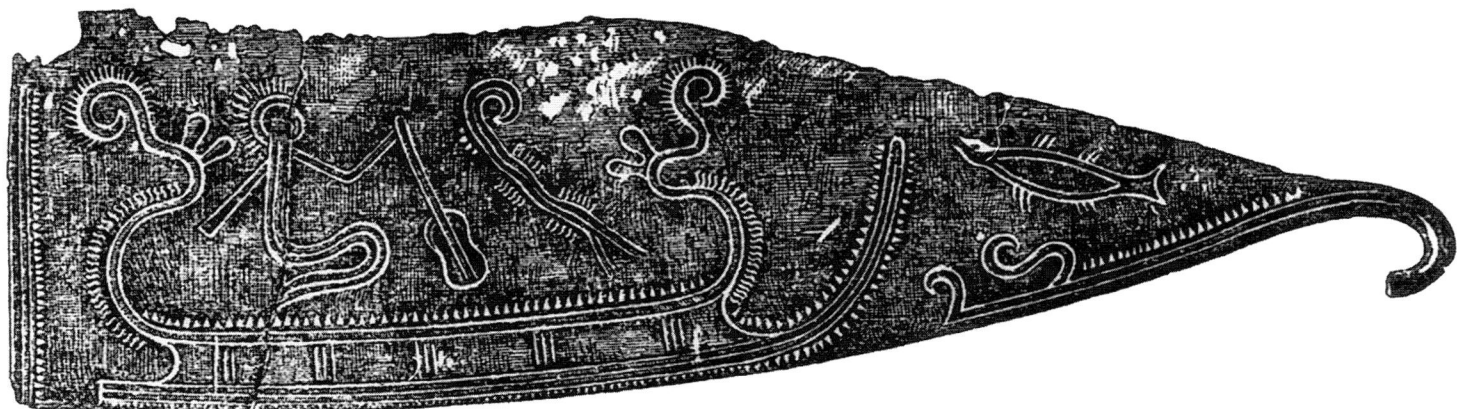

Bronzenes Rasiermesser mit Schiffsdarstellung der jungbronzezeitlichen Stader Gruppe (etwa 1100 bis 800 v. Chr.) aus der Gegend von Bremen. Länge 12,9 Zentimeter. Der Originalfund ging im Zweiten Weltkrieg verloren.

In der Spätbronzeit ab etwa 1200 v. Chr. waren Wagen in der von Ungarn bis Frankreich verbreiteten Urnenfelder-Kultur im Einsatz, wie Reste hölzerner und bronzener Räder sowie von Wagenbeschlägen in Gräbern belegen. Auch im Leben der Skythen in Transkaukasien spielten Wagen eine große Rolle. Die Frauen und Kinder dieser kriegerischen Nomaden wohnten in von Rindern gezogenen Fahrzeugen mit ein bis drei Räumen und Wänden aus Filz, während die Männer meistens zu Pferde ritten. Tonmodelle solcher skythischer Nomadenwagen sind in Gräbern aus der Zeit nach 1000 v. Chr. gefunden worden, beispielsweise in Mengecaura am rechten Ufer des Flusses Kura.

Bei den hochentwickelten Kulturen im östlichen Mittelmeerraum, die zu Beginn der Bronzezeit auf dem Seeweg Expeditionen zur Erzsuche nach Westeuropa entsandten, nahm die Schiffahrt zweifellos eine wichtige Stellung ein. Ihre Seefahrer waren schließlich schon fähig, Schiffe mit großer Mannschaft auf einer küstennahen Route im Mittelmeer zu fernen Gestaden zu rudern.

Ähnlich tüchtige Seefahrer lebten offenbar ab etwa 1600 v. Chr. auch in Südskandinavien. Ohne ihre Aktivitäten sind die völlig übereinstimmenden Funde von Werkzeugen, Waffen und Schmuck beiderseits der Nord- und Ostsee nicht erklärbar. Die auf skandinavischen Felsbildern und bronzenen Rasiermessern jener Zeit dargestellten Schiffe trugen noch keine Segel, wurden also durch Ruder oder Paddel vorwärts bewegt. Mit ihren hochgezogenen, von Spiralen und Tierköpfen gekrönten Steven erinnern diese Gefährte an die sehr viel später konstruierten Drachenschiffe der Wikinger. Auf den ersten Blick ähneln die Darstellungen manchmal eher einem Schneeschlitten, doch Steuerruder und paddelnde Männer schließen eine solche Vermutung aus.

Im Binnenland Europas benutzte man, wie Funde aus Seeufersiedlungen in Deutschland, Österreich und der Schweiz beweisen, Einbäume als Wasserfahrzeuge. Sie wurden durch das Aushöhlen dicker Baumstämme geschaffen.

Die Bekleidung für den Alltag ist in der Bronzezeit vermutlich fast in jedem Haushalt selbst hergestellt worden. Nur die privilegierten Anführer und Priester ließen sich wahrscheinlich besonders prächtige Gewänder anfertigen. Funde von Spinnwirteln, Webstuhlgewichten und Nähnadeln in Frauengräbern lieferten Hinweise dafür, daß das Spinnen von Wolle und das Weben von Stoffstücken mit Webstühlen wohl zum Aufgabenbereich der Frauen gehörten.

Reichbemalte Tonfiguren aus der Mittelminoischen Kultur von Kreta um 2000 bis 1700 v. Chr. führen uns die damaligen Garderoben vor Augen. Demnach begnügten sich die Männer mit einer kurzen Schürze. Die Frauen mit Wespentaille betörten mit einer langen »Krinoline«, die raffinierterweise die Beine bedeckte, jedoch die Brüste unverhüllt zur Schau stellte.

Über die in Nordeuropa übliche Garderobe sind die Prähistoriker besonders gut durch die unter günstigen Umständen erhaltenen Kleidungsreste in Baumsärgen der nordischen Bronzezeit unterrichtet. Nach diesen Funden zu schließen, hatten die Männer keine Hosen an. Dieses Kleidungsstück war in der Bronzezeit allgemein unbekannt. Die Männer trugen einen von der Schulter bis zu den Knien reichenden Rock, der die Schultern nicht bedeckte, von Schulterriemen gehalten und in der Hüfte geschnürt wurde. Als Kopfbedeckung gab es verschieden hohe Filzmützen. Die Füße steckten in sandalenartigen Schuhen mit an den Unterschenkeln kreuzweise gebundenen Lederriemen.

Die Frauen zogen eine einfache Bluse mit halblangen Ärmeln und einen langen weiten Rock an. Der Rock bestand aus einem einzigen Stück Gewebe. Er wurde um die Hüfte geschlungen und von einem Stoffgürtel zusammengehalten. Ob Unterwäsche üblich war, ist unbekannt. Mädchen waren mit einem sehr kurzen Fransenrock bekleidet. Zum Gürtel aus Stoff oder Leder gehörte häufig ein bronzener Gürtelhaken als Verschluß.

Für die wohl unter großem Zeitaufwand zurechtgemachte kunstvolle Frisur wurde ein Netz verwendet. Kämme waren nichts Neues mehr, da diese Toilettegegenstände seit der Jungsteinzeit bekannt sind. Ab der Mittelbronzezeit kamen bronzene Rasiermesser für die Männer und bronzene Pinzetten zum Entfernen lästiger Haare auf.

Wegen der zahlreichen golden glänzenden Bronzeerzeugnisse – darunter auffallend viel Schmuck –, des relativ häufig vorkommenden Goldschmucks sowie einiger anderer Kriterien wird die Bronzezeit zuweilen als das »goldene Zeitalter« der Urgeschichte bezeichnet. In manchen bronzezeitlichen Kulturen waren vor allem die Frauen über und über mit Schmuck behängt.

So trugen die Frauen der frühbronzezeitlichen Aunjetitzer Kultur in Tschechien und der Slowakei bronzene oder goldene Ohrgehänge, Halsketten aus Bernstein- oder Bronzeperlen oder mit Röhrchen aus gerolltem Bronzeblech oder -draht, Halsringe, Gewandnadeln, Armringe oder -spiralen, Manschettenarmbänder, Anhänger und Fingerringe aus Bronze- oder Golddraht.

Nicht minder geschmückt waren die Frauen der Lüneburger Gruppe in der mittleren Bronzezeit. Damals wurden den Damen die Hals-, Arm- und Beinringe vermutlich angeschmiedet, weil man diese wegen der Sprödigkeit der Bronze nicht wiederholt aufbiegen konnte. In der Spätbronzezeit kam zu all diesem Gefunkel noch klappernder Anhängerschmuck hinzu, der wohl weniger dazu gedacht war, Aufsehen bei den Männern zu erregen, als vielmehr Unheil von der Trägerin fernzuhalten. Neben Schmuck aus Bronze gab es aber weiterhin solchen aus Stein, Knochen und Geweih.

Zu den herrlichsten Kunstwerken der Bronzezeit in Europa gehören die Fresken und Stuckreliefs der Minoischen Kultur an den Wänden der Paläste von Knossos und Hagia Triada auf Kreta. Mitteleuropa hat ihnen nichts Gleichartiges entgegenzusetzen. Diese Kunstwerke zeigen Szenen von Palastfesten, Becherträger, Stiere, die Motive »Prinz mit Federkrone« und »Kleine Pariserin« (»Petite Parisienne«), womit ein besonders attraktives Frauenbildnis gemeint ist. Die Kleinplastiken aus Bronze, Fayence (Ton mit bemalter Zinnglasur) und Elfenbein stellen betende Frauen und Männer, Priesterinnen mit Schlangen sowie Athleten dar, die tollkühn einen angreifenden Stier überspringen, indem sie dessen Hörner als Schwungstütze benutzen. Faszinierende Einblicke in das Leben während der Bronzezeit in Europa erlauben daneben vor allem die eingepickten Felsbilder in Frankreich, Italien, in der Schweiz, Schweden, Finnland und Norwegen. Sie informieren über Werkzeuge, Waffen, Jagd, Ackerbau, Viehzucht, Kleidung, Verkehrswesen, Musik, Tanz und Religion.

Die Felsbilder im südfranzösischen Alpental von Marvels beispielsweise zeigen Einritzungen von Bronzedolchen, gehörnten Menschenfiguren und allerlei Symbolen religiösen Inhalts. Die bereits erwähnten Felsbilder im norditalienischen Val Camonica, etwa 80 Kilometer von Brescia entfernt, lassen unter anderem zweirädrige Wagen erkennen. Auf einem Felsbild im schweizerischen Kanton Graubünden sind zahlreiche Symbole, Tiere und ein Reiter zu sehen.

Die Felsbilder in Skandinavien (Schweden, Finnland, Norwegen) zeigen Waffen (Äxte, Speere, Schwerter, Schilde), kämpfende Krieger, Jagdszenen mit Speer oder Pfeil und Bogen, Wildtiere (Lachs, Heilbutt, Wal, Robbe, Schlangen, Kraniche, Schwalben, Elche, Hirsche, Füchse, Bären) und Haustiere (vor Pflüge und vierrädrige Wagen gespannte Rinder, zweirädrige Streitwagen mit Pferden). Weitere Motive sind nackte Männer mit erigiertem Penis, Frauen mit langem Haar und langen Kleidern, Schiffe ohne und mit Besatzung, Lurenbläser, Tanzszenen und zahlreiche religiöse Motive.

Die auf den skandinavischen Felsbildern dargestellten Luren, eine Art von Bronzetrompeten, wurden offenbar nie einzeln, sondern stets paarweise oder gar zu viert geblasen. Sie sind vielleicht zuerst auf den dänischen Inseln hergestellt und verwendet worden, weil von dort besonders viele Funde vorliegen. In Norddeutschland gehören Lurenfunde zu den Ausnahmen.

Die aus mehreren Teilen bestehenden Luren gelten als Meisterwerke bronzezeitlicher Bronzegießer. Ihre Klänge erinnern an jene von Waldhorn und Tenorposaune. Möglicherweise sind sie zu Signalzwecken oder bei kultischen Anlässen verwendet worden. Aus Bronze bestanden auch Trommeln, die man aus Ungarn (Hazfalva) und vielleicht auch aus Schweden (Balkåkra) kennt, sowie Blashörner. Daneben wurde natürlich mit Instrumenten aus Holz (Flöten) musiziert, die aber nur in Ausnahmefällen bis heute erhalten blieben.

Zu Beginn der Bronzezeit ging man in Europa bei der Anfertigung von Tongefäßen und sowohl bei der Formung per Hand als auch bei der Verzierung und beim Brand noch mit großer Sorgfalt zu Werke. In manchen Gebieten verkümmerte danach die Keramik immer mehr, worauf der Begriff »Kümmerkeramik« basiert. Ein wichtiger Grund dafür mag gewesen sein, daß die Bronze als Neuheit erhebliche Aufmerksamkeit erregte, zu vielfältigen Experimenten anregte und die irdenen Gefäße immer mehr in den Hintergrund drängte. Gebietsweise legte man aber auch in der Spätbronzezeit noch Wert auf eine qualitätvolle feine Keramik.

Das neue Metall löste bald den bis dahin für einige Werkzeuge und Waffen verwendeten Stein als Rohstoff ab und ermöglichte neue Formen, wie bronzene Meißel, Beile, Äxte, Dolche, Schwerter, Lanzen- und Pfeilspitzen. Neuschöpfungen gab es des weiteren bei den Schutzwaffen, nämlich bronzene Helme, Schilde, Panzer und Beinschienen. Manche Werkzeug- und Waffenformen waren typisch für bestimmte Stufen der Bronzezeit und dienen deshalb als wertvolle Hilfen für die Gliederung dieses Zeitalters.

Bei den Werkzeugen sind es vor allem die Beilklingen, die eine typologische Abfolge erkennen lassen. Beim sogenannten Randleistenbeil wurden an den Rändern Leisten mitangegossen, um der Schäftung einen besseren Halt zu verleihen. Die Beilklinge schob man in den hölzernen Schaft (Stiel) und band sie fest. Die-

Flottenparade auf der Ostsee in der nordischen Bronzezeit. Die damaligen Schiffe hatten keine Segel. Sie wurden mit Hilfe von Rudern oder Paddeln fortbewegt. Solche Wasserfahrzeuge sind auf Felsbildern und Rasiermessern dargestellt.

Fast vollständig erhaltene bronzene Lure aus der nordischen jüngeren Bronzezeit von Lübzin (Kreis Güstrow) in Mecklenburg-Vorpommern. Länge des Musikinstrumentes 1,67 Meter. Original im Archäologischen Landesmuseum Mecklenburg-Vorpommern, Lübstorf.

ser Typ hatte den Nachteil, daß die Beilklinge mit jedem Schlag tiefer in die Schäftung gedrückt wurde. Deshalb entwickelte man das Absatzbeil, bei dem zwischen den Randleisten noch auf jeder Seite eine Querleiste (Absatz) angegossen ist, die für einen besseren Halt der Beilklinge in der Schäftung sorgte.

Eine weitere Verbesserung war das Lappenbeil, bei dem vier bronzene Lappen von den äußeren Randleisten her den Stiel umfaßten. Den Höhepunkt in dieser Entwicklungsreihe bildete das Tüllenbeil, bei dem das kürzere Ende eines Astknies in die röhrenförmige Tülle der Beilklinge eingeführt wurde. Eine noch festere Bindung erfolgte mittels eines Lederriemens, den man durch eine Öse am Tüllenbeil zog und am langen Stielende befestigte. Derartige typologische Abfolgen sind auch für Dolche, Schwerter und Gewandnadeln charakteristisch.

Zu Beginn der Bronzezeit waren in Mittel- und Nordeuropa bei den Waffen weiterhin Pfeil und Bogen sowie teilweise die steinerne Streitaxt in Gebrauch, daneben in manchen Kulturen auch prächtige, in Steinschlagtechnik angefertigte Feuersteindolche. Allmählich trat aber an die Stelle der steinernen immer mehr die bronzene Streitaxt, welche besonders in Nordeuropa bis zur Spätbronzezeit eine der Hauptwaffen war.

In Ost- und Mitteleuropa wurden zu Anfang der Bronzezeit flache, kurze, sogenannte trianguläre Bronzedolche mit meistens aus Holz hergestelltem Griff üblich. Diese Waffe erfreute sich in der frühbronzezeitlichen Aunjetitzer Kultur Tschechiens, der Slowakei, Mitteldeutschlands und Niederösterreichs großer Beliebtheit. Aus den triangulären Dolchen entwickelten sich gegen Ende der frühen Bronzezeit die Stabdolche (auch Axtdolche, Dolchstäbe oder Dolchäxte genannt), bei denen die bronzene Dolchklinge an einem bronzenen oder hölzernen Stab befestigt wurde. Sie hatten die Form einer Hiebwaffe, dürften aber eher Statussymbole oder Zeremonialgeräte gewesen sein.

Bronzene Lanzenspitzen kamen in Mitteleuropa gegen Ende der Frühbronzezeit in Mode. Vermutlich hat man diese Lanzen, die sowohl für Stöße als auch zum Werfen geeignet waren, hauptsächlich als Fernwaffen verwendet.

Die in Kleinasien schon um 2300 v. Chr. bekannten Bronzeschwerter sind in Europa erst ab der Mittelbronzezeit nachweisbar. Die ältesten Schwertfunde Europas stammen aus der Mykenischen Kultur in Griechenland um 1600 v. Chr. In Mitteleuropa setzten sich Bronzeschwerter kaum hundert Jahre später durch.

Die frühen Bronzeschwerter dienten als Stichwaffe (Rapier). Sie wurden in der Urnenfelder-Zeit ab etwa 1200 v. Chr. durch das Hiebschwert abgelöst. Bei den Stichschwertern war der Griff so kurz, daß der Daumen und der Zeigefinger auf dem Klingenansatz ruhten.

Das Schwert war aus dem Dolch hervorgegangen, dessen Klinge im Laufe der Zeit stetig verlängert wurde. Die Entwicklungsreihe der Schwerter begann mit Griffplattenschwertern, die mit einer trapezförmigen oder einer runden Griffplatte versehen sind. Ein anderer Typ wird Griffzungenschwert genannt. Hierbei ist die Klinge an dem der Hand zugewandten Teil zumeist in Form einer Griffzunge fächerartig erweitert. Die Griffzunge weist Löcher auf, in denen mit Nieten der bronzene oder hölzerne Griff befestigt wurde. Eine weitere Form ist das Vollgriffschwert, bei dem der massive (volle) bronzene Griff mitsamt Klinge aus einem einzigen Stück gegossen wurde.

Je nach der Gestaltung des Griffes und nach besonders charakteristischen Formen von bestimmten Fundorten unterscheidet man noch verschiedene Schwerttypen. So gibt es Schwerter des Typs Riegsee (Fundort in Oberbayern), Dreiwulstschwerter oder Scheibenknaufschwerter, Schalenknaufschwerter, Antennenschwerter mit spiralig aufgerollten Knaufflügeln, die den Fühlern mancher Insekten gleichen, Möriger Schwerter, Auvernier-Schwerter (beide nach Fundorten in der Schweiz benannt) mit Einlagen am Bronzegriff sowie Griffdornschwerter, bei denen der Griff auf einem Dorn der Klinge aufsitzt.

Aus der Zeit nach 1500 v. Chr. ist aus Griechenland der erste Bronzepanzer bekannt. Er wurde in Dendra in der Argolis entdeckt. Solche Schutzkleidungen waren auch in der Spätbronzezeit eher Seltenheiten.

In der Spätbronzezeit kamen in Europa die frühesten bronzenen Helme, Schilde und Beinschienen auf. Zur Ausrüstung eines vornehmen Kriegers der spätbronzezeitlichen Urnenfelder-Kultur gehörten ein Bronze- oder Lederpanzer, ein innen mit Leder gefütterter Bronzehelm, der häufig mit einem Scheitelkamm und Wangenklappen versehen war, sowie ein Bronzeschild und bronzene Beinschienen. Diese Beinschienen sollten vermutlich Verletzungen verhindern, dürften aber andererseits bei der Fortbewegung zu Fuß recht unbequem gewesen sein. Anführer und andere höhergestellte Krieger verfügten damals wohl meistens über ein Reitpferd beziehungsweise einen zweirädrigen Streitwagen. Der Besitz von Reitpferden und Streitwagen ist vor allem durch Zaumzeug- und Wagenreste in Gräbern der Urnenfelder-Kultur belegt.

Ein interessantes Phänomen der Bronzezeit in Europa beruht auf dem radikalen Wechsel der Bestattungssitte. Der jeweilige Modewandel wurde vielleicht durch neue religiöse Ideen, sich vertiefende Kontakte zu fremden Kulturen oder durch kriegerische Ereignisse ausgelöst.

Die Angehörigen der frühbronzezeitlichen Kulturen Mitteleuropas bestatteten ihre Toten vorwiegend in Flachgräbern in der sogenannten Hockerlage, bei der die Beine der Verstorbenen

Reiterspiele in der Bronzezeit auf einem Lebensbild aus dem 1936 erschienenen Buch »*5000 Jahre Deutschland. Germanisches Leben in 620 Bildern*« des deutschen Prähistorikers Jörg Lechler (1894–1969), der in den 1930er Jahren in die USA auswanderte.

zum Körper hin angezogen wurden. Diese charakteristische Körperlage hat zu der Bezeichnung Hockergräber-Kultur oder Hockergräber-Bronzezeit geführt, die heute kaum noch gebräuchlich ist, weil es auch in anderen Zeiten Hockerbestattungen gab.

In der Mittelbronzezeit errichteten die Menschen einiger Kulturen in Europa große Erdhügelgräber mit bis zu 50 Meter Durchmesser und maximal zehn Meter Höhe über ihren in ausgestreckter Lage bestatteten Toten. Daher stammt der Begriff Hügelgräber-Kultur oder Hügelgräber-Bronzezeit.

Ein noch krasserer Wandel des Bestattungsrituals vollzog sich in Europa in der Spätbronzezeit, ab der unvermittelt weithin die Verstorbenen verbrannt und ihre Überreste in Urnen bestattet wurden. An diese neue Bestattungsart erinnert der Name Urnenfelder-Kultur oder Urnenfelder-Zeit. Die Brandbestattung setzte sich damals auch in der nordischen Bronzezeit ab etwa 1200 v. Chr. durch.

Das Totenbrauchtum der Bronzezeit in Europa hatte viele Varianten. Die Angehörigen einiger Kulturen bestatteten ihre Toten in mühsam ausgehöhlten Baumsärgen. Seltsamerweise geschah dies sogar dann noch, als man bereits zur Verbrennung der Verstorbenen übergegangen war. In anderen Kulturen »bezogen« die Toten aufwendige hölzerne Totenhäuser, die stehengelassen oder niedergebrannt wurden. Bei manchen Kulturen legte man großen Wert darauf, die Toten so zu betten, daß sie mit dem Gesicht zur aufgehenden Sonne im Osten blickten.

In etlichen Kulturen herrschte anscheinend der Brauch vor, daß Diener, Witwen oder Kinder vornehmen Verstorbenen in den Tod folgen mußten, um ihnen im Jenseits Gesellschaft zu leisten. Die vielfach üblichen Beigaben von Tongefäßen, zum Teil wohl einst mit Speise und Trank gefüllt, von Werkzeugen, Waffen und kostbarem Schmuck deuten darauf hin, daß es den Verstorbenen auch im Grab an nichts fehlen sollte. Man glaubte also an ein Leben nach dem Tod. Dies gilt ebenfalls für die Zeit, in der die Verbrennung der Toten überwog.

Wie in der vorhergegangenen Jungsteinzeit dominierten in Europa auch in den Religionen der Bronzezeit bäuerliche Fruchtbarkeits- und Naturkulte. Vor allem die Verehrung der Sonne, die teilweise bereits in der Jungsteinzeit praktiziert wurde, spielte eine große Rolle. In manchen Kulturen wurden vermutlich auch Krieger und Kriegsgötter verherrlicht. Viele Stämme opferten zu bestimmten Anlässen neben Tongefäßen, Werkzeugen, Waffen, Schmuck und Tieren sogar lebende Menschen, um Gottheiten für ihre Anliegen gnädig zu stimmen.

Zu den frühesten bronzezeitlichen Fruchtbarkeitskulten in Europa zählt derjenige der Minoischen Kultur auf Kreta. Die Menschen dieser Kultur beteten zur großen Fruchtbarkeits- und Erdgöttin, die zudem als Herrin der ungezähmten Natur und der Unterwelt galt. Ihr heiligstes Tier war die Schlange. Auch in der zeitlich jüngeren Mykenischen Kultur Griechenlands praktizierte man einen Fruchtbarkeitskult, bei dem weiblichen und männlichen Götterbildern (Idolen) gehuldigt wurde, die Fruchtbarkeit symbolisierten.

Der Sonnenkult erreichte in Ägypten eine besonders hohe Blüte. Dort genoß der Sonnengott Amun Re als König unzähliger Götter und Vater der Pharaonen höchste Verehrung. Als Pharao Amenophis IV., der Gatte von Nofretete, 1364 v. Chr. die sichtbare Sonnenscheibe (Aton) zum einzigen Gott und sich selbst zu

DIE BRONZEZEIT

Flurumgang vor 3000 Jahren auf einer Zeichnung von 1936: Der Zug verläßt den heiligen Hain. Musikanten blasen Luren, daneben werden heilige Schilde präsentiert. Hinter dem Kultwagen tragen Priester goldene Schöpfschalen, ihnen folgen Bauern.

dessen Propheten erklärte, leisteten die treuen Anhänger von Amun Re so starken Widerstand, daß sich die neue Idee nicht lange halten konnte.

Das großartigste mit dem Sonnenkult verbundene Bauwerk Europas in der Bronzezeit ist die in ihren Anfängen bis in das dritte vorchristliche Jahrtausend zurückreichende Steinkreisanlage von Stonehenge bei Salisbury in Südengland. Sie diente noch in der Frühbronzezeit bei bestimmten Anlässen, etwa der Sonnenwende, als Schauplatz kultischer Handlungen.

Die Anlage Stonehenge I entstand bereits in der ausgehenden Jungsteinzeit. Stonehenge II dagegen wird von den Prähistorikern in die Frühbronzezeit datiert. Dabei handelte es sich um zwei Steinkreise, von denen der größere den kleineren umgab. Dafür mußten bis zu 20 Meter hohe Steinblöcke aufgerichtet werden. An diese Steinkreise schloß sich eine zwei Kilometer lange Allee von Menhiren (Steinsäulen) an.

Stonehenge III ist die heute noch sichtbare Anlage. Sie bestand aus einem äußeren Kreis von 30 riesigen Monolithen. Auf je zweien dieser Steine ruhte ursprünglich ein waagrechter Block, so daß jeweils ein sogenannter Trilith (Dreistein) gebildet wurde. Der äußere Kreis faßt einen kleineren Zirkel von ähnlichem Aussehen ein. Das Zentrum wird durch einen hufeisenartigen Komplex von Steinen gebildet, der den sogenannten »Altarstein« umrahmte. Auf einigen Steinen von Stonehenge III kann man Gravierungen erkennen.

Geheimnisvolle Zeugen von der Anbetung der Sonne in Europa sind die goldenen Kultpfeiler (»goldene Hüte«) aus Deutschland (Schifferstadt, Etzelsdorf) und Frankreich (Avanton) aus der Zeit zwischen etwa 1400 und 1000 v. Chr. Diese aus hauchdünnem Goldblech in unsäglich vielen Arbeitsstunden angefertigten Kultobjekte haben vermutlich Holzpfähle gekrönt und – wenn das Sonnenlicht auf sie traf – kilometerweit sichtbar die Menschen in ihren Bann gezogen.

Auf besonders viele Hinweise bezüglich der Ausübung des Sonnenkults stieß man unter den Relikten der nordischen Bronzezeit in Südskandinavien und Norddeutschland. Dort entdeckte man nicht nur Felsbilder mit Darstellungen des Sonnenkults, sondern auch bronzene Kultwagen mit aufmontierten vergoldeten oder bronzenen Sonnenscheiben, die bei feierlichen Prozessionen mitgeführt wurden.

Als berühmtester dieser Kultwagen gilt der 60 Zentimeter lange Sonnenwagen von Trundholm bei Nykøbing auf Seeland in Dänemark: Ein bronzenes Pferd auf vier Rädern zieht ein zweirädriges Gefährt mit einer anderthalb Kilogramm schweren, einseitig mit Gold überzogenen Bronzescheibe. Vielleicht symbolisierte die vergoldete Seite der Sonnenscheibe den Tag und die unvergoldete die Nacht. Die Vorstellung, daß die Sonne mit einem Pferdewagen über den Himmel fährt, wird durch viele Mythen überliefert.

Die Trundholmer Sonnenscheibe ist auf beiden Seiten mit eingravierten Spiralen und konzentrischen Kreisen verziert. In der Schwanztülle des Pferdes klebten bei der Auffindung noch Pechreste, vielleicht steckten in ihr einst echte Roßhaare. Fragmente von Sonnenwagen kamen des weiteren in Jægersborg Hegn auf Seeland und in Tågaborg auf Schonen in Schweden zum Vorschein.

Im Zusammenhang mit dem Sonnenkult haben vielleicht auch aufwendig verzierte Scheiben und Gefäße aus hauchdünnem Goldblech gestanden, die in Deutschland gefunden wurden. Goldgefäße kennt man aus verschiedenen bronzezeitlichen Kulturen.

Auf skandinavischen Felsbildern kommt der Sonnenkult in Szenen zum Ausdruck, die Sonnensymbole in der Form vier- oder mehrspeichiger Räder wiedergeben. Solche Sonnensymbole wurden auf Schiffen transportiert, von Männerfiguren getragen und von Betenden (Adoranten) verherrlicht. Als mutmaßliche Götterbilder diskutiert man die sehr zahlreichen Darstellungen von Fußsohlen. Die unsichtbare Gottheit durfte vielleicht nur auf diese Weise angedeutet werden. Auch die vielfach leeren Schiffe und Wagen versucht man mit der Ankunft des unsichtbaren Gottes, versinnbildlicht durch sein leeres Transportmittel, zu erklären.

Mit dem Kult in Verbindung gebracht werden auch andere Darstellungen seltsamer Szenen. Dazu gehört unter anderem ein Felsbild von Kallsängen in Schweden, auf dem Männer mit Vogelköpfen und Schwingen als Kraniche verkleidet sind. Ein Felsbild von Gerum in Schweden könnte ebenfalls kultische Aktivitäten zum Thema haben: Einige an Seilen hängende Männer lassen sich von der Spitze eines hohen Mastes immer tiefer herunter und wirbeln um diesen in zunehmend größeren Spiralen herum, bis sie fast den Boden berühren. Auf der Mastspitze steht ein Mann mit erhobenen Händen. Auch die am Fuße des Mastes tanzenden Menschen haben die Hände nach oben gerichtet.

Es hat den Anschein, daß die Angehörigen der in Europa weitverbreiteten spätbronzezeitlichen Urnenfelder-Kultur ebenfalls Anhänger des Sonnenkults waren. Denn auch deren Werkzeuge, Waffen, Schmuckstücke und Kultobjekte sind sehr häufig mit Kreis- und Spiralverzierungen versehen, die man als Sonnensymbole interpretiert.

Ereignisse während der Bronzezeit

Um 2500 v. Chr.: In Mesopotamien, Ägypten und auf der Mittelmeerinsel Kreta nimmt die Bronzezeit ihren Anfang.[1]

Um 2500 v. Chr.: Auf Kreta beginnt die nach dem legendären König Minos benannte Minoische Frühzeit. Minos gilt in der griechischen Mythologie als Sohn des Göttervaters Zeus und der Europa.

2300 v. Chr.: In weiten Teilen des südlichen Mitteleuropas beginnt die Frühbronzezeit (bis 1600 v. Chr.).

Ab 2300 v. Chr.: Troja II wird erbaut. Aus dieser Zeit stammt der »Schatz des Priamos«.

Um 2200 v. Chr.: Die ursprünglich südlich des Vansees beheimateten Churriter (Hurriter) treten erstmals in Nord-Assyrien auf.

Um 2155 v. Chr.: Während der Regierungszeit von Pharao Phiops II. bricht das Alte Reich in Ägypten zusammen.

2134–2040 v. Chr.: In der sogenannten Zwischenzeit zerfällt in Ägypten das Reich in das kulturell hochstehende Unterägypten mit dem Zentrum Herakleopolis und in das von Streitigkeiten thebanischer Fürsten betroffene Oberägypten.

2047 v. Chr.: Der neusumerische König Urnammu (Ur-Nammu) gründet die 3. Dynastie in Ur. Der erste »König von Akkad und Sumer« schuf von Ur aus ein zentral verwaltetes Reich in Babylonien.

2040 v. Chr.: Der thebanische Pharao Mentuhotep I. erobert Unterägypten und vereinigt dieses Reich mit Oberägypten zum Mittleren Reich.

2000 v. Chr.: Auf der Mittelmeerinsel Kreta setzt die Mittelminoische Kultur (bis 1400 v. Chr.) ein. Dies ist die Zeit der fürstlichen Stadtpaläste.

2000 v. Chr.: Die Amoriter und die Kanaanäer wandern nach Mesopotamien ein, zerstören Ur und bilden die Kleinstaaten Isin, Larsa und Babylon.

Um 2000 v. Chr.: Die Churriter (Hurriter) erscheinen im östlichen Tigrisland.

1950 v. Chr.: Auf dem griechischen Festland wandern die Ionier und Aioler (auch Achaier genannt) ein. Damit beginnt die Mittelhelladische Epoche, die bis etwa 1600 v. Chr. dauert.

1894 v. Chr.: Samuabum begründet die Dynastie der in der Bibel erwähnten Amoriter (Ostkanaanäer). Das Altbabylonische Reich beginnt.

1878 v. Chr.: Der ägyptische Pharao Sesostris III. erobert Nubien.

Um 1800 v. Chr.: Fürst Anitta erobert die Stadt Hattusa in Anatolien und gründet das Reich der Hethiter (Hatti).

1792 v. Chr.: Der König der Amoriter, Hammurabi (auch Chammurapi oder Hammurapi genannt), errichtet mittels Kriegszügen und geschickter Bündnispolitik ein ganz Mesopotamien umfassendes Reich. Auf ihn geht der Kodex Hammurabi, die wichtigste Rechtssammlung des Alten Orients, zurück.

1650 v. Chr.: In Ägypten beginnt die sogenannte 2. Zwischenzeit. Während dieses Abschnitts herrschen die 15., 16. und 17. Dynastie bis 1552 v. Chr. In dieser Zeit fallen die Hyksôs im Osten des Nildeltas in Ägypten ein. Sie bringen Pferde und

Detail auf der Rückseite der sogenannten Mosaikstandarte von Ur – eine Einlegearbeit auf Holz aus der frühsumerischen Zeit um 2500 bis 2350 v. Chr. Länge 47 Zentimeter, Höhe 22 Zentimeter. Original im British Museum, London.

Kampfwagen mit und bilden eine eigene Herrenschicht. Von der Hauptstadt Auaris aus regieren die Hyksôs als 15. und 16. Dynastie (sogenannte Große und Kleine Hyksôs) über Ägypten.

1640 v. Chr.: König Labarna I. gründet das Alte Hethiterreich mit der Hauptstadt Kussara. Sein Nachfolger Hattusili I. verlegt die Residenz nach Hattusa.

1600 v. Chr.: Auf der Mittelmeerinsel Kreta beginnt die Spätminoische Kultur (bis 1400 v. Chr.).

1600 v. Chr.: Auf dem griechischen Festland beginnt die Späthelladische Epoche.

1600 v. Chr.: Im südlichen Mitteleuropa beginnt die Mittelbronzezeit – gebietsweise auch Hügelgräber-Bronzezeit genannt (bis 1300/1200 v. Chr.).

1595 v. Chr.: Der Hethiterkönig Mursilis I. stürzt die Dynastie der Amoriter in Babylon, womit das Altbabylonische Reich endet. Nach dem Rückzug der Hethiter herrschen die iranischen Kassiten in Babylon.

1551 v. Chr.: Das Neue Reich in Ägypten beginnt. Während dieser Zeit herrschen die 18., 19. und 20. Dynastie bis 1070 v. Chr. Pharao Ahmose vertreibt die Hyksôs großenteils nach Palästina und begründet die 18. Dynastie. Seine Nachfolger Amenophis I. und Thutmosis I. vergrößern das Reich bis zum 3. Nilkatarakt (Stromschnelle) im Süden und bis zum oberen Euphrat im Norden.

Um 1550 v. Chr.: Die Arier fallen in die Gangesebene und danach in zwei Wellen auch in den Iran (Land der Arier) ein.

1500 v. Chr.: In Norddeutschland und im südlichen Skandinavien beginnt die nordische ältere Bronzezeit (bis 1200 v. Chr.).

Um 1500 v. Chr.: Die Churriter (Hurriter) gründen das Reich Mitanni (Chanigalbat oder Land Churri genannt). Es erstreckt sich bis an die Grenzen des Hethiterreichs und des ägyptischen Reichs in Nordostsyrien. Hauptstadt ist Wassukanni.

1490 v. Chr.: Thutmosis III. wird Pharao in Ägypten. Aufgrund seiner Minderjährigkeit übernimmt Hatschepsut, die Witwe des vorherigen Pharaos Thutmosis II., die Regentschaft. 1488 tritt Hatschepsut in die vollen Rechte Pharaos ein. Ab 1468 herrscht Thutmosis III. allein über Ägypten. Das Ende von Hatschepsut ist unklar. Im selben Jahr besiegt Thutmosis III. in der Schlacht bei Meggido die Syrer und Palästinenser und erobert Phönikien und Palästina.

1450 v. Chr.: Ein Vulkanausbruch auf der Mittelmeerinsel Santorin (Thera) verursacht eine verheerende Flutwelle.

1450 v. Chr.: Krieger aus Mykene vom griechischen Festland besetzen auf der Mittelmeerinsel Kreta die Hauptstadt Knossos.

1402 v. Chr.: Ägypten schließt Frieden mit dem Mitanni-Reich der Churriter (Hurriter).

1400 v. Chr.: Die Minoische Kultur auf Kreta geht unter. Der Palast von Knossos wird durch ein Erdbeben oder durch die Achaier vom griechischen Festland zerstört.

Ab 1400 v. Chr.: Nach einer kurzen Blüte der Achaischen Burgen-Kultur auf dem griechischen Festland erfolgt ein »Rückfall in die Steinzeit«. Die nomadischen Ackerbauern kommen mit der Ackerbauwirtschaft in den eroberten Gebieten nicht zurecht.

1380 v. Chr.: König Suppiluliuma I. (Schuppiluliuma) festigt die Herrschaft der Hethiter in Anatolien, führt Kriegszüge gegen die Churriter (Hurriter), bei denen er weit nach Nordmesopotamien und Nordsyrien vorstößt, und gründet so ein Imperium.

1364 v. Chr.: Der ägyptische Pharao Amenophis IV., der mit Nofretete verheiratet ist, erklärt die Sonnenscheibe (Aton) zum einzigen Gott. Als Prophet Atons nennt er sich Echnaton und verlegt seine Residenz nach Achet-Aton (»Lichtberg des Aton« – Al Amarna). Als die gewaltsame Durchsetzung seiner religiösen Vorstellungen mißglückt, stürzt Ägypten außen- und innenpolitisch in eine schwere Krise. Nach dem Tod Echnatons leben die alten Kulte wieder auf.

Um 1362 v. Chr.: Assur-Ubalit I. von Assur erkämpft die Unabhängigkeit vom Mitanni-Reich der Churriter (Hurriter). Damit schafft er die Grundlagen für das assyrische Großreich.

1355 v. Chr.: Kriegerische Einfälle der Hethiter und Assyrer besiegeln das Ende des Mitanni-Reichs der Churriter (Hurriter).

1306 v. Chr.: In Ägypten beginnt die Ramessiden-Zeit (19. und 20. Dynastie), in der bis 1070 v. Chr. mehrere Pharaonen mit dem Namen Ramses regieren.

Der ägyptische Pharao Amenophis IV. (Echnaton) bringt dem Gott Aton ein Opfer dar. Detail auf einem um 1350 v. Chr. hergestellten Flachrelief aus Achet-Aton beziehungsweise Al Amarna. Original im Nationalmuseum, Kairo.

1300/1200 v. Chr.: Im südlichen Mitteleuropa nimmt die Spätbronzezeit (bis 800 v. Chr.) ihren Anfang.

1290 v. Chr.: Die Herrschaft des ägyptischen Pharaos Ramses II. beginnt. Er gründet im Osten des Nildeltas die neue Residenz Ramses-Stadt.

1285 v. Chr.: In der Schlacht von Kadesch am Fluß Orontes werden die Ägypter unter Pharao Ramses II. bei einem Vorstoß nach Syrien von den Hethitern zurückgeschlagen.

1270 v. Chr.: Der ägyptische Pharao Ramses II. und der Hethiterkönig Hattusil schließen einen Nichtangriffspakt und ein Bündnis. Syrien wird geteilt, der Fluß Orontes bildet die Grenze.

1250 v. Chr.: Die Israeliten verlassen unter der Führung von Moses das Reich Ägypten (Exodus). Hierüber berichtet das 2. Buch Moses im Alten Testament der Bibel.

1240 v. Chr.: Die Mykener zerstören die im Werk des griechischen Dichters Homer geschilderte Stadt Troja (Ilion). Deren Ruinenhügel (Hisarlik) wurde durch Heinrich Schliemann aufgrund der Angaben Homers entdeckt und 1870 bis 1894 ausgegraben.

1230 v. Chr.: Barbaren aus dem Norden wandern nach Griechenland ein, vernichten die Festungen und Paläste und plündern die Kuppelgräber. Dies bedeutet den Untergang der Mykenischen Kultur auf dem griechischen Festland.

1200 v. Chr.: In Norddeutschland und im südlichen Skandinavien beginnt die nordische mittlere Bronzezeit (bis 1100 v. Chr.).

1200 v. Chr.: Die Dorer, die um 2000 v. Chr. das nordgriechische Bergland besiedelt haben, rücken zum Peleponnes vor und setzen teilweise auf die Mittelmeerinseln Kreta und Rhodos über. Ein Stamm der mykenischen Griechen, die Achaier, wandert nach Lesbos und in die Aiolis. Die Ionier setzen sich in Attika, auf Euböa sowie den Kykladen fest und kolonisieren die Westküste Kleinasiens.

1200 v. Chr.: »Seevölker« unbekannter Herkunft vernichten das Hethiterreich.

1200 v. Chr.: Die Israeliten teilen das eroberte Ost- und Westjordanland unter ihre zwölf Stämme auf. Damit beginnt die »Zeit der Richter«.

1200 v. Chr.: Die Philister gelangen mit der Wanderung der »Seevölker« an die Grenzen Ägyptens. Sie gründen an der Mittelmeerküste Palästinas den Fünfstädtebund Philistäa mit den Zentren Gasa, Ashdod, Askalon, Ekron und Gath.

Etwa 1200–1100 v. Chr.: Die Italiker und Illyrer wandern in das Gebiet des heutigen Italien ein.

1184 v. Chr.: Der ägyptische Pharao Ramses III., der Begründer der 20. Dynastie, drängt die Libyer und die »Seevölker« an der ägyptischen Ostgrenze zurück, muß aber Palästina aufgeben.

1160 v. Chr.: Die Elamiter bereiten der Herrschaft der Kassiten in Babylon ein Ende.

1128 v. Chr.: Der babylonische König Nebukadnezar I. – in der Bibel Nabuchodonosor genannt – verjagt die Elamiter und sichert vorübergehend die Einheit des Babylonischen Reichs.

Auszug der Israeliten aus Ägypten unter der Führung von Moses – hier der Marsch durch das Rote Meer auf einem um 1515/18 entstandenen Fresko von Raffael. Original aus einem Freskenzyklus in den Loggien des Vatikans.

1112 v. Chr.: Unter König Tiglatpileser I. wird Assur erneut zur Weltmacht.

1100 v. Chr.: In Norddeutschland und im südlichen Skandinavien beginnt die nordische jüngere Bronzezeit (bis 800 v. Chr.).

Um 1100 v. Chr.: Phönikische Seefahrer und Kaufleute gründen an der spanischen Südküste die Kolonie Gadis (das heutige Cádiz).

1075 v. Chr.: Das Neue Reich in Ägypten geht zu Ende. Ägypten zerfällt in zwei Machtbereiche: demjenigen der Hohenpriester des Gottes Amun in Theben und dem der Pharaonen in Tanis.

1054 v. Chr.: Die Aramäer fallen in Assur ein und führen dessen Niedergang herbei.

1050 v. Chr.: Der Druck der Philister und Ammoniter eint die zwölf Stämme Israels, deren erster König Saul wird.

1004 v. Chr.: Israels König Saul stirbt im Kampf gegen die siegreichen Philister. Sein Nachfolger David schlägt die Philister und nimmt die bis dahin unbezwingbare Stadtburg der Jebusiter namens Jebus ein. Jebus wird in »Davids Stadt« (Jerusalem) umbenannt und Hauptstadt.

Um 1000 v. Chr.: In Nord-Guatemala (Péten), auf der Halbinsel Yucatan und in Honduras (Mittelamerika) strebt die voreuropäische Kultur der Maya ihrem Höhepunkt entgegen.

Ab 1000 v. Chr.: Tyros übernimmt die Führung im Stadtstaatenbund Phönikien.

969 v. Chr.: Phönikien erlebt unter König Hiram von Tyros eine Blütezeit.

964 v. Chr.: Nach dem Tod Davids wird dessen Sohn Salomo neuer König der Israeliten. In seiner Regierungszeit reicht Israel – mit Ausnahme Philistäas – von der Küste des Mittelmeers bis zum Euphrat und im Süden bis an die Grenzen Ägyptens.

Um 950 v. Chr.: Einwandernde Dorer gründen Sparta (Lakedaimon).

EREIGNISSE WÄHREND DER BRONZEZEIT

Krieger des assyrischen Königs Assurnasipal II. belagern eine Stadt – Darstellung auf einem Steinrelief aus dem neunten vorchristlichen Jahrhundert im Palast des Assurnasipal II. in Nimrud. Original im British Museum, London.

945 v. Chr.: Der libysche Söldnerführer Scheschonk I. begründet in Ägypten die 22. Dynastie. Die libyschen Dynastien behaupten sich bis 715 v. Chr. Nubier und Assyrer fallen in Ägypten ein.

932 v. Chr.: Unter König Assur-Dan II. und dessen Nachfolgern erlebt Assyrien eine abermalige Expansion.

926 v. Chr.: Nach dem Tod des israelitischen Königs Salomo zerfällt das Reich aufgrund von Kontroversen zwischen den Nord- und Südstämmen in das Nordreich Israel und das Südreich Juda. Hauptstadt Israels wird zunächst Sichem, gefolgt von Penuel, Tirza und Samaria. Hauptstadt Judas war Jerusalem.

925 v. Chr.: Die Ägypter unter Pharao Scheschonk I. (in der Bibel Sisak genannt) plündern Jerusalem.

883 v. Chr.: Der assyrische König Assurnasipal II. kämpft erfolgreich gegen die Aramäer und bezwingt alle Völker bis zu phönikischen Küste. Kalach bei Ninive wird seine neue Residenz.

878 v. Chr.: König Omri baut Samaria zur Hauptstadt und zum religiösen Zentrum Israels aus.

871 v. Chr.: Die Könige Achab, der die phönikische Prinzessin Iesebel zur Frau nahm, und Joram führen in Israel phönikische Götter und den Kult des semitischen Wetter- und Himmelsgottes Baal ein. Der Prophet Elias aus dem Südreich Juda bekämpft die Dynastie Omri.

845 v. Chr.: Jehu beseitigt in einer Revolution die israelitischen Könige Joram und Iesebel aus der Dynastie Omri und wird zehnter König von Israel. Außerdem verbietet er den phönikischen Baalskult. Um sich vor den Staaten Juda und Tyros zu schützen, entrichtet Jehu Tribut an die Assyrer.

814 v. Chr.: Die phönikische Stadt Tyros gründet am Golf von Tunis in Nordafrika die Kolonie Karthago. Sie dient als Zwischenstation für die phönikische Handelsflotte auf dem Weg nach Südspanien.

800 v. Chr.: In weiten Teilen Mitteleuropas endet die Bronzezeit und beginnt die Vorrömische Eisenzeit – auch Hallstatt-Zeit genannt (bis 450 v. Chr.).

500 v. Chr.: Auch in Skandinavien und in Norddeutschland endet die Bronzezeit. Im südlichen Mitteleuropa herrscht bereits die Vorrömische Eisenzeit (Hallstatt-Zeit).

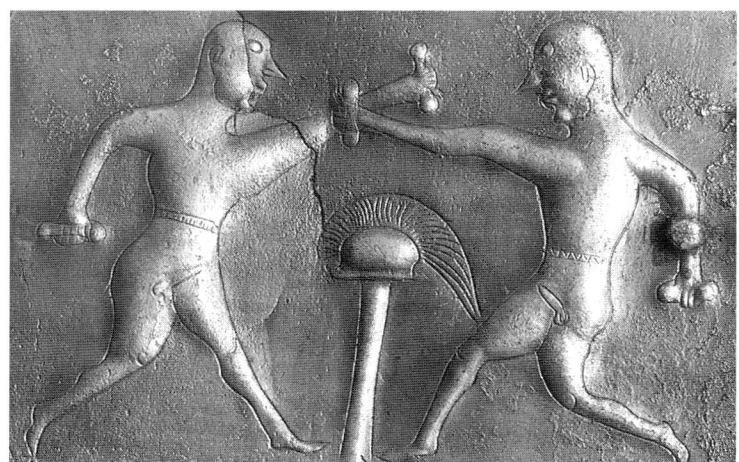

Wettkampfszene auf einem bronzenen Gürtelblech aus der Hallstatt-Zeit (etwa 800 bis 450 v. Chr.) von Magdalenska gora in Slowenien. Kopie im Römisch-Germanischen Zentralmuseum, Mainz.

Die Frühbronzezeit in Deutschland
Abfolge und Verbreitung der Kulturen und Gruppen

Die Frühbronzezeit (Bronzezeit A) wurde in Deutschland zunächst in eine ältere Stufe (A1) und in eine jüngere Stufe (A2) unterteilt. Jene Gliederung aus dem Jahre 1924 geht auf den damals in München arbeitenden Prähistoriker Paul Reinecke (1872–1958) zurück. Er hatte sie anfangs nur als Unterteilung der Straubinger Kultur vorgesehen, später wurde sie von anderen Autoren auf frühbronzezeitliche Kulturen in Süd- und Mitteldeutschland übertragen.

Heute teilt man die Frühbronzezeit entweder in drei Abschnitte (Stufen A1, A2, A3) oder in vier Abschnitte (Phasen 1, 2, 3, 4) ein. Einer der ersten, der eine Dreigliederung vorschlug, war 1957 der damals in München tätige Prähistoriker Rudolf Hachmann. Die Gliederung in vier Abschnitte wurde 1964 durch den Münchener Prähistoriker Rainer Christlein (1940–1983) vorgenommen.

In Mitteldeutschland gab die Aunjetitzer Kultur (s. S. 44) den Auftakt zur Frühbronzezeit. Diese existierte etwa von 2300 bis 1600/1500 v. Chr.[1] Die Aunjetitzer Kultur war in der Stufe A1 in Thüringen, Sachsen und Sachsen-Anhalt heimisch. In der Stufe A2 breitete sie sich auch ins östliche Niedersachsen und nach Brandenburg aus. Die Funde der Aunjetitzer Kultur in Mecklenburg-Vorpommern sind lediglich Importe.

Im östlichen Süddeutschland begann die Frühbronzezeit mit der Straubinger Kultur (s. S. 56). Sie behauptete sich ungefähr von 2300 bis 1600 v. Chr. in Südbayern (Niederbayern, Oberbayern sowie teilweise in der Oberpfalz und Schwaben). Ihr jüngerer Abschnitt wird auch als Langquaid-Stufe (s. S. 56) bezeichnet.

Westlich an die Straubinger Kultur grenzte die Singener Gruppe (s. S. 62) an. Sie existierte in südlichen Teilen Baden-Württembergs um 2300/2200 bis 1800 v. Chr. Die etwa gleichaltrigen Gräber am Ober- und Hochrhein werden der Oberrhein-Hochrhein-Gruppe (s. S. 65) zugerechnet. Zwischen etwa 1800 und 1600 v. Chr. war gebietsweise im südlichen Baden-Württemberg und in Bayern die Arbon-Kultur (s. S. 66) verbreitet.

Im Nördlinger Ries und im oberen Altmühltal bei Treuchtlingen unterschied sich die Ries-Gruppe (s. S. 75) vor allem durch ihre Grab- und Bestattungssitten von der teilweise gleichzeitigen Straubinger Kultur. Erstere Kulturstufe dauerte ungefähr von 2300/2200 bis 1800 v. Chr. Im mittleren Neckarland behauptete sich um 2300/2200 bis 1800 v. Chr. die Neckar-Gruppe (s. S. 76).

Nördlich der Neckar-Gruppe schloß sich in Südwestdeutschland die Adlerberg-Kultur (s. S. 78) an. Sie hielt sich etwa von 2300/2200 bis 1800 v. Chr. gebietsweise in Rheinland-Pfalz, Hessen und im nördlichen Baden-Württemberg (Nordbaden).

Während der Frühbronzezeit gab es ein deutliches Kulturgefälle zwischen Norddeutschland und Nordrhein-Westfalen auf der einen Seite sowie Süd- und Mitteldeutschland auf der anderen Seite. Der Norden war damals in metalltechnischer Hinsicht rückschrittlicher als der Süden, wo die Neuerungen der Metallurgie früher Fuß faßten. Dies ist der Grund dafür, daß in Norddeutschland und in Nordrhein-Westfalen die Frühbronzezeit später begann als in Süd- und Mitteldeutschland. Im Norden existierten während der süddeutschen Frühbronzezeit noch Kulturen auf dem Niveau der späten Jungsteinzeit, allerdings mit einer zur Vollendung geführten Feuerstein-Technik.

Im östlichen Westfalen, im westlichen mittleren Niedersachsen und im südlichen Schleswig-Holstein markierte der Sögel-Wohlde-Kreis (s. S. 84) den Auftakt der Frühbronzezeit. Er ist von etwa 1600 bis 1500 v. Chr. nachweisbar und entspricht der frühen mittelbronzezeitlichen Hügelgräber-Kultur im Süden und Südosten.

In Mecklenburg-Vorpommern gab es von etwa 1800 bis 1500 v. Chr. die nordische frühe Bronzezeit (s. S. 90), die auch frühe Bronzezeit des Nordischen Kreises genannt wird. Sie beginnt mit einer Art Phasenverschiebung um eine Bronzezeitstufe später als die süd- und mitteldeutsche Frühbronzezeit. Die nordische frühe Bronzezeit entspricht der Periode I in der Chronologie des schwedischen Prähistorikers Oscar Montelius (1843 bis 1921).

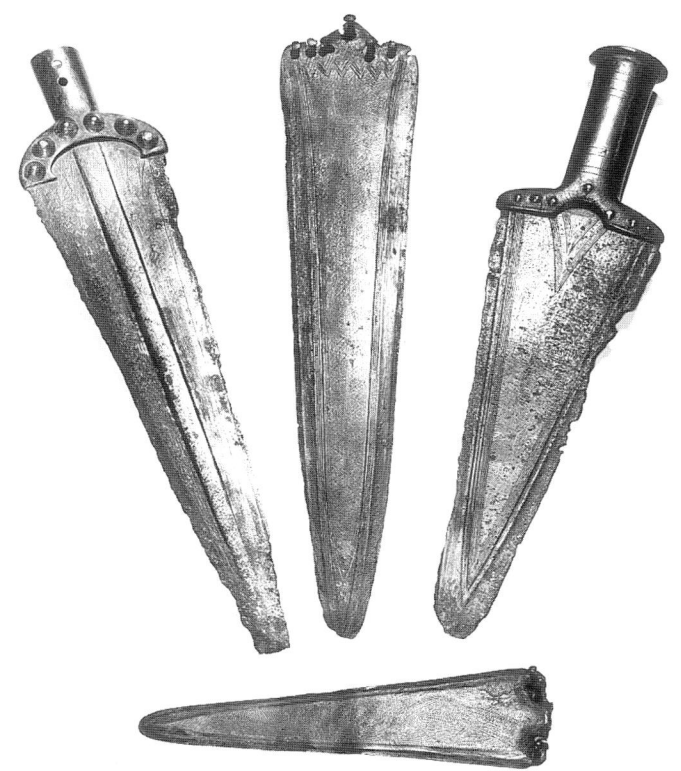

Importstücke aus dem Gebiet der Aunjetitzer Kultur: zwei verzierte Vollgriffdolche und zwei der insgesamt drei Stabdolchklingen aus dem Depot von Gau-Bickelheim (Kreis Alzey-Worms) in Rheinland-Pfalz. Länge des Dolches oben links 35 Zentimeter. Originale im Museum Wiesbaden.

Bronzegießer, »Fürsten« und Kannibalen
Die Aunjetitzer Kultur

Als Dr. med. Čeněk Rýzner (1845–1923) in den 1870er Jahren im böhmischen Únětice (Aunjetitz) ein urgeschichtliches Gräberfeld untersuchte, ahnte er nicht, welche Bedeutung dieses einmal erlangen würde. Denn nach jenem Fundort mit 31 Gräbern hat man später eine der wichtigsten Kulturen der Frühbronzezeit benannt. Rýzner, der Distriktsarzt von Roztoky bei Prag und Heimatforscher war, publizierte 1880 seine Ausgrabungsergebnisse und verzichtete dabei auf einen Kulturbegriff. Ungeachtet dessen sprachen einige Prähistoriker am Ende des 19. Jahrhunderts spontan von Funden oder Gräbern des Typs Únětice. Der Name »Úněticer Kultur« tauchte erstmals in dem 1910 erschienenen *»Handbuch der Tschechischen Archäologie«* auf. Das Werk wurde von den Prager Prähistorikern Karel Buchtela (1864–1946, s. S. 444) und Lubor Niederle (1865–1944, s. S. 446) verfaßt. Der Ausdruck »Úněticer Kultur« ist heute noch in Tschechien und in der Slowakei gebräuchlich. In Deutschland und Österreich dagegen verwendet man den deutschsprachigen Begriff »Aunjetitzer Kultur« oder »Aunjetitz-Kultur«.

Es gab aber auch Versuche, noch andere Namen in die Fachliteratur einzuführen. Doch der nach dem mährischen Fundort Měnín (Mönitz) geprägte Name »Mönitzer Kultur«[1] konnte sich auf Dauer ebensowenig durchsetzen wie der auf einem mitteldeutschen Fundort fußende Ausdruck »Leubinger Kultur«[2].

Die Aunjetitzer Kultur ist gegen Ende der Jungsteinzeit aus der Glockenbecher-Kultur[3] und der Schnurkeramischen Kultur[4] hervorgegangen. Weil die Aunjetitzer Leute die Gewinnung sowie die Verarbeitung von Kupfer und Bronze beherrschten, markiert ihre Kultur den Beginn der Frühbronzezeit.

Nach heutiger Kenntnis existierte die Aunjetitzer Kultur von etwa 2300 bis 1600/1500 v. Chr. Sie war während der Frühstufe in Böhmen, Mähren, der Südwestslowakei, Schlesien, Niederösterreich (s. S. 99), Thüringen, Sachsen und Sachsen-Anhalt verbreitet. In der Spätstufe gab es sie auch im östlichen Niedersachsen sowie in Brandenburg und im Südwesten Großpolens.

Die ältesten Funde aus der Frühstufe in Mitteldeutschland (Thüringen, Sachsen, Sachsen-Anhalt) sind etwas jünger als die ältesten Hinterlassenschaften in Mähren, dem Kerngebiet der Aunjetitzer Kultur. Nach Ansicht der meisten Prähistoriker sind die Aunjetitzer in Mitteldeutschland aber nicht etwa geschlossen aus Mähren oder Böhmen eingewandert. Vielmehr machte sich im wesentlichen die einheimische Bevölkerung die Errungenschaften der Aunjetitzer aus dem Gebiet des heutigen Tschechien zu eigen.

Im östlichen Niedersachsen sind die typischen Erzeugnisse dieser Kultur erst in deren Spätstufe nachweisbar. In ihrer Nachbarschaft behaupteten sich noch Bevölkerungsgruppen, die auf dem Niveau der späten Jungsteinzeit standen. In Teilen von Sachsen (Oberlausitz), Sachsen-Anhalt (Altmark) und Brandenburg (Niederlausitz, Uckermark) wurden die Metallurgie, Töpferei, Bestattungssitten und Religion der Aunjetitzer erst in beziehungsweise gegen Ende der Spätstufe übernommen.

Dank der Untersuchungen von zahlreichen Skelettresten aus Gräberfeldern weiß man einiges über das Aussehen der Aunjetitzer. In Mitteldeutschland waren sie im Vergleich zu den jungsteinzeitlichen Bauern relativ hochwüchsig. Dort erreichten die Männer einer Stichprobe zufolge eine Körperhöhe von durchschnittlich 1,71 Metern und die Frauen von 1,60 Metern. Der bisher größte Mann maß 1,78 Meter, die größte Frau 1,66 Meter. Ansonsten ähneln die Skelette am ehesten denjenigen der Schnurkeramiker.

Der Berliner Anthropologe Herbert Ullrich beschrieb 1963 die Schädel der Aunjetitzer Lokalgruppe von Großbrembach (Kreis Sömmerda) in Thüringen als ungewöhnlich lang, sehr schmal und extrem hoch. Das Kinn war höher als bei heutigen Menschen. Der zweite Backenzahn brach früher durch, als es jetzt allgemein der Fall ist.

Diesen Menschen war meistens kein langes Leben beschieden. In Mitteldeutschland lag das durchschnittliche Sterbealter der Männer bei 37 Jahren und das der Frauen bei 35,8 Jahren. Das entspricht den ungünstigen Verhältnissen in heutigen Entwicklungsländern. Als Ursachen für den – gemessen an unseren Erwartungen – frühen Tod gelten ein entbehrungsreiches Leben, schwere Arbeit, Hungerperioden, schlechte medizinische Versorgung bei Krankheiten und Unfällen. Des weiteren gab es häufig Komplikationen bei der Geburt, wobei Mutter und Kind den Tod fanden. Zudem starben viele Kleinkinder in den ersten Lebensjahren.

Von den 108 im Gräberfeld von Großbrembach bestatteten Menschen haben nur 17,4 Prozent der Männer das 40. Lebensjahr überschritten und bei den Frauen sogar nur 4,3 Prozent. Jeder vierte Erwachsene in Mitteldeutschland litt damals an Karies (Zahnfäule). Anzeichen von Parodontose sind bei mehr als 80 Prozent der Männer und Frauen erkennbar. Manchmal waren sogar schon Kinder und Jugendliche davon betroffen.

Interessante Aufschlüsse über den Zustand der Zähne lieferte die Untersuchung von Gebissen aus Gräbern in Großbrembach. Dabei wurden starker Abschliff der Zähne, Karies mit Zahnverlust als Folge, entzündliche Prozesse, häufig Zahnstein und außerdem nicht angelegte Zähne erkannt.

Ein Schädel aus Großbrembach hatte eine schwere Deformation am rechten Rand des Hinterhauptsloches, die anormale Kopfhaltung und -bewegung bewirkte. Am Schädel einer Frau von Großbrembach fand man Veränderungen, die von einem Tumor, Knochenmetastasen oder einem Sarkom stammen könnten, was wohl zum Tode führte. Ein etwa zwanzigjähriger Mann aus Schönewerda (Kyffhäuser-Kreis) in Thüringen litt unter einer linksseitigen Kiefer-Gaumenspalte.

Ein Aunjetitzer aus Großbrembach hatte sein ganzes Leben lang beim Gehen erhebliche Probleme. Sein linker Oberschenkelknochen war 2,5 Zentimeter kürzer als der rechte. Er hinkte deswegen und verspürte stärkere Beschwerden in den Kniegelenken sowie im überbelasteten rechten Hüftgelenk. Außerdem dürfte er infolge der pathologischen Gelenkmechanik unter Kreuz- und Rückenschmerzen gelitten haben. Derselbe Mensch

Verbreitung der Kulturen und Gruppen während der älteren Frühbronzezeit (etwa 2300 bis 1800 v. Chr.) in Deutschland.

DIE AUNJETITZER KULTUR

hatte auch x-förmig abgespreizte Unterschenkel (X-Beine) und leicht im Kniegelenk angewinkelte Beine. Bei jedem Schritt rieben sich seine Knie aneinander und verursachten Schmerzen beim Gehen.

Bei manchen Skelettresten sind Spuren von Gewalteinwirkung erkennbar. Das war bei drei Schädeln aus dem Massengrab bei Reidewitz nahe Freist-Elben (Kreis Mansfelder Land) in Sachsen-Anhalt der Fall. Sie weisen rundliche Löcher mit scharfem Bruch auf, weswegen der Tod bald nach der Verletzung eingetreten sein muß.

Allein aus Großbrembach sind drei Schädeloperationen nachgewiesen. Zwei davon scheinen wegen der auffallenden Ähnlichkeit von Größe und Form der Öffnung im Schädel sowie wegen der gleichen Schabetechnik vom selben Medizinmann ausgeführt worden zu sein. Im ersten Fall ist die Operationswunde vollständig verheilt, und der Patient hat den Eingriff viele Jahre überlebt. Im zweiten Fall wurde die Trepanation etwa ein Jahr vor dem Tod vorgenommen, der dann infolge eines Schlages eintrat. Schädeloperationen waren auch bei den Aunjetitzern in Tschechien und in der Slowakei üblich.

Nach Funden aus Unterteutschenthal (Saalkreis) in Sachsen-Anhalt und Werlaburgdorf[5] (Kreis Wolfenbüttel) in Niedersachsen zu schließen, trugen die Aunjetitzer eine Kleidung aus gewebten Stoffen.

In Unterteutschenthal lag ein zehn mal sechzehn Zentimeter großes Gewebefragment in einem Grab. Das leicht verfilzte Tuch hat Kettfäden aus Flachsgarn und Schußfäden aus Schafwolle. In Werlaburgdorf stieß man auf eine fast kreisrunde Grube von 1,30 Meter Durchmesser und 60 Zentimeter Tiefe. Vermutlich handelte es sich um die Kellergrube eines abgebrannten Webstuhlgebäudes, wovon 13 walzenförmige Webgewichte zeugen. Nicht selten sind an Bronzeringen Gewebeabdrücke sichtbar.

Als eine typische Gewandnadel der Aunjetitzer Leute gilt die sogenannte »zyprische Schleifennadel«. Sie verdankt ähnlichen Funden auf der Mittelmeerinsel Zypern ihren Namen, obwohl es auch in Ägypten vergleichbare Nadeln gab. Dennoch gelten diese bronzenen Nadeln als heimische Erzeugnisse. »Zyprische Schleifennadeln« wurden des weiteren an Fundstellen der Straubinger Kultur in Südbayern entdeckt. Sie behaupteten sich in einigen Gebieten bis zur Zeit der Hügelgräber-Kultur.

Aus der Frühstufe der Aunjetitzer Kultur sind bisher in Mitteldeutschland kaum Hinweise auf Siedlungen bekannt. Vielleicht waren sie so gebaut, daß sie keine Spuren im Boden hinterließen. Dagegen konnte man für die Spätstufe zahlreiche offene Siedlungen mit festen Häusern sowie einige unbefestigte und befestigte Höhensiedlungen, gelegentlich auch bewohnte Höhlen, nachweisen. Die gestiegene Zahl der Fundplätze sowie eine Art von »Landesausbau« – zum Beispiel in der Oberlausitz – deuten auf eine Zunahme der Bevölkerung hin.

Errichtung der Totenhütte für das »Fürstengrab« der frühbronzezeitlichen Aunjetitzer Kultur (etwa 2300 bis 1600/1500 v. Chr.) im heutigen Stadtteil Leubingen von Sömmerda (Kreis Sömmerda) in Thüringen auf einer Zeichnung aus dem Jahre 1936.

Als ein besonderer Aufenthaltsort diente die Diebeshöhle[6] bei Uftrungen (Kreis Sangerhausen) in Sachsen-Anhalt. In dieser Höhle haben Schatzsucher, Heimatforscher sowie Prähistoriker gegraben und dabei Hinterlassenschaften der Aunjetitzer Kultur entdeckt. Einer der ehemaligen Bewohner verlor in der Höhle durch einen Felssturz sein Leben.

Die Aunjetitzer lebten in kleinen Gruppen über das Land verstreut. Ihre beachtlich großen Häuser waren aus Pfosten konstruiert. Bei den früher als »Grubenhütten« bezeichneten Bauten handelte es sich vielleicht um Wirtschaftseinrichtungen. Neben den Behausungen lagen oft Abfallgruben. Zwei Hausgrundrisse wurden im Braunkohlerevier von Esbeck bei Schöningen[7] (Kreis Helmstedt) in Niedersachsen freigelegt. Einer davon hatte die Ausmaße 27 mal sechs Meter. Ähnlich groß waren die Häuser in der Siedlung von Březno in Tschechien.

Eine größere Siedlung hatten die Aunjetitzer auf dem Mühlberg bei Großbrembach[8] (Kreis Sömmerda) in Thüringen gegründet. Ihre Einwohnerzahl wird auf etwa 80 bis 130 Menschen geschätzt. Dieser langgestreckte Höhenzug war nicht befestigt.

Aus Mitteldeutschland sind bisher zwölf zum Teil nachweislich mit Gräben und Wällen geschützte Höhensiedlungen der Aunjetitzer Kultur bekannt. Solche »Burgen« wurden offenbar vor allem entlang von Fernhandelswegen errichtet, die sich teilweise über Hunderte von Kilometern verfolgen lassen. Sie liegen im Vorgelände von Gebirgspässen, in der Nähe von Furten, aber auch an Weggabelungen oder -kreuzungen.

Nach Ansicht des Dresdener Prähistorikers Klaus Simon wurden die befestigten Höhensiedlungen teilweise in der Nähe oberflächennaher, ergiebiger Erzvorkommen angelegt. So befindet sich die Befestigung auf der Schalkenburg bei Quenstedt[9] (Kreis Mansfelder Land) in Sachsen-Anhalt inmitten eines Kupferschiefergebiets. Die »Burgen« von Querfurt und Langenstein waren weniger als zehn Kilometer von leicht zugänglichen Erzlagerstätten entfernt. Demnach könnte deren Ausbeutung in der Hand von Bewohnern dieser Höhensiedlungen gelegen haben.

In Mitteldeutschland beträgt die Entfernung zwischen den Aunjetitzer »Burgen« mindestens 15 Kilometer bis maximal 35 Kilometer. Im Schutz solcher Befestigungen hielten sich vielleicht Handwerker und Händler sowie ein »Fürst« mit ihren Familien auf, die von der umliegenden bäuerlichen Bevölkerung mit Nahrungsmitteln versorgt wurden. Die Vorbilder für derartige Anlagen sind in Böhmen und weiter entfernt im Gebiet an der mittleren Donau zu suchen.

Als Standort für befestigte Höhensiedlungen wurden meistens kleine Bergsporne mit steilen Felshängen gewählt. Sie waren häufig nur an einer Seite zugänglich und manchmal von einer Flußschlinge umgeben. Die mitunter einzige, nur wenige Meter breite Verbindung zum Hinterland ließ sich mit geringem baulichen Aufwand durch Wälle beziehungsweise Mauern und Tore schützen. So war es bei den »Burgen« von Dohna[10] (Kreis Sächsische Schweiz), Löbsal[11] (Kreis Riesa-Großenhain), Mutzschen[12] (Muldentalkreis) in Sachsen sowie in Bad Kösen[13] (Burgenlandkreis) und Langenstein[14] (Kreis Halberstadt) in Sachsen-Anhalt der Fall.

Bisher ist kaum etwas über die Innenbebauung der Aunjetitzer »Burgen« bekannt. Dunkle Verfärbungen auf dem Weinberg bei Grabe (Unstrut-Hainich-Kreis) in Thüringen, die durch einen helleren Geländestreifen voneinander getrennt sind, könnten möglicherweise von Hausgrundrissen stammen. Ob es innerhalb der mitteldeutschen Höhensiedlungen eine der Führungsschicht vorbehaltene »Akropolis« gab, wie in donauländischen Anlagen nachgewiesen wurde, ist unbekannt.

Fragment eines Gewebes aus einem Grab von Unterteutschenthal (Saalkreis) westlich von Halle/Saale in Sachsen-Anhalt. Länge 16 Zentimeter, Breite zehn Zentimeter. Original im Landesmuseum für Vorgeschichte, Halle/Saale.

Wie zuvor die Bauern der Jungsteinzeit, säten und ernteten auch die Aunjetitzer die Getreidearten Gerste (*Hordeum vulgare*), Emmer (*Triticum dicoccon*) und Einkorn (*Triticum monococcum*). Verkohlte Reste von Emmer und eine fragmentarisch erhaltene steinerne Getreidemühle wurden in einer Vorratsgrube von Döbeln-Masten (Kreis Döbeln) in Sachsen entdeckt. Darauf standen fünf Tongefäße der Aunjetitzer Kultur. Überbleibsel von Emmer und Einkorn lagen auch in einer Siedlungsgrube von Werlaburgdorf in Niedersachsen. Häufig sind Abdrücke von Getreidekörnern auf Tongefäßen zu finden.

Öfter legte man Getreidemühlen sogar mit ins Grab, was wohl aus religiösen Motiven geschah. Vielleicht sollten die Toten im Jenseits ebenfalls mahlen können. In einem Grab von Dresden-Gostritz wurde ein Bruchstück von einem Mahlstein (Unterlieger) von 39 mal 26 Zentimeter Größe mit maximal 14 Zentimeter Dicke geborgen. Die dazugehörige Reibekugel (Läuferstein) hatte einen Durchmesser von neun Zentimetern. Mit dem Läuferstein sind die auf den Mahlstein geschütteten Getreidekörner zerquetscht worden.

Tierknochen aus einer Siedlungsgrube bei Sundhausen (Kreis Nordhausen) in Thüringen zeigen, daß die Aunjetitzer mit der Zucht von Rindern, Schweinen, Schafen und Ziegen als Haus-

Keramik der Aunjetitzer Kultur (etwa 2300 bis 1600/1500 v. Chr.) aus Werlaburgdorf (Kreis Wolfenbüttel) in Niedersachsen. Originale im Braunschweigischen Landesmuseum, Abteilung für Vor- und Frühgeschichte, Wolfenbüttel.

tieren vertraut waren. Andere Reste aus derselben Grube belegen die gelegentliche Jagd auf Rothirsche *(Cervus elaphus)* und Rehe *(Capreolus capreolus)*. Die Aunjetitzer hielten auch Pferde als Reittiere. In Gleina (Burgenlandkreis) und in Köllme (Saalkreis), beide in Sachsen-Anhalt gelegen, wurde je ein komplettes Pferdeskelett in der Nähe menschlicher Gräber entdeckt.

Die Töpfer der Aunjetitzer Kultur modellierten Henkeltassen, Schalen, Näpfe und Krüge. Hinzu kamen zahlreiche grobe Wirtschaftsgefäße zum Kochen und Aufbewahren von Vorräten. Koch- und Vorratsgefäße fand man beispielsweise in Döbeln-Masten (Sachsen).

In der Frühstufe ähnelten manche Formen und Verzierungselemente der Keramik – wie Ritzlinien und Fransenmuster – bis ins Detail der Keramik in Böhmen. Zuweilen ahmten die Aunjetitzer Töpfer formschöne Schöpfungen fremder Kulturen nach, wie ein Fund aus Nienhagen (Kreis Halberstadt) in Sachsen-Anhalt beweist. Dort wurde die Nachbildung eines Vaphiobechers geborgen, die einen Fund der Mykenischen Kultur von Vaphio in Griechenland zum Vorbild hatte.

Im thüringischen Wandersleben[15] (Kreis Gotha) kam ein tönernes Objekt mit runden Einstichen zum Vorschein, das von dem Prähistoriker Detlef W. Müller aus Halle/Saale als »Stempel« gedeutet wurde. Dieser Fund gehört nach Auffassung des Wiener Prähistorikers Gerhard Trnka zu den rätselhaften tönernen »Brotlaib-Idolen«, deren Funktion umstritten ist. Manche Experten betrachten sie als Kultobjekte, Webgewichte oder Gußtiegel. »Brotlaib-Idole« kennt man aus Deutschland, Österreich, Tschechien, der Slowakei, Ungarn, Rumänien, Serbien, Oberitalien und Polen. Sie sind mit unterschiedlichen Einstichen versehen.

Nach Ansicht des Mainzer Prähistorikers Hans-Jürgen Hundt (1909–1990) erlangte der Metallguß in Mitteleuropa zur Zeit der Aunjetitzer Kultur ein nie zuvor gekanntes Ausmaß. Dieser Aufschwung der Gußtechnik wäre ohne das Legieren des Kupfers mit Zinn unmöglich gewesen. Zwar beherrschte man bereits in der ausgehenden Jungsteinzeit das Gießen größerer Objekte aus Kupfer, doch die Herstellung kleinerer Gegenstände in Kupferguß war damals nicht durchführbar. Erst die Beifügung des Zinns zum Kupfer machte das Metall für solche Zwecke ausreichend geschmeidig. Die Rohgüsse wurden je nach Bedarf geschmiedet, genietet, graviert und gepunzt.

In der Frühstufe der Aunjetitzer Kultur fertigten die Metallhandwerker nur Erzeugnisse aus Kupfer und Arsenbronze an. Man könnte diesen ersten Abschnitt kulturgeschichtlich noch der Jungsteinzeit zurechnen. Anfangs dienten bei der Herstellung von Geräten weiterhin meistens Steine und Knochen als Rohstoff. Die Blütezeit des Bronzegusses fiel in die Spätstufe. Erst von da ab setzte sich die Zinnbronze in Form von Nadeln, Schmuckscheiben, Hals-, Arm- und Beinringen sowie Werkzeugen, Waffen und Gußbarren durch.

Nach den Erkenntnissen der Prähistoriker und metallkundlichen Analysen der Bronzeerzeugnisse zu schließen, beschafften sich die mitteldeutschen Aunjetitzer das Kupfererz teils von weither aus den Alpen beziehungsweise Karpaten, teils aber vermutlich auch aus dem Harz, Harzvorland, Thüringer Wald, Orlagau, Vogtland und Erzgebirge. Das Zinn bezogen sie möglicherweise ebenfalls aus heimischen Lagerstätten (Erz- und Fichtelgebirge sowie Vogtland). Dies kann auf dem Tauschweg oder durch eigene Expeditionen geschehen sein.

Depotfunde mit manchmal Hunderten von Ösenhalsringen oder Randleistenbeilen belegen die Massenproduktion von Bronzeerzeugnissen. Wegen des einheitlichen Aussehens von Bronzebarren und -beilen wird darüber spekuliert, ob diese Gegenstände vielleicht beim Tauschhandel als eine Art Währung galten.

Die meisten Bronzegegenstände goß man wohl in Lehmformen, die anschließend zerstört wurden, um das gewünschte Endprodukt freizulegen. Dieses Verfahren heißt »Guß in verlorener Form«. Andererseits beweisen Gußnahtreste an Bronzeerzeugnissen auch die Verwendung von mehrteiligen Schalengußformen, die öfter eingesetzt werden konnten.

Aus Gräbern (Erfurt-Gispersleben, Sachsenburg, Kyffhäuser-Kreis) und Siedlungen (Gräfentonna, Kreis Gotha) in Mitteldeutschland sind Tondüsen für Blasrohre von Bronzegießern geborgen worden. Sie wurden beim Tiegelschmelzverfahren verwendet, das beispielsweise durch Darstellungen aus dem alten Ägypten bekannt ist. Dabei hat man mit Hilfe von Blasrohren kleine Mengen Erz in Tontiegeln zu Metall aufgeschmolzen.

Besonders auffällig ist der Metallreichtum der Aunjetitzer in der Gegend von Halle/Saale. Dort wurde auf engstem Raum eine ungewöhnliche Massierung von Metallschätzen entdeckt, die der schwedische Prähistoriker Oscar Montelius (1843–1921) bereits 1900 mit der dortigen Salzgewinnung in Verbindung brachte. Es ist gut möglich, daß die Aunjetitzer an der mittleren Saale teilweise das Metall oder Bronzeerzeugnisse mit Salz »bezahlten«.

Zu den am frühesten entdeckten großen Metalldepots im Saalegebiet gehört jenes von 1821 am westlichen Ufer der Schkopau. Das Depot umfaßte mehr als 120 bronzene Randleistenbeile und hat ein Gesamtgewicht von über einem Zentner. Weitere Bronzedepots kamen 1879 bei Bennewitz (Saalkreis), 1904 und 1937 bei Dieskau unweit Halle/Saale sowie 1923 und 1934 bei Halle-Kanena zum Vorschein. Davon war das bei Bennewitz mit 297 Randleistenbeilen im Gesamtgewicht von etwa zwei Zentnern das schwerste. Im Gegensatz dazu überwogen beim 1904 entdeckten Bronzedepot I von Dieskau Schmuckstücke, beim 1937 geborgenen Bronzedepot II von Dieskau mit 293 Randleistenbeilen jedoch wieder Werkzeuge beziehungsweise Barren in Beilform.

Ein erstaunlicher Metallreichtum wurde auch in Gräbern an der mittleren Saale und am Unterlauf der Unstrut beobachtet. Das hat 1951 den damals in Mainz tätigen Prähistoriker Ulrich Fischer veranlaßt, von einer »Metallgruppe« der Aunjetitzer Kultur zu sprechen.

Im Neißegebiet zwischen Guben und Forst in Brandenburg wurden etwa 20 Bronzedepots entdeckt. Als das größte davon gilt das in zwei Tongefäßen aufbewahrte Depot aus Guben-Bresinchen[16] (Kreis Spree-Neiße) mit 146 bronzenen Waffen und Schmuckstücken im Gesamtgewicht von mehr als 30 Kilogramm. Dazu gehörten unter anderem 86 Randleistenbeile vom sächsischen Typ, 17 norddeutsche Randleistenbeile, acht Dolche, zwei Stabdolche, eine Doppelaxt, zehn Ösenhalsringe, elf kleine, schwere, ovale Ringe und neun schwere ovale Beinringe. Zu den Besonderheiten von dort zählt ein Dolch mit vier Goldscheiben auf der Griffstange.

Außer Metallen verwendeten die Aunjetitzer – wie eh und je – auch Steine, Knochen und Geweih als Rohstoffe. Das belegen die Funde bei Sundhausen in Thüringen sehr eindrucksvoll. Dort wurden zahlreiche Werkzeuge aus Felsgestein, Sandstein, Porphyr, Granit, Feuerstein, Knochen und Geweih geborgen. Dabei handelte es sich um Rillenbeile, Steinkeil, Amboß, Sandsteinplatte, Klopfsteine, Reibsteine, Pfeilschaftglätter, Knochennadel mit durchlochter Kopfplatte, Pfriem, Flachshecheln aus Schulterblättern vom Rind, Geweihstab und -hacke.

Importierte nordische Feuersteindolche kennt man nur aus der Frühstufe der Aunjetitzer Kultur. Sie dienten unter anderem zum Zerteilen von Fleisch. Ein solcher Feuersteindolch wurde

Zu dem 1904 entdeckten Depot I von Dieskau (Saalkreis) nahe bei Halle/Saale in Sachsen-Anhalt gehörten neben zahlreichen Schmuckstücken auch 13 Stabdolchklingen. Originale im Landesmuseum für Vorgeschichte, Halle/Saale.

DIE FRÜHBRONZEZEIT IN DEUTSCHLAND

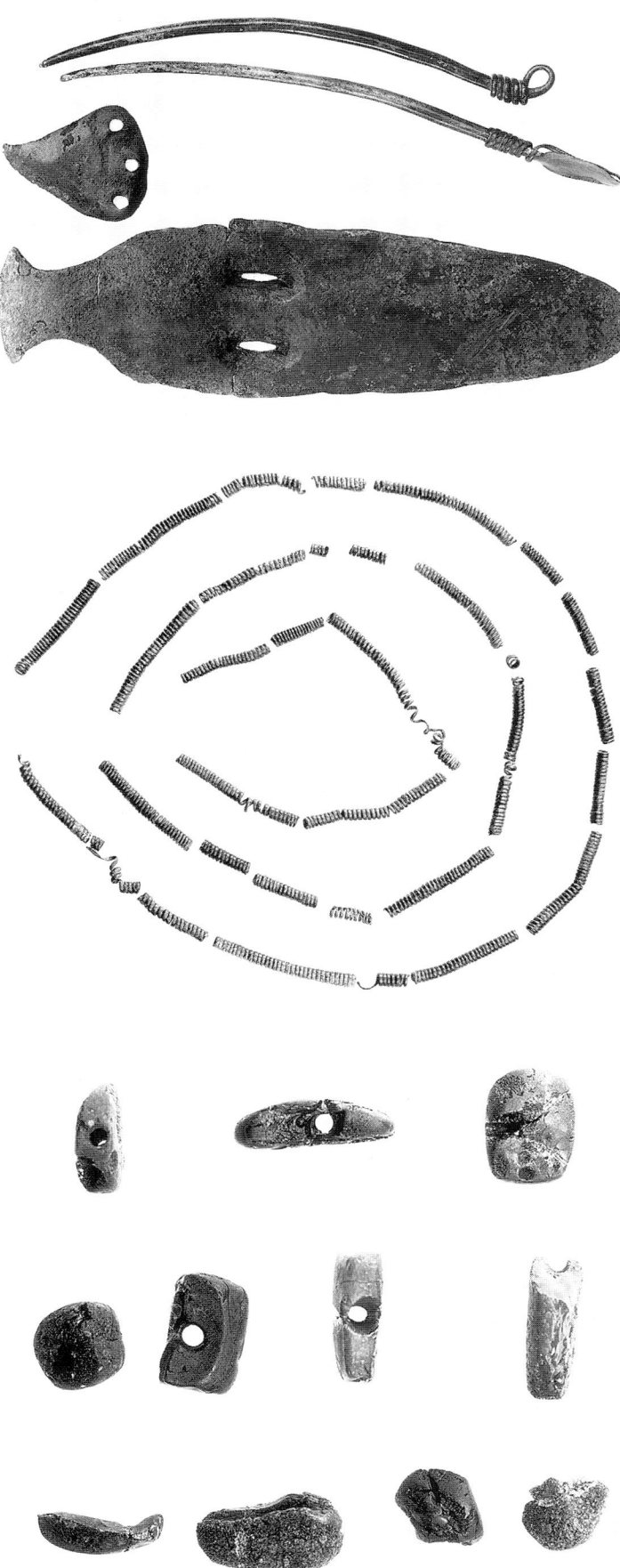

Funde aus dem als Jenseitsausstattung für eine Aunjetitzerin gedeuteten Depot von Kyhna (Kreis Delitzsch) in Sachsen. Oben: »zyprische Schleifennadeln«, Dolch, dolchartiges Gerät (Länge 16,7 Zentimeter); Mitte: Spiralröllchen; unten: Bernsteinperlen. Originale im Landesmuseum für Vorgeschichte, Dresden.

in einem Grab von Seebach (Unstrut-Hainich-Kreis) in Thüringen gefunden.

Als Waffen benutzten Aunjetitzer Krieger Beile mit bronzener Klinge und hölzernem Schaft, Pfeil und Bogen sowie bronzene Dolche. Dagegen werden die bronzenen Stabdolche und Keulen als Prunkwaffen oder Zeremonialgeräte betrachtet.

Die Streitäxte mit steinerner Klinge und hölzernem Schaft waren offenbar der sozial herausragenden Schicht vorbehalten. Eine steinerne Streitaxt aus Serpentin gehörte zum Beispiel zur letzten Ausrüstung des »Fürsten« aus dem heutigen Stadtteil Leubingen von Sömmerda (Kreis Sömmerda) in Thüringen. Sie ist 17 Zentimeter lang und zur Aufnahme des Holzschafts durchbohrt.

Der Gebrauch von Pfeil und Bogen wird durch Pfeilspitzen aus Feuerstein sowie Pfeilschaftglätter belegt. Acht Pfeilspitzen aus Feuerstein sind im niedersächsischen Garlstedt (Kreis Osterholz) entdeckt worden. Einen Pfeilschaftglätter aus Sandstein kennt man – wie erwähnt – von Sundhausen in Thüringen. Darauf wurden Unebenheiten von Holzpfeilen abgeschliffen.

Bronzene trianguläre Dolche und Stabdolche gelten als besonders eindrucksvolle Zeugnisse für die Leistungsfähigkeit der Bronzegießer. Bei ihnen dürfte es sich um Prestigeobjekte für die Krieger und »Fürsten« gehandelt haben.

Der Rostocker Prähistoriker Harry Wüstemann bezweifelt, daß mit den triangulären Dolchen ein Feind wirksam bekämpft werden konnte. Denn die breiten Klingen, deren Spitzen zudem oft abgerundet sind, eigneten sich hierfür wohl kaum.

Auch die Stabdolche dienten eher zu Repräsentationszwecken denn als eine Waffe für jedermann, weil sie häufig in Gräbern bedeutender Persönlichkeiten gefunden wurden. Sie hatten einen Stab (Schaft, Stiel) aus Holz oder Bronze, an dessen Ende rechtwinklig die bronzene Klinge befestigt war. Manchmal war der Holzschaft eines Stabdolchs mit Verzierungen in Form von Bronzeringen versehen.

Wie ein Stabdolch getragen wurde, verrät die Position einer solchen Waffe in einem der Steinkistengräber von Burk (Kreis Bautzen) in Sachsen: Die bronzene Klinge mit anhaftenden Resten des Holzstabs lag am Nacken des toten Kriegers, der den Stabdolch geschultert hatte.

Zu dem erwähnten Depotfund von 1904 aus Dieskau gehörten 13 Stabdolche, während jener von 1937 aus Dieskau nur einen Stabdolch enthielt. Letzterer ist ebenso wie die meisten Stabdolche des ersten Depotfundes von Dieskau aus der gleichen Legierung von Kupfer und Arsen, fast ohne Zinn, gegossen. Das Depot von Groß-Schwechten[17] (Kreis Stendal) in Sachsen-Anhalt umfaßte zehn Stabdolche, von denen jeder etwa 500 Gramm wog.

Stabdolche waren in der Frühbronzezeit von der Iberischen Halbinsel bis zum Balkan sowie von Skandinavien bis Italien verbreitet. Der irische Prähistoriker Seán P. Ríordáin (1905 bis 1957) aus Dublin definierte 1937 die Stabdolche als Waffen, die auch bei kultischen Ritualen Verwendung gefunden haben dürften. Auf Felsbildern in Skandinavien und Italien sind häufig Stabdolche mit überlangen Stielen zu sehen, die bei Zeremonien präsentiert wurden. Vielleicht diente diese Prunkwaffe als Demonstrationsobjekt für die Bevölkerung, oder sie spielte bei Opferungen eine Rolle.

Ganz selten waren offenbar bronzene Keulen. Eine solche Hiebwaffe kam in Thale[18] (Kreis Quedlinburg) in Sachsen-Anhalt zum Vorschein. Sie ist 64 Zentimeter lang und hat einen röhrenförmigen Schaft.

Untereinander und mit Angehörigen fremder Kulturen tauschten die Aunjetitzer Bronzebarren in Form von Ösenhalsringen und Beilen, Salz und Schmuck. Nach den Funden zu schließen, gab es einen weitreichenden Tauschhandel. Auch Gast- oder Hochzeitsgeschenke dürften üblich gewesen sein.

Besonders begehrte Tauschobjekte waren Bronzebarren, für die wohl Überschüsse aus der Landwirtschaft (Saatgut, Haustiere), formschöne Keramik oder seltene Schmuckstücke geboten wurden. Die Bronzebarren hat man weiterverarbeitet oder eingeschmolzen, um daraus andere Bronzeerzeugnisse zu gewinnen. Salz wurde – wie schon während der jungsteinzeitlichen Bernburger Kultur[19] – auch in der Frühbronzezeit an der mittleren Saale gewonnen. Als Beweisstücke hierfür gelten tönerne Ovalsäulen und Wannen aus der Gegend von Halle/Saale, die bei der Salzherstellung verwendet wurden. Derartige feuerfeste Tongebilde nennt man »Briquetage«. Die tönernen Säulen dienten als Träger von Wannen, unter denen man Feuer schürte, um Salzsole zu sieden. Das auf diese Weise erzeugte Salz wurde nicht nur selbst verbraucht, sondern auch als Tauschware angeboten.

Von regen Tauschgeschäften künden die zahlreichen Bernsteinfunde im Verbreitungsgebiet der Aunjetitzer Kultur. Denn dieses fossile Harz stammt aus dem Nordsee- und Ostseeraum und mußte importiert werden. In der Spätstufe der Aunjetitzer Kultur gelangte solcher Bernstein bis in das Gebiet der Mykenischen Kultur (s. S. 30) Griechenlands. Als Gegengaben könnten unter anderem blaue oder grüne Fayenceperlen von dort ihren Weg bis nach Böhmen und Mähren gefunden haben.

Die Aunjetitzer verfügten – wie ihre Vorgänger aus der Jungsteinzeit – über Pferde als Reittiere. Einer der Beweise hierfür wurde in Gleina (Sachsen-Anhalt) entdeckt. Am Schädel eines dort gefundenen Pferdeskeletts befanden sich zwei Eberhauer, die als Trensenknebel gedeutet werden.

Auf dem Landweg beförderte man schwere Lasten mit Karren, vor die Rinder gespannt waren. Bei Krautheim[20] (Kreis Weimarer Land) in Thüringen trat unter einem zerstörten Aunjetitzer Steinpackungsgrab die 3,50 Meter lange Spur eines zweirädrigen Karrens zutage. Parallel davon verlief eine weitere Radspur. Diese Radfurchen wurden von einem 1,10 Meter breiten Karren mit Holzscheibenrädern hinterlassen, deren Felgen etwa elf Zentimeter breit waren. Der Karren ist in völlig aufgeweichter Erde gefahren.

Die Aunjetitzer trugen Schmuck aus Bronze, Bernstein und Gold. Vor allem die Frauen waren mitunter reichlich mit Schmuck ausgestattet. Es gab geschlossene und offene Halsringe, Halsketten, Spiralröllchen, geschlossene und offene Armringe, Armspiralen, Nadeln, Schmuckscheiben und Beinringe.

Womit sich wohlhabende Frauen in Mitteldeutschland verschönerten, zeigt ein Fund aus Kyhna[21] (Kreis Delitzsch) in Sachsen, der als Jenseitsausstattung für eine Aunjetitzerin gedeutet wird. Dazu gehörten eine geometrisch verzierte Schmuckscheibe, zwei kleine Scheiben mit je drei Buckelkreisen, eine »zyprische Schleifennadel«, eine Schleifennadel mit ovalem Scheibenknopf, drei Halsringe, ein Armring, zwei Armspiralen, acht Schleifenringe, 31 Spiralröllchen mit einer Gesamtlänge von 1,55 Metern, elf Bernsteinperlen, ein kleiner Dolch und ein dolchartiges Messer, das Fundstücken in der Ägäis ähnelt.

Die aus dem Norden eingeführten Bernsteinperlen hatten es manchen Frauen besonders angetan. So trug eine in einem Steinkistengrab von Burk (Kreis Bautzen) in Sachsen bestattete Frau eine Halskette mit 312 Bernsteinperlen im Gesamtgewicht

Deckplatte eines Steinkistengrabes aus Dingelstedt (Kreis Halberstadt) in Sachsen-Anhalt. Höhe der Deckplatte 1,55 Meter. Auf der Platte sind eine gestielte Axt und vermutlich ein Gürtel abgebildet. Original im Städtischen Museum, Halberstadt.

von 117 Gramm. Die meist kugeligen Bernsteinperlen besaßen überwiegend einen Durchmesser von 0,6 bis 1,4 Zentimeter, nur das Schlußstück mit einer Länge von 2,2 Zentimetern und einer Dicke von 1,2 Zentimetern war noch größer. Mehr als 100 Bernsteinperlen gehörten zu dem erwähnten Bronzedepot von 1904 aus Dieskau.

Viele vornehme Aunjetitzer standen stark im Bann des Goldes. Vor allem in den »Fürstengräbern« von Sömmerda-Leubingen[22] (Thüringen), Dieskau[23] und bei Helmsdorf/Augsdorf[24] (beide in Sachsen-Anhalt) lag reicher Goldschmuck. In Sömmerda-Leubingen fand man Nadeln, einen Armring, Lockenspiralen und ein Spiralröllchen aus Gold (s. S. 69). Sie gehörten dem »Fürsten«. In Dieskau kamen ein goldenes Randleistenbeil, zwei goldene längsgerippte Armbänder und ein schwerer Armring mit aufgerollten Enden aus goldhaltigem Silber zum Vorschein. Bei Helmsdorf/Augsdorf (Kreis Mansfelder Land) barg man zwei Ösennadeln, einen Armring, zwei Lockenspiralen (Noppenringe) und ein Spiralröllchen aus Gold.

In Böhmen war der Goldreichtum der Aunjetitzer ebenfalls beträchtlich. Im Gräberfeld von Tursko enthielt fast jedes zweite Grab goldene Gegenstände, Locken- und Armringe sowie Nadeln aus diesem Edelmetall.

Die von den Maßen her größten Kunstwerke an Fundstellen der Aunjetitzer Kultur in Mitteldeutschland wurden bisher aus Grä-

Zusammenfügung der dem Bett des Lebenden entsprechenden Totenlade aus glattgehobelten Eichenbrettern für den verstorbenen »Fürsten« von Helmsdorf-Augsdorf (Kreis Mansfelder Land) in Sachsen-Anhalt. Die Zeichnung stammt aus dem Jahre 1936.

bern zutage gefördert. Es sind Steinplatten mit eingravierten Motiven, deren Sinn teilweise nicht zu deuten ist. Einige dieser Steinplatten wurden vermutlich schon in der Jungsteinzeit hergestellt und in Gräbern der frühbronzezeitlichen Aunjetitzer Kultur lediglich als Baumaterial wiederverwendet.[25]

Zu diesen imposanten Kunstwerken gehört die verzierte Deckplatte eines Steinkistengrabs von Dingelstedt[26] (Kreis Halberstadt) in Sachsen-Anhalt. Sie ist 1,55 Meter hoch, einen Meter breit und 20 Zentimeter dick. Auf der Platte mit einer menschlichen Darstellung sind links oben ein Kreis, darunter eine gestielte Axt, etwa in der Mitte senkrechte Striche und ein ovales Gebilde, das als Gürtel gedeutet wird, zu sehen.

Auf der 1,36 Meter langen, 53 Zentimeter breiten und zehn Zentimeter dicken Steinplatte von Hornburg[27] (Kreis Merseburg-Querfurt) in Sachsen-Anhalt könnten Dolche mit Griffen abgebildet sein. Sie lag in einem Steinpackungsgrab, bei dem eine dicke Steinschicht über dem Toten angehäuft wurde.

Die Aunjetitzer bestatteten ihre Toten im allgemeinen so, daß sie auf der rechten Körperseite ruhten, wobei der Kopf im Süden lag, die Beine nach Norden wiesen und der Blick gen Osten gerichtet war, wo die Sonne aufgeht. Das geschah ohne Rücksicht auf Alter, Geschlecht und soziale Stellung des oder der Verstorbenen.

Diese eigenartige Totenorientierung wurde 1952 in der Marburger Dissertation des später in Wiesbaden tätigen Prähistorikers Heinz-Eberhard Mandera (1922–1995) erstmals als generelle Abgrenzung der Aunjetitzer Kultur gegenüber benachbarten frühbronzezeitlichen Kulturen herausgestellt. Seine Erkenntnisse fußten in erster Linie auf den Beobachtungen tschechischer Forscher und den Ergebnissen des von 1947 bis 1950 in Halle/Saale wirkenden Prähistorikers Ulrich Fischer für den Elbe-Saale-Raum. Besonders im südlichen und östlichen Bereich der Aunjetitzer Kultur (Niederösterreich, Schlesien) hatte man vorher auf solche Unterscheidungen kaum geachtet beziehungsweise sie gar nicht erkannt. Die Aunjetitzer Kultur ist nach dieser Anschauung ein Grabsittenkreis.

In der Frühstufe waren – worauf die Gräber und Beigaben für die Toten hindeuten – große Besitzunterschiede offenbar noch unbekannt. Damals wurden einfache Erdgräber, selten mit Steinschutz versehen und relativ einheitlich ausgestattet, angelegt.

Dagegen lassen die Gräber der Spätstufe auf eine bemerkenswerte soziale Differenzierung schließen. Während dieser Zeitspanne sind im Flußgebiet der Saale und der Unstrut sowie in der großpolnischen Gruppe (Łęki Małe) vereinzelt sogenannte »Fürstengräber« errichtet worden. Typisch für sie waren hölzerne Totenhütten unter riesigen Erdhügeln. Darin bestattete man bedeutende Persönlichkeiten (»Fürsten«) mit reichen Gerät-, Schmuck- und Waffenbeigaben.

Häufiger wurden die Toten in schlichten Flachgräbern beerdigt, gelegentlich in Steinkammern (auch Steinkistengräber genannt), die einst eine Holzkonstruktion hatten, oder in Grabhügeln der späten Jungsteinzeit. Diesen Verstorbenen legte man nur selten bronzene Nadeln, Dolche und Noppenringe sowie Keramik mit ins Grab. Die meisten Gräber enthielten lediglich Tongefäße oder gar keine Beigaben.

Als eines der imposantesten »Fürstengräber« gilt das von Sömmerda-Leubingen (Kreis Sömmerda) in Thüringen. Dort ruhte ein greiser verstorbener »Fürst« mit goldenen Beigaben unter einer aus dicken, behauenen Eichenbalken und -bohlen errichteten zeltförmigen Totenhütte, die 3,50 Meter lang, 1,50 Meter breit und 1,30 Meter hoch war. Die als Bauholz benötigten Eichen wurden – modernen Altersdatierungen zufolge – nach 1942 v. Chr. gefällt.

Quer über dem »Fürsten« von Sömmerda-Leubingen lag ein zehnjähriges Kind. Der Boden der Grabkammer war mit Steinen gepflastert, mit Holz gedielt und mit Schilfmatten ausgelegt. Das Dach der Totenhütte hatte man außen mit Ton und Schilf abgedichtet. Darüber lasteten ein Steinhügel von zwei Meter Höhe und 18 Meter Durchmesser sowie eine Erdaufschüttung von fünf Meter Höhe. Insgesamt war der Grabhügel 8,50 Meter hoch, sein Durchmesser betrug 34 Meter und sein Umfang 110 Meter. Für diesen riesigen Hügel mußten 210 Kubikmeter Steine und 3060 Kubikmeter Erde bewegt werden. Am Bau solcher Anlagen dürften die Einwohner mehrerer Dörfer beteiligt gewesen sein.

Ähnlich eindrucksvolle »Fürstengräber« wie das von Sömmerda-Leubingen mit Totenhütte und Goldbeigaben kennt man von Nienstedt[28] und Sömmerda[29] in Thüringen sowie von Dieskau und bei Helmsdorf/Augsdorf in Sachsen-Anhalt. Darin waren Anführer mit Prunk und Pomp zur letzten Ruhe gebettet worden. Die Ausstattung des »Fürsten« bei Helmsdorf/Augsdorf bestand aus sechs goldenen Schmuckstücken, einem bronzenen Randleistenbeil, Dolch, Meißel, einer Steinaxt und einem amphorenartigen Tongefäß. Im Grab des »Fürsten« von Dieskau kam sogar die goldene Klinge eines Randleistenbeils zum Vorschein. Die Eichen für dieses »Fürstengrab« hat man in den Jahren nach 1840 v. Chr. geschlagen.

Neben den monumentalen »Fürstengräbern« gab es größere Gräberfelder für das »einfache Volk«. Eines davon wurde auf dem Mühlberg von Großbrembach entdeckt. Auf diesem Friedhof sind 108 Verstorbene in 81 Gräbern bestattet worden. Wie auch in Böhmen belegt, hatte auf dem Großbrembacher Gräberfeld jede Großfamilie ihren eigenen Platz. Das Gräberfeld auf

Erdgrubengrab (Familiengrab) der Aunjetitzer Kultur (etwa 2300 bis 1600/1500 v. Chr.) von Werlaburgdorf (Kreis Wolfenbüttel) in Niedersachsen. Darin wurden sechs Menschen übereinander und einer seitlich daneben bestattet.

dem Taubenberg bei Wahlitz[30] (Kreis Jerichower Land) in Sachsen-Anhalt umfaßte mehr als 80 Gräber, von denen vier eine Holzverschalung aufwiesen.

Im östlichen Niedersachsen sind bisher 18 Gräber der Aunjetitzer aufgespürt worden. Darunter spiegelt das Erdgrubengrab von Werlaburgdorf[31] (Kreis Wolfenbüttel) den gar nicht selten praktizierten Brauch wider, mehrere Tote in einer einzigen Lege zu beerdigen. In Werlaburgdorf nahm solch ein Grab sieben Verstorbene auf.

Neben Erdgrubengräbern errichteten die Aunjetitzer regional auch Steinkistengräber, deren Seitenwände von Steinplatten gebildet wurden. Allein in Burk[32] (Kreis Bautzen) in Sachsen hat man 14 Gräber dieses Typs entdeckt. Sie waren innen bis zu 3,50 Meter lang, 2,50 Meter breit und reichten bis zu 1,25 Meter in den Erdboden. Bei Dresden-Gostritz[33] wurden vier von ihnen freigelegt.

Auch in Steinkistengräbern erfolgten mitunter Mehrfachbestattungen. So hatte man in ein nur 1,35 Meter langes und 95 Zentimeter breites Steinkistengrab bei Reidewitz unweit von Freist-Elben[34] (Kreis Mansfelder Land) in Sachsen-Anhalt zwölf Erwachsene gezwängt. Normalerweise benutzte man Gräber dieser Größe nur für höchstens zwei Personen. Es ist allerdings nicht ganz sicher, ob dieses Steinkistengrab tatsächlich aus der Zeit der Aunjetitzer Kultur stammt.

Das »Fürstengrab« der Aunjetitzer Kultur bei Helmsdorf-Augsdorf (Kreis Mansfelder Land) in Sachsen-Anhalt während der Ausgrabung durch den Eisleber Gymnasialprofessor Hermann Größler (1840–1910) auf einer Zeichnung vom 30. Januar 1907.

Eines der insgesamt 14 Steinkistengräber der Aunjetitzer Kultur von Burk (Kreis Bautzen) in Sachsen. Diese Steinkistengräber waren innen bis zu 3,50 Meter lang, maximal 2,50 Meter breit und bis zu 1,25 Meter tief.

Drei Schädel der Toten bei Reidewitz wiesen – wie erwähnt – Spuren tödlicher Verletzungen auf, die vielleicht von spitzen Steinbeilen oder Bronzebeilen stammten. Der Prähistoriker Paul Grimm (1907–1993) aus Halle/Saale spekulierte 1939 darüber, ob es sich hierbei um einen Hinweis auf kriegerische Auseinandersetzungen handeln könne.

Von der Norm wichen auch Doppel- und Dreierbestattungen in Nohra[35] (Kreis Nordhausen) in Thüringen ab, bei denen die Toten mehr oder minder übereinandergelegt und zum Teil mit den Beinen verklammert waren. Ähnliche Körperlagen kennt man von Prag-Bubeneč und Světec (Schwaz) in Böhmen. Paul Grimm vermutete 1932 dahinter die Möglichkeit, daß auf diese Weise die Beischlafhaltung nachgeahmt werden sollte.

Unter den drei Bestattungen von Herbsleben[36] (Unstrut-Hainich-Kreis) in Thüringen fiel eine Bauchlage auf. Es ist das Skelett einer schätzungsweise 40 bis 50 Jahre alten Frau, deren Arme und Beine vom Körper bedeckt waren. Die Bauchlage wird von manchen Prähistorikern so gedeutet, daß die Frau mit den rechtlichen oder moralischen Normen ihrer Gemeinschaft in Konflikt geraten und deshalb eine Ausgestoßene war. Möglicherweise sollte die Bauchlage aber auch den »bösen Blick« bannen, oder sie spiegelte die Furcht vor der Wiederkehr von »gefährlichen Toten« wider.

Seit der Spätstufe hat man gelegentlich Kinder in tönernen Vorratsgefäßen beerdigt. Derartige Pithos-Bestattungen, die weit in den Mittelmeerraum weisen, gab es außer in Tschechien und in der Slowakei auch in Mitteldeutschland, nämlich in Börnecke (Kreis Aschersleben-Staßfurt), Leuna (Kreis Merseburg-Querfurt) und Neuhaldensleben (Ohrekreis), alle in Sachsen-Anhalt gelegen.

Mit dem Totenkult und der Religion sind vielleicht auch einige Menhire in Mitteldeutschland verbunden. Derartige Steinmale mit und ohne Darstellungen waren allerdings schon in der Jungsteinzeit bekannt. Die Menhire werden unterschiedlich gedeutet. Man hielt sie für Opfersteine, Ahnenbilder, Ersatzleiber von Verstorbenen, Seelenthrone oder Weltsäulen. Ob die unverzierten Menhire Hünenstein bei Nohra (Kreis Weimarer Land) in Thüringen sowie Speckseite von Aschersleben (Kreis Aschersleben-Staßfurt) und Langer Stein von Seehausen bei Magdeburg (Bördekreis) in Sachsen-Anhalt von Angehörigen der Aunjetitzer Kultur errichtet wurden, wie manche Autoren annehmen, bleibt freilich offen.

Der Prähistoriker Martin Jahn (1888–1974) aus Halle/Saale vermutete 1950, die in den »Fürstengräbern« bestatteten Männer seien Priester gewesen. Sie repräsentierten nach seiner Ansicht gleichermaßen die weltliche und die religiöse Macht. Dem mutmaßlichen Priesterfürsten von Sömmerda-Leubingen mußte vielleicht sogar ein zehnjähriges Kind ins Grab folgen, damit er im Jenseits bedient werden konnte und Gesellschaft hatte. Für einen Glauben an das Weiterleben nach dem Tod spricht auch der große Tontopf im Leubinger »Fürstengrab«, der Nahrungsmittel oder ein Getränk enthalten haben mag.

In der Religion der Aunjetitzer spielten Opfer eine wichtige Rolle. Man deponierte die Gaben in Sümpfen, Mooren, Flußbetten, unbefestigten und befestigten Siedlungen, Verstecken mit Steinschutz und in Tongefäßen. Neben Sach- und Nahrungsgütern opferten die Aunjetitzer nicht selten auch Leichenteile, die sie bei Kultmahlzeiten übrigließen, oder sogar lebende Menschen. Als Schauplatz von Menschenopfern dienten vor allem Höhlen.

Makabre Opferriten dürften sich in manchen der etwa 20 Höhlen des Kyffhäusers bei Bad Frankenhausen[37] (Kyffhäuser-Kreis) in Thüringen abgespielt haben. Dort befand sich in der Bronze- und Eisenzeit ein bedeutender Kultort, an dem immer wieder auch Menschen geopfert wurden. Aus der Zeit der Aunjetitzer Kultur stammen Tierknochen, Menschenschädel und -knochen sowie Keramikreste, Knochennadeln, eine Bernsteinperle und ein Steinbeil, die vom Grund einer 15 Meter tiefen Schachthöhle geborgen worden waren.

Angebrannte Tier- und Menschenknochen, Keramik und geröstete Getreidekörner weisen in der Diebeshöhle bei Uftrungen (Kreis Sangerhausen) in Sachsen-Anhalt auf ähnliche Opferpraktiken wie im Kyffhäuser hin. Bei den in der Diebeshöhle ausgegrabenen menschlichen Skelettresten handelte es sich um vier Erwachsene und zwei Kinder.

Menschenopfer wurden von Aunjetitzern außerdem in Höhlen des Ith – eines Höhenzuges in Niedersachsen – dargebracht. Als Schauplätze derartiger blutiger Rituale gelten die Rothesteinhöhle[38], die Nasensteinhöhle[39] und möglicherweise auch die Kinderhöhle[40], die alle im Kreis Minden liegen.

In der Rothesteinhöhle wurden zertrümmerte Tier- und Menschenknochen, Holzkohle, Keramikreste sowie Bronze- und Knochengeräte entdeckt. Weil viele menschliche Röhrenknochen zerschlagen waren und angeblich Brand- sowie Schnittspuren aufwiesen, wurde schon im vorigen Jahrhundert Kannibalismus vermutet. In der Rothesteinhöhle dürften ungefähr 28 Menschen aus rituellen Motiven erschlagen und verzehrt worden sein.

In der Kinderhöhle zeugen zertrümmerte Tier- und Menschenknochen zwischen Asche und Holzkohle von makabren Opferbräuchen. In Nischen hatte man Knochen hoch aufgetürmt. Die Höhle verdankt zwei Hirnschalen von Kindern, die ineinandergesetzt waren, ihren Namen. Auch ein durchbohrter Menschenzahn wurde dort geborgen.

Unklar ist, ob die menschlichen Skelettreste aus der Nasensteinhöhle der Aunjetitzer Kultur zuzurechnen sind und ob es sich dabei um Reste von Kannibalismus handelt. Die Nasensteinhöhle wird durch einen Felsblock in eine Süd- und in eine Nordspalte gegliedert. In der Südspalte fand man das Skelett eines

Bestattung eines älteren Mannes und – quer über ihm liegend – eines Kindes im »Fürstengrab« des Ortsteils Leubingen von Sömmerda (Kreis Sömmerda) in Thüringen. Die Toten ruhen unter einer Totenhütte, die von einem riesigen Grabhügel bedeckt ist.

Menschen, in dessen linker Augenhöhle ein langer, dünner Knochenpfriem aus dem Wadenbein eines Raubvogels steckte. In der Nordspalte lagen Menschenknochen zwischen Felsbrocken, die von der Decke der Höhle gestürzt waren. Wegen dieser Funde wurde die Nasensteinhöhle von dem Hildesheimer Botaniker Friedrich Joesting (1865–1922) als Jagdstation eines nordischen Stammes interpretiert, der Menschenjagden auf die einheimische Bevölkerung unternommen habe.

Heute besteht kein Zweifel daran, daß zumindest ein Teil der in den Ith-Höhlen entdeckten Skelettreste von Menschenopfern stammen. Das haben Untersuchungen des Göttinger Anthropologen Michael Schultz ergeben. Er stellte fest, daß einem Mann ein tödlicher Hieb auf den Kopf zugefügt wurde. Ein etwa vierjähriges Kind hat man mit dem Kopf auf den Höhlenboden geschlagen. Außerdem weist eine menschliche Rippe zwei Schnittspuren auf.

Auf Menschenopfer in Brunnenanlagen, die anschließend nicht mehr benutzt wurden, deuten Funde von Potsdam-Nedlitz[41] in Brandenburg und Ganovce in der Slowakei hin. In Potsdam-Nedlitz hatte man aus rituellen Motiven eine junge Frau getötet, in Ganovce absichtlich Menschenknochen zerschlagen.

Manche Prähistoriker haben das Verschwinden der Aunjetitzer Kultur mit kriegerischen Ereignissen zu erklären versucht. Demnach sollen östliche Nomadenvölker, die bereits über zweirädrige, mit Pferden bespannte Streitwagen verfügten, auch der Aunjetitzer Kultur ein Ende bereitet haben. Einige Anhänger jener Theorie glauben, die Diebeshöhle in Thüringen sei eine Zufluchtsstätte von Menschen gewesen, welche die Katastrophe am Ende der frühen Bronzezeit miterlebten. Andere Prähistoriker meinen, die Aunjetitzer seien in der folgenden Hügelgräber-Kultur aufgegangen oder aus Mitteldeutschland abgewandert. Eine befriedigende Erklärung steht indessen noch aus.

»Heiliges Geld« für die Götter
Die Straubinger Kultur

Von etwa 2300 bis 1600 v. Chr. war in Südbayern (Niederbayern, Oberbayern sowie teilweise in der Oberpfalz und Schwaben) die Straubinger Kultur verbreitet. Ausläufer behaupteten sich auch in Oberösterreich, im Land Salzburg und im Raum Kufstein in Nordtirol (s. S. 105). Ihre Metallhandwerker haben in der frühen Stufe noch Erzeugnisse aus unlegiertem Kupfer und erst in der späten Stufe aus Bronze hergestellt. Die Straubinger Kultur gilt als die älteste Kultur der Frühbronzezeit im östlichen Süddeutschland.

Der Begriff »Straubinger Kultur« wurde 1902 durch den damals am Römisch-Germanischen Zentralmuseum, Mainz, arbeitenden Prähistoriker Paul Reinecke (1872–1958, s. S. 447) geprägt, der ab 1908 als Konservator am Generalkonservatorium der Kunstdenkmale und Altertümer Bayerns in München wirkte. Der Ausdruck bezieht sich auf mehrere Gräberfelder im Raum Straubing, von denen das in der Ziegelei Ortler am frühesten entdeckt wurde.

Der etwa von 1800 bis 1600 v. Chr. während späte Abschnitt der Straubinger Kultur wird auch Langquaid-Stufe genannt. Diese Bezeichnung geht ebenfalls auf Paul Reinecke zurück. Er hatte 1924 den an drei Fundorte erinnernden Namen »Stufe von Trassem-Langquaid-Tinsdahl« erfunden. Heute spricht man nur noch von der Langquaid-Stufe nach dem Depotfund von Langquaid[1] (Kreis Kelheim) in Niederbayern.

Wie die Funde aus den Gräbern zu belegen scheinen, waren die Männer der Straubinger Kultur nicht sehr kriegerisch. Zu dieser Erkenntnis gelangte der Marburger Prähistoriker Friedrich Holste (1908–1942). Den Reichtum in den Frauengräbern wertete er als Anzeichen dafür, daß die Frauen völlig gleichberechtigt gewesen seien.

Untersuchungen der Skelettreste aus den Gräbern von München-Englschalking und Poing (Kreis Ebersberg) durch den Münchener Anthropologen Peter Schröter ergaben für die Männer eine Körperhöhe von bis zu 1,69 Meter und für die Frauen bis zu 1,59 Meter. Ein Mann aus Anzing (Kreis Ebersberg) erreichte 1,73 Meter. Die Schädel waren meistens rundlich und kurz.

An den Gebissen stellte Schröter stark abgekaute Zähne, Karies und Zahnstein fest. Außerdem waren manchmal Weisheits- oder Schneidezähne nicht angelegt. Ein Mann aus München-Englschalking und eine Frau aus Poing litten unter einem Wurzelspitzenprozeß. Einem etwa neun Jahre alten Kind in Poing war im Unterkiefer der rechte erste Milchbackenzahn ausgefallen, im Oberkiefer fehlten beide seitlichen Schneidezähne.

Siebartige Porositäten des Augenhöhlendachs (Cribra orbitalia) bei zwei Frauen in Poing und einer Frau in München-Englschalking deuten auf Eisenmangel in der Nahrung hin. Bei einem Mann von Poing waren zwei Halswirbelkörper verwachsen. Ein anderer Mann in Poing hatte an beiden Schienbeinen eine »Hockerfacette«, die durch häufiges Hocken auf der Ferse entstand.

In Mangolding (Kreis Regensburg) wurde ein Schädel mit einer verheilten Schlagverletzung geborgen. Als Folge eines Schlages wird auch das leicht deformierte Nasenbein eines Mannes aus Poing gedeutet. Im Wochenbett ist vermutlich eine in Langenpreising (Kreis Erding) zusammen mit einem Säugling bestattete Frau gestorben. Ein Männerschädel aus Königsbrunn (Kreis Augsburg) weist Spuren einer Operation (Trepanation) auf.

Fragmente feinen Leinengewebes – einmal mit Resten eines eingewebten Wollstreifens – verraten, aus welchen Materialien die Kleidung angefertigt wurde. Viele tönerne, spitzkegelige Webgewichte aus Siedlungen spiegeln die hochentwickelte Webkunst wider. Nadeln hielten die Gewänder von Männern und Frauen zusammen. Damit sie nicht herausrutschten, zog man mitunter einen Faden durch den ringförmigen Nadelkopf und wickelte ihn um die Nadelspitze, die aus dem Stoff ragte.

Als Kopfbedeckung trugen die Frauen eine Haube aus schwerem Stoff oder Leder. Lederreste, die auf der Rückseite eines Blechbandes hafteten, wurden in einem Grab am Alburger Hochweg in Straubing entdeckt. Das Blechband war vermutlich auf ein Band oder eine Haube genäht. Hauben sind damals im Donauraum weit verbreitet gewesen.

Die Straubinger Leute wohnten meistens in einzelnen Gehöften oder in aus wenigen Hütten bestehenden Weilern. An Ufern von Flüssen waren ihre Siedlungen manchmal fast wie an einer Perlenkette aufgereiht. In Kelheim fand man Hinweise auf in Gruben eingetiefte Hütten.

Bronzener Schmuck einer Frau der frühbronzezeitlichen Straubinger Kultur (etwa 2300 bis 1600 v. Chr.) vom namengebenden Fundort Straubing in Bayern nach einer Rekonstruktion des Mainzer Prähistorikers Hans-Jürgen Hundt (1909–1990).

Flachlandsiedlung von Zuchering bei Ingolstadt in Bayern aus der Übergangsphase von jüngerer Frühbronzezeit zur frühen Mittelbronzezeit. Die Häuser dieses Dorfes waren 20 bis 25 Meter lang und sechs bis zehn Meter breit.

Hüttenlehm mit Abdrücken von Hölzern und Rutengeflechten sind aus Straubing (Ziegelei Jungmeier) und Geltofing (Kreis Straubing-Bogen) bekannt. Das Bauholz war manchmal bis zu 20 Zentimeter dick. Dem Lehm mengte man Getreidespelzen und -körner bei, damit er beim Trocknen nicht riß. Weißliche und mehlig-graue Farbspuren an Hüttenlehm aus Straubing (Ziegelei Jungmeier) stammten wohl vom Anstrich.

In der Übergangszeit zwischen jüngerer Frühbronzezeit und älterer Mittelbronzezeit existierte eine fünf Häuser umfassende Siedlung an einem alten Donauzulauf südlich von Zuchering[2] bei Ingolstadt in Bayern. Dort waren die Behausungen etwa 20 bis 25 Meter lang und sechs bis zehn Meter breit. In den Fußboden hatte man tönerne Vorratsgefäße eingelassen. Der für den Verputz der Wände benötigte Lehm wurde aus Gruben in der Umgebung der Häuser entnommen. Weitere Flachlandsiedlungen aus der Frühbronzezeit kennt man aus Gaimersheim[3] (Kreis Eichstätt), Sengkofen[4] (Kreis Regensburg) und möglicherweise auch aus Malching[5] (Kreis Passau).

Außer Siedlungen im Flachland wurden gegen Ende der Frühbronzezeit auch Siedlungen in Höhenlage errichtet.[6] Unbefestigte Höhensiedlungen sind auf dem Schloßberg von Kallmünz[7] (Kreis Regensburg) und auf der Reisensburg bei Günzburg[8] (Kreis Günzburg) errichtet worden.

Höhensiedlungen, die durch hohe Wälle geschützt waren, vermutete man früher auf dem Margarethenberg bei Burgkirchen an der Alz[9], auf dem Einsiedelbuckel bei Passau[10], auf dem Bogenberg bei Straubing[11] und auf dem Frauenberg bei Weltenburg[12]. Doch neuerdings wird die Existenz von solchen »Burgen« zumindest auf dem Bogenberg und dem Frauenberg bezweifelt, weil man dort bei neuen Grabungen keine diesbezüglichen Beweise fand.

Daß die Straubinger Leute möglicherweise auch auf Inseln in Seen siedelten, belegen die Funde von der Roseninsel im Starnberger See[13]. Außerdem hat man in der zweiten Hälfte des 19. Jahrhunderts angeblich im Alpsee bei Immenstadt, im Ammersee und im Chiemsee Reste von »Pfahlbauten« entdeckt, doch diese Relikte sind schon seit längerem verschollen und deswegen nicht überprüfbar.

In vielen Höhlen Südbayerns zeugen Keramikreste aus der späten Frühbronzezeit von Aufenthalten damaliger Menschen. Das war in der Höhle bei Arnsberg, dem Silberloch im Essinger Forst, der Maihöhle im Hienheimer Forst, der Nische am Heidenstein von Neuessing und im Schulerloch bei Neuessing (alle im Kreis Kelheim) sowie in der Höhle Altes Haus und der Höhle im Lohberg von Geroldsee-Krumpenwinn (beide im Kreis Regensburg) und der Buchschlaghöhle bei Rohrbach (Kreis Neuburg-Schrobenhausen) der Fall.

Getreidespelzen im Hüttenlehm und in tönernen Webgewichten sowie Abdrücke von Getreidekörnern in Scherben von Tongefäßen lieferten Hinweise auf den Ackerbau. Fundort all dieser Relikte war Straubing (Ziegelei Jungmeier), wo auch ein Mahlstein geborgen wurde. In Zuchering-Süd fand man neben Resten der Getreidearten Gerste (*Hordeum vulgare*), Emmer (*Triticum dicoccon*) und Einkorn (*Triticum monococcum*) sowie vermutlich Dinkel (*Triticum spelta*) den gezähnten steinernen Einsatz einer Sichel für die Ernte.

Tierknochen und -zähne aus Siedlungen und Gräbern sind Indizien für die Haltung von Rindern, Schweinen, Schafen, Ziegen, Hunden und Pferden als Haustiere. Backenzähne und

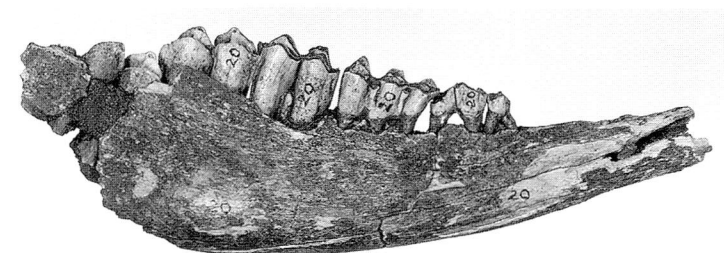

Unterkieferhälfte eines Rindes aus Raisting am Ammersee (Kreis Weilheim-Schongau) in Bayern. Dort wurden in Gräbern und andernorts Unterkieferhälften und Backenzähne von Rindern gefunden. Original im Bayerischen Landesamt für Denkmalpflege, München.

Unterkieferhälften von Rindern kamen in Gräbern und anderen Stellen von Raisting am Ammersee (Kreis Weilheim-Schongau) zum Vorschein. Aus dem Mittelhandknochen einer erwachsenen Kuh von Zuchering-Süd ließ sich eine Widerristhöhe von 1,11 Metern errechnen, aus dem Fersenbein eines Schafes von dort eine Widerristhöhe von mindestens 64 Zentimetern. Skelettreste eines Schafes fand man in der Kiesgrube Dendl in Straubing. In Alteglofsheim (Kreis Regensburg) wurde ein Hundeskelett geborgen, in Zuchering-Süd ein Hundeknochen mit Abhäutungsspuren.

Hirschgeweihstücke in Siedlungsgruben und Eberzähne in Gräbern dokumentieren vermutlich die gelegentliche Jagd auf Rotwild *(Cervus elaphus)* und Wildschweine *(Sus scrofa)*. Bei den Schalen der Flußmuscheln in Straubinger Abfallgruben könnte es sich um Speisereste handeln.

Zum tönernen Eßgeschirr gehörten Schüsseln und Schalen und zu den Trinkgefäßen Becher, Krüge und einhenkelige Töpfe. Nahrungsmittel bewahrte man in großen Vorratsgefäßen auf. Die Außenwandung der Grobkeramik war meistens mit Schlick beworfen, die Gefäßschulter fast immer mit einer oder zwei Tupfenleisten verziert. Werkstoff der Feinkeramik ist ein sehr feinkörniger Ton. In Ornamentrillen der Feinkeramik hafteten manchmal noch Reste weißer Kalkpaste.

Als typische Tongefäße der Langquaid-Stufe gelten große Vorratsgefäße (Pithoi), Henkelkannen und Schalen. Die Pithoi haben ein mit Schlick beworfenes, rauhes Unterteil, ein glattes Oberteil und als Verzierung eine Kerbleiste, die häufig doppelhalbmondförmige Eindrücke aufweist. Die Henkelkannen sind oft mit horizontalen Linien oder punktgefüllten Dreiecken verschönert. Die Schalen hat man mit abgesetzten, breiten Randlippen und Henkeln versehen.

Als Rohstoff für die Kupfererzeugnisse der frühen Straubinger Kultur diente wohl vor allem das in den Nord- und Ostalpen vorkommende Kupfererz, das zu Barren geschmolzen wurde. Da die Barren der Straubinger Kultur – im Gegensatz zu denen im Bodenseegebiet und in Mitteldeutschland – ring- und stangenförmig statt beilartig waren, dürften diese unterschiedlich schweren Rohprodukte gewogen worden sein, um in verschiedenen »Währungen« tauschen zu können.

Das bisher größte Barrendepot der Frühbronzezeit in Süddeutschland wurde 1970 bei Erdbewegungen für eine Skiabfahrt auf dem Fuderheuberg bei Mauthausen (Kreis Berchtesgadener Land) entdeckt. Dort barg man insgesamt 628 Ringbarren und 119 Fragmente von solchen im Gesamtgewicht von etwa 150 Kilogramm. Das Depot wird im Museum Bad Reichenhall aufbewahrt.

Vorher hatte das 1928 von Arbeitern im Luitpoldpark von München-Schwabing aufgespürte Barrendepot mit 500 Stangenbarren im Gesamtgewicht von etwa 85 Kilogramm als das größte Barrendepot in Süddeutschland gegolten (s. S. 70). Die zumeist aus Arsenbronze bestehenden Barren sind 19,4 bis 23,5 Zentimeter lang, durchschnittlich etwa 170 Gramm schwer und in etwa einem Meter Tiefe zum Vorschein gekommen.

Depots mit mehr als 100 Ösenringbarren kennt man auch von Pöcking[14] (Kreis Starnberg), Bernhaupten[15] (Kreis Traunstein) und Gammersham[16] (Kreis Rosenheim).

Beweise für den Bronzeguß der Langquaid-Leute lieferte die Höhensiedlung am Burgberg in Karlstein bei Bad Reichenhall (Kreis Berchtesgadener Land). Dort wurden Reste von drei steinernen Gußformen zutage gefördert, mit denen man Lang-

Verzierte Tongefäße der frühbronzezeitlichen Straubinger Kultur (etwa 2300 bis 1600 v. Chr.) vom namengebenden Fundort Straubing in Bayern. Originale im Bayerischen Landesamt für Denkmalpflege, München.

quaid-Beile, Barren und Dolchklingen mit stark ausgeprägter Mittelrippe gießen konnte. Als Langquaid-Beile werden bronzene Randleistenbeile mit schmaler Bahn und halbkreisförmiger Schneide bezeichnet. Die Beile vom namengebenden Fundort Langquaid sind 14,4 bis 20,2 Zentimeter lang. Sie hatten vermutlich einen hölzernen Stiel.

Außer jenem in Langquaid wurden in Bayern weitere Depots mit Langquaid-Beilen und anderen Metallerzeugnissen entdeckt. Das Depot von Ittelsburg[17] (Kreis Unterallgäu) zum Beispiel enthielt fünf Langquaid-Beile, zwei andere Beile, zwei Beilbruchstücke und ein barrenartiges Fragment, einen Schmalmeißel, einen Dolch, zahlreiche Gußbrocken und einen Noppenring aus Golddraht. Zum Depot von Regensburg-Hochweg[18] gehörten acht Langquaid-Beile, neun Knickrandbeile, zwei böhmische Absatzbeile, ein sehr schmales, langgestrecktes Beil mit hohen Randleisten, 19 kupferne Gußreste, ein Tongefäß sowie zwei Noppenringe aus Golddraht und ein gedrehter (tordierter) Goldring.

Die Beilklingen dürften zum größten Teil Waffen und nur selten Werkzeuge zur Holzbearbeitung gewesen sein. Diese Beilklingen besaßen kein Schäftungsloch wie die Axtklingen, in das der hölzerne Stiel gesteckt werden konnte. Man befestigte die Beilklingen an Abzweigungen von Kniehölzern.

Die zusammen mit einem Dolch in einem Männergrab von Alteglofsheim (Kreis Regensburg) zum Vorschein gekommene 20 Zentimeter lange Klinge eines zepterartigen Prunkbeils stammt aus dem schweizerischen Kanton Wallis. Der Besitzer dieser Waffen dürfte eine gehobene Stellung innegehabt haben, da für ihn ein mehr als zwei Meter tiefer Grabschacht ausgehoben wurde und zu seinen Grabbeigaben eine Ösenkopfnadel, zwei Spiralröllchen, ein Armring, acht tönnchenförmige Bronzeperlen und ein kleiner Lockenring aus Gold gehörten.

Weitere Waffen waren Kupferdolche, die meistens verstorbenen Männern, aber auch einigen weisen Frauen ins Grab mitgegeben wurden. Eine Frauenbestattung mit Dolch kennt man aus Gernlinden (Kreis Fürstenfeldbruck). Die meistens sechs bis zehn Zentimeter lange Klinge war mit zwei oder drei Nieten an einem Griff aus Holz befestigt und mitunter verziert. In Straubing (Ziegelei Jungmeier) kam ein nur vier Zentimeter langer Miniaturdolch zum Vorschein.

Nach der chemischen Zusammensetzung des Kupfers zu urteilen, waren die meisten Dolche der frühen Straubinger Kultur heimische Erzeugnisse. Doch es wurden auch welche von der südwestdeutschen Adlerberg-Kultur oder von der Aunjetitzer Kultur in Mitteldeutschland verwendet. Als Importe aus dem nördlichen Mitteleuropa gelten vier in Ingolstadt[19] zum Vorschein gekommene Kupferdolche, die wegen ihres Verbreitungsgebiets dem Oder-Elbe-Typus zugerechnet werden. Dessen südlichster Fundort ist Ingolstadt.

Gestielte Pfeilspitzen aus Feuerstein und Pfeilschaftglätter belegen die Verwendung von Pfeil und Bogen. In einem Grab von Straubing (Ziegelei Jungmeier) lagen sechs Pfeilspitzen in der Gürtelgegend des Toten. Ein Pfeilschaftglätter wurde in einem Grab von Straubing (Ziegelei Ortler) geborgen.

Unter den Werkzeugen gab es häufig Feuersteinklingen und -spitzen, daneben Steinbeile, Mahlsteine, Knochenmeißel und -pfrieme sowie Hirschgeweihhacken.

Außer den Kupferdolchen aus fernen Gegenden dokumentieren Gehäuse von Täubchenschnecken *(Columbella rustica)* vom Mittelmeer und Bernstein von der Ostseeküste Tauschgeschäfte. 46 kleine Perlen aus Bernstein und vier aus fossilem Holz (Gagat) fanden sich in einem Grab von Alteglofsheim[20] (Kreis Re-

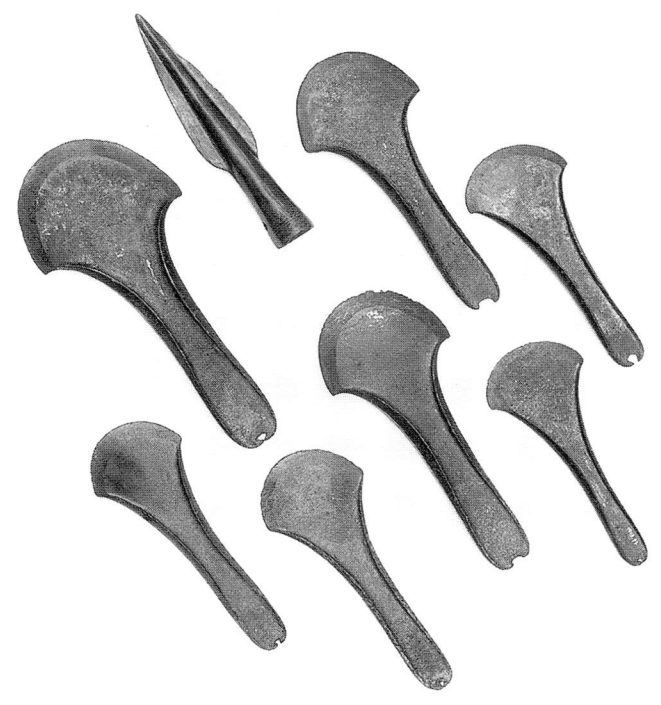

Beilklingen und eine Lanzenspitze aus dem Depot von Langquaid (Kreis Kelheim) in Bayern, nach dem die Langquaid-Stufe benannt ist. Länge der Langquaid-Beile 14,4 bis 20,2 Zentimeter. Originale in der Prähistorischen Staatssammlung, München.

gensburg), das nicht zum erwähnten Gräberfeld gehörte. Sie waren vermutlich zusammen mit zwölf Knochenscheiben-Ringen in einem Beutel oder Säckchen untergebracht. Zwei goldbraune Bernsteinperlen kamen in einem Grab von Straubing (Ziegelei Jungmeier) zum Vorschein.

Die Frauen der Straubinger Kultur trugen ungewöhnlich viel Schmuck auf dem Kopf, um den Hals, auf der Brust, der Kleidung, an den Armen, Fingern und Beinen. Die Schmuckstücke bestanden aus Schneckengehäusen, Knochen, Zähnen, Bernstein, Kupfer und Gold.

Vor allem die Hauben der Frauen wurden reich geschmückt. Man hat sie mit kupfernen Blechröhrchen, Spiralröllchen (auch Saltaleoni genannt), spiralförmigen Zierscheiben (Spiraltutuli) und Blechbändern behängt, was offenbar für die damalige Frauentracht in Südbayern typisch war. An einer Haube von Straubing (Ziegelei Jungmeier) prangten auf Lederschnüren aufgefädelte Blechröhrchen und Spiralröllchen. Mit einem Behang aus Blechröhrchen und Gehäusen von Täubchenschnecken war eine Haube von Kay-Mühlham (Kreis Traunstein) versehen. Eine Haube in Raisting hat man mit einem Besatz aus Spiraltutuli und knöchernen, auf einem Band aufgenähten Knöpfen verziert, wobei dieses vermutlich zu beiden Seiten des Kopfes von der Haube herunterhing.

Die in Frauen- und Männergräbern gefundenen Schleifenringe sollten vielleicht das Kopfhaar in zwei Schöpfen auf beiden Seiten zusammenhalten. An der Schläfe trug man mitunter kupferne Blechbänder. Reste von ihnen wurden in Mintraching (Kreis Regensburg) und Oberhaching (Kreis München) geborgen. Das längste Blechband in Oberhaching war 51,6 Zentimeter lang, die Breite betrug 2,5 bis 3,2 Zentimeter.

Als Halsschmuck dienten Ketten mit aufgefädelten Muschelschalen, Schneckengehäusen, Bernsteinperlen, Knochenringen

Gußform aus Glimmerschiefer für eine Dolchklinge aus Karlstein bei Bad Reichenhall (Kreis Berchtesgadener Land) in Bayern. Ursprüngliche Länge etwa 24 Zentimeter, erhaltene Länge 12,6 Zentimeter. Original im Heimatmuseum, Bad Reichenhall.

und kupfernen Brillenspiralen. Ein weiterer Halsschmuck waren kupferne Ösenhalsringe.

Drei Röhrchen von Zahnschnecken *(Dentalium)* wurden in einem Grab von Mintraching (Kreis Regensburg) zutage gefördert. Sie hingen vermutlich zusammen mit zwei Bernsteinperlen an einer Halskette. Ein Bernsteinring lag neben den Fußknochen.

Runde Bernsteinperlen konnten auch in Straubing (Ziegeleien Jungmeier und Ortler) nachgewiesen werden. In Gilching (Kreis Starnberg) gehörten zehn *Columbella*-Schneckengehäuse vom Mittelmeer zu einer Halskette. Aus einem Grab von Kronwinkl (Kreis Landshut) kennt man einen Halsschmuck aus fünf Knochenringen. Kupferne Brillenspiralen wurden in Mintraching, Raisting am Ammersee und in Straubing-Alburger Hochweg gefunden. Kupferne Ösenhalsringe lagen meistens einzeln und nur selten paarweise in Frauengräbern.

Auf der Brust funkelten manchmal große kupferne Blechzierscheiben und Spiraltutuli. Die Blechscheiben hatten einen Mittelkegel und Randlöcher, durch die sie auf der Unterlage befestigt waren. Als Tutulus wird ein knopfartiger Zierat mit konischem oder stachelartig erhöhtem Mittelteil bezeichnet.

Hinter dem Rücken von einigen im Gräberfeld von Alteglofsheim (Kreis Regensburg) bestatteten Frauen befanden sich zwei oder vier große Spiraltutuli aus Bronzedraht (s. S. 71). Sie wurden von parallel liegenden Blechröhrchen-Bündeln eingerahmt. Die Spiraltutuli und Blechröhrchen gelten als Besatz und klappernder Behang des Kleidungsstücks von Frauen eines bestimmten Standes, das je nach Rang unterschiedlich verziert war.

Eine Zierde bildeten oft die knöchernen, kupfernen und bronzenen Nadeln, mit denen Gewänder zusammengehalten wurden. Die Knochennadeln imitierten teilweise metallene Vorbilder. Auch aus Eberzähnen hat man Nadeln geschnitzt. Etliche Knochennadeln besaßen einen verbreiterten Kopf oder eine verzierte Kopfplatte, die in der Mitte durchbohrt war. Bei den metallenen Nadeln gab es zunächst nur kupferne Scheibenkopf- und Rudernadeln, später jedoch auch bronzene Hülsenkopf-, Ösenkopf- und Kugelkopfnadeln.

Außerdem wurden die Arme mit kupfernen Reifen oder Spiralen behängt, an den Fingern steckten Spiralringe, an den Beinen baumelten in Höhe der Oberschenkel auf Lederschnüre aufgezogene Blechröhrchen, und an den Fußknöcheln prangten Spiralringe.

In einigen Gräbern lagen sogar Schmuckstücke aus Gold. Aus Gernlinden (Kreis Fürstenfeldbruck) kennt man eine goldene Spirale, aus Mintraching (Kreis Regensburg) zwei goldene Noppenringe und aus dem Inn bei Töging (Kreis Altötting) Golddrahtschmuck. In Alteglofsheim (Kreis Regensburg) hatte man nicht nur den erwähnten bedeutenden Krieger, sondern auch ein verstorbenes fünfjähriges Kind mit Goldschmuck ausgestattet.

Die Verstorbenen wurden nur ausnahmsweise in isolierter Lage beerdigt. Meistens legte man einige hundert Meter von der Siedlung entfernt ein Gräberfeld an. Dort bettete man die Toten überwiegend einzeln, selten zu zweit, in Flachgräber.

Bei den Bestattungen achteten die Straubinger Leute darauf, daß die Männer auf der linken und die Frauen auf der rechten Seite lagen. Außerdem war die Hockerstellung üblich, bei der die Beine zum Körper hin angezogen wurden. Zumindest in der Anfangszeit ruhte bei den Männern der Kopf im Norden bis Nordosten mit Blickrichtung nach Osten bis Südosten. Bei den Frauen war der Kopf zum Süden bis Südwesten ausgerichtet, während der Blick nach Osten bis Südosten wies. Diese Orientierungen der Toten sind nur bei Beobachtung des Sonnenstandes und Festlegung der Himmelsrichtung möglich.

Bei einem in Mintraching (Kreis Regensburg) Verstorbenen waren die Beine extrem abgewinkelt, und die Unterschenkel bildeten fast eine Parallele zu den Oberschenkeln. Der Ausgräber Hannsjürgen Werner aus Neutraubling erklärte die ungewöhnliche Lage der Beine damit, daß diese gefesselt worden sind.

Das von 1899 bis 1902 vom Historischen Verein Straubing untersuchte Gräberfeld in der Ziegelei Ortler in Straubing umfaßte insgesamt 22 Gräber. Zu dem im Winter 1941/42 beim Lehmabbau durch einen Bagger aufgedeckten Gräberfeld in der Ziegelei Jungmeier gehörten 36 Gräber. Die meisten Skelette aus dem tiefgefrorenen Straubinger Boden wurden nicht aufbewahrt und untersucht. Der Vorstand des Historischen Vereins Straubing und Leiter des Straubinger Museums, Josef Keim (1883–1973), hat jedoch die Grabbeigaben gerettet.

Weitere Gräberfelder der Straubinger Kultur kennt man von Alteglofsheim[21] im Kreis Regensburg (vermutlich mehr als 60 Gräber), Mangolding[22] und Mintraching[23] im Kreis Regensburg (56 und 23 Gräber), Raisting am Ammersee[24] im Kreis Weilheim-Schongau (45 Bestattungen), Kleinaitingen[25] im Kreis Augsburg (39 Gräber) und Kronwinkl[26] im Kreis Landshut (32 Gräber). Kleinere Friedhöfe wurden in Gernlinden[27] im Kreis Fürstenfeldbruck (sechs Gräber), München-Englschalking[28] (sechs Gräber) und Poing[29] (sechs Gräber) aufgedeckt.

In Raisting waren die Gräber in zwei Gruppen angeordnet, bei denen jeweils am Rand ein Pfostenbau stand. Manche der dor-

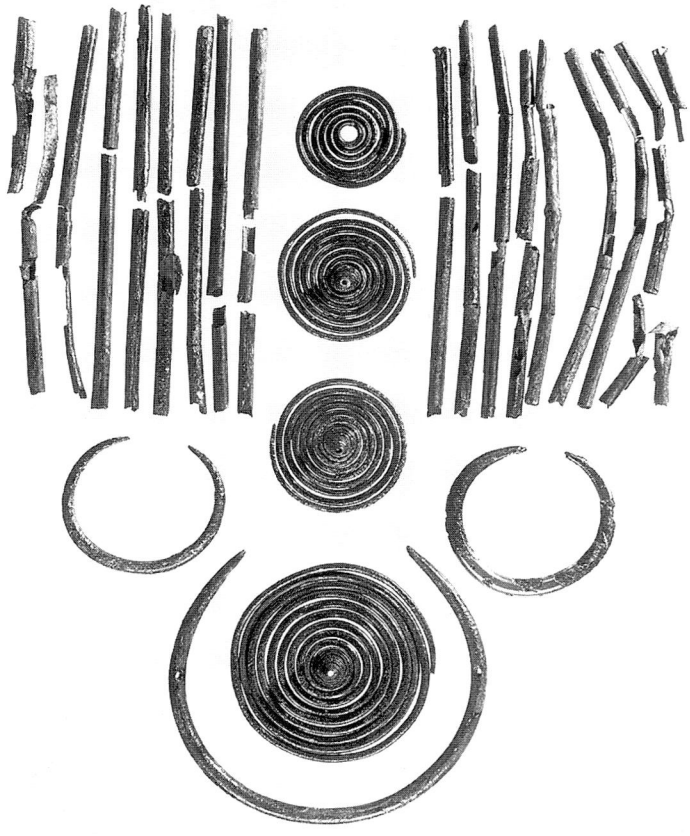

Schmuckstücke aus dem frühbronzezeitlichen Grab 8 von Mintraching, Flur 801 (Kreis Regensburg), in Bayern: Blechröhrchen, Spiraltutuli, Armringe und Halsring (Durchmesser 11,8 Zentimeter). Originale in der Prähistorischen Staatssammlung, München.

Armreif der Form Hofham mit verjüngten Enden aus Mintraching, Flur 876 (Kreis Regensburg), in Bayern – ein Lesefund aus einem ausgeackerten frühbronzezeitlichen Grab. Außendurchmesser 5,6 Zentimeter. Original im Museum der Stadt Regensburg.

tigen Gräber hatten eine Einfassung aus Geröll, Wand- und Deckbrettern, und in einem befand sich ein Baumsarg. In Poing markierten Pfosten die Gräber und verhinderten so bei neuen Bestattungen Überschneidungen. Ein Grab in Kleinaitingen war mit einem 1,40 Meter langen, zentnerschweren Stein bedeckt, und der Tote ruhte in einer zwei Meter langen Steinkammer.

Vom Grünspan des Kupfers verfärbte Knochen und der an den Gebeinen fehlende Schmuck lassen keinen Zweifel daran, daß hier Grabräuber am Werk waren, die es nahezu ausschließlich auf die wertvollen Metallbeigaben abgesehen hatten. Auf solche Spuren von »Leichenfledderei« stieß man in Poing und Kleinaitingen.

Die Hinterbliebenen versahen die Toten nur selten mit Eß- und Trinkgeschirr. Bei den Tierknochen und -zähnen aus Gräbern handelt es sich entweder um Reste von Speisebeigaben für die Verstorbenen oder um Amulette und Schmuck. Die Männer rüstete man mit Kupferdolchen, steinernen Pfeilspitzen, Schmuck und Tongefäßen für das Weiterleben im Jenseits aus. Die Frauen erhielten neben Tongefäßen reichlich Schmuck.

Die über manchen Gräbern vorgefundenen Bruchstücke von Tongefäßen spiegeln vielleicht den Brauch wider, bei Totenfeiern Tongefäße zu zertrümmern. Solche Scherbenstreuungen fand man beispielsweise in Raisting am Ammersee.

Die Grab- und Bestattungsformen der Langquaid-Stufe waren nicht einheitlich. Es gab Flachgräber (Malching, Kelheim), in zunehmendem Maße Grabhügel (Hatzenhof, Kösching), Körper- und Brandbestattungen in tönernen Urnen (Kelheim, Malching, Unterföhring) sowie Bestattungen von Kindern in Tongefäßen (Pithos-Bestattung). Von letzteren ist allerdings nur je ein Fall aus Kelheim und Mintraching bekannt.

Die Versteckfunde von Tongefäßen, Waffen und Schmuck sind möglicherweise nicht nur Materiallager von Händlern gewesen, sondern zum Teil auch Opfergaben für die Götter. Mit Opferzeremonien wird vor allem die Deponierung von Tongefäßen in Gruben oder Höhlen in Verbindung gebracht. Allein in der Höhle Schulerloch[30] im Altmühltal (Kreis Kelheim) fand man Scherben von ungefähr 50 polierten Tongefäßen – darunter meistens Tassen und Krüge von bester Qualität –, die offenbar eigens für Opferzwecke hergestellt worden waren.

Opfergaben könnten auch jene metallenen Dolche gewesen sein, die in Flüssen versenkt wurden. Vielleicht wollte man mit Flußopfern sichere Überfahrten von Göttern erflehen oder sich bei diesen für heil überstandene Überquerungen bedanken. Oder man hielt Flüsse für den Wohnsitz bestimmter Götter.

Der Münchener Prähistoriker Rudolf Albert Maier betrachtete 1988 die an Seen und Mooren entdeckten Depots von kupfernen Ösenhalsringen als standardisierte Opfer und quasi »heiliges Geld«. Zu dieser Kategorie von Opfern rechnete er den Moorfund am Ostufer des Waginger Sees bei Kirchanschöring (Kreis Traunstein) und den Fund auf den »Rohrwiesen« im Nordteil des Erdinger Mooses bei Eitting-Moos (Kreis Erding). Im ersteren Fall handelt es sich um sechs kupferne Ösenhalsringe in abgestufter Größe und im zweiten um drei davon.

Ein weiterer Opferfund könnte das Depot von 71 kupfernen Spangenbarren bei Haag an der Amper[31] (Kreis Freising) gewesen sein. Denn diese Barren im Gesamtgewicht von 5,2 Kilogramm wurden in einem Altwasser oder einem Auetümpel der Amper versenkt. Ein Metallhändler oder Kupfergießer hätte dies wohl kaum getan, wenn er ernsthaft bestrebt gewesen wäre, seinen Schatz jemals wieder zu heben.

Josef Keim (1883–1973), dem Vorstand des Historischen Vereins und Leiter des Straubinger Museums, ist die Rettung der Beigaben aus den im Winter 1941/42 beim Lehmabbau entdeckten Gräbern in Straubing (Ziegelei Ortler) zu verdanken.

Eine Leibwache im Jenseits
Die Singener Gruppe und die Oberrhein-Hochrhein-Gruppe

Der Marburger Prähistoriker Friedrich Holste (1908–1942) gilt als der erste, der herausfand, daß es in Süddeutschland außer den damals bekannten zwei frühbronzezeitlichen Kulturen noch eine dritte eigenständige Gruppe geben mußte. Diesem guten Kenner der Bronzezeit waren Unterschiede zwischen den Grabfunden des nördlichen und südlichen Oberrheintals aufgefallen. Seine Erkenntnisse hierüber wurden 1942 publiziert – im selben Jahr also, in dem er im Krieg gefallen ist.

Holstes Vermutungen sind in den fünfziger Jahren durch die Entdeckung des großen frühbronzezeitlichen Gräberfeldes von Singen am Hohentwiel[1] (Kreis Konstanz) eindrucksvoll bestätigt worden. Ausgehend von den dortigen Funden, hat 1954 der Stuttgarter Prähistoriker Siegfried Junghans (s. S. 444) den Begriff »Formenkreis Adlerberg-Singen« geprägt. Der Prähistoriker Edward Sangmeister (s. S. 447) aus Freiburg/Breisgau sprach ab 1960 von der »Gruppe Singen«, was später von anderen Autoren in »Singener Gruppe« abgewandelt wurde. Und der Freiburger Prähistoriker Christian Strahm benutzte 1987 den Begriff »Singener Kultur«.

Die Singener Gruppe ist etwa von 2300/2200 bis um 1800 v. Chr. nachweisbar. Aus dem namengebenden Gräberfeld von Singen am Hohentwiel stammen die ersten mit der C14-Methode ermittelten Daten für den unerwartet hohen Beginn der mitteleuropäischen Bronzezeit um 2300/2200 v. Chr. Vergleichbar hohe Daten wurden später im Gräberfeld bei Remseck-Aldingen (Kreis Ludwigsburg) in Baden-Württemberg ermittelt (s. S. 76).

Nach Ansicht des Stuttgarter Prähistorikers Rüdiger Krause handelt es sich bei der Singener Gruppe um eine sehr kleinräumige, fast nur lokale Gruppierung. Krause hat die Funde aus dem namengebenden Gräberfeld von Singen am Hohentwiel untersucht und im Jahre 1988 beschrieben.

Die unterschiedlich sorgfältig angelegten Gräber mit oder ohne Steinsetzungen sowie die Beigaben für die Toten in Singen weisen möglicherweise auf soziale Unterschiede der Bestatteten hin. Manche Toten waren üppig ausgerüstet, anderen hatte man kaum oder keine wertvollen Gegenstände mit ins Grab gelegt.

Wie an Skeletten aus dem Gräberfeld von Singen am Hohentwiel ersichtlich wird, erreichten die Männer dieser Gruppe eine Größe von bis zu 1,78 Meter. Eine Frau aus Singen war mit ungefähr 1,48 Meter selbst für damalige Verhältnisse recht klein, eine Frau aus Veringenstadt[2] (Kreis Sigmaringen) maß etwa 1,58 Meter.

Der Anthropologe Kurt Gerhardt aus Freiburg/Breisgau stellte an den Skelettresten aus Singen am Hohentwiel schlechte Gebisse, Krankheiten und eine tödliche Verletzung fest. Einem alten Mann fehlte mehr als die Hälfte seiner Zähne, außerdem wurden an seinen Lenden- und Brustwirbeln arthritische Knochenwucherungen nachgewiesen. Ein anderer Greis hatte am Unterkiefer und am rechten Oberschenkel Knochenwucherungen sowie am linken Scheitel eine tödliche Schlagverletzung.

Bei einer 20 bis 30 Jahre alten Frau aus Veringenstadt waren sämtliche Zähne von Karies befallen, während bei einer etwa gleichaltrigen nur der erste Backenzahn des Unterkiefers davon betroffen gewesen ist.

Zur Tracht der in Singen am Hohentwiel bestatteten Menschen gehörten mitunter Knochenscheiben. Einmal lag eine Knochenscheibe am Rücken, ein andermal befanden sich zwei Knochenscheiben am rechten Oberarm. In mindestens zehn Gräbern von Singen kamen kupferne Doppelspitzen beziehungsweise Pfrieme zum Vorschein, die auch als Tätowierstifte interpretiert werden. Sollte dies zutreffen, so hätten sich manche Singener Leute tätowiert.

Das Dorf, dessen Verstorbene im Singener Gräberfeld bestattet wurden, ist bisher nicht sicher nachzuweisen. Unweit des Gräberfeldes gibt es auf der Nordstadtterrasse jedoch Keramikfunde, die eine Siedlung der älteren Frühbronzezeit vermuten lassen.

Die untere Kulturschicht (Schicht A) der Seeufersiedlung Bodman-Schachen I[3] (Kreis Konstanz) am Bodensee entspricht zeitlich mit einem Alter um 1900 v. Chr. den jüngeren Gräbern von der Nordstadtterrasse in Singen am Hohentwiel. Das haben Datierungen mit der C14-Methode von verkohltem Getreide aus Schicht A von Bodman-Schachen I ergeben.

Im Fundgut der Gräber von Singen am Hohentwiel und der Siedlung Bodman-Schachen I (Schicht A) gibt es aber nichts Vergleichbares. Denn als Beigaben gelangten meistens Waffen und Schmuck aus Metall und Knochen in die Gräber, während in Siedlungen fast ausschließlich Keramik gefunden wird. Auf das in dieser Zeit seltene und besonders wertvolle Metall wurde offenbar sehr geachtet, man hat es daher wohl kaum in den Siedlungen verloren.

Das Dorf Bodmann-Schachen I aus der älteren Frühbronzezeit umfaßte maximal acht bis neun zweischiffige Häuser. Durch

Die vier sogenannten »Atlantischen Dolche« aus dem namengebenden Gräberfeld von Singen am Hohentwiel (Kreis Konstanz) in Baden-Württemberg. Länge des größten Dolches links oben 16,8 Zentimeter. Originale im Hegau-Museum, Singen.

Verzierte kupferne Rudernadel (links) aus Grab 7 und Horkheimer Nadel (rechts) aus Grab 51 von Singen am Hohentwiel (Kreis Konstanz) in Baden-Württemberg. Länge der Rudernadel 21 Zentimeter. Original im Hegau-Museum, Singen.

Pfostenstellungen sind drei Hausgrundrisse mit je etwa 24 Quadratmeter Grundfläche nachgewiesen.

Die Metallhandwerker der Singener Gruppe verarbeiteten fast ausnahmslos unlegiertes, aber natürliches stark mit Spurenelementen verunreinigtes Fahlerzkupfer. Bronze, also mit Zinn legiertes Kupfer, tauchte vereinzelt erst gegen Ende der Singener Gruppe auf. Als Rohmaterial für die Herstellung von Werkzeugen, Waffen und Schmuck dienten nach Ansicht von Rüdiger Krause sogenannte Salezer Beilbarren (Salez-Beile), die nach einem Fundort im schweizerischen Kanton Sankt Gallen benannt sind (s. S. 155). Diese Beilbarren weisen eine relativ hohe Konzentration von Arsen, Antimon, Silber und Nickel auf, was für Kupfererze aus Lagerstätten südlich des Walensees und im schweizerischen Kanton Graubünden typisch ist.

Auffällige Ähnlichkeiten bei der Verzierung mancher metallener Rudernadeln an Fundorten der Singener Gruppe, Straubinger Kultur und Ries-Gruppe deuten auf Wanderhandwerker hin, die ihre Kunst und ihren Stil weit verbreiteten.

Von den Kupferdolchen blieben überwiegend nur die großen, dreieckigen Klingen erhalten. Hingegen fehlten die Griffe aus Holz, Knochen oder Geweih. Im Gräberfeld von Singen am Hohentwiel sind insgesamt 18 Dolchklingen geborgen worden, die meisten aus Männergräbern, in denen sie am Becken oder an den angewinkelten Armen lagen.

Auch aus zwei Frauengräbern (Grab 7 und 65) wurde je ein kleiner Dolch zutage gefördert, der sicherlich nicht als Waffe diente. Bei diesen Frauen war der Dolch an den Schultern und im Halsbereich abgelegt. Die zwei Frauenbestattungen zeichnen sich durch überdurchschnittliche Ausstattungen mit Trachtzubehör aus. In Grab 65 ruhte eine greise Frau, in Grab 7 eine erwachsene Frau.

Die kupfernen Dolche aus den Gräbern von Singen am Hohentwiel weisen verschiedene Formen und unterschiedliche Metallzusammensetzungen auf. Während kleine Dolche mit zwei bis drei Nieten eher aus Westeuropa stammen könnten, gehören die Dolche mit vier oder mehr Nieten (Gräber 33, 63, 69, 73 und 77) zu Dolchformen, die damals in Südwestdeutschland, aber auch in Bayern, Mitteldeutschland, Böhmen und Mähren geläufig waren.

Besonderes Augenmerk richtete Rüdiger Krause auf vier sogenannte »Atlantische Dolche« (Grab 60 mit 4,7 und Grab 67 mit 5,1 Prozent Zinn, Grab 76 ohne Zinn). Formenkundlich und von der Metallzusammensetzung her ordnete er sie den Frühbronzezeit-Gruppen der Bretagne (Frankreich) und von Wessex (Südengland) zu. Ein vierter Dolch der »Atlantischen Gruppe« (Grab 84) läßt sich von seinem Metall her in keine der bisher bekannten Metallgruppen klassifizieren. Ein weiterer Dolch (Grab 95) besteht aus schweizerischem Metall. Der höchste Zinngehalt (9,4 Prozent) ist von einem Dolch aus Grab 73 bekannt.

Unter diesen Dolchen fällt einer besonders auf, weil er flächendeckend mit Punkten und drei hängenden Winkelbändern verziert und mit einem silbrig glänzenden Arsenüberzug versehen ist. Ähnliche Funde kennt man aus der Schweiz, Südengland (Wessex-Kultur) und aus der Bretagne, aber auch von einem

Verzierter halbmondförmiger Blechanhänger (Lunula) aus einem frühbronzezeitlichen Grab von Singen am Hohentwiel (Kreis Konstanz) in Baden-Württemberg. Erhaltene Länge 9,1 Zentimeter. Original im Hegau-Museum, Singen.

Depot aus Gau-Bickelheim[4] (Kreis Alzey-Worms) in Rheinland-Pfalz (s. S. 43).

Rege Tauschgeschäfte wurden von den Singener Leuten vor allem mit Kupferbarren und Schmuck betrieben. Die manchmal aus fernen Gegenden stammenden Tauschobjekte dokumentieren weitreichende Kontakte mit anderen Kulturen, die in Südengland und in der Bretagne (Dolche, Gagat), an der Ostseeküste (Bernstein) und in Mähren (Fayenceperlen) beheimatet waren.

Zu den seltensten Schmuckfunden aus Singen am Hohentwiel gehören ein Ösenring schweizerischer Form aus Kupferblech, ein halbmondförmiger Blechanhänger (Lunula) aus Kupfer und zwei Ohrringe aus Silber. Letzteres Edelmetall könnte im Südschwarzwald (Schauinsland bei Freiburg/Breisgau) abgebaut oder aus Spanien (El Argar), Frankreich (Bretagne) oder England (Wessex) importiert worden sein.

Das Blechband des Ösenrings hat einen Durchmesser von 14 Zentimetern und eine Breite von mindestens 1,8 Zentimetern. Es war an den Enden zu Ösen eingerollt und vielleicht auf eine Haube genäht. Bei der Lunula mit einer erhaltenen Länge von 9,1 Zentimetern handelte es sich um einen Anhänger, der wohl am Hals oder auf der Brust getragen wurde.

Die kupfernen Ösenhalsringe hatten einen Durchmesser von 14,6 bis 19,4 Zentimetern. Auf die Kleidung von Frauen und Männern wurden manchmal kegelförmige Tutuli aus Kupferblech genäht, wie sie für Singen am Hohentwiel charakteristisch sind.

Typisch für die Singener Gruppe sind auch kupferne Armspiralen mit Ösen- oder Spiralenden, die unterschiedlich viele Windungen haben. Außerdem wurden Arm- und Fußspiralen mit spitzem Ende angefertigt.

Unter den in Singen am Hohentwiel entdeckten kupfernen Nadeln gab es Ruder- und Scheibennadeln sowie Schleifennadeln mit Scheibenkopf, die nach einem Fund von Heilbronn-Horkheim auch Horkheimer Nadeln genannt werden. Einige der Singener Nadeln haben kreisrunde Köpfe und gleichen damit Funden aus dem schweizerischen Mittelland. Manche Nadeln waren mit Mustern verziert.

Außer Schmuck aus Kupfer wurde im Gräberfeld von Singen am Hohentwiel auch solcher aus Knochen, Geweih, Gagat, einem Tierzahn und aus Fayence gefunden. Darunter waren Ringe aus Rinderknochen, dem Schädeldach eines Menschen, ein V-förmig durchbohrter Knopf aus Hirschgeweih, tonnenförmige Knochenperlen, Gagatanhänger, ein Eckzahn vom Hund oder Wolf und eine Fayenceperle. Letztere gilt als eine der ältesten in Süddeutschland und könnte wegen ihres Kobalt- und Antimongehalts aus Mähren stammen.

Im Gräberfeld von Singen am Hohentwiel sind 102 Gräber freigelegt worden. Die ursprüngliche Zahl ist nicht bekannt, weil zu Beginn der Ausgrabungen im Jahre 1950 bereits ein Teil der Gräber zerstört war. In den bis zu 3,60 Meter langen und 2,40 Meter breiten Grabgruben hat man teilweise sehr aufwendige Steineinbauten vorgenommen. In Singen gab es Grabanlagen mit Steinpackungen, mit Steinkranz um die Bestattung, in Form von Steinkistengräbern und ohne Steineinbauten. Steinsetzungen in Gräbern kennt man auch am Hoch- und Oberrhein, im schweizerischen Mittelland und am Neckar.

Die Verstorbenen sind in Singen am Hohentwiel teilweise in halbrunde Baumsärge oder auf Bretter gebettet worden. Dreimal hat man dort zwei Menschen in einem Grab zusammen beerdigt. Bei den Beigaben für die Toten sind Dolche eher für Männer typisch und Nadeln für Frauen. Die Gräber für Frauen wurden etwas reicher ausgestattet als die von Männern. In Singen sind des weiteren Scherbenstreuungen beobachtet worden, die vielleicht vom Leichenschmaus der Trauernden am Grab stammen.

Einige von der Norm abweichende Bestattungen in Singen am Hohentwiel spiegeln womöglich die Angst vor der Wiederkehr gefürchteter Toter wider. Bei zwei sehr alten Männern in den Gräbern 70 und 71 waren die Körper dermaßen mit Steinen bedeckt, daß der Verdacht nicht abwegig ist, man hätte auf diese Weise ihre Rückkehr zu den Lebenden verhindern wollen. Es ist aber auch denkbar, daß man diese Männer sorgfältiger bestattete, weil sie besonders geachtet wurden. Bei einem anderen alten Mann in Grab 101 waren die Beine so extrem zum Körper hin angezogen wie bei keiner anderen Bestattung. Seine außergewöhnliche Beinhaltung könnte von einer Fesselung der Beine herrühren, die ihn am Verlassen des Grabes hindern sollte.

Die in Singen am Hohentwiel inmitten von vier alten und drei jungen Männern sowie einer jungen Frau und einem Kind beerdigte Greisin in Grab 65 gibt zu allerlei Spekulationen Anlaß.

Kupferne Armspirale aus dem frühbronzezeitlichen Gräberfeld von Singen am Hohentwiel (Kreis Konstanz) in Baden-Württemberg. Durchmesser der Armspirale 5,3 Zentimeter, Gewicht 61,5 Gramm. Original im Hegau-Museum, Singen.

Die Oberrhein-Hochrhein-Gruppe

Eine der frühbronzezeitlichen Gräbergruppen von Singen am Hohentwiel, nämlich die sechs Gräber umfassende Gruppe mit der wissenschaftlichen Bezeichnung IIb, weist bei den Grabbeigaben und deren Ausstattungsmustern auffällige Parallelen zu Gräbern am Ober- und Hochrhein sowie des schweizerischen Mittellandes auf. Hier wie dort gibt es mehrfach die Kombination von Nadel und Dolch als Beigaben. Zudem stimmt die Konstruktion von Steinkistengräbern der Singener Gruppe IIb weitgehend mit derjenigen von Steinkistengräbern am Ober- und Hochrhein sowie im schweizerischen Mittelland überein.

Außerdem unterscheidet sich die Metallzusammensetzung von Funden der Gräbergruppe IIb von denen der Gräbergruppen I, IIa, III und IV in Singen; sie gleicht dagegen jener von Objekten aus Kadelburg am Hochrhein. Deswegen wird die Gräbergruppe IIb auch als Fremdmetallgruppe bezeichnet.

Aus den erwähnten Gründen hegte der Stuttgarter Prähistoriker Rüdiger Krause den Verdacht, daß die Grabsitten der Gruppe IIb einige Elemente widerspiegeln, die innerhalb der ortsansässigen Bevölkerung fremd waren. Die in dieser kleinen Gruppe bestatteten Menschen kamen vielleicht aus dem Gebiet einer westlichen Gruppe, an der sowohl die Oberrhein-Hochrhein-Gruppe als auch das schweizerische Mittelland ihren Anteil hatten. In Singen haben die Einwanderer vermutlich durch die Wahl eines besonderen Bestattungsplatzes und die Beibehaltung ihrer Bestattungssitten ihre Eigenständigkeit zum Ausdruck gebracht.

Der Begriff Oberrhein-Hochrhein-Gruppe wurde 1988 von dem Prähistoriker Rüdiger Krause (s. S. 445) geprägt. Zu dieser Gruppe zählen unter anderen die Gräber von Kadelburg[5] (Kreis Waldshut), Efringen-Kirchen[6] (Kreis Lörrach), Bischoffingen[7] und Oberrimsingen (Kreis Breisgau-Hochschwarzwald) sowie Eguisheim und Riedisheim im Elsaß. Im Gegensatz zu Krause schreibt Gretel Gallay diese Fundorte der Singener Gruppe beziehungsweise deren schweizerischem Einfluß zu.

In Kadelburg kamen zwei Steinkistengräber zum Vorschein, in denen der Tote jeweils auf der rechten Seite liegend bestattet worden war. Eines dieser Steinkistengräber mit der Bestattung eines 1,67 Meter großen Mannes enthielt eine Dolchklinge und eine kleine Scheibennadel. In Efringen-Kirchen hatte man vier Menschen in einer Höhle bestattet. In Bischoffingen wurde ein Grab mit Steinsetzungen freigelegt. Zu den Beigaben gehörten eine Dolchklinge und eine Horkheimer Nadel (s. S. 64).

Bei Oberrimsingen scheint 1961 ein größeres Gräberfeld von etwa 100 Meter Länge und 60 Meter Breite bei Straßenbauarbeiten weitgehend zerstört worden zu sein. Überliefert sind lediglich Spuren von mindestens zwölf Gräbern. Von den Grabbeigaben wurden nur wenige geborgen.

In Eguisheim ruhten zwei Tote in einer Steinkiste. Aus Riedisheim sind acht Gräber mit gestreckten Bestattungen bekannt. In einem der Gräber befand sich eine silberne Armspirale. Dieses Edelmetall war in der Frühbronzezeit Mitteleuropas selten und entsprechend kostbar.

Die Prähistorikerin Gretel Gallay aus Nidderau vertritt die Auffassung, die Singener Gruppe sei nicht nur lokal, sondern großräumig – in Oberschwaben, am Bodensee, in der Nordschweiz sowie im Elsaß – verbreitet gewesen.

Zu den Grabbeigaben jener Frau gehören ein kleiner Dolch, eine prächtige Rudernadel, eine Armspirale und ein Pfriem, alles aus Bronze. Nach Ansicht der heute im hessischen Nidderau lebenden Prähistorikerin Gretel Gallay könnte es sich hierbei um die Bestattung einer »weisen Alten« und ihrer »Leibwächter« handeln, die auch im Jenseits für Schutz sorgen sollten. Ebenso berechtigt ist jedoch die Vorstellung von der Bestattung einer Stammesmutter mit Mann und Brüdern oder das Begräbnis eines betagten Schamanen.

Den Grabbeigaben zufolge – so meint Gretel Gallay – hatte die erwähnte Greisin sicherlich eine geachtete Stellung in der Gesellschaft. Die Prähistorikerin vermutet, daß es in einer Gemeinschaft, in der Frauen ein Dolch mit ins Grab gelegt wurde, nicht allzu patriarchalisch zugegangen sein kann. Daß die Lage des Dolches in Frauengräbern im Vergleich zu den Gräbern der Männer variierte, könnte bedeuten, daß der Dolch bei Frauen entweder einen anderen Zweck hatte oder auf Grund unterschiedlicher Kleidung anders getragen wurde.

»Brotlaib-Idole« am Bodensee
Die Arbon-Kultur

In der jüngeren Frühbronzezeit von etwa 1800 bis 1600 v. Chr. war gebietsweise im südlichen Baden-Württemberg und in Bayern die Arbon-Kultur verbreitet. Den Begriff »Arbon-Kultur« hat 1987 der am Institut für Ur- und Frühgeschichte der Albert-Ludwigs-Universität Freiburg/Breisgau lehrende Prähistoriker Christian Strahm (s. S. 448) erstmals in einer Tabelle verwendet.

Dagegen sprach 1992 der Freiburger Prähistoriker Joachim Köninger (s. S. 445) von der »Arboner Gruppe«, die er anhand des Inventars aus Schicht C der Seeufersiedlung Bodman-Schachen I am Bodensee umriß. Charakteristisch ist vor allem die in geometrischen Mustern reich ritz- und stichverzierte Keramik. Die Namen »Arbon-Kultur«, »Arboner Gruppe« oder »Arboner Kultur« beschreiben wohl die gleiche prähistorische Erscheinung der jüngeren Frühbronzezeit in Süddeutschland und der Nordschweiz.

Die Arbon-Kultur ist nach den Seeufersiedlungen von Arbon-Bleiche 2 am Bodensee im schweizerischen Kanton Thurgau benannt (s. S. 153). Ihr werden in Baden-Württemberg Siedlungen am Bodensee, auf Flußterrassen, in Hanglage sowie auf Höhen zugerechnet. Auch in den Tälern der bayerischen Flüsse Lech und Isar hat es Höhensiedlungen jener Kultur gegeben.

Fundschichten der Arbon-Kultur sind aus Bodman-Schachen I[1] (Kreis Konstanz) am Bodensee bekannt. Dort haben bereits in der älteren Frühbronzezeit Seeufersiedlungen existiert (s. S. 62). Die Fundschichten der jüngeren Frühbronzezeit aus der zweiten Hälfte des 17. vorchristlichen Jahrhunderts repräsentieren Reste von Dörfern mit fünf bis neun Häusern, die Flächen zwischen 25 und 30 Quadratmetern hatten. Ein Jahrhundert später baute man die Häuser schon merklich größer. Sie waren nun dreischiffig und verfügten über einen Grundriß von etwa 42 Quadratmeter Fläche.

In Bodman-Schachen I wurden Getreidereste entdeckt, die von Emmer *(Triticum dicoccon)*, Einkorn *(Triticum monococcum)*, Gerste *(Hordeum vulgare)* und Dinkel *(Triticum spelta)* stammen. Aufgrund der nachgewiesenen Ackerbeikräuter dürfte es sich um Wintergetreide handeln. Das Getreide wurde vermutlich außerhalb des Dorfes gedroschen, weil die sonst häufig in den Siedlungsschichten vorkommenden Druschreste so gut wie fehlen. Die Äcker waren am nahen Hangfuß der Stockacher Berge angelegt worden. Dabei dürfte es sich um größere Nutzflächen gehandelt haben, was die Nutzung des Pflugs nahelegt.

Unter der pflanzlichen Nahrung hatten wildwachsende Früchte eine nicht geringzuschätzende Bedeutung. Gesammelt wurden Brombeeren *(Rubus fruticosus)*, Schwarzer Holunder *(Sambucus nigra)*, Haselnüsse *(Corylus avellana)*, Schlehen *(Prunus spinosa)*, Wildäpfel *(Malus sylvestris)* und Walderdbeeren *(Fragaria vesca)*. An ölhaltigen Pflanzen kamen Flachs *(Linum usitatissimum)* und Mohn *(Papaver somniferum)* vor.

Die Wälder in der Ufersiedlung Bodman-Schachen I waren stark gelichtet. Das geht aus hohen Wildgras-Anteilen sowie Belegen von Pflanzen trockener Rasen in Pollenspektren ebenso hervor wie aus Funden von Makroresten in Siedlungsablagerungen. Demnach ist eine extensive Weidewirtschaft anzunehmen.

Verzierter tönerner Krug der Arbon-Kultur (etwa 1800 bis 1600 v. Chr.) aus der befestigten Höhensiedlung auf dem Schloßberg in Landsberg am Lech in Bayern. Höhe 19,5 Zentimeter. Original in der Prähistorischen Staatssammlung, München.

Entlang der Stockacher Ach standen in der Flußniederung Eschen *(Alnus)* und Pappeln *(Populus)*. Am Rand der Niederung, in der sogenannten Hartholzaue, könnten Eichen- und Ulmenwälder gediehen sein. Auf dem umliegenden Bergland dürften Buchen *(Fagus)* dominiert haben.

An Haustieren sind in Bodman-Schachen I Schwein, Schaf oder Ziege und Rind belegt. Bei den wenigen Funden von Pferdeknochen ist unklar, ob diese von Wild- oder Haustieren stammen. Aufgrund der Kulturpflanzen und Haustierreste kann angenommen werden, daß die Bewohner Feldbau betrieben und Vieh hielten.

Auch die Jagd war für diese Bauern wichtig. Der Gewichtsanteil der Wildsäugetierrelikte an den insgesamt gefundenen Knochen lag dort in der jüngeren Frühbronzezeit nur wenig unter 50 Prozent. Es wurde also annähernd soviel Fleisch von Wild- wie von Haustieren gegessen.

Der Arbon-Kultur sind aufgrund der typischen in geometrischen Musterzonen verzierten Keramik hauptsächlich Seeufersiedlungen am Bodensee und Höhensiedlungen zuzurechnen. Inwiefern Einzelfunde vom flachen Land und Höhlenfunde regelrechte Siedlungen repräsentieren, konnte bislang nicht ermittelt werden.

Wie in der namengebenden Seeufersiedlung Arbon-Bleiche 2 in der Schweiz sind auch in Bodman-Schachen I am Bodensee viele üppig ritz- und stichverzierte Tongefäße zum Vorschein gekommen. Diese prächtige Keramik ist vor allem im 16. Jahrhundert v. Chr. modelliert worden und war schon etwa 100 Jahre später nicht mehr in Mode.

Zum keramischen Fundgut von Bodman-Schachen I zählten einige nur wenige Zentimeter lange und maximal zwei Zentimeter breite, stempelartige, gemusterte Tonobjekte. Solche Gegenstände, deren Zweck umstritten ist, bezeichnet man als »Brotlaib-Idole«. Sie wurden außer in Deutschland (s. S. 48) auch in Österreich (s. S. 118), Tschechien, der Slowakei, Ungarn, Rumänien, Serbien, Oberitalien und Polen gefunden.

Die besten Vergleichsstücke für die »Brotlaib-Idole« von Bodman-Schachen I stammen aus Bayern, Niederösterreich und Tschechien. Ihre Hauptverbreitung liegt in Mittel- und Osteuropa sowie in Italien. Von wo aus die »Brotlaib-Idole« nach Süddeutschland gelangten, ist nicht sicher zu ermitteln. Kontakte über die Alpen hinweg nach Oberitalien, die durch Gußtiegel und verzierte Webgewichte in Bodman-Schachen I belegt sind, machen ihre Herkunft eher von dort wahrscheinlich.

Die »Brotlaib-Idole« aus Bodman-Schachen I sind nicht so hart wie Keramik, sondern lediglich schwach gebrannt oder nur an der Luft getrocknet worden. Deswegen eigneten sich die bruchgefährdeten Objekte nicht zum Transport über größere Entfernungen hinweg. Vermutlich hat der Austausch einer Idee zur Herstellung der »Brotlaib-Idole« in Südwestdeutschland geführt.

Aus diesem Grund muß nach Ansicht von Experten mit engen Verbindungen zwischen den Kulturgruppen nördlich und südlich der Alpen gerechnet werden. Während der ganzen Frühbronzezeit scheint das süddeutsche Gebiet in ein europaweites Beziehungsgeflecht eingebunden gewesen zu sein.

Nur 20 Kilometer von Bodman-Schachen I entfernt lag in der östlichen Bucht der Bodenseeinsel Mainau die Seeufersiedlung Egg-Obere Güll[2] (Kreis Konstanz), die um 1620 v. Chr. erbaut worden ist. Sie wurde von einer massiven Wand aus dicht nebeneinanderstehenden 35 bis 45 Zentimeter breiten Eichenholzbohlen geschützt. Die Wand konnte bei den bisherigen Ausgrabungen auf einer Länge von etwa 40 Metern nachgewiesen werden. Sie verläuft geradlinig und knickt an beiden Enden im flachen Winkel zum Ufer hin ab.

Im Gegensatz dazu sind aus – dendrochronologisch nachgewiesenen – zeitgleichen Ufersiedlungen des Bodenseegebietes und der Schweiz nur offene oder von einfachen Palisaden umgebene Siedlungen bekannt. Hierin sehen Prähistoriker die besondere historische Bedeutung der Entdeckung in der Oberen Güll. Sie verrät, daß es am Bodensee außer einfachen bäuerlichen Ortschaften erstmals auch stark befestigte Anlagen gab. Somit dürften dort ab dem 17. Jahrhundert v. Chr. früheste lokale Machtzentren entstanden sein.

Siedlungen des vergleichbaren Typs existierten im Bereich der frühbronzezeitlichen Kulturen der Slowakei und in Ungarn sowie in Mitteldeutschland und Tschechien. In der Slowakei und in Ungarn spiegeln sie sich durch stark befestigte Höhensiedlungen wider, in Mitteldeutschland und in Tschechien durch »Fürstengräber« der Aunjetitzer Kultur (s. S. 53).

In Oberschwaben scheint es bereits früher als am Bodensee ein Machtzentrum gegeben zu haben. Denn die befestigte »Siedlung Forschner«[3] am Federsee bei Bad Buchau (Kreis Biberach) hat – dendrochronologischen Untersuchungen zufolge – schon um die Mitte des 18. Jahrhunderts v. Chr. bestanden. Diesen Siedlungsplatz umgab man 1767/66 mit einer Palisade. Nach dem Bau eines Hauses um 1760 v. Chr. wurde die Siedlung durch eine zweischalige Holzmauer eingefaßt, deren Zwischenraum man mit Erde füllte. Der Innenraum war mit etwa 50 meistens haufenartig angeordneten Häusern bebaut.

Arbeitssituation bei den archäologischen Tauchuntersuchungen aus dem Jahre 1994 im Bereich der heute unter Wasser liegenden frühbronzezeitlichen Seeufersiedlung Egg-Obere Güll (Stadt Konstanz) am Bodensee in Baden-Württemberg.

Nach dem Zahnarzt und Urgeschichtsforscher Heinrich Forschner (1880 bis 1959) aus Biberach ist die früh- und mittelbronzezeitliche »Siedlung Forschner« am Federsee bei Bad Buchau (Kreis Biberach) in Baden-Württemberg benannt.

Der wehrhafte Charakter des etwa 8000 Quadratmeter großen Komplexes im Moor, insbesondere seine Bebauungsfolge, spricht nach Ansicht des Stuttgarter Prähistorikers Erwin Keefer für ein starkes Sicherheits- und Schutzbedürfnis der Erbauer. Um 1737 v. Chr. ersetzte man in den Häusern, der Mauer und den Palisaden einzelne Pfosten. Danach brach die nachweisbare Bautätigkeit ab. Wann und warum die Siedlung verlassen wurde, ist nicht geklärt. Dabei könnte der Anstieg des Federseepegels eine Rolle gespielt haben. Etwa 250 Jahre später wurde in der Mittelbronzezeit an der gleichen Stelle eine Siedlung errichtet (s. S. 173).

Im Fundgut der frühbronzezeitlichen »Siedlung Forschner« sind häufig Scherben und Gefäßfragmente vertreten, die den Aunjetitzer Formen ähneln. Die Aunjetitzer Kultur war in der Slowakei, in Tschechien, Mitteldeutschland und in Niederösterreich beheimatet. Möglicherweise standen die Bewohner dieses Dorfes in Konkurrenz zur Bevölkerung der Arbon-Kultur, die sich längs der Donau und im Bodenseegebiet niedergelassen hatte. Die vereinzelt in Spülsäumen am Rand der »Siedlung Forschner« vorkommenden, typisch reich ritz- und stichverzierten Scherben der Arbon-Kultur werden als Belege für derartige Kontakte interpretiert.

Wie die »Siedlung Forschner« läßt sich auch die frühbronzezeitliche Höhensiedlung auf dem Veitsberg bei Ravensburg[4] (Kreis Ravensburg) nicht der Arbon-Kultur zuordnen. Vielleicht gehörten die Bewohner dieser beiden ungleichen Siedlungen zur selben Kultur. Unter den Tonscherben auf dem Veitsberg fanden sich Bruchstücke einer importierten Unterwölblinger Tasse (s. S. 118) der Unterwölblinger Gruppe aus Niederösterreich.

Unsicher ist die Zugehörigkeit der Siedlung von Neuhausen auf den Fildern (Kreis Esslingen) zur Arbon-Kultur. Bei den dortigen Funden aus der jüngeren Frühbronzezeit handelt es sich ausnahmslos um Keramikreste, die von Sammlern in der Lehmgrube auf der Flur »Egelsee« aufgelesen wurden. Daß nicht nur die Seeufer und Höhen besiedelt waren, belegt eine Vielzahl von Fundstellen in Hang- und Tallage.

Hauptsächlich entlang der Donau, aber auch am Neckar, am Lech, im Tal der Isar und am Nordabhang der Schwäbischen Alb waren zahlreiche Höhensiedlungen der Arbon-Kultur gegründet worden. Die für sie charakteristische Keramik mit den üppigen Ornamenten wurde auf dem Kirchberg bei Ammerbuch-Reusten[5] (Kreis Tübingen), auf dem Lochenstein[6] (Kreis Balingen) und auf dem Schloßberg von Ulm/Ehrenstein[7] (Alb-Donau-Kreis) in Baden-Württemberg sowie auf dem Schloßberg von Landsberg am Lech[8] und auf dem Domberg von Freising[9] in Bayern gefunden. Über die Bebauung der Höhensiedlungen weiß man wenig. Spuren von Hausgrundrissen fehlen weitgehend.

Die ehemals vorhandenen Befestigungswerke sind bei Anlagen der Arbon-Kultur ebenfalls kaum erhalten geblieben. Tönernes Geschirr mit deutlichen Brandeinwirkungen auf dem Schloßberg von Landsberg am Lech bezeugt, daß die Bewohner dieser Höhensiedlung in kriegerische Auseinandersetzungen verwickelt waren.

Keramikreste aus der jüngeren Frühbronzezeit in etlichen Höhlen bezeugen ebenfalls die Anwesenheit von Angehörigen der Arbon-Kultur. Zu diesen Fundorten gehören die Höhle Haus bei Heubach (Ostalbkreis) und die Burghöhle von Dietfurt (Kreis Sigmaringen) an der Donau. Ob die Höhlen regelrecht besiedelt wurden, ist zweifelhaft. Vielmehr dürften sie als vorübergehende Aufenthaltsorte gedient haben.

Die Arbon-Kultur und die östlich benachbarte Straubinger Kultur (s. S. 56) traten nicht flächendeckend auf. Ihre Siedlungen

Zu den Farbtafeln

7 (rechte Seite) Goldfunde aus dem »Fürstengrab« der frühbronzezeitlichen Aunjetitzer Kultur (etwa 2300 bis 1600/1500 v. Chr.) von Sömmerda-Leubingen (Kreis Sömmerda) in Thüringen. Originale im Landesmuseum für Vorgeschichte, Halle/Saale.

8 Depotfund mit Stangenbarren aus der frühbronzezeitlichen Straubinger Kultur (etwa 2300 bis 1600 v. Chr.) vom Luitpoldpark in München. Barrenlänge etwa 20 Zentimeter. Originale in der Prähistorischen Staatssammlung, München.

9 Reicher metallener Frauenschmuck und ein Dolch aus einem Grab der frühbronzezeitlichen Straubinger Kultur (etwa 2300 bis 1600 v. Chr.) von Alteglofsheim (Kreis Regensburg) in Bayern. Originale im Museum der Stadt Regensburg.

10 (letzte Seite) Steinstele mit Darstellung von Stabdolchen und einer Scheibe aus der Frühbronzezeit (etwa 2300/2200 bis 1600 v. Chr.) von Tübingen-Weilheim in Baden-Württemberg. Höhe 4,25 Meter. Das Original steht etwa 50 Meter vom Fundort entfernt.

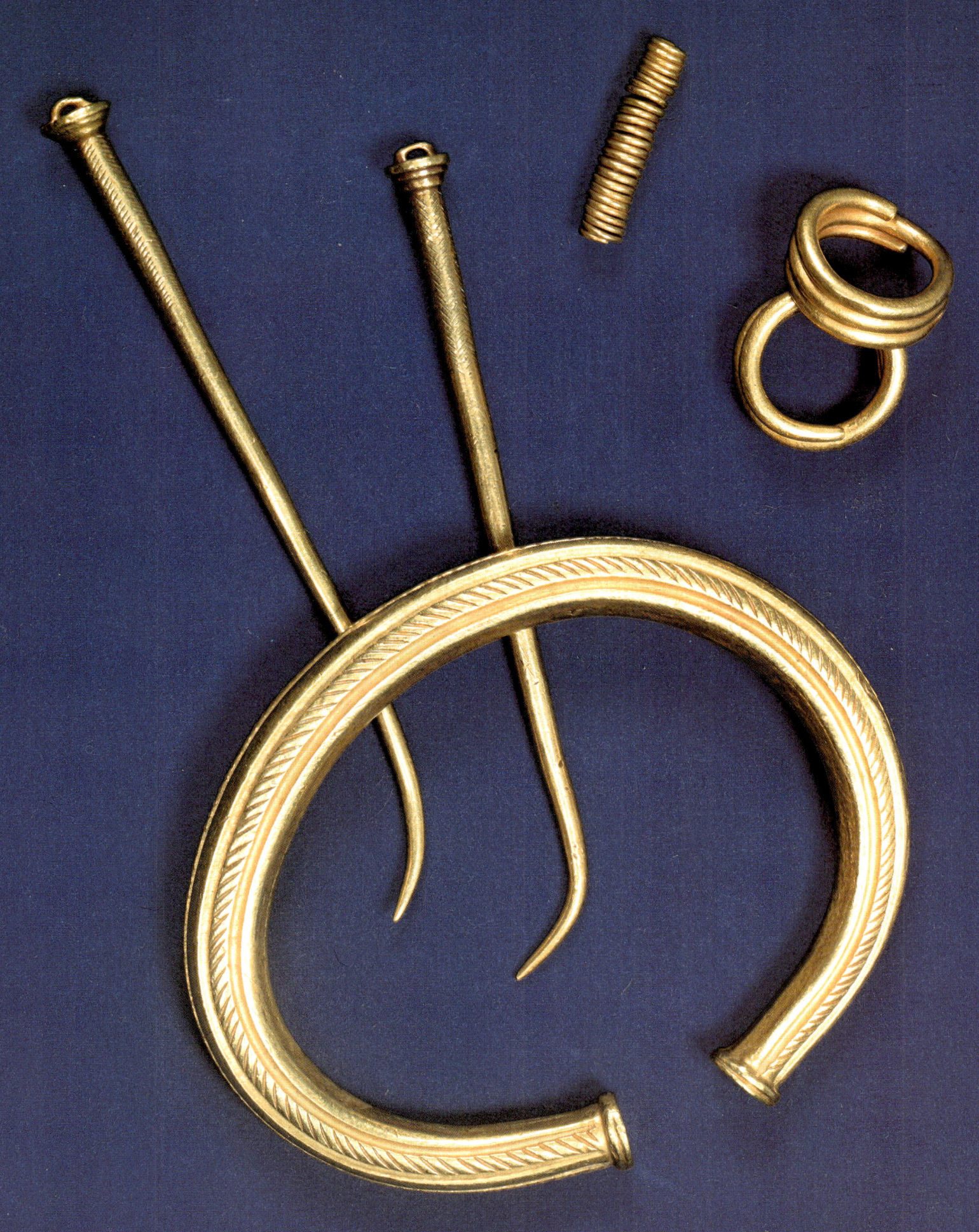

lagen an den Hauptverkehrswegen der damaligen Zeit. Da sich beide Kulturen bis hin zu den Kupfererzlagerstätten der Alpen durch archäologische Funde nachweisen lassen, dürfte ihr Verbreitungsbild in engem Zusammenhang mit dem Bronzehandel zu betrachten sein.

Werkzeuge und Schmuckstücke wurden von den Metallhandwerkern der Arbon-Kultur im Gußverfahren hergestellt. Zu diesem Zeitpunkt muß die Technik des Bronzegießens schon eine längere Tradition gehabt haben. Auch kleinere Objekte wie Schmucknadeln hat man hohl auf einem Tonkern gegossen, was auf ein hohes Können der Bronzegießer schließen läßt. Nach heutigem Kenntnisstand tauchten gegossene Objekte in Südwestdeutschland erstmals um 1800 v. Chr. auf.

Während in der älteren Frühbronzezeit noch Salez-Beile (s. S. 155) und Ösenringbarren als Rohmetallformen dienten, scheinen in der jüngeren Frühbronzezeit vor allem spangenförmig gebogene Barren (Spangenbarren) üblich gewesen zu sein. In Bermatingen[10] (Bodenseekreis) kam ein Depot mit 66 Spangenbarren im Gesamtgewicht von 5,4 Kilogramm zum Vorschein. Diese Barren sind jeweils etwa 29 Zentimeter lang sowie maximal 1,5 Zentimeter breit und maximal einen Zentimeter dick. Eine charakteristische Beilform der jüngeren Frühbronzezeit waren die bereits erwähnten Langquaid-Beile (s. S. 58) mit halbkreisförmiger Schneide.

Eine bemerkenswerte Fundlandschaft aus der jüngeren Frühbronzezeit konzentriert sich – so schrieb 1988 der Stuttgarter Prähistoriker Rüdiger Krause – auf das Neckargebiet zwischen Reutlingen und Rottenburg. Dort sind Einflüsse und Importe aus dem Bereich der erwähnten Aunjetitzer Kultur und aus den Alpen feststellbar.

Aus dem Verbreitungsgebiet der Aunjetitzer Kultur stammen eine gegossene bronzene Armstulpe aus Weil im Schönbuch (Kreis Böblingen) und eine Stabdolchklinge aus Rottenburg-Kiebingen (Kreis Tübingen). Die beiden verzierten Objekte sind Einzelfunde. Die Armstulpe ist 9,5 Zentimeter lang, hat einen Durchmesser von sieben Zentimetern, und ihr Blech ist zwei bis drei Millimeter dick. Die Stabdolchklinge mißt 22,6 Zentimeter. Stabdolche dienten – wie erwähnt (s. S. 50) – nicht als Waffen, sondern eher als Herrschafts- und Würdezeichen.

Als Funde alpiner Herkunft gelten ein 22,5 Zentimeter langes Randleistenbeil sowie ein 17,5 Zentimeter langer Dolch mit sechsnietiger Griffplatte und 6,2 Prozent Zinnanteil aus Rottenburg (Kreis Tübingen). Letzteres Objekt wurde zusammen mit zwei Ösenhalsringen und einem Beilfragment entdeckt und hat die besten Vergleichsstücke im südwestschweizerischen Alpenraum und am Genfer See.

Einmalig nördlich der Alpen ist der imposante Statuenmenhir aus Tübingen-Weilheim[11] (s. S. 72). Auf dem ehemals 4,50 Meter großen Block aus Sandstein sind auf der Vorderseite die mit einem spitzen Werkzeug herausgearbeiteten Reliefs von fünf frühbronzezeitlichen Stabdolchen und eine ovale Scheibe mit einem maximalen Durchmesser von 40 Zentimetern zu sehen. Die übereinandergestellten Stabdolche nehmen eine Fläche von 1,75 Metern ein. Die gesamte Rückseite des Pfeilers ist mit näpfchenartigen Vertiefungen und Rillen verziert.

Der pfeilerartige Stein – ein Findling – von Tübingen-Weilheim dürfte vom südlich der Fundstelle gelegenen Höhenzug »Rammert« geholt worden sein. Der Pfeiler wurde einst etwa einen Meter tief in den Boden eingegraben und ragte demnach 3,50 Meter über die Erdoberfläche. Die besonders dekorative

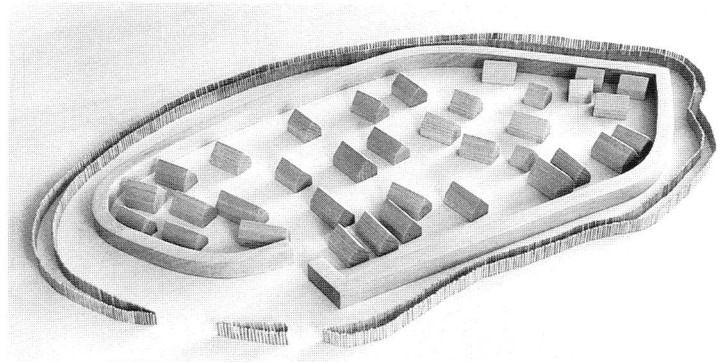

Modell der frühbronzezeitlichen »Siedlung Forschner« am Federsee bei Bad Buchau (Kreis Biberach). Sie war mit Palisaden sowie einer Mauer aus Holz und Erde befestigt. Modell im Archäologischen Landesmuseum Baden-Württemberg, Außenstelle Konstanz.

Vorderseite mit den Stabdolchen und der Scheibe war nach Westen gerichtet.

Das geheimnisvolle Kunstwerk von Tübingen-Weilheim ähnelt den Statuenmenhiren aus Südtirol und Darstellungen auf Felsbildern in Oberitalien. So gleichen die Stabdolche von Tübingen-Weilheim Darstellungen auf den Südtiroler Menhiren von Algund, Lengstein und Tötschling sowie jenen auf einem Felsbild von Montecchio im Val Camonica, einem Alpental nördlich des Iseosees in Oberitalien.

Gruppenweise angeordnete Stabdolche gehören auch zu den Motiven bronzezeitlicher Felsbilder am Monte Bégo in den Alpes Maritimes an der italienisch-französischen Grenze. In dieser einsamen Bergregion war in mehr als 2000 Meter Höhe eine Kultstätte angelegt worden. Auf den Felsbildern des Monte Bégo tragen Menschen bei rituellen Handlungen überdimensionale Stabdolche an langen Stangen. Und auf Felsblöcken im Val Camonica und im Veltlin werden Stabdolche häufig zusammen mit Sonnensymbolen dargestellt, die auf einen Sonnenkult schließen lassen.

Der Tübinger Prähistoriker Hartmann Reim, der den Statuenmenhir von Tübingen-Weilheim untersucht hat, nimmt an, daß diesem Fund eine Funktion im Bereich des Kultisch-Religiösen zukam. Zumindest aber belegt er Kontakte des Neckarraumes

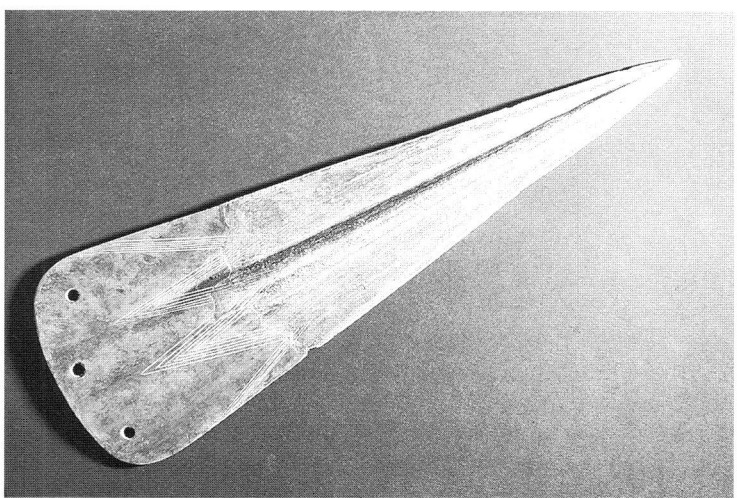

Fragment eines verzierten Stabdolches aus einer Kiesgrube bei Rottenburg-Kiebingen (Kreis Tübingen) in Baden-Württemberg. Erhaltene Länge 22,6 Zentimeter. Original im Württembergischen Landesmuseum, Stuttgart.

Mutmaßliches Fragment eines Menhirs mit abstrakter Darstellung eines zwei- oder vierrädrigen Wagens aus Rottenburg-Lindele (Kreis Tübingen). Erhaltene Länge 99 Zentimeter. Original im Archäologischen Landesmuseum Baden-Württemberg, Außenstelle Konstanz.

um Tübingen mit der Alpenregion und Oberitalien. Eine Replik des Menhirs steht heute etwa 50 Meter von der Fundstelle entfernt.

Frühbronzezeitliches Alter vermutet Hartmann Reim auch für das mutmaßliche Fragment eines Menhirs aus Rottenburg-Lindele[12] (Kreis Reutlingen). Das Bruchstück ist 99 Zentimeter lang, 67 Zentimeter breit, 33 Zentimeter dick und zeigt in flachem Relief zwei mit schmalen Stegen verbundene Ringe. Reim deutet dieses Motiv als Teil der abstrakten Darstellung eines zwei- oder vierrädrigen Wagens ähnlich jenen auf Felsbildern im Val Camonica. Der Menhir wurde in 270 Meter Entfernung von einem Friedhof der älteren Frühbronzezeit in Rottenburg-Herderstraße[13] geborgen.

Aus ganz Südwestdeutschland sind bisher nur wenige Bestattungen der jüngeren Frühbronzezeit bekannt. Eine davon lag bei Reutlingen[14] am Fuß der Schwäbischen Alb, andere befanden sich in Bodman-Ludwigshafen[15] (Kreis Konstanz) am Bodensee. Die Gräber waren jedoch – von wenigen Ausnahmen abgesehen – leer.

Bei Reutlingen hatte man das Skelett eines Menschen gefunden, der in Hockerstellung mit zum Körper hin angezogenen Beinen bestattet worden war. Zu seinen Grabbeigaben gehörten ein 14,7 Zentimeter langer Dolch des Schweizer Typs[16] oder Alpinen Typs[17] mit durchbrochenem Griff für organische Einlagen, ein Ösenhalsring und eine kleine Spirale, die als Finger-, Haar- oder Kappenschmuck diente. Diese Objekte sind sämtlich verschollen.

In Bodman-Ludwigshafen wurden bei Bauarbeiten mindestens vier Gräber eines Friedhofs unbekannter Größe aus der Früh- und Mittelbronzezeit zerstört. Augenzeugenberichten zufolge waren diese Toten auf der Seite ruhend in Hockerstellung beerdigt. Über den Skeletten lagen offenbar große Steinbrocken, die entweder den Sarg oder die Grabgrube bedeckten. Im Konstanzer Rosgarten-Museum wurden als einzige erhaltene Funde aus diesen Gräbern eine bronzene Dolchklinge und zwei kleine, nur etwa fingerdicke Goldspiralen ausgestellt. Letztere sind seit Anfang der neunziger Jahre verschollen, vermutlich hat man sie entwendet.

Anscheinend wurden die Toten der Arbon-Kultur in einer archäologisch nicht nachweisbaren Form beigesetzt, welche die Erhaltung der Bestatteten weitgehend ausschloß. Oder man hat ihre Gräber unerkannt zerstört, wofür einige Einzelfunde sprechen könnten. Vielleicht waren die Friedhöfe und Gräber aber auch in Landschaften mit bestimmten Geländeeigenschaften angelegt worden – etwa in Hangfußlage, wo mit mächtigen, meterdicken Auflagen zu rechnen ist. Hier dürften weder die Landwirtschaft noch andere Bodeneingriffe im Normalfall zu Entdeckungen führen.

Sie fürchteten ihre Toten
Die Ries-Gruppe und die Neckar-Gruppe

Im Nördlinger Ries und im oberen Altmühltal bei Treuchtlingen existierte von etwa 2300/2200 bis 1800 v. Chr. die Ries-Gruppe. Sie unterschied sich vor allem durch ihre Grab- und Bestattungssitten von der in Südbayern heimischen Straubinger Kultur (s. S. 56). Den Begriff »Ries-Gruppe« hat 1978 der damals an der Ludwig-Maximilians-Universität in München lehrende Prähistoriker Walter Ruckdeschel (s. S. 447) eingeführt.

Auch die Menschen der Ries-Gruppe sind aus den jungsteinzeitlichen Glockenbecher-Leuten hervorgegangen. Das beweisen die Schädel der Toten aus den Gräbern von Nähermemmingen bei Nördlingen (Kreis Donau-Ries). Die Skelettreste von Nähermemmingen wurden durch den damals in München arbeitenden Anthropologen Emil Breitinger, der später als Professor in Wien wirkte, untersucht. Breitinger ermittelte bei sieben Männern eine Körperhöhe zwischen 1,60 und 1,75 Metern sowie bei sechs Frauen eine Körperhöhe zwischen 1,52 und 1,59 Metern.

Die etwa 30 bis 40 Jahre alte Frau aus dem Grab 23 von Nähermemmingen hatte zu Lebzeiten einen Kieferbruch erlitten. Offenbar stellte ihr ein Medizinmann die nach dem Unfall stärker verschobenen Fragmente des Unterkiefers richtig und sorgte durch äußere Verbände oder Schienen für den Halt in normaler Stellung. Dank dieser orthopädischen Maßnahmen ist der Unterkiefer gut verheilt.

Weniger glücklich verlief die Behandlung einer 1,65 Meter großen Frau aus Lauingen (Kreis Dillingen), deren Schädel durch einen Schlag schwer verletzt wurde. Es wurde zwar versucht, die Verletzungsränder des Lochbruchs zu glätten, doch die Betroffene hat diesen Eingriff nicht überlebt. An einem Mann aus dem Grab 16 von Nähermemmingen war eine Schädeloperation (Trepanation) vorgenommen worden.

Die Frauen im Ries und im oberen Altmühltal bevorzugten bezüglich der Kleidung eine etwas andere Mode als ihre gleichzeitigen Straubinger Geschlechtsgenossinnen. Sie trugen im Gegensatz zu letzteren keine Hauben mit reichem Kupferschmuck auf dem Kopf. Das läßt sich an den Funden aus den Gräbern ablesen.

Unter den Tongefäßen der Ries-Gruppe gab es sogenannte Adlerberg-Tassen (s. S. 80), die für die in Rheinland-Pfalz, Hessen und im nördlichen Baden-Württemberg verbreitete Adlerberg-Kultur typisch sind. Sie dienten wohl als Trinkgefäß und deuten auf Tauschgeschäfte hin.

Auffällig ist das geringe Vorhandensein metallener Gegenstände in den meisten Gräbern der Ries-Gruppe, die noch kupferzeitliches Gepräge hat. Vermutlich befand sich der größte Teil des Verbreitungsgebiets fernab der Wege des Metallhandels. Nur in einigen reicher ausgestatteten Gräbern von Lauingen (Kreis Dillingen) wurden in stärkerem Maße Kupferobjekte gefunden. Dazu gehörten kleine Kupferdolche aus Männergräbern.

Wie die jungsteinzeitlichen Glockenbecher-Leute waren auch die Männer der Ries-Gruppe mit Pfeil und Bogen bewaffnet. Auf ihren Gebrauch weisen Armschutzplatten und steinerne Pfeilspitzen hin. Pfeilspitzen mit Schaftdorn wurden in Gräbern von Treuchtlingen-Wettelsheim (Kreis Weißenburg-Gunzenhausen) entdeckt. Die Waffen der Ries-Gruppe haben mehr Ähnlichkeit mit denen der Adlerberg-Kultur als mit jenen der Singener Gruppe, obwohl diese in geringerer Entfernung existierte.

Der Weg vom Ries über den Fluß Egau nach Lauingen markiert möglicherweise die Handelsroute, die in das Gebiet der Singener Gruppe führte. Von dort erwarb man kupferne Ösenhalsringe. Bei den Adlerberg-Leuten wurden Tongefäße, Kupferdolche und verzierte kupferne Scheibenkopfnadeln eingetauscht. Ein Dolch aus einem Lauinger Grab dagegen ist typisch für die Straubinger Kultur.

Eine besonders große Strecke könnte das Gehäuse einer Schlitznapfschnecke *(Fissurella)* aus dem Grab 9 einer Frau in Lauingen zurückgelegt haben. Es stammt vermutlich von einer im Atlantik lebenden Art.

Bei der Trageweise des Schmucks hatten die Menschen der Ries-Gruppe teilweise andere Gewohnheiten als die Straubinger Leute. So hängten sie kurze, kupferne Blechröhrchen nicht an Hauben, sondern an Halsketten – und zwar taten dies sowohl Frauen als auch Männer. Weitere Schmuckstücke waren kupferne Ösenhalsringe, Rollenkopf-, Ruder- und Scheibennadeln, Armringe, Blechfingerringe sowie Knochennadeln und -ringe.

Charakteristische Merkmale der Gräber im Verbreitungsgebiet der Ries-Gruppe sind Steineinbauten und relativ oft vorkommende Mehrfachbestattungen, die vielleicht – wie der Prähistoriker Walter Ruckdeschel vermutet – Familiengrablegen waren. In zahlreichen Gräbern wurden unterschiedliche Arten

Hirnschädelrest mit dreieckigem Einhub und Knochenausbruch von 1,5 Zentimeter Länge (links oben) aus Grab 39 des Friedhofes auf dem Galgenberg von Lauingen (Kreis Dillingen) in Bayern. Original im Stadtmuseum im Lauinger »Heimathaus«, Lauingen/Donau.

Gehäuse einer vermutlich aus dem Atlantik stammenden Schlitznapfschnecke *(Fissurella)* aus Grab 9 auf dem Galgenberg von Lauingen (Kreis Dillingen) in Bayern. Länge 3,4 Zentimeter. Original im Stadtmuseum im Lauinger »Heimathaus«, Lauingen/Donau.

von Steineinbauten entdeckt, nämlich Steinpackungen, -pflaster, -einfassungen, Beschwersteine, die der Straubinger Kultur fremd gewesen sind.

Die Bestattungssitten der Ries-Gruppe werden einem westlichen Grabsittenkreis zugerechnet, für den Steineinbauten als kennzeichnend gelten. Er behauptete sich in der ersten Hälfte der Frühbronzezeit in dem Gebiet von der Schweiz über Südwestdeutschland (Singener Gruppe) bis zur Mainmündung (Adlerberg-Kultur) und reichte vermutlich bis in das französische Rhônebecken.

Die Männer wurden auf der linken Seite liegend mit dem Kopf im Norden und die Frauen auf der rechten Seite mit dem Kopf im Süden bestattet. Man gab den Verstorbenen nur eine Nadel, die das Gewand zusammenhielt, mit ins Grab. Waffen wurden in Gräbern der Ries-Gruppe seltener gefunden, als es bei der Straubinger Kultur der Fall war. In manchen Gräbern der Ries-Gruppe lagen Rötel- oder Ockerklumpen, die sich zum Schminken des Gesichts oder Bemalen des Körpers eigneten.

Das bisher größte Gräberfeld der Ries-Gruppe wurde auf dem Galgenberg von Lauingen an der Donau[1] entdeckt. Dort kamen insgesamt 45 Gräber mit zum Teil ungewöhnlichen Bestattungen zum Vorschein.

Das Lauinger Grab 39 enthielt lediglich ein Schädelbruchstück. Es stammte vielleicht von einem Menschen, der in der Fremde gestorben, nicht transportierbar war und von dem nur ein Fragment beerdigt wurde. In einem anderen Fall (Grab 40a) hat man einem verstorbenen Mann den Unterkiefer nach dem fünften Zahn abgeschlagen und mit ins Grab gelegt. Bei einer Frau im Grab 41 wurde fast die Hälfte des Schädels vor der Grablegung längs abgespalten und nicht mitbestattet. Dies wird damit zu erklären versucht, daß es sich vielleicht um eine Fremde handelte, deren Verwandtschaft einen Teil der Leiche in ihrer Heimat beerdigen wollte.

Die Gräber 38 und 44 in Lauingen enthielten Bestattungen vornehmer Kleinkinder. Ersteres war mit einem Bronzearmreif und mit einem Knochenring geschmückt, letzterem haben Grabräuber die Bronzebeigaben entwendet. Von Dieben wurden auch andere Bestattungen heimgesucht.

Im Gräberfeld auf den Feldwiesäckern bei Nähermemmingen[2] (Kreis Donau-Ries) lagen in 24 Gräbern insgesamt 40 Skelette in Hockerstellung mit zum Körper hin angezogenen Beinen. Es waren zehn Männer, zehn Frauen, drei Jugendliche und 17 Kinder.

Die 16 Gräber von Treuchtlingen-Wettelsheim[3] (Kreis Weißenburg-Gunzenhausen) hatte man auf unterschiedliche Weise konstruiert. Es gab mit Holzabstützungen versehene Steinkammern mit pflasterartigem Boden und Steinpackungen, die ehedem die Kammerdecke bildeten, oder Gräber, bei denen Steine nur für die Außenwände und als Belag von Teilflächen des Bodens dienten. In einer 4,70 mal 4,80 Meter großen Steinkammer hatte man mindestens 15 Menschen beigesetzt, darunter drei Kinder. Dies ist die umfangreichste Mehrfachbestattung der Frühbronzezeit in Süddeutschland. Fünf weitere Tote – eine Frau, drei Männer, ein Kleinkind – ruhten in einem anderen Grab unter einer gemeinsamen Steinpackung von 5,30 Meter Länge. Als Einfassung dienten bis zu 60 Zentimeter große Kalksteinplatten.

Der Prähistoriker Walter Ruckdeschel betrachtet die Steinpackungen und -einfassungen sowie die Beschwersteine als Hinweise für eine starke Totenfurcht. Deswegen seien möglicherweise auch Manipulationen an Leichen und deren Verschnürungen vorgenommen worden.

Die Neckar-Gruppe

Weder der Ries-Gruppe noch der Singener Gruppe und auch nicht der Adlerberg-Kultur sind Gräber mit Steineinbauten von Weinstadt-Endersbach[4] (Rems-Murr-Kreis), Gäufelden-Tailfingen[5] (Kreis Böblingen) sowie Gerlingen[6], Remseck-Aldingen[7], Remseck-Hochberg[8] (alle drei im Kreis Ludwigsburg) zuzuordnen. Dazu gehören möglicherweise auch Gräber von Stuttgart-Bad Cannstatt[9], Heilbronn-Horkheim[10], Lauffen[11] und Gemmrigheim[12].

All diese Gräber im Vorfeld der Singener Gruppe repräsentieren eventuell eine Mischzone, wenn nicht sogar eine weitere eigenständige Gruppe aus der älteren Frühbronzezeit. Letztere sollte nach einem Vorschlag des Stuttgarter Prähistorikers Rüdiger

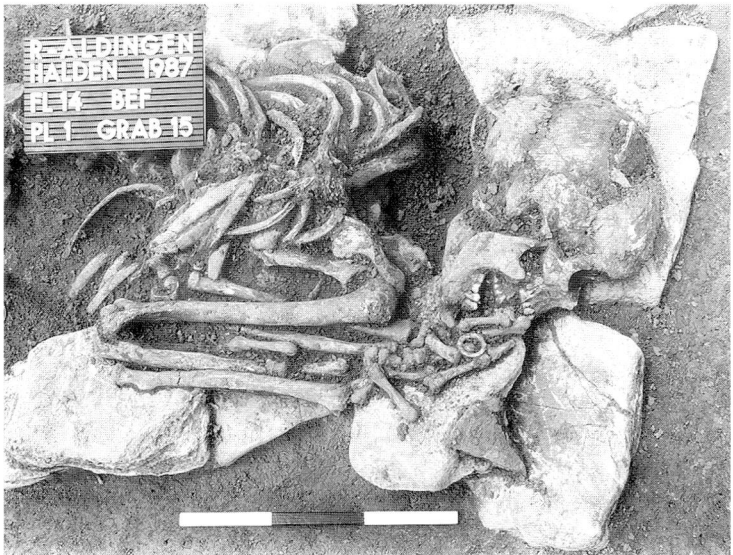

Bestattung eines jungen Mannes der frühbronzezeitlichen Neckar-Gruppe im aufwendigen Grab 15 von Remseck-Aldingen (Kreis Ludwigsburg) in Baden-Württemberg. Dem Toten hatte man einen Dolch aus Zinnbronze in die Hände gelegt.

vier Menschen um eine Familie handelte, weiß man nicht, ist jedoch naheliegend.

Als Gewandverschluß einiger Frauen in Remseck-Aldingen diente eine verzierte kupferne Rudernadel. Manche der dort begrabenen Frauen trugen Hals- und Armringe oder Armspiralen aus Kupfer sowie Knochenringe. Männer stattete man für das Jenseits mit einem Dolch, einer unverzierten Nadel, Armschmuck oder einem Knochenring aus.

Ein junger Mann in Grab 15 und ein Mädchen in Grab 13 von Remseck-Aldingen lagen in Gräbern, die mit Steinen eingefaßt und mit Steinplatten bedeckt waren. Dem jungen Mann hatte man einen verzierten Dolch aus Zinnbronze in die Hände gelegt. Außerdem gehörten eine Kupfernadel und ein Knochenring zu seinen Grabbeigaben. Im Grab des Mädchen fanden sich eine Rudernadel, ein Drahtarmring aus Kupfer, drei Knochenringe, ein durchbohrter Knochenknopf und ein Zahnanhänger. Die beiden aufwendiger angelegten Gräber der zwei jungen Leute von Remseck-Aldingen und deren reichere Grabbeigaben lassen darauf schließen, daß es im Gebiet der Neckar-Gruppe sowohl arme als auch reiche Menschen gegeben hat. Andere Tote hatte man ohne Metallschmuck oder -geräte und mitunter nicht einmal mit Knochenschmuck bestattet. Auf Standesunterschiede deuten auch besonders tiefe Grabgruben und entfernt von den übrigen Bestattungen liegende Gräber mit Steineinbauten hin.

Nach modernen Altersdatierungen zu schließen, sind in Remseck-Aldingen zwischen etwa 2250 und 1950 v. Chr. Bestattungen vorgenommen worden. Die Metallhandwerker jener Gegend haben anfangs noch unlegiertes Kupfer verarbeitet und daraus Werkzeuge, Waffen und Schmuckstücke gegossen. Der erwähnte verzierte Dolch aus dem Grab des jungen Mannes zählt zu den beiden ersten Funden des Gräberfeldes, die bereits aus Zinnbronze bestehen. Er hat einen Zinnanteil von 5,75 Prozent.

Der verzierte Dolch aus Zinnbronze lag in Grab 15 des Friedhofes der frühbronzezeitlichen Neckar-Gruppe von Remseck-Aldingen (Kreis Ludwigsburg) in Baden-Württemberg. Länge zehn Zentimeter. Original im Württembergischen Landesmuseum, Stuttgart.

Krause (s. S. 445) aus dem Jahre 1988 als Neckar-Gruppe bezeichnet werden.

In Remseck-Aldingen kam das nach dem Gräberfeld von Singen am Hohentwiel (s. S. 64) zweitgrößte Gräberfeld der südwestdeutschen Frühbronzezeit zum Vorschein. An ersterem Fundort wurden 37 Tote in 34 Gräbern beerdigt, an letzterem mehr als 100. Die meisten von ihnen hat man einzeln in Erdgruben bestattet, nur wenige erhielten Gräber mit Steinpflaster, -umfassung und -bedeckung.

In Grab 26 von Remseck-Aldingen sind im Laufe der Zeit vier Tote zur letzten Ruhe gebettet worden. Zunächst hat man darin einen Mann bestattet, später eine Frau, derentwegen die Skelettreste des Mannes beiseite geräumt wurden. In dasselbe Grab sind später zwei Kleinkinder gelegt worden. Ob es sich bei den

Doppelbestattung eines Mannes und einer Frau im Grab 2 mit Steinumstellung der frühbronzezeitlichen Neckar-Gruppe in Gäufelden-Tailfingen (Kreis Böblingen) in Baden-Württemberg. Dort wurden fünf Bestattungen in drei Gräbern freigelegt.

Das Gräberfeld vom Adlerberg
Die Adlerberg-Kultur

Die Bezeichnung »Adlerberg-Kultur« weckt bei vielen Leuten falsche Vorstellungen. Denn die Fundstelle im Süden von Worms, nach der diese Kultur bezeichnet wurde, ist kein hoher Berg – und Adler haben dort auch nicht genistet. Statt dessen handelt es sich um eine unscheinbare Anhöhe von ursprünglich etwa 300 Meter Länge und 150 Meter Breite, die auf der dem Rhein zugewandten Seite die Umgebung um maximal drei Meter überragte. Noch bis ins 17. Jahrhundert wurde jener Hügel vermutlich nach einem Personennamen als Adil- oder Adelberg bezeichnet, später hat man ihn Adlerberg genannt.

Auf dem Adlerberg sind von 1896 bis 1951 insgesamt 25 Gräber aus verschiedenen Zeiten entdeckt worden. Davon stammen nach heutiger Kenntnis acht Gräber von der Adlerberg-Kultur. Bei den Ausgrabungen und der Erforschung dieser und weiterer Funde in Rheinhessen hat sich der Wormser Arzt Karl Koehl (1847–1929, s. S. 445) verdient gemacht. Auf jenen Pionier der Archäologie geht auch der Begriff »Adlerberg-Kultur« zurück.

Die Adlerberg-Kultur war von etwa 2300/2200 bis 1800 v. Chr. am nördlichen Oberrhein in Rheinland-Pfalz (Rheinhessen, Pfalz), Hessen und in Teilen von Baden-Württemberg (Nordbaden) verbreitet. Sie ist sicherlich aus der jungsteinzeitlichen Glockenbecher-Kultur hervorgegangen. Überspitzt formuliert handelt es sich um eine »Glockenbecher-Kultur ohne Glockenbecher«. Denn diese beiden kulturellen Erscheinungen standen sich in Hinsicht auf die Bestattungssitten, Pfeil und Bogen sowie ihr identisches Siedlungsgebiet sehr nahe.

Zur Zeit der Adlerberg-Kultur herrschten in Europa und daher wahrscheinlich auch im nördlichen Oberrheingebiet noch etwa um ein bis zwei Grad Celsius höhere Temperaturen als heute. In dem trockenen und warmen Gebiet vermochten sich keine Moore zu entwickeln, die andernorts Pollenanalysen und damit exakte Umweltrekonstruktionen ermöglichten.

Pollen haben sich aber in den Altarmen des Rheins erhalten. Die daraus stammenden Ergebnisse – zum Beispiel einer Untersuchung unweit von Speyer – sind allerdings nicht genau interpretierbar, da die Strömung des Rheins Pollen und Sedimente verlagert haben kann. So muß man die Analysen mit den für damals vorausgesetzten Standorten, Boden- und Klimaverhältnissen vergleichen, um zu Aussagen über die Vegetation und das Landschaftsbild in der Lage sein zu können.

Eingriffe der Menschen durch Nutzung der pflanzlichen Rohstoffe sind zwar vorstellbar, aber letztendlich nicht hundertprozentig zu beweisen. Als Baumart prägte die Erle *(Alnus)* beziehungsweise ein Erlenbruchwald das Bild der Rheinauen. Auf den Rheinterrassen hingegen konnten sich andere Baumarten, wie Eiche *(Quercus)*, Ulme *(Ulmus)* und Linde *(Tilia)*, behaupten. Getreidepollen deuten auf eine ackerbauliche Nutzung der Terrassen, so daß es sich kaum um zusammenhängende Waldflächen gehandelt haben dürfte. Das Hügelland könnte von einem lichten Eichen- bis Eichenmischwald bedeckt gewesen sein.

Karl Koehl hielt die Menschen von Worms-Adlerberg irrtümlich für »eine neue eingewanderte Völkerschaft von großer Körperkraft«, die wahrscheinlich der vorausgehenden »Kultur den Garaus gemacht hatte«. Er schrieb: »Die Männer scheinen durchweg ausserordentlich starke Leute gewesen zu sein, da die meisten eine Länge von 1,75 bis 1,90 m zeigten.« Doch in Wirklichkeit waren die Adlerberg-Leute – wie erwähnt – Abkömmlinge der Glockenbecher-Kultur, die im gleichen Gebiet gesiedelt hatte. Der Mann mit dem angeblichen Gardemaß von 1,90 Metern erreichte nur eine Körperhöhe von etwa 1,70 bis 1,75 Meter.

An manchen Skeletten von Worms-Adlerberg konnte der Berliner Anthropologe Paul Bartels (1874–1914) Spuren von Krankheiten feststellen. Bei einem Mann hatte der rechte untere Eckzahn keinen Platz im Gebiß, er stand deswegen schief nach innen. Die Zähne eines anderen Mannes waren stark abgekaut und teilweise von Karies befallen. Am Hinterhaupt einer Frau hinterließ eine Entzündung eine Delle von der Größe eines Zweimarkstücks, auf deren Grund sich zahlreiche kleine Löcher befanden. Ein Mann wies zwei kleine, miteinander verbundene Löcher im Hinterhaupt auf, die offenbar verheilt sind.

Tödliche Folgen hatte für einen 40 bis 50 Jahre alten Mann aus Hofheim am Taunus (Main-Taunus-Kreis) eine Pfeilschußverletzung am linken Unterarm. Die im Knochen steckengebliebene, 6,1 Zentimeter lange Knochenpfeilspitze verursachte nach Erkenntnissen des damals in Mainz tätigen Anthropologen Jochim Wahl eine eitrige Entzündung mit anschließender Blutvergiftung oder Thrombose. Außerdem litt derselbe Mann an einer langsam wachsenden Geschwulst (Meningiom), die den Schädelknochen durchwucherte.

Von der Kleidung blieben meistens nur noch die Nadeln aus Knochen oder Kupfer übrig, die ehedem Gewänder zusammenhielten. In einem Grab von Nierstein (Kreis Mainz-Bingen) lag

Ausgrabungen in Worms-Adlerberg (Rheinland-Pfalz) im Jahre 1900. Im Vordergrund im schwarzen Mantel der Wormser Arzt Karl Koehl (1847–1929), der sich um die Ausgrabungen und Erforschung dieser Fundstelle verdient gemacht hat.

Krieger der Glockenbecher-Kultur (etwa 2500 bis 2200 v. Chr.) auf einer Zeichnung des Künstlers Fritz Wendler (1941–1995) aus Weyarn in dem Buch »*Deutschland in der Steinzeit*«. Aus dieser Kultur ging die Adlerberg-Kultur hervor.

Bei den Ausgrabungen auf dem namengebenden Gräberfeld von Worms-Adlerberg (Rheinland-Pfalz) kamen vereinzelt Holzreste zum Vorschein. Sie stammen von Baumsärgen, in denen Tote der Adlerberg-Kultur zur letzten Ruhe gebettet wurden.

eine kupferne Rollennadel, die vielleicht zum Feststecken einer Haube diente, beim Kopf einer Frau. Bei anderen Bestattungen fand man Rollennadeln im Bereich des Halses oder der Brust. Nicht eindeutig geklärt ist bisher die Funktion von Knochenringen, die in Gräbern von Erwachsenen im Bereich des Kopfes, Halses oder des Oberkörpers zum Vorschein kamen. Manche Prähistoriker deuten diese Ringe als mutmaßliches Kleidungs- oder Haarzubehör. Die Scheiben hierfür hat man aus Rinderknochen gewonnen. Sieben solcher Knochenringe wurden im Depot von Oberolm (Kreis Mainz-Bingen) geborgen. In einem Grab auf dem Wartberg in Alzey (Kreis Alzey-Worms) entdeckte man einen mit Punkten verzierten Knochenring, wie man ihn auch aus Bayern und von der Unterwölblinger Gruppe in Österreich kennt.

Der Münchener Prähistoriker Paul Reinecke (1872–1958) meinte, die Knochenringe und -nadeln von Worms-Adlerberg bestünden aus Elfenbein. Als der Wormser Arzt Karl Koehl einen nur zur Hälfte erhaltenen Ring in Freiburg/Breisgau untersuchen ließ und einen mikroskopischen Dünnschliff herstellte, zeigte sich, daß dieser Fund aus einem Knochen geschaffen worden war.

Welche Größe die Siedlungen der Adlerberg-Leute hatten, ist bisher ungeklärt, weil die meisten Funde aus Gräbern stammen. Vielleicht lebten diese Menschen vor allem in Einzelgehöften. Nach Ansicht der früher in Göttingen arbeitenden Prähistorikerin Ursula Grünewald könnten die Hütten mit Holz, Rinde, Grassoden und breitblättrigen Rohrkolben gedeckt worden sein. Schilf war in der Rheinniederung und in den Auen der Selz in Rheinhessen sowie vielen weiteren feuchten Standorten vorhanden.

DIE FRÜHBRONZEZEIT IN DEUTSCHLAND

Kupferne Rollennadel aus Nierstein am Rhein (Kreis Mainz-Bingen) in Rheinland-Pfalz. Mit ihr wurde möglicherweise eine Haube festgesteckt. Länge der Nadel 13 Zentimeter. Original im Landesmuseum, Mainz.

Das Verbreitungsgebiet der Adlerberg-Kultur zeichnet sich durch einen hohen Prozentsatz fruchtbarsten Lößbodens aus. Dies könnte bei der Auswahl der Ackerstandorte und damit letztendlich für die Anlage von Siedlungen bedeutsam gewesen sein. Die Güte der Landschaft muß zudem eine reiche Ausbeute an Wild- und Sammelpflanzen beschert haben.
Zähne vom Schaf, der Ziege und vom Rind aus den Gräbern von Hofheim am Taunus verraten, welche Haustiere in dieser Gegend von Hessen gehalten wurden. Am rheinland-pfälzischen Fundort Bad Kreuznach hat man auch Pferdezähne geborgen.
Die Formen und Verzierungen mancher Tongefäße erinnern an die Keramik der Glockenbecher-Kultur. Das gilt vor allem für kleine Henkeltassen (Adlerberg-Tassen), Schalen und Näpfe, die teilweise mit Linien-, Leiter- und Winkelbändern verziert sind. Die Adlerberg-Tassen haben einen Spitzboden, einen ebenen Standboden oder einen Buckel im Boden (Omphalosboden). An einigen der Adlerberg-Tassen haften noch Reste von Farbe, die an unverzierten Zonen aufgebracht wurde oder als Überzug diente. Häufig sind braunrote, rotbraune und rotorange Farbtöne, seltener graubraune, schwarze und braunschwarze. Man weiß nicht, ob die Farbe vor oder nach dem Brand im Töpferofen aufgetragen wurde. Zum Formenschatz der Keramik gehörten auch Dosen, wie an einem 8,8 Zentimeter hohen Fund aus einem Grab von Ludwigshafen-Mundenheim in Rheinland-Pfalz ersichtlich wird.
Strenggenommen gehört die Adlerberg-Kultur noch nicht der echten Bronzezeit an, weil alle ihre Metallgegenstände aus unlegiertem Kupfer angefertigt sind. Trotzdem gilt sie als Kultur der Frühbronzezeit. Die am nächsten erreichbaren Kupfervorkommen lagen am Donnersberg in der Pfalz, bei Göllstein östlich vom Donnersberg (beide im Donnersbergkreis) und an der Nahe bei Fischbach unweit von Idar-Oberstein (Kreis Birkenfeld) in Rheinland-Pfalz. Bisher fehlt allerdings noch der Nachweis, daß diese Lagerstätten bereits in der Frühbronzezeit ausgebeutet wurden.
Als Rohstoff für die Werkzeuge verarbeitete man meistens Gestein, seltener Geweih oder Kupfer. Es gab Klingen aus Feuerstein, Äxte aus Felsgestein und Hirschgeweih, Beile aus Felsgestein und Kupfer sowie Pfrieme aus Knochen und Kupfer. Die Äxte und Beile wurden wohl überwiegend zur Bearbeitung von Holz verwendet.
Knochenpfrieme fand man nur in Männergräbern, Kupferpfrieme lediglich in Frauengräbern. Die Pfrieme werden als Geräte zur Lederverarbeitung oder zum Tätowieren gedeutet. Die Kupferwerkzeuge hatten häufig einen Griff aus Holz oder Knochen.
Zu den Waffen der Adlerberg-Leute gehörten vor allem Pfeil und Bogen sowie Dolche. Die Pfeilspitzen wurden aus Stein oder Knochen hergestellt. Drei Pfeilspitzen aus Feuerstein kamen beispielsweise in einem Grab von Worms-Adlerberg zum Vorschein. In einem der Gräber von Hofheim am Taunus (Main-Taunus-Kreis) lag eine 8,4 Zentimeter lange steinerne Armschutzplatte, die den Schützen vor Verletzungen durch die zurückschnellende Bogensehne bewahrte.
Die kupfernen Klingen der Dolche vom Typ Adlerberg waren

Mit Punkten verzierter Knochenring aus einem Grab auf dem Wartberg bei Alzey (Kreis Alzey-Worms) in Rheinland-Pfalz. Ähnliche Ringe kennt man aus Bayern und Niederösterreich. Durchmesser 3,7 Zentimeter. Original im Museum Alzey.

auffallend klein. Sie erreichten nur eine Länge von 4,5 bis elf Zentimeter und werden wegen ihrer dreieckigen Form als triangulare Dolche bezeichnet. Der Griff bestand wohl aus Holz, die Klinge wurde daran mit zwei oder mehr Nieten befestigt. Der Einzelfund einer 11,1 Zentimeter langen Dolchklinge von 1900 hatte die Ausgrabungen in Worms-Adlerberg ausgelöst. Außer Adlerberg-Dolchen gab es noch weitere Dolchtypen.

Die Adlerberg-Leute führten mit den Angehörigen anderer Kulturen rege Tauschgeschäfte. Darauf weisen beispielsweise die Funde von Adlerberg-Tassen in den Gebieten der Ries-Gruppe und der Straubinger Kultur (Kronwinkl, Kreis Landshut) hin.

Die in den Gräbern von Worms-Adlerberg bestatteten Frauen trugen Muschelanhänger, Knochenperlen, Knochen- und Kupfernadeln als Schmuck. An anderen Fundorten barg man Ohrringe aus Draht und mit Knochenperle (Klein-Gerau), kupferne Ösenhalsringe (Dexheim, Griesheim), kupferne Armspiralen (Nierstein, Klein-Gerau) und kupferne Spiralfingerringe (Nierstein, Griesheim). Unbekannt ist die Funktion von rechteckigen Kupferblechen mit aufgerollten Enden (Ober-Olm, Dexheim, Griesheim), die mitunter mit einer oder mehreren getriebenen Punktreihen verziert sind.

Weitere Schmuckstücke waren V-förmig durchbohrte Knöpfe (Klein-Gerau) sowie Gehäuse von Turmschnecken *(Cerithium)* und Täubchenschnecken *(Columbella rustica)*. Erstere Schneckengehäuse sind Fossilien aus dem Mainzer Becken, letztere stammen aus dem Mittelmeer.

Die Nadeln variierten in Form gekrümmter Knochennadeln, kupferner Säbelnadeln mit Rollenkopf, Rudernadeln und Schleifennadeln (Horkheimer Nadeln, s. S. 64). Sie hielten nicht nur die Kleidung zusammen, sondern dienten auch als Schmuckstücke, vor allem in verzierter Ausfertigung.

Tönerne Deckeldose aus einem der im Jahre 1914 entdeckten Gräber von Ludwigshafen-Mundenheim in Rheinland-Pfalz. Höhe der Dose ohne Deckel 10,4 Zentimeter. Original im Historischen Museum der Pfalz, Speyer.

Auffällig viel Schmuck kam in den Depots von Dexheim[1] und Ober-Olm[2] (beide im Kreis Mainz-Bingen) zutage. Zum Depot von Dexheim gehörten 67 länglich-viereckige Blechblättchen, ein kurzes Blechröhrchen, drei Ösenhalsringe, 17 Rudernadeln, 15 Kupferplatten sowie je ein Spiralfingerring und Bronzedrahtröllchen. Das Depot von Ober-Olm umfaßte 44 Blechplättchen mit aufgerollten Schmalseiten, 46 Schneckengehäuse *(Columbella)* sowie 13 Knochenperlen, -ringe und -knöpfe.

Die Verstorbenen wurden häufig in Einzelgräbern beigesetzt. Es gab aber auch Doppelbestattungen und Gräberfelder, wie die Funde von Worms-Adlerberg, Westhofen[3], Monsheim[4], Alzey[5] (alle im Kreis Alzey-Worms) veranschaulichen. In Worms-Adlerberg lagen die Toten in länglichen, einen halben bis anderthalb Meter tiefen Gruben. Man hatte sie – wie an vereinzelten Holzspuren ersichtlich wird – in Baumsärgen beigesetzt. Ausrichtung und Lage der Toten erfolgten nach keinem generellen Schema.

Das bisher größte Gräberfeld der Adlerberg-Kultur wurde in Groß-Gerau[6] (Südhessen) entdeckt. Dort sind mehr als 50 Menschen zu Grabe getragen worden. Im Gräberfeld von Westhofen fand man 14 Gräber, in Alzey zehn Bestattungen, acht in Monsheim und fünf in Hofheim am Taunus.

Eines der Gräber von Westhofen war mit einer 1,50 Meter langen, 1,25 Meter breiten und 55 Zentimeter dicken Kalksteinplatte bedeckt. Die Toten in Hofheim am Taunus ruhten in Steinpackungsgräbern und – mit einer Ausnahme – in Baumsärgen. Auf Reste von Baumsärgen stieß man auch in Worms-Adlerberg. Der Kopf eines 40 bis 50 Jahre alten Mannes aus Hofheim am Taunus war mit Knochenasche von verbrannten Tieren oder Menschen bestreut.

Verzierte tönerne Adlerberg-Tasse aus Groß-Winternheim bei Ingelheim (Kreis Mainz-Bingen) in Rheinland-Pfalz. Solche Gefäße sind nach dem Fundort Worms-Adlerberg benannt. Höhe der Tasse 8,7 Zentimeter. Original im Landesmuseum, Mainz.

Oben: Steinerne Armschutzplatte aus Hofheim am Taunus (Main-Taunus-Kreis) in Hessen. Sie sollte den Schützen vor Verletzungen durch die zurückschnellende Bogensehne bewahren. Länge 8,4 Zentimeter, Breite 1,3 Zentimeter. Original im Museum Wiesbaden.

Unten: Ein Teil der Kupferobjekte aus dem Depot von Dexheim (Kreis Mainz-Bingen) in Rheinland-Pfalz: Ösenhalsringe, zwei große und 14 kleine Rudernadeln, Blechröllchen, Spiralfingerring und Plättchen mit eingerollten Schmalseiten (von oben nach unten). Originale im Landesmuseum, Mainz.

Doppelbestattungen sind von Worms-Adlerberg, Westhofen, Hofheim am Taunus, Klein-Gerau und Messel (Kreis Darmstadt-Dieburg) bekannt. In Hofheim am Taunus[7] lagen eine 35jährige Frau und ein elf- bis vierzehnjähriger Junge in gleicher Ausrichtung – mit dem Kopf im Süden und den Beinen im Norden – in einem zwei Meter langen und 80 Zentimeter breiten Baumsarg. Möglicherweise sind hier Mutter und Sohn beigesetzt worden.

Bei Doppelbestattungen könnte es sich auch in anderen Fällen um eine Mutter und ihr Kind handeln, die gleichzeitig durch Krankheit oder durch einen Unfall vom Tod ereilt worden waren. Wenn zwei Erwachsene zusammen in einem Grab lagen, könnten dies ein zum gleichen Zeitpunkt verstorbenes Ehepaar oder aber Verwandte sein. Es ist aber auch möglich, daß bei Doppelbestattungen eine der beiden Personen getötet wurde, weil sie dem anderen ins Grab folgen mußte – ein Brauch, der als Totenfolge bezeichnet wird. Wenn dies zuträfe, dann hätten auch die Adlerberg-Leute gelegentlich Menschenopfer praktiziert.

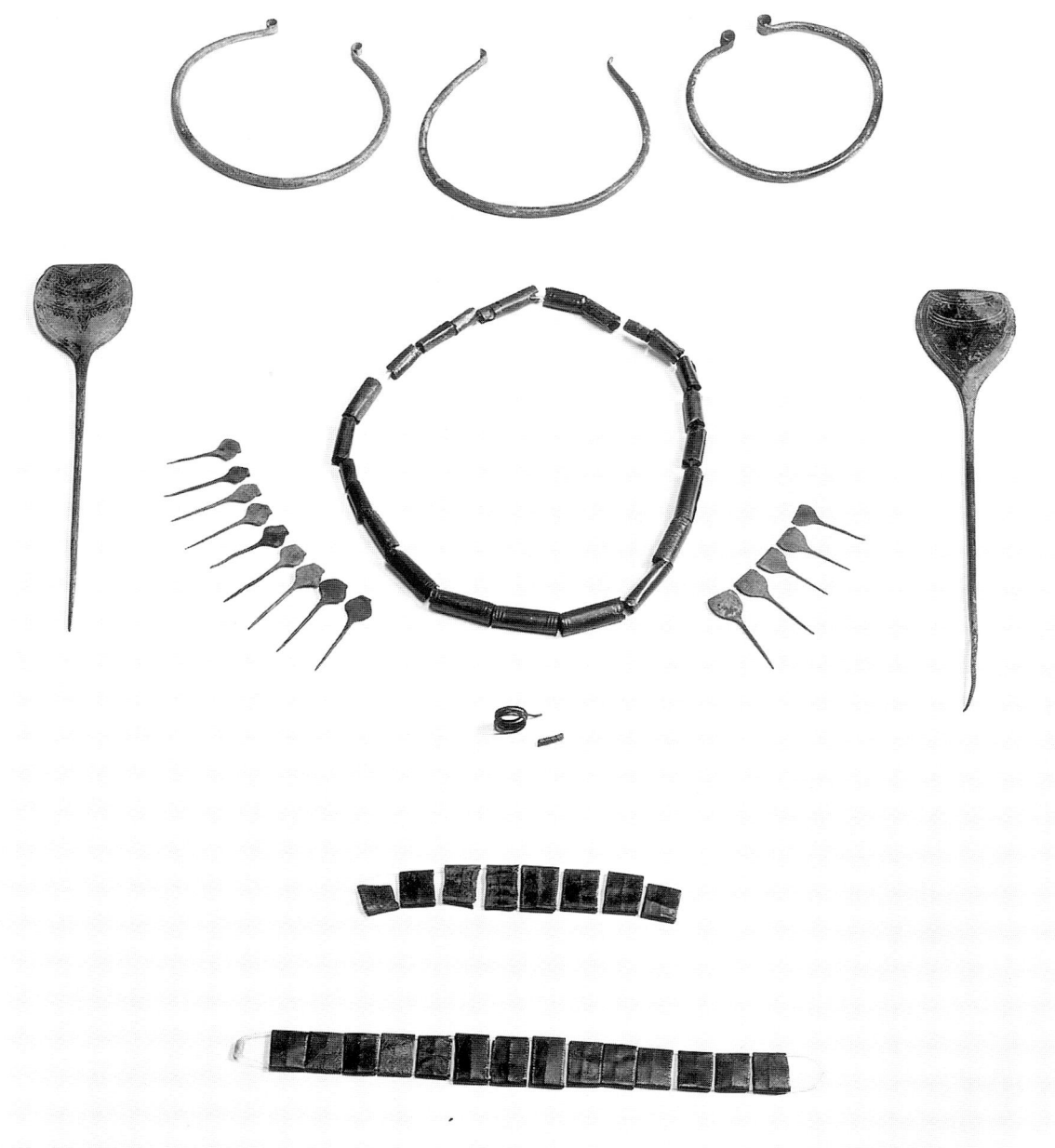

DIE ADLERBERG KULTUR

Bestattung der Adlerberg-Kultur mit zum Körper hin angezogenen Beinen auf dem namengebenden Gräberfeld von Worms-Adlerberg (Rheinland-Pfalz). Das abgebildete Grab wurde bei den Ausgrabungen von Karl Koehl im Jahre 1900 freigelegt.

Der Wormser Arzt Karl Koehl meinte 1900 bei der Beschreibung von Funden aus dem Gräberfeld Worms-Adlerberg, den dort bestatteten Leichen habe man die Arme und Beine stark gebeugt und sie durch Umschnürungen in dieser Lage festgehalten. Darin käme vielleicht die Sitte zum Ausdruck, Tote in eine anbetende, dem Knien entsprechende Haltung bringen zu wollen, um ihnen dadurch den Eintritt in das Jenseits zu ermöglichen.

Womöglich sind zur Zeit der Adlerberg-Kultur in Rheinhessen (Nierstein, Dautenheim) und in der Pfalz (Alsenz) aus kultischen Motiven auch mehrere Meter hohe Steinmale (Menhire) errichtet worden. Der Menhir von Nierstein (Kreis Mainz-Bingen) ist 5,50 Meter hoch und 1,80 Meter breit. Er stand einst in einem Gräberfeld, das schon in der Jungsteinzeit belegt wurde. Merklich kleiner ist der nur einen Meter hohe und maximal 79 Zentimeter breite Menhir von Dautenheim (Kreis Alzey-Worms).

Als der schönste Menhir der Pfalz gilt der drei Meter hohe, 1,95 Meter breite und 70 Zentimeter dicke »Wack« bei Alsenz (Donnersbergkreis). Derartige Menhire oder »Hinkelsteine« werden sehr unterschiedlich als Grabmonumente, Kult- oder Opfersteine gedeutet.

Der drei Meter hohe, 1,95 Meter breite und 70 Zentimeter dicke Menhir »Wack« dient heute im Garten der Verbandsgemeinde Alsenz-Obermoschel (Donnersbergkreis) in Rheinland-Pfalz als Denkmal. Er stand früher am sogenannten Oberhäuser Loch.

Die »Prinzessin von Fallingbostel«
Der Sögel-Wohlde-Kreis

Die frühe Bronzezeit wird in Niedersachsen in zwei Abschnitte eingeteilt. Dort existierte während des frühen Abschnitts noch die jungsteinzeitliche Einzelgrab-Kultur[1], die sich in Nordwestdeutschland neben der Aunjetitzer Kultur (s. S. 44) behauptete. Als Grab der Einzelgrab-Kultur mit starken Verbindungen zur Aunjetitzer Kultur Böhmens gilt die Schädelbestattung von Metzendorf-Woxdorf[2] (Kreis Harburg). Zu dieser Zeit sind zahlreiche bronzene Randleistenbeile nach Niedersachsen gelangt, deren Fundorte an der Weser eine deutliche Westgrenze bilden.

Im Schlußabschnitt der frühen Bronzezeit entstand in Nordwestdeutschland der Sögel-Wohlde-Kreis, der etwa von 1600 bis 1500 v. Chr. nachweisbar ist. Er wurde nach den niedersächsischen Fundorten Sögel[3] (Kreis Emsland) und Dohnsen-Wohlde[4] (Kreis Celle) benannt. Dabei handelte es sich nicht um eine Kultur, sondern um einen Grabsittenkreis, für den bestimmte Waffenbeigaben in Männergräbern typisch sind.

Der Sögel-Wohlde-Kreis war im östlichen Nordrhein-Westfalen, in Niedersachsen und im südlichen Schleswig-Holstein verbreitet. Im Westen reichte er bis ins nördliche Holland. Seine Ostgrenze wurde durch die Kreise Celle, Soltau-Fallingbostel und Harburg markiert.

Im östlicher gelegenen Ilmenautal (Kreise Lüneburg und Uelzen) sowie im hannoverschen Wendland (Kreis Lüchow-Dannenberg) und in der Altmark folgte parallel zum Sögel-Wohlde-Kreis eine späteste Einzelgrab-Kultur mit letzten Einflüssen der Aunjetitzer Kultur, die durch bestimmte Randleistenbeile gekennzeichnet ist. Diese Beile sind über das Ilmenautal hinaus nicht weiter nach Westen gelangt. Am besten wird jene Zeitphase östlich des Sögel-Wohlde-Kreises durch einige Tongefäße vom Urnenfriedhof Hamburg-Sande dokumentiert.

Der Begriff »Sögel-Wohlde-Kreis« wurde 1971 von dem damals in Lüneburg tätigen Prähistoriker Friedrich Laux (s. S. 445) in die Fachliteratur eingeführt. Zuvor hatten bereits 1927 der damals in Hannover arbeitende Prähistoriker Ernst Sprockhoff (1892–1967) von der »Sögeler Stufe« sowie der 1958 in Hamburg wirkende Prähistoriker Rolf Hachmann vom »Sögeler Kreis« und vom »Wohlder Kreis« gesprochen. Zeitlich entspricht der Sögel-Wohlde-Kreis weitgehend der Periode I und dem Beginn der Periode II der nordischen Bronzezeit (s. S. 211) sowie dem älteren Teil der süddeutschen mittelbronzezeitlichen Hügelgräber-Kultur (s. S. 168).

Die Menschen der frühen Bronzezeit in Norddeutschland hatten Schädel von großer Höhe mit breiter Stirn sowie relativ kleinem beziehungsweise schmalem und niedrigem Gesicht. Doch in der Folgezeit wurden ihre Kopfumrisse immer kleiner und runder und die Gesichter breiter. Fünf Moorleichen aus dem Tannenhauser Moor (Kreis Aurich) in Niedersachsen könnten vielleicht aus dieser Zeit stammen.

Wollfäden aus einem Frauengrab bei Fallingbostel[5] (Kreis Soltau-Fallingbostel) in Niedersachsen belegen Kleidung aus Schafwolle. Diese Frau war so reich geschmückt, daß sie phantasievoll als »Prinzessin von Fallingbostel« (s. S. 202/203) bezeichnet wurde. Zu ihrer Garderobe gehörte ein Schultertuch, das mit einer bronzenen Radnadel festgesteckt war. Außerdem fand man bei ihr einen metallenen Tätowierstift. Viele Frauen trugen Kappen als Kopfbedeckung.

Von den Siedlungen wurden bisher keine Spuren gefunden. Sie dürften unweit der Gräber gelegen haben. Die Sögel-Wohlde-Leute waren sicherlich Ackerbauern und Viehzüchter. Wie schon in der Jungsteinzeit wurde das Getreide weiterhin mit Feuersteinsicheln geerntet. Zu ihren Haustieren gehörte das

Funde aus einem Grab von Barglay (Kreis Oldenburg) in Niedersachsen: Kurzschwert vom Typ Sögel, Länge 25,2 Zentimeter, Armring, Nadel und neun Pfeilspitzen aus Feuerstein (von oben). Originale im Niedersächsischen Landesmuseum, Hannover.

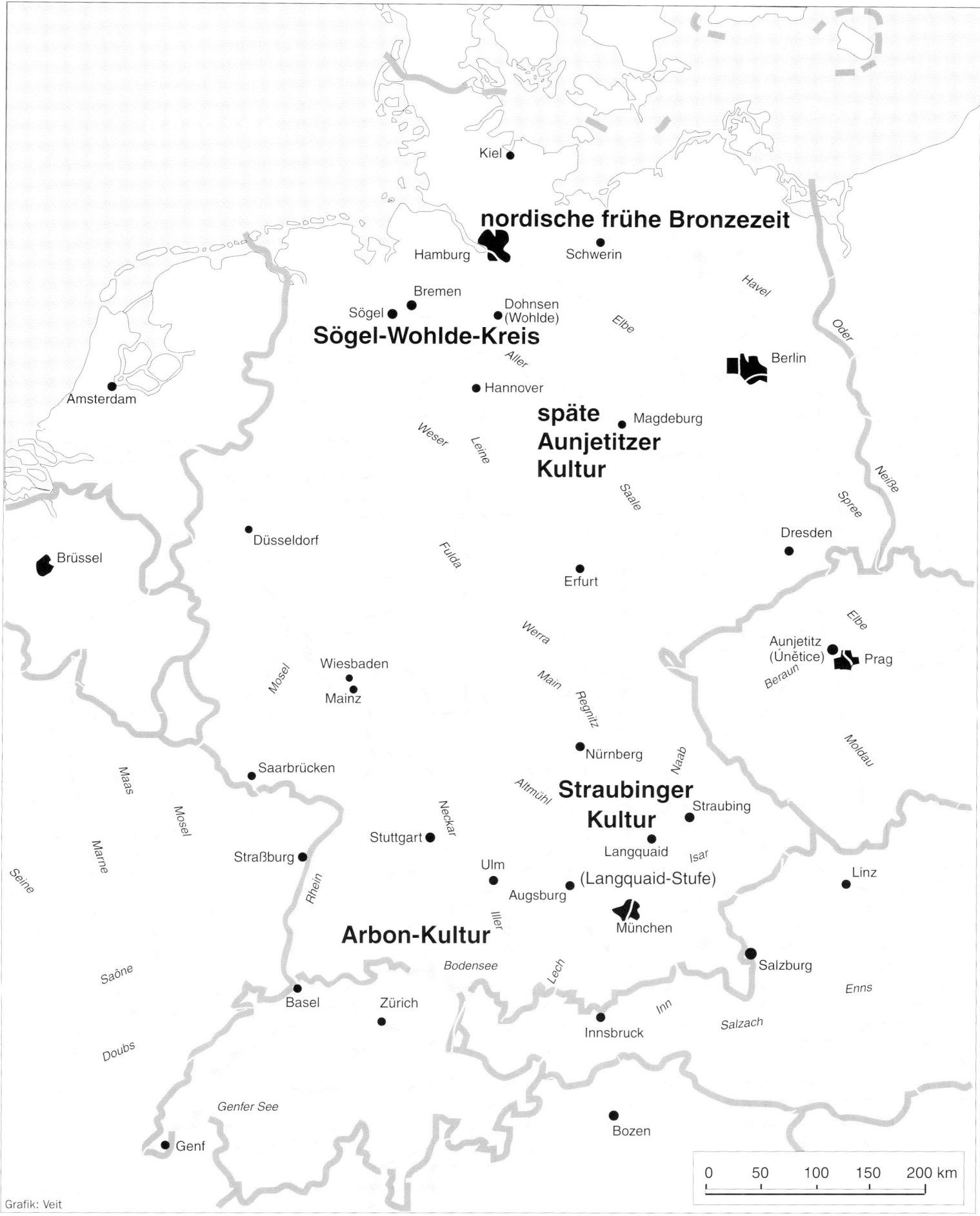

Verbreitung der Kulturen und Gruppen während der jüngeren Frühbronzezeit (etwa 1800 bis 1600 v. Chr.) und nordischen frühen Bronzezeit (etwa 1800 bis 1500 v. Chr.) in Deutschland.

Der Landwirt und Prähistoriker Hans Piesker (1894–1977) – sitzend mit Helfern – aus Hermannsburg (Kreis Celle) in Niedersachsen hat 1937 das Kurzschwert vom Typ Wohlde beschrieben, das er nach dem niedersächsischen Fundort Dohnsen-Wohlde bezeichnete.

Schaf, worauf die erwähnten Wollfäden vom Gewand der »Prinzessin von Fallingbostel« hinweisen.

Die in Grabgruben liegenden Scherben von größeren Tongefäßen sind – nach Meinung von Prähistorikern – wohl nur zufällig dort hineingeraten. Daneben fertigte man auch Holzgefäße an, wie der Fund eines verkohlten Holzbechers von Baven bei Hermannsburg (Kreis Celle) in Niedersachsen zeigt.

Typisch für die Männergräber des Sögel-Wohlde-Kreises sind bronzene Kurzschwerter und Randleistenbeile, seltener Dolche. Außerdem fand man darin Feuerschlagsteine und Pfeilspitzen aus Feuerstein.

Die Feuerschlagsteine gehörten zu einer Garnitur, die neben dem stabförmigen Feuerstein und einer Pyritknolle zum Funkenschlagen einen leicht entflammbaren Zunderschwamm enthielt, der nicht erhalten blieb. Jeweils zwei Feuerschlagsteine und ein Wetzstein haben in zwei Gräbern von Sögel gelegen. Die Wetzsteine dienten zum Schärfen der metallenen Schwert- und Beilklingen sowie der Lanzenspitzen. Pyritknollen fanden sich in einem Grab bei Langendamm (Kreis Nienburg/Weser). Pfeil und Bogen scheinen eine beliebte Waffe gewesen zu sein. Allein in einem Grab von Barglay[6] (Stadt Wildeshausen, niedersächsischer Kreis Oldenburg) kamen neun zumeist herzförmige Pfeilspitzen aus grauem, braunem, weißem und rotem Feuerstein von 2,4 bis 4,6 Zentimeter Länge zum Vorschein. Darunter ist die rote Pfeilspitze besonders interessant, weil roter Feuerstein nur auf der Nordseeinsel Helgoland vorkommt und von dort her über das Meer transportiert wurde. Der Mann von Barglay besaß neben einem Kurzschwert einen Köcher voller Pfeile, von denen allerdings nur die Spitzen erhalten blieben.

Auch in vielen anderen Gräbern des Sögel-Wohlde-Kreises lag eine größere Zahl herzförmiger Pfeilspitzen. So kennt man aus einem Grab von Baven (Kreis Celle) insgesamt 17, in Dohnsen/Wohlde-Roxhüllen (Kreis Celle) 13, in Bockel (Kreis Soltau-Fallingbostel) sechs, in Buchholz (Kreis Harburg) sechs und in Cammerbusch (Kreis Stade) fünf Pfeilspitzen.

In einem Grab mit Baumsarg bei Luttum[7] (Kreis Verden) stieß man auf mindestens vier daumenbreite schwarze Verfärbungen von knapp 35 Zentimeter Länge, die auf Feuerstein-Pfeilspitzen zuliefen. Es könnten die ehemaligen Pfeilschäfte oder Reste des Pfeilköchers gewesen sein. An zwei der Pfeilspitzen hafteten noch zentimetergroße Rindenstücke der einst berindeten Pfeilschäfte, die wohl nicht dicker als sieben Millimeter waren.

Die Feuerschlagsteine, Pfeilspitzen und Feuersteindolche des Sögel-Wohlde-Kreises beweisen, daß weiterhin das Zurechtschlagen von Steinwerkzeugen und -waffen praktiziert wurde. Wahre Meisterstücke der Steinschlagkunst sind die formvollendeten Feuersteindolche, die in älterer Fachliteratur zuweilen irrtümlich für Lanzenspitzen gehalten wurden.

Die beiden Kurzschwerter, nach denen der Typ Sögel erstmals beschrieben wurde, waren bereits 1898 beim Bau eines neuen Weges von Spahn nach Werpeloh entdeckt worden. Sie gelangten nach Sögel in das Haus des Rechtsanwalts und Notars Friedrich Schlicht, dessen Tochter Elisabeth Schlicht (1914–1989) durch die Sammlung des Vaters dazu angeregt wurde, Archäologie zu studieren. 1927 wurden die in Sögel aufbewahrten Kurzschwerter mit dieser Fundortangabe von Ernst Sprockhoff, der damals im Hause Schlicht in Sögel verkehrte, publiziert. Seit dem Zweiten Weltkrieg sind diese Funde verschollen.

Kennzeichen des Kurzschwerts vom Typ Sögel sind die runde

Ausgrabung des Bohlenweges mit der Bezeichnung XVIII (Le) bei Okkenhausen/Oltmannsfehn (Kreis Leer) in Niedersachsen aus der Zeit um 2010 v. Chr. Das 1984 freigelegte Teilstück war 90 Meter lang, der gesamte Weg etwa 180 Meter.

Wagenräder aus dem Vehnemoor bei Glum, Gemeinde Wardenburg (Kreis Oldenburg), in Niedersachsen. Durchmesser der Scheibenräder aus Erlenholz 68 bis 74 Zentimeter. Originale im Staatlichen Museum für Naturkunde und Vorgeschichte, Oldenburg.

Heftplatte sowie die typische Sögeler Verzierung mit Liniengruppen, Punktlinien und Bogengirlanden. Seine Vorbilder findet man in Ostungarn und Rumänien. Das Sögeler Schwert gilt als Stichwaffe.

Im Gegensatz zum Sögeler Schwert war das wohl etwas später aufkommende Kurzschwert vom Typ Wohlde mit einer trapezförmigen Heftplatte versehen. Dieser Schwerttyp wurde 1937 erstmals durch den Landwirt und Prähistoriker Hans Piesker (1894–1977) aus Hermannsburg beschrieben. Die Kurzschwerter des Typs Wohlde werden von ungarischen Kurzschwertern mit trapezförmiger Griffplatte abgeleitet.

Es gab aber auch Schwerter, die Merkmale des Typs Sögel wie auch des Typs Wohlde vereinigen. So hat ein Kurzschwert aus Toppenstedt (Kreis Harburg) die trapezförmige Heftplatte des Typs Wohlde und eine Verzierung, die mit dem des Typs Sögel identisch ist. In einem Grabhügel von Baven bei Hermannsburg kamen ein Dolch mit abgerundeter Heftplatte, aber mit Pflockstatt Hutnieten und ein Wohlder Kurzschwert zusammen vor.

Die bronzenen Dolche lassen sich ebenfalls in zwei Typen unterscheiden. Für den Typ Sögel war – wie bei den Schwertern – eine runde Heftplatte charakteristisch. Manchmal verstärkte man diese Dolche mit einer Mittelrippe und verzierte sie mit einem Liniendreieck auf der Klinge. Der Typ Wohlde trug auf dem trapezförmigen Heft vier trapezartig angeordnete Nieten zur Befestigung des Griffes. Die in Frauengräbern geborgenen Dolche waren allesamt klein und unansehnlich.

Bei Tauschgeschäften wechselten roter Feuerstein von der Nordseeinsel Helgoland, Bernstein von der Ostseeküste, bronzene Waffen aus Süddeutschland und Südosteuropa den Besitzer. Diese Waren wurden sicherlich nicht nur zu Fuß, sondern auch mit Wasserfahrzeugen oder auf Wagen transportiert.

Als Importe aus Ungarn und Rumänien gelten Sögel- und Wohlde-Schwerter, Randleistenbeile vom Typ Helmste sowie Nadeln mit Kegelkopf und seitlich verdicktem, durchlochtem Hals. Diese Objekte gelangten auf zwei Wegen nach Mitteleuropa: einmal die Elbe abwärts nach Niedersachsen (Totenhütte von Baven, »Prinzessin von Fallingbostel«), zum anderen die Donau aufwärts nach Bayern (Lochham, Kreis München) und von dort durch die Oberpfalz, Südthüringen ins östliche Hessen.

Um 2010 v. Chr. – also schon vor der Zeit des Sögel-Wohlde-Kreises – wurde der etwa 180 Meter lange und drei Meter breite Bohlenweg bei Ockenhausen/Oltmannsfehn[8] (Kreis Leer) in Niedersachsen erbaut, der einen Moorstreifen von Norden nach Süden überquerte. Die runden Querhölzer, welche die auffällig ebene Fahrbahn bildeten, stammten von Erlen- und Birkenstämmen. Sie lagen auf paarweise verlegten Längshölzern. An den Enden der Querhölzer sind deutliche Hiebe von schartenfreien – vielleicht neuen – Metalläxten zu erkennen. Die dabei entstandenen Schnittflächen verlaufen quer zur Holzfaser.

Irgendwann zwischen 1750 und 1550 v. Chr. sind vier hölzerne Scheibenräder eines Wagens aus der Gegend bei Glum[9] (Kreis Oldenburg) in Niedersachsen in Gebrauch gewesen. Die Räder kamen beim Torfabbau am Ostrand des Vehnemoores zum Vorschein. Möglicherweise wurden die ausgetrockneten Räder ins Moor gelegt, damit sie dort aufquellen sollten. Auf diese Weise hätten sich die durch Austrocknung lose gewordenen Buchsen wieder im Rad festgesetzt und sich auch Risse geschlossen.

Der Durchmesser der Räder bei Glum beträgt 68 bis 74 Zentimeter, die Lauffläche ist vier bis fünf Zentimeter breit. Die einteilige Radscheibe besteht aus Erlenholz, die darin eingesetzte Buchse, welche den Lauf stabilisierte, dagegen aus Birkenholz. Bei längerer Benutzung konnte man zunächst die Buchse auswechseln und die Radscheibe weiterverwenden.

Dicke Erlenstämme von 70 Zentimeter Durchmesser und mehr, wie sie für die großen Scheibenräder bei Glum benötigt wurden, waren damals selten. Hinzu kam, daß die Stämme von solchen mächtigen alten Erlen häufig im Kern faul sind. Nach den Abnutzungs- und Schliffspuren zu schließen, stammen die vier Scheibenräder von einem vierrädrigen Wagen und nicht von zwei zweirädrigen Karren.

Wie reich damals manche Frauen geschmückt waren, verraten die ungewöhnlich vielen Schmuckstücke der erwähnten »Prinzessin von Fallingbostel«. Nach heutiger Erkenntnis handelt es sich dabei um eine Frau in niederösterreichisch-westungarischer Tracht, die in die Lüneburger Heide eingeheiratet hat. Ihr Grab gilt bisher als die einzige mit bronzenem Schmuck versehene, sichere Bestattung einer Frau des Sögel-Wohlde-Kreises.

Als Kopfbedeckung trug die »Prinzessin« eine Flügelhaube, auf die Dutzende von kegelförmigen Hütchen mit zwei seitlichen Löchern und zudem Röhrchen aus Bronzeblech genäht waren. Um den Hals hingen acht dünnstabige Ringe aus Bronze mit eingerollten Ösenenden und eine Kette mit zwölf Bernsteinperlen, zwischen die man sieben durchbrochene umgekehrt-herzförmige Anhänger aus Bronze eingereiht hatte.

Herzförmige Anhänger sind in Niedersachsen einmalig. Ähnliche Schmuckstücke kennt man aus Gräbern der Hügelgräber-Kultur in Süddeutschland, früh- und mittelbronzezeitlichen Gräbern von Asparn an der Zaya (Niederösterreich), Kisapostag und Rákóczifalva (Westungarn) sowie auf den Gußformen von Soltvadket (Westungarn). Zwei umgekehrt-herzförmige Anhänger sind auch in Fahrenkrug (Kreis Segeberg) in Schleswig-Holstein entdeckt worden.

Auf der Brust der vornehmen Frau aus Fallingbostel prangte eine sechsspeichige bronzene Radnadel, mit der ein Schultertuch festgesteckt wurde. An jedem Unterarm funkelte eine bronzene Spirale mit je sieben Windungen, an drei Fingern steckten Spiralen aus Bronzedraht. Von letzteren hatten zwei sechs Windungen, während eine zweifach gewunden war. Des weiteren lag ein bronzener Stift im Grab, mit dem diese Schönheit vielleicht am Körper oder an den Armen tätowiert worden war.

Außer Schmuckstücken aus Bronze gab es aber auch solche aus anderen Materialien. So wurden manche Anhänger für Halsket-

Reichgeschmückte Frau in niederösterreichisch-westungarischer Tracht aus Fallingbostel (Kreis Soltau-Fallingbostel) in Niedersachsen. Sie wird von manchen Autoren phantasievoll als »Prinzessin von Fallingbostel« bezeichnet.

ten aus Sandstein, Kiesel, Hornblendeschiefer und Bernstein geschaffen. Ein in Sulingen-Vorwohlde[10] (Kreis Diepholz) in Niedersachsen bestatteter Mann trug einen schmalen Fingerring aus Eisen, es ist der älteste Eisengegenstand Norddeutschlands. Möglicherweise gelangte dieses Metall – das damals seltener und wertvoller als Gold war – aus dem ägäischen Raum in den Norden.

Unter den wenigen Goldschmuckstücken ragt vor allem der mondsichelförmige Halskragen (Lunula genannt) von Pattensen-Schulenburg[11] (Kreis Hannover) heraus (s. S. 158). Sein Durchmesser beträgt 17,5 Zentimeter. Unter dem Rand sind jeweils zwei parallele Linien als Verzierung angebracht. Es ist die einzige Goldlunula in Niedersachsen, während man von zwei anderen niedersächsischen Fundorten drei solcher Halskragen aus Bronze kennt. Als Hauptverbreitungsgebiet derartiger Schmuckstücke gilt Irland, das über reiche Goldvorkommen verfügte.

Die Toten im Verbreitungsgebiet des Sögel-Wohlde-Kreises wurden unverbrannt sowie gelegentlich mit Tongefäßen, Toilettegeräten (Tätowierstiften), Waffen und Schmuck versehen bestattet. Die reichen Beigaben deuten auf einen gewissen Wohlstand der Verstorbenen hin. Über den Gräbern schüttete man mitunter bis zu anderthalb Meter hohe Hügel auf.

Während der Sögel-Wohlde-Zeit ist die Totenhütte von Baven[12] (Kreis Celle) errichtet worden. Sie wurde unter einem ungefähr 1,50 Meter hohen Grabhügel mit einem Durchmesser von etwa 20 Metern entdeckt. Die Reste der etwa 6,50 Meter langen und 4,50 Meter breiten Totenhütte lagen im Nordwesten des Grabhügels unter einer starken Brandschicht. Ein größerer Raum in der Hütte wurde durch eine Flechtwand abgetrennt.

In der Totenhütte von Baven ist ein Mann beigesetzt worden, der üppig ausgestattet war. Neben einem Kurzschwert vom Typ Wohlde und einen Dolch vom Typ Sögel mit Pflocknieten wurden ihm ein Feuersteindolch, zwei Schlagsteine, 17 herzförmige Pfeilspitzen aus Feuerstein, eine Bronzenadel sowie ein Holzbecher mit ins Grab gelegt. Man bedeckte den Leichnam dieses Kriegers mit einer starken Lehmschicht und brannte dann die Hütte nieder. Was damit bezweckt werden sollte, entzieht sich unserer Kenntnis.

Auf makabre Opferbräuche zur Zeit des Sögel-Wohlde-Kreises könnten fünf zwischen 1861 und 1866 im Tannenhausener Moor (Kreis Aurich) entdeckte Leichen hinweisen, wenn sie tatsächlich

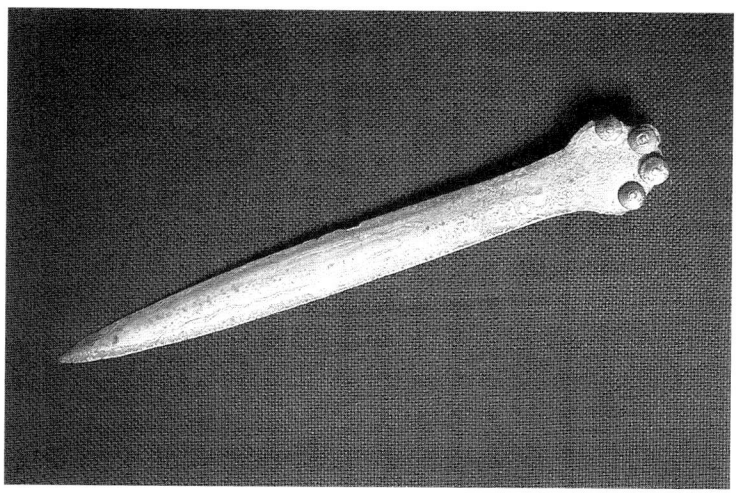

Bronzenes Kurzschwert des Typs Wohlde aus dem Grabhügel 1 von Baven (Kreis Celle) in Niedersachsen. Der Typ Wohlde ist nach dem Fundort Dohnsen-Wohlde (Kreis Celle) benannt. Länge 32,5 Zentimeter. Original im Niedersächsischen Landesmuseum, Hannover.

sächlich aus dieser Kulturstufe stammen. Die 1861 gefundene Moorleiche war eine Frau und stammte – wie der nach Hamburg verkaufte Schmuck beweisen soll – aus der Frühbronzezeit. Auf dem Kopf der Frau soll an den Seiten und hinten das Haar noch vorhanden gewesen sein, doch vorn hatte man – wie angeblich ein Amtsarzt herausfand – die Kopfhaut mit Haar durch scharfe Schnitte abgetrennt.

Ähnliche Verletzungen der Kopfhaut wurden angeblich auch bei den vier übrigen Moorleichen festgestellt. Doch dieser merkwürdige Fund, den der Moorarchäologe Alfred Dieck (1906 bis 1989) aus Hannover 1978 publizierte, ist nicht überprüfbar. Die Funde aus dem Tannenhausener Moor sollen den Brauch des Skalpierens widerspiegeln. Dieser wurde offenbar schon in der späten Altsteinzeit vor mehr als 10 000 Jahren praktiziert, wie ein Fund aus der Burghöhle in Dietfurt[13] (Kreis Sigmaringen) in Baden-Württemberg beweist.

Die Ablösung des Sögel-Wohlde-Kreises erfolgte durch das unvermittelte Auftauchen westfranzösischer/britischer Absatzbeile und Rapierschwerter. Ihre Übernahme in den heimischen Formenschatz markiert den Beginn der älteren Bronzezeit in Niedersachsen.

Stabdolche als Zeichen der Götter
Die nordische frühe Bronzezeit

Als in Mittel- und Süddeutschland bereits frühbronzezeitliche Kulturen heimisch waren, verharrten in Mecklenburg-Vorpommern noch Bevölkerungsgruppen auf dem technischen Niveau der Jungsteinzeit. Der Fortschritt setzte sich dort erst später durch als in südlicheren Gebieten. So war es im Norden auch schon mit Ackerbau und Viehzucht geschehen, die als Kennzeichen der Jungsteinzeit gelten und dort mit großer Verzögerung eingeführt wurden.

Ähnlich erging es in Mecklenburg-Vorpommern dem neuen Metall Bronze, weshalb dort die frühe Bronzezeit einige Jahrhunderte später als in Mittel- und Süddeutschland einsetzte. Da im Norden auch das Eisen zunächst kaum Beachtung fand, währte dort die Bronzezeit länger als im Süden, und die Eisenzeit begann dementsprechend merklich später.

In Mecklenburg-Vorpommern gilt die Gliederung der Bronzezeit in sechs Perioden (s. S. 24). Diesem Schema zufolge entspricht dort die frühe Bronzezeit der Periode I, die nach heutiger Kenntnis ungefähr von 1800 bis 1500 v. Chr dauerte. Jener Abschnitt wird auch als nordische frühe Bronzezeit oder als frühe Bronzezeit des Nordischen Kreises bezeichnet. Der von dem schwedischen Prähistoriker Oscar Montelius (1843–1921, s. S. 446) stammende Begriff »Nordischer Kreis« beruht auf der eigenständigen Entwicklung nördlicher Regionen Europas.

Über die Anatomie, Körperhöhe und Krankheiten der Menschen aus der frühen Bronzezeit in Mecklenburg-Vorpommern läßt sich nichts sagen. Der Grund hierfür ist, daß die Skelette in den Gräbern im kalkarmen Boden völlig aufgelöst wurden. Auch die Siedlungen, das Leben darin und das Wirtschaftswesen sind bisher kaum erforscht.

Pfeilspitzen aus Feuerstein mit eingezogener Basis wie in der späten Jungsteinzeit verdeutlichen, daß Pfeil und Bogen weiterhin eine wichtige Jagdwaffe waren. Hinweise auf zumindest gelegentlich ausgeübte Jagd auf Rothirsche *(Cervus elaphus)* geben die Werkzeuge und Waffen mit Geweihgriffen. Wichtiger als das Töten von Wildtieren dürften jedoch Ackerbau und Viehzucht für die Ernährung gewesen sein.

Rechte Seite: Stabdolche und ein Randleistenbeil aus dem Depot von Melz (Kreis Müritz) in Mecklenburg-Vorpommern. Das Randleistenbeil (links) hat einen 71,3 Zentimeter langen Bronzeschaft. Originale im Archäologischen Landesmuseum Mecklenburg-Vorpommern, Lübstorf.

Links unten: »Fischschwanzdolche« aus Feuerstein von Wakendorf (oben) im Kreis Nordwestmecklenburg und von einem unbekannten Fundort (unten) in Mecklenburg-Vorpommern. Originale im Archäologischen Landesmuseum Mecklenburg-Vorpommern, Lübstorf.

Unten: Vollgriffdolche des Malchiner Typs (links und Mitte) von Neubauhof (Kreis Demmin) und des Aunjetitzer Typs (rechts) von Malchin (Kreis Demmin) in Mecklenburg-Vorpommern. Länge 24,6, 27,5 und 29,5 Zentimeter. Originale im Archäologischen Landesmuseum Mecklenburg-Vorpommern, Lübstorf.

DIE NORDISCHE FRÜHE BRONZEZEIT

DIE FRÜHBRONZEZEIT IN DEUTSCHLAND

Bronzene Manschettenarmbänder (Stulpen) aus Neubauhof (Kreis Demmin) in Mecklenburg-Vorpommern. Länge sechs und 7,4 Zentimeter, Durchmesser 6,5 und 6,9 Zentimeter. Originale im Archäologischen Landesmuseum Mecklenburg-Vorpommern, Lübstorf.

Die Keramik bestand teilweise aus einfachen, unverzierten Formen, die entweder keinen oder nur einen Henkel besaßen. Reste von solchen schlichten Tongefäßen wurden in Lemmersdorf und Bagemühl (beide Kreis Uecker-Randow) in Mecklenburg-Vorpommern gefunden. Daneben modellierte man henkellose Schalen und Tassen mit einfacher Form und Verzierung.

In der nordischen frühen Bronzezeit gab es weiterhin Werkzeuge und Waffen aus Feuerstein, Knochen und Geweih. Als besonders typische Waffen dieser Kulturstufe gelten Streitäxte mit einer Klinge aus Felsgestein und hölzernem Schaft sowie aus Feuerstein zurechtgeschlagene Dolche. Besonders prächtig wirken die »Fischschwanzdolche« mit fischschwanzartigem Griff. Feuersteindolche wurden auch dann noch hergestellt, als man bereits Kupfer- und Bronzedolche eintauschte.

Die Menschen der frühen Bronzezeit in Mecklenburg-Vorpommern deckten ihren Bedarf an Metallerzeugnissen vor allem durch Tauschgeschäfte mit Angehörigen der Aunjetitzer Kultur (s. S. 44). Von diesen bezogen sie Flachbeile, Randleistenbeile, Randmeißel, Schaftlochäxte, Schaftröhrenäxte, Vollgriffdolche, Stabdolche, Lanzenspitzen und Schmuck.

Die Flachbeile hatten die gleiche Form wie die aus Feuerstein zurechtgehauenen Beilklingen der Jungsteinzeit. Flachbeile wurden in Mildenitz-Hornshagen (Kreis Mecklenburg-Strelitz), Jasmund (Kreis Rügen) und in Pantelitz (Kreis Nordvorpommern) gefunden. Bei den Randleistenbeilen überwog der nord-

deutsche Typ mit geradem Nacken und ausladender bogenförmiger Schneide gegenüber dem sächsischen Typ mit rundem Nacken und weit gebogener, stark gewölbter Schneide.

Von den Schaftlochäxten sind bisher in Mecklenburg-Vorpommern sechs Exemplare gefunden worden. Sie kamen oft in Mooren zum Vorschein und könnten daher als Opfer für Götter bestimmt gewesen sein. Eine reichverzierte Schaftlochaxt wurde in Gägelow (Kreis Nordwestmecklenburg) entdeckt. Die Schaftröhrenäxte ähneln Funden aus Ungarn und sind vermutlich auf dem Tauschweg bis nach Mecklenburg-Vorpommern und Skandinavien gelangt.

Bei den frühbronzezeitlichen Dolchfunden aus Mecklenburg-Vorpommern wird zwischen Vollgriffdolchen des Malchiner Typs und solchen des Aunjetitzer Typs unterschieden. Erstere gelten als einheimische Erzeugnisse, letztere als Importe. Beide Typen waren in dem Depot von Malchin[1] (Kreis Demmin) vertreten. Bisher sind – nach Angaben des Schweriner Prähistorikers Horst Keiling – in Mecklenburg-Vorpommern insgesamt 21 Dolche vom Malchiner Typ entdeckt worden. Sie ähneln einander so sehr, daß sie vermutlich in einer einzigen Werkstatt, die jedoch noch nicht lokalisiert werden konnte, gegossen wurden. Die Klinge, der Griff mitsamt Heftplatte und manchmal auch die Nieten wurden vermutlich in einem Stück angefertigt. Der Griff ist mit Rillen und die Klinge mit einer Mittelrippe ver-

Bronzene Brillenspiralen aus Sophienhof (Kreis Müritz) in Mecklenburg-Vorpommern. Sie dienten als dekorativer Hängeschmuck. Länge 13,8 (unten) und 15,2 Zentimeter (oben). Originale im Archäologischen Landesmuseum Mecklenburg-Vorpommern, Lübstorf.

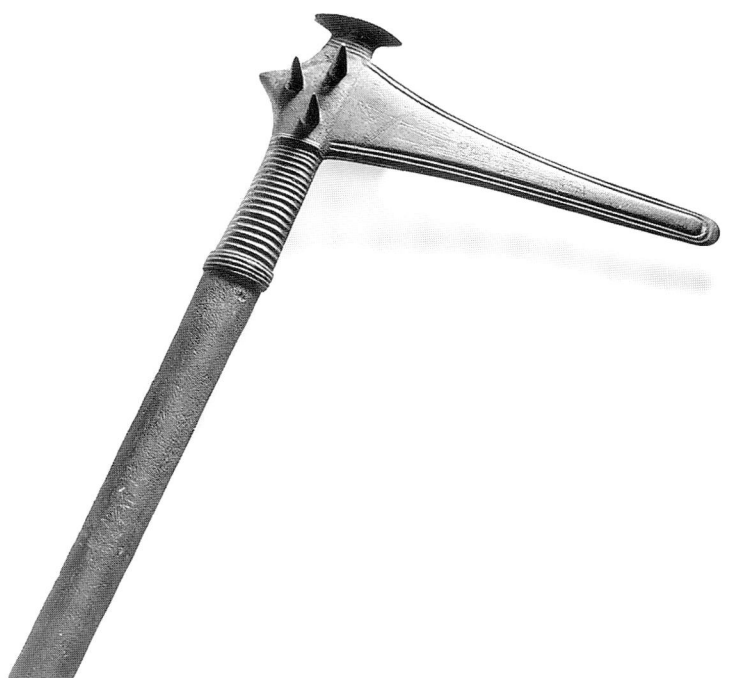

Bronzener Stabdolch von Westensee (Kreis Rendsburg-Eckernförde) in Schleswig-Holstein. Länge der Klinge etwa 27 Zentimeter. Original im Archäologischen Landesmuseum der Christian-Albrechts-Universität Kiel, Schleswig.

Verziertes bronzenes Randleistenbeil mit seitlichen Ösen aus Ahneby (Kreis Schleswig-Flensburg) in Schleswig-Holstein. Länge 25,5 Zentimeter. Original im Archäologischen Landesmuseum der Christian-Albrechts-Universität Kiel, Schleswig.

ziert. Der spitzovale bis rautenförmige Querschnitt hat große Ähnlichkeit mit den Feuersteindolchen.

Offenbar reichten die Gegengaben der Mecklenburg-Vorpommerner Bevölkerung nicht aus, um sich auf dem Tauschweg ausschließlich mit Metalldolchen auszurüsten. Deshalb wurden weiterhin viele Feuersteindolche hergestellt und teilweise metallene Vorbilder nachgeahmt. Das Nebeneinander von Feuerstein- und Bronzedolch ist in Blengow (Kreis Bad Doberan) belegt. Dort lagen in einem Grab ein Feuersteindolch und eine bronzene Dolchklinge.

Seltener als die Dolche des Malchiner Typs waren in Mecklenburg-Vorpommern die Vollgriffdolche vom Aunjetitzer Typ. Letzterer Typ ist im Depot von Malchin und im Depot I von Melz[2] (Kreis Müritz) sowie in Rehna (Kreis Nordwestmecklenburg) nachgewiesen.

An zehn Fundorten in Mecklenburg-Vorpommern wurden bronzene Stabdolche entdeckt. Der bedeutendste Fund dieser Art glückte im Depot II von Melz[3]. Dort wurden sechs komplette Stabdolche mit bronzenen Klingen und mit Schäften aus Eschen- und Lindenholz darin, acht Klingen sowie ein komplettes Randleistenbeil mit bronzener Klinge und ebensolchem Schaft geborgen. Eine Altersdatierung von Holzresten der Stabdolche nach der C14-Methode ergab einen Mittelwert von 1786 v. Chr. Die Klinge des Randleistenbeils aus Melz wurde vermutlich noch in heißem Zustand auf den Bronzeschaft gezogen.

Die Menschen der frühen Bronzezeit in Mecklenburg-Vorpommern tauschten mit den Leuten der Aunjetitzer Kultur, des Sögel-Wohlde-Kreises sowie mit gleichzeitigen Kulturen in England und Irland begehrte Güter aus. Malchiner Dolche auf der Ostseeinsel Rügen sind vielleicht mit Feuerstein von dort bezahlt worden.

Schmuckstücke gab es in Form von Ösenhalsringen, Spiralröllchen, Bronze- und Steinperlen als Anhänger von Halsketten, Hals- und Armringen mit verjüngten Enden, Manschettenarmbändern (Stulpen), Arm- und Brillenspiralen. Mit Ausnahme der Steinperlen handelte es sich auch hier ausschließlich um Importe.

Bronzene Ösenhalsringe lagen vor allem in Depots. So gehörten zum Depot von Wendhof[4] (Kreis Müritz) 18 Ösenhalsringe. In Nipmerow auf Rügen kamen mehrere recht roh gegossene Ösenhalsringe zum Vorschein. In Gräbern sind solche Schmuckstücke – mit Ausnahme von Twietfort (Kreis Parchim) – nirgends gefunden worden. Aus Twietfort kennt man auch Bronze- und Steinperlen an Halsketten. In den Löchern mancher dieser Perlen steckten noch gezwirnte Fadenreste.

Bei den Hals- und Armringen mit verjüngten Enden waren die unverzierten und besonders dicken Exemplare wohl Metallbarren, die noch weiterverarbeitet werden sollten. Dagegen sind die etwas dünneren und leichteren Stücke vermutlich als Schmuck getragen worden. Die Enden der großen und der kleinen Hals- und Armringe waren stumpf oder spitz gestaltet. Manschettenarmbänder wurden nur an wenigen Plätzen in Mecklenburg-Vorpommern entdeckt.

Die Armspiralen aus Bronzedraht besaßen zehn bis 20 Windungen. Der Draht hatte einen schmalen, dreieckigen oder spitzovalen Querschnitt.

Als Brillenspiralen werden zwei mit einem Bügel verbundene Spiralplatten bezeichnet. Sie ähnelten einer Brille und dienten als dekorativer Hängeschmuck.

Von der damaligen Schiffahrt zeugt der fragmentarisch erhaltene Fund eines Einbaums südwestlich von Dahlen[5] (Kreis Mecklenburg-Strelitz) in Mecklenburg-Vorpommern. Das in etwa 1,90 Meter Tiefe entdeckte Wasserfahrzeug ist 3,36 Meter lang und 62 Zentimeter breit. Seine ursprüngliche Höhe läßt sich nicht mehr ermitteln.

An den Gräbern von Blengow und Twietfort wird ersichtlich,

Pfeilspitzen aus Feuerstein von Rastorf (Kreis Plön) in Schleswig-Holstein. Länge drei bis vier Zentimeter. Originale im Archäologischen Landesmuseum der Christian-Albrechts-Universität Kiel, Schleswig.

wie die Toten in der nordischen frühen Bronzezeit bestattet worden sind. In diesen Gräbern schützte man die Leichen durch Packungen aus vorwiegend rundlichen oder ovalen Feldsteinen. Die Hinterbliebenen gaben den männlichen Verstorbenen meistens einen Feuersteindolch und nur noch selten eine Steinaxt mit ins Grab. Metallobjekte lagen lediglich in den Gräbern von Blengow (Kreis Bad Doberan), Warrenzin (Kreis Demmin) und Twietfort (Kreis Parchim). Weitere Beigaben waren Tongefäße, darunter mehrheitlich henkellose Schalen und Tassen.

Bronzene Waffen und Schmuckstücke in Sümpfen, Mooren, auf feuchten Wiesen und an Seeufern waren vermutlich als Weihegaben für Götter gedacht. Das Depot von Neubauhof[6] (Kreis Demmin) umfaßte drei Vollgriffdolche, vier Manschettenarmringe, vier Halsringbarren, ein Randleistenbeil und ein Manschettenarmband. In Pustohl (Kreis Bad Doberan) fand man einen Stabdolch sowie ein Manschettenarmband und in Wendhof (Kreis Müritz) Ösenhalsringe.

Als Weihegaben gelten auch die Stabdolche, die eher den Charakter von Prunkwaffen, Würdezeichen oder Zeremonialgeräten von Häuptlingen oder Priestern als einen praktischen Nutzen hatten. Sie spielten vielleicht bei kultischen Prozessionen eine Rolle, bei denen sie als »heilige Zeichen«, Zeremonialgeräte oder Machtsymbole einer Gottheit mitgeführt wurden. Einen diesbezüglichen Hinweis gibt ein Felsbild von Simrishamn in Schweden. Darauf präsentiert ein stehender Mann mit deutlich erigiertem Penis eine ihn merklich überragende Prachtaxt. Diese Szene wird als Darstellung eines Fruchtbarkeitsritus gedeutet.

Die Frühbronzezeit in Österreich
Abfolge und Verbreitung der Kulturen und Gruppen

Die Frühbronzezeit (Bronzezeit A) begann in Österreich etwa um 2300 v. Chr. und endete um 1600 v. Chr. Sie wurde von verschiedenen Autoren zunächst in zwei Abschnitte (Stufen A1 und A2), später in drei (Stufen A1, A2, A3) oder sogar in vier Abschnitte (Phasen 1, 2, 3, 4) eingeteilt. All diese Gliederungen gehen auf deutsche Experten zurück (s. S. 43).

In die älteste Kulturstufe der Frühbronzezeit in Österreich ist die Leithaprodersdorf-Gruppe (s. S. 96) einzuordnen. Sie existierte von etwa 2300/2200 bis ungefähr 2000 v. Chr. östlich des Wienerwalds in Niederösterreich und im Burgenland.[1]

Die in weiten Gebieten Mitteleuropas nachweisbare Aunjetitzer Kultur (s. S. 99) war von etwa 2300/2200 bis 1800 v. Chr. im

Blechmanschetten des nach einem mährischen Fundort bezeichneten Typs Borotice aus Schrick in Niederösterreich. Höhe 11,6 bis 11,8 Zentimeter, Durchmesser 10,7 Zentimeter. Originale im Museum für Urgeschichte des Landes Niederösterreich, Asparn an der Zaya.

Weinviertel und am Ostrand des Waldviertels im nördlichen Niederösterreich verbreitet.

In Oberösterreich, im Land Salzburg und im Raum Kufstein in Nordtirol behaupteten sich von etwa 2300 bis 1800/1600 v. Chr. Ausläufer der Straubinger Kultur (s. S. 105).

Südlich der Donau zwischen Enns und Wienerwald in Niederösterreich hatte ab ungefähr 2300/2200 bis 1800 v. Chr. die Unterwölblinger Gruppe (s. S. 111) ihr Verbreitungsgebiet.

Im östlichen Niederösterreich südlich der Donau und im nördlichen Burgenland war von etwa 2000 bis 1600 v. Chr. die Wieselburger Kultur (s. S. 123) heimisch, welche die Leithaprodersdorf-Gruppe ablöste.

Zwischen dem Fluß Leitha in Niederösterreich und dem Südrand des Neusiedler Sees im Burgenland konzentrierte sich von etwa 1800 bis 1500 v. Chr. die Kultur mit Litzenkeramik beziehungsweise Draßburger Kultur (s. S. 127).

Auf dem ehemaligen Gebiet der erwähnten Aunjetitzer Kultur nördlich der Donau im Norden Niederösterreichs hatte sich von etwa 1800 bis 1500 v. Chr. die Věteřov-Kultur (s. S. 131) niedergelassen. Ihr Ausläufer südlich der Donau in Niederösterreich wird als Böheimkirchener Gruppe der Věteřov-Kultur (s. S. 134) bezeichnet. Deren jüngerer Abschnitt fällt bereits in die Mittelbronzezeit (s. S. 227).

Größtenteils der Frühbronzezeit entsprach auch die von zirka 1800 bis 1500 v. Chr. nachweisbare Attersee-Gruppe (s. S. 138). Sie war in Oberösterreich verbreitet und überdauerte teilweise bis in die Mittelbronzezeit.

Entenköpfchen an einer Tonschale in Wagenform der Böheimkirchener Gruppe der Věteřov-Kultur (etwa 1800 bis 1500 v. Chr.) aus Böheimkirchen-Hochfeld in Niederösterreich. Original im Museum für Urgeschichte des Landes Niederösterreich, Asparn an der Zaya.

Keramikdepots und Scheingräber
Die Leithaprodersdorf-Gruppe

Die Leithaprodersdorf-Gruppe gilt als eine der ältesten frühbronzezeitlichen Kulturstufen in Österreich. Sie war von etwa 2300/2200 bis um 2000 v. Chr. östlich des Wienerwalds in Niederösterreich und im Burgenland verbreitet. Der Name dieser Gruppe erinnert an das 1950 ausgegrabene Gräberfeld von Leithaprodersdorf[1] im Burgenland. Dort hatte der Landesarchäologe Alois Ohrenberger (1920–1994, s. S. 446) aus Eisenstadt insgesamt 50 Bestattungen der Leithaprodersdorf-Gruppe und weitere aus späterer Zeit freigelegt.

Die Bezeichnung »Leithaprodersdorf-Gruppe« geht auf Alois Ohrenberger zurück, der 1956 vom Typus Loretto-Leithaprodersdorf sprach. Der 1981 von der Wiener Prähistorikerin Elisabeth Ruttkay vorgeschlagene, etwas einprägsamere Ausdruck Leitha-Gruppe konnte sich nicht durchsetzen, weswegen sich der Begriff Leithaprodersdorf-Gruppe einbürgerte.

Wie die Landschaft zur Zeit der Leithaprodersdorf-Gruppe in der Gegend des Leithagebirges und des Ruster Höhenzuges aussah, hat 1986 der Wiener Botaniker Gustav Wendelberger rekonstruiert. Seinen Erkenntnissen zufolge breitete sich dort eine aufgelockerte Mischung von Wald und Steppe aus.

Die Angehörigen der Leithaprodersdorf-Gruppe errichteten ihre Siedlungen im Flachland und auf Anhöhen. Flachlandsiedlungen existierten in Gallbrunn[2] und Pellendorf[3] in Niederösterreich, möglicherweise gab es solche auch in Siegendorf und Trausdorf im Burgenland, wo Keramikdepots zum Vorschein kamen. Eine Höhensiedlung war auf dem Jennyberg bei Mödling[4] (Niederösterreich) gegründet worden.

In der sagenumwobenen Königshöhle bei Baden[5] (Niederösterreich) konnte anhand von Keramikresten ein kurzer Aufenthalt nachgewiesen werden. Nach dieser Höhle wurde die jungsteinzeitliche Badener Kultur benannt, von der später kurz die Rede sein soll.

In Pellendorf werden viele kreisrunde und leicht ovale Gruben von 25 bis 80 Zentimeter Durchmesser, die zehn bis 25 Zentimeter in den Schotter eingetieft sind, als Pfostenlöcher der ehemaligen Behausungen gedeutet. Dort lag eine für die Leithaprodersdorf-Gruppe typische Trausdorf-Tasse in einer Pfostengrube. Außerdem befanden sich in Pellendorf zwei größere Gruben nebeneinander.

Die Höhensiedlung auf dem Jennyberg bei Mödling hatte eine besonders geschützte Lage. Denn der 375 Meter lange Berg, der seine Umgebung 117 Meter überragt, fällt auf allen Seiten steil ab. Diesen Vorteil wußte man schon zur Zeit der erwähnten Badener Kultur im vierten vorchristlichen Jahrtausend zu schätzen. Die jungsteinzeitliche Siedlung wird in der Fachliteratur als Jennyberg I bezeichnet, die Anlage der frühbronzezeitlichen Leithaprodersdorf-Gruppe als Jennyberg II.

Bei den Ausgrabungen der Prähistorischen Abteilung des Naturhistorischen Museums, Wien, unter der Leitung des Prähistorikers Wilhelm Angeli wurde 1970/71 am Osthang des Jennyberges ein 300 Meter langer Graben ausgehoben. Sobald sich darin die Funde häuften, hat man in der Umgebung weitere Flächen von jeweils drei mal drei Metern abgedeckt und untersucht. Auf diese Weise wurden mehrere Anreicherungen von Keramikresten und Hüttenlehm aufgespürt. Zahlreiche typische Gefäße bezeugen zwar die Existenz einer Siedlung der Leithaprodersdorf-Gruppe am Jennyberg, aber eigentliche Siedlungsobjekte blieben dort bislang unentdeckt.

Funde aus Frauengräbern von Leithaprodersdorf lieferten spärliche Hinweise auf die damalige Kleidung. Dabei handelte es sich um zwei kupferne »Diademe«, die als Besatz von Hauben angesehen werden. Solche Kopfbedeckungen wurden auch von weiblichen Angehörigen anderer frühbronzezeitlicher Kulturen getragen.

Im Grabhügel II von Jois im Burgenland barg man auf Höhe der Halswirbel eines Toten einen durchbohrten Fischwirbel und den durchlochten Eberzahn eines Wildschweins. Damit werden Fischfang und Jagd belegt.

Andere Funde aus dem Grabhügel II von Jois verraten, welche Haustiere damals gehalten wurden. Der Wiener Archäozoologe Erich Pucher identifizierte einen durchbohrten Hundezahn, den Knochen eines jungen Hausschweins und Reste eines einjährigen Hausrinds. Außerdem entdeckte man dort Knochen eines Hauspferds.

Der Gründer und Direktor des Bezirksmuseums Mödling, Franz Skribany (1865–1938), nahm in den 1930er Jahren auf dem Jennyberg bei Mödling umfangreiche Untersuchungen vor. Dort hatte auch eine Siedlung der Leithaprodersdorf-Gruppe existiert.

DIE LEITHAPRODERSDORF-GRUPPE

Tongefäß der Leithaprodersdorf-Gruppe (etwa 2300/2200 bis 2000 v. Chr.) vom Jennyberg bei Mödling in Niederösterreich, wo 1970/71 der Wiener Prähistoriker Wilhelm Angeli gegraben hatte. Höhe 7,8 Zentimeter. Original im Naturhistorischen Museum, Wien.

Die Keramik der Leithaprodersdorf-Gruppe ähnelt teilweise derjenigen der sogenannten Begleitkeramik der jungsteinzeitlichen Glockenbecher-Kultur, aus der sie hervorgegangen ist. Außerdem hat sie Gemeinsamkeiten mit manchen Tongefäßen der gleichzeitigen Nagyrév-Kultur[6] in Ungarn. Zu ihrem Formenschatz gehören Tassen, Schalen mit Henkel, kugelige Henkeltöpfe, konische Schüsseln und ebensolche Becher. Als typische Tongefäße gelten die Leithaprodersdorf-Tasse und die Trausdorf-Tasse.

Die Leithaprodersdorf-Tasse vom gleichnamigen Fundort hat ein kugeliges Unterteil, einen leicht abgesetzten konischen Hals mit gewulstetem Rand und einen den Hals überbrückenden Bandhenkel. Die Trausdorf-Tasse – nach dem Fundort Trausdorf an der Wulka im Burgenland benannt – ist vom Profil her ähnlich, unterscheidet sich aber durch einen engeren und höheren, deutlich abgesetzten Hals, kleinere Abmessungen und einen unterrandständigen Bandhenkel.

Für verzierte Tongefäße ist ein unterhalb des Halses eingeritztes Zierband typisch. Es besteht aus im Zickzack angebrachten Strichbündelgruppen, die beidseitig mit je zwei Linien eingerahmt sind. Von diesem Zierband hängen mitunter senkrechte Fransenmuster herab. Gelegentlich sind Tongefäße mit fein eingestochenen, weiß inkrustierten umlaufenden Punktreihen verschönert.

An den burgenländischen Fundorten Trausdorf[7] und Siegendorf[8] wurden Keramikdepots entdeckt. Hierbei könnte es sich um Lager von Töpfern oder Händlern handeln, aber auch um Weihedepots mit Opfergaben für Götter. Der damals in Wien tätige Prähistoriker Clemens Eibner deutete 1969 die Gefäßdepots als Belege einer Kulthandlung mit Trankspenden und Umtrünken, nach denen die praktisch gebrauchsneuen Gefäße eingelagert wurden.

Das Depot von Trausdorf umfaßte 18 kleine Henkeltassen (Trausdorf-Tassen) von bis zu 9,7 Zentimeter Höhe mit 9,5 Zentimeter Bauchdurchmesser und 5,3 Zentimeter Mündungsdurchmesser sowie größere konische Töpfe von maximal 18,3 Zentimeter Höhe und eine Leithaprodersdorf-Tasse. Zum Depot von Siegendorf gehören die Reste von drei mindestens 30 Zentimeter hohen Tongefäßen und fünf kleine komplett erhaltene Trausdorf-Tassen.

Die Metallhandwerker der Leithaprodersdorf-Gruppe beherrschten die Herstellung von Waffen und Schmuckstücken aus reinem Kupfer, jedoch noch nicht aus Bronze. Auf dem Jennyberg bei Mödling wurde eine ihrer Gußformen gefunden.

Eine typische Waffe war der Kupferdolch vom Typus Leithaprodersdorf. Darunter versteht man eine gedrungene Klinge mit vier Nieten auf der Heftplatte zur Befestigung des Griffes aus Holz, Knochen oder Geweih. Das Vorhandensein auch knöcherner Werkzeuge wird durch eine Ahle aus Pellendorf in Niederösterreich bewiesen.

Die Frauen haben sich mit kupfernen Blechstreifen (»Diademe«), kupfernen und knöchernen Nadeln, Halsketten mit Anhängern aus verschiedenen Materialien und kupfernen Armringen geschmückt. Derartige Funde wurden vor allem in Gräbern geborgen.

Kupferne »Diademe«, die als Randbesatz von Hauben betrachtet werden, kamen in zwei Gräbern von Leithaprodersdorf zum Vorschein. Außerdem hat man dort kleine, beidseitig umgebo-

Der Wirtschaftsrat Alexander Ritter von Seracsin (1883–1952) grub 1930 den Grabhügel II von Jois in Niederösterreich aus. Der Hügel enthielt Bestattungen aus der Zeit der Leithaprodersdorf-Gruppe und der Wieselburger Kultur.

gene Kupferbleche, kupferne Rollennadeln mit zierlicher, dreieckiger Kopfplatte und gebogenem Schaft sowie Armringe mit rundem oder halbkreisförmigem Profil mit leicht übereinandergreifenden Enden entdeckt.

Teilweise wurden die zum Zusammenhalten der Kleidung oder zur Zierde der Garderobe bestimmten Nadeln aus Tierknochen geschnitzt. Auf dem Jennyberg bei Mödling fand man das Fragment einer Knochennadel mit zweifach durchbohrter Kopfplatte. Im Grabhügel II von Jois lag eine 5,5 Zentimeter lange, gelochte Nadel aus einem Vogelknochen.

Die Toten wurden in Flachgräbern (Leithaprodersdorf, Sankt Margarethen[9]) und unter Hügeln (Jois[10]) bestattet. Tierknochen mit und ohne Feuerspuren im Hügel sowie Scherben zertrümmerter Tongefäße stammen von Totenfeiern, bei denen Feuer, Speise und Trank sowie das Zerschlagen des Geschirrs eine Rolle spielten.

Den Verstorbenen legte man eine tönerne Tasse, Schale oder Schüssel mit ins Grab, wie es früher schon bei den jungsteinzeitlichen Glockenbecher-Leuten üblich war. Frauen erhielten offenbar zwei Tassen, Männer dagegen nur eine Tasse. Die Beigaben wurden in Nähe des Kopfes, Rückens, Oberkörpers, Beckens, der Knie, Oberschenkel und Füße deponiert. In Jois hatte man zwei Toten eine Schale unter den Kopf gelegt.

Das Gräberfeld von Leithaprodersdorf bestand aus etwa 50 Bestattungen der Leithaprodersdorf-Gruppe in Flachgräbern sowie Gräbern der darauffolgenden Wieselburger Kultur und der Spätbronzezeit. Die Männer hatte man auf die linke Körperseite mit dem Kopf im Norden und den Beinen im Süden gelegt, die Frauen dagegen auf die rechte Körperseite mit dem Kopf im Süden und den Beinen im Norden. Sowohl Männer als auch Frauen blickten mit dem Gesicht nach Osten, also dorthin, wo die Sonne aufgeht.

Im Gräberfeld von Leithaprodersdorf wurden viele vermeintliche Scheingräber (Kenotaphe) entdeckt, die alle von Norden nach Süden ausgerichtet waren. Sie enthielten keinerlei Reste einer Körper- oder Brandbestattung. Die Gruben dieser mutmaßlichen Scheingräber sind durchschnittlich zwei Meter lang, 1,50 Meter breit und bis zu 1,45 Meter tief. Die Ränder der Gruben waren mit Steinen verkleidet, auf ihrem Boden standen meistens mehrere Tongefäße und lagen Kupferobjekte und Schmuckstücke. Scheingräber sollten vielleicht an in fernen Gegenden Verstorbene erinnern.

Interessante Erkenntnisse über die Bestattungssitten lieferte der bereits 1930 durch den Wirtschaftsrat Alexander Ritter von Seracsin (1883–1952) freigelegte Grabhügel II von Jois. Letzterer bedeckte 15 Bestattungen mit zumeist der gleichen Orientierung der Toten wie in Leithaprodersdorf und ein Scheingrab. Ausgräber Seracsin deutete diese Funde 1931 phantasievoll als Beisetzung eines Stammesfürsten, dessen Frau, Kind und Gefolge erschlagen und mit ihm begraben worden waren. Diese Vermutung stieß mehrfach auf Zweifel, konnte aber nie widerlegt werden.

In Jois werden die Grabhügel I und II sowie ein Flachgrab der Leithaprodersdorf-Gruppe zugerechnet. Die Bestattungen im Joiser Grabhügel II erfolgten in der Übergangszeit zwischen der Leithaprodersdorf-Gruppe und der Wieselburger Kultur. Im Grabhügel II spiegelt sich das friedliche Nebeneinander in der Ablösungsphase wider: Dort gab es neben zahlreichen Bestattungen der Leithaprodersdorf-Gruppe auch zwei der Wieselburger Kultur, nämlich die von einer Frau und einem Kind.

Menschenopfer im Megaron
Die Aunjetitzer Kultur

Im Weinviertel und am Ostrand des Waldviertels im nördlichen Niederösterreich hinterließ zwischen etwa 2300/2200 bis 1800 v. Chr. die nach einem tschechischen Fundort benannte Aunjetitzer Kultur (s. S. 44) ihre Spuren. Daß sie nur auf das nördliche Niederösterreich beschränkt war, hatte der Wiener Prähistoriker Oswald Menghin (1888–1973) bereits 1915 erkannt. Die niederösterreichischen und die mährischen Funde bilden eine gemeinsame Gruppe.

Die Anfänge der Aunjetitzer Besiedlung in Niederösterreich liegen noch im dunkeln. In Mähren kennt man eine sogenannte Proaunjetitz-Stufe, die sich kontinuierlich aus der einheimischen Glockenbecher-Kultur entwickelt hat. In der österreichischen Fachliteratur ist – im Gegensatz zu Deutschland – häufig von der Aunjetitz-Kultur die Rede.

Die niederösterreichischen Aunjetitzer erreichten teilweise bereits eine beachtliche Körperhöhe. So war ein mindestens 19jähriger Mann aus Stillfried/Auhagen 1,74 Meter groß, während es eine Frau aus Zwingendorf immerhin auf 1,73 Meter brachte. In Würnitz hatten die Männer eine Körperhöhe zwischen 1,63 und 1,73 Metern und in Zwingendorf zwischen 1,65 und 1,70 Metern.

An den Gebissen der in Schleinbach bestatteten Menschen sind mehrfach Zahnstellungs- und Bißanomalien, Karies, Zahnstein und starke Abnutzung der Kauflächen bereits bei Jugendlichen zu erkennen. Ein Mann aus Stillfried/Auhagen hatte schon alle Backenzähne der linken Unterkieferhälfte verloren.

Am Skelett einer Frau aus Schleinbach sind Spuren einer Krankheit am Schädelknochen diagnostiziert worden. Außerdem litt sie in den Bereichen der Gelenke der Oberschenkelknochen und Schienbeine unter Knorpelschädigungen und einem degenerativen Prozeß. Bei einem Mann aus Schleinbach war am linken Ellbogen eine Entzündung feststellbar, bei einer Frau ein quer verlaufender, verheilter Bruch im Bereich des dritten Sakralwirbels.

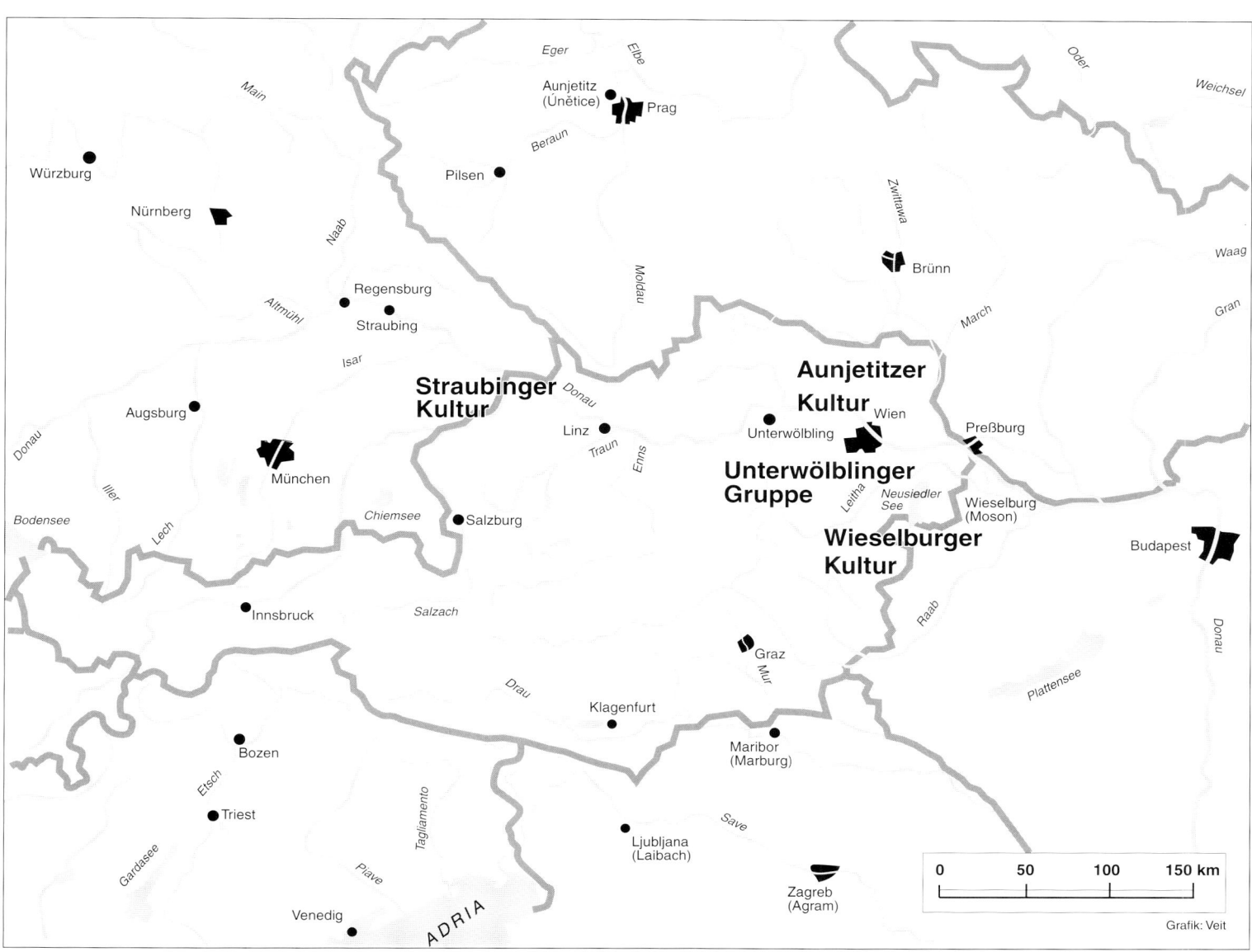

Verbreitung der Kulturen und Gruppen während der älteren Frühbronzezeit (etwa 2300 bis 1800 v. Chr.) in Österreich.

Die Rekonstruktion der Siedlung von Großmugl bei Stockerau in Niederösterreich mit sogenannten »Wohngrubenhäusern«, wie sie sich 1941 der Wiener Archäologe Eduard Beninger (1897–1963) vorstellte, gilt heute als überholt.

Der bereits erwähnte 1,74 Meter große Mann aus Stillfried/Auhagen litt am rechten Oberschenkel unter einer Knochenmarksentzündung (Osteomylitis). Die hierdurch entstandene Eiteransammlung verursachte in der Kniekehle des rechten Beines eine Geschwulst, die seine Bewegungsfähigkeit einschränkte und ihn beim Gehen schmerzte. Dieser leidgeprüfte Mann hatte zudem eine schüsselförmige Knochennarbe am Schädel, die durch einen Hauttumor oder eine symbolische Schädeloperation (Trepanation) entstanden sein könnte. Solche Trepanationen sind aus Mokrin und Tape in Ungarn bekannt.

Auf der linken Schädelhälfte eines in Unterhautzenthal bestatteten, etwa 45 Jahre alten Mannes wurde von der Wiener Anthropologin Maria Teschler-Nicola eine Fraktur erkannt, die vom Schlag mit einem stumpfen Gegenstand herrührte. Diese Verletzung ist zwar wieder verheilt, könnte aber Lähmungserscheinungen oder epileptische Anfälle zur Folge gehabt haben. In Röschitz, Roggendorf (Kirchenbergheide) und Stillfried/Auhagen wurden Skelettreste von Menschen gefunden, an denen zu Lebzeiten eine Schädeloperation (Trepanation) vorgenommen worden war. Von den zwei Schädeln mit Trepanationsöffnungen verschiedener Größe aus Röschitz ist heute nur noch einer auffindbar. Er stammt von einer 31- bis 40jährigen Frau mit einer verheilten Schabtrepanation im Bereich des linken Scheitelbeinhöckers. Bei dem Fund in Stillfried handelt es sich um eine verheilte symbolische Trepanation am hinteren rechten Scheitelbein eines 19- bis 22jährigen Mannes.

Zur Kleidung gehörten mitunter kupferne Gürtelbleche, wie sie in Niederrußbach und Schrick gefunden wurden. Der fragmentarisch erhaltene Fund aus Niederrußbach ist 15 Zentimeter lang, 11,4 Zentimeter breit und außen verziert. Das Gürtelblech von Schrick wurde aus einer Armmanschette vom Typ Borotice herausgeschnitten.

Die Aunjetitzer in Niederösterreich wohnten in weitverstreuten einzelnen Gehöften, aber auch in aus mehreren Hütten bestehenden Siedlungen. Ihre Dörfer lagen im Flachland oder auf markanten Erhebungen, und manche von ihnen waren mit Gräben und Palisaden befestigt. Die Ringwallanlagen beziehungsweise »Bronzezeitburgen« der Aunjetitzer Kultur hatten einen oder zwei Gräben.

Die in den 1930er und 1940er Jahren untersuchten Siedlungen von Roggendorf und Großmugl wurden von den damaligen Ausgräbern teilweise zu phantasievoll gedeutet. So glaubte die Paläontologin Angela Stifft-Gottlieb (1881–1941) aus Eggenburg, auf der Flur Schmidafeld in Roggendorf[1] meistens fünfeckige, in den Lößboden eingetiefte Grundrisse von Wohnstellen erkannt zu haben. Vermeintliche Rampen im Löß faßte sie als Bänke oder Sitze auf. Außerdem stieß sie auf Feuergruben und ein Pfostenloch in der Mitte einer Grube.

Zu ähnlichen Erkenntnissen kam Angela Stifft-Gottlieb auf der Flur Oberfeld in Roggendorf[2]. Hier meinte sie, rechteckige Wohngruben mit Vorplatz und Eintrittsrampe sowie eine Ofenanlage mit Rauchabzug entdeckt zu haben. In Wirklichkeit handelte es sich nicht um Wohngruben, sondern um Lehmentnahme-, Vorrats- beziehungsweise Abfallgruben.

Auch der Wiener Prähistoriker Eduard Beninger (1897–1963) irrte sich, als er 1941 die von ihm erforschte Siedlung in Großmugl bei Stockerau[3] beschrieb. Zu diesem Dorf gehörten nach seiner Auffassung 13 Siedlungsanlagen, nämlich rechteckige Hütten mit Wänden aus Flechtwerk, Satteldach und Speicher. Die dortigen Gruben betrachtete er als unterirdische Wohnanlagen. Heute weiß man, daß es ehemalige kellerartige Vorratsgruben für Getreide waren.

Die Lage der Kellergruben in Schleinbach[4] lieferte Hinweise über die Verteilung der Hütten beziehungsweise Häuser in den Siedlungen. Dort waren die Kellergruben in Abständen von etwa zehn bis 15 Metern angelegt worden. Dabei ließen sich weder Reihen noch eine andere systematische Anordnung erkennen. An die Wohnbauten grenzten möglicherweise häufig überdachte Werkstätten und vielleicht auch Ställe.

Bei Ausgrabungen in Fels am Wagram[5] und in Friebritz[6] kam jeweils der Grundriß eines Vorhallenhauses (auch Megaron genannt) zum Vorschein. Diese Gebäude dienten – nach den Bestattungen in ihnen zu schließen – kultischen Zwecken.

Untersuchungen auf dem Haslerberg bei Eichenbrunn[7] förderten Hinterlassenschaften einer unbefestigten Höhensiedlung zutage. Befestigte Höhensiedlungen erstreckten sich – nach Erkenntnissen des Wiener Prähistorikers Gerhard Trnka – auf dem Hausberg bei Oberschoderlee[8], auf einem Höhenrücken bei Kollnbrunn[9], auf zwei Plateaus bei Stillfried[10] und auf dem Michelsberg bei Stockerau[11]. Sie konnten anhand von Keramikresten oder Bronzeobjekten der Aunjetitzer Kultur zugeordnet werden.

Die befestigten Höhensiedlungen wurden an gefährdeten Stellen durch Gräben und Palisaden vor Feinden geschützt. Zum Aufschütten der mächtigen Wälle verwendete man das aus den Gräben gehobene Erdreich. Die Gräben hatten schräge Wände und waren im Querschnitt trapezförmig.

Im Fall der kreisförmigen Befestigung auf dem Hausberg bei Oberschoderlee weiß man nicht, ob diese nur aus einem oder aus zwei Gräben bestand, weil der größte Teil der Bergkuppe wegen Aufforstungen nicht zugänglich ist. Der auf dem Luftbild gut erkennbare »äußere« Graben hat einen Durchmesser von 112 Metern und ist acht Meter breit. Der vermeintliche »Innengraben« erreicht höchstens 58 Meter Durchmesser und vier Meter Breite.

Die befestigte Höhensiedlung bei Kollnbrunn wies einen Durchmesser von maximal 120 Metern auf. Sie wurde von zwei Gräben umgeben, die jeweils die Form eines zu zwei Dritteln erhaltenen Kreises besaßen. Vielleicht handelte es sich – wie in Šumice (Südmähren) – um eine zweifache Kreisgrabenanlage. Die beiden etwa 14 Meter voneinander entfernten Gräben bei Kollnbrunn waren ursprünglich wohl fünf bis sechs Meter breit sowie drei bis vier Meter tief.

Eine der beiden Befestigungen bei Stillfried befand sich südlich des Ortes am rechten Ufer der March. Sie lag einst auf einer

Lößterrasse, die an drei Seiten durch steil abfallende Flanken auf natürliche Weise geschützt war. Die Anlage wurde an der vierten Seite durch einen fünf Meter breiten und zwei Meter tiefen Graben gesichert. Inzwischen ist die Terrasse durch eine Ziegelei zerstört worden, die dort Löß abgebaut hat. Dieser Fundort heißt Stillfried-Ziegelei.
Die andere Befestigung vom Fundort Stillfried/Auhagen lag auf einem Hang über dem rechten Marchufer. Deren Erbauer hatten auf der flachen Südseite des Hanges einen 200 Meter langen, sechs Meter breiten und bis zu 2,20 Meter tiefen Graben ausgehoben.
Auf dem Michelsberg bei Stockerau sicherte ein zweifaches Graben- und Wallsystem die auf dem ovalen, 100 Meter langen und 80 Meter breiten Gipfelplateau errichtete Höhensiedlung. Die zwei Gräben sind im Abstand von etwa vier Metern ausgehoben worden.
Funde in Gaindorf belegen den Anbau der Getreidearten Einkorn *(Triticum monococcum)* und Emmer *(Triticum dicoccon)* sowie in Pulkau die Kultivierung von Einkorn, Emmer und Weizen. Das Getreide wurde mit Sicheln geschnitten, in deren Holzgriff scharfkantige Klingen aus Feuerstein eingelassen waren. In Wilhelmsdorf sind 15 Schneideneinsätze von zwei oder mehr Sicheln geborgen worden. Sie weisen auf den Längsseiten deutliche Gebrauchsspuren auf.
Knochen vom Rind, Schwein, der Ziege, vom Hund und Pferd auf der Flur Todtenweg in Großmugl veranschaulichen, welche Haustiere gehalten wurden. Die Skelettreste des Hundes von Großmugl stammen von einem etwa zwölf Wochen alten Tier mit einer Rückenhöhe von etwa 30 Zentimetern. Unter den Knochen von mehreren Hunden aus Jetzelsdorf bei Haugsdorf befanden sich die eines zwei bis drei Monate alten Welpen. Bei einem etwa zehn Jahre alten Hund aus Herrnbaumgarten waren die Zähne schon stark abgenutzt. In einem Grab von Schleinbach lagen Reste vom Rind und das Stirnzapfenstück einer Ziege. Kopf und Schultergürtel eines in einer Speichergrube von Unterhautzenthal bestatteten Mannes waren mit Knochen vom Rind und Pferd bedeckt.
Knochen vom Rothirsch *(Cervus elaphus)* und vom Reh *(Capreolus capreolus)* in Großmugl sowie steinerne Pfeilspitzen und Schalen von Flußmuscheln in Roggendorf (Flur Steinleithen) belegen gelegentliche Jagd- und Sammeltätigkeit. Doch hauptsächlich ernährten sich die damaligen Bauern von den Erträgen des Ackerbaus und der Viehzucht.
Die Töpfer formten tönerne Henkeltassen, Näpfe, Schalen, Töpfe, Henkeltöpfe, Siebgefäße und Löffel. Die Keramik wurde meistens nicht verziert. Gefäße mit dünnen Wänden aus schokoladebraunem bis schwärzlichem Ton hat man hochglänzend poliert. In Henkeltassen wurden manchmal Verzierungen eingeritzt und mit weißer Masse gefüllt. Typische Ornamente sind kombinierte waagrechte und senkrechte Linienbänder sowie Zickzacklinien und Girlandenmuster mit Punktreihen.
In Peigarten im Pulkatal barg man ein 20,8 Zentimeter hohes Siebgefäß und eine acht Zentimeter hohe Siebschüssel mit einem Mündungsdurchmesser von 22 Zentimetern. Unter den Keramikfunden von Bernhardsthal befanden sich auch zwei Zapfenstiel-Löffel.
Bei der Herstellung von metallenen Werkzeugen, Waffen und Schmuckstücken setzte sich anstelle des Kupfers immer mehr die Bronze als neuer Werkstoff durch. Die gleichmäßige Form der Ringbarren aus Bronze deutet darauf hin, daß diese als erstes

Zierscheibe (oben rechts) und verzierte Scheibenkopfnadeln aus dem 1907 geborgenen Depot von Neudorf bei Staatz in Niederösterreich. Durchmesser der Zierscheibe 14,2 Zentimeter. Original im Krahuletz-Museum, Eggenburg.

genormtes Zahlungsmittel in fast ganz Europa dienten. Der Bedarf an Bronzewaren wurde vermutlich durch wandernde Händler und Metallhandwerker gedeckt.
Neben Werkzeugen aus Metall gab es weiterhin zahlreiche Geräte aus Knochen und Stein. So fand man in Roggendorf (Flur Steinleithen) Knochenpfrieme und in Niederkreuzstätten, Oberschoderlee, Schleinbach und Wilhelmsdorf sägeartige Feuersteinklingen. Von anderen Fundorten sind steinerne Unterlageplatten und Reibsteine zum Mahlen von Getreidekörnern sowie Klingen für Flach-, Loch- und Walzenbeile bekannt.
Die Randleistenbeile mit metallener Klinge und Holzschaft eigneten sich als Waffen, aber auch als Werkzeuge zur Holzbearbeitung. Ein vollständig erhaltenes und ein zerbrochenes Randleistenbeil wurden in einem Depot von Schrick entdeckt.
Als weitere Waffen dienten meisterhaft zurechtgeschlagene Feuersteindolche sowie Kupfer- und Bronzedolche. Ein Feuersteindolch nordischer Herkunft mit einer erhaltenen Grifflänge von 7,3 Zentimetern in Stillfried/Auhagen zeugt von weitreichenden Tauschgeschäften. Bronzedolche lagen in Gräbern von

Funde aus dem Gräberfeld von Bullendorf in Niederösterreich: Armspirale, Tüllenmeißel, Tongefäß, Ring, zwei Bruchstücke, drei Spiralen und zwei Manschetten aus Kupferblech. Höhe der Armspirale 16,5 Zentimeter. Originale im Heimatmuseum Mistelbach.

Roggendorf-Steinleithen. In Pranhartsberg und Feuersbrunn hat man bronzene Stabdolche entdeckt, die als Statussymbol oder Zeremonialgerät gelten.

Neben Anhängern aus Muschelschalen trugen die niederösterreichischen Aunjetitzer auch kupferne und bronzene Nadeln, Drahtschmuck, Ösenhalsringe, Armspiralen, Blechmanschetten und Zierscheiben. Die metallenen Schmuckstücke waren häufig gegossen statt geschmiedet und überwiegend mit eingepunzten Linien verziert.

Anhänger aus Muschelschalen wurden in Roggendorf-Steinleithen und in der Ziegelei von Stillfried zutage gefördert. In Stillfried hat man aus einem Grab eine am Wirbel künstlich durchbohrte Muschel und zwei Noppenringe geborgen. In Roggendorf kam in zwei Gräbern je eine Muschelschale zum Vorschein.

Unter den zum Zusammenhalten von Kleidungsstücken oder als Zierde verwendeten Nadeln gab es verschiedene Varianten wie Rollenkopf-, Scheibenkopf- und Hülsenkopfnadeln. So kennt man aus Niederrußbach eine Nadel mit breitem Schleifenkopf und von anderen Fundorten böhmische Ösennadeln. Letztere deuten auf Kontakte mit böhmischen Aunjetitzern hin.

Die metallenen Ösenhalsringe erfreuten sich damals offenbar großer Beliebtheit. Allein einer von zwei Depotfunden auf dem Königsberg bei Roggendorf[12] umfaßte insgesamt 37 größtenteils noch nicht fertige Barrenringe dieser Form. Die Barrenringe waren zwischen zwei Felsblöcken versteckt. Dabei handelte es sich vermutlich um das Lager eines Händlers. Das andere Bronzedepot ist verschollen.

Ein weiteres begehrtes Schmuckstück waren die kupfernen Blechmanschetten vom Typ Borotice, die nach ähnlichen Funden aus einem Gräberfeld der Aunjetitzer Kultur in Mähren benannt sind. Diese Armstulpen dürften wegen der kantigen Ränder der Durchbohrungen auf einer Unterlage aus Leder oder Stoff getragen worden sein. In Mähren wurden an 18 Fundorten und in Niederösterreich an sieben Orten solche Blechmanschetten geborgen. Ihre reiche Verzierung war mit einem Meißel eingepunzt worden.

Blechmanschetten vom Typ Borotice kennt man von den niederösterreichischen Fundorten Bullendorf (zwei Exemplare), Neudorf bei Staatz (vier), Patzmannsdorf (zwei), Pfaffstätten (drei), Schrick (zwei), Wartberg bei Putzing und Niederrußbach (zwei). Mit Ausnahme des Grabfundes bei Niederrußbach stammen alle anderen Blechmanschetten aus Depots.

In dem Grab bei Niederrußbach war eine jugendliche Person mit reichen Metallbeigaben bestattet. Sie trug eine Nadel mit breitem Schleifenkopf, zwei Blechmanschetten vom Typ Borotice, zahlreiche Schleifen- und Spiralringe, Spiralröllchen und als Gürtelbesatz gedeutete Blechfragmente.

Zum 1,5 Kilogramm schweren Depot von Schrick[13] gehörten neben dem bereits erwähnten Randleistenbeil und dem Bruchstück eines weiteren ein Gürtelblech, ein Spiralarmring, zwei ineinandergehängte große Noppenringe und drei Ringbarren (Ösenhalsreifen). Der Fund war beim Pflügen ans Tageslicht gekommen.

Ein seltenes Objekt aus Roggendorf verrät, daß die Aunjetitzer kleine tönerne Handtrommeln besaßen. Sie waren einst mit einer Tierhaut bespannt und wurden wohl mit bloßer Hand bei Totenfeiern oder anderen Zeremonien geschlagen. Ähnliche

Tontrommeln gab es bereits in der Jungsteinzeit um 5000 v. Chr. in Niederösterreich.

Die niederösterreichischen Aunjetitzer bestatteten ihre Toten in Flachgräbern. Sie betteten sie meistens auf die rechte Körperseite und zogen die Beine zum Körper hin an. Der Kopf der Leiche lag generell im Süden. Recht häufig hat man mehrere Verstorbene in einem Grab beerdigt. Eine lockere Steinsetzung war in Roggendorf-Steinleithen erkennbar, eine aus schräg angeordneten Steinen gebildete dachförmige Grabkammer in Roggendorf-Kirchenbergheide und Zellerndorf.

Bei Gobelsburg[14] kam ein 70 Zentimeter langes, 55 Zentimeter breites und 40 Zentimeter hohes, seltenes Steinkistengrab zum Vorschein, das der niederösterreichische Heimatforscher Hermann Maurer der Aunjetitzer Kultur zuordnet. Das Grab bestand aus vier senkrechten, rechteckig angeordneten Steinplatten, die durch zwei oder drei weitere Steinplatten abgedeckt waren. In etwa anderthalb Meter Tiefe befand sich eine zerbrochene Tonschüssel vom Typ Unterwölbling, und knapp darunter lagen Skelettteile eines erwachsenen Menschen. Steinkistengräber der Aunjetitzer Kultur kennt man im benachbarten Mähren und in Mitteldeutschland (s. S. 53).

Als Beigaben für die Aunjetitzer Bestattungen dienten Tongefäße und Schmuckstücke. Der Metallschmuck wurde manchmal von Grabräubern entwendet.

Auf die größten Gräberfelder der Aunjetitzer Kultur stieß man in Bernhardsthal[15], Schleinbach[16], Unterhautzenthal[17] und Roggendorf (Flur Steinleithen[18]). Kleinere Friedhöfe wurden in Roggendorf (Kirchenbergheide[19]), Zwingendorf[20], Würnitz[21], Eggenburg[22] und Langenlois[23] aufgespürt.

Das Gräberfeld von Bernhardsthal (Flur Unfrieden) ist in einer Kiesgrube entdeckt worden. Nach den dort geborgenen Funden zu schließen, dürfte es sich wohl um etwa 80 Gräber gehandelt haben. Die Beigaben darin wurden von zwei Heimatforschern sichergestellt und sind heute im Heimatmuseum Bernhardsthal zu sehen. Ein Teil der Gräber war in der Frühbronzezeit von Plünderern, die es auf die wertvollen Metallbeigaben abgesehen hatten, durchwühlt worden. Grabraub ist auch in Roggendorf-Steinleithen und in Feuersbrunn nachgewiesen.

Nur halb so groß wie der Friedhof von Bernhardsthal war das Gräberfeld von Schleinbach auf dem Gelände des Hauserschen Ziegelwerks. Bei den dortigen Ausgrabungen stieß man auf insgesamt 40 Gräber. Ungewöhnlich darunter ist die Mehrfachbestattung eines mindestens 35jährigen Mannes und dreier Kinder. Man hatte ihnen Tongefäße, die einst wohl Speisen und Getränke enthielten, sowie bronzene Schmuckstücke mit ins Grab gelegt.

Mehr als 40 Gräber umfaßte der Friedhof von Unterhautzenthal, den man bei der Erforschung einer Siedlung freilegte. In drei von diesen Gräbern wurden Holzsärge und in einem Grab ein Baumsarg nachgewiesen. Manche der Grabschächte reichen bis zu 2,50 Meter tief in den Erdboden. Aus der Siedlung von Unterhautzenthal kennt man auch drei Bestattungen in Speichergruben.

In Roggendorf wurden zwei Gräberfelder der Aunjetitzer Kultur gefunden. Davon ist jenes auf der Flur Steinleithen mit insgesamt 37 Gräbern das umfangreichste. Das zweite und kleinere Gräberfeld von Roggendorf wurde beim Anlegen eines Kartoffelackers auf der Kirchenbergheide aufgedeckt. Bei anschließenden Ausgrabungen durch das Krahuletz-Museum, Eggenburg, hat man elf Gräber festgestellt.

Steinkistengrab von Gobelsburg in Niederösterreich mit der Ausgräberin Gertrude Sperker, der damaligen Leiterin des Langenloiser Heimatmuseums. Länge des Steinkistengrabes 70 Zentimeter, Breite 55 Zentimeter, Höhe 40 Zentimeter.

Durch Zufall kam auch das Gräberfeld von Zwingendorf (Flur Vierhappen) zum Vorschein. Als von einer kaum sichtbaren Geländeerhebung Erdreich abgebaggert wurde, stieß man auf Skelettreste und Bronzegegenstände. Ein Grabungsteam des Instituts für Ur- und Frühgeschichte der Universität Wien barg innerhalb von zwei Tagen neun Gräber mit insgesamt 16 Beisetzungen. Mehrfachbestattungen waren also dort nicht unbekannt.

Friedhöfe mit weniger als zehn Bestattungen kennt man von Würnitz (neun), Spitz-Singerriedl (acht), Eggenburg (fünf) und Langenlois (vier). In Würnitz wies man sechs Einzelbestattungen (zwei Erwachsene, vier Kinder), eine Doppelbestattung (zwei Erwachsene) und das Grab eines Erwachsenen nach, in dem ein Kinderschädel lag.

Außer sorgfältigen Bestattungen in eigens ausgehobenen Gräbern gab es zuweilen weniger pietätvolle Beerdigungen in Abfall- beziehungsweise Siedlungsgruben. Dies veranschaulichen entsprechende Funde aus Bernhardsthal, Fels am Wagram, Gaindorf, Großweikersdorf, Hollabrunn, Peigarten, Stillfried/Auhagen (acht Fälle), Stillfried/Ziegelei, Unterhautzenthal und Waidendorf. Der Prähistoriker Ernst Lauermann aus Asparn an der Zaya vermutet, Bestattungen in Abfall- oder Siedlungsgruben seien erfolgt, wenn nicht genügend Verwandte vorhanden waren, die sich eine eventuell aufwendige Beerdigung leisten konnten.

Doppelbestattung zweier Kinder im Alter von zweieinhalb und sechs bis sieben Jahren aus Unterhautzenthal in Niederösterreich. Ihre Körper und Gesichter sind einander zugewandt. Außerdem hielten sie sich an Armen und Schulter fest.

In Einzel- oder Mehrfachgräbern dagegen wurden die Beisetzungen manchmal äußerst liebevoll vorgenommen. So lagen ein Mann und eine Frau in Schleinbach mit eng aneinandergepreßten Oberkörpern und Beinen im Grab. Sicherlich sind sie zur Zeit der Beisetzung verschnürt gewesen. Auch zwei Kinder im Alter von sechs und zweieinhalb Jahren in Unterhautzenthal hatte man nahe beieinander zur letzten Ruhe gebettet. Sie hielten sich an Armen und Schultern fest.
Doppel- und Mehrfachbestattungen waren auf Friedhöfen der Aunjetitzer Kultur nicht selten. Doppelbestattungen wurden in Gaindorf, Gaubitsch, Hollabrunn, Roggendorf-Steinleithen, Roggendorf-Raffelsfeld, Schleinbach, Stillfried, Unterhautzenthal und Würnitz entdeckt. Dreifache Bestattungen kennt man aus Fels am Wagram, Großweikersdorf, Jetzelsdorf und Roggendorf-Steinleithen (zwei Fälle), eine vierfache Beisetzung aus Schleinbach und eine fünffache aus Zellerndorf.

Auf einem Hang nördlich von Herzogbirbaum[24] ist möglicherweise ein monumentales Grab für eine bedeutende Persönlichkeit errichtet worden. Von der riesigen Anlage blieb ein kreisförmiger Graben mit einem Durchmesser von 45 bis 50 Metern und einer Breite von etwa zwei Metern erhalten. Wegen der starken Bodenabtragung von schätzungsweise zwei Metern sind keine Hügelaufschüttungen mehr feststellbar.
Während magnetischer Erkundungen wurde im Zentrum der Kreisgrabenanlage eine Grube geortet, bei der es sich um ein Grab handeln könnte. Außerdem hat man im Umfeld des Grabens zahlreiche bis zu zwei Meter lange Gruben ermittelt, die sich möglicherweise ebenfalls als Gräber herausstellen könnten. Eine Unterbrechung des Grabens im Osten markiert den ehemaligen Zugang. Bei einer Versuchsgrabung wurde im Bereich des Grabens die Bestattung eines erwachsenen Mannes entdeckt. Sechs Pfostengruben stammen von einem einstigen Totenhaus, das eine Rolle im Grabkult spielte.
Als Proviantbehälter für das Jenseits gab man den Verstorbenen meistens ein bis drei Tongefäße mit. Hierbei fiel die Wahl auf Tassen, Henkeltöpfe und Schüsseln, die einst wohl mit Speise und Trank gefüllt waren. Diese Tongefäße wurden bei den Beinen oder in der Kopfgegend des Toten abgestellt. Die metallenen Schmuckstücke – wie Nadeln, Bronzeperlen, Spiralröllchen, Schleifenringe und Armspiralen – befanden sich beim Körper.
Zur Religion der Aunjetitzer gehörten neben dem Glauben an das Weiterleben nach dem Tod offenbar auch Menschenopfer. Hinweise hierfür lieferten Funde aus Schleinbach, Fels am Wagram und Friebritz.
In Schleinbach[25] deutet die erwähnte seltsame Mehrfachbestattung eines mindestens 35 Jahre alten Mannes und dreier Kinder im Alter von schätzungsweise vier, zehn und zwölf Jahren auf Menschenopfer hin. Es dürfte unwahrscheinlich sein, daß all diese Kinder gleichzeitig mit dem Mann eines natürlichen Todes gestorben sind. Der Mann lag auf dem Rücken, seine Beine waren gespreizt und seine Arme mit nach oben gerichteten Handflächen in anbetender Haltung erhoben. Vielleicht hatten die Kinder einer bedeutenden Persönlichkeit – etwa einem Häuptling oder Priester – als Totenopfer ins Grab folgen müssen.
Bei den mutmaßlichen Menschenopfern von Fels am Wagram und Friebritz handelt es sich um außergewöhnliche Bestattungen innerhalb eines Vorhallenhauses (Megaron). In Fels am Wagram (Flur Kogel) lagen ein Erwachsener und ein Kind mit eingeschlagenen Schädeln in der Mitte des Gebäudes unter dem Fußboden. In Friebritz ruhte ein Mädchen bäuchlings in einer Grube.
Nach Ansicht von Prähistorikern sind diese Menschen gewaltsam getötet worden. Ihre Sonderbestattungen in den Vorhallenhäusern hatten eher eine kultische Funktion als die einer regulären Beerdigung. Die Vorhallenhäuser können möglicherweise Versammlungsorte oder Tempel gewesen sein.

Die Alpen werden besiedelt
Die Straubinger Kultur

Die Menschen im westlichen Österreich gingen auch in der Frühbronzezeit andere Wege als ihre Zeitgenossen im Ostteil des Landes. Damit wiederholte sich, was schon in der Jungsteinzeit häufig der Fall gewesen war: Der Westen hatte mehr Gemeinsamkeiten mit Süddeutschland als mit dem östlichen Österreich, und deswegen breitete sich dort eine andere Kultur aus als im Osten.

Oberösterreich, das Land Salzburg und der Raum von Kufstein in Nordtirol gehörten nach Ansicht mancher Autoren von etwa 2300 bis 1800/1600 v. Chr. zum Einflußbereich der Straubinger Kultur. Diese war damals vor allem in Südbayern heimisch und ist von dem deutschen Prähistoriker Paul Reinecke (1872–1958, s. S. 447) nach dem südbayerischen Fundort Straubing bezeichnet worden (s. S. 56).

Nach der 1977 von der Zürcher Prähistorikerin Margarita Primas vorgetragenen Ansicht gehören die archäologischen Funde aus der frühen Bronzezeit in Oberösterreich – wie Linz-Sankt Peter, Haid, Hörsching – zur Gruppe Linz. Dieser Begriff fand jedoch in der Fachwelt nicht allgemein Anklang.

Die frühbronzezeitlichen Funde aus der Gegend von Kufstein in Nordtirol werden von manchen Autoren einer Inneralpinen Bronzezeit-Kultur mit Einflüssen der Straubinger Kultur zugerechnet. Von einer Inneralpinen Bronzezeit-Kultur spricht man auch im schweizerischen Kanton Graubünden (s. S. 163).

Die Skelettreste der in der Tischoferhöhle im Kaisertal bei Kufstein bestatteten Menschen veranschaulichen, welche Körperhöhe die Leute jener Zeit erreichten. Die Männer waren dort 1,68 bis 1,70 Meter groß, die Frauen 1,49 bis 1,55 Meter.

Ein tönernes Webstuhlgewicht aus Salzburg-Liefering beweist, daß aus Flachs und Schafwolle Stoffe gewebt und daraus Kleidungsstücke hergestellt wurden. Das Webstuhlgewicht ist 7,2 Zentimeter hoch, kegelförmig und unter der Spitze mit einem Loch zum Aufhängen versehen. Die Haltung von Schafen konnte anhand von Tierknochen aus der Tischoferhöhle nachgewiesen werden.

Die Kleidung wurde mittels knöcherner, kupferner oder bronzener Nadeln zusammengehalten. Bei den Metallnadeln gab es Ruderkopf-, Hakenkopf-, Kugelkopf-, Hülsenkopf- und Schleifenkopfnadeln. All diese Nadelformen sind im Gräberfeld von Linz-Sankt Peter nachgewiesen. Neben dem praktischen Zweck kamen sie auch als Schmuck zur Geltung.

Zur Garderobe gehörte manchmal ein bronzener, verzierter Gürtelhaken, wie er in Linz-Sankt Peter zutage gefördert wurde. Seine Gürtelplatte ist dreieckig, 7,6 Zentimeter lang, maximal vier Zentimeter breit, endet unten mit einem umgebogenen Haken und oben mit einem schmalen, hakenförmig gekrümmten Blechstreifen.

Siedlungsreste in Oberösterreich, im Land Salzburg und in Nordtirol verraten eine Vorliebe für mehr oder minder geschützte Bergsiedlungen. Solche lagen auf der »Berglitzl« bei Gusen[1] (Oberösterreich), auf dem Rainberg in Salzburg[2], dem Götschenberg (Roter Felsen) bei Bischofshofen[3], dem Klinglberg bei Sankt Veit[4] im Pongau (Land Salzburg) sowie auf dem Buchberg in Wiesing[5] und auf dem Gschleirsbühel bei Matrei[6] am Brenner (Nordtirol).

Die Bergsiedlung auf dem 15 Meter hoch aufragenden Felsvorsprung »Berglitzl« bei Gusen wurde durch einen Brand vernichtet. Dort fand man eine Reihe zylindrischer Gruben von 1,20 bis 2,20 Meter Durchmesser, in denen jeweils ein bis drei Vorratsbehälter standen, die mit Getreide gefüllt waren, sowie mehrere kleine Gefäße. 21 davon wurden in einer dieser Gruben gezählt.

Bei den Ausgrabungen auf dem Klinglberg bei Sankt Veit stellte sich heraus, daß die Bewohner der dortigen Höhensiedlung rings um das Dorf – mit Ausnahme jener Bereiche, die durch Steinabbrüche gesichert waren – einen mächtigen Steinwall

Verzierter bronzener Gürtelhaken mit dreieckiger Gürtelplatte aus dem frühbronzezeitlichen Gräberfeld Linz-Sankt Peter in Oberösterreich. Länge 7,6 Zentimeter, maximale Breite vier Zentimeter. Original im Stadtmuseum, Linz.

aufgetürmt hatten. Der Wall ist etwa 1,7 bis zwei Meter breit und dürfte einst wohl mehrere Meter hoch gewesen sein. Für seine Errichtung war ein erheblicher Arbeitsaufwand erforderlich.

Viel Schweiß kostete auch der Bau der Höhensiedlung auf der Hügelkuppe des Gschleirsbühel bei Matrei. Dort planierte man das unebene Gelände und schichtete aus dem im Untergrund vorhandenen Schotter niedrige Steinsockel für mindestens vier Hütten auf. Unklar ist die Funktion eines als »Turm« gedeuteten Bauwerks von ungefähr fünf Meter Durchmesser, das mit bis zu zwei Meter dicken Mauern versehen war.

Wie die Hütten auf dem Gschleirsbühel ausgesehen haben, weiß man nicht. Vermutlich waren es Holzbauten, die nicht erhalten blieben. Einzelne dieser Behausungen wurden durch niedrige Mäuerchen, die wohl ehedem die Basis für Holz- oder Flechtwerkwände bildeten, in mehrere Räume gegliedert. Auf den Fußböden hat man Spuren von Feuerstellen gefunden.

Die Höhensiedlung auf dem Gschleirsbühel wird von der Innsbrucker Prähistorikerin Liselotte Zemmer-Planck als eine von mehreren in guter Schutzlage errichteten Stationen gedeutet, denen damals die Betreuung und Überwachung der Brennerroute übertragen war. Offenbar ist diese Siedlung bei einem Brand zerstört worden – sei es durch unachtsamen Umgang mit Feuer oder bei einem Angriff. Wo sich einst der Gschleirsbühel erhob, liegt heute ein Rastplatz der Brennerautobahn.

Neben wehrhaften Bergsiedlungen gab es auch ungeschützte Flachlandsiedlungen. Eine solche erstreckte sich beispielsweise in Salzburg-Maxglan[7] an der Kante einer Schotterterrasse zwischen den Flüssen Salzach und Saalach. Bei Ausgrabungen wurden einige Pfostenlöcher entdeckt, die von ehemaligen Behausungen stammen, deren Grundrisse sich nicht rekonstruieren lassen. Die dazugehörigen Keller- und Vorratsgruben sind bis zu einem Meter in den Schotterboden eingetieft und haben meistens einen rundlichen Grundriß. Das Füllmaterial der Gruben enthielt viele Keramikfragmente.

Weitere Siedlungsrelikte kamen in Salzburg-Itzling[8] zum Vorschein. Dort fand man zwei Wohnplätze im Flachland mit Hüttenlehm, Keramikresten, Steinwerkzeugen und jeweils einer Herdstelle.

Gelegentlich sind auch Halbhöhlen und Höhlen aufgesucht oder sogar längere Zeit bewohnt worden. Entsprechende Funde kennt man aus der Halbhöhle am Hellbrunnerberg[9] bei Salzburg und aus der Tischoferhöhle im Kaisertal bei Kufstein[10] in Nordtirol. Die reichen Hinterlassenschaften in der Tischoferhöhle dürften von einem längeren Aufenthalt stammen.

Wie Jagdbeutereste in der Tischoferhöhle belegen, brachten deren Bewohner Braunbären (*Ursus arctos*), Steinböcke (*Capra ibex*), Gemsen (*Rupicapra rupicapra*), Damhirsche (*Dama dama*), Wölfe (*Canis lupus*), Füchse (*Vulpes vulpes*), Feldhasen (*Lepus europaeus*) und Schneehühner (*Lapogus mutus*) zur Strecke. In der Gegend von Wiesing bei Jenbach (Nordtirol) lebten unter anderem Auerhähne (*Tetrao urogallus*), Igel (*Erinaceus europaeus*), Rothirsche (*Cervus elaphus*), Elche (*Alces alces*) und Wisente (*Bos bonasus*). Auf die Existenz von Braunbären und Wölfen deutet auch eine Kette mit durchbohrten Zähnen dieser Tiere aus Rudelsdorf bei Hörsching in Oberösterreich hin.

Über den Ackerbau liegen bisher nur spärliche Hinweise vor. Dazu zählen angekohlte Reste von Dinkel (*Triticum spelta*) aus der Tischoferhöhle sowie Getreideüberbleibsel und ein Pollenkorn von Flachs (*Linum usitatissimum*) auf dem Haidberg bei Bischofs-

hofen (Land Salzburg). Bei zwei Stücken von Sandstein-Reibplatten in Salzburg-Itzling könnte es sich um Fragmente von Mahlsteinen zum Zerquetschen von Getreidekörnern handeln.

Besser weiß man über die Viehzucht Bescheid. So identifizierte der Wiener Archäozoologe Erich Pucher die Tierknochen von der Höhensiedlung auf dem Buchberg in Wiesing (Nordtirol) als Reste vom Rind, Schwein, Schaf, der Ziege, des Pferdes und vom Hund. Die Rinder und Schafe wurden wegen der Milch- beziehungsweise Wollnutzung erwachsen geschlachtet, die Schweine als reine Fleischtiere dagegen schon im Alter von etwa zwei Jahren. Offenbar wußte man bereits einen Spanferkelbraten zu schätzen. Darauf deutet der Unterkiefer eines jungen Schweines aus einer Siedlungsgrube am Froschberg von Linz in Oberösterreich hin.

Auch in der Tischoferhöhle bei Kufstein kamen Schlacht- und Speisereste zum Vorschein. Demnach hielt man in der Nähe Hunde, Rinder, Schweine, Schafe und Ziegen als Haustiere. Nach Ansicht von Experten muß es ziemlich schwierig gewesen sein, Haustiere über den äußerst steilen Weg in diese Höhle zu bringen. Deshalb hält man es für möglich, daß die Haustiere bereits vorher an anderer Stelle geschlachtet und anschließend lediglich Fleischpartien zur Höhle getragen wurden.

Im Bereich der Pongauer Burg (Ruine Bachsfall) bei Bischofshofen[11] (Land Salzburg) war das Rind das wichtigste Haustier, obwohl die aufgefundenen Schweineknochen geringfügig überwogen. Männliche Kälber hat man meistens im jugendlichen Alter geschlachtet oder kastriert. Die erwachsenen Kühe sind bevorzugt mit dem Nachlassen ihrer Leistungsfähigkeit im mittleren Alter geschlachtet worden. Das deutet nach Auffassung von Erich Pucher darauf hin, daß der Milchproduktion bereits große Bedeutung beigemessen wurde.

Die Schweine von der Ruine Bachsfall waren groß und von wildschweinähnlicher Gestalt. Ihre Widerristhöhe betrug durchschnittlich 81 Zentimeter. Nach Ansicht Puchers passen die Geschlechts- und Altersstruktur dieser Schweine eher zur Jagdbeute als zu Haustieren. Offenbar sind die Schweine halbwild gehalten worden, wobei es immer wieder zur Einkreuzung von Wildschweinen (*Sus scrofa*) kam.

Auch die weniger zahlreichen Schafe waren – laut Pucher – größer und derber gebaut als ihre Vorgänger aus der späten Jungsteinzeit. Die Widder trugen starke, weitbogig gekrümmte Hörner und ähnelten hierin dem schottischen Soay-Schaf. Die Woll- und Milchproduktion scheint am Fundort Ruine Bachsfall unbedeutend gewesen zu sein, weil die meisten Schafe vor dem Erreichen des Erwachsenenalters geschlachtet wurden. Hund und Pferd waren am Fundort Ruine Bachsfall seltener. Diese Haustiere hat man gelegentlich verzehrt.

Zahlreiche Pollen von Gräsern, Wegerich, Zungenblütlern, Rosen- und Nelkengewächsen aus den Mooren Götschenbauer, Bürglhöhe und Hochmoos unweit der Höhensiedlung auf dem Götschenberg bei Bischofshofen stammen von Wiesen aus der Umgebung[12]. Sie zeugen in diesem Waldgebiet von Lichtungen, auf denen wohl Haustiere weideten. Pollen von Tannen und Buchen beweisen das Vorhandensein dieser Baumarten.

Außer Speisen aus Getreidemehl, Kuh- und Ziegenmilch sowie dem Fleisch von Haus- und Jagdtieren aß man wildwachsende Beeren und Obst. Das verraten angekohlte Reste von Wildäpfeln (*Malus sylvestris*) aus der Tischoferhöhle bei Kufstein.

Die Tongefäße, in denen man die Nahrung zubereitete oder aufbewahrte, wurden an Ort und Stelle modelliert und im Töpfer-

Die Tischoferhöhle im Kaisertal bei Kufstein in Tirol wurde in der Frühbronzezeit von Menschen aufgesucht. Nach den Funden zu schließen, betrieben sie dort eine Gießereiwerkstätte und bestatteten in der Höhle auch ihre Toten.

ofen hartgebrannt. Nach den Grabbeigaben für die in Linz-Sankt Peter bestatteten Menschen zu schließen, gab es tönerne Schalen, Schüsseln, Henkeltassen und Töpfe. Die in der Tischoferhöhle geborgene Töpferware stimmt weitgehend mit der Siedlungskeramik von Straubing und von der Roseninsel im Starnberger See (beide in Südbayern) überein.

Die Metallhandwerker der Straubinger Kultur profitierten von den Kupfererzvorkommen im Land Salzburg (Bergbaugebiet Mühlbach am Hochkönig-Bischofshofen und Sankt Johann im Pongau sowie Viehhofen und Stuhlfelden im Pinzgau). Das große Bergbaurevier von Kitzbühel-Kelchalpe in Nordtirol schließt räumlich an die Lagerstätten im Pinzgau an. Woher das neben dem Kupfer für die Herstellung von Bronze benötigte Zinn stammt, weiß man noch nicht.

Als eines der wichtigsten Kupferbergwerke im Alpenraum gelten die Minen im Raum Mühlbach-Bischofshofen und dort vor allem am Mitterberg. An letzterem zeugen tiefe Einsturzstollen, -trichter und -furchen (sogenannte Pingen) sowie Abraumhalden von einem schätzungsweise mehr als anderthalbtausend Jahre dauernden Abbau des Kupfererzes. Solange das Erz in Nähe der Erdoberfläche vorkam, konnte man es im Tagebau gewinnen. Mit zunehmender Tiefe der Erzadern wurde jedoch Untertagebau nötig.

Das Kupfererz vom Mitterberg und von anderen Lagerstätten im Raum Mühlbach-Bischofshofen ist nach Ansicht von Bergbauexperten mit Hilfe der sogenannten Feuersetzmethode gefördert worden. Die Bergleute erhitzten das zum Abbau vorgesehene Gestein mit Feuer und kühlten es dann mit Wasser ab. Dadurch wurde das Felsgestein brüchig, und das Erz ließ sich gut mit Metallpickeln lösen.

Um das Feuer möglichst nahe an die Erzadern zu bringen, mußte man hölzerne Gerüste errichten, die durch Steigbäume aus Fichtenstämmen erreichbar waren. Das zum Abschrecken der erhitzten Erzadern erforderliche Wasser wurde mit Holzeimern in die Grube getragen, das Kupfererz und den Abraum hat man mit Holztrögen ins Freie transportiert. In den Bergwerksstollen unter der Erde sorgten angezündete harzhaltige Späne für Licht. Im Bergrevier Einödberg unweit vom Götschenberg reichten die Stollen bis etwa 170 Meter tief und 400 Meter weit in den Fels. Nirgendwo in Europa ist man damals beim Abbau von Kupfererz noch weiter ins Erdinnere vorgestoßen. Die Stollen wurden mit dicken Balken (Stempeln) abgestützt, um deren Verbruch oder Steinschlag zu verhindern.

Der in Heidelberg arbeitende österreichische Prähistoriker Clemens Eibner hat in dem prähistorischen Stollen des Einödberges außer hölzernen Gerüsten und Stempeln auch eine steil angelegte Verbindungsstrecke untersucht, deren Sohle mit Lehm ausgeschmiert ist. Sie diente den Bergleuten als Rutsche, um rasch in tiefgelegene Abschnitte zu gelangen.

Als Werkzeuge (Gezähe) im Kupferbergbau dienten Bronze-

Rekonstruktion eines bronzezeitlichen Kupferbergwerks. Die Zeichnung stammt von dem Verwalter des Kupferbergbaus in Mühlbach am Hochkönig und Bischofshofen, Josef Pirchl (1825–1903). Rechts Abbaufeld mit Feuerbühne, links Förderstollen und Handhaspel.

pickel mit Knieholzschäftung sowie Hämmer aus Hartholz oder Bronze. Das Kupfererz hat man mit kurzstieligen Holzschaufeln in Eimer oder Tröge gefüllt und ins Freie geschafft. Dann wurde das Material mit Klopfsteinen auf steinernen Unterlageplatten zerkleinert und das Erz ausgelesen.

Stark mit Nebengestein verwachsenes Erz hat man auf steinernen Handmühlen bis auf Mehlfeinheit gemahlen und durch Auswaschen – ähnlich dem Goldwaschen – von dem unverhüttbaren Material getrennt. Vor dem eigentlichen Schmelzprozeß mußte das Erz geröstet werden, um den Schwefelgehalt zu vermindern. Dazu wurde das mit Holzkohle vermischte Erz auf langen Röstbetten aufgeschüttet und die Kohle in Brand gesteckt.

Der Schmelzprozeß erfolgte in kleinen, aus feuerfesten Steinen und Lehm gemauerten Schachtöfen. Diese waren immer paarweise angeordnet: Ein Ofen stand in Betrieb, der zweite wurde für den nächsten Schmelzgang vorbereitet. Meistens gab es pro Schmelzplatz insgesamt vier Öfen. Das Innenmaß der Öfen betrug in der Frühbronzezeit 70 mal 70 Zentimeter. Man hat die Dimension der Öfen im Laufe der Bronzezeit bis auf etwa 40 mal 40 Zentimeter verkleinert. Bei einer Betriebstemperatur von rund 1200 Grad Celsius wurde das Kupfer zähflüssig. Die Beimengungen des Kupfers, vor allem der Eisenanteil, wurden an den Quarz gebunden und konnten als Schlacke aus dem Ofen abgelassen werden.

An den Schmelzplätzen blieben große Mengen (bis zu 200 Kubikmeter) an Schlacke zurück, lediglich ein kleiner Teil davon fand als Magerungsmittel für Töpferton Verwendung. Da sich auf der kupferhaltigen Schlacke nur sehr spärliche Vegetation bildet, lassen sich die Schlackeplätze relativ leicht orten. Allein im Gebiet von Mühlbach-Bischofshofen sind rund 160 Schmelzplätze registriert worden.

In der Frühbronzezeit hat man das produzierte Kupfer in ringförmige Barren gegossen. Am Übergang zur Mittelbronzezeit traten spangenförmige Barren in Erscheinung. Ab der mittelbronzezeitlichen Stufe Bronzezeit C wurde Kupfer in Form von Gußkuchen mit mehreren Kilogramm Gewicht in den Handel gebracht. Die Ring- und Spangenbarren und auch die Gußkuchen bestehen immer aus Kupfer und nicht aus Bronze. Das Zinn wurde offensichtlich erst bei der Verarbeitung beigegeben. Das Ergebnis des Schmelzprozesses im Schachtofen war Kupferstein. Die Verfahren der Weiterverarbeitung zu reinem Schwarzkupfer sind derzeit noch nicht eindeutig geklärt. Es scheint, daß dafür Grubenöfen zum Einsatz kamen, die in großer Zahl im Bergbaugebiet gefunden worden sind – zum Beispiel in Sankt Johann im Pongau oder Wörgl in Tirol (Größe 90 bis 130 Zentimeter, Tiefe etwa 60 Zentimeter). Diese Öfen waren innerhalb oder in der Nähe größerer Siedlungen errichtet worden. Die Funde von Unterlageplatten und Klopfsteinen beziehungsweise Schlacke am Sinnhubschlößl bei Bischofshofen oder am Klinglberg bei Sankt Veit im Pongau sind in Zusammenhang mit diesem abschließenden Prozeß zur Kupfergewinnung zu sehen.

Eine Kupfergießerei aus dieser Zeit war in der Tischoferhöhle bei Kufstein in Betrieb. Metallanalysen zufolge haben die dortigen Metallhandwerker Kupfer aus der Schwazer Erzzone verarbeitet. Ihre schweißtreibende Arbeit bezeugen tönerne Winddüsen von Schmelzöfen, beide Teile einer steinernen Gußform

Fragmentierte Gußformhälfte (links) aus grauem Sandstein für einen beilförmigen Barren (rechts) aus der Tischoferhöhle im Kaisertal bei Kufstein in Tirol. Länge der Gußform 14,8 Zentimeter. Original im Heimatmuseum auf der Festung Kufstein.

DIE STRAUBINGER KULTUR

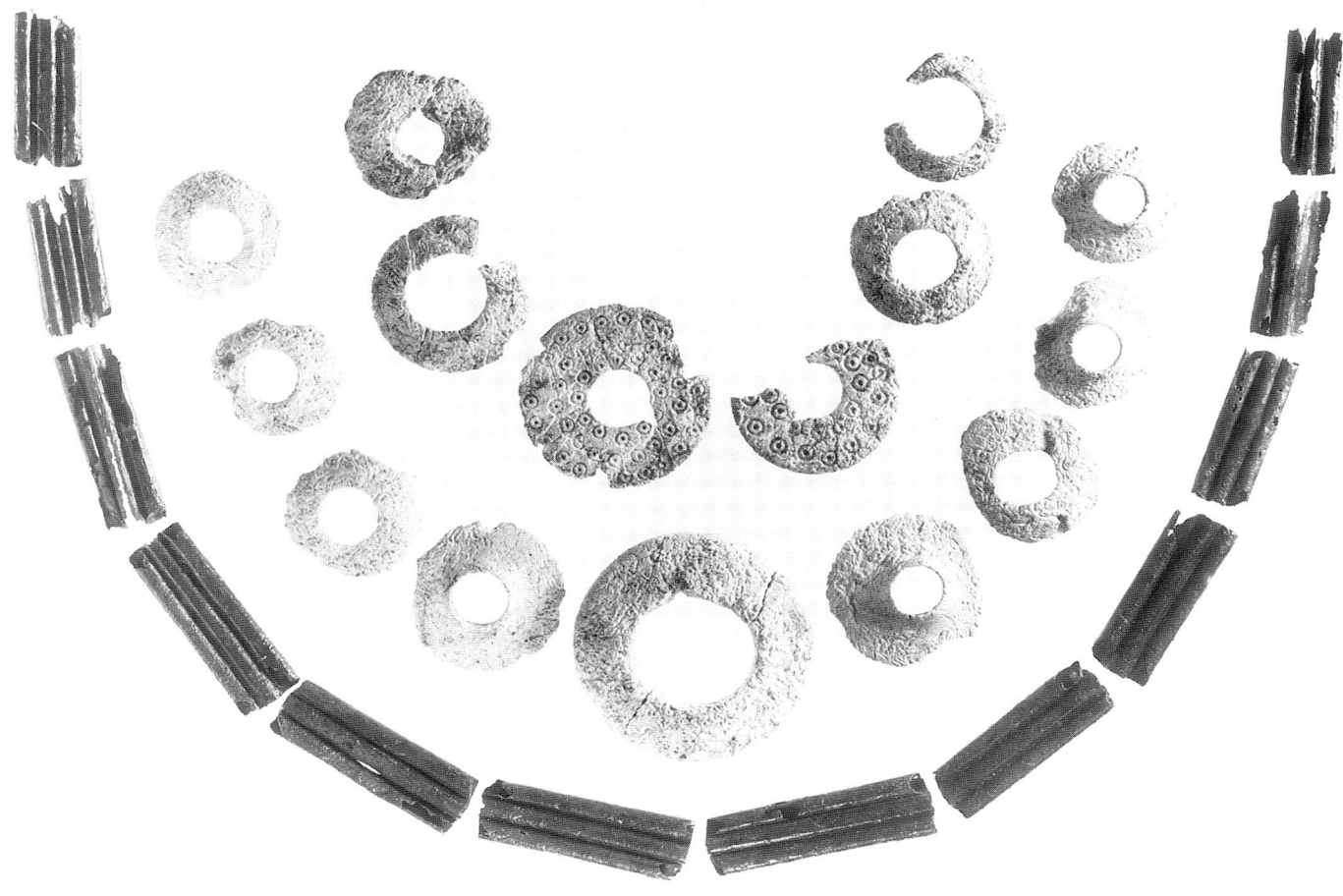

Zum Schmuck einer Frau aus Haid bei Hörsching in Oberösterreich gehörten diese Bronzeblechglieder (unten) und die mit konzentrischen Kreisen verzierten Knochenringe (oben). Originale im Oberösterreichischen Landesmuseum, Linz.

für ein Flachbeil, Stücke von Kupfererz, Kupfergußkuchen und Bronzegußtropfen.

Auch in der östlich der Tischoferhöhle gelegenen Hyänenhöhle wurden Hinterlassenschaften einer Kupfergießerei entdeckt. Dabei handelte es sich um die tönerne Winddüse eines Schmelzofens, Feuerspuren, das Bruchstück einer Gußformhälfte aus Sandstein für einen beilförmigen Barren und grobe Tongefäße. Auf dem erwähnten Klinglberg fanden sich mehrere Schlacken- und Gußkuchenfragmente sowie zahlreiche Reste von Tongefäßen, denen man zerstoßene Kupferschlacke beigemengt hatte. Dieser Fundort lag außerhalb der Höhensiedlung, die man vermutlich vor der Brandgefahr sowie vor giftigen Dämpfen und Gasen der Kupferschmiede bewahren wollte.

Die 1979 bis 1983 bei Rettungsgrabungen durch das Salzburger Museum Carolino Augusteum freigelegte Siedlung von Obereching im Land Salzburg wird von dem Prähistoriker Fritz Moosleitner als Umschlagplatz für den Kupferhandel gedeutet. Das Dorf ist nachweislich durch Brand zerstört worden – vermutlich im Zuge kriegerischer Ereignisse. Den Angreifern blieben die unter dem Fußboden der Häuser vergrabenen Kupferbarrendepots verborgen. Die Bewohner der Siedlung wurden getötet, vertrieben oder hatten aus anderen Gründen keine Möglichkeit mehr, wieder an ihren Besitz zu gelangen. Die Siedlung von Obereching ist nicht wieder aufgebaut worden.

Die Metallhandwerker der Straubinger Kultur fertigten bronzene Werkzeuge, Waffen und Schmuckstücke an. Dolche, Beile, Nadeln und Ringe aus Bronze sind zum Beispiel aus dem Gräberfeld von Linz-Sankt Peter bekannt.

Daß man damals noch verschiedene Gesteinsarten als Rohstoff zur Werkzeugherstellung schätzte, belegen Funde aus der Tischoferhöhle, als da sind: ein Wetzstein, eine Gußform und Schleifsteine aus Sandstein, ein Klopfstein und Reibsteine aus Amphibolit, ein Keulenknauf und ein Flachbeil aus Serpentin, ein Klopfstein und ein Schaber aus Dolomit, ein Schaber aus Bergkristall sowie Schaber, Kratzer, Bohrer und Sägen aus Feuerstein.

Tierknochen dienten als Werkstoff für Nadeln, Pfrieme und Schaber. Zum Fundgut aus der Tischoferhöhle gehören ein Schabgerät, fünf Knochennadeln, zwei Knochenpfrieme und mehrere Knochenspitzen. In Linz-Sankt Peter barg man Knochenpfrieme und -schaber.

Neben Bronzedolchen waren die Männer häufig mit Pfeil und Bogen bewaffnet. Die Pfeilspitzen hat man meistens aus Feuerstein zurechtgeschlagen. Am Fundort Salzburg-Maxglan wurden drei dreieckige Pfeilspitzen aus Feuerstein und eine querschneidige aus Felsgestein geborgen. Auf dem Klinglberg bei Sankt Veit und in Morzg (beide im Land Salzburg) lag jeweils neben zwei Pfeilspitzen aus Feuerstein auch noch eine aus Kupfer beziehungsweise Bronze. Der auf dem Felsvorsprung »Berglitzl« bei Gusen in Oberösterreich gefundene 21,5 Zentimeter lange »Fischschwanzdolch« aus Feuerstein ist ein »Importartikel« aus dem Norden.

Zum Transport von schweren und sperrigen Lasten auf Flüssen, Seen und Mooren dienten vermutlich aus dicken Stämmen gezimmerte Einbäume. Zwei Einbäume aus Eichenholz wurden im Sattnitzmoor östlich von Klagenfurt[13] in Kärnten entdeckt. Sie werden in die Frühbronzezeit datiert, kamen jedoch weit außerhalb des Verbreitungsgebiets der Straubinger Kultur zum Vorschein.

Einer der Einbäume vom Sattnitzmoor ist 4,50 Meter lang, bis zu 60 Zentimeter breit und noch 29 Zentimeter hoch. Er wurde mit vier Spanten im Innenraum versteift und ist am Bug mit einer länglichen Öffnung von vier mal sieben Zentimetern versehen, durch die ein Seil gezogen werden konnte. Der zweite Einbaum ist 4,15 Meter lang und weist im Innenraum drei Spanten auf.

Als Schmuck trugen die Straubinger Leute unter anderem Halsketten mit Anhängern aus durchbohrten Muschelschalen, Schneckengehäusen, Knochenröhrchen, -scheiben und -stücken sowie Tierzähnen. Außerdem besaßen sie kupfernen Stirn-, Hals-, Arm- und Fingerschmuck und äußerst seltenen goldenen Ohrschmuck.

Anhänger aus durchbohrten Muschelschalen lagen in Gräbern von Haid und Linz-Sankt Peter in Oberösterreich. Eine in Haid bestattete Frau trug neben einem bronzenen Noppenring am linken Ohr auch eine Halskette mit 20 trapezförmigen Perlmuttscheiben aus Muschelschalen. Die Bewohner der Tischoferhöhle bei Kufstein hinterließen unter anderem Gehäuse der im Mittelmeer vorkommenden Turmschnecken (*Cerithium vulgatum*) und Täubchenschnecken (*Columbella rustica*).

Eine besonders reich geschmückte Frau aus Haid besaß neben zwei Noppenohrringen, Blechröllchen in der vorderen Halsgegend und einem bandförmigen Fingerring (alle aus Bronze) eine Halskette mit 20 Knochenringen verschiedener Größe und einer knöchernen Stabperle. Außerdem hingen zwei durchlochte Eberzähne in der Halsgegend. Unter einer tönernen Schüssel fand sich zusammen mit einem Bronzepfriem und einem Knochenstäbchen eine weitere Halskette mit knöchernen Ringen und trapezförmigen Anhängern.

Eine andere Frau aus Haid hatte eine Halskette mit trapezförmigen Knochenanhängern und Raubtierzähnen. In einem Grab von Linz-Sankt Peter wurden 20 Knochenscheiben geborgen, die an einer Schnur aufgefädelt waren und auf diese Weise eine Halskette ergaben. In einem anderen Grab von dort fand man Knochenröhrchen, die als Halsschmuck an einer Kette dienten.

Die Bewohner der Tischoferhöhle verarbeiteten Zähne von Haus- und Jagdtieren als Schmuck. Das zeigen durchlochte Zähne, die vom Hund, Hausschwein, Braunbär und Wolf stammen. Ähnlichen Schmuck schätzte man in Rudelsdorf bei Hörsching in Oberösterreich, wo eine Halskette mit Zähnen von Braunbär und Wolf zum Vorschein kam.

Nach den Funden aus dem Gräberfeld von Linz-Sankt Peter zu schließen, sind damals auch zahlreiche Schmuckstücke aus Bronze hergestellt worden. Dort stieß man unter anderem auf ein Blechband (»Diadem«) als Stirnschmuck, Ösenhalsringe, Spiralröllchen, Blechröhrchen, Noppenringe, eine Perle, Armreife, Armspiralen, Fingerreife, einen Fingerring und Blechzwingen.

In ganz seltenen Fällen konnte man sich offenbar sogar Goldschmuck leisten. Darauf deutet ein goldener Ohrring aus Rudelsdorf in Oberösterreich hin. Objekte aus diesem Edelmetall dürften bereits damals einen hohen Wert besessen haben.

Bei Bestattungen galten offenbar strenge Regeln, was die Orientierung der Leichen betraf. Männer bettete man auf die linke Seite mit dem Kopf im Norden und den Beinen im Süden, Frauen dagegen auf die rechte Seite mit dem Kopf im Süden und den Beinen im Norden. So war es schon bei den Vorgängern, den Glockerbecher-Leuten in der Jungsteinzeit, Brauch gewesen. Bei beiden Geschlechtern wurden die Beine zum Körper hin angezogen, es handelte sich also um Hockerbestattungen. Die Toten wurden überwiegend einzeln beerdigt, selten zusammen mit anderen.

In den Gräbern fand man Trachtenzubehör und Waffen. Tongefäße und Tierknochen bezeugen die Versorgung mit Nahrung und Getränken für das Jenseits.

Das bisher ausgedehnteste Gräberfeld wurde in Haid bei Hörsching[14] in Oberösterreich aufgedeckt. Es umfaßte insgesamt 122 Gräber. Davon lagen in 110 Gräbern jeweils nur eine Bestattung, in sechs Gräbern je ein Erwachsener und ein Kind, in fünf Gräbern jeweils zwei Kinder und in einem Grab zwei zu verschiedenen Zeiten beerdigte Frauen. In sechs Gräbern von Haid stieß man auf Spuren eines Totenbretts, auf dem einst der Leichnam ruhte; drei Gräber enthielten jeweils einen Holzsarg und zwei je einen Baumsarg. Ein Grab war mit Holzbohlen ausgekleidet. Feuerreste stammen wohl von Totenfeiern.

Zum Gräberfeld von Linz-Sankt Peter[15] gehörten 45 Gräber und zu dem von Rudelsdorf III bei Hörsching[16] (beide in Oberösterreich) 29 Gräber. Auch in Rudelsdorf III wurden Spuren zweier Holzsärge und eines Totenbretts sicher identifiziert. Jeweils nur wenige Gräber hat man in Holzleiten I[17], Neubau[18] und Traun[19] (alle in Oberösterreich) entdeckt. Von Bestattungen in Höhlen zeugen die Skelettreste zweier Männer, sieben zumeist jüngerer Frauen sowie von 17 Kindern und Jugendlichen aus der Tischoferhöhle.

Bei den vermeintlichen Kult- und Opferplätzen auf dem erwähnten Felsvorsprung »Berglitzl« bei Gusen in Oberösterreich handelt es sich nach neueren Erkenntnissen nur um gewöhnlichen Siedlungsschutt. Dort hatte der Linzer Ausgräber Manfred Pertlwieser gearbeitet und über Zeugnisse von Kulthandlungen, Menschenopfern und Kannibalismus berichtet.

Spiraltutuli aus Bronzedraht mit hohem Zinngehalt aus der Tischoferhöhle im Kaisertal bei Kufstein in Tirol. Durchmesser der Schmuckstücke 7,4, 11,3 und 7,4 Zentimeter. Originale im Heimatmuseum auf der Festung Kufstein.

Banden durchwühlten die Gräber
Die Unterwölblinger Gruppe

Bei der Benennung von Kulturen gingen die Prähistoriker gelegentlich seltsame Wege. Sie verwendeten dabei nicht immer den Namen des am frühesten entdeckten oder bis dahin bedeutendsten Fundorts einer neu erkannten Kultur, sondern mitunter einen ganz anderen. So geschah es auch mit der von etwa 2300/2200 bis 1800 v. Chr. südlich der Donau zwischen Enns und Wienerwald in Niederösterreich heimischen Kultur. Diese hätte man eigentlich nach dem Ort Gemeinlebarn bezeichnen müssen, denn die dort entdeckten Gräberfelder galten seit der Publikation des Wiener Prähistorikers Josef Szombathy (1853–1943) von 1929 als die bedeutendsten frühbronzezeitlichen Friedhöfe in jenem Gebiet. Statt dessen prägte 1937 der am Urgeschichtlichen Institut in Wien tätige Prähistoriker Richard Pittioni (1906–1985, s. S. 447) den Begriff »Kultur von Unterwölbling«, der später zum Ausdruck »Unterwölblinger Gruppe« verkürzt wurde.

Richard Pittioni hatte weder in Gemeinlebarn noch in Unterwölbling selbst gegraben. In Gemeinlebarn sind schon 1885 die frühesten Gräber entdeckt worden, in Unterwölbling erst 1908. Pittioni untersuchte lediglich die von anderen Ausgräbern dort zwischen 1908 und 1930 geborgenen Funde, wobei er sie als typisch für eine neue Kultur identifizierte. Den Fundort Gemeinlebarn berücksichtigte er deswegen nicht bei der Namenswahl, weil dort bereits bedeutende Funde der Urnenfelder- und Hallstatt-Kultur bekannt waren.

Die Menschen der Unterwölblinger Gruppe gehörten mindestens zwei sozialen Schichten an. Bei der reichen Oberschicht waren die Gräber viel tiefer angelegt als bei der armen Bevölkerung, die als Grundschicht bezeichnet wird. So hob man im Gräberfeld Franzhausen I für einen vornehmen Mann ein fast 4,30 Meter tiefes Grab aus. Im Gegensatz dazu wurden im selben Gräberfeld ärmere Erwachsene und Kleinkinder in merklich geringerer Tiefe bestattet. Im extremsten Fall lag ein Toter nur 37 Zentimeter unter der Erdoberfläche.

Arme und reiche Menschen unterschieden sich auch bei der Körperhöhe merklich. Die Männer der Oberschicht aus den Gräberfeldern Franzhausen I und Gemeinlebarn F erreichten eine durchschnittliche Körperhöhe von 1,70 Metern, die Männer der Grundschicht dagegen nur durchschnittlich 1,66 Meter. In unserer Zeit sind die Angehörigen der Oberschicht im Mittel etwa fünf Zentimeter größer als jene der Grundschicht. Die Frauen der Unterwölblinger Gruppe waren meistens etwa zehn Zentimeter kleiner als die Männer.

Bei den Kopf- und Gesichtsformen herrschte kein einheitliches Erscheinungsbild. Die Männer von Franzhausen I hatten meistens einen langen und mittelbreiten Hirnschädel. Es gab dort aber auch runde, sehr kurze sowie extrem lange und ausgesprochen schmale Schädelformen. Das Gesicht der Franzhausener Männer war mittelhoch und mittelbreit, in Gemeinlebarn F dagegen dominierten niedrige Gesichter. Auffällig bei den meisten Menschen aus jener Zeit ist die enorme Höherentwicklung des Hirnschädels.

Unter den im Gräberfeld Franzhausen I bestatteten Menschen waren erstaunlich viele Kinder und Jugendliche. Der Anteil der

Tönerne Unterwölblinger Tassen mit halbkugeligem Bauch und hohem Hals aus dem Gräberfeld Franzhausen II in Niederösterreich. Höhe der Tassen 8,5 und elf Zentimeter. Originale im Urzeitmuseum, Nußdorf an der Traisen.

nicht mehr als 20 Jahre alt gewordenen Personen erreichte dort 40,6 Prozent. Die durchschnittliche Lebenserwartung der Bewohner jener Gehöfte, die im Gräberfeld Franzhausen I beerdigt worden waren, betrug weniger als 25 Jahre. Lediglich fünf Prozent der Bevölkerung wurden älter als 60 Jahre.

Die Untersuchung von Skelettresten aus dem Gräberfeld Gemeinlebarn A ergab, daß die meisten der verstorbenen Jugendlichen weiblich waren. Offenbar brachten die geschlechtsreifen Mädchen schon sehr früh Kinder zur Welt, als ihr Körper noch nicht voll ausgewachsen war und es deswegen häufig Komplikationen beim Geburtsvorgang gab, die tödlich endeten. Es sind aber auch viele Frauen im Erwachsenenalter von 20 bis 39 Jahren während der Schwangerschaft oder der Geburt gestorben. Erst ab dem Klimakterium konnten die wenigen noch lebenden Frauen ähnlich wie die gleichaltrigen Männer auf ein längeres Leben hoffen. Bei den Männern stieg die Sterblichkeitskurve im Erwachsenenalter steil an. Das rauhe Leben und die harte Arbeit als Ackerbauern, Viehzüchter oder Metallhandwerker zehrten ihre Kraftreserven nach etwa 40 Jahren weitgehend auf.

Häufig haben bereits die Kinder und Jugendlichen bei ihrer Arbeit immer wieder in tiefer Hockstellung auf den Fersen gesessen. Dabei wurde das Fußgelenk extrem gebeugt und das Schienbein gegen das Sprunggelenk gepreßt, wobei sich an beiden Knochenkontaktflächen eine überknorpelte Gelenkfacette (»Hockerfacette« genannt) bildete. Eine solche »Hockerfacette« hatte ein älterer Mann von Oberndorf/Ebene im Traisental, der zusammen mit einer jungen Frau das Opfer einer Gewalttat wurde.

Die Wiener Anthropologin Maria Teschler-Nicola hat an den Skelettresten aus dem Gräberfeld Franzhausen I zahlreiche Spuren von Krankheiten erkannt. Beispielsweise litten 47 Prozent der dort bestatteten Kinder an Mangelerkrankungen, die man unter anderem an siebartig durchlöcherten Augenhöhlendächern (Cribra orbitalia) ablesen kann. Als Ursache der Cribra orbitalia werden angeborene oder erworbene Anämien, Rachitis, manche Infektionskrankheiten oder Entzündungen des Schädeldachs und der Stirnhöhlen diskutiert.

Mangelhafte Ernährung und Krankheiten führten bei etwa 40 Prozent der Kinder von Franzhausen I zu Wachstumsstillständen ihrer Langknochen. Das verraten die sogenannten Harris-Linien[1] im Bereich der Schaftabschnitte der langen Röhrenknochen. Sie entstehen durch Proteinmangel und verursachen eine stärkere Verkalkung.

Die Wiener Anthropologen Eike-Meinrad Winkler (1948 bis 1994) und Karl Großschmidt stellten am Oberschenkelknochen eines zehn bis zwölf Jahre alten Kindes aus Trasdorf bei Tulln ungewöhnlich stark ausgebildete und in regelmäßigen Abständen auftretende Zonen verringerten Wachstums fest. Sie deuteten in diesem Fall die Harris-Linien als Symptome einer durch saisonale Schwankungen des Nahrungsangebots verursachten Hungerosteopathie, die vielleicht durch Proteinmangel im Winter bewirkt wurde. Der für jene Zeit ungewöhnlich kurze und breite Hirnschädel sowie das relativ flache Hinterhaupt des Kindes aus Trasdorf könnten infolge längerer Bettlägerigkeit entstanden sein.

Etwa sieben Prozent der in Franzhausen I bestatteten Kinder litten unter entzündlichen Veränderungen in den Kieferhöhlen, sechs Prozent unter Entzündungen am Schädeldach und fünf Prozent unter Knochenmarksentzündungen (Osteomylitis) an den Langknochen. Eine chronische Nasennebenhöhlen-Entzündung und ein Zahnwurzelabszeß, der den Boden der Kieferhöhle durchbrach, verursachten Veränderungen in den Nasennebenhöhlen.

Jedes zehnte Kind von Franzhausen I hatte einen Wasserkopf (Hydrocephalus) ausgebildet, in Gemeinlebarn jedes zwanzigste. Ein Wasserkopf kann durch Steigerung des Hirndrucks im Kindesalter aus unterschiedlichen Ursachen entstehen – beispielsweise durch eine entzündliche Erkrankung der Hirnhäute. 13 Prozent der Verstorbenen von Franzhausen I waren zu ihren Lebzeiten an Hirnhautentzündung (Meningoenzephalitis) erkrankt, die am Schädelknochen poröse feine Knochenauflagerungen hinterließ. Des weiteren kennt man von dort Zahnerkrankungen, degenerative Veränderungen der Wirbel und Gelenke, Knochenbrüche, Schlagverletzungen, Schädelbrüche und Schädeloperationen (Trepanationen).

Die Gebisse der Menschen in Franzhausen I und Unterwölbling sind infolge harter Nahrung teilweise stark abgekaut. Manchmal war der Zahnabschliff bereits so weit fortgeschritten, daß der Wurzelkanal eines Zahnes offenlag. Bei den Erwachsenen litt etwa jeder vierte an Karies (Zahnfäule). Zahnschmelzstörungen (Schmelzhypoplasien) in Form querverlaufender Rillen im Kronenbereich wurden durch eine zeitweilige Mangelversorgung mit bestimmten Mineralsalzen ausgelöst.

Ein mindestens 40 Jahre alter Mann in Franzhausen I erlitt einen Bruch im Bereich des rechten Unterkieferwinkels, der mit einer leichten Fehlstellung verheilte. Dem Bruch war vermutlich ein starker Abbau des Kieferknochens bis auf eine Höhe von nur noch einem halben Zentimeter vorausgegangen. Der Abbau könnte durch einen Weichteiltumor, eine Knochenmarks- oder eine Wurzelhautentzündung bewirkt worden sein.

Bei einer mindestens 20jährigen Frau in Franzhausen I sind die Elle und Speiche des linken Armes etwas oberhalb der Schaftmitte gebrochen. Im Verlauf der Heilung kam es zur Fehlstellung und Auftreibung der Knochen im Bruchbereich und zur Achsenverdrehung. Dadurch dürfte die Beweglichkeit im Handgelenk eingeschränkt worden sein. Brüche beider Unterarmknochen entstehen durch Stürze auf die ausgestreckte Hand oder durch Schläge auf den schützend erhobenen Unterarm (sogenannter Parierbruch).

Zwei Kinder im Alter von vier und acht Jahren in Franzhausen I haben Schläge auf das Scheitelbein, die auf der Innenseite Blutgerinnsel entstehen ließen, längere Zeit überlebt. Ein mindestens 30 Jahre alter Mann von dort überstand einen Schlag auf das linke Scheitelbein. Dagegen waren drei wuchtige Beilhiebe auf das Hinterhaupt und das linke Scheitelbein eines Mannes von Franzhausen I tödlich. Auch in Unterwölbling starb ein Mann nach einem Hieb auf das linke Scheitelbein. Ein anderer Mann von diesem Fundort hatte eine Hiebverletzung am rechten Oberschenkel.

Der Schädel einer etwa 25 bis 30 Jahre alten Frau und der eines drei- bis fünfjährigen Kindes von Franzhausen I sind von einem Medizinmann operiert worden. Beide Eingriffe (Trepanationen) wurden in Schabetechnik durchgeführt. Dabei hat man mit einem scharfkantigen Werkzeug allmählich ein kreisrundes oder ovales Loch in das Schädeldach gekratzt.

Bei der Frau wurde der Eingriff nach einer Schlagverletzung in der Mitte der Stirnregion vorgenommen. Sie hat die Operation mehrere Jahre überlebt. Das Kind wurde nach einer Verletzung am Schädel operiert, wie Spuren eines Blutergusses (Hämatom) an der Innenseite zeigen. Kurze Zeit nach der Operation kam es zu einer Infektion des Wundrandes, und das Kind ist bald darauf gestorben.

Abdrücke von Haut und Haaren an bronzenen Noppenringen aus zwei Gräbern von Gemeinlebarn A beweisen, daß solche Schmuckstücke Zöpfe zusammenhielten. Die Mädchen ab etwa 14 Jahren und die Frauen bedeckten ihr Haupt häufig mit aus Leder oder Stoff angefertigten Kappen. Diese wurden durch mit Ornamenten verzierte Blechbänder aus Bronze festgehalten, die man in der Stirngegend von Toten barg. Ähnliche Blechbänder

Zu den Farbtafeln

11 Körperbestattung einer Frau der frühbronzezeitlichen Unterwölblinger Gruppe (etwa 2000 bis 1600 v. Chr.) mit bronzener Kopfzier und reichem Metallschmuck im Gräberfeld Franzhausen I in Niederösterreich. Die Bestattung wurde 1982 bei Grabungen des Bundesdenkmalamtes Wien entdeckt.

12 Verzierte bronzene Schafthalsaxt des Typs Gemeinlebarn aus der Zeit der Böheimkirchener Gruppe (etwa 1800 bis 1500 v. Chr.) vom Gräberfeld Gemeinlebarn F in Niederösterreich. Länge 24,5 Zentimeter. Original im Urzeitmuseum, Nußdorf an der Traisen.

13 Darstellung eines »Pfahlbaudorfes« an einem schweizerischen See auf einem Ölgemälde des Künstlers Rodolphe Auguste Bachelin (1830 bis 1890) aus dem Jahre 1867. »Pfahlbauten« (Seeufersiedlungen) hat es auch in der Bronzezeit gegeben.

14 Verzierte Scheibennadel der frühbronzezeitlichen Inneralpinen Bronzezeit-Kultur (etwa 2300 bis 1600 v. Chr.) vom Hügel Mutta (Muota) bei Fellers (Falera) im schweizerischen Kanton Graubünden. Länge 83 Zentimeter. Original im Rätischen Museum, Chur.

15 Bernsteinperle mit Goldfassung aus der jüngeren Frühbronzezeit (etwa 1800 bis 1600 v. Chr.) von der Seeufersiedlung Zürich-Mozartstraße am Zürichsee. Durchmesser etwa drei Zentimeter. Original im Schweizerischen Landesmuseum, Zürich.

△ 11   ▽ 12   13 ▷

△ 14

▽ 15

schmückten den Halsausschnitt der Kleidung, die aus Schafwolle hergestellt wurde. Ein tönerner Spinnwirtel aus Unterwinden belegt das Spinnen von Schafwolle.

Anhand mancher Funde aus dem Gräberfeld Gemeinlebarn A ließ sich die Kleidung gut rekonstruieren. So stammte ein zwei Zentimeter breites, nicht mehr konservierbares Band aus Bronzeplättchen am Schädel wohl eher vom Kantenbesatz einer Kappe als von einem durchgehenden Stirnband (»Diadem«). Auch ein 1,9 Zentimeter breites Blechband aus einem anderen Grab könnte der Kantenbesatz einer Kappe gewesen sein.

Die Kleidungsteile wurden durch Nadeln aus Knochen oder Bronze zusammengehalten. Die Nadeln befanden sich fast immer in der Brustregion und hatten an ihrem Kopf eine Aufhängevorrichtung. Die Knochennadeln waren durchbohrt und die Bronzenadeln mit einer Schlaufe, Hülse oder Durchbohrung versehen, um die Nadeln mit einem Faden am Gewand befestigen und einen Verlust vermeiden zu können. Offenbar hat man die Nadeln immer mit dem Kopfende zum Gesicht gewandt getragen.

Die Kleidung wurde überwiegend in der Taillengegend gegürtet. Darauf deuten Bronzeblechreste hin, die als Besatz eines Ledergürtels gedient haben dürften. Diese Bronzeblechreste waren meistens so an zwei Kanten umgefalzt, daß sie auf eine flache rechteckige Unterlage geschoben werden konnten.

Anhänger in Form von durchbohrten Knochenstücken, V-förmigen Knöpfen, Tierzähnen, Muschelschalen und Schneckengehäusen sowie Knochenringen markierten manchmal die Kanten von Gewandteilen. Sie geben Auskunft darüber, wie die damalige Garderobe geschnitten war.

In einem Grab von Gemeinlebarn A fielen zwei Reihen von 30 Hundezähnen und 67 Knochenanhängern auf, die von der Achsel bis zum Bauch des Toten reichten. Dabei handelte es sich wohl um den Kantenbesatz einer offenen Jacke oder eines Umhangs. Bei einem anderen Toten von dort bedeckten 386 Gehäuse der Täubchenschnecke *(Columbella rustica)* und 84 knöcherne Anhänger den Hals, die Schultern und die Brust. Diese Besatzstücke verzierten die Kanten eines um den Hals herumgeführten und auf der Brust zusammenlaufenden Gewandes. Bei weiteren Bestattungen von Gemeinlebarn A wurde durchbohrter Zahnschmuck in der Hals-, Brust- und Bauchgegend gefunden.

Die Unterwölblinger Leute siedelten vor allem entlang der Donaunebenflüsse Enns, Ybbs, Melk, Fladnitz, Traisen und Große Tulln. Manchmal reihten sich die Gehöfte am Flußufer regelrecht wie an einer Kette auf. Sie waren auf Niederterrassen etwa acht bis zehn Meter über der Flußniederung in vor Hochwasser geschützter Lage errichtet worden.

In Franzhausen[2] wurden Reste eines Gehöfts aus dieser Zeit entdeckt, das etwa 300 Meter vom Gräberfeld Franzhausen I entfernt lag. Bei dem Komplex handelt es sich um Lehmentnahme-, Speicher- und Abfallgruben sowie um Grundrisse zweier kleinerer Wirtschaftsbauten und zweier Langhäuser von 17 Meter Länge und acht Meter Breite. Die Wirtschaftsgebäude wurden vermutlich für die Lagerung von Vorräten und für handwerkliche Arbeiten benutzt. Dagegen gelten die Langhäuser als Wohnbauten.

In den geräumigen Langhäusern des Gehöfts identifizierte man Feuerstellen und kleine Pfostenlöcher. Diese rührten möglicherweise von Holzregalen her, auf denen Tongefäße standen und Hausrat lag. Hüttenlehmbrocken aus den erwähnten Gruben belegen Flechtwände mit Lehmbewurf. Als Besitzer solcher

Rekonstruktion einer Frauentracht aus der Zeit der Unterwölblinger Gruppe. Sie basiert auf Schmuckfunden aus einem Grab des frühbronzezeitlichen Gräberfeldes von Franzhausen I im Traisental in Niederösterreich.

Anwesen in der Gegend von Franzhausen nimmt man Großbauern an, die womöglich eine wichtige Rolle bei Tauschgeschäften mit Metall spielten.

Reste von zweischiffigen Langhäusern in Pfostenbauweise wurden in Oberndorf/Ebene bei Herzogenburg[3] gefunden. Diese Gebäude waren gut 20 Meter lang und sechs Meter breit. Man hatte sie teilweise von Südwesten nach Nordosten oder von Nordwesten nach Südosten ausgerichtet. Die Funde aus den Pfostenlöchern und Siedlungsgruben stammen überwiegend aus der Frühbronzezeit.

Die Bauern von Franzhausen I hielten Schafe, Ziegen, Rinder und Schweine als Haustiere. Hunde sind dort und im Gräberfeld von Gemeinlebarn A anhand von Zahnschmuck nachgewiesen.

Tönerne Tasse aus der Zeit der Unterwölblinger Gruppe (etwa 2000 bis 1600 v. Chr.) – ein Ledergefäß nachahmend – aus Trasdorf in Niederösterreich. Höhe der Tasse acht Zentimeter. Original im Museum der Stadt Tulln.

In Krems fand man das Schädelfragment eines erwachsenen Hundes. Knochenrelikte von Schafen oder Ziegen und der Eckzahn eines männlichen Schweines wurden im Gräberfeld von Ossarn geborgen. Im Gräberfeld von Unterwölbling kam ein Pferdezahn zum Vorschein.

Zur Nahrung gehörten außer Speisen aus Getreidemehl, der Milch von Ziegen und Rindern, dem Fleisch von geschlachteten Haustieren auch Wildbret, das Fleisch von Flußmuscheln und möglicherweise auch Beeren von wildwachsenden Weinreben. Milchprodukte hat man nach Ansicht mancher Prähistoriker mit tönernen Siebgefäßen hergestellt, wie sie in Kindergräbern von Franzhausen I lagen. Zahnschmuck aus Gemeinlebarn ist ein Indiz für die Jagd auf Rothirsche (*Cervus elaphus*), Wölfe (*Canis lupus*) und Braunbären (*Ursus arctos*). Reste von gesammelten Flußmuscheln wurden unter den Grabbeigaben von Franzhausen I identifiziert. Ein Samenfund aus einem Grab von Franzhausen II deutet darauf hin, daß auch Beeren von Wildem Wein (*Vitis sylvestris*) gesammelt und verzehrt worden sein könnten.

Die Töpfer der Unterwölblinger Gruppe modellierten Tassen, Schüsseln, Henkeltöpfe, Krüge und Siebgefäße. Besonders typisch war die sogenannte Unterwölblinger Tasse mit halbkugeligem Bauch und hohem Hals.

Im Grab 205 von Franzhausen lag ein tönernes »Brotlaib-Idol« (s. S. 67) zusammen mit einem bronzenen Pfriem oberhalb der linken Beckenregion eines Toten. Da das Grab und das »Brotlaib-Idol« nach Ansicht des Ausgräbers Johannes-Wolfgang Neugebauer nicht gleichen Alters sind, ist das »Idol« möglicherweise einem späteren Grabräuber aus der Tasche gerutscht. Der Franzhausener Fund ist mit »strahlenförmigen« Einstichen und zwei kleinen Grübchen versehen. Ein »Brotlaib-Idol« von Schiltern-Burgstall in Niederösterreich mit Muscheleindrücken könnte ebenfalls aus der Zeit der Unterwölblinger Gruppe, aber auch aus der Větěrov-Kultur (s. S. 134) stammen.

Im Gegensatz zu den damals im nördlichen Niederösterreich ansässigen Metallhandwerkern der Aunjetitzer Kultur (s. S. 99), die den Guß bevorzugten, haben die Unterwölblinger Leute ihre Werkzeuge, Waffen und Schmuckstücke meistens geschmiedet. Typische Erzeugnisse von ihnen sind mit Punkten verzierte Objekte aus Kupfer- und Bronzeblech.

Zu den metallenen Werkzeugen gehörten bronzene Pfrieme und Meißel. Die Bronzepfrieme werden unterschiedlich als Eßbestecke (Spießchen), Tätowiernadeln oder als Geräte zur Verzierung von Knochen- und Bronzeobjekten gedeutet. Mit den Bronzemeißeln sollen Knochen- und Bronzeobjekte bearbeitet worden sein. Solche Meißel und Pfrieme sind aus dem Gräberfeld Gemeinlebarn A bekannt. Aber auch Werkzeuge aus Stein und Geweih waren noch in Gebrauch. In Gemeinlebarn A fand man eine Beilklinge aus Hornblendeschiefer zur Holzbearbeitung, eine Hirschgeweihhacke und ein Gerät unbekannter Funktion aus dem Zahn eines Braunbären.

Bei den metallenen Waffen handelte es sich um bronzene Dolche und Randleistenbeile, die als Streitäxte gehandhabt wurden. Bronzedolche fanden sich vor allem in Gräbern von Männern, manchmal aber auch in jenen von Kindern und Frauen. In Männergräbern war der Dolch wohl als echte Waffe gedacht, in Kindergräbern als Würdezeichen vornehmer Knaben und in Frauengräbern, wo er bei den Speisegaben lag, als Fleischmesser. Die Dolche weisen gelegentlich eine verzierte Klinge auf. Bronzene Streitäxte kamen in den Gräberfeldern Franzhausen I und II zum Vorschein.

Die in Franzhausen I und II geborgenen Beigaben für die Toten belegen, daß die Steinwaffen von jenen aus Bronze noch nicht ganz verdrängt worden waren. Im ersteren Friedhof barg man zwölf bronzene Beilklingen, Bronzedolche, aber auch zwei Armschutzplatten aus Sandstein für Bogenschützen, vier Steinbeile und eine tönerne Miniaturaxt in einem Kindergrab.

Außer dem Kupfer aus fernen Gegenden wechselten bei Tauschgeschäften auch Schneckengehäuse, Bernstein- und Goldschmuck den Besitzer. Die in Gemeinlebarn A entdeckten Schneckengehäuse der Art *Columbella rustica* stammen vom Mittelmeer. Die Gehäuse der Zahnschnecke *Dentalium* von Gemeinlebarn A können am Mittelmeer oder an der Nordsee aufgelesen worden sein. Der Bernstein aus Franzhausen I wurde an der Ostsee aufgesammelt. Das Gold von Franzhausen I hat man in Siebenbürgen gewonnen, worauf Spektralanalysen des Metalls und östliche Formen des Goldschmucks hinweisen.

Manchmal haben die Metallhändler auf dem Weg zu den Abnehmern ihrer Tauschwaren Verstecke angelegt und diese später nicht mehr aufgesucht beziehungsweise gefunden. Zwei solcher Metalldepots wurden in Ragelsdorf entdeckt. Zum 1972

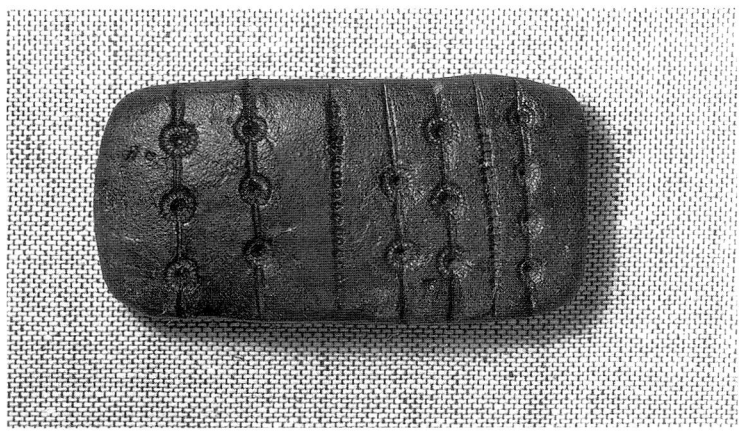

Tönernes »Brotlaib-Idol« mit »strahlenförmigen« Einstichen aus dem Gräberfeld Franzhausen II in Niederösterreich. Seine Funktion ist umstritten. Länge des Objektes 7,2 Zentimeter. Original im Urzeitmuseum, Nußdorf an der Traisen.

geborgenen Depot gehören Ringbarren, Spiralarmreifen und Randleistenbeile. Das 1985 aufgespürte Depot enthält 152 Ösenhalsreifen und sieben Spiralarmreifen im Gesamtgewicht von 35 Kilogramm, die vermutlich in einem Ledersack aufbewahrt wurden. Die Ringbarren waren mit Schnüren zusammengebunden.

Aufgrund genauer Untersuchungen der Schmuckbeigaben in den Gräbern von Männern und Frauen ermittelte die Zürcher Prähistorikerin Margarita Primas eine ältere und eine jüngere Kombination des Schmucks. So gehörten zur älteren Trachtkombination der Frauen paarweise getragener Schläfenschmuck (meistens aus Draht), Halsschmuck aus verschiedenen Materialien (beispielsweise Anhänger aus dem Gehäuse der Zahnschnecke *Dentalium*), gelegentlich Besatz der Kleidung und selten Nadeln.

Die jüngere Trachtkombination der Frauen umfaßte dagegen Bronzeschmuck für den Kopf, den Hals, die Schultern, Arme und Hände. Als Neuheit gelten kleine Schleifenringe als Fingerschmuck, Bronzeperlen und Blechröhrchen im Halsschmuck, in dem die Gehäuse der Zahnschnecke *Dentalium* jetzt fehlen, und Ösenhalsringe. Nadeln erfreuten sich nun größerer Beliebtheit. Knochennadeln kamen vor allem in beigabenarmen Frauen- oder Kindergräbern zum Vorschein, Metallnadeln in gut ausgestatteten Gräbern.

Zur älteren Trachtkombination der Männer gehörten geringfügige Beigaben aus Metall- und sonstigem Schmuck. Spiral- oder Schläfenringe lagen meistens nur an einer Seite des Kopfes. Beim Besatz der Kleidung überwogen Knochenobjekte.

Bei der jüngeren Trachtkombination der Männer fällt auf, daß nun auch einzelne Personen üppig mit Schmuck versehen wurden, obwohl dies sonst ein besonderes Kennzeichen der Frauengräber war. In den reichen Männergräbern hatten es Grabräuber fast nur auf den Metallschmuck abgesehen.

Die außerordentliche Formenvielfalt des Schmucks spiegelt sich eindrucksvoll im Gräberfeld Gemeinlebarn A wider. Dort fand man bronzene Nadeln, Kleidungsbesatzstücke, Kopfschmuck, Noppenringe, goldene Ohrringe, Halsketten mit Anhängern aus Bronze, Muschelschalen, Schneckengehäusen, Tierzähnen, Perlmutt, Tierknochen, Knochenringen und -scheiben, Ösenhalsringe, Arm- und Fingerschmuck.

In Gemeinlebarn A wurden sechs verschiedene Formen von bronzenen Nadeln zum Zusammenhalten von Kleidungsteilen und als deren Schmuck entdeckt. Sie sind jeweils nach der Gestaltung ihres oberen Endes benannt: Rollen-, Ruder-, Scheiben-, Schleifen-, Spiral- und Kugelkopfnadeln. Die Schleifennadel wird auch als »zyprische Schleifennadel« (s. S. 46) bezeichnet.

Als Besatzstücke der Kleidung wurden in Gemeinlebarn A Blechtutuli, Brillenspiralen und Wellenbleche nachgewiesen. Bei den Blechtutuli handelt es sich um kegelförmige Bleche von bis zu zwei Zentimeter Breite und 1,4 Zentimeter Höhe, die am Rand an zwei Stellen durchbohrt sind, um sie aufnähen zu können. Brillenspiralen bestanden aus Bronzedraht, der zu zwei gleichgroßen flachen, brillenähnlich miteinander verbundenen Spiralscheiben zusammengerollt war. Die maximal vier Zentimeter breiten Wellenbleche hat man aus Blechstreifen geschaffen, die wellenartig zusammengebogen und an den Kanten röhrchenförmig aufgerollt wurden.

Als typischer Kopfschmuck von Gemeinlebarn A gilt ein zwei bis 3,2 Zentimeter breites Bronzeblechband (»Diadem«). Es umgab den Kopf, war an beiden Längskanten mit einer eingepunz-

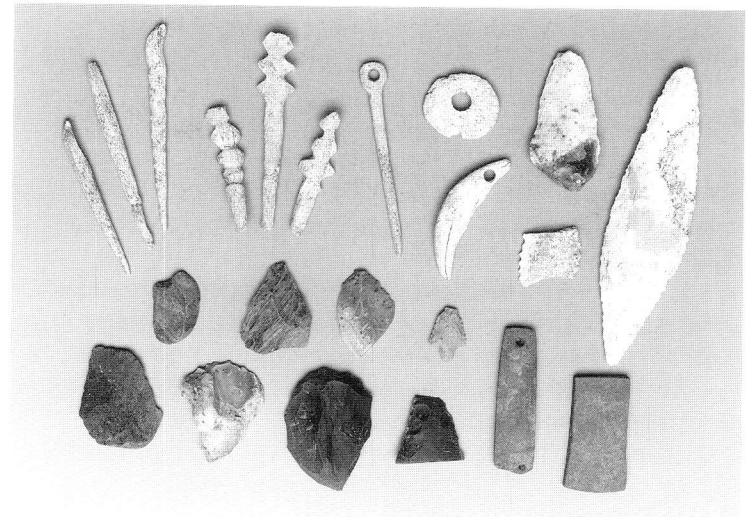

Knochen- und Steinobjekte – vor allem verschiedene Knochennadeln und ein Feuersteindolch (rechts oben) – aus dem frühbronzezeitlichen Gräberfeld Franzhausen II in Niederösterreich. Originale im Urzeitmuseum, Nußdorf an der Traisen.

ten Punktreihe verziert und diente einst als Randbesatz einer Kappe. Solche »Diademe« wurden auch in Gedersdorf bei Krems, Spitz und Unterwölbling gefunden.

Die in Gemeinlebarn A geborgenen Noppenringe hielten überwiegend die Frisuren der Frauen und Kinder zusammen, in Männergräbern waren solche Schmuckstücke eine Rarität. Sie bestehen aus Bronzedraht, der spiralförmig um einen runden Gegenstand gewickelt wurde. Dabei hat man den runden Draht einfach oder doppelt genommen.

Den seltenen Fund von drei goldenen Ringen in einem Grab von Gemeinlebarn A deutet der deutsche Prähistoriker Eckehart Schubert als Ohrschmuck. Besonders viele Schmuckstücke aus Gold kamen im Gräberfeld Franzhausen I zum Vorschein.

Beim Halsschmuck hatten die Leute von Gemeinlebarn A die Qual der Wahl. Es gab nämlich Halsketten mit Bronzeperlen, Bronzeblechröhrchen, Spiralröllchen, Muschelschalen, Gehäusen von Zahnschnecken (*Dentalium*), Tierzähnen, Perlmutt- und Knochenstücken als Anhänger sowie bronzene Ösenhals-

Zwei von den sieben Spiralarmreifen aus dem Depot 2 von Ragelsdorf in Niederösterreich. Höhe der sieben Spiralarmreifen 8,1 bis 8,9 Zentimeter, Gewicht 179 bis 205 Gramm. Originale im Historischen Museum der Stadt Sankt Pölten.

ringe. An den Halsketten hingen meistens nur Anhänger einer einzigen Sorte. Ob die Ketten ein- oder zweireihig waren, läßt sich nicht sagen.

Die Bronzeperlen wurden tonnenförmig gegossen und in der Mitte mit einer Öffnung versehen, durch die man sie auffädeln konnte. Das für die Anfertigung von Bronzeblechröhrchen verwendete Blechband war ebenso breit wie das der »Diademe« und Gürtelbeschläge. Man rollte die Bänder so der Länge nach auf, bis sie die Längskanten merklich überragten. Dagegen wurden die Spiralröllchen aus Bronzedraht geschaffen.

Die in Gemeinlebarn A nachgewiesenen Anhänger von Halsketten aus Schneckengehäusen stammen von im Mittelmeer lebenden Arten von Täubchenschnecken (*Columbella rustica*), Turmschnecken (*Cerithium*) und Herzmuscheln (*Cardium*). Auch die Anhänger aus den Gehäusen von Zahnschnecken scheinen am Mittelmeer aufgesammelt worden sein, wo die Art *Dentalium vulgare* vorkommt. Allerdings gab es in der Nordsee die ähnlich aussehende, artverwandte Röhrenschnecke (*Dentalium dentale*).

Die Anhänger für Halsketten aus Tierzähnen von Gemeinlebarn A gewann man aus Schneide- oder Eckzähnen vom Hund, Wolf oder Braunbär, die durchbohrt wurden. Als Rohmaterial für langgestreckte trapezförmige Anhänger diente das Perlmutt von Muschelschalen oder Tierknochen. Solche Anhänger aus Gemeinlebarn A waren 1,8 bis 3,2 Zentimeter lang und am schmaleren Ende häufig abgerundet und durchbohrt. Die Knochenringe oder -scheiben aus Gemeinlebarn A haben einen Durchmesser von 1,5 bis 3,8 Zentimetern.

Bei den massiven Ösenhalsringen von Gemeinlebarn A wurden die sich verjüngenden Enden plattgehämmert und zu einer Öse zusammengerollt. Anders als bei den Versteckfunden sind die Ösenhalsringe aus Gräbern immer sehr sorgfältig bearbeitet und haben eine glatte Oberfläche.

Als Armschmuck trug man in Gemeinlebarn A unter anderem Ringe aus Bronzedraht, Spiralarmbänder und offene Armringe. Die Spiralarmbänder wurden aus drei bis sechs Millimeter breiten Bronzebändern mit mindestens zwei bis maximal sechs Windungen zusammengerollt. Die massiv gegossenen Armringe waren offen und hatten sich verjüngende, spitzrund gestaltete Enden. Die Armbänder und -ringe wurden – wie anhand der Bestattungen in Gemeinlebarn A ersichtlich war – links, rechts oder beidseitig an Unter- oder Oberarm getragen.

Fingerringe aus Bronzedraht mit einem Durchmesser von 1,5 bis 2,5 Zentimetern, wie sie aus Gemeinlebarn A vorliegen, schmückten eine oder beide Hände. Manchmal prangten sie an mehreren Fingern.

Noch viel reicher und vielfältiger als jener von Gemeinlebarn A ist der Schmuck aus dem Gräberfeld von Franzhausen I. Dort stellte sich bei den Ausgrabungen heraus, daß die Kinder mit den gleichen Schmuckstücken wie die Erwachsenen ausstaffiert waren – allerdings in kleinerer Ausführung. Zum Fundgut von Franzhausen I gehören unter anderem 128 bronzene Schmucknadeln, 22 Ösenhalsreife, 73 Armreife, zwei Fußreife, mehr als 50 Fingerringe sowie Knochen-, Muschel-, Schnecken-, Bernstein-, Glas- und Goldschmuck.

Als besonders herausragende Schmuckstücke von Franzhausen I gelten drei prächtige, aus Bronzeblech angefertigte Damenhutzierden (s. S. 113) und 19 goldene Lockenringe aus Gräbern von Männern und Jungen. Die Damenhutzierden in umgekehrter V-Form kamen in Gräbern von vornehmen Frauen zum Vor-

Schmuck einer reichen Frau aus Grab 110 des frühbronzezeitlichen Friedhofes Franzhausen I in Niederösterreich: Kopfzierde aus Bronzeblech, Stirnblech, Noppenringe, Ösenhalsreif, Gewandbleche und Schleifenkopfnadel. Originale im Urzeitmuseum, Nußdorf an der Traisen.

schein. Man hatte sie aus zwei großen, in der Mitte abgewinkelten Bronzeblechstreifen mit eingerollten Enden zusammengefügt. Miteinander verbunden wurden die beiden Teile durch zahlreiche U-förmig gebogene und dachziegelartig übereinandergelegte Lamellen. Solche »Kunstwerke« schmückten den oberen Bug von Hüten, die »Zweispitzen« ähnelten.

Die Damenhutzierden von Franzhausen sind am Rand mit Reihen von kleinen Buckelchen versehen, die durch Einstiche auf der Rückseite herausgedrückt wurden. In der Mitte ihrer Längsachse sind kreuzartige Symbole zu erkennen, die stark abstrahierte menschliche Figuren mit ausgebreiteten Armen symbolisieren könnten. Auch in einem Frauengrab von Unterwölbling wurde eine Damenhutzierde geborgen. Diese hat 1935 der Wiener Prähistoriker Kurt Willvonseder (1903–1968) irrtümlich als Kammaufsatz eines Helms (Helmcrista) betrachtet.

Ungewöhnliche Schmuckstücke lagen in manchen Gräbern von Franzhausen II. Dort barg man einen sternförmigen Bernsteinanhänger und zwei jeweils 5,3 Zentimeter große Goldscheiben mit kreuzförmigen Linienornamenten. Mit den Goldscheiben hatte man überdimensionale Knöpfe aus organischem Material überzogen. Sie prangten auf der Stirnseite von Lederkappen, die von Frauen getragen wurden.

Eine große Seltenheit unter den Schmuckstücken waren blaue Glasperlen. Derartige Kostbarkeiten kamen unter den Grabbeigaben auf dem Spielberg bei Melk[4] ans Tageslicht. Solche Pretiosen dürften importiert worden sein.

Die Toten der Unterwölblinger Gruppe wurden in der gleichen Ausrichtung wie zuvor die jungsteinzeitlichen Glockenbecher-Leute bestattet. Man legte die Männer auf die linke Körperseite mit dem Kopf im Norden und den Beinen im Süden. Dagegen bettete man die Frauen auf die rechte Körperseite mit dem Kopf im Süden und den Beinen im Norden. Sowohl bei Männern als auch bei Frauen war das Gesicht dem Osten zugewandt. Ähnlich verfuhr man je nach Geschlecht bei den Kindern.

Die Gräberfelder Franzhausen I und II der Unterwölblinger Gruppe gehören derzeit mit insgesamt mehr als 2100 Beisetzungen zu den größten frühbronzezeitlichen Friedhöfen Mitteleuropas. Auf dieses riesige Areal im Traisental wurde man beim Bau der Schnellstraße S33 von Krems nach Sankt Pölten aufmerksam.

Bei den Ausgrabungen in Franzhausen I durch das Bundesdenkmalamt von 1981 bis 1983 unter der Leitung des Wiener Prähistorikers Johannes-Wolfgang Neugebauer sind dort insgesamt 714 Bestattungen freigelegt worden. Dieses Gräberfeld ist 220 Meter lang und 140 Meter breit. Es wurde von mehreren Familien, deren Gesamtkopfzahl auf etwa 30 Personen geschätzt wird, jahrhundertelang als Friedhof benutzt. Man hat die Gräber durchschnittlich etwa 1,30 Meter tief ausgehoben. Es gab aber – wie erwähnt – je nach sozialem Status auch deutlich flachere und tiefere Gräber. Darüber schüttete man niedrige Erdhügel auf und markierte das Kopfende mit einem Pfosten.

In Franzhausen I wurden die Verstorbenen überwiegend einzeln beigesetzt. Doppel- oder Mehrfachbestattungen waren Ausnahmen. Lagen mehr Verstorbene als einer im Grab, so sind diese Menschen zu unterschiedlichen Zeiten beerdigt worden. Nur im Grab 599 hatte man drei Tote gleichzeitig zur letzten Ruhe gebettet. In einem anderen Grab wurde eine schwangere Frau mit den Knochen des Fötus im Unterleib gefunden. Manchmal ruhten die Toten in Baumsärgen aus halbierten Baumstämmen. Etwa zwei Drittel der Gräber von Franzhausen I enthielten Tongefäße als Beigaben, von denen die Tassen und Töpfe vermutlich mit Getränken sowie die Schalen und Schüsseln mit Speisen gefüllt waren. Jedem fünften der dort Bestatteten hatten die Hinterbliebenen Fleischstücke von Ziegen, Schafen, Rindern oder Schweinen als Wegzehrung für das Jenseits mit ins Grab gelegt. Am häufigsten wählte man hierfür Fleisch von Ziegen oder Schafen. In zwei Gräbern lagen Flußmuscheln als Proviant.

Etwa 300 Meter vom Gräberfeld Franzhausen I entfernt liegt der ebenfalls aus der Zeit der Unterwölblinger Gruppe stammende Friedhof Franzhausen II. Dort wurden von 1985 bis 1994 unter der Leitung von Johannes-Wolfgang Neugebauer mehr als 1400 Hockergräber freigelegt. Die Bestattungen der Oberschicht sind durch Steinumstellungen und -abdeckungen geschützt. Ein Grab wird durch eine 1,20 Meter hohe steinerne Stele markiert. Zum Friedhof Franzhausen II gehörte auch ein neun Meter langes und drei Meter breites Vorhallenhaus mit jeweils zwei seitlichen Eingängen. Dieses Gebäude spielte vielleicht bei den Totenfeiern eine Rolle.

Für eine kleine Gräbergruppe im Friedhof Franzhausen II wurde zunächst die Bezeichnung »Franzhausen III« gewählt. Dort umgibt den Bestattungsplatz der Frühbronzezeit eine große, locker belegte Zone mit Gräbern der Böheimkirchener Gruppe der Věteřov-Kultur (s. S. 134).

Bis zur Entdeckung der Gräberfelder Franzhausen I und II galt der Friedhof Gemeinlebarn A als der größte Bestattungsplatz der Unterwölblinger Gruppe. In Gemeinlebarn A wurden von 1885 bis 1923 insgesamt 162 Gräber freigelegt. Die Grabgruben waren oval bis rechteckig, 1,20 bis 2,50 Meter lang und 70 Zentimeter bis 1,50 Meter breit; Kindergräber hatten bescheidenere Maße. Auch in Gemeinlebarn A hob man die Gräber für die Wohlhabenden tiefer aus als für die Armen. So reichte das Grab eines vornehmen Toten 2,80 Meter tief in den Boden.

Die wertvollen Metallbeigaben in den Gräbern von Gemeinlebarn A und Franzhausen I hatten die Gier von Grabräubern geweckt. Im Friedhof Gemeinlebarn A war etwa jedes dritte Grab geplündert worden. Dies schloß man aus den Grünfärbungen an Skeletten, die von ehedem dort befindlichen metallenen Schmuckstücken verursacht wurden. In Franzhausen I blieben nur wenige Gräber von den Frevlern verschont. Bei den Grabräubern könnte es sich nach Vermutungen des Prähistorikers Johannes-Wolfgang Neugebauer um nichtseßhafte Außenseiter der Gesellschaft gehandelt haben, die in Banden auftraten.

Die Plünderungen wurden den Räubern dadurch erleichtert, daß die Gräber oberirdisch am Schädelende der Verstorbenen durch Pfähle oder Steinstelen markiert waren und sie daher nicht lange nach den Schädeln und Oberkörpern suchen mußten, wo die Mehrzahl der Metallbeigaben zu finden war. Beim Durchwühlen der Gräber rissen die Räuber rücksichtslos nicht nur Skelette, sondern auch unverweste Leichen aus den Gruben, um der Schmuckstücke besser habhaft zu werden. Von vielen Bestattungen wurden nach der Fledderei Schädel oder Skelettreste des Körpers in benachbarte Gräber geworfen.

Etwa einen Kilometer westlich des Gräberfeldes Gemeinlebarn A erstreckte sich der als Gemeinlebarn B bezeichnete Friedhof, der ebenfalls zur Unterwölblinger Gruppe gehörte. Ein Teil die-

Grundriß eines Vorhallenhauses vom Gräberfeld Franzhausen II in Niederösterreich. Vielleicht spielte das Gebäude bei Totenfeiern eine Rolle. Das Vorhallenhaus war neun Meter lang, drei Meter breit und hatte zwei seitliche Eingänge.

ses Gräberfeldes, am Rand einer Schottergrube gelegen, wurde von Ambros Zündel (1846–1905), dem damaligen Gemeinlebarner Schulleiter, zwischen 1890 und 1899 nach und nach ergraben, wobei 24 Gräber zum Vorschein kamen. Der Fundort Gemeinlebarn C umfaßte ein jungsteinzeitliches Brandgrab und bronzezeitliche Streufunde. Das Gräberfeld F (s. S. 137) mit dem Fundort E ist jünger als die Unterwölblinger Gruppe.

Weitere Friedhöfe der Unterwölblinger Gruppe kennt man aus Sankt Pölten/Unterradlberg[5] (264 Bestattungen), Ossarn[6] (mindestens 75 Gräber), Pottenbrunn[7] (74 Bestattungen), vom namengebenden Fundort Unterwölbling[8] im Fladnitztal (51 geborgene Gräber, das Gräberfeld war ursprünglich viel größer), Melk-Spielberg[9] (31 Gräber erfaßt), Oberndorf/Ebene[10] (26 Bestattungen) und aus Spitz an der Donau[11] (sieben Gräber).

Neben Bestattungen in Gräbern von auf natürliche Weise Verstorbenen gab es auch solche von gewaltsam ums Leben gekommenen Menschen in Siedlungsgruben. Derartige aus dem üblichen Rahmen fallende Funde wurden in Oberndorf/Ebene und in Franzhausen zutage gefördert. Sie belegen, daß es im Alltag der Unterwölblinger Leute nicht immer friedlich zuging.

In einer Siedlungsgrube von Oberndorf/Ebene[12] lagen ein etwa 50 Jahre alter Mann und eine mindestens 18jährige Frau, die beide von etlichen Angreifern erschlagen worden waren. Wie pickelartige Hiebspuren zeigen, hatten die Täter ihre Opfer mit den stumpfen Seiten von Streitäxten beziehungsweise Streitmeißeln umgebracht. Aufgrund der benutzten Waffen und mitgefundenen Keramiken wird diese Sonderbestattung an das Ende der Unterwölblinger Gruppe beziehungsweise an den Beginn der Böheimkirchener Gruppe der Věteřov-Kultur datiert.

Der Wiener Anthropologe Emil Breitinger stellte am Schädel des Mannes ein Dutzend schwere Verletzungen mit tödlichem Ausgang fest. Außerdem hatte man ihm anscheinend die Frontzähne des Oberkiefers ausgeschlagen. Nachdem die junge Frau unter wuchtigen Schlägen auf den Kopf auf die linke Körperseite zusammengebrochen war, prügelten die Angreifer in sinnloser Wut auf ihre rechte Kopfseite ein und zertrümmerten den Hirnschädel.

Der alte Mann und die junge Frau von Oberndorf/Ebene wurden entweder bei einem Überfall durch Fremde ermordet, oder sie fielen einer Bestrafungsaktion durch eigene Leute zum Opfer. Vielleicht sind sie beim Ehebruch ertappt und deswegen umgebracht worden. Danach hat man beide in einer Siedlungsgrube bestattet. Der Mann lag auf der linken Körperseite und die Frau rechts neben ihm auf dem Bauch, wobei es so aussieht, als ob sie ihn noch im Tode umarmen würde.

Frauengrab der Unterwölblinger Gruppe mit Rinderkiefern zu Füßen der Bestatteten aus dem frühbronzezeitlichen Gräberfeld Franzhausen II in Niederösterreich. Das Grab wurde 1991 bei Ausgrabungen durch das Bundesdenkmalamt Wien freigelegt.

Auf gewaltsame Weise ist auch ein ungefähr 30 Jahre alter Mann ums Leben gekommen, der in einer Abfallgrube von Franzhausen lag. Sein Schädel trägt Spuren von Schlägen, und das Skelett ist unvollständig und zerstückelt. Es fehlen die Rippen, der rechte Arm und die unteren Teile der Beine. Den Körper dieses bedauernswerten Menschen hatte man offenbar nach dem Tod zerteilt, und die fehlenden Partien dürften verspeist worden sein. Rituell motivierter Kannibalismus war in der Bronzezeit gang und gäbe.

Gute Beziehungen zum Nachbarn
Die Wieselburger Kultur

Östlich des Wienerwalds im südlichen Niederösterreich, im Gebiet des Neusiedler Sees im nördlichen Burgenland sowie in Westungarn und in der Südwestslowakei existierte von etwa 2000 bis 1600 v. Chr. die Wieselburger Kultur. Sie wurde 1921 durch den an der Universität Wien lehrenden Prähistoriker Oswald Menghin (1888–1973, s. S. 446) nach dem östlich vom Neusiedler See gelegenen westungarischen Komitat Wieselburg (ungarisch: Moson) benannt. Dort hatte man 1887 die ersten Gräber in Mosonszenjános und 1897 bei Gattendorf[1] (ungarisch: Gáta) entdeckt.

Selbst Oswald Menghin sprach diese neue Keramikform 1915 zunächst als Gattendorfer Typus an. Die ungarische Forschung ist bis heute dabei geblieben und verwendet die Begriffe Gáta-Typus, Gáta-Gruppe und Gáta-Kultur[2]: so zum Beispiel in zusammenfassenden Arbeiten von Kálmán von Miske (1860 bis 1943), Pál Patay und István Bóna. Dagegen hat sich der Name Mosonska-Kultur[3] nicht behaupten können.

Die Untersuchung der im Gräberfeld von Hainburg-Teichtal (Niederösterreich) bestatteten Menschen ergab, daß dort die Männer bis zu 1,68 Meter und die Frauen bis zu 1,50 Meter groß wurden. Nach einer inzwischen als überholt angesehenen Meinung hatte ein Teil der in Hainburg-Teichtal beerdigten Toten fremdartige Flachgesichter. Es sollte sich bei ihnen angeblich um Mischlinge zweier Kulturen oder um Einwanderer aus dem Osten beziehungsweise Südosten gehandelt haben.

Umstritten ist die 1986 vorgetragene Theorie des Prähistorikers Wilfried Hicke aus Eisenstadt, der meinte, die Wieselburger Kultur sei nicht aus der vorhergehenden Leithaprodersdorf-Gruppe (s. S. 96) hervorgegangen, sondern sie sei eine neue eigenständige Entwicklung. Demzufolge wären die Angehörigen der Wieselburger Kultur ins Burgenland und nach Niederösterreich eingewandert.

Im zur Wieselburger Kultur gehörenden Gräberfeld von Hainburg-Teichtal wurden im Gegensatz zu Friedhöfen der Unterwölblinger Gruppe nur etwa halb so viele Kinder bestattet – nämlich rund 15 statt der sonst üblichen 30 Prozent. Das jedenfalls glaubte der Wiener Anthropologe Wilhelm Ehgartner (1914–1965) herausgefunden zu haben, der den Anteil von Jugendlichen mit weiteren 15 Prozent und den von Erwachsenen mit rund 70 Prozent bezifferte. Seine Erkenntnisse werden heute bezweifelt, weil – wie man mittlerweile weiß – bei der Ausgrabung der Skelettreste in Hainburg-Teichtal häufig die schlechter erhaltenen Kinderskelette nicht geborgen wurden.

Das Wissen über die Kleidung zur Zeit der Wieselburger Kultur ist bescheiden. Eine im Joiser Grabhügel II bestattete Frau und ein Jugendlicher trugen am Kopf je eine Knochennadel, die als Haarschmuck oder zum Festhalten einer Haube oder eines Tuches diente. In Frauengräbern stellte sich mehrfach heraus, daß der Mantel oder Umhang an der Schulter durch zwei Nadeln zusammengefaßt wurde. Eine im Joiser Grabhügel II geborgene Knochenscheibe wird als Besatz eines Gürtels oder einer Tasche gedeutet.

Von den ehemaligen Siedlungen zeugen meistens nur Keramikreste oder Gruben. Durch solche Hinterlassenschaften sind in Fischamend bei Schwechat[4], Mannersdorf am Leithagebirge[5], Schwechat[6], Sommerein[7] (alle in Niederösterreich) sowie auf dem Föllik bei Großhöflein[8], in Leithaprodersdorf[9] und Parndorf bei Neusiedl am See[10] (alle im Burgenland) Siedlungen belegt. In Szakony (Ungarn) soll angeblich ein in den Boden eingetiefter Hausgrundriß mit Wieselburger Keramik entdeckt worden sein.

Unter den Siedlungen der Wieselburger Kultur ist jene auf dem Berg Föllik bei Großhöflein besonders interessant. Der Berg mit einem Gipfel im Norden und einem im Süden überragt die Sulz-

Verzierte Tongefäße der frühbronzezeitlichen Wieselburger Kultur (etwa 2000 bis 1600 v. Chr.) aus dem Gräberfeld von Hainburg-Teichtal in Niederösterreich. Originale im Naturhistorischen Museum, Wien.

Hockerbestattung eines Kindes mit zum Körper hin angezogenen Beinen aus der Zeit der Wieselburger Kultur aus dem 1985/86 durch das Bundesdenkmalamt Wien untersuchten Gräberfeld von Hainburg-Teichtal in Niederösterreich.

bachniederung bis zu 92 Meter, hat ein flach nach Süden geneigtes Plateau von 250 mal 180 Metern und fällt im Norden, Osten und Westen steil ab. Die geschützte Lage dieser Naturfestung machten sich Menschen der Wieselburger Kultur zunutze. Sie errichteten auf dem Bergplateau eine Befestigung mit Wällen und Palisaden entlang der Steilhänge, mit einem tiefen Graben und einem hohen Wall aus dem Erdaushub desselben. Diese »Burg« liefert einen Hinweis auf unruhige Zeiten sowie auf ein damit verbundenes gewisses Sicherheits- und Schutzbedürfnis. Anhand archäologischer Funde ist lediglich die Haltung von Hunden und Pferden nachgewiesen, daneben dürfte es aber auch Schafe, Ziegen, Rinder und Schweine gegeben haben. Die Existenz von Hunden konnte in Göttlesbrunn bei Bruck an der Leitha (Niederösterreich) mit der Entdeckung der linken Unterkieferhälfte eines erwachsenen Tieres begründet werden. In einem der Gräber von Rusovce (Südwestslowakei) kam ein Pferdeschädel zum Vorschein.

Typische Tongefäße der Wieselburger Kultur sind Trichterhalstassen, Doppelhenkelkrüge mit teilweise sanduhrförmigen Henkeln und einfache Töpfe mit metallisch glänzender dunkelbrauner Oberfläche. Als Sonderform gelten würfelförmige Tongefäße. Vor allem die Doppelhenkelkrüge sind mit plastischen Auflagen verziert, die schon bei der vorhergehenden Leithaprodersdorf-Gruppe üblich waren. Die Auflagen der Wieselburger Kultur haben die Formen eines W, Kreuzes, einer Schlange oder Spinne. Andere Tongefäße sind mit einem eingeritzten Dekor versehen.

Ein Doppelhenkelkrug von Oggau-Seegasse im Burgenland fällt durch seine Verzierung aus dem Rahmen des Normalen. Auf ihm ist eine abstrakte Menschengestalt zu erkennen. Es handelt sich in diesem Fall um ein sehr seltenes Indiz für die Kunst der Wieselburger Kultur.

In der Hofmannshöhle bei Bad Fischau[11] in Niederösterreich wurde ein Keramikdepot aus dieser Zeit entdeckt, das sechs Tongefäße umfaßte.

In einigen Gräbern von Hainburg-Teichtal lagen Tassen der Aunjetitzer Kultur, Krüge und Amphoren der Mad'arovce-Kultur und inkrustierte Krüge aus dem Verbreitungsgebiet der Nordpannonischen Kultur in Ungarn. Diese fremden Tongefäße in Hainburg-Teichtal und ein Tongefäß der Wieselburger Kultur im Gräberfeld der Nitra-Gruppe von Branč in der Slowakei verraten einen regen Tauschhandel.

Hinweise für Tauschgeschäfte mit Kupfer sind bisher im Verbreitungsgebiet der Wieselburger Kultur selten. Eines der vereinzelten Barrenringdepots kam am Pfaffenberg bei Hainburg in Niederösterreich zum Vorschein. Derartige Barrenringe aus Bronze dienten als Rohstoff, aber auch als Schmuckstücke. Daneben wurden Gold und Silber importiert.

Als Zeugnisse eines »kleinen Grenzverkehrs« zwischen der in Ungarn heimischen »Kultur der inkrustrierten Keramik« und der Wieselburger Kultur gelten drei metallene Anhänger aus Carnuntum bei Bruck an der Leitha in Niederösterreich. Es handelt sich hierbei um Anhänger vom Typ Tolmanédi, die nach einem ungarischen Fundort benannt sind. Einer davon ist schwalbenschwanzförmig, ein anderer mondförmig und der dritte umgekehrt-herzförmig. Der größte von ihnen hat eine Länge von 16,5 Zentimetern, während die beiden anderen 6,6 und 3,4 Zentimeter lang sind.

Bronzedolche kennt man aus Gattendorf, Oggau, Wulkaprodersdorf im Burgenland und aus Hainburg-Teichtal in Niederösterreich. Ein Dolch aus Wulkaprodersdorf weist vier Nieten auf und ist mit markanten Rillen verziert. An slowakische Formen erinnert ein Dolch mit halbkreisförmiger, fünfnietiger Griffplatte aus Hainburg-Teichtal.

Außer solchen alltäglichen Waffen sind von manchen Fundorten der Wieselburger Kultur ebenfalls Stabdolche bekannt. Sie gelten als Statussymbole oder Zeremonialgeräte.

Als Waffe diente möglicherweise auch das sehr schlanke Löffel-

Verzierte Goldbleche von Hainburg-Teichtal in Niederösterreich. Das rechteckige Exemplar ist 2,2 Zentimeter lang, das ovale Objekt 2,1 Zentimeter. Originale im Naturhistorischen Museum, Wien.

Noppenringe aus Golddraht (Goldlockenringe) aus dem Grab 43 des Friedhofes der Wieselburger Kultur von Hainburg-Teichtal in Niederösterreich. Originale im Naturhistorischen Museum, Wien.

DIE WIESELBURGER KULTUR

Metallene Anhänger aus Carnuntum bei Bruck an der Leitha in Niederösterreich. Der größte Anhänger erreicht 16,5 Zentimeter Länge, die beiden anderen sind 3,4 und 6,6 Zentimer lang. Originale im Naturhistorischen Museum, Wien.

beziehungsweise Spatelbeil mit verzierter Schneide, das in einem der Gräber von Hainburg-Teichtal lag. Dieser Typ ist im Donauraum sehr selten.

Der Schmuck wurde aus Stein, Schneckengehäusen, Bernstein, Glas und Metall (Kupfer, Bronze, Gold, Silber) angefertigt. Manche dieser Materialien – wie etwa Bernstein, Gold und Silber – sind auf dem Tauschweg erworben worden. Geschmückt wurden der Kopf (Schleifenringe in der Schläfengegend), die Ohren (Ohrringe), der Hals (Halsketten, Ösenhalsringe, Spiralröllchen), die Brust (Brillenspiralen) und die Arme (Armreife, Armspiralen). Die Nadeln, welche die Kleidung zusammenhielten, variierten in verschiedenen Formen.

Besonders kostbarer Schmuck wurde im Friedhof von Hainburg-Teichtal gefunden. Im Grab 3 lagen ein goldener und ein silberner Ring. Diese beiden Schmuckstücke werden von den Prähistorikern unterschiedlich als Schläfen- oder Ohrringe gedeutet. Das Grab 43 enthielt zwei Noppenringe aus Golddraht. In den Gräbern 64 und 95 kam jeweils ein kleines verziertes Goldblech unbekannter Funktion zum Vorschein. Eines ist oval, das andere rechteckig, beide sind mit Löchern und gepunzten Punkten verziert. Goldschmuck holte man auch aus einem Grab der Wieselburger Kultur von Rusovce (Südwestslowakei) ans Tageslicht.

Wertvoller als das Gold war damals das Silber. Kein Wunder: Gold kannte man in Europa bereits seit etwa 4000 v. Chr., Silber dagegen in Ägypten, Mesopotamien und Europa erst viel später, nämlich um 2500 v. Chr. Silberschmuck der Frühbronzezeit ist außer dem Fund von Hainburg-Teichtal sonst nirgends an der mittleren Donau geborgen worden.

Als Anhänger für Halsketten verwendete man durchbohrte Gehäuse von Zahnschnecken *(Dentalium)* aus dem Mittelmeer, bunte Glasperlen und bronzene Spiralröllchen. Wie ein Fund aus dem Grab 5 von Deutschkreuz im Burgenland veranschaulicht, wurden mitunter *Dentalium*-Gehäuse mit bronzenen Spiralröllchen kombiniert. Zu den reichen Schmuckfunden aus dem Joiser Grabhügel II gehören eine Halskette mit *Dentalium*-Gehäusen und einer dunkelgrün bis braun gefärbten Glasperle als Anhänger sowie ein durchbohrter Eberzahn. Auf diese Schmuckstücke stieß man im Grab einer Frau.

Bei den kupfernen und bronzenen Ösenhalsringen gab es neben kompakten Stücken auch zierlichere Formen. Die Ösenenden der massiven, rundstabigen Ringe sind manchmal aus unbekannten Gründen mit einem schmalen Kupferband umwickelt. Bei den zierlicheren Ringen hat man die Enden leicht aufgebogen.

In Grab 5 von Deutschkreuz wurde eine bronzene Brillenspirale gefunden, die wohl als Brustschmuck gedacht war. Auf der linken Brustseite der Frau aus dem Joiser Grabhügel II lag ein Noppenring aus Bronzedraht mit einem Durchmesser von 1,5 Zentimetern. Neben dem linken Oberarm befanden sich vier Bronzehülsen mit Nieten, am Hals hing – wie bereits erwähnt – eine Kette aus Bronzespiralen und *Dentalium*-Gehäusen.

Die kupfernen und bronzenen Armspiralen hatten mindestens anderthalb bis maximal zehn Windungen. Im Querschnitt sind

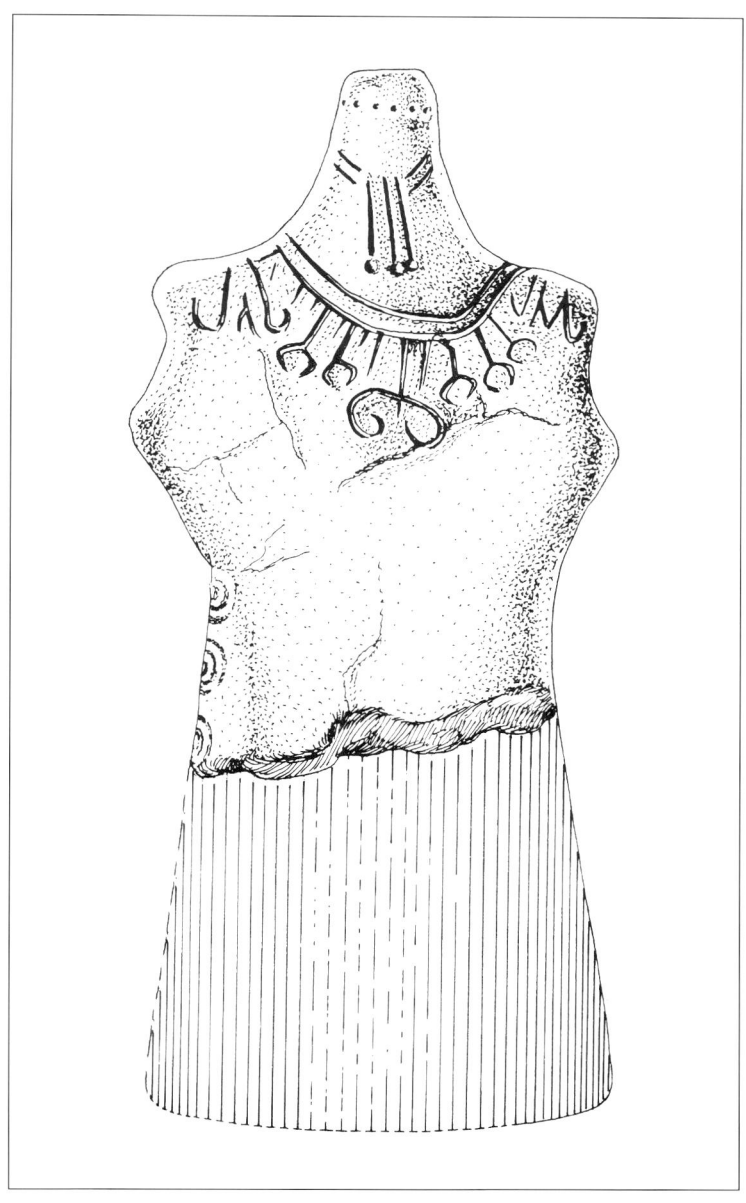

Das tönerne Idol aus Babska in Ungarn trägt eine Halskette mit Anhängern, wie sie in Carnuntum bei Bruck an der Leitha in Niederösterreich zum Vorschein kamen. Erhaltene Länge 10,1 Zentimeter. Original im Naturhistorischen Museum, Wien.

125

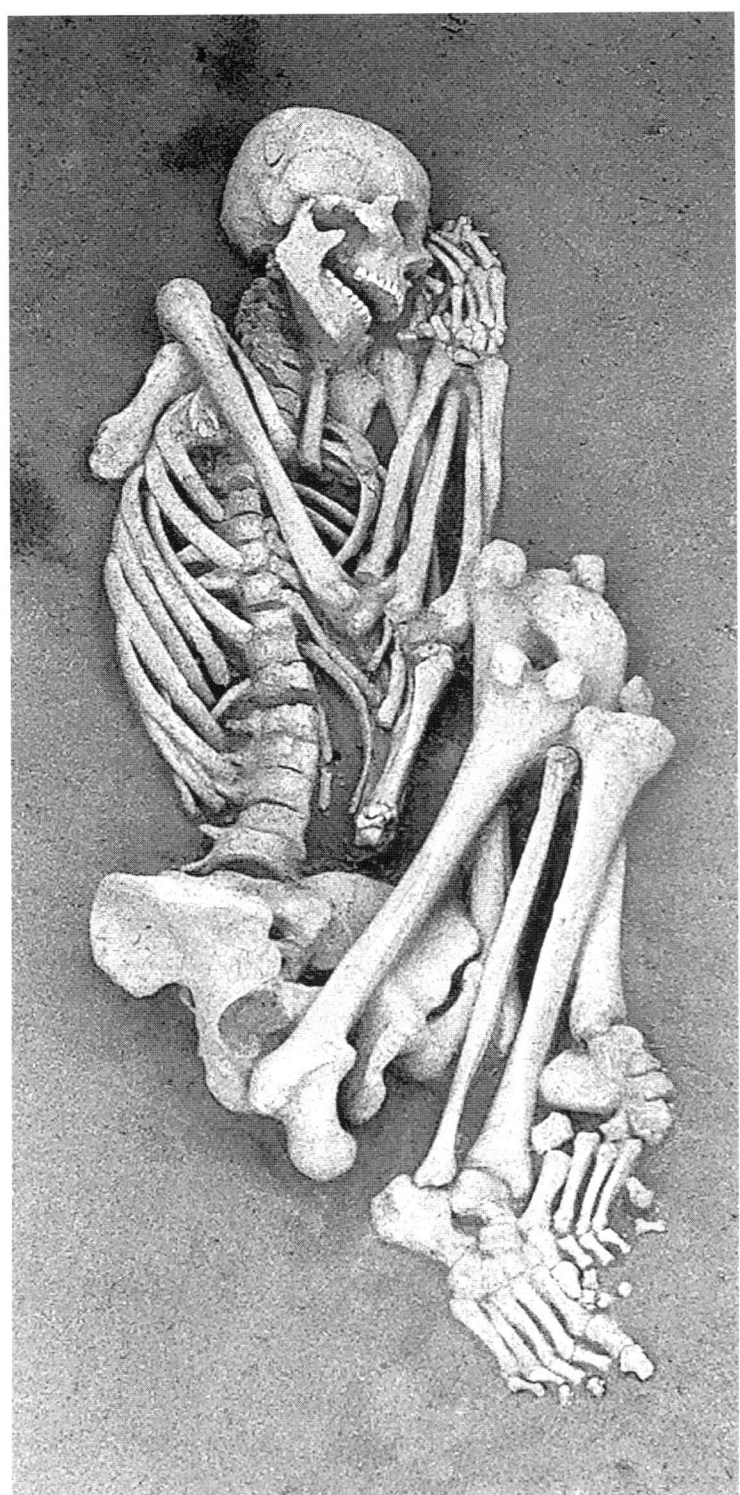

Hockerbestattung eines Erwachsenen aus der Zeit der Wieselburger Kultur aus dem 1985/86 durch das Bundesdenkmalamt Wien untersuchten Gräberfeld von Hainburg-Teichtal in Niederösterreich.

diese Spiralen meistens spitzoval, jedoch hin und wieder auch rund.

Die Gewandnadeln der Wieselburger Kultur wurden aus Knochen von Tieren geschnitzt oder aus Kupfer und Bronze gegossen und geschmiedet. Durchlochte Knochennadeln konnten im Gräberfeld von Hainburg-Teichtal geborgen werden.

Bei den Metallnadeln gelten einfache Hülsenkopfnadeln als typisch für die ältere Stufe; Kugelkopfnadeln, Hülsenkopfnadeln mit tordiertem Schaft und Schleifennadeln mit Armbrustkonstruktion dagegen sind charakteristisch für die jüngere Stufe. Die untere Kopfhälfte und der Hals der Kugelkopfnadeln wurden häufig quergerieft und vielfach zusätzlich mit Zickzacklinien oder mit Strichbündeln verschönert. Die Köpfe der Scheibenkopfnadeln hat man verziert. Schleifennadeln mit Armbrustkonstruktion sind von Gattendorf im Burgenland sowie von Sankt Georgen am Leithagebirge in Niederösterreich bekannt.

Die Toten der Wieselburger Kultur wurden meistens unverbrannt bestattet. Man hob einfache Erdgräber aus, umstellte dann und wann den Grabraum mit Steinen oder bedeckte ihn mit einer Steinpackung. Verfärbungen und Moderspuren lieferten Hinweise auf Baumsärge.

In Hainburg-Teichtal (Niederösterreich) wurden neben zahlreichen Körper- auch zwei Brandbestattungen zelebriert. In Jois[12] (Burgenland) erhielten die Gräber eine Hügelschüttung. Die meisten der insgesamt 15 Bestattungen im Joiser Grabhügel II werden der Leithaprodersdorf-Gruppe zugerechnet. Nur zwei Beisetzungen von dort fallen in die Zeit der Wieselburger Kultur.

Eines der Gräber von Mannersdorf am Leithagebirge (Niederösterreich) war mit Holzeinbauten versehen. Zwei Pfostenlöcher in Hainburg-Teichtal und gleichbleibend eingehaltene Grababstände deuten auf eine Kennzeichnung der Gräber an der Erdoberfläche hin.

Die Toten wurden überwiegend einzeln zur letzten Ruhe gebettet, in einigen Fällen beerdigte man mehrere zusammen. In Hainburg-Teichtal erfolgten sieben Doppelbestattungen und eine Dreifachbeisetzung. Zu den Grabbeigaben gehörten auch Tongefäße. Allein in Oggau (Burgenland) kamen aus einem Grab sieben Tongefäße zum Vorschein. Die Keramik wurde bei den Füßen oder um den Oberkörper des oder der Verstorbenen herum abgestellt.

In Hainburg-Teichtal[13] sind zwei Friedhöfe der Wieselburger Kultur entdeckt worden. Der größere davon umfaßte 285, der kleinere 31 Gräber. Die Grabgruben reichten 20 Zentimeter bis 1,75 Meter tief in den Boden. Manche Gräber enthielten mächtige Steinpackungen und Baumsärge, auf und in die Beigaben gestellt wurden. Auf beiden Friedhöfen haben Grabräuber ihr Unwesen getrieben.

Zum Gräberfeld in Mannersdorf am Leithagebirge[14] gehörten 98 Gräber und zu dem in Oggau-Seegasse[15] 32 Gräber. In Gattendorf wurden zwei Friedhöfe gefunden: einer mit etwa 20 bis 25 zerstörten und 43 unzerstörten Gräbern, der andere mit sieben Gräbern. Ebenfalls zwei Friedhöfe sind aus Rusovce (früher Oroszvár genannt) in der Südwestslowakei bekannt. Rusovce gilt als der wichtigste Fundort der Wieselburger Kultur in der Slowakei.

In Jois wurden unter dem Grabhügel II insgesamt 15 Bestattungen freigelegt, von denen – wie erwähnt – zwei Tote der Wieselburger Kultur angehören. Einer phantasievollen Deutung zufolge sollte es sich bei diesen Beisetzungen um einen Häuptling und dessen erschlagenes Gefolge handeln (s. S. 98).

Mit vier Pferden ins Grab?
Die Litzenkeramik oder Draßburger Kultur

Am Anfang der Entdeckungsgeschichte der »Kultur mit Litzenkeramik« stand ein Irrtum. Bei den Verzierungen auf den Tongefäßen jener Kultur handelt es sich nämlich gar nicht um Abdrücke von Litzen (Gewebestreifen), wie der damals in Wien tätige Prähistoriker Kurt Willvonseder (1903 bis 1968, s. S. 448) meinte, als er 1937 den Begriff »Litzenkeramik« prägte. Doch diese Fehleinschätzung wurde erst 1976 korrigiert, als der Wiener Prähistoriker Johannes-Wolfgang Neugebauer die dekorativen Verzierungen als parallele Abdrücke von Schnüren identifizierte.

Neugebauer hatte Tongefäßreste mit »Litzenverzierung« vom niederösterreichischen Fundort Böheimkirchen der Technischen Hochschule Wien und dem Römisch-Germanischen Zentralmuseum, Mainz, zur Begutachtung übergeben. Die Experten Fritz Sauter in Wien und Hans-Jürgen Hundt (1909–1990) in Mainz schlossen eine Verwendung von Litzen bei der Verzierung aus. Experimente mit Schnüren und Litzen, die Neugebauers Ehefrau Christine in Brettchenweberei hergestellt hatte und die man in den weichen Ton preßte, bestätigten die Annahme der beiden Wissenschaftler.

Korrigiert werden mußte auch die zeitliche Einordnung der Litzenkeramik. Der Wiener Prähistoriker Richard Pittioni (1906 bis 1985) rechnete sie 1954 zunächst der Schnurkeramischen Kultur zu, also noch der späten Jungsteinzeit. 1956 bezeichnete er die Litzenkeramik als Typ Guntramsdorf-Draßburg, den er für die jüngere Phase der Einzelgrab-Kultur hielt. Letztere gehört ebenfalls in die Jungsteinzeit und gilt heute als eine Gruppe der Schnurkeramischen Kulturen.

1972 datierte die Prähistorikerin Zoja Benkovsky-Pivovarová (s. S. 444) aus Maria-Enzersdorf die Litzenkeramik wegen der gemeinsam mit dieser gefundenen Bronzenadeln und tönernen »Brotlaib-Idole« in den Abschnitt vor der beginnenden Mittelbronzezeit. Sie hielt die Litzenkeramik für eine eigenständige Erscheinung und schlug hierfür – bezugnehmend auf die an

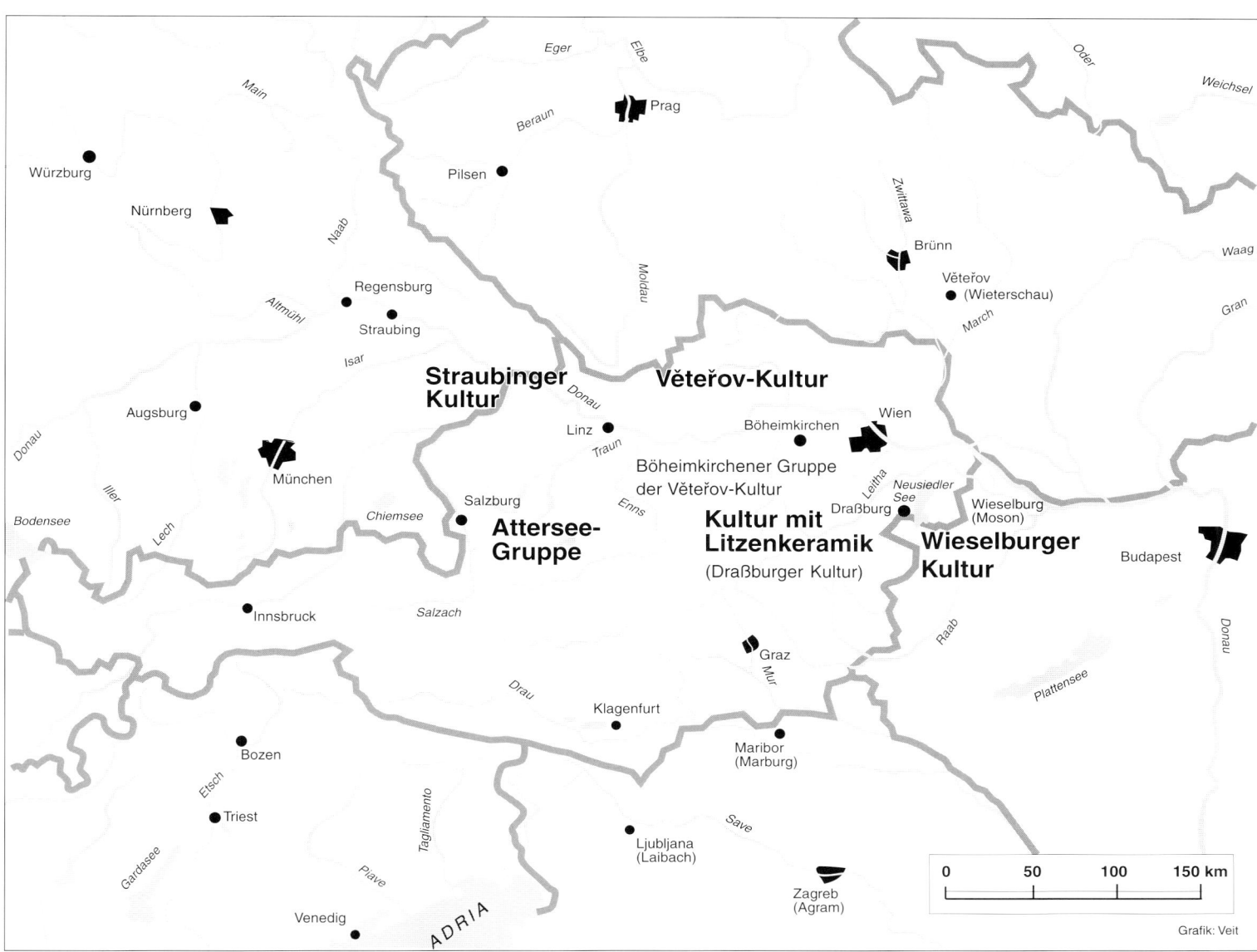

Verbreitung der Kulturen und Gruppen während der jüngeren Frühbronzezeit (etwa 1800 bis 1600 v. Chr.) in Österreich.

127

Tongefäß mit Trichterrand und Litzenverzierung aus der frühbronzezeitlichen Höhensiedlung von Böheimkirchen-Hochfeld in Niederösterreich. Höhe 11,5 Zentimeter. Original im Museum für Urgeschichte des Landes Niederösterreich, Asparn an der Zaya.

gehörige der Kultur mit Litzenkeramik, die ebenfalls die Vorteile einer derartigen »Burg« zu schätzen wußten.

Die Befestigung erstreckte sich auf dem 250 mal 180 Meter großen Plateau des Föllik. Sie war an den Steilabfällen im Norden, Osten und Westen durch eine mit einer Steinmauer verblendeten Palisade geschützt und am flacheren Südhang zusätzlich mit einem spitz zulaufenden Graben bewehrt. Bei einer ungewöhnlichen Doppelbestattung auf dem Südgipfel des Föllik könnte es sich um Bewohner dieser Befestigung gehandelt haben. Eventuell gilt dies auch für die Beisetzungen am Osthang, die 1930 beim Sandabbau und in den 1970er Jahren beim Ausbau der Autobahn zerstört wurden.

Die Siedlungsreste auf dem Taborac bei Draßburg sind nicht sehr aussagekräftig. Denn auf diesem Berg hat man lediglich Gruben mit Resten von Litzenkeramik angetroffen.

Nach den Funden aus dem Doppelgrab auf dem Föllik bei Großhöflein zu schließen, von denen noch später die Rede sein wird, hielten die Hersteller der Litzenkeramik Pferde, Rinder, Ziegen und Schafe als Haustiere. Der Wiener Tierzüchter J. Wolfgang Amschler (1893–1957) verwies 1949 bei der Beschreibung dieser Tierreste auf Ähnlichkeiten der Hauspferde vom Föllik mit heutigen Araberpferden. Phalangenreste eines Wildschweins *(Sus scrofa)* im selben Grab belegen zumindest gelegentliche Jagd.

Als besonders typische litzenartig verzierte Tongefäße gelten einem burgenländischen Fundort entdeckte Keramik dieses Typs – den Begriff »Draßburger Kultur« vor.

Mit »Litzen« verzierte Keramik ist in Österreich, in der Südwestslowakei, in Westungarn (Gegend von Sopron), Nordkroatien, Nordbosnien und Slowenien gefunden worden.

In Österreich war die Litzenkeramik ungefähr von 2000 bis 1600 v. Chr. zwischen dem Fluß Leitha in Niederösterreich und dem Südrand des Neusiedler Sees im Burgenland verbreitet. Zoja Benkovsky-Pivovarová betrachtet die Fundzone vom Südrand des Leithagebirges bis zum Günser Gebirge als Kernzone der Litzenkeramik. Andere Funde außerhalb dieses Gebiets deutet sie als Importe.

Von den bisher insgesamt 28 in Österreich entdeckten Fundorten mit Litzenkeramik gelten nur wenige als ehemalige Siedlungen. Zu ihnen zählen die Höhensiedlungen auf dem Föllik bei Großhöflein[1] und auf dem Taborac bei Draßburg[2] (beide im Burgenland) sowie die sagenumwobene Königshöhle bei Baden[3], die Merkensteiner Höhle bei Gainfarn[4], die Steinberghöhle bei Steindorf[5] in der Gemeinde Grillenberg und der Hausstein bei Grünbach am Schneeberg[6] (alle im südöstlichen Niederösterreich).

Auf dem Föllik bei Großhöflein hatten schon Menschen der Wieselburger Kultur eine mit Graben, Wällen und Palisaden befestigte Siedlung errichtet und bewohnt. Ihrem Beispiel folgten in der Übergangsphase von der Frühbronzezeit zur Mittelbronzezeit An-

Diese Verzierungen sind durch in den weichen Ton eingedrückte Einzelschnüre und Litzen erzeugt worden. Die Experimente wurden 1981 von der Prähistorikerin Christine Neugebauer-Maresch aus Klosterneuburg in Niederösterreich vorgenommen.

DIE LITZENKERAMIK ODER DRASSBURGER KULTUR

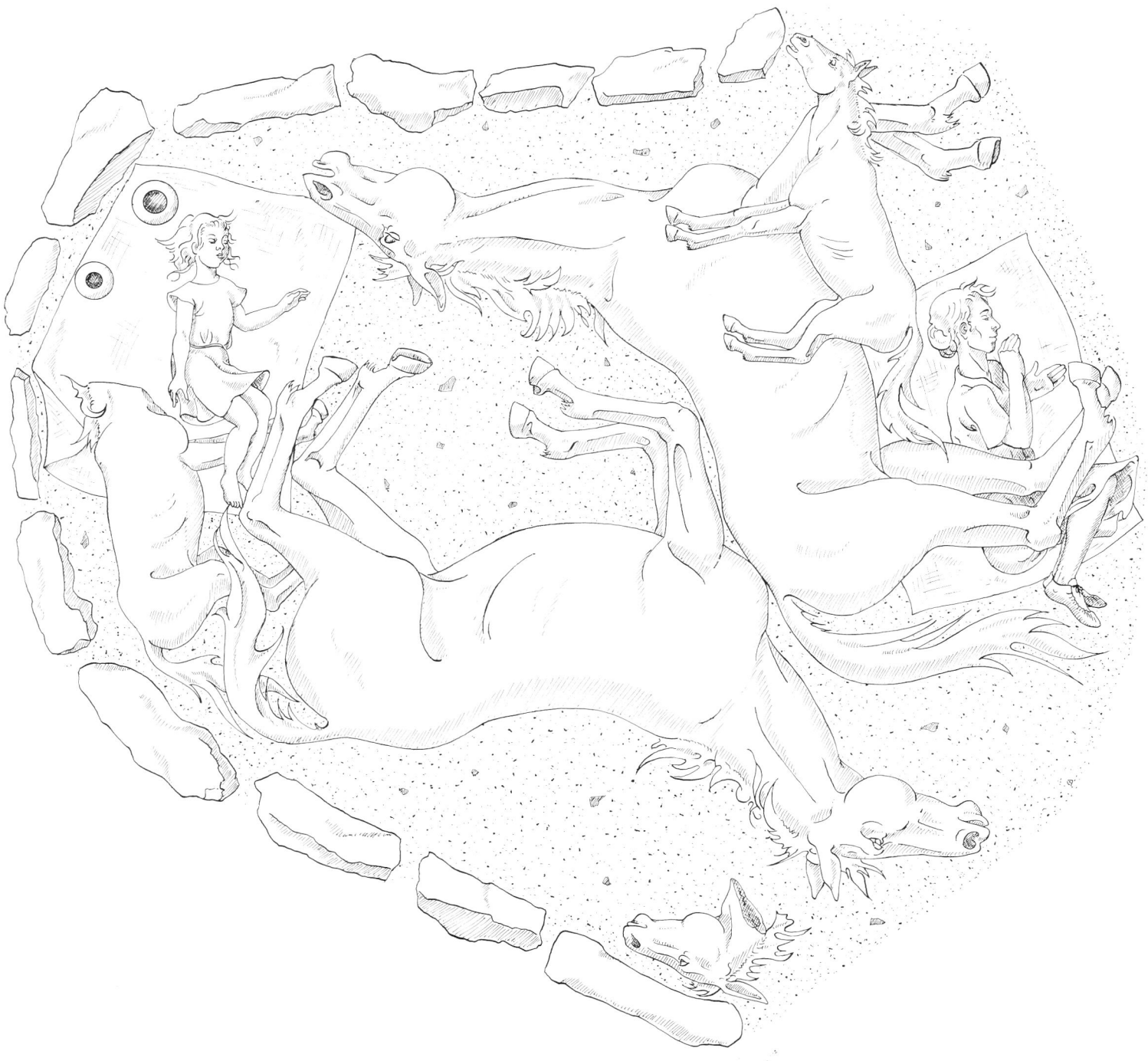

Prunkvolle Bestattung einer Frau und eines Kindes auf dem Südgipfel des Föllik bei Großhöflein im Burgenland. Den beiden Toten aus einer vornehmen Familie mußten vier Pferde, zwei Rinder und zwei Ziegen mit ins Grab folgen.

kleine Krüge mit kugel- oder eiförmigem Unterteil, trichterförmigem Hals und bandförmigem Henkel, dem eine Warze gegenüberliegt. Hinzu kamen konische Amphoren und Schüsseln, Töpfe, Vorratsgefäße, Schöpfkellen (zwei Funde bei Draßburg), Deckel und tellerartige Platten. Die Verzierungen mit Schnureindrücken wurden meistens waagrecht, aber auch senkrecht und sogar wellenartig ausgeführt. Gelegentlich hat man in den »Litzenabdrücken« Reste weißer Farbe identifiziert.

In Guntramsdorf[7] (Niederösterreich) und Deutschkreuz[8] (Burgenland) kamen Depots von litzenverzierten Tongefäßen zum Vorschein. Das Depot von Guntramsdorf enthielt vier kleine Krüge mit »Litzenverzierung« auf dem Hals und dem Henkel, eine Amphore und eine Schüssel. Im Depot von Deutschkreuz lagen litzenverzierte Keramikfragmente und mittelbronzezeitliche Keramikreste.

Zu den Funden vom Föllik gehört auch ein tönernes »Brotlaib-Idol« (s. S. 118). Dieses Objekt unterscheidet sich durch die Form seiner Einstiche von allen übrigen »Brotlaib-Idolen«. Es ist mit Y-ähnlichen und rechteckigen Einstichen mit Innenkreuz versehen.

Bisher sind nur wenige Werkzeuge und Waffen im Zusammenhang mit Litzenkeramik gefunden worden. Auf dem Föllik bei Großhöflein barg man das 2,1 Zentimeter lange Bruchstück einer Klinge aus Jaspis und eine 2,4 Zentimeter lange Pfeilspitze aus Feuerstein. Bei Draßburg kam ein bronzener Dolch mit Mittelrippe und drei Nietlöchern zum Vorschein.

Die Litzenkeramik von den salzburgischen Fundorten Sankt Nikolaus bei Golling und Sinnhubschlößl bei Bischofshofen sowie von den niederösterreichischen Fundorten Böheimkirchen und Dürnkrut gilt als Importware. Vielleicht sind die dort entdeckten Tongefäße zusammen mit einem unbekannten Inhalt getauscht worden.

Die Bestattungen auf dem Föllik bei Großhöflein und in der Gegend von Sopron (deutsch: Ödenburg) in Westungarn veranschaulichen, daß die Toten unverbrannt beerdigt wurden. Es hat den Anschein, als ob die Menschen dieser Kultur sogar Beisetzungen von Kindern in großen Tongefäßen (Pithos-Bestattung) vornahmen, wie sie von anderen frühbronzezeitlichen Kulturen bekannt sind.

Auf dem Südgipfel des Föllik wurden offenbar eine erwachsene Frau im Alter von mehr als 20 Jahren und ein etwa dreijähriges Kind, möglicherweise ein Mädchen, mit großem Pomp zu Grabe getragen. Früher hat man diese aufwendige Bestattung für die eines Häuptlings und eines Kindes gehalten. Doch Untersuchungen der Wiener Anthropologin Maria Teschler-Nicola korrigierten diesen Irrtum.

Das Grab mit der Doppelbestattung reichte 1,10 Meter tief in den Sandboden. Wie lang und breit es ursprünglich gewesen ist, ließ sich nicht mehr feststellen, weil der Rand teilweise bereits beim Sandabbau vernichtet worden war. Über dem Grab hatte man nach Ansicht des Ausgräbers, des Studenten Franz Tömördy, einen mächtigen Steinhügel errichtet, der von einem fünf mal drei Meter großen Steinring eingefaßt war. Heute wird nicht ausgeschlossen, daß es sich bei dem vermeintlichen Steinhügel um Reste einer ehemaligen Mauer mit Palisade handeln könnte, die man in Nähe des Grabes errichtet hatte.

Im Nordteil der Grube lag eine erwachsene Person auf der linken Körperseite mit dem Kopf im Westen, Blickrichtung Norden und den Beinen im Osten. Franz Tömördy hielt diese Bestattung irrtümlich für die eines Mannes. Im Südteil der Grube ruhte ein Kind auf der linken Körperseite mit dem Kopf im Westen, Blickrichtung nach Norden, und den Beinen im Osten.

Der Frau und dem Kind mußten vier Pferde (drei Stuten, ein Fohlen), zwei Rinder (eine Kuh, ein Kalb) und zwei Ziegen (ein erwachsenes Tier, ein Kitz) ins Grab folgen.

Da Pferde in der Frühbronzezeit selten und dementsprechend kostbar waren, dürften die Frau und vielleicht auch das Kind aus einer bedeutenden Familie stammen. Bereits der Ausgräber Franz Tömördy nahm eine gleichzeitige Doppelbestattung an. Es wäre denkbar, daß nicht nur die Haustiere getötet wurden, sondern auch das Kind, um der Frau im Jenseits Gesellschaft zu leisten und zu dienen.

Die Pferde sollten vielleicht als Reittiere, die Rinder und Ziegen dagegen als Fleischvorräte für das Weiterleben nach dem Tode bereitstehen. Allerdings darf in diesem Zusammenhang nicht verschwiegen werden, daß heute manche Prähistoriker starke Zweifel daran hegen, ob es sich auf dem Föllik tatsächlich um eine Doppelbestattung handelte und ob die Tierskelette wirklich in dem Grab lagen. Bei Rettungsgrabungen des Burgenländischen Landesmuseums, Eisenstadt, in Großhöflein von 1972 bis 1976 sind nämlich häufig teilweise oder vollständig erhaltene Tierskelette aus jüngerer Zeit entdeckt worden.

Auch für Geschirr zum Essen und Trinken war in dem Grab auf dem Föllik gesorgt. Das belegen die Funde einer 14,5 Zentimeter hohen verzierten Amphore mit zwei Henkeln, eines 7,8 Zentimeter hohen verzierten Kruges und die Randscherbe einer Schüssel. Der Hals der Amphore mit einem Mündungsdurchmesser von 14,5 Zentimetern wurde mit drei vierfachen litzenartigen Abdrücken einer linksgedrehten Schnur verziert.

Eine weitere ungewöhnliche Bestattung kam wahrscheinlich beim Bau der Adria-Wien-Pipeline auf dem Frauenhügel bei Mattersburg im Burgenland zum Vorschein. Es handelte sich um eine Grube, in der ein zerdrücktes großes Vorratsgefäß mit litzenartiger Verzierung sowie menschliche und tierische Knochen und einige verbrannte Lehmklumpen lagen. Das Vorratsgefäß war ursprünglich nahezu 50 Zentimeter hoch, mit vier Henkeln versehen und hatte einen Durchmesser von 54 Zentimetern. Die Prähistorikerin Zoja Benkovsky-Pivovarová deutet diese Funde als Pithos-Bestattung eines Kindes in einem aufrecht stehenden Tongefäß.

Die Festung von Böheimkirchen

Die Věteřov-Kultur und die Böheimkirchener Gruppe

In Niederösterreich war von etwa 1800 bis 1500 v. Chr. die Věteřov-Kultur heimisch. Sie ist in Mähren aus der Aunjetitzer Kultur (s. S. 99) hervorgegangen, wobei sie stark von der benachbarten Maďarovce-Kultur[1] beeinflußt wurde. Die Bezeichnung »Věteřov-Kultur« geht auf den Prähistoriker Karel Tihelka (1898–1973, s. S. 448) aus Brno zurück, der 1958 erstmals vom »Věteřov-Typus« beziehungsweise »Wieterschau-Typus« sprach. Dieser Name erinnert an die Funde auf der Anhöhe »Nové hory« von Věteřov (Wieterschau) bei Kyjov in Mähren.

Die Věteřov-Kultur im nördlichen Niederösterreich

Nördlich der Donau im Norden Niederösterreichs, auf dem ehemaligen Gebiet der Aunjetitzer Kultur, erstreckte sich der Kernbereich der mährischen Věteřov-Kultur. Deren Ausläufer südlich der Donau im Süden Niederösterreichs wird als Böheimkirchener Gruppe (s. S. 134) der Věteřov-Kultur bezeichnet. Skelettreste aus Gräbern lieferten Hinweise auf die Körpergröße und Krankheiten der damaligen Menschen. Eine etwa 25 bis 35 Jahre alte Frau aus Ladendorf beispielsweise war mit etwa 1,62 Metern wenige Zentimeter größer als die meisten ihrer Zeitgenossinnen. Jene Frau hatte siebartig durchlöcherte Augenhöhlendächer (Cribra orbitalia), was auf eine Mangelerkrankung hindeutet.

Bei einem ungefähr zwei bis drei Jahre alten Kind aus Großweikersdorf wurden an den Oberschenkelknochen auffällig starke Zonen verringerten Wachstums in der Form sogenannter Harris-Linien (s. S. 112) beobachtet. Ungefähr ein Jahr vor dem Tod litt das Kind an einer Serie von schweren und leichten Krankheiten, die möglicherweise zu einer fortschreitenden Schwächung des Organismus führten.

Aus Poysdorf ist eine Schädeloperation (Trepanation) bekannt. Der Eingriff war am rechten Schädeldach eines zwischen 41 und 60 Jahre alten Mannes vorgenommen worden. Nach den verheilten Wundrändern zu schließen, hat der Patient die Operation überlebt.

Tönerne Spinnwirtel und Gewichte für den Webstuhl aus Mähren zeugen von Kenntnissen in der Weberei. In Großweikersdorf (Flur »In Lüssen«) wurde das Bruchstück eines scheibenförmigen Spinnwirtels mit kreisrunder Bohrung in der Mitte entdeckt. Die walzenförmigen Webgewichte von Großweikersdorf-Hausberg sind teilweise längs, aber auch quer durchbohrt. Ein bedeutendes Siedlungszentrum der Věteřov-Kultur lag auf dem 160 Meter langen und 90 Meter breiten Plateau des Buhubergs bei Waidendorf[2] an der March. Dort erstreckte sich ein größeres weder durch Gräben noch durch Wälle geschütztes Dorf, in dem Ackerbauern, Viehzüchter und Bronzegießer lebten. Bei Ausgrabungen kamen Pfostenlöcher, Gruben, Getreide-, Haustier- und Wildtierreste, Keramik, Gußformen und Werkzeuge zum Vorschein.

In Großweikersdorf siedelten Věteřov-Leute anfangs auf dem Hausberg. Später gaben sie die dortige unbefestigte Höhensiedlung auf und ließen sich in etwa einem Kilometer Entfernung im Tal auf der Flur »In Lüssen« nieder.

Von der unbefestigten Höhensiedlung Großweikersdorf-Hausberg[3] kennt man 16 trapezförmige Siedlungsgruben mit Keramikresten und Hüttenlehmbruchstücken, auf denen Abdrücke von Pfosten, Ruten und Brettern sichtbar sind. Die ebenfalls unbefestigte Flachlandsiedlung Großweikersdorf-»In Lüssen«[4] er-

Keramik der Věteřov-Kultur aus Poysbrunn in Niederösterreich. Rechts ein glockenförmiges, rundum gelochtes, tönernes Räuchergefäß, dessen Verwendungszweck unbekannt ist. Höhe des Räuchergefäßes 13 Zentimeter. Original im Museum der Stadt Poysdorf.

reichte einen Durchmesser von mindestens 150 Metern. Auch dort kamen in einigen der zwölf Siedlungsgruben Hüttenlehmbrocken mit Abdrücken von Flechtwerk und in einem Fall von einem Brett zum Vorschein.

Als größte Befestigung der Věteřov-Kultur in Niederösterreich gilt diejenige auf dem nahezu ebenen Plateau des Oberleiserbergs bei Ernstbrunn[5]. Das Plateau in Form eines ungleichmäßigen Ovals ist 375 Meter lang, 260 Meter breit und hat eine Fläche von schätzungsweise 70 000 Quadratmetern. Die Siedlung auf dem Oberleiserberg wurde durch einen in den Kalkfelsen eingetieften Graben von fünf bis sieben Meter Breite und bis zu 3,50 Meter Tiefe geschützt.

Welche Getreidearten die Ackerbauern der Věteřov-Kultur säten und ernteten, belegen Hinterlassenschaften vom Buhuberg bei Waidendorf und von der Heidenstatt bei Limberg in Niederösterreich. Auf dem Buhuberg sind Zwergweizen *(Triticum aestivum* ssp. *compactum)*, Saatweizen *(Triticum aestivum)*, sechszeilige Gerste *(Hordeum vulgare polystichum)* und Nacktgerste *(Hordeum vulgare* var. *nudum)* nachgewiesen. Von der Heidenstatt wurden Reste von Saatweizen, Zwergweizen, Emmer *(Triticum dicoccon)* und vierzeiliger Gerste *(Hordeum vulgare)* geborgen.

Speiseabfälle von der Höhensiedlung auf dem Buhuberg bei Waidendorf beweisen die Haltung von Hunden, Rindern, Schafen, Ziegen, Schweinen und Hauspferden. Teilweise haben die Knochen dieser Haustiere deutliche Spuren von Hundebissen und Feuer. An den Knochen vom Pferd sind Hackspuren und an denen vom Hund Schlachtspuren erkennbar. Die Hauspferde vom Buhuberg stammen nach Ansicht des Wiener Archäozoologen Erich Pucher von osteuropäischen Vorfahren ab.

Bei den Tierknochen aus Siedlungsgruben von Großweikersdorf-»In Lüssen« handelt es sich um Reste vom Rind, Schwein, Hund, Pferd und von der Ziege. Die Knochen aus den Siedlungsgruben von Poysbrunn wurden als Reste vom Rind, Schwein, Schaf, Hund und von der Ziege identifiziert.

Besonders viele Hinweise auf die Jagdtiere der Věteřov-Leute fand man in der Siedlung auf dem Buhuberg bei Waidendorf. Von dort sind Jagdbeutereste vom Auerochsen *(Bos primigenius)*, Wildschwein *(Sus scrofa)*, Wolf *(Canis lupus)*, Rothirsch *(Cervus elaphus)*, Reh *(Capreolus capreolus)*, Feldhasen *(Lepus europaeus)*, Biber *(Castor fiber)* aus der March, der Stockente *(Anas platyrhynchos)*, vom Kranich *(Grus grus)* und der Europäischen Sumpfschildkröte *(Emys orbicularis)* bekannt. Außerdem fischten die Bewohner dieser Siedlung Welse *(Silurus glanis)* aus der March.

Zusätzlich bereicherte das eßbare Innere von Aufgeblasenen Flußmuscheln *(Unio tumidus)*, Gemeinen Flußmuscheln *(Unio crassus)* und Malermuscheln *(Unio pictorum)* den Speisezettel. Zahlreiche Gehäuse dieser drei Weichtierarten kamen auf dem Buhuberg bei Waidendorf zum Vorschein. Des weiteren wurden Fluß- und Malermuscheln zusammen mit Keramikresten der Věteřov-Kultur in einer Schottergrube von Waidendorf (Flur Unteres Marchfeld) geborgen. Auch aus Mähren liegen häufig zahlreiche Gehäuse von Bachmuscheln in Siedlungsgruben vor.

Die Töpfer der Věteřov-Kultur modellierten vor allem Töpfe, Schüsseln, Amphoren, gröbere Töpfe, Krüge, Tassen, Becher, Siebgefäße und Vorratsbehälter, seltener Topfdeckel, kleine Becher und Räuchergefäße, deren Wand bis zum Hals gelocht ist. Um die Töpfe leichter heben zu können, versah man sie mit Henkeln, Lappen, Warzen und Tonleisten, die nicht nur eingesetzt, sondern mitunter eingezapft wurden. Typisch für die Keramik der Věteřov-Kultur sind lappenartige Füßchen am Boden, die man meistens zu dritt anbrachte.

Der Verwendungszweck tönerner Räuchergefäße ist unbekannt. Ein komplett erhaltenes, glockenförmiges Räuchergefäß kam in Poysbrunn zum Vorschein. Es ist 13 Zentimeter hoch, hat am Rand zwei Grifflappen und ist rundum gleichmäßig gelocht. In einer Siedlungsgrube von Großweikersdorf-Hausberg lag ein Bruchstück von einem Räuchergefäß, in der benachbarten Siedlung von Großweikersdorf-»In Lüssen« das Fragment eines Siebgefäßes. Solche Siebgefäße sind vielleicht bei der Herstellung von Käse verwendet worden.

Tassen, Krüge und Amphoren hat man meistens vollständig glänzend poliert, bei anderen Formen dagegen erfolgte dies nur teilweise. Viele Tongefäße wurden am Mundsaum, auf der Schulter und am Körper durch plastische Elemente, Einstiche, Ritzungen und Dellen verziert. Die Tonleisten verlaufen häufig in Gruppen senkrecht von der Schulter bis zum Wandknick. Besonders dekorativ wirken hängende Dreiecke mit Punkten, die mit weißer Inkrustierung gefüllt worden sind.

Die Věteřov-Leute in Niederösterreich und Mähren haben – so wie es in den meisten Kulturen jener Zeit üblich war – ihre Bronzeerzeugnisse selbst hergestellt. Daran lassen zahlreiche Funde von meistens steinernen Gußformen für Werkzeuge, Waffen und Schmuck sowie Metallbarren und -rohlinge und Fertigprodukte ehemaliger Siedlungen in Niederösterreich keinen Zweifel aufkommen. Aus Mähren sind überdies tönerne Gußformen und Aufsätze von Blasebälgen bekannt.

Eine aus der Siedlung von Großweikersdorf-»In Lüssen« stammende sandsteinerne Gußform enthält das Negativ für einen 10,3 Zentimeter langen, 6,1 Zentimeter breiten und 2,6 Zentimeter hohen Tüllenmeißel. Auf der Gußform sind eine Führung für Tüllenzapfen und eine trichterförmige Eingußöffnung bei der Schneide angebracht. Die Führung sorgte dafür, daß die beiden Hälften der Form beim Gießvorgang nicht verrutschten. In die Gußform ist ein hahnentrittartiges Muster eingekerbt, das später auf dem gegossenen Meißel erhaben hervortrat.

Hinterlassenschaften einer umfangreichen Bronzemanufaktur hat man auch in der Siedlung auf dem Buhuberg von Waidendorf entdeckt, deren umfangreiches Fundgut 1988 von dem Wiener Prähistoriker Bernhard Hahnel aufgelistet wurde. Mit dem etwa einem halben Dutzend der dort geborgenen steinernen Gußformen konnten Nackenkammäxte, längsgerippte Armreife, Tüllenknäufe für Dolchgriffe, Dolche und Absatzbeile angefertigt werden. Ein Formfragment trug auf der Vorderseite das Negativ für eine Nackenkammaxt und auf der Rückseite unter anderem das Negativ für einen längsgerippten Armreif.

Wie die Funde vom Buhuberg zeigen, gehörten zu den bronzenen Werkzeugen der Věteřov-Kultur unter anderem Pfrieme, Absatzbeile und Sicheln für die Getreideernte. Aus Mähren sind metallene Beile, Hammerbeile, kleine Meißel und Sicheln bekannt.

Aus Alberndorf, Unternalb bei Retz und Wollmannsdorf liegen bronzene Schaftröhren-Äxte des Typs Křtěnov vor, die nach einem böhmischen Fundort bezeichnet worden sind. Sie hatten wohl eher die Funktion von Prunk- als von Kampfwaffen. Die verzierte Klinge der Schaftröhrenaxt von Wollmannsdorf beispielsweise ist 20,6 Zentimeter lang. Sie wurde aus einem Grab an den Hängen des Wachsbergs geborgen.

Verzierter Scheibenknebel aus Geweih von der Siedlung der Větěrov-Kultur auf dem Buhuberg bei Waidendorf an der March in Niederösterreich. Maximaler Durchmesser 7,4 Zentimeter. Original in der Sammlung von Rudolf Dlapa, Wien.

Die Anzahl der Bronzewerkzeuge wurde von der Menge an Stein-, Knochen- und Geweihgeräten bei weitem übertroffen. Aus Stein schuf man in Mähren beispielsweise Beile, Klingen, Hämmer mit Durchbohrung, Geräte mit Sägekanten, Keulen, Glättgeräte, Schleifsteine, Mahlsteine und Abschläge. Aus Knochen wurden in Mähren Ahlen, Glättwerkzeuge und Meißel geschnitzt, aus Geweih ebenfalls Ahlen, aber auch Hacken und Keulen mit runden oder kantigen Öffnungen.

Ähnliche Werkzeuge aus Stein, Knochen und Geweih gab es in Niederösterreich. So kennt man Klopfsteine aus Sandstein und Quarzit, eine Quarzitklinge und das Bruchstück einer Flachbeilklinge aus bläulichem Grünstein von Großweikersdorf-Hausberg. Die dort gefundene 7,8 Zentimeter lange und drei Zentimeter breite Quarzitklinge weist starke Gebrauchsspuren und Reste einer pechartigen Masse auf. Hierbei handelt es sich wohl um den Einsatz einer Sichel für die Getreideernte. In Poysbrunn fanden sich ein Bogenkratzer, ein Abschlag und eine Klinge aus Feuerstein in den Siedlungsgruben.

In Großweikersdorf-Hausberg sind auch etliche Knochenwerkzeuge zutage gefördert worden. Dazu gehören ein Pfriem, ein Spatel, ein Gerät aus einem gespaltenen Röhrenknochen und zwei Schaufeln aus dem Knochen eines Rindes. Eine der beiden Schaufeln ist 27 Zentimeter lang, die andere 20,7 Zentimeter, sie weisen beidseitig Kratzspuren auf. Daß Schaufeln auch aus Schweineknochen angefertigt wurden, belegt der Fund aus einer Siedlungsgrube von Trasdorf. Die Schaufeltätigkeit läßt sich an den Längskratzspuren auf der Innenfläche des Werkzeugs ablesen.

In Großweikersdorf-»In Lüssen« hat man zwei Spatel und einen 24 Zentimeter langen »Schlittknochen« gefunden. Objekte

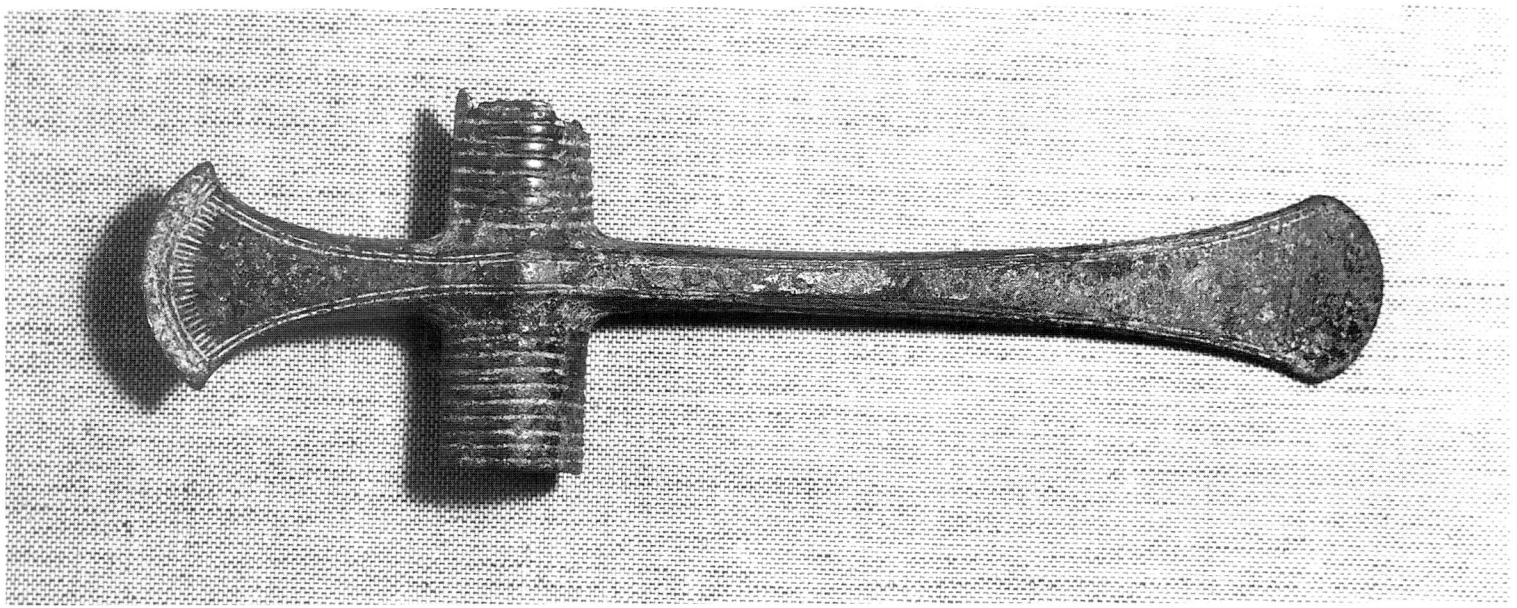

Verzierte bronzene Schaftröhrenaxt des nach einem böhmischen Fundort bezeichneten Typs Křtěnov aus Wollmannsberg in Niederösterreich. Länge der Axtklinge 20,6 Zentimeter. Original im Besitz von Rudolf Zickbauer, Stockerau.

dieser Art werden von manchen Autoren als Teile von Schlitten oder Schlittschuhen betrachtet. Der »Schlittknochen« von Großweikersdorf-»In Lüssen« dürfte eher zum Glätten von Leder oder Geweben verwendet worden sein. Darauf deuten querstehende feine Kratzspuren und der Gebrauchsglanz auf der geglätteten Fläche des Werkzeugs hin, die bei der Glättbewegung entstanden sind. Der Gebrauchsglanz auf den Gelenken stammt von den Händen des Benutzers.

Unter den Knochen- und Geweihgeräten aus der Siedlung auf dem Buhuberg bei Waidendorf lagen auch Bestandteile von Pferdegeschirr: nämlich ein 8,8 Zentimeter langer knöcherner Stangenknebel und ein verziertes scheibenförmiges Seitenstück einer Trense aus Hirschgeweih mit einem maximalen Durchmesser von 7,4 Zentimetern. Letzteres Objekt ist 1,3 Zentimeter dick und hat im Zentrum ein Loch mit einem Durchmesser von 1,5 Zentimetern.

Daß die Věteřov-Leute auch Rad und Wagen kannten, dokumentiert ein in der Mitte durchbohrtes Tonrad aus einer Siedlungsgrube von Großweikersdorf-Hausberg. Es hat einen Durchmesser von fünf Zentimetern; die Bohrung ist 0,3 bis 0,5 Zentimeter groß.

Funde von Kunstwerken der Věteřov-Kultur sind bisher Seltenheiten. Bei einem grob modellierten tönernen Bein mit abgebrochenem Fuß aus Poysbrunn im niederösterreichischen Weinviertel läßt sich nicht entscheiden, ob es von einer Tier- oder von einer Menschendarstellung stammt. Das 5,4 Zentimeter lange Bein war vielleicht Teil eines Tongefäßes oder einer Figur.

Auf dem Buhuberg von Waidendorf kamen drei tönerne »Brotlaib-Idole« zum Vorschein, die von manchen Autoren mit dem Kult in Verbindung gebracht werden. Sie sind mit zweifach umlaufenden Rillen und mit »strahlenförmigen« Einstichen verziert. Aus der Zeit der Věteřov-Kultur stammen vielleicht auch die »Brotlaib-Idole« von Schiltern-Burgstall und Windpassing in Niederösterreich.

Auf makabre Riten deuten teilweise beschädigte, vereinzelte menschliche Knochen hin, die als Zeugnisse für Menschenopfer und Kannibalismus interpretiert werden. Einer dieser Funde ist das Fragment des Unterkiefers einer jungen Frau aus einer Siedlungsgrube von Poysbrunn. Die Brüche des Fragments lassen vermuten, daß der noch relativ frische Knochen zerschlagen wurde; Schnittspuren dagegen fehlen.

Die Böheimkirchener Gruppe im südlichen Niederösterreich

Südlich der Donau in Niederösterreich, wo zuvor das Verbreitungsgebiet der Unterwölblinger Gruppe (s. S. 111) gelegen hatte, existierte von etwa 1800 bis 1500 v. Chr. die eingangs erwähnte Böheimkirchener Gruppe der Věteřov-Kultur. Diese entwickelte gegenüber der im nördlichen Niederösterreich heimischen Věteřov-Kultur eine gewisse Selbständigkeit.

Die Bezeichnung »Böheimkirchener Gruppe der Věteřov-Kultur« wurde 1977 von dem Wiener Prähistoriker Johannes-Wolfgang Neugebauer (s. S. 446) eingeführt. Sie erinnert an den etwa zehn Kilometer von Sankt Pölten entfernten niederösterreichischen Fundort Böheimkirchen, wo einst eine befestigte Siedlung lag, von der noch die Rede sein wird. Ihre Reste wurden zuletzt durch Johannes-Wolfgang Neugebauer untersucht und beschrieben.

Die im Gräberfeld F von Gemeinlebarn bestatteten Männer der Böheimkirchener Gruppe waren bis zu 1,69 Meter groß. Allerdings wurde diese Körperhöhe nur von den reicheren Männern erreicht. Die ärmeren Männer brachten es lediglich auf 1,66 Meter. Frauen dagegen maßen meistens etwa zehn Zentimeter weniger. Die Menschen von Gemeinlebarn hatten überwiegend lange und hohe Köpfe und niedrige Gesichter.

Im Gräberfeld Gemeinlebarn F sind die Verstorbenen einer benachbarten Siedlung mit etwa 60 Einwohnern zur letzten Ruhe getragen worden. Die Menschen aus dieser Gegend hatten eine niedrige Lebenserwartung von nur 24,3 Jahren. Der Anteil der Toten im Alter bis zu 19 Jahren betrug auf diesem Friedhof 37,4 Prozent.

Elf der insgesamt 16 in Gemeinlebarn F bestatteten Kinder haben siebartig durchlöcherte Augenhöhlendächer (Cribra orbitalia), die auf Mangelerkrankungen schließen lassen. Als Ursachen hierfür gelten Anämien, Rachitis, Infektionskrankheiten sowie Entzündungen des Schädeldachs oder der Stirnhöhlen. In Gemeinlebarn F sind bei Kindern auch Wasserköpfe und Gehirnhautentzündungen festgestellt worden.

Zur Kleidung der Männer gehörte eine bronzene Nadel, die das Obergewand zusammenhielt. Die Frauen trugen teilweise lederne Kappen mit Blech- und Drahtzierteilen sowie zwei bronzene Gewandnadeln. Bei den Kindern war Mädchentracht üblich, erst im Jugendlichenalter erhielten die Knaben männliche Attribute, wie ein Beil, eine Axt, einen Dolch, eine Schmucknadel und einen Armreif.

Befestigte Höhensiedlungen der Böheimkirchener Gruppe sind auf dem »Hochfeld« von Böheimkirchen[6], auf einem Geländesporn bei Allhartsberg[7] und möglicherweise auch auf dem Kumenberg bei Sankt Andrä-Wördern[8] bekannt.

Die Abschnittsbefestigung von Böheimkirchen lag auf der von den Bächen Perschling und Michelbach umflossenen Hochterrasse namens »Hochfeld«. Die Bäche schützten die Anlage auf drei Seiten vor Feinden. Außerdem umgab ein während des Übergangs von der Früh- zur Mittelbronzezeit ausgehobener, mehr als 15 Meter breiter und über vier Meter tiefer Graben die Befestigung. Mit dem Aushub wurde in vier bis sieben Meter Abstand hinter dem Graben ein acht Meter breiter Wall aufgeschüttet. Zudem waren an der Kante der Steilabhänge Palisadenzäune aufgestellt worden.

Auf der Innenseite des Walls wurden in der jüngsten Besiedlungsphase auf steinernen Fundamenten kasemattenartig angebaute kleinere Häuser errichtet. In der mindestens 16 500 Quadratmeter großen Siedlung arbeiteten – nach den Funden zu schließen – Bronze- und Kunsthandwerker. Brandschichten belegen Feuer oder sogar Zerstörungen.

Die befestigte Siedlung auf einem Geländesporn am rechten Ufer der Ybbs bei Allhartsberg wurde durch einen Außengraben und einen heute noch erkennbaren drei bis vier Meter hohen Innenwall geschützt. Diese vom Volksmund als »Türkenschanze« bezeichnete Anlage ist nur von der flachen Ostseite her zugänglich. Alle anderen Seiten fallen bis zu 30 Meter ab. Der 35 Meter lange Wall und der heute nur noch einen Meter tiefe Graben verlaufen von Norden nach Süden. Das fast rechteckige Siedlungsareal hat die Maße 40 mal 35 Meter und ist mit einer Fläche von ungefähr 1400 Quadratmetern eine der kleinsten Befestigungen der Böheimkirchener Gruppe.

Ob sich auch auf dem höchsten Plateau des Kumenbergs bei Sankt Andrä-Wördern eine befestigte Siedlung befand, ist umstritten. Das als »Burgstall« bezeichnete Plateau hat die Form eines ungleichmäßigen Vierecks mit einer Länge von jeweils etwa 90 und 50 Metern sowie einer Breite von 70 Metern. Es wird im Südwesten durch die Hagenbachklamm begrenzt und fällt im Nordwesten steil zum Tullner Becken ab. Von Norden nach Süden zieht sich ein 40 Meter breiter und drei bis vier Meter tiefer natürlicher Graben, der das kleine Plateau im Osten abriegelt. In dieser Vertiefung wurde angeblich ein Palisadengraben nachgewiesen.

Die Leute der Böheimkirchener Gruppe haben gelegentlich auch Höhlen als möglicherweise vorübergehende Behausungen aufgesucht. Das verraten typische Keramikreste dieser Kulturstufe im Steinernen Stadel auf der Malleiten, im Winschloch bei Baden, in der Merkensteiner Höhle bei Gainfarn und im mittleren Brandloch bei Maierdorf.

Bronzener Angelhaken aus der Siedlung Böheimkirchen-Hochfeld in Niederösterreich. Der Fund belegt den Fischfang. Länge 3,6 Zentimeter. Original im Museum für Urgeschichte des Landes Niederösterreich, Asparn an der Zaya.

Daß die damaligen Menschen auch Fischfang betrieben haben, wird durch einen Fund aus der Siedlung auf dem »Hochfeld« bei Böheimkirchen ersichtlich. Dabei handelt es sich um einen 3,6 Zentimeter langen bronzenen Angelhaken.

Aus derselben Siedlung von Böheimkirchen liegen besonders eindrucksvolle Hinterlassenschaften von Metallhandwerkern vor. Dort wurden drei Gußformen aus Sandstein, Spangenbarren, der Rohling eines Absatzbeils, Nadeln, Pfrieme, ein Griffplattendolch und ein Sichelmesser geborgen. Eine Gußform diente zur Anfertigung von Kugelkopfnadeln, eine für verkehrtherzförmige Anhänger und eine andere für ein Gerät unbekannter Bedeutung.

Tonschale in Wagenform aus der Siedlung Böheimkirchen-Hochfeld in Niederösterreich. Vier gelochte Lappen am Boden symbolisieren vermutlich die Wagenräder. Länge 20 Zentimeter. Original im Museum für Urgeschichte des Landes Niederösterreich, Asparn an der Zaya.

Zum Werkzeuginventar der Siedlung von Böheimkirchen gehörten nicht nur metallene Geräte, sondern auch Pfrieme und Meißelpfrieme mit Schneide aus Geweih.

Die sozial hochstehenden Männer waren teilweise mit bronzenen Dolchen sowie Streitäxten mit bronzener Klinge und hölzernem Schaft bewaffnet. Reste derartiger Waffen wurden in Siedlungen und Gräbern gefunden. Sie stammen aus eigenen Werkstätten oder wurden auf dem Tauschweg erworben.

Die in Gemeinlebarn F entdeckten bronzenen Streitäxte dürften Würdezeichen bedeutender Krieger gewesen sein. Eine der beiden verzierten Prunkäxte von diesem Friedhof wird als Typ Gemeinlebarn (s. S. 113) bezeichnet. Diese 1973 in Gemeinlebarn F geborgene Repräsentationswaffe ist zusammen mit dem Schaftkopf in einem Stück aus Bronze gegossen worden. An den beiderseits gelochten Kopf schließt sich eine ovale Schaftröhre an. Der Schaft wurde in die Röhre geschoben und mit einer Niete befestigt. Der 60 Zentimeter lange Schaft ist mit Blechstreifen verziert. Diese Prunkaxt gehörte zusammen mit einem verzierten Bronzedolch zur Ausrüstung eines mindestens 40 Jahre alten Toten.

Eine zweite Schaftröhrenaxt kam 1980 in Gemeinlebarn F zum Vorschein. Sie wird dem Typ Křtěnov (s. S. 132) zugerechnet. Schaftröhrenäxte des Typs Křtěnov konnten auch in Franzhausen II und im Raum Sankt Pölten sowie im nördlichen Niederösterreich nachgewiesen werden. Als Waffen gelten außerdem die bronzene Klinge von je einem Löffelbeil aus Herzogenburg-Kalkofen und aus dem Gräberfeld Gemeinlebarn F.

Auf die Transportmöglichkeiten der Böheimkirchner Gruppe deuten neben Pferderesten aus Siedlungen auch Teile des Pferdegeschirrs sowie kleine Tonräder von Wagenmodellen und eine Tonschale in Wagenform hin. In Mähren fand man ähnliche Hinweise sowie Reste von Kultwägelchen, wie sie von der Maďarovce-Kultur Ungarns bekannt sind.

In der Siedlung von Böheimkirchen-Hochfeld entdeckte man außer zwei Trensenknebeln und zwei halbfertigen Hirschgeweih-Knebeln auch eine Tonschale in Wagenform sowie zwei durchlochte tönerne Miniaturräder mit Radnabe. Die maximal 20 Zentimeter lange Schale weist am Boden vier gelochte Lappen auf, die vermutlich die Räder symbolisieren. Die in Nähe der Schale geborgenen beiden Tonräder haben einen Durchmesser von 7,2 und 6,1 Zentimetern. Sie dürften aufgrund ihrer unterschiedlichen Größe von zwei verschiedenen Wagenmodellen stammen.

Zum Schmuck gehörten bronzene Kugelkopfnadeln mit schief durchbohrtem Kopf, ovale Armringe, spiralförmige Armringe aus rundem Bronzedraht, Noppenringe, kleine Bronzespiralen, Spiralen aus Blechstreifen, spiralenartig zusammengerollte Drahtröhrchen und einfache Ringe. In Hradisko bei Kroměříž hat man eine goldene Spirale geborgen, in Blučina Bernsteinperlen und in Nedakonic eine Fayenceperle; diese Fundorte liegen alle in Mähren.

Als kleines Kunstwerk kann man das Bruchstück eines verzierten Knochenrings von Guntramsdorf in Niederösterreich bezeichnen. Das von einem Tierknochen stammende Fragment ist fünf Zentimeter hoch, vier Zentimeter breit und hat einen Durchmesser von 0,6 bis 1,3 Zentimeter. Bemerkenswert an diesem Fund sind die auf den Außenseiten angebrachten »mykenischen Ornamente«, die auffällige Parallelen in den Schachtgräbern von Mykene (Griechenland) haben.

Die Verzierung des Ringes besteht aus achterförmig ineinandergreifenden Dreiviertelkreisen, von denen je zwei paarig angeordnet sind. Auf einer Seite liegen die Dreiviertelkreise waagrecht, auf einer anderen wiederum stehen sie senkrecht übereinander. Es hat den Anschein, als ob die exakten konzentrischen Kreise mit einem zirkelartigen Gerät eingeritzt worden seien. Darauf deutet auch ein Einstich im Zentrum hin. Ähnliche Verzierungen sind aus Věteřov in Mähren und Nitriansky Hrádok in der Slowakei bekannt.

Als weiteres Kunstwerk gilt die bereits erwähnte tönerne Schale in Wagenform von Böheimkirchen-Hochfeld mit vier gelochten Lappen am Gefäßboden, die wohl Räder andeuten. Diese ovale

Bruchstück eines mit »mykenischen Ornamenten« verzierten Knochenringes der Böheimkirchner Gruppe aus Guntramsdorf in Niederösterreich. Erhaltene Höhe fünf Zentimeter, Breite vier Zentimeter. Original im Heimatmuseum, Guntramsdorf.

Drei aus menschlichen Schädeln angefertigte Becher von Böheimkirchen-Hochfeld in Niederösterreich. Sie haben vermutlich als Trinkgefäße bei besonderen Gelegenheiten gedient. Originale im Museum für Urgeschichte des Landes Niederösterreich, Asparn an der Zaya.

Schale mit einem Vogelkopf wird als Wagenmodell gedeutet. Sie ist auf der Außenseite prächtig mit einem gepunkteten Dreiecksornament verschönert, das mit einer weißen Inkrustationsmasse gefüllt wurde.

Als das bisher größte Gräberfeld der Böheimkirchener Gruppe in Niederösterreich gilt der Friedhof Gemeinlebarn F[9], wo bei Ausgrabungen insgesamt 258 Gräber freigelegt wurden. In 257 Gräbern von dort hat man die Verstorbenen unverbrannt und nur in einem Grab verbrannt bestattet.

Die Männer auf dem Friedhof Gemeinlebarn F lagen mit dem Schädel im Norden, während der Kopf der Frauen dem Süden zugewandt war. Bei beiden Geschlechtern ist der Blick in der Regel nach Osten ausgerichtet. Die Beine der Toten wurden meistens zum Körper hin angezogen, was für Hockerbestattungen typisch ist. Seltener erfolgten Gestrecktbestattungen. In 103 Fällen ist der Leichnam in einem Holzsarg zur letzten Ruhe gebettet worden. Über den Grabgruben schüttete man flache Erdhügel auf, die nicht mehr erhalten sind.

Um bei späteren Beerdigungen unliebsame Überschneidungen zu vermeiden, wurden die Gräber meistens mit Holzpfosten markiert. Die einzige Sandstein-Stele von dort ist 1,20 Meter hoch. Auf eine ähnliche Höhe bringt es eine Tuff-Grabstele vom Gräberfeld Franzhausen II aus der Zeit der Věteřov-Kultur. Diese Grabstelen sind die ältesten in Österreich.

Das Gräberfeld Gemeinlebarn F ist kurz nach dem Ende der letzten Bestattungen von Grabräubern heimgesucht worden, die es vermutlich vor allem auf die metallenen Trachtenbestandteile abgesehen hatten. Die Frevler ließen lediglich 13 Gräber unberührt. Sie warfen halbverweste Leichen oder deren Teile in von ihnen aufgerissene offene Grabtrichter oder in andere Gräber zurück.

Kleine Friedhöfe der Böheimkirchener Gruppe kennt man aus Herzogenburg-Nord (Flur Kalkofen[10]) und Statzendorf[11]. In Herzogenburg-Nord konnten sechs Gräber, in Statzendorf an einer Stelle vier und an einer anderen zwei Gräber freigelegt werden. Diese Friedhöfe sind teilweise zerstört beziehungsweise noch nicht ganz ausgegraben worden.

Aus dem üblichen Rahmen fällt die Brandbestattung in einer tönernen Amphore von Hradisko bei Kroměříž in Mähren. Das Gefäß mit dem Leichenbrand als Inhalt war mit dem Bruchstück eines ähnlichen Behältnisses abgedeckt.

Zum Kult der Böheimkirchener Gruppe gehörten vielleicht unter anderem tönerne »Brotlaib-Idole«, wie sie aus der Věteřov-Kultur (s. S. 134) und anderen Kulturen jener Zeit bekannt sind (s. S. 67), und Schädelbecher. Zwei »Brotlaib-Idole« wurden in der Siedlung auf dem »Hochfeld« von Böheimkirchen entdeckt. Diese Funde von Böheimkirchen haben zweifach umlaufende Rillen.

Daß auf dem »Hochfeld« in Böheimkirchen zuweilen kultische Zeremonien stattfanden, belegen auch drei Schädelbecher. Sie wurden vermutlich aus Schädeldächern von Frauen hergestellt. Solche Schädelbecher dienten vielleicht als Trinkgefäße bei besonderen Anlässen. Nach Ansicht mancher Autoren dokumentieren diese Objekte einen Ahnenkult.

Versunkene Dörfer auf dem Seegrund

Die Attersee-Gruppe in der Frühbronzezeit

An den Seen im Salzkammergut setzten in der entwickelten Frühbronzezeit die Menschen der Attersee-Gruppe eine Tradition fort, deren Anfänge in Österreich bis in die Jungsteinzeit um etwa 3700 v. Chr. zurückreichen. Bereits damals hatten die Angehörigen der Mondsee-Gruppe eine seltsame Vorliebe dafür entwickelt, ihre Siedlungen an den Ufern von Seen zu gründen. Diese Bauerndörfer wurden zunächst als »Pfahlbausiedlungen« bezeichnet – ein Begriff, der später aus der Mode gekommen ist.

Zwischen der langlebigen Mondsee-Gruppe[1], die sich vermutlich von etwa 3700 bis 2900 v. Chr. oder sogar noch etwas länger behaupten konnte, und der älteren Stufe der Attersee-Gruppe, die von ungefähr 1800 bis 1500 v. Chr. dauerte, lag eine Zeitspanne von etwa einem Jahrtausend, in der im Salzkammergut keine Seeufersiedlungen bewohnt wurden.

Den Begriff »Attersee-Gruppe« hat 1981 die am Naturhistorischen Museum, Wien, arbeitende Prähistorikerin Elisabeth

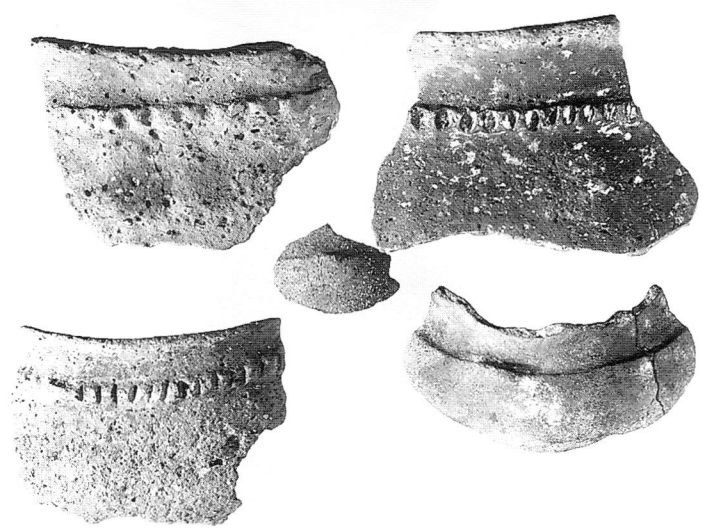

Bruchstücke von Tongefäßen der Attersee-Gruppe (etwa 1800 bis 1500 v. Chr.) aus der Seeufersiedlung Abtsdorf I am Attersee in Oberösterreich. Länge der größten Scherbe (rechts oben) etwa 16 Zentimeter. Originale im Museum Mondsee.

Ruttkay (s. S. 447) geprägt, als sie die Funde aus der 1977 bei Vermessungsarbeiten des Bundesdenkmalamts Wien entdeckten Seeufersiedlung Abtsdorf I im Attersee beschrieb. Sie verstand darunter eine Kulturgruppe, die etwa zur gleichen Zeit wie die niederösterreichische Böheimkirchner Gruppe der Vĕteřov-Kultur (s. S. 134) existierte und im Salzkammergut, an der Donau im Raum Linz und am Inn südlich von Passau siedelte. Die Attersee-Gruppe war eine einheimische Entwicklung. Sie zeichnete sich durch verstärkte östliche Kontakte aus.

Die Wahl von Seeufern als Standorte für Siedlungen war mit etlichen Vorteilen für die Bewohner verbunden. Dort konnten die Dörfer besser vor Feinden geschützt werden, weil man nur die dem Land zugekehrten Seiten mit Palisaden sichern mußte. Zudem stand hier für verschiedene Tätigkeiten immer viel Wasser zur Verfügung, beispielsweise für die Bewässerung der Felder, die Tränke des Viehs, die Herstellung von Tongefäßen und das Löschen von Bränden, die durch unachtsamen Umgang mit offenem Feuer ausgelöst wurden. Außerdem boten sich den Bewohnern der Seeufersiedlungen ideale Bedingungen für den Fischfang und die Jagd.

Früher sind die Seeufersiedlungen als im Wasser stehende »Pfahlbaudörfer« definiert worden. Doch heute weiß man, daß die meisten der in Seen gefundenen Siedlungsreste ursprünglich auf dem Ufer gelegen haben und erst später infolge der ansteigenden Wasserspiegel überflutet worden sind. Daß auch die oberösterreichischen »Pfahlbauten« ursprünglich auf trockenem Baugrund errichtet wurden, zeigten die Nachforschungen des Grabungstechnikers Johann Offenberger in Scharfling/Mondsee[2], Weyregg/Attersee[3] und Misling II/Attersee[4].

Als einzige genau untersuchte bronzezeitliche Seeufersiedlung im Salzkammergut gilt bisher die Station Abtsdorf I am Attersee. Man hat zwar von Anfang an Bronzeobjekte geborgen, aber

Der Wiener Prähistoriker Matthäus Much (1832–1909) konstruierte für seine Untersuchungen im Mond- und Attersee ein Baggerrohr zur Entnahme von Bodenproben. Er gilt als der »Altmeister der prähistorischen Forschung in Österreich«.

es fehlte bronzezeitliche Keramik, die sich von der jungsteinzeitlichen Tonware unterscheiden ließ. Früher konnte man die vereinzelten frühbronzezeitlichen Proben von Gmunden am Traunsee[5], von Kammerl am Attersee[6] und von der Station See am Mondsee[7] typologisch nur schwer auseinanderhalten, da sie mit jungsteinzeitlichen Tongefäßfragmenten vermengt waren. Heute liegen spärliche bronzezeitliche Keramikreste und namhafte Bronzefunde besonders von Seewalchen am Attersee aus der Mitte des zweiten vorchristlichen Jahrtausends vor. Sie deuten auf weitere ehemalige Siedlungen an den Salzkammergut-Seen hin. Ihre genau Lage konnte aber noch nicht lokalisiert werden.

Bis weit ins 20. Jahrhundert hinein hat man die Suche und Bergung von Pfahlbauresten mit einfachen Methoden vom Boot aus betrieben. Anfangs wurde der Seeboden mit einer langen Stange aufgewühlt und – wenn sich der aufgewirbelte Schlamm wieder gelegt hatte – abgesucht. War man fündig geworden, so wurde das Boot an einer in den Seeboden gesteckten Stange festgebunden, und dann hat man die Funde mit einer eigens für diesen Zweck konstruierten Zange gehoben. Zerbrechlichere Gegenstände wurden mit einem Schleppnetz an Bord gehievt. Später konstruierte man eine spezielle Baggerschaufel, mit der man Teile der Kulturschicht ins Boot holte und diese anschließend nach Funden durchsuchte.

Der Wiener Prähistoriker Matthäus Much (1832–1909) entwickelte für seine Untersuchungen im Mondsee und Attersee ein Baggerrohr zur Entnahme von Bodenproben. Dieses Eisenrohr mit einem Durchmesser von 15 Zentimetern war am oberen Ende verschlossen und mit einem Ventil versehen. Das Rohr wurde mit geöffnetem Ventil in den Boden gerammt. Wenn man nun das Ventil schloß und das Rohr aus dem Boden zog, blieb die Bodenprobe aufgrund des entstandenen Vakuums im Rohr. Much gilt als einer der Pioniere der Archäologie in Österreich. Ein genaueres Bild ergaben erst die ab 1970 in den Seen des Salzkammerguts (Oberösterreich) vorgenommenen modernen Tauchuntersuchungen des Wiener Bundesdenkmalamts. Auslöser hierfür waren Nachrichten über die Plünderung von »Pfahlbausiedlungen« durch Sporttaucher. Die Tauchaktionen des Bundesdenkmalamts wurden vom Grabungstechniker Johann Offenberger geleitet und dankenswerterweise von Mitgliedern des Unterwassertauchclubs Wels unterstützt.

Bei den Pfahlbauuntersuchungen durch das Bundesdenkmalamt kamen Unterwasserbohrgeräte zum Einsatz, die nach demselben Vakuumprinzip arbeiteten wie das von Matthäus Much erdachte Baggerrohr. Die Suche nach archäologischen Funden in den oberösterreichischen Seen wurde durch die Schlammschicht auf dem Grund dieser Gewässer sehr erschwert. Im Mondsee reichte die Sicht ab etwa drei Meter Tiefe manchmal nur noch einen Meter weit, im Attersee maximal zwei Meter. Dadurch ließen sich die Holzpfähle der »Pfahlbauten« von den auf natürliche Weise auf den Seegrund geratenen Steinen kaum unterscheiden.

Trotz dieser Probleme waren die Tauchuntersuchungen des Bundesdenkmalamts von Erfolg gekrönt. Dabei wurden nicht nur bereits verschollene Seeufersiedlungen wiedergefunden, sondern auch die in alter Fachliteratur mehrfach verwechselten Fundortnamen korrigiert, die Ausdehnung und der Erhaltungszustand der einstigen Siedlungen ermittelt, die Bodenverhältnisse erkundet und neue Siedlungen entdeckt. Darüber hat Johann Offenberger 1986 ausführlich berichtet.

Doppelt verkehrt-herzförmiger bronzener Anhänger der Attersee-Gruppe aus der Seeufersiedlung Kammerl am Attersee in Oberösterreich. Maximale Länge des Anhängers 3,5 Zentimeter. Das Original ist in Budapest verschollen.

1989 folgte ein vom österreichischen Fonds zur Förderung der wissenschaftlichen Forschung unterstütztes interdisziplinäres Pfahlbauprojekt. Dessen Ziel ist es, den gesamten Fundbestand der Seeufersiedlungen aufzunehmen und auszuwerten. Angesichts der insgesamt etwa 30 »Pfahlbauten« in Österreich ist dies eine gewaltige Aufgabe.

Vor der Publikation von Elisabeth Ruttkay aus dem Jahre 1981 war das Vorhandensein bronzezeitlicher Keramik im Fundgut der österreichischen Seeufersiedlungen der Fachwelt nicht sonderlich bekannt gewesen. Frühere Bearbeiter chronologischer

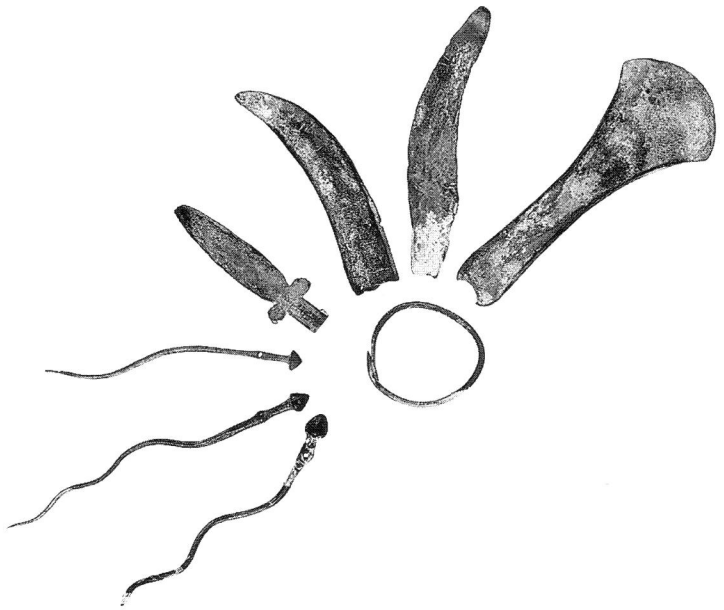

Metallene Gegenstände der Attersee-Gruppe aus der Seeufersiedlung Seewalchen am Attersee in Oberösterreich. Darunter befindet sich ein 8,5 Zentimeter langes Rasiermesser des Typs Padnal (viertes Objekt von links). Originale im Museum Mondsee.

Abfolgen der österreichischen Seeufersiedlungen – wie der bereits erwähnte Matthäus Much, die Prähistoriker Richard Pittioni (1906–1985), Kurt Willvonseder (1903–1968), alle drei aus Wien, sowie der deutsche Prähistoriker Jürgen Driehaus (1927 bis 1986) – hatten ihr Augenmerk hauptsächlich auf die zahlreichen Metallobjekte aus den Seeufersiedlungen gerichtet.

Kurt Willvonseder zum Beispiel erkannte in den 1960er Jahren drei voneinander deutlich unterscheidbare Metallfundgruppen. Davon entsprachen die Metallgruppe I der Kupferzeit, die Metallgruppe II der »Übergangsperiode« von der späten Frühbronzezeit (Bronzezeit A2) zur frühen Mittelbronzezeit (Bronzezeit B1) und die Metallgruppe III der Spätbronzezeit.

Heute steht fest, daß die Metallgruppe II im Sinne Willvonseders die Attersee-Gruppe repräsentiert. Sie umfaßt Rollenkopfnadeln, Kugelkopfnadeln, Kegelkopfnadeln, verkehrt-herzförmige Anhänger, Armreife mit Endspiralen, Griffangeldolche, Griffplattendolche, Randleistenbeile, Sicheln und Rasiermesser des Typs Padnal (s. S. 252), die nach einem Fundort im schweizerischen Kanton Graubünden benannt sind.

Die für die Erforschung der Attersee-Gruppe so wichtige Seeufersiedlung Abtsdorf I hat etwa um 1600 v. Chr. existiert, was der Übergangsphase zwischen später Frühbronze- und früher Mittelbronzezeit entspricht. Das Alter dieses Bauerndorfs wurde durch eine Datierung von Holzpfählen nach der Radiokarbon- oder Radiokohlenstoff-Methode ermittelt. Man nennt dieses Altersdatierungsverfahren wissenschaftlich auch ^{14}C-Methode oder populär C14-Methode.

Die C14-Methode beruht darauf, daß jedes Lebewesen – eine Pflanze, ein Tier oder ein Mensch – radioaktiven Kohlenstoff mit dem Atomgewicht 14 (C14) aufnimmt. Dieser Prozeß endet erst mit dem Tod des Lebewesens, von dem ab das C14 nach der sogenannten Halbwertszeit von durchschnittlich 5568 Jahren genau in die halbe Menge zerfällt und dabei in das stabile radioaktive Stickstoffisotop N14 umgewandelt wird. Auf diese Weise läßt sich anhand des jeweiligen Rests von C14 in Holz oder Knochen das absolute Alter in Jahren von manchen Funden ermitteln.

Über den Alltag der Attersee-Leute ist kaum etwas bekannt. Wenigstens ein Gerät liefert über das Leben der Attersee-Bauern wichtige Hinweise: das gekrümmte bronzene Erntemesser vom Typ Böheimkirchen, das von den Attersee-Stationen mehrfach vorliegt. Auf Ackerbau deuten auch nicht genau datierbare Brotreste aus Seeufersiedlungen vom Mondsee hin. Ein guterhaltenes Brot hat einen Durchmesser von 7,5 und eine Dicke von drei Zentimetern.

Das bescheidene Wissen über die Siedlungen, Keramik und Metallerzeugnisse stützt sich meistens auf unter ungünstigen Umständen geborgene Hinterlassenschaften aus ehemaligen Seeufersiedlungen. Bei manchen Funden ist umstritten, ob sie noch aus der Kupferzeit oder schon aus der Frühbronzezeit stammen. In beiden Abschnitten hat es beispielsweise Werkzeuge, Waffen und Schmuck aus Kupfer sowie Geflechte aus Bast, Binsen oder Rindenstreifen und Holzgefäße gegeben. Gräber der Attersee-Gruppe sind bisher nicht aufgespürt worden.

Die Frühbronzezeit in der Schweiz
Abfolge und Verbreitung der Kulturen und Gruppen

Die Frühbronzezeit dauerte in der Schweiz etwa von 2200 bis 1600 v. Chr. Ihr erster Abschnitt, in dem noch weitgehend gehämmerte Metallobjekte hergestellt wurden, wird als ältere Frühbronzezeit bezeichnet. Der zweite Abschnitt dagegen, in dem man bereits massive Bronzeobjekte goß, heißt entwickelte Frühbronzezeit.

In der Westschweiz existierte von zirka 2200 bis 1600 v. Chr. die Rhône-Kultur (s. S. 142). Ihre ältere Phase von ungefähr 2200 bis 1800 v. Chr. ist bisher nur durch Grabfunde im Unterwallis und in der Region des Thuner Sees im Berner Oberland belegt. Während der jüngeren Phase von etwa 1800 bis 1600 v. Chr. existierten die westschweizerische Aare-Rhône-Gruppe und die ostfranzösische Saône-Jura-Gruppe.[1]

Die Funde aus der Zeit zwischen etwa 1800 und 1600 v. Chr. im nordostschweizerischen Mittelland werden der Arbon-Kultur (s. S. 151) zugerechnet. Nach der Altersdatierung von Hölzern aus Seeufersiedlungen im nordostschweizerischen Mittelland zu schließen, sind diese Dörfer erst in der ausklingenden Frühbronzezeit errichtet und bewohnt worden.

Von den Relikten der Rhône-Kultur und der Arbon-Kultur unterscheiden sich die frühbronzezeitlichen Funde in weiten Teilen des Kantons Graubünden ganz deutlich. Deshalb spricht man dort von der Inneralpinen Bronzezeit-Kultur (s. S. 163). Diese Eigenständigkeit setzte sich auch in der Mittelbronzezeit (s. S. 252) und teilweise noch in der Spätbronzezeit (s. S. 436) fort. Bisher sind aus der ganzen Schweiz etwa 100 frühbronzezeitliche Siedlungsplätze nachgewiesen. Gräber kennt man vor allem aus den Kantonen Wallis und Bern.

Vor 1896 entdeckter Vollgriffdolch mit verzierter Klinge aus Conthey im Kanton Wallis. Der eigentliche Griff bestand vermutlich aus organischem Material. Länge 19,1 Zentimeter. Original im Kantonalen Museum für Archäologie, Sitten.

Die geheimnisvolle Totenstätte
Die Rhône-Kultur

Der Zufall bescherte 1961 der Archäologie im Kanton Wallis eine Sternstunde: Damals stießen Arbeiter beim Bau einer Wasserleitung in der Avenue du Petit Chasseur von Sitten (Sion) auf eine rätselhafte Totenstätte mit imposanten Großsteingräbern und verzierten Statuenmenhiren. Bei den Ausgrabungen, die von 1961 bis 1972 andauerten, stellte sich heraus, daß an dieser Stelle mehr als 1000 Jahre lang die Menschen verschiedener Kulturen ihre Toten zu Grabe getragen hatten.

Zu den prächtigsten Entdeckungen in dieser Totenstätte gehören die Hinterlassenschaften der jungsteinzeitlichen Glockenbecher-Kultur, die in manchen Gebieten Europas von etwa 2500 bis 2200 v. Chr. existierte. Diese Kultur verdankt den typischen glockenähnlichen Tongefäßen ihren Namen.

Von ebendiesen Glockenbecher-Leuten stammen die Menschen der frühbronzezeitlichen Rhône-Kultur ab, die von etwa 2200 bis 1600 v. Chr. in der Westschweiz und in Ostfrankreich angesiedelt war. In der Totenstätte von Sitten-Petit Chasseur folgen die Bestattungen jener beiden Kulturen aus unterschiedlichen Zeitaltern der Urgeschichte, nämlich der Stein- und der Bronzezeit, unmittelbar aufeinander.

Den Begriff »Rhône-Kultur« hat 1948 der am Schweizerischen Landesmuseum, Zürich, arbeitende Prähistoriker Emil Vogt (1906–1974) geprägt, ihn damals jedoch dem in Freiburg/Breisgau tätigen deutschen Prähistoriker Georg Kraft (1894–1944, s. S. 445) zugeschrieben, der ursprünglich den Namen Walliser Kultur[1] benutzte. Andere Prähistoriker dagegen sprachen von der Civilisation rhodanienne[2] oder von der Alpinen Gruppe[3].

Der damals in Freiburg/Breisgau wirkende deutsche Prähistoriker Albert Hafner gelangte in den 1990er Jahren nach Untersuchungen und dem Vergleich von Funden aus der Schweiz, Frankreich und Deutschland zu neuen Erkenntnissen über die Rhône-Kultur. Er unterteilte sie 1995 in eine ältere Phase von etwa 2200 bis 1800 v. Chr. und in eine entwickelte Phase von ungefähr 1800 bis 1600 v. Chr.

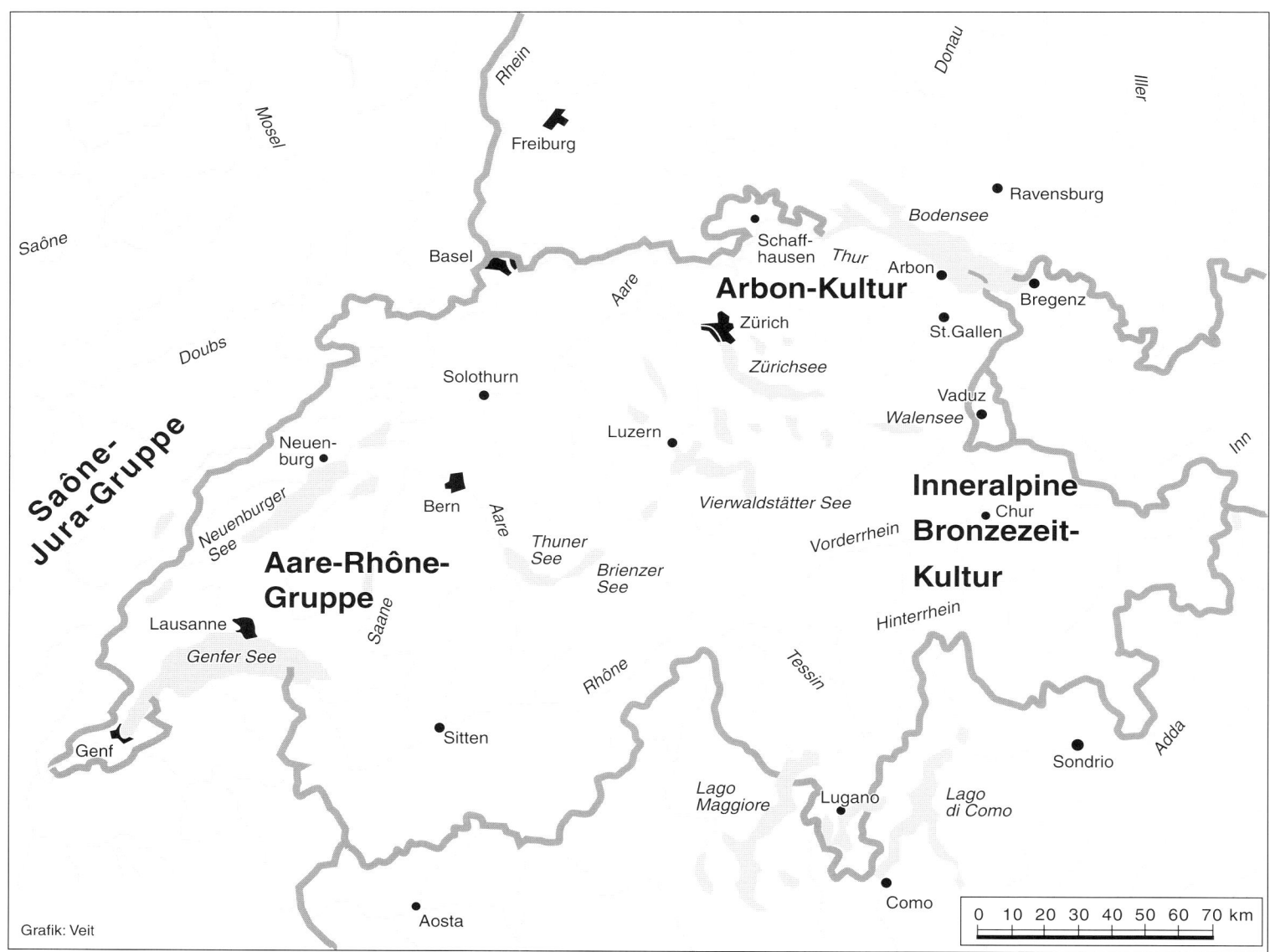

Verbreitung der Kulturen und Gruppen während der jüngeren Frühbronzezeit (etwa 1800 bis 1600 v. Chr.) in der Schweiz.

Die ältere Rhône-Kultur ist aus der erwähnten Glockenbecher-Kultur entstanden. Als charakteristisch für erstere gilt eine einfache Metallurgie, die Experimentierphase genannt wird und meistens gehämmerte Objekte erzeugte. Bisher hat man die ältere Rhône-Kultur nur anhand von Grabfunden aus dem Thuner-See-Gebiet im Berner Oberland (Thun-Wiler, Thun-Renzenbühl) sowie dem Unterwallis (Sitten-Petit Chasseur I) archäologisch nachweisen können.

Der in Bern geborene Prähistoriker Christian Strahm, der heute an der Albert-Ludwigs-Universität in Freiburg/Breisgau lehrt, hat 1995 nach den Funden aus der Thuner Gegend die Thuner Gruppe benannt. Letztere Gruppe der älteren Frühbronzezeit betrachtet er als Übergangsform zur Rhône-Kultur.

Aus der älteren Rhône-Kultur ging die entwickelte Rhône-Kultur hervor, für die eine komplexe Bronzemetallurgie und massive gegossene Bronzeobjekte typisch sind. Letztere Phase wurde 1995 von Albert Hafner (s. S. 444) in eine westschweizerische Aare-Rhône-Gruppe und in eine ostfranzösische Saône-Jura-Gruppe geteilt. Er definierte die Aare-Rhône-Gruppe durch einen einheitlichen Bestattungsritus sowie durch Keramik- und Bronzeinventare.

Die Aare-Rhône-Gruppe war in der Umgebung des unteren Thuner Sees im Berner Oberland, im westlichen Mittelland zwischen Aare und Genfer See, im Chablais und im Unterwallis verbreitet. In den Seeufersiedlungen am Bieler See, Neuenburger See und Murtensee wurden die östlichsten Elemente der westschweizerischen Frühbronzezeit gefunden.

Die ostfranzösische Saône-Jura-Gruppe war in Burgund und im französischen Jura heimisch. Dort gab es einen ähnlichen Keramikstil und gleiche Bronzeobjekte wie bei der westschweizerischen Aare-Rhône-Gruppe. Sowohl in Ostfrankreich als auch in der Westschweiz bettete man die Toten in gestreckter Rückenlage zur letzten Ruhe. In Ostfrankreich waren jedoch Grabhügel üblich, während in der Westschweiz Flachgräber angelegt wurden.

Vereinzelte besonders reich ausgestattete Gräber sowie das Aufkommen von Prestigeobjekten aus dem Bereich der in Tschechien, der Slowakei, in Mitteldeutschland und in Niederösterreich nördlich der Donau verbreiteten Aunjetitzer Kultur (s. S. 44, 99) legen die Entstehung einer sozialen Oberschicht in der Aare-Rhône-Gruppe nahe. Deren Reichtum beruhte vermutlich auf der Kontrolle und Koordinierung der heimischen Erzlagerstätten und der Produktion von Metallobjekten.

Die Bestattung eines Kriegers in der Totenstätte von Sitten-Petit Chasseur I lieferte Anhaltspunkte für die damalige Kleidung, weil bronzene Schmuckstücke teilweise noch zusammen mit Textilresten geborgen werden konnten. Der Genfer Prähistoriker Alain Gallay hat die Trageweise der Garderobe, des Schmucks und der Waffen dieser Bestattung beschrieben. Er war einer der Ausgräber nach dem Tod des Lehrers und Prähistorikers Olivier-Jean Bocksberger (1925–1970) aus Sitten, der die Totenstätte als erster von 1961 bis 1969 untersucht hatte.

Der Krieger aus dem Grab 3 von Sitten-Petit Chasseur trug ein großes viereckiges Stoffgewand auf dem Leib. Es war unter die Achselhöhlen gewickelt und wurde von einem Lederriemen, der die beiden oberen Tuchenden auf dem Rücken verband, zusammengehalten. Darüber lag ein Mantel, der über die Schultern gehängt wurde.

Zur Befestigung des Mantels auf dem Stoffgewand und als Schmuck dienten zwei Bronzenadeln mit aufgerolltem Kopf.

Bestattung eines bewaffneten und geschmückten Kriegers in der Totenstätte von Sitten-Petit Chasseur im Kanton Wallis. Er trägt einen nach oben spitz zulaufenden Hut, wie er durch einen gleichaltrigen Fund in Norditalien nachgewiesen ist.

Die beiden Nadeln steckten auf der linken und rechten Brustseite. Die linke Nadel wies mit dem Kopf nach oben und mit der Spitze nach unten, bei der rechten war es umgekehrt. Auf den Rand des Mantels waren fünf Bronzeblechröhren genäht.

Um den Hals trug der tote Krieger drei Ketten mit Anhängern aus verschiedenen Materialien. An der ersten Kette hing eine kleine walzenförmige Perle aus Bernstein, an der zweiten ein durchbohrter Bärenzahn. An der dritten Kette prangten sechs mit Ringen verzierte Bronzeblechanhänger und drei Röllchen aus Bronzedraht zwischen den mittleren vier Anhängern.

Bewaffnet war der Krieger mit einem Randleistenbeil und zwei Dolchen aus Bronze. Die 24,6 Zentimeter lange, löffelförmige Klinge des Beils lag quer unter dem Kopf des Toten. Der hölzerne Schaft dieser Prunkwaffe ist vermodert. Er hatte vermutlich am Ende eine Gabelung, in der die Klinge befestigt wurde. Die beiden Bronzedolche befanden sich unter den Rippen des Mannes, und zwar in einer solchen Höhe, daß sie nicht am Gürtel getragen worden sein können.

Auf einer Zeichnung des Künstlers Serge Aeschlimann, die 1986 in der Publikation »Das Wallis vor der Geschichte« veröffentlicht wurde, trägt der Krieger von Sitten-Petit Chasseur auch einen geflochtenen, nach oben spitz zulaufenden Hut. Zwar ist eine solche Kopfbedeckung im Grab 3 nicht archäologisch belegt, jedoch durch einen gleichaltrigen Fund in Norditalien nachgewiesen.

Weitere Hinweise auf die Kleidung jener Zeit liegen aus dem Grab 1 von Thun-Renzenbühl im Kanton Bern vor. Dort kamen ein 9,8 Zentimeter langer, bronzener Gürtelhaken und ein 16,6 Zentimeter langes Kopfband zum Vorschein. Bei letzterem handelte es sich um die metallene Versteifung beziehungsweise Zier einer Kopfhaube.

Siedlungen der älteren Rhône-Kultur konnten bisher weder in den inneralpinen Tälern noch im westlichen Mittelland ausfindig gemacht werden. Vermutlich befanden sich etliche der Gräber aus jener Phase in der Nachbarschaft von damaligen Dörfern. Die inneralpine Lage der Gräber kann vielleicht mit der Suche nach Kupfererz erklärt werden. Nächstgelegener zeitgleicher Fundpunkt war am westlichen Bodensee das Gräberfeld von Singen am Hohentwiel (Kreis Konstanz) in Süddeutschland (s. S. 64).

Aus der Zeit der Aare-Rhône-Gruppe kennt man zahlreiche Siedlungen am Bieler See, Neuenburger See und Genfer See. Häufig verkörpern Keramikfragmente und Bronzeobjekte die einzigen Reste eines ehemaligen Dorfes, während Hausgrundrisse fehlen. Auch abseits der Seen wurden vereinzelte Siedlungsrelikte aus dem westlichen Mittelland und aus dem Unterwallis geborgen. Dagegen ist im Berner Oberland noch nichts dergleichen aufgetaucht.

Als berühmteste Seeufersiedlung der Aare-Rhône-Gruppe gilt die »Station les Roseaux« von Morges[4] am Genfer See im Kanton Waadt. Sie wurde 1854 entdeckt, zunächst als »la Grande Cité« und Ende der 1850er Jahre nach einem nahe gelegenen Schilffeld als »Station les Roseaux« bezeichnet. Der französische Prähistoriker Gabriel de Mortillet (1821–1898) aus Saint-Germain hat 1875 den ersten Abschnitt der Bronzezeit nach diesem Fundort »Epoque morgienne« genannt. Bei den dort geborgenen Siedlungsresten handelt es sich vor allem um Keramik und bronzene Beilklingen.

Das Ufer des Bieler Sees im Kanton Bern wurde in der ausgehenden Frühbronzezeit von Dörfern gesäumt. Nach Keramikresten und Bronzeerzeugnissen zu schließen, existierten frühbronzezeitliche Seeufersiedlungen in der Gegend von Nidau, Sutz-Lattrigen, Mörigen, Täuffelen, Lüscherz und Vinelz. Auf der Sankt-Peters-Insel im Bieler See wurden eine tönerne Tasse und ein bronzener Dolch aus der Frühbronzezeit gefunden.

Von ehemaligen Höhensiedlungen im Kanton Wallis zeugen Gruben, Steinplattenböden, Pfostenlöcher, Keramikreste und Gräber. Siedlungsgruben kamen auf dem Hügel Heidnischbühl am rechten Ufer der Rhône bei Raron[5] zum Vorschein. Die beiden Steinplattenlagen von Sembrancher (Crettaz-Polet[6]) und Saint-Léonard (Sur-le-Grand-Pré)[7] dienten als Untergrund für die Bretterböden von Behausungen. Der Steinplattenbelag auf dem Hügel Crettaz-Polet von Sembrancher war etwa vier Meter breit, seine genaue Länge ist unbekannt. Des weiteren stieß man in Sembrancher auf Pfostenlöcher von Behausungen. In Saint-Léonard wurden außer dem Steinplattenboden auch eine Feuerstelle aus Steinplatten und Reste von Flechtwerk entdeckt. Keramikreste hat man auf dem Hügel von Lessus bei Saint-Triphon und auf dem Crettaz-Polet von Sembrancher geborgen. Zu Dauersiedlungen in Höhenlage dürften die Friedhöfe von Ayent-les Places und auf der Hochebene von Savièse gehört haben. Daß auch Höhlen zeitweise aufgesucht wurden, verraten Keramikreste in einer Grotte von Lalden im Kanton Wallis.

Auf Ackerbau weisen Pflugspuren in frühbronzezeitlichen Schichten von Sitten-Petit Chasseur hin. Sie gelten aber nicht als die ältesten Pflugspuren der Schweiz, da solche bereits aus der Jungsteinzeit in den Kantonen Wallis (Heidnischbühl bei Raron) und Graubünden (Chur-Welschdörfli) bekannt sind.

Archäozoologische Untersuchungen in der Seeufersiedlung Morges (»Station les Roseaux«) und in mehreren großen Tongefäßen im Großsteingrab von Sitten-Petit Chasseur (Dolmen MXI) ergaben, daß in der Frühbronzezeit Schafe, Rinder und Schweine als Haustiere gehalten wurden. Die beliebtesten Haustiere in der Westschweiz waren damals meistens die Rinder, im Wallis dagegen die Schafe.

Nach Angaben des Genfer Archäozoologen Louis Chaix hatten die Schafe im Wallis eine Widerristhöhe von etwa 60 Zentimetern. Äußerlich ähnelten sie der 1960 ausgestorbenen Rasse des Disentis-Schafs aus dem Kanton Graubünden. Bis zur Frühbronzezeit trugen die Schafböcke starke und die Schafe zierliche Hörner, danach kamen erstmals Schafe ohne Hörner vor. Ab der Frühbronzezeit setzte die Nutzung der Schafwolle ein.

Die Rinder im Wallis erreichten laut Louis Chaix eine Widerristhöhe von etwa 1,25 Metern. Sie hatten einen kurzen und breiten Schädel und kleine Hörner. Die Knochen ihres Skeletts sind zierlich und die Glieder wenig entwickelt.

Auf Fischfang deuten bronzene Angelhaken von Lüscherz-Fluhstation (Kanton Bern) hin. Der als Anhänger getragene

Tauchgrabung des Berner Geologen und Archäologen Karl Adolph von Morlot (1820–1867) am 24. August 1854 bei der Ufersiedlung von Morges am Genfer See auf einer von Morlot erstellten kolorierten Bleistiftzeichnung.

Bärenzahn von Sitten-Petit Chasseur und ein Hirschknochen aus der Seeufersiedlung Morges (»Station les Roseaux«) sind Indizien für Jagdaktivitäten.

Zum Formenschatz der Keramik gehören Knickwandtassen, Kalottenschalen, Näpfe und leistenverzierte Töpfe. Mit Ausnahme der rund- und spitzbödigen Tassen haben alle anderen Gefäßformen flache Böden. Die eingetieften Verzierungen variieren von Rillen und Kerben über geritzte Dreiecke bis hin zu einfachen Punktstempeln. An plastischen Verzierungen schuf man verschiedene Knubbenformen, Grifflappen und Fingertupfenleisten.

In und neben Gräbern von Sitten-Petit Chasseur kamen mehrere Töpfe zum Vorschein, die als Opfergaben gedient haben. Der größte davon ist 52 Zentimeter hoch, hat einen Mündungsdurchmesser von 30,9 Zentimetern, ist rundum mit elf quer verlaufenden Leisten verziert und in Höhe der viertobersten Leiste mit vier leicht nach unten geneigten Grifflappen versehen.

Kupferhaltiger Quarz von Saint-Triphon im Wallis, der auf mehr als 1650 Grad erhitzt wurde, belegt den Abbau und die Verarbeitung von Erz. Außer im Wallis wurden vermutlich auch im Berner Oberland schon Kupfererzvorkommen ausgebeutet. Das zur Herstellung von Bronze nötige Zinn mußte wohl auf dem Tauschweg beschafft werden. Denkbar wären Importe aus der Toskana, Südengland (Cornwall, Devon), der Bretagne, Nordportugal, Spanien (Galicien), Mitteldeutschland, Tschechien oder Osteuropa.

Die Aare-Rhône-Gruppe pflegte offenbar enge Beziehungen zur Aunjetitzer Kultur, die in Tschechien, der Slowakei, in Mitteldeutschland sowie in Niederösterreich nördlich der Donau verbreitet war und damals sowohl auf technologischem als auch auf wirtschaftlichem Gebiet eine Führungsposition innehatte. Die Aare-Rhône-Gruppe bezog von der Aunjetitzer Kultur vermutlich nicht nur Zinn, sondern übernahm auch deren Ideen und Techniken der Metallurgie und entwickelte diese weiter.

Aufgrund der Kontakte mit der Aunjetitzer Formenwelt könnte – so vermutet Albert Hafner – ein lokales bronzemetallurgisches Zentrum in der Westschweiz entstanden sein. Dessen Erzeugnisse wurden in der Westschweiz und entlang der Rhône in Richtung Südwesten bis nach Südfrankreich abgesetzt. Auf diese Weise gelangten neue Produkte und Ideen nach Südfrankreich.

Die meisten Typen und Formen der Bronzeobjekte dürften selbst angefertigt worden sein. Als typische lokale Bronzeerzeugnisse gelten verschiedene trianguläre Dolche, löffelartige Randleistenbeile und solche mit kreisförmigem Blatt.

Charakteristische Nadelformen waren Rauten- und Flügelnadeln. Weitere kennzeichnende Bronzeobjekte sind Ösenhalsringe und verzierte Kopfbänder.

Vollgriffdolche sowie Ösenkopfnadeln wurden nach Vorbildern der erwähnten Aunjetitzer Kultur hergestellt. Komplizierte Stabdolche, Doppeläxte, Nackenknaufäxte und Schaftlochäxte der Aunjetitzer Kultur dagegen stießen in der Westschweiz kaum auf Interesse. Das Aufgreifen bestimmter Aunjetitzer Formen und ihre eigenständige Gestaltung könnte nach Ansicht von Albert Hafner auf die Wünsche einer gehobenen sozialen Schicht in der Westschweiz zurückgehen, die sich am Vorbild der Aunjetitzer Kultur orientierte.

Auffälligerweise sind vor allem Prestigewaffen, wie Vollgriffdolche und löffelförmige Randleistenbeile, getauscht worden. Westschweizerische Vollgriffdolche vom Rhône-Typ oder Alpinen Typ und löffelförmige Randleistenbeile wurden im Aunje-

Topf mit Leistenverzierung aus der Totenstätte von Sitten-Petit Chasseur im Kanton Wallis. Höhe 52 Zentimeter. Bauchdurchmesser 37,5 Zentimeter, Mündungsdurchmesser 30,9 Zentimeter. Original im Département d'Anthropologie, Genève (Genf).

titzer Verbreitungsgebiet gefunden. Vollgriffdolche vom Alpinen Typ kennt man auch aus Norditalien. Das Depot von Kläden nahe bei Stendal in Mitteldeutschland enthielt unter anderem westschweizerische Randleistenbeile.

Ein 19,1 Zentimeter langer Dolch von Conthey im Wallis besteht aus vier Teilen: der Klinge, der Griffplatte, dem Griffdorn und dem Griffknauf. Die Teile sind mit Nieten verbunden. Der eigentliche Griff war aus organischem Material hergestellt, das nicht erhalten blieb. Die Klinge dieses Dolches ist mit einem Kreuzmotiv und hängenden Dreiecken verziert.

Nach den 16 Randleistenbeilen aus der Seeufersiedlung Morges (»Station les Roseaux«) wurden die Beile vom Typ Roseaux benannt. Es handelt es sich um bronzene Beilklingen von 8,7 bis 15,5 Zentimeter Länge mit spachtelförmiger Schneide und wenig ausgeprägten Kanten. Sie werden chronotypologisch der Frühbronzezeit zugeordnet.

Die trapezförmigen Randleistenbeile des Typs Neyruz (Neyruz-Beile) haben ihre Bezeichnung nach dem Fundort Neyruz[8] im Kanton Waadt erhalten. Ihre Klinge ist flach und ohne Nackenausschnitt.

Ein weiterer berühmter Fundort ist Sigriswil-Ringoldswil[9] im Kanton Bern. Dort wurden elf bronzene Randleistenbeile, die Rohform eines Randleistenbeils, zwei Vollgriffdolche und zwei Lanzenspitzen geborgen. Dieser Fund gilt als eines der bedeutendsten frühbronzezeitlichen Depots der Schweiz.

Eine besonders kostbare Beilklinge lag zusammen mit einem Dolch im Grab eines vermutlich bedeutenden Mannes von

Einige der insgesamt 16 Beile mit spachtelförmiger Schneide vom Typ Roseaux aus der Seeufersiedlung von Morges (»Station les Roseaux«) am Genfer See im Kanton Waadt. Originale im Musée Cantonal d'Archéologie et d'Histoire, Lausanne.

Thun-Renzenbühl[10] (Kanton Bern). In eine der beiden Flachseiten der etwa 24 Zentimeter langen Beilklinge ist ein Kupferband eingelassen, das man mit viereckigen Nägeln aus hellem, stark silberhaltigem Gold verziert hat.

Die merkwürdigen Stabdolche mit langem Stab aus Holz oder Metall und daran befestigter metallener Dolchklinge eigneten sich kaum als Angriffs- oder Verteidigungswaffe. Deswegen werden sie als Würdezeichen oder Zeremonialgeräte gedeutet. In der alten Zihl zwischen Brügg und Orpund im Kanton Bern wurde die 12,5 Zentimeter lange und 4,2 Zentimeter breite Klinge eines Stabdolches gefunden. Sie ist auf der Rückseite gezähnt.

Daß damals aber beileibe nicht alle Geräte aus kostbarem Metall angefertigt wurden, verraten Schaber aus Feuerstein und Bergkristalle unter den Siedlungsresten von Sembrancher (Crettaz-Polet) im Wallis. Möglicherweise benutzte man zudem verschiedene Knochenwerkzeuge und Hammerköpfe aus Hirschgeweih, wie sie in Collombey-Muraz zum Vorschein kamen. Allerdings können letztere Funde ebensogut aus der Jungsteinzeit stammen wie aus der Frühbronzezeit.

Schneckengehäuse und Muschelschalen vom Mittelmeer sowie Bernstein von der Ostsee im Verbreitungsgebiet der Aare-Rhône-Gruppe gelten als »Importartikel«. Auch das Zinn kam – wie erwähnt – von weit her. Auf Tauschgeschäfte über große Entfernungen hinweg lassen Beile vom Typ Neyruz schließen, die außerhalb der Westschweiz gefunden wurden. Zwei Neyruzer Beile sind bis in das Gebiet der heutigen nordhessischen Stadt Kassel in Deutschland gelangt. In der Westschweiz produzierte und Aunjetitzer Formen nachempfundene Bronzeobjekte wurden in Südfrankreich gefunden.

Ein Wasserfahrzeug aus der späten Frühbronzezeit wurde im Herbst 1991 im Bieler See bei Erlach-Heidenweg entdeckt und im März 1992 von der Taucherequipe des Archäologischen Dienstes des Kantons Bern und mit Hilfe der Seepolizei geborgen. Bei dem Fund handelt es sich um einen 7,85 Meter langen und maximal 95 Zentimeter breiten Einbaum aus einem mehr als 200 Jahre alten Eichenstamm. Der Einbaum war im Bodenbereich erst teilweise fertig und trug Bearbeitungsspuren von Bronzeäxten. Er hatte hinter dem Heckbrett beidseitig eine Öse, die vielleicht das Vertäuen erleichterte. Vom Bieler See sind über zehn weitere Einbäume aus Eichen- oder Pappelholz bekannt, doch diese Altfunde können nur zum Teil genauer datiert werden.

Bereits damals wurden mancherlei Tauschwaren über hochgelegene alpine Pässe transportiert. Vielleicht spielten beim Handel mit Zinn die Pässe nach Italien oder nach dem Greyerzerland eine wichtige strategische Rolle. Als Übergänge, die sowohl das Greyerzerland als auch das Berner Oberland mit dem Rhônetal verbanden, dienten wohl die Pässe Col des Mosses, Col du Pillon und Col du Sanetsch.

Womöglich haben Händler und Reisende vor oder nach geglückter Alpenüberquerung ihren Göttern Dankopfer dargebracht, wie der Zürcher Prähistoriker René Wyss vermutet. Um solche Weihegaben könnte es sich bei einer bronzenen Lanzenspitze, einem Randleisten- und einem Schaftlappenbeil han-

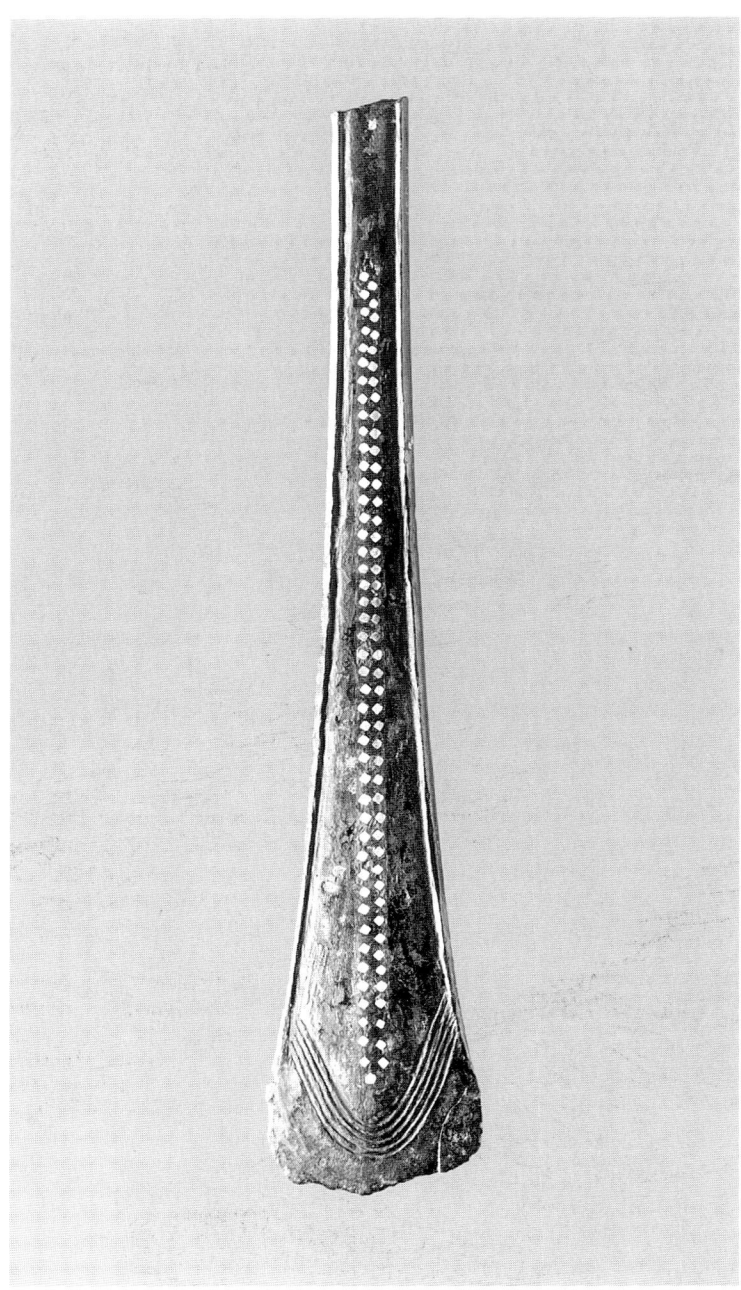

Beilklinge aus Thun-Renzenbühl im Kanton Bern. In eine der beiden Flachseiten ist ein Kupferband eingelassen, das mit Nägeln aus silberhaltigem Gold verziert wurde. Länge 24 Zentimeter. Original im Bernischen Historischen Museum.

Bergung und Dokumentation eines Einbaumes aus dem Bieler See bei Erlach-Heidenweg (Kanton Bern) im März 1992. Das Wasserfahrzeug wurde aus einem Eichenstamm hergestellt. Länge des Einbaumes 7,85 Meter, Breite maximal 95 Zentimeter.

deln, die auf der Hannigalp bei Grächen im Kanton Waadt in etwa 2160 Meter Höhe gefunden wurden.

Die Menschen der Rhône-Kultur schmückten sich zu Beginn wie die Glockenbecher-Leute vor ihnen mit Anhängern aus Schneckengehäusen und Muschelschalen sowie mit kegelförmigen Knöpfen oder Nadeln aus Knochen. Doch allmählich fanden sie immer stärkeren Gefallen an metallenen Schmuckstücken, wie Haarspangen, Ohrringen, Anhängern, Halskragen, Nadeln und Armreifen.

Allein in einem Frauengrab von Conthey im Wallis lagen eine bronzene Haarspange, zwei Ohrringe aus Bronzedraht, eine 20 Zentimeter lange bronzene Scheibennadel und ein Armreif aus Bronzeblech. Der hinten offene Armreif ist mit getriebenen Buckeln und eingravierten Dreiecken verziert.

Bronzene Anhänger hat der bereits erwähnte Krieger aus der Totenstätte von Sitten-Petit Chasseur zusammen mit Röllchen aus Bronzedraht an einer Halskette getragen. Andererseits schmückte sich derselbe Mann mit Anhängern aus Bernstein und einem Bärenzahn.

In Bex und Saillon im Kanton Waadt sowie in Siders im Kanton Wallis fand man offene Halskragen aus Bronzeblech von konischer Form. Der Fund aus Siders wurde mit drei senkrechten Buckellinien verziert. Das Feld dazwischen ist mit drei waagrechten Bändern schraffierter Dreiecke in der Mitte und je einem Kreuzmuster am Rand gefüllt.

Interessante Einblicke in die Schmuckmode erlauben Funde in den Gräbern des Wilerhölzli von Thun-Wiler[11] im Kanton Bern. Dort lagen in drei Gräbern aus der älteren Frühbronzezeit durchbohrte Schneckengehäuse der Art *Columbella rustica*, die aus dem Mittelmeer stammen und bereits zur Zeit der Glockenbecher-Kultur eine typische Beigabe waren. Allein im Grab 6 barg man außer einem Knochenknopf mit V-förmiger Durchbohrung insgesamt 700 Schneckengehäuse. Im Grab 7 wurden neben bronzenen Armspiralen drei Schneckengehäuse zutage gefördert. Und im Grab 8 lagerten etwa 800 Schneckengehäuse, die vermutlich zu einer Halskette aufgereiht waren, ovalförmig auf der Brust einer Frau. Zwölf weitere Schneckengehäuse unter dem Schädel werden als Haarnetz oder Kappe mit Schneckenverzierung gedeutet.

Die Toten in drei anderen Gräbern von Thun-Wiler aus der entwickelten Frühbronzezeit trugen bronzene Halsringe (auch Torques genannt). In Grab 1 und 3 fand sich lediglich je ein Halsring, doch Grab 4 enthielt zwei Halsringe, zwei Bronzespiralen und einen durchlochten, dreieckigen Bernsteinanhänger.

Die Enden der damaligen bronzenen Nadeln wurden häufig zu flachen Scheibenköpfen in ovaler, rautenförmiger oder gelappter Form ausgehämmert. Als charakteristisch für die Rhône-Kultur gilt die Flügelnadel mit jeweils zwei Scheiben zu beiden Seiten des Kopfendes. Man findet sie bis in den Süden Frankreichs hinein. Eine in Leytron im Wallis entdeckte Flügelnadel ist 30,5 Zentimeter lang und hat einen 9,4 Zentimeter breiten Kopf. Die insgesamt vier Scheiben dieser Nadel sind mit je einem zentralen Buckel und um diesen herum mit sechs sternförmig angeordneten, schraffierten Dreiecken verziert.

Als Armschmuck gab es neben Armreifen aus Bronzeblech auch spiralförmige bronzene Ringe. Der linke Oberarm einer Bestattung im Grab 3 von Collombey-Muraz (Barmaz I) war damit geschmückt.

Mit der Rhône-Kultur werden einige der 1974 von dem Genfer Prähistoriker Sébastien Favre in Saint-Léonard (Crête-des-Barmes) im Wallis entdeckten Felszeichnungen in Verbindung gebracht. Das gilt vor allem für gepickte Flächen, die Quadrate, Rechtecke und stilisierte Betende mit erhobenen Armen (sogenannte Oranten) zeigen.

Die meisten Gräber der älteren Rhône-Kultur im Thuner-See-Gebiet im Berner Oberland und im Unterwallis wurden bereits im 19. Jahrhundert und zu Beginn des 20. Jahrhunderts aufgespürt. Sie sind noch auf altertümliche Weise freigelegt worden und gelten deswegen als schlecht erforscht. Lediglich die Totenstätte von Sitten-Petit Chasseur I hat man mit moderneren Methoden untersucht. Offenbar sind die Toten damals in Hockerstellung – auf der Seite liegend mit zum Körper hin angezo-

Bronzene Beigaben aus einem Frauengrab von Conthey (Roulin) im Kanton Wallis: Blecharmreif, Scheibennadel, Ohrringe und Haarspange. Länge der Scheibennadel 20 Zentimeter. Originale im Kantonalen Museum für Archäologie, Sitten.

Verzierter, offener Halskragen aus Bronzeblech von Siders (Piney) im Kanton Wallis. Oberer Umfang 33,4 Zentimeter, maximale Breite 8,4 Zentimeter. Original im Musée Cantonal d'Archéologie et d'Histoire, Lausanne.

genen Beinen – bestattet worden, wie es in der Glockenbecher-Kultur üblich gewesen ist.

Der entwickelten Rhône-Kultur lassen sich etwa 50 Fundstellen mit Gräbern zuordnen, bei denen es sich überwiegend um kleinere Friedhöfe handelt. Im Unterwallis und im Chablais, zwischen der Rhônemündung in den Genfer See und Siders (Sierre), folgt an den Hängen des Rhônetals ein Gräberfeld dem anderen. Auffällig konzentrieren sich die Grabfunde auch in der unteren Region des Thuner Sees und im oberen Saanetal. Andere Bestattungsplätze liegen in der Umgebung Lausannes und im Kanton Freiburg.

In der Westschweiz und im französischen Jura wurden die männlichen und weiblichen Toten während der entwickelten Frühbronzezeit einheitlich in gestreckter Lage – auf dem Rücken liegend und die Arme längs am Körper – bestattet. In anderen Teilen Europas – von Spanien bis zur Ostseeküste – hat man die Verstorbenen damals je nach Geschlechtszugehörigkeit in geschlechtsunterschiedlicher Hockerlage mit zum Körper hin angezogenen Beinen beerdigt.

Meistens wurde in ein Grab nur ein einziger Toter gelegt. In Saint-Martin-Le Jordil im Kanton Freiburg, Spiez-Einingen (Holleeweg) im Kanton Bern und Ecublens im Kanton Waadt hat man zwei Verstorbene mit einander zugewandten Füßen in einem Grab beigesetzt. Früher sind solche Bestattungen irrtümlich als Totenfolge gedeutet worden: Man meinte, einem bedeutenden Toten habe ein von ihm abhängiger Lebender gewaltsam ins Grab folgen müssen. Heute denkt man eher an Krankheiten, Unfälle oder Verbrechen, denen zwei Menschen zur gleichen Zeit erlagen und die daraufhin gemeinsam beerdigt wurden.

Die Bestattungen von Männern und Frauen in der Westschweiz und im französischen Jura unterschieden sich deutlich durch die Beigaben, die man den Toten ins Grab legte. Typisch für Männergräber waren Dolche, Randleistenbeile, Ösenkopf- und Kegelkopfnadeln, für Frauengräber dagegen spiralförmige Ringe und Flügelnadeln. Zur Trachtausstattung beider Geschlechter gehörten Rollenkopfnadeln, Rautennadeln, Ösenhalsringe, Kopfbänder, Spiralröllchen und Blechröhrchen. Kinder wurden vermutlich ohne Beigaben bestattet.

Die wertvollen metallenen Grabbeigaben übten manchmal auf Grabräuber eine magische Anziehungskraft aus. Von ihrem Treiben zeugen Patinareste an den Knochen, die von entwendeten Schmuckstücken herrühren wie in Spiez-Einingen, oder beim Durchwühlen der Gräber völlig vermischte Skelette, beispielsweise in Ecublens.

Wie sich bei den Ausgrabungen in der Totenstätte von Sitten-Petit Chasseur I herausstellte, haben die Angehörigen der älteren Rhône-Kultur ihre Verstorbenen mitunter in Großsteingräbern (Dolmen) bestattet, die schon viele Generationen vorher von Menschen jungsteinzeitlicher Kulturen errichtet wurden. Es gab andernorts in der Westschweiz aber auch neu angelegte Friedhöfe mit Steinplattengräbern oder Gräbern ohne Steineinfassung.

Der Genfer Prähistoriker Alain Gallay, der von 1971 bis 1973 in der Totenstätte von Sitten-Petit Chasseur grub, hat die dortigen frühbronzezeitlichen Bestattungen anschaulich beschrieben. Seiner Darstellung zufolge wurden in der ersten Stufe (Frühbronzezeit I) die letzten steinernen Stelen aufgestellt und vor den Großsteingräbern VI und MXI aus Steinplatten Altäre errichtet. Außerdem sind ältere Gräber systematisch geplündert und geräumt, Grabbeigaben verstreut, menschliche Knochen gesammelt, verbrannt und anschließend deren Reste in Gruben

Vor 1939 gefundene bronzene Flügelnadel (Kleeblattnadel) aus Leytron im Kanton Wallis. Gesamtlänge der Nadel 30,5 Zentimeter, Breite des verzierten Nadelkopfes 9,4 Zentimeter. Original im Kantonalen Museum für Archäologie, Sitten.

geworfen worden. In einigen Fällen wurde auf Knochenhaufen älterer Gräber ein Feuer entfacht. Dabei handelte es sich um keine eigentlichen Verbrennungen, sondern um einen Reinigungsritus der Gräber, der das Ende der Benutzung der Großsteingräber markiert haben könnte. Eine Frau war im Großsteingrab MXI bestattet worden, einige Kinder hat man in Hockerstellung entweder in den alten Steinkistengräbern MV oder außerhalb in kleinen hinzugebauten Steinkistengräbern MVI und MXI beerdigt.

Während der Stufen Bronzezeit II und III ist die Totenstätte weiter aufgesucht worden. Sie diente nun aber nicht mehr als Friedhof, sondern nur noch als Kultstätte. Die Großsteingräber verschwanden nun unter großen Steinanhäufungen (Cairns), an deren Rand bis zu 52 Zentimeter große Tongefäße und Opfergaben abgestellt wurden. Das Innere des Großsteingrabs MXI hat man allmählich mit Steinen, Knochenresten von Haustieren und Keramikfragmenten gefüllt.

In der Stufe Frühbronzezeit IV (= entwickelte Frühbronzezeit) wurde in der Totenstätte eine viereckige, aus leichtem Baumaterial konstruierte Hütte errichtet, deren Funktion unklar ist. Gegen Ende der Frühbronzezeit erfolgten vier neue Bestattungen. Dabei wurden ein junger Mann, eine 30- bis 40jährige Frau, ein 18jähriger Mann (nämlich der erwähnte Krieger) und ein mindestens drei Jahre altes Kind in gestreckter Körperlage beerdigt. Die meisten Grabbauten aus dieser Zeit sind unter dem Schwemmkegel des Flusses Sionne verschwunden. Damals waren nur noch die obersten Teile der Großsteingräber MVI und MXI sichtbar. Um diese beiden Großsteingräber baute man kleine Cairns. Außerhalb des Großsteingrabs MVI wurden einige Tongefäße abgestellt.

Auch in anderen Gegenden der Westschweiz sind Verstorbene in Steinkistengräbern zur letzten Ruhe gebettet worden. Derartige Grabstätten kennt man aus Fully (Ville-de-Gru), Grimisuat-Chaplan, Saillon-La Crettaz im Wallis und aus Aigle (Plan d'Essert), Ollon und Yvorne (La George) im Kanton Waadt. In diesen Steinkistengräbern wurden die Toten meistens in gestreckter Rückenlage beigesetzt.

Außer Steinkistengräbern legte man aber auch Gräber ohne Steineinfassung an, so in Ayent (Les Places)[12], Colombey-Muraz (Barmaz I)[13], Conthey (Erde)[14], Conthey (Sensine)[15], Raron (Heidnischbühl)[16], Siders (Crête-Plane)[17] im Wallis sowie in Ollon (Le Lessus)[18] im Kanton Waadt.

Im zerstörten Gräberfeld von Ayent waren zahlreiche bronzene Waffen und Schmuckstücke zum Vorschein gekommen. Der Friedhof von Colombey-Muraz umfaßte neun Gräber, der von Conthey (Sensine) zehn. Auf dem Heidnischbühl bei Raron ist ein Neugeborenes in Rückenlage mit leicht gebeugten Knien bestattet worden. Seinen Schädel hatte eine Steinplatte von 20 mal 15 Zentimeter Größe zerdrückt. In Siders wurden mehrere Gräber zerstört. Der Friedhof von Ollon gehörte zu einer Siedlung auf dem Hügel von Lessus.

Die Toten wurden zusammen mit Waffen und Schmuck bestattet. Das läßt sich eindrucksvoll an dem erwähnten Krieger aus der Totenstätte von Sitten-Petit Chasseur nachvollziehen, bei dem sogar die Kleidung rekonstruiert werden konnte. Aber auch in anderen Gräbern wurden mancherlei Beigaben geborgen. So lag in einem Grab von Massongex (Chambovey) im Kanton Wallis ein Bronzedolch auf der Brust des Toten.

Besonders reich ausgestattete Gräber lieferten Anhaltspunkte für erhebliche gesellschaftliche Unterschiede. Wegen der unge-

Steinerne Stele in Menschengestalt mit einem Bogen als Waffe aus der Glockenbecher-Kultur (etwa 2500 bis 2200 v. Chr.) von Sitten-Petit Chasseur (Kanton Wallis). Sie wurde in einem Steinkistengrab der Rhône-Kultur verbaut. Höhe 1,57 Meter, Breite 85 Zentimeter. Original im Kantonalen Museum für Archäologie, Sitten.

wöhnlichen Ausstattung wird das Grab 1 von Thun-Renzenbühl[19] im Kanton Bern als »Fürstengrab« gedeutet. Es handelte sich hierbei um ein drei mal 1,50 Meter großes Grab, in dem die Skelettreste eines Mannes lagen. Diesen Toten hatte man mit sechs Ösenhalsringen sowie dem erwähnten kostbaren Randleistenbeil mit Goldnägeln und einem Vollgriffdolch ausgestattet. Seine Garderobe vervollständigten zwei bronzene Nadeln, ein Gürtelhaken und ein Kopfband.

Zum Grabritus gehörten vermutlich Opfergaben, wie Knochen von Haustieren (Schafe, Rinder, Schweine) in Tongefäßen bezeugen. Solche Fleischopfer wurden im Großsteingrab MXI der Totenstätte von Sitten-Petit Chasseur nachgewiesen. Ob das Fleisch als Proviant des Toten für das Jenseits oder für die Götter bestimmt war, weiß man nicht.

Unbekannt ist auch der Zweck von vielen Depots in der Westschweiz. Sie bestehen häufig aus zwei Beilen, manchmal aus Beilen und Vollgriffdolchen und in anderen Fällen aus Ösenhalsringen. Bei den einfach wirkenden Neyruz-Beilen könnte es sich um Rohbarren handeln, aber auch um aus religiösen Motiven erfolgte Weihegaben. Als ein solches Opfer wird beispielsweise das aus drei Ösenhalsringen bestehende Depot von Enney-Mont Afflon im Kanton Freiburg betrachtet, das im Saanetal auf dem Gipfel einer Erhebung gefunden wurde.

Die bereits in der späten Jungsteinzeit errichtete Reihe von 25 Menhiren aus Lutry im Kanton Waadt diente auch in der Frühbronzezeit noch als Kultstätte. Länge der Menhirreihe etwa 21 Meter. Die größten Steine sind vier Meter hoch.

Rätselhafte Zeugen des Kults der damaligen Zeit sind die 25 aneinandergrenzenden Menhire von Lutry[20] im Kanton Waadt. Diese Menhirreihe (»La Possession«) ist schon in der späten Jungsteinzeit erbaut worden, diente aber vielleicht noch in der Frühbronzezeit als Kultstätte. Die insgesamt etwa 21 Meter lange Menhirreihe von Lutry setzt sich aus einem 15 Meter langen geraden Abschnitt und einer sechs Meter langen Kurve zusammen. Die besonders großen, zwei bis vier Meter hohen Menhire des geraden Abschnitts wurden von Menschenhand in eine Trapezform gebracht. Das größte dieser Steinmale wiegt schätzungsweise 13 Tonnen. Dagegen besteht die Kurve aus elf kleinen bearbeiteten Steinplatten von nur 30 bis 80 Zentimeter Höhe.

Ein lediglich 80 Zentimeter hoher Menhir von Lutry ist auf der nach Süden gewandten Breitseite mit Gravuren versehen, die vermutlich schon in der Jungsteinzeit angebracht wurden. Zu erkennen sind zwei Linien in X-Form, fünf Kreise oder Ringe, die einen Gürtel umrahmen und als Brüste gedeutet wurden, sowie ein stabförmiges Objekt mit Ring, das an einen heutigen Flaschenöffner erinnert. Dieser Menhir ähnelt jungsteinzeitlichen Steinmalen von Aveyron in Frankreich.

Sinn und Zweck der Menhire sind unter den Prähistorikern umstritten. Sie wurden schon als Opfersteine, Ahnenbilder, Ersatzleiber von Verstorbenen, Seelenthrone oder Weltsäulen gedeutet. Die ersten Exemplare sind in Europa um 4000 v. Chr. aufgestellt worden.

Rückkehr an die Seeufer
Die Arbon-Kultur

Die archäologischen Funde aus der Zeit von etwa 2200 bis 1600 v. Chr. im nordostschweizerischen Mittelland werden meistens keiner bestimmten Kultur, sondern lediglich allgemein der Frühbronzezeit zugeordnet. Während im westschweizerischen Mittelland und im Kanton Wallis zahlreiche Gräber entdeckt wurden, kennt man aus der Zentral- und Ostschweiz nur einen einzigen gesicherten Grabfund aus Rümlang im Kanton Zürich.

Aus der älteren Frühbronzezeit von etwa 2200 bis 1800 v. Chr. liegen in der Zentral- und Ostschweiz bisher fast nur bronzene Beilklingen vor. Reicher sind dagegen die Funde aus der jüngeren Frühbronzezeit von etwa 1800 bis 1600 v. Chr. Die Hinterlassenschaften aus diesem Abschnitt am schweizerischen Bodenseeufer sowie gebietsweise im südlichen Baden-Württemberg und Bayern (s. S. 66) rechnet man der Arbon-Kultur zu.

Der Begriff »Arbon-Kultur« wurde 1987 von dem aus der Schweiz stammenden und heute an der Albert-Ludwigs-Universität Freiburg/Breisgau lehrenden Prähistoriker Christian Strahm (s. S. 448) vorgeschlagen. Dagegen sprach 1992 der Freiburger Prähistoriker Joachim Köninger (s. S. 445) von der »Arboner Gruppe«. Beide Begriffe werden momentan synonym verwendet.

Bei der Namenswahl bezog sich Strahm auf die Seeufersiedlungen von Arbon-Bleiche 2 am Bodensee im Kanton Thurgau, die 1945 unter der Leitung des Prähistorikers Karl Keller-Tarnuzzer (1891–1973) aus Frauenfeld untersucht wurden. 1990/91 erfolgten Grabungen durch das Amt für Archäologie des Kantons Thurgau.

Nach den Erkenntnissen von Botanikern wuchsen während der Bronzezeit im Mittelland vor allem Wälder mit einem hohen Anteil von Buchen und Weißtannen. In klimatisch begünstigten Gebieten gediehen zahlreiche Eichen. Zur Tierwelt in den Wäldern gehörten unter anderem Rehe, Rothirsche, Wildschweine und Braunbären.

Von der Kleidung der damaligen Menschen blieben meistens nur die bronzenen Nadeln erhalten, mit denen die Garderobe zusammengehalten wurde. Die Nadeln haben im Kopfbereich eine Vorrichtung zum Befestigen eines Fadens, mit dessen Hilfe sie so am Gewand fixiert werden konnten, daß sie nicht aus dem Stoff herausrutschten. Vielleicht hat man Stoffe mit schwarzen Holunderbeeren gefärbt, die in Zürich-Mozartstraße häufig gefunden wurden. Zum Verzehr in großen Mengen waren solche Beeren ungeeignet, da sie dann wie Gift wirken.

Die frühbronzezeitlichen Siedlungen wurden an Seeufern, an Flüssen und auf Bergen errichtet. Bisher sind aus der Zentral- und Ostschweiz etwa 50 Siedlungen aus dieser Phase bekannt. Baumfreie Seeufer boten in Zeiten ohne Hochwasser ideale Bedingungen. Dort mußten die Siedler keine Bäume roden, und sie vermochten die für die Häuser erforderlichen Pfosten leichter in den weichen Untergrund zu rammen als auf trockeneren Standorten. Zudem konnten sie mit Einbäumen fischen sowie schwere und sperrige Lasten transportieren.

Bei den Seeufersiedlungen (»Pfahlbauten«) legte man Wert darauf, die rechteckigen Häuser in Zeilen anzuordnen. Die Höhensiedlungen – wie jene auf dem Wartenberg ob Muttenz[1] im Kanton Basel-Land – bestanden aus Anwesen mit steinernem Fundament und Holzoberbau.

Die Behausungen der Seeufersiedlungen waren aus einem Holzgerüst mit senkrecht stehenden Stangen konstruiert, deren Zwischenräume mit Zweiggeflechten gefüllt und mit Lehm verputzt wurden. Palisaden verliehen vielen Seeufersiedlungen eine gewisse Wehrhaftigkeit.

Altersdatierungen von Hölzern aus frühbronzezeitlichen Seeufersiedlungen ergaben, daß diese Dörfer allesamt erst in der späten Stufe nach 1650 v. Chr. angelegt wurden. Zwischen den letzten Hölzern aus der Jungsteinzeit und den ersten aus der Frühbronzezeit klafft eine Zeitlücke von Jahrhunderten. Vielleicht eigneten sich die Randgebiete der Seen in diesem Abschnitt aus klimatischen Gründen nicht als Baugrund für Siedlungen, oder es sind aufgrund veränderter Ablagerungsbedingungen keine Dörfer mehr nachweisbar.

Frühbronzezeitliche Seeufersiedlungen wurden unter anderem am Zürichsee (Kanton Zürich), Baldegger See (Kanton Luzern),

Der Prähistoriker Karl Keller-Tarnuzzer (1891–1973) aus Frauenfeld hat 1945 die namengebende Seeufersiedlung von Arbon-Bleiche 2 am Bodensee im Kanton Thurgau untersucht. Er hielt sie irrtümlicherweise für einen »echten Pfahlbau«.

Rekonstruktion der jüngeren frühbronzezeitlichen Seeufersiedlung von Zürich-Mozartstraße. Ob dieses Dorf am Zürichsee mit zehn Häusern in drei Reihen tatsächlich von einer Palisade geschützt wurde, gilt als nicht gesichert.

Bodensee (Kanton Thurgau) und Zuger See (Kanton Zug) entdeckt.

Die mit den Dörfern von Bodman-Schachen I (s. S. 66) am deutschen Bodenseeufer zeitgleichen Siedlungen von Zürich-Mozartstraße am Zürichsee können nicht der Arbon-Kultur zugerechnet werden. Denn das Inventar von letzteren Dörfern lieferte keine für die Arbon-Kultur typische reichverzierte Keramik.

Am Fundort Zürich-Mozartstraße[2] sind drei Seeufersiedlungen aus der Frühbronzezeit erforscht worden, wobei einzigartige Baubefunde erkannt wurden. Diese Bauerndörfer am Zürichsee hatte man kurz hintereinander errichtet. Das erste Dorf existierte vor 1630 v. Chr., das zweite Dorf von 1630 bis 1609 v. Chr. und das dritte Dorf nach 1609 v. Chr. Die Zürcher Prähistoriker Eduard Gross und Christoph Ritzmann haben 1990 die Seeufersiedlungen von Zürich-Mozartstraße in der Publikation »*Die ersten Bauern*« anläßlich einer gleichnamigen Ausstellung des Schweizerischen Landesmuseums, Zürich, detailliert beschrieben.

Zum ersten frühbronzezeitlichen Dorf am Zürichsee gehörten acht Gebäude, die durch schmale Gassen getrennt waren. Sieben der Bauten mit einer Mindestlänge von 5,50 Metern und einer Mindestbreite von 3,30 Metern dienten als Wohnhäuser. Das größte Wohnhaus war 6,60 mal 3,90 Meter groß. Ein kleineres zweitüriges Gebäude, das man neben den Behausungen errichtet und anders als diese ausgerichtet hatte, wird als Getreidespeicher interpretiert. In diesem Dorf lebten schätzungsweise 35 bis 50 Menschen.

Die Häuser in der Mozartstraße wurden alle nach dem gleichen Prinzip konstruiert. Zuunterst legte man zwei Längsschwellbalken aus halbierten, nicht entrindeten Stämmen von Erlen, Haseln, Weiden oder Buchen auf den blanken Boden. In diese Balken schlug man jeweils drei quadratische Zapflöcher für die Wandpfosten. Über den beiden Längsschwellbalken lagen zwei Querbalken. Die Wandpfosten aus Buchen-, Eschen- oder Erlenholz hatten eine Länge von 2,50 Metern. Davon war der Teil, der die Wandhöhe bestimmte, etwa zwei Meter lang. Die Wandpfosten hatte man unten zugespitzt. Sie steckten mit der Spitze in den Zapflöchern und endeten oben mit einer Astgabel, in welche die Wandpfette gelegt und festgebunden wurde.

Der Innenraum der Wohnhäuser wurde durch einen mittleren Wandpfosten zweigeteilt. In einer der beiden Hälften befand sich eine Feuerstelle, die durch unregelmäßig gelegte Steinplatten und einen Lehmverstrich verkleidet war. Die Prähistoriker vermuten, daß in jeder der Behausungen von Zürich-Mozartstraße eine kleine Familie lebte.

Das zweite frühbronzezeitliche Dorf von Zürich-Mozartstraße umfaßte zehn Häuser in drei Reihen. In einer Reihe standen vier Häuser, in den beiden übrigen jeweils drei. Die Stirnseiten dieser Gebäude lagen dicht beisammen. Das größte Haus war 8,60 Meter lang und 4,22 Meter breit. Mit Ausnahme eines einzigen Gebäudes hatte man alle anderen einheitlich ausgerichtet. In diesem Dorf am Zürichsee lebten schätzungsweise 40 bis 50 Personen.

Die Häuser jenes Dorfes waren weitgehend nach dem Schema der erwähnten älteren Siedlung konstruiert. Allerdings dürften drei mehr als neun Meter lange Wohnhäuser – nach den Zapflöchern zu schließen – dreigeteilt gewesen sein. Die Gebäude dieses Dorfes waren mehr als in der älteren Siedlung aufeinander abgestimmt, was auf einen klareren Bauplan hindeutet.

Vor 1609 v. Chr. ist das zweite Dorf überschwemmt und zerstört worden. Über seinen Resten wurde aus vier kreuzweise übereinandergeschichteten Lagen von Baumstämmen ein 17,70 Meter langer und 11,20 Meter breiter Holzboden für das dritte Dorf errichtet und von einem Flechtzaun umgeben. Der Holzboden ist unterschiedlich als Dorf-, Viehstand-, Werk- oder Kultplatz gedeutet worden.

Das dritte Dorf wuchs allmählich auf 25 bis 35 Häuser an. Es wurde von einem Eichenzaun umgeben. Im Bereich dieser Siedlung hat man eine umgestürzte Flechtwand und zahlreiche aus Weißtannenzweigen geflochtene Ringe entdeckt, die als Verbindungen für den Oberbau der Gebäude dienten.

Dendrochronologische Untersuchungen von Hölzern des Fundorts Meilen-Schellen[3] am Zürichsee ergaben, daß auch dort in der Frühbronzezeit um 1650 bis 1640 v. Chr. eine Siedlung existierte. Am Zürichsee hatten schon um 4300 v. Chr. jungsteinzeitliche Bauern der Egolzwiler Kultur erste Dörfer gegründet. Später siedelten dort immer wieder Angehörige anderer Kulturen der Jungsteinzeit. Erst ab etwa 2500 v. Chr. sind in diesem Gebiet keine Siedlungen mehr nachweisbar. Die ältesten Bauerndörfer der Frühbronzezeit am Zürichsee wurden nach einer ungefähr 900 Jahre dauernden Unterbrechung vor etwas mehr als 1600 v. Chr. errichtet.

Die Siedlung am Baldegger See[4] im Kanton Luzern hatte eine ovale Form. Ihr größter Durchmesser betrug 55 Meter, ihr kleinster 45 Meter. In den zehn oder zwölf Häusern des Dorfes wohnten etwa 80 bis 100 Menschen, die sich zum Land hin mittels einer mehr als 100 Meter langen Palisadenwand schützten. Für diese waren Baumstämme gefällt, standfest in den Boden eingegraben und miteinander verbunden worden. Das Bollwerk wurde an der am weitesten vom Seeufer entfernten Stelle durch ein sich nach innen öffnendes Tor unterbrochen.

Daß auch am schweizerischen Bodenseeufer frühbronzezeitliche Siedlungen existierten, wird am Fundort Arbon-Bleiche 2[5] im Kanton Thurgau ersichtlich. Die dort nachgewiesenen Seeufersiedlungen grenzten einst entweder direkt an den Bodensee oder an ein in diesen einmündendes Gewässer. Von den ehemaligen Seeufersiedlungen in Arbon-Bleiche 2 blieben vor allem Holzpfosten, liegende Hölzer und Keramikreste erhalten.

Bei 2400 geborgenen Pfosten handelt es sich um Reste der tragenden Bauteile der Häuser (Wand- und Firstpfosten) sowie um Überbleibsel von Palisaden und Zäunen. 870 liegende Hölzer stammen von abgebrochenen Pfosten und Konstruktionselementen der Dächer. Von großer Bedeutung ist das umfangreiche Fundgut aus Bronze. Insgesamt liegen 100 Bronzeobjekte vor, außerdem Funde aus Gold, Bernstein und Glas.

Die Ausgrabungen von 1945 in Arbon-Bleiche 2 gehörten zu den letzten Untersuchungen, mit deren Hilfe die Existenz von im freien Wasser stehenden »echten Pfahlbauten« bewiesen werden sollte. Der erwähnte Ausgräber Karl Keller-Tarnuzzer aus Frauenfeld hielt diese Seeufersiedlungen irrtümlicherweise für einen »echten Pfahlbau«. Aus fünf vermeintlich parallelen Reihen von Pfählen rekonstruierte er eine in Wirklichkeit nicht existierende, 25 mal 14 Meter große, merklich vom Wasser abgehobene Plattform, auf der ein Haus oder mehrere Häuser gestanden haben sollen. Insgesamt glaubte er, zwei solcher Plattformen erkennen zu können.

Heute ist man ziemlich sicher, daß die Häuser der Seeufersiedlungen Arbon-Bleiche 2 meistens ebenerdig auf dem trockenen Land geruht haben. Nur bei wenigen Häusern kann ein leicht abgesetzter, rund 15 bis 25 Zentimeter vom Untergrund abgehobener Hausboden angenommen werden. Zwei Drittel der dortigen Gebäude waren 4,50 bis sechs Meter lang und 3,50 bis 4,50 Meter breit, andere hatten geringere oder höhere Maße. Das kleinste Haus im Dorf besaß eine Grundfläche von etwa zehn Quadratmetern, das größte von 38 Quadratmetern.

Bei den Siedlungsrelikten aus der Frühbronzezeit am Zuger See im Kanton Zug handelt es sich nur um wenige typische Keramikfragmente. Solche Scherben von Tongefäßen barg man in Oberrisch/Aabach, Steinhausen-Sennweid und Zug-Galgen, wo einst frühbronzezeitliche Seeufersiedlungen gelegen hatten.

Siedlungen an Flüssen – wie jene von Unterlunkhofen[6] im Kanton Aargau – konnten bisher kaum ausfindig gemacht werden. Denn Reste von Dörfern an Ufern fließender Gewässer werden durch die Erosion besonders stark gefährdet und meistens zerstört. In Unterlunkhofen bezeugen Hüttenlehmbrocken das Vorhandensein ehemaliger Behausungen. Sie stammen aus der Übergangsphase von der frühen zur mittleren Bronzezeit, in der die Seeufersiedlungen aufgegeben wurden.

Im Vergleich zur vorhergehenden Jungsteinzeit wurden in der Frühbronzezeit – nach den Funden zu schließen – mehr Siedlungen in Höhenlage errichtet. Vielleicht geschah dies aus Furcht vor Überfällen durch feindliche Zeitgenossen. Die Höhensiedlungen können aber auch an Handelswegen oder in der Nähe von Kupfervorkommen angelegt worden sein.

Eine unbefestigte Höhensiedlung der Frühbronzezeit erstreckte sich auf dem Burghügel Gräplang bei Flums[7] im Kanton Sankt Gallen. Ihre Bewohner waren Viehzüchter und – wie Kupfergußtropfen zeigen – auch Bronzegießer. Eines ihrer Blockhäuser mit Lehmverputz ist einem Brand zum Opfer gefallen.

Auf dem 200 Meter langen und 60 Meter breiten Plateau des Hügelsporns Waldi bei Toos[8] im Kanton Thurgau hat man Reste von Steinmauern entdeckt, die in verschiedenen Phasen der Frühbronzezeit den Zugang zur Siedlung sicherten. Dieses Plateau ist lediglich im Süden durch eine schmale Bergrippe mit der dahinterliegenden Anhöhe verbunden und mußte folglich nur dort besonders geschützt werden. Auf der Ost-, Nord- und Westseite fällt der Hügelsporn etwa 20 Meter steil ab.

Die ursprüngliche Mauer im Süden der Befestigung von Toos-Waldi verlief noch ebenerdig über das Plateau. Nach dem verstürzten Geröllmaterial zu schließen, dürfte sie eine beträchtliche Höhe erreicht haben. Zwei verkohlte Bretterschichten stammen wohl von der einstigen Holzkonstruktion.

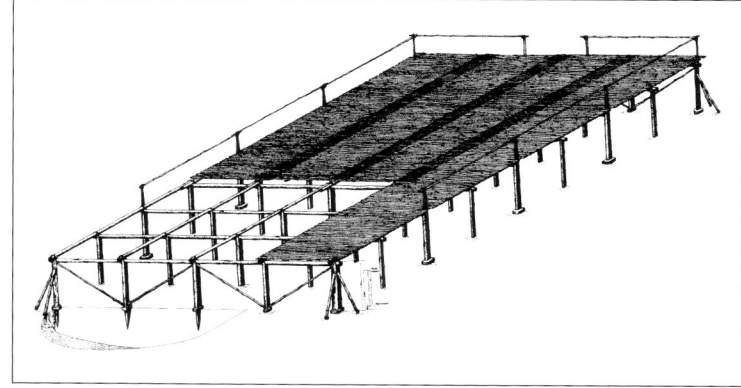

Die Rekonstruktion einer Pfahlbauplattform im Wasser des Bodensees am Fundort Arbon-Bleiche 2 im schweizerischen Kanton Thurgau durch den Archäologen Karl Keller-Tarnuzzer (1891–1973) aus Frauenfeld gilt heute als überholt.

Restaurierter Knickwandkrug der frühbronzezeitlichen Arbon-Kultur aus der namengebenden Seeufersiedlung Arbon-Bleiche 2 am Bodensee im Kanton Thurgau. Erhaltene Höhe 10,8 Zentimeter. Original im Amt für Archäologie des Kantons Thurgau, Frauenfeld.

Die Mauer der zweiten Phase ruhte auf einem Wall, der größtenteils mit dem Schutt der ältesten Mauer aufgeworfen wurde. Der Wall fiel in einen seichten Graben ab, den eine schmale Mauer zum Plateau hin begrenzte. Zwischen der höchsten Erhebung des Walles und dem Graben stand ein weiteres Hindernis, von dem verbrannte Bretter und Geröll zeugen.

Sowohl die Mauer der zweiten Phase als auch die wiederaufgebaute der dritten Phase wurden zerstört. Die Holzreste aus den beiden Zerstörungshorizonten stammen vor allem von Buchen und Weißtannen, zu einem geringeren Teil von Kirschbäumen, Ahorn, Erlen und Fichten.

Zu den frühbronzezeitlichen Höhensiedlungen im Fürstentum Liechtenstein gehört das Bergdorf auf dem oberen Plateau des Borschtes bei Schellenberg[9]. Entlang der Nordostkante des Borschtes wurde ein mit einer Steinsetzung fundamentierter Wall freigelegt. Herdstellen und zum Teil auch Pfostenlöcher verraten, daß zumindest eine Häuserzeile direkt an die Wallmauer angrenzte.

Was damals angebaut und geerntet wurde, verdeutlichen die Getreidereste von mehrzeiliger Gerste, Nacktweizen, Einkorn, Emmer und Dinkel aus der Seeufersiedlung Zürich-Mozartstraße. Mit Ausnahme des Dinkels sind die übrigen Getreidearten schon in der Jungsteinzeit gesät und geerntet worden. Von Zürich-Mozartstraße kennt man außerdem Reste von Mohn und Lein. Die Getreidekörner hat man mit Mahlsteinen zerrieben, wie man sie in der Siedlung Baldegg vorfand.

Die Bauern in den Seeufersiedlungen von Arbon-Bleiche 2 haben Rinder, Schweine, Ziegen, Schafe, Hunde und Pferde als Haustiere gehalten, geschlachtet und gegessen. Rinder, Schafe, Ziegen, Schweine und Pferde tummelten sich auch in der Seeufersiedlung Zürich-Mozartstraße. Dort hatte man vor allem Rinder domestiziert. Anhand von Speiseabfällen sind auf dem Burghügel Gräplang bei Flums Rinder, Schweine, Ziegen und Schafe nachgewiesen.

Auf dem Borscht bei Schellenberg in Liechtenstein kamen neben Resten von Rindern, Schafen und Ziegen sogar Knochen von vier Pferden zum Vorschein. Bei den Schafen gab es erstmals weibliche Tiere ohne Hörner. Für Pferde waren möglicherweise größere Weideflächen erforderlich.

Angelhaken, Netzsenker und Netzschwimmer sowie Jagdbeutereste deuten auf zumindest gelegentlich ausgeübten Fischfang und sporadische Jagd hin. Fischfang wird durch zwei bronzene Angelhaken aus den Siedlungen von Arbon-Bleiche 2 am Bodensee sowie durch mehrere steinerne Netzsenker und hölzerne Netzschwimmer aus der Siedlung Baldegg am Baldegger See dokumentiert.

Als Jagdbeutereste gelten die Speiseabfälle von Wildtieren aus den Seeufersiedlungen von Arbon-Bleiche 2, unter denen Knochen vom Rothirsch *(Cervus elaphus)*, Reh *(Capreolus capreolus)*, Wildschwein *(Sus scrofa)*, Braunbär *(Ursus arctos)*, Biber *(Castor fiber)* und Kormoran *(Phalacrocorax carbo)* identifiziert wurden. Speiseabfälle vom Rothirsch kennt man auch vom Burghügel Gräplang bei Flums. Nach Jagdbeuteresten von Auerochsen und Rothirschen auf dem Borscht bei Schellenberg in Liechtenstein zu schließen, hat man dort offenbar nur solche Arten von Wildtieren erlegt, die möglichst viel Fleisch garantierten.

Der Speisezettel wurde zu bestimmten Jahreszeiten durch das Sammeln wildwachsender Beeren und Früchte bereichert. Die Bewohner der Seeufersiedlung Zürich-Mozartstraße pflückten Wildäpfel *(Malus sylvestris)*, Haselnüsse *(Corylus avellana)*, Himbeeren *(Rubus idaeus)*, Brombeeren *(Rubus fruticosus)*, Erdbeeren *(Fragaria vesca)*, Hagebutten *(Rosa arvensis)*, Schlehen *(Prunus spinosa)* und Beeren von Wildem Wein *(Vitis sylvestris)*. Letztere wuchsen 20 bis 30 Meter hoch auf an Baumstämmen kletternden Lianen in feuchten Auwäldern.

Holzgefäß mit eingeschnitzter Bodenrosette aus der frühbronzezeitlichen Seeufersiedlung Arbon-Bleiche 2 am Bodensee im Kanton Thurgau. Erhaltene Höhe 6,8 Zentimeter. Original im Amt für Archäologie des Kantons Thurgau, Frauenfeld.

Verzierter Trensenknebel aus Hirschgeweih aus der frühbronzezeitlichen Höhensiedlung Toos-Waldi im Kanton Thurgau. Länge des Knebels etwa zehn Zentimeter. Original im Amt für Archäologie des Kantons Thurgau, Frauenfeld.

Die Töpfer formten tönerne Krüge, Schüsseln, Schalen, Tassen, Becher und hohe Vorratsgefäße. Als besonders typisch gelten einhenkelige flache Tassen. Die Außenseite der Tongefäße wurde häufig mit feinem Ton überzogen, glattgestrichen und poliert. Als Dekor wählte man eingeritzte Ornamente, umlaufende Linien und Rillen, Kerbreihen oder -leisten sowie punktgefüllte oder schraffierte Dreiecke. Mit plastischen Verzierungen in Form von Knubben, Grifflappen und Leisten wurden nur die großen Vorratsgefäße mit S-förmig geschwungenem Profil versehen.

Als frühe Form von Töpferöfen deutet man zwei jeweils zwei Meter lange und einen Meter breite Gruben mit Brandspuren und Steinschicht aus Möriken[10] im Kanton Zürich. In die Wände einer dieser Gruben hat man vermutlich Holzspältlinge gepreßt. Ein Klopfstein mit stark aufgerauhten Abnutzungsspuren dürfte zum Zerkleinern von Steinen geringerer Größe benutzt worden sein. Den so gewonnenen Steingrus mengte man dem frischen Ton bei, um zu verhindern, daß die daraus modellierten Gefäße beim Brennen rissen. In Rümlang bei Zürich konnte man 1892 einen tönernen Töpferofen nachweisen.

In den Seeufersiedlungen von Arbon-Bleiche 2 wurden Reste zweier aus Ahorn- und Eschenholz geschnitzter napfartiger Gefäße entdeckt. Solche bruch- und stoßfesten Behältnisse waren bereits etwa 2000 Jahre früher in manchen jungsteinzeitlichen Seeufersiedlungen angefertigt worden. Hierfür eigneten sich Wucherungen an Baumstämmen gut als Rohmaterial, weil sie einerseits die gewünschte halbkugelige Form hatten und andererseits eine verschlungene Faserstruktur aufwiesen, die sich beim Austrocknen selten spaltete.

Die Metallhandwerker im nordostschweizerischen Mittelland haben ihre bronzenen Erzeugnisse vor allem gegossen und nicht überwiegend Bleche geschmiedet, wie es bei der älteren Rhône-Kultur in der Westschweiz und bei der Singener Gruppe in Südwestdeutschland der Fall gewesen ist.

In der Frühbronzezeit waren Gegenstände aus Bronze im nordostschweizerischen Mittelland noch rar und dementsprechend kostbar. Deshalb wurden in dieser Phase – ebenso wie in der Jungsteinzeit – noch viele Geräte aus Stein, Knochen und Holz hergestellt. Werkzeuge aus Stein kamen auch am liechtensteinischen Fundort Nendeln zum Vorschein. Dort hatte man Meißel, Sägen und Schaber aus Stein geschaffen.

Aus der Seeufersiedlung Baldegg sind mehr als 40 Steinbeile, Wetzsteine, Hämmer, ein Knochenpfriem und ein Knochenspatel sowie Mahlsteine und Feuersteinwerkzeuge bekannt. In den Seeufersiedlungen von Arbon-Bleiche 2 wurden Steinbeile, Stein- und Knochengeräte sowie Geweihhacken geborgen. Und in der Befestigung Toos-Waldi kamen Schaber aus Knochen und Eberzahn, eine Hacke und ein Hammer aus Hirschgeweih zum Vorschein.

Zu den Bronzewerkzeugen von Arbon-Bleiche 2 gehören sechs beidseits zugespitzte Pfrieme, zehn vier bis zwölf Zentimeter lange Bronzestäbe mit meißelförmig zulaufenden Enden, ein vierkantiger Meißel und zwei mutmaßliche Punzen.

Als typische Funde aus der älteren Frühbronzezeit gelten die Salez-Beile. Diese Beilklingen hat man nach dem Fundort Salez bei Sennwald[11] im Kanton Sankt Gallen bezeichnet, wo 66 Randleistenbeile geborgen wurden. Die dortigen Salez-Beile wiegen durchschnittlich 215 Gramm, sind 12,5 Zentimeter lang und besitzen eine etwa fünf Zentimeter breite Schneide. Salez-Beile haben wie andere Bronzeobjekte aus der älteren Frühbronzezeit einen auffällig hohen Arsen-, Antimon-, Nickel- und Silberanteil. Depots mit Salez-Beilen wurden in Mels und Gams (beide im Kanton Sankt Gallen) gefunden.

Die bronzenen Waffen im nordostschweizerischen Mittelland – wie Beile, Dolche und Lanzenspitzen – stammen überwiegend aus der späten Frühbronzezeit. So ähneln die zusammen mit anderen Waffen geborgenen Beilklingen teilweise den Funden aus dem Depot von Langquaid in Süddeutschland, nach dem die Langquaid-Stufe (s. S. 56) benannt ist. Als Zeugnisse aus dieser Zeit gelten vor allem die in Langquaid zutage geförderten Randleistenbeile (Langquaid-Beile) mit schmaler Bahn und halbkreisförmiger Schneide.

Die leichteren Langquaid-Beile dürften als Waffen, die schwereren Exemplare dagegen als Werkzeuge gedient haben. Langquaid-Beile wurden in den Seeufersiedlungen Arbon-Bleiche 2 am Bodensee (vier Funde), Baldegg am Baldegger See (zwei Funde) und Obermeilen am Zürichsee (zwei Funde) geborgen. Ein Langquaid-Beil gehörte zu den Beigaben in einem Grab von Broc im Kanton Freiburg.

Bei anderen Beilfunden im nordostschweizerischen Mittelland handelt es sich um Beile vom Typ Neyruz aus der späten Frühbronzezeit. Die Neyruz-Beile sind nach einem Fundort der Rhône-Kultur im Kanton Waadt bezeichnet (s. S. 145).

In den erwähnten Seeufersiedlungen von Arbon-Bleiche 2 im Kanton Thurgau konnten insgesamt vier Beile verschiedenen Typs, zwölf Dolche, zwei Lanzenspitzen und vier Pfeilspitzen ausfindig gemacht werden.

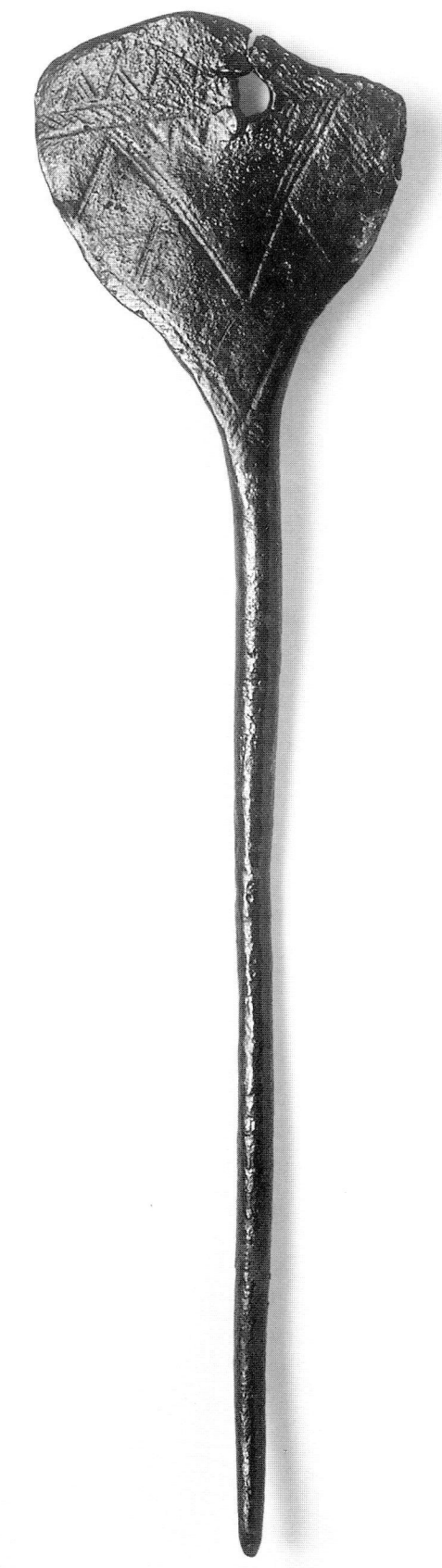

Links: Verzierte bronzene Ruderkopfnadel der älteren Frühbronzezeit (etwa 2200 bis 1800 v. Chr.) aus Erlenbach-Winkel am Zürichsee (Kanton Zürich). Länge der Nadel 14 Zentimeter. Original bei der Denkmalpflege des Kantons Zürich.

Zur Idealausstattung des Mannes gehörte ein metallener Dolch. Dieser hatte vier bis sechs Nieten auf dem Heft, mit denen sich der Griff aus Hirschgeweih oder Holz befestigen ließ. Die Klinge wurde mit Strichbündeln oder flachen Rillen verziert. Bei besonders prächtigen Dolchen hat es den Anschein, als seien diese keine Waffen, sondern nur noch Statussymbole oder Würdezeichen gewesen. Manche der im nordostschweizerischen Mittelland gefundenen Dolche ähneln Exemplaren aus Ostfrankreich, Norddeutschland und Schweden auf frappierende Weise.

Metallene Lanzenspitzen mit Tülle zur Aufnahme des hölzernen Schaftes waren in der Frühbronzezeit des nordostschweizerischen Mittellandes eine Neuheit. Es läßt sich nicht mit letzter Sicherheit sagen, ob Lanzen mit solchen Spitzen nur bei der Jagd auf große Wildtiere oder ausschließlich beim Kampf eingesetzt wurden.

Ein Trensenknebel aus der Befestigung von Toos-Waldi im Kanton Thurgau dokumentiert, daß die in manchen Siedlungen durch Skelettreste nachgewiesenen Hauspferde auch geritten wurden. Das Zaumzeugteil ist aus Hirschgeweih geschnitzt, zehn Zentimeter lang und verziert.

Seltene Funde in manchen Alpenregionen beweisen das Vordringen von Menschen hoch ins Gebirge. So hat man beispielsweise auf dem Dämpfelsmatt bei Kerns im Kanton Obwalden in 1900 Meter Höhe ein Randleistenbeil geborgen. Derartige Objekte wurden von Erzsuchern, Jägern und Hirten zurückgelassen, die ihre Herden im Sommer auf Hochweiden grasen ließen. Der Zürcher Prähistoriker René Wyss hält die Höhenfunde im Gebirge für Bitt- und Dankopfer, die Alphirten in Erfüllung eines Gelübdes nach überlebtem Unwetter oder nach heil überstandener Naturkatastrophe in der Abgeschiedenheit entlegener Berge dargebracht haben.

Zu den Farbtafeln

16 (rechte Seite) »Goldener Hut« (Goldblechkegel) von Schifferstadt (Kreis Ludwigshafen) in Rheinland-Pfalz – ein Kultobjekt aus der späten Mittelbronzezeit um 1300 v. Chr. Höhe 30,6 Zentimeter. Original im Historischen Museum der Pfalz, Speyer.

17 Goldschmuck (Halskette, Spiralröllchen, offene Armringe) der älteren Bronzezeit (etwa 1500 bis 1200 v. Chr.) von Lorup (Kreis Emsland) in Niedersachsen. Länge der Halskette etwa 41 Zentimeter. Originale im Kulturgeschichtlichen Museum, Osnabrück.

18 Mondsichelförmiger, verzierter Halskragen (Lunula) des Sögel-Wohlde-Kreises (etwa 1600 bis 1500 v. Chr.) aus dünnem Goldblech von Pattensen-Schulenburg (Kreis Hannover) in Niedersachsen. Durchmesser 17,5 Zentimeter. Original im Niedersächsischen Landesmuseum, Hannover.

19 Frauenschmuck der mittelbronzezeitlichen Hügelgräber-Kultur (etwa 1600 bis 1300/1200 v. Chr.) aus einem Grabhügel bei Großengstingen (Kreis Reutlingen) in Baden-Württemberg. Original im Württembergischen Landesmuseum, Stuttgart.

20 (letzte Seite) Goldbecher aus der älteren Bronzezeit (etwa 1500 bis 1200 v. Chr.) bei Wachtberg-Fritzdorf (Rhein-Sieg-Kreis) in Nordrhein-Westfalen. Höhe 12,1 Zentimeter, maximaler Durchmesser 12,2 Zentimeter. Original im Rheinischen Landesmuseum, Bonn.

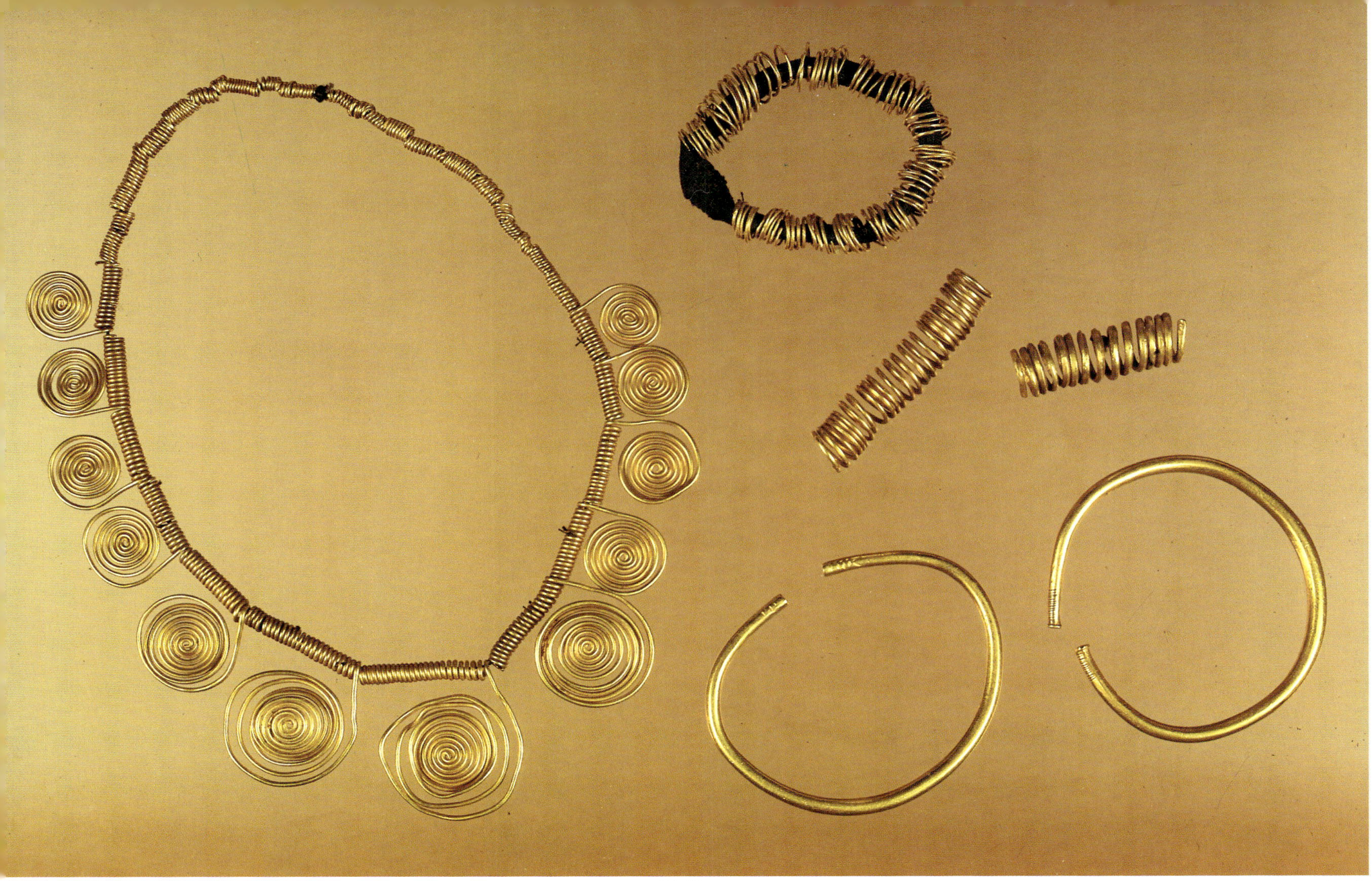

△ 17　　　　　　　　　　　　　▽ 18　　　　　　　　　　　　　19 ▷

Daneben konnte aber auch anhand von Paßfunden nachgewiesen werden, daß man bereits Tauschwaren über die Alpen transportierte. Auf den Pässen opferten Händler zum Dank für geglückte Überquerungen. Im nordostschweizerischen Mittelland wurden unter anderem Schneckengehäuse vom Mittelmeer, Bernstein von der Ostsee sowie bestimmte Waffen und Schmuckstücke über Warenaustausch erworben.

Dank der neuen Legierung aus Kupfer und Zinn namens Bronze sahen sich die Metallhandwerker in die Lage versetzt, viele neue Schmuckformen anzufertigen. Damit steigerte sich im Gegensatz zu früheren Zeiten vermutlich noch das Bedürfnis, sich zu schmücken. Dieser Fortschritt spiegelt sich bei den bronzenen Nadeln wider, die nicht nur als Gewandnadeln, sondern auch als Schmuckstücke gedacht waren.

Während der Frühbronzezeit gab es im nordostschweizerischen Mittelland – je nach der Form des Nadelkopfes bezeichnet – Ruder-, Scheiben-, Rollenkopf-, Ösenkopf-, Kegelkopf-, Hülsen-, Schleifen- und Ringkopfnadeln.

Eine 14 Zentimeter lange verzierte Rudernadel aus Erlenbach-Winkel im Kanton Zürich gilt als die älteste frühbronzezeitliche Nadel der deutschsprachigen Schweiz. Sie gleicht den Rudernadeln aus dem Gräberfeld von Singen am Hohentwiel (Kreis Konstanz) in Südwestdeutschland aus dem 22. und 21. Jahrhundert v. Chr.

Die Ösenkopfnadeln aus der jüngeren Frühbronzezeit waren hauptsächlich im Gebiet der Aunjetitzer Kultur in Tschechien, der Slowakei, in Mitteldeutschland und in Niederösterreich verbreitet, deren Einfluß offenbar bis in die Schweiz reichte und die Frühbronzezeit mitprägte. In der Schweiz wurde meistens eine eigene Variante dieser Nadeln kreiert.

Die Menschen der Frühbronzezeit im nordostschweizerischen Mittelland schmückten außer ihrer Kleidung auch das Haar, den Hals, die Brust, die Arme und die Finger. Der Schmuck wurde aus Schneckengehäusen, Knochen, Bernstein, Fayence, Bronze und Gold angefertigt. Manche dieser Rohstoffe – wie die Schneckengehäuse und der Bernstein – stammen aus entfernten Gebieten.

Schmuck aus verschiedenen Materialien kam auch in den Seeufersiedlungen von Arbon-Bleiche 2 zum Vorschein. Dort barg man einen Anhänger aus Bernstein und zwei aus Fayence, außerdem bronzene Nadeln, Arm- und Fingerringe, Schmuckspiralen und zwei Golddrahtstücke. Von den beiden Fayenceperlen ist eine rund, die andere sternförmig. Beide weisen – wie die Fayenceperlen der frühbronzezeitlichen Wessex-Kultur in England, Irland und der Bretagne – einen außergewöhnlich hohen Zinnanteil auf.

Von der Fingerfertigkeit und vom guten Geschmack eines Metallhandwerkers zeugt eine Bernsteinperle mit Goldüberzug aus der Seeufersiedlung Zürich-Mozartstraße (s. S. 116). Der Bernsteinperle mit einem Durchmesser von 2,9 Zentimetern und einem Loch von zwei Millimetern wurden zwei halbkugelige Goldschalen übergestülpt. Die Goldauflage wirkt wie ein Überzug aus einem äquatorialen und acht meridionalen Streifen, weil man aus den beiden Schalen Dreiecke ausschnitt und die Streifen mit Rillen verzierte.

Mit Gold überzogene Schmuckstücke kennt man auch aus Gräbern der Wessex-Kultur von Wilsfort in Wiltshire (England). Dort lag in einem Brandgrab eine Bernsteinscheibe mit Goldfassung, in einem anderen Grabhügel entdeckte man eine Perle aus Schieferton mit Goldüberzug aus zwei Halbschalen.

Schmuckstücke aus Gold liegen von mehreren Fundorten im nordostschweizerischen Mittelland vor. Ein Grabhügel in Weiningen (Kanton Zürich) enthielt vier Spiralen aus Golddraht. In Löhningen (Kanton Schaffhausen) wurde ein Golddraht geborgen. Aus Arbon-Bleiche 2 liegen ein hakenförmig gebogener Golddraht und eine aus Golddraht geformte Spirale vor.

Bis vor kurzem herrschte die Annahme vor, das Gold sei durch Tauschhandel in das Gebiet der Schweiz gelangt. Dagegen vermutet der Zuger Prähistoriker Stefan Hochuli, es sei auch eine lokale Gewinnung dieses Edelmetalls möglich gewesen. Als Indiz hierfür deutet er den Fund einer bronzenen Beilklinge unter einem Felsblock bei Disentis (Kanton Graubünden) am Rande eines Flußabschnitts, an dem heute Gold in beträchtlichen Mengen gewaschen wird.

Von florierenden Tauschgeschäften zeugt das Depot eines Händlers aus Arbedo-Castione[12] im Kanton Tessin mit insgesamt 67 bronzenen Schmuckstücken. Es umfaßte mondförmige Lunula-Anhänger, Doppelspiral- und Scheibenanhänger, Rollenkopfnadeln, Armspangen, einen Bronzegürtel und Spiralröllchen.

Im einzigen Grab der jüngeren Frühbronzezeit der Zentral- und Ostschweiz aus Rümlang im Kanton Zürich hat man vermutlich einen Mann oder Jungen in gestreckter Lage bestattet. Der Tote ruhte in einer Erdgrube, die mit Steinen eingefaßt wurde. Zu seinen Grabbeigaben gehörten ein bronzener Dolch, ein Beil und eine Nadel. Grab, Bestattung und Beigaben entsprechen der in der Westschweiz weitverbreiteten Bestattungssitte während der jüngeren Frühbronzezeit.

Die religiöse Gedankenwelt der frühbronzezeitlichen Menschen im nordostschweizerischen Mittelland bleibt weitgehend im Dunkel der Urgeschichte. Bisher weiß man lediglich von einigen rätselhaften Opfern aus jener Zeit, zu der anderswo sogar lebende Menschen den Göttern geopfert und kannibalische Bräuche gepflegt wurden.

Als kultische Weihegabe für eine Gottheit wurde früher von manchen Autoren der einst in die Frühbronzezeit datierte Goldbecher von Eschenz[13] im Kanton Thurgau gedeutet. Andere Experten dagegen betrachteten das ungewöhnliche Gefäß als einen Grabfund, obwohl bei der Entdeckung keine menschlichen Skelettreste freigelegt wurden. Heute nimmt man an, daß dieser 11,1 Zentimeter hohe Goldbecher mit einem Mündungsdurchmesser von 11,2 Zentimetern und einem Gewicht von 136 Gramm von der jungsteinzeitlichen Glockenbecher-Kultur (etwa 2500 bis 2200 v. Chr.) stammt, die der Frühbronzezeit vorausging und teilweise gleichzeitig mit ihr bestand. Es handelt sich sozusagen um einen »goldenen Glockenbecher«.

Goldbecher hat es andernorts auch in der Bronzezeit gegeben. Aus Gold angefertigte Gefäße wurden beispielsweise in Rillaton/Cornwall und in Cuxwold/Lincolnshire (Südengland), Ploumilliau im Département Côtes-du-Nord (Frankreich) sowie in Wachtberg-Fritzdorf (s. S. 160) in Nordrhein-Westfalen (Deutschland) entdeckt. Weil bei dem Becherfragment von Cuxwold das Unterteil fehlt, hatte man es lange Zeit als Armmanschette fehlgedeutet. All diese Funde entstammen verschiedenen Kulturen der Bronzezeit.

Mindestens ebenso wertvoll wie die Goldbecher dürften zwei seltene frühbronzezeitliche Silbergefäße aus der Bretagne in Frankreich gewesen sein: Je eines davon wurde in Saint-Adrien (Département Côtes-du-Nord) und in Saint-Fiacre-en-Melrand (Département Morbihan) entdeckt. Beide Silbergefäße waren in Gräbern zum Vorschein gekommen.

DIE FRÜHBRONZEZEIT IN DER SCHWEIZ

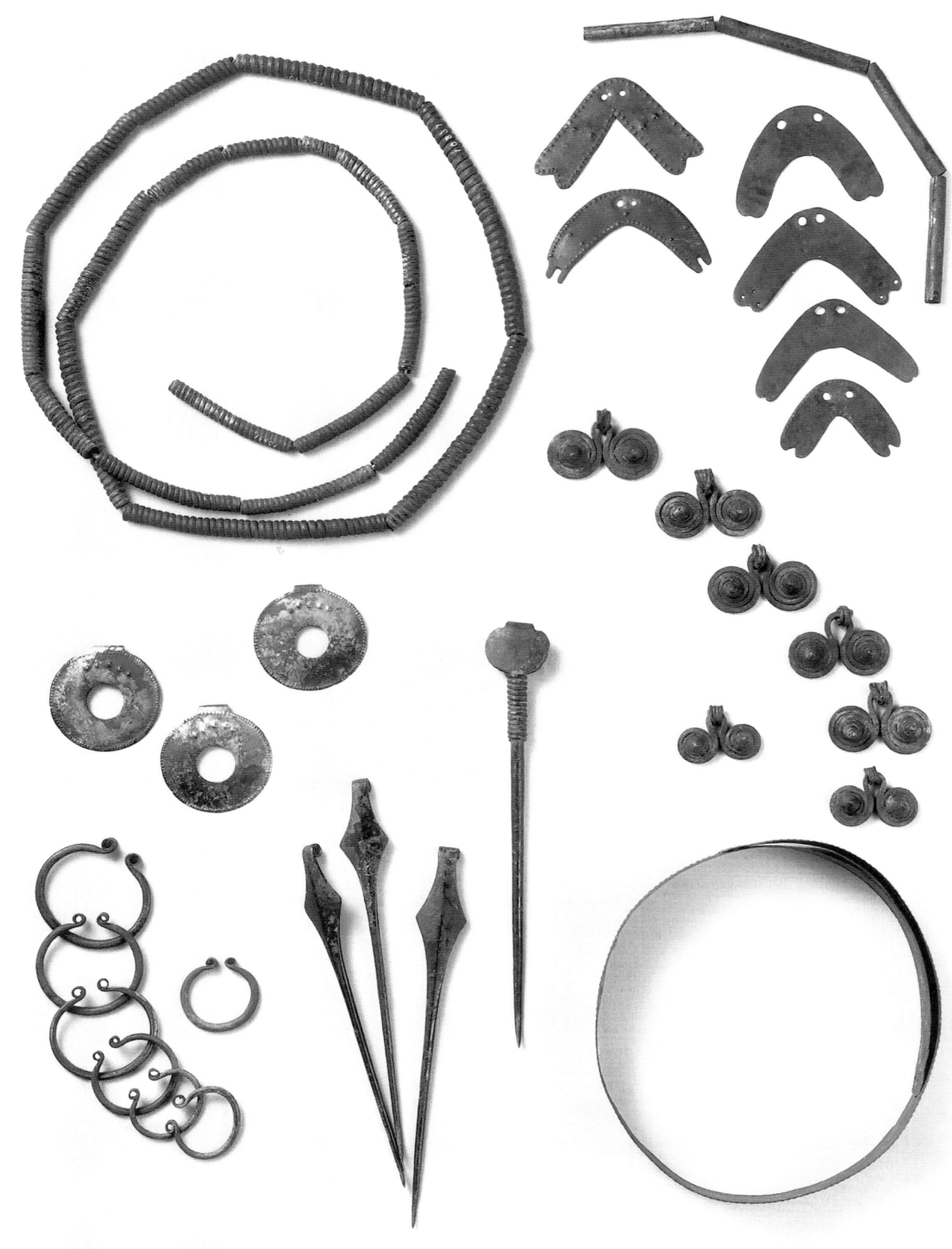

Graubünden war kein Durchgangsland
Die Inneralpine Bronzezeit-Kultur in der Frühbronzezeit

Die Funde aus der Frühbronzezeit von etwa 2300 bis 1600 v. Chr. in weiten Teilen Graubündens unterscheiden sich merklich von denen der Westschweiz und des Mittellandes. Deshalb rechnet man die Hinterlassenschaften in diesem inneralpinen Gebiet einer eigenständigen Kultur zu. Jene Kultur wird nach einem Vorschlag des beim Archäologischen Dienst Graubünden tätigen Prähistorikers Jürg Rageth (s. S. 447) von 1986 und anderen Experten als »Inneralpine Bronzezeit-Kultur« oder »Inneralpine Bronzezeit« bezeichnet. Vorher gab es Versuche, die Ausdrücke Crestaulta-Kultur[1] oder Bündnerische Bronzezeit[2] einzuführen.

Die Inneralpine Bronzezeit-Kultur behauptete ihr Eigenleben auch in der Mittelbronzezeit (s. S. 252) von etwa 1600 bis 1200 v. Chr. und teilweise sogar noch in der Spätbronzezeit (s. S. 436) von etwa 1200 bis 800 v. Chr. Nach Ansicht von Jürg Rageth könnten zu Beginn der Frühbronzezeit im inneralpinen Gebiet fremde Menschen bei der Suche nach Kupfererz und geeigneten Siedlungsstandorten eingewandert sein und sich dort niedergelassen haben. Die Menschen der frühbronzezeitlichen Inneralpinen Bronzezeit-Kultur waren Ackerbauern und Viehzüchter. Neben der Landwirtschaft betrieben sie zeitweise Bergbau, Metallverarbeitung und Tauschgeschäfte.

Noch bis in das erste Viertel des 20. Jahrhunderts herrschte die irrige Auffassung vor, das Gebiet des Kantons Graubünden sei in der Stein- und Bronzezeit lediglich ein Durchgangsland gewesen, weil die dortige Bergwelt den Menschen zu jener Zeit sehr unwirtlich erschien. Doch die ab den 1920er Jahren verstärkt einsetzenden Geländebegehungen durch Heimatforscher und Prähistoriker sowie die damit verbundenen Untersuchungen korrigierten dieses falsche Bild, weil dabei zahlreiche Siedlungsspuren entdeckt wurden.

Nach den Bestattungen von Donath (Kanton Graubünden) zu schließen, waren die damaligen Männer und Frauen im inneralpinen Gebiet offenbar nicht sehr groß. Der Zürcher Anthropologe Otto Schlaginhaufen (1879–1973) ermittelte für einen Mann von dort eine Körperhöhe von 1,54 Metern und für eine Frau von 1,50 Metern.

Die Bauern der frühbronzezeitlichen Inneralpinen Bronzezeit-Kultur in Graubünden haben ihre Dörfer fast ausschließlich auf Hügeln als Höhensiedlungen angelegt. Das geht aus der Publikation »*Urgeschichtliche Fundstellen Graubündens*« des damals in Chur tätigen Prähistorikers Andreas C. Zürcher hervor. Höhensiedlungen sind offenbar vor allem in der ausgehenden Frühbronzezeit bewohnt worden. Sie zeichneten sich häufig durch eine besonders geschützte Lage aus.

Um die Erforschung dieser Höhensiedlungen hat sich der Kreisförster Walo Burkart (1887–1952) aus Chur verdient gemacht. Seine Leistung wird kaum dadurch geschmälert, daß seine Grabungen in den 1920er, 1930er und 1940er Jahren nach heutigen

Links: Depot aus Arbedo-Castione im Kanton Tessin mit mondförmigen Lunula-, Doppelspiral- und Scheibenanhängern, Rollenkopfnadeln, Armspangen, Bronzegürtel und Spiralröllchen. Originale im Schweizerischen Landesmuseum, Zürich.

Der Kreisförster Walo Burkart (1887–1952) aus Chur hat sich um die Erforschung von Höhensiedlungen der Inneralpinen Bronzezeit-Kultur und der spätbronzezeitlichen Laugen-Melaun-Gruppe im Kanton Graubünden große Verdienste erworben.

Kriterien nicht sorgfältig genug waren. Diesem Pionier der Archäologie in Graubünden sind zahlreiche Entdeckungen und Erkenntnisse über urgeschichtliche Siedlungen zu verdanken. Burkart hat die frühbronzezeitlichen Höhensiedlungen auf der Crestaulta bei Lumbrein-Surin[3], dem Grepault bei Trun[4], dem Jörgenberg bei Waltensburg[5], der Cresta bei Cazis[6], der Motta Vallac bei Salouf[7], der Mutta (Muota) bei Fellers (Falera)[8] und viele andere Fundstellen aus unterschiedlicher Zeit untersucht. Die Höhensiedlung auf dem Hügel Crestaulta bei Lumbrein-Surin im Lugnez wurde durch eine Steinmauer geschützt. Aus 15 Pfostenlöchern – in drei Reihen zu je fünf Löchern angeordnet – ließ sich ein Hausgrundriß rekonstruieren. An diesen Fundort sollte der Begriff Crestaulta-Kultur erinnern, den der Ausgräber geprägt hat.

Auch andere Höhensiedlungen hatten den Charakter von »Burgen«. So war die Siedlung auf dem Felskopf Grepault bei Trun nach Norden, Osten und teilweise nach Süden und Westen

Der Hügel Crestaulta bei Surin im Lugnez (Kanton Graubünden) war Gründungsort für eine Höhensiedlung der frühbronzezeitlichen Inneralpinen Bronzezeit-Kultur. Nach dieser Fundstelle wurde vom Ausgräber der Begriff Crestaulta-Kultur geprägt.

durch steile Felswände vom übrigen Gelände abgetrennt. Lediglich eine Rampe an der steilen Böschung der Südseite ermöglichte den Zutritt. Diese Höhensiedlung lag am Südufer des Rheins.

In der Siedlung auf dem Jörgenberg bei Waltensburg waren die Nord-, Ost- und Südseite durch bis zu 100 Meter hohe Flanken gesichert. Hier erfolgte der Zugang über die flachere Westseite. Anhand von Keramikresten konnte ermittelt werden, daß diese Höhensiedlung in der Früh- und der Mittelbronzezeit bewohnt war.

Die steil abfallenden Hänge im Westen, Norden und Osten der Hügelkuppe Cresta bei Cazis im Domleschg bewahrten die Bewohner der dort angelegten Höhensiedlung vor unliebsamen Überraschungen durch Angreifer. Bei den zahlreichen Ausgrabungen dieser Fundstätte wurden mehrere Siedlungen von der Frühbronzezeit bis zur Römerzeit entdeckt, deren Häuser in Zeilen angeordnet waren.

Auch das Profil des Hügels Motta Vallac bei Salouf ist von sehr steilen Hängen geprägt, die teilweise von Felsbändern durchzogen sind. Auf dem Gipfel ließen sich in der Frühbronzezeit die ersten Siedler nieder. Sie rodeten Fichten, Kiefern, Arven und Tannen, um eine freie Fläche für ihre Häuser zu schaffen. Zur Talseite hin schichtete man als Unterbau für die Behausungen terrassenartige Trockenmauern auf. Auf diesen wurden die hölzernen Konstruktionen der Gebäude mit auf die Hangkante ausgerichtetem First errichtet.

Die natürliche Schutzlage des steilen Hügelkamms Pleun da Ruora bei Ruschein bewog in der Frühbronzezeit eine Gruppe von Menschen, dort eine Höhensiedlung zu gründen. Das zeigen Keramikreste, die bei Grabungen durch das Rätische Museum, Chur, geborgen wurden. Reicher sind dort jedoch die Hinterlassenschaften aus der Mittelbronzezeit (s. S. 253).

Manche der Höhensiedlungen thronten in beträchtlicher Höhe. So lag die Siedlung auf dem Hügel Mutta bei Fellers etwa 1300 Meter über dem Meeresspiegel. Am besten geschützt war diese Anlage im Südosten, weil dort die Flanke steil ins Vorderrheintal abfällt.

Als besonders aufschlußreich erwiesen sich die auf dem Hügel Padnal bei Savognin[9] (auch Mot la Cresta genannt) vorgenommenen Grabungen. Diese Erhebung im Oberhalbstein ist 100 Meter lang, 40 Meter breit und fällt teilweise steil zum Fluß Julia ab. Für Trinkwasser war durch Quellen, einen Bach und den Fluß Julia reichlich gesorgt. Über den Padnal zog sich in einer länglichen Geländemulde eine einzeilige Höhensiedlung mit Pfosten- und Säulenbauten, deren hölzerne Ständer auf Steinplatten ruhten. Die Siedlung ist durch einen Brand zerstört worden, dessen Ursache nicht ermittelt werden konnte.

Im nördlichen Teil der Höhensiedlung auf dem Padnal lagen zwei unmittelbar aneinandergrenzende Häuser. Davon war eines ein Pfostenhaus von drei mal 3,50 Meter Größe mit einer Herdstelle und das andere eine Kombination von Pfosten- und Trockenmauerbau von mindestens vier mal sechs Metern mit Herdstelle. Südlich dieser beiden Häuser folgte eine zweite einzeilige Häusergruppe mit drei Häusern, die durch eine Art Gasse von den beiden zuvor erwähnten Häusern getrennt waren.

Bei dem nördlichsten Gebäude dieser zweiten Hausgruppe lassen sich drei Bauetappen unterscheiden. In der frühesten Etappe stand dort ein kleines Pfostenhaus von 3,50 mal 3,50 Metern. Es folgte ein Haus, das mit einem Bretterboden ausgestattet war. Zuletzt errichtete man ein fünf mal 4,50 Meter großes Haus auf Unterlageplatten. Auch das mittlere Haus der zweiten Gruppe ruhte auf Unterlageplatten. In ihm konnten fünf ehemalige Gehniveaus nachgewiesen werden, zu denen meistens eine Herdstelle gehörte. Im südlichsten Anwesen der zweiten Hausgruppe wurden zwei Bauetappen festgestellt. In der jüngeren bestand dort das fünf mal 4,60 Meter große Haus eines Bronzegießers.

Nach den Knochenresten auf der Crestaulta bei Lumbrein-Surin zu schließen, hielten die dortigen Bauern vor allem Schafe, aber auch Rinder, Ziegen und Schweine als Haustiere. Hausrinder werden auch durch einzelne Kieferfunde zwischen den Gräbern von Donath belegt.

In den Siedlungen wurden überwiegend große Tongefäße geborgen. Sie sind meistens unmittelbar unter dem Rand mit doppelten Leisten verziert oder mit einem System von waagrechten Leisten in der Schulter-Hals-Partie verschönert, die manchmal durch schräge oder senkrechte Leisten verbunden wurden.

Die Hinterlassenschaften im Haus des Bronzegießers auf dem Padnal bei Savognin sind ein Beweis für die Herstellung von metallenen Erzeugnissen im Verbreitungsgebiet der frühbronzezeitlichen Inneralpinen Bronzezeit. Dabei handelt es sich um Gußtiegel- und Gußformfragmente, Gußtropfen und einen Holzkohlering von etwa 20 Zentimeter Durchmesser, den erzhaltige Brocken umsäumten. Mit zwei der auf dem Padnal gefundenen steinernen Gußformen konnte jeweils eine Doppelflügelnadel gegossen werden. Eine dieser Gußformen ist 18,6 Zentimeter lang, die andere 15,6 Zentimeter.

Nach Ansicht von Prähistorikern deuten die Formen mancher Waffen (dreieckige Dolche, Randleistenbeile) und Schmuckstücke (Ösenhalsringe, Flügel- und Scheibenkopfnadeln, Manschettenarmbänder) auf Importe hin. Die auf dem Tauschweg nach Graubünden gelangten Objekte stammten aus dem Ostalpen-Donau-Raum, aus Süddeutschland, aus Oberitalien und aus dem Karpatenkessel.

Auf Waffenimporte aus Süddeutschland lassen bronzene Klingen von Randleistenbeilen schließen, die nach einem bayerischen Fundort als Langquaid-Beile (s. S. 58) bezeichnet werden. Je ein Langquaid-Beil wurde in einem der Gräber von Donath und auf dem Tummihügel unterhalb Maladers entdeckt. Die Beilklinge vom Tummihügel ist heute noch scharf. Sie könnte beim Holzfällen verlorengegangen sein.

Außer den Randleistenbeilen standen als Waffen noch metallene Beile mit randleistenlosen Klingen, bronzene Dolche sowie

Hausgrundrisse mit Herdstellen und Dorfgasse von Osten nach Westen aus der Zeit der frühbronzezeitlichen Inneralpinen Bronzezeit-Kultur auf der Hügelkuppe Cresta bei Cazis im Kanton Graubünden bei den Ausgrabungen von 1959.

Pfeil und Bogen zur Verfügung. Randleistenlose Klingen kennt man aus dem Puschlav und von Silvaplana in Graubünden. Die Beilklinge von Silvaplana ist zehn Zentimeter lang und mit einer drei Zentimeter breiten Schneide versehen.

Metalldolche kamen in einem der Gräber von Donath (ein Fund zusammen mit dem erwähnten Langquaid-Beil) und in der

Steinerne Gußform für eine bronzene Doppelflügelnadel aus der Höhensiedlung auf dem Padnal bei Savognin im Oberhalbstein (Kanton Graubünden). Länge 15,6 Zentimeter. Original im Archäologischen Dienst Graubünden, Chur.

Siedlung auf dem Padnal bei Savognin zum Vorschein. Auf dem Padnal konnten außerdem mehrere knöcherne Pfeilspitzen geborgen werden, die den Gebrauch von Pfeil und Bogen belegen. Zum Fundgut der Siedlung auf dem Padnal bei Savognin gehören des weiteren Reib- und Mahlsteine, ein steinerner Rillenhammer sowie Pfrieme aus Knochen.

Die als Tauschobjekte dienenden Waren wurden in gebirgigen Gegenden von Graubünden zu Fuß transportiert. Dabei sind mitunter auf gefährlichen Wegen selbst mehr als 2000 Meter hohe Pässe bezwungen worden. Das beweist der Fund einer frühbronzezeitlichen Lanzenspitze am Schlappinier Joch bei Klosters in etwa 2150 Meter Höhe.

Die mühselige Überquerung mancher Pässe hatte den Vorteil, daß mitunter der beschwerlichste Teil der Alpenpassage innerhalb eines einzigen Tages geschafft wurde. Ein gut organisierter Tauschhandel über Alpenpässe hinweg hätte nach Auffassung des Prähistorikers Andreas C. Zürcher das Instandhalten der Wege, Markieren der Route und vielleicht sogar Brücken über reißende Wildbäche erforderlich gemacht.

Rätsel gibt die größte bronzezeitliche Nadel der Schweiz auf, die auf dem Hügel Mutta bei Fellers im Kanton Graubünden gefunden wurde (s. S. 116). Sie ist ein Meisterwerk des damaligen

Bronzezeitliche Felszeichnungen von Crap Carschenna oberhalb Sils im Domleschg (Kanton Graubünden). Manche der in das Gestein eingepickten Motive könnten von der Beschäftigung damaliger Priester mit den Gestirnen zeugen.

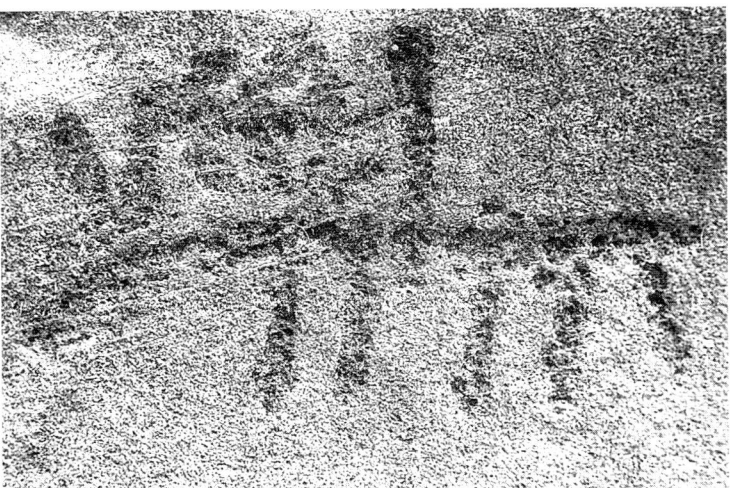

Eines der Motive unter den bronzezeitlichen Felszeichnungen von Crap Carschenna oberhalb Sils im Domleschg (Kanton Graubünden). Es zeigt ein Pferd mit einem Reiter auf dem Rücken, der möglicherweise einen Bogen mit Pfeil trägt.

Metallhandwerks. Die 83 Zentimeter lange bronzene Nadel wurde aus einem Stück gegossen. Anschließend hat man eines ihrer Enden zu einer Scheibe von 15,5 Zentimeter Durchmesser ausgehämmert. Die Scheibe ist mit einem von hinten getriebenen Zierbuckel dekoriert und am oberen Ende mit einer Öse versehen.

In die Öse der Prachtnadel von der Mutta wurde vermutlich eine Schnur gesteckt, festgebunden, durch den Gewandbausch hinweggeführt und um die hervortretende untere Partie der Nadel gewickelt. Es ist unklar, ob diese riesige Gewandnadel von einem Lebenden getragen wurde, als Zierde auf einem Totengewand ruhte oder als Zeremonialschmuck eines Priesters oder Häuptlings diente.

Außer dem ungewöhnlichen Objekt von der Mutta gab es viel profanere Schmuckstücke in Gestalt durchbohrter Tierzähne als Anhänger von Halsketten. So sind vom Padnal bei Savognin eine durchbohrte Lamelle von einem Eberzahn und ein durchlochter Bärenzahn bekannt.

Nur der Bronzezeit allgemein und nicht einer bestimmten Stufe lassen sich die Felszeichnungen von Crap Carschenna oberhalb Sils[10] im Domleschg (Kanton Graubünden) zuweisen. Man hat sie ein bis zwei Zentimeter tief in das Gestein eingepickt. Zu erkennen sind zahlreiche konzentrische Kreise, meistens mit einer in den Fels eingetieften Schale im Zentrum, einzelne Spiralen, »Verbindungskanäle«, ein »Strahlenrad« und Wellenlinien. Manche dieser Motive könnten von der Beschäftigung damaliger Priester mit den Gestirnen zeugen.

Auf wenig Gegenliebe bei den Prähistorikern stoßen phantasievolle Theorien über eine »Sonnenkultlinie«[11] in Graubünden. Diese »Kultlinie« soll angeblich auf der Mutta bei Fellers beginnen, wo sich ein Steinkreis, mehrere Schalensteine und eine Steinsetzung befinden. Letztere bestand nach dieser sehr umstrittenen Ansicht ursprünglich vermutlich aus sieben Findlingen in je 19 Meter Abstand. Zwar sind heute auf der Mutta nur noch sechs Findlinge vorhanden, aber aufgrund der Entfernung von etwa 38 Metern zwischen zwei Blöcken wird ein fehlender, ursprünglich siebter Stein angenommen.

Die Steinsetzung auf der Mutta soll im Südwesten in Ladir und noch weiter im Südwesten auf einem Bergrücken bei Ruschein ihre Fortsetzung finden, woraus sich insgesamt die vermeintliche »Kultlinie« ergibt.

Da die Höhenlagen von Ruschein, Ladir und Fellers nur wenig voneinander differieren, könnte einst der Sonnenaufgang an diesen drei Landschaftspunkten nahezu gleichzeitig beobachtet worden sein, glauben die Verfechter der »Sonnenkultlinie«.

Bisher wurden nur wenige Gräber aus der frühbronzezeitlichen Inneralpinen Bronzezeit entdeckt. Hier sind in erster Linie die Körperbestattungen in den Gräbern von Donath[12] zu nennen, die den Grabbeigaben zufolge in die ausklingende Frühbronzezeit datiert werden. Die damals in Freiburg/Breisgau wirkende Prähistorikerin Gretel Gallay erkannte 1971 in einem Grab von Donath gewisse Einflüsse der nordischen oder englischen Bronzezeit, die sie auf Handelsbeziehungen zurückführte.

Das in älterer Literatur erwähnte sogenannte »Kuppelgrab« von Donath gilt heute nur noch als mittelalterlicher oder neuzeitlicher Milchkeller, der über älteren Gräbern errichtet wurde. Tatsächlich aus der Frühbronzezeit stammen lediglich ein Steinkistengrab mit fünf Beisetzungen und weitere Bestattungen ohne Beigaben.

Bei den Bestattungen aus dem zerstörten Steinkistengrab von Donath handelt es sich um die Gräber von zwei Kindern, zwei Erwachsenen sowie um das Einzelgrab eines Erwachsenen. Die Doppelbestattung der beiden Erwachsenen wird von manchen Autoren damit erklärt, daß hier ein Mensch auf natürliche Weise gestorben ist, während der andere getötet wurde und ihm ins Grab folgen mußte.

Die Mittelbronzezeit in Deutschland
Abfolge und Verbreitung der Kulturen und Gruppen

In der Zeit von etwa 1600 bis 1300/1200 v. Chr., die in Süddeutschland als Mittelbronzezeit bezeichnet wird, beherrschten sämtliche im Gebiet von Deutschland verbreiteten Kulturen den Bronzeguß. Wegen dieses Fortschritts der Metallurgie hat 1935 der schwedische Prähistoriker Nils Åberg (1888–1957) aus Stockholm die Mittelbronzezeit als Hochbronzezeit bezeichnet. Andere Autoren dagegen – vor allem in Norddeutschland – reden von der eigentlichen, reinen oder älteren Bronzezeit.

Der Mittelbronzezeit entsprechen in Süddeutschland vor allem die Stufen Bronzezeit B und C im Sinne der 1902 vorgenommenen Gliederung des damals in Mainz arbeitenden Prähistorikers Paul Reinecke (1872–1958). Demzufolge wird die Stufe Bronzezeit B in zwei Unterstufen eingeteilt (B1 und B2). Im Gegensatz zu früher tendiert man heute dahingehend, die Stufe Bronzezeit D (etwa von 1300 bis 1200 v. Chr.) erst der Spätbronzezeit zuzuordnen (s. S. 257).

Mit der Mittelbronzezeit ist in Baden-Württemberg, Bayern, im Saarland, Rheinland-Pfalz, Hessen, Südthüringen und Sachsen-Anhalt die Hügelgräber-Kultur (s. S. 168) beziehungsweise -Bronzezeit identisch. Sie dauerte in diesen Gebieten von etwa 1600 bis 1300/1200 v. Chr.[1] Die Hügelgräber-Kultur war damals von Ostfrankreich bis zum Karpatenbecken in Ungarn verbreitet. Sie wird von den Experten in mehrere lokale Gruppen gegliedert.

Nordrhein-Westfalen gehörte nur bedingt zur Hügelgräber-Kultur. Dort werden die Funde zwischen 1500 und 1200 v. Chr. – norddeutscher Terminologie folgend – allgemein der älteren Bronzezeit (s. S. 184) zugerechnet. Damit findet die auf dem Kulturgefälle in der Frühbronzezeit zwischen dem Süden und dem Norden basierende Phasenverschiebung von Bronzezeitstufen terminologisch ihre Fortsetzung (s. S. 43).

In Niedersachsen bezeichnet man den Abschnitt von etwa 1500 bis 1200 v. Chr. als ältere Bronzezeit. Diese umfaßt die Periode II in der Chronologie des schwedischen Prähistorikers Oscar Montelius (1843–1921) für die nordische Bronzezeit (s. S. 24). Damals gab es in Niedersachsen mehrere lokale Gruppen: die zur Hügelgräber-Kultur gehörende Lüneburger Gruppe (s. S. 189), die zum Nordischen Kreis zählende Stader Gruppe (s. S. 196), die Südhannoversche Gruppe (s. S. 205) und die Oldenburg-emsländische Gruppe (s. S. 207).

In Schleswig-Holstein und im Küstengebiet von Mecklenburg-Vorpommern begann um 1500 v. Chr. die nordische ältere Bronzezeit (s. S. 211). Diese Kultur endete um 1200 v. Chr. Sie entspricht der Periode II nach Montelius.

In Sachsen und Ostbrandenburg war ab ungefähr 1500 bis 1300/1200 v. Chr. die Vorlausitzer Kultur (s. S. 223) heimisch. Sie ging der spätbronzezeitlichen Lausitzer Kultur (s. S. 366) voraus.

Die Funde von etwa 1500 bis 1300/1200 v. Chr. im westlichen Teil Brandenburgs werden der älteren Bronzezeit (s. S. 220) zugeordnet.

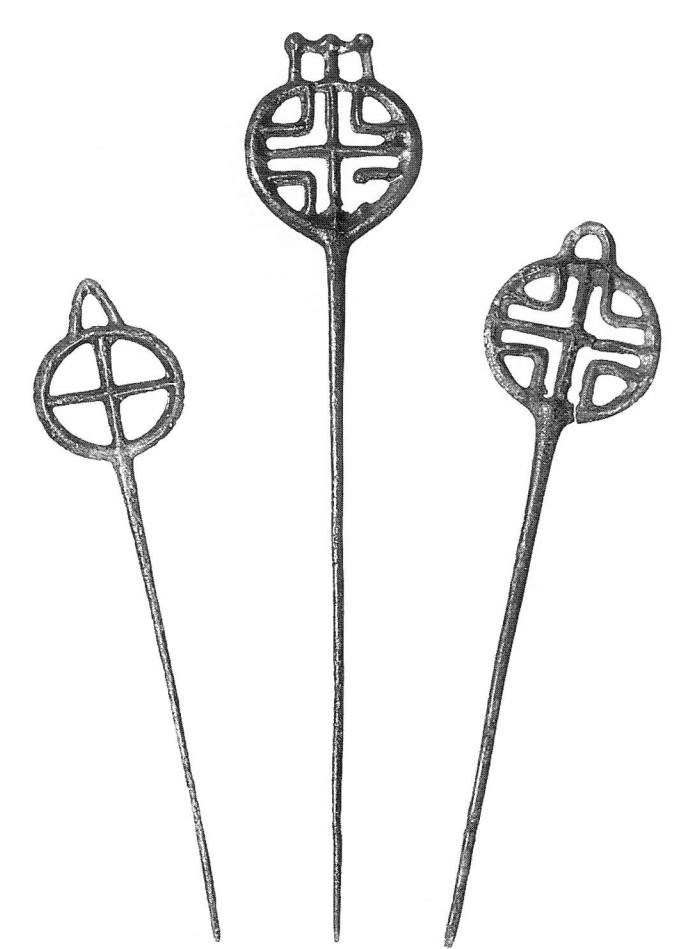

Bronzene Radnadeln aus der mittelbronzezeitlichen Hügelgräber-Kultur (etwa 1600 bis 1300/1200 v. Chr.) von Huttenheim, Rheinsheim und Stettfeld in Baden-Württemberg. Originale im Badischen Landesmuseum, Karlsruhe.

Der Kult der »goldenen Hüte«
Die Hügelgräber-Kultur

Etwa um 1600 v. Chr. änderten sich in weiten Teilen Europas die Bestattungssitten radikal: Statt die Toten wie in der Frühbronzezeit in Flachgräbern beizusetzen, schüttete man nun häufig über den Gräbern ein bis zwei Meter hohe Hügel auf und setzte dann nicht selten noch weitere Verstorbene darin bei. Auf diesem neuen Brauch beruht der Begriff »Hügelgräber-Kultur«. Letzterer geht auf den Ausdruck »Grabhügelbronzezeit« zurück, den 1902 der damals am Römisch-Germanischen Zentralmuseum, Mainz, tätige Prähistoriker Paul Reinecke (1872 bis 1958, s. S. 447) geprägt hat. Bei der Namenswahl wurde er vermutlich durch die 1887 erschienene Publikation »*Die Hügelgräber zwischen Ammer- und Staffelsee*« des Münchener Historienmalers und Altertumsforschers Julius Naue (1832–1907) inspiriert.

Nach heutigem Kenntnisstand war die Hügelgräber-Kultur etwa ab 1600 bis 1300/1200 v. Chr. von Ostfrankreich (Elsaß) bis nach Ungarn (Karpatenbecken) verbreitet. Sie ist in diesem Raum mit der Mittelbronzezeit identisch und läßt sich in zahlreiche Lokalgruppen gliedern.

Zu den im Gebiet von Deutschland vertretenen Lokalgruppen gehören die Württembergische Gruppe[1], die Oberbayerische Gruppe[2], die Oberpfälzisch-böhmische Gruppe[3], die Rhein-Main-Gruppe[4], die Werra-Fulda-Gruppe[5] und die Lüneburger Gruppe (s. S. 189). Die Lokalgruppen unterscheiden sich durch die Keramik sowie bronzene Schmucktracht und Bewaffnung voneinander.

Die Angehörigen der süddeutschen Hügelgräber-Kultur stammen von den Menschen der Frühbronzezeit im selben Gebiet ab. Sie sind nicht eingewandert, wie der Marburger Prähistoriker Friedrich Holste (1908–1942) in einer 1953 posthum erschienenen Publikation meinte. Nach seiner Ansicht spiegelten angeblich die mittelbronzezeitlichen Fundstellen in einigen Gebieten Süddeutschlands eine andere Verbreitung als die frühbronzezeitlichen Fundorte wider. Doch später wurden viele der vermeintlichen Fundlücken durch neue Entdeckungen geschlossen.

Wie groß die damaligen Menschen waren, wird anhand von sieben Bestattungen bei Nersingen[6] (Kreis Neu-Ulm) in Bayern ersichtlich, die durch den Münchener Anthropologen Peter Schröter untersucht wurden. Dort erreichten die Männer eine Größe zwischen 1,60 und 1,70 Metern und die Frauen zwischen 1,52 und 1,57 Metern. Ein sechsjähriges Kind brachte es auf eine Körperhöhe von etwa einem Meter. Als ungewöhnlich groß für jene Zeit gilt ein Mann von angeblich 1,93 Metern aus Gauingen-Hochberg (Kreis Reutlingen) in Baden-Württemberg. Diese Maßangabe beruht jedoch auf einer Messung des Ausgräbers bei der Grabung und nicht auf einer anthropologischen Körperhöhenschätzung.

Mit Prunk und Pomp vorgenommene Bestattungen deuten auf erhebliche gesellschaftliche Unterschiede in der Bevölkerung hin. Offenbar hat es Häuptlinge oder »Fürsten« gegeben, die großen Reichtum anhäufen konnten. Ein solcher Anführer war wohl der »Fürst« von Hagenau bei Regenstauf[7] (Kreis Regensburg) in Bayern (s. S. 176). Auch bei der übrigen Bevölkerung gab es merkliche Unterschiede zwischen Arm und Reich innerhalb einer Sippe sowie zwischen verschiedenen Gegenden.

Frauen wurden mit ihrem gesamten Schmuck beerdigt. Nur ihnen legte man wertvolle Bernstein- und Glasperlen mit ins Grab. Der Weimarer Prähistoriker Rudolf Feustel vertritt die Ansicht, daß die bronzenen Schmuckstücke die Frauen nicht nur schmücken, sondern vor allem den Reichtum ihrer Ehemänner demonstrieren und so deren gesellschaftliche Reputation und Macht erhöhen sollten.

Feustel hat nach Untersuchungen von Hügelgräbern in Thüringen zahlreiche interessante Schlüsse über die damalige Gesellschaft gezogen. Das ausgeglichene Verhältnis der Bestattungen von Männern und Frauen sowie vereinzelte Doppelbestattungen von Mann und Frau beispielsweise deuten nach seiner Auffassung auf Monogamie hin.

In der Gesellschaft hatten anscheinend die Männer das Sagen, vermutet Feustel. Denn anders ließe es sich kaum erklären, warum unter hohem Arbeitsaufwand und sicherlich als Gemeinschaftsunternehmen fast alle Grabhügel für jeweils einen Mann errichtet worden seien. Zudem lagen fast sämtliche Männer im Zentrum und auf dem Grund des Grabhügels, während die Frauen und Kinder meistens am Rand bestattet wurden.

Zwei Frauen mit langärmeligen Blusen, knöchellangen Röcken, Schulter- und Kopftüchern aus Schwarza (Kreis Schmalkalden-Meiningen) nahe bei Suhl in Thüringen – eine Rekonstruktion des Weimarer Prähistorikers Rudolf Feustel von 1958.

Kulturen und Gruppen während der Mittelbronzezeit (etwa 1600 bis 1300/1200 v. Chr.) in Süddeutschland und der älteren Bronzezeit (etwa 1500 bis 1200 v. Chr.) in Norddeutschland.

Der Münchener Historienmaler Julius Naue (1832–1907) hat Hügelgräber am Ammersee und Staffelsee in Bayern untersucht. Seine Publikation hierüber dürfte vermutlich die Namensgebung der Hügelgräber-Kultur inspiriert haben.

Fremde Schmuckformen in manchen Frauengräbern beweisen Einheirat von Frauen aus anderen Gegenden. So trug eine Frau, die in Neuenstein-Obergeis (Kreis Hersfeld-Rotenburg) in Hessen bestattet wurde, eine Radnadel und eine Fibel, die für die Lüneburger Gruppe in Niedersachsen typisch ist. Im Grab eines Mädchens von Hünfeld-Molzbach (Kreis Fulda) in Hessen lagen einige Schmuckstücke aus dem Maingebiet. Nach Erkenntnissen des Prähistorikers Albrecht Jockenhövel aus Münster/Westfalen dürften Frauen selten weiter als in ihre direkte Nachbargruppe eingeheiratet haben.

Mitunter sind ältere Männer nach weiblichem Ritus beigesetzt worden. Der Prähistoriker Alexander Häusler aus Halle/Saale deutete 1966 diese Bestattungen als solche von Homosexuellen und Transvestiten.

Die Hügelgräber-Leute sind meistens nicht sehr alt geworden. Unter den 16 Verstorbenen von Wixhausen[8] (Kreis Darmstadt-Dieburg) in Hessen wurde lediglich ein einziger älter als 40 Jahre. Von den neun Erwachsenen in Wixhausen waren zwei Männer und sieben Frauen. Auch die beiden Jugendlichen von dort sind weiblich, der Rest starb bereits im Kindesalter.

Auf ungünstige Lebensbedingungen deuten auch die bei Jüchsen[9] (Kreis Schmalkalden-Meiningen) in Thüringen entdeckten Bestattungen hin. Von sieben Männern sind fünf (71 Prozent) schon im Alter von 20 bis 35 Jahren gestorben, ein Mann wurde um die 40 Jahre alt und ein weiterer etwa 40 bis 60 Jahre.

Untersuchungen der Gebisse aus Nersingen zeigten, daß es um die Zähne häufig schlecht bestellt war. Der Mann in Grab 2 hatte alle Zähne des Oberkiefers sowie die Mahlzähne und den rechten zweiten Vormahlzahn des Unterkiefers verloren. Die wenigen noch vorhandenen Zähne waren stark abgeschliffen, und der linke erste Vorbackenzahn war von Karies befallen. Bei der Frau aus Grab 3 sind die Zähne auf der rechten Seite des Ober- und Unterkiefers stärker abgekaut als links. Ihre oberen ersten Backenzähne sind von Karies geschädigt, und an etlichen Zähnen im Ober- und Unterkiefer haften Zahnsteinreste. Beim Mann aus Grab 6 ist der untere zweite Vormahlzahn ausgefallen, die Schneidezähne sind relativ stark abgeschliffen, und es konnte geringer Zahnsteinbefall festgestellt werden.

Ein mindestens 14jähriger Jugendlicher von Wilsingen[10] (Kreis Reutlingen) in Baden-Württemberg hat nach einer Entzündung im Oberkiefer den rechten ersten Vormahlzahn verloren. Im Unterkiefer war sein linker zweiter Vormahlzahn ungewöhnlich klein und bildete nur einen Lückenfüller zwischen dem ersten Vormahlzahn und Mahlzahn. Eine Frau aus Wixhausen hatte Überbiß.

Auch an den Skeletten sind mancherlei Krankheiten ablesbar. So litt der erwähnte Mann aus Grab 2 von Nersingen unter degenerativen Gelenk- und Wirbelschäden. Ein mehr als 40 Jahre alter Mann aus Wilsingen hatte in der Hals- und Brustwirbelsäule eine Spondylitis (Wirbelentzündung). Und der ebenfalls erwähnte 40 bis 60 Jahre alte Mann aus Jüchsen muß große Arthroseprobleme gehabt haben.

Sogar Opfer von Gewalttaten sind aus einigen Hügelgräbern in Bayern und Thüringen bekannt. Es handelte es sich hierbei um Menschen, die durch Pfeilschüsse ums Leben gekommen sind. So steckte einem Toten in der Gegend des unterfränkischen Ortes Stetten[11] (Kreis Main-Spessart) die eingeschossene bronzene Pfeilspitze noch in einem seiner Oberarmknochen. Ob dieser Mensch an seiner Verwundung starb, ist unbekannt, weil weitere Skelettreste fehlen. Wahrscheinlich hat er diese Verletzung nicht lange überlebt.

Auf eine Tragödie lassen auch die Funde in der Grabkammer eines Hügels bei Jüchsen schließen. Dort hatte man drei männliche Tote gleichzeitig bestattet. Obwohl die Grabkammer genügend Platz bot, bettete man zwei der Männer nicht nebeneinander, sondern in entgegengesetzter Richtung übereinander. Zwischen den Skelettknochen dieser beiden Männer lagen insgesamt acht Pfeilspitzen, die ihnen wahrscheinlich den Tod gebracht haben. In einigem Abstand war in extremer Hockstel-

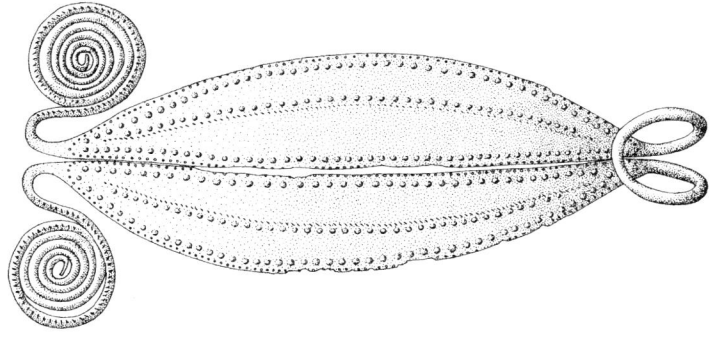

Gürtelhaken mit ausgehämmerten Armen und Buckeldekor aus dem Hügel 16 im Wald »Wagenau« von Tacherting-Unterbrunnham (Kreis Traunstein) in Bayern. Länge 16,4 Zentimeter. Original im Bayerischen Landesamt für Denkmalpflege, München.

Rekonstruktionen von Frauentrachten aus der Zeit der Hügelgräber-Kultur nach Funden aus Wiesbaden (Südfriedhof), Großenlüder-Unterbimbach (Kreis Fulda), Hünfeld-Molzbach (Kreis Fulda) und Darmstadt-Wixhausen in Hessen.

lung – möglicherweise gefesselt – ein dritter Mann niedergelegt worden.

Nach Ansicht des erwähnten Prähistorikers Rudolf Feustel kann man darüber spekulieren, ob alle drei Männer hingerichtet worden waren oder ob der dritte, gefesselte Mann die beiden anderen erschossen hatte. War letzterer vielleicht wegen der Bluttat zum Tode verurteilt und aus Vergeltung lebend zu seinen Opfern ins Grab gelegt worden? Zumindest sollte seine Wiederkehr aus dem Jenseits verhindert werden.

Als weiteres Zeugnis dafür, daß Pfeil und Bogen nicht nur als Jagdwaffen, sondern auch bei Konflikten eingesetzt wurden, gilt eine Bestattung aus Klings/Rhön[12] (Wartburgkreis) in Thüringen. In diesem Fall steckte eine Pfeilspitze in einem menschlichen Rückenwirbel. Eine Schußverletzung in Saalfeld[13] (Kreis Saalfeld-Rudolstadt) in Thüringen war offenbar nicht tödlich, weil die Pfeilspitze von Knochenwucherungen umgeben ist.

Ein anderer seltener Fund beweist, daß es auch im Verbreitungsgebiet der Hügelgräber-Kultur Medizinmänner gab, die Schädeloperationen (Trepanationen) vornahmen. Der entsprechende Nachweis – ein Schädel mit rundlicher Öffnung – gelang in einem der Hügelgräber von Lochham[14] (Kreis München). Die Bronzeobjekte aus den Hügelgräbern von Lochham wurden 1938 durch den Prähistoriker Friedrich Holste als älteste Funde der Hügelgräber-Kultur bezeichnet und dem sogenannten Lochham-Horizont zugerechnet.

Die Haltung von Schafen und Funde von tönernen Spinnwirteln zum Spinnen von Wolle deuten darauf hin, daß die damalige Kleidung aus Schafwolle angefertigt wurde. Spinnwirtel kennt man aus Gräbern von Holzalfingen bei Lichtenstein und Hundersingen bei Münsingen (beide Kreis Reutlingen) in Baden-Württemberg. Die Kleidung war vielleicht teilweise mit ähnlichen Mustern verziert, wie sie auf der Oberfläche mancher Tongefäße zu sehen sind.

Das Gewand der Männer wurde durch eine bronzene Nadel zusammengehalten. Die Prähistoriker unterscheiden zwischen Kolbenkopf-, Lochhals- und Trompetenkopfnadeln. Bei diesen Nadeln gab es einen Trend zu bombastischen Formen, der in Häuptlings- beziehungsweise »Fürstengräbern« besonders drastisch zum Ausdruck kommt. Zur Garderobe der Männer gehörte ein Gürtel aus Wolle oder Leder, der manchmal mit einem bronzenen Gürtelhaken oder -blech versehen war.

Als Gürtelhaken bezeichnet man jenen Teil des Gürtels, der beim Verschließen zum Einhängen in ein anderes Teil diente. Er besteht aus einem Haken oder Dorn und einer Vorrichtung zur Befestigung am Gürtel. Beliebt waren Gürtelhaken aus Bronzedraht mit Spiralscheiben an beiden Enden. Man fand kleine Exemplare von nur zwei Zentimeter Länge, wie in Wilsingen (Kreis Reutlingen), aber auch große von 24 Zentimeter Länge, wie in Mehrstetten (Kreis Reutlingen). Von den Gürtelhaken unterscheiden sich die nach dem gleichen Prinzip angefertigten Gürtelbleche, die ebenfalls Teil eines Gürtels aus organischem Material waren.

Im Gegensatz zum Gewand der Männer wurde das Kleid der Frauen an beiden Schultern durch je eine bronzene Radnadel zusammengehalten, oder man hatte damit den Schulterumhang festgesteckt. Im östlichen Teil Süddeutschlands trugen die Frauen ein lang herabfallendes, schürzenartiges Kleidungsstück, das mit kleinen Bronzehütchen besetzt und verziert war. Die Füße blieben entweder nackt oder steckten in offenen Sandalen. Manche Zehen wurden mit bronzenen Ringen verschönert.

Bei den Frauen in Südthüringen waren schleierartige Kopf- und Schultertücher aus feinen Wollfäden, ärmellose oder langärmelige Blusen sowie knöchellange Röcke aus dichtem, gewalktem Wolltuch in Mode. Wie ein Fund aus der Gegend bei Schwarza (Kreis Schmalkalden-Meiningen) in Thüringen zeigt, gehörten zur weiblichen Ausstattung auch kleine Beutel aus Schafleder. Daß die Frauen der Werra-Fulda-Gruppe in Südthüringen und in Osthessen sich in lange Röcke hüllten, schloß der Prähistoriker Rudolf Feustel aus der Tatsache, daß in diesen Gebieten kaum Knöchelbänder oder sonstiger Beinschmuck gefunden wurde. Dagegen haben die Frauen der Rhein-Main-Gruppe ihre Beine häufig mit Bronzeschmuck versehen und deswegen wohl kurze Röcke bevorzugt.

Manche Frauen in Süddeutschland besaßen wertvolle bronzene Gürtel aus einem Blechband mit einem Haken am einen und einer Einhängevorrichtung (meistens einfache Löcher) am anderen Ende. Besonders dekorative Blechgürtel kamen in Großen-Linden (Kreis Gießen) und Hünfeld-Molzbach (Kreis Fulda) in Hessen zum Vorschein. An dem 80,6 Zentimeter langen Blechgürtel von Großen-Linden hafteten sogar noch Lederreste. Er ist an einem Ende mit eingepunzten Buckeln verziert.

Das fragmentarisch erhaltene, 49,3 Zentimeter lange Gürtelblech aus dem Mädchengrab von Hünfeld-Molzbach (Flur Bomberg) ist an einem Ende zur Vorderseite hin spiralförmig eingerollt. Sechs kleine Durchbohrungen am anderen Ende könnten von einer Reparatur stammen. Dieses Gürtelblech trägt auf der Schauseite ein Dekor aus getriebenen Perlbuckeln. Die beiden Längsseiten werden von doppelten Perlreihen gesäumt. Das große unverzierte Mittelfeld wird auf beiden Enden von je einer senkrechten Reihe größerer Schrägkreuze zwischen dreifachen Perlreihen begrenzt.

Ab der Hügelgräber-Kultur stutzten sich die Männer in Mitteleuropa mit bronzenen Rasiermessern die Kopf- und Barthaare und zupften sich mit bronzenen Pinzetten lästige Haare aus. Solche Toilettegegenstände hatte es zuvor schon bei der Mykenischen Kultur in Griechenland gegeben. Sie wurden vermutlich durch Kontakte mit dieser Kultur bekannt und verbreitet. Die Rasiermesser der Mittelbronzezeit sind allesamt zweischneidig und häufig mit einem Ring an einem Ende versehen.

Experimente mit bronzenen Rasiermessern ergaben, daß man sich damit nicht täglich rasieren konnte. Manche Autoren nehmen an, die Rasur sei nur bei festlichen oder kultischen Anlässen vorgenommen worden. Um die Schneiden zu schützen, hat man die Rasiermesser in Schutzhüllen aus Holz, Leder, Stoff oder Bronzeblech aufbewahrt. An einem Rasiermesser von Muckenwinkling bei Agendorf (Kreis Straubing-Bogen) wurden auf einer Seite Reste von Haaren und auf der anderen Lederreste vom einstigen Futteral festgestellt. Die Klingen der Rasiermesser sind zuweilen durch Dengeln oder Schleifen geschärft worden. Mit den bronzenen Pinzetten ließen sich Kopf- oder Barthaare

Der Prähistoriker Georg Kraft (1894–1944) aus Freiburg/Breisgau bezeichnete 1926 in einer Publikation, aus der diese Zeichnung stammt, die Schwäbische Alb als »Hauptschauplatz des kulturellen und geistigen Lebens in Württemberg«.

entfernen, die dem Rasiermesser widerstanden hatten. Als erster vermutete dies 1916 der damals in Berlin tätige Prähistoriker Max Ebert (1879–1929). Der bereits erwähnte Münchener Historienmaler Julius Naue dagegen vertrat 1894 die Ansicht, man habe mit den Pinzetten Fäden durchgezogen.

Unterschiedlich gedeutet wurden auch bronzene Pfrieme. Der dänische Prähistoriker Sophus Müller (1846–1934) bezeichnete diese Metallgeräte schon 1897 als Tätowiernadeln. Seine Erklärung findet heute noch die meisten Anhänger. Im Gegensatz dazu stieß die phantasievolle Interpretation des Hamburger Prähistorikers Gustav Schwantes (1881–1960), es handle sich um Dornauszieher, in der Fachwelt auf wenig Gegenliebe.

Die Lage der Goldringe im Grab des erwähnten »Fürsten« von Hagenau läßt darauf schließen, daß dieser bedeutende Mann sein Haar zu einem hüftlangen Zopf geflochten hatte. Wenn dies zuträfe und es sich tatsächlich um einen mächtigen Herrscher handelte, wäre der Zopf wohl nicht vom Fürsten selbst, sondern von einem Familienmitglied oder Untergebenen kunstvoll geflochten worden.

Die Siedlungen der Hügelgräber-Leute lagen im Flachland an Quellen, Bächen, Flüssen und Seen, welche die Wasserversorgung sicherten, sowie auf Bergen mit mehr oder minder steilen Hängen. Die auf Bergen errichteten Höhensiedlungen konnten sowohl unbefestigt als auch stark geschützt sein. Die besonders wehrhaften Höhensiedlungen mit Erdwällen oder Steinmauern gelten als Sitze von Häuptlingen oder »Fürsten«, die deren Macht demonstrierten.

Eine kleine Flachlandsiedlung wurde am Rabenhof bei Freystadt-Thannhausen[15] (Kreis Neumarkt) in Bayern entdeckt. Sie setzte sich aus drei in einer Reihe angeordneten kleinen Pfostenbauten von etwa sechs Meter Länge und vier Meter Breite zusammen. Die Behausungen waren entlang einer Umzäunung und in gleichmäßigen Abständen voneinander errichtet. Als tragendes Element der Hauskonstruktion dienten vier Reihen von jeweils drei Pfosten, die man im Abstand von zwei Metern in den Boden eingegraben hatte. Die Außenwände bestanden aus Flechtwerk mit Lehmbewurf. Abdrücke des Flechtwerks waren häufig in Lehmbrocken zu sehen, die durch einen Brand verziegelt wurden.

Die Behausungen sind offenbar häufig bei Bränden zerstört worden, wie Funde von Hüttenlehm, Mahlsteinen und Tongefäßen mit starken Feuerspuren verraten. Derartige Zeugnisse für eine Brandkatastrophe wurden am Fundort Riedwiesen von Frankfurt/Main-Schwanheim[16] entdeckt, einer Siedlung, die nach dem Unglück von den Bewohnern aufgegeben worden war. Ob das Feuer durch unachtsamen Umgang entstand oder durch Angreifer gelegt wurde, ist in diesem Fall nicht zu klären. Hüttenlehm mit Abdrücken von Flechtwerk hat man auch in Bubenheim (Kreis Mainz-Bingen) in Rheinland-Pfalz entdeckt. Der Lehm für die Hauswände und für die Keramik wurde aus Gruben entnommen, die man in Nähe der Baustelle ausgehoben hatte. In den Häusern gab es mit Steinen gepflasterte Herde und teilweise in den Fußboden eingelassene tönerne Vorratsgefäße. Seeufer waren zur Zeit der süddeutschen Hügelgräber-Kultur keine idealen Siedlungsplätze mehr, weil sich das Klima rapide verschlechterte. Seeufersiedlungen aus jenem Abschnitt kennt man in Bodman-Schachen am Bodensee (Kreis Konstanz) und am Federsee bei Bad Buchau (Kreis Biberach) in Baden-Württemberg.

Am Federsee wurde um 1500 v. Chr. erneut ein Dorf errichtet, das noch etwas größer als die frühbronzezeitliche »Siedlung Forschner«[17] war (s. S. 67). Doch spätestens um 1450 v. Chr. mußte das durch einen Palisadenring befestigte Dorf wegen einer Überschwemmung schon wieder aufgegeben werden.

Den letzten Bewohnern der »Siedlung Forschner« könnte bereits das Bau- und Brennholz knapp geworden sein, weil sie den umliegenden Laubwald aus Buchen, Eschen und Eichen unterschiedlichen Alters willkürlich abholzten. Allein auf der ausgegrabenen Fläche der Siedlung wurden 5035 Pfosten und 2772 Hölzer gefunden. Zur jüngsten Siedlung am Übergang zur Mittelbronzezeit führte von Südosten ein etwa 60 Meter langer hölzerner Bohlenweg. In diesem Dorf stand eine unbekannte Zahl von Blockhäusern.

Nach den Siedlungsresten auf süddeutschen Bergen zu urteilen, existierten zur Zeit der Hügelgräber-Kultur zahlreiche Höhensiedlungen. Teilweise wirkten diese aufgrund steiler Felswände in ihrer Umgebung wie natürliche Bergfestungen, in anderen Fällen wurden zusätzlich mächtige Erdwälle oder Steinmauern errichtet, wodurch regelrechte »Burgen« entstanden. So war es schon vorher in der Frühbronzezeit gewesen.

Unbefestigte Höhensiedlungen der Hügelgräber-Kultur waren in Bayern auf dem Frauenberg bei Weltenburg[18] (Kreis Kelheim), dem Schloßberg von Kallmünz[19] (Kreis Schwandorf), dem Schlüpfelberg bei Sulzbürg[20] (Kreis Neumarkt), der Gelben Bürg bei Dittenheim[21] (Kreis Weißenburg-Gunzenhausen) und dem Hesselberg bei Wassertrüdingen[22] (Kreis Ansbach) zu finden.

Zu den mittelbronzezeitlichen »Burgen« in Baden-Württemberg gehören die Heuneburg bei Hundersingen an der Donau[23] (Kreis Sigmaringen) und der Runde Berg bei Urach[24] (Kreis Reutlingen). In Bayern sind gut geschützte Höhensiedlungen im »Rauhen Forst« bei Bergheim[25] (Kreis Augsburg), auf dem Stätteberg bei Unterhausen[26] (Kreis Neuburg-Schrobenhausen), der Großen Birg bei Kochel[27] (Kreis Bad Tölz-Wolfratshausen) und dem Bogenberg bei Bogen[28] (Kreis Straubing-Bogen) bekannt.

Eine besonders wehrhafte Anlage in Süddeutschland ist die Heuneburg bei Hundersingen. Der Bergsporn, der während der Hügelgräber-Kultur erstmals besiedelt wurde, fällt auf drei Seiten steil zur Donau ab. Das etwa 275 mal 175 Meter große Plateau wurde an der Kante des Berges mit einer 2,50 bis 3,20 Meter breiten Mauer abgesichert. Diese bestand aus einem in Block-

bautechnik gezimmerten Kastenwerk mit Erdfüllung. An der Nordspitze setzten die Erbauer der Befestigung zusätzlich einen sechs Meter tiefen und 14 Meter breiten Graben vor die Mauer. Im Südwesten schüttete man auf einer Länge von 110 Metern einen 3,60 Meter hohen, an der Basis bis zu 20 Meter breiten Wall auf, dessen Krone zwei knapp drei Meter breite Kastenmauern bildeten. Im Inneren der Befestigung wurden Reste von Pfostenhäusern mit Herden sowie ein sieben Meter breiter und vier Meter tiefer Graben entdeckt, der das Plateau quer durchzog. Vor wem sich die Bewohner dieser imposanten mittelbronzezeitlichen Burg fürchteten, weiß man nicht.

Von steilen Hängen gesäumt war auch die mit mehreren Wällen umgebene Befestigung auf der Großen Birg bei Kochel in Bayern. Sie thronte auf der in den Kochelsee hineinragenden Felskuppe.

In höhlenreichen Gegenden wurden die natürlichen Refugien vorübergehend von umherziehenden Hirten aufgesucht. Als Unterschlupf dienten unter anderen die Burghöhle bei Dietfurt und die Göpfelsteinhöhle bei Veringenstadt (beide Kreis Sigmaringen), die Höhle Lautereck bei Lautrach und die Bärenhöhle bei Erpfingen (beide Alb-Donau-Kreis), eine mittlerweile zerstörte Höhle bei Gächingen (Kreis Reutlingen) und die Kühlstellenhöhle bei Winterlingen (Zollernalbkreis).

Lange galten die Hügelgräber-Leute als Bauern, die sich vorwiegend als Viehzüchter betätigten. Der Prähistoriker Friedrich Holste meinte, die Funde der Hügelgräber-Kultur hätten sich auf Gebiete konzentriert, die sich wenig für Ackerbau eigneten. Doch dieser Irrtum wurde allmählich aufgrund neuer Entdeckungen und Beobachtungen korrigiert. Außerdem hatte es geheißen, die Hügelgräber seien häufig aus Plaggen von Heideflächen errichtet worden, die nur bei intensiver Weidewirtschaft entstehen können.

Becher mit engmaschigem Stempeldekor aus der Zeit der Hügelgräber-Kultur (etwa 1600 bis 1300/1200 v. Chr.) von Marnbach (Kreis Weilheim-Schongau) in Bayern. Höhe 14,8 Zentimeter. Original in der Prähistorischen Staatssammlung, München.

Funde von Getreidekörnern und deren Abdrücke auf Tongefäßen, Pollenanalysen, bronzene Sicheln und Mahlsteine belegen heute eindeutig auch Ackerbau. So sind Getreidekörner aus Butzbach (Wetteraukreis) in Hessen Indizien für den Anbau von Einkorn *(Triticum monococcum)* und Dinkel *(Triticum dicoccon)* und der Abdruck eines Getreidekorns der Beweis für die Kultivierung von Zwergweizen *(Triticum aestivum ssp. compactum)*. Auf Getreideanbau in Nähe der Siedlung von Frankfurt/Main-Schwanheim (Riedwiesen) deuten Abdrücke von Getreidekörnern auf Tongefäßen, Mahlsteine und die Ergebnisse der Pollenanalyse hin.

Zur Getreideernte wurden Sicheln aus Bronze verwendet. Mit den Metallsicheln ließen sich die Ähren schneller und müheloser als mit den zuvor üblichen Steinsicheln abschneiden. Experimente ergaben eine Leistungssteigerung von etwa 40 Prozent. Bronzene Sicheln waren bei den damaligen Ackerbauern sehr begehrt. Allein zu einem Depotfund von Penkhof[29] (Kreis Amberg-Sulzbach) in Bayern gehören 159 bronzene Sicheln beziehungsweise deren Fragmente.

Tierknochenreste in den Siedlungen von Gauting (Kreis Starnberg), Straßkirchen (Kreis Straubing-Bogen) und Frankfurt/Main-Schwanheim (Riedwiesen) belegen die Haltung von Rindern, Schweinen, Schafen und Ziegen. Die Tierknochen aus Gauting mit Feuerspuren und die von Straßkirchen gelten als Mahlzeitreste. In Straßkirchen hat man sogar Hundefleisch gegessen. Reste von zwei Hunden kamen im Brunnenschacht bei Vorra (Kreis Nürnberger Land) zusammen mit Schaf- und Ziegenknochen zum Vorschein. In Südthüringen züchtete man vor allem Schafe, deren Fell eine vorzügliche Wolle ergab.

Auch die als Wegzehrung für die Toten gedachten Speisebeigaben in Gräbern lieferten Hinweise auf die Viehzucht. So barg man in Gräbern von Nersingen (Kreis Neu-Ulm) Schaf- oder Ziegen- sowie Rinderknochen. In Gräbern von Deggendorf-Fischerndorf (Kreis Deggendorf) stieß man auf verbrannte Reste vom Rind, Schwein und Hund. Daß Hunde damals nicht selten waren, verraten durchbohrte Eckzähne als Anhänger von Halsketten in Gräbern von Wilsingen (Baden-Württemberg), Nersingen, Tremmersdorf (Bayern) und Mutterstadt (Rheinland-Pfalz).

In einem Grab von Appenstetten bei Schwimmbach (Kreis Roth) in Bayern lag neben mehreren Rinderzähnen auch der Oberkieferzahn eines jüngeren Pferdes. Reste von Pferden aus der Zeit der Hügelgräber-Kultur sind bisher sehr selten entdeckt worden.

Der Fischfang wird unter anderem durch Fischreste in der Höhle Lautereck bei Lautrach (Alb-Donau-Kreis) und durch einen durchlochten Fischwirbel am Fundort Schwaigersche Kiesgrube in Straubing dokumentiert. Bei Lautrach hatte vielleicht ein kleiner Fischer- und Jägerposten bestanden. In Gräbern von Pörndorf (Kreis Landshut) und Unterbrunnham bei Tacherting (Kreis Traunstein) fand man jeweils einen bronzenen Angelhaken.

Auf gelegentliche Jagd deuten durchbohrte Bären- und Eberzähne aus Gräbern hin, die als Anhänger für Halsketten bestimmt waren. In einer der Höhlen des Kyffhäusers (Kyffhäuser-Kreis) in Thüringen wurden drei Hasenknochen geborgen, die vielleicht von einem Opferfest stammen, bei dem es Hasenbraten gab.

Die Gegend bei Schwarza (Kreis Schmalkalden-Meiningen) in Thüringen war damals von Mischwäldern bedeckt, in denen neben Eichen *(Quercus)* auch Linden *(Tilia)* und Haselnußsträucher *(Corylus)* vorherrschten. Außerdem bestimmten Buchen *(Fagus)*, Erlen *(Alnus)*, Birken *(Betula)*, Eschen *(Fraxinus)*, Tannen *(Abies)* und Kiefern *(Pinus)* das Landschaftsbild. Dagegen fehlten offenbar die dort heute überwiegenden Fichten *(Picea)*.

Zum Backen von fladenartigem Brot diente eine quadratische tönerne Herdplatte aus Rückersdorf[30] (Kreis Nürnberger Land). Sie hat einen Durchmesser von etwa 60 Zentimetern und ist ein bis drei Zentimeter dick. Die Platte wurde in feuchtem Zustand über einer mit Steinen umstellten rechteckigen Grube angebracht und von Brettern gestützt, bis sich der Ton durch Trocknen oder Feuer verfestigt hatte. Die Bretter haben an der Unterseite der Herdplatte Rillen hinterlassen. Auf der Oberseite sind Stärkereste enthalten, die von Emmer stammen sollen. Als Brennstoff wurde Eichen- und Tannenholz verwendet.

Als Belag auf fladenartigem Brot aß man vielleicht Käse aus Rinder-, Schaf- oder Ziegenmilch. Diese Vermutung basiert darauf, daß in manchen Siedlungen tönerne Scherben von Siebgefäßen gefunden wurden.

Die Hügelgräber-Leute haben möglicherweise schon Hanf *(Cannabis sativa)* oder Schlafmohn *(Papaver somniferum)* in Pfeifen mit tönernem Kopf und hölzernem Saugrohr geraucht. Darauf deutet ein Fund von 1993 aus Bad Abbach-Heidfeld (Kreis Kelheim) in Bayern hin, den der Prähistoriker Michael M. Rind aus Kelheim als Tonpfeifenkopf betrachtet. Dieser ist fast vier Zentimeter hoch und hat einen Durchmesser von 4,5 Zentimetern. Vom schräg nach unten verlaufenden Saugrohr mit einem Innendurchmesser von zwei Millimetern sind nur noch 1,5 Zentimeter erhalten. Am Fundort des mutmaßlichen Pfeifenkopfes kam auch das eventuelle »Feuerzeug« zum Vorschein, nämlich ein Schlagstein aus Feuerstein mit zahlreichen Benutzungsspuren. Sollte sich diese Annahme bewahrheiten, wäre es die älteste Pfeife der Welt.

Unter den Keramiken der Hügelgräber-Kultur gab es Schüsseln, Schalen, Teller, Krüge, Tassen, große eimerartige Gefäße, Siebgefäße und Tonlöffel. Ein Tonlöffel wurde in Nabburg (Kreis Schwandorf) zutage gefördert. Die Prähistoriker unterscheiden zwischen Feinkeramik, mittelfeiner Ware und Grobkeramik (Wirtschaftsware).

Kerbschnittasse der mittelbronzezeitlichen Hügelgräber-Kultur (etwa 1600 bis 1300/1200 v. Chr.) aus Mülheim-Kärlich (Kreis Mayen-Koblenz) in Rheinland-Pfalz. Original im Landesamt für Denkmalpflege Rheinland-Pfalz, Amt Koblenz.

Bronzenes Rahmengriffmesser aus dem Taxölderner Forst (Kreis Schwandorf) in Bayern. Länge 25,5 Zentimeter. Original im Schwarzachtaler Heimatmuseum, Neunburg vorm Wald, Kopie im Römisch-Germanischen Zentralmuseum, Mainz.

Die zur Feinkeramik gehörenden Krüge und Tassen sind dünnwandig, gut geglättet, poliert, mit bandförmigen Henkeln versehen und reich dekoriert. Man hat die Verzierungen meistens vor dem Brennen im Töpferofen eingeritzt, aber auch eingeschnitten (Kerbschnitt) und – deutlich seltener – eingestempelt. Als Ornamente dienten waagrecht umlaufende Bänder mit Rillen, Leiterband, Schrägstichgruppen, Kornstich, Punktstich und Kreisaugen. Sie sind häufig mit weißer Paste gefüllt, wie sich unter anderem an einer Scherbe aus Zangenstein bei Schwarzhofen (Kreis Schwandorf) in Bayern feststellen ließ.

Die mittelfeine Ware – vor allem Schalen und Teller – besitzt stärkere Wände als die Feinkeramik und verdickte Ränder. Auf ihr wurden in Ritz- und Stempeltechnik flächendeckende Muster angebracht. Eine beliebte Verzierung in Ritztechnik war das Besenstrichmuster. Außerdem wurden diese Tongefäße mit Fingertupfeneindrücken sowie halb- und vollplastischen Tupfen- und Kerbleisten verschönert.

In den Siedlungen überwog die meistens dickwandige Grobkeramik (eimerartige Großgefäße), die man aus grob gemagertem Ton modellierte. Die Magerung in Form kleiner Steinchen, die man dem Ton beimengte, bewahrte diese Gefäße beim Trocknen vor Rissen. Die Grobkeramik wurde häufig im unteren Teil mit Schlick beworfen und nur in der Halszone geglättet. Als Verzierungen hierauf gab es aufgeklebte waagrechte Fingertupfenleisten.

Daß auch aus Holz geschnitzte Gefäße angefertigt wurden, verrät ein Fund aus einem Grab bei Schwarza (Kreis Schmalkalden-Meiningen) in Thüringen. Es ist ein aus Eschenholz hergestellter Teller.

Zur Zeit der Hügelgräber-Kultur erreichte die Bronzeverarbeitung ihren Höhepunkt. Sie löste die bis dahin vielerorts noch bestehende Kupferverarbeitung ab. Die damaligen Metallhandwerker beherrschten den Bronzeguß in ein- oder mehrteiliger sowie in »verlorener Form«, bei der jedesmal eine neue Form angefertigt werden mußte. Infolge von Experimenten entstanden neue Werkzeuge, Waffen und Schmuckstücke. Zu diesen Neuerungen gehörten bronzene Sicheln und Schwerter.

Die Bronzeerzeugnisse wurden durch Händler weit verbreitet. Der Fernhandel dürfte von Häuptlingen und »Fürsten« kontrolliert worden sein, die auf diese Weise beträchtlichen Reichtum anhäuften. Das neue Metall Bronze spielte im Leben der Hügelgräber-Leute eine wichtige Rolle als »Geld«, Tauschware, Statussymbol, Trachtzubehör, Schmuck und bei den Waffen.

Bronzegießer erfreuten sich wahrscheinlich großer Wertschätzung. Manchmal wurden sie sogar mit einem Teil ihrer Ausrüstung beerdigt. So befanden sich im Grab eines Bronzegießers von Sachsenburg[31] (Kyffhäuser-Kreis) in Thüringen etwa 300 kleine, drei bis vier Zentimeter lange Tondüsen. Dabei handelte es sich um Endstücke von hölzernen Blasrohren, die vermutlich zum Anblasen von Schmelz- oder Gußtiegeln dienten. Was die damaligen Bronzegießer erzeugten, führen vor allem umfangreiche Depotfunde mit Metallobjekten vor Augen, die von den Prähistorikern unterschiedlich gedeutet werden. Solche Depots mit bronzenen Werkzeugen, Waffen und Schmuck gelten als Altmetallsammlung, Verstecke von Bronzegießern und Händlern oder als Opfergaben für Götter. Zu den größten Depots der Hügelgräber-Kultur gehören die Funde von Ackenbach, Bühl und Penkhof in Süddeutschland.

Das auf einem Acker in Nähe des Ackenbachhofes bei Homberg[32] (Bodenseekreis) in Baden-Württemberg entdeckte Depot befand sich in einem Tongefäß. Dieses enthielt – komplett oder fragmentarisch erhalten – 13 bronzene Sicheln, neun Beile, sieben Lanzenspitzen, zwei Dolche, ein Schwertfragment, zwei Blechfragmente von einem »Diadem«, vier Stachelscheiben, zwei Armbänder, ein oder zwei Beinbergen (Knöchelbänder) aus Blech, verschiedene Draht- und Blechstücke und 14 Gußklumpen. Über die Stückzahlen werden unterschiedliche Angaben gemacht. Das Gesamtgewicht des Depots beträgt 5,766 Kilogramm.

Auch das in einer Kiesgrube von Bühl[33] (Kreis Donau-Ries) in Bayern geborgene Depot wurde in einem Tongefäß (Krug) aufbewahrt. Dazu gehören – in unterschiedlicher Erhaltung – neun bronzene Randleistenbeile, 17 Sicheln, fünf Lanzenspitzen, eine Pfeilspitze, ein Dolch, eine Schwertspitze, vier Blechbänder von einem »Diadem«, eine Stachelscheibe, eine Nadel mit durchlochtem Kopf, zwei Armspiralen, drei Blechstücke, 238 Blechtutuli und 44 Gußklumpen. Diese Fundstücke wiegen insgesamt 6,196 Kilogramm.

Dagegen ruhte das am Hang des Wendelinsberges von Penkhof[34] (Kreis Amberg-Sulzbach) in Bayern zum Vorschein gekommene Depot etwa einen halben Meter tief im Boden unter einer Kalksteinplatte. Es handelte sich um 159 Sicheln, eine verbogene Schwertklinge, zwei Beile, neun Beilfragmente, eine Lanzenspitze, Reste von Armschmuck und Nadeln sowie 21 Gußklumpen.

Da zu diesen süddeutschen Metalldepots neben vollständigen

Bronzeerzeugnissen auch fragmentarisch erhaltene Objekte sowie Gußklumpen gehörten, könnte es sich hier jeweils um von Bronzegießern oder Händlern zusammengetragene Altmetallsammlungen gehandelt haben, die eingeschmolzen werden sollten. Auf diese Weise hätte man Rohstoff für neue Bronzewaren gewinnen können, ohne frisches Kupfer und Zinn beschaffen zu müssen.

Unter den bronzenen Werkzeugen überwogen die für die Getreideernte – und vielleicht für das Schneiden von Gras – bestimmten Sicheln. Möglicherweise dienten schwere Beile nicht als Waffen, sondern als Werkzeuge. Ebenso dürften viele Dolche eher als zweischneidige Messer genutzt worden sein. Seltenheiten waren bronzene Sägen wie das 12,9 Zentimeter lange Exemplar von Onstmettingen bei Albstadt (Zollernalbkreis). Neben metallenen Werkzeugen waren Feuersteinklingen und -messer, Wetzsteine, Knochenpfrieme und Hacken aus Hirschgeweih in Gebrauch.

Die Krieger der Hügelgräber-Kultur trugen mit Vorliebe metallene Waffen. Es gab bronzene Schwerter, die erstmals ab dieser Zeit in Süddeutschland nachweisbar sind, sowie bronzene Dolche, Randleistenbeile, Absatzbeile, frühe Lappenbeile, Lanzen- und Pfeilspitzen. Eine weitere Neuheit waren Holzschilde als Schutzwaffen. Der bereits erwähnte »Fürst« von Hagenau in Bayern wurde schwer bewaffnet mit Pfeil und Bogen, bronzenem Langschwert, Kurzschwert, Beil und Dolch ins Grab gelegt. Vielleicht sollte er sogar im Jenseits für den Kampf gerüstet sein. Viele Schwerter aus jener Zeit hat man unbeschädigt in Männergräbern, Depots oder in Mooren, Quellen, Teichen, Seen und Flüssen entdeckt. Die Funde in Gewässern waren wohl als Opfergaben für Götter gedacht, was auch bei einem Teil der Metalldepots der Fall gewesen sein dürfte.

Bei den Schwertern der Hügelgräber-Kultur gab es Typen, die überregional von Ungarn bis Skandinavien die gleiche Form aufwiesen. Sie waren teilweise mit Griffen aus Holz oder Knochen versehen und werden als Griffplatten-, Griffzungen- und Griffangelschwerter bezeichnet.

Andere Schwerter dagegen besaßen einen bronzenen Griff und werden daher Vollgriffschwerter genannt. Diese Waffen steckten in hölzernen Scheiden, die – wie Funde der Stader Gruppe (s. S. 196) aus Niedersachsen belegen – mit Leder gefüttert waren. Die Klinge und der Griff eines Vollgriffschwertes wurden getrennt hergestellt und am Heft miteinander verbunden. Über dem Heft der Klinge brachte man eine etwa faustgroße Griffstange an, die von einer Knaufplatte abgeschlossen wurde. Die älteren Vollgriffschwerter wurden nach dem Gußvorgang verziert, bei den jüngeren goß man die Verzierungen mit.

Als charakteristische Schwerter der Hügelgräber-Kultur gelten die Griffplattenschwerter und die Vollgriffschwerter vom Typ Spatzenhausen und die ebenfalls zu den Vollgriffschwertern gehörenden Achtkantschwerter.

Die Spatzenhausener Schwerter wurden nach dem Fundort Spatzenhausen (Kreis Weilheim-Schongau) in Bayern benannt. Typisch für sie sind vier trapezförmig angeordnete, verzierte Nieten und eingepunzte Bogenreihen auf dem Griff- und der Knaufplatte. Die Herstellung der Schwerter vom Typ Spatzenhausen erfolgte in der frühen Stufe der Hügelgräber-Kultur (Bronzezeit B2).

Dagegen kamen die Achtkantschwerter erst in der späten Stufe der Hügelgräber-Kultur (Bronzezeit C) auf. Sie haben einen Griff mit achtkantigem Querschnitt und eine elliptische Knaufplatte.

Verzierte Schwertgriffe aus Spatzenhausen (Kreis Weilheim-Schongau) und Kirchbichl (Kreis Bad Tölz-Wolfratshausen) in Bayern. Länge des rechten Fragments 14,5 Zentimeter. Originale in der Prähistorischen Staatssammlung, München.

In der Stufe Bronzezeit C wurden in Südwestdeutschland und in der Nordschweiz auch bronzene Dolche mit metallenen Vollgriffen angefertigt. Am Fundort Forsthaus Bayerseich bei Darmstadt-Arheiligen in Hessen sowie bei Dietzhausen und bei Schwarza unweit von Suhl in Thüringen hat man Reste hölzerner Dolchscheiden entdeckt.

Die bronzenen Beilklingen können in Absatz-, Randleisten- und frühe Lappenbeile unterteilt werden. Sie dienten allesamt als Werkzeuge und Hiebwaffen. Die Männer der Fulda-Gruppe waren überwiegend mit Randleistenbeilen bewaffnet, die der Rhein-Main-Gruppe dagegen mit Absatzbeilen. Zum Depot von Tünsdorf[35] (Kreis Merzig-Wadern) im Saarland gehörten 14 Absatzbeile, zum erwähnten Depot von Bühl in Bayern unter anderem neun Randleistenbeile.

Die bronzenen Lanzenspitzen waren am unteren Ende mit einer Tülle zur Aufnahme des langen Holzschaftes versehen. Lanzenspitzen wurden seltener gefunden als Bronzeschwerter.

Bei den bronzenen Pfeilspitzen lassen sich zwei Formen unterscheiden: nämlich Tüllenpfeilspitzen mit Widerhaken und Dornpfeilspitzen mit einfachem Schäftungsdorn. Die metallenen Pfeilspitzen vermochten die bis dahin üblichen Pfeilspitzen aus Feuerstein aber nicht völlig als Waffen für die Jagd und den Kampf zu verdrängen.

Ein seltener Fund aus einem Hügelgrab von Mehrstetten[36] (Kreis Reutlingen) in Baden-Württemberg belegt, daß die Hügelgräber-Leute sich vermutlich bereits mit Holzschilden vor Angreifern schützten. Anlaß zu dieser Annahme sind insgesamt 13 kleine Ziernägel von 1,7 Zentimeter Durchmesser und fünf

Zierscheiben von 3,3 Zentimeter Durchmesser mit rückwärtigem Dorn, die auf einem 80 Zentimeter großen Holzschild gesessen haben sollen. Auch 15 Besatznägel aus Singenbach-Weilerau[37] (Kreis Neuburg-Schrobenhausen) in Bayern könnten Bestandteile eines Holzschildes gewesen sein.

Außer Bronze haben die Metallhandwerker der Hügelgräber-Kultur auch Gold verarbeitet. Das für Schmuckstücke verwendete Edelmetall ist stark silberhaltig und häufig messinggelb. Man hat das Gold in kaltem Zustand gehämmert und gebogen. Goldene Schmuckstücke sind vor allem aus Gräbern geborgen worden.

Die Bewohner der erwähnten mittelbronzezeitlichen »Siedlung Forschner« bei Bad Buchau am Federsee haben Einbäume als Wasserfahrzeuge verwendet. Zwei in der Umgebung ihres Dorfes gefundene Einbäume sind von ihnen benutzt worden.

Im Agathazeller Moor östlich von Immenstadt[38] (Kreis Ostallgäu) in Bayern zeugt ein mehr als 400 Meter langer Knüppeldamm vom damaligen Wegebau. Auf jeweils fünf Längsbalken von fünf bis 16 Zentimeter Durchmesser lagen dicht beieinander Querbalken von 3,20 Meter Länge und meistens von weniger als 20 Zentimeter Dicke. Darüber befand sich eine zweite Lage von Stämmen der gleichen Länge und Dicke mit starken Abnutzungsspuren. Die Längsbalken stammten von Fichten und Erlen, die Querbalken von Kiefern und Erlen. Nach Altersdatierungen mit der C14-Methode in Heidelberg ist das Bauholz um 1360 v. Chr. geschlagen worden.

Bei Ergolding[39] (Kreis Landshut) in Bayern kam zusammen mit Keramikresten eine knöcherne Trense mit zahlreichen Durchbohrungen, die zu einem Pferdegeschirr gehörte, zum Vorschein. Nach der Form und Verzierung der Tongefäße von dort zu schließen, dürfte die Trense um 1400 v. Chr. angefertigt worden sein. Sie ähnelt einem Fund aus Füzesabony in Ungarn aus der Zeit um 1500 v. Chr. Manche Prähistoriker betrachten das Ergoldinger Exemplar als Beweis für das Reitvermögen der Hügelgräber-Leute.

Eine tönerne Amphore mit zwei Henkeln vom slowakischen Fundort Vel'ke Raškovce aus einem Brandgrab der Pilinyer Kultur[40] verrät, daß in der Mittelbronzezeit bereits Pferde vor Wagen gespannt wurden. Auf dem Tongefäß sind vier symmetrisch verteilte, schematisch dargestellte zweirädrige Wagen mit vierspeichigen Rädern zu sehen, die jeweils von zwei Pferden gezogen werden. Hinter jedem Gefährt steht eine menschliche Gestalt.

Die Hügelgräber-Leute haben mit Angehörigen vieler gleichzeitiger Kulturen rege Tauschgeschäfte betrieben. So importierten sie beispielsweise bronzene Beilklingen, Bernstein von der Ostsee und Gold aus Siebenbürgen. Nach Berechnungen des Prähistorikers Albrecht Jockenhövel in Münster/Westfalen betrug die Reichweite der persönlichen Mobilität bis zu etwa 250 Kilometer.

Manche Frauen der Hügelgräber-Kultur trugen bronzene Gewandnadeln von bis zu 60 Zentimeter Länge, bronzene Halskragen und Anhänger, Bernsteinperlen und -schieber, Glasperlen, Radscheiben, Stachelscheiben, Armbergen, Armspiralen, Armringe, Gürtelschmuckstücke, Beinbergen (Knöchelbänder) und Beinspiralen. Merklich weniger Schmuck lag in Männergräbern. Darin fand man bronzene Gewandnadeln von bis zu 52 Zentimeter Länge, Armringe und Gürtelschließen.

Offenbar bevorzugte jede Gruppe der Hügelgräber-Kultur eine bestimmte Schmuckmode. So wurden – nach Funden in Gräbern zu schließen – von den Frauen der Werra-Fulda- und Rhein-Main-Gruppe bronzene Radnadeln bevorzugt. Dagegen schätzten die Frauen der Oberpfälzischen, der Bayerischen und der Württembergischen Gruppe bronzene Scheibenkopfnadeln mit geripptem Schaft. Ähnliche Unterschiede gab es beim weiblichen Hals-, Arm- und Beinschmuck.

In Frauengräbern lagen die Nadeln immer in der Brust- oder Schultergegend der Toten. Bronzene Bein- und Armbergen dagegen befanden sich sowohl an den Waden als auch an den Oberarmen. Als Berge bezeichnet man ein Schmuckstück aus Bronzeblech oder -draht mit einem oder zwei spiralig aufgedrehten Enden. In keinem Frauengrab der Rhein-Main-Gruppe kamen an einer Schnur um den Hals getragene Scheibenanhänger und in der Beckengegend befindliche Brillenspiralen zusammen vor. Nach Ansicht der Prähistorikerin Ulrike Wels-Weyrauch aus Frankfurt/Main deutet dies möglicherweise auf

Bronzene Klinge einer Schaftröhrenaxt karpatenländischer Form aus Stoffersberg (Kreis Landsberg) in Bayern. Länge 13,7 Zentimeter. Original in der Prähistorischen Staatssammlung, München.

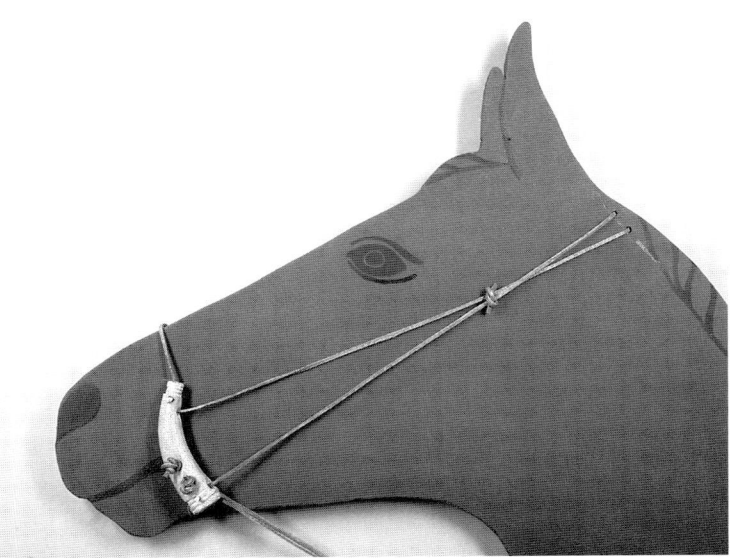

Knöcherne Trense mit zahlreichen Durchbohrungen von einem Pferdegeschirr aus der Gegend bei Ergolding (Kreis Landshut) in Bayern. Länge der Trense 10,4 Zentimeter. Original in der Prähistorischen Staatssammlung, München.

unterschiedliche Schmuckausstattungen für Mädchen, verheiratete Frauen, Witwen, Kinder und Mütter hin.

Zu den Schmuckausstattungen der Frauen im Rhein-Main-Gebiet gehörten bis zu zwei Nadeln (meistens Radnadeln), maximal acht Scheibenanhänger oder bis zu sieben Brillenspiralen, bis zu zwei Armspiralen, maximal vier Armringe, bis zu zwei Beinbergen und bis zu zwei Beinspiralen. Hinzu kamen gelegentlich Spiralröllchen, Bernsteinperlen, Fingerringe, Tutuli (kegelförmige Bronzeblechhütchen) und Zierscheiben.

Im Gebiet der Werra-Fulda-Gruppe erfreuten sich bei den Frauen gerippte Halskragen aus Bronzeblech als beliebtester Halsschmuck. Außerdem waren dort die im Rhein-Main-Gebiet verbreiteten Scheibenanhänger üblich. Scheibenanhänger, Brillenanhänger und Halskragen kamen aber nur ganz selten zusammen in einem Grab vor. Brillennadeln gehörten in Südthüringen zur Kopftracht, in Osthessen dagegen befestigte man damit das Gewand. In Osthessen überwogen Schmuckausstattungen mit einer, in Südthüringen dagegen mit zwei Radnadeln. Die erwähnten Bergen wurden in Osthessen und Thüringen vor allem am Oberarm getragen.

Zu den Schmuckausstattungen der Frauen in Osthessen und Südthüringen zählten ein Halskragen, maximal 14 Scheibenanhänger, bis zu vier Brillenspiralen, bis zu zwei Radnadeln, dazu manchmal eine weitere Nadel (Brillennadel), bis zu zwei Armspiralen, bis zu zwei Armringe, bis zu zwei Armbänder und bis zu zwei Bergen. Auch in Osthessen und Südthüringen trug man gelegentlich Spiralröllchen, Bernsteinperlen, Fingerringe, Tutuli und Zierscheiben.

Als Anhänger von Halsketten dienten durchlochte Fischwirbel, Eber-, Hunde- und Bärenzähne, Bernsteinperlen und -schieber, Glas- und Fayenceperlen, bronzene Pfeilspitzen und Goldblechröhrchen.

Ein durchlochter Fischwirbel wurde in einem Kindergrab der Schwaigerschen Kiesgrube in Straubing gefunden. Durchbohrte Eberzähne kamen in Gräbern der Schwäbischen Alb zum Vorschein. Es handelte sich jeweils nur um einen Zahn, der wohl als Amulett an einer Schnur hing. Ein Hunde- oder Wolfszahn lag in einem Kindergrab von Pörndorf (Kreis Landshut). Durchbohrte Bärenzähne kennt man aus Wilsingen (Kreis Reutlingen) und Ladenburg (Kreis Mannheim).

Wertvollen Bernstein legte man nur Frauen und Kindern ins Grab. So hatte eine Frau von Hundersingen-Weidenhang (Kreis Reutlingen) in Baden-Württemberg, die Schulter an Schulter mit einem Mann bestattet war, eine Kette von sage und schreibe 1000 Bernsteinperlen. Ein etwa fünf Jahre altes Kind in Ebingen bei Albstadt (Zollernalbkreis) war mit einer Halskette geschmückt, die aus 160 kleinen und zwei großen Bernsteinperlen sowie vier Bernsteinschiebern bestand. In einem Grab von Offenbach-Hainbachskopf in Hessen fand man 42 Bernsteinperlen, in einem Grab von Wixhausen (Kreis Darmstadt-Dieburg) etwa drei Dutzend und in einem Grab am Forsthaus Bayerseich bei Darmstadt-Arheiligen 31 Bernsteinperlen.

Kostbare Glasperlen waren ebenfalls nur Frauen vorbehalten. Früher hat man die Glasperlen für Importe aus Ägypten gehalten, heute wird eine Herstellung in Mitteleuropa nicht mehr ausgeschlossen. Die Glasperlen waren meistens blau getönt, seltener grün gefärbt. Blaue Exemplare wurden in Baden-Württemberg, Südbayern und Hessen entdeckt. Von Pörndorf (Kreis Landshut) ist außer einer blauen Glasperle auch eine graublaue Fayenceperle bekannt.

In Mehrstetten (Kreis Reutlingen) wurde sogar eine bronzene Pfeilspitze als Anhänger verwendet. Sie ist 2,2 Zentimeter lang und mit einem ösenartig umgebogenen Dorn versehen. Sie wurde am Hals eines Toten gefunden.

Mitunter prangten an Halsketten neben Bernsteinperlen auch goldene Anhänger. Das war in Nieder-Olm (Kreis Mainz-Bingen)

Bronzene Beinspirale von der Ehrenbürg (auch Walberla genannt) bei Schlaifhausen (Kreis Forchheim) in Bayern. Durchmesser des Schmuckstückes 11,2 Zentimeter. Original im Historischen Museum, Bamberg.

der Fall, wo neben vier Bernsteinperlen auch neun Goldblechröhrchen an einer Kette hingen. In Dormettingen (Zollernalbkreis) kam ebenfalls eine Kombination aus Bernsteinperlen und Goldblechstücken ans Tageslicht.

Die in Osthessen beliebten massiven Halskragen aus Bronzeblech wurden nach Vorbildern der in Niedersachsen heimischen Lüneburger Gruppe angefertigt und mit Rippen verziert. Auf einen derartigen Fund stieß man beispielsweise in einem Hügelgrab von Ringgau-Netra (Werra-Meißner-Kreis) in Osthessen.

Schmuck aus Gold konnte nur in wenigen Gräbern geborgen werden. Aus Gold wurden Lockenspiralen, Gewandnadeln und Fingerringe angefertigt. Ein Toter von Nehren (Kreis Tübingen) hatte außer einem Schwert, Dolch und Beil auch zwei goldene Fingerringe (an jeder Hand einen) und eine 20,3 Zentimeter lange goldbelegte Gewandnadel bei sich. Eine Frau vom selben Fundort trug drei Lockenspiralen aus Golddraht.

Frauengräber von Deggendorf-Fischerdorf in Bayern enthielten neben Bronze- und Keramikbeigaben zwei goldene Noppenringe, eine Goldspirale und Reste einer Goldscheibe. In Gensingen (Kreis Mainz-Bingen) fand man einen Goldarmring mit Petschaftsenden von 7,1 Zentimeter Durchmesser und mit einem Gewicht von 70 Gramm. Aus dem Rhein oder Main in der Gegend von Mainz – der genaue Fundort ist nicht mehr zu eruieren – wurde ein goldenes Armband mit einem Durchmesser von sieben Zentimetern geborgen.

Wie reich manche Mädchen und Frauen geschmückt waren, demonstrieren Bestattungen aus Pflaumheim[41] (Bayern), Hünfeld-Molzbach[42] (Hessen) und bei Schwarza[43] (Thüringen). Aber auch bedeutende männliche Persönlichkeiten wie der »Fürst« von Hagenau in Bayern wurden zusammen mit auffällig viel Schmuck beerdigt.

Allein die Kopfbedeckung der sogenannten »Dame von Pflaumheim« im Kreis Aschaffenburg – also aus dem Gebiet der Rhein-Main-Gruppe – war mit etwa 60 spitzkegeligen, durchlochten Hütchen aus Bronzeblech (Tutuli) besetzt. Zu ihrem Schmuck gehörten außerdem eine Halskette mit 16 Bernsteinperlen, fünf bronzene Brillenspiralen, die wohl ein Kleid zierten, zwei Armspiralen, drei Nadeln (eine davon ist 23 Zentimeter lang) und kleine Spiralröllchen.

Als das ergiebigste Frauengrab in Osthessen gilt das des zwölf- bis vierzehnjährigen Mädchens von Hünfeld-Molzbach (Kreis Fulda). Die junge Frau war nach damaliger Sitte wohl schon heiratsfähig. Sie trug einen bandförmigen Halsring mit Endspiralen, zwei Radnadeln, rechts eine Armberge, einen mit Buckeln verzierten Blechgürtel, Armspiralen und links eine Beinberge. Ihr Kleid wurde unterhalb des Gürtels durch bronzene Blechhütchen geschmückt.

Ebenfalls mit ungewöhnlich viel Schmuck wurde eine Frau bei Schwarza unweit von Suhl in Südthüringen beerdigt. Am Hals trug sie einen massiven bronzenen Halskragen und eine Halskette, an der Spiralröllchen, eine blaue Glasperle, kleine Bernsteinperlen und ein Bernsteinschieber hingen. In Höhe ihrer Schlüsselbeine fand man zwei bronzene Radnadeln. Den rechten Oberarm zierte eine Armberge, während beide Unterarme in je einer Armspirale und einem Armring steckten. Die Armbergen waren mit Schafleder und die Armspiralen mit Hornplättchen gefüttert. Auf der Brust lag ein großes Kollier.

Der »Fürst von Hagenau« (Kreis Regensburg) in der Oberpfalz war mit einer 52 Zentimeter langen bronzenen Prunknadel geschmückt. Diese dürfte zwar unpraktisch gewesen sein, aber

Offenes goldenes Armband mit Mittelgrat und verdickten Rändern aus dem Rhein oder Main bei Mainz oder Wiesbaden. Der Fund wurde im Jahre 1894 vom Museum Wiesbaden erworben. Durchmesser sieben Zentimeter. Original im Museum Wiesbaden.

vermutlich Betrachter enorm beeindruckt haben. Außerdem besaß der »Fürst« zwei Armringpaare und – wie erwähnt – zwei Golddrahtringe sowie ein bronzenes Rasiermesser und bronzene Tätowiernadeln.

Zwei fragmentarisch erhaltene tönerne Tierfiguren aus einer Siedlungsgrube von Frankfurt/Main-Schwanheim sind bisher die einzigen Kunstwerke aus der Zeit der Hügelgräber-Kultur. Eine ist 3,4 Zentimeter lang und 2,1 Zentimeter hoch, die andere 4,9 Zentimeter lang und 3,4 Zentimeter hoch. Der früher in Frankfurt/Main tätige Prähistoriker Albrecht Jockenhövel deutet diese vierfüßigen und geschwänzten Gebilde als Rinder. Solche Schöpfungen wurden von Prähistorikern sehr unterschiedlich als Kinderspielzeug, Amulette, Ersatz für Tieropfer oder sonstige kultische Zwecke interpretiert.

Die Hügelgräber-Leute bestatteten ihre Toten meistens unverbrannt in Rückenlage. Der Verstorbene wurde in einem Baumsarg, auf einem Totenbrett oder in einer aus Brettern gezimmerten Holzkiste beerdigt. Das erste Grab (auch Zentralgrab genannt) hat man in der Mitte des geplanten Grabhügels meistens auf der Erdoberfläche (selten darunter) angelegt. Der Untergrund ist manchmal mit Steinen gepflastert oder mit einem Lehmestrich versehen worden.

Über dem Grab wurde ein nicht sehr hoher Hügel aus Erde, Sand, Rasenplaggen oder Steinen – oder aus einer Kombination dieser Materialien – aufgeschüttet. Später sind auf gleichem Niveau wie das Zentralgrab oder höher im Hügel weitere Tote beigesetzt worden. Dabei wurde der Hügel manchmal durch Anbauten erweitert. Ob die Grabhügel bepflanzt wurden, ist unbekannt.

Es gab aber auch Flachgräber über der Erdoberfläche mit geringer Erdbedeckung und leicht in den Boden eingetiefte Bestattungen ohne Grabhügel und sogar Brandbestattungen. In Frankfurt/Main-Oberrad (Eichlehen) war das Zentralgrab eine Brandbestattung. Gelegentlich krönte eine Stele aus Stein – wie in Kubach-Edelsberg in Hessen – oder vielleicht aus nicht erhalten gebliebenem Holz die Spitze des Hügels.

Bei Ausgrabungen von fünf Grabhügeln nahe Weinbach-Edelsberg[44] (Kreis Limburg-Weilburg) in Hessen wurde festgestellt, daß vier der Hügel von einem Ring aus Holzpfosten umgeben waren. Man hatte die mehr als dreieinhalb Meter langen Pfosten bis zu 60 Zentimeter tief im Erdreich versenkt und in den

Bronzene Schmuckstücke aus einem Frauengrab in der Umgebung von Schwarza (Kreis Schmalkalden-Meiningen) nahe bei Suhl in Thüringen. Originale im Museum für Ur- und Frühgeschichte Thüringens, Weimar.

Hügel eingebaut. Ob die Pfosten über dem Hügel sichtbar waren, entzieht sich unserer Kenntnis. Zum Gräberfeld von Weinberg-Edelsberg gehörten insgesamt elf Hügel, deren größter einen Durchmesser von 22 Metern aufweist.

Von vier in Giershofen[45] (Kreis Neuwied) in Rheinland-Pfalz untersuchten Grabhügeln hatten zwei einen Pfostenring. Ein Grabhügel am Forsthaus Bayerseich[46] bei Darmstadt-Arheiligen in Hessen wurde von zwei Pfostenringen begrenzt, die man zunächst irrtümlicherweise als Grundriß eines Rundhauses deutete. Andernorts – wie in Gießen-Trieb[47] (Hessen) – umrundete ein Kreisgraben den Grabhügel.

Im Gräberfeld von Deggendorf-Fischerdorf[48] in Bayern praktizierte man Brand- und Körperbestattungen, wobei erstere überwogen. In den dortigen Grabhügeln erfolgten drei bis 20 Beisetzungen, die teilweise in den Boden eingetieft waren oder höher im Hügel lagen. Die Brandbestattungen lassen sich in Urnengräber, Brandgrubengräber und beigabenlose Leichenbranddeponierungen unterscheiden.

Die Toten von Deggendorf-Fischerdorf wurden offenbar überwiegend am Ort der Bestattung verbrannt, weil verziegelte und mit Holzkohle durchsetzte Flächen zum Vorschein kamen. Bei den Totenfeiern hat man aus rituellen Gründen mehrere Tongefäße zertrümmert. Auf Fleischbeigaben für das Jenseits deuten verbrannte Reste vom Rind, Eber und Hund hin.

Auch einem Mann, der in Ödenwaldstetten bei Hohenstein (Kreis Reutlingen) beerdigt wurde, legte man Schweinefleisch als Wegzehrung mit ins Grab. Links bei seinen Füßen wurden ein Eberskelett und eine Lanzenspitze entdeckt.

Bedeutende Tote erhielten besonders arbeitsaufwendige und imposante Gräber. Dies war bei dem Paar, das in Hundersingen-Weidenhang (Kreis Reutlingen) Schulter an Schulter bestattet wurde, der Fall. Das Grab der beiden Verstorbenen, bei denen es sich wohl um Eheleute handelte, wurde von einem Steinkreis mit fünf Meter Durchmesser umgeben.

Am Ortsrand von Untermeitingen (Kreis Augsburg) in Bayern kam im April 1989 die aufwendige Grabstätte eines bedeutenden Mannes zum Vorschein. Das Skelett des Toten lag im nördlichen Teil einer 5,80 Meter langen, vier Meter breiten und einen Meter tiefen steinernen Grabkammer. Deren Wände wurden aus Tuffplatten errichtet, der Boden und die Decke bestanden vermutlich aus Holz. Die Grabkammer befand sich inmitten eines Kreisgrabens von 36 Meter Durchmesser. Mit dem Aushub der Grabkammer und des Grabens dürfte ein Hügel über der Grabkammer aufgeschüttet worden sein.

Die Steine der Grabkammer wurden später als Baumaterial ausgebeutet, und das Grab wurde von Grabräubern heimgesucht, die einige Gegenstände übersahen. Von den Beigaben, mit denen man den prominenten Toten für das Jenseits ausgestattet hatte, blieben ein Dolchknauf, ein Dolch, ein Randleistenbeil mit den Resten einer Drahtumwicklung, eine Tätowiernadel, ein Bronzering, zwei gerippte Bronzeringe und die Scherben eines Tongefäßes erhalten.

Der Graben um die Grabkammer war 0,70 bis 1,20 Meter breit, noch maximal 50 Zentimeter tief, hatte im Süden einen Eingang von 1,60 Meter Breite und barg 14 Meter westlich des Eingangs das Brandgrab eines Mannes. Südöstlich des Grabens lagen zwei weitere Gräber. In einem davon befanden sich der Leichenbrand eines Kindes, im anderen die Leichenbrandreste zweier Frauen und eines Kindes. 16 Meter südöstlich des Kreisgrabens stieß man auf eine Grube ohne Funde, die vielleicht mit noch unbekannten Praktiken des Totenkults in Zusammenhang stand.

Ein weiterer Kreisgraben in Untermeitingen besaß einen Durchmesser von 11,60 Metern und hatte noch eine Breite von 30 bis 70 Zentimetern sowie eine Tiefe von vier bis 22 Zentimetern. Die im Süden dieses Grabens freigelegte Unterbrechung war 3,20 Meter breit, wurde aber durch zwei Pfostendreierreihen etwa auf eine Durchgangsbreite von einem Meter eingeengt. Diese Pfostenstellung wird als hölzerner Eingangsbau mit einem Durchgang in Richtung auf das Zentrum des Kreisgrabens gedeutet. Noch vor der Mitte des Kreisgrabens hatte man eine ovale Grube von 1,60 bis zwei Meter Durchmesser ausgehoben, die keine Funde enthielt. 11,50 Meter südlich des Kreisgrabens lag eine weitere Grube ohne Funde.

Mit manchen Toten ging man nicht sehr liebevoll um. So hat man eine in Upflamör bei Zwiefalten (Kreis Reutlingen) bestattete Frau mit einer Beinfessel ins Grab gelegt. Ihre beiden Beinbergen (Knöchelbänder) waren durch eine aus drei Gliedern bestehende Kette miteinander verbunden. Sollte sie etwa am Verlassen des

Im Brunnerschacht bei Vorra (Kreis Nürnberger Land) in Bayern kamen die Skelettreste von mindestens sechs Menschen zum Vorschein, die zur Zeit der Hügelgräber-Kultur erschlagen und vermutlich einer damaligen Gottheit geopfert wurden.

Grabes gehindert werden, weil man die Wiederkehr dieser zu Lebzeiten unbeliebten Person fürchtete? Kurze isolierte Kettenstücke befanden sich an Knöchelbändern von Mehrstetten (Kreis Reutlingen) und Dietersheim (Kreis Freising).

Die Menschen der Hügelgräber-Kultur haben vermutlich die Sonne angebetet, weil diese auf Abbildungen (Felsbilder in verschiedenen Gegenden Europas), Symbolen (Radnadeln) und Kultobjekten (Goldkegel) jener Zeit dargestellt ist.

Auch die Ausrichtung der Toten mit dem Kopf im Westen, den Beinen im Osten und dem Blick nach Osten zur aufgehenden Sonne deutet auf einen Sonnenkult hin. Nach Ansicht mancher Prähistoriker wurde vielleicht die Sonne als höchste Gottheit betrachtet. Zur damaligen Religion gehörten Sach-, Tier- und Menschenopfer, komplizierte Bestattungen und der rätselhafte »goldene Hut« von Etzelsdorf in Bayern.

Nach Erkenntnissen des Prähistorikers Günter Wegner aus Hannover stieg in der Mittelbronzezeit die Zahl der Flußfunde deutlich an. Sie gelangten unabsichtlich durch Überschwemmungen oder Verluste bei Flußüberquerungen beziehungsweise absichtlich als Sühne- und Versöhnungsopfer sowie als Weihe- und Opfergaben ins Wasser.

Zahlreiche Funde von bronzenen Nadeln und Waffen (Beil, Dolch, Schwert) in Flüssen – vor allem im Rhein bei Mainz, aber auch im Main bei Frankfurt – zeugen vermutlich von kultisch motivierten Opfern für Gottheiten. Die Opfer könnten von Reisenden zum Dank für geglückte Flußüberquerungen dargebracht worden sein.

Als Weihegabe für eine Gottheit wurde auch ein Depot von Griesheim[49] (Kreis Darmstadt-Dieburg) mit acht Randleistenbeilen und drei Bruchstücken von solchen nahe des Kinzig-Flusses interpretiert. Vermutlich sind derartige Flußopfer viel häufiger erfolgt, als es die bisherigen Zufallsfunde andeuten.

Ab der späten Hügelgräber-Kultur wurden in Süddeutschland viele Brandopferplätze auf Bergen und anderswo angelegt. Solche Ritualorte kennt man vom Eisenbühl[50] und vom Langakkertal bei Bad Reichenhall, vom Wasserfeldbühel bei Oberaudorf[51], vom Stätteberg bei Unterhausen[52], vom Weiherberg bei Christgarten[53] und vom Rollenberg bei Hoppingen[54]. All diese Fundorte liegen in Bayern.

Bronzene Prunknadel aus dem 14. bis 13. Jahrhundert v. Chr. aus dem Grab des »Fürsten« von Hagenau bei Regenstauf (Kreis Regensburg) in Bayern. Länge 52 Zentimeter. Original im Museum der Stadt Regensburg.

Auf dem Eisenbühl bei Bad Reichenhall (Kreis Berchtesgadener Land) wurde eine Holzkohleschicht von 18 Meter Länge entdeckt. Sie enthielt Knochen zahlreicher Haustiere sowie Reste Hunderter von Gefäßen und einige Bronzeobjekte. Unweit davon lag auf einem Hügel im Langackertal ein anderer Brandopferplatz. Dort sind Tausende von Haustieren, mehr als 700 Tongefäße sowie etliche Bronzegegenstände geopfert worden. Einige Menschenknochen waren ebenfalls unter den Fundstücken.

Als Brandopferplatz diente auch der 15 Meter hohe Hügel Wasserfeldbühel bei Oberaudorf (Kreis Rosenheim). Seine Kuppe war mit einer 40 Zentimeter dicken tiefschwarzen Schicht bedeckt, die kalzinierte Tierknochen und Scherben von Tongefäßen aus der Zeit der Hügelgräber-Kultur enthielt. Tierknochen von Rindern und Schafen sowie einige Zentner Tonscherben wurden außerdem auf dem Stätteberg am Südufer der Donau bei Unterhausen (Kreis Neuburg-Schrobenhausen) in Bayern geborgen. Sowohl die Tierknochen als auch die Tonscherben und etliche Kalksteine tragen Feuerspuren. Sie lagen in einer mit Holzkohle durchsetzten Schicht.

Auf der höchsten Felskuppe des Weiherbergs bei Christgarten unweit von Ederheim (Kreis Donau-Ries) in Bayern lagen sogar zwei Opferplätze von je 2,50 Meter Ausdehnung. Einer davon bestand aus zahlreichen unverbrannten Tierknochen und massenhaft Scherben, der andere aus einer 25 Zentimeter dicken Schicht mit angebrannten Tierknochen von Rindern und Schweinen. An den Resten einiger Tongefäße haftete verkohlter Emmerbrei, der von unblutig durchgeführten Speiseopferungen stammen könnte.

Ein Brandopferplatz im Umfang von vier Metern mit vielen Tierknochen und Tonscherben wurde vom Apotheker und Heimatforscher Ernst Frickhinger (1876–1940) aus Nördlingen auf dem Rollenberg bei Hoppingen (Kreis Donau-Ries) entdeckt. Er erkannte aber nicht, daß es sich um eine Kultstätte handelte. Dies blieb späteren Forschern vorbehalten.

Andere Brandopferplätze waren nicht auf Hügeln, sondern zu ebener Erde angelegt worden. Zu dieser Kategorie gehört der Kultplatz von Icking-Irschenhausen[55] (Kreis Bad Tölz-Wolfratshausen), wo angebrannte Tierknochen und Keramikreste mit Feuerspuren zum Vorschein kamen.

Zum dunkelsten Kapitel der Hügelgräber-Kultur gehören Menschenopfer, die aus rituellen Motiven praktiziert wurden. Die diesbezüglich eindeutigsten Beweise stammen aus dem Brunnerschacht bei Vorra[56] in Bayern und aus den Schachthöhlen im Kyffhäuser bei Bad Frankenhausen[57] in Thüringen. Möglicherweise hat man auch Witwen gezwungen, ihren früher gestorbenen Männern ins Grab zu folgen.

Im Brunnerschacht bei Vorra (Kreis Nürnberger Land) wurden die Skelettreste von mindestens sechs Menschen entdeckt, die zu Ehren einer Gottheit ihr Leben lassen mußten. Dabei handelte es sich um einen mindestens dreißigjährigen Mann sowie um vier Kinder im Alter von sieben bis dreizehn Jahren und um ein Neugeborenes. Daß diese Menschen erschlagen wurden, zeigt der Schädel eines zwölf- bis dreizehnjährigen Kindes am deutlichsten: Er weist einen Lochbruch auf, der von einem Schlag mit einem dumpfen Gegenstand herrührt.

Auf besonders eindrucksvolle Zeugnisse von Menschenopfern aus der späten Hügelgräber-Kultur und der darauffolgenden Spätbronzezeit (s. S. 358) ist der Weimarer Prähistoriker Günter Behm-Blancke (1912–1994) im Kyffhäuser bei Bad Frankenhausen (Kyffhäuser-Kreis) in Thüringen gestoßen. Nach seinen Erkenntnissen wurden auf dem Berg Kultmahlzeiten eingenommen und Menschen geopfert. Die Mahlzeitreste und Teile der Getöteten hat man zusammen mit zertrümmerten Tongefäßen, Kleidungszubehör, Bronzeschmuck, Bernsteinperlen, gerösteten Getreidekörnern und Feuerbränden in eine tiefe Schachthöhle geworfen und die einzelnen Opferschichten mit Steinen bedeckt.

Die auf einigen Schädeln sichtbaren Schlagverletzungen stammen vermutlich von stumpfen Werkzeugen und Beilen. Zu den Werkzeugen gehörten wahrscheinlich auch eine Steinkeule und ein durchbohrter Knochenhammer, die inmitten der Skelettreste lagen. Die aus der Schachthöhle geborgenen Skelette waren mehr oder minder zerstückelt. Schnittspuren an den ersten beiden Halswirbeln deuten darauf hin, daß der Kopf vom Rumpf getrennt wurde. Außer den Menschen wurden noch Rinder, Schweine, Schafe, Ziegen und Hunde getötet.

Mit Menschenopfern werden zudem manche Beisetzungen aus der Zeit der Hügelgräber-Kultur in Zusammenhang gebracht. Dies ist bei einer seltsamen Doppelbestattung von Dietfurt (Kreis Neumarkt) in Bayern der Fall. Dort wurde ein mindestens 50 Jahre alter Mann unverbrannt beerdigt. Neben seinem rechten Oberarm lagen die auf die Erde gestreuten verbrannten Knochen einer 16 bis 20 Jahre alten Person, von welcher der Ausgräber vermutet, sie sei die Witwe des Toten.

Vielleicht hat auch ein in der Flur Scherbes im Fuldaer Land (Hessen) unverbrannt beerdigter 18- bis 20jähriger Mann seinem unter einer Steinpackung bestatteten Herrn ins Grab folgen müssen. Das Skelett des jungen Mannes befand sich in einer Schicht aus Asche und Holzkohle mit zahlreichen Tonscherben sowie Knochen vom Rind und Schwein. Sein vom Hals getrennter Schädel lag mit dem Gesicht nach unten zwischen den unteren Rippen des Brustkorbs.

Warum man im Forst Köschingen bei Kasing (Kreis Eichstätt) und in Staufersbuch (Kreis Neumarkt), beide in Bayern, jeweils einem Toten den Kopf abtrennte und in dessen Schoß legte, darüber läßt sich nur spekulieren. Allzu beliebt scheinen diese Verstorbenen zu Lebzeiten nicht gewesen zu sein.

Mit dem Kult werden von manchen Autoren auch sogenannte tönerne »Brotlaib-Idole« (s. S. 67) in Verbindung gebracht. Solche rätselhaften Fundstücke sind unter anderem aus Niederösterreich, Mitteldeutschland und Oberitalien bekannt. In Bad Nauheim-Steinfurth (Wetteraukreis) in Hessen wurde das Bruchstück eines derartigen »Brotlaib-Idols« entdeckt.

Eine unbekannte Rolle im Sonnenkult der Hügelgräber-Kultur spielte der am 29. April 1835 auf einem Acker gefundene »goldene Hut« von Schifferstadt (Kreis Ludwigshafen) in Rheinland-Pfalz (s. S. 157). Auf ihn war der Tagelöhner Jakob Geimer bei der Arbeit mit einem Spaten gestoßen. Bei der Bergung half ihm der Besitzer des Ackers, der Landwirt und Glaser Joseph Eckrich, der den Fund am 30. April 1835 in Speyer bei der Regierung ablieferte.

Der Goldkegel stand in etwa 60 Zentimeter Tiefe auf gebranntem Lehm mit der Spitze nach oben. An ihm lehnten ringsum drei Beile, von denen lediglich die bronzenen Klingen erhalten blieben.

Der erste, der diesen Prachtfund als Kopfbedeckung deutete, war der »Königlich-Bayerische General-Commissär« des Rheinkreises, Karl von Stengel (1784–1865), der wenige Tage nach der Entdeckung eine Nachuntersuchung am Fundort durch-

DIE HÜGELGRÄBER-KULTUR

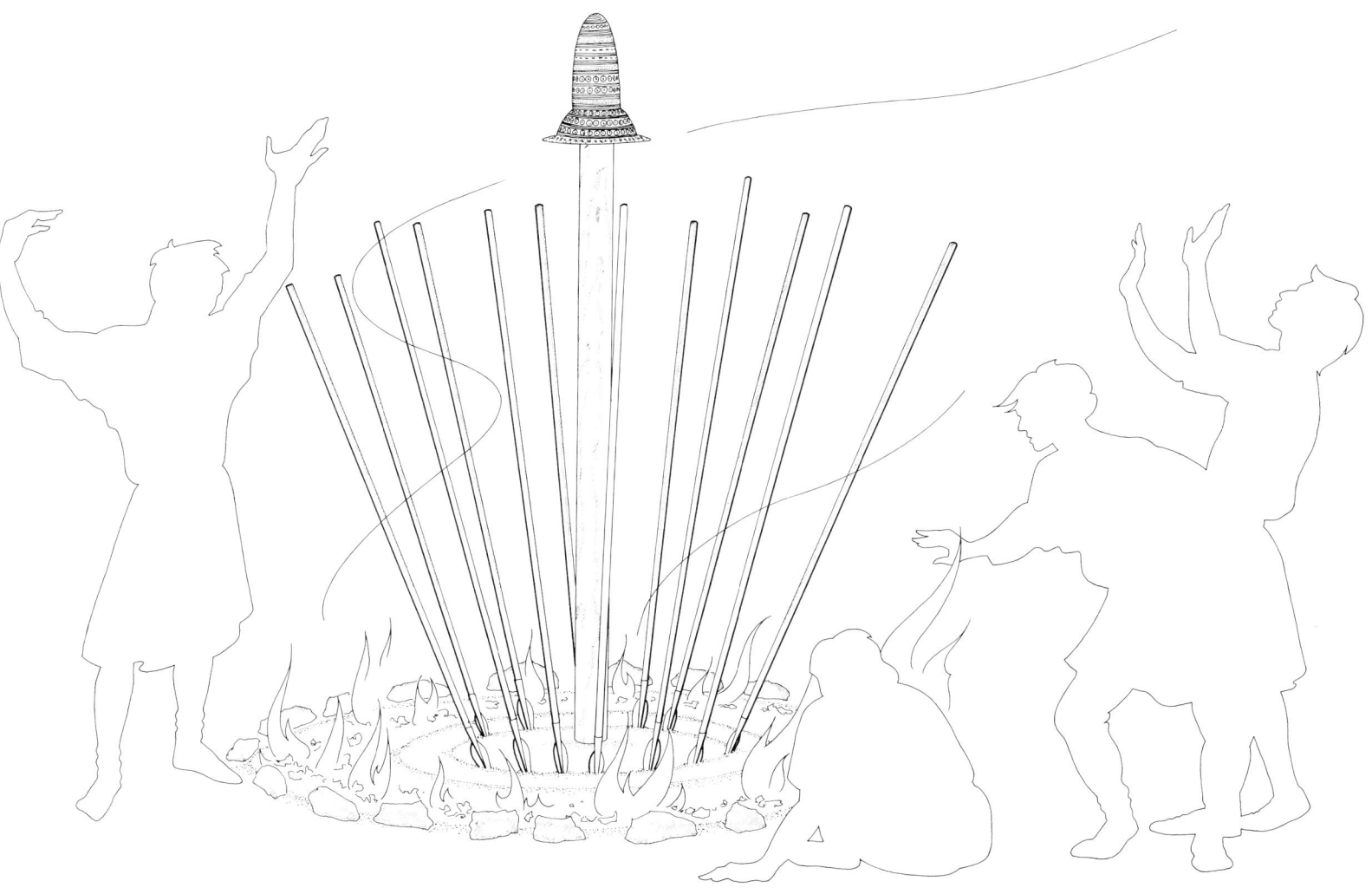

Der einen Pfahl krönende »goldene Hut« von Schifferstadt (Kreis Ludwigshafen) in Rheinland-Pfalz könnte statt tagsüber auch nachts bei einer Zeremonie im Feuerschein und umgeben von Speeren als göttliches Sinnbild verehrt worden sein.

führte. Er betrachtete das Objekt aus Goldblech in seinem anschließenden Bericht vom 6. Mai 1835 an den Staatsminister des Innern als morgenländische Kopfbedeckung und turbanartigen Kopfputz.

Dieser Interpretation widersprach 1858 der Mainzer Altertumsforscher Ludwig Lindenschmit der Ältere (1809–1893, s. S. 28) in der Publikation »*Alterthümer unserer heidnischen Vorzeit*«. Nach seinem Dafürhalten konnte es sich wegen der engen Öffnung und der Form des unteren Randes um keine Kopfbedeckung handeln. Ungeachtet dieser Zweifel behauptete sich die Auffassung, der Fund sei ein »goldener Hut«, bis in die Jahre vor Ausbruch des Ersten Weltkriegs.

Nach der 1977 vorgetragenen Hypothese des damals in Mainz tätigen Prähistorikers Peter Schauer sind die Goldblechkegel in Europa aus vorderasiatischem Religions- und Symbolgut abgeleitet. Dieses habe vom hethitischen Kleinasien aus über den unteren Donauraum auf Zentral-, West- und Nordeuropa eingewirkt. Hethitischen Vorstellungen zufolge war der Kegel nicht nur Symbol oder Attribut der Gottheit, sondern stellte diese als abstraktes Bild auch selbst dar.

Der Prähistoriker Lothar Sperber vom Historischen Museum der Pfalz in Speyer, wo der Schifferstadter Goldkegel aufbewahrt wird, deutete diesen 1983 als Bekrönung oder Umkleidung eines hölzernen Menhirs oder Kultbilds, vor dem Rituale abgehalten wurden. Dabei könnte der im Sonnenlicht glänzende Goldkegel als göttliches Sinnbild verehrt worden sein.

Das kegelförmige goldene Kultobjekt von Schifferstadt wurde von einem Meister seines Faches geschaffen. Es war ursprünglich 30,6 Zentimeter hoch und wog zur Zeit der Entdeckung 353 Gramm. Heute hat der Goldkegel ein Gewicht von 350,5 Gramm, weil nach der Bergung ein Stück aus der Krempe geschnitten wurde, das verschollen ist. Die Wandstärke des dünnen Goldblechs beträgt 0,25 Millimeter und an der Krempe 0,1 Millimeter. Die Muster der Verzierungen und die plastischen Linienbänder wurden eingepunzt.

Anhand der mitgefundenen Absatzbeilklingen wird der Goldkegel von Schifferstadt in die ausgehende Mittelbronzezeit (Bronzezeit C) und somit in das 14. Jahrhundert v. Chr. datiert. Aufgrund seiner ornamentalen und technologischen Merkmale soll der Goldkegel um 1300 v. Chr. entstanden sein. Es wäre aber auch eine Herstellungszeit während der Übergangsphase von der Mittel- zur Spätbronzezeit (Bronzezeit C/D) denkbar und sogar noch in der Spätbronzezeit (Bronzezeit D).

Der Goldkegel von Schifferstadt hat in Europa nur wenige Gegenstücke aus späteren Abschnitten der Bronzezeit. Es sind dies der Goldkegel von Avanton im Département Vienne in Frankreich und der Goldkegel von Etzelsdorf (Kreis Nürnberger Land, s. S. 333) in Bayern. Die Prähistoriker datieren den Fund von Avanton in die Zeit um 1300/1200 v. Chr. und jenen von Etzelsdorf in die Zeit um 1100/1000 v. Chr. Dabei spiegeln die jüngeren Goldkegel die zunehmende Kunstfertigkeit des Goldschmiedehandwerks wider.

Der Goldbecher von Fritzdorf
Die ältere Bronzezeit in Nordrhein-Westfalen

Weil das Gebiet von Nordrhein-Westfalen nicht zur hauptsächlich in Süddeutschland verbreiteten Hügelgräber-Kultur (s. S. 168) gehörte, ist im Rheinland und in Westfalen eine andere Gliederung der Bronzezeit vorgenommen worden. Dort bezeichnet man den Abschnitt von etwa 1500 bis 1200 v. Chr., der in Süddeutschland Mittelbronzezeit genannt wird, als ältere Bronzezeit.

Diese Phase galt vor allem im Rheinland lange Zeit als fundarm und daher schlecht zu erforschen. Man kannte kaum Siedlungsspuren und auch nur wenige Grab- und Opferfunde. Doch im Laufe der Zeit wandelte sich das Bild. Berücksichtigt man heute alle einzeln geborgenen Objekte dieser Zeit, so ist nach Ansicht des Bonner Prähistorikers Hans-Eckart Joachim weder am Mittel- noch am Niederrhein eine auffallende Fundleere festzustellen. Auch Zweifel darüber, ob auf diese Periode der Begriff Bronzezeit zutrifft, sind inzwischen fehl am Platze. Denn im Rheinland und in Westfalen sind in unterschiedlicher Zahl bronzene Randleistenbeile, Absatzbeile, Lanzenspitzen, Dolche, Schwerter, Armringe und Schmuck gefunden worden. Ein Teil dieser Bronzeerzeugnisse wurde wohl mangels erschlossener Erzvorkommen importiert, andere hat man vermutlich aus eingetauschtem Erz und Altmetall selbst hergestellt.

Die Untersuchungen durch den Hattinger Anthropologen Ulrich Drenhaus an zwei Bestattungen aus einem Grabhügel von Wünnenberg-Haaren (Kreis Paderborn) zeigten, daß damals in Westfalen schon erstaunlich große Männer lebten: Der dort beerdigte, mehr als 40 Jahre alte Mann maß 1,78 Meter, die etwa 20 Jahre alte Frau an seiner Seite war 1,60 Meter groß. Eine mindestens 30 Jahre alte Frau von Paderborn-Neuenbeken dagegen brachte es auf ungefähr 1,65 Meter.

Der Mann von Wünnenberg-Haaren litt an Zahnwurzelabszessen, von denen im Unterkiefer der linke Eckzahn und der rechte erste Backenzahn sowie im Oberkiefer der rechte Eckzahn betroffen gewesen sind. Außerdem war offenbar in beiden Kiefern die Zahnwurzelhaut erkrankt, was bereits zum Ausfall beider Vorbackenzähne im rechten Oberkiefer geführt hatte. Von den 17 noch vorhandenen Zähnen wurde an drei Karies festgestellt. Vermutlich wegen Kalziummangels blieben vor allem die Frontzähne im Ober- und Unterkiefer unterentwickelt.

Die Frau von Wünnenberg-Haaren könnte das Opfer einer Gewalttat geworden sein. Denn eine kreisförmige Verletzung auf ihrem Schädel läßt sich am besten durch einen Hieb mit einem stumpfen Gegenstand erklären. Am übrigen Skelett waren keine Spuren von Hieb- oder Stichverletzungen – aber auch nicht von Krankheiten – zu erkennen. Angesichts des niedrigen Alters der Frau wäre es auch denkbar, daß sie im Kindbett gestorben ist.

Von der damaligen Kleidung blieben nur die bronzenen Nadeln übrig, die einst Gewandteile zusammenhielten. So kennt man aus dem Grab einer vornehmen Frau bei Werther (Kreis Gütersloh) eine 22,8 Zentimeter lange Doppelradnadel, deren radförmiger Kopf einen Durchmesser von 6,3 Zentimetern hat. Mit dieser Nadel wurde der Umhang der Toten geschlossen. Die Dame lag in einem Baumsarg, über dem man einen Grabhügel mit zwölf Meter Durchmesser und schätzungsweise einem Meter Höhe aufschüttete.

Auf einer Anhöhe zwischen zwei Schleifen des Flusses Ems in Telgte-Raestrup[1] (Kreis Warendorf) sind drei Grundrisse aus der älteren Bronzezeit aufgedeckt worden. Zwei dieser Häuser waren rund 30 Meter lang, bis zu fünf Meter breit und dreischiffig. In einem davon befand sich im Ostteil eine Herdstelle und in der südlichen Langseite der beidseits von drei Pfosten flankierte Eingang. Das dritte, merklich kleinere und nur einschiffige Gebäude mit den Maßen vier mal drei Meter dürfte lediglich ein Speicher gewesen sein.

In Telgte-Wöste[2] (Kreis Warendorf) wurde der Grundriß eines 25 Meter langen und sechs Meter breiten vierschiffigen Wohn-Stallhauses freigelegt (s. S. 201) sowie ein Jahr später im anschließenden Gelände sein mutmaßlicher Vorgängerbau. Der Zutritt ins Innere erfolgte durch drei Eingänge – zwei davon lagen sich gegenüber in der Mitte der Längsseiten, einen weiteren gab es im Südostteil. In letzterem befand sich eine Feuer-

Verzierte bronzene Klinge eines Kurzschwertes mit sieben Nieten aus Petershagen-Hävern (Kreis Minden-Lübbecke) in Nordrhein-Westfalen. Gesamtlänge 27,4 Zentimeter. Original im Westfälischen Museum für Archäologie, Münster.

Schwertgriff mit Feuervergoldung aus der Niers bei Grefrath-Oedt (Kreis Viersen) in Nordrhein-Westfalen. Länge des ganzen Schwertes 43,8 Zentimeter, Länge des Heftes 5,2 Zentimeter. Original im Rheinischen Landesmuseum, Bonn.

stelle und somit vermutlich der Wohnbereich. Dort gab es kleine Pfostengruben von quadratischen bis rechteckigen Gerüsten, auf denen man vielleicht Erntevorräte darrte. Flache Pfostenlöcher im anderen Teil des Gebäudes könnten von ehemaligen Viehboxen des Stalles stammen.

Unmittelbar neben dem Wohnstallhaus lag ein kleiner quadratischer Speichergrundriß. Vielleicht zum selben Hofkomplex, zumindest aber in jene Zeit gehörte eine kleine Gebäudegruppe aus einem quadratischen Pfostengrundriß mit einem eingegrabenen Vorratsgefäß in der Mitte und einem neun mal fünf Meter großen zweischiffigen Gebäude, das wahrscheinlich als Wohn- oder Werkstattgebäude diente. Auf Wohnzwecke deuten eine Feuerstelle außen vor der Südostecke sowie benachbarte Abfallgruben mit Keramik, Asche und »Kochsteinen« hin. Letztere hat man im Feuer erhitzt und ins Kochgut geworfen.

Zu dem erwähnten Gehöft in Telgte-Wöste gehörten zwei zirka 35 mal 45 beziehungsweise 50 Meter messende, blockförmige Ackerfluren, die zahlreichen Scherbenfunden zufolge sehr lange bewirtschaftet wurden. Auf Ackerbau deuten auch bronzene Sicheln an mehreren Orten in Nordrhein-Westfalen hin. Nach den Speisebeigaben im Doppelgrab von Wünnenberg-Haaren zu schließen, sind unter anderem Schafe als Haustiere gehalten worden.

Die Tongefäße der älteren Bronzezeit in Nordrhein-Westfalen sind unansehnlich, klein und roh geformt. Der damals in Frankfurt/Main arbeitende Prähistoriker Ernst Sprockhoff (1892 bis 1967) hat hierfür 1941 den Begriff »Kümmerkeramik« geprägt. Es handelt sich um dickwandige Näpfe, Becher und Henkeltassen, die schlecht gebrannt und nur selten mit Ornamenten versehen sind. Die wenigen verzierten Tongefäße wurden mit Eindrücken von Fingernägeln oder Fingertupfen sowie gelegentlich mit einem Bogenstrich- oder Tannenzweigmuster verschönert.

Der Fund eines Holzgefäßes in Hülsten (Kreis Borken) beweist, daß es neben Tongefäßen auch robustere Behältnisse aus anderem Material gab. Das Exemplar von Hülsten wurde aus Eichenholz hergestellt. Holzgefäße kennt man schon aus der jüngeren Steinzeit.

Unter anderem zählten Schlagsteine aus Feuerstein und Schwefelkies, mit denen man Feuer machen konnte, zu den damaligen Werkzeugen. Feuerschlagsteine wurden in Borchen-Etteln (Kreis Paderborn) und Beverungen-Herstelle (Kreis Höxter) gefunden. Daneben gab es aber auch bronzene Werkzeuge wie Meißel oder Beilklingen, die nicht als Waffen geeignet waren. Die bronzenen Waffen – Randleistenbeile, Lanzenspitzen, Schwerter und Dolche – wurden selten in Gräbern gefunden. Statt dessen kamen sie häufig in Gewässern zum Vorschein, wo sie als Opfergaben versenkt worden sind. Daß es sich um solche handelte, schließt man daraus, daß die Gewässerfunde meistens ohne Gebrauchsspuren geborgen wurden.

Aus einem Gewässer stammen zwei Lanzenspitzen von Xanten (Kreis Wesel), wie deren Erhaltungszustand und Farbe verraten. Beide Stücke haben eine Tülle als Vorrichtung für den hölzernen Schaft. Die größere der beiden Xantener Lanzenspitzen ist über der Tüllenöffnung mit zwei feinen Linien verziert. Wegen ihrer kleinen Form, dem schmalen Blatt und der durchgehenden, bis zur Spitze laufenden Tülle werden diese Fundstücke in die ältere Bronzezeit datiert. Lanzenspitzen kennt man auch von Greven und Wadersloh.

Ebenfalls in einem Gewässer, nämlich in der Niers bei Grefrath-Oedt[3] (Kreis Viersen), lag ein Vollgriffschwert, dessen Form und Herstellungstechnik von anderen damaligen Schwertern abweicht. Dieses 43,8 Zentimeter lange Exemplar ist mit einer ungewöhnlichen Feuervergoldung auf dem Griff sowie eingegossenen Goldnieten und -reifen versehen. Sein Griff endet in einer Knaufplatte mit Mittelniet, den ein sechszackiger Stern mit

Verzierter Knauf des Schwertgriffes mit Feuervergoldung aus der Niers bei Grefrath-Oedt (Kreis Viersen) in Nordrhein-Westfalen. Durchmesser der Knaufplatte 3,6 Zentimeter. Original im Rheinischen Landesmuseum, Bonn.

Goldnietenden umgibt. Der Griff ist mit Kreisaugen, Linien, schraffierten Dreiecken und Punzreihen verziert. Die Herkunft der Waffe ist unbekannt.

Ein anderes Vollgriffschwert von Garzweiler (Kreis Neuss) soll aus einem Grab stammen. Obwohl die Spitze und der Knauf fehlen, ist dieser Fund noch 54,5 Zentimeter lang. Vergleichbare Vollgriffschwerter wurden um 1400/1300 v. Chr. in Nord-Seeland (Dänemark) hergestellt, von wo aus das Garzweiler Schwert ins Niederrheingebiet gelangt sein dürfte.

Noch größer ist mit einer Länge von 71 Zentimetern ein Griffzungenschwert aus den Testerbergen bei Bruckhausen (Kreis Wesel). Typisch für eine solche Waffe ist der mitgegossene zungenförmige Fortsatz des Heftes, der den Kern des Griffes bildete und auf beiden Seiten mit Holz, Knochen oder Geweih (Horn) versehen wurde.

Als Kurzschwert wird ein 24,5 Zentimeter langer Dolch aus Nörvenich (Kreis Düren) bezeichnet, dessen Blatt Riefen als Verzierungen aufweist. Solche prunkvollen Stichwaffen hat man vor allem in der Schweiz gefunden. Vielleicht sind der Dolch von Nörvenich und ein ähnlicher Fund aus dem Rhein bei Mainz in der Schweiz hergestellt worden und auf dem Tauschweg ins Rheinland gekommen. Kurzschwerter kennt man auch aus Grabhügeln von Wünnenberg-Leiberg[4] (Kreis Paderborn).

Ähnlichkeit mit Funden aus dem Pariser Becken hat ein 8,6 Zentimeter langer Dolch, der auf einem Acker bei Rheinbach (Rhein-Sieg-Kreis) zum Vorschein kam. Sein letzter Besitzer hatte die Dolchspitze umgebogen und somit diese Waffe unbrauchbar gemacht. Der Dolch trägt auf der rundlichen Griffplatte vier Nietlöcher zur Befestigung eines Griffes aus Holz, Knochen oder Geweih. Die Dolchmitte ist mit parallel verlaufenden Rillen verziert.

Als Importstück, wahrscheinlich aus dem östlichen Mittelmeergebiet, gilt der 1954 beim Anlegen einer Rübenmiete bei Wachtberg-Fritzdorf (Rhein-Sieg-Kreis) entdeckte Goldbecher (s. S. 160). Er hatte in einem Tongefäß gestanden, von dem nur noch wenige Scherben erhalten blieben. Der Fritzdorfer Goldbecher ist 12,1 Zentimeter hoch und hat einen maximalen Durchmesser von 12,2 Zentimetern. Er wiegt 221 Gramm, besitzt einen Henkel, und sein Fassungsvermögen beträgt 1000 Kubikzentimeter. Sein Rand ist mit zwei Reihen von außen eingepunzter Buckel verziert.

Wegen des geringen Zinngehalts könnte der östliche Mittelmeerraum als Ursprungsland für den Fritzdorfer Goldbecher in Frage kommen. Der Fritzdorfer Fund weist eine große Ähnlichkeit mit dem Exemplar von Rillaton in Südengland und jenem von Eschenz (s. S. 161) in der Nordschweiz auf. Auch im Schachtgrab IV von Mykene in Griechenland wurde ein Goldbecher geborgen.

Nach Ansicht von Prähistorikern könnten die Goldbecher durch Wanderschmiede hergestellt worden sein. Es wird sogar darüber spekuliert, ob sich diese Kunsthandwerker an der vom mykenischen Ostmittelmeergebiet aus betriebenen Suche nach Kupfer, Gold und Zinn beteiligt haben. Warum der Fritzdorfer Goldbecher in einem Tongefäß versteckt und begraben wurde, bleibt ein Rätsel.

Die Frauen haben sich mit bronzenen Gewandnadeln, Armringen, -bändern und -spiralen geschmückt. Auch die Männer trugen Armschmuck sowie Gewandnadeln, die ihre Kleidung zusammenhielten und verschönerten. Beliebt waren vor allem kleinköpfige Nadeln und Radnadeln. In einem der Grabhügel auf dem Radberg bei Hülsten (Kreis Borken) lag als Seltenheit eine mit Birkenrinde verkleidete Holzschachtel, die offenbar als Schmucketui diente. Denn darin befand sich eine bronzene Armspirale.

Auch Depots mit Schmuckstücken wurden in Nordrhein-Westfalen zutage gefördert. Zu den größten Versteckfunden dieser Art gehört das Depot von Olfen[5] (Kreis Coesfeld). Es umfaßte 15 teilweise verzierte bronzene Armringe. Sie haben einen Durchmesser von 5,4 bis 7,4 Zentimetern und lagen in einem Tongefäß. Es läßt sich nicht entscheiden, ob dieses Depot von einem Händler angelegt wurde, oder ob es als Opfer bestimmt war.

Ab der älteren Bronzezeit sind in Westfalen erstmals goldene Schmuckstücke in Gräbern nachweisbar. Zu diesen frühen Goldfunden gehören ein goldener Ring (Noppenring) mit einem Durchmesser von 1,2 Zentimetern aus einem Grabhügel

Zwei Kurzschwertklingen und ein Randleistenbeil aus Grabhügeln von Wünnenberg-Leiberg (Kreis Paderborn) in Nordrhein-Westfalen. Länge der Schwertklingen 25,5 und 34 Zentimeter. Originale im Westfälischen Museum für Archäologie, Münster.

von Wünnenberg-Leiberg und eine kleine Goldspirale von Delbrück (beide im Kreis Paderborn).

Bei Tauschgeschäften mit Angehörigen anderer Kulturen im Süden und Norden wechselten Roherz und Bronzeerzeugnisse den Besitzer. Über die Gegengaben hierfür kann man lediglich spekulieren. Vielleicht boten die Bauern im Rheinland und in Westfalen einen Teil ihrer Haustiere als Tauschobjekte an. Solche »Transaktionen« mit ihnen müssen sich gelohnt haben, weil ansonsten wohl kaum dabei ein mit Gold verziertes Schwert oder ein Goldbecher als Gegengabe »herausgesprungen« wäre.

Während der älteren Bronzezeit wurden die Toten in Nordrhein-Westfalen meistens einzeln in ausgestreckter Rückenlage beerdigt. Es gab aber auch Doppelbestattungen. Oft wurden die Verstorbenen in Baumsärge gebettet, die aus halbierten und ausgehöhlten dicken Eichenstämmen bestanden. Über den Gräbern hat man bis zu zwei Meter hohe Hügel mit einem Durchmesser von bis zu 20 Metern und mehr errichtet, die manchmal von Steinkreisen und hölzernen Pfostenringen umgeben waren. Gelegentlich wurden auch Beisetzungen in jungsteinzeitlichen Grabhügeln vorgenommen, die fast ein Jahrtausend zuvor von Angehörigen der Schnurkeramischen Kultur (s. S. 44) aufgeschüttet worden waren. In diesen Fällen ersparte man sich die Mühe, selbst einen Grabhügel anzulegen.

Der Bielefelder Prähistoriker Klaus Günther hat im Sommer 1978 in Wünnenberg-Haaren (Kreis Paderborn) eine Doppelbestattung aus der älteren Bronzezeit untersucht. Dabei handelte es sich um das eingangs erwähnte Grab eines mehr als 40 Jahre alten Mannes und einer etwa zwanzigjährigen Frau, die offenbar zur gleichen Zeit aus unbekannten Gründen gestorben sind. Vielleicht war es ein Ehepaar, das durch eine Krankheit, einen Unfall oder eine Gewalttat ums Leben kam. Für die Frau wurde wegen ihrer Schädelverletzung auch schon eine Witwentötung erwogen.

Auf der Flur Postecke von Wünnenberg-Haaren hatte man vor mehr als 1300 v. Chr. eine Grabgrube ausgehoben und einen mindestens 60 Zentimeter breiten mannslangen Baumsarg hineingestellt. In dem Baumsarg lagen beide Toten auf dem Rücken, aber in entgegengesetzter Richtung: Der Kopf des Mannes befand sich im Westen, jener der Frau im Osten. Nach dem Zufüllen der Grabgrube wurden ein Feuer entzündet, ein Tongefäß aufgestellt, aus rituellen Gründen zertrümmert und ein Grabhügel aufgeschüttet, der zum Zeitpunkt der Ausgrabung noch 90 Zentimeter hoch war und einen Durchmesser von zwölf Metern hatte.

Eine andere Doppelbestattung aus der älteren Bronzezeit ist schon 1908 von Waldarbeitern beim Wegebau in einem Steinhügel am Bellenberg im Forst Schieder (Kreis Lippe) entdeckt worden. In diesem Grabhügel lagen zwei Menschen so nebeneinander, daß der Kopf des einen neben den Füßen des anderen ruhte.

Als Baumaterial für Grabhügel dienten – je nach den örtlichen Bodenverhältnissen – Sand, Heideplaggen, Löß oder Steine. In Heide- und Sandgebieten wurden Grabhügel aus Sand und aus dachziegelartig verlegten Heideplaggen errichtet. Dagegen schuf man im südwestfälischen Lößbereich um Büren vor allem Grabhügel aus lehmartigem Löß, der sich im Eiszeitalter abgelagert hatte. In der Gegend von Lippe wurden die Grabhügel vorzugsweise aus faust- bis kopfgroßen Steinen aufgebaut und manchmal mit Erde oder Plaggen bedeckt.

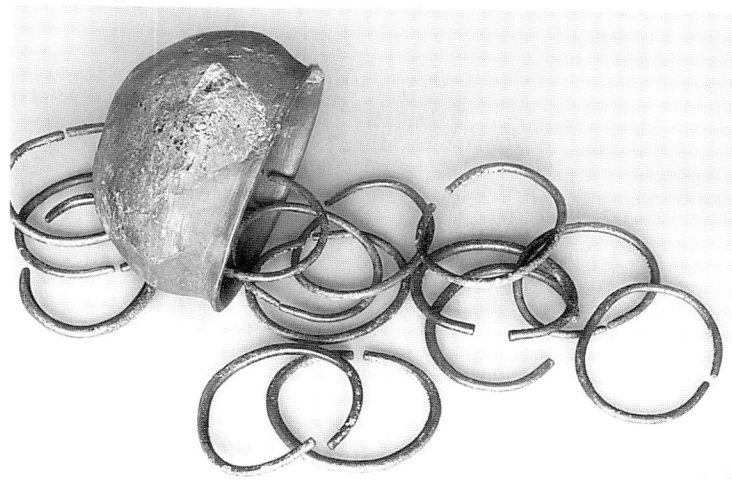

Depotfund mit 15 teilweise verzierten bronzenen Armringen in einem Tongefäß aus Olfen (Kreis Coesfeld) in Nordrhein-Westfalen. Durchmesser der Ringe 5,4 bis 7,4 Zentimeter. Originale im Westfälischen Museum für Archäologie, Münster.

Als Plätze für Grabanlagen dienten oft weithin sichtbare Bodenerhebungen, Anhöhen oder Bergrücken. Grabhügel wurden auch häufig entlang von Fernwegen aufgereiht. Offenbar sollten die Verstorbenen den vorbeigehenden Lebenden im Gedächtnis bleiben, vermutet der erwähnte Prähistoriker Klaus Günther. Die Grabhügel bildeten meistens Gruppen oder ganze Gräberfelder. Die größten Grabhügel sind heute noch knapp zwei Meter hoch und haben mitunter einen Durchmesser von mehr als 20 Metern.

Äußerlich unterschieden sie sich lediglich dadurch, wie sie eingefriedet wurden. Bei Ausgrabungen hat man Umhegungen in Form von Steinmauern, runden und vieleckigen Gräben oder locker und dicht gestellten hölzernen Pfostenringen entdeckt.

Goldener Ring (sogenannter Noppenring) aus einem Grabhügel von Wünnenberg-Leiberg (Kreis Paderborn) in Nordrhein-Westfalen. Durchmesser des Ringes 1,2 Zentimeter. Original im Westfälischen Museum für Archäologie, Münster.

Rekonstruktion eines Grabhügels mit einem Pfostenkranz. Solche imposanten Anlagen gab es während der älteren Bronzezeit in Nordrhein-Westfalen. Hügel mit Pfostenkranz kennt man in Nordwestdeutschland schon aus der Jungsteinzeit.

Im südöstlichen Westfalen (Kreise Höxter, Lippe und Paderborn) stützte man die Hügelschüttung oft durch Ringmauern mit einer Höhe von einem halben bis zu einem Meter, die aus sorgfältig aufgeschichteten Steinplatten und -blöcken bestanden. Vielleicht sollten die Steinkreise lediglich die Erosion des Hügels verhindern. Die steinernen Ringmauern sind gelegentlich durch Lücken unterbrochen, die möglicherweise als symbolische Zugänge fungierten.

In Lahde (Kreis Minden-Lübbecke) wurde ein Grabhügel von einem Ring aus hölzernen Pfosten in lockerer Aufstellung umgeben, während einen anderen auf dem Radberg von Hülsten (Kreis Borken) zwei dichtstehende Pfostenkreise säumten. In Haltern-Flaesheim (Kreis Recklinghausen) konnten innerhalb des Kreisgrabens eines Grabhügels acht Pfosten nachgewiesen werden.

Eine seltene Grabform waren sogenannte Polygonalhügel, deren Einfassung aus kompakten Pfostenreihen oder aus waagrechten Balkenlagen oder aus einer Kombination von querliegenden Balken und aufrechten Zangenpfosten bestand. Reste einer wahrscheinlich in Blockbauweise ausgeführten hölzernen Wand wurden unter einem Grabhügel von Künsebeck (Kreis Gütersloh) vorgefunden. In anderen Fällen zeugten nur die Pfosten- und Fundamentgräben sowie schattenhafte Umrisse von ehemaligen Holzkonstruktionen. Ob die Pfähle und Bohlenwände die Hügel lediglich einfaßten oder auch überragten, konnte bislang nicht ermittelt werden.

Bei Ausgrabungen in Borchen-Etteln[6] (Kreis Paderborn) hat der Bielefelder Prähistoriker Daniel Bérenger eine für Westfalen bisher einmalige Bestattung entdeckt. Dort hatte man in einer mehr als mannslangen Mulde die Knochenreste einer verbrannten Leiche ausgestreut und mit einer flachen Lehmschüttung abgedeckt. Darüber wurde aus schräg gegeneinandergesetzten Eichenbohlen eine walmdachartige Totenhütte errichtet, die man bei der Totenfeier anzündete. Über den Resten der Totenhütte ist der Grabhügel aufgeschüttet worden.

Langgestreckte Ausstreuungen von Knochenresten verbrannter Menschen wie die unter der Totenhütte von Borchen-Etteln werden von den Experten als »Brandskelettgräber« bezeichnet. Sie führten Traditionen der vorher üblichen Körperbestattungen weiter und gelten als Übergangsform zwischen den Körpergräbern der älteren und den Brandgräbern der jüngeren Bronzezeit.

Untersuchungen des Labors für Dendrochronologie im Institut für Ur- und Frühgeschichte der Universität Köln ergaben, daß die für die Totenhütte von Borchen-Etteln verwendeten Stämme – nach den Jahrringen zu schließen – zwischen 1300 und 1250 v. Chr. gefällt wurden. Es handelte sich um damals bereits etwa 250 bis 300 Jahre alte Eichen.

Als das größte Gräberfeld der älteren Bronzezeit in Nordrhein-Westfalen gilt der Friedhof im Staatsforst Böddeken bei Wünnenberg-Haaren[7] (Kreis Paderborn) mit etwa 100 Grabhügeln. Weitere große Gräberfelder aus dieser Zeit sind aus Wünnenberg-Leiberg[8] (71 Grabhügel), Wünnenberg-Haaren[9] (56) und Borchen-Etteln[10] (35) bekannt, die ebenfalls im Kreis Paderborn liegen.

Gegen Ende der älteren Bronzezeit kam in Nordrhein-Westfalen der neue Brauch auf, Tote auf einem Scheiterhaufen zu verbrennen. Der Übergang vom alten zum neuen Ritual spiegelt sich in Gräbern wider, bei denen die neue Form der Brandbestattung noch mit der alten Beisetzungssitte in Baumsärgen verbunden wurde.

In anderen Fällen hat man den Verstorbenen in einem Baumsarg verbrannt und während des Niederbrennens mit Erde überschüttet. Dieser Brauch ist durch ein Grab bei Heiden (Kreis Borken) mit »vermeilertem« Baumsarg dokumentiert. Nach einer längeren Übergangszeit mit wechselnden Bestattungssitten setzte sich auf dem Gebiet von Nordrhein-Westfalen die Urnenbestattung durch und vermochte sich dort mehr als ein Jahrtausend lang zu behaupten.

Die archäologischen Hinweise auf den damaligen Kult im Rheinland und in Westfalen sind spärlich und meistens vage. Sicher ist lediglich, daß noch unbenutzte, scharfe und spitze Waffen als Opfer für die Götter oder eine Gottheit in Gewässern versenkt wurden. Dies geschah wohl aus wichtigem Grund, denn ansonsten hätte man sich wohl kaum von so kostbaren Metallgegenständen getrennt. Auch der wertvolle Goldbecher von Wachtberg-Fritzdorf könnte eine Opfergabe gewesen sein. Außerdem spielten vermutlich Steinkreise, Pfostenringe und Gräben um Grabhügel eine Rolle im Kult.

Flügelhauben und Totenhäuser
Die Lüneburger Gruppe in der älteren Bronzezeit

In der Lüneburger Heide existierte während der älteren Bronzezeit von etwa 1500 bis 1200 v. Chr. die nach dieser Region bezeichnete Kulturstufe namens Lüneburger Gruppe. Ihr Verbreitungsgebiet erstreckte sich von der Lüneburger Heide über die Weser hinweg bis zur Wildeshauser Geest. Es umfaßte die heutigen Kreise Celle, Soltau-Fallingbostel, Uelzen, Lüneburg, Harburg und teilweise auch Lüchow-Dannenberg.

Die Hinterlassenschaften der Lüneburger Gruppe ähneln jenen der süddeutschen Hügelgräber-Kultur. Deshalb wird sie von manchen Autoren als eine Lokalgruppe der Hügelgräber-Kultur betrachtet (s. S. 168). Die zentrale Lüneburger Gruppe bestand auch in der mittleren Bronzezeit von etwa 1200 bis 1100 v. Chr. weiter (s. S. 298).

Von der »Lüneburger Bronzezeit« sprach 1939 erstmals der damals in München tätige Prähistoriker Friedrich Holste (1908 bis 1942, s. S. 444). Den heute gebräuchlichen Begriff »Lüneburger Gruppe« prägte 1971 der zu jener Zeit am Museum Lüneburg arbeitende Prähistoriker Friedrich Laux (s. S. 445). Er grenzte 1990 durch den Vergleich unterschiedlicher Tracht-, Bewaffnungs- und Bestattungssitten mehrere Lokalgruppen der älteren und mittleren Bronzezeit in Niedersachsen voneinander ab. Der 1949 vom damals in Bonn wirkenden Prähistoriker Kurt Tackenberg (1899–1992) vorgeschlagene Ausdruck »Ilmenau-Kultur« hat sich nicht durchgesetzt.

Die Angehörigen der Lüneburger Gruppe pflegten mit Bewohnern anderer Gegenden rege Kontakte. Dabei kam es nicht nur zu Tauschgeschäften, sondern manchmal auch zu Hochzeiten. Dies schließt man aus fremdartigen Arm- und Beinringen mit deutlichen Tragespuren, die weit entfernt vom Herstellungsgebiet in Frauengräbern geborgen wurden. So ist durch Schmuckfunde in Oldendorf bei Amelinghausen[1] (Kreis Lüneburg) die Einheirat einer Frau aus Südthüringen in die Lüneburger Heide belegt. Andererseits kennt man aus Heimatregionen benachbarter Gruppen auch Frauengräber mit typischen Flügelhauben oder Schmuckstücken der Lüneburger Gruppe, die ebenfalls durch Einheirat dorthin gelangten.

Bei den Kopfbedeckungen waren Flügelhauben aus Wolle oder Leder nur Frauen der Oberschicht vorbehalten. Funde aus Frauengräbern bei Bleckmar[2] (Kreis Celle) zeigten, daß in jeder Generation lediglich einer Frau das Recht zustand, eine Lüneburger Flügelhaube zu tragen. Solche Kopfbedeckungen bestanden aus einem fezartigen Mittelstück, auf dessen beide Seiten schmale längliche Flügel genäht wurden. Die Flügel endeten in Höhe des Kinns der Frau und waren im allgemeinen reich mit bronzenen Blechröhrchen, kegelförmigen Hütchen und Spiralröllchen besetzt.

Die teilweise sehr zerbrechlichen Schmuckgehänge wurden auch auf Stoff- oder Lederbänder genäht. Manchmal reichten mit kegelförmigen Hütchen verzierte Bänder bis über den Rücken der Frau und verhinderten, daß die Flügel beim Neigen des Kopfes nach vorne klappten. Nach der Anordnung von Spiralkopfnadeln und kegelförmigen Hütchen am Kopf mancher Frauen zu schließen, könnten mitunter an Kappen auch Tücher oder Schleier festgesteckt worden sein.

Vereinzelt blieben Stoffreste der Kleidung von weniger als Fingernagelgröße an bronzenen Gegenständen in Gräbern erhalten. Die kleinen Fetzen sind durch austretende Bronzesalze konserviert worden. Dabei handelt es sich um Gewebe aus Schafwolle in verschiedener Stärke und Ausführung. Sie belegen die Haltung von Schafen als Haustiere.

Funde aus Bleckmar und Wardböhmen[3] (beide Kreis Celle) ergaben, daß die Lüneburger Frauen steife, aus Leder oder Filz hergestellte, glockenförmige Umhänge von ponchoartigem Zuschnitt trugen. Sie wurden reich mit bronzenem Zierat geschmückt. Das Cape aus Wardböhmen war auf der Vorder- und Rückseite mit kegelförmigen bronzenen Hütchen benäht.

Da zu Beginn der älteren Bronzezeit Beinringe noch nicht in Mode waren, könnten damals lange, bis zu den Knöcheln herabreichende Faltenröcke üblich gewesen sein, wie sie aus Jütland (Dänemark) bekannt sind. Dagegen gehörten später Beinringe oder ganze Sätze von Beinschmuck zur Ausstattung der Frauen. Weil dieser Schmuck vermutlich sichtbar sein sollte, dürften

Bronzene Lüneburger Fibel mit Spiralverzierung aus dem Hügel 5, Bestattung 1, von Wardböhmen (Kreis Celle) in Niedersachsen. Gesamtlänge 16,3 Zentimeter, Bügellänge 12,5 Zentimeter. Original im Niedersächsischen Landesmuseum, Hannover.

Tonlöffel aus dem Grabhügel 1, Bestattung II, von Südbostel (Kreis Soltau-Fallingbostel) in Niedersachsen. Länge des Tonlöffels 9,5 Zentimeter. Original im Niedersächsischen Landesmuseum, Hannover.

sich nun wesentlich kürzere oder sogar knielange Röcke durchgesetzt haben.

Andererseits gab es auch nach oben hin verlängerte Röcke, die durch Träger über den Schultern gehalten wurden. Von einem solchen Trägerrock könnten die beiden Knöpfe mit Öse auf der Rückseite stammen, die bei einer Bestattung in Wardböhmen in Höhe der Schultern lagen.

Die bronzenen Nadeln sollten die Garderobe der Frauen nicht nur zusammenhalten, sondern auch schmücken. Unter den zur weiblichen Tracht gehörenden Nadeln gab es verschiedene Formen. Bei den Radnadeln endet der Kopf in einer großen, durchbrochenen, radförmigen Scheibe, die bei den Scheibennadeln flächenhaft in Punz- oder Treibtechnik verziert ist. Die Radnadeln waren vielleicht den Müttern oder generell den verheirateten Frauen vorbehalten, weil sie in Gräbern von Mädchen fehlen.

Im Verbreitungsgebiet der Lüneburger Gruppe wurden in einer späten Phase der älteren Bronzezeit von auch sonst reich ausgestatteten Frauen große, flache »Gürtelscheiben« (Hängescheiben) getragen. Sie sind in der Regel mit umlaufenden Spiralen oder konzentrischen Kreismustern ornamentiert. Ein üppig gemusterter und gerippter Halskragen, eine reichverzierte Scheibenkopfnadel und eine große, flache Hängescheibe bildeten offenbar eine zusammengehörige Schmuckgarnitur. Das übereinstimmende Dekor und die Verwendung der gleichen Punzen zeigen, daß die Schmuckkombination auf einmal bestellt, nacheinander angefertigt und zusammen ausgeliefert wurde.

Von der Kleidung der Männer zeugen lediglich bronzene Nadeln mit unterschiedlich gestaltetem Kopf, die dazu dienten, das Übergewand (den Umhang beziehungsweise Mantel) zusammenzuhalten. Die Nadeln aus Männergräbern wirken eher zweckbetont als jene aus Frauengräbern, deren Schmuckfunktion stärker zur Geltung kam. Es gab Scheibennadeln mit gerippten Schaft, Nadeln mit doppelkonischem Kopf und durchbohrtem Schaft sowie Nadeln mit Rollenkopf. Zuletzt lösten lange Gewandfibeln die Nadeln ab. Da sich auch die Männer mit jeweils einem bronzenen Armring schmückten, dürften sie ebenso wie die Frauen meistens eine kurzärmelige Oberbekleidung getragen haben.

Über die Siedlungen der Lüneburger Gruppe weiß man bisher wenig. Offenbar lagen die Gehöfte und Dörfer in Talauen an Gewässern, wo ihre Reste oft durch Hangrutschungen verschüttet wurden. Von friedlich verlassenen Siedlungen kennt man meistens nur Werkzeuge aus Feuerstein und Reste von grober Keramik. Die wertvollen Bronzeerzeugnisse wurden mitgenommen.

Die Ritzspuren unter zwei Grabhügeln auf dem Schwarzen Berg bei Wittenwater[4] (Kreis Uelzen) stammen von hölzernen Hakenpflügen, die vermutlich von Rindern gezogen wurden. Sie verlaufen exakt innerhalb der ursprünglichen Ausdehnung der Grabhügel. Offenbar hat man den Standort der Grabhügel gepflügt. Ähnliche Pflüge dürften auch beim Ackerbau eingesetzt worden sein. Auf Anbau von Getreide deuten Mahlsteinfunde in Grabhügeln hin.

Außerdem lieferten die teilweise für den Bau von Grabhügeln verwendeten Heideplaggen Anhaltspunkte über die damalige Landschaft und die Haustiere. Heide entsteht nämlich durch Verbiß von Pflanzen durch Großvieh (Rinder), und kurz gehalten wird sie durch Schafe. Bienenhonig diente vermutlich als einziges bekanntes Süßungsmittel und als Grundlage für einige berauschende Getränke. Und Bienenwachs wurde für den Bronzeguß in verlorener Form gebraucht. Das gilt für alle norddeutschen Gruppen der Bronzezeit.

Zahlreiche Pfeilspitzen aus Feuerstein in Gräbern verraten, daß die damaligen Bauern mit Pfeil und Bogen auf die Jagd gingen. Die Feuersteinpfeilspitzen sind ausschließlich herzförmig. Da die Pfeilspitzen häufig gleich ausgerichtet und dicht beieinanderlagen, haben sich die Pfeile vermutlich in Köchern aus organischem Material befunden, die jedoch ebenso wie die hölzernen Pfeilschäfte und Bögen vermodert sind.

Die Töpfer der Lüneburger Gruppe modellierten aus grob gemagertem Ton vor allem Becher, Näpfe, Schalen, Schüsseln, Kümpfe, Terrinen und Löffel. Nur selten wurden vor dem Brennvorgang im Töpferofen die Gefäße mit Fingertupfenrändern, plastischen Leisten und Ritzlinien verziert. Ein Tonlöffel mit massivem Stiel lag in einem Hügelgrab von Südbostel (Kreis Soltau-Fallingbostel). Keramikreste wurden bisher überwiegend in Gräbern geborgen. Die noch gröbere Siedlungskeramik ist meistens nur bruchstückhaft erhalten und auch schwer datierbar.

Gußformen aus Metall beweisen, daß die Lüneburger Leute selbst dazu fähig waren, aus Kupfer und Zinn bronzene Erzeugnisse herzustellen. Aus Altenmedingen-Haaßel (Kreis Uelzen) sind zwei Formen und aus Lüneburg eine Form für Absatzbeile bekannt.

Nach den Erkenntnissen des Hamburger Prähistorikers Friedrich Laux gab es bei der älterbronzezeitlichen Lüneburger Gruppe zwei verschiedene Waffenausstattungen. Die eine davon setzte sich aus einem bronzenen Absatzbeil vom Osthannover-Typ und einem bronzenem Dolch zusammen, die andere umfaßte einen Bogen mit einem Köcher voller Pfeile und einen bronzenen Dolch. Dagegen fehlte die Ausrüstung mit bronzenem Absatzbeil sowie Pfeil und Bogen völlig, weil vielleicht beide als Fernwaffen Verwendung fanden.

Von den bronzenen Beilen dienten schwere Formen vermutlich

Rechts: Frauen aus der Umgebung von Bleckmar (Kreis Celle) in Niedersachsen mit einer Flügelhaube als Kopfbedeckung. Nach Funden aus Gräbern bei Bleckmar zu schließen, stand in jeder Generation nur einer Frau das Recht zu, eine Lüneburger Flügelhaube zu tragen.

DIE LÜNEBURGER GRUPPE IN DER ÄLTEREN BRONZEZEIT

als Werkzeuge zur Holzbearbeitung, leichte dagegen als Hiebbeziehungsweise Wurfwaffen. Die Absatzbeile gelten als heimische Erzeugnisse, die wenigen Randleistenbeile dagegen als Importe aus hessischem Gebiet. Die in Männergräbern der Lüneburger Heide geborgenen Absatzbeile sind leichter als die sonst gebräuchlichen norddeutschen Exemplare. Vielleicht handelt es sich deswegen bei ersteren um Wurfbeile, bei letzteren um Arbeitsgeräte.

Bronzene Schwerter haben nicht zur normalen Ausrüstung in Männergräbern der älterbronzezeitlichen Lüneburger Gruppe gehört. Die wenigen Funde stammen vermutlich meistens aus nicht erkannten Depots. Es gab aber auch Ausnahmen, wie anhand eines Grabes von Bonsdorf-Hetendorf (Kreis Celle) nachgewiesen werden konnte. Der darin bestattete Mann war mit einem bronzenen Absatzbeil vom Osthannover-Typ, einem Dolch und einem etwa 70 Zentimeter langen rapierartigen Langschwert ausgerüstet worden. Die Schwerter der älteren Bronzezeit dienten allesamt als Stichwaffen.

Ein 75,5 Zentimeter langes Griffzungenschwert von Toppenstedt (Kreis Harburg) verrät, wie damals Nietlöcher im Griff angebracht wurden. Hierfür hat man auf der Ober- und Unterseite an zwei Stellen mehrfach eine Punze eingeschlagen. Als sich dabei Schwierigkeiten ergaben, hörte man auf. Auch die Ränder der acht vollendeten Löcher zeigen, daß sie zunächst von beiden Seiten vorgepunzt wurden. Danach hat man mit einem Dorn die vorgepunzte Scheibe herausgeschlagen, die Ränder des Loches gerundet und geglättet.

Die Schmuckbeigaben in Frauengräbern der Lüneburger Gruppe spiegeln deutliche Gesellschaftsunterschiede innerhalb der Bevölkerung wider. So trugen nur die Frauen der Oberschicht reichgeschmückte Flügelhauben und große, an einer Halskette prangende, spiralverzierte Hängescheiben. Letztere weisen vielfach eine auf den dazugehörigen Halskragen aus Bronzeblech und die Lüneburger Scheibennadel abgestimmte Verzierung auf. Möglicherweise war dies die Schmucktracht von Häuptlingsfrauen oder zumindest von geachteten älteren Frauen.

Welche Mühe man sich machte, um eine Flügelhaube möglichst attraktiv zu gestalten, veranschaulicht das Grab einer Frau aus Wardböhmen (Kreis Celle). Als Besatz ihrer Haube dienten 36 jeweils 4,4 Zentimeter lange Bronzeröhrchen mit feiner Rippung, sechs Spiralröllchen von bis zu 3,8 Zentimeter Länge und einem Durchmesser von vier bis sechs Millimetern und mindestens 35 kegelförmige bronzene Hütchen. Zudem hing auf dem Rücken der Frau eine Kette mit vielen Spiralröllchen von sechs bis sieben Millimeter Durchmesser, die am rechten und linken Ende des Hängeschmucks der Haube befestigt war.

Bei weniger bedeutenden Frauen bestand die Grundausstattung an Schmuck aus einem bronzenen Halskragen oder Halsring, Armschmuck (häufig Armspiralen und Stollenarmbänder mit bis zu elf Rippen) und einer Lüneburger Radnadel. In einer späteren Phase der älteren Bronzezeit kamen bronzene Beinringe sowie Oberarm- und Fingerbergen dazu. Die aus Bronzedraht gebogenen offenen oder geschlossenen Fingerringe waren offenbar sehr beliebt, weil manchmal an der Hand einer Frau gleich mehrere davon steckten.

Das in einem Tongefäß aufbewahrte Bronzedepot von Karwitz[5] (Kreis Lüchow-Dannenberg) umfaßte 14 verzierte Bronzescheiben mit Mitteldorn und unfertiger Öse sowie mindestens 20 kegelförmige Hütchen aus Bronze. Die Bronzescheiben haben einen Durchmesser von 5,8 bis 6,5 Zentimetern und einen

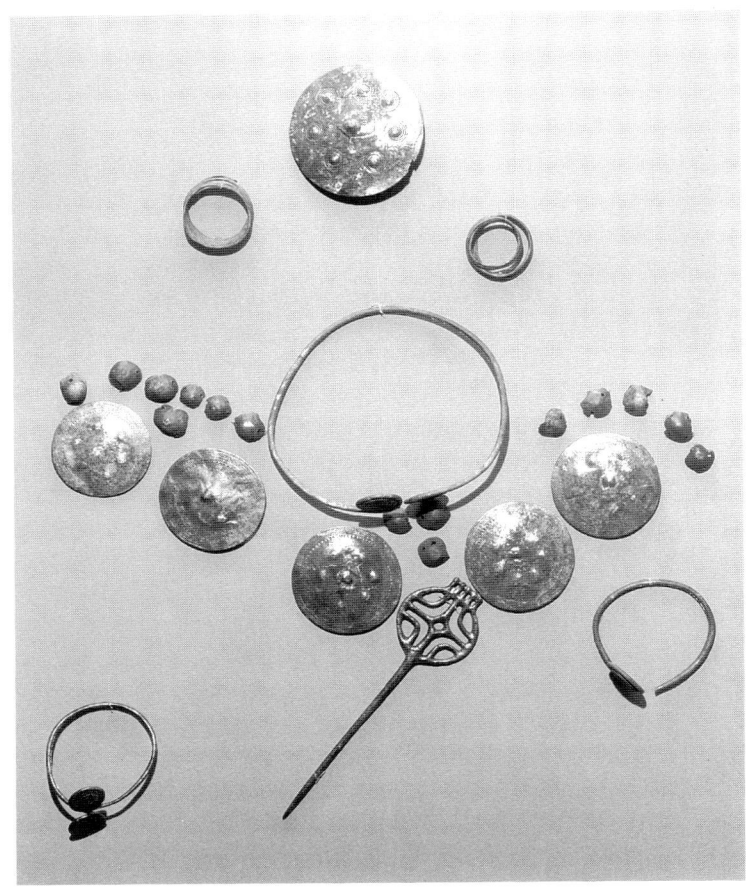

Bronzene Schmuckstücke der älterbronzezeitlichen Lüneburger Gruppe aus einem Frauengrab im Grabhügel 9, Bestattung III, von Bleckmar (Kreis Celle) in Niedersachsen. Originale im Niedersächsischen Landesmuseum, Hannover.

1,2 Zentimeter hohen Mitteldorn. Vier von ihnen sind auf der Schauseite mit einem Speichenmuster verziert, fünf mit einem Sterndekor, und die übrigen haben ein freies Mittelfeld. Diese Bronzescheiben wurden wohl auf mantelartige Umhänge und die Hütchen auf ponchoähnliche Obergewänder genäht.

Ähnlich zusammengesetzt ist das Depot von Molzen[6] (Kreis Uelzen), zu dem zahlreiche verzierte Scheiben und zwei seltene Scheibenanhänger gehören. Wie diese Scheiben in der Schmucktracht plaziert wurden, zeigt ein Grabfund aus Wardböhmen (Kreis Celle): Die Frau trug auf der rechten Schulter offensichtlich ein breites Bandelier (ähnlich dem Gurt der Zugführer in der Eisenbahn), das unter dem linken Arm hindurchgeführt wurde. Auf das Bandelier wurden die Scheiben aufgenäht.

Die Entdeckung einer Bronzetasse der Mykenischen Kultur aus Griechenland in Bergen-Dohnsen[7] (Kreis Celle) galt früher als Beweis für bis in die Ägäis reichende Handelsbeziehungen. Doch heute hält man es für möglich, daß das um 1500 v. Chr. hergestellte Gefäß erst im 20. Jahrhundert nach Bergen-Dohnsen gelangte. Die Bronzetasse ist 5,7 Zentimeter hoch, hat einen Durchmesser von 12,5 Zentimetern und einen Henkel. Unter dem Rand ist sie mit drei parallelen Kehlen und einem eingepunzten Blattmuster verziert.

Die Bestattungssitten der Lüneburger Gruppe ähnelten denjenigen der Hügelgräber-Kultur. Wie in Süddeutschland wurden in der Lüneburger Heide die Toten überwiegend unter Grabhügeln bestattet. Sie sind aus Sand oder Heideplaggen errichtet, heute noch bis zu 1,50 Meter hoch und haben einen Durchmesser von bis zu 20 Metern. Im Lüneburgischen befinden sich die

Grabhügel in Haufenlage. Manche von ihnen hat man am Fuß mit einem ein- oder mehrschichtigen Steinkranz oder mit Plaggenmauern umgeben. In seltenen Fällen wurden auch Pfostenkreise um den Hügel aufgestellt. Solche Einfriedungen kennt man aus der Südheide bei Celle.

Meistens wurde nur ein einziger Toter in einem Grabhügel beerdigt. Es gab aber auch gleichzeitige Doppelbestattungen von Mutter und Kind, von Mann und Frau oder von zwei Männern, hin und wieder sogar Beisetzungen von drei oder vier Personen. In manchen Grabhügeln wurden im Laufe der Zeit mehrere Tote zur letzten Ruhe gebettet. So enthielt ein Grabhügel auf dem Hengstberg von Wardböhmen (Kreis Celle) fünf Bestattungen.

Man bettete den Leichnam in gestreckter Rückenlage häufig in einen Baumsarg von etwa 1,80 bis 2,50 Meter Länge und 80 Zentimeter Breite. Der Baumsarg bestand aus einem der Länge nach gespaltenen dicken Stammstück. Dessen beide Hälften wurden ausgehöhlt, in eine davon legte man den Toten, mit der anderen deckte man ihn zu. Von Baumsärgen zeugen Holzkohlereste und Holzteile sowie verschiedenartige Steinsetzungen, mit denen der Baumsarg rutschfest verkeilt wurde.

Im Ilmenautal und in der Nordheide hat man Baumsärge mit Steinpackungen von drei bis sechs Meter Länge und Breite sowie bis zu 1,50 Meter Höhe bedeckt. Wo es keine Steine gab, wurden Heideplaggen oder Grassoden dachziegelartig übereinandergelegt.

In seltenen Fällen hat man statt eines Baumsargs auch einen Bohlensarg gezimmert. Als Indizien hierfür gelten rechteckige Steinpflaster ohne Verkeilsteine, parallel verlaufende Reihen von Steinplatten und größere rechteckige Holzkohleflächen in manchen Grabhügeln.

Die Hinterbliebenen bestatteten die Frauen mitsamt ihrem wertvollen Bronzeschmuck und manchmal auch mit Tongefäßen. Den Männern legte man ihre komplette Waffenausrüstung mit ins Grab, damit sie auch im Jenseits für den Kampf gerüstet waren. In etlichen Frauen- und Männergräbern der Südheide lagen am Kopfende der Bestattungen brüchige Steine mit Feuerspuren, die als angebrannte Herdsteine gedeutet werden. Im Ilmenautal wurden mitunter Mahlsteine in die Steinpackung für den Baumsarg eingebaut.

Bronzetasse der Mykenischen Kultur aus Bergen-Dohnsen (Kreis Celle) in Niedersachsen. Höhe der Bronzetasse 5,7 Zentimeter, Durchmesser 12,5 Zentimeter. Original im Niedersächsischen Landesmuseum, Hannover.

Eine rätselhafte Bestattungssitte, die bereits in der frühen Bronzezeit begonnen hatte, wurde in der Lüneburger Heide und in einem schmalen Gebiet beiderseits der Unterelbe praktiziert (s. S. 89). Dort errichtete man ausschließlich für einzelne weibliche Tote nach allen Seiten hin offene Totenhäuser, die zur Aufbahrung des Leichnams dienten. Sie bestanden aus sechs bis acht Pfosten an den Seiten und waren überdacht. Die Totenhäuser wurden teilweise während oder nach der Beisetzungszeremonie abgebrannt oder unversehrt vom Grabhügel bedeckt.

Totenhäuser mit Brandbestattungen aus der Übergangsphase zwischen der älteren Bronzezeit und der frühen mittleren Bronzezeit kennt man von Eitzen[8] (Kreis Uelzen), Mechtersen[9] (Kreis Lüneburg), Schutschur[10] (Kreis Lüchow-Dannenberg), Gödenstorf[11], Sottorf[12] (beide im Kreis Harburg) und Hamburg-Marmstorf[13].

Interessante Erkenntnisse über ein Totenhaus mit Brandbestattung ergaben sich bei der Untersuchung eines Grabhügels in Sottorf. In dem Hügel stießen die Ausgräber auf die verkohlten Balken eines 5,50 Meter langen, fünf Meter breiten und einst 2,30 Meter hohen Totenhauses. An dessen Nordwand hatte man ein mindestens drei Jahre altes Kind aufgebahrt.

Manche der verkohlten Balken waren rechteckig behauen und hatten einen Durchmesser von etwa 20 Zentimetern. Zum Festkeilen der 14 Ständer des Totenhauses in den Pfostenlöchern hat man etwa 1500 Steine verwendet. Das Totenhaus wurde bei der Bestattungsfeier verbrannt. Den Brandschutt hat man mit Erde und Steinen bedeckt, darüber den Hügel aufgeworfen und mit Steinen belegt.

Aus welchem Grund solche Totenhäuser erbaut worden sind, ist unbekannt. Da unter den im Feuer des Scheiterhaufens zerschmolzenen Schmuckstücken weder bronzene Rad- noch Scheibennadeln lagen, könnte es sich um Bestattungen von unverheirateten Frauen handeln. Der Hamburger Archäologe Friedrich Laux spekuliert, daß dieser aufwendige Bestattungsbrauch ausschließlich Priesterinnen oder Seherinnen vorbehalten gewesen sein könnte.

Totenhäuser mit Körperbestattungen kamen in Bonstorf-Hetendorf[14] (Kreis Celle) und auf dem bereits erwähnten Schwarzen Berg bei Wittenwater[15] (Kreis Uelzen) zum Vorschein.

Das Totenhaus von Bonstorf-Hetendorf wurde im Südwestteil eines Grabhügels mit einem Durchmesser von 15 Metern entdeckt. Es hatte zehn Pfosten, war 6,50 Meter lang und 5,10 Meter breit. Zwei Steine gliederten das Hausinnere in zwei Teile. Dieses Totenhaus ist nicht abgebrannt, sondern vermodert. Das ebenfalls unverbrannte Totenhaus auf dem Schwarzen Berg bei Wittenwater lag zwischen zwei Grabhügeln. Es besaß einen quadratischen Grundriß mit Seitenlängen von etwa drei Metern.

Über die religiöse Gedankenwelt der Menschen im Verbreitungsgebiet der Lüneburger Gruppe weiß man wenig. Die meisten diesbezüglichen archäologischen Hinweise betreffen den Totenkult. Sicherlich glaubte man damals in der Lüneburger Heide – ebenso wie in anderen Teilen Europas – an ein Leben nach dem Tod. Sonst wären die Verstorbenen wohl kaum mit Speise und Trank in Tongefäßen ausgestattet, mit dem kompletten Schmuck versehen und mit Waffen ausgerüstet worden. Möglicherweise stand die häufige Ausrichtung der Toten von Westen nach Osten mit der auf- und untergehenden Sonne in einem Zusammenhang, was auf einen Sonnenkult hindeuten würde.

Phallusartig aussehender kleiner Rillenstein aus Handeloh (Kreis Harburg) in Niedersachsen. Höhe 70 Zentimeter. Original auf dem Gelände des Hamburger Museums für Archäologie, Hamburg-Harburg.

Aus der Lüneburger Bronzezeit beweist eine ganze Reihe von Befunden, daß lebende Menschen einem Verstorbenen ins Grab folgen mußten. Als herausragendes Beispiel für diese sogenannte Totenfolge gilt das älterbronzezeitliche Scheiterhaufengrab im Grabhügel von Melbeck[16] (Kreis Lüneburg). Dort ergibt sich aus der Verteilung der geborgenen Beigaben, daß drei Männer und drei Frauen zusammen beigesetzt wurden.

Auf dem Hengstberg in Wardböhmen (Kreis Celle) wurde ein Mann zu beiden Seiten von je einer Frau flankiert. Zwei ebenfalls gleichzeitig mitbestattete Männer werden als Diener oder Leibwächter interpretiert. In anderen Fällen handelte es sich bei der Totenfolge nur um eine zusätzliche Person.

Auch ein Teil der in Gewässern deponierten oder im Boden vergrabenen Depots dürfte eine Rolle im Kult gespielt haben. Sie waren vielleicht als Weihe- oder Opfergaben für Götter gedacht. Andererseits gibt es Funde, die den Eindruck erwecken, als seien sie in Siedlungen oder Häusern zurückgelassen oder vergessen worden.

Schwierig zu bestimmen ist das genaue Alter der »Rillen-« und »Rinnensteine« aus Norddeutschland. Sie wurden aus sogenannten Findlingen geschaffen, die während der Saale-Eiszeit vor etwa 200 000 Jahren von Skandinavien durch die Ausbreitung von Gletschern nach Norddeutschland gelangten und dort nach dem Abschmelzen der Eisfelder liegenblieben. Auf solchen Findlingen sind manchmal von Menschenhand unterschiedlich breite und tiefe Rillen oder Rinnen angebracht worden.

Nach der Definition des Hamburger Prähistorikers Willi Wegewitz (1898–1996) von 1983 läuft bei einem Rillenstein die künstlich eingearbeitete Rille ganz um den Felsbrocken herum. Bei einem Rinnenstein dagegen ist die Rinne quer oder längs zur Achse des Steines nur auf einer Seite herausgearbeitet. Die Rillen- und Rinnensteine sind selten höher als einen Meter. Erstere dürften einst aufrecht gestanden haben.

Rillen- und Rinnensteine wurden vor allem in der Umgebung jungsteinzeitlicher, bronzezeitlicher und eisenzeitlicher Gräberfelder angetroffen. Demnach könnten einige von ihnen durchaus in vorchristlicher Zeit bearbeitet worden sein, worauf auch Funde von Rinnensteinen direkt aus jungsteinzeitlichen Grabhügeln hindeuten – zum Beispiel in Westerhausen (Kreis Quedlinburg) in Sachsen-Anhalt.

Aus dem Verbreitungsgebiet der Lüneburger Gruppe stammt beispielsweise ein kleiner, 1983 in Handeloh (Kreis Harburg) entdeckter Rillenstein. Er wird heute auf dem Gelände des Hamburger Museums für Archäologie in Hamburg-Harburg aufbewahrt.

Um die Erforschung dieser rätselhaften Steine in Norddeutschland haben sich der Prähistoriker Wolfgang Dietrich Asmus (1908–1993) aus Hannover, der langjährige Denkmalpfleger des Kreises Verden, Detlef Schünemann aus Verden/Aller, und der schon erwähnte Prähistoriker Willi Wegewitz verdient gemacht.

Detlef Schünemann hat 1992 eine Zusammenstellung von 220 Rillen- und Rinnensteinen veröffentlicht. Anhand von mehr als 120 Objekten, deren Rillen und Rinnen exakt vermessen und untersucht wurden, konnte Schünemann ermitteln, daß etwa 40 dieser Steine in vor- oder frühgeschichtlicher Zeit bearbeitet worden waren. Dagegen weist die Mehrzahl jener Steine Rinnen auf, die vor nicht allzulanger Zeit von Steinschlägern bei Spaltversuchen an den Steinen erzeugt wurden.

Die Rillensteine haben teilweise ein phallisches Aussehen. Sie werden deswegen als Symbole eines Phalluskults gedeutet, der zu verschiedenen Zeiten in Alteuropa praktiziert wurde. Da-

Rekonstruktion einer Flügelhaube der Lüneburger Gruppe aus der älteren Bronzezeit, die nach Angaben des Prähistorikers Friedrich Laux im Hamburger Museum für Archäologie, Hamburg-Harburg, angefertigt wurde.

Der zwei Meter lange Opferstein (Rinnenstein) von Melzingen (Kreis Uelzen) in Niedersachsen könnte in der Jungsteinzeit oder in der Bronzezeit hergestellt worden sein. Im oberen Teil ist von Menschenhand eine »Blutrille« eingemeißelt.

neben gibt es aber auch menschengestaltige Rillensteine – zum Beispiel in Tarmstedt (Kreis Rotenburg/Wümme) und in Bliedersdorf (Kreis Stade).

Ein Teil der mit Rinnen oder Rillen versehenen Steine könnte bei Flüssigkeitsopfern eine Rolle gespielt haben, bei denen vielleicht Blut oder Milch auf den Stein geschüttet wurde. Der Prähistoriker Hans-Günter Buchholz aus Gießen wies 1981 darauf hin, daß solche Flüssigkeitsspenden (Libationen genannt) in Alteuropa und Vorderasien weit verbreitet waren. Davon zeugen Felsen und Altäre im östlichen Mittelmeergebiet mit eingetieften Schälchen, die oftmals durch Rinnen miteinander verbunden sind.

Im Verbreitungsbereich der Lüneburger Gruppe befindet sich auch der zwei Meter lange Opferstein (Rinnenstein) von Melzingen (Kreis Uelzen) mit einer von Menschenhand eingemeißelten »Blutrille«. Er wurde durch den Prähistoriker Wolfgang Dietrich Asmus untersucht und soll aus der Jungsteinzeit oder Bronzezeit stammen. Der Opferstein liegt in Nähe eines Hügelgräberfeldes im Zentrum einer Mulde von 30 Meter Durchmesser auf einem Fundament von Rollsteinen. Die dort bei chemischen Untersuchungen im Boden festgestellten hohen Phosphatwerte könnten von organischen Opfergaben stammen. Rillen- und Rinnensteine kennt man außer in Norddeutschland auch in Dänemark, Schweden und auf Gotland. Der geheimnisvolle Kult, in dessen Mittelpunkt sie standen, war also weit verbreitet. Solche Ritualsteine haben offenbar in späterer Zeit wegen ihres »heidnischen« Charakters Ärgernis erregt und sind deswegen umgestürzt, vergraben, zerschlagen oder zum Haus- und Straßenbau verwendet worden.

Sie fuhren auf Archäologie ab: der Hamburger Prähistoriker Willi Wegewitz (1898–1996) und der Grabungshelfer Ludwig Schmidt (rechts) sind auf dem Motorrad unterwegs zu einer Ausgrabung. Die Aufnahme entstand im Jahre 1931.

Drei Nackte blickten zur Sonne
Die Stader Gruppe in der älteren Bronzezeit

Im Dreieck zwischen Elbe und Weser sowie bis zur Niederung der Este in der Stader Geest war in der älteren Bronzezeit von etwa 1500 bis 1200 v. Chr. die Stader Gruppe heimisch. Ihr Verbreitungsgebiet umfaßte – nach Erkenntnisssen des Hamburger Prähistorikers Friedrich Laux – die heutigen Kreise Stade, Cuxhaven, Rotenburg/Wümme und Verden.

Den Begriff »Stader Gruppe« hat 1981 der Prähistoriker Arne Lucke (s. S. 446) in seiner Hamburger Dissertation erstmals für eine Lokalgruppe der jüngeren Bronzezeit verwendet (s. S. 311). Im Gegensatz dazu benutzt Laux die Bezeichnung Stader Gruppe, die er 1987 bei einem Vortrag in Bad Stuer erwähnte und auf die er 1991 in einem Aufsatz zurückgriff, für eine Gruppe, die sich in der älteren, mittleren und jüngeren Bronzezeit behauptete.

Die Stader Gruppe wird zum Nordischen Kreis der Bronzezeit gerechnet (s. S. 167). Er umfaßte in der älteren Bronzezeit Südnorwegen, Süd- und Mittelschweden, Dänemark, Schleswig-Holstein, die Gegend von Stade in Niedersachsen und das Küstengebiet Mecklenburg-Vorpommerns. Seine südliche Grenze lag im Raum Stade.

Wie in der Lüneburger Gruppe gab es offenbar auch in der Bevölkerung der Stader Gruppe eine soziale Oberschicht. Darauf deuten die reichen Grabbeigaben in den Steinkistengräbern von Heerstedt (Kreis Cuxhaven) und Essel bei Kutenholz (Kreis Stade) hin. Darin waren vornehme Krieger mit bronzenen Waffen und Schmuckstücken bestattet worden. Im Steinkistengrab von Heerstedt lag zudem eine kostbare verzierte Holzschale. Auch der Klappstuhl von Daensen (Kreis Stade) dürfte zum Besitz eines Menschen von Rang gezählt haben.

Von der Kleidung der Stader Leute blieben nur die bronzenen Fibeln übrig, mit denen die Gewänder zusammengehalten wurden. Nach den Funden zu schließen, erhielten Rundkopffibeln gegenüber den selteneren Flachkopffibeln den Vorzug. Erstere wurden in Heerstedt, Meckelstedt bei Lintig und Dornsode bei Armstorf (alle im Kreis Cuxhaven) sowie in Anderlingen (Kreis Rotenburg/Wümme) und Essel bei Kutenholz (Kreis Stade) entdeckt. Eine Flachkopffibel mit Sanduhrkopf kam in Hagenah bei Heinbockel (Kreis Stade) zum Vorschein.

Auf Bart- und Haarpflege weisen die Funde von doppelschneidigen bronzenen Rasiermessern hin. Sie gelten als Neuerungen jener Zeit. Einen solchen Toilettegegenstand kennt man aus Essel bei Kutenholz.

Zum Eigentum bedeutender Persönlichkeiten – vielleicht von Häuptlingen – gehörte mitunter ein Klappstuhl mit Lederauflage sowie bronzenen Beschlag- und Schmuckteilen. Reste solch seltener Sitzmöbel wurden bisher nur in Männergräbern der älteren Bronzezeit in Niedersachsen, Schleswig-Holstein, Mecklenburg-Vorpommern und Dänemark geborgen. Als eine der kostbarsten Entdeckungen dieser Art gilt der Klappstuhl aus einem Grabhügel von Daensen bei Buxtehude[1] (Kreis Stade). Es ist der am weitesten südlich gelegene Fund eines derartigen Möbelstücks.

Von den hölzernen Teilen des Klappstuhls aus Daensen sind nur sieben kleine Ahornholzstücke erhalten geblieben. Ein Schaflederrest verrät, aus welchem Material die einstige Sitzfläche bestand. Außerdem wurden zahlreiche bronzene Beschlag- und Schmuckteile geborgen. Dazu gehören vier Bronzeknäufe mit Klapperblechen, zwei kleinere Bronzeknäufe, vier Bronzebleche mit Goldblechauflage, drei ovale Beschlagteile, zwei rechteckige Beschlagplatten mit Goldblechauflage und einige Bronzefragmente. Die Goldbleche sind mit eingepunzten Punkten und Kreisen verziert.

Der Heidelberger Archäologe Ernst Wahle (1889–1981) hat 1932 darauf hingewiesen, daß die Klappstühle eine Besonderheit der nordischen Bronzezeit darstellen. Nach seiner Auffassung haben diese Sitzmöbel in den thronartigen Klappstühlen und Thronsesseln aus ägyptischen Pharaonengräbern ihr Gegenstück. Am Klappstuhl von Guldhøj bei Vamdrup in Jütland (Dänemark) war das Sitzleder mit Stiften festgeheftet. Dagegen hatte man das Sitzleder des Klappstuhls von Bechelsdorf bei Niendorf (Kreis Nordwestmecklenburg, s. S. 212) in Mecklenburg-Vorpommern durch den Hohlschlitz der Längsstäbe geschoben. Der Schaflederrest des Klappstuhls von Daensen verrät, daß Schafe als Haustiere gehalten wurden.

Die schlecht gebrannten und nur selten verzierten Tongefäße der Stader Gruppe gehören zur sogenannten »Kümmerkera-

Mit einem Beil bewaffneter Häuptling aus der älteren Bronzezeit in Norddeutschland. Er sitzt auf einem Klappstuhl mit lederner Sitzfläche. Teile eines solchen Exemplars wurden in Daensen bei Buxtehude (Kreis Stade) in Niedersachsen gefunden.

DIE STADER GRUPPE IN DER ÄLTEREN BRONZEZEIT

Originale der Bronzebeschläge (auf dem Boden liegend) und Nachbildung des Klappstuhls aus Daensen bei Buxtehude (Kreis Stade) in Niedersachsen. Originale und Kopie im Hamburger Museum für Archäologie, Hamburg-Harburg.

mik« (s. S. 185). Reste von Tongefäßen lagen manchmal als Beigaben für Verstorbene in Gräbern (Meckelstedt, Quelkhorn). In einem Hügelgrab bei Holtum-Geest (Kreis Verden) wurde ein neun Zentimeter langer und 7,5 Zentimeter breiter Tonlöffel gefunden.

Viel prächtiger als die damaligen Tongefäße sah die in einem Steinkistengrab von Heerstedt (Kreis Cuxhaven) entdeckte Holzschale aus, die leider 1946 bei einem Brand zerstört wurde. Das aus dem Wurzelstock eines Laubbaums geschnitzte Gefäß mit einer Höhe von 14 Zentimetern und einem Mündungsdurchmesser von 25,5 Zentimetern war auf der Außenseite mit einem Sternmotiv verziert. Hierzu verwendete der Künstler viele kurze Bronzestifte ohne Kopf und etwa 250 Zinnblechkugeln, die er in die einen Zentimeter dicke Schalenwand geschlagen hatte.

Als Hauptmotiv auf der Außenseite der Schale diente ein zwölfstrahliger Stern, der durch die Stiftreihen gebildet wurde. Die Felder zwischen den Strahlen hat man mit Zinnbuckeln gefüllt. Waagrecht über den Spitzen der Strahlen verlief ein durch zwei Stiftreihen gebildetes Linienband, dem sich eine Zone mit einer Reihe von Zinnbuckeln und zum Abschluß zwei Stiftreihen anschlossen. Der Boden der Holzschale hatte einen Durchmesser von 8,5 Zentimetern. Er war mit zwei doppelten Stiftkreisen und dazwischen einem lockeren Kreis aus zwölf Zinnbuckeln verziert. Die Schale besaß einen Henkel, an dem zwei kleine bronzene Ringe hingen.

Die Holzschale von Heerstedt war zusammen mit einem bronzenen Vollgriffschwert, einem Absatzbeil, einem Dolch, einer zweiteiligen Fibel mit verziertem bandförmigen Bügel und einem Fingerring zum Vorschein gekommen. Diese Gegenstände gehörten zum Besitz eines vornehmen Kriegers, den man in gestreckter Körperlage in einem Steinkistengrab beigesetzt hatte. Manche Männerbestattungen in Steinkistengräbern enthielten auch bronzene Messer. Sie gelten nicht als Waffen, sondern als Werkzeuge. Je ein Messer fand man in Essel bei Kutenholz (Kreis Stade) und in Quelkhorn (Kreis Verden).

Zur Waffenausrüstung der Männer gehörte damals – nach Erkenntnissen von Friedrich Laux – stets ein bronzenes Langschwert, das in der Regel mit einem Absatzbeil vom nordischen oder Osthannover-Typ kombiniert wurde. Bronzene Dolche fanden seltener als Schwerter und Beile Verwendung.

Unter den Schwertern gab es nordische Vollgriffschwerter, diverse Formen von Griffzungen- oder Griffplattenschwertern und vereinzelt aus Süddeutschland importierte Vollgriffschwerter mit achtkantigem Griff. Derartige Waffen wurden vor allem in Steinkistengräbern gefunden.

Ein nordisches Vollgriffschwert hat man im bereits erwähnten Steinkistengrab von Heerstedt entdeckt. An ihm hafteten noch Reste der verzierten Holzscheide. Griffzungenschwerter wurden in Dornsode und Langen (beide Kreis Cuxhaven) sowie in Quelkhorn bei Ottersberg (Kreis Verden) zutage gefördert. Ein Griffplattenschwert kam in Essel zum Vorschein und je ein Vollgriffschwert mit achtkantigem Griff in Meckelstedt sowie in Wiepenkathen (beide Kreis Stade), wovon das letztere besonders prächtig ist.

Die bronzenen Klingen der Absatzbeile steckten in hölzernen Schäften. Reste des Schaftes befanden sich noch an der Klinge des Absatzbeils, das im Steinkistengrab von Anderlingen (Kreis

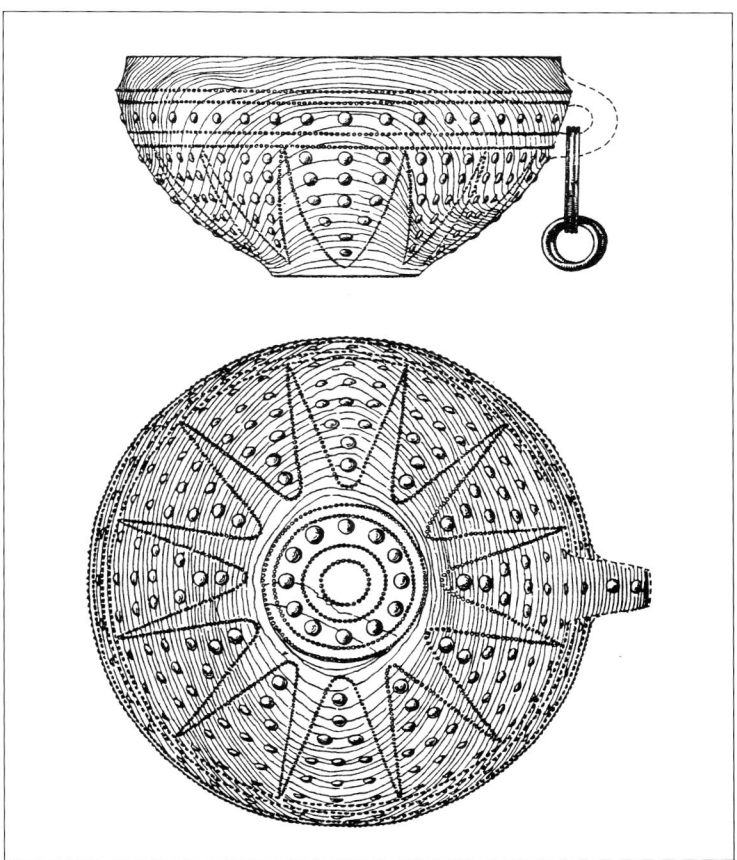

Rekonstruierte Holzschale mit Sternmotiv aus Heerstedt (Kreis Cuxhaven) in Niedersachsen. Höhe 14 Zentimeter, Mündungsdurchmesser 25,5 Zentimeter. Der Fund wurde 1946 bei einem Brand im Morgenstern-Museum, Bremerhaven, zerstört.

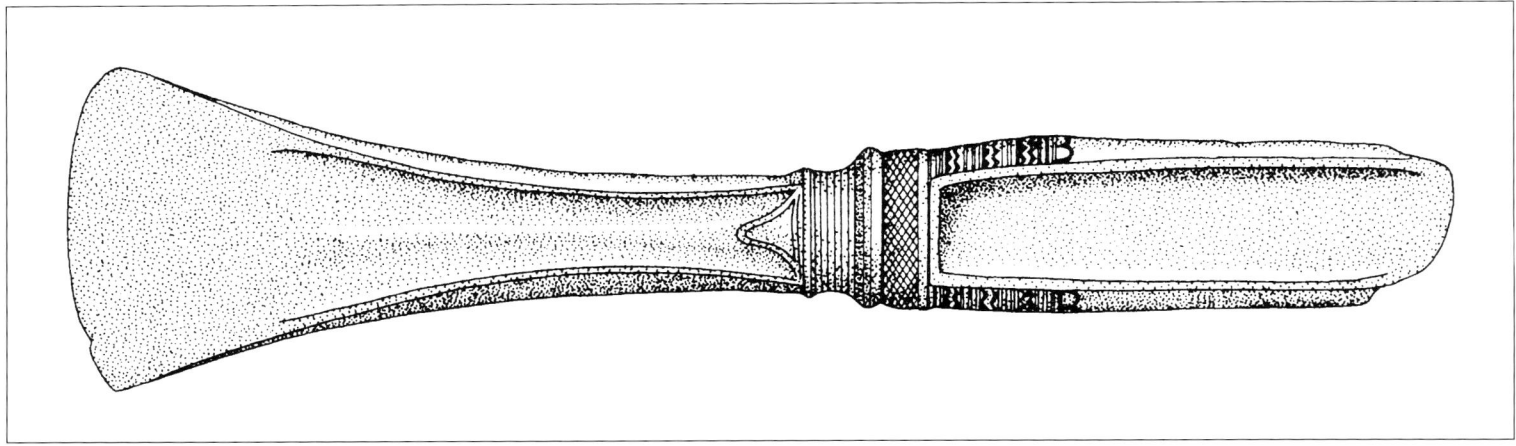

Verziertes nordisches Absatzbeil aus einem Steinkistengrab von Hagenah bei Heinbockel (Kreis Stade) in Niedersachsen. Es wurde zusammen mit einer Sanduhrfibel und einem Dolch gefunden. Länge 21 Zentimeter. Original im Schwedenspeicher-Museum, Stade.

Rotenburg/Wümme) entdeckt wurde. Absatzbeile hat man in den Steinkistengräbern von Anderlingen, Dornsode, Essel, Hagenah, Heerstedt, Langen, Meckelstedt und Quelkhorn geborgen. Häufig war der Schäftungsteil der Beilklingen verziert.

Bronzene Dolche lagen außer in den Frauengräbern von Beckdorf und Niendorf auch in Männergräbern. Auf entsprechende Exemplare stieß man in den Steinkistengräbern von Anderlingen, Hagenah, Heerstedt und Meckelstedt, in denen Krieger bestattet worden waren. Der Dolch von Heerstedt hatte acht Nägel, mit denen einst der heute nicht mehr existierende Griff befestigt war.

Ein Beispiel für den Wegebau um 1200 v. Chr. wurde in einem Moor bei Groß Heins[2] im Kreis Verden entdeckt. Dort überquerte man mit Hilfe einer Reihe größerer Steine das unsichere Gelände. Vermutlich haben die Benutzer dieses Stapfweges auf benachbarten Teilen des Sandbodens gewohnt und Vieh gehalten.

Aus der älterbronzezeitlichen Stader Gruppe oder aus einige Jahrhunderte späterer Zeit könnte das Wagenrad von Beckdorf[3] (Kreis Stade) stammen, das von den Entdeckern zunächst als »Holzdeckel« fehlgedeutet worden ist. Es wurde aus dem Stamm einer fast 70 Zentimeter dicken Erle geschaffen. Derart mächtige Erlenstämme gibt es heute nicht mehr. Das Rad hat einen Durchmesser von 67 Zentimetern. Es ist am Rand fünf Zentimeter und in der Mitte bis zu 10,5 Zentimeter dick. In dem rundlichen Loch von etwa 20 Zentimeter Durchmesser befand sich ursprünglich die röhrenförmige Holznabe.

Die Frauen der Stader Gruppe haben zu Lebzeiten bronzene gedrehte Halsringe, Armschmuck und am Gürtel befestigte Schmuckscheiben getragen. Das Wissen über ihren Schmuck ist bescheiden, weil es in der Stader Gruppe unüblich war, die Frauen mit ihrem gesamten Schmuck zu bestatten, wie es in der Lüneburger Gruppe gehandhabt wurde. Aus diesem Grund dürfte es sich bei einem großen Teil der Gräber ohne Beigaben um Beisetzungen von Frauen handeln.

Lediglich im östlichen Randbereich der Staader Geest sind Frauenbestattungen gefunden worden, die Beigaben enthielten. Sowohl in Beckdorf als auch in Niendorf bei Beckdorf (Kreis Stade) lag jeweils ein bronzener Dolch in einem Frauengrab. Diese Beigabe war für die nordische Bronzezeit typisch, zu der die Stader Geest in der älteren Bronzezeit gehörte.

Die Tote von Beckdorf hatte man in einem Baumsarg zur letzten Ruhe gebettet. Um den Hals trug sie einen gedrehten bronzenen Ring. Links und rechts im Haar oder an einer nicht mehr vorhandenen Kopfhaube prangte je ein zierlicher Spiralring. Vor der Brust steckte eine 25 Zentimeter lange bronzene Nadel im Kleid. Am linken Unterarm hing ein bronzener Armring, während das rechte Bein von einem bronzenen Fußring geziert wurde. Links neben dem Kopfende stand außerhalb des Baumsargs ein verziertes Tongefäß mit vier kleinen Henkeln.

Eine Frauenbestattung in der Tracht der Stader Gruppe liegt vom östlichen Rand der Stader Geest aus Heidenau[4] (Kreis Harburg) vor. Zur Ausstattung jener Verstorbenen gehören ein gerippter Halskragen, zwei gedrehte Halsringe, ein Armring und zwei kleine, am Gürtel befestigte Scheiben. Letztere waren offenbar typisch für die Stader und nordelbische Dithmarscher Gruppe. Diese Frau hatte in die Lüneburger Gruppe eingeheiratet, ihren Dolch abgelegt und die Lüneburger Radnadel als Zeichen der verheirateten Frau erhalten. Einige kegelförmige Hütchen und Spiralröllchen vervollständigten das Ensemble. Da diese Frau in Stader Schmucktracht im Bereich der Lüneburger Gruppe der älteren Bronzezeit lebte und starb, wurde sie nach Lüneburger Sitte mit ihrem gesamten Schmuck beigesetzt, was diese Analyse erlaubt.

Zu den Beigaben für den verstorbenen Krieger im Steinkistengrab auf dem Türlürsberg bei Bramstedt (Kreis Cuxhaven) soll auch ein goldener Ring gehört haben, der sich angeblich am Handgriff eines Schwertes befand. Vielleicht handelte es sich hierbei um eine leicht biegsame goldene Lockenspirale, die um den Schwertgriff gewickelt worden war. Es ist aber auch möglich, daß das goldene Objekt von einem viel jüngeren Schatzfund mit römischen Münzen stammte. Der Türlürsberg soll früher ein Berg von beträchtlicher Höhe gewesen sein, der im Laufe der Zeit immer mehr abgetragen wurde.

Die Menschen der Stader Gruppe haben ihre Verstorbenen unverbrannt bestattet. Über dem Grab wurde ein Hügel aufgeschüttet. Im Verbreitungsgebiet der Stader Gruppe sind die Grabhügel zumeist in langgezogenen Reihen angeordnet. Während einer kurzen Zeitspanne herrschte die Sitte vor, Tote in einem mannslangen Steinkistengrab zu beerdigen. Dieser Gräbertyp wurde in zwei verschiedenen Formen zu gleicher Zeit übernommen. Dabei handelte es sich um die Steinkistengräber der Gruppe Anderlingen-Heerstedt und um die Steinkistengräber der Gruppe Goldbeck-Daudieck.

Die Steinkistengräber der Gruppe Anderlingen-Heerstedt sind nach den Fundorten Anderlingen[5] (Kreis Rotenburg/Wümme) und Heerstedt[6] (Kreis Cuxhaven) benannt. Charakteristisch für sie ist der rechteckige oder leicht trapezförmige Grundriß von etwa zwei Meter lichter Länge und 0,80 bis einem Meter lichter Breite. Die Längsseiten dieser teilweise in den Boden eingetieften Steinkistengräber bildete man aus mehreren Granitblöcken und jeweils einem breiten Steinblock an den Schmalseiten. Die meistens 0,80 bis ein Meter hohen Steinkistengräber wurden häufig mit zwei oder drei flachen Steinplatten abgedeckt. Der Boden der Grabkammer war stellenweise gepflastert.

Steinkistengräber der Gruppe Anderlingen-Heerstedt kennt man im ganzen Verbreitungsgebiet der Stader Gruppe. Sie wurden in den Kreisen Rotenburg/Wümme (Anderlingen), Cuxhaven (Dornsode[7], Heerstedt, Langen[8], Meckelstedt[9]), Stade (Essel[10]) und Verden (Hohenaverbergen[11], Quelkhorn[12]) nachgewiesen. Das Steinkistengrab von Heerstedt hatte einen trapezförmigen Grundriß.

Die Steinkistengräber der Gruppe Goldbeck-Daudieck erhielten ihren Namen nach den Fundstellen Goldbeck bei Beckdorf[13] und Daudieck bei Horneburg[14] (beide im Kreis Stade). Dieser Typ kam nur im Bereich südlich von Stade vor. Die Längsseiten jener Steinkistengräber bestehen jeweils aus einer einzigen langen Steinplatte und je einer kleineren Platte oder einem Findling an den Schmalseiten. Als Abdeckung dienten eine oder zwei flache Steinplatten. Auch solche Steinkistengräber sind in den Boden eingetieft. Die Grabkammer wurde meistens mit einer Packung von Rollsteinen bedeckt.

Steinkistengräber der Gruppe Goldbeck-Daudieck sind auf das Gebiet des Kreises Stade beschränkt. Dazu gehören die Fundorte Daudieck, Goldbeck (Grabhügel 82), Harsefeld[15], Ahlerstedt[16] und Hagenah bei Heinbockel[17].

Das Steinkistengrab von Goldbeck mit den Innenmaßen 1,90 mal 0,80 Meter war aus extrem schmalen Steinplatten erbaut und wurde mit einer Steinplatte von 2,40 Meter Länge, einem Meter Breite sowie 20 Zentimeter Dicke bedeckt. Das Steinkistengrab von Daudieck hatte die Innenmaße 1,70 mal 0,90 Meter. Seine Längsseiten wurden durch je eine 1,70 Meter lange, extrem schmale Steinplatte gebildet. Auf der westlichen Schmalseite standen eine flache Steinplatte und dahinter ein Steinblock, den Abschluß der östlichen Schmalseite markierte ein Findling. In den einzigen Deckstein wurden zahlreiche Schälchen eingetieft, deren Zweck unbekannt ist.

Die Steinkistengräber der Stader Gruppe gleichen völlig denen in nördlich anschließenden Gebieten wie in Dithmarschen (Schleswig-Holstein), auf den Nordfriesischen Inseln, im nördlichen Jütland (Dänemark) und auf den dänischen Inseln. Damit gehören die Steinkistengräber zwischen Weser, Aller und Elbe – laut Friedrich Laux – zur nordischen Bronzezeit, wogegen sie in der Lüneburger Gruppe nicht vorkamen. Ähnliche Gräber erbaute man damals auch in der Bretagne (Frankreich) und im südlichen England.

Das erste Steinkistengrab der Stader Gruppe war schon um 1730 auf dem Türlürsberg bei Bramstedt (Kreis Cuxhaven) bei der Abtragung von Erdreich entdeckt worden. Es wurde 1759 von dem Pastor Martin Mushard (1699–1770) aus Geestendorf bei Bremerhaven – im Stile jener Zeit – phantasievoll als »Monumentum des vergötterten Helden Tür Lürs zu Bramstädt im Herzogthume Bremen« beschrieben.

Außer Steinkistengräbern gab es andere Grabformen wie Langhügel und Totenhäuser. Ein etwa 50 Meter langer und 5,50 Meter breiter Langhügel in der Fischbeker Heide bei Hamburg[18] enthielt zur Überraschung der Ausgräber kein jungsteinzeitliches Großsteingrab, sondern etwa in Höhe der Mittelachse zahlreiche Gräber der älteren Bronzezeit. In Baden bei Achim[19] (Kreis Verden) wurde unter einem Grabhügel eine Totenhütte mit vier Pfosten sowie steinerner Kultnische entdeckt. Darin dürfte eine Körperbestattung in einem Baumsarg gelegen haben. Totenhäuser hat man vor allem in der Lüneburger Gruppe (s. S. 193) errichtet.

Wie in der Lüneburger Heide wurden auch im Verbreitungsgebiet der Stader Gruppe einige der rätselhaften Rillensteine und Rinnensteine gefunden (s. S. 194), so zum Beispiel derjenige vom Forsthaus Hollenbeck (Kreis Stade). Dieser 1,10 Meter hohe Rillenstein wird seit 1979 in der vor- und frühgeschichtlichen Abteilung des Schwedenspeichermuseums in Stade aufbewahrt.

Als eindrucksvollstes Zeugnis des Kultes der Stader Gruppe gilt der Bildstein von Anderlingen (Kreis Rotenburg/Wümme). Er markierte die südliche Schmalseite eines Steinkistengrabs, auf das Landwirte im Oktober 1907 gestoßen waren, als sie einen Grabhügel abtrugen, um Sand und Steine zu gewinnen. Der Hügel von zwei Meter Höhe und 25 Meter Durchmesser barg eine Grabkammer, die innen zwei Meter lang, 70 Zentimeter breit und ein Meter hoch war. Die Grabkammer bestand aus zwölf Wandsteinen und drei Decksteinen. Darin lag ein Mensch, von dem nur noch wenige Skelettreste erhalten geblieben waren, in einem längst verrotteten Baumsarg bestattet.

Bildstein mit Darstellung menschlicher Gestalten aus Anderlingen (Kreis Rotenburg/Wümme) in Niedersachsen. Länge 1,15 Meter, Breite 75 Zentimeter, Dicke 50 Zentimeter. Original im Niedersächsischen Landesmuseum, Hannover.

Zur Zeit der Entdeckung waren die in den 1,15 Meter langen, 0,75 Meter breiten und 0,50 Meter dicken Bildstein eingemeißelten drei menschlichen Gestalten noch nicht erkennbar. Sie wurden durch anhaftenden Sand bedeckt und erst Ende Januar 1908 sichtbar, als der Sand abbröckelte. Bedauerlicherweise haben Einheimische, die den wissenschaftlichen Wert dieses Objekts nicht ahnten, den Bildstein mit weiteren Darstellungen verunziert. Kurz danach besichtigte der damals in Hannover tätige Archäologe Hans Hahne (1875–1935) die Fundstelle und ließ den Bildstein fotografieren.

Die in den Anderlinger Bildstein eingemeißelten drei Gestalten sind nackt und tragen vogelartig wirkende Masken. Ähnliche Vermummungen sind auch auf südschwedischen Felsbildern zu sehen. Der erste Mensch auf der linken Seite hat die Hände wie zum Gebet erhoben und die Finger gespreizt. Daneben steht in der Mitte ein Mensch, der mit erhobenen Händen ein Beil hält, wie man es von skandinavischen Prozessionsdarstellungen kennt. Rechts davon trägt ein Mensch ein nicht identifizierbares Objekt in seinen Händen und wird von zwei in den Stein eingetieften Schälchen flankiert.

Der rätselhafte Gegenstand in den Händen der rechten Figur auf dem Anderlinger Bildstein wurde von verschiedenen Autoren schon als Opfergabe, Schallinstrument oder rauchende Opferschüssel interpretiert. Die beiden Schälchen an den Seiten der Gestalt hat man als Symbole der Feuererzeugung, des Feuers und der Sonne gedeutet. Und die Figur selbst wurde schon als Frau mit langem Rock verkannt.

Der Prähistoriker Karl Hermann Jacob-Friesen (1886–1960) aus Hannover erachtete den Anderlinger Bildstein als »Dreigötterstein«. Er meinte, die linke Gestalt mit erhobenen Händen sei der Feuergott, die mittlere mit der Axt der Sonnengott und die rechte der Mondgott. Diese Theorie entsprach den Schilderungen von Cäsar und Tacitus über die Götterdreiheit der Germanen. Das Motiv des Mannes mit erhobenen Händen gilt auf nordischen Felsbildern der Bronzezeit auch als Dämon, Tänzer oder Betender (Adorant).

Heute neigt die Fachwelt am meisten zur 1963 von der damals in Hannover arbeitenden Prähistorikerin Clara Redlich vertretenen Ansicht, die drei menschlichen Gestalten auf dem Anderlinger Bildstein stellten den Aufzug einer Bestattungsszene dar. Der Prähistoriker Wolfgang Dietrich Asmus (1908–1993) aus Hannover wertete 1990 die Szene als eine Heilsbeschwörung des im Steinkistengrab bestatteten Menschen, der offenbar eine wichtige Funktion im Rahmen des Sonnenkults innehatte. Alle drei Beschwörer blickten bei der ursprünglichen Ausrichtung des Bildsteins im Steinkistengrab nach Südwesten zur untergehenden Sonne.

Zu den Farbtafeln

21/22 Außenansicht (oben) und Innenansicht (unten) eines rekonstruierten Hauses von Telgte-Wöste (Kreis Warendorf) in Nordrhein-Westfalen aus der älteren Bronzezeit (etwa 1500 bis 1200 v. Chr.) im Archäologischen Freilichtmuseum, Oerlinghausen (Kreis Lippe).

23 Ankunft der sogenannten »Prinzessin« von Fallingbostel mit prächtiger niederösterreichisch-ungarischer Tracht in Fallingbostel (Kreis Soltau-Fallingbostel) in Niedersachsen zur Zeit des Sögel-Wohlde-Kreises (etwa 1600 bis 1500 v. Chr.).

24 Verzierte Goldscheibe aus der älteren Bronzezeit (etwa 1500 bis 1200 v. Chr.) von Moordorf bei Südbrookmerland (Kreis Aurich) in Niedersachsen. Durchmesser 14,5 Zentimeter. Original im Niedersächsischen Landesmuseum, Hannover.

25 Verzierte Goldscheibe aus der nordischen älteren Bronzezeit (etwa 1500 bis 1200 v. Chr.) von Glüsing (Kreis Dithmarschen) in Schleswig-Holstein. Durchmesser einst 19,5, heute 18 Zentimeter. Kopie im Archäologischen Landesmuseum der Christian-Albrechts-Universität Kiel, Schleswig.

26 Goldbecher aus der älteren Bronzezeit (etwa 1500 bis 1200 v. Chr.) von Gölenkamp (Kreis Grafschaft Bentheim) in Niedersachsen. Höhe 11,5 Zentimeter. Original im Privatbesitz, abgebildete Kopie im Niedersächsischen Landesmuseum, Hannover.

△ 21   ▽ 22   23 ▷

△ 24   ▽ 25   ▽ 26

Der Schalenstein von Wiershausen
Die Südhannoversche Gruppe

Zu den kleineren Lokalgruppen der älteren Bronzezeit von etwa 1500 bis 1200 v. Chr. in Niedersachsen gehörte die Südhannoversche Gruppe. Ihr Verbreitungsgebiet lag im südhannoverschen Bergland und umfaßte die Gebiete der heutigen Kreise Hannover, Göttingen, Hildesheim und Northeim. Im südlichen Teil dieser Lokalgruppe machten sich stärkere Einflüsse aus dem Bereich der osthessisch-thüringischen Hügelgräber-Kultur bemerkbar, im nördlichen Teil dagegen solche der Lüneburger Gruppe.

Der Begriff »Südhannoversche Gruppe« wurde 1987 von dem am Hamburger Museum für Archäologie arbeitenden Prähistoriker Friedrich Laux (s. S. 445) auf einer Tagung in Bad Stuer und 1990 in dem Sammelband hierüber vorgeschlagen. Diese Lokalgruppe existierte nur in der älteren Bronzezeit, ab der mittleren Bronzezeit von etwa 1200 bis 1100 v. Chr. ist sie nicht mehr durch Beigaben in den Gräbern belegt. Das Gebiet des Kreises Hannover zählte in der mittleren Bronzezeit zur Allermündungs-Gruppe (s. S. 303).

Die Kenntnisse über die Menschen der Südhannoverschen Gruppe basieren vor allem auf Gräberfunden, die Aussagen über Kleidung, Schmuck, Waffen und Grabsitten erlauben. Dagegen ist über die Siedlungen und die Wirtschaftsweise fast nichts bekannt. Man kann aber wohl ähnliche Verhältnisse wie bei der Hügelgräber-Kultur und bei der Lüneburger Gruppe voraussetzen. Demnach dürften die Angehörigen der Südhannoverschen Gruppe Ackerbauern, Viehzüchter und Bronzegießer gewesen sein, die in festen Häusern wohnten.

Wie bei anderen Kulturen oder Gruppen jener Zeit benutzte man auch im südhannoverschen Bergland bronzene Nadeln, um die Kleidung zusammenzuhalten. Die Frauen trugen zu diesem Zweck – so wie in Osthessen üblich – oft zwei Radnadeln, die nur selten in derselben Gußform hergestellt wurden. Beliebt waren vor allem Doppelradnadeln.

Außer den auch als Schmuck dienenden Nadeln wurden in Frauengräbern osthessische Halskragen aus Bronzeblech, Halsringe, Halsketten, Glasperlen, längsgerippte Stollenarmbänder, Armspiralen und Armringe gefunden. Da der Armschmuck wohl kaum unter der Garderobe versteckt bleiben sollte, dürften die Frauen eine Oberbekleidung ohne oder nur mit kurzen Ärmeln bevorzugt haben. Fehlender Beinschmuck könnte als Indiz für lange Röcke gewertet werden.

In einem Hügelgrab von Bockenem-Werder (Kreis Hildesheim) wurde eine prächtige Halskette von 77 Zentimeter Länge geborgen. Sie besteht aus aneinandergereihten bronzenen Spiralröllchen. Als Anhänger einer Halskette dienten vermutlich vier blaue Glasperlen, die in Neuenkirchen (Kreis Goslar) zum Vorschein kamen.

Eine im Ilseforst bei Dinklar (Kreis Hildesheim) bestattete Frau trug offenbar eine Flügelhaube, die für die Lüneburger Gruppe typisch ist. Daß es sich um eine derartige Kopfbedeckung handeln könnte, dazu gibt die Kombination von kegelförmigen bronzenen Hütchen, Blechröhrchen und Spiralröllchen Anlaß, mit denen die seitlichen Flügel verziert wurden. Die Trägerin der Flügelhaube könnte eine Frau aus der Lüneburger Heide gewesen sein, die durch Einheirat in die Gegend von Dinklar kam.

Funde auf dem Weserhang »Dreischeuwer« bei Hemeln[1] (Kreis Göttingen) beweisen, daß Metallhandwerker der Südhannoverschen Gruppe in der Lage waren, bronzene Erzeugnisse herzustellen. An diesem Ort wurden Bronzegußkuchen entdeckt, die Bronzeverarbeitung belegen. Daß man damals aber weiterhin die Qualitäten des Feuersteins zu schätzen wußte, demonstrieren etwa zwei Dutzend herzförmiger Pfeilspitzen vom selben Fundort.

Außer Pfeil und Bogen umfaßte die Waffenausrüstung der Männer vor allem verschiedene Formen von bronzenen Absatzbeilen mit hölzernem Schaft. Unter den Beilen gelten die Klingen vom Südhannover-Typ als einheimisches Produkt. Typologisch stehen diese Beile zwischen importierten osthessischen Formen der Hügelgräber-Kultur und jenen des ebenfalls bei Tauschgeschäften erworbenen Osthannover-Typs der Lüneburger Gruppe.

Bronzene Schwerter, Lanzenspitzen und Dolche waren selten. Ein Schwert wurde im einzigen nachweisbaren Männergrab des Friedhofs im Ilseforst bei Dinklar[2] (Kreis Hildesheim) entdeckt.

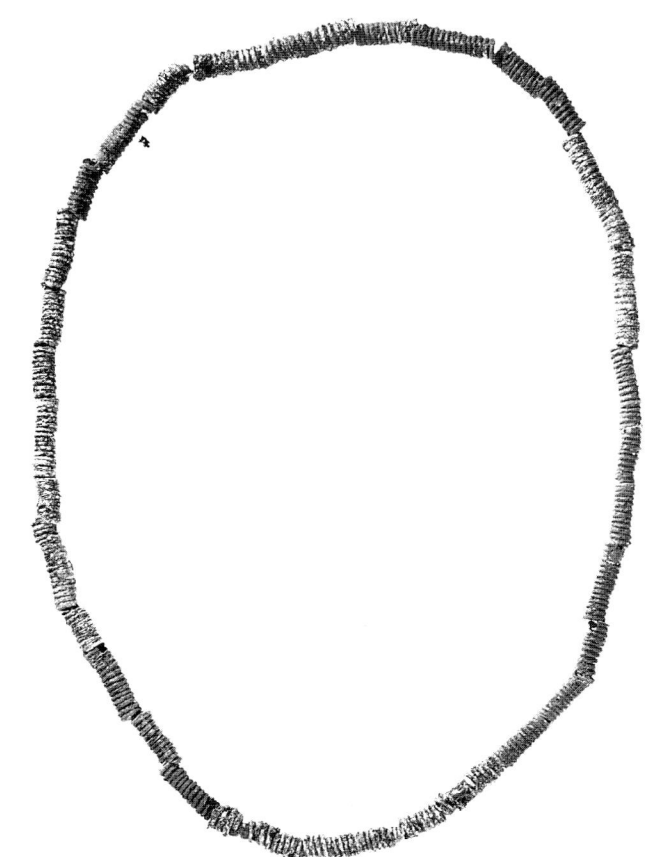

Halskette aus aneinandergereihten bronzenen Spiralröllchen von Bockenem-Werder (Kreis Hildesheim) in Niedersachsen. Länge der Halskette 77 Zentimeter. Original im Niedersächsischen Landesverwaltungsamt, Institut für Denkmalpflege, Hannover.

Oben: Schalenstein auf dem Bühl bei Wiershausen (Kreis Göttingen) in Niedersachsen. Länge 2,80 Meter, Breite 2,20 Meter, Dicke 76 Zentimeter. Der Schalenstein wurde nach der Ausgrabung neben dem letzten erhaltenen Grabhügel aufgestellt.

Links: Bronzene Beilklinge des Südhannover-Typs vom Acker Fornefett östlich von Kelternborn bei Knutbühren (Kreis Göttingen) in Niedersachsen. Länge der Beilklinge 18,5 Zentimeter. Original im Städtischen Museum, Göttingen.

In dem Gräberfeld im Osterholz bei Nordstemmen[3] (Kreis Hildesheim) kam ein bronzener Dolch zum Vorschein.

Die im Verbreitungsgebiet der Südhannoverschen Gruppe gefundenen Schmuckstücke und Waffen fremder Herkunft spiegeln den Tauschhandel mit Angehörigen der Lüneburger Gruppe und der Hügelgräber-Kultur wider. Vielleicht ist ein Teil der Tauschwaren aus dem Bereich der osthessischen Hügelgräber-Kultur mit Wasserfahrzeugen – Einbäumen oder Flößen – auf den nach Norden strömenden Flüssen transportiert worden.

Im südhannoverschen Bergland wurden die Toten zunächst unverbrannt unter Grabhügeln bestattet. Ab der mittleren Bronzezeit setzte sich die Brandbestattung durch, die zur Aufgabe der Beigabensitte führte. Dies geschah durch Einflüsse der süddeutschen und niederrheinischen Urnenfelder-Kultur.

Als größter Friedhof der Südhannoverschen Gruppe gilt das Gräberfeld vom Maschholz bei Knutbühren[4] (Kreis Göttingen). Von den dort insgesamt 18 Grabhügeln aus der älteren Bronzezeit sind bereits sechs abgetragen worden. Dabei sowie beim Überpflügen wurden bronzene Schmuckstücke (Radnadeln, Stollenarmbänder) und Waffen (Beilklinge, Lanzenspitze) zutage gefördert.

Ein Zeugnis für den damaligen Kult ist der 2,80 Meter lange, 2,20 Meter breite und 76 Zentimeter dicke Schälchenstein, der in einem Grabhügel auf dem Bühl bei Wiershausen[5] (Kreis Göttingen) entdeckt wurde. Auf dem Schälchenstein waren eine Dolchklinge und eine Nagelkopfnadel als Beigaben einer Bestattung abgelegt. Seine 55 Vertiefungen könnten bei der Gewinnung von Feuer oder Gesteinsmehl entstanden sein, das vielleicht als heilkräftige Medizin galt.

Aus Niedersachsen sind zahlreiche Schälchensteine bekannt. Die ältesten von ihnen stammen wohl aus der Jungsteinzeit, die meisten jedoch aus der Bronzezeit. In Wiershausen ist es erstmals gelungen, einen Schälchenstein in Verbindung mit einer Bestattung zu bergen.

Pfostenavenuen und »Sonnensteine«
Die Oldenburg-emsländische Gruppe

Aus einem nicht bekannten Grund haben die Menschen im westlichen Teil von Niedersachsen in der älteren Bronzezeit von etwa 1500 bis 1200 v. Chr. ihren Verstorbenen fast keine Beigaben mit ins Grab gelegt. Durch diese Eigenart unterscheidet sich die in den Kreisen Oldenburg, Cloppenburg, Diepholz und Emsland verbreitete Oldenburg-emsländische Gruppe von den übrigen Kulturstufen jener Zeit in Niedersachsen. Der Begriff »Oldenburg-emsländische Gruppe« geht auf den Hamburger Prähistoriker Friedrich Laux (s. S. 445) zurück. Er hat 1987 in Bad Stuer bei einer Tagung und 1990 in dem Sammelband hierüber diesen Namen geprägt.

Anhand zweier Grabfunde aus Kirchhatten (Kreis Oldenburg) weiß man, daß die Menschen jener Zeit Kleidungsstücke trugen, die aus Schafwolle und Hirschhaaren gewebt waren. In einem der dortigen Gräber konnte auf der Außenseite eines bronzenen Armreifs ein Wollgeweberest geborgen werden, der entweder von der Decke, unter der die Leiche lag, oder von einem Mantel stammt. In einem anderen Grab fand man an fünf Stellen der Bestattung ein Wollgewebe mit einen Millimeter dicken Fäden und verrotteten Flachs.

Auf Ackerbau während der älteren Bronzezeit wies früher eindeutig der Hakenpflug von Walle[1] (Kreis Aurich) hin, der nur wenig außerhalb des Verbreitungsgebiets der Oldenburg-emsländischen Gruppe zum Vorschein kam. Sein Alter wurde durch Pollenanalysen am Fundort ermittelt. Heute schwankt die Datierung jenes Pfluges zwischen der Jungsteinzeit und der Bronzezeit. Das insgesamt drei Meter lange Ackerbaugerät aus Eichenholz mit etwa 60 Zentimeter langer Schar hat man beim Torfstechen in etwa anderthalb Meter Tiefe zutage gefördert. Ein anderer Pflug aus Eichenholz von Duisburg-Rheinhausen[2] in Nordrhein-Westfalen stammt aus der Jungsteinzeit und ist auf etwa 2300 v. Chr. datiert.

Da den Toten keine Fleischbeigaben ins Grab gelegt wurden und die Siedlungen schlecht erforscht sind, weiß man wenig über die Haustiere der Oldenburg-emsländischen Gruppe. Die erwähnten Gewebereste aus Kirchhatten belegen indirekt die Haltung von Schafen. In einem Hügelgrab mit Baumsargbestattung von Harmhausen (Kreis Diepholz) barg man Hundeknochen. Die Hirschhaarreste von Kirchhatten deuten auf gelegentliche Jagd hin.

Die Tongefäße der Oldenburg-emsländischen Gruppe werden wegen ihrer groben Machart als »Kümmerkeramik« (s. S. 185) bezeichnet. Neben aus Ton modellierten und im Töpferofen gebrannten Keramikgefäßen wurden zuweilen Holzgefäße geschnitzt. Das beweisen ein Eichenholzgefäß aus einem Grab von Sulingen-Vorwohlde (Kreis Diepholz) und Lindenholzreste aus einem Grab von Kirchhatten (Kreis Oldenburg), die wohl von einem Gefäß stammen.

Da in Nordwestdeutschland in der älteren Bronzezeit keine Erzvorkommen erschlossen waren, mußten die Menschen in diesem Gebiet jegliches Metall importieren. Es hat den Anschein, als ob die Ackerbauern und Viehzüchter der Oldenburg-emsländischen Gruppe nicht besonders reich waren und deshalb kein Rohmaterial in großen Mengen für die Herstellung von Bronzeerzeugnissen eintauschen konnten.

Spärliche Waffenfunde in Gräbern verraten, daß die Krieger der Oldenburg-emsländischen Gruppe über Pfeil und Bogen sowie über bronzene Absatzbeile und Schwerter verfügten. Der Besitz von Pfeil und Bogen als Fernwaffe ist durch Pfeilspitzen aus Feuerstein belegt. In Cloppenburg-Ambühren wurden ein rapierartiges Langschwert mit vier Nieten zur Befestigung des Griffes und ein schmales Absatzbeil geborgen.

Auf Waffenimport von weit her deutet der Fund eines 20,3 Zentimeter langen und 975 Gramm schweren Absatzbeils mit zwei seitlichen Ösen von Wildeshausen[3] (Kreis Oldenburg) hin. Denn einen solchen Beiltyp kennt man vor allem aus Nordwestspanien und Portugal, daneben aber auch aus Westfrankreich und der Bretagne, von wo aus er nach Südwestengland und Irland gelangte. Das Beil von Wildeshausen soll nach Ansicht von Prähistorikern iberischer Herkunft sein, weil bei den dortigen Funden das Verhältnis von Schäftungs- zu Schneidenteil meistens etwa ein Drittel zu zwei Drittel beträgt.

Keiner der bekannten älterbronzezeitlichen Gruppen in Niedersachsen läßt sich der verzierte Goldbecher von Gölenkamp[4] (Kreis Grafschaft Bentheim) zuordnen (s. S. 204). Das Gefäß kam beim Sandgraben auf dem Spöllberg innerhalb eines Grabhügelfeldes zum Vorschein. Dort war der Goldbecher wie ein Deckel über ein Tongefäß gestülpt, das gelben Sand enthielt.

Der Goldbecher wiegt 255 Gramm, ist 11,5 Zentimeter hoch, sein Durchmesser beträgt am Boden 5,5 Zentimeter und an der Mündung 15 Zentimeter. Seine Außenseite ist im unteren Drittel glatt. Darüber verlaufen drei breite Ringwülste mit Zonen von großen Buckeln, denen sich vier schmalere Wülste sowie eine glatte Fläche bis zum Rand anschließen. Der Boden des Goldbechers ist mit sechs konzentrischen Kreisen verschönert, die vermutlich die Sonne symbolisieren sollten.

Der Originalfund von Gölenkamp befindet sich in Privatbesitz. Nachbildungen davon werden im Niedersächsischen Landesmuseum, Hannover, und im Kulturgeschichtlichen Museum, Osnabrück, aufbewahrt. Welchem Zweck dieses prächtige Goldgefäß diente, läßt sich nicht sagen.

Hakenpflug aus Eichenholz von Walle (Kreis Aurich) in Niedersachsen. Seine Datierung schwankt zwischen Jungstein- und Bronzezeit. Gesamtlänge etwa drei Meter, Länge der Pflugschar etwa 60 Zentimeter. Original im Niedersächsischen Landesmuseum, Hannover.

Auffällig viel Goldschmuck wurde beim Pflügen in Lorup[5] (Kreis Emsland) entdeckt (s. S. 158). Allein zu einer 41 Zentimeter langen Halskette von dort gehören zwölf goldene Spiralröllchen von einem Zentimeter Durchmesser, deren Enden jeweils zu Spiralplatten aufgerollt sind. Außerdem stieß man in Lorup auf zwei offene, ovale Armringe aus starkem Golddraht, Spiralröllchen aus Gold ohne Endaufwicklung, einen goldenen Fingerring und eine Bernsteinperle. Einzelne Goldschmuckstücke lagen außerdem in Gräbern von Sulingen-Vorwohlde und Wesenstedt-Harmhausen (beide im Kreis Diepholz).

In einem Frauengrab von Sulingen-Vorwohlde kam eine Halskette zum Vorschein, auf der abwechselnd Spiraldrahtröllchen aus Bronze und Bernsteinperlen unterschiedlicher Größe und Form als Anhänger aufgereiht waren. Im selben Grab machte man zudem einen Kopfschmuck aus Bronzeröllchen und -hütchen ausfindig, der vermutlich auf Schnüren oder Bändern aus Leder oder Filz befestigt war.

Zu den während der älteren Bronzezeit in Nordwestdeutschland errichteten Wegen zählt der etwa 650 Meter lange Bohlenweg zwischen Büppel und Jethausen südlich von Varel[6] (Kreis Wesermarsch). Er führte über ein 650 Meter breites Moor und diente als Zufahrt zu einer Bootsanlegestelle am damaligen Westufer der Jade. Die für den Bau des Weges verwendeten Hölzer stammen von Bäumen, die – nach der Jahrringdatierung zu schließen – um 1357/58 v. Chr. gefällt wurden.

Der Weg unweit von Varel war so konstruiert, daß die unterste Lage Längshölzer durch senkrechte Pfähle fixiert wurde. Auf ihnen ruhten etwa 2,50 bis 2,80 Meter lange, 20 bis 45 Zentimeter breite und fünf bis acht Zentimeter dicke gespaltene Eichenbohlen, die durch Einkerbungen der Unterseite in die

Ausgrabung des Bohlenweges mit der Bezeichnung XXXVI (Ip) südlich von Varel (Kreis Wesermarsch) aus der Zeit um 1357/1358 v. Chr. Der Weg führte über ein 650 Meter breites Moor zu einer Bootsanlegestelle am damaligen Westufer der Jade.

gewünschte Höhe gebracht wurden. Die Fahrbahn dieses Bohlenweges war eben wie ein Tennenboden. Dadurch liefen die Fahrzeuge leichter. Gleichzeitig wurden die Räder, Achsen und die Wagenladungen geschont.

Von einem Wagen der ausklingenden älteren Bronzezeit könnten die Speichenradreste aus dem Barnstorfer Moor im Kreis Diepholz[7] stammen. Dieser Fund läßt sich trotz moderner Altersdatierungen keiner bestimmten bronzezeitlichen Kultur zuweisen (s. S. 322).

Auf manchen Geestrücken zwischen der Ems und der Hunte wurden die Toten in Baumsärgen bestattet, über denen man Hügel errichtete. Dies war aber nicht generell üblich, wie andere Beisetzungen in Grabschächten am Fuß von fundleeren Rund- und Langhügeln zeigen. Solche Rund- und Langhügel kennt man von Groß-Stavern[8] (Kreis Emsland).

Zu den spärlichen Grabbeigaben für die Toten gehörten Tongefäße sowie gelegentlich bronzene Absatzbeile, Nadeln und Pfeilspitzen aus Feuerstein. Sie sollten den Verstorbenen vielleicht im Jenseits nützlich sein. Eine Bestattung mit abgetrenntem Schädel in Schoßlage von Sulingen-Vorwohlde (Kreis Diepholz) könnte sich möglicherweise damit erklären lassen, daß man so die Rückkehr eines zu Lebzeiten gefürchteten Menschen verhindern wollte.

Als Gräberfeld aus dieser Zeit gilt der mindestens zwölf Hügel umfassende Friedhof von Kirchhatten[9] (Kreis Oldenburg). Die genaue Zahl der Grabhügel von dort ist wegen früherer Zerstörungen nicht mehr feststellbar. In Kirchhatten wurden die Toten meistens in Baumsärgen beigesetzt. Die erste Bestattung (Zentralbestattung) im Hügel hat man häufig mit einem Steinkranz umgeben. Unter jedem der aus Heideplaggen errichteten Hügel wurden zahlreiche Feuerstellen registriert, die von Kultfeuern stammen dürften. Die Hügel I und V von Kirchhatten sind mit einem Kreis- beziehungsweise Ovalgraben versehen.

In anderen Gegenden Nordwestdeutschlands wurden während der älteren Bronzezeit von Pfosten gesäumte Zugänge zu Gräbern (sogenannte Pfostenavenuen) errichtet. Zu dieser Feststellung gelangte man zunächst in Wiesens[10] (Kreis Aurich) sowie später in Achmer[11] (Kreis Osnabrück) und Westerholt[12] (Kreis Wittmund). Aus Achmer kennt man eine Avenue mit einer Pfostendoppelreihe, aus Westerholt eine mit zwei Pfostendoppelreihen und aus Wiesens eine mit vier Pfostendoppelreihen.

In Achmer (Stadt Bramsche) führt eine 23 Meter lange Pfostendoppelreihe mit mindestens 18 Pfostenpaaren aus Kiefernholz zu einer runden Grabanlage mit drei Baumsärgen. Die Avenue ist durch eine zehn Meter große Lücke von der Grabanlage getrennt. Vielleicht diente diese Lücke als heiliger Bezirk.

Die zwei Pfostendoppelreihen von Westerholt sind zwölf und 17 Meter lang, teilweise mehr als zehn Meter voneinander entfernt und enden etwa zehn Meter vor einem Hügel mit zwei Gräbern, der von einem runden Pfostenkranz umgeben wird. Auch dort gab es also eine Lücke zwischen der Grabanlage und der Avenue.

In Wiesens bildeten die 25 Meter lange und neun Meter breite Grabanlage, eine zehn Meter große Lücke und die maximal 65 Meter lange Pfostenavenue die größte bronzezeitliche Grabstätte Nordwestdeutschlands. Dort war die Grabanlage mit Doppelbaumsarg von einem Pfostenoval umgeben, auf das von Osten her vier Pfostendoppelreihen mit jeweils einem Meter Breite zuliefen. Die Pfostendoppelreihen haben Abstände von sechs bis neun Metern und sind unterschiedlich lang. Für den Grabbezirk

Pfostenavenue von Wiesens (Kreis Aurich) in Niedersachsen: Vier teilweise bis zu einer Länge von 65 Metern nachweisbare doppelte Pfostenreihen verlaufen mit Abständen von sechs bis neun Metern in Richtung einer Grabanlage der älteren Bronzezeit.

in Wiesens wurden nahezu 500 Pfähle benötigt, wozu schätzungsweise auf einem Hektar heutiger Waldfläche Bäume gefällt werden mußten.

Avenuen mit Pfostendoppelreihen gab es etwa zur gleichen Zeit auch in Süd- und Mittelengland sowie in Holland. In England führten sie allerdings nicht zu Gräbern, sondern zu großen, runden Holzbauten, den sogenannten Woodhenges, die als Kultbauten oder Versammlungshäuser gedeutet werden.

Als Zeugnisse des Sonnenkults der älteren Bronzezeit gelten die mit konzentrischen Kreisen verzierten »Sonnensteine« in Nordwestdeutschland. Die Kreise symbolisieren nach Ansicht von Prähistorikern vermutlich die Sonne. Zu den »Sonnensteinen« im Verbreitungsgebiet der Oldenburg-emsländischen Gruppe können vielleicht die Kultmale von Colmrade-Beckstedt und Harpstedt – beide im Kreis Oldenburg gelegen – gerechnet werden. Einen weiteren Sonnenstein – außerhalb des zentralen Gebiets dieser Gruppe – gab es in Friedeburg-Horsten (Kreis Wittmund).

Der »Sonnenstein« von Colmrade-Beckstedt wurde 1921 im Ortsteil »Zur Straßburg« beim Abriß eines 1668 errichteten kleinen Bauernhauses entdeckt, in dessen Fundament er eingemauert war. Er sollte später als Grabstein verwendet werden. Doch dazu kam es nicht, weil der Archäologe Hans Müller-Brauel (1867–1940) aus Bremen den Fund für 75 Reichsmark erwarb und ihn 1938 in der Zeitschrift »Germanenerbe« beschrieb. Heute wird der »Sonnenstein« von Colmrade-Beckstedt im Ludwig-Roselius-Museum für Frühgeschichte, Worpswede bei Bremen, ausgestellt.

Dieser »Sonnenstein« besteht aus rotem Granit, ist nahezu dreieckig, 89,5 Zentimeter hoch, oben maximal 60 Zentimeter breit und unten maximal 40 Zentimeter dick. Auf seinen oberen zwei Dritteln sind elf konzentrische Kreise in gleichmäßigem Abstand bis zu fünf Millimetern eingetieft. Der größte Kreis hat einen Durchmesser von 54 Zentimetern. Jener »Sonnenstein« dürfte einst mit dem unbearbeiteten Teil im Boden eingraben und als sichtbares Kultmal aufgestellt worden sein.

Als die etwa 300 Meter vom Fundplatz aufgestellte Nachbildung des »Sonnensteins« von Colmrade-Beckstedt feierlich enthüllt wurde, teilten der Rektor Robert Grimsehl (1890–1963) und Bürgermeister Knolle aus Harpstedt mit, in ihrem Ort gebe es ein noch größeres und schöneres Exemplar. Der »Sonnenstein« von Harpstedt war irgendwann zwischen 1925 und 1930 auf dem Galgenberg zum Vorschein gekommen und danach auf den heutigen Schützenplatz gebracht worden. Der Schützenverein ließ den »Sonnenstein«, den man als mittelalterliche Schützenscheibe fehldeutete, in einen Sockel von Tischhöhe einmauern und mit einer Eichenbank umgeben.

Auch der etwa 90 Zentimeter hohe, maximal 87 Zentimeter breite und bis zu zehn Zentimeter dicke »Sonnenstein« von Harpstedt ist aus rotem Granit. Auf ihm sind zwölf konzentrische Kreise angebracht, deren größter einen Durchmesser von 67 Zentimetern aufweist.

DIE MITTELBRONZEZEIT IN DEUTSCHLAND

»Sonnenstein« mit elf konzentrischen Kreisen aus Beckstedt (Kreis Oldenburg) in Niedersachsen. Höhe 89,5 Zentimeter, maximale Breite 60 Zentimeter. Original im Ludwig-Roselius-Museum für Frühgeschichte, Worpswede bei Bremen.

Freilegung des »Sonnensteins« unter der Gartenpforte der Familie Renken in Friedeburg-Horsten (Kreis Wittmund) in Niedersachsen im Jahre 1963. Höhe und Breite 1,10 Meter. Original in der Grundschule Friedeburg-Horsten.

Als größter und schönster »Sonnenstein« Nordwestdeutschlands gilt der 1,10 Meter hohe und breite sowie maximal 26 Zentimeter dicke Fund von Friedeburg-Horsten. Dieser schätzungsweise fünf Zentner schwere Koloß kam schon um die Jahrhundertwende etwa 200 Meter westlich des Ortes in einem Wall zum Vorschein. Sein Entdecker, der Landwirt Gerd Renken (1870 bis 1935) aus Horsten, hat durch das wenige Zentimeter große Loch in der Mitte des Steins ein Seil gesteckt und den Fund mit Hilfe eines Pferdes zu seinem Grundstück gezogen. Dort lag der »Sonnenstein« etwa 60 Jahre lang unbeachtet.

Die Fachwelt erfuhr erst im März 1963 von der Existenz dieses »Sonnensteins«. Damals berichtete der Sohn des Entdeckers, der Landwirt Georg Renken (1906–1994) aus Horsten, dem Archäologen Karl Heinz Marschallek (1904–1981) aus Jever, bei der Besichtigung einer mittelalterlichen Fundstelle von einem »Stein mit Rillen« unter seiner Gartenpforte und bat um Begutachtung. Beim Freischaufeln und Abfegen der Steinplatte kamen auf der Oberfläche 17 gleichmäßig um ein zylindrisches Mittelloch mit einem Durchmesser von 3,4 Zentimetern eingehauene Kreise zum Vorschein, von denen der größte einen Durchmesser von 77 Zentimetern erreicht. Es handelte sich also nicht um einen alten Mühlstein – wie zunächst vermutet –, sondern um einen »Sonnenstein« aus der Bronzezeit.

Der »Sonnenstein« aus Friedeburg-Horsten wurde mit Hilfe von Brechstangen geborgen und auf einem Anhänger zur Landesstelle für Marschen- und Wurtenforschung nach Wilhelmshaven gebracht, welche damals für die Bodendenkmalpflege in Ostfriesland zuständig war. Heute befindet sich der Originalfund des »Sonnensteins« im Gebäude der Grundschule von Friedeburg-Horsten. Eine Kopie steht im Wohngebiet Horsten, Am Sonnenstein.

Ähnliche konzentrische Kreise wie auf den »Sonnensteinen« in Nordwestdeutschland wurden auch auf skandinavischen Felsbildern zusammen mit anderen Motiven dargestellt. Da diese Kreise als Sonnensymbole gelten, hat man für die steinernen Kultmale aus Nordwestdeutschland den Namen »Sonnensteine« gewählt.

Mit dem Sonnenkult soll auch die prächtige Goldscheibe von Moordorf bei Südbrookmerland[15] (Kreis Aurich) in Verbindung stehen (s. S. 204). Sie kam in einem Moor in etwa 1,50 Meter Tiefe zum Vorschein. Diese Goldscheibe hat einen Durchmesser von 14,5 Zentimetern, besteht aus 0,14 Millimeter dünnem Goldblech und wiegt 36 Gramm. Ihre Schauseite ist mit kleinen Buckeln und Strichmustern verziert, die von der Rückseite eingestempelt wurden.

Wegen ihrer außerordentlichen Dünnwandigkeit dürfte die Goldscheibe von Moordorf einst auf einer stabilen Unterlage aus Holz oder Bronze befestigt gewesen sein. Darauf deuten die beiden seitlichen Laschen hin. Die heute plane Oberfläche war ursprünglich nach außen gewölbt. Vielleicht gehörte diese Goldscheibe zu einem Sonnenwagen, auf dem die vergoldete Seite der darauf montierten Scheibe den Tag und die unvergoldete die Nacht symbolisierte (s. S. 38).

Vergleichbare Goldscheiben konnten vor allem in Irland, aber auch in England, Dänemark und Schleswig-Holstein (s. S. 219) geborgen werden. Manche Prähistoriker nehmen an, diese mutmaßlichen Sonnensymbole hätten zur Ausstattung von bedeutenden Anführern oder Priestern gehört.

Der Sonnenkult der »Urgermanen«
Die nordische ältere Bronzezeit

In Schleswig-Holstein, auf den Nordfriesischen Inseln Sylt, Amrum und Föhr, im Küstengebiet von Mecklenburg-Vorpommern sowie auf der Ostseeinsel Rügen werden die archäologischen Funde aus der Zeit von etwa 1500 bis 1200 v. Chr. der nordischen älteren Bronzezeit (Periode II) zugerechnet. Diese Regionen Norddeutschlands gehörten zum Nordischen Kreis, dessen Kerngebiet damals in Dänemark lag, zudem aber Südnorwegen, Süd- und Mittelschweden umfaßte. Auch die bereits erwähnte Stader Gruppe (s. S. 196) im nördlichen Niedersachsen gilt als Teil des Nordischen Kreises.

Das Gebiet des in Nordeuropa weitverbreiteten Nordischen Kreises deckt sich nicht mit dem einer zeitlich vorangehenden Kultur der Frühbronzezeit oder der Jungsteinzeit. Dort lebte wohl auch kein Stamm oder Volk mit derselben Sprache. Zu den wenigen Gemeinsamkeiten zählten die Form und der Stil – oder salopper gesagt, die Mode – der Bronzeerzeugnisse: also der Werkzeuge, Waffen, Gefäße und Schmuckstücke, die in eigenen Werkstätten hergestellt wurden.

Nach Erkenntnissen des Hamburger Prähistorikers Friedrich Laux von 1990 lassen sich anhand bestimmter Waffenkombinationen im südlichen Schleswig-Holstein und im westlichen Mecklenburg-Vorpommern einige Lokalgruppen der nordischen älteren Bronzezeit unterscheiden. Dazu gehören die Westholsteinische Gruppe[1], die Segeberger Gruppe[2] und die Westmecklenburgische Gruppe[3].

Für die Westholsteinische Gruppe ist – laut Friedrich Laux – die Waffenausstattung mit einem Schwert und einer Lanzenspitze typisch, die vereinzelt durch ein Absatzbeil oder einen Dolch ergänzt wurde. Dagegen gilt für die Segeberger Gruppe die Bewaffnung mit einem Schwert und einem Absatzbeil als kennzeichnend, wozu häufig ein Dolch kommt. Die Angehörigen der östlich benachbarten Westmecklenburgischen Gruppe trugen ein Schwert, ein Absatzbeil und einen Dolch.

Die Menschen der nordischen Bronzezeit werden manchmal als »Urgermanen« bezeichnet, weil sie Vorfahren der ab der Eisenzeit um 500 v. Chr. nachweisbaren Germanen sein sollen. Wie ein Grabfund von Kampen auf der Nordseeinsel Sylt zeigt, gab es damals bereits Männer von erstaunlichem Körperwuchs. Dort hat man unter einem Grabhügel das Skelett eines 1,82 Meter großen Kriegers entdeckt, der offenbar in einem später verrotteten Baumsarg bestattet worden ist.

Nach der Beisetzung eines Jugendlichen von Freienwill (Kreis Schleswig-Flensburg) zu schließen, war das Haar manches »Urgermanen« dunkelblond, bis zu 20 Zentimeter lang und geflochten. In Baumsärgen auf Jütland (Dänemark) wurden häufig blonde Haare gefunden.

Funde aus Dänemark zeigten, daß Frauen sehr kunstvolle Haartrachten mit Perücken, Haarrollen und -netzen trugen. Haarnetze bestanden – wie sich in einem Frauengrab aus Skrydstrup in Nordschleswig (Dänemark) herausstellte – mitunter aus Pferdehaar.

Dank ungewöhnlich erhaltener Bestattungen in Baumsärgen aus Dänemark ist die damalige Kleidung gut bekannt. Demnach trugen die Männer einen von der Brust bis zu den Knien reichenden Schurz mit Schulterträgern und quastenverziertem Stoffgürtel. Hinzu kamen an kühlen Tagen ein ovaler Schulterumhang und eine halbkugelige Mütze.

Besuch aus dem Nachbardorf auf einer Darstellung von 1936. Eine der beiden ankommenden Frauen überreicht der auf einem Klappstuhl sitzenden Mutter mit ihrem Kind als Gastgeschenk eine Tonklapper in Gestalt einer Gans.

Zur Garderobe der Frauen gehörten ein bis auf die Füße fallender, faltenreicher Wollrock mit Quastengürtel und eine kurzärmelige Bluse im Kimonoschnitt. Mädchen dagegen waren – wie ein Fund aus Egtved in Dänemark belegt – mit einer Bluse und einem kniefreien Fransenrock, der sich zweimal um den Unterleib wickeln ließ, bekleidet. Die Füße von Frauen und Männern wurden mit Binden umwickelt und steckten in ledernen Sandalen.

Mit einer halbkugeligen Mütze auf dem Kopf sowie einem Kittel und einem Umhang – alles aus Wolle – angetan, lag ein Krieger von Harrislee[4] (Kreis Schleswig-Flensburg) in einem Baumsarg. Er war in eine große wollene Decke gehüllt, von der Fetzen erhalten blieben. Bei der Mütze wurden drei Stoffschichten übereinandergelegt, durch Walken zu Webfilz verarbeitet, geformt und durch zusätzlich eingezogene Fäden gepolstert. In Gräbern von Nebel auf der Nordseeinsel Amrum fand man Reste eines Gewandes mit dunkelbraunem und hellerem Gewebe sowie einen Bernsteinknopf mit V-förmiger Durchbohrung.

Überbleibsel eines Stoffgürtels kamen in einem Grabhügel von Itzehoe (Kreis Steinburg) in Schleswig-Holstein zum Vorschein. Wie ein Grabfund von Borum Eshøj westlich von Århus in Dänemark veranschaulicht, waren gewebte Gürtel manchmal drei Zentimeter breit, fast 2,50 Meter lang und hatten an jedem Ende als Abschluß eine Quaste.

Halbkugelige Mütze aus dem Grab eines Kriegers von Harrislee (Kreis Schleswig-Flensburg) in Schleswig-Holstein. Höhe 15,7 Zentimeter. Original im Archäologischen Landesmuseum der Christian-Albrechts-Universität Kiel, Schleswig.

Auf Körperpflege und Schönheitssinn deuten Kämme aus Geweih, bronzene Pinzetten, Ohrlöffel, Nagelreiniger und Tätowiernadeln hin. Kämme lagen in Dänemark sowohl in Frauen- als auch in Männergräbern. In Egtved steckte der Kamm hinter der bronzenen Gürtelscheibe, in Skrydstrup war er mit einer Schnur am Gürtel befestigt.

Die bronzenen Pinzetten (Nippzangen) zum Ausreißen störender Haare gelten als Nachahmungen von ebensolchen Geräten der süddeutschen Hügelgräber-Kultur (s. S. 172). Tätowiernadeln bestanden aus einem kurzen Stück Bronzedraht, der an einem Ende zugespitzt und am anderen breitgehämmert ist. Man hat diese Nadeln oder Pfrieme aber auch schon als Geräte zum Entfernen von Dornen gedeutet (s. S. 172).

An drei Orten in Schleswig-Holstein wurden bereits im 19. Jahrhundert bronzene Beschläge von Klappstühlen entdeckt. Solche Sitzmöbel sind aus Ottenbüttel[5] und Drage[6] (beide im Kreis Steinburg) sowie in Hollingstedt[7] (Kreis Dithmarschen) nachgewiesen. Daß es sich hierbei um Klappstühle handelte, hat als erster der Kustos am damaligen Museum Vaterländischer Alterthümer zu Kiel, Friedrich Knorr (1872–1936), erkannt.

In Ottenbüttel lagen neun Bronzeknäufe, in denen teilweise Holzreste steckten, in einem Grab, in Drage waren es drei und in Hollingstedt vier (ebenfalls mit Holzresten). Die Bronzeknäufe dienten als Endbeschläge der runden oder leicht ovalen Hölzer, aus denen die Klappstühle konstruiert waren. Teilweise wurden auch Bronzebolzen gefunden, welche die beiden Rahmenteile verbanden. Mit den vereinzelt geborgenen bronzenen Ziernägeln ist die Sitzfläche aus Fell oder Leder an den oberen Längsholmen befestigt worden.

Relikte von Klappstühlen aus der nordischen älteren Bronzezeit kennt man auch aus Mecklenburg-Vorpommern (Bechelsdorf bei Niendorf[8], Kreis Nordwestmecklenburg) und Dänemark (Guldhøj bei Vamdrup) sowie aus der Stader Gruppe (Daensen, Stadt Buxtehude, Kreis Stade, s. S. 196). Bei dem Fund aus Bechelsdorf handelt es sich um Teile eines Klappstuhls mit Sitzleisten aus Weißbuchenholz und verzierten Bronzekapseln. Das in einem Baumsarg von Guldhøj entdeckte Exemplar ist vollständig erhalten.

Derartige Sitzmöbel gelten als eine Eigenart der nordischen Bronzezeit und waren in Europa offenbar auf Norddeutschland und Dänemark beschränkt. Manche Prähistoriker meinen, die Klappstühle seien bedeutenden Männern vorbehalten gewesen, denen auf Reisen ein hervorragender Sitz zustand. Ähnlich alt wie die nordischen Klappstühle sind zwei solcher Sitzmöbel aus dem Grab des ägyptischen Pharaos Tutanchamun. Klappstühle wurden zudem auf Fresken in Ägypten und auf der Mittelmeerinsel Kreta dargestellt.

Abdrücke von Getreidekörnern auf Tongefäßen der nordischen älteren Bronzezeit und Reste von Getreidekörnern belegen den Anbau von Nacktgerste (Hordeum vulgare var. nudum), mehrzeiliger Gerste (Hordeum vulgare), Emmer (Triticum dicoccon) und Dinkel (Triticum spelta). In Bordesholm-Schmalstede (Kreis Rendsburg-Eckernförde) wurden Gerstenkörner mit einem Gesamtgewicht von 346 Gramm gefunden.

Pflüge sind durch Pflugspuren unter Grabhügeln von Harrislee (Kreis Schleswig-Flensburg), Ramsdorf (Kreis Rendsburg-Eckernförde), Nebel auf der Nordseeinsel Amrum in Schleswig-Holstein und in Wendelstorf (Kreis Bad Doberan) in Mecklenburg-Vorpommern nachgewiesen. Sie wurden kreuz und quer von Hakenpflügen gezogen. In Harrislee lagen die Pflugspuren unter zwei Grabhügeln, in Ramsdorf und Nebel jeweils unter einem. Die Pflugspuren von Wendelstorf bedeckten eine Fläche von etwa 20 Quadratmetern und waren durchschnittlich fünf Zentimeter breit. Die Pflugspuren unter Grabhügeln sind unterschiedlich erklärbar. Sie können einerseits auf vormaligen Ackerbau hindeuten, andererseits aber auch entstanden sein, als man die Grasnarbe in handliche Plaggen zerlegte, die dann beim Bau des Hügels Verwendung fanden.

Pflugspuren aus dieser Zeit sind des weiteren von einigen Orten in Dänemark bekannt. Sie stammen von Pflügen, mit denen man die Erdoberfläche kreuz und quer aufritzte, aber den Ackerboden nicht wendete. Auf südschwedischen Felsbildern sind Pflüge zu sehen, die von Rindern gezogen werden.

Das reife Getreide wurde mit Feuersteinsicheln, aber auch schon mit aus Bronze gegossenen Geräten geschnitten. Allein in Mecklenburg-Vorpommern kamen an fast 20 Fundorten bronzene Knopfsicheln zum Vorschein. Ein Depot in Wieck (Kreis Güstrow) in Mecklenburg-Vorpommern umfaßte vier Exemplare. Die Getreidekörner hat man auf Trogmühlen mit Mahlsteinen zerquetscht.

Als Haustiere sind im Nordischen Kreis Schafe, Ziegen, Rinder, Schweine, Hunde und Pferde nachgewiesen. In einem Hügelgrab von Schwaan (Kreis Bad Doberan) in Mecklenburg-Vorpommern hat man Pferdereste geborgen. Die kleinen Pferde gelten als Luxustiere der damaligen Oberklasse. Sie spielten auch eine Rolle als Zugtiere von Sonnenwagen im Sonnenkult. Am bereits erwähnten Fundort Bordesholm-Schmalstede wurden verkohlte halbierte Wildäpfel (Malus sylvestris) im Gewicht von 200 Gramm sowie 40 Gramm geschälte und halbierte Eicheln von Stieleichen (Quercus robur) gefunden. Dabei handelte es sich wohl um mißglücktes Dörrobst. Eine Vorratsgrube von Nørre Sondegård auf Bornholm (Dänemark) enthielt neben Getreidekörnern etwa 600 halbierte Holzäpfel, die zerschnitten

Ackerbauer mit Pflug – ähnlich dem Fund aus Walle (Kreis Aurich in Niedersachsen) – und Rindern als Zugtieren. Pflugspuren aus der nordischen älteren Bronzezeit wurden in Schleswig-Holstein und Mecklenburg-Vorpommern entdeckt.

und getrocknet wurden, bevor man sie als Wintervorrat konservierte. Außerdem hat man dort Nußschalen entdeckt.

Auf den Genuß von berauschenden Getränken weist ein Fund aus Egtved in Dänemark hin. Dort hatte man einer jungen Frau unter anderem eine kleine Schachtel aus Birkenrinde ins Grab gelegt, die mit Lindenbast zusammengenäht war. Die Schachtel enthielt Reste eines Fruchtbiers aus Weizen sowie Preiselbeeren (*Vaccinium vitisidaea*) oder Moosbeeren (*Vaccinium oxycoccus*) mit Zusatz von Porst (*Ledum*) und Honig, also eine alkoholische Mixtur.

Die schmucklos gestalteten Tongefäße der nordischen älteren Bronzezeit spiegeln den Niedergang des damaligen Töpferhandwerks wider. Zum Formenschatz der Keramik gehörten Töpfe, Tassen, Becher und Schalen. Nur einzelne Töpfe wurden auf dem unteren Teil der Außenseite mit schrägen Riefen versehen. Da es in der Norddeutschen Tiefebene weder Kupfer- noch Zinn- oder Goldvorkommen gab, mußte das Rohmaterial für die Verarbeitung von Bronze und Gold von weit her importiert werden. Das Kupfer kam vermutlich aus Mittel- und Süddeutschland sowie Südosteuropa, das Zinn aus Cornwall und von den Britischen Inseln, das Gold vor allem aus Irland, aber auch aus den österreichischen Alpen oder aus Siebenbürgen. Als Gegengabe bei Tauschgeschäften diente vielleicht Bernstein von den Nordfriesischen Inseln und von der Ostseeküste.

Die von Metallhandwerkern der nordischen älteren Bronzezeit hergestellten Bronze- und Golderzeugnisse standen qualitativ und künstlerisch auf einem erstaunlich hohen Niveau. Sie wurden nur noch von gleichartigen Produkten ungarischer Metallhandwerker übertroffen. Außer den in eigenen Werkstätten angefertigten Geräten, Werkzeugen, Waffen, Metallgefäßen und Schmuckstücken schätzte man auch importierte Waren dieser Art, wodurch das heimische Metallhandwerk neue Anregungen erhielt.

Daß neben Gußformen aus Stein auch solche aus Bronze benutzt wurden, zeigen Funde von Morsum auf der Nordseeinsel Sylt, von Rendsburg in Schleswig-Holstein und von Vorland bei Rolofshagen (Kreis Nordvorpommern). Aus einem Grabhügel der Wikingerzeit von Morsum kamen Gußformen für Schwerter der älteren Bronzezeit zum Vorschein, die mit den Aufschüttungsmassen des Hügels von einer benachbarten Siedlung entnommen wurden. In Rendsburg hat man zwei Gußformen für nordische Absatzbeile entdeckt, die jeweils aus zwei Hälften bestehen. Mit der größeren dieser beiden Gußformen konnte ein 18,8 Zentimeter langes Beil gegossen werden, mit der kleineren eines von 16,9 Zentimeter Länge. Auch die Gußform von Vorland war für die Anfertigung von Absatzbeilen bestimmt.

Zu den bronzenen Werkzeugen gehörten unverzierte Beile, Messer und Meißel. Bei den Beilklingen lassen sich Absatz- und frühe Tüllenbeile unterscheiden. Unter den Meißeln kennt man pfriemartige Exemplare mit sehr schmaler Schneide, Tüllenmeißel und massive Meißel.

Bronzene Gußform für ein Absatzbeil und moderner Abguß (rechts) aus Rendsburg in Schleswig-Holstein. Länge der Gußform 25 Zentimeter. Original im Archäologischen Landesmuseum der Christian-Albrechts-Universität Kiel, Schleswig.

Ab der nordischen älteren Bronzezeit wurden auch in Schleswig-Holstein und Mecklenburg-Vorpommern bronzene Schwerter gegossen. Diese Stichwaffen hatten Griffe, die für eine sie umschließende Faust zu kurz waren. Offenbar mußte der Besitzer den Daumen unterhalb des Griffes auf den obersten Teil der Klinge legen oder aber auf den Knaufkopf. Im ersten Fall führte man den Stich von unten, im zweiten von oben.

Während der Blüte der nordischen älteren Bronzezeit gehörten zur Waffenausrüstung eines Kriegers ein Schwert, Absatzbeil, Dolch und Speer. In Dänemark und Schweden gab es auch einschneidige bronzene »Krummschwerter«, die manchmal mit einer Öse zum Aufhängen versehen waren. Die »Krummschwerter« dienten jedoch nicht als Waffen, da die Schwertscheide mit dem Ortband gleich mitgegossen wurde. Es handelt sich sozusagen um eine Schwertscheide mit einem Griff.

Bei den Schwertern aus der Periode II der nordischen älteren Bronzezeit in Schleswig-Holstein und Mecklenburg-Vorpommern fällt der große Formenreichtum auf. Ihr Griff und ihr ovaler Knauf wurden oft mit Spiralmustern verziert. Mitunter hat man den Griff aber auch mit kräftig eingedrückten Dreiecken oder schmalen Rechtecken verschönert.

Das Schwert steckte in einer gefütterten hölzernen Scheide, die durch ein Bronzeortband zusammengehalten wurde und an einem Ledergürtel hing. Bronzeortbänder wurden in Gadeland (Kreis Segeberg) und Perdoel (Kreis Plön) in Schleswig-Holstein geborgen. Das Ortband von Gadeland besteht aus einem seitlichen, rechteckigen Bronzerahmen, der den unteren und seitlichen Abschluß einer Holzscheide bildete. Das Ortband endet unten mit einer spitzovalen Platte von 4,8 Zentimeter Länge und 1,8 Zentimeter Breite. Lederreste, deren Verwendungszweck teilweise nicht bekannt ist, kamen in Gräbern der Periode II in Mecklenburg-Vorpommern zum Vorschein.

Nach der Fundhäufigkeit in den Gräbern zu schließen, war das Beil neben dem Schwert die wichtigste Waffe. Die bronzene Klinge wurde in das aufgespaltene, knieförmig abgebogene obere Ende des hölzernen Schaftes eingesetzt und dann mit Lederbändern verschnürt. Reste des Holzschaftes und der Lederbindung hafteten an einem bronzenen Absatzbeil von Poltnitz (Kreis Parchim) in Mecklenburg-Vorpommern. Bei den reich mit eingeritzten Mustern verzierten Klingen handelte es sich vermutlich um Streitbeile.

Bronzene Vollgriffdolche, deren Klinge und Griff in einem Stück gegossen wurden, lagen sowohl in Gräbern von Männern als auch von Frauen. Manche Prähistoriker deuten dies als ein Indiz für die Gleichberechtigung der Geschlechter. Wie die Schwerter steckten auch die Dolche in hölzernen Scheiden. Von Nebel auf Anrum kennt man eine Dolchklinge mit Resten des Felles und des groben Wollgewebes, mit dem die Scheide ausgekleidet war.

Der in Schleswig-Holstein und Mecklenburg-Vorpommern reichlich vorkommende Feuerstein blieb in der nordischen älteren Bronzezeit ein beliebter Rohstoff für die Herstellung von Werkzeugen und Waffen. Das läßt sich an den Funden aus Siedlungen und Gräbern ablesen. Dagegen findet man in den Siedlungen aus dieser Zeit keine Bronzeerzeugnisse, weil diese, wenn sie unbrauchbar waren, umgeschmolzen wurden.

Vom Fleiß und Geschick eines Feuersteinschlägers zeugt ein Platz bei Bellin[9] (Kreis Güstrow) in Mecklenburg-Vorpommern, der einst am Nordrand eines größeren, später völlig verlandeten Sees lag. Auf einer Fläche von etwa zwei mal 1,50 Metern wurde eine bis zu 20 Zentimeter hohe Schicht mit ungefähr 500 000 Abschlägen zwischen drei und 80 Millimeter Länge sowie mit fertigen Werkzeugen und Waffen gefunden. Die Geräte waren auf zwei Amboßsteinen, die mit dem Unterteil tief im Boden steckten, zurechtgehauen worden.

Unter der Lage mit Feuersteinabschlägen befand sich eine Feuerstelle, deren Brandschicht 128 ganze und 152 bruchstückhafte Getreidekörner von Nacktgerste enthielt, die alle angekohlt sind. Eine Datierung von Funden aus der Feuerstelle mit der C14-Methode ergab eine Zeitspanne zwischen 1450 und 1310 v. Chr., die auch für die direkt darüber liegenden Feuersteinabschläge gilt.

Zu den fertigen Werkzeugen und Waffen aus Feuerstein von diesem Fundort gehören eine Flintspitze, zwei Pfeilspitzen, zwei Halbrundschaber, sieben Abschlagschaber, ein pickelartiges Gerät, ein sägenartiger Abschlag, ein kleines scheibenbeilartiges Gerät, ein dünn retuschierter Abschlag. Weitere Funde sind 64 Bruchstücke von angefangenen Werkzeugen (beispielsweise Halbmondmesser) und Waffen (darunter drei Speerspitzen) sowie Schlagsteine und Scherben unverzierter Tongefäße.

Den Toten wurden gelegentlich ein Feuerschlagstein und eine Pyritknolle mit ins Grab gelegt. Offenbar sollten sie – damaligen Glaubensvorstellungen entsprechend – auch im Jenseits bei Bedarf ein Feuer entfachen können. Ein solches Feuerschlagbesteck fand sich in einem Grab bei Ramsdorf (Kreis Rendsburg-Eckernförde) in Schleswig-Holstein.

Neben den bereits erwähnten bronzenen Waffen – wie Schwert, Beil, Dolch und Lanze – wurden in zahlreichen Gräbern kunstvoll aus Feuerstein zurechtgeschlagene Dolche entdeckt. Derartige Waffen von zehn und mehr Zentimeter Länge mit teilweise fischschwanzförmigem Griff (»Fischschwanzdolche«) kennt man aus Schleswig-Holstein und Mecklenburg-Vorpommern. In einem Grab mit Holzsarg von Tinnum auf Sylt lagen sogar drei Feuersteindolche.

Importwaren aus fernen Gegenden, die nur über das Meer erreichbar waren, sowie Darstellungen von Booten oder Schiffen auf Bronzeobjekten und skandinavischen Felsbildern deuten auf rege Schiffahrt hin. Auf den Schiffsmotiven sind keine Segel zu erkennen. Demnach wurden die Schiffe durch Paddel oder Ruder fortbewegt. Die mit Spiralen oder Tierköpfen verzierten Steven ähneln den Drachenschiffen der späteren Wikinger. Häufig endete die Kielplanke hinten und vorne mit einem Rammsporn. Offenbar ging es auf dem Meer nicht immer friedlich zu.

In Granzin (Kreis Ludwigslust) in Mecklenburg-Vorpommern wurde ein Knebel aus Geweih entdeckt, der zu einem Pferdegeschirr gehört haben dürfte. Pferde dienten damals vielleicht nicht nur als Reit-, sondern auch als Zugtiere von leichten Wagen mit Speichenrädern. Dagegen wurden schwere, vierrädrige Wagen mit Scheibenrädern wohl von Rindern gezogen.

Der Transport von Tauschwaren aus fernen Gebieten erfolgte über das Meer, auf großen Flüssen, wie Elbe und Oder, sowie auf dem Landweg. Während der Periode II spielte offenbar die westliche Handelsroute eine wichtige Rolle. Diese führte – wie Funde von fremden Gütern zeigen – von der Elbe abwärts über Niedersachsen und Westholstein an den Nordfriesischen Inseln vorbei zur Bernsteinküste in Jütland. Damals bestanden rege Handelskontakte mit der Hügelgräber-Kultur (s. S. 177).

Als Importstück aus der Periode II gilt das älteste Vollgriffschwert Mecklenburg-Vorpommerns, das in Alt Sührkow[10]

»Rückkehr der Krieger aus einem Frühjahrsfeldzug über See in die Heimat« auf einer Zeichnung des dänischen Künstlers Karl Jensen. Kleidung, Waffen und Schmuck wurden nach Funden und Felsbildern in Schleswig-Holstein und Dänemark dargestellt.

(Kreis Güstrow) gefunden wurde. Es gehört zu den Schwertern vom Typ Apa/Haidúsámson, der nach prachtvollen Depotfunden in Rumänien und Ungarn benannt ist. Aus Ungarn soll auch eine bronzene Streitaxt stammen, die in Bad Oldesloe-Poggensee in Schleswig-Holstein geborgen werden konnte.

In Gräbern von Friedrichsruhe (Kreis Parchim), Lehsen (Kreis Ludwigslust) und Plate-Peckatel (Kreis Mecklenburg-Strelitz) lagen kleine grün- und hellblaue Glasperlen. Die Exemplare von Friedrichsruhe sind länglich, röhrenförmig und haben eine dunkelblaue Färbung mit weißgelber Bänderung. Früher galten solche Glasperlen als aus dem Süden eingeführte Handelsobjekte. Der Münchener Prähistoriker Paul Reinecke (1872–1958) vermutete bei einem Teil von ihnen sogar das Neue Reich in Ägypten als Ursprungsland. Heute wird allgemein der Ostalpenraum als Herkunftsgebiet angenommen.

Die Frauen der nordischen älteren Bronzezeit trugen bronzene und mitunter goldene Schmuckstücke auf der Stirn, an den Haaren, Ohren, am Hals, an den Armen, Fingern, Beinen, auf der Kleidung und am Gürtel. Hinsichtlich des Dekors lassen sich drei zeitlich aufeinanderfolgende Stilrichtungen unterscheiden. Typisch für den ersten Stil sind Ornamente mit Parallellinien, Punktreihen, schraffierten Dreiecken, Rhomben, Zickzacklinien und Halbbogenreihen. Der zweite Stil dagegen ist durch Spiralverzierung und der dritte Stil durch feine Ornamente gekennzeichnet.

Die in Gräbern der nordischen älteren Bronzezeit entdeckten Schmuckstücke spiegeln einen erstaunlichen Goldreichtum wider. Metallanalysen zufolge stammt das Gold aus Irland, den österreichischen Alpen oder aus Siebenbürgen. Das begehrte Edelmetall wurde meistens in Form von Drahtspiralen getauscht. Dies hatte für die Händler vielleicht den Vorteil, daß sie das Gold am Arm unter der Kleidung versteckt tragen konnten. Nach den Funden aus Gräbern zu schließen, war Goldschmuck meistens Männern vorbehalten.

Der erwähnte Krieger von Harrislee (Kreis Schleswig-Flensburg) besaß außer zwei goldenen Spiralfingerringen zwei goldene Haarlockenringe, die an einer Haarlocke der Schläfen befestigt waren. Goldene Haarlockenringe kennt man auch aus Gräbern von Gülzow (Kreis Herzogtum Lauenburg), bei Flensburg (Fundstelle Margarethen- oder Nonnenberg), von Nebel auf Amrum in Schleswig-Holstein und von Stülow (Kreis Bad Doberan) in Mecklenburg-Vorpommern. In Flensburg steckte der verbogene Golddraht noch am Haarschopf. Andere Männergräber enthielten goldene Locken-, Arm- und Fingerringe.

In seltenen Fällen trugen Frauen ein schmales goldenes Stirnband (»Diadem«) um den Kopf. Um ein solches Schmuckstück könnte es sich bei dem gebogenen Goldband mit zwei Löchern an den Enden handeln, das aus einem Grabhügel bei Flensburg (Margarethenberg) geborgen wurde.

Zum Halsschmuck der Frauen gehörten im frühen Abschnitt der nordischen älteren Bronzezeit breite, bandförmige Halskragen aus Bronze- und gelegentlich sogar aus Goldblech. An ihre Stelle traten später gedrehte oder glatte bronzene Halsringe. Außerdem hing man sich Ketten mit Bernstein- und Glasperlen sowie Bronzeschmuck als Anhänger um. Sowohl die Halskragen als auch die dünnen Halsringe waren offen, damit man sie aufbiegen und um den Hals legen oder wieder abnehmen konnte. In Mecklenburg-Vorpommern gab es bei den bronzenen Halskragen zwei Haupttypen, die sich durch ihre Rippenverzierung unterscheiden. Bei einem Typ stehen die – meistens neun – Rippen in Längsrichtung eng beieinander. Dagegen hat der andere Typ drei Rippenpaare in Längsrichtung, die durch flache Zonen mit eingravierten Verzierungsmustern unterbrochen werden. Aus Schwasdorf (Kreis Güstrow) in Mecklenburg-Vorpommern ist sogar ein goldener Halskragen bekannt.

Halsringe wurden meistens in Frauengräbern gefunden. Gar nicht selten legten sich Frauen mehrere unterschiedlich große Halsringe übereinander um den Hals. Bronzene Ösenhalsringe fanden sich nicht in Gräbern, sondern nur in Depots. Offenbar hatten sie eine Funktion als Barren, wie das Depot von Nipmerow auf Rügen mit roh gegossenen Formen belegt. Nach Ansicht von Prähistorikern dienten die Ösenhalsringe als Schmuckgeld und wurden wohl am Körper getragen.

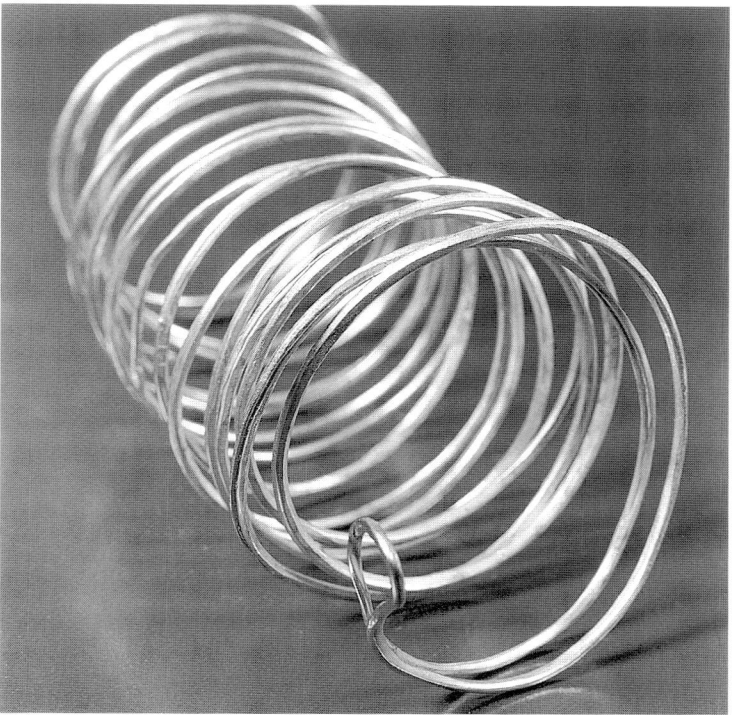

Goldener Haarlockenring (Lockenspirale) aus Negernbötel (Kreis Segeberg) in Schleswig-Holstein. Er hat vielleicht den Haarschopf eines Mannes zusammengehalten. Original im Archäologischen Landesmuseum der Christian-Albrechts-Universität Kiel, Schleswig.

An den Halsketten prangten Bernsteinperlen von den Nordfriesischen Inseln und der Ostsee, importierte Glasperlen und bronzene Spiralröllchen als Anhänger. Bernsteinperlen sind aus Grabhügeln mit Baumsargbestattungen von Nebel und Norddorf auf Amrum bekannt. Spiralröllchen mit einem Durchmesser von vier Millimetern reihte man auf mehrere Fäden auf und erhielt somit eine prächtige Halskette.

Die Arme wurden häufig mit bronzenen Spiralen und massiven Ringen, seltener mit Manschettenringen aus Bronzeblech (auch Stulpen genannt) geschmückt. Offene Armringe kamen vor allem in Frauengräbern zum Vorschein. Dagegen lagen offene Manschettenarmringe nur in Depots von Mecklenburg-Vorpommern.

Unter den bronzenen Armspiralen gab es vor allem Stücke, deren Draht einen schmalen, dreieckigen oder spitzovalen Querschnitt aufweist. Sie haben etwa zehn bis zwanzig Windungen. Seltenere Spiralarmbänder aus breitem bandförmigen Draht dagegen besitzen nur zwei oder drei Windungen und enden vielfach an beiden Seiten in einer weiteren Spirale. Außerdem verfügen sie über eine schmale Mittelrippe, die auf der einen Seite durch eine Punktreihe und auf der anderen durch ein gepunktetes Zickzackband begleitet wird.

Auch für einen Teil der Spiralarmringe diente Golddraht als Material. Allein in einem Grabhügel von Nebel auf Amrum wurden aus zwei Gräbern je zwei goldene Spiralarmringe geborgen. In einem Fall steckten die Ringe dicht übereinander am selben Arm. Je zwei goldene Spiralarmringe lagen auch in einem Grab von Ahneby (Kreis Schleswig-Flensburg), Ramstedt (Kreis Rendsburg-Eckernförde) und Utersum auf Föhr und je einer in Kampen und Tinnum auf Sylt.

Die massiven bronzenen Armringe sind meistens zu Ovalen geformt. Ihre Verzierungen bestehen aus Querkerben, Schräglinien, Winkeln, Dreiecken, Spitzovalen und Punktreihen an der Mittelkante.

Außer gedrehten bronzenen Armringen hat man auch goldene angefertigt, wie ein Exemplar aus dem Grabhügel 91 von Nebel auf Amrum veranschaulicht. Eines seiner Enden ist umgebogen, das andere läuft in zwei Spiralen aus. Auf den bronzenen Manschettenarmbändern wurden oft eng beieinanderstehende Rippen als Ornamentierung angebracht.

Bei den bronzenen Fingerringen gab es spiralförmige und in sich geschlossene Reifen. Die Fingerringe aus dünnem Draht mit rundem oder ovalem Querschnitt haben nur wenige Windungen. Unter den in sich geschlossenen Reifen überwiegen Exemplare mit bandförmiger Gestalt, die man durch Längslinien- oder Zickzackmuster verziert hat. Seltener sind ein runder oder rautenförmiger Querschnitt.

Auch die Spiralfingerringe wurden teilweise aus einfach oder doppelt gebogenem Golddraht geformt. In einem Grabhügel mit mehreren Bestattungen von Ruchow (Kreis Parchim) in Mecklenburg-Vorpommern wurden insgesamt vier goldene Spiralfingerringe und ein Goldfingerring entdeckt. Weitere Goldfingerringe kennt man von Neu Grebs (Kreis Ludwigslust) und von Slate (Kreis Parchim) in Mecklenburg-Vorpommern.

Bei etlichen Altfunden von kleinen goldenen Spiralringen in Gräbern läßt sich heute nicht mehr sicher sagen, ob es sich um Finger- oder um Haarlockenringe handelt. Denn beide sind einander sehr ähnlich. Zudem hat man früher bei Bergungen vielfach nicht genau auf die Lage der Fundstücke geachtet.

Neben ihrer praktischen Funktion als Gewandschließen hatten

Die Gürteldose aus Bordesholm (Kreis Rendsburg-Eckernförde) in Schleswig-Holstein ist vermutlich die Nachahmung einer hölzernen Spanschachtel. Höhe sechs Zentimeter. Original im Archäologischen Landesmuseum der Christian-Albrechts-Universität Kiel, Schleswig.

auch die bronzenen Nadeln und Fibeln (Gewandspangen) den Charakter von Schmuckstücken. In der Periode II wurden bronzene Scheibennadeln gegenüber Radnadeln bevorzugt. Bei den Scheibennadeln trägt die flach ausgehämmerte Scheibe Verzierungen. Ihr Rand ist mit drei Reihen kleiner und nach innen anschließend einer Reihe größerer Buckel versehen. Der Mittelpunkt wird durch einen Kreis kleiner Buckel oder Vertiefungen umgeben. Am oberen Ende ist der bandförmige Fortsatz rückwärts zu einer Öse eingerollt. Die heutigen Sicherheitsnadeln ähnelnden bronzenen Fibeln haben einen sanduhrförmigen Kopf.

Weitere Schmuckstücke auf der Kleidung waren gewölbte Bernsteinknöpfe mit Löchern auf der Unterseite zum Festnähen sowie zwei Zentimeter hohe, kegelförmige bronzene Hütchen (Tutuli), die häufig die Brustgegend zierten.

Die Tutuli wurden in unterschiedlicher Weise auf der Kleidung befestigt. Ein Teil von ihnen hatte am Rand Löcher, damit man sie festnähen konnte. Andere dagegen weisen am unteren Rand zwei schmale gegenüberliegende Flügel auf, die man – nachdem man sie durch das Gewand hindurchgeführt hatte – umbog.

Als dekorativer Hängeschmuck auf der Brust dienten gelegentlich bronzene Brillenspiralen. Sie bestehen aus zwei durch einen Bügel verbundenen Spiralplatten.

Einen ungewöhnlichen Blickfang stellte zuweilen der bronzene Gürtelschmuck der Frauen dar. Er war in Form einer Scheibe bis zur Größe einer heutigen Untertasse gestaltet und mit einer Öse auf der Rückseite versehen, durch die man den Gürtel zog. Die Schmuckscheibe läuft entweder in einem spitzen Mitteldorn aus oder ist von mehreren kleinen Buckeln umgeben. Im westlichen Teil von Holstein und in der Stader Geest trugen die Frauen statt einer großen Scheibe sogar zwei mittelgroße Scheiben nebeneinander am Gürtel. Derartige Exemplare sind mit Spiralreihen und Kreiszonen verziert.

Aus Bordesholm (Kreis Rendsburg-Eckernförde) in Schleswig-Holstein liegt eine sechs Zentimeter hohe, gegossene bronzene Gürteldose vor. Sie wurde wahrscheinlich einer hölzernen Spanschachtel nachempfunden und von einer Frau am Gürtel getragen.

In Schleswig-Holstein und Mecklenburg-Vorpommern wurden bisher keine Felsbilder wie in Skandinavien entdeckt. In Norddeutschland zeugen meistens mit konzentrischen Kreisen und Spiralbändern verzierte Waffen (vor allem bronzene Schwerter) und Schmuckstücke von der Kunst der nordischen älteren Bronzezeit. Die als Sonnensymbole gedeuteten konzentrischen Kreise und Räder sowie die Spiralen sind vermutlich aus dem südöstlichen Donauraum infolge von Handelskontakten nach Norddeutschland gelangt.

Zu den Musikinstrumenten jener Zeit gehörten vermutlich auch Trommeln, worauf ein umstrittener Fund aus dem Moor bei Balkåkra unweit von Ystadt in Schonen (Schweden) hindeutet (s. S. 33). Die davon erhaltenen Bronzeteile dienten nach Ansicht mancher Autoren als Verkleidung für einen runden Aufsatz aus Holz. Auf der Außen- und Unterseite der mutmaßlichen Bronzetrommel sind Sonnensymbole dargestellt. Das genaue Gegenstück dieses Fundes wurde 1914 in Hazfalva (Maschendorf, Ungarn) entdeckt. Das angebliche Musikinstrument von Balkåkra könnte als Zeremonialtrommel beim vermuteten Ritual der Sonnenanbetung geschlagen worden sein.

Die Toten wurden einzeln und häufig reich mit Schmuck und Waffen versehen in Baum- oder Bohlensärgen bestattet. Oft hat man den Sarg ringsum mit Steinen geschützt und darüber aus Sand oder Heideplaggen einen Hügel errichtet. Vielfach wurden die Hügel durch spätere Bestattungen (sogenannte Nachbestattungen) vergrößert. In einem Grabhügel von Morsum auf Sylt sind im Laufe der Zeit insgesamt 35 Beisetzungen vorgenommen worden. Gelegentlich hat man Grabhügel mit einem Steinkreis umgeben.

Die Grabhügel stehen einzeln, in Gruppen oder in Reihen auf Kuppen beziehungsweise an ehemaligen Wegen in der Landschaft. Sie sind 1,50 bis acht Meter hoch und haben einen Durchmesser von 15 bis 40 Metern. Von den einstigen Baumsärgen blieben meistens nur fettige, dunkle Erdstreifen übrig, zwischen denen die grün patinierten bronzenen Grabbeigaben lagen, während die Skelette meistens vergangen sind.

Es gibt aber auch einige Fälle in Schleswig-Holstein (Harrislee) und Dänemark (Egtved), bei denen der Baumsarg sowie das Skelett und die Kleidung des Toten geborgen werden konnten. Dies war möglich, weil sich die Heidesoden des Grabhügels bald nach der Bestattung schwammartig voll Wasser gesogen hatten. Dabei bildeten sich im Hügel sogenannte Ortsteinbänder, die den Sarg luftdicht ummantelten. Die Feuchtigkeit im Inneren der Kapsel verband sich dann mit der Gerbsäure des eichenen Sarges, wodurch Fäulnisbakterien ferngehalten wurden.

Zu Beginn der nordischen älteren Bronzezeit wurden die Toten meistens unverbrannt beerdigt. Doch allmählich verdrängten Einflüsse aus dem Südosten auch im Nordischen Kreis immer mehr die Körperbestattung zugunsten der Brandbestattung. Auf Sylt setzten die ersten Brandbestattungen schon gegen Ende der Periode I um 1600 v. Chr. ein, auf dem nordfriesischen Festland in der Periode III um 1200 und in anderen Gebieten erst in der Periode IV um 1100 v. Chr.

Besonders viele eindrucksvolle Grabhügel aus der nordischen älteren Bronzezeit finden sich auf Sylt. Als der größte davon gilt

Stein mit 40 Zentimeter großem Radsymbol auf der Vorderseite aus Borgstedtfelde (Kreis Rendsburg-Eckernförde) in Schleswig-Holstein. Höhe 70 Zentimeter. Original bei Peter Naeve, Borgstedtfelde.

der Grabhügel Gurt Brönshoog mit einem Durchmesser von 33 Metern, der in den Sylter Sagen über den Kampf der Riesen und Zwerge eine wichtige Rolle spielte. Auf ihm hat ein Leuchtturmwärter um 1857 einen Garten angelegt.

Eine der schönsten Hügelgräber-Gruppen der nordischen Bronzezeit von Sylt liegt auf einer hohen kreisförmigen Kuppe östlich von Morsum. Dabei handelt es sich um 20 teilweise noch erhaltene Grabhügel. Der größte davon ist der 3,50 Meter hohe Markmanshoog. Dieses Gräberfeld enthielt vor allem Urnen der Periode III. Viele andere Grabhügel auf Sylt wurden im Zweiten Weltkrieg beim Bau von Flakbatterien, Scheinwerferstellungen und niemals benutzten Festungsanlagen zerstört.

In Mecklenburg-Vorpommern sind zahlreiche Hügelgräber-Gruppen der nordischen älteren Bronzezeit bereits im 19. Jahrhundert von Lehrern und Pastoren, die sich als Heimatforscher betätigten, untersucht worden. Solche seit langem bekannte Friedhöfe gibt es in Sandkrug[11] (Kreis Uecker-Randow), Slate[12] und Friedrichsruhe[13] (beide im Kreis Parchim), Alt-Sammit[14] (Kreis Güstrow), Wittenburg[15] (Kreis Ludwigslust), Bad Doberan[16] (Kreis Bad Doberan) und in Plate-Peckatel[17] (Kreis Mecklenburg-Strelitz). In Slate wurden etwa 25 Grabhügel angelegt, in Alt-Sammit ungefähr 15, in Friedrichsruhe 15, in Wittenburg acht, in Bad Doberan und Sandkrug je sieben, in Peckatel vier. Gelegentlich fanden Verstorbene nicht in Grabhügeln, sondern in Großsteingräbern der Jungsteinzeit, die früher als 3000 v. Chr.

Mannshoher Stein mit Furchenzeichnung eines netzförmigen Gebildes aus Beldorf (Kreis Rendsburg-Eckernförde) in Schleswig-Holstein. Original im Archäologischen Landesmuseum der Christian-Albrechts-Universität Kiel, Schleswig.

erbaut worden sind, ihre letzte Ruhestätte. Eine derartige Nachbestattung kam in Süderschmedeby (Kreis Schleswig-Flensburg) zum Vorschein. Es war ein Männergrab mit bronzenem Schwert, Lanzenspitze und Dolch als Beigaben.

Die reichen Grabbeigaben in Form von Werkzeugen, Waffen und Schmuck deuten auf große Achtung für die Verstorbenen sowie auf den Glauben an das Weiterleben nach dem Tod hin. In krassem Gegensatz dazu stehen Bestattungen, bei denen dem Toten der vom Hals getrennte Schädel in den Schoß oder vor die Füße gelegt beziehungsweise sogar nur der Schädel bestattet wurde.

Schädel in Schoßlage des Verstorbenen sind von Schöningstedt (Kreis Stormarn) in Schleswig-Holstein sowie von Blengow und Ziesendorf (beide im Kreis Bad Doberan) in Mecklenburg-Vorpommern bekannt. In Schuby (Kreis Schleswig-Flensburg) fand sich der Schädel zu Füßen des Skeletts. Daran knüpfte der Kieler Kustos Wilhelm Splieth (1862–1901) die Sage von einem im Kampf gefallenen König, dem die »Schwarze Margret« den Kopf abgeschlagen habe.

Ausschließliche Beisetzungen von Schädeln haben in Mecklenburg-Vorpommern (Puddemin auf Rügen, Grabow im Kreis Ludwigslust, Grebbin im Kreis Parchim) und in Kampen auf Sylt stattgefunden. Was mit dem übrigen Skelett geschah, entzieht sich unserer Kenntnis. Vielleicht wollte man mit diesen Sonderbehandlungen der Schädel die Rückkehr von zu Lebzeiten gefürchteten Toten verhindern.

Als archäologische Zeugen des damaligen Sonnenkults werden sogenannte Sonnensymbole auf Felsblöcken sowie auf Goldschalen und -scheiben betrachtet. Das mehrspeichige Radsymbol soll eine verfremdete Darstellung der Sonnenscheibe sein, einige Autoren definieren es jedoch auch als symbolische Wiedergabe eines Wagens. Großflächige Felsbilder mit Schiffs-, Kult- und Götterdarstellungen sowie Sonnenwagen, wie man sie aus Skandinavien kennt, wurden bisher in Schleswig-Holstein und Mecklenburg-Vorpommern nicht entdeckt.

Ein 35 Zentimeter hoher und 33 Zentimeter breiter Stein von Süderschmedeby[18] (Kreis Schleswig-Flensburg) in Schleswig-Holstein, der südlich eines Grabhügels gefunden wurde, ist mit einem 22 Zentimeter großen Sonnensymbol versehen. Es handelt sich um einen Kreis, in dessen Zentrum eine Schälchengrube liegt. Durch die Schälchengrube laufen sechs schmale Linien. Offenbar hatte man ein zwölfspeichiges Rad darstellen wollen. Mit zwei Radsymbolen ist ein 70 Zentimeter hoher Stein von Borgstedtfelde[19] (Kreis Rendsburg-Eckernförde) in Schleswig-Holstein verziert. Das größere Radsymbol auf der Vorderseite hat einen Durchmesser von 40 Zentimetern und besteht aus acht Speichen, die in einer zentral gelegenen Schälchengrube zusammenlaufen. Das Radsymbol auf der Rückseite ist lediglich als Kreis wiedergegeben, in dessen Mitte sich eine tiefe Schälchengrube findet. Außer- und innerhalb des Kreises wurden zahlreiche Schälchengruben angebracht. Dieses Motiv wirkt so, als ob es nicht vollendet worden sei.

Manchmal wurden Radsymbole zusammen mit Schälchengruben, Hand- und Fußdarstellungen in Decksteinen von jungsteinzeitlichen Großsteingräbern eingraviert. Dies ist in Bunsoh[20] (Kreis Dithmarschen) in Schleswig-Holstein der Fall. Auf dem dortigen Deckstein sind außer Schälchengruben, von denen einige durch breite Rillen verbunden wurden, die Darstellungen eines Fußabdrucks und mehrerer Hände sowie eine von einem Kreis umgebene Schälchengrube und ein Radkreuz zu sehen.

Auch in einen 1,22 Meter langen und 83 Zentimeter breiten Stein von Klein-Meinsdorf[21] (Kreis Plön) in Schleswig-Holstein wurde neben wenigen Schälchengruben sowie Bildern von Händen und Füßen ein vierspeichiges Rad eingetieft. Diesen Fund hat man gelegentlich in die Jungsteinzeit datiert.

Auf anderen Steinen sind nur Hände und Füße wiedergegeben, womit vielleicht Götter symbolisiert wurden. Je ein Hand- und Fußbild neben reihenförmig angeordneten Schälchengruben bilden die Motive auf einem imposanten Stein von Beldorf[22] (Kreis Rendsburg-Eckernförde) in Schleswig-Holstein. Neben diesem Stein steht ein mannshohes Exemplar, das auf der Vorderseite fast ganz, auf der Rückseite dagegen nur teilweise bearbeitet wurde. Auf der Vorderseite ist die Furchenzeichnung eines netzförmigen Gebildes erkennbar. Die obere Partie der Rückseite wird von zahlreichen Schälchengruben bedeckt. Beide Steine zusammen erwecken einen altarähnlichen Eindruck.

Ein Stein von Schülldorf[23] (Kreis Rendsburg-Eckernförde) in Schleswig-Holstein zeigt neben Schälchengruben, verbindenden Rillen, zwei schematisch dargestellten Füßen auch ein kleines Kreuz und eine Axtdarstellung. Um Hand- und Fußbilder handelt es sich vielleicht ebenfalls bei den verwaschen wirkenden Motiven auf einem Stein von Oelixdorf[24] (Kreis Steinburg) in Schleswig-Holstein.

Insgesamt vier Radsymbole sind auf dem Deckstein eines ehemaligen jungsteinzeitlichen Großsteingrabs von Blengow[25] (Kreis Bad Doberan) in Mecklenburg-Vorpommern zu sehen. Man hat sie neben einer Schalengrube angebracht und allesamt

Sonnenwagen mit goldbelegter Bronzescheibe und bronzenem Pferd aus Trundholm auf Seeland in Dänemark. Gesamtlänge etwa 60 Zentimeter. Kopie im Römisch-Germanischen Zentralmuseum, Mainz, Original im Nationalmuseum Kopenhagen.

durch ein Kreuz unterteilt. Solche vierspeichigen Räder waren ein beliebtes Motiv bei skandinavischen Felsbildern.

Als Kultobjekte, die vermutlich im Rahmen religiöser Zeremonien Verwendung fanden, gelten die insgesamt etwa 50 bronzezeitlichen Goldgefäße, die vor allem in Dänemark, aber auch in Schleswig-Holstein gefunden wurden. Es sind mehr als doppelt so viele Exemplare wie im übrigen Deutschland und Frankreich zusammen.

Aus dem Grab eines Priesters, der dem Sonnenkult huldigte, könnte die Goldscheibe von Glüsing[26] (Kreis Dithmarschen) in Schleswig-Holstein gestammt haben, die mit zahlreichen Sonnensymbolen verziert ist (s. S. 204). Den Mann, dem sie gehörte, hatte man mit einem bronzenen Vollgriffschwert, zwei Absatzbeilen und einem Dolch für das Jenseits ausgerüstet. Die Goldblechscheibe wies ursprünglich einen Durchmesser von 19,5 Zentimetern auf. Sie war stark fragmentiert und durch eine Bronzeunterlage verstärkt. Leider ging dieser Fund während des Zweiten Weltkriegs im Museum für Vor- und Frühgeschichte, Berlin, verloren.

Möglicherweise wurde in Wittbeck (Kreis Nordfriesland) in Schleswig-Holstein sogar das metallene Zugpferd eines Sonnenwagens ans Tageslicht gebracht. Dort soll 1802 ein Einheimischer angeblich in einem Grabhügel namens Hingstbarg ein metallenes Pferd gefunden haben, das er niemandem zeigte und heimlich verkaufte. Als der berühmteste Sonnenwagen des Nordischen Kreises gilt das von einem Pferd gezogene Gefährt aus dem Moor von Trundholm in Dänemark (s. S. 38).

Auf Sylt, Amrum und Föhr wurden unter und neben Gräbern mitunter Überreste von Opferfeuern entdeckt, zwischen denen neben Haufen von Muschelschalen und Meeresschnecken mehrfach Tierknochen vor allem vom Rind lagen. In Nebel auf Amrum konnte man in einem Grabhügel inmitten von Muschellagen sogar zerschlagene Gebeine von drei Menschen bergen, die offenbar im Rahmen eines Muschelopfers in den Hügel gelangten. Ob es sich bei den Menschenknochen um Opfer von Kannibalismus handelte, ist ungewiß. Die Muscheln und Schnecken sind größtenteils nicht geöffnet und verzehrt, sondern verschlossen niedergelegt worden.

Daß auch im Gebiet des Nordischen Kreises gelegentlich Menschen geopfert worden sein könnten, verrät die Bestattung einer 18 bis 25 Jahre alten Frau von Egtved in Dänemark. Vor dem Gesicht der in einem Baumsarg liegenden und in eine Kuhhaut gewickelten Frau befand sich eine kleine Schachtel aus Lindenrinde mit Bruchstücken verbrannter Menschenknochen. Bei ihren Füßen lagen die angebrannten Knochen eines sieben- bis achtjährigen Kindes, die mit Wollstoff umwickelt waren und wie Bündel aussahen. Vielleicht handelte es sich hierbei um ein Opfer.

Ihre Siedlungen kennt man nicht
Die ältere Bronzezeit im westlichen Brandenburg

Die Zeit von etwa 1500 bis 1200 v. Chr. wird im westlichen Teil von Brandenburg als ältere Bronzezeit (Periode II) bezeichnet. Zum westlichen Brandenburg gehören vor allem die Landschaften der Prignitz und das Ruppiner Rhingebiet. Im östlichen Brandenburg existierte damals die Vorlausitzer Kultur (s. S. 223).

Bei den Hinterlassenschaften der älteren Bronzezeit im westlichen Brandenburg handelt es sich überwiegend um Objekte aus Gräbern und Depots sowie um Einzelstücke. Funde dieser Kulturstufe wurden 1935 durch die Prähistorikerin Waldtraut Bohm (1890–1969) aus Berlin in der Publikation »*Die ältere Bronzezeit in der Mark Brandenburg*« beschrieben.

Die Gräber liegen heute oft an Sümpfen und Seen sowie unter dem derzeitigen Grundwasser. Als Ursache dafür gilt der schwankende Wasserstand infolge des Anstiegs des Meeresspiegels sowie des Rückstaus von Elbe, Havel und Rhin. Der höhere Grundwasserspiegel wurde durch Aufstauungen und Bodenverbesserungen (Meliorationen) seit dem frühen Mittelalter hervorgerufen.

Obwohl die Toten häufig unverbrannt bestattet wurden, weiß man nichts über die Körperhöhe und Krankheiten der damaligen Menschen. Denn nach den Körperbeisetzungen sind die Knochen im märkischen Sand vergangen. Von der Kleidung zeugt nur metallenes Zubehör. Dazu gehören bronzene Nadeln zum Zusammenhalten des Gewandes, Knöpfe, Schmuckscheiben und Gürtelscheiben.

Nadeln lagen in Depots und Gräbern aus jener Zeit. Die größten Exemplare sind bis zu zwölf Zentimeter lang und häufig mit einem gerippten Kopf versehen.

Ein Knopf und zwei Schmuckscheiben kamen bei der Untersuchung einer Grabhügelgruppe in Sadenbeck (Kreis Prignitz) zum Vorschein. Der von einem männlichen Toten stammende Knopf aus Sadenbeck mit einem Durchmesser und einer Höhe von 1,2 Zentimetern ist mit einem eingetieften vierstrahligen Sternmuster verziert. Auf die Schauseite der einst sechs Zentimeter Durchmesser erreichenden Zierscheiben aus einem Frauengrab in Sadenbeck ist jeweils ein sechszackiger Stern eingeritzt, während die Rückseite einen Dorn und einer Öse hat.

In Wollin (Kreis Potsdam-Mittelmark) wurde eine mutmaßliche Gürtelscheibe mit einem Durchmesser von 23 Zentimetern geborgen. Im Zentrum ihres prächtigen Dekors auf der Schauseite prangt ein zehnzackiger Stern.

Auf Bartrasur und Haarschnitt deutet der Rest eines bronzenen Rasiermessers südlicher Herkunft aus dem Depot von Roskow (Kreis Potsdam-Mittelmark) hin. Das Fragment ist 7,5 Zentimeter lang, zweischneidig und hat eine längliche Öse zum Aufhängen. Daß auch bronzene Pinzetten zum Haarauszupfen benutzt wurden, belegt ein Fund aus dem Depot von Mittenwalde (Kreis Dahme-Spreewald).

Aufgrund fehlender Siedlungsreste weiß man bisher nicht, wie die Menschen der älteren Bronzezeit im westlichen Brandenburg wohnten. Ihre Behausungen dürften in Nähe der Gräber und Friedhöfe gelegen haben. Die Bewohner waren Bauern.

Bronzene Sicheln aus Depots und Gräbern weisen indirekt auf den Anbau und die Ernte von Getreide hin. Solche Geräte fanden sich in den Depots von Lünow, Päwesin, Roskow (Kreis Potsdam-Mittelmark), Mittenwalde (Kreis Dahme-Spreewald) und Lichterfelde (Kreis Barnim) sowie im Grabhügel von Meyenburg-Schabernack (Kreis Prignitz). Alle vier Knopfsicheln aus Roskow weisen Dengelspuren auf, sie wurden also nachgeschärft.

Ein beschädigter und daher unbrauchbar gewordener Mahlstein aus Granit kam im Pflaster eines der Grabhügel von Sadenbeck zum Vorschein. Er ist 46 Zentimeter lang, 21 Zentimeter breit und 18 Zentimeter hoch. Bei ihm handelt es sich um den unteren Teil einer Getreidemühle, auf dem die Körner mit einem rundlichen kleineren Stein zerquetscht wurden.

Bisher ist im westlichen Brandenburg älterbronzezeitliche »Kümmerkeramik« nur in geringem Umfang belegt. Entsprechende Funde liegen aus Sadenbeck, Weitgendorf (beide Kreis Prignitz), Marzahne, Pritzerber See (beide Kreis Potsdam-Mittelmark), Mützlitz und Rhinow (beide Kreis Havelland) vor.

Bronzener Knopf mit eingetieftem vierstrahligen Sternmuster aus Sadenbeck (Kreis Prignitz) in Brandenburg von oben und unten. Durchmesser und Höhe des Knopfes 1,2 Zentimeter. Original im Brandenburgischen Landesmuseum für Ur- und Frühgeschichte, Potsdam.

Modelliert wurden vor allem zweihenkelige Töpfe mit Zylinderhals sowie Terrinen, die am Unterteil geraubt wurden.
Feuer entfachte man mit Schlagsteinen aus Feuerstein und Schwefelkies. Aus Felsgestein bestand ein Hammer, der sich zusammen mit einer bronzenen Sichel und einem Randleistenbeil im Grab von Meyenburg-Schabernack fand. Weitere Werkzeuge waren Tüllenmeißel und Messer aus Bronze.
Tüllenmeißel wurden in Roskow (Kreis Potsdam-Mittelmark), Stüdenitz (Kreis Ostprignitz-Ruppin) und im Depot von Berlin-Spandau geborgen. Man betrachtet die Tüllenmeißel als nordische Importe, die wenigen Messer dagegen als Produkte südlicher Herkunft. Vermutlich dienten auch manche Beilformen als Werkzeuge.
Das im Depot von Roskow entdeckte 15,5 Zentimeter lange und 490 Gramm schwere Randleistenbeil vom Typ Roskow gilt als einheimisches Erzeugnis. Vermutlich diente es als Waffe, weil in westhavelländischen Gräbern Klingen dieser Art jeweils zusammen mit einem Dolch geborgen wurden.
Dolche westlichen Ursprungs gehören zu den Depots von Berlin-Spandau[1] und von Roskow[2]. Die 10,7 Zentimeter lange Dolchklinge aus Roskow wurde möglicherweise aus der Spitze eines Kurzschwerts vom Typ Dahlenburg, der nach einem Fundort in Niedersachsen bezeichnet ist, angefertigt. Die Klinge ist dreifach gerippt. Ein 28 Zentimeter langes Kurzschwert aus Damsdorf (Kreis Potsdam-Mittelmark) könnte ein einheimischer Handwerker hergestellt haben.
Die einzigen älterbronzezeitlichen Schwerter im westlichen Brandenburg wurden in Berlin-Spandau, in Stechow (Kreis Havelland) und in Prützke (Kreis Potsdam-Mittelmark) entdeckt.
Zum Depot von Berlin-Spandau gehören vier Schwerter. Bei dem Fund von Stechow handelt es sich um ein Vollgriffschwert mit achtkantigem Griff (Achtkantschwert) der Hügelgräber-Kultur aus Süddeutschland. Das Vollgriffschwert von Prützke dagegen wurde aus dem Norden importiert.
Die Schwerter aus Stechow und Prützke sind auf der Klinge mit einem breiten Mittelgrat versehen. Den gerippten Griff des Prützker Schwertes zieren horizontale Tannenzweigmuster, die zweimal durch ein Band aus vier Linien unterbrochen werden.
Bereits aus der Übergangsphase zwischen der älteren und der mittleren Bronzezeit stammen die fünf Kurzschwerter des Depots von Berlin-Spandau, das vor allem Waffen umfaßte. Es bestand neben den Kurzschwertern auch aus vier Schwertern, sechs bronzenen Beilen (darunter eine sogenannte Kommandoaxt) und zwei Lanzenspitzen.
Weitere Waffen waren Pfeil und Bogen, deren Gebrauch durch steinerne und bronzene Pfeilspitzen belegt ist. Zwei Feuersteinpfeilspitzen lagen zusammen mit einem Randleistenbeil und einer Bronzeahle mit Holzgriffresten in einem Grab von Wulkow-Havemark. In einem Grabhügel von Sadenbeck fanden sich zwei bronzene Pfeilspitzen mit Tülle für die Aufnahme des hölzernen Schaftes.
Aus Metall war auch der größte Teil der Schmuckstücke angefertigt. Es gab Nadeln, die – außer ihrer praktischen Funktion als Gewandschließen – auch als Schmuck dienten, Halskragen, Armringe und Armspiralen (Armbergen).
Bei den Nadeln lassen sich einheimische Scheibenkopfnadeln, aus der Lüneburger Heide stammende Radnadeln sowie Nadeln mit geschwollenem, teilweise durchlochtem und verziertem Hals als südlichen Einfluß unterscheiden. Exemplare mit geschwollenem Hals wurden in Flieth (Kreis Uckermark), Werbig

Bronzene Schmuckscheibe mit sechszackigem Stern auf der Schauseite aus Sadenbeck (Kreis Prignitz) in Brandenburg. Durchmesser sechs Zentimeter. Original im Brandenburgischen Landesmuseum für Ur- und Frühgeschichte, Potsdam.

(Kreis Märkisch-Oderland), Rietzneuendorf (Kreis Dahme-Spreewald) und Biegen (Kreis Oder-Spree) entdeckt.
Die meistens gegossenen Halskragen aus Bronzeblech wurden auf zweierlei Arten verziert. Manche sind längsgerippt, bei anderen wurde die Oberfläche durch Längsrippen in zwei Felder geteilt.

Als verzierte bronzene Gürtelscheibe wird dieser Fund aus Wollin (Kreis Potsdam-Mittelmark) in Brandenburg gedeutet. Durchmesser 23 Zentimeter. Original im Brandenburgischen Landesmuseum für Ur- und Frühgeschichte, Potsdam.

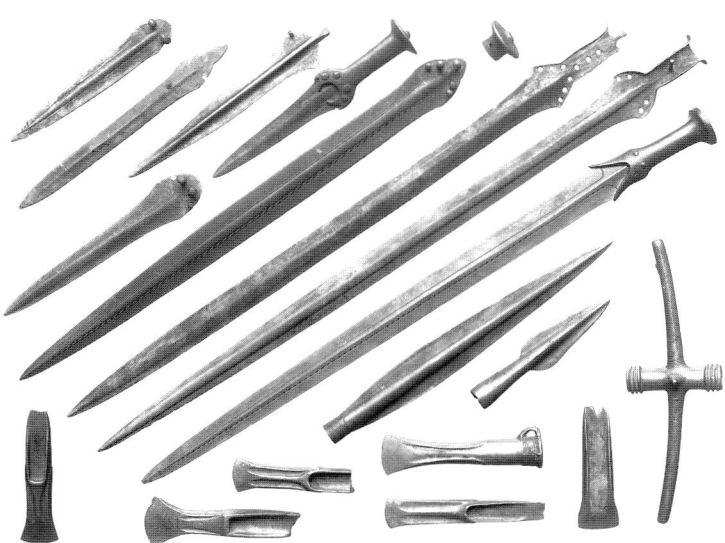

Depot von Berlin-Spandau mit zwei bronzenen Lanzenspitzen, vier Schwertern, fünf Dolchen, sechs Beilen, einem nicht genau zu deutenden Gerät und einem Keulenkopf aus der älteren Bronzezeit. Originale im Puschkin-Museum, Moskau.

Steinpflaster aus dem Grabhügel 1 von Sadenbeck (Kreis Prignitz) in Brandenburg. Länge 3,40 Meter, Breite 1,70 Meter. Der Grabhügel hatte einen Durchmesser von zwölf Metern und wurde von einem Steinkranz eingefaßt.

Die Armringe haben teilweise einen Hakenverschluß oder pfötchenförmige Enden. Man hat diese Ringe mit senkrechten Strichgruppen verziert, die von schraffierten Dreiecken oder Zickzacklinien unterbrochen sind.

Die Armspiralen wurden sowohl aus Bronzedraht als auch aus Bronzeblech angefertigt. Sie waren teilweise nur an einem Ende zu einer Spirale aufgerollt, wie es auch in Ungarn häufig vorkam. Bei einer anderen Variante hatte man beide Enden jeweils zu einer Spiralscheibe geformt. Die Armspiralen wurden mit feinen Strichgruppen verziert. Diese bilden vereinzelt ein den eisernen Kreuzen ähnliches Ornament.

Männer wurden oft mit Randleistenbeil und Dolchklinge aus Bronze, die als Grabbeigaben dienten, bestattet. Man errichtete Hügelgräber mit Steinpackung und -kränzen, legte jedoch auch Flachgräber mit und ohne Steinsetzung an. Die aufgeschütteten Grabhügel sind heute noch anderthalb bis zwei Meter hoch und haben einen Durchmesser von acht bis 15 Metern.

Das erste Grab im Hügel (Zentralgrab genannt) wurde in dessen Zentrum angelegt und mit einer dicken Steinpackung geschützt. Es gab aber auch Gräber ohne Hügel, in denen die Urnen mit den verbrannten Resten des Toten frei im Sand standen. Friedhöfe mit Gräbern der älteren Bronzezeit sind aus Weitgendorf[3], Sadenbeck[4] und Bresch[5] (alle im Kreis Prignitz) bekannt. In den weniger als 20 Grabhügeln von Weitgendorf wurden in der älteren und mittleren Bronzezeit Bestattungen vorgenommen. Der Friedhof von Bresch mit einer nicht genau bekannten Zahl von Gräbern war sogar von der älteren bis in die jüngere Bronzezeit in Gebrauch.

Der Friedhof von Sadenbeck mit fünf Grabhügeln lag auf dem Südhang einer Anhöhe westlich des Flusses Dömnitz. Jeder der Grabhügel war ursprünglich wohl nur für eine einzige Bestattung gedacht. Die Ausgrabungen durch den Potsdamer Prähistoriker Rolf Breddin ergaben, daß vor dem Aufschütten der Hügel der Baugrund abgebrannt und geebnet wurde. In die solchermaßen vorbereitete ebene Fläche hat man eine Grube eingetieft und mit Steinen gepflastert.

Die Verstorbenen wurden zusammen mit ihren Beigaben (Schmuck, Keramik, Werkzeugen und Waffen) auf dem Scheiterhaufen verbrannt und ihre Knochenreste anschließend auf das Steinpflaster geschüttet. Als Baumaterial für den Hügel diente schwach lehmhaltiger Sandboden aus der näheren Umgebung. Darin blieben nur wenige verkohlte organische Reste erhalten. Steinkränze mit einem Durchmesser von neun bis 12,80 Metern und mit einer Breite bis zu zwei Metern stützten im Inneren der Grabhügel das Erdreich.

Die Grabhügel von Sadenbeck wiesen zur Zeit der Ausgrabungen noch einen Durchmesser von zehn bis 14,6 Metern und eine Höhe von einem halben bis einen Meter auf. Eine Steinsetzung in einem der Grabhügel könnte den Unterbau einer hölzernen oder steinernen Stele gebildet haben, die vielleicht oberirdisch sichtbar war.

Der erwähnte Depotfund von Berlin-Spandau deutet darauf hin, daß man damals an Flußübergängen wertvolle Bronzeobjekte opferte. Die Waffen und Werkzeuge des Depots wurden nämlich am Zusammenfluß von Spree und Havel bei einem Flußübergang als Opfergaben niedergelegt.

Steinkränze als Sonnensymbole?
Die Vorlausitzer Kultur

Im östlichen Sachsen (Oberlausitz, Elbtal) und in Ostbrandenburg existierte während der älteren Bronzezeit von etwa 1500 bis 1200 v. Chr. die Vorlausitzer Kultur. Ihre Keramik- und Bronzeerzeugnisse unterscheiden sich größtenteils von denen der gleichzeitig vorkommenden Hügelgräber-Kultur (s. S. 168). Die Vorlausitzer Kultur war hauptsächlich in Polen (Schlesien, Großpolen, Kujawien) verbreitet. Sie fiel in die Periode II der Bronzezeit.

Die auffällig spärlichen Funde der Vorlausitzer Kultur in Sachsen deuten auf einen spürbaren Bevölkerungsrückgang gegenüber der vorhergehenden Zeit in diesem Gebiet hin. Der Dresdener Archäologe Klaus Simon führt die Fundarmut und den Populationsschwund in Sachsen auf klimatische Ursachen zurück – eine Erscheinung, die sich in anderen Perioden wiederholte.

Der Begriff »Vorlausitzer Kultur« wurde 1924 von dem polnischen Prähistoriker Józef Kostrzewski (1885–1969, s. S. 445) aus Posen eingeführt und basiert darauf, daß diese Ära der Lausitzer Kultur (s. S. 366) vorausging. Andere Prähistoriker verwendeten statt dessen die Bezeichnungen Vorlausitzer Gruppe[1], Schlesische Hügelgräber-Kultur[2], Großpolnische Kultur mit Textilkeramik[3], Podliszki-Kultur[4] oder Schlesisch-großpolnische Hügelgräber-Kultur[5].

Bei den Vorlausitzern handelt es sich nicht um Abkömmlinge der frühbronzezeitlichen Aunjetitzer Kultur (s. S. 44), sondern um Einwanderer. In Polen errichteten sie ihre Behausungen überwiegend an solchen Plätzen, an denen sich zuvor keine Angehörigen der Aunjetitzer Kultur angesiedelt hatten. Tönerne Spinnwirtel und Gewebeeindrücke auf Tongefäßen deuten auf gewebte Kleidung aus Schafwolle hin.

Auch die Männer der Vorlausitzer Kultur haben sich erstmals den Bart und die Kopfhaare mit bronzenen Rasiermessern geschnitten, die damals in Mitteleuropa Mode wurden. In der Übergangszeit zwischen den Perioden II und III waren Exemplare mit Pferdekopfgriff die wichtigsten Bronzeformen. Ein einschneidiges bronzenes Rasiermesser aus der Periode II wurde in Borna-Eula (Kreis Leipziger Land) in Sachsen geborgen.

Wie die Wohnstätten der Vorlausitzer aussahen, verrät der Grundriß eines Gebäudes vom polnischen Fundort Ksiazek. Er war rechteckig, 30 Meter lang und sieben Meter breit. Erhalten blieben Fundamentgräben, Pfostenlöcher, eine Herdstelle sowie einige vermutlich zum Haus gehörende Gruben. Die Konstruktion des Bauwerks bestand aus drei in den Erdboden eingetieften Pfostenreihen, von denen die mittlere das Dach stützte und die beiden äußeren Reihen das Gerüst der aus Querbalken erstellten Wände bildeten. Nach den Fundamentgräben zu schließen, waren doppelte Außenwände errichtet worden.

Holzwände teilten das Innere des Hauses in vier ungleich große Räume ein. Ein fünfter Raum wird vom Ausgräber als Anbau gedeutet. In einem Raum gab es eine aus Steinen angelegte Herdstelle. Die Erbauer des Anwesens haben offenbar zu Beginn ihrer Arbeiten im Fundamentgraben zwei Bronzenadeln als Bauopfer dargebracht, um für die späteren Bewohner Glück und Segen zu erflehen.

Eine Siedlung jener Zeit befand sich auf dem rechten Elbufer von Dresden-Neustadt[6]. Dort wurden bei Baggerarbeiten für den Neubau des Hotels »Bellevue« unter anderem einige Siedlungsspuren der Vorlausitzer Kultur entdeckt. Befestigungen konnten bisher im Verbreitungsgebiet dieser Kultur nicht nachgewiesen werden.

Wegen der weitgehend fehlenden Siedlungsreste nimmt man an, daß diese Menschen in der frühen und mittleren (klassischen) Phase zunächst nomadisch gelebt haben und sich vor allem von der Viehzucht ernährten. Erst in der klassischen Phase soll der Prozeß des Übergangs zur seßhaften Lebensweise begonnen und sich in der jüngeren Phase verstärkt haben. Auf Ackerbau deuten Mahlsteine zum Zerquetschen von Getreidekörnern hin.

Die in Siedlungen und Gräbern gefundene Keramik wurde frei mit der Hand geformt. Man hat die Oberfläche der Tongefäße geglättet, mit Textilabdrücken aufgerauht, mit Strohbündeln verstrichen oder mit den Fingern verschmiert. Es wurden bauchige Amphoren mit kegelförmigem Hals und zwei Henkeln,

Der Prähistoriker Werner Coblenz (1917–1995) aus Dresden gilt als einer der bedeutendsten Ur- und Frühgeschichtsforscher Sachsens nach dem Zweiten Weltkrieg. Er hat sich auch um die Erforschung der Vorlausitzer Kultur verdient gemacht.

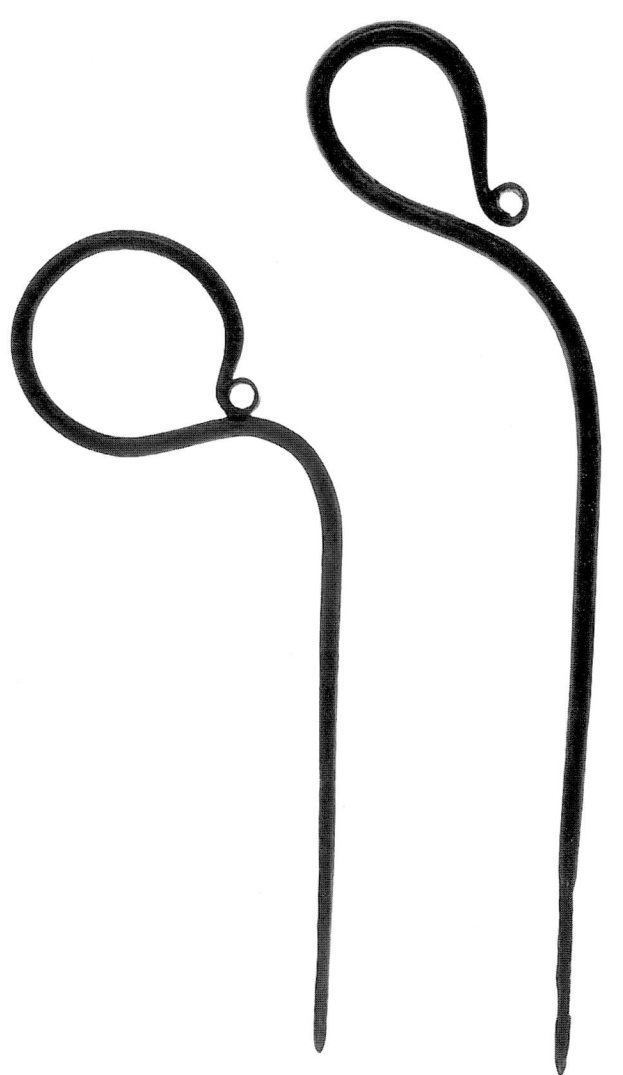

Letztere sind aus dem Gräberfeld von Wartin (Kreis Uckermark) in Brandenburg bekannt. Aus Stein bestanden außerdem Keulen und Beile mit gebohrten Schaftlöchern. Werkzeuge aus Knochen und Geweih waren eher selten.

Zu den in Gräbern geborgenen Schmuckstücken gehörten vor allem bronzene Gewandnadeln. Sie werden nach der Form ihres Kopfes als Hirtenstab-, Ösenkopf-, Spindelkopf-, Spundkopf- und Zargenkopfnadeln bezeichnet. Daneben gab es verzierte »Diademe« aus Bronzeband, Armbergen und bronzene Ringe.

Aus einem Grab stammen zwei rundstabige Hirtenstabnadeln, die beim Bau eines Hauses in Medingen[7] (Kreis Meißen-Radebeul) entdeckt wurden. Sie kamen zusammen mit einem eiförmigen Topf, einer Tonscherbe und zwei schweren bronzenen Ringen zum Vorschein. Die Ringe sind mit Strichgruppen und Sparren verziert.

Eine Ösenkopfnadel des schlesischen Typs wurde in Planitz-Deila (Kreis Meißen-Radebeul) in Sachsen gefunden. Ihr Schaft biegt nach der Öse fast rechtwinklig zum Kopf ab. Der Kopf dieser Nadel besteht aus einer großen, runden Scheibe, in die ein Sternmuster mit umgebenden konzentrischen und punktgesäumten Kreisen eingepunzt ist. Eine Ösenkopfnadel und ein Bronzering mit D-förmigem Querschnitt sind aus Eula (Kreis Leipziger Land) bekannt. Außerdem förderte man Ösenkopfnadeln in Frankfurt/Oder-Güldendorf, Marzahne (Kreis Potsdam-Mittelmark), Stradow (Kreis Oberspreewald-Lausitz), Langewahl-Streitberg (Kreis Oder-Spree) und Wilsickow (Kreis Uckermark) in Brandenburg zutage.

Von den zwei auf dem Fiedlerplatz in Dresden geborgenen Spindelkopfnadeln war eine 40,3 Zentimeter und die andere 33 Zentimeter lang. Bei jeder von ihnen ist der Kopf verziert. Auf weitere Spindelkopfnadeln stieß man in Burg (Kreis Spree-Neiße), Diensdorf (Kreis Oder-Spree), Schöna-Kolpien (Kreis Teltow-Fläming), Seelow, Werbig (beide Kreis Märkisch-Oderland) in

Zwei rundstabige bronzene Hirtenstabnadeln der Vorlausitzer Kultur (etwa 1500 bis 1200 v. Chr.) aus Medingen (Kreis Dresden) in Sachsen. Länge der größeren Nadel 19,3 Zentimeter. Originale im Landesmuseum für Vorgeschichte, Dresden.

Krüge, kleine Henkelterrinen, weite Terrinen, eiförmige Töpfe, Kellen und Siebe modelliert. Als Ornamente dienten aufgelegte Leisten, Fingereindrücke und Buckel. In der jüngeren Phase wurden vasenförmige Gefäße manchmal mit senkrechten Riefen verziert.

Eine kleine Amphore kam auf dem Fiedlerplatz in Dresden zum Vorschein, eine Kanne und einen eiförmigen Topf fand man in Pausnitz-Walzig (Muldentalkreis) in Sachsen.

Analysen von Bronzefunden und zahlreiche für diese Kultur typische Metallgegenstände – vor allem Gewandnadeln – belegen, daß die Vorlausitzer den Bronzeguß beherrschten. Als weitere heimische Erzeugnisse gelten Armringe, Armbergen, »Diademe«, Dolche und Beile. Fertige Bronzeobjekte wurden manchmal mit komplizierten Ornamenten versehen.

Die Männer waren mit Randleistenbeilen, Absatzbeilen, Dolchen, Lanzen sowie mit Pfeil und Bogen bewaffnet. Manche Streitäxte, Schwerter und Dolche wurden von Hügelgräber-Leuten aus dem Karpatengebiet importiert. Neben Pfeilspitzen aus Bronze fanden auch solche aus Feuerstein Verwendung.

Fragmentarisch erhaltene bronzene Ösenkopfnadel des schlesischen Typs aus Planitz-Deila (Kreis Meißen-Radebeul) in Sachsen. Erhaltene Länge der Nadel 9,3 Zentimeter. Original im Landesmuseum für Vorgeschichte, Dresden.

Zwei bronzene Spindelkopfnadeln vom Fundort Dresden-Fiedlerplatz. Bei beiden Objekten ist der Kopf verziert. Länge der Spindelkopfnadeln 40,3 und 33 Zentimeter. Originale im Landesmuseum für Vorgeschichte, Dresden.

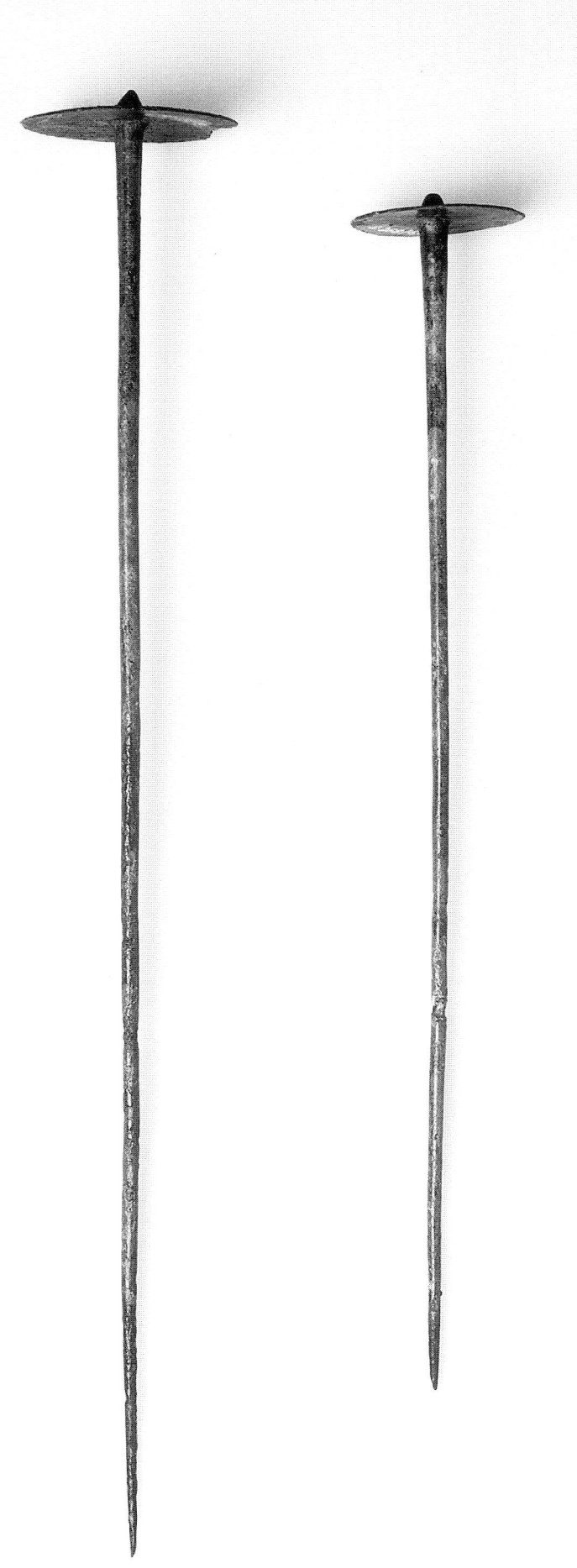

Brandenburg sowie in Dresden-Tolkewitz und Wessel (Kreis Bautzen) in Sachsen.

Zargenkopfnadeln kamen in Bölkendorf (Kreis Uckermark) und in Werder (Kreis Potsdam-Mittelmark) in Brandenburg zum Vorschein.

Von polnischen Fundorten kennt man auch halbmondförmige bronzene Anhänger. Solche Schmuckstücke werden als Nadelschoner bezeichnet. Zwei Bronzeknöpfe lagen zusammen mit fünf Nadeln, einer Dolchklinge und einem verzierten Tongefäß in einem teilweise zerstörten Grab oder Depot von Trzesów in Polen.

Die Toten wurden in allen Phasen der Vorlausitzer Kultur meistens unverbrannt beigesetzt. Doch gab es daneben gelegentlich schon während der frühen Phase Brandbestattungen in südlichen Teilen Schlesiens und vermutlich in Nordmähren. Erst in der späten Phase setzte sich diese neue Sitte stärker durch.

Für die Körperbestattungen hob man häufig Grabgruben aus und legte die Verstorbenen hinein. Bei der Ausrichtung des Leichnams herrschte keine strenge Regel. Er wurde sowohl gestreckt auf dem Rücken liegend als auch auf der Seite ruhend mit zum Körper hin angezogenen Beinen beerdigt.

Über der Grabgrube hat man manchmal Steinpflaster, -packungen oder -abdeckungen errichtet. Solche Einbauten erreichten mitunter einen Durchmesser von mehreren Metern und eine Höhe von über einem Meter. Der Außenrand des Hügels wurde manchmal mit einem Steinkranz umgeben. Das zum Aufschütten des Grabhügels erforderliche Erdreich entnahm man aus der unmittelbaren Umgebung, wie Vertiefungen um einige Gräber von Moravičany in Polen zeigten. Die Grabhügel hatten einst einen Durchmesser von fünf bis 20 Metern und eine Höhe von bis zu vier Metern. An ihrer Errichtung dürften Dutzende von Menschen beteiligt gewesen sein.

In der Mitte des Grabhügels lag meistens nur eine einzige Körperbestattung. Man kennt aber auch Grabhügel mit mehrfachen Körper- und Brandbeisetzungen. Mehrere Tote sollen beispielsweise in einem Grab der klassischen Phase von Bautzen-Strehla[8] in Sachsen gelegen haben. Im Gräberfeld von Kietrz in Polen sind in Brandgräbern zwischen Überbleibseln eines Holzsargs verbrannte Knochen mehrerer Menschen geborgen worden.

Keramikreste, verstreute Holzkohle, Relikte von Feuerstellen und Asche stammen von Totenfeiern. Bei solchen Zeremonien wurden beim Zuschütten der Grabgrube und beim Auftürmen des Grabhügels Scherben von Tongefäßen auf das Erdreich geworfen. Außerdem brannte während des Aufschüttens des Hügels oder auf dem bereits errichteten Hügel ein Feuer. Offenbar fanden des weiteren alljährlich wiederkehrende rituelle Handlungen statt, bei denen mitgebrachte Gefäße, die Speisen enthielten, auf den Gräbern oder um sie herum abgestellt wurden. Auch dabei brannten vielleicht auf oder zwischen den Gräbern entfachte Feuer.

In Grabhügeln von Kietrz, Mikowice und Skoroszów in Polen kamen Spuren von Holzkonstruktionen zum Vorschein. Es handelt sich um regelmäßig angeordnete vier Pfostenlöcher, die von dem polnischen Prähistoriker Marek Gedl aus Krakau als Reste

Verzierte bronzene Klinge einer Nackenscheibenaxt aus Meißen (Sachsen) in Seitenansicht. Länge der Nackenscheibenaxt 22,5 Zentimeter, Gewicht 496 Gramm. Original im Landesmuseum für Vorgeschichte, Dresden.

von Totenhäusern (s. S. 193) gedeutet werden. Solche an den Seiten offenen Bauwerke spielten vielleicht während der Zeremonien und kultischen Handlungen auf der Grabstätte eine Rolle.

Gräberfelder der Vorlausitzer Kultur kennt man vor allem aus Polen, aber auch aus Mitteldeutschland. Dazu gehören die Friedhöfe von Schönteichen-Biehla[9] (Kreis Westlausitz-Dresdner Land), Elstertrebnitz-Eulau[10] (Kreis Leipziger Land), Salzenforst[11] (Kreis Bautzen) in Sachsen sowie von Biegen[12] (Kreis Oder-Spree), Frankfurt/Oder[13], Glienicke[14], Wilmersdorf[15] (letztere zwei Kreis Oder-Spree), Wartin[16] (Kreis Uckermark) in Brandenburg. Die Zahl der Grabhügel im zerstörten Gräberfeld von Schönteichen-Biehla wird auf 30 bis 40 geschätzt.

Die Steinkränze inner- und außerhalb der Grabhügel werden von den polnischen Prähistorikern Witold Hensel aus Warschau und Bogusław Gediga aus Breslau als Sonnensymbole interpretiert. Sie betrachten sie als Zeugnisse eines hochentwickelten Sonnenkults. Auch die Ziermotive auf den Köpfen mancher Nadeln – wie langgezogener Stern, Wirbelstern oder konzentrische Kreise – sollen angeblich die Verehrung der Sonne oder anderer Himmelskörper belegen.

Als Zeugnis des Kults wird außerdem der 15 Meter lange und drei Meter breite Pflasterrest im Gräberfeld von Kleszcewo (Polen) diskutiert. Darüber soll eine Schicht schwarzer Erde gelegen haben, die Objekte aus Bronze und Bernstein enthielt.

Die in Sümpfen oder in Flüssen versenkten sowie unter Felsblöcken oder Steinen versteckten Wertgegenstände aus Metall waren möglicherweise als Opfergaben für Gottheiten oder überirdische Mächte gedacht. Damit wollte man Gnade und Gunst erflehen. Zu diesen Opfergaben könnten eine Zargenkopfnadel aus einem Moor bei Niederlandin (Kreis Uckermark) in Brandenburg sowie je eine Nackenscheibenaxt aus dem Flußbett der Elbe von Meißen und von Riesa in Sachsen gehören. Das 22,5 Zentimeter lange Meißener Exemplar ist verziert.

Aus dem Flußbett der Oder in Polen hat man im Wasser versenkte Schwerter, Dolche und Nadeln geborgen. Unter einem großen Stein neben einer Quelle und einer Felswand von Sichów in Polen war sogar ein goldenes »Diadem« versteckt.

Die Mittelbronzezeit in Österreich
Abfolge und Verbreitung der Kulturen und Gruppen

Die Mittelbronzezeit von etwa 1600 bis 1300/1200 v. Chr. wird in Österreich – weitgehend auf den Erkenntnissen des süddeutschen Prähistorikers Paul Reinecke (1872 bis 1958) basierend (s. S. 447) – in die zwei Stufen Bronzezeit B und C untergliedert.

Statt von der Mittelbronzezeit ist in Österreich auch von der Hügelgräber-Bronzezeit oder -Kultur die Rede. Diese wird eingeteilt in die ältere Hügelgräber-Bronzezeit (Stufe B1), mittlere Hügelgräber-Bronzezeit (Stufen B2/C1) und jüngere Hügelgräber-Bronzezeit (Stufe C2).

Im östlichen Teil Österreichs existierte in der älteren Hügelgräber-Bronzezeit von etwa 1600 bis 1500 v. Chr. südlich der Donau der Typus Mistelbach-Regelsbrunn (s. S. 228).[1] Er expandierte stellenweise in das Gebiet der nördlich der Donau im Norden Niederösterreichs heimischen Věteřov-Kultur.

Die Věteřov-Kultur ist bereits in der jüngeren Stufe der Frühbronzezeit (A2) entstanden. Sie wird deswegen in diesem Buch unter den frühbronzezeitlichen Kulturen aufgeführt (s. S. 131). Sie und ihre südlich der Donau verbreitete Böheimkirchener Gruppe (s. S. 134) waren bis etwa 1500 v. Chr. im Süden Niederösterreichs beheimatet.

Die Spätstufe der Věteřov-Kultur beziehungsweise deren Böheimkirchener Gruppe sowie der Typus Mistelbach-Regelsbrunn fielen in die ältere Hügelgräber-Bronzezeit. Darauf folgten von etwa 1500 bis 1300/1200 v. Chr. die mittlere und jüngere Hügelgräber-Bronzezeit (s. S. 231) beziehungsweise die entwickelte Hügelgräber-Bronzezeit (mittlere und jüngere Hügelgräber-Kultur). Die Hügelgräber-Kultur war im Land Salzburg, in Oberösterreich, in Niederösterreich, in der Steiermark und im Burgenland vertreten (s. S. 231).

Tongefäß mit Buckelzier aus der Hügelgräber-Bronzezeit (etwa 1600 bis 1300/1200 v. Chr.) von Leobersdorf in Niederösterreich. Höhe 8,5 Zentimeter. Kopie im Römisch-Germanischen Zentralmuseum, Mainz, Original im Naturhistorischen Museum, Wien.

Nordtirol und das südliche Vorarlberg gehörten vermutlich von etwa 1600 bis 1300/1200 v. Chr. zum Verbreitungsgebiet der mittelbronzezeitlichen Inneralpinen Bronzezeit-Kultur (s. S. 240).

Das große Gräberfeld von Pitten
Die Hügelgräber-Kultur

Die ältere Hügelgräber-Bronzezeit (Der Typus Mistelbach-Regelsbrunn)

Im östlichen Teil Österreichs südlich der Donau war in der älteren Hügelgräber-Bronzezeit von etwa 1600 bis 1500 v. Chr. eine Kulturerscheinung verbreitet, die 1954 vom Direktor des Urgeschichtlichen Instituts der Universität Wien, Richard Pittioni (1906–1985, s. S. 447), als »Typus Mistelbach-Regelsbrunn« bezeichnet wurde. Dieser Begriff erinnert an die beiden niederösterreichischen Fundorte Mistelbach und Regelsbrunn.

Der Siedlungsschwerpunkt südlich der Donau in Niederösterreich, am Steinfeld und auf angrenzendem burgenländischen Gebiet westlich des Neusiedler Sees konnte erst in der jüngsten Vergangenheit erfaßt werden. Dabei haben besonders östliche Bronzetypen wichtige Hinweise für die Verbreitung dieses Typus gegeben.

Das nördlich der Donau gelegene Mistelbach befindet sich interessanterweise im ehemaligen Siedlungsgebiet der Věteřov-Kultur (s. S. 131). Der berühmte »Rollerfund« von Mistelbach, von dem später noch die Rede sein wird, beinhaltet möglicherweise auch eine Form der späten Věteřov-Keramik. Nach gängiger Ansicht der Prähistoriker steht der Typus Mistelbach-Regelsbrunn am Beginn der Entwicklung der Hügelgräber-Kultur an der mittleren Donau.

Die Hügelgräber-Bronzezeit beziehungsweise -Kultur verdankt den typischen Hügelgräbern aus jenem Abschnitt ihren Namen. Den Begriff »Hügelgräber-Kultur« hat der damals in Mainz tätige deutsche Prähistoriker Paul Reinecke (1872–1958, s. S. 447) eingeführt (s. S. 168).

Der Wiener Anthropologe Viktor Lebzelter (1889–1936) hat die Skelettreste von zwei in Wetzleinsdorf (Niederösterreich) bestatteten Menschen aus jener Zeit untersucht. Sie stammen von einem etwa fünfjährigen Jungen und von einer erwachsenen

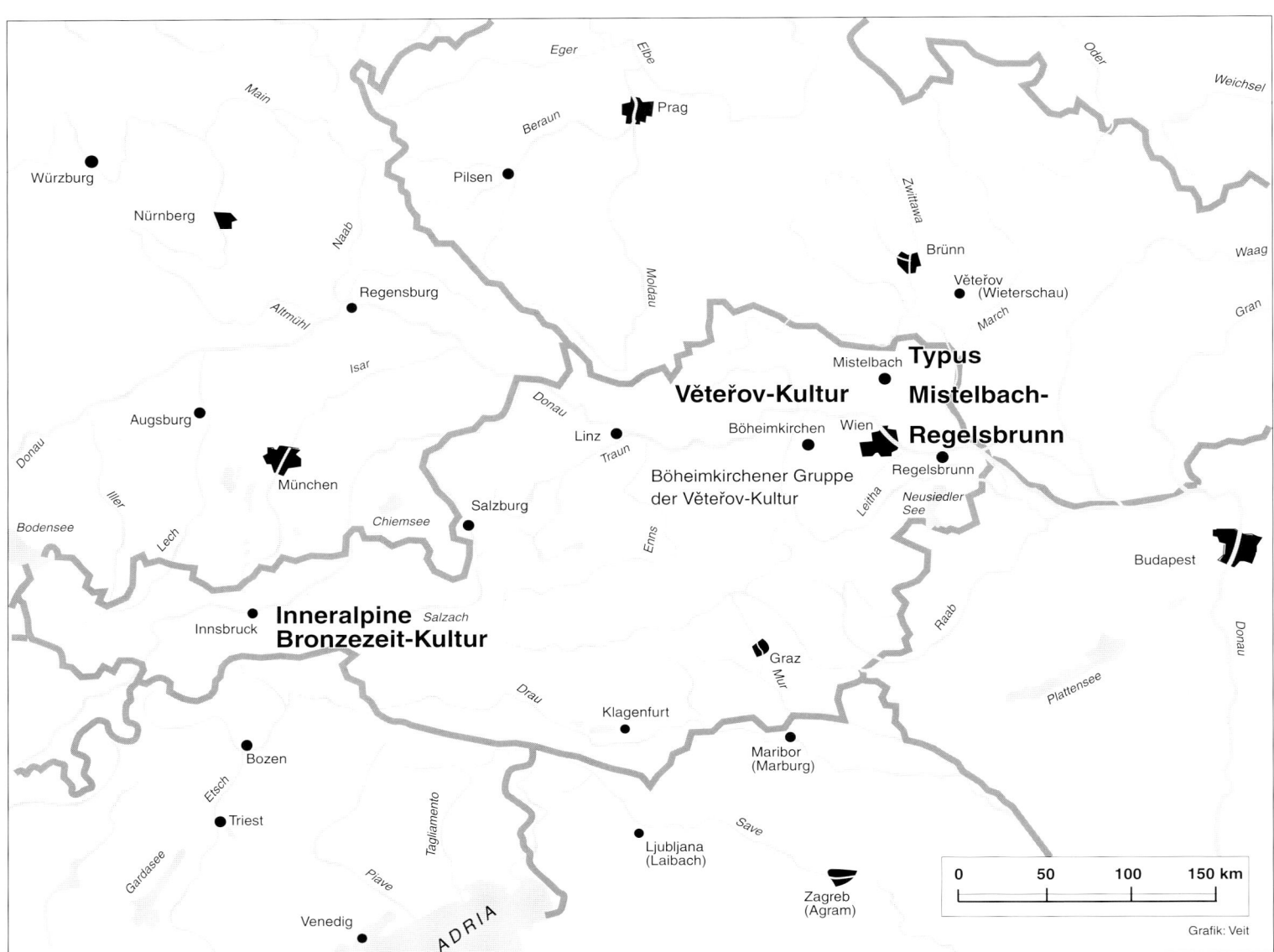

Verbreitung der Kulturen und Gruppen während der älteren Mittelbronzezeit (etwa 1600 bis 1500 v. Chr.) in Österreich.

Der sogenannte »Rollerfund« aus Mistelbach in Niederösterreich: ein Keramikdepot der älteren Hügelgräber-Bronzezeit (etwa 1600 bis 1500 v. Chr.) beziehungsweise des Typus Mistelbach-Regelsbrunn. Originale im Heimatmuseum Mistelbach.

Frau. Lebzelter stellte an zwei Backenzähnen der Frau starke Karies fest. Am Schienbein der Frau fiel ihm eine Deformierung auf, »welche auf eine besondere Beanspruchung der unteren Extremitäten zurückzuführen ist und besonders bei Naturvölkern beobachtet werden kann«.

Außerdem beobachtete Lebzelter am Skelett grüne Patinaspuren, die von bronzenen Schmuckstücken herrühren. Die Patina an den Speichen und Ellbogen stammt vermutlich von Armringen, die an einem Mittelfingerknochen von einem Fingerring, die am Schlüsselbein von Gewandnadeln und die an einem Jochbogenfortsatz von Haarnadeln. Am Schlüsselbein und am Hinterhauptsbein könnte auch ein Halsschmuck Patinaspuren hinterlassen haben. Demnach dürften bei der zufälligen Entdeckung durch einen Ziegeleiarbeiter manche Schmuckstücke verlorengegangen sein.

Die Lage von zwei bronzenen Gewandnadeln im Frauengrab von Wetzleinsdorf verrät, daß diese an beiden Schultern einen Umhang zusammenhielten. Sie haben einen vierkantigen Schaft mit einem Öhr im oberen Teil und einen gewölbten Scheibenkopf. Diese beiden Funde werden als Wetzleinsdorfer Nadeln bezeichnet.

Auch über die Siedlungen aus der Zeit des Typus Mistelbach-Regelsbrunn ist bisher wenig bekannt. Lediglich ein Fund von Mannersdorf am Leithagebirge[1] in Niederösterreich läßt gewisse Aussagen über Wohnobjekte zu. Anhand der dort aufgedeckten unregelmäßigen Grube in Verbindung mit Pfostenlöchern ließ sich ein schätzungsweise 7,50 bis acht Meter langes und vier bis fünf Meter breites Haus, das wohl in Pfostenbauweise errichtet wurde, rekonstruieren. Dessen Innenraum war ganz oder teilweise mehr als einen Meter in den Erdboden eingetieft. Die ehemaligen Bewohner haben zahlreiche Reste von Tongefäßen hinterlassen.

Eine weitere Siedlung hat sich in Mistelbach[2] befunden. Dort wurden charakteristische Siedlungskeramiken dieses Typus entdeckt, die wohl zu einem Depot gehörten, das unter dem Namen des ehemaligen Grundbesitzers als »Rollerfund« in die Fachliteratur eingegangen ist. Die Objekte kamen beim Anlegen einer Kalkgrube im Kellergarten des Weinhändlers Felix Roller (1871–1957) in der Franz-Joseph-Straße von Mistelbach zum Vorschein. Dabei handelte es sich um Relikte von Tongefäßen (Kännchen, Kannen, Töpfe), Tonpyramiden, Asche, Getreide und Knochen, die in einer Tiefe von ungefähr anderthalb Metern freigelegt wurden.

Der Finanzrat Karl Fitzka (1833–1915) aus Mistelbach hielt die Funde irrtümlich für Überbleibsel eines Brandgrabs und betrachtete »viele gebrannte Lehmstücke und verschlackte Stücke« als Lehmbewurf eines Hauses oder Vorratsgebäudes aus der gleichen Zeitspanne. Der Prähistoriker Matthäus Much (1832 bis 1909) aus Wien, der sich in einem Briefwechsel mit Fitzka eingehend mit dieser Grabung befaßte, dachte an eine Siedlung mit Häusern, Herd- und Vorratsgruben. Aus dem Vorkommen von Asche schloß er auf eine Bestattung innerhalb einer Herd- oder Vorratsgrube.

Die Keramik des Typus Mistelbach-Regelsbrunn weist starke Einflüsse aus der Karpatenregion auf. Sie läßt Elemente der Mad'arovce-Kultur[3], Füzesabony-Otomani-Kultur[4], Vatya-Kultur[5] und der Vršac-Kultur[6] erkennen.

In den Tongefäßen des Mistelbacher »Rollerfundes« konnten Reste von Getreide und Hülsenfrüchten identifiziert werden. Sie stammen von den Getreidearten Einkorn (*Triticum monococcum*) und Emmer (*Triticum dicoccon*), den Hülsenfrüchten Linse (*Lens culinaris*) und Erbse (*Pisum sativum*) sowie von den Ackerunkräutern Schlafmohn (*Papaver somniferum*), Gemeines Labkraut (*Galium mollugo*) und der Roggentrespe (*Bromus secalinus).* Diese Funde liefern bescheidene Hinweise auf den damaligen Ackerbau.

Matthäus Much hatte fälschlicherweise angenommen, die Pflanzen seien Toten als Wegzehrung ins Grab gelegt worden. Da aber keine Anzeichen vorhanden sind, die auf eine Bestattung hinweisen, wurde später auch ein Opfer erwogen.

Die Männer dieser Kulturstufe waren teilweise mit bronzenen Schwertern und Langdolchen bewaffnet. Als typisches Schwert jener Zeit gilt jenes vom Typ Sauerbrunn[7], das nach einem Fund an der Bahnlinie bei Sauerbrunn unweit von Pöttsching im Burgenland bezeichnet wurde. Dieses Exemplar ist 48 Zentimeter lang und verziert. Es kam zusammen mit einem 29 Zentimeter langen, stark verbogenen Dolch und einer »Fibel« zum Vorschein.

Zu den Schmuckstücken des Typus Mistelbach-Regelsbrunn gehören bronzene Sichelnadeln mit seltsam gekrümmtem Schaft, Wetzleinsdorfer Nadeln, Blechspiralen vom Typ Regelsbrunn und dünnstabige Spiralen mit Ösenenden. Diese Bronzen sind karpatischer Herkunft.

In Wetzleinsdorf[8] und Regelsbrunn[9] wurden die Toten aus jener Zeit unverbrannt bestattet. Aus Pitten[10] dagegen kennt man neben Körper- auch Brandbestattungen.

In der Ziegelei am südlichen Ortsrand von Wetzleinsdorf hat man das Grab eines etwa fünfjährigen Jungen und das Grab

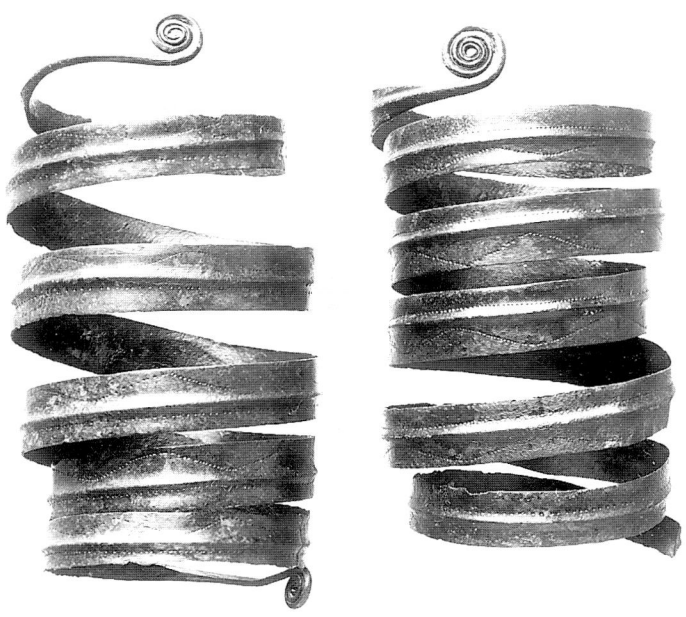

Verzierte Armspiralen aus Bronzeblech mit fünf Windungen von Regelsbrunn in Niederösterreich. Höhe der Armspiralen 14,4 und 13,3 Zentimeter, Breite des Bronzebleches etwa ein Zentimeter. Originale im Naturhistorischen Museum, Wien.

einer erwachsenen Frau entdeckt. Das Frauengrab war etwa 60 Zentimeter in den Boden eingetieft. Nach Aussage des Ziegeleiarbeiters, der die Skelettreste und Grabbeigaben barg, hatte man die Tote liegend und ausgestreckt bestattet. Ob man über ihr einen Hügel aufgeschüttet hatte, ließ sich nicht mehr feststellen, weil durch umfangreiche Erdbewegungen das Landschaftsbild stark verändert worden war.

Zu den Grabbeigaben des Jungen aus Wetzleinsdorf zählten ein 32,6 Zentimeter langer bronzener Vollgriffdolch mit bis zu vier Zentimeter breiter Klinge, eine 17 Zentimeter lange bronzene Wetzleinsdorfer Nadel mit rundem, gewölbtem Scheibenkopf, der untere Teil einer Abwurfstange mit Rose vom Hirsch und einige von Speisebeigaben stammende Tierknochen. Der Griff des Dolches ist so kurz, daß er sich nur für eine kleine Hand – keineswegs für einen Mann – eignete.

Möglicherweise gehörte ein 16 Zentimeter langer »Tonzylinder« mit einem Durchmesser von acht Zentimetern und Aufhängespuren zu den Grabbeigaben des Jungen. Ein zufälliger Bruch des Zylinders legte ein Gebilde frei, das zunächst als Kern eines Rosengewächses fehlgedeutet wurde. Später erkannte eine Expertin, daß der Töpfer, der den Zylinder modellierte, beim Kneten des Tons ein Schneckengehäuse übersehen hatte.

Bei den Grabbeigaben der Frau aus Wetzleinsdorf handelte es sich um zwei bronzene Armreife mit gleicher Verzierung, die bereits eingangs erwähnten zwei bronzenen Wetzleinsdorfer Nadeln, eine bronzene Nähnadel mit Öhr sowie um einen doppelhenkligen Topf. Nach den erwähnten Patinaspuren zu schließen, dürfte die Frau außerdem einen Fingerring und vielleicht Haarnadeln sowie Halsschmuck getragen haben.

Auf das Grab mit dem Skelett einer Frau von Regelsbrunn war man beim Ausheben eines Kellers gestoßen. Als ihre Grabbeigaben dienten ein tönernes Kännchen, zwei Armspiralen aus Bronzeblech und zwei bronzene Sichelnadeln. Das 8,4 Zentimeter hohe Kännchen aus Regelsbrunn hat einen Mündungsdurchmesser von 8,4 Zentimetern. Sein hoher, trichterartiger Hals

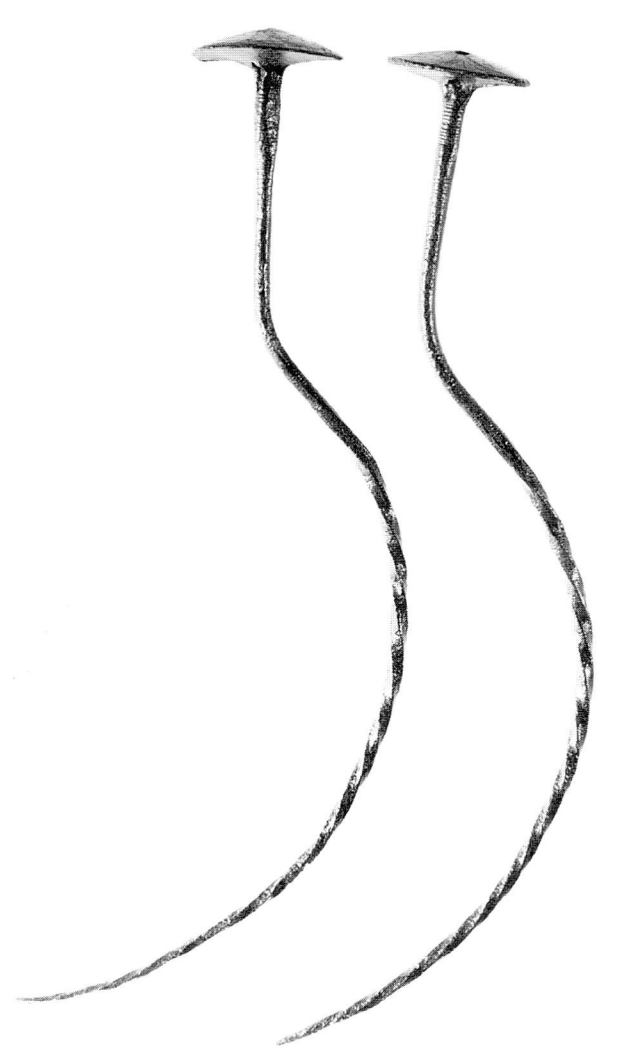

Bronzene Sichelnadeln mit reichverziertem und senkrecht durchlochtem Kopf aus Regelsbrunn in Niederösterreich. Länge der Sichelnadeln 27 und 27,9 Zentimeter. Originale im Naturhistorischen Museum, Wien.

wird ganz von einem 1,7 Zentimeter breiten, bandförmigen Henkel überspannt. Am Rand der Bodenfläche sitzen drei nach außen gerichtete, lappenförmige Füßchen. Der Hals ist mit einer waagrechten Reihe kurzer Einstiche versehen.

Die zwei 27 beziehungsweise 27,9 Zentimeter langen bronzenen Sichelnadeln aus Regelsbrunn enden oben in einem gewölbten Scheibenkopf mit einem maximalen Durchmesser von vier beziehungsweise 3,8 Zentimetern. An der Unterseite des senkrecht durchlochten, gewölbten Scheibenkopfes sind Gußnähte zu erkennen. In die Oberseite der beiden Köpfe hat man ein Blumen- oder Sternmotiv als Verzierung eingeritzt. Die unteren zwei Drittel des Schaftes sind in sich gedreht.

Die beiden Armspiralen aus Regelsbrunn mit einem Durchmesser von 7,4 Zentimetern bestehen aus bis zu ein Zentimeter breitem Bronzeblech mit fünf Windungen. Das Blech läuft an beiden Enden in einen zu einer Spiralscheibe gewundenen Draht aus. In der Mitte befindet sich parallel zu den Rändern eine getriebene Rippe, die auf einer Seite von einer geraden, auf der anderen von einer wellenförmigen Punktreihe begleitet wird.

Der Prähistoriker Adolf Mahr (1887–1951) aus Wien glaubte schon 1926, daß die Funde aus dem Grab von Regelsbrunn einen Übergang von der ältesten zu einem späteren Abschnitt der Bronzezeit erkennen lassen – womit er recht hatte.

Im Gräberfeld von Pitten stammen die frühesten Bestattungen aus der älteren Hügelgräber-Bronzezeit beziehungsweise aus der Zeit des Typus Mistelbach-Regelsbrunn. Damals wurden dort vorwiegend Körper-, aber auch schon Brandbestattungen vorgenommen. Diesen Friedhof hat man in der mittleren und jüngeren Hügelgräber-Bronzezeit (s. S. 236) sowie in der Spätbronzezeit (s. S. 396) weiterhin belegt.

Die mittlere und späte Hügelgräber-Bronzezeit

Im Land Salzburg, in Oberösterreich, in Niederösterreich, in der Steiermark und im Burgenland existierte von etwa 1500 bis 1300/1200 v. Chr. die entwickelte Hügelgräber-Kultur. Sie löste nördlich der Donau in Niederösterreich die späte Věteřov-Kultur (s. S. 131) ab und im südöstlichen Teil Österreichs den erwähnten Typus Mistelbach-Regelsbrunn.

In Niederösterreich und im Burgenland sprechen die Experten von der älteren Hügelgräber-Bronzezeit (Typus Mistelbach-Regelsbrunn), der mittleren Hügelgräber-Bronzezeit (Typus Pitten-Sieding[11]) sowie der jüngeren Hügelgräber-Bronzezeit (Typus Maisbirbaum-Zohor und Typus Strachotín-Velké Hostěrádky[12]). Mittlere und jüngere Hügelgräber-Bronzezeit werden als entwickelte Hügelgräber-Bronzezeit zusammengefaßt.

Der Wiener Prähistoriker Johannes-Wolfgang Neugebauer nahm früher an, daß die mitteldanubische Hügelgräber-Kultur in Niederösterreich ein einheitliches Kulturgebiet darstellt. Allerdings rechnete er besonders während der Stufe B1 mit Einflüssen aus dem Gebiet der karpatenländischen Hügelgräber-Kultur. Wie der deutsche Prähistoriker Friedrich Holste (1908 bis 1942) bezeichnete auch Neugebauer gelegentlich diesen Zweig der Hügelgräber-Kultur als sudeto-danubische Gruppe. Letzterer Name bezieht sich auf Gemeinsamkeiten der Hügelgräber-Kultur im Gebiet der Sudeten und der Donau.

Neuerdings geht die Prähistorikerin Zoja Benkovsky-Pivovarová aus Maria-Enzersdorf von einer unterschiedlichen Entwicklung der Hügelgräber-Kultur in Ostösterreich aus. Die im ehemaligen Gebiet der Věteřov-Kultur verbreitete norddanubische Variante entspricht nach ihrer Auffassung der mitteldanubischen Hügelgräber-Kultur Südmährens und der Westslowakei. Der im einstigen Gebiet der Wieselburger Kultur (s. S. 123) und der Litzenkeramik (s. S. 127) vertretene süddanubische Zweig läßt sich laut Zoja Benkovsky-Pivovarová von der obengenannten Gruppe absetzen. Denn die charakteristischen Gefäßformen der mitteldanubischen Hügelgräber-Kultur sind in diesem Raum nicht vertreten.

In die Hügelgräber-Bronzezeit fällt eine Klimaänderung, die durch das Aufkommen feuchter und kühler Meeresluft ausgelöst wurde. Diese zwischen etwa 1500 und 1300 v. Chr. spürbare Witterungsverschlechterung ist 1967 von dem Innsbrucker Geographen und Meteorologen Gernot Patzelt erkannt worden. Er hat sie nach der Osttiroler Lokalität Löbben im Frosnitztal an der Ostabdachung der Großvenedigergruppe der Osttiroler Hohen Tauern als Löbben-Schwankung bezeichnet.

Die Löbben-Schwankung war eine Gletschervorstoßperiode, die in den Auswirkungen auf Gletscher und Umwelt denen der Jahrzehnte von 1815 bis 1855 geähnelt haben dürfte – nur hat sie viel länger gedauert. Damals erfolgte auch die Ausdehnung

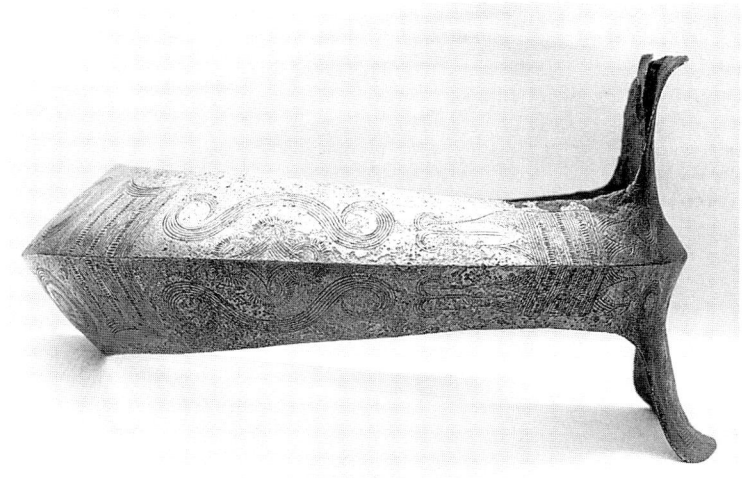

Verziertes »Diadem« mit Nackenstütze aus der Hügelgräber-Bronzezeit (etwa 1600 bis 1300/1200 v. Chr.) von Grab 26a in Pitten (Niederösterreich). Vorderansicht oben, Seitenansicht unten. Maximaler Durchmesser 19 Zentimeter, Nackenstütze 12,2 Zentimeter hoch. Original im Museum für Urgeschichte des Landes Niederösterreich, Asparn an der Zaya.

231

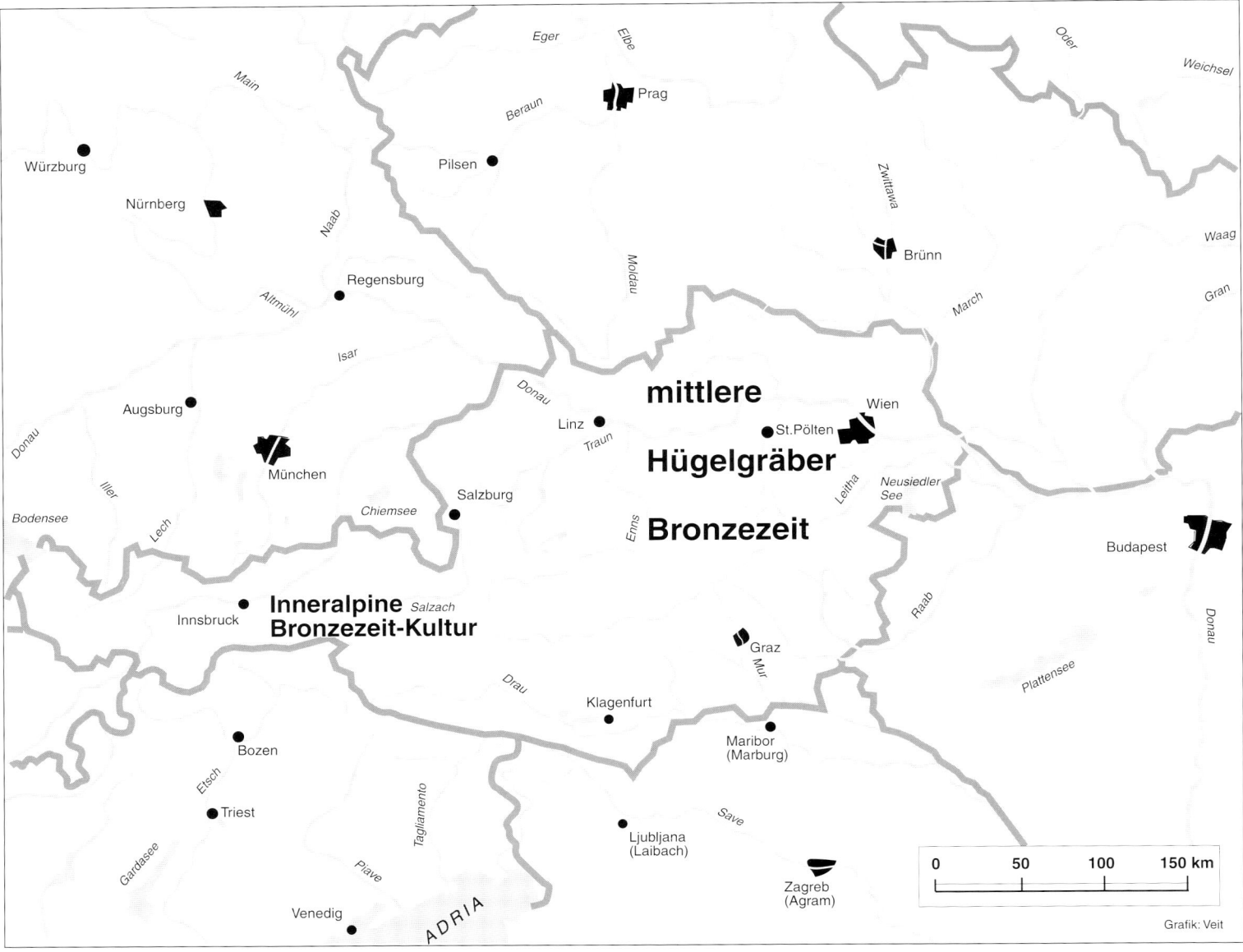

Verbreitung der Kulturen und Gruppen während der mittleren und jüngeren Hügelgräber-Bronzezeit (etwa 1500 bis 1300/1200 v. Chr.).

des Löbbengletschers – die vermutlich stärkste während der Nacheiszeit (Holozän). Begleiterscheinungen dieser kühlfeuchten Zeitspanne konnten vielfach in den Ost- und Westalpen bei Untersuchungen der Jahrringe von Bäumen festgestellt werden, deren Wachstum sich verlangsamte.

Einblicke in die damalige Tierwelt erlauben Funde aus Gräbern von Pitten in Niederösterreich. Dort gab es Große Glanzschnecken (*Aegopis verticillus*), Schlüsselschnecken (*Discus rotundatus*), Strauchschnecken (*Bradybaena fruticum*), Wiener Schnirkelschnecken (*Cepaea vindobonensis*), Wechselkröten (*Bufo viridis*), Steinkäuze (*Athene noctua*), Hamster (*Cricetus cricetus*), Gelbhalsmäuse (*Apodemus flavicollis*), Waldmäuse (*Apodemus sylvaticus*), Hausmäuse (*Mus musculus*), Feldmäuse (*Microtus avalis*), Rehe (*Capreolus capreolus*), Elche (*Alces alces*) und Wölfe (*Canis lupus*). Der Elch ist durch Knochenreste eines erwachsenen Tieres in einem Grab belegt. Letztere Tierart behauptete sich im Ostalpenraum bis zur Völkerwanderungszeit. Die Existenz des Wolfes wird durch einen 5,5 Zentimeter langen, durchbohrten oberen Eckzahn in einem Grab bezeugt.

Aufgrund der zahlreichen Skelettreste aus einem der Gräberfelder von Pitten weiß man über die Körperhöhe der Hügelgräber-Leute gut Bescheid. Die in Pitten bestatteten Männer waren zwischen 1,64 und 1,76 Metern groß. Bei den Männern betrug die durchschnittliche Körperhöhe etwa 1,70 Meter, bei den Frauen ungefähr 1,60 Meter. Ähnlich verhielt es sich in anderen Gegenden Österreichs. Beispielsweise maß ein etwa 25 bis 35 Jahre alter Mann aus Neudörfl im Burgenland etwa 1,70 Meter. Dagegen erreichte ein Mann aus Rabensburg im nördlichen Niederösterreich beachtliche 1,76 Meter.

In den Hügelgräberfeldern von Pitten sind die Bewohner einer schätzungsweise 30 Personen beherbergenden Siedlung mehrere Generationen lang sowohl unverbrannt als auch verbrannt bestattet worden. Bei der Untersuchung der Skelette von diesem großen Friedhof konnten Anthropologen interessante Erkenntnisse über die Bevölkerungsstruktur, das Sterbealter und die Krankheiten der Hügelgräber-Leute gewinnen.

Die in Pitten beerdigten Menschen waren etwa je zur Hälfte männlich (49,3 Prozent) und weiblich (50,7 Prozent). Der Anteil verstorbener Kinder betrug 35,2 Prozent. Bei den Erwachsenen lag das durchschnittliche Sterbealter bei 38,1 Jahren. Wenn man die Kinder und Jugendlichen mit einbezog, waren es sogar nur 24 Jahre. Die Männer wurden im Durchschnitt etwa fünf Jahre älter als Frauen. Fast die Hälfte (46 Prozent) der Einwohner von Pitten ist vor Erreichen des 20. Lebensjahres gestorben.

Fünf Prozent der Pittener Kinder hatten einen Wasserkopf ausgebildet. Etwa jeder vierte Mensch (27,1 Prozent) von dort litt unter Kariesbefall der Zähne. In neun Fällen zeugen siebartig durchlöcherte Augenhöhlendächer (Cribra orbitalia) von Mangel- beziehungsweise Stoffwechselerkrankungen. Arthritis und Hyperostosen (einmal in Form des sogenannten »Bürstenschädels«) sind je zweimal nachgewiesen. Der »Bürstenschädel« ist Ausdruck anämischer Erkrankungen des Blutes. Ein Mann litt an Spondylitis im Bereich der Brust-, Lenden- und Halswirbelsäule.

An manchen Skeletten aus Pitten wurden Spuren von gut verheilten Verletzungen festgestellt. Dazu gehören eine Fraktur des linken Ellbogengelenks, die ein Mensch viele Jahre vor dem Tod erlitt, und eine Fraktur der Speiche.

Auch bei dem erwähnten 25 bis 35 Jahre alten Mann aus Neudörfl im Burgenland wurden Spuren von Krankheiten erkannt. Bei ihm waren die beiden ersten Backenzähne des linken Oberkiefers stark von Karies befallen. Am rechten Eckzahn und ersten Vorbackenzahn des Oberkiefers sind Defekte im Zahnschmelz sichtbar. Sie entstehen durch Krankheiten in der Kindheitsphase oder durch Ernährungsstörungen. Auffällige Veränderungen an der Hüftgelenkspfanne könnten durch rheumatische Arthritis verursacht worden sein.

Der ebenfalls erwähnte 1,76 Meter große Mann aus Rabensburg in Niederösterreich litt unter Vitamin-C-Mangel und Bandscheibenschwund (Osteochondrose). Letztere Krankheit war mit Rückenschmerzen verbunden. Außerdem wurden an den Fingergliedern dieses Mannes Spuren arthrotischer Veränderungen festgesellt.

Von der ehemaligen Kleidung der Hügelgräber-Leute kennt man bronzene Blechgürtel, Anhänger, Zierscheiben und Nadeln. In einem zerstörten Grab von Pitten wurden zwei Fragmente eines Blechgürtels entdeckt, von dem noch 38,9 Zentimeter erhalten sind. Diese Bruchstücke sind mit geritztem und getriebenem Dekor verschönert. In einem Grabhügel von Sieding (Niederösterreich) war um die Hüften einer 40 bis 50 Jahre alten Frau ein 95,3 Zentimeter langer Blechgürtel geschlungen. Den Haken an einem Ende hatte man am anderen Ende in das letzte von sieben Löchern eingehängt. Jener Gürtel ist mit einer fein eingepunzten linearen Verzierung versehen. Ein in Winklarn (Niederösterreich) geborgener Gürtel endet spiralförmig.

Funde aus Pitten spiegeln auch die Vielfalt mittelbronzezeitlicher Nadelformen wider. Auf einen Horizont mit rundschaftigen Lochhals-, Petschaftskopf- und Kegelkopfnadeln beispielsweise folgten Nadeln, deren Oberteil zylindrisch verstärkt ist, Petschaftskopfnadeln einer anderen Variante, Exemplare mit trompetenartig verbreitertem Kopf, Kugelkopfnadeln mit verdicktem Hals und Kolbenkopfnadeln.

Die Männer haben sich damals mit bronzenen Rasiermessern die Bart- und vielleicht auch die Kopfhaare geschnitten. Aus der Übergangszeit zwischen später Hügelgräber-Kultur und früher Urnenfelder-Kultur stammt das zweischneidige Rasiermesser des Typs Gusen vom namengebenden oberösterreichischen Fundort Gusen. Es ist 14 Zentimeter lang und hat einen Rahmengriff mit einem beschädigten Ringabschluß. Ein Rasiermesser vom Typ Gusen kam auch im burgenländischen Neckenmarkt zum Vorschein.

In einem Grab des Friedhofs von Pitten lagen Fragmente einer bronzenen Pinzette mit breiten, jedoch relativ dünnen Backen und einem schmalen Bügel. Dieses Toilettegerät zum Auszupfen lästiger Haare gilt als eine der ältesten Pinzetten Mitteleuropas.

Wie die Angehörigen anderer mittelbronzezeitlicher Kulturen errichteten auch die Hügelgräber-Leute unbefestigte und befestigte Siedlungen im Flachland und auf Bergen. Vier in Grödig[13] im Land Salzburg entdeckte Wohnstellen sind offenbar nach einem Plan angelegt worden. Die rechteckigen Grundrisse waren alle annähernd gleich orientiert. Die Eingänge der Bauten befanden sich vermutlich jeweils auf der südlichen Langseite, weil im schattenreichen Grödig der Nordwind vorherrscht. Diese Siedlung war etwa 850 Meter von Hügelgräbern entfernt, in denen vielleicht ihre Bewohner bestattet wurden.

In Deutschlandsberg[14] (Steiermark) wurde eine Flachlandsiedlung von einem mäandrierenden Bach durchflossen, der allmählich verlandete. Die dort aufgespürten Pfostenlöcher stammen von Ständerbauten. Ein kleines Gebäude bestand aus einer Konstruktion von zwei mal vier Pfosten und war 5,90 Meter lang und 3,40 Meter breit.

Eine Kulturschicht aus der Hügelgräber-Bronzezeit kam auch in Salzburg-Maxglan[15] zum Vorschein. Sie stammt von einer ehemaligen Flachlandsiedlung und enthielt Reste von Tongefäßen, steinerne Werkzeuge, Trachtzubehör und bronzene Waffen. Eine weitere Flachlandsiedlung existierte in Morzg.

Nach Ansicht des Salzburger Prähistorikers Fritz Moosleitner sind alle damaligen Höhensiedlungen befestigt gewesen. Wenn es jemand auf sich genommen habe, Behausungen auf einer Felshöhe zu errichten, könne dafür nur das Sicherheitsbedürfnis maßgeblich gewesen sein, folgert er. Denn mit der Entschei-

Ab der Mittelbronzezeit haben die Männer in Österreich ihren Bart und vielleicht auch ihre Kopfhaare mit bronzenen Rasiermessern geschnitten, die damals – ebenso wie bronzene Pinzetten zum Haareauszupfen – eine neue Errungenschaft waren.

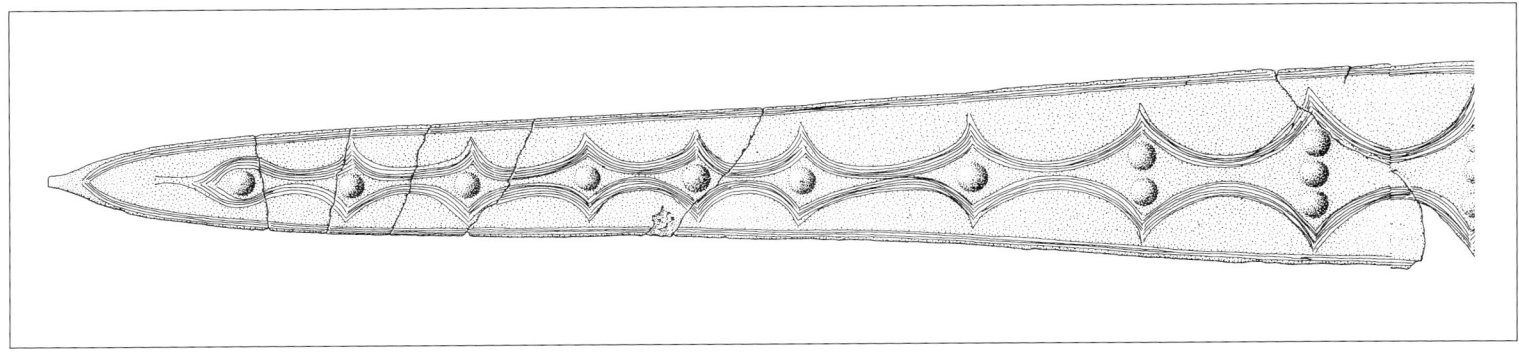

Bronzener Blechgürtel mit geritztem und getriebenem Dekor aus einem zerstörten Grab des mittelbronzezeitlichen Friedhofes von Pitten in Niederösterreich. Erhaltene Länge des Gürtels 38,9 Zentimeter. Original im Heimatmuseum, Pitten.

dung für eine solche Wohnstätte waren zahlreiche Unannehmlichkeiten verbunden: beispielsweise Wassermangel, aufwendige Transporte für Baumaterial, lange Anmarschwege zu Äckern und Weiden. Auch wenn heute keine Wälle, Gräben oder Mauern mehr erkennbar sind, könnten der Vermutung Moosleitners zufolge einst doch Palisaden, Brustwehr oder dergleichen vorhanden gewesen sein.

Höhensiedlungen erstreckten sich auf dem Burgberg von Pitten[16] und auf dem Buchberg bei Großraßberg[17] (beide in Niederösterreich) sowie auf dem Rainberg in Salzburg[18], im Bereich der Pongauer Burg (Ruine Bachsfall) in Bischofshofen[19], auf dem Felssporn Katzentauern bei Saalfelden[20] und auf einem etwa einen Kilometer davon entfernt liegenden namenlosen Felsen (alle im Land Salzburg).

Die Befestigung auf dem sich am rechten Rand des Saalachtals befindlichen Katzentauern lag etwa 100 Meter hoch. Jene Anlage bedeckte die etwa 80 Meter lange und 15 Meter breite Hochfläche. Ringsum wurde die Siedlung durch steile Felswände geschützt. Der Zutritt war nur über einen schmalen Grat möglich, der den Felssporn mit dem angrenzenden Gebirgsmassiv verband. Diese einzige passierbare Stelle war durch einen Wall und einen tiefen Graben gesichert.

Eine ähnliche Situation bot sich bei der Befestigung am linken Rand des Saalachtals. Auch sie war etwa 100 Meter über dem Tal auf einem Felsen errichtet worden, aber ihre Fläche betrug nur 20 mal 20 Meter. An drei Seiten gaben senkrechte Felswände der Siedlung natürlichen Schutz. Allein an der Westseite konnte der Felsen über einen schmalen Grat vom dahinterliegenden Gebirgsmassiv aus betreten werden. Dieser einzige Zugang wurde sowohl durch einen Wall als auch einen Graben davor gesichert.

Während der Hügelgräber-Bronzezeit – vermutlich am Übergang von der Bronzezeit B zu C – hat man alle Höhensiedlungen in den Bergbaugebieten von Salzburg, Tirol, Kärnten und der Oststeiermark aufgegeben. Statt dessen entstanden unbefestigte Siedlungen auf talnahen Terrassen wie in Sankt Johann-Hubbauer[21], Schwarzach[22] und Sankt Veit-Klinglberg[23]. Auslöser hierfür dürften veränderte Sicherheitsbedingungen gewesen sein. Den »Bergherren«, die vielleicht außerhalb der Gebirgsregion ansässig waren, muß es gelungen sein, die Bergbauanlagen anderweitig wirksam zu schützen.

Die bronzenen Sicheln von Georgenberg bei Kuchl im Land Salzburg und von Zellerndorf in Niederösterreich liefern Hinweise auf den Anbau von Getreide, das mit solchen Erntegeräten geschnitten wurde. In Georgenberg wurden mehrere Sicheln geborgen, in Zellerndorf kamen nur Bruchstücke zum Vorschein. Nach diesen Funden zu schließen, waren die Hügelgräber-Leute Ackerbauern, die Getreide aussäten und ernteten. Als Haustiere wurden Rinder, Schweine, Schafe, Ziegen, Hunde und Pferde gehalten. In Gräbern von Pitten fanden sich Reste vom Pferd, Schwein, Rind sowie Schaf oder von der Ziege. Aus Mannersdorf am Leithagebirge kennt man Knochen vom Rind, Schwein, Hund, Schaf oder von der Ziege und von einem Pferd. In Poysdorf (Niederösterreich) wurde das Schädeldach eines mehr als sechs Jahre alten Hundes geborgen. Eine Siedlungsgrube in Trasdorf (Niederösterreich) enthielt Knochen vom Rind, Schwein, Schaf oder von der Ziege.

Auf dem Felssporn Katzentauern im Land Salzburg lag in der Hügelgräber-Bronzezeit eine Höhensiedlung. Sie konnte nur über einen schmalen Grat betreten werden, der den Felssporn mit dem angrenzenden Gebirgsmassiv verband.

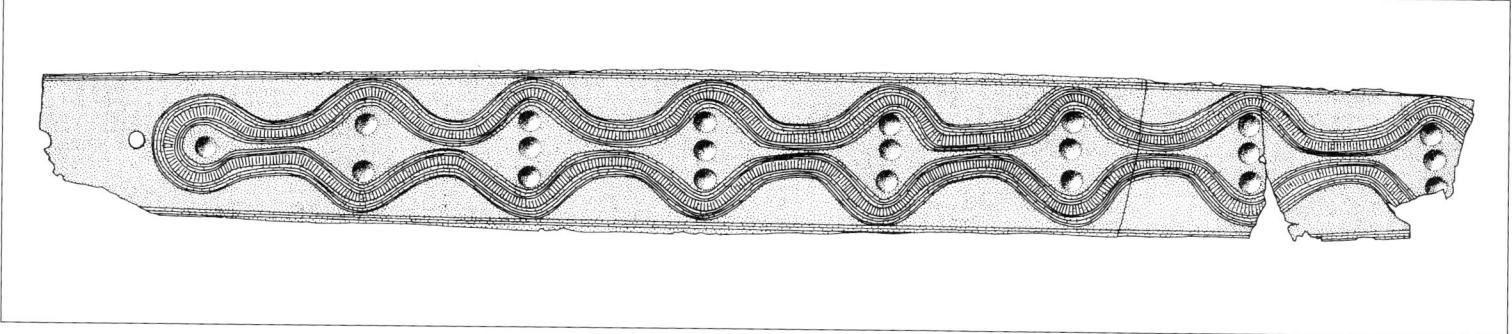

Bronzener Blechgürtel mit fein eingepunzter linearer Verzierung aus dem Grab einer Frau von Sieding in Niederösterreich. Länge 95,3 Zentimeter. Original im Museum für Urgeschichte des Landes Niederösterreich, Asparn an der Zaya.

Gelegentlicher Fischfang wird durch einen Angelhaken aus einem der Gräber von Pitten belegt. Er ist aus Bronzedraht mit viereckigem Querschnitt hergestellt und mit einem Widerhaken versehen. In Mannersdorf am Leithagebirge wurden Jagdbeutereste vom Rothirsch, Reh und Hamster entdeckt.

Die Töpfer der Hügelgräber-Kultur modellierten zahlreiche Formen von Tongefäßen, die für unterschiedliche Zwecke bestimmt waren. Sie gestalteten Tassen, Kannen, Amphoren, Schalen, Schüsseln, Töpfe, Fuß- und Siebgefäße.

Schalen und Schüsseln hatten häufig eine fußförmig abgesetzte Standfläche und oft einen vierfach gezipfelten Mundsaum. Die Fußgefäße standen auf einem hohlen Fuß und waren mit einem kleinen Henkel ausgestattet. Daneben gab es Amphoren mit Fuß und zwei Henkeln. Ein Siebgefäß wurde unter anderem in Getzersdorf (Niederösterreich) geborgen.

Als Verzierungen dienten Buckel, hängende Dreiecke und komplizierte Tonleistenauflagen. Das 8,7 Zentimeter lange und fünf Zentimeter breite Bruchstück eines Gefäßbodens aus Weitersfeld bei Horn in Niederösterreich weist als Besonderheit einen textilartigen Abdruck auf. Er entstand wohl unabsichtlich, als das Gefäß bei der Herstellung in frischem Zustand auf eine Matte gestellt wurde.

Die Tongefäße wurden häufig in großer Stückzahl geformt und gebrannt. So sind aus Maisbirbaum[24] bei Ernstbrunn (Niederösterreich) zwei Depots einer Töpferei mit insgesamt 52 vollständig erhaltenen Gefäßen bekannt (s. S. 245). Dazu gehören Schalen, Tassen, Schüsseln, Fußschüsseln, Töpfe und Kannen, deren Verzierung aus geriefelten Buckeln und schraffierten Dreiecken besteht.

Am Mitterberg bei Mühlbach-Bischofshofen im Pongau (Land Salzburg) wurde in der Mittelbronzezeit weiterhin Kupfererz in großem Umfang gefördert (s. S. 107). Rund um dieses Revier waren etwa zehn Hüttenbetriebe tätig, die jährlich insgesamt aus Erzen etwa 15 Tonnen Kupfer schmolzen. Experten schätzen, daß am Mitterberg täglich etwa 25 Tonnen Erzgestein abgebaut worden sind, aus dem sich etwa 60 Kilogramm Kupfer gewinnen ließen.

Das Erz hat man entweder mit schweren Bronze- und Steingeräten oder mit der Feuersetzmethode abgebaut, bei der das Gestein durch Feuer erhitzt und mit Wasser abgeschreckt wurde. Am Mitterberg arbeiteten vermutlich mehrere hundert Bergleute, Träger, Hilfskräfte, Aufseher, Zimmerleute und Köhler. Für den Bau von Stollen und den Verhüttungsprozeß in Meilern dürften täglich etwa 20 Kubikmeter Holz erforderlich gewesen sein. Das Kupfererz wurde vermutlich zu handlichen Barren verarbeitet, die auf dem Tauschweg zu den Bronzegießern gelangten. Aus Kiblitz in Niederösterreich kennt man eine Gußform aus Sandstein, die zur Herstellung eines bronzenen Randleistenbeils diente. Davon existiert nur eine der beiden Hälften. Von der Arbeit eines Bronzegießers zeugt auch ein 3,3 Zentimeter langer bronzener Schmelzkuchen aus Salzburg-Maxglan.

Zu den bronzenen Werkzeugen der Hügelgräber-Leute gehörten Randleistenbeile, Absatzbeile, Messer und Pfrieme. In einem Grab von Pitten barg man ein Flachbeil aus schwarzem Serpentin. An anderen Fundstellen kamen Feuersteingeräte zum Vorschein.

Ein Depotfund vom Kürnberg bei Linz in Oberösterreich besteht aus vier Klingen von Randleistenbeilen, einem Langmeißel und zwei offenen, verzierten Armringen. Das kleinste dieser Randleistenbeile ist 14,5 Zentimeter lang, während das größte 18,6 Zentimeter mißt. Die Länge des Langmeißels beträgt 19,9 Zentimeter.

Die Bewaffnung der Männer bestand aus bronzenen Dolchen, Kurzschwertern, Griffzungenschwertern, Vollgriffschwertern mit achtkantigem Griff (Achtkantschwert) und ovaler Griffplatte, Lanzen sowie aus Pfeil und Bogen. In den Schäften der Pfeile steckten bronzene oder steinerne Spitzen.

Allein in den Gräbern von Pitten hat man 16 Dolche entdeckt (s. S. 246). Zum prächtigsten Exemplar mit einer 18,5 Zentimeter langen Klinge gehörte ursprünglich eine Holzscheide mit spiralförmigem Ortband aus flachem Bronzedraht und bronzenem Doppelknopf. In Salzburg-Maxglan wurden ein 14,4 Zentimeter langer bronzener Dolch, das Tüllenende einer bronzenen Lanzenspitze, ein 12,6 Zentimeter langer Dolch aus Feuerstein und eine Pfeilspitze aus Feuerstein gefunden.

Das Bronzedepot von Maiersdorf am Fuß der Hohen Wand[25] (auch Lange Wand oder Heißenstammische Wand genannt) in Niederösterreich umfaßte einen Vollgriffdolch, acht kegelförmige Blechhütchen (Tutuli), fünf Spiralröhrchen aus Bronzedraht und drei Röhrchen aus Bronzeblech.

In einem Männergrab von Pitten lag ein 28 Zentimeter langes Kurzschwert mit hoher, trapezförmiger Griffplatte und vier Hutnieten zum Befestigen des aus Holz, Knochen oder Geweih angefertigten Griffes. Es entspricht dem Kurzschwert vom Typ Statzendorf, der nach einem niederösterreichischen Fundort benannt ist.

Das von einem Bauern beim Pflügen entdeckte Vollgriffschwert von Au am Leithagebirge in Niederösterreich wird als Typ Au bezeichnet. Von dieser Stichwaffe sind nur der Griff und ein mit diesem durch eine Niete verbundenes Klingenbruchstück erhalten. Das Fragment ist 18,8 Zentimeter lang. Die Griffplatte hat eine spitzovale Form, der Griff ist verziert und hohl.

Ein weiteres Vollgriffschwert vom Typ Au wurde in einem Grab von Zurndorf im Burgenland zutage gefördert. Es ist 67 Zentimeter lang und 580 Gramm schwer. Bei der röntgenologischen Untersuchung zeigte sich, daß es sich um ein gußtechnisch minderwertiges Produkt handelt. Seine Metallsubstanz ist von Gasblasen durchsetzt, die wohl durch zu rasches Eingießen der flüssigen Bronze in die Gußform oder durch zu rasches Erkalten der Schmelze entstanden. Klinge und Hohlgriff des Schwertes, die getrennt gegossen wurden, sind nur mit zwei Pflocknieten verbunden.

Das Schwert aus Zurndorf dürfte nicht für den Kampf geeignet gewesen sein. Die sorgfältig ausgeführte Ritzverzierung und die Ziselierung deuten darauf hin, daß die Waffe lediglich zu Repräsentationszwecken diente.

In einem Flachgrab von Gusen soll angeblich ein »Krieger« unverbrannt zusammen mit einem 50,6 Zentimeter langen Griffzungenschwert vom Typ Asenkofen (Variante Gusen), einer Tüllenlanzenspitze, einer Bronzetasse des Typs Gusen und dem bereits erwähnten Rasiermesser vom Typ Gusen bestattet worden sein. Doch es ist nicht gesichert, ob all diese Objekte aus einem »Kriegergrab« stammen. Das Schwert des Typs Asenkofen ist nach einem Fundort in Bayern benannt.

In zwei Gräbern von Pitten lag eine größere Anzahl von bronzenen Pfeilspitzen. Ein Grab enthielt neun Pfeilspitzen (davon zwei mit Mitteldorn und eine mit Tülle), in einem anderen Grab fanden sich acht Pfeilspitzen von 1,9 bis 2,8 Zentimeter Länge. Aus Gräbern von Theras (Flur Quadenhügel) in Niederösterreich kamen eine Pfeilspitze aus Feuerstein und zwei Pfeilspitzen aus Bronze zum Vorschein.

Seltener waren – nach den Funden zu urteilen – Lanzen mit bronzenen Spitzen und hölzernen Schäften. Eine bronzene Lanzenspitze mit Tülle wurde in einem Grab von Hettmannsdorf in Niederösterreich gefunden.

Die schon genannte Bronzetasse aus dem »Kriegergrab« in Gusen markiert den Beginn der Entwicklung solcher Blechgefäße. Sie ist maximal 5,2 Zentimeter hoch, hat einen Mündungsdurchmesser von 11,6 Zentimetern, besitzt einen Omphalosboden sowie einen schräg-trichterförmigen Rand und einen Bandhenkel. Tassen vom Typ Gusen waren hauptsächlich in der Karpatenregion in Gebrauch. Gusen gilt als westlichster Fundort.

Schwere und sperrige Güter dürften auf Wagen transportiert worden sein, vor die man Rinder oder Pferde als Zugtiere spannte. Zu einem Pferdegeschirr gehörte wohl ein 9,4 Zentimeter langer Geweihknebel aus Grafenberg in Niederösterreich.

Auf Handelskontakte mit Zeitgenossen im Gebiet von Ungarn lassen verkehrt-herzförmige Anhänger und ungarische Nakkenscheibenäxte schließen. In Oberösterreich könnte Salz aus Hallstatt als Gegengabe für mancherlei Tauschobjekte gedient haben.

Wie einfallsreich die Metallhandwerker der Hügelgräber-Bronzezeit waren, spiegeln die zahlreichen Formen unter den bronzenen Schmuckstücken und Trachtbestandteilen wider. Sie variierten von »Diademen«, Nadeln, Armspiralen, Armreifen, Fingerringen, kleinen hutförmigen Zieraten (Tutuli), verkehrtherzförmigen Anhängern und Stachelscheiben bis hin zu kreuzförmigen Schmuckplatten mit Stachel (»Malteserkreuze«), Spiralröhrchen, Spiralgehängen und Radanhängern.

Als besonders reich an bronzenen Schmuckstücken und Trachtbestandteilen erwiesen sich die Gräber in Pitten. In ihnen wurden unter anderem drei verzierte »Diademe« mit Nackenstützen (s. S. 245), auffällig viele Gewandnadeln und fünf ornamentierte »Malteserkreuze« (s. S. 247) gefunden. Ebenfalls aus Pitten stammen elf Sichel-, Lochhals-, Hülsenkopf-, neun Kegelkopf-, 29 Petschaftskopf-, Spiralkopf-, drei Rollenkopf- und Kolbenkopfnadeln sowie 15 Nadeln mit Kugelkopf und verdicktem Hals. Außerdem konnte dort – wie erwähnt – ein Wolfseckzahn, der wohl als Anhänger diente, geborgen werden.

Ein besonders rares Schmuckstück kam in Roggendorf (Niederösterreich) zum Vorschein. Es handelt sich um eine schwärzliche Glasperle.

In Pitten ist ein bronzezeitliches Gräberfeld entdeckt worden, das mehrere Jahrhunderte lang kontinuierlich belegt worden war.

Die ältesten Bestattungen in Pitten stammen – wie erwähnt – aus der älteren Hügelgräber-Bronzezeit (Stufe B1) beziehungsweise aus der Zeit des Typus Mistelbach-Regelsbrunn (s. S. 231). Es waren vorwiegend Schachtgräber mit Körperbestattungen, die teilweise durch Grabräuber zerstört wurden. Bereits damals hat man Tote auch verbrannt und schon Hügelgräber errichtet, die Körper- und Brandbestattungen bargen. Vielfach wurde der Grabhügel über jener Stelle aufgeschüttet, an der die Verbrennung des Leichnams vorgenommen worden war. Mit den Scherben der bei Totenfeiern absichtlich zertrümmerten Tongefäße hat man Grabhügel ringsum gepflastert.

Auch während der mittleren und jüngeren Hügelgräber-Bronzezeit (Stufen B2 bis C) sind in Pitten Hügelgräber errichtet worden. Sie waren entweder aus Erde oder aus Steinen erbaut. Die Hügelgräber mit Steinaufschüttung hatte man oft mit einem Erdmantel bedeckt. Vereinzelte Hügel wurden nachträglich geöffnet, um Verstorbene aufzunehmen.

Zu Beginn der späten Bronzezeit (Stufe D beziehungsweise Urnenfelder-Zeit) hat man die Toten in Pitten ausnahmslos verbrannt und vorwiegend in Steingräbern von Zylinder- und U-Form bestattet.

Kleinere Gräberfelder der Hügelgräber-Bronzezeit kennt man aus Winklarn[26], Theras[27] und Maiersch[28] in Niederösterreich, aus Sieggraben[29] und Neudörfl[30] im Burgenland und aus Schernberg[31] im Land Salzburg.

Unter ihnen ist das Gräberfeld aus Sieggraben das größte und das von Winklarn das am frühesten entdeckte. Nach heutiger Kenntnis umfaßte das in einer Windung der Ybbs gelegene Gräberfeld von Winklarn insgesamt 19 Hügel. Einige davon wurden schon um 1860 bei Wegbauten, der Feldarbeit und der Suche nach Steinplatten zerstört, wobei die Fundstücke keine Beachtung fanden.

Zum Gräberfeld von Theras (Flur Quadenhügel) gehörten 13 Hügelgräber. Die ersten Keramikreste von dort konnten 1911 beim Aushacken einer Waldschneise geborgen werden. Bei Ausgrabungen kamen Körper- und Brandgräber, Mehrfachbestattungen und eine Nachbestattung zum Vorschein. Auch ein Fall von Leichenzerstückelung wurde festgestellt.

In Maiersch hat der Heimatforscher Josef Höbarth (1891–1952) aus Horn zwischen 1936 und 1938 acht Gräber ausgegraben. Funde daraus waren zuvor beim Pflügen zutage gefördert wor-

Bronzenes Griffplatten-Kurzschwert, Absatzbeil und Kugelkopfnadel (von rechts nach links) aus einem Grab von Gemeinlebarn in Niederösterreich. Länge des Kurzschwertes 20 Zentimeter. Original im Heimatmuseum, Traismauer.

DIE HÜGELGRÄBER-KULTUR

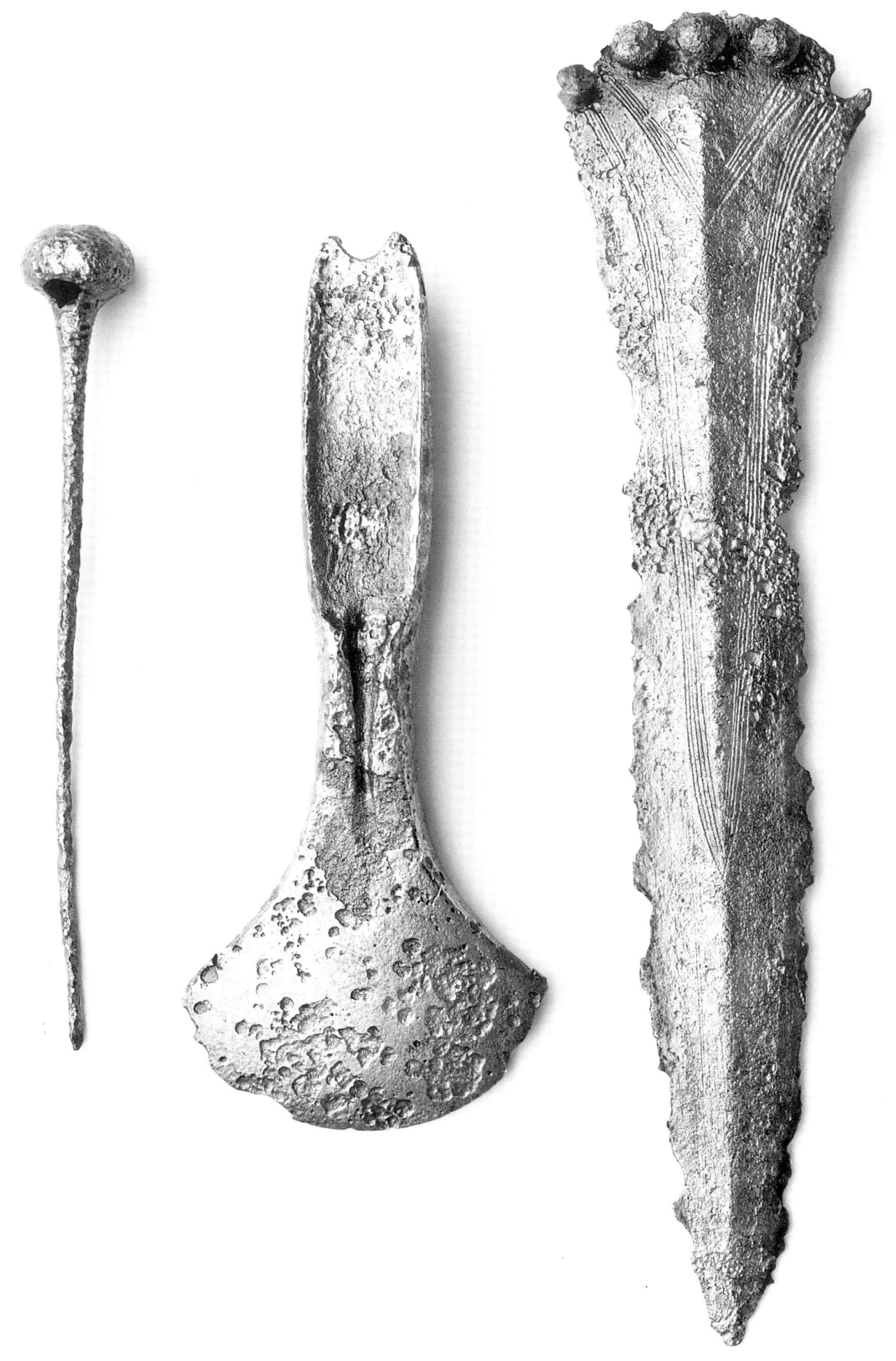

Hügel 148 mit Erd- und Steinmantel im Gräberfeld von Pitten in Niederösterreich. Die Aufnahme entstand 1971 während der Rettungsgrabungen durch das Niederösterreichische Landesmuseum unter Leitung der Wiener Prähistoriker Franz Hampl (1915–1980) und Herwig Friesinger.

den. Die Gräber von Maiersch enthielten ausnahmslos Körperbestattungen. Über die Gestaltung der Gräber existieren keine Angaben.

Von den ursprünglich etwa 30 Hügeln des Gräberfelds von Sieggraben sind heute nur noch 14 flache Bodenerhebungen von maximal 30 Zentimeter Höhe erhalten. Die Hügel wurden nach 1930 immer mehr eingeebnet, als man den Wald, in dem sie lagen, in Ackerland umwandelte. Durch das ehemalige Gräberfeld wurde 1980 bis 1984 die Trasse der Burgenland-Schnellstraße S 31 gelegt. Aus diesem Grund hat man 1980 einige Hügel untersucht, wobei Körperbestattungen und eine Brandbestattung festgestellt wurden.

Das Gräberfeld von Neudörfl wurde beim Bau der Schnellstraße S 4 entdeckt und teilweise zerstört. Die Zahl der Gräber von dort wird auf mehr als zehn geschätzt. Darunter befand sich neben Körpergräbern eine Brandbestattung.

Während nördlich der Alpen in der Mittelbronzezeit Körperbestattungen unter Grabhügeln üblich waren, hat man im inneralpinen Gebiet die Toten verbrannt und die Reste des Leichenfeuers in tönernen Urnen oder Behältnissen aus vergänglichem Material beigesetzt. Im Land Salzburg ist neben dem erwähnten Gräberfeld von Schernberg jenes von Saalfelden-Taxau[32] zu nennen, dessen älteste Gräber ebenfalls noch in die Mittelbronzezeit datieren. In Kärnten sind vier Fundstellen mittelbronzezeitlicher Brandgräber bekannt. Die Bewohner der Bergbauregion dürften sich bei den Bestattungssitten nach Süden hin orientiert haben. In den Gebieten am Südrand der Alpen wurde in der Mittelbronzezeit das Ritual der Urnenbeisetzung praktiziert.

Der beim Bau einer Wasserleitung in Mitleidenschaft gezogene Friedhof von Schernberg bestand aus 20 Urnengräbern, welche die Reste von Brandbestattungen enthielten. Die Urnen waren in Steinkisten aus dünnen Schieferplatten untergebracht. In der Mehrzahl wurden die Gräber von runden Steinpackungen geschützt, die einen Durchmesser von 1,20 bis 2,40 Metern aufwiesen.

Eine seltene Pithos-Bestattung kam inmitten der ehemaligen Siedlung von Salzburg-Maxglan zum Vorschein. Dort hatte man den Leichnam eines Neugeborenen in einem 40 Zentimeter hohen, flaschenförmigen Tongefäß beigesetzt. Das sowohl am Hals als auch an der Schulter mit umlaufenden Leisten verzierte Behältnis war durch eine große Scherbe mit Grifflappen abgedeckt worden.

Als typisch für den Kult der sudeto-danubischen Gruppe der Hügelgräber-Kultur gelten Deponierungen von intakten Tongefäßen, bei denen meistens kleinere Behältnisse in ein größeres gelegt wurden. Bei den Exemplaren von geringer Größe handelte es sich um kaum gebrauchte Speise- und Trinkgarnituren in qualitätvoller Ausführung.

Ein solches Gefäßdepot wurde in Schrattenberg im Weinviertel[33] (Niederösterreich) beim Ausbaggern eines Kanals entdeckt. Dabei hob der Bagger zahlreiche Scherben eines großen Topfes, der 18 kleine und feiner ausgeführte Tongefäße enthielt. Das Depot wird als Zeugnis einer Kulthandlung gedeutet, bei der Trankspenden und Umtrunkrituale vorgenommen wurden. Zu diesem Gefäßdepot gehören zwar mehrheitlich Schalen, es befanden sich jedoch auch zwei Fußschüsseln, ein Henkelkrug und ein Schalensieb darunter.

Der Postbeamte und Heimatforscher Josef Höbarth (1891–1952) aus Horn spürte die ersten Gräber des Friedhofes von Maiersch aus der Zeit der Hügelgräber-Kultur auf. Nach ihm ist das 1930 gegründete Höbarth-Museum in Horn bezeichnet.

Ein weiteres Keramikdepot kam in Haindorf[34] (Niederösterreich) zum Vorschein. Es besteht aus elf Tassen, einer Kanne, einem Krüglein und einem Töpfchen.

Aus dem Land Salzburg sind einige Brandopferplätze der Hügelgräber-Leute bekannt. Drei davon lagen im Saalfeldener Becken (auf dem Biberg[35], in Saalfelden-Dorfheim[36] und in Saalfelden-Taxau[37]), zwei befanden sich im Salzburger Becken (auf dem Goiserberg in Morzg[38] und dem Hellbrunnerberg bei Salzburg[39]). Dort wurden vermutlich ähnlich wie in Bayern blutige Opfer vollzogen, bei denen Haustiere ihr Leben lassen mußten (s. S. 182).

Wie es bei diesen Kulthandlungen zugegangen sein könnte, hat 1991 der Salzburger Prähistoriker Fritz Moosleitner geschildert. Ihm zufolge wurde das Fleisch der Opfertiere in großen Tontöpfen gekocht und danach vermutlich von Festteilnehmern verzehrt, die vielleicht einige Teile den Göttern überließen. Im Anschluß an das Kultmahl hat man alle Tierknochen dem Feuer übergeben. Von solchen Zeremonien zeugen in Bayern angebrannte Tierknochen und Reste der bei den Kulthandlungen benutzten und absichtlich zerschlagenen und geopferten Gefäße.

Pithos-Bestattung eines Neugeborenen in einem 40 Zentimeter hohen, flaschenförmigen Tongefäß von Salzburg-Maxglan. Die ungewöhnliche Beisetzung im Grab 70 kam bei Ausgrabungen inmitten einer ehemaligen Siedlung zum Vorschein.

Waffenimport aus Bayern
Die Inneralpine Bronzezeit-Kultur in der Mittelbronzezeit

Nordtirol und das südliche Vorarlberg gehörten während der Mittelbronzezeit von etwa 1600 bis 1300/1200 v. Chr. vermutlich zum Verbreitungsgebiet der Inneralpinen Bronzezeit-Kultur (s. S. 163). Diese existierte auch im Vintschgau (Südtirol) sowie in großen Teilen Graubündens. Die Inneralpine Bronzezeit-Kultur war stärker zum südalpinen Raum als zum nördlichen Alpenvorland hin orientiert.

Der Begriff »Inneralpine Bronzezeit-Kultur« wurde 1986 durch den schweizerischen Prähistoriker Jürg Rageth (s. S. 447) und andere Experten geprägt. Zuvor hatte 1974 der Südtiroler Prähistoriker Raimo Lunz aus Bozen (Bolzano) von der »Inneralpinen Keramik der älteren Bronzezeit« gesprochen.

Die Menschen der mittelbronzezeitlichen Inneralpinen Bronzezeit-Kultur siedelten bevorzugt auf isolierten Kuppen und Hügeln. Relikte ihrer Behausungen kennt man vom Kirchbühel (auch Palmbühel genannt) bei Ampass[1], von Patsch unweit von Innsbruck[2] (beide in Nordtirol) und vom Kadel bei Koblach[3] (Vorarlberg).

Bei den Ausgrabungen in Patsch kamen Reste einer befestigten Siedlung zum Vorschein, die durch eine hufeisenförmige, fünf Meter dicke Mauer geschützt wurde. Die Mauer war in Trockenbauweise – also ohne Verwendung von Mörtel – errichtet worden.

Auf der Hügelkuppe des Gschleirsbühel bei Matrei am Brenner in Nordtirol wurde in der frühen Mittelbronzezeit in den nicht mehr benutzten Steinfundamenten einer frühbronzezeitlichen Siedlung ein kleines Brandgräberfeld angelegt.

Auch die Siedlung am Kadel bei Koblach war von einer Mauer umgeben. Die Wohnplätze und einräumigen Wohnhäuser lagen entlang dieser Umfassungsmauer. Dies ließ sich aus dem System von Keil- und Balkenauflagesteinen, der Steinunterbauten, Pfostenlöcher, Aushublöcher für die Holzständer sowie der Herd- und Feuerstellen rekonstruieren.

Die für diese Kultur typische Keramik ist 1986 durch den Prähistoriker Jürg Rageth und die Prähistorikerin Lotti Stauffer-Isenring beschrieben worden. Demnach modellierten die Töpfer jener Kultur vor allem Tassen und Schüsseln, die als Eßgeschirr dienten, sowie Kochtöpfe und Vorratsgefäße, die man als Grobkeramik bezeichnet.

Zu den Waffen der Männer gehörte unter anderem ein bronzenes Schwert. Eine solche Stichwaffe wurde 1903 in Absam bei Hall in Nordtirol entdeckt. Dabei handelt es sich um ein Exemplar vom Typ Spatzenhausen (s. S. 176), das nach dem gleichnamigen Fundort im bayerischen Kreis Weilheim-Schongau benannt ist. Eine zweite Waffe dieses Typs kam 1975 in Völs bei Fundamentierungsarbeiten zum Vorschein, wie die Innsbrucker Prähistorikerin Liselotte Zemmer-Planck berichtete. Beide Schwerter dürften auf dem Tauschweg nach Nordtirol gelangt sein. Sie sind Belege für den damaligen Waffenimport.

Die Toten der mittelbronzezeitlichen Inneralpinen Bronzezeit wurden auf Scheiterhaufen verbrannt. Prähistoriker unterscheiden zwischen Brandbestattungen und Brandschüttungen. Bei einer Brandbestattung wurden die vom Feuer übriggebliebenen Knochen in einer kleinen, häufig mit Steinen ausgekleideten Grabgrube beerdigt. Dagegen schüttete man bei Brandschüttungen den grob gesonderten, ungereinigten Leichenbrand in eine lediglich ausgehobene Grube. Die Verstorbenen wurden nur selten mit Beigaben für das Jenseits ausgerüstet – und wenn dies geschah, fielen auch die Beigaben dem Feuer zum Opfer.

Ein kleines Gräberfeld der mittelbronzezeitlichen Inneralpinen Bronzezeit liegt auf der Westseite der Hügelkuppe Gschleirsbühel bei Matrei[4] am Brenner in Nordtirol. Dort sind die Brandschüttungsgräber auf engem Raum innerhalb eines aufgelassenen Siedlungsareals angelegt worden. Beigaben für die Verstorbenen fehlten.

Auch aus Volders (Johannisfeld[5]) in Nordtirol sind Gräber der mittelbronzezeitlichen Inneralpinen Bronzezeit bekannt. Sie befanden sich neben einem spätbronzezeitlichen Friedhof der Nordtiroler Urnenfelder-Zeit (s. S. 406) und wurden vom Ausgräber nicht als mittelbronzezeitliche Gräber identifiziert.

Die Mittelbronzezeit in der Schweiz
Abfolge und Verbreitung der Kulturen

Die Mittelbronzezeit währte in der Schweiz etwa von 1600 bis 1300/1200 v. Chr. Sollte sich auch in der Schweiz die neuerdings von deutschen Prähistorikern für die Mittelbronzezeit praktizierte Gliederung durchsetzen, müßte man diesen Abschnitt in zwei Stufen teilen. Die ältere Stufe hieße dann Bronzezeit B, die jüngere folglich Bronzezeit C (s. S. 167).

In der Westschweiz und im Mittelland werden die urgeschichtlichen Funde zwischen etwa 1600 und 1300/1200 v. Chr. der Hügelgräber-Kultur (s. S. 242) beziehungsweise Hügelgräber-Bronzezeit zugerechnet.[1] Sie löste in der Westschweiz die Aare-Rhône-Gruppe der Rhône-Kultur (s. S. 143) und im Mittelland die Arbon-Kultur beziehungsweise die jüngere Frühbronzezeit (s. S. 151) ab.

In weiten Teilen des Kantons Graubünden behauptete sich von etwa 1600 bis 1300/1200 v. Chr. die mittelbronzezeitliche Inneralpine Bronzezeit-Kultur (s. S. 252). Dort hatte vorher die frühbronzezeitliche Inneralpine Bronzezeit-Kultur (s. S. 163) existiert. Wie bereits erwähnt, hat man früher auch von der Crestaulta-Kultur oder von der Bündnerischen Bronzezeit gesprochen.

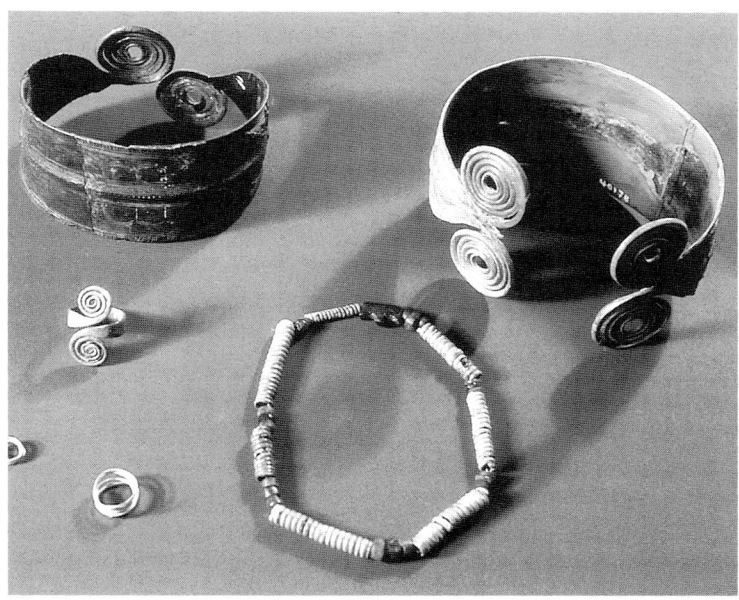

Schmuckstücke der mittelbronzezeitlichen Hügelgräber-Kultur (etwa 1600 bis 1300/1200 v. Chr.) aus Grab 2 von Hügel 3 in Weiningen (»Hardwald«) im Kanton Zürich. Öffnungsdurchmesser des Beinrings rechts 9,6 Zentimeter. Originale im Schweizerischen Landesmuseum, Zürich.

Bronzene Doppelflügelnadel vom Typ Lumbrein der Inneralpinen Bronzezeitkultur (etwa 1600 bis 1300/1200 v. Chr.) aus dem Gräberfeld Cresta Petschna bei Surin im Kanton Graubünden. Länge 13,4 Zentimeter. Original im Rätischen Museum, Chur.

Arme und Reiche im selben Grabhügel
Die Hügelgräber-Kultur

Um etwa 1600 v. Chr. trat in der Westschweiz und im Mittelland die mittelbronzezeitliche Hügelgräber-Kultur an die Stelle der bis dahin dort verbreiteten frühbronzezeitlichen Kulturen. Sie folgte in der Westschweiz auf die Aare-Rhône-Gruppe der Rhône-Kultur (s. S. 143) und im Mittelland auf die Arbon-Kultur (s. S. 151) beziehungsweise auf die jüngere Frühbronzezeit. Die Hügelgräber-Kultur wurde von dem deutschen Prähistoriker Paul Reinecke (1872–1958, s. S. 447) nach der typischen Art der Gräber dieser Zeit benannt (s. S. 168). Sie bestand etwa bis 1300/1200 v. Chr.

In jene Phase der Bronzezeit fällt eine Klimaänderung, die ein österreichischer Wissenschaftler nach einem Gletschervorstoß in Osttirol als Löbben-Schwankung (s. S. 231) bezeichnete. Diese mit dem Aufkommen von feuchter und kühler Meeresluft verbundene Witterungsverschlechterung bewirkte zwischen etwa 1500 und 1300 v. Chr. eine Wachstumsverzögerung der Bäume.

Letztere wurde 1982 anhand von Jahrringuntersuchungen im Gotthardgebiet nachgewiesen.

Einen kleinen Einblick in die damalige Tierwelt erlauben die Knochenreste unter dem Felsdach Chinechäle an der Gsäßfluh[1] im Kanton Bern. Demnach gab es während der Zeit der Hügelgräber-Kultur in dieser Gegend unter anderem Rabenkrähen *(Corvus corone)*, Kernbeißer *(Coccothraustes coccothraustes)*, Ringdrosseln *(Turdus torquatus)* und Wildkatzen *(Felis silvestris)*.

Nach den Funden aus Gräbern in der Schweiz zu schließen, herrschten in der Gesellschaft der Hügelgräber-Kultur keine auffälligen Rangunterschiede. Unter dem Grabhügel liegen meistens mehrere Bestattungen, die hie und da um das Zentralgrab einer bedeutenden Persönlichkeit angelegt wurden.

Pompöse, für höherrangige Einzelpersonen bestimmte Grabbauten waren nicht üblich. Die Grabhügel bargen sowohl reich mit Beigaben ausgestattete Gräber als auch beigabenlose ärmere

Verbreitung der Kulturen während der Mittelbronzezeit (etwa 1600 bis 1300/1200 v. Chr.) in der Schweiz.

Verzierte bronzene Gewandnadel mit kolbenförmigem Kopf und durchbohrtem Hals aus dem Grab eines Kriegers von Rafz im Kanton Zürich. Länge der Nadel 28 Zentimeter. Original im Schweizerischen Landesmuseum, Zürich.

Beisetzungen. Demnach sind Arme und Reiche nebeneinander bestattet worden.

Erstaunlich groß für seine Zeit war ein Krieger, den man in Rafz (Kanton Zürich) beerdigt hatte. Der im Alter zwischen 23 und 33 Jahren gestorbene Mann brachte es auf eine Körperhöhe von etwa 1,80 Metern. Als bronzene Grabbeigaben fanden sich eine Gewandnadel, ein 67 Zentimeter langes Griffplattenschwert und ein Gürtelhaken.

Ein seltener Fund vom Malanser in Liechtenstein lieferte einen bescheidenen Hinweis auf die Kleidung jener Zeit. Dabei handelte es sich um die Scherbe eines Tongefäßes, auf welcher der Töpfer kurz vor dem Brand ein kleines Stück seines Gewandes abgedrückt hat. Der Abdruck zeigt die sogenannte Köperbindung, die aus der Jungsteinzeit noch nicht bekannt ist.

Bei der Untersuchung von Gräbern stellte sich heraus, daß zur Kleidung der Männer eine bronzene Nadel gehörte, während zu derjenigen der Frauen zwei Nadeln zählten. Die metallenen Nadeln hatten die Aufgabe, die Garderobe zusammenzuhalten, dienten daneben jedoch als Schmuck.

Die 28 Zentimeter lange Nadel aus dem erwähnten Kriegergrab von Rafz endet in einem kolbenförmigen Kopf. Ihr Hals ist leicht verdickt und durchbohrt. Kopf und Hals sind mit umlaufenden Rillengruppen verziert, die durch Streifen aus senkrechten Kerben getrennt werden. Der 15,5 Zentimeter lange Gürtelhaken aus demselben Grab wurde aus einem 85 Zentimeter langen Bronzedraht mit drei Millimeter Durchmesser zurechtgebogen. Seine Enden hat man spiralförmig aufgerollt.

In Thayngen (Kanton Schaffhausen) kam ein 16,4 Zentimeter langer bronzener Gürtelhaken zum Vorschein. Er gehörte vielleicht zum Schwertgehänge eines Mannes.

Von bronzenen Rasiermessern, die sich ab jener Zeit einer zunehmenden Beliebtheit erfreuten, konnten bisher in der Schweiz nur wenige Exemplare geborgen werden. Eines davon fand sich in der Höhensiedlung »Bürg« bei Spiez im Kanton Bern. Diese Rarität ist 10,4 Zentimeter lang und 3,9 Zentimeter breit. Weitere Rasiermesser kennt man aus Mörigen, Wangen an der Aare (beide Kanton Bern) und aus Pfyn (Kanton Thurgau).

Die Hügelgräber-Leute errichteten ihre Siedlungen auf flachem Gelände, auf leicht geneigten Hängen und auf Höhen. Zahlreiche Höhlen dienten als vorübergehende Unterkünfte. Dagegen wurden die Ufer von Seen kurz nach Beginn der Mittelbronzezeit verlassen. Es gab also keine Seeufersiedlungen (»Pfahlbauten«) mehr (s. S. 151).

Angebrannte Steine, Kohle und Keramikreste zeugen von einer Flachlandsiedlung der Hügelgräber-Leute in Basel (Hechtliacker)[2]. In Wenslingen (Egg)[3] im Kanton Basel-Land kamen eine 15 bis 20 Zentimeter dicke Kulturschicht und ein Steinpflaster aus zerschlagenen Kieseln zum Vorschein.

Eine weitere Flachlandsiedlung wurde in Zürich-Affoltern (Reckenholz)[4] aufgespürt. Dort lagen in etwa 80 Zentimeter Tiefe Keramikfragmente, Holzkohle und Weizenkörner. In Murten[5] (Kanton Freiburg) fand man Keilsteine von Pfosten, Herdstellen, Konzentrationen von Kieselsteinen und Keramikreste. Aus Rances[6] (Kanton Waadt) liegen Siedlungsspuren aus der Zeit um 1350 v. Chr. vor.

DIE MITTELBRONZEZEIT IN DER SCHWEIZ

Bronzener Gürtelhaken aus dem Grab eines Kriegers von Rafz im Kanton Zürich. Das 15,5 Zentimeter lange Exemplar wurde aus einem 85 Zentimeter langen Bronzedraht zurechtgebogen. Original im Schweizerischen Landesmuseum, Zürich.

Die Bewohner der Flachlandsiedlung am Fundort »Uf Wigg« bei Zeiningen[7] (Kanton Aargau) haben Keramikreste, Steinwerkzeuge und teilweise zerbrochene Kochsteine hinterlassen. Die Kochsteine mit Rot- und Schwarzfärbungen durch Feuereinwirkung dienten als »Tauchsieder«. Sie wurden im Feuer erhitzt und mit Astgabeln in Suppen geworfen, die bald siedeten. Experimente des Heimatforschers Werner Brogli aus Möhlin haben dies bestätigt. Beim Abschrecken in kaltem Wasser sind die Kochsteine zersprungen.

Zerbrochene, teilweise durch Hitze rot verfärbte Steine, Pfostenlöcher von Behausungen, Gruben, Zehntausende von Keramikscherben, Steingeräte (ein Klopfstein, Feuersteinpfeilspitzen) sowie Bronzereste aus Gußtiegeln oder Schmelzöfen kamen 1992 bis 1995 bei Rettungsgrabungen im Kiesabbaugebiet von Cham-Oberwil, Hof (Kanton Zug), zum Vorschein. Die Funde stammen von einer Flachlandsiedlung aus der zweiten Hälfte der mittleren Bronzezeit und der frühen Spätbronzezeit.

Fünf hangseitig gestaffelte Blockhäuser bildeten vielleicht am Nordhang der Sissacher Fluh bei Sissach (Kanton Basel-Land) eine Höhensiedlung. Sie wurde von dem Zürcher Prähistoriker Emil Vogt (1906–1974) rekonstruiert, der dort 1936 gegraben hatte. Seine Erkenntnisse gelten heute teilweise als umstritten. Von dem Dorf, im dem einst schätzungsweise 30 bis 40 Menschen wohnten, blieben – laut Vogt – nach einer Feuersbrunst Reste von Trockenmauern und verbrannten Holzböden sowie Herdstellen und Backöfen aus Lehm erhalten. Die auf Steinunterbauten ruhenden Häuser waren angeblich zwischen 3,30 und 3,40 Meter breit und bis zu 4,70 Meter lang.

Auf der »Bürg« bei Spiez[8] (Kanton Bern) existierte eine Höhensiedlung, von der Bronzefunde und Keramikreste zeugen. Am Fuß des Hügels Crettaz-Polet bei Sembrancher[9] (Kanton Wallis) standen Behausungen in Form von Berghütten. Auf der Felskuppe Kasteltschuggen bei Zeneggen[10] (Kanton Wallis), hoch über dem Rhônetal gelegen, stieß man auf Haustierknochen, verzierte Keramik sowie bronzene Waffen (zwei Dolche) und ein Werkzeug (Meißel).

Zu den Farbtafeln

27 Verziertes bronzenes »Diadem« mit Nackenstütze aus der Hügelgräber-Bronzezeit (etwa 1600 bis 1300/1200 v. Chr.) aus einem Grab von Pitten in Niederösterreich. Original im Museum für Urgeschichte des Landes Niederösterreich, Asparn an der Zaya.

28 Tongefäß der Hügelgräber-Kultur (etwa 1600 bis 1300/1200 v. Chr.) aus Maisbirbaum in Niederösterreich. Dort wurden zwei Depots einer Töpferei ausgegraben. Höhe 18 Zentimeter, Durchmesser ohne Zipfel 24 Zentimeter. Originale im Krahuletz-Museum, Eggenburg.

29 Bestattung 57 mit einer Kette aus bronzenen Stachelscheiben und Spiralröllchen sowie bronzenem Kopfschmuck aus Tutuli aus der Hügelgräber-Bronzezeit (etwa 1600 bis 1300/1200 v. Chr.) von Pitten in Niederösterreich.

30 Bronzener Griffplattendolch mit Drahtumwicklung am Griff und Scheidenende aus Grab 15a von Pitten in Niederösterreich. Länge 17,9 Zentimeter. Original im Museum für Urgeschichte des Landes Niederösterreich, Asparn an der Zaya.

31 Kreuzförmige Schmuckplatten mit Stachel (»Malteserkreuze«) aus der Hügelgräber-Bronzezeit von Pitten in Niederösterreich. Maximaler Durchmesser neun Zentimeter. Originale im Museum für Urgeschichte des Landes Niederösterreich, Asparn an der Zaya.

32 Bronzene Armspirale mit eingerollten Enden aus der Hügelgräber-Bronzezeit (etwa 1600 bis 1300/1200 v. Chr.) von Mödling in Niederösterreich. Außendurchmesser der Armspirale 14 Zentimeter. Original im Museum Mödling.

33 Verziertes Tongefäß der mittelbronzezeitlichen Inneralpinen Bronzezeit-Kultur (etwa 1600 bis 1300/1200 v. Chr.) von der Crestaulta bei Lumbrein im schweizerischen Kanton Graubünden. Höhe 10,3 Zentimeter. Original im Rätischen Museum, Chur.

34 »Baumsargbestattung zur Bronzezeit« auf einem Wandbild im Westfälischen Schulmuseum, Dortmund. Der Farbdruck aus dem Jahre 1960 wurde nach einer Zeichnung des deutschen Künstlers Wilhelm Petersen (1900–1987) angefertigt.

△ 27   ▽ 28

△ 31 ▽ 32

△ 33   ▽ 34

Die Höhensiedlungen Crettaz-Polet und Kastelschuggen wurden durch Brände zerstört. Diese könnten infolge unachtsamen Umgangs mit offenem Feuer oder bei Angriffen entstanden sein. Herdstellen und zahlreiche Scherben auf dem Vorplatz der Höhle Zwergiloch bei Oberwil im Simmental[11] (Kanton Bern) belegen die Anwesenheit von Menschen in diesem natürlichen Unterschlupf. Warum sie sich dort aufhielten, weiß man nicht.

Die Ackerbauern im Wallis haben möglicherweise Wälder mit Hilfe von Feuer gerodet und so Lichtungen für Äcker oder Weidezonen für das Vieh geschaffen. Darauf deuten Holzkohlestreifen auf dem Dailleypaß in 900 Meter Höhe bei Sembrancher hin. Es könnte sich aber auch lediglich um ein durch Blitzschlag ausgelöstes Feuer gehandelt haben.

Der Anbau von Getreide ließ sich durch Weizenkörner in der Flachlandsiedlung Zürich-Affoltern (Reckenholz) nachweisen. Das reife Getreide wurde mit bronzenen Sicheln geschnitten. Derartige Erntegeräte sind aus Grenchen (Kanton Solothurn), Meikirch (Kanton Bern), Villars-le-Comte (Kanton Waadt) und Genf-Eaux-Vives bekannt.

Von der Fundstelle westlich des Meierhofweges in Pratteln (Kanton Basel-Land) liegen Fragmente eines Mahl- und eines Läufersteins vor, mit denen man Getreidekörner zerquetscht hat.

Knochen von Schafen oder Ziegen, Rindern und Schweinen in der erwähnten Höhensiedlung Kastelschuggen bei Zeneggen geben Aufschluß über die Haustierhaltung. Dabei überwogen die Reste von Schafen oder Ziegen mit etwa 70 Prozent ganz deutlich. Seltener waren Rinder (26,5 Prozent) und Schweine. Die Bewohner des Felsdaches Chinechäle an der Gsäßfluh zählten unter anderem ein Pferd und einen Hund zu ihrem Besitzstand. Dieser in 1190 Meter Höhe gelegene Fundort deutet auf Alpweidennutzung hin. Auf dem Borscht in Liechtenstein ist das Pferd ebenfalls nachgewiesen.

Daß man sich auch auf den Fischfang mit Netzen verstand, beweist ein Fund aus Saint-Triphon (Kanton Wallis). Dort hat man einen steinernen, scheibenförmigen Netzsenker geborgen.

Die zum Aufbewahren von Lebensmitteln, zum Kochen über offenem Feuer sowie zum Essen und Trinken bestimmten Tongefäße sind vermutlich in jedem Haushalt – oder für einige Haushalte – selbst geformt und gebrannt worden. Denn die Keramik ist nicht so gut gearbeitet, als daß sie von einem Töpfer stammen könnte, der viele Abnehmer zu seinem Kundenkreis gezählt hätte.

Zur Zeit der späten Hügelgräber-Kultur kam in der Schweiz erstmals der Kerbschnitt als Verzierung von Tongefäßen auf. Dabei unterscheiden die Prähistoriker zwischen »echtem« und »falschem Kerbschnitt«. Ersterer wurde mit einem messerartigen Gerät in den Ton eingeschnitten, letzterer dagegen mit einem »Stempel« in den Ton eingedrückt. Der Kerbschnitt fand auch in folgenden Epochen – vor allem in der Hallstatt-Zeit – wiederholt Verwendung.

Neben Werkzeugen aus Stein setzten sich zunehmend Geräte aus Bronze durch. Aus Stein bestanden beispielsweise Hammerköpfe mit Schäftungsrille. Dagegen wurden die Meißel zum Bearbeiten von Holz aus Metall angefertigt. Bronzene Meißel kamen auf der Felskuppe Kastelschuggen bei Zeneggen zum Vorschein. Bei den bronzenen Beilen gab es solche, die als Werkzeuge, aber auch andere, die als Waffen dienten.

In der Übergangsphase von der Frühbronze- zur Mittelbronzezeit wurden weiterhin das nach einem bayerischen Fundort benannte und als Waffe geltende Langquaid-Beil (s. S. 58) sowie das als Arbeitsgerät gedachte Möhliner Beil benutzt. Allmählich hat man jedoch die in der Frühbronzezeit üblichen überlangen und schmalen Bronzebeile durch kurze Formen ersetzt. Anstelle der halbkreisförmigen und halbovalen Schneiden setzten sich nun schmale und nur leicht gerundete durch. Zur Waffenausrüstung gehörten neben Beilen auch bronzene Dolche, Schwerter, Streitäxte, Stabdolche und vereinzelt Lanzen.

Rekonstruktion des mittelbronzezeitlichen Dorfes mit hangseitig gestaffelten Blockbauten auf der Sissacher Fluh bei Sissach im Kanton Basel-Land. Die Zeichnung beruht auf dem vom Zürcher Prähistoriker Emil Vogt (1906–1974) entworfenen Modell.

Mit den typischen Bronzewaffen jener Zeit wurde ein Mann in Gamprin (Liechtenstein) bestattet. Die Hinterbliebenen haben ihm sein 32,2 Zentimeter langes Schwert, sein Randleistenbeil mit 18,3 Zentimeter langer Klinge und seinen 11,9 Zentimeter langen Dolch mit in das Grab gelegt.

Die bronzenen Dolchklingen der Hügelgräber-Kultur wurden anfangs mit vier Nieten zur Befestigung des Griffes versehen. Später verringerte sich die Zahl der Nieten auf zwei. In der Frühbronzezeit waren bis zu sechs Nieten üblich. Außerdem unterscheiden sich die mittelbronzezeitlichen Dolchklingen von den frühbronzezeitlichen dadurch, daß sie nicht mehr verziert und stark geschweift sind.

Ab der älteren Phase der Hügelgräber-Kultur sind auch in der Schweiz die ersten bronzenen Schwerter nachweisbar. Aus dieser Zeit stammen die Schwertfunde von Zurzach (Kanton Aargau) und Varen (Kanton Wallis). In der jüngeren Phase wurden diese Stichwaffen häufiger, wie die 25 Exemplare des Depots von Oberrüti (Kanton Luzern) beweisen.

Teilweise sind die Schwerter auf dem Tauschweg in die Schweiz gelangt. So gelten die Vollgriffschwerter von Eschenz (Kanton Thurgau), Dietikon (Kanton Zürich), Au (Kanton Sankt Gallen) und Thun (Kanton Bern) als Importe aus Südbayern. Andere Schwerter entsprechen dem Typ Tiengen, der nach einem Grabfund von Tiengen in Baden-Württemberg benannt wurde. Als

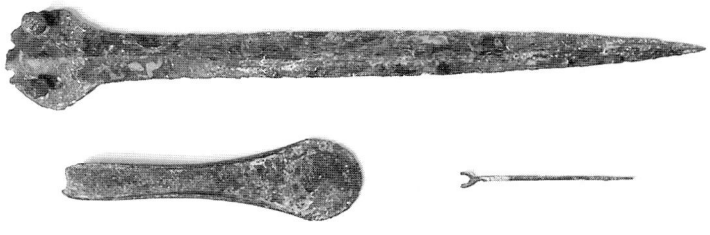

Beigaben aus einem Grab von Varen im Kanton Wallis: Schwertklinge mit vier Nieten, Randleistenbeil und Nadel mit Ringkopf. Länge des Schwertes 42,8 Zentimeter. Originale im Schweizerischen Landesmuseum, Zürich.

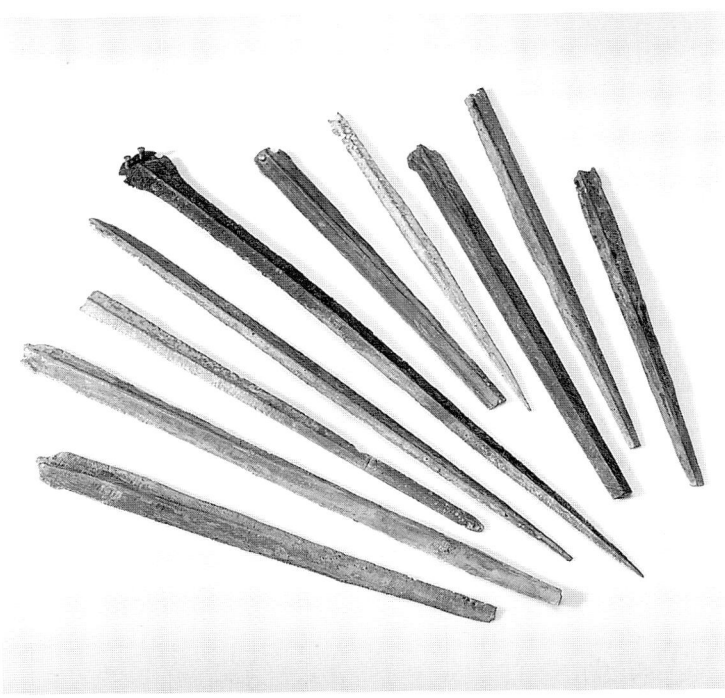

Bronzene Schwerter aus dem Depot von Oberillau bei Lieli im Kanton Luzern. Das Depot umfaßte einst 25 angeblich strahlenförmig angeordnete Schwerter. Von ihnen sind mehr als die Hälfte verschollen. Originale im Museum Schwab, Biel.

Die Depotfunde von Meikirch[12] (Kanton Bern), Grenchen[13] (Kanton Solothurn), Villars-le-Comte[14] (Kanton Waadt), Ollon[15] (Kanton Wallis), Allschwil[16] (Kanton Basel-Land) und Oberillau[17] (Kanton Luzern) spiegeln den Reichtum an Bronzeobjekten wider, die im Rahmen von Tauschgeschäften den Besitzer wechselten.

Das Depot von Meikirch wurde bereits 1855 durch den Berner Altertumsforscher Gustav von Bonstetten (1816–1892) erwähnt. Es umfaßte ein Absatzbeil, das Fragment eines Randleistenbeiles, den Fehlguß einer Knopfsichel, zwei Arm- und Fußringe, einen Meißel, ein achtspeichiges Rädchen mit einem Durchmesser von 4,1 Zentimetern, ein schmales, klingenförmiges Bronzefragment und zwei Gußbrocken.

Zum Depot von Grenchen zählten unter anderem vier Knopfsicheln und vier Glockenbeile vom Typ Grenchen. Dieses Depot befand sich in Nähe einer Quelle.

Das Depot von Villars-le-Comte enthielt zwei Dolche, zwei Randleistenbeile, zwei Beilfragmente, vier Sicheln und drei Lanzenspitzen. Die Sicheln stellten sich als Fehlgüsse heraus. Sie weisen anstelle des Knopfes am Griff eine unregelmäßige Verdickung auf.

Beim Depot von Allschwil handelte es sich um jeweils ein Absatz- und ein fragmentiertes Randleistenbeil, eine Knopfsichel, sechs Sichelfragmente und eine Lanzenspitze. Dieses Depot wird als verstecktes Materiallager eines Bronzegießers oder -händlers betrachtet. Am Fundort Ollon (Le Lessus) wurden zwei Gießereidepots zutage gefördert.

Das Depot mit 25 Schwertern von Oberillau bei Lieli kam unter einem Felsblock zum Vorschein. Die offenbar serienmäßig hergestellten Schwerter sollen angeblich »strahlenförmig« angeordnet gewesen sein. Heute sind nur noch zwölf Exemplare vorhanden, die als Ansammlung von Fehlgüssen interpretiert werden. Eines weist in Nähe der Griffplatte zwei große Vertiefungen auf, die durch beim Guß eingeschlossene Luftblasen entstanden. Die Klingen dieser Schwerter sind im Querschnitt asymmetrisch, weil ihre Mittelrippe jeweils gegen eine Schneide hin verschoben ist.

Kennzeichen jenes Typs gelten die gerundete Heftplatte, je zwei große und kleinere seitliche Pflocknieten sowie eine gleichmäßig schmale Klinge mit rhombischem Querschnitt. Derartige Schwerter sind sowohl aus Thayngen und Beringen (Kanton Schaffhausen) als auch aus Oberillau (Kanton Luzern) bekannt. Lanzen mit hölzernem Schaft und bronzener Spitze waren offenbar selten, wenngleich das Depot von Villars-le-Comte (Kanton Waadt) drei Lanzenspitzen mit durchbohrter Tülle enthielt, die 10,1, 10,2 und 15,4 Zentimeter lang sind. Ein in Rapperswil (Kanton Sankt Gallen) entdecktes Exemplar mit durchbohrter und verzierter Tülle erreicht eine Länge von 18,9 Zentimetern.

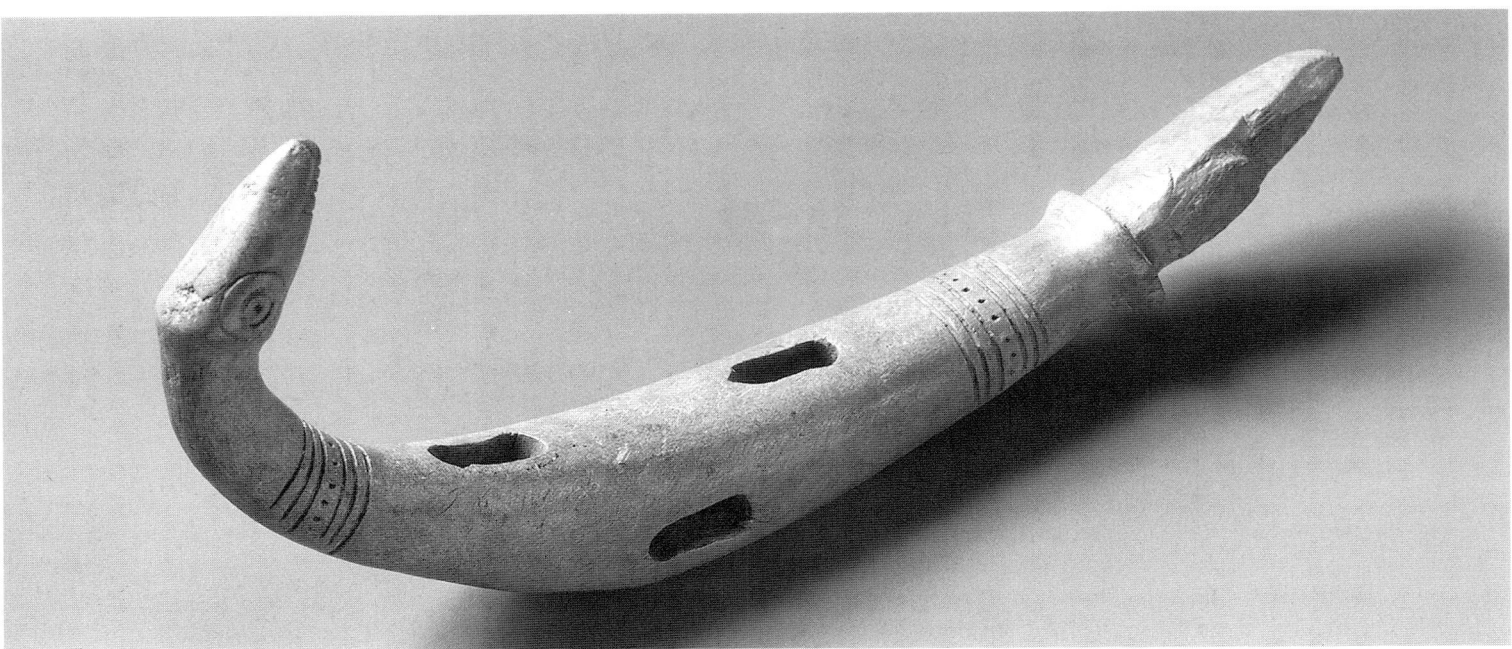

Aus Geweih geschnitzter verzierter Trensenknebel mit Vogelkopf von der Höhensiedlung »Bürg« bei Spiez im Kanton Bern. Der Fund stammt aus der Mittel- oder Spätbronzezeit. Länge 13 Zentimeter. Original im Bernischen Historischen Museum.

Aus der Mittelbronzezeit stammende Funde auf Alpenpässen verraten, daß die Menschen damals auch hochgelegene Regionen aufsuchten. So belegen die Entdeckung einer bronzenen Nadel auf dem Surenenpaß im Engelberger Tal bei Attinghausen (Kanton Uri) eine Begehung in 2300 Meter Höhe und der Fund von Bronzeobjekten auf dem Hannigpaß bei Grächen (Kanton Wallis) einen Aufenthalt in 2169 Metern. In etwa 1900 Metern kamen eine Dolchklinge an der Fundstelle Chringe bei Giswil (Kanton Obwalden) und ein Randleistenbeil mit Absatz an der Fundstelle Grimsel-Hospiz bei Guttannen (Kanton Bern) zum Vorschein.

In der Höhensiedlung »Bürg« bei Spiez (Kanton Bern) wurde ein 13 Zentimeter langer Trensenknebel aus Geweih von einem Pferdegeschirr gefunden. Der aus der Mittel- oder Spätbronzezeit stammende Fund beweist, daß man dort Pferde als Reittiere benutzte. Der Trensenknebel ist mit einem Vogelkopf verziert. In seine Öffnungen sind einst die Lederriemen des Mundstücks und des Kopfgeschirrs eingeknüpft worden.

Auf Tauschgeschäfte über große Entfernungen hinweg deuten Bernstein von der Ostsee, bronzene Absatzbeile aus Ostfrankreich sowie Schwerter aus Süddeutschland und vielleicht sogar aus Irland hin. Um ein Importstück aus Irland soll es sich bei dem im Murtensee (Kanton Freiburg) entdeckten Schwert handeln. Es ähnelt stark dem in Westerwanna in Norddeutschland gefundenen Einzelexemplar.

Die bronzenen Gewandnadeln hatten im ältesten Abschnitt der Hügelgräber-Kultur einen vierkantigen Schaft und einen scheibenförmigen Kopf, der oft mit einem Bogenornament verziert war. Solche Nadeln liegen aus dem Mittelland und dem Jura fast nur als Einzelfunde vor. Im zweiten Abschnitt setzten sich Gewandnadeln durch, wie sie im Gräberfeld von Weiningen (Kanton Zürich) zum Vorschein kamen. Man rechnet sie daher dem Horizont Weiningen zu. Für den dritten Abschnitt sind feingerippte Nadeln kennzeichnend. Eine Trompetenkopfnadel aus Aesch im Kanton Luzern ist beachtliche 28,5 Zentimeter lang.

Nach den Grabfunden in Weiningen zu schließen, schmückte man sich mit bronzenen Armspiralen mit Spiralenden, massiven Armspangen, Fingerringen, Beinringen aus Bronzeblech, Halsketten mit Bronzespiralen und Bernsteinperlen als Anhängern, Glasperlen sowie Golddrahtspiralen. Die blaue Glasperle von Weiningen mit einem Durchmesser von einem Zentimeter ist das einzige mittelbronzezeitliche Schmuckstück dieser Art in der Schweiz.

Die bronzenen Armringe wurden meistens gegossen. Besonders beliebt waren schmale, mit Strichen verzierte Stücke mit spitzovalem oder rundem Querschnitt. Als Verzierungen brachte man zwischen Gruppen von Querstrichen fischgrätartige Muster an. Gedrehte (tordierte) Ringe zählten eher zu den Seltenheiten. In Mels[18] (Kanton Sankt Gallen) konnte ein Grab- oder Versteckfund von sechs bronzenen Armbandpaaren geborgen werden, von denen drei durchbrochen sind. Ihre Verzierungen bestehen aus eingepunzten Ornamenten.

Goldene Schmuckstücke galten offenbar als Kostbarkeiten. In einem Grab von Weiningen lagen vier Lockenspiralen aus Golddraht, in einem Grab von Cressier (Kanton Neuenburg) fand sich ein goldener Fingerring.

Die Bestattungssitten der Hügelgräber-Kultur in der Schweiz waren nicht einheitlich. Man hat die Verstorbenen teilweise unverbrannt, aber auch verbrannt unter Grabhügeln beerdigt.

Das mehrfach erwähnte Gräberfeld von Weiningen[19] umfaßte

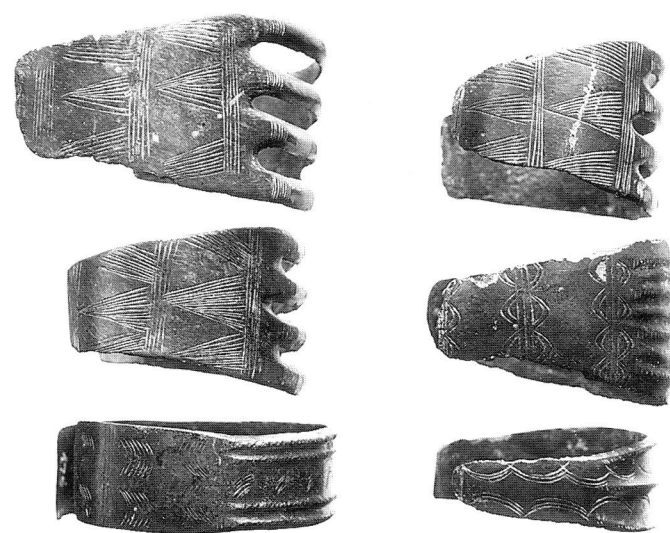

Ein Teil der mit eingepunzten Ornamenten verzierten bronzenen Armbänder aus einem Grab- oder Versteckfund von Mels im Kanton Sankt Gallen. Drei der Schmuckstücke sind durchbrochen. Originale im Historischen Museum, Sankt Gallen.

ein halbes Dutzend flachgewölbte, über Körper- und Brandgräbern aufgeschüttete Hügel. In einem dieser Hügel wurden bei den Ausgrabungen acht rechteckige, parallel in zwei Reihen angeordnete Grabgruben freigelegt, die einst vielleicht Baumsärge enthielten. Mindestens zwei Grabgruben bargen mehrere Bestattungen. Im Gegensatz dazu gab es im Wallis keine Hügelgräber.

In Ollon (Le Lessus)[20] im Kanton Wallis wurde der in der Frühbronzezeit angelegte Friedhof auch in der Mittelbronzezeit weiter benutzt. Darauf weisen metallene Grabbeigaben hin.

Über den Kult der Hügelgräber-Leute in der Schweiz ist nur wenig bekannt. Die im Flußbett der Limmat in der Zürcher Gegend entdeckten Beil- und Dolchklingen, Sicheln und Gewandnadeln werden unterschiedlich interpretiert. Manche Prähistoriker deuten diese Hinterlassenschaften als Zeugnisse der Schiffahrt, eines Flußübergangs oder einer Opferstelle.

Auch die Einzelfunde von Waffen in großer Höhe bringt man mit dem damaligen Kult in Verbindung. Dazu zählen eine Schwertklinge von Mels (Kanton Sankt Gallen), ein Randleistenbeil von der Fundstelle Alp Grindel bei Schattenhalb (Kanton Bern) und ein Schaftlappenbeil von der Fundstelle Zismaegg bei Frutigen (Kanton Bern). Bei diesen Objekten könnte es sich um Opfergaben für Gottheiten handeln.

Geheimnisvolle Rituale sind auf der Anhöhe »Eggli« bei Spiez[21] im Kanton Bern abgehalten worden. Relikte dieser Zeremonien sind etwa 80 000 über eine Fläche von fast 20 Quadratmetern verstreute Keramikfragmente, die nach einer Schätzung des damals in Bern-Bümpliz arbeitenden Lehrers und Ausgräbers Hans Sarbach von etwa 800 zertrümmerten Tongefäßen stammen.

Inmitten der größten Scherbenkonzentration ist immer wieder Blut in die Erde eingesickert oder Fleisch verbrannt worden. Außerdem kamen dort angebrannte Knochen von Haustieren zum Vorschein. Offenbar hat man an diesem Opferplatz Haustiere geschlachtet oder ihr in Tongefäßen gesammeltes Blut ausgegossen. Danach wurden die Fleischstücke verbrannt und die Tongefäße auf dem Kultplatz zerschlagen. Die Benutzung des Kultplatzes hielt bis zum Ende der Bronzezeit an (s. S. 435).

Das Bergdorf auf dem Padnal
Die Inneralpine Bronzezeit-Kultur in der Mittelbronzezeit

In weiten Teilen Graubündens vermochte sich auch in der Mittelbronzezeit von etwa 1600 bis 1300/1200 v. Chr. die Inneralpine Bronzezeit-Kultur (s. S. 163) zu behaupten. Diese war – wie erwähnt – möglicherweise zudem in Nordtirol, im südlichen Vorarlberg und sicherlich im Vintschgau (Südtirol) heimisch (s. S. 240).

Verkohlte Holzreste auf dem Hügel Padnal bei Savognin im Oberhalbstein (Kanton Graubünden) stammen von Lärchen (*Larix*) und Fichten (*Picea abies*) sowie vereinzelt auch von Erle (*Alnus*), Birke (*Betula betula*), Arve (*Pinus cembra*) und Kernobst. Vor allem Lärchen hatten als Bauholz für eine Siedlung gedient, die durch ein Feuer zerstört wurde. Diese im Alpenraum sehr häufig vorkommende Nadelholzart lieferte besonders widerstandsfähiges Baumaterial.

Die bisher entdeckten menschlichen Skelettreste sind nicht sehr aussagekräftig. Auf dem Padnal bei Savognin kam ein Unterkiefer zum Vorschein, welcher als Rest eines Menschen betrachtet wird, der bei einem Brand sein Leben verlor. Vom Gräberfeld auf dem Cresta Petschna bei Surin in Graubünden kennt man lediglich den Leichenbrand Verstorbener.

Auch in Graubünden haben sich die Männer erstmals mit bronzenen Rasiermessern den Bart und die Kopfhaare geschnitten (s. S. 172). Das ist durch Funde von jeweils einem Rasiermesser auf dem Padnal bei Savognin und auf dem Tummihügel bei Maladers belegt. Ersteres wird als Typ Padnal bezeichnet, letzteres als Typ Maladers.

Die Siedlungen waren teilweise auf den gleichen Anhöhen wie jene der Frühbronzezeit angelegt worden. Als Gründungsplätze dienten der Padnal bei Savognin[1], die Crestaulta bei Lumbrein-Surin[2], die Cresta bei Cazis[3], Caschligns bei Cunter[4], der Grepault bei Trun[5], Pleun da Buora bei Ruschein[6] und der Jörgenberg bei Waltensburg[7]. All diese Orte liegen im Kanton Graubünden.

Besonders viele Erkenntnisse erbrachten die Ausgrabungen der Siedlung auf dem Padnal bei Savognin. Dieses Bergdorf bestand aus drei Häuserzeilen. Die tiefergelegene Mittelzeile verlief durch eine Mulde, während die seitlichen Häuserzeilen leicht erhöht auf Terrassierungsmäuerchen am Muldenabhang errichtet worden waren. Wegen der Lage der Siedlung in der Mulde war der Bau von Gräben für das Abfließen von Regen- und Schmelzwasser erforderlich. Außerdem mußte das humose Gehniveau zwischen den Häusern wiederholt mit Kies und Schotter stabilisiert werden.

Um die in der Mulde liegende Siedlung zu entwässern und um Regen- und Schmelzwasser zu speichern, zimmerten die Bewohner des Bergdorfs auf dem Padnal eine aufwendige Zisterne aus Lärchenholz. Dieses »Wasserreservoir« wurde in eine eigens dafür ausgehobene Grube von mindestens acht bis 10,50 Meter Durchmesser und 2,50 bis 3,50 Meter Tiefe eingelassen. Die Zisterne war mindestens 4,70 Meter lang, 2,90 Meter breit und ursprünglich wohl zwei Meter tief. Das darin gesammelte Wasser eignete sich wegen seiner Verschmutzung nicht zum Trinken. Trinkwasser lieferten zwei in der Nähe vorbeifließende Bäche.

Die Konstruktion der Zisterne ruhte auf vier massiven Schwellbalken. Auf den beiden Längsschwellen standen jeweils vier aufrechte Pfosten und auf den beiden Querschwellen je einer. Diese insgesamt zehn Pfosten ragten durch die Schwellbalken und hatten in Pfostenlöchern darunter Halt. Jedes Pfostenpaar auf den Längsschwellen war unter dem Niveau der Schwellbalken durch Querstreben miteinander verbunden.

Auf den Längsschwellbalken lag einst ein Bretterboden mit 30 bis 40 Zentimeter breiten und drei bis 4,5 Zentimeter dicken Brettern, die miteinander im Falzverband standen. Auch die Seitenwände wurden duch bohlenartige Elemente gebildet. Man hatte sie in die aufrecht stehenden Pfosten eingenutet. Die Holzkonstruktion wurde mit Lehmpackungen abgedichtet. Sie spiegelt auf eindrucksvolle Weise das Können der damaligen Zimmerer wider.

Bronzenes Rasiermesser vom Typ Padnal aus der namengebenden Höhensiedlung auf dem Padnal bei Savognin im Oberhalbstein (Kanton Graubünden). Länge des Rasiermessers zehn Zentimeter. Original im Rätischen Museum, Chur.

DIE INNERALPINE BRONZEZEIT-KULTUR IN DER MITTELBRONZEZEIT

Nordansicht des Hügels Padnal bei Savognin im Oberhalbstein (Kanton Graubünden). Auf dem Padnal hat in der Mittelbronzezeit eine Höhensiedlung gelegen. Dieses Bergdorf wurde vom Archäologischen Dienst Graubünden, Chur, ausgegraben.

Der Hügel Crestaulta bei Surin hat wegen seiner besonders geschützten Lage Siedler angelockt. Seine Westflanke fällt felsig ab, und auch die übrigen Hänge sind sehr steil. Auf dem flachen Plateau kamen Grundrisse von Hütten zum Vorschein. Die Siedlung war vermutlich mit dicken Mauern am Plateaurand befestigt, die gleichzeitig als Stützmauern für eine künstliche Terrassierung des Geländes dienten. Die ehemaligen Bewohner hinterließen Keramikreste, Werkzeuge, Waffen und Schmuck. Zur Siedlung gehörte das Gräberfeld Cresta Petschna.

Nach einem ausgeklügelten Plan wurde offenbar auch die Siedlung auf der Hügelkuppe Cresta bei Cazis im Domleschg errichtet. Man hat sie nicht auf dem von Süden nach Norden verlaufenden Grat des Hügels erbaut, sondern in einer diesen der Länge nach durchschneidenden, leicht schrägen, etwa zehn Meter breiten Felsspalte als Reihensiedlung angelegt. Die Behausungen besaßen Grundrisse mit einer Fläche von etwa 20 bis zu 30 Quadratmetern und verfügten in der Mitte über eine Herdstelle aus Steinplatten. Der Zugang zu den Häusern erfolgte auf der Westseite über einen schmalen Weg zwischen Häuserfront und Felswand.

Interessante Erkenntnisse ergaben sich außerdem auf dem Hügel Caschligns bei Cunter. Dort wurden Spuren eines Holzbaus festgestellt, der einem Feuer zum Opfer fiel. Von dem Gebäude zeugen 18 Pfostenlöcher mit einem Durchmesser von bis zu 50 Zentimetern, die mit Steinen umstellt und bis zu 80 Zentimeter tief in den Boden eingelassen wurden.

Vom steilen Hügelkamm Pleun da Buora bei Ruschein sind Hausgrundrisse, Keramikscherben und eine Bronzenadel bekannt. Auf dem Felskopf Grepault bei Trun und auf dem Geländesporn Jörgenberg belegen Keramikreste die Anwesenheit von Siedlern.

In die Übergangsphase zwischen Mittel- und Spätbronzezeit wird ein durch einen Brand zerstörtes Haus auf Motta Vallac bei Salouf[8] in Graubünden datiert. Auf den einplanierten Resten entstand ein Nachfolgebau von etwa sieben Meter Länge und fünf Meter Breite. Der Grundriß ließ sich anhand dreier Reihen von Pfostenlöchern rekonstruieren, die teilweise in den Felsboden gehauen oder in die Auffüllschicht eingetieft und mit Verkeilsteinen ausgekleidet wurden.

Als Jagdunterschlupf gilt das etwa 50 Meter lange und teilweise bis zu sieben Meter überragende Felsdach etwa 250 Meter nordöstlich der ehemaligen Einmündung der Ova Spin in den Spöl bei Zernez[9] (Graubünden). Dort wurden bei Ausgrabungen neun übereinanderliegende Kohlelagen freigelegt, die sich in fünf voneinander getrennte Schichtengruppen aufteilen lassen.

Bei den Ausgrabungen in der Höhensiedlung auf dem Padnal bei Savognin im Oberhalbstein (Kanton Graubünden) wurde eine Zisterne entdeckt. Das Wasserreservoir war mindestens 4,70 Meter lang, 2,90 Meter breit und ursprünglich wohl zwei Meter tief.

Rekonstruktion der Höhensiedlung mit einer gezimmerten Zisterne auf dem Padnal bei Savognin im Oberhalbstein (Kanton Graubünden) während der mittelbronzezeitlichen Inneralpinen Bronzezeit-Kultur (etwa 1600 bis 1300/1200 v. Chr.).

Eine der Schichtengruppen enthielt Knochen vom Rind, der Gemse *(Rupicapra rupicapra)*, anderer Wiederkäuer, des Schweins, kleiner Raubtiere sowie von Nagetieren und Vögeln. Außerdem fand man Keramikfragmente, bearbeitete Knochenspitzen, Koch- und Mahlsteine sowie zwei vermutlich zusammenhängende Feuerstellen mit Steinsetzung. In einer anderen Schicht wurden viele Knochensplitter mit zahlreichen Schlagspuren, mehrere Zapfen vom Gehörn eines Steinbocks *(Capra ibex)*, zwei feingeschliffene Knochenahlen, ortsfremde Steine und eine Feuerstelle mit Steinsetzung freigelegt.

Wichtiger als gelegentliche Jagdausflüge waren für die damaligen Menschen jedoch Ackerbau und Viehzucht. Dies zeigt die siebte Schicht von der Jägerstation, die sich aus Knochen der Haustiere Schaf, Rind, Schwein und Hund zusammensetzte. Reste von Rind und Schaf, der Ziege sowie vom Hund konnten auch in der erwähnten Siedlung auf dem Padnal bei Savognin geborgen werden.

Ackerbau wird durch Reste von verkohltem Getreide in der Siedlung auf dem Padnal belegt. Es befand sich im Fragment eines tönernen Vorratsgefäßes, das bei der Brandkatastrophe in einem Gebäude stand und in Stücke zersprang. Belegt sind Spelzgerste *(Hordeum vulgare)*, Weizen *(Triticum)*, Einkorn *(Triticum monococcum)*, Emmer *(Triticum dicoccon)*, eventuell auch Hafer *(Avena)*, und Erbsen *(Pisum sativum)*. Von der Mottata bei Ramosch im Unterengadin (Graubünden) kennt man einen verzierten Sichelgriff aus Hirschgeweih.

Steinerne Gußformen aus den Höhensiedlungen von Caschligns bei Cunter und auf dem Padnal bei Savognin beweisen, daß dort ansässige Metallhandwerker bronzene Erzeugnisse herstellen konnten. Caschligns liegt nur etwa acht Kilometer vom erzführenden Alpengebiet Colm da Bovs im Val d'Err entfernt.

Die Form von Caschligns eignete sich zum Guß eines 19 Zentimeter langen Schaftlappenbeils. Mit einer auf dem Padnal geborgenen Gußform konnten zwei verschiedene Geräte unbekannter Funktion hergestellt werden, mit der anderen ließ sich ein Rasiermesser vom Typ Padnal gießen, von dem ein zehn Zentimeter langes Exemplar gefunden wurde.

Fragment einer steinernen Gußform für ein bronzenes Rasiermesser vom Typ Padnal aus der Höhensiedlung auf dem Padnal bei Savognin im Oberhalbstein (Kanton Graubünden). Länge der Gußform 7,4 Zentimeter. Original im Rätischen Museum, Chur.

Auf dem Padnal kamen außer den beiden Gußformen auch kleine Bronzetropfen und Schlacken zum Vorschein. Dabei handelte es sich um Rückstände, die beim Ausschmelzen von Kupfer aus kupferhaltigem Gestein im Verhüttungsofen anfielen.

Neben bronzenen Geräten schätzte man weiterhin solche aus Stein, Knochen oder Geweih. Anhaltspunkte hierfür lieferten zahlreiche Stein- und Knochenartefakte auf dem Padnal, ein 19 Zentimeter langer Rührstein von Caschligns mit einseitig durch Birkenpech geschwärztem Endstück, die Knochenspitzen von der Jägerstation bei Zernez und der Geweihgriff einer Sichel von der Mottata. Daß manche Pfeilspitzen aus Knochen geschnitzt wurden, veranschaulicht ein Fund am Südfuß des Kieshügels Spundas aus Scharans in Graubünden.

Welchen Schmuck die Frauen trugen, zeigen die Beigaben aus dem Gräberfeld auf dem Cresta Petschna bei Surin. Es sind bronzene Doppelflügelnadeln vom Typ Lumbrein, einfache

Tongefäß der mittelbronzezeitlichen Inneralpinen Bronzezeit-Kultur (etwa 1600 bis 1300/1200 v. Chr.) von der Crestaulta bei Lumbrein im Kanton Graubünden. Höhe etwa 22 Zentimeter. Original im Rätischen Museum, Chur.

Rollenkopf-, Kegelkopf- und Pilzkopfnadeln, Stachelscheiben, Spiralanhänger und Armringe. Der Typ Lumbrein ist nach dem Fundort Lumbrein im Kanton Graubünden bezeichnet. Allein das Grab 9 enthielt außer einem Spiralanhänger und zwei Stachelscheiben insgesamt elf verschiedene Nadeln.

Die an der Fundstelle Rimspitschen in der Gemeinde Santa Maria im Münstertal (Graubünden) in 2400 Meter Höhe entdeckte bronzene Nadel ist 28,5 Zentimeter lang. Von Tauschgeschäften zeugen mehrere Bernsteinperlen auf dem Padnal, die aus dem Ostseegebiet stammen könnten.

Ein Gräberfeld der mittelbronzezeitlichen Inneralpinen Bronzezeit-Kultur wurde auf dem Cresta Petschna bei Surin freigelegt. In diesem Friedhof sind die auf dem Scheiterhaufen verbrannten Reste von mindestens elf Menschen – vorwiegend Frauen im festlichen Ornat – bestattet worden. Ihre Bronzebeigaben sind meistens im Feuer geschmolzen.

Als Sachopfer gelten zwei vollständige Schwerter und das Bruchstück eines dritten, ein Dolch mit abgebrochenem Griff und eine Rippennadel, die 1775 Meter über dem Meeresspiegel in der Fassung der Mauritiusquelle von Sankt Moritz[10] im Kanton Graubünden geborgen werden konnten. Diese Bronzeobjekte fanden sich am Fuß der größeren von zwei Holzröhren und stammen teilweise aus der sich dem Ende zuneigenden Mittelbronze- sowie aus der beginnenden Spätbronzezeit. Sie werden als die ältesten Nachweise hinsichtlich der Nutzung von Wasser zu Heilzwecken erachtet.

Nach Ansicht der Zürcher Archäologin Calista Fischer dürfte das mit einer Temperatur von etwa fünf bis sechs Grad Celsius

Die knöcherne Pfeilspitze aus Scharans (Kanton Graubünden), belegt den Gebrauch von Pfeil und Bogen in der mittelbronzezeitlichen Inneralpinen Bronzezeit. Länge des Objektes 5,6 Zentimeter. Original im Rätischen Museum, Chur.

Steinerne Gußform für zwei verschiedene Bronzegeräte unbekannter Funktion aus der Höhensiedlung auf dem Padnal bei Savognin im Oberhalbstein (Kanton Graubünden). Länge 12,8 Zentimeter. Original im Rätischen Museum, Chur.

aus dem Boden sprudelnde kühle Wasser der Mauritiusquelle wohl kaum zum Baden verlockt haben. Sie glaubt, das kohlensäurehaltige Wasser sei hauptsächlich getrunken worden, wobei das perlende und im Gaumen kribbelnde Naß eigenartig und lebendig auf die Trinker wirkte.

Bei den Bronzeobjekten in der Mauritiusquelle handelte es sich nach Auffassung von Frau Fischer nicht um ein Bauopfer, mit dem man die durch die Fassung der Quelle erzürnte Quellgottheit besänftigen wollte. Dagegen sprechen das unterschiedliche Alter der geweihten Gegenstände zwischen 1400 und 1250 v. Chr. und die unterschiedliche Herkunft der Weihegaben. Die Gegenstände wurden wohl von weither gewanderten vornehmen Personen oder Gruppen der Quelle übergeben, um ihr auf diese Weise für die Heilung oder für ein anderweitig gelungenes Unternehmen zu danken.

Auf die Mauritiusquelle waren die Bronzezeitmenschen durch feuchte Stellen und austretendes Wasser im Gelände aufmerksam geworden. Sie hoben zunächst im Bereich des Quellaustrittes eine etwa vier Meter lange, drei Meter breite und 1,80 Meter tiefe Grube aus und errichteten darin einen viereckigen hölzernen Rahmen aus schlanken, runden Arvenstämmen, die in Blockbautechnik miteinander verbunden wurden.

Den ersten Rahmen ergänzte man innen durch einen zweiten, der aus rechteckigen Arvenholzplanken bestand. In diesen inneren Rahmen wurde ein Rohr aus einem ausgehöhlten Arvenstamm gestellt, um das Wasser zu sammeln. Später hat man ein zweites Rohr hinzugefügt. Damit das Wasser nicht die Ritzen der Spundwände durchdrang und versickerte, strich man sämtliche Zwischenräume sauber mit Lehm aus. Erst danach stieg der Wasserspiegel innerhalb der beiden Rahmen an. Die Quellfassung ist heute im Museum Engiadinais in Sankt Moritz ausgestellt.

Einige Prähistoriker definieren auch die Waffenfunde auf Alpenpässen in großer Höhe als Opfergaben. Zu dieser Kategorie von Funden aus Graubünden gehören die Dolchklinge von der Fundstelle Palü Lunga/Alp Discholas bei Ramosch in etwa 1700 bis 1900 Meter Höhe sowie je ein Schaftlappenbeil von Poschiavo in ungefähr 2100 Meter Höhe und von der Fundstelle Chantarella bei Sankt Moritz in etwa 2005 Meter Höhe.

Die Spätbronzezeit in Deutschland
Abfolge und Verbreitung der Kulturen und Gruppen

Neuerdings ordnet man der Spätbronzezeit außer den Stufen Hallstatt A und B auch die Bronzezeit D (etwa von 1300 bis 1200 v. Chr.) zu, die vorher als letzte Stufe der Mittelbronzezeit galt (s. S. 167). Die Stufenbezeichnung und Inhalte der Bronzezeit D sowie von Hallstatt A und B entsprechen weitgehend der 1902 vorgenommenen Gliederung des damals in Mainz arbeitenden Prähistorikers Paul Reinecke (1872–1958). Als die wichtigsten damaligen Kulturen in Deutschland gelten die Urnenfelder-Kultur, die Lausitzer Kultur und die nordische Bronzezeit, die sämtlich besonders große Gebiete einnahmen. Daneben gab es etliche kleinere Kulturen und Gruppen.
Baden-Württemberg, Bayern, das Saarland, Rheinland-Pfalz, Hessen, Teile Nordrhein-Westfalens (Niederrheinische Bucht) und Südthüringens gehörten von etwa 1300/1200 bis 800 v. Chr. zum Bereich der Urnenfelder-Kultur (s. S. 258).[1] Diese war im Raum nördlich der Alpen verbreitet.
Im Niederrheinischen Tiefland Nordrhein-Westfalens existierte von etwa 1200 bis 750 v. Chr. die ältere Niederrheinische Grabhügel-Kultur (s. S. 293), eine Untergruppe der Urnenfelder-Kultur.
Für Norddeutschland gilt die bronzezeitliche Chronologie des schwedischen Prähistorikers Oscar Montelius (1843–1921). Ihr zufolge wird in Niedersachsen, Schleswig-Holstein, Mecklenburg-Vorpommern und im nördlichen Brandenburg die Zeit von etwa 1200 bis 1100 v. Chr. als mittlere Bronzezeit (Periode III) und die Zeit von etwa 1100 bis 800 v. Chr. als jüngere Bronzezeit (Perioden IV und V) bezeichnet. Die durch das Kulturgefälle in der Frühbronzezeit zwischen dem Süden und dem Norden bewirkte Phasenverschiebung von Bronzezeitstufen setzt sich also terminologisch fort (s. S. 43).
In die mittlere Bronzezeit fallen in Niedersachsen die Lüneburger Gruppe (s. S. 298), die Allermündungs-Gruppe (s. S. 303) und die Stader Gruppe (s. S. 305), letztere aber nur noch mit wenigen sicher datierbaren archäologischen Funden.
In der jüngeren Bronzezeit gab es in Niedersachsen ebenfalls eine Anzahl von Regionalgruppen, so die Lüneburger Gruppe (s. S. 307), die Stader Gruppe (s. S. 311) und die Ems-Hunte-Gruppe (s. S. 317). In anderen Landstrichen Niedersachsens spricht man nur allgemein von der jüngeren Bronzezeit (s. S. 320), obschon auch hier Ansätze für eine regionale Gliederung erkennbar sind.

Tongefäß mit zwei Zierzonen aus der spätbronzezeitlichen Urnenfelder-Kultur (etwa 1300/1200 bis 800 v. Chr.) von Breisach (Kreis Breisgau-Hochschwarzwald) in Baden-Württemberg. Höhe 16 Zentimeter. Original im Breisgau-Museum, Breisach.

In Schleswig-Holstein, Mecklenburg-Vorpommern, im Stader Bereich (Niedersachsen) und im nördlichen Brandenburg behauptete sich von etwa 1200 bis 1100 v. Chr. die nordische mittlere Bronzezeit (s. S. 325) und von etwa 1100 bis 800 v. Chr. die nordische jüngere Bronzezeit (s. S. 332). Das Zentrum der nordischen Bronzezeit lag – nach den Funden zu schließen – in Skandinavien.
Im Thüringer Becken existierte von etwa 1300/1200 bis 800 v. Chr. die Unstrut-Gruppe (s. S. 353). Etwa zur gleichen Zeit gab es in Sachsen-Anhalt die Helmsdorfer Gruppe (s. S. 359) und die Saalemündungs-Gruppe (s. S. 363).
Sachsen und das südliche Brandenburg zählten von etwa 1300/1200 bis 500 v. Chr. zur Lausitzer Kultur (s. S. 366) und zum Kreis ihrer Nachfolgekulturen, zum Beispiel Billendorfer Kultur und Hausurnen-Kultur. Die Lausitzer Kultur war damals in Osteuropa heimisch.

Die Zeit der Unruhestifter
Die Urnenfelder-Kultur

Die Urnenfelder-Kultur gilt in Europa als eine der wichtigsten Kulturen der Spätbronzezeit. Sie bestand von etwa 1300/1200 bis 800 v. Chr. und vermochte sich vom nördlichen Balkan über die Donauländer bis zur Oberrheinregion auszubreiten. In Deutschland war sie in Baden-Württemberg, Bayern, im Saarland, in Rheinland-Pfalz, Hessen, Teilen Nordrhein-Westfalens (Niederrheinische Bucht) und südlich des Thüringer Waldes heimisch.

Der Begriff »Urnenfelder-Kultur« fußt darauf, daß damals die Toten auf Scheiterhaufen verbrannt und danach häufig ihre Asche beziehungsweise Knochenreste in tönerne Urnen geschüttet und in Brandgräbern beigesetzt wurden. Gelegentlich bilden die Brandgräber ausgedehnte Urnenfelder mit Dutzenden oder Hunderten von Bestattungen.

Als erster formulierte 1885 der Direktor der Großherzoglichen Sammlungen in Karlsruhe, Ernst Wagner (1832–1920, s. S. 448), die Bezeichnung »Urnen-Friedhöfe«. Seine Publikation *Hügelgräber und Urnen-Friedhöfe in Baden* wurde 1886 durch den Königsberger Prähistoriker Otto Tischler (1843–1891) in der *»Westdeutschen Zeitschrift«* kommentiert. Dabei sprach Tischler von »Urnenfeldern der Bronzezeit«.

Nach Ansicht der meisten Prähistoriker war die Urnenfelder-Zeit ein unruhiger Abschnitt der Urgeschichte. Damals setzten vermutlich in vielen Gebieten Europas große Völkerwanderungen ein, die vielleicht im mittleren Donauraum ihren Ausgang nahmen. Sie erreichten wahrscheinlich nicht nur Süddeutschland, sondern auch den Balkan und die östliche Mittelmeerregion. Sogar die Ägypter mußten sich der Eindringlinge mit Waffengewalt erwehren.

Ihre Ursache hatten die großen Wanderungen der Unruhestifter womöglich in einer erheblichen Bevölkerungszunahme, deren Folgen durch ein ungünstiges trockenes Klima verstärkt wurden. Ein weiteres Motiv könnte das Interesse von Anführern der betroffenen Gemeinschaften an Kriegszügen gewesen sein, die bei erfolgreichem Verlauf sowohl Beute als auch Ansehen mehrten. Diese Kriegszüge bewirkten nun vermutlich Ausweichbewegungen jener Stämme, in deren Gebiete die Eroberer zuerst eindrangen.

Es gab aber auch Experten, die derartige Wanderungen bezweifelten. Der Freiburger Prähistoriker Georg Kraft (1894–1944) beispielsweise schloß 1927 nach der Untersuchung süddeutscher Urnenfelder aus, daß eine große Kulturbewegung von Osten nach Westen stattgefunden habe. Im Gegensatz dazu vertrat 1938 der österreichische Prähistoriker Richard Pittioni (1906 bis 1985) die Ansicht, in der Lausitz zwischen Sachsen, Brandenburg und Schlesien habe im 13. Jahrhundert v. Chr. eine große Abwanderung eingesetzt. Aus der Begegnung der wandernden Gruppen mit den älteren einheimischen Kulturen in verschiedenen Teilen Europas seien als Folge lokale Urnenfelder-Gruppen entstanden, die sich bis zum 12. und 11. Jahrhundert v. Chr. über fast den gesamten Kontinent verbreitet hätten.

Angesichts bestimmter Gemeinsamkeiten bei den archäologischen Funden – etwa immer wiederkehrender ähnlicher Gefäßtypen – meinte Pittioni auch, alle Urnenfelder-Gruppen hätten einer Gemeinschaft mit derselben Sprache angehört. Er nahm an, daß die Urnenfelder-Kultur mit einer konkreten Einzelsprache, nämlich dem Illyrischen, in Verbindung gebracht werden könne, und sprach in diesem Zusammenhang von sogenannten Proto-Illyrern. Laut Pittioni waren die Urnenfelder-Leute Alteuropäer, die weite Teile Europas in Besitz nahmen.

Der Tübinger Prähistoriker Wolfgang Kimmig bestritt 1964, daß die einzelnen Urnenfelder-Gruppen einem Volk angehört hätten. Nur die östlichen Gruppen ließen sich dem illyrischen Volkstum zuordnen. Wie Pittioni befürwortete auch Kimmig die Theorie der Wanderungen, die neben Kulturkontakten und einem Kulturaustausch mit verschiedensten gegenseitigen Beeinflussungen für die Ausbreitung der Urnenfelder-Kultur verantwortlich seien.

Nach Auffassung Kimmigs führten die Wanderungen der Urnenfelder-Leute über Griechenland, die ägäischen Inseln bis nach Syrien, Palästina und Ägypten. Demzufolge wären europäische Fremdlinge in den Mittelmeerraum eingedrungen und hätten dort ähnliche Unruhen ausgelöst wie in Mitteleuropa, Italien, Frankreich, Spanien und sogar England.

Für Süddeutschland und das Ostalpengebiet werden die 1902 durch den damals in Mainz arbeitenden Prähistoriker Paul Rei-

Der Königsberger Prähistoriker Otto Tischler (1843–1891) sprach 1886 in einem Beitrag, in dem er die 1885 erschienene Publikation *»Hügelgräber und Urnen-Friedhöfe in Baden«* kommentierte, von »Urnenfeldern der Bronzezeit«.

DIE URNENFELDER-KULTUR

Verbreitung der Kulturen und Gruppen während der Spätbronzezeit (etwa 1300/1200 bis 800 v. Chr.) in Süddeutschland und der mittleren Bronzezeit (etwa 1200 bis 1100 v. Chr.) in Norddeutschland.

259

necke (1872–1958) eingeführten Stufenbezeichnungen Bronzezeit D, Hallstatt A und Hallstatt B verwendet. Davon umfaßt Hallstatt A zwei Unterstufen (Ha A1, Ha A2), Hallstatt B dagegen drei Unterstufen (Ha B1, Ha B2, Ha B3).

Die Einteilung der Stufen und Unterstufen basiert auf bestimmten Bronzeobjekten und ihrem Formenwandel (Schwerter, Dolche, Messer, Rasiermesser, Nadeln, Fibeln, Armringe, Tassen) sowie Tongefäßen. Die zahlreichen kennzeichnenden Formen dieser Stufen und Unterstufen wurden 1959 durch den bis dahin in München tätigen Prähistoriker Hermann Müller-Karpe beschrieben. Eine genaue Auflistung all jener Objekte ist in einem populärwissenschaftlichen Buch wie diesem nicht möglich.

Nach neuesten Überlegungen wird heute die Urnenfelder-Kultur dreigegliedert.[1] Die erste Stufe entspricht der späten Hügelgräber-Bronzezeit (Bronzezeit D) und der frühen Urnenfelder-Zeit (Hallstatt A1). Die zweite Stufe umfaßt die mittlere Urnenfelder-Zeit (Hallstatt A2 bis B1) und die dritte Stufe die späte Urnenfelder-Zeit (Hallstatt B2/3).

Klimatisch gesehen herrschte während der Urnenfelder-Zeit eine Trockenphase. Gegen Ende dieser Zeit um 800 v. Chr. ereignete sich ein Klimasturz, der mit höheren Niederschlagsmengen verbunden war. Dies hatte zur Folge, daß der Wasserspiegel der Seen anstieg und die Seeufersiedlungen (»Pfahlbauten«) in Süddeutschland aufgegeben werden mußten.

Die Funde deuten darauf hin, daß wohl mächtige Häuptlinge, »Fürsten« und Priester das Sagen hatten. Denn nur so sind der arbeits- und zeitaufwendige Bau von befestigten Höhensiedlungen (»Burgen«) sowie die kultisch motivierten Sach-, Tier- und Menschenopfer zu erklären. Neben Einzelbegräbnissen bedeutender Persönlichkeiten in eindrucksvollen Gräbern und mit reichen Beigaben (Wagengräber, s. S. 276) gab es Friedhöfe mit Hunderten von gleichartigen Brandgräbern.

Welche Körpergröße die damaligen Männer erlangen konnten, wird an dem unverbrannten Skelett eines Mannes aus dem Doppelgrab von Frankfurt/Main-Berkersheim ersichtlich. Dieser zusammen mit einer kleinen Frau bestattete Mann maß 1,75 Meter. Bei einer Doppelbeisetzung von Ilvesheim (Rhein-Neckar-Kreis) in Baden-Württemberg war der etwa 20 Jahre alte, athletisch gebaute Mann 1,72 Meter groß. Dagegen erreichte die mit ihm beerdigte etwa 15jährige grazile Frau nur 1,62 Meter.

Tönerne Spinnwirtel und Webgewichte sowie Gewebereste belegen, daß die Kleidung aus Flachs (Linum usitatissimum) und Schafwolle angefertigt wurde. Spinnwirtel sind nicht nur aus Siedlungen, sondern auch aus vielen Gräbern bekannt.

Von einem Webstuhl stammen elf komplette pyramidenförmige Webstuhlgewichte und Fragmente solcher Objekte aus Lauf (Kreis Nürnberger Land) in Bayern. Diese Webstuhlgewichte sind in der oberen Hälfte durchbohrt und wiegen zwischen 781 und 989 Gramm. Ihre Funktion bestand darin, senkrecht herabhängende Kettfäden an einem Webstuhl straff zu halten.

Anhaltspunkte über die Garderobe lieferten auch bronzene Nähnadeln mit Öhr, Gewandnadeln zum Zusammenhalten der Oberbekleidung sowie Gürtelhaken und -bleche. Die Gewandnadeln tendierten wieder zu kürzeren und unauffälligeren Formen. Neu waren Nadeln mit Schmuckplatte.

Die Gürtelhaken zum Schließen von Gürteln aus Stoff oder Leder wurden gegossen, gehämmert, aus einem Blechstück geschnitten oder aus Blechdraht zurechtgebogen. Teilweise sind sie mit Ornamenten aus Reihen dicht gesetzter Punzeinschläge versehen. Beschädigte Gürtelhaken wurden häufig repariert.

Als heimische Erzeugnisse gelten zweischneidige bronzene Rasiermesser mit rechteckigem, doppelaxtähnlichem und fast kreisförmigem Blatt sowie teilweise durchbrochenem Griff. Dagegen handelt es sich bei den Exemplaren mit trapezförmiger Klinge, einseitiger Schneide und meistens hakenförmigem Griff um Importware aus dem Gebiet der nordischen Bronzezeit.

Manche Rasiermesser hat man aus anderen Bronzeobjekten geschaffen. So ist ein zweischneidiges kleines Rasiermesser aus Grünwald (Kreis München) aus einem Gürtelhaken angefertigt worden. Reparaturen von stark in Mitleidenschaft gezogenen Rasiermessern sind durch Funde aus Bad Buchau (Kreis Biberach) in Baden-Württemberg und Eberstadt (Kreis Gießen) in Hessen belegt.

Die Rasiermesser wurden in Futteralen aufbewahrt, um ihre Schneiden vor Beschädigungen zu schützen. Härchen des Futterals hafteten an Rasiermessern von Gemmingen (Rhein-Neckar-Kreis) in Baden-Württemberg sowie von Geroldshausen

Bronzene Mohnkopfnadeln aus der Gegend zwischen Birkeneck und Wildschwaige (Kreis Freising) in Bayern. Durchmesser des Kopfes 2,5 beziehungsweise 2,8 Zentimeter. Originale in der Prähistorischen Staatssammlung, München.

Verzierte bronzene Fibel (Spindlersfelder Fibel) von der Ehrenbürg (auch Walberla genannt) bei Schlaifhausen (Kreis Forchheim) in Bayern. Länge 32 Zentimeter. Original in der Prähistorischen Staatssammlung, München.

Kamm mit blitzartigen Griffteilen und Anhänger in Dreiecksform aus Bronze aus Hüfingen (Schwarzwald-Baar-Kreis) in Baden-Württemberg. Länge des Anhängers 4,8 Zentimeter. Original im Museum für Ur- und Frühgeschichte, Freiburg.

(Kreis Würzburg) und Rehlingen (Kreis Weißenburg-Gunzenhausen) in Bayern. In Gemmingen handelte es sich wahrscheinlich um Rehhaare von einem Lederfutteral.

Experimente des Marburger Prähistorikers Dirk Vorlauf mit der Nachbildung eines zweischneidigen Rasiermessers ergaben, daß sich damit ein Mehrtagebart nur schlecht oder gar nicht rasieren ließ. Eine zufriedenstellende Rasur wurde erst bei längeren Barthaaren erzielt, wenn man diese festhielt und direkt über der Haut abschnitt. Die Prozedur verlief schmerzlos, und 95 Prozent der abgeschnittenen Haare waren glatt durchgetrennt. Bei den Rasiermessern dürfte es sich um Gegenstände mit mehreren Funktionen handeln.

Frisiert hat man sich mit bronzenen Kämmen. Ein solches Toilettegerät aus Hüfingen (Schwarzwald-Baar-Kreis) in Baden-Württemberg trägt blitzartige Griffteile, die womöglich stark vereinfachte Vögel darstellen.

Die Urnenfelder-Leute wohnten in unbefestigten und befestigten Flachland-, Seeufer-, Insel- und befestigten Höhensiedlungen (»Burgen«). Auch manche Höhlen dienten als vorübergehende Aufenthaltsorte.

Bei Rettungsgrabungen, die unter Leitung des Münchener Prähistorikers Erwin Keller vom 17. April bis zum 1. August 1980 in Unterhaching (Kreis München) vorgenommen worden waren, stellte sich heraus, wie groß damals teilweise die unbefestigten Flachlandsiedlungen gewesen sind. Das Dorf von Unterhaching umfaßte einst schätzungsweise etwa 80 Häuser, von denen 51 untersucht werden konnten, und erstreckte sich wohl auf einer Fläche von zehn bis 15 Hektar.

Die Häuser in Unterhaching bestanden aus einem Gerüst von mindestens vier Eckpfosten sowie – je nach Wandlänge – bis zu sieben Seitenpfosten. Bei breiteren Gebäuden kamen Firstbäume hinzu, welche die Hauptlast des Daches trugen. Die Gebäude hatten quadratische, kurze und lang-rechteckige Grundrisse und bildeten überwiegend drei- und vierteilige, aus Haupt- und Nebengebäuden bestehende Gruppen.

Im Laufe der Zeit schadhaft gewordene Pfosten wurden durch neue ersetzt. Wenn es nötig war, ein Haus abzureißen, hat man das neue Gebäude im Bereich des Vorgängerbaues errichtet. Zu diesem Dorf gehörte wohl ein bereits 1934 entdeckter Friedhof mit Brandgräbern, in denen man die Toten jener Siedlung bestattete.

Mehr als 40 Bauten unterschiedlicher Größe wurden von 1987 bis 1991 bei den archäologischen Untersuchungen im Bereich der neuen Straßen- und Bahntrasse südöstlich von Zuchering (Stadt Ingolstadt) in Bayern entdeckt. Die größeren, zweischiffigen Bauten hatten zwischen 70 und 120 Quadratmeter Nutzfläche, die kleineren rechteckigen oder quadratischen, einschiffigen Bauten zwischen vier und 20 Quadratmeter. Vermutlich bildeten jeweils mehrere beieinanderliegende Gebäude, die als Wohnhäuser, Stallungen, Vorrats- und Arbeitshütten dienten, eine Hofgemeinschaft.

Aus Eching[2] (Kreis Freising) in Bayern kennt man zwei kleinere Flachlandsiedlungen. Das aus 16 Häusern bestehende Dorf Eching 1 war durch einen Graben und eine Pfostenreihe gesichert. Im Gegensatz dazu verfügte das etwa 1200 Meter entfernte, nur teilweise ausgegrabene Dorf Eching 2 über keinen Schutz. Auch dort wurden 16 Häuser festgestellt, ursprünglich dürften es nach Erkenntnissen des Münchener Prähistorikers Stefan Winghart jedoch mehr gewesen sein. Die Gebäude in Eching 2 waren fünf bis zehn Meter lang und ein bis neun Meter breit.

In Dietfurt[3] (Kreis Neumarkt) in Bayern wurde beim Bau des Rhein-Main-Donau-Kanals eine unbefestigte Flachlandsiedlung entdeckt. Dort gruppierten sich 23 Gebäude um einen Dorfplatz, auf dem sich zwei Straßen kreuzten. Die Gebäudegrundrisse bedeckten Flächen von fünf bis sieben Meter Länge sowie drei bis vier Meter Breite. Größere Gebäude hatten ein Gerüst aus drei parallelen Pfostenreihen mit je drei Pfosten, kleinere nur zwei Reihen mit jeweils drei Pfosten.

In Riesbürg-Pflaumloch[4] (Ostalbkreis) in Baden-Württemberg konnten Grundrisse von 17 Pfostenbauten verschiedener Größe in mehreren Gruppen freigelegt werden. Ein besonders großes Gebäude war 22 Meter lang und 7,50 Meter breit. Vermutlich handelte es sich hierbei um ein kombiniertes Wohn- und Wirtschaftsanwesen. Andere Häuser waren bis zu 18,50 Meter lang und 8,50 Meter breit. Kleinere Bauten dienten vermutlich Vorrats- und Speicherzwecken.

Zehn maximal zehn Meter lange und 2,25 Meter breite Häuser umfaßte die Siedlung von Künzing[5] (Kreis Deggendorf) in Bayern. Andere unbefestigte Flachlandortschaften bestanden lediglich aus drei bis sechs Häusern.

Eine der seltenen befestigten Flachlandsiedlungen wurde in Enzweiler bei Idar-Oberstein[6] (Kreis Birkenfeld) in Rheinland-Pfalz entdeckt. Der dortige Gebäudekomplex war auf einer Terrasse der Nahe angelegt und durch eine Mauer, bestehend aus Holzbalken, Lehm- und Steinfüllung, geschützt. Vor der Mauer

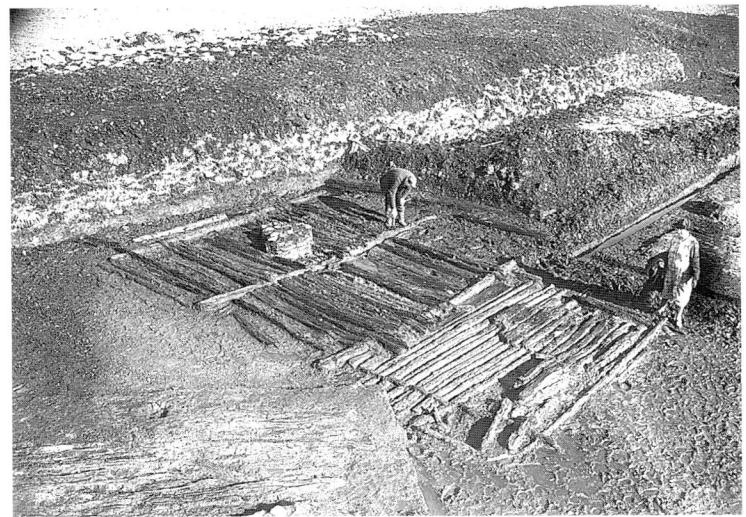

Der 1925 aufgedeckte Grundriß der Hütte 16 aus der älteren Siedlungsphase der sogenannten »Wasserburg« bei Bad Buchau (Kreis Biberach) in Baden-Württemberg wurde wegen seiner Größe und zentralen Lage dem »Haus des Häuptlings« zugeschrieben.

verlief ein ausgehobener Graben, der als weiteres Hindernis diente.

Am Bodensee und am Federsee bei Bad Buchau lagen in der Urnenfelder-Zeit noch Seeufersiedlungen (»Pfahlbauten«) und Moorbauten. Sie mußten gegen Ende dieses Abschnitts aufgegeben werden, weil der Pegel der Gewässer wahrscheinlich aufgrund erhöhter Niederschlagsmengen stark anstieg. Die letzten Uferdörfer am Bodensee existierten um 850 v. Chr. Zu den urnenfelderzeitlichen Ortschaften auf baden-württembergischer Seite des Bodensees gehören die Fundorte Hagnau-Burg[7], Konstanz-Langenrain[8], Süßenmühle[9] und Unteruhldingen[10].

Reste der befestigten Siedlung von Hagnau (Bodenseekreis) werden jeweils bei Niedrigwasser sichtbar. Immer dann erscheint vor Hagnau eine Insel im Bodensee, die sogenannte Untiefe Burg. An deren Ufern sind zwischen Grundkieseln hölzerne Pfähle, Spülsäume aus Pflanzenfasern, Hölzern und Holzkohle sowie Keramikreste der Urnenfelder-Kultur zu erkennen. Einst schützten Palisaden im Norden, Osten und Süden den 130 Meter langen und 100 Meter breiten Komplex.

Die Anlage von Unteruhldingen (Bodenseekreis) wurde an der Seeseite durch Palisaden aus Eichen-, Buchen- und Erlenholz vor dem Wellenschlag geschützt. Die Baumstämme waren meistens nicht entrindet. Diese Palisaden hat man nach einer gewissen Zeit immer wieder erneuert. In zwei Phasen der Besiedlung wurden gleichzeitig eine innere Eichenreihe und eine äußere Weichholzreihe errichtet.

Die Häuser der Seeufersiedlung von Unteruhldingen sind in Zeilen angeordnet gewesen. Dieses Dorf am Bodensee existierte mit Unterbrechungen etwa 120 Jahre lang. Es konnten drei übereinanderliegende Siedlungen mit einer Fläche von einem bis zwei Hektar nachgewiesen werden. Für die Pfosten der dortigen Häuser verwendete man fast in 90 Prozent der Fälle Eichenholz. Die Pfosten wurden rundum behauen.

Am Federsee bei Bad Buchau (Kreis Biberach) hat der zunächst in Tübingen und später in Berlin tätige Prähistoriker Hans Reinerth (1900–1990) in den Jahren 1920, 1928 und 1936 zwei Seeufersiedlungen der Urnenfelder-Kultur freigelegt, die aus unterschiedlicher Zeit stammen. Ihre Entdeckungsgeschichte begann damit, daß sich ein Landwirt während der zwanziger Jahre in trockenen Perioden über ständig neu auftauchende Pfahlköpfe auf seiner Wiese ärgerte. Die Pfähle wurden durch Schrumpfung der austrocknenden Schichten an die Oberfläche gepreßt.

Die Erkenntnisse Reinerths über die beiden Dörfer von Bad Buchau sind heute teilweise überholt. Er meinte, diese Orte hätten auf einer Halbinsel oder Insel gelegen und seien rundum von Palisaden geschützt gewesen. Reinerth deutete beide Siedlungen irrtümlich als »Wasserburgen« mit Wehrtürmen, Wehrgängen, Brücken, einem Herrengehöft und hufeisenförmigen Anwesen. Wie er sich die »Wasserburg« vorstellte, veranschaulichen Rekonstruktionselemente im Freilichtmuseum Unteruhldingen (s. S. 290).

1941 wies der Stuttgarter Prähistoriker Oscar Paret (1889–1972) nach, daß die vermeintliche »Wasserburg« nicht auf einer Insel, sondern inmitten eines Flachmoorgebiets nahe beim Federsee lag. Die angeblichen Palisaden definierte er nicht als Palisadenring mit Wehrgängen, sondern als Reste eines mehrfach ausgebesserten Dorfzauns.

Heute geht man davon aus, daß die ältere Siedlung bei Bad Buchau aus der Zeit um 1100 v. Chr. aus 38 einräumigen und ebenerdigen Häusern bestand. Sie waren in Blockbauweise errichtet, hatten Flechtwände und verfügten über eine Wohnfläche von 16 bis 20 Quadratmetern. Ein größerer zweiräumiger Bau im Zentrum könnte dem Häuptling vorbehalten gewesen sein.

Als der Spiegel des Federsees stieg, befestigte man das nahe Seeufer mit einem Steinpflaster und schützte die Siedlung mit einer Palisade aus 15 000 Pfählen, die teilweise als Wellenbrecher dienten. Zur Seeseite hin gab es drei Reihen von Palisaden, zur Landseite hin nur eine. Die Außen- und die Innenpalisade wurden innerhalb von je vier Jahren errichtet.

Die jüngere Siedlung existierte um 900 v. Chr. Während dieses Abschnitts standen neun Häuser enger beieinander, und manche von ihnen waren zu U-förmigen Gehöften angeordnet. Flechtwände gliederten das Innere der Häuser in mehrere Räume. Das Dorf wurde bei einem Brand zerstört, vielleicht infolge eines Überfalls.

Arbeiten an den »Palisaden« der »Wasserburg« bei Bad Buchau am Federsee (Kreis Biberach) in Baden-Württemberg im Jahre 1927. Diese Palisaden wurden im Laufe der Forschungsgeschichte unterschiedlich gedeutet.

DIE URNENFELDER-KULTUR

»Haus des Töpfers« mit spätbronzezeitlicher Keramik aus der älteren Siedlungsphase der »Wasserburg« bei Bad Buchau am Federsee (Kreis Biberach) in Baden-Württemberg. Rekonstruktion im Pfahlbaumuseum, Unteruhldingen.

In den beiden Siedlungen bei Bad Buchau lebten vermutlich zeitweise bis zu 200 Menschen. Eine sechs bis acht Zentimeter dicke Schicht verbrannten Getreides aus einem Gebäude der jüngeren Siedlung sowie Knochenreste von Haustieren weisen darauf hin, daß es sich um Bauern handelte. Wo die Einwohner ihre Toten bestatteten, weiß man nicht.

Inselsiedlungen aus der Urnenfelder-Zeit sind von Bad Säckingen[11] (Kreis Waldshut) in Baden-Württemberg, von der Roseninsel im Starnberger See[12] (Kreis Starnberg) und im Altmühltal bei Kelheim[13] (Kreis Kelheim) in Bayern sowie aus Groß-Rohrheim[14] (Kreis Bergstraße) in Hessen bekannt. In Bad Säckingen lag die Siedlung auf einer ehemaligen Rheininsel, heute wird das Gebiet von der Altstadt überzogen. Auf einer einstigen Insel der Altmühl bei Kelheim befand sich ein mehr als 20 Meter langes Haus, das von zwei Palisaden umgeben wurde.

Die befestigten Höhensiedlungen (»Burgen«) wurden teilweise rundum von Ringwällen geschützt, mitunter aber nur an besonders gefährdeten Abschnitten durch Wälle abgesichert. In letzterem Fall spricht man von einer Abschnittsbefestigung. Nach den vielen Befestigungen der Urnenfelder-Kultur zu schließen, war diese Phase der Urgeschichte eine »große Zeit der Burgenbauer«. Die zahlreichen »Burgen« spiegeln ein Schutzbedürfnis während Unruhezeiten wider.

Zu den Befestigungen in Baden-Württemberg gehören die Fundorte Burgberg bei Burkheim[15] (Kreis Breisgau-Hochschwarzwald), Dreifaltigkeitsberg bei Spaichingen[16] (Kreis Tuttlingen), Runder Berg bei Urach[17] (Kreis Reutlingen) und Zargenbuckel bei Aschhausen-Schöntal[18] (Hohenlohekreis).

Auf dem Lemberg bei Stuttgart-Weil im Dorf[19] beispielsweise hat man an den etwa 450 Meter voneinander entfernten Querseiten vier bis fünf Meter breite Abschnittswälle mit Graben davor errichtet.

Besonders viele befestigte Höhensiedlungen konnten in Bayern aufgespürt werden. Im Regierungsbezirk Schwaben liegen die Befestigungen Katzensteig bei Mergenthau[20] (Kreis Aichach-Friedberg), auf dem Stadtberg von Neuburg[21] sowie auf dem Stätteberg bei Unterhausen[22] (beide im Kreis Neuburg-Schrobenhausen).

Die Befestigung auf dem Stätteberg bei Unterhausen wurde teilweise von der Donau und von der hier einmündenden Paar umflossen. Rund um die 300 Meter lange und 180 Meter breite Bergkuppe lag ein Wall, der Reste einer drei Meter dicken Mauer enthielt. Der Wall dürfte schätzungsweise 2,50 Meter hoch gewesen sein.

In Oberbayern befinden sich die Befestigungen Große Birg bei Kochel[23] (Kreis Bad Tölz-Wolfsratshausen), in Niederbayern der Bogenberg bei Bogen[24] (Kreis Straubing-Bogen) und in der Oberpfalz der Schloßberg von Kallmünz[25] (Kreis Regensburg). Quer durch das 300 Meter lange und 110 Meter breite Plateau des Bogenbergs bei Bogen verlief ein in den Fels eingetiefter, bis zu 3,50 Meter breiter Graben, zu dem ein Wall gehörte. Außerdem waren zwei urnenfelderzeitliche Wälle vorgelagert. Auch ein benachbartes Areal von 400 Meter Länge und 100 Meter Breite wurde von einem Wall geschützt.

Etwa 110 Meter hoch über der Vils und der Naab lag die Befestigung auf dem Schloßberg von Kallmünz. Die Hänge zu diesen beiden Flüssen hin waren besonders steil. Einen Kilometer

»Haus des Bronzegießers« aus der älteren Siedlungsphase der »Wasserburg« bei Bad Buchau, in dem der Guß, das Treiben und verschiedene Ziertechniken dargestellt und erläutert werden. Rekonstruktion im Pfahlbaumuseum, Unteruhldingen.

DIE SPÄTBRONZEZEIT IN DEUTSCHLAND

Vorratshaus aus der älteren Siedlungsphase der »Wasserburg« bei Bad Buchau. In ihm werden Getreide-, Hirse-, Lein- und Schlafmohnvorräte sowie ein Pflug aufbewahrt. Rekonstruktion im Pfahlbaumuseum, Unteruhldingen.

von der äußersten Spitze entfernt wurde der Berg durch einen 800 Meter langen Wall abgeriegelt, der offenbar aus der frühen Urnenfelder-Zeit stammte.

Aus Mittelfranken sind die Befestigungen Gelbe Bürg bei Dittenheim[26] (Kreis Weißenburg-Gunzenhausen) und Hesselberg bei Wassertrüdingen[27] (Kreis Ansbach) bekannt.

Der Hesselberg bei Wassertrüdingen überragt seine Umgebung um mehr als 200 Meter. Die auf seinem Plateau errichteten Wälle dürften teilweise während der Urnenfelder-Zeit entstanden sein. Außer Resten von Holz-Erde-Mauern am Rand konnten dort auch Hausgrundrisse, Töpferöfen und eine Bronzegießerei festgestellt werden. 1939 wurde der Hesselberg sogar als »heiliger Berg der Franken« bezeichnet.

In Oberfranken entdeckte man die Befestigungen Ehrenbürg bei Schlaifhausen[28] (Kreis Forchheim) und Heunischenburg auf dem Wolfsberg bei Gehülz[29] (Kreis Kronach).

Auf dem 250 Meter hohen, mehr als 1,5 Kilometer langen und bis zu 350 Meter breiten Berg Ehrenbürg (im Volksmund Walberla genannt) bei Forchheim thronte in der Urnenfelder-Zeit vermutlich eine stadtähnliche Siedlung. Deren Bewohner haben eine große Menge Keramik, viele Bronzeobjekte und drei Depots mit Zierteilen von Pferdegeschirr (Phaleren) hinterlassen. Zahlreiche Halbfabrikate und ein Gußtiegel weisen auf die Herstellung von Bronzegeräten hin. Die Größe der Höhensiedlung, Funddichte und -qualität sowie die Bronzewerkstätten belegen nach Ansicht des Bamberger Ausgräbers Björn-Uwe Abels, daß es sich um ein bedeutendes politisches und wirtschaftliches Zentrum handelte.

Den Bewohnern der Heunischenburg bei Gehülz (s. S. 290) oblag im 10. und 9. Jahrhundert v. Chr. wohl der Schutz einer wichtigen Verkehrsverbindung in den Osten Oberfrankens. Wo Steilhänge auf natürliche Weise die Befestigung sicherten, hatte man nur eine Palisade errichtet. Dagegen wurde die ungeschützte Flanke durch eine 110 Meter lange, 2,60 Meter breite und 3,50 Meter hohe Steinmauer abgeriegelt, die in einer etwa 30 Meter langen Torgasse endete. Der Mauer war eine 3,60 Meter breite und ein Meter hohe Steinanhäufung (Berme) vorgelagert.

Eine nahe dem Tor angelegte, einen Meter breite Ausfallpforte (Poterne), über die man einen Holzturm gesetzt hatte, erlaubte es den Verteidigern, etwaige in die Torgasse drängende Angreifer auch von hinten unter Beschuß zu nehmen. Als Vorbild für die Ausfallpforte auf der Heunischenburg könnten Poternen von Burgen im Mittelmeergebiet gedient haben.

Noch im Mittelalter wirkte die Heunischenburg so eindrucksvoll auf die damaligen Menschen, daß diese ihre Erbauer irrtümlich für sagenhafte Hünen oder die Hunnen hielten. Darauf ist ihr Name zurückzuführen. Brandspuren und mehr als 100 bronzene Pfeilspitzen werden als Indizien einer kriegerischen Auseinandersetzung erachtet, die nach Ansicht des Prähistorikers Björn-Uwe Abels die ganze Befestigung als eine Art Garnison erscheinen lassen.

In Unterfranken liegen die Befestigungen Bullenheimer Berg bei Bullenheim[30] (Kreis Kitzingen) und Großer Knetzberg[31] (Kreis Haßberge).

Auf dem 1200 Meter langen und maximal 400 Meter breiten Bullenheimer Berg, der seine Umgebung um etwa 50 Meter überragt, gliederten drei quer verlaufende Wälle die Berghochfläche an ihrer schmalsten Stelle. Die acht Meter langen und vier Meter breiten Häuser der Siedlung standen an der Innenseite der Wälle. Ackerbau wurde wohl in der Umgebung des Berges betrieben.

Von den Befestigungen im Saarland ist diejenige auf dem Großen Stiefel bei Sankt Ingbert[32] (Saar-Pfalz-Kreis) besonders erwähnenswert. Dieser Berg verdankt seiner stiefelähnlichen natürlichen Gestalt den Namen.

In Rheinland-Pfalz gab es neben anderen die Befestigungen auf dem Dommelberg bei Koblenz[33] und auf dem Langenberg bei Ernzen[34] (Kreis Bitburg-Prüm).

Sogenanntes »Haus des Häuptlings« aus der älteren Siedlungsphase der »Wasserburg« bei Bad Buchau. Es war größer als die übrigen Gebäude und hatte im Dorfzentrum gelegen. Rekonstruktion im Pfahlbaumuseum, Unteruhldingen.

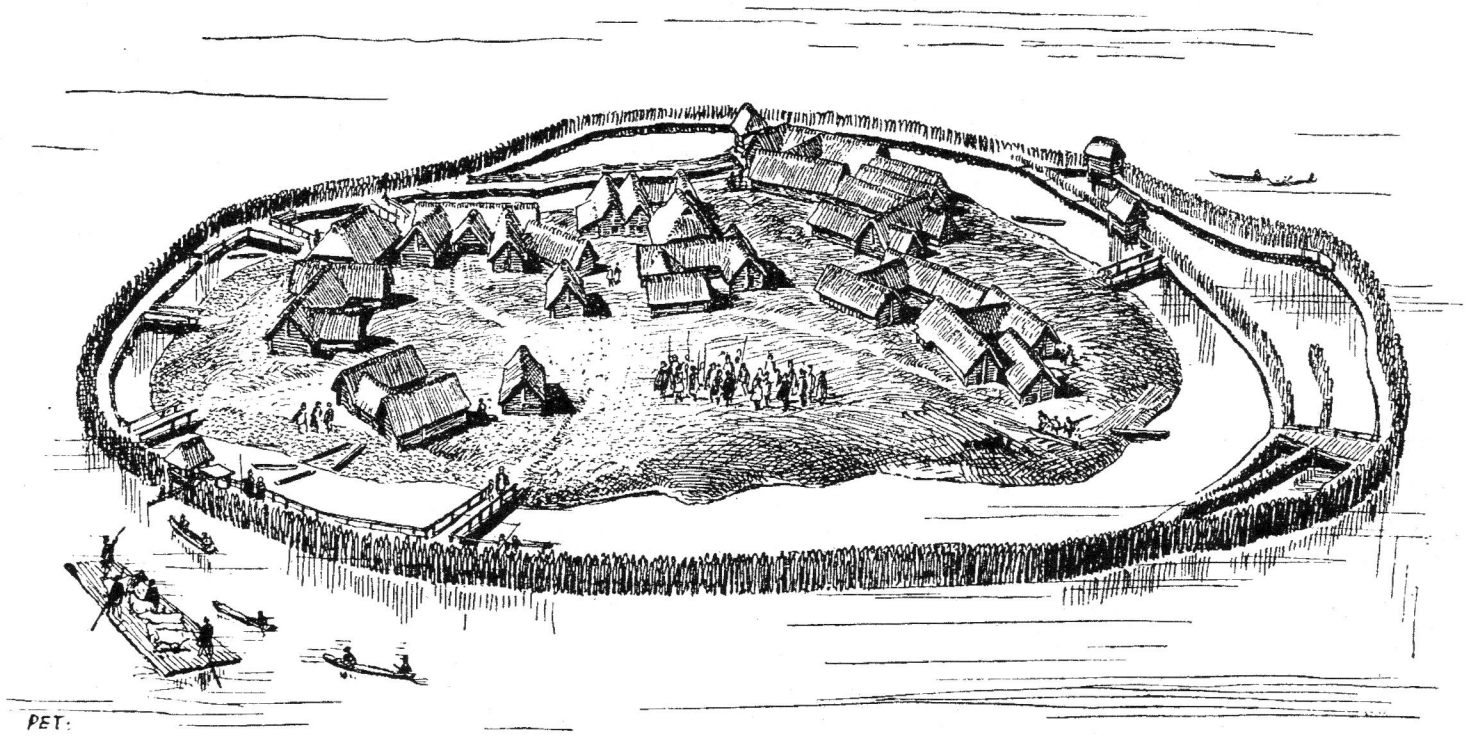

Rekonstruktion der »Wasserburg« bei Bad Buchau am Federsee in Baden-Württemberg aus der jüngeren Bauphase. Die Rekonstruktion stammt aus einer Publikation von 1936 des damals in Berlin arbeitenden Prähistorikers Hans Reinerth (1900–1990).

Auf dem zwischen dem Rhein und der Mosel gelegenen Dommelberg bei Koblenz konnten mehrteilige Wallanlagen festgestellt werden. Den Wall sicherte zusätzlich ein 7,50 Meter breiter und fünf Meter tiefer Graben. Auf dem Langenberg bei Ernzen zeugen verkohlte Eichenholzbalken von einer Brandkatastrophe.

Aus Hessen kennt man die Befestigungen auf dem Bleibeskopf bei Bad Homburg[35] (Hochtaunuskreis), dem Glauberg bei Glauburg[36] (Wetteraukreis) und dem Haimberg bei Haimbach[37] (Kreis Fulda).

Auf dem Glauberg umgab der entlang des Randes verlaufende Wall eine Fläche von etwa 20 Hektar. Der Wall besteht aus einer von innen leicht ansteigenden Erdrampe, die an der Außenfront durch eine Trockenmauer aus Basaltsteinen gehalten wird. Bei Grabungen auf dem Glauberg und dem Haimberg stieß man auf Steinfundamente von Häusern.

Aus Thüringen sind die beiden Befestigungen auf den Gleichbergen bei Römhild[38] (Kreis Meiningen) bekannt. Davon ist vermutlich diejenige auf dem Großen Gleichberg die ältere und jene auf dem Kleinen Gleichberg (Steinsburg genannt) die jüngere.

Der Schutz der Befestigung auf dem Großen Gleichberg bestand aus einer 2,50 Meter breiten Mauer (»Rentmauer«), deren einstige Höhe sich nicht mehr ermitteln läßt. Bei dieser Mauer handelte es sich um eine zyklopische Fassade mit großen Basaltblöcken, die mit Geröll hinterschüttet und innen durch Pfosten abgestützt wurde. Die Befestigung auf dem Kleinen Gleichberg war vermutlich von einer Ringmauer aus aufgeschichteten Basaltsteinen umgeben.

Manche der befestigten Höhensiedlungen wurden durch Feuersbrünste zerstört. Das war bei den Befestigungen Buigen bei Herbrechtingen und auf dem Burgberg nahe Burkheim in Baden-Württemberg, bei der Heunischenburg auf dem Wolfsberg in Bayern und auf dem Langenberg bei Ernzen in Rheinland-Pfalz der Fall.

Zur Inneneinrichtung der Häuser auf dem Bogenberg bei Bogen gehörten runde zwei- und einschichtige Backherdplatten mit Wulstrand aus Lehm. Ein schadhaft gewordener Backherd wurde dicht mit Scherben belegt und durch einen zweiten Lehmestrich erneuert.

In vier Häusern der Flachlandsiedlung Straubing-Öberau[39] in Bayern fanden sich an der Ostwand schmale, längliche Gruben, in denen einst Webstühle standen. Webstuhlgruben kennt man auch von den Fundorten Straubing-Kreuzbreite und Künzing-Umspannwerk (Kreis Deggendorf). Der größte Webstuhl der späten Urnenfelder-Zeit wurde in der westlichen Steiermark ausgegraben (s. S. 384).

Die Bewohner der Siedlung von Straubing-Öberau haben ihr Trinkwasser aus einem Brunnen geschöpft, der von aufrecht stehenden Brettern eingefaßt war. Im Gegensatz dazu bestanden die Brunnen von Berlin-Lichterfelde (s. S. 367), Budense (Dänemark) und Sankt Moritz (Schweiz, s. S. 255) aus ausgehöhlten Baumstämmen.

Reste von Getreidekörnern und Hülsenfrüchten sowie bronzene Sicheln und Mahlsteine belegen Ackerbau. Anhand von Funden konnten die Getreidearten Gerste (*Hordeum vulgare*), Nacktgerste (*Hordeum vulgare* var. *nudum*), Emmer (*Triticum dicoccon*), Saatweizen (*Triticum aestivum*), Rispenhirse (*Panicum miliaceum*), Dinkel (*Triticum spelta*) und Zwergweizen (*Triticum aestivum* ssp. *compactum*) sowie die Hülsenfrüchte Ackerbohne (*Vicia faba*) und Linse (*Lens culinaris*) nachgewiesen werden. Manche Experten meinen, der Ackerbau sei im Vergleich zur Hügelgräber-Bronzezeit während der Urnenfelder-Zeit intensiver betrieben worden.

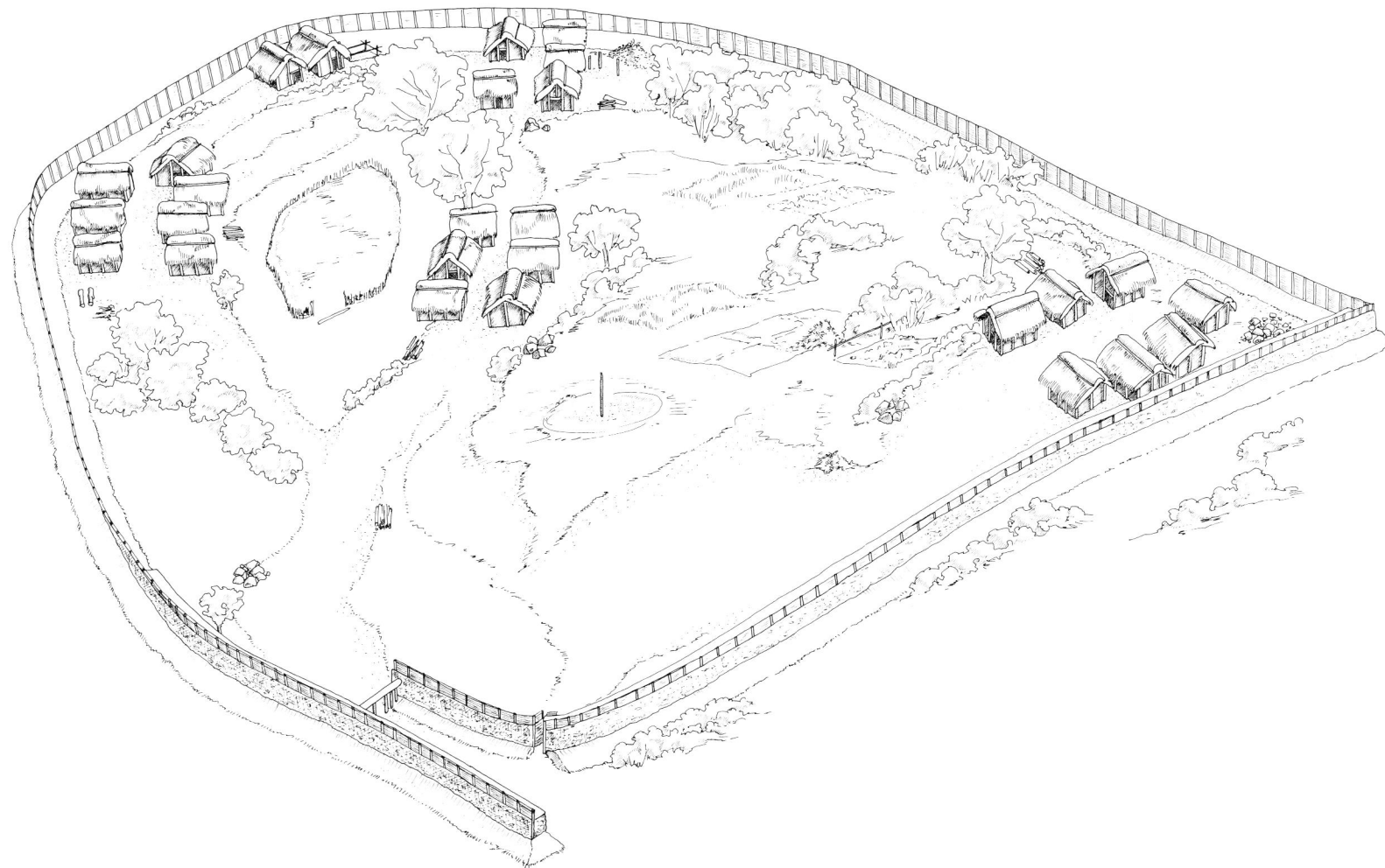

Die eindrucksvolle Befestigung Heunischenburg auf dem Wolfsberg bei Gehülz (Kreis Kronach) in Bayern wurde an der ungeschützten Flanke durch eine Steinmauer mit Torgasse und an Steilhängen nur durch eine hölzerne Palisade gesichert.

In einer Siedlungsgrube von Graben (Kreis Augsburg) in Bayern fanden sich Reste von Gerste, Emmer, Rispenhirse, Dinkel und Linse. Aus Butzbach (Wetteraukreis) in Hessen sind Emmer, Binkelweizen, Saatweizen, Nacktgerste und Gerste belegt.

Für die Getreideernte bestimmte bronzene Sicheln wurden vor allem in Depots geborgen. Mahlsteine zum Zerquetschen der Getreidekörner kamen in der Siedlung von Straßkirchen (Kreis Straubing-Bogen) und in einem Grab von München-Englschalking zum Vorschein. Ersterer ist 45 Zentimeter lang und 20 Zentimeter breit, letzterer 50 Zentimeter lang und 33 Zentimeter breit.

Knochenfunde in Siedlungen und Gräbern beweisen die Haltung von Rindern, Schafen, Ziegen, Schweinen und Pferden als Haustieren. Die Bewohner der Siedlung von Gauting (Kreis Starnberg) in Bayern besaßen Rinder, Schafe oder Ziegen und Schweine, diejenigen von Greißing (Kreis Straubing-Bogen) in Bayern hatten Pferde, Schweine und Rinder.

Zwei Gräber aus Grünwald (Kreis München) enthielten Knochen vom Schaf und Schwein. In einem Grab von Gernlinden (Kreis Fürstenfeldbruck) lagen Tierknochen vom Schaf oder von der Ziege und vom Rind. In einem Grab von Altessing (Kreis Kelheim) fanden sich Schienbeinknochen vom Kalb.

Im Steinkistengrab von Bad Nauheim (Wetteraukreis) in Hessen stieß man auf Knochen von der Ziege oder vom Schaf und vom Schwein. In einem Grab von Dietzenbach (Kreis Offenbach) in Hessen wurden Knochen vom Schwein und vom Rind zutage gefördert. Hügelgräber bei Marburg enthielten Knochen von jungen Schweinen, vom Schaf, aber auch vom Reh *(Capreolus capreolus)*.

Bronzene Angelhaken aus Gräbern weisen auf gelegentlichen Fischfang hin. Solche Funde glückten in Altensittenbach und Obernau (Kreis Aschaffenburg), Thann (Kreis Kelheim) in Bayern sowie Kobern (Kreis Mayen-Koblenz) in Rheinland-Pfalz. Vielleicht hatten die Toten, in deren Gräbern Angelhaken zum Vorschein kamen, eine besondere Beziehung zum Fischfang.

Ein ganzer mit auf dem Scheiterhaufen verbrannter Rothirsch *(Cervus elaphus)* aus einem Hügelgrab bei Marburg in Hessen sowie bearbeitete Geweihstücke aus Merzingen und Mönchsdeggingen (Kreis Donau-Ries) in Baden-Württemberg lassen auf Hirschjagd schließen. Auch Braunbären *(Ursus arctos)* sind gelegentlich zur Strecke gebracht worden. Das verraten je eine Bärenkralle aus Graben (Kreis Augsburg) in Bayern, vom Martinsberg bei Bad Kreuznach in Rheinland-Pfalz und ein Bärenreißzahn aus Hoppingen (Kreis Donau-Ries).

Einen kleinen Einblick in die Ernährungsgewohnheiten der Urnenfelder-Leute erlauben Funde aus der Siedlung von Rückersdorf (Kreis Nürnberger Land) in Bayern. Dabei handelte es sich um verkohlten Hirsebrei aus Rispenhirse, Reste von Leinsamen *(Linum usitatissimum)*, Spuren von Leinöl an einer Keramikscherbe sowie andere Fragmente mit Spuren von Emmerschrotmehl und zerstoßenem Samen der Ackerbohne.

Nach Erkenntnissen des Berner Brotforschers Max Währen wurde das Brot ab der Urnenfelder-Zeit luftiger, ohne sein Aussehen zu verändern. Brot diente damals nicht nur den Lebenden als Nahrung, sondern auch den Göttern als Opfer und als Grabbeigabe für Tote. Im bayerischen Bellenberg (Kreis Neu-Ulm) wurde eine Jugendliche mit auf ihrem Leichnam abgelegtem Brot auf dem Scheiterhaufen verbrannt. Reste dieses Brotes konnten zusammen mit Knochen- und Holzasche an zwei Scherben der tönernen Urne ermittelt werden.

Verkohlte Früchte aus der Siedlung vom Martinsberg in Bad Kreuznach deuten auf Verzehr von Eicheln (*Quercus robur*) und Wildäpfeln (*Malus sylvestris*) hin. Die Gefäße im Wagengrab von Hart an der Alz (Kreis Altötting) in Bayern haben Wein oder ein anderes alkoholisches Getränk enthalten, das man mit aromatischen Pflanzen versetzte und beim Gelage abschöpfen mußte. In der niederbayerischen Siedlung von Straßkirchen (Kreis Straubing-Bogen) wurde das Fleisch von Flußmuscheln verzehrt.

Die Keramik variierte von Großgefäßen wie henkellosen Zylinder-, Trichter- und Kegelhalsgefäßen, Amphoren und doppelkonischen Gefäßen bis zu Kleingefäßen wie Bechern, Krügen, Knickwandschalen, konischen Schalen, tellerartigen flachen Schälchen und Näpfen. Außerdem wurden Sieb-, Säulen- und Sauggefäße sowie Stempel und »Brotlaib-Idole« geformt.

Siebgefäße gelten eher als seltene Funde. Scherben einer Siebschale wurden in der Siedlung von Straubing (Ziegelei Dendl) geborgen. In Gräbern von Schifferstadt (Kreis Ludwigshafen) in Rheinland-Pfalz und Bruchköbel bei Hanau (Main-Kinzig-Kreis) in Hessen lagen ebenfalls Siebgefäße.

Eine bis dahin unbekannte Keramikform konnte in einem Grab von Gau-Algesheim (Kreis Mainz-Bingen) in Rheinland-Pfalz geborgen werden. Es ist ein Säulengefäß mit kreisrundem Standring, auf dem sich in gleichmäßigem Abstand zehn leicht einwärts gekrümmte Streben hochziehen, die einen schmalen bauchigen Gefäßkörper tragen, der oben mit einem kurzen Hals endet. Das Gefäß ist 27,2 Zentimeter hoch und maximal 41 Zentimeter breit. Ein vergleichbares Exemplar wurde später in Heskem (Kreis Marburg-Biedenkopf) in Hessen entdeckt.

Die Funktion von Sauggefäßen hatte der damals in Mainz tätige Prähistoriker Paul Reinecke (1872–1958) schon 1900 erkannt. Ihm zufolge wurden mit ihrem Inhalt Säuglinge ernährt. Die Sauggefäße waren nie höher als 20 Zentimeter, manchmal sogar nur fünf Zentimeter hoch. Sie faßten durchschnittlich 100 bis 150, höchstens bis zu 250 Kubikzentimeter.

In einem Brandgrab von München-Englschalking fand sich ein 17,5 Zentimeter langes Sauggefäß mit einer Bronzenagelung als Verzierung. Weitere Objekte dieser Art sind aus Unterhaching (Kreis München) in Bayern sowie aus Alzey-Dautenheim (Kreis Alzey-Worms) und aus der Nähe von Mendig (Kreis Mayen-Koblenz) in Rheinland-Pfalz bekannt. Das 7,8 Zentimeter hohe Sauggefäß bei Mendig hat die Gestalt eines Vogels. Es wurde zusammen mit einer verzierten Rassel gefunden, die als Spielzeug und vielleicht auch als kultisches Lärmgerät diente.

Eines von 17 Tongefäßen aus einem Grab in Oberrimsingen (Kreis Breisgau-Hochschwarzwald) in Baden-Württemberg ist mit Zinn verziert worden. Dabei handelt es sich um ein Trichterhalsgefäß mit je einem Zinnstreifen am Hals, auf der Schulter und dicht unterhalb des Bauches. Die Schulter weist zwei in Ritztechnik hergestellte Rillenbänder als Dekor auf, wobei der Raum zwischen den beiden Rillenbändern mit zwei gegeneinander versetzten Dreiecksreihen versehen ist, von denen die Spitzen der oberen Reihe nach unten und die Spitzen der unteren nach oben zeigen. Zinnornamentierte Keramik ist auch

Sichel mit bronzener Klinge und hölzernem Handgriff aus der Zeit der Urnenfelder-Kultur. Der bei der Arbeit gut in der Hand liegende Griff macht deutlich, daß bereits damals großer Wert auf solides Handwerkszeug gelegt wurde.

aus der Schweiz (s. S. 424, 425), Österreich (s. S. 388) und Italien (Canegrate) bekannt.

Etwas Besonderes war sicherlich die exquisite Feinkeramik, die zur Ausstattung der Toten in den reichen Steinkistengräbern gehörte. Der damals in Nürnberg arbeitende Prähistoriker Fritz-Rudolf Herrmann hat für diese Erzeugnisse in seiner 1966 erschienenen Dissertation die Bezeichnung »Adelskeramik« geprägt. Ihre Kennzeichen sind sehr dünne Wände, Hochglanz, zuweilen übertrieben scharfe Profilierung, reiche plastische Ausschmückung mit Girlandenriefen, runde Buckelwarzen sowie üppige Rillen- und Schmalriefenverzierung.

Unterschiedlich gedeutet werden tönerne »Stempel«, wie sie beispielsweise auf dem Hesselberg bei Wassertrüdingen in Bayern entdeckt wurden. Einer davon war ganz erhalten, hat einen Durchmesser von 6,3 Zentimetern und ist mit einem Sonnenmotiv versehen. Von den anderen drei Stempeln liegen nur Bruchstücke vor. Solche Tonstempel könnten Gefäßdeckel, Tonmatrizen für Wachs- oder Tonformen, Farbstempel, Brotstempel oder Kultobjekte gewesen sein.

Ebenfalls umstritten ist der Zweck der »Brotlaib-Idole« (s. S. 67), von denen eines bei Steinfurth (Wetteraukreis) in Hessen zum Vorschein kam. Die gewölbte Seite dieses Exemplars war einst wohl mit vier senkrechten Rillen verziert, die in Abständen von drei Millimetern Unterbrechungen durch annähernd kreisförmige stempelartige Einstiche aufweisen. Die mit einem Metallgerät ausgeführten Einstiche ergeben ein rosettenförmiges Muster. In der Mitte der Breitseite wurde eine leicht schräge Durchbohrung angebracht.

Die exakt mit horizontalen Riefen dekorierten Tongefäße wurden vielleicht auf einem langsam drehbaren Untersatz geformt. Manche Gefäße sind auf der Oberfläche mit einem Graphitüberzug versehen, was ihnen ein metallisches Aussehen verlieh, oder man hat sie bemalt.

Reste eines Töpferofens wurden in Unterelchingen bei Neu-Ulm[40] in Bayern ausgegraben. Der Lehmkuppelbau war einst etwa 1,20 Meter hoch und wurde mittels zweier Schürlöcher geheizt. Der Inhalt des Töpferofens – die zu brennenden Tongefäße – stand über dem Feuer auf einer durchlochten Brennplatte aus Lehm. Weitere Töpferöfen sind aus der erwähnten »Wasser-

Tönernes Säulengefäß mit zehn Streben aus einem Grab von Gau-Algesheim (Kreis Mainz-Bingen) in Rheinland-Pfalz. Solche Gefäße gelten als Seltenheit. Höhe 27,2 Zentimeter, Breite 41 Zentimeter. Original im Landesmuseum, Mainz.

burg« bei Bad Buchau in Baden-Württemberg und aus der Befestigung auf dem Hesselberg bei Wassertrüdingen in Bayern bekannt.

Auf dem Münsterberg von Breisach[41] (Kreis Breisgau-Hochschwarzwald) in Baden-Württemberg kam in einer Siedlung die Abfallgrube eines Töpfers mit Fehlbränden und Ausschußware zum Vorschein. Die Grube war zu zwei Dritteln mit zerdrückten Gefäßen und Scherben gefüllt. Es handelte sich um Reste von insgesamt etwa 400 Behältnissen.

Die Bronzeerzeugnisse dürften überwiegend in Formen aus Stein und gelegentlich auch aus Bronze gegossen worden sein. Seltener war vermutlich der arbeits- und zeitaufwendige Guß in verlorener Tonform. In den Siedlungen praktizierte man wegen der Feuergefahr wahrscheinlich nur das Tiegelschmelzverfahren.

Auf Bronzeverarbeitung in Siedlungen weisen Schmelztröpfchen aus Kelheim/Weltenburg, von der Ehrenbürg bei Schlaifhausen, vom Bullenheimer Berg bei Bullenheim (alle drei in Bayern) und vom Martinsberg in Bad Kreuznach (Rheinland-Pfalz) hin. Ortsfeste Gruben oder Kuppelöfen, in denen große Hitze erzeugt wurde, waren sicherlich außerhalb der Ortschaften angelegt worden.

Die in manchen Gräbern gefundenen Bronzebarren stellten wohl Beigaben für Bronzegießer oder Rohstoffhändler dar. Derlei Objekte wurden in Gräbern von Münchingen (Kreis Böblingen) in Baden-Württemberg, Lachen-Speyerdorf (Kreis Neustadt an der Weinstraße) und in Kobern (Kreis Mayen-Koblenz), beide in Rheinland-Pfalz gelegen, entdeckt. Andere Gräber enthielten Erzbruchstücke, Gußkuchen, -tiegel und -formen.

Viele Bronzeerzeugnisse hat man in zweiteiligen steinernen Formen gegossen. Nach dem Guß wurden die Gußhaut, -nähte und -zapfen überarbeitet. An Rasiermessern sind anschließend Griffe aus Geweih oder Holz angebracht und die Schneiden mit Punzen, Gravierstichen, Feilen, Stempeln und Zirkeln verziert worden.

Die Anfertigung bronzener Tassen, Eimer, Helme und Beinschienen erfolgte durch die Methode des Treibens. Aus mehreren Teilen bestehende Erzeugnisse — etwa Schwerter und Dolche — wurden durch Nieten zusammengefügt, andere Objekte durch bronzene Klammern oder durch Umbiegen und Ineinandergreifen der Blechränder.

Vielerorts kamen Utensilien von Bronzegießern zum Vorschein. In der erwähnten »Wasserburg« von Bad Buchau zum Beispiel wurden eine etwa 30 Zentimeter lange verzierte Tondüse, das Fragment eines Gußkuchens, zwei bronzene Tüllenhämmer, von denen bei einem der Holzschaft teilweise erhalten blieb, ein Kannelurenstein, die Hälfte einer Gußform aus Sandstein für herzförmige Anhänger sowie ein Gußformfragment für ein Messer gefunden.

Relikte mehrerer Metallwerkstätten liegen aus der Inselsiedlung im Rhein bei Bad Säckingen (Kreis Waldshut) vor, von der ebenfalls bereits die Rede war. Dazu gehörten zwei Schmelzwannen, Grubenöfen, mehrere Kilogramm blasiger Kupferschlacken, ein kompletter und ein fragmentarischer steinerner Schmelztiegel, die Hälfte eines steinernen Gußtrichters, Gußbrocken, eine steinerne Gußform für einen kleinen Ring, eine doppelseitig verwendbare steinerne Gußform, zwei ungeformte Zinnbarren (Teil der Bronzelegierung), kleine Bronzeschlacken und ein Kannelurenstein.

Für die steinernen Gußformen fand in der Mehrzahl Sandstein Verwendung, daneben aber auch speckiges Gestein (Wiesbaden-Schierstein), Tonschiefer (Opfingen, Stadtkreis Freiburg/Breisgau), Glimmerschiefer (Alten-Buseck, Kreis Gießen) und Diabas (Preist an der Kyll, Kreis Bitburg-Prüm). Man kennt Gußformen für Nähnadeln, Gewandnadeln, Stabbarren, Rasiermesser, Nägel, Sicheln, Messer, Beile, Pfeilspitzen, Lanzenspitzen, Schwerter und Ringe.

Allein in Neckargartach[42] (Kreis Heilbronn) in Baden-Württemberg konnten 19 steinerne Gußformen geborgen werden (s. S. 292). Sie waren für den Guß von Griffzungenschwertern, Sicheln, Tüllenbeilen, Messern, Pfeilspitzen, Hämmern und Barren bestimmt. An Dutzenden von Fundorten hat man einzelne steinerne Gußformen geborgen.

Außerdem gab es tönerne Gußformen für Ringe (Obertraubling, Kreis Regensburg) und Bronzegehänge mit Vogelköpfen (Kürnach bei Würzburg) sowie tönerne Gußlöffel (Burkheim, Kreis Breisgau-Hochschwarzwald, Neckarsulm).

Aus Erlingshofen (Kreis Eichstätt) in Bayern liegt eine dreiteilige bronzene Gußform für den Griff eines Schwertes vom Typ Mörigen (s. S. 429) vor. Vom Bullenheimer Berg ist eine bronzene Gußform für die Klinge eines Tüllenbeils bekannt. Gußformen aus Metall waren viel seltener als jene aus Stein und Ton. Aus einer Metallwerkstatt stammen auch die bronzenen Punzen, Meißel und Ziselierstichel der erwähnten Befestigung auf dem Hesselberg in Bayern. Ihre Abnutzungsspuren deuten auf eine häufige Verwendung hin. Außerdem fanden sich dort zwölf steinerne Gußformen, von denen eine das Negativ einer Sichel enthält, Gußformplatten von Schmuck- und Nähnadeln, viele Bronzegußbrocken sowie Bruchstücke von Graphitschmelztiegeln.

Einem in Steinkirchen[43] (Kreis Deggendorf) in Bayern beerdigten Metallhandwerker – einem Toreuten, der Bronze durch Hämmern, Ziselieren, Gravieren und Punzen bearbeitete – wurde eines seiner wichtigsten Werkzeuge mit ins Grab gelegt. Es ist ein in einen Holzblock eingelassener bronzener Rippenamboß, der sich zum Treiben von drei parallelen Rippen auf einem Bronzeblech eignete.

Daß nicht immer alles gelang, veranschaulicht ein Schwert aus Kreßbronn am Bodensee (Bodenseekreis). In seinen Griff sind an beiden Seiten je zwei Einhiebe eines dornähnlichen Gegenstands von etwa zwei bis 3,5 Millimeter Größe sichtbar. Vermutlich wollte man ohne Vorpunzen Löcher anbringen, ein Vorhaben, das fehlschlug. Das Metall ist an dieser Stelle etwa drei Millimeter stark, an den fertigen Löchern dagegen nur zwei bis 2,5 Millimeter.

Der Formenreichtum an bronzenen Werkzeugen, Waffen und Schmuckstücken spiegelt sich in manchen Depotfunden wider. Solche Depots werden als Altmetall, das zum Schmelzen gesammelt wurde, aber auch als Versteckfunde oder Sachopfer diskutiert.

Tönernes Sauggefäß in Vogelgestalt aus einem Brandgrab bei Mendig (Kreis Mayen-Koblenz) in Rheinland-Pfalz. Es diente vermutlich als Trinkgefäß für einen Säugling. Höhe 7,8 Zentimeter. Original im Rheinischen Landesmuseum, Bonn.

Ein reichhaltiges Depot aus jener Zeit wurde in Weinheim an der Bergstraße[44] (Rhein-Neckar-Kreis) in Baden-Württemberg entdeckt. Es umfaßte 91 Fragmente, die sich zu 76 bronzenen Gegenständen zusammensetzen ließen. Dabei handelte es sich um Lappenabsatzbeile, Tüllenbeile, Lochsicheln, Messer, eine Punze, Schwerter, Lanzenspitzen, Armringe, Ringe, Knebel eines Pferdegeschirrs, Teile der bronzenen Nabe eines Wagenrades, Teile von Fibeln und Gußreste.

Das in Saarlouis im Saarland[45] geborgene Depot bestand aus 61 bronzenen Gegenständen, die in einem Tongefäß lagen, und aus einer Schale. Zum Depot gehörten ein Griffzungenschwert,

Tönerner »Stempel« mit Sonnenmotiv aus einer urnenfelderzeitlichen Siedlung von Wiesbaden-Dotzheim in Hessen. Der Zweck solcher Tonstempel ist umstritten. Durchmesser 7,1 Zentimeter, Höhe vier Zentimeter. Original im Museum Wiesbaden.

Dreiteilige Bronzegußform für einen Schwertgriff aus Erlingshofen (Kreis Eichstätt) in Bayern. Damit konnte der Griff eines Schwertes vom Typ Mörigen gegossen werden. Originale in der Prähistorischen Staatssammlung, München.

ein Ortband zum Schutz der Schwertscheidenspitze, sieben Lappenbeile, ein Tüllenbeil mit Öse, vier Tüllenmeißel, sechs Lanzenspitzen, sieben Sicheln, eine Ringscheibe, zwei Knebel eines Pferdegeschirrs, sechs hohl gegossene Ringe, zwei massiv gegossene Ringe, sechs teilweise verzierte Armreife und Fragmente von fünf weiteren Exemplaren sowie zwei Bronzegußklumpen. Viele Bronzeobjekte enthielt auch das auf einem Acker von Wallerfangen[46] (Kreis Saarlouis) im Saarland gefundene Depot. Sein Inhalt bestand aus einem Vollgriffschwert, zwei Lappenbeilen, zwei Tüllenbeilen mit Ösen, einer zweiteiligen Gußform für ein Lappenbeil, 14 Armbändern, einem Schallblech mit zwei anhängenden Ringblechen, mehreren kleinen Schallblechen, knopfartigen Zierbuckeln mit Ösen, quergerippten Röhrchen, Gitterwerk mit vier kleinen und zwei größeren Ringen, einer Pferdetrense, einem Knebel von einem Pferdegeschirr sowie verschiedenen Ringen und anderen Objekten.

Gegen Ende der Urnenfelder-Kultur gelangten vereinzelt eiserne Gegenstände durch Tauschhandel in deren Verbreitungsgebiet. Solche Eisenfunde liegen aus Südwestdeutschland vor, aber auch aus dem Ostalpenraum, Böhmen, Schlesien, der Nordschweiz und Lothringen. Manche Autoren vermuten, daß diese frühen Eisenobjekte aus dem Nordbalkan stammen.

Eines der ältesten Eisenschwerter Mitteleuropas kam in einem Brandgrab der jüngeren Urnenfelder-Zeit von Singen am Hohentwiel[47] (Kreis Konstanz) in Baden-Württemberg zum Vorschein. Seine erhaltene Länge beträgt 54 Zentimeter, die Klinge ist maximal 4,5 Zentimeter breit. Diese Waffe wurde entweder importiert oder von einem fremden Schmied (»Schwertfeger«) im Lande angefertigt.

Gleichwohl fanden als Rohstoffe für Werkzeuge immer noch Stein, Geweih und Knochen Verwendung. Aus unterschiedlichen Steinarten wurden Klingen von Trapezbeilen und Äxten, Keulenköpfe, Schleifsteine, Mahlsteine, Rillensteine sowie vielleicht sogar Keulen und Schleudersteine hergestellt. Schleifsteine (Wetzsteine) dienten zur Schärfung von Rasiermessern, Sicheln, Beilen, Schwertern sowie Lanzen- und Pfeilspitzen.

Zwischen Ettringen und Kottenheim (Kreis Mayen-Koblenz) in Rheinland-Pfalz haben Urnenfelder-Leute stellenweise die Basaltlavaströme des Beller-Bergs und Hochsimmer abgebaut. Sie erhitzten das vulkanische Gestein stark durch Feuer und kühlten es dann plötzlich mit Wasser ab, wobei Spannungsrisse entstanden und sich einzelne Gesteinsbrocken lösten. Die Form der gewölbten Lavafragmente entspricht in etwa derjenigen von Mahlsteinplatten dieser Zeit, weshalb dieses Rohmaterial nur noch wenig bearbeitet werden mußte.

Aus Neusetz (Kreis Kitzingen), Sulzheim-Alitzheim (Kreis Schweinfurt) und Wollbach (Kreis Rhön-Grabfeld) in Bayern sind Geweihäxte mit rechteckigem Schaftloch zur Aufnahme des hölzernen Schaftes bekannt.

Zu den bronzenen Werkzeugen gehörten Nähnadeln mit Öhr, Knopf- und Griffzungensicheln für die Getreideernte, Tüllenbeile, Tüllenmeißel, Ledermesser, Griffzungenmesser sowie Sägeblätter. Sicheln kamen oft in großer Zahl in Depots zum Vorschein. So enthielten zwei Depots von Bad Homburg in Hessen insgesamt 31 Sicheln, während ein Depot von Frankfurt/Main-Grindbrunnen unter anderem 14 Lochsicheln und eine Zungensichel umfaßte. Anhand eines Fundes aus der erwähnten »Wasserburg« bei Bad Buchau wird ersichtlich, daß manche Sicheln mit einem hölzernen Griff versehen waren.

Bronzene Nähnadeln mit Öhr sind aus je einem Frauengrab von Grünwald und Unterhaching (beide Kreis München) bekannt. Die Nähnadel mit geschlitztem Öhr aus Grünwald ist 14 Zentimeter lang. Aus Unterhaching liegt das Bruchstück einer Nähnadel mit Öhr vor.

Neben bronzenen Tüllenbeilen aus heimischer Produktion gab es auch importierte Erzeugnisse. Hierzu wird ein Exemplar mit seitlicher Rippenverzierung aus dem Depot von Hangen-Weisheim (Kreis Alzey-Worms) in Rheinland-Pfalz gerechnet. Es entspricht dem Tüllenbeil-Typ aus dem bretonischen Depot von Saint-Pabu im französischen Département Finistère.

Als Importstücke aus Westeuropa gelten bronzene Tüllenmeißel mit Hohlschneide, die sogar auf den Britischen Inseln vorkamen. Derartige Objekte wurden in Baden-Württemberg (Ettlingen, Kreis Karlsruhe), im Saarland (Saarlouis), in Rheinland-Pfalz (Nieder-Olm, Kreis Mainz-Bingen), Alsenborn (Kreis Kaiserslautern) und Langsur (Kreis Trier-Sarburg) gefunden.

In der Gemarkung von Hohlach (Kreis Neustadt-Bad Windsheim) in Bayern hat man ein sieben Zentimeter langes Ledermesser entdeckt, das aus England oder Frankreich stammt. Früher wurden solche Werkzeuge als Meißel bezeichnet. In Wirklichkeit dienten sie eher zum Schneiden von Leder, was auch mit doppelschneidigen Rasiermessern möglich gewesen wäre.

Die bronzenen Griffzungenmesser sind häufig prächtig mit Gravuren verziert. Das ist beispielsweise bei zwei Exemplaren der Fall, die sich in der Bärenhöhle des Hohlenstein bei Asselfingen (Alb-Donau-Kreis) in Baden-Württemberg fanden.

Das in Bad Säckingen (Kreis Waldshut) in Baden-Württemberg geborgene etwa 40 Zentimeter lange bronzene Sägeblatt dürfte eher in einer Tischlerei als beim Hausbau eingesetzt worden sein. Denn an Bauhölzern sind keine Sägespuren zu erkennen, sie wurden mit Äxten oder Beilen zurechtgehauen.

Von Langengeisling (Kreis Erding) und Obernau (Kreis Aschaffenburg) in Bayern kennt man bronzene Haken mit Tülle zur Aufnahme eines Holzschaftes. Der damals in Frankfurt/Main arbeitende Prähistoriker Hans-Jürgen Hundt (1909–1990) deutete 1953 derartige Funde als Fleischerhaken zum Herausfischen von Siedfleisch aus Kesseln.

In Undenheim (Kreis Mainz-Bingen) und Wollmesheim (Kreis Landau) in Rheinland-Pfalz wurden S-förmige bronzene Haken ohne Tülle zutage gefördert. Der Mainzer Prähistoriker Detert

Zylmann betrachtete 1983 solche Objekte als Vorrichtungen zum Aufhängen bestimmter Gegenstände.

Ab der Urnenfelder-Zeit trugen manche Krieger erstmals bronzene Schutzausrüstungen wie Helme, Schilde, Panzer und Beinschienen. Zur Bewaffnung der Urnenfelder-Leute gehörten bronzene Dolche, Schwerter, Lanzen, Speere sowie Pfeil und Bogen. Letztere dienten sicherlich auch als Jagdwaffen.

Prächtig verzierte bronzene Panzer aus der Urnenfelder-Zeit wurden in Frankreich (Marmesse, Villinges, s. S. 428) und in der Slowakei (Čaka, Čierna nad Tisou, Ducové, s. S. 408) gefunden. Ihr dünnes Bronzeblech schützte nicht vor einem Schwerthieb oder Pfeilschuß. Vermutlich waren die Panzer auf einem Lederkoller befestigt.

Vom Rand eines Panzers stammen drei Bronzeblechstücke aus dem Depot von Albstadt-Pfeffingen (Zollernalbkreis) in Baden-Württemberg. Auf der erwähnten Heunischenburg bei Gehülz kam ein Panzerbruchstück zum Vorschein.

21 getriebene Blechfragmente von dieser Fundstelle könnten nach Ansicht des Bamberger Prähistorikers Björn-Uwe Abels als Besatz von Lederpanzern gedient haben. Bronzescheiben aus einem Brandgrab von Pfullingen (Kreis Reutlingen) waren vielleicht auf einen Lederpanzer aufgenäht.

Bronzene Helme hat man in Baden-Württemberg (Weil am Rhein, Kreis Lörrach[48]), Bayern (Pockinger Heide bei Indling im Kreis Passau[49], Ebing im Kreis Bamberg[50], Thonberg im Kreis Kronach[51]), Rheinland-Pfalz (Wonsheim im Kreis Alzey-Worms[52], bei Mainz[53]) und in Hessen (Biebesheim im Kreis Groß-Gerau[54], Mainz-Kostheim im Stadtkreis Wiesbaden[55]) entdeckt.

Der aus zwei Blechhälften zusammengefügte Helm aus Weil am Rhein (s. S. 428) ist 19,1 Zentimeter hoch, 17,5 Zentimeter breit und wiegt 804 Gramm. Auch der Helm aus der Pockinger Heide besteht aus zwei Blechhälften. Sie sind unten zusammengenietet und auf dem Scheitel kammartig übereinandergeschlagen. Der in mindestens fünf Meter Tiefe ausgebaggerte Helm aus Ebing ist 29 Zentimeter hoch und hat einen Randdurchmesser von 25,5 beziehungsweise 13 Zentimetern.

Bei Biebesheim kamen innerhalb von fünf Tagen sogar zwei Helme in einer alten Rheinschleife zum Vorschein. Beide wurden in einer Tiefe von etwa acht bis neun Metern und etwa sechs Meter voneinander entfernt von einem Bagger ans Tageslicht geholt. Das erste Fundstück ist 27,9 Zentimeter hoch und fast unversehrt, während das zweite eine Höhe von 27 Zentimetern aufweist. Es wurde von den Baggerschaufeln zusammengedrückt, aber in den Werkstätten des Römisch-Germanischen Zentralmuseums, Mainz, restauriert.

Die Helme von Wonsheim, aus dem Rhein bei Mainz und aus dem Main bei Mainz-Kostheim stammen aus der älteren Urnenfelder-Zeit zwischen 1200 und 1000 v. Chr. Das Exemplar aus dem Rhein ist 17,1 Zentimeter hoch und hat einen maximalen Durchmesser von 22,4 Zentimetern. Es ist am Rand mit 17 Nietlöchern versehen, sechs der Nieten sind noch vorhanden. Nach den Nietlöchern zu schließen, war das Innenfutter etwa drei Millimeter dick.

Ein Depotfund in Bernières d'Ailly (Frankreich) umfaßte sogar insgesamt neun bronzene Kammhelme aus der Urnenfelder-Zeit. In Italien wurden Krieger der Villanova-Kultur[56] (etwa 900 bis 525 v. Chr.), deren Anfänge der späten Urnenfelder-Zeit entsprechen, häufig mit ihren bronzenen Schutzwaffen (Helm, Schild, Beinschienen) bestattet.

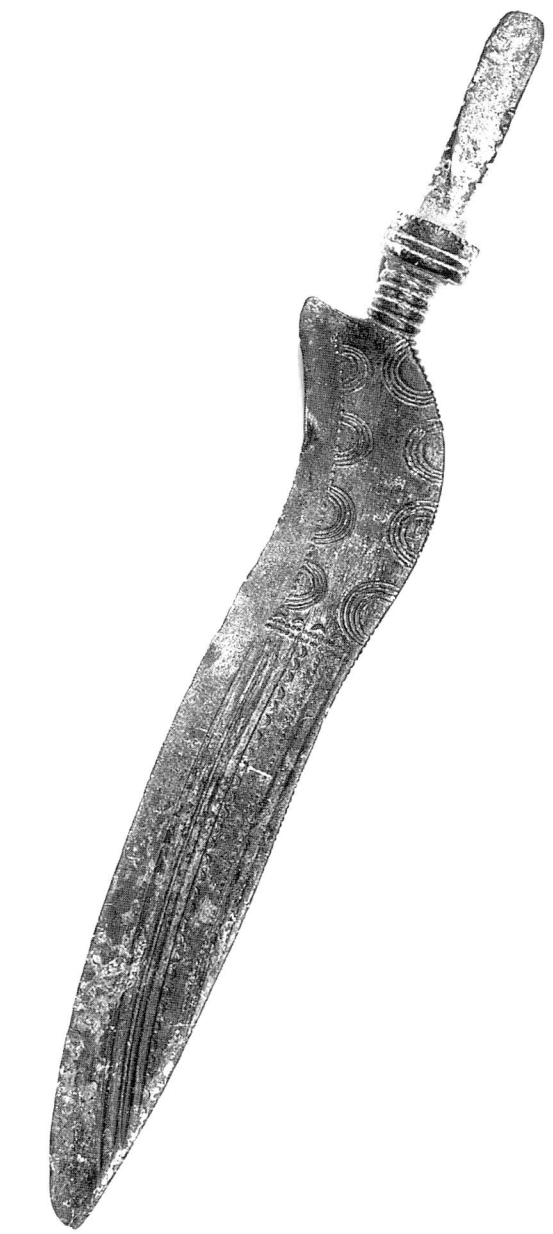

Verziertes bronzenes Griffzungenmesser aus der Bärenhöhle im Hohlenstein bei Asselfingen (Alb-Donau-Kreis) in Baden-Württemberg. Länge des Griffzungenmessers 17,9 Zentimeter. Original im Ulmer Museum.

Bronzene Rundschilde sind auch aus dem Regnitztal bei Bamberg[57] in Bayern sowie aus Mainz[58] und Bingen[59] in Rheinland-Pfalz bekannt. Die Schilde aus Bamberg-Gaustadt, Mainz und Bingen werden zum Typ Nipperwiese gerechnet, der nach einem aus der Megelitz bei Nipperwiese unweit von Stettin im heutigen Polen ausgebaggerten Fund bezeichnet ist. Bronzeschilde dienten offenbar ausschließlich als Opfergaben, während Rundschilde aus Holz den Kriegern vorbehalten waren.

Die beiden Bronzeschilde aus der Bamberger Gegend sind verschollen. Sie hatten einen Durchmesser von mehr als 40 Zentimetern. Bei den vermeintlichen Hieb- und Stichspuren auf dem Bronzeschild von Bingen könnte es sich auch um Beschädigungen aufgrund des Treibens im Rheinwasser handeln.

Besonders viele Bronzeschilde aus der Urnenfelder-Zeit gehörten zu Depotfunden in Verucchio (Italien) und Fröslunda (Schweden). In Verucchio wurden acht Schilde geborgen, in Fröslunda sogar 16 Exemplare.

Bronzener Helm aus dem Main bei Mainz-Kostheim (Stadtkreis Wiesbaden) in Hessen. Er besteht aus zwei gleichartigen, getriebenen Hälften, die zusammengenietet sind. Höhe 25,2 Zentimeter. Original im Landesmuseum, Mainz.

Reste von mit bronzenen Blechen und Nägeln beschlagenen Holzschilden kamen in Kreßbronn-Hemigkofen (Bodenseekreis) in Baden-Württemberg, Landau-Wollmesheim (Kreis Landau) in Rheinland-Pfalz und Bad Nauheim (Wetteraukreis) in Hessen zum Vorschein.

Bronzene Beinschienen liegen aus der Paulushöhle bei Beuron[60] (Kreis Sigmaringen) in Baden-Württemberg sowie aus der Donau bei Schäfstall[61] (Kreis Donau-Ries) und aus Winklsaß[62] (Kreis Landshut) in Bayern vor. Sie dienten weniger zum Schutz vor Verletzungen im Kampf als vielmehr zum Prunk und zur Repräsentation.

Die Fragmente der Beinschiene bei Beuron gehörten vielleicht zum Besitz des am Eingang der Paulushöhle bestatteten Mannes, dem man eine Lanze mit ins Grab gegeben hatte. Dagegen gilt die bei Schäfstall gefundene 27 Zentimeter lange Beinschiene mit Punzbuckelverzierung als Weiheobjekt. Sie konnte durch zahlreiche den Blechrand säumende Löcher auf einer Unterlage aus Stoff oder Leder verschnürt werden. Die Bruchstücke von Beinschienen und vielleicht auch von einem Panzer aus Winklsaß gehörten zu einem Depot mit Werkzeugen, Waffen und Schmuck.

Fragmente von verzierten bronzenen Beinschienen aus der Urnenfelder-Zeit wurden auch in Frankreich (Cannes-Écluse), Österreich (Stetten-Teiritzberg, s. S. 391, Volders, s. S. 405), Tschechien (Kuřim), Italien (Pergine, Pontecagnano, Malpensa, Torre Galli), Kroatien (Kloštar Ivanic) und in Griechenland (Kallithea) gefunden.

Bei den bronzenen Dolchen ist unklar, ob es sich um Werkzeuge oder um Waffen handelte. Es lassen sich Exemplare mit Griffzunge, -platte und -dorn unterscheiden. Als in seiner Art einmalig wird der Vollgriffdolch mit Kupferfadentauschierung aus einem Grab von Kressbronn (Bodenseekreis) in Baden-Württemberg angesehen. Ein Tüllendolch aus dem Depot von Kaiserslautern in Rheinland-Pfalz soll aus Westeuropa stammen. Solche Dolche kennt man hauptsächlich von den Britischen Inseln und aus Westfrankreich.

In der Stufe Bronzezeit D gab es vor allem bronzene Riegsee-Schwerter[63] (Typ Riegsee) mit achtkantigem Griff (Achtkantschwerter), Rixheim-Schwerter[64] (Typ Rixheim) und vereinzelt frühe Griffzungenschwerter. Als typisches Muster der Riegsee-Schwerter gelten ineinandergreifende S-Haken.

Während der Stufe Hallstatt A1 waren meistens Dreiwulstschwerter mit drei Wülsten auf der Griffstange üblich. Formen der Stufe Hallstatt B2 sind Antennen-, Schalenknauf- und Karpfenzungenschwerter. Der Griff der Antennenschwerter endet in antennenförmigen Fortsätzen. Schalenknaufschwerter haben einen Knauf entweder in Form einer kalottenförmigen Schale oder eines Pilzes. Karpfenzungenschwerter – wie die Funde aus Hochstadt im Main-Kinzig-Kreis in Hessen und aus Saarlouis im Saarland – gelten als Importgüter aus Westeuropa.

Die späten Antennenschwerter (Typ Weltenburg) sowie die nach schweizerischen Fundorten bezeichneten Auvernier- und Mörigen-Schwerter stammen aus der Stufe Hallstatt B3.

Die Schwerter wurden in Holzscheiden an ledernen Waffengurten getragen, als deren Verschluß ein bronzener Doppelknopf diente. Reste einer Holzscheide hafteten noch an einem Schwert aus Grab 5 des etwa ein Dutzend Bestattungen umfassenden

Bronzener Schild vom Typ Nipperwiese aus dem Rhein bei Bingen in Rheinland-Pfalz. Der Typ Nipperwiese ist nach einem Fundort unweit von Stettin im heutigen Polen benannt. Durchmesser 39,5 Zentimeter. Original im Landesmuseum, Mainz.

Friedhofs von Behringersdorf (Kreis Nürnberger Land) in Bayern. Es war Vogelbeerenholz *(Sorbus)*, das einst vielleicht durch einen Lederüberzug zusammengehalten wurde. In diesem Adelsgrab lagen auch ein Ringgriffmesser und ein Pfeilköcher mit sechs Pfeilspitzen.

Nach Funden aus dem Lorscher Wald, Viernheim (beide Kreis Bergstraße), Dietzenbach (Kreis Offenbach), Erlensee-Langendiebach, Nidderau-Heldenbergen, Hanau (alle drei im Main-Kinzig-Kreis), Bad Nauheim (Wetteraukreis) in Hessen und bei Ochsenfurth (Kreis Würzburg) in Bayern zu schließen, hatten die Stoßlanzen und Wurfspeere meistens einen Schaft aus Eschenholz *(Fraxinus excelsior)*.

Der früher in Mainz tätige Prähistoriker Peter Schauer meint, mit den Lanzen habe man nicht nur gestochen, sondern auch wie mit einem Schwert gehauen und Hiebe pariert. Zu einer solchen Folgerung gelangte er anhand der Beschädigung der 31,2 Zentimeter langen Lanzenspitze aus einem Steinkammergrab von Gau-Algesheim (Kreis Mainz-Bingen) in Rheinland-Pfalz.

Einmalig bei Waffen dieser Art ist – nach Ansicht des Prähistorikers Gernot Jacob-Friesen aus Göttingen – die Verzierung der 22,9 Zentimeter langen, 5,6 Zentimeter breiten und 261 Gramm schweren bronzenen Lanzenspitze aus dem Rhein bei Mainz. Auf beiden Seiten des Blattes wurden Reihen von stilisierten Wasservögeln eingepunzt. Der Prachtfund wird im Museum Worms aufbewahrt.

Auch die bronzenen Lanzenspitzen sind teilweise von weit her importiert worden. Als Herkunftsgebiet einer 49,8 Zentimeter langen Lanzenspitze vom Typ Enfield mit seitlichen Ösen unterhalb des Blattansatzes aus Lichtenau (Ortenaukreis) in Baden-Württemberg werden die Britischen Inseln vermutet.

Die bronzenen Pfeilspitzen werden von den Prähistorikern in Tüllenpfeilspitzen mit Widerhaken und Ausführungen mit einfachem Schäftungsdorn unterschieden. Bei ersteren befand sich der hölzerne Schaft in der bronzenen Tülle, bei letzteren steckte die bronzene Pfeilspitze im hölzernen Schaft. In Ockstadt[65] (Wetteraukreis) in Hessen war der einem Toten ins Grab gelegte Köcher mit elf Pfeilspitzen gefüllt.

Ein Köcherfragment aus Grab 5 bei Behringersdorf[66] (Kreis Nürnberger Land) in Bayern enthielt sechs Pfeilspitzen mit hölzernen Schaftresten von bis zu sieben Zentimetern Länge. Der Prähistoriker Hans-Jürgen Hundt – damals bereits in Mainz tätig – spekulierte 1977 wegen der Zerbrechlichkeit ihrer Dornen, diese Pfeilspitzen sollten beim Ziehen aus der Wunde abbrechen und in ihr zurückbleiben. Vielleicht seien die Dornen mit Gift getränkt gewesen.

In manchen Depots und Gräbern der Urnenfelder-Kultur wurden bronzene Tassen, Schöpfgefäße, Siebe und Eimer gefunden. Diese Metallgefäße ordnet man teilweise verschiedenen Typen zu, die nach bestimmten Fundorten benannt sind.

Die Bronzetassen vom Typ Friedrichsruhe (s. S. 327) erinnern an den Fundort Friedrichsruhe (Kreis Parchim) in Mecklenburg-Vorpommern. Sie stammen aus der Stufe Hallstatt A1. Einem Grabfund von Fuchsstadt[67] (Kreis Würzburg) in Bayern verdanken die Bronzetassen des Typs Fuchsstadt aus der Stufe Hallstatt A2 ihren Namen. Dort kam eine Tasse zum Vorschein, deren Henkel mit vier Nieten an der Gefäßwand befestigt und am Rand von zwei Strichgruppen gesäumt ist. Der Begriff Bronzetasse vom Typ Fuchsstadt wurde 1930 von dem damals in Mainz arbeitenden Prähistoriker Ernst Sprockhoff (1882–1967) eingeführt.

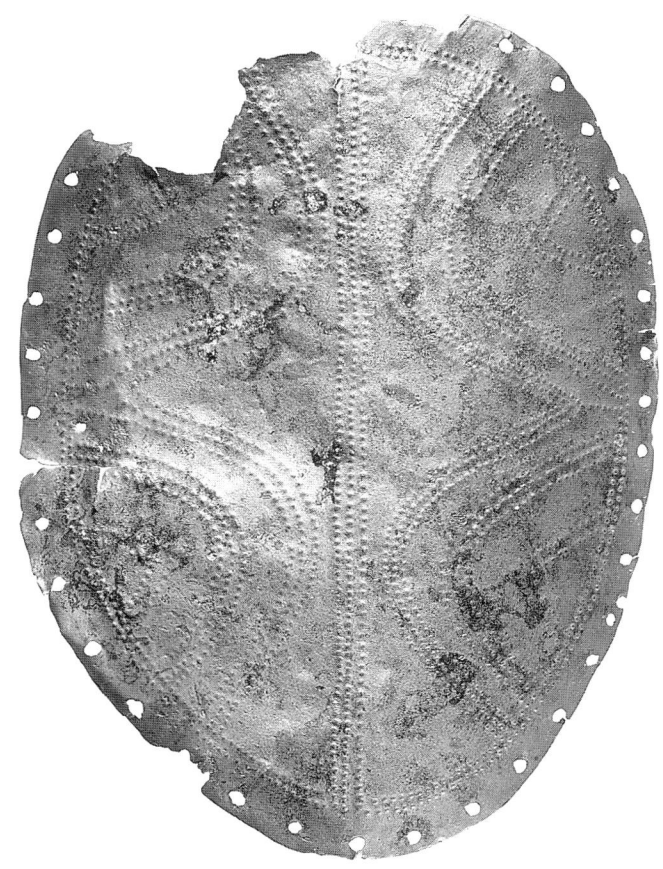

Bronzene Beinschiene mit Punzbuckelverzierung aus der Gemarkung Schäfstall/Stadt Donauwörth in Bayern. Erhaltene Länge 27 Zentimeter, Breite 21,5 Zentimeter. Original im Archäologischen Museum der Stadt Donauwörth.

Bronzetassen des nach einem Fundort in Böhmen bezeichneten Typs Jenišovice sind typisch für die Stufe Hallstatt B1. Als ihr Kennzeichen gilt ein Muster aus abwechselnd kleinen und großen Punktreihen. Den Namen Bronzetassen vom Typ Jenišovice hat 1948 der Prähistoriker Vere Gordon Childe (1892–1957) aus Edinburgh geprägt. Vorher waren diese Gefäße – dem Vorschlag Ernst Sprockhoffs von 1930 folgend – nach einem dänischen Fundort als Bronzetassen vom Typ Kirkendrup charakterisiert worden.

Während der Stufe Hallstatt B2 waren Bronzetassen des Typs Haslau-Regelsbrunn (s. S. 392) in Mode und während der Stufe Hallstatt B3 solche des Typs Hostomice. Haslau und Regelsbrunn liegen in Österreich, während Hostomice ein tschechischer Fundort ist.

Nach Ansicht des Marburger Prähistorikers Claus Dobiat stellt eine Tasse des Typs Jenišovice aus einem Grab bei Marburg einen ungewöhnlichen Fund dar. Denn diese Tassen kommen meistens in Depots und gelegentlich in Siedlungen zum Vorschein.

Ein Grab von Hart an der Alz (Kreis Altötting) in Bayern enthielt sogar ein komplettes Weinservice. Es bestand aus einem Bronzeeimer vom Typ Kurd, einer Tasse und einem Sieb mit einem Durchmesser von 19,2 Zentimetern. Der Typ Kurd ist

DIE SPÄTBRONZEZEIT IN DEUTSCHLAND

nach einem Fundort in Ungarn benannt. Weitere Bronzeeimer liegen aus einem Grab von Nidderau-Heldenbergen und aus dem Lorscher Wald in Hessen vor. Diese beiden Eimer sind abwechselnd mit Buckelreihen oder leeren Streifen mit zwischengeschalteten fünfrippigen Bändern dekoriert. Ein Sieb ist auch aus Langengeisling bekannt.

Besonders wertvoll war sicherlich das Depot von Unterglauheim[68] (Kreis Dillingen) in Bayern. Zu ihm gehörte ein 33,5 Zentimeter hoher zweihenkliger Bronzeeimer mit punzverziertem Deckel. In dem mit Sonnensymbolen, Sonnenbarke und Wasservögeln ausgeschmückten Eimer befanden sich Reste von Knochen und Asche, zwei Bronzebecken, zwei formgleiche Goldbecher und Golddraht.

Die zwei Goldbecher lagen mit den Mündungen aufeinander und waren mit Golddraht umwickelt. Sie sind sieben Zentimeter hoch, haben einen Durchmesser von 8,5 Zentimetern und wiegen 51 beziehungsweise 41 Gramm. Beide sind mit einem prächtigen Muster versehen, das aus Horizontalrippen mit Stäbchenfüllung, Sonnensymbolen aus jeweils drei konzentrischen Kreisen mit einem Punkt in der Mitte und weiteren Kreisen mit einem Punkt besteht.

Auf die Transportmöglichkeiten der Urnenfelder-Leute zu Wasser und zu Lande weisen Funde von Einbäumen, Paddel, ein tönernes Bootsmodell, Wege, Skelettreste von Pferden, Teile von Pferdegeschirr aus Geweih und Bronze sowie Fragmente von Wagen und Wagenräder hin.

Allein an den Ufern des Federsees im Kreis Biberach in Baden-Württemberg wurden insgesamt mehr als 20 Einbäume und über 30 Paddel gefunden. Im Hafen der »Wasserburg« von Bad Buchau kamen 24 Paddel zum Vorschein. Die Einbäume wurden aus Eichen- und Eschenstämmen hergestellt. Heute gibt es in diesem Gebiet keine so dicken Eschen mehr.

Eine der Bootsanlegestellen am Federsee hat bei Oggelshausen gelegen. Dort barg man neben mehreren Einbäumen auch drei Paddel. Eines der Paddel war aus Eschenholz geschnitzt, in mehrere Teile zerbrochen, noch 78 Zentimeter lang und 21 Zentimeter breit. Von den anderen zwei Paddeln aus Eichenholz ist eines noch 1,20 Meter lang und hat ein 32 Zentimeter langes Blatt. Das andere Paddel ist noch 59 Zentimeter lang und besitzt ein 34 Zentimeter langes Blatt. Das Holz für die Paddel wurde um 872 v. Chr. geschlagen.

Als ältester Einbaum Oberbayerns gilt der Fund von der Roseninsel im Starnberger See[69]. Dieses Wasserfahrzeug ist um 900 v. Chr. aus einem Eichenstamm geschaffen worden. Es hat eine Länge von 13,40 Metern, eine Breite von 1,15 Metern und eine Höhe von 65 Zentimetern. Der leicht erhöhte Bug endet mit einer langgezogenen Spitze, das massive Heck mit einem kleinen Fortsatz.

Aus Dietfurt (Kreis Neumarkt) im Altmühltal (Bayern) ist das tönerne Modell eines Bootes mit einem breiten, runden und einem schmalen, bugartigen Ende bekannt. Die Prähistoriker sind sich im unklaren, ob es sich hierbei um ein Kinderspielzeug, ein Kunstwerk oder ein Kultobjekt handelt.

In der Übergangsphase zwischen Urnenfelder- und Hallstatt-Zeit könnte der 1,8 Kilometer lange Bohlenweg in den Rottauer

Lanzenspitze mit Kupfer- und Eiseneinlage aus der spätbronzezeitlichen Urnenfelder-Kultur (1300/1200 bis 800 v. Chr.) von der Heunischenburg bei Gehülz (Kreis Kronach) in Bayern. Länge 16,4 Zentimeter. Original im Frankenwaldmuseum, Kronach.

Depot aus Unterglauheim (Kreis Dillingen) in Bayern mit zwei Bronzebecken, einem zweihenkligen Bronzeeimer und zwei 6,5 Zentimeter hohen Goldbechern (rechts). Originale in den Städtischen Kunstsammlungen, Römisches Museum, Augsburg.

Filzen nördlich von Rottau[70] (Kreis Traunstein) in Bayern errichtet worden sein. Als Unterbau dienten Rundhölzer mit jeweils übergreifenden Enden, die durchschnittlich 7,40 Meter lang sind. Sie wurden mit zwischen zwei und 3,30 Meter langen Hölzern verschiedener Stärke bedeckt, die eine unebene Lauffläche bildeten. Der Transport der Stämme zum Wegebau ins Moor erfolgte über größere Entfernung.
Die in Siedlungen entdeckten Pferdereste stammen sicherlich von Reit- und Zugtieren. Zum Pferdegeschirr gehörten Teile aus Geweih und Bronze.
Geweihknebel kennt man aus Bad Buchau (Kreis Biberach), der Befestigung auf dem Burgberg bei Burkheim (Kreis Breisgau-Hochschwarzwald) und aus Urach (Kreis Reutlingen) in Baden-Württemberg, aus Karlstein bei Bad Reichenhall (Kreis Berchtesgadener Land) und von der Roseninsel im Starnberger See in Bayern sowie aus Buchenbrücken (Kreis Friedberg) in Hessen.
Bronzene Teile von Pferdegeschirr liegen vor aus Mengen (Kreis Sigmaringen), Königsbronn (Kreis Heidenheim) in Baden-Württemberg, Steinkirchen (Kreis Deggendorf), Zuchering-Ost (Stadt Ingolstadt), Münchsmünster (Kreis Pfaffenhofen), Gernlinden (Kreis Fürstenfeldbruck), Hart an der Alz (Kreis Altötting), Poing (Kreis Ebersberg), Niedernberg (Kreis Miltenberg) in Bayern, Wallerfangen (Kreis Saarlouis) im Saarland, aus dem Rhein bei Mainz, Horath (Bernkastel-Wittlich) in Rheinland-Pfalz sowie Frankfurt/Main und Hochheim am Main (Main-Taunus-Kreis) in Hessen.
In Mengen konnten zwei Wagengräber freigelegt werden. Im einen lagen ein Gebißstück und vier Trensenknebel, während im anderen das Seitenteil einer Trense zum Vorschein kam. Das Wagengrab von Königsbronn enthielt neben zwei Trensenknebeln vom Zaumzeug auch eine Tülle sowie Zierscheiben, Sterne und Vögelchen (s. S. 289).
Die Trensen aus dem Urnengrab von Steinkirchen werden als sogenannte thrako-kimmerische Pferdegeschirrteile gedeutet. Sie gelten als Hinweise für kriegerische Vorstöße der Thraker und Kimmerier (s. S. 392).
Das Bronzedepot von Münchsmünster mit Pferdegeschirr, Wagenteilen und einer Lanzenspitze ist im Januar 1995 auf der Trasse der Rohölleitung »Mero« von Böhmen nach Vohburg bei Ingolstadt entdeckt worden. Es dürfte nach Ansicht der Ingolstädter Archäologin Cornelia Schütz-Tillmann zu einem in der Nähe befindlichen Grab gehört haben.
Die Pferdegeschirrteile aus einem Grabhügel von Gernlinden setzen sich aus einem Zügelring, Stangenknebel mit zwei Ringen, vier Riemenverteilern (Vierstegknöpfen), Fragmenten einer Eisentrense (zwei Zügelringen, zwei Stücken der Gebißteile) und einer Eisentrense mit zwei Zügelringen, deren Gebißteile in sich gedreht (tordiert) sind, zusammen.
Der Depotfund auf dem Hanselberg bei Wallerfangen[71] umfaßte vier gleichartige Stangenknebel und zwei Gebißstangen für ein doppeltes Pferdegespann. Die Knebel sind 11,3 bis 11,6 Zentimeter, die Gebißstangen 11,9 Zentimeter lang. In diesem Depot fanden sich außerdem ein großes Klapperblech, das als Zierat für ein Pferd diente, sowie ein nach einem schweizerischen Fundort benanntes Mörigen-Schwert. Alle Objekte werden im Nationalmuseum von Saint-Germain-en-Laye bei Paris aufbewahrt.
Das Depot von Horath[72] bestand aus 22 Ringen und zwei durchbrochenen Zierstücken eines Pferdegeschirrs. Als Schmuck von Pferden dienten auch Bronzezierscheiben (Phaleren). Drei derartige Exemplare fand man im Rhein bei Mainz, je eines in Hanau (Main-Kinzig-Kreis) und Münzenberg (Wetteraukreis) in Hessen.
Unklar ist die Funktion eines 7,5 Zentimeter langen, hohlen und signalhornähnlichen Gegenstands aus Frankfurt/Main-Heddernheim. Das bronzene Fundstück ist auf einer Seite mit einer ovalen Öffnung und auf der gegenüberliegenden Seite mit einer Rückenschlaufe versehen. Das rätselhafte Objekt wird als Bestandteil eines Pferdegeschirrs oder der Schwertgürtung gedeutet. Ähnliche Funde konnten häufig in Südengland und in der Bretagne, seltener in West- und Mittelfrankreich, geborgen werden.
In der Urnenfelder-Zeit gab es – wie in der Jungsteinzeit – vierrädrige Karren mit schweren hölzernen Scheibenrädern. Diese langsamen Gefährte wurden von Bauern zum Transport schwerer Lasten benutzt. Dagegen waren vierrädrige Wagen mit leichten vierspeichigen Rädern eher Prunkfahrzeuge der damaligen Oberschicht, mit denen man sich schneller fortbewegen konnte.
Teile von Prunkfahrzeugen sind manchmal bedeutenden Toten

Sonnensymbole, Sonnenbarke und Wasservögel auf dem zweihenkligen Bronzeeimer aus dem Depot von Unterglauheim (Kreis Dillingen) in Bayern. Original des Eimers in den Städtischen Kunstsammlungen, Römisches Museum, Augsburg.

Achskappe (links) und Achsnagel (rechts) von einem vierrädrigen Gefährt aus dem Wagengrab von Poing (Kreis Ebersberg) in Bayern. Durchmesser der Achskappe 13,7 Zentimeter. Originale im Bayerischen Landesamt für Denkmalpflege, München.

ins Grab gelegt worden. Diese Sitte spiegelt sich in den Wagengräbern von Mengen[73] (Kreis Sigmaringen) in Baden-Württemberg, Bruck[74] (Kreis Neuburg-Schrobenhausen), Hart an der Alz[75] (Kreis Altötting), Poing[76] (Kreis Ebersberg), Hader[77] (Kreis Passau), Langengeisling[78] (Kreis Erding) in Bayern sowie im Lorscher Wald[79] (Kreis Bergstraße) in Hessen wider.

Im Wagengrab 1 von Mengen lagen vier Nabenringe, stark zerdrückte Bronzebleche mit Wulstpaaren, ein vierkantiger Bronzestab mit Nagelkopf und einem Unterlegescheibchen sowie eine gegossene Hülle. Diese Teile dürften zu einem Wagen gehört haben, vor den vermutlich zwei Pferde gespannt waren. Darauf deuten vier Seitenteile von Trensen mit Leitteilschlitz und quergestellter Trensenöse hin, außerdem eine isolierte Trensenstange mit zwei Ösenenden, zwei Ringe vom Zügel mit angegossenen, quergestellten Röhrenösen und zwei große Phaleren.

Im Wagengrab 2 von Mengen fanden sich ebenfalls bronzene Reste eines Wagens ohne Räder. Vielleicht hatte man in diesem Fall nur den Wagenkasten ohne Deichsel ins Grab gestellt. Geborgen wurden komplizierte Bronzestäbe mit exzentrischen ovalen Muffen und vierkantigen Verbindungszapfen, Bronzenägel und Bruchstücke von gebogenen Bronzeblechen.

Das Wagengrab von Hart an der Alz enthielt gegossene bronzene Achskappen, die auf den nach außen hervorstehenden Enden der Achsen angebracht waren, mehrere Achsnägel und ein größeres röhrenförmiges Gußstück, das als Rest eines Zugarms gilt und wohl zur schwenkbaren Vorderachse gehörte. Sieben kleine bronzene Vogelfiguren schmückten vermutlich die Außenseite des oberen Kastengeländers.

Aus dem Wagengrab von Poing hat man vier bronzene Achskappen mit den dazugehörigen Achsnägeln geborgen. Zwei der Achskappen sind etwas größer als die beiden anderen. Von den Achsnägeln haben die zwei größeren einen runden Stab mit einem halbmondförmigen Kopf und die beiden kleineren jeweils einen vierkantigen Querschnitt mit zwei Vogelköpfen am Ende, die in entgegengesetzte Richtungen blicken. Einzigartig sind vier kastenförmige, einseitig gezähnte Bronzeaufsätze, die der Münchener Prähistoriker Stefan Winghart als Endverstärkung der Seitenbretter des Wagenkastens interpretierte.

Als weitere Wagenteile gelten lanzettförmige Anhänger mit gezacktem Rand, Aufstecker in Vogelform und U-förmige Häkchen, die zur Aufhängung von Klapperschmuck dienten. Außerdem konnte im Wagengrab das komplette Geschirr für zwei Pferde geborgen werden. Nach den kleinen Gebißstangen zu schließen, waren es ponygroße Tiere mit einer Schulterhöhe von etwa 1,40 Metern. Bei acht kappenförmigen Aufsätzen ist unklar, ob es sich um Sprossenaufsätze am Wagenkasten oder um Teile eines Klappschemels (s. S. 196) handelt.

Im Wagengrab von Hader wurden bronzene Teile eines Gefährtes ohne Räder freigelegt. Dazu zählten Bronzestäbe mit einzelnen Querstangen, zwei verschiedene Arten von Tüllenhörnern, Nagelreste, bronzene Aufsteckvögel und zum Pferdegeschirr gehörende Knöpfe mit zwei Ösen.

In Langengeisling barg man eine Röhrentülle vom Wagenende. Bei dem Wagenrest aus Groß-Rohrheim handelte es sich um einen massiven Bronzezylinder, der in halber Höhe viereckig gelocht ist und einer Achskappe ähnelt. Im Lorscher Wald kam die bronzene Hörnertülle eines Wagens zum Vorschein. Eines der Depots vom erwähnten Bullenheimer Berg in Bayern enthielt auch bronzene Achskappen von einem Wagen.

Die Bewohner der bereits mehrfach genannten »Wasserburg« bei Bad Buchau verfügten außer über Einbäume auch über Wagen mit hölzernen Scheibenrädern. Das beweist der Fund eines Scheibenrads mit einem Durchmesser von 78 Zentimetern. Es ist aus drei Eichenplanken zusammengefügt, die durch Nute und Leisten miteinander verbunden sind. Halbmondförmige Durchbrüche machten das Rad leichter und sorgten dafür, daß es gleichmäßiger rollte und weniger schlingerte als nicht durchbrochene Räder, deren Schwerpunkte ungleich verteilt sind.

Aus der Zeit um 870 v. Chr. stammen die zerschlagenen und danach in etwa einem Meter Tiefe vergrabenen Trümmer von zwei fünfspeichigen Bronzerädern aus Haßloch[80] (Kreis Bad Dürkheim) in Rheinland-Pfalz (s. S. 370). Zusammengesetzt ergaben die Fragmente zwei Räder mit einem Durchmesser von 50 beziehungsweise 48,5 Zentimetern. In den Felgen saßen einst Holzreifen, die einige Zentimeter über die bronzenen Felgenkanten hinausragten. Die Räder gehörten vermutlich zu einem Wagen, der für religiöse Zeremonien – wie Prozessionen oder die Leichenfahrt bedeutender Personen – verwendet wurde.

Gezähnter Bronzeaufsatz aus dem Wagengrab von Poing (Kreis Ebersberg) in Bayern. Er diente vielleicht als Endverstärkung eines Seitenbords des Wagenkastens. Länge 15,7 Zentimeter. Original im Bayerischen Landesamt für Denkmalpflege, München.

Bestattung eines bedeutenden Toten von Poing (Kreis Ebersberg) in Bayern. Ihm wurden Teile eines vierrädrigen Prunkfahrzeugs mit ins Grab gelegt – eine Sitte, die außer in Bayern auch in Baden-Württemberg und Hessen belegt ist.

Der Guß der Haßlocher Räder mit langer Nabe und hohlen Speichen war nach Ansicht des erwähnten Mainzer Prähistorikers Hans-Jürgen Hundt dem Guß einer antiken Bronzestatue ebenbürtig und stellte für die ganze vorchristliche Metallzeit Mitteleuropas eine technische Gipfelleistung dar. Vergleichbare Räder sind aus Ostfrankreich (La Côte-Saint-André) und der Westschweiz (Cortaillod, s. S. 431) bekannt. Sie gleichen sich in formaler und technischer Hinsicht derart, daß sie aus einer einzigen Werkstatt im Rhônetal und aus einer Produktionszeit von nicht mehr als einem halben Jahrhundert stammen könnten.

Auf Reste von weiteren Bronzerädern stieß man in den Depots von Weinheim-Nächstenbach[81] (Rhein-Neckar-Kreis) in Baden-Württemberg und in Saarlouis-Roden[82] (Kreis Saarlouis) im Saarland. Zum Depot von Weinheim-Nächstenbach gehörte neben Werkzeugen, Waffen und Schmuck das Bruchstück einer Nabe von einem Wagen des Stader Typs (s. S. 314). Ebenfalls ein Nabenbruchstück von einem Bronzerad kam in Saarlouis-Roden zum Vorschein.

In der Urnenfelder-Zeit verdichtete sich das Handelsnetz in zunehmendem Maße. Dies war vermutlich die Folge des Bevölkerungswachstums, der verstärkten Herstellung von Tauschobjekten und der verbesserten Transportbedingungen. Während dieser Zeit verlor die Handelsroute von Böhmen über das Donautal und den Oberrhein zum Rhônetal an Bedeutung. An ihrer Stelle erlangte die Verbindung vom Rhein-Main-Dreieck über das Donautal in Richtung Balkan größere Wichtigkeit.

Importiert wurden Roherz, bestimmte Werkzeuge, Schwerter, Bronze- und Goldgefäße, Wagen mit Speichenrädern und Schmuckschnecken. Wie weit teilweise die Kontakte reichten, veranschaulichen Gehäuse von Nadelschnecken (*Cericium vulgatum*) aus dem Mittelmeergebiet, die in Zuchering-Ost (Stadt Ingolstadt) in Bayern entdeckt wurden.

An einer Handelroute aus jener Zeit lagen die drei Siedlungen der Rachelburg[83] (Kreis Rosenheim) in Bayern. Eine davon befand sich auf einem Geländebuckel im Tal, die zweite in halber Höhe des Bergmassivs und die dritte auf dem Gipfel. Die Bewohner dieser Siedlungen kontrollierten den Transportweg entlang des Inns zu den Nordtiroler Kupferlagerstätten. In der Talsiedlung wurde ein Roherzfund im Gesamtgewicht von einem Zentner ausgegraben. Das Erz weist den typischen hohen Antimongehalt der Nordtiroler Fahlerze aus Schwaz auf.

Dank zahlreicher Fundstücke aus Gräbern und Depots liegen über den Schmuck der Urnenfelder-Leute ausreichende Kenntnisse vor. Demnach gab es Stirn-, Ohr-, Hals-, Brust-, Arm-, Finger- und Beinschmuck. Die Schmuckstücke wurden aus den Zähnen von Tieren, aus Knochen, Bernstein, Glas, Bronze und Gold angefertigt.

Wie reich manche der damaligen Frauen geschmückt waren, zeigten Bestattungen aus dem Gräberfeld von Grundfeld[84] (Kreis Lichtenfels) in Bayern. Dort sind Tote verbrannt und unverbrannt beigesetzt worden. Im Grab 2 von Grundfeld lag ein stirnbandartiges »Diadem«, das aus elf Feldern von jeweils 13 übereinanderliegenden bronzenen Spiralröllchen besteht und auf ein Band aufgenäht war. Von der untersten Reihe der Röllchen hingen sieben gegossene Bronzeringe mit einem Durchmesser von 1,8 bis 2,2 Zentimetern auf die Stirn herab. Weitere Schmuckstücke sind ein tropfenförmig gebogener Ohrring aus dünnem gedrehten Golddraht, ein Fingerring aus dünnem Golddraht und eine über der Brust angebrachte Bronzenadel.

Grab 23 von Grundfeld enthielt ein wellenförmig gebogenes Bronzeblechband, das sich unmittelbar am Schädel fand, Bronzespiralröllchen, Bernsteinperlen und sieben Bronzeringe von etwa zwei Zentimeter Durchmesser. Am Hinterkopf in Höhe des unteren Endes des Bleches wurden fünf Bernsteinperlen gefunden. Um den Hals hing ein rundstabiger Halsring, und innerhalb desselben konnten blaue Glasperlen, bronzene Spiralröllchen und Hohlbuckelknöpfe gefunden werden. Schräg auf

277

Aus drei Eichenplanken zusammengefügtes hölzernes Scheibenrad von der urnenfelderzeitlichen »Wasserburg« bei Bad Buchau (Kreis Biberach) in Baden-Württemberg. Durchmesser des Rades 78 Zentimeter. Original im Federseemuseum, Bad Buchau.

der rechten Brust lag eine 21 Zentimeter lange Bronzenadel. An den Händen steckte je ein bronzener Spiralfingerring.

Auch im Grab 13 von Grundfeld, in Grab 10 von Memmelsdorf und in Schönbrunn (letztere zwei Fundorte im Kreis Bamberg) wurde jeweils ein Kopfschmuck aus Bronzeblech entdeckt. Grab 2 des bereits erwähnten Friedhofs von Behringersdorf barg Hunderte von Bronzespiralen. Sie bildeten vielleicht zusammen mit nicht erhaltenen Bernsteinperlen ein oder mehrere prächtige Hals- oder Brustgehänge. Aneinandergereiht ergaben die Röllchen eine Länge von mehr als zwölf Metern. Sie sind aus ein bis 1,7 Millimeter starkem, geschmiedetem Draht angefertigt, der vor Verarbeitung und Aufrollung insgesamt 117 Meter lang war.

Das Depot vom Hesselberg[85] in Bayern umfaßte neben einigen bronzenen Werkzeugen größtenteils aus verschiedenen Materialien angefertigte Schmuckstücke. Dazu gehörten ein herzförmiger Anhänger, drei geschlossene Ringe, drei Spiralfingerringe, 36 Zierbuckel mit je zwei Nietlöchern, 36 Blechbuckel, elf Drahtröllchen und sechs Bruchstücke von solchen, 14 Bernsteinperlen, drei kleine Bernsteinbruchstücke, eine röhrenförmige Knochenperle und der durchbohrte Reißzahn eines Tieres.

Je ein durchbohrter Eberzahn wurde in Offenau (Kreis Heilbronn) in Baden-Württemberg sowie in Unterhaching (Kreis München) und Straubing (Ziegelei Mayr) in Bayern geborgen. Sie dürften als Anhänger gedient haben. Im Doppelgrab von Frankfurt/Main-Berkersheim gehörte die untere Hälfte des Schneidezahns eines Bibers (Castor fiber) mit Durchbohrung in der Mitte zum Brustschmuck einer Frau. Rechts und links davon befanden sich zwei dichte Wickelungen aus schmal-bandförmigem Bronzedraht. An einem Haifischzahn aus Mannheim-Seckenheim wird ersichtlich, daß manche Urnenfelder-Leute auch Fossilien sammelten.

Bei den bronzenen Anhängern kennt man kennt verkehrt-herzförmige Typen (Hüfingen, Kreis Donaueschingen), ringförmige Exemplare (Höfen bei Haag, Kreis Weißenburg-Gunzenhausen) sowie schwalbenschwanzförmige Stücke (Straubing) und Brillenspiralen (Dietldorf, Kreis Schwandorf).

Als Verschluß und Schmuck der Kleidung dienten bronzene Nadeln mit unterschiedlich gestaltetem Kopf. Je nach Gegend waren andere Nadelformen in Mode. Es gab Turbankopf- und Kugelkopfnadeln mit geschwollenem, geripptem Hals sowie Mohnkopfnadeln.

Außer den bereits erwähnten Schmuckschnecken vom Mittelmeer wurden im Gräberfeld von Zuchering-Ost (Stadt Ingolstadt) auch blaue und blauweiße Glasperlen, Bernsteinanhänger, ein Keramikamulett in Form einer Tatze, Goldblechfragmente und angeschmolzene Goldringe ausgegraben. Die Goldblechfragmente waren Überzüge verzierter Bronzeblechbeschläge, die von Kästchen oder Gürtelblechen stammen.

Zum Depot von Stadtallendorf[86] (Kreis Marburg-Biedenkopf) in Hessen gehörte eine ganze Sammlung verschiedenartiger Glasperlen. Eine grünblaue Glasperle und fünf hellblaue Glasperlen liegen aus Aub (Kreis Kitzingen) in Bayern vor.

In Südwestdeutschland und im Elsaß trugen Frauen an ihren Armen oder Beinen gerne bronzene Arm- oder Beinbergen – und zwar so, daß die Spiralscheiben seitlich saßen und nach außen gerichtet waren. Dieser Schmuck sieht so aus wie ein an einer Seite offenes breites Armband, an dessen Ober- und Unterseite eine aus Draht angefertigte Spirale die Fortsetzung bildet. Aus Gold angefertigte Schmuckstücke waren als Grabbeigaben gar nicht selten. Sie wurden in Form goldener »Diademe«, Blechröllchen, Drahtröllchen, Drahtspiralen, Schleifenringe und Zierscheiben geborgen.

In einem Grab von Holsthum (Kreis Bitburg-Prüm) in Rheinland-Pfalz wurde ein fragmentarisch erhaltenes Band aus Goldblech entdeckt. Es ist mit Längsrippen und quergerippten Randstreifen verziert. Bei dem Fund handelte es sich wohl um ein »Diadem«, das auf eine Unterlage aus Stoff oder Leder aufgenäht war und mittels seiner gefalzten Ränder befestigt werden konnte.

Bronzenes Mischwesen mit Entenkopf, Stierhörnern und einem Schwalbenschwanz aus der Seeufersiedlung Hagnau-Burg (Bodenseekreis) am Bodensee in Baden-Württemberg. Länge 5,6 Zentimeter. Original im Rosgarten-Museum, Konstanz.

Goldkollier mit neun Goldscheibenanhängern, vermutlich aus Waldalgesheim (Kreis Mainz-Bingen) in Rheinland-Pfalz. Maximaler Durchmesser 17 Zentimeter. Original im Museum Bad Kreuznach, Kopie im Römisch-Germanischen Zentralmuseum, Mainz.

Goldene Blechröllchen kamen in Gräbern von Mainkofen (Kreis Deggendorf) und Unterhaching (Kreis München) in Bayern, Nieder-Olm (Kreis Mainz-Bingen) und Wintersdorf (Kreis Trier) in Rheinland-Pfalz sowie Frankfurt/Main-Heddernheim in Hessen zum Vorschein. Ein weiteres Goldblechröllchen fand sich in der Siedlung von Burkheim am Kaiserstuhl (Kreis Breisgau-Hochschwarzwald) in Baden-Württemberg.

In Unterhaching in Bayern wurde ein goldenes Drahtröllchen freigelegt. Ein Grab von Ilvesheim (Kreis Mannheim) in Baden-Württemberg enthielt eine goldene Drahtspirale. Ein goldener Schleifenring lag in einem Grab von Speyerdorf (Kreis Speyer) in Rheinland-Pfalz.

Goldene Zierscheiben befanden sich in Gräbern von Aislingen (Kreis Dillingen) in Baden-Württemberg und Petterweil (Kreis Friedberg) in Hessen. Möglicherweise stammen auch eine goldene Zierscheibe von Goldbach (Kreis Aschaffenburg) in Bayern und zwei ebensolche Exemplare von Worms in Rheinland-Pfalz aus einem Grab. Winzige Goldreste hafteten ebenfalls an runden Scheiben aus Kupferblech aus einem Grab von Schifferstadt (Kreis Ludwigshafen) in Rheinland-Pfalz.

Daß die Urnenfelder-Leute auch dem Spiel frönten, verraten vielleicht bestimmte Tierknochen (Astragali), die als Würfel gedeutet werden. Solche Astragali lagen in Gräbern von Grünwald (Kreis München) und Unterhaching in Bayern.

Von Urnenfelder-Leuten wurden häufig Wasservögel und Stiere dargestellt. Vor allem die Wasservögel gelten als typische Heilsymbole der Urnenfelder-Kultur. Hölzerne Götterfiguren wie jene aus der »Wasserburg« von Bad Buchau sind Seltenheiten.

Tongefäße in Vogel- oder Stiergestalt sind oft auf dem Rücken mit einer Öffnung versehen, oder ihnen ist ein zweites Gefäß aufgesetzt worden, durch das sich eine Flüssigkeit schütten läßt. Tönerne Vögel kennt man aus Seckenheim bei Mannheim in Baden-Württemberg, Örlenbach (Kreis Kissingen) in Bayern, Siefersheim (Kreis Alzey-Worms) in Rheinland-Pfalz und Laufdorf (Kreis Wetzlar) in Hessen.

In Grabhügeln von Örlenbach wurden eine 4,1 Zentimeter hohe Vogelfigur und Bruchstücke von zwei weiteren Vogelnachbildungen entdeckt, bei denen es sich vermutlich um Enten handelt. Aus einer Grube von Seckenheim liegt eine 8,1 Zentimeter lange tönere Gans mit abgebrochenem Kopf vor. In einem Haus von Siefersheim fand sich ein sitzender Vogel mit zwei Füßen,

DIE SPÄTBRONZEZEIT IN DEUTSCHLAND

Links Tonrassel der Urnenfelder-Kultur in Gestalt eines Wasservogels aus Siefersheim (Kreis Alzey-Worms) in Rheinland-Pfalz, rechts Fund der Adlerberg-Kultur aus Alzey-Wartberg. Länge der Rassel 7,2 Zentimeter. Original im Museum Alzey.

dessen Gestalt ebenfalls auf eine Gans schließen läßt. Aus einem Grabhügel von Laufdorf kam ein tönerner Wasservogel, wohl auch eine Gans, zum Vorschein.
Von der erwähnten Seeufersiedlung Hagnau-Burg am Bodensee ist ein bronzenes 5,6 Zentimeter langes Mischwesen bekannt. Das kleine Kunstwerk hat einen Entenkopf, Stierhörner und einen Schwalbenschwanz.
Selten waren tönerne Menschenfiguren, wie sie in der Siedlung auf dem Martinsberg in Bad Kreuznach[87] (Rheinland-Pfalz) geborgen wurden. Sie sind sehr roh geformt und haben eine Länge von 7,5 und zwölf Zentimetern. Sie wurden nicht als Kinderspielzeuge, sondern als Kultobjekte interpretiert.
Die älteste verzierte Holzflöte Europas konnte in der Seeufersiedlung Hagnau-Burg[88] am Bodensee geborgen werden. Das Musikinstrument wurde aus einem in drei Stücken vorliegenden Holunderrohr von noch 15,3 Zentimeter Länge angefertigt. Man hat das Rohr von Mark und Rinde befreit sowie sein breiteres Ende gerade und das andere zweifach schräg abgeschnitten. 3,6 Zentimeter vom Geradschnitt entfernt wurde ein Loch mit einem Durchmesser von 1,2 Zentimetern angebracht. Die Oberfläche der Flötenaußenseite ist teilweise mit einem eingeritzten Zickzack-, Fischgrät- und Leiterband sowie einem Band strichgefüllter Dreiecke verziert worden.
Als Musikinstrumente jener Zeit gelten auch tönerne Klappern oder Rasseln, die teilweise in Tiergestalt angefertigt wurden. Manche Autoren betrachten die mit kleinen Steinen gefüllten Klappern nur als Kinderspielzeuge, andere dagegen als Musikinstrumente, mit denen sich bei Gesang und Tanz oder bei kultischen Handlungen der Rhythmus angeben ließ. Zwei Klappern, davon eine in Gestalt eines Wasservogels und eine in konischer Form mit Zackenmuser, befanden sich in einer Siedlungsgrube von Siefersheim (Kreis Alzey-Worms) in Rheinland-Pfalz.
Die Toten wurden auf Scheiterhaufen verbrannt und ihre Knochenreste und die Asche anschließend in Grabgruben, in Behältnissen aus Stoff oder Holz oder in tönernen Urnen auf Urnenfeldern beigesetzt. Einen Kontrast zu den schlichten Brandgräbern der bäuerlichen Bevölkerung bilden die aus Steinen errichteten Grabkammern der vornehmeren Gesellschaft. Die Bestattungssitten sind in den einzelnen Regionen jedoch durchaus unterschiedlich.
Arme und reiche Verstorbene wurden häufig mit Speisen und Getränken für das Jenseits ausgestattet. Bedeutenden Männern legte man außer Speisen in Tonbehältnissen auch bronzene Trinkgefäße, Schutz- und Angriffswaffen sowie Teile von Wagen ins Grab. Vornehmen Frauen gab man ihren reichen Schmuck.
Die Prähistoriker sind uneins über die Motive der Leichenverbrennung, die vermutlich eine geistige Wende signalisiert. Manche Experten meinen, die Einäscherung spiegele die Furcht vor Wiedergängern wider. Man habe auf diese Weise verhindern wollen, daß die Toten aus dem Jenseits zurückkehrten. Andere Fachleute glauben, die Körper von Verstorbenen seien dem Feuer überlassen worden, weil man durch deren Zerstörung die Seelen befreien wollte.
Bei den Bestattungssitten und den Grabformen gab es viele Varianten. Teilweise kamen sogar auf ein und demselben Friedhof verschiedene Beisetzungsarten und Gräber vor. Bekannt sind Brandschüttungs-, Urnen-, Glocken- und Pseudo-Glockengräber, Gräber mit Steinschutz und vielleicht sogar Totenhütten.
Bei Brandschüttungsgräbern wurden die aus dem Scheiterhaufen aufgelesenen Knochenreste und die Asche der Toten ohne jeden Schutz auf den Boden des Grabes gestreut. Danach hat man den Leichenbrand mit Erde oder Steinen bedeckt.
Dagegen wurden bei Urnengräbern die Knochenreste in größere Tongefäße (Urnen) geschüttet. Hinzu gab man die überwiegend mitverbrannten Beigaben. Die Urne hat man meistens mit einer Schale abgedeckt. In oder neben die Urne wurde häufig ein vier- bis sechsteiliges Keramikservice gestellt: beispielsweise Schälchen, Tassen und Teller.
Von Glockengräbern spricht man, wenn die Urne mit einem größeren Vorratsgefäß (Dolium) überstülpt wurde. Hat man dagegen die Urne in ein Gefäß gestellt oder mit der Mündung nach unten gelegt, handelt es sich um ein Pseudo-Glockengrab.
Steinschutz kam in Form von Steinpackungen, Steinunterlagen und Wandsteinen vor. Es gab Hügel- und Flachgräber mit Wandsteinen, Nachbestattungen in Hügeln aus früherer Zeit mit Wandsteinen und regelrechte Steinkistengräber mit Wandsteinen.

Europas älteste verzierte Holzflöte aus der Seeufersiedlung Hagnau-Burg am Bodensee (Bodenseekreis) in Baden-Württemberg. Erhaltene Länge 15,3 Zentimeter. Original im Landesdenkmalamt Baden-Württemberg, Abteilung Bodendenkmalpflege, Pfahlbauarchäologie Bodensee-Oberschwaben, Gaienhofen/Hemmenhofen.

Rekonstruktion der Totenhütte eines adligen Mädchens in der Gemarkung Undenheim (Kreis Mainz-Bingen) in Rheinland-Pfalz. Dort sind in der Urnenfelder-Zeit zwei Kinder unverbrannt und mit großem Aufwand bestattet worden.

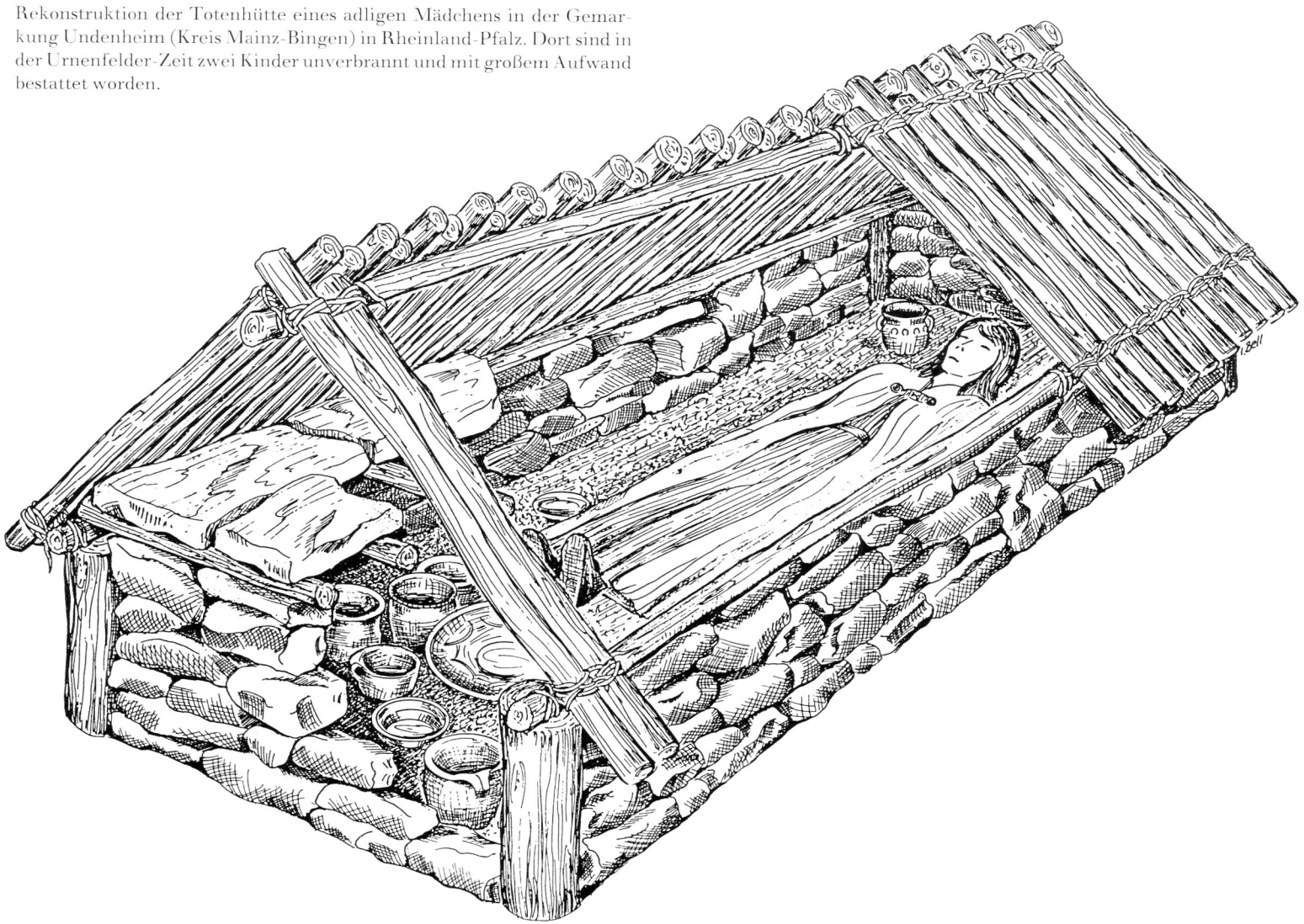

Auffällig ist, daß die in der Urnenfelder-Zeit seltene Körperbestattung öfter bei Kindern praktiziert wurde. Diese Bestattungsart kennt man unter anderem aus Altdorf (Kreis Landshut) in Bayern, aus Kalt (Kreis Neuwied) und Undenheim (Kreis Mainz-Bingen) in Rheinland-Pfalz sowie aus Mainz-Kostheim (Stadtkreis Wiesbaden) in Hessen.

In Undenheim[89] grub der Mainzer Prähistoriker Detert Zylmann drei Bestattungen von Kindern aus, von denen eines verbrannt und unauffällig beerdigt, die zwei anderen jedoch unverbrannt und mit großem Aufwand zur letzten Ruhe gebettet wurden. Die Grabkammern über den Leichen der unverbrannten Kinder sind aus Kalksteinen errichtet und – wie jeweils vier Pfostenlöcher zeigen – mit einer Holzkonstruktion überbaut worden, bei der es sich um eine Totenhütte gehandelt haben könnte. Zu ähnlichen Erkenntnissen gelangte der Marburger Prähistoriker Claus Dobiat bei seinen Untersuchungen von Hügelgräbern bei Marburg in Hessen.

Einem der unverbrannten Kinder von Undenheim hatte man 15 Tongefäße, einen 21,8 Zentimeter langen Bronzehaken unbekannter Funktion und reichlich Schmuck (eine bronzene Fibel, drei Bronzeringe, bronzene Blechröllchen, zwei Fingerringe, Bernsteinperlen) in die mannslange Grabgrube gelegt. Zu den Beigaben des anderen unverbrannten Kindes gehörten zwei Tongefäße, ein bronzener Armring, ein bronzenes Griffdornmesser, eine Rollenkopfnadel sowie kleine Bruchstücke von bronzenen Blechhülsen oder -perlen. Nach Auffassung von Detert Zylmann entstammten die beiden aufwendig bestatteten Kinder sicherlich Familien von hohem sozialen Stand.

Selten waren Bestattungen von unverbrannten Kindern in großen Tongefäßen. Eine derartige Pithos-Beisetzung ist aus Bensheim-Auerbach[90] (Kreis Bergstraße) in Hessen bekannt. Dort hatte man einen etwa acht Monate alten Fötus in einem Tongefäß beerdigt.

Eines der größten Gräberfelder der Urnenfelder-Kultur dürfte auf der Insel im Mündungsbereich der Altmühl bei Kelheim[91] in Bayern gelegen haben. Dort wurden im Laufe von Jahrzehnten nahezu 300 Gräber entdeckt und viele andere zerstört. Nach Ansicht von Prähistorikern könnten auf einer Fläche von ungefähr 30 000 Quadratmetern über 1000 Tote bestattet worden sein.

Weitere umfangreiche Gräberfelder aus dem südlichen Bayern kennt man in Zuchering-Ost[92] bei Ingolstadt (mehr als 550 Gräber, ursprünglich wohl eine Anzahl von 800 bis 1000), Künzing[93] im Kreis Deggendorf (140 entdeckte Gräber, einst wohl 300 bis 400), Gernlinden[94] im Kreis Fürstenfeldbruck (184 Gräber geborgen, weitere zerstört oder nicht geborgen), Natternberg[95] im Kreis Deggendorf (mehr als 180 Gräber), Barbing[96] im Kreis Regensburg (mindestens 200 Gräber) und Sengkofen[97] im Kreis Regensburg (128 Gräber).

Trotz dichter Belegung haben sich in Zuchering-Ost die Gräber nur selten überschnitten. Offenbar waren sie durch Pflanzen, Holzpfähle oder andere Kennzeichen markiert. Die Urnen mit dem Leichenbrand standen in kleinen rundlichen Gruben. Zum Teil hat man die aus dem Scheiterhaufen ausgelesenen Knochenreste gewaschen in der Urne aufbewahrt.

Etwa ein Viertel der Urnengräber in Zuchering-Ost war mit Kreisgräben von bis zu 15 Meter Durchmesser umgeben. Vermutlich haben in diesen Kreisgräben Palisaden gestanden. Daneben gab es auch quadratische und rechteckige Einfassungen. Verkohltes Holz in lang-rechteckigen Grabgruben, die ebenfalls inmitten von Kreis- und Rechteckgräben angelegt worden waren, stammt von Scheiterhaufen.

In Künzing lagen die Gräber zu beiden Seiten eines Weges, der zu einer Siedlung führte. Mit einer Ausnahme handelte es sich um Brandgräber. Alle Gräber waren von mehr oder weniger exakten kreisförmigen Gräben umgeben. Außerdem gab es Kreisgräben ohne Bestattungen und eine große Rechteckanlage von 24 Meter Länge und zehn Meter Breite.

Entlang der 18 Kilometer langen Lahnberge östlich von Marburg in Hessen wurden mindestens 200 urgeschichtliche Grabhügel freigelegt, die Gruppen von meistens nicht mehr als einem Dutzend Hügel bilden. Bei den meisten von ihnen handelte es sich um Beisetzungen aus der Urnenfelder-Zeit. Diese Grabhügel gelten als Bestattungsplätze von Bauernfamilien, die aus Gehöften am Ostrand des Bergzuges stammen.

Merklich größer ist der 33 Grabhügel zählende Friedhof am Rand des Neuen Botanischen Gartens von Marburg[98]. Dort kam der Marburger Prähistoriker Claus Dobiat bei Grabungen zu interessanten Erkenntnissen über die Bestattungssitten der Urnenfelder-Zeit. Die tönerne Urne mit dem Leichenbrand des Toten befand sich jeweils in einem Grabhügel, um den meistens ein Steinkreis errichtet worden war. In und neben der überwiegend in den Boden eingetieften Urne standen häufig Beigefäße. Oft stieß Dobiat auf rechteckige Steineinfassungen mit je einem größeren Stein in der Mitte der beiden Schmalseiten. Diese Anlagen sind nach Ansicht des Marburger Prähistorikers vielleicht symbolische Reste von sogenannten Totenhäusern, unter denen man Bestattungen vornahm. Die größte dieser Rechteckanlagen, ein als »Tanzplatz« bezeichneter Hügel, ist 27 Meter lang und 20 Meter breit, hat also eine Fläche von etwa 540 Quadratmetern. In solchen Rechteckanlagen sind die Urnenbestattungen gegenüber der Mitte jeweils versetzt vorgenommen worden.

Aus Steinplatten errichtete Steinkistengräber kennt man aus Nordwürttemberg, aus Nordbayern, der Pfalz und aus Südhessen. In Nordwürttemberg lagen sie am Unterlauf von Jagst und Kocher sowie im mittleren Neckargebiet zwischen Heilbronn und Enzmündung, in Nordbayern im Raum Forchheim. Zu den Steinkistengräbern der Pfalz gehören die »Fürstengräber« von Landau-Wollmesheim[99] mit je einem Körper- und Brandgrab sowie einer goldenen Halskette.

Ein besonders imposantes Steinkistengrab kam in Eggolsheim[100] (Kreis Forchheim) in Nordbayern zum Vorschein. Die 1,30 Meter in den Boden eingetiefte Grabkammer war aus Steinplatten konstruiert, drei Meter lang und einen Meter breit. Darüber war mit Erdreich ein Hügel von 32 Meter Durchmesser und vier Meter Höhe aufgeschüttet und mit einem Steinkranz eingefaßt worden. Für eine Anlage solcher Größenordnung dürften 100 Arbeitskräfte zehn Tage lang vonnöten gewesen sein.

Im Eggolsheimer Steinkistengrab hatte man einen 35 bis 40 Jahre alten Mann unverbrannt bestattet. Zu seinen Grabbeigaben gehörten vier Tongefäße, ein in drei Teile zerbrochenes, verziertes bronzenes Dreiwulstschwert, ein Rasiermesser, eine verzierte Messerklinge und drei Bronzeringchen. Die Legierung der drei wohl zum Schwertgehänge gehörenden Nieten entspricht den Bronzespuren in einem Gußtiegel auf der neun Kilometer entfernten Ehrenbürg bei Schlaifhausen.

In Hessen gab es Steinkistengräber vor allem im Hanauer Land, um Bad Nauheim (Wetteraukreis), Frankfurt/Main, Dreieich (Kreis Offenbach) und im Rheingau. Sie sind zwei bis vier Meter lang und einen bis zwei Meter breit. Das Steinkistengrab von Bruchköbel bei Hanau (Main-Kinzig-Kreis) beispielsweise ist 2,60 Meter lang und 1,35 Meter breit. Die Decke und die Wände solcher Gräber wurden aus Holzbohlen gebildet. Es handelte sich fast immer um Flachgräber. Eine mit Holz ausgekleidete Grabkammer konnte in Dietzenbach (Kreis Offenbach) freigelegt werden.

Auf das Gebiet zwischen Forchheim und Erlangen beiderseits der Regnitz in Nordbayern beschränkt waren kreisrunde Grabanlagen mit verzierten Steinplatten. Solche Zeichensteingräber sind von Erlangen-Stadtwald[101], Gosberg[102] und Honings[103] (letztere zwei im Kreis Forchheim) sowie im Mark-Forst bei Baiersdorf[104] (Kreis Erlangen-Höchstadt) bekannt.

Bei diesen Zeichensteingräbern mit einem Durchmesser von einem bis zu vier Metern umsäumten eng aneinandergerückte und auf der Schmalseite stehende Steinplatten den Leichenbrand. Die Verzierungen auf der Außenseite der Steinplatten sind so angebracht, daß sie sichtbar waren. Sowohl der Leichenbrand als auch die Beigaben wurden mit Erde bedeckt.

Die Verzierungen wurden in die Platten der Zeichensteingräber graviert. Sie bestehen aus zwei, drei oder vier parallelen Linien, einem Leiter- oder Gittermotiv, Zickzack-, Fischgräten- und Kreuzmuster sowie kombinierten Motiven.

Von den elf Gräbern aus der Urnenfelder-Zeit in Gosberg waren acht mit einem Steinkranz und davon wiederum drei auf der Außenseite mit einem Rillenmuster versehen. Im Mark-Forst bei Baiersdorf umschlossen mehr als 60 Sandsteinblöcke, von denen jeder mit einem anderen geometrischen Zeichen bedeckt ist, den Fuß des Grabhügels.

Andere Gräber zeichneten sich durch reiche Beigaben für den Toten aus. In den bereits erwähnten Wagengräbern von Hart an der Alz und Poing in Bayern beispielsweise wurde der Leichnam auf einem mit bronzenem Zierat beschlagenen vierrädrigen Gefährt aufgebahrt und zusammen mit diesem verbrannt.

Ungewöhnlich viele Tongefäße enthielt ein mit einem Kranz von Pfosten umstelltes Grab in Singen am Hohentwiel[105] (Kreis Konstanz) in Baden-Württemberg. Auf einer Fläche von etwa 19 Quadratmetern hatte man um die Urne mit dem Leichenbrand mindestens 63 Tongefäße angeordnet, die serviceartig ineinandergestellt waren.

Nur selten dienten bronzene Schwerter, Dolche und Lanzenspitzen als Beigaben für verstorbene Männer. Manchmal legte man Männern auch bronzene Rasiermesser ins Grab. Bronzene Beile und Meißel wurden nicht in Gräbern gefunden.

Sonnensymbole – wie konzentrische Kreise oder mehrspeichige Sonnenräder – auf bestimmten Kultobjekten deuten möglicherweise darauf hin, daß die Urnenfelder-Leute der Sonne als göttliches Wesen huldigten, wie es damals auch in anderen Kulturen üblich war. Vielleicht war der Sonnenkult die Ursache dafür, daß

Pharao Amenophis IV. (Echnaton) um die Mitte des 14. Jahrhunderts v. Chr. in Ägypten die Sonnenverehrung als Gottesdienst an der personifizierten, vergöttlichten Sonnenscheibe (Aton) einführte (s. S. 40).

Vom Kult der Urnenfelder-Kultur zeugen neben Sonnensymbolen auch Fluß-, Moor-, Berg-, Brand- und Geschirropfer, Depots, Kultobjekte (»Feuerböcke«, Tonvögel, Kesselwagen, Schallbleche, Goldscheiben, Goldbecher, »goldene Hüte«, Kultfiguren), Schädelbestattungen, Schädelamulette, Höhlenheiligtümer, Tier- sowie Menschenopfer im Freiland und in Höhlen.

Flußopfer sind aus der Donau, dem Inn, dem Neckar, dem Rhein, dem Main, der Fulda, der Lahn und der Eder bekannt. Aber auch in Quellen, Bächen und Seen hat man Weihegaben versenkt. Besonders viele Opferfunde wurden jeweils am Zusammenfluß zweier größerer Flüsse entdeckt, wie etwa dem von Inn und Donau bei Passau oder von Main und Rhein bei Mainz.

Aus dem Rhein bei Mainz kamen Hunderte von bronzenen Objekten zum Vorschein, die dort ins Wasser versenkt worden waren. Die Weihegaben reichen von der Fibel über die Nadel, die Loch- und Knopfsichel, den Meißel, Beile, Messer, den Helm, Rundschild, das Griffzungen-, Antennen- und Griffangelschwert, Lanzenspitzen bis zum Armring. Teilweise ähnliche Bronzefunde wurden aus dem Rhein bei Budenheim und bei Bingen in Rheinland-Pfalz geborgen.

Mooropfer sind bei Eschollbrücken und Pfungstadt (beide im Kreis Darmstadt-Dieburg) in Hessen nachgewiesen. Dort hat man vor allem bronzene Nadeln, aber auch Armringe, Anhänger und Geräte ins Moor geworfen.

Bergopfer wurden auf dem Wetterkreuzberg bei Maikammer[106] (Kreis Landau) in Rheinland-Pfalz und auf dem erwähnten Bullenheimer Berg bei Bullenheim in Bayern praktiziert. Auf

Oben und unten: Drei »Zeichensteine« von einer kreisförmigen Grabeinfriedung aus dem Mark-Forst bei Baiersdorf (Kreis Erlangen-Höchstadt) in Bayern. Höhe des obersten Steines 49 Zentimeter. Originale in der Prähistorischen Staatssammlung, München.

dem Bullenheimer Berg konnte bereits ein Dutzend Depots zutage gefördert werden. Eines der umfangreichsten besteht aus 65 Bronzeobjekten, darunter 30 Phaleren aus Bronzeblech, die teilweise figürliche Anhänger tragen, 29 Bronze-Schaukelringen und zwei bronzenen Ringgehängen. Besonders eindrucks-

voll ist ein Depot von dort mit verzierten goldenen Besatzstücken und Schmuck, die vielleicht das Zeremonialgewand eines Priesters schmückten (s. S. 333).

Wegen seiner exponierten Lage auf dem Gipfel und einer mehrere Zentner schweren Abdeckplatte wird auch das Depot auf dem Wetterkreuzberg bei Maikammer als Weihefund gedeutet. Dazu gehörten bronzene Sicheln, Beile und Ringschmuck, die aus etwa einem Meter Tiefe ans Tageslicht gehoben wurden.

Auf vielen Bergen lagen damals Brandopferplätze, an denen – wie in der Hügelgräber-Bronzezeit (s. S. 181) – Haustiere geschlachtet und verbrannt wurden. Brandopferplätze sind auf dem Eisenbühl im Langackertal[107] (Kreis Berchtesgadener Land), von Icking-Irschenhausen[108] (Kreis Bad Tölz-Wolfratshausen), auf dem Wasserfeldbühel bei Oberaudorf[109] (Kreis Rosenheim), bei Gauting[110] (Kreis Starnberg), auf dem Rollenberg bei Hoppingen[111] (Kreis Donau-Ries), auf dem Wäherberg bei Christgarten[112] (Kreis Donau-Ries, zwei Opferplätze) und auf dem Stätteberg bei Unterhausen[113] (Kreis Neuburg-Schrobenhausen) bekannt.

Im Langackertal gab es noch um 1870 einen vier Meter hohen Hügel mit 32 Meter Durchmesser, der zum großen Teil aus Opferresten bestand. Der Grundeigentümer baute diesen Hügel ab und verteilte ihn über seine Äcker. 1890/91 grub dort Max von Chlingensperg zu Berg (1869–1938) den noch 1,20 Meter hohen Hügelrest mit einem verbliebenen Durchmesser von 24 Metern aus. Dabei entdeckte er Knochen Tausender Opfertiere, Bruchstücke von mehr als 700 Tongefäßen sowie Holzkohle und Asche.

Schauplätze von Opfern waren auch Felsmassive und nur von geübten Bergsteigern erklimmbare Felstürme der Frankenalb in Bayern. Als erster hat 1962 der Regensburger Prähistoriker Armin Stroh anhand der auf dem Maximiliansfelsen im Kreis Amberg-Sulzbach entdeckten Funde auf diese neue Gattung von Bodendenkmälern hingewiesen.

Kultische Praktiken sind zum Beispiel für das Massiv Schellnecker Wänd bei Essing[114] (Kreis Kelheim) in Niederbayern belegt. An deren Fuß haben sich Keramikreste und Tierknochen angesammelt, die von oben her in ihre Fundlage geraten sind. Die Hamburger Autorin Gisela Graichen schrieb 1988 in ihrem »Kultplatzbuch«, der Abstand der Scherbenanhäufung von der Felswand lasse ein bewußtes Herabwerfen der Keramik vermuten.

Im Gegensatz dazu meinte 1993 der Nürnberger Grabungstechniker Ferdinand Leja, man habe auf den Felsmassiven und -türmen wohl kaum die für die Mächte des Himmels bestimmten Opfergaben in die Tiefe geschmettert, weil man sich auf den Plateaus den Göttern näher fühlte. Es sei aber möglich, daß wie an den Brandopferplätzen Gefäße zerschlagen wurden und davon Teile nach unten fielen. Außerdem konnten Gefäße mit Speiseopfern immer wieder durch heftige Regengüsse oder Stürme von ihrem exponierten Standpunkt hinabbefördert worden sein.

Auf den mehr oder weniger kleinflächigen Gipfeln der Felstürme konnten sich mangels fehlender Humusbedeckung keine Überreste von Brandstellen, Steinsetzungen, Holzkohle, Tierknochen und Keramik in größerem Umfang wie auf den erwähnten Brandopferplätzen erhalten. Bisher zeugen dort nur eingeschwemmte Scherben in Vertiefungen, Spalten oder Klüften von unbekannten Zeremonien.

Als Felsturm-Opferplätze dienten während der Urnenfelder-

zeit der Mairfelsen bei Neuessing im Altmühltal (Kreis Kelheim) in Niederbayern, der Maximiliansfelsen, der Rabenfelsen bei Krottensee, der Neutrasfelsen bei Neutras (alle drei im Kreis Amberg-Sulzbach) in der Oberpfalz, der Motzenstein bei Waltendorf, der Rothenstein bei Stübig, der Wüstenstein bei Stadelhofen (alle drei im Kreis Bamberg) sowie der Hohle Stein bei Schwabthal und der Kemmitzenstein bei Kümmersreuth (Kreis Lichtenfels) in Oberfranken.

Auch auf Friedhöfen und in Höhlen sind Tongefäße zertrümmert worden. Als Opferschacht diente beispielsweise die Jungfernhöhle bei Tiefenellern[115] (Kreis Bamberg) in Bayern. In diese hatten jungsteinzeitliche Bauern schon vor mehr als sieben Jahrtausenden Menschenopfer geworfen.

Anderswo sind komplett erhaltene Tongefäße aus kultischen Gründen im Erdboden versenkt worden. Ein solches Gefäßdepot kam in Altdorf[116] (Kreis Landshut) in Bayern zum Vorschein. Dort lagen in einem großen tönernen Vorratsgefäß mit einem Mündungsdurchmesser von 40 Zentimetern sechs Trichterhalsschalen, drei konische Näpfe, ein konischer Henkeltopf, eine Tasse und ein Saugfläschchen. In Altdorf war zunächst eine Grube ausgehoben, dann der Boden mit Asche und anschließend mit gebranntem Lehmfladen ausgelegt worden. Danach hat man mit Kleingefäßen gefüllten Vorratstopf in die Vertiefung gekippt, wobei dieser zerbrach, und mit Erde bedeckt.

In einer 1,80 Meter langen und 1,40 Meter breiten Grube von Hohentrüdingen[117] (Kreis Weißenburg-Gunzenhausen) in Bayern standen vier Tongefäße mit der Mündung nach unten. Sie schützten kleinere Gefäße mit Trank- oder Speiseopfern. Als bemerkenswertester Fund gilt ein verzierter Tonstempel von 7,5 Zentimeter Durchmesser, der mit einem siebenzackigen Stern versehen ist und Brandspuren aufweist.

Als Opferstellen werden Kreis- und Doppelkreisgräben in Bayern und Rheinland-Pfalz (Neuwieder Becken) gedeutet, wie man

Auf dem Gipfel des nur von geübten Bergsteigern bezwingbaren Rabenfelsen bei Krottensee (Kreis Nürnberger Land) in Bayern wurden Scherben der Urnenfelder-Kultur gefunden. Sie stammen vielleicht von Geschirropfern aus jener Zeit.

DIE URNENFELDER-KULTUR

wickelten Hallstatt-Zeit bekannt. Die meisten »Feuerböcke« weisen auch keine Brandspuren auf.

Viele »Feuerböcke« sind prächtig verziert, und manche tragen Vogel- oder Stierköpfe. Halbmondförmige »Feuerböcke« lagen in der »Wasserburg« bei Bad Buchau in Baden-Württemberg. »Feuerböcke« mit Vogelkopf sind aus Kelheim in Bayern sowie Alzey-Dautenheim, Frimersheim und Worms-Adlerberg in Rheinland-Pfalz bekannt. Objekte mit Rinderkopf barg man in Karlstein bei Bad Reichenhall in Bayern, Schifferstadt-Iggelheim (Kreis Ludwigshafen) in Rheinland-Pfalz und Wiesbaden-Erbenheim in Hessen.

Ein ungewöhnlicher »Feuerbock«[121] aus Mainz-Hechtsheim wurde 1986 sogar als Mond- und Sonnenkalender gedeutet. Dieser Fund hat auf der Oberkante neun Zacken und darunter fünf Löcher von einem Zentimeter Durchmesser, die jeweils von zwei kreisförmigen Rillen umrahmt werden. Ein Autor meinte, man habe durch Umhängen eines Holzringes auf den Zacken sowie durch Einstecken eines Holzsplittes in die Löcher die Tage gezählt.

Eine Rolle im Kult spielte wohl ein mysteriöses Kreisornament in der Burghöhle von Dietfurt[122] (Kreis Sigmaringen) in Baden-Württemberg. Das Ornament in Gestalt eines Sonnensymbols war in den Lehmestrich eingetieft worden, den man auf dem Höhlenboden aufgetragen hatte. Es besteht aus fünf konzentrischen Kreisen, von denen der größte 89 Zentimeter und der kleinste 67 Zentimeter Durchmesser erreicht. Die Kreise sind so exakt ausgeführt, daß hierfür sicherlich eine Art Zirkel zu Hilfe genommen wurde.

Als mutmaßliches Zeugnis eines Gewitter- oder Regenzaubers wird der beinahe 40 Zentimeter hohe bronzene Kesselwagen aus Acholshausen[123] (Kreis Würzburg) in Bayern interpretiert, der in einem Brandgrab geborgen werden konnte (s. S. 370). Der damals in Würzburg tätige Prähistoriker Christian Pescheck glaubte, daß das Gefährt zu den Grabbeigaben eines Herrschers gehörte, der auch priesterliche Funktionen ausübte. Ihm hatte man außer dem Kultwagen 25 Tongefäße, Schweineknochen, eine Flußmuschel, zwei bronzene Lanzenspitzen und ein Rasiermesser ins Grab gelegt.

Der Kessel ist mit fünf gekerbten Wülsten und darüber Bändern von Tannenzweigen und Horizontallinien verziert. Oben und unten wird das Muster durch ein Band von Bogenrieten abgeschlossen. Das Ornament des Kessels ist typisch für den Balkan, wo der Kultwagen vermutlich angefertigt wurde.

Christian Pescheck zufolge dienten der Kessel von Acholshausen und danebenliegende Schalbecken vielleicht einem Gewitter- oder Regenzauber, wie er aus antiken Überlieferungen bekannt ist. Dabei hat man in Dürrezeiten den Kessel eines solchen Wagens zum Klingen gebracht und um Regen gefleht.

Als Teile eines mutmaßlichen kleinen Kultwagens werden auch zwei bronzene Tüllen aus Gammertingen (Kreis Sigmaringen) in Baden-Württemberg gedeutet (s. S. 291). Sie lagen in einem 1971 entdeckten, 3,70 Meter langen und 2,50 Meter breiten Steinkammergrab, in dem die nach dem Verbrennen übriggebliebenen Knochenreste eines Mannes und einer jungen Frau an sechs Stellen ausgestreut waren. Eine dieser Tüllen stellt ein Mischwesen in Gestalt eines Wasservogels mit Rinderhörnern dar – einen sogenannten »Rindervogel«.

Die Bewohner der »Burg« auf dem Bullenheimer Berg haben nach Ansicht des Würzburger Prähistorikers Walter Jansen Depots mit Bronze- und Goldobjekten ihren Gottheiten ge-

Tönerner »Feuerbock« mit neun Zacken auf der Oberkante und darunter fünf Löchern aus Mainz-Hechtsheim in Rheinland-Pfalz. Dieser Fund wurde als Mond- oder Sonnenkalender gedeutet. Länge 18,5 Zentimeter. Original im Landesmuseum, Mainz.

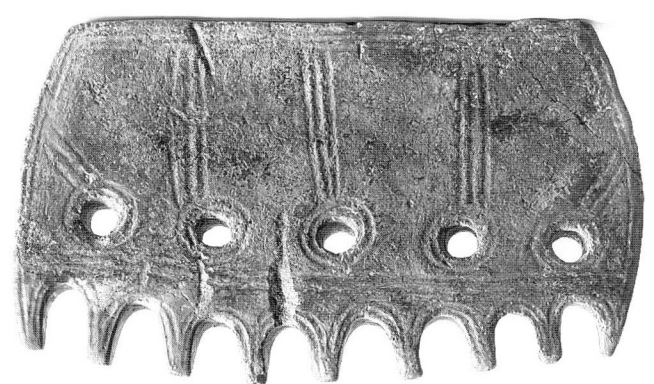

sie auch aus anderen Kulturen jener Zeit kennt (s. S. 295). Zu ihnen gehörten meistens schachtartig eingetiefte Gruben, die teilweise Brandschutt und Bronzeobjekte enthielten, sowie unterschiedliche zentrale Pfostenbauten. Spuren von Bestattungen dagegen fehlen.

Der Kreisgraben bei Eching[118] (Kreis Freising) in Bayern hat einen Durchmesser von 72 Metern. Die Anlage konnte durch eine 1,20 Meter breite Tordicke, der ein Vierpfostengrundriß vorgelagert war, betreten werden. Im Zentrum blieben nur vereinzelte Pfostenspuren erhalten. In der Nähe dieses Kreisgrabens lagen eine Siedlung mit 16 Häusern und ein Gräberfeld.

Noch etwas größer ist der Kreisgraben von Kobern[119] (Kreis Mayen-Koblenz) in Rheinland-Pfalz mit einem Durchmesser von 86 Metern, bis zu 4,50 Meter Breite und 1,50 Meter Tiefe. Inmitten der Anlage hatte man eine vier Meter große und sieben Meter tiefe schachtartige Grube eingetieft, in die Keramik, eine bronzene Gußformhälfte, eine Lanzenspitze, Tierknochen mit Brandspuren und Steine geworfen worden waren.

Etwa 250 Meter davon entfernt liegt der Goloring im Koberner Wald[120] (Kreis Mayen-Koblenz). Dabei handelt es sich um einen Doppelkreisgraben mit einem Durchmesser von 190 beziehungsweise 125 Metern. Die Planierungsarbeiten an ihm hatten in der letzten Stufe der Urnenfelder-Kultur begonnen, benutzt wurde die Anlage vor allem in der Eisenzeit. Im Zentrum befand sich eine Pfostenstellung.

Der Wiesbadener Prähistoriker Heinz-Eberhard Mandera (1922 bis 1995) mutmaßte 1974, bei einem Teil der Depotfunde aus der späten Urnenfelder-Zeit könne es sich vielleicht um in Heiligtümern oberirdisch deponierte Weihegaben handeln, die bei akuter Gefahr hastig vergraben worden seien. Doch sein Gedanke stieß in der Fachwelt auf wenig Resonanz.

Umstritten ist der Verwendungszweck der »Feuerböcke« bezeichneten tönernen Objekte. Sie wurden schon in der Mitte des 19. Jahrhunderts als Nackenstützen, »Feuerböcke« oder – wegen ihrer Sichelform – als »Mond-Idole« interpretiert. Derartige Gegenstände gab es ab der frühen Urnenfelder-Zeit. Gegen eine Verwendung als »Feuerböcke« spricht eigentlich, daß bisher keine zwei Exemplare vorliegen, die einander so gleichen, wie es bei »Feuerböcken« sein müßte, auf denen ein Bratspieß über offenem Feuer liegt. Außerdem sind Bratspieße erst aus der ent-

285

Ein Klappergerät (Sistrum) kam bereits um die Mitte des 19. Jahrhunderts auf dem Friedhof von Hochborn (Kreis Alzey-Worms) in Rheinland-Pfalz zum Vorschein. Der Fundort hieß früher Blödesheim, bevor er 1971 umbenannt wurde. Das Sistrum von dort ist insgesamt 33,5 Zentimeter lang. Es besteht aus einem 21 Zentimeter langen Griff sowie einem 12,5 Zentimeter langen und 11,5 Zentimeter breiten U-förmigen Oberteil, das mit Blechen, Scheiben und Anhängern versehen ist.

Das Oberteil trägt unterhalb der Enden einen herausnehmbaren Querriegel, der ehemals durch einen eingesteckten Stift auf einer Seite arretiert werden konnte. Unterhalb des Oberteils beiderseits des Griffes befindet sich je eine Öse, in die spätförmige Anhänger – durch einen Ring miteinander verbunden – eingehängt waren. Zwei weitere durch einen Ring zusammengehaltene Anhänger hängen in der Öse des Querriegels.

Die Anhänger dieses Sistrums gaben beim Schütteln klappernde Töne von sich. Funde und Darstellungen von Sistren liegen häufig aus der Pharaonenzeit in Ägypten vor. Sie wurden vor allem im Götterkult zu Ehren von Hathor und Isis sowie bei Totenzeremonien benutzt.

Sonnensymbole sind auch auf tönernen und goldenen Sonnenscheiben sowie auf dünnwandigen Goldgefäßen angebracht. Letztere dienten vielleicht als Opfergaben für die Götter.

Eines der prächtigsten Kultobjekte der Urnenfelder-Kultur ist der sogenannte »goldene Hut« von Etzelsdorf in Bayern (s. S. 333). Er wurde 1953 beim Bauroden in einem Privatwald am steilen Südhang des Brentenbergs entdeckt. Genaugenommen liegt der Fundort in der Gemarkung Buch (Kreis Neumarkt) in der Oberpfalz, nur wenige Meter von der Grenze der Gemarkung des Dorfes Etzelsdorf (Kreis Nürnberger Land) in Mittelfranken entfernt.

Der Goldkegel wurde bei der Entdeckung durch Hacken und Spaten zertrümmert. Aus den Bruchstücken und der erhaltenen Spitze ließ sich ein 95 Zentimeter hohes Objekt rekonstruieren, dessen unteres, offenes Ende man durch einen bronzenen Ring stabilisierte.

Bronzenes Klappergerät (Sistrum) aus Hochborn (Kreis Alzey-Worms) in Rheinland-Pfalz. Das U-förmige Oberteil ist mit Blechen, Scheiben und Anhängern versehen. Gesamtlänge des Sistrums 33,5 Zentimeter. Originial im Landesmuseum, Mainz.

weiht. In einem Fall fanden sich drei Depots unter einem hölzernen Kultbau, in einem anderen Fall hatte man ein Depot vor einem Wohnhaus vergraben.

Mit dem damaligen Kult werden auch miteinanderhängende ringförmige Klapperringe, flache Schallbleche (Tintinabula) und Klappergeräte (Sistren) in Verbindung gebracht. Vermutlich ließ man solche Kultobjekte bei Umzügen ertönen. Klapperringe liegen unter anderem aus Stadtallendorf (Kreis

Das 0,10 Millimeter dünne Goldblech ist flächendeckend in 108 horizontale Ornamentzonen eingeteilt und mit mindestens 25 verschiedenen Stempelmustern verziert. Die Stempel wurden von innen nach außen gedrückt. Die Muster variieren zwischen Sonnensymbolen in Gestalt runder Buckel, konzentrischer Kreise und achtspeichiger Räder. Außerdem sind Zuckerhutsymbole sowie aneinandergereihte Körner oder Linsen abgebildet.
Der Goldkegel krönte vielleicht einen hölzernen Pfahl, eine steinerne Säule, einen Altar oder einen Kultwagen. Womöglich bildete er beim Sonnenkult den Mittelpunkt eines Heiligtums. Wenn das Sonnenlicht auf dieses Sakralgerät fiel, reflektierte es sicherlich ein eindrucksvolles Glitzern und mystische Spiegelungen.

Je einen Goldkegel kennt man von Avanton bei Poitiers[124] (Département Vienne) in Frankreich und von Schiffersstadt (Kreis Ludwigshafen, s. S. 157) in Rheinland-Pfalz. Letzteres Exemplar ist etwas älter als die Funde bei Etzelsdorf und Avanton.
In der erwähnten »Wasserburg« bei Bad Buchau kam eine aus Holz geschnitzte, 1,20 Meter lange Figur zum Vorschein. Das unvollständig erhaltene Kultobjekt ähnelt mit seiner einfachen und plumpen Gestalt den menschenähnlichen Holzfiguren aus norddeutschen Mooren. Von der Figur nimmt man an, sie sei das Abbild einer Gottheit.

Kultisch motiviert können die weiteren die Schädelbestattungen gewesen sein. Sie werden unterschiedlich als Zeugnisse der Ahnenverehrung, als Kampftrophäen, Requisiten für Fruchtbarkeitsriten oder andere Zeremonien gedeutet.
Mit Schädelbestattungen hängen vielleicht auch die Körperbeisetzungen ohne Kopf von Schwetzingen (Rhein-Neckar-Kreis) in Baden-Württemberg sowie Fridolfing (Kreis Traunstein) und Witzhofen-Wielenbach (Kreis Weilheim-Schongau) in Bayern zusammen. Vom Fundort Forst Mühlhardt bei Mauern und von Wildenroth an der Amper (beide Kreis Fürstenfeldbruck) in Bayern sind zerstückelte Skelette mit abgetrennten Köpfen bekannt.
Auf einen Kult bezogen waren womöglich gleichfalls die aus menschlichen Schädelknochen herausgetrennten Schädelamulette. Aus einem Brandgrab bei Wallersdorf (Kreis Dingolfing-Landau) konnte ein Schädelamulett mit neun Löchern geborgen werden, aus der Lupperghöhle bei Trondorf (Kreis Amberg-Sulzbach) in Bayern ein Exemplar mit 64 Löchern.
Die Urnenfelder-Leute scheuten sogar nicht davor zurück, ihren Göttern lebende Menschen zu opfern. Reste solcher Rituale wurden vor allem in Höhlen entdeckt. In Aldorf und Ergolding (Kreis Landshut) sowie Hadersbach (Kreis Straubing-Bogen) kamen auch Menschenopfer in Siedlungsgruben zum Vorschein.
Schauplatz blutiger Zeremonien waren etliche Höhlen in Nordbayern. Dazu gehören der Kleebergschacht bei Königstein[125] (Kreis Amberg-Sulzbach), eine Felsspalte im Osthang des Itflinger-Bach-Tales[126] (Kreis Nürnberger Land) und das Felsenloch bei Plech[127] (Kreis Bayreuth).
Im Kleebergschacht fand sich das zerstückelte Skelett eines jungen Mannes mit Brandspuren und zertrümmertem Schädel. Sein gebratenes Fleisch wurde vielleicht bei einer Kannibalen-

Teilansicht des »goldenen Hutes« von Etzelsdorf (Kreis Nürnberger Land) in Bayern. Der als Kultobjekt geltende Goldblechkegel ist mit Sonnen- und Zuckerhutsymbolen verziert. Original im Germanischen Nationalmuseum, Nürnberg.

kam zum Vorschein. Schnittspuren sind zudem an Knochen vom Auerochsen (*Bos primigenius*), Hausrind, Wildschwein (*Sus scrofa*), Hausschwein, Rothirsch (*Cervus elaphus*), Rotfuchs (*Vulpes vulpes*) und Schaf sichtbar.

Unklar ist, wie die zehn oder zwölf Menschen gestorben sind, deren Skelettreste in der Höhle von Loch 128 (Kreis Amberg-Sulzbach) etwa 90 bis 120 Meter weit vom Eingang entfernt aufgefunden wurden. Sie könnten an Ort und Stelle ums Leben gekommen oder erst nach dem Tod in die Höhle geschafft worden sein.

In der erwähnten Burghöhle von Dietfurt (Kreis Sigmaringen) wurde das Skelett einer jugendlichen Person gefunden, die als Menschenopfer auserkoren worden war. Zudem hatte man dort Speisen und Getränke versenkt oder deponiert und Versammlungen abgehalten. Höhlen waren demnach für die Urnenfelder-Leute nicht nur Heiligtümer und Opferplätze, sondern auch Treffpunkte.

Zu den Farbtafeln

35 (rechte Seite) Mit einem Vogel verzierte bronzene Tülle aus dem Wagengrab der Urnenfelder-Kultur (etwa 1300/1200 bis 800 v. Chr.) von Königsbronn (Kreis Heidenheim) in Baden-Württemberg. Original im Württembergischen Landesmuseum, Stuttgart.

36 Rekonstruktion der älteren »Wasserburg« bei Bad Buchau am Federsee (Kreis Biberach) in Baden-Württemberg aus der Urnenfelder-Kultur (um 1100 v. Chr.) im Pfahlbaumuseum Unteruhldingen (Bodenseekreis) in Baden-Württemberg. Die Plattform unter den Häusern ist ein Phantasieprodukt, das bisher nicht verifiziert werden konnte.

37 Rekonstruierte »Burgmauer« mit Pforte aus der spätbronzezeitlichen Urnenfelder-Kultur (etwa 1300/1200 bis 800 v. Chr.) von der befestigten Höhensiedlung Heunischenburg auf dem Wolfsberg bei Gehülz (Kreis Kronach) in Bayern.

38 Bronzetülle eines mutmaßlichen Kultwagens der spätbronzezeitlichen Urnenfelder-Kultur (etwa 1300/1200 bis 800 v. Chr.) aus Gammertingen (Kreis Sigmaringen) in Baden-Württemberg. Original im Württembergischen Landesmuseum, Stuttgart.

39 Steinerne Gußformen der spätbronzezeitlichen Urnenfelder-Kultur (etwa 1300/1200 bis 800 v. Chr.) aus Heilbronn-Neckargartach in Baden-Württemberg. Originale im Württembergischen Landesmuseum, Stuttgart.

40 Tönerne Henkelurne aus dem Gräberfeld der spätbronzezeitlichen Urnenfelder-Kultur (etwa 1300/1200 bis 800 v. Chr.) von Aschaffenburg-Strietwald in Bayern. Höhe 14,8 Zentimeter, Durchmesser 22 Zentimeter. Original im Stiftsmuseum, Aschaffenburg.

mahlzeit gegessen. Möglicherweise hatte man diesen bedauernswerten Menschen und einen im Schacht liegenden Hund, der ebenfalls im Klebergsschacht gefunden wurde, mit einem dort geborgenen Geweihhammer erschlagen. Außerdem kamen Reste zertrümmerter Tongefäße zum Vorschein, die man vermutlich während der makabren Zeremonie benutzt und danach unbrauchbar gemacht hatte.

In der 30 Meter langen sowie 90 Zentimeter breiten Felsspalte des Itlinger-Bach-Tales bei Hormersdorf unweit von Schnaittach wurden Skelettreste von vier Menschen sowie Knochen von Feldhasen (*Lepus europaeus*) und Hausschweinen entdeckt. Die Tier- und Menschenknochen weisen Schnitt-, Hack- und gelegentlich Brandspuren auf. Wie die Menschen von dort gestorben sind, ist unbekannt.

Im Felsenloch auf dem kleinen Bergrücken am Rande des Veldensteiner Forstes lagen Skelettreste von 49 Männern, Frauen und Kindern, die wahrscheinlich überwiegend aus der Urnenfelder-Zeit stammen. An ihren Schädeln und Schädelteilen wurden Tötungs-, Brand- und Schnittspuren nachgewiesen. Auch ein als Schädelbecher zugerichtetes menschliches Schädeldach

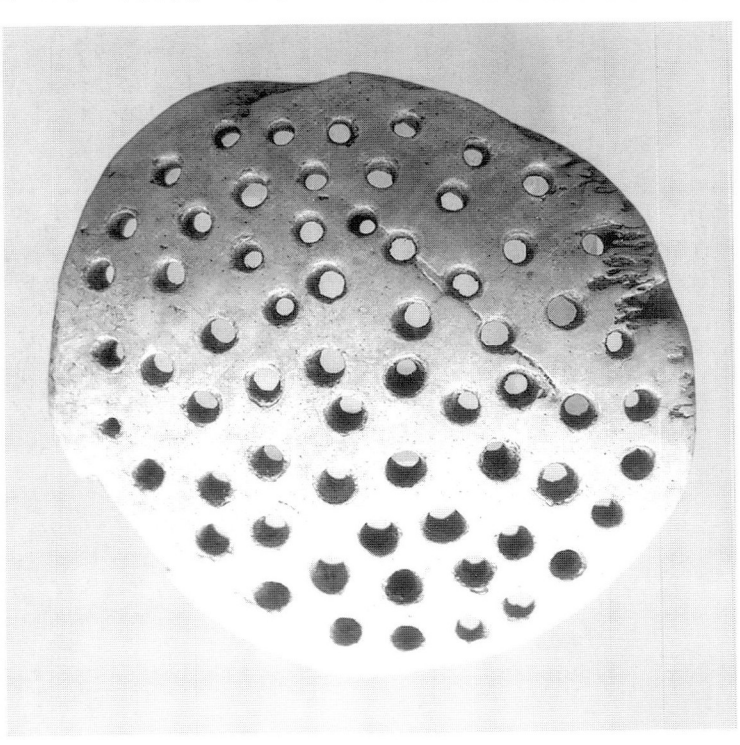

Aus dem Schädeldach eines Menschen angefertigtes Schädelamulett mit 64 Löchern aus der Lupberghöhle bei Trondorf (Kreis Amberg-Sulzbach) in Bayern. Durchmesser 5,8 Zentimeter. Original im Museum der Stadt Regensburg.

△ 56
△ 57
◁ 58

△ 39

▽ 40

Orakelsteine und Kreisgräben
Die ältere Niederrheinische Grabhügel-Kultur

Nordrhein-Westfalen gehörte während der Spätbronzezeit nur teilweise zum riesigen Verbreitungsgebiet der Urnenfelder-Kultur. In Nordrhein-Westfalen existierten damals drei regionale Gruppen. Davon gilt lediglich diejenige in der Niederrheinischen Bucht als Ableger der südlich benachbarten Urnenfelder-Kultur im Neuwieder Becken, das bereits in Rheinland-Pfalz liegt. Denn die Funde aus beiden Gegenden sind sich sehr ähnlich.

Im Niederrheinischen Tiefland, im südlichen Holland sowie in den belgischen Provinzen Antwerpen und Limburg behauptete sich in der Spätbronzezeit die ältere Niederrheinische Grabhügel-Kultur (etwa 1200 bis 750 v. Chr.). Sie wird von manchen Autoren auch als nordwestliche Randgruppe der im südlichen Mitteleuropa heimischen Urnenfelder-Kultur bezeichnet. Die jüngere Niederrheinische Grabhügel-Kultur fällt bereits in die frühe Eisenzeit.

In den rechtsrheinischen Gebieten, im nördlichen Holland und in der Westfälischen Bucht unterschied sich die Gruppe der westfälisch-nordostniederländischen Kreisgrabenfriedhöfe deutlich von der Urnenfelder-Kultur. Diese Gruppe hatte offenbar mehr Kontakte mit Nordwestdeutschland und mit dem westeuropäischen Raum. Typisch für ihre teilweise sehr großen Gräberfelder sind schlüssellochförmige Gräben, Kreis- und Langgräben sowie Langbetten mit Pfostenstellungen.

Die Urnenfelder-Kultur in der Niederrheinischen Bucht

Zu Beginn der späten Bronzezeit herrschten in der Niederrheinischen Bucht zwischen den heutigen Städten Bonn und Aachen noch Verhältnisse wie zuvor in der älteren Bronzezeit Nordrhein-Westfalens (s. S. 184). Die Verstorbenen wurden weiterhin unverbrannt beerdigt, und über ihren Gräbern hat man Erdhügel aufgeschüttet.

Gegen Ende der Stufe Hallstatt A und verstärkt ab der Stufe Hallstatt B wurde das fruchtbare Lößgebiet am südlichen Niederrhein von aus dem Neuwieder Becken vorstoßenden Urnenfelder-Leuten besiedelt oder zumindest stark beeinflußt. Ab dieser Zeit kam in der Niederrheinischen Bucht die Sitte der Brandbestattung auf. Die Toten wurden verbrannt, ihre Reste in tönerne Urnen mit Deckel gelegt und in Gruben beerdigt.

Zu Beginn der Stufe Hallstatt B entstand in der nördlich anschließenden, weniger fruchtbaren Sandlandschaft der Niederrheinischen Bucht die sogenannte Kerbschnitt-Gruppe[1]. Deren Angehörige stellten Tongefäße mit Kerbschnittverzierung her. Auch im Gebiet der Kerbschnitt-Gruppe setzte sich die Brandbestattung durch. Anders als im südlichen Lößgebiet schloß man hier die Graburnen jedoch nicht mit einem Deckel.

Am Niederrhein ging die weitere Entwicklung nahtlos in die Stufe Hallstatt C über, die bereits der frühen Eisenzeit entspricht. Im Gegensatz dazu bildete sich am Mittelrhein in einer Spätphase der Urnenfelder-Kultur die nach dem Gräberfeld von Laufeld (Kreis Bernkastel-Wittlich) in Rheinland-Pfalz benannte Laufelder Gruppe[2]. Deren Menschen kolonisierten auch das Bergland und stießen nach Norden bis in die Köln-Bonner Bucht vor.

Die ältere Niederrheinische Grabhügel-Kultur

Der Verbreitungsbereich der älteren Niederrheinischen Grabhügel-Kultur erstreckte sich ungefähr von der Schelde im Westen über Nordbrabant, das Maasgebiet und den Niederrhein bis nach Westfalen im Osten. Der Begriff »Niederrheinische Grabhügel-Kultur« wurde 1936 von dem damals am Landesmuseum Bonn wirkenden Prähistoriker Walter Kersten (1908 bis 1944, s. S. 445) geprägt.

Am Fundplatz Weisweiler 14[3] (Kreis Euskirchen) gab es schätzungsweise 200 Jahre lang immer wieder eine spätbronzezeitliche Siedlung mit zwei oder drei Höfen, zu denen jeweils drei Gebäude gehörten. Einer der Höfe von Weisweiler 14 umfaßte drei Gebäude, von denen eines mit sechs Pfosten und die beiden anderen mit vier Pfosten errichtet worden waren. Im Südosten befand sich eine Lehmentnahmegrube, im Nordwesten lagen zwei Speichergruben.

Die spätbronzezeitlichen Höfe und Siedlungen am Niederrhein sind viel lockerer angelegt als jene der jüngeren Eisenzeit. Außerdem gehörten zu den älteren Siedlungen mehr Lehmentnahme- und Speichergruben als zu den jüngeren. Vielleicht ging man allmählich dazu über, Vorräte eher in Gebäuden als in Gruben aufzubewahren, meinte 1989 die früher in Düren tätige Prähistorikerin Angela Simons.

Tongefäße mit Kerbschnittverzierung aus der älteren Niederrheinischen Grabhügel-Kultur (etwa 1300/1200 bis 750 v. Chr.) aus Birgelen (Kreis Heinsberg) in Nordrhein-Westfalen. Original im Rheinischen Landesmuseum, Bonn.

Brotreste aus dem Gräberfeld in der Winkelhauser Heide bei Rhede (Kreis Borken) in Nordrhein-Westfalen. Maximale Länge des größten Objektes (links oben) 1,9 Zentimeter. Originale im Westfälischen Museum für Archäologie, Münster.

Im Gebiet der älteren Niederrheinischen Grabhügel-Kultur sind bisher nur wenige größere Gebäudegrundrisse entdeckt worden. Selbst die geräumigsten sechspfostigen Bauten boten lediglich eine Wohnfläche von zwölf bis 15 Quadratmetern. Möglicherweise hatten sie zwei Stockwerke.

Im Gegensatz zu gleichzeitigen Kulturen in Süd-, Mittel- und Norddeutschland kennt man bisher von der Niederrheinischen Grabhügel-Kultur noch keine mit Graben und Wall befestigten Siedlungen. Derartige »Burgen« sind am Niederrhein erst vereinzelt aus der nachfolgenden Eisenzeit nachgewiesen.

Daß man Wert auf Körperpflege legte, beweisen Toilettegeräte aus Gräbern. Zwei Gräber von Gladbeck (Kreis Recklinghausen) enthielten bronzene Rasiermesser zum Schneiden von Bart- und Kopfhaaren. In einem anderen Grab von Gladbeck lag eine bronzene Pinzette zum Auszupfen störender Haare. Ein Rasiermesser kam in einem Grab von Vettweiß (Kreis Düren) zum Vorschein, eine Pinzette im Gräberfeld bei Rhede (Kreis Borken).

Die Menschen der älteren Niederrheinischen Grabhügel-Kultur sind wohl Ackerbauern und Viehzüchter gewesen. Auf Getreideanbau deuten Brotreste im Gräberfeld bei Rhede hin, die der Berner Brotforscher Max Währen identifizierte.

Sicherlich beherrschte man den Guß von bronzenen Werkzeugen, Waffen und Schmuckstücken. Das erwähnte Rasiermesser von Vettweiß beispielsweise war in einer zweiteiligen Schalenform gegossen worden. Außer Rasiermessern und Pinzetten kennt man auch ein bronzenes Vollgriffmesser aus Petershagen-Hävern (Kreis Minden-Lübbecke), das offenbar nicht als Werkzeug diente.

Unter den Grabbeigaben im Friedhof bei Rhede befanden sich neben anderen die Reste zweier bronzener Armspiralen, ein Fingerring und Reste kleiner Bronzespiralen. Sie müssen nach Meinung des Ausgräbers zu einem größeren Körperschmuck gehört haben.

Friedhöfe aus der Zeit der älteren Niederrheinischen Grabhügel-Kultur wurden außer in der Winkelhauser Heide bei Rhede[4] auch in Gladbeck-Ellinghorst[5], Herne-Baukau[6], Recklinghausen-Röllinghausen[7], Bocholt[8] und Marbeck[9] entdeckt.

Das Gräberfeld bei Rhede umfaßte insgesamt etwa 180 Brandbestattungen, davon 41 in tönernen Urnen. Bei den restlichen Beisetzungen konnte kein Behältnis ausgegraben werden, sondern der Leichenbrand wurde auf dem Grund von Gruben in Knochennestern vorgefunden. Doch lag der Leichenbrand so dicht, daß eine Urne aus organischem Material angenommen werden darf. Dreimal wurde über den Leichenbrand eine Deckschüssel gestülpt.

Die Gräber bei Rhede sind mit Gräben verschiedener Form umgeben. Davon waren 99 ganz oder teilweise erhalten. Es handelte sich um 93 kreisförmige und ovale sowie um sechs Langgräben. Die kreisförmigen und ovalen Aushübe haben einen Durchmesser von einem bis 15 Metern. In jeder Anlage hatte man nur eine Brandbestattung vorgenommen. Einige der Gräber gehörten bereits in die frühe Eisenzeit.

Mehrfach hat man bei Rhede zum Leichenbrand kleine Tongefäße mit Kerbschnittverzierung als Beigaben für den Toten gestellt. Sie enthielten vermutlich Speisen. Nach Ansicht des Krefelder Prähistorikers Christoph Reichmann sind die Speisebeigaben nicht als Wegzehrung für die Verstorbenen gedacht gewesen. Die Beigefäße wurden mehrfach während der Beisetzung zerschlagen und ihre Scherben in die Grabgrube oder in den Graben ringsum geschüttet. Metallbeigaben waren eher selten.

Christoph Reichmann glaubt, daß der Tote nicht mit seinem Be-

Bronzenes Vollgriffmesser aus Petershagen-Hävern (Kreis Minden-Lübbecke) in Nordrhein-Westfalen. Länge des Messers, das nicht als Werkzeug diente, 34 Zentimeter. Original im Westfälischen Museum für Archäologie, Münster.

Brandbestattung zur Zeit der älteren Niederrheinischen Grabhügel-Kultur im Gräberfeld in der Winkelhauser Heide bei Rhede (Kreis Borken) in Nordrhein-Westfalen. Dort wurden insgesamt etwa 180 solcher Beisetzungen vorgenommen.

sitz oder mit einer für sein jenseitiges Leben gedachten Ausstattung versehen wurde. Statt dessen ließ man ihm nur seine Tracht und gewisse rituelle Beigaben. Wahrscheinlich spielten auch bestimmte Toilettegeräte zur Körperpflege, wie Pinzetten und Rasiermesser, eine Rolle im Grabkult.

Spuren von Bronzeoxid an zahlreichen Knochen der Leichenbrände aus dem Friedhof bei Rhede verraten, daß Metallteile der Tracht und anderer Beigaben mit dem Toten im Feuer gelegen hatten. Doch nach dem Verbrennen der Leiche hat man das Metall meistens nicht aus dem Scheiterhaufen gesammelt und mit in die Gräber gegeben. Vielleicht galten die Bronzeobjekte als zu wertvoll, um vergraben zu werden.

Zwei Gräber von Erwachsenen bei Rhede enthielten kleine Sammlungen von Steinen mit ungewöhnlicher Form. In einem Grab lagen 13 Steine, davon ähnelte einer einem Pferdefuß und einer den Umrissen einer Mondsichel. Ein Bergkristall war absichtlich zerschlagen. Im zweiten Grab kamen vier Steine zum Vorschein, von denen einer einem Pferdekopf, einer einem Fischmaul und ein dritter einem Schälchen glich. Ein fünfter Stein fand sich außerhalb der Grabgrube und des Kreisgrabens unter einem leeren Tongefäß.

Christoph Reichmann hält es für möglich, daß diesen seltsamen Objekten eine magische Bedeutung zugeschrieben wurde. Denkbar wäre zum Beispiel, daß sie als Orakelsteine zur Zukunftsvoraussage dienten.

Im Gräberfeld von Gladbeck-Ellinghorst (Kreis Recklinghausen) hat man schätzungsweise mehr als 400 Brandbestattungen vorgenommen. Erst 201 davon wurden bei einer Teiluntersuchung festgestellt. Es handelte sich überwiegend um Urnengräber, aber auch um Knochenlager und Brandschüttungsgräber. Bisher konnten sieben Gefäßfundpunkte, zwei Kreisgräben und ein Schlüssellochgraben ermittelt werden.

Auch im Gräberfeld von Recklinghausen-Röllinghausen wurde erst ein kleiner Ausschnitt genauer erforscht. Dabei kamen 46 Brandbestattungen (Urnengräber, Knochenlager, Brandschüttungsgräber), fünf Gefäß- oder Scherbendeponierungen, vier Holzkohlekonzentrationen, drei Langgräben und sechs Kreisgräben zum Vorschein.

Die Langgräben wiesen unterschiedliche Abmessungen auf. Langgraben I war 33,50 Meter lang, fünf Meter breit sowie 0,60 bis 1,15 Meter tief. Langgraben II erreichte 13,50 Meter Länge. Der trapezförmige Langgraben III war 20,50 Meter beziehungsweise 8,50 Meter lang und 0,60 bis 1,10 Meter breit. Die Kreisgräben hatten einen Durchmesser von bis zu maximal zehn Metern. Lediglich ein kleiner Abschnitt ist bisher auch im Gräberfeld von Herne-Baukau ausgegraben worden. Dabei erkannte man 49 Brandbestattungen (Urnengräber, Knochenlager, Brandschüttungsgräber) der Spätbronzezeit und zwei Kreisgräben. Einer davon hatte einen Durchmesser von 6,50 Metern. Der Graben war oben einen Meter breit, unten 0,25 Meter breit und einen Meter tief. Der andere Kreisgraben erreichte einen Durchmesser von zwölf Metern, er war 0,70 Meter breit und einen Meter tief. Die Brandbestattungen wurden in Gruben mit einem Durchmesser von 0,50 bis 1,10 Metern sowie von 60 bis 80 Zentimeter Tiefe vorgenommen. Eine der Urnen von diesem Friedhof besaß ein sogenanntes »Seelenloch«.

Ungewöhnlich geformte Steine aus Gräbern in der Winkelhauser Heide bei Rhede (Kreis Borken) in Nordrhein-Westfalen. Ihnen wurde eine nicht nachweisbare magische Bedeutung zugeschrieben. Originale im Westfälischen Museum für Archäologie, Münster.

Bei den Bestattungen spielten die Schlüsselloch- und Langgräben sowie Gefäßdeponierungen, Feuer und Urnen mit »Seelenlöchern« eine unbekannte Rolle. Das Feuer wird durch Holzkohlekonzentrationen belegt.

Die Spätbronzezeit in Westfalen

Die Grenze zwischen der älteren Niederrheinischen Grabhügel-Kultur und der Gruppe der westfälisch-nordostniederländischen Kreisgrabenfriedhöfe lag vermutlich im Osten des Kreises Borken. Dort bildete nach Ansicht des Krefelder Prähistorikers Christoph Reichmann ein breiter Moor- und Venngürtel eine natürliche Barriere zwischen diesen beiden Kulturgruppen. So gehörte der erwähnte Friedhof bei Rhede noch zu der ersten Gruppe, der benachbarte von Heiden – ebenfalls im Kreis Borken liegend – dagegen bereits zur zweiten.
Aufgrund der Untersuchungen von Leichenbränden aus dem Kreisgrabenfriedhof bei Telgte-Raestrup[10] (Kreis Warendorf) weiß man, daß die Lebenserwartung der dort bestatteten Menschen gering war. Die meisten männlichen Erwachsenen starben – nach den Erkenntnissen des Göttinger Anthropologen Bernd Herrmann – bereits im Alter von 25 bis 35 Jahren, die Frauen sogar noch früher. Die Männer und Frauen hatten einen grazilen Körperbau und wurden lediglich 1,60 bis 1,65 Meter groß. An ihren Knochenresten ließen sich Krankheiten im Gebiß- und Rumpfbereich erkennen.
Von der ehemaligen Kleidung blieben nur die bronzenen Gewandnadeln in Form von Scheibenkopf- und Vasenkopfnadeln übrig. Mit einer Scheibenkopfnadel wurde das Gewand eines Mannes in Saerbeck (Kreis Steinfurt) zusammengehalten. Vasenkopfnadeln hat man in Westfalen so häufig in Brandgräbern gefunden, daß es sich hier um ein heimisches Erzeugnis handeln könnte.
Jeweils ein bronzenes Rasiermesser kam aus zwei Männergräbern von Saerbeck zum Vorschein. In einem davon fand sich zusätzlich eine Pinzette, die schon einmal auseinandergebrochen und durch Verbundguß repariert worden war. Im Grab eines etwa 40 Jahre alten Mannes von Rheda (Kreis Gütersloh) lag ein Rasiermesser ohne Gebrauchsspuren. Dieses Exemplar entspricht einem Typ der Urnenfelder-Kultur am Mittelrhein. Dagegen repräsentiert eines der Rasiermesser von Saerbeck einen Typ der nordischen jüngeren Bronzezeit.
Neben derartigen Rasiermessern und Pinzetten liegt aus Petershagen-Hävern (Kreis Minden-Lübbecke) ein zierliches bronzenes Vollgriffmesser vor, das vermutlich nicht als Werkzeug gedacht war. Ähnliche Objekte bilden in Westfalen und in Niedersachsen eine kleine, besondere Gruppe, die sich von den Messern südlicher Herkunft deutlich absetzt.
In Telgte-Wöste (Kreis Warendorf) wurden Relikte eines kleinen Gehöftes aus der Spätbronzezeit freigelegt. Dabei handelte es sich um ein dreischiffiges Haus mit 16 Meter Länge und sechs Meter Breite sowie um einen quadratischen Speichergrundriß. Der Fundort liegt heute mehr als einen Kilometer von der Ems entfernt in einer Gegend, in der kein fließendes Gewässer existiert. Man konnte auch keinen Brunnen finden. Wahrscheinlich hat es dort aber während der Spätbronzezeit einen Bachlauf gegeben.
Aus Telgte-Raestrup sind Reste eines Gehöftes der Übergangsphase zwischen Spätbronzezeit und früher Eisenzeit bekannt. Dazu gehörten die Grundrisse von einem dreischiffigen Haus mit den Maßen 22 mal 4,50 Meter, von einem kleinen dreischiffigen Bau mit zehn Meter Länge und vier Meter Breite sowie vier 6- oder 4-Pfostensetzungen. Der 35 mal 27 Meter große Hofplatz war umzäunt. Sowohl in Telgte-Raestrup als auch in Telgte-Wöste sind außerdem älterbronzezeitliche Hausgrundrisse entdeckt worden (s. S. 201).
Ackerbau aus jener Zeit wird indirekt durch Abdrücke von Getreidekörnern auf damaligen Tongefäßen belegt. Aus Hamm ist je ein Abdruck von Einkorn (*Triticum monococcum*) und Gerste (*Hordeum vulgare*) sowie aus Nordheringen (Kreis Hamm) einer von Gerste bekannt.
Brotreste in Knochenlagern oder Urnen aus Kreisgrabenfriedhöfen geben einen Hinweis auf die damalige Nahrung. Derartige Überbleibsel wurden von dem Berner Brotforscher Max Währen in Telgte-Raestrup (Kreis Warendorf), Rheine-Mesum (Kreis Steinfurt) und Heek (Kreis Borken) identifiziert. Bei einer zusammen mit einem Mann in Telgte bestatteten Frau hatte sich infolge gewohnheitsmäßigen Hockens auf den Fersen beim Mahlen von Getreidekörnern am unteren Ende des Schienbeins die sogenannte »Hockerfacette« herausgebildet.
Neben Schmuck aus Bronze gab es manchmal auch solchen aus Bernstein. Dieses rasch brennbare fossile Harz hat nur selten das Feuer des Scheiterhaufens heil überstanden. Der von der Nordsee- oder Ostseeküste stammende Bernstein wurde im Tauschhandel erworben.
Bei den 135 ausgegrabenen Bestattungen des Gräberfelds bei Telgte-Raestrup konnten lediglich in zwei Gräbern insgesamt vier Bernsteinstücke geborgen werden. Die in einer Urne liegenden zwei länglichen Schieber und eine Perle werden von dem Prähistoriker Klemens Wilhelmi aus Hannover als Teile eines Schmuckgehänges gedeutet, zu dem vermutlich auch drei bronzene Röllchen gehören, die aller Wahrscheinlichkeit nach zwischen den durchlochten Schiebern hingen. Das Schmuckensemble – sozusagen ein Bernstein-Bronze-Pektorale beziehungsweise Kollier – zierte wohl die Brust oder den Hals einer jungen Schwangeren.

In einem Grab von Gladbeck fanden sich zwei Bernsteinperlen, von denen eine vollständig und die andere nur bruchstückhaft erhalten war. Die komplette Perle hat einen Durchmesser von zwei Zentimetern und ist in der Mitte eng durchbohrt, damit sie aufgefädelt werden konnte.

Die Menschen der Spätbronzezeit in Westfalen importierten mancherlei Waren aus dem Gebiet des Nordischen Kreises in Schleswig-Holstein, aus Niedersachsen, von der Lausitzer Kultur aus Mitteldeutschland und von der Urnenfelder-Kultur in Süddeutschland. Auf weitreichende Tauschgeschäfte deuten vor allem Bronzegegenstände fremder Herkunft hin.

Als Importware gilt die im 8. Jahrhundert v. Chr. hergestellte Bronzeamphore von Olsberg-Gevelinghausen[11] (Hochsauerlandkreis) in Nordrhein-Westfalen (s. S. 369). Die mit mehr als 10 000 Punzeinschlägen verzierte Amphore wird als das schönste Bronzegefäß Deutschlands betrachtet. Darin befand sich der Leichenbrand einer im 6. oder 5. Jahrhundert gestorbenen, etwa 25 bis 35 Jahre alten Frau. Das Metallgefäß ist auf dem Unterteil mit einer Vogelsonnenbarke und auf dem Oberteil mit einer Vogelbarke ausgeschmückt. Ähnliche Darstellungen der Vogelsonnenbarke kennt man auf Eimern aus Hajdúböszörmény in Ungarn und auf Amphoren von Vejo (Provinz Rom) und Rivoli (Provinz Verona) in Italien.

Wie zuvor hat man in Westfalen auch in der Spätbronzezeit über Gräbern einen Hügel aufgeschüttet, obwohl nun die Toten verbrannt wurden. Der Brauch, Gräber mit einem Graben zu umgeben, wurde ebenfalls beibehalten. Neu dagegen war im Flachland Westfalens der Graben mit schlüssellochförmigem Umriß. Hierbei handelt es sich jeweils um einen Kreisgraben, der meistens im Osten durch einen trapezförmigen Vorhof (auch »Schlüsselbart« genannt) erweitert wurde. Innerhalb des Kreises lag der Grabhügel, während der Vorhof nicht überhügelt war. Im Vorhof sind vermutlich Zeremonien zu Ehren des Toten abgehalten worden.

Größere Friedhöfe mit Schlüssellochgräbern sind beispielsweise aus Heiden[12] (Kreis Borken), Neuwarendorf[13] (Stadt Warendorf), Telgte-Raestrup[14] (Kreis Warendorf), Petershagen-Lahde[15] (Kreis Minden-Lübbecke) und Rheda[16] (Kreis Gütersloh) bekannt.

Das Brandgräberfeld von Neuwarendorf wurde beiderseits eines Weges angelegt, der durch einen etwa neun Meter breiten belegungsfreien Streifen markiert wird. Zu diesem Friedhof gehörten etwa 250 Brandbestattungen der Spätbronze- und der Früheisenzeit. Etwa 130 Gräber waren als Langbetten angelegt worden oder mit einem Schlüssellochgraben umgeben. Manche der Langbetten von Neuwarendorf hatte man mit Pfosten umstellt, wie man es auch von Gasteren in Holland kennt, und mit einem Vorhof versehen.

Ein weiteres großes Gräberfeld aus dieser Zeit ist aus Löhne-Obernbeck[17] (Kreis Herford) in Ostwestfalen bekannt. Es umfaßte 80 Gräber, worin unter anderem ein doppelschneidiges Rasiermesser aus Süddeutschland geborgen werden konnte.

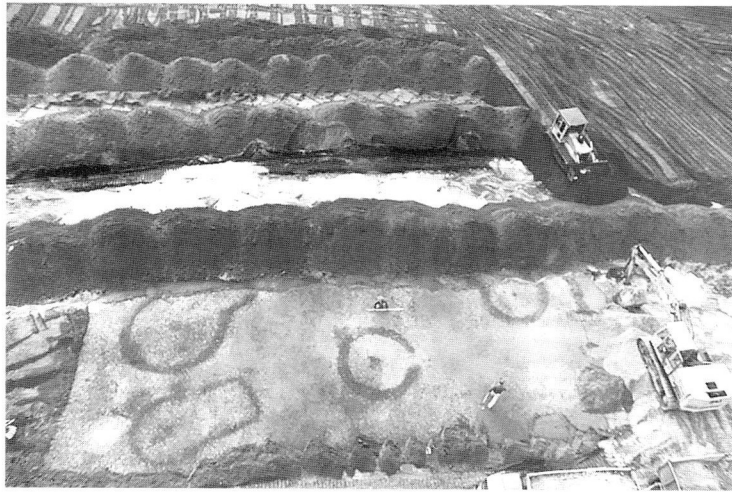

Friedhof der späten Bronzezeit im Stadtteil Nordrheda von Rheda-Wiedenbrück (Kreis Gütersloh) in Nordrhein-Westfalen mit Gräbern, die von Kreisgräben (rechts und Mitte) und Schlüssellochgräben (links) umgeben sind. Das Foto entstand bei den Grabungen.

Zum Gräberfeld im Stadtteil Nordrheda von Rheda-Wiedenbrück gehörten 45 Gräber von der frühen über die späte Bronzezeit bis in die frühe Eisenzeit. In die späte Bronzezeit werden elf Kreisgräben, 23 Schlüssellochgräben und einige Bestattungen ohne besondere Einhegung datiert. Eine große tönerne Urne auf diesem Friedhof enthielt den Leichenbrand einer etwa 25jährigen Frau und ihres Säuglings. Diesem hatte man zwei sehr sorgfältig hergestellte Tongefäße mitgegeben.

Manche Höhlen des Sauerlands dienten vermutlich als Heiligtümer, in denen bestimmte Rituale abgehalten wurden, welche die Fruchtbarkeit von Mensch, Tier und Feld gewährleisten sollten. Mit dem Kult wird auch ein gegossenes Bronzebecken aus Münster-Gittrup in Verbindung gebracht. Es kam 1986 am Rand einer Siedlung innerhalb von vier Pfosten zum Vorschein. Das Metallgefäß ist vermutlich aus kultischen Gründen eingegraben worden. Weitere Bronzebecken wurden 1911 in Rheda-Wiedenbrück (Kreis Gütersloh) und 1980 auf einer Erddeponie bei Bad Driburg (Kreis Höxter) entdeckt.

Schauplätze geheimnisvoller Zeremonien dürften die Pfostendoppelreihen (»Pfostenavenuen«) von Telgte-Raestrup (Kreis Warendorf) und Münster-Gittrup gewesen sein. Die 1972 entdeckte Avenue von Telgte-Raestrup war mindestens 30 Meter lang, die 1976 nachgewiesene Avenue von Münster-Gittrup sogar 56 Meter. Beide Avenuen waren bei der Entdeckung teilweise zerstört. Solche Avenuen mit Pfostendoppelreihen hatte es bereits während der älteren Bronzezeit in Niedersachsen gegeben (s. S. 208) und existierten dort noch in der jüngeren Bronzezeit (s. S. 319).

Mit angeschmiedetem Schmuck ins Bett
Die Lüneburger Gruppe in der mittleren Bronzezeit

Die bereits in der älteren Bronzezeit bestehende Lüneburger Gruppe (s. S. 189) existierte auch in der mittleren Bronzezeit von etwa 1200 bis 1100 v. Chr. in der Lüneburger Heide. Während dieser Zeit nahm jedoch der Umfang ihres ursprünglichen Verbreitungsgebiets allmählich an Größe ab. Es umfaßte in der Schlußphase nur noch die Ilmenaugegend und Teile der Nordheide. Zu diesem Bereich gehörten die heutigen Kreise Lüneburg, Harburg, Uelzen und teilweise Lüchow-Dannenberg.

In der Südheide, wo während der älteren Bronzezeit die Lüneburger Gruppe durch reiche Grabbeigaben dokumentiert war, läßt sich diese in der fortgeschrittenen mittleren Bronzezeit nicht mehr nachweisen, weil nun keine Beigaben mehr in die Gräber gelangten. Der Kreis Soltau-Fallingbostel, der zuvor ebenfalls im Verbreitungsgebiet der Lüneburger Gruppe lag, zählte in der mittleren Bronzezeit zur Allermündungs-Gruppe (s. S. 303).

Wie die Urnenfelder-Zeit (s. S. 258) im südlichen Mitteleuropa gilt auch die mittlere Bronzezeit in Niedersachsen als eine unruhige Phase, mit der tiefgreifende Veränderungen im Alltag und in religiösen Dingen verbunden waren. Es war jene Zeit, in der aus unbekannten Gründen große Wanderungsbewegungen ausgelöst wurden und sich der auf neuen religiösen Vorstellungen basierende Brauch der Leichenverbrennung durchsetzte.

Die Sitte der Brandbestattung faßte – nach Erkenntnissen des Hamburger Prähistorikers Friedrich Laux – in der Südheide bereits zu Beginn der mittleren Bronzezeit Fuß. Die Verstorbenen wurden nun auf Scheiterhaufen verbrannt. Nach dem Erlöschen des Feuers hat man die übriggebliebenen Knochen und die Asche (den Leichenbrand) in ein kleines Kästchen aus organischem Material oder in einen Leder- beziehungsweise Stoffbeutel geschüttet und in Grabhügeln aus früherer Zeit bestattet. Anders als in der älteren Bronzezeit wurden die Toten jetzt nicht mehr mit Grabbeigaben versehen.

Von den Grabsitten in der Südheide unterschieden sich anfangs noch diejenigen in der Nordheide. Hier wurden die Toten zu Beginn der mittleren Bronzezeit wie zuvor noch unverbrannt mit Grabbeigaben (Waffen, Schmuck) beerdigt. Doch schon bald nahm in der westlichen Nordheide ebenfalls die beigabenlose Brandbestattung ihren Anfang und setzte sich schließlich im übrigen Nordheidegebiet durch. Bis zu diesem Zeitpunkt waren in der östlichen Nordheide die für das Ilmenautal kennzeichnende Lanzenbewaffnung und Schmucktracht vom Typ Deutsch Evern üblich gewesen.

In der Ostheide, nämlich im Ilmenautal, hatte sich zu Beginn der mittleren Bronzezeit ein vollständiger Wechsel von Tracht und Bewaffnung vollzogen. Dort wurde die Waffenkombination von Beil und Dolch beziehungsweise von Pfeil und Bogen und Dolch aus der älteren Bronzezeit durch die neuartigen Lanzen abgelöst. Zur Waffenausrüstung des Mannes gehörten nun ein Spieß und gelegentlich ein Dolch.

Erst in einem fortgeschrittenen Stadium der mittleren Bronzezeit kamen Speere mit kurzen Spitzen auf, die sehr häufig durch ein Kurzschwert als Reservewaffe ergänzt wurden. Aus dieser Zeit stammen einzelne Lanzen, deren Spitzen lang herabgezogene Blätter aufwiesen und die man ebenfalls oft mit Kurzschwertern kombinierte.

Von solchen einheitlichen Waffenausstattungen gab es nur wenige Ausnahmen. Eine davon wurde in einem Grab auf dem Osterberg bei Bad Bevensen-Gollern[1] (Kreis Uelzen) in Form einer einmaligen Zusammensetzung von Langschwert, Beil und Lanze vorgefunden. Nach Auffassung des Prähistorikers Friedrich Laux könnte es sich bei diesem Grab um die letzte Ruhestätte eines Häuptlings gehandelt haben.

In Männergräbern der Nord- und Südheide sind ab der frühen mittleren Bronzezeit erstmals bronzene Fibeln (Gewandnadeln) nachweisbar. Außerdem waren damals bei den Männern Kugelkopfnadeln in Mode. Im Ilmenautal in der östlichen Lüneburger Heide trugen die Männer gerne Nadeln mit profiliertem oder doppelkonischem Kopf, jedoch keine Fibeln. Aus Frauengräbern des Ilmenautals sind große Haarknoten- und lange Spiralplattenfibeln mit doppelter oder dreifacher Kreuzbalkenkopfnadel bekannt. In der Nord- und Südheide schmückte man sich dagegen mit Doppelradnadeln und kleineren Haarknotenfibeln.

Einzelne kleine Plattenfibeln wie jene aus Deutsch Evern im Kreis Lüneburg und Hamburg-Fischbek gelten als Importstücke aus Mecklenburg-Vorpommern. In einem Brandgrab von Haarstorf bei Natendorf (Kreis Uelzen) lag eine Kolbenkopfnadel der mitteldeutschen Lausitzer Kultur (s. S. 366), was ein bemerkenswertes Licht auf die Herkunft der Brandbestattungssitte im Lüneburgischen wirft. Aus einem Männergrab von Deutsch Evern kennt man einen Gürtelhaken.

Womit sich die damaligen Frauen im Ilmenautal und im Lauenburger Bereich nördlich der Elbe schmückten, veranschaulichen die Funde im Grab IV des Hügels 17 von Deutsch Evern[2]. In diesem Frauengrab konnte eine der vollständigsten mittelbronzezeitlichen Schmucktrachten geborgen werden. Dazu ge-

Bronzene Haarknotenfibel mit verzierter Schauseite aus Grab IV des Hügels 17 von Deutsch Evern (Kreis Lüneburg) in Niedersachsen. Nadellänge 11,3 Zentimeter, Bügellänge 7,8 Zentimeter. Original im Museum für das Fürstentum Lüneburg, Lüneburg.

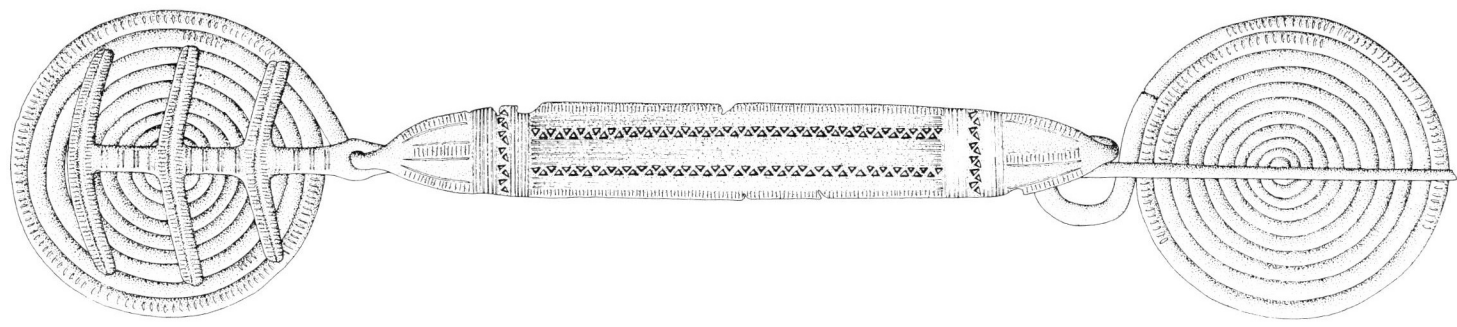

Bronzene Spiralplattenfibel mit dreifacher Kreuzbalkenkopfnadel aus Grab IV des Hügels 17 von Deutsch Evern (Kreis Lüneburg) in Niedersachsen. Gesamtlänge 29,4 Zentimeter. Original im Museum für das Fürstentum Lüneburg, Lüneburg.

hörten zwei goldene Haarspiralen, eine Haarknotenfibel, ein Satz von zwei Halsringen mit schrägem Leiterbandmuster, eine große Spiralplattenfibel mit dreifacher Kreuzbalkenkopfnadel, zwei Bronzeknöpfe mit Öse, zwei längsgerippte Lüneburger Manschettenarmbänder sowie ein Satz von vier Beinringen mit Spitzovalmuster.

Reich mit Schmuck versehen war auch die im Grab V des Hügels 17 von Deutsch Evern bestattete Frau. Ihre Beigaben umfaßten 20 türkisfarbene Glasperlen, eine bronzene Mecklenburger Spiralplattenfibel, vier Lüneburger Armringe und zwei bronzene Lüneburger Beinringe.

Die Haarknotenfibeln jener Zeit wurden wie eine Spange in einem Haarknoten am Hinterkopf getragen. Ihre Spirale weist nach oben, die Schauseite ist nach außen gerichtet. Im Einzugsgebiet der Ilmenau – der sogenannten Ostgruppe – war eine breite Ausführung dieser Fibeln üblich. Auch in der Nordheide trug man vereinzelt jene Form, doch nur als schmale Variante. Diese war vor allem im Luhe- und Örtzetal – also in der Westgruppe – verbreitet.

Haarknotenfibeln blieben – mit wenigen Ausnahmen – auf das Verbreitungsgebiet der Lüneburger Gruppe beschränkt. Einige Funde außerhalb des eigentlichen Lüneburger Bereichs belegen jedoch, daß einzelne Frauen in fremder Umgebung typischen Lüneburger Haarschmuck anlegten. Die Haarknotenfibeln aus Osterholz-Scharmbeck (Kreis Osterholz) und Lehrte (Kreis Hannover) sind in einer Werkstatt im Uelzener Raum angefertigt worden.

Halsringe mit schrägem Leiterbandmuster wurden häufig einzeln und in der Gegend um Lüneburg sogar paarweise getragen. Dabei lag das kleinere Exemplar stets über dem größeren Halsring.

Die Beinringe, die in der Umgebung Lüneburgs hergestellt und getragen wurden, waren mit drei Spitzovalbögen geschmückt, diejenigen aus dem Umkreis von Uelzen dagegen hat man mit vier Spitzovalbögen verziert. Ungewöhnliche Abschleifspuren an zwei schweren Beinringen aus einem Grab von Heitbrack (Kreis Uelzen) könnten darauf hindeuten, daß diese Ringe vielleicht mit breiten Lederriemen am Unterschenkel gehalten wurden.

Regionale Unterschiede traten auch beim Armschmuck zutage, wie an Lüneburger Manschettenarmbändern und Uelzener Armbändern ersichtlich wird. Lüneburger Manschettenarmbänder der breiten und der schmalen Form waren vor allem im

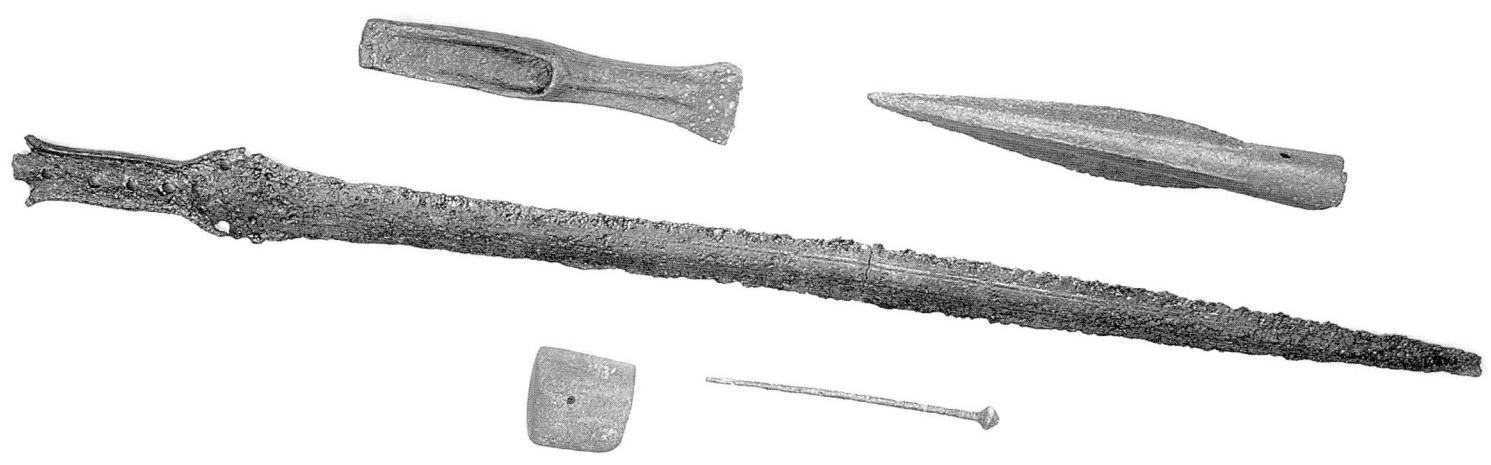

Absatzbeil, Lanzenspitze, Griffzungenschwert (Länge 62,2 Zentimeter), Schleifstein und Nadel aus einem Männergrab bei Bad Bevensen-Gollern (Kreis Uelzen) in Niedersachsen. Originale im Hamburger Museum für Archäologie, Hamburg-Harburg.

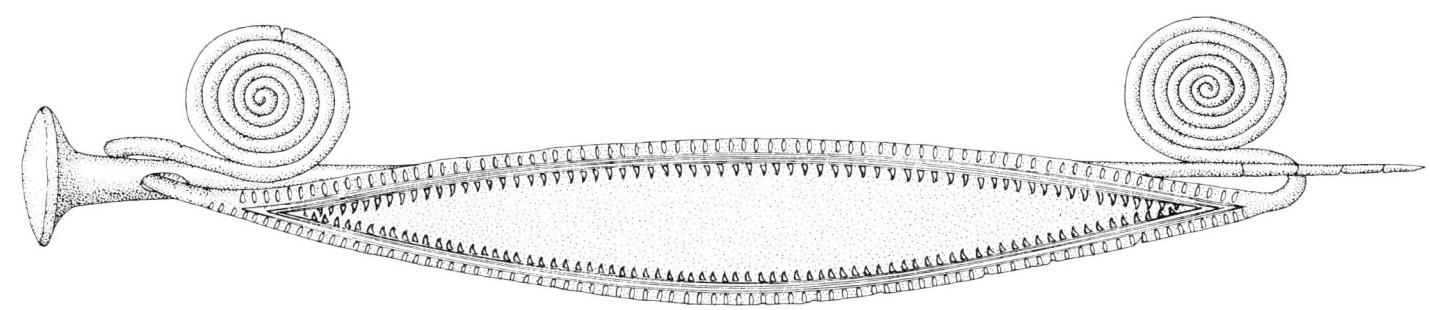

Lüneburger Fibel mit verziertem weidenblattförmigen Bügel aus Grabhügel 4, Bestattung 1, von Bleckmar (Kreis Celle) in Niedersachsen. Länge der Nadel 22,3 Zentimeter. Original im Niedersächsischen Landesmuseum, Hannover.

unteren Ilmenautal beliebt. Außerhalb kamen sie nur vereinzelt in der Südheide und in der nordwestlichen Altmark vor. Der Schwerpunkt der Verbreitung der Uelzener Armbänder liegt im Uelzener Becken. Auch hier gab es eine breite und eine schmale Form. Verziert sind sie meistens mit Spitzovalbögen, aber ebenfalls mit einwärts geschwungenen und geraden Bändern.

Arm- und Beinringe lagen im Ilmenautal und im Lauenburger Bereich fast in jedem Frauengrab. Sie wurden meistens paarweise angelegt. Paarig getragene Beinringe hatte es zuvor in der Lüneburger Heide nicht gegeben, in der Südheide und in Teilen der Nordheide fehlten sie weiterhin.

Die bronzenen Hals-, Arm- und Beinringe wurden den jungen Frauen angeschmiedet und – was ineinandergreifende Abschleifspuren zeigen – von diesen Tag und Nacht getragen. Das Anlegen der Ringe war nicht ganz ungefährlich, weil man die Schmuckstücke in heißem Zustand angebracht hat. Vielleicht wurden der Hals, die Arme und die Beine mit feuchten Lappen umwickelt, um Verbrennungen oder Verletzungen vorzubeugen, wie es der erwähnte Prähistoriker Friedrich Laux anhand völkerkundlicher Parallelen vermutet.

Der Grund dafür, daß die Frauen mitsamt den Ringen ins Bett gingen, war, daß es die Sprödigkeit des Metalls nicht erlaubte, die Ringe wiederholt aufzubiegen, um sie täglich morgens anzulegen und abends abzunehmen. Dagegen konnten Gewandfibeln, Nadeln (vor allem Doppelnadeln), Halsketten mit Anhängern und Halskragen aus Bronzeblech mit Rippenzier täglich an- und abgelegt werden.

Da die angeschmiedeten bronzenen Schmuckstücke nicht abnehmbar waren, gelangten sie am Körper ihrer Trägerinnen bei Wegzug aus dem Heimatdorf oder bei Hochzeiten mit Angehörigen anderer Kulturen sogar in weit entfernte Gegenden. Die Schmucktrachten der mittelbronzezeitlichen Lüneburger Gruppe sind Teil eines größeren Trachtenkreises, der außer der Lüneburger Gruppe noch die Mecklenburger Gruppe[3], die Altmärker Gruppe[4] (früher Kulturprovinz Mittelelbe[5]), Teile von Brandenburg (Spindlersfelder Kreis[6]), das nördliche Thüringen (Kulturprovinz Saale[7]) und den östlich anschließenden Bereich der Lausitzer Kultur und der Knovízer Kultur[8] Böhmens umfaßte. In diesen mittelbronzezeitlichen Kulturen gehörten zur Grundausstattung der Frauen Hals-, Arm- und Beinringe, die jeweils gruppeneigene Ornamente und Musterkombinationen aufweisen.

Wenn eine Lüneburgerin in östlich des Ilmenautals angesiedelte Gemeinschaften einheiratete, dann fiel sie durch ihren Schmuck erst beim zweiten Blick auf. Denn nur am Muster der Bein- und Armringe ließ sich die Herkunft der Damen ermitteln. Die in andere mittelbronzezeitliche Kulturgruppen eingeheirateten Frauen blieben immer als »Lüneburgerinnen« (Lüssow, Kreis Güstrow, Sehlen, Kreis Rügen) oder als »Uelzerinnen« (Alt Steinbeck, Kreis Nordwestmecklenburg, Progress, Kreis Hagenow, Lütjenburg, Kreis Plön) erkennbar.

Das gleiche gilt umgekehrt für sämtliche Beinringe aus der Altmärker Trachtenprovinz. Dagegen wirkten alle Frauen, die in die geographischen Bereiche westlich des Ilmenautals einheirateten, von vornherein als »Fremdlinge«, denn von dem ihnen angeschmiedeten Schmuck konnten oder wollten sie sich nicht trennen, obwohl man in ihrem neuen Lebensbereich offensichtlich nur abnehmbaren Schmuck trug. Erwähnenswert ist, daß eine »Lüneburgerin« bis nach Meissen (Kreis Minden) am Durchbruch der Weser durch die Porta Westfalica gelegen, gelangte.

Welches Einzelschicksal sich jeweils dahinter verbarg – und hierbei handelte es sich wirklich nur um eine Person in fremder Umgebung –, wird wohl weitgehend unklar bleiben. Denk-

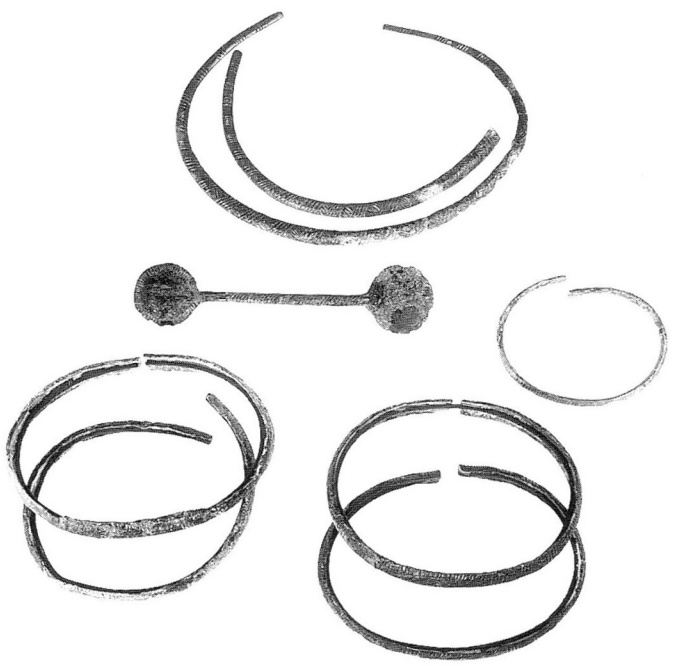

Zwei Halsringe, eine mecklenburgische Plattenfibel (Länge 12,2 Zentimeter), ein Armring und vier Beinringe aus einem Frauengrab im Langhügel von Hamburg-Fischbek. Originale im Hamburger Museum für Archäologie, Hamburg-Harburg.

DIE LÜNEBURGER GRUPPE IN DER MITTLEREN BRONZEZEIT

bar wären etwa familiäre Verbindungen einer sozialen Oberschicht – so die Auffassung des Prähistorikers Friedrich Laux –, Handels- oder Bündnispolitik.

Im Gegensatz zu den angeschmiedeten Schmuckstücken konnten die täglich auswechselbaren Gewandfibeln, Nadeln, Halsketten und -kragen mittels Tausch oder als Gastgeschenke in entfernte Landstriche gelangen. Sie wurden durch Wanderhandwerker oder Händler verbreitet.

Ein 1991 entdecktes Depot aus Hitzacker (Kreis Lüchow-Dannenberg) belegt nach Ansicht des damals in Dannenberg/Elbe arbeitenden Prähistorikers Christoph Sommerfeld, daß die bronzezeitlichen Menschen gelegentlich überirdischen Mächten metallene Schmuckstücke opferten. In diesem Fall handelte es sich um zwei Paare bronzener Armringe mit leichten Abnutzungsspuren, die zusammen mit einem zerstückelten, maximal drei Jahre alten Hund in einer Grube vergraben wurden. Die Opfergrube war am Rand durch einen 80 Zentimeter hohen, 50 Zentimeter breiten und 20 Zentimeter dicken Stein markiert, der so bearbeitet worden ist, daß er im unteren Teil eine rhombische Kontur erhielt.

Christoph Sommerfeld vermutet, daß die beiden Armringpaare aus Hitzacker von zwei Frauen geopfert wurden, die sich dadurch vielleicht Hilfe und Schutz bei Krankheit und Gefahr erhofften. Nach seinem Dafürhalten beweist das Depot aus Hitzacker, daß es sich auch bei allen anderen bronzezeitlichen Depots um Opfergaben handelt. Die auffällige Markierung und der zerlegte Hund von Hitzacker passen nach seiner Meinung nicht in das Bild eines simplen Verwahrfundes, der lediglich vergraben wurde, um später wieder geborgen zu werden.

Außer bronzenen Schmuckstücken gab es auch blaue Pfahlbau-Tönnchen mit weißer Fadenauflage und türkisfarbene ringförmige Glasperlen, die auf Halsketten gezogen wurden. Erstere wurden aus Süddeutschland importiert, letztere aus dem südlichen Mitteleuropa.

Ein aufregender Moment im Leben jeder jungen Frau war das Anschmieden von bronzenen Hals-, Arm- und Beinringen. Denn diese Schmuckstücke wurden in heißem Zustand angebracht, wobei es zu Verbrennungen oder Verletzungen kommen konnte.

Zur Schmucktracht der Männer in der Südheide gehörten bronzene Lüneburger Fibeln mit weidenblattförmigem Bügel und verzierte Armringe. Die Fibeln dienten zum Zusammenhalten des Gewandes. Auch die Armringe der Männer wurden angeschmiedet.

In der Lüneburger Heide behauptete sich die Sitte, die Toten mit Grabbeigaben zu bestatten, im Ilmenautal am längsten. Sie erlosch dort erst durch Einflüsse der mitteldeutschen Lausitzer Kultur und der nordischen jüngeren Bronzezeit aus dem südlichen Holstein.

Während einer Spätphase wurden die bronzenen Beigaben der Verstorbenen einerseits zusammen mit dem Leichnam auf dem Scheiterhaufen dem Feuer ausgesetzt und in der Glut geschmolzen, andererseits aber auch nachträglich unverbrannt auf den Leichenbrand gelegt. Bei den unversehrten Schmuckstücken handelt es sich fast ausnahmslos um den abnehmbaren Schmuck der Frauen, wie beispielsweise die Haarknotenfibel, in der man vielleicht ein Standesabzeichen sehen muß.

Sowohl in der Lüneburger Heide als auch auf der Stader Geest wurde der Leichenbrand in der Regel vom Scheiterhaufen aufgelesen und dann in einiger Entfernung davon beigesetzt. Dies geschah auf vielfältige Weise. Manchmal hat man den Leichenbrand in mannslange beziehungsweise kürzere Baumsärge ausgestreut oder in Behältnisse aus organischen Materialien geschüttet und diese an einem Ende oder in der Mitte von Baumsärgen deponiert.

In anderen Fällen ist das Behältnis mit dem Leichenbrand in Steinsetzungen verschiedener Form und Größe gelegt worden. In Lüllau bei Jesteburg[9] (Kreis Harburg) bestand das Grab einer Frau aus einer kleinen Steinkiste von 30 mal 35 Zentimeter Größe, die aus fünf Steinplatten erbaut und mit einem weiteren Stein abgedeckt wurde. Darin lagen der Leichenbrand und die im Scheiterhaufen zerschmolzenen Bronzeobjekte. In der Lüneburger Heide blieben solche Steinkisten mit Brandbestattungen auf das Gebiet zwischen den Flüssen Luhe und Seeve beschränkt.

Es war noch nicht üblich, den Leichenbrand in Tongefäßen zu verwahren, während es oft Hinweise auf viereckige Holzkästchen, Leder- und Stoffbeutel sowie Körbchen ohne Steinschutz in einem Hügel gab.

In der frühen mittleren Bronzezeit sind in einem schmalen Gebiet beiderseits der Unterelbe weiterhin für einzelne weibliche Tote sogenannte Totenhäuser errichtet worden (s. S. 193). Die meisten Totenhäuser von dort stammen aus dieser Phase.

Auf den Einfluß der Lüneburger Gruppe ist sicherlich das im Frühjahr 1932 entdeckte und 1933 ausgegrabene Totenhaus von Grünhof-Tesperhude (Kreis Herzogtum Lauenburg) in Schleswig-Holstein zurückzuführen. Unter jenem unmittelbar an der Elbe gelegenen Totenhaus wurden eine Frau und ein kleines Kind in zwei Baumsärgen bestattet. Die Baumsärge standen auf einer Steinpackung, die man oben sorgfältig mit Lehm verstrich. Darüber hat man das an der Giebelseite etwa 3,60 Meter breite Totenhaus errichtet. Bei der Bestattungsfeier wurden zuerst die Toten in ihren Baumsärgen und dann das Totenhaus verbrannt. Darüber ist zuletzt ein Hügel aufgeschüttet worden. Gräberfelder mit Brandbestattungen aus der mittleren Bronzezeit kennt man aus vielen Bereichen der Lüneburger Heide, doch annähernd vollständig untersucht sind nur jene von Deutsch Evern[10] (Kreis Lüneburg) und Tangendorf[11] (Kreis Harburg). In Deutsch Evern (Flur Am Wandelfeld) umfaßte das Hügelgräberfeld etwa 50 Grabhügel mit Bestattungen der mittleren und jüngeren Lüneburger Bronzezeit sowie der frühen Eisenzeit. Auffällig ist dort eine Anzahl von Doppel- und Mehrfachbeisetzungen. Ebenfalls ungefähr 50 Grabhügel von der mittleren Bronzezeit bis in die frühe Eisenzeit gehörten zum Hügelgräberfeld von Tangendorf. In einigen Fällen konnten auch hier Doppelbeerdigungen von Mann und Frau festgestellt werden.

Bei fünf Brandbestattungen im Grabhügel 17 von Deutsch Evern ist vielleicht der Brauch der Totenfolge praktiziert worden. Das vermutete der Lüneburger Prähistoriker Gerhard Körner (1913–1984), der 1948 diesen Grabhügel freigelegt hat. Der aus gelbem Sand aufgeschüttete Grabhügel 17 war 1,50 Meter hoch und hatte einen Durchmesser von 18 Metern. Zu Füßen eines im Zentrum dieses Grabhügels beigesetzten Mannes lagen vier weitere Bestattungen in einer Reihe. Dem Mann hatte man eine bronzene Nadel vom Typ Deutsch Evern und eine herzförmige Pfeilspitze aus Feuerstein mit in den Baumsarg gelegt.

In allen fünf Fällen wurden die Knochenreste der verbrannten Toten jeweils in einem Baumsarg bestattet. Zwei reich mit Beigaben versehene Frauen könnten die beiden Gemahlinnen des wohl bedeutenden männlichen Verstorbenen gewesen sein. Von zwei weiteren Bestattungen, welche die beiden Frauen einrahmten, war eine sicherlich ein Mann. Möglicherweise handelte es sich bei letzteren um Gefolgsleute oder Diener, die ihrem Herrn ins Grab folgen mußten.

Den Brauch der Totenfolge spiegeln – nach Vermutungen von Friedrich Laux – womöglich auch die Bestattungen in den Grabhügeln 19 und 20 von Deutsch Evern wider. Der Grabhügel 19 bedeckte einst zwei Baumsärge, in denen die Leichenbrandreste eines Mannes und einer Frau gleichzeitig beerdigt wurden. Grabhügel 20 enthielt als zentrale Bestattung ein Männergrab mit Steinpackung und darüber ein Frauengrab. Derartige Fälle von Totenfolge blieben verhältnismäßig selten.

Eine weitere gleichzeitige Bestattung von fünf Menschen wurde im benachbarten Wendisch Evern[12] (Kreis Lüneburg) ausgegraben. Die fünf Toten – drei Männer und dazwischen zwei Frauen – waren in einer Reihe zur letzten Ruhe gebettet worden. In Grab 1 lag eine Lanzenspitze, Grab 2 war beigabenlos. In der Steinsetzung von Grab 3 fanden sich eine Nadel mit dickem gerieften Kopf und ein Langdolch. Im Baumsarg von Grab 4 wurden 19 blaue Glasperlen, zwei Goldspiralen, ein bronzenes Rahmengriffmesser und eine Spiralplattenfibel geborgen. Die Steinpackung von Grab 5 enthielt eine Lanzenspitze.

Rekonstruktion des Totenhauses von Grünhof-Tesperhude (Kreis Herzogtum Lauenburg) in Schleswig-Holstein von 1936 durch den Prähistoriker Karl Kersten (1909–1992). In zwei Baumsärgen wurden eine Frau und ein Kleinkind bestattet.

Stoßlanzen und Kurzschwerter
Die Allermündungs-Gruppe in der mittleren Bronzezeit

Südlich der Stader Geest existierte während der mittleren Bronzezeit von etwa 1200 bis 1100 v. Chr. im Bereich der Allermündung die nach dieser Gegend benannte Allermündungs-Gruppe. Sie gehörte wie die gleichaltrige mittelbronzezeitliche Lüneburger Gruppe (s. S. 298) zur Periode III in der erwähnten Chronologie von Oskar Montelius (s. S. 24).
Zum Verbreitungsbereich der Allermündungs-Gruppe zählten die Gebiete der heutigen Landkreise Hannover, Nienburg/Weser, Diepholz, Verden, Soltau-Fallingbostel und teilweise der Kreis Hildesheim. Im Kreis Soltau-Fallingbostel und im Ostteil des Kreises Verden war in der älteren Bronzezeit noch die Lüneburger Gruppe heimisch gewesen. Den Begriff Allermündungs-Gruppe hat 1987 mündlich und 1990 schriftlich der Hamburger Prähistoriker Friedrich Laux (s. S. 445) eingeführt.
Welchen Einflüssen die mittlere Weserregion ausgesetzt war, wird an der Zusammensetzung des Depots von Landesbergen[1] (Kreis Nienburg/Weser) ersichtlich. Dieses wird zwar in die ältere Bronzezeit datiert, doch in der mittleren Bronzezeit herrschten dort sicherlich noch ähnliche Verhältnisse. Das Depot von Landesbergen besteht aus Schmuckstücken und Geräten. Eine solche Kombination ist typisch für den Südteil des Nordischen Kreises der Bronzezeit, also von Schleswig bis Stade.
Die kleinen Gürtelscheiben aus Landesbergen gehören zur Tracht der Stader und – ebenfalls nördlich der Elbe – der Dithmarscher Damen, die längsgerippten Armbänder sind lüneburgisch. Die beiden norddeutschen Absatzbeile mit geradem Absatz gelten nach Erkenntnissen von Friedrich Laux als typisch für eine Werkstatt, die irgendwo zwischen Nienburg und Verden/Aller gearbeitet hat.
Das Depot von Landesbergen umfaßte also Einheimisches (Absatzbeile), Stadisches (Gürtelscheiben), Lüneburgisches (Armbänder und Armring) sowie allgemein Nordisches (Zusammensetzung des Depots). Demnach nahmen die Menschen im Bereich der mittleren Weser von allen Seiten her Anregungen und Fertigprodukte auf. Nur die alltäglichen Geräte (Arbeitsbeile und wohl auch Sicheln) wurden vor Ort angefertigt.
Die Reste der drei bronzenen Sicheln aus dem Depot von Landesbergen veranschaulichen, daß später sicherlich auch die Angehörigen der Allermündungs-Gruppe Ackerbauern waren, die Getreide säten und ernteten. Daneben dürften sie wohl Viehzucht betrieben haben.
Von der Kleidung der Menschen dieser Gruppe blieben keinerlei Stoffreste erhalten. Lediglich bronzene Fibeln und Nadeln konnten bisher gefunden werden. Die metallenen Haarknotenfibeln dienten den Frauen als Haarschmuck am Hinterkopf. Das weibliche Gewand wurde häufig durch Doppelradnadeln mit tropfenförmiger Öse zusammengehalten. Solche Doppelradnadeln waren zuvor auch von den Hügelgräber-Leuten in Osthessen getragen worden.
Zur Bewaffnung der Männer gehörten zunächst meistens Lanzen mit bronzenen Spitzen vom Lüneburger Typ mit Mittelrippe auf der Tülle. Nur in der Gegend von Hannover gab es ähnliche Lanzenspitzen ohne Mittelrippe. Die Stoßlanzen mit langem hölzernen Schaft und metallener Spitze wurden häufig

Bronzenes Stollenarmband mit sieben Rippen aus Uetzingen-Elferdingen (Kreis Soltau-Fallingbostel) in Niedersachsen. Größter Durchmesser 5,5 Zentimeter, maximale Breite 2,5 Zentimeter. Original im Niedersächsischen Landesmuseum, Hannover.

durch längere bronzene Dolche ergänzt. Diese Ausrüstung entsprach weitgehend der Bewaffnung der mittelbronzezeitlichen Lüneburger Gruppe (s. S. 298).
In einer Spätphase der Allermündungs-Gruppe ging man zu einer Bewaffnung aus Wurfspeer und Dahlenburger Kurzschwert (s. S. 221) über. Die Wurfspeere haben eine bronzene Spitze mit langer Tülle und kurzem rhombischen Blatt. Solche Speerspitzen waren in der Gegend von Hannover eher die Seltenheit, dort bevorzugte man andere kleinere Formen.
Eine schwere bronzene Lanzenspitze fand man in einem der Gräber von Laatzen (Kreis Hannover), leichtere Speerspitzen dagegen in Tüchten bei Oyten (Kreis Verden) und im Stadtteil Westenholz von Walsrode (Kreis Soltau-Fallingbostel). Ein 29,9 Zentimeter langes Dahlenburger Kurzschwert kam zusammen mit der bereits erwähnten Lanzenspitze in Walsrode-Westenholz zum Vorschein.
Wie in der südlichen Lüneburger Heide gehörten auch im Verbreitungsgebiet der Allermündungs-Gruppe bronzene Haarknotenfibeln und Doppelradnadeln zur Schmucktracht der Frauen.
Außerdem waren Schmuckstücke in Mode, die auf osthessische Einflüsse beziehungsweise Importe zurückgeführt werden können. Dazu zählten osthessische Halskragen aus Bronzeblech, Doppelradnadeln mit tropfenförmiger Öse und Stollenarmbänder mit sieben Rippen. Ein verzierter Halskragen, drei Doppelradnadeln und drei Stollenarmbänder mit sieben Rippen konnten in Gräbern des Ortsteils Elferdingen von Uetzingen (Kreis Soltau-Fallingbostel) geborgen werden.
Einzelne Armstulpen und Beinringe stammten aus Werkstätten des Ilmenautals in der östlichen Lüneburger Heide. Die Beinringe wurden – nach Ansicht des Hamburger Prähistorikers

Friedrich Laux – nicht von einheimischen Frauen getragen, sondern von solchen, die es durch Einheirat bis in die Gegend von Hannover »verschlagen« hatte. Denn die Beinringe sind den jungen Frauen angeschmiedet worden und konnten nicht täglich an- und abgelegt werden (s. S. 300).

Die Schmuckstücke aus Osthessen und aus dem Ilmenautal (Gegend von Uelzen und Lüneburg) dokumentieren Tauschgeschäfte mit dort heimischen Zeitgenossen. Vielleicht wurden die Tauschobjekte zumindest teilweise mit Wasserfahrzeugen auf der Ilmenau, Aller und Weser transportiert. Auch Wagen mit vorgespannten Zugtieren hat es damals sicherlich gegeben, obwohl die Speichenradreste aus dem Barnstorfer Moor im Kreis Diepholz[2] unsicher datiert sind (s. S. 208).

Im Verlauf der mittleren Bronzezeit setzte sich im Verbreitungsgebiet der Allermündungs-Gruppe allmählich die Brandbestattung durch. Der Brauch, die Toten mit bronzenen Grabbeigaben zu versehen, endete erst zu Beginn der jüngeren Bronzezeit (Periode IV). Der Verzicht auf die Beigabensitte macht es den Prähistorikern nahezu unmöglich, zu weiteren Aussagen über die Regionalgruppen der damaligen Zeit zu gelangen.

Gräber aus jener Zeit sind vom Mastbruchholz bei Laatzen[3] in der Gemarkung Grasdorf (Kreis Hannover) bekannt. Den dort bestatteten Männern hatte man jeweils eine Lanze und ein Kurzschwert mit ins Grab gelegt – einem davon zusätzlich noch eine Nadel –, obwohl ihre Leichname auf dem Scheiterhaufen verbrannt worden waren.

Ein 1914 abgetragener Grabhügel auf dem Wittenberg nördlich von Walsrode-Westenholz enthielt einen Baumsarg, der mit einer Packung von Rollsteinen bedeckt war. Den männlichen Toten hatte man zusammen mit einem 29,9 Zentimeter langen Dahlenburger Kurzschwert und einer Lanzenspitze vom Typ Südergellersen-Bahnsen auf dem Scheiterhaufen verbrannt. Danach ist seine Asche in einen Baumsarg geschüttet worden. Bei der zweiten Bestattung in demselben Grabhügel fand man eine Lüneburger Lanzenspitze.

Seltener als Beisetzungen von Männern wurden bisher solche

Zwei bronzene Lanzenspitzen, ein Dolch und ein Kurzschwert aus Laatzen (Kreis Hannover) in Niedersachsen. Länge der Lanzenspitze links oben 30 Zentimeter. Originale im Niedersächsischen Landesmuseum, Hannover.

Mit zwei Rippengruppen verzierter bronzener Halskragen aus Uetzingen-Elferdingen (Kreis Soltau-Fallingbostel) in Niedersachsen. Maximaler Durchmesser 9,5 Zentimeter. Original im Niedersächsischen Landesmuseum, Hannover.

von Frauen erkannt. Die Frauen waren ausschließlich mit aus der Lüneburger Heide stammenden Schmuckstücken beerdigt worden. So fanden sich in Frauengräbern beispielsweise bronzene Haarknotenfibeln (Lehrte-Ahlten, Kreis Hannover), eine Gewandfibel (Esbeck, Kreis Hildesheim), ein Uelzener Armband (Nienburg, Kreis Nienburg/Weser) und Lüneburger Beinringe (Calenberg und Döhren, Kreis Hannover).

Eines der spätesten Gräber der Allermündungs-Gruppe kam in Tüchten bei Oyten[4] (Kreis Verden) zum Vorschein. Dort wurde die Brandbestattung bereits in einer tönernen Urne vorgenommen. Zu den Grabbeigaben gehörten eine angeschmolzene kleinköpfige bronzene Nadel vom Typ Deutsch Evern und eine nicht dem Feuer des Scheiterhaufens ausgesetzte Lanzenspitze vom Typ Südergellersen-Bahnsen.

Ersterer und letzterer Typ sind nach den Fundorten Deutsch Evern, Südergellersen (beide Kreis Lüneburg) und Bahnsen (Kreis Uelzen) in Niedersachsen benannt.

Zeichen der Unruhe im Norden
Die Stader Gruppe in der mittleren Bronzezeit

Auf der Stader Geest und der Bremerhavener Geest endete die Sitte der älterbronzezeitlichen Stader Gruppe (s. S. 196), den Toten bronzene Waffen und Schmuckstücke ins Grab zu legen, ziemlich unvermittelt mit dem Beginn der mittleren Bronzezeit um 1200 v. Chr. Das hatte zur Folge, daß sich die Stader Gruppe nun archäologisch kaum noch nachweisen läßt, obwohl sie sicherlich weiterhin existierte.

Schon in der Schlußphase der älteren Bronzezeit wurden auf der Stader und Bremerhavener Geest die Toten – im Gegensatz zu vorher – auf Scheiterhaufen verbrannt. Man bewahrte aber die übriggebliebenen Knochenreste noch nicht in Urnen auf, sondern fertigte Baumsärge an und streute darin den Leichenbrand aus. Auf diesem wurden Schwerter und Nadeln, die nicht dem Feuer ausgesetzt waren, abgelegt.

Das Bemerkenswerte daran ist, sagt der Hamburger Prähistoriker Friedrich Laux, daß man einen derartigen Umbruch zu einem neuen Brauchtum auf eine, allenfalls zwei Generationen eingrenzen kann. Diese existierten in der Übergangsphase von der älteren Bronzezeit (Periode II) zur mittleren Bronzezeit (Periode III).

Als eines der bedeutendsten Gräber aus der älteren Phase gilt die Bestattung 2 im Grabhügel 4 mit einem Durchmesser von 26 Metern und einer Höhe von zwei Metern auf dem »Hohen Feld« bei Wiepenkathen[1] (Kreis Stade). Es ist eine Männerbeisetzung mit einem 70 Zentimeter langen, verzierten Achtkantschwert, einer Schwertscheide aus Haselnußholz *(Corylus avellana)* und Leder sowie einem 20,3 Zentimeter langen Dolch mit bruchstückhaft erhaltener Scheide aus Holz und Leder und einem Ortband. Das Achtkantschwert zeigt das typische Muster mit den ineinandergreifenden S-Haken der süddeutschen Riegsee-Schwerter (s. S. 272) aus der Urnenfelder-Kultur. Es ist sicherlich importiert worden.

Für die Datierung des Phänomens der neuen Bestattungssitte sind – laut Friedrich Laux – die Funde auf dem Galgenberg bei Debstedt in der Gemeinde Langen[2] (Kreis Cuxhaven) wichtig. Die ältere Brandbestattung von dort ist nämlich noch mit einem älterbronzezeitlichen Schwert ausgestattet, die jüngere bereits mit einem mittelbronzezeitlichen.

Wenn man den Grabfund von Farven[3] (Kreis Rotenburg/Wümme), wo ein importiertes Griffzungenschwert und eine gezackte Nadel auf den ausgestreuten Leichenbrand gelegt wurden, ebenfalls unter diesem Aspekt betrachtet, dann werden hier wieder Verbindungen nach Süddeutschland nachweisbar. Das ist für die eigentliche Herkunft der neuen Bestattungssitte von Bedeutung.

Diese neuen Brandbestattungen sind vielleicht Zeugnisse der Unruhe zu Beginn der süddeutschen Urnenfelder-Kultur (s. S. 258), die sich auch auf die Stader Geest auswirkte. Der Wechsel von Körperbeisetzungen mit Ausstattung zu Leichenbrandstreuungen, die anfangs noch mit, später jedoch ohne Beigaben erfolgten, ist nämlich innerhalb von nur einer Generation erfolgt.

Einen derart unvermittelten Übergang von einer Bestattungsart zur anderen konnte Friedrich Laux in Niedersachsen nur noch

Bronzener Dolch mit bruchstückhaft erhaltener Scheide und Ortband (unten) aus einem Männergrab (Grabhügel 4, Bestattung 2) von Wiepenkathen (Kreis Stade) in Niedersachsen. Länge des Dolches 20,3 Zentimeter. Original im Schwedenspeicher-Museum, Stade.

einmal – für eine viel spätere Zeit, nämlich um 700 n. Chr. – im Bardengau feststellen. Dort war man auf den spätsächsischen Reihengräberfriedhöfen von einem Tag zum anderen von Brandgräbern zu von Süden nach Norden ausgerichteten Körperbestattungen übergegangen. Hier spielte offensichtlich ein

radikaler Wandel in den religiösen Vorstellungen eine Rolle, in dessen Folge sogar die älteren Brandbestattungen teilweise zerstört wurden.

Auf welche Art und Weise die abrupte Änderung der Bestattungsart auf der Stader und Bremerhavener Geest ausgelöst wurde, ist unklar. Vielleicht geschah dies friedlich durch Handelskontakte mit anderen Kulturen, bei denen neben Sachgütern auch Ideen ausgetauscht wurden, oder durch umherziehende Priester, die mit ihren religiösen Vorstellungen Einfluß auf die einheimische Bevölkerung ausübten. Denkbar wäre aber auch, daß Einwanderer gewaltsam ihr Glaubensgut durchsetzten.

Ab der mittleren Bronzezeit erfolgten in der Stader Gruppe fast nur noch beigabenlose Brandbestattungen. Eine der Ausnahmen davon ist das Hügelgrab aus Westersode in der Gemeinde Hemmoor[4] (Kreis Cuxhaven). Dort hatte man die Knochenreste eines verbrannten Toten auf eine rechteckig gepflasterte Steinsetzung gestreut und darüber ein Griffangelschwert mit Knaufkopf, ein Rahmengriffmesser, eine bronzene Nadel und ein Tongefäß gelegt.

Ein weiteres Grab dieses Hügels mit einer für diese Zeit ungewöhnlichen Körperbestattung enthielt eine bronzene Nadel mit waagrechtem Scheibenkopf und einen bronzenen Fingerring. Den Beigaben zufolge könnte es sich um ein Frauengrab handeln. Nach süddeutschen Maßstäben stammt diese Nadel aus der Hallstatt-Zeit A1, was der nordischen mittleren Bronzezeit entspricht.

Ähnliche Körperbeisetzungen jener Zeit mit Waffen kennt man vom Galgenberg bei Cuxhaven[5] und vom Spanger Berg bei Spangen[6] (Stadt Cuxhaven). Angesichts solcher Fälle stellt sich die Frage, weshalb man hier vom in der mittleren Bronzezeit normalen Brauchtum der Brandbestattung abging und wer zur letzten Ruhe gebettet wurde.

In Tarmstedt[7] (Kreis Rotenburg/Wümme) sind Grabhügel mit Baumsärgen und in einem Fall sogar ein Totenhaus (s. S. 193) freigelegt worden. Das Totenhaus befand sich unter einem Grabhügel mit einem Durchmesser von etwa 11,50 Metern und einer heutigen Höhe von 65 Zentimetern. Es hatte vier Pfosten und Bohlenwände, war 2,90 beziehungsweise 2,80 Meter lang sowie 1,60 beziehungsweise 1,50 Meter breit. Darin dürfte eine Körperbestattung in einem Baumsarg vorgenommen worden sein. Totenhaus und Grabhügel wurden von einem kreisförmigen Palisadengraben umgeben.

Aus der Schlußphase der mittleren Bronzezeit stammen zwei bronzene Lüneburger Lanzenspitzen mit rhombischem Blatt und langer Tülle zur Aufnahme des hölzernen Schaftes aus dem Gebiet der Stader Gruppe. Weitere Lanzenspitzen dieser Gruppe und Zeitstellung aus Mooren konnten bisher aus der Stader Geest nicht nachgewiesen werden.

Die mittelbronzezeitliche Stader Gruppe ist ein Paradebeispiel dafür, daß eine archäologische Kultur schwer oder sogar nicht erkannt werden kann, wenn die Gräberfunde wenig aussagekräftig sind.

Bronzenes Achtkantschwert mit Scheide aus einem Männergrab (Grabhügel 4, Bestattung 2) von Wiepenkathen (Kreis Stade) in Niedersachsen. Länge des Schwertes 70 Zentimeter. Originale im Schwedenspeicher-Museum, Stade.

Selbstausstattungen für das Jenseits
Die Lüneburger Gruppe in der jüngeren Bronzezeit

Die in der älteren und mittleren Bronzezeit existierende Lüneburger Gruppe (s. S. 189, 298) ist auch in der jüngeren Bronzezeit von etwa 1100 bis 800 v. Chr. in der Lüneburger Heide nachweisbar. Das Wissen über ihr Vorkommen stützt sich vor allem auf Beigaben für die Toten in Brandgräbern. Die Lüneburger Gruppe bildet ein interessantes Beispiel dafür, wie sich die Sitte der Leichenverbrennung langsam in der östlichen Lüneburger Heide durchzusetzen vermochte.

Im Ilmenautal machten sich von Westen her, von jenseits der Elbe, von Norden und aus dem Bereich der mitteldeutschen Lausitzer Kultur (s. S. 366) Einflüsse gleichzeitiger Kulturen bemerkbar. Auf die westlichen Auswirkungen der Urnenfelder-Kultur (s. S. 258) gehen vermutlich sämtliche Brandbestattungen zurück, bei denen man auf den in einem organischen Behältnis verwahrten Leichenbrand die meistens unverbrannten Trachtbestandteile beziehungsweise Waffen gelegt hat. Das war in der späten mittleren Bronzezeit der Fall.

Etwas jünger sind dann alle Gräber, wo innerhalb kleinerer langrechteckiger Steinsetzungen der Leichenbrand ausgestreut wurde und darauf die verbrannten und unverbrannten Waffen niedergelegt worden sind. Dieser Brauch wurde in der Übergangsphase zwischen später mittlerer und früher jüngerer Bronzezeit praktiziert. Herausragende Beispiele dafür sind die Gräber von Adendorf[1] (Kreis Lüneburg, Hügel 3), Tangendorf bei Toppenstedt[2] (Kreis Harburg, Fundplatz 2, Grabstellen 38 und 39) und die Grabhügelgruppe im Häcklinger Moor bei Melbeck[3] (Kreis Lüneburg).

Noch der spätesten mittleren Bronzezeit gehört die Bestattung aus dem Grabhügel 37 von Tangendorf (Fundstelle 2) an. Ihre mit auf den Scheiterhaufen gelegte Ausstattung besteht aus einem Dahlenburger Kurzschwert (s. S. 221), einer Lanzenspitze und einer Nadel. Damit wurde die Ausstattung des bereits in der Jungbronzezeit angelegten Grabes von Adendorf (Grabhügel 3) mit Kurzschwert, bronzener Pfeilspitze, Rasiermesser und Tätowiernadeln in Teilen vorweggenommen. Die Adendorfer Grabbeigaben hatte man allerdings nicht dem Feuer ausgesetzt.

Etwa gleichzeitig und in zunehmend massiver Weise kamen die Einwirkungen aus dem Bereich der Lausitzer Kultur zum Tragen. Die Sitte, den Leichenbrand in Tongefäßen zu bergen, dürfte – generell im Lüneburgischen – auf die Einflüsse aus dem Lausitzer Gebiet zurückzuführen sein.

Durch Tauschgeschäfte gelangten manchmal Tongefäße der Lausitzer Kultur, wie Doppelkoni, Terrinen und Buckelurnen, in die Lüneburger Heide. Häufiger als Importe waren jedoch Nachahmungen. Die scharfkantigen Doppelkoni haben ein geritztes und gerauhtes Unterteil mit senkrechtem Strich- oder Besenstrichornament. Manche dieser Tongefäße sind mit Schrägkannelur verziert.

Das neue Bestattungsbrauchtum, nämlich das Verwahren des Leichenbrandes in einer Urne, brachte gleichzeitig eine Veränderung der Beigabensitte mit sich. Nur selten erhielten die Toten noch Schmuck oder Waffen in die Urne. Als Beigaben dienten entweder Teile der Tracht, wie eine bronzene Nadel, oder sie hatten mit der Körperpflege zu tun, wie Rasiermesser, Pinzette und Tätowierstift.

Rasiermesser sind gelegentlich aus anderen Bronzeobjekten hergestellt worden. So war ein aus dem Grabhügel 2 im Häcklinger Moor bei Melbeck (Kreis Lüneburg) geborgenes Exemplar aus dem Bruchstück eines Halskragens mit Flechtbandmuster umgearbeitet worden.

Diese Eintönigkeit durchbrachen einige auf den Beginn der jüngeren Bronzezeit (Periode IV) datierte Depotfunde, die nur weibliches Trachtenzubehör enthielten: nämlich die Depots vom Typ Bahrendorf. Sie sind nach einem Depot im Stadtteil Bahrendorf von Hitzacker[4] (Kreis Lüchow-Dannenberg) in Niedersachsen benannt.

Zum Depot von Hitzacker-Bahrendorf gehörten eine Haarknotenfibel vom Typ Bahrendorf mit großer trapezförmiger Bügelplatte, ein Halskragen aus vier unterschiedlich großen, flachen Halsringen mit Flechtbandmuster, eine Bügelplattenfibel vom Typ Dörmte (nach einem Fundort im Kreis Uelzen), vier flache Bronzeknöpfe, Bronzehütchen (Tutuli) und fünf verzierte Armringe mit C-förmigem Querschnitt. Dieses Depot belegt eindeutig das Fortbestehen der mittelbronzezeitlichen Tracht vom Typ Deutsch Evern (s. S. 298), nur fehlen jetzt die verzierten bronzenen Beinringe.

Das Depot von Hitzacker-Bahrendorf sowie ähnliche Funde aus dem Nordosten Niedersachsens und dem südlichen Holstein

Depot mit ausschließlich weiblichem Trachtenzubehör des Typs Bahrendorf vom namengebenden Fundort Hitzacker-Bahrendorf (Kreis Lüchow-Dannenberg) in Niedersachsen (von oben nach unten): 11,5 Zentimeter lange Haarknotenfibel, vier flache Bronzeknöpfe, Halskragen aus vier Ringen mit Flechtbandmuster, Armringe, Bügelplattenfibel vom Typ Dörmte und Bronzehütchen. Originale im Hamburger Museum für Archäologie, Hamburg-Harburg.

DIE SPÄTBRONZEZEIT IN DEUTSCHLAND

Verbreitung der Kulturen und Gruppen während der Spätbronzezeit (etwa 1300/1200 bis 800 v. Chr.) in Süddeutschland und der jüngeren Bronzezeit (etwa 1100 bis 800 v. Chr.) in Norddeutschland.

stellten wohl Selbstausstattungen für das Jenseits dar. Sie wurden – wie die als weibliche Schmuckstücke geltenden Haarknotenfibeln veranschaulichen – von Frauen zu diesem Zweck niedergelegt. Damaligen Glaubensvorstellungen zufolge sollten die Toten den versteckten Schmuck im Jenseits bergen und tragen.

Nach dem Depot von Lüneburg-Hagen[5] zu schließen, könnten die damaligen Frauen auf ihrer Kleidung bronzene Knöpfe statt kegelförmiger Hütchen wie in der älteren Bronzezeit getragen haben. Das Depot umfaßte 70 Knöpfe, von denen acht flache Exemplare deutliche Gebrauchsspuren aufweisen. Dagegen wurden 62 kegelförmige Knöpfe wenig oder überhaupt nicht benutzt. Sie sind zwei bis 2,5 Zentimeter hoch und wiegen sieben bis 10,5 Gramm.

Ab der jüngeren Bronzezeit wurden die Toten nicht mehr mit bronzenen Fibeln bestattet. Man kennt aber Fibeln vom erwähnten Typ Bahrendorf und Plattenfibeln vom erwähnten Typ Dörmte aus Depotfunden jener Zeit.

Zum Depot aus einem Moor von Emmendorf (Kreis Uelzen) gehörten sogar eine mit Goldblech belegte bronzene Plattenfibel und ein goldener Armreif. Die beiden Goldbleche der Fibel wurden jeweils mit zwei nierenförmigen Figuren, Kreisaugen und einer geschlängelten Schlange verziert. Bei dem Armreif handelte es sich um einen unverzierten »Eidring« (s. S. 346) mit einem maximalen Durchmesser von sieben Zentimetern, der später verlorenging.

Auf dem Hasenberg von Pevestorf[6] (Kreis Lüchow-Dannenberg) am Südhang des Höhbeck konnte der Grundriß eines 20 Meter langen und acht Meter breiten dreischiffigen Hauses freigelegt werden. Das Dach dieses Gebäudes ruhte auf sechs Pfostenpaaren. Den dünnen Flechtwänden kam keine tragende Funktion zu.

Teilweise von Ackerbauern der jüngeren Bronzezeit angelegt wurden die unterirdischen Getreidespeicher in Rullstorf (Kreis Lüneburg). Die kreisrunden Silos hatten einen Durchmesser von etwa einem Meter und reichten bis zu 1,40 Meter tief in den Boden. Ihre Wände waren mit Flechtwerk ausgekleidet. In einer Grube ist Saathafer (*Avena sativa*) bei einer Brandkatastrophe, der mehrere Häuser zum Opfer fielen, verkohlt. In zwei Mehrzwecköfen wurde vielleicht Getreide geröstet, um es länger lagern zu können. Aus Rebenstorf im Kreis Lüchow-Dannenberg ist der Anbau von Nacktgerste (*Hordeum vulgare* var. *nudum*) belegt.

Im Hügel »Pietjöckenberg« von Bösel[7] (Kreis Lüchow-Dannenberg) lagen etwa einen Spaten tief unter der Erdoberfläche 92 bronzene Knopfsicheln, mit denen das Getreide geerntet wurde. Diese Sicheln werden heute in den Museen von Hannover und Lüneburg aufbewahrt. Zu den bronzenen Werkzeugen gehörten neben Sicheln und Tüllenbeilen auch bronzene Messer.

Die Männer waren mit bronzenen Kurzschwertern verschiedener Formen sowie mit Pfeil und Bogen bewaffnet. Die hölzernen Pfeilschäfte hat man mit bronzenen Spitzen bewehrt.

In Hitzacker[8] (Kreis Lüchow-Dannenberg) wurden in den 1850er Jahren fünf Bronzetassen entdeckt. Sie sind jeweils mit einem bandförmigen Henkel versehen, der mit je zwei Nieten an den Enden befestigt wurde. Diese Bronzegefäße sind 4,5 bis 5,8 Zentimeter hoch, ihr Mündungsdurchmesser beträgt 15,7 bis 17,1 Zentimeter. Die Tassen entsprechen dem nach einem bayerischen Fundort bezeichneten Typ Fuchsstadt (s. S. 273).

Ein Teil der bronzenen Knöpfe aus dem Depot von Hagen (Stadt Lüneburg) in Niedersachsen. Sie sind zwei bis 2,5 Zentimeter hoch und wiegen sieben bis 10,5 Gramm. Originale im Museum für das Fürstentum Lüneburg, Lüneburg.

Ein anderes Depot bei Tüschau[9] im Kreis Lüchow-Dannenberg umfaßte neben zwei bronzenen Sicheln, einem Tüllenmeißel und 19 Platten oder Knöpfen mit Öse auch zwei Paar Armringe, eine Fibel und einen Halskragen. Die kleinsten Knöpfe haben einen Durchmesser von 2,4 Zentimetern, die größten Platten einen solchen von 8,4 Zentimetern.

Wahre Kunstwerke sind manche Rasiermesser aus dieser Zeit. Auf der Vorderseite des 14,4 Zentimeter langen bronzenen Rasiermessers von Gödenstorf[10] (Kreis Harburg) ist ein Schiff mit kufenartigen Fortsätzen an der unteren und oberen Kante der Bootsenden zu sehen. Die Besatzung wird durch fünf in gleicher Richtung orientierte S-förmig geschwungene Motive dargestellt.

Im Gegensatz zur älteren und mittleren Bronzezeit wurden in der jüngeren Bronzezeit überwiegend Friedhöfe mit Flachgräbern angelegt. Die meisten Friedhöfe waren bis zum Ende der frühen Eisenzeit (Periode VI) in Gebrauch.

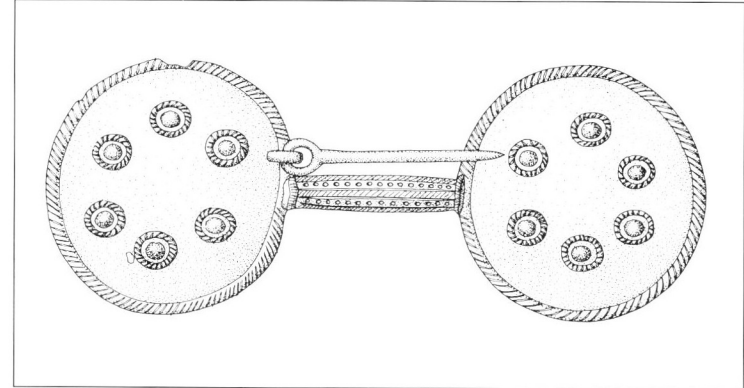

Bügelplattenfibel mit einfacher Rollennadel des Typs Dörmte aus einem Depot von Buendorf (Kreis Lüneburg) in Niedersachsen. Länge 13,5 Zentimeter, maximaler Spiraldurchmesser sechs Zentimeter. Original im Heimatmuseum Dahlenburg.

Bronzenes Rasiermesser aus Gödenstorf (Kreis Harburg) in Niedersachsen mit Darstellung eines Schiffes und fünfköpfiger Besatzung auf der Vorderseite. Länge 14,4 Zentimeter. Original im Niedersächsischen Landesmuseum, Hannover.

Trotz des relativ einheitlichen Bestattungsrituals lassen sich anhand gewisser Bestattungsformen, abweichender Tongefäßformen und deren Verzierungen sowie bestimmter regional verbreiteter Beigaben Lokalgruppen aussondern, wie etwa die Lüneburger Gruppe, die Stader Gruppe (s. S. 311) und die Ems-Hunte-Gruppe (s. S. 317).

Kleinere Friedhöfe mit Grabhügeln sind unter anderem von Deutsch Evern[11] (Kreis Lüneburg), Tangendorf[12] (Kreis Harburg) und Streetz[13] (Stadt Dannenberg) bekannt.

Auf dem Friedhof von Rullstorf[14] (Kreis Lüneburg) gab es große rechteckige Steinpflaster, die an den Ecken der Langseiten durch zwei stelenartige Findlingsblöcke markiert wurden. Den gepflasterten Flächen schlossen sich kleinere Gräberbezirke an. Vielleicht waren die Steinpflaster jeweils der Mittelpunkt für kleine familiäre Begräbnisplätze.

In die Urnen wurden kaum Beigaben gelegt, was sich erst zu Beginn der frühen Eisenzeit geringfügig änderte. Vereinzelt wählte man bronzene Nadeln mit doppelkonischem Kopf, Rasiermesser und Pinzetten als Ausstattung für die Toten. Das war meistens zu Beginn dieser Phase üblich. Tüllenbeile und vereinzelt Lappenbeile kamen in Depots und als Einzelfunde zum Vorschein.

In einem der Grabhügel von Deutsch Evern im Kreis Lüneburg hat man drei Urnenbestattungen entdeckt, die den Brauch der Totenfolge widerspiegeln. Dort standen drei Urnen und je ein Beigefäß in einer Reihe, jeweils nur 70 Zentimeter voneinander entfernt. Sie sind gleichzeitig beigesetzt worden. Von Totenfolge ist die Rede, wenn einem Verstorbenen lebende Zeitgenossen in den Tod folgen mußten, also seinetwegen getötet und mitbestattet wurden.

Der »heilige Wagen« aus Stade
Die Stader Gruppe in der jüngeren Bronzezeit

An der unteren Weser, auf der Verdener, Bremerhavener und Stader Geest, existierte in der jüngeren Bronzezeit von etwa 1100 bis 800 v. Chr. weiterhin die Stader Gruppe (s. S. 305). Ihr Verbreitungsgebiet umfaßte damals – nach Erkenntnissen des Hamburger Prähistorikers Friedrich Laux – die heutigen Kreise Cuxhaven, Stade, Bremervörde, Osterholz, Rotenburg/Wümme und Verden. Nach Westen hin vorgelagert war der westlich der Weser gelegene Kreis Wesermarsch.

Landschaftlich ist dieser Bereich stark gegliedert. Moore und Flußniederungen, aus denen immer wieder mehr oder weniger ausgedehnte Geesthorste aufragen, bestimmen das geographische Bild. Damit verbunden sind lokale Unterschiede innerhalb der Stader Gruppe, die sich teilweise in geringfügig voneinander abweichenden Grab-, Bestattungs- und Beigabensitten äußern beziehungsweise die hinter der engräumigen Verbreitung einzelner Topf- und Geräteformen angenommen werden können. Diesen Gegebenheiten widmete sich insbesondere der Prähistoriker Arne Lucke (s. S. 446) in seiner Hamburger Dissertation von 1981. Für den Bereich der von Friedrich Laux herausgestellten Stader Gruppe der jüngeren Bronzezeit, die von einem anderen Prähistoriker auch Unterweser-Gruppe[1] genannt wird, unterscheidet Lucke drei Lokalgruppen: die Wesermünder Gruppe im Westen, die Verdener Gruppe im Süden und die Stader Gruppe im Osten. Letztere bleibt in dieser Definition fast ausschließlich auf den heutigen Kreis Stade beschränkt.

Eine Siedlung aus jener Zeit konnte in der Nähe der Hahnenknooper Mühle bei Rodenkirchen unweit von Stadland[2] (Kreis Wesermarsch) freigelegt werden. Auf dem 100 mal 60 Meter großen Siedlungsgelände wurden Reste von drei Häusern in Pfostenbauweise entdeckt. Die Bauten standen einst auf dem Uferwall eines ehemaligen Wasserlaufs. Eines der Häuser war 15 Meter lang und hatte möglicherweise einen Stallteil. Als Bodenbelag in diesem Gebäude dienten aus Binsenbündeln kreuzweise gelegte, bis zu drei Zentimeter dicke Matten. Darin wurden Fruchtstände der Schwertlilie *(Iris)* konserviert.

Zur Kleidung gehörte unter anderem ein bronzener Gürtelhaken. Im Holtumer Moor bei Kirchlinteln[3] (Kreis Verden) stieß man beim Torfstechen in etwa einem Meter Tiefe auf einen kleinen, aus Geweih geschnitzten Kamm. Er kam zusammen

Oben: Tierkopfgriff eines bronzenen Rasiermessers aus einem jungbronzezeitlichen Grab von Alfstedt (Kreis Rotenburg/Wümme) in Niedersachsen. Gesamtlänge des Rasiermessers 14 Zentimeter. Original im Bachmann-Museum (Kreismuseum), Bremervörde.

Unten: Bronzenes Rasiermesser mit Schiffsdarstellung aus dem sogenannten »Königsgrab« auf dem »Hohekamp« bei Harsefeld (Kreis Stade) in Niedersachsen. Länge 15,1 Zentimeter. Original im Niedersächsischen Landesmuseum, Hannover.

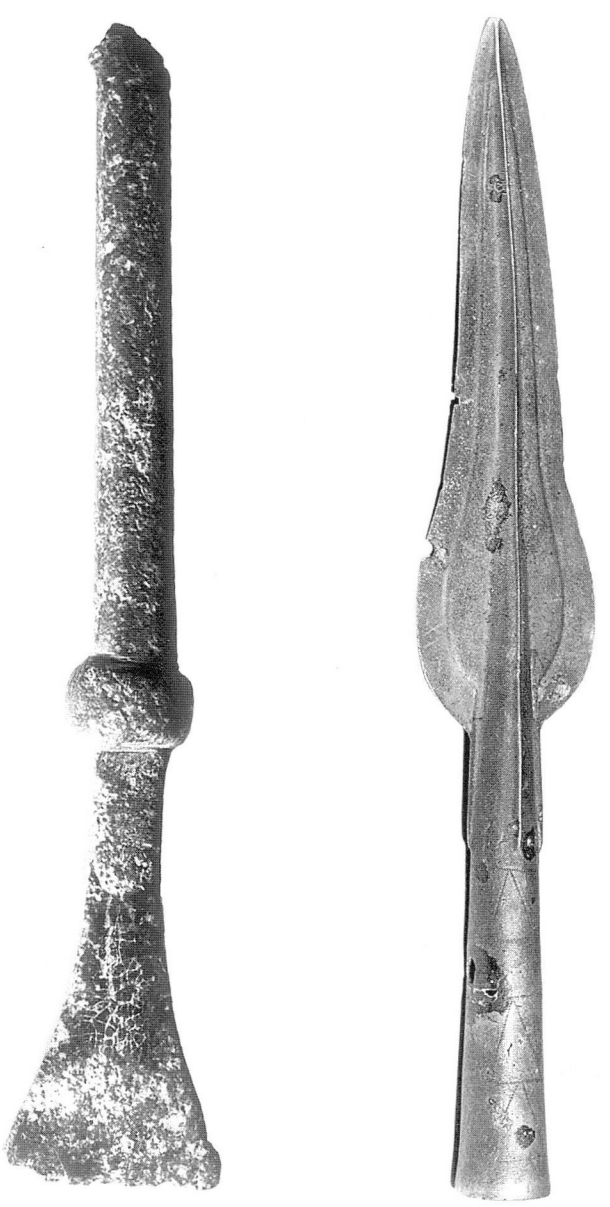

Letztere Fundstücke waren sowohl mit rechteckigen Griffabschlüssen mit und ohne Loch als auch mit dreieckigen Griffabschlüssen mit rundem oder ovalem Loch versehen.

Von zwei Rasiermessern aus einem Brandgrab von Alfstedt (Kreis Rotenburg/Wümme) ist eines 14 Zentimeter lang und hat einen Griff in der Gestalt eines Tierkopfes. Auf dem 8,7 Zentimeter langen Rasiermesser von Krempel[4] (Kreis Cuxhaven) sind ein Fisch, Sonnen und ein Pferd dargestellt. Andere Rasiermesser wurden mit Schiffsmotiven verziert (s. S. 315). Weitere Toilettegeräte waren bronzene Pinzetten zum Auszupfen störender Haare, Tätowiernadeln (Pfrieme) und möglicherweise auch sogenannte »Lanzetten«.

Die Pinzetten variieren zwischen breiten und kurzen sowie schmalen und langen Formen. Eine Pinzette aus Westerwanna (Kreis Cuxhaven) entspricht der schmalen Ausführung und hat sich dreieckig verbreiternde, dreimal mit drei Buckeln verzierte Wangen.

Nach den häufigen Funden von weniger als zehn Zentimeter langen Tätowiernadeln zu schließen, müßten damals viele Menschen ihre Haut tätowiert haben. Womöglich spiegelten die Tätowierungen gewisse Standesunterschiede der damaligen Bevölkerung wider.

»Lanzetten« wurden unter anderem in Barchel (Kreis Rotenburg/Wümme) und bei Daverden (Kreis Verden) geborgen. Der Fund aus Barchel ist 5,6 Zentimeter, der bei Daverden 8,3 Zentimeter lang. »Lanzetten« kamen fast immer zusammen mit Rasiermessern, Pfriemen oder Tätowierstiften zum Vorschein. Derartige Objekte sind als Toilettegeräte, Pfeilspitzen, Messer

Links oben: Bronzenes Ledermesser aus Beckdorf (Kreis Stade) in Niedersachsen. Es diente – wie sein Name verrät – zum Schneiden von Leder. Länge sieben Zentimeter, Gewicht 11,5 Gramm. Original im Schwedenspeicher-Museum, Stade.

Rechts oben: Aus der Weser bei Bremen gebaggerte bronzene Lanzenspitze mit birnenförmigem Blatt. Sie gilt als Import aus dem Ostalpenbereich. Länge 30 Zentimeter. Original im Focke-Museum, Bremer Landesmuseum für Kunst- und Kulturgeschichte.

mit Werkzeugen, Schmuckstücken und einem Kranz aus Menschenhaar zum Vorschein. Der Menschenhaarkranz ist bei der Bergung zerfallen. Der Kamm wird im Schwedenspeicher-Museum, Stade, aufbewahrt.

Als typische Nadeln der jungbronzezeitlichen Stader Gruppe gelten Warzenkopfnadeln mit geradem Schaft und gebogenem Hals, Exemplare mit doppelkonischem Kopf und sämtliche Ausführungen der Nadeln mit kleinem Scheibenkopf. Mit ihnen wurden die Obergewänder verschlossen. Gleichzeitig dienten die Nadeln als Schmuckstücke.

Bei den bronzenen Rasiermessern stammen jene mit S-förmig zurückgebogenem Griff aus der Periode IV, andere mit Spiralgriff oder breitem Griffortsatz dagegen aus der Periode V.

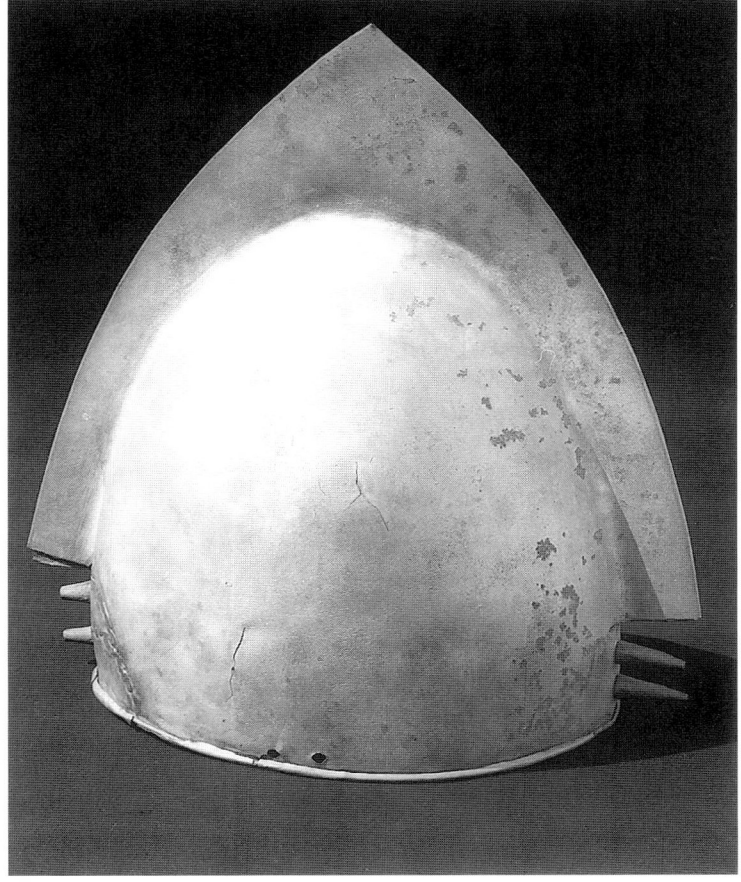

Bronzener Kammhelm aus der Lesum nördlich von Bremen. Höhe 31 Zentimeter. Die Öffnung des Helmes ist 23,5 Zentimeter lang und 17,5 Zentimeter breit. Original im Focke-Museum, Bremer Landesmuseum für Kunst- und Kulturgeschichte.

Die vier aus Bronze gegossenen Speichenräder des Kultwagens von Stade in Niedersachsen. Raddurchmesser jeweils 58 Zentimeter, Gewicht jeweils zwölf Kilogramm. Originale im Schwedenspeicher-Museum, Stade.

und sogar als Miniaturausführungen zeitgenössischer Griffangelschwerter, die als symbolische Waffengabe in die Gräber gelangten, gedeutet worden.

Die Menschen der Stader Gruppe waren Ackerbauern und Viehzüchter. Auf Ackerbau deuten Funde steinerner und bronzener Sicheln hin. Steinsicheln kennt man aus Appeln (Kreis Cuxhaven).

In einem Haus der Siedlung Hahnenknoopermühle bei Rodenkirchen kamen Jagdbeutereste von Elch *(Alces alces)*, Reh *(Capreolus capreolus)* und Nerz *(Lutreola lutreola)* zum Vorschein. Als Jagdwaffen dürften wohl vor allem Pfeil und Bogen Verwendung gefunden haben. Auch Hinweise auf sporadischen Fischfang liegen vor.

Unter den Tongefäßen gab es zweihenkelige Terrinen und einhenkelige Schüsseln. Die Terrinen haben einen bauchigen Körper und einen durch eine Kehle, Rille oder Furche abgesetzten Hals, der senkrecht oder kegelförmig aufsteigt. Derartige nur hin und wieder verzierte Gefäße dienten häufig als Urnen für den Leichenbrand.

Zu den metallenen Werkzeugen der jungbronzezeitlichen Stader Gruppe gehörten Messer, Ledermesser, Tüllenbeile und Absatzbeile.

Im »Königsgrab« von Harsefeld (Kreis Stade) lag ein Prunkmesser mit Schiffsdarstellung auf einer Schneidenseite. Dabei handelte es sich um einen Import aus dem Gebiet der nordischen Bronzezeit, was nicht verwundert, denn auf den gleichen Raum verweisen unter anderem die Gesichtsurnen und Warzenkopfnadeln.

Ein etwa sieben Zentimeter langes bronzenes Ledermesser zum Schneiden von Leder hat man in Beckdorf (Kreis Stade) gefunden. Es ähnelt den einige Jahrhunderte jüngeren Motiven auf griechischen Vasenbildern um 500 v. Chr.

Bronzene Beile dienten nur noch als Arbeitsgeräte. Die Klingen der Tüllenbeile hatten zunächst eine gerade und später eine bogenförmige Schneide.

Manche Krieger der Stader Gruppe haben einen bronzenen Helm getragen. Das zeigt ein 31 Zentimeter hohes Exemplar, das 1938 aus dem Fluß Lesum nördlich von Bremen gebaggert wurde. Über dem halbkugelig gerundeten Haubenscheitel des Helmes ist ein spitzbogig auslaufender Kamm angebracht. Nach der 23,5 Zentimeter langen und 17,5 Zentimeter breiten Öffnung zu schließen, müßte ein gewaltiger Schädel durch den Kammhelm geschützt worden sein, wenn sein Träger ihn nicht mit einer ledernen Mütze oder einem federnden Polster ausstaffiert hätte.

Die Krieger waren mit bronzenen Schwertern, Lanzen und Dolchen sowie mit bronzenen Tüllenbeilen oder Lappenbeilen bewaffnet. Von den Schwertern eigneten sich manche zum Stechen und andere zum Hauen. Teilweise wurden die metallenen Waffen von weit her importiert.

Am Fundort des Kammhelms aus der Lesum hat man ein Griffzungenschwert entdeckt, das vermutlich im Ostalpengebiet her-

Rekonstruktion des Kultwagens von Stade in Niedersachsen als Gefährt für ein heiliges Gefäß aus dem Buch *»Einführung in Niedersachsens Urgeschichte«* des Prähistorikers Karl Hermann Jacob-Friesen (1886–1960) aus Hannover.

Bronzenes Hängebecken mit verzierter Schauseite aus dem Lehnstedter Moor bei Lehnstedt (Kreis Cuxhaven) in Niedersachsen. Durchmesser 25 Zentimeter. Original im Focke-Museum, Bremer Landesmuseum für Kunst- und Kulturgeschichte.

gestellt wurde. Ein aus der Weser gebaggertes Griffzungenschwert soll aus der Gegend von Wiesbaden in Hessen stammen. Zwei bronzene Lanzenspitzen aus der Weser und Lesum könnten anglo-irischer Herkunft sein. Importiert wurden auch Möriger Dolche (Debstedt, Kreis Cuxhaven) und Peschiera-Dolche (bei Wehdel, Kreis Cuxhaven). Der Möriger Dolch ist nach einem Fundort in der Schweiz benannt, der Peschiera-Dolch (s. S. 327) nach einem Fundort in Italien.

Metallischen Vorbildern nachempfunden sind offenbar schön geschwungene, steinerne Klingen von Streitäxten mit gebogenem Nacken. Zu diesen Funden gehört eine 11,5 Zentimeter lange Klinge aus Felsgestein, die aus der Weser bei Bremen-Vegesack geborgen wurde. Weniger elegant wirken steinerne Klingen von Äxten mit Kegelstumpfnacken.

Depotfunde mit bronzenen Hängebecken, Gürteldosen und Klapperblechen belegen enge Kontakte der Stader Gruppe zur nordischen Bronzezeit. Solche Depots sind aus Holtum-Geest[5] (Kreis Verden), Oerel[6] (Kreis Rotenburg/Wümme) und aus dem Lehnstedter Moor[7] (Kreis Osterholz) bekannt.

Schlaglichter auf das damalige Verkehrswesen werfen die vier aus Bronze gegossenen Räder des Kultwagens von Stade[8] mit jeweils einem Durchmesser von 58 Zentimetern und einem Gewicht von je zwölf Kilogramm. Aus ihrer Nabe ragen vier Speichen und tragen den Radkranz, der nach außen hin U-förmig geöffnet ist. In diese Hohlkehle hat man einst vier viertelkreisförmige Eichenbretter eingesetzt, deren Rand etwa fünf Zentimeter aus dem Metallreifen herausragte und die Lauffläche bildete. Mit dieser erreichte das Rad einen Durchmesser von 68 Zentimetern.

Die viertelkreisförmigen Eichenbretter wurden mit 24 Stiftnieten an der Felge befestigt. Das Innere der Nabe weist keine Abriebspuren durch die Drehung der Achse auf. Weichholzreste deuten darauf hin, daß in der Nabe eine Holzröhre steckte, die als Verschleißbuchse diente. In ihr hatte ein fünf bis sechs Zentimeter dicker Achsschenkel Platz. Der Eichenrest in einer der Radfelgen wurde auf etwa 870 v. Chr. datiert.

Für eine Verwendung im Alltag war der Wagen von Stade wohl wegen der Seltenheit und Sprödigkeit seiner Räder nicht geeignet. Der Prähistoriker Karl Hermann Jacob-Friesen (1886 bis 1960) aus Hannover deutete dieses Gefährt als »heiligen Wagen« für Kulthandlungen bei Vegetationsriten. Es könnte sich aber genausogut um ein Totenfahrzeug für die Bestattung einer bedeutenden Persönlichkeit gehandelt haben.

An manchen Halsketten prangten Bernsteinperlen, wie sie beispielsweise aus Alfstedt (Kreis Bremervörde) sowie Lehnstedt und Westerwanna (beide Kreis Cuxhaven) geborgen werden konnten. Unter den seltenen Goldfunden sind ein goldener Armring und eine mit Goldblech belegte bronzene Plattenfibel auf dem Eekhöltjen bei Flögeln[9] (Kreis Cuxhaven) besonders erwähnenswert. Beide lagen in einer ovalen Grube von 1,35 Meter Länge und 1,15 Meter Breite.

Der Goldarmring aus Flögeln hat einen maximalen Durchmesser von 7,9 Zentimetern und ein Gewicht von 82 Gramm. Er stammt vermutlich aus England oder Irland. Wahrscheinlich

Darstellung eines bewaffneten Mannes mit Rundschild und Schwert auf einem 35 Zentimeter hohen Porphyrstein aus Gerkenhof bei Schafwinkel (Kreis Verden) in Niedersachsen. Original im Heimatmuseum, Verden/Aller.

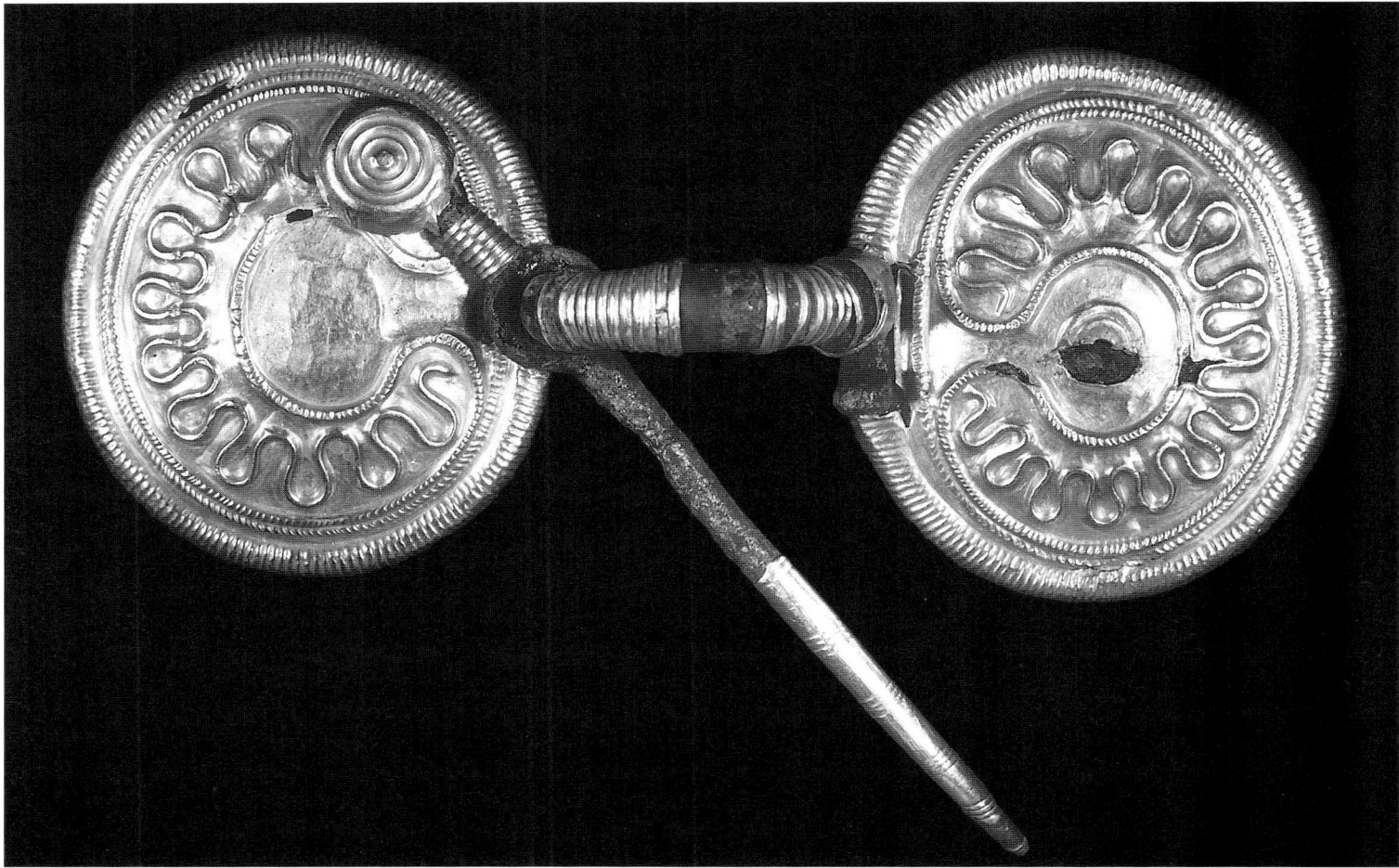

Mit Goldblech belegte Fibel von Flögeln (Kreis Cuxhaven) in Niedersachsen, die zusammen mit einem Goldarmreif gefunden wurde. Länge 14,6 Zentimeter. Original im Niedersächsischen Institut für historische Küstenforschung, Wilhelmshaven.

diente er nicht als Schmuck, sondern als Barrenform, in der Gold aus dem Westen bis Skandinavien gelangte. Darauf deuten Analysen von Goldfunden aus Irland und England hin.

Die Goldblechfibel aus Flögeln ist 14,6 Zentimeter lang und wiegt 135,5 Gramm. Ihre Nadel erreicht 11,5 Zentimeter Länge. Auf dem reichverzierten Goldblech wird eine sich schlängelnde Schlange dargestellt. Weitere Goldblechfibeln sind aus Emmendorf (Kreis Uelzen, s. S. 309) und Goldenstedt-Rethwisch (Kreis Vechta, s. S. 318) in Niedersachsen, aus Harridslevgaard und Flemløse in Dänemark sowie aus Haga und Rönnebergs in Schweden bekannt.

Der langjährige Kreisheimatpfleger Detlef Schünemann aus Verden/Aller hat in Gerkenhof bei Schafwinkel[10] im Kreis Verden ein Kunstwerk jener Zeit entdeckt: nämlich einen 35 Zentimeter hohen Porphyrstein mit der Darstellung eines Mannes mit Rundschild und Schwert, die einem schwedischen Felsbild ähnelt. Die menschliche Gestalt von Gerkenhof trägt auf dem Kopf hörnerhelmartige Fortsätze. In Skandinavien sind mehrfach Hörnerhelme bildlich wiedergegeben und vereinzelt auch ausgegraben worden.

Als kleine Kunstwerke können die prächtig verzierten bronzenen Rasiermesser angesehen werden. Die darauf eingeritzten Motive zeigen meistens Schiffe, aber manchmal auch andere Szenen. Auf einem Rasiermesser aus der Gegend von Bremen[11] ist ein Schiff mit einer menschlichen Figur an Bord abgebildet, die ein Paddel oder Saiteninstrument am ausgestreckten Arm hält. Demnach könnte die Gestalt ein Ruderer oder ein Musikant sein. Vor dem Schiff befindet sich eine Schlange mit aufgerolltem Schwanz und geöffnetem Rachen. Schlangen hatten im Norden in vorgeschichtlicher Zeit kultischen Charakter. Zudem schwimmt vor dem Schiffsbug ein Fisch.

Ein Rasiermesser aus einem Grabhügel von Heeßel bei Hemmoor[12] (Kreis Cuxhaven) ist auf einer Schneidenseite mit einer Schiffsdarstellung versehen. Die Linien des acht Zentimeter langen Schiffes mit gespaltenem Vorder- und Achtersteven wurden eingraviert, halbkreis- und punktförmige Vertiefungen dagegen eingepunzt. Der linke Steven des Schiffes hat die Form eines stark stilisierten Pferdekopfs.

Das Rasiermesser aus dem »Königsgrab« von Harsefeld (Kreis Stade) zeigt zwei übereinanderstehende Schiffe. Beide enden mit Tierköpfen. Darüber schwebt ein »dreiarmiger Wirbel« (Dreiwirbel).

In Garlstedt[13] (Kreis Osterholz) wurde die einzige aus Niedersachsen bekannte bronzene Lure entdeckt. Dieses 1,92 Meter lange Blasinstrument besteht aus mindestens vier oder mehr Einzelstücken, die man gegossen und durch Hartlötung zusammengefügt hat. An einer einzigen Stelle ist die Lure lediglich mit einem Stöpsel verschlossen und zerlegbar. Die Mündungsscheibe hat einen Durchmesser von 26,5 Zentimetern. Die 21 Bruchstücke dieser Lure werden im Niedersächsischen Landesmuseum, Hannover, aufbewahrt.

Ein Felsbild in Kalleby (Schweden) belegt, daß Luren bei kultischen Handlungen geblasen wurden. Dabei war ein lauter weicher Ton zu hören. Luren, die paarweise zum Vorschein kamen, sind immer genau musikalisch abgestimmt, und zwar in C, Es, E oder G.

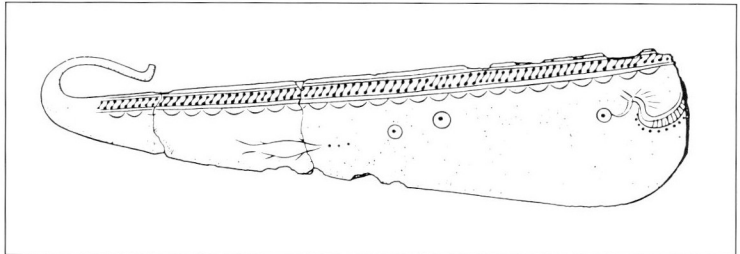

Bronzenes Rasiermesser aus Krempel (Kreis Cuxhaven) in Niedersachsen mit Darstellungen eines Fisches, einiger Sonnen und eines Pferdes auf der Klinge. Länge 8,7 Zentimeter. Original im Focke-Museum, Bremer Landesmuseum für Kunst- und Kulturgeschichte.

Die Toten der jungbronzezeitlichen Stader Gruppe wurden auf Scheiterhaufen verbrannt. Ihre Aschen- und Knochenreste hat man in tönernen Urnen bestattet und diese häufig mit einer Schüssel oder mit dem Scherbenstück eines großen Gefäßes abgedeckt. In den Urnen lagen nur gelegentlich bronzene Beigaben wie eine Nadel, ein Tätowierstift (Pfriem), ein Rasiermesser oder eine Pinzette. Über der Urne schüttete man jeweils einen flachen Erdhügel auf.

Im Gegensatz zur Lüneburger Heide wurden im Verbreitungsgebiet der jungbronzezeitlichen Stader Gruppe meistens Friedhöfe mit Flachgräbern angelegt. Größere Grabhügel sind verhältnismäßig selten und stellten etwas ganz Besonderes dar. Solche Grabhügel wurden auf dem Hohen Kamp nordöstlich von Harsefeld[14] (Kreis Stade) errichtet. Der größte von ihnen war der Osterberg mit einen Durchmesser von 24 Metern und einer Höhe von vier Metern. Er bedeckte eine Steinpackung mit einem Durchmesser von 15 Metern und einer Höhe von 1,50 Metern, unter der sich eine Steinkiste aus fünf aufrecht stehenden Tragsteinen und einem Deckstein befand. Der Innenraum der Steinkiste war 90 Zentimeter lang, 70 Zentimeter breit, 60 Zentimeter hoch und wurde von einem 1,40 Meter langen und 85 Zentimeter breiten Deckstein verschlossen.

Auf der flachen Steinplatte, die als Boden diente, lag menschlicher Leichenbrand. Dem Toten hatte man ein Tongefäß, das erwähnte Rasiermesser mit zwei Schiffsdarstellungen und ein Ringstielmesser mit einem Schiffsmotiv ins Grab gelegt. Bei dieser ungewöhnlichen Bestattung handelt es sich vermutlich um ein »Fürstengrab« ähnlich jenem von Seddin in Brandenburg (s. S. 350). Der Grabhügel von Harsefeld wird als »Königsgrab« bezeichnet. Damit verknüpft ist die Sage vom König, der dort mit Tisch und Eßgerät begraben worden sein soll.

Die jungbronzezeitlichen Friedhöfe der Stader Gruppe umfassen jeweils 100 bis 200 Bestattungen, teils mit plattigen Steinen abgedeckt, teils innerhalb von Steinkreisen. Einer dieser großen Friedhöfe wurde in Unterstedt[15] (Kreis Rotenburg/Wümme) ausgegraben, andere Friedhöfe sind aus dem Kreis Cuxhaven bekannt, etwa aus Meckelstedt[16]. Diese Gräberfelder wurden bis zum Beginn der frühen Eisenzeit belegt.

Sehr selten sind die aus dem Scheiterhaufen aufgelesenen Knochenreste von Toten in tönernen Gesichtsurnen vom kimbrischen Typ bestattet worden. Von solchen Gesichtsurnen kamen pro Friedhof nur ein oder zwei Exemplare vor. Bei einer besonders herrlichen Gesichtsurne von Settenbeck (Stadt Osterholz-Scharmbeck) in Niedersachsen sind sogar die Augenwimpern dargestellt.

Auf dem Giersberg bei Armsen[17] (Kreis Verden) vermutete 1987 der bereits erwähnte frühere Kreisheimatpfleger Detlef Schünemann eine »sakrale Stätte« der jüngeren Bronzezeit. Dort war ihm eine ovale Mulde von etwa zehn Meter Länge und zirka sieben Meter Breite aufgefallen, an die sich im Osten und im Westen in geringer Entfernung jeweils ein hufeisenförmiger Wall anschloß.

Bei den daraufhin vorgenommenen Untersuchungen wurden innerhalb des westlichen, etwa sechs Meter langen und ungefähr zwei Meter breiten Walls ein Steinpflaster von etwa 2,40 Meter Länge und 1,80 Meter Breite sowie darunter ein 50 Zentimeter großer, zentnerschwerer Findling freigelegt. Außerdem kamen Reste eines Eichenholzfeuers zum Vorschein, die – nach einer Radiokarbondatierung zu urteilen – aus der jüngeren Bronzezeit um 1000 v. Chr. stammen. Die Mulde und der östliche Wall weisen erhebliche Phosphatanreicherungen auf.

Laut Detlef Schünemann liegt der auf dem mutmaßlichen Heiligtum des Giersbergs praktizierte Kult im dunkel. Denkbar wären unter anderem Erntedankversammlungen (Erntedankopfer) oder die Beobachtung von Gestirnen.

Mit dem Rasiermesser ins Grab
Die Ems-Hunte-Gruppe

Zwischen den Flüssen Ems im Westen und Hunte im Osten lag in der jüngeren Bronzezeit von etwa 1100 bis 800 v. Chr. das Verbreitungsgebiet der Ems-Hunte-Gruppe. Es reichte ungefähr von Osnabrück im Süden bis Wildeshausen (Kreis Oldenburg) im Norden und umfaßte die Kreise Grafschaft Bentheim, Emsland, Cloppenburg, Osnabrück, Vechta sowie Oldenburg.

Im Laufe der Forschungsgeschichte wurden die Funde aus diesem Gebiet unterschiedlichen Kulturen beziehungsweise Gruppen zugeordnet: 1930 zum »Formenkreis der Unterweser«[1], 1941/42 zum »Ems-Weser-Kreis«[2], 1957 zur »Hase-Hunte-Kulturprovinz«[3], 1968 zur »Südgruppe« im südlichen Oldenburg[4] und 1979 von dem Prähistoriker Wolfgang Schlüter (s. S. 447) aus Osnabrück zum »Ems-Hunte-Kreis«. Für den so umrissenen Komplex schlug 1991 der Prähistoriker Otto Mathias Wilbertz aus Hannover den Begriff »Ems-Hunte-Gruppe« vor.

Über die Siedlungen der Ems-Hunte-Gruppe weiß man bisher wenig. Sie lagen wohl ebenso wie diejenigen der folgenden frühen Eisenzeit etwa 250 bis 500 Meter von den Friedhöfen entfernt und in unmittelbarer Nähe eines Gewässers. Unbekannt sind die Größe und Gliederung der Dörfer sowie die dort eventuell ausgeübten handwerklichen Tätigkeiten.

Die bronzenen Rasiermesser aus dem Bereich der Ems-Hunte-Gruppe lassen mitunter Beziehungen zur nordischen Bronzezeit und zur süddeutschen Urnenfelder-Kultur erkennen. Ihre reiche Ornamentik zeigt teilweise eine Vermischung nordischer und süddeutscher Motive. Vielleicht sind diese Rasiermesser nur Nachahmungen und stammen aus eigener Produktion.

Allein in den Gräbern von Voxtrup-Düstrup (Stadt Osnabrück) lagen mindestens zehn Rasiermesser. Ein Exemplar mit Lederscheide wurde in Dötlingen-Buschheide bei Wildeshausen (Kreis Oldenburg) geborgen. In einer Scheide aus Holz, die mit Leder überzogen war, soll angeblich eines der Rasiermesser aus Voxtrup-Düstrup gesteckt haben.

Bei den Rasiermessern wirken die auf einer Seite verzierten Stücke wie kleine Kunstwerke. Ein Rasiermesser aus Börstel bei Berge[5] (Kreis Osnabrück) sowie zwei weitere solche Toilettegegenstände aus Emsbüren und vom Nattenberg bei Emsbüren[6] (Kreis Emsland) zeigen mythologische Schiffsdarstellungen. Auf letzterem Fund sind zudem zwei Fabeltiere abgebildet.

Vom erwähnten Gräberfeld von Voxtrup-Düstrup sind auch drei bronzene Pinzetten bekannt. Je ein solches Toilettegerät lag zusammen mit einem zweischneidigen süddeutschen Rasiermesser in einer Urne aus Erpen (Kreis Osnabrück) und in einem Brandgrab von Oldendorf (Kreis Osnabrück). Eine mit den geometrischen Mustern Halbkreise und Rechtecke verzierte Pinzette ist schon vor 1828 am Heiligenberg bei Gleesen (Kreis Emsland) gefunden worden.

Unter den bronzenen Nadeln zum Zusammenhalten eines Obergewandes überwogen die Vasenkopfnadeln. Außerdem gab es Nadeln mit doppelkonischem Kopf, Scheibenkopf- und Kugelkopfnadeln. Besonders typisch für die Nadeln der Ems-Hunte-Gruppe ist eine säbelartige Krümmung des Nadelschaftes.

Neben Nadeln blieben vom bronzenen Zubehör der damaligen Kleidung auch Gürtelhaken und -buckel erhalten. Ein Gürtelhaken fand sich zusammen mit dem erwähnten doppelschneidigen Rasiermesser und einer Pinzette in einer Urne von Erpen. Aus Lohne (Kreis Vechta) liegt ein gegossener konischer Gürtelbuckel vor. Er hat einen Durchmesser von 8,1 Zentimetern, ist 5,9 Zentimeter hoch und außen mit Bogenfriesen verziert. Im Innern setzt in der Mitte eine senkrechte Stange an, die in einer Drahtrosette endet.

In Lohne wurde auch ein bronzenes Hängebecken (s. S. 344) geborgen. Früher hat man solche Metallobjekte als Gürtelschmuck interpretiert, heute ist ihr Verwendungszweck umstritten. Der Fund aus Lohne besitzt einen Durchmesser von 9,9 Zentimetern, ist vier Zentimeter hoch und am Rand mit zwei sich gegenüberstehenden Ösen versehen. Verziert ist dieses Hängebecken mit halbkreisförmigen, zu drei konzentrischen Kreisen angeordneten Bögen.

Ein weiteres prächtiges Hängebecken mit einem Durchmesser von 15,3 Zentimetern stammt vom Heiligenberg bei Gleesen (Kreis Emsland). Es enthielt bei der Bergung zehn oder zwölf Bronzespiralen, die später verlorengingen. Jenes Hängebecken

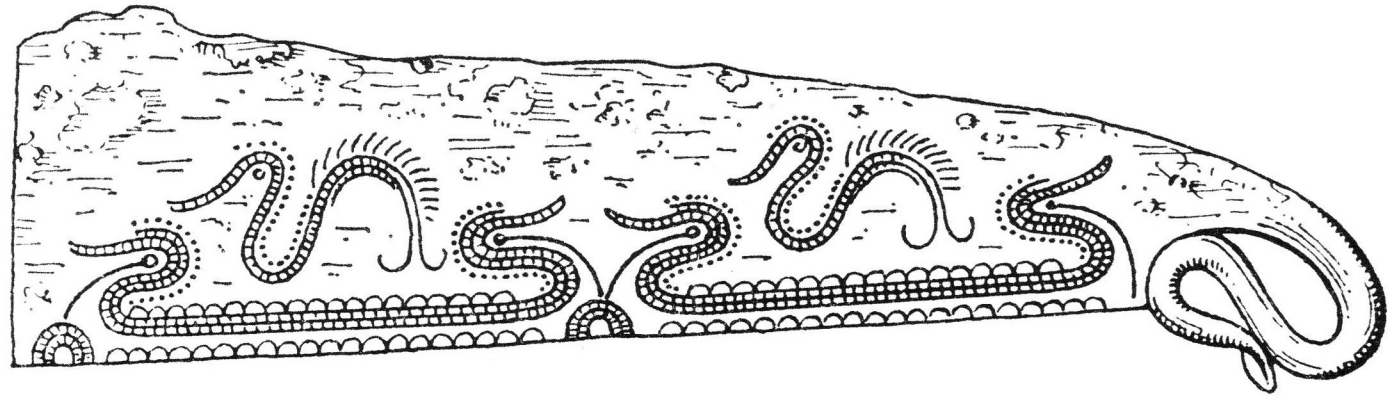

Verziertes bronzenes Rasiermesser mit aufgerolltem Griffende aus Emsbüren-Nattenberg (Kreis Emsland) in Niedersachsen mit Schiffsdarstellung und zwei Phantasietieren. Länge 10,2 Zentimeter. Original in der Sammlung Löning, Lathen.

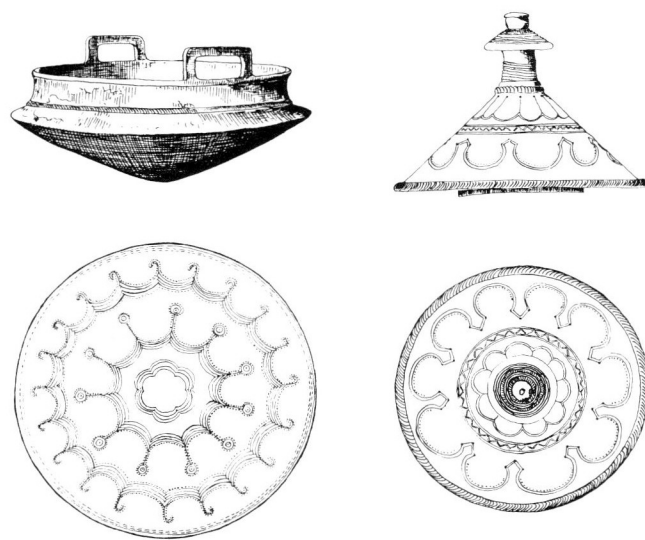

Hängebecken (links) und Gürtelbuckel (rechts) aus Lohne (Kreis Vechta) in Niedersachsen. Durchmesser des Hängebeckens 9,9 Zentimeter, des Gürtelbuckels 8,1 Zentimeter. Originale im Staatlichen Museum für Naturkunde und Vorgeschichte, Oldenburg.

wurde von dem katholischen Geistlichen und Altertumsforscher Albert Hermann Deitering (1798–1876) aus Emsbüren gefunden und 1828 von ihm in einer Übersicht archäologischer Funde erwähnt.

Die Ems-Hunte-Leute ernährten sich vom Ackerbau und von der Viehzucht. Auf Ackerbau deuten je ein Läuferstein aus den Gräberfeldern Voxtrup-Düstrup und Osnabrück-Galgenesch hin, die von Getreidemühlen stammen. Damit wurden die auf einen großen Mahlstein geschütteten Getreidekörner zerquetscht.

Felsgestein war der Rohstoff vor allem für geschliffene Klingen von Äxten und Schleifsteine sowie seltener für Rillenhämmer. Die Axtformen sind häufig metallenen Vorbildern nachempfunden. Unter ihnen gelten die Objekte mit rundem oder abgerundetem Nacken teilweise als Arbeitsgeräte. Schleifsteine aus Sandstein lagen oft paarweise in Gräbern.

Zu den bronzenen Werkzeugen im westlichen Niedersachsen gehörten damals Tüllenbeile, seltener Lappenbeile sowie Tüllengriffmesser und Pfrieme. Manche Werkzeuge wurden wohl selbst hergestellt, andere dagegen aus Westeuropa sowie aus den Verbreitungsgebieten der nordischen Bronzezeit, der Lausitzer Kultur oder der Urnenfelder-Kultur importiert.

Ein Tüllengriffmesser stammt aus dem Gräberfeld von Voxtrup-Düstrup. In seiner Tülle sollen sich bei der Auffindung noch Reste des hölzernen Griffes befunden haben. Die Gußnaht auf dem Rücken dieses Messers belegt, daß das Werkzeug in einer zweiteiligen Form gegossen wurde. Mitunter hat man Messer prächtig auf der Schneide verziert.

Bewaffnet waren die Männer der Ems-Hunte-Gruppe vor allem mit Lanzen, die einen langen hölzernen Schaft und eine bronzene Spitze hatten, sowie mit steinernen Äxten. Diese Äxte mit sogenanntem gebogenen Nacken sind in Nordwestdeutschland weit verbreitet. Sie werden als »nackengebogene Äxte vom nordwestdeutschen Typ« bezeichnet. Auffällig viele solcher Äxte kamen auf der Cloppenburger Geest zum Vorschein.

Unter den Lanzenspitzen ist nur diejenige aus Bakum oder Kerßenbrock (Kreis Osnabrück) verziert. Der genaue Fundort kann in diesem Fall nicht mehr eruiert werden. Auf der mit Nietlö-

chern versehenen Tülle ist ein Ornament mit konzentrischen Halbkreisbögen und Winkelbändern sichtbar.

Unklarheit herrscht über die Funktion einer bronzenen »Lanzette«, von der in einem der Gräber aus Voxtrup-Düstrup ein Bruchstück zutage gefördert wurde. Es war bei der Auffindung noch 7,3 Zentimeter lang. Solche Objekte sind von den Experten sehr unterschiedlich gedeutet worden (s. S. 312).

Nach den Funden zu schließen, konnten sich nur wenige Männer ein bronzenes Schwert leisten. In Drantum oder in Bad Rothenfelde (beide im Kreis Osnabrück) wurde ein nahezu 60 Zentimeter langes, importiertes Schwert vom Typ Auvernier (s. S. 429) geborgen, der nach einem schweizerischen Fundort benannt ist. In Lohne (Kreis Vechta) kam ein 73,2 Zentimeter langes Griffangelschwert zum Vorschein.

Womit sich die Menschen der Ems-Hunte-Gruppe schmückten, verraten einige Funde aus dem Depot von Goldenstedt-Rethwisch[7] (Kreis Vechta). Dieser enthielt neben einem Tüllenbeil und einem Rasiermesser mit S-förmigem Griff auch Schmuckstücke, wie einen verzierten bronzenen Halskragen, sechs Knotenarmringe und eine mit Goldblech belegte bronzene Plattenfibel, die angeblich in Birkenrinde eingewickelt war. All diese Gegenstände fanden sich in einem Tongefäß.

Die Leichname der Toten wurden ausnahmslos auf Scheiterhaufen verbrannt, anschließend hat man die übriggebliebenen Knochen aufgesammelt und meistens in tönerne Urnen, mitunter jedoch auch in Holzkästen oder Lederbeutel geschüttet. Als Urnen dienten überwiegend zweihenkelige Terrinen und Doppelkoni, die nur selten Ornamente aufweisen. Außerdem liegen Zylinderhalsurnen vor.

Die Urnen oder anderen Behältnisse wurden in Grabhügeln älterer Kulturen (jungsteinzeitliche Einzelgrab-Kultur, ältere Bronzezeit), in Dünen, in neu aufgeschütteten Grabhügeln oder in Flachgräbern beigesetzt. Nach bisherigen Erkenntnissen war die Zahl der Hügelgräber größer als die der Flachgräber.

In Dötlingen-Buschheide[8] (Kreis Oldenburg) hatten die untersuchten jungbronzezeitlichen Grabhügel noch eine Höhe von 0,25 bis 0,85 Metern und einen Durchmesser von vier bis 12,60 Metern. Dort wurden auf der alten Erdoberfläche die Grasplaggen entfernt und zusammen mit Sand als Baumaterial für den Grabhügel verwendet, den man mit faustgroßen Steinen abdeckte.

Teilweise konnten in Grabhügeln von Dötlingen-Buschheide Brandflächen freigelegt werden. Die größeren davon wurden von dem Prähistoriker Dieter Zoller (1921–1993) aus Rastede als Scheiterhaufen und die kleineren als Opferfeuer gedeutet. An diesem Fundort war es zudem möglich, bei einer Urne eine Pfostensetzung nachzuweisen.

In oder neben die Urnen stellte man kleine Beigefäße. Bronzene Teile der Tracht (Nadeln), Toilettegegenstände (Rasiermesser, Pinzetten) und Schmuckstücke wurden meistens unverbrannt ins Grab gelegt.

Systematische Ausgrabungen ergaben, daß es sich bei den Gräberfeldern aus dieser Zeit häufig um Kreisgrabenfriedhöfe handelte. Neben kleinen Rundhügeln gab es schlüssellochförmige Hügel sowie bis zu 70 Meter messende Langhügel, die von Gräben eingefaßt waren.

Kreisgrabenfriedhöfe sind aus Ohrte[9], Druchhorn[10], Fürstenau[11], Oster- und Westeroden[12], Belm[13] (alle im Kreis Osnabrück) sowie Voxtrup-Düstrup[14] (Stadt Osnabrück), im Oldenburger Raum und am rechten Weserufer von Minden bekannt. Die

Depot aus Goldenstedt-Rethwisch (Kreis Vechta) in Niedersachsen mit einem Tongefäß, in dem ein Tüllenbeil, ein Rasiermesser und Schmuckstücke lagen. Originale im Staatlichen Museum für Naturkunde und Vorgeschichte, Oldenburg.

meisten Gräberfelder dieses Typs liegen im östlichen Holland und in der Münsterschen Tieflandbucht zwischen dem Unterlauf der Ems und dem Oberlauf der Lippe.

Die drei bekannten Kreisgräben im über 400 Grabhügel umfassenden Friedhof von Voxtrup-Düstrup haben einen Durchmesser von 5,50 bis 6,30 Metern. Bei den drei Schlüssellochgräben von dort weist der »Bart« genannte Vorhof jeweils nach Osten. Jenes Gräberfeld wurde in der ausgehenden Bronzezeit und beginnenden Eisenzeit belegt. Für den Osnabrücker Juristen, Publizisten und Geschichtsschreiber Justus Möser (1720–1794) war diese Anlage jener Ort, an dem der römische Feldherr Varus »den letzten Stoß empfangen« haben soll.

Während der jüngeren Bronzezeit ist ein kleiner Teil der mehr als 500 Grabhügel des Gräberfelds von Pestrup[15] bei Wildeshausen (Kreis Oldenburg) in Niedersachsen errichtet worden. Der Durchmesser der dortigen Grabhügel bewegt sich zwischen acht und 13 Metern. Der riesige Komplex mit Gräbern vom 9. bis 2. Jahrhundert v. Chr. gilt als das größte zusammenhängende Grabhügelfeld Nordwesteuropas. Dort haben seit dem 19. Jahrhundert immer wieder Ausgrabungen stattgefunden.

Mitunter sind von Leuten der Ems-Hunte-Gruppe Urnen mit Leichenbrandresten auch in mehr als 5000 Jahre alten Großsteingräbern der Jungsteinzeit beigesetzt worden. Das war in der Großsteingräbergruppe »Glaner Braut« von Wildeshausen (Kreis Oldenburg) der Fall, wo in der Füllerde zwischen der Kammer eines der vier Großsteingräber und seiner Einfassung eine Urne entdeckt wurde.

Als Kultanlage gilt die aus sechs Pfostendoppelreihen bestehende, 16 Meter lange und 216 Pfosten umfassende Avenue auf dem Höhenzug Hörtel bei Leschede[16] unweit von Emsbüren (Kreis Emsland). Diese Pfostenavenue kam auf einem Gräberfeld aus der Übergangszeit von der jüngeren Bronzezeit zur frühen Eisenzeit zwischen zwei Grabhügeln zum Vorschein. Doppelpfostensetzungen im Südwesten und Nordosten markierten ihren Ein- und Ausgang. Im Nordosten wurde die Avenue durch rechtwinklig kreuzende Furchen eines Wendepfluges begrenzt. Der Prähistoriker Klemens Wilhelmi aus Hannover nimmt an, daß für jeden der mehr als 200 Pfosten der Avenue ein Baum gefällt werden mußte.

Bei Leschede wurde später auch eine kleinere, teilweise zerstörte, zweireihige Kultanlage aufgedeckt, deren ehemalige Gesamtlänge sich nicht exakt feststellen ließ. Dieser Pfostenavenue sind im Norden konzentrische Graben- und Pfostenringe vorgelagert.

Mitten in dem 21 Grabhügel umfassenden Friedhof bei Leschede lag eine Wegkreuzung mit Wagenspuren von Südwest nach Nordost und von Südost nach Nordwest, die während der Belegung des Gräberfelds benutzt wurde. Meistens hatten die Wagen eine Spurweite um 1,20 Meter, teilweise aber auch um 1,40 Meter.

Die Ems-Hunte-Gruppe ist eine der vermutlich zwei oder drei Kulturgruppen, die während der jüngeren Bronzezeit in Niedersachsen westlich der Weser, Aller und Leine existierten. Über das damalige Leben im westlichen Niedersachsen geben auch etliche Funde nördlich des Gebiets der Ems-Hunte-Gruppe Auskunft.

Verkohltes Getreide aus Wiesens (Kreis Aurich) belegt den Anbau von Nacktgerste (Hordeum vulgare var. nudum). Steinsicheln für die Getreideernte liegen aus Jemgum[17] (Kreis Leer) vor. Tierknochen in Jemgum bezeugen die Haltung von Rindern, Schweinen, Schafen und Pferden als Haustiere. Jagdbeutereste dokumentieren, daß die Bewohner der Siedlung Jemgum manchmal Rothirsche (Cervus elaphus), Rehe (Capreolus capreolus) und Biber (Castor fiber) erlegten.

Bei Westerholt-Terheide[18] (Kreis Wittmund) wurde in einer Düne ein Tongefäß entdeckt, in dem sich zwei goldene Schalen fanden. Eine davon ist 6,6 Zentimeter hoch, hat einen oberen Durchmesser von 9,5 Zentimetern und wiegt 53,7 Gramm; die andere ist 6,1 Zentimeter hoch, hat einen oberen Durchmesser von 9,8 Zentimetern und wiegt 50 Gramm. Beide Schalen haben einen gewölbten Boden und konnten daher nicht von allein stehen. Die Goldgefäße sind mit Kreisen, Punktreihen und umlaufenden Linien verziert. Der Fund wird von Prähistorikern als Depot gedeutet.

Die Funde von der Walkemühle
Die jüngere Bronzezeit im südlichen Niedersachsen

Im Bereich der südlichen niedersächsischen Regierungsbezirke Hannover und Braunschweig ließen sich bisher für die jüngere Bronzezeit von etwa 1100 bis 800 v. Chr. keine Regionalgruppen ermitteln. Das gilt für die heutigen Kreise Göttingen, Osterode, Hildesheim, Hannover, Diepholz, Nienburg/Weser, Wolfenbüttel, Braunschweig und Helmstedt.

Die Funde aus dem erwähnten Abschnitt werden von den Archäologen nur allgemein der jüngeren Bronzezeit zugerechnet. Ob es im südlichen Niedersachsen eigenständige Kulturgruppen gab oder ob lediglich Einflüsse aus Nachbargebieten vorlagen, ist gegenwärtig unklar.

Holzkohleresten an der Walkemühle in Göttingen[1] zufolge wuchsen dort Stieleiche (*Quercus robur*), Traubeneiche (*Quercus petraea*), Rotbuche (*Fagus sylvatica*), Hainbuche (*Carpinus betulus*), Esche (*Fraxinus excelsior*), Ahorn (*Acer*), Erle (*Alnus*), Weide (*Salix*) und Birke (*Betula*). Möglicherweise gediehen in dieser Gegend auch Weißdorn (*Crataegus laevigata*) oder Vogelbeere (*Sorbus aucuparia*), Wildbirne (*Pyrus pyraster*) oder Wildapfel (*Malus sylvestris*). Bei letzteren vier Baumarten ist die Holzkohle nur schwer zu unterscheiden.

Tierknochen an der Walkemühle belegen das Vorhandensein von Rothirsch (*Cervus elaphus*), Reh (*Capreolus capreolus*), nicht genau identifizierbarem Wildgeflügel und Biber (*Castor fiber*).

Die Hinterlassenschaften aus der Siedlung an der Walkemühle haben Erkenntnisse über viele Bereiche des Lebens der Menschen aus der jüngeren Bronzezeit vermittelt. So verraten scheibenförmige tönerne Spinnwirtel und Webgewichte von dort, daß Schafwolle gesponnen und gewebt wurde. Die Webgewichte sind kleiner als die Spinnwirtel. Beide Formen hat man in der Mitte durchlocht.

Eine typische bronzene Gewandnadel war die an mehreren Fundorten nachgewiesene Vasenkopfnadel. Aus Weserkiesen bei Stolzenau im Kreis Nienburg/Weser stammt ein bronzener Gürtelhaken, der in einem Stück gegossen wurde. Sein Zentrum besteht aus einem vierspeichigen, durch leichte Wülste verzierten Rad. Zu dessen beiden Seiten ist ein Zierbalken angebracht, von dem jeweils eine Lasche abgeht. Wenn man die Lasche umbog, konnte der Gürtel aus Leder oder Stoff befestigt werden.

Bronzene Rasiermesser lagen gelegentlich in Gräbern. Ein Exemplar aus einer Urne in Lohnde (Kreis Hannover) entspricht seiner Form nach dem Typus der mitteldeutschen Lausitzer Kultur. Daß es auch bronzene Pinzetten zum Haarauszupfen gab, beweist unter anderem ein Grabfund aus Garbsen im Kreis Hannover.

Die Siedlung an der Walkemühle in Göttingen lag an einer erhöhten Stelle der Leinetalaue. Von diesem Dorf blieben Gruben, Pfostenlöcher und Hüttenlehmreste erhalten. 46 runde Vertiefungen mit flachem Boden und senkrechten Wänden gelten als Vorratsgruben. Dagegen hat man aus unregelmäßigen Gruben unterschiedlicher Größe den Lehm für Tongefäße und zur Verkleidung der Flechtwände der Häuser entnommen.

46 Pfostenlöcher von der Walkemühle ließen sich nicht zu einem Hausgrundriß rekonstruieren. Aber sie zeigen zumindest, daß die Behausungen ein Gerüst mit in den Boden reichenden Pfosten hatten. An den Resten von Hüttenlehm sind Abdrücke von Ruten und in einem Fall von einem Pfahl erkannt worden. Die Ruten waren 0,5 Zentimeter bis mehrere Zentimeter dick. Ein Pfahl mit einem Durchmesser von 15 Zentimetern hatte an einem Hüttenlehmfragment einen Abdruck erzeugt.

Eine weitere Siedlung ist bei Runstedt (Kreis Helmstedt) bekannt. Dort sind zwischen 1964 und 1966 sechs Grundrisse von Gebäuden festgestellt worden. Drei davon nahmen eine Fläche von 28, 39 und 49 Quadratmetern ein und dürften Wohnhäuser gewesen sein.

Die Bewohner der Siedlung an der Walkemühle bei Göttingen waren Ackerbauern und Viehzüchter. Sie säten und ernteten die Getreidearten mehrzeilige Gerste (*Hordeum vulgare*), Emmer (*Triticum dicoccon*), Einkorn (*Triticum monococcum*), Saatweizen (*Triticum aestivum*) und Rispenhirse (*Panicum miliaceum*). Außerdem bauten sie Erbsen (*Pisum sativum*) an.

Bei Harkenbleck unweit von Hemmingen[2] im Kreis Hannover lagen 842 Gramm verkohltes Getreide und ein Tongefäß in einer Vorratsgrube. Die Grube war mehr als einen Meter tief, ihr Durchmesser betrug zwei Meter. Die Getreidereste stammen vor allem von Emmer, daneben von mehrzeiliger Gerste, Rispenhirse, Einkorn und Nacktgerste (*Hordeum vulgare* var. *nudum*). Die wenigen Unkrautsamen darunter wurden als Kornrade (*Agrostemma githago*), Roggentrespe (*Bromus secalinus*) und Windenknöterich (*Polygonum convolvulus*) identifiziert.

Das reife Getreide wurde mit steinernen und bronzenen Sicheln geschnitten. Feuersteinsicheln sind von der Walkemühle in Göttingen und Bronzesicheln von Cattenbühl im Kreis Göttingen bekannt. An der Walkemühle kamen auch Mahlsteine zum Vorschein.

Einem vielleicht etwas zu phantasievollen Fundbericht zufolge soll 1918 im Lichtenmoor bei Steimbke (Kreis Nienburg/Weser) je ein Tongefäß der Spätbronzezeit und der Frühlatène-Zeit entdeckt worden sein, die Hinweise auf den Verzehr von Weintrauben enthielten. Im spätbronzezeitlichen Gefäß lag angeblich ein männlicher Kopf auf den Blättern von Wildem Wein (*Vitis sylvestris*). Zwischen den Weinblättern sollen sich Weintraubenkerne befunden haben.

Die Viehzüchter der Siedlung an der Walkemühle hielten Rinder, Schweine, Schafe oder Ziegen, Pferde und Hunde als Haustiere. Vom Rind konnten über 50 Prozent der Knochenfunde, vom Schwein knapp 22 Prozent, von der Ziege beziehungsweise vom Schaf zwölf Prozent sowie vom Pferd und vom Hund ein bis zwei Prozent bestimmt werden. Andere Knochenreste stammen von Wildtieren.

In der Gegend von Göttingen sind etliche Sandstein-Halbhöhlen (Abris) wiederholt von Menschen aufgesucht worden. Wie Funde gerösteter Haselnüsse (*Corylus avellana*) und Bucheckern (*Fagus silvatica*) sowie Himbeerreste (*Rubus idaeus*) zeigen, geschah dies vor allem im Sommer und Herbst. Nach Ansicht des Göttinger Prähistorikers Klaus Grote waren die längerfristig bewohnten Halbhöhlen saisonale Außenstationen für die Nutzung des Waldes mit seinem Angebot an Sammelfrüchten, für die

Verkohltes Getreide und Tongefäß aus einer jungbronzezeitlichen Vorratsgrube bei Harkenbleck unweit von Hemmingen (Kreis Hannover) in Niedersachsen. Originale im Niedersächsischen Landesverwaltungsamt, Institut für Denkmalpflege, Hannover.

Waldhutung (besonders der Schweine) und die Jagd auf das Standwild. In unsicheren Zeiten dienten die Halbhöhlen wohl auch als Zufluchtsorte.
Von längeren Aufenthalten dort zeugen Herdstellen, Steinsetzungen, Gruben, Baulehm, Röstöfen für Haselnüsse und Bucheckern sowie Reste von Keramik, Getreide, Haustieren, Jagdwild und Fischen. An Kulturpflanzen sind Weizen, Gerste, Hirse und Ackerbohnen nachgewiesen. Die Haustierknochen stammen vom Rind, Schwein, Pferd, Hund, Schaf oder von der Ziege, die Jagdtierknochen vom Rothirsch *(Cervus elaphus)*, Reh *(Capreolus capreolus)*, Wildschwein *(Sus scrofa)* und Biber *(Castor fiber)*, die Fischreste vom Hecht *(Esoc lucius)* und Döbel *(Leuciscus cephalus)*.
Welche Tongefäße die Töpfer im südlichen Niedersachsen modellierten, zeigen Objekte von der Walkemühle bei Göttingen. Dort wurden hohe Schalen mit Henkel, Doppelkoni, Tassen, Schöpfgefäße und Tonstützen (»Briquetage«) geformt. Tonscheiben mit mehreren Löchern dienten als Siebeinsatz in Gefäßen, Tonscheiben ohne Löcher als Deckel. Die Tongefäße von der Walkemühle sind häufig mit Fingernagel- und Fingerkuppen-Eindrücken verziert. Seltener ist das Dekor durch Abrollen von gedrehten Ringen auf dem weichen Ton.
Reliefornamentierte Lappenschalen aus dem südlichen Niedersachsen wurden ähnlichen Tongefäßen der süddeutschen und mittelrheinischen Urnenfelder-Kultur nachempfunden. Solche Gefäße kennt man aus Hannover-Ricklingen, Hannover-Wülfel, Letter im Kreis Hannover sowie Landesbergen und Loccum im Kreis Nienburg/Weser.
Ein Siedegefäß und Tonstützen gelten als Indiz für die Salzgewinnung und den Salzhandel (s. S. 364). Ein neun Zentimeter hohes tönernes Siedegefäß mit verdicktem Boden kam in der Siedlung an der Walkemühle in Göttingen zum Vorschein. Es belegt nach Ansicht des damals in Wolfenbüttel arbeitenden Prähistorikers Ralf Busch keine Salzgewinnung in der näheren Umgebung, sondern deutet eher auf Salzhandel hin. Auf Salzproduktion dagegen lassen drei Reste von Tonstützen aus der erwähnten Siedlung bei Runstedt schließen.
In der Siedlung an der Walkemühle wurden außerdem Reste der Werkstatt eines Bronzegießers entdeckt. Mit den dort aus Gruben geborgenen Gußformen konnte man mindestens sieben verschiedene Gegenstände gießen. Dazu gehören unter anderem ein Knopf, eine große Lanzenspitze, eine Art »Meißel« und nicht mit Sicherheit bestimmbare Objekte wie vier oder fünf gemeinsam gegossene Stäbe, die vielleicht Teil einer Schmuckgarnitur waren.
Zu den Funden von der Walkemühle zählen des weiteren 92 Gießformfragmente, Formlehmreste und drei Wandungsscherben einer Herdeinfassung aus sehr feinem Lehm. Sämtliche Formen wurden mit Hilfe fester Modelle angefertigt, die man im Lehm abgedrückt hat.
Aus Schinna[3] im Kreis Nienburg/Weser liegen ebenfalls Hinterlassenschaften eines Bronzegießers vor. Es sind eine zweiteilige bronzene Gußform für Tüllenbeile mit Henkelöse, die Hälfte einer Gußform für eine Knopfsichel, eine Knopfsichel, eine Lanzenspitze, ein Tüllenhammer und zwei Halsringe. Die Gußform für Tüllenbeile ist an der Außenseite mit zwei Ösen versehen, durch die man Schnüre oder Riemen durchziehen konnte, um die beiden Schalen beim Guß zusammenzuhalten.
In Watenstedt[4] (Kreis Helmstedt) konnte das Depot eines Bronzegießers oder -händlers freigelegt werden. Es umfaßte Brucherzstücke, Gußbrocken, Sicheln und Schmuckstücke.
Die bronzenen Beilklingen unterscheiden sich in Absatzlappen-, Lappen- und Tüllenbeile. Absatzlappenbeile sind von Gronau (Kreis Hildesheim) und von der Deisterpforte bei Springe (Kreis Hannover) bekannt. Als etwas jünger gelten die Lappenbeile von Burgstemmern (Kreis Hildesheim), Döhren (Kreis Hannover) und Oyle (Kreis Nienburg/Weser). Häufiger als diese Beilformen sind die Tüllenbeile aus der Gegend zwischen Hannover und Nienburg.
Die Werkzeuge wurden teilweise aus Stein und Geweih angefertigt – möglicherweise geschah dies aus Mangel an Bronze. An der Walkemühle bei Göttingen fand man neben den bereits erwähnten Bruchstücken von Mahlsteinplatten auch Beile, Sicheln, Schleif- und Klopfsteine aus Felsgestein sowie Messer, Sicheleinsätze und Klingen aus Feuerstein.
Die aus Geweih hergestellten Geräte von der Walkemühle weisen Schnitt- und Bruchspuren auf und sind teilweise durchlocht. Spitze Werkzeuge dienten möglicherweise als Hacken. Zwei andere Geräte von dort eigneten sich zum Glätten.
Geweihäxte waren weit verbreitet. Ein Exemplar aus Hildesheim ist mit Punktkreisen geschmückt, ein Fund aus der Weser bei Landesbergen (Kreis Nienburg/Weser) wurde mit zahlrei-

Rekonstruktion des Speichenrads aus dem Barnstorfer Moor (Kreis Diepholz) in Niedersachsen. Sie wurde von dem am Staatlichen Museum für Naturkunde und Vorgeschichte, Oldenburg, arbeitenden Restaurator Reinhard Schneider angefertigt.

chen doppelten Punktkreisen und gürtelartigen Linienmustern verschönert. Da letzteres Objekt schräg durchlocht ist und keinerlei Gebrauchsspuren an der Schneide aufweist, ist es nach Ansicht des Bremer Prähistorikers Karl Heinz Brandt unwahrscheinlich, daß dieses Gerät als Jagd- oder Kriegswaffe oder als Werkzeug benutzt wurde. Er deutet das Objekt als Griff einer Stabkrücke.

Die Pfeilspitzen von der Walkemühle in Göttingen sind meistens aus Feuerstein zurechtgeschlagen worden. Nur eine Pfeilspitze von dort besteht aus Kieselschiefer.

Im Barnstorfer Moor[5] (Kreis Diepholz) kam der Rest eines Speichenrads aus Eichenholz zum Vorschein. Der Entdecker hat die Stücke auf seinem Wohnzimmerschrank trocknen lassen. Dabei zerfielen die Speichenreste, nur das vollständige Felgensegment blieb erhalten. Das Felgenstück enthält zwei Bohrungen für die Speichenzapfen.

Eine Rekonstruktion durch den Moorforscher Hajo Hayen (1923 bis 1991) aus Oldenburg ergab einen ursprünglichen Durchmesser des Speichenrads von etwa 90 Zentimetern. Die Lauffläche war einst etwa 6,5 Zentimeter breit. Insgesamt hatte dieses Rad zehn Speichen, deren Zapfen in Bohrungen von je drei bis 3,2 Zentimeter Durchmesser steckten. Die Bohrungen reichten 9,5 Zentimeter tief bis in die Lauffläche des Radkranzes hinein. 1992 baute ein Stellmacher nach Berechnungen und Umzeichnungen des Oldenburger Restaurators Reinhard Schneider zwei Speichenräder aus Eichenholz nach.

Das genaue Alter des Speichenrads aus dem Barnstorfer Moor ist nicht bekannt. Den Altersdatierungen von Mebus Geyh vom C14-Labor im Niedersächsischen Landesamt für Bodenforschung in Hannover zufolge stammt das Speichenrad aus der Zeit zwischen 1269 und 900 v. Chr. Eine andere Datierung dagegen ergab eine Entstehungszeit zwischen 1152 und 831 v. Chr. Das Speichenrad könnte also sowohl in der ausgehenden älteren Bronzezeit als auch in der mittleren oder jüngeren Bronzezeit hergestellt worden sein.

Während der Bronzezeit wurden über längere Zeiträume hinweg dreiteilige Scheibenräder und Speichenräder nebeneinander genutzt. Wegen einer Reihe von Vorteilen setzte sich das Speichenrad jedoch nach Beseitigung der anfänglichen Konstruktionsschwächen nach und nach endgültig durch.

Die Scheibenräder waren wegen ihrer größeren, kompakteren Holzmasse rißempfindlicher. Durch Austrocknung und durch harte Stöße konnten aus feinen Haarrissen große Spaltrisse entstehen, die das Scheibenrad schnell zerstört hätten. Nach den archäologischen Funden zu schließen, rissen die Radscheiben des öfteren in Längsrichtung der Faser auseinander. Die Speichenräder dagegen bestanden aus einer größeren Anzahl unterschiedlicher Holzteile und -arten.

Bei Speichenrädern werden die auftretenden Kräfte – wie Druck, Zug und Stoß – besser verteilt und abgeleitet als bei Scheibenrädern. Durch die im allgemeinen größere Radhöhe ließen sich Fahrzeuge mit Speichenrädern auch leichter fahren. Sie konnten zudem schwerere Lasten tragen. Ein gut gebautes Speichenrad hielt oft länger als ein Menschenleben.

In der Lichtensteinhöhle bei Dorste (Kreis Osterode) in Niedersachsen wurden während der jüngeren Bronzezeit zuweilen Menschen geopfert. Die Engstellen in dieser Höhle können teilweise nur kriechend und unter großen Mühen passiert werden.

Original (links) und Kopie des verzierten bronzenen Hängebeckens aus Winzlar, Stadt Rehburg-Loccum (Kreis Nienburg), in Niedersachsen. Maximaler Durchmesser 31,6 Zentimeter. Original und Kopie im Niedersächsischen Landesmuseum, Hannover.

Bei Tauschgeschäften wechselten unter anderem Tongefäße, Salz, Werkzeuge, Waffen und Schmuckstücke den Besitzer. Verschiedene Formen der bronzenen Vasenkopfnadeln beispielsweise spiegeln Einflüsse der süddeutschen Urnenfelder-Kultur wider. Sie könnten importiert oder nachgeahmt worden sein. Vasenkopfnadeln dienten zum Zusammenhalten der Oberbekleidung.

Die Toten hat man verbrannt, ihre Knochenreste in tönerne Urnen geschüttet und diese ohne Steinschutz in Flachgräber gestellt. Manchmal wurde die Urne mit einer Deckschale verschlossen. Die Urnen liegen entweder weit voneinander entfernt oder so dicht beisammen, daß man an Bestattungen von Familien denken könnte. Nur selten wurden den Toten bronzene Beigaben wie Nadeln, Rasiermesser oder Pinzetten mit ins Grab gelegt.

Friedhöfe der jüngeren Bronzezeit sind aus Jühnde[6] (Kreis Göttingen) sowie von Gut Heinsen bei Eime[7], Sehlde[8] und Werder[9] (alle drei im Kreis Hildesheim) bekannt. In Jühnde beispielsweise handelt es sich um ein Brandgräberfeld mit 95 Gräbern und 13 Gruben aus der Jungbronze- und Früheisenzeit.

Von der üblichen Bestattungssitte weicht ein Flachgrab auf dem Klütberg bei Landesbergen[10] (Kreis Nienburg/Weser) ab. Dort wurde der Leichenbrand nicht in eine Urne geschüttet, sondern auf dem Boden ausgestreut. Ungewöhnlich sind ferner die acht Schalen und Näpfe sowie Scherben weiterer Gefäße. Diese Bestattungsart entspricht der Beigabensitte der mitteldeutschen Lausitzer Kultur, die hier wohl nachgeahmt wurde.

Zudem weisen die Ornamente etlicher Urnen von den Friedhöfen Hannover-Döhren, Hannover-Engesode, Hannover-Ricklingen, Garbsen und Letter (Kreis Hannover) auf Verbindungen zu einer fortgeschrittenen Phase der Lausitzer Kultur hin. Die Form und – noch häufiger – die Verzierung der Urnen wurden imitiert.

Im Ortsteil Winzlar von Rehburg-Loccum[11] (Kreis Nienburg/Weser) diente ein bronzenes Hängebecken als Behältnis für den Leichenbrand eines etwa 40 bis 50 Jahre alten Mannes. Dieses Hängebecken hat einen Durchmesser von 31,6 Zentimetern und eine maximale Höhe von 18,7 Zentimetern. Es gilt als das bisher größte aufgefundene Exemplar seiner Art überhaupt. Unter dem Rand ist es mit zwei Riemenösen und innen mit einem siebartig durchbrochenen Kragen ausgestattet. Neben dem Leichenbrand enthielt es auch eine Goldnadel.

Zwischen den Löchern des Hängebecken-Kragens blieben Reste einer glasartigen Masse erhalten. Das Hängebecken wurde in einem Stück gegossen und später nochmals erhitzt, um die glasartige Substanz aufzuschmelzen. Als Deckel diente vielleicht eine größere Terrine, von der Scherben gefunden wurden.

Die Hängebecken der jüngeren Bronzezeit sind früher wie die Gürteldosen der älteren Bronzezeit als Gürtelschmuck gedeutet worden. Doch dies erscheint wegen ihrer Größe und ihres Gewichts nicht logisch, sagt der Prähistoriker Otto Mathias Wilbertz aus Hannover. Aufgrund ihrer gewölbten oder kegelförmigen Unterseite eignen sich die Hängebecken auch nicht zum Hinstellen auf eine ebene Fläche. Sie müssen daher entweder in einen speziellen ringförmigen Ständer gestellt oder, wie der Begriff Hängebecken ausdrückt, aufgehängt worden sein. Die reichverzierte Unterseite dürfte wohl die Schauseite gewesen sein.

Hängebecken kamen meistens in Depots, aber auch als Einzelfunde zum Vorschein. In Depots dienten sie häufig als Behälter für die übrigen Gegenstände.

Die Toten wurden in Urnenfriedhöfen mit flachen Grabhügeln bestattet, die teilweise von Kreis- oder Schlüssellochgräben umgeben sind. Solche Anlagen waren damals vom Münsterland im Süden bis in die westlichen Niederlande verbreitet, außerdem im Osnabrücker Raum, im Emsland, auf der Oldenburger Geest

Halbhöhle (Abri Bürgerthal IV) bei Reinhausen (Kreis Göttingen) in Niedersachsen. Dort wurde eine runde Opfergrube aus der jüngeren Bronzezeit mit einem Durchmesser von 1,30 Metern und einer Tiefe von 80 Zentimetern entdeckt.

und wohl auch in Ostfriesland. Die Friedhöfe sind teilweise recht groß und wurden meistens bis in die frühe Eisenzeit benutzt.

Die tönernen Urnen, in denen der Leichenbrand aufbewahrt wurde, lassen sich in doppelkonische Formen und Kegelhalsgefäße unterscheiden. Unter den Beigaben für die Toten fallen besonders die mehr oder weniger rechteckig geformten bronzenen Rasiermesser und die zahlreichen bronzenen Nadeln mit einem kleinen Vasenkopf auf.

Unweit von Reinhausen im Kreis Göttingen ist man in einer Halbhöhle (Abri Bürgertal IV)[12] auf eine runde Opfergrube mit einem Durchmesser von 1,30 Metern und einer Tiefe von 0,80 Meter gestoßen. Darin lag unter einem Stapel von vier waagrechten Sandsteinplatten von jeweils über einem Zentner Gewicht und einer fünften, die hochkant auf der unteren Platte stand, die Weihegabe: nämlich das zweisprossige Endstück eines Rothirschgeweihs von 40,6 Zentimeter Länge.

Wie in Thüringen und in Süddeutschland wurden im südlichen Niedersachsen zuweilen Menschen in Höhlen geopfert. Daran lassen die Funde in der Lichtensteinhöhle bei Dorste[13] (Kreis Osterode) kaum Zweifel aufkommen. Weit vom Eingang dieser 115 Meter langen Höhle entfernt fanden sich die zerstreuten Skelettreste von zwei oder sogar drei Dutzend Menschen. Es waren vor allem Kinder und Jugendliche und nur wenige Erwachsene.

Die Lichtensteinhöhle besteht aus einem 48 Meter langen vorderen Teil, der in einer extremen Engstelle endet. Dahinter befindet sich ein nahezu 70 Meter langer Teil, in dem die Reste der Menschenopfer lagen. Nach Ansicht der Ausgräber ist es unmöglich, daß die Leichen von Menschen erst nach ihrem Tode dorthin gebracht worden waren. Auch eine Deponierung von Leichenteilen hält man für unwahrscheinlich, weil ein Teil der Knochen noch in korrekter anatomischer Zugehörigkeit vorgefunden wurde.

Die Experten gehen davon aus, daß die Menschen erst in der Höhle ums Leben kamen. Dabei wird ein gemeinsamer Unfalltod, etwa durch Einsturz des Höhleneingangs, ausgeschlossen. Statt dessen drängt sich der Eindruck auf, daß in der Lichtensteinhöhle ebenso wie in Thüringen (s. S. 357) und Süddeutschland (s. S. 288) Menschen in Höhlen geopfert worden sind.

Regenzauber mit Kesselwagen?
Die nordische mittlere Bronzezeit

Der Abschnitt von etwa 1200 bis 1100 v. Chr. wird in Schleswig-Holstein und Mecklenburg-Vorpommern als nordische mittlere Bronzezeit bezeichnet. Als Regionalgruppen jener Zeit gelten die Westholsteinische Gruppe[1], die Segeberger Gruppe[2] und die Westmecklenburger Gruppe[3].

Im südlichen Holstein, das vorher fest im Nordischen Kreis (s. S. 90) verankert war, entstand damals zwischen Wandse und Delvenau eine Lokalgruppe, welche die Tracht-, Bewaffnungs- und Bestattungssitten aller umliegenden Gemeinschaften integrierte. Zeitweise überwogen dort die Impulse von Lokalgruppen der nordischen Bronzezeit und verschiedener Lüneburger Regionalgruppen.

Von der damaligen Garderobe blieb nur bronzenes Zubehör, wie Nadeln, Fibeln und Gürtel- beziehungsweise Kleiderbesatz, übrig. Die Männer dieser Zeit kürzten ihren Bart und die Kopfhaare mit bronzenen Rasiermessern, die aus einer langgestreckten Klinge und häufig einem Griff mit einem stilisierten Pferdekopf bestanden.

Solche Toilettegeräte lassen sich in Norddeutschland ab der nordischen mittleren Bronzezeit nachweisen. In Süddeutschland waren sie schon früher in der Hügelgräber-Kultur üblich (s. S. 172). Die bronzenen Pinzetten zum Ausreißen störender Haare haben im Gegensatz zu denjenigen aus der älteren Bronzezeit nun eine längere und schlankere Form.

Der ein halbes Jahrhundert lang von 1880 bis 1930 am Landesmuseum Schwerin tätige Gymnasiallehrer Robert Beltz (1854–1942) aus Schwerin gilt als einer der Pioniere der Urgeschichtsforschung in Mecklenburg-Vorpommern.

Kostümbild »Germanenpaar der Bronzezeit« auf einem Holzstich um das Jahr 1890. Damals bezeichnete man die Menschen der Bronzezeit irrtümlich als Germanen. Tatsächlich sind diese erst ab der Eisenzeit um 500 v. Chr. nachweisbar.

Teilweise bewohnten die Menschen der nordischen mittleren Bronzezeit große Anwesen. So war ein Hausgrundriß von Handewitt[4] (Kreis Schleswig-Flensburg) 25,50 Meter lang und 9,50 Meter breit. Dieses Gebäude besaß auf der Längsseite im Norden zwei Eingänge und auf der anderen im Süden einen Eingang. Der Innenraum wurde durch zwei querlaufende Pfostenreihen in drei Räume aufgegliedert. In einem davon war eine Feuerstelle mit einem Durchmesser von 1,60 Metern angelegt.

Ein Haus in Norddorf auf der Nordseeinsel Amrum[5] hatte eine Länge von zehn Metern und eine Breite von vier Metern. Es wurde durch doppelte Firstträger längs unterteilt. Der laubenartige Vorbau war mit Steinen gepflastert. Auch dieses Haus verfügte über eine Herdstelle. Von einer ehemaligen Siedlung bei Tinnum im Osten der Nordseeinsel Sylt[6] stammen mehrere Feuerstellen und einige zerbrochene Tongefäße. Diese Siedlung lag nahe der Grabhügelgruppe Thinghooger.

Bei Ausgrabungen am Fundort Handewitt stieß man auf einen Acker mit kreuzförmigen Pflugspuren. Dort wurde später das erwähnte 25,50 Meter lange Haus errichtet. Nach dem Verlassen dieses Gebäudes diente der Platz als Begräbnisstätte. Getreideanbau bezeugt indirekt auch der Fund einer 58 Zentimeter langen, 30,4 Zentimeter breiten und 24,4 Zentimeter dicken Trogmühle in einem Frauengrab von Serrahn (Kreis Güstrow) in Mecklenburg-Vorpommern. Darauf hat man Getreidekörner mit einem Läuferstein zerquetscht.

Drei Eckzähne eines Wolfes *(Canis lupus)* in einem Kindergrab von Gielow (Kreis Demmin) in Mecklenburg-Vorpommern belegen, daß damals neben anderen Wildtieren auch Wölfe, vielleicht mit Pfeil und Bogen, gejagt wurden.

Verschiedene Formen bronzener Absatzbeile und Tüllenbeile dienten als Werkzeuge. Dagegen werden die seltenen Äxte des nach einem Fundort in Ostpreußen bezeichneten Nortyckener Typus als Streitäxte betrachtet. Sie haben eine kräftig ausladende Schneide, einen verdickten Nacken und mit Rillen verzierte Breitseiten. Wegen ihres Verbreitungsgebiets im Baltikum nennt man sie auch baltische Streitäxte.

Zu den Messern gehörten Vollgriff-, Sichel-, Rahmengriff-, Griffzungen- und Griffangelmesser. Neuheiten waren nordische Vollgriffmesser, Exemplare mit Rahmengriff und Ringende und Griffzungenmesser mit Ringende. Bei letzteren wurde der Griff aus Holz, Knochen oder Geweih in zwei Hälften auf der Griffzunge festgenietet.

Bei den Schwertern fanden weiterhin Vollgriff- und Griffzungenschwerter Verwendung. Neu waren Exemplare mit vierkantigem Griff, rautenförmiger Knaufplatte und einer Verzierung durch umlaufende Leiterbänder, wie sie aus Alt-Sammit (Kreis Güstrow) und Grebs (Kreis Ludwigslust) in Mecklenburg-Vorpommern bekannt sind.

In Mecklenburg-Vorpommern hat man den Schwertknauf häufig mit plastischen Kreismustern geschmückt und den Griff der Vollgriffschwerter durch waagrecht liegende, schmal-rechteckige Vertiefungen gegliedert.

Bronzene Doppelknöpfe aus Klein Retzow-Dammerow, Friedrichsruhe und Mestlin (alle Kreis Parchim) in Mecklenburg-Vorpommern (von oben nach unten). Durchmesser der Knöpfe 3,6, 3,8 und 3,2 Zentimeter. Originale im Archäologischen Landesmuseum Mecklenburg-Vorpommern, Lübstorf.

Schauseite der bronzenen verzierten Gürteldose aus Bornhöved (Kreis Segeberg) in Schleswig-Holstein. Durchmesser 9,7 Zentimeter. Original im Archäologischen Landesmuseum der Christian-Albrechts-Universität Kiel, Schleswig.

Im westlichen Mecklenburg-Vorpommern war in der mittleren Bronzezeit die Waffenkombination von Schwert sowie Pfeil und Bogen üblich. So kennt man aus Dabel (Kreis Parchim) ein Vollgriffschwert und fünf Pfeilspitzen, aus Dobbin (Kreis Parchim) ein Schwertortband und acht Pfeilspitzen, aus Friedrichsruhe (Kreis Parchim) ein Griffzungenschwert und neun Pfeilspitzen, aus Pölitz (Kreis Güstrow) ein Griffzungenschwert und fünf Pfeilspitzen sowie aus Wozeten (Kreis Güstrow) ein Vollgriffschwert und eine Pfeilspitze.

Im südlichen Holstein dagegen wurden in Gräbern die Waffenausrüstungen Schwert, Beil und selten Lanze oder Schwert und Lanze oder einzelne dieser Gegenstände geborgen. Ersteres war in Gülzow (Kreis Herzogtum Lauenburg) der Fall.

Mitunter wurde der Griff eines Vollgriffschwertes mit Goldblechauflage auf den Zwischenstegen verziert, wie Funde von Husum[7] und Löwenstedt[8] (Kreis Nordfriesland) in Schleswig-Holstein belegen. Ein anderes Schwert aus dem Stadtteil Klappschau von Schleswig[9] war teilweise mit Golddraht umwickelt. Dem älteren Abschnitt der Urnenfelder-Kultur (s. S. 258) wird ein importiertes Vollgriffschwert vom Liptauer Typ zugeschrieben, das beim Pflügen in der Gegend von Schwonau[10] (Kreis Ostholstein) zum Vorschein kam. Dieser Typ ist nach dem slowakischen Fundort Liptau (Liptov) benannt. Bei dem Schwert von Schwonau sind auf dem Griff zwischen den Rippen mit waagrechtem Spiralmuster und auf dem Heft die Spuren von konzentrischen Kreisen zu erkennen, die als Sonnensymbole gelten.

Die Krieger steckten ihr Schwert in eine gefütterte hölzerne Scheide, die durch ein Bronzeortband zusammengehalten wurde und an einem Ledergürtel hing. Reste von Holzscheiden sind unter anderem von Nebel auf der Nordseeinsel Amrum, aus der Gegend von Kellinghusen (Kreis Steinburg) und Tennsbüttel-Röst (Kreis Dithmarschen) in Schleswig-Holstein sowie von Friedrichsruhe (Kreis Parchim) in Mecklenburg-Vorpommern bekannt. Die Schwertscheide von Nebel hatte man innen mit Fell gefüttert.

Eine weitere Stichwaffe waren Kurzschwerter (Langdolche) mit angegossenem hohlen Griff und waagrechtem Heftabschluß, der bei Kurzschwertern und Schwertern kaum vorkommt. Solche Kurzschwerter kamen in Tarbeck (Kreis Segeberg), Looft (Kreis Dithmarschen) und Nuttelen (Kreis Rendsburg-Eckernförde) zum Vorschein.

Beim Bau der Straße von Segeberg nach Neustadt in Holstein wurde ein seltener Bronzedolch entdeckt. Es handelt sich bei diesem Einzelstück aus Schleswig-Holstein um einen Peschiera-Dolch (s. S. 314), der nach einem Fundort in Oberitalien bezeichnet ist. Als Herstellungsgebiet der Peschiera-Dolche gilt allerdings nicht Italien, sondern die mittlere Donauregion, die sich etwa von den Ostalpen bis zur Theiß in Ungarn und nordwärts bis nach Böhmen und Mähren erstreckt.

Bronzene Pfeilspitzen mit Tülle, in denen einst der hölzerne Schaft steckte, fanden sich bisher selten. Eines der wenigen Objekte konnte im Ortsteil Peckatel von Plate (Kreis Parchim) in Mecklenburg-Vorpommern geborgen werden. Viel häufiger waren in Mecklenburg-Vorpommern herzförmige Pfeilspitzen aus Feuerstein, die manchmal mit lang ausgezogenen Widerhaken versehen sind.

Als kostbare Tauschobjekte jener Zeit gelten die Bronzetassen vom Typ Friedrichsruhe. Sie wurden 1930 von dem damals in Mainz arbeitenden Prähistoriker Ernst Sprockhoff (1892–1967) nach dem gleichnamigen Fundort im Kreis Parchim in Mecklenburg-Vorpommern bezeichnet. Die Bronzetasse aus Fried-

Bronzener Beinring (Beinberge) mit zwei großen Spiralplatten aus Lübz (Kreis Parchim) in Mecklenburg-Vorpommern. Länge des Beinringes 20,2 Zentimeter. Original im Archäologischen Landesmuseum Mecklenburg-Vorpommern, Lübstorf.

richsruhe[11] lag zusammen mit zwei Tongefäßen, einer bronzenen Fibel, einer Nadel, zwei Doppelknöpfen, zwei gerippten Fingerringen, einem Vollgriffschwert und einem gedrehten goldenen Armring mit Doppelspiralenden in einem Männergrab. Letzteres befand sich unter dem berühmten Glockenberg, von dem es hieß, daß man eine Glocke darin erklingen hören würde, wenn man sein Ohr an den Hügel lege.

Bronzetassen des Typs Friedrichsruhe haben ein bauchiges Gefäßunterteil und eine Delle am Boden. Sie sind bis auf den Henkel unverziert. Bisher ist unbekannt, in welcher süddeutschen Werkstatt die Tassen hergestellt wurden. Solche Bronzetassen kennt man in Mecklenburg-Vorpommern außer von Friedrichsruhe auch aus Slate, Ruchow (alle drei im Kreis Parchim) und Hagenow-Granzin (Kreis Ludwigslust). Zu den schleswig-holsteinischen Fundorten von Bronzetassen gehören Ahrenshöft (Kreis Nordfriesland), Löptin (Kreis Plön) und Ramsdorf (Kreis Rendsburg-Eckernförde).

In Gönnebek[12] (Kreis Segeberg) in Schleswig-Holstein legte man einem Mann neben einer goldenen Fibel auch eine goldene Schale mit einem Durchmesser von 13,5 Zentimetern ins Grab (s. S. 333). Die im selben Grabhügel beerdigte Frau wurde mit einem Goldarmband, einem siebenfach gewundenen Golddraht, einer golddrahtumwickelten Zinnscheibe, fünf goldenen Fingerspiralen und sechs goldenen Spiralröllchen versehen. Diese beiden Bestattungen gehören zur eingangs erwähnten Segeberger Gruppe.

Verzierte Bronzetasse mit Henkel vom Typ Friedrichsruhe aus Löptin (Kreis Plön) in Mecklenburg. Höhe etwa 28 Zentimeter. Original im Archäologischen Landesmuseum der Christian-Albrechts-Universität Kiel, Schleswig.

Weitgendorfer Nadeln von Zachow (Kreis Parchim), Gädebehn bei Schwerin und mit vergoldeter Kopfscheibe von Rakow (Kreis Bad Doberan) in Mecklenburg-Vorpommern. Originale im Archäologischen Landesmuseum Mecklenburg-Vorpommern, Lübstorf.

Wie prächtig sich die damaligen Frauen in Mecklenburg-Vorpommern schmückten, wird vor allem anhand von Funden aus Gräbern von Lübz (Kreis Parchim) und Serrahn (Kreis Güstrow) ersichtlich.

Eine Frau aus Lübz[13] trug einen Halskragen aus Bronzeblech, an beiden Schultern einen in sich gedrehten (tordierten) bronzenen Ring, an jedem Arm zwei Ringe, einen Fingerring und an jedem Bein einen Ring mit je zwei großen Spiralplatten (Beinbergen). Ihre Oberbekleidung wurde durch eine Spiralplattenfibel auf der Brust zusammengehalten. An ihrem Gürtel prangte ein großer buckelartiger Knopf mit dornförmiger Spitze. Dutzende von zierlichen Bronzehütchen zierten vermutlich ihren ledernen Brustschurz oder ihre Jacke.

Auch zum Schmuck einer Frau aus Serrahn bei Krakow[14] gehörte ein Halskragen aus Bronzeblech. Er ist 4,8 Zentimeter breit, gerippt und mit Spiralen verziert. Des weiteren gehörten zur Ausstattung dieser Verstorbenen ein gedrehter bronzener Halsring, zwei Armringe und eine Beinberge für jedes Bein.

Einer in Witzhave[15] (Kreis Stormarn) beerdigten Frau aus der Südholsteiner Gruppe hat man eine bronzene Rollennadel, Armringe und vier Beinringe mit ins Grab gegeben. Von den vier Beinringen haben drei ein Muster mit vier Spitzovalbögen, das für die Gegend von Uelzen typisch ist. Dagegen weist der vierte Beinring ein Ornament von drei Spitzovalbögen auf, das als Kennzeichen für die Lüneburger Region gilt. Demnach hat die Frau zu Lebzeiten einen ihrer Beinringe verloren und ersetzt.

Beim Beinschmuck im südlichen Holstein überwogen deutlich Beinringe mit vier Spitzovalbögen aus der Uelzener Gegend gegenüber denen aus dem Bereich Lüneburgs. Und beim Armschmuck dominierten Uelzener Armbänder und Armringe mit Mecklenburger Mustern, während breite Manschettenarmbänder und Armringe mit geradem Leiterbandmuster aus der Lüneburger Gegend fehlten.

Möglicherweise gab es Heiratsgruppen, die nur zu einer anderen bestimmten Gemeinschaft familiäre Beziehungen aufnehmen konnten und durften, vermutet der Hamburger Prähistoriker Friedrich Laux. Ähnliches kennt man von Naturvölkern, bei denen es ausschließlich Menschen mit bestimmten Totemtieren erlaubt war, untereinander die Ehe zu schließen. Vielleicht spiegeln die Beinringmuster ähnliche Vorschriften wider.

Unter den bronzenen Halsringen überwogen Formen, bei denen der dünne Bronzestab in sich gedreht war. Die Enden solcher tordierten Schmuckstücke mit Hakenverschluß weisen häufig Strichornamente auf. Glatte Halsringe dagegen verjüngen sich an beiden Enden, schließen stumpf ab und sind fast ausschließlich mit schrägliegenden Leiterbändern verschönert.

Ein weiterer Halsschmuck jener Zeit waren Halskragen aus Bronzeblech. Merkmal der Exemplare vom mecklenburgischen Typ sind Spiralbänder zwischen drei Rippen. Seltener kommen enggerippte Ausfertigungen vor wie der Fund von Friedrichsruhe (Kreis Parchim) in Mecklenburg-Vorpommern.

Bei den massiven bronzenen Armringen wechseln sich mitunter Querkerben mit querverlaufenden Bändern ab, die mit Schräg- oder Querstrichen gefüllt sind. Auf diese Weise entsteht ein Fischgräten- oder Leiterbandmuster. Außerdem gab es gedrehte goldene Armringe mit Spiraldoppelenden wie den bereits erwähnten Fund aus einem Männergrab von Friedrichsruhe.

In Schlagtow[16] (Kreis Ostvorpommern) in Mecklenburg-Vorpommern wurde sogar ein auf der Außenseite verziertes goldenes Manschettenarmband entdeckt (s. S. 371). Es hat einen Durchmesser von 6,5 Zentimetern, ist zwischen 3,9 und 4,2 Zentimeter breit, einen bis 1,2 Millimeter dick und wiegt 147,3 Gramm. Das

Verzierte bronzene Schmuckdose aus Barnekow (Kreis Nordwestmecklenburg) in Mecklenburg-Vorpommern. Durchmesser der Dose 10,2 Zentimeter. Original im Archäologischen Landesmuseum Mecklenburg-Vorpommern, Lübstorf.

Regenzauber mit einem kleinen bronzenen Kesselwagen, wie er in einem der Grabhügel von Plate-Peckatel (Kreis Parchim) in Mecklenburg-Vorpommern zum Vorschein kam. Bei der kultischen Zeremonie wurde Regen herbeigefleht.

Armband wurde vielleicht von einem einheimischen Schmied aus Altgold gegossen, in Treibtechnik angefertigt und mit heimischen Motiven verziert.

An manchen Fingern steckten bronzene Fingerbergen oder Spiralfingerringe. Die Fingerbergen enden auf zwei Seiten mit Spiralen.

Frauen der mecklenburgischen Gruppe ließen sich an den Unterschenkeln bronzene Beinbergen anlegen. Die beiden Enden dieser Schmuckstücke mit einem Durchmesser von bis zu zehn Zentimetern sind zu je einer Spiralscheibe aufgerollt. Die Spiralscheiben tragen Strichmuster, die sich zu einem Eisernen-Kreuz-, Winkel-, Querstrich- oder Leiterbandmotiv ergänzen. Gegen Ende der mittleren Bronzezeit lagen keine Beinbergen mehr in Gräbern, sondern nur noch in Mooren und Seen.

Neben ihrer praktischen Verwendbarkeit als Gewandschließen fungierten auch die bronzenen Nadeln und Fibeln (Gewandspangen) als Schmuckstücke. Dies trifft vor allem auf die bis zu 70 Zentimeter langen Weitgendorfer Nadeln zu, die nach einem Fundort in Brandenburg benannt sind. Derartige Prachtstücke kamen beispielsweise in Dabel (Kreis Parchim) und Gädebehn (Kreis Demmin) zum Vorschein. Typisch für sie sind der Kopf aus einer waagrechten Scheibe sowie der Hals mit Rippen und Wülsten.

Da man solche langen und daher hinderlichen Nadeln sicherlich nicht täglich tragen konnte, waren sie vielleicht nur Bestandteil der Totentracht. Ein Teil der Nadeln stammt aus Mooren, wo sie vermutlich als Opfergaben für eine weibliche Gottheit deponiert wurden.

Die den heutigen Sicherheitsnadeln ähnelnden Fibeln haben einen keulenförmigen Kopf, einen Kreuzbalkenkopf, einen Scheibennadelkopf mit flacher Kopfscheibe und Kreuzbalkenmuster oder einen Ringkopf. Als kostbarer Einzelfund gilt eine goldene Fibel von Blengow[17] (Kreis Bad Doberan) in Mecklenburg-Vorpommern.

Etliche Männer- und Frauengräber enthielten Bernsteinperlen. Sie werden als Zeugnis des Tauschhandels mit Menschen an der Ostseeküste erachtet. Allein in einem Grab von Friedrichsruhe (Kreis Parchim) in Mecklenburg fanden sich mehr als 200 Bernsteinperlen von 0,6 bis fast vier Zentimeter Größe.

Ihren Schmuck, Creme und kleine Toilettegegenstände (rote Schminkstifte, bronzene Kämme und Pinzetten) bewahrten die Frauen mitunter in bronzenen Dosen (sogenannten Hängebecken) auf, die ab der Periode III in Mode kamen. Diese rundlichen Behältnisse mit flachem Boden wurden mit einem Deckel verschlossen. Sie sind auf der Außenseite meist prächtig verziert.

Bronzetasse des Typs Friedrichsruhe (Kreis Parchim) vom namengebenden Fundort Friedrichsruhe in Mecklenburg-Vorpommern. Mündungsdurchmesser 14,4 Zentimeter. Original im Archäologischen Landesmuseum Mecklenburg-Vorpommern, Lübstorf.

Die in einem Torfmoor von Barnekow[18] (Kreis Nordwestmecklenburg) in Mecklenburg-Vorpommern entdeckte Schmuckdose ist auf der Wand durch umlaufende Rippen und auf dem Boden mit einem plastischen Kreis- und Sternmuster geschmückt. Ihr Deckel war mit Golddraht verschlossen, und sie enthielt zwei goldene Spiralfingerringe und eine bronzene Pinzette.

In einer anderen Schmuckdose aus einem Frauengrab von Grebs[19] (Kreis Ludwigslust) in Mecklenburg-Vorpommern mit einem Durchmesser von 10,5 Zentimetern fanden sich Reste einer parfümierten Salbe. Den Verschluß dieses Behältnisses bildete ein Deckel aus dünnem Bronzeblech. Als Riegel diente ein flacher Span aus Sadebaumholz, den man durch drei Ösen geschoben hatte.

Der Sadebaum oder Stinkwacholder *(Juniperus sabina)* ist ein immergrüner Strauch, der in südlichen und südosteuropäischen Gebieten wächst. Sein Holz und seine Nadeln sind giftig. Noch im Mittelalter hat man aus dem Absud dieses Strauches ein Mittel gegen Hexenzauber hergestellt.

Zu Beginn der nordischen mittleren Bronzezeit setzte sich im westlichen Holstein die Brandbestattung weitgehend durch. In anderen Gegenden Schleswig-Holsteins und Mecklenburg-Vorpommerns geschah dies während der Übergangsphase von der mittleren zur jüngeren Bronzezeit. Die nach dem Verbrennen der Verstorbenen übriggebliebenen Knochenreste wurden in einen Baumsarg, in eine Urne oder auf eine Steinunterlage geschüttet. Teilweise lagen die Bestattungen unter ovalen Steinpackungen verborgen. Es gab Flach- und Hügelgräber.

Die größte Urne der nordischen Bronzezeit wurde bei Norddorf[20] auf der Nordseeinsel Amrum entdeckt. In dem 70 Zentimeter hohen Tongefäß lagen verbrannte menschliche Knochen sowie ein Griffangeldolch, vier kleine bronzene Drahtspiralen, ein Ortband, ein Rasiermesser mit stilisiertem Pferdekopf am Griffende, ein Messer, eine zerbrochene Pinzette und eine Nadel. Die Urne hatte vermutlich einen Holzdeckel. Sie stand auf einem Steinpflaster und wurde von einem 30 Zentimeter dicken Steinmantel geschützt.

Neben Brandbestattungen praktizierte man auch noch Körperbeisetzungen. Nach Erkenntnissen des Schweriner Prähistorikers Robert Beltz (1854–1942) handelte es sich bei den Körpergräbern häufig um Beerdigungen von Männern. Dagegen sind die zu derselben Grabanlage gehörenden Leichenbrände mit Frauenbeigaben ausgestattet.

Einmalig in Norddeutschland ist ein Fund, der in einem der vier Grabhügel des Ortsteils Peckatel von Plate[21] (Kreis Parchim) in Mecklenburg-Vorpommern glückte (s. S. 372). Dort konnte ein 33,5 Zentimeter hoher, vierrädriger bronzener Kesselwagen mit vier jeweils 10,6 Zentimeter hohen vierspeichigen Rädern geborgen werden. Der Wagen mit dem Kesselaufsatz befand sich unter den Grabbeigaben einer bedeutenden Persönlichkeit und spielte wohl eine Rolle im damaligen Kult.

Ein ähnliches Gefährt wurde in Skallerup auf Seeland (Dänemark) gefunden. Es enthielt die verbrannten Knochen eines beigesetzten Häuptlings und stand in einem Holzsarg. Vom Rand des Kessels hängen an vier kurzen Ketten bronzene Klapperbleche. Manche Prähistoriker glauben, daß dieser Kesselwagen bei religiösen Zeremonien mit Wasser gefüllt und klappernd umhergefahren wurde, um Regen herbeizuzaubern. Als Kultobjekt für einen Regenzauber wird auch der Kesselwagen von Acholshausen in Bayern gedeutet (s. S. 370). Beweisen läßt sich diese phantasievolle Interpretation freilich nicht.

In der nordischen mittleren Bronzezeit wurden die Toten mit Kleidung und persönlichem Besitz, darunter Metallbeigaben, entweder unverbrannt bestattet oder auf Scheiterhaufen eingeäschert.

Nicht dem Feuer überantwortet hat man die erwähnten Frauen von Lübz und Serrahn in Mecklenburg-Vorpommern. Der Grabhügel in Serrahn war zum Zeitpunkt der Ausgrabung noch ungefähr 1,60 Meter hoch und hatte einen Durchmesser von etwa 18,50 Metern. Er wurde von einem Steinkreis umgeben. Im Hügel bedeckte ein Steinhaufen die Bestattung einer Frau auf einem Baumsarg. Zu Füßen der Toten stand ein Tongefäß, das vermutlich ein Getränk enthielt.

Bedeutende Persönlichkeiten – wie Häuptlinge oder Priester – sind meistens mit reichen Beigaben beerdigt worden. Zu letzterer Kategorie gehört ein Brandgrab von Gönnebek (Kreis Segeberg) in Schleswig-Holstein. Darin lagen neben der erwähnten

Goldschale und Goldschmuck auch ein Schwert, ein Pfriem, eine Nadel, Reste zweier Gewandnadeln, ein Meißel für Schädeloperationen (Trepanationen), ein Stück Roteisenstein und Tonscherben eines Henkelgefäßes.

Der Prähistoriker Karl Kersten (1909–1992) aus Schleswig hatte 1951 angenommen, daß die Funde aus Südholstein zur Lüneburger Gruppe gehörten. Seine Mutmaßung begründete er mit den in der Lüneburger Heide hergestellten, aber nördlich der Elbe entdeckten bronzenen Waffen und Schmuckstücken sowie der Haufenlage der flachen Grabhügel, die jener im Lüneburgischen glich.

Dagegen vermutete 1971 der Hamburger Prähistoriker Friedrich Laux eine gewisse Eigenständigkeit der bronzezeitlichen südholsteinischen Bevölkerung. 1989 wies er bei der Untersuchung von drei reichen Männerbestattungen aus einem Grabhügel bei Gülzow[22] (Kreis Herzogtum Lauenburg) in Südholstein nach, daß die dortigen Funde nahezu ausschließlich aus dem Gebiet der nordischen Bronzezeit stammen.

Der Grabhügel bei Gülzow war 35 Meter lang, 25 Meter breit und 1,80 Meter hoch. Unter ihm waren in der mittleren Bronzezeit insgesamt zehn Bestattungen vorgenommen worden, die der Ausgräber Joachim Kühl aus Schleswig mit den Buchstaben A bis K versehen hatte. Die Gräber lagen unter Steinpackungen und waren von drei unterschiedlich großen Steinkreisen mit einem Durchmesser von sieben, 15 und 30 Metern umgeben. In Hornstorf (Kreis Herzogtum Lauenburg) fanden statt Steinen sogar Buschwerk und Reisig als Sargschutz Verwendung.

Nach den Waffenbeigaben und Toilettegeräten zu schließen, waren in drei Gräbern von Gülzow offensichtlich Männer zur letzten Ruhe gebettet worden. Die Waffenausrüstung des Mannes im Grab F enthielt neben anderem eine bronzene Pfeilspitze und drei weitere Exemplare aus Feuerstein. Der dazugehörige Bogen, die Pfeilschäfte und der Köcher sind verrottet.

Beim Grab H handelte es sich um ein Doppelgrab. Die Ausrüstung des im Westen bestatteten Mannes umfaßte ein Kurzschwert (Langdolch) mit angegossenem hohlen Griff und geradem Heftabschluß sowie eine Lanzenspitze mit Rillenzier am Blattrand. Die Lanzenspitze wird nach einem auf der schwedischen Insel Öland gelegenen Fundort als Typ Hulterstad bezeichnet. Eine Kombination von Kurzschwert und Lanze war während der mittleren Bronzezeit in Schleswig-Holstein nicht üblich, wohl aber in einer fortgeschrittenen Phase der mittleren Bronzezeit in der östlichen Lüneburger Heide.

Zu den Beigaben dieses Toten zählten zudem ein bronzenes Rasiermesser, eine Pinzette und ein Pfriem, die wohl einst in einer am Gürtel hängenden Tasche verwahrt wurden. Der Schmuck des Mannes bestand aus mehreren goldenen Lockenspiralen und Spiralröllchen, einem bronzenen Doppelknopf und zwei Spiralplattenfibeln mit doppelter Kreuzbalkennadel.

Der im Ostteil von Grab H beerdigte Mann war mit einem bronzenen Griffplattenschwert, einer Lanzenspitze und einem Absatzbeil bewaffnet. Ähnliche Griffplattenschwerter mit lang ausgezogener, dreieckiger Griffplatte sowie drei festen und zwei weiteren Nieten liegen auch von anderen Fundorten aus dem Gebiet der nordischen Bronzezeit in Schleswig-Holstein und

Ausgrabung des Hügels aus der mittleren Bronzezeit bei Gülzow (Kreis Herzogtum Lauenburg) in Schleswig-Holstein. Darin wurden zwei Männer in einem Doppelgrab mit bronzenen Schmuckstücken, Toilettegegenständen und Waffen bestattet.

Dänemark vor, fehlen aber in Mecklenburg-Vorpommern und im nördlichen Niedersachsen. Dagegen wurden die Lanzenspitze in der Lüneburger Gruppe und das Absatzbeil in Schleswig-Holstein angefertigt.

Die seltene Waffenkombination von Schwert, Lanze und Beil kam auch in einem Grab von Müssen[23] (Kreis Herzogtum Lauenburg) in Südholstein vor.

Typisch für die nordische Bronzezeit sind die Rasiermesser, Pinzetten und Doppelknöpfe aus dem Doppelgrab von Gülzow sowie die Art der Anlage des Hügels und die Bestattungssitten. In der Lüneburger Heide hatte man statt der zahlreichen Erweiterungen und Anbauten für die vielen Beisetzungen mehrere Grabhügel errichtet.

Beim Beinschmuck im südlichen Holstein überwiegen deutlich Beinringe mit vier Spitzovalbögen aus der Gegend von Uelzen gegenüber denen aus dem Bereich von Lüneburg.

Beim Armschmuck gab es Uelzener Armbänder und Armringe mit Mecklenburger Mustern, während breite Manschettenarmbänder und Armringe mit gerader Leiterbandverzierung aus der Lüneburger Heide fehlten.

Friedrich Laux erklärt das Vorhandensein von Beinringen aus der Lüneburger Heide im südlichen Holstein mit der Einheirat lüneburgischer Frauen. Denn diese konnten ihre Beinringe nicht abnehmen, weil sie angeschmiedet waren (s. S. 300). Laux meint, vielleicht sei den südholsteinischen Männern nur über größere Entfernungen hinweg die Eheschließung gestattet gewesen. Demnach wären die Frauentrachten vom Typ Deutsch Evern (s. S. 298) weniger ein Zeichen direkten Lüneburger Einflusses als vielmehr ein Hinweis auf die damaligen Heiratssitten. Beinringe aus Escheburg (Kreis Herzogtum Lauenburg) zeigen überdies, daß auch Frauen aus der Altmark ins südliche Holstein gelangt sind.

Die Frauen mit den angeschmiedeten Beinringen aus der Lüneburger Heide müssen die Elbe überquert haben, um die Gegend jener Orte zu erreichen, an denen sie bestattet wurden. Eine Überquerung der Elbe setzt das Vorhandensein von Wasserfahrzeugen – wie Flößen, Booten oder Einbäumen – voraus.

Das Seddiner »Königsgrab«

Die nordische jüngere Bronzezeit

In der nordischen jüngeren Bronzezeit von etwa 1100 bis 800 v. Chr. vergrößerte sich das Verbreitungsgebiet des Nordischen Kreises (s. S. 325) um ein vielfaches seiner ursprünglichen Ausdehnung. Es reichte nun im Süden bis zur Oder, Saale und Weser sowie im Norden bis Schweden und Norwegen. Wegen dieser Entwicklung spricht man auch vom großnordischen Kreis. In Deutschland gehörten Schleswig-Holstein, Mecklenburg-Vorpommern, das nördliche Brandenburg und der Norden Sachsen-Anhalts zum Bereich der nordischen jüngeren Bronzezeit.

Diese Kultur wird von den Prähistorikern in mehrere Gruppen eingeteilt. In Mecklenburg-Vorpommern gab es die Rügener Gruppe[1] und Neubrandenburger Gruppe[2], im südlichen Mecklenburg-Vorpommern und im nördlichen Sachsen-Anhalt die Elb-Havel-Gruppe[3], im nördlichen Brandenburg und in Vorpommern die Uckermärkisch-westpommersche Gruppe[4] und die Usedom-Wolliner-Gruppe[5], im nördlichen Brandenburg die Prignitz-Gruppe[6] (auch Seddiner Gruppe[7] genannt) und die Rhin-Gruppe[8]. Dagegen ist bisher in Schleswig-Holstein eine entsprechend weitergehende Unterteilung unterblieben.

Die Menschen aus dieser Zeit gelten als die unmittelbaren Vorfahren der Germanen. Bei der Untersuchung von Leichenbränden aus dem Flachgräberfeld in Warlin[9] (Kreis Mecklenburg-Strelitz) konnte die Körperhöhe der dort Bestatteten ermittelt werden. Demnach waren die Männer in dieser Gegend zwischen 1,55 und 1,63 Metern groß. Eine Frau brachte es auf eine Größe von etwa 1,55 Metern.

Eine auffallend hohe Kindersterblichkeit wurde bei Blievenstorf (Kreis Ludwigslust) in Mecklenburg-Vorpommern festgestellt. In fast der Hälfte der 119 Gräber lagen Kinder und Jugendliche. Damit war dort die Todesrate unter dieser Bevölkerungsgruppe größer als in der nachfolgenden Vorrömischen Eisenzeit. In Hagenow-Granzin (Kreis Ludwigslust) in Mecklenburg-Vorpommern betrug das Durchschnittsalter aller Bestatteten zwischen 25 und 32 Jahren. Der älteste Tote war mindestens 55 Jahre alt. Obwohl die Toten in der nordischen jüngeren Bronzezeit ausnahmslos verbrannt wurden, konnte man an ihren spärlichen Knochenresten vereinzelt Spuren von Krankheiten erkennen. So sind bei einem Jugendlichen aus Bad Oldesloe (Kreis Stormarn) die Augenhöhlendächer porös (Cribra orbitalia), was auf eine Mangelerkrankung hinweist. Einem mehr als 45 Jahre alten Mann aus Gielow (Kreis Demmin) in Mecklenburg-Vorpommern fielen zu Lebzeiten einige kranke Zähne aus. Teilweise haben sich danach im Ober- und Unterkiefer Abszesse gebildet. Die 1,5 Zentimeter lange Hiebverletzung auf dem Schädel einer mindestens 30jährigen Frau aus Gielow deutet darauf hin, daß es damals nicht immer friedlich zuging. Die Verletzung ist durch einen scharfschneidigen Gegenstand verursacht worden und ohne Komplikationen verheilt.

Der Griff eines elf Zentimeter langen bronzenen Messers bei Beringstedt[10] (Kreis Steinburg) nördlich von Itzehoe in Schleswig-Holstein lieferte Hinweise auf die Kleidung und den Schmuck der Frauen (s. S. 371). Denn der sieben Zentimeter hohe Griff zeigt eine Frau mit kurzem Schnurrock, geflochtenem Gürtel, zwei Halsringen, einem Ohrring im überdimensionierten linken Ohr, Spiralen an den Unterarmen und einer Gürteldose auf dem Rücken. In ihren Armen hält sie ein Gefäß. Die weibliche Gestalt wird als Priesterin, Göttin (»Halsringgöttin«) oder Opfernde gedeutet. Die abgebrochene Klinge ist mit einer Schiffsdarstellung verziert.

Als Kleidungsbestandteile gelten Knöpfe und Nadeln aus Bronze und Geweih. Bronzene Knöpfe sind unter anderem aus Mannhagen, Schwarzenbek, Tremsbüttel, Pahlen, Kölln-Reisik (alle in Schleswig-Holstein) und aus der Nähe von Warlow in Mecklenburg-Vorpommern bekannt. Man hat sie in unterschiedlichen Formen angefertigt und teilweise prächtig verziert.

Die meisten Bronzeknöpfe wurden bei Warlow[11] (Kreis Ludwigslust) in Mecklenburg-Vorpommern gefunden. Dort barg man etwa 190 Exemplare mit einem Durchmesser von 0,5 bis 0,8 Zentimetern, die im Innenteil mit einem bandförmigen kleinen Bügel versehen sind. Zum auf einem Wiesengelände in Tremsbüttel[12] (Kreis Stormarn) freigelegten Depot gehörten 65 kleine Bronzeknöpfe. Von den zwei Doppelknöpfen in Kölln-Reisik (Kreis Pinneberg) ist einer mit konzentrischen Rillen (vermutlich ein Sonnensymbol) und einer mit einem vierstrahligen Sternmuster verziert. Der Doppelknopf aus einem Grab von Schwarzenbek präsentiert auf der Schauseite ein Spiralmuster.

Zu den Farbtafeln

41 »Goldener Hut« der spätbronzezeitlichen Urnenfelder-Kultur (etwa 1300/1200 bis 800 v. Chr.) von Etzelsdorf (Kreis Nürnberger Land) in Bayern. Höhe des Kultobjekts etwa 95 Zentimeter. Original im Germanischen Nationalmuseum, Nürnberg.

42 Goldschale und -fibel der nordischen mittleren Bronzezeit (etwa 1200 bis 1100 v. Chr.) von Gönnebek (Kreis Segeberg) in Schleswig-Holstein. Durchmesser der Schale 13,5 Zentimeter. Originale im Archäologischen Landesmuseum der Christian-Albrechts-Universität Kiel, Schleswig.

43 Goldene Besatzstücke und Schmuck eines Zeremonialgewandes der spätbronzezeitlichen Urnenfelder-Kultur (etwa 1300/1200 bis 800 v. Chr.) vom Bullenheimer Berg bei Bullenheim (Kreis Kitzingen) in Bayern. Originale in der Prähistorischen Staatssammlung, München.

44 Goldschatz aus der nordischen jüngeren Bronzezeit (etwa 1100 bis 800 v. Chr.) von Eberswalde-Finow (Kreis Barnim) in Brandenburg. Kopien der Goldfunde und Original des Tongefäßes im Museum für Vor- und Frühgeschichte, Berlin. Originale der Goldobjekte im Puschkin-Museum, Moskau.

45 Goldgefäß und goldener Armring aus der nordischen jüngeren Bronzezeit (etwa 1100 bis 800 v. Chr.) bei Caputh (Kreis Potsdam-Mittelmark) in Brandenburg. Höhe des Goldgefäßes 10,4 Zentimeter. Originale im Puschkin-Museum, Moskau, Kopien im Museum für Vor- und Frühgeschichte, Berlin.

46 Goldene Schalen aus Westerholt-Terheide (Kreis Wittmund) in Niedersachsen. Ihr Unterteil ist mit Punktreihen, Leisten und konzentrischen Kreisen verziert. Höhe 6,1 und 6,6 Zentimeter. Originale im Niedersächsischen Landesmuseum, Hannover.

◁ 41   △ 42   ▽ 43   44 ▷

△ 45   ▽ 46

Verzierte Knöpfe aus Geweih in Knebelform liegen vom Voßberg bei Groß Gottschow (Kreis Prignitz) in Brandenburg, Hagenow-Granzin (Kreis Ludwigslust), Groß Upahl (Kreis Güstrow) und Wendelstorf (Kreis Bad Doberan) in Mecklenburg-Vorpommern vor. Sie sind mit Kreisaugen verschönert.

Die bronzenen Nadeln haben oft einen gekrümmten Schaft. Je nach ihrer Form werden sie als Warzenkopf-, Vasen-, Schälchen- und Scheibennadeln sowie als Nadeln mit doppelkonischem Kopf bezeichnet.

Außer Nadeln dienten bronzene Fibeln zum Verschließen von Gewändern. Bei den Fibeln mit spitzovalem Bügel wurden die Spiralen durch feste Platten ersetzt sowie der Bügel verkürzt und rautenförmig gestaltet.

Funde von Kämmen verraten, daß man eine ordentliche Frisur zu schätzen wußte. Je ein bronzener Kamm kam an den schleswig-holsteinischen Fundorten Kaisborstel (Kreis Steinburg) und Meldorf (Kreis Dithmarschen) sowie in Seddin (Kreis Prignitz) in Brandenburg zum Vorschein. In Emkendorf (Kreis Rendsburg-Eckernförde) soll ein Knochenkamm entdeckt worden sein, der jedoch verschollen ist.

Weitere Toilettegeräte sind bronzene Pfrieme, die als Tätowiernadeln fungierten, sowie Rasiermesser und Pinzetten. Die Rasiermesser waren zunächst drei-, später viereckig und wurden mitunter zu Kunstwerken im Kleinformat gestaltet. Ihr Griff ist S-förmig gebogen und endet manchmal mit einem Vogel- oder Pferdekopf. Die Klingen hat man teilweise mit Schiffsszenen verschönert. Pinzetten (Nippzangen) sind oft mit Leiterbandmustern verziert.

Die Ackerbauern und Viehzüchter wohnten in unbefestigten Haufendörfern, jedoch gelegentlich auch in befestigten Siedlungen (»Burgen«). Erhalten blieben davon Gruben, Hausgrundrisse, Keramikfragmente, Werkzeuge sowie Reste von Herden und Backöfen.

In der Hamburger Gegend sind mehrere Siedlungen aus jener Zeit durch archäologische Funde nachgewiesen. Drei davon haben nördlich der Elbe auf sandigen Geestböden nahe der Niederung des Flusses Bille gelegen.

Das größte jener Dörfer mit einer Ausdehnung von etwa 9000 Quadratmetern wurde bei Hamburg-Boberg (Groten Heesen)[13] entdeckt. Dort hat man fünf Häuser mit einer Länge von 7,50 bis 12,50 Metern und einer Breite von vier bis fünf Metern sowie 838 Gruben freigelegt.

Die Siedlung an der Fundstelle Hamburg-Lohbrügge (Höperfeld)[14] hatte ungefähr 5000 Quadratmeter Fläche. Von ihr blieben Reste von Hausgrundrissen und Gruben erhalten. Die ehemaligen Bewohner haben zahlreiche Keramikreste, Werkzeuge aus Feuer- und Felsgestein hinterlassen.

Das Dorf von Hamburg-Lohbrügge (Am Langberg)[15] nahm eine Fläche von etwa 4000 Quadratmetern ein. Es konnten Reste von Hausgrundrissen und etwa 520 Gruben festgestellt werden. Zum Fundgut gehörten vor allem Keramik und Steingeräte.

Teile von Dörfern kamen außerdem bei Grabungen in Lenzersilge[16], Perleberg[17], Viesecke[18] und Uetz[19] (Brandenburg), in Klein Krams[20] (Mecklenburg-Vorpommern) sowie in Osterburg-Zedau[21] (nördliches Sachsen-Anhalt) zum Vorschein. Dabei wurden bedeutsame Erkenntnisse über die Anlage der Siedlungen, der Häuser und teilweise sogar über deren Inneneinrichtung gewonnen.

Die Siedlung von Lenzersilge im Kreis Prignitz lag in der Flußniederung der Silge. Sie war als Haufendorf angelegt, bei dem

Der Berliner Prähistoriker Fritz Horst (1936–1990) hat mehrere Gruppen der nordischen jüngeren Bronzezeit (etwa 1100 bis 800 v. Chr.) in Mecklenburg-Vorpommern, im nördlichen Brandenburg und im nördlichen Sachsen-Anhalt definiert.

die Häuser nicht in Reihen, sondern in einem Haufen angeordnet sind. In Lenzersilge rahmten die Gebäude einen freien Platz ein. Im noch nicht zerstörten Teil dieses Haufendorfs wurden sieben Hausgrundrisse ermittelt. Das kleinste Gebäude war etwa 3,90 Meter lang und 3,40 Meter breit, während das größte eine Länge von ungefähr sechs Metern und eine Breite von 3,20 Metern aufwies.

In Lenzersilge bestanden die Häuser aus einer Pfostenkonstruktion mit Fachwerkwänden. Zu fast allen Anwesen gehörte eine Vorhalle. In den Häusern 1 und 5 wurden in Kellergruben Vorräte aufbewahrt. Verschiedene Bronzeobjekte im Haus 1 belegen, daß darin ein Bronzegießer wohnte. Andere Häuser dienten ebenfalls als Heimstätten von Handwerkern, wie Funde tönerner Spinnwirtel und Webgewichte demonstrieren.

Bei der Siedlung von Perleberg im Kreis Prignitz handelte es sich ebenfalls um ein Haufendorf. Dessen 16 Häuser waren um einen freien Platz in der Mitte mit einem Backofen gruppiert. Meistens hatten die Häuser eine Länge von fünf und eine Breite von vier Metern. Es gab aber auch einige größere Bauten mit den Maßen sieben mal zwölf Meter, in denen womöglich reichere Familien lebten. Die Bewohner dieser Siedlung haben offenbar das Dorf beim Verlassen systematisch geräumt, weil nur wenige Hinterlassenschaften zurückblieben.

Neun Grundrisse von rechteckigen Häusern mit Flächen von etwa 30 bis 36 Quadratmetern wurden in Viesecke (Kreis Prignitz) freigelegt. Der Abstand zwischen diesen Bauten betrug jeweils etwa acht Meter. Die Gebäude besaßen häufig an der Giebelseite, an der sich der Eingang befand, eine Vorhalle oder eine Art Windfang aus einer Wand mit senkrechten Bohlen.

Bei Rettungsgrabungen in Uetz (Kreis Potsdam-Mittelmark) wurden mehrere rechteckige Hausgrundrisse von etwa 15 Meter Länge und sieben Meter Breite festgestellt. Außerdem sind Herdstellen sowie Vorrats- und Abfallgruben zum Vorschein gekommen.

In Klein Krams (Kreis Ludwigslust) stieß man auf ein großes Rechteckhaus mit Lehmwänden und drei Öfen. Pfostenlöcher konnten nicht beobachtet werden. Einer der Öfen diente zum Rösten von Eicheln. Bei einem anderen Ofen befand sich eine kellerartige Vertiefung, in der tönerne Vorratsgefäße untergebracht waren. Außerdem lagen darin viele Bruchstücke von Behältnissen, die vermutlich nach dem Abbrennen des Hauses von Regalen gefallen sind. In dem Haus hat man Fragmente von etwa 60 Tongefäßen geborgen. Das Gehöft wurde von einem Zaun umgeben.

Eine der größten unbefestigten Siedlungen jener Zeit wurde auf einer Talsandinsel am Rand der Flußniederung der Biese bei Osterburg-Zedau (Kreis Stendal) im nördlichen Sachsen-Anhalt ausgegraben. Von den insgesamt 78 nachgewiesenen Gebäuden waren 46 in den Boden eingetieft und 32 ebenerdig. Bei den letzteren Bauten im Zentrum der Siedlung handelte es sich um rechteckige Wohnhäuser. 28 der Wohnhäuser waren 5,40 Meter lang, drei Meter breit und im hinteren Teil mit einer Herdstelle versehen.

Merklich größer fielen die restlichen vier Wohnhäuser von Osterburg-Zedau mit einer Wohnfläche von bis zu 40 Quadratmetern aus. Sie hatten ein hölzernes Gerüst aus zwölf Pfosten und besaßen zwei Räume. In diesen Häusern wohnten vermutlich bedeutende Persönlichkeiten wie der Häuptling, Dorfälteste oder Priester.

Die 46 eingetieften Bauten von Osterburg-Zedau lagen am Rand der Siedlung. Sie dienten als Speicher beziehungsweise Werkstätten und waren 4,70 bis 7,90 Meter breit. Nach Schätzungen des Ausgräbers Fritz Horst (1936–1990) aus Berlin lebten in diesem Dorf etwa 120 Menschen.

Aus Mecklenburg-Vorpommern sind einige Befestigungen der nordischen jüngeren Bronzezeit bekannt. Solche »Burgen« gab es in Basedow[22] (Kreis Demmin), auf dem Golm bei Kaminke[23] (Kreis Ostvorpommern), Klein-Luckow[24] (Kreis Müritz) und bei Kratzeburg[25] (Kreis Mecklenburg-Strelitz) sowie möglicherweise in Penzlin (Kreis Müritz) und Rühlow (Kreis Mecklenburg-Strelitz).

Die imposante Befestigung von Basedow wurde durch eine Plankenwand geschützt, von der bei Ausgrabungen Reste zum Vorschein kamen. Vor der Plankenwand verlief in einigem Abstand ein Graben. Im Schutze dieser »Burg« lebten schätzungsweise 650 Menschen. Außer Scherben von Tongefäßen konnten dort auch Skelettreste eines vielleicht getöteten Kriegers geborgen werden. Die »Burg« von Basedow ist abgebrannt.

Auf einer Anhöhe zwischen zwei Seen war die Wallburg von Klein-Luckow errichtet worden. Sie hatte einen ovalen Grundriß.

Die »Burg« bei Kratzeburg war an der Ostseite des Dambecker Sees auf einem etwa 350 Meter langen und maximal 125 Meter breiten Plateau mit rundum abfallenden Hängen angelegt worden. Bei Ausgrabungen stieß man auf Pfosten-, Vorrats- und Abfallgruben sowie auf Reste eines fast fünf Meter breiten und vier Meter hohen verbrannten Walles, der einst die Befestigung umgab. Das Bollwerk war aus Holz und Erde konstruiert. Es wurde an der Vorder- und Rückfront durch eine Plankenwand abgeschlossen und mittels Ankerhaken in der Erdfüllung stabilisiert. Den Wall sicherte in 15 Meter Entfernung ein neun Meter breiter und 2,50 Meter tiefer Graben ab.

Getreidereste und -abdrücke, bronzene Sicheln, steinerne Getreidemühlen sowie Knochenreste von Haustieren lassen keinen Zweifel daran aufkommen, daß sich die damaligen Menschen vor allem vom Ackerbau und von der Viehzucht ernährten. Die Jagd und der Fischfang hatten trotz der großen Vielfalt an Beutetieren keine große Bedeutung mehr.

Aus Möllenknob bei Archsum auf der Nordseeinsel Sylt ist der Anbau von Emmer (*Triticum dicoccon*), Dinkel (*Triticum spelta*) und Nacktgerste (*Hordeum vulgare* var. *nudum*) bekannt. Auch sind dort die Ackerunkräuter Vogelknöterich (*Polygonum aviculare*), Flohknöterich (*Polygonum persicaria*) und Weißer Gänsefuß (*Chenopodium album*) nachgewiesen. In Keelbek und Süderschmedeby im Kreis Flensburg wurden Abdrücke von Gerstenkörnern entdeckt, im Ortsteil Ashausen von Stelle (Kreis Harburg) solche von Weizen und Gerste sowie letztere ebenfalls in Hittfeld-Karoxbostel (Kreis Harburg). In der Siedlung von Zitz (Kreis Potsdam-Mittelmark) kamen zahlreiche Samen von Ackerbohnen (*Vicia faba*) mit Fraßspuren von Ackerbohnen-Käfern zum Vorschein.

Allein zum Depot bei Bäk am Ratzeburger See (Kreis Herzogtum Lauenburg) in Schleswig-Holstein gehörten 14 Fragmente von bronzenen Sicheln für die Getreideernte. Eine bronzene Knopfsichel lag auch im Depot des Ortsteils Eichede von Steinburg (Kreis Stormarn) in Schleswig-Holstein. Bruchstücke einer steinernen Getreidemühle fanden sich in einem Grab von Warlin (Kreis Mecklenburg-Strelitz) in Mecklenburg-Vorpommern. Die Bewohner der erwähnten Befestigung bei Kratzeburg hielten Rinder, Schweine, Pferde, Schafe, Ziegen und Hunde als Haustiere. Am häufigsten waren dort die Reste von Rindern (23 Tiere), danach folgten solche von Schafen und Ziegen (mindestens 18 Tiere), Schweinen (sieben Tiere), vom Pferd und vom Hund.

Die Rinder von Kratzeburg hatten eine Widerristhöhe von 1,09 bis 1,23 Metern. Etwa zwei Drittel bis drei Viertel wurden geschlachtet, bevor sie das Alter von dreieinhalb Jahren erreichten. Die Schafe waren mit einer Widerristhöhe von 59 bis 65 Zentimetern etwa so groß wie heutige Heidschnucken. Sie wurden meistens erst nach dreieinhalb Jahren für den Verzehr getötet. Bei den Schweinen hatten die erwachsenen Tiere eine Widerristhöhe von 65 bis 70 Zentimetern. Bei ihnen sind alle Altersklassen geschlachtet worden.

In der erwähnten Siedlung von Zitz konnten Knochen von mindestens neun Rindern, fünf Schweinen, fünf Schafen oder Ziegen, drei Pferden und drei Hunden identifiziert werden. Aus der Siedlung auf dem Weilickenberg am Tornowsee bei Gühlen-Glienicke (Kreis Ostprignitz-Ruppin) in Brandenburg sind Reste von zehn Rindern bekannt.

Bronzene Pinzetten von Friedrichsruhe, Brenz, Dobbin (zwei Exemplare) und Schaliß (von unten nach oben) in Mecklenburg-Vorpommern aus der nordischen jüngeren Bronzezeit (etwa 1100 bis 800 v. Chr.). Länge der untersten Pinzette 9,8 Zentimeter. Originale im Archäologischen Landesmuseum, Lübstorf.

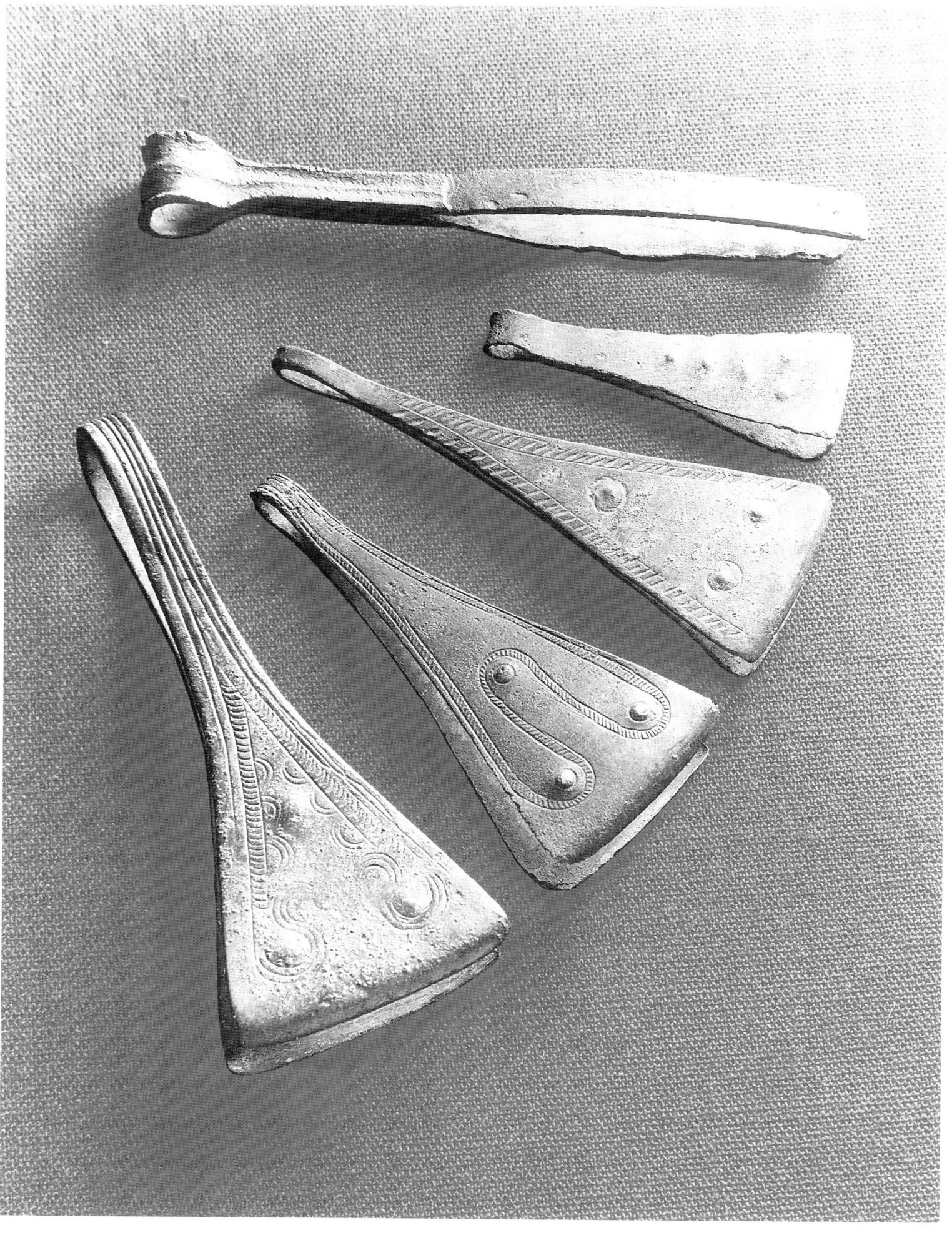

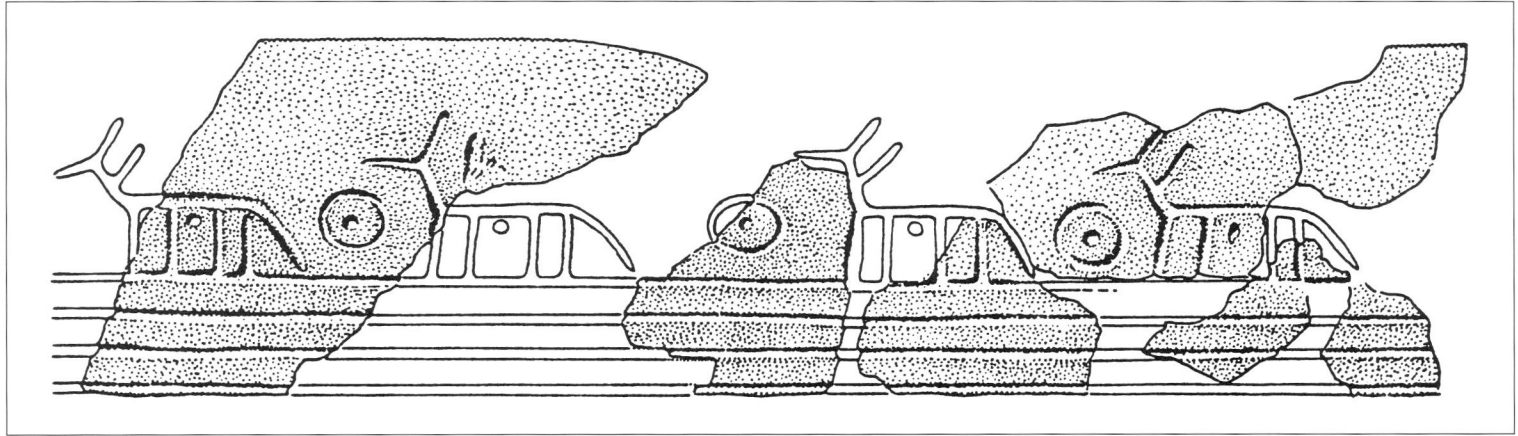

Oben und unten: Hirschdarstellungen auf einem Tongefäß aus Premnitz (Kreis Havelland) in Brandenburg. Das Gefäß wurde in einem Grab der nordischen jüngeren Bronzezeit gefunden. Original im Brandenburgischen Landesmuseum für Ur- und Frühgeschichte, Potsdam.

Sogar Gräber lieferten manchmal Hinweise auf die damalige Viehzucht. Dies war bei Blievenstorf (Kreis Ludwigslust) in Mecklenburg-Vorpommern der Fall. Dort lagen zwischen den Gebeinen von auf Scheiterhaufen eingeäscherten Menschen auch Tierknochenstücke vom Pferd (ein Grab), vom Schwein (zwei Gräber) sowie vom Schaf oder von der Ziege (drei Gräber). Vielleicht handelte es sich um Reste des Leichenschmauses.
Als wichtigste Jagdbeute gelten Auerochsen, Elche, Rothirsche, Rehe, Wildschweine und Hasen. Daneben wurden auch Braunbären, Wölfe, Füchse, Wildkatzen, Luchse, Dachse, Gemsen, Biber, Adler, Schwäne und Möwen erlegt. Die größeren Tiere brachte man mit Speeren sowie mit Pfeil und Bogen zur Strecke. Kleinere Tiere wie Eichhörnchen, Igel, Marder, Iltisse und Wiesel fing man mit Fallen.
Die Jagd auf Rothirsche *(Cervus elaphus)* und Hasen *(Lepus europaeus)* ist durch Knochenreste aus der Befestigung von Kratzeburg belegt. Die Bergung einer hölzernen Falle glückte in Ganzlin (Kreis Parchim) in Mecklenburg-Vorpommern. In der Siedlung Zitz fanden sich Jagdbeutereste vom Rothirsch, Hasen sowie Auerochsen *(Bos primigenius)* oder Wisent *(Bos bonasus)*.
Gefischt hat man in Seen, Bächen und Flüssen mit Netzen, Harpunen und Angeln. Teilweise geschah dies vermutlich von Einbäumen aus. Zur Beute zählten neben anderen so große Fische wie Hecht *(Esoc lucius)*, Wels *(Silurus glanis)* und Zander *(Lucioperca lucioperca)*.

In einer Siedlungsgrube bei Schmalstede (Kreis Rendsburg-Eckernförde) lagen verkohlte Reste von Nacktgerste *(Hordeum vulgare* var. *nudum)*, in einer anderen 220 Gramm verkohlter halbierter Wildäpfel *(Malus sylvestris)* und 35 Gramm verkohlter Hälften von geschälten Eicheln *(Quercus robur)*.
Geröstete oder verbrannte Eicheln konnten auch bei Hittfeld im Kreis Harburg nachgewiesen werden. Der zentral auf dem Dorfplatz angelegte Backofen des erwähnten Haufendorfs Perleberg deutet darauf hin, daß es Backgemeinschaften gegeben haben könnte.
Zu den Tongefäßen der nordischen jüngeren Bronzezeit gehörten Kannen mit Schräggriefen, Buckelgefäße, weitmündige doppelkonische Terrinen (Doppelkoni), Zylinderhalsgefäße, Henkeltöpfe, Zipfelschalen, tassenförmige Gefäße und tönerne Löffel. In der Siedlung von Osterburg-Zedau gab es in jedem Wohnhaus ungefähr 50 Tongefäße unterschiedlicher Form und Größe: ein Sieb- und sieben Kleingefäße, 22 Töpfe mittlerer Größe, 18 Schalen und Näpfe sowie drei große Rauhtöpfe.
Die Siedlungskeramik wurde meistens verziert, die Graburnen dagegen blieben häufig schmucklos. Als Ornamente dienten Besenstrich, Kerbenreihen, schräg verlaufende Kanneluren, eingeritzte Bögen, Tannenzweigmuster, Dreiecke, Linien, Kammstrich, Fingernageleindrücke, Knubben und gewellte Ränder.
Das umfangreiche Keramikdepot von Gramzow[26] (Kreis Uckermark) in Brandenburg verrät, daß Tongefäße teilweise serienmäßig in Töpfereien modelliert wurden. Zu diesem Depot gehörten insgesamt 36 Tongefäße, darunter 33 Kannen, die der Besitzer nicht mehr geborgen hat.
Gußformen, Gußkuchenreste, Altmetall, Werkzeuge und Depots mit verschiedenen bronzenen Werkzeugen, Waffen und Schmuckstücken deuten auf eine hochentwickelte Metallurgie hin. Gegen Ende dieser Kultur waren sogar schon eiserne Objekte in Gebrauch, die als Vorboten eines neuen Zeitalters gelten.
In der Befestigung bei Kratzeburg wurden zwei Gußformen und bei der Bronzeverarbeitung benutzte Steingeräte mit Rille entdeckt. Als Bronzegießerwerkzeug gilt ein Steingerät mit Rille aus Gühlen-Glienicke (Kreis Ostprignitz-Ruppin) in Brandenburg. Aus Alt Plestin (Kreis Demmin) in Mecklenburg-Vorpommern sind ein Amboß aus Geweih und ein Tüllenhammer bekannt. Ein gleichartiger Hammer liegt aus Rossow (Kreis Uecker-Randow) in Mecklenburg-Vorpommern vor.
Gußkuchenreste und Bronzeobjekte hat man – wie bereits erwähnt – im Haus 1 von Lenzersilge gefunden. Altmetall, das

zum Bronzeguß wiederverwendet werden sollte, kam in Murchin (Kreis Ostvorpommern) in Mecklenburg-Vorpommern zum Vorschein. Zwei eiserne Nadeln fanden sich im »Königsgrab« von Seddin (Kreis Prignitz).

Das Vorhandensein von Metallobjekten in Depots könnte nach Ansicht von Prähistorikern die Folge rückgängiger Erzimporte gewesen sein. Vielleicht war die Metallgewinnung im Alpenraum rückläufig oder traditionelle Handelswege wurden durch Völkerbewegungen gesperrt. Es wäre aber auch ein Mangel an Tauschhandelsgütern denkbar, der vielleicht aufgrund des Schwindens der jütischen Bernsteinlager entstanden sein könnte. Wegen der verringerten Metallimporte mußte Altmetall umgeschmiedet oder umgeschmolzen werden. Die Depots mit Altmetall spiegeln eindrucksvoll wider, welche Werkzeuge, Waffen und Schmuckstücke damals angefertigt wurden.

Zum Depot bei Bäk am Ratzeburger See[27] (Kreis Herzogtum Lauenburg) in Schleswig-Holstein gehörten fünf Schwert-, neun Lanzen- (von fünf Lanzen), vier Tüllenbeil- und fünf Messerbruchstücke, zwei Messer, 14 Sichelfragmente, ein Sägenfragment, zwei kleine Meißel, zwei Pinzettenfragmente, ein Schaftbruchstück, der kegelförmige Kopf einer Nadel, zahlreiche Bruchstücke von Arm- und Beinringen sowie Bronzebuckelchen.

Das Depot in einem Tongefäß von Kronshagen[28] unweit von Kiel (Kreis Rendsburg-Eckernförde) umfaßte ein Bronzeband (Zierband beziehungsweise »Diadem«), drei Hängebecken (Hängegefäße), einen Gürtelbuckel, drei gedrehte Halsringe, zwei Armspiralen, zehn Armstulpen, sieben Bruchstücke von Armspiralen aus Doppeldraht und einen Lanzenschuh. Das 55 Zentimeter lange und verzierte Bronzeband stammt vielleicht von einem Gürtel. Seine kultischen Motive könnten darauf hindeuten, daß es bei besonderen Festlichkeiten getragen wurde.

Oben: Mit Kreisaugen verzierte Axt aus Hirschgeweih von Oldenburg (Kreis Ostholstein) in Schleswig-Holstein. Länge 24 Zentimeter. Das Kreisaugendekor könnte auf eine kultische Verwendung des Gerätes hindeuten. Original im Privatbesitz.

Unten: Werkstatt eines Lurengießers aus der nordischen jüngeren Bronzezeit auf einem Lebensbild von 1936: Rechts werden eine Schallscheibe in Wachs modelliert und ein Tonkern für ein Rohr geformt. An der Wand hängen zwei fertige Luren, Musikinstrumente, die im allgemeinen nur zu besonderen Anlässen Verwendung fanden.

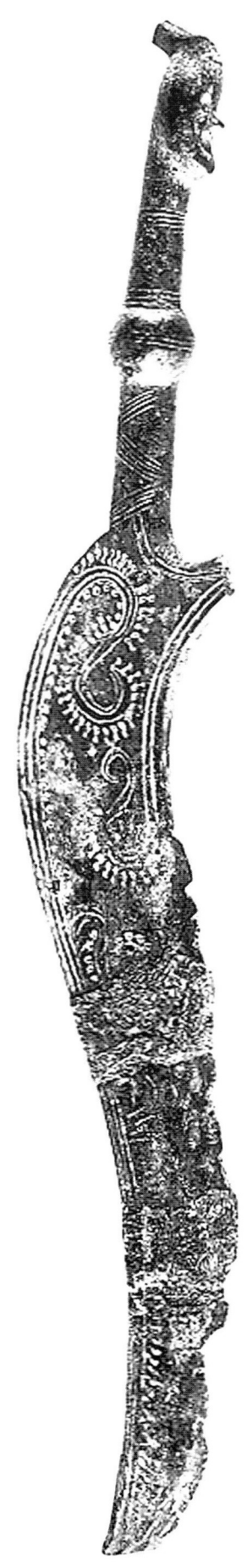

Ein weiteres Depot kam bei Murchin[29] (Kreis Ostvorpommern) in Mecklenburg-Vorpommern zum Vorschein. Es enthielt 27 komplette Klingen und acht Bruchstücke von Tüllenbeilen, das Bruchstück eines Lappenbeils, drei Tüllenmeißel, drei Lanzenspitzen, sieben Sicheln, 13 Armringe, einen kleinen Blechring, drei Ringe, sieben Ösenhalsringe, fünf Nadeln, das Bruchstück einer Schwertklinge, einen Messerrest und ein Trensenbruchstück.

Fast nur aus Schmuckstücken bestand das Depot von Roga[30] (Kreis Mecklenburg-Strelitz) in Mecklenburg-Vorpommern. Dabei handelte es sich um ein Bronzebecken, ein verziertes »Diadem«, drei dünne Halsringe, sechs Armmanschetten, drei Spiralfingerringe, zwei Ringe und um einen Bernsteinring.

Außer Werkzeugen aus Bronze gab es weiterhin solche aus Stein, Knochen und Geweih, wie Funde aus Siedlungen und Gräbern beweisen. Im Grabhügelfeld bei Nettelbeck (Kreis Prignitz) in Brandenburg lag beispielsweise ein Wetzstein aus Sandstein mit Durchbohrung und Benutzungsspuren. Geweihreste mit Bearbeitungsspuren sind aus den erwähnten Siedlungen bei Kratzeburg in Mecklenburg-Vorpommern und von Gühlen-Glienicke (Kreis Ostprignitz-Ruppin) in Brandenburg bekannt. In Gühlen-Glienicke konnten unter anderem zwei Hirschgeweihäxte geborgen werden. Aus Oldenburg (Kreis Ostholstein) in Schleswig-Holstein liegt eine mit Kreisaugen verzierte Hischgeweihaxt vor.

Reste von Geweih- und Knochengeräten wurden in etlichen schleswig-holsteinischen Brandgräbern entdeckt. So lag in einem Kindergrab von Bordesholm (Kreis Segeberg) ein bandförmiges, zwei Zentimeter breites, mit Punktaugen verziertes Knochengerät. In einem Männergrab vom selben Fundort fand sich der Rest einer Pfeilspitze aus Geweih und in einem Männergrab von Emkendorf-Kleinvollstedt (Kreis Rendsburg-Eckernförde) ein 13,4 Zentimeter langer Pfriem aus Geweih.

Der Griff bronzener Messer endet teilweise mit einem stilisierten Vogelkopf, einem Spiralgriff oder sogar mit einer Menschenfigur. Exemplare mit einem menschengestaltigen Griff kennt man aus Beringstedt[31] (Kreis Rendsburg-Eckernförde) und aus Tennsbüttel-Röst[32] (Kreis Dithmarschen). Andere Messer haben nur einen Ringgriff. Oft wurde der Rücken der Messerklinge verziert. Manche Messer sind Importstücke aus dem Gebiet der süddeutschen Urnenfelder-Kultur.

Bronzene Pfrieme wurden manchmal mit einem Griff aus Bernstein versehen. Derartige Objekte kennt man aus Bunsoh (Kreis Dithmarschen) und aus dem Urnenfeld von Wacken (Kreis Rendsburg-Eckernförde) in Schleswig-Holstein.

Manche Krieger schützten ihren Kopf mit einem bronzenen Helm. Ein solcher wurde 1836 in einem Moor von Sehlsdorf (Kreis Parchim) in Mecklenburg-Vorpommern entdeckt. Diese 25,5 Zentimeter hohe Kopfbedeckung mit glockenförmiger Kappe und knaufartigem Knopf stammt vermutlich aus dem Donaugebiet zwischen Karpaten und Balkan. Vielleicht ist er in der Gegend des Theißbogens angefertigt worden. Ein weiterer Bronzehelm konnte zwischen 1910 und 1912 bei der Erweiterung und Vertiefung des Havelkanals in Oranienburg (Kreis Oberhavel) zusammen mit einem Griffangelschwert geborgen werden.

Bronzenes Messer aus Tennsbüttel-Röst (Kreis Dithmarschen) in Schleswig-Holstein mit einem menschengestaltigen Griff. Länge 12,8 Zentimeter. Original im Archäologischen Landesmuseum der Christian-Albrechts-Universität Kiel, Schleswig.

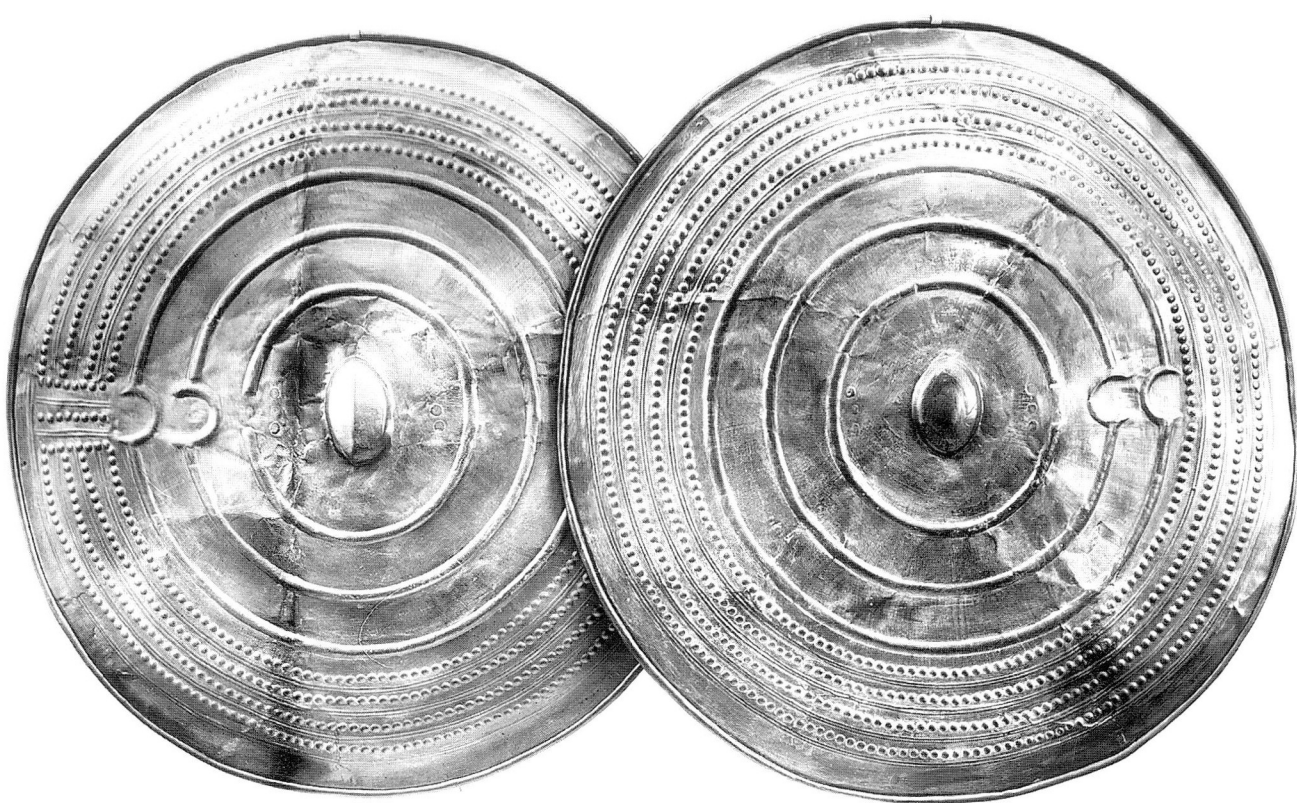

Zwei verzierte Bronzeschilde aus einem Moor bei Herzsprung (Kreis Uckermark) in Brandenburg. Durchmesser der sogenannten Herzsprung-Schilde jeweils etwa 70 Zentimeter. Originale im Landesmusem für Vorgeschichte, Halle/Saale.

Zwei bronzene Helme mit jeweils zwei geschwungenen Hörnern kamen in einem Moor von Viksø auf Seeland (Dänemark) zum Vorschein. Einer davon lag auf einem Holzbrett, der andere auf einer Tonschale. Bei beiden handelte es sich wohl um Opfergaben. Jeder von ihnen hat vorne einen hakenförmigen Schnabel und an dessen Seiten große nach außen gewölbte Augen unter krummen Augenbrauenbögen. Verziert wurden diese Helme mit Reihen und Kreisen getriebener Buckel. Auf beiden Helmen verläuft eine tiefe Rille, in der sich Feder- oder Haarbüschel befestigen ließen.

Die zwei 1844 im Sumpfboden von Herzsprung (Kreis Uckermark) im nördlichen Brandenburg gefundenen Bronzeschilde eigneten sich wegen ihrer geringen Wandstärke nicht als Schutzwaffen. Sie dienten nur zu Prunk- oder Repräsentationszwecken. Einer von ihnen ist kreisrund und hat einen Durchmesser von 70 Zentimetern, der andere ist etwas oval und hat einen Durchmesser von 71 mal 68 Zentimetern. Diese Schilde sind mit konzentrischen Kreisen aus Buckelreihen und Wülsten verziert, die halbmondförmige Aussparungen haben. Solche Herzsprung-Schilde sind von Nordeuropa und den Britischen Inseln über Mitteleuropa bis nach Spanien und zu den Heiligtümern Griechenlands und Zyperns verbreitet.

Nach einem Fundort bei Stettin werden die Schilde vom Typ Nipperwiese (s. S. 271) bezeichnet. Zu jenem Typ, von dem aus Deutschland einige Exemplare bekannt sind, gehört der Schild von Schiphorst[33] (Kreis Herzogtum Lauenburg) in Schleswig-Holstein. Er hat einen Durchmesser von 39 Zentimeter, ist in der Mitte schwach nach außen gewölbt und dort sowie am Rand mit drei schmalen Rippen versehen.

Zur Waffenausrüstung zählten damals außer den erwähnten Schutzwaffen in Form von Helmen und Schilden auch Angriffswaffen wie bronzene Schwerter, Dolche, Speere sowie Pfeil und Bogen. Bronzene Streitäxte waren aus der Mode gekommen.
Bei den Schwertern lassen sich so viele Formen wie nie zuvor unterscheiden. Es gab Hörnerknauf-, Dreiwulst-, Nierenknauf-, Antennen-, Möriger und Auvernier-Schwerter. Erstere vier sind nach der Form benannt, die letzteren zwei nach Fundorten in der Schweiz (s. S. 429). Die Schwerter zeichnen sich durch eine hohe Qualität aus und sind häufig auf dem Griff mit Gold verziert. Das Depot von Stölln[34] (Kreis Havelland) in Brandenburg umfaßte sieben Schwerter und eine Lanzenspitze.

Neu bei den Speerspitzen waren Formen mit hohlem Blatt. Allein in Gabow[35] (Kreis Märkisch-Oderland) in Brandenburg konnten elf bronzene Lanzenspitzen von 22,9 bis 36,5 Zentimeter Länge zusammen mit zwei Nierenringen geborgen werden. Der größte Teil dieses Depots wird heute im Oderlandmuseum Bad Freienwalde aufbewahrt.

Die Pfeilschäfte wurden meistens mit bronzenen zweischneidigen Spitzen bewehrt. Diesbezügliche Fundstücke kennt man aus Mannhagen (Kreis Herzogtum Lauenburg), Schalkholz (Kreis Dithmarschen) und Pohnsdorf (Kreis Plön). Daneben gab es Pfeilspitzen aus Feuerstein und Knochen, wie an je einem Fund aus Grebs (Kreis Ludwigslust) in Mecklenburg-Vorpommern ersichtlich wird.

Beile dienten nur noch als Arbeitsgeräte. Die Klingen der Tüllenbeile hatten zunächst eine gerade und später eine bogenförmige Schneide. Weitere Werkzeuge waren bronzene Meißel sowie Messer mit einfachem oder doppeltem Ringgriff. Manche

Messer sind Importstücke aus dem Gebiet der süddeutschen Urnenfelder-Kultur.

Einen wertvollen Besitz stellten sicherlich die Tassen aus Bronzeblech vom Typ Fuchsstadt (s. S. 273) und vom Typ Jenišovice (früher Typ Kirkendrup, s. S. 273) dar, die nach Fundorten in Bayern und Böhmen benannt sind. Dabei handelt es sich um Trinkgefäße mit einem Henkel.

Aus Basedow (Kreis Demmin) liegen eine Tasse vom Typ Fuchsstadt und zwei Tassen vom Typ Jenišovice, aus Dahmen (Kreis Demmin) eine Tasse vom Typ Jenišovice und aus Klein Luckow (Kreis Müritz) drei Tassen vom Typ Jenišovice vor. Sämtliche Fundorte sind in Mecklenburg-Vorpommern gelegen.

In Herzberg (Kreis Ostprignitz-Ruppin) in Brandenburg erfaßte im September 1991 die Schaufel eines Baggers beim Herrichten einer Teichanlage das Unterteil einer Bronzeblechamphore, die fünf Bronzebecher enthielt. Die Becher waren wie ein Satz mit den Mündungen nach oben ineinandergesteckt.

Aus Bronzeblech bestanden Schöpfgefäße mit Henkel, die teilweise verziert sind. Zwei solcher Gefäße fanden sich in den Heidbergen bei Güstrow in Mecklenburg-Vorpommern. Sie sind aus einem Stück gegossen. Das besser erhaltene Exemplar ist 5,1 Zentimeter hoch und hat am Rand einen Durchmesser von 8,3 Zentimetern. Das andere ist 5,5 Zentimeter hoch, hat am Rand einen Durchmesser von 8,9 Zentimetern und ist auf dem Unterteil mit zwei umlaufenden Spiralbändern geschmückt. Zwei Bruchstücke eines Schöpfgefäßes kamen bei Levitzow (Kreis Güstrow) in Mecklenburg-Vorpommern zum Vorschein. In einem Moor bei Granzin[36] unweit von Lübz (Kreis Parchim) in Mecklenburg-Vorpommern hat man Bronzekessel mit zwei Henkeln geborgen. Sie sind auf der oberen Hälfte prächtig ornamentiert. Zahlreiche von innen herausgetriebene Buckel bilden Linien, Sonnensymbole und Wasservögel.

Verschiedentlich wurden bronzene Hängebecken entdeckt. Zu den schleswig-holsteinischen Fundorten gehören Wacken im Kreis Rendsburg-Eckernförde (drei Exemplare), Kronshagen im Kreis Rendsburg-Eckernförde (drei), ein Moor bei Bad Oldesloe im Kreis Stormarn (zwei), eine Wiese des Ortsteils Eichede von Steinburg im Kreis Stormarn und Hamburg-Volksdorf (je ein Hängebecken). Ebenfalls je ein Hängebecken förderte man in Kluess (Kreis Güstrow) und Roga (Kreis Mecklenburg-Strelitz), beide in Mecklenburg-Vorpommern, zutage.

Die Hängebecken sind wegen ihrer Abnutzungsspuren am Boden, Deckel und an den Ösenschlitzen unterschiedlich gedeutet worden. Man hielt sie für Urnen, Lampen, Gefäße oder Gürteldosen, in denen Amulette und Schmuck aufbewahrt wurden. Noch heute weiß man nicht genau, wozu die Hängebecken dienten.

Für diese umstrittenen Becken wurde sogar eine Trageweise über dem Gewand auf dem Rücken erwogen. Doch der Hamburger Prähistoriker Friedrich Laux wies bei Experimenten nach, daß der Rand und die bei vielen Becken darüber hinausragenden Ösen der Trägerin bald starke Schmerzen bereitet hätten.

Im Verkehrswesen der nordischen jüngeren Bronzezeit spielte die Schiffahrt eine wichtige Rolle. Denn im Verbreitungsgebiet dieser Kultur lagen die Nord- und Ostseeküste sowie zahlreiche Bäche und Flüsse. Die Bedeutung der Schiffahrt spiegelt sich in den Darstellungen von Wasserfahrzeugen auf bronzenen Rasiermessern und Messern wider.

Schiffsmotive verzieren die Rasiermesser von Borgdorf und Lütjenbornholt (Kreis Rendsburg-Eckernförde), Neumünster-Tungendorf (Stadtkreis Neumünster), Gönnebek (Kreis Segeberg) und Albersdorf (Kreis Dithmarschen) in Schleswig-Holstein. Ein Schiffsornament ist auch auf einem Rasiermesser angebracht, das in einem der Grabhügel bei Kratzeburg (Kreis Mecklenburg-Strelitz) in Mecklenburg-Vorpommern lag. Auf der abgebrochenem Klinge des erwähnten Messers bei Beringstedt wird ebenfalls ein Schiff dargestellt.

Knochenreste von Pferden sowie Geschirrteile aus Geweih und Bronze weisen darauf hin, daß Pferde als Reit- und Zugtiere eingesetzt wurden. Skelettteile von Pferden sind – wie erwähnt – von der Befestigung bei Kratzeburg und aus dem Gräberfeld bei Blievenstorf bekannt.

Aus Geweih geschnitzte Knebel fanden sich in Leichenbränden von Bokhorst, Bordesholm, Bornhöved (alle drei Kreis Segeberg), Beringstedt, Emkendorf-Kleinvollstedt (beide Kreis Rendsburg-Eckernförde) in Schleswig-Holstein, Groß Gottschow (Kreis Prignitz) in Brandenburg, Groß Upahl (Kreis Güstrow) und Wendelstorf (Kreis Bad Doberan) in Mecklenburg-Vorpommern.

Zwei Paare ähnlicher Stangenknebeltrensen mit zweiteiligen Mundstücken aus Bronze wurden auf einem Acker in Karbow bei Lübz (Kreis Parchim) in Mecklenburg-Vorpommern entdeckt. Zusammen mit diesen jeweils 14 Zentimeter langen Geschirrteilen kamen 14 bronzene Phaleren zum Vorschein.

Bisher einmalig in Mecklenburg-Vorpommern ist der Depotfund von Ückeritz auf der Ostseeinsel Usedom[37] (Kreis Ostvorpommern) in Mecklenburg-Vorpommern. Das Depot umfaßte 110 Bronzeobjekte, die, mit Ausnahme zweier großer Nadeln, Bestandteile eines Pferdegeschirrs sind. Dazu gehörten 54 Schmuck-

Verzierter Bronzekessel mit zwei Henkeln aus Granzin (Kreis Ludwigslust) in Mecklenburg-Vorpommern. Höhe 33 Zentimeter, Mündungsdurchmesser 31 Zentimeter. Originale im Archäologischen Landesmuseum Mecklenburg-Vorpommern, Lübstorf.

DIE NORDISCHE JÜNGERE BRONZEZEIT

Depotfund mit Pferdegeschirrteilen aus Ückeritz (Kreis Ostvorpommern) auf der Ostseeinsel Usedom: Schmuckscheiben, Klapperbleche, Blechhülsen, Aufsätze, Trensenstangen, Knebel, Knöpfe und Ringe. Originale im Archäologischen Landesmuseum Mecklenburg-Vorpommern, Lübstorf.

scheiben und Fragmente von beschädigten Scheiben, 13 Klapperbleche, 16 gerippte Hülsen aus Bronzeblech, zwei Aufsätze, sieben Trensenstangen, zwei verzierte Knebel, drei Knöpfe, zwei hülsenartige, hohle zylindrische Ringe, sechs Ringe, Teile von vier Geweihknebeln sowie kleine Bruchstücke und Holzfragmente.

Eine bronzene Schmuckscheibe, die zu einem Pferdegeschirr gehörte, wurde auch in Bad Oldesloe (Kreis Stormarn) in Schleswig-Holstein gefunden. Möglicherweise stammt sie ebenfalls aus einem Depot.

Nach den Funden aus Stade (s. S. 314) in Niedersachsen, aus Kühlungsborn[38] (Kreis Bad Doberan) in Mecklenburg-Vorpommern und aus Kemnitz (Kreis Prignitz) in Brandenburg zu schließen, rollten damals sowohl Wagen mit bronzenen Speichenrädern als auch mit hölzernen Scheibenrädern durch Nord- und Ostdeutschland. Diese Gefährte dürften von Pferden gezogen worden sein.

Die zwei hölzernen Scheibenräder bei Kühlungsborn wurden etwa 120 Meter vor dem Strand in etwa 2,50 Meter Tiefe vom Grund der Ostsee hervorgeholt. Sie haben heute einen Durchmesser von 92,5 und 93 Zentimetern und dürften irgendwann zwischen 1000 und 800 v. Chr. hergestellt worden sein. Die Räder lagen wohl ursprünglich im Verlandungsbereich eines kleinen Baches, der noch heute in die Ostsee mündet. Vielleicht waren sie zum Aufquellen ins Wasser gelegt worden und konnten nicht mehr geborgen werden.

Die Scheibenräder von Kühlungsborn bestehen aus Eschen- und Ahornholz. Man hat sie jeweils aus drei nebeneinander angeordneten Brettern mit Dübeln und Leisten zusammengefügt. Die zwei halbmondförmigen Aussparungen neben dem Buchsloch wurden vielleicht geschaffen, um die Räder mit einer hindurchgesteckten Stange bremsen zu können.

Von einem Bronzerad stammt das Felgenteil aus Kemnitz. Es hat einen U-förmigen Querschnitt, ist sechs Zentimeter breit und 1,5 Zentimeter stark.

Als Wagenraddarstellungen werden von manchen Autoren die Funde aus zwei Siedlungsgruben bei Levitzow (Kreis Güstrow) in Mecklenburg-Vorpommern betrachtet. Dabei handelt es sich jeweils um eine tönerne Scheibe mit einem weiten Mittelloch. Eine hatte ursprünglich einen Durchmesser von 6,9 Zentimetern, einen Achsloch-Durchmesser von 1,6 Zentimetern und ein Gewicht von 114 Gramm. Der Durchmesser der anderen Scheibe beträgt 6,45 Zentimeter, ihr Achsloch-Durchmesser 1,6 Zentimeter, und sie wiegt 55 Gramm.

Weitere Tonräder wurden bei Schöneberg und Friedenfelde (beide im Kreis Uckermark) in Brandenburg entdeckt. Diese Exemplare sind vierspeichig. An letzterem Fundort kamen Reste von drei Tonrädern mit Rillenverzierung zum Vorschein. Möglicherweise dienten all diese Tonräder als Spielzeug für Kinder.

Vielleicht hat es damals schon hölzerne »Reisekoffer« gegeben. Als solcher wird ein zweiteiliges Behältnis von mehr als 50 Zentimeter Länge aus einem dünnen Eichenstamm gedeutet, das 1882 in einem Moor bei Koppenow unweit von Labehn im ehemaligen Kreis Lauenburg in Hinterpommern (heute Polen) zum Vorschein kam. Diesen Fund sah 1882 der Berliner Pathologe Rudolf Virchow (1821–1902) bei einer Exkursion im Museum Stettin. Er deutete das Objekt, in dem fragmentierte Ringe, eine Spiralplattenfibel, Knöpfe, Anhänger, ein Lappenbeil, zwei Tüllenbeile, eine Knopfsichel, eine Schwertklinge und Gußbrocken lagen, als »Reisekoffer«. Sein Hohlraum hatte kleine Fächer, in eines davon paßte genau die Schwertklinge.

Bei Tauschgeschäften wechselten Tongefäße, Metall, Bronzetassen, Salz, Werkzeuge, Waffen und Schmuckstücke den Besitzer. Dabei gelangten Tongefäße und bronzene Tüllenbeile mit kleinem Öhr aus der mitteldeutschen Lausitzer Kultur, Metall und Salz aus der Alpenregion, Antennen-, Auvernier- und Möriger Schwerter sowie Bronzetassen der Urnenfelder-Kultur, der erwähnte Helm von Sehlstorf aus dem Donauland und die Bronzeurne von Seddin aus Südeuropa in das Verbreitungsgebiet der nordischen jüngeren Bronzezeit. Viele Importwaren wurden vermutlich mit dem begehrten Bernstein von der Nordsee- und Ostseeküste »bezahlt«.

Geschmückt hat man sich mit bronzenen Zierbändern, Halsketten, gedrehten (tordierten) Halsringen, Halskragen, Armringen, massiven Armmanschetten, an denen klappernder Schmuck hing, sowie mit Armspiralen, Fußringen und goldenen »Eidringen«. Perlen aus Bernstein und Bronze zierten Halsketten.

Zierbänder (»Diademe«) wurden in Lübtheen (Kreis Ludwigslust) und in Roga (Kreis Mecklenburg-Strelitz) in Mecklenburg-Vorpommern gefunden. Auf dem Zierband aus dem Depot von Roga sind Darstellungen von stilisierten Pferden, Sonnen und Menschen zu sehen. Dabei handelt es sich wohl um die Wiedergabe von Zeremonien des Sonnenkults.

Die Halskette aus dem »Königsgrab« von Seddin (Kreis Prignitz) im nördlichen Brandenburg war mit bronzenen Spiralröllchen und Perlen als Anhängern versehen. Auch ein bronzener Halsring kam in Seddin zum Vorschein. Die in sich gedrehten Halsringe aus jenem Abschnitt lassen sich kaum von denen aus der vorhergehenden Zeit unterscheiden. Halskragen aus Bronzeblech wurden häufig mit längslaufenden Rippen verziert.

An den Armen trug man bronzene Ringe, massive Armmanschetten oder solche aus Bronzeblech, Spiralen und goldene »Eidringe«. Viele Armringe ähnelten stark den Formen aus älteren Abschnitten. Teilweise sind sie mit querstehenden Rippen

Verziertes »Diadem« aus Roga (Kreis Mecklenburg-Strelitz) in Mecklenburg-Vorpommern mit Darstellungen stilisierter Pferde, Sonnen und Menschen. Durchmesser etwa 17 Zentimeter. Original im Archäologischen Landesmuseum Mecklenburg-Vorpommern, Lübstorf.

gemustert. Der Draht der Armspiralen hat einen dach- oder bandförmigen Querschnitt.

Als typische Schmuckstücke der nordischen jüngeren Bronzezeit gelten die goldenen »Eidringe« mit freien oder fast lückenlosen Enden. Der unpassende Begriff »Eidring« wurde 1837 von dem dänischen Prähistoriker Christian Jürgensen Thomsen (1788 bis 1865) aus Kopenhagen in seinem »*Leitfaden zur nordischen Altertumskunde*« geprägt. Damals hielten Altertumsforscher diese Armringe für heilige Requisiten, die von Wikingern beim Ablegen des Eides getragen wurden. Solche Pretiosen waren vielleicht bedeutenden Männern vorbehalten.

Goldene »Eidringe« liegen vor aus Wolfenhagen bei Wismar, Bresegard bei Eldena (Kreis Ludwigslust), Granzin bei Lübz, Jülchendorf bei Sternberg, Plau, Woosten bei Goldberg (Kreis Parchim) und Malchin (Kreis Demmin) in Mecklenburg-Vorpommern. Weitere Funde derartiger Schmuckstücke glückten in Bebensee, Großenaspe, Wittenborn (alle drei Kreis Segeberg), Meldorf, Dithmarschen (beide Kreis Dithmarschen), Neumünster und Rendsburg in Schleswig-Holstein.

Die Kunst der nordischen jüngeren Bronzezeit wurde durch Symbole der süddeutschen Urnenfelder-Kultur inspiriert. Aufgrund der Verbindung von Althergebrachtem und Neuem wirkt der jungbronzezeitliche Stil lebendiger und vielseitiger. In Rasiermesser, Messer, Hängebecken oder Pinzetten wurden Sonnensymbole (Sonnenrad, aufgerollte Spiralen), Dreiwirbel, Schlangen oder Schiffe eingraviert. Rasiermesser enden mit stilisierten Vogelköpfen oder aufgerollten Spiralen.

Große Mühe wandte ein Künstler bei der Gestaltung einer 3,2 Zentimeter langen figürlichen steinernen Plastik an, die in Schwedt/Oder[39] (Kreis Uckermark) in Brandenburg zum Vorschein kam. Das kleine Kunstwerk hat einen fast kugelförmigen menschlichen Körper und einen ebensolchen Kopf. Augen, Nase und Mund sind eingeritzt. Der Rückenteil war einst rot bemalt, bei der Vorderpartie wurde auf Farbe verzichtet. Geteilt werden Rücken- und Vorderteil durch eine zwei Millimeter breite Linie seitlich des Körpers.

Die eingeritzten Vertiefungen der Augen wurden mit schwarzer Farbe gefüllt. Dagegen ist die Vertiefung, welche die Nase markiert, mit leuchtendroter Farbe ausgelegt. Vermutlich war auch der Mund rot bemalt. Zwei parallele schwarze Linien sollen wohl den Oberlippenbart darstellen. Acht schwache, bis zu fünf Millimeter lange und einst schwarz bemalte Einkerbungen symbolisierten möglicherweise den Kinnbart oder Halsringe.

Ein tönernes Kunstwerk aus jener Zeit wurde in Putbus[40] auf der Ostseeinsel Rügen entdeckt. Dabei handelte es sich um ein menschliches Köpfchen von 2,4 Zentimeter Höhe und 2,1 Zentimeter Breite. Die Ohren hat man durch einen Kniff mit Fingernägeln wiedergegeben, die Augen eingestochen, den Mund durch einen Einschnitt markiert und die Nase modelliert. Die Frage, ob das Tonköpfchen zu einem Gefäß oder zu einer Plastik gehörte, muß unbeantwortet bleiben.

In Vietgest (Kreis Güstrow) in Mecklenburg-Vorpommern kamen bronzene Aufsätze mit einer Vogelfigur zum Vorschein. Sie dienten als Knöpfe und Schmuckstücke eines Gewandes.

Aus Klein Zastrow[41] (Kreis Ostvorpommern) in Mecklenburg-Vorpommern kennt man die 13,5 Zentimeter hohe Bronzefigur

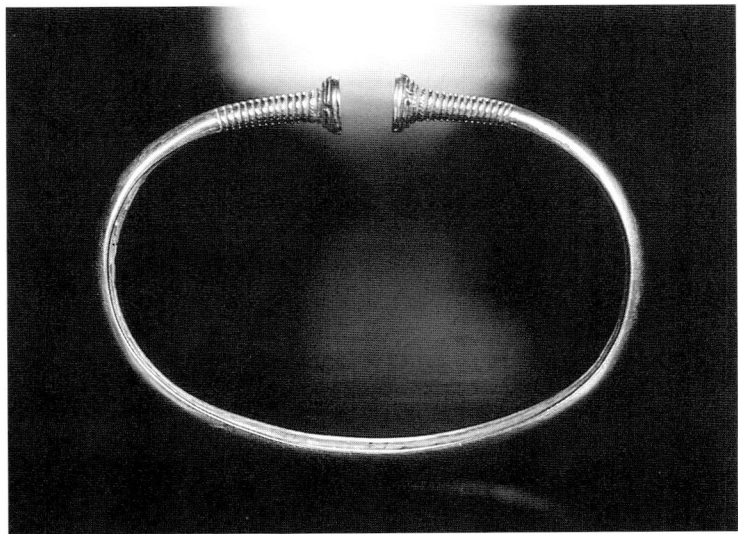

Goldener Armring (sogenannter »Eidring«) aus der nordischen jüngeren Bronzezeit (etwa 1100 bis 800 v. Chr.) von Großenaspe (Kreis Segeberg) in Schleswig-Holstein. Durchmesser 8,9 Zentimeter. Original im Archäologischen Landesmuseum der Christian-Albrechts-Universität Kiel, Schleswig.

einer nackten Frau, die einen Gürtel und einen Halsring trägt. Im Gegensatz dazu ist die erwähnte Frauengestalt auf dem Messergriff von Beringstedt mit einem kurzen Rock bekleidet.
Schiffs-, Rad- und Sonnensymbole wie auf skandinavischen Felsbildern sind auf Bronzebeschlägen eines jungbronzezeitlichen Blashorns zu sehen, das aus einem Torfmoor der Gegend von Wismar[42] in Mecklenburg-Vorpommern stammt. Der archäologische Wert dieses Fundes wurde erst erkannt, als er in den Altmetallbestand einer Glockengießerwerkstatt gelangte, wo ihn aufmerksame Bürger vor dem Einschmelzen retteten.
Die Bronzebeschlagteile bildeten das Mundstück und den Schalltrichter eines Musikinstruments, dessen Mittelteil aus einem Rinderhorn bestand, von dem geringe Reste erhalten blieben. Das breite Mundstück ist in sieben waagrechte Zonen mit verschiedener Punkt- und Stichornamentik eingeteilt. Auch Schiffs-, Rad- und Sonnensymbole wurden eingraviert. Zwei der Zonen hat man mit einer laufenden Spirale ausgefüllt, die in das Bronzeblech eingepunzt wurde.
Weitere bronzene Beschläge von Blashörnern wurden in Bochin[43] (Kreis Ludwigslust) und in Teterow[44] (Kreis Güstrow) in Mecklenburg-Vorpommern entdeckt. Diese beiden Einzelfunde sind vielleicht etwas älter als das Wismarer Exemplar.
Der Bronzebeschlag des Horns aus Bochin ist schon seit dem 18. Jahrhundert bekannt. Er hat einen Mündungsdurchmesser von 10,5 Zentimetern und ist mit einer quergerieften Öse versehen. Seine Verzierung besteht aus einem geometrischen Ornament mit Liniengruppen und ineinandergestellten Dreiecken.
Der Archivar und Leiter der Großherzoglichen Sammlungen in

Bronzene Figur einer nur mit einem Halsring und Gürtel bekleideten Frau aus Klein Zastrow (Kreis Ostvorpommern) in Mecklenburg-Vorpommern. Höhe 13,5 Zentimeter. Das Original ging 1945 bei der Auslagerung der Sammlung vorgeschichtlicher Altertümer der Universität Greifswald verloren. Kopie im Römisch-Germanischen Zentralmuseum, Mainz.

Menschengestaltige Plastik aus Stein von Schwedt/Oder (Kreis Uckermark) in Brandenburg. Der Rücken war einst rot bemalt. Höhe 3,2 Zentimeter, maximaler Körperdurchmesser 1,8 Zentimeter. Original im Brandenburgischen Landesmuseum, Potsdam.

Schwerin, Georg Christian Friedrich Lisch (1801–1883), hatte diesen Fund 1837 irrtümlich für ein Gefäß aus Erz gehalten.
Das in einem Moor zum Vorschein gekommene 30,5 Zentimeter lange Blashorn von Teterow wird durch acht Doppelrippen gegliedert. Das siebte Rippenpaar – vom Mundstück an gezählt – weist Verzierungen in Form eines Fischgrätenmusters und seitlich eingepunzter Dreiecke auf.
Als typische Musikinstrumente der nordischen Bronzezeit gelten gänzlich aus Bronzeblech hergestellte Blashörner, die von den Prähistorikern als Luren bezeichnet werden. Im Gebiet des Nordischen Kreises konnten bisher mehr als 50 solcher Blasinstrumente geborgen werden. Luren sind auch auf Steinplatten von Gräbern (Kivik in Schweden) oder auf Felsbildern dargestellt.

Die Luren gelten als typische Musikinstrumente der nordischen Bronzezeit. Bei kultischen Zeremonien wurden – skandinavischen Felsbildern zufolge – offenbar zwei oder sogar vier solcher Bronzetrompeten von Musikanten geblasen.

Die 1835 entdeckte Lure aus Daberkow bei Demmin (Kreis Demmin) in Vorpommern ist 1,46 Meter lang. Dagegen handelt es sich bei dem Fund aus Wismar von 1911 nur um zwei zusammenpassende Bruchstücke vom unteren Ende einer Lure mit dem Mundstück, die zusammen eine Länge von 13 Zentimetern erreichen, und um ein drei Zentimeter langes Fragment von der Wandung des Rohres.

In Lübzin (Kreis Güstrow) kamen 1935 zwei Luren zum Vorschein. Davon gelangte eine fast vollständig erhaltene Lure von 1,67 Meter Länge, bei der nur das Mundstück fehlt, ins Schweriner Museum, während das zweite Instrument verschollen ist. Von Hof zum Felde (Kreis Nordwestmecklenburg) stammt das Fragment einer weiteren Lure.

Bei bestimmten Anlässen ließ man an einer langen Schnur hängende Schwirrhölzer durch die Luft kreisen und erzeugte so ein summendes Geräusch. Solche Musikinstrumente wurden schon in der Altsteinzeit von Neandertalern in England und Ungarn benutzt, welche die Töne des Schwirrgeräts vielleicht für die Stimme eines Gottes hielten. In Gadebusch[45] (Kreis Nordwestmecklenburg) kam ein verziertes »Schwirrholz« aus Knochen zum Vorschein.

Das erwähnte bronzene »Diadem« von Roga (Kreis Mecklenburg-Strelitz) in Mecklenburg-Vorpommern beweist, daß damals nicht nur musiziert, sondern auch getanzt wurde. Denn auf dem zusammen mit anderen Schmuckstücken aus dem Schlamm eines Teiches geborgenen »Diadem« sind Gruppen symbolischer Figuren sowie stilisierte tanzende Menschen zu erkennen.

In der nordischen jüngeren Bronzezeit wurden die Toten auf Scheiterhaufen verbrannt und die übriggebliebenen Knochenreste (Leichenbrand) meistens in tönerne Urnen geschüttet. Danach hat man die Urnen in älteren Hügeln der Bronzezeit und Jungsteinzeit, unter neu errichteten flachen Hügeln oder in großen Urnenfeldern mit bis zu 200 Gräbern bestattet. Die Friedhöfe lagen in Sichtweite der Siedlungen und wurden häufig mehrere Perioden lang benutzt.

Meistens hat man die Gräber in Gruppen angeordnet. Aber es gab Ausnahmen von dieser Regel. So waren die Gräber bei Bresch[46] (Kreis Prignitz) in Brandenburg im Abstand von einem bis zu 1,50 Meter in Reihen angelegt.

Die Urnen mit dem Leichenbrand wurden häufig mit Keramik verschlossen. Hierzu benutzte man Schalen, Gefäßunterteile, große Gefäßscherben und flache Steine. Gelegentlich standen Beigefäße in der Urne oder neben dieser. Über der Urne oder in deren Nähe lagen oft zerschlagene Gefäße.

Als Seltenheiten in Norddeutschland gelten Glockengräber, bei denen die Urne und die Deckschale von einem großen Vorratsgefäß überdeckt wurden. Ein derartiges Glockengrab kennt man bei Wustrow (Kreis Ludwigslust) in Mecklenburg-Vorpommern. Im Mittelelbegebiet waren Glockengräber häufiger.

Teilweise wurden die Urnen mit dem Leichenbrand durch Steine geschützt. Bei kistenförmigen Steinsetzungen umgaben hochkant stehende flache Platten die Urne. Zu kesselförmigen Steinsetzungen gehörten umstehende flache Platten sowie ein Boden- und ein Deckstein. Darüber wurden manchmal mehrere Lagen rundlicher oder flacher Steine aufgeschichtet. In anderen Fällen sicherten Steinpackungen mit einem Mantel aus faust- bis kopfgroßen Steinen die Urne, die oft auf einem größeren Stein stand und mit einer flachen Platte bedeckt wurde. Außerdem gab es Gräber nur mit Boden- oder Deckstein.

Die tönernen Urnen wurden hin und wieder mit kleinen »Seelenlöchern« versehen. Solche Behältnisse kamen in Mecklenburg-Vorpommern in vier Gräbern bei Blievenstorf (Kreis Ludwigslust) sowie in Repzin (Kreis Parchim) zum Vorschein. Das »Seelenloch« sollte vielleicht ermöglichen, daß die Seele des in der Urne bestatteten Toten ein und aus gehen konnte.

Mitunter wurde der Leichenbrand nicht in eine Urne, sondern in einen Beutel aus Stoff oder Leder geschüttet. In anderen Fällen hat man die übriggebliebenen Knochen und die Asche auf eine länglich-ovale Steinsetzung gestreut. Diese Bestattungsart kam in Hügeln und Flachgräbern vor. Auch Beisetzungen ohne jeden Steinschutz konnten freigelegt werden.

Bei Ausgrabungen in Glasow-Streithof (Kreis Uecker-Randow), direkt am Steilhang der Randow, entdeckte der Berliner Archäologe Christoph Sommerfeld im Sommer 1995 die Reste des ersten Totenhauses von Mecklenburg-Vorpommern.

Ein aus über 1200 Steinen sorgfältig gesetztes, zweilagiges Pflaster von 3,60 Meter Länge und 2,40 Meter Breite, in das sechs randliche Pfostengruben mit Steinverkleidung eingebaut waren, bildete den Grundriß. Die Pfosten ruhten ehemals auf mächtigen Steinplatten.

Das Totenhaus war von Osten nach Westen ausgerichtet. Sein Eingangsbereich lag im Osten. In der Mitte des Totenhauses befand sich ein großer, abgeflachter Zentralstein. Westlich davon wurde eine in das Pflaster integrierte Steinkiste gefunden, die Knochenbrandmaterial enthielt. Östlich des Zentralsteins hatte man in eine andere Steinkiste ein vollständig erhaltenes, leeres Zylinderhalsgefäß gestellt.

Nach Ansicht von Christoph Sommerfeld lassen die Zeitstellung und das kulturhistorische Umfeld darauf schließen, daß das Totenhaus in Glasow-Streithof als Vorgänger-Bauwerk der zeitlich anschließenden »Pommerschen Hausurnen« anzusehen ist. Der Befund dürfte für die Diskussion um die Entstehung und Konstruktionsprizipien des pommerschen Hausurnen-Phänomens von Interesse sein.

Aus Schollene-Neu-Schollene[47] (Kreis Stendal) in Sachsen-Anhalt liegt eine Schädelbestattung vor. Sie wurde mit Hirschgeweihen abgedeckt, was wichtigen Persönlichkeiten vorbehalten gewesen sein dürfte.

In den Urnen mit dem Leichenbrand hatten nur wenige Beigaben Platz. Meistens handelte es sich um ein bis zwei Objekte wie bronzene Nadeln, Messer, Knöpfe, Ringe, Pinzetten oder Rasiermesser. Dagegen enthielten die auffallend zahlreichen Depotfunde aus dieser Zeit all jene Dinge, die in den Urnen fehlten: Schwerter, Beilklingen, Lanzenspitzen, Hängegefäße, Ringe, Fibeln und sogar Teile des Pferdegeschirrs. Möglicherweise war eine Reihe von Depots als ergänzende Ausstattung für das Jenseits gedacht, welche die Hinterbliebenen unter großen Steinen oder in Mooren angelegt hatten.

Im Gegensatz zur süddeutschen Urnenfelder-Kultur wurden im Verbreitungsgebiet der nordischen jüngeren Bronzezeit kaum tönerne Beigefäße zu den Urnen mit dem Leichenbrand gestellt. Die in den Urnen vorgefundenen Bronzegegenstände hat man nicht zusammen mit dem Toten auf dem Scheiterhaufen verbrannt, sondern erst nachträglich dazugelegt.

Für fern der Heimat gestorbene Menschen wurden vermutlich in seltenen Fällen sogenannte Scheingräber (Kenotaph genannt) errichtet. Hinweise auf diesen Brauch fand man unter anderem bei Albersdorf (Kreis Dithmarschen) und Schwarzenbek (Kreis Herzogtum Lauenburg) in Schleswig-Holstein. Bei Albersdorf enthielten manche Hügel nicht die geringste Spur einer Bestattung. Ähnlich war es bei einer kesselförmigen Steinsetzung in Schwarzenbek.

Zu den größten jungbronzezeitlichen Urnenfeldern in Schleswig-Holstein gehörten die Friedhöfe von Panten-Mannhagen[48] (etwa 200 Urnengräber), Börnsen[49] (mehr als 100 Gräber und weitere Grabhügel mit Urnen), Geesthacht-Hasenthal[50] (etwa 100 Urnengräber), Schwarzenbek[51] (etwa 60 Gräber) im Kreis Herzogtum Lauenburg sowie Neumünster-Tungendorf[52] (etwa 70 Gräber) und Neumünster-Falderaschule[53] (etwa 40 Urnengräber und weitere Gräber mit Leichenbrandschüttungen).

Als größter Urnenfriedhof jener Zeit in Mecklenburg-Vorpommern gilt das Gräberfeld auf der Anhöhe »Dehms« bei Blievenstorf[54] im Kreis Ludwigslust. Dort erfolgten nach Schätzungen des Schweriner Prähistorikers Horst Keiling insgesamt etwa 400 Bestattungen. Ausgegraben sind 169 Bestattungen aus der nordischen jüngeren Bronzezeit. In Blievenstorf wurden Urnengräber, Scherbenstellen, längliche oder ovale Steinsetzungen (»Steindämme«) und Gruben freigelegt.

Einen weiteren Urnenfriedhof vom Typ Blievenstorf entdeckte man bei der Errichtung eines Schweinestalls in Leezen[55] (Kreis Parchim) in Mecklenburg-Vorpommern. Als die Arbeiter bei Planierungsarbeiten auf ein Steinpflaster stießen, hielten sie es zunächst für eine alte Straße, benachrichtigten jedoch nach Ke-

Bronzene Beschläge des Blashorns aus einem Torfmoor der Gegend von Wismar in Mecklenburg-Vorpommern. Sie bildeten das Mundstück und den Schalltrichter des Musikinstruments. Original im Archäologischen Landesmuseum, Lübstorf.

ramikfunden das Museum Schwerin. Der Friedhof Leezen umfaßte mehr als 50 Gräber und Branderdegruben. Auch dort wurden Steinsetzungen (»Steindämme«) festgestellt.

Kleinere Gräberfelder kennt man bei Dammwolde[56], Waren[57] (beide Kreis Müritz), Göhlen[58], Muchow[59], Malk-Göhren[60] (alle drei Kreis Ludwigslust), Lüdershagen[61] (Kreis Güstrow) in Mecklenburg-Vorpommern sowie vom Voßberg bei Groß Gottschow[62] (Kreis Prignitz) in Brandenburg.

Zum Friedhof bei Dammwolde gehörten vier Feuerstellen und eine kegelförmige Steinsetzung. In Waren wurden Steinsetzungen mit Leichenbrandschüttungen und Urnenbestattungen unter Steinschutz ausgegraben. Bei Groß Gottschow hatte man während der Totenfeiern die tönernen Beigefäße zerschlagen.

In Hagenow-Granzin (Kreis Ludwigslust) war einer der größten Friedhöfe Mecklenburg-Vorpommerns mit Grabhügeln angelegt worden. Von ihnen wurden zwei durch den Schweriner Prähistoriker Horst Keiling untersucht, weitere durch seinen Schweriner Kollegen Günter Rennebach. Erstere enthielten Steinkränze. In einem der beiden Hügel umgab ein Steinkranz von fünf Meter Durchmesser ein Urnengrab mit langovaler Steinsetzung. Der Hügel wurde für eine spätere Bestattung erweitert und dabei an der Außenseite des Steinkranzes eine Steinkiste errichtet. Außerdem zog man mit dem Steinkranz und der langovalen Steinsetzung entnommenen Steinen einen neuen Steinkreis um den alten Hügel.

Verziertes knöchernes »Schwirrholz« aus Gadebusch (Kreis Nordwestmecklenburg) in Mecklenburg-Vorpommern. Länge 10,7 Zentimeter. Möglicherweise handelte es sich um ein kultisches Musikinstrument. Original im Archäologischen Landesmuseum, Lübstorf.

Solche Steinkreise hatten nach Ansicht von Horst Keiling keine kultische Bedeutung, weil man bei weiteren Bestattungen keine große Ehrfurcht vor ihnen zeigte. Damit widersprach er der 1928 geäußerten Auffassung des Berliner Prähistorikers Albert Kiekebusch (1870–1935), der die Steine der Grabkammer im sogenannten »Königsgrab« von Seddin als Bannkreis gedeutet hatte.

Im »Königsgrab« von Seddin (Kreis Prignitz) in Brandenburg soll der Sage nach ein König namens Hinz in einem dreifachen Sarg aus Kupfer, Silber und Gold bestattet worden sein. Ein König ist dort sicherlich nicht zur letzten Ruhe gebettet worden, und auch vom dreifachen Sarg fand man keine Spur, aber in Seddin wurde höchstwahrscheinlich ein Häuptling begraben. Daß es sich um einen bedeutenden und mächtigen Mann handelte, belegen der außergewöhnliche Grabhügel, die besonders wertvollen Beigaben des Toten, der Aufbau der Grabkammer und die Ausstattung des Grabes.

Für den elf Meter hohen Grabhügel mit einem Durchmesser von 90 Metern waren schätzungsweise 3000 Kubikmeter Erdreich und Steine als Baumaterial erforderlich. Die Grablege des Würdenträgers wurde 1899 von Sandgrubenarbeitern entdeckt, als sie auf eine aus Findlingsblöcken bestehende neuneckige Grabkammer mit »falschem Gewölbe« von 1,75 Meter Höhe stießen. Von einem »falschen Gewölbe« ist die Rede, wenn Steine so aufgeschichtet sind, daß eine Art Gewölbe entsteht.

Angeblich waren die mit Ton verkleideten Wände der Grabkammer rot und weiß bemalt und mit einem umlaufenden Muster verziert. Darin stand ein fast 50 Zentimeter hohes Tongefäß, dessen Deckel mit Tonnägeln befestigt war. Es barg eine amphorenartige bronzene Urne mit einem Deckel aus Bronze, welche die Knochenreste eines nach dem Tode verbrannten 30 bis 40 Jahre alten Mannes enthielt. Der dreifache »Sarg« des Königs Hinz bestand also in Wirklichkeit aus Stein (Grabkammer), Ton (Tongefäß) und Bronze (Urne).

Neben den sterblichen Überresten des Häuptlings standen zwei tönerne Urnen mit jeweils dem Leichenbrand einer 20- bis 30jährigen Frau und einer weiblichen Jugendlichen. Vielleicht hatten diese beiden Menschen ihrem Herrn und Gebieter in den Tod folgen müssen. Womöglich handelte es sich um die Witwen des Verstorbenen.

Zur Ausstattung im »Königsgrab« gehörten weitere Tongefäße, zwei Bronzeschalen, ein bronzenes Miniaturschwert, ein kleines Tüllenbeil, ein Messer, ein Rasiermesser, ein bronzener Kamm, eine Pinzette, Hals-, Arm- und Fingerschmuck. Große Kostbarkeiten dürften zwei eiserne Nadeln gewesen sein, die zu den ältesten Eisenfunden in Mecklenburg-Vorpommern gerechnet werden.

Die Menschen der nordischen jüngeren Bronzezeit huldigten vermutlich einem Fruchtbarkeits- und Sonnenkult. Darauf deuten Darstellungen nackter Frauen, Sonnensymbole, Schalensteine, Opfergaben (Speiseopfer, Bronzeobjekte, Luren, Goldgefäße, Zöpfe, Skalpe), Opferplätze und Teile von Prozessionswagen sowie skandinavische Felsbilder hin. Man kann nur darüber spekulieren, welche Götter man anbetete, und ob diese männlich oder weiblich waren.

Nackte Frauenfiguren kennt man aus Vorpommern und Dänemark. Dazu zählt neben dem erwähnten Fund von Klein Zastrow eine Bronzeplastik aus Fårdal bei Viborg. Sie ist lediglich mit einem Halsring und großen Ohrringen angetan. Ihre Hände liegen auf der Brust. Dagegen sind die Frauenfiguren von Beringstedt in Schleswig-Holstein, von Grevensvænge und von Fangel auf Fünen (Dänemark) mit einem Schnurrock bekleidet. Der Fund von Grevensvænge bestand aus sieben Bronzefiguren. Zwei davon zeigen Männer mit Helm und großer Prozessionsaxt in der ausgestreckten Hand, fünf sind Frauen.

Die in Rasiermesser und Messer eingravierten Schiffe, Pferde und Wagen gelten als Beförderungsmittel der göttlichen Sonnenscheibe. Einem alten indogermanischen Glauben zufolge bewegte sich die Sonne am Tag auf einem von einem Pferd gezogenen Wagen und bei Nacht auf einem Schiff vorwärts.

Als Objekte des Sonnenkults werden von manchen Autoren auch die mit kleinen napfartigen Vertiefungen (Schalen) bedeckten Schalensteine in Norddeutschland betrachtet. Mitunter sind die Schalen durch Rillen miteinander verbunden. Die Schalen hat man unterschiedlich als Fruchtbarkeits- und Sonnenzeichen, aber auch als Symbole eines Feuerkults gedeutet. Darstellungen von Händen und Füßen auf großen Schalensteinen versinnbildlichen möglicherweise – wie in manchen indogermanischen Religionen – die Gegenwart einer unsichtbaren Gottheit.

Die in Niederungen, Mooren und Gewässern entdeckten Depots mit Waffen und Schmuckstücken werden teilweise für Opfer- und Weihegaben gehalten, mit denen man erhoffte, Naturgewalten zu bändigen oder Götter gnädig zu stimmen. Bei den Ringopfern handelte es sich häufig um zwei Exemplare. Die meisten Depots sollen jedoch sogenannte Totenschätze gewesen sein, also Selbstausstattungen für das Jenseits, die in den Urnen keinen Platz hatten.

Als Opfer für die Götter könnten außerdem bronzene Blasinstrumente (Luren) und goldene Gefäße gedient haben. Allein in Dänemark kamen etwa 30 komplett oder fragmentarisch erhaltene Luren zum Vorschein. Die Goldgefäße sind in einer Treibtechnik hergestellt worden, die im Gebiet des Nordischen Kreises der Bronzezeit unüblich war. Man hat sie vermutlich aus Süd- oder Südwesteuropa importiert.

Die meisten Goldgefäße an einem Ort wurden in Mariesminde Mose auf Fünen (Dänemark) entdeckt. Dort hatte man elf bereits in der älteren Bronzezeit angefertigte Goldgefäße in der jüngeren Bronzezeit mit einem Pferdekopfgriff versehen, in eine große Bronzevase norditalienischer Herkunft gestellt und dann geopfert. Weitere Goldgefäße fand man in Norddeutschland.

Auf den umfangreichsten bronzezeitlichen Goldschatz in Deutschland stieß man am 16. Mai 1913 bei Ausschachtungsarbeiten im ehemaligen Kupfer- und Messingwerk bei Eberswalde-Finow (Kreis Barnim) in Brandenburg (s. S. 334). Er lag in einem 22,5 Zentimeter hohen und 23 Zentimeter weiten Tongefäß, das mit einem flachen Deckel verschlossen war. Das Depot von Eberswalde-Finow umfaßte 81 Goldgegenstände mit einem Gesamtgewicht von 2540 Gramm.

Zum Goldschatz von Eberswalde-Finow gehörten neben acht papierdünnen Goldschalen mit reicher Verzierung auch Bruchstücke von goldenen Arm- und Halsringen, 33 Goldspiralen aus Doppeldraht, 22 Bündel von Doppeldraht, sechs Bündel Goldblech, etliche Rohgoldbarren und ein goldener Gußkuchen. Letzterer besteht zu ungefähr 80 Prozent aus Gold und etwa zu 18 Prozent aus Silber. Eine solche Zusammensetzung ist charakteristisch für Gold aus Siebenbürgen, dem stets in erhöhtem Maße Silber beigemengt worden war.

Die acht Goldschalen aus Eberswalde-Finow sind 5,5 bis 7,5 Zentimeter hoch und 7,5 bis zwölf Zentimeter breit. Diesen Fund hat der Berliner Archäologe Carl von Schuchhardt (1859–1943) als den Besitz eines bedeutenden Germanen vom Stamm der Semnonen fehlgedeutet.

Der Goldschatz von Eberswalde-Finow und das Goldgefäß aus dem Lienewitzer Forst bei Caputh (Kreis Potsdam-Mittelmark) wurden 1945 ebenso wie der sogenannte Schatz des Priamos aus der »Sammlung trojanischer Altertümer« von Heinrich Schliemann (1822–1890) und andere Kostbarkeiten nach Moskau verschleppt.

Das 10,4 Zentimeter hohe Goldgefäß bei Caputh[63] kam zusammen mit zwei offenen goldenen Armbändern mit jeweils spiralig aufgerollten Enden und zwei Goldspiraldrähten zum Vorschein (s. S. 336). Die Zierzone dieses Goldgefäßes ist mit einer Prozession stilisierter Vögel versehen, die als ein typisches Symbolgut der süddeutschen Urnenfelder-Kultur gelten.

Eines der beiden Goldgefäße von Albersdorf[64] (Kreis Dithmarschen), ein Becher mit Kegelhals und spitzkonischem Unterteil, erreicht eine Höhe von 9,8 Zentimetern, einen Durchmesser von 7,5 Zentimetern und wiegt 80 Gramm. Das zweite, eine Goldschale, ist sechs Zentimeter hoch, ihr Durchmesser beträgt 9,5 Zentimeter und ihr Gewicht 26 Gramm. In Depenau[65] (Kreis Plön) fand man am Südrand eines Hochmoores zwei ineinandergestellte Goldschalen und einen rundstabigen goldenen Armring.

Amphorenartige bronzene Urne aus dem »Königsgrab« von Seddin (Kreis Prignitz) in Brandenburg. Die Urne enthielt Knochenreste eines verbrannten Mannes. Höhe 44 Zentimeter. Original im Museum für Vor- und Frühgeschichte, Berlin.

Die beiden Goldgefäße von Langendorf bei Stralsund[66] in Vorpommern hatten jahrelang auf einem Fensterbrett als Blumenbehälter gedient, weil der Entdecker sie für Messingfunde hielt. Als sie nicht schwarz wurden, wie es bei Messing üblich ist, gab der Mann sie seiner Tochter in die Schule mit, um sie dem Lehrer zu zeigen. Dieser vermutete, daß es sich um Gold handeln könne, und riet dazu, sich über die Funde in Stralsund zu informieren.

Die Frau des Entdeckers ließ die Gefäße von einem Goldschmied in Stralsund überprüfen, der bestätigte, daß die Schalen aus Gold angefertigt worden seien, und die Frau an das Museum Stralsund verwies. Als diese die Goldschalen im Museum dem Prähistoriker Rudolf Baier (1818–1907) zur Begutachtung zeigte und zum Kauf anbot, erwarb jener die Funde für das Provinzialmuseum für Neuvorpommern und Rügen.

Von manchen Prähistorikern werden bronzene Hängebecken als Behältnisse für zauberkräftige Amulette und Heilszeichen gedeutet. Diese mit Wellenornamenten verzierten Bronzegefäße gehören zu den hervorragenden Bronzeerzeugnissen des Nordens.

Mit Speisen und Getränken gefüllte Tongefäße in Siedlungen zeugen vielleicht von Opfergaben für Fruchtbarkeitsgötter. Der Brauch, in speziellen Behältnissen Speiseopfer darzubringen, soll aus dem Karpatengebiet über die Wasserwege in den Norden gelangt sein.

Reste von Speiseopfern hat man in der Siedlung von Osterburg-Zedau (Kreis Stendal) in Sachsen-Anhalt entdeckt. Unweit eines Hauses, in dem vermutlich ein Priester wohnte, befand sich eine Grube mit Weihegaben. Ein großes Vorratsgefäß und ein darin enthaltenes kleineres Gefäß waren einst mit einem Getränk gefüllt. Unter dem Vorratsgefäß lagen Reste eines jungen Rindes, eines ein bis zwei Jahre alten Hundes von Schäferhundgröße und einer vier bis fünf Jahre alten Ziege. Auch der Inhalt von vier Kannen und einer zweihenkeligen Terrine, die zu einem Gefäßdepot aus Osterburg-Zedau gehörten, bestand aus Speisen. In Osterburg-Zedau wurde etwa 200 Jahre nach Aufgabe der erwähnten Siedlung ein Kultplatz für Opferfeuer angelegt. Dort zogen sich am Rand einer Talsandinsel auf etwa 310 Meter Länge in regelmäßigen Abständen etwa 190 Feuerstellen hin. Möglicherweise hatten auch Depots mit Tongefäßen eine kultisch-rituelle Bedeutung. Umfangreiche Gefäßdepots wurden bei Muchow[67] im mecklenburg-vorpommerschen Kreis Ludwigslust (ein Depot mit neun und ein weiteres mit elf Gefäßen) sowie in Gramzow[68] im brandenburgischen Kreis Uckermark (ein Depot mit 36 Gefäßen) zutage gefördert.

Frauen weihten vielleicht einer Göttin ihre Haarzöpfe in Mooren. Solche Fruchtbarkeitsopfer sollen in Sterbygard Mose bei Dostrup auf Jütland dargebracht worden sein, wo man sieben Zöpfe barg.

Wenn die Schilderung des Moorarchäologen Alfred Dieck (1906–1989) aus Hannover von 1978 zutrifft, wären damals in Norddeutschland Menschen skalpiert und ihre Kopfhäute mit Haaren den Göttern geopfert worden. Im Olderuper Moor (Kreis Husum) in Schleswig-Holstein soll 1918 ein Schädel aufgefunden worden sein, der Einritzungen in die Knochenhaut aufwies. Neben dem Schädel soll sich eine Urne aus der Übergangsphase von der Bronzezeit zur Eisenzeit befunden haben. Nachprüfen läßt sich dies nicht, weil der Fund verschollen ist.

Möglicherweise gehörten zum Sonnenkult auch Feuerheiligtümer mit aneinandergereihten Feuerstellen, wie am erwähnten Fundort Osterburg-Zedau, in Badow[69] (Kreis Nordwestmecklenburg), Bütow[70] (Kreis Müritz) und Zibühl[71] (Kreis Güstrow) in Mecklenburg-Vorpommern. Südlich von Bütow konnten 87 runde oder ovale Gruben mit einem Durchmesser von 98 Zentimetern bis 1,24 Metern und einer Tiefe von 26 Zentimetern freigelegt werden. Ihre Füllung bestand aus tiefschwarzem Boden mit Holzkohleanreicherungen und zerglühten Steinen.

Womöglich sah man in solch runden Brandplätzen ein Symbol

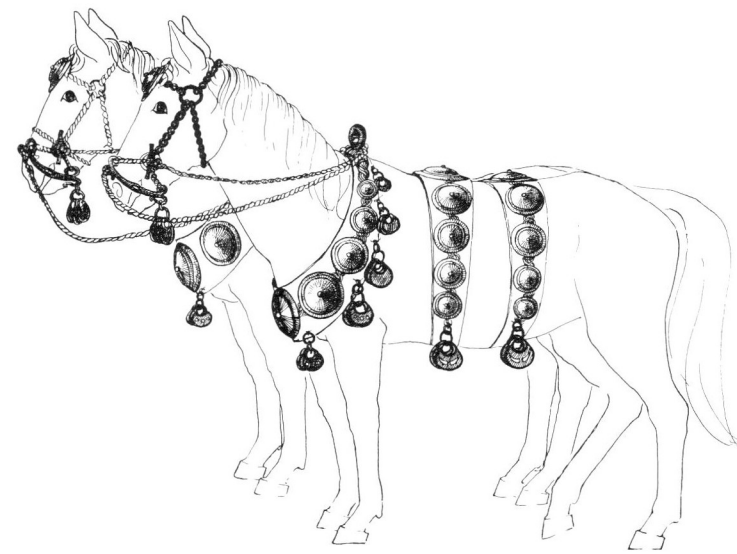

Rekonstruktion zweier prächtig für Prozessionsumzüge geschmückter »heiliger« Pferde mit läutenden und klingelnden Geschirrteilen, wie sie in Ückeritz (Kreis Ostvorpommern) auf der Ostseeinsel Usedom zum Vorschein kamen.

der Sonne. Der Berliner Prähistoriker Fritz Horst (1936–1990) spekulierte darüber, ob derartige Feuerheiligtümer das Gegenstück zu den Brandopferplätzen der Urnenfelder-Kultur darstellten (s. S. 284).

Eine Rolle im Sonnenkult könnte eventuell das erwähnte Pferdegeschirr von Ückeritz in Mecklenburg-Vorpommern gespielt haben. Es war vielleicht für zwei Pferde bestimmt, die möglicherweise einen Prozessionswagen zogen. Die Schmuckscheiben und Klapperbleche dieses Geschirrs erregten durch Geläute und Geklingel großes Aufsehen bei kultischen Handlungen. Bei solchen Prozessionen dürften auch bronzene Luren geblasen worden sein.

Wie wenig man bisher über den Kult in Norddeutschland weiß, lassen die jungbronzezeitlichen Felsbilder in Schweden und Norwegen ahnen. Auf ihnen sind geheimnisvolle Kulthandlungen mit Kriegern, Tänzern, Lurenbläsern, Pflügern, Trägern heiliger Zeichen, Tieren, Schiffen, Rennwagen und Sonnen dargestellt.

Geschirr und Menschen als Opfergaben
Die Unstrut-Gruppe

Zu den selbständigen Kulturen der Spätbronzezeit in Mitteldeutschland gehörte die nach dem gleichnamigen thüringischen Fluß benannte Unstrut-Gruppe. Sie ist aus der mittelbronzezeitlichen Hügelgräber-Kultur (s. S. 168) hervorgegangen und wurde dabei stark von der Urnenfelder-Kultur (s. S. 258) geprägt. Den Begriff »Unstrut-Gruppe« hat 1943 der damals am Landesmuseum Halle/Saale wirkende Prähistoriker Wilhelm Albert von Brunn (1911–1988, s. S. 444) vorgeschlagen.

Manche Prähistoriker verwenden statt dessen den Namen »Walterslebener Gruppe«, der sich auf das Gräberfeld von Erfurt-Waltersleben in Thüringen bezieht. Von der Walterslebener Gruppe hat 1928 als erster der Studienrat und Altertumsforscher Ernst Lehmann (1893–1950) aus Erfurt gesprochen. Nicht durchzusetzen vermochten sich die etwas umständlich klingenden Bezeichnungen »Kultur des Friedhofes auf dem Erfurter Flughafen«[1] und »Kultur der thüringischen Steinpackungsgräber«[2].

Die Unstrut-Gruppe war von etwa 1300/1200 bis 800 v. Chr. im Bereich der Unstrut bis zum Südharz verbreitet. Ihr Kerngebiet lag im Thüringer Becken, wo sich der fruchtbare Lößboden gut für den Ackerbau eignete. Einige Fundorte befinden sich im Fuldaer Becken in Nordhessen. Die Unstrut-Gruppe hatte Kontakt zu benachbarten Kulturen und wurde von diesen mehr oder minder stark beeinflußt.

Im Südwesten Thüringens wirkte sich – nach Erkenntnissen des Jenaer Prähistorikers Karl Peschel – zunächst die westböhmisch-ostbayerische Urnenfelder-Kultur in wesentlicher Weise aus. Sie formte die Unstrut-Gruppe mit und prägte den am Oberlauf der Saale und der Weißen Elster heimischen Zweig der Lausitzer Kultur zur Osterländischen Gruppe (s. S. 366), die sich schätzungsweise 250 Jahre lang behauptete.

Später gerieten der Westen und die Mitte Thüringens in den Einflußbereich der untermainisch-schwäbischen Gruppe der

Der Studienrat und Altertumsforscher Ernst Lehmann (1893–1950) aus Erfurt hat 1928 den Begriff Walterslebener Gruppe in die Literatur eingeführt. Diese Bezeichnung bezieht sich auf das spätbronzezeitliche Gräberfeld von Erfurt-Waltersleben.

Urnenfelder-Kultur und schließlich von deren niederhessischer Randzone. Damals verschmolzen mitunter die Formen und Verzierungen der Keramik der Unstrut-Gruppe und der niederhessischen Urnenfelder-Kultur.

Im Nordosten Thüringens jenseits von Helme und Unstrut ging die Unstrut-Gruppe in die Helmsdorfer Gruppe (s. S. 359) über. Diese Gemeinschaft war im östlichen und nördlichen Harzvorland von Sachsen-Anhalt ansässig.

Obwohl sich die Menschen der Unstrut-Gruppe und der erwähnten Osterländischen Gruppe der Lausitzer Kultur in Tracht und Kult unterschieden, vermischten sich beide in Ostthüringen. Zudem standen die Unstrut-Leute in Verbindung zur böhmischen Knovízer Kultur (s. S. 300) und praktizierten wie diese die Leichenzerstückelung.

Die Kleidung der Unstrut-Leute wurde mit Webstühlen angefertigt. Von einem solchen stammen 24 Webgewichte von 15 bis 18 Zentimeter Länge, die zusammen mit Keramikresten in einer Siedlungsgrube von Weimar-Belvedere geborgen wurden. Von der Kleidung selbst ist nur das Zubehör in Form bronzener Knöpfe mit rückwärtiger Öse sowie der Ei-, Rollenkopf-, Plat-

Grab 30 des Friedhofes auf dem Flughafen von Erfurt-Nord in Thüringen. Die beiden großen Tongefäße im Vordergrund enthielten die Reste zweier verbrannter Toter. Insgesamt gehörten zu dieser Doppelbestattung neun Gefäße.

Schwertdepot aus Bothenheilingen (Unstrut-Hainich-Kreis) in Thüringen: Möriger Schwerter (1 und 4), Typ Auvernier (2 und 3), Antennenschwerter (5 und 6). Gesamtlänge zwischen 64,8 und 84,5 Zentimetern. Originale im Landesmuseum für Vorgeschichte, Halle/Saale.

tenkopf- und Vasennadeln, mit denen das Obergewand zusammengehalten wurde, erhalten.

Die bronzenen Rasiermesser der Unstrut-Gruppe haben teilweise einen kurzen, dreigeteilten Griff. In Kunitz (Stadt Jena) gelangte ein Rasiermesser aus Bronze nur halbiert ins Grab.

Reste von unbefestigten Siedlungen im Flachland wurden neben anderen in Erfurt-Nord[3] und in Weimar-Belvedere[4] entdeckt. Ihre Bewohner waren Ackerbauern und Viehzüchter.

In Erfurt-Nord kamen auf dem Gelände einer Kiesgrube Keller-, Abfall- und Feuergruben sowie Pfostenlöcher zum Vorschein. Die Abfallgruben enthielten Keramikreste, Speiseabfälle, Haustierknochen und Geräte. Ernst Lehmann hat 1929 diese Siedlungsrelikte irrtümlich der Knovízer Kultur zugerechnet, weil er darunter deren Keramik zu erkennen glaubte.

In Weimar-Belvedere konnten Gruben, Pfostenlöcher, Hüttenlehm, Webgewichte, Keramikreste, Tierknochen und eine bronzene Rollenkopfnadel ausgegraben werden. Die dortigen Keramikfragmente stammen von Terrinen, Doppelkoni, Eitöpfen, Tassen, Schalen und Vorratsgefäßen.

Auch auf Bergen haben unbefestigte Siedlungen der Unstrut-Gruppe gelegen. Das war auf dem Felsenberg bei Pößneck-Öpitz[5] (Saale-Orla-Kreis) und auf dem Gleitsch bei Saalfeld[6] (Kreis Saalfeld-Rudolstadt) der Fall. In beiden Höhensiedlungen hielten sich Angehörige sowohl der Unstrut- als auch der Osterländischen Gruppe der Lausitzer Kultur auf.

Befestigte Höhensiedlungen sind von Menschen der Unstrut-Gruppe auf dem Alten Gleisberg (Mönchsberg) bei Graitschen[7] (Saale-Holzland-Kreis), auf dem Jenzig bei Jena-Wenigenjena[8] und auf dem Johannisberg bei Jena-Lobeda[9] in Thüringen sowie auf der Altenburg bei Nebra/Unstrut bei Kahla-Löbschütz[10] (Burgenlandkreis) in Sachsen-Anhalt errichtet worden. Die ebenfalls bei Jena liegende Befestigung auf dem Dohlenstein[11] wurde nur von Leuten der erwähnten Osterländischen Gruppe der Lausitzer Kultur bewohnt. Solche »Burgen« deuten auf unruhige Zeiten und kriegerische Auseinandersetzungen hin. Daneben werden sie aber auch als Handwerker- und Handelszentren betrachtet.

Die Höhensiedlung auf der Altenburg bei Nebra/Unstrut war mit einem Graben und mit einem Wall befestigt. Diese Wallburg wurde durch die damals in Halle/Saale arbeitenden Prähistoriker Volker Töpfer (1908–1989) und Dietrich Mania untersucht.

Im thüringischen Ichtershausen (Ilm-Kreis) ist der Anbau der Getreidearten Einkorn (Triticum monococcum), Emmer (Triticum dicoccon) und mehrzeilige Gerste (Hordeum vulgare) sowie der Hülsenfrüchte Ackerbohne (Vicia faba) und Linse (Lens culinaris) nachgewiesen. Außerdem barg man dort Reste der eßbaren Ackerunkräuter Roggentrespe (Bromus secalinus) und Windenknöterich (Polygonum convolvulus). In Erfurt-Nord kamen Emmer, Gerste, Rispenhirse (Panicum miliaceum) und Leindotter (Camelina sativa) zum Vorschein. Aus Leindotter ließ sich Öl für technische und für Speisezwecke herstellen. Auf der Altenburg bei Nebra/Unstrut sind Gerste und Emmer sowie Ackerbohne, Erbse (Pisum sativum) und Linse belegt.

Die Ackerbauern schnitten das reife Getreide meistens mit bronzenen Sicheln. Derartige Erntegeräte kamen mehrfach in großer Zahl in Depots vor. Allein zum Depot von Frankleben[12] (Kreis Merseburg-Querfurt) gehören insgesamt 235 komplette Knopfsicheln und zwei Bruchstücke von solchen. Das Depot 1 von Braunsbedra[13] (Kreis Merseburg-Querfurt) enthielt 84 bronzene Sicheln, das Depot von Schkopau[14] (Kreis Merseburg-Querfurt) 36 Knopfsicheln und das Depot von Kretzschau-Groitzschen[15] (Burgenlandkreis) in Sachsen-Anhalt ungefähr 50 Knopfsicheln.

Als typische Keramikformen der Unstrut-Gruppe gelten Schulterwulstamphoren, Terrinen mit Warzenbuckeln, konische Schalen, Teller mit Turban- und gezipfeltem Rand sowie Tassen und Näpfe. Die Tongefäße sind mit Warzenbuckeln, Rillen, senkrechten oder steilschrägen Riefen, Ringabrollungen, Einstichen und Kerbreihen verziert.

Tönerne Formen für den Guß von Ringen wurden in Pößneck-Schlettwein (Saale-Orla-Kreis) gefunden, wo Hinterlassenschaften der Unstrut-Gruppe zusammen mit Relikten der Osterländischen Gruppe der Lausitzer Kultur geborgen werden konnten. Die Gußformen kamen zusammen mit massiven rundstabigen Hals-, Arm- und Beinringen zum Vorschein.

Zum Formenspektrum der bronzenen Werkzeuge gehörten Knopf- und Zungensicheln, Lappen- und Tüllenbeile sowie Messer und Sägen. Zwei Bruchstücke einer Säge mit einem Loch am Ende hat man vor 1880 in Burgholzhausen (Burgenlandkreis) entdeckt. Aus Hirschgeweih angefertigte Geweihhämmer liegen aus Jena-Wöllnitz (ein Exemplar) und Erfurt-Melchendorf (zwei Exemplare) vor. An letzterem Fundort wurden des weiteren zwei Knochenpfrieme und die durchbohrte Klinge einer Steinaxt mit fünfeckigem Umriß geborgen.

Die Männer der Unstrut-Gruppe waren vor allem mit Lanzen bewaffnet, daneben aber auch mit Pfeil und Bogen sowie merklich seltener mit importierten bronzenen Schwertern.

Die hölzernen Pfeilschäfte wurden sowohl mit knöchernen als auch mit bronzenen Pfeilspitzen bewehrt. Knöcherne Pfeilspitzen hat man in Jena-Wöllnitz und Pößneck-Öpitz (Saale-Orla-Kreis) gefunden.

Das in Bothenheilingen[16] (Unstrut-Hainich-Kreis) entdeckte Depot eines Händlers umfaßte sechs Schwerter. Davon sind zwei Möriger Schwerter (80,1 und 64,8 Zentimeter lang), zwei Auvernier-Schwerter (84,5 und 73,1 Zentimeter) und zwei Antennenschwerter (84,1 und 65,2 Zentimeter). Die Möriger und

Waffendepot mit sieben bronzenen Schwertern und einer Lanzenspitze aus Kehmstedt (Kreis Nordhausen) in Thüringen. Länge des größten Schwertes 76 Zentimeter. Originale im Landesmuseum für Vorgeschichte, Halle/Saale.

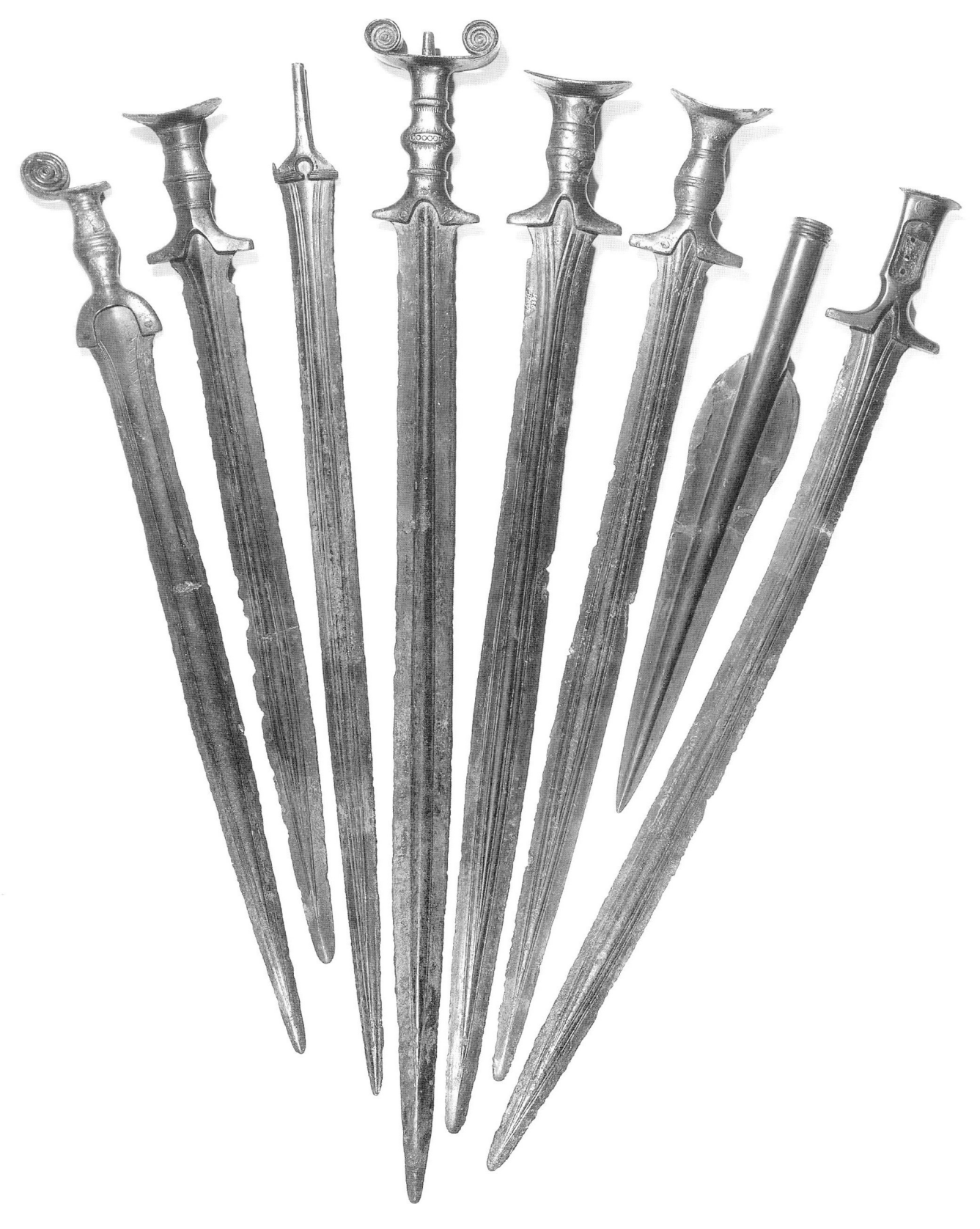

Ein Teil der Bronzetassen aus dem Hort von Braunsbedra (Kreis Merseburg-Querfurt) in Sachsen-Anhalt, der insgesamt neun Tassen und einen Schöpfer umfaßte. Originale im Landesmuseum für Vorgeschichte, Halle/Saale.

Auvernier-Schwerter wurden nach Funden aus Seeufersiedlungen in der Schweiz benannt (s. S. 429).

Die Bergung eines weiteren Depots importierter Schwerter gelang im thüringischen Kehmstedt[17] (Kreis Nordhausen). Es bestand aus sieben Schwertern und einer Lanzenspitze, alle mit der Spitze in dieselbe Richtung weisend. Das längste Schwert mißt 76 Zentimeter. Dieses Waffendepot lag frei im Boden und wird als Weihegabe an eine höhere Macht interpretiert.

Zum in den 1870er Jahren aufgefundenen Altmetalldepot von Schmiedehausen (Kreis Weimarer Land) gehörte sogar die beschädigte rechte Wangenklappe eines bronzenen Helmes. Sie hat zwei Löcher am oberen und eines am unteren Ende. Verziert ist sie mit zwei den Rand begleitenden Perlbuckelreihen.

Von Menschen der Unstrut-Gruppe sind manchmal metallene Gefäße importiert worden. Besonders eindrucksvoll belegt dies das Depot von Braunsbedra[18] (Kreis Merseburg-Querfurt) mit sieben Bronzetassen vom Typ Fuchsstadt (s. S. 273), zwei Bronzetassen mit Sternmuster vom Typ Osternienburg-Dresden und einer Schöpfkelle.

Im Depot von Pößneck-Schlettwein[19] fanden sich unter anderem drei getriebene Bronzetassen. Eine davon entspricht dem Typ Fuchsstadt, dem eine andere gleicht, während die dritte dem Typ Jenišovice-Kirkendrup (s. S. 273) zugerechnet wird.

Zu den bronzenen Schmuckstücken der Unstrut-Gruppe zählen neben den bereits erwähnten Nadeln auch Hakenspiralen, gedrehte Halsringe, Schmuckscheiben (Phaleren) und dünne Ringe. In den Körpergräbern von Erfurt-Melchendorf kamen häufig als Haar- und Ohrschmuck angefertigte Gehänge aus ineinandergefügten kleinen Draht- und Blechringen zum Vorschein.

Außer metallenen Schmuckstücken trug man auch Muschelschmuck (Dreitzsch, Saale-Orla-Kreis, Erfurt-Melchendorf, Münchenroda, Stadt Jena). Die durchbohrte Muschelschale aus Erfurt-Melchendorf stammt von der heimischen Teichmuschel (*Anodonta cygnea*).

Die oft paarweise gefundenen Hakenspiralen – je eine größere und eine kleinere – dienten wohl zum Zusammenhalten des Gewandes. Ebenfalls nicht geklärt ist die Trageweise der dünnen Ringe von Erfurt-Steiger und Erfurt-Flughafen. Sie könnten als Kopfschmuck in der Ohrgegend, ein- oder beidseitig im Haar oder an einem Band getragen worden sein. Möglicherweise hingen sie auch an durchbohrten Ohrläppchen, wie auf späteren tönernen Gesichtsurnen zu sehen ist.

Aus der Gegend von Großbrembach[20] (Kreis Sömmerda) in Thüringen kennt man einen Fahrweg jener Zeit. Darauf hinterließ ein Wagen mit einem Radabstand von einem Meter eine 25 Meter lange Spur.

Im Verbreitungsgebiet der Unstrut-Gruppe waren Körperbeerdigungen in Steinkisten und Steinpackungsgräbern sowie Brandbestattungen üblich. Die Steinpackungen lagen in Flach- oder Hügelgräbern. Das Hügelgräberfeld von Auleben[21] (Kreis Nordhausen) umfaßte mehr als 200 Grabhügel, von denen die meisten in die jüngere Bronzezeit gehören. Bei Brandbestattungen diente des öfteren eine tönerne Terrine als Behältnis für den Leichenbrand.

Männer wurden häufig zusammen mit ihrer Lanze auf dem Scheiterhaufen verbrannt. Von der Waffe blieb nur die bronzene Spitze erhalten, die man zusammen mit einer Nadel und einem Armring ins Grab legte. Frauen dagegen sind mehrfach mit zwei verzierten bronzenen Hakenspiralen und einer Nadel ausgestattet worden. Sowohl in Körper- als auch in Brandgräbern fanden Tongefäße als Beigaben Verwendung. Ein Brandgrab von Erfurt-Melchendorf enthielt 13 Beigefäße, die auf dem ausgestreuten Leichenbrand standen.

Als bisher größtes Gräberfeld der Unstrut-Gruppe gilt der Friedhof von Erfurt-Melchendorf, Fundstelle Wiesenhügel III[22], mit 79 untersuchten Gräbern. Davon waren 58 Körper- und 21 Brandgräber mit und ohne Steinschutz. Ursprünglich sollen dort nach Schätzungen des Ausgräbers Bernd W. Bahn aus Weimar etwa 150 bis 200 Beisetzungen vorgenommen worden sein.

Die Umrisse der Steinpackungsgräber mit Körperbestattungen von Erfurt-Melchendorf sind in der Mehrzahl lang-rechteckig, oval oder rhombisch. Unter ihnen befanden sich muldenförmige Grabgruben. Auf diesem Friedhof wurden auffallend viele Kinder bestattet. Einmal hat man eine Mutter zusammen mit ihrem Kind beerdigt.

Das Gräberfeld von Erfurt-Waltersleben[25], nach dem die eingangs erwähnte Waltersleber Gruppe bezeichnet ist, lag auf dem Flurstück Toter Mann. Hier sind schon 1881 die ersten Steinkistengräber und Gräber mit losem Steinschutz untersucht worden. Zwischen 1881 und 1901 kamen dort insgesamt 13 Gräber zum Vorschein.

Der Friedhof auf dem früheren Flughafen in Erfurt-Nord umfaßte 46 überwiegend aus Kalkstein errichtete Grabanlagen. Auf ihn war man 1926 bei Planierungsarbeiten für den Flughafen am Südabhang des Roten Berges gestoßen. Die Gräber wurden von dem Altertumsforscher Ernst Lehmann untersucht.

In einem Grab aus jener Zeit bei Altengottern[24] (Unstrut-Hainich-Kreis) in Thüringen konnten Spuren von Grabräubern ermittelt werden. Die Frevler hatten einen Schacht zum Grab vorgetrieben, um dort wertvolle metallene Beigaben zu stehlen. Dabei zerstörten sie teilweise Skelette und warfen Grabbeigaben durcheinander. Bei Altengottern ist möglicherweise der erste direkt nachgewiesene Beraubungsschacht aus der Urnenfelder-Zeit entdeckt worden.

Zum Kult der Unstrut-Gruppe gehörten Geschirropfer, aus menschlichen Unterkiefern angefertigte Amulette, Menschenopfer und vermutlich auch rituell motivierter Kannibalismus.

Als Geschirropfer werden die Keramikreste in einer 1,20 Meter tiefen Grube mit einem Durchmesser von 1,50 Metern von Dreitzsch[25] (Saale-Orla-Kreis) gedeutet. Dieser Fundort war so-

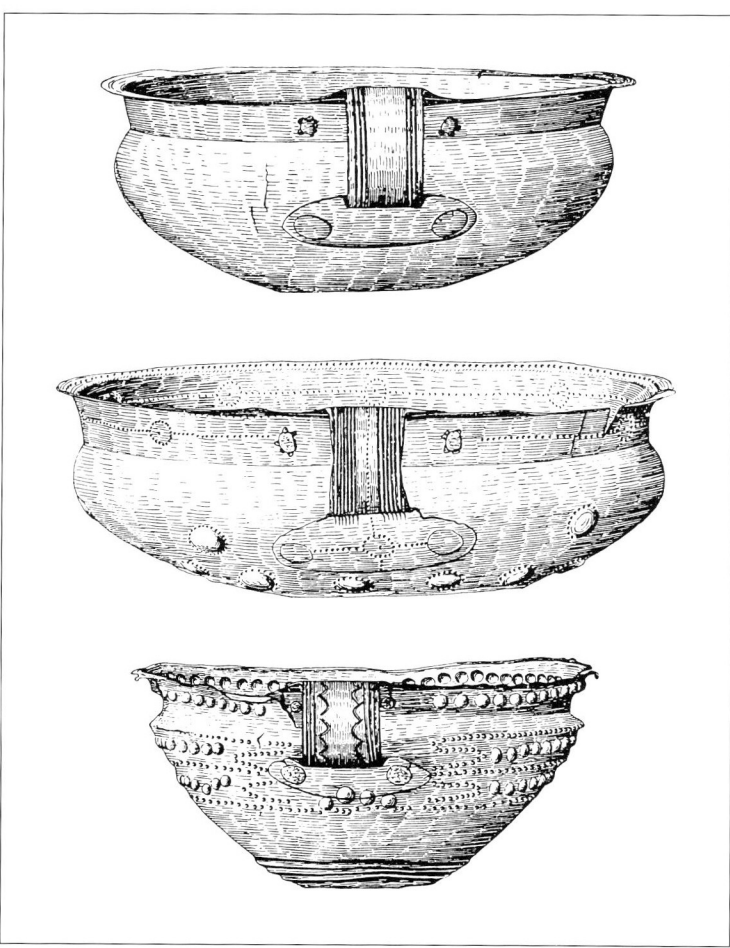

Bronzetassen aus Pößneck-Schlettwein (Saale-Orla-Kreis) in Thüringen. Durchmesser der Tasse vom Typ Kirkendrup-Jenišovice (unten) 13,3 Zentimeter. Originale im Thüringischen Landesamt für Archäologische Denkmalpflege, Weimar.

wohl von Angehörigen der Unstrut- als auch der Osterländischen Gruppe der Lausitzer Kultur besiedelt worden.

In Jena-Wöllnitz[26] wurde ein aus einem menschlichen Unterkiefer angefertigtes Amulett gefunden. Es ist mit einem eingeritzten Radkreuz verziert, das vielleicht ein Sonnensymbol darstellte.

Einzelne im Siedlungsabfall von Erfurt-Nord vorkommende menschliche Knochen oder Knochenteile mit Schlag- und Brandspuren gelten als Zeugnisse kannibalischer Bräuche. Sie wurden zusammen mit verkohltem Getreide entdeckt und – wie erwähnt – fälschlicherweise der Knovízer Kultur zugeordnet.

Relikte kannibalischer Rituale lagen auch in zwei Siedlungsgruben der Altenburg bei Nebra/Unstrut in Sachsen-Anhalt. Zu dieser Auffassung gelangte der damals in Halle/Saale arbeitende Prähistoriker Dietrich Mania nach der Untersuchung der dortigen Funde.

In einer Grube fanden sich die Skelettreste eines Menschen, dem der Kopf abgetrennt sowie die Arme und Beine bis auf Stümpfe abgeschnitten oder abgeschlagen worden waren. Wie Brandspuren belegen, sind der vermutlich ausgeweidete Torso, der Schädel und die Schultergürtelteile gebraten worden. Den erhitzten Schädel hat man geöffnet, um das Gehirn zu entnehmen, und das so zubereitete Opfer offenbar verzehrt. Anschließend hat man die noch im Skelettverband befindlichen Reste bestattet.

In einer anderen Grube der Altenburg wurde ein vereinzeltes

Der Prähistoriker Günter Behm-Blancke (1912–1994) aus Weimar hat die Höhlen des Kyffhäusers bei Bad Frankenhausen in Thüringen systematisch erforscht. Dort wurden in der Bronzezeit Menschenopfer und Kannibalismus praktiziert.

Grab 35 des Friedhofes auf dem Flughafen von Erfurt-Nord in Thüringen enthielt eine Steinpackung von 1,50 Meter Länge und 70 Zentimeter Breite. Rechts lag eine 80 Kilogramm schwere Steinplatte mit 55 Zentimeter Seitenlänge und 15 Zentimeter Dicke.

Schädelstück mit verkohlten Bruchrändern ausgegraben. Auch dieser zusammen mit großen Mengen gerösteten Getreides und Hülsenfrüchten geborgene Fund stammt wahrscheinlich nicht von einer regulären Bestattung.

Auf rituellen Kannibalismus lassen außerdem je ein »zerrupftes« Skelett bei Collenbey nahe Schkopau[27] (Kreis Merseburg-Querfurt) und von Schkortleben[28] (Kreis Weißenfels) schließen. Bei Collenbey sind mehrere Gruben aufgedeckt worden, in denen sich eine große Anzahl von Scherben, Tierknochen, darunter zwei größtenteils erhaltene Rinderskelette, sowie Knochenreste von vier Erwachsenen und zwei Kindern fanden. Entweder sind diese Menschen unter Beigabe der Scherben und Tierknochen in den Gruben bestattet oder in diese zusammen mit Abfall geworfen worden. Letzteres hielt Ernst Lehmann für wahrscheinlicher. Er meinte, es handle sich um Leichen von Sklaven oder anderen Personen niedrigen Standes.

Unfaßliches spielte sich von der mittleren bis zur späten Bronzezeit/frühen Eisenzeit (etwa 1600 bis 800 v. Chr.) vor und in manchen Höhlen des Kyffhäusers nahe Bad Frankenhausen[29] (Kyffhäuser-Kreis) in Thüringen ab. Dort wurden unter freiem Himmel und in Höhlen makabre Rituale abgehalten, bei denen sowohl Tiere als auch Menschen ihr Leben lassen mußten und deren Fleisch man nach ihrer Tötung verzehrte.

Von diesen Vorgängen zeugen in der Höhle 1 aufgeschlagene Menschenknochen mit Schnitt- und Feuerspuren. Dabei handelte es sich vor allem um Skelettfragmente von Jugendlichen und Kindern, die zusammen mit Tierresten in die Höhle geworfen wurden.

Im Spalt der Höhle 9 lagen Schweine-, Ferkel-, Ziegen-, Rinderknochen, Menschenwirbel sowie Reste von Fackeln, die wahrscheinlich in die Kluft hinabgeschleudert worden waren. Der Boden der von der Höhle 4 aus erreichbaren Höhle 9 war mit vertrocknetem Gras und Moos gepolstert. Zum Fundgut gehören Gürtel aus Rinde, Spanschachteln, ein Holzbrett, auf dem Fleisch geschnitten wurde, Fladenbrot, Fackelreste, Schnüre aus Menschenhaaren und ein Menschenschädel. Nach Ansicht des Ausgräbers Günter Behm-Blancke (1912–1994) aus Weimar haben dort Frauen eine Kultversammlung abgehalten und Opfergaben dargebracht.

Der Spalt der Höhle 10 enthielt Speisereste, Tier- und verstreute Menschenknochen. Die Knochenschichten waren teilweise mit Steinen bedeckt, die man vermutlich nach dem Mahl und der Versenkung in den Spalt der Höhle geworfen hatte.

Eine genaue kulturelle Zuordnung der Funde in den Kyffhäuserhöhlen bei Bad Frankenhausen zu einer Bevölkerungsgruppe ist bisher nicht möglich. Fest steht aber, daß es sich um einen über viele Jahrhunderte in bestimmten Abständen genutzten überregionalen heiligen Platz handelte, wo ganz unterschiedliche Rituale abgehalten wurden. Der Schwerpunkt lag sicherlich in der späten Bronzezeit.

Das Gräberfeld vom Sehringsberg
Die Helmsdorfer Gruppe

Im östlichen und nördlichen Harzvorland Sachsen-Anhalts behauptete sich von etwa 1300/1200 bis um 600 v. Chr. die Helmsdorfer Gruppe. Ihr südlicher Nachbar war die im Thüringer Becken konzentrierte Unstrut-Gruppe (s. S. 353), ihr nördlicher Anrainer die beiderseits der unteren Saale heimische Saalemündungs-Gruppe (s. S. 363).

Zwischen diesen drei Kulturen lassen sich wegen fließender Übergänge keine deutlichen Abgrenzungen vornehmen. Bei der Keramik hatte die Helmsdorfer Gruppe viele Gemeinsamkeiten mit der Saalemündungs-Gruppe. Dagegen spiegeln ihre Bronzeobjekte einen engen Kontakt mit der Unstrut-Gruppe wider.

Die Helmsdorfer Gruppe verdankt dem Gräberfeld auf dem Sehringsberg beim Ortsteil Helmsdorf von Heiligenthal[1] (Kreis Mansfelder Land) in Sachsen-Anhalt ihren Namen. Der Begriff »Helmsdorfer Gruppe« geht auf den Prähistoriker Jörg Lechler (1894–1969, s. S. 445) zurück, der 1913 bis 1918 auf dem Sehringsberg gegraben und 1925 vom Helmsdorfer Kulturkreis gesprochen hatte. Der Name Helmsdorfer Gruppe wurde 1967 von dem am Landesmuseum für Vorgeschichte, Halle/Saale, tätigen Prähistoriker Berthold Schmidt (s. S. 447) eingeführt.

Vor allem im östlichen Harzvorland sind auffällig viele Funde, Siedlungen und Gräberfelder entdeckt worden. Demzufolge dürfte die entsprechende Bevölkerungskonzentration auf den Abbau von Kupfererz im Mansfelder Land und dessen Weiterverarbeitung sowie auf die für den Ackerbau günstigen Böden zurückzuführen sein.

Der Prähistoriker Berthold Schmidt hat 1978 die Ansicht vertreten, man könne den Zeitabschnitt, in dem die Helmsdorfer Gruppe im Harzvorland existierte, fast als ein »goldenes Zeitalter« bezeichnen. Er schrieb damals: »Es handelt sich um eine Epoche, in der große Siedlungen, Befestigungen, ausgedehnte Gräberfelder mit anspruchsvollen Grabdenkmälern errichtet, aufwendige religiöse Zeremonien veranstaltet, wohl intensiv Kupfer abgebaut und Bronze zahlreich verwendet wurde, in der Viehhaltung und Ackerbau blühten und die Anzahl der hier wohnenden Menschen relativ hoch gewesen sein muß.«

Die Helmsdorfer Leute wohnten in unbefestigten und befestigten Siedlungen. In Polleben[2] (Kreis Mansfelder Land) lagen die Dörfer jener Zeit in sanfter Hanglage. Eine unbefestigte Höhensiedlung mit einer Fläche von etwa zwei bis drei Hektar war auf einer Hochebene nördlich von Timmenrode[3] (Kreis Wernigerode) angelegt worden.

Durch Grabungen nachgewiesene befestigte Höhensiedlungen der Helmsdorfer Gruppe sind bisher vom Burgberg bei Bösenburg[4] (Kreis Mansfelder Land), auf der Schalkenburg bei Quenstedt[5] (Kreis Mansfelder Land) und auf dem Kleinen Gegenstein bei Ballenstedt/Harz[6] (Kreis Quedlinburg) bekannt. Vermutlich war auch der Burgberg von Quedlinburg[7] als Bollwerk ausgebaut.

Der etwa 600 Meter lange und 250 Meter breite Burgberg (auch Kirchberg genannt) östlich von Bösenburg, einem Ortsteil von Rottelsdorf, ist von der angrenzenden Hochfläche durch eine Schlucht getrennt. Auf dem Bergsporn wurde ein Areal von etwa zwölf Hektar ringsum durch einen mächtigen Wall geschützt, der aus Löß und Baumstämmen errichtet worden war. Von den ehemaligen Behausungen zeugen in den Sandsteinfelsen eingetiefte Vorratsgruben und Pfostenlöcher. Die Bewohner der »Wallburg« haben ihre Toten auf dem nahe gelegenen

Steinkammergrab der jüngeren Bronzezeit auf dem namengebenden Gräberfeld der Helmsdorfer Gruppe (1300/1200 bis 600 v. Chr.) auf dem Sehringsberg beim Ortsteil Helmsdorf von Heiligenthal (Kreis Mansfelder Land) in Sachsen-Anhalt.

Bronzezeitliches Dorf auf einer Darstellung aus den 1930er Jahren: Der Bauer kehrt vom Feld zurück. Vor den Häusern halten sich Bewohner und Haustiere auf. Am Zaun steht ein Apfelbaum, und neben einem der Gehöfte (oben links) sind Bienenkörbe zu sehen.

Goldberg bestattet. Diese Befestigung bei Bösenburg bestand etwa vier Jahrhunderte lang. Sie wurde in der frühen Eisenzeit um 600 v. Chr. bei einem Angriff in Brand gesetzt und zerstört. Die Wände damaliger Wohnhäuser sind nicht nur mehrfach neu verputzt, sondern zuweilen auch bemalt worden. Der entsprechende Nachweis hierfür gelang in einer Siedlung zwischen Bösenburg und Rottelsdorf[8] (Kreis Mansfelder Land). Dort fand man Lehmbrocken, die bis zu dreizehnmal mit weißer Farbe getüncht wurden. Auf einigen Stücken sind sogar Reste roter Bemalung zu beobachten. Dabei handelte es sich um eine Verzierung mit parallelen geraden Streifen, gebogenen Streifen und Punkten. Die weiße Farbe enthält vor allem Kaolin, die rote ein Gemisch aus Kaolin und Eisenoxyd.

Als Sicherungsmaßnahmen für die Befestigung auf der Schalkenburg bei Quenstedt dienten ein aus Holz und Erde errichteter Wall sowie zwei davor ausgehobene Gräben. An die hölzerne Innenwand des Holz-Erde-Walles waren kasemattenartige Langhäuser angebaut. Auch diese »Wallburg« fiel um 600 v. Chr. einem Feuer zum Opfer.

Die »Wallburg« auf dem Kleinen Gegenstein bei Ballenstedt nahm eine Fläche von etwa 400 Meter Länge und 225 Meter Breite, also von etwa neun Hektar, ein. Im Gegensatz zu den Befestigungen bei Bösenburg und auf der Schalkenburg wurde jene »Burg« nicht zerstört. Unklar ist, ob auch die Höhensiedlung auf dem benachbarten Großen Gegenstein befestigt war.

Dort konnten nur dicht beieinanderliegende, runde Vorratsgruben aufgedeckt werden.

Die Bewohner der »Wallburg« bei Bösenburg säten und ernteten Dinkel *(Triticum spelta)*, mehrzeilige Gerste *(Hordeum vulgare)*, Emmer *(Triticum dicoccon)*, Einkorn *(Triticum monococcum)* und Rispenhirse *(Panicum miliaceum)*. Diese Getreidearten wurden getrennt angebaut. Außerdem sind in jener Befestigung auch Ackerbohne *(Vicia faba)* und Flachs *(Linum usitatissimum)* durch Funde nachgewiesen.

Bei Bösenburg ist in einem großen bottichartigen Holzgefäß die größte gehortete Getreidemenge Mitteldeutschlands entdeckt worden. Sie bestand aus vier Zentnern Getreide und Unkrautsämereien. Insgesamt konnten 26 Pflanzenarten nachgewiesen werden. Der Getreidefund stammt aus der frühen Eisenzeit um 600 v. Chr.

In Burgsdorf (Kreis Mansfelder Land) hat man auf einem Gräberfeld in flachen Opfergruben Schädel und untere Teile von Pferdebeinen bestattet. Es handelte sich vermutlich um kleinwüchsige weibliche Tiere mit einer Widerristhöhe von 1,27 Metern.

In einer Grube der erwähnten Siedlung zwischen Bösenburg und Rottelsdorf lagen außer Lehmbewurf und Wandverputz auch Reste von Webgewichten sowie Knochen vom Rind, Reh, *(Capreolus capreolus)* ein Zahn vom Rothirsch *(Cervus elaphus)* und das Bruchstück einer Malermuschel *(Unio pictorum)*.

Die Keramik der Helmsdorfer Gruppe besteht häufig aus dunkelbraunem, schokoladenbraunem und dunkelgrauem, seltener schwärzlichem Ton. Typisch sind abwechselnde senkrechte Furchen- und Riefengruppen als Verzierung auf dem Gefäßbauch. Es gab Töpfe, Schalen, Schüsseln, Henkelkrüge und Tassen mit Schrägriefen. Mit der Saalemündungs-Gruppe hatte die Helmsdorfer Gruppe tönerne Trichterschalen, Zylinderhalsterrinen und das im Gefäßinnern angebrachte vierspeichige Radkreuzmuster gemeinsam (s. S. 364).

Von der erwähnten Befestigung auf der Schalkenburg bei Quenstedt liegt ein tönernes Sauggefäß in Stiergestalt vor. Dieses 12,5 Zentimeter hohe Objekt hat ein Fassungsvermögen von 575 Kubikzentimetern. Damit ist es mehr als doppelt so groß wie die üblichen für Kinder angefertigten Sauggefäße, deren Volumen meistens weniger als 270 Kubikzentimeter beträgt. Vielleicht wurde damit ein kranker oder alter Mensch ernährt. Unbekannt ist die Funktion eines Tonhorns aus Polleben (Kreis Mansfelder Land).

Wie bei der Unstrut-Gruppe waren auch im Verbreitungsgebiet der Helmsdorfer Gruppe bronzene Hakenspiralen und gedrehte Halsringe üblich. Die Hakenspiralen werden als Objekte zum Zusammenhalten eines Gewandes gedeutet.

Zur Brandbestattung eines etwa sechs- bis achtjährigen Kindes bei Westerhausen (Kreis Quedlinburg) gehörten neben mehreren Tongefäßen auch bronzene Schmuckstücke (zwei Anhänger, fünf kleine Bronzespiralen, Bronzedraht und ein zusammengewundenes Bronzeband mit 2,5 Zentimeter Durchmesser und 1,8 Zentimeter Breite). Einer der beiden Anhänger, ein 3,9 Zentimeter langes und 3,4 Zentimeter breites Objekt mit Ring und tierkopfähnlichem Aufsatz, ist besonders erwähnenswert. Bei dem Aufsatz könnte es sich um den Kopfteil und die Vorderbeine eines Bockes handeln, aber auch um eine menschenähnliche Darstellung wie auf skandinavischen Felsbildern.

In Quedlinburg sind mehr als 100 grünliche bis dunkelblaue Glasperlen gefunden worden, die als Importware gelten. Eine Glasperle mit einem Durchmesser von 1,2 Zentimetern und einem zentralen Bohrloch lag auch in einem Steinpackungsgrab von Beesenstedt (Saalkreis). Glasperlen waren damals selten.

Steinpackungsgrab auf dem Sehringsberg bei Heiligenthal-Helmsdorf (Kreis Mansfelder Land) in Sachsen-Anhalt mit hochkant stehenden Seitensteinen und sich nach innen verjüngenden Abdeckungssteinen in Form eines »falschen Gewölbes«.

Auf den Gräberfeldern der Helmsdorfer Gruppe wurden Körper- und Brandbestattungen vorgenommen. Die Steinpackungsgräber sind meistens von Norden nach Süden ausgerichtet. Den Leichnam oder den in einem Tongefäß aufbewahrten Leichenbrand legte man zusammen mit den Grabbeigaben (Keramik, Schmuck, Waffen) auf ein rechteckiges Steinpflaster. Darüber wurde eine Steinpackung in Form eines »falschen Gewölbes« (s. S. 350) aufgetürmt. Mehrfach waren die Gräber mit einem Kreisgraben versehen. Im nördlichen Harzvorland gab es auch Hügelgräber.

In der älteren Phase (Periode IV) der Helmsdorfer Gruppe wurden die Verstorbenen überwiegend einzeln in Steingräbern bestattet. Solche Gräber bildeten Dreier- bis Fünfergruppen. Im Gegensatz dazu beerdigte man in der jüngeren Phase (Periode V) den Leichenbrand der Toten jeweils in einem Tongefäß (Doppelkonus, Terrine), in Steinkisten oder in kürzeren steinkistenähnlichen Behältnissen. Diese enthielten zuweilen bis zu fünf Brandbestattungen.

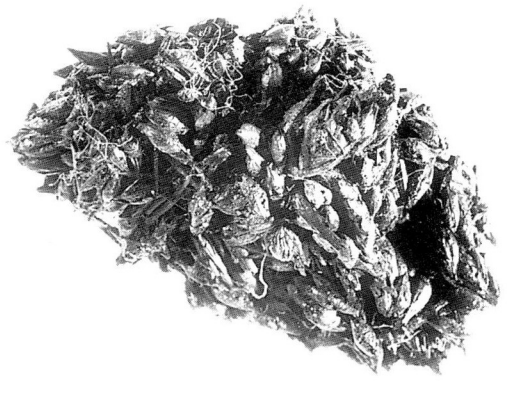

Ein Teil des größten mitteldeutschen Getreidefundes, der in einem bottichartigen Holzgefäß bei Bösenburg (Kreis Mansfelder Land) in Sachsen-Anhalt zum Vorschein kam. Das Behältnis enthielt Getreide und Unkrautsämereien im Gewicht von insgesamt vier Zentnern.

Tönernes Sauggefäß in Stiergestalt von der Schalkenburg bei Quenstedt (Kreis Mansfelder Land) in Sachsen-Anhalt. Höhe 12,5 Zentimeter, Fassungsvermögen 575 Kubikzentimeter. Original im Landesmuseum für Vorgeschichte, Halle/Saale.

Bronzener Anhänger mit Ring und Tier- oder Menschenkopf aus einem Kindergrab bei Westerhausen (Kreis Quedlinburg) in Sachsen-Anhalt. Länge des Anhängers 3,9 Zentimeter, Breite 3,4 Zentimeter. Original im Museum Quedlinburg.

Das Gräberfeld auf dem erwähnten Goldberg bei Bösenburg gilt als der größte Friedhof der Helmsdorfer Gruppe. Dort hat man einen Teil des Gräberfelds systematisch untersucht und bisher 120 rechteckige Steinpackungsgräber und zwei Kreisgräben freigelegt. Der Ausgräber Berthold Schmidt aus Halle/Saale nimmt an, daß der Bestattungsplatz mindestens noch einmal die gleiche Anzahl von Gräbern oder das Vielfache davon enthält. Sie stammen überwiegend aus der Periode IV. Die Toten wurden entweder unverbrannt oder verbrannt beigesetzt.

Auf dem Goldberg hat man meistens nur einen Menschen, selten zwei Personen bestattet. Die Gräber waren als Dreier- bis Fünfergruppen angelegt. Mehrfach wurden die Grabstätten durch steinerne Stelen markiert, die einst sichtbar waren, aber nach dem Zusammenbrechen der Gräber beziehungsweise deren Holzeinbauten im Erdreich einsanken.

Das etwa einen Kilometer südlich von Heiligenthal-Helmsdorf auf der Kuppe des Sehringsbergs gelegene Gräberfeld umfaßte 62 Steinpackungsgräber und fünf Kreisgräben. Auf dem Berg bietet sich ein weiter Rundblick über das Mansfelder Land. Auch hier wurden die Toten sowohl unverbrannt als auch verbrannt nur mit spärlichen Beigaben bestattet.

Die Steinpackungsgräber auf dem Sehringsberg bestehen aus 20 bis 50 Zentimeter großen Bruchsteinen und sind mit einem Bodenpflaster, hochkant stehenden Seitensteinen sowie sich nach innen verjüngenden Abdeckungssteinen versehen. Meistens befand sich nur ein Skelett, seltener zwei Skelette oder der Leichenbrand eines Menschen in einem Grab. In drei der erwähnten Kreisgräben war jeweils ein zentrales Steinpackungsgrab (Zentralgrab) errichtet worden. In zwei anderen Kreisgräben gab es außer dem Zentralgrab noch je eine zeitgleiche Neben- oder eine später erfolgte Nachbestattung.

Am Westabhang des Sehringsbergs erinnert heute ein kleines, vom Landesmuseum für Vorgeschichte, Halle/Saale, und ehrenamtlichen Bodendenkmalpflegern eingerichtetes Freilichtmuseum mit einigen Steinpackungsgräbern an das 280 Meter lange und 180 Meter breite Gräberfeld.

Etwa 20 bis 25 Hügel dürfte einst – Berichten aus dem 19. Jahrhundert zufolge – das Hügelgräberfeld bei Westerhausen[9] im Kreis Quedlinburg gezählt haben. In den 1950er Jahren existierten davon nur noch acht Hügel mit Durchmessern von zwölf bis 23 Metern und einer erhaltenen Höhe von 0,35 bis 1,70 Metern. Bei der Freilegung einer dieser künstlichen Erdaufschüttungen hat der erwähnte Prähistoriker Berthold Schmidt fünf Gräber vorgefunden.

Die Helmsdorfer Gruppe nahm vermutlich in der frühen Eisenzeit um 600 v. Chr. ein gewaltsames Ende. Ihre letzten Hinterlassenschaften finden sich im sogenannten Katastrophenhorizont, der unter anderem anläßlich von Untersuchungen der erwähnten »Wallburgen« bei Bösenburg und auf der Schalkenburg bei Quenstedt festgestellt wurde.

Die bemalten Steinkisten
Die Saalemündungs-Gruppe

Zu beiden Seiten der unteren Saale in Sachsen-Anhalt breitete sich von etwa 1300/1200 bis 800 v. Chr. der Lebensraum der Saalemündungs-Gruppe aus, die vor allem im Köthen/Bernburger Land konzentriert war. Diese Gemeinschaft konnte jenseits der Elbe nur geringfügig Fuß fassen. Die Bezeichnung »Saalemündungs-Gruppe« wurde 1935 von dem damals am Landesmuseum Halle/Saale arbeitenden Prähistoriker Hellmut Agde (1909–1940, s. S. 444) vorgeschlagen.

Nachbarn der Saalemündungs-Gruppe waren im Süden die Helmsdorfer Gruppe (s. S. 359), im Westen die Lüneburger Gruppe (s. S. 298, 307), im Norden die Elb-Havel-Gruppe (s. S. 332) der nordischen jüngeren Bronzezeit und im Osten die Spindlersfelder Gruppe (s. S. 366) der Lausitzer Kultur. Mit Angehörigen dieser, aber auch anderer Gemeinschaften hatten die Menschen der Saalemündungs-Gruppe Kontakt und betrieben sie Tauschgeschäfte.

Bei Untersuchungen der menschlichen Leichenbrände aus Steinkistengräbern der Saalemündungs-Gruppe haben Anthropologen eine auffällig hohe Sterblichkeit von Kindern und Jugendlichen festgestellt. Mitunter kamen auf zehn nichterwachsene nur drei erwachsene Tote.

Der Stoff für die Kleidung aus Leinen oder Schafwolle wurde auf Webstühlen angefertigt. Reste eines etwa drei Meter breiten Webstuhls von unbekannter Höhe kamen in der Siedlung von Wallwitz[1] (Kreis Jerichower Land) unweit von Magdeburg zum Vorschein. Dabei handelte es sich um Pfostenlöcher der Holzkonstruktion des Webstuhls und um tönerne Webgewichte in einer Siedlungsgrube.

Werkstatt eines Töpfers: Rechts modelliert ein Gehilfe aus gekneteten Lehm die Gefäße, links überzieht sein Kollege bereits getrocknete Keramiken mit feinem Tonschlamm. Im Hintergrund werden Töpfe zum rauchenden Brennofen getragen.

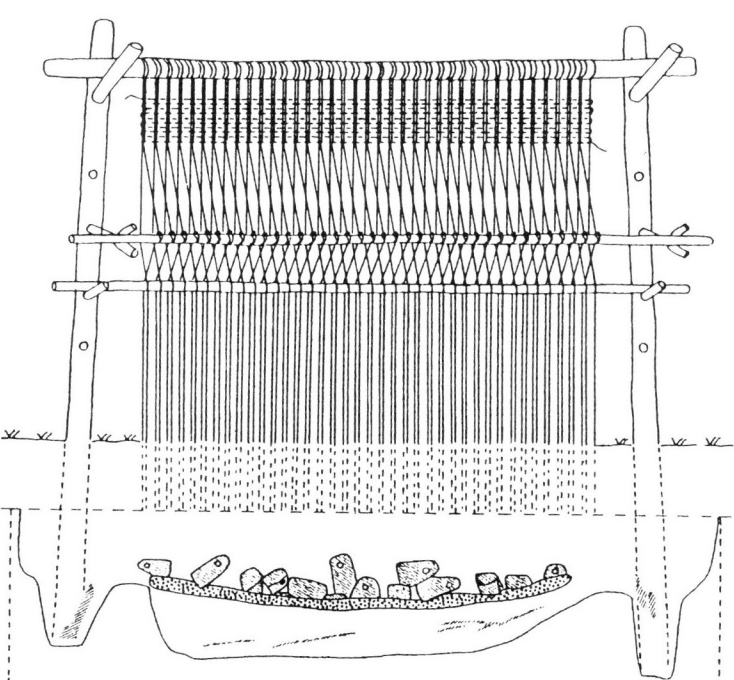

Rekonstruktion eines etwa drei Meter breiten Webstuhls von unbekannter Höhe aus Wallwitz (Kreis Jerichower Land) unweit von Magdeburg in Sachsen-Anhalt. Damit konnten Stoffbahnen von etwa zwei Meter Breite angefertigt werden.

Mit dem Wallwitzer Webstuhl ließen sich – wie die Aufreihung der Webgewichte ergab – Stoffbahnen von etwa zwei Meter Breite herstellen. Dieses Gerät wurde durch einen Brand zerstört. Beim Verbrennen der Kettfäden fielen die tönernen Webgewichte lotrecht auf einer Länge von 2,45 Metern in die Grube. Die pyramidenförmigen Webgewichte aus Wallwitz sind etwa 16 bis 18 Zentimeter lang und im oberen Drittel durchbohrt, damit die Kettfäden befestigt werden konnten. Die an mehreren Löchern durch Kettfäden entstandenen Scheuer- und Schleifspuren belegen einen längeren Gebrauch der Webgewichte.

Häufig wurden die Siedlungen neben einem Bach oder Fluß angelegt. Meistens blieben davon nur noch runde Vorratsgruben erhalten. Es gab unbefestigte sowie mit Graben und Wall gesicherte Siedlungen.

Die unbefestigte Siedlung von Wallwitz umfaßte 16 Häuser. Ein Bronzedepot in einem dieser Gebäude wurde von dem Ausgräber Heribert Stahlhofen aus Halle/Saale als Opfer- oder Weihegabe gedeutet. Dabei könnte es sich nach seiner – nicht unumstrittenen – Ansicht um ein Bauopfer handeln, das man vollbrachte, um für die Bewohner des Hauses Glück und Segen zu erbitten.

Die Kombination des Bronzedepots mit Schmuck (Armring, Spiralplattenfibel), Waffe (Lanzenspitze) und Arbeitsgerät (Sichelfragment), die sich sowohl aus weiblichen als auch aus männlichen Besitzanteilen zusammensetzt, könnte ein Hinweis für eine gemeinsame Opfergabe der Hausbewohner sein. Aber auch ein Handwerkerdepot ist nicht ganz auszuschließen, weil von der Sichel ein Stück abgetrennt und anderweitig verwendet wurde.

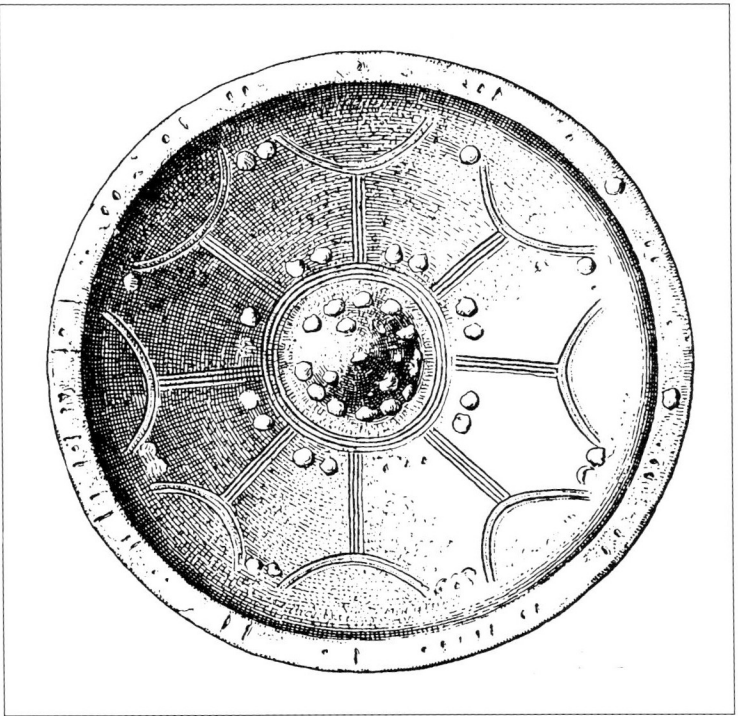

Tönerne Schale mit Bronzenieten aus Dessau-Großkühnau in Sachsen-Anhalt. Der Fund gilt als Import aus dem Gebiet der süddeutschen Urnenfelder-Kultur. Randdurchmesser 19 Zentimeter. Die Schale ging im Zweiten Weltkrieg verloren.

Ungefähr 200 Meter vom Fundort dieses Depots entfernt hatte man einige Jahrzehnte zuvor ein weiteres Depot entdeckt, das zwei bronzene Armbergen (s. S. 177) oder Beinringe enthielt.
Wie groß die Häuser jener Zeit waren, belegt ein Fund aus Wulfen[2] im Kreis Köthen. Der dort freigelegte Grundriß eines Pfostenhauses ist etwa 14 Meter lang und fünf Meter breit.
Anhand eines Tierknochens aus einem der Steinkistengräber von Altenburg (Kreis Bernburg) konnte die Haltung von Schafen nachgewiesen werden. Daß man auch Pferde als Haustiere besaß, beweisen Funde aus Halle/Saale-Kanena und Wallwitz (Kreis Jerichower Land). Der vom Rumpf getrennte Pferdekopf aus Halle/Saale-Kanena wurde von dem Prähistoriker Walther Schultz (1887–1982) aus Halle/Saale als Opfergabe gedeutet.
Die Tongefäße der Saalemündungs-Gruppe sind häufig geglättet und poliert. Anders als die hellen, lederbraunen Tongefäße der Lausitzer Kultur haben diejenigen der Saalemündungs-Gruppe meistens eine dunkelgraubraune oder dunkelgraue bis schwärzliche Farbe. Zur Keramik gehörten Zylinderhalsterrinen, Trichterschalen, Doppelkoni, zweihenkelige Amphoren, Tassen, Kannen, Vorratsgefäße, Tonteller, Schalen mit Radkreuzmuster innen und außen sowie Sauggefäße.
Die Sauggefäße zum Füttern von Kleinkindern waren teilweise in Gestalt eines Stieres modelliert worden. Derartige Objekte wurden in Gräbern von Aschersleben und Staßfurt-Leopoldshall (beide Kreis Aschersleben-Staßfurt) geborgen. Sie haben jeweils einen schlanken, zitronenförmigen Körper. Das Sauggefäß von Aschersleben ist mit einem Standboden, das von Staßfurt-Leopoldshall dagegen mit vier Füßen versehen.
Von den Saalemündungs-Leuten wurden auch Tongefäße anderer Kulturen importiert. So stammen eine Schale mit vor dem Brand eingesetzten Bronzenieten aus Dessau-Großkühnau[3] von der süddeutschen Urnenfelder-Kultur, ein Doppelgefäß aus Wulfen (Kreis Köthen) von der böhmischen Knovízer Kultur

und ein Pokal aus Osternienburg (Kreis Köthen) von der Lausitzer Kultur.
Fraglich ist der Verwendungszweck eines 15,6 Zentimeter langen Tonhorns aus Calbe/Saale[4] (Kreis Schönebeck), das einem Pferdekopf ähnelt. Weil an der kleinen Öffnung dieses Objekts Grünspanreste mit Kupfer haften und es großer Hitze ausgesetzt war, wird es als Blasebalgdüse gedeutet, deren kleinere Öffnung ins Innere des Schmelzofens reichte. Ein ähnliches Exemplar aus Hrádek bei Kramolín in Mähren enthält ein Stück Kupfer an der Innenwandung.
Zu den bronzenen Werkzeugen gehörten Knopfsicheln, Absatz- und Lappenbeile sowie bronzene Sägen. Neben bronzenen Werkzeugen gab es zudem solche aus Gestein. In einem Steinkistengrab von Großwirschleben (Kreis Bernburg) lag die fragmentarisch erhaltene Klinge eines Beiles aus Felsgestein.
Aus Schadeleben[5] (Kreis Aschersleben-Staßfurt) liegt ein bronzenes Hängebecken (s. S. 344) vor. Es ist neun Zentimeter hoch, hat einen Durchmesser von 21,2 Zentimetern und wurde zusammen mit einer Plattenfibel gefunden.
Auch die Angehörigen der Saalemündungs-Gruppe haben mitunter metallene Gefäße eingetauscht. Als derartige Importware wird die Bronzetasse von Osternienburg[6] (Kreis Köthen) erachtet. Sie ist auf dem Boden mit einem sechszackigen Sternmuster verziert.
Als seltener Fund gilt das stark beschädigte Goldgefäß aus Krottorf[7] (Bördekreis). Es ist sechs Zentimeter hoch, hat einen Durchmesser von 13 Zentimetern und wiegt 68,7 Gramm.
Im Umkreis von Halle/Saale wurden viele tönerne Geräte für die Gewinnung von Salz geborgen. Dabei handelte es sich um Stützen, die über den Feuerstellen mit Salz gefüllte Tonwannen trugen. In den Wannen hat man das für Tauschgeschäfte bestimmte Salz getrocknet, geformt und gehärtet. Eine Salzsiedersiedlung lag auch am ehemaligen Salzigen See bei Erdeborn[8] (Kreis Mansfelder Land).

Der Pokal der Lausitzer Kultur aus Osternienburg (Kreis Köthen) in Sachsen-Anhalt belegt, daß die Leute der Saalemündungs-Gruppe Tongefäße anderer Kulturen importierten. Höhe 11,9 Zentimeter, oberer Durchmesser 15,3 Zentimeter. Original im Historischen Museum, Köthen.

DIE SAALEMÜNDUNGS-GRUPPE

Bronzetasse mit Henkel aus Osternienburg (Kreis Köthen) in Sachsen-Anhalt. Der Boden des Gefäßes ist mit einem sechszackigen Sternmuster verziert. Durchmesser 15,7 Zentimeter. Original im Historischen Museum, Köthen.

Pferde dienten als Reit-, Zug- und Opfertiere. Zwei Stücke einer bronzenen Pferdetrense wurden in Calbe/Saale (Kreis Schönebeck) gefunden. Eines davon ist 15,5 Zentimeter lang und wiegt 150 Gramm, das andere ist 16 Zentimeter lang und 127 Gramm schwer. Beide Teile sind mit Ösen versehen.

Ein Fund aus Altenburg (Kreis Bernburg) veranschaulicht, daß auch Kinder Schmuck trugen. Die Urne mit dem Leichenbrand eines Kindes enthielt drei kleine Ringe aus Bronzedraht.

Sogar Goldschmuck konnte man sich im Gebiet der Saalemündungs-Gruppe leisten. Aus Neuendorf am Damm/Karritz (Altmarkkreis Salzwedel) kennt man eine bronzene Schmuckdose, die zwei goldene Ringe in Form von Drahtspiralen enthielt. In Spergau (Kreis Merseburg-Querfurt) wurden ein Tongefäß mit einem goldenen Noppenring aus Doppeldraht und eine verbogene Golddrahtspirale von Fingerformat geborgen.

Über die Kunst der Saalemündungs-Gruppe ist nichts bekannt. Der in einem Grab gefundene, 70 Zentimeter lange, 25 Zentimeter breite und zehn Zentimeter dicke Bildstein von Pfützthal[9] (Saalkreis) in Sachsen-Anhalt dürfte schon in der Jungsteinzeit entstanden und nur als Baumaterial wiederverwendet worden sein. Dieser Bildstein ist mit einem auf dem Kopf stehenden, langgezogenen T, das wohl eine menschliche Nase darstellen soll, verziert. Darunter befindet sich ein waagrechter Strich, der vermutlich den Mund symbolisiert. Es folgen vier halbkreisförmige Linien, die Halsschmuck andeuten, und auf der Mitte der Platte zwei Reihen ineinanderliegender Winkel.

In der älteren Phase der Saalemündungs-Gruppe (Periode IV) erfolgten die Brandbestattungen in Steinkisten oder in Steinpackungsgräbern. Sie lagen in Gruppen von drei bis zu fünf Gräbern zusammen. Der Leichenbrand von meistens einem, manchmal aber auch von zwei Toten wurde jeweils in eine große Zylinderhalsterrine geschüttet und ins Grab gestellt.

Dagegen nahm man in der jüngeren Phase (Periode V) die Brandbestattungen ausschließlich in Steinkisten vor, die zuweilen mehrere kleine Tongefäße mit dem Leichenbrand von zwei bis fünf Menschen aufnahmen. Die jeweils in den Steinkisten beerdigten Menschen sind wohl nicht alle zur gleichen Zeit verstorben. Es handelte sich auch nicht um Grablegen vollständiger Familien, sondern lediglich um solche von bestimmten Familienangehörigen.

Zu den als Urnen benutzten Zylinderhalsterrinen und Tassen wurden manchmal leere oder mit Speisen gefüllte Tongefäße als Grabbeigaben gestellt. Hierfür fanden Becher, Näpfe, Schalen, Tassen und Terrinen Verwendung.

Bedeutenden Toten dürften die im Innern bemalten Steinkisten vorbehalten gewesen sein. In der 1913 entdeckten Steinkiste am Galgenberg bei Großwirschleben (Kreis Bernburg) waren die Wände und die Decke innerhalb der Grabkammer von Resten einer weißen, mit feinem Sand vermischten Tonschicht bedeckt. Die Wände hatte man mit waagrechten farbigen Streifen geschmückt. An der Nordwand folgten auf einen schwarzen Streifen von fünf Zentimeter Breite fünf unregelmäßige rote Streifen von zwei bis 3,5 Zentimeter Breite, die von vier Millimeter breiten Streifen der weißgrauen Tonschicht unterbrochen waren.

Mehrere bemalte Steinkisten kamen 1853 oder 1854 bei der Abtragung des »Langen Berges«, eines von zwei Grabhügeln bei Baalberge (Kreis Bernburg), ans Tageslicht. Die meisten davon sollen im Innern rot bemalt gewesen sein. Eines dieser Gräber war angeblich von oben nach unten in weißer, schwarzer und roter Farbe gehalten.

Zum Kult der Saalemündungs-Gruppe gehörten Speiseopfer, Schädelbestattungen, Menschenopfer und rituell motivierter Kannibalismus. Solche Praktiken waren damals auch in anderen Kulturen jener Zeit bekannt.

Speiseopfer hat man in überaus sorgfältig hergestellten und verzierten Tongefäßen dargebracht. Eine derartige Weihegabe kennt man beispielsweise von Aken im Kreis Köthen.

Vereinzelte Beisetzungen menschlicher Schädel lassen sich am ehesten kultisch deuten. Vielleicht betrachtete man den Kopf als wichtigsten Teil des Toten und hat ihn deswegen in manchen Fällen besonders behandelt. Eine Schädelbestattung wurde in Klebs (Kreis Jerichower Land) entdeckt.

Einem Pferdekopf ähnelndes Tonhorn aus Calbe/Saale (Kreis Schönebeck) in Sachsen-Anhalt. Der Fund wird als Düse eines Blasebalgs gedeutet. Maximale Länge 15,6 Zentimeter. Original im Kulturhistorischen Museum, Magdeburg.

Als Berlin noch ein Dorf war
Die Lausitzer Kultur

Eine der wichtigsten Kulturen Mitteleuropas war von etwa 1300 bis 500 v. Chr. die Lausitzer Kultur. Sie entwickelte sich vermutlich aus der Vorlausitzer Kultur (s. S. 223) und existierte während der mittleren und jüngeren Bronzezeit sowie in der frühen Eisenzeit. In diesem Kapitel werden lediglich die bronzezeitlichen Abschnitte von etwa 1300 bis 800 v. Chr. behandelt, die ungefähr der Lebensdauer der süddeutschen Urnenfelder-Kultur (s. S. 258) entsprechen.

Das Verbreitungsgebiet der Lausitzer Kultur reichte im Westen bis an die Saale in Mitteldeutschland, während es im Süden Nordböhmen, Nordmähren und die nordwestliche Slowakei umfaßte. Im Nordwesten gehörte das südliche Brandenburg dazu, und im Osten bildete die heutige polnische Provinz Posen (Poznań) die Grenze. Die Prähistoriker unterscheiden zwischen einer Ost-, West-, schlesisch-mährischen, oberschlesisch-polnischen, mittelschlesischen und einer Lausitz-sächsischen Gruppe.

Zur Westgruppe rechnet man die einst vor allem in der Lausitz, im südlichen Brandenburg und in Sachsen ansässige Lausitzisch-sächsische Gruppe[1]. Dazu gehörten im Norden die Spindlersfelder Gruppe[2], im Osten die Niederlausitzer Gruppe[3], Neißemündungs-Gruppe[4], Oberlausitzer Gruppe[5], Aurither Gruppe[6] sowie im Westen die Fläming-Gruppe[7], Schliebener Gruppe[8], Elbe-Mulde-Gruppe[9], Elbe-Elster-Gruppe[10], Dresdener Gruppe[11] und Osterländische Gruppe[12]. Letztere hatte sich überwiegend östlich der Saale in Sachsen-Anhalt und Thüringen sowie geringfügig auch in der Umgebung westlich der Saale niedergelassen. Den Begriff »Lausitzer Kultur« hat 1880 der damals an der Universität Berlin wirkende Pathologe Rudolf Virchow (1821 bis 1902, s. S. 448) geprägt. Virchow erkannte bei Besuchen des Gräberfelds von Zaborow bei Priment (Provinz Posen) in den 1870er und 1880er Jahren, daß ein Teil der dortigen Funde von einer selbständigen Kultur stammt. Denn bestimmte Tongefäße lagen tiefer als die slawische Keramik und unterschieden sich durch ihr feineres Tonmaterial, ihre Form und Verzierungen deutlich von dieser.

Pflanzenfunde aus der Siedlung von Berlin-Lichterfelde verraten, daß in dieser Gegend Brandenburgs eine steppenähnliche Vegetation wuchs. Nach Auffassung des Ausgräbers Adriaan von Müller ist das Dorf Berlin-Lichterfelde von den Bewohnern verlassen worden, als der Brunnen während einer Dürreperiode austrocknete.

Wie groß die Menschen jener Zeit waren, ergaben Untersuchungen von Knochenresten aus dem jungbronzezeitlichen Gräberfeld Saalhausen 2 (Kreis Oberspreewald-Lausitz) in Brandenburg, wo man die Toten auf Scheiterhaufen verbrannt hatte. Demnach erreichten die dortigen Männer eine Körperhöhe von 1,67 bis 1,76 Metern, während es die Frauen auf 1,58 bis 1,67 Meter brachten.

Die damaligen Menschen hatten eine niedrige Lebenserwartung. Im ehemaligen Tornow (Kreis Oberspreewald-Lausitz) entfielen 26,5 Prozent der Todesfälle auf Kleinkinder im Alter bis zu einem Jahr. Insgesamt starben im Kindesalter etwa 40 Prozent. Die durchschnittliche Lebensdauer betrug 17,8 Jahre. Nur 48,8 Prozent der Verstorbenen in Tornow hatten das Erwachsenenalter erreicht. Die Gemarkung Tornow wurde durch den Abbau von Braunkohle beseitigt.

Komplikationen während der Schwangerschaft, der Geburt und im Kindbett führten dazu, daß mehr Frauen als Männer im jugendlichen und erwachsenen Alter starben. Das ließ sich ebenfalls in den Gräbern von Saalhausen 2 nachweisen, wo häufig Doppelbestattungen von Frauen mit Kleinstkindern erfolgt sind.

Die Dresdener Anthropologin Birgit Dalitz ermittelte bei Untersuchungen der Knochenreste aus Saalhausen 2 zahlreiche Spuren von Krankheiten. Sie stellte Zahnwurzelmißbildungen, durch schwere Erkrankungen mit Stoffwechselveränderungen verursachte Schmelzstörungen der Zahnkronen von Kleinkindern, Kieferveränderungen aufgrund nicht ausgebildeter Zähne, Zahnverluste und Veränderungen an Wirbeln der Wirbelsäule fest.

Im Verbreitungsgebiet der Lausitzer Kultur lebten auf einer Fläche von einem Quadratkilometer drei bis vier Personen. Heute liegt die Bevölkerungsdichte in Ostdeutschland bei mehr als 150 Personen pro Quadratkilometer, also gut vierzigmal höher. Es gab weilerartige Gehöftanwesen und unbefestigte dorfähnliche Siedlungen im Flachland sowie befestigte Höhensiedlungen mit Wällen, Gräben und Toren.

Die auf einer Anhöhe am Rand der Pankeniederung gegründete Siedlung von Berlin-Buch[13] (Brandenburg) umfaßte 33 Häuser. Der Ausgräber Albert Kiekebusch (1870–1935) aus Berlin hatte irrtümlich geglaubt, mehr als hundert von einstmals tausend oder noch mehr Häusern entdeckt zu haben. Außer Pfostenlöchern und Herdstellen von kleinen ein- und größeren zweiräumigen Wohnhäusern wurden in Berlin-Buch auch Steinsitze, Vorratsgruben, in den Hausboden eingegrabene Vorratsgefäße,

Menschen der Bronzezeit beim Bau eines Wohnhauses: Die Wände der damaligen Unterkünfte wurden meistens aus Ästen oder Zweigen geflochten sowie mit Lehm verschmiert oder beworfen. Als Dachbelag dienten vielleicht Stroh, Schilf, Rinden oder Grassoden.

Siedlung der Lausitzer Kultur von Berlin-Lichterfelde im Bäketal. Das Dorf umfaßte fünf Wohnhäuser, die sechs bis neun Meter breit und 8,50 bis 12,50 Meter lang waren, und Nebengebäude. Die Siedlung wurde von einem Graben und einem Zaun aus Gestrüpp umgeben.

Webstuhl- und Abfallgruben, Reste von Zäunen, Keramik, Werkzeuge und Waffen geborgen.

Aus mindestens fünf rechteckigen Wohnhäusern bestand die Siedlung von Berlin-Lichterfelde[14] im Bäketal. Sie waren 8,50 bis 12,50 Meter lang, sechs bis neun Meter breit und hatten einen Raum mit Herdstelle. Das Dorf wurde von einem 1,50 Meter breiten und 60 Zentimeter tiefen Graben sowie einem Zaun aus Gestrüpp umgeben. Durchlässe gab es im Nordwesten und Südosten. Zwei Brunnen stammen aus unterschiedlicher Zeit. Der Brunnen 1 ist aus zwei Hälften eines Eichenstamms hergestellt worden. Zehn Meter nördlich davon befand sich neben einem Pfahl der Brunnen 2 aus einem etwa 1,60 Meter hohen, ausgehöhlten Eichenstamm, der zuvor möglicherweise als Bienenstock gedient hatte.

Auf der 1,50 Meter hohen Erhebung namens »Lütjenberg« im ehemaligen Tornow[15] (Kreis Oberspreewald-Lausitz) in Brandenburg sind zwei Hauskomplexe nachgewiesen worden. Der ältere Hauskomplex I bestand aus zwei Pfostenhäusern (zwölf mal sechs und zwölf mal fünf Meter), vier Pfostenspeicherbauten und einem Grubenensemble. Der jüngere Hauskomplex II umfaßte zwei Grundrisse mit den Maßen 15 mal neun und neun mal fünf Meter.

Die Siedlung auf dem Taubenhügel am Rande der Neißeniederung von Nieder-Neundorf[16] (Niederschlesischer Oberlausitzkreis) in Sachsen setzte sich aus neun Häusern mit einer Länge von 3,80 bis 7,20 Metern und einer Breite von drei bis 6,80 Metern sowie einer Fläche von 38,50 bis 49 Quadratmetern zusammen. In einem der Gebäude hat man einen Herd freigelegt.

Neben solchen unbefestigten Ortschaften wurden zahlreiche befestigte Siedlungen (»Burgen«) im Flachland und auf Anhöhen errichtet. Solche wehrhaften Anlagen waren meistens einen halben bis sechs Hektar groß und nahmen nur ausnahmsweise eine Fläche von fast 20 Hektar ein. Für die Befestigungen im Flachland wählte man Sümpfe, sandige Kuppen in sumpfigem Gelände, Seeinseln, Halbinseln oder Bach- beziehungsweise Flußschleifen als Standorte. Sie wurden lediglich durch ringförmige Erdwälle geschützt.

Bei Burg[17] (Kreis Spree-Neiße) in Brandenburg gründete man in der jüngeren Bronzezeit auf einer Talsandinsel namens Schloßberg in der Spreeniederung zunächst eine unbefestigte Siedlung. Später wurde das Areal in der jüngsten Bronzezeit und zur Zeit der folgenden Billendorfer Gruppe mit einem Wall in Holzschalenbauweise befestigt. Als die Anlage einem Brand zum Opfer fiel, errichtete man einen Wall in Rostkonstruktion, der allmählich zerfiel. Heute ist der Wall noch bis zu zwei Meter hoch. Er umschließt eine Fläche mit einem Durchmesser von mindestens 80 bis maximal 110 Metern.

Die Siedlung bei Bollersdorf[18] (Kreis Märkisch-Oderland) in Brandenburg befand sich am Westufer des Scharmützelsees auf einer in den See ragenden Halbinsel. Vermutlich trennte und schützte ein von Menschenhand ausgehobener Graben die Halbinsel vom Festland. Auf der zum See gerichteten Seite verlief ein Palisadenzaun.

Die befestigten Höhensiedlungen variierten in ihren Anlagen. Ein Teil der Befestigungen lag auf Geländespornen, die durch einen Wall und Graben vom Hinterland abgetrennt wurden. Häufig waren solche »Burgen« mit mächtigen Wällen und teilweise in die Steilabhänge eingeschnittenen Gräben gesichert.

Luftaufnahme der Heidenschanze (rechts) von Dresden-Coschütz in Sachsen über dem Tal der Weißeritz. Dort lagen zunächst eine unbefestigte Höhensiedlung und später eine mit einer Mauer befestigte Siedlung der Lausitzer Kultur.

Andere Befestigungen thronten über Steilufern von Gewässern und wurden durch einen sichelartigen Wall geschützt. Daneben gab es Sperrwälle, die Zugänge in einmündende Seitentäler abriegelten.

Zu den befestigten Höhensiedlungen in Sachsen gehörten die Fundorte Dresden-Coschütz[19], der Eisenberg bei Pöhl[20], der Göhrischfelsen bei Niederlommatzsch[21], die Goldkuppe-Heinrichsburg bei Diesbar[22], der Burgberg von Löbsal[23] bei Diesbar, der Berg Oybin bei Oybin unweit von Zittau[24], der Pfaffenstein bei Pfaffendorf[25], der Schafberg bei Löbau[26], Sörnewitz bei Bosel[27] und der Staupen bei Westewitz[28].

Als bedeutendste befestigte Höhensiedlungen im sächsischen Elbegebiet gelten drei Anlagen an der Rauhen Furt bei Diesbar-Seußlitz. Davon liegen die »Burgen« Goldkuppe-Heinrichsburg und Burgberg-Löbsal hoch über dem rechten Elbufer im Kreis Riesa-Großenhain, die »Burg« auf dem Göhrischfelsen dagegen befindet sich im Kreis Meißen-Radebeul.

Von diesen drei »Wallburgen« ist die befestigte Höhensiedlung zwischen der Goldkuppe und der Heinrichsburg die größte und vermutlich auch die älteste. Sie erstreckte sich auf einem langovalen Plateau von etwa einem Kilometer Länge und kaum mehr als 300 Meter Breite und wurde einst von einer ringförmigen Wallanlage umgeben. Der mächtige Hauptwall wurde durch Steinbrüche an der Elbseite sowie Weinberge im Süden und Südwesten teilweise zerstört.

Die Befestigung Goldkuppe-Heinrichsburg war besonders wehrhaft. Steilhänge zum Elbetal im Südwesten, zum Laubachtal im Nordosten und an der Spitze des Geländesporns über dem Schloß Seußlitz boten natürlichen Schutz. Am Rand des hoch über der Elbe gelegenen Plateaus verliefen ein Vorwall und etwa 50 Meter dahinter der mächtige Hauptwall. An der gefährdetsten Stelle der Anlage im Osten beträgt der Höhenunterschied zwischen der Krone des Hauptwalles und der Sohle des Grabens davor heute noch 18 Meter.

An der Nordostseite der Befestigung hat man eine breite Quellmulde durch den an dieser Stelle bis zu elf Meter hohen Wall abgeriegelt. Dadurch entstand eine gestaute Wasserfläche von maximal 80 mal 90 Metern. Dieses Reservoir garantierte die Wasserversorgung der Menschen und Haustiere jener »Wallburg«.

Kleiner als Goldkuppe-Heinrichsburg war die Befestigung auf dem Burgberg von Löbsal. Ihre Länge betrug etwa 240 Meter, die Breite ungefähr 150 Meter. An der bei Angriffen schwächsten Seite erreichte der Schutzwall eine Höhe von elf Metern. Im Norden der Anlage sind heute noch Reste der Randbefestigung zu erkennen. Den Steilabfall zur Elbe sicherte möglicherweise ein auf einem niedrigen Lehmwall errichteter Palisadenzaun.

Die Befestigung auf dem Göhrischfelsen lag etwa 45 Meter über dem Elbetal und hatte eine Ausdehnung von etwa 250 mal 200 Metern. An den Steilabfällen der Elbseite im Osten und Westen sind heute noch niedrige Wallreste vorhanden. Vom Hinterland wurde die Befestigung durch einen bis zu 12,50 Meter hohen Sperrwall aus Holz und Erde abgetrennt.

Ebenfalls am Elbufer war die befestigte Höhensiedlung von Sörnewitz (Kreis Meißen-Radebeul) errichtet worden. Sie erstreckte sich etwa 90 Meter hoch über dem Fluß auf einem Felsvorsprung und wurde teilweise durch Steilhänge sowie durch einen Graben und einen etwa 300 Meter langen Wall geschützt, der gegenwärtig noch fünf Meter hoch ist.

Auf dem Schafberg bei Löbau im Sächsischen Oberlausitzkreis umgab ein 1610 Meter langer Wall mit Holzrahmen und einer Füllung aus Erde, Lehm und Steinen das dichtbebaute, etwa 5,2 Hektar große Gipfelplateau. Das Tor öffnete sich vermutlich zur östlichen Ecke, wo eine Terrasse durch zwingerartig vorspringende Felspartien auf das Plateau hinaufführt. Mehrere Quellen am Plateaurand und eine von Menschenhand erbaute Zisterne innerhalb der Befestigung sicherten die Wasserversorgung. Die Bewohner dieser »Wallburg« lebten in einräumigen Häusern.

Zu den Farbtafeln

47 (rechte Seite) Verzierte Bronzeamphore aus dem achten vorchristlichen Jahrhundert von Olsberg-Gevelinghausen (Hochsauerlandkreis) in Nordrhein-Westfalen. Höhe 36,2 Zentimeter. Original im Westfälischen Museum für Archäologie, Münster.

48 Kesselwagen der spätbronzezeitlichen Urnenfelder-Kultur (etwa 1300/1200 bis 800 v. Chr.) von Acholshausen bei Ochsenfurt (Kreis Würzburg) in Bayern. Höhe zwölf Zentimeter. Original im Mainfränkischen Museum, Würzburg.

49 Bronzerad der spätbronzezeitlichen Urnenfelder-Kultur (etwa 1300/1200 bis 800 v. Chr.) aus Haßloch (Kreis Bad Dürkheim) in Rheinland-Pfalz. Durchmesser etwa 50 Zentimeter. Original im Historischen Museum der Pfalz, Speyer.

50 Verziertes Goldarmband aus der nordischen mittleren Bronzezeit (etwa 1100 bis 800 v. Chr.) von Schlagtow (Kreis Ostvorpommern) in Mecklenburg-Vorpommern. Durchmesser 6,5 Zentimeter. Original im Archäologischen Landesmuseum Mecklenburg-Vorpommern, Lübstorf.

51 Kultwagen der bronzezeitlichen Lausitzer Kultur (etwa 1300 bis 800 v. Chr.) von Potsdam-Eiche in Brandenburg. Länge etwa 20 Zentimeter. Original im Brandenburgischen Landesmuseum für Ur- und Frühgeschichte, Potsdam.

52 Bronzemesser mit figürlichem Griff aus der nordischen jüngeren Bronzezeit (etwa 1100 bis 800 v. Chr.) bei Beringstedt nördlich Itzehoe (Kreis Rendsburg-Eckernförde) in Schleswig-Holstein. Kopie im Archäologischen Landesmuseum der Christian-Albrechts-Universität Kiel, Schleswig, Original im Nationalmuseum Kopenhagen.

53 (letzte Seite) Bronzener Kesselwagen aus der nordischen mittleren Bronzezeit (etwa 1200 bis 1100 v. Chr.) von Plate-Peckatel (Kreis Parchim) in Mecklenburg-Vorpommern. Höhe des Kultwagens 33,5 Zentimeter, Original im Archäologischen Landesmuseum Mecklenburg-Vorpommern, Lübstorf.

△ 48

▽ 49

△ 50   ▽ 51   52 ▷

Auf dem Bergsporn Heidenschanze von Dresden-Coschütz über dem Tal der Weißeritz bestand von etwa 1200 bis fast 1000 v. Chr. eine unbefestigte Siedlung. Danach hat man eine fünf Meter breite Mauer aus Holz, Steinen und Erde errichtet, die noch vor 1000 v. Chr. abbrannte. Später wurde ungefähr 20 Meter davor eine neue, rund vier Meter hohe und acht Meter breite Mauer erbaut.

Von den ehemaligen Häusern der Befestigung auf der Heidenschanze blieben Pfostenlöcher, Lehmfußböden und Hüttenlehm mit Abdrücken verkohlter Balken erhalten. Die Hauswände wurden innen mehrfach mit einem Kalküberzug erneuert. Bei archäologischen Grabungen hat man Herde, einen Töpferofen, Bronzeschmelzstätten und eine große Anzahl tönerner Gußformen entdeckt.

Am Berg Oybin (Kreis Löbau-Zittau) und am Pfaffenstein bei Pfaffendorf (Kreis Sächsische Schweiz) schützten Sperrwälle sogenannte Paßburgen. Dabei handelte es sich um Wälle an den Zugängen zu Höhensiedlungen. Der Sperrwall im Hausgrund am Berg Oybin war mindestens vier Meter hoch und sechs Meter breit. Vorder- und Innenfront bestanden aus besonders großen Steinblöcken, während als Füllmaterial kleinere Steinbrocken Verwendung fanden. Am auf fast allen Seiten von Steilhängen umgebenen Pfaffenstein wurde der einzige natürliche Aufgang durch einen 200 Meter langen Graben mit Wall dahinter abgesichert.

In Brandenburg existierten ebenfalls befestigte Höhensiedlungen. Hier sind vor allem die »Burgen« auf der »Schwedenschanze« von Frankfurt/Oder-Lossow[29] und von der »Römerschanze«[30] bei Potsdam-Sacrow am Hochufer des Lehnitzsees erwähnenswert.

Die Befestigung auf der »Schwedenschanze« an der Steilen Wand von Lossow war etwa 240 Meter lang und 200 Meter breit. Sie wurde im Süden und Osten durch Steilhänge geschützt. An der Nord- und Westseite sicherte ein vier bis sechs Meter hoher Wall die »Burg«. Der Kern des Walles ist in Kastenbauweise errichtet. Dabei stellte man mehrere viereckige Kästen aus Holzbohlen oder Rutengeflecht von 1,20 bis 1,60 Meter Breite in Reihen hintereinander und füllte sie mit Erde und Steinen. Darüber wurde Erdreich aufgeschüttet.

Der Wall von Lossow ist um 1000 v. Chr. geschaffen worden. Das ergab eine C14-Probe von Holz aus dem Wallkern. Zwei Reihen von Pfostenlöchern darunter dürften von einer älteren Holz-Erde-Mauer stammen.

Die Befestigung auf dem Bergplateau »Römerschanze« zwischen Jungfern- und Lehnitzsee bei Potsdam-Sacrow umfaßte eine Fläche von etwa 175 Meter Länge und 125 Meter Breite. Dort ermittelte der Berliner Prähistoriker Carl von Schuchhardt (1859–1943) drei jungbronzezeitliche Bauabschnitte. In der ältesten Phase schützte ein etwa sechs Meter hoher und 3,30 Meter breiter Holz-Erde-Wall diese Höhensiedlung.

Als typisches Gebäude jener Zeit gilt das Vorhallenhaus, bei dem nicht sicher ist, ob es eine geschlossene oder eine offene Vorhalle besaß. Die Vorhallenhäuser waren teilweise beachtlich groß, wie an einem 15,10 Meter langen und 6,20 Meter breiten Grundriß von Taucha bei Leipzig[31] ersichtlich wird. Das Gebäude stand am Rand einer Hochfläche über der Flußaue der Partke und des Quellbachs.

Viele Reste und Abdrücke von Getreidekörnern, Relikte von Hülsenfrüchten und Ackerunkräutern beweisen, daß Getreide ausgesät und geerntet sowie Hülsenfrüchte angebaut wurden. Auf Ackerbau deuten außerdem der Fund eines Holzpfluges, steinerne und bronzene Sicheln für die Getreideernte und Mahlsteine zum Zerquetschen der Getreidekörner hin.

Aus Dobeneck bei Taltitz (Kreis Vogtlandkreis) in Sachsen ist der Anbau der Getreidearten Einkorn *(Triticum monococcum)*, Emmer *(Triticum dicoccon)*, Dinkel *(Triticum spelta)*, Gerste *(Hordeum vulgare)* und Saathafer *(Avena sativa)* sowie der Hülsenfrüchte Erbse *(Pisum sativum)*, Ackerbohne *(Vivia faba)* und Linse *(Lens culinaris)* nachgewiesen. Außerdem sind der Saatweizen *(Triticum aestivum*, Dresden-Coschütz), die Nacktgerste *(Hordeum vulgare* var. *nudum*, Pöhl, Vogtlandkreis) und die Rispenhirse *(Panicum miliaceum*, Burg, Kreis Spree-Neiße, Freiwalde, Kreis Dahme-Spreewald, Schlieben, Kreis Elbe-Elster) belegt.

Auf Ackerbau deuten indirekt Samen von Ackerunkräutern hin, die durch den Getreideanbau eingeschleppt worden waren und zusammen mit geernteten Körnern in Siedlungen gelangten. Hierzu gehören Kriechender Hahnenfuß *(Ranunculus repens)*, Ampferknöterich *(Polygonum lapathifolium)*, Vogelknöterich *(Polygonum aviculare)*, Klettenlabkraut *(Galium aparine)*, Uferwolfstrapp *(Lycopus europaeus)*, Roggentrespe *(Bromus secalinus)*, Kornrade *(Agrostemma githago)*, Weißer Gänsefuß *(Chenopodium album)*, Spießmelde *(Atriplex hastata)*, Winden-

Bau der Befestigung aus der Zeit der Lausitzer Kultur von Lossow bei Frankfurt/Oder in Brandenburg auf einer Zeichnung von 1936. Der Kern des Walls wurde in Kastenkonstruktion aus Bohlen oder Rutengeflecht errichtet.

Unbenutzter Mahlstein der Lausitzer Kultur von der Befestigung Goldkuppe-Heinrichsburg bei Diesbar-Seußlitz (Kreis Riesa-Großenhain) in Sachsen. Der Mahlstein besteht aus Zehrener Quarzporphyr. Original im Landesmuseum für Vorgeschichte, Dresden.

knöterich *(Polygonum convolvulus)* und Feldsalat *(Valerianella locusta)*. Die jungbronzezeitlichen Vorkommen der Ackerbohne liegen allesamt östlich der Elbe und der Saale.

Auf dem Grund des Scharmützelsees bei Buckow[32] (Kreis Märkisch-Oderland) in Brandenburg wurde in etwa 9,50 Meter Tiefe der Rest eines Pfluges entdeckt, der aus der Astgabel einer Eiche hergestellt worden war. Der erhaltene Teil ist 1,02 Meter lang. Nach einer Altersdatierung mit der C14-Methode stammt der Pflug aus der Zeit zwischen etwa 900 und 800 v. Chr.

Das reife Getreide wurden meistens mit bronzenen Sicheln geschnitten. Drei unbenutzte Mahlsteine zum Zerquetschen von geernteten Getreidekörnern kamen in der Befestigung Goldkuppe-Heinrichsburg bei Diesbar zum Vorschein. Sie bestehen aus Zehrener Quarzporphyr, der etwa 2,5 Kilometer südlich vom Fundort am Südhang des Golkwaldes sowie südwestlich der Befestigung auf dem Göhrischfelsen beschafft werden konnte. In Siedlungsgruben von Pegau-Zauschwitz (Kreis Leipziger Land) in Sachsen wurden ebenfalls Mahlsteine geborgen. Auch in einem Grab von Lüsse (Kreis Potsdam-Mittelmark) in Brandenburg hat ein Mahlstein gelegen.

In einer Siedlung bei Plauen (Vogtlandkreis) in Sachsen sind vermutlich Trauben von Wildem Wein *(Vitis sylvestris)* gegessen worden. Der dort gefundene Kern ist 4,2 Millimeter lang und drei Millimeter breit. Heute erreicht die Wildrebe in Mitteleuropa im südlichen Oberrheingebiet die Nordgrenze ihres Areals. Das größte Vorkommen in Deutschland befindet sich auf der Halbinsel Ketsch zwischen Mannheim und Speyer.

Nach den Tierknochen in Siedlungen, Gräbern und an Opferstätten zu schließen, hielten die Lausitzer Leute Rinder, Pferde, Schafe, Ziegen, Schweine und Hunde als Haustiere. Das Pferd ist unter anderem in der Siedlung von Lübbenau (Kreis Oberspreewald-Lausitz) in Brandenburg nachgewiesen.

Besonders viele Relikte verbrannter Haustiere wurden im Hügelgräberfeld bei Tornow (Kreis Oberspreewald-Lausitz) in Brandenburg entdeckt. In 34 Gräbern von dort lagen Reste von 32 Pferden, 25 Rindern, 24 Schafen oder Ziegen, neun Hunden und zwei Schweinen. Pferdereste fanden sich des weiteren in Gräbern von Wergzahna (Kreis Teltow-Fläming) und Saalhausen 2 (Kreis Oberspreewald-Lausitz) in Brandenburg.

Wenn es in Berlin-Lichterfelde tatsächlich – wie erwähnt – einen Bienenstock gegeben haben sollte, wurde auch die Imkerei betrieben. Der Honig diente vielleicht zum Süßen von Speisen und zu deren Konservierung oder als Heilmittel. Das Bienenwachs konnte zum Abdichten von Gefäßen und als Gußmodell in der Metallverarbeitung benutzt werden.

Trotz Ackerbau und Viehzucht wurde gelegentlich gefischt und gejagt. Der Fischfang läßt sich anhand bronzener Angelhaken aus Gohlis (Kreis Riesa-Großenhain), Pirna-Copitz (Kreis Sächsische Schweiz), Stöbnig (Kreis Mittweida) in Sachsen und aus Berlin-Buch in Brandenburg nachweisen.

Eine Siedlungsgrube von Pegau-Zauschwitz enthielt Kieferknochen vom Wildschwein *(Sus scrofa)* und von einem jungen Braunbären *(Ursus arctos)*. Aus dem Hügelgräberfeld von Tornow liegen zwei Geweihbruchstücke und ein Knochenfragment vom Rothirsch *(Cervus elaphus)* vor.

Mit Getreidekörnern hat man Brot und Brei zubereitet. In Birkenrindenschachteln aus dem Hügelgräberfeld Falkenberg/Elster (Kreis Elbe-Elster) in Brandenburg fanden sich Reste von Weizenbrei. An einem Tongefäß aus einem der Gräber von Saalhausen 2 hafteten Reste von Hirsebrei.

Weitere Hinweise auf die damalige Nahrung geben die Reste von Getreide und Hülsenfrüchten. Eine Vorratsgrube in Zitz war 20 Zentimeter hoch mit verkohlten Ackerbohnen *(Vicia faba)* gefüllt, eine andere Grube enthielt eine mindestens zwölf Zentimeter hohe Schicht geschälter und verkohlter Eicheln *(Quercus robur)*. In der Siedlung von Dobeneck barg man neben Getreidekörnern und Hülsenfrüchten auch eine Schlehe *(Prunus spinosa)*.

Die Töpfer der Lausitzer Kultur formten in der mittleren Bronzezeit (Periode III) große Urnen mit von ovalen Feldern umgebenen Buckeln, eiförmige Gefäße, Kegelhalsgefäße mit Henkel und riefenbetonten flachen Buckeln. Man spricht hierbei auch von Buckelkeramik.

In der jüngeren Bronzezeit (Periode IV und V) kam die Buckelverzierung beziehungsweise Buckelkeramik aus der Mode. In der Periode IV erfolgte ein Stilwechsel zur gerillten und in der Periode V zur waagrecht gerieften Lausitzer Keramik. Statt großer Urnen modellierte man erstmals Amphoren mit zwei Henkeln, Krüge mit Zylinderhals und verzierten Schulterzonen sowie Schalen mit Innenornamentierung.

Zu den Tongefäßen gehörten auch Sauggefäße in Tiergestalt, mit denen man wohl meistens Kleinkinder gefüttert hat. Sauggefäße in Vogelgestalt wurden in Rötha-Geschweitz (Kreis Leipziger Land), Deschka (Niederschlesischer Oberlausitzkreis), Straßgräbchen (Kreis Westlausitz-Dresdner Land) in Sachsen und Krausnick (Kreis Dahme-Spreewald) in Brandenburg gefunden.

Die Keramik der Lausitzer Kultur wurde teilweise serienmäßig in Töpfereien hergestellt. Reste einer Töpferei kamen in Grünheide-Altbuchhorst unweit von Fürstenwalde (Kreis Oder-Spree) in Brandenburg zum Vorschein.

Zu den keramischen Erzeugnissen der Lausitzer Kultur zählten auch Siebgefäße und Trinkhörner. Bruchstücke von Siebgefäßen lagen in der Siedlung Berlin-Buch. Reste von Trinkhörnern barg man in Hahnefeld (Kreis Torgau-Oschatz) und Coswig-Kötitz (Kreis Meißen-Radebeul) in Sachsen. In Oschatz wurde der in zwei Teile zerbrochene Endbeschlag eines Trinkhorns mit zwei Klapperblechanhängern und Vogelaufsatz, in Coswig-Kötitz eine tönerne Trinkhornspitze gefunden.

Da im Verbreitungsgebiet der Lausitzer Kultur keine Abbaumöglichkeit von Kupfer bestand, mußte dieses Erz für den Bronzeguß durch Tausch eingeführt werden. Im Erzgebirge und vielleicht auch in der Elbe (bei Dresden-Coschütz und der Rauhen Furt) wurden Zinnablagerungen (Zinnseifen) abgebaut.

In der ersten Hälfte des letzten Jahrtausends v. Chr. ging der Import von Bronze in das Verbreitungsgebiet der Lausitzer Kultur offenbar deutlich zurück. Als Ersatz für das selten gewordene Metall fanden von da ab wieder vermehrt Stein, Knochen und Geweih als Materialien für die Anfertigung von Werkzeugen Verwendung.

Die eigene Herstellung von Bronzeerzeugnissen wird durch Schmelzstätten in Siedlungen, tönerne, steinerne und bronzene Gußformen, Werkzeuge von Bronzegießern (Steingeräte mit Rille, Steinhammer, Punzstifte), Bronzedepots mit Altmetall und Brucherzfunde belegt.

Eine Bronzeschmelzstätte jener Zeit war in der Befestigung auf der Heidenschanze bei Dresden-Coschütz tätig. Dort hatte man auf einer Lehmtenne eine große Schmelzgrube zur Erzverhüttung angelegt. Zahlreiche tönerne Gußformen verraten, daß es sich bei dieser Fundstelle um die bedeutendste Produktionsstätte der Westgruppe der Lausitzer Kultur handelte.

In Kmehlen-Gävernitz[33] (Kreis Riesa-Großenhain) in Sachsen konnten drei Gußformen aus Gneis geborgen werden. Eine davon besteht aus der Unterschale einer zweiteiligen Gußform, mit der man zwei Sicheln und zwei Pfeilspitzen gießen konnte. Von einer anderen Form sind Ober- und Unterschale mit zwei Eingußöffnungen vorhanden; damit ließ sich eine Pfeilspitze anfertigen. Von einer dritten Gußform ist nur ein Rohstück erhalten.

In der Höhensiedlung Waldsieversdorf[34] (Kreis Märkisch-Oderland) in Brandenburg haben Metallhandwerker ein Depot mit fünf steinernen Gußformen hinterlassen. Von der Hügelkuppe Werder bei Buckow (Kreis Märkisch-Oderland) liegen zwei steinerne Gußformen für Sicheln vor. Auch eine Lanzenspitze mit Gußnaht, ein Punzstift und ein Steinhammer von dort dürften das Eigentum eines Bronzehandwerkers gewesen sein.

Drei Gußformen kennt man aus der Befestigung auf der »Schwedenschanze« von Frankfurt/Oder-Lossow in Brandenburg. Alle waren nur bruchstückhaft erhalten. Mit einer von zwei tönernen Gußformen konnte eine Knopfsichel gegossen werden, mit der anderen ein Tüllenbeil. Auch mit der später gefundenen steinernen Gußform ließ sich ein Tüllenbeil herstellen.

Das Vorhandensein bronzener Gußformen belegen Exemplare aus Berlin-Spindlersfeld und aus Polzen[35] (Kreis Elbe-Elster) in Brandenburg. Die zweiteilige Form aus Berlin-Spindlersfeld war für den Guß einer Nadel mit großer Scheibe angefertigt worden, die Form aus Polzen für den Guß eines Absatzbeils.

Zum Einschmelzen bestimmt waren die 76 Bronzeobjekte des Depots bei Pulsnitz-Friedersdorf[36] (Kreis Westlausitz-Dresdner Land) in Sachsen. Dabei handelte es sich um zerhackte oder zerbrochene Schwerter, Sicheln, Beile, Armringe, Nadeln und rundliche Bronzebarren. Vermutlich hatte ein Bronzegießer dieses Altmetall gesammelt.

Das Depot von Weißig[37] (Kreis Riesa-Großenhain) in Sachsen lag in einem tönernen Topf. Zu diesem Brucherzfund zählten unter anderem etwa 30 bronzene Knopfsicheln, Schwerter und Ringe.

38 Bronzeobjekte enthielt das Depot von Berlin-Spindlersfeld[38]. Zu ihm gehörten die erwähnte zweiteilige bronzene Gußform für eine Nadel mit großer Scheibe, Kopf und Schaft einer Nadel mit großer Scheibe, drei Zierscheiben mit Öse auf der Rückseite,

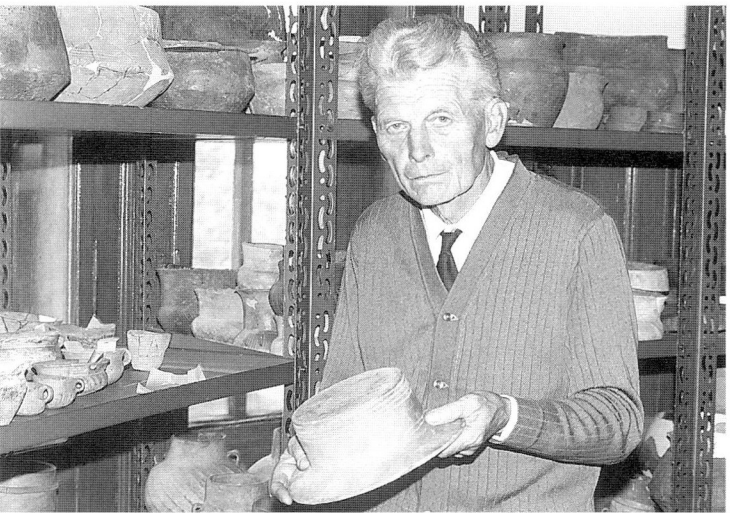

Der am Brandenburgischen Landesmuseum für Ur- und Frühgeschichte, in Potsdam, tätige Prähistoriker Rolf Breddin hat 1978 drei Gruppen der Lausitzer Kultur benannt: die Niederlausitzer Gruppe, die Schliebener Gruppe und die Elbe-Elster-Gruppe.

eine gelochte Zierscheibe, eine Brillenspirale, je zwei rad-, lanzett- und herzförmige Anhänger, drei stilisierte menschengestaltige Anhänger, vier Spiralröllchen, drei Armringe, eine kleine Spiralplattenfibel mit gedrehtem Bügel, zwei kleine Spiralplattenfibeln mit weidenblattförmigem Bügel und Sanduhrmuster (sogenannte Spindlersfelder Fibel), ein Tutulus (s. S. 60), ein Gußzapfen und drei nicht identifizierbare Bruchstücke.

Neben Werkzeugen aus Bronze wußte man weiterhin Geräte aus Stein und Geweih zu schätzen. Ein Steinhammer aus der Gegend von Bautzen in Sachsen trug eine seltene Verzierung mit je einem Kreuz auf den Flanken seitwärts des Schaftlochs und in geringer Entfernung nackenwärts je ein Radkreuz.

Ein typisches Werkzeug der Lausitzer Kultur war das bronzene Tüllenbeil mit Öhr. Seine Breitseiten sind mit einer Verzierung aus Rippen oder Riefen versehen. In die Tülle wurde der hölzerne Schaft gesteckt.

In einem der Grabhügel von Beyern-Löhsten (Kreis Elbe-Elster) in Brandenburg – früher Staatsforst Annaburg-Rosenfeld – lag eine 21,4 Zentimeter lange und 2,1 Zentimeter hohe bronzene Säge, die auf einer Längsseite gezähnt ist. Sie wurde an jedem Ende durchbohrt. Aus Elsterwerda (Kreis Elbe-Elster) in Brandenburg sind Bruchstücke kleiner bronzener Sägen bekannt.

Die bronzenen Messer dienten wohl meistens als Schneidegeräte und nicht als Stichwaffen. Ihr Griff wurde teilweise mitgegossen oder aus Holz oder Knochen hinzugefügt. Manche bronzenen Messergriffe enden mit einem Ring.

Schutz- und Angriffswaffen kamen häufig in Bronzedepots zum Vorschein. Manche Krieger der Lausitzer Kultur konnten sich sogar einen bronzenen Helm leisten. Reste einer solchen metallenen Kopfbedeckung wurden in Weißig[39] (Kreis Riesa-Großenhain) in Sachsen gefunden. Dabei handelte es sich um Wangenklappen mit vier Befestigungslöchern. Ein anderer Helm aus Beitzsch im heutigen Polen wurde 1847 entdeckt.

Im Grabritus der Lausitzer Kultur war es nicht üblich, die toten Krieger mit bronzenen Schwertern auszustatten. Auch als Einzel- oder Depotfunde sind kaum Schwerter überliefert.

Bronzene Eimer, Kessel, Tassen und Schalen wurden aus Westungarn importiert. Bronzetassen des Typs Fuchsstadt (s. S. 273) und bestimmte Goldgefäße hat man aus Süddeutschland einge-

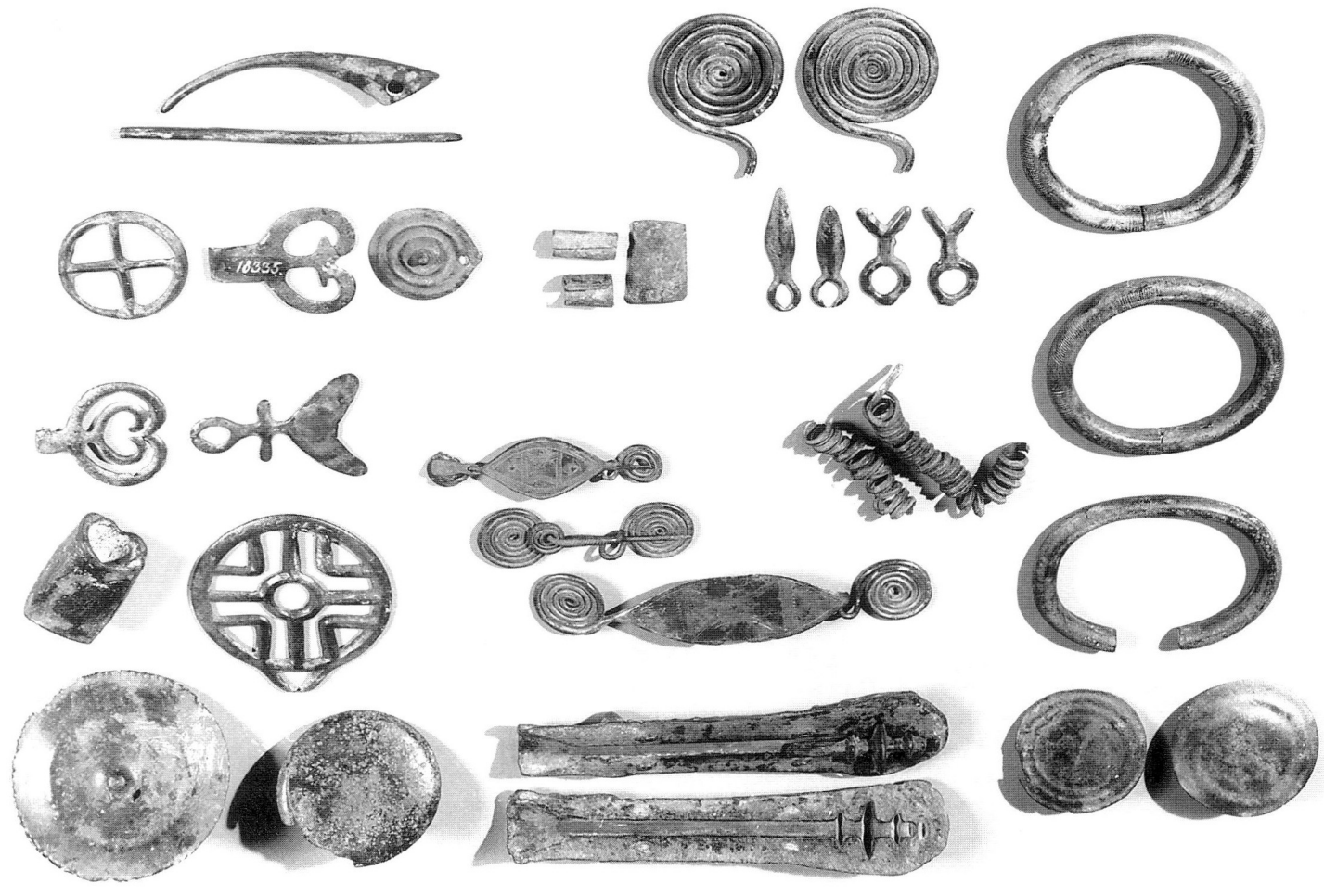

Bronzegegenstände und Brucherz aus dem Depot von Berlin-Spindlersfeld. Das insgesamt 38 Bronzeobjekte umfassende Depot gehört zur Spindlersfelder Gruppe der Lausitzer Kultur. Originale im Museum für Vor- und Frühgeschichte, Berlin.

führt. Aus Norddeutschland stammen Hängebecken, Bronzetassen und bestimmte Goldgefäße. Dagegen gelten Bronzetassen des Typs Dresden-Osternienburg als einheimische Erzeugnisse der Lausitzer Kultur.

Besonders viele Bronzegefäße wurden in einer Sandgrube von Dresden-Dobritz[40] entdeckt, nämlich ein Eimer vom Typ Kurd (s. S. 273), 16 Tassen und Schalen sowie ein halbkugelförmiges Sieb. Der Eimer befand sich in einem großen Tongefäß. An ihn waren ringsum sechs Tassen und Schalen angelehnt, weitere neun Tassen und Schalen standen unter ihm, eine Tasse lag obenauf. Die Tassen entsprechen dem erwähnten Typ Fuchsstadt aus Bayern und dem Typ Friedrichsruhe (s. S. 327) aus Mecklenburg-Vorpommern. Das Sieb hatte man über den Gefäßsatz gestülpt.

Aus Riesa[41] (Kreis Riesa-Großenhain) in Sachsen kennt man ein Bronzedepot mit einer Tasse vom Typ Jenišovice (früher Typ Kirkendrup, s. S. 273), drei Becher vom Typ Biesenbrow und zwei gegossene Schalen. Der Typ Jenišovice ist nach einem Fundort in Mähren benannt, der Typ Biesenbrow nach einem Fundort in Brandenburg.

Eine Bronzetasse vom Typ Fuchsstadt kam auch bei Falkenberg/Elster (Kreis Elbe-Elster) in Brandenburg zum Vorschein. Zusammen mit ihr barg man ein Bronzesieb, Reste von Spanschachteln aus Birkenrinde und Holzbehältnisse aus Kernholz.

Die Lausitzer Leute verfügten sicherlich über ein hochentwickeltes Verkehrswesen mit Pferden als Reit- und Zugtieren. Darauf weisen nicht nur die zahlreichen Pferdereste aus Siedlungen und Gräbern, sondern ebenfalls Teile des Zaumzeugs (Trensen) sowie Tonräder von Miniaturwagen und kleine Deichselwagen hin, die Abbilder originalgroßer Gefährte gewesen sein dürften.

Am Fundort Saalhausen 2 (Kreis Oberspreewald-Lausitz) in Brandenburg hat man in zwei Gruben Teile von verzierten Knochenplatten geborgen, die als Bestandteile eines Pferdezaumzeugs gedeutet werden. Kleinere Teile davon sind mit Rillen und gezackten Einschnitten geschmückt. Das vollständigere, einst wohl rechteckige Exemplar ist durchlocht sowie mit einem Ringauge und rosettenartigem Muster verziert.

Ein weiteres Teil von einem Pferdezaumzeug fand sich in Berlin-Buch. Dabei handelte es sich um einen zwölf Zentimeter langen, aus Geweih geschnitzten Knebel.

Bruchstücke von drei tönernen Scheibenrädern eines Miniaturwagens lagen im Brandgrab eines Kindes von Saalhausen 2. Die Radfragmente fanden sich in einer Schale sowie in zwei der insgesamt fünf Beigefäße mit Knochenresten des verbrannten Kindes. Der Durchmesser der Tonräder beträgt 6,5, 6,7 und 7,7 Zentimeter. Alle Räder haben eine ebene Innenseite und eine nach der Mitte hin verstärkte Außenseite mit längerer Nabe. Die drei Räder könnten zu einem Wagen gehört haben, der als Kinderspielzeug oder als Kultobjekt diente.

Weitere Tonräder sind von Berlin-Tegel und Tornow in Brandenburg sowie von der Heidenschanze bei Dresden-Coschütz in Sachsen bekannt. Ähnliche Funde liegen aus dem Verbreitungsgebiet der nordischen jüngeren Bronzezeit vor (s. S. 345).

In Brandenburg wurden mehrere kleine bronzene Wagen entdeckt, die eine rituelle Bedeutung hatten (s. S. 380). Eine tönerne Urne mit dem Leichenbrand eines Kindes im Forst Schweinert bei Falkenberg (Kreis Elbe-Elster) in Brandenburg enthielt die Bronzeplastik eines Pferdes.

Die Lausitzer Leute betrieben Tauschgeschäfte in einem vorher nicht gekannten Ausmaß. Besonders umfangreich und weitreichend gestaltete sich der Handel mit Bronze. Partner hierbei waren Angehörige von Kulturen, denen Erzlagerstätten zur Verfügung standen. Der Fernhandel erfolgte vor allem über große Flüsse wie die Elbe, Oder und die Saale.

Schmuckstücke aus Bernstein dürften seltene und kostbare Tauschobjekte gewesen sein. Auf Einfuhr von baltischem Bernstein und Weiterverarbeitung dieses Rohstoffs zu Schmuck deuten Funde aus dem norddeutschen Flachland zwischen Brandenburg/Havel und der Oder hin. Drei importierte Rohbernsteinstücke aus dem Depot von Bischofswerda-Belmsdorf[42] (Kreis Bautzen) in Sachsen haben ein Gesamtgewicht von etwa 400 Gramm. Einzeln wiegen sie 238, 150 und 15 Gramm.

Formschöne Lausitzer Tongefäße waren ebenfalls als Handelswaren gefragt. Dies belegten Reste von importierter Lausitzer Keramik aus Gräbern in Niedersachsen (beispielsweise Garlsdorf, Kreis Harburg) und in Schleswig-Holstein.

Eine wichtige Rolle bei der Abwicklung des Fernhandels spielte wohl Brandenburg/Havel. Dieses Gebiet war dicht besiedelt, und es gab dort viele Werkstätten, in denen versierte Kunsthandwerker begehrte Erzeugnisse anfertigten. Auffällig ist in Brandenburg die große Anzahl von Bronzeobjekten wie Fibeln, Armringen, Beilen, Messern, Wendelringen und Importstücken.

Männer und Frauen trugen Halsketten mit Ton-, Bernstein- und Glasperlen als Anhängern. Diese Perlen wurden auf dem Tauschweg erworben. Außerdem gab es goldene Lockenspiralen, Armspiralen, Fingerspiralen und Armringe (»Eidringe«, s. S. 346).

Bernsteinperlen fand man in Brandgräbern von Canitz (Muldentalkreis) und Nieschütz (Kreis Meißen-Radebeul) in Sachsen. Die vier Bernsteinperlen aus Nieschütz haben einen Durchmesser von bis zu 2,8 Zentimetern. Glasperlen fanden sich in Brandgräbern von Puschwitz (Kreis Bautzen) und Leipzig-Thekla in Sachsen.

Bronzeplastik eines Pferdes aus dem Hügelgräberfeld im Forst Schweinert bei Falkenberg/Elster (Kreis Elbe-Elster) in Brandenburg. Gesamthöhe 5,4 Zentimeter, Länge sechs Zentimeter. Original im Museum für Vor- und Frühgeschichte, Berlin.

Ein hohler goldener »Eidring« konnte am erwähnten Fundort Meyenburg-Schabernack in Brandenburg geborgen werden. Jeweils in einem Tongefäß lagen eine goldene Lockenspirale aus Lindenau (Kreis Oberspreewald-Lausitz) in Brandenburg und sechs goldene Lockenspiralen von Weinböhla (Kreis Meißen-Radebeul) in Sachsen. Diese Schmuckstücke wurden aus doppeltem Golddraht geschaffen.

In einem Frauengrab von Leipzig-Thekla wurde außer einer Bronzenadel und einer Glasperle ein fossiler Seeigel mit künstlichem Anschliff zutage gefördert. Dieser Seeigel gehört zur Gattung *Ananchytus*, die an der Nordseeküste und auf der Ostseeinsel Rügen besonders häufig vorkommt. Ein weiterer fossiler Seeigel lag in einer Urne von Zwenkau (Kreis Leipziger Land). Vermutlich hat man sich einst an der schönen Form der urzeitlichen Meerestiere erfreut.

Verzierte Knochenplatte aus Saalhausen 2 (Kreis Oberspreewald-Lausitz) in Brandenburg von vorne (links) und hinten (rechts). Sie gilt als Bestandteil eines Pferdezaumzeuges. Länge 4,5 Zentimeter. Original im Niederlausitzer Landesmuseum, Cottbus.

Tönerne Urne (Mitte) der Lausitzer Kultur aus dem Sachsenwald unweit von Hamburg und Nachahmungen von Gefäßen der Lausitzer Kultur (links und rechts). Originale im Hamburger Museum für Archäologie, Hamburg-Harburg.

Zu den Kunstwerken der Lausitzer Kultur gehörten tönerne Schalen mit Vogelplastiken, tönerne Tiere (Vogel, Salamander, Katze) und die bereits erwähnte Bronzeplastik eines Pferdes bei Falkenberg/Elster. Sicherlich ist mit diesen wenigen Zufallsfunden nur ein kleiner Ausschnitt des Kunstschaffens erfaßt.

In einem Grab von Klein-Döbbern (Kreis Spree-Neiße) in Brandenburg fand sich eine Schale mit drei Vogelplastiken. Der Mündungsdurchmesser des Gefäßes mißt 14,4 Zentimeter. Auf seinem Boden hatte man drei Sockel in einer Reihe angebracht und darauf drei Schwimmvögel gesetzt. Die Vogelplastiken waren durch nicht mehr erhaltene Stifte mit den Sockeln verbunden und abnehmbar. Wenn die Schale mit Wasser gefüllt wurde, sah es so aus, als ob die Vögel darauf schwimmen würden.

Eine ähnliche Schale mit zwei Vogelplastiken liegt aus Burg (Kreis Spree-Neiße) in Brandenburg vor. Solche Schalen dienten vermutlich als Trinkgefäße und könnten eine unbekannte Kultfunktion erfüllt haben.

Aus einem der Grabhügel von Beyern-Löhsten[43] (Kreis Elbe-Elster) in Brandenburg stammt eine rötlichbraune tönerne Katzenfigur, für die offenbar eine Wildkatze (Felis sylvestris) als Vorbild diente. Die Figur ist 9,5 Zentimeter lang, hat eine Rückenhöhe von 5,8 Zentimetern und eine maximale Rumpfbreite von 4,2 Zentimetern. Augen, Maul und After sind durch Eintiefungen markiert, Ohren, Beine, Schwanz und die männlichen Geschlechtsteile an den Kopf beziehungsweise Rumpf angesetzt.

In der Siedlung Berlin-Buch hat man tönerne Tierfiguren entdeckt, die nach Ansicht des Prähistorikers Albert Kiekebusch als Lampen dienten. Dargestellt wurden ein Vogel und ein langhalsiger Vierfüßler, der am ehesten einem Salamander (Salamandra salamandra) ähnelt.

Musiziert wurde mit tönernen Klappern, Flöten, Okarinas und Reiben. Die Klappern hat man offenbar bei Totenfeiern geschüttelt und danach mit ins Grab gelegt. Manche Prähistoriker betrachten sie als ein Mittel, mit dem böse Geister ferngehalten werden sollten. Zwei Klappern in Vogelgestalt und zwei weitere in Flaschenform konnten aus Brandgräbern von Belgern-Liebersee (Kreis Torgau-Oschatz) in Sachsen geborgen werden.

Im Grab eines alten Mannes von Przeczye bei Katowice in Polen hat man absichtlich neun Flötenrohre einer Panflöte (Syrinx) aus Schaf- und Ziegenknochen verstreut. Aus Komorowo in Polen ist eine Okarina und aus Jankowo eine Reibe bekannt.

Die Lausitzer Leute haben ihre Verstorbenen meistens auf Scheiterhaufen verbrannt. Mitunter befindet sich die Brandstelle direkt unter dem Grab. Daneben gab es langfristig benutzte Scheiterhaufen (Ustrinen). Die übriggebliebenen Knochenreste wurden häufig in tönerne Urnen geschüttet und oft in großen Urnenfeldern bestattet, was auch für die süddeutsche Urnenfelder-Kultur (s. S. 258) typisch war.

Bevorzugte Standorte für Friedhöfe waren Anhöhen und Gebiete mit sandigem Boden. Meistens wurden Flachgräber angelegt, seltener Hügelgräber, des weiteren Erdgräber ohne und mit Steinschutz. Für in der Ferne verstorbene, im Kampf gefallene oder verschollene Menschen hat man mitunter Scheingräber errichtet.

Die Urnen wurden in der Mehrzahl mit einer Schale abgedeckt und häufig mit Beigefäßen umstellt. In anderen Fällen hat man über den Leichenbrand, nachdem er in das Grab geschüttet worden war, ein Tongefäß gestülpt. Außer tönernen Urnen sind wohl vergängliche Behältnisse aus Holz, Leder oder Stoff mit Leichenbrand gefüllt worden.

Scherbenpflaster und -packungen gelten als Hinterlassenschaften des Bestattungszeremoniells mit Totenschmaus und Zerschlagen von Töpfen. Die Beigaben der Toten wurden meistens mit auf dem Scheiterhaufen verbrannt.

Eines der größten Gräberfelder im Gebiet der Lausitz erstreckte sich auf der Kuppe des Schafbergs und dessen Osthang bei Niederkaina[44] (Kreis Bautzen) in Sachsen. Auf diesem Friedhof wurden im Laufe der Zeit mehr als 2000 Brandbestattungen vorgenommen.

Das Hügelgräberfeld unweit der Schwarzen Elster im Forst Schweinert bei Falkenberg/Elster[45] (Kreis Elbe-Elster) in Brandenburg umfaßte mehr als 640 Gräber. Im Westteil waren große Hügel mit Erdbrücken aufgeschüttet worden, die kreuzförmig nach den Himmelsrichtungen orientiert sind. Im Ostteil lagen kleinere Hügel in Gruppen. Die großen Hügel enthielten Scheiterhaufen und darüber rechteckige Steinpflaster mit ausgeschüttetem Leichenbrand, Tongefäßen, bronzenen Nadeln,

Tönerne Gußformhälfte für bronzene Pfeilspitzen vom Berg Oybin bei Oybin unweit von Zittau (Kreis Löbau-Zittau) in Sachsen. Länge der Gußform 8,4 Zentimeter, Breite 6,5 Zentimeter. Original im Landesmuseum für Vorgeschichte, Dresden.

Ringen, Lanzenspitzen, Griffzungenmessern mit Ringende, Goldspiralen, Amuletten, tönernen Spinnwirteln und Resten verbrannter Tiere. Darüber hatte man Steinpackungen angehäuft. In den kleineren Hügeln wurden Gruben freigelegt.
Im Hügelgräberfeld beim ehemaligen Ort Tornow[46] (Kreis Oberspreewald-Lausitz) in Brandenburg wurden etwa 370 Menschen und über 90 Tiere bestattet. Die Tierreste stammen – wie erwähnt – von Pferden, Rindern, Schafen oder Ziegen, Hunden, Schweinen und von einem Rothirsch. Die teilweise beigesetzten Tiere waren wohl als Wegzehrung für Verstorbene gedacht und die vollständig beerdigten Vierbeiner als Haustiere für das Jenseits bestimmt.
Zu den größeren Friedhöfen in Brandenburg zählten die Gräberfelder in Berlin-Rahnsdorf[47] (etwa 240 Gräber), in Diensdorf[48] im Kreis Oder-Spree (154 Gräber) und in Saalhausen[49] im Kreis Oberspreewald-Lausitz (drei Gräberfelder).
Der Friedhof Saalhausen 1 mit einer unbekannten Zahl früheisenzeitlicher Bestattungen wurde etwa seit dem Jahr 1970 durch Kiesabbau zerstört. Saalhausen 2 umfaßte etwa 200 meistens jungbronzezeitliche Gräber und Saalhausen 3 nahezu 600 spätbronzezeitliche und früheisenzeitliche Bestattungen.
In Saalhausen 3 beobachtete der in Potsdam tätige Ausgräber Eberhard Bönisch erstmals für die Niederlausitz zahlreiche rechteckige und quadratische Holzkistengräber. Sie wurden aus Kiefernholz in Gruben gezimmert, die etwa einen halben Meter tief, bis zu einem Meter breit und maximal 1,75 Meter lang waren. Die Holzkisten hatten innen eine Fläche von einem halben bis zu einem Quadratmeter.
In die Holzkistengräber wurden eine Urne oder mehrere mit den Knochenresten des verbrannten Toten sowie Tongefäße und andere Gebrauchsgegenstände gestellt. Danach deckte man die Grabkiste mit Brettern zu, füllte die Baugrube aus, entzündete die Grabkiste, schüttete das Grab mit Erdreich zu und löschte so das Feuer. Um das Grab sind ein Ringgraben und ein Steinkreis angelegt worden. Insgesamt umgab man ungefähr 100 Rechteck- und Holzkistengräber in Saalhausen 3 mit Steinkreisen von meistens 2,50 Meter Durchmesser.
Viele der Bestattungen in Saalhausen 3 sind von Grabräubern geplündert worden. Letztere gruben einen Schacht, durchstießen die Grabdecke an der Stelle, wo die Urne stand, hoben sie heraus, entnahmen die wertvollen metallenen Grabbeigaben, kippten den Leichenbrand zurück und verfüllten den Schacht mit feinem ortsfremden Sand.
In Diensdorf wurden Reste von mehr als 500 Tongefäßen entdeckt. Ein Grab enthielt 19 Gefäße unterschiedlicher Größe sowie Nadeln und Ringe zum Feststecken der Kleidung.
Auf dem Gräberfeld in Berlin-Rudow[50] hat man eine verbrannte Wildkatze *(Felis sylvestris)* in einem Tongefäß bestattet und ein Beigefäß dazugestellt. Angesichts der scheuen Lebensweise und Wildheit von Wildkatzen dürfte es sich kaum um ein gezähmtes Tier gehandelt haben.
Manche Funde aus Urnen mit Leichenbrand geben den Prähistorikern noch Rätsel auf. So enthielt ein Brandgrab von Nieschütz[51] (Kreis Meißen-Radebeul) in Sachsen vier Stück Urnenharz, von denen zwei deutliche menschliche Bißspuren tragen. Da die Harzstücke keine Brandmerkmale aufweisen, konnten sie nicht zusammen mit dem Leichnam auf dem Scheiterhaufen gelegen haben.
Von Experten werden die Urnenharzstücke mit den Bißspuren unterschiedlich gedeutet. Vielleicht dienten sie als symbolischer

Tönerne Schale mit drei Vogelplastiken aus einem Grab von Klein-Döbbern (Kreis Spree-Neiße) in Brandenburg. Mündungsdurchmesser der Schale 14,8 Zentimeter. Original im Niederlausitzer Landesmuseum, Cottbus.

Mundverschluß des Toten, der so am Sprechen gehindert werden sollte. Oder man wollte vermeiden, daß bei der Leichenstarre der Unterkiefer herunterklappte, und hat die Harzstücke vor der Übergabe ins Feuer entfernt. Es ist auch denkbar, daß die Bißspuren von Teilnehmern des Bestattungszeremoniells hinterlassen wurden, etwa um damit den Schmerz über den Verlust eines Menschen auszudrücken.
Die Lausitzer Leute praktizierten vermutlich einen Fruchtbarkeitskult, der auf Ackerbau und Viehzucht ausgerichtet war. Zu

Tönerne Figur eines Wildkaters aus einem Grabhügel von Beyern-Löhsten (Kreis Elbe-Elster) in Brandenburg. Länge der Figur 9,5 Zentimeter, Rückenhöhe 5,8 Zentimeter, maximale Rumpfbreite 4,2 Zentimeter. Original im Museum Torgau.

Tönerner Opferbecher mit Symbolzeichen aus Coswig (Kreis Meißen-Radebeul) in Sachsen. Höhe 10,8 Zentimeter, Durchmesser 6,5 Zentimeter. Das Original dieses Tongefäßes ist verschollen.

diesem Kult gehörten vielleicht Opfer an die Sonne, den Mond oder an Naturgewalten wie den Regen und den Sturm. Nachgewiesen sind Sachopfer, Opferfeuer, Kultobjekte, Tier- und Menschenopfer.

Die Opfergaben wurden an Quellen, Bächen, Flüssen, Mooren und Seen, an großen Findlingsblöcken und einzeln stehenden hohen Bäumen dargebracht. Bei den Opferzeremonien hat man Opferfeuer entzündet. Als Weiheobjekte dienten Bronzegegenstände, Geschirr, Tongefäße mit Speisen und Getränken, Pflanzen, Tiere sowie Menschen und Teile von solchen.

Zu allerlei Spekulationen geben tönerne Becher mit symbolhaften Zeichen Anlaß, die von manchen Prähistorikern für Opfergefäße gehalten werden. Solche Kultbecher kennt man aus Coswig[52] (Kreis Meißen-Radebeul) in Sachsen und Schraden[53] (Kreis Elbe-Elster) in Brandenburg.

Der Becher aus Coswig kam in einem Gräberfeld zum Vorschein. Er ist 10,8 Zentimeter hoch, hat einen Durchmesser von 6,5 Zentimetern und eine Wandstärke von 0,6 Zentimeter. Verziert ist er unter anderem mit drei Sonnenrädern aus je drei Kreisen, einem leiterartigen Motiv und verschiedenen Furchen. Das Leitermotiv wird aus zwei senkrechten Strichen gebildet, die neun unregelmäßig verlaufende Sprossen umrahmen, von denen die mittelste eine römische Fünf (V) bildet. Der Berliner Prähistoriker Otto-Friedrich Gandert (1898–1983) vermutete 1936 einen astronomischen oder kalendarischen Sinn.

Der Becher aus Schraden ist 9,1 Zentimeter hoch, hat einen Durchmesser von 7,3 Zentimetern und eine Wandstärke von 0,6 Zentimetern. Seine Verzierung besteht aus drei Wellenbändern mit je vier Linien und in jedem Mittelfeld einem stehenden Kreuz. Dieses Kreuzzeichen ist auch im Nackenteil von Lausitzer Steinhämmern eingraviert und hatte wohl symbolartigen Charakter.

Speiseopfer in besonders sorgfältig hergestellten und verzierten Tongefäßen wurden in Dresden-Dobritz in Sachsen sowie in Raddusch (Kreis Oberspreewald-Lausitz) in Brandenburg entdeckt. Man hat sie möglicherweise einer Fruchtbarkeitsgottheit dargebracht, der auf diese Weise nach der Ernte gedankt werden sollte.

Als Zeugnisse einer Opferhandlung deutete der Berliner Prähistoriker Alfred Kernd'l die Relikte von Tongefäßen, Haus- und Wildtieren, Holzkohlenreste und faustgroße Steine aus dem Groß-Glienicker See in Berlin-Spandau[54]. Dabei handelte es sich um 15 Kannen, eine Zylinderhalsterrine, eine Amphore sowie um Knochen vom Rind, Schwein, Schaf, Pferd, Fuchs (*Vulpes vulpes*), Rothirsch (*Cervus elaphus*) und von der Ziege. Diese Funde wurden von Sporttauchern etwa 40 Meter vom Ufer entfernt in vier Meter Tiefe auf einer Fläche von fünf bis sechs Quadratmetern verteilt geborgen.

Nach Auffassung Kernd'ls ist am Ufer des Groß-Glienicker Sees ein Opfer vollzogen oder ein Opfermahl gehalten worden. Als das Ritual beendet war, hat man die bei der kultischen Handlung verwendeten Gefäße vom Boot oder Floß aus aufrecht und vorsichtig im See versenkt. Die nächstgelegene Siedlung befand sich etwa 150 Meter östlich auf dem Hochufer.

An einer Opferstelle im Gräberfeld von Drehna[55] (Kreis Dahme-Spreewald) in Brandenburg lagen in einer 42 Zentimeter tiefen Grube mit einem Durchmesser von 80 Zentimetern nicht nur Knochenreste vom Rind, die man als Speiseopfer interpretieren könnte. Dort fanden sich außerdem Scherben von zertrümmerten Tongefäßen und verkohlte pflanzliche Samen von Ackerbohnen, Linsen, Weizen, Unkräuter sowie Holzkohle von Kiefer und Fladenreste.

Offenbar wurde mit einem Opfer versucht, den in einem Frühjahr versiegten Brunnen 2 am Ufer der Bäke von Berlin-Lichterfelde wieder zum Sprudeln zu bringen. Zu diesem Zweck hat man etwa 100 Tongefäße mit Pflanzenopfern in das Brunnenrohr gepackt. Die Gefäße waren mit Honig, Getreide, Lindenblüten, Weidenkätzchen, Gewürzen (Beifuß, Liebstöckel) und Wildgemüse (Melde) gefüllt. Die Gaben wurden mit Reisig und Schilf abgedeckt und mit Steinen beschwert. Neben dem Brunnen hat man einen zugespitzten Eichenpfahl in den Boden gerammt. Danach wurde in etwa ein bis zwei Kilometer Entfernung ein neues Dorf errichtet und der Opferplatz gelegentlich aufgesucht, wobei man weitere Gefäße darbrachte.

Als Kultobjekte lassen sich kleine bronzene Deichselwagen mit drei oder zwei Rädern auf einer Achse deuten, die in Brandenburg und im heutigen Polen gefunden wurden. Dreirädrige Kultwagen kennt man aus Potsdam-Eiche[56] in Brandenburg, aus der Gegend zwischen Frankfurt/Oder und Drossen[57] (Drecin/Polen) sowie aus Oberkehle (Kałowice) in Niederschlesien. Aus Burg[58] (Kreis Spree-Neiße) liegen ein dreirädriger und ein zweirädriger Deichselwagen vor. In Görlitz (Niederschlesien) konnten ein Wagenrad und Wagenreste geborgen werden.

Der Miniaturwagen aus Potsdam-Eiche etwa ist 15 Zentimeter hoch, 22 Zentimeter lang, hat eine 20 Zentimeter lange Achse und drei Räder mit einem Durchmesser von zehn Zentimetern (s. S. 371). Seine Deichsel wird von der Bronzeplastik eines Singschwans (*Cygnus cygnus*) verziert. Der Deichselwagen aus der Gegend zwischen Frankfurt/Oder und Drossen ist zwölf Zentimeter hoch, 21 Zentimeter lang und hat eine 15 Zentimeter lange Achse. Auch er wurde mit einem Steven in Höckerschwangestalt versehen, außerdem trägt er auf der Tülle Vogelplastiken mit Entenschnäbeln.

Nach den Funden zu schließen, dürften Pferde bevorzugte Opfertiere gewesen sein. Reste von geopferten Pferden wurden in

Bronzener Deichselwagen mit drei Rädern auf einer Achse aus der Gegend zwischen Frankfurt/Oder und Drossen im heutigen Polen. Länge 21 Zentimeter. Kopie im Römisch-Germanischen Zentralmuseum, Mainz, Original im Museum Neuruppin.

Gräbern von Tornow (Kreis Oberspreewald-Lausitz) und Wergzahna (Kreis Teltow-Fläming) in Brandenburg gefunden. Außerdem mußten Rinder und andere Tiere aus kultischen Motiven ihr Leben lassen.

Auch vereinzelte Bestattungen menschlicher Schädel an etlichen Fundorten spielten vermutlich eine Rolle im Kult. Vielleicht betrachtete man den Kopf als wichtigsten Teil des Toten und hat ihn deswegen in manchen Fällen besonders behandelt. Separate Schädeldeponierungen sind aus Görzke (Kreis Potsdam-Mittelmark) und Tornow (Kreis Oberspreewald-Lausitz) in Brandenburg bekannt. Im Hügel 1 von Lüsse (Kreis Potsdam-Mittelmark) wurden zwei Rinderschädelhälften im menschlichen Leichenbrand beigesetzt. Möglicherweise handelte es sich um Totemtiere.

Die Spätbronzezeit in Österreich
Abfolge und Verbreitung der Kulturen und Gruppen

Die Spätbronzezeit umfaßt in Österreich die Stufe Bronzezeit D (etwa von 1300 bis 1200 v. Chr.) sowie die Stufen Hallstatt A und B (etwa von 1200 bis 800 v. Chr.). Diese Einteilung geht auf den süddeutschen Prähistoriker Paul Reinecke (1872–1958) zurück (s. S. 24).

In den meisten Gebieten Österreichs lebten von etwa 1300/1200 bis 800 v. Chr. die Menschen der Urnenfelder-Kultur (s. S. 383).[1]

Diese war – in verschiedenen regionalen Ausprägungen – im Burgenland, in Niederösterreich, Kärnten, der Steiermark, Oberösterreich, im Land Salzburg und teilweise in Vorarlberg beheimatet.

Im größten Teil Nordtirols existierte von etwa 1300/1200 bis 800 v. Chr. die Nordtiroler Urnenfelder-Kultur (s. S. 401).

Im Burgenland behauptete sich in der Bronzezeit D von etwa 1300 bis 1200 v. Chr. gebietsweise die vor allem in der Slowakei heimische Čaka-Kultur (s. S. 408). Sie ist lediglich durch wenige Grabhügel, Brandbestattungen und Grabbeigaben nachgewiesen.

In einigen Gegenden Nordtirols und Vorarlbergs siedelten ab etwa 1200 bis 800 v. Chr. Angehörige der Laugen-Melaun-Gruppe (s. S. 410), deren Lebensraum hauptsächlich in Südtirol und im Trentino lag.

Verzierter Griff eines bronzenen Riegsee-Schwertes der Nordtiroler Urnenfelder-Kultur (etwa 1300/1200 bis 800 v. Chr.) vom Piller in Nordtirol. Gesamtlänge fast 75 Zentimeter. Original im Tiroler Landesmuseum Ferdinandeum, Innsbruck.

Die große Zeit der »Wallburgen«
Die Urnenfelder-Kultur

Auch im Burgenland, in Niederösterreich, in Kärnten, der Steiermark, in Oberösterreich, im Land Salzburg und teilweise in Vorarlberg ist ab etwa 1300/1200 v. Chr. bis 800 v. Chr. – wie in Deutschland – die Urnenfelder-Kultur nachweisbar. Dieser Begriff geht auf den süddeutschen Prähistoriker Ernst Wagner (1832–1920, s. S. 448) zurück. Er bezieht sich auf die Bestattungen der Knochenreste von auf Scheiterhaufen verbrannten Toten, die in Urnen und in Süddeutschland auf großen Gräberfeldern beigesetzt wurden.

Der Wiener Prähistoriker Richard Pittioni (1906–1985) meinte 1938, im 13. Jahrhundert v. Chr. habe im Gebiet der Lausitz zwischen Sachsen, Brandenburg und Schlesien eine massenhafte Abwanderung der dortigen Bevölkerung begonnen. Nach dem Aufeinandertreffen dieser umherziehenden Völker mit einheimischen Kulturen in verschiedenen Teilen Europas seien durch Vermischung lokale Urnenfelder-Gruppen hervorgegangen.

Von heutigen Prähistorikern wird die Entstehung der Urnenfelder-Kultur in Österreich unterschiedlich erklärt. Die einen glauben an Unruhen und Wanderungen als Ursachen, andere dagegen halten die Urnenfelder-Kultur lediglich für ein Ergebnis des Austauschs von kulturellen und religiösen Ideen zwischen damaligen Kulturen.

In Österreich wird die Urnenfelder-Kultur in zwei Stufen eingeteilt. Die ältere davon fällt in die Abschnitte Bronzezeit D und Hallstatt A. Sie wurde 1954 von Richard Pittioni als Baierdorf-Velatitz-Stufe[1] bezeichnet. Dieser Begriff erinnert an die Fundorte Baierdorf in Niederösterreich und Velatitz (Velatice) in Tschechien (Mähren).

Typisch für die Baierdorf-Velatitz-Stufe sind bestimmte Tongefäße, wie Doppelkonus, Zylinderhalsgefäß und Amphore. Ebenfalls als charakteristisch gelten bronzene doppelschneidige Rasiermesser, Sicherheitsnadeln ähnliche Fibeln, Riegsee- und Liptauer Schwerter, Lanzenspitzen mit Tülle, Helme, Panzer, Beinschienen und Schilde.

Die jüngere Stufe der Urnenfelder-Kultur in Österreich entspricht dem Abschnitt Hallstatt B. Sie wurde 1974 durch den damals in Wien arbeitenden Prähistoriker Clemens Eibner als Podol-Stillfrieder Stufe[2] bezeichnet. Am mährischen Fundort Podolí[3] bei Brno hat man ein größeres Urnengräberfeld entdeckt, der Fundort Stillfried[4] liegt in Niederösterreich.

Kennzeichnend für die Podol-Stillfrieder Stufe sind Tongefäße, die gegenüber denjenigen aus der älteren Stufe in abgewandelter Form erhalten blieben, jedoch nicht mehr so scharf profiliert wie ihre Vorgänger sind. Bei den Metalltypen kamen als Neuheiten bronzene halbmondförmige Rasiermesser, Harfenfibeln, Spiralbrillenfibeln und Antennenschwerter hinzu.

Die Zweiteilung der Urnenfelder-Kultur in eine ältere und eine jüngere Stufe wird immer mehr verfeinert. So spricht man heute in Ostösterreich bereits von den Stufen Blučina-Kopčany, Baierdorf-Lednice, Velatice, Očkov, Oblekovide, Klentnice I, Klentnice II, Brno-Obřany und Podolí.

Holzreste von manchen Fundstellen veranschaulichen, welche Bäume in den einstigen Wäldern wuchsen. Fichte (*Picea excelsa*), Weißtanne (*Abies alba*) und Rotbuche (*Fagus silvatica*) sind aus einer Feuerstelle auf dem Brandstattbühel bei Schwarzach im Land Salzburg nachgewiesen. Arve beziehungsweise Zirbelkiefer (*Pinus cembra*) und Stieleiche (*Quercus robur*) kennt man aus dem Urnengräberfeld von Wels in Oberösterreich. In den Wäldern streiften Braunbären (*Ursus arctos*) und Wölfe (*Canis lupus*) umher.

Die Körpergröße der damaligen Männer, Frauen und Kinder wird anhand der Mehrfachbestattung von sieben Menschen auf dem Kirchhügel in Stillfried ersichtlich. Ein etwa 30 Jahre alter Mann war 1,72 Meter groß, eine Frau um 40 maß 1,63 Meter und eine Frau von etwa 45 Jahren erreichte 1,59 Meter. Ein neunjähriges Mädchen hatte eine Körperhöhe von 1,24 Metern. Von drei Jungen war der Achtjährige 1,16 Meter, der Sechsjährige 1,11 Meter und der Dreijährige 83 Zentimeter groß. Ein Mann aus dem Gräberfeld von Obereching im Land Salzburg kam auf eine Körperhöhe von 1,77 Metern. Dagegen war eine Frau von dort nur 1,56 Meter groß.

Die Gebisse der drei Erwachsenen aus Stillfried haben stark unter Karies gelitten. Die Frau um 40 hatte dadurch bereits einen Backen- und einen Vorbackenzahn im Oberkiefer verloren, drei weitere Zähne im Ober- und Unterkiefer waren weitgehend zerstört, und zwei wiesen Kariesspuren auf. Bei der Frau um 45 waren von dem Backenzahn im Oberkiefer nur noch Wurzel-

In einem urnenfelderzeitlichen Abbauraum des Grünerwerks von Hallstatt in Oberösterreich wurde diese aus dreieckigen Lederstücken zusammengesetzte Kopfbedeckung gefunden. Original im Prähistorischen Museum, Hallstatt.

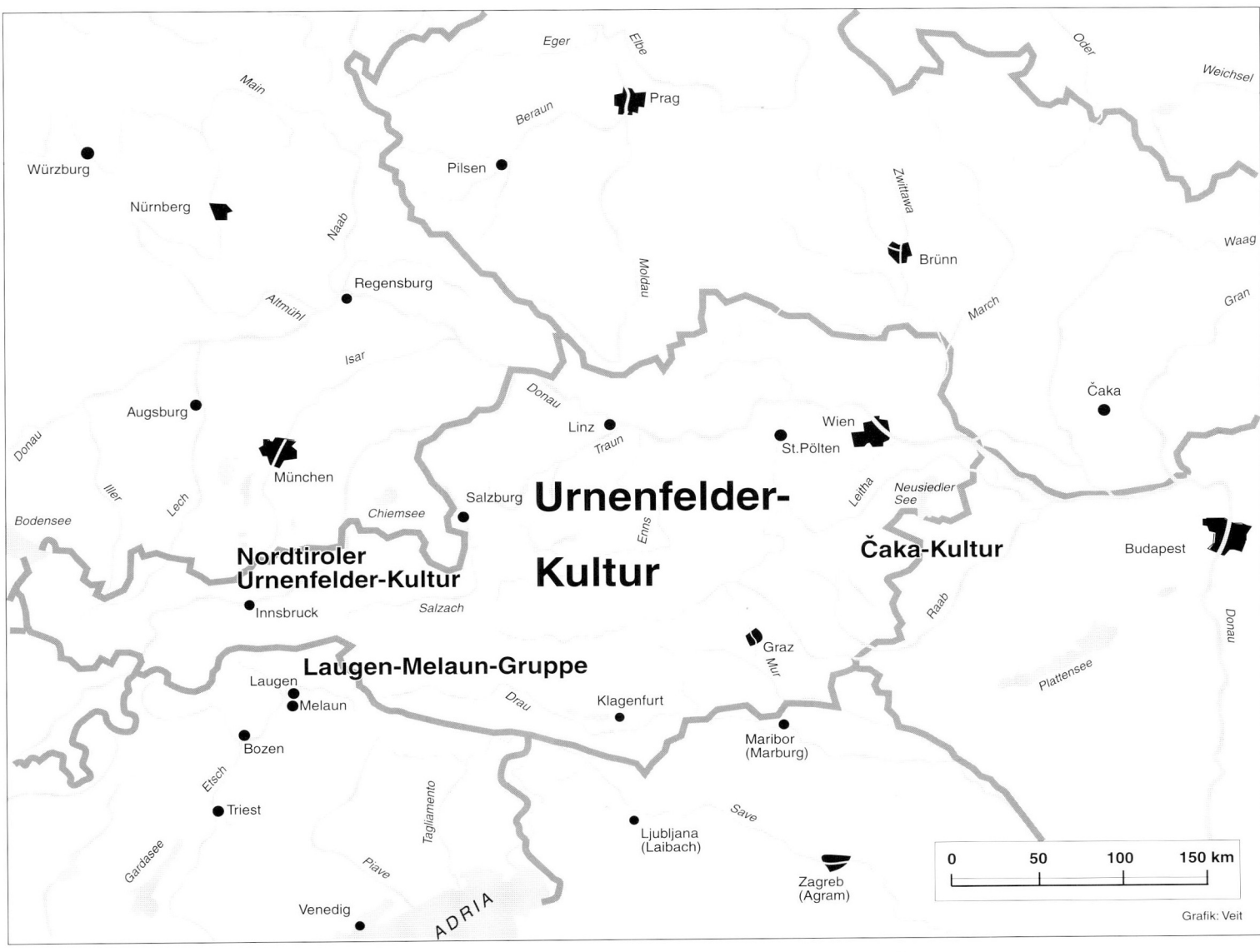

Verbreitung der Kulturen und Gruppen während der Spätbronzezeit (etwa 1300/1200 bis 800 v. Chr.) in Österreich.

ruinen erhalten und zwei andere Zähne kariesgeschädigt. Bei dem Mann sind im Oberkiefer zwei Backenzähne und ein Vorbackenzahn bis auf Wurzelreste zerstört gewesen.

Die Frau um 40 hatte sich viele Jahre vor ihrem Tod als Erwachsene die rechte neunte Rippe gebrochen. Ursache hierfür könnten ein plötzliches Ausgleiten und Aufprallen mit der rechten Rumpfseite auf einer Kante oder ein heftiger Stoß von einem Rinderhorn beim Füttern oder Melken gewesen sein. Die Fraktur verheilte mit geringfügiger Verschiebung der Bruchenden. Auf dem linken Scheitelbein dieser Frau ist eine ovale Delle von 3,2 mal 2,1 Zentimetern sichtbar. Sie könnte von einer chirurgischen Ausschabung oder symbolischen Schädeloperation (Trepanation) stammen. Bei der Frau um 45 ist eine Knochennarbe von 4,2 mal 2,5 Zentimeter Größe auf der linken Stirnhälfte erkennbar, die vielleicht ebenfalls von einer Ausschabung oder Schädeloperation herrührt. Diese Frau hatte zudem ein chronisches Wirbelsäulenleiden (Spondylosis deformans).

Das neunjährige Mädchen und der achtjährige Junge aus Stillfried litten unter Eisenmangel-Anämie. Dies ließ sich an siebartigen Porositäten des Augenhöhlendachs (Cribra obitalia) ablesen. An den Langknochen eines Menschen aus Mannersdorf am Leithagebirge wurden Symptome einer Hungerosteopathie festgestellt.

Offenbar kannte man damals schon die betäubende und anregende Eigenschaft des Bilsenkrauts *(Hyoscyamus)*. Denn Samen dieser Pflanze lagen in einer tönernen Urne des Gräberfelds von Leobersdorf in Niederösterreich. Eine solche Grabbeigabe war vorher nicht bekannt.

Tönerne Spinnwirtel und Webgewichte belegen das Spinnen von Flachs und Schafwolle sowie das Weben von Kleidungsstükken. Spinnwirtel und Webgewichte wurden in den Siedlungen von Gars am Kamp und Stillfried (beide in Niederösterreich) sowie auf dem Heiligen Berg bei Bärnbach (Steiermark) gefunden.

Bei Ausgrabungen am 458 Meter hohen Burgstallkogel bei Kleinklein[5] in der Steiermark konnten Reste einer Grube freigelegt werden, in der ein Webstuhl gestanden hatte. Mit einer Breite von etwa drei Metern handelte es sich hierbei um den größten Webstuhl aus der Urnenfelder-Zeit.

In einem der Gräber des Friedhofs von Salzburg-Maxglan fand sich ein ganzer Satz von Webgewichten, die teilweise durch Hitzeeinwirkung zerbrochen sind. Der Salzburger Prähistoriker Fritz Moosleitner vermutet, daß man zusammen mit dem Leichnam einen kompletten Webstuhl auf dem Scheiterhaufen verbrannt hat. Dieser Brauch ist zur gleichen Zeit ebenfalls aus Norditalien bekannt.

Außer Kleidungsstücken aus Leinen und Schafwolle waren auch solche aus Fell oder Leder in Mode. Aus dreieckigen Fellstücken hatte man zum Beispiel eine kegelförmige Kopfbedeckung angefertigt, die im Grünerwerk von Hallstatt (Oberösterreich) entdeckt wurde. Bronzene Nähnadeln aus Gräbern belegen das Nähen.

Die Garderobe wurde durch bronzene Nadeln, Fibeln oder Knöpfe zusammengehalten und verziert. Es gab Violinbogen- und Bogenfibeln mit Fußspirale.

In etlichen Gräbern kamen bronzene Gürtelhaken zum Vorschein. Diese Gürtelschließen waren teilweise reich verziert und in seltenen Fällen sogar vergoldet.

Der Gürtelhaken in einem der Gräber aus der Stufe Bronzezeit D von Salzburg-Maxglan wurde bereits in der Hügelgräber-Bronzezeit hergestellt. Er diente später in der Bronzezeit D als Grabbeigabe. Dieser Gürtelhaken ist auf der Schauseite mit eingravierten konzentrischen Kreisen und der Darstellung eines Dolches versehen. Der Haken wurde ehedem durch schmale, abgerundete Laschen, die sich klammerartig zur Rückseite umbogen, auf dem Ledergurt befestigt. Eines der Enden des Gürtelhakens hat man geflickt, indem man eine Bronzemanschette aus dünnem Blech darüberlegte und eine Klammer durchschlug.

Zu dem in Dorf bei Bramburg im Oberpinzgau (Land Salzburg) gefundenen Gürtelhaken gehört eine Gürtelscheibe von zehn Zentimeter Durchmesser und zwei Millimeter Dicke. Die Scheibe weist auf der Vorderseite einen zentralen Spitzbuckel auf und ist mit Kreismustern verziert. Auf der Rückseite findet sich eine Öse. Am linken Rand der Scheibe schließt sich ein einfacher Haken an. Der größere und längere Haken auf der rechten Seite ist abgebrochen.

Drei scheibenförmige Gürtelhaken wurden in Sankt Johann im Pongau (Land Salzburg) geborgen. Ihre Gürtelscheiben sind unterschiedlich groß. Sie haben einen Durchmesser von sieben, 7,5 und neun Zentimetern.

Unter den Fundstücken des Bronzedepots von Sipbachzell bei Leombach in Oberösterreich befand sich ein Gürtelblech des süddeutschen Typs Riegsee. Es ist mit Spiralmustern verziert. Als Raritäten gelten die vergoldeten Gürtelbeschläge aus dem Schatzfund von Rothengrub in Niederösterreich.

Ein fast vollständig erhaltenes tönernes Schuhgefäß aus Unterhautzenthal bei Korneuburg in Niederösterreich gilt als naturalistische Nachbildung eines rechten Lederschuhs. In dessen oberem Schaftbereich sind ein kleiner Ösenhenkel und zwei

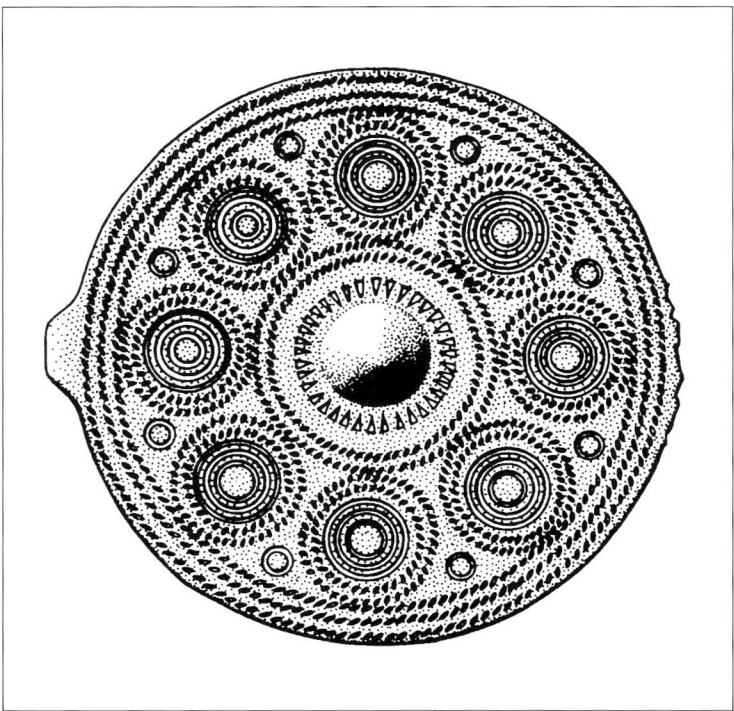

Fragment eines Gürtelhakens mit geritztem und eingeschlagenem Strichdekor aus Grab 1 von Dorf im Pinzgau (Land Salzburg). Durchmesser der Scheibe zehn Zentimeter. Das ursprünglich im Salzburger Museum Carolino Augusteum aufbewahrte Original ist verschollen.

umlaufende Rillen sichtbar, die wohl Verschnürungen andeuten. Der gut sichtbare Faltenwurf im vorderen Fuß- und Zehenbereich läßt ebenfalls auf eine Verschnürung schließen. Der Bereich der Ferse ist mit kleinen, knubbenartigen Verstärkungen versehen. Daß damals auch Schnabelschuhe in Mode waren, beweist ein tönernes Miniaturmodell aus Gars am Kamp.

Bronzene Steigeisen aus Treffelsdorf bei Ottmanach (Kärnten) und Schönberg bei Oberwölz (Steiermark) erleichterten in bergigen Gegenden spürbar das Begehen von Steilhängen. In Schönberg hat man ein komplettes Exemplar und ein Bruchstück geborgen. Ersteres Objekt ist 10,2 Zentimeter lang und hat vier Spitzen, letzteres trug ursprünglich sechs Spitzen.

Nach den vielen Funden von bronzenen Rasiermessern aus Gräbern zu schließen, dürfte man auf ein gepflegtes Äußeres großen Wert gelegt haben. Mit diesen Toilettegegenständen wurden Bart- und Kopfhaare geschnitten. Ein zweischneidiges Rasier-

Verzierter bronzener Gürtelhaken der Mittelbronzezeit mit Darstellung eines Dolches aus einem urnenfelderzeitlichen Grab von Salzburg-Maxglan. Länge 13,5 Zentimeter. Original im Salzburger Museum Carolino Augusteum.

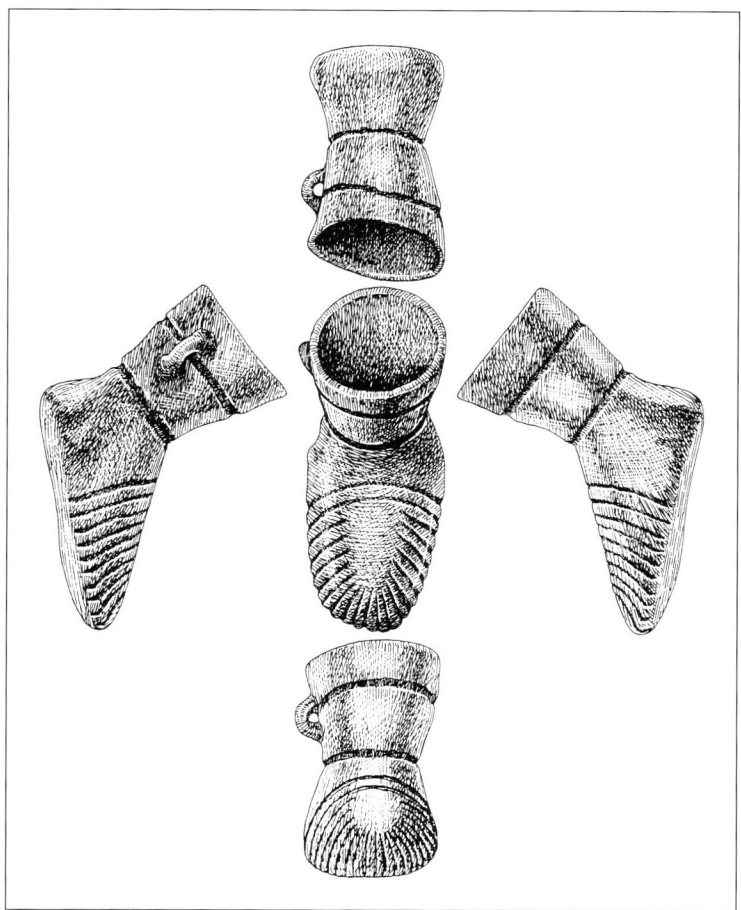

Tönernes Schuhgefäß aus Unterhautzenthal bei Korneuburg in Niederösterreich von verschiedenen Seiten. Es ahmt einen rechten Lederschuh nach. Höhe neun Zentimeter. Original im Museum für Urgeschichte des Landes Niederösterreich, Asparn an der Zaya.

messer von Grünbach am Schneeberg (Niederösterreich) war aus einer Dolchklinge angefertigt worden.

Die Urnenfelder-Leute wohnten in unbefestigten kleinen Weilern oder Bauerndörfern im Flachland, aber auch in mit Gräben, Wällen und Palisaden stark befestigten burgähnlichen Siedlungen in Höhenlage. Diese »Wallburgen« hatten teilweise eine erhebliche Größe. Sie dürften eher Machtzentren von »Fürsten« gewesen sein als Zufluchtsstätten vor den damals aus Südosten vordringenden Kimmeriern und Thrakern.

Eine Flachlandsiedlung der älteren Urnenfelder-Kultur wurde von 1981 bis 1994 vom Bundesdenkmalamt Wien in Gemeinlebarn (Niederösterreich) untersucht. Auf einer Fläche von etwa 15 000 Quadatmetern konnte ein großer Teil einer zweiphasigen Dorfanlage erforscht werden. Teilweise waren die Hausgrundrisse bis zu 18 Meter lang und maximal sieben Meter breit. Das Brandgräberfeld, auf dem man die ehemaligen Bewohner bestattete, ist schon in den 1920er Jahren entdeckt worden. In Mannersdorf am Leithagebirge (Niederösterreich) konnte aus 41 Pfostengruben der Grundriß eines zwölf Meter langen und 8,60 Meter breiten Hauses rekonstruiert werden.

Einige besonders große »Wallburgen« in Höhenlage sind in Niederösterreich errichtet worden. Dazu gehören die Siedlungen von Stillfried an der March[6], auf dem Oberleiserberg bei Ernstbrunn[7], auf der »Holzwiese« und »Schanze« bei Thunau am Kamp[8], bei Michelstetten[9] und auf dem Burgstall von Schiltern[10]. Diese Befestigungen stammen aus der jüngeren Urnenfelder-Zeit.

Die Stillfrieder »Wallburg« nordöstlich von Wien war auf einem Plateau mit einer Fläche von etwa 23 Hektar angelegt worden, das auf drei Seiten durch Taleinschnitte geschützt ist und zur March hin etwa 20 Meter tief abfällt. Dieser ausgedehnte Komplex wurde durch den Wiener Prähistoriker Fritz Felgenhauer untersucht.

Nach den Erkenntnissen des Ausgräbers war die Befestigung der älteren Urnenfelder-Kultur nur im Westen durch eine Palisade aus zugehauenen Baumstämmen geschützt. Erst in der jüngeren Stufe hat man einen 1,7 Kilometer langen Wall aus Erdreich aufgeschüttet und diesen im Innern mit einer Holzkonstruktion verstärkt. Der Wallabschnitt im Westen erreichte eine Höhe von vier Metern. Zusammen mit dem 26 Meter breiten und sieben Meter tiefen Graben davor bildete er den mächtigsten Teil der »Wallburg«.

Im Norden der Anlage erlaubte ein kleines Tal den Zugang zum Tor. Dieser Zugang wurde durch eine schwere Holzkonstruktion geschützt. Die links und rechts des Nordtores errichteten Bastionen ragen noch heute 13 bis 15 Meter hoch auf. In der Urnenfelder-Zeit waren sie sogar vier Meter höher. Auf der an den Westwall anschließenden Innenfläche, dem sogenannten Hügelfeld, lagen Teile der Siedlung, von der Reste der Häuser, Speichergruben und Werkstätten freigelegt wurden.

Der höchste Punkt, auf dem heute die Pfarrkiche Sankt Georg steht, war vermutlich dem Herrensitz des »Fürsten« vorbehalten. In der Nachbarschaft fanden sich rätselhafte Hirschbestattungen und Deponierungen vereinzelter Menschenschädel.

Westlich von Thunau am Kamp lag auf einem Höhenrücken hoch über dem Kamptal eine große »Wallburg«, die durch den Wiener Prähistoriker Herwig Friesinger erforscht wurde. Der westliche Teil dieses Höhenrückens wird »Holzwiese«, der östliche »Schanze« genannt.

Diese Anlage wurde im Süden und Osten durch natürliche Steilhänge geschützt. Deswegen mußten nur noch die Nord- und die Westseite mit einem Wall gesichert werden. Im umwallten Bereich war vor allem der Nordhang dicht besiedelt. Dort wurden teilweise bis zu einem Meter in den Fels gehauene Vorratsgruben und Pfostenlöcher von Ständerbauten mit lehmverschmierten Flechtwänden sowie Reste einer großen Anzahl von Backöfen entdeckt. Die Häuser hatte man auf Terrassen erbaut. Für Helligkeit darin sorgten Tonlampen.

Nördlich von Thunau am Kamp, nur wenige hundert Meter von der »Wallburg« auf der »Holzwiese« und »Schanze« entfernt, erstreckte sich auf dem Burgberg von Gars am Kamp eine weitere Befestigung der Urnenfelder-Kultur. Sie wurde vermutlich durch den heute noch erkennbaren Graben geschützt.

Aus der Übergangsphase von der späten Urnenfelder- zur frühen Hallstatt-Zeit stammt die »Wallburg« auf dem Burgstall von Schiltern. Dort haben 1939 der Wiener Prähistoriker Eduard Beninger (1897–1963) und 1979 der Wiener Prähistoriker Gerhard Trnka gegraben. Der Burgstall hat im Westen, Süden und Osten durch Steilhänge den Charakter einer Naturfestung. Er war lediglich von Norden her zugänglich, weswegen dort das 100 Meter hohe, nahezu quadratische Bergplateau durch einen Stein-Erde-Wall mit Holzkonstruktion bewehrt wurde.

Zu den kleineren »Wallburgen« aus der älteren Urnenfelder-Zeit in Niederösterreich gehört die Anlage auf der Hohen Wand am Gelände bei Grünbach am Schneeberg[11]. Sie liegt in etwa 1000 Meter Höhe.

Während der jüngeren Urnenfelder-Zeit existierten die »Wall-

Bronzenes Steigeisen aus Schönberg bei Oberwölz in der Steiermark. Länge 10,2 Zentimeter, Breite 1,5 bis zwei Zentimeter. Es diente vermutlich zum Begehen von Steilhängen in bergigen Gegenden. Original im Steiermärkischen Landesmuseum Joanneum, Graz.

burgen« auf der »Heidenstatt« bei Limberg[12], auf dem Buchberg bei Alland[13] (beide in Niederösterreich) und auf dem Leopoldsberg bei Wien[14].

Ebenfalls in die jüngere Urnenfelder-Zeit datiert werden die »Wallburgen« am Burgstall von Purbach[15] und in der Pinkaschlinge von Burg[16] im Burgenland. Unweit davon lag die gleichaltrige Befestigung von Sopron-Krautacker (Ödenburg) in Ungarn.

Auch aus der Steiermark sind etliche Befestigungen der jüngeren Urnenfelder-Zeit bekannt. Dazu gehören die Anlagen auf dem Burgstallkogel bei Kleinklein[17], dem Heiligen Berg bei Bärnbach[18], dem Hoarachkogel bei Spielfeld[19], dem Königsberg bei Tieschen[20], dem Kulm bei Weiz[21], dem Ringkogel bei Hartberg[22], der Riegersburg bei Riegersburg[23] und dem Fötzberg bei Tacken[24].

Der Heilige Berg bei Bärnbach verdankt einer auf ihm errichteten barocken Wallfahrtskirche seinen Namen. Während der ausgehenden Urnenfelder-Zeit war auf diesem Berg ein Wall aufgeschüttet worden, der eine Siedlung mit hölzernen Wohnhäusern sicherte.

Die »Wallburg« auf dem Hoarachkogel wurde durch einen hufeisenförmigen Wall von einem Kilometer Länge geschützt. Dort konnten Grundrisse von mehrräumigen Blockhäusern freigelegt werden, von denen das größte 22,60 Meter lang und acht Meter breit war sowie eine Herdanlage besaß.

Zehn Hektar Fläche umfaßte die »Burg« auf dem durch Steilhänge geschützten Königsberg bei Tieschen. Der höchste Punkt in der Nordwestecke war besonders gut bewehrt. Dem Wall an der Ost- und der Nordseite hatte man außen einen Graben vorgelagert. Ein Einschnitt im Wall diente als Zugang und wurde durch einen Vorwall zusätzlich abgeschirmt. Den Rand der Südwestseite schloß eine Trockenmauer ab. Im Innern der Befestigung befanden sich kleine Blockhäuser.

Auch von den Behausungen der »Wallburg« auf dem Ringkogel wurden Reste entdeckt. Es handelte sich um drei Grundrisse mit Herden, Abfallgruben und Steinpflasterungen. Auf dem Fötzberg hat man sogar sieben Grundrisse von Anwesen sowie Herde auf Lehmböden gefunden.

»Wallburgen« der Urnenfelder-Zeit sind des weiteren aus Vorarlberg bekannt. Hierzu gehören die Anlagen auf der Hei-

denburg[25] und dem Hochwindenkopf bei Göfis[26], auf dem Sattelbergköpfle im Rheintal bei Koblach[27] sowie auf dem Katilsköpfle bei Nüziders[28]. Auch dort wurden die offenen Seiten durch Wälle gesichert. Dagegen handelte es sich am Kleinen Exerzierplatz in Bludenz[29] um eine ungeschützte Talsiedlung, von der Herdstellen von Wohnhütten erhalten blieben.

Die etwa drei Hektar große Höhensiedlung auf dem Freinberg bei Linz[30] in Oberösterreich wurde durch einen etwa 200 Meter langen und bis zu fünf Meter hohen Wall geschützt. Dort war in der späten vorrömischen Eisenzeit eine weitere Befestigung errichtet worden.

Eine der bekanntesten Höhensiedlungen im Land Salzburg lag auf dem Rainberg in Salzburg[31]. Auf diesem Berg hatten um 4000 v. Chr. bereits Menschen der Jungsteinzeit ihre Siedlungen errichtet. Das umfangreiche Fundgut aus verschiedenen Abschnitten – darunter der Urnenfelder-Zeit – ist durch einen Steinbruchbetrieb ohne genauere Fundbeobachtung zutage gefördert worden. Es überwiegen Keramikreste, aber auch Metallfunde sind zahlreich vertreten. Die Bewohner der Höhensiedlung auf dem Rainberg sind nach Auffassung des Salzburger Prähistorikers Fritz Moosleitner auf dem nur 1,5 Kilometer entfernten Gräberfeld von Salzburg-Maxglan bestattet worden.

Mitunter wurden auch hochgelegene Höhlen in Niederösterreich von Urnenfelder-Leuten aufgesucht. Sie dienten aber

Der Eichmeister und Heimatforscher Johann Krahuletz (1848–1928) aus Eggenburg hat in den 1870er Jahren die urnenfelderzeitliche »Wallburg« auf der »Holzwiese« bei Thunau in Niederösterreich entdeckt und dort erste Aufsammlungen vorgenommen.

nicht für längere Zeit als Wohnungen, sondern lediglich als vorübergehender Unterschlupf für Jäger oder Erzsucher. Das war offenbar in der Kammerwandhöhle bei Reichenau an der Rax und möglicherweise zudem in der Breccienkammer oberhalb von Sieding der Fall.

Den Ackerbau bezeugen Reste von Getreidekörnern und von Hülsenfrüchten. Aus Burgschleinitz in Niederösterreich sind Emmer (*Triticum dicoccon*), Gerste (*Hordeum vulgare*), Ackerbohne (*Vicia faba*) und Linse (*Lens culinaris*), aus Thunau am Kamp-»Holzwiese« (Niederösterreich) Weizen, Emmer, Gerste, Ackerbohne, Erbse (*Pisum sativum*) und Linse, aus Wien-Aspern Zwergweizen (*Triticum aestivum* ssp. *compactum*) und Einkorn bekannt. In Traun bei Linz (Oberösterreich) wurden Emmer und Hühnerhirse (*Echinochloa crus galli*) nachgewiesen und in Neuburg-Horst bei Koblach (Vorarlberg) Zwergweizen, Rispenhirse (*Panicum miliaceum*), Bohne und Erbse.

Eine tönerne Deckeldose aus Stillfried (Niederösterreich) in einer Grube unter dem Westwall enthielt Asche von Gerste. Sie rührt entweder von verbrannten Getreidekörnern oder von spelzenreichem Mahlabfall her.

Tierknochen und -zähne vom Brandstattbühel bei Schwarzach stammen vom Rind, Schwein, Schaf und von der Ziege, die als Haustiere gehalten wurden. Schafe, Ziegen und Schweine sind in Horn (Niederösterreich) durch Fleischbeigaben in Gräbern nachgewiesen.

In einer Siedlungsgrube von Neusiedl an der Zaya (Niederösterreich) wurde das Skelett eines verkrüppelten, zehn bis zwölf Jahre alten Hundes mit einer Widerristhöhe von 52 Zentimetern entdeckt. Dem behinderten Tier ist zu Lebzeiten ein Teil des Hinterbeins abgetrennt worden. Der Wiener Archäozoologe Erich Pucher interpretierte diesen Fund als liebevolle Bestattung eines geschätzten Haustieres. Komplette Hundeskelette sind ansonsten in mitteleuropäischen Siedlungsgruben jener Zeit selten.

Die Pferde stammten vielleicht – wie manche Prähistoriker glauben – von Züchtern der Thraker oder Kimmerier und wurden vermutlich komplett mit Zaumzeug weiterveräußert. Darauf deutet eine Reihe von Funden thrako-kimmerischer Trensen und Beschläge aus Adelsgräbern und Bronzedepots hin.

Im Blauen Bruch bei Kaisersteinbruch (Burgenland) kam der Halswirbel eines Pferdes zum Vorschein, in dem eine bronzene Pfeilspitze steckte. Warum dieses Tier einem Pfeilschuß zum Opfer fiel, ist nicht zu ergründen.

Rätsel geben einige Skelette von Wildtieren aus der »Wallburg« Stillfried auf. Der Archäozoologe Erich Pucher identifizierte diese Funde als Reste von Rothirschen (*Cervus elaphus*), Wölfen (*Canis lupus*) und Füchsen (*Vulpes vulpes*), die eingefangen und – wie zahlreiche gut verheilte Verletzungen und andere krankhafte Veränderungen zeigen – bis zu ihrem Tod in Gefangenschaft gehalten und gepflegt wurden. Darüber hinaus fanden sich Skelette von Schweinen und Hasen (*Lepus europaeus*).

Auf gelegentliche Hirschjagd deutet ein Geweihfragment aus einer Grube auf dem Burgstallkogel bei Kleinklein hin. Knochenreste um ein Urnengrab in Groß-Enzersdorf verraten, daß auch Rehe (*Capreolus capreolus*) erlegt wurden. Eine vermutlich als Amulett dienende gelochte Kralle von einem Braunbären (*Ursus arctos*) aus einem Männergrab von Horn gilt als Hinweis auf Bärenjagd.

Fischfang wird durch je einen bronzenen Angelhaken aus Sankt Georgen im Pinzgau (Land Salzburg) und Horn (Niederösterreich) belegt. Bei den häufig in Siedlungen gefundenen sogenannten »Netzsenkern« handelt es sich nicht um Gerätschaften für den Fischfang, sondern um Webstuhlgewichte, wie ein Befund aus der befestigten Siedlung von Gars am Kamp dokumentiert.

Am ungarischen Fundort Sopron, Flur Krautacker, nahe der burgenländischen Grenze gelegen, wurden Rebkernreste von Wildem Wein (*Vitis sylvestris*) aus der Zeit der Urnenfelder-Kultur um 900 v. Chr. entdeckt. Sie kamen in vier Gruben einer ehemaligen Siedlung zum Vorschein.

Die Töpfer der Urnenfelder-Kultur schufen neue Keramikformen wie Zylinderhalsurnen, Doppelkonusgefäße (Doppelkoni) und konische Schalen. Daneben gab es Deckeldosen, Siebe, Löffel und Sauggefäße. Manche Gefäße wurden mit hochgezogenen Bandhenkeln versehen und mit schrägen Kanneluren verziert.

Eine Deckeldose kam in Stillfried zum Vorschein und ein Sieb auf dem Brandstattbühel bei Schwarzach. Löffel lagen manchmal in Kindergräbern. In Gemeinlebarn (Niederösterreich) war der Stiel eines Löffels mit einem Loch zum Aufhängen versehen.

Die Sauggefäße mit einer speziellen Saugöffnung sollten das Füttern von Säuglingen und Kleinkindern erleichtern. Allein in einem Grab von Vösendorf (Niederösterreich) konnten vier Sauggefäße geborgen werden, welche die Gestalt von Rindern haben und jeweils auf zwei menschenähnlichen Füßen stehen. Je ein Sauggefäß in Tierform wurde in Hadersdorf am Kamp und Mautern (beide in Niederösterreich) entdeckt.

Im Gräberfeld von Pitten (Niederösterreich) lagen Fragmente eines mit Zinnfolien verzierten Tongefäßes sowie mehrere verbogene Zinnblechstreifen, die vermutlich ebenfalls auf einem Gefäß angebracht waren. Im ersteren Fall hatte man die drei bis acht Millimeter breiten Zinnblechstreifen durch Löcher unterhalb des Gefäßrandes geführt und um den Rand geflochten. Mit Zinnfolien dekorierte Keramik ist auch aus anderen Teilen Europas bekannt (s. S. 267, 424, 425).

In Herzogenburg und Mannersdorf am Leithagebirge (beide in Niederösterreich) stieß man auf Reste von Töpferöfen, in denen die Gefäße hartgebrannt wurden. In Ravelsbach (Niederösterreich) kamen auf einem Acker an zwei etwa 15 Meter voneinander entfernten Stellen zwei Keramikdepots zum Vorschein.

An der Fundstelle I von Ravelsbach[32] barg man 24 erhaltene Tongefäße und eine größere Menge Gefäßscherben. Bei den völlig intakten Objekten handelt es sich um Tassen, Henkeltassen, Schalen, ein großes Zylinderhalsgefäß, Krüge, Kegelhalsgefäße und eine Schüssel. Möglicherweise war dies die Musterkollektion eines Töpfers. Dazu gehörten vielleicht Erzeugnisse eines ansässigen Töpfers, die nach fremden Vorbildern modelliert wurden, sowie importierte Stücke.

Einige der Keramiktypen lassen Fremdeinflüsse aus dem Gebiet der böhmischen Knovízer Kultur und aus Niederbayern erkennen. Andererseits weist das große Zylinderhalsgefäß in den Bereich der Hötting-Morzg-Gruppe[33] der Nordtiroler Urnenfelder-Kultur. Es sind aber auch Gefäße darunter – wie Krug, Schüssel, Henkelschale mit Zipfeln, Schalen mit graphitiertem Außenrand –, die Anklänge des heimischen Podoler Stils zeigen.

Bedeutende Kupferbergbauzentren in den Alpen, Verhüttungs- und Schmelzplätze sowie bronzene Verwahrfunde in ehemaligen Siedlungen und an Handelswegen zeugen von der Intensität der Bronzebearbeitung. Gegen Ende der Urnenfelder-Zeit wurde in Österreich sogar erstmals Eisen hergestellt.

Das neben dem Zinn für die Anfertigung von Bronze nötige Kupfererz wurde in Niederösterreich (Rax- und Schneeberggebiet, Bucklige Welt) und im Land Salzburg (Mühlbach-Bischofshofen im Pongau sowie Viehhofen, Stuhlfelden und Mittersil im Pinzgau) abgebaut. Da die Kupferkiesgänge im Rax- und Schneeberggebiet wenig Kupfer enthalten, fielen beim Abbau mächtige Abraumhalden an. Im Bergbaurevier Mühlbach-Bischofshofen am Hochkönig stand die Förderung von Kupferkies um 1000 v. Chr. in Hochblüte.

Die Bergleute von Mühlbach-Bischofshofen haben bis in 160 Meter Tiefe die Erzadern ausgebeutet und dabei Abbaukammern von bis zu 30 Meter Höhe geschaffen. Sie ließen in den Stollen Feuer auf den vor ihnen liegenden Fels und die Stollendecke einwirken, um leichter an das erzhaltige Gestein gelangen zu können. Zu diesem Zweck errichteten sie hölzerne Gerüste, die den Felsabraum und die Feuerstellen trugen. Darunter brachten sie Durchgänge für die Luftzufuhr an, die zum Brennen der Feuer nötig waren.

Die Gesamtmenge des in Mühlbach-Bischofshofen während der späten Bronzezeit gewonnenen Rohkupfers wird von Experten auf etwa 20 000 Tonnen geschätzt. Ein Teil dieser Menge wurde für nordische Bronzeschmiede exportiert, in deren Heimat es keine Erzvorkommen gab.

Verhüttungs- und Schmelzplätze jener Zeit wurden bei Hirschwang und Rein an der südöstlichen Raxseite sowie bei den östlichen Schneebergausläufern in der Umgebung von Reichenau, Prigglitz und Sieding (alle in Niederösterreich) entdeckt. Weitere Verhüttungs- und Schmelzplätze sind aus der Steiermark (Johnsbach, Gaishorn) und dem Land Salzburg (Riess-Lehen bei Werfen, Strublehen im Blühnbachtal) bekannt. Das größte metallurgische Zentrum jener Zeit lag im ungarischen Velem Szentvid (Velem-Sankt Veit), wovon zahlreiche Hüttenanlagen und einige Aufbereitungsplätze zeugen.

Die teilweise sehr umfangreichen Metallverwahrfunde (Depots genannt) in den Alpen und im Alpenvorland umfaßten Fertigprodukte, Bruchstücke von Altmetall und Gußkuchen. Diese Depots wurden häufig in unruhigen Zeiten angelegt und konnten oft von den Bronzegießern und Händlern nicht mehr geborgen werden.

Holzschaufel aus dem Kupferbergbau vom Mitterberg bei Mühlbach-Bischofshofen im Land Salzburg. Der Fund wird in die Urnenfelder-Zeit datiert. Länge 41 Zentimeter. Original im Salzburger Museum Carolino Augusteum.

Das bisher größte Bronzedepot Österreichs kam bei Sipbachzell unweit von Leombach[34] in Oberösterreich zum Vorschein. Dieses Depot hat ein Gesamtgewicht von etwa 170 Kilogramm. In einem Bronzekessel vom Typ Kurd (s. S. 273) lagen Fragmente eines Griffzungendolchs, eines Griffzungenschwerts, Bruchstücke von offenen Armreifen, Nadeln, Fragmente eines Gürtelblechs vom nach einem Fundort in Bayern benannten Typ Riegsee, eine Lanzenspitze, ein Lappenbeil, ein Tutulus, etwa 300 Sichelfragmente, einige Lappenpickel, zwei Tüllenpickel und Rohmaterial. Ein Steckamboß, ein Treibhammer zur Blechbearbeitung und Feinmeißel gelten als Werkzeuge des Schmiedes, der das Depot versteckt hatte.

Im Helenatal bei Siegenfeld[35] in Niederösterreich wurde ein Rohbronzedepot mit 24 Bronzefladen im Gesamtgewicht von etwa 120 Kilogramm entdeckt. Die Bronzefladen sollten vermutlich als Rohstoff für einen Bronzegießer dienen.

Insgesamt 25 Kilogramm schwer sind die Objekte des Bronzedepots von Rassing bei Kapelln[36] in Niederösterreich, die nach dem Pflügen auf einem Acker geborgen wurden. Eine kleine Grube von ungefähr 55 Zentimeter Durchmesser und 25 Zentimeter Tiefe enthielt Gußkuchen, Bruchstücke von Beilen, Lanzenspitzen, Sicheln, Messern, Armreifen, Ringen, Nadeln, Draht- und Blechschmuck sowie zwei komplette Bronzetassen des Typs Fuchsstadt (s. S. 273).

Zum Bronzedepot aus der »Wallburg« vom Burgstall in Schiltern[37] (Niederösterreich) gehörten ein Tüllenhammer, ein Tüllenamboß, kegelförmige Gußkerne, Draht, Griffzungenmesser, Ringe und ein mutmaßlicher Helmaufsatz. Hammer und Amboß werden als Arbeitsgeräte eines Bronzegießers angesehen, der auch Treibarbeiten beherrschte.

Ebenfalls einem Bronzegießer wird das Depot aus der »Wallburg« von Gars am Kamp zugeschrieben. Er hinterließ Gußformen, Bronzekuchenfragmente und Fertigprodukte wie Rasiermesser, Nadeln, Ringe, Beile, Lanzen- und Pfeilspitzen.

Bronzener Schlägel aus dem Kupferbergbau vom Mitterberg bei Mühlbach-Bischofshofen im Land Salzburg. Das Fundobjekt stammt aus der Urnenfelder-Zeit und wiegt sechs Kilogramm. Original im Salzburger Museum Carolino Augusteum.

Funde aus dem Bronzedepot bei Sipbachzell unweit von Leombach in Oberösterreich: Eimer vom Typ Kurd sowie Werkzeuge und Waffen. Höhe des Eimers 43,5 Zentimeter, Durchmesser 59,3 Zentimeter. Originale im Oberösterreichischen Landesmuseum, Linz.

Völlig verkannt wurde das Bronzedepot von Zensweg bei Sankt Veit an der Glan[38] in Kärnten, das beim Ausheben des Fundaments für einen Hochspannungsmast auf einem Acker ans Tageslicht kam. Der Altmetallhändler aus Klagenfurt, der diese Funde von einem Arbeiter erwarb, hielt sie für Meteoriten. Daß es sich in Wirklichkeit um fünf Gußkuchen (Durchmesser 21 bis 28 Zentimeter) und vier Gußkuchenstücke handelte, hat ein zufällig von dieser Entdeckung hörender Experte erkannt. Das Gesamtgewicht des Depots aus Zensweg beträgt 55 Kilogramm.

In Oberösterreich wurden außer dem erwähnten großen Depot von Sipbachzell bei Leombach weitere Bronzedepots entdeckt. Das Depot vom Rudolfsturm in Hallstatt[39] mit einem Gesamtgewicht von mindestens 50 Kilogramm umfaßte Gußkuchen, Sicheln, Beile, Lanzenspitzen, Schwertklingen und Trensen. Angeblich 40 Kilogramm schwer soll das Depot von Buch bei Munderfing[40] gewesen sein, zu dem Altmaterial und Gußkuchen gehörten. 13,5 Kilogramm wog das aus 130 Einzelstücken (Gußkuchen, gußfrische Sicheln, Altmetallteile) bestehende Depot vom Freinberg bei Linz[41].

Eines der größten Bronzedepots des Burgenlands kam in Draßburg[42] zum Vorschein. Dort hatte ein Bronzegießer in einem großen Tongefäß Gußkuchen (Rohkupfer) und Altmetall (Sicheln und Bruchstücke davon, Lanzenspitzen, Beile, Pfeilspitzen, Meißel, Messer, Schmuck) im Gesamtgewicht von 25 Kilogramm verborgen. Bescheidenere Depotfunde glückten an den burgenländischen Fundorten Donnerskirchen und Rotenturm. Das in Saalfelden-Magnesitfeld[43] (Land Salzburg) freigelegte Bronzedepot wog zwölf Kilogramm. Es beinhaltete Meißel, Beile, Sicheln und Bruchstücke von solchen, einen ornamentierten Steigbügelring, Lanzenspitzen, das Fragment einer Schwertklinge, drei Messer, das Fragment einer reichverzierten Gürtelplatte des nach einem Fundort in Kroatien benannten Typs Kapelna (unter anderem mit Fischdarstellungen), Ringschmuck, Wagenbeschläge, Gußkuchen und Gußfladen.

Vom Brandstattbühel bei Schwarzach[44] (Land Salzburg) sind tönerne Schmelzdüsen und 17 dünne, plattenförmige Kupferschlacken mit einem Durchmesser von bis zu 9,5 Zentimetern bekannt. In der gesamten Bergbauregion wurde die bei der Gewinnung von Kupfer anfallende Schlacke dem zum Töpfern verwendeten Ton beigemischt (s. S. 109).

In den Gräbern der späten Urnenfelder-Zeit von Stillfried und Hadersdorf am Kamp (beide in Niederösterreich) lagen bereits

Messer aus Eisen, in Salzburg-Maxglan eiserne Messer und Nadeln. Kleine Messer, Schwerter, Lanzenspitzen, Beile und Schmuckstücke aus diesem neuen Rohmaterial tauchten gegen Ende der Urnenfelder-Zeit auch in anderen Gebieten Mitteleuropas erstmals auf (s. S. 270).

Nach den Depotobjekten sowie Funden in Gräbern und Siedlungen zu schließen, gehörten zum Formenspektrum der bronzenen Werkzeuge doppelschneidige Rasiermesser, geschwungene Messer, Sicheln, Lappen- und Tüllenbeile, Tüllenhämmer, Tüllenambosse, Ahlen, Pfrieme, Nähnadeln und Sägeblätter. Ein seltenes Sägeblattfragment wurde auf dem Brandstattbühel bei Schwarzach entdeckt. Es ist 5,2 Zentimeter lang, 1,7 Zentimeter breit und am Ende mit einem Loch versehen.

Ein Teil der Werkzeuge wurde aus Stein oder Knochen hergestellt. In einer Hütte der »Wallburg« von Grünbach am Schneeberg (Niederösterreich) lag ein bronzenes Rasiermesser auf einem Schleifstein. Wetzsteine fanden sich in drei Männergräbern von Obereching (Land Salzburg). In Hadersdorf am Kamp kam neben Sicheln, einem Messer sowie Klingen von Lappen- und Tüllenbeilen auch ein Knochenhammer zum Vorschein. Ein bronzenes Messer aus Leithaprodersdorf-Edelseeäcker im Burgenland hatte einen erhaltenen verzierten Knochengriff. In einem Grab von Groß-Enzersdorf (Niederösterreich) fand sich ein steinerner durchbohrter Keulenkopf.

Typische Werkzeuge der Stufe Baierdorf-Velatitz waren die bronzenen Griffzungenmesser vom Typ Baierdorf. Davon wurden in Gräbern von Horn zwei Exemplare entdeckt. Dort konnte auch ein zeitlich jüngeres Griffdornmesser vom Typ Jevičko geborgen werden, das nach einem Fundort in Mähren bezeichnet ist. Diesen Typ hat man außerdem im Gräberfeld von Wieselfeld in Niederösterreich nachgewiesen. Von anderen Lokalitäten – wie Gusen und Salzburg-Maxglan – liegen die nach einem bayerischen Fundort bezeichneten Riegsee-Messer vor. Messer gehörten zuweilen zu den Grabbeigaben von Frauen.

Vornehme Krieger trugen vielleicht einen Helm mit Wangenklappen, einen Brustpanzer, einen Rund- oder Sanduhrschild, Beinschienen und waren mit einer Lanze, einem Stichschwert und einem Dolch bewaffnet. Weniger bedeutenden Kriegern jener Zeit dienten Pfeil und Bogen als Fernwaffe.

Bronzene Helme sind durch Funde am Paß Lueg[45] (Land Salzburg), in Straßengel bei Judendorf[46] (Steiermark) und in Wöllersdorf bei Wiener Neustadt[47] (Niederösterreich) belegt.

Der Helm mit Wangenklappen vom Paß Lueg am Übergang vom Tennen- zum Pongau ist halbkugelig geformt. Er wurde aus heimischem Kupfer vom Mitterberg bei Mühlbach-Bischofshofen hergestellt. Im vorspringenden Kamm steckten einst an beiden Seiten Federn. Der Helm ist durch drei konzentrische Kreise mit einem kleinen Buckel in der Mitte verziert. Die beiden Wangenklappen sind mit Kreisen und Punktlinien gemustert und waren an Lederriemen verstellbar angebracht. In Straßengel bei Judendorf wurde nur die Spitze eines Helms gefunden, in Wöllersdorf bei Wiener Neustadt eine Wangenklappe.

Daß manche Krieger vielleicht sanduhrförmige Schilde trugen, zeigt die Abbildung eines solchen Objekts auf dem Steinkistengrab von Sommerein (Flur Stockäcker) in Niederösterreich. Darin hatte man einen Mann bestattet, zu dessen Grabbeigaben eine bronzene Lanzenspitze, ein Messer und eine Nadel gehörten. Offenbar sollte der Lanzenkrieger auch im Tod von seinem Schild begleitet sein, meinte die Wiener Prähistorikerin Margarete Kaus.

Fragment einer Gürtelplatte des nach einem Fundort in Kroatien benannten Typs Krapelna aus dem Depotfund von Saalfelden-Magnesitfeld (Land Salzburg). Erhaltene Breite 6,6 Zentimeter. Original im Salzburger Museum Carolino Augusteum.

Fragmente einer eiförmigen Beinschiene kamen auf dem Teiritzberg bei Stetten[48] in Niederösterreich zum Vorschein. Sie gehörte wohl zu einem zerstreuten Depotfund. Diese Beinschiene wurde mit einem durch acht Schlaufen gezogenen Riemen befestigt. Ihr Rand ist mit einer Doppelreihe von getriebenen kleinen Buckeln verziert. Die Außenseite wird durch eine senkrechte und drei waagrechte Dreierreihen flächig gegliedert. Innerhalb der dadurch entstandenen vier Großflächen ist jeweils ein Radkreuz in gleicher Technik angebracht.

Beinschienen aus jener Zeit sind auch aus Süddeutschland (s. S. 272), Nordtirol (s. S. 405) und Italien (Pergine, Malpensa) bekannt. In Pergine konnten vier Beinschienen und in Malpensa drei fragmentierte Exemplare geborgen werden.

Bei den Schwertern lassen sich Riegsee-, Dreiwulst-, Griffzungen- und Antennenschwerter unterscheiden. Die Riegsee-Schwerter sind nach einen bayerischen Fundort benannt. Waffen dieses Typs kennt man aus Albrechtsberg bei Loosdorf und Baierdorf (Niederösterreich) sowie Nöten bei Sankt Peter am Hart (Oberösterreich). Aus Baierdorf liegt ein Griffangelschwert vom Typ Terontola vor, das vermutlich in der Poebene angefertigt wurde. Aus der Übergangsphase zur Eisenzeit stammt das nach einem schweizerischen Fundort bezeichnete Möriger Schwert (s. S. 429) vom Freinberg bei Linz in Oberösterreich, dessen Griffteil und -platte mit Eisenringen verziert sind.

Als weitere Stichwaffen dienten in der Bronzezeit D bronzene Dolche, unter denen sich Peschiera-Dolche befanden. Deren Name erinnert an die Seeufersiedlung Peschiera an der Südseite des Gardasees in Norditalien. Je ein Peschiera-Dolch lag in drei Gräbern von Salzburg-Maxglan.

Die bronzenen Lanzenspitzen waren unterschiedlich lang. So maß eine von zwei im Friedhof Linz-Wahringer Straße gefundenen Lanzenspitzen 15,4 Zentimeter, während die andere auf 29 Zentimeter kam. Bei letzterer handelte es sich um eine Lanzenspitze mit Tülle, in die der hölzerne Schaft gesteckt wurde. Die 21,7 Zentimeter lange Lanzenspitze aus dem oberen Mölltal bei Heiligenblut (Kärnten) wurde von ihrem Entdecker zunächst irrtümlich als goldener Dolch gedeutet.

Bronzene Pfeilspitzen kamen in drei Gräbern von Linz-Wahringer Straße zum Vorschein. In einem Grab lagen fünf Tüllenpfeilspitzen, in zwei anderen Gräbern fand sich jeweils nur eine Pfeilspitze. Daß auch weiterhin aus Knochen geschnitzte Pfeilspitzen Verwendung fanden, verrät ein Exemplar aus Stillfried.

Vielerorts wurden in Österreich bronzene Tassen ausgegraben, die als Trink- und Schöpfgefäße dienten. Manche dieser Metallgefäße lassen sich Typen zuordnen, die nach bestimmten Fundorten benannt sind.

Zu den frühesten Bronzetassen gehört ein Exemplar aus dem umstrittenen »Kriegergrab« von Gusen (s. S. 236) in Oberösterreich aus der Übergangszeit zwischen später Hügelgräber- und früher Urnenfelder-Kultur. Sie wird dem Typ Gusen zugeschrieben.

Bei den nach einem Fundort in Mecklenburg benannten Tassen vom Typ Friedrichsruhe (s. S. 327) stammen die älteren aus der Bronzezeit D und die jüngeren aus der Stufe Hallstatt A. Exemplare dieser Machart liegen aus Großmugl, Inzersdorf an der Traisen (Niederösterreich) und Gusen (Oberösterreich) vor.

Die nach einem bayerischen Fundort bezeichneten Bronzetassen vom Typ Fuchsstadt (s. S. 273) gab es nur in der Stufe Hallstatt A. Solche Tassen wurden in Linz (Oberösterreich), Haidach im Glantal (Kärnten) und Wörschach im steiermärkischen Ennstal geborgen.

Nach den Fundorten Stillfried in Niederösterreich und Hostomitz in Tschechien (Böhmen) sind die Bronzetassen vom Typ Stillfried-Hostomitz bezeichnet. Die Tasse aus dem Gräberfeld Stillfried ist 5,9 Zentimeter hoch, hat einen Durchmesser von 11,2 Zentimetern und wiegt 107 Gramm. Sie wurde mit einem eingepunzten Linienmuster verziert.

In Franzhausen und in Sommerein am Leithagebirge (beide in Niederösterreich) kam je eine Bronzetasse vom Typ Jenišovice (früher nach einem Fundort in Dänemark Typ Kirkendrup genannt, s. S. 273) zum Vorschein. Dieser Typ ist nach einem Fundort bei Mělník in Böhmen bezeichnet, an dem 1897 ein Depot ausgeackert wurde, zu dem unter anderem 14 Bronzetassen gehörten.

Daneben gab es bronzene Tassen, die keinem der erwähnten Typen zuzuordnen sind. Dazu zählen die Funde bei Haslau-Regelsbrunn, Sommerein am Leithagebirge und Unterradl (Niederösterreich).

In Absberg (Niederösterreich) und Sipbachzell bei Leomberg (Oberösterreich, s. S. 389) wurde ein bronzener Eimer des Typs Kurd entdeckt, der nach einem Fundort in Ungarn benannt ist. In Sommerein konnte ein aus Blechstücken zusammengenieteter Bronzeeimer mit zwei Bandhenkeln geborgen werden.

Als Belege für die damaligen Transportmöglichkeiten gelten ein unfertiger Einbaum, Reste von Pferdezaumzeug aus Knochen, Geweih und Bronze wie Trensen und Knebel sowie metallene Beschläge von Wagen. Pferde dienten als Reit- und Zugtiere.

Der unvollendete Einbaum wurde im Untersberger Moor bei Salzburg[49] entdeckt. Man hatte eine Weißtanne gefällt, mit Beilen entastet und große Teile der Wurzel stehengelassen, um zu verhindern, daß der Stamm während der Arbeit die Lage veränderte. Weshalb das Wasserfahrzeug nicht fertiggestellt wurde, bleibt ein Rätsel.

Ein komplett erhaltenes Pferdezaumzeug wurde in Stockern (Niederösterreich) gefunden. In der »Wallburg« von Gars am Kamp barg man Knochentrensen. Geweihknebel kamen in Burgschleinitz, Prigglitz und Roggendorf (alle drei in Niederösterreich) sowie auf dem Rainberg in Salzburg zum Vorschein. Bronzene Pferdetrensen sind aus Pamhagen (Burgenland), Haslau-Regelsbrunn (Niederösterreich), Brunnenthal (Oberösterreich), Seeboden am Millstädter See (Kärnten) und Wörschach im Ennstal (Steiermark) bekannt.

An zwei Stellen in Stillfried wurden Teile von thrako-kimmerischen Pferdegeschirren zutage gefördert, die von manchen Autoren als Indizien für Übergriffe von Thrakern oder Kimmeriern gedeutet werden. Besonders prächtig wirken die bereits im 19. Jahrhundert in einem Tongefäß gefundenen Pferdegeschirr-

Verzierter bronzener Helm mit Wangenklappen vom Paß Lueg im Land Salzburg. Im vorspringenden Kamm steckten einst an beiden Seiten Federn. Höhe der Haube 15 Zentimeter. Original im Salzburger Museum Carolino Augusteum.

bronzen von Stillfried. Zu diesen Zaumzeugbestandteilen gehören unter anderem je zwei durch stilisierte Pferdeköpfe gekrönte Seitenstangen von zwei Trensen. Weitere Pferdegeschirre dieser Art fanden sich 1975 bis 1977 bei Ausgrabungen in einem Obstgarten. Eine thrako-kimmerische Herkunft wurde auch für die Trense von Brunnenthal erwogen.

Bronzene Wagenbeschläge liegen aus Saalfelden-Magnesitfeld (Land Salzburg) und Staudach (Oberösterreich) vor. In Saalfelden-Magnesitfeld fand man das Fragment eines Nabentopfs, zwei gegossene Bronzehülsen, einen Bronzenagel und einen Nietstab. In Staudach kamen zwei Nägel, gewölbte Blechstreifen, zwei dreizinkige Aufsätze mit je einem Wasservogel als Bekrönung, ein Knopf und ein kreuzförmiger Riemendurchlaß zum Vorschein. Staudach liegt nur rund 25 Kilometer südöstlich von Hart an der Alz in Bayern, wo ebenfalls Wagenreste gefunden wurden (s. S. 276).

In der Nordgruppe von Hallstatt in Oberösterreich wurden bereits um 1200 v. Chr. die ältesten Salzbergwerke der Erde betrieben. Davon zeugen Relikte prähistorischer Bergbaubetriebe, die als Heidengebirge bezeichnet werden. Die Begriffe Nord-, Ost- und Westgruppe gehen auf den Diplomingenieur Othmar Schauberger (1901–1993) aus Bad Ischl zurück. Als die ergiebigste urnenfelderzeitliche Fundstelle der Nordgruppe gilt das Grünerwerk von Hallstatt, das nach dem Bergrat Wenzel Grüner (1855–1923) benannt ist.

Schrämspuren in den unterirdischen Stollen von Hallstatt lieferten Hinweise auf die Arbeitsmethode vor etwa 3000 Jahren. Die Bergleute schlugen mit langstieligen Beilen oder Lappenpickeln, die den Funden aus dem erwähnten Depot von Sipbachzell bei Leombach gleichen dürften, Rillen, deren Abstand voneinander 25 Zentimeter beträgt und die bis zu 18 Zentimeter tief sind. Sie sollten das Losbrechen des dazwischenliegenden Salzes erleichtern.

Das Salz wurde mit aus Ahorn-, Eiben- und Schwarzerlenholz angefertigten Schaufeln in Tragsäcke aus Rinderhaut gefüllt. In einem derartigen, mit Holzleisten versteiften Tragsack konnten etwa 45 Kilogramm Salz transportiert werden. Bisher sind fünf solcher Tragsäcke gefunden worden. Im Grünerwerk wurde auch die schon erwähnte Fellmütze entdeckt.

Exkrementenreste verrieten, was die Bergleute im Grünerwerk einst gegessen hatten: einen Brei aus Kolbenhirse (*Setaria italica*), Gerste (*Hordeum vulgare*) und Ackerbohnen (*Vicia faba*). Außerdem fand man Schalen von Wildäpfeln (*Malus sylvestris*) und Kerne von Vogelkirschen (*Prunus avium*) sowie Tierknochen von Fleischmahlzeiten.

Zur Beleuchtung dienten ein Meter lange Spaltspäne (sogenannte Kienspäne) aus Fichten- und Tannenholz, deren Reste massenhaft vorhanden waren. Das Salz wurde bis in 200 Meter Tiefe abgebaut. Der breiteste Gang im Flechnerwerk maß 17 Meter.

Die neue Erkenntnis, daß der Salzbergbau auch im Bereich der Ostgruppe bis in die Spätbronzezeit (Urnenfelder-Zeit) zurückreicht, ist der Wiederentdeckung eines schon 1748 erwähnten alten Abbauraums zu verdanken. Dieser wurde 1991 und 1992 von dem Wiener Prähistoriker Fritz Eckart Barth untersucht und als »Christian-Tusch-Werk, alter Grubenoffen« bezeichnet. In jenem »Heidengebirge« lagen ein Seil aus dem Rindenbast einer Linde, das Fragment eines mindestens 29 Zentimeter hohen Holzkübels aus dem Stamm einer Tanne mit einem grob eingepaßten zwei Zentimeter dicken Brett als Boden, Handleder

Berittener Krieger der Urnenfelder-Kultur mit Angriffswaffen (Schwert, Lanze) und Schutzwaffen (Helm, Brustpanzer, Schild, Beinschienen), wie sie an verschiedenen Fundorten in Österreich und im übrigen Europa zum Vorschein kamen.

mit einem Durchmesser von 16 Zentimetern und einer Öffnung für den Daumen sowie abgebrannte Leuchtspäne, Knieholzschäftungen aus Buchenholz und drei abgebrochene Spitzen von bronzenen Pickeln.

Datierungen von Funden aus dem »Christian-Tusch-Werk, alter Grubenoffen« im Centrum voor Isotopen Onderzoek, Groningen in Holland, ergaben ein Alter um 1200 v. Chr. Zuvor hatte man den Salzabbau in der Ostgruppe generell der frühen Eisenzeit (Hallstatt-Zeit), den der Nordgruppe der Spätbronzezeit (Urnenfelder-Zeit) und den der Westgruppe der jüngeren Eisenzeit (Latène-Zeit) zugerechnet.

Die Urnenfelder-Leute schmückten sich mit verschiedenen Formen von bronzenen Nadeln und Fibeln, sogenannten Nadelschützern, gläsernen Ringperlen, scheibenförmigen Knochenperlen, stark gerippten Armreifen und Schmuckstücken aus Golddraht. Schmuckstücke lagen vor allem in Gräbern.

Bei den Nadeln zum Verschließen von Gewändern waren Kolbenkopf-, Mohnkopf- und Kugelkopfnadeln neue Formen. Außerdem gab es Vasenkopf-, Nagelkopf-, Zwiebelkopf-, Rollenkopf-, Kolbenkopf- und Rippenkopfnadeln. Neuheiten stellten auch die Fibeln (Gewandspangen) dar.

In Stillfried wurde ein sogenannter Nadelschützer mit drei seitlichen Fortsätzen gefunden. Als erster deutete 1886 der Budapester Prähistoriker Jozef Hampel (1849–1913) solche Objekte als Nadelschützer. Dagegen hielt sie 1968 der damals in Gießen

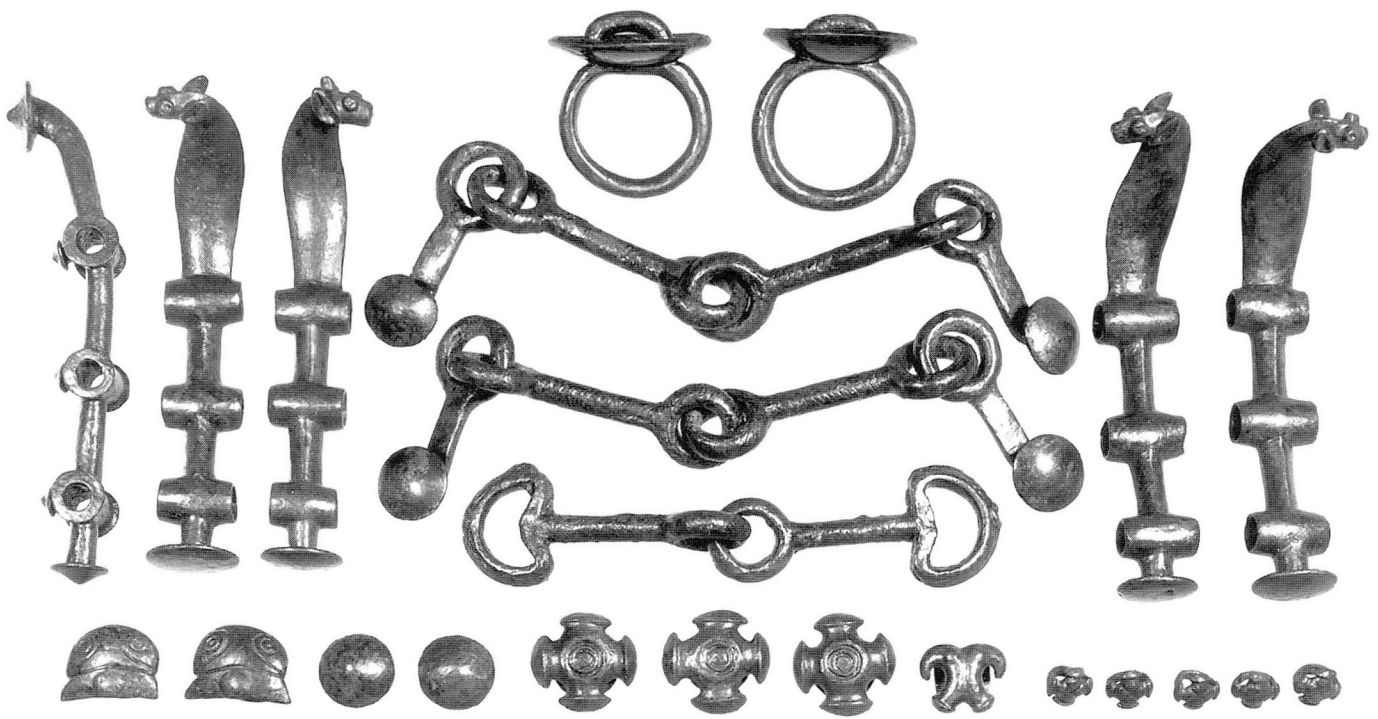

Thrako-kimmerische Pferdegeschirrteile aus Stillfried in Niederösterreich. Diese Bronzeobjekte werden als Belege für Übergriffe von Thrakern oder Kimmeriern interpretiert. Originale im Naturhistorischen Museum, Wien.

tätige deutsche Prähistoriker Wilhelm Albert von Brunn (1911 bis 1988) für Fransenanhänger.

In einem Grab von Groß-Enzersdorf (Niederösterreich) kamen 17 kleine scheibchenförmige Knochenperlen zum Vorschein. Sie haben einen Durchmesser von vier bis fünf Millimetern und dienten wohl als Anhänger einer Halskette. Kleine gläserne Ringperlen in den Farben Hell- bis Dunkelblau und Violett hat man in Burgschleinitz (Niederösterreich) gefunden.

Zwei gegossene Bronzehülsen (Durchmesser 4,6 und 4,3 Zentimeter) sowie Fragment eines Nabentopfes von einem Wagen aus dem Depot von Saalfelden-Magnesitfeld (Land Salzburg). Originale im Salzburger Museum Carolino Augusteum.

Die Bergung eines besonders prächtigen Goldschmucks glückte in Rothengrub an der Schneebergbahn[50] (Niederösterreich). Dabei handelte es sich um ein gitterähnliches Pectorale (s. S. 421) – einen Brustschmuck – aus einem mit feinem Golddraht umwickelten Kupfergerüst und um die mit Goldfolien belegten Beschläge eines breiten Ledergürtels. Das Pectorale besteht aus einer Zierscheibe, 18 Zierleisten, drei Spiralringen und kleinen Golddrahtstücken.

In drei Gräbern von Obereching (Land Salzburg) hat man einzelne Ohrringe aus Golddraht gefunden. Golddraht lag auch in drei Gräbern von Unterradl (Niederösterreich). Vermutlich sind viele goldene Schmuckstücke beim Verbrennen der Toten auf dem Scheiterhaufen zerstört worden oder später in die Hände von Grabräubern gefallen.

Steinerne Kunstwerke kennt man aus Sommerein[51] und Sankt Andrä-Wördern[52] (beide in Niederösterreich). Dabei handelt es sich um verzierte Platten, die einst zu Gräbern gehörten.

In Sankt Andrä-Wördern ist ein Sandstein aus einem Grab auf zwei Flächen mit Gravuren versehen worden. Erkennbar sind ein Pferd in Seitenansicht, pfeilartige Zeichen, die vielleicht Menschen wiedergeben, sowie in Zeilen angeordnete Symbole wie in Illmitz (s. S. 409) im Burgenland.

An einer der beiden Längsseiten des Steinkistengrabs von Sommerein (Flur Stockäcker) ist – wie erwähnt – ein sanduhrförmiger Schild angebracht, der möglicherweise das Clanzeichen des Toten darstellte. An den übrigen drei Seiten sind jeweils drei konzentrische Kreise erkennbar, die stets aus drei Kreislinien bestehen und vermutlich Sonnensymbole darstellen sollen. Ein sogenanntes »Seelenloch« (s. S. 348) bildet das Zentrum des mittleren Kreismotivs der Südseite.

In Thunau am Kamp und in Stillfried wurden Musikinstrumente gefunden. Bei dem 6,7 Zentimeter langen und acht Millimeter dicken Objekt aus Thunau am Kamp handelte es sich – nach Ansicht des Wiener Musikexperten Otto Seewald (1898–1968) – um eine aus dem Knochen eines Birkhuhns *(Lyurus tetrix)* angefertigte Kernspaltflöte. Bei ihr wurde der den Ton erzeugende Luftstrom durch den Spalt eines in das Flötenrohr eingeführten »Kernes« gegen die Kante einer an der Flötenwand angebrachten Öffnung geführt. Diese Kernspaltflöte hat keine Grifflöcher, daher war lediglich ein Ton möglich.

Das Instrument aus Thunau am Kamp diente vermutlich als Signalpfeife. In Stillfried wurde ein Knochenpfeifchen mit Spaltvorrichtung entdeckt, mit dem ebenfalls nur Signale geblasen werden konnten.

In drei Gräbern von Horn lagen Tierknochen (Astragali), die von den Prähistorikern unterschiedlich als Spielwürfel oder Orakelknochen gedeutet werden. Solche kennt man auch aus anderen Kulturen (s. S. 406).

Die Toten wurden meistens auf Scheiterhaufen verbrannt. Dabei hat man die Frauen zusammen mit ihrem Schmuck eingeäschert, die Männer dagegen ohne Schmuck. Nach dem Erlöschen des Feuers wurden die Knochen aufgelesen, in eine Grabgrube geschüttet oder in tönernen Urnen beziehungsweise organischen Behältern beigesetzt. Die urnenlose Brandbestattung war vor allem in der Bronzezeit D üblich und wurde in der folgenden älteren Urnenfelder-Zeit von der Urnenbestattung abgelöst.

Zu Beginn der Spätbronzezeit waren in Österreich und im gesamten süddeutschen Raum mannslange Gräber mit Rollsteinpackung weit verbreitet. Obwohl darin nur Brandbestattungen erfolgten, sind diese Gräber so groß, als ob in ihnen ein unverbrannter Toter hätte beerdigt werden sollen. Beim Bau eines derartigen Grabes hat man einen Graben ausgehoben, dessen Grund mit Rollsteinen belegt, darauf einen hölzernen, sargähn-

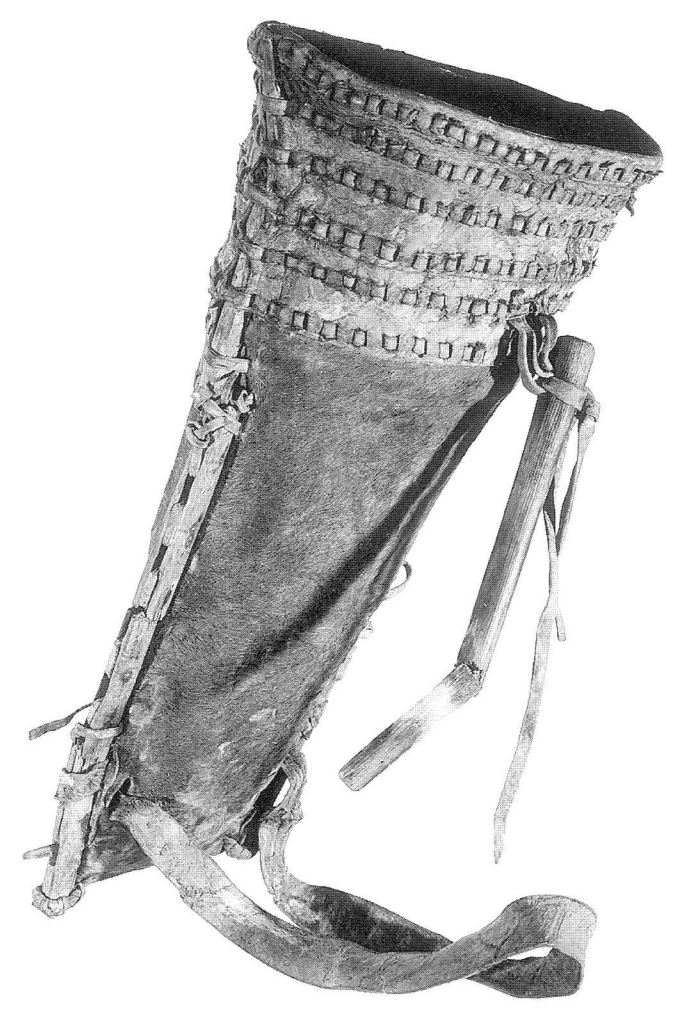

Mit Holzleisten verstärkter Tragsack aus einem urnenfelderzeitlichen Abbauraum im Flechnerwerk von Hallstatt in Oberösterreich. Damit konnten bis zu 45 Kilogramm Salz transportiert werden. Original im Prähistorischen Museum, Hallstatt.

lichen Einbau errichtet und den Leichenbrand sowie die Grabbeigaben hineingelegt. Darüber häufte man weitere Rollsteine an, die vermutlich über die Grube hinausragten und so das Grab kennzeichneten.

Gräber mit Rollsteinpackung sind beispielsweise aus dem Friedhof Salzburg-Maxglan[53], der insgesamt 370 Gräber aus der älteren und jüngeren Urnenfelder-Zeit umfaßte, bekannt. Des weiteren gibt es dort kleine kreisrunde Grabgruben mit Rollsteinpackung, Brandschüttungsgräber ohne Steine, fünf Steinkistengräber und Gräber mit tönernen Urnen.

Die Männer bekamen ihre bronzenen Waffen (Beil, Dolchmesser) sowie das Zaumzeug und den Schmuck ihres Pferdes mit ins Grab. In Frauengräbern lagen manchmal Spinnwirtel und in Kindergräbern mitunter Sauggefäße.

Gräber aus dem älteren Abschnitt der Urnenfelder-Kultur, der erwähnten Baierdorf-Velatitz-Stufe, sind aus ganz Österreich bekannt. In Oberösterreich und im Land Salzburg werden anhand von Gräbern aus dieser Phase Beziehungen zur böhmischen Knovízer Kultur (s. S. 300) ersichtlich.

Der Friedhof von Baierdorf bei Ravelsbach[54] in Niederösterreich war am Fuß des Manhartsbergs angelegt worden. Seine Entdeckung ist einem Landwirt zu verdanken, der beim Pflügen auf einen Stein stieß, unter dem sich verschiedene Tongefäße

Bronzering mit aufgestellter Vogelbarke aus Staudach in Oberösterreich. Der Fund gilt als Teil eines urnenfelderzeitlichen Wagens. Maximale Höhe 7,1 Zentimeter, Ringdurchmesser 3,4 Zentimeter. Original im Naturhistorischen Museum, Wien.

Steinkistengrab mit verzierten Platten aus Semmerein in Niederösterreich. Auf der ehemaligen Ostplatte (rechts) wird ein sanduhrförmiger Schild dargestellt. Originale im Heimatmuseum, Mannersdorf am Leithagebirge.

und Bronzegegenstände fanden. Dieser Friedhof umfaßte nur sieben Gräber.

Außer in Baierdorf bei Ravelsbach kennt man Gräber der Baierdorf-Velatitz-Stufe von etlichen anderen Fundorten in Niederösterreich (Franzhausen[55], Paudorf[56], Gemeinlebarn[57], Unterradl[58], Horn[59], Vösendorf[60], Getzersdorf[61], Maiersch[62], Pitten[63], Stillfried[64]), im Burgenland (Leithaprodersdorf-Edelseeäcker[65]) und in Oberösterreich (Gusen[66], Wels[67]).

Von den beiden Gräberfeldern der Urnenfelder-Kultur in Franzhausen stammt nur das kleinere mit 30 Brandbestattungen aus der Baierdorf-Velatitz-Stufe, während der merklich größere Friedhof erst später in der Podol-Stillfrieder Stufe belegt wurde.

Der Friedhof von Horn war ein Flachgräberfeld mit 30 bis 40 Brandbestattungen. Dort wurden die Knochenreste von auf dem Scheiterhaufen verbrannten Toten meistens in die Mitte des Grabes geschüttet. Knochenhäufchen hat man auch in anderen Friedhöfen jener Zeit beobachtet. Eine Besonderheit in Horn sind die häufigen rechteckigen, trapezförmigen und langovalen Grabgruben von bis zu zwei Meter Länge und einen Meter Breite. Außerdem gab es zwei Gräber mit umfangreichen Steinpackungen. Letztere bedeckten eine Fläche von drei mal 1,50 Metern beziehungsweise zwei mal einem Meter.

In Pitten schuf man neben einfachen Grabgruben mit einer Urne und Hügelgräbern, deren Erdhügel mit einer runden oder ovalen Steinsetzung eingefaßt sind, auch zylindrische Steinbauten, die mitunter sogar eine Türöffnung zur Grabkammer aufweisen. Plattformen, die innen mit Erde aufgefüllt waren, dienten zuerst als Verbrennungsplatz und später zur Beisetzung. In Pitten hatten schon Menschen der Hügelgräber-Kultur Bestattungen vorgenommen (s. S. 236).

Von den zwei Friedhöfen in der Stillfrieder Gegend wird lediglich jener in der Marchniederung nahe einer alten Flußschlinge der Baierdorf-Velatitz-Stufe zugerechnet. Er wurde 1954 beim Bau eines Schutzdamms zerstört.

Zum Friedhof von Leithaprodersdorf-Edelseeäcker gehörten etwa 80 Flachbrandgräber, zu dem in Gusen etwa 200 und zu dem in Wels-Haidfeld etwa 70 Bestattungen. In Gusen wurden acht Körper- und ansonsten nur Brandbestattungen durchgeführt.

Als Besonderheit in Gusen gilt ein sogenanntes biritelles Grab, in dem die Körperbestattung eines Mannes und eine Brandbeisetzung entdeckt wurden. Durch dieses Grab wird vielleicht – nach Meinung des Wiener Prähistorikers Gerhard Trnka – der Wandel von der Körper- zur Brandbestattung am Übergang von der Mittel- zur Spätbronzezeit veranschaulicht. Bei der Körperbestattung des Mannes ruhte der Kopf im Süden, während die Beine nach Norden ausgerichtet waren. Die Unterarme lagen eng am Körper und die Hände vor dem Gesicht. Bei den Füßen hatte man die Knochenreste einer Brandbestattung deponiert. Zu den Grabbeigaben gehören Tongefäße, ein Griffzungenschwert, eine Tüllenlanzenspitze und ein Rasiermesser vom Typ Gusen.

Außer in Stillfried sind von Franzhausen[68], Hadersdorf am Kamp[69], Sankt Andrä-Wördern[70], Leopoldsberg bei Wien[71], Fels am Wagram[72] und Groß-Enzersdorf[73] (alle in Niederösterreich) sowie in Obereching[74] (Land Salzburg) Gräber der Podol-Stillfrieder Stufe bekannt.

Im Friedhof von Franzhausen aus der jüngeren Urnenfelder-Zeit wurden 411 Brandbestattungen untersucht. Vermutlich waren es einst etwa 500 Brandbestattungen gewesen, weil ein Teil der Gräber Straßenbauarbeiten und Pflügen zum Opfer fiel. Das Fundgut von dort bestand aus etwa 2000 Tongefäßen, Bronzeobjekten (Schmuck- und Nähnadeln, Fibeln, Anhängern, Ringen, Rasier- und Fleischmessern, zwei Tassen). Auf dem zentralen Verbrennungsplatz blieb eine mehrere Quadratmeter große aschenhaltige Schicht erhalten.

In Stillfried wird nur der Friedhof im Tal »Die Gans« der Podol-Stillfrieder Stufe zugerechnet. Dort hatte der Wiener Prähistoriker Matthäus Much (1832–1909) nach Hinweisen auf Funde durch Einheimische 1876 dieses Gräberfeld entdeckt. Die

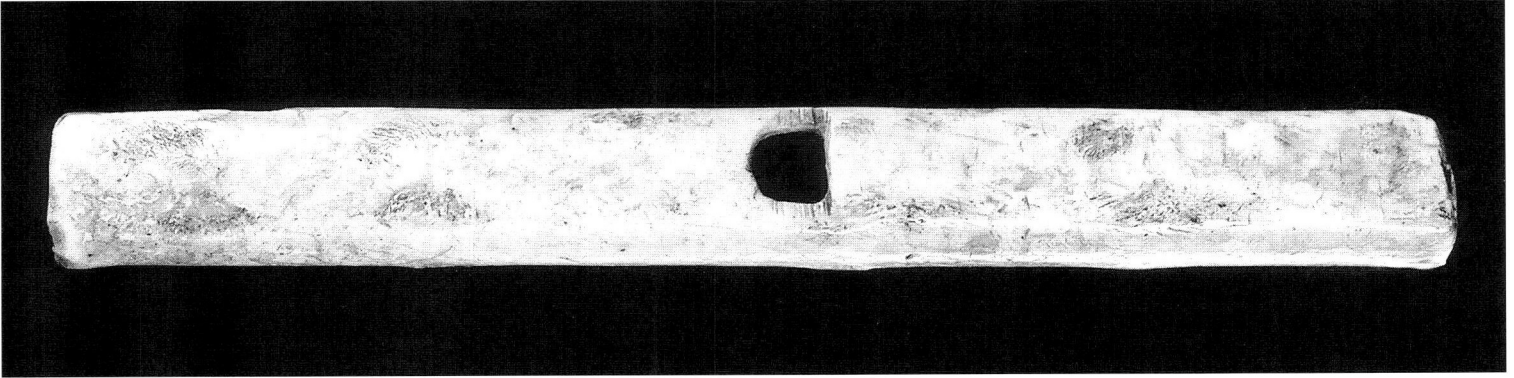

Aus dem Knochen eines Birkhuhns geschnitzte Flöte von Thunau am Kamp in Niederösterreich. Länge des auch als Kernspaltflöte bezeichneten Musikinstruments 6,7 Zentimeter, Durchmesser acht Millimeter. Original im Höbarth-Museum, Horn.

Mit Kreisringen, Strichgruppen, konzentrischen Halbkreisen und Querschraffen verzierter Armring (Steigbügelring) aus Saalfelden-Magnesitfeld im Land Salzburg. Maximaler Durchmesser 10,9 Zentimeter. Original im Heimatmuseum, Saalfelden.

heute durch Bebauung zerstörte oder dem Zugriff der Prähistoriker entzogene Anlage soll bis zu 2000 Brandgräber gezählt haben.

Andere Friedhöfe dieser Stufe umfaßten merklich weniger Brandbestattungen. Aus Hadersdorf am Kamp kennt man mehr als 130, aus Sankt Andrä-Wördern insgesamt 45 und aus Obereching 157 Brandgräber.

Der Friedhof von Sankt Andrä-Wördern wurde nach Ansicht des Ausgräbers Clemens Eibner mindestens 120 bis maximal 180 Jahre benutzt. Dort sind bei den Totenfeiern die zum Leichenschmaus verwendeten Tongefäße zertrümmert worden, wovon Scherbenpflaster in den Gräbern zeugen. In Sankt Andrä-Wördern konnten bei manchen Urnenbeisetzungen Keramikscherben jüngerer Typen nachgewiesen werden. Sie gelten als Hinweis für Gedächtnisopfer, die noch Jahre nach der Beerdigung erfolgten. Dieser Brauch wurde ebenfalls in Griechenland praktiziert.

Aus Stillfried sind mehrere ungewöhnliche Bestattungen überliefert. Dazu gehören zwei Mehrfachbeisetzungen mit sieben Menschen in einem Fall beziehungsweise 15 Menschen im anderen Fall sowie die Bestattung eines mutmaßlichen Gewaltopfers.

Die zuvor erwähnte Mehrfachbestattung von sieben Menschen – einem Mann, zwei Frauen und vier Kindern – fällt insofern aus dem Rahmen, als daß diese Verstorbenen nicht verbrannt wurden. Anthropologischen Untersuchungen zufolge handelte es sich bei den Toten um enge Verwandte.

Der Prähistoriker Clemens Eibner deutete diese Sonderbestattung phantasievoll als Folge einer blutigen Ablösung in der Thronnachfolge der »Fürsten« von Stillfried. Er meinte, daß die Opfer durch einen treuen Gefolgsmann beigesetzt worden seien. Denkbar wäre aber auch, daß eine fremde Familie zur letzten Ruhe gebettet wurde oder diese Menschen einer Seuche oder der Blutrache zum Opfer fielen. Zu Füßen der Toten hatte man ein kleines Feuer entzündet sowie Keramik und Teile eines Reibsteins als Beigaben abgelegt. Die beiden toten Frauen hielten Kinder in den Armen.

Bei der zehn Jahre später in Stillfried gefundenen Mehrfachbestattung von insgesamt 15 Menschen handelt es sich um vier Erwachsene sowie um elf Kinder und Jugendliche. Dies stellte der Wiener Anthropologe Herbert Kritscher fest.

Ungewöhnlich war auch der Fund aus einer Hütte von Stillfried. Darin lag das teilweise verbrannte Skelett einer jungen Frau, das partiell mit verkohlten Holzbalken bedeckt war. Ihre Beine ruhten auf dem verbrannten Skelett eines jungen Hundes. Vermutungen zufolge ist die Frau einer Gewalttat zum Opfer gefallen.

Während der Urnenfelder-Zeit kam es wiederholt zu Grabräubereien. Im Friedhof Salzburg-Maxglan ist in einigen Bereichen mehr als die Hälfte der Gräber geplündert worden. Meistens wurde die Urne dem Grab entnommen, nach Bronzeobjekten durchwühlt und anschließend in die Grabgrube zurückgeworfen. Im Friedhof Obereching im Land Salzburg hat man fast jedes fünfte Grab beraubt.

Auch eines der 13 Gräber mit Brandbestattungen aus Salzburg-Morzg[75] wurde von Grabfrevlern heimgesucht. Dabei zerstörten sie stellenweise eine der Längswände der aus größeren Steinen erbauten Grabkammer einer bedeutenden Persönlichkeit. Die Grabkammer war außen 5,20 und innen drei Meter lang beziehungsweise außen 3,30 und innen 1,60 Meter breit.

Zur Religion der Urnenfelder-Leute gehörten neben dem Verbrennen der Toten auch Sachopfer in Flüssen, Mooren und Höhlen, Brandopfer auf Bergen und im Flachland, Kultobjekte (»Feuerbock«, »Mond-Idol«, »Kalenderschale«, »Frauenkröte«) sowie Tier- und Menschenopfer. Nach den Beigaben für die Verstorbenen zu schließen, glaubte man an ein Weiterleben im Jenseits. Die als Wegzehrung für die Toten gedachten Fleischbeigaben wurden teilweise verbrannt oder unverbrannt ins Grab gelegt. In Horn stammten sie beispielsweise von Schafen, Ziegen oder Schweinen.

Wie die Angehörigen der Hügelgräber-Kultur haben auch die Urnenfelder-Leute häufig bronzene Waffen (Schwerter), Werkzeuge (Beile) und Schmuck (Nadeln) als Opfergaben in Flüssen versenkt. Als berühmter Opferplatz gilt eine früher für die Schiffahrt sehr gefährliche Stelle in der Donau, der sogenannte Greiner Strudel. Diese gefürchtete Stromschnelle wurde durch den Anprall der Wassermassen am zwölf Meter hohen Felsen »Haustein« gebildet, der das Flußbett versperrte.

Nach Sprengungen an der rechten Seite des »Haustein« zwischen 1850 und 1860 wurden in Felsenklüften eingezwängte und teilweise von Schlamm umhüllte Weiheobjekte aus verschiedenen Abschnitten der Urgeschichte geborgen. Dazu gehörten unter anderem ein bronzenes Schwert mit achtkantigem Griff, eine Schwertklinge, eine ungarische Schaftlochaxt und ein Lappenbeil aus der Mittelbronzezeit.

Die Funde vom Greiner Strudel sind von Experten teilweise sehr phantasievoll gedeutet worden. Der »Vater der oberösterreichischen Altertumsforschung«, der Chorherr des Stifts Sankt Florian bei Linz, Joseph Gaisberger (1792–1871), nahm 1858 Unglücksfälle an. Dagegen hat 1871 der zeitweise in Grein arbeitende Strombauleiter Joseph Roidtner (†1882) mehrere Erklärungen in Betracht gezogen. Er meinte, die von Männern stammenden Gegenstände seien bei Kämpfen auf der vereisten Donau verloren worden. Die Beile dagegen seien den Kelten bei Steinmetz- und Donauregulierungsarbeiten abhanden gekommen.

Der Wiener Höhlenkundler Georg Kyrle (1887–1937) betrachtete 1928 die Funde aus dem Greiner Strudel als Opfer, die der Stromgottheit mit dem Wunsch um eine sichere Durchfahrt oder als Dank für ein unbehelligtes Passieren der gefürchteten Stromschnellen dargebracht wurden. Der Linzer Prähistoriker Josef Kneidinger (1897–1968) glaubte 1942 an mehrere Ursachen wie Unfälle, Flußopfer und Einschwemmungen. Der damals in Salzburg arbeitende Prähistoriker Kurt Willvonseder (1903–1968) vermutete 1955 einen Flußübergang oberhalb der Fundzone, an dem die Gegenstände verlorengingen.

Ähnliche Weiheopfer wurden im Fluß Traun bei Traun unweit von Wels sowie in der Salzach praktiziert. Die Prähistoriker Walter Torbrügge (1923–1994) aus Regensburg, Johannes Maringer aus Sankt Augustin und Monika zu Erbach-Schönberg aus Frankfurt/Main nannten überzeugende Gründe dafür, die ein kultisches Brauchtum für die Versenkung wahrscheinlich machen. Dieser Deutung schließen sich heute die meisten Fachleute an.

In salzburgischen Mooren wurden häufig Bronzenadeln als Weihegaben deponiert. Allein im Zehmemoor, einem kleinen Randbereich des Bürmooses nördlich von Salzburg, kamen beim Torfstechen neun Nadeln zum Vorschein, von denen die größte 35,3 Zentimeter lang ist. Zur Zeit der Niederlegung breitete sich dort ein See inmitten des Moores aus. Vielleicht betrachteten die damaligen Menschen den dunklen Spiegel des Sees als »Tor zur Unterwelt«. Die Nadeln wurden absichtlich und einzeln in den Moorsee geworfen.

Weitere Nadelfunde sind aus dem Moor von Pabing bei Saalfelden im Pinzgau, aus einem Moor, das die Eglseen östlich von Mattsee umgibt, dem Untersberger Moor, dem Leopoldskroner Moor (alle im Land Salzburg) sowie aus dem Ibmermoor in Oberösterreich und aus Oberbayern bekannt.

Brandopferplätze lagen auf dem Goiserberg bei Morzg[76] (Land Salzburg), auf der Heidenburg bei Göfis[77] (Vorarlberg) und vielleicht auch in Stillfried (Niederösterreich). Sie gleichen teilweise den Brandopferplätzen der Laugen-Melaun-Gruppe in Südtirol (s. S. 412).

Auf dem Goiserberg wurde eine 25 Quadratmeter große Stelle freigelegt, an welcher der Boden bis zu 75 Zentimeter tief mit Resten von Brandopfern durchsetzt war. Dabei handelte es sich um angebrannte Knochen Hunderter von Haustieren (Rind, Schaf, Ziege) und Scherben mehrerer hundert Tongefäße sowie reichlich Holzkohle.

Auf der Heidenburg bildete eine quadratische Steinsetzung von drei mal drei Meter den Kern eines 40 Zentimeter mächtigen Scherbenhaufens mit Resten von mehr als 1000 Tongefäßen der älteren Urnenfelder-Kultur. Angebrannte Knochen von Haustieren konnten dort nicht freigelegt werden.

In Stillfried stieß man auf einen zentralen Kultplatz mit einer Reihe von fünf Öfen, in denen große Mengen von Gerstenspelzen verbrannt wurden. Vielleicht geschah dies unter Zugabe von Salz. Der Befund erinnerte den damals in Wien arbeitenden Prähistoriker Clemens Eibner an die aus der antiken Überlieferung bekannte Verwendung von mit Salzlake zubereitetem Spelzschrot durch die Vestalinnen im alten Rom. Dies erfolgte in eigens für einen solchen Zweck und Priesterinnen vorbehaltenen Öfen. In einer der Gruben von Stillfried wurde zusammen mit Asche von Gerstenspelzen und Gefäßresten ein Mädchenschädel mit schweren Hiebverletzungen gefunden.

Die an etlichen Fundstellen geborgenen tönernen »Feuerböcke« (auch »Mond-Idole« genannt) gelten als Objekte, die vielleicht im Kult eine Rolle spielten. Derartige »Feuerböcke« kamen häufig in Höhensiedlungen zum Vorschein. Zu den hochgelegenen Fundorten von »Feuerböcken« gehören der Fötzberg bei Tacken, der Heilige Berg bei Bärnbach, der Hoarachkogel bei Spielfeld, der Königsberg bei Tieschen und der Kulm bei Weiz, die alle in der Steiermark liegen.

Zu Spekulationen gibt die sogenannte »Kalenderschale« von

DIE URNENFELDER-KULTUR

Bei Grein in Oberösterreich gab es einst für die Schiffahrt auf der Donau zwei Gefahrenquellen: den wild aufschäumenden Strudel (oben) und den darauffolgenden gefürchteten Wirbel (unten), dem zu entrinnen große Mühen bereitete.

Sankt Andrä-Wördern[78] in Niederösterreich Anlaß. Sie wurde zusammen mit den Resten eines verbrannten Schweines und einem bronzenen Halsreif ausgegraben. Die Schale ist mit 28 ganzen und drei halben Elementen verziert, was vielleicht mit den $29\frac{1}{2}$ Tagen eines sogenannten synodischen Monats zusammenhängt, welcher der Mondumlaufzeit um die Erde entspricht.
Nach Ansicht des Prähistorikers Clemens Eibner deutet alles darauf hin, daß die Schale als ein Kalender gestaltet worden ist. Speziellen Anlaß hierzu bot vielleicht die Sonnenfinsternis des Jahres 885 v. Chr. Ein solches Ereignis galt damals wohl als schlechtes Omen und dürfte auf die Menschen jener Zeit besonders furchterregend gewirkt haben. Aus diesem Grund wurde offenbar zusammen mit der Tasse ein als Sühneopfer verbranntes Hausschwein vergraben.
Ein weiteres rätselhaftes Objekt ist die »Frauenkröte« von Maissau[79] (Niederösterreich), die in einer Siedlung der älteren Urnenfelder-Zeit geborgen werden konnte. Dieses 7,5 Zentimeter lange und am Rücken 3,5 Zentimeter breite tönerne Kunstwerk stellt eine Erdkröte *(Bufo bufo)* dar, deren Bauchseite als nackte Frau in Koitusstellung modelliert wurde. Das linke Hinterbein und beide Vorderbeine der Figur enden mit alten Bruchstellen. Vielleicht spiegelt die »Frauenkröte« ähnliche Vorstellungen wider wie früher der süddeutsche Volksglaube. In Süddeutschland wurde ehedem die Gebärmutter als ein im Leib der Frau frei bewegliches, selbständiges Lebewesen in Gestalt einer Kröte angesehen. Daher hat man Krötendarstellungen aller Art in Kirchen als Uterus-Symbole bei Erkrankungen der Gebärmutter oder in Fällen von Unfruchtbarkeit geopfert. Die »Frauenkröte« von Maissau bildete vielleicht die Ausgangsform der volkskundlichen Votivkröten.
Die erwähnten Skelettreste von einige Zeit in Gefangenschaft gehaltenen Hirschkühen und Wölfen aus vier Siedlungsgruben

Tönerne »Frauenkröte« aus einer urnenfelderzeitlichen Siedlung von Maissau in Niederösterreich von oben (links) und unten (rechts). Länge der Tonfigur 7,5 Zentimeter, maximale Breite 3,5 Zentimeter. Original im Höbarth-Museum, Horn.

in Stillfried werden unterschiedlich gedeutet. Demnach könnten die abgerichteten Hirsche als Locktiere für Rotwild, Deckung für anschleichende Jäger, aber auch als Opfertiere im Rahmen eines Jagdkults gedient haben.

In einer Grube von Stillfried lag unter der Hirschkuh das komplette Skelett eines Ferkels, in einer anderen Grube war das Skelett nicht vollständig erhalten, und in einer weiteren Grube ruhte die Hirschkuh auf einem Scherbenpflaster. In letzterem Fall fand sich in Nähe des Tieres ein Knochenanhänger in stilisierter Menschengestalt. Eine vierte Grube enthielt die Skelette eines kapitalen Hirsches und zweier Wölfe. Dort lag der Schädel des Hirsches auf einer einzelnen Geweihstange, die mehrere Schalen und Töpfe bedeckte.

Um Reste von Menschenopfern könnte es sich bei den mehr als zehn isoliert gefundenen Schädeln in Siedlungsgruben von Stillfried handeln. Der Schädel eines zwölf- bis vierzehnjährigen Mädchens weist vier schwere Hiebverletzungen durch einen hammerartigen Gegenstand auf. Möglicherweise wurde durch das von Menschenhand erweiterte Hinterhauptsloch an der Schädelbasis das Gehirn des Mädchens entnommen und verspeist.

Tödliche Hiebverletzungen sind von Anthropologen auch an einem Schädel ohne Unterkiefer aus einer Grube von Stillfried festgestellt worden. Schädeldepositionen wie diejenigen von Stillfried waren in der Urnenfelder-Zeit beileibe keine Einzelerscheinungen.

Golden glänzten die Helden in der Sonne
Die Nordtiroler Urnenfelder-Kultur

In den meisten Landesteilen Nordtirols existierte von etwa 1300/1200 bis 800 v. Chr. die Nordtiroler Urnenfelder-Kultur. Dieser Begriff geht auf den Münchener Prähistoriker Karl Heinz Wagner (1907–1944, s. S. 448) zurück, dessen Werk »*Nordtiroler Urnenfelder*« 1943 erschien. Dagegen konnte sich der von einem Fundort in Innsbruck-Hötting abgeleitete Name »Höttinger Kultur«[1] nicht durchsetzen.

Die Menschen der Nordtiroler Urnenfelder-Kultur sind teilweise aus den Angehörigen der mittleren Inneralpinen Bronzezeit-Kultur (s. S. 240) hervorgegangen und teilweise zugewandert. Die Zuwanderer kamen vor allem aus Oberbayern.

An den Knochenresten aus dem Gräberfeld von Kapfing bei Fügen im Zillertal konnten die Wiener Anthropologen Maria Urschitz und Eike Meinrad Winkler (1948–1994) vor allem Symptome von Mangelerkrankungen erkennen. Dazu gehören Porosierungen am Gaumen, am Augenhöhlendach (Cribra orbitalia) und am Hirnschädel (Cribra cranii), Verdickungen im Bereich der Stirn- und Scheitelbeinhöcker sowie Harris-Linien (s. S. 112) an den Langknochen.

Diese Veränderungen an den Knochen zeugen allgemein von körperlichen und seelischen Belastungen sowie Parasitenbefall. Außerdem wurden in Kapfing Spondylose an Halswirbeln und rheumatisch-entzündliche Erkrankungen der Brustwirbelsäule festgestellt.

Tönerne Spinnwirtel aus Gräbern deuten darauf hin, daß die Kleidung aus Flachs und Schafwolle gesponnen wurde. Während in einem Grab von Innsbruck-Hötting nur ein Exemplar lag, konnten in einem Grab von Volders nicht weniger als neun scheibenförmige Spinnwirtel geborgen werden. Daß des weiteren auch Kleidungsstücke aus Leder getragen wurden, zeigte der Fund eines Wamses von der Kelchalpe bei Kitzbühel. Dieses Kleidungsstück wird in alten Mitteilungen erwähnt, blieb aber nicht erhalten.

In einem Grab von Volders fand sich eine komplett erhaltene 5,5 Zentimeter lange Nähnadel. Dagegen fehlte bei einer in mehrere Teile zerbrochenen Nähnadel von Imst die Spitze. Letztere Nähnadel war mit etwa zehn Zentimeter Länge (ohne Spitze) besonders groß.

Von der damaligen Bekleidung blieb nur das bronzene Zubehör in Form von Gewandnadeln, Gürtelhaken und -schließen erhalten. Sie kamen vor allem in Gräbern zum Vorschein.

Unter den Gewandnadeln gab es Kugelkopfnadeln mit geripptem Hals, Mohnkopf-, Vasenkopf- und Trompetenkopfnadeln. Kugelkopfnadeln fand man in Volders. Mohnkopfnadeln wurden in Gräbern von Volders, Sistrans und Natters (Sonnenburger Hügel) zutage gefördert. Trompetenkopfnadeln liegen aus Matrei-Schwemmäcker vor.

Gürtelhaken kennt man aus Innsbruck-Wilten und Imst. Gürtelschließen lagen in Gräbern von Aldrans, Innsbruck-Hötting, Innsbruck-Mühlau, Innsbruck-Wilten, Matrei am Brenner, Schwaz, Sonnenburg, Telfs und Volders. Allein in Innsbruck-Wilten wurden in 15 Gräbern Gürtelschließen entdeckt. Sie werden nach einem Fundort aus Bayern auch als Riegsee-Gürtelbleche bezeichnet.

Hüttenlehmstück mit Abdrücken einer geflochtenen Rutenwand aus Innsbruck-Hötting (Pflatschbühel) in Nordtirol. Mit Lehm wurden die Wände der damaligen Behausungen verstrichen. Original im Tiroler Landesmuseum Ferdinandeum, Innsbruck.

An manchen der zum Schneiden der Bart- und Kopfhaare benutzten bronzenen Rasiermesser hafteten noch feine Härchen des Futterals, in dem dieses Toilettegerät aufbewahrt wurde. Das war bei den halbmondförmigen Rasiermessern aus Mühlbachl und Thaur der Fall, nicht dagegen bei den Rasiermessern von Imst und Volders.

Derzeit sind 34 Siedlungsstellen der Nordtiroler Urnenfelder-Kultur bekannt. Etwa zwei Drittel davon lagen im Oberinntal, im Wipptal und im Stubaital. Von den Siedlungen jener Zeit in Nordtirol lassen sich höchstens fünf mit Gräberfeldern in Verbindung bringen: nämlich die Siedlungen von Innsbruck-Amras[2], Zirl[3], Karrösten[4], Natters-Sonnenburger Hügel[5] und Wörgl-Kirchbichl[6].

Aus Innsbruck-Hötting liegen Hüttenlehmstücke mit Rutenabdrücken vor und aus Karrösten solche mit Abdrücken von teilweise größeren Stämmen und fingerdicken Ruten. Unter den Bewohnern der Siedlung von Wörgl im Talgrund der Brixentaler Ache gab es auch Metallhandwerker. Auf der Kelchalpe bei Kitzbühel wurden mehrere Gebäudereste, darunter ein 6,50 mal 4,50 Meter großer Steinunterbau einer Blockhütte, freigelegt. Jagdbeutereste aus der Siedlung von Karrösten belegen gelegentliche Pirsch auf Rothirsche (*Cervus elaphus*) und Wildschweine (*Sus scrofa*). Auf sporadische Hirschjagd deutet zudem ein am unteren Ende angeschliffenes und durchbohrtes Hirschgeweihende aus einem Grab von Innsbruck-Hötting hin. Daß zuweilen auch Braunbären (*Ursus arctos*) erlegt wurden, verraten zwei durchbohrte Reißzähne aus einem Grab von Innsbruck-Wilten.

Ein Teil der in Karrösten geborgenen Tierknochen stammte von Haustieren. Demnach hielten die Bewohner dieser Siedlung Rinder, Schweine sowie Schafe oder Ziegen. Dieselben Haustierarten sind auch auf der Kelchalpe bei Kitzbühel durch Knochenreste nachgewiesen.

Zum Formenschatz der Keramik der Nordtiroler Urnenfelder-Kultur gehörten Henkeltassen, Tassen, Krüge, Saugfläschchen und Säulchenurnen. Ein tiergestaltiges tönernes Saugfläschchen für einen Säugling aus Innsbruck-Mühlau sollte vermutlich ein Haustier darstellen.

Untersuchungen von vier aus zwei Gräbern in Volders geborgenen Schmelzkuchenstücken ergaben, daß der Herkunftsort des dafür verwendeten Rohkupfers die Lagerstätte Schwaz-Brixlegg in Nordtirol ist. Dort hat man auch jenes Rohkupfer gefördert, das man auf einem Verhüttungsplatz bei Kundl-Lus[7] in Nordtirol verarbeitete.

Im Gebiet um Brixlegg[8] wurden die für den urgeschichtlichen Bergbau typischen Spuren von Feuersetzungen an bis zur Erdoberfläche reichenden Erzgängen entdeckt. In den Halden tauben Gesteins fanden sich urnenfelderzeitliche Keramikreste.

Außerdem hat man Kupfer aus den Lagerstätten um Kitzbühel – wie den Bergbaubereichen Kupferplatte und Kelchalpe[9] – gewonnen. Davon zeugen oberirdische Abbaugruben (Pingen), Abraumhalden (Scheidehalden), Kleidungsreste und Werkzeuge der Bergleute sowie zahlreiche Schmelzplätze im Raum Kitzbühel.

Von der Kelchalpe sind Kohlen, Reste der Feuersetzung bei Abbau des Erzes, angebrannte Hölzer, zahlreiche entzündete Leuchtspäne, ein aus Fichtenbrettern gezimmerter viereckiger Kasten und mehrere ebenfalls aus Fichtenholz hergestellte schüsselartige Geräte bekannt.

Unter einer bis zu zwei Meter hohen Abfallhalde der Kelchalpe kam der erwähnte Steinunterbau einer Blockhütte zum Vorschein. Neben den Arbeitsstätten wurden Haustiere gehalten, welche die Versorgung der Bergleute mit Fleisch und Milchprodukten gewährleisteten. Von den ehemaligen Siedlern zeugen Herde, Topfbruchstücke und kleine, gebogene bronzene Messer. Auch einen aus einem Fichtenstämmchen geschnittenen Quirl hat man geborgen.

Rätselhaft sind die Zeichen auf 88 Kerbhölzern von der Kelchalpe. Auf den nur wenige Zentimeter langen Astteilen von Fichten, Tannen, Haselnuß- und Vogelbeersträuchern sind Kerben angebracht, die Ähnlichkeiten mit geometrischen Figuren haben. Vielleicht dienten die Kerben als Zeichen, welche Rechte und Pflichten der Bergleute regelten. Oder es waren Marken zur Kontrolle von Leistungen – etwa bei Abrechnungen – oder Hölzer zum Losen.

Auch manche Bronzebeile und -pickel von anderen Fundorten sind mit Marken versehen, die als Werkstatt-, Kontroll- oder Besitzzeichen gedeutet werden können.

Von damaligen Metallhandwerkern stammen des weiteren zwei in Völs gefundene Bronzebarren. Einer davon ist 12,8 Zentimeter lang, 1,6 Zentimeter breit und 1,8 Zentimeter dick, der andere 8,5 Zentimeter lang, 1,5 Zentimeter breit und 1,7 Zentimeter dick. Das Kupfer dieser beiden Funde stammt aus einer Abbaustätte in Nordtirol, vermutlich von der Kelchalpe.

Bronzene Trompetenkopfnadel mit vier Gruppen kräftiger Halsrippen aus Matrei am Brenner (Schwemmacker) in Nordtirol. Erhaltene Länge der Nadel 25,2 Zentimeter. Original im Tiroler Landesmuseum Ferdinandeum, Innsbruck.

DIE NORDTIROLER URNENFELDER-KULTUR

Verzierte tönerne Säulchenurne aus Natters-Sonnenburg in Nordtirol. Säulchenurnen sind typisch für die Nordtiroler Urnenfelder-Kultur. Höhe 23,8 Zentimeter. Original im Tiroler Landesmuseum Ferdinandeum, Innsbruck.

Zu den bronzenen Werkzeugen der Nordtiroler Urnenfelder-Kultur gehörten Nähnadeln mit Öhr, Beilklingen und verschiedene Messertypen. Sie wurden zum Teil selbst angefertigt und teilweise von benachbarten Kulturen eingetauscht.

Die in einem Grab von Volders geborgene Beilklinge war nur fragmentarisch erhalten. Manche Beile mit bronzener Klinge und langem hölzernen Schaft dienten wohl als Werkzeuge zur Holzbearbeitung, andere dagegen als Waffen.

Bronzene Messer lagen in Gräbern von Imst, Kufstein (Gräberfeld Kienbichl) und Telfs. Keine andere Region der Urnenfelder-Kultur hat so viele Messertypen hervorgebracht wie Nordtirol. Zu ihnen gehörten die qualitätvollen Griffzungenmesser der Typen Matrei, Mühlau und Pfatten sowie einfachere Typen, darunter die Klingen mit Vorgewicht.

Die Männer der Nordtiroler Urnenfelder-Kultur wurden nicht mit all ihren Schutz- und Angriffswaffen bestattet. Nach Ansicht des Mainzer Prähistorikers Markus Egg gab man den Toten nur einige besonders prestigeträchtige Waffen mit ins Grab, die nach damaliger Anschauung für ein standesgemäßes Weiterleben im Jenseits erforderlich waren. Als wichtigste und wohl auch am meisten geschätzte Waffe galt – nach den Funden in Kriegergräbern zu schließen – das bronzene Schwert.

In Nordtirol wurden vornehmen Kriegern vor allem reichverzierte Vollgriffschwerter ins Grab gelegt, während Griffzungenschwerter eher von untergeordneter Bedeutung waren. Die nach einem bayerischen Fundort benannten Riegsee-Schwerter (s. S. 272) repräsentieren die älteste Gruppe der Vollgriffschwerter. Von ihnen sind in Nordtirol vier Exemplare entdeckt worden. Sie werden als Leittyp der Stufe Bronzezeit D betrachtet und dürften in Süddeutschland angefertigt worden sein.

Die Riegsee-Schwerter wurden in der nachfolgenden Stufe Hallstatt A von den Dreiwulstschwertern abgelöst. Diesem Typ lassen sich die meisten der in Nordtirol aufgefundenen Schwerter zuordnen. Am häufigsten waren Dreiwulstschwerter des Typs Erlach, die üppig mit Spiralen und Wellenbändern geschmückt sind. Man datiert sie in die Stufe Hallstatt A1. Ihr Verbreitungsschwerpunkt liegt in Oberbayern und Nordtirol, wo die dazugehörige Werkstatt vermutet wird.

Außerdem gab es in Nordtirol auch Dreiwulstschwerter der Typen Illertissen und Aldrans, die nach Funden in Bayern und Nordtirol bezeichnet sind. Die Schwerter vom Typ Illertissen aus der Stufe Hallstatt A1 konzentrierten sich in Südwestdeutschland. Dagegen kamen die Schwerter vom Typ Aldrans gegen Ende der älteren Urnenfelder-Zeit auf. Das Ursprungsgebiet des letzteren Typs läßt sich nicht genau lokalisieren. Solche Waffen wurden in Süddeutschland, Nordtirol, Oberösterreich, Tschechien und in der Slowakei geborgen.

Noch jünger sind vermutlich die Schalenknaufschwerter aus einem Grab von Volders und aus der Hinterriß bei Schwaz. Sie gelten als Weiterentwicklung der Dreiwulstschwerter der Typen Erlach, Illertissen und Aldrans und werden an den Übergang von der älteren zur jüngeren Urnenfelder-Zeit beziehungsweise an den Beginn der Stufe Hallstatt B datiert.

Derselben Stufe gehört vermutlich das Antennenschwert vom Typ Zürich aus Bings in Vorarlberg an, das außerhalb des Verbreitungsbereichs der Nordtiroler Urnenfelder-Kultur liegt. Mit diesen Funden endete die Schwerttradition im Nordteil der mittleren Alpen. Schwerter vom Typ Mörigen und vom Typ

Im Wirbelknochen eines Schweines steckender, weitgehend abgebrannter Leuchtspan aus dem Bergbaugebiet Kelchalpe bei Kitzbühel in Nordtirol. Der Span diente zur Beleuchtung im Untertagebau. Original im Heimatmuseum, Kitzbühel.

Auvernier (nach Fundorten in der Schweiz) oder Antennenschwerter vom Typ Weltenburg (nach einem Fundort in Bayern) liegen bislang aus dieser Region nicht vor.

Von den Schwertgehängen der Krieger blieben nur bronzene Doppelknöpfe übrig, während die Lederteile längst vergangen sind. An solchen Gehängen war die Scheide aus organischem Material befestigt, in der das Bronzeschwert steckte.

Außer mit Schwertern bewaffnete man sich zu Beginn der Urnenfelder-Zeit auch mit bronzenen Dolchen. In der Region nördlich und südlich der Alpen wurden einfache Griffplattendolche verwendet. Sie kamen im Laufe der Entwicklung der Urnenfelder-Zeit aus der Mode.

Weitere wichtige Angriffswaffen, die häufig mit Schwertern kombiniert wurden, dürften Lanzen mit bronzener Spitze und hölzernem Schaft gewesen sein. In Nordtirol sind Lanzenspitzen meistens als Einzelfunde geborgen worden, nur zwei Exemplare lagen in Gräbern von Kitzbühel-Lebenberg und Innsbruck-Hötting III. Bei mehreren Funden handelte es sich um Lanzenspitzen aus der älteren Urnenfelder-Zeit mit gestuftem Blatt und geschwungener Schneide, wie sie vor allem im östlichen Mitteleuropa verbreitet waren.

Die Lanzenspitze vom Typ Hötting besitzt ein mit Linien verziertes Blatt und hat einen elegant geschwungenen Umriß. Jener Typ wurde über große Entfernungen hinweg getauscht. Man kennt Lanzenspitzen des Typs Hötting aus dem Depotfund von München-Widenmayerstraße, aus schweizerischen Seeufersiedlungen (»Pfahlbauten«), Trient, aus der Fliegenhöhle von Škocjan in Slowenien und aus Napajedla in Tschechien. Demnach handelte es sich um eine im Verbreitungsgebiet der Urnenfelder-Kultur beliebte Waffe.

Kleine bronzene Pfeilspitzen mit Tülle zur Aufnahme des hölzernen Schaftes belegen die Verwendung von Pfeil und Bogen. Es läßt sich nicht klären, ob diese Fernwaffe vor allem für die Jagd oder für den Kampf eingesetzt wurde. Eine Pfeilspitze lag zum Beispiel im Gräberfeld am Kienbichl von Kufstein.

Bei den bronzenen Beilklingen ist nicht zu unterscheiden, ob sie von Waffen oder von Werkzeugen stammten. In Nordtirol sind bisher nur Lappenbeile (s. S. 36) bekannt. Aus den Ostalpen stammende Lappenbeile fand man in Schwaz, Innsbruck-Amras, Innsbruck-Mühlau, Kitzbühel, Stanz und Tulfes. Südalpine und oberitalische Beiltypen konnten in Angath, Wörgl, Imst und Stanz geborgen werden.

Bronzene Helme, Panzer und Rundschilde, wie sie in anderen Gegenden Mitteleuropas aus Fluß- und Depotfunden vorliegen,

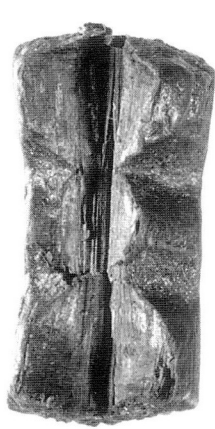   

Kerbhölzer aus dem Bergbaugebiet Kelchalpe bei Kitzbühel in Nordtirol. Dort wurde in der Spätbronzezeit Kupfererz abgebaut. Länge der Hölzer zwischen 4,4 und 6,2 Zentimetern. Originale im Heimatmuseum, Kitzbühel.

Bronzenes Griffzungenmesser vom Typ Matrei aus Grab 68 von Innsbruck-Wilten in Nordtirol. Solche Messer sind nach dem Fundort Matrei am Brenner bezeichnet. Länge 21,8 Zentimeter. Original im Tiroler Landesmuseum Ferdinandeum, Innsbruck.

kamen bisher in Nordtirol nicht zum Vorschein. Die Schilde könnten auch aus organischem Material hergestellt worden sein, dessen Haltbarkeit begrenzt ist.

Nach Überzeugung des deutschen Prähistorikers Lothar Sperber aus Speyer haben manche Krieger der Nordtiroler Urnenfelder-Kultur bronzene Beinschienen getragen. Er deutet einige stark verschmolzene und mit Buckelreihen verzierte Bronzeblechreste aus dem Gräberfeld von Volders als Fragmente geschnürter Beinschienen.

Lothar Sperber begründet seine Annahme vor allem damit, daß die Zierbuckel auf den Bronzeblechresten mit einem Durchmesser von bis zu 1,5 Zentimetern für Tassen und die meisten anderen Bronzegefäße jener Zeit zu groß sind. Auch verzierte Eimer, die nur vereinzelt solche großen Zierbuckel aufweisen, kommen nicht in Betracht, weil eines der Blechfragmente aus Volders mit einem Anordnungsmuster von Zierbuckeln versehen ist, das bei Eimern bislang nirgendwo festgestellt wurde.

Von bronzenen Helmen und Schilden können die Bronzeblechreste aus Volders ebenfalls nicht stammen, weil buckelverzierte Schutzwaffen erst später in Mode kamen. Somit bleiben Brustpanzer und Beinschienen übrig. Daß es sich wohl eher um letztere handelt, belegt das Dekormuster eines der Bronzeblechfragmente, das sehr den Beinschienen von anderen Fundorten ähnelt.

Die Beinschienenreste von Volders sind verschmolzen, weil sie zusammen mit ihrem verstorbenen Besitzer im Feuer des Scheiterhaufens gelegen hatten. Viel besser erhalten sind bronzene Beinschienen, die als Opfergaben dienten. Dazu gehören zwei Exemplare aus Pergino im Trentino und eines von Malpensa in der Lombardei, beide in Italien gelegen. Auch in Süddeutschland sind Reste von bronzenen Beinschienen aus der Urnenfelder-Zeit geborgen worden (s. S. 272).

Helm, Brustpanzer, Schild und Beinschienen der urnenfelderzeitlichen Krieger waren nach Ansicht von Experten weniger zum Schutz im Kampf gedacht als vielmehr zum Prunk und zur Repräsentation. Das Bronzeblech dieser Ausrüstungsgegenstände ließ die spätbronzezeitlichen Helden im Sonnenlicht golden erstrahlen. Die Eitelkeit feierte schon vor mehr als 3000 Jahren Triumphe.

Von Tauschgeschäften zeugen außer bronzenen Schwertern fremder Herkunft auch typische Krüge und andere Tongefäße der Laugen-Melaun-Gruppe (s. S. 410) sowie Bronzetassen aus fernen Gegenden.

Wie erwähnt, wurden Schwerter aus Süddeutschland und der Schweiz bezogen. In Volders und Mühlbachl-Matrei fand man formschöne Keramik der vor allem in Südtirol heimischen Laugen-Melaun-Gruppe. Bronzetassen waren aus nördlichen Gebieten importiert worden.

Bei den in Nordtirol entdeckten Bronzetassen handelt es sich um den Typ Fuchsstadt (nach einem Fundort in Bayern, s. S. 273) und den Typ Jenišovice (nach einem Fundort in Böhmen), dessen Bezeichnung früher Typ Kirkendrup (s. S. 273) lautete.

Tassen vom Typ Fuchsstadt kamen in Gräbern von Mühlbachl bei Matrei am Brenner, Völs und Volders zum Vorschein. Tassen vom Typ Jenišovice barg man in Gräbern von Innsbruck-Wilten, Mühlbachl und Volders. Bronzetassen waren damals so beliebt, daß sie zuweilen aus metallisch glänzendem Ton nachgebildet wurden. Tönerne Repliken von Bronzetassen liegen aus Amras (Nordtirol) und aus dem Gräberfeld von Innsbruck-Wilten vor.

Schmuckstücke hat man aus Tierzähnen, Bronze, Bernstein, Glas und Gold angefertigt. Damit wurden der Hals, die Kleidung, die Arme, die Finger und der Gürtel geschmückt. Schmuckstücke fanden sich vor allem in Gräbern.

In einem Grab von Innsbruck-Wilten lagen zwei durchbohrte Reißzähne eines Braunbären. Sie dienten vermutlich als Anhänger einer Halskette oder als Kleidungsbesatz.

Aus Volders kennt man kräftig gerippte bronzene Armreife und aus Imst bronzene Fingerringe sowie Spiralen des Hals- oder Gürtelschmucks.

Durchbohrte Bernsteinperlen hat man in Matrei am Brenner und Sistrans geborgen. Sie sind auf dem Tauschweg nach Nordtirol gelangt.

Bunte Glasperlen befanden sich in Gräbern von Innsbruck-Mühlau, Innsbruck-Wilten, Völs und Volders. Einer im Friedhof von Volders bestatteten Frau war eine Kette mit 78 blauen Glasperlen mit ins Grab gegeben worden.

Aus Gold wurden Spiralröllchen angefertigt und dünne Überzüge für Zierscheiben oder Knöpfe mit einem Kern aus Kupfer beziehungsweise Bronze hergestellt. Auf Goldschmuck stieß man ausschließlich in Frauengräbern. Dieses Edelmetall war nicht nur der Führungsschicht vorbehalten.

Goldene Spiralröllchen lagen in drei Gräbern von Innsbruck-Mühlau sowie in je einem Grab von Innsbruck-Hötting I und Telfs. Prächtige goldene Zierscheiben hat man in Innsbruck-

Tönerne Nachbildung einer Bronzetasse aus dem urnenfelderzeitlichen Brandgräberfeld Innsbruck-Wilten in Nordtirol. Das Foto zeigt das Gefäß in Seitenansicht. Höhe 5,5 Zentimeter. Original im Tiroler Landesmuseum Ferdinandeum, Innsbruck.

Mühlau (ein Exemplar) und in Innsbruck-Wilten (drei Exemplare) entdeckt. Sie werden dem nach einem ungarischen Fundort bezeichneten Typ Velem-Szentvid (zu deutsch Sankt Veit) zugerechnet. Sein Kennzeichen ist, daß die auf der Rückseite der Unterlagscheibe gefalzte Goldfolie zusätzlich von einem umkordelten Draht eingefaßt wurde, der an die Scheibe angebunden war.

In Sistrans barg man das Bruchstück eines Goldblechs, das mit konzentrischen Kreisen und einer gekerbten Leiste verziert ist. Die konzentrischen Kreise gelten als Sonnensymbole. Das Goldblechfragment aus Sistrans ist verschollen. Vergoldete Knöpfe sind in Gräbern von Innsbruck-Wilten und Innsbruck-Mühlau zum Vorschein gekommen.

Die Menschen der Nordtiroler Urnenfelder-Kultur haben auch dem Spiel gefrönt. Darauf deuten Spielwürfel aus Gräbern von Innsbruck-Hötting, Innsbruck-Wilten und Volders hin. Sie sind aus bestimmten Tierknochen (Astragali) geschaffen.

Von den bisher entdeckten 34 Gräberfeldern befinden sich mehr als zwei Drittel im Innsbrucker Talbecken und im unteren Inntal. Zu den größten Gräberfeldern zählen jene von Volders[10], Innsbruck-Wilten[11], Innsbruck-Hötting[12], Innsbruck-Mühlau[13] und Mühlbachl-Matrei[14]. Kleinere Friedhöfe liegen in Imst[15], Völs[16], Zirl[17] und Telfs[18].

In Volders wurden 431 Brandgräber erfaßt, weitere 70 werden unter einer Straße vermutet, die den Friedhof durchquert. Am Rand des Gräberfeldes lagen vier Verbrennungsplätze mit einer mächtigen Kohle- und Aschenschicht, die mit Knochensplittern und Keramikfragmenten durchsetzt war. Der größte Verbrennungsplatz, auf dem die Leichen auf Scheiterhaufen dem Feuer überantwortet worden sind, hatte eine Länge von sieben Metern und eine Breite von vier Metern.

In Volders wurden nach dem Verbrennen der Leichen die Knochenreste mitsamt den spärlichen Beigaben aus dem Scheiterhaufen aufgelesen und meistens in kleinen, häufig mit Steinen eingefaßten oder überhäuften Grabgruben bestattet. Seltener bewahrte man die Knochenreste in tönernen Urnen auf und legte unversehrt gebliebene Beigaben dazu.

Eine Analyse durch Lothar Sperber ergab, daß in Volders während der späten Mittelbronzezeit nur eine einzige Familie gelebt hatte. Ab der Spätbronzezeit wohnten dort zunächst zwei bodenständige Familien, denen sich wenig später zwei aus dem oberbayerischen Gebiet zugewanderte Familien hinzugesellten. Nach Berechnungen Sperbers gehörten zu jeder dieser insgesamt vier Familien acht bis neun Menschen – nämlich ein Elternpaar, fünf bis sechs Kinder und ein Überlebender der Großeltern.

Die vier Familien von Volders beerdigten ihre Toten in vier voneinander getrennten Bestattungsgruppen oder Teilfriedhöfen. Sperber bezeichnete diese vier Bestattungsgruppen – nach ihrer Lage im Gräberfeld – als Nordost-, Südost-, Mittel- und Westgruppe. Die Nordost- und die Südostgruppe gehen – nach den Grabbeigaben zu schließen – auf die Zuwanderer aus Oberbayern zurück, während die Friedhöfe der Mittel- und Westgruppe von Familien der alteingesessenen Bevölkerung Nordtirols angelegt wurden.

Zum Tragen eines Schwertes war während der gesamten Belegungszeit des Gräberfelds in Volders jeweils nur ein einziger Mann aus ein und derselben Gruppe berechtigt. Dabei handelte es sich um jene fremdstämmige Gruppe, die ihre Toten zunächst in der Nordostgruppe und später – nach dem Verschwinden der bodenständigen Gruppen – in der Mittelgruppe bestattete.

Gelegentlich ist es in Volders zu Hochzeiten zwischen Zuwanderern und Einheimischen gekommen. So hat eine Frau der fremdstämmigen Gruppe in eine bodenständige Familie eingeheiratet, die in der Mittelgruppe des Gräberfelds ihre Toten beisetzte.

Die Angehörigen der fremdstämmigen Gruppen unterschieden sich durch ihre Grabformen und Grabbeigaben von den Einheimischen. Sie errichteten meistens Urnengräber sowie große, manchmal sogar mannslange, steinkistenartige Grabgruben. Zudem legten sie im Gegensatz zu den Einheimischen den Verstorbenen vielfach unverbrannte Beigaben mit ins Grab.

Nach vier beziehungsweise sieben Generationen von schätzungsweise je 26 Jahren – das heißt nach ungefähr 100 beziehungsweise 170 bis 180 Jahren – verschwanden die beiden alteingesessenen Siedlungsgemeinschaften. Sie sind entweder ausgestorben oder weggezogen. Ihre Friedhofsareale wurden nach und nach von den beiden fremdstämmigen Siedlungsgemeinschaften übernommen. Die Nordostgruppe wechselte auf das Areal der Mittelgruppe und die Südostgruppe auf das Areal der Westgruppe.

Ab der achten oder neunten Generation sind – laut Lothar Sperber – die fremdstämmigen Gruppen auf insgesamt acht Familien angewachsen. In der neunten oder zehnten Generation erreichten sie mit schätzungsweise 60 bis 70 Angehörigen den Höhepunkt der Bevölkerungsentwicklung. In der fünfzehnten Generation um 980 v. Chr. gab es nur noch zwei Familien und in der siebzehnten um 930 v. Chr. lediglich noch eine Familie, die in der zwanzigsten Generation um 840 v. Chr. wegzog oder ausstarb.

Zum Gräberfeld von Innsbruck-Wilten gehörten 161 Brandgräber. Dort war schon 1652 ein hoher tönerner Becher als erster Fund geborgen worden. Die Brandgräber wurden zwischen 1910 und 1925 von verschiedenen Ausgräbern erforscht. Auch in Innsbruck-Wilten durfte vermutlich nur ein einziger Mann ein Schwert tragen.

In Innsbruck-Hötting hat man sogar drei Gräberfelder der Nordtiroler Urnenfelder-Kultur entdeckt. Zum Gräberfeld Hötting I gehörten 49 Gräber, zum Gräberfeld Hötting II 125 Gräber und zum Gräberfeld Hötting III (auch Hötting III-Allerheiligenhöfe genannt) einige Brandgräber. Davon wurden Hötting I und II schon in der älteren Urnenfelder-Zeit belegt, während in Hötting III erst in der jüngeren Urnenfelder-Zeit Bestattungen erfolgten.

Das Gräberfeld von Mühlbachl-Matrei zählte 112 Brandgräber, das von Innsbruck-Mühlau 76, das von Imst 53, das von Völs 51, das von Kapfing etwa 50, das von Zirl 30, das von Telfs 24, das von Kufstein acht und das von Westendorf vier bis acht Brandgräber. In Schwaz (Sankt Martin) gab es möglicherweise drei Gräberfelder, von denen Schwaz I mehrere Brandgräber und Schwaz II mindestens neun Brandgräber umfaßte. Dazwischen lag das vermutete Gräberfeld Schwaz III.

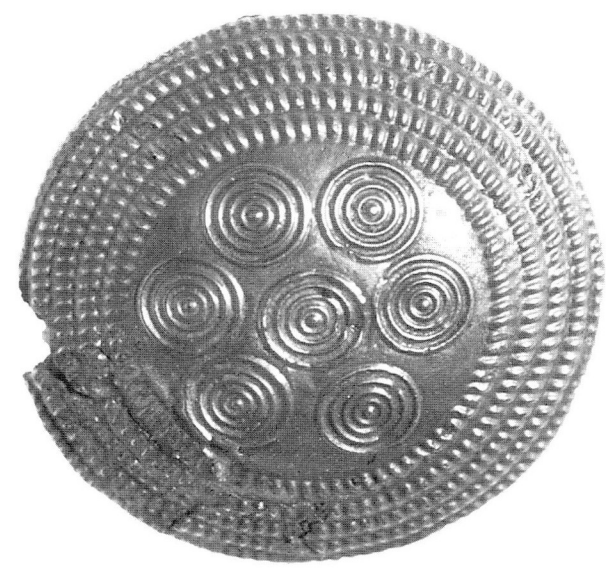

Verzierte Goldblechscheibe auf einer Bronzeunterlage aus Grab 1 von Innsbruck-Mühlau in Nordtirol. Durchmesser 2,8 Zentimeter. Original im Tiroler Landesmuseum Ferdinandeum, Innsbruck.

Über die religiösen Vorstellungen der Menschen im Gebiet der Nordtiroler Urnenfelder-Kultur weiß man wenig. Auf einen Sonnenkult deuten nur die Sonnensymbole auf dem beschriebenen Goldblech von Sistrans hin.

Vereinzelte Waffenfunde auf Alpenpässen könnten als Weihegaben für höhere Mächte oder Dankopfer für eine glückliche Überquerung der Alpen gedacht gewesen ein. Vielleicht hat beispielsweise das fast 75 Zentimeter lange Riegsee-Schwert vom Piller in Nordtirol als ein solches Dankopfer gedient. Große Depot- und Flußfunde, wie sie ansonsten im Ostalpengebiet recht häufig sind, kennt man – dem Prähistoriker Markus Egg zufolge – aus dem Bereich der Nordtiroler Urnenfelder-Kultur nicht.

Grabhügel, Bronzepanzer, Sonnensymbole
Die Čaka-Kultur

In einigen Gebieten des Burgenlands existierte zu Beginn der Spätbronzezeit (Stufe D) von etwa 1300 bis 1200 v. Chr. die vor allem in der Slowakei heimische Čaka-Kultur. Der Begriff Čaka-Kultur wurde 1960 von den slowakischen Prähistorikern Anton Točík (1908–1995, s. S. 448) und Jozef Paulík (s. S. 446) eingeführt. Beide Wissenschaftler arbeiteten damals am Archäologischen Institut der Slowakischen Akademie der Wissenschaften in Nitra.

Die Čaka-Kultur ist nach dem Dorf Čaka in der südlichen Slowakei benannt. An diesem Fundort, etwa 13 Kilometer westlich von Želiezovce entfernt, wurde 1950 und 1951 ein riesiger, einzeln stehender Grabhügel ausgegraben. Er hatte einen Durchmesser von 52 Metern und eine Höhe von mehr als fünf Metern. In dem imposanten Grabhügel von Čaka lagen ein bereits zweimal geplündertes Hauptgrab (Grab I) und ein Brandgrab (Grab II), das wegen seiner reichen Beigaben als »Fürstengrab« bezeichnet wird. Das Grab I befand sich in der Mitte des Grabhügels, das Grab II an dessen südlichem Fuß in einer vier Meter langen und 2,50 Meter breiten rechteckigen Grabgrube.

Der »Fürst« war nach dem Tode auf dem Scheiterhaufen verbrannt worden. Zu seinen Grabbeigaben gehörten Bronzegegenstände, Keramik und ein durch das Feuer stark deformierter Bronzepanzer. Der in einer Nische der Grabgrube niedergelegte Bronzepanzer ist bei der Bergung in Bruchstücke zerfallen.

Solche Bronzepanzer kennt man außer aus Čaka auch von Ducové[1] und Čierna nad Tisou[2] in der Slowakei. Sie alle weisen Verzierungen auf. So sind die Bronzepanzer von Čaka und Ducové jeweils auf dem Brustteil mit einem prächtigen Sternmotiv versehen. Von dem Bronzepanzer aus Čierna nad Tisou blieben nur Fragmente des Rückenteils erhalten.

Unter dem »Fürstenbrandgrab« von Čaka konnte ein weiteres Brandgrab (Grab III) freigelegt werden. Später kam noch das Grab IV zum Vorschein. Der riesige Grabhügel ist an einer Stelle errichtet worden, an der zuvor mittelbronzezeitliche Körperbestattungen, teilweise mit Holzverkleidung, und Brandbestattungen der Nagyrév-Kultur[3] vorgenommen wurden.

Für die Čaka-Kultur sind Großhügelgräber wie jenes am namengebenden Fundort Čaka, Brandbestattungen sowie Steinkistengräber typisch.

Als bisher aussagekräftigster Fundort der Čaka-Kultur im Burgenland gilt der Schuschenwald von Siegendorf[4] nahe der Grenze zu Ungarn. Dort sind von vier Grabhügeln bereits drei mit

Rekonstruktion des bronzenen Panzers mit Sternmotiv auf dem Brustteil aus dem »Fürstengrab« von Čaka westlich von Želiezovce in der südlichen Slowakei (links von vorne, rechts von der Seite). Rekonstruktion im Slovenské Národné Múzeum, Archeologicke Múzeum, Bratislava.

insgesamt sechs Brandbestattungen ausgegraben worden. Zum Teil lag der Verbrennungsplatz daneben.

In Siegendorf-Schuschenwald hat man die Toten in festlicher Tracht auf dem Scheiterhaufen eingeäschert. Es dürfte sich um Verwandte gehandelt haben. Nach der Einäscherung hat man die Knochenreste mitsamt den vom Feuer stark in Mitleidenschaft gezogenen Grabbeigaben aus dem Scheiterhaufen aufgesammelt und bestattet. Über dem Grab wurde mit Erdreich ein Hügel aufgeschüttet.

Im Hügel 1 von Siegendorf-Schuschenwald kam ein 1,50 Meter langes, einen Meter breites und 0,65 Meter hohes Steinkistengrab zum Vorschein. Um dieses wurden in einem nahezu quadratischen Viereck von elf mal 11,50 Meter große, auf die Kante gestellte Steinplatten in den Boden versenkt.

Das Steinkistengrab barg die Knochenreste eines nach dem Tode verbrannten Mannes sowie die ebenfalls dem Feuer ausgesetzten und dadurch stark deformierten bronzenen Waffen. Dabei handelte es sich um ein Griffzungenschwert, eine Lanzenspitze mit birnenförmigem Blatt und einen Griffzungendolch. Außerdem hatte man diesem Krieger neben einer Nadel sein bronzenes Rasiermesser mit Ringgriff ins Grab gelegt. Letzteres war ebenfalls durch die Hitze auf dem Scheiterhaufen erheblich beschädigt worden.

Weitere Grabbeigaben dieses offenbar bedeutenden Mannes waren zwölf Tongefäße. Dazu gehörten zwei Schüsseln, zwei Töpfe und zwei Fußschüsseln, alle mit vierfach gezipfeltem Rand – einem Kennzeichen der Čaka-Keramik –, sowie andere Tongefäße. Teilweise hatte man die Gefäße dem Feuer des Scheiterhaufens ausgesetzt und sie danach verkehrt mit der Mündung nach unten ins Grab gestellt. Andere Gefäße dagegen, die wohl mit Speisen und Getränken für den Toten gefüllt waren, standen aufrecht mit der Mündung nach oben im Grab.

Über dem Steinkistengrab des bedeutenden Kriegers von Siegendorf-Schuschenwald wurde von dessen Hinterbliebenen mit Erdreich ein etwa drei Meter hoher Hügel aufgeschüttet, den die Steinplatten des Vierecks stützten. Die Hügelgräber der Čaka-Kultur gelten als ein Erbe der vorangegangenen Hügelgräber-Bronzezeit.

Im Mittelalter wurde ein Teil der Steine der Einfassung des Hügels 1 ausgegraben und als Baumaterial verwendet. Schatzjäger, die dort im 20. Jahrhundert ihr Glück versuchten, gruben an der falschen Stelle und fanden daher nichts. Ab 1974 interessierten sich die von Einheimischen auf diesen Fundort aufmerksam gemachten Prähistoriker Alois Ohrenberger (1920–1994) und Karl Kaus – beide am Burgenländischen Landesmuseum, Eisenstadt, arbeitend – für die damals noch von dichtem Gestrüpp überwucherten Hügel.

Die in Siegendorf-Schuschenwald beigesetzten Frauen waren mit bronzenen Dolchen und Tongefäßen für das Jenseits ausgestattet worden. Die Dolche hatte man wohl eher als Schneidegeräte und nicht als Waffen zum Kampf benutzt.

Teile von großen bronzenen Posamenteriefibeln mit Achterschlaufenbügeln und Lanzettenanhängern sowie bronze Spiralröllchen aus Siegendorf-Schuschenwald verraten, wie sich die Frauen der Čaka-Kultur schmückten. Die Fibeln dienten als Gewandverschluß und die Spiralröllchen als Teile des Brustschmucks.

Außer in Siegendorf-Schuschenwald konnten auf dem Föllik bei Großhöflein[5], in Illmitz[6] und in Zillingtal[7] (alle im Burgenland gelegen) Steinkistengräber der Čaka-Kultur freigelegt werden.

Steinerne Stele mit »Seelenloch« und Darstellung eines Rundschildes aus einem Steinkistengrab von Illmitz im Burgenland. Höhe 63 Zentimeter. Kopie im Römisch-Germanischen Zentralmuseum, Mainz, Original im Burgenländischen Landesmuseum, Eisenstadt.

Der Fundort Zillingtal ist mit dem in der Fachliteratur genannten Pöttsching identisch.

Von dem Steinkistengrab in Illmitz (Ried »Fuchsenlochhöhle«) blieb nur eine 63 Zentimeter hohe, maximal 35 Zentimeter breite, durchschnittlich 8,5 Zentimeter dicke, 27,5 Kilogramm schwere, ritzverzierte Steinplatte erhalten. Sie diente vermutlich als eine der Seitenwände des Steinkistengrabs.

Die obere Hälfte der Platte ist durch fünf waagrechte, aus zwei bis drei Linien bestehende Bänder verziert. Sie teilen die Fläche in vier Zonen, die mit Zickzacklinien gefüllt sind. Dieses Ornament wird im unteren Zonenpaar von einem viereckigen »Seelenloch« von sieben Zentimeter Durchmesser unterbrochen. Die als »Seelenloch« bezeichnete Öffnung sollte vielleicht – damaligen Glaubensvorstellungen zufolge – den Seelen der Toten das Verlassen des Grabes ermöglichen.

Im oberen Zonenpaar der Platte befindet sich ein Muster aus fünf konzentrischen, um einen Mittelpunkt gezogenen Kreisen. Letzteres Muster stellt angeblich einen Rundschild dar. Ähnliche Kreise wurden aber auch schon als Sonnensymbole gedeutet. Eine weitere Grabplatte mit eingravierten Symbolen aus jener Zeit soll angeblich in Schwadorf im Burgenland gefunden worden sein. Man hat sie früher irrtümlicherweise als römisch in das 3. oder 4. Jahrhundert n. Chr. datiert.

Das Heiligtum auf dem Schlern
Die Laugen-Melaun-Gruppe

Im Gebiet der heutigen italienischen Provinzen Bozen und Trient (Trento) entstand in der Spätbronzezeit etwa um 1200 v. Chr. die Laugen-Melaun-Gruppe. In diesen Landstrichen der jetzigen autonomen Region Südtirol-Trient lag etliche Jahrhunderte lang bis gegen Ende der älteren Eisenzeit um 400 v. Chr. auch der Hauptverbreitungsbereich jener Gruppe.

Außer in Südtirol und Trient (Italien) existierte die Laugen-Melaun-Gruppe auch in Teilen von Nordtirol, Osttirol, Kärnten, Vorarlberg (Österreich) sowie in Graubünden, Sankt Gallen (Schweiz, s. S. 436) und im Fürstentum Liechtenstein. In ihrer Blütezeit reichte sie vom Bodensee im Norden bis zum Gardasee im Süden.

Der Begriff Laugen-Melaun-Gruppe erinnert an die schon seit etlichen Jahrzehnten bekannten Fundorte Laugen (italienisch Luco) und Melaun (italienisch Meluno) im oberen Eisacktal. Beide namengebenden Fundstellen liegen – nur etwa sieben Kilometer voneinander entfernt – im Brixener Becken in Südtirol. Laugen ist eine Flurbezeichnung für eine moorige Niederung namens Mooslacke auf der Anhöhe des Natzer Plateaus. Auf halbem Wege zwischen Natz und Elvas hatte dort der Prälat Adrian Egger (1868–1953, s. S. 444) aus Brixen einen mit Keramik durchsetzten Lehmhaufen untersucht und dabei dünne, schwarz polierte Scherben mit eigenartigen Ornamenten entdeckt. Egger schrieb 1917 die Keramik von Laugen der »Laugenkultur« zu.

Melaun gehört zur Gemeinde Sankt Andrä bei Brixen (italienisch Bressanone). Der Fundort der Melauner Keramik liegt in etwa 900 Meter Seehöhe über dem Talboden von Brixen. Die Keramikreste von dort wurden 1927 von dem damals in Innsbruck wirkenden österreichischen Prähistoriker Gero von Merhart (1886–1959, s. S. 446) der »Melauner Kultur« zugeordnet. Aus welcher Zeit die Laugener und die Melauner Keramik stammen, klärte 1954 der schweizerische Lehrer Benedikt Frei (1904–1975) aus Mels bei Ausgrabungen am Montlinger Berg im Kanton Sankt Gallen. Dabei wies er nach, daß die Laugener Keramik älter ist als die Melauner Keramik. Erstere datierte er in die Urnenfelder-Zeit, letztere in die Eisenzeit. Aufgrund seiner Erkenntnisse prägte Frei 1954 den Ausdruck »Laugen-Melauner Kultur«. Heute spricht man von der »Laugen-Melaun-Gruppe«.

Die Herkunft der Laugen-Melaun-Leute wurde verschieden gedeutet. Der Innsbrucker Prähistoriker Osmund Menghin (1920 bis 1981) glaubte, diese Menschen stammten aus Tälern im Westen Trentinos wie dem Val Camonica und dem Valle Rendena, die gegen Süden hin offen sind und kulturelle Einflüsse aus den Terramaren aufnehmen konnten. Doch dies war archäologisch nicht zu beweisen.

Dagegen meinten der schweizerische Prähistoriker Jürg Rageth aus Chur und die aus Südtirol stammende Zürcher Prähistorikerin Lotti Stauffer-Isenring, die Laugen-Melaun-Gruppe habe sich in Südtirol und im Trentino entwickelt. Nach Ansicht Rageths sind die Leute der Laugen-Melaun-Gruppe eingewandert und haben friedlich oder kriegerisch bodenständige Menschen der Inneralpinen Bronzezeit-Kultur (s. S. 240) verdrängt.

Zu einem ähnlichen Ergebnis kommt der italienische Prähistoriker Renato Perini aus Trient. Er schreibt die Entwicklung der Laugen-Melaun-Gruppe einer lokalen Volksgruppe im Trentino zu und sieht auch einen Zusammenhang mit den bis zu diesem Zeitpunkt vorherrschenden Seeufersiedlungen (»Pfahlbauten«).

Die Siedlungen der Laugen-Melaun-Gruppe wurden auf Hügelkuppen und Hanglagen, aber auch in Flußniederungen des Rheins, der Ill, der Etsch und der Drau angelegt. Bei den Behausungen handelte es sich um rechteckige Häuser oder Hütten mit steinernen Fundamentmauern, darüber einer Holzkonstruktion und einem Satteldach. Vermutlich bestanden die Wände aus Flechtwerk, das mit Lehm verputzt wurde.

Wichtige Erkenntnisse über das Leben der Laugen-Melaun-Leute wurden bei den Ausgrabungen in der Gärtnerei Gamberoni[1] von Eppan-Sankt Pauls (Südtirol) gewonnen. Dort hatte sich etwa von 1200 bis 1000 v. Chr. auf einem Hang eine terrassenförmige Siedlung erstreckt. Die Wohn- und Wirtschaftsgebäude standen am Uferrand eines Baches. Sie besaßen niedrige Fundamentmauern aus Steinen und vermutlich einen Oberbau aus Holz. Die Gebäude waren teilweise in Blockbau-, Ständer- und Pfostentechnik errichtet, wie Hüttenlehmbrocken, Fugenausstriche und steinerne Unterlageplatten für Pfosten belegen. Die Bewohner des Dorfes von Eppan-Sankt Pauls haben einen etwa 20 Meter langen, ein bis 1,50 Meter breiten und zwei Meter tiefen steinernen Kanal geschaffen, der sich quer durch ihre Siedlung zog. Dieser Kanal sollte vermutlich nach lang anhaltenden Regenfällen das Wildwasser ableiten, das in der Hangsiedlung große Schäden anrichten konnte. Denselben Zweck hatten steinerne Regenrinnen unterhalb der Dachkanten der Gebäude, die in schräger Führung das Wasser zum Kanal leiten sollten.

35 Tonbruchstücke aus Eppan-Sankt Pauls gelten als Teile von gelochten Lehmplatten, die vermutlich als Rost oder Lochtenne eines Töpferofens dienten. Ihre Oberseite ist glatt, während die Unterseite Abdrücke von Holzgeflecht aufweist, das offenbar zur Verstrebung und Verstärkung der schweren Tonplatte angebracht war. Einige gewölbte Lehmwandteile stammen wahrscheinlich von der Kuppel des Töpferofens.

An kühlen Tagen und Nächten wärmten sich die Menschen von Eppan-Sankt Pauls vielleicht an unverzierten Tonbarren. Versuche mit solchen aufgeheizten hohlen Barren ergaben, daß sie bis zu drei Stunden lang 40 Grad Celsius abstrahlten. Andere Tonbarren mit einer Verzierung aus Grübchenreihen und Tannenzweigmuster werden als »Feuerböcke« gedeutet.

Die Siedlung von Eppan-Sankt Pauls wurde durch einen Brand vernichtet. Man weiß nicht, ob der Brand durch ein Unglück infolge unachtsamen Umgangs mit offenem Feuer oder bei einem Überfall entstand.

66 tönerne Webgewichte aus Eppan-Sankt Pauls verraten, daß der Stoff für die Kleidung der Laugen-Melaun-Leute aus Schafwolle gewebt wurde. Bei diesen Funden handelt es sich um 64 Tonringe (davon neun ganz erhalten), ein pyramidenförmiges und ein kleines scheibenförmiges Webgewicht. An den In-

Kanalisationsmauern innerhalb der Siedlung aus der Zeit der Laugen-Melaun-Gruppe in der Gärtnerei Gamberoni bei Eppan-Sankt Pauls in Südtirol. Die Anlage diente als Abfalldeponie, gleichzeitig aber auch der Wildwasserregulierung nach starken Regenfällen. Länge des Kanals etwa 20 Meter, Breite ein bis 1,50 Meter, Tiefe zwei Meter.

nenrändern der Tonringe sind meistens eine oder sogar mehrere Kerben von Fäden sichtbar.

Außerdem barg man eine 11,6 Zentimeter lange Nagelkopfnadel und das Bruchstück einer Bronzefibel. Beide dienten zum Verschließen eines Kleidungsstücks.

Knochen von Rind, Schaf oder der Ziege, Schwein, Pferd und Hund in Eppan-Sankt Pauls zeigen, welche Haustiere die Bewohner dieser Siedlung hielten. Einige der genannten Haustierarten sind auch von Brandopferplätzen der Laugen-Melaun-Gruppe bekannt. So hat man an der Opferstätte von Feldkirch-Altenstadt (Vorarlberg) Knochenreste vom Rind, Schwein, Schaf oder von der Ziege identifiziert.

Fischfang wird durch einen bronzenen Angelhaken aus Eppan-Sankt Pauls belegt. Am selben Fundort sind auch Knochen vom Braunbär, Rothirsch und von der Gemse entdeckt worden, die einen kleinen Einblick in die damalige Tierwelt Südtirols geben.

Der Formenschatz der Keramik in Eppan-Sankt Pauls umfaßte tönerne Krüge, Schüsseln, Schalen, Becher und Wirtschaftsgefäße. Außerdem fand man dort geschnitzte Knochenstäbchen, mit denen man die Muster vor dem Brennen in den weichen Ton drückte.

Die Keramik der urnenfelderzeitlichen Laugen-Melaun-Gruppe zeichnet sich durch eine straffe Profilierung und Innenkanten des Mundsaums aus. Beliebte Verzierungen waren gezipfelte Mündungsränder (Randschneppen), Kannelurmotive, Stempel- und Torsionsmuster.

Töpfe besaßen große Zipfel am Mündungsrand, eine girlandenförmige Leistenverzierung, einen Henkel und einen Standfuß. Gegenüber dem Henkel liegt mitunter ein Schnabel oder eine Ausgußrinne. Solche Töpfe fand man bei Ausgrabungen häufig zusammen mit Keramik der Urnenfelder-Kultur. Henkelkrüge hatten einen Ausgußschnabel, Randschneppen, einen tordierten oder einen gerieften Henkel, Kanneluren und Girlandenleisten mit schräger Kerbstempelung sowie warzenförmige Aufsätze.

Keramik der Laugen-Melaun-Gruppe kennt man aus Nordtirol (Sistrans, Innsbruck-Mühlau, Sonnenburg im Inntal) und Vorarlberg (Krinne, Rheinbalme bei Koblach, Montikel bei Bludenz, Feldkirch-Altenstadt).

Die spärlichen Bronzeobjekte gelten größtenteils nicht als heimische Erzeugnisse der Laugen-Melaun-Gruppe, sondern als Importe. Sie spiegeln den Bronzeaustausch der überregionalen Metallwerkstattzentren nördlich und südlich der Alpen wider. Werkzeuge wurden – wie Funde aus Eppan-Sankt Pauls zeigen – aus Stein, Tierknochen und Bronze angefertigt. Von dort kennt man Schlag-, Klopf-, Schleif- und Glättsteine, zwei Rippenknochen zum Durchkämmen von Flachsfasern und einen kleinen bronzenen Meißel.

Als eine Besonderheit des Metallhandwerks der Laugen-Melaun-Gruppe gelten sichelähnliche Hiebmesser mit bronzener Klinge und Holzschaft. Mit derartigen Werkzeugen hat man Laub geerntet, um damit das Vieh im Winter füttern zu können. Solche Hiebmesser werden vom Volksmund in Südtirol als Runggeln bezeichnet.

In Eppan-Sankt Pauls hat man auch eine 24,5 Zentimeter lange bronzene Lanzenspitze geborgen. Sie besitzt eine 11,5 Zentimeter lange Tülle, in die der hölzerne Schaft gesteckt wurde. An dieser Lanzenspitze sind Spuren des Gebrauchs und der Nachschärfung sichtbar. Neben Lanzen gab es Pfeil und Bogen als Fernwaffe.

Der damalige Handelsverkehr erfolgte teilweise über hochgelegene Alpenpässe. Eine der wichtigsten Handelsrouten dürfte über das Etsch- und Oberinntal geführt haben. Entlang solcher Routen müßten nach Ansicht des deutschen Prähistorikers Lothar Sperber aus Speyer wohl Rastplätze, Transportstützpunkte und Handelsfaktoreien gelegen haben.

An mehreren Orten in Südtirol und im Trentino kamen Kunstwerke der Laugen-Melaun-Gruppe zum Vorschein. Aus Eppan-Sankt Pauls kennt man zwei stilisierte, entenähnliche Wasservögel, die wohl von einem umlaufenden Zierfries stammen. In Romagnans (Trentino) fand man das Fragment einer menschengestaltigen Figur, die vielleicht das Ende eines »Feuerbocks« bildete, sowie die tönerne Plastik eines Rindes.

Besonders beliebt dürften Vogeldarstellungen gewesen sein. Dazu gehören Aufsteckvögel (Terlan in Südtirol), in Messer,

Zwei stilisierte, auf der Außenseite eines Tongefäßes der Laugen-Melaun-Gruppe eingestempelte, entenähnliche Wasservögel aus der Gärtnerei Gamberoni bei Eppan-Sankt Pauls in Südtirol. Höhe der Wasservögel drei Zentimeter. Original im Archäologischen Landesmuseum, Bozen.

In der Portalhöhle (Putzhöhle) bei Warmbad-Villach in Kärnten wurden Reste von verzierten Henkeltöpfen der spätbronzezeitlichen Laugen-Melaun-Gruppe entdeckt. Offenbar nahm man in dieser Höhle kultische Handlungen vor.

Rasiermesser und Anhänger eingravierte Vogelmotive (Pfatten in Südtirol), Vogelmotive auf verzierten Bronzeblechstücken (Kurtatsch in Südtirol) und in Keramik eingestempelte Vögel (Eppan-Sankt Pauls in Südtirol).

Die Laugen-Melaun-Leute haben ihre Toten verbrannt und die aus dem Scheiterhaufen aufgelesenen Knochenreste in tönernen Urnen bestattet. Teilweise wurden die Urnen mit Steinplatten abgedeckt. Friedhöfe aus jener Zeit wurden in Kortsch und Göflan im Vintschgau (Südtirol) entdeckt. Den verstorbenen Männern jener Zeit hat man selten Waffen mit ins Grab gelegt.

Zu den Glaubensvorstellungen gehörten große Kultfeuer, in denen Brandopfer dargebracht wurden. Darauf deuten starke Aschenschichten, die mit gebrannten Tierknochen und mitunter absichtlich zerschlagener Keramik durchsetzt sind, hin. Derartige Zeugen des Kults kennt man von der Hochfläche des Schlern (Südtirol), aus Montesi di Serso, vom Monte Ozol-Ciaslir, von La Groa (alle drei im Trentino), Feldkirch-Altenstadt (Vorarlberg) und vielleicht auch von Laugen.

Als besonders imposante Kultplätze gelten der Burgstall auf der Gipfelfläche des Schlern[2] bei Völs (s. S. 422) und östlich davon der Plörg unterhalb der Roterdespitze. Beide Brandopferplätze liegen in etwa 2500 Meter Höhe. Diese Geländepunkte könnten vielleicht eine Art von Bergheiligtum gewesen sein, deren Opferfeuer weit zu sehen waren. Vermutlich wurden die Brandopferplätze von Bewohnern umliegender Täler aufgesucht.

Die Schicht mit Knochenresten von verbrannten Tieren und Keramikresten auf dem Burgstall war 16 Meter lang, 12 Meter breit und 40 Zentimeter hoch. Am Fundort Laugen könnte ein noch zu Beginn des 20. Jahrhunderts vorhandener, zwei bis drei Meter hoher Haufen aus schwarzer Erde mit prähistorischen Scherben, Knochen, Holzkohle und angebrannten Steinen ebenfalls von einem Brandopferplatz stammen.

Ein weiterer Brandopferplatz dürfte auf der Flur Grütze in Feldkirch-Altenstadt[3] (Vorarlberg) gelegen haben. Dort befinden sich in einem alten Bachbett der Ill Trockenmauern, die von Steinkreisen und Feuerstellen auf Lehm unterbrochen wurden. Darüber lag eine 50 Zentimeter dicke schwarze Brandschicht mit Knochen- und Keramikresten der Laugen-Melaun-Gruppe. Der Ausgräber Elmar Vonbank aus Bregenz deutete die Anlage von Feldkirch-Altenstadt mit Vorbehalt als Kultstätte, an der Haustiere verbrannt und Prunkkeramik der Laugen-Melaun-Gruppe bei kultischen Handlungen absichtlich zerbrochen wurde. Die Tierknochen stammen vor allem von jugendlichen Rindern, Schweinen, Schafen oder Ziegen, seltener von Pferden und Hunden. Zum Fundgut gehören auch bronzene Messer, Nadeln, Armreife und unfertige Ringe.

Manchmal wurden offenbar auch in Höhlen rituelle Praktiken vorgenommen, bei denen man Keramik zerschlug. Auf diesbezügliche Indizien stieß man in der Höhle[4] bei Warmbad-Villach (Kärnten), wo vor allem Reste von verzierten Henkeltöpfen der Laugen-Melaun-Gruppe zum Vorschein kamen.

Mit dem Kult wird auch der 1,18 Meter lange, 83 Zentimeter breite und 55 Zentimeter dicke Schalenstein von Serso im Fersental in Verbindung gebracht. Auf diesem Porphyrblock befinden sich neun Schalen mit einem Durchmesser von vier bis fünf Zentimetern und einem bis 1,2 Zentimeter Tiefe. Der etwa 1000 Kilogramm schwere Stein ist mühsam an diesen Ort transportiert worden.

Die Spätbronzezeit in der Schweiz
Abfolge und Verbreitung der Kulturen und Gruppen

Die Spätbronzezeit begann in der Schweiz etwa um 1300/1200 v. Chr. und endete um 800 v. Chr. Sie umfaßt die Stufen Bronzezeit D (etwa 1300 bis 1200 v. Chr.) sowie Hallstatt A und B (etwa 1200 bis 800 v. Chr.). Die Funde aus den Seeufersiedlungen stammen aus den Stufen Hallstatt A2, B1 und B2.

In den meisten Kantonen der Schweiz war von etwa 1300/1200 bis 800 v. Chr. die Urnenfelder-Kultur (s. S. 414) verbreitet.[1] Das beweisen Funde aus Seeufersiedlungen (»Pfahlbauten«), Gräberfeldern und Depots.

In Teilen von Graubünden und Sankt Gallen wanderten zwischen etwa 1300 bis 1100 v. Chr. Angehörige dreier verschiedener Kulturen in das Gebiet der Inneralpinen Bronzezeit-Kultur (s. S. 252) ein. In Nord- und Mittelbünden lebten Menschen der Urnenfelder-Kultur und der Laugen-Melaun-Gruppe (s. S. 436). Im Unterengadin behauptete sich nur die Laugen-Melaun-Gruppe. In Südwestbünden (Misox) gab es eine Kultur südalpiner Herkunft.

Rechts: Bronzenes Vollgriffschwert des Typs Mörigen (rechts) aus der Seeufersiedlung Mörigen am Bieler See im Kanton Bern, daneben bronzenes Antennenschwert aus Grandson-Corcelettes am Neuenburger See im Kanton Waadt. Länge des Auvernier-Schwertes rechts 66 Zentimeter. Originale im Schweizerischen Landesmuseum, Zürich.

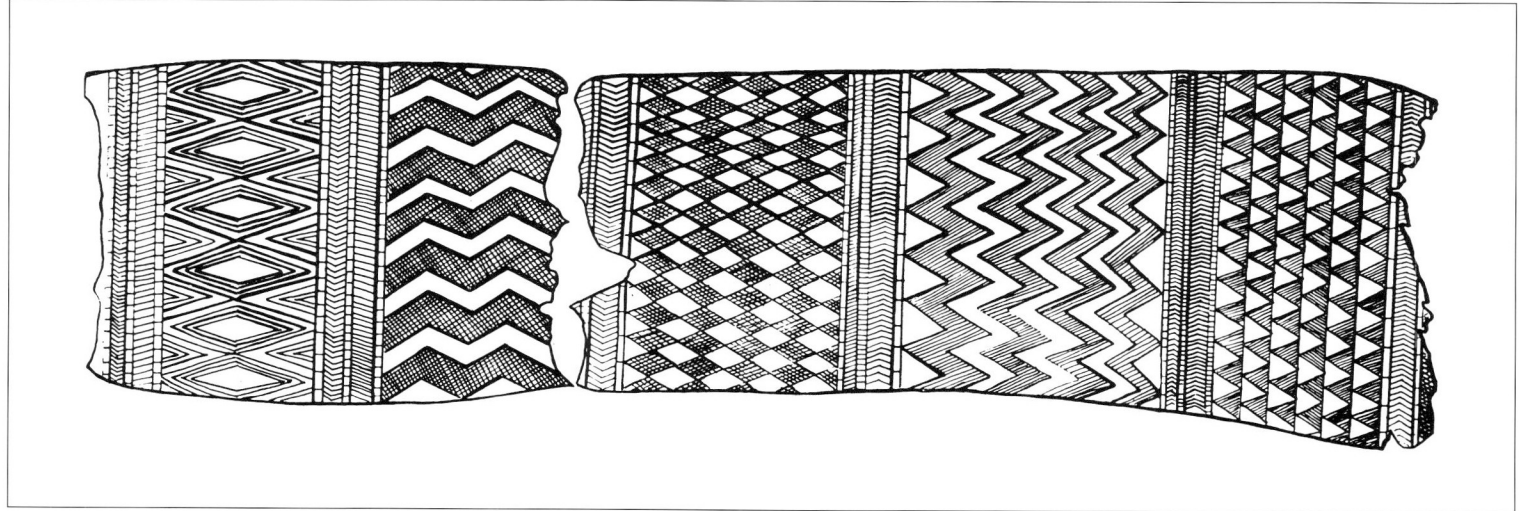

Muster eines im Metallgravierstil verzierten Holzstabes der Urnenfelder-Kultur (etwa 1300/1200 bis 800 v. Chr.) aus Mörigen am Bieler See im Kanton Bern. Erhaltene Länge 22 Zentimeter. Original im Schweizerischen Landesmuseum, Zürich.

Das Leben in den Seeufersiedlungen
Die Urnenfelder-Kultur

Die Zeit von etwa 1300/1200 bis 800 v. Chr. wird in der Schweiz als Spätbronzezeit oder Urnenfelder-Zeit bezeichnet. Letzterer Begriff ist allerdings bei etlichen Prähistorikern nicht sehr beliebt, weil bisher in der Schweiz verhältnismäßig wenig Urnengräber und Urnenfelder entdeckt wurden. Andererseits belegen zahlreiche Einzelfunde im schweizerischen Mittelland und im Alpenraum die Anwesenheit von Menschen der Urnenfelder-Kultur, die dem süddeutschen Prähistoriker Ernst Wagner (1832–1920, s. S. 448) ihren Namen verdankt.

Im schweizerischen Mittelland wuchsen – nach Erkenntnissen des Prähistorikers Walter Ulrich Guyan aus Schaffhausen – vor allem Laubwälder, deren dominanter Baum gebietsweise die Buche *(Fagus)* war. In einigen Landstrichen gab es aber auch viele Weißtannen *(Abies alba)*. Holzkohlereste aus Andelfingen-Auf Bollen im Kanton Zürich stammen von Pappeln *(Populus)*, Eichen *(Quercus)* und Buchen. In der Alpenregion konnten oft Lärchen *(Larix)* nachgewiesen werden.

Nach Knochenresten am Felsen Roc de Courroux bei Delsberg (Kanton Bern) zu schließen, lebten dort unter anderem Braunbären *(Ursus arctos)*, Füchse *(Vulpes vulpes)*, Rothirsche *(Cervus elaphus)*, Rehe *(Capreolus capreolus)*, Wildschweine *(Sus scrofa)* und Auerochsen *(Bos primigenius)*. Der Rothirsch ist auch in Andelfingen-Auf Bollen nachgewiesen, ein weiblicher Auerochse aus Kloster Glattburg in Oberbüren (Kanton Sankt Gallen).

Zu den wenigen aussagekräftigen Skelettresten von damaligen Menschen gehören das Schädeldach eines Kindes sowie das Schädeldach und Skeletteile einer erwachsenen Frau aus der Seeufersiedlung Zürich-Alpenquai. Die Frau hatte eine Narbe am linken Stirnhöcker, die von einer Verletzung herrührt. Der Unterkiefer wies vier kariöse, bis zu Stummeln reduzierte Zähne auf. Einige Partien der Zahnfächer waren entzündet. Diese Skelettreste sind schon 1924 von dem Zürcher Anthropologen Otto Schlaginhaufen (1879–1973) untersucht worden.

Tönerne Spinnwirtel und Webgewichte dokumentieren, daß

Verbreitung der Kulturen und Gruppen während der Urnenfelder-Kultur (etwa 1300/1200 bis 800 v. Chr.) in der Schweiz.

Flachs und Schafwolle gesponnen und daraus Kleidungsstücke gewebt wurden. Mit Spinnwirteln konnte man Fäden anfertigen. Die Webgewichte waren Bestandteile von senkrechten Webstühlen, deren genaue Konstruktion nicht bekannt ist. Spinnwirtel liegen aus den Seeufersiedlungen Mörigen (Kanton Bern), Halbinsel Horn bei Uerschhausen (Kanton Thurgau), Zug-Im Sumpf (Kanton Zug) sowie von der Höhensiedlung auf dem Roc de Courroux bei Delsberg (Kanton Bern) vor. Allein in Mörigen am Bieler See wurden 250 Spinnwirtel und 104 Webgewichte gefunden. Dort hatte man etwa die Hälfte der Spinnwirtel vor allem mit Fingereindrücken und Kerben, seltener mit Kanneluren- oder Rillenbändern verziert.

Zum Zusammennähen und Ausbessern der Garderobe bestimmt waren bronzene oder knöcherne Nähnadeln, wie sie in Mörigen zum Vorschein kamen. Insgesamt kennt man von dort 15 Nähnadeln mit runder oder spitzovaler Öse. Aufgrund ihrer Größe eigneten sie sich nur für gröbere Stoffe oder Leder.

Vereinzelt hat man im Mittelland und im Jura in Männergräbern jeweils eine bronzene Nadel gefunden, mit der vermutlich ein mantelartiges Kleidungsstück zusammengehalten wurde. Dagegen benötigten Frauen zwei Nadeln, um ihre Kleidung zu schließen. Diese Nadeln sind vier bis 30 Zentimeter lang.

Nach Ansicht der früher in Freiburg/Breisgau arbeitenden Prähistorikerin Monika Bernatzky-Goetze deuten die verschiedenen Nadelgrößen und -formen auf unterschiedliche Funktionen hin. So dürften Nadeln, deren Kopfdurchmesser kaum über demjenigen des Schaftes liegt, nur für relativ feine Stoffe geeignet gewesen sein. Nadeln mit wellenartiger Verbiegung des Schaftes stach man wohl mehrfach durch den Stoff.

Als Kleiderschließen gelten auch die bronzenen Fibeln (Gewandspangen), die aus einer Nadel und einem Bügel bestehen. Letzterer ist auf einer Seite mit einer federnden Spirale oder einer Scharnierkonstruktion mit der Nadel verbunden. In Mörigen kamen nur vier Fibeln des Typs Mörigen, jedoch ungefähr 300 Nadeln zum Vorschein. Demnach galt dort das Tragen von Fibeln als eine ungewöhnliche Sitte.

Bei den bronzenen Gürtelhaken, die einst an Leder- oder Stoffgürteln befestigt waren, unterscheiden die Prähistoriker verschiedene Typen. Dazu gehören der Typ Mörigen (nach dem erwähnten Fundort im Kanton Bern), der Typ Wangen (nach dem Fundort im Kanton Bern) und der Typ Untereberfing (nach dem Fundort in Bayern).

Gürtelhaken des Typs Mörigen besitzen eine längliche und ovale Platte, die auf der Längsachse und entlang der Außenkanten mit Rippen verziert ist. An einem Ende befand sich einst ein halbrundes, mit fünf Klammern versehenes Lederende, am anderen der Befestigungshaken zum Einhängen in den Gürtel. Solche Gürtelhaken sind in Werkstätten der Westschweiz und von Savoyen (Frankreich) hergestellt worden. Am namengebenden Fundort Mörigen hat man vier Gürtelhaken geborgen. Einer davon wurde später zum Rasiermesser umgearbeitet.

Gürtelhaken des Typs Wangen sind außer von Wangen an der Aare auch von Vuadens (Kanton Freiburg) und Zürich-Hirslanden bekannt. Der Fund in Wangen stammt aus einem Brandgrab. Dabei handelte es sich um einen gegossenen Gürtelhaken von 6,9 Zentimeter erhaltener Länge.

Gürtelhaken des Typs Untereberfing wurden in Mels-Heiligkreuz (Kanton Sankt Gallen), Wiedlibach (Kanton Bern), Rovio (Kanton Tessin) und in Estavayer-le-Lac (Kanton Freiburg) gefunden. In den ersten drei Fällen barg man die Gürtelhaken in

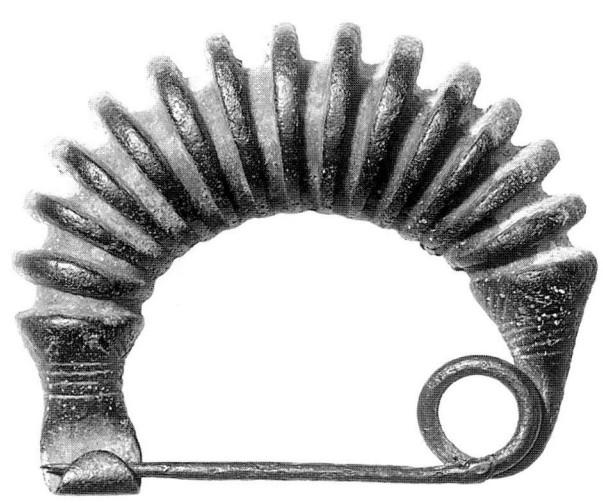

Bronzene Raupenfibel des Typs Mörigen aus der namengebenden Seeufersiedlung von Mörigen am Bieler See im Kanton Bern. Insgesamt wurden dort vier Möriger Fibeln gefunden. Länge 5,8 Zentimeter. Original im Bernischen Historischen Museum, Bern.

Gräbern, in letzterem Fall aus einer Ufersiedlung am Neuenburger See.

Gar nicht selten sind Funde von bronzenen Beschlagscheiben und rechteckigen Blechbeschlägen auf Leder- oder Stoffgürteln. Allein aus Mörigen liegen 13 solcher Objekte vor, in Estavayer-le-Lac sind es ein halbes Dutzend und im Weiler Corcelettes bei Grandson (Kanton Waadt) zwei. Einzelstücke kamen in Auvernier und Cortaillod (beide im Kanton Neuenburg), Lens (Kanton Wallis) und Forel (Kanton Freiburg) zum Vorschein.

Seltener waren Gürtelketten aus bronzenen Ringen. Eine Gürtelkette aus Belp (Kanton Bern) besteht aus 18 Ringen. Anders konstruiert ist eine Gürtelkette aus Sutz-Lattrigen (Kanton Bern). Ihre neun Ringe werden durch gerillte bandförmige Schließen zusammengehalten.

Von manchen Prähistorikern wird auch ein verziertes Goldblech aus dem Brandgrab einer Frau in Binningen (Kanton Basel-Land) als Bestandteil eines Gürtels betrachtet. Andere Experten halten es jedoch für ein »Diadem«. Die Besitzerin dürfte wohl eine bedeutende und vermögende Persönlichkeit gewesen sein.

Daß man damals auf eine ordentliche Frisur achtete, zeigt der Fund eines bronzenen Miniaturkamms auf der Sankt-Peters-Insel bei Twann (Kanton Bern) im Bieler See. Dieses Toilettegerät ist mit zwei Entenköpfen verziert, die nach außen in verschiedene Richtungen schauen. Der Kamm dürfte zum Besitz einer Frau gehört haben.

Als Spiegel oder Ritualgeräte werden sogenannte Paletten mit gedrehtem Griff und Ringabschluß vom Montlinger Berg im Kanton Sankt Gallen gedeutet.

Bronzene Rasiermesser zum Bartstutzen und Haareschneiden wurden teilweise mit einem Schaft aus Geweih und vielleicht auch aus Holz versehen. Rasiermesser mit Ringgriff ließen sich aufhängen. Manchmal hat man diese Geräte mit Ritz- und Rippenornamentik verschönert.

Mitunter sind Rasiermesser nicht in einer Gußform hergestellt, sondern aus Gürtelhaken oder Schmuckstücken entsprechend umgearbeitet worden. Ein Rasiermesser von Mörigen besteht –

Paletten mit gedrehtem Griff und Ringabschluß vom Montlinger Berg im Kanton Sankt Gallen. Solche Objekte werden als Spiegel oder Ritualgeräte gedeutet. Länge der linken Palette 31,2 Zentimeter. Originale im Historischen Museum, Sankt Gallen.

wie erwähnt – aus dem Fragment eines Gürtelhakens. Ehemalige Armringe dienten als Werkstoff für die Anfertigung mancher Rasiermesser aus Auvernier, Estavayer-le-Lac und Mörigen. Ein Exemplar von Grandson-Corcelettes wurde aus einem Blecharmring geschnitten und geschärft. Mit einem Griff aus der Endsprosse eines Hirschgeweihs war ein Rasiermesser aus Auvernier versehen.

Zuweilen sind beschädigte Rasiermesser repariert worden. Ein solcher Fall ist aus der Seeufersiedlung Onnens (Kanton Waadt) am Neuenburger See bekannt. Bei einem Rasiermesser von dort hat man eine Bruchstelle im Griff durch einen Gußverband geflickt.

Die Siedlungen wurden an Seen, auf Seeinseln, an Mooren, an Flüssen, im Flachland und auf Höhen errichtet. Seeufer sind in der Schweiz schon in der Jungsteinzeit ab etwa 4500 v. Chr. von Ackerbauern und Viehzüchtern der Egolzwiler Kultur besiedelt worden, die nach einem Fundort im Kanton Luzern benannt ist. Auch in der Spätbronzezeit wußte man die Vorteile solcher Seeufersiedlungen (»Pfahlbausiedlungen«) zu schätzen.

In mehreren ehemaligen Seeufersiedlungen zeugt eine Seekreidelage zwischen zwei Siedlungsschichten von einer Hochwasserperiode während der Spätbronzezeit. Die Seekreide wurde bei der Überschwemmung auf dem Siedlungsareal abgelagert. Ab etwa 800 v. Chr. setzte eine Klimaverschlechterung ein, die mit mehr Regen verbunden war. Dadurch stieg der Wasserspiegel der schweizerischen Seen so stark an, daß die Seeufersiedlungen aufgegeben werden mußten.

Bisher sind in der Schweiz etwa 100 spätbronzezeitliche Seeufersiedlungen entdeckt worden. Diese ansehnliche Zahl gilt als Anzeichen für eine dichtere Besiedlung als in früheren Zeiten. Spätbronzezeitliche Seeufersiedlungen konnten am Genfer See (Kanton Genf), Neuenburger See (Kantone Neuenburg, Waadt), Murtensee (Kanton Freiburg), Bieler See (Kanton Bern), Hallwiler See (Kanton Aargau), Baldegger See, Sempacher See (beide Kanton Luzern), Zuger See (Kanton Zug), Zürichsee, Greifensee, Pfäffiker See (alle drei Kanton Zürich), Nußbaumer See und Bodensee (Kanton Thurgau) nachgewiesen werden.

Die Seeufersiedlung Auvernier-Nord[1] am Neuenburger See zum Beispiel wurde zur Seeseite hin durch eine doppelte Pfostenreihe vor Hochwasser geschützt. Zum Wohnkomplex gehörten 24 einstöckige Häuser aus Eschen-, Weißtannen- und Eichenholz, die in parallelen Reihen angeordnet waren. Ihre Giebelhöhe betrug ungefähr vier Meter, ihre Wandhöhe etwa zwei Meter. Die sieben bis neun Meter langen und fünf bis sechs Meter breiten Grundrisse wurden durch drei Reihen mit jeweils vier Pfosten markiert. Dieses Dorf bestand – dendrochronologischen Untersuchungen von 760 Pfählen zufolge – von 878 bis 850 v. Chr.

Älter waren die Seeufersiedlungen von Hauterive-Champréveyres[2], Cortaillod-Ost[3] am Neuenburger See und Le Landeron[4] am Bieler See. Das in Hauterive-Champréveyres verwendete Eichenholz stammt aus der Zeit von 1046 bis 900 v. Chr. Die Eichenpfähle von Cortaillod-Ost wurden zwischen 1010 und 964 v. Chr. geschlagen. Das Bauholz von Le Landeron hat man 961 und 957 v. Chr. beschafft.

Der Prähistoriker Béat Arnold aus Neuenburg hat errechnet, daß in den 20 Häusern des Dorfes Cortaillod-Ost gleichzeitig etwa 150 bis 400 Menschen lebten. Insgesamt sollen in den jeweils nur wenige Kilometer voneinander entfernten Siedlungen rings um den Neuenburger See etwa 7 000 bis 15 000 Menschen gewohnt haben.

Am Bieler See bei Mörigen[5] (Kanton Bern) lag in der älteren Urnenfelder-Zeit von etwa 1150 bis 950 v. Chr. und in der jüngeren Spätbronzezeit von etwa 950 bis 800 v. Chr. eine Seeufersiedlung. Reiche Funde kamen vor allem in den Dorfruinen der jüngeren Siedlung zum Vorschein. Sie war auf einer Fläche von mehr als 10 000 Quadratmetern angelegt worden. Von der Seeufersiedlung Mörigen blieben schätzungsweise 10 000 Pfähle erhalten.

Als eine der größten spätbronzezeitlichen Seeufersiedlungen gilt diejenige auf der Halbinsel Horn am Nußbaumer See bei Uerschhausen[6] (Kanton Thurgau). Bisher sind etwa 50 Standorte von Häusern nachgewiesen, vermutet werden insgesamt mehr als 200 Bauten. Die fünf Meter langen und 3,50 Meter breiten Häuser standen so dicht beisammen, daß die Zwischenräume nicht als Durchgänge benutzt werden konnten. Es gab jeweils nur einen Raum zum Wohnen, Schlafen und Arbeiten mit einem Herd oder einer Feuerstelle.

Für die Häuser am Nußbaumer See wurden aus Gründen der Stabilität und zur Isolierung gegen Bodenfeuchtigkeit aufwendige Bodenkonstruktionen geschaffen. Zuerst hat man auf den Baugrund dünnere Stämme oder Spältlinge, vorzugsweise aus Erlenholz, gelegt. Darauf folgten ein Prügelrost oder eine Lage kräftiger Ruten und zuoberst als eigentlicher Fußboden ein bis zu zehn Zentimeter dicker Lehmestrich. Der Lehmüberzug wurde im Laufe der Zeit mehrfach erneuert. Auf festem Untergrund begnügte man sich mit einer dünnen Lehmlage ohne besondere Konstruktion.

Im Nordteil dieser Seeufersiedlung wurden verkohlte Reste der nach innen gekippten Längswand eines niedergebrannten Hauses entdeckt. Dieser Fund läßt auf einen Bohlen-Ständerbau schließen. Dessen Ständer hat man im Abstand von einem Meter in Schwellbalken eingelassen und mit Halblingen oder kräftigen Bohlen horizontal verbunden. Die umgestürzte Wand war etwa zwei Meter hoch. Aus unbekannten Gründen wurde die Siedlung am Nußbaumer See von ihren Bewohnern verlassen, die dabei nur nützliche und wertvolle Gegenstände mitnahmen. Groß für damalige Verhältnisse war des weiteren die Seeufersiedlung Zürich-Alpenquai[7] am Zürichsee, deren Reste heute unter Wasser liegen. Ihre bebaute Fläche umfaßte ungefähr 7000 Quadratmeter. Die Zahl der Einwohner wird auf zirka 500 Personen geschätzt. Zürich-Alpenquai gilt als die reichste spätbronzezeitliche Fundstelle im Zürichsee.

200 Meter vom Land entfernt und drei Meter unter der Wasseroberfläche des Zürichsees befinden sich heute die Reste der ehemaligen Siedlung Zürich-Großer Hafner[8]. Als »Großer Hafner« wird eine 140 Meter lange und maximal 45 Meter breite Untiefe im Zürichsee bezeichnet, die in der Spätbronzezeit eine Insel war. Das Bauholz für dieses Inseldorf fällte man von 1055 bis 955 v. Chr.

Die Seeufersiedlung von Böschen[9] am Greifensee (Kanton Zürich) ist um 1047/46 v. Chr. errichtet worden. Bei Ausgrabungen unter Wasser entdeckte man 18 Grundrisse von Blockhäusern mit 16 bis 20 Quadratmeter Wohnfläche. Darin lebten Familien mit maximal fünf Personen. Demnach hatte dieses Dorf schätzungsweise 60 bis 100 Einwohner. Die Siedlung fiel nach ungefähr 20 oder 30 Jahren einem Brand zum Opfer.

Um die Erforschung der Seeufersiedlung Zug-Im Sumpf[10] bei der Kollermühle haben sich vor allem der Kaufmann und kantonale Konservator Michael Speck (1880–1969) aus Zug sowie dessen Sohn, der Geologe und Prähistoriker Josef Speck aus Zug, verdient gemacht. Sie stellten schon 1923 fest, daß es sich hierbei nicht um im Zuger See stehende »Pfahlbauten« mit über dem Wasser errichteter Wohnfläche handelte, sondern um Blockhäuser am Ufer mit ebenerdigen Räumen. Doch die Fachwelt nahm erstaunlicherweise fast keine Notiz davon.

Bei der Nachgrabung in Zug-Im Sumpf von 1952 bis 1954 kamen zwei durch fundlose Seekreideablagerungen getrennte Kulturschichten zum Vorschein. In der unteren Kulturschicht war ein Bauschema mit Pfählen und Tragplatten üblich, in der oberen wurden Grundrisse von rechtwinkligen Blockhütten festgestellt.

Aus der Seeufersiedlung Seengen-Riesi[11] am Hallwiler See im Kanton Aargau stammt ein Hausgrundriß von 6,30 Meter Länge und 4,40 Meter Breite. Sein Rahmenwerk ist aus Eichenbalken zusammengefügt. Am selben Fundort kamen auch Reste der Flechtwerkwände von Häusern zum Vorschein.

Die Seeufersiedlung von Baldegg[12] am Baldegger See im Kanton Luzern war von einem Zaun umgeben. Er sollte möglicherweise die Haustiere an der Flucht hindern und Wildtiere fernhalten.

Unmittelbar am Rhein stand vermutlich in der Spätbronzezeit die Siedlung Basel-Rheingasse[13]. Auch andere Siedlungen im

Der Kaufmann, Gründer und ehrenamtliche Konservator des Kantonalen Museums für Urgeschichte in Zug, Michael Speck (1880–1969), hat sich um die Erforschung der spätbronzezeitlichen Seeufersiedlung Zug-Im Sumpf verdient gemacht.

Flachland waren an Ufern von Flüssen oder Bächen angelegt worden. Dort gab es immer reichlich Wasser für verschiedene Zwecke.

Unbefestigte Höhensiedlungen hatten den Vorteil, daß man dort herannahende Feinde früh erkennen und ihnen mittels Verteidigungsmaßnahmen begegnen oder sich durch Flucht entziehen konnte. Teilweise waren solche Höhensiedlungen auf einigen Seiten von steilen Hängen geschützt und hatten somit den Charakter einer schwer bezwingbaren Naturfestung.

Auf der äußersten Spornspitze des Münsterhügels von Basel (Sankt Martin)[14] existierte um 1000 v. Chr. eine unbefestigte Höhensiedlung. Die Siedler mußten auf dem Gelände erst den urwaldartigen Laubwald roden, bevor sie Häuser errichten sowie Weiden und Äcker anlegen konnten. Weitere unbefestigte Höhensiedlungen im Kanton Basel-Land lagen auf dem Bischofstein bei Böckten, auf der Sissacher Fluh bei Sissach (s. S. 244) und auf dem Schalberg bei Pfeffingen.

Im Kanton Zürich befanden sich auf dem Ebersberg bei Flaach[15] und auf dem Üetliberg bei Stallikon[16] unbefestigte Höhensiedlungen.

Nicht befestigt war auch die Terrassensiedlung auf dem Steilhang »Les Lumères« oberhalb Chamoson[17] im Kanton Wallis, die hoch über dem Rhônetal lag. Dort wurden Hüttenlehmreste mit Abdrücken von Ästen und kleine Feuerstellen mit einem Durchmesser von etwa 50 Zentimetern freigelegt. Solche Terrassensiedlungen sind bisher selten entdeckt worden.

Ohne besonderen Schutz hatte man die Höhensiedlung von Saint-Léonard (Sur-le-Grand-Pré)[18] im Kanton Wallis errichtet. Ihre Bewohner hinterließen eine beachtliche Menge an Fein- und Gebrauchskeramik.

Steilabfälle im Norden, Osten und Süden bewahrten die Bewohner der unbefestigten Höhensiedlung in Pleif bei Vella[19] im Kanton Graubünden zumindest auf diesen drei Seiten vor bösen Überraschungen durch Feinde. Lediglich auf der Westseite war das Plateau offen zugänglich. Bauten sind dort durch ein Trockenmäuerchen, Pfostenlöcher, Hüttenlehm und eine mögliche Herdstelle belegt. Die Höhensiedlung ging durch eine Brandkatastrophe zugrunde.

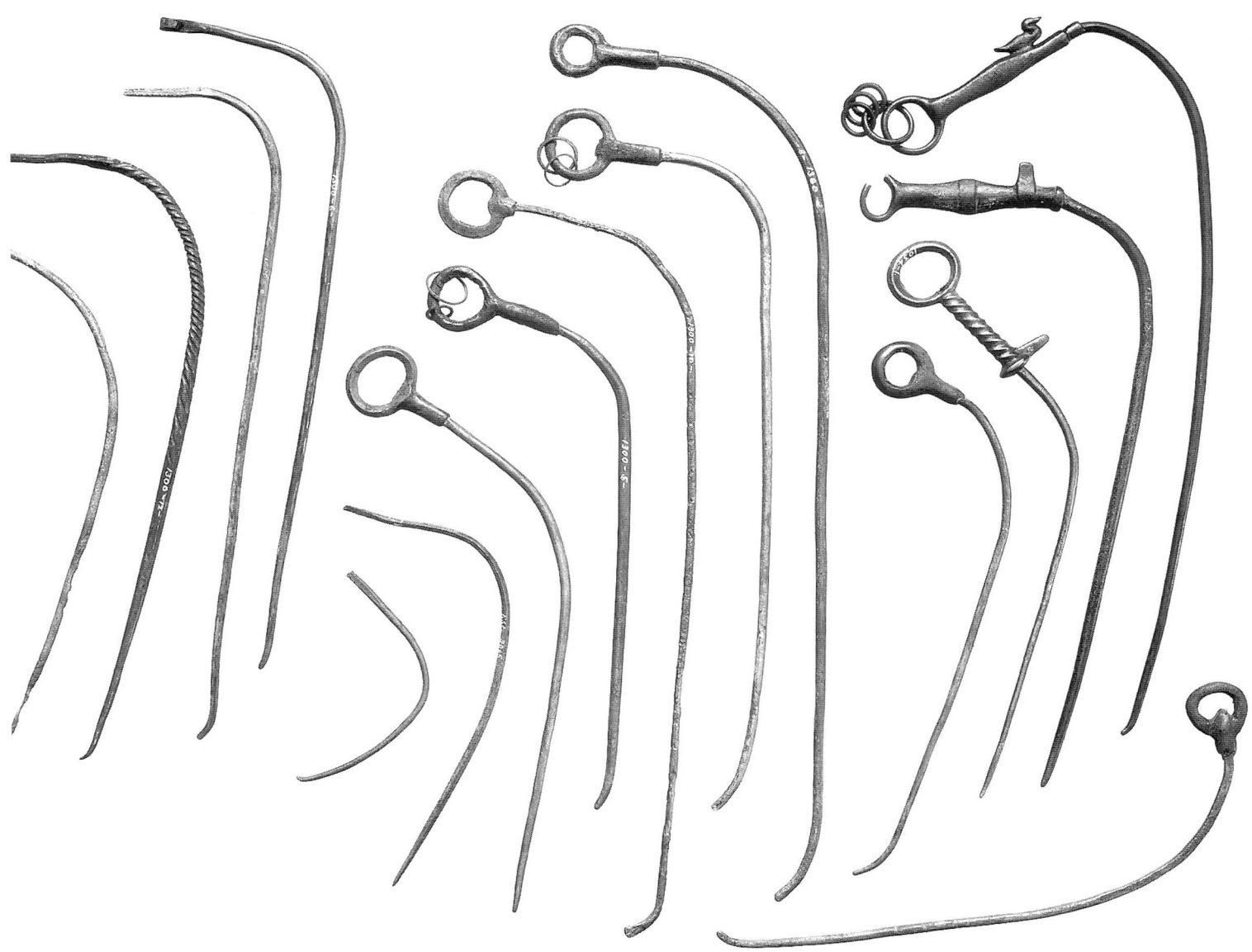

Bronzene Schlüssel aus spätbronzezeitlichen Seeufersiedlungen in der Schweiz. Mit ihnen wurden raffiniert funktionierende Riegelschlösser von Behausungen verschlossen. Originale im Schweizerischen Landesmuseum, Zürich.

Andere Höhensiedlungen sind aus Angst vor Überfällen mit mächtigen Wällen geschützt worden. Solche »Wallburgen« zeugen von unruhigen Zeiten, in denen jederzeit Angriffe zu befürchten waren. Die Errichtung einer derartigen Befestigung war mit einem großen Arbeits- und Zeitaufwand verbunden. Bauvorhaben diesen Umfangs konnten nur von größeren Gemeinschaften verwirklicht werden.

Eine besonders wehrhafte »Wallburg« thronte auf dem Wittnauer Horn im Fricktal bei Wittnau[20] (Kanton Aargau). Ihr mächtiger Wall war an der Basis 30 Meter breit und maximal zwölf Meter hoch. Vor dem Wall wurde ein zwei Meter tiefer Graben als weiteres Hindernis in den Fels gehauen. Im Innern des Walles dienten auf Steine gelegte Balken als Gerüst. Die Innenseite des Walles war in Stufen abgesetzt und mit Steinen verkleidet. Der Wall wurde bei einem Brandunglück oder Angriff zerstört. Die Häuser auf dem Wittnauer Horn standen dicht gedrängt entlang der steil abfallenden Hangkante, während der etwa 30 Meter breite Innenraum – bis auf zwei quadratische Gebäude von zehn Meter Seitenlänge – als Dorfplatz unbebaut blieb. In den beiden quadratischen Häusern könnte der Häuptling gewohnt haben.

Auf dem Kestenberg (Chestenberg) bei Möriken[21] im Kanton Aargau haben in der Spätbronzezeit nacheinander zwei befestigte Höhensiedlungen gelegen. Davon ist die jüngere mit einer Zeile von mindestens fünf dicht aneinandergereihten Blockbauten am besten erhalten. Die Behausungen waren 4,70 mal 3,30 Meter groß, ruhten auf Mauersockeln und beherbergten insgesamt etwa 30 bis 40 Einwohner. Das Dorf fiel einem Brand zum Opfer. Eine weitere befestigte Höhensiedlung befand sich auf dem Bönistein ob Zeiningen[22] im Kanton Aargau.

Als Handelsniederlassung wird die »Wallburg« auf dem Montlinger Berg[23] bei Oberriet im Kanton Sankt Gallen gedeutet. Diese befestigte Höhensiedlung lag verkehrsgünstig am Eingang ins Alpenrheintal und kontrollierte die Wege von und zu Graubündener Pässen sowie zur Arlbergroute. Außerdem wurden dort zahlreiche Importfunde der Laugen-Melaun-Gruppe geborgen.

Auf dem Montlinger Berg sicherte ein 120 Meter langer, an der Basis zwölf Meter breiter und heute noch fünf Meter hoher Wall die Zugangsseite der Siedlung im Westen. Im Schutz des Walles und an den Hangkanten entlang standen die Wohnhäuser und

Wirtschaftsbauten der Bewohner. Der Wall ist aus abgestuften, in Blockbautechnik errichteten Holzkästen, die mit Lehm gefüllt waren, konstruiert worden. Als Einfüllmaterial wurden etwa 10 000 Kubikmeter Lehm benötigt. Die am Fuß des Walles errichteten und durch Trockenmauern gestützten Böschungen sollten Abrutschungen verhindern. Dessenungeachtet ist der Wall offenbar nach einer längeren Regenperiode verrutscht und hat den ihm nächstgelegenen Teil der Siedlung unter sich begraben. Danach hat man ihn nicht mehr instand gesetzt.

Die »Wallburg« auf dem Montlinger Berg wurde – nach den Keramikfunden zu schließen – vermutlich von Menschen der Urnenfelder-Kultur erbaut. Ein kleiner Teil der Bevölkerung dürfte jedoch aus dem Gebiet der Laugen-Melaun-Gruppe (s. S. 410) in Südtirol und dem Trentino zugezogen sein, wie Keramikreste dieser Gruppe verraten. Zuletzt lebten auf dem Montlinger Berg nur noch Angehörige der Urnenfelder-Kultur.

Der Burghügel von Gräplang bei Flums[24] im Kanton Sankt Gallen diente während der ganzen Spätbronzezeit als Standort für eine Höhensiedlung. Von ihr zeugen Reste mehrerer Häuser mit Trockenmauern, Unterbauten aus Steinplatten und Holzböden. Die Dungschicht auf einem Holzboden weist ein Haus als Stall aus. Manche Wohnhäuser sind zu unterschiedlichen Zeiten durch Feuer zerstört worden, wie angebrannte Keramik und verkohlte Pfosten verraten.

Zu den befestigten Höhensiedlungen im Kanton Zürich gehören die Fundstellen Trüllikon-Rudolfingen[25] und Aathal-Seegräben[26]. Erstere Höhensiedlung auf dem Risibuck bei Trüllikon-Rudolfingen wurde ringsum im Abstand von etwa elf Metern von zwei etwa 3,50 Meter breiten und 1,50 Meter tiefen Gräben umgeben. An den äußeren dieser Gräben schloß sich innen ein drei Meter hoher, mit Palisaden gekrönter Wall an. Auf einer Seite jenes Hauptwerks hatte man sogar zwei weitere Gräben ausgehoben. Der vorderste davon verlief gerade, war einen Meter tief, drei Meter breit, lag etwa 120 Meter vom Hauptwerk entfernt und bildete das Vorwerk. Der nächste Graben folgte 25 Meter vor dem Wall des Hauptwerks und war leicht gekrümmt.

Weitgehend den Charakter einer Naturfestung hatte die Höhensiedlung auf dem Roc de Courroux bei Delsberg[27] im Kanton Bern. Die über dem Fluß Birs angelegte Siedlung wurde auf drei Seiten von steil abfallenden Felsen eingerahmt und zum Talabhang hin durch eine Trockenmauer geschützt. Zu den Befestigungen im Kanton Bern gehörte ebenfalls die Höhensiedlung »Bürg« bei Spiez[28].

Als eine Art Fluchtburg diente vermutlich der Hügel Le Refuge bei Barmaz[29] im Kanton Wallis. Von dort liegen Spuren einer Siedlung vor. Der Felsvorsprung wurde auf der sanft abfallenden Seite durch eine Trockenmauer gesichert, die später völlig abgerutscht ist.

Die Bauholzfunde aus Siedlungen der Spätbronzezeit spiegeln die vorzügliche Arbeit der damaligen Zimmerleute wider. Diese Handwerker beherrschten das Zurechthauen vierkantiger Balken oder Pfähle, das Durchschlagen von Löchern für Verzapfungen und das Schneiden von Brettern für Türen.

Die Türen zu einigen Behausungen waren mit raffiniert funktionierenden Riegelschlössern zu verschließen, von denen man

Fischfang mit Einbaum und Angel auf dem Bieler See im Kanton Bern. Geräte zum Fischfang – Netzfragmente, Netzsenker, Schwimmer, Angelhaken, Tüllenharpunen – liegen aus mehreren spätbronzezeitlichen Seeufersiedlungen in der Schweiz vor.

bisher nur die großen bronzenen Hakenschlüssel kennt. Je ein solcher Schlüssel kam in den Seeufersiedlungen von Zürich-Alpenquai, Zürich-Utoquai und Zürich-Großer Hafner zum Vorschein. Die Funde vom Alpenquai und Großen Hafner sind auf dem Griff mit einer kleinen Entenfigur verziert.

Zur Herdplatte gehörte manchmal ein tönerner »Feuerbock«, der mitunter von Prähistorikern als Kultobjekt gedeutet wird. Reste von zwei Backöfen hat man in Gelterkinden (Kanton Basel-Land) entdeckt. Ein Backofen wurde in Beringen (Kanton Schaffhausen) gefunden. Die fensterlosen Wohnräume hat man bei geschlossener Tür und nachts mittels Tonlampen beleuchtet. Ein tönerner Wandleuchter stammt aus der Gegend zwischen Valeria und Tourbillon im Kanton Wallis.

Die Menschen der Spätbronzezeit in der Schweiz ernährten sich vor allem von den Erträgen des Ackerbaus und der Viehzucht. Der Fischfang und die Jagd sorgten für willkommene Abwechslung auf dem Speisezettel.

Welche Getreidearten und Hülsenfrüchte angebaut und geerntet wurden, zeigen Funde aus der Seeufersiedlung bei Uerschhausen. Dort kamen Reste von Saatweizen (*Triticum aestivum*), Dinkel (*Triticum spelta*), Emmer (*Triticum dicoccon*), Einkorn (*Triticum monococcum*), Flughafer (*Avena fatua*), Rispenhirse (*Panicum miliaceum*), Kolbenhirse (*Setaria italica*) sowie von Erbsen (*Pisum sativum*), Ackerbohnen (*Vicia faba*) und Linsen (*Lens culinaris*) zum Vorschein. Daneben haben die Bewohner dieses Dorfes eßbare Wildpflanzen und -früchte gesammelt.

In der Seeufersiedlung Zürich-Mozartstraße fand man Reste von Gerste, Nacktweizen (*Triticum vulgare* var. *nudum*), Einkorn, Emmer, Dinkel, Hirse und Linse. Aus der Seeufersiedlung Zürich-Alpenquai liegt ein verkohlter Hirseklumpen vor.

In der Seeufersiedlung Zug-Im Sumpf enthielt ein Weidenkorb Gerste, Emmer, Rispen- und Kolbenhirse, Ackerbohne, Erbse, Feld- beziehungsweise Nüßlisalat (*Valerianella olitoria*), Erdbeere (*Fragaria vesca*), Hundspetersilie (*Aethusa cynapium*), Hohlzahn beziehungsweise Hanfnessel (*Galeopsis tetrahit*) und Segge (*Carex*). In einem Topf lag auf einer grasartigen Masse und einer Schicht von Holzstücken ein Vorrat aus Dinkel und Ackerbohnen. Da diese Pflanzenreste verkohlt sind, hält es die Zuger Prähistorikerin Irmgard Bauer für möglich, daß eine Feuersbrunst die Bewohner jenes Dorfes überraschte und sie bei der Flucht die gefüllten Gefäße liegenließen.

Krusten aus tönernen Kochtöpfen von Zug-Im Sumpf ließen erkennen, daß verschiedene Pflanzen zusammen zubereitet wurden. Eine solche Kruste bestand überwiegend aus Dinkel (*Triticum spelta*) und Linsen (*Lens culinaris*), mit denen Saatgerste (*Hordeum vulgare*), Rispenhirse (*Panicum miliaceum*), Seebinse (*Scirpus lacustris*), großes Nixenkraut (*Najas marina*), Haselnuß (*Corylus avellana*), Hahnenfuß (*Ranunculus lingua*), Brombeere (*Rubus fruticosus*), Wildapfel (*Malus sylvestris*), Hundspetersilie (*Aethusa cynapium*), bittersüßer Nachtschatten (*Solanum dulcamara*), Zwergholunder (*Sambucus ebulus*) und zwei Feldsalatarten vermischt wurden.

Der Ackerboden wurde teilweise mit Geweihhacken bearbeitet, die einen hölzernen Schaft hatten. Reste von Geweihhacken konnten in der Seeufersiedlung Mörigen geborgen werden. Das reife Getreide wurde mit bronzenen Sicheln geschnitten. Diese Erntegeräte versah man zur besseren Handhabung und zum Schutz der Finger vor Verletzungen durch scharfe Halme mit einem Holzgriff. Griffe aus Holz waren sicherlich »billiger« als massive Bronzegriffe. Unter den zahlreichen Bronzesicheln von Mörigen ist bei einem Exemplar sogar der geschnitzte Holzgriff erhalten.

Als damalige Haustiere sind Rinder, Schafe, Ziegen, Schweine, Pferde und Hunde nachgewiesen. Von all diesen Tierarten wurden in Andelfingen-Auf Bollen Knochenreste entdeckt.

Unter den Speiseresten auf der Halbinsel Horn am Nußbaumer See bei Uerschhausen überwiegen die Knochen vom Rind, gefolgt vom Pferd, Schaf oder von der Ziege sowie vom Schwein. Aus der Höhensiedlung auf dem Kestenberg bei Möriken kennt man Reste von Rindern, Schweinen, Schafen oder Ziegen, Pferden und Hunden. Auf dem Burghügel Gräplang bei Flums wurden neben Rindern, Schafen, Schweinen und Ziegen auffällig viele Pferde gehalten. Aus Neunkirch im Kanton Schaffhausen ist eine kleine ponyartige Pferderasse nachgewiesen.

Daß auch Fischfang betrieben wurde, belegen Netzfragmente, Netzsenker, Schwimmer, bronzene Angelhaken und Tüllenharpunen aus Hirschgeweih.

In der Seeufersiedlung Mörigen kamen insgesamt 115 Angelhaken zum Vorschein, auf der Sankt-Peters-Insel bei Twann zehn, in Port (Kanton Bern) einer und in Auvernier neben einfachen auch einige Doppelangelhaken. Viele der Angelhaken aus Mörigen eigneten sich für den Fang von mittelgroßen Fischen wie Karpfen, Hechten und Forellen.

Aus den Seeufersiedlungen Auvernier, Zürich-Alpenquai und Nidau (Kanton Bern) liegen Tüllenharpunen aus Hirschgeweih vor, mit denen man vermutlich größere Fische wie Welse, aber auch Wasservögel oder Biber, Fischotter und Bisamratten stoßend oder werfend erlegen konnte.

Zu den Farbtafeln

54 (rechte Seite) Goldener Brustschmuck (gitterähnliches Pectorale) der spätbronzezeitlichen Urnenfelder-Kultur (etwa 1300/1200 bis 800 v. Chr.) von Rothengrub an der Schneebergbahn in Niederösterreich. Original im Naturhistorischen Museum, Wien.

55 Die 2500 Meter hoch gelegene Gipfelfläche des Schlern in Südtirol diente zur Zeit der Laugen-Melaun-Gruppe (etwa 1200 bis 800 v. Chr.) als Kultplatz. Dort gab es vermutlich ein Bergheiligtum, dessen Opferfeuer weit zu sehen waren.

56 Verzierter tönerner Henkelkrug der spätbronzezeitlichen Laugen-Melaun-Gruppe (etwa 1200 bis 800 v. Chr.) aus Feldkirch-Altenstadt in Vorarlberg. Höhe 17 Zentimeter. Original im Vorarlberger Landesmuseum, Bregenz.

57 Schmuckketten aus der Spätbronzezeit (etwa 1300/1200 bis 800 v. Chr.) von Wollishofen (Kanton Zürich), Estavayer-le-Lac (Kanton Freiburg), Concise (Kanton Waadt) und Auvernier (Kanton Neuenburg).

58 Rekonstruktion eines Blockhauses auf dem Kestenberg (Chestenberg) bei Möriken im schweizerischen Kanton Thurgau aus der spätbronzezeitlichen Urnenfelder-Kultur (etwa 1300/1200 bis 800 v. Chr.) im Museum Burghalde, Lenzburg.

59 Bronzener Armring mit Stollenenden aus der Spätbronzezeit (etwa 1300/1200 bis 800 v. Chr.) von Bergün im schweizerischen Kanton Graubünden. Durchmesser 6,8 Zentimeter, Gewicht 80 Gramm. Original im Rätischen Museum, Chur.

60 Mit Zinnlamellen verzierte Tongefäße der Spätbronzezeit aus der Seeufersiedlung Hauterive-Champréveyres am Neuenburger See im schweizerischen Kanton Neuenburg. Höhe 10,2 Zentimeter. Originale im Musée Cantonal d'Archéologie, Neuchâtel (Neuenburg).

△ 55 ▽ 56

△ 57

▽ 58

△ 59
▽ 60

Der deutsche Prähistoriker Jost Auler aus Münster hat in vier Stunden ein solches Jagdgerät hergestellt und damit erfolgreich Fische harpuniert. Die Tüllenharpune besteht aus einer Spitze mit Widerhaken und Tülle, in welche der Holzschaft gesteckt wird. Die Spitze ist seitlich mit einem Loch versehen, in dem die Fangleine befestigt werden konnte. Nach dem Stoß oder Wurf stellte sich die Spitze quer, wenn das Beutetier flüchten wollte. Die Fangleine befand sich in der Hand des Jägers.

In der Höhensiedlung auf dem Kestenberg bei Möriken lagen Jagdbeutereste vom Rothirsch (*Cervus elaphus*), Wildschwein (*Sus scrofa*), Braunbär (*Ursus arctos*), Biber (*Castor fiber*) und Hasen (*Lepus europaeus*). Wildschwein und Rothirsch gehörten auch zur Jagdbeute der Menschen auf der Iddaburg bei Kirchberg im Kanton Sankt Gallen.

Neben Speisen aus Getreidekörnern, Hülsenfrüchten, geschlachteten Haustieren und erlegten Wildtieren aß man gesammelte Wildäpfel, Haselnüsse und Kohl. Der Abdruck eines Kohlblattes (*Brassica oleracea*) wurde auf der Standfläche eines Tongefäßes aus der Seeufersiedlung Zürich-Alpenquai erkannt. In der Seeufersiedlung Grandson-Corcelettes entdeckte man ein um 1000 v. Chr. gebackenes Weizenbrot. Nach Angaben des Berner Brotforschers Max Währen hatte das Brot ursprünglich einen Durchmesser von 15 Zentimetern und ein Gewicht von 237 Gramm. Heute hat es nur noch einen Durchmesser von 10,5 Zentimetern, eine Dicke von 2,5 Zentimetern und ein Gewicht von 79 Gramm. Das Gebäck ist schön gerundet, auf der Oberseite in der Mitte leicht gewölbt und zum Rand ringsum etwas eingedellt. Auf dem Brot sind Fingerabdrücke feststellbar. Fladenbrotreste kennt man auch aus der Seeufersiedlung Zürich-Alpenquai.

Die Keramik erlebte im Laufe der Spätbronzezeit einen mehrfachen Stilwandel. In der Stufe Bronzezeit D wurden große Tongefäße mit zylindrischem Hals und mit Fingertupfenleisten auf der Schulter getöpfert.

Aus der Stufe Bronzezeit D stammen auch die frühesten Tongefäße mit Zinnfolienverzierung. Reste von mehreren auf solche Weise verschönerten Objekten liegen aus Neftenbach-»Steinmöri« und Neftenbach-Zürichstraße (Kanton Zürich) vor. In Vuadens-»Le Briez« (Kanton Freiburg) wurde ein Becher mit einer Reihe aufrecht stehender Dreiecke aus Zinnfolie gefunden.

Aus späteren Phasen der Bronzezeit (Hallstatt A2 bis B) ist zinnfolienverzierte Keramik in ansehnlichen Mengen belegt. Als Hauptverbreitungsgebiete gelten die Westschweiz, Ostfrankreich und die Nordschweiz.

In der Stufe Hallstatt A kamen breite und hohe Schulterbecher mit straffem Profil und Kammstrichverzierung auf. Das Ornament wurde mit einem kammartigen Gerät in den weichen Ton gezogen.

In der Stufe Hallstatt B erreichte die Strichornamentik der Tongefäße ihren Höhepunkt. Deswegen spricht man nun vom »reichen Stil«. Große Teller wurden mit Ziermustern geometrischer Art regelrecht überladen. Neu hinzu kamen Mäander als Ziermuster.

Später, aber ebenfalls noch in der Stufe Hallstatt B, erfreute man sich an glatten, spiegelnden Flächen. Als Neuschöpfungen in dieser Phase gelten Trichterrandflaschen, Trichterrandgefäße, Henkeltöpfe mit um den Henkel herumgeführter Verzierung und Bemalungen. Neben Schwarz-Rot-Malerei gab es auch einfarbige Graphitierungen.

Im Mittelland und im Jura entwickelte man den Dekorstil der Mittelbronzezeit weiter. Beliebt waren eingeritzte Dreiecke, mehrstrichige Zickzacklinien, Kerbschnittmuster und Buckel. Bei den groben Wirtschaftsgefäßen hat man häufig den unteren Teil durch senkrechte Fingerstriche gerauht. Für Kontrastwirkung auf Trinkbechern mit schwarzglänzendem Überzug sorgten in Rillen eingelegte farbige Schnüre, deren Enden in der Gefäßwandung verpflockt wurden.

Allein auf der Halbinsel Horn am Nußbaumer See bei Uerschhausen wurden zwei Tonnen Keramikreste geborgen. Sie stammen von Schalen, Vorratsgefäßen, Kochtöpfen (zum Teil mit verkohlten Speiseresten) und von Bechern.

In der Seeufersiedlung Le Landeron[30] stieß man in zwei Häusern auf die Relikte einer Töpferei. Dabei handelte es sich um Schalen, Tassen, Becher und Töpfe. Die Jahrringdatierung der Hölzer ergab, daß ein Haus um 960 v. Chr. erbaut und das andere 957 v. Chr. angegliedert worden war.

Nach Ansicht des Zürcher Prähistorikers Johannes Weiss könnten zehn lang-rechteckige Gruben von Fällanden-Hinterdorf[31] (Kanton Zürich) mit vom Feuer geröteten Wänden sowie einer Holzkohleschicht und Geröllsteinen auf der Sohle als Töpferöfen gedient haben. Die Gruben waren 1,50 bis 3,30 Meter lang, einen Meter breit und 25 bis 50 Zentimeter tief. Weiss gelang es, durch ein Feuer in einer derartigen Grube rasch Temperaturen von etwa 800 Grad Celsius zu erreichen und darin mehrere Tongefäße prähistorischer Machart von mehr als 40 Zentimeter Höhe zu brennen.

Steinerne Gußform für drei menschenförmige Anhänger aus Bronze aus der Seeufersiedlung Zug-Sumpf im Kanton Zug. Länge 17 Zentimeter, Breite neun Zentimeter, Dicke vier Zentimeter. Original im Kantonalen Museum für Urgeschichte, Zug.

Das Depot mit 137 offenen bronzenen Armreifen aus Köniz-Wabern im Kanton Bern dokumentiert die Massenproduktion von Schmuckstücken. Durchmesser der Armreife 6,5 bis sieben Zentimeter. Originale im Bernischen Historischen Museum, Bern.

Aus der Seeufersiedlung Zug-Im Sumpf liegt eine fast vollständig erhaltene, 45 Zentimeter lange Schale aus Eschenholz vor, die auf beiden Schmalseiten mit einem Griff versehen ist. Auf ihr sind Kerben eines Dechsels mit etwa drei Zentimeter breiter Schneide sichtbar. Am selben Fundort blieb außerdem ein Reif aus Fichtenholz erhalten, der vielleicht die Dauben eines kleinen Fäßchens oder Eimers zusammenhielt.

Das Metallhandwerk stand in den Siedlungen aus der Spätbronzezeit in hoher Blüte, was eine Anzahl von Gießereiobjekten aus Seeufersiedlungen beweist. Derartige Funde kennt man vom Neuenburger See (Auvernier, Cortaillod, Estavayer-le-Lac, Grandson-Corcelettes), Bieler See (Mörigen), Nußbaumer See (Halbinsel Horn bei Uerschhausen) und Zürichsee (Zürich-Alpenquai, Zürich-Großer Hafner, Zürich-Wollishofen).

Aber auch aus den Höhensiedlungen vom Montlinger Berg und Kestenberg liegen Gießereifunde vor. Auf dem Kestenberg hat man Gußbrocken und einen tönernen Gußlöffel geborgen. In der Höhensiedlung Ollon-Le Lessus (Kanton Waadt) wurden ein Schmelzofen und Gruben für die Metallverarbeitung sowie Fragmente von Gußformen und Bronzeabfällen entdeckt.

Zur Ausstattung der Metallhandwerker gehörten neben steinumstellten oder lehmummantelten Schmelzöfen, Tondüsen von Blasebälgen, tönernen Schmelztiegeln und Gußlöffeln, Gußformen aus Lehm, Stein und Bronze sowie Drahtziehgeräten auch Holzblöcke mit darin verankerten bronzenen Ambossen, bronzene Hämmer, Sägen, Raspeln, Meißel, Ziselier-, Gravier- und Punzgeräte.

Fehlgüsse als Folge unreiner Schmelze, Blasenbildung oder anderer Mißgeschicke wurden von Schmieden meistens wieder eingeschmolzen. Es gab jedoch auch Fälle, in denen Metallhandwerker mißlungene Erzeugnisse durch eine Reparatur zu retten versuchten. Dazu gehören beispielsweise ein Vollgriffschwert mit fehlerhaft aufgegossenem, ausgebessertem Griff von Grandson-Corcelettes und die Ausbesserung einer zu dünn geratenen Kugelkopfnadel aus Muri (Kanton Aargau).

Lokale Anfertigung von bronzenen Sicheln ist durch steinerne Gußformen von Grandson-Corcelettes, Auvernier und Hauterive-Champréveyres, Mörigen und Zürich-Alpenquai belegt. Besonders viele Gußformen wurden in Mörigen gefunden. Mit ihnen ließen sich Querbeile, Hämmer, Tüllenmeißel, Sicheln, Tüllenmesser, Schwerter und Lanzenspitzen gießen. Auch die tönere Düse eines Blasebalgs liegt aus Mörigen vor. Aus Böschen (Kanton Zürich) kennt man eine Gußform für drei Nadeln.

In der Seeufersiedlung Zug-Im Sumpf wurden Gußformen für Lanzenspitzen und menschenförmige Schmuckanhänger, Gußformenbruchstücke für Tüllengeräte und ein ringartiges Objekt, Tüllenkern- und Tiegelfragmente entdeckt. Die 17 Zentimeter lange Gußform für menschenähnliche Anhänger enthielt die Negative für drei solcher Schmuckstücke. Derartige Amulette hat man in Zug-Im Sumpf gefunden, sie stammten jedoch nicht aus dieser Gußform.

Vom Fleiß der Bronzegießer zeugen daneben Depotfunde mit Werkzeugen, Waffen, Schmuck und Abfällen. Das Depot von Basel-Elisabethenschanze[32] umfaßte bronzene Beile, Sichelblätter, eine Speerspitze, Armringe, Beinringe und Gießereiabfälle. Massenproduktion wird durch das Depot von Köniz-Wabern[33] im Kanton Bern mit 137 offenen bronzenen Armreifen dokumentiert. Dieses Depot wurde unter einem mittelgroßen Feldstein gefunden. Sämtliche Ringe sind auf der Außenseite mit Strichen verziert.

Eine beachtliche Zahl an Geschmeiden enthält auch das Depot von Freimettigen[34] im Kanton Bern mit ungefähr 30 schweren Armringen. Für die bis auf wenige Reste verschollene Barrenansammlung von Winterthur-Wölflingen[35] im Kanton Zürich schwanken die heute nicht mehr überprüfbaren Gewichtsangaben zwischen zehn und 30 Zentnern.

Ab der Stufe Hallstatt B ist in der Schweiz erstmals Eisen als neues Metall nachweisbar. Anfangs fand Eisen vor allem als Kontrastmetall für Einlagen in Bronzeerzeugnissen Verwendung. Vereinzelt hat man aber auch schon relativ große Objekte aus massivem Eisen angefertigt, so beispielsweise eine Schwertklinge aus Mörigen, eine Eisenlanze aus Nidau und eine Messerklinge mit bronzenem Griffhalter aus Saint-Aubin (Kanton Neuenburg).

Daß außer Werkzeugen aus Metall auch weiterhin Geräte aus Stein benutzt wurden, belegen Funde aus der Seeufersiedlung auf der Halbinsel Horn bei Uerschhausen. Dort fand man Abschläge und Klingen aus Feuerstein, Kratzer und Schaber, Mahlsteine aus Felsgestein (Granit, Sandstein), kugelige Klopfsteine, »Kannelurensteine« unbekannter Funktion und Beilklingen aus Grünstein.

Auch Geweihe von Rothirschen und Rehen dienten als Rohstoff für mancherlei Werkzeuge. Auf diesbezügliche Hinweise stieß man am Felsen Roc de Courroux bei Delsberg. Dort kamen zwei Hirschgeweihstangen mit abgeschnittenen Seitensprossen und Rehgeweihe mit Schnittspuren zum Vorschein.

Unbekannt ist der Zweck eines mit Dreiecken, Zickzacklinien und Rauten ritzverzierten Stabes aus Pappelholz von Mörigen am Bieler See. Von ihm blieb ein 22 Zentimeter langes Bruchstück erhalten. Ähnliche Holzstäbe kennt man aus Castione im Tessin.

Zu den bronzenen Werkzeugen gehörten außer den erwähnten Nähnadeln mit Öhr auch Sicheln, ein- und zweischneidige Messer, Lappenäxte, Flügelbeile, Tüllenbeile, Hämmer und Säge-

Ambosse aus Zürich-Haumesser (rechts) und Riddes im Kanton Wallis (links) in rekonstruierten hölzernen Sockeln sowie Rekonstruktion eines geschäfteten Treibhammers. Rekonstruktionen im Schweizerischen Landesmuseum, Zürich.

DIE URNENFELDER-KULTUR

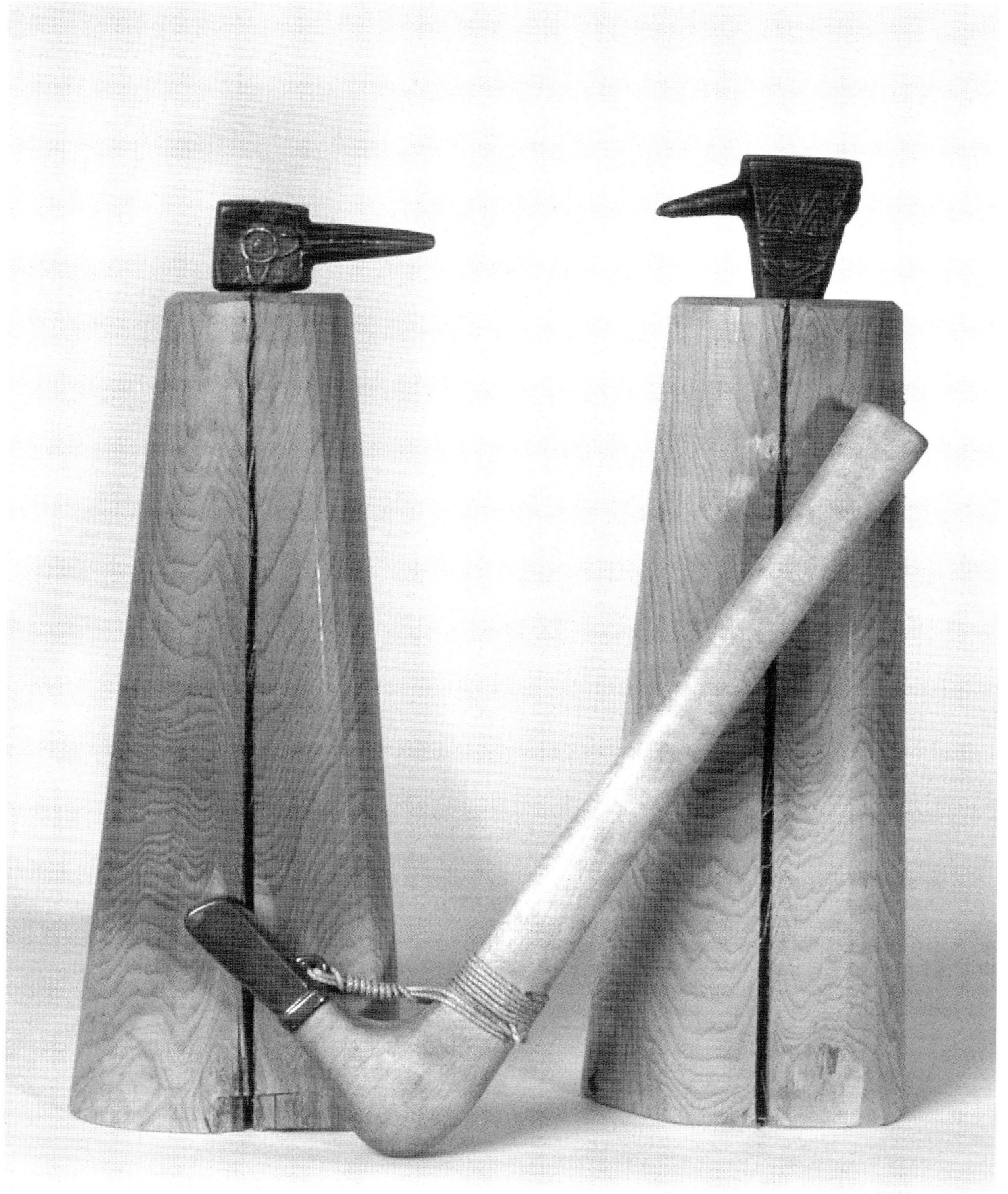

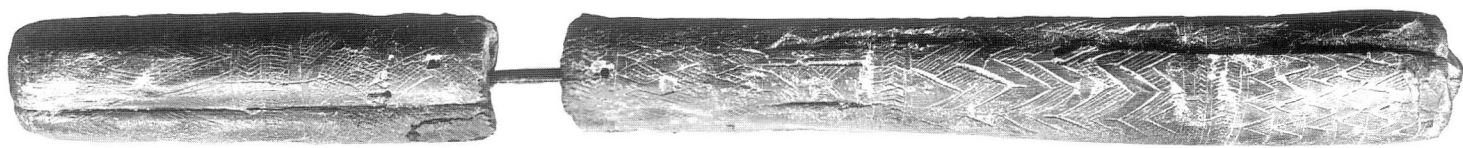

Ritzverzierter Stab unbekannter Funktion aus Weidenholz von der Seeufersiedlung Mörigen am Bieler See im Kanton Bern. Erhaltene Länge 22 Zentimeter. Original im Schweizerischen Landesmuseum, Zürich.

blätter. Die Äxte und Beile dienten wohl zur Holzbearbeitung, manche Formen vielleicht aber auch als Waffen.

Bronzene Sicheln für die Getreideernte mit vollständig oder fragmentarisch erhaltenem Holzgriff wurden in mehreren Seeufersiedlungen geborgen. Solche Funde gelangen in Auvernier, Grandson-Corcelettes, Mörigen, Zug-Im Sumpf und Zürich-Alpenquai. Allein in Mörigen hat man 26 Griffzungensicheln und drei Fragmente von solchen sowie zwei Knopfsicheln entdeckt.

Ab der Spätbronzezeit gab es in der Schweiz bronzene Messer mit Griffdorn. Während der Stufe Bronzezeit D überwogen Ringgriffmesser. Von der Stufe Hallstatt A an kamen Messer mit gebogenem Griffdorn auf und in der Stufe Hallstatt B Messer mit geradem Griffdorn. Die Messer hatten meistens einen Griff aus Knochen, Geweih oder Holz. Gelegentlich waren sie mit Rippen, Strichen, Schrägstrichen, strichgefüllten Dreiecken, Punktbändern und Kreisaugen verziert.

Messer fungierten nicht als Waffen, sondern als Werkzeuge für verschiedene Arbeiten, beispielsweise als Küchen-, Holzbearbeitungs- oder Vielzweckgeräte. Zweischneidige Ziehmesser mit gebogener Schneide und Griffangel mit Öse beispielsweise gelten als Werkzeuge zur Holzbearbeitung, mit denen man unter anderem Holzgefäße anfertigte. Solche Ziehmesser sind aus den Seeufersiedlungen Hitzkirch-»Moos« (Kanton Luzern), Hauterive-Champréveyres (Kanton Neuenburg), Guévaux (Kanton Waadt) sowie Genf-Eaux und Morges-»Grande Cité« bekannt. Besonders viele Messer kamen in Mörigen zum Vorschein. Von dort liegen 38 Griffdorn-, ein Vollgriff-, drei Tüllen-, 15 Griffangel-, zwei Griffplatten-, zwei Griffzungenmesser sowie je ein Messer mit durchlochtem und mit umgeschlagenem Griffdorn vor. Zwei dieser Messer haben einen Griff aus Hirschgeweih.

Als Geräte bei der Metallverarbeitung gelten Hämmer mit bronzenem Kopf und hölzernem Schaft. In Auvernier konnten vier Tüllenhämmer, ein Lappenhammer und ein Hammer mit Schaftloch, in Mörigen drei Tüllenhämmer und ein Lappenhammer geborgen werden. Ein Hammer mit Holzstiel wurde in Siders (Kanton Wallis) gefunden.

Bei den bronzenen Axtklingen überwogen diejenigen mit stark ausgebildeten Lappen an den Seiten. Die Lappen waren dafür vorgesehen, den Nacken der Axtklinge am Ende eines hölzernen Knieholms zu befestigen. Aus Auvernier-Nord ist ein solcher Holm aus Eichenholz mit Schäftungsteil bekannt. Außerdem hat man eine Schnur durch eine an der Klinge angebrachte Öse gezogen und um die Axt und den Holzschaft gewickelt, was den Halt noch verbesserte. Axtklingen fanden sich in vielen Seeufersiedlungen.

Ein kleines Depot mit sechs bronzenen Klingen von Flügelbeilen wurde im Kapuzinerkloster in der Avenue Saint-François von Sitten[36] (Kanton Wallis) entdeckt. Dabei handelte es sich vermutlich um das Lager eines Bronzegießers.

Als Seltenheiten in schweizerischen Seeufersiedlungen gelten bronzene Klingen von Tüllenbeilen mit viereckiger Mündung zur Aufnahme des Holzschaftes und mit seitlicher Öse. Diese Klingen waren gegen Ende der Spätbronzezeit vor allem in Westeuropa verbreitet. Ein solch rares Exemplar von 10,5 Zentimeter Länge und mit 5,1 Zentimeter breiter Schneide wurde in Conthey im Kanton Wallis entdeckt.

Aus der Seeufersiedlung Mörigen liegen drei bronzene Sägen mit geriffelter Kante vor. Ein bronzenes Sägeblatt hat man in der Seeufersiedlung Auvernier gefunden. Derartige Sägeblätter sind vielleicht von Metallhandwerkern zur Überarbeitung gußfrischer Werkstücke benutzt worden.

Vom Geschick der damaligen Handwerker zeugen nicht nur die bronzenen Werkzeuge, sondern auch Flechtarbeiten in beträchtlicher Anzahl. Dazu gehört ein Korbgeflecht mit Stabgerüst aus der Seeufersiedlung Zürich-Alpenquai. Nach Ansicht von Experten war die Qualität der Körbe so gut, daß sie einem heutigen Flechter zur Ehre gereicht hätten.

Vermutlich trugen auch die spätbronzezeitlichen Krieger in der Schweiz bronzene Helme, Brustpanzer, Schilde und Beinschienen, wie sie damals in anderen Gegenden Europas üblich waren (s. S. 271, 391). Bewaffnet waren sie mit bronzenen Schwertern, Dolchen, Lanzen sowie Pfeil und Bogen.

Ein Bronzehelm wurde gar nicht weit von Basel entfernt in einer Kiesgrube der badischen Gemeinde Weil am Rhein[37] (Kreis Lörrach) entdeckt (s. S. 271). Er wird im Historischen Museum Basel aufbewahrt. Dort war der Fund vier Jahrzehnte lang irrtümlich als mittelalterlich eingestuft worden, bis man sein höheres Alter erkannte.

Vier Bronzepanzer und etliche Bruchstücke von solchen kamen in Fillinges[38] im französischen Département Haute Savoie (Savoyen) zum Vorschein. Der Fundort liegt elf Kilometer westlich von Genf. Bei diesen Brustpanzern wurde die Hervorwölbung der Brustmuskulatur nachgeformt, am Rücken markiert eine Einkerbung die Wirbelsäule. Alle Panzer sind in Punkt-Buckel-Technik verziert. Die Panzer waren vermutlich mit einer Lederverkleidung gepolstert, oder es wurde darunter ein Ledergewand getragen.

Brust- und Rückenpanzer sind auf der linken Seite fest vernietet. Der Krieger zwängte sich rechts hinein, bog beide Panzerhälften auseinander und schloß den Panzer auf den Schultern und der rechten Flanke. Auf der linken Schulter geschah dies durch einen umgebogenen Nagel, der auf der Brustpartie angenietet war und in eine rechteckige Öffnung auf der Rückenpartie eingerastet wurde. Rechts auf der Schulter und Flanke konnte eine

Schlaufe aus Bronzeblech vom Rücken her durch eine rechteckige Öffnung im Brustpanzer gezogen werden. Möglicherweise wurde die Schlaufe durch einen Nagel arretiert.

Zum spätbronzezeitlichen Depotfund von Marmesse im französischen Département Haute-Marne gehörten vier aus zwei Schalen bestehende Bronzepanzer. Weitere Bronzepanzer kennt man aus Čaka, Ducové und Čierna nad Tisou in der Slowakei (s. S. 408).

Bei den bronzenen Schwertern lassen sich etliche Varianten unterscheiden. Es gab den Typ Riegsee (Riegsee-Schwert), Typ Rixheim (Rixheim-Schwert), Vollgriffschwerter vom Typ Mörigen (Möriger Schwert) und Typ Auvernier (Auvernier-Schwert) sowie Antennen- und Griffangelschwerter. Diese Schwerter gelten als Hiebwaffen.

Von dem nach einem bayerischen Fundort benannten Riegsee-Schwert (s. S. 272) wurde in der Schweiz nur ein einziges Exemplar entdeckt. Dabei handelte es sich um ein Schwert aus Eschenz (Kanton Thurgau), dessen Fundumstände nicht ermittelt werden konnten.

Kennzeichnend für das nach einem elsässischen Fundort bezeichnete Rixheim-Schwert (s. S. 272) sind eine dreieckige Griffplatte und ein Mittelgrat auf der Klinge. Besonders typische Rixheim-Schwerter konnten in Baar (Kanton Zug), Vully-le-Bas (Kanton Freiburg) und aus dem Bach Thielle (Ziehl) zwischen Brügg und Aegerten (Kanton Bern) geborgen werden. Von vielen anderen Fundorten liegen Varianten des Rixheim-Schwertes vor.

Charakteristisch für das Möriger Schwert aus der späten Urnenfelder-Zeit sind eine doppelkegelige Griffstange, ein spitzbogiger Ausschnitt am Heftabschluß und weit ausladende Heftflügel. Drei solcher Schwerter kamen am namengebenden Fundort Mörigen zum Vorschein, in Grandson-Corcelettes sogar zehn.

Komplett erhaltener und reichverzierter Bronzepanzer von Villinges im französischen Département Haute-Savoie (Savoyen). Höhe 44,9 Zentimeter, Breite 41,6 Zentimeter. Der Fundort liegt unweit von Genf. Original im Musée d'Art et d'Histoire, Genève (Genf).

Einzelfunde sind aus Auvernier, Auvernier-Ost, Niederurnen (Kanton Glarus), vom Murtensee und in Zürich-Wollishofen bekannt.

Das Auvernier-Schwert hat eine leicht geschwungene, im unteren Drittel abgesetzte Griffstange, beidseits der Griffstange organische, mit Nieten befestigte Einlagen und einen Bronzegriff mit einer Platte, auf der ein flacher Knauf aus organischem Material sitzt. Auvernier-Schwerter kennt man außer in Auvernier auch in Grandson-Corcelettes (Kanton Waadt) und Nidau (Kanton Bern). Allein aus Grandson-Corcelettes liegen insgesamt 16 Vollgriffschwerter vor.

Drei Antennenschwerter mit antennenartig eingerollten Enden wurden bei der Austrocknung des Sees von Luissel (Lac de Luissel) unweit von Bex im Kanton Waadt entdeckt. Ein Exemplar fand sich in der Seeufersiedlung Cortaillod.

Auf der 1930 Meter hoch gelegenen Alp Wallabütz-Matt bei Mels im Kanton Sankt Gallen kam ein Griffangelschwert zum Vorschein. Die 46,3 Zentimeter lange Stichwaffe lag unter einer Steinplatte in etwa 70 Zentimeter Tiefe.

Die Schwerter steckten in Scheiden aus organischem Material, von denen lediglich die bronzenen Ortbänder erhalten blieben. Letztere dienten als unterer Abschluß der Scheiden und sind teilweise mit Rippen verziert.

Die einfachen bronzenen Dolche hatten eine Griffzunge (Griffzungendolche) und zwei übereinander angeordnete Nieten, mit denen der Griff aus organischem Material befestigt wurde.

In der Stufe Hallstatt B kamen in der Schweiz reichverzierte bronzene Lanzenspitzen auf. Das Dekor besteht aus Linienbün-

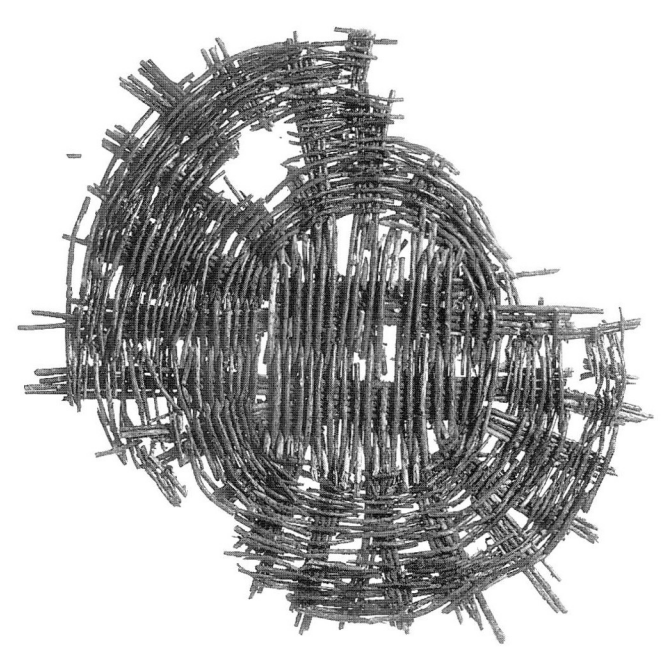

Fragmentarisch erhaltener, geflochtener Korbboden aus der Seeufersiedlung Zürich-Alpenquai am Zürichsee im Kanton Zürich. Verbliebener Durchmesser des Korbbodens 27 Zentimeter. Original im Schweizerischen Landesmuseum, Zürich.

Bronzenes Vollgriffschwert vom Typ Auvernier mit rahmenförmigem Griff aus der Seeufersiedlung Auvernier am Neuenburger See im Kanton Neuenburg. Länge 55,3 Zentimeter. Original im Musée Cantonal d'Archéologie, Neuchâtel (Neuenburg).

deln, die von Halbbogengruppen begleitet werden. Später wurde die Strichornamentik durch plastische Rippenzier abgelöst.
Pfeil und Bogen sind durch einen seltenen Bogenfund aus der Seeufersiedlung Hombrechtikon im Kanton Zürich sowie durch Pfeilspitzen aus Feuerstein, Knochen, Geweih oder Bronze nachgewiesen. Der Bogen wurde im September 1988 zufällig von Mitgliedern der Gesellschaft für Unterwasser-Archäologie gesichtet, als sie im Zürichsee schwammen. Dabei konnten sie den Bogen, ein Knieholmfragment, ein Paddel, eine Holzschale und Keramik bergen.
Aus Mörigen kennt man 16 Pfeilspitzen aus Bronze und eine aus Eisen mit Befestigungsdorn, eine bronzene Tüllenpfeilspitze, zwei bronzene Pfeilspitzen mit Befestigungsplatte, vier bronzene Blechpfeilspitzen und zwölf Dornpfeilspitzen aus Knochen und Geweih. Für die Tüllenpfeilspitze wird ein Holzschaft mit einem Durchmesser von acht Millimetern angenommen.
Keramik, Bronzegefäße, Waffen und Schmuck fremder Herkunft lassen auf Tauschgeschäfte über weite Entfernungen hinweg schließen. Als Importware gelten Keramik der Laugen-Melaun-Gruppe (s. S. 411) aus Südtirol und dem Trentino, Rasiermesser der Villanova-Kultur[39] aus Italien, Bronzegefäße nordischer Herkunft, Schwerter des Typs Rixheim aus Bayern, italische Fibeln sowie Bernstein- und Glasperlen.
Laugen-Melaun-Keramik fand sich in der erwähnten Höhensiedlung auf dem Montlinger Berg. Aus Mörigen liegt ein bronzenes Villanova-Rasiermesser vor. Auf Nord-Süd-Handel deuten die berühmten bronzenen nordischen Hängebecken von Grandson-Corcelettes und Cortaillod hin. In L'Asse am Genfer See wurde eine bronzene Fibel italischer Herkunft geborgen. Bernsteinperlen des Typs Allumiere (nach einem Fundort in Italien) gehören zum Fundgut der Höhensiedlung auf dem Montlinger Berg. Die Glasperlen von Zürich-Wollishofen könnten aus dem Mittelmeergebiet stammen. Allerdings gibt es aus Österreich Hinweise auf lokale Glasherstellung nördlich der Alpen. Dabei handelte es sich um einfache blaue Perlen. Daneben wurden Kupfer und Zinn eingetauscht.

Das 1878 entdeckte Hängebecken aus Grandson-Corcelettes trägt auf der gewölbten Schaufläche ein Sonnensymbol in der Mitte, das von gepunzten Sternfiguren umgeben wird. Ähnliche Becken sind aus Schweden, Norwegen, Dänemark und Deutschland bekannt. Der Fund aus Grandson-Corcelettes gleicht einem Becken aus dem Depot von Hallrum in Schweden. Von einem weiteren Hängebecken aus Grandson-Corcelettes stammt ein Bruchstück, das um 1910 vom Bernischen Historischen Museum erworben wurde.
In Auvernier hat man einen großen, aus Bronze gegossenen Trinkbecher gefunden. Es ist wohl ein Altfund aus der Zeit der Juragewässerkorrektion, dessen genaues Fundjahr man nicht kennt.
Im Zuge des verstärkten Handels wurden in der Spätbronzezeit auch die Alpen immer häufiger überquert. Das läßt sich an Paßfunden in erstaunlicher Höhe ablesen. Dazu gehören eine Lanzenspitze auf dem Flüelapaß bei Davos (Kanton Graubünden) in ungefähr 2380 Meter, zwei Dolche auf dem Tomülpaß bei Vals (Kanton Graubünden) in etwa 2400 Meter, eine Lanzenspitze und ein Randleistenbeil auf der Hannigalp bei Grächen (Kanton Wallis) in etwa 2160 Meter und ein gedrehter (tordierter) Halsreif bei Ormont-Dessus (Kanton Waadt) in etwa 2000 Meter Höhe.
Zahlreiche Funde von bis zu zehn Meter langen Einbäumen – vor allem aus Seeufersiedlungen – spiegeln einen regen Bootsverkehr wider. Diese Wasserfahrzeuge wurden aus dicken Stämmen von Eichen, Föhren und Pappeln geschaffen. Besonders viele Einbäume kamen in den Seeufersiedlungen am Bieler See zum Vorschein. Hier sind die Fundorte Biel, Vingelz, Wingreis, Twann und Erlach zu nennen. Weitere Einbäume konnten in Auvernier, Bevaix und Grandson-Corcelettes am Neuenburger See und in Gals (Kanton Bern) geborgen werden.
Als bisher größter Einbaum gilt ein zehn Meter langer Fund aus Weißtannenholz von der Sankt-Peters-Insel im Bieler See bei Twann, der mindestens zwölf Personen Platz bot. Darin befanden sich ein Tongefäß mit angekohltem Holz und ein mensch-

DIE URNENFELDER-KULTUR

licher Oberarmknochen. Ein anderer Einbaum aus Twann, um 1300 v. Chr. hergestellt, ist 7,10 Meter lang, hat vier bis fünf Zentimeter dicke Wände und konnte eine Last von etwa einer Tonne tragen. Sieben Meter lang, maximal 55 Zentimeter breit und 35 Zentimeter hoch ist ein Einbaum aus Gals. Von Zug-Im Sumpf kennt man einen Einbaum, dessen Lage im Dorf darauf hindeutet, daß er nicht mehr als Boot, sondern als Wassertrog benutzt wurde. Im Zürichsee bei Hombrechtikon wurde ein Paddel entdeckt.

Die auffällig vielen Funde von Zaumzeugteilen aus Bronze und Geweih sowie von Wagenresten in Seeufersiedlungen belegen, daß die Bewohner dieser Dörfer oft Pferde als Reit- und Zugtiere benutzten. Manche Prähistoriker meinen, Wagen und Zugpferde hätten weniger zum Transport von Waren und Menschen als vielmehr zu Prunkzwecken bei religiösen und politischen Anlässen gedient. Neu war die an mehreren Orten nachgewiesene Beigabensitte, manchen Toten auch Teile des Zaumzeugs und von Wagen mit ins Grab zu legen.

Aus Geweih geschnitzte Trensenknebel kennt man aus den Seeufersiedlungen Auvernier, Grandson-Corcelettes, Lüscherz, Mörigen, Zürich-Alpenquai sowie aus den Höhensiedlungen »Bürg« bei Spiez (s. S. 251) und Wittnauer Horn. Bei dem Geweihknebelpaar von Grandson-Corcelettes besteht das Mundstück aus einem Röhrenknochen, der innen durch Hirschgeweihstücke verstärkt wurde.

Bronzene Knebel wurden außer an den Fundorten Mörigen, Estavayer-le-Lac und Zürich-Alpenquai auch in Saint-Sulpice (Kanton Waadt) und Kaisten (Kanton Aargau) entdeckt. Die

Rekonstruktion des bronzenen vierspeichigen Wagenrades aus der Seeufersiedlung Cortaillod am Neuenburger See im Kanton Neuenburg. Durchmesser des Rades 47,4 Zentimeter. Rekonstruktion im Museum Schwab, Biel.

bronzene Knebelplatte der Trense aus Zürich-Alpenquai hat die Gestalt eines Pferdes.

Reste von Wagen kamen in Siedlungen und Gräbern zum Vorschein. Aus der Seeufersiedlung Cortaillod[40] stammt ein in einem Stück gegossenes, durch Feuereinwirkung zusammengeschmolzenes bronzenes Speichenrad mit einem Durchmesser von 47,4 Zentimetern. Seine U-förmigen Felgen sind nach außen offen. In sie wurden einst die aus Eichenholzsegmenten zusammengesetzten Reifen eingelegt und mit acht Nägeln festgehalten.

Je ein hölzernes Scheibenrad wurde in den Seeufersiedlungen Zürich-Seefeld[41] und Grandson-Corcelettes[42] (Kanton Waadt) gefunden. Das Rad von Zürich-Seefeld hat einen Durchmesser von 52 Zentimetern und weist ein viereckiges Achsloch auf. Dagegen ist das fragmentarisch erhaltene Rad von Grandson-Corcelettes mit zwei halbmondförmigen Aussparungen und einem runden Astloch versehen worden. Dieses Rad hatte einst einen Durchmesser von 85 Zentimetern. Es besteht aus drei Eschenholzbrettern, die durch Querverstrebungen und zwei versenkte schwalbenschwanzförmige Klammern miteinander verbunden sind.

Jeweils ein kleines, nur fragmentarisch erhaltenes, tönernes Wagenrad barg man in den Seeufersiedlungen Zürich-Alpenquai und Zürich-Haumesser.

In einigen Gräbern hat man die Toten zusammen mit Teilen von Wagen bestattet, die ehedem von Pferden gezogen wurden. Wagengräber konnten in Saint-Sulpice[43] (Kanton Waadt), Kaisten[44] (Kanton Aargau) und Bern-Kirchenfeld[45] (Kanton Bern) erforscht werden.

In Saint-Sulpice wurden vier Seitenstangen von Trensenknebeln mit Leitriemenschlitz und Wagenreste entdeckt. Bei den Wagenresten handelt es sich um zwei Tüllenhörner, ein gezacktes Blechröhrchen und zwei Doppelniete. In Kaisten fand man drei Seitenstangen von Trensenknebeln mit Leitriemenschlitz und Relikte eines Wagens. Zu letzteren gehörten ein kräftig

Originalfund des fragmentarisch erhaltenen, bronzenen vierspeichigen Wagenrades aus der Seeufersiedlung Cortaillod am Neuenburger See im Kanton Neuenburg. Durchmesser des Rades 47,4 Zentimeter. Original im Museum Schwab, Biel.

Rekonstruktionsvorschlag des Zürcher Prähistorikers Ferdinand Keller (1800–1881) über die vermutete Lage der verzierten bronzenen Griffe am Wagenkasten eines Streitwagens mit Speichenrädern im fünften »Pfahlbaubericht« aus dem Jahre 1863.

geripptes Bronzeblech, ein Nagel mit sternförmigem Muster auf der Scheibe, ein Bronzeniet und ein griffartiger Aufsatz. In Bern-Kirchenfeld förderte man gebogene Bronzebleche, Nägel, Bronzestäbe mit Muffen und hakenförmig gebogene Drahtstücke zutage.

Aus den Seeufersiedlungen Autavaux (Kanton Freiburg) und Chevroux (Kanton Waadt) am Neuenburger See liegen verzierte bronzene Wagenbeschläge vor. In Autavaux sind es drei röhrenförmige Elemente und ein Griff, in Chevroux ist es nur ein Griff. Solche Griffe wurden 1879 von dem Zürcher Prähistoriker Ferdinand Keller (1800–1881) zu phantasievoll als Teile von zweirädrigen etruskischen Streitwagen gedeutet. Sie gelten heute als Zubehör vierrädriger Wagen. Die in der Seeufersiedlung Zürich-Wollishofen (Haumessergrund) ausgegrabenen Bronzebeschläge könnten von einem für kultische Zwecke benutzten Zeremonialwagen stammen. Weitere Wagenbeschläge kennt man aus Estavayer-le-Lac sowie möglicherweise auch aus Vuilly-le-Haut und Vuilly-le-Bas (alle im Kanton Freiburg).

Zum Schmuck gehörten bronzene Nadeln, Fibeln, Ohrringe aus Bronze und Gold, Halsketten mit Anhängern aus Ton, fossilem Holz (Gagat), Muschel- und Schneckenschalen, Knochen, Bernstein, Fayence, Glas und Bronze, bronzene Ketten, gedrehte Halsringe, Armringe, Armbänder, Beinringe, goldene Röhrchen und Bleche. Nach den seitlichen Abnutzungsspuren zu schließen, wurden Arm- und Beinringe wahrscheinlich satzweise und vielleicht sogar Tag und Nacht getragen.

Kennzeichnend für den Mels-Rixheimer Horizont sind schwere und pompöse bronzene Armringe, Doppelspiralhaken, Mohnkopfnadeln und Rixheim-Schwerter. In der Stufe Binningen fehlten schwere und prunkvolle bronzene Schmuckstücke. Als typisch galten nun Nadeln mit massivem Kopf und fünf Schaftrippen. Neu war Blattgold mit eingepreßter Verzierung.

Nadeln mit konisch trompetenförmigem Kopf und kantigen Halsrippen werden als Spulen- oder gezackte Nadeln, solche mit geripptem Kopf als Mohnkopfnadeln bezeichnet. Die ab der Stufe Hallstatt A vorkommenden Binninger Nadeln sind nach dem Gräberfeld Binningen im Kanton Basel-Land benannt. Sie haben einen gedrückten, glatten Kugelkopf und einen verdickten Teil mit fünf Halsrippen. Eine Nadel aus der Inselsiedlung Zürich-Großer Hafner trägt statt eines Kopfes aus Metall einen solchen mit einer Holzperle.

Gelegentlich hat man die Kleidung anstelle von Nadeln mit Fibeln verschlossen. Die in der Seeufersiedlung Grandson-Corcelettes gefundene fragmentarisch erhaltene nordische Plattenfibel soll aus Schweden stammen. Ihre ovale Platte ist mit einem plastischen Rippenschmuck versehen. Er hat die Form einer Mondsichel mit je fünf Kreisgruppen um einen Mittelpunkt. Darin eingebettet ist eine Einzelrippe in Gestalt eines Schiffes mit beiderseits eingerollten Steven.

Ohrringe wurden häufig aus spitzovalen Blechblättchen zusammengebogen. Die meisten von ihnen bestehen aus Bronze, einige aber auch aus dem wertvollen Edelmetall Gold.

An Halsketten wurden Muschel- oder Schneckenschalen, Perlen aus Ton, Gagat, Knochen, Bernstein, Fayence, Glas oder Bronze aufgefädelt. Der in Meilen-Schelle (Kanton Zürich) und Riddes (Kanton Wallis) geborgene Muschel- und Schneckenschmuck stammt aus dem Mittelmeer. Zu einer Kette von der Halbinsel Horn am Nußbaumer See bei Uerschhausen gehörten 18 immer größer werdende Gagatperlen und eine braunschwarzrote Glasperle in der Mitte. In Horn fand man auch Perlen aus Bernstein, Glas, Gagat und Ton. Unter den Glasperlen gab es sogenannte Augenperlen, die dunkelblau bis blautürkis sind.

Der Zürcher Prähistoriker Emil Vogt (1906–1974) hat die in Seeufersiedlungen (»Pfahlbauten«) entdeckten Glasperlen als »Pfahlbauperlen« bezeichnet. Dabei unterschied er zwischen Pfahlbau-Noppenperlen (Augenperlen) und Pfahlbau-Tönnchen. Für die Pfahlbau-Noppenperlen sind vier Noppen typisch, die auf einem blauen Ring vorspringend aufsitzen und deren blaues Noppenauge durch einen weißen Ring vom Perlkörper getrennt ist. Die Pfahlbau-Tönnchen sind blaugrün oder kobaltblau. Außerdem gab es blaugrüne Ringchenperlen.

Pfahlbau-Noppenperlen und -Tönnchen mit spiralig umlaufender, weißer Fadeneinlage fanden sich in der Seeufersiedlung Zürich-Wollishofen. Aus Estavayer le-Lac liegt eine Perlenkette mit bunten Glasperlen vor, die aus Italien stammen könnten. Zum Fundgut von Auvernier gehören farbige Glasperlen.

Eine große Anzahl von Anhängern und Perlen wurde in Mörigen entdeckt. Von dort kennt man Knochen-, Zahn- und Steinanhänger, ring-, rad-, scheiben-, trapez- und muschelförmige Bronzeanhänger, Bernsteinschieber, Stein-, Ton-, Knochen-, Geweih-, Bernstein-, Glas- und Bronzeperlen, Rasiermesseranhänger sowie bronzenen Spiralhängeschmuck (Brillen-, Scheiben- und Federspiralen). Zwei muschelförmige Bronzeanhänger aus Mörigen sind der Gestalt von im Mittelmeer vorkommenden Kaurimuscheln nachempfunden.

Manche Ketten bestanden aus zahlreichen bronzenen Ringchen, die durch Blechklammern miteinander verbunden sind. Derartige Ketten kennt man aus Siders-Muraz (Kanton Wallis) und Vallamand/Les Ferrages (Kanton Waadt), wo dieser Brustschmuck zusätzlich mit Dreiecksanhängern versehen wurde. In Hauterive-Champréveyres kam ein Satz von 590 Ringchen zum Vorschein, die einst auf einer Schnur aufgereiht waren. Derartige Ringchen werden als Schmuckgeld interpretiert.

DIE URNENFELDER-KULTUR

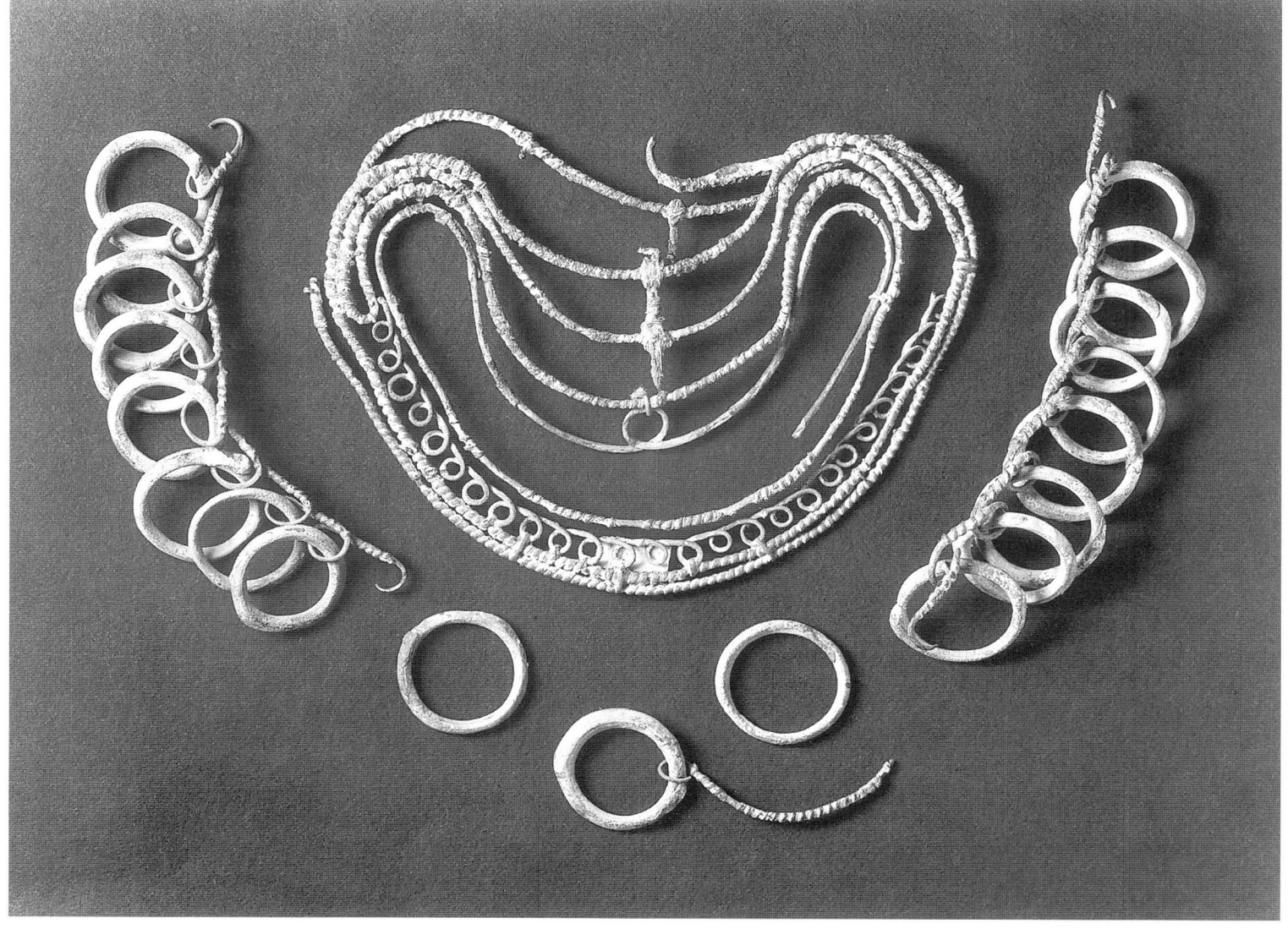

Prächtiges bronzenes Schmuckgehänge von der Sankt-Peters-Insel im Bieler See bei Twann im Kanton Bern. Länge des Schmuckstücks 15 Zentimeter. Original im Bernischen Historischen Museum, Bern.

Zu einem besonders prächtigen Schmuckgehänge von der Sankt-Peters-Insel im Bieler See bei Twann (Kanton Bern) gehörten eine Bronzekugel, die wohl die Sonnenscheibe darstellen sollte, sowie acht halbmondförmig zusammengefaßte Reihen von größeren und kleineren bronzenen Ringen. Die Bronzekugel gilt als verschollen.

Bronzene Anhänger in Radform werden als Sonnensymbole gedeutet, die vielleicht als Amulette oder heilige Zeichen dienten. Solche Anhänger kamen in Mörigen und Orpund (Kanton Bern) zum Vorschein. In Siders-Muraz wurden drei radförmige Anhänger gefunden, die auf der Oberseite mit Aufhängeösen und auf der Unterseite mit zwei ovalen Ringen versehen sind. An letzteren hängt jeweils an einem Zwischenring ein kammartiger Gegenstand mit fünf Zähnen.

Ein Schmuckgehänge von der Sankt-Peters-Insel im Bieler See bei Twann besteht aus einer dreieckigen durchlochten Platte, an der in jeder der untersten Öffnungen jeweils zwei dreieckige, in einen Schwalbenschwanz auslaufende Bronzeplättchen hängen. Eine Gußform für drei solcher Schmuckstücke sowie derartige Anhänger wurde in der Seeufersiedlung Zug-Im Sumpf gefunden.

Mit der Gußform von Zug-Im Sumpf konnten drei schwalbenschwanzförmige Anhänger hergestellt werden. Alle drei erinnern an stark stilisierte Menschenfiguren. Eine davon hat außer der Kopföse und winklig abstehenden Beinen auch Ringösen auf Schulterhöhe, die wie Arme in angewinkelter Haltung wirken. Die Rumpfpartie wird durch eine leicht geschwungene und in der Mitte gedoppelte Rippe gegen die Beine abgegrenzt, was einem knielangen Rock ähnelt.

In einem Frauengrab von Binningen lag neben zwei Nadeln, einem Messer, einer Gehängekette aus 13 Ringen, zwei Armringen und dem Teil eines längsgerippten Armbands auch das Fragment eines elf Zentimeter langen Goldblechs. Das ursprünglich wohl 20 Zentimeter lange Goldobjekt ist mit einem Muster aus schraffierten Bändern, Zickzacklinien und konzentrischen Ringen verziert, die als Sonnensymbole gelten. Das Dekor wurde von der Rückseite aus in das Blech getrieben. Das Goldblech wird – wie erwähnt – als Rest eines Gürtels oder »Diadems« gedeutet.

Goldene Schmuckstücke kennt man auch von anderen Fundorten. In der Seeufersiedlung Concise wurden 20 Goldblechröllchen entdeckt, in der Seeufersiedlung Grandson-Corcelettes ein goldener radförmiger Anhänger und in der Seeufersiedlung Estavayer-le-Lac zwei Goldbleche. Aus Mörigen liegen goldene Drahtröllchen, Spiralanhänger und ein Fingerring vor. In der Inselsiedlung Zürich-Großer Hafner kam ein zusammenge-

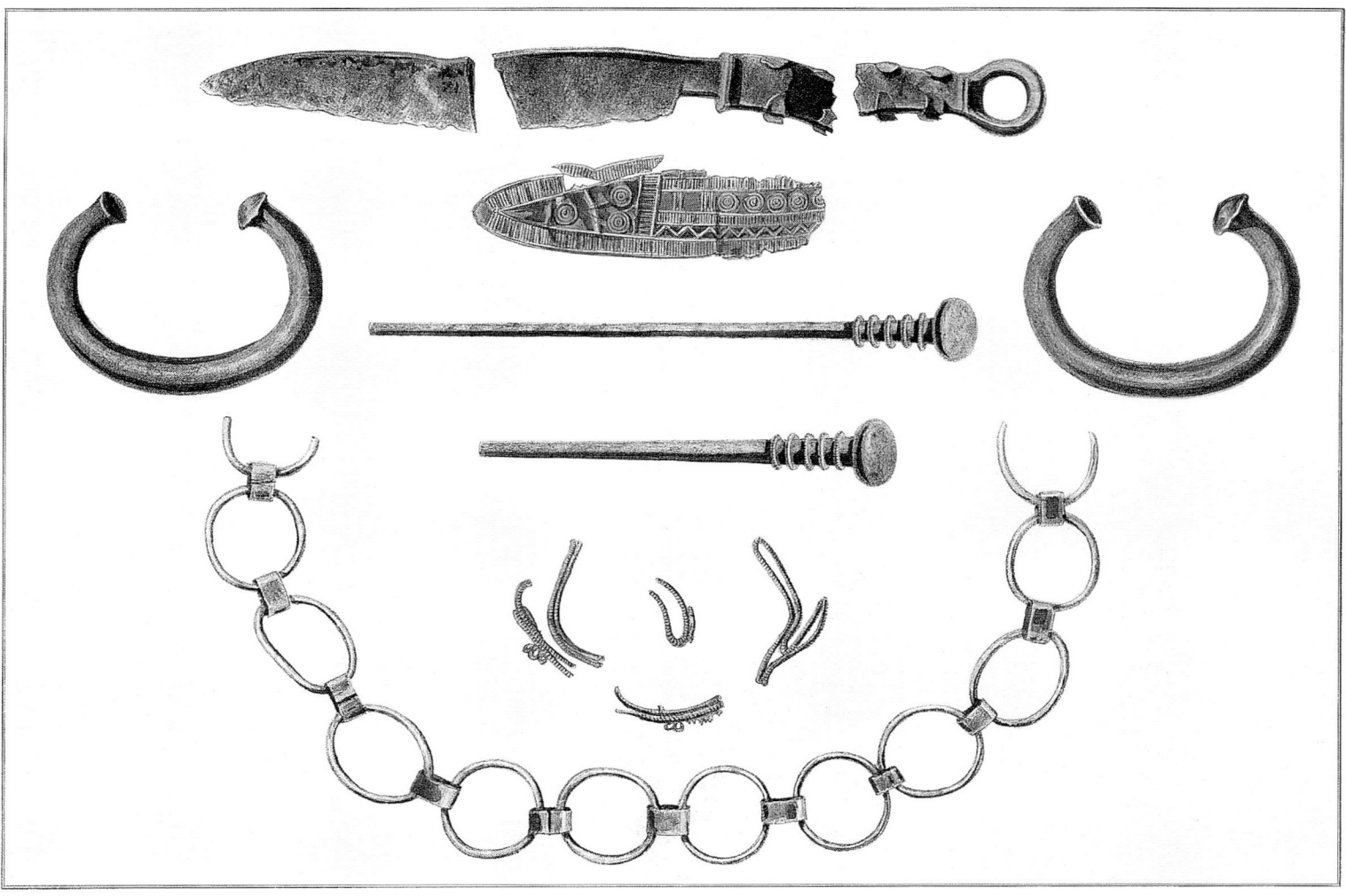

Funde aus dem Frauengrab von Binningen im Kanton Basel-Land: zerbrochenes Messer, Armringe, elf Zentimeter langes, verziertes Goldblechfragment, Nadeln, Drahtgehängereste und Gehängekette. Originale im Bernischen Historischen Museum, Bern.

preßtes Goldblechröhrchen zum Vorschein, in Andelfingen-Auf Bollen ein verziertes Goldröhrchen mit dreifach gerilltem Ende. Reiche Schmuckbeigaben enthielt auch ein Steinkistengrab aus der Rue de Lausanne von Sitten im Kanton Wallis. Darin fand man sechs bronzene gedrehte Halsringe (Torques), fünf Armbänder, eine 48 Zentimeter lange Kopfnadel mit hohlem und durchlöchertem Kopf, zwei Ringe, eine Fibel und ein Kettchen. Torques waren damals im Wallis beliebte Schmuckstücke. Kopfnadeln sind für das Mittelland typisch. Die Fibel mit rundem Bügel entspricht Funden der frühen Villanova-Kultur des 9. Jahrhunderts v. Chr. aus Norditalien.

Bronzene Schmuckstücke wurden damals in Werkstätten teilweise serienmäßig hergestellt. Darauf deuten 19 offene Armringe hin, die schon im März 1865 auf einer Landzunge am Sempacher See bei Sursee (Kanton Luzern) zum Vorschein kamen. Davon sind heute nur noch 16 Exemplare vorhanden. Diese Ringe haben die gleiche äußere Form, unterscheiden sich aber hinsichtlich Durchmesser (8,2 bis zehn Zentimeter), Breite (2,2 bis 2,4 Zentimeter) und Gewicht (114 bis 138 Gramm). In zehn von ihnen hat man Zeichen eingeschlagen, die wohl als Numerierung dienten.

Auf all diesen Armringen bilden außen Querstrichgruppen und Leiterbänder vier Felder mit einem Kreismotiv in der Mitte und mehreren Halbkreisen an den Rändern. Ungeachtet dessen gab es aber zwei Verzierungsvarianten. Bei zehn Ringen bestehen nämlich die Kreise und Halbkreise nur aus drei Strichen. Dagegen werden bei den übrigen sechs Ringen die Kreise und Halbkreise meistens aus vier Strichen gebildet und sind zudem die Halbkreise zahlreicher. Auffälligerweise sind die Ringe unterschiedlich stark abgenutzt.

Nach Ansicht des Luzerner Prähistorikers Jakob Bill handelt es sich bei diesen Armringen um zwei Sets jeweils gleicher Ringe. Unklar ist, ob die Ringe einst auch einzeln an Interessentinnen abgegeben wurden. Die Prähistorikerin Katharine Pászthory aus Frankfurt/Main rechnete 1985 jene Armringe dem Typ Cortaillod zu, der nach einem Fundort am Neuenburger See benannt ist. Als typisch für sie gelten ein massiver Ringkörper, D-förmiger Querschnitt, ovaler Umriß und ein Durchmesser zwischen sieben und zehn Zentimetern. Solche Ringe waren im westlichen Mittelland weit verbreitet.

Worin man damals Schmuck aufbewahrte, zeigt der Fund einer 7,5 Zentimeter hohen Schmuckdose mit Deckel aus der Seeufersiedlung Zürich-Großer Hafner. In dem Behältnis lagen Gehängeschmuck, Bernsteinperlen, Glasperlen, Gagatperlen und ein Gehängeglied aus Zinn. Die Schmuckdose ist außen überwiegend mit kleinen Kerbdreiecken verziert. Aus Zürich-Alpenquai liegt ein aus einem Block herausgearbeitetes, nur noch fragmentarisch erhaltenes Holzkästchen vor.

Bei den in einigen Siedlungen entdeckten kleinen tönernen Tierfiguren ist unklar, ob es sich nur um Spielzeuge für Kinder oder um Kunstwerke handelte. Die meisten Tierplastiken konnten in der Seeufersiedlung Grandson-Corcelettes geborgen werden. Darunter befinden sich zwei Schweinefiguren von neun und zehn Zentimeter Länge.

Ein tönernes Schwein kennt man auch aus der Seeufersiedlung Auvernier und eine Rinderfigur von der Höhensiedlung Schalberg bei Pfeffingen (Kanton Basel-Land). In den Seeufersiedlungen Mörigen und Concise wurden ebenfalls Tiernachbildungen gefunden.

Die kugeligen, hohlen Rasseln aus Ton, in denen kleine Steinchen eingeschlossen sind, könnten Kinderspielzeuge oder Musikinstrumente gewesen sein. Vielleicht benutzte man die Rasseln beim Tanz oder bei kultischen Zeremonien.

In der Spätbronzezeit hat sich die Brandbestattung im Mittelland und im Jura weitgehend durchgesetzt. Im Wallis konnten aber auch Steinkistengräber mit Skelettbestattungen neben Brandbeisetzungen in Urnen und kubischen Kästen aus Steinplatten freigelegt werden. In der Schweiz sind bisher aus der Spätbronzezeit erstaunlich wenige Brandbestattungen in Urnengräbern ermittelt worden.

Gräber aus dieser Zeit wurden in Elgg-Ettenbühl[46], Ossingen[47] (beide im Kanton Zürich) sowie in Ollon-Le Lessus[48], Raron-Heidnischbühl[49], Saint-Luc (Hotel Bella Tola)[50], Siders-Gerunden[51] und Siders-Muraz[52] (alle fünf im Wallis) freigelegt. In Saint-Luc (Hotel Bella Tola) handelt es sich um fünf Brandgräber aus Steinplatten. In Liechtenstein wurde ein Brandgrab auf dem Runden Bühel bei Vaduz[53] entdeckt.

Die damaligen Menschen in der Schweiz glaubten an ein Weiterleben nach dem Tode. Sie legten den auf Scheiterhaufen verbrannten Männern bronzene Waffen (Schwert, Dolch) ins Grab, den Frauen gaben sie Schmuck und Messer mit. Außerdem statteten sie die Toten mit Speisen für das Jenseits aus. Nach Ansicht der Genfer Prähistorikerin Yvette Mottier meinten die Hinterbliebenen, die vom Körper unabhängige, unsterbliche Seele hätte im Jenseits wieder Gestalt angenommen.

Als Zeugnisse des Kults gelten Sachopfer in Quellen und in großer Höhe, Tieropfer, Kultobjekte (gehörnte Vogelgefäße, »Feuerböcke«) und Sonnensymbole. Hinweise auf Menschenopfer wie in Süddeutschland (s. S. 288) und in Österreich (s. S. 400) liegen bisher nicht vor. Aber vermutlich machte die Schweiz auch in dieser Hinsicht keine Ausnahme.

Die Mauritiusquelle von Sankt Moritz in Graubünden, die kühles und kohlensäurehaltiges Heilwasser spendete, war in der beginnenden Spätbronzezeit wohl noch Schauplatz von Sachopfern (s. S. 256). Sie wurden zum Dank für eine Heilung oder ein anderweitig geglücktes Vorhaben dargebracht.

Rekonstruktion einer verzierten Schmuckdose aus der Seeufersiedlung Zürich-Großer Hafner am Zürichsee im Kanton Zürich. Höhe 7,1 Zentimeter. Rekonstruktion im Schweizerischen Landesmuseum, Zürich.

Manche Prähistoriker interpretieren auch die in beträchtlichen Höhen von bis zu 2000 Metern und mehr entdeckten vereinzelten Werkzeug- und Waffenfunde als Weiheopfer für geglückte Alpenüberquerungen. Andere Experten dagegen werten solche Funde lediglich als verlorengegangene Gegenstände.

Auf dem 25 Meter hohen Felssporn »Eggli« bei Spiez[54] im Kanton Bern hat vermutlich ein Opferplatz gelegen, auf dem bei kultischen Feiern viele Tongefäße zerschlagen wurden (s. S. 251). Womöglich sind die Gefäße mit Opfergaben gefüllt gewesen. Bei einem Findling lag ein Scherbenhaufen von etwa sieben mal sechs Meter Ausdehnung, der in der Mitte 40 Zentimeter hoch war. Dort wurden Scherben im Gesamtgewicht von etwa 1500 Kilogramm geborgen, die teilweise aus der Spätbronzezeit (Urnenfelder-Zeit) und frühen Eisenzeit (Hallstatt-Zeit) stammen. Die Schicht enthielt auch viele Knochensplitter, die von geopferten Haustieren stammen könnten.

Als Kultobjekte werden verzierte Sonnenscheiben aus Hirschgeweih von Hauterive-Champréveyres und Mörigen, ein gehörntes tönernes Vogelgefäß von Zürich-Alpenquai und mondförmige tönerne »Feuerböcke« von Mörigen diskutiert. Die als Sonnensymbole geltenden Anhänger in Radform von Mörigen, Orpund und Siders-Muraz liefern Hinweise auf einen Sonnenkult.

Die Einwanderer in Graubünden
Die Laugen-Melaun-Gruppe

In der Spätbronzezeit zwischen 1200 und 1100 v. Chr. drangen Angehörige fremder Kulturen in das vermutlich schwach besiedelte Verbreitungsgebiet der Inneralpinen Bronzezeit-Kultur (s. S. 252) ein und führten deren Ende herbei. Man weiß nicht, ob dies auf friedlichem oder auf kriegerischem Wege geschah. Bei diesen fremden Kulturen handelte es sich um die Urnenfelder-Kultur (s. S. 414), um die Laugen-Melaun-Gruppe und um eine Kultur südalpiner Herkunft.

Nach Ansicht des Bündner Prähistorikers Jürg Rageth kamen Menschen der Urnenfelder-Kultur und teilweise auch der Laugen-Melaun-Gruppe aus dem Norden über Vorarlberg (Österreich) und das Sankt Galler Rheintal nach Nord- und teilweise auch nach Mittelbünden. Sie gelten als die Vorfahren der eisenzeitlichen Kelten in Graubünden.

Von Süden her gelangten – laut Rageth – gleichzeitig Leute der Laugen-Melaun-Gruppe aus ihrer Heimatregion im Trentino und Südtirol (Italien) ins Unterengadin. Die Laugen-Melaun-Leute werden als Ahnen der historischen Räter in Graubünden betrachtet.

In Nord- und Mittelbünden lebten während der Spätbronzezeit sowohl Angehörige der Urnenfelder-Kultur als auch der Laugen-Melaun-Gruppe friedlich nebeneinander. Im Unterengadin behauptete sich die Laugen-Melaun-Gruppe alleine.

Zentrum der erwähnten Kultur südalpiner Herkunft war Südwestbünden (Misox). Deren Ursprungsgebiet wird im Tessin und in der Lombardei vermutet. Handelte es sich hierbei um Vorgänger eines »lepontischen Kreises«?

Über das Schicksal der Menschen der Inneralpinen Bronzezeit-Kultur kann man nur spekulieren. In ihren ehemaligen Siedlungen findet sich plötzlich keine Spur mehr von ihnen. Womöglich blieben die Angehörigen dieser Gemeinschaft teilweise in Graubünden ansässig, oder sie sind in andere Regionen abgewandert.

Die Laugen-Melaun-Gruppe, von der in diesem Kapitel die Rede sein soll, verdankt den Fundorten Laugen (Luco) und Melaun (Meluno) in Südtirol ihren Namen (s. S. 410). Diese Gruppe wurde im Laufe ihrer Erforschungsgeschichte unterschiedlich benannt und zeitlich eingestuft, ehe man ihr wirkliches Alter erkannte.

Von den Menschen der Laugen-Melaun-Gruppe in Graubünden liegen bisher nur spärliche Skelettreste vor. Sie stammen alle aus der Siedlung Schuls-Kirchhügel (Scuol-Munt Baselgia). Dabei handelte es sich um Reste von vier Personen: einem etwa 1,70 Meter großen Mann, einem etwa 20jährigen Mann, einer erwachsenen Frau und einer erwachsenen Person, deren Geschlecht sich nicht feststellen ließ.

Der Fund eines zylindrischen Tonrings aus Schuls-Kirchhügel gilt als Webgewicht. Diese Form ging den ringförmigen Webgewichten voraus, die vielleicht eine andere Webtechnik dokumentieren. Die damalige Kleidung ist sicherlich aus Schafwolle gewebt worden.

Eindeutig zur Laugen-Melaun-Gruppe gehören die Fundstellen des Unterengadins in Graubünden, wo in spätbronzezeitlichen Siedlungen fast nur typische Keramik dieser Gruppe zum Vorschein kam. Das war in Ardez[1], Schuls-Kirchhügel[2], Ramosch-Mottata[3] und Susch[4] der Fall.

Die Siedlung von Ardez lag am südwestlichen Abhang des Burghügels von Steinsberg (Suot Chastè). Untersuchungen des Archäologischen Dienstes Graubünden haben ergeben, daß diese Lokalität von der Spätbronzezeit bis in die jüngere Eisenzeit ständig bewohnt wurde.

Bei Ausgrabungen auf dem Kirchhügel von Schuls stieß man über Siedlungsresten der mittelbronzezeitlichen Inneralpinen Bronzezeit-Kultur auch auf solche der spätbronzezeitlichen Laugen-Melaun-Gruppe. Der Kirchhügel ist 30 Meter hoch und fällt felsig und steil zum Inn ab. Dort hatten Häuser mit den Grundflächen von mindestens fünf mal fünf Metern bis maximal acht mal zehn Metern gestanden, in denen jeweils schätzungsweise vier bis fünf Personen wohnten. Das Dorf zählte insgesamt mehr als 40 Einwohner.

Daß die Laugen-Melaun-Leute gerne auf hochgelegenen Standorten siedelten, zeigten auch die Ausgrabungen auf dem Geländesporn Mottata – 1520 Meter hoch über dem Meeresspiegel – bei Ramosch. Dort konnten auf einem allseits von Felsen begrenzten kleinen Plateau über Siedlungsspuren der mittelbronzezeitlichen Inneralpinen Bronzezeit-Kultur einige Hausgrundrisse der Laugen-Melaun-Gruppe freigelegt werden.

Die Siedlungen Ramosch-Mottata und Schuls-Kirchhügel gehören zu jenen Fundorten, an denen nachgewiesen wurde, daß dort die Laugen-Melaun-Gruppe die Inneralpine Bronzezeit-Kultur abgelöst hat. Das beweisen die erwähnten mittelbronzezeitlichen Siedlungsspuren, über denen diejenigen der Laugen-Melaun-Gruppe liegen.

Keramikstreufunde belegen außerdem die Anwesenheit von Laugen-Melaun-Leuten auf dem Felskopf Lichtenstein ob Haldenstein[5] über dem Rhein. An diesem Fundort hatte der Kreisförster und verdiente »Spatenforscher« Walo Burkart (1887 bis 1952) aus Chur gegraben.

Außer auf markanten Hügeln, Hochplateaus und Felskuppen, die man wohl wegen ihrer geschützten Lage als Bauplatz bevorzugte, gab es auch Siedlungen in Tälern. Eine Talsiedlung, in der sowohl Keramik der Urnenfelder-Kultur als auch solche der Laugen-Melaun-Gruppe zum Vorschein kam, wurde unweit des Rheins in Domat/Ems[6] entdeckt. Pfostenlöcher, Gruben und Hüttenlehmfragmente stammen von ehemaligen Behausungen. Die Hüttenlehmfragmente tragen teilweise Abdrücke von Rundhölzern und Ruten.

Reichlich vertreten ist das Laugen-Melaun-Fundgut im Sankt Galler und Churer Rheintal. Aber in dort gelegenen spätbronzezeitlichen Siedlungen kommen die Laugen-Melaun-Zeugnisse immer sehr stark mit Fundgut der Urnenfelder-Kultur vermischt vor. Es waren also keine »reinen« Laugen-Melaun-Siedlungen.

In Chur-Sennhof/Karlihof[7] betrug der Fundanteil der Urnenfelder-Kultur schätzungsweise etwa 50 bis 70 Prozent, während der Rest auf die Laugen-Melaun-Gruppe entfiel. Wahrscheinlich handelte es sich hier um Siedlungen mit einer »Mischbevölkerung« aus Urnenfelder- und Laugen-Melaun-Leuten.

Auf dem Montlinger Berg bei Oberriet[8] im Kanton Sankt Gallen war eine befestigte Siedlung in jener Zeit errichtet worden, die durch einen 120 Meter langen Wall aus Lehm, Stein und vielleicht auch Holz geschützt wurde. Der Zugang erfolgte durch ein Tor, das den Wall unterbrach. Von den ehemaligen Behausungen blieben Herdstellen, Pfostengruben und Steinpflaster erhalten.

Bei den Untersuchungen auf dem Montlinger Berg gelangte der Ausgräber Benedikt Frei (1904–1975) aus Mels 1954 zu einer wichtigen Erkenntnis: Er stellte fest, daß die Laugener Keramik schon aus der Urnenfelder-Zeit stammt und die Melauner Keramik erst aus der Eisenzeit. Der Lehrer Frei wurde für seine grundlegenden Studien über die Laugen-Melaun-Gruppe mit dem Ehrendoktortitel der Universität Zürich ausgezeichnet.

Auch im Fürstentum Liechtenstein lebten Angehörige der Laugen-Melaun-Gruppe und der Urnenfelder-Kultur zusammen. Manche Prähistoriker nehmen an, dort habe die Grundbevölkerung aus Hirtenbauern der Laugen-Melaun-Gruppe bestanden, die von eingewanderten Urnenfelder-Leuten dominiert wurden.

Der Eschnerberg (früher Schellenberg genannt) in Liechtenstein war Standort für drei Höhensiedlungen, in denen Keramik der Laugen-Melaun-Gruppe geborgen wurde. Es sind die Fundorte Lutzengüetle[9] und Malanser[10] im Gemeindegebiet Eschen sowie der Kirchhügel in Bendern[11]. Weitere Höhensiedlungen lagen auf dem Gutenberg bei Balzers[12] und auf Krüppel ob Schaan[13]. Letztere hatte den Charakter einer Fluchtsiedlung auf einem 450 Meter hohen Sporn des Drei-Schwestern-Massivs.

Auf der Flur »Im Feld« in Nendeln[14] (Liechtenstein) wurde eine kleine Talsiedlung von Weilergröße entdeckt. Von ihr blieb ein zehn Meter langer und 5,30 Meter breiter Hausgrundriß mit einer Feuerstelle erhalten.

Nach den Funden von Schuls-Kirchhügel zu schließen, wurden von den Bewohnern dieser Siedlung Rinder, Schafe, Ziegen und Schweine als Haustiere gehalten. Pferde und Hunde waren selten. Im Gegensatz zu den übrigen Haustierresten weisen die Hundeknochen keine Schnittspuren auf. Hunde wurden demnach nicht geschlachtet und verzehrt.

Wildtiere spielten in Schuls-Kirchhügel keine wichtige Rolle bei der Ernährung. Ihre Knochen fanden hier und da als Rohmaterial für Werkzeuge Verwendung. Nachgewiesen ist das Vorkommen von Wildschweinen *(Sus scrofa)*, Rothirschen *(Cervus elaphus)*, Auerochsen *(Bos primigenius)*, Wisenten *(Bos bonasus)*, Gemsen *(Rupicapra rupicapra)*, Steinböcken *(Capra ibex)*, Braunbären *(Ursus arctos)*, Schell- oder Schreiadlern *(Aquila clanga* oder *Aquila pomarina)*, Auerhähnen *(Tetrao urogallus)*, Igeln *(Erinaceus europaeus)* und Steinmardern *(Martes foina)*.

Die Töpfer der Laugen-Melaun-Gruppe modellierten tönerne Krüge, Schüsseln, Schalen, Becher und Vorratsgefäße. Besonders typisch ist der Henkelkrug mit ausgeprägtem Standfuß, Ausguß und teilweise reicher Ornamentik. Die grobe Gebrauchskeramik blieb meistens unverziert.

Benedikt Frei nahm 1971 an, die Keramik der Laugen-Melaun-Gruppe sei durch Händler oder wandernde Töpfer verbreitet worden. Denn nach seinen Erkenntnissen sind die Form und die Verzierung der Krüge in Südtirol, in Nordtirol, im Engadin und im Alpenrheintal gleichzeitig aufgetreten.

Freis Vermutung wurde einige Jahre später durch Untersuchungen an 137 Keramikscherben von 13 Fundstellen durch das Mi-

Der Lehrer Benedikt Frei (1904–1975, rechts) aus Mels stellte bei seinen Ausgrabungen auf dem Montlinger Berg bei Oberriet im Kanton Sankt Gallen fest, daß die Laugener Keramik schon aus der spätbronzezeitlichen Urnenfelder-Zeit stammt.

neralogisch-Petrographische Institut der Universität Freiburg (Schweiz) teilweise bestätigt: Die meisten der im Engadin gefundenen Gefäße (77 Prozent) waren nämlich aus Ton geformt, der aus Südtirol oder dem Trentino stammte. In den übrigen Gebieten Graubündens ließ sich weder eine allgemeine lokale Fertigung noch ein generell weitreichender Keramikexport feststellen.

Die keramischen Fremdfabrikate im Engadin weisen einen merklichen Anteil vulkanologischer Mineralien auf, die nicht im Engadin vorkommen. Vor allem bei den verzierten Scherben überwogen die Fremdfabrikate, während sich einzelne Fragmente von grober Keramik als lokale Erzeugnisse erwiesen.

Diese Ergebnisse wurden 1979 durch die Prähistorikerin Lotti Stauffer aus Zürich sowie die Mineralogen Marino Magetti und Christian Marro aus Freiburg (Schweiz) veröffentlicht. Sie nahmen an, daß fertige Tongefäße – und nicht etwa frischer Ton in Krügen – über den Reschen- beziehungsweise Ofenpaß ins Engadin geliefert wurden. Denn die petrographischen Untersu-

Verzierter Henkelkrug mit Standfuß und Ausguß aus der Zeit der Laugen-Melaun-Gruppe vom Montlinger Berg bei Oberriet im Kanton Sankt Gallen. Höhe ungefähr 20 Zentimeter. Original im Historischen Museum, Sankt Gallen.

Steinscheibe mit Sonnensymbol von Schuls-Kirchhügel (Scuol-Munt Baselgia) im Kanton Graubünden. Früher wurde dieser Fund auch als Steinkeule gedeutet. Durchmesser 12,8 Zentimeter. Original im Rätischen Museum, Chur.

chungen der Scherben hatten ergeben, daß der hierfür verwendete Ton von mehreren Herkunftsorten stammt, was gegen den Tonvorrat eines wandernden Töpfers spricht.

An manchen Fundstellen wurden auch Hinweise auf das Metallhandwerk jener Zeit entdeckt. So gelten die in Montagna ob Schiers[15] in Graubünden geborgenen zehn bronzenen Bergbauhämmer, Fragmente von solchen sowie fünf Gußkuchen als Depot eines Bronzegießers oder -händlers. Die meisten dieser Funde kamen bei der Reparatur eines Stalles zum Vorschein, nur ein Gußkuchen wurde später von einem Schüler gefunden. Das Depot von Montagna ob Schiers hat ein Gesamtgewicht von 18 Kilogramm.

Von Erzsuchern der Laugen-Melaun-Gruppe, die neue Kupferlagerstätten ausfindig machen wollten, könnten einige der spätbronzezeitlichen Gegenstände zurückgelassen worden sein, die auf den Höhen des Rätikongebirges gefunden wurden. Allerdings ist es ebensogut möglich, daß diese Objekte bei der Jagd, Hochweidenutzung, Alpwirtschaft oder Paßbegehung verlorengingen.

Zu den Steinwerkzeugen gehört eine Scheibe von Schuls-Kirchhügel, die mit einem Sonnensymbol verziert ist. Die Verzierung ist mit einem Messer geschnitten oder mit einem Meißel eingekerbt worden. Früher wurde dieser Fund mit einem Durchmesser von 12,8 Zentimetern auch als Steinkeule gedeutet.

Aus Domat/Ems liegt ein kleines Bronzedolchfragment vor. Auf dem Montlinger Berg kamen bronzene Klingen von sogenannten Montlinger Äxten zum Vorschein, die für die Urnenfelder-Kultur untypisch sind und deswegen der Laugen-Melaun-Gruppe zugeschrieben werden.

Bronzene Nadeln und Fibeln dienten als Schmuck und Gewandschließen. In Schuls-Kirchhügel barg man eine Kugelkopfnadel mit eingepunztem Tannenzweigmuster und umlaufenden Rillen auf dem Hals. Am Montlinger Berg fand sich eine Zwiebelkopfnadel mit geschwollenem und wechselnd gedrehtem oder graviertem Hals. Dabei handelte es sich um Bronzeobjekte, die auch in der Urnenfelder-Kultur bekannt waren. In Domat/Ems wurde eine bronzene Bogenfibel mit gedrehtem Bügel ausgegraben.

Neben Schmuckstücken aus Bronze gab es aber auch solche aus anderem Material. So wurde in Schuls-Kirchhügel ein Eberzahn zutage gefördert, der wohl als Anhänger diente.

Auch durchbohrte Spiel- oder Orakelknochen (Astragali) zählten zum Inventar mancher Engadiner Siedlungen jener Zeit. Sie sind Bestandteile des Fundguts von Schuls-Kirchhügel, Ardez-Suot Chastè (dort mit Kreisstempeln verziert) und Ramosch-Mottata.

Die Laugen-Melaun-Leute haben vermutlich ihre Toten auf Scheiterhaufen verbrannt, danach die Knochenreste aufgelesen und bestattet, wie es in Südtirol nachgewiesen ist (s. S. 412). Im Gebiet von Graubünden, im Sankt Galler Rheintal und im Fürstentum Liechtenstein konnten bisher keine Friedhöfe oder Gräber der Laugen-Melaun-Gruppe aufgespürt werden.

Auf dem Geländesporn Mottata bei Ramosch im Unterengadin lag einer der für die Laugen-Melaun-Gruppe typischen Brandopferplätze (s. S. 412). Dort wurden bei bestimmten Anlässen Haustiere geschlachtet und zusammen mit Tongefäßen ins Feuer geworfen. Dies verrät eine Opferschicht mit angebrannten Knochenresten und Scherben von Laugen-Melaun-Keramik. Ein ähnlicher Brandopferplatz wurde auf der Hügelkuppe Schneller des Eschnerbergs[16] in Liechtenstein entdeckt.

Vielleicht wurden die Feuer auf den hochgelegenen und somit weithin sichtbaren Brandopferplätzen zur gleichen Zeit entzündet. Wenn es so gewesen wäre, hätte man auf jeder Kultstätte Feuerzeichen von anderen Bergheiligtümern sehen können.

Sogar Kannibalismus könnte in Graubünden praktiziert worden sein. Denn der rechte Ellbogenknochen des erwähnten 1,70 Meter großen Mannes von Schuls-Kirchhügel weist einige parallele Schnitt- oder Kratzspuren auf. Zudem wurde er merkwürdigerweise inmitten von Tierknochen gefunden.

Das Eisen und neue Ideen erobern die Welt
Es begann im Vorderen Orient

Die Bronzezeit ging in etlichen Gebieten Europas nach einer Zeitspanne von etwa 1500 Jahren um 800 v. Chr. zu Ende. Das war unter anderem in Süddeutschland, der Schweiz und in Österreich der Fall. Dort begann damals die frühe vorrömische Eisenzeit, die in diesen Gebieten nach einem oberösterreichischen Fundort als Hallstatt-Zeit oder Hallstatt-Kultur bezeichnet wird und etwa bis 450 v. Chr. währte. Daran schloß sich die jüngere vorrömische Eisenzeit an, die nach einem Fundort im schweizerischen Kanton Neuenburg Latène-Zeit oder Latène-Kultur heißt und etwa bis Christi Geburt dauerte.

Zu den letzten Kulturen der Bronzezeit in Mitteleuropa gehörten die Urnenfelder-Kultur (s. S. 258, 383, 414), die nordische Bronzezeit (s. S. 332), die Lausitzer Kultur (s. S. 366), die Nordtiroler Urnenfelder-Kultur (s. S. 401) und die Laugen-Melaun-Gruppe (s. S. 410, 436). Auf sie folgten unter anderem die Hallstatt-Kultur, die bereits in die frühe Eisenzeit fallende nordische

Bronzener Kultwagen mit Opferszenen aus dem früheisenzeitlichen »Fürstengrab« von Strettweg in der Steiermark, dahinter der Mainzer Prähistoriker Markus Egg. Höhe der größten Figur in der Mitte 22,6 Zentimeter. Kopie im Römisch-Germanischen Zentralmuseum, Mainz, Original im Steiermärkischen Landesmuseum Joanneum, Graz.

jüngste Bronzezeit (Periode VI nach Montelius) und die Billendorfer Gruppe der Lausitzer Kultur.

Das neue Zeitalter kündigte sich in Mitteleuropa bereits gegen Ende der Urnenfelder-Kultur in Form importierter eiserner Schmuckstücke und Waffen an (s. S. 270, 391). In anderen Gegenden der Alten Welt kannte man das Eisen schon viel früher. So wurden in Ägypten und Vorderasien bereits um 3000 v. Chr., als in Europa noch die Jungsteinzeit oder Kupferzeit andauerte, aus nickelhaltigem Meteor-Eisen erste Objekte geschmiedet. Dieses aus dem Weltall auf die Erde gestürzte »himmlische Eisen« galt als große Kostbarkeit und war zunächst nur Herrschern vorbehalten.

Die ältesten Funde irdischen Eisens stammen aus der Zeit um 2500 v. Chr. und kamen im Vorderen Orient zum Vorschein, so beispielsweise aus Alaça Hüyük (Anatolien/Türkei), Chagar Bazyr (Syrien) und Tell Asmar (Irak). Noch um 2000 v. Chr. war das Eisen bei den Assyrern fünfmal wertvoller als Gold.

Verhüttet wurde das Eisen um 1300 v. Chr. bei den Hethitern in Anatolien und Syrien. Ab dem 12. Jahrhundert v. Chr. gelangte die Kenntnis dieser neuen Erfindung in den angrenzenden Mittelmeerraum und dort vor allem auf die Mittelmeerinseln Zypern und Kreta. In Italien und in Mitteleuropa lassen sich erste Eisenobjekte etwa um 1000 v. Chr. nachweisen.

In der frühen vorrömischen Eisenzeit ab 800 v. Chr. lebten in Süddeutschland und in der Schweiz die Kelten. Zeitgenossen von ihnen waren die Angehörigen der Billendorfer Gruppe der

Bronzenes Zierbeil aus der früheisenzeitlichen Hallstatt-Kultur (etwa 800 bis 450 v. Chr.) vom namengebenden Fundort Hallstatt im oberösterreichischen Salzkammergut. Länge 5,2 Zentimeter. Original im Naturhistorischen Museum, Wien.

Lausitzer Kultur in Ostdeutschland. Ab etwa 500 v. Chr. sind in Norddeutschland die Germanen durch archäologische Funde nachweisbar. In Österreich existierten zu Beginn der Eisenzeit die Illyrer und im schweizerischen Kanton Graubünden die Vorfahren der Räter.

Dank der in Griechenland und Italien verwendeten griechischen Schrift weiß man über wichtige geschichtliche Ereignisse während der eisenzeitlichen Jahrhunderte vor Christi Geburt in Europa nun besser Bescheid. Für die Historiker jener Zeit waren die Menschen in Mitteleuropa unkultivierte Barbaren, womit sie teilweise recht hatten. Denn sowohl bei den Kelten als auch bei den Germanen wurden immer noch religiös motivierte Menschenopfer praktiziert.

Mehr als die umwälzenden technischen Neuerungen der vorrömischen Eisenzeit und die damaligen Eroberer haben humanere Religionen, die um 500 v. Chr. ihren Anfang nahmen, zum Wohle der Menschheit beigetragen. Zu dieser Zeit verbreiteten Konfuzius (551–479 v. Chr.) und Laotse (6. Jahrhundert v. Chr.) in China sowie Gautama Buddha (um 560 bis 483 v. Chr.) und Mahavira (um 540 bis 468 v. Chr.) in Indien ihre Ideen. Das Christentum begann sich vor etwa 2000 Jahren auszubreiten.

Wie die Steinzeit und die Bronzezeit darf man auch die vorrömische Eisenzeit nicht als »gute alte Zeit« verherrlichen, wie es manche schwärmerischen Autoren und Laien tun. Nie zuvor ging es den Menschen in Mitteleuropa besser als heute, auch wenn Wirtschaftskrisen, Arbeitslosigkeit, soziale Not, Ungerechtigkeiten und zunehmende Kriminalität im eigenen Land sowie sinnlose Kriege und Verbrechen gegen die Menschlichkeit in anderen Teilen der Erde einen gelegentlich daran zweifeln lassen.

Wer die Geschichte der Menschheit in den Jahrtausenden vor Christi Geburt studiert, kann wichtige Erkenntnisse über Gefahren für die Umwelt, Krankheiten und ihre Ursachen, Segen und Fluch der Technik, unbestreitbare Vorteile der Demokratie, Religionen und die weitere Zukunft gewinnen. Leider ist gegenwärtig das Interesse an unseren Vorfahren erschreckend gering, weshalb die große Chance weitgehend verpaßt wird, aus der Geschichte und den Fehlern früherer Generationen zu lernen. Wie könnte es sonst sein, daß anders Aussehende und Denkende mitten in Europa allein schon wegen ihrer Hautfarbe oder ihrer Anschauungen hemmungslos und brutal verfolgt, verletzt und sogar ermordet werden?

ANHANG

Fundstätten der Bronzezeit in Deutschland, Österreich und der Schweiz

FUNDSTÄTTEN IN DEUTSCHLAND

Glüsing: Goldscheibe aus der nordischen älteren Bronzezeit

Stade: vier bronzene Speichenräder der jungbronzezeitlichen Stader Gruppe

Moordorf: Goldscheibe der älterbronzezeitlichen Oldenburg-emsländischen Gruppe

Anderlingen: Bildstein der älterbronzezeitlichen Stader Gruppe mit Darstellung menschlicher Gestalten

Plate-Peckatel: bronzener Kultwagen aus der nordischen mittleren Bronzezeit

Eberswalde-Finow: »Goldschatz« aus der nordischen jüngeren Bronzezeit

Berlin: Siedlungen von Berlin-Buch und Berlin-Lichterfelde sowie Gräberfeld von Berlin-Rahnsdorf aus der spätbronzezeitlichen Lausitzer Kultur

Potsdam: Kultwagen der spätbronzezeitlichen Lausitzer Kultur von Potsdam-Eiche

Heiligenthal-Helmsdorf: namengebendes Gräberfeld der spätbronzezeitlichen Helmsdorfer Gruppe

Olsberg-Gevelinghausen: schönstes spätbronzezeitliches Bronzegefäß Deutschlands

Wachtberg-Fritzdorf: goldener Becher aus der älteren Bronzezeit

Kyffhäuser: Opferhöhlen der Früh-, Mittel- und Spätbronzezeit im Kyffhäuser bei Bad Frankenhausen

Dresden: größter Fund metallener Gefäße der spätbronzezeitlichen Lausitzer Kultur von Dresden-Dobritz

Sömmerda-Leubingen: »Fürstengrab« der frühbronzezeitlichen Aunjetitzer Kultur

Darmstadt: Gräberfeld der mittelbronzezeitlichen Hügelgräber-Kultur von Darmstadt-Wixhausen

Worms: namengebendes Gräberfeld der frühbronzezeitlichen Adlerberg-Kultur von Worms-Adlerberg

Schifferstadt: »goldener Hut« der mittelbronzezeitlichen Hügelgräber-Kultur

Acholshausen: bronzener Kultwagen der spätbronzezeitlichen Urnenfelder-Kultur

Etzelsdorf: »goldener Hut« der spätbronzezeitlichen Urnenfelder-Kultur

Straubing: namengebende Gräberfelder der frühbronzezeitlichen Straubinger Kultur in den Ziegeleien Ortler und Jungmeier

Tübingen: Steinstele (Menhir) von Tübingen-Weilheim mit Darstellung von Stabdolchen und einer Scheibe aus der Frühbronzezeit

München: Depotfund mit Stangenbarren der frühbronzezeitlichen Straubinger Kultur aus dem Luitpoldpark

Singen: namengebendes Gräberfeld der frühbronzezeitlichen Singener Gruppe

FUNDSTÄTTEN IN ÖSTERREICH

Innsbruck: Gräberfelder der spätbronzezeitlichen Nordtiroler Urnenfelder-Kultur in Innsbruck-Wilten, Innsbruck-Hötting, Innsbruck-Mühlau

Mühlbach-Bischofshofen: Kupferbergbau in der Früh-, Mittel- und Spätbronzezeit

Salzburg: Siedlungen aus der Früh-, Mittel- und Spätbronzezeit auf dem Rainberg

Linz: Gräberfeld von Linz-Sankt Peter aus der Frühbronzezeit

Unterwölbling: namengebendes Gräberfeld der frühbronzezeitlichen Unterwölblinger Gruppe

Franzhausen: die zwei größten Gräberfelder der frühbronzezeitlichen Unterwölblinger Gruppe, Franzhausen I und Franzhausen II, mit insgesamt mehr als 2100 Bestattungen

Böheimkirchen: namengebende Siedlung der frühbronzezeitlichen Böheimkirchener Gruppe der Věteřov-Kultur von Böheimkirchen-Hochfeld

Pitten: Gräberfeld der mittelbronzezeitlichen Hügelgräber-Kultur

Leithaprodersdorf: namengebendes Gräberfeld der frühbronzezeitlichen Leithaprodersdorf-Gruppe

FUNDSTÄTTEN IN DER SCHWEIZ

Mörigen: Seeufersiedlung der spätbronzezeitlichen Urnenfelder-Kultur am Bieler See

Zürich: Seeufersiedlung am Zürichsee in Zürich-Mozartstraße aus der Frühbronzezeit und Seeufersiedlung in Zürich-Alpenquai aus der Spätbronzezeit

Arbon: namengebende Seeufersiedlung Arbon-Bleiche 2 am Bodensee aus der Zeit der frühbronzezeitlichen Arbon-Gruppe am Bodensee

Zug: Seeufersiedlung der spätbronzezeitlichen Urnenfelder-Kultur in Zug-Im Sumpf

Thun: »Fürstengrab« von Thun-Renzenbühl aus der Frühbronzezeit

Savognin: Bergsiedlung der Inneralpinen Bronzezeit-Kultur aus der Früh-, Mittel- und Spätbronzezeit

Sitten: Totenstätte der frühbronzezeitlichen Rhône-Kultur

Sie benannten Kulturen der Bronzezeit

HELLMUT AGDE, geboren am 2. September 1909 in Halle/Saale, gefallen am 12. Mai 1940 bei Saint-Nicolas. Er bestand 1932 seine Doktorprüfung und wirkte zunächst in Halle/Saale, dann in Schwerin, Leipzig, Königsberg und Freiburg/Breisgau, bis er 1937 Dozent an der Hochschule für Lehrerbildung in Lauenburg (Pommern) wurde. 1939 habilitierte er sich in Freiburg/Breisgau. 1935 prägte Hellmut Agde den Begriff Saalemündungs-Gruppe.

ZOJA BENKOVSKY-PIVOVAROVÁ, geboren am 22. Dezember 1934 in Zlín (Tschechoslowakei), machte 1958 ihr Diplom in Bratislava. 1958 bis 1960 war sie im Museum Bojnice, dann bis 1967 im Archäologischen Institut der Slowakischen Akademie der Wissenschaften in Nitra tätig. Seit Ende 1967 arbeitete sie zeitweise im Burgenländischen Landesmuseum in Eisenstadt und in der Österreichischen Akademie der Wissenschaften in Wien. 1972 prägte sie den Begriff Draßburger Kultur.

WILHELM ALBERT VON BRUNN, geboren am 17. September 1911 in Köthen/Anhalt, gestorben am 8. Mai 1988 in Wiesbaden. Er arbeitete 1938 bis 1947 am Landesmuseum Halle/Saale, 1951 bis 1961 am Institut für Vor- und Frühgeschichte der Deutschen Akademie der Wissenschaften zu Berlin, danach bis 1964 am Institut für Ur- und Frühgeschichte der Universität Kiel und darauf bis 1979 an der Universität Gießen. Er schlug 1943 den Begriff Unstrut-Gruppe vor.

KAREL BUCHTELA, geboren am 6. März 1864 in Nový Pavlov, gestorben am 19. März 1946 in Prag. Er war Finanzoberrat und hatte von 1924 bis 1938 das Amt des Direktors des Staatlichen Archäologischen Instituts in Prag inne. Bei seinen Forschungen arbeitete er mit dem Archäologen Lubor Niederle aus Prag zusammen. Buchtela und Niederle haben 1910 im »Handbuch der Tschechischen Archäologie« den Begriff Aunjetitzer Kultur verwendet und populär gemacht.

ADRIAN EGGER, geboren am 8. September 1868 in Prägraten, gestorben am 18. März 1953 in Brixen, wurde 1899 Priester. Er wirkte als Seelsorger, bis er 1908 nach Brixen berufen wurde, um die Diözesan-Kunstpflege zu betreuen. Bald interessierte er sich immer mehr für die Vorgeschichte des Eisack- und Pustertals, wovon seine Publikationen und die prähistorische Sammlung im Diözesanmuseum zeugen. 1917 prägte er den Begriff »Laugenkultur«.

ALBERT HAFNER, geboren am 15. November 1959 in Weingarten (Kreis Ravensburg), studierte in Tübingen und Freiburg/Breisgau. Seit 1988 unternimmt er Unterwasser-Ausgrabungen und -Forschungen zur Siedlungsarchäologie des Neolithikums und der Bronzezeit am Bieler See. 1995 promovierte er in Freiburg/Breisgau über die Frühbronzezeit der Westschweiz. Im selben Jahr verwendete er erstmals den Begriff Aare-Rhône-Gruppe der Rhône-Kultur.

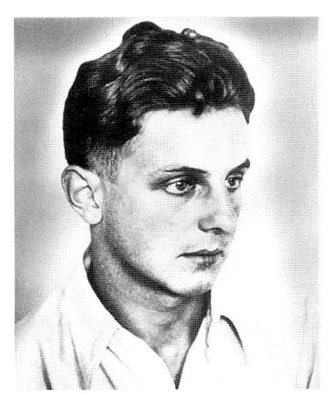

FRIEDRICH HOLSTE, geboren am 30. April 1908 in Tann an der Rhön, gefallen am 22. Mai 1942 bei Semenowka. Er absolvierte eine Banklehre und studierte in Wien, Breslau und Marburg. 1934 promovierte er und arbeitete danach in Mainz, Landshut und München. 1939 habilitierte er sich in München, war ab 1940 Dozent in München und ab 1942 außerordentlicher Professor in Marburg. Holste sprach 1939 von der Lüneburger Bronzezeit (heute Lüneburger Gruppe).

SIEGFRIED JUNGHANS, geboren am 30. Oktober 1915 in Stuttgart, studierte 1935 bis 1938 in München, Marburg und Kiel. 1948 promovierte er in Tübingen. Ab 1948 arbeitete er im Württembergischen Landesmuseum in Stuttgart, wo er 1954 Hauptkonservator der Vor- und Frühgeschichtlichen Sammlungen sowie der Antikensammlung und 1967 Direktor des Museums wurde. Junghans prägte 1954 den Begriff Formenkreis Adlerberg-Singen (heute Singener Gruppe).

WALTER KERSTEN, geboren am 4. November 1907 in Zittau (Sachsen), gefallen m 7. April 1944 bei Pleskau. Er promovierte 1931 in Marburg zum Dr. phil. und wirkte seit 1934 als wissenschaftlicher Mitarbeiter beim Landesmuseum Bonn. 1940 wurde er während der deutschen Okkupation Direktor des Landesamtes für Vorgeschichte im sogenannten »Wartheland«. Kersten hat 1936 in einer Publikation als erster den Begriff Niederrheinische Grabhügel-Kultur benutzt.

KARL KOEHL, geboren am 7. November 1847 in Meisenheim am Glan, gestorben am 12. April 1929 in Worms. Er studierte bis 1873 in Heidelberg, Marburg und Gießen Medizin. Danach lebte er in Wien, unternahm aber auch jahrelang Reisen als Schiffsarzt. 1876 ließ er sich in Pfeddersheim als Arzt nieder, und 1884 siedelte er nach Worms über. Koehl führte Ausgrabungen in Rheinhessen durch und publizierte die Funde. Auf ihn geht der Begriff Adlerberg-Kultur zurück.

JOACHIM KÖNINGER, geboren am 27. August 1956 in Stuttgart, studierte in Tübingen und Freiburg/Breisgau. Seit 1975 arbeitet er für das Landesdenkmalamt (LDA) Baden-Württemberg. Er leitet als freier Mitarbeiter des LDA seit Anfang der achtziger Jahre Sondagen in Moorsiedlungen Oberschwabens und Tauchuntersuchungen in Ufersiedlungen des Bodensees. 1992/93 hat er promoviert. 1992 schlug Köninger den Begriff Arboner Gruppe vor.

JÓZEF KOSTRZEWSKI, geboren am 25. Februar 1885 in Węglewo (Polen), gestorben am 25. Februar 1969 in Poznań. Er war Leiter des Archäologischen Lehrstuhls an der Universität Poznań (1919–1939, 1945–1950, 1956–1960) und Direktor des Museums in Poznań (1914–1939, 1945–1958). Kostrzewski stellte das chronologische Schema der Urgeschichte Polens auf, erforschte die Altbronzezeit im Oder- und Weichselgebiet und prägte 1924 den Begriff Vorlausitzer Kultur.

GEORG KRAFT, geboren am 11. März 1894 in Bad Neuenahr, gestorben bei einem Bombenangriff am 27. November 1944 in Freiburg/Breisgau. Er studierte in Tübingen und promovierte 1922 in Freiburg/Breisgau. 1926 erfolgte seine Habilitation in Freiburg/Breisgau, wo er das Museum für Urgeschichte der Universität betreute und ausbaute. Ab 1926 war er staatlicher Denkmalpfleger für Südbaden. Auf Kraft geht der Begriff Rhône-Kultur zurück.

RÜDIGER KRAUSE, geboren am 3. April 1958 in Bagdad/Irak, promovierte 1986 an der Universität Tübingen über das frühbronzezeitliche Gräberfeld von Singen am Hohentwiel. Danach erhielt er ein Reisestipendium des Deutschen Archäologischen Instituts Berlin und bereiste Nordafrika und den Vorderen Orient. Seit 1987 arbeitet er beim Landesdenkmalamt Baden-Württemberg in Stuttgart. Krause prägte 1988 die Begriffe Hochrhein-Oberrhein-Gruppe und Neckar-Gruppe.

FRIEDRICH LAUX, geboren am 8. März 1938 in Roth, arbeitete 1969 bei der Römisch-Germanischen Kommission in Frankfurt/Main, 1970 bis 1975 am Museum Lüneburg, 1976/77 am Institut für Vor- und Frühgeschichte in Saarbrücken und ab 1977 am Hamburger Museum für Archäologie. Laux benannte 1971 den Sögel-Wohlde-Kreis und die Lüneburger Gruppe sowie 1987/90 die Südhannoversche Gruppe, die Oldenburg-emsländische Gruppe und die Allermündungs-Gruppe.

JÖRG LECHLER, geboren am 28. August 1894 in Dessau, gestorben am 22. Juli 1969 in Detroit. Er studierte in Berlin und Halle/Saale. 1913 bis 1918 grub er das Gräberfeld bei Helmsdorf aus. 1923 bis 1924 war er Assistent am Tell-Halaf-Museum in Berlin und von 1924 bis 1935 Archäologe in der Prignitz. Ab 1936 lebte er in Detroit (USA), wo er bis 1965 am Art Institute der Wayne University arbeitete. Auf Lechler geht der Begriff Helmsdorfer Gruppe zurück.

ARNE LUCKE, geboren am 11. Dezember 1944 in Forst, arbeitete als Ethnoarchäologe in Mexiko, Ecuador, Peru und Marokko. 1983/84 war er Leiter des Museums für Vor- und Frühgeschichte, Heilbronn. Seit 1986 ist er Kreisarchäologe, Geschäftsführer des Museumsverbundes im Kreis Lüchow-Dannenberg sowie Lehrbeauftragter der Universität Hamburg, seit 1990 Leiter des Archäologischen Zentrums Hitzacker. 1981 prägte er die Namen Stader Gruppe und Verdener Gruppe.

OSWALD MENGHIN, geboren am 19. April 1888 in Meran, gestorben am 29. November 1973 in Buenos Aires. Ab 1913 war er Privatdozent an der Universität Wien. 1914 gründete er die Wiener Prähistorische Gesellschaft. 1918 wurde er außerordentlicher Professor, 1922 ordentlicher Professor, 1930 bis 1933 Resident-Professor an der Universität Kairo und 1938 bis 1945 österreichischer Minister für Kultus und Unterricht. Oswald Menghin führte 1921 den Begriff Wieselburg-Gruppe ein.

GERO VON MERHART, geboren am 17. Oktober 1886 in Bregenz (Österreich), gestorben am 4. März 1959 in Kreuzlingen (Schweiz). Er promovierte 1913 in München, geriet 1914 in russische Gefangenschaft und arbeitete 1919 bis 1921 an russischen Museen. Von 1921 bis 1927 wirkte er am Museum Ferdinandeum und an der Universität Innsbruck, danach kurz in Mainz und 1928 bis 1949 als Professor in Marburg. Von Merhart prägte 1927 den Begriff Melauner Kultur.

OSCAR MONTELIUS, geboren am 9. September 1843 in Stockholm, gestorben am 4. November 1921 in Stockholm. Er promovierte 1869, wurde 1888 Professor und war von 1907 bis 1913 Reichsantiquar in Schweden. Montelius teilte 1885 die nordische Bronzezeit in sechs Perioden und 1897 die Eisenzeit in acht Perioden ein. Außerdem prägte er schon im 19. Jahrhundert den Begriff Nordischer Kreis der Bronzezeit, von dem der heutige Name nordische Bronzezeit abgeleitet ist.

JOHANNES-WOLFGANG NEUGEBAUER, geboren am 28. Oktober 1949 in Klosterneuburg, studierte in Wien, wurde Universitätsdozent, wissenschaftlicher Mitarbeiter des Bundesdenkmalamts Wien und Leiter des 1993 von ihm gegründeten Urzeitmuseums in Nußdorf ob der Traisen. Neugebauer grub die größten frühbronzezeitlichen Friedhöfe Mitteleuropas (Franzhausen I und II sowie Gemeinlebarn F) aus. 1977 prägte er den Begriff Böheimkirchener Gruppe der Věteřov-Kultur.

LUBOR NIEDERLE, geboren am 20. September 1865 in Klatový, gestorben am 14. Juni 1944 in Prag. Er habilitierte sich 1891 und war 1898 bis 1929 Professor der vorgeschichtlichen Archäologie und Ethnologie an der Universität Prag. Später wurde er Rektor der Universität Prag sowie Begründer und Direktor des Archäologischen Instituts in Prag. Niederle verwendete 1910 zusammen mit Karel Buchtela im »*Handbuch der Tschechischen Archäologie*« den Begriff Aunjetitzer Kultur.

ALOIS OHRENBERGER, geboren am 16. Mai 1920 in Neuarad (Rumänien), gestorben am 23. Januar 1994 in Eisenstadt. Noch 1920 zog seine Familie nach Budapest, später nach Eisenstadt. 1949 promovierte er in Wien. 1949 bis 1980 arbeitete er im Burgenländischen Landesmuseum in Eisenstadt. Ohrenberger prägte 1956 in der Publikation über seine Ausgrabungen in Loretto/Leithaprodersdorf den Begriff Typus Loretto-Leithaprodersdorf (heute Leithaprodersdorf-Gruppe).

JOZEF PAULÍK, geboren am 30. März 1931 in Sóskut (Ungarn). Er war zunächst wissenschaftlicher Mitarbeiter des Archäologischen Instituts der Slowakischen Akademie der Wissenschaften in Nitra. Ab 1967 arbeitete er im Slowakischen Nationalmuseum Bratislava. Paulík befaßt sich vor allem mit der Spätbronzezeit. Er und der Archäologe Anton Točík verwendeten 1960 erstmals den Namen Čaka-Kultur. Diese Kultur ist nach einem Hügelgrab in der Slowakei benannt.

SIE BENANNTEN KULTUREN DER BRONZEZEIT

RICHARD PITTIONI, geboren am 9. April 1906 in Wien, gestorben am 16. April 1985 in Wien. Er promovierte 1929 und habilitierte sich 1932. Von 1929 bis 1937 war er Assistent am Urgeschichtlichen Institut der Universität Wien, 1938 bis 1942 Museumsdirektor in Eisenstadt, 1946 außerordentlicher Professor und seit 1951 Professor an der Universität Wien. Pittioni sprach 1937 von der Kultur von Unterwölbling und 1954 vom Typus Mistelbach-Regelsbrunn.

JÜRG RAGETH, geboren am 30. Dezember 1946 in Chur (Graubünden), studierte in Zürich. Er ist Prähistoriker und arbeitet seit 1973 beim Archäologischen Dienst Graubünden in Chur und Haldenstein. Sein Interesse gilt vor allem der Bronzezeit. Von 1971 bis 1983 leitete er die Ausgrabungen auf dem bronzezeitlichen Siedlungsplatz Padnal bei Savognin in Graubünden. 1986 schlugen Rageth und andere Archäologen den Begriff Inneralpine Bronzezeit-Kultur vor.

PAUL REINECKE, geboren am 25. September 1872 in Berlin, gestorben am 12. Mai 1958 in Herrsching. Er wirkte 1897 bis 1908 am Römisch-Germanischen Zentralmuseum in Mainz. 1908 bis 1937 war er Hauptkonservator am Bayerischen Landesamt für Denkmalpflege in München. 1917 wurde er kgl. Professor. Reinecke teilte 1902 die Bronzezeit in die Stufen A bis D ein. 1902 sprach er von der Straubinger Kultur und Grabhügelbronzezeit (später Hügelgräber-Bronzezeit).

WALTER RUCKDESCHEL, geboren am 10. September 1937 in München, studierte in München und Heidelberg. Er promovierte über die frühbronzezeitlichen Gräber Südbayerns und wies nach, daß die Bestattungssitten der Straubinger Kultur jenen der vorausgehenden Glockenbecher-Kultur gleichen. Die von ihm 1978 benannte Ries-Gruppe zeigt dagegen deutlich abweichende Bestattungssitten. Ruckdeschel ist seit 1986 Präsident des Bayerischen Landesamts für Umweltschutz.

ELISABETH RUTTKAY, gebürtige Ungarin, lebt seit 1956 in Österreich. Sie arbeitet seit 1968 an der Prähistorischen Abteilung des Naturhistorischen Museums, Wien. Ihr Forschungsgebiet ist die Jungsteinzeit, aus der sie mehrere Gruppen benannt hat. 1977 führte sie für eine frühbronzezeitliche Kulturstufe den Begriff Leitha-Gruppe ein, und 1981 prägte sie bei der Beschreibung bronzezeitlicher Funde aus der Seeufersiedlung Abtsdorf I am Attersee den Namen Attersee-Gruppe.

EDWARD SANGMEISTER, geboren am 26. März 1916, promovierte 1939 in Marburg, wurde 1950 Assistent in Marburg und habilitierte sich 1954 in Marburg. Von 1954 bis 1956 wirkte er als Assistent am Deutschen Archäologischen Institut in Madrid. 1956 wurde er Extraordinarius in Freiburg/Breisgau. Sangmeister widmete sich vor allem Fragen der Jungsteinzeit und Frühbronzezeit. Er sprach 1960 von der Gruppe Singen, was später in Singener Gruppe abgewandelt wurde.

WOLFGANG SCHLÜTER, geboren am 12. November 1937 in Reher bei Hameln, studierte in Göttingen, promovierte 1973 und arbeitete danach beim Dezernat Denkmalpflege des Niedersächsischen Landesverwaltungsamts in Hannover. 1975 wurde er Archäologe für die Stadt und den Kreis Osnabrück sowie Leiter der Archäologischen Abteilung des Kulturgeschichtlichen Museums Osnabrück. 1979 benutzte er den Begriff Ems-Hunte-Kreis. Seit 1993 ist er Honorarprofessor.

BERTHOLD SCHMIDT, geboren am 10. Oktober 1924 in Gera, studierte in Jena und Halle/Saale und hat 1955 promoviert. 1953 wurde er Mitarbeiter, später Kustos und stellvertretender Direktor des Landesmuseums für Vorgeschichte, Halle/Saale. 1991/92 folgte eine Professur an der Universität Marburg/Lahn. Seine Spezialgebiete sind die Frühgeschichte (3. bis 9. Jh.) und späte Bronzezeit. Schmidt hat 1967 den Begriff Helmsdorfer Gruppe erneut vorgeschlagen und begründet.

447

Ernst Sprockhoff, geboren am 6. August 1892 in Berlin, gestorben am 1. Oktober 1967 in Kiel. Nach dem Studium promovierte er 1924 in Königsberg. Von 1926 bis 1928 arbeitete er am Provinzialmuseum Hannover, 1928 bis 1935 am Römisch-Germanischen Zentralmuseum in Mainz. 1935 bis 1945 war er erster Direktor der Römisch-Germanischen Kommission in Frankfurt/Main und ab 1947 Ordinarius an der Universität Kiel. Er schuf 1927 den Begriff Sögeler Stufe.

Christian Strahm, geboren am 1. Oktober 1937 in Bern (Schweiz). Er promovierte 1961 in Bern und arbeitete zunächst am Bernischen Historischen Museum. 1964 ging er an die Universität Freiburg/Breisgau, wo er sich später habilitierte und seit 1977 als Universitätsprofessor wirkt. Von 1976 bis 1986 war er als außerordentlicher Professor an der Universität Bern tätig. 1987 hat Strahm erstmals den Begriff Arbon-Kultur verwendet und 1992 genauer definiert.

Karel Tihelka, geboren am 12. Juli 1898 in Bučovice, gestorben am 16. Juli 1973 in Brno. Er war von 1919 bis 1948 Lehrer, promovierte 1947 und wurde 1948 Leiter der vorgeschichtlichen Abteilung des Mährischen Museums, Brno, sowie 1952 bis 1956 Direktor dieses Museums. Von 1957 bis 1966 arbeitete er am Archäologischen Institut der Tschechoslowakischen Akademie der Wissenschaften in Brno. Tihelka prägte 1958 den Begriff Věteřov-Typus (heute Věteřov-Kultur).

Anton Točík, geboren am 28. Januar 1918 in Krásno nad Kysucou (Slowakei), gestorben am 15. Juni 1994, studierte in Bratislava und Leipzig und promovierte 1944 in Bratislava. 1945 bis 1947 war er Kommissär des Denkmalamts Bratislava, ab 1965 Dozent an der Universität Brno, ab 1969 Dr. sc. und von 1953 bis 1970 Direktor des Archäologischen Instituts der Slowakischen Akademie der Wissenschaften in Nitra. Anton Točík und Jozef Paulík prägten 1960 den Begriff Čaka-Kultur.

Rudolf Virchow, geboren am 13. Oktober 1821 in Schivelbein (Pommern), gestorben am 5. September 1902 in Berlin. Er wirkte zunächst als Professor und Privatdozent an der Universität Berlin. 1849 arbeitete er als Professor in Erlangen und 1856 wieder als Professor in Berlin. Virchow war ein renommierter Pathologe, Arzt und Politiker. Außerdem gilt er als Begründer der pathologischen Anatomie. 1880 verwendete er erstmals den Begriff Lausitzer Kultur.

Ernst Wagner, geboren am 5. April 1832 in Karlsruhe, gestorben am 7. März 1920 in Karlsruhe. Der Pfarrerssohn war 1861 bis 1863 Erzieher in London und 1864 bis 1875 Erzieher des Erbgroßherzogs in Karlsruhe. 1867 wurde er Leiter der Friedrichschule. Von 1875 bis 1919 leitete er die Großherzogliche Altertümersammlung (das spätere Badische Landesmuseum) in Karlsruhe und war Oberschulrat. Auf Wagner geht der Begriff Urnenfelder-Kultur zurück.

Karl Heinz Wagner, geboren am 10. Juli 1907 in Neunkirchen/Saar, gefallen am 6. Februar 1944 bei Luga südlich von Leningrad. Er promovierte 1934, arbeitete 1935 bis 1937 am Rheinischen Landesmuseum, Bonn, und war von 1937 bis 1939 Konservator am Bayerischen Landesamt für Denkmalpflege in München. Karl Heinz Wagner hat 1943 in seiner Dissertation den Begriff Nordtiroler Urnenfelder verwendet, auf den der Name Nordtiroler Urnenfelder-Kultur zurückgeht.

Kurt Willvonseder, geboren am 10. März 1903 in Salzburg, gestorben am 3. November 1968 in Salzburg. Er studierte in Wien und Stockholm, promovierte 1929 und habilitierte sich 1937 in Wien. Von 1937 bis 1945 arbeitete er am Bundesdenkmalamt in Wien. 1943 wurde er außerordentlicher Professor der Urgeschichte in Wien. Von 1954 bis 1968 war er Direktor des Salzburger Museums Carolino Augusteum. Kurt Willvonseder prägte 1937 den Begriff Litzenkeramik.

Zeugen der Bronzezeit in Museen

Deutschland (Auswahl)

ALSFELD *Heimatmuseum*
 Schwerter, Dolche, Beile, Radnadeln und Spiralanhänger.

ALZEY *Museum*
 Adlerberg-Kultur: Henkeltassen und Tonring von Alzey-Wartberg. Urnenfelder-Kultur: Tonrasseln (Wasservogel und konische Form mit Zakkenmuster) aus Siefersheim. Sauggefäß aus Alzey-Dautenheim.

ANDERNACH *Stadtmuseum*
 Urnenfelder-Kultur: Bronzefund aus dem Bollwerk von Andernach.

ASCHAFFENBURG *Stiftsmuseum*
 Keramik, Werkzeuge, Waffen und Schmuck aus der Bronzezeit von unterfränkischen Fundstellen. Funde aus dem Gräberfeld der Urnenfelder-Kultur von Aschaffenburg-Strietwald.

AUGSBURG *Städtische Kunstsammlungen – Römisches Museum*
 Frühbronzezeit: Grabfunde von Augsburg-Göggingen und von Augsburg-Lechfeld.
 Urnenfelder-Kultur: Depotfund mit zwei Bechern aus getriebenem Goldblech von Unterglauheim (Kreis Dillingen). Depotfunde von Ehingen-Badfeld und Ehingen-Burgfeld.

BAD BUCHAU *Federseemuseum*
 Urnenfelder-Kultur: Funde aus zwei unterschiedlich alten Moordörfern (sogenannte »Wasserburg« Bad Buchau), wie Keramik, »Feuerböcke« (»Mond-Idole«), Schmuck, dreiteiliges Scheibenrad aus Eichenholz.

BAD HERSFELD *Städtisches Museum*
 Umfangreicher Bestand an Bronzegerät, -waffen und -schmuck aus Hügelgräbern der Region, gefunden bei archäologischen Ausgrabungen, unter anderem in den 1920er und 1930er Jahren.

BAD KREUZNACH *Schloßparkmuseum*
 Hügelgräber-Kultur: Henkelkrug aus Waldböckelheim, Dolch und Absatzbeil aus Waldlaubersheim. Schmuck aus Kirn, Waldböckelheim und Waldlaubersheim.
 Urnenfelder-Kultur: Tongefäße aus Bad Kreuznach-Martinsberg und Langenlonsheim. Tönerne Sauggefäße aus Bad Kreuznach-Martinsberg. Bronzene Werkzeuge aus Bad Kreuznach-Martinsberg, Bockenau und Waldböckelheim. Schmuck aus Bad Kreuznach-Martinsberg.

BAD OLDESLOE *Heimatmuseum*
 Dolche, Tüllenbeil, Lanzenspitzen, Nadeln und Urnen aus der nordischen Bronzezeit von Bad Oldesloe und Umgebung.

BAD SÄCKINGEN *Hochrheinmuseum*
 Funde aus der Bronzezeit von Waldshut-Tiengen (Flur »Eidöre«). Funde aus der Urnenfelder-Kultur aus Bad Säckingen und Waldshut-Tiengen (Flur »Untere Gaisäcker«).

BAMBERG *Historisches Museum*
 Frühbronzezeit: Tonbecher aus der Jungfernhöhle von Tiefenellern, Kreis Bamberg. Bronzene Randleistenbeile, Dolchklingen und Schmuck von verschiedenen Orten im Kreis Bamberg.
 Hügelgräber-Kultur: Bronzeschwert aus Forchheim, Beinschmuck aus Bronze von der Ehrenbürg bei Schlaifhausen, Kreis Forchheim.
 Urnenfelder-Kultur: Bronzesichel aus Wölsau (Kreis Wunsiedel). Bronzemesser aus Gundelsheim (Kreis Bamberg). Beigaben aus einem Grab von Eggolsheim (Kreis Forchheim), wie Tongefäße, Vollgriffschwert, Rasiermesser, Messer, Gewandnadel, drei Ringchen, drei große Nieten vom Schwertgehänge.

BENSHEIM *Museum der Stadt*
 Bronzedolch, vier Bronzebeile, große doppelkonische Urnen mit Deckschüssel sowie sechs Beigefäße der Urnenfelder-Kultur.

BERGEN *Heimatmuseum »Römstedthaus«*
 Nahezu 400 Exponate, darunter die Bronzetasse von Bergen-Dohnsen, der nördlichste Fund einer mykenischen Tasse.

BERLIN *Heimatmuseum Neukölln*
 Keramik von verschiedenen Fundorten im Raum Britz und Rudow. Schmelzreste von bronzenen Grabbeigaben aus Rudow. Schmuckstücke von verschiedenen Fundorten.

BERLIN *Märkisches Museum*
 Lausitzer Kultur: Funde aus dem Gräberfeld von Berlin-Rahnsdorf.

BERLIN *Museum für Vor- und Frühgeschichte*
 Darstellung des technischen Ablaufs der Kupfergewinnung, Verhüttung und des Bronzegusses. Dioramen bronzezeitlicher Siedlungen. Funde aus dem Opferbrunnen der bronzezeitlichen Siedlung Berlin-Lichterfelde. Tönerne Urnen, Schmuck und Gefäßbeigaben aus Gräbern des Ortsteils Lichterfelde von Berlin-Wittenau. Bronzeurne aus dem Königsgrab von Seddin, Kreis Prignitz. Depotfund von Eberswalde-Finow mit prächtigen Gefäßen, Barren und Drähten aus Gold.

BERNBURG *Museum Schloß Bernburg*
 Urne mit Leichenbrand aus Großwirschleben (Galgenberg), als Beigabe fossile Schnecken und Muscheln.

BIBERACH *Städtische Sammlungen (Braith-Mali-Museum)*
 Frühbronzezeit: Randleistenbeil vom Typ Salez aus der Iller bei Tannheim.
 Früh- und Mittelbronzezeit: Keramik aus der »Siedlung Forschner«.
 Mittel- und Spätbronzezeit: zwei Bronzenadeln aus dem Taubried/Bad Buchau.
 Urnenfelder-Kultur: zwei Vollgriffschwerter aus Trostberg/Oberbayern und Meißenheim bei Lahr/Baden. »Mond-Idol«, Bronzefunde und Keramik aus der »Wasserburg« Bad Buchau. »Mond-Idol« und Bronzemesser aus Unteruhldingen. »Mond-Idol« aus Immenstaad/Bodensee.

BONN *Rheinisches Landesmuseum*
 Ältere Bronzezeit: Feuervergoldetes Schwert aus der Niers bei Grefrath-Oedt. Goldbecher von Wachtberg-Fritzdorf.
 Urnenfelder-Kultur: Sauggefäß in Vogelgestalt mit Rassel von Mendig, Kreis Mayen-Koblenz.

BOTTROP *Quadrat, Museum für Ur- und Ortsgeschichte*
 Bronzebeile verschiedenen Alters aus Bottrop. Umfangreiche Keramikfunde der Urnenfelder-Zeit aus Bottrop.

BREMEN *Focke-Museum, Bremer Landesmuseum für Kunst und Kulturgeschichte*
 Frühe und ältere Bronzezeit: Pfeilspitzen aus Feuerstein, Beilklingen aus Bronze. Depotfund von Schmalenbeck, Kreis Osterholz.
 Jüngere Bronzezeit: Gürteldose von Lehnstedt, Kreis Cuxhaven. Rasiermesser aus Bronze von Krempel, Kreis Cuxhaven. Bronzene Lanzenspitzen aus der Weser und Lesum. Irischer Bronzedolch von Tostedt, Kreis Harburg. Bronzehelm und Griffzungenschwert aus der Lesum bei Bremen.

BREMERHAVEN *Morgenstern-Museum*
 Funde von den spätbronzezeitlichen Urnengräberfeldern aus dem Bremerhavener Stadtgebiet (Lehe und Wulsdorf). Bronzezeitliche Funde aus dem Kreis Cuxhaven.

BRUCHSAL *Städtisches Museum*
 Bronzeschmuck aus Frauengräbern von Mingolsheim und Langenbrücken. Zwei Urnengräber der Urnenfelder-Kultur von Huttenheim und Weiher.

BÜDINGEN *Heuson-Museum im Rathaus*
 Tongefäße mit Henkeln, Kerbrand, Zylinderhals sowie ein Schulterleistentopf, Bronzeschmuckstücke (Radnadeln, Doppelrad- und Rollennadel, Spiralscheibe).

COBURG *Naturwissenschaftliches Museum*
 Prunkaxt aus Weickenbach, Radnadeln, Arm- und Halsschmuck, »Stachelscheiben Coburger Art«, Spiralschmuck, Tutuli aus Bronze. Weitere Grabungsfunde aus Mährenhausen und Ahlstadt.

CUXHAVEN *Stadtmuseum*
 Grabbeigaben und andere Funde vom Galgenberg bei Cuxhaven.

DARMSTADT *Hessisches Landesmuseum*
 Hügelgräber-Kultur: Grabinventare aus Darmstadt-Wixhausen.
 Urnenfelder-Kultur: Bronzetasse aus Viernheim. Kammhelme aus einer Kiesgrube bei Biebesheim.

DEGGENDORF *Städtisches Heimatmuseum*
 Hügelgräber-Kultur: Keramik- und Metallbeigaben aus dem Gräberfeld von Deggendorf-Fischerdorf.
 Urnenfelder-Kultur: Grabinventare vor allem aus den Gräberfeldern von Künzing und Stephansposching. Grab mit thrako-kimmerischem Pferdegeschirr von Stephansposching-Steinkirchen.

DESSAU *Museum für Naturkunde und Vorgeschichte*
Inventare aus mehreren Hügelgräberfeldern und Flachgräbern der Lausitzer Kultur aus der Umgebung Dessaus. Keramik und zahlreiche Metallfunde aus Siedlungen und Gräberfeldern der Lausitzer Kultur und der Saalemündungs-Gruppe. Depotfund von 14 Bronzearmreifen aus Roßlau, Kreis Anhalt-Zerbst. Depotfund dreier reichverzierter Bronzelanzenspitzen, welche zusammen mit einer eisernen Lanzenspitze geborgen wurden, von Breesen-Reupzig, Kreis Köthen. Griffzungenschwert der nordischen Bronzezeit von einem Fundort aus Schleswig-Holstein.

DETMOLD *Lippisches Landesmuseum*
Doppeläxte aus dem Depotfund von Bad Salzuflen/Grastrup-Hölsen. Kurzschwert vom Typ Sögel aus Oerlinghausen. Randleisten- und Absatzbeile verschiedener Herkunft. Funde aus Steinhügelgräbern von Detmold und Horn-Bad Meinberg/Schmedissen.

DIEBURG *Kreis- und Stadtmuseum*
Funde aus den Hügelgräbern von Ober-Roden. Dolche, Armbergen und Bernsteinperlen aus Groß-Bieberau. Urnen, Gußform, Rasiermesser und Sicheln aus Gräbern der Urnenfelder-Kultur von Babenhausen-Hergershausen.

DIEZ *Diezer Heimatmuseum*
Keramik, Bronzegeräte, -waffen und -schmuck aus dem Raum Diez.

DILLINGEN AN DER DONAU *Stadt- und Hochstiftsmuseum*
Funde der Hügelgräber- und Urnenfelder-Kultur aus dem Kreis Dillingen.

DONAUWÖRTH *Archäologisches Museum*
Randleistenbeile, Ringgriffmesser, Griffplattenschwerter, Scheibenkopfnadeln, Ösenhalsring. Urnenfelderzeitliche Lappenbeile, Sicheln, Vollgriffschwerter, reichverziertes Griffzungenschwert. Beinschiene aus Schäfstall mit reicher Punzverzierung, Lanzenspitze.

DRESDEN *Landesmuseum für Vorgeschichte*
Funde vor allem aus dem Gräberfeld Niederkaina, Kreis Bautzen, dazu viele weitere Altsachen der Lausitzer-Kultur.

DUISBURG *Niederrheinisches Museum der Stadt*
Keramik und Bronzebeile aus dem Niederrheingebiet.

DÜREN *Leopold-Hoesch-Museum, Archäologische Abteilung*
Bronzebeile, -lanzenspitze und -armringe aus dem Dürener Land. Depotfunde aus dem Rheingau (Sicheln, Beile, Armreifen). Reiche Funde aus Grabungen am Neuenburger See (Schweiz). Siedlungskeramik und Grabfunde der Urnenfelder-Zeit aus dem Kreis Düren.

EICHSTÄTT *Museum für Ur- und Frühgeschichte*
Keramik, Waffen und Schmuck aus der Bronzezeit von verschiedenen Fundorten im Raum Eichstätt.

EMSDETTEN *Heimatmuseum, August-Holländer-Museum*
Keramikreste aus Emsdetten-Westum, Greven und Mesum. Einige Werkzeuge aus Stein oder Bronze.

ERFURT *Stadtmuseum – Haus zum Stockfisch*
Schwert aus der Spätbronzezeit von Döllstädt, Kreis Gotha.

ESSEN *Museum Altenessen*
Funde aus westfälischen Urnenfeldern: Keramik und Bronzen. Bronzen aus Nordwestdeutschland. »Pfahlbaufunde« wie Keramik und Bronzen.

FORCHHEIM *Pfalzmuseum*
Urnenfelder-Kultur: Forchheimer Zeichensteine. Serlbacher Depotfund (Beile und Speerspitzen).

FRANKENBERG *Kreisheimatmuseum*
Radnadeln und Nadel in Nagelform.

FRANKFURT AM MAIN *Museum für Vor- und Frühgeschichte*
Funde aus Grabhügeln im Frankfurter Stadtwald.

FRIEDBERG *Heimatmuseum (Kreis Aichach-Friedberg)*
Frühbronzezeit: Löffelbeil aus Friedberg. Randleistenbeil und Beilrohguß aus Kissing. Gezähnte Sicheleinsätze aus Mering.
Hügelgräber-Kultur: Vollgriffschwert aus Lechhausen. Griffplattenschwert aus Kissing. Bronzepfeilspitze aus Schmiechen.
Urnenfelder-Kultur: Rixheim-Schwert aus Hochzoll. Riegsee-Schwert aus Kissing. Endständiges Lappenbeil aus Hochzoll. Bronzedolche aus Friedberg. Tönerne Lochscheiben und Keramik aus Mergenthau.

FRIEDBERG *Wetterau-Museum*
Bronzener Beinschmuck aus dem Gräberfeld von Wölfersheim. Bronzeschwert aus einem Grab der Urnenfelder-Kultur von Ockstadt.

FRITZLAR *Regionalmuseum*
Absatzbeil, Randleistenbeil, Lappenbeil, Knopfsichel, Lanzenspitze und Radnadel. Reichhaltige Keramik aus dem Gräberfeld der Urnenfelder-Kultur von Fritzlar.

FULDA *Vonderaumuseum*
Hügelgräber-Kultur: Zahlreiche Grabfunde aus Grabhügeln, vorwiegend aus der Großgemeinde Großenlüder.
Urnenfelder-Kultur: Funde aus zwei Gräberfeldern bei Oberbimbach und Künzell.

GESEKE *Hellweg-Museum*
Bronzene Tüllenbeile (eines mit Verzierung) und Lappenbeil.

GIESSEN *Oberhessisches Museum*
Hügelgräber-Kultur: Tongefäße, geschweiftes Messer, Kupferflachbeile, Dolch, Schwerter, Schmuckgehänge, Schmucknadeln, Bernsteinfunde, Armspiralen und offene Armreife von verschiedenen Fundorten in Hessen.
Urnenfelder-Kultur: Urnen und Beigefäße, Sicheln, reicher Schmuck und Lanzenspitze mit verzierter Tülle von verschiedenen Fundorten in Hessen.

GIFHORN *Kreisheimatmuseum*
Lanzen- und Speerspitzen, Absatz- und Tüllenbeile, Schmuck.

GLADBECK *Museum der Stadt*
Urnenfunde, Bronzemesser und Pinzetten von Gladbeck-Ellinghorst.

GÖTTINGEN *Städtisches Museum*
Zahlreiche Bronzen aus Grabhügelfeldern der Göttinger Gegend. Beile, Radnadeln, bronzene Lunula vom Hainberg bei Göttingen, Geweihäxte.

GREDING *Museum Mensch und Natur*
Einzelfunde aus der Bronzezeit.

GROSSKOTZENBURG *Museum der Gemeinde*
Verschiedene Arten von Gewandnadeln, Arm- und Beinspiralen, Brillenanhänger, Beile, Knopfsichel, Schwert, Pfeilspitze. Tongefäße von der Kerbschnittasse bis zu Vorratsgefäßen. Ein komplettes Frauengrab mit drei Tongefäßen, Gewandnadel, Armspangen und Ohrring.

GÜNZBURG *Heimatmuseum*
Keramik, bronzene Nadeln, Messer, Beile und Sicheln, »Mond-Idol«.

HALLE/SAALE *Landesmuseum für Vorgeschichte*
»Häuptlingsgrab« von Sömmerda-Leubingen, Kreis Sömmerda, mit Goldbeigaben. Zahlreiche Depotfunde der Früh- und Spätbronzezeit, darunter von Dieskau, Frankleben, Fienstedt. Stabdolche von Thale und Welbsleben. Bronzeschilde der Spätbronzezeit von Herzsprung. Spätbronzezeitlicher Töpferfund von Wittenberg. Funde aus einer spätbronzezeitlichen Kultgrube von Nebra. Schwertfunde von Bothenheilingen und Kehmstedt. Stiergefäß von der Schalkenburg bei Quenstedt, Kreis Aschersleben-Staßfurt. Goldschale von Krottorf, Bördekreis. Goldringe von Schneidlingen, Kreis Aschersleben-Staßfurt, und Kleinoschersleben, Bördekreis. Opferfund mit Bronzefunden von Krumpa-Lützkendorf, Kreis Merseburg-Querfurt. Hängebecken von Wegeleben, Kreis Halberstadt. Bronzekessel mit Kreuzattachen von Halle-Radewell.

HAMBURG *Hamburger Museum für Archäologie/Helms-Museum*
Klappstuhl von Daensen, Kreis Stade. Trachtenschmuck aus Schleswig-Holstein und Niedersachsen (Heidenau, Hitzacker-Bahrendorf, Fuhrkop, Thaden, Hamburg-Fischbek, Buchholz). Depotfund von Kiel-Kronshagen. Totenhaus aus Hamburg-Marmstorf.

HANAU *Historisches Museum*
Kerbschnittkannen aus dem Gräberfeld von Hanau-Steinheim (»Galgentanne«), Depotfund.

HANNOVER *Niedersächsisches Landesmuseum (Urgeschichts-Abteilung)*
Opferfund aus der Rothesteinhöhle bei Holzen. Lure von Garlsdorf. Bildstein von Anderlingen. Goldgefäße und -schmuck.

HEIDE *Museum für Dithmarscher Vorgeschichte*
Funde aus der Bronzezeit und Nachbildungen von solchen (zum Beispiel bronzene Luren und Rasiermesser).

HEILBRONN *Städtisches Museum*
Frühbronzezeit: Halsring und Nadel aus einem Grab von Heilbronn-Horkheim.
Hügelgräber-Kultur: Bronzebeigaben aus einem Grab von Schweinsberg und Keramik aus einer Siedlung in Heilbronn.
Urnenfelder-Kultur: Keramik, Bronzeschwert, Bronzemesser und -armring aus Gräbern in Heilbronn. Keramik und Tonlöffel von Neckarsulm-Reichertsberg.

HERFORD *Städtisches Museum*
Werkzeuge und Waffen der Bronzezeit verschiedener Zeitstellung aus dem Raum Herford.

HERNE *Emschertal-Museum*
Absatzbeil aus Herne (ehemalige Zeche »Friedrich der Große«). Tüllenbeil aus Recklinghausen-Siepenheide. Urnen und Beigefäße aus den spätbron-

zezeitlichen Gräberfeldern von Herne-Schloßpark, Strünkede und Recklinghausen-Ludgerusstraße.

HITZACKER *Archäologisches Zentrum*

Das Archäologische Zentrum Hitzacker ist ein Freilichtmuseum auf einem seit der Jungsteinzeit bewohnten Siedlungsplatz in Hitzacker am Zusammenfluß von Jeetzel und Elbe. Seit 1990 werden dort drei Langhäuser, mehrere Grubenhäuser und zahlreiche wirtschaftliche sowie technologische Produktionsanlagen der Bronzezeit rekonstruiert. Neben unterschiedlichen Ausstellungen führt man Versuche im Rahmen der experimentellen Archäologie, regelmäßig handlungsorientierte Aktionsprogramme und »Tage der Lebendigen Archäologie« durch. Hier können die Teilnehmer und Besucher Lebenszusammenhänge und Produktionstechniken der Bronzezeit unmittelbar nachempfinden. Das Archäologische Zentrum Hitzacker ist von April bis Oktober jeweils von Mittwoch bis Sonntag geöffnet.

HOCHHEIM AM MAIN *Otto-Schwabe-Museum*

Gebißstange, kleiner Bronzedolch, Bronzemesser, drei kleine Knickwandschalen, Urne, Schüsseln, Griffzungenschwert.

HOHENLEUBEN *Museum Reichenfels*

Keramik, Waffen und Schmuck der Bronzezeit von verschiedenen Fundorten.

HOHENLIMBURG *Museum*

Bronzene Beilklingen aus dem Hagener Raum. Doppelkonische Graburne von Oestrich. Frühbronzezeitliche Dolchklingen aus dem Hagener Raum.

HÖXTER-CORVEY *Museum*

Ältere Bronzezeit: Bronzenes Absatzbeil aus Bosseborn. Bronzebeil von der Fundstelle Ascher-Berg bei Höxter. Bronzedolch aus Herstelle. Bronzedolch der älteren oder jüngeren Bronzezeit aus Iburg bei Bad Driburg. Keramik und Urnen aus der Spätbronzezeit von Godelheim.

INGOLSTADT *Stadtmuseum*

Depotfund von triangulären Vollgriffdolchen und weitere Depotfunde (Ösenringbarren), im Block geborgene Grabgruppe aus Ingolstadt. Funde aus dem Gräberfeld der Urnenfelder-Kultur von Zuchering.

JENA *Sammlung des Bereichs Ur- und Frühgeschichte der Friedrich-Schiller-Universität zu Jena (nicht öffentlich zugänglich)*

Depotfunde von Münchenroda, Crölpa-Löbschütz, Graitschen, Dornburg, Kunitz und Rastenberg, Funde aus Gräberfeldern von Kunitz, Laasdorf, Eichenberg und Großeutersdorf.

KARLSRUHE *Badisches Landesmuseum*

Bronzene Waffen, Geräte und Schmuck von der frühen bis zur späten Bronzezeit aus Engen, Berghausen, Stockach und anderen Fundorten.

KASSEL *Hessisches Landesmuseum (Abteilung Vor- und Frühgeschichte)*

Bronzeobjekte der Hügelgräber-Kultur und Urnenfelder-Kultur aus der Fulda zwischen Kassel-Waldau und Bergshausen, Kreis Kassel. Funde der Hügelgräber-Kultur von Unterbimbach und Molzbach, Kreis Fulda, sowie aus den Brandgräberfeldern der Urnenfelder-/Hallstatt-Kultur von Vollmershausen, Kreis Kassel.

KELHEIM *Archäologisches Museum der Stadt*

Siedlungsfunde vom Frauenberg bei Weltenburg. Grabinventare von Kelheim und Saalhaupt. Funde aus dem Urnengräberfeld von Kelheim und vom Opferplatz Schellnecker Wänd bei Essing.

KEITUM *Sylter Heimatmuseum*

Keramik, Werkzeuge (Beile), Waffen (Dolche, Schwerter) und Schmuck. Modelle vom Hausbau und der Bronzegießerei.

KOBLENZ *Mittelrhein-Museum*

Knickwandurnen, ein Rasiermesser, Klingen, Beile, Radnadeln und Armreifen.

KONSTANZ *Archäologisches Landesmuseum Baden-Württemberg, Außenstelle Konstanz*

Funde aus der »Siedlung Forschner« am Federsee und der Seeufersiedlung Bodman-Schachen am Bodensee: Randleisten-, Lappen- und Tüllenbeile, Kugelkopfnadel, Holzpfosten, Fragment eines Einbaums, Töpferware. Holzmodell der stark befestigten »Siedlung Forschner«. Querschnitte von Holzpfosten zur Verdeutlichung der dendrochronologischen Methode und der bronzezeitlichen Holzbearbeitungstechnik.

KONSTANZ *Rosgartenmuseum*

Funde aus Seeufersiedlungen am Bodensee.

KORB-KLEINHEPPACH *Steinzeitmuseum*

Keramik, Bronzepfeilspitzen und Bronzedolch.

KÖTHEN *Heimatmuseum*

Depotfund der Aunjetitzer Kultur von Trebbichau. Zylinderhalsterrine, Lanzenschuh, Speerspitze, Halskragen aus Goldspiralen, Armbergen, Fußringe, Plattenfibel der Saalemündungs-Gruppe aus einem Brandgrab von Köthen.

LANDSHUT *Stadt- und Kreismuseum*

Straubinger Kultur: Keramikreste und Bronzespangen aus Schwimmbach. Hügelgräber-Kultur: Grabfunde von Eugenbach und Pörndorf. Urnenfelder-Kultur: Keramik, bronzene Lanzenspitze, Messer, Bronzering, zwei Schaukelringe und Vasenkopfnadel unweit der Einöde Böhmhartsberg. Depotfunde von Winkelsaß und Hader. Auvernier-Schwert von Bruck an der Alz mit Elfenbeinplatte und Eisentauschierung.

LAUINGEN *Stadtmuseum im Lauinger »Heimathaus«*

Ries-Gruppe: Funde aus dem Hockergräberfriedhof der Ries-Gruppe von Lauingen.

Urnenfelder-Kultur: Keramik und Bronzen aus Siedlungen und Gräbern.

LAUTERBACH *Hohhaus-Museum*

Hügelgräber-Kultur: reicher Schmuck aus Frauengräbern wie Rad-, Doppelrad-, Brillen-, Doppelspiral- und Kegelkopfnadeln, Armreifen, Spiralarmreifen, Halsringe und Halskragen.

Urnenfelder-Kultur: Waffen und Werkzeuge aus Männergräbern, wie Speerspitzen, Dolche, Absatzbeile, Randleisten-, Lappenbeil und Sicheln.

LEIPZIG *Naturkundemuseum*

Keramik der Aunjetitzer und der Lausitzer Kultur aus dem Raum Leipzig.

LIPPSTADT *Städtisches Heimatmuseum*

Bronzeabsatzbeil aus Waldhausen, Kreis Soest.

LÜBSTORF *Archäologisches Landesmuseum Mecklenburg-Vorpommern, Schloß Wiligrad*

Kupferflachbeil von Kirch Jesar. Stabdolchdepot von Melz. Bronzetassen von Basedow. Depotfund von Roga. Depotfund von Ueckeritz. Bronzewagen von Plate-Peckatel. Horn von Wismar.

MAGDEBURG *Kulturhistorisches Museum*

Dreifachbestattung der Aunjetitzer Kultur von Stemmern. Baggerfunde aus der Elbaue in Magdeburg von der Hügelgräber-Bronzezeit bis in die Hallstatt-Zeit, wie Schwerter, Lanzenspitzen, Beile, Hängebecken, Nadeln, Armberge, Fibeln, Hals- und Armringe. Siedlungsfunde der Saalemündungs-Gruppe aus Magdeburg, Glockengrab von Eickendorf mit Tüllenmeißel und Lanzenspitze.

MAINZ *Landesmuseum*

Zahlreiche Keramik-, Waffen- und Schmuckfunde von der Früh- bis zur Spätbronzezeit. Wichtige Depotfunde, frühe Goldarbeiten verschiedener Kulturen, vor allem der Hügelgräber-Kultur und der Urnenfelder-Kultur.

MAINZ *Römisch-Germanisches Zentralmuseum, Abteilung Vorgeschichte*

Originale und Kopien von zahlreichen, in den Werkstätten des Römisch-Germanischen Zentralmuseums restaurierten bronzezeitlichen Werkzeugen, Waffen, Schmuckstücken, Kunstwerken, Musikinstrumenten und Kultobjekten aus Europa und dem Vorderen Orient.

MAYEN *Eifeler Landschaftsmuseum*

Kultrassel, zahlreiche Schmuckteile, Gewandnadeln, Fibeln, Bronzebeil und -schwert. Tonschalen und Urnen der Urnenfelder-Kultur.

MENDEN/SAUERLAND *Städtisches Museum*

Randleistenbeil aus Bronze von Sümmern bei Menden. Offener Bronzering und Bronzedrahtringe aus der Leichenhöhle.

MINDEN *Mindener Museum für Geschichte, Landes- und Volkskunde*

Scherben und Tongefäße von den Hügelgräberfeldern Buhn bei Uffeln, Seelenfelder Heide, Porta, Leteln und Dankersen. Verschiedene Geräte und Schmuck aus Costedt. Vollständig erhaltenes Griffzungenschwert aus Minden.

MÖNCHENGLADBACH *Städtisches Museum Schloß Rheydt*

Durchbohrte Steingeräte, Bronzebeile und Schmuck.

MÜHLHAUSEN *Heimatmuseum*

Aunjetitzer Kultur: in Originallage aufgebautes »Etagengrab« mit zwei Hockerbestattungen von Ammern, Unstrut-Hainich-Kreis. Größere Kollektion von Keramikgefäßen, Stein- und Bronzegeräten aus Gräbern aus dem Unstrut-Hainich-Kreis. Beigaben eines »Fürstengrabes« von Österkörner (Flur »Langel«), Unstrut-Hainich-Kreis.

Spätbronzezeit: Schmuckdepotfunde (vier Halsringe, zwei Armspiralen, vier kleine Bronzedrahtspiralen, ein Armringfragment) von Mühlhausen-Görmarsche Landstraße.

MÜNCHEN *Prähistorische Staatssammlung, Museum für Vor- und Frühgeschichte*

Depot- und Grabfunde aus Südbayern. Schwerter aus bayerischen Flüssen. Wagengrab der Urnenfelder-Kultur aus Hart an der Alz, Kreis Altötting.

MÜNSTER *Westfälisches Museum für Archäologie*
Alt- und Mittelbronzezeit: Grabfunde (unter anderem mit Sögel- und Wohlde-Schwert). Baumsarg von Heiden. Depotfunde von Hausberge, Halle-Oldendorf, Olfen und Sassenberg.
Jüngere Bronzezeit: Bronzesitula von Olsberg-Gevelinghausen. Depotfund von Münster-Handorf. Grabfunde mit Modellen (Godelheim, Telgte-Raestrup).

NEUBRANDENBURG *Regionalmuseum*
Bronzedepotfunde (Barrenringe, Schmuck- und Trachtenbestandteile), Waffen (Bronzeschwerter, -dolche, -lanzenspitzen). Einzelne Schmuck- und Kultgegenstände. Knochen-, Geweih- und Steinwerkzeuge, Tongefäße.

NEUMARKT/OBERPFALZ *Heimatmuseum*
Randleistenbeile, Beinbergen, Halskette aus fünf scheiben- und zwei herzförmigen Anhängern, Rad- und Kugelkopfnadeln. Arm- und Halsreife sowie diverse Gewandverzierungen.

NEUMÜNSTER *Textilmuseum*
Gewebefragmente und rekonstruierte Kleidung.

NEUNBURG VORM WALD *Schwarzachtaler Heimatmuseum*
Bronzebeil von Berndorf bei Rötz, Kreis Cham. Rahmengriffmesser aus dem Taxölderner Forst, Kreis Schwandorf. Bronzenes Griffdornmesser von einem unbekannten Fundort.

NEUSTADT *Kreismuseum Ostholstein*
Bronzezeitliche Funde aus Ostholstein.

NEUWIED *Kreismuseum*
Hügelgräber-Kultur: Grabbeigaben aus Heddersdorf, Heimbach und Weis. Urnenfelder-Kultur: Funde aus Brandgräbern.

NIENBURG *Museum*
Kollektion diverser Feuersteindolche. Grabfunde des Sögel-Wohlde-Kreises. Depotfund aus Landesbergen. Urnen, Nadeln, Messer und Toilettegerät der jüngeren Bronzezeit.

NÖRDLINGEN *Stadtmuseum*
Frühbronzezeit: Grabfunde der Ries-Gruppe aus Nähermemmingen.
Hügelgräber-Kultur: Depotfund von Bühl mit verschiedenen, meistens schon alt beschädigten Werkzeugen, Waffen, Schmuck und Gußbrocken.

NÜRNBERG *Germanisches Nationalmuseum*
Spangenbarren aus Schwaben. Schwert der Hügelgräber-Kultur aus Süddeutschland. Frauenschmuck der Hügelgräber-Kultur aus Mittelfranken. Frauenschmuck aus der Bronzezeit Norddeutschlands. Rasiermesser mit schiffsförmiger Gravierung aus Norddeutschland. Tongefäße der Lausitzer Kultur. »Goldener Hut« (Goldblechkegel) der Urnenfelder-Kultur von Etzelsdorf-Buch, Kreis Nürnberger Land.

NÜRNBERG *Naturhistorisches Museum*
Schwert von Nürnberg-Hammer. Grabinventare von Behringersdorf und Henfenfeld. Reichhaltiges Material der Hügelgräber-Kultur aus der Oberpfalz. Hausrekonstruktion im Maßstab 1:1 der Siedlung Untermainbach.

OLDENBURG *Staatliches Museum für Naturkunde und Vorgeschichte*
Depot- und Schatzfunde aus Mooren. Beigaben aus dem Steinkistengrab des Sögel-Wohlde-Kreises von Bargloy.

PERLEBERG *Heimatmuseum*
Keramik, Werkzeuge und Schmuck aus der Bronzezeit von Fundstellen der westlichen Prignitz.
Mittlere Bronzezeit: Grab von Pirow. Depotfunde von Perleberg und Simonshagen (2).
Jüngere Bronzezeit: Funde aus Siedlungsgrabungen von Viesecke und Lenzersilge. Depotfunde von Lenzersilge (2). Nachbildungen der Funde des »Königsgrabs« von Seddin.

PLÖN *Museum des Kreises*
Vermutlich bronzezeitlicher (oder jungsteinzeitlicher) Schalenstein aus Nessendorf. Wenige Einzelfunde von verschiedenen Fundstellen.

POTSDAM-BABELSBERG *Brandenburgisches Landesmuseum für Ur- und Frühgeschichte*
Frühbronzezeitlicher Depotfund aus Guben-Bresinchen, Kreis Spree-Neiße, bestehend aus 103 Beilen, zehn Dolchen und 32 Ringen. Bronzener Kultwagen von Potsdam-Eiche. Goldarmreif von Nassenheide, Kreis Oberhavel. Reichhaltige Keramikbestände von jungbronze-/früheisenzeitlichen Gräberfeldern beim ehemaligen Tornow, Kreis Oberspreewald-Lausitz, Neuendorf und Klein-Lieskow sowie Klinge, Kreis Spree-Neiße.

RECKLINGHAUSEN *Vestisches Museum*
Urnen und Beigefäße der jüngeren Bronzezeit aus der Grabanlage Recklinghausen-Röllinghausen.

REGENSBURG *Museum der Stadt*
Frühbronzezeitliche Grab- und Depotfunde, zahlreiche Schmuckgegenstände und Waffen aus alten Grabungen in Grabhügelfeldern des Oberpfälzer Jura.

RÖMHILD *Steinsburgmuseum*
Schmuck, Waffen und Geräte aus Bronze von verschiedenen Fundorten der Hügelgräber-Kultur.

ROTENBURG/WÜMME *Heimatmuseum*
Bronzebeile und zahlreiche Urnengräber der jüngeren Bronzezeit.

SAARBRÜCKEN *Landesmuseum für Vor- und Frühgeschichte*
Urnenfelder-Kultur: Depotfund aus Reinheim, Kreis Sankt Ingbert, mit Armschmuck, Klapperblechen und Zierbuckel.

SALZWEDEL *Johann-Friedrich-Danneil-Museum*
Depotfunde aus Kläden und Groß Schwechten, Kreis Stendal. Exponate der nordischen Bronzezeit sowie Feuersteindolche.

SCHLESWIG *Archäologisches Landesmuseum der Christian-Albrechts-Universität Kiel*
Zahlreiche Funde aus der nordischen Bronzezeit: ungarisches Bronzeschwert von Fahrenkrug, Kreis Segeberg. Bronzetasse aus Löptin, Kreis Plön. Goldgefäß aus Gönnebek, Kreis Segeberg. Schwert aus Heringsdorf-Klenau, Kreis Oldenburg/Holstein. Lanzenspitze aus Eisendorf, Kreis Rendsburg-Eckernförde. Goldgefäß aus Albersdorf, Kreis Dithmarschen. Messer mit Frauengestalt als Griff bei Beringstedt nördlich von Itzehoe, Kreis Steinburg.

SCHÖNEBECK/ELBE *Kreismuseum*
Plattenfibel aus Bronze von Calbe/Saale. Armspirale aus Schönebeck. Radnadeln aus Schönebeck und Rosenburg. Bronzespeerspitzen von Calbe/Saale, Randleistenbeil aus Schönebeck und Schwarz.

SCHWÄBISCH HALL *Keckenburgmuseum*
Bronzezeitliche Keramik, Waffen (Bronzedolche und -beile) und Schmuck der Gegend von Schwäbisch Hall. Keramik, tönerne Webgewichte, Werkzeuge, Waffen und Schmuck der Urnenfelder-Kultur aus der Umgebung von Schwäbisch Hall.

SCHWERTE *Ruhrtal-Museum*
Flachbeil aus Villigst. Graburnen und Beigefäß aus Schwerte/Engste. Pfeilspitze aus Schwerte-Ost.

SIGMARINGEN *Fürstlich Hohenzollernsches Museum*
Serie von Schwertern aus Veringenstadt, Kreis Sigmaringen, und von anderen Fundorten.

SIMMERN *Hunsrückmuseum*
Bronzeabsatzbeile und Bronzedolch aus der Bronzezeit. Urnen, Schalen und Becher aus der Urnenfelder-Kultur.

SINGEN AM HOHENTWIEL *Hegau-Museum*
Trachtbestandteile, Schmuck und Dolche aus dem frühbronzezeitlichen Gräberfeld der Singener Gruppe von der Nordstadtterrasse in Singen am Hohentwiel. Depot bronzener Salez-Beile aus Stockach-Hindelwangen, Kreis Konstanz. Reiche Grabfunde der Urnenfelder-Kultur von der Nordstadtterrasse in Singen, darunter eines der ältesten Eisenschwerter Mitteleuropas vom Ende der Urnenfelder-Kultur.

SPEYER *Historisches Museum der Pfalz*
Frühbronzezeit: Verwahrfund, unter anderem mit Schmiedehämmern, aus Meckenheim, Kreis Ludwigshafen. Goldarmringe aus Böhl-Iggelheim, Kreis Ludwigshafen.
Hügelgräber-Kultur: »Goldener Hut« (Goldblechkegel) aus Schifferstadt, Kreis Ludwigshafen.
Urnenfelder-Kultur: Bronzene Wagenräder (Teile eines Prozessionswagens) aus Haßloch, Kreis Neustadt an der Weinstraße. Gußformen aus Meckenheim, Kreis Ludwigshafen.

STADE *Schwedenspeicher-Museum*
Gießereifund mit Absatzbeilen aus Stade. Depots mit Bronzebecken aus Holtum-Geest und Oerel, beide Kreis Rotenburg/Wümme. Vier Bronzeräder eines Kultwagens der jüngeren Bronzezeit aus Stade.

STENDAL *Altmärkisches Museum*
Aunjetitzer Tasse und Knochennadeln vom endneolithisch-frühbronzezeitlichen Körpergräberfeld Storkau, Kreis Stendal. Doppelkonus, Deckschale, Rillenhammer und Bronzeschmuck vom jungbronzezeitlichen Urnengräberfeld Volgfelde, Kreis Stendal. Gedrehte Ösenhalsringe und Armringe des jungbronzezeitlichen Depotfundes von Volgfelde, Kreis Stendal. Möriger Schwert und Antennenschwert aus dem jungbronzezeitlichen Depotfund von Hindenberg, Kreis Stendal. Randleisten-, Absatz- und Tüllenbeile, Lanzenspitzen und Bronzeschmuck (darunter Halskragen, Schmuckdose, Armbergen) als Einzelfunde.

STRALSUND *Kulturhistorisches Museum*
Goldschalen von Langendorf bei Stralsund. Depotfund von Morenitz, Kreis Ostvorpommern. Depotfund von Pluckow, Kreis Rügen.

STRAUBING *Gäubodenmuseum*
Straubinger Kultur: Grabfunde aus dem Raum Straubing.
Hügelgräber-Kultur: Grabfunde aus dem Raum Straubing.

STUTTGART *Württembergisches Landesmuseum*
Frühbronzezeit: Funde der Neckar-Gruppe, unter anderem vom Gräberfeld Remseck-Aldingen. Steinerner Statuenmenhir von Tübingen-Weilheim mit Darstellung von Stabdolchen.
Hügelgräber-Kultur: Reiche Sammlung von Funden von der Schwäbischen Alb aus Grabhügeln: Keramik, Trachtbestandteile und Waffen.
Urnenfelder-Kultur: Depot mit 19 Sandstein-Gußformen aus Heilbronn-Neckargartach.

THALMÄSSING *Vor- und frühgeschichtliches Museum*
Funde aus Grabhügeln der Mittel- und Spätbronzezeit bei Waizenhofen, Dixenhausen, Schutzendorf und Lay (alle im Kreis Roth). Siedlungsfunde der Urnenfelder-Kultur bei Waizenhofen.

TRIER *Rheinisches Landesmuseum*
Hügelgräber-Kultur: Depotfund bei Trassem, Kreis Trier-Saarburg, mit Bronzebeilen und -dolch sowie Goldschmuck.
Urnenfelder-Kultur: Waffen aus der Mosel, entlang der Saar, Sauer und Kyll. Depotfund von Konz mit sieben Bronzebeilen, Lanzenspitze und Bronzebeilgußform. Gußformen von Preist an der Kyll und Wallerfangen. Depotfund von Horath mit 22 Ringen und zwei durchbrochenen Zierstücken vom Pferdegeschirr sowie scheibenförmiges Klapperblech aus Wallerfangen. Schmuck aus Gräbern von Niederweis, Berndorf, Trier-Feyne und Minden.

ÜBERLINGEN *Heimatmuseum*
Schmuck (Anhänger, Ringe, Gewandnadeln und sonstige Nadeln) sowie Werkzeuge (Messer, Sichel, Beile) und Waffen (Lanzenspitzen) aus der Bronzezeit von verschiedenen Fundorten.

ULM *Ulmer Museum, Prähistorische Sammlungen*
Funde aus der frühbronzezeitlichen Höhensiedlung in Ehrenstein. Flußfunde der Hügelgräber-Kultur und Urnenfelder-Kultur aus Donau und Iller.

UNNA *Hellwegmuseum*
Bronzenes Absatzbeil aus Unna.

UNTERUHLDINGEN *Pfahlbaumuseum*
Funde von den »Pfahlbauten« bei Unteruhldingen: Lanzen- und Pfeilspitzen, Gewand- und Nähnadeln, Gold-, Ohr- und Fingerringe, Ahlen, Messer, Angelhaken, Bronze- und Kupferbeile sowie ein Vorratsgefäß aus Bronze, Spinnwirtel, verzierte Scherben und Tongefäße. Schlammplatte aus Eichenholz (diente als Tragfläche an Pfählen auf Seeschlamm).

VERDEN/ALLER *Heimatmuseum*
Schwerter, Dolche, Beile, Lanzenspitzen, Armreifen und Nadeln.

WALSRODE *Heidemuseum*
Steinmesser, Bruchstücke eines Bronzeschwerts, Teile von Bronzegegenständen, Bruchstücke einer Sichel und eines Armbands, Lanzenspitzen.

WARSTEIN *Städtisches Museum »Haus Kupferhammer«*
Bronzezeitliche Steinbeile aus der Umgebung von Warstein.

WEIMAR *Museum für Ur- und Frühgeschichte Thüringens*
Menschenopferreste, Gefäße und Bronzen aus den Kulthöhlen von Bad Frankenhausen, Kyffhäuser-Kreis. Bronze- und Bernsteinschmuck, Waffen, Geräte und Textilreste der Hügelgräber-Kultur von Schwarza, Kreis Schmalkalden-Meiningen. Keramik und Bronzeschmuck aus dem birituellen Gräberfeld der Unstrut-Kultur von Erfurt.

WERNE *Altes Amtshaus, Karl-Pollender-Stadtmuseum*
Urnen der Spätbronzezeit oder der älteren Eisenzeit aus Werne.

WIESBADEN *Museum Wiesbaden, Sammlung Nassauischer Altertümer*
Frühbronzezeitlicher Depotfund mit fünf Dolchen aus Gau-Bickelheim, Kreis Alzey-Worms.

WEILBURG/LAHN *Heimat- und Bergbaumuseum*
Randleistenbeil und Knopfsichel.

WOLFENBÜTTEL *Braunschweigisches Landesmuseum*
Aunjetitzer Kultur: Depotfund von Dettum.
Nordische Bronzezeit: Depotfund von Watenstedt.

WOLFHAGEN *Regionalmuseum, Neues Museum im alten Renthof*
Kleinfunde aus Hügelgräbern der Region Wolfhagen.

WORMS *Museum der Stadt im Andreasstift*
Fundstücke der Adlerberg-Kultur vom namengebenden Wormser Adlerberg. Depotfunde, Schild und Waffen verschiedener bronzezeitlicher Kulturen.

WÜRZBURG *Mainfränkisches Museum*
Urnenfelder-Kultur: Bronzener Kultwagen und Bronzezierscheiben aus Acholshausen. Depotfunde vom Bullenheimer Berg mit Waffen und Schmuckstücken.

WYK AUF FÖHR *Dr.-Carl-Häberlein-Friesen-Museum*
Nordische ältere Bronzezeit: Dolche, Schwert, Fibel, Halskragen und Armband von Föhr.
Nordische jüngere Bronzezeit: tönerne Urnen sowie bronzene Tüllenbeile, Rasiermesser, Pinzetten und Pfrieme von Föhr.

Österreich (Auswahl)

ASPARN AN DER ZAYA *Museum für Urgeschichte des Landes Niederösterreich, Freilichtmuseum*
Frühbronzezeit: Keramik und Bronzefunde frühbronzezeitlicher Gräberfelder von Niederösterreich. Siedlungsfunde von Böheimkirchen.
Mittelbronzezeit: Gräberfunde von Pitten, darunter drei Diademe, Stachelscheiben, Nadeln, Dolche, Gürtelblech.
Urnenfelder-Kultur: Depotfunde von Haslau an der Donau mit Sicheln, Bronzegefäßen, Brillenfibeln, Tüllenbeilen. Grabfunde von Baumgarten im Tullnerfeld, darunter Bronzegefäß, Mohnkopfnadel, Griffdornmesser, Keramik.

BERNHARDSTHAL *Heimatmuseum*
Keramik von etwa 80 Hockergräbern, Fingerringe, Ohrringe, Armreife, Bronzebarren, Pfeilspitze aus Bronze.

EGGENBURG *Krahuletz-Museum*
Frühbronzezeit: Gräberfunde von Roggendorf. Depotfund von Neudorf bei Staaz, darunter Ösenhalsringe, Bronzemanschetten, Noppenringe, Scheibenkopfnadeln, Zierscheiben.
Mittelbronzezeit: Hügelgräberfunde von Maiersch und Theras, viele Gefäße, Petschaftskopfnadel, Fingerring mit Spiralscheiben, Messer, Dolch.
Urnenfelder-Kultur: Gefäßdepot von Großmeiseldorf.

EISENSTADT *Burgenländisches Landesmuseum*
Frühbronzezeit: Keramik der Wieselburger Kultur von Gattendorf, Jois und Leithaprodersdorf. Litzenkeramik vom Taborac bei Draßburg, von Großhöflein-Föllik, Mattersburg, Deutschkreuz und Girm, alle im Burgenland.
Mittelbronzezeit: Langdolche aus Neufeld an der Leitha und Pöttsching. Vollgriffschwert aus Zurndorf im Burgenland. Nadeln, Armreife und -spiralen sowie Anhänger aus der Mittelbronzezeit des Burgenlands.
Spätbronzezeit: Kriegergrab der Čaka-Gruppe von Siegendorf mit Griffzungenschwert, Rasiermesser, Lanzenspitze, Nadel und zwölf Gefäßen. Depotfunde der Urnenfelder-Kultur von Draßburg, Donnerskirchen und Rotenturm, alle im Burgenland.

ENNS *Museum Lauriacum*
Mittelbronzezeit: Dolchklinge, vergoldeter Vollgußarmreif, Bronzebeil mit mittelständigem Schaftlappen, Petschaftsknopfnadel.
Urnenfelder-Kultur: quergerippte Armreife, große Nadeln mit profiliertem Kopf, Lochsichel, Griffzungenmesser, Schalenknaufschwert, Lanzenspitzen. Grabfund: Griffzungenschwert, geschweiftes Griffangelmesser, halbkreisförmiges Rasiermesser, Leistenurne.

GRAZ *Steiermärkisches Landesmuseum Joanneum*
Stabdolche und Schwerter aus der Badlhöhle und von Bad Aussee sowie Keramik, Bronzenadeln und -beile. Entwicklung der Schwertformen von der Bronze- zur Urnenfelder-Zeit mit Funden aus der Steiermark.
Urnenfelder-Kultur: Grabinventar aus Wörschach mit tönernen Urnen, Schalen aus Ton und Bronze, Bronzeschwert, -sicheln und -beschlägen. Grabinventare aus Kalsdorf mit Urnen, Tonschalen, Leichenbrand mit Bronzeresten und Spinnwirteln. Backplatte, »Feuerböcke«, Tongefäße, Spinnwirtel und Webstuhlgewichte von Bärnbach/Heiliger Berg. Weitere Funde ähnlicher Art von Ligist/Dietenberg, Sankt Margarethen/Fötzberg. Sicheln, Lanzen und Beile aus Bronze von verschiedenen Fundorten der Steiermark. Depotfunde aus der Drachenhöhle bei Mixnitz.

GUNTRAMSDORF *Heimatmuseum*
Funde der Urnenfelder-Kultur.

HALLSTATT *Prähistorisches Museum*
Einzelfunde aus der Bronzezeit: Vollgriffschwert, Meißel, Dolche, Lanzenspitzen, Beile und Nadeln.

HERZOGENBURG *Augustiner-Chorherrenstift*
   Frühbronzezeit: Tongefäße, bronzene dreieckige Dolche, Gewandnadeln und Schmuck.
   Hügelgräber-Kultur: einige spärliche Funde.
   Urnenfelder-Kultur: Urnen und steinerne Gußform eines Tüllenbeils.
HOHENAU/MARCH *Heimatmuseum*
   Früh- und Mittelbronzezeit: Gefäße (Henkeltassen, Schalen, Töpfe), Bronzenadeln, -spiralen und -ringe. Griffangeldolch der Aunjetitzer Kultur, Speerspitze der Urnenfelder-Kultur.
HORN *Höbarth-Museum*
   Mittelbronzezeit: tönerne Urnen und Schalen, Töpferdepot und Gußformen aus Ravelsbach östlich von Horn.
   Urnenfelder-Kultur: bronzene Schwerter und Armreife von Baierdorf. Zahlreiche Funde aus dem Brandgräberfeld bei der ehemaligen Ziegelei Horn. Kleine Tonfigur einer Kröte von Maissau.
IMST *Heimatmuseum*
   Funde aus dem Friedhof der Nordtiroler Urnenfelder-Kultur in Imst.
INNSBRUCK *Tiroler Landesmuseum Ferdinandeum*
   Frühbronzezeit: Bronzedolch von Patsch. Bronzene Waffen und Schmuck von Ried. Bronzefunde von Zams.
   Mittelbronzezeit: Schwert von Absam, Dolchklinge von Ampass.
   Urnenfelder-Kultur: Keramik und Bronzegegenstände aus zahlreichen Gräbern in Nordtirol.
KLAGENFURT *Landesmuseum für Kärnten*
   Siedlungsfunde der Urnenfelder-Kultur vom Rabenstein und Kathrinkogel. Depotfunde der Urnenfelder-Kultur aus Augsdorf und Haidach.
KREMS *Stadtmuseum*
   Frühbronzezeit: Dolch, Barrenringe und Keramik.
   Mittelbronzezeit: Bronzebeile, Armband, Nadel und Keramik.
   Urnenfelder-Kultur: Schwert, Sichel, Messer, Nadel, Pfeilspitzen und Keramik aus der Umgebung von Krems. Urnen und Tongefäße aus Hadersdorf am Kamp.
LANGENLOIS *Heimatmuseum*
   Aunjetitzer Kultur: Stein- und Knochengerät aus Langenlois.
   Urnenfelder-Kultur: Keramik und Bronzeschmuck (Nadeln, Fibeln, Halsringe) aus Hadersdorf am Kamp.
LINZ *Oberösterreichisches Landesmuseum*
   Straubinger Kultur: Funde aus den großen Hockergräberfeldern in der Welser Heide bei Haid und Holzleithen. Funde vom Felsvorsprung »Berglitzl« bei Gusen.
   Mittelbronzezeit: Funde von der »Berglitzl« bei Gusen.
   Urnenfelder-Kultur: Bronzedepotfunde aus Feldkirchen an der Donau und Viechtwang.
LINZ *Stadtmuseum*
   Straubinger Kultur: Grabbeigaben aus Linz-Sankt Peter wie Waffen, Gürtelhaken, Schmuck und Keramik.
   Mittelbronzezeit: Einzelfunde.
   Urnenfelder-Kultur: Schmuck, Gürtelhaken, Fibeln, Griffangelmesser, Tüllenpfeil- und -lanzenspitzen aus Brandgräbern von Linz-Sankt Peter. Griffzungenschwert (Flußfund).
MANNERSDORF AM LEITHAGEBIRGE *Museum*
   Urnenfelder-Kultur: Verziertes Steinkistengrab von Sommerein in Niederösterreich.
MELK *Heimatmuseum*
   Schmuckstücke aus Gräbern, wie Armreife, Ringe, Nadeln und Glasperle. Bronzebeile, Schwert, Dolch und Dolchklinge. Schmuckkette aus Knochenplättchen. Barrenringe, Messer, Nähnadel und Tongefäße.
MÖDLING *Stadtmuseum*
   Frühbronzezeit: Keramikreste vom Jennyberg bei Mödling (davon mehr als 60 Stück aus der Sammlung von Oskar Spiegel) – 53 Zentimeter hohe henkellose Amphore, Henkeltasse vom »Typ Trausdorf« und abgeleitete Formen (Schüsseln, Terrinen), henkellose Amphoren.
   Mittelbronzezeit: Armreif mit Spiralenden.
   Urnenfelder-Kultur: Keramik aus Urnenbrandgräbern, darunter Doppelkonus und Sauggefäß in Tierform.
MONDSEE *Museum*
   Keramikreste und Bronzeobjekte der Attersee-Gruppe aus den Seeufersiedlungen Abtsdorf I und Seewalchen am Attersee.
NUSSDORF AN DER TRAISEN *Urzeitmuseum*
   Frühbronzezeitliche Hockergräberfunde von den Gräberfeldern Franzhausen und Gemeinlebarn F.
   Mittelbronzezeit: Körper- und Brandgräberfunde der Hügelgräber-Kultur von Franzhausen.
   Urnenfelder-Kultur: Depotfund bei Kapelln mit Bronzetassen, Gußkuchen, Beilen, Lanzenspitzen sowie Draht- und Blechschmuck.
PITTEN *Heimatmuseum*
   Dokumentation der Grabungen auf den Gräberfeldern von Pitten. Funde der Hügelgräber-Kultur aus Pitten wie bronzene Stachelscheiben (»Malteserkreuze«), Gewandnadeln und Blechgürtel.
RETZ *Heimatmuseum*
   Aunjetitzer Kultur: Keramik und Bronzegeräte aus Siedlungen, Gräbern und Depots.
ROSENBURG-MOLD *Burgsammlung Engelshofen Rosenburg*
   Bronzene Ösenhalsringe, Dolchklingenfragmente, Sicheln, Flach- und Tüllenbeile, Armspiralen, Nadeln, Fibelbruchstücke, Ringe, Keramik, Webgewichte, Spinnwirtel, vor allem aus der »Heidenstatt« bei Limberg und Roggendorf.
SALZBURG *Salzburger Museum Carolino Augusteum*
   Funde aus dem Kupferbergwerk am Mitterberg. Helm vom Paß Lueg. Funde aus den Urnengräbern in Obereching.
SANKT PÖLTEN *Diözesanmuseum*
   Bruchstück einer Schwertklinge.
STOCKERAU *Bezirksmuseum*
   Keramik und Bronzen (Bronzebarren, Ringe, Armspiralen, Nadeln, Messerklingen) aus der Früh-, Mittel- und Spätbronzezeit.
TULLN *Museumszentrum im Minoritenkloster*
   Frühbronzezeit: Keramik aus Freundorf, Fels, Großweikersdorf, Mallon und Trasdorf. Glänzend schwarz graphitierte Keramik aus Hippersdorf.
VILLACH *Museum der Stadt*
   Lappenbeile, Speerspitzen und Dolchklingen von verschiedenen Fundorten. Zwei Griffzungenschwerter aus einem Depotfund bei Annenheim am Ossiacher See. Bronzezeitliche Urnen aus Villach-Landskron. Keramik der Laugen-Melaun-Gruppe aus einer Höhle bei Warmbad-Villach.
WELS *Stadtmuseum*
   Frühbronzezeit: Randleistenbeil aus Wels-Brandeln. Absatzbeil aus Fernreith, Gemeinde Gunskirchen.
   Mittelbronzezeit: Lappenbeil und Dolchklinge aus Wels.
   Urnenfelder-Kultur: Urnen und Beigaben (Schmuck, Waffen) aus dem Gräberfeld am Welser Flugplatz. Bronzewerkzeuge aus Aschet und Steinhaus bei Wels. Schmuck aus Wels und Rüstorf, Bezirk Vöcklabruck. Bronzeschwerter und Lanzenspitzen aus Wels und Wels-Land.
WIEN *Historisches Museum*
   Bronzene Werkzeuge (Originale) und Waffen (Kopien) sowie Tongefäße aus Gräbern des Wiener Stadtgebiets.
WIEN *Naturhistorisches Museum, Schausammlung der Prähistorischen Abteilung*
   Frühbronzezeit: Keramik, Bronze-, Gold- und Schneckenschmuck von den Gräberfeldern Hainburg-Teichtal und Gemeinlebarn. Ringbarrendepot von Sankt Pölten.
   Mittel- bis Spätbronzezeit: Goldfunde aus Siebenbürgen. Wichtige Depotfunde mit Nackenscheibenäxten, Armbergen, tonnenförmige Perlen.
   Urnenfelder-Kultur: Bronzedepot mit Pferdetrensen von Stillfried. Weitere Depotfunde von der Art der Gießerdepots.
WIENER NEUSTADT *Stadtmuseum*
   Bronzesichel aus Wöllersdorf sowie Tüllenbeil, Lappenbeil, Bronzesichel und Hohlmeißel.
WIESELBURG *Stefan-Denk-Sammlung der Stadtgemeinde*
   Armreife, Beile und Urnen aus der Umgebung von Wieselburg sowie von Persenbeug und Petzenkirchen. Armreif und Dolch aus einem Hockergrab von Wieselburg-Wiener Straße. Dolch und Brustschmuck mit Nadeln der Urnenfelder-Kultur von Wieselburg-Steggasse. Bronzenes Vollgriffschwert, Urnen und andere Gefäße aus Wieselburg-Zeil und Rottenhaus. Brustschmuck mit Drahtspirale aus der Urnenfelder-Kultur von Kemmelbach.

Schweiz (Auswahl)

AARAU *Aargauisches Naturmuseum*
   Säugetierknochen aus schweizerischen Seeufersiedlungen (»Pfahlbauten«).
APPENZELL *Heimatmuseum*
   Bronzebeil, gefunden bei einer Melioration südlich von Appenzell-Forren.

ARBON *Historisches Museum*
Funde aus den frühbronzezeitlichen Seeufersiedlungen Arbon-Bleiche 2, wie Keramik, Steingeräte, bronzene Dolche, Beile, Pfeil- und Lanzenspitzen, Gewandnadeln, Arm- und Fingerringe sowie zwei Golddrahtstücke.

BASEL *Museum für Völkerkunde und Schweizerisches Museum für Volkskunde*
Darstellung der Bronzezeit allgemein und in der Schweiz. Unter anderem Keramik, tönerne Spinnwirtel und »Feuerböcke«, bronzene Sicheln, Messer, Dolche, Beile sowie Schmuck. Bronzeschwerter aus der Mittel- und Spätbronzezeit. Bronzene Lanzen-, Speer- und Pfeilspitzen.

BERN *Bernisches Historisches Museum*
Funde von Ufersiedlungen am Bieler See, Gemeinden Mörigen und Vinelz: Keramik, Waffen, Geräte und Schmuckobjekte aus Bronze, daneben auch Grabfunde mit Beigaben in Form von Tongefäßen, Waffen, Geräten und Schmuckobjekten aus Bronze. Hort- und Versteckfunde, zum Teil Weihe- oder Opferfunde, zum Teil Depots von Altmetall zum Wiedereinschmelzen. Hinweise auf Ackerbau und Viehzucht.

BIEL *Museum Schwab*
Funde aus Seeufersiedlungen am Bieler See, Murtensee und Neuenburger See. Bronzerad von Cortaillod. Schüssel mit Zinneinlagen von Cortaillod. Raupenfibel von Mörigen. Dolch von Zihlwil. Schwert von Jolimont. Schwerter von Sutz. Schwertklingen von Oberillau. Nadeln, Armringe, Messer und Sicheln.

CHUR *Rätisches Museum*
Keramik aus der Früh- und Mittelbronzezeit der Siedlungen von Crestaulta bei Lumbrein (Lugnez) und auf dem Padnal bei Savognin (Oberhalbstein). Schmuck aus bronzezeitlichen Gräbern.

FRAUENFELD *Thurgauisches Museum*
Frühbronzezeit: Umstrittener Goldbecher von Eschenz. Funde von Arbon-Bleiche 2 und Toos-Waldi.
Spätbronzezeit: Funde von Eschenz-Insel Werd und Uerschhausen-Halbinsel Horn.

FREIBURG *Museum für Kunst und Geschichte*
Frühbronzezeit: Funde aus Gräbern.
Mittelbronzezeit: Einzelfunde, Dolche und Beile.
Spätbronzezeit: Serien von Bronzegegenständen, Geräte und Waffen, Schmuck, Wagenbestandteile und Keramik.

GENF *Musée d'Art et d'Histoire*
Frühbronzezeit: Funde aus dem Rhônetal.
Spätbronzezeit: Funde aus Seeufersiedlungen, vor allem Eaux-Vives, Genf. Bronzepanzer aus Fillinges, Département Haute-Savoie, Frankreich.

LAUSANNE *Musée Cantonal d'Archéologie*
Reiche Funde aus Gräberfeldern der Frühbronzezeit aus Chablais (Frankreich), Region von Ollon, aus Seeufersiedlungen (Morges-Les Roseaux, Corcelettes) und aus der Spätbronzezeit (Le Boiron).

LENZBURG *Museum Burghalde*
Einzelne Funde aus der Früh- und Mittelbronzezeit. Funde aus der Spätbronzezeit von Seengen-Riesi (Moordorf), Kestenberg bei Möriken (Höhensiedlung), wie Tongefäße, Werkzeuge, Waffen, Goldplättchen, Gußbrocken und -löffel.

LIESTAL *Kantonsmuseum Baselland*
Wenige Einzelfunde aus der Bronzezeit.

LUZERN *Natur-Museum, Archäologische Abteilung*
Depotfund von Oberillau.

MEILEN *Ortsmuseum*
Frühbronzezeit: Fragmente von Henkeltöpfen.
Spätbronzezeit: Lappenbeil, Fingerring, Meißel mit Tülle und Verzierungen.

MURTEN *Historisches Museum*
Keramik, »Feuerböcke«, Werkzeuge, Waffen und Schmuck aus den Siedlungen Grenginsel und Muntelier/Steinberg, beide am Murtensee, Kanton Freiburg. Bug eines Einbaums aus dem Biberenkanal im Großen Moos. Besonders schöner Brustschmuck der Spätbronzezeit, mit Gold überzogene Bronzeknöpfe und Röllchen aus Gold von der Station Vallamond/Les Ferrages, Kanton Waadt.

NEUENBURG *Musée Cantonal d'Archéologie*
Keramik, Geweihgeräte, Korbreste und Bronzegegenstände (darunter Auvernier-Schwert) aus Seeufersiedlungen am Neuenburger See.

OLTEN *Historisches Museum, Archäologische Sammlung des Kantons Solothurn*
Inventare aus bronzezeitlichen Höhensiedlungen.

SANKT GALLEN *Historisches Museum und Kirchhoferhaus*
Siedlungsfunde vom Montlinger Berg, Gemeinde Montlingen.

SANKT MORITZ *Engadiner Museum*
Bronzezeitliche Quellfassung von Sankt Moritz.

SCHAFFHAUSEN *Museum zu Allerheiligen*
Frühbronzezeit: Rudernadel aus Büsingen-Stemmer, eine Goldspirale und zwei Silberspiralen aus Löhningen. Armspangen aus Neuhausen-Zuba. Dolchklinge aus Rüdlingen-Burgstall.
Mittelbronzezeit: Nadel mit durchbohrtem Hals, Gürtelhaken mit aufgebogenen Schlaufen und Schwert aus einem Grab von Thayngen-Gatter. Nadel mit durchbohrtem Hals, Dolchklinge und Schwert aus einem Grab in Beringen-Wisental.
Spätbronzezeit: Bronzeschmuck aus Löhingen-Gehren. Bronzenadel mit Kugelkopf und drei Rippen aus Ramsen-Schüppel. Urnengrab aus Beringen-Unterer Stieg. Keramik aus Beringen-Neues Schulhaus.

SCHÖTZ *Wiggertaler Museum*
Randleistenbeil, Bronzenadeln, Spinnwirtel und Keramikreste.

SITTEN *Kantonales Museum für Archäologie*
Keramik, Werkzeuge, Waffen und Schmuck (Nadeln, Ohrringe, Anhänger, Arm- und Fußringe) aus der Früh-, Mittel- und Spätbronzezeit von verschiedenen Fundorten des Wallis.

THUN *Historisches Museum*
Zahlreiche Funde aus Thun, Allmendingen und Steffisburg. Streufunde aus Einigen, Oberhofen, Hilfertingen und Hunegg.

TWANN *Pfahlbaumuseum Dr. Carl Irlet*
Funde aus der Früh- und Spätbronzezeit am Bieler See.

ZOFINGEN *Museum*
Mohnkopfnadeln, Schwertklinge, Sichelfragment, Lappenbeil und Keramik.

ZUG *Kantonales Museum für Urgeschichte (inkl. vorgeschichtliche Kollektion im Museum in der Burg)*
Spätbronzezeitliche Tongefäße und Bronzen aus der Ufersiedlung Zug-Im Sumpf.

ZÜRICH *Schweizerisches Landesmuseum*
Depotfund von Arbedo-Castione, Kanton Tessin, mit Schmuckstücken. Bronzegußform aus Sandstein von Auvernier, Kanton Neuenburg.

Fürstentum Liechtenstein

VADUZ *Liechtensteinisches Landesmuseum*
Frühbronzezeit: Keramik vom Borscht und von Nendeln/Sajaweiher, Gemeinde Gamprin.
Mittelbronzezeit: Keramik von der Höhensiedlung Malanser, Gemeinde Eschen.
Urnenfelder-Kultur: Funde von den Siedlungsplätzen Lutzengüetle, Schneller und Malanser auf dem Eschnerberg.
Laugen-Melaun-Gruppe: Keramik vom Gutenberg bei Balzers, vom Malanser, vom Schneller und auf Krüppel ob Schaan.

Anmerkungen

Die Bronzezeit

1] Der Ausdruck Bronze wird auf den antiken Begriff »aes brundusinum« – zu deutsch: brundusinisches Erz – zurückgeführt. Auf dessen Herstellung waren Metallwerkstätten im antiken Brundisium (Brindisi, Italien) spezialisiert.
2] Die Hallstatt-Zeit und die Hallstatt-Kultur sind nach dem Gräberfeld von Hallstatt im Salzkammergut in Oberösterreich benannt, das der Bergmeister der dortigen Saline, Johann Georg Ramsauer (1797–1876), von 1846 bis 1863 systematisch erforschte. Den Begriff Hallstatt-Zeit hat 1874 der schwedische Kunsthistoriker und Archäologe Hans Hildebrand (1842–1913) bei einem Kongreß in Stockholm vorgeschlagen und 1876 in die Literatur eingeführt. Hildebrand war von 1879 bis 1907 Reichsantiquar in Schweden.
3] Wer als erster den Namen Hockergräber-Bronzezeit vorgeschlagen hat, konnte ich nicht herausfinden. Professor Dr. Albrecht Jöckenhövel, Münster, verdanke ich den Hinweis, daß der böhmische Gutsbesitzer und Amateur-Archäologe Jindřich Richlý (1839–1907) in seinem 1893 erschienenen Buch »Die Bronzezeit in Böhmen« den Ausdruck »Grabstellen der liegenden Hocker« verwendete.
4] Der Ausdruck »Subboreal« wurde vermutlich 1876 von dem norwegischen Botaniker Axel Blytt (1843–1918) geprägt.
5] Der Name Minoische Kultur ist eine Schöpfung des englischen Archäologen Arthur Evans (1851–1941) aus Oxford, der seit 1900 auf Kreta grub und den Palast von Knossos entdeckte.
6] Die erste Umschreibung des mykenischen Kulturgebiets wurde 1886 von dem seinerzeit in München tätigen Archäologen Adolf Furtwängler (1853–1907) und dem damals in Dorpat (Estland) arbeitenden Archäologen Georg Loeschke (1852–1915) im Text zu den »Mykenischen Vasen« vorgenommen. Die beiden hatten in Griechenland die von dem deutschen Amateur-Archäologen Heinrich Schliemann (1822–1890) in Mykene ausgegrabenen, aber völlig unbeachtet gelassenen mykenischen Vasen und Scherben untersucht.
7] Die El-Argar-Kultur ist nach der bronzezeitlichen Siedlung El-Argar in der Provinz Almería in Spanien benannt. Wer diesen Begriff erstmals geprägt hat, konnte ich nicht sicher klären. Der französische Prähistoriker Joseph Déchelette (1861–1914) aus Roanne sprach bereits 1909 in seiner Arbeit »Essay sur la chronologie préhistorique de la Péninsule Ibérique« in der Zeitschrift »Revue Archeologique« im Sonderdruck auf Seite 37 eher nebenbei von einer »civilisation de l'Argar«. Von einer »civilización de El Argar« ist auch in dem 1922 aus dem Deutschen ins Spanische übersetzten Buch »Hispania« des deutschen Althistorikers Adolf Schulten (1870–1960) die Rede, dessen Forschungsfeld seit 1904 die Iberische Halbinsel war. Diesen Namen verwendete der spanische Prähistoriker Pere Bosch-Gimpera (1891–1974) aus Barcelona im Anhang mit dem Titel »La Arqueología Preromana Hispánica« auf Seite 166. Anschließend beschrieb er das charakteristische Fundgut. Ein paar Zeilen weiter erwähnte er die »Station von El Argar (die typischste, die die ganze Kultur benannt hat)«. Auf Seite 167 ist dann von der »cultura argárica« und auf den Seiten 169 und 170 direkt von der »cultura de El Argar« zu lesen.
8] Der irische Archäologe und Ethnologe William Robert Wilde (1815 bis 1876) aus Dublin sprach bereits 1861 von einem Kupferalter. Auf der Iberischen Halbinsel und in Ungarn hat man den Namen Kupferzeit schon 1875 wegen zahlreicher Kupferfunde benutzt. Am nachhaltigsten wurde dieser Begriff von dem Wiener Fabrikanten und Prähistoriker Matthäus Much (1852–1909) verwendet, der das 1893 erschienene Buch »Die Kupferzeit in Europa« schrieb.
9] Der Ausdruck Wessex-Kultur wurde 1938 von dem Prähistoriker Stuart Piggott aus Edinburgh eingeführt.
10] Der Begriff Andronovo-Kultur bezieht sich auf eine Fundstelle bei dem Dorf Andronovo nahe der Stadt Abakanso und wurde von dem russischen Prähistoriker Sergej Alexandrovič Teplouchov (1888–1933) geprägt.
11] Von Ockergrab-Kultur sprach 1921 der damals in Königsberg arbeitende deutsche Prähistoriker Max Ebert (1879–1929) in seinem Buch »Rußland im Altertum«.

Ereignisse während der Bronzezeit

1] Die genannten Jahreszahlen basieren weitgehend auf dem Buch »Hermes Handlexikon. Daten der Geschichte. Eine Chronologie wichtiger Daten und Ereignisse der Weltgeschichte in Text und Bild« von Bernhard Pollmann, Düsseldorf 1985.

Die Frühbronzezeit in Deutschland

1] Die Zusammenstellung dieser Übersicht über die Verbreitung und Zeitdauer von Kulturen der Frühbronzezeit enstand mit Hilfe des Anthropologen Peter Schröter von der Anthropologischen Staatssammlung, München, sowie der Prähistoriker Friedrich Laux vom Hamburger Museum für Archäologie/Helms-Museum, Hamburg-Harburg, Rüdiger Krause vom Landesdenkmalamt Baden-Württemberg, Stuttgart, und Joachim Köninger aus Freiburg/Breisgau.

Die Aunjetitzer Kultur

1] Der Name Mönitzer Kultur geht auf den Prähistoriker Anton Rzehak (1855–1923) aus Brno zurück, der 1882 nach der Ausgrabung einiger frühbronzezeitlicher Hockerbestattungen bei Měnín (Mönitz) den Begriff Mönitzer Typus verwendete und damit den Namen Únětticer Kultur ersetzen wollte.
2] Der Prähistoriker Otto Tischler (1843–1891) aus Königsberg formulierte in den 1880er Jahren die Bezeichnung »Periode von Pile-Leubingen«, die nach dem schwedischen Depotfund von Pile bei Malmö und dem mitteldeutschen Fundort Leubingen benannt ist. Tischler war zunächst Bibliothekar, später Direktor des Museums in Königsberg.
3] Der Begriff Glockenbecher-Kultur fußt auf dem weitmündigen Becher in Gestalt einer umgestülpten Glocke, der als typisches Tongefäß jener Kultur gilt. Von Glockenbechern sprach 1900 der damals am Römisch-Germanischen Zentralmuseum, Mainz, arbeitende Prähistoriker Paul Reinecke (1872–1958). Zuvor hatten schon italienische und tschechoslowakische Prähistoriker diesen Namen verwendet. Die Glockenbecher-Kultur existierte etwa von 2500 bis 2200 v. Chr.
4] Der Begriff Schnurkeramische Kultur geht auf den Berliner Prähistoriker Alfred Götze (1865–1948) zurück, der 1891 von Schnurverzierter Keramik und Schnurkeramik sprach. Die Schnurkeramische Kultur behauptete sich etwa von 2800 bis 2400 v. Chr.
5] Das abgebrannte Webstuhlgebäude von Werlaburgdorf (Lietfeld) wurde während der Ausgrabungen in der Zeit von 1952 bis 1956 durch den Prähistoriker Franz Niquet (1910–1986) aus Braunschweig entdeckt. In Werlaburgdorf hat in den 1930er Jahren der Realschullehrer und Heimatpfleger des Kreises Goslar, Otto Thielemann (1893–1990), Funde gesammelt und Fundbergungen vorgenommen. Die erste Untersuchung erfolgte 1938 durch das Landesmuseum Hannover unter der Leitung der Archäologen Erich Michels aus Bonn und Jürgen Erdniß (1886–1970) aus Berlin. 1951 nahm das Amt für ur- und frühgeschichtliche Bodendenkmalpflege im niedersächsischen Verwaltungsbezirk Braunschweig unter der Leitung des Prähistorikers Johannes Pätzold eine kleine Ausgrabung vor.
6] In der Diebeshöhle bei Uftrungen haben in den vergangenen Jahrhunderten zahlreiche Schatzsucher gegraben. Sie vermuteten wegen des Namens der Höhle dort reiche Schätze, die von einer Räuberbande zusammengetragen worden seien. Eine Zusammenfassung der ihm aus der Diebeshöhle bekanntgewordenen Funde hat 1914 der damals in Wernigerode lebende Kulturhistoriker Hugo Mötefindt (*1893) in der »Zeitschrift für Ethnologie« gegeben. 1922 und 1925 grub der Verein für Höhlenkunde in Sachsen in der Diebeshöhle. Im Herbst 1927 wurde die Höhle von den Prähistorikern Julius Andree (1889–1942) und Paul

Grimm (1907–1993) für die Landesanstalt für Vorgeschichte in Halle/Saale systematisch untersucht.

7] Die Hausgrundrisse von Esbeck bei Schöningen wurden im Frühjahr 1984 ausgegraben.

8] Auf dem Mühlberg bei Großbrembach wurde 1973 eine Siedlungsgrube mit Brandschicht, Keramikresten und Tierknochen entdeckt.

9] Auf der Schalkenburg bei Quenstedt haben die Prähistoriker Hermann Behrens und Erhard Schröter (1935–1988) aus Halle/Saale zwischen 1962 und 1981 gegraben.

10] Auf dem Burgberg von Dohna wurden 1887/88, 1904/05 und 1930 Untersuchungen durchgeführt.

11] Die ersten Funde auf dem Burgberg von Löbsal kamen 1907 zum Vorschein.

12] Am Ostrand des Schloßbergs von Mutzschen hat 1970 der Prähistoriker Wilfried Baumann vom Landesmuseum für Vorgeschichte, Dresden, eine Rettungsgrabung vorgenommen.

13] In Bad Kösen wurden 1860, 1930 und 1933 kleine archäologische Sondierungen durch den Kunsthistoriker Friedrich Klopfleisch (1831–1898) aus Jena, den Prähistoriker Friedrich Karl Bicker (1908–1967) aus Halle/Saale und den Prähistoriker Werner Hülle (1903–1974) aus Halle/Saale durchgeführt. 1987/88 hat dort der Heimatforscher Manfred Böhme aus Jena zahlreiche Keramikreste aufgesammelt.

14] In Langenstein nahm 1909 der Direktor der Vorgeschichtlichen Abteilung des Berliner Völkerkundemuseums, Carl von Schuchhardt (1859 bis 1943), eine Sondierung vor.

15] Das »Brotlaib-Idol« von Wandersleben wurde 1970 von Holger Althaus aus Wandersleben gefunden, sofort dem Museum für Ur- und Frühgeschichte Thüringens, Weimar, übergeben und 1982 von dem Prähistoriker Detlef W. Müller am Landesmuseum für Vorgeschichte, Halle/Saale, publiziert.

16] Auf das Depot von Guben-Bresinchen stieß man 1954 beim Kiesabbau.

17] Das Depot von Groß-Schwechten wurde 1861 bei Rodungsarbeiten im Gemeindeforst entdeckt.

18] Die bronzene Keule von Thale wurde im November 1872 gefunden.

19] Der Begriff Bernburger Kultur geht auf Alfred Götze (s. Anm. 4) zurück, der 1892 den Namen Bernburger Typus prägte. Heute spricht man vielfach auch von der Walternienburg-Bernburger Kultur, die nach zwei Fundorten in Sachsen-Anhalt benannt ist und ungefähr von 3200 bis 2800 v. Chr. dauerte.

20] Die Karrenspur bei Krautheim wurde 1975 entdeckt.

21] Der Schmuck aus Kyhna wurde im Mai 1979 bei Ausschachtungsarbeiten für eine Wasserleitung gefunden.

22] Das »Fürstengrab« von Sömmerda-Leubingen wurde 1877 im Auftrag der Historischen Kommission der Provinz Sachsen durch Friedrich Klopfleisch (s. Anm. 13) ausgegraben, weil der Grabhügel durch Erdabfuhr gefährdet war.

23] Die ersten Funde aus dem »Fürstengrab« von Dieskau kamen 1874 auf einem Feld bei Meliorationsarbeiten zum Vorschein. 1979 wurde der Grabhügel wegen geplanter Baumaßnahmen untersucht. Ein anderes »Fürstengrab« aus der Gegend von Dieskau soll schon 1747 entdeckt worden sein, als der Domherr von Taubenheim auf einem Feld einen Hügel abtragen ließ. Dabei fanden sich eine Axt und ein Streithammer aus gelbem Erz sowie goldene Schmuckstücke.

24] Das »Fürstengrab« im Großen Galgenhügel am Paulsschacht bei Helmsdorf/Augsdorf wurde von dem Eislebener Gymnasialprofessor Hermann Größler (1840–1910) vom 16. November 1906 bis März 1907 untersucht. Er hatte wegen der Gefährdung des Grabhügels durch eine geplante Gleisanlage im Zusammenhang mit dem Schachtbetrieb für den Abbau des Mansfelder Kupferschiefers eine Notgrabung vorgenommen.

25] Diese Vermutung äußerte 1991 Detlef W. Müller (s. Anm. 15).

26] Das Steinkistengrab mit verzierter Deckplatte aus Dingelstedt wurde 1925 entdeckt.

27] Die Steinplatte auf dem »kleinen Felde«, einem südöstlichen Ausläufer des Silberhügels bei Hornburg, wurde im Dezember 1933 von dem Kunstmaler Max Albert Leusch (1877–1954) aus Halle/Saale gefunden.

28] Das »Fürstengrab« von Nienstedt wurde 1879 von Friedrich Klopfleisch (s. Anm. 13) ausgegraben.

29] In Sömmerda hat Friedrich Klopfleisch (s. Anm. 13) zwei Grabhügel aufgespürt: 1877 den »Fürstenhügel« von Leubingen-Sömmerda, bei dem anderen ist das Fundjahr nicht bekannt.

30] Das Gräberfeld auf dem Taubenberg bei Wahlitz wurde 1949 durch die ehrenamtlichen Bodendenkmalpfleger Ernst Ebert (1899–1978) und Hans Lies aus Magdeburg entdeckt und ausgegraben.

31] Das Erdgrubengrab von Werlaburgdorf (Lietfeld) wurde 1956 durch Franz Niquet (s. Anm. 5) freigelegt.

32] Die ersten zwei Steinkistengräber von Burk bei Bautzen wurden 1926 und 1927 bei der Gewinnung von Sand und Kies für den Bau der Reichsautobahn Dresden–Bautzen–Görlitz entdeckt. Weitere Steinkistengräber kamen 1938 und 1939 zum Vorschein.

33] Der Arzt und ehrenamtliche Bodendenkmalpfleger Hans Kemnitz aus Dresden meldete 1981 dem Landesmuseum für Vorgeschichte, Dresden, die Entdeckung eines Grabes und einer Siedlungsgrube am Rand einer neu eröffneten Lehmgrube der Vereinigten Ziegelwerke Dresden. Vom 9. bis 17. September 1981 wurden vier Steinkistengräber ausgegraben.

34] Das Steinkistengrab mit der Massenbestattung bei Reidewitz unweit von Freist-Elben wurde 1933 entdeckt.

35] In Nohra hat 1930 und 1931 Paul Grimm (s. Anm. 6) insgesamt 24 Gräber untersucht.

36] In Herbsleben fiel bei Planierungsarbeiten zum Bau eines Güllebeckens eine Bodenverfärbung auf, die von dem Bodendenkmalpfleger Hans Mascher aus Herbsleben als Grab erkannt und an das Museum für Ur- und Frühgeschichte Thüringens, Weimar, gemeldet wurde. Am 4. November 1982 nahmen die Grabungs-Restauratoren Hans-Joachim Barthel und Werner Gall aus Weimar eine Notbergung vor.

37] Die Höhlen und Klüfte des Kyffhäusers bei Bad Frankenhausen wurden ab 1950 durch den Weimarer Prähistoriker Günter Behm-Blancke (1912–1994) untersucht. Er war ab 1947 Direktor des Städtischen Museums für Urgeschichte, Weimar, und ab 1952 Direktor des Museums für Ur- und Frühgeschichte Thüringens, Weimar.

38] Die früheste Grabung in der Rothesteinhöhle erfolgte in den 1860er Jahren durch den Direktor der Glashütte Grünenplan und der Eisenhütte Delligsen, Friedrich Koch (1836–1891) aus Grünenplan. 1881 oder 1882 grub darin der damals in Eschershausen arbeitende Postsekretär Wilhelm Vahldiek (1853–1912). Am 16. September 1883 nahm der Student August Wollemann (1862–1920) aus Boersum, der später als Lehrer in Braunschweig arbeitete, eine Grabung vor. 1909 gruben die Heimatforscher Jörres und Württemberger aus Hannover in der Höhle. 1951 bis 1954 fand der Leiter der Jugendherberge im Ith, Hermann Kohl, zahlreiche Tier- und Menschenknochen sowie Keramik. 1954 gruben der 18jährige Schüler des Landschulheims Ith und spätere Archäologe Friedrich-Wilhelm von Hase in der Rothesteinhöhle sowie 1963 und 1964 der seinerzeitige Schüler und heutige Prähistoriker Klaus Grote.

39] Die Nasensteinhöhle gehört – zusammen mit der Töpferhöhle, Kinderhöhle und Soldatenhöhle – zu den vier Höhlen am Nasenstein. Diese Höhlen wurden im Sommer 1911 unter der Leitung des Leiters der botanischen Abteilung des Hildesheimer Roemer-Museums, Friedrich Joesting (1865–1922), untersucht, wobei die Anregung zu den Grabungen von dem damaligen Direktor des Roemer-Museums, Rudolf Hauthal (1854–1928), ausging.

40] s. Anm. 39

41] Im Mai 1937 wurde bei Kasernenbauten südlich der Nedlitzer Südbrücke in Potsdam-Nedlitz ein tiefer Rohrgraben gezogen, in dem Arbeiter in etwa 2,70 Meter Tiefe auf einen Menschenschädel stießen. Die Arbeiter meldeten ihre Entdeckung der Bauleitung, welche die vorgeschichtliche Abteilung des Potsdamer Stadtmuseums benachrichtigte.

Die Straubinger Kultur

1] Das Depot von Langquaid wurde im Frühjahr 1907 beim Setzen von Masten in einer Hopfenanlage auf dem Südhang des Grubbergs entdeckt.

2] Die Ausgrabungen vom Herbst 1987 bis Ende 1990, bei denen die frühbronzezeitliche Siedlung südlich von Zuchering zum Vorschein kam, wurden durch die geplante Verlegung der Eisenbahnlinie und die Neutrassierung der Bundesstraße 16 ausgelöst.

3] Im Sommer 1941 und im Jahre 1942 wurde in der durch den Bagger abgebauten Ernstschen Lehmgrube von Gaimersheim je eine Siedlungsgrube mit Keramikresten freigelegt.

4] In Sengkofen wurde 1972 die Abfallgrube einer Töpferei entdeckt. Die dazugehörige Siedlung wird an derselben Lokalität vermutet.

5] 1954 stieß man in der Gemeindekiesgrube von Malching, dem sogenannten Ganzel-Büchel, auf einen frühbronzezeitlichen Bestattungsplatz, an dessen Entdeckung und Dokumentation der Bildhauer und örtliche Mitarbeiter des Bayerischen Landesamtes für Denkmalpflege, Dominik Dengl aus Malching, maßgeblich beteiligt war. Eine damals vom Bayerischen Landesamt für Denkmalpflege eilig organisierte Notbergung erlaubte kaum feste Aussagen über die örtliche Befundsituation. 1958/59 wurden am Südrand jener Kiesgrube einige Brandbestattungen vom Ende der frühen Bronzezeit angeschnitten, was eher auf einen Bestattungsplatz als auf eine Flachlandsiedlung hindeutet. Grab 1 wurde im September 1958 entdeckt. Die Gräber 2 und 3 kamen im Januar 1959 zum Vorschein. Aus früheren Fundmeldungen geht hervor, daß zwischen 1946 und 1948 eine geringe Zahl von Körpergräbern zerstört wurde. Schon 1930 soll in Nähe der Fundstelle eine Bestattung festgestellt worden sein.

6] Neuerdings bezweifeln einige Prähistoriker, daß es während der Frühbronzezeit Höhensiedlungen gegeben haben soll.

7] Auf dem Schloßberg bei Kallmünz nahm 1957 der Regensburger Prähistoriker Armin Stroh eine Sondage vor.

8] Über die Funde aus der Reisensburg bei Günzburg wurde erstmals 1906 und ab 1913 fortlaufend im »Dillinger Jahrbuch« berichtet. Staatlich organisierte Ausgrabungen erfolgten 1968, 1970 und 1992.

9] Auf dem Margarethenberg bei Burgkirchen an der Alz wurde 1857, 1970 (Landesamt für Denkmalpflege), 1978 (Landesamt für Denkmalpflege und Universität München), 1981 (Universität München) und 1984/85 (Landesamt für Denkmalpflege) gegraben.

10] Auf dem Einsiedelbuckel bei Passau fand Dominik Dengl (s. Anm. 5) in den 1950er Jahren viel frühbronzezeitliche Keramik, Hüttenlehm und Steine.

11] Auf dem Bogenberg bei Bogen führte 1950/51 der damals in Straubing arbeitende Prähistoriker Hans-Jürgen Hundt (1909–1990) Grabungen durch. 1995 begann der Regensburger Archäologe Alfred Reichenberger mit Grabungen.

12] Auf dem Frauenberg bei Weltenburg hat bereits vor 1808 ein Forstmeister namens Schmid mehrere Grabhügel untersucht, wobei er unter anderem zwei Antennenschwerter vom Typ Weltenburg aus der späten Urnenfelder-Zeit entdeckte. 1909 kamen im Bereich des Klosterkreuzgangs Siedlungsspuren der Bronze- und Latène-Zeit zum Vorschein. 1938 nahm der Prähistoriker Werner Krämer aus München eine erste systematische Plangrabung vor, wobei er vorwiegend auf Siedlungsspuren aus der Frühbronzezeit und der Latène-Zeit stieß. In den Jahren vor und nach dem Zweiten Weltkrieg erfolgten regelmäßige Geländebegehungen und Fundaufsammlungen durch den Heimatforscher Josef Leichtl (1908–1988) aus Weltenburg, den Pater Benedikt Paringer (1875–1960) aus dem Kloster Weltenburg sowie den Justizinspektor und Heimatforscher Alexander Oberneder (1883–1968) aus Kelheim. 1978 bis 1980 nahm das Institut für Ur- und Frühgeschichte der Universität Erlangen unter Leitung des Prähistorikers Konrad Spindler Grabungen vor. Seit 1990 gräbt der Prähistoriker Michael M. Rind aus Kelheim auf dem Frauenberg.

13] Auf der Roseninsel im Starnberger See wurden seit 1850 bei Bauarbeiten für das königliche Kasino und bei Schürfungen durch verschiedene Privatleute Funde geborgen. 1864 glaubte der schweizerische Geologe und Naturforscher Édouard Désor (1811–1882) aus Neuenburg, Überreste von Pfahlbauten auf der Roseninsel entdeckt zu haben. Von 1864 bis 1874 führten Moritz Wagner (1813–1887), Konservator der ethnologischen Sammlung des Staates in München, und später Sigmund von Schab (1817–1887), Landrichter aus Starnberg, umfangreiche Grabungen durch. 1895 unternahm die Prähistorische Staatssammlung Grabungen und 1915 Prinz Ferdinand Maria von Bayern (1884–1958). 1943 und 1944 wurden am umgebenden Seegrund an der Süd- und Ostseite der Insel Gefäßscherben gefunden.

14] Das Depot von Pöcking (Gemarkung Aschering) wurde 1911 im Bereich des Dorfweihers, etwa 350 Meter von der Kirche in Aschering entfernt, entdeckt.

15] Das Depot von Bernhaupten wurde 1883 in einem kleinen Hügel nahe dem Bahneinschnitt bei der Station Bergen freigelegt.

16] Das Depot von Gammersham kam 1908 beim Umpflügen der »Schelmenwiese« zum Vorschein.

17] Das Depot von Ittelsburg wurde 1951 entdeckt.

18] Das Depot von Regensburg-Hochweg wurde 1937 etwa 45 Zentimeter unter dem Straßenpflaster gefunden.

19] Auf die vier Kupferdolche aus Ingolstadt stieß man im Sommer 1984 bei Bauarbeiten auf dem Betriebsgelände der Automobilfirma AUDI.

20] Das Grab von Alteglofsheim mit 46 kleinen Bernsteinperlen und vier Gagatperlen wurde 1983 von dem Bautechniker, Stadtheimatpfleger von Neutraubling und professionell arbeitenden Amateur-Archäologen Hannsjürgen Werner im Auftrag des Bayerischen Landesamts für Denkmalpflege, Regensburg, freigelegt.

21] Das Gräberfeld von Alteglofsheim-Wieskapelle wurde in den 1970er Jahren von Josef Hendlmeir aus Pfakofen entdeckt.

22] Das Gräberfeld von Mangolding wurde im Herbst 1964 durch die Brüder Robert und Gerhard Pleyer aus Regensburg entdeckt.

23] Das Gräberfeld von Mintraching wurde im November 1966 von Hannsjürgen Werner (s. Anm. 20) entdeckt. Ihm waren ausgeackerte menschliche Skelettreste aufgefallen. Im Herbst 1967 und 1968 fanden Werner und der Amateur-Archäologe Hugo Rehorik aus Burgweinting erneut ausgepflügte Bestattungen. Weitere Gräber wurden von Werner 1969, 1970, 1971, 1972, 1977, 1981 und 1984 festgestellt.

24] Das Gräberfeld von Raisting wurde 1964/65 untersucht. Anlaß der Sicherungsgrabungen war ein Kiesgrubenbetrieb.

25] In Kleinaitingen wurden 1962 und 1974 je ein Grab sowie 1980 und 1981 weitere 34 Gräber entdeckt. Die Notbergung von 1980 und die Untersuchung von 1981 erfolgten durch den Archäologen Wolfgang Czysz vom Bayerischen Landesamt für Denkmalpflege, Außenstelle Schwaben, in Augsburg.

26] Das Gräberfeld von Kronwinkl wurde beim Abbau einer Kiesgrube entdeckt. Die Bergungsgrabung erfolgte im August 1956 durch Wilfried Titze vom Bayerischen Landesamt für Denkmalpflege.

27] Ende 1935 kamen in der Nordostecke des Flugplatzes westlich von Gernlinden bei der Anlage eines Abstellgleises Skelette zum Vorschein. Damals wurde das Grab 1 von Arbeitern freigelegt. Am 28. und 29. Dezember 1935 wurden die Gräber 2 und 3 durch den Grabungstechniker Josef Maurer (1866–1936) aus München geborgen. Als im Sommer 1976 Strafgefangene der Justizvollzugsanstalt Fürstenfeldbruck eine Kiesgrube mit Müll und Schutt verfüllten, lösten sich von der Kante am südlichen Kiesgrubenrand ein menschlicher Schädel und ein Bronzeobjekt. Davon erfuhren neben der Landespolizeistation und dem Landeskriminalamt auch der Kreisheimatpfleger und das Landesamt für Denkmalpflege. Das Bronzeobjekt wurde als bronzezeitliche Dolchklinge identifiziert. Am 2. und 4. August 1976 besichtigte der Münchener Prähistoriker Erwin Keller vom Landesamt für Denkmalpflege die Fundstelle und barg drei weitere Gräber.

28] Das Gräberfeld von München-Englschalking wurde 1983 bei Notgrabungen in einer frühmittelalterlichen Siedlung freigelegt.

29] Auf das Gräberfeld von Poing stieß man im Mai 1986 bei der archäologischen Untersuchung des westlich von Poing gelegenen Baugeländes der Firma Siemens.

30] In der Höhle Schulerloch hat 1901, 1907 und 1908 Alexander Oberneder (s. Anm. 12) aus Kelheim geschürft. 1915 nahm der Prähistoriker Ferdinand Birkner (1868–1944) aus München eine Grabung vor, bei der neben Steingeräten aus dem Alt- und Mittelpaläolithikum auch Funde aus der Frühbronzezeit geborgen wurden.

31] Im Frühjahr 1985 gelangte durch Vermittlung des Kreisheimatpflegers Erwin Neumair aus Freising ein Spangenbarrendepot an die Abteilung Bodendenkmalpflege des Bayerischen Landesamts für Denkmalpflege, das im Talgrund der Amper in vier Meter Tiefe zum Vorschein gekommen war.

Die Singener Gruppe und die Oberrhein-Hochrhein-Gruppe

1] Das Gräberfeld von Singen am Hohentwiel wurde zwischen 1950 und 1960 bei Grabungen des damaligen Amtes für Urgeschichte in Freiburg/Breisgau freigelegt. Vor Ort zeichneten meistens die Prähistoriker August Eckerle, Stephan Unser und Wolfgang Kimmig für die Grabungsarbeiten und Befunddokumentation verantwortlich.

2] In Veringenstadt wurden 1951 in einem Neubaugebiet zwei Gräber entdeckt.

3] Die Seeufersiedlung Bodman-Schachen wurde von 1982 bis 1984 und 1986 bei Tauchsondagen untersucht. Deren Ergebnisse publizierte der Freiburger Prähistoriker Joachim Köninger in seiner Dissertation von 1993.

4] Das Depot von Gau-Bickelheim kam in der zweiten Hälfte des 19. Jahrhunderts bei Erdarbeiten unter einem alten Baumstamm zum Vorschein. Vier der dort gefundenen Dolche gelangten in das Museum Wiesbaden und eine kleine Dolchklinge zunächst in das Bonner Landesmuseum, später jedoch durch Austausch ebenfalls nach Wiesbaden. Der Mainzer Prähistoriker Ludwig Lindenschmit der Ältere (1809–1893) hat die Dolche von Gau-Bickelheim 1858 in einen Band seines Werkes »*Die Altertümer unserer heidnischen Vorzeit*« aufgenommen. Lindenschmit war 1851 bis 1875 akademischer Zeichenlehrer am Gymnasium Mainz und ab 1843 Konservator des Mainzer Altertumsvereins. 1852 gründete er das Römisch-Germanische Zentralmuseum, Mainz, in dem er zunächst Konservator und später Direktor war.

5] Die zwei Steinkistengräber in Kadelburg wurden im Herbst 1978 entdeckt.

6] Die »Efringer Grotte«, eine Höhle oberhalb des Steinbruchs nahe an der Gemarkungsgrenze von Kirchen, etwa 16 Meter über der Landstraße gelegen, wurde im September 1890 von dem Gymnasiallehrer Karl Schumacher (1860–1934) aus Bruchsal untersucht. Dabei kamen die Bestattungen von vier Menschen zum Vorschein. Schumacher war von 1887 bis 1901 Mitarbeiter des Museums Karlsruhe und von 1901 bis 1926 Direktor des Römisch-Germanischen Zentralmuseums, Mainz.

7] Das Grab in Bischoffingen (eigentlich in der Gemarkung Jechtingen liegend) wurde um 1912 von einem Landwirt beim Ausheben einer Rübenmiete freigelegt und dabei zerstört.

Die Arbon-Kultur

1] s. Anm. 3 Die Singener Gruppe und die Oberrhein-Hochrhein-Gruppe

2] Die Siedlung Egg-Obere Güll wurde 1994 lokalisiert, nachdem Mitte der 1970er Jahre von dort einzelne frühbronzezeitliche Scherben in Privatsammlungen registriert worden waren.

3] Die »Siedlung Forschner« ist nach dem Zahnarzt Heinrich Forschner (1880–1959) aus Biberach benannt, der sich um die Erhaltung und Erforschung dieser Fundstelle verdient gemacht hat. Der Begriff »Siedlung Forschner« wurde von dem Prähistoriker Oscar Paret (1889–1972) aus Stuttgart erstmals in den »*Fundberichten aus Schwaben*« von 1926/28 erwähnt. 1905 ist man dort – einem Bericht Forschners zufolge – beim Torfstechen auf »schwache Spuren von Pfahlbauten gestoßen«. Bis 1920 hat Heinrich Forschner die fraglichen Geländeparzellen angekauft, um vorschnelle Grabungen anderer zu verhindern. Wie aus seinen Tagebüchern hervorgeht, hat er am 7. März 1920 eine Untersuchung vorgenommen. Ende April 1928 führte der Prähistoriker Hans Reinerth (1900–1990) im Auftrag des Urgeschichtlichen Forschungsinstituts der Universität Tübingen zusammen mit dem Paläobotaniker Karl Bertsch (1878–1965) aus Ravensburg für Pollenanalysen Bohrungen sowie einen vier Meter langen Profilschnitt durch. 1975 erfolgte eine Sondage durch das Landesdenkmalamt Tübingen unter der Leitung des Prähistorikers Hartmann Reim. Von 1982 bis 1989 fanden Grabungen im Rahmen des Schwerpunktprogramms der Deutschen Forschungsgemeinschaft (DFG) »Siedlungsarchäologische Untersuchungen im Alpenvorland« statt. Diese standen von 1982 bis 1985 unter der Leitung von Erwin Keefer und von 1986 bis 1989 von Wolfgang Torke, beide am Württembergischen Landesmuseum, Stuttgart.

4] Auf dem Veitsberg bei Ravensburg wurden vermutlich schon im 19. oder frühen 20. Jahrhundert unkontrollierte Grabungen vorgenommen. Die erste systematische Untersuchung erfolgte 1980 wegen der geplanten Erweiterung der Jugendherberge durch einen Anbau.

5] Am Nordhang des Kirchbergs bei Ammerbuch-Reusten fand 1913 der Gärtner und Waldaufseher Johann Henne (1882–1964) aus Reusten beim Abbau von Humuserde mehrere Tongefäße. Er zeigte seine Funde dem Pfarrer Georg Finkbeiner (1865–1951) aus Reusten, der sie an den Tübinger Professor Eugen Nägele (1856–1937) weiterleitete. Dieser informierte das Landeskonservatorium vaterländischer Altertümer in Stuttgart, das im Sommer 1914 die Fundstelle besichtigte. Nach dem Ersten Weltkrieg machte der Oberlehrer und Heimatforscher Wilhelm Mönch (1876–1947) aus Unterjesingen auf Funde vom Kirchberg aufmerksam. Ende Mai 1919 besuchte Oscar Paret (s. Anm. 3) den Kirchberg. 1921, 1923 und 1929 grub Hans Reinerth (s. Anm. 3) auf dem Kirchberg. Beendet wurden diese Grabungen durch den Prähistoriker Hermann Stoll (1904–1944) aus Tübingen, der auch Siedlungsspuren freilegen konnte.

6] Auf dem Lochenstein bei Balingen erfolgten vom 15. September bis zum 20. Oktober 1923 Grabungen des Landesamts für Denkmalpflege, Stuttgart, unter Leitung des Prähistorikers Gerhard Bersu (1889–1964).

7] Im März 1934 hat der Studienassessor Albert Kley aus Geislingen am Südwesthang des Schloßbergs von Ulm/Ehrenstein große Mengen prähistorischer Scherben, darunter auch aus der Frühbronzezeit, gefunden.

8] Die Funde auf dem Schloßberg von Landsberg am Lech waren 1905 bis 1907 bei der Errichtung des Schülerheims und 1968 bis 1970 beim Bau der Berufsfachschule dem Zufall zu verdanken. Die flüchtige Untersuchung einer kleinen Bodenfläche ließ das Vorhandensein einer einzigen Siedlungs- beziehungsweise Kulturschicht erkennen.

9] Auf dem Domberg von Freising wurden 1949 beim Neubau des Theologenwohnhauses an der Südseite des Domes prähistorische Scherben und Bronzeobjekte sowie Skelettgräber entdeckt und durch den Präparator Wilfried Titze vom Bayerischen Landesamt für Denkmalpflege geborgen. Die Scherben stammen aus der Frühbronzezeit, Hügelgräber-Bronzezeit und Urnenfelder-Zeit. Die Skelettgräber gehören frühestens dem 8. Jahrhundert n. Chr. an.

10] Das Depot mit 66 Spangenbarren wurde 1921 beim Ausgraben einer Baumwurzel im Bermatinger Unterwald zwischen Bermatingen und Ittendorf freigelegt.

11] Auf das Statuenmenhir aus Tübingen-Weilheim stieß man im April 1985 beim Bau des Hauses Herrenweg 15 in einem Kanalisationsgraben.

12] Das mutmaßlich frühbronzezeitliche Menhirfragment aus Rottenburg-Lindele wurde 1987 im Steinkranz eines frühkeltischen Grabhügels gefunden.

13] Der Friedhof aus der älteren Frühbronzezeit in Rottenburg-Herderstraße mit zehn Gräbern und 13 Bestattungen wurde 1991 entdeckt und untersucht.

14] Die Bestattung bei Reutlingen wurde 1867 in einer Kiesgrube gefunden und 1869 publiziert.

15] Bei verschiedenen Bauarbeiten westlich des Hotels Linde in Bodman-Ludwigshafen wurden seit 1881 wiederholt bronzezeitliche Skelettgräber eines Friedhofs unbekannter Größe zerstört. Dabei sind mindestens vier Gräber beseitigt worden. Wahrscheinlich liegen noch weitere Bestattungen im Boden.

16] Den Begriff Vollgriffdolch vom »Schweizer Typ« hat 1938 der Prähistoriker Otto Uenze (1905–1962) aus Marburg geprägt.

17] Die Bezeichnung Vollgriffdolch vom »Alpinen Typ« hat 1973 der Prähistoriker Jakob Bill aus Luzern vorgeschlagen.

Die Ries-Gruppe und die Neckar-Gruppe

1] Das Grab 1 auf dem Galgenberg von Lauingen an der Donau wurde 1956 beim Setzen eines Hochspannungsmastes vernichtet. 1963 wurden neun mehr oder weniger zerstörte Gräber beim Straßenbau in Notgrabungen untersucht. Im Herbst 1965 und im Frühjahr 1966 nahm der Prähistoriker Günter Krahe vom Bayerischen Landesamt für Denkmalpflege, Außenstelle Schwaben-Augsburg, eine Plangrabung vor, bei der die Gräber 11 bis 36 entdeckt wurden. Im Sommer 1966 untersuchte der Studiendirektor Hermann Josef Seitz (1902–1995) aus Lauingen zusammen mit vier Gymnasiasten die Gräber 37 bis 43. Die Gräber 44 und 45 wurden 1970 und 1972 gefunden.

2] Das Gräberfeld auf den Feldwiesäckern bei Nähermemmingen wurde 1932 bis 1936 durch den Apotheker und Heimatforscher Ernst Frickhinger (1876–1940) aus Nördlingen freigelegt.

3] Das Gräberfeld von Treuchtlingen-Wettelsheim wurde im Frühjahr 1983 bei Bauarbeiten für eine neue Werkshalle entdeckt. Damals stieß man auf elf Gräber. Weitere Gräber kamen zum Vorschein, als man 1988 auf dem anschließenden Grundstück eine neue Werkshalle errichtete.

4] Die vier Gräber von Weinstadt-Endersbach wurden im August 1976 in der Baugrube für eine Garage zum Anwesen Strümpfelbacher Straße 58 gefunden. Das Landesdenkmalamt nahm am 16. und 17. August 1976 eine Untersuchung vor.

5] Bei der Neutrassierung der Straße von Tailfingen nach Gültstein wurde am 10. Oktober 1977 in Gäufelden-Tailfingen ein Grab entdeckt. Im Frühjahr 1978 kamen in unmittelbarer Nachbarschaft zwei weitere Gräber zum Vorschein.

6] Der Landwirt Wilhelm Rometsch aus Gerlingen stieß beim Pflügen auf ein Grab. Daraufhin wurde die Fundstelle durch die Mitarbeiter des Landesdenkmalamts, Kurt Maier und Friedrich Schaffert aus Gerlingen, freigelegt. Eine weitere Untersuchung erfolgte vom 3. bis 10. Dezember 1970 durch das Landesdenkmalamt.

7] Bei Erschließungsarbeiten für das Neubaugebiet Halden II in Remseck-Aldingen wurden Anfang 1987 frühbronzezeitliche Gräber entdeckt,

ANMERKUNGEN

deren Erforschung dem ehrenamtlichen Mitarbeiter des Landesdenkmalamts, Walter Joachim aus Stuttgart, zu verdanken ist. Daraufhin folgten Ausgrabungen von Juni bis August 1987.

8] In Remseck-Hochberg wurde 1971 von dem Landwirt Friedrich Munz aus Hochberg beim Pflügen der Äcker in der Flur Lachenäcker ein Steinkistengrab ohne Beigaben entdeckt und am 14. Dezember 1971 von einem Archäologen untersucht. Am 3. März 1976 kam in der Flur Lachenäcker eine Grabanlage mit drei Bestattungen (ein Erwachsener, zwei Kinder) zum Vorschein.

9] Die mindestens acht Gräber von Stuttgart-Bad Cannstatt wurden 1909 von dem Stuttgarter Prähistoriker Peter Goeßler (1872–1956) entdeckt. Er war Gymnasiallehrer und seit 1905 als Vorgeschichtsforscher an der Stadtsammlung Stuttgart tätig. 1920 wurde er Direktor der Altertümersammlung und des Landesamts für Denkmalpflege, Stuttgart.

10] Das Grab in Heilbronn-Horkheim wurde 1908 gefunden.

11] Das Grab von Lauffen wurde um 1932 beim Roden eines Weinbergs am Saugenberg freigelegt.

12] Das Grab von Gemmrigheim wurde am 1. Dezember 1956 von dem Landwirt Adolf Schweiker aus Gemmrigheim beim Pflügen auf seinem Acker nördlich der Straße von Gemmrigheim nach Neckarwestheim entdeckt.

Die Adlerberg-Kultur

1] Das Depot von Dexheim wurde zu verschiedenen Zeiten entdeckt. Über Teile davon berichtete der Mainzer Prähistoriker Ludwig Lindenschmit der Jüngere (1850–1922) in den Jahren 1899, 1901 und 1903 in der *»Westdeutschen Zeitschrift«*. Er war der Sohn von Ludwig Lindenschmit dem Älteren (1809–1893), Kunstmaler sowie 1893 bis 1901 Konservator des Römisch-Germanischen Zentralmuseums, Mainz, und 1902 bis 1912 dessen Direktor.

2] Das Depot von Ober-Olm wurde am 16. Juni 1858 in einem rauhwandigen Tongefäß gefunden und 1858 vom Mainzer Altertumsverein erworben.

3] An der Alzeyer Straße in Westhofen entdeckte 1902 der Landwirt Jacob Balz VI (1851–1921) beim Umroden eines Feldes zu einem Weinberg einige Skelette. Ein zufällig davon erfahrender Mann meldete dem Wormser Altertumsverein den Fund, worauf dieser um Erlaubnis für Nachgrabungen bat und sie erhielt.

4] Auf dem Kahleberg in Monsheim (Gräbergruppe 2) wurden zwischen 1894 und 1908 mindestens 19 Gräber gefunden.

5] Am Osthang des Wartbergs von Alzey wurde im Spätherbst 1949 bei Erweiterungsarbeiten des Stadions von Editha Durst (1894–1975), der Ehefrau des ehrenamtlichen Leiters des Museums Alzey, Georg Durst (1892–1961), ein Gräberfeld entdeckt. Frau Durst, zunächst als Hausfrau tätig, fand durch ihren Mann zur Archäologie, ließ sich in Mainz zur Restauratorin ausbilden, leitete in den Kriegsjahren stellvertretend für ihren Mann das Museum und übernahm als seine Nachfolgerin von 1961 bis 1968 die Leitung des Museums Alzey. Die Funde werden dort aufbewahrt.

6] Auf der Dünenerhebung »Auf Esch« südlich von Groß-Gerau stieß man 1978 bis 1980 während Bauarbeiten neben Objekten aus verschiedenen vor- und frühgeschichtlichen Perioden auf ein Gräberfeld der Adlerberg-Kultur.

7] Die Gräber auf der Anhöhe »Hochfeld« bei Hofheim am Taunus wurden 1969 bei Grabungen im römischen Steinkastell durch den Prähistoriker Hans Ulrich Nuber aus Frankfurt/Main entdeckt.

Der Sögel-Wohlde-Kreis

1] Den Begriff Einzelgrab-Kultur hat 1882 die Prähistorikerin Johanna Mestorf (1829–1909) aus Kiel eingeführt. Sie wurde 1873 Kustos und 1891 Direktorin des Kieler Museums und war damit die erste Museumsdirektorin Deutschlands. Zu ihrem 70. Geburtstag erhielt sie als erste Frau den Professorentitel.

2] Die Schädelbestattung von Metzendorf-Woxdorf wurde 1958 entdeckt und durch den damals in Hamburg arbeitenden Prähistoriker Willi Wegewitz (1898–1996) ausgegraben. Er war zunächst Volksschullehrer, 1925 bis 1930 nebenamtlicher Leiter der vorgeschichtlichen Abteilung des Museums Stade, 1930 bis 1937 nebenamtlicher Leiter des Hamburger Helms-Museums, 1937 hauptamtlicher Leiter und ab 1957 Direktor. Das Helms-Museum ist nach dem Senator August Helms (1847–1920) aus Hamburg benannt, der 1898 die Gründung eines Museumsvereins angeregt hatte. Ab 1956 war Wegewitz Honorarprofessor an der Universität Hamburg.

3] Beim Bau eines neuen Weges in Spahn wurden 1898 Grabhügel ausgegraben, in denen sich die beiden für den Typ Sögel namengebenden Kurzschwerter befanden. Diese Funde gelangten nach Sögel in die Sammlung des Rechtsanwalts Schlicht, bei dem der Prähistoriker Ernst Sprockhoff (1892–1967) wohnte, als er im Emsland beziehungsweise in den damaligen Kreisen Aschendorf und Hamburg Steingräber aufnahm. Sprockhoff hat 1927, als er am Landesmuseum Hannover arbeitete, die zwei Kurzschwerter unter der Fundortangabe »bei Sögel« in der *»Prähistorischen Zeitschrift«* erstmals vorgestellt.

4] Im Hügelgräberfeld von Dohnsen-Wohlde haben mehrere Ausgräber Untersuchungen durchgeführt: 1880 und 1890 der Präzeptor (Lehrer) Wilhelm Meyer (1825–1895) aus Bergen, 1900 der Präzeptor Friedrich Römstedt (1849–1930) aus Bergen, der das Heimatmuseum »Römstedthaus« aufbaute, 1908 der damals in Hannover arbeitende Prähistoriker Hans Hahne (1875–1935), 1933 Römstedts Schwiegersohn, der Lehrer Wilhelm Niebuhr (1892–1978) aus Bergen sowie 1953 der Landwirt und Prähistoriker Hans Piesker (1894–1977) aus Hermannsburg. Um 1900 wurde das Hügelgräberfeld durch Straßen- und Eisenbahnbau stark zerstört. Das namengebende Kurzschwert vom Typ Wohlde kam im November 1933 beim Pflügen in Dohnsen/Roxhüllen-Wohlde zum Vorschein.

5] Das Grab der »Prinzessin von Fallingbostel« wurde 1904 vom Knecht des Kirchenvorstehers Pröhl aus Fallingbostel beim Sandgraben auf einem etwa zehn Minuten südwestlich der Stadt gelegenen Grundstück seines Arbeitgebers entdeckt. Der Fund gelangte in den Besitz des Lüneburger Regierungsbaurats Eduard Schlöbcke (1852–1936) und blieb auch nach dessen Tod in der Familie.

6] Die Feuersteinpfeilspitzen von Barglay lagen in einem Grab, das 1820 durch Generalmajor Wilhelm Gustav Friedrich von Wardenburg (1781–1838) aus Oldenburg ausgegraben und 1837 von Pastor Georg Wilhelm Anton Oldenburg (1793–1854) beschrieben wurde. Oldenburg hatte von 1813 bis 1833 in Wildeshausen gearbeitet, war wegen eines Augenleidens aus dem Dienst ausgeschieden und danach zu Verwandten nach Lemgo gezogen, wo er starb. Daß sich unter den Pfeilspitzen ein Exemplar aus rotem Helgoländer Feuerstein befand, stellte der holländische Prähistoriker Jaap R. Beuker vom Provinzial Museum van Drenthe fest, dem diese Funde 1989 während eines Besuchs im Staatlichen Museum für Naturkunde und Vorgeschichte, Oldenburg, aufgefallen waren.

7] Bei Luttum wurden im Herbst 1963 drei frühbronzezeitliche Gräber untersucht.

8] Der Bohlenweg mit der Bezeichnung XVIII (Le) bei Ockenhausen/Oltmannsfehn (Kreis Leer) wurde im Januar 1978 von dem Restaurator Reinhard Schneider am Staatlichen Museum für Naturkunde und Vorgeschichte, Oldenburg, bei der Suche nach dem 1935 ausgegrabenen Bohlenweg IX (Le) entdeckt. 1983 und 1984 erfolgten Ausgrabungen durch den Moorforscher Hajo Hayen (1923–1991) aus Oldenburg und Reinhard Schneider. C14-Datierungen einiger Abschnitte von Erlenrundbohlen an der Universität Köln ergaben, daß das Holz für den Bohlenweg XVIII (Le) um 2010 v. Chr. gefällt worden ist. Der Bohlenweg IX (Le) wurde 713 v. Chr. errichtet.

9] Die vier Scheibenräder bei Glum wurden von Bauern beim Torfgraben gefunden. 1880 und 1881 kam jeweils ein Scheibenrad zum Vorschein. 1883 hat man zwei Scheibenräder geborgen.

10] Der Fingerring aus Eisen in Sulingen-Vorwohlde wurde bei den zweiwöchigen Grabungen ab 26. November 1928 durch Ernst Sprockhoff (s. Anm. 3) entdeckt.

11] Die goldene Lunula von Pattensen-Schulenburg wurde 1911 von einem Arbeiter beim Roden alten Baumbestands an der Wurzel eines umgelegten Baumes zutage gefördert.

12] Die Totenhütte von Baven wurde 1932 durch Hans Piesker (s. Anm. 4) ausgegraben.

13] Bei Ausgrabungen des Landesdenkmalamtes Baden-Württemberg und des Instituts für Ur- und Frühgeschichte der Universität Köln in der Burghöhle von Dietfurt wurden 1988 Fragmente eines zertrümmerten Schädels mit auffälligen Schnittspuren auf der Außenfläche des Hinterhauptsbeines entdeckt. Da diese Schnitte im Bereich des Haaransatzes verlaufen, vermutete der Kölner Prähistoriker Wolfgang Taute (1934 bis 1995), daß der betreffende Mensch skalpiert worden ist.

ANMERKUNGEN

Die nordische frühe Bronzezeit

1] Das Depot von Malchin wurde 1822 entdeckt.
2] Das Depot I von Melz wurde 1941 gefunden.
3] Das Depot II von Melz wurde am 17. August 1970 beim Verlegen einer Rohrleitung von Arbeitern aufgedeckt.
4] Das Depot von Wendhof wurde 1821 im Schweriner Museum eingeliefert.
5] Der Einbaum bei Dahlen (Flur Pastorbruch) wurde 1973 bei Meliorationsarbeiten freigelegt.
6] Auf das Depot von Neubauhof stieß man im Sommer 1860 beim Torfstechen.

Die Frühbronzezeit in Österreich

1] Die Zusammenstellung dieser Übersicht über die Verbreitung und Zeitdauer von Kulturen der Frühbronzezeit entstand mit Hilfe der Prähistorikerin Elisabeth Ruttkay vom Naturhistorischen Museum, Wien, und des Prähistorikers Johannes-Wolfgang Neugebauer vom Bundesdenkmalamt Wien.

Die Leithaprodersdorf-Gruppe

1] Das Gräberfeld von Leithaprodersdorf wurde von 1950 bis 1951 durch den Prähistoriker Alois Ohrenberger (1920–1994) aus Eisenstadt ausgegraben. Er war von 1949 bis 1980 Direktor des 1926 gegründeten Burgenländischen Landesmuseums, Eisenstadt.
2] Die Flachlandsiedlung von Gallbrunn wurde Anfang der 1920er Jahre bei Entwässerungsarbeiten in sumpfigen Wiesen und Feldern entdeckt.
3] Reste der Flachlandsiedlung von Pellendorf wurden 1974 in einer Schottergrube westlich der Straße nach Zwölfaxing entdeckt.
4] Die Keramikfunde der Leithaprodersdorf-Gruppe auf dem Jennyberg bei Mödling stammen vom Fundort Jennyberg II. Von Jennyberg I liegen Keramikreste der Boleráz-Gruppe der Badener Kultur vor. Der Begriff Badener Kultur wurde Anfang der 1920er Jahre von dem Wiener Prähistoriker Oswald Menghin (1888–1973) geprägt und erinnert an die Königshöhle im Wolfstal bei Baden in Niederösterreich. Die Badener Kultur existierte etwa von 3600 bis 2900 v. Chr. Als ihre älteste Phase gilt die nach einem slowakischen Fundort bezeichnete Boleráz-Gruppe. Letzteren Namen hat als erster der slowakische Prähistoriker Vojtech Budinský-Krička (1903–1993) benutzt, jedoch erst ab 1964 wurde er von der Prähistorikerin Viera Němejcova-Pavúková aus Nitra im heutigen Sinne definiert. Der Jennyberg gilt seit der Jahrhundertwende als urgeschichtliche Fundstelle. Ab 1924 grub der Drogist und Heimatforscher Oskar Spiegel (1903–1985) aus Gieshübel immer wieder auf dem Jennyberg. Von 1934 bis Ende der 1930er Jahre führte der Heimatforscher Franz Skribany (1865–1938) aus Mödling umfangreiche Untersuchungen auf dem Jennyberg durch. Er war eines der Gründungsmitglieder des Mödlinger Museumsvereins und von 1904 bis 1938 verantwortlicher Kustos des Bezirksmuseums Mödling. 1941 nahm der Wiener Prähistoriker Otto Seewald (1898–1968) eine Notbergung vor. In den 1950er Jahren wurden im Auftrag des Bundesdenkmalamts Wien kleinere Rettungsgrabungen durchgeführt. 1970 und 1971 grub der Prähistoriker Wilhelm Angeli vom Naturhistorischen Museum, Wien, jeweils in einem Sommermonat auf dem Jennyberg.
5] Der Name der Königshöhle von Baden beruht angeblich darauf, daß sich darin zeitweilig ein ungarischer König versteckt haben soll. Es handelte sich vielleicht um König Bela IV., der 1241 von Tataren aus seinem Reich vertrieben wurde. In der Königshöhle fanden 1875 bis 1885 die ersten Ausgrabungen statt. 1892 gruben darin der Kassierer und Sekretär der Gebietskrankenkasse Baden, Gustav Calliano (1853–1930), dessen Bruder, der Mitarbeiter in einer Rechtsanwaltskanzlei und Schriftsteller Carl Calliano (1857–1934) aus Baden, und der Schriftleiter der »Mödlinger Zeitung«, Franz Skribany (s. Anm. 4), aus Mödling.
6] Der Begriff Nagyrév-Kultur wurde 1937 von dem ungarischen Prähistoriker Ferenc von Tompa (1893–1945) aus Budapest geprägt, der zwischen 1926 und 1928 in Nagyrév, Komitat Szolnok, in Ungarn gegraben hatte. Tompa war von 1923 bis 1938 Kustos der Prähistorischen Sammlung im Nationalmuseum und von 1938 bis 1945 Professor an der Universität Budapest.
7] Das Keramikdepot von Trausdorf wurde im Herbst 1938 bei Planierungsarbeiten für den Flugplatz entdeckt.
8] Das Keramikdepot von Siegendorf (Ried Maierhofbreiten) wurde 1951 gefunden.
9] Die Flachgräber von Sankt Margarethen wurden in den 1960er Jahren freigelegt.
10] In Jois führte Alexander Ritter von Seracsin (1883–1952) vom 1. bis 8. Oktober 1930 im Auftrag des österreichischen Archäologischen Institutes und des Burgenländischen Landesmuseums, Eisenstadt, eine Grabung durch, bei welcher der Grabhügel II freigelegt wurde. Vom 13. bis 25. September 1931 deckte er die Grabhügel IV, V und VI auf. 1952 wurde beim Aushub eines militärischen Laufgrabens ein anderer Grabhügel angeschnitten. 1957 kam beim Bau einer militärischen Anlage ein weiteres Grab zum Vorschein. Der Friedhof von Jois mit Hügel- und Flachgräbern liegt im Bereich der Riede »Sartal« und »Joisauer«. Alexander Ritter von Seracsin bezeichnete den Fundort nach einem Steinbruch auch als »Teufelsjoch«. Er hat als Adjunkt in den kaiserlichen Güterdomänen von Rutzendorf, Orth an der Donau, Mannersdorf am Leithagebirge und in Wien gearbeitet.

Die Aunjetitzer Kultur

1] Die Siedlung auf der Flur Schmidafeld in Roggendorf wurde von 1931 bis 1936 ausgegraben.
2] Die Siedlung auf der Flur Oberfeld in Roggendorf wurde 1931 und 1932 freigelegt.
3] Die ersten Siedlungsreste in Großmugl bei Stockerau wurden 1937 von dem Wirtschaftsbesitzer Leopold Binder aus Großmugl sowie von dem Malermeister und Heimatforscher Oskar Wildschek (1888–1955) aus Stockerau entdeckt. Ende Mai 1938 grub der Wiener Prähistoriker Eduard Beninger (1897–1963) mit Unterstützung Oskar Wildscheks, des Arbeiters Josef Chmela (1907–1960), des Studienassessors Heinrich Pavlica (1911–1982) und des Studenten Karl Prodinger (1913–1990), der Zeichnungen anfertigte, in Großmugl. Beninger war seit März 1938 Leiter der Prähistorischen Abteilung des Naturhistorischen Museums, Wien. Im August 1938 erfolgte eine erneute Grabung Beningers, dem diesmal der Diplomingenieur und Geologe Hans Freising (1905–1977) aus Brno-Czernowitz und der Hochschüler Erwin Rotter (1915–1944) aus Wien halfen. Freising arbeitete von 1934 bis zum November 1938 an der Lehrkanzel für Geologie und Mineralogie der Deutschen Technischen Hochschule in Brno und danach bis zum 10. Juni 1940 am Landesmuseum Troppau. Rotter verfaßte die Dissertation »*Die vorgeschichtlichen Bodenfunde im Ger.-Bez. Stockerau*«, die 1940 erschien.
4] Die ersten Funde in Schleinbach kamen 1911 zum Vorschein. Zwischen 1916 und 1939 nahm der Wiener Lehrer und Heimatforscher Karl Kriegler (1891–1963) Ausgrabungen vor, bei denen Siedlungsreste und Gräber gefunden wurden.
5] Das Vorhallenhaus in Fels am Wagram wurde 1969 vom Bundesdenkmalamt Wien unter Leitung des Prähistorikers Horst Adler ausgegraben.
6] Das Vorhallenhaus in Friebritz wurde 1985 entdeckt und vom Bundesdenkmalamt Wien unter Leitung des Prähistorikers Johannes-Wolfgang Neugebauer ausgegraben.
7] Auf dem Haslerberg bei Eichenbrunn haben 1888 der Prähistoriker Moritz Hoernes (1852–1917) aus Wien und der Historienmaler Ignaz Spöttl (1836–1892) aus Wien gegraben. 1903 nahm Hoernes eine weitere Ausgrabung vor. Hoernes arbeitete von 1885 bis 1907 an der Anthropologisch-ethnographischen Abteilung des Naturhistorischen Museums, Wien. Er begann 1892 seine Laufbahn als akademischer Lehrer und gründete 1913 die Wiener Prähistorische Gesellschaft.
8] Auf dem Hausberg bei Oberschoderlee wurden am 25. Oktober 1975 bronzezeitliche Objekte entdeckt.
9] Die befestigte Siedlung auf einem Höhenrücken bei Kollnbrunn wurde 1981 anhand von Luftbildern aufgespürt.
10] Die Befestigung auf dem Kirchberg von Stillfried wurde 1916 bei Ausgrabungen des Prähistorikers Oswald Menghin (1888–1973) aus Wien und des Kommerzialrats Richard Boehmker (1870–1954) aus Wien entdeckt. Der aus Altona in Schleswig-Holstein stammende Boehmker war 1902 bis 1920 kaufmännischer Direktor der österreichischen Filiale der chemischen Fabrik Jul. Rüttgers in Angern, Niederösterreich. Von 1925 bis 1939 verwaltete er die Dachsteinhöhlen in Obertraun, Oberösterreich. Die Befestigung in der Ziegelei von Stillfried wurde 1939 durch die Prähistorikerin Herta Ladenbauer-Orel aus Wien, den Prähistoriker Hubert Tripp (1914–1945) aus Wien und den damals in Wien arbeiten-

ANMERKUNGEN

den Prähistoriker Ernst Karl Wurth (1912–1940) ausgegraben. Wurth war Mittelschullehrer, bevor er 1939 wissenschaftlicher Assistent am Institut für Denkmalpflege in Wien wurde.

11] Die befestigte Höhensiedlung auf dem Michelsberg bei Stockerau wurde 1981/82 durch das Niederösterreichische Landesmuseum ausgegraben.

12] Auf dem Königsberg bei Roggendorf wurden vor 1925 »reiche Bronzefunde« geborgen, bei denen es sich um mehrere Einzelfunde oder ein Depot handeln könnte. Diese Funde sind verschollen. 1935 hat der Landwirt Josef Reiß (1904–1979) aus Roggendorf auf dem Königsberg zwischen zwei Felsblöcken ein Depot mit 37 Barrenringen gefunden. Dieses Depot wird im Höbarth-Museum, Horn, aufbewahrt. 1938 kam auf dem Königsberg ein aus zwei Barrenringen und zwei Spiralen bestehendes Depot zum Vorschein, das sich in der Obhut des Krahuletz-Museums, Eggenburg, befindet.

13] Das Depot von Schrick wurde Ende Juli 1977 von dem Landwirt Gottfried Höfling aus Ebendorf entdeckt. Er hatte auf seinem Feld mehrere Bronzegegenstände ausgeackert.

14] Im Mai 1976 stieß der Landwirt Karl Haimerl aus Gobelsburg südlich des Ortes in der Flur Kirchgraben beim Tiefrigolen für einen neuen Weingarten auf eine Steinpackung. Bei der Fundbergung unter Leitung der Museumsdirektorin Gertrude Sperker aus Langenlois kam ein Steinkistengrab zum Vorschein.

15] Die ersten Funde aus dem Gräberfeld von Bernhardsthal (Flur Unfrieden) wurden nach dem Zweiten Weltkrieg – vor allem 1951/52 – durch den Kaufmann Otto Berger aus Bernhardsthal und den jetzigen ÖBB-Adjunkten Leopold Tihelka freigelegt. Berger gründete 1970 das Heimatmuseum in Bernhardsthal, das 1977 eröffnet wurde. Im Juni 1970 legte der Prähistoriker Johannes-Wolfgang Neugebauer im Auftrag des Bundesdenkmalamts Wien ein Inventar der Funde an. Dabei und bei einer 1971 durchgeführten Ausstellung wurde Neugebauer auf die Beigaben eines frühbronzezeitlichen Gräberfelds aufmerksam.

16] Das Gräberfeld von Schleinbach bei Ulrichskirchen wurde 1916 entdeckt und von da ab von dem Lehrer und Heimatforscher Karl Kriegler (s. Anm. 4) erforscht. Im Juni 1931 fand Kriegler dort eine Mehrfachbestattung von vier Menschen, die heute im Museum für Urgeschichte des Landes Niederösterreich, Asparn an der Zaya, zu sehen ist.

17] Bei der Untersuchung einer Siedlung in Unterhautzenthal durch den Prähistoriker Ernst Lauermann aus Asparn an der Zaya wurden 1989 acht Bestattungen (davon drei in Speichergruben) entdeckt. 1991 fand er 17 Gräber mit insgesamt 20 Bestattungen und 1992 weitere 23 Gräber.

18] Das Gräberfeld in Roggendorf (Flur Steinleithen) wurde am 23. April 1931 auf einem Acker des Bürgermeisters Ludwig Herzig (1870–1953) entdeckt, als dort sieben Skelette zum Vorschein kamen. Auf demselben Acker fanden die beiden Wirtschaftsbesitzer Josef Reiß (1904–1979) und Josef Manhart (1904–1979) weitere 16 Gräber. Im Herbst 1939 hat man bei Grabungen 14 Gräber geborgen. Die Grabungen von 1931, 1937 und 1939 wurden von der Geologin Angela Stifft-Gottlieb (1881–1941) aus Eggenburg vorgenommen.

19] 1941 wurde die Heide auf dem Kirchenberg hinter dem Pfarrhof in Roggendorf an den Maurer Karl Hammerschmied (1874–1957) verpachtet, der dort einen Kartoffelacker anlegen wollte. Beim Umgraben des Grasbodens stieß er auf Knochenreste. Als das Krahuletz-Museum, Eggenburg, davon erfuhr, ließ es im April 1941 eine Grabung durchführen.

20] In Zwingendorf wurde im September 1977 auf der Flur Vierhappen Erdmaterial von einer kaum bemerkbaren Geländeerhebung abgetragen, wobei menschliche Knochen und Bronzegegenstände zum Vorschein kamen. Als diese Funde bekannt wurden, barg das Grabungsteam des Instituts für Ur- und Frühgeschichte der Universität Wien innerhalb von zwei Tagen neun Gräber.

21] In Würnitz (Flur Große Schafflerbreite) hat Karl Kriegler (s. Anm. 4) vom 13. September bis 14. Oktober 1931 eine Ausgrabung vorgenommen.

22] In Eggenburg (Flur Auf der Heide, Gerstfeld) wurden 1945 und 1947 von Herta Ladenbauer-Orel (s. Anm. 10) drei Grabhügel ausgegraben. 1949 legte Franz Schäffer (1900–1971), der Kustos des Krahuletz-Museums, Eggenburg, fünf Bestattungen frei.

23] Im August 1929 entdeckte der in Elslarn zur Sommerfrische weilende Wiener Dr. Rudolf Lang in der Wand eines Hohlwegs bei Langenlois drei Bronzegegenstände, die er dem Naturhistorischen Museum, Wien, schenkte. Am 30. September 1929 grub der Wiener Prähistoriker Josef Bayer (1882–1931) in Langenlois.

24] Die Kreisgrabenanlage auf der Flur Paßbrunn von Herzogbirbaum wurde 1979 auf einem Luftbild entdeckt und 1986 durch zwei Suchschnitte erforscht.

25] s. Anm. 16

Die Straubinger Kultur

1] Auf der »Berglitzl« bei Gusen wurden von 1965 bis 1974 Grabungen durchgeführt. Die Grabungen von 1965, 1967 und 1968 waren allein auf die Erforschung des slawischen Gräberfelds ausgerichtet, ab 1969 jedoch auch auf andere urgeschichtliche Fundstellen, weil an mehreren Orten Siedlungsreste zum Vorschein kamen. 1982 erfolgten Grabungen am Westhang, bei denen Objekte aus der Jungsteinzeit und aus der Bronzezeit entdeckt wurden.

2] Auf der Hochfläche des Rainbergs in Salzburg kamen im Frühjahr 1899 erste prähistorische Funde zum Vorschein. Daraufhin führte der damalige Konservator und Direktor des Salzburger Museums Carolino Augusteum, Alexander Petter (1832–1905), größere Grabungen durch. Das Salzburger Museum Carolino Augusteum ist 1834 von dem Steueramtskontrolleur Vinzenz Maria Süss (1802–1886) gegründet worden, der als erster Direktor fungierte. Ab 1907 erfolgten Grabungen der Freiherren Alexander, Max und Julius von Schwarz. 1910 und 1911 nahm Hans Baron von Koblitz an der Nordostseite des niederen Rainbergs Grabungen vor.

3] Auf dem Götschenberg bei Bischofshofen haben 1878 der Verwalter des Kupferbergbaus in Mühlbach am Hochkönig und Bischofshofen, Johann Pirchl (1825–1903), 1891 der Fabrikbesitzer und Prähistoriker Matthäus Much (1832–1909) aus Wien, 1912 der Höhlenkundler Georg Kyrle (1887–1937) aus Wien und 1925 der Landesarchäologe Martin Hell (1885–1975) aus Salzburg gegraben. 1979 bis 1982 nahm der damals in Innsbruck tätige Prähistoriker Andreas Lippert dort Ausgrabungen vor. 1983 bis 1987 führte er im Hang im Randbereich des Hügels zusätzliche Detailuntersuchungen durch.

4] Auf dem Klinglberg bei Sankt Veit fand Martin Hell (s. Anm. 3) im April 1913 die Wohnstelle I. Im Herbst 1917 entdeckten Martin Hell und seine Frau Lina die Fundstelle II. 1985 bis 1989 führte der englische Prähistoriker Stephen J. Shennan aus Southampton auf dem Klinglberg Ausgrabungen durch.

5] Auf dem Buchberg in Wiesing hat 1981/82 der Archäologe Wilhelm Sydow vom Bundesdenkmalamt, Außenstelle Innsbruck, gegraben.

6] Auf dem Gschleirsbühel bei Matrei am Brenner nahm die Innsbrucker Prähistorikerin Liselotte Zemmer-Plank ab 29. März 1965 eine 56tägige Ausgrabung vor.

7] Im Herbst 1913 fand Martin Hell (s. Anm. 3) in Salzburg-Maxglan frühbronzezeitliche Keramikreste (Siedlungsstelle I). 1918 stieß seine Frau Lina auf die Siedlungsstelle II. 1922 folgte die Entdeckung einer Abfallgrube (Stelle III).

8] In Salzburg-Itzling wurde am 4. November 1943 in einem Luftschutzgraben eine Kulturschicht (Wohnplatz I) entdeckt. Am 7. März 1944 hat man in einem anderen Luftschutzgraben eine weitere Kulturschicht (Wohnplatz II) gefunden.

9] Die Fundstelle unter der Halbhöhle am Hellbrunnerberg wurde 1945 bei der Anlage eines Luftschutzkellers entdeckt. Martin Hell (s. Anm. 3) hat noch im selben Jahr einen Testschnitt angelegt. Die Grabungen ergaben vor allem jungsteinzeitliche Schichten, darüber aber auch eine bronzezeitliche Schicht sowie eine der Hallstatt- und Latène-Zeit. 1988 hat das Salzburger Museum Carolino Augusteum unter der Leitung des Prähistorikers Fritz Moosleitner eine großflächige Grabung im Anschluß an den Testschnitt von Martin Hell vorgenommen. Das besonders fundreiche Schichtpaket der Bronzezeit weist eine Mächtigkeit von einem Meter auf.

10] Die Tischoferhöhle im Kaisertal wurde seit dem Mittelalter erforscht. 1859 führte der Innsbrucker Lehrer Adolf Pichler (1819–1900) darin Grabungen durch. 1906 untersuchte der Münchener Paläontologe Max Schlosser (1854–1933) die Höhle und 1960 der Innsbrucker Prähistoriker Osmund Menghin (1920–1989).

11] Die bronzezeitlichen Siedlungsreste auf der Pongauer Burg (Ruine Bachsfall) in Bischofshofen wurden 1982 im Zuge der Untersuchung der mittelalterlichen Burganlage entdeckt. Die Untersuchungen erfolgten in den Jahren 1982 bis 1986 durch das Salzburger Museum Carolino Augusteum unter der Leitung von Fritz Moosleitner (s. Anm. 9).

12] Die botanischen Untersuchungen der Gegend unweit der Höhensiedlung auf dem Götschenberg bei Bischofshofen wurden von der Innsbrucker Botanikerin Notburga Wahlmüller vorgenommen.

13] Die Einbäume aus dem Sattnitzmoor östlich von Klagenfurt wurden am 10. August 1939 von Männern des Reichsarbeitsdienstes und am 27. Februar 1940 bei der Glanfurtregulierung entdeckt.

14] Das Gräberfeld von Haid bei Hörsching wurde bei einer Rettungsgrabung vom 26. März bis 26. November 1964 untersucht.

15] Während der Errichtung der Hermann-Göring-Werke im Südosten von Linz wurden zwischen 1938 und 1945 auf dem Gelände der heutigen Vereinigten Österreichischen Eisen- und Stahlwerke (VÖEST) drei Gräberbereiche aufgedeckt: 1. westlich der ehemaligen Ortschaft Sankt Peter das Gräberfeld Linz-Sankt Peter mit Gräbern der Frühbronzezeit, der Urnenfelder-Zeit, der Hallstatt-Zeit und wenigen Funden aus der Latène-Zeit; 2. südwestlich von Sankt Peter das urnenfelderzeitliche Gräberfeld Linz-Wahringerstraße; 3. westlich der einstigen Ortschaft Zizlau, die am Zusammenfluß von Donau und Traun gelegen war, das frühgeschichtliche Gräberfeld Linz-Zizlau.

16] Das Gräberfeld Rudelsdorf III mit frühbronzezeitlichen Gräbern wurde vom 8. Juli bis 20. September 1963 freigelegt. Die Gräberfelder Rudelsdorf I und II umfassen baierische Gräber.

17] In der Schottergrube H. Lehner in Holzleiten wurden 1957 mehr als 100 frühbronzezeitliche Hockergräber entdeckt.

18] In der Schottergrube Wibau III von Neubau wurden im September 1959 sechs Hockergräber gefunden.

19] Beim Bau des Radfahrwegs an der Welser Reichsstraße bei Traun wurden am 11. und 12. April 1939 drei Körpergräber mit Noppenring und konischer Schale aufgedeckt.

Die Unterwölblinger Gruppe

1] Die Harris-Linien sind nach dem englischen Röntgenologen H. A. Harris benannt, dessen Aufsatz hierüber 1931 in der Publikation »*Radiology*« erschien.

2] Das Gehöft von Franzhausen wurde bei Rettungsgrabungen von 1981 bis 1984 am Rand eines großen urnenfelderzeitlichen Gräberfelds durch den Prähistoriker Johannes-Wolfgang Neugebauer vom Bundesdenkmalamt Wien untersucht. Neugebauer oblag die Gesamtleitung der Rettungsgrabungen von 1981 bis 1994 im Unteren Traisental.

3] Die Grundrisse der Langhäuser von Oberndorf/Ebene wurden im Sommer 1990 während der seit 1981 laufenden Rettungsgrabungen im Unteren Traisental unter Leitung von Johannes-Wolfgang Neugebauer (s. Anm. 2) entdeckt. Örtlicher Grabungsleiter war der Wiener Prähistoriker Christian Mayer.

4] Auf dem Spielberg bei Melk wurden schon um die Wende vom 19. zum 20. Jahrhundert Grabungen durchgeführt. 1969 hat man diese Fundstelle untersucht, weil darüber der südliche Teil der neuen Donaubrücke Melk errichtet werden sollte.

5] Der Friedhof von Sankt Pölten/Unterradlberg wurde 1982 entdeckt und bis 1992 unter der Leitung von Johannes-Wolfgang Neugebauer (s. Anm. 2) ausgegraben.

6] In der Ossarner Schottergrube kamen zwischen 1935 und 1937 mehrere Gräber zum Vorschein, deren Inhalt Georg Hahnl (1898–1963), der damalige Propst des Stiftes Herzogenburg, aufbewahrte und inventarisierte. Der Schotterabbau wurde im Zweiten Weltkrieg unterbrochen und erst zu Beginn der 1950er Jahre wiederaufgenommen. Zwischen 1950 und 1962 hat man erneut Gräber entdeckt und ihren Inhalt Hahnl übergeben, der wegen des raschen Fortgangs des Schotterabbaus im Frühjahr eine Reihe von Gräbern ausgraben ließ. Als noch mehrere andere Gräber entdeckt wurden, besichtigte die Wiener Prähistorikerin Gertrud Moßler (1919–1994) die Fundstelle und erkannte die Notwendigkeit einer Untersuchung. Zwischen dem 12. Juni und dem 12. Juli 1962 führte das Bundesdenkmalamt Wien eine Grabung durch. Weitere Grabungen erfolgten vom 29. April bis 21. Mai 1963 und vom 25. bis 28. Juni 1963 sowie 1966 und 1981.

7] In Pottenbrunn wurde 1981 bei der Errichtung einer neuen Straßenmeisterei ein frühlatènezeitlicher Adelsfriedhof entdeckt. In dessen Mitte kam ein Friedhof der Unterwölblinger Gruppe zum Vorschein, den Johannes-Wolfgang Neugebauer (s. Anm. 2) untersuchte.

8] Im Friedhof von Unterwölbling (Flur Kirchbühel) wurden zwischen 1908 und 1925 sowie 1950/51 insgesamt 51 Körpergräber und eine Brandbestattung gefunden. Als Ausgräber betätigten sich der Wiener Prähistoriker Josef Bayer (1882–1931) beziehungsweise der Wiener Anthropologe Wilhelm Ehgartner (1914–1965) sowie die Wiener Prähistoriker Fritz Felgenhauer und Karl Kromer. Zusammen mit den unbeobachtet zerstörten Teilen muß der Friedhof einst zwischen 100 und 200 Gräber umfaßt haben.

9] s. Anm. 4

10] 1982 wurde im Zuge der Errichtung des Südzubringers zur Schnellstraße 33, der Öffnung einer Begleitschottergrube und des Baus einer Umfahrungsstraße in Oberndorf/Ebene ein Friedhof entdeckt, den Johannes-Wolfgang Neugebauer (s. Anm. 2) untersuchte.

11] Der Arbeiter Raimund Weber (1909–1965) fand am 17. August 1929 in Spitz beim Grundausschachten für einen Scheunenneubau neben dem Haus Nr. 3 ein Skelettgrab mit Bronzen und Keramik. Am 24. August 1929 erhielt Josef Bayer (s. Anm. 8) in Spitz die Funde und die Grabungserlaubnis für weitere Untersuchungen. Schon Jahre zuvor hatte man beim Setzen eines Lichtleitungsmastes ein Skelett freigelegt.

12] Die Sonderbestattung von Oberndorf/Ebene wurde 1973 von dem Grabungstechniker und Korrespondenten des Bundesdenkmalamts Wien, Alois Gattringer aus Traismauer, entdeckt.

Die Wieselburger Kultur

1] Bei Gattendorf (Gáta) wurde 1897 beim Bau der Eisenbahnlinie von Sopron nach Bratislava (Ödenburg–Preßburg) ein Gräberfeld mit 20 bis 25 Gräbern entdeckt. 1898/99 legte der adlige Grundbesitzer und Advokat August Söter von Tapió-Sap (1837–1905) aus Altenburg (heute Mosonmagyaróvár) bei einer Grabung 43 Gräber frei. Weitere Gräber hat man 1931/32 gefunden. Ein zweites Gräberfeld wurde 1953 in Gattendorf (Flur Zigeunertafel) von dem Prähistoriker Alois Ohrenberger (1920–1994) aus Eisenstadt lokalisiert und ausgegraben.

2] Den Begriff Gáta-Kultur hat 1917 der ungarische Freiherr Kálmán von Miske (1860–1943), der Begründer und Direktor des Museums in Szombathely und Begründer des Museums in Köszeg (Günz), eingeführt.

3] Der damals in Bratislava tätige Prähistoriker Jan Eisner (1885–1967) prägte 1933 den Ausdruck Mosonska-Kultur, der sich auf die ungarische Benennung des Wieselburger Komitats bezieht.

4] In Fischamend bei Schwechat wurde 1917 beim Ausheben des Grundes für einen militärischen Bau eine Grube mit Keramikresten entdeckt.

5] Die Siedlungsreste von Mannersdorf am Leithagebirge wurden 1977 bis 1984 bei den Grabungen des Bundesdenkmalamts Wien durch den Grabungstechniker Gustav Melzer freigelegt.

6] Im Sommer 1958 ließ die Österreichische Mineralölverwaltung östlich von Schwechat für den Neubau der Großraffinerie ein großes Areal durch Planiergeräte vom Humus befreien. Dabei kamen zahlreiche Verfärbungen, urgeschichtliche Keramikbruchstücke und ein ganzes Henkelgefäß zutage. Ein Arbeiter verständigte die Prähistorische Abteilung des Naturhistorischen Museums, Wien, von den Funden, welche die Meldung an das Bundesdenkmalamt Wien weitergab. Im Auftrag und unter Aufsicht der Wiener Prähistorikerin Gertrud Moßler (1919–1994) und unter technischer Leitung des Grabungstechnikers Gustav Melzer mit teilweiser Mitwirkung der Österreichischen Arbeitsgemeinschaft für Ur- und Frühgeschichte wurden mehrere Verfärbungen untersucht. Grube 5 enthielt Keramikreste der Wieselburger Kultur, die seit längerer Zeit im Gebiet von Schwechat belegt ist.

7] 1916 fand Alexander Ritter von Seracsin (1883–1952) bei der Wolfsbrunnenquelle unweit von Sommerein eine Henkeltasse.

8] Daß sich auf dem Föllik bei Großhöflein eine Siedlung der Wieselburger Kultur befand, vermutete 1954 der damals in Wien arbeitende Prähistoriker Richard Pittioni (1906–1985) in seinem Buch »*Urgeschichte des österreichischen Raumes*«.

9] s. Anm. 1 Die Leithaprodersdorf-Gruppe

10] Die Siedlungsreste von Parndorf bei Neusiedl am See wurden 1945 entdeckt.

11] Das Keramikdepot in der Hofmannshöhle bei Bad Fischau wurde 1929 von dem Ingenieur Josef Wenninger (1905–1991) aus Wiener Neustadt entdeckt.

12] s. Anm. 10 Die Leithaprodersdorf-Gruppe

13] Die ersten frühbronzezeitlichen Funde in Hainburg-Teichtal wurden im Herbst 1916 durch den Wiener Prähistoriker Eduard Beninger (1897 bis 1963) geborgen, als er mit dem Hainburger Gemeinderat und Bauwerkmeister der Tabakfabrik, Franz Thier, den an die Fundstelle angrenzenden mittelalterlichen Friedhof untersuchte. Dabei wurden auf einer benachbarten Anhöhe frühbronzezeitliche Tonscherben entdeckt.

ANMERKUNGEN

Im Dezember 1927 stellten der damals in Hainburg stationierte Oberstleutnant Franz Mühlhofer (1881–1955) und Franz Thier in der neuen Sandgrube Reinschedl ein frühbronzezeitliches Gräberfeld fest. Im Sommer 1928 grub Mühlhofer, dem Beninger hierfür Geldmittel der anthropologisch-prähistorischen Abteilung des Naturhistorischen Museums, Wien, beschafft hatte, die Gräber 1 bis 9 aus. Später wurden die ersten Gräber numeriert und zusammen mit einigen zufällig gefundenen Bestattungen als Gräber 1 bis 16 bezeichnet. Zwischen 1930 und 1933 sowie gelegentlich bis 1938 wurden im Auftrag des Naturhistorischen Museums, Wien, von hierzu Beauftragten und Einheimischen die Gräber 17 bis 146 freigelegt. Vor einem geplanten Kasernenbau nahmen Eduard Beninger und der Anthropologe Ämilian Kloiber (1910–1989) aus Linz im Frühjahr 1939 eine Ausgrabung vor, bei der die Gräber 147 bis 253 zum Vorschein kamen. 1973 wurde zufällig das Grab 254 gefunden. 1982, 1985/86 und 1989/90 grub der Prähistoriker Johannes-Wolfgang Neugebauer vom Bundesdenkmalamt Wien weitere 62 frühbronzezeitliche Hockergräber aus, von denen jeweils 31 zu dem altbekannten großen Friedhof und zu einem neuentdeckten kleineren Friedhof gehörten.

14] In Mannersdorf am Leithagebirge wurde 1925 im Schloßgarten ein vereinzeltes Grab gefunden. 1976 und 1977 kamen in der Flur Reinthal beim Pflügen zahlreiche Gräber zum Vorschein. 1977 bis 1984 erfolgten Grabungen des Bundesdenkmalamts Wien durch den Grabungstechniker Gustav Melzer.

15] In Oggau-Seegasse wurde 1930 ein Grab entdeckt. Der erste Hinweis auf Grabfunde ging im Winter 1931 beim Burgenländischen Landesmuseum, Eisenstadt, ein. Von da ab kamen bei der Sandgewinnung am »Seedamm« und bei der Errichtung von Wohnhäusern immer wieder Gräber zum Vorschein. Daß diese Grabfunde dem Landesmuseum bekannt wurden, ist dem Aufseher und Präparator des Burgenländischen Landschaftsmuseums, Eisenstadt (wie das Landesmuseum damals hieß), Johann Sallmutter (1900–1973) aus Oggau, zu verdanken. 1939 nahm der damalige Direktor des Burgenländischen Landesmuseums, Richard Pittioni (1906–1985), eine Grabung vor, 1941 Gertrud Moßler (s. Anm. 6) und zu Anfang des Jahres 1950 Alois Ohrenberger (Anm. 1). Letztere Grabung war durch Arbeiten beim Ausbau des Wasserleitungs-Ortsnetzes notwendig geworden. 1939 und 1953 wurden dem Landesmuseum Einzelfunde übergeben, die keinen Gräbern zugeordnet werden können.

Die Litzenkeramik oder Draßburger Kultur

1] Die Siedlungsreste auf dem Föllik bei Großhöflein wurden 1933 entdeckt.
2] Auf dem Taborac bei Draßburg wurden bei einer Begehung im Sommer 1955 von dem Prähistoriker Alois Ohrenberger (1920–1994) aus Eisenstadt Gruben mit Litzenkeramik festgestellt. Am 12. und 13. November 1955 nahm er eine Notgrabung vor. Zuvor waren bei einer Grabung von 1933 durch den Zahnarzt und ehrenamtlichen Konservator des Bundesdenkmalamts für das Burgenland, Friedrich Hautmann (1890–1955) aus Wiener Neustadt, den Wiener Anthropologen Josef Weninger (1886 bis 1959) und den Heimatforscher Karl Moßler (1891–1988) aus Wien Funde zum Vorschein gekommen.
3] s. Anm. 5 Die Leithaprodersdorf-Gruppe
4] Die Auskünfte über die Entdeckungsgeschichte der Merkensteiner Höhle bei Gainfarn verdanke ich dem Direktor des Stadtmuseums Bad Vöslau, Volksschuldirektor i.R. Robert Haininger: Demnach wurde die Merkensteiner Höhle bei Gainfarn von dem Werkmeister der Firma Rohrböck, Andreas Wieser (1878–1961) aus Sankt Veit/Berndorf, entdeckt, als er einen Fuchs sah und den Fuchsbau suchte. Dabei stieß er am Fuß des steil aufragenden Felsens, auf dem die Burgruine Merkenstein steht, hinter dichtem Gestrüpp auf einen Spalt im Felsen, den Eingang zur Merkensteiner Höhle. Zusammen mit seinen Freunden Frohn und Urban führte Wieser 1919/20 erste Grabungen durch. Nach der Freilegung zahlreicher Objekte bat er den Oberstleutnant Franz Mühlhofer (1881–1955) aus Wiener Neustadt um Unterstützung, der 1921 mit systematischen Untersuchungen der Höhle begann, die sich – mit Unterbrechungen – bis 1934 hinzogen.
5] Die Litzenkeramik in der Steinberghöhle bei Steindorf in der Gemeinde Grillenberg wurde 1935 gefunden.
6] Am Fuß des Haussteins bei Grünbach am Schneeberg nahm 1959 der Prähistoriker Franz Hampl (1915–1980) Grabungen vor, bei denen unter anderem Scherben von Litzenkeramik geborgen wurden. Er war 1955 Kustos, 1956 Museumsrat und 1961 Obermuseumsrat des Niederösterreichischen Landesmuseums, Wien.
7] Das Keramikdepot von Guntramsdorf kam Anfang September 1931 beim Ausheben eines Kellers zum Vorschein.
8] Das Keramikdepot von Deutschkreuz wurde 1964 entdeckt.

Die Věteřov-Kultur und die Böheimkirchener Gruppe

1] Die Mad'arovce-Kultur ist nach einer Siedlung in der Südslowakei benannt. Der Begriff Mad'arovce-Kultur geht auf den damals in Bratislava arbeitenden Prähistoriker Jan Eisner (1885–1967) zurück, der 1933 von der Kultur von Mad'arovce sprach. Der 1929 von dem Prähistoriker Vere Gordon Childe (1892–1957) aus Edinburgh vorgeschlagene Name Veselé-Typus nach einer bedeutenden Siedlung in der Slowakei hat sich nicht durchgesetzt.
2] Auf dem Buhuberg bei Waidendorf wurden von 1982 bis 1985 durch den Prähistoriker Bernhard Hahnel aus Wien Untersuchungen durchgeführt.
3] Im März 1968 meldete der Gemeindesekretär von Großweikersdorf, Hermann Fachleitner, der Österreichischen Arbeitsgemeinschaft für Ur- und Frühgeschichte, bei der Neuanlage eines Feldwegs auf der Flur Hausberg seien trapezförmige Siedlungsgruben angeschnitten worden. Am 23. und 24. sowie 30. und 31. März 1968 führte die Wiener Archäologin Alexandrine Eibner-Persy eine Rettungsgrabung durch.
4] In Großweikersdorf (Flur »In Lüssen«) erfolgte vom 24. bis 25. Februar sowie vom 2. bis 3. März 1968 eine Notbergung durch den Fundbergedienst der Österreichischen Arbeitsgemeinschaft für Ur- und Frühgeschichte unter Leitung des damals in Wien arbeitenden Prähistorikers Clemens Eibner.
5] Auf dem Oberleiserberg bei Ernstbrunn fanden 1925 bis 1933 sowie 1976 bis 1990 mit Unterbrechungen Ausgrabungen statt.
6] Bereits 1913 entdeckte ein Tagelöhner im ehemaligen Pfarrgarten von Böheimkirchen beim Pflanzen eines Kirschbaums ein Depot von etwa 20 bis 30 Ringbarren, die an einen Trödler verkauft wurden. Während der Vergrößerung der Schule und Erweiterungen des Friedhofs wurden vom Niederösterreichischen Landesmuseum 1929 durch Friedrich Wimmer aus Wien und 1945 bis 1947 sowie 1949 durch den Lehrer und Heimatforscher Karl Kriegler (1891–1963) aus Wien und den Prähistoriker Otto Seewald (1898–1968) aus Wien Rettungsgrabungen durchgeführt. 1973/74 sowie 1979/80 erfolgten moderne, großflächige Untersuchungen durch die Prähistoriker Horst Adler und Johannes-Wolfgang Neugebauer vom Bundesdenkmalamt Wien.
7] Die Fundstelle Türkenschanze bei Allhartsberg wurde 1954 auf Initiative des Heimatforschers Anton Mitmannsgruber (1895–1986) aus Kemathen an der Ybbs durch den Wiener Prähistoriker Eduard Beninger (1897–1963) untersucht.
8] Auf dem Kumenberg bei Sankt Andrä-Wördern haben der Wiener Prähistoriker Herbert Mitscha von Märheim (1900–1976) und der Leiter des Stadtmuseums Wien, der Archäologe Erich Polaschek (1885–1974), im Frühjahr und Sommer 1936 frühbronzezeitliche Scherben gefunden. 1969 nahm Clemens Eibner (s. Anm. 4) einen Suchschnitt durch einen Sohlgraben der Höhensiedlung vor, um die Datierung der Anlage zu klären.
9] Am 19. April 1973 wurde der Korrespondent des Bundesdenkmalamts Wien, Alois Gattringer aus Traismauer, durch den Bauunternehmer Leopold Maurer über Skelettfunde in seiner Gemeinlebarner Schottergrube informiert. Daraufhin untersuchte Gattringer am 20. April 1973 die Fundstelle. Weitere vier Gräber wurden 1973/74 und 1975 beim Schotterabbau entdeckt. Von 1978 bis 1981 untersuchten Gattringer und der Prähistoriker Johannes-Wolfgang Neugebauer vom Bundesdenkmalamt Wien diese Fundstelle, die in der Fachliteratur Gemeinlebarn F genannt wird, und stießen dabei auf weitere 240 Körpergräber und eine Brandbestattung aus der Frühbronzezeit.
10] Das 1970 beim Schotterabbau größtenteils zerstörte Gräberfeld von Herzogenburg-Nord (Flur Kalkofen) wurde durch Clemens Eibner (s. Anm. 4) untersucht.
11] Aus Statzendorf sind zwei frühbronzezeitliche Gräberfelder bekannt. Die Entdeckungsgeschichte des Gräberfelds I begann damit, daß der Wiener Prähistoriker Josef Bayer (1882–1931) am 26. Juli 1929 die Nachricht erhielt, Mitte Juli habe man bei Erdaushebungen am Bahnhof in Statzendorf Skelettgräber mit Töpfen gefunden. Bayer untersuchte am 27. Juli 1929 vier bereits freigelegte Gräber und hob vom 30. Juli

bis 30. August 1929 zehn frühbronzezeitliche Bestattungen aus. Am 8. Dezember 1929 erfuhr Bayer, an einer anderen Stelle in Statzendorf seien beim Pflügen zwei ebenfalls der Frühbronzezeit angehörende Gräber entdeckt worden. Diese Fundstelle wird Gräberfeld II genannt.

Die Attersee-Gruppe in der Frühbronzezeit

1] Der Begriff Mondsee-Gruppe geht auf den Berliner Prähistoriker Alfred Götze (1865–1948) zurück, der 1900 vom Mondsee-Typus oder von der Mondsee-Gruppe gesprochen hatte. Der Name erinnert an den Mondsee in Oberösterreich, in dem 1872 von dem Wiener Fabrikbesitzer und Prähistoriker Matthäus Much (1832–1909) am Ausfluß der Seeache das sogenannte Pfahlfeld See beziehungsweise die Station See entdeckt wurde.
2] Die Seeufersiedlung von Scharfling/Mondsee wurde 1874 von Matthäus Much aufgespürt.
3] In Weyregg/Attersee entdeckte im Jahre 1871 Gundaker Graf Wurmbrand (1838–1901) eine Seeufersiedlung.
4] Die Seeufersiedlung von Misling II/Attersee bei Unterach wurde 1973 bis 1976 durch Taucher untersucht.
5] Die Seeufersiedlung von Gmunden/Traunsee wurde 1870 ausfindig gemacht.
6] Die Seeufersiedlung von Kammerl/Attersee wurde 1871 aufgespürt.
7] s. Anm. 1

Die Frühbronzezeit in der Schweiz

1] Die Zusammenstellung dieser Übersicht über die Verbreitung und Zeitdauer von Kulturen der Frühbronzezeit entstand mit Hilfe der deutschen Prähistorikerin Gretel Gallay aus Nidderau (Hessen), des beim Archäologischen Dienst des Kantons Bern arbeitenden deutschen Prähistorikers Albert Hafner und des schweizerischen Prähistorikers Jürg Rageth vom Archäologischen Dienst Graubünden, Haldenstein.

Die Rhône-Kultur

1] Die Bezeichnung Walliser Kultur wurde 1927 von dem deutschen Prähistoriker Georg Kraft (1894–1944) aus Freiburg/Breisgau vorgeschlagen.
2] Der Ausdruck Civilisation rhodanienne wurde 1964 von dem Lehrer und Prähistoriker Jean Olivier Bocksberger (1925–1970) aus Sitten geprägt.
3] Der Zürcher Prähistoriker Emil Vogt (1906–1974) hat 1971 eine Unterteilung der Frühbronzezeit in eine alpine Gruppe und in eine Mittellandgruppe vorgeschlagen. Vogt war von 1961 bis 1971 Direktor des Schweizerischen Landesmuseums, Zürich.
4] 1854 wurde bei Morges am Genfer See von dem Prähistoriker Frédéric Louis Troyon (1815–1866) aus Lausanne sowie dem Geologen und Archäologen Karl Adolph von Morlot (1820–1867) aus Lausanne eine große Station (»la Grande Cité« genannt) entdeckt.
5] 1951 fiel dem Anthropologen und Kantonsarchäologen Marc-Rodolphe Sauter (1914–1983) aus Genf bei einem Ausflug auf den Hügel Heidnischbühl bei Raron ein Erdschnitt aus der Zeit der Mobilmachung auf, in dem sich urgeschichtliche Feuerstellen und Tonscherben befanden. Vom 14. August bis zum 6. September 1960 und vom 8. Juli bis zum 9. August 1961 wurden dort Ausgrabungen vorgenommen.
6] Die Fundstelle Sembrancher (Crettaz-Polet) wurde von 1983 bis 1986 vom Département d'Anthropologie der Universität Genf untersucht.
7] Die Entdeckungsgeschichte der Fundstelle Saint-Léonard (Sur-le-Grand-Pré) begann damit, daß der Tischler Georg Wolf aus Sitten 1956 im Abraum eines Quarzit-Steinbruchs zahlreiche Tonscherben und Knochenreste fand und die zuständige Behörde davon informierte. 1957 bis 1959 grub Marc-Rodolphe Sauter (s. Anm. 5) dort.
8] Die Beile aus Neyruz wurden 1895 unter einem Findling entdeckt, ein Jahr später kam etwa 300 Meter davon entfernt unter einem Hügel ein Steinkistengrab zum Vorschein.
9] Das Depot bei Sigriswil-Ringoldswil wurde im Sommer 1841 auf einer Wiese nach dem Sprengen auf dem Absatz eines hausgroßen Felsblocks etwa 60 Zentimeter unter der Erde gefunden. Als Entdecker gilt ein Bergwerksinspektor namens Beckh. Der Fund wurde in einem Brief des Landammanns und Geschichtsforschers Carl Friedrich Ludwig Lohner (1786–1863) vom 7. Oktober 1841 an den Zürcher Prähistoriker Ferdinand Keller (1800–1881) erstmals erwähnt. Keller hat 1832 die Antiquarische Gesellschaft in Zürich gegründet.
10] Das Grab eines vermutlich bedeutenden Mannes von Thun-Renzenbühl wurde 1829 entdeckt.
11] Die Gräber im Wilerhölzli von Thun-Wiler wurden 1920, 1931 und 1933 von dem Lehrer Franz Henri Wuillemin (1879–1956) aus Almendingen/Thun aufgespürt.
12] In Ayent (Les Places) wurde im 19. Jahrhundert ein großes Gräberfeld zerstört.
13] Die Entdeckungsgeschichte des Fundorts Colombey-Muraz (Barmaz I) begann vor 1900, als beim Abbau des Granits mehrere Gräber freigelegt wurden. Weitere Ausgrabungen erfolgten 1900 und im März 1947. Von 1947 bis 1955 grub Marc-Rodolphe Sauter (Anm. 5) immer wieder dort.
14] In Conthey (Erde) wurden 1896 mehrere Gräber zerstört.
15] Die Gräber von Conthey (Sensine) wurden vor 1910 entdeckt.
16] s. Anm. 5
17] In Siders (Crête-Plane) wurden 1899 mehrere Gräber zerstört.
18] Die ersten Funde aus Ollon (Le Lessus) kamen bei Arbeiten in einem Steinbruch zum Vorschein, in dem schwarzer Kalkstein des Hügels von Lessus abgebaut wurde. 1899 nahm der Architekt und Prähistoriker Albert Naef (1862–1934) aus Lausanne Ausgrabungen vor. Während der Jahrzehnte um 1900 trug der damalige Steinbruchbesitzer Pousaz-Gaud Funde zusammen. Zwischen 1958 und 1960 grub Olivier-Jean Bocksberger (s. Anm. 2) dort, 1972 die Abteilung für Denkmalschutz und Archäologie des Kantons Waadt unter Leitung des Prähistorikers Denis Weidmann und 1979 der Prähistoriker Gilbert Kaenel aus Lausanne. Auf dem Hügel von Lessus und auf dem benachbarten Hügel von Ollon (Charpigny) wurden Gräber aus der Früh-, Mittel- und Spätbronzezeit gefunden.
19] s. Anm. 10
20] Die Menhire von Lutry wurden im Herbst 1984 beim Bau einer unterirdischen Parkgarage außerhalb der Stadt unter meterhohen Ablagerungen entdeckt.

Die Arbon-Kultur

1] Bei Grabungen in den Jahren 1937 bis 1967 durch den Buchdrucker und Heimatforscher Ernst Kull (1889–1980), der zunächst in Muttenz und später in Basel wohnte, wurden auf dem Wartenberg ob Muttenz neben Spuren einer bronzezeitlichen Befestigung auch Gegenstände der frühen, mittleren und späten Bronzezeit zutage gefördert.
2] In Zürich-Mozartstraße kamen am 16. Juli 1981 beim Ausbaggern des Schlitzes für die Betonitwand um die künftige Baugrube für die geplante Erweiterung des Opernhauses prähistorische Pfähle zum Vorschein. Daraufhin erfolgte eine Grabung unter Leitung des damals in Zürich arbeitenden Prähistorikers Peter J. Suter (heute in Bern).
3] Die Seeufersiedlung von Meilen-Schellen am Zürichsee wurde im Januar und Februar 1985 von der archäologischen Tauchequipe der Stadt Zürich untersucht.
4] 1914 wurden im Uferbereich vor dem Töchterinstitut Baldegg am südwestlichen Ende des Baldegger Sees Lesefunde geborgen, die auf eine frühbronzezeitliche Siedlung schließen ließen. Diese Vermutung wurde bei den 1938/39 vom Archäologischen Arbeitsdienst organisierten Grabungen unter Leitung des Bezirkslehrers und Heimatforschers Reinhold Bosch (1887–1973) aus Seengen bestätigt.
5] Die Seeufersiedlung Arbon-Bleiche am Bodensee wurde 1944 durch den damals in Arbon lebenden Zahnarzt Otto Meyer-Boulenaz entdeckt, als man im sumpfig-moorigen Mündungsgebiet der Arboner Aach Entwässerungsgräben zog. Auf Veranlassung der Museumsgesellschaft Arbon wurde diese Fundstelle im Frühsommer 1945 unter der Leitung des Prähistorikers Karl Keller-Tarnuzzer (1891–1973) aus Frauenfeld durch eine Gruppe polnischer Internierter untersucht, die zuvor die jungsteinzeitliche Siedlung Pfyn-Breitenloo ausgegraben hatte.
6] Während der Sanierung des Reusstals wurden 1974 am rechten Reussufer in Unterlunkhofen Kulturschichten entdeckt. 1976 untersuchte die Kantonsarchäologie einige kleinere Flächen.
7] Der Burghügel Gräplang bei Flums wurde von 1958 bis 1990 von der Sekundarlehrerin Franziska Knoll-Heitz aus Sankt Gallen im sogenannten Burgenforschungskurs ausgegraben. Bronzezeitliche Kulturschichten kamen 1963 und 1964 erstmals bei Sondierschnitten auf dem Ostplateau des Burghügels (Rebberg-Ost) zum Vorschein. Ab 1985 wurden unter Mitwirkung von Studenten der Ur- und Frühgeschichte aus Wien und Marburg (Hessen) auf dem Ostplateau feinstratigraphische Untersuchungen vorgenommen.

ANMERKUNGEN

8] Nach der ersten Fundmeldung von 1966 an den Staatsarchivar besichtigten am 18. Juni 1967 der Kantonsförster Clemens Hagen aus Frauenfeld und Franziska Knoll-Heitz (s. Anm. 7) den Hügelsporn Waldi zwischen Mettlen und Toos, um die dort beim Lehmabbau zutage getretenen Siedlungsspuren in Augenschein zu nehmen. Dabei fanden sie etwa 29 urgeschichtliche Tonscherben. Franziska Knoll-Heitz nahm 1969 Sondierungen vor und stieß dabei im Hügel auf Trockenmauern, die sie irrtümlich für Reste einer mittelalterlichen Burg hielt. 1971/72 führte die Prähistorikerin Madeleine Sitterding aus Basel dort Ausgrabungen durch. 1974 setzte der Prähistoriker Jost Bürgi aus Frauenfeld die Untersuchungen fort, die 1975 abgeschlossen wurden.

9] Auf dem Borscht bei Schellenberg haben 1935 und 1936 für den Historischen Verein der Konservator am Vorarlberger Landesmuseum in Bregenz, Adolf Hild (1883–1954), und 1947 bis 1949 der Lehrer David Beck (1893–1966) aus Vaduz gegraben.

10] Bei Aushubarbeiten für ein Einfamilienhaus wurden in Möriken am Fuß des Kestenbergs von einem Lehrer prähistorische Scherben gefunden. Außerdem hat man in der Baugrube Brandspuren und eine Steinschicht festgestellt. Daraufhin haben die Zürcher Archäologen Johannes Weiss und Peter Frey im März 1978 eine Sondierung vorgenommen.

11] Die Randleistenbeile von Salez bei Sennwald kamen Anfang März 1883 in einem Hügel zum Vorschein, der abgebaut wurde, um Kies zu gewinnen.

12] Das Depot von Arbedo-Castione wurde 1874/75 beim Bau der Gotthard-Eisenbahn bei der Lokalität »Tal der Diebe« gefunden.

13] Der Goldbecher von Eschenz kam vermutlich 1906 zum Vorschein, als in der Gegend der Bahnstation und der nahe gelegenen Fabriken die Gleisanlagen umgebaut wurden.

Die Inneralpine Bronzezeit-Kultur in der Frühbronzezeit

1] Der Begriff Crestaulta-Kultur wurde 1946 von dem Kreisförster und Heimatforscher Walo Burkart (1887–1952) aus Chur vorgeschlagen.

2] Der Name Bündnerische Bronzezeit wurde 1974 von dem Prähistoriker Jürg Rageth aus Chur in seiner Dissertation über den Lago di Ledro im Trentino geprägt, aber kurz darauf zugunsten des Ausdrucks Inneralpine Bronzezeit wieder aufgegeben.

3] Die Höhensiedlung auf der Crestaulta bei Lumbrein-Surin wurde von 1936 bis 1938 durch Walo Burkart (s. Anm. 1) untersucht.

4] Die Höhensiedlung auf dem Grepault bei Trun wurde 1931 und 1934 durch Walo Burkart (s. Anm. 1), 1955 durch den Kaminfegermeister Tobias Deflorin (1903–1977) aus Trun, 1957 durch den Pfarrer, Mittelschullehrer und nebenamtlichen Konservator Hercli Bertogg aus Chur (1903–1958) und 1959/60 durch den Prähistoriker Hans Erb (1910 bis 1986) aus Chur erforscht.

5] Auf dem Jörgenberg bei Waltensburg nahmen 1935 und 1947 Walo Burkart (s. Anm. 1) und 1954 Tobias Deflorin (s. Anm. 4) Sondierungen vor.

6] Auf der Cresta bei Cazis entdeckte 1942 Walo Burkart (s. Anm. 1) Siedlungsspuren. Er grub dort 1943/44. 1947 bis 1970 wurde die Siedlungsstelle durch das Schweizerische Landesmuseum, Zürich, unter Leitung des Prähistorikers Emil Vogt (1906–1974) untersucht.

7] Die Höhensiedlung auf Motta Vallac bei Salouf wurde von Walo Burkart (s. Anm. 1) entdeckt und 1941 sowie 1945/46 von ihm untersucht. Der Begriff Motta heißt zu deutsch Hügel. 1972 nahm der Prähistoriker René Wyss vom Schweizerischen Landesmuseum, Zürich, eine Probegrabung vor.

8] Auf der Mutta bei Fellers hat Walo Burkhart (s. Anm. 1) 1936 und 1939 sondiert sowie 1941 bis 1943 gegraben.

9] Auf dem Padnal bei Savognin wurden 1947 und 1953 beim Kiesabbau prähistorische Siedlungsreste entdeckt. Der Name Padnal heißt befestigter Platz. Der Lehrer und Heimatforscher Benedikt Frei (1904–1975) aus Mels sowie der Lehrer Bonifazius Josef Plaz (1906–1961) aus Savognin nahmen erste Sondierungen vor. 1971 bis 1983 wurde der Fundplatz durch den Archäologischen Dienst Graubünden untersucht.

10] Die Felszeichnungen von Crap Carschenna oberhalb Sils wurden 1965 von Peter Brosi, Sektion Forsteinrichtung, bei der Suche nach einem Meßpunkt entdeckt. Der Ausdruck Crap bedeutet zu deutsch Felskopf. Brosi verständigte den Kantonsarchäologen Hans Erb (s. Anm. 4), unter dessen Leitung im Sommer 1966 der Churer Prähistoriker Christian Zindel eine erste fotografische und zeichnerische Bestandsaufnahme durchführte.

11] Die Theorie der »Sonnenkultlinie« wird von dem Geologen Ulrich Büchi aus Zürich-Forch vertreten.

12] Die Entdeckungsgeschichte der Gräber von Donath begann 1926 mit Bauarbeiten an der Gemeindestraße von Donath nach Casti-Wergenstein. Dabei stieß man auf eine gemauerte Kammer und später im Schutt auf vier Grabbeigaben. Eine weitere Sondierung von 1928 blieb ergebnislos. Als 1961 die Straße erneut verbreitert wurde, gelang es dem Primarlehrer und Ausbilder an der evangelischen Mittelschule in Schiers, Adolf Gähwiler, im Auftrag des Rätischen Museums, Chur, fünf weitere Bestattungen aufzudecken.

Die Mittelbronzezeit in Deutschland

1] Die Zusammenstellung dieser Übersicht über die Verbreitung und Zeitdauer von Kulturen der Mittelbronzezeit entstand mit Hilfe der Prähistoriker Friedrich Laux vom Hamburger Museum für Archäologie/Helms-Museum, Hamburg-Harburg, Rolf Breddin vom Brandenburgischen Landesmuseum für Ur- und Frühgeschichte, Potsdam, und Klaus Simon vom Landesmuseum für Vorgeschichte, Dresden.

Die Hügelgräber-Kultur

1] Der Begriff Württembergische Gruppe wurde 1939 von dem damals in München arbeitenden Prähistoriker Friedrich Holste (1908–1942) verwendet.

2] Der Name Oberbayerische Gruppe wurde 1939 von Friedrich Holste (s. Anm. 1) verwendet.

3] Friedrich Holste (s. Anm. 1) formulierte 1939 und 1953 (posthum veröffentlicht) die Bezeichnungen Oberpfälzische Gruppe und Böhmische Gruppe.

4] Der Begriff Rhein-Main-Gruppe wurde 1970 und 1977 von der Prähistorikerin Isa Kubach-Richter und von dem Prähistoriker Wolf Kubach aus Frankfurt/Main benutzt. Identisch mit der Rhein-Main-Gruppe ist die Mittelrhein-Gruppe, von der Friedrich Holste (s. Am. 1) 1939 und 1953 (posthum veröffentlicht) sprach.

5] Der Begriff Werra-Fulda-Gruppe wurde 1939 von Friedrich Holste (s. Anm. 1) geprägt. Isa Kubach-Richter (s. Anm. 4) sprach 1970 von der Fulda-Werra-Gruppe.

6] Die Bestattungen von Nersingen wurden 1983 freigelegt.

7] Das »Fürstengrab« von Hagenau bei Regenstauf wurde im Februar 1975 durch den Maurermeister Herbert Böhmer aus Edlhausen bei Regenstauf ausgegraben.

8] Das Gräberfeld von Wixhausen wurde ab Juni 1948 unter Aufsicht des Amtes für Bodendenkmalpflege im Regierungsbezirk Darmstadt ausgegraben.

9] Die Grabhügel im Rittersrain bei Jüchsen wurden von dem Prähistoriker Klaus Heydenblut aus Weimar entdeckt. Von 1959 bis 1961 erfolgten Ausgrabungen durch den Weimarer Prähistoriker Rudolf Feustel, an denen sich Renate Meuche und Klaus Heydenblut vom Museum für Ur- und Frühgeschichte Thüringens, Weimar, beteiligten.

10] In Wilsingen hat 1898 der Landwirt Johannes Dorn (1853–1925) aus Haid bei Trochtelfingen acht Grabhügel angegraben und dabei teilweise bronzezeitliche Bestattungen entdeckt. Als im Frühjahr 1968 beim Ausbau der Straße von Wilsingen nach Steinhilben drei Grabhügel abgetragen werden sollten, nahmen die Tübinger Archäologiestudenten Adelheid Beck, Paul Beck, Jörg Biel, Amei Lang und Hartmann Reim vom 1. bis 18. April 1968 eine Grabung vor.

11] Die Bestattung mit der Pfeilspitze im Armknochen kam im Hügel I von Stetten zum Vorschein, der 1902 und 1915 untersucht wurde.

12] In einem zerstörten Grabhügel von Klings/Rhön wurden 1927 Reste mehrerer Menschen (Kind, Jugendliche[r], Frau, Mann) entdeckt. Im Wirbel des Mannes steckte die Pfeilspitze.

13] Die Schußverletzung von Saalfeld wurde 1936 von dem Arzt und Vorgeschichtler Georg Wilke (1859–1938) aus Leipzig in *»Die Heilkunde der Europäischen Vorzeit«* auf Seite 218 erwähnt. Wilke hat während seiner Tätigkeit als Stabsarzt in Grimma den Verein für Vorgeschichte mit Museum gegründet.

14] In Lochham wurde 1910 eine Gruppe von elf Grabhügeln aufgedeckt.

15] Die Hausgrundrisse am Rabenhof bei Freystadt-Thannhausen wurden im Frühjahr 1985 von dem damals in Kelheim arbeitenden Archäologen Michael Hoppe während der Bauarbeiten am Rhein-Main-Donau-Kanal entdeckt. Von Juli bis November 1985 und von April bis August 1986 nahm er Ausgrabungen vor.

16] Die Siedlungsreste am Fundort Riedwiesen in Frankfurt/Main-Schwanheim wurden 1973/74 und 1978 untersucht.
17] s. Anm. 3 Die Arbon-Kultur
18] s. Anm. 12 Die Straubinger Kultur
19] Auf dem Schloßberg bei Kallmünz sollen 1917 Reste von Hausgrundrissen innerhalb des Innenwalles zum Vorschein gekommen sein. 1957 nahm der Regensburger Prähistoriker Armin Stroh im Innen- und im Außenwall eine Sondage vor.
20] Auf dem Schlüpfelberg bei Sulzbürg nahm 1942 der Archäologe Walter Ullmann von der Naturhistorischen Gesellschaft Nürnberg einen Wallschnitt vor. Dabei entdeckte er Objekte der Hügelgräber-Bronzezeit und Urnenfelder-Zeit.
21] Die Gelbe Bürg bei Dittenheim wurde zwischen 1908 und 1911 sowie 1921 von dem Obermedizinalrat, Bezirksarzt und Heimatforscher Heinrich Eidam (1849–1934) aus Gunzenhausen untersucht. Er hat den Verein für Altertumsfreunde (heute Verein für Heimatkunde) gegründet und das Heimatmuseum in Gunzenhausen eingerichtet. 1925 gruben Heinrich Eidam und der damals in Frankfurt/Main arbeitende Prähistoriker Gerhard Bersu (1889–1964) auf der Gelben Bürg. 1968 und 1970 nahm der damals in Nürnberg arbeitende Prähistoriker Fritz-Rudolf Herrmann eine Untersuchung vor.
22] Auf dem Hesselberg bei Wassertrüdingen führte 1907 der Archäologe Friedrich Hertlein (1865–1929) aus Heidenheim an der Brenz Ausgrabungen durch. Der damals in Mainz arbeitende Prähistoriker Paul Reinecke (1872–1958) beschrieb 1907 Funde vom Hesselberg und fügte in den darauffolgenden Jahren nach eigenen Grabungen ergänzende Bemerkungen hinzu. 1936 bis 1942 nahm der Gymnasiallehrer Hermann Hornung (1885–1969) aus Erlangen Untersuchungen vor. Er war von 1936 bis 1945 Obmann und Grabungsleiter der Naturhistorischen Gesellschaft Nürnberg. Nach dem Zweiten Weltkrieg sichtete der Prähistoriker Christian Pescheck zusammen mit seiner Frau den herumliegenden Inhalt der von Amerikanern zerstörten Grabungshütte Hornungs. Beide sammelten die aufhebungswürdigen Objekte, transportierten sie zu Fuß mit einem kleinen Anhänger zu ihrem Notquartier in Obermögersheim und überließen sie dann zuständigkeitshalber der Prähistorischen Staatssammlung in München.
23] Als erster hat 1954 der Prähistoriker Wolfgang Dehn aus Marburg Befestigungsreste auf der Heuneburg bei Hundersingen beschrieben.
24] Die Befestigung Runder Berg bei Urach wurde 1967 bis 1974 von dem Heidelberger Prähistoriker Vladimir Milojčič (1918–1978) ausgegraben.
25] Im »Rauhen Forst« bei Bergheim hat 1965 der Heimatpfleger für den Landkreis Augsburg, Otto Schneider aus Augsburg, gegraben.
26] Die befestigte Höhensiedlung auf dem Stätteberg bei Unterhausen wurde 1951 – nach mehreren Schürfungen – von Wolfgang Dehn (s. Anm. 23) freigelegt.
27] Die befestigte Höhensiedlung Große Birg bei Kochel wurde 1911 durch den Grabungstechniker Josef Maurer (1866–1936) aus München ausgegraben.
28] s. Anm. 11 Die Straubinger Kultur
29] Das Depot von Penkhof wurde 1910 entdeckt.
30] Die tönerne Herdplatte von Rückersdorf wurde im Sommer 1935 von dem Journalisten und Heimatforscher Hans Walter Ehrngruber (1908 bis 1945) aus Nürnberg untersucht.
31] Die Tondüsen aus dem Grab von Sachsenburg wurden 1818/19 geborgen.
32] Das Depot auf einem Acker in Nähe des Ackenbachhofs bei Homberg wurde 1821 entdeckt, als der Ackenbach-Bauer einen großen, im Feld liegenden Stein entfernte, der ihn beim Pflügen störte. Neben dem Stein fand der Knecht des Bauern ein Tongefäß mit dem Depot.
33] Das Depot von Bühl kam im Februar 1951 in einer Sandgrube in 50 Zentimeter Tiefe zum Vorschein.
34] s. Anm. 29
35] Das Depot von Tünsdorf wurde in den 1850er Jahren entdeckt.
36] Die von einem Holzschild stammenden Ziernägel aus dem Hügelgrab von Mehrstetten wurden 1905 gefunden.
37] Die von einem Holzschild stammenden Besatznägel aus Singenbach-Weilerau wurden 1903 bei der Öffnung eines Grabhügels durch Mitglieder des neugegründeten Historischen Vereins von Schrobenhausen in einem Brandgrab geborgen.

38] Der Knüppeldamm im Agathazeller Moor bei Immenstadt ist seit 1828 bekannt.
39] Die knöcherne Trense aus der Gegend von Ergolding wurde 1985 bei Ausgrabungen auf der Trasse der Ortsumgehung Ergolding in einer Grube entdeckt.
40] Die Pilinyer Kultur ist nach dem Urnengräberfeld von Piliny bei Szécény in Nordungarn benannt, das ab 1860 ausgegraben wurde. Der Begriff Pilinyer Kultur wurde 1911 von dem damals an der Universität Szeged arbeitenden ungarischen Prähistoriker Lajos Márton (1876–1934) geprägt.
41] Das Grab der Dame von Pflaumheim wurde Ende Mai 1902 von dem Würzburger Schaumweinfabrikanten und Kommerzienrat Franz Josef Lang (1840–1915) bei der Untersuchung eines Grabhügels im Gemeindewald von Pflaumheim entdeckt. Seine Sammlung wurde später vom Fränkischen Kunst- und Altertumsverein in Würzburg erworben.
42] Das Grab des Mädchens von Hünfeld-Molzbach befand sich in einem Hügel, der 1931 unter einem Feldweg ausfindig gemacht wurde.
43] Bei Schwarza wurden seit dem 19. Jahrhundert zahlreiche Grabhügel durch Heimatforscher untersucht. 1954 führte das Museum für Ur- und Frühgeschichte Thüringens, Weimar, eine Rettungsgrabung durch. Bis 1957 wurden drei Grabhügel untersucht.
44] Die Grabhügel von Weinbach-Edelsberg wurden Mitte 1974 bei der Bereinigung der Straßenkreuzung B 49 weitgehend zerstört. Vom 1. bis 26. Juli 1974 erfolgte eine Grabung der Landesarchäologie Hessen.
45] In Giershofen wurden im Frühjahr 1936 und Frühjahr 1937 zwei Grabhügel (Nr. 1 und 4) untersucht. Im Herbst 1937 erfolgte die Untersuchung von zwei weiteren Grabhügeln (Nr. 3 und 6).
46] 25 der ehedem 34 Grabhügel unweit des Forsthauses Bayerseich bei Darmstadt-Arheiligen wurden von 1901 bis 1907 durch den Leiter der vorgeschichtlichen Sammlungen in Darmstadt, Friedrich Kofler (1830 bis 1910), untersucht. Danach sind sie einplaniert worden.
47] Die Grabhügel von Gießen-Trieb wurden um die Jahrhundertwende teilweise erforscht. Das Gräberfeld fiel weitgehend der Anlage von Militärübungsplätzen zum Opfer.
48] Das Gräberfeld von Deggendorf-Fischerdorf wurde 1979 durch den Spezialisten für archäologische Flugprospektion, Otto Braasch aus Schwäbisch-Gmünd, während eines Luftbildfluges entdeckt. Die Kreisarchäologie Deggendorf nahm im Jahre 1982 eine Sondierungsgrabung an drei Hügelstellen vor. 1983 und 1984 hat man die Grabungen fortgesetzt.
49] Das Depot von Griesheim wurde im 19. Jahrhundert entdeckt.
50] Die Funde vom Eisenbühl im Langackertal wurden 1904 von Max von Chlingensperg zu Berg (1869–1938) in der Publikation »Der Knochenhügel am Langacker und die vorgeschichtliche Herdstelle am Eisenbichl bei Reichenhall in Oberbayern« beschrieben.
51] Der Kultplatz Wasserfeldbühel bei Oberaudorf wurde 1930 durch den Münchener Prähistoriker Friedrich Wagner (1887–1963) bekanntgemacht. Er war von 1935 bis 1953 Direktor der Prähistorischen Staatssammlung, München.
52] s. Anm. 26
53] Auf dem Weiherberg bei Christgarten hat im Jahr 1937 der Apotheker und Heimatforscher Ernst Frickhinger (1876–1940) aus Nördlingen gegraben.
54] Auf dem Rollenberg bei Hoppingen hat 1914 Ernst Frickhinger (s. Anm. 53) gegraben.
55] Der Bandopferplatz von Icking-Irschenhausen wurde 1968/69 bei Baggerarbeiten für Wasserleitungsgräben freigelegt.
56] Der Brunnenschacht im »Alten Berg« bei Vorra wurde von dem Uhrmachermeister, Feinmechaniker und Heimatforscher Georg Brunner (1887–1959) aus Nürnberg entdeckt und 1929/30 von dem Heimatforscher Richard Erl (1885–1933) zusammen mit dem Team des Naturhistorischen Museums, Nürnberg, ausgegraben.
57] s. Anm. 37 Die Aunjetitzer Kultur

Die ältere Bronzezeit in Nordrhein-Westfalen

1] Die drei Grundrisse aus Telgte-Raestrup sind 1972/73 bei Rettungsgrabungen entdeckt worden.
2] Der Grundriß des vierschiffigen Wohnstallhauses von Telgte-Wöste wurde 1979 freigelegt.
3] Die Fundumstände und das Fundjahr des Vollgriffschwertes aus der Niers bei Grefrath-Oedt sind unbekannt.
4] Das Gräberfeld von Wünnenberg-Leiberg wurde vor 1840 entdeckt.

ANMERKUNGEN

5] Das Depot von Olfen wurde 1957 gefunden.
6] In Borchen-Etteln hatte man bereits 1913 bei der Untersuchung eines Grabhügels unter einer Schicht aus rotverziegeltem Lehm eine längliche Streuung von verbrannten Knochen festgestellt. 1990 wurde dieser Hügel von der Außenstelle Bielefeld des Westfälischen Museums für Archäologie/Amt für Bodendenkmalpflege unter der Leitung von Daniel Bérenger weiter ausgegraben. Dabei stieß man auf Reste einer verkohlten Totenhütte.
7] Das Gräberfeld im Staatsforst Böddeken bei Wünnenberg-Haaren wurde vor 1901 entdeckt.
8] In Wünnenberg-Leiberg hat der Gerichtsassessor und spätere Kreisgerichtsrat Wilhelm Siegfried Adolf Spancken aus Wünnenberg zwischen 1840 und 1846 insgesamt 14 Grabhügel geöffnet und die Ergebnisse dem Oberpräsidenten von Westfalen in Münster berichtet. Insgesamt gibt es dort noch 71 Grabhügel, nachdem ein Hügel, der durch Forstwegebau gefährdet war, 1959 von dem Bielefelder Archäologen Walter Rolf Lange (1907–1990) vollständig untersucht und abgetragen wurde. Er entdeckte einen Kreisgraben von 16 Meter Durchmesser und in der Mitte ein Pfostenrechteck von 1,40 mal 1,70 Metern, das mit der nicht mehr feststellbaren Bestattung in Zusammenhang stehen muß.
9] In der Grabhügelgruppe von Wünnenberg-Haaren hat 1904 ein Oberförster einen Hügel geöffnet und den Inhalt eines Brandgrabs (Kurzschwertklinge, Randleistenbeil, Gewandnadel) geborgen. Als diese Grabhügelgruppe durch den geplanten Neubau der Bundesautobahn Bielefeld–Paderborn gefährdet war, konnte die Trasse mit Rücksicht auf das bedeutende Kulturdenkmal noch im Planungsstadium so weit verschoben werden, daß nur zwei Hügel vom Straßenbau betroffen waren. Diese beiden Grabhügel wurden im Sommer 1978 vor Beginn der Erdarbeiten vom Westfälischen Landesmuseum für Vor- und Frühgeschichte untersucht.
10] Das Gräberfeld von Etteln wurde zunächst 1913 von dem Prähistoriker August Stieren (1885–1970) aus Münster untersucht. Die systematische Ausgrabung aller Grabhügel, die heute fast restlos zerpflügt sind, hat das Westfälische Museum für Archäologie 1990 begonnen.

Die Lüneburger Gruppe in der älteren Bronzezeit

1] Das Grab von Oldendorf bei Amelinghausen mit dem Schmuck einer Frau aus Südthüringen wurde vor 1900 ausgegraben und 1913 erstmals von dem Leiter der vorgeschichtlichen Abteilung des Museums Lüneburg, Martin Lienau (1857–1936), publiziert.
2] Auf dem Wittenberg bei Bleckmar hat 1938/39 der Landwirt und Prähistoriker Hans Piesker (1894–1977) aus Hermannsburg gegraben.
3] In Wardböhmen hat 1938/39 Hans Piesker (s. Anm. 2) auf dem Hengstberg und auf dem Schafstallberg gegraben.
4] Die Grabhügel bei Wittenwater wurden 1961/62 wegen der geplanten Kultivierung einer von Äckern umgebenen Waldparzelle auf dem Schwarzen Berg durch den Prähistoriker Klaus Ludwig Voß aus Hannover ausgegraben.
5] Das Depot von Karwitz wurde im April 1938 bei Ausschachtungsarbeiten für den Erweiterungsbau eines Sägewerks entdeckt.
6] Das Depot von Molzen kam 1921 beim Pflügen an einer Stelle zum Vorschein, an der keine Grabhügel bekannt sind.
7] Die Bronzetasse im Ortsteil Dohnsen von Bergen wurde im Herbst 1955 von spielenden Kindern auf einem Geländerücken gefunden. Sie gelangte zunächst in die Schule von Wohlde und dann in das Museum Bergen, dessen Leiter Wilhelm Niebuhr (1892–1978) bald darauf den damals in Kiel arbeitenden Prähistoriker Ernst Sprockhoff (1892–1967) auf den Fund hinwies. Sprockhoff vertrat in seiner Publikation hierüber die Ansicht, daß es sich um ein Produkt des kretisch-mykenischen Kulturkreises handle. Die Bronzetasse wird heute im Niedersächsischen Landesmuseum, Hannover, aufbewahrt.
8] Das zur Hälfte bereits dem Sandabbau zum Opfer gefallene Totenhaus von Eitzen wurde 1982 von dem Lüneburger Prähistoriker Jan-Joost Assendorp ausgegraben.
9] Das Totenhaus von Mechtersen wurde 1952 durch den Lüneburger Prähistoriker Gerhard Körner (1913–1984) freigelegt.
10] Das Totenhaus von Schutschur wurde 1938 von Gerhard Körner (s. Anm. 9) untersucht.
11] Das Totenhaus von Gödenstorf wurde 1937 durch den Hamburger Prähistoriker Willi Wegewitz (1898–1996) ausgegraben.
12] In Sottorf wurde 1934/35 ein Totenhaus untersucht.
13] Das Totenhaus von Hamburg-Marmstorf wurde 1937 von Willi Wegewitz (s. Anm. 11) untersucht.
14] In Bonstorf-Hetendorf hat 1961 und 1963 Hans Piesker (s. Anm. 2) gegraben.
15] s. Anm. 4
16] Auf dem südöstlichen Hang des Riesterbergs bei Melbeck wurden 1931 bis 1933 durch den Lüneburger Architekten und Heimatforscher Franz Krüger (1873–1936) drei Grabhügel freigelegt. Er war von 1913 bis 1936 Leiter der vorgeschichtlichen Abteilung des Lüneburger Museums.

Die Stader Gruppe in der älteren Bronzezeit

1] Die Reste des Klappstuhls von Daensen bei Buxtehude wurden 1910 bei der Zerstörung eines stark beschädigten Grabhügels (Baaks- oder Bakkelsburg genannt) entdeckt.
2] Der Landwirt Wilhelm Bunke aus Groß Heins entdeckte 1953 in seinem Moor eine Reihe größerer Steine und meldete dies dem Heimatmuseum Verden/Aller. Daraufhin besichtigten der Leiter des Heimatmuseums, Mittelschulrektor i. R. Alexander Rosenbrock (1880–1955), und der Paläobotaniker Wolfgang Hartung aus Oldenburg die Fundstelle. Weitere Beobachtungen gelangen 1958. Im Juli 1966 wurde ein Teilstück des Stapfwegs von dem Moorforscher Hajo Hayen (1923–1991) aus Oldenburg eingemessen.
3] Das Wagenrad in Beckdorf wurde am 22. Mai 1937 von dem Schmied Ludwig Meyer (1910–1987) und dem landwirtschaftlichen Arbeiter Herbert Petersen, beide aus Apensen, beim Torfgraben entdeckt. Bei der Hebung ist das Rad wegen seines aufgeweichten Zustands in der Mitte zerbrochen. Meyer benachrichtigte den Hauptlehrer Georg Dräger aus Apensen, und dieser berichtete dem Lehrer und Leiter des Vorgeschichtsmuseums, Adolf Cassau (1898–1988) aus Stade, über den Fund. Die beiden Entdecker schenkten das Rad dem Stader Heimatmuseum.
4] Die Frauenbestattung aus dem Grabhügel 7 von Heidenau wurde 1938 von dem Hamburger Prähistoriker Willi Wegewitz (1898–1996) ausgegraben. Von den 21 Grabhügeln in Heidenau wurden 14 untersucht und sieben Hügel ohne Fundbeobachtungen zerstört.
5] In Anderlingen wurde im Oktober 1907 von Bauern ein großer Hügel ausgegraben, um Steine als Bau- und Pflastermaterial zu gewinnen, wobei ein Steinkistengrab zum Vorschein kam. Daraufhin besichtigte der Tischler, Landwirt und Vorgeschichtspfleger des Kreises Zeven, Hans Müller-Brauel (1867–1940) aus Zeven, die Fundstelle und barg einige Objekte. Er hörte später von den Figuren auf einem der Steine des Grabes, begutachtete sie am 21. Januar 1908, reinigte sie von anhaftendem Sand und wollte das Grab erwerben. Der Landrat Paul Wiedenfeld (1868–1940) aus Bremervörde meldete den Fund dem Provinzialmuseum Hannover, woraufhin der damals in Hannover arbeitende Prähistoriker Hans Hahne (1875–1935) am 30. Januar 1908 eine Untersuchung vornahm. Die eigentliche Ausgrabung begann im Februar 1908.
6] Das Steinkistengrab von Heerstedt wurde 1938 ausgegraben.
7] Das Steinkistengrab von Dornsode wurde 1897 von Hans Müller-Brauel (s. Anm. 5) besichtigt.
8] Auf das Steinkistengrab von Langen stieß man 1849. Es wurde bald danach durch Untergrabung der Tragsteine zum Einsturz gebracht, aber 1885 auf Betreiben von Heimatfreunden wieder aufgerichtet.
9] Das Steinkistengrab von Meckelstedt wurde vor 1914 entdeckt.
10] Das Steinkistengrab von Essel wurde im Oktober 1955 freigelegt.
11] Bei Hohenaverbergen wurde 1838 und 1889 je ein Steinkistengrab aufgespürt.
12] Auf dem Loosberg bei Quelkhorn wurde zwischen 1896 und 1900 beim Sandabfahren ein Steinkistengrab gefunden.
13] Das Steinkistengrab von Goldbeck bei Beckdorf wurde 1891 bei der Suche nach Steinen in einem Hügelgrab entdeckt und durch den Konservator Friedrich Tewes (1859–1931) aus Hannover untersucht. Tewes arbeitete 1884 bis 1890 am Provinzialmuseum Hannover, 1896 bis 1902 an der Stadtbibliothek Hannover und 1902 bis 1909 als Leiter des Vaterländischen Museums zu Hannover, das ihm seine Gründung verdankt.
14] Das Steinkistengrab von Daudieck bei Horneburg kam im März 1927 zum Vorschein, als der Besitzer des Ritterguts Daudieck den Rest eines Hügelgrabs abtrug. Adolf Cassau (s. Anm. 3) und der aus Stade stammende spätere Prähistoriker Karl Kersten (1909–1992) nahmen eine Ausgrabung vor.
15] Über das Steinkistengrab von Harsefeld hat 1912 Hans Müller-Brauel (s. Anm. 5) berichtet.

16] Im Dezember 1929 fand der Landwirt Martin Brunckhorst (1888–1970) aus Ahlerstedt auf seinem Grundstück auf der »Alten Kamp« östlich der Straße von Ahlerstedt nach Harsefeld eine Steinsetzung. Kurz darauf grub Willi Wegewitz (s. Anm. 4) dort ein Steinkistengrab aus.

17] Das Steinkistengrab von Hagenah bei Heinbockel wurde im Dezember 1930 von einem Arbeiter entdeckt, der den Rest des Hügels 6 in einem Hügelgräberfeld nahe Hagenah abfahren wollte. Adolf Cassau (s. Anm. 3) und Karl Kersten (s. Anm. 14) führten eine Ausgrabung durch.

18] Der Langhügel in der Fischbeker Heide bei Hamburg wurde 1975/76 von dem damals am Hamburger Helms-Museum arbeitenden Prähistoriker Gernot Tromnau untersucht und restauriert.

19] Das Totenhaus von Baden bei Achim wurde im Herbst 1974 von der Urgeschichtlichen Arbeitsgemeinschaft Verden bei der Untersuchung eines Grabhügels entdeckt.

Die Südhannoversche Gruppe

1] Auf dem Weserhang »Dreischeuwer« bei Hemeln hat 1955/56 der Urgeschichtsverein Münden unter Leitung des Bodendenkmalpflegers Fritz-Bertram Jünemann (1912–1979) aus Bühren teilweise eine Siedlung ausgegraben.

2] Der Friedhof im Ilseforst bei Dinklar war schon 1893 bekannt. Er ist vermutlich schon früher entdeckt worden. Bei der Abholzung des Waldes sollen 1894/95 einige Ausgrabungen stattgefunden haben.

3] Das Hügelgräberfeld im Osterholz bei Nordstemmen ist mindestens seit Anfang des 19. Jahrhunderts bekannt. 1808 wurden dort mehrere Grabhügel untersucht. 1883 führte der Student Friedrich Tewes (1859–1931) aus Verden/Aller Grabungen mit Hügeln durch, 1884 hat er das Gräberfeld aufgemessen und dabei insgesamt 120 Einzelhügel erfaßt. Um 1907 nahm der Oberlehrer Emanuel Pfaff (1872–1949) aus Hildesheim Grabungen vor. Eine 1977 von der Staatlichen Denkmalpflege durchgeführte Aufmessung zeigte, daß noch 91 Grabhügel erhalten sind.

4] Von den ehedem 18 Hügeln des Gräberfelds vom Maschholz bei Knutbühren wurden seit 1882 sechs abgetragen. Weitere Funde hat man beim Überpflügen der restlichen Hügel geborgen.

5] Der Schalenstein aus dem Grabhügel auf dem Bühl bei Wiershausen wurde 1952 von Fritz-Bertram Jünemann (s. Anm. 1) entdeckt.

Die Oldenburg-emsländische Gruppe

1] Der Hakenpflug von Walle wurde am 9. Juli 1927 von dem Arbeiter Jann Hanssen (1889–1966) aus Walle beim Torfstechen in etwa 1,50 Meter Tiefe entdeckt und durch den damals in Georgsfeld arbeitenden Lehrer Georg Kettler geborgen. Es ist dem Studiendirektor Peter Zylmann (1884–1976) aus Aurich zu verdanken, daß dieser Pflug in letzter Minute gerettet wurde und in das Landesmuseum Hannover gelangte.

2] Der Pflug von Duisburg-Rheinhausen wurde 1956 zufällig in einem Baggerloch entdeckt.

3] Das Absatzbeil von Wildeshausen wurde 1883 für das Hamburger Museum für Völkerkunde vom Kunst- und Antiquitätengeschäft E. Wiggert u. Co., Hamburg, erworben. Es wird heute im Hamburger Museum für Archäologie aufbewahrt.

4] Der Goldbecher von Gölenkamp wurde 1840 von einem Bauern beim Sandgraben entdeckt.

5] Der Goldschmuck von Lorup kam 1892 beim Pflügen in einem Moordamm im Haßmoor zum Vorschein.

6] Der Bohlenweg südlich von Varel mit der Bezeichnung XXXVI (Ip) wurde um 1869 von Torfstechern entdeckt und damals auf Wunsch des Oberkammerherrn Friedrich von Alten (1822–1894) aus Oldenburg an einigen Stellen freigelegt. 1954 und 1975 führte der Moorforscher Hajo Hayen (1923–1991) aus Oldenburg einige Untersuchungen durch. 1979 erfolgte eine größere Ausgrabung durch Hajo Hayen und den Restaurator Reinhard Schneider aus Oldenburg.

7] Die Speichenradreste aus dem Barnstorfer Moor wurden in den 1960er Jahren von einem Landwirt aus Barnstorf beim Torfgraben gefunden.

8] Die zwölf Gräber von Groß-Stavern wurden im Sommer 1951 von der Prähistorikerin Elisabeth Schlicht (1914–1989) aus Meppen bei der Untersuchung eines Langhügels entdeckt, der äußerlich den Eindruck machte, als ob er ein jungsteinzeitliches Großsteingrab enthalte.

9] Das Gräberfeld von Kirchhatten wurde 1936 bei der Kultivierung von Ödland entdeckt und 1937/38 untersucht.

10] In Wiesens hat 1979/80 das Institut für Denkmalpflege in Ostfriesland gegraben.

11] In Achmer hat der Prähistoriker Wolfgang Schlüter aus Osnabrück 1980 den Hügel und im Sommer 1981 die Pfostendoppelreihe untersucht.

12] In Westerholt hat 1982/83 der Prähistoriker Wolfgang Schwarz aus Aurich die Ausgrabungen durchgeführt.

13] Die Goldscheibe von Moordorf bei Südbrookmerland wurde 1910 durch den Bauern Vitus Dirks (1881–1940) aus Moordorf beim Torfgraben entdeckt. Er war mit dem Spaten an einen gelblichen Gegenstand gestoßen, den er für wertlos hielt und liegenließ. Als einige Tage später sein Sohn damit spielte, betrachtete er den Fund noch einmal, nahm ihn mit nach Hause, stellte ihn in seinen Glasschrank und wußte nicht, daß die Scheibe aus Gold war. 1919 verkaufte Dirks die Scheibe zusammen mit einem Tongefäß für drei Mark an einen Aufkäufer. Von letzterem erwarb der Auricher Händler Rück die Goldscheibe, ließ bei einem Goldschmied in Aurich deren Wert schätzen und bot sie vergeblich dem Britischen Museum in London zum Kauf an. Später zog Rück nach München, und die Goldscheibe gelangte in den lokalen Kunsthandel. 1925 erwarb das Römisch-Germanische Zentralmuseum, Mainz, die Goldscheibe für 450 Mark und verkaufte sie noch im selben Jahr an das Landesmuseum in Hannover. Da damals zwar der Fundort, aber nicht der Name des Entdeckers bekannt war, setzte der Prähistoriker Karl Hermann Jacob-Friesen (1886–1960) aus Hannover einen Aufruf mit einer Abbildung der Goldscheibe in drei Auricher Zeitungen. Darin wurde dem Entdecker eine Belohnung von 25 Mark versprochen, wenn er sich bei dem Direktor des Auricher Gymnasiums, Peter Zylmann (s. Anm. 1), melden würde, den Jacob-Friesen um Hilfe bei den Nachforschungen gebeten hatte. Nach einiger Zeit meldete sich Vitus Dirks bei Zylmann und bezeichnete sich als Entdecker. Im März 1927 untersuchte Zylmann die angegebene Fundstelle in Moordorf. Er stieß auf eine rechteckige Grube von 2,30 Meter Länge und 57 Zentimeter Breite, die einst 1,50 Meter tief gewesen war. Zylmann deutete die Grube als Grabgrube unter einem ehemaligen Hügel, und darin soll nach seiner Auffassung die Goldscheibe als Beigabe gelegen haben. Tatsächlich hatte er wohl keine Grabgrube, sondern eine der 1910 vom Bauern Vitus Dirks bei Meliorationsarbeiten ausgehobenen Vertiefungen entdeckt.

Die nordische ältere Bronzezeit

1] Der Begriff Westholsteinische Gruppe wurde 1989 von dem Hamburger Prähistoriker Friedrich Laux vorgeschlagen.

2] Den Namen Segeberger Gruppe hat 1989 Friedrich Laux (s. Anm. 1) geprägt.

3] Der Ausdruck Westmecklenburgische Gruppe wurde 1989 von Friedrich Laux (s. Anm. 1) eingeführt.

4] Das Grab, aus dem unter anderem die Mütze von Harrislee stammt, wurde 1941 freigelegt.

5] Die Klappstuhlreste von Ottenbüttel wurden 1859 entdeckt.

6] Die Klappstuhlreste von Drage wurden 1887 gefunden.

7] Die Klappstuhlreste von Hollingstedt wurden 1862 geborgen.

8] Die Klappstuhlreste von Niendorf kamen 1869 zum Vorschein.

9] Der Feuersteinschlagplatz bei Bellin wurde am 12. Juli 1986 von dem Versicherungskaufmann und ehrenamtlichen Mitarbeiter des Museums für Ur- und Frühgeschichte Schwerin, Gerhard Bähr aus Güstrow, entdeckt. Die Fundstelle war bei Planierungsarbeiten für einen Stallbau freigelegt worden. Der Fund wurde 1990 von dem Kreisbodendenkmalpfleger Ing. Wilhelm Mastaler aus Güstrow publiziert.

10] Das Vollgriffschwert von Alt Sührkow wurde angeblich 1927 in einem Moor gefunden.

11] Fünf der sieben Grabhügel von Sandkrug wurden durch den Pastor Johann Ritter (1799–1880) aus Vietlübbe ausgegraben, zwei weitere Grabhügel durch den Gymnasiallehrer und Prähistoriker Robert Beltz (1854–1942) aus Schwerin. Beltz arbeitete seit 1880 nebenamtlich im Landesmuseum Schwerin und war bis 1930 Leiter der vorgeschichtlichen Abteilung.

12] In Slate wurde 1866 der Hügel I von dem Archivar Wilhelm Gottlieb Beyer (1801–1881) aus Schwerin ausgegraben. Die Hügel II, III und IV wurden beim Straßenbau zerstört und die Hügel V bis VIII von Robert Beltz (s. Anm. 11) ausgegraben.

13] Die ersten zwölf Grabhügel von Friedrichsruhe wurden 1881/82 durch Robert Beltz (s. Anm. 11) und dem Helmer Lehrer Heinrich Wildhagen (1843–1933) freigelegt.

14] In Alt-Sammit wurden 1846 zwei Grabhügel beim Steinebrechen zerstört. 1847 hat man 12 bis 15 Grabhügel abgetragen.

ANMERKUNGEN

15] Die meisten der Grabhügel von Wittenburg wurden durch den Pastor Johann Ritter (s. Anm. 11) ausgegraben.

16] Einer der Grabhügel von Bad Doberan wurde 1821 durch Großherzog Friedrich Franz I. (1785–1837) freigelegt.

17] Der Grabhügel I (»Königsberg« genannt) von Plate-Peckatel wurde 1843 durch den Leiter der Großherzoglichen Sammlungen in Schwerin, Georg Christian Friedrich Lisch (1801–1883), zum Teil ausgegraben. Dieser Grabhügel enthielt vier Gräber, im Grab 1 befand sich der Kesselwagen. Um den Grabhügel I rankte sich die Sage von den Unterirdischen, die auf dem Hügel getafelt haben sollen. Mit dem Grabhügel II ist die Sage von Unterirdischen, von einem Kessel und einer Tafel verbunden. Grabhügel III wurde 1888 beim Bahnbau zerstört.

18] Der Stein von Süderschmedeby mit dem Sonnensymbol (Sonnenrad) wurde 1956 von dem Landwirt und Gründer des Dorfmuseums, Herbert Klitzing aus Süderschmedeby, am Feldrand an einer Sammelstelle für Steine entdeckt.

19] Der Stein von Borgstedtfelde mit zwei Radsymbolen wurde 1938 von dem Landwirt Peter Naeve aus Borgstedtfelde gefunden.

20] Der Deckstein eines Großsteingrabs von Bunsoh mit Schälchengruben, Darstellungen eines Fußabdrucks und mehrerer Hände, einer von einem Kreis umgebenen Schälchengrube und einem Radkreuz wurde 1878 geborgen.

21] Der Stein von Klein-Meinsdorf mit Schälchengruben, Bildern von Händen und Füßen sowie einem vierspeichigen Rad wurde 1906 entdeckt. Er wird im Archäologischen Landesmuseum der Christian-Albrechts-Universität Kiel, Schleswig, aufbewahrt.

22] Der Stein von Beldorf mit je einem Hand- und Fußbild neben reihenförmig angeordneten Schälchengruben und der Stein mit der Furchenzeichnung eines netzförmigen Gebildes wurden 1906 gefunden. Sie werden im Archäologischen Landesmuseum der Christian-Albrechts-Universität Kiel, Schleswig, aufbewahrt.

23] Der Stein von Schülldorf mit Schälchengruben, verbindenden Rillen, zwei schematisch dargestellten Füßen, einem kleinen Kreuz und einer Axtdarstellung wurde 1864 geborgen. Er wird im Archäologischen Landesmuseum der Christian-Albrechts-Universität Kiel, Schleswig, aufbewahrt.

24] Der Stein von Oelixdorf mit mutmaßlichen Hand- und Fußbildern wurde 1940 entdeckt.

25] Der Deckstein von Blengow mit Radsymbolen wurde 1871 gefunden.

26] Die Goldscheibe von Glüsing kam mit der Sammlung Hartmann aus Tellingstedt in das Museum Schleswig, ihr genaues Fundjahr ist nicht bekannt. Erstmals erwähnt wurde die Goldscheibe 1876.

Die ältere Bronzezeit im westlichen Brandenburg

1] Das Depot im Stadtteil Stresow von Spandau wurde 1881 entdeckt, als man eine Baugrube für ein militärisches Pulvermagazin anlegte. Die Funde gelangten 1882 in das Berliner Museum für Vor- und Frühgeschichte.

2] Das Depot in der Havelniederung am südlichen Ortsrand von Roskow wurde am 1. September 1987 beim Bohren eines Brunnens gefunden.

3] Auf dem Feld des Rittergutes Weitgendorf gab es 1877 noch 18 Grabhügel, von denen die Hälfte bereits weitgehend zerstört war. Dies berichtete 1878 der Berliner Kreisrichter, Stadtrat und Schöpfer des 1874 begründeten Märkischen Museums in Berlin, Ernst Friedel (1837–1918), in der »*Zeitschrift für Ethnologie*«. Zuvor hat man in Weitgendorf schon in früheren Zeiten eine größere Anzahl von Gräbern bei der Suche nach Steinen als Baumaterial zerstört. Von Oktober bis Dezember 1877 wurden die restlichen Hügel bei der Gewinnung von Baumaterial für den Chausseebau unter Aufsicht des sachkundigen Pastors Bernhard Ragotzky (*1809) aus Potsdam abgetragen. Damals durchsuchten Weitgendorfer Einwohner die Hügel, notierten ihre Beobachtungen und machten Skizzen von den Grabanlagen, die mit einem Bericht über »*Funde vorchristlicher Alterthümer aus den Kegelgräbern zu Weitgendorf*« vom 5. Januar 1878 in das Ortsaktenarchiv des Märkischen Museums gelangten. 1878 publizierte Ernst Friedel die Funde aus Weitgendorf. 1882 verwies der norwegische Prähistoriker Ingwald Undset (1853–1890) aus Oslo auf die aus dem Hügel 10 stammenden Fragmente der Bronzetasse vom Typ Friedrichsruhe. 1907 beschrieb der Berliner Prähistoriker Alfred Götze (1865–1948) das Weitgendorfer Fundgut. 1912 stellte der Berliner Prähistoriker Albert Kiekebusch (1870–1935) die Weitgendorfer Funde vor und rechnete sie »zu den hervorragendsten Altertümern, die das Märkische Museum besitzt«.

4] Die Grabhügelgruppe von Sadenbeck wurde 1974 und 1975 durch den Potsdamer Prähistoriker Rolf Breddin unter Mithilfe der Kreispflegerin Erika Müller (1905–1991) aus Meyenburg, des Bezirkspflegers Friedrich Plate aus Potsdam und des Pflegers Robert Zimmermann aus Falkenhagen ausgegraben. Sie hatte bei der Großfeldbewirtschaftung gestört.

5] Der Friedhof von Bresch wurde 1931 von der Prähistorikerin Waldtraud Bohm (1890–1969) aus Berlin untersucht.

Die Vorlausitzer Kultur

1] Der Begriff Vorlausitzer Gruppe wurde 1929 von dem Edinburgher Prähistoriker Vere Gordon Childe (1892–1957) verwendet.

2] Der Name Schlesische Hügelgräber-Kultur wurde 1968 von dem polnischen Prähistoriker Aleksander Gardawski (1917–1974) aus Łódź geprägt.

3] Auch der Ausdruck Großpolnische Kultur mit Textilkeramik stammt von Aleksander Gardawski (s. Anm. 2).

4] Von Podliszki-Kultur hat Aleksander Gardawski (s. Anm. 2) 1970 gesprochen.

5] Der Begriff Schlesisch-großpolnische Hügelgräber-Kultur wurde 1978 von dem Prähistoriker Bogusław Gediga aus Wrocław (Breslau) vorgeschlagen.

6] Im Frühsommer 1982 wurden großflächige Tiefbauarbeiten für den Neubau des Hotels »Bellevue« auf dem rechten Elbufer von Dresden-Neustadt begonnen. Dabei hat man während des Ausbaggerns Schichten mit prähistorischen und mittelalterlichen Siedlungsresten entdeckt.

7] Das Depot beziehungsweise das Grab von Medingen wurde 1931 beim Bau des Hauses Bergtannen Nr. 7 gefunden.

8] Die Mehrfachbestattung von Bautzen-Strehla wurde im Sommer 1919 in einer Sandgrube aufgespürt.

9] Der Friedhof von Schönteichen-Biehla wurde in den 1820er Jahren zerstört.

10] Im Juni 1939 hat in der Ziegelei Wirth in Elstertrebnitz-Eulau ein Bagger ein Skelettgrab zutage gefördert.

11] Die früheste Grabung in Salzenforst erfolgte 1903, danach fanden bis nach dem Zweiten Weltkrieg Grabungen statt.

12] Die Gräber aus dem zerstörten Friedhof von Biegen wurden 1920 von dem Berliner Prähistoriker Alfred Götze (1865–1948) in der Publikation »*Die vor- und frühgeschichtlichen Denkmäler des Kreises Lebus*« erwähnt.

13] Die zu verschiedenen Zeiten auf dem Grundstück des Gursch-Stiftes entdeckten Gräber des Friedhofs von Frankfurt/Oder wurden 1920 von Alfred Götze in der Publikation »*Die vor- und frühgeschichtlichen Denkmäler des Kreises Lebus*« erwähnt.

14] Je eine bronzene Ösennadel und Zargenkopfnadel aus dem Brandgräberfeld von Glienicke wurden 1935 in dem Buch »*Die ältere Bronzezeit in der Mark Brandenburg*« der Prähistorikerin Waldtraut Bohm (1890 bis 1969) aus Berlin erwähnt.

15] Im Friedhof von Wilmersdorf wurden vor 1907 in einer Steinanhäufung Funde geborgen.

16] Der Friedhof von Wartin wurde 1940 bis 1943 ausgegraben.

Die Mittelbronzezeit in Österreich

1] Die Zusammenstellung dieser Übersicht über die Verbreitung und Zeitdauer von Kulturen der Mittelbronzezeit entstand mit Hilfe der Prähistorikerin Elisabeth Ruttkay vom Naturhistorischen Museum, Wien, und des Prähistorikers Johannes-Wolfgang Neugebauer vom Bundesdenkmalamt Wien.

Die Hügelgräber-Kultur

1] Im Herbst 1979 kamen beim Pflügen auf einem Acker in Mannersdorf am Leithagebirge Siedlungsreste zum Vorschein, auf die der Steinmetzmeister und Obmann des Kultur- und Museumsvereins Mannersdorf, Friedrich Opferkuh (1923–1993), aufmerksam wurde. Er nahm eine erste Aufsammlung und nach Rücksprache mit dem Wiener Prähistoriker Johannes-Wolfgang Neugebauer eine kleine Notbergung vor. Deren Ergebnis war so überraschend, daß der Grabungstechniker Gustav Melzer vom Bundesdenkmalamt Wien im Frühjahr 1980 eine Nachuntersuchung durchführte. Im Herbst 1980 hat Opferkuh weitere Objekte geborgen.

2] Der »Rollerfund« von Mistelbach kam 1903 zum Vorschein.

3] s. Anm. 1 Die Věteřov-Kultur

4] Die Füzesabony-Otomani-Kultur ist nach der Siedlung Füzesabony, Komitat Heves, in Nordungarn und nach der befestigten Höhensiedlung Otomani bei Oradea in Westrumänien benannt. In der ungarischen Forschung wird der Begriff Füzesabony-Kultur verwendet, den 1937 der ungarische Prähistoriker Ferenc von Tompa (1893–1945) aus Budapest vorschlug. Dagegen spricht man in der rumänischen und slowakischen Forschung von der Otomani-Kultur. Letzterer Begriff wurde 1933 von dem rumänischen Prähistoriker Ion Nestor (1905–1974) aus Bukarest geprägt.

5] Die Vatya-Gruppe ist nach einem Gehöft in der Gemeinde Ujhartyán, Komitat Pest, in Ungarn benannt. Von der Vatya-Gruppe sprach 1938 als erster der ungarische Prähistoriker Pál von Patay aus Budapest. Den Begriff Vatya-Kultur benutzte 1948 die ungarische Prähistorikerin Amália Mozsolics aus Budapest.

6] 1917 schlug Kálmán von Miske (1860–1943) aus Szombathely in Ungarn den Begriff Szomolány-Vattina-Typus vor, der nach den Fundorten Szomolány (heute Smolenice) in der Südwestslowakei und Wattina (Vatin) im Banat (Serbien) benannt ist. 1925 sprach der Prähistoriker Oswald Menghin (1888–1973) aus Wien anstatt vom Wattina-Typus von der Werschetzer Kultur, die nach dem Fundort Werschetz (Vršac) in Ungarn bezeichnet ist. 1929 benutzte der Prähistoriker Vere Gordon Childe (1892–1957) aus Edinburgh den Namen Lovosberény-Vatya-Gruppe, der an die Gräberfelder dieser beiden Fundorte erinnert. 1938 prägte Pál von Patay (s. Anm. 5) den Ausdruck Gruppe von Vatya. Heute ist der Begriff Vatin-Vršac-Kultur üblich. In Vršac hat 1905 der Lehrer und Begründer des Museums in Vršac, Bódog Milleker (1858–1942), eine Siedlung ausgegraben.

7] Das namengebende Schwert vom Typ Sauerbrunn wurde 1895 beim Rigolen eines Weichselkirschgartens an der Bahnlinie bei Sauerbrunn zusammen mit einem stark verbogenen Dolch und einer »Fibel« entdeckt. Den Begriff Typ Sauerbrunn für Griffplatten- und Griffzungenschwerter hat 1937 Ion Nestor (s. Anm. 4) in die Literatur eingeführt.

8] In der Ziegelei von Wetzleinsdorf wurde im Sommer 1924 das Grab eines etwa fünfjährigen Jungen entdeckt. Die Skelettreste und die Grabbeigaben hat man dem Wiener Lehrer und Heimatforscher Karl Kriegler (1891–1963) übergeben. Im Frühjahr 1925 kam in der Ziegelei das Grab einer erwachsenen Frau zum Vorschein. 1973 las der Wiener Prähistoriker Stefan Nebehay östlich der Ziegelei einen verzierten bronzenen Armreif auf, der vermutlich aus einem beim Pflügen zerstörten Grab stammt. 1979 legte der Wiener Prähistoriker Otto Urban in der Ziegelei zwei mittelbronzezeitliche Gräber frei, die nicht ganz sicher dem Typus Mistelbach-Regelsbrunn zugeordnet werden konnten.

9] Das Skelettgrab von Regelsbrunn wurde 1922 – und nicht 1923, wie der Prähistoriker Adolf Mahr (1887–1951) aus Wien angab – entdeckt.

10] In Pitten wurden bereits 1932 drei bronzezeitliche Gräber gefunden. 1967 kamen bei der Errichtung eines Betonwerks ein Diadem, zwei kreuzförmige Zierscheiben und ein Blechgürtel zum Vorschein. 1967 bis 1973 erfolgten Rettungsgrabungen des Niederösterreichischen Landesmuseums, Wien, unter der Leitung der Prähistoriker Franz Hampl (1915–1980) und Herwig Friesinger.

11] Der Begriff Typus Pitten-Sieding wurde 1954 von dem Ordinarius des Urgeschichtlichen Instituts der Universität Wien, dem Prähistoriker Richard Pittioni (1906–1985), eingeführt. Er bezieht sich auf die niederösterreichischen Fundorte Pitten und Sieding.

12] Auch der Name Typus Maisbirbaum-Zohor wurde 1954 von Richard Pittioni (s. Anm. 11) geprägt. Er bezieht sich auf den niederösterreichischen Fundort Maisbirbaum und den slowakischen Fundort Zohor. Der Ausdruck Typus Strachotín-Velké Hostěrádky wurde 1982 von dem tschechischen Prähistoriker Jiří Říhovský aus Brno vorgeschlagen. Er fußt auf den mährischen Fundorten Strachotín und Velké Hostěrádky.

13] Die Fundstelle Grödig wurde im Herbst 1949 beim Ausbau der Wasserleitung entdeckt, als der Oberlehrer Josef Radlecker (1894–1979) die Grabenstrecke absuchte.

14] In Deutschlandsberg wurden 1990 wegen eines Bauvorhabens Notgrabungen des Bundesdenkmalamts erforderlich. Zuvor hatte dort jahrelang der Heimatforscher Anton Steffan aus Deutschlandsberg Funde gesammelt.

15] Die Fundstelle Salzburg-Maxglan wurde 1914 bis 1918 durch den Salzburger Landesarchäologen Martin Hell (1885–1975) entdeckt und untersucht.

16] Eine Höhensiedlung auf dem Burgberg in Pitten vermutete 1983 der Prähistoriker Helmut-J. Windl aus Asparn an der Zaya.

17] Auf dem Buchberg bei Großraßberg konnte 1954 inmitten einer urnenfelderzeitlichen Wallanlage auch eine mittelbronzezeitliche Höhensiedlung festgestellt werden.

18] s. Anm. 2 Die Straubinger Kultur

19] s. Anm. 11 Die Straubinger Kultur

20] Die Höhensiedlung auf dem Felssporn Katzentauern bei Saalfelden wurde 1974 von dem Tierarzt Helmut Adler aus Lofer entdeckt.

21] Die Siedlung von Sankt Johann-Hubbauer wurde 1987 bei Bauarbeiten entdeckt und vom Salzburger Museum Carolino Augusteum unter der Leitung des Prähistorikers Fritz Moosleitner untersucht.

22] Die ersten Funde auf dem Brandstattbühel bei Schwarzach wurden im August 1957 bei der Erbauung des Salzachkraftwerks zwischen Gries und Schwarzach geborgen, als man einen Steinbruch eröffnete. Martin Hell (s. Anm. 15) nahm Ausgrabungen vor.

23] s. Anm. 4 Die Straubinger Kultur

24] Die Töpfereidepots von Maisbirbaum wurden von dem Wanderlehrer Othmar Skala (1895–1958) vom Verein »Deutsche Heimat«, der vom 15. September bis 3. Oktober 1931 in Maisbirbaum arbeitete, und drei neunjährigen Schülern auf einem Acker geborgen.

25] Am Fuß der Hohen Wand bei Maiersdorf beziehungsweise Stollhof wurden im 19. Jahrhundert mehrere Funde verschiedenen Alters geborgen, die zu Unrecht vermengt oder zueinander in Beziehung gebracht wurden. Davon stammt das Depot, über das 1865 der Direktor des Münz- und Antikenkabinetts in Wien, Eduard von Sacken (1825–1883), berichtete, aus der Mittelbronzezeit. Ebenfalls mittelbronzezeitlich sind die Funde, die 1932 in der Schottergrube und am 14. Dezember 1932 unter einem Sturzblock zum Vorschein kamen. Möglicherweise gehören die mittelbronzezeitlichen Objekte nicht zu Depots, sondern zu Gräbern, die von Sturzblöcken überdeckt worden sind.

26] Einige Grabhügel von Winklarn wurden bereits um 1860 bei der Suche nach Steinplatten zerstört, wobei man die Funde nicht beachtete. Am 3. April 1876 entdeckte man bei der Abtragung des Hügels 12 mehrere Bronzeobjekte, woraufhin Bauern planmäßig die Gräber durchwühlten. Noch im selben Jahr begannen systematische Grabungen, die Pfarrer Josef Schmidt (1869–1909) aus Winklarn auf Rechnung des k. u. k. Münz- und Antikenkabinetts und später der Archäologe Franz Heger (1853–1931) im Auftrag des Naturhistorischen Hofmuseums in Wien bis 1881 durchführten.

27] In Theras (Flur Quadenhügel) hat 1911 der Wiener Prähistoriker Moritz Hoernes (1852–1917) die ersten Funde geborgen. 1939 nahm die Leiterin des Krahuletz-Museums, Eggenburg, die Geologin Angela Stifft-Gottlieb (1881–1941), Ausgrabungen vor.

28] Die ersten zwei Gräber von Maiersch wurden im Jahre 1936 durch den Postbeamten und Heimatforscher Josef Höbarth (1891–1952) aus Horn entdeckt. Die übrigen Gräber kamen 1938 bei Geländebegehungen zum Vorschein.

29] Das Gräberfeld von Sieggraben wurde 1893 erstmals durch den ungarischen Gymnasiallehrer und Heimatforscher Lajos Bella (1850–1937) aus Sopron (Ödenburg) erwähnt. 1925 untersuchten der Zahnarzt und Konservator für das Burgenland, Fritz Hautmann (1890–1955) aus Wiener Neustadt, und der Leiter des Straßenbauamts Sieggraben, A. Winkler, die Hügelgräber. Vom 30. Juni bis 8. August 1980 nahmen der Prähistoriker Karl Kaus aus Eisenstadt und vorübergehend auch die Prähistorikerin Margarete Kaus in Sieggraben-Bahnwald eine Ausgrabung vor.

30] In Neudörfl wurden beim Bau der Schnellstraße S 4 Gräber entdeckt. Daraufhin führte Karl Kaus (s. Anm. 29) eine Rettungsgrabung durch. Am 14. November 1984 wurde ein Brandgrab entdeckt.

31] In Schernberg wurden 1965 bei der Anlage einer Wasserleitung bronzezeitliche Brandgräber zerstört. Im Sommer 1989 erfolgten eine Testgrabung des Salzburger Museums Carolino Augusteum unter Leitung der Prähistorikerin Eva Maria Feldinger und im Sommer 1990 eine systematische Aufdeckung des Gräberfelds.

32] Das erste Brandgrab von Saalfelden-Taxau wurde im Herbst 1957 bei der Errichtung eines kleines Wirtschaftsgebäudes neben dem Anwesen des Taxaubauern entdeckt und von Oberschulrat Richard Treuer, dem Heimatpfleger des Pinzgaus, untersucht. Zwei weitere Brandgräber kamen am 23. April 1982 beim Bau einer Straße zum Vorschein. Von Ende April bis Mitte November 1982 erfolgten Rettungsgrabungen durch das

ANMERKUNGEN

Saalfeldener Heimatmuseum unter Leitung von Alfred Tschulnigg jun., bei denen 41 Brandgräber untersucht wurden. Die Leitung der Ausgrabungen und die Dokumentation oblagen dem Salzburger Museum Carolino Augusteum.

33] Ende Juli 1967 hob ein Bagger in Schrattenberg entlang des Gemeindewegs einen Graben für einen Kanal aus. Dabei wurden zahlreiche Scherben eines großen Topfes gehoben, in dem angeblich viele Henkelkrüglein, Henkelschälchen und sonstige Gefäße lagen. Die Arbeiter nahmen die Objekte mit nach Hause, doch der örtliche Polizeiinspektor Otto Müller erkannte den Wert der Funde, nahm den Entdeckern die Gefäße und Scherben ab und informierte den Leiter des Heimatmuseums Poysdorf, Josef Preyer jun., der Oberstudienrat Friedrich Bollhammer aus Mistelbach verständigte. Am 29. Juli 1967 besichtigte der Wiener Prähistoriker Herbert von Mitscha-Märheim (1900–1976) die Fundstelle, an der die Baufirma bereits den Graben wieder zugeschüttet hatte.

34] Das Keramikdepot in der Ziegelei Kargl von Haindorf wurde im September 1919 von Direktor Karl Spitzwieser (1887–1958) entdeckt.

35] Auf dem Biberg bei Saalfelden entdeckte 1985 Alfred Tschulnigg jun. (s. Anm. 32) in einem Maulwurfhaufen kleine kalzinierte Knochenreste. Bei einem Probeschnitt kamen zahlreiche Keramikreste zum Vorschein. Der Heidelberger Prähistoriker Clemens Eibner nahm eine Rettungsgrabung vor.

36] In Saalfelden-Dorfheim entdeckte 1981 der Grundstücksbesitzer Robert Krauß beim Setzen von Obstbäumen kleine kalzinierte Knochenstücke und Tonscherben. Er meldete seinen Fund dem Salzburger Museum Carolino Augusteum, das im Juni und Juli 1984 vor der geplanten Bebauung der Parzelle eine großflächige Untersuchung unter Leitung des Prähistorikers Fritz Moosleitner durchführte.

37] Der Brandopferplatz von Saalfelden-Taxau wurde während der Rettungsgrabung von 1982 (s. Anm. 32) freigelegt.

38] 1913 entdeckte der Gastwirt und Heimatforscher Leo Brandauer (1865 bis 1947) aus Morzg auf dem Goiserberg in Morzg bei Salzburg etliche urgeschichtliche Tonscherben. Er meldete dies Martin Hell (s. Anm. 15), der die Fundstelle zusammen mit seiner Frau Lina ausgrub. Die Fundstelle erwies sich als Brandopferplatz. Brandauer war Schloßwirt in Hellbrunn und als Pensionär Kustos des Volkskundemuseums im Monatsschlößl in Hellbrunn.

39] Der Brandopferplatz auf dem Hellbrunnerberg bei Salzburg wurde von Martin Hell (s. Anm. 15) entdeckt, als er in der Böschung eines Weges einige Scherben und kalzinierte Tierknochen fand. Das Fundjahr ist nicht bekannt. Dieser Brandopferplatz wurde 1966 erstmals in einer Zusammenstellung der Brandopferplätze durch den damals in Frankfurt/Main arbeitenden Prähistoriker Werner Krämer erwähnt.

Die Inneralpine Bronzezeit-Kultur in der Mittelbronzezeit

1] Am Kirchbühel bei Ampass gruben 1878 der Prähistoriker Franz Ritter von Wieser (1848–1923) aus Innsbruck und 1947 der Prähistoriker Leonhard Franz (1895–1974) aus Innsbruck. Franz Ritter von Wieser war seit 1877 Vorstand des Tiroler Landesmuseums Ferdinandeum, das 1823 gegründet und nach dem Sohn des Kaisers benannt wurde.

2] In Patsch nahmen 1960 der Prähistoriker und Anthropologe Osmund Menghin (1920–1989) aus Innsbruck und der Tiroler Versicherungsangestellte Werner Kneussl (1915–1986) eine Notgrabung vor.

3] Auf dem Kadel bei Koblach hat 1949, 1956 und 1958 das Vorarlberger Landesmuseum, Bregenz, gegraben. Anlaß der Grabungen war die Gewinnung von Steinen für die Rheinregulierung.

4] s. Anm. 6 Die Straubinger Kultur

5] Die ersten Funde aus dem Gräberfeld von Volders (Johannisfeld) kamen 1955 beim Grundaushub für Wohnbauten zum Vorschein. Sie weckten das Interesse des Juristen und Personalchefs Alfons Kasseroler (1893 bis 1972) aus Wattens, der von 1955 bis 1957 Grabungen vornahm.

Die Mittelbronzezeit in der Schweiz

1] Die Zusammenstellung dieser Übersicht über die Verbreitung und Zeitdauer von Kulturen der Mittelbronzezeit entstand mit Hilfe der deutschen Prähistorikerin Gretel Gallay aus Nidderau (Hessen) und des schweizerischen Prähistorikers Jürg Rageth vom Archäologischen Dienst Graubünden, Haldenstein.

Die Hügelgräber-Kultur

1] Das Felsdach Chinechäle an der Gsäßfluh wurde 1933 untersucht.

2] Die Siedlungsreste von Basel (Hechtliacker) kamen um 1870 beim Straßenbau zum Vorschein.

3] Die Kulturschicht von Wenslingen (Egg) wurde 1942 bei Drainagearbeiten durch den Kunstmaler Fritz Pümpin (1901–1972) aus Gelterkinden entdeckt. Der Zürcher Prähistoriker Emil Vogt (1906–1974) nahm eine Grabung vor.

4] Die Flachlandsiedlung Zürich-Affoltern (Reckenholz) wurde 1951 bei der Sondage durch die Landwirtschaftliche Versuchsanstalt entdeckt.

5] Auf die Siedlungsreste von Murten stieß im Herbst 1986 der Prähistoriker Timothy Justice Anderson aus Texas bei Sondierungen im Bereich einer geplanten Zufahrtsrampe für die Nationalstraße N 1.

6] Die Siedlungsspuren von Rances wurden Mitte der 1970er Jahre vom Département d'Anthropologie der Universität Genf ausgegraben.

7] Am Fundort »Uf Wigg« bei Zeiningen hat der Lehrer Werner Brogli aus Möhlin im Frühjahr 1974 auf einem Acker eine Anzahl prähistorischer Keramikscherben und Kochsteine entdeckt. Es folgten eine kleine Sondiergrabung im Februar 1974 und eine systematische Untersuchung, die – mit Unterbrechungen – bis zum Herbst 1977 dauerte.

8] Die Höhensiedlung »Bürg« bei Spiez wurde 1936 bis 1938 ausgegraben. Im Sommer 1958 nahm der Professor für Urgeschichte an der Universität Bern, Vizedirektor und Konservator der Abteilung für Ur- und Frühgeschichte des Bernischen Historischen Museums, Hans Georg Bandi, eine Nachgrabung vor.

9] s. Anm. 6 Die Rhône-Kultur

10] Auf der Felskuppe Kasteltschuggen bei Zeneggen entdeckte im Sommer 1955 eine Schulklasse aus Basel Scherben von bronzezeitlichen Gefäßen. Von 1953 bis 1963 erfolgten Ausgrabungen durch die Zürcher Prähistoriker Johannes Senti und Johannes Degen.

11] Auf dem Vorplatz der Höhle Zwergiloch bei Oberwil im Simmental hat von September bis Oktober 1930 der Berner Prähistoriker Otto Tschumi (1878–1960) gegraben. Er war ab 1911 – als Nachfolger von Jakob Wiedmer-Stern (1876–1928) – Leiter der Archäologischen Abteilung des Bernischen Historischen Museums, ab 1919 Dozent und ab 1924 außerordentlicher Professor an der Universität Bern.

12] Die Fundumstände und das Fundjahr des Depots von Meikirch sind unbekannt. Das Depot wurde bereits 1855 von dem Berner Altertumsforscher Gustav von Bonstetten (1816–1892) erwähnt.

13] Das Depot beim Hinzihöfli von Grenchen wurde 1865 – fünf Meter von einer Quelle entfernt – entdeckt. 1946 nahm die Museumsgesellschaft Grenchen eine Sondierung an diesem Fundort vor, um festzustellen, ob es sich um einen Quellfund oder um Reste einer Gießereiwerkstatt handelte.

14] Das Depot von Villars-le-Comte wurde 1945 von dem Landwirt Robert Pidoux freigelegt, als er in einem kleinen Moor eine Drainage legte, dabei auf eine Holzlage unter Torf stieß und beim Herausziehen eines Holzstücks die Bronzeobjekte fand.

15] Die Gießereidepots von Ollon wurden 1887 entdeckt.

16] Das Depot von Allschwil wurde im Juni 1951 auf dem Gelände der Aktienziegelei ausgebaggert.

17] Das Depot von Oberillau bei Lieli wurde 1861 gefunden.

18] Die sechs bronzenen Armbandpaare aus Mels sind 1879 aus dem Nachlaß von Johann Anton Natsch (1829–1879) nach Sankt Gallen gelangt.

19] Die Grabhügel von Weiningen wurden 1946 und 1950 durch Emil Vogt (s. Anm. 3) untersucht.

20] s. Anm. 18 Die Rhône-Kultur

21] Auf der Anhöhe »Eggli« bei Spiez wurde von dem Lehrer David Andrist (1886–1960) aus Pieterlen ein Opferplatz entdeckt. 1954 bis 1958 erfolgten dort Sondierungen.

Die Inneralpine Bronzezeit-Kultur in der Mittelbronzezeit

1] s. Anm. 9 Die Inneralpine Bronzezeit-Kultur in der Frühbronzezeit

2] s. Anm. 3 Die Inneralpine Bronzezeit-Kultur in der Frühbronzezeit

3] s. Anm. 6 Die Inneralpine Bronzezeit-Kultur in der Frühbronzezeit

4] Auf Caschlings bei Cunter stellte 1942 der Oberförster und Heimatforscher Walo Burkart (1887–1952) aus Chur Spuren bronzezeitlicher Bauten fest. Bei den Grabungen von 1944 bis 1946 hat Burkart zwei Phasen der spätesten Mittelbronzezeit beziehungsweise der Spätbronzezeit erkannt.

5] s. Anm. 4 Die Inneralpine Bronzezeit-Kultur in der Frühbronzezeit.

6] Auf Pleun da Buora bei Ruschein hat 1965 das Rätische Museum, Chur, eine kleine Flächengrabung vorgenommen, die im Zusammenhang mit dem Bau eines Waldweges durchgeführt wurde.

7] s. Anm. 5 Die Inneralpine Bronzezeit-Kultur in der Frühbronzezeit

8] s. Anm. 7 Die Inneralpine Bronzezeit-Kultur in der Frühbronzezeit

9] Das Felsdach nordöstlich der Einmündung der Ova Spin in den Spöl bei Zernez wurde 1931/32 durch den Brauereibesitzer und Heimatforscher Riet Campell (1866–1951) aus Celerina/Schlarigna sowie dessen Sohn, den Forstingenieur Eduard Campell aus Bever, untersucht.

10] Die bronzezeitliche Quellfassung von Sankt Moritz wurde 1907 bei Erneuerungsarbeiten an der Mauritiusquelle entdeckt.

Die Spätbronzezeit in Deutschland

1] Die Zusammenstellung dieser Übersicht über die Verbreitung und Zeitdauer von Kulturen der Spätbronzezeit entstand mit Hilfe der Prähistoriker Friedrich Laux vom Hamburger Museum für Archäologie/Helms-Museum, Hamburg-Harburg, Berthold Schmidt vom Landesmuseum für Vorgeschichte, Halle/Saale, und Rolf Breddin vom Brandenburgischen Landesmuseum für Ur- und Frühgeschichte, Potsdam.

Die Urnenfelder-Kultur

1] Die Gliederung der Urnenfelder-Zeit in drei Stufen (erste Stufe: späte Hügelgräber-Bronzezeit [Bronzezeit D] und frühe Urnenfelder-Zeit [Hallstatt A1], zweite Stufe: mittlere Urnenfelder-Zeit [Hallstatt A2 bis B1], dritte Stufe: späte Urnenfelder-Zeit [Hallstatt B2/3]) wurde zum erstenmal 1988 von den Prähistorikern Beate Grimmer-Dehn aus Freiburg/Breisgau, Patrice Brun aus Paris und Walter Torbrügge (1923 bis 1994) aus Regensburg vertreten.

2] In Eching wurde vom 26. August bis zum 3. Oktober 1980 vor einer Industriebebauung durch das Landesamt für Denkmalpflege eine Rettungsgrabung durchgeführt. Dabei hat man das Dorf Eching 1 entdeckt. 1983 wurde das Dorf Eching 2 durch das Landesamt für Denkmalpflege ausgegraben.

3] Die Flachlandsiedlung von Dietfurt wurde 1979 durch den Prähistoriker Bernd Engelhardt aus Landshut entdeckt und noch im selben Jahr teilweise ausgegraben.

4] Die Hausgrundrisse von Riesbürg-Pflaumloch kamen 1989 beim Bau des neuen Sportplatzes zum Vorschein.

5] Die Siedlung von Künzing wurde 1958 bis 1966 bei Ausgrabungen im Bereich des römischen Kastells Quintana freigelegt.

6] Die Flachlandsiedlung von Enzweiler bei Idar-Oberstein wurde 1958 durch den Prähistoriker Lothar Kilian aus Trier ausgegraben.

7] Die Seeufersiedlung von Hagnau-Burg wurde im Februar 1866 durch den Konstanzer Domänenverwalter und Ritter des Zähringer Löwenordens, Alexander Walter (1817–1887), entdeckt, dessen Funde seit 1870 in dem damals gegründeten Rosgarten-Museum in Konstanz deponiert sind. 1933 wurde die Seeufersiedlung in wilden Grabungen durchwühlt. 1950 hat man Teile der Siedlung zur Uferauffüllung verwendet. 1984 und 1986 erfolgten mehrwöchige Tauchsondierungen des Landesdenkmalamts.

8] Die Seeufersiedlung von Konstanz-Langenrain (Wollmatingen) wurde 1882 von dem Apotheker, Stadtrat, Natur- und Heimatforscher sowie Prähistoriker Ludwig Leiner (1830–1901) aus Konstanz entdeckt. Er hat 1870 das Rosgarten-Museum in Konstanz gegründet.

9] Die Seeufersiedlung von Süßenmühle wurde bereits im 19. Jahrhundert entdeckt. Die spätbronzezeitlichen Funde, die ein Taucher beim Verlegen der Saugleitung für die Bodenseewasserversorgung gefunden haben will, sind bis heute noch nicht verifiziert.

10] In Unteruhldingen wurde 1864 ein Pfahlfeld östlich des Hafens entdeckt. Anhand von Luftbildern und Erkundungen unter Wasser hat man 1980 erstmals zahlreiche Palisadensysteme festgestellt, die mindestens drei in unterschiedlichen Bauphasen angelegte Siedlungsareale erfassen.

11] Der Fundort der Inselsiedlung von Bad Säckingen gehört seit 1850 durch Abdämmung des nördlichen Rheinarms zum Festland. Die urnenfelderzeitlichen Siedlungsfunde von dort wurden im Laufe etlicher Jahrzehnte geborgen und 1958 publiziert.

12] s. Anm. 13 Die Straubinger Kultur

13] Die Inselsiedlung im Altmühltal bei Kelheim wurde im Zuge der Kanalgrabungen 1976 entdeckt und bis 1981 von Bernd Engelhardt (s. Anm. 3) untersucht.

14] Im August/September 1936 wurden bei Meliorationsarbeiten auf einer ehemaligen Rheininsel von Groß-Rohrheim Scherben aus einer Siedlung und ein Grab aus der Urnenfelder-Zeit freigelegt.

15] Der Schuldirektor Karl Sebastian Gutmann (1854–1932) aus Breisach sah sich 1916 durch Gefäßreste und Herdstellen auf dem Burgberg bei Burkheim in seiner Annahme bestätigt, daß sich dort eine Befestigung befand.

16] Auf dem Dreifaltigkeitsberg bei Spaichingen wurden in der ersten Hälfte dieses Jahrhunderts verschiedene kleine Sondagen durchgeführt, die nicht genau zu lokalisieren und deren Funde meist verschollen sind. 1958 führte der Stadtarchivar Rudolf Ströbel (1910–1972) aus Schwenningen am Neckar eine größere Untersuchung durch.

17] s. Anm. 24 Die Hügelgräber-Kultur

18] Auf dem Zargenbuckel bei Aschhausen-Schöntal haben 1914 der damals an der Altertümersammlung in Stuttgart tätige Prähistoriker Gerhard Bersu (1889–1964) und 1968 der Prähistoriker Hartwig Zürn aus Stuttgart gegraben.

19] Auf dem Lemberg bei Stuttgart-Weil im Dorf hat 1908 der damals als Altertumsforscher an der Stadtsammlung in Stuttgart tätige Peter Goeßler (1872–1956) gegraben.

20] Auf dem Katzensteig bei Mergenthau hat 1967 der Heimatpfleger für den Landkreis Augsburg, Otto Schneider aus Augsburg, gegraben.

21] Auf dem Stadtberg von Neuburg hat der Oberlehrer und Heimatpfleger des damaligen Landkreises Neuburg an der Donau, Michael Eckstein (1903–1987), von August bis Oktober 1963 eine Ausgrabung durchgeführt.

22] s. Anm. 26 Die Hügelgräber-Kultur

23] s. Anm. 27 Die Hügelgräber-Kultur

24] s. Anm. 11 Die Straubinger Kultur

25] s. Anm. 19 Die Hügelgräber-Kultur

26] s. Anm. 21 Die Hügelgräber-Kultur

27] s. Anm. 22 Die Hügelgräber-Kultur

28] Die Befestigung auf der Ehrenbürg bei Schlaifhausen wird seit 1987 durch den Prähistoriker Björn-Uwe Abels aus Bamberg untersucht.

29] Die Befestigung Heunischenburg auf dem Wolfsberg bei Gehülz wurde 1983 bis 1987 durch Björn-Uwe Abels (s. Anm. 28) ausgegraben.

30] Die Erforschung des Bullenheimer Berges bei Bullenheim reicht bis in die Mitte des 19. Jahrhunderts zurück. Von Amateur-Archäologen wurden im 20. Jahrhundert bis 1981 zwölf Depots entdeckt. Das zwölfte Depot umfaßt 65 Bronzeobjekte (darunter 30 Phaleren und 29 Schaukelringe). Dieses Depot wurde vom Bayerischen Landesamt für Denkmalpflege, Zweigstelle Würzburg, und dem Seminar für Vor- und Frühgeschichte der Universität Würzburg geborgen. 1983 und 1984 nahm der Würzburger Prähistoriker Georg Diemer (1954–1988) Ausgrabungen vor.

31] Auf dem Großen Knetzberg wurden seit 1962 Oberflächenfunde geborgen. 1986 hat man den Wall an der Südspitze untersucht.

32] Im Frühjahr 1946 und im Herbst 1953 fällten heftige Stürme auf dem Großen Stiefel bei Sankt Ingbert zahlreiche Bäume, die mit ihrem Wurzelwerk Erdreich hochrissen, dieses um ihren einstigen Standort auflockerten und Krater hinterließen. Damals barg der Heimatforscher Robert Seyler (1922–1987) aus Dudweiler/Saar Scherben, Steingeräte und Werkzeugbruchstücke.

33] Auf dem Dommelberg bei Koblenz hat 1936 der damals in Bonn arbeitende Prähistoriker Karl Heinz Wagner (1907–1944) gegraben.

34] Auf dem Langenberg bei Ernzen entdeckten im Frühjahr 1966 Mitarbeiter des Sportflugplatzes Holsthum Reste eines flachen Befestigungswalles. 1967 erfolgten eine Probeuntersuchung durch den Prähistoriker Siegfried Gollub (1915–1983) aus Trier und 1969 eine Grabung.

35] Auf dem Bleibeskopf bei Bad Homburg hat 1909/10 der Architekt und Baurat Christian Ludwig Thomas (1848–1913) aus Frankfurt/Main gegraben.

36] Auf dem Glauberg bei Glauburg führte 1933 bis 1939 der Geologe und Prähistoriker Heinrich Richter (1895–1970) aus Gießen Grabungen durch.

37] Auf dem Haimberg bei Haimbach wurde 1900 und 1928 gegraben.

38] Auf dem Großen Gleichberg ist von 1858 bis 1968 durch den Abbau von Balsalt viel zerstört worden. Die »Rentmauer« auf dem Großen Gleichberg wurde 1904 durch den Berliner Prähistoriker Alfred Götze (1865 bis 1948) und 1978 bis 1980 durch den Weimarer Prähistoriker Bernd W. Bahn untersucht. Auf dem Kleinen Gleichberg (Steinsburg) hat Göt-

ANMERKUNGEN

ze 1900 mit Untersuchungen begonnen. 1929 gründete er das Steinsburgmuseum in Römhild, in dem die Funde von den Gleichbergen aufbewahrt werden.

39] Die Flachlandsiedlung von Straubing-Öberau wurde 1990 entdeckt.

40] Im Herbst 1975 entdeckte der ehrenamtliche Mitarbeiter des Landesdenkmalamts Baden-Württemberg, Ernst Junginger aus Langenau, an der Autobahnbaustelle Unterelchingen die ersten Tonscherben. Die Lehrerin und Prähistorikerin Emma Pressmar aus Neu-Ulm nahm in den Wintermonaten 1975/76 eine Notgrabung vor, bei der sie von Junginger, dem Arzt Michael Reistle aus Langenau und dem Lehrer Richard Ambs aus Thalfingen unterstützt wurde. Ambs fand den Standort des Töpferofens.

41] Die Abfallgrube eines Töpfers auf dem Münsterberg von Breisach wurde 1967 entdeckt.

42] Die steinernen Gußformen von Neckargartach (Flur Nordheimer Hohl) wurden am 12. Oktober 1953 von Walter Neutz aus Neckargartach beim Ausheben einer Grube zum Einwintern von Rüben freigelegt.

43] Das Grab des Toreuten von Steinkirchen wurde 1963 bei einer Ausgrabung durch den damals in München arbeitenden Prähistoriker Hermann Müller-Karpe entdeckt.

44] Das Depot von Weinheim an der Bergstraße wurde am 22. Mai 1931 entdeckt, als sich die Bewohner des Anwesens Nikolaus Knapp von Nächstenbach durch einige Felsen bedroht fühlten, die etwa zehn Meter über ihrer Scheune aus dem steil aufsteigenden Hang herausragten. Der Sohn des Eigentümers beseitigte die Gefahr und stieß dabei zwischen den großen Steinen im Boden auf das Depot.

45] Das Depot von Saarlouis (Flur In der Bins) wurde 1940 von einem Arbeiter beim Ausheben eines Leitungsgrabens in etwa einem Meter Tiefe gefunden. Die Funde sind seit Kriegsende verschollen.

46] Das Depot I von Wallerfangen wurde 1850 von einem Landwirt beim Kartoffelausnehmen entdeckt. In den 1840er Jahren hat man zwei Beildepots (Depot II und III) gefunden.

47] Das Eisenschwert von Singen am Hohentwiel wurde 1950 geborgen.

48] Der Helm von Weil am Rhein wurde 1910 in einer Kiesgrube entdeckt. Er gelangte ins Historische Museum, Basel, und wurde irrtümlich als mittelalterlich eingestuft, bis 1950 der Volontärassistent Wolfgang Schneewind, der die Waffensammlung neu aufnahm, erkannte, daß der Helm nicht ins Mittelalter gehört.

49] Der Helm aus der Pockinger Heide bei Indling wurde vor 1881 gefunden.

50] Der Helm von Ebing wurde im September 1964 etwa 700 Meter östlich der Kirche ausgebaggert, der Zweigstelle Franken des Bayerischen Landesamts für Denkmalpflege in Würzburg vorgelegt und der Prähistorischen Staatssammlung, München, zum Ankauf vermittelt.

51] Der Helm aus einer Sandgrube von Thonberg tauchte 1911 im süddeutschen Kunsthandel auf und wurde vom Germanischen Museum in Nürnberg erworben.

52] Der Helm und neun Blechschalen kamen 1858 zwischen Wonsheim und Eckelsheim auf dem Feld zum Vorschein, wo der Beller Markt abgehalten wurde. 1858 erwarb der Mainzer Altertumsverein den Helm und sechs Schalen. Die drei anderen Schalen gelangten in den Kunsthandel, zwei davon wurden 1860 vom Nationalmuseum Kopenhagen gekauft, eine Schale ist verschollen. Am selben Fundort soll auch eine Bronzefigur entdeckt worden sein, die nach Alzey verkauft wurde und seitdem als verschollen gilt.

53] Der Fundort Rhein bei Mainz ist nicht gesichert. Im Inventarverzeichnis des Landesmuseums Mainz heißt es: »Ob Rheinfund?«. Der Helm wurde 1917 erworben.

54] Die zwei Helme von Biebesheim am Rhein wurden Mitte September 1963 kurz hintereinander bei Kiesbaggerarbeiten im Wechselsee durch den Baggerführer Karl Bleiker aus Biebesheim entdeckt. Die Helme gehörten ursprünglich dem Grundstücksbesitzer und Kiesgrubenunternehmer Rainhard Waibel aus Gernsheim/Rhein. Später erwarben das Hessische Landesmuseum, Darmstadt, und das Heimatmuseum Biebesheim am Rhein je einen Helm.

55] Der Helm aus Mainz-Kostheim wurde am 17. Juni 1877 gefunden.

56] Der Graf Giovanni Gozzadini hat 1854 auf seinem Landgut Villanova ein Gräberfeld entdeckt, ausgegraben und schon im Jahr der Entdeckung in dem Werk »Di un sepolcreto etrusco« darüber berichtet. Viele Jahre danach kamen die Begriffe Civiltà di Villanova oder Villanoviano auf, bei denen unklar ist, wer sie als erster vorgeschlagen hat. Die erste Definition der Villanova-Kultur stammt von dem Prähistoriker Eduard Brizio (1846–1907) aus Bologna.

57] Die Bronzeschilde aus dem Regnitztal bei Bamberg wurden 1857 bei Kanalbauarbeiten entdeckt. Damals ließ in Bamberg eine Gesellschaft für die Errichtung einer mechanischen Baumwollspinnerei und Weberei unterhalb der unteren Altstadt Bambergs umfangreiche Erdarbeiten für die notwendigen Kanäle ausführen.

58] Der Rundschild aus dem Rhein bei Mainz wurde um 1885 geborgen.

59] Der Rundschild von Bingen wurde 1852 entdeckt und gelangte 1882 als Geschenk des Bürgermeisters Eberhard Soherr (1812–1887) aus Bingen in das Mainzer Altertumsmuseum (heute Landesmuseum Mainz).

60] Zu einem 1844 beim Ausräumen der Paulushöhle bei Beuron gefundenen Depot gehören mehrere Blechstücke, die als Beinschienenreste gedeutet wurden.

61] Die Beinschienenreste aus der Donau bei Schäfstall wurden um 1977 entdeckt und 1979 für das Archäologische Museum der Stadt Donauwörth erworben.

62] Die Beinschienenreste von Winklsaß (Flur Tiefentalwaldung) gehörten zu einem Brucherzfund im Gesamtgewicht von 13,5 Kilogramm, den Anfang Juli 1911 ein Arbeiter bei Rodungsarbeiten geborgen hat. Die Fundstelle wurde von dem Konservator am Generalkonservatorium der Kunstmale und Altertümer Bayerns, Paul Reinecke (1872–1958), und von dem Hauptlehrer Johann Pollinger (1858–1912) aus Landshut besichtigt. Der Historische Verein in Landshut hat 1911 und 1913 die Funde erworben.

63] Der Begriff Riegsee-Schwert wurde 1936 erstmals von dem damals in München arbeitenden Prähistoriker Friedrich Holste (1908–1942) verwendet.

64] Der Begriff Rixheim-Schwert wurde 1927 von dem Prähistoriker Georg Kraft (1894–1944) aus Freiburg/Breisgau geprägt.

65] Das Grab mit dem Köcher und elf Pfeilspitzen von Ockstadt wurde im Mai 1907 entdeckt.

66] Bei Behringersdorf hat 1966 das Naturhistorische Museum, Nürnberg, bei einer Notbergung zwölf Gräber untersucht. Eines davon enthielt Reste eines Köchers mit Pfeilen.

67] Die Bronzetasse des Typs Fuchsstadt lag in einem der 17 Gräber von Fuchsstadt, die 1885 beim Tiefpflügen aufgedeckt wurden.

68] Das Depot von Unterglauheim wurde 1854 beim Pflügen in der Flur Hinterfeld entdeckt.

69] Der Einbaum von der Roseninsel im Starnberger See wurde 1989 gefunden.

70] Der Bohlenweg in den Rottauer Filzen nördlich von Rottau kam im Frühjahr 1916 bei der Moorkultivierung unweit des Eisenbahndamms in fast zwei Meter Tiefe zum Vorschein.

71] Das Depot auf dem Hanselberg bei Wallerfangen wurde von einem Bauern beim Kartoffelroden entdeckt. 1868 gelangte es aus der Sammlung Simon in Metz in das Nationalmuseum von Saint-Germain-en-Laye bei Paris.

72] Das Depot von Horath im Distrikt Wäldchen wurde 1889 bei Straßenbauarbeiten unter einem kleinen Felsen entdeckt.

73] Die zwei Wagengräber von Mengen wurden 1905 und 1955 entdeckt. Sie liegen etwa 250 Meter voneinander entfernt.

74] Das Wagengrab in der Kiesgrube im Steinfeld bei Bruck wurde 1960 von Michael Eckstein (s. Anm. 21) gefunden.

75] Das Wagengrab von Hart an der Alz wurde am 5. Mai 1953 von einem Schüler beim Ausgraben eines Loches im Garten eines werkseigenen Siedlungshauses der Süddeutschen Karbidstoffwerke A. G., Karbidwerk Hart an der Alz, freigelegt. Der Schüler zeigte die in etwa 20 Zentimeter Tiefe von ihm gefundenen Bronzeobjekte seiner Lehrerin, und diese wandte sich an den Kreisheimatpfleger Josef Dirscherl (1894–1982), der erkannte, daß es sich um Bronzeteile eines Wagens handelte. Das Landesamt für Denkmalpflege nahm eine sorgfältige Untersuchung der Fundstelle und ihrer Umgebung vor.

76] Das Wagengrab von Poing wurde 1989 entdeckt.

77] Das Wagengrab von Hader wurde 1851 oder 1852 bei der Rodung eines Birkenwäldchens gefunden.

78] Das Wagengrab von Langengeisling kam in dem von 1950 bis 1953 ausgegrabenen Gräberfeld zum Vorschein.

79] Das Wagengrab im Lorscher Wald (»Torfgraben«) wurde 1838 entdeckt.

80] Die Bronzeräder von Haßloch wurden im Sommer 1873 von einem Bauern namens Würth beim Sandgraben gefunden. Dies teilte der Pfarrer Karl Blum (1824–1888) aus Haßloch dem Kustos der Sammlung des Historischen Vereins der Pfalz, Eduard Heydenreich (1823–1877), am 2. Juli 1873 brieflich mit. Der Entdecker überließ die Räder der Sammlung.

81] In Weinheim-Nächstenbach wurden am 22. Mai 1931 Bruchstücke von der Nabe eines Wagenrades gefunden.

82] Das Nabenbruchstück von Saarlouis-Roden gehörte zu dem 1940 entdeckten Depot (s. Anm. 45).

83] Die Siedlungen der Rachelburg werden seit 1994 unter der Leitung des Prähistorikers Stefan Winghart vom Bayerischen Landesamt für Denkmalpflege, München, und vom Institut für Vor- und Frühgeschichte der Universität München untersucht. Das Roherzdepot in der Talsiedlung wurde bereits 1992 entdeckt.

84] Das seit dem 19. Jahrhundert bekannte Gräberfeld von Grundfeld wurde 1983/84 von Björn-Uwe Abels (s. Anm. 28) ausgegraben, da es durch den Ausbau der Bundesstaße B 173 Breitengrüßbach–Lichtenfels angeschnitten wurde.

85] Das Depot auf dem Hesselberg wurde zwischen 1953 und 1955 von der Familie Steinmann aus Wassertrüdingen an den Nordkante des Berges auf der Ehinger Flur, etwa 100 Meter ostsüdöstlich des Hesselberghauses, geborgen.

86] Das Depot von Stadtallendorf wurde 1943 beim Wegebau in einem Sprengstoffwerk bei den sogenannten Müllerwerkstannen gefunden.

87] Die tönernen Menschenfiguren vom Martinsberg in Bad Kreuznach stammen aus der urnenfelderzeitlichen Siedlung, die 1924 bei der Anlage einer Wohnkolonie angeschnitten und zu einem kleinen Teil vom Museum Bad Kreuznach untersucht wurde.

88] Die Holzflöte von Hagnau-Burg kam im Winter 1986 bei einer Unterwassergrabung etwa fünf Meter unter dem heutigen Wasserspiegel des Bodensees in der seit 1866 bekannten »Pfahlbaustation« zum Vorschein.

89] Im November 1983 wurden beim Pflügen in Undenheim die Reste von zwei Steinsetzungen angeschnitten. Wenige Tage nach der Entdeckung begann das Landesamt für Denkmalpflege, Abteilung Archäologische Denkmalpflege, Amt Mainz, mit der Untersuchung.

90] Die Pithos-Bestattung von Bensheim-Auerbach (Flur Im Sand) wurde am 8./9. Juni 1961 bei der Anlage eines Grabens entdeckt und ausgegraben.

91] Das Urnenfeld auf der Insel im Mündungsbereich der Altmühl bei Kelheim wurde 1909 bis 1929 vom Historischen Verein sowie 1930 und 1936 vom Landesamt für Denkmalpflege ausgegraben. Im Zuge der Kanalgrabungen unter der Leitung des Prähistorikers Bernd Engelhardt aus Landshut von 1976 bis 1981 stieß man auf weitere Körper- und Urnengräber, die den Beginn des Bestattungsplatzes in die späte Bronzezeit (Bronzezeit D) datieren.

92] Das Gräberfeld von Zuchering-Ost bei Ingolstadt wurde 1983 bis 1995 durch das Bayerische Landesamt für Denkmalpflege untersucht.

93] Das Gräberfeld von Künzing wurde 1983 bis 1994 teilweise von dem Kreisarchäologen Karl Schmotz aus Deggendorf ausgegraben.

94] In Gernlinden erfolgten von 1920 bis 1930 Fundbeobachtungen und Grabungen des Bayerischen Landesamts für Denkmalpflege.

95] Das Gräberfeld von Natternberg wurde 1979 beim Humusabtrag für den Bau der Autobahn Straubing–Deggendorf von dem damaligen Kreisarchäologen Klaus Hautmann entdeckt und von seinem Nachfolger Karl Schmotz (s. Anm. 93) untersucht.

96] Das Gräberfeld von Barbing wurde 1964 von dem Bautechniker und professionell arbeitenden Amateur-Archäologen Hannsjürgen Werner aus Neutraubling entdeckt und über Jahre hinweg ausgegraben.

97] Im Herbst 1980 entdeckte Hannsjürgen Werner (s. Anm. 96), daß ein Landwirt bei Sengkofen Gräber eines bis dahin unbekannten Friedhofs auspflügte. 1981 erfolgte eine Grabung des Landesamtes für Denkmalpflege unter Leitung des Archäologen Thomas Fischer aus Regensburg.

98] Die ersten Grabungen auf dem Friedhof am Rand des Neuen Botanischen Gartens von Marburg erfolgten 1918 durch den Gymnasialprofessor Georg Wolff (1845–1929) aus Frankfurt/Main und den Leiter des Staatsarchivs Marburg, Friedrich Küch (1863–1935). 1938 unternahm der Marburger Prähistoriker Gero von Merhart (1886–1959) dort Lehrgrabungen. 1963 untersuchte der Marburger Prähistoriker Rolf Gensen vor Beginn des Baus der heutigen Straße zwölf Hügel. Von 1984 bis 1986 grub der Marburger Prähistoriker Claus Dobiat die restlichen Hügel aus.

99] Das erste der sogenannten »Fürstengräber« von Landau-Wollmesheim wurde Ende 1909 entdeckt, dabei handelte es sich um ein Körpergrab (Grab 1). Bei Nachgrabungen kamen Anfang 1910 Reste eines Brandgrabs (Grab 2) zum Vorschein. Beide Gräber waren vermutlich Steinkistengräber.

100] Das Steinkistengrab von Eggolsheim wurde 1982 entdeckt und von Björn-Uwe Abels (s. Anm. 28) ausgegraben.

101] Wegen Erweiterung der Militärschießstände im Erlanger Stadtwald wurden im August/September 1955 Ausgrabungen durchgeführt, bei denen ein Zeichensteingrab zum Vorschein kam.

102] In Gosberg hat man seit 1893/94 immer wieder Gräber zerstört. Von 1911 bis 1963 wurden elf Gräber untersucht, davon hatten acht Gräber einen Steinkranz und drei Gräber auch Steine, die auf der Außenseite ein Rillenmuster aufweisen.

103] In Honings kamen seit Anfang des 20. Jahrhunderts wiederholt Gräber zum Vorschein, darunter auch einige wenige mit Zeichensteinen.

104] Der Grabhügel mit Zeichensteinen aus dem Mark-Forst bei Baiersdorf wurde 1937 ausgegraben.

105] Das mit einem Pfostenkranz umstellte Grab von Singen am Hohentwiel wurde am 23. Dezember 1937 von Bauarbeitern entdeckt. Die Bergung der Funde erfolgte am 23. und 24. Dezember 1937 durch den örtlichen Pfleger, den Apotheker Albert Funk (1887–1979).

106] Beim Bau einer Kapelle auf dem Wetterkreuzberg bei Maikammer wurden 1952 unter einer Steinplatte von mehreren Zentnern Gewicht in einer Tiefe von einem Meter mehrere Bronzeobjekte (Sicheln, Beile, Ringschmuck) gefunden.

107] s. Anm. 50 Die Hügelgräber-Kultur

108] s. Anm. 55 Die Hügelgräber-Kultur

109] s. Anm. 51 Die Hügelgräber-Kultur

110] Bei Gauting wurde 1950 mehr als ein Zentner stark verbrannter Scherben und Haustierknochen vom Rind, Schaf oder von der Ziege und vom Schwein in kohlschwarzer Erde ausgebaggert.

111] s. Anm. 54 Die Hügelgräber-Kultur

112] s. Anm. 53 Die Hügelgräber-Kultur

113] s. Anm. 26 Die Hügelgräber-Kultur

114] Die Geschirropfer von der Schellnecker Wänd bei Essing wurden 1972 entdeckt.

115] In der Jungfernhöhle bei Tiefenellern hat Ende 1951 der »Schatzsucher« Georg Zimmer aus Tiefenellern Keramikreste, Steingeräte sowie Tier- und Menschenknochen gefunden, die teilweise aus der Jungsteinzeit und späteren Zeiten stammen. 1952 nahm der damals in Würzburg arbeitende Prähistoriker Otto Kunkel (1895–1984) Ausgrabungen vor, denen sich 1953 und 1954 Nachuntersuchungen anschlossen. Kunkel war von 1955 bis 1960 Direktor der Prähistorischen Staatssammlung, München.

116] Das Gefäßdepot aus der Siedlung von Altdorf wurde 1983 durch das Bayerische Landesamt für Denkmalpflege untersucht.

117] Die Opfergrube von Hohentrüdingen wurde im April 1989 durch die Außenstelle Nürnberg des Bayerischen Landesamts für Denkmalpflege ausgegraben und im Sommer 1990 restauriert.

118] Der Kreisgraben von Eching wurde 1981 von dem Prähistoriker Erwin Keller aus München entdeckt.

119] Der Kreisgraben von Kobern in der Flur Achterspanner-Hof wurde 1984 beim Kiesabbau angeschnitten.

120] Der Goloring im Koberner Wald wurde 1948 durch den Prähistoriker Josef Röder (1914–1975) aus Koblenz beschrieben.

121] Der »Feuerbock« aus der Ziegelei Marx in Mainz-Hechtsheim wurde 1953 von einem Baggerführer entdeckt.

122] Das Kreisornament in der Burghöhle von Dietfurt wurde 1988 bei Ausgrabungen der Prähistoriker Wolfgang Taute (1934–1995) aus Köln und Eberhard Wagner aus Stuttgart entdeckt.

123] Im Sommer 1970 wurde beim Erdaushub für den Aussiedlerhof des Landwirts Ernst Lesch in Acholshausen ein Steinkammergrab angeschnitten und von Olga Lesch entdeckt. Der Fund wurde dem Oberlehrer i. R. Hugo Wilz gemeldet. An der Notgrabung beteiligten sich Robert Wagner, dessen drei Söhne und der Lehrer Reinhard Worschech. Bei der von dem damals in Würzburg arbeitenden Prähistoriker Christian Pescheck eingeleiteten Untersuchung des Aushubs entdeckten die Präparatoren Karl Schneider und Hans Koppelt den Kesselwagen.

124] Der Goldkegel von Avanton bei Poitiers wurde 1844 entdeckt.

125] Die Objekte aus dem Kleebergschacht bei Königstein wurden 1980 von privaten Höhlenforschern entdeckt. 1981 erfolgte eine Ausgrabung.

ANMERKUNGEN

126] Die Felsspalte im Osthang des Ittlinger-Bach-Tales wurde 1956 von Steinbrucharbeitern entdeckt und teilweise untersucht.
127] Im Felsenloch bei Plech wurden 1967/68 Grabungen vorgenommen.
128] Die Höhle von Loch wurde bereits 1789 von dem kurfürstlichen Hof- und Medizinalrat Bernhard Joseph Schleis von Löwenfeld (1731–1800) aus Sulzbach in seinen »Beyträgen zur Urgeschichte Sulzbachs« erwähnt, jedoch wegen »allzu beschwerlichen Eingangs« nicht betreten. 1923 nahmen Mitglieder der Sektion Heimatforschung der Naturhistorischen Gesellschaft Nürnberg Untersuchungen vor und entdeckten dabei einige Menschenknochen und Bronzeobjekte. 1929 wurden die Höhlen durch den Baugeologen Richard Gottfried Spöcker (1897–1975) aus Nürnberg systematisch erforscht. 1954 und 1957 bargen private Höhlenforscher aus Amberg zahlreiche weitere Skelettreste und Bronzegegenstände. Die Bearbeitung dieser Funde war der Anlaß für eine Untersuchung durch den Nürnberger Grabungstechniker Ferdinand Leja.

Die ältere Niederrheinische Grabhügel-Kultur

1] Der Begriff Kerbschnitt-Gruppe wurde 1926 von Carl Rademacher (1859–1935) geprägt. Er war von 1900 bis 1918 Rektor, 1914 bis 1931 Direktor des von ihm gegründeten Kölner Museums für Vorgeschichte und erhielt 1927 den Ehrendoktortitel der Universität Köln. 1903 hat er die Kölner Anthropologische Gesellschaft gegründet.
2] Den Begriff Laufelder Gruppe hat 1936 der damals in Trier arbeitende Prähistoriker Wolfgang Dehn verwendet. Das Gräberfeld von Laufeld wurde 1916 beim Roden eines vorher brachliegenden Heidestücks entdeckt und im selben Jahr ausgegraben. 1925 und 1928 kamen weitere Gräber zum Vorschein.
3] Die Siedlung von Weisweiler 14 wurde 1977/78 entdeckt.
4] 1902 berichtete der Arzt Wilhelm Conrads (1857–1923) aus Borken in der Generalversammlung des Altertumsvereins für Borken und Umgegend von der Entdeckung eines Urnenfriedhofs bei dem Gut Winkelhusen in der Nähe von Rhede. Bei Arbeiten, die schon vor seiner Ankunft vorgenommen wurden, waren viele Urnen zerstört worden, doch es konnten noch drei von ihnen und Beigefäße gerettet werden. Weitere Funde kamen 1910 beim Bau des Hartsteinwerks, 1936 bei Wegearbeiten, 1944 bei militärischen Planierungsarbeiten und 1945 beim Stellungsbau zum Vorschein. Die Reihe der Funde setzte sich 1953, 1962, 1975 und 1976 fort. Als Anfang 1980 mit den Erdarbeiten für Sportanlagen begonnen wurde, entdeckte Manfred Tangerding aus Bocholt von der Geologischen Arbeitsgemeinschaft bei einer Begehung des abgeschobenen Geländes verstreute Brandknochen, die auf zerstörte Gräber hindeuteten. Daraufhin erfolgte eine Grabung des Westfälischen Landesmuseums für Archäologie, Münster, unter Leitung des Prähistorikers Christoph Reichmann, bei der etwa 150 Gräber aufgedeckt wurden.
5] Bei der Anlage eines Kanalisationsgrabens in Gladbeck-Ellinghorst am 7. Juli 1936 wurden von Mitarbeitern des Tiefbauamts der Stadt Gladbeck Scherben und Knochenreste entdeckt. Wenige Tage später erfolgte eine Ausgrabung durch das Museum Gladbeck und das Westfälische Landesmuseum für Vor- und Frühgeschichte, Münster (ab 1980 Westfälisches Museum für Archäologie, Münster, genannt).
6] In Herne-Baukau wurden bereits in den 1890er Jahren mehrere Bestattungen untersucht. 1927 erhielt der Direktor des Emschertal-Museums, Herne, Karl Brandt (1898–1974), den Hinweis, daß 1910 bei der Anlage einer Reitbahn im Parkgelände weitere Urnen und Leichenbrand aufgefunden worden seien. Eine Suchgrabung verlief erfolglos. Als 1931 bei der Herrichtung des Sportplatzes erneut Urnen entdeckt wurden, führte Brandt zusammen mit dem Prähistoriker August von Stieren (1885–1970) aus Münster eine Untersuchung durch.
7] Der erste Hinweis auf einen Friedhof in Recklinghausen-Röllinghausen erfolgte im Bericht der Altertumskommission Westfalen für 1932. 1950 wurde bei der Erschließung des bis dahin für Gartenanlagen genutzten Areals als Baugelände der Ketteler-Siedlung wiederum Keramik entdeckt. Dies veranlaßte den ehrenamtlichen Bodendenkmalpfleger der Stadt Recklinghausen, Stadtarchivar Adolf Dorider (1884–1965), zur Meldung an das Landesmuseum für Vor- und Frühgeschichte, Münster, sowie an das Emschertal-Museum, Herne. Anschließend erfolgte eine Grabung unter Leitung von Karl Brandt (s. Anm. 6).
8] Der Friedhof von Bocholt (Hohenhorster Berge) wurde vor 1930 entdeckt und 1939 von dem Archäologen Wilhelm Winkelmann aus Münster ausgegraben.
9] Der Friedhof von Marbeck (Borken-Grütlohn) wurde vor 1899 entdeckt. 1937 erfolgte nach einer Fundmeldung von Amtsgerichtsrat Emil Kubisch (1881–1971) aus Borken-Gemen und Pfarrer Karl Echternkamp (*1901) aus Borken-Gemen eine Ausgrabung durch den damals in Münster arbeitenden Prähistoriker Karl Hucke (1911–1989) und Wilhelm Winkelmann (s. Anm. 8).
10] In Telgte-Raestrup hat man auf den Parzellen Dovenacker und Emskämpe zwei Kreisgrabenfriedhöfe entdeckt. Auf der Parzelle Dovenacker wurde 1968 von dem Archäologiestudenten Walter Finke aus Greven ein Urnenunterteil entdeckt. Der damals in Münster arbeitende Prähistoriker Klemens Wilhelmi legte am 18. März 1968 teilweise einen Langgraben frei. Noch 1968 begann er mit einer Rettungsgrabung, der sich 1972 bis 1976 eine Untersuchung anschloß. Auf den Kreisgrabenfriedhof der Parzelle Emskämpe stieß man 1968 während der Rettungsgrabung auf der Parzelle Dovenacker.
11] Die Bronzeamphore von Olsberg-Gevelinghausen wurde am 13. April 1961 beim Ausschachten einer Jauchegrube für einen neuen Bauernhof entdeckt.
12] In Heiden wurden schon 1898 Ausgrabungen vorgenommen. 1957 entdeckten Schüler der Volksschule Heiden und ihr Lehrer einen Baumsarg und legten einen Suchschnitt an. Im selben Jahr erfolgte eine Grabung von Wilhelm Winkelmann (s. Anm. 8).
13] In Neuwarendorf fand 1974 der damals in Warendorf arbeitende Studienrat und Geograph Dieter Allkämper Urnen und Leichenbrandnester. Dies führte zu mehreren kurzen Ausgrabungskampagnen durch das Westfälische Landesmuseum für Archäologie, Münster. Ab 1975 grub dort das Biologisch-Archäologische Institut der Universität Groningen.
14] s. Anm. 10
15] Der Friedhof von Petershagen-Lahde (Talmühle) wurde ab 1964 von dem ehrenamtlichen Bodendenkmalpfleger Friedrich Brinkmann aus Lahde, 1965 von dem Archäologen Walter Rolf Lange (1907–1990) aus Bielefeld und ab 1972 von dem Prähistoriker Klaus Günther aus Bielefeld ausgegraben.
16] Bei Entsandungen für die Umgehungsstraße (B 64) von Rheda ist man 1987 auf einen bronzezeitlichen Friedhof und eine eisenzeitliche Siedlung gestoßen. Sie wurden vom Westfälischen Museum für Archäologie, Außenstelle Bielefeld, untersucht.
17] Der Friedhof von Löhne-Obernbeck wurde wahrscheinlich zu Beginn des 20. Jahrhunderts entdeckt und ab dem Jahre 1953 von Walter Rolf Lange (s. Anm. 15) ausgegraben.

Die Lüneburger Gruppe in der mittleren Bronzezeit

1] Die Funde aus dem Grab auf dem Osterberg bei Bad Bevensen-Gollern (Langschwert, Beil und Lanze) wurden 1902 vom Hamburger Museum für Völkerkunde und Vorgeschichte angekauft.
2] Der Hügel 17 von Deutsch Evern wurde 1948 durch den Prähistoriker Gerhard Körner (1913–1984) aus Lüneburg ausgegraben.
3] 1937 hat der damals in Frankfurt/Main arbeitende Prähistoriker Ernst Sprockhoff (1892–1967) den Begriff Kulturprovinz Mecklenburg eingeführt. Seit etwa 1990 spricht der Hamburger Prähistoriker Friedrich Laux von der Mecklenburger Gruppe.
4] Statt des Namens Altmärker Gruppe ist heute der Begriff Elb-Havel-Gruppe üblich (s. Anm. 3 Die nordische jüngere Bronzezeit).
5] Der Ausdruck Kulturprovinz Mittelelbe wurde 1937 von Ernst Sprockhoff (s. Anm. 3) verwendet.
6] Die Bezeichnung Spindlersfelder Kreis wurde 1937 von Ernst Sprockhoff (s. Anm. 3) eingeführt. Er hat 1938 auch den heute üblichen Namen Spindlersfelder Gruppe formuliert.
7] Den Begriff Kulturprovinz Saale hat 1968 der damals in Gießen arbeitende Prähistoriker Wilhelm Albert von Brunn (1911–1988) benutzt.
8] Die Knovizer Kultur ist nach einer Siedlung bei Slany in Mittelböhmen benannt. Den Begriff Knovizer Kultur haben 1910 die Prähistoriker Lubor Niederle (1865–1944) aus Prag und Karel Buchtela (1864–1946) aus Prag im *»Handbuch der Tschechischen Archäologie«* verwendet.
9] Das Steinkistengrab von Lüllau bei Jesteburg befand sich in einem von 13 Grabhügeln, von denen das Helms-Museum (Hamburger Museum für Vor- und Frühgeschichte) seit 1967 sieben Grabhügel freilegte.
10] Auf der Flur Am Wandelfeld von Deutsch Evern wurden vermutlich schon im hohen Mittelalter erste Grabungen vorgenommen, worauf blaugraue Scherben in einer Störung des Grabhügels 20 hindeuten. 1843 diente dieses Gebiet als Lagerplatz für das Manöver des X. Deutschen Bundes-Armee-Corps. Damals könnten bei Schanzarbeiten auch Grab-

hügel angegraben worden sein, bei denen vielleicht ein 1860 in das Welfen-Museum nach Hannover gelangtes Griffbruchstück eines Bronzeschwertes gefunden wurde. Von 1908 bis 1970 gruben die am Lüneburger Museum arbeitenden Prähistoriker in Deutsch Evern.
11] Das Gräberfeld von Tangendorf wurde 1938 durch den damals in Hamburg arbeitenden Prähistoriker Willi Wegewitz (1898–1996) untersucht.
12] Die gleichzeitige Bestattung von fünf Menschen in Wendisch Evern wurde 1969 durch die Prähistoriker Hans Köster und Friedrich Laux aus Lüneburg entdeckt.

Die Allermündungs-Gruppe in der mittleren Bronzezeit
1] Das Depot von Landesbergen wurde im Frühwinter 1954 von dem Arbeiter Hans Saalborn auf dem Grundstück des Landwirts Fritz Sieling in einer Tiefe von etwa anderthalb Spatenstichen gefunden.
2] s. Anm. 7 Die Oldenburg-emsländische Gruppe
3] Das Grabhügelfeld vom Mastbruchholz bei Laatzen in der Gemarkung Grasdorf wurde 1938 entdeckt und teilweise 1969 beziehungsweise 1973 untersucht.
4] Das Grab von Tüchten bei Oyten wurde am 1. April 1965 von den Landwirten Hinrich und Helmut Rippe aus Wümmingen-Rotlake aufgespürt.

Die Stader Gruppe in der mittleren Bronzezeit
1] Die Grabhügel auf dem »Hohen Feld« von Wiepenkathen wurden 1926/28 von dem damals als Lehrer in Ahlerstedt (Kreis Stade) arbeitenden Willi Wegewitz (1898–1996) und dem Studenten Karl Kersten (1909–1992) aus Stade sowie 1928 von dem landwirtschaftlichen Arbeiter Hans Borchers (1901–1969) aus Schölisch ausgegraben.
2] Die Bestattungen auf dem Galgenberg bei Debstedt in der Gemeinde Langen wurden im Juli 1911 durch den Privatgelehrten Johann (genannt Jan) Bohls (1867–1950) aus Bremerhaven-Lehe teilweise untersucht, bevor der Hügel zerstört worden ist. Er war promovierter Zoologe, arbeitete aber auch kurze Zeit als Lehrer und Konservator des Morgenstern-Museums in Bremerhaven.
3] Im März 1929 entdeckte der Landwirt Christoph Witten (1900–1971) aus Farven beim Ausschachten seines Hauses ein Bronzeschwert und eine Bronzenadel, die er im Juni 1932 dem Stader Heimatmuseum übergab.
4] Im Gehölz Postels Busch (auch Postels Wunnerhorn) von Westersode lag um 1930 eine Gruppe von fünf Hügelgräbern. 1931 ließ der Grundstücksbesitzer den Busch schlagen und die Wurzeln roden, wobei Arbeiter Urnen fanden, die zum größten Teil zerstört wurden. Weil die Hügel eingeebnet werden sollten, erfolgte eine Ausgrabung.
5] Um den westlich von Cuxhaven gelegenen Galgenberg liegen mehrere Friedhöfe aus verschiedenen Epochen, die meistens unsystematisch ausgegraben worden sind.
6] Die Körperbestattungen vom Spanger Berg bei Spangen wurden zu Beginn des 20. Jahrhunderts unter der Leitung des Arztes Georg Thilenius (1868–1937), der von 1904 bis 1935 Direktor des Museums für Völkerkunde Hamburg war, und des seit 1906 an diesem Museum arbeitenden Wissenschaftlers Arthur Byhan (1872–1946) aus Hamburg untersucht.
7] Das Totenhaus von Tarmstedt kam im Mai 1966 bei Untersuchungen der letzten drei bronzezeitlichen Grabhügel im Sandabbaugebiet des Landwirts Rosenbrock zum Vorschein. Die Untersuchungen leitete der Prähistoriker Jürgen Deichmüller aus Hannover.

Die Lüneburger Gruppe in der jüngeren Bronzezeit
1] Die Grabhügel von Adendorf wurden 1909 von dem Archäologen Michael Martin Lienau (1857–1936) aus Lüneburg ausgegraben. Er war seit 1908 Leiter der vorgeschichtlichen Abteilung des Museums Lüneburg. Nach dem Ersten Weltkrieg kehrte er in seinen Geburtsort Frankfurt/Oder zurück und wirkte am dortigen Museum.
2] Die Grabstellen 38 und 39 von Tangendorf wurden 1938 durch den Hamburger Prähistoriker Willi Wegewitz (1898–1996) ausgegraben.
3] Im Häcklinger Moor bei Melbeck wurden 1909 von Michael Martin Lienau (s. Anm. 1) sowie 1910 von dem Architekten und Heimatforscher Franz Krüger (1873–1936) aus Lüneburg und dem Archivar und Professor Wilhelm Reinecke (1886–1952) aus Lüneburg sechs von ehedem sieben Grabhügeln untersucht. Grabhügel 7 wurde vor der Untersuchung abgetragen.

4] Das Depot im Stadtteil Bahrendorf von Hitzacker wurde im Mai 1904 unter einem großen Stein entdeckt.
5] Das Depot von Lüneburg-Hagen wurde um 1912 beim Sandgraben gefunden.
6] Der Fundort auf dem Hasenberg bei Pevestorf am Südhang des Höhbeck wurde 1961/62 bei Erdarbeiten entdeckt. 1964 bis 1969 und 1974 erfolgten Ausgrabungen.
7] Das Sicheldepot unter dem Hügel »Pietjöckenberg« von Bösel wurde 1862 einen Spatenstich tief unter der Erdoberfläche aufgespürt.
8] Die fünf Bronzetassen von Hitzacker wurden in den 1850er Jahren zutage gefördert.
9] Das Depot bei Tüschau wurde im September 1911 auf der Kreiweizen-Koppel des Anbauers Seeberg-Schulz vom Besitzer entdeckt.
10] Das Rasiermesser von Gödenstorf wurde um 1860 gefunden.
11] s. Anm. 10 Die Lüneburger Gruppe in der mittleren Bronzezeit
12] s. Anm. 2
13] Der Friedhof von Streetz wurde um 1935 entdeckt.
14] Der Urnenfriedhof von Rullstorf wurde nach den ersten Urnenfunden an der Sandgrubenkante von 1982 bis 1984 untersucht.

Die Stader Gruppe in der jüngeren Bronzezeit
1] Der Begriff Unterweser-Gruppe wurde 1991 von dem Prähistoriker Otto Mathias Wilbertz aus Hannover vorgeschlagen.
2] Im Sommer 1971 wurde bei der Ausbaggerung des Neuen Strohauser Sieltiefs durch das Wasserwirtschaftsamt Brake die spätbronzezeitliche Siedlung Hahnenknooper Mühle bei Rodenkirchen angeschnitten. Die Fundbergung erfolgte durch den Moorforscher Hajo Hayen (1923 bis 1991) aus Oldenburg.
3] Das Depot mit dem Kamm aus dem Holtumer Moor bei Kirchlinteln (auch Holtum-Geest genannt) wurde 1862 beim Torfgraben entdeckt.
4] Das Rasiermesser von Krempel wurde um 1870 gefunden.
5] s. Anm. 3
6] Die genaue Fundstelle und die näheren Fundumstände des Depots von Oerel sind unbekannt. Das Depot kam 1864 als Geschenk von Pastor Heinrich Harms (1798–1883) aus Oerel in das Museum nach Stade.
7] Das Depot aus dem Lehnstedter Moor wurde 1881 gefunden.
8] Die vier bronzenen Räder des Kultwagens von Stade wurden 1919 bei Neubauarbeiten in der Göbenstraße entdeckt. Bei der Bergung sind drei Räder zerbrochen. Sie wurden 1978 bei einer Restaurierung im Römisch-Germanischen Zentralmuseum, Mainz, wieder zusammengesetzt.
9] Das Depot mit der goldblechbelegten Plattenfibel und dem Goldarmreif auf dem Eekhöltjen bei Flögeln wurde am 20. Juni 1972 bei der Ausgrabung einer kaiserzeitlichen Siedlung freigelegt.
10] In Gerkenhof bei Schafwinkel wurden 1963 Steinkistengräber ausgegraben. 16 Monate nach diesen Untersuchungen entdeckte der langjährige Kreisheimatpfleger Detlef Schünemann aus Verden/Aller am 11. April 1965 unter etwa 200 noch unverändert liegengebliebenen Steinen von ausgegrabenen Steinkistengräbern, Steinkreisen und Merksteinen einen etwa 35 Zentimeter langen Porphyr mit einem Bildmotiv.
11] Das Rasiermesser aus der Gegend von Bremen wurde im 19. Jahrhundert entdeckt. Es ist im Zweiten Weltkrieg verschollen.
12] 1974 entdeckte der Lehrer Rolf G. Brüning aus Südbrookmerland in Heeßel bei Hemmoor eine Gruppe von Grabhügeln, die von dem Kreisarchäologen Hans Aust (1926–1984) aus Dorum untersucht wurden. Dabei kam das Rasiermesser mit Schiffsdarstellung zum Vorschein.
13] Die Lure von Garlstedt wurde zwischen 1829 und 1831 beim Bau der Straße von Bremen nach Bremerhaven entdeckt.
14] Der Osterberg bei Harsefeld wurde 1910/11 von seinem Besitzer ausgegraben. Der Tischler, Landwirt und Vorgeschichtspfleger des Kreises Zeven, Hans Müller-Brauel (1867–1940) aus Zeven, nahm Nachuntersuchungen vor.
15] Der Urnenfriedhof von Unterstedt wurde 1960/61 von Rudolf Grenz ausgegraben, der 1951 bis 1961 als Archäologe beim Heimatbund Rotenburg/Wümme angestellt war.
16] In der Feldmark Meckelstedt wurde am 23. Oktober 1896 ein Steinkistengrab freigelegt. Schon vor dieser Entdeckung hatte der Privatgelehrte Jan Bohls (1867–1950) aus Bremerhaven-Lehe zehn Urnen ausgegraben. Er setzte 1897 und 1900 seine Grabungen fort. Der von ihm entdeckte Urnenfriedhof wird Fundplatz I genannt. Die Urnen von dort bildeten teilweise den Grundstock für die prähistorische Sammlung des

ANMERKUNGEN

1902 in Bremerhaven eröffneten Morgenstern-Museums. Im Januar 1956 wurde von dem Jungbauern Johann Kamp aus Meckelstedt der Fundplatz II entdeckt, wo er im Dezember 1956 weitere Funde barg. Am 20. November 1957 entdeckte Johann Kamp den Fundplatz III. Auf den Fundplatz IV war man bereits 1939 gestoßen. Im Januar 1957 wurde der Fundplatz V ausfindig gemacht und 1960 der Fundplatz VI. Im Dezember 1963 kamen die Fundplätze VII bis IX hinzu.

17] Auf dem Giersberg bei Armsen entdeckte Detlef Schünemann (s. Anm. 10) am 12. Mai 1984 eine ovale Mulde und in geringer Entfernung davon einen hufeisenförmigen Wall. Ende August und Anfang September 1984 sowie im September 1985 erfolgten Untersuchungen der Archäologischen Arbeitsgemeinschaft Verden.

Die Ems-Hunte-Gruppe in der jüngeren Bronzezeit

1] Der Begriff Formenkreis der Unterweser wurde 1930 durch den damals in Mainz arbeitenden Prähistoriker Ernst Sprockhoff (1892–1967) geprägt.

2] Der Name Ems-Weser-Kreis wurde 1941/42 von Ernst Sprockhoff (s. Anm. 1) verwendet.

3] Der Ausdruck Hase-Hunte-Kulturprovinz wurde 1957 von dem Prähistoriker Helmut Ottenjann aus Cloppenburg formuliert.

4] Von einer Südgruppe sprach 1968 die Prähistorikerin Elsa Walter (später Elsa Hähnel) aus Münster in ihrer Dissertation. Der Prähistoriker Dieter Zoller (1921–1993) aus Oldenburg verwendete statt dessen 1965 den Begriff Kreisgräber-Gruppe.

5] Das Rasiermesser von Börstel bei Berge wurde in der zweiten Hälfte des 19. Jahrhunderts gefunden und um 1891 von einem Fräulein Stoltzenberg dem Osnabrücker Museum geschenkt.

6] Das Rasiermesser vom Nattenberg bei Emsbüren wurde vor 1828 entdeckt.

7] Das Depot von Goldenstedt-Rethwisch wurde 1908 beim Sandgraben aus 50 Zentimeter Tiefe zutage gefördert.

8] Der Friedhof von Dötlingen-Buschheide wurde 1963 von Dieter Zoller (s. Anm. 4) ausgegraben.

9] Der Kreisgrabenfriedhof von Ohrte wurde 1976/77 entdeckt.

10] Das Gräberfeld »Beim Esselmannschen Heuerhaus« liegt etwa 1500 Meter südwestlich von Druchhorn. Dort sind seit der zweiten Hälfte des 19. Jahrhunderts immer wieder Funde geborgen worden. 1976 wurde eine Untersuchung vorgenommen.

11] Der Kreisgrabenfriedhof von Fürstenau wurde Anfang des 19. Jahrhunderts entdeckt.

12] Die erste bekannte Grabung auf dem Kreisgrabenfriedhof von Oster- und Westeroden erfolgte 1859.

13] Der Kreisgrabenfriedhof von Belm wurde Anfang des 19. Jahrhunderts entdeckt.

14] In Voxtrup-Düstrup hat 1807 Graf Münster-Langelage gegraben und in seinem Bericht 400 Hügelgräber erwähnt. Weitere Grabungen erfolgten 1970 und 1971, nachdem der Arzt und Kreispfleger Alfred Bauer (1906 bis 1974) aus Bad Rothenfelde das Dezernat Bodendenkmalpflege über die bevorstehende Bebauung des Geländes im Bereich des Hügelgräberfelds unterrichtet hatte.

15] Im Gräberfeld von Pestrup wurden seit dem 19. Jahrhundert immer wieder Ausgrabungen durchgeführt. Der Oberkammerherr Friedrich von Alten (1822–1894) aus Oldenburg berichtete 1876 anläßlich seiner Untersuchungen, er habe eine Reihe von Gräbern durchwühlt vorgefunden. 1880 und 1882 folgten zwei weitere Grabungskampagnen von Altens.

16] Auf dem Hörtel bei Leschede hat 1986 bis 1988 das Institut für Denkmalpflege im Niedersächsischen Landesverwaltungsamt, Hannover, unter Leitung des Prähistorikers Siegfried Fröhlich wegen eines geplanten Sandabbaus 21 Grabhügel untersucht. 1989 kam zwischen zwei Grabhügeln die erste Pfostenavenue (Hörtel 1) zum Vorschein, 1990 die zweite (Hörtel 2).

17] Die Siedlung von Jemgum wurde 1953 beim Tonabbau entdeckt.

18] Die zwei Goldschalen bei Westerholt-Terheide wurden 1872 beim Sandgraben in einer Düne freigelegt.

Die jüngere Bronzezeit im südlichen Niedersachsen

1] Die ersten Funde an der Walkemühle in Göttingen kamen im Frühsommer 1962 bei der Anlage eines Kanalschachts zum Vorschein. Im September 1963 und im April 1964 führte das Seminar für Ur- und Frühgeschichte der Universität Göttingen Ausgrabungen durch. Weitere Ausgrabungen erfolgten 1966 bis 1969.

2] Das Getreide bei Harkenbleck unweit von Hemmingen wurde im Sommer 1979 entdeckt.

3] Die Hinterlassenschaften eines Bronzegießers von Schinna wurden im Juli 1939 auf einer Baustelle freigelegt.

4] Der erste Teil des Depots von Watenstedt wurde 1901 auf dem Grundstück des Gutsbesitzers Fritz Müller in Watenstedt entdeckt. Den zweiten Teil barg 1907 dessen Sohn Ernst.

5] s. Anm. 7 Die Oldenburg-emsländische Gruppe

6] Das Brandgräberfeld von Jühnde wurde am 10. März 1978 bei einer archäologischen Prospektion der geplanten Schnellbahntrasse von Würzburg nach Hamburg durch Studenten des Seminars für Ur- und Frühgeschichte der Universität Göttingen entdeckt und von einer Göttinger Studentengruppe unter Leitung von Hans-Georg Stephan ausgegraben.

7] Der Friedhof vom Fundort Gut Heinsen bei Eime wurde um 1928 entdeckt.

8] In Sehlde wurden 1949 bei der Ausschachtung von Kellern Urnengräber freigelegt.

9] Der Friedhof von Werder wurde schon vor 1880 entdeckt und in dem erst 1893 erschienenen Buch »Vor- und frühgeschichtliche Alterthümer der Provinz Hannover« des Konservators Johannes Heinrich Müller (1828–1886) aus Hannover und des Museumsdirektors Jacobus Reimers (1850–1914) aus Hannover erwähnt. Letzterer hatte das Buch nach dem Tod von Müller herausgegeben. Vom 12. bis 25. August 1968 untersuchte der Prähistoriker Reinhard Maier aus Hannover dort zwei Hügelgräber.

10] Das Flachgrab mit ausgestreutem Leichenbrand auf dem Klütberg bei Landesbergen wurde im Juli 1927 von dem Prähistoriker Karl Hermann Jacob-Friesen (1886–1960) aus Hannover entdeckt.

11] Das Brandgrab mit dem Hängebecken aus dem Ortsteil Winzlar von Rehburg-Loccum wurde im Juni 1969 entdeckt.

12] Das Abri Bürgertal IV bei Reinhausen wurde im Mai und Juni 1989 von der Denkmalpflege des Kreises Göttingen unter der Leitung des Prähistorikers Klaus Grote ausgegraben.

13] Der vordere Teil der Lichtensteinhöhle bei Dorste wurde 1972 entdeckt, auf den hinteren Teil mit spätbronzezeitlichen Gegenständen und verstreuten menschlichen Knochen stieß man 1980.

Die nordische mittlere Bronzezeit

1] Der Begriff Westholsteinische Gruppe wurde 1989 von dem Hamburger Prähistoriker Friedrich Laux geprägt.

2] Der Name Segeberger Gruppe wurde im Jahr 1989 von Friedrich Laux (s. Anm. 1) eingeführt.

3] Der Ausdruck Westmecklenburger Gruppe wurde 1989 erstmals von Friedrich Laux (s. Anm. 1) verwendet.

4] Der Hausgrundriß von Handewitt wurde 1974 von dem Prähistoriker Klaus Bokelmann aus Schleswig bei einer Grabung entdeckt.

5] Der Hausgrundriß von Norddorf auf Amrum wurde 1953 und 1955 durch den Schleswiger Prähistoriker Karl Wilhelm Struve (1917–1988) untersucht. Er war von 1975 bis 1982 Leitender Direktor des Archäologischen Landesmuseums der Christian-Albrechts-Universität Kiel auf Schloß Gottorf in Schleswig und des dortigen Landesamts für Vor- und Frühgeschichte.

6] Die Siedlungsreste unweit der Grabhügelgruppe Thinghooger bei Tinnum auf Sylt wurden 1939 bei einer Grabung des damals in Schleswig arbeitenden Prähistorikers Hermann Schwabedissen (1911–1994) freigelegt.

7] Das Vollgriffschwert mit Goldblechauflage von Husum wurde 1898 vom Museum Hamburg erworben.

8] Das Vollgriffschwert mit Goldblechauflage von Löwenstedt wurde von dem Landwirt und Zimmermann Lorenz Christiansen (1846–1920) aus Löwenstedt beim Pflügen gefunden. Es stammt wohl aus einem ehemaligen Hügel, der 1902 nicht mehr zu erkennen war.

9] Das mit Golddraht umwickelte Schwert aus dem Stadtteil Klappschau von Schleswig wird in den Berichten eines Oberst Krag in der Akte Rendsburg 1854–1863 des Archäologischen Landesmuseums der Christian-Albrechts-Universität Kiel auf Schloß Gottorf in Schleswig für Mai 1861 erwähnt.

10] Das Liptauer Schwert aus dem Pötterholz von Schwonau wurde 1888 gefunden.

11] In Friedrichsruhe wurden 1881/82 von dem Gymnasiallehrer und Prähistoriker Robert Beltz (1854–1942) aus Schwerin die Hügel I bis XII ausgegraben. In Hügel II kam die Bronzetasse vom Typ Friedrichsruhe zum Vorschein.
12] Die Goldschale von Gönnebek wurde 1884 entdeckt.
13] Die reiche Frauenbestattung von Lübz wurde 1934 von dem damals in Mainz arbeitenden Prähistoriker Ernst Sprockhoff (1892–1967) und dem damaligen Leiter der vorgeschichtlichen Abteilung des Landesmuseums in Schwerin, Heinrich Reifferscheidt (1884–1945), ausgegraben.
14] Der Sarg der Frau von Serrahn bei Krakow wurde 1981 ausgegraben.
15] Die Frauenbestattung von Witzhave wurde 1938 während des Autobahnbaus bei der Untersuchung des Restes von Grabhügel 22 im Grab 2 entdeckt.
16] Das verzierte goldene Manschettenarmband von Schlagtow wurde im Herbst 1984 mit der Kartoffelvollerntemaschine auf einem Acker aufgenommen und über den Winter mit den Kartoffeln im Lagerhaus von Groß Kiesow eingelagert. Als im Frühjahr 1985 auf dem Kartoffelsortierplatz der Landwirtschaftlichen Produktionsgenossenschaft (LPG) Groß Kiesow die aussortierten Abfälle entleert wurden, fiel einem Landarbeiter der goldglänzende armbandähnliche Reif zwischen Abfällen und Steinen auf. Er nahm den Gegenstand an sich und verwahrte ihn mehr als ein Jahr lang in seiner Werkzeugkiste. Um zu erfahren, aus welchem Material der Fund besteht und welchen Wert er hat, zeigte der Landarbeiter das Objekt dem Greifswalder Goldschmied Wolfgang Radicke, der sofort erkannte, daß es sich um Gold handelt, und den Fund den zuständigen Institutionen meldete. Über das Museum Greifswald und den Prähistoriker Günter Mangelsdorf aus Greifswald gelangte das Goldarmband im Spätherbst 1986 in das Museum für Ur- und Frühgeschichte, Schwerin. Dank der Unterstützung durch den Finder und die Mitarbeiter der LPG Groß Kiesow konnte nachträglich der genaue Fundort bei Schlagtow ermittelt werden.
17] Die goldene Fibel von Blengow hat man im Hügelgrab »Der kahle Berg« entdeckt, der 1894 abgetragen sowie 1894/95 und 1897 von Robert Beltz (s. Anm. 11) größtenteils untersucht wurde.
18] Die Schmuckdose aus dem Depot im Torfmoor von Barnekow wurde 1880 entdeckt.
19] Im Herbst 1966 stieß man in einer Kiesgrube von Neu Grebs beim Abschieben der Humusdecke mit einer Planierraupe auf ein Hügelgrab. Der örtliche Bodendenkmalpfleger, Lehrer Heinrich Jahnke in Menkendorf, benachrichtigte die Forschungsstelle Schwerin über diese Entdeckung. Diese nahm vom 24. April bis 7. Juli 1967 eine Ausgrabung vor.
20] Die Urne von Norddorf auf Amrum wurde am 25. November 1958 von Arbeitern beim Ausheben einer Grube für einen Kanalisationsschacht entdeckt und von dem Pfleger Frits Rüth aus Norddorf geborgen.
21] Der Kesselwagen von Plate-Peckatel wurde 1843 bei einer Ausgrabung des Schweriner Archivars und Leiter der Großherzoglichen Sammlungen in Schwerin, Friedrich Lisch (1801–1883), entdeckt.
22] Die reichen Männergräber von Gülzow wurden 1974 durch den Prähistoriker Joachim Kühl vom Landesamt für Vor- und Frühgeschichte von Schleswig-Holstein untersucht.
23] Das Männergrab von Müssen wurde vermutlich im Januar 1839 bei der Abtragung eines kleinen Grabhügels freigelegt.

Die nordische jüngere Bronzezeit
1] Der Begriff Rügener Gruppe wurde 1978 von dem Prähistoriker Fritz Horst (1936–1990) geprägt, der seit 1959 am Institut für Vor- und Frühgeschichte der Deutschen Akademie der Wissenschaften, Berlin, arbeitete.
2] Der Name Neubrandenburger Gruppe wurde im Jahr 1978 von Fritz Horst (s. Anm. 1) vorgeschlagen.
3] Der Ausdruck Elb-Havel-Gruppe wurde im Jahr 1972 von Fritz Horst (s. Anm. 1) eingeführt.
4] Die Bezeichnung Uckermärkisch-westpommersche Gruppe wurde 1978 von Fritz Horst (s. Anm. 1) verwendet.
5] Der Begriff Usedom-Wolliner Gruppe wurde im Jahr 1978 von Fritz Horst (s. Anm. 1) vorgeschlagen.
6] Der Name Prignitz-Gruppe wurde 1978 von Fritz Horst (s. Anm. 1) benutzt.
7] Der Ausdruck Seddiner Gruppe ist ein Synonym für die Prignitz-Gruppe. Die Bezeichnung Seddiner Gruppe geht auf den Rostocker Prähistoriker Harry Wüstemann zurück, der 1967 vom Seddiner Kulturgebiet sprach.
8] Der Begriff Rhin-Gruppe wurde 1978 von Fritz Horst (s. Anm. 1) geprägt.
9] In Warlin gaben Zerstörungen beim Tiefpflügen und bei Planierungsarbeiten an einer alten Kiesgrube seit 1977 wiederholt Anlaß zu Notbergungen.
10] Das genaue Fundjahr des Messers mit menschengestaltigem Griff bei Beringstedt nördlich von Itzehoe ist unbekannt. In der Literatur wird häufig Itzehoe als Fundort genannt. Das Messer kam in einer tönernen Urne zum Vorschein, die sich in einem Steinkistengrab befand. Zur Zeit der Entdeckung gehörte Schleswig-Holstein noch zu Dänemark. Der Originalfund wird seit 1825 im Nationalmuseum Kopenhagen aufbewahrt. 1894 erhielt das Museum Schleswig eine Kopie vom damaligen Direktor des Nationalmuseums in Kopenhagen, Sophus Müller (1846 bis 1934).
11] Die Bronzeknöpfe bei Warlow wurden 1983 von dem ehrenamtlichen Bodendenkmalpfleger Reinhardt Pingel und dessen Sohn Andreas aus Ludwigslust entdeckt.
12] Das Depot von Tremsbüttel wurde 1917 bei Drainagearbeiten in etwa einem Meter Tiefe in einem moorigen Wiesengelände freigelegt.
13] Die Siedlung von Hamburg-Boberg (Groten Heesen) wurde 1957 und 1959 durch den damals in Hamburg arbeitenden Prähistoriker Reinhold Schindler ausgegraben.
14] Die Siedlung von Hamburg-Lohbrügge (Höperfeld) wurde 1971 bis 1987 von der Hamburger Landesarchäologin Renate-Ursula Schneider untersucht.
15] Die Siedlung von Hamburg-Lohbrügge (Am Langberg) wurde 1971 bis 1987 von Renate-Ursula Schneider (s. Anm. 14) erforscht.
16] Die Siedlung von Lenzersilge wurde im Frühjahr 1934 durch die Prähistorikerin Waldtraut Bohm (1890–1969) aus Berlin ausgegraben, die damals die archäologische Landesaufnahme im Kreis Westprignitz durchführte.
17] Die Siedlung von Perleberg wurde 1936 bei Planierungsarbeiten angeschnitten und in einer Notgrabung untersucht.
18] Die Siedlung von Viesecke wurde im Herbst 1932 von dem Landwirt Julius Schacht (1899–1989) aus Klein-Welle entdeckt, als er auf seinem Acker auf der Flur Viesecke beim Pflügen auf eine Steinpackung mit tiefschwarzer Erde und einige Scherben von Tongefäßen stieß. Er meldete seinen Fund dem zuständigen Landratsamt, das Waldtraut Bohm (s. Anm. 16) mit der Untersuchung der Fundstelle beauftragte. Sie nahm 1932 und 1935/36 Ausgrabungen vor.
19] Die Siedlung von Uetz wurde 1935 vom Museum Potsdam unter der Leitung des Prähistorikers Richard Hoffmann ausgegraben.
20] Die Siedlung von Klein Krams wurde 1971 entdeckt.
21] In Osterburg-Zedau kamen Ende des 19. Jahrhunderts durch landwirtschaftliche Nutzung erste Funde zum Vorschein. Als 1936 dem Museum Osterburg Funde bekannt wurden, erfolgte eine Sondierung. 1969 bis 1973 nahm Fritz Horst (s. Anm. 1) Ausgrabungen vor.
22] Auf der Befestigung von Basedow fanden 1958 Ausgrabungen statt.
23] Die Befestigung auf dem Golm bei Kaminke auf Usedom wurde während des Zweiten Weltkriegs unter anderem durch Schanzarbeiten stark in Mitleidenschaft gezogen. Der Schweriner Prähistoriker Horst Keiling hat dort 1993 noch Wallreste erkennen können. Am Steilhang in Richtung Polen kann nach seiner Ansicht eine Palisade gestanden haben.
24] Die Befestigung von Klein-Luckow wurde 1924 von dem Gymnasiallehrer und Prähistoriker Robert Beltz (1854–1942) aus Schwerin untersucht.
25] Bei Kratzeburg kamen mehrfach bei Feldarbeiten Keramikreste zum Vorschein, worauf 1885 eine erste Schürfung erfolgte. Seitdem ist die Fundstelle als jungbronzezeitliche Befestigung bekannt. 1957/58 wurde die Befestigung von der Deutschen Akademie der Wissenschaften, Berlin, ausgegraben.
26] Das Keramikdepot von Gramzow wurde 1973 bei Bauarbeiten entdeckt.
27] Das Depot bei Bäk am Ratzeburger See wurde 1935 gefunden.
28] Das Depot von Kronshagen unweit von Kiel kam in den 1890er Jahren beim Steinegraben zum Vorschein und gelangte 1894 in die Sammlung vorgeschichtlicher Altertümer zu Hamburg.
29] Bei Murchin stieß Ende Mai 1968 der Bodendenkmalpfleger Horst Fenske aus Klein Polzin in einer Kartoffelfurche eines Ackers auf eine bronzene Lanzenspitze und eine Knopfsichel. Beim tiefen Pflügen kam 1969 der größte Teil eines Depots zum Vorschein. Im Herbst 1969 wurde der Platz nochmals durch einige Bodendenkmalpfleger untersucht.

ANMERKUNGEN

30] Das Depot von Roga wurde im Winter 1840/41 beim Ausmodern eines kleinen Teiches entdeckt.
31] s. Anm. 10
32] Die Fundumstände des Messers mit menschengestaltigem Griff von Tensbüttel-Röst sind unbekannt.
33] Die genaue Fundstelle und die Fundumstände des Bronzeschilds von Schiphorst sind nicht bekannt.
34] Das Depot von Stölln wurde 1854 am Fuß des Gollenbergs entdeckt.
35] Die Lanzenspitzen von Gabow wurden in den 1930er Jahren geborgen.
36] Die zwei Bronzekessel in einem Moor bei Granzin wurden 1876 gefunden.
37] 1975 wurde die neue Ferngasleitung zwischen Zinnowitz und Ahlbeck verlegt, die auch die Gemarkung von Ückeritz berührte. Bei diesen Arbeiten kam das Depot von Ückeritz zum Vorschein, das von dem Schüler Hilmar Herbst und dessen Vater Hagen Herbst aus Kemnitz bei Greifswald entdeckt wurde.
38] Im August 1983 meldete der Bodendenkmalpfleger Viktor Häußler aus Kühlungsborn, daß vor dem Strand eines Ferienheims zwei Wagenräder in der Ostsee lagen. Die Räder wurden am 30. August 1983 durch Viktor Häußler, den Schweriner Restaurator Lorenz Bartel und den Schweriner Prähistoriker Karl-Uwe Heußner geborgen.
39] Die Plastik von Schwedt/Oder wurde 1986 von dem Bodendenkmalpfleger Gerhard Stornebel im Aushub für Versorgungsleitungen im Neubaugebiet westlich der ehemaligen Dammschäferei gefunden.
40] Das tönerne Menschenköpfchen von Putbus auf Rügen wurde im Herbst 1974 von der Bodendenkmalpflegerin Rose-Marie Halliger aus Putbus in einem Leitungsgraben entdeckt, der durch ein Tiergehege gezogen wurde.
41] Die Bronzefigur der nackten Frau von Klein-Zastrow wurde 1834 gefunden und gelangte als Geschenk des Freiherrn von Blixen in die »Sammlung vaterländischer Altertümer« nach Greifswald. Der Fund ging 1945 bei der Auslagerung der »Sammlung vaterländischer Altertümer« des Greifswalder Instituts für Vor- und Frühgeschichte verloren.
42] Das Horn aus der Gegend von Wismar wurde 1836 entdeckt.
43] Der Blashornbeschlag von Bochin wurde im 18. Jahrhundert gefunden.
44] Der Blashornbeschlag von Teterow wurde 1845 geborgen.
45] Das »Schwirrholz« von Gadebusch wurde 1898 gefunden.
46] Die Gräber bei Bresch wurden in den Jahren 1931 bis 1933 von Waldtraut Bohm (s. Anm. 16) freigelegt.
47] Die Schädelbestattung von Neu-Schollene wurde vermutlich 1886 entdeckt. Damals war man etwa 250 Meter nordwestlich von Neu-Schollene auf ein bronzezeitliches Brandgräberfeld gestoßen. Dies geht aus Fundmeldungen des Rittergutsbesitzers Herr von Alvensleben auf Schollene hervor. Auf dem Brandgräberfeld hat man »unter einer starken Steinpackung Reste von Menschenschädeln und Hirschgeweihen« über einem »kesselartig vertieften, gepflasterten Herd« gefunden.
48] Zwischen 1962 und 1966 wurden beim Abbau von Kies in Panten-Mannhagen Urnengräber entdeckt, woraufhin das Landesmuseum für Vorgeschichte, Schleswig, den Fundplatz untersuchte. Dabei kamen etwa 200 Bestattungen zum Vorschein.
49] In Börnsen wurden bereits um 1890 im Mantel eines älterbronzezeitlichen Grabhügels und dem anschließenden Urnengräberfeld 15 jungbronzezeitliche Urnengräber freigelegt. Weitere Funde kamen während der 1930er Jahre zum Vorschein. Zwischen 1940 und 1967 führten zunächst das Kieler Museum und später das Landesmuseum für Vorgeschichte, Schleswig, Grabungen durch.
50] Der Friedhof von Geesthacht-Hasenthal auf der Geestkuppe »Päpersberg« wurde im August und Oktober 1886 erstmals untersucht. Bis 1896 erfolgten mehrfach Grabungen.
51] Der Bericht des Königlichen Landratsamts in Ratzeburg enthielt 1878 eine Mitteilung, daß auf dem früheren Gehöft der Oberförsterei von Schwarzenbek ein Friedhof läge, auf dem des öfteren Urnen mit Bronzegegenständen gefunden würden. Dieses Gräberfeld von Schwarzenbek wurde 1962 beim Bau der Realschule angeschnitten und 1963/64 in zwei Grabungskampagnen durch das Landesmuseum für Vorgeschichte, Schleswig, untersucht.
52] Das Gräberfeld in Neumünster-Tungendorf wurde 1963 bei Bauarbeiten entdeckt und bis zum Frühjahr 1964 in mehreren Abschnitten durch das Landesamt in Schleswig untersucht.
53] Beim Bau der Falderaschule kamen 1952 in Neumünster jungbronzezeitliche Urnengräber zum Vorschein. Daraufhin erfolgte eine Untersuchung des Areals durch das Landesamt in Schleswig, bei der im Sommer 1952 und im Frühjahr 1953 Teile des Gräberfelds ausgegraben wurden.
54] Im Sommer 1956 übergab ein Maurerlehrling dem Vertrauensmann für ur- und frühgeschichtliche Bodenfunde des Schweriner Museums, dem Lehrer Werner Bahlke aus Neustadt-Glewe, eine fast vollständig erhaltene Urne und wies auf weitere, bereits zerstörte Bestattungen auf dem Gelände einer Kiesgrube auf der Flur Dehms von Blievenstorf hin. Bei den Besichtigungen in der Folgezeit konnten ein Brandhorizont festgestellt und das Material von weiteren sieben, teilweise durch den Kiesabbau zerstörten Gräbern geborgen werden. 1957 bis 1959 führten Werner Bahlke sowie der Lehrer und Bodendenkmalpfleger Hermann Brüning (1913–1981) aus Grabow Notbergungen am Rand der Kiesgrube durch, wobei sie 28 Bestattungen und elf Scherbenstellen fanden. Als erneut zerstörte Gräber im Kiesaushub beobachtet wurden, nahm 1962/63 Horst Keiling (s. Anm. 23) Untersuchungen vor, bei denen 78 Bestattungen und 41 Scherbenstellen sowie viele Holzkohle-Asche-Plätze mit Leichenbrandresten freigelegt wurden. Weitere Gräber wurden 1966 entdeckt.
55] Der Urnenfriedhof von Leezen wurde Ende August 1966 entdeckt. Da die Grabanlagen durch die Planierungsarbeiten für den Schweinestall bereits weitgehend zerstört waren, konnte das Schweriner Museum nur noch einige Notbergungen vornehmen.
56] Der Leiter des Heimatmuseums von Waren, Carl Hainmüller (1875 bis 1956), schrieb am 16. April 1936 an den Landespfleger für vor- und frühgeschichtliche Denkmale, Willy Bastian (1893–1970) aus Schwerin, daß er soeben eine Meldung vom Landratsamt über einige Urnenfunde auf dem Pfarracker von Dammwolde erhalten habe. Ein Lehrer aus Malchow untersuchte im Dezember 1936 zwei Grabstellen und barg Anfang Januar 1937 fünf Urnen. Vom 30. März bis zum 9. April 1939 nahm derselbe Lehrer eine Ausgrabung vor.
57] Im Sommer 1938 stieß man in Waren beim Anlegen von Pflanzlöchern auf Steinsetzungen und fand darin Scherben. Carl Hainmüller (s. Anm. 56) führte daraufhin vom 26. Juni bis 3. August 1938 und nach einem neuen Fund auch am 17. Juni 1939 eine Notbergung durch.
58] Im Frühjahr 1956 wurde bei Ausschachtungsarbeiten für den Bau eines Wohnhauses in Göhlen ein Urnengräberfeld freigelegt. Dank des schnellen Eingreifens des Gehörlosen- und Schwerhörigenlehrers sowie ehrenamtlichen Kreispflegers Kurt Schack (1908–1984) aus Techentin konnte ein großer Teil der Funde gerettet werden.
59] In Muchow (Flur Oeverlandscher Berg) hat im Herbst 1898 Robert Beltz (s. Anm. 24) auf den Äckern der Landwirte Korup und Zapel eine Untersuchung durchgeführt. 1899 und 1906 wurden Urnen geborgen. Als 1914 erneut Objekte zum Vorschein kamen, nahm Beltz eine kleine Probegrabung vor. 1915, 1921 und 1931 folgten weitere Urnenfunde. Bei Vorarbeiten für den Bau eines Kleinkaliberschießstands im Westteil einer Kiesgrube, die nach 1898 auf dem Acker des Landwirts Korup entstanden war, wurden weitere Urnengräber angetroffen und zerstört. 1960 führte der Oberlehrer Paul Krull aus Blievenstorf zusammen mit Schülern der 8. Klassen aus Grabow und Muchow eine Rettungsgrabung durch. Auch danach hat man Urnengräber und Scherbenstellen entdeckt. Im Frühsommer 1965 wurden beim Tiefpflügen zahlreiche Bestattungen zerstört.
60] 1951 erfuhr Kurt Schack (s. Anm. 58), daß ein Oberschüler aus Malk-Göhren am Rand der örtlichen Sandgrube eine tönerne Urne ausgegraben hatte. Schack fand dort weitere Gefäßscherben. Nach Aussagen mehrerer Einwohner waren bereits seit Jahren am oberen Rand der Sandgrube Tongefäße geborgen worden. Bei einer Flurbegehung entdeckte Hermann Brüning (s. Anm. 54) am Rand der Sandgrube eine Urne. Kurt Schack untersuchte vom 15. bis 28. Juli 1955 die Fundstelle.
61] Im Sommer 1954 stieß der Landwirt Hermann Santowski in Lüdershagen beim Ausheben eines Zaunlochs unweit seines Hauses auf einen Topf, der dabei zertrümmert wurde. Außerdem kamen in der nahe gelegenen Schweinebucht mehrfach Scherben zum Vorschein, als Schweine ungewöhnlich große Löcher aufwühlten. Davon erfuhr der Kreisheimatpfleger Diplomingenieur Carl Heinrich Joachim Porm (1903–1956) aus Güstrow. Er sowie der Kreisdenkmalpfleger und Vermessungsingenieur Willi Kasbohm aus Güstrow besichtigten Mitte September 1954 die Fundstellen und gelangten zu der Überzeugung, daß unter dem Hofplatz ein Urnenfeld der jüngeren Bronzezeit verborgen liege. Bei der zweiten Besichtigung in Anwesenheit des Prähistorikers Ewald Schuldt (1914–1987) aus Schwerin wurde eine Notgrabung als erforderlich be-

trachtet. Vom 16. bis zum 21. November 1954 erfolgte eine Ausgrabung mit Studenten des Pädagogischen Instituts in Güstrow. Nach Aussagen von Dorfbewohnern sollen bereits 1945 beim Vergraben von Tierkadavern Objekte zum Vorschein gekommen sein.

62] Auf dem Voßberg bei Groß Gottschow sind seit 1900 mehrfach jungbronzezeitliche Objekte geborgen worden, die meistens in den Besitz des Kreisheimatmuseums Perleberg gelangten. Gräber wurden um 1900, 1929, 1960 und 1964 entdeckt.

63] Der Schatzfund aus dem Lienewitzer Forst bei Caputh wurde 1889 vom Museum für Vor- und Frühgeschichte, Berlin, erworben.

64] Die Goldgefäße von Albersdorf wurden 1860 von einem Arbeiter beim Kiesgraben entdeckt. Er stieß auf eine mit flachen Steinen umstellte tönerne Urne mit Leichenbrand, in der sich ein spitzbodiges Goldgefäß befand, das mit einer Goldschale bedeckt war.

65] Am nordwestlichen Hang des Bocksbergs von Depenau wurden vor 1844 zwei Goldschalen und ein goldener Armring gefunden.

66] Die Goldgefäße von Langendorf bei Stralsund wurden 1892 bei der Feldarbeit zutage gefördert.

67] Bei Muchow wurden 1985 zwei Gefäßdepots geborgen. Auf das erste Depot stieß der Lehrling einer Baufirma, als Fundamente für ein neues Sozialgebäude ausgehoben wurden. Er benachrichtigte den ehrenamtlichen Bodendenkmalpfleger Eckehard Boese aus Muchow, der gemeinsam mit dem Traktoristen und Maschinisten Lothar Kluck aus Muchow die Fundstelle und das Objekt untersuchte. Dieses Gefäßdepot umfaßt neun Tassen. Das zweite Depot wurde im Juli 1985 von Boese an der südöstlichen Abbruchkante der ehemaligen Kiesgrube gefunden. Es lag neben einem Urnengrab und umfaßte neun Tongefäße.

68] s. Anm. 26

69] Auf die jungbronzezeitlichen Feuerstellen von Badow wurde man 1979 bei Ausgrabungen auf einem Gräberfeld der vorrömischen Eisenzeit aufmerksam. Sie wurden bis 1982 freigelegt.

70] Im Sommer 1976 wurde beim Bau der Autobahn Berlin–Rostock der kiesige Hammelberg südlich von Bütow abgetragen. Dabei hat man Gruben entdeckt.

71] Die Feuerstellen von Zibühl wurden 1968 freigelegt.

Die Unstrut-Gruppe

1] Der Begriff »Kultur des Friedhofes auf dem Erfurter Flughafen« wurde von dem Studienrat Ernst Lehmann (1893–1950) aus Erfurt in seinem Vortrag bei der 10. Tagung für Vorgeschichte in Magdeburg (2. bis 7. September 1928) vorgeschlagen. 1929 folgte die Veröffentlichung in der Publikation »*Mannus*«, VII. Ergänzungsband.

2] Der Name »Die Kultur der thüringischen Steinpackungsgräber« wurde 1935 von dem Prähistoriker Hellmut Agde (1909–1940) aus Halle/Saale verwendet.

3] Die Siedlung von Erfurt-Nord wurde 1926 entdeckt.

4] Über die Siedlung von Weimar-Belvedere hat 1954 der Prähistoriker Gotthard Neumann (1902–1972) aus Jena berichtet. 1976 fand der Gartendirektor der dortigen Baumschule, Jürgen Jäger, bronzezeitliche Scherben und zwei Webgewichte, worauf 1977 das Museum für Ur- und Frühgeschichte Thüringens, Weimar, eine Nachgrabung durchführte.

5] Auf dem Felsenberg bei Pößneck-Öpitz erfolgten zwischen 1880 und 1900 kleinere Grabungen durch den Arzt Richard Loth aus Erfurt und den Bankbeamten August Fischer aus Pößneck.

6] Auf dem Gleitsch bei Saalfeld hat 1831 der damals in Ranis arbeitende Arzt Georg Wilhelm Adler (1788–1858) eine erste Grabung vorgenommen. Bisher kamen dort wenige bronzezeitliche Funde zum Vorschein.

7] Die erste Umwallung auf dem Alten Gleisberg bei Graitschen stammt vermutlich aus der jüngeren Bronzezeit um 1200 v. Chr. Sie wurde schon 1909 von dem Prähistoriker Alfred Götze (1865–1948) aus Berlin, dem Gymnasialoberlehrer a. D. und Museumsleiter Paul Höfer (1845–1914) aus Wernigerode sowie dem Arzt Paul Zschiesche (1849–1919) aus Erfurt in dem Werk »*Vor und frühgeschichtliche Altertümer Thüringens*« erwähnt.

8] In der Befestigung auf dem Jenzig bei Jena-Wenigenjena wurden im November 1856 von dem Kunsthistoriker Friedrich Klopfleisch (1831 bis 1898) aus Jena Untersuchungen vorgenommen.

9] In der Befestigung auf dem Johannisberg bei Jena-Lobeda wurde vom 12. Juni bis Juli 1957 vom Vorgeschichtlichen Museum der Universität Jena ein Suchschnitt durchgeführt.

10] Auf der Altenburg bei Nebra/Unstrut haben 1962 und 1969 die Prähistoriker Volker Toepfer (1908–1989) und Dietrich Mania, beide aus Halle/Saale, gegraben. Daß dort eine bronzezeitliche Burg gestanden hatte, wurde erst während der Grabung von 1969 erkannt.

11] Auf dem Dohlenstein bei Kahla-Löbschütz wurden ab 1930 in einem Steinbruch vor allem durch den Lehrer und Bodendenkmalpfleger Kurt Trommler (1904–1980) aus Kahla zahlreiche Objekte geborgen.

12] Ende Juni 1946 wurde auf dem Braunkohletagebau der Grube Michel bei Frankleben ein Hort von 17 Sicheln geborgen, die in etwa 40 Zentimeter Tiefe in einem kleinen Gefäß lagen. Am 5. Juli 1946 stieß der Bagger an derselben Stelle auf einen weiteren Hort. In einem Tongefäß lagen 93 Sicheln und zwei Lappenbeile. Der Baggerführer Anton Wesp, der schon den Hort 1 und 2 entdeckt hatte, grub weiter und fand etwa einen Meter nordwärts den Hort 3. Letzterer umfaßte 150 Sicheln und zwölf Lappenbeile, die in einem Tongefäß lagen, das mit vier Steinplatten bedeckt war. All diese Funde werden im Landesmuseum für Vorgeschichte, Halle/Saale, aufbewahrt.

13] Das Depot 1 aus Braunsbedra wurde 1906 auf der Galgenbreite beim Ausheben einer Grube entdeckt. Das Depot 2 kam 1952 bei Auschachtungsarbeiten zum Vorschein.

14] Das Depot von Schkopau wurde 1911 beim Pflügen entdeckt.

15] Das Depot im Ortsteil Groitzschen von Kretzschau wurde 1825 beim Roden gefunden.

16] Das Depot von Bothenheilingen wurde 1931 beim Ausheben einer Rübenmiete zutage gefördert.

17] Das Depot von Kehnstedt kam im September 1906 beim Chausseebau zum Vorschein.

18] s. Anm. 13

19] Das Depot von Pößneck-Schlettwein wurde 1958 beim Sandabbau freigelegt, irrtümlich als heutiger Schrott betrachtet und erst 1964/65 durch Günter Möbes vom Museum für Ur- und Frühgeschichte Thüringens, Weimar, als bronzezeitliches Depot erkannt.

20] Der Fahrweg aus der Gegend von Großbrembach wurde 1986 bei einer Grabung des Museums für Ur- und Frühgeschichte Thüringens, Weimar, entdeckt.

21] Das Hügelgräberfeld von Auleben wurde schon 1930 von dem damals am Landesmuseum für Vorgeschichte, Halle/Saale, tätigen Prähistoriker Paul Grimm (1907–1993) erwähnt.

22] Auf die Fundstelle Erfurt-Melchendorf, Wiesenhügel III, stieß man, als ein etwa vier Meter tiefer und sieben bis acht Meter breiter Graben zur Verrohrung des Rabental-Bachs ausgebaggert wurde. Dabei haben Erfurter Bodendenkmalpfleger mehrere Brand- und Körpergräber mit Steinschutz entdeckt. Ende Juli 1982 begann eine Rettungsgrabung unter Leitung des Weimarer Prähistorikers Bernd W. Bahn, die 1983 fortgesetzt wurde.

23] Die ersten Gräber von Erfurt-Waltersleben wurden 1881 untersucht. Zwischen 1881 und 1901 kamen insgesamt 13 Gräber zum Vorschein.

24] Im März 1989 entdeckten die Prähistoriker Wulf Walther und Ingolf Schwedler von den Mühlhäuser Museen auf dem Hügel »Häufler« bei Altengottern zahlreiche beim Pflügen zum Vorschein gekommene ur- und frühgeschichtliche Objekte. Bei den anschließenden Geländeuntersuchungen konnten auch mehrere Körpergräber der Unstrut-Gruppe ausgegraben werden.

25] In Dreitzsch (Schmerhügel) hat 1936 Gotthard Neumann (s. Anm. 4) 140 Brandgräber ausgegraben.

26] Das Amulett von Jena-Wöllnitz wurde 1920 gefunden.

27] Das »zerrupfte« Skelett bei Collenbey nahe Schkopau wurde im Dezember 1925 entdeckt.

28] Das »zerrupfte« Skelett von Schkortleben (Fundstelle »In der Gutsscheune«) wurde 1914 von dem damals am Landesmuseum für Vorgeschichte, Halle/Saale, arbeitenden Prähistoriker Walther Schulz (1887 bis 1982) entdeckt.

29] s. Anm. 37 Die Aunjetitzer Kultur

Die Helmsdorfer Gruppe

1] Nachdem beim Pflügen auf dem Sehringsberg bei Helmsdorf Verfärbungen und Steine von Gräbern zum Vorschein kamen, grub 1908 der Inspektor auf dem Krosigk'schen Gut in Helmsdorf, Wilhelm Rauch (1871–1952), unter Anleitung des Eislebener Gymnasialprofessors Hermann Größler (1840–1910) vier Steinpackungsgräber aus. Rauch ließ einige Gräber vom Sehringsberg im von Krosigk'schen Gutspark in Helmsdorf originalgetreu in unmittelbarer Nähe des Fundorts wieder

481

ANMERKUNGEN

aufbauen, wo sie noch heute besichtigt werden können. Der größte Teil des Gräberfelds wurde 1913 bis 1918 durch den Prähistoriker Jörg Lechler (1894–1969) aus Halle/Saale untersucht.

2] Die Siedlungen von Polleben wurden 1976 von dem Kreisbodendenkmalpfleger Otto Marschall aus Eisleben beschrieben.

3] In Timmenrode wurden in den 1930er Jahren beim Kabellegen zahlreiche Siedlungsgruben angeschnitten sowie in den 1960er und 1970er Jahren beim Pflügen durch den Bodendenkmalpfleger Heinz Albert Behrens aus Timmenrode und einige Quedlinburger Bodendenkmalpfleger viele Funde geborgen.

4] Der Burgberg bei Bösenburg wurde ab 1960 durch den am Landesmuseum für Vorgeschichte, Halle/Saale, tätigen Prähistoriker Berthold Schmidt untersucht. 1961 konnte erstmals die ringwallartige Befestigung der jungbronzezeitlichen Höhensiedlung nachgewiesen werden.

5] s. Anm. 9 Die Aunjetitzer Kultur

6] Auf dem Kleinen Gegenstein bei Ballenstedt/Harz wiesen die Prähistoriker Berthold Schmidt und Waldemar Nitzschke aus Halle/Saale 1975/76 eine Befestigung nach. Anläßlich dieser Ausgrabung wurde von Mitarbeitern des Landesmuseums für Vorgeschichte, Halle/Saale, und der Quedlinburger Pflegergruppe Schiffer auf dem Großen Gegenstein eine Höhensiedlung entdeckt.

7] Auf dem Burgberg von Quedlinburg nahmen das Landesmuseum für Vorgeschichte, Halle/Saale, sowie der Schuhmachermeister und Kreisbodendenkmalpfleger Hans-Georg Schiffer (1919–1993) aus Quedlinburg von 1960 bis 1965 Ausgrabungen vor.

8] Die Siedlung zwischen Bösenburg und Rottelsdorf wurde 1955 von dem Archäozoologen Hanns Hermann Müller vom Landesmuseum für Vorgeschichte, Halle/Saale, untersucht.

9] Als einer der Grabhügel bei Westerhausen leicht beschädigt war, nahm der Fundpfleger Lehrer Emil Kolbert aus Timmenrode eine Notbergung vor. 1956/57 erfolgte eine Untersuchung durch Berthold Schmidt (s. Anm. 4) in Zusammenarbeit mit dem Lehrer und Bodendenkmalpfleger Ingo Saynisch aus Quedlinburg.

Die Saalemündungs-Gruppe

1] Die Webstuhlgrube von Wallwitz wurde 1975 von Heribert Stahlhofen, dem Ausgrabungsrestaurator des Landesmuseums für Vorgeschichte, Halle/Saale, untersucht.

2] Der Hausgrundriß von Wulfen wurde 1923 entdeckt.

3] Südlich von Großkühnau hinter Kitzings Eiskeller (Flur Hohe Feld), an der Straße nach Klein-Kühnau gelegen, wurde vor 1925 ein großes Gefäß gefunden, in dem sich drei erhaltene Gefäße und Scherben von drei Schalen befanden. Dazu gehört die Schale mit Bronzenieten.

4] Das Depot von Calbe wurde 1956 beim Ausheben einer Baugrube freigelegt.

5] Das Hängebecken von Schadeleben wurde im April 1961 von dem Landwirt Gerhard Meyer aus Schadeleben ausgeackert.

6] In Osternienburg wurde von Januar bis März 1925 der Hügel abgetragen, auf dem bis 1924 die Windmühle des Müllermeisters Nagel gestanden hatte. Diese Arbeiten hat der Kapellmeister und Kreiskonservator Walther Götze (1879–1952) aus Köthen/Anhalt beobachtet. Im Hügel kam ein im 16. oder 17. Jahrhundert zerstörtes oder beraubtes Steinkistengrab zum Vorschein, in dem Reste von sieben Bronzegefäßen lagen.

7] Das Goldgefäß von Krottorf wurde 1909 auf einem Acker ausgepflügt und dabei stark beschädigt.

8] Die Siedlung am ehemaligen Salzigen See bei Erdeborn wurde 1975 von dem Kreisbodendenkmalpfleger Otto Marschall aus Eisleben entdeckt und zum Teil untersucht.

9] Der Bildstein von Pfützthal wurde Ende Februar 1939 zutage gefördert, als man beim Bau von Berieselungsanlagen Gräben zog und dabei Siedlungsstellen und Gräber anschnitt.

Die Lausitzer Kultur

1] Der Begriff Lausitzisch-sächsische Gruppe wurde 1942 von dem damals in Königsberg arbeitenden Archäologen Otto Kleemann geprägt.

2] Der Name Spindlersfelder Gruppe wurde im Jahre 1938 von dem damals in Frankfurt/Main arbeitenden Prähistoriker Ernst Sprockhoff (1892 bis 1967) eingeführt.

3] Den Ausdruck Niederlausitzer Gruppe hat 1978 der am Museum für Vor- und Frühgeschichte, Potsdam, arbeitende Prähistoriker Rolf Breddin erstmals verwendet.

4] Von der Neißemündungs-Gruppe sprach 1935 als erste die Prähistorikerin Waldtraut Bohm (1890–1969) aus Berlin.

5] Der Name Oberlausitzer Gruppe wurde 1964 von dem Prähistoriker Werner Coblenz (1917–1995) formuliert, der seit 1949 als Direktor des Landesmuseums für Vorgeschichte, Dresden, fungierte.

6] Der Ausdruck Aurither Gruppe wurde 1903 von dem Berliner Prähistoriker Albert Voß (1837–1906) vorgeschlagen. Er war zunächst Arzt in Berlin, wandte sich jedoch ab 1871 völlig der Vorgeschichtsforschung zu und wurde Direktor der vorgeschichtlichen Abteilung des Völkerkundemuseums, Berlin.

7] Der Begriff Fläming-Gruppe wurde 1972 von dem Berliner Prähistoriker Fritz Horst (1936–1990) geprägt.

8] Den Namen Schliebener Gruppe hat 1978 Rolf Breddin (s. Anm. 3) erstmals verwendet.

9] Der Ausdruck Elbe-Mulde-Gruppe wurde 1978 von dem Prähistoriker Berthold Schmidt aus Halle/Saale geprägt.

10] Der Begriff Elbe-Elster-Gruppe wurde 1978 erstmals von Rolf Breddin (s. Anm. 3) publiziert.

11] Die Bezeichnung Dresdener Gruppe wurde 1956 von Werner Coblenz (s. Anm. 5) geschaffen.

12] Der Ausdruck Osterländische Gruppe wurde 1969 durch den Jenaer Prähistoriker Karl Peschel eingeführt, der damals Oberassistent am Institut für Prähistorische Archäologie der Friedrich-Schiller-Universität Jena war.

13] Die Siedlung Berlin-Buch auf dem Gelände einer früheren Nervenheilanstalt wurde 1910 bis 1914 durch den Prähistoriker Albert Kiekebusch (1870–1935) ausgegraben, der seit 1907 am Märkischen Museum, Berlin, arbeitete und 1922 Abteilungsdirektor wurde.

14] Die Siedlung von Berlin-Lichterfelde auf dem Gelände des neuentstandenen Universitätsklinikums wurde 1957 bis 1960 ausgegraben.

15] Die Siedlung auf dem »Lütjenberg« von Tornow wurde 1967 bis 1969 erforscht.

16] Im Herbst 1936 stieß der Landwirt Paul Dittrich aus Nieder-Neundorf beim Pflügen seines Ackers auf dem Taubenhügel auf ein tönernes bronzezeitliches Vorratsgefäß. Nach Meldung an den Bürgermeister erfolgte eine achtwöchige Untersuchung unter Leitung des Archäologen Hans Adolf Schultz (1909–1990), der von 1936 bis 1945 Leiter der Bezirksstelle Oberlausitz des Landesamts für Vorgeschichte Breslau in Görlitz war.

17] Der Schloßberg von Burg/Spreewald wurde schon Ende des 19. Jahrhunderts als befestigte Siedlung der Lausitzer Kultur erkannt. Erste systematische Untersuchungen erfolgten durch den Berliner Pathologen und Prähistoriker Rudolf Virchow (1821–1902), den Berliner Prähistoriker Alfred Götze (1865–1948) und den Berliner Prähistoriker Carl von Schuchhardt (1859–1943). Wichtige Ergebnisse erbrachten die Untersuchungen von 1897 anläßlich eines Durchstichs für die Spreewaldbahn durch Alfred Götze. 1982 nahm das Museum für Ur- und Frühgeschichte, Potsdam, unter der Leitung des Prähistorikers Dietmar-Wilfried Buck Untersuchungen vor.

18] In den 1970er Jahren machte der Bodendenkmalpfleger für den Kreis Strausberg, Heinz-Georg Haase aus Strausberg, auf einen spätbronzezeitlich-früheisenzeitlichen Fundplatz bei Bollersdorf am Scharmützelsee aufmerksam, in dessen Areal zahlreiche Siedlungsrelikte zum Vorschein kamen.

19] Die ersten Funde auf der Heidenschanze bei Dresden-Coschütz sind 1767 geborgen worden. Erste Grabungen erfolgten 1851. 1933/34 nahmen die damals in Marburg arbeitenden Prähistoriker Walter Kersten (1907–1944) und Otto Kleemann Grabungen vor, die 1954 bis 1957 Werner Coblenz (s. Anm. 5) fortsetzte.

20] Als erster stellte 1878 der Maschinensticker Ferdinand Mohr (1834–1929) aus Plauen, daß sich auf dem Eisenberg bei Pöhl eine urgeschichtliche Befestigung befand. 1890 hat man einen Teil des Hauptwalles abgetragen. Diese Arbeiten wurden durch Mohr und den pensionierten Lehrer für Latein und Deutsch am Plauener Gymnasium, Eduard Johnson (1840–1903) beaufsichtigt. 1910 nahmen der Amtsrichter Ulrich Otto (1868–1931) aus Plauen sowie der Kaufmann und Spitzenfabrikant Arno Teuscher (1880–1953) aus Plauen eine erste Grabung am Hauptwall vor. 1911 und 1926 führte Ulrich Otto den ersten Wallschnitt weiter und legte einen zweiten an. Außerdem grub er einen kleinen Teil der Siedlungsfläche hinter dem Wall aus und schnitt den Vorwall.

21] Die Befestigung auf dem Göhrischfelsen bei Niederlommatzsch wurde seit dem 19. Jahrhundert häufig in der Heimat- und Fachliteratur erwähnt, jedoch noch nicht ausgegraben.

22] Die Befestigung Goldkuppe-Heinrichsburg bei Diesbar wurde bisher nicht systematisch ausgegraben. Durchstiche für einen Wirtschaftsweg erlaubten jedoch einige Beobachtungen über die Wallkonstruktion.

23] s. Anm. 11 Die Aunjetitzer Kultur

24] Über die ersten Funde auf dem Berg Oybin bei Zittau von 1851 hat 1880 der Gründer und erste Leiter des Oybinmuseums, Alfred Moschkau (1848–1912) aus Oybin, berichtet. Die befestigte Höhensiedlung auf dem Berg Oybin wurde bereits 1888 von dem Kreisarzt Robert Behla (1850–1921) aus Luckau in seiner Arbeit über urgeschichtliche Rundwälle im östlichen Deutschland erwähnt. 1951 und 1967 erfolgten Grabungen durch das Landesmuseum für Vorgeschichte, Dresden.

25] Die Befestigung auf dem Pfaffenstein bei Pfaffendorf wurde 1961 ausgegraben.

26] Der Aufbau und das Alter des Walles der Befestigung auf dem Schafberg bei Löbau wurden 1899 bis 1906 in fünf Durchstichen von dem damals in Löbau wohnenden Volksschullehrer und Heimatforscher Hermann Schmidt (1851–1925) aus Löbau sowie vor allem 1964 durch die Untersuchung des Landesmuseums für Vorgeschichte, Dresden, an der Nordwestflanke geklärt. Bei den Untersuchungen von 1985 wurden erstmals Erkenntnisse über die Innenbebauung gewonnen.

27] In Sörnewitz bei Bosel erfolgten ab März 1933 unfachgemäße Grabungen des Stadtmuseums Meißen, die nach Bekanntwerden unter Aufsicht des Archivs urgeschichtlicher Funde in Sachsen gestellt wurden. Vom 20. bis 24. April 1933 nahm Walter Kersten (s. Anm. 19) Grabungen vor.

28] Die Befestigung auf dem Staupen bei Westewitz wurde 1964 von Werner Coblenz (s. Anm. 5) in seinem Beitrag über »Burgen der Lausitzer Kultur in Sachsen« erwähnt. Demzufolge hat man auf dem Staupen neben sicheren frühdeutschen Fundstücken auch fragliche slawische und Lausitzer Objekte entdeckt.

29] Die ersten Funde auf der »Schwedenschanze« von Frankfurt/Oder-Lossow kamen im 19. Jahrhundert bei Erdarbeiten für Gleisanlagen zum Vorschein. 1898 führte der Historische Verein zu Frankfurt/Oder eine Ausgrabung durch. 1909 folgte eine Ausgrabung durch den Realgymnasiumsdirektor Reinhold Agahd (1864–1925) aus Frankfurt/Oder, 1919 durch Reinhold Agahd und den Lehrer Johannes Hutloff (1889 bis 1978) sowie von 1926 bis 1929 durch Wilhelm Unverzagt (1892–1971), der von 1926 bis 1945 Direktor des Staatlichen Museums für Vor- und Frühgeschichte, Berlin, war. Das Museum für Ur- und Frühgeschichte, Potsdam, nahm 1968 Notbergungen vor. 1980 bis 1984 erfolgten Untersuchungen durch den Bereich Ur- und Frühgeschichte der Sektion Geschichte der Humboldt-Universität Berlin.

30] Die Befestigung »Römerschanze« bei Potsdam-Sacrow wurde 1683 erstmals von dem Landvermesser Samuel von Suchodeletz (1649–1723) aus Potsdam als »Königswal in der Königwalheide« erwähnt. Der Pfarrer Christoph Friedrich Fein, der von 1742 bis 1761 Prediger an der Garnisonskirche in Hameln/Westfalen war, hielt sie für eine römische Schanze und der Offizier Ludwig Hölzermann (†1870) aus Münster für eine fränkisch-sächsische Schanze. Der Berliner Kreisrichter, Stadtrat und Heimatforscher Ernst Friedel (1837–1918) sowie Rudolf Virchow (s. Anm. 17) stellten 1881 eine zweiphasige Bebauung fest. 1908/1909 und 1911 erfolgten Untersuchungen durch Carl von Schuchhardt (s. Anm. 17).

31] Im Winter 1967/68 wurde eine alte Sandgrube in Taucha bei Leipzig für Straßenbauzwecke erneut aufgeschlossen. Nach einer Fundmeldung durch den damaligen Museumsleiter Ernst Wolf (1896–1976) aus Taucha erfolgte am 17. und 18. Februar 1968 eine Grabung durch den Prähistoriker Wilfried Baumann aus Dresden und den Maurer Rolf Dunkel aus Taucha, bei der auch ein Hausgrundriß zum Vorschein kam.

32] Der Pflug im Scharmützelsee bei Buckow wurde im Juli 1978 von Tauchern im Uferzonenbereich in etwa 9,50 Meter Wassertiefe entdeckt.

33] Im Herbst 1906 wurden in der Schottergrube Pfeil von Kmehlen-Gävernitz zwei Gußformen zusammen mit Urnenresten gefunden und dem Heimatmuseum übergeben. Eine weitere Gußform kam 1929 während der Ausgrabung des großen Hügelgrabs zum Vorschein.

34] Das Depot von Waldsieversdorf wurde 1866 im Abraum einer Tongrube entdeckt.

35] Die Gußform von Polzen wurde vor 1865 gefunden.

36] Das Depot bei Pulsnitz-Friedersdorf wurde 1978 beim Pilzesuchen im Wald entdeckt.

37] Im Januar 1854 rief ein Kupferschmied den Rentamtmann Karl Preusker (1786–1871) in Großenhain zu sich und zeigte ihm seine im Herbst 1853 beim Pflügen in Weißig entdeckten Bronzeobjekte, die von Preusker erworben wurden. Zu dem Hort aus Weißig gehört auch die Wangenklappe eines Helmes. Karl Preusker gilt als Begründer der Vorgeschichtsforschung in Sachsen.

38] Das Depot von Berlin-Spindlersfeld wurde im Frühjahr 1892 anläßlich der Beseitigung einer Kiefer bei der Erweiterung des Fabrikgeländes der Färberei Spindler freigelegt.

39] s. Anm. 37

40] In Dresden-Dobritz wurden insgesamt fünf Horte entdeckt: 1897 Hort 1 in einer Baumschule (später Sandgrube Knobloch), 1938 Hort 2 in der Sandgrube Knobloch, 1945 Hort 3 und 4 in der Sandgrube Knobloch, 1949 Hort 5 in der Sandgrube Knobloch. Die Bronzegefäße gehörten zum Hort 5.

41] Das Depot von Riesa (Hort 2) wurde um 1900 von Arbeitern bei Erweiterungsbauten des Hafens von Riesa-Gröba entdeckt. Die Arbeiter übergaben die Funde dem Baumeister, der die Erdarbeiten leitete. Obwohl das Hafengelände vor Beginn der Arbeiten in den Besitz des damaligen Königreichs Sachsen gegangen war und die Funde deswegen dem Staat als Eigentümer des Fundplatzes beziehungsweise dem Museum für Mineralogie, Geologie und Urgeschichte in Dresden gemeldet und abgeliefert hätten werden müssen, verschwieg und behielt der Baumeister die Gegenstände. Die Funde wurden erst gegen Ende des Jahres 1923 von der Ehefrau des Baumeisters dem Museum für Mineralogie, Geologie und Urgeschichte, Dresden, zum Kauf angeboten, nachdem sie und ihr Mann sich getrennt hatten.

42] Das Depot im Ortsteil Belmsdorf von Bischofswerda wurde 1821 beim Torfgraben freigelegt.

43] Die Katzenfigur von Beyern-Löhsten wurde 1951 von dem Bodendenkmalpfleger Reimund Poytka bei der Untersuchung eines durch Stubbenroden stark zerstörten Grabhügels entdeckt.

44] Das Stadtmuseum Bautzen führte 1949 sowie 1951 bis 1955 auf dem Schafberg bei Niederkaina Sondierungs- und Rettungsgrabungen durch. 1950 und 1961 bis 1971 erfolgten Ausgrabungen durch das Museum für Vorgeschichte, Dresden.

45] Die erste Untersuchung des Hügelgräberfelds bei Falkenberg/Elster wurde 1811 durch Friedrich Krug von Nidda (1776–1843) aus Gatterstädt bei Querfurt zusammen mit sechs Dragonern aus Herzberg vorgenommen. 1820 bis 1828 erfolgte eine Untersuchung durch den Arzt August Friedrich Wagner (1773–1856) aus Schlieben, der um 1830 die ersten Berichte hierüber in zwei kleinen Schriften lieferte. 1828 grub Karl Preusker (s. Anm. 37) dort, 1902 bis 1904 der Schweinitzer Heimatverein, 1903 der Archäologe Oscar Förtsch (1840–1905) aus Halle/Saale (seit 1899 Direktor des Provinzial-Museums, Halle/Saale), 1934/35 der Prähistoriker Hellmut Agde (1909–1940) aus Halle/Saale. 1938 wurden bei einer Vermessung insgesamt 642 Hügel ermittelt.

46] Das Hügelgräberfeld bei Tornow wurde 1880 bei Rodearbeiten entdeckt. Von 1961 bis 1965 erfolgte eine Ausgrabung des Museums für Ur- und Frühgeschichte, Potsdam. Die wissenschaftliche Auswertung wurde durch den Prähistoriker Rolf Breddin vorgenommen.

47] Das Gräberfeld auf der Dünenkuppe Sprintberg von Berlin-Rahnsdorf wurde 1881 entdeckt, als ein Förster namens Köppen die ersten Urnenreste barg. Daraufhin sondierten Kustos Rudolf Buchholz (1837–1932) und Ernst Friedel (s. Anm. 30) vom Berliner Märkischen Museum die Fundstelle und bargen mindestens vier Gräber. Auch die Pfarrer Ernst Franz Otto Bäthge (1851–1933) und Friedrich Julius Wilhelm Lamprecht (*1858) sowie Lehrer aus Woltersdorf gruben auf dem Gräberfeld. Vor 1910/11 führte der technische Leiter der Seifenfabrik in Berlin, Hermann Busse (1846–1920), der sich als Altertumsforscher betätigte, mehrere Inspektionen durch. Busse war Mitglied der Berliner Anthropologischen Gesellschaft und nahm Ausgrabungen für das Märkische Museum und später für das Berliner Museum für Völkerkunde vor. Im November 1963 stieß ein Mann aus Woltersdorf beim Stubbenroden auf Urnenreste, was im Sommer 1964 eine Probegrabung durch den damaligen Direktor des Märkischen Museums Berlin, Herbert Hampe, zur Folge hatte. 1965 bis 1967 nahm der Prähistoriker Heinz Seyer vom Märkischen Museum, Berlin, Ausgrabungen vor.

48] 1897 berichtete Hermann Busse (s. Anm. 47), ein alter Einwohner von Diensdorf habe ihm erzählt, daß unter und zwischen den Steinen des Hügels »Schinderberg« oft größere und kleinere Töpfe gefunden würden. 1895 hatte dieser Einwohner namens Stengel eine Nadel und einen Ring, angeblich beide aus Gold, entdeckt.

49] Das früheisenzeitliche Gräberfeld Saalhausen 1 ist 1936 entdeckt und um 1970 durch Kiesabbau zerstört worden. Auf das jungbronzezeitliche Gräberfeld Saalhausen 2 sind am 6. August 1977 der Geologiestudent Rudolf Bönisch aus Großräschen und dessen Bruder Eberhard, der damals am Museum für Ur- und Frühgeschichte, Potsdam, als Praktikant arbeitete, bei der Begehung einer Kiesgrube gestoßen. Der Bezirksbodenpfleger Günter Wetzel aus Cottbus und Eberhard Bönisch führten eine Nachuntersuchung durch. Dabei wurde in 25 Meter Entfernung das spätbronzezeitlich-früheisenzeitliche Gräberfeld Saalhausen 3 erkannt und 1978 bis 1980 untersucht.

50] Im April 1960 fand der Besitzer des Grundstücks Wegerichstraße 11 in Berlin-Rudow, Alfred Drangusch, bei Arbeiten für einen Wasseranschluß an vier Stellen spätbronzezeitliche Urnen. Er teilte den Fund dem örtlichen Bezirkspfleger mit, der bei der Nachsuche ein anderes Grab entdeckte. Bei den Grabungen vom 25. Oktober bis 10. November 1960 und vom 15. März bis 3. Mai 1961 wurden weitere Grabstellen freigelegt. Die verbrannte Wildkatze kam in der Urnenbestattung von Stelle 81 zum Vorschein.

51] Das Brandgrab von Nieschütz wurde im Frühjahr 1966 von Ruth Ziegenbalg aus Nieschütz beim Spargelstechen entdeckt.

52] Der Opferbecher von Coswig wurde nach 1900 durch den damals in Coswig arbeitenden Lehrer Rudolf Berger (*1871) bei Grabungen auf einem Gräberfeld entdeckt.

53] Der Opferbecher von Schraden wurde im Juli 1923 entdeckt, als probeweise Gruben für Starkstrommasten angelegt wurden. Im Auswurf eines solchen Erdlochs kam der Opferbecher zum Vorschein.

54] Der Opferplatz im Groß-Glienicker See von Berlin-Spandau wurde am 7. September 1967 von dem Berliner Sporttaucher Peter Heidenreich entdeckt.

55] In Drehna wurden 1910 und 1934 Gräber entdeckt.

56] Im Herbst 1935 stieß ein Arbeiter aus Potsdam am flachen Hang des Ehrenpfortenwegs von Potsdam-Eiche in 1,25 Meter Tiefe auf ein aufrecht stehendes Tongefäß, das bei der Berührung mit dem Spaten zerfiel. In dem Gefäß lagen drei Bonzeräder, über ihnen Asche und obenauf ein Gabelgestell mit Rinderköpfen und der Vogelfigur eines kleinen Deichselwagens.

57] Der Deichselwagen aus der Gegend zwischen Frankfurt/Oder und Drossen wurde 1848 entdeckt.

58] Der erste Deichselwagen von Burg wurde 1865 von Rudolf Virchow (s. Anm. 17) erworben, als der Fund zu einem Kinderspielzeug verarbeitet werden sollte. Der zweite Deichselwagen von Burg wurde bei Kanalisierungarbeiten in einem Moorgebiet entdeckt und von Rudolf Virchow am 16. November 1876 der Königlichen Akademie der Wissenschaften vorgelegt.

Die Spätbronzezeit in Österreich

1] Die Zusammenstellung dieser Übersicht über die Verbreitung und Zeitdauer von Kulturen der Spätbronzezeit entstand mit Hilfe der Prähistoriker Johannes-Wolfgang Neugebauer vom Bundesdenkmalamt Wien und Walter Leitner an der Leopold-Franzens-Universität, Innsbruck.

Die Urnenfelder-Kultur

1] Der damals in Wien tätige Prähistoriker Richard Pittioni (1906–1985) schlug 1937 den Begriff Typus Baierdorf vor. 1941 prägte der Direktor des Archäologischen Instituts Prag, Jaroslav Böhm (1901–1962), den Namen Velatice-Stufe.

2] Der mährische Prähistoriker Inocenc Ladislav Červinka (1869–1952) aus Brno führte 1910 den Begriff Typus Podol ein. Der Wiener Prähistoriker Oswald Menghin (1888–1973) verwendete 1928 den Namen Stillfrieder Kultur. Der Prähistoriker Jiří Řihovský aus Brno sprach 1960 von Podoler Kultur. Der slowakische Prähistoriker Jozef Paulík aus Bratislava schlug 1975 den Begriff Typus Stillfried der Podoler Kultur vor.

3] Die ersten Ausgrabungen in Podoli erfolgten 1907.

4] In Stillfried wurden 1874 eine Wallburg (s. Anm. 6) und 1879 ein Gräberfeld entdeckt (s. Anm. 64).

5] Die Webgrube auf dem Burgstallkogel bei Kleinklein wurde 1984 bei den Grabungen des Steiermärkischen Landesmuseums Joanneum, Graz, entdeckt. Dieses Museum ist bereits 1811 von Erzherzog Johann gegründet und nach ihm benannt worden.

6] Die Wallburg von Stillfried an der March wurde 1874 von dem Wiener Fabrikanten und Prähistoriker Matthäus Much (1832–1909) entdeckt. Ihr urnenfelderzeitliches Alter hat erst 1969 der Wiener Prähistoriker Fritz Felgenhauer erkannt.

7] s. Anm. 5 Die Věteřov-Kultur und die Böheimkirchener Gruppe

8] Der westliche Teil des Höhenrückens bei Thunau wird als »Schanze« bezeichnet, der östliche als »Holzwiese«. Die Wallburg auf der »Holzwiese« bei Thunau wurde in den 1870er Jahren durch den Eichmeister und Heimatforscher Johann Krahuletz (1848–1928) aus Eggenburg entdeckt, der dort erste Aufsammlungen vornahm. Nach ihm ist das 1902 in Eggenburg eröffnete Krahuletz-Museum bezeichnet. Zwischen 1929 und 1949 beschäftigte sich der Postbeamte und Heimatforscher Josef Höbarth (1891–1952) aus Horn eingehend mit den archäologischen Hinterlassenschaften auf der »Holzwiese«. Nach ihm wurde das 1930 in Horn gegründete Höbarth-Museum benannt. Er führte auf den Ackerparzellen seines Vetters Vinzenz umfangreiche Ausgrabungen durch, bei denen 1944 unter anderem die sogenannte »Feldfruchthütte« mit fünf Kilogramm Getreide zum Vorschein kam. Als 1964/65 der Hochwaldbestand auf der »Schanze« abgeholzt wurde, bot sich die Chance, erste systematische Ausgrabungen vorzunehmen. 1965 begann der Wiener Prähistoriker Herwig Friesinger mit Ausgrabungen, die 1990 zu einem vorläufigen Abschluß gebracht wurden, bis neue Aufforstungspläne weitere Untersuchungen erforderten.

9] Der Wiener Historienmaler Ignaz Spöttl (1836–1892) machte 1890 auf einen Steinwall von etwa drei Meter Höhe aufmerksam, »der sich bergwärts des Ortes Michelstetten in Mondsichelform hinzieht und plötzlich verschwindet, während Reste eines ähnlichen Walles auf der entgegengesetzten Seite der Michelstettener Höhen von Südwesten nach Nordosten führen, woselbst eine Straße von Michelstetten nach Leis führt«. Während der 1970er Jahre erhielt Professor Heinrich Schöfmann aus Asparn/Zaya von Waldarbeitern zahlreiche Objekte, die sie im Laufe der Jahre beim Baumpflanzen und Setzen von Wildzaunpfählen entdeckt hatten. Verschiedene Oberflächenfunde lassen an eine Errichtung der Wallanlage in der Urnenfelder-Zeit oder im Frühmittelalter denken.

10] Auf den Burgstall von Schiltern machte der Pfarrer und Heimatforscher Anton Hrodegh (1875–1926) aus Schwarzau im Gebirge durch Schriften über dort liegende Befestigungen aus verschiedenen Zeiten aufmerksam. Als erster grub dort der Wiener Prähistoriker Eduard Beninger (1897–1963) vom 11. Juli bis Anfang September 1939. Vom 9. Juni bis zum 12. Juli 1979 nahm der Wiener Prähistoriker Gerhard Trnka Ausgrabungen vor.

11] Auf der Flur »Gelände« bei Grünbach am Schneeberg hat 1935 bis 1937 der Oberstleutnant Franz Mühlhofer (1881–1955) aus Wiener Neustadt gegraben.

12] Die erste systematische Ausgrabung auf der »Heidenstatt« bei Limberg wurde 1980 bis 1982 vom Institut für Ur- und Frühgeschichte der Universität Wien vorgenommen. Diese Lokalität ist schon seit der Zeit des Kandid Pontz Reichsritter von Engelshofen (1803–1866) bekannt, der als Besitzer der Herrschaft Stockern ab 1837 eine große prähistorische Sammlung zusammentrug. Nach seinem Tod gelangten die Funde in den Besitz der Grafen Hoyos-Sprinzenstein, die sie auf der Rosenburg ausstellen ließen. Ein Teil der Sammlung ging 1868 als Geschenk an die Prähistorische Abteilung des Naturhistorischen Museums, Wien.

13] Auf dem Buchberg bei Alland hat 1954 der Wiener Prähistoriker Franz Hampl (1915–1980) gegraben.

14] Auf dem Leopoldsberg bei Wien hat bereits Matthäus Much (s. Anm. 6) eine urgeschichtliche Besiedlung festgestellt. Erste Grabungen erfolgten durch den Archäologen Jaroslaw Czech-Czenchenherz (1882–1963) vom Museum Vindobonese in Wien, den Prähistoriker Josef Fritz Kastner (1888–1968) aus Wien und den Heimatforscher Karl Moßler (1891 bis 1988) aus Wien.

15] Erste Funde am Burgstall von Purbach wurden ab 1870 bekannt. Die erste größere systematische Ausgrabung im Auftrag des Weinhändlers Sandor Wolf (1871–1946), der ab 1926 ehrenamtlich Konservator des Österreichischen Bundesdenkmalamts des Eisenstädter Bezirks war, erfolgte 1925 bis 1927 durch den Prähistoriker Adolf Mahr (1887–1951) aus Wien und den Zoologen Heinrich E. Wichmann (1889–1967) aus Bad Fischau (Niederösterreich). 1952 führte das Burgenländische Landesmuseum, Eisenstadt, Grabungen durch.

16] In der Pinkaschlinge von Burg nahm 1952 das Burgenländische Landesmuseum, Eisenstadt, Grabungen vor.

ANMERKUNGEN

17] Auf dem Burgstallkogel bei Kleinklein hat 1927 der Grazer Prähistoriker Walter Schmid (1875–1951) gegraben. 1982 und 1984 erfolgten gemeinsame Grabungen des Steiermärkischen Landesmuseums Joanneum, Graz, und der Universität Marburg unter Leitung des deutschen Prähistorikers Otto Hermann Frey aus Marburg (Hessen). Die örtliche Leitung hatten die Prähistoriker Diether Kramer aus Graz und Claus Dobiat aus Marburg.

18] 1971 wurden bei Kabelverlegungsarbeiten auf dem Heiligen Berg bei Bärnbach Kulturschichten mit zahlreichen Keramikfragmenten und Hüttenlehmbrocken angeschnitten. Diese Schichten hat man 1975/76 vor dem Bau eines neuen Karmeliterinnenklosters bei Sondierungsgrabungen des Steiermärkischen Landesmuseums Joanneum, Graz, untersucht. Die Grabungen wurden von Kustos Odo Bürböck durchgeführt und standen unter der Gesamtleitung des Prähistorikers Walter Modrijan (1911–1981), der von 1969 bis 1977 Direktor des Steiermärkischen Landesmuseums Joanneum, Graz, war. Diese Untersuchungen brachten Gewißheit, daß sich auf dem Heiligen Berg während der ausgehenden Urnenfelder-Zeit in einem vom Wall geschützten Innenraum zahlreiche hölzerne Wohnbauten befunden haben, die teilweise in den Fels eingetieft waren.

19] 1934 machte der Oberlehrer H. S. Košutnik aus Sankt Ilj (Sankt Egidi) in den Windischen Bühlen den Banatarchivar Franjo Baš (1899–1967) in Maribor (Marburg) auf Hügelgräber im Herrschaftswald am Hoarachkogel aufmerksam. Baš lokalisierte die genannten Hügelgräber und stellte auf dem Hoarachkogel Wallanlagen fest. Nach einer Begehung beschlossen Baš und Walter Schmid (s. Anm. 17) eine gemeinsame Probegrabung, die sie vom 6. bis zum 11. April 1936 durchführten. Wegen der dabei erzielten Ergebnisse hat Schmid vom 8. bis 16. April 1937 nochmals auf der österreichischen Seite des Hoarachkogels gegraben.

20] Auf dem Königsberg bei Tieschen soll um 1840 ein Kaplan aus Traden die ersten Grabungen durchgeführt haben. Weitere Ausgrabungen erfolgten 1886 durch einen unbekannten Ausgräber, 1897 durch den Lehrer Josef Kolleritsch (1867–1944) aus Tieschen sowie 1924 durch den Landwirt Alois Eberhart (1898–1963) aus Tieschen und 1926 durch den Lehrer Josef Wiedner (1896–1993) aus Tieschen. Im Spätherbst 1928, 1934 und 1941 führte Walter Schmid (s. Anm. 17) Ausgrabungen durch. 1956, 1957, 1958 und 1959 nahm Walter Modrijan (s. Anm. 18) Untersuchungen vor. Von 1960 bis 1975 erfolgten mehrmals im Jahr durch das Steiermärkische Landesmuseum Joanneum, Graz, regelmäßige Begehungen des Königsbergs.

21] Auf dem Kulm bei Weiz wurden laut mündlicher Überlieferung seit Menschengedenken Streufunde geborgen, jedoch nicht sonderlich beachtet oder von Sammlern verschleppt. 1970 entdeckte der Historiker Helfried Valentinitsch aus Graz knapp unterhalb des Kulmgipfels ein Bronzedepot der Urnenfelder-Zeit mit acht Sicheln oder Sichelfragmenten und dem Fragment eines Lappenbeils. 1977 nahm das Steiermärkische Landesmuseum Joanneum, Graz, unter Leitung von Diether Kramer eine Versuchsgrabung vor.

22] Auf den Wall auf dem Ringkogel bei Hartberg wurde bereits 1880 in einem Artikel über urgeschichtliche Gräber bei Hartberg hingewiesen. 1894 gruben zwei Heimatforscher auf dem Ringkogel. 1906 kam beim Bau der Ringwarte eine größere Anzahl von Objekten zum Vorschein, die teilweise ins Landesmuseum Joanneum, Graz, gelangten. 1926 bis 1927 betrieb Richard Pittioni (s. Anm. 1) Nachforschungen auf dem Ringkogel. 1930 nahm Walter Schmid (s. Anm. 17) Untersuchungen auf dem Ringkogel vor.

23] Einzelfunde aus Riegersburg gelangten bereits vor 1880 in die Sammlung des Landesmuseums Joanneum, Graz. Ihre genaue Herkunft ist unklar, da auch im Umkreis des Riegersburgfelsens zahlreiche Fundstellen liegen. Von 1880 bis 1890 nahm der Pfarrer und Heimatforscher Anton Meixner (1839–1923) am Nordosthang des Riegersburgfelsens Grabungen vor. Meixner wirkte in Sankt Anna am Aigen, Sankt Veit am Vogau, Gabersdorf, Sankt Georgen an der Stiefing, Allerheiligen bei Herbersdorf und Kirchdorf an der Raab als Seelsorger und Heimatforscher. Angeregt durch Pfarrer Meixner, begann um 1912 der Politiker Peter Nieß (1874–1949) aus Gonisberg, Funde von der Riegersburg zu sammeln. Etwa zur gleichen Zeit trug der Burgkastellan Michael Koller (1883–1963) aus Riegersburg Funde vom Osthang und Südfuß des Burgfelsens zusammen. Im Frühjahr 1926 entdeckte Koller bei Planierungsarbeiten auf seinem im Burgbereich befindlichen Acker ungewöhnlich große Mengen an Keramik. Noch im Frühjahr 1926 entschloß sich Walter Schmid (s. Anm. 17) zu einer Grabung, der Anfang Oktober 1927 eine weitere folgte. Weitere Grabungen des Steiermärkischen Landesmuseums Joanneum, Graz, und des Bundesdenkmalamts fanden 1989 und 1990 statt.

24] Die Siedlung auf dem Fötzberg (auch Fetzaberg) bei Tacken wurde 1923 durch den Lehrer Richard Schweighofer (1859–1940) aus Eichkögel entdeckt, der sie zunächst wegen der Kapellenreste und der Abschnittsbefestigung für mittelalterlich hielt. Schweighofer führte 1924 eine Probegrabung durch, über die er Walter Schmid (s. Anm. 17) informierte, und nahm Mitte November 1926 eine eintägige Grabung vor. Im Oktober und November 1926 sowie im März 1927 erfolgten Grabungen durch Walter Schmid. Von 1966 bis 1983 wurde auf dem Fötzberg Schotter abgebaut und die Siedlung zerstört. Seit 1975 führte das Steiermärkische Landesmuseum Joanneum, Graz, am Fötzberg Notgrabungen durch, deren letzte 1990 stattfand.

25] Auf der Heidenburg bei Göfis wurden 1939, 1940, 1945 und 1947 Ausgrabungen des Vorarlberger Landesmuseums, Bregenz, durchgeführt. Dabei wurden unter anderem Reste von etwa 1000 Tongefäßen der älteren Urnenfelder-Kultur gefunden.

26] Auf dem Hochwindenkopf bei Göfis haben 1937 der Prähistoriker Adolf Hild (1883–1954) aus Bregenz, der Prähistoriker Oswald Menghin (1888–1973) aus Wien und der Prähistoriker Hubert Tripp (1914–1943) aus Bregenz eine Untersuchung durchgeführt.

27] Auf dem Sattelbergköpfle im Rheintal bei Koblach führte das Vorarlberger Landesmuseum, Bregenz, am 12. und 13. August 1951 eine Ausgrabung durch.

28] Auf dem Katilsköpfle bei Nüziders wurde 1953 eine Sondierung durch das Vorarlberger Landesmuseum, Bregenz, vorgenommen.

29] In den 1930er Jahren diente eine Wiese am Fuß des Montikel der Garnison von Bludenz als »kleiner Exerzierplatz«. Damals wurden öfter Streufunde aus vorchristlicher Zeit geborgen. Als im Juni 1937 an dieser Fundstelle Straßenbauarbeiten begannen, überwachte und untersuchte der Fortbildungsschuldirektor Karl Hane (1892–1947) aus Bludenz das Aushubmaterial und wurde fündig. Kurz darauf erfolgten Grabungen des Vorarlberger Landesmuseums, Bregenz, unter der Leitung von Adolf Hild (s. Anm. 26) und des Bludenzer Heimatvereins.

30] Auf dem Freinberg bei Linz wurde 1932 unter der Sohle des latènezeitlichen Ringwalles eine Schicht aus der jüngeren Urnenfelder-Kultur entdeckt. 1945 kam bei umfangreichen Ausschachtungen unter anderem auch bronzezeitliche Keramik zum Vorschein.

31] s. Anm. 2 Die Straubinger Kultur

32] An der Fundstelle I von Ravelsbach konnte Josef Höbarth (s. Anm. 8) in den 1930er Jahren dank rechtzeitiger Verständigung durch den Grundbesitzer Josef Schuster auf dessen an das Haus anschließendem Acker ein Keramikdepot bergen. Etwa 15 Meter davon entfernt lag die Fundstelle II: eine Grube mit sechs Tonspulen sowie Bruchstücken von groben Vorratsgefäßen.

33] Durch den Begriff Hötting-Morzg-Gruppe hat 1954 Richard Pittioni (s. Anm. 1) den Namen Höttinger Kultur ersetzt.

34] Das Bronzedepot bei Sipbachzell in der Nähe von Leombach wurde im Herbst 1987 bei Drainagearbeiten auf einem Acker entdeckt. Der Grundbesitzer sammelte die verstreut liegenden Objekte auf und grub des weiteren noch im Boden befindliche Stücke aus.

35] Das Rohbronzedepot im Helenatal bei Siegenfeld wurde Ende 1988 entdeckt.

36] Der Mitarbeiter des Historischen Museums von Sankt Pölten, Erwin Wallner, meldete am Abend des 24. April 1988 telefonisch dem Prähistoriker Johannes-Wolfgang Neugebauer vom Bundesdenkmalamt Wien, er habe am Mittag bei einem Spaziergang auf einem Acker in der Gemeinde Rassing bei Kapelln verstreute urzeitliche Bronzobjekte entdeckt. Nach Besichtigung der Fundstelle nahm Neugebauer wenige Tage später eine Nachuntersuchung vor.

37] Das Bronzedepot aus der Wallburg vom Burgstall in Schiltern wurde 1939 entdeckt.

38] Das Bronzedepot von Zensweg bei Sankt Veit an der Glan wurde am 2. Dezember 1971 beim Fundamentaushub für einen Hochspannungsmast auf einem Acker in etwa 70 Zentimeter Tiefe freigelegt.

39] Das Depot vom Rudolfsturm in Hallstatt kam 1830 zum Vorschein.

40] Das Depot von Buch bei Munderfing wurde 1867 beim Abräumen der Humusschicht für eine Hopfenpflanzung entdeckt.

41] Das erste Depot vom Freinberg bei Linz wurde 1900 in Nähe der Franz-

485

ANMERKUNGEN

Josephs-Warte beim Setzen einer kleinen Eiche gefunden. Das zweite Depot kam im August 1991 bei Ausgrabungen des Stadtmuseums Linz unter Leitung des Prähistorikers Erwin Maria Ruprechtsberger zum Vorschein.

42] Das Depot von Draßburg wurde 1932 von dem Zahnarzt Friedrich Hautmann (1890–1955) aus Wiener Neustadt entdeckt.

43] Auf das Bronzedepot von Saalfelden-Magnesitfeld stieß im April 1980 der Landwirt Josef Hörl, als er eine Zaunsäule versetzte. Das Salzburger Museum Carolino Augusteum unter der Leitung des Prähistorikers Fritz Moosleitner unternahm sofort eine Nachgrabung.

44] s. Anm. 22 Die Hügelgräber-Kultur

45] Der Bronzehelm vom Paß Lueg wurde 1838 entdeckt. Es gibt Nachrichten darüber, daß an dieser Stelle schon vor 1838 andere Objekte zum Vorschein kamen.

46] Die Spitze eines Bronzehelms von Straßengel bei Judendorf wurde 1891 entdeckt.

47] Die Wangenklappe eines Bronzehelms von Wöllersdorf gehört zu einem Depot, das 1900 gefunden wurde.

48] Im April 1945 besetzten sowjetische Truppen den Teiritzberg bei Stetten und hoben einen Graben von der Bahnlinie Birken beim ehemaligen Wartehäuschen Seebarn bis zur Laaerstraße aus. Bei diesen Schanzarbeiten wurden auch Bronzegegenstände gehoben und liegengelassen. Nach Abzug der Truppen säuberten Landwirte die von Kriegsgerät und Munition übersäten Felder, warfen die ihnen wertlos erscheinenden Gegenstände in den Graben und verkaufen Eisen und Buntmetall an Schrotthändler. Ein vergessenes Lappenbeil wurde Direktor Franz Zeissl (1898–1968) aus Korneuburg gezeigt. Beim Absuchen der Fläche konnten zwei Sichelbruchstücke und mehrere Blechfragmente geborgen werden, die von einer zu einem Viertel erhaltenen Beinschiene stammten.

49] Der unvollendete Einbaum im Untersberger Moor bei Salzburg wurde 1911 entdeckt. Nur ein Teilstück wurde geborgen und beim »Landesrelief« in Hellbrunn aufgestellt. Auch dieses Teilstück ist heute nicht mehr vorhanden.

50] Der Goldschmuck von Rothengrub an der Schneebergbahn wurde 1851 von dem Hauptmann Alfred Ritter von Franck (1808–1855) aus der Militärakademie Wiener Neustadt gehoben.

51] Das Steinkistengrab von Sommerein kam am 28. Oktober 1984 beim Pflügen zum Vorschein. Es wurde von dem Steinmetzmeister Friedrich Opferkuh (1923–1993), einem freien Mitarbeiter des Bundesdenkmalamts Wien und Leiter des Mannersdorfer Museums, sowie dem Heimatforscher Heribert Schutzbier aus Mannersdorf entdeckt. Einen Tag später führte der Grabungstechniker Gustav Melzer vom Bundesdenkmalamt Wien die Bergung durch.

52] s. Anm. 70

53] Das Gräberfeld von Salzburg-Maxglan wurde von September 1992 bis Ende Juni 1993 durch die Salzburger Prähistoriker Fritz Moosleitner und Eva Maria Feldinger ausgegraben.

54] Im Herbst 1929 stieß der Landwirt Karl Franz Freyländer (1893–1970) aus Baierdorf in der Flur Gastal beim Ackern auf einen Stein, unter dem Gefäße und Bronzegegenstände lagen. Bei Nachforschungen durch Josef Höbarth (s. Anm. 8) kamen sieben Gräber zum Vorschein. Im Herbst und Winter 1930 nahm Höbarth unter Leitung des Wiener Prähistorikers Josef Bayer (1882–1931) Ausgrabungen vor.

55] Das kleine und ältere Gräberfeld von Franzhausen mit 30 Brandbestattungen wurde 1981, 1984, 1991 und 1992 durch Johannes-Wolfgang Neugebauer (s. Anm. 36) ausgegraben.

56] Aus dem Gräberfeld von Paudorf liegen nur einige Einzelfunde aus der zweiten Hälfte des 19. Jahrhunderts vor.

57] In Gemeinlebarn haben zwischen 1885 und 1925 unter anderen der Schulleiter Ambros Zündel (1846–1905) aus Gemeinlebarn, der Ober-Offical am Naturhistorischen Museum Wien, Alfred Wolfram (1861 bis 1931), der von 1902 bis 1920 als Oberlehrer und Schulleiter der Volksschule Gemeinlebarn arbeitende Alois Kofler, der Wiener Prähistoriker Josef Szombathy (1853–1943) und Heinrich E. Wichmann (s. Anm. 15) gegraben.

58] In Unterradl hat der Schneidermeister Anton Bugl (1854–1932) zwischen 1906 und 1910 etwa 60 Brandbestattungen eines größeren Friedhofs ausgegraben. Bugls Funde werden im Stadtmuseum Sankt Pölten aufbewahrt.

59] Das Gräberfeld von Horn befindet sich im Bereich der ehemaligen Ziegelei Thalhammer. Die ersten Funde kamen im August 1953 zum Vorschein, sie wurden teilweise von den Ziegeleiarbeitern aufgesammelt und später ins Höbarth-Museum, Horn, gebracht. 1953 hat der Heimatforscher Karl Docekal (1919–1979) aus Horn vier Gräber gesichert. Nach der Ernennung des Prähistorikers Friedrich Berg zum Kustos des Höbarth-Museums, Horn, am 1. April 1954 übernahm dieser die Bergung der Gräber. 1954 und 1955 wurden 26 Bestattungen, 1958 und 1965 je eine Bestattung gefunden.

60] Der Friedhof von Vösendorf wurde 1940/41 durch die Wiener Prähistorikerin Herta Ladenbauer-Orel und den Wiener Prähistoriker Otto Seewald (1898–1968) ausgegraben.

61] Der Friedhof von Getzersdorf wurde 1968 vom Bundesdenkmalamt Wien untersucht. Danach erfolgten Untersuchungen des Fundberg-dienstes der Österreichischen Arbeitsgemeinschaft für Ur- und Frühgeschichte vom 8. bis 9. März und 15. bis 16. März 1969, vom 31. März bis 3. April und 6. bis 7. April 1969 unter Leitung des Archäologen Helmut Windl aus Asparn an der Zaya.

62] Der Friedhof von Maiersch wurde 1941 von Josef Höbarth (s. Anm. 8) entdeckt und 1943/44 ausgegraben.

63] s. Anm. 10 Die Hügelgräber-Kultur

64] Die Entdeckungsgeschichte des Gräberfelds von Stillfried im Tal »Die Gans« begann 1876 damit, daß Einheimische den Wiener Fabrikanten und Prähistoriker Matthäus Much (s. Anm. 6) auf Funde aufmerksam machten. Daraufhin hat dieser die Fundstelle in den Folgejahren für seine Privatsammlung ausgebeutet. 1879 kamen mindestens 50 Gräber zum Vorschein. 1912 hat das Institut für Ur- und Frühgeschichte der Universität Wien die Kollektion von Much erworben. 1975 bis 1977 wurden bei der Untersuchung eines privaten Obstgartens 51 weitere Gräber entdeckt.

65] Das Gräberfeld von Leithaprodersdorf-Edelseeäcker wurde von 1950/51 durch den Prähistoriker Alois-J. Ohrenberger (1920–1994) aus Eisenstadt freigelegt.

66] Das Gräberfeld von Gusen in der Nähe des damaligen Konzentrationslagers Mauthausen/Gusen wurde 1941 bis 1943 von Häftlingen ausgegraben. Die ersten Funde kamen im April 1941 beim Bau der Trasse für das geplante Schleppbahngleis vom Bahnhof Sankt Georgen zum Steinbruch Gusen zum Vorschein.

67] Im Frühjahr 1939 wurden bei Erdbewegungen zum Ausbau des Welser Flughafens in der Flur Haidfeld im Norden der Stadt urnenfelderzeitliche Gräber entdeckt. Der Jurist, Stadtrat und ehrenamtliche Leiter des Städtischen Museums in Wels, Ferdinand Wiesinger (1864–1943), nahm von April bis Juni 1939 Ausgrabungen vor.

68] Das große und jüngere Gräberfeld von Franzhausen mit 411 untersuchten Brandbestattungen wurde 1981 beim Bau der Kremser Schnellstraße S 33 angeschnitten und vor weiteren Schotterabbauten von 1984 bis 1991 durch Johannes-Wolfgang Neugebauer (s. Anm. 36) untersucht.

69] Die ersten Funde aus dem Friedhof von Hadersdorf am Kamp wurden 1889 beim Bau der Kamptalbahn freigelegt. Die damaligen Grabungen standen unter Leitung von Ignaz Spöttl (s. Anm. 9), Josef Szombathy (s. Anm. 57) und Josef Bayer (s. Anm. 54).

70] In Sankt Andrä-Wördern (bis 1972 Sankt Andrä vor dem Hagenthale genannt) wurde bereits vor dem Zweiten Weltkrieg eine bronzene Pfeilspitze gefunden. 1953 wurden nach dem Grundaushub eines Hauses Objekte aus vier Gräbern, von denen drei bereits zerstört waren, geborgen. Im Frühjahr und im November 1964 entdeckte der Wiener Chirurg Johannes Poigenfürst in seinem Garten in Sankt Andrä-Wördern zwei Gräber. Daraufhin nahm sich der Wiener Archäologiestudent Clemens Eibner der Fundstelle an. Ostern 1965 kamen bei einer Grabung von Eibner die Gräber 3 bis 11 dazu. Weitere vier Gräber wurden bei Gartenarbeiten freigelegt. Bei der ersten Grabungskampagne Eibners zu Ostern 1966 wurden die Gräber 16 bis 24 aufgedeckt, die zweite Grabungskampagne folgte vom 18. Juli bis 10. August 1966. Insgesamt hat man 45 Gräber festgestellt.

71] Auf dem Leopoldsberg bei Wien haben Soldaten im Juni 1917 bei Erdarbeiten für eine Fliegerabwehrbatterie ein Brandgrab gefunden. 1935 wurde beim Bau der Höhenstraße ein Friedhof entdeckt. Von Mai bis Juli 1935 führte der Leiter des Stadtmuseums Wien, der Archäologe Erich Polaschek (1885–1974), eine Notgrabung durch.

72] In Fels am Wagram hat man bereits im 19. Jahrhundert Einzelobjekte geborgen. 1852, 1860, 1905 und 1907 wurden in der »Flur Kogel« Gräber entdeckt. 1961 und 1969 nahm das Bundesdenkmalamt Wien Grabungen vor, bei denen Funde aus der Bronzezeit zum Vorschein kamen.

73] Im August 1935 wurden in der Gemeindeschottergrube von Groß-Enzersdorf Schotter und Sand für den Bau einer neuen Kaserne abgebaut. Dabei stieß man auf Tongefäße, die zunächst keine Beachtung fanden. Erst als der Aufseher des Ziegelofens einen Fachlehrer aus der Hauptschule von Groß-Enzersdorf verständigte und dieser die Fundmeldung an die Gendarmerie weiterleitete, konnte die planmäßige Aufdeckung des Urnenfelds am 20. August 1935 durch das Niederösterreichische Landesmuseum in Angriff genommen werden. Die Grabungen wurden von dem Diplomingenieur, Chemiker und Heimatforscher Kurt Hetzer (1896–1955) aus Stillfried und dem Präparator Franz Mayer durchgeführt.

74] Die Entdeckungsgeschichte des Gräberfelds von Obereching begann damit, daß 1971 und 1979 beim Schotterabbau jeweils ein frühbronzezeitliches Depot freigelegt wurde. Bei der Besichtigung der Fundstelle des zuletzt gefundenen Depots zeigte sich, daß dort durch die Erdarbeiten auch Siedlungsspuren der frühen Bronzezeit und ein urnenfelderzeitliches Gräberfeld angeschnitten worden waren. Das Gräberfeld von Obereching wurde 1979 bis 1983 vom Salzburger Museum Carolino Augusteum unter der Leitung von Fritz Moosleitner ausgegraben.

75] In der Schottergrube Alexander Köllerer von Salzburg-Morzg wurden 1926, 1927, 1930, 1938, 1939 und 1961 insgesamt 13 Brandgräber entdeckt und von dem Landesarchäologen Martin Hell (1885–1975) aus Salzburg ausgegraben.

76] s. Anm. 29 Die Hügelgräber-Bronzezeit

77] s. Anm. 25

78] s. Anm. 70

79] Die sogenannte »Frauenkröte« von Maissau wurde 1936 von Josef Höbarth (s. Anm. 8) entdeckt.

Die Nordtiroler Urnenfelder-Kultur

1] Der Begriff Höttinger Kultur wurde 1926 von dem Wiener Höhlenkundler Georg Kyrle (1887–1937) eingeführt.

2] 1971 wurde im Aushubmaterial für die Fundamentierung eines Neubaus in der Luigenstraße von Innsbruck-Amras eine größere Anzahl urnenfelderzeitlicher Scherben gefunden.

3] Als 1974 bei Bauarbeiten in Zirl der »Schloßhäuslerhof« abgerissen wurde, kamen auf dem davorliegenden Wiesengrundstück einige urnenfelderzeitliche Scherben zum Vorschein.

4] In Karrösten stieß im Juni 1979 Bürgermeister Gebhard Oppl in seiner Gärtnerei bei Ausschachtungsarbeiten für einen Öltank auf urgeschichtliche Kulturschichten, die in der Folgezeit von dem Bodendenkmalpfleger für Tirol und Vorarlberg, Wilhelm Sydow vom Bundesdenkmalamt, untersucht wurden.

5] Die Siedlung von Natters-Sonnenburger Hügel wurde 1959/60 bei einer Notgrabung durch den Innsbrucker Prähistoriker Osmund Menghin (1920–1989) und die Innsbrucker Studentin Liselotte Plank untersucht.

6] In Wörgl-Kirchbichl haben 1842 bis 1844 der Antiquitäten-Verein, 1934 bis 1937 der damals im hessischen Marburg arbeitende Prähistoriker Gero von Merhart (1886–1959) sowie von 1950 bis 1954 der Prähistoriker Leonhard Franz (1895–1974) aus Innsbruck und Paul Weitlaner (1884–1968) aus Wörgl Grabungen vorgenommen. Weitlaner war als Kind nach Wörgl gekommen, hatte später als Lehrer und Direktor der Handelsakademie in Linz/Donau gearbeitet und seinen Lebensabend in Wörgl verbracht.

7] Der Verhüttungsplatz bei Kundl-Lus wurde im Laufe der seit 1974 in der Schottergrube Wimpissinger durchgeführten Ausgrabungen von dem Studenten Wilfried Allinger aus Innsbruck entdeckt und 1977 angegraben.

8] Im Bergbaugebiet um Brixlegg hat 1975/76 der Baumeister Albert Kofler aus Angath die für den urgeschichtlichen Bergbau typischen Spuren von Feuersetzungen an Erzgangausbissen festgestellt. In den Halden von taubem Gestein am Fuß des Ausbisses lagen urnenfelderzeitliche Keramikreste, die von den damals in München arbeitenden Prähistorikern Georg Kossack und Amei Lang begutachtet wurden.

9] Der Wiener Fabrikant und Prähistoriker Matthäus Much (1832–1909) erwähnte 1879 urgeschichtliche Funde aus dem Gebiet der Kelchalpe. 1879 befaßte sich der Forstmann Alexander Schernthanner aus Kitzbühel mit den Problemen des urgeschichtlichen Bergbaus. 1924 untersuchten Georg Kyrle (s. Anm. 1) und 1929 der Apotheker Konrad Vogl (1891–1981) aus Kitzbühel die Reste urgeschichtlichen Bergbaus. Im Sommer 1931 beging der Wiener Prähistoriker Richard Pittioni (1906 bis 1985) die Kelchalpe. Danach nahmen Pittioni und der Bergingenieur Ernst von Preuschen (1898–1973) aus Salzburg vom 25. Juli bis 4. August 1932, vom 1. bis 10. August 1933, vom 17. bis 27. Juli 1934, vom 14. Juli bis 10. August 1935 und vom 1. bis 25. Juli 1936 Grabungen vor.

10] s. Anm. 5 Die Inneralpine Bronzezeit-Kultur in der Mittelbronzezeit

11] Der erste Fund aus Innsbruck-Wilten war ein hoher tönerner Becher, der schon 1652 entdeckt wurde. Weitere Funde folgten im 18. Jahrhundert, bei der Anlegung von Grabschächten im neuen Friedhof während der Jahre 1902 bis 1907 sowie beim Bau des Stationsgebäudes für die Stubaitalbahn im März 1904. 1910 stieß man bei Kanalisationsarbeiten vor dem Stationsgebäude auf Gräber, worauf der Archäologe Franz Ritter von Wieser (1848–1923), der Vorstand des Tiroler Landesmuseums Ferdinandeum, Innsbruck, die Gräber 91 bis 107 freilegte. Als 1916/17 für ein Materialdepot der Armee Einschnitte angelegt wurden, bargen Wieser sowie der Arzt und Geologe Hans Malfatti (1864–1945) aus Innsbruck die Gräber 1 bis 90. 1924/25 grub der damals in Innsbruck wirkende Prähistoriker Gero von Merhart (s. Anm. 6) die Gräber 111 bis 147 aus. 1954/55 erfolgten Grabungen durch Alfons Wotschitzky (1917 bis 1969), den Vorstand des Archäologischen Instituts der Universität Innsbruck, und durch Osmund Menghin (s. Anm. 5).

12] Im Herbst 1864 kamen in Innsbruck-Hötting bei der Zurücksetzung einer Mauer in der Höttinger Gasse Nr. 8 einige Urnen zum Vorschein, die von den Arbeitern beim Abgraben des Terrains zerstört wurden. Daraufhin ließ das Tiroler Landesmuseum Ferdinandeum 1864 durch den Kunst- und Kulturhistoriker sowie Archivar David von Schönherr (1822–1897), 1874 durch den Gymnasialprofessor Johann Schuler (1840–1917), 1882/83 durch Franz Ritter von Wieser (s. Anm. 11). Dieses Gräberfeld wird als Hötting I bezeichnet. Beim Bau des neuen Gemeindehauses wurde 1925 das Gräberfeld Hötting II entdeckt, das Gero von Merhart (s. Anm. 6) untersuchte. Auf den nur wenige Gräber umfassenden Friedhof Hötting III stieß man 1958 beim Hausbau in Allerheiligenhöfe. Bei späteren Arbeiten hat man ein weiteres Grab angeschnitten, in dem eine Lanzenspitze, ein Flügellanzenschuh, ein Griffangelmesser und eine konische Schale lagen. Letzterer Fundort wird gelegentlich als Hötting III-Allerheiligenhöfe bezeichnet.

13] In Innsbruck-Mühlau führte 1901 Franz Ritter von Wieser (s. Anm. 11) auf dem Gelände des Schulhauses auf dem Schloßfeld eine Grabung durch.

14] In Mühlbachl-Matrei wurden 1864 beim Umbau der Brennerstraße vor dem nördlichen Ortseingang zahlreiche Urnengräber angeschnitten. 1889 kamen beim Bau der Amort'schen »Remise« weitere Gräber zum Vorschein, die von Franz Ritter von Wieser (s. Anm. 11), Kustos Konrad Fischnaler (1855–1941) aus Innsbruck und Dekan Albert von Hörmann (1839–1915) aus Matrei geborgen wurden.

15] In Imst wurden 1939 bei Aushubarbeiten für ein Kinderheim einige Urnen freigelegt und sieben Urnenbestattungen für das Imster Heimatmuseum geborgen. An der Bergung beteiligte sich der Oberlehrer a. D. und Heimatforscher Karl Kugler (1877–1961) aus Imst. Im Sommer 1939 wurde der Raum vor der Südwestecke des Kinderheims während der Bauarbeiten von dem Innsbrucker Prähistoriker Franz Miltner (1901 bis 1959) untersucht. 1949 grub Osmund Menghin (s. Anm. 5) in Imst.

16] In Völs wurden 1882 bei der Anlage des Bahneinschnitts viele Urnen, Beigefäße und Bruchstücke eines Bronzeschwertes entdeckt. Von Februar bis März 1882 führte Franz Ritter von Wieser (s. Anm. 11) eine Grabung durch, wobei er die Gräber 12 bis 51 freilegte.

17] In Zirl wurden nach einer Brandkatastrophe im Sommer 1908 einzelne Häuser nicht wieder aufgebaut, sondern ganz neue Häuser errichtet. Beim Ausheben des Baugrundes für Betonmauern und Keller eines Hauses wurden etwa 30 Gräber zerstört.

18] Auf dem Ematbödele in Telfs gruben 1934 die Kunstmalerin und Kunstgewerblerin Hilde Ameseder-Baur aus Innsbruck und der ehemalige Hausmeister des Tiroler Landesmuseums Ferdinandeum, Innsbruck, Vinzenz Schneider, der durch Franz Ritter von Wieser (s. Anm. 11) zu Restaurierungsarbeiten herangezogen wurde.

Die Čaka-Kultur

1] Der Panzerrest von Ducové wurde im Februar 1965 in einer befestigten Höhensiedlung entdeckt.

2] Die Panzerreste von Čierna nad Tisou wurden 1966 gefunden.

3] Die Nagyrév-Kultur ist nach einer Siedlung am linken Theißufer in Ungarn benannt, die 1926 und 1928 von dem Prähistoriker Ferenc von

ANMERKUNGEN

Tompa (1893–1945) aus Budapest ausgegraben wurde. Den Begriff Nagyrév-Kultur hat Tompa 1937 eingeführt.

4] Im Schuschenwald von Siegendorf untersuchten 1974 die Eisenstädter Prähistoriker Alois Ohrenberger (1920–1994) und Karl Kaus den Hügel 1, der das Steinkistengrab eines offenbar bedeutenden Kriegers enthielt. 1983 und 1984 wurden Hügel 3 und 4 erforscht, Hügel 2 blieb unangetastet.

5] Das Steinkistengrab auf dem Föllik bei Großhöflein wurde 1933 entdeckt.

6] Das Steinkistengrab von Illmitz kam 1932 beim Rigolen zum Vorschein. Die Entdeckung wurde am 31. März 1932 dem Burgenländischen Landesmuseum, Eisenstadt, gemeldet. Am 4. April 1932 besichtigte der Prähistoriker Alphons Augustus Barb (1901–1971) aus Eisenstadt die Fundstelle und ließ eine Nachgrabung vornehmen. Barb war von 1926 bis 1938 Direktor des Burgenländischen Landesmuseums.

7] Das mit einer Steinplatte bedeckte Grab von Zillingtal (früher unter Pöttsching publiziert) wurde 1892 entdeckt.

Die Laugen-Melaun-Gruppe

1] Der Archäologe Lorenzo Dal Ri vom Denkmalamt Südtirol in Bozen inspizierte 1976 das Gelände der Gärtnerei Gamberoni bei Eppan-Sankt Pauls, wo bei Aushubarbeiten für die Fundamente eines großen Gartenhauses Profilaufschlüsse zum Vorschein kamen, die einen bedeutenden Siedlungsplatz der Spätbronzezeit erkennen ließen. 1979, 1980 und 1981 erfolgten jeweils im Sommer Ausgrabungen durch das Institut für Ur- und Frühgeschichte der Universität Innsbruck unter Leitung der Prähistoriker Karl Kromer und Walter Leitner.

2] Im Juni 1945 entdeckte der Kellermeister Luis Oberrauch (1907–1992) aus Gries am Südhang der Roterdespitze des Schlern in etwa 2485 Meter Höhe urgeschichtliche Tonscherben. Angeregt durch diesen Fund, schürfte Ende Juli der Buchhändler Viktor Malfèr (1897–1983) aus Bozen auf dem Burgstall (2510 Meter) und fand ebenfalls Tonscherben und Knochenreste. Mitte September 1945 führten Oberrauch, Malfèr sowie der Ingenieur Georg Innerebner (1893–1974) und dessen Nichte und spätere Gattin Herta Innerebner aus Bozen eine Grabung durch.

3] Bei Feldarbeiten wurden in Feldkirch-Altenstadt Branderde, Keramik und Steinsetzungen entdeckt. Der Prähistoriker Elmar Vonbank vom Vorarlberger Landesmuseum, Bregenz, hat 1954, 1955 und 1957 die Fundstelle untersucht.

4] Im Frühjahr 1959 suchten einige Schüler des Villacher Realgymnasiums auf der Graschlitzen bei Warmbad Villach nach Fossilien. Dabei entdeckten sie in einer kleinen Klufthöhle Bruchstücke von Tongefäßen. Der Schüler Guido Putz aus Villach sammelte die Fragmente sorgfältig auf und überließ sie dem Ingenieur und Archäologen Hans Dolenz (1902–1977) aus Villach zur Bearbeitung. Die Höhle wurde nach dem jungen Entdecker als Putz-Höhle bezeichnet.

Die Spätbronzezeit in der Schweiz

1] Die Zusammenstellung dieser Übersicht über die Verbreitung und Zeitdauer von Kulturen der Spätbronzezeit entstand mit Hilfe der deutschen Prähistorikerin Gretel Callesen (früher Gallay) aus Nidderau (Hessen) und des schweizerischen Prähistorikers Jürg Rageth vom Archäologischen Dienst Graubünden, Haldenstein.

Die Urnenfelder-Kultur

1] Die Seeufersiedlung von Auvernier-Nord wurde 1968 bis 1974 bei Tauchgrabungen untersucht. 1968/69 und 1971 führte der Zürcher Archäologe Ulrich Ruoff Sondagen durch. 1971 bis 1974 erforschte der Neuenburger Prähistoriker Béat Arnold die Fundstelle.

2] Die Seeufersiedlung von Hauterive-Champréveyres wurde 1858 erstmals erwähnt. 1961 sowie 1978 bis 1980 erfolgten Untersuchungen unter Wasser. Von 1983 bis 1986 wurde der Platz trockengelegt und völlig ausgegraben. Dabei kamen ein 14 000 Jahre alter Jägerrastplatz aus der Altsteinzeit, ein Dorf aus der mittleren Jungsteinzeit und eine Siedlung aus der Urnenfelder-Zeit zum Vorschein.

3] In Cortaillod-Ost hat 1981 bis 1984 Béat Arnold (s. Anm. 1) gegraben.

4] In Le Landeron wurde 1968 bei Sondierungen auf dem linken Ufer des Zihlkanals, etwa 200 Meter oberhalb der Brücke von Sankt Johannes, ein spätbronzezeitlicher Fundhorizont entdeckt.

5] Die Seeufersiedlung von Mörigen wurde 1843 von dem damals in Bern arbeitenden Lehrer Albert Jahn (1811–1900) entdeckt. Er informierte darüber den Notar Emanuel Müller (1800–1858) in Nidau, der 1847 mit der Erforschung dieser Fundstelle begann. 1873/74 hat der Geologe Edmund von Fellenberg (1938–1902) aus Bern in Mörigen gegraben. Er betreute seit 1868 das bernische Antiquarium und hat 1894 das Bernische Historische Museum gegründet.

6] Die Seeufersiedlung auf der Halbinsel Horn am Nußbaumer See bei Uerschhausen ist seit den 1930er Jahren bekannt. 1970 erfolgte die erste Sondierung durch die Archäologin Madeleine Sitterding aus Basel. Ab 1985 nahm das Amt für Archäologie des Kantons Thurgau systematische Untersuchungen vor.

7] Die Seeufersiedlung Zürich-Alpenquai wurde 1916 bei Baggerarbeiten entdeckt, die der Yachtclub für den Bau eines neuen Bootshauses vornehmen ließ. 1916 bis 1919 führte das Schweizerische Landesmuseum, Zürich, eine Sondierung durch. Ab 1963 erfolgten Absuchaktionen unter Wasser.

8] Die Seeufersiedlung Zürich-Großer Hafner wurde in den 1860er Jahren entdeckt. 1883 erfolgten dort ausgedehnte Baggerungen, bei denen Auffüllmaterial für neue Kaianlagen gewonnen wurde. 1961 weckten Aufsammlungen durch einen Sporttaucher das Interesse an der Fundstelle. In den darauffolgenden Jahren suchten freiwillige Taucher unter Aufsicht und später aktiver Beteiligung der Stadtarchäologen den Fundplatz intensiv ab. 1970 nahm die Tauchequipe der Stadt Zürich einen Sondierschnitt vor, bei dem eine Schicht der Urnenfelder-Zeit entdeckt wurde. 1978/79 und 1979/80 fanden Tauchuntersuchungen statt.

9] Die Seeufersiedlung von Böschen wurde 1975 durch Sporttaucher entdeckt, die ihre Funde im Schweizerischen Landesmuseum, Zürich, ablieferten.

10] Die Seeufersiedlung Zug-Im Sumpf wurde 1859 beim Ausheben von Entwässerungsgräben längs des in Schüttung begriffenen Bahndamms der Ostwestbahn freigelegt. Der Prähistoriker Ferdinand Keller (1800 bis 1881) aus Zürich hat damals gefundene Tonscherben der Spätbronzezeit zugeordnet. Um 1890 nahm der zu dieser Zeit in Cham lebende Landwirt Walter Grimmer (1862–1936) Sondierungen vor. 1923 bis 1937 grub dort der Kaufmann und kantonale Konservator Michael Speck (1880–1969) aus Zug, wobei ihn der Buchhalter Robert Drescher (1897 bis 1960) aus Zug, der Bäckermeister Albert Weiss (1892–1959) aus Zug und sein Sohn Josef Speck unterstützten. Von 1952 bis 1954 erfolgte eine Nachgrabung durch den Geologen Josef Speck und seinen Vater Michael Speck. Letzterer arbeitete zunächst als Prokurist und später als Direktor im Mühlengeschäft »Untermühle« Zug, wo der Buchhalter Robert Drescher einer seiner Mitarbeiter war.

11] Die ersten Siedlungsreste auf der Halbinsel »Riesi« am Hallwiler See bei Seengen wurden von dem Posthalter Arnold Hauri (1871–1944) aus Seengen entdeckt. Dieser hatte im Frühjahr 1923 am Nordufer des Hallwiler Sees mit Versuchsbohrungen begonnen, bei denen er bald Knochen und Topfscherben fand. Danach nahmen der Bezirkslehrer und Heimatforscher Reinhold Bosch (1887–1973) aus Seengen und die Historische Vereinigung Seengen erfolgreiche Sondierungen vor. Es folgten Grabungen im April, Mai, Juni und September 1923. Der Fortgang der Grabungen wurde von dem Sekretär der Schweizerischen Gesellschaft für Urgeschichte, Eugen Tatarinoff (1868–1938) aus Solothurn, dem Vizedirektor des Landesmuseums Zürich, Louis David Viollier (1876–1965), und dem damals in Tübingen arbeitenden deutschen Prähistoriker Hans Reinerth (1900–1990) interessiert und beratend verfolgt. Schon die ersten Funde ließen darauf schließen, daß es sich um ein Dorf aus der Spätbronzezeit handelte. Bei den Grabungen im Juni 1923 stieß man auf eine Hütte, die Anfang September 1923 teilweise unter Beratung von Reinerth ausgegraben wurde. Weitere Ausgrabungen erfolgten in den Jahren 1924 und 1925.

12] In Baldegg am Baldegger See wurden 1938/39 Ausgrabungen unter der Oberaufsicht des Zürcher Prähistorikers Emil Vogt (1906–1974) und unter örtlicher Leitung von Reinhold Bosch (s. Anm. 11) durchgeführt.

13] Seit 1963 wurde bei verschiedenen Grabungen in Nähe des Kleinbasler Rheinufers immer wieder bronzezeitliche Keramik gefunden.

14] Im November 1962 und im Mai 1963 kamen bei Umgestaltungsarbeiten im Vorgarten des Staatsarchivs in der Martinsgasse auf dem Münsterhügel von Basel (Sankt Martin) eine Herdstelle und einige Keramikfragmente zum Vorschein. 1967 wurde beim Umbau des Pfarrhauses am Martinskirchplatz eine muldenförmige Steinsetzung (Feuerstelle) mit

Küchenabfällen und von der Hitze gesprengten Steinen gefunden. 1972 vermutete der Basler Prähistoriker Rolf Moosbrugger, daß die bronzezeitliche Siedlung auf dem Münsterhügel im vorderen Teil der Rittergasse mit einem Wall befestigt gewesen sei. Doch bisher fand man hierfür keine archäologischen Hinweise. Zwei 1973 und 1978 auf dem Münsterhügel entdeckte Gräben sind nicht datierbar. 1983 wurde beim Anlegen von Leitungsgräben vor dem Ostportal der Martinskirche und in der Martinsgasse auf der Höhe des Staatsarchivgartens bronzezeitliche Keramik freigelegt.

15] Auf dem Ebersberg bei Flaach wurden 1850 bronzezeitliche Siedlungsspuren entdeckt. Noch im selben Jahr und 1862 nahm der Major Hans Georg Escher von Berg (1793–1867) Untersuchungen vor. Weitere Grabungen erfolgten 1925 durch die »Römerkommission« und 1927/28 durch das Schweizerische Landesmuseum, Zürich.

16] Auf dem Üetliberg bei Stallikon kamen 1836 beim Pflügen Reste eines alten Gemäuers zum Vorschein. Von 1836 bis 1839 nahm Ferdinand Keller (s. Anm. 10) Grabungen vor. Bei Kellers letzter Grabung auf dem Üetliberg wurden 1866 am Nordrand der Ägertenterrasse spätbronzezeitliche Keramikreste gefunden. 1978 erfolgten Erdarbeiten für den Wasserleitungsbau unter Obhut der Kantonalen Denkmalpflege Zürich und des Büros für Archäologie der Stadt Zürich. Dabei hat man im Bereich der Fahrstraße am Nordhang des Plateaus Mauerreste und zahlreiche Objekte von der späten Bronzezeit bis zum Mittelalter entdeckt. Von 1980 bis 1984 führte der Zürcher Archäologe Walter Drack alljährliche Grabungskampagnen durch. 1985 und 1986 erfolgten Ausgrabungen durch die Denkmalpflege des Kantons Zürich. Im Sommer 1989 wurde im Zusammenhang mit einem Turmneubau erneut eine Untersuchung vorgenommen.

17] Auf dem Steilhang »Les Lumères« oberhalb Chamoson wurden 1976 urgeschichtliche Tonscherben entdeckt. 1977 erfolgten Untersuchungen durch den Genfer Prähistoriker Pierre Corboud.

18] s. Anm. 7 Die Rhône-Kultur

19] Im Weiler Pleif bei Vella wurden 1982/83 anläßlich der Renovierung der Kirche Sankt Vincentius durch den Archäologischen Dienst Graubünden unter Leitung des Archäologen Urs Clavadetscher Ausgrabungen durchgeführt. Dabei stieß man auf Reste einer spätbronzezeitlichen Siedlung.

20] Auf dem Wittnauer Horn hat 1934 und 1935 der damalige Direktor der Römisch-Germanischen Kommission in Frankfurt/Main, Gerhard Bersu (1889–1964), gegraben.

21] Die Höhensiedlung auf dem Kestenberg bei Möriken wurde 1948 per Zufall entdeckt. 1950 nahm der Archäologe Walter Drack aus Obersiggenthal (ab 1958 kantonaler Denkmalpfleger in Zürich) erste Sondierungen vor. Von 1951 bis 1953 erfolgten systematische Untersuchungen durch den Ur- und Frühgeschichtler Rudolf Laur-Belart (1898–1972) aus Basel.

22] Auf dem Bönistein ob Zeiningen hat 1925 der Pfarrer Johann Rudolf Burkart (1881–1969) aus Wallbach spätbronzezeitliche Siedlungsreste entdeckt. Er nahm daraufhin dort bis 1929 immer wieder Ausgrabungen vor. Der Bönistein verdankt seinen Namen der Sage vom gebannten Geizhals Böni. Anläßlich der Neuordnung der ur- und frühgeschichtlichen Abteilung des Fricktalischen Heimatmuseums in Rheinfelden im Sommer 1946 wurde der Archäologe Walter Drack (s. Anm. 21) auf die Vielfalt der Bönistein-Fundmasse aufmerksam und entschloß sich, sie bei nächster Gelegenheit zu publizieren, was er 1947 tat.

23] Auf dem Montlinger Berg bei Oberriet wurden 1903 beim Bau eines Reservoirs erste Siedlungsspuren entdeckt. Weitere Funde kamen 1912 bei der Ausbeutung eines Steinbruchs zum Vorschein. 1921 bis 1926 führte das Historische Museum, Sankt Gallen, systematische Grabungen durch. Im Herbst 1951 erfolgten Grabungen durch die Zentralstelle für Ur- und Frühgeschichte.

24] s. Anm. 7 Die Arbon-Kultur

25] Die Befestigung auf dem Risiberg von Trüllikon-Rudolfingen wurde 1984 untersucht.

26] Die durch zwei Abschnittswälle und einen Graben gesicherte Hochfläche auf der Heidenburg von Aathal-Seegräben ist seit dem 19. Jahrhundert als prähistorische Fundstätte bekannt. Grabungen fanden in der zweiten Hälfte des 19. Jahrhunderts und 1911 statt.

27] Die Höhensiedlung auf dem Roc de Courroux bei Delsberg wurde im August 1921 von dem Architekten Alban Gerster (1898–1986) aus Laufen entdeckt.

28] Die Höhensiedlung »Bürg« bei Spiez wurde 1936 und 1938 ausgegraben. Im Sommer 1958 nahm der Professor für Urgeschichte an der Universität Bern, Vizedirektor und Konservator der Abteilung für Ur- und Frühgeschichte des Bernischen Historischen Museums, Hans Georg Bandi, eine Nachgrabung vor.

29] Die Siedlung auf dem Hügel Le Refuge bei Barmaz wurde von dem Genfer Anthropologen und Kantonsarchäologen Marc-Rodolphe Sauter (1914–1983) in den Jahren 1947, 1948, 1955 jeweils im Juli meistens einige Tage untersucht.

30] s. Anm. 4

31] In Fällanden-Hinterdorf entdeckten die Lehrer Hans Ueli Kaul und Fritz Hürlimann aus Wetzikon im Januar 1972 in der Baugrubenwand für das neue Gemeindehaus eine Kulturschicht. Sie meldeten ihre Beobachtung der Kantonsarchäologie, worauf zwei Tage später im Auftrag der Kantonalen Denkmalpflege eine Untersuchung unter Leitung des Prähistorikers Alexander Tanner aus Zürich begann.

32] Das Depot von Basel-Elisabethenschanze kam 1858 beim Abtragen der Elisabethenschanze zum Vorschein.

33] Das Depot von Köniz-Wabern wurde 1916 unter einem mittelgroßen Feldstein entdeckt.

34] Das Depot von Freimettigen wurde 1913 beim Pflügen zutage gefördert.

35] Das Depot von Winterthur-Wölflingen wurde 1822 beim Ausheben des Kanals gefunden, der das Wasser der Töss zur Weberei Brugger führt. Dabei stieß man auf eine längliche Kammer mit Wänden aus Sandsteinplatten, die mit Steinen verschlossen war. Diese Kammer war mit Asche beziehungsweise Brandresten gefüllt. An verschiedenen Punkten wurden Herdstellen und Holzkohle festgestellt. In diesem Brandschutt lagen Bronzebarren, Beile, Schwerter und Sicheln. Das Metall hat man eingeschmolzen und zum Bau von Maschinen verwendet. Nicht zerstört wurden eine Nadel mit geripptem Kopf, zwei Barren und elf Lappenbeile, die im Museum Winterthur aufbewahrt werden.

36] Das Depot aus der Avenue Saint-François in Sitten wurde vor 1897 im Kapuzinerkloster entdeckt.

37] Der Helm von Weil am Rhein wurde 1910 in einer Kiesgrube geborgen.

38] Die Brustpanzer von Fillinges kamen Ende des Jahres 1900 bei der Verbreiterung einer Straße durch Arbeiter zum Vorschein.

39] s. Anm. 56 Die Urnenfelder-Kultur (Deutschland)

40] Das Bronzerad von Cortaillod wurde 1862 entdeckt.

41] Das Wagenrad von Zürich-Seefeld wurde 1979 von dem Zürcher Prähistoriker Ulrich Ruoff gefunden.

42] Das Wagenrad von Grandson-Corcelettes wurde 1987 ausgegraben.

43] Die Wagenreste von Saint-Sulpice wurden zwischen 1928 und 1931 geborgen.

44] Das Wagengrab von Kaisten wurde 1911/12 bei einer Ausgrabung auf dem Fasnachtberg freigelegt.

45] Das Wagengrab von Bern-Kirchenfeld kam vermutlich 1882 bei Bauarbeiten zum Vorschein.

46] Die vier spätbronzezeitlichen Gräber von Elgg-Ettenbühl wurden 1934 zufällig entdeckt, als Emil Vogt (s. Anm. 12) ein alemannisches Gräberfeld ausgrub.

47] Die Gräber von Ossingen wurden 1845 durch einen Hauptmann namens Gimpert aus Marthalen sowie 1924/25 und 1927 durch das Schweizerische Landesmuseum, Zürich, ausgegraben.

48] In Ollon-Le Lessus wurden bereits im 19. Jahrhundert mehrfach Grabbeigaben aus der Spätbronzezeit gefunden, die aus einem größeren Friedhof stammen dürften.

49] Das spätbronzezeitliche Gräberfeld von Raron-Heidnischbühl wurde während der Ausgrabungen von Marc-Rodolphe Sauter (s. Anm. 29) von 1960/61 untersucht (s. Anm. 5 Die Rhône-Kultur).

50] Die Gräber von Saint-Luc (Hotel Bella Tola) wurden 1887 bis 1889 entdeckt.

51] Die Gräber von Siders-Gerunden wurden vor allem 1889 bis 1891 freigelegt.

52] Der Friedhof von Siders-Muraz wurde 1883 zerstört.

53] Auf dem Runden Bühel bei Vaduz kamen 1945 bei der Entnahme von Erdmaterial Scherben zum Vorschein. Bei der Nachgrabung im Jahre 1946 wurde von dem Mitglied des Historischen Vereins für das Fürstentum Liechtenstein, Anton Frommelt (1895–1975), ein Brandgrab entdeckt, untersucht und beschrieben. Frommelt war von 1922 bis 1933 Pfarrer in Triesen, später Fürstlicher Rat Kanonikus, Alt-Regierungschef-Stellvertreter und Alt-Landtagspräsident.

54] s. Anm. 21 Die Hügelgräber-Kultur

ANMERKUNGEN

Die Laugen-Melaun-Gruppe

1] Die Siedlung von Ardez-Suot Chastè wurde 1969 beim Verbreitern der Kantonstraße entdeckt.
2] In Schuls-Kirchhügel ließ 1965 das Rätische Museum, Chur, durch den Sekundarlehrer Armon Planta (1917–1986) aus Chur eine Sondiergrabung vornehmen. Er erhielt 1986 den Ehrendoktortitel der Universität Bern auf dem Gebiet der Straßenforschung, insbesondere der Römerstraßenforschung der Schweiz und vor allem Graubündens. 1966 bis 1968 nahm der Lehrer und Heimatforscher Benedikt Frei (1904–1975) aus Mels eine Ausgrabung vor.
3] Die Siedlung Ramosch-Mottata wurde 1953 von dem Forstingenieur Niculin Bischoff aus Ramosch entdeckt. 1953 nahm der Oberingenieur der Rätischen Bahn, Hans Conrad (1887–1961) aus Lavin/Engadin, eine größere Sondierungsgrabung vor. Von 1956 bis 1958 wurde die Fundstelle durch Benedikt Frei (s. Anm. 2) untersucht.
4] In Susch wurden in den 1930er Jahren durch Hans Conrad (s. Anm. 3) sowie teilweise durch den Brauereibesitzer und Heimatforscher Riet Campell (1866–1951) aus Celerina/Schlarigna und dessen Sohn, den Förster Eduard Campell aus Bever, Sondiergrabungen durchgeführt.
5] Die Siedlung auf dem Felskopf Lichtenstein ob Haldenstein wurde 1934 von dem Kreisförster und Heimatforscher Walo Burkart (1887–1952) aus Chur untersucht sowie 1934 und 1935 ausgegraben.
6] In Domat/Ems wurden im Spätherbst 1983 wegen Bauvorhaben Grabungen unter Leitung der Archäologen Urs Clavadetscher und Manual Janosa, beide aus Chur, durchgeführt. Weitere Ausgrabungen erfolgten 1984 durch den Prähistoriker Jürg Rageth aus Chur.
7] In Chur-Sennhof hat der Archäologische Dienst Graubünden 1984 im Zusammenhang mit dem Neubau eines Werkstattgebäudes eine Fläche von 600 Quadratmetern untersucht. In Chur-Karlihof wurden vor dem geplanten Bau einer Kulturgüterschutzanlage für die Kantonsbibliothek und das Staatsarchiv vom Herbst 1986 bis Herbst 1987 etwa 2270 Quadratmeter Fläche ausgegraben.
8] s. Anm. 23 Die Urnenfelder-Kultur (Schweiz)
9] Auf dem Lutzengüetle hat 1942 bis 1944 der Historische Verein für das Fürstentum Liechtenstein unter Leitung des Oberlehrers David Beck (1893–1966) aus Vaduz gegraben. 1945 erfolgte eine Grabung des Prähistorikers Emil Vogt (1906–1974) aus Zürich.
10] Auf dem Malanser wurden ab 1933 und in den folgenden Jahren Funde aus mehreren Zeitepochen aufgelesen. Wegen der zahlreichen Objekte erfolgte 1946 zur Abklärung der Situation eine Sondierung durch David Beck (s. Anm. 9) sowie Benedikt Frei (s. Anm. 2).
11] Bei der Grabung durch den Kunsthistoriker, Künstler und Konservator der Liechtensteinischen Kunstsammlung, Georg Malin aus Mauren, in der Kirche von Bendern zwischen 1968 und 1974 wurden 1969 auch urgeschichtliche Objekte – darunter Scherben der Spätbronzezeit – entdeckt.
12] Auf dem Gutenberg bei Balzers wurde 1932 und 1933 bei Sondierungen in der Wanne auf halber Höhe des Burghügels eine Kulturschicht angegraben, die Laugen-Melaun-Keramik enthielt. Diese hat man aber einerseits nicht vollständig ergraben, und andererseits ist sie durch spätere Störungen und Umlagerungen nicht mehr eindeutig verifizierbar. Auch bei den Grabungen im Burgareal selbst wurden sowohl bei den Renovierungsarbeiten zu Beginn des 20. Jahrhunderts durch den Besitzer der Burg Gutenberg, den Bildhauer, Architekten und Urgeschichtsforscher Egon Rheinberger (1870–1936), und dann auch bei den Grabungskampagnen des Prähistorikers Jakob Bill aus Luzern keine Spuren einer spätbronzezeitlichen Besiedlung ermittelt.
13] Auf Krüppel ob Schaan entdeckte 1960 ein Einheimischer Reste einer Höhensiedlung. 1961 erfolgte eine Sondierung. 1962 und 1963 führte David Beck (s. Anm. 9) Grabungen durch. In den folgenden Jahren glückten immer wieder Lesefunde.
14] Bei den Ausgrabungen von Georg Malin (s. Anm. 11) zwischen 1973 bis 1975 im Bereich der seit 1893 bekannten römischen Villenanlage auf der Flur »Im Feld« in Nendeln kam auch eine spätbronzezeitliche Kulturschicht mit Feuerstelle, Keramikfragmenten und Tierknochen zum Vorschein.
15] In Montagna ob Schiers entdeckte 1914 der Landwirt Florian Hartmann (1874–1956) aus Schiers eine Anzahl von Bronzebarren und Gußkuchen. Einen weiteren, wohl verschleppten Gußkuchen fand ein Schüler am Abhang des Scheibenbühls.
16] Ab 1933 wurden auf der Hügelkuppe Schneller des Eschnerbergs zahlreiche Funde aus mehreren Kulturstufen aufgelesen. 1943 fand eine Sondierung durch David Beck (s. Anm. 9) statt, um die oberirdisch gelegenen kalzinierten Knochen der Brandschicht näher deuten zu können. Von 1949 bis 1951 erfolgten mehrere Grabungen.

Literaturverzeichnis

Die Bronzezeit

Abels, Björn-Uwe: Die vorchristlichen Metallzeiten. Aus: Abels, Björn-Uwe/Sage, Walter/Züchner, Christian: Oberfranken in vorgeschichtlicher Zeit, S. 69–144, Bamberg 1986.

Almgren, Bertil: Die schwedischen Felsbilder der Bronzezeit und ihre Deutung. Aus: Lebendige Vorzeit. Felsbilder der Bronzezeit aus Schweden, Hamburg 1980.

Bandi, Hans-Georg: Die Kultur der Bronzezeit. Aus: Drack, Walter (Herausgeber): Die Bronzezeit der Schweiz. Repertorium der Ur- und Frühgeschichte der Schweiz, S. 35–41, Zürich 1956.

Billig, Gerhard: Bronzezeit. Aus: Herrmann, Joachim (Herausgeber): Lexikon früher Kulturen, Band 1, S. 155–156, Leipzig 1984.

Egg, Markus/Pare, Christopher: Die Metallzeiten in Europa und im Vorderen Orient. Die Abteilung Vorgeschichte im Römisch-Germanischen Zentralmuseum. Kataloge vor- und frühgeschichtlicher Altertümer, Band 26, Mainz 1995.

Filip, Jan: Bronzezeit. Aus: Filip, Jan (Herausgeber): Enzyklopädisches Handbuch zur Ur- und Frühgeschichte Europas, Band 1, S. 170–171, Stuttgart 1966.

Gimbutas, Marija: Bronze age cultures in Central and Eastern Europe, Paris/London 1965.

Goetze, Bernd-Rüdiger: Die frühesten europäischen Schutzwaffen. Anmerkungen zum Zusammenhang einer Fundgattung. Bayerische Vorgeschichtsblätter, Jahrgang 49, S. 25–53, München 1984.

Hildebrand, Hans: Sur les commencements de l'age du fer en Europe. Congrès international d'anthropologie et d'archéologie préhistoriques. Compte rendu de la 7e session, Stockholm 1874, 2, S. 592–601, Stockholm 1876.

Hoernes, Moritz: Bronzezeit. Aus: Hoops, Johannes (Herausgeber): Reallexikon der Germanischen Altertumskunde. Erster Band, S. 329–330, Straßburg 1911.

Hoffmann, Rainer: Die Bronzezeit ca. 1800–800 v. Chr. Aus: Bott, Gerhard (Herausgeber): Germanisches Nationalmuseum. Die vor- und frühgeschichtliche Sammlung, S. 86–119, Nürnberg 1983.

Jazdzewski, Konrad: Bronzezeit. Aus: Urgeschichte Mitteleuropas, S. 202–272, Wrocław 1984.

Jockenhövel, Albrecht: Die Bronzezeit. Aus: Herrmann, Fritz Rudolf/Jockenhövel, Albrecht (Herausgeber): Die Vorgeschichte Hessens, S. 195–243, Stuttgart 1990.

Kossinna, Gustaf: Oscar Montelius. Mannus, 13. Band, S. 309–335, Leipzig 1922.

Kottmann, Albrecht: Fünftausend Jahre messen und bauen. Planungsverfahren und Maßeinheiten von der Vorzeit bis zum Ende des Barock, Stuttgart 1981.

Krause, Rüdiger: Denkmäler der Bronzezeit in Europa. Aus: Die Bronzezeit, das erste goldene Zeitalter Europas. Europäisches Erbe, Nr. 2, S. 21–25, Straßburg 1994.

Kühn, Herbert: Vorgeschichte der Menschheit. Bronzezeit und Eisenzeit, Köln 1966.

Lessing, Erich: Die griechischen Sagen, München 1982.

Maringer, Johannes: Musik in vor- und frühgeschichtlicher Zeit. Prähistorische Zeitschrift, Band 57, S. 126–137, Berlin 1982.

Martin, Jochen/Zwölfer, Norbert: Geschichtsbuch. 1. Die Menschen und ihre Geschichte in Darstellungen und Dokumenten. Ausgabe B für Gymnasien in Baden-Württemberg. Von der Urgeschichte bis zum Reich der Franken, Berlin 1986.

Montelius, Oscar: Om tidsbestämming inom bronsåldern med särskildt afseende på Skandinavten, Stockholm 1885.

Montelius, Oscar: Die Chronologie der ältesten Bronzezeit in Norddeutschland und Skandinavien, Braunschweig 1900.

Montelius, Oscar: Bronzezeit. Aus: Ebert, Max (Herausgeber): Reallexikon der Vorgeschichte. Zweiter Band, S. 179–188, Berlin 1925.

Müller-Karpe, Hermann: Handbuch der Vorgeschichte, Band 4, Bronzezeit, München 1980.

Paret, Oscar: Die Bronzezeit. Aus: Württemberg in vor- und frühgeschichtlicher Zeit, S. 122–172, Stuttgart 1961.

Probst, Ernst: Die Urgeschichte. Aus: Deutschland in der Steinzeit. Jäger, Fischer und Bauern zwischen Nordseeküste und Alpenraum, S. 23–24, München 1991.

Pryor, Françis: Kinder in der Bronzezeit. Aus: Die Bronzezeit, das erste goldene Zeitalter Europas. Europäisches Erbe, Nr. 2, S. 39–41, Straßburg 1994.

Pucher, Erich: Das bronzezeitliche Pferdeskelett von Unterhautzenthal, p. B. Korneuburg (Niederösterreich), sowie Bemerkungen zu einigen anderen Funden »früher« Pferde in Österreich. Annalen des Naturhistorischen Museums Wien, Band 93, S. 19–29, Wien 1992.

Reinecke, Paul: Zur Kenntnis der frühen Bronzezeit Mitteleuropas. Mitteilungen der Anthropologischen Gesellschaft Wien, Band 32, S. 104–129, Wien 1902.

Schlabow, Karl: Das Spinngut des bronzezeitlichen Webers. Offa, Jahrgang 4, S. 109–127, Neumünster 1939.

Schlichtherle, Helmut/Wahlster, Barbara: Archäologie in Seen und Mooren. Den Pfahlbauten auf der Spur, Stuttgart 1986.

Seidel, Ute: Bronzezeit. Sammlungen des Württembergischen Landesmuseums Stuttgart, Band 2, Stuttgart 1995.

Sommerfeld, Christoph: Gerätegeld Sichel – Studien zur monetären Struktur bronzezeitlicher Horte im nördlichen Mitteleuropa. Vorgeschichtliche Forschungen, Band 19, Berlin 1994.

Strahm, Christian: Die Anfänge der Metallurgie in Mitteleuropa. Helvetia Archaeologica, Jahrgang 25, Heft 97, S. 2–39, Basel 1994.

Treue, Wilhelm (Herausgeber): Achse, Rad und Wagen. Fünftausend Jahre Kultur- und Technikgeschichte, Göttingen 1986.

Weber, Gesine: Händler, Krieger, Bronzegießer. Bronzezeit in Nordhessen. Vor- und Frühgeschichte im Hessischen Landesmuseum in Kassel, Heft 3, Kassel 1992.

Ereignisse während der Bronzezeit

Pollmann, Bernhard: Hermes Handlexikon. Daten der Geschichte. Eine Chronologie wichtiger Daten und Ereignisse der Weltgeschichte in Text und Bild, Düsseldorf 1983.

Die Frühbronzezeit in Deutschland

Abels, Björn-Uwe: Archäologischer Führer Oberfranken, Stuttgart 1986.

Becker, Bernd/Krause, Rüdiger/Kromer, Bernd: Zur absoluten Chronologie der Frühen Bronzezeit. Germania, Jahrgang 67, 2. Halbband, S. 421–442, Frankfurt/Main 1989.

Berger, Arthur: Die Bronzezeit in Ober- und Mittelfranken. Materialhefte zur Bayerischen Vorgeschichte, Reihe A, Band 52, Kallmünz 1984.

Bergmann, Joseph: Zur frühen und älteren Bronzezeit in Niedersachsen. Germania, Jahrgang 30, S. 21–30, Frankfurt/Main 1952.

Fröhlich, Siegfried: Zur Archäologie der Bronzezeit und der vorrömischen Eisenzeit in Niedersachsen. Ausgrabungen in Niedersachsen. Archäologische Denkmalpflege 1979–1984. Herausgegeben von der Archäologischen Denkmalpflege im Institut für Denkmalpflege, Niedersächsisches Landesverwaltungsamt durch Klemens Wilhelmi. Berichte zur Denkmalpflege in Niedersachsen, Beiheft 1, S. 139–141, Stuttgart 1985.

Herrmann, Joachim (Herausgeber): Archäologie in der Deutschen Demokratischen Republik, Stuttgart 1989.

Holste, Friedrich: Die Bronzezeit in Süd- und Westdeutschland. Handbuch der Urgeschichte Deutschlands, Band 1, Berlin 1953.

Horst, Fritz: Bemerkungen zur chronologischen Einordnung der frühen und älteren Bronzezeit im mitteleuropäischen Raum. Aus: Beiträge zur Geschichte und Kultur der mitteleuropäischen Bronzezeit, Teil I, S. 169–178, Berlin/Nitra 1990.

Jacob-Friesen, Karl Hermann: Einführung in Niedersachsens Urgeschichte. 2. Teil. Bronzezeit, Hildesheim 1963.

JOCKENHÖVEL, Albrecht: Raum und Zeit – Gliederung der Bronzezeit. Aus: JOCKENHÖVEL, Albrecht/KUBACH, Wolf (Herausgeber): Bronzezeit in Deutschland, Sonderheft der Zeitschrift »Archäologie in Deutschland«, S. 11–14, Stuttgart 1994.

JUNGHANS, Siegfried/KLEIN, Hans/SCHEUFELE, Erwin: Untersuchungen zur Kupfer- und Frühbronzezeit Süddeutschlands. 34. Bericht der Römisch-Germanischen Kommission 1951–1953, S. 77–114, Berlin 1954.

LAUX, Friedrich: Die Bronzezeit im mittleren Niedersachsen. Führer zu vor- und frühgeschichtlichen Denkmälern, Band 48, Hannover, Nienburg, Hildesheim, Alfeld, Teil I: Einführende Aufsätze, S. 74–90, Mainz 1981.

LICHARDUS, Jan: Beiträge zur jüngeren Steinzeit und Bronzezeit im Saar-Mosel-Raum. II. Entstehung der frühen Bronzezeit. 25./26. Bericht der Staatlichen Denkmalpflege im Saarland, S. 31–60, Saarbrücken 1980.

REINECKE, Paul: Zur chronologischen Gliederung der süddeutschen Bronzezeit. Germania, Jahrgang 8, S. 43–44, Frankfurt/Main 1924.

SCHAUER, Peter: Forschungen zur Geschichte der Bronzezeit in Deutschland. Aus: Ausgrabungen in Deutschland, Teil 1, Vorgeschichte – Römerzeit, S. 121–124, Mainz 1975.

SCHUBERT, Eckehart: Studien zur frühen Bronzezeit an der mittleren Donau. 54. Bericht der Römisch-Germanischen Kommission 1973, Berlin 1974.

SCHUCHHARDT, Carl: Vorgeschichte von Deutschland, München und Berlin 1928.

SCHUMACHER, Karl: Stand und Aufgaben der bronzezeitlichen Forschung in Deutschland. 10. Bericht der Römisch-Germanischen Kommission, S. 7–85, Frankfurt/Main 1918.

SCHWANTES, Gustav: Vorgeschichte von Schleswig-Holstein. Stein- und Bronzezeit, Neumünster 1934–39.

STEINER, Ute: Ausgrabungen und Funde. Registerband für die Jahrgänge 1–25, Berlin 1983.

STRUVE, Karl W.: Die frühe Bronzezeit (Periode I). Aus: STRUVE, Karl W./HINGST, Hans/JANKUHN, Herbert: Von der Bronzezeit zur Völkerwanderungszeit, S. 12–26, Neumünster 1979.

WEBER, Gesine: Die Frühe Bronzezeit. Aus: WEBER, Gesine: Händler, Krieger, Bronzegießer. Bronzezeit in Nordhessen. Vor- und Frühgeschichte im Hessischen Landesmuseum in Kassel, Heft 3, S. 56–69, Kassel 1992.

Die Aunjetitzer Kultur

AGTHE, Markus: Bemerkungen zu Feuersteindolchen im nordwestlichen Verbreitungsgebiet der Aunjetitzer Kultur. Arbeits- und Forschungsberichte zur sächsischen Bodendenkmalpflege, Band 33, S. 15–113, Dresden 1989.

ANDRASCHKO, Frank M.: Studien zur funktionalen Deutung archäologischer Siedlungsbefunde in Rekonstruktion und Experiment. Hamburger Beiträge zur Archäologie, Werkstattreihe, Band 1, Duderstadt 1995.

ANDREE, Julius/GRIMM, Paul: Die Diebeshöhle bei Uftrungen am Südharz. Jahresschrift für die Vorgeschichte der sächsisch-thüringischen Länder, Band 17, S. 16–39, Halle/Saale 1929.

ANONYMUS: † MUDr. Čeněk Ryzner. Památky Archaeologické, Band 33, S. 344, Prag 1923.

BACH, Adelheid/BACH, Herbert/SIMON, Klaus: Anthropologische Aspekte der Bevölkerungsentwicklung im westlichen Mitteldeutschland. Jahresschrift für mitteldeutsche Vorgeschichte, Band 56, S. 7–38, Halle/Saale 1972.

BACH, Herbert/BACH, Adelheid: Paläanthropologie im Mittelelbe-Saale-Werra-Gebiet. Weimarer Monographien zur Ur- und Frühgeschichte, Band 23, Weimar 1989.

BECKER, Bernd/JÄGER, Klaus-Dieter/KAUFMANN, Dieter/LITT, Thomas: Dendrochronologische Datierungen von Eichenhölzern aus den frühbronzezeitlichen Hügelgräbern bei Helmsdorf und Leubingen (Aunjetitzer Kultur) und an bronzezeitlichen Flußeichen bei Merseburg. Jahresschrift für mitteldeutsche Vorgeschichte, Band 72, S. 299–312, Halle/Saale 1989.

BEHM-BLANCKE, Günter: Das Aunjetitzer Gräberfeld von Großbrembach, Kr. Sömmerda. Ausgrabungen und Funde, Band 21, Heft 1–4, S. 65–67, Berlin 1976.

BEHM-BLANCKE, Günter: Zur Funktion bronze- und früheisenzeitlicher Kulthöhlen im Mittelgebirgsraum. Ausgrabungen und Funde, Band 21, Heft 1–4, S. 80–88, Berlin 1976.

BEHRENS, Hermann: Martin Jahn †. Jahresschrift für mitteldeutsche Vorgeschichte, Band 61, S. 7–8, Halle/Saale 1977.

BERG, Alfred: Der Lange Stein oder Götterstein von Seehausen bei Magdeburg. Germanien, Band 1, S. 212–214, Leipzig 1933.

BILLIG, Gerhard: Die Aunjetitzer Kultur in Sachsen. Veröffentlichungen des Landesmuseums für Vorgeschichte Dresden, Band 7, Leipzig 1958.

BILLIG, Gerhard: Aunjetitzer Kultur. Aus: HERRMANN, Joachim (Herausgeber): Lexikon früher Kulturen, Band 1, S. 95, Leipzig 1984.

BRUNN, Wilhelm Albert von: Zu den Bronzen von Thale und Welbsleben. Germania, Jahrgang 25, S. 73–82, Frankfurt/Main 1941.

BRUNN, Wilhelm Albert von: Vier frühe Metallfunde aus Sachsen und Anhalt. Prähistorische Zeitschrift, Band 34/35, erste Hälfte, S. 235–266, Berlin 1950.

BRUNN, Wilhelm Albert von: Die Hortfunde der frühen Bronzezeit aus Sachsen-Anhalt, Sachsen und Thüringen. Deutsche Akademie der Wissenschaften zu Berlin. Schriften der Sektion für Vor- und Frühgeschichte, Band 7, Berlin 1959.

BUCHTELA, Karel/NIEDERLE, Lubor: Únětice-Kultur. Aus: Ruscovět české archeologie, S. 41, Prag 1910.

COBLENZ, Werner: Eine Aunjetitzer Vorratsgrube mit Getreide aus Döbeln-Masten. Ausgrabungen und Funde, Band 18, Heft 2, S. 70–80, Berlin 1973.

COBLENZ, Werner: Straubing und Aunjetitz. Bemerkungen zu einem neuen Depotfund aus Kyhna, Kreis Delitzsch. Bayerische Vorgeschichtsblätter, Jahrgang 50, S. 113–126, München 1985.

COBLENZ, Werner: Paul Grimm 1907–1993. Ausgrabungen und Funde, Band 39, Heft 4, S. 161–163, Berlin 1994.

EICHHORN, Gustav: Die Ausgrabung des Nienstedter Grabhügels durch Professor Klopfleisch aus Jena. Jahresschrift für die Vorgeschichte der sächsisch-thüringischen Länder, Band 7, S. 85–94, Halle/Saale 1908.

ENGEL, Carl: Bilder aus der Vorzeit an der mittleren Elbe. Erster Band: Stein- und Bronzezeit, Burg bei Magdeburg 1930.

FILIP, Jan: Rýzner, Čeněk (1845–1923). Aus: FILIP, Jan (Herausgeber): Enzyklopädisches Handbuch zur Ur- und Frühgeschichte Europas, Band 2, S. 1181, Stuttgart 1969.

FÖRTSCH, Oscar: Ein Depotfund der älteren Bronzezeit aus Dieskau bei Halle. Jahresschrift für die Vorgeschichte der sächsisch-thüringischen Länder, Band 4, S. 3–33, Halle/Saale 1905.

GÖTZE, Alfred/HÖFER, Paul/ZSCHIESCHE, Paul: Die vor- und frühgeschichtlichen Altertümer Thüringens, Würzburg 1909.

GRAICHEN, Gisela: Das Kultplatzbuch. Ein Führer zu den alten Opferplätzen, Heiligtümern und Kultstätten in Deutschland, Hamburg 1988.

GRIMM, Hans: Paläopathologische Befunde an Menschenresten aus der Bronzezeit in der DDR als Hinweise auf Lebenslauf und Bevölkerungsgeschichte. Ausgrabungen und Funde, Jahrgang 23, Heft 1, S. 1–10, Berlin 1978.

GRIMM, Paul: Die vor- und frühgeschichtliche Besiedlung des Unterharzes und seines Vorlandes auf Grund der Bodenfunde. Jahresschrift für die Vorgeschichte der sächsisch-thüringischen Länder, Band 18, S. 1–152, Halle/Saale 1930.

GRIMM, Paul: Die Speckseite bei Aschersleben, ein Menhir auf einem endsteinzeitlichen-frühbronzezeitlichen Hügelgrabe. Nachrichtenblatt für Deutsche Vorzeit, 9. Jahrgang, Heft 6, S. 95–96, Leipzig 1933.

GRIMM, Paul: Eine neue Platte der Endsteinzeit von Hornburg, Mansfelder Seekreis. Mannus, 29. Jahrgang, S. 427–437, Leipzig 1937.

GRIMM, Paul: Ein Massengrab der frühesten Bronzezeit bei Elben, Mansfelder Seekreis. Mitteldeutsche Volkheit, Jahrgang 6, Heft 1/2, S. 12–15, Halle/Saale 1939.

GRÖSSLER, Hermann: Das Fürstengrab im großen Galgenhügel am Paulsschachte bei Helmsdorf (im Mansfelder Seekreise). Jahresschrift für die Vorgeschichte der sächsisch-thüringischen Länder, Band 6, S. 1–85, Halle/Saale 1907.

GRÜNBERG, Walter: Frühbronzezeitliche Steinkistengräber von Burk bei Bautzen. Sachsens Vorzeit, 3. Jahrgang 1939, 1. und 2. Teil, S. 21–51, Leipzig 1940.

GRÜNBERG, Walter: Die bronzezeitlichen Schmuckscheiben Sachsens. Sachsens Vorzeit, 5. Jahrgang 1941, Teil 1 und 2, S. 17–25, Leipzig 1942.

HÖFER, Paul: Der Leubinger Grabhügel. Jahresschrift für die Vorgeschichte der sächsisch-thüringischen Länder, Band 5, S. 1–59, Halle/Saale 1906.

HOFFMANN, Richard: Ein tragischer Tod in der Quellzisterne. Germanen-Erbe, 4. Jahrgang, Heft 4, S. 109–112, Leipzig 1939.

HOLTFRETER, Jürgen: Zur Anthropologie der Aunjetitzer des Mittelelbe-Saale-Gebietes. Aus: BACH, Herbert/BACH, Adelheid (Herausgeber): Paläanthropologie im Mittelelbe-Saale-Werra-Gebiet. Weimarer Monographien zur Ur- und Frühgeschichte, Band 23, S. 105–132, Weimar 1989.

HOPF, Maria: Vor- und frühgeschichtliche Kulturpflanzen aus dem nördlichen Deutschland. Kataloge vor- und frühgeschichtlicher Altertümer, Band 22, Mainz 1982.

HUNDT, Hans-Jürgen: Steinerne und kupferne Hämmer der frühen Bronzezeit. Archäologisches Korrespondenzblatt, Jahrgang 5, S. 115–120, Mainz 1975.

JAHN, Martin: Ein kultureller Mittelpunkt bei Halle/Saale während der frühen Bronzezeit. Jahresschrift für mitteldeutsche Vorgeschichte, Band 34, S. 81–89, Halle/Saale 1950.

JAZDZEWSKI, Konrad: Die Úněticer Kultur. Aus: Urgeschichte Mitteleuropas, S. 213–218, Wrocław 1984.

KEMNITZ, Hans/SIMON, Klaus: Aunjetitzer Steinkistengräber von Dresden-Gostritz. Ausgrabungen und Funde, Band 29, Heft 1, S. 12–15, Berlin 1984.

KUPKA, Paul: Studien und Forschungen zur Kenntnis der Bronzezeit in der Altmark 2. Beiträge zur Geschichte, Landes- und Volkskunde der Altmark, Band 5, S. 406–426, Stendal 1925–1930.

LENERZ-DE WILDE, Majolie: Überlegungen zur Funktion der frühbronzezeitlichen Stabdolche. Germania, Jahrgang 69, 1. Halbband, S. 25–48, Frankfurt/Main 1991.

MANDERA, Heinz-Eberhard: Zur inneren Gliederung der Aunjetitzer Kultur. Auszug aus der Inaugural-Dissertation zur Erlangung des Doktorgrades der Philosophischen Fakultät der Philipps-Universität zu Marburg, Marburg 1952.

MANDERA, Heinz-Eberhard: Versuch einer Gliederung der Aunjetitzer Kultur in Mitteldeutschland. Jahresschrift für mitteldeutsche Vorgeschichte, Band 37, S. 1–60, Halle/Saale 1963.

MATTHIAS, Waldemar: Das mitteldeutsche Briquetage – Formen, Verbreitung und Verwendung. Jahresschrift für mitteldeutsche Vorgeschichte, Band 45, S. 119–225, Halle/Saale 1961.

MATTHIAS, Waldemar: Die Salzproduktion – ein bedeutender Faktor in der Wirtschaft der frühbronzezeitlichen Bevölkerung an der mittleren Saale. Jahresschrift für mitteldeutsche Vorgeschichte, Band 60, S. 373–394, Halle/Saale 1976.

MATTHIAS, Waldemar/SCHULTZE-MOTEL, Jürgen: Kulturpflanzenabdrücke an Gefäßen der Schnurkeramik und der Aunjetitzer Kultur aus Mitteldeutschland. Jahresschrift für mitteldeutsche Vorgeschichte, Band 55, S. 113–134, Halle/Saale 1971.

MICHELS, Erich/ERDNISS, Jürgen: Aunjetitzer und Bernburger Siedlung von Burgdorf, Ldkr. Goslar, am linken Okerufer. Die Kunde, Jahrgang 7, Nr. 9, S. 133–151, Hannover 1939.

MILDENBERGER, Gerhard: Mitteldeutschlands Ur- und Frühgeschichte, Leipzig 1959.

MIRTSCHIN, Alfred: Funde der ältesten Bronzezeit im nordsächsischen Elbegebiet. Mannus, Band 33, S. 3–48, Leipzig 1941.

MÜLLER, Detlef W.: Die späte Aunjetitzer Kultur des Saalegebietes im Spannungsfeld des Südostens Europas. Jahresschrift für mitteldeutsche Vorgeschichte, Band 65, S. 107–127, Halle/Saale 1982.

MÜLLER, Detlef W.: Große Steine, alte Zeichen. Jungsteinzeitliches Bildgut in Grabbrauch und Religion. Archäologie in Sachsen-Anhalt, Heft 1, S. 20–26, Halle/Saale 1991.

MÜLLER, Wilhelm: Die Skelette des Leubinger Grabhügels. Jahresschrift für die Vorgeschichte der sächsisch-thüringischen Länder, Band 5, S. 60–77, Halle/Saale 1906.

NEUMANN, Gotthard: Die Entwicklung der Aunjetitzer Keramik in Mitteldeutschland. Prähistorische Zeitschrift, Band 20, 1./2. Heft, S. 70–144, Berlin 1929.

NIQUET, Franz: Ein mehrmals besiedelter Platz auf dem Lietfeld, Gemarkung Werlaburgdorf (früher Burgdorf), Kreis Goslar. Neue Ausgrabungen und Forschungen in Niedersachsen, Band 7, S. 74–80, Hildesheim 1972.

OTTO, Karl-Heinz: Die sozialökonomischen Verhältnisse bei den Stämmen der Leubinger Kultur in Mitteldeutschland. Ethnographisch-archäologische Forschungen, Band 3, Berlin 1955.

RIEHM, Karl: Die Formsalzproduktion der vorgeschichtlichen Salzsiedestätten Europas. Jahresschrift für mitteldeutsche Vorgeschichte, Band 44, S. 180–217, Halle/Saale 1960.

RYZNER, Cenék: Radové hroby blíže Únětic. Památky archaeologické, Band 11, S. 289–308, Prag 1878–81.

SCHMIDT, Berthold/NITZSCHKE, Waldemar: Ein frühbronzezeitlicher »Fürstenhügel« bei Dieskau im Saalkreis. Ausgrabungen und Funde, Band 25, Heft 4, S. 179–185, Berlin 1980.

SCHMIDT-THIELBEER, Erika: Ein Friedhof der frühen Bronzezeit bei Nohra, Kreis Nordhausen. Jahresschrift für mitteldeutsche Vorgeschichte, Band 39, S. 93–114, Halle/Saale 1955.

SCHOTT, Lothar: Eine bevölkerungsbiologische Arbeitshypothese in Anwendung auf die Ethnogenese der Aunjetitzer Kultur im Mittelelbe-Saale-Gebiet. Jahresschrift für mitteldeutsche Vorgeschichte, Band 60, S. 425–431, Halle/Saale 1976.

SCHULZ, Walther: Die ältesten Trensenknebel aus Mitteldeutschland. 1. Ein Aunjetitzer Begräbnisplatz mit aufgezäumtem Pferd von Gleina, Kreis Querfurt. Jahresschrift für die Vorgeschichte der sächsisch-thüringischen Länder. Band 20, S. 9–10, Halle/Saale 1931.

SCHULZ, Walther: Bernstein in Mitteldeutschlands Vorzeit. Mitteldeutsche Volkheit, Heft 6, S. 2–6, Halle/Saale 1939.

SCHULZ, Walther: Die Axt. Waffe – Hoheitszeichen – Sinnbild. Mitteldeutsche Volkheit, Heft 6, S. 66–73, Halle/Saale 1939.

SCHWIDETZKY, Ilse: Neolithische und frühbronzezeitliche Menschenfunde aus der DDR. Fundamenta, Reihe B, Band 3, S. 93–119, Köln 1978.

SIMON, Klaus: Die erste Aunjetitzer Befestigung nördlich des Erzgebirges in Mutzschen, Kreis Grimma. Ausgrabungen und Funde, Band 30, Heft 1, S. 28–32, Berlin 1985.

SIMON, Klaus: Gräberfeld und Siedlung der Aunjetitzer Kultur bei Dresden-Gostritz. Arbeits- und Forschungsberichte zur sächsischen Bodendenkmalpflege, Band 29, S. 35–85, Dresden 1985.

SIMON, Klaus: Höhensiedlungen der älteren Bronzezeit im Elbsaalegebiet. Jahresschrift für mitteldeutsche Vorgeschichte, Band 73, S. 287–330, Halle/Saale 1990.

SIMON, Klaus: Altbronzezeitliche Höhensiedlungen in Sachsen. Aus: Beiträge zur Geschichte und Kultur der mitteleuropäischen Bronzezeit, Teil II, S. 421–442, Berlin/Nitra 1990.

SPEHR, Reinhard: Neue Aunjetitzer Gräber vom »Burker Berg« bei Bautzen. Ausgrabungen und Funde, Band 12, Heft 2, S. 60–73, Berlin 1967.

THIEME, Hartmut: Hausgrundrisse und Bestattungen der frühbronzezeitlichen Aunjetitzer Kultur in Esbeck, Ldkr. Helmstedt. Ausgrabungen in Niedersachsen. Archäologische Denkmalpflege 1979–1984. Herausgegeben von der Archäologischen Denkmalpflege im Institut für Denkmalpflege, Niedersächsisches Landesverwaltungsamt durch Klemens Wilhelmi. Berichte zur Denkmalpflege in Niedersachsen, Beiheft 1, S. 142–144, Stuttgart 1985.

ULLRICH, Herbert: Methodische Bemerkungen zur Untersuchung von drei Schädeltrepanationen aus der Frühbronzezeit von Großbrembach. Ausgrabungen und Funde, Band 3, Heft 6, S. 395–399, Berlin 1958.

ULLRICH, Herbert: Anthropologische Untersuchungen zur Frage nach der Entstehung und Verwandtschaft der thüringischen, böhmischen und mährischen Aunjetitzer. Das Aunjetitzer Gräberfeld von Großbrembach. Veröffentlichungen des Museums für Ur- und Frühgeschichte Thüringens, Band 3, erster Teil, S. 7–155, Weimar 1972.

VOIGT, Theodor: Ein neuer Bildstein in einem bronzezeitlichen Steinpackungsgrab. Mitteldeutsche Volkheit, Heft 6, S. 75–78, Halle/Saale 1939.

WALTER, Diethard: Frühbronzezeitliche »Sonderbestattungen« aus Herbsleben, Kr. Bad Langensalza. Ausgrabungen und Funde, Band 28, Heft 5, S. 225–231, Berlin 1983.

WALTER, Diethard: Frühe Bronzezeit. Aus: HERRMANN, Joachim (Herausgeber): Archäologie in der Deutschen Demokratischen Republik. Denkmale und Funde 1, S. 85–90, Stuttgart 1989.

WALTER, Diethard: Siedlungshinterlassenschaften der Aunjetitzer Kultur bei Sundhausen, Kr. Nordhausen. Alt-Thüringen, Band 25, S. 31–60, Weimar 1990.

WÜSTEMANN, Harry: Zur Funktion bronzezeitlicher Dolche. Aus: Beiträge zur Geschichte und Kultur der mitteleuropäischen Bronzezeit, Teil II, S. 557–566, Berlin/Nitra 1990.

WÜSTEMANN, Harry: Dolche und Schwerter – Der Waffenschmied und seine Technik. Aus: JOCKENHÖVEL, Albrecht/KUBACH, Wolf: Bronzezeit in Deutschland, Sonderheft der Zeitschrift »Archäologie in Deutschland«, S. 86–88, Stuttgart 1994.

ZICH, Bernd: Zur Nordwestgrenze der Aunjetitzer Kultur. Prähistorische Zeitschrift, Band 62, S. 52–77, Berlin 1987.

Die Straubinger Kultur

BANKUS, Mark: Frühe und mittlere Bronzezeit. Aus: RIEDER, Karl Heinz/TILLMANN, Andreas (Herausgeber): Archäologie um Ingolstadt. Die archäologischen Untersuchungen beim Bau der B 16 und der Bahnverlegung, S. 53–88, Kipfenberg 1993.

BEHRENS, Gustav: Straubinger Stufe. Aus: EBERT, Max (Herausgeber): Reallexikon der Vorgeschichte, Band 12, S. 460, Berlin 1928.

BIRKNER, Ferdinand: Ur- und Vorzeit Bayerns, München 1936.

BOESSNECK, Joachim: Studien an vor- und frühgeschichtlichen Tierresten

Bayerns. II. Zur Entwicklung vor- und frühgeschichtlicher Haus- und Wildtiere Bayerns im Rahmen der gleichzeitigen Tierwelt Mitteleuropas, München 1958.

CHRISTLEIN, Rainer: Beiträge zur Stufengliederung der frühbronzezeitlichen Flachgräberfelder in Süddeutschland. Bayerische Vorgeschichtsblätter, Jahrgang 29, S. 25–63, München 1964.

CZYSZ, Wolfgang: Frühbronzezeitliche Grabfunde von Kleinaitingen, Landkreis Augsburg, Schwaben. Das archäologische Jahr in Bayern 1980, S. 68–69, Stuttgart 1981.

CZYSZ, Wolfgang: Der frühbronzezeitliche Friedhof von Kleinaitingen, Landkreis Augsburg, Schwaben. Das archäologische Jahr in Bayern 1981, S. 80–81, Stuttgart 1982.

DANNHEIMER, Hermann: Prähistorische Staatssammlung München, München 1980.

ECKES, Richard: Ein Hortfund der älteren Bronzezeit aus Regensburg. Germania, Jahrgang 22, S. 7–11, Frankfurt/Main 1938.

FILIP, Jan: Langquaid. Aus: FILIP, Jan (Herausgeber): Enzyklopädisches Handbuch zur Ur- und Frühgeschichte Europas, Band 2, S. 676, Stuttgart 1969.

HUNDT, Hans-Jürgen: Katalog Straubing. I. Die Funde der Glockenbecherkultur und der Straubinger Kultur. Materialhefte zur Bayerischen Vorgeschichte, Band 11, Kallmünz 1958.

HUNDT, Hans-Jürgen: Ein frühbronzezeitlicher Depotfund von Oberhaching, Ldkr. München. Bayerische Vorgeschichtsblätter, Jahrgang 25, S. 1–16, München 1960.

HUNDT, Hans-Jürgen: Beziehungen der »Straubinger« Kultur zu den Frühbronzezeitkulturen der östlich benachbarten Räume. Kommission für das Äneolithikum und die ältere Bronzezeit. Nitra 1958, S. 145–176, Bratislava 1961.

JACOBS, Johannes: Ein Depotfund aus der Bronzezeit bei Langquaid (B. A. Rottenburg). Beiträge zur Anthropologie und Urgeschichte Bayerns, Band 17, S. 33–36, München 1909.

KIBBERT, Kurt: Die Äxte und Beile im mittleren Westdeutschland I. Prähistorische Bronzefunde IX, Band 10, München 1980.

KOSCHIK, Harald: Älterbronzezeitliche Siedlungskeramik von Sengkofen, Lkr. Regensburg, Opf. Bayerische Vorgeschichtsblätter, Jahrgang 40, S. 34–67, München 1975.

KOSCHIK, Harald: Ein Gräberfeld der frühen Bronzezeit von Gernlinden, Gde. Maisach, Fürstenfeldbruck/Obb. Aus: SCHRÖTER, Peter (Herausgeber): 75 Jahre Anthropologische Staatssammlung München 1902–1977, S. 67–74, München 1977.

KOSCHIK, Harald: Die Bronzezeit im südwestlichen Oberbayern. Materialhefte zur Bayerischen Vorgeschichte, Reihe A, Band 50, Kallmünz 1981.

KRAFT, Georg: Die Kultur der Bronzezeit in Süddeutschland, Augsburg 1926.

MAIER, Rudolf Albert: Rinderbackzähne und Rinderkiefer in Frühbronzezeitgräbern von Raisting am Ammersee (Oberbayern). Germania, Jahrgang 50, S. 229–235, Frankfurt/Main 1972.

MAIER, Rudolf Albert: Frühbronzezeitliche Ösenhalsring-Sätze von gestaffelter Größe aus Quellbächen und Mooren Südbayerns. Germania, Jahrgang 66, 1. Halbband, S. 150–154, Frankfurt/Main 1988.

MENKE, Manfred: Frühbronzezeitliche Gußformen aus Karlstein, Ldkr. Berchtesgaden (Oberbayern). Jahrbuch des Römisch-Germanischen Zentralmuseums Mainz 1968, S. 69–74, Mainz 1970.

MENKE, Manfred: Zur vor- und frühgeschichtlichen Besiedlung im Reichenhaller Becken. Archäologisches Korrespondenzblatt, Jahrgang 1, S. 113–116, Mainz 1971.

MENKE, Manfred: Studien zu den frühbronzezeitlichen Metalldepots Bayerns. Jahresbericht der bayerischen Bodendenkmalpflege, Band 19/20, München 1982.

ORTNER, Heinrich: I. Ausgrabungen. 1. In der Ortler'schen Ziegelei. Jahresbericht des historischen Vereins für Straubing und Umgebung, Band 2, S. 1–5, Straubing 1900.

PÄTZOLD, Johannes/UENZE, Hans Peter: Vor- und Frühgeschichte im Landkreis Griesbach. Kallmünz 1963.

QUILLFELDT, Ingeborg von: Das frühbronzezeitliche Gräberfeld von Poing, Landkreis Ebersberg, Oberbayern. Das archäologische Jahr in Bayern 1986, S. 52–53, Stuttgart 1987.

QUILLFELDT, Ingeborg von: Bronzezeitliche Bestattungen aus Poing, Landkreis Ebersberg, Oberbayern. Das archäologische Jahr in Bayern 1989, S. 61–63, Stuttgart 1990.

REINECKE, Paul: Zur chronologischen Gliederung der süddeutschen Bronzezeit. Germania, Jahrgang 8, S. 43–44, Frankfurt/Main 1924.

RIEDER, Karl Heinz: Vollgriffdolche der frühen Bronzezeit aus Ingolstadt. Das archäologische Jahr in Bayern 1984, S. 47–48, Stuttgart 1985.

RIEDER, Karl Heinz: Ein frühbronzezeitlicher Siedlungsplatz südlich von Zuchering. Stadt Ingolstadt, Oberbayern. Das archäologische Jahr in Bayern 1990, S. 45–46, Stuttgart 1991.

RUCKDESCHEL, Walter: Geschlechtsdifferenzierte Bestattungssitten in frühbronzezeitlichen Gräbern Südbayerns. Bayerische Vorgeschichtsblätter, Jahrgang 33, S. 18–44, München 1968.

RUCKDESCHEL, Walter: Die frühbronzezeitlichen Gräber Südbayerns. Ein Beitrag zur Kenntnis der Straubinger Kultur. Antiquitas, Reihe 2, Band 11, Bonn 1978.

RUCKDESCHEL, Walter: Das frühbronzezeitliche Gräberfeld von Mintraching, Kreis Regensburg. Bayerische Vorgeschichtsblätter, Jahrgang 50, S. 127–182, München 1985.

SCHMOTZ, Karl: Ein bemerkenswertes Grabinventar der Frühbronzezeit aus Raisting in Oberbayern. Archäologisches Korrespondenzblatt, Jahrgang 7, S. 31–35, Mainz 1977.

SCHMOTZ, Karl: Die vorgeschichtliche Besiedlung im Isarmündungsgebiet. Materialhefte zur Bayerischen Vorgeschichte, Reihe A, Band 58, Kallmünz 1989.

SCHÖNWEISS, Werner/WERNER, Hannsjürgen: Neuentdeckte Hockerbestattungen bei Mintraching und Alteglofsheim, Ldkr. Regensburg. Bayerische Vorgeschichtsblätter, Jahrgang 52, S. 231–239, München 1987.

SCHRÖTER, Peter: Neue frühbronzezeitliche Flachgräberfelder bei Regensburg (Mangolding und Mintraching, Ldkr. Regensburg). Bayerische Vorgeschichtsblätter, Jahrgang 38, S. 14–51, München 1973.

SCHRÖTER, Peter: Die menschlichen Skelettreste aus zwei Gräbern von Gernlinden, Gde. Maisach (Ldkr. Fürstenfeldbruck). Ein Beitrag zur Anthropologie der Frühbronzezeit in Südbayern. Aus: SCHRÖTER, Peter (Herausgeber): 75 Jahre Anthropologische Staatssammlung in München 1902–1977, S. 75–86, München 1977.

SCHRÖTER, Peter: Die bronzezeitlichen Körpergräber von Nersingen. Aus: MACKENSEN, Michael (Herausgeber): Frühkaiserzeitliche Kleinkastelle bei Nersingen und Burlafingen an der oberen Donau. Münchner Beiträge zur Vor- und Frühgeschichte, Band 41, S. 181–221, München 1987.

STEIN, Frauke: Bronzezeitliche Hortfunde in Süddeutschland. Beiträge zur Interpretation einer Quellengattung. Saarbrücker Beiträge zur Altertumskunde, Band 23, Bonn 1976.

STEIN, Frauke: Katalog der vorgeschichtlichen Hortfunde in Süddeutschland. Saarbrücker Beiträge zur Altertumskunde, Band 24, Bonn 1979.

TORBRÜGGE, Walter: Die Bronzezeit in der Oberpfalz. Materialhefte zur Bayerischen Vorgeschichte, Band 13, Kallmünz 1959.

TORBRÜGGE, Walter: Die Bronzezeit in Bayern. Stand der Forschungen zur relativen Chronologie. Bericht der Römisch-Germanischen Kommission, Band 40, S. 1–78, Frankfurt/Main 1960.

TORBRÜGGE, Walter: Grabhügel der frühen Bronzezeit in Süddeutschland. Abhandlungen der Naturhistorischen Gesellschaft Nürnberg, Band 39, S. 65–82, Nürnberg 1982.

TORBRÜGGE, Walter: Über Horte und Hortdeutung. Archäologisches Korrespondenzblatt, Jahrgang 15, S. 17–23, Mainz 1985.

WAGNER, Friedrich: Paul Reinecke zum Gedächtnis. Bayerische Vorgeschichtsblätter, Jahrgang 23, S. V–VIII, München 1958.

WINGHART, Stefan/QUILLFELDT, Ingeborg von/SCHRÖTER, Peter: Bestattungen des Endneolithikums und der frühen Bronzezeit aus der Münchner Schotterebene. Bericht der Bayerischen Bodendenkmalpflege, Band 26/27, S. 92–134, München 1985/86.

Die Singener Gruppe und die Oberrhein-Hochrhein-Gruppe

ABELS, Björn-Uwe: Die Randleistenbeile in Baden-Württemberg, dem Elsaß, der Franche Comté und der Schweiz. Prähistorische Bronzefunde IX, Band 4, München 1972.

DEHN, Rolf: Bemerkungen zur vorgeschichtlichen Besiedlung des Gebietes um Singen am Hohentwiel. Aus: Ausgrabungen in Deutschland. Teil 1. Vorgeschichte – Römerzeit, S. 125–133, Mainz 1975.

GAEBELE, Hartmut: Menschliche Skelettfunde der jüngeren Steinzeit und der frühen Bronzezeit aus Württemberg und Hohenzollern. Naturwissenschaftliche Untersuchungen zur Vor- und Frühgeschichte in Württemberg und Hohenzollern, Band 8, Stuttgart 1970.

GALLAY, Margarete: Die Besiedlung der südlichen Oberrheinebene in Neolithikum und Frühbronzezeit. Badische Fundberichte, Sonderheft, Band 12, Freiburg/Breisgau 1970.

GERHARDT, Kurt: Oberrheinische und hochrheinische Frühbronzezeitler im anthropologischen Gruppenvergleich. Badische Fundberichte, Band 22, S. 203–212, Freiburg/Breisgau 1962.

GERHARDT, Kurt: Schädel- und Skelettreste der Frühen Bronzezeit von Singen (Hohentwiel, Ldkrs. Konstanz). Badische Fundberichte, Sonderheft, Band 5, Freiburg/Breisgau 1964.

KRAUSE, Rüdiger: Die endneolithischen und frühbronzezeitlichen Grabfunde auf der Nordstadtterrasse von Singen am Hohentwiel. Forschungen und Berichte zur Vor- und Frühgeschichte in Baden-Württemberg, Band 32, Stuttgart 1988.

SCHRÖTER, Peter: Die menschlichen Skelettreste aus zwei frühbronzezeitlichen Gräbern von Kadelburg, Kr. Waldshut. Aus: KRAUSE, Rüdiger: Die endneolithischen und frühbronzezeitlichen Grabfunde auf der Nordstadtterrasse von Singen am Hohentwiel. Forschungen und Berichte zur Vor- und Frühgeschichte in Baden-Württemberg, Band 32, S. 263–267, Stuttgart 1988.

WAGNER, Ernst: Fundstätten und Funde aus vorgeschichtlicher und alamannisch-fränkischer Zeit im Großherzogtum Baden. Erster Teil, Das Badische Oberland. Kreise Konstanz, Villingen, Waldshut, Lörrach, Freiburg, Offenburg, Tübingen 1908.

Die Arbon-Kultur

ADE-RADEMACHER, Dorothee/RADEMACHER, Reinhard: Der Veitsberg bei Ravensburg. Vorgeschichtliche Höhensiedlung und mittelalterlich-frühzeitliche Höhenburg. Forschungen und Berichte der Archäologie des Mittelalters in Baden-Württemberg, Band 16, Stuttgart 1993.

AUFDERMAUER, Jörg: Die vor- und frühgeschichtliche Besiedlung von Bodman-Ludwigshafen vom Neolithikum bis zur alamannischen Landnahme. Aus: BERNER, Herbert (Herausgeber): Bodman, Dorf, Kaiserpfalz, Adel, S. 44, Sigmaringen 1987.

BERSU, Gerhard/GOESSLER, Peter: Der Lochenstein bei Balingen. Fundberichte aus Schwaben, Neue Folge II, S. 73–103, Stuttgart 1924.

BILLAMBOZ, André/KOLB, Martin: Die »Siedlung Forschner« im Federseemoor (Stadt Buchau, Kreis Biberach). Archäologische Ausgrabungen in Baden-Württemberg 1982, S. 51–53, Stuttgart 1983.

HOCHULI, Stefan/KÖNINGER, Joachim/RUOFF, Ulrich: Der absolut-chronologische Rahmen der Frühbronzezeit in der Ostschweiz und in Südwestdeutschland. Archäologisches Korrespondenzblatt, Band 24, Heft 3, S. 269–282, Mainz 1994.

HUNDT, Hans-Joachim: Keramik aus dem Ende der frühen Bronzezeit von Heubach (Kr. Schwäbisch Gmünd) und Ehrenstein (Kr. Ulm). Fundberichte aus Schwaben, Neue Folge 14, S. 27–50, Stuttgart 1957.

KEEFER, Erwin: Eine früh- und mittelbronzezeitliche Moorsiedlung am Federsee in Oberschwaben. Aus: Die ersten Bauern, Pfahlbaufunde Europas, Band 2, S. 171–175, Zürich 1990.

KIMMIG, Wolfgang: Der Kirchberg bei Reusten. Eine Höhensiedlung aus vorgeschichtlicher Zeit. Urkunden zur Vor- und Frühgeschichte aus Südwürttemberg-Hohenzollern, Heft 2, Stuttgart 1966.

KOLB, Martin/KÖNINGER, Joachim/SCHÖBEL, Gunter: Taucharchäologie am Bodensee (Kreis Konstanz und Bodenseekreis). Archäologische Ausgrabungen in Baden-Württemberg 1982, S. 45–50, Stuttgart 1983.

KÖNINGER, Joachim: Tauchsondagen in den früh- bis mittelbronzezeitlichen Ufersiedlungen am Schachenhorn, Bodman-Ludwigshafen, Kreis Konstanz. Archäologische Ausgrabungen in Baden-Württemberg 1983, S. 67–68, Stuttgart 1984.

KÖNINGER, Joachim: La stratigraphie de Bodman-Schachen I dans le contexte Bronze ancien du sud de l'Allemagne. Aus: Fondements culturels, techniques, économiques et sociaux dés debuts de l'aêge du Bronze. 117e congrès des sociétés savantes, Clermont-Ferrand 1992, Paris 1995.

KÖNINGER, Joachim: Aspekte frühbronzezeitlicher Kulturen in Süddeutschland. Aus: Die Frühe Bronzezeit zwischen Aare und Rhone. Ausstellungskatalog, S. 61–76, Biel 1995.

KÖNINGER, Joachim/SCHLICHTHERLE, Helmut: Zur Schnurkeramik und Frühbronzezeit am Bodensee. Fundberichte aus Baden-Württemberg, Band 15, S. 149–173, Stuttgart 1990.

KRAUSE, Rüdiger: Ein alter Grabfund der jüngeren Frühbronzezeit von Reutlingen. Anmerkungen zur Frühbronzezeit Südwestdeutschlands. Fundberichte aus Baden-Württemberg, Band 13, S. 199–212, Stuttgart 1988.

MÜLLER-KARPE, Hermann: Funde von bayerischen Höhensiedlungen. Prähistorische Staatssammlung München, Kallmünz 1959.

PARET, Oscar: Erinnerungen an Heinrich Forschner (1880–1959). Fundberichte aus Schwaben, N. F., Band 16, S. 187–189, Stuttgart 1962.

REIM, Hartmann: Eine frühbronzezeitliche Stele von Tübingen-Weilheim. Archäologische Ausgrabungen in Baden-Württemberg 1985, S. 81–84, Stuttgart 1986.

REIM, Hartmann: Der frühbronzezeitliche Menhir von Weilheim, Stadt Tübingen, Kulturdenkmale in Baden-Württemberg. Kleine Führer, Blatt 66, Tübingen 1993.

REIM, Hartmann: Kulturelle Kontakte über die Alpen nach Oberitalien. Die Frühe Bronzezeit im Neckartal zwischen Rottenburg und Tübingen im Licht neuer archäologischer Ausgrabungen und Funde. Tübinger Blätter 1993/1994, S. 32–36, Tübingen 1994.

RIETH, Adolf: Vorgeschichte der Schwäbischen Alb unter besonderer Berücksichtigung des Fundbestandes der mittleren Alb. Mannus-Bücherei, Band 61, Leipzig 1938.

SCHLICHTHERLE, Helmut: Bronzezeitliche Feuchtbodensiedlungen in Südwestdeutschland. Archäologisches Korrespondenzblatt, Band 11, S. 21–27, Mainz 1981.

STRAHM, Christian: Siedlungsarchäologische Untersuchungen im Alpenvorland. Archäologische Nachrichten aus Baden, Heft 38/39, S. 4–10, Freiburg/Breisgau 1987.

STRAHM, Christian: Die frühe Bronzezeit in Südwestdeutschland. Aus: Fondements culturels, techniques, économiques et sociaux dés debuts de l'aêge du Bronze. 117e congrès des sociétés savantes, Clermont-Ferrand 1992, Paris 1995.

TORKE, Wolfgang: Die »Siedlung Forschner«, eine befestigte frühbronzezeitliche Station im Federseemoor bei Bad Buchau, Kreis Biberach. Archäologische Ausgrabungen in Baden-Württemberg 1988. S. 50–52, Stuttgart 1989.

Die Ries-Gruppe und die Neckar-Gruppe

BERGER, Arthur: Die Bronzezeit in Ober- und Mittelfranken. Materialhefte zur Bayerischen Vorgeschichte, Reihe A, Band 52, Kallmünz 1984.

BREITINGER, Emil: Die Schädel aus dem frühbronzezeitlichen Hockerfriedhof bei Nähermemmingen, Bez.-Amt Nördlingen. Mannus, Band 31, S. 484–537, Leipzig 1939.

EHRHARDT, Sophie: Frühbronzezeitliche Skelette aus Nähermemmingen. Bayerische Vorgeschichtsblätter, Jahrgang 12, S. 71–73, München 1934.

FRICKHINGER, Ernst: Ein frühbronzezeitliches Hockergrab bei Nähermemmingen, B.-A. Nördlingen. Bayerische Vorgeschichtsblätter, Jahrgang 12, S. 70, München 1934.

FRICKHINGER, Ernst: Die Glockenbechersiedlung und der frühbronzezeitliche Hockerfriedhof bei Nähermemmingen, Bez.-Amt Nördlingen. Mannus, Band 31, S. 467–484, Leipzig 1939.

GALLAY, Gretel: Beigaben der Frühbronzezeit Süddeutschlands in ihrer Verteilung auf Männer- und Frauengräber, Homo, Band 72, Festschrift Kurt Gerhardt, S. 50–73, Göttingen 1972.

GLOWATZKI, Georg/SCHRÖTER, Peter: Versorgte Impressionsfraktur eines Schädels aus der frühen Bronzezeit in Bayern. Homo, Band 29, S. 250–259, Göttingen 1978.

JUNGHANS, Siegfried: Fünf unbekannte Nadeln der Kupfer- und Frühbronzezeit aus den Beständen des Württembergischen Landesmuseums. Fundberichte aus Schwaben, Neue Folge 15, S. 106–108, Stuttgart 1959.

KEEFER, Erwin/KRAUSE, Rüdiger: Vorgeschichtliche Siedlungen und Gräber in Remseck am Neckar. Heimatkundliche Schriftenreihe der Gemeinde Remseck am Neckar, Heft 12, Remseck am Neckar 1992.

KOCH, Robert/LEJA, Ferdinand: Neue Grabfunde der frühen Bronzezeit aus Treuchtlingen-Wettelsheim, Landkreis Weißenburg-Gunzenhausen, Mittelfranken. Das archäologische Jahr in Bayern 1988, S. 45–47, Stuttgart 1989.

KOSCHIK, Harald: Ein Gräberfeld der frühen Bronzezeit von Treuchtlingen, Landkreis Weißenburg-Gunzenhausen, Mittelfranken. Das archäologische Jahr in Bayern 1983, S. 46–48, Stuttgart 1984.

KRAUSE, Rüdiger: Ein neues Gräberfeld der älteren Frühbronzezeit von Remseck-Aldingen, Kreis Ludwigsburg. Archäologische Ausgrabungen in Baden-Württemberg 1987, S. 57–61, Stuttgart 1988.

KRAUSE, Rüdiger: Der Beginn der Metallzeiten. Aus: PLANCK, Dieter (Herausgeber): Archäologie in Württemberg. Ergebnisse und Perspektiven archäologischer Forschung von der Altsteinzeit bis zur Neuzeit. Festschrift zum 25jährigen Gründungsjubiläum der Gesellschaft für Vor- und Frühgeschichte in Württemberg und Hohenzollern, S. 111–139, Stuttgart 1988.

PARET, Oscar: Urgeschichte Württembergs unter besonderer Berücksichtigung des mittleren Neckarlandes, Stuttgart 1921.

RUCKDESCHEL, Walter: Die Riesgruppe. Aus: Die frühbronzezeitlichen Gräber Südbayerns. Antiquitas, Reihe 2, Band 11, S. 275–279, Bonn 1978.
SCHRÖTER, Peter: Anthropologische Aspekte zum frühbronzezeitlichen Gräberfeld von Treuchtlingen-Wettelsheim, Landkreis Weißenburg-Gunzenhausen, Mittelfranken. Das archäologische Jahr in Bayern 1983, S. 49–51, Stuttgart 1984.
SEITZ, Hermann Josef: Beobachtungen im frühbronzezeitlichen Hockergräberfriedhof zu Lauingen an der Donau. Aus: SCHRÖTER, Peter (Herausgeber): 75 Jahre Anthropologische Staatssammlung München 1902–1977, S. 87–95, München 1977.

Die Adlerberg-Kultur

BARTELS, Paul: Über Schädel- und Skelettreste der frühen Bronzezeit aus der Umgebung von Worms a. Rh. Prähistorische Zeitschrift, Band 4, S. 67–82, Leipzig 1912.
BEHRENS, Gustav: Bronzezeit Süddeutschlands. Kataloge des Römisch-Germanischen Centralmuseums, Nr. 6, Mainz 1916.
BEHRENS, Gustav: Jahresberichte der Bodendenkmalpflege für 1948/49 und 1949/50. Mainzer Zeitschrift, Jahrgang 44/45, S. 153, Mainz 1951.
DURST, Georg: Die Monolithe der Provinz Rheinhessen. Mainzer Zeitschrift, Jahrgang 22, S. 14–26, Mainz 1927.
GEBERS, Wilhelm: Endneolithikum und Frühbronzezeit im Mittelrheingebiet. Saarbrücker Beiträge zur Altertumskunde, Band 28, Bonn 1978.
GERHARDT, Kurt: Zur Anthropologie des Endneolithikums und der frühen Bronzezeit im untermainisch-mittelrheinischen Gebiet. Germania, Jahrgang 29, S. 17–21, Frankfurt/Main 1951.
GRILL, Erich: Der Altmeister rheinhessischer Bodenforschung. Der Wormsgau, Band 1, S. 105–113, Worms 1928.
GRÜNEWALD, Ursula: Die Besiedlung des Adlerberges bei Worms in vor- und frühgeschichtlicher Zeit. Diplomarbeit, Kiel 1992.
GRÜNEWALD, Ursula: Untersuchungen zur Kulturökologie der Glockenbecher- und Adlerbergkultur in Rheinhessen und der Vorderpfalz, Dissertation in Arbeit, Kiel.
HACHMANN, Rolf: Adlerberg-Gruppe. Aus: HOOPS, Johannes (Herausgeber): Reallexikon der Germanischen Altertumskunde, 2. Auflage, Band 1, S. 81–82, Berlin/New York 1973.
ILLERT, Georg: Neue Ausgrabungen am Adlerberg. Der Wormsgau, Band 2, S. 356–367, Worms 1942.
ILLERT, Georg: Das vorgeschichtliche Siedlungsbild des Wormser Rheinübergangs. Der Wormsgau, Band 3, Worms 1952.
JOCKENHÖVEL, Albrecht: Die frühbronzezeitlichen Gräber. Aus: NUBER, Hans Ulrich/RÄTZEL, Wilhelm/JOCKENHÖVEL, Albrecht: Vorgeschichtliche Funde aus Hofheim. Fundberichte aus Hessen, 9./10. Jahrgang, S. 56–68, Wiesbaden 1969/70.
JOCKENHÖVEL, Albrecht: Die Bronzezeit. Aus: HERRMANN, Fritz-Rudolf/JOCKENHÖVEL, Albrecht (Herausgeber): Die Vorgeschichte Hessens, S. 195–243, Stuttgart 1990.
KOEHL, Karl: Neue stein- und frühmetallzeitliche Grabfunde bei Worms. Separatabdruck aus dem Correspondenzblatt der Deutschen Anthropologischen Gesellschaft 31, Nr. 11 und 12. Bericht der 31. allgemeinen Versammlung in Halle a. S. 1900.
KOEHL, Karl: Grabfeld auf dem Adlerberg. Korrespondenzblatt der Westdeutschen Zeitschrift für Geschichte und Kunst, Band 19, S. 196–205, Trier 1900.
KOEHL, Karl: Ein neuentdecktes Hockergrab bei Westhofen. Nachrichten über Deutsche Altertumsfunde, Band 13, S. 20–23, Berlin 1902.
KOEHL, Karl: Neuentdeckte steinzeitliche Gräberfelder und Wohnplätze, sowie frühbronzezeitliche Gräberfelder und andere Untersuchungen. Correspondenzblatt der Deutschen Gesellschaft für Anthropologie, Ethnologie und Urgeschichte, Band 33, S. 105–113, München 1902.
KOEHL, Karl: Drei der ältesten Gräberfelder Süddeutschlands. Korrespondenzblatt der Westdeutschen Zeitschrift für Geschichte und Kunst, Band 22, Nr. 3, S. 36–44, Trier 1903.
KOSSINA, Gustaf: Karl Koehl †, Mannus, Band 22, S. 174–177, Leipzig 1930.
KÖSTER, Christa: Beiträge zum Endneolithikum und zur Frühen Bronzezeit am nördlichen Oberrhein. Prähistorische Zeitschrift, Band 43/44, S. 2–95, Berlin 1965/66.
KUBACH, Wolf: Die Nadeln in Hessen und Rheinhessen. Prähistorische Bronzefunde XIII, Band 3, München 1977.
NUBER, Hans Ulrich: Vorgeschichtliche Funde aus Hofheim (Main-Taunus-Kreis). Grabungsbericht. Aus: NUBER, Hans Ulrich/RÄTZEL, Wilhelm/JOCKENHÖVEL, Albrecht: Fundberichte aus Hessen, 9./10. Jahrgang, S. 50–54, Wiesbaden 1969/70.
NUBER, Hans Ulrich/WAHL, Joachim: Ein weiteres frühbronzezeitliches Grab aus Hofheim, Main-Taunus-Kreis. Fundberichte aus Hessen 1977/78, 17./18. Jahrgang, S. 89–107, Wiesbaden 1980.
REINECKE, Paul: Grabfunde der frühen Bronzezeit aus Rheinhessen. Korrespondenzblatt der Westdeutschen Zeitschrift für Geschichte und Kunst, Band 19, S. 205–208, Trier 1900.
RICHTER, Isa: Der Arm- und Beinschmuck der Bronze- und Urnenfelderzeit in Hessen und Rheinhessen. Prähistorische Bronzefunde X, Band 1, München 1970.
RUCKDESCHEL, Walter/RUCKDESCHEL, Wilhelm: Kupfer- und bronzezeitliche Dolche Mitteleuropas. Eine Neubewertung ihrer Metallzusammensetzung. Archäologisches Korrespondenzblatt, Jahrgang 17, S. 177–188, Mainz 1987.
SCHOTT, Lothar: Zur Geschichte der Anthropologie an der Berliner Universität. Wissenschaftliche Zeitschrift der Humboldt-Universität zu Berlin, Jahrgang 10, S. 57–65, Berlin 1961.
SPRATER, Friedrich: Alter und Bedeutung der Menhire. Pfälzer Heimat, Band 1, S. 121–122, Speyer 1950.
WEILER, Wilhelm: Knochen und Knochenwerkzeuge aus der Grabung am Adlerberg im Jahre 1940. Der Wormsgau, Band 2, S. 368–371, Worms 1942.
WELS-WEYRAUCH, Ulrike: Die Anhänger und Halsringe in Südwestdeutschland und Nordbayern. Prähistorische Bronzefunde XI, Band 1, München 1978.
WINTHER, Ingeborg: Bibliographie der Schriften des Geh. Sanitätsrats Dr. med. Karl Koehl. Der Wormsgau, Band 1, S. 114–116, Worms 1928.

Der Sögel-Wohlde-Kreis

ANGER, Siegfried/DIECK, Alfred: Skalpieren in Europa seit dem Neolithikum bis um 1767 nach Chr. Bonner Hefte zur Vorgeschichte, Band 17, S. 153–240, Bonn 1978.
BERGMANN, Joseph: Zur frühen und älteren Bronzezeit in Niedersachsen. Germania, Jahrgang 30, S. 21–30, Frankfurt/Main 1952.
BEUKER, Jaap R.: Die Verwendung von Helgoländer Flint in der Stein- und Bronzezeit. Die Kunde, N. F., Band 39, S. 93–116, Hannover 1988.
BEUKER, Jaap R.: Eine merkwürdige Pfeilspitze aus Barglay, Kreis Oldenburg. Archäologische Mitteilungen aus Nordwestdeutschland, Band 14, S. 3–24, Oldenburg 1991.
BRUNN, Wilhelm Albert von: Ernst Sprockhoff zum Gedächtnis. Offa 1967, Jahrgang 23, S. 7–17, Neumünster 1968.
FANSA, Mamoun/SCHNEIDER, Reinhard: Der Bohlenweg XVIII (Le) bei Ockenhausen/Oltmannsfehn (Uplengen, Ostfriesland, Ldkr. Leer). Archäologische Mitteilungen aus Norddeutschland, Heft 15, S. 89–99, Oldenburg 1992.
FANSA, Mamoun/SCHNEIDER, Reinhard: Die Bohlenwege bei Ockenhausen/Oltmannsfehn (Gde. Uplengen, Ldkr. Leer). Archäologische Mitteilungen aus Norddeutschland, Heft 16, S. 23–43, Oldenburg 1993.
FANSA, Mamoun/SCHNEIDER, Reinhard: Moorarchäologie in Stadt und Landkreis Oldenburg – Eine Forschungsgeschichte. Aus: BEHRE, Karl-Ernst/ECKERT, Irene/ECKERT, Jörg/ECKHARDT, Albrecht/ELERD, Udo/FANSA, Mamoun/FRANKE, Thomas/HEINE, Hans-Wilhelm/METZLER, Alf/SCHNEIDER, Reinhard/SEGERS-GLOCKE, Christiane/WICHMANN, Horst/WILBERTZ, Otto Mathias/WULF, Friedrich-Wilhelm: Führer zu archäologischen Denkmälern in Deutschland, Band 31. Stadt und Landkreis Oldenburg, S. 113–129, Stuttgart 1995.
FILIP, Jan: Sögeler Kreis. Aus: FILIP, Jan (Herausgeber): Enzyklopädisches Handbuch zur Ur- und Frühgeschichte Europas, Band 2, S. 1333, Stuttgart 1969.
HACHMANN, Rolf: Die frühe Bronzezeit im westlichen Ostseegebiet und ihre mittel- und südosteuropäischen Beziehungen. Chronologische Untersuchungen, 6. Beiheft zum Atlas der Urgeschichte, Hamburg 1957.
HAHNE, Hans: Bericht über die Ausgrabungen von Hügeln bei Wohlde, Kr. Celle. Jahrbuch des Provinzial-Museums zu Hannover, S. 57–67, Hannover 1909.
HAHNE, Hans: Das frühbronzezeitliche Goldgeschmeide von Schulenburg, Kreis Marienburg. Mannus, Band 4, S. 70–71, Würzburg 1912.
HAYEN, Hajo: Vier Scheibenräder aus dem Vehnemoor bei Glum. Die Kunde, N. F., Band 23, S. 62–86, Hannover 1972.
HAYEN, Hajo: Der Wagen in europäischer Frühzeit. Aus: TREUE, Wilhelm (Herausgeber): Achse, Rad und Wagen. Fünftausend Jahre Kultur- und Technikgeschichte, S. 109–138, Göttingen 1986.

KALTOFEN, Andrea: Forschungsgeschichte im Emsland: Elisabeth Schlicht – Ein Leben für die Vorgeschichte. Die Kunde, N. F., Band 43, S. 275–280, Hannover 1992.

LAUX, Friedrich: Ein bronzezeitliches Frauengrab aus der Lüneburger Heide. Harburger Jahrbuch, Band 13, S. 43–51. Harburg 1968/72.

LAUX, Friedrich: Die Sögel-Wohlde-Zeit. Aus: Die Bronzezeit in der Lüneburger Heide. Veröffentlichungen der urgeschichtlichen Sammlungen des Landesmuseums zu Hannover, Band 18, S. 97–101, Hildesheim 1971.

LAUX, Friedrich: Bronzezeitliche Kulturerscheinungen im Lüneburger Gebiet und in den angrenzenden Landschaften. Archäologisches Korrespondenzblatt, Jahrgang 13, S. 75–84, Mainz 1983.

LAUX, Friedrich: Bronzezeitliche Tracht und Bewaffnung. Führer zu archäologischen Denkmälern in Deutschland. Band 19. Landkreis Soltau-Fallingbostel, S. 77–96, Stuttgart 1984.

LAUX, Friedrich: Zur älteren und mittleren Bronzezeit in Niedersachsen. Aus: Beiträge zur mitteleuropäischen Bronzezeit, Teil II, S. 275–294, Berlin/Nitra 1990.

LAUX, Friedrich/HARCK, Ole: Studien zur Bronzezeitchronologie an der Niederelbe. Neue Ausgrabungen und Forschungen in Niedersachsen, Band 17, S. 61–106, Hildesheim 1986.

PIESKER, Hans: Das älterbronzezeitliche Totenhaus von Baven, Kreis Celle. Die Kunde, Band 1, Heft 3/4, S. 1–4, Hannover 1933.

PIESKER, Hans: Funde aus der ältesten Bronzezeit der Heide. Nachrichten aus Niedersachsens Urgeschichte, Band 11, S. 120–143, Hildesheim 1937.

SCHÜNEMANN, Detlef: Drei frühbronzezeitliche Hügelgräber bei Luttum, Kreis Verden. Nachrichten aus Niedersachsens Urgeschichte, Band 35, S. 69–72, Hildesheim 1966.

SCHÜNEMANN, Detlef: Endneolithische und frühbronzezeitliche Hügelgräber bei Luttum, Kreis Verden. Die Kunde, N. F., Band 18, S. 30–51, Hannover 1967.

SPROCKHOFF, Ernst: Die ältesten Schwertformen Niedersachsens. Prähistorische Zeitschrift, 18. Band, 3./4. Heft, S. 123–141, Berlin 1927.

SPROCKHOFF, Ernst: Hügelgräber bei Vorwohlde im Kreise Suhlingen. Prähistorische Zeitschrift, Band 21, S. 193–236, Berlin 1930.

TEMPEL, Wolf-Dieter: Hans Piesker 1. Januar 1884 – 12. Mai 1977. Nachrichten aus Niedersachsens Urgeschichte, Band 46, S. 421–423, Hildesheim 1977.

WEGNER, Günter: Alt- und Neufunde von Sögelklingen. Archäologische Mitteilungen aus Nordwestdeutschland, Band 1, S. 19–24, Oldenburg 1978.

Die nordische frühe Bronzezeit

BELTZ, Robert: Die vorgeschichtlichen Altertümer des Großherzogtums Mecklenburg-Schwerin, Schwerin 1910.

EBERT, Max: Nordischer Kreis. Aus EBERT, Max (Herausgeber): Reallexikon der Vorgeschichte, S. 6–109, Berlin 1927.

HELLMUNDT, Albert: Die vor- und frühgeschichtlichen Denkmäler und Funde des Kreises Ueckermünde, Schwerin 1964.

HOLLNAGEL, Adolf: Die vor- und frühgeschichtlichen Denkmäler des Kreises Neustrelitz, Schwerin 1958.

HOLLNAGEL, Adolf: Die vor- und frühgeschichtlichen Denkmäler und Funde des Kreises Neubrandenburg, Schwerin 1962.

KEILING, Horst: Eine massive Bronzeaxt aus der älteren Bronzezeit von Gägelow, Kr. Wismar. Ausgrabungen und Funde, Band 25, Heft 3, S. 122–127, Berlin 1980.

KEILING, Horst: Die Kulturen der mecklenburgischen Bronzezeit. Archäologische Funde und Denkmale aus dem Norden der DDR. Herausgegeben vom Museum für Ur- und Frühgeschichte Schwerin, Museumskatalog 6, Schwerin 1987.

LISCH, Georg Christian Friedrich: Friderico-Francisceum oder Großherzogliche Alterthümersammlung aus der altgermanischen und slavischen Zeit Meklenburgs zu Ludwigslust, Leipzig 1837.

MÜLLER, Sophus: Die nordische Bronzezeit und deren Periodentheilung. Aus dem Dänischen von Johanna Mestorf, Jena 1878.

SCHOKNECHT, Ulrich: Ein neuer Hortfund von Melz, Kreis Röbel, und die mecklenburgischen Stabdolche. Bodendenkmalpflege in Mecklenburg 1971, S. 233–253, Schwerin 1972.

SCHUBART, Hermanfrid: Die Funde der älteren Bronzezeit in Mecklenburg. Offa-Bücher, Band 26, Neumünster 1972.

SCHWABEDISSEN, Hermann: Die Entstehung des Nordischen Kreises. Forschungen und Fortschritte, Band 15, S. 142–143, Berlin 1939.

WEGEWITZ, Willi: Hügelgräber aus der frühen Bronzezeit im Kreise Harburg. Harburger Jahrbuch, Band 10, S. 90–111, Hamburg-Harburg 1959.

WÜSTEMANN, Harry: Zum Formenbestand der bronzezeitlichen Bronzedolche im Norden der DDR und ihre Zeitstellung. Mitteilungen des Bezirksfachausschusses für Ur- und Frühgeschichte Neubrandenburg, Band 33, S. 3–10, Neubrandenburg 1986.

Die Frühbronzezeit in Österreich

FONTANA, Josef/HAIER, Peter W./LEITNER, Walter/MÜHLBERGER, Georg/PALME, Rudolf/PARTELI, Othmar/RIEDMANN, Josef: Geschichte des Landes Tirol, Band 1, Bozen 1985.

FRANZ, Leonhard/NEUMANN, Alfred R. (Herausgeber): Lexikon ur- und frühgeschichtlicher Fundstätten Österreichs, Wien 1965.

LIPPERT, Andreas (Herausgeber): Reclams Archäologieführer Österreich und Südtirol, Stuttgart 1985.

MAURER, Hermann: Abriß der Ur- und Frühgeschichte des Waldviertels. Mannus, Band 51, S. 276–325, Bonn 1986.

NEUGEBAUER, Johannes-Wolfgang: Die Bronzezeit im Osten Österreichs. Forschungsberichte zur Ur- und Frühgeschichte, Band 13, Sankt Pölten/Wien 1987.

NEUGEBAUER, Johannes-Wolfgang: Österreichs Urzeit. Bärenjäger, Bauern, Bergleute, Wien/München 1990.

NEUGEBAUER, Johannes-Wolfgang: Die frühe und mittlere Bronzezeit. Aus: Archäologie in Niederösterreich. St. Pölten und das Traisental, S. 51–78, Sankt Pölten 1993.

NEUGEBAUER, Johannes-Wolfgang: Die Bronzezeit in Ostösterreich. Wissenschaftliche Schriftenreihe NÖ, Sankt Pölten/Wien 1994.

NEUGEBAUER, Johannes-Wolfgang/NEUGEBAUER-MARESCH, Christine: Überblick über die frühe und mittlere Bronzezeit in Ostösterreich. Aus: Beiträge zur Geschichte und Kultur der mitteleuropäischen Bronzezeit, Teil II, S. 309–349, Berlin/Nitra 1990.

PITTIONI, Richard: Urgeschichte des österreichischen Raumes, Wien 1954.

PITTIONI, Richard: Die Bronzezeit. Aus: Vom Faustkeil zum Eisenschwert. Eine kleine Einführung in die Urgeschichte Niederösterreichs, Horn 1964.

PITTIONI, Richard: Geschichte Österreichs, Band 1/2 – Urzeit von etwa 80 000 bis 15 v. Chr. Anmerkungen und Exkurse, Wien 1980.

PRIMAS, Margarita: Untersuchungen zu den Bestattungssitten der ausgehenden Kupfer- und Frühbronzezeit. 58. Bericht der Römisch-Germanischen Kommission, S. 1–160, Frankfurt/Main 1978.

SCHUBERT, Eckehart: Zur Frühbronzezeit an der mittleren Donau. Germania, Jahrgang 45, S. 264–286, Frankfurt/Main 1967.

SCHUBERT, Eckehart: Studien zur frühen Bronzezeit an der mittleren Donau. 54. Bericht der Römisch-Germanischen Kommission 1973, S. 1–105, Berlin 1974.

URBAN, Otto H.: Wegweiser in die Urgeschichte Österreichs, Wien 1989.

Die Leithaprodersdorf-Gruppe

BERG, Friedrich: Grabfunde der frühen Bronzezeit und der älteren Urnenfelderzeit aus Leobersdorf, N.-Ö. Archaeologia Austriaca, Heft 22, S. 14–31, Wien 1957.

HICKE, Wilfried: Der Keramik-Depotfund der frühen Bronzezeit aus Siegendorf. – Ein Beitrag zur Leithaprodersdorf-Gruppe (Leitha-Gruppe). Wissenschaftliche Arbeiten aus dem Burgenland, Band 69, S. 24–37, Eisenstadt 1984.

HICKE, Wilfried: Hügel- und Flachgräber der Frühbronzezeit aus Jois und Oggau. Wissenschaftliche Arbeiten aus dem Burgenland, Band 75, S. 5–229, Eisenstadt 1987.

KAUS, Karl: Die Geschichte der archäologischen Forschung. Siedlungsgeschichte. Aus: Allgemeine Landestopographie des Burgenlandes III (Der Verwaltungsbezirk Mattersburg) 1. Teilband: Allgemeiner Teil, S. 37–56, Eisenstadt 1981.

KAUS, Karl: Archäologie. Aus: Burgenländisches Landesmuseum. Katalog der Schausammlung, S. 5–30, Eisenstadt o. J.

NEBEHAY, Stefan: Pellendorf. Fundberichte aus Österreich, Band 13, S. 52–53, Wien 1974.

NEUGEBAUER, Johannes-Wolfgang: Leithaprodersdorf-Gruppe. Aus: Die Bronzezeit im Osten Österreichs. Forschungsberichte zur Ur- und Frühgeschichte, Band 13, S. 19–20, Sankt Pölten/Wien 1987.

NEUGEBAUER, Johannes-Wolfgang: Begehrter als Gold (Bronzezeit). Aus: Österreichs Urzeit, S. 145–217, Wien 1990.

OHRENBERGER, Alois: Loretto/Leithaprodersdorf, Nachrichtenblatt für die österreichische Urgeschichtsforschung, Band 1, S. 7, Wien 1952.
PITTIONI, Richard: Ein keramischer Hortfund der frühen Bronzezeit aus Trausdorf (Niederdonau). Germania, Jahrgang 24, Heft 1, S. 12–15, Frankfurt/Main 1940.
RUTTKAY, Elisabeth: Jennyberg II, Beitrag zur Erforschung der Leitha-Gruppe. Aus: Die Frühbronzezeit im Karpatenbecken und in den Nachbargebieten. Mitteilungen des Archäologischen Instituts. Beiheft 2, S. 171–322, Budapest/Velem 1981.
SCHMID, Hanns: Alois-J. Ohrenberger zum 65. Geburtstag. Wissenschaftliche Arbeiten aus dem Burgenland, Band 71, S. 5–8, Eisenstadt 1985.
SCHUBERT, Eckehart: Typus Loretto-Leithaprodersdorf. Aus: Studien zur frühen Bronzezeit an der mittleren Donau. 54. Bericht der Römisch-Germanischen Kommission 1973, S. 34–35, Berlin 1974.
SERACSIN, Alexander von: Vor- und frühgeschichtliche Hügelgräber bei Jois. Nachrichtenblatt für Deutsche Vorzeit, Jahrgang 7, Heft 1, S. 22–23, Leipzig 1931.
WENDELBERGER, Gustav: Steppenheide und prähistorische Besiedlung am Westufer des Neusiedlersees. Aus: HICKE, Wilfried: Hügel- und Flachgräber der Frühbronzezeit aus Jois und Oggau. Wissenschaftliche Arbeiten aus dem Burgenland, Band 75, S. 285–294, Eisenstadt 1987.

Die Aunjetitzer Kultur

AMSCHLER, J. Wolfgang: Der bronzezeitliche Hund von Groß-Mugl, Niederösterreich. Aus: Ur- und frühgeschichtliche Haustierfunde aus Österreich. Archaeologia Austriaca, Heft 3, S. 34–36, Wien 1949.
BECKEL, Lothar/HARL, Ortolf: Archäologie in Österreich. Flugbilder, Fundstätten, Wanderungen, Salzburg 1985.
BENINGER, Eduard: Die frühbronzezeitliche Dorfanlage von Groß-Mugl (Niederdonau). Mitteilungen der Prähistorischen Kommission der Akademie der Wissenschaften, Band 3–4, S. 47–89, Wien 1941.
BERG, Friedrich: Ein Kindergrab der Aunjetitz-Siedlung in Peigarten, G. B. Haugsdorf, Niederösterreich. Archaeologia Austriaca, Heft 65, S. 63–70, Wien 1981.
GREFEN-PETERS, Silke: Die frühbronzezeitlichen Skelette aus Zwingendorf. Anthropologischer Bericht. Archaeologia Austriaca, Heft 66, S. 49–60, Wien 1982.
HAHNEL, Bernhard: Skelettreste in der frühbronzezeitlichen Siedlung von Stillfried-Auhagen, NÖ. Fundberichte aus Österreich, Band 28, S. 23–41, Wien 1989.
HAHNEL, Bernhard: Frühbronzezeitliche Bestattungen mit Trepanationen aus Röschitz, Poysdorf und Stillfried, NÖ. Fundberichte aus Österreich 1990, Band 29, S. 13–28, Wien 1991.
HAMPL, Franz: Ein frühbronzezeitlicher Grabfund aus Niederrußbach, NÖ. Archaeologia Austriaca, Heft 19/20, S. 122–128, Wien 1956.
HAUCK, Emil: Weitere Beiträge zur Ur- und Frühgeschichte des Haushundes in Niederösterreich. Archaeologia Austriaca, Heft 18, S. 31–60, Wien 1955.
HAUCK, Emil: Weitere Funde von ur- und frühgeschichtlichen Haushunden aus Niederösterreich und Südmähren. Archaeologia Austriaca, Heft 33, S. 75–86, Wien 1963.
LAUERMANN, Ernst: Sonderbestattungen der frühen Bronzezeit im Weinviertel Niederösterreichs. Prähistorische Zeitschrift, Band 67, S. 183–200, Berlin 1992.
MAURER, Hermann: Nachweise prähistorischer Musikausübung im Waldviertel. Bilderbuch der Musik, S. 120–128, Horn 1992.
MAURER, Hermann: Bronzezeitliche Grabfunde aus dem Gerichtsbezirk Langenlois. Das Waldviertel, 44. Jahrgang, Heft 2, S. 168–172, Horn 1995.
MAYER, Eugen Friedrich: Die Äxte und Beile in Österreich. Prähistorische Bronzefunde IX, Band 9, Frankfurt/Main 1977.
MELICHAR, Peter/NEUBAUER, Wolfgang: Magnetische Prospektion der Kreisgrabenanlage in Herzogbirbaum (Niederösterreich). Schriften des Vorarlberger Landesmuseums, Reihe A, Band 5, S. 77–79, Bregenz 1992.
MITSCHA-MÄRHEIM, Herbert: Drei frühbronzezeitliche Depotfunde aus dem pol. Bez. Mistelbach (N.-Ö.). Archaeologia Austriaca, Heft 7, S. 1–15, Wien 1950.
MITSCHA-MÄRHEIM, Herbert/NISCHER-FALKENHOF, Ernst: Der Oberleiserberg. Ein Zentrum vor- und frühgeschichtlicher Besiedlung. Mitteilungen der Prähistorischen Kommission, II. Band, Nr. 5, S. 391–438, Wien 1929.
NEUGEBAUER, Johannes-Wolfgang: Ein frühbronzezeitlicher Depotfund von Schrick, Gem. Gawainstal, p. B. Mistelbach, NÖ. Fundberichte aus Österreich, Band 16, S. 183–197, Wien 1977.
NEUGEBAUER, Johannes-Wolfgang: Das frühbronzezeitliche Gräberfeld von Bernhardsthal, Flur Unfrieden, Niederösterreich. Fundberichte aus Österreich, Band 18, S. 155–184, Wien 1979.
NEUGEBAUER, Johannes-Wolfgang: Mährisch-Niederösterreichische Gruppe der Aunjetitzkultur. Aus: Die Bronzezeit im Osten Österreichs. Forschungsberichte zur Ur- und Frühgeschichte, Band 13, S. 22–23, Sankt Pölten/Wien 1987.
NEUGEBAUER, Johannes-Wolfgang: Drei frühbronzezeitliche Metalldepots der Aunjetitz-Kultur Niederösterreichs. Aus: SCHMID-SIKIMIC, Biljana/DELLA CASA, Philippe (Herausgeber): Trans Europam, Beiträge zur Bronze- und Eisenzeit zwischen Atlantik und Altai, Festschrift für Margarita Primas, Antiquitas, Reihe 3, Band 34, S. 45–57, Bonn 1995.
NEUNINGER, Heinz/PITTIONI, Richard: Frühmetallzeitlicher Kupferhandel im Voralpenland. Archaeologia Austriaca, Beiheft 6, Wien 1963.
SCHEIBENREITER, Franz: Das Siedlungsgebiet der Aunjetitz-Kultur in Niederösterreich. Archaeologia Austriaca, Heft 19/20, S. 108–128, Wien 1956.
SCHEIBENREITER, Franz: Das Aunjetitzer Gräberfeld Steinleithen in Roggendorf, Niederösterreich. Archaeologia Austriaca, Heft 23, S. 51–86, Wien 1958.
SCHEIBENREITER, Franz: Das Aunjetitzer Gräberfeld Kirchenbergheide in Roggendorf, N. Ö. Archaeologia Austriaca, Heft 25, S. 74–87, Wien 1959.
SCHWAMMENHÖFER, Hermann: Über die ur- und frühgeschichtlichen Befestigungen im Weinviertel. Mannus, Band 56, S. 87–108, Bonn/Wien 1990.
SZOMBATHY, Josef: Bronzezeit-Skelette aus Niederösterreich und Mähren. Mitteilungen der Anthropologischen Gesellschaft in Wien, Band 64, S. 1–101, Wien 1934.
TRNKA, Gerhard: Früh- und mittelbronzezeitliche Funde aus dem Museum Stillfried. Forschungen in Stillfried, Band 3, S. 15–20, Wien 1978.
TRNKA, Gerhard: Nordische Flintdolche in Österreich. Archäologie Österreichs, Band 2, S. 4–10, Wien 1991.
TRNKA, Gerhard: Eine frühbronzezeitliche Kreisgrabenanlage von Herzogbirbaum in Niederösterreich. Schriften des Vorarlberger Landesmuseums, Reihe A, Band 5, S. 73–76, Bregenz 1992.
TRNKA, Gerhard: Die frühbronzezeitliche Grabenanlage von Kollnbrunn in Niederösterreich. Mitteilungen der Anthropologischen Gesellschaft in Wien, Band 123/124, S. 277–300, Wien 1994.
WENINGER, Josef: Eine seltsame Mehrfachbestattung aus Schleinbach. Archaeologia Austriaca, Heft 16, S. 1–27, Wien 1954.
WENINGER, Margarete: Die Einzelbestattungen aus Schleinbach (N. Ö.). Archaeologia Austriaca, Heft 16, S. 28–66, Wien 1954.
WENINGER, Margarete: Die Skelette der frühbronzezeitlichen Hockergräber aus Würnitz, N. Ö. Archaeologia Austriaca, Heft 19/20, S. 129–157, Wien 1956.
WILLVONSEDER, Kurt: Die Aunjetitzer Kultur. Aus: Die mittlere Bronzezeit in Österreich, S. 20–22, Leipzig 1937.

Die Straubinger Kultur

ADLER, Horst: Das urgeschichtliche Gräberfeld Linz-St. Peter. Teil 1: Materialvorlage. Linzer Archäologische Forschungen, Band 2, Linz 1965.
ADLER, Horst: Das urgeschichtliche Gräberfeld Linz-St. Peter. Teil 2: Die frühe Bronzezeit. Linzer Archäologische Forschungen, Band 3, Linz 1967.
DOLENZ, Hans: Zwei Einbäume aus dem Sattnitzmoor. II. Beschreibung und Konservierung der Einbäume. Carinthia, Band 129, S. 217–223, Klagenfurt 1940.
GÜNTHER, Wilhelm/EIBNER, Clemens/LIPPERT, Andreas/PAAR, Werner: 5000 Jahre Kupferbergbau Mühlbach am Hochkönig-Bischofshofen, Mühlbach am Hochkönig o. J.
HELL, Martin: Neue Funde vom Rainberg in Salzburg. Wiener Prähistorische Zeitschrift, Jahrgang 10, S. 17–22, Wien 1923.
HELL, Martin: Altbronzezeitliche Wohnstätten in Salzburg-Itzling. Archaeologia Austriaca, Heft 1, S. 27–37, Wien 1948.
HELL, Martin: Altbronzezeitliche Wohnstellen in Salzburg-Liefering. Archaeologia Austriaca, Heft 11, S. 34–40, Wien 1952.
HELL, Martin: Die Halbhöhle am Hellbrunnerberg bei Salzburg als urzeitliche Wohnstelle. Archaeologia Austriaca, Heft 56, S. 1–12, Wien 1974.
HELL, Martin: Eine Siedlung der Bronzezeit in Salzburg-Maxglan. Archaeologia Austriaca, Heft 57, S. 9–20, Wien 1975.
KLOIBER, Ämilian: Ein Gräberfeld der frühen Bronzezeit in Rudelsdorf III, Gemeinde Hörsching. Jahrbuch des Oberösterreichischen Musealvereins, Band 109, S. 153–156, Linz 1964.
KLOIBER, Ämilian: Ein neues Gräberfeld der frühen Bronzezeit in Hörsching:

Haid. Jahrbuch des Oberösterreichischen Musealvereins, Band 110, S. 158–161, Linz 1965.

KLOIBER, Ämilian: Gräberkundliche Forschungen zwischen Inn und Enns (Gräberfeldforschungen 1948–1971 und skelettanthropologische Veröffentlichungen 1939–1976). Aus: SCHRÖTER, Peter (Herausgeber): 75 Jahre Anthropologische Staatssammlung München 1902–1977, S. 257–274, München 1977.

KNEUSSL, Werner: Die älterbronzezeitlichen Funde aus der Tischoferhöhle. Beiträge zur Urgeschichte Tirols, Sonderheft 29, S. 39–135, Innsbruck 1969.

KYRLE, Georg: Urgeschichte des Kronlandes Salzburg. Österreichische Kunsttopographie, Band 18, Wien 1918.

LEITNER, Walter: Die frühe und mittlere Bronzezeit. Aus: FONTANA, Josef/HAIER, Peter W./LEITNER, Walter/MÜHLBERGER, Georg/PALME, Rudolf/PARTELI, Othmar/RIEDMANN, Josef: Geschichte des Landes Tirol, Band 1, S. 34–40, Bozen 1985.

LIPPERT, Andreas: Der Götschenberg bei Bischofshofen. Eine ur- und frühgeschichtliche Höhensiedlung im Salzachpongau. Mitteilungen der Prähistorischen Kommission, Band 27, S. 9–110, Wien 1992.

MOESTA, Hasso: Bericht über die Untersuchungen einiger metallurgisch relevanter Fundstücke vom Götschenberg aus der Grabung Lippert bei Bischofshofen. Mitteilungen der Prähistorischen Kommission, Band 27, S. 143–155, Wien 1992.

MOOSLEITNER, Fritz: Vier Spangenbarrendepots aus Obereching. Germania, Jahrgang 66, 1. Halbband, S. 29–67, Frankfurt/Main 1988.

MOOSLEITNER, Fritz: Salzburg, SG Salzburg Morzg. Fundberichte aus Österreich, Band 27, S. 269–270, Wien 1989.

POSSEGGER, Siegfried: Zwei Einbäume aus dem Sattnitzmoor. I. Die Auffindung des zweiten Einbaumes. Carinthia, Band 129, S. 216–217, Klagenfurt 1940.

PUCHER, Erich: Bronzezeitliche Tierknochen vom Buchberg, OG Wiesing, Tirol. Fundberichte aus Österreich, Band 23, S. 209–220, Wien 1986.

PUCHER, Erich: Eine Analyse bronzezeitlicher Tierknochenfunde von der Burgruine Bachsfall bei Bischofshofen (Salzburg). Archäologie in Salzburg, Band 3, Salzburg 1994.

REITINGER, Josef: Linz-Reisetbauer und St. Florian am Inn. Ein Beitrag zur frühen Bronzezeit Oberösterreichs. Archaeologia Austriaca, Heft 23, S. 1–50, Wien 1958.

REITINGER, Josef: Die ur- und frühgeschichtlichen Funde in Oberösterreich, Linz 1968.

REITINGER, Josef/KLOIBER, Ämilian: Eine bronzezeitliche Gräbergruppe in Hörsching. Jahrbuch des Oberösterreichischen Musealvereins, Band 105, S. 139–147, Linz 1960.

SHENNAN, Stephan J.: Ausgrabungen in einer frühbronzezeitlichen Siedlung auf dem Klinglberg, St. Veit im Pongau. Archaeologia Austriaca, Heft 73, S. 35–48, Wien 1989.

STARZACHER, Karl: Zwei Einbäume aus dem Sattnitzmoor. I. Die Auffindung des ersten Einbaumes. Carinthia, Jahrgang 129, S. 213–215, Klagenfurt 1940.

STROUHAL, Robert: Die frühbronzezeitlichen Hortfunde Oberösterreichs. Oberösterreichische Heimatblätter, Band 13, S. 265–327, Linz 1959.

SYDOW, Wilhelm: Die prähistorische Wehranlage auf dem Buchberg, OG Wiesing, Tirol. Fundberichte aus Österreich, Band 23, S. 191–207, Wien 1984.

USLAR, Rafael von: Vorgeschichtliche Fundkarten der Alpen. Römisch-Germanische Forschungen, Band 48, Frankfurt/Main 1991.

VONBANK, Elmar: Frühbronzezeitliche Siedlungsfunde im Vorarlberger Rheintal. Helvetia Antiqua. Festschrift Emil Vogt, Band 17, S. 55–58, Zürich 1966.

ZEMMER-PLANK, Liselotte: Ein bronzezeitliches Gehöft auf dem Gschleirsbühel bei Matrei a. Br. Veröffentlichungen des Museums Ferdinandeum, Band 58, S. 157–209, Innsbruck 1978.

Die Unterwölblinger Gruppe

BERTEMES, François: Das frühbronzezeitliche Gräberfeld von Gemeinlebarn. Kulturhistorische und paläometallurgische Studien. Saarbrücker Beiträge zur Altertumskunde, Band 45, Bonn 1989.

BREITINGER, Emil: Die Skelette der Doppelbestattung aus einer frühbronzezeitlichen Kulturgrube bei Oberndorf/Ebene im Traisental, NÖ. Mitteilungen der Anthropologischen Gesellschaft in Wien, Band 67, S. 47–89, Horn/Wien 1987.

EHGARTNER, Wilhelm: Frühbronzezeitliche Skelette aus Unterwölbling, p. B. St. Pölten, NÖ. Archaeologia Austriaca, Heft 32, S. 62–84, Wien 1962.

ENGELHARDT, Kristin: Bronzezeitliche und latènezeitliche Gräber aus Ossarn, p. B. St. Pölten, NÖ. Archaeologia Austriaca, Beiheft 13, Festschrift Richard Pittioni, I Urgeschichte, S. 362–396, Wien 1976.

FELGENHAUER, Fritz: Frühbronzezeitliche Gräber aus Spitz a. d. Donau, N. Ö. Ein Beitrag zum Problem des Typus Unterwölbling. Archaeologia Austriaca, Heft 11, S. 1–25, Wien 1952.

FRIESINGER, Herwig: In memoriam Richard Pittioni (1906–1985). Mitteilungen der Anthropologischen Gesellschaft in Wien, Band 115, S. 181–182, Wien 1985.

JUNGWIRTH, Johann: Frühbronzezeitliche Schädel aus Spitz a. d. Donau, N. Ö. Archaeologia Austriaca, Heft 11, S. 26–41, Wien 1952.

KAISER, Gudrun: Das frühbronzezeitliche Gräberfeld von Unterwölbling, p. B. St. Pölten. Archaeologia Austriaca, Heft 32, S. 35–61, Wien 1962.

KIRCHENGAST, Sylvia/GROSSSCHMIDT, Karl: In memoriam Eike-Meinrad Winkler. Archaeologia Austriaca, Heft 77, S. 1, Wien 1993.

LIPPERT, Andreas: Das frühbronzezeitliche Gräberfeld Ossarn p. B. St. Pölten, NÖ. Archaeologia Austriaca, Heft 35, S. 14–59, Wien 1964.

LIPPERT, Andreas: Eine frühbronzezeitliche Töpfergrube in Unterwinden bei St. Andrä an der Traisen, p. B. St. Pölten, NÖ. Archaeologia Austriaca, Heft 36, S. 11–23, Wien 1964.

NEUGEBAUER, Johannes-Wolfgang: Neolithische und frühbronzezeitliche Siedlungsfunde aus Trasdorf, p. B. Tulln, NÖ. Archaeologia Austriaca, Heft 52, S. 10–31, Wien 1972.

NEUGEBAUER, Johannes-Wolfgang: Unterwölblinger Kulturgruppe. Aus: Die Bronzezeit im Osten Österreichs. Forschungsberichte zur Ur- und Frühgeschichte, Band 13, S. 23–27, Sankt Pölten/Wien 1987.

NEUGEBAUER, Johannes-Wolfgang: Siedlungen und Gräberfelder der Bronzezeit im Raum St. Pölten-Traismauer. Forschungsberichte zur Ur- und Frühgeschichte, Band 13, S. 58–84, Sankt Pölten/Wien 1987.

NEUGEBAUER, Johannes-Wolfgang: Die Rettungsgrabungen im Unteren Traisental. Mensch und Kultur der Bronzezeit. Franzhausen I, Gem. Nußdorf an der Traisen, NÖ. Mitteleuropas größtes frühbronzezeitliches Hockergräberfeld, S. 11–15, Asparn/Zaya 1988.

NEUGEBAUER, Johannes-Wolfgang: Die Nekropole F von Gemeinlebarn, Niederösterreich. Untersuchungen zu den Bestattungssitten und zum Grabraub in der ausgehenden Frühbronzezeit in Niederösterreich südlich der Donau zwischen Enns und Wienerwald. Römisch-Germanische Forschungen, Band 49, Frankfurt/Main 1991.

NEUGEBAUER, Johannes-Wolfgang: Früh- und mittelbronzezeitliche Sonderbestattungen in Ostösterreich. Universitätsforschungen zur prähistorischen Archäologie. Aus dem Institut für Ur- und Frühgeschichte der Universität Innsbruck, Band 8, Festschrift zum 50jährigen Bestehen des Institutes für Ur- und Frühgeschichte der Leopold-Franzens-Universität Innsbruck, S. 433–444, Bonn 1992

NEUGEBAUER, Johannes-Wolfgang/GATTRINGER, Alois: Rettungsgrabungen im Unteren Traisental in den Jahren 1985/86. Fünfter Vorbericht über die Aktivitäten der Abt. f. Bodendenkmale des Bundesdenkmalamtes im Raum St. Pölten-Traismauer. Fundberichte aus Österreich, Band 24/25, S. 71–105, Wien 1988.

NEUGEBAUER, Johannes-Wolfgang/GATTRINGER, Alois/MAYER, Christian/SITZWOHL, Birgit: Rettungsgrabungen im Unteren Traisental im Jahre 1990. Neunter Vorbericht über die Aktivitäten der Abt. f. Bodendenkmale des Bundesdenkmalamtes im Raum St. Pölten-Traismauer. Fundberichte aus Österreich, Band 29, S. 45–87, Wien 1991.

NEUGEBAUER, Johannes-Wolfgang/GATTRINGER, Alois/BLESL, Christoph/NEUGEBAUER-MARESCH, Christine/SITZWOHL, Birgit: Rettungsgrabungen im Unteren Traisental im Jahre 1991 (mit Ausblick auf 1992). Zehnter Vorbericht über die Aktivitäten der Abt. f. Bodendenkmale des Bundesdenkmalamtes im Raum St. Pölten-Traismauer. Fundberichte aus Österreich, Band 30, S. 87–94, Wien 1991.

NEUGEBAUER-MARESCH, Christine/NEUGEBAUER, Johannes-Wolfgang: Das frühbronzezeitliche Hockergräberfeld Franzhausen I in urgschichtlicher Sicht. Mensch und Kultur der Bronzezeit. Franzhausen I, Gem. Nußdorf an der Traisen, NÖ. Mitteleuropas größtes frühbronzezeitliches Hockergräberfeld, S. 37–60, Asparn/Zaya 1988.

NEUGEBAUER-MARESCH, Christine/NEUGEBAUER, Johannes-Wolfgang: Goldobjekte aus den Frühbronzezeitnekropolen Franzhausen I und II und Gemeinlebarn F. Mitteilungen der Anthropologischen Gesellschaft, Festschrift Wilhelm Angeli, Band 118/119, S. 101–134, Wien 1988/89.

NEUNINGER, Heinz/PITTIONI, Richard: Das Kupfer des Typus Unterwölbling. Archaeologia Austriaca, Heft 32, S. 105–120, Wien 1962.

SCHUBERT, Eckehart: Typus Unterwölbling. Aus: Studien zur frühen Bronzezeit an der mittleren Donau. 54. Bericht der Römisch-Germanischen Kommission 1973, S. 44–54, Frankfurt/Main 1974.

STEIN, Frauke: Beobachtungen zu Tracht- und Bestattungssitten der frühbronzezeitlichen Bevölkerung von Gemeinlebarn. 49. Bericht der Römisch-Germanischen Kommission 1968, S. 1–40, Frankfurt/Main 1970.

SZOMBATHY, Josef: Prähistorische Flachgräber bei Gemeinlebarn in Niederösterreich. Römisch-Germanische Forschungen, Band 3, Frankfurt/Main 1929.

TESCHLER-NICOLA, Maria: Bevölkerungsbiologische Aspekte der frühen und mittleren Bronzezeit. Aus: NEUGEBAUER, Johannes-Wolfgang: Die Bronzezeit im Osten Österreichs. Forschungsberichte zur Ur- und Frühgeschichte, Band 13, S. 85–94, Sankt Pölten/Wien 1987.

TESCHLER-NICOLA, Maria: Franzhausen I. Bevölkerungsbiologie der Bronzezeit. Mensch und Kultur der Bronzezeit. Franzhausen I, Gem. Nußdorf an der Traisen, NÖ. Mitteleuropas größtes frühbronzezeitliches Hockergräberfeld, S. 37–60, Asparn/Zaya 1988.

TRNKA, Gerhard: Neues zu den »Brotlaibidolen«. Festschrift zum 50jährigen Bestehen des Institutes für Ur- und Frühgeschichte der Leopold-Franzens-Universität Innsbruck, S. 615–621, Innsbruck 1992.

WILLVONSEDER, Kurt: Ein frühbronzezeitlicher Kopfschmuck aus Niederösterreich. Germania, Jahrgang 19, S. 113–115, Frankfurt/Main 1935.

WINDL, Helmut J.: Bronzezeit. Mensch und Kultur der Bronzezeit. Franzhausen I, Gem. Nußdorf an der Traisen, NÖ. Mitteleuropas größtes Hockergräberfeld, S. 7–10, Asparn/Zaya 1988.

WINKLER, Eike-Meinrad/GROSSSCHMIDT, Karl: Skelettfunde der frühen Bronzezeit aus Walterskirchen, Fels am Wagram, Trasdorf und Großweikersdorf. Harris'sche Linien als Indikatoren für saisonale Schwankungen des Nahrungsangebotes. Fundberichte aus Österreich, Band 26, S. 9–14, Wien 1988

WOLF, Gisela: Ein Weinsamenfund aus der frühbronzezeitlichen Nekropole Franzhausen II – Niederösterreich. Fundberichte aus Österreich 1991, Band 30, S. 95, Wien 1992

Die Wieselburger Kultur

BENINGER, Eduard/MÜHLHOFER, Franz/GEYER, Eberhard: Das frühbronzezeitliche Reihengräberfeld Hainburg-Teichtal. Mitteilungen der Anthropologischen Gesellschaft in Wien, Band 60, S. 65–140, Wien 1930.

BÓNA, István: The Pectoral Ornament of the Female Grave 4 at Oroszvár. Archáologiai Értesítő, Band 87, S. 198–205, Budapest 1960.

BÓNA, István: Die mittlere Bronzezeit Ungarns und ihre südöstlichen Beziehungen. Archaeologia Hungarica, Band 49, Budapest 1975.

EHGARTNER, Wilhelm: Vier frühbronzezeitliche Schädel aus Oggau, Burgenland. Archaeologia Austriaca, Heft 1, S. 1–26, Wien 1948.

EHGARTNER, Wilhelm: Die Schädel aus dem frühbronzezeitlichen Gräberfeld von Hainburg, Niederösterreich. Mitteilungen der Anthropologischen Gesellschaft in Wien, Band 88/89, S. 8–90, Wien 1959.

FOLTINY, Stephan: Ein Grabfund der Wieselburger Kultur aus Jois. Burgenländische Heimatblätter, Band 36, S. 101–109, Eisenstadt 1974.

KASTNER, Fritz Josef: Prähistorische Wohngrube in Fischamend bei Wien. Wiener Prähistorische Zeitschrift, 6. Jahrgang, S. 112–114, Wien 1919.

LEEB, Alexandra: Überblick über die Chorologie, Typologie und Chronologie der Wieselburgerkultur. 100 Jahre Forschungsstand. Aus: HICKE, Wilfried: Hügel- und Flachgräber der Frühbronzezeit aus Jois und Oggau. Wissenschaftliche Arbeiten aus dem Burgenland, Band 75, S. 231–283, Eisenstadt 1987.

MENGHIN, Oswald: Die Südgrenze der Mönitzer Kultur. Jahrbuch für Landeskunde von Niederösterreich, Band 13/14, S. 61–68, Wien 1915.

MISKE, Kálmán von: Versuch eines chronologischen Systems der ungarländischen Bronzezeit. Archiv für Anthropologie, Band 43, S. 253–269, Braunschweig 1917.

NARR, Karl J.: Oswald Menghin. Prähistorische Zeitschrift, Band 49, S. 1–5, Berlin 1974.

NEUGEBAUER, Johannes-Wolfgang: Wieselburger Kulturgruppe. Aus: Die Bronzezeit im Osten Österreichs. Fundberichte zur Ur- und Frühgeschichte, Band 13, S. 20–22, Sankt Pölten/Wien 1987.

NEUGEBAUER, Johannes-Wolfgang: Die Rettungsgrabungen des Bundesdenkmalamtes 1980–1990 im Teichtal zu Hainburg, NÖ. Jungsteinzeitliche und spätbronzezeitliche Siedlungs- und Bestattungsfunde sowie zwei frühbronzezeitliche Nekropolen. Archäologie Österreichs, Band 1, Heft 1/2, S. 28–35, Wien 1990.

OHRENBERGER, Alois J.: Neue Funde aus der Stein- und Bronzezeit im Burgenland. Burgenländische Heimatblätter, Band 12, S. 1–9, Eisenstadt 1950.

OHRENBERGER, Alois J.: Ein zweites Gräberfeld der Wieselburger Kultur bei Gattendorf, Bez. Neusiedl am See. Burgenländische Heimatblätter, Band 18, S. 55–62, Eisenstadt 1956.

RUTTKAY, Elisabeth: Neolithische und bronzezeitliche Siedlungsreste in Schwechat, p. B. Wien-Umgebung, NÖ. Archaeologia Austriaca, Heft 50, S. 21–63, Wien 1971.

RUTTKAY, Elisabeth: Zur Deutung der Depotfunde vom Typus Tolnanémedi im Zusammenhang mit dem Idol von Babska. Annalen des Naturhistorischen Museums Wien, Band 85, S. 1–17, Wien 1983.

RUTTKAY, Elisabeth: Zwei verzierte Goldplättchen aus dem frühbronzezeitlichen Gräberfeld von Hainburg-Teichtal. Mitteilungen der Anthropologischen Gesellschaft, Band 68/69, S. 135–150, Wien 1988/89.

SCHUBERT, Eckehart: Wieselburger Kultur. Aus: Studien zur frühen Bronzezeit an der mittleren Donau. 54. Bericht der Römisch-Germanischen Kommission 1973, S. 36–42, Frankfurt/Main 1974.

SERACSIN, Alexander von: Vor- und frühgeschichtliche Funde aus dem Leithagebirge (Niederösterreich und Burgenland). Wiener Prähistorische Zeitschrift, 10. Jahrgang, S. 65–76, Wien 1924.

WILLVONSEDER, Kurt: Die Wieselburger Kultur. Aus: Die mittlere Bronzezeit in Österreich, S. 22–23, Leipzig 1937.

Die Litzenkeramik oder Draßburger Kultur

AMSCHLER, J. Wolfgang: Spätneolithische Funde vom Föllik bei Groß-Höflein, Burgenland. Aus: Ur- und frühgeschichtliche Haustierfunde aus Österreich. Archaeologia Austriaca, Heft 3, S. 8–30, Wien 1949.

BENKOVSKY-PIVOVAROVÁ, Zoja: Zur Problematik der Litzenkeramik in Österreich. Prähistorische Zeitschrift, Band 47, S. 198–212, Berlin 1972.

BENKOVSKY-PIVOVAROVÁ, Zoja: Zum neuesten Forschungsstand über die Litzenkeramik in Österreich. Aus: Die Frühbronzezeit im Karpatenbecken und in den Nachbargebieten. Mitteilungen des Archäologischen Instituts der Ungarischen Akademie der Wissenschaften, Beiheft 2, S. 29–38, Budapest-Velem 1977.

BENKOVSKY-PIVOVAROVÁ, Zoja: Pithosbestattung(?) der Kultur mit Litzenkeramik aus Mattersburg. Burgenländische Heimatblätter, Band 48, S. 185–190, Eisenstadt 1986.

BENKOVSKY-PIVOVAROVÁ, Zoja/GÖMÖRI, János/KAUS, Karl: Grabfunde der Litzenkeramik in Ostösterreich und in Westungarn. Archaeologia Austriaca, Heft 71, S. 19–28, Wien 1987.

DAIM, Falko/RUTTKAY, Elisabeth: Die Grabungen von Franz Hampl am Schneeberg, Niederösterreich. Archaeologia Austriaca, Heft 65, S. 35–51, Wien 1981.

NEUGEBAUER, Johannes-Wolfgang: Ein weiterer Beitrag zur Problematik der sog. »Litzenkeramik«. Archäologisches Korrespondenzblatt, Jahrgang 6, S. 21–23, Mainz 1976.

NEUGEBAUER, Johannes-Wolfgang: Das »litzenverzierte« Krüglein von Dürnkrut, p. B. Gänserndorf, NÖ. Forschungen in Stillfried, Band 2, S. 24–30, Wien 1976.

NEUGEBAUER, Johannes-Wolfgang: Ein neuer bronzezeitlicher Siedlungsfund mit »Litzenkeramik« und einem Knochenobjekt mit »mykenischen« Ornamenten von Guntramsdorf, p. B. Mödling, NÖ. Fundberichte aus Österreich, Band 16, S. 199–206, Wien 1977.

NEUGEBAUER, Johannes-Wolfgang: Litzenkeramik. Aus: Die Bronzezeit im Osten Österreichs. Forschungsberichte zur Ur- und Frühgeschichte, Band 13, S. 37, Sankt Pölten/Wien 1987.

PITTIONI, Richard/WURTH, Ernst: Funde aus Guntramsdorf N.-Ö. Mitteilungen der Anthropologischen Gesellschaft in Wien, Band 65, S. 158–168, Wien 1935.

PRODINGER, Friederike: Museumsdirektor Dr. Kurt Willvonseder 1903–1968. Salzburger Museum Carolino Augusteum, Jahresschrift 1968, Band 14, S. 11–24, Salzburg 1969.

TÖMÖRDI, Franz: Der Föllik bei Großhöflein. Burgenländische Heimatblätter, Band 5, S. 74–77, Eisenstadt 1936.

TÖMÖRDI, Franz: Ein schnurkeramisches Grab vom Föllik, Gem. Groß-Höflein, Burgenland. Unsere Heimat, Band 12, S. 101–104, Wien 1939.

ULREICH, Hermann: Gruben mit Litzenkeramik (Typus Guntramsdorf-Draßburg) auf dem Taborac bei Draßburg, B. H. Mattersburg, Burgenland. Burgenländische Heimatblätter, Band 25, S. 73–88, Eisenstadt 1963.

WILLVONSEDER, Kurt: Die ur- und frühgeschichtliche Forschung in Österreich im Jahre 1933. Nachrichtenblatt für Deutsche Vorzeit, Jahrgang 10, Heft 2, S. 38–44, Leipzig 1934.

WILLVONSEDER, Kurt: Die Litzenkeramik. Aus: Die mittlere Bronzezeit in Österreich, S. 24, Leipzig 1937.

Die Věteřov-Kultur und die Böheimkirchener Gruppe

BENKOVSKY-PIVOVAROVÁ, Zoja: Zur Enddatierung des Kulturkreises Maďarovce-Věteřov-Böheimkirchen. Germania, Jahrgang 54, S. 341–359, Frankfurt/Main 1976.

BENKOVSKY-PIVOVAROVÁ, Zoja: Zu einigen terminologischen Fragen des Kulturkreises Maďarovce-Věteřov-Böheimkirchen. Slovenska Archaeologia, Band 29, S. 17–22, Bratislava 1981.

BENKOVSKY-PIVOVAROVÁ, Zoja: Zur jüngsten Phase der Věteřov-Kultur in Niederösterreich. Archaeologia Austriaca, Heft 65, S. 71–74, Wien 1981.

FILIP, Jan: Věteřov-Typus. Aus: FILIP, Jan (Herausgeber): Enzyklopädisches Handbuch zur Ur- und Frühgeschichte Europas, Band 2, S. 1583, Stuttgart 1969.

FOLTINY, Stephan: Bronze- und urnenfelderzeitliche Hirschhorn- und Knochentrensen aus Niederösterreich. Mitteilungen der Anthropologischen Gesellschaft in Wien, Band 95, S. 243–249, Wien 1965.

FUCHS, Norbert: Věteřov-Funde aus Waidendorf, NÖ. Forschungen in Stillfried, Band 5, S. 35–38, Wien 1982.

GEIBLINGER, Stephan: Eine frühmittelbronzezeitliche Siedlung auf dem Kumenberg bei St. Andrä-Wördern, N.Ö. Wiener Prähistorische Zeitschrift, 23. Jahrgang, S. 152–153, Wien 1936.

HAHNEL, Bernhard: Waidendorf-Buhuberg. Siedlung der Věteřovkultur. Forschungen in Stillfried, Band 8, S. 7–160 (Text), S. 1–111 (Tafeln), Wien 1988.

KAUS, Margarethe/URBAN, Otto H.: »Türkenschanze«, Allhartsberg – eine frühbronzezeitliche Abschnittsbefestigung der Böheimkirchner Gruppe im Ybbstal, Niederösterreich. Archaeologia Austriaca, Heft 70, S. 247–261, Wien 1986.

MITSCHA-MÄRHEIM, Herbert/PITTIONI, Richard: Beginnende Mittelbronzezeit in Hohenau, pol. Bez. Gänserndorf, N.Ö. Archaeologia Austriaca, Heft 27, S. 11–20, Wien 1960.

NEUGEBAUER, Johannes-Wolfgang: Bronzezeitliche Ansiedlungen in Großweikersdorf, p. B. Tulln, NÖ., ein Beitrag zur Gliederung der Věteřov-Kultur in Niederösterreich. Archaeologia Austriaca, Heft 58, S. 5–74, Wien 1975.

NEUGEBAUER, Johannes-Wolfgang: Ein Gräberfeld der Böheimkirchner Gruppe der Věteřovkultur von Gemeinlebarn. Archaeologia Austriaca, Beiheft 13, Festschrift Richard Pittioni, S. 433–461, Wien 1976.

NEUGEBAUER, Johannes-Wolfgang: Böheimkirchen. Monographie des namengebenden Fundortes der Böheimkirchnergruppe der Věteřovkultur. Archaeologia Austriaca, Heft 61/62, S. 31–207, Wien 1977.

NEUGEBAUER, Johannes-Wolfgang: Neue Funde der Věteřov-Kultur in Niederösterreich. Fundberichte aus Österreich, Band 17, S. 185–196, Wien 1978.

NEUGEBAUER, Johannes-Wolfgang: Die Stellung der Věteřovkultur bzw. ihrer Böheimkirchner Gruppe am Übergang von der frühen zur mittleren Bronzezeit. Archäologisches Korrespondenzblatt, Jahrgang 9, S. 35–52, Mainz 1979.

NEUGEBAUER, Johannes-Wolfgang: Eine Ansiedlung der Věteřovkultur bei Poysbrunn in Niederösterreich. Fundberichte aus Österreich, Band 18, S. 187–214, Wien 1980.

NEUGEBAUER, Johannes-Wolfgang: Věteřov-Kultur und Böheimkirchner Gruppe der Věteřov-Kultur. Aus: Die Bronzezeit im Osten Österreichs. Forschungsberichte zur Ur- und Frühgeschichte, Band 13, S. 27–36, Sankt Pölten/Wien 1987.

NEUGEBAUER, Johannes-Wolfgang: Die Nekropole F von Gemeinlebarn, Niederösterreich. Römisch-Germanische Forschungen, Band 49, Frankfurt/Main 1991.

NEUGEBAUER, Johannes-Wolfgang/GATTRINGER, Alois: Weitere Gräber der Böheimkirchner Gruppe der Veterov-Kultur aus der Nekropole F von Gemeinlebarn, p. B. St. Pölten. Archaeologia Austriaca, Heft 59/60, S. 87–97, Wien 1976.

NEUGEBAUER, Johannes-Wolfgang/GATTRINGER, Alois: Ein Gräberfeld der Böheimkirchner Gruppe der Věteřov-Kultur von Gemeinlebarn, p. B. St. Pölten, NÖ. Archaeologia Austriaca, Beiheft 13, Festschrift Richard Pittioni, I Urgeschichte, S. 433–461, Wien 1976.

PITTIONI, Richard: Ein zweites Schaftlochbeil vom Typus Křtěnov aus Niederösterreich. Der Grabfund von Alberndorf, p. B. Hollabrunn. Archaeologia Austriaca, Heft 37, S. 18–24, Wien 1965.

PUCHER, Erich: Tierknochen aus der Bronzezeit des Buhubergs (Niederösterreich). Wissenschaftliche Mitteilungen aus dem Niederösterreichischen Landesmuseum, Band 4, S. 11–35, Wien 1987.

SCHEIBENREITER, Franz: Beiträge zur Kenntnis des Typus Witterschau in Niederösterreich. Archaeologia Austriaca, Heft 64, S. 24–38, Wien 1964.

SCHUBERT, Eckehart: Maďarovce-Kultur. Aus: Studien zur frühen Bronzezeit an der mittleren Donau. 54. Bericht der Römisch-Germanischen Kommission 1973, S. 23–29, Berlin 1974.

SKUTIL, Josef: K. Tihelka a jeho vědecká Práce. Sbornik, Band 3, Karlu Tihelkovi k. pětašedesátinám, S. 11–24, Brno 1963–1964.

TIHELKA, Karel: Moravský Věteřovský Typ (Der mährische Veterov [Wieterschauer] Typus). Památky Archaeologické, Band 51, S. 27–135, Prag 1960.

TRNKA, Gerhard: »Brotlaibidole« in Österreich. Archaeologia Austriaca, Heft 66, S. 61–80, Wien 1982.

WILLVONSEDER, Kurt: Die Maďarovce-Kultur. Aus: Die mittlere Bronzezeit in Österreich, S. 25–28, Leipzig 1937.

WILLVONSEDER, Kurt: Die Böheimkirchner Kultur und die Rolle der Aunjetitzer Kultur in Niederösterreich südlich der Donau. Aus: Die mittlere Bronzezeit in Österreich, S. 28–32, Leipzig 1937.

WILLVONSEDER, Kurt: Zwei Gräberfelder der älteren Bronzezeit in Statzendorf, N. Ö. Mitteilungen der Anthropologischen Gesellschaft in Wien, Band 67, S. 277–287, Wien 1937.

WINKLER, Eike-Meinrad: Frühbronzezeitliche Skelette aus Stillfried/Auhagen und Ladendorf in Niederösterreich. Fundberichte aus Österreich 1988, Band 27, S. 43–54, Wien 1989.

Die Attersee-Gruppe

OFFENBERGER, Johann: Die oberösterreichischen Pfahlbauten. Die Untersuchungen des Bundesdenkmalamtes in den Jahren 1970–1974. Archaeologia Austriaca, Beiheft 13, Festschrift Richard Pittioni, S. 249–277, Wien 1976.

OFFENBERGER, Johann: Pfahlbauten, Feuchtbodensiedlungen und Packwerke. Bodendenkmale in einer modernen Umwelt. Archaeologia Austriaca, Heft 70, S. 205–226, Wien 1986.

OFFENBERGER, Johann/NICOLUSSI, Siegfried: Tauchuntersuchungen der Abt. f. Bodendenkmale des Bundesdenkmalamtes im Attersee und im Traunsee. Fundberichte aus Österreich, Band 20, S. 223–244, Wien 1981.

PROBST, Ernst: Die »Pfahlbauern« der Salzkammergut-Seen. Die Mondsee-Gruppe. Aus: Deutschland in der Steinzeit, S. 447–451, München 1991.

RUTTKAY, Elisabeth: Typologie und Chronologie der Mondsee-Gruppe. Aus: Das Mondseeland. Geschichte und Kultur, S. 269–294, Linz 1981.

RUTTKAY, Elisabeth: Archäologisches Fundmaterial aus den Stationen Abtsdorf I, Abtsdorf II und Weyregg I. Fundberichte aus Österreich, Band 21, S. 19–24, Wien 1982.

RUTTKAY, Elisabeth: Beiträge zu Typologie und Chronologie der Siedlungen in den Salzkammergutseen. Aus: HÖNEISEN, Markus (Herausgeber): Die ersten Bauern, Pfahlbaufunde Europas, Band 2, S. 110–121, Zürich 1990.

WILLVONSEDER, Kurt: Die jungsteinzeitlichen und bronzezeitlichen Pfahlbauten des Attersees in Oberösterreich. Mitteilungen der Prähistorischen Kommission, Band 11/12, Wien 1963–1968.

Die Frühbronzezeit in der Schweiz

BILL, Jakob: Beiträge zur Frühbronzeforschung in der Schweiz. Zeitschrift für Archäologie und Kunstgeschichte, Jahrgang 33, Heft 2, S. 77–93, Zürich 1976.

HAAS, Susanne: Die Bronzezeit in der Schweiz. Aus: SCHMID, Elisabeth/HAAS, Susanne: Urgeschichte Europas. Museum für Völkerkunde und Schweizerisches Museum für Volkskunde Basel, S. 64–73, Basel 1984.

HANTKE, René: Die Bronzezeit in der Schweiz. Aus: Eiszeitalter. Die jüngste Erdgeschichte der Schweiz und ihrer Nachbargebiete, S. 240–253, Thun 1978.

HEIERLI, Jakob: Urgeschichte der Schweiz, Zürich 1901.

HOCHULI, Stefan: Die frühe und mittlere Bronzezeit im Kanton Zug. Tugium, Jahrbuch des Staatsarchivs des Kantons Zug, des Amtes für Denkmalpflege und Archäologie, des Kantonalen Museums für Urgeschichte Zug und des Museums in der Burg Zug, S. 74–96, Zug 1995.

LICHARDUS-ITTEN, Marion: Die frühe und mittlere Bronzezeit im alpinen

Raum. Aus: Ur- und frühgeschichtliche Archäologie der Schweiz, Band 3, Die Bronzezeit, S. 41–54, Basel 1971.

OSTERWALDER, Christin/ZAUGG, Marc: Fundort Schweiz. Band 2. Von den ersten Bronzegießern zu den Helvetiern, Solothurn 1981.

STRAHM, Christian: Die Frühbronzezeit: Der Beginn der Metallzeiten. Aus: Die Frühe Bronzezeit zwischen Aare und Rhone. Ausstellungskatalog, S. 1–14, Biel 1995.

TSCHUMI, Otto: Urgeschichte der Schweiz, Frauenfeld 1949.

VOGT, Emil: Die Bronzezeit der Schweiz im Überblick. Aus: DRACK, Walter (Herausgeber): Die Bronzezeit der Schweiz. Repertorium der Ur- und Frühgeschichte der Schweiz, S. 1–3, Zürich 1956.

Die Rhône-Kultur

BILL, Jakob: Die Glockenbecherkultur und die frühe Bronzezeit im französischen Rhônebecken und ihre Beziehungen zur Südwestschweiz. Antiqua, Band 12, Basel 1973.

BOCKSBERGER, Olivier-Jean: Age du Bronze en Valais et dans le Chablais vaudois, Lausanne 1964.

GALLAY, Alain: Dans les alpes à l'aube du métal, archéologie et bande dessinée, Musées du Valais, Sitten 1995.

GALLAY, Alain/PUGIN, Christiane: Le gorgerin Bronze ancien die Sierre-Piney (Valais). Archäologie der Schweiz, Band 6, Heft 2, S. 41–45, Basel 1983.

GALLAY, Gretel/GALLAY, Alain: Le Jura et la séquence Néolithique récent – Bronze ancien. Archives Suisses d'Anthropologie générale, Band 33, S. 1–84, Genf 1968.

GALLAY, Gretel/GALLAY, Alain: Die älterbronzezeitlichen Funde von Morges/Roseaux. Jahrbuch der Schweizerischen Gesellschaft für Ur- und Frühgeschichte, Band 57, S. 85–113, Basel 1972/73.

GALLAY, Gretel/SPINDLER, Konrad: Le Petit Chasseur – chronologische und kulturelle Probleme. Helvetia Archaeologica, Jahrgang 3, Heft 10/11, S. 62–89, Zürich 1972.

GRÜTTER, Hans: Neue Grabfunde der frühen Bronzezeit aus dem Thunerseegebiet. Archäologie der Schweiz, Band 3, Heft 2, S. 82–88, Basel 1980.

HAFNER, Albert: Die Frühe Bronzezeit der Westschweiz. Befunde und Funde aus Siedlungen, Gräbern und Horten der entwickelten Frühbronzezeit. Seeufersiedlungen am Bielersee, Band 5, Bern 1995.

HAFNER, Albert: Die frühe Bronzezeit der Westschweiz. Aus: Die Frühe Bronzezeit zwischen Aare und Rhone. Ausstellungskatalog, S. 14–40, Biel 1995.

HAFNER, Albert: Die Frühe Bronzezeit im westschweizerischen Mittelland, im Berner Oberland und im Wallis. Aus: Die Schweiz vom Paläolithikum bis zum frühen Mittelalter, Band 3. Die Bronzezeit, Basel 1997.

HAUSER-FISCHER, Claire: Die Steinreihen von Sion, Yverdon und Lutry. Aus: HÖNEISEN, Markus (Herausgeber): Die ersten Bauern. Pfahlbaufunde Europas, Band 1, S. 139–144, Zürich 1990.

HEIERLI, Jakob/OECHSLI, Wilhelm: Urgeschichte des Wallis, Zürich 1896.

KIMMIG, Wolfgang: Georg Kraft (1894–1944). Badische Fundberichte, 17. Jahrgang/1941–1947, S. 17–22, Freiburg/Breisgau 1948.

KRAFT, Georg: Die Stellung der Schweiz innerhalb der bronzezeitlichen Kulturgruppen Mitteleuropas. Anzeiger für schweizerische Altertumskunde, Band 29, S. 1–16, 74–90, 37–148, 209–216 und Band 30, 1–17, 78–89, Zürich 1927/28.

MASSEREY, Catherine: Un monument mégalithique sur les rives du Léman. Archäologie der Schweiz, Band 8, Heft 1, S. 2–7, Basel 1985.

ROHRER-WERMUS, Eliane/MASSEREY, Catherine: Die Bronzezeit. Aus: GALLAY, Alain/KAENEL, Gilbert/WIBLÉ, François: Das Wallis vor der Geschichte, S. 93–101, Sitten 1986.

RYCHNER, Valentin: L'aêge du Bronze et le 1er aêge du Fer dans le canton le Neuchatel. Helvetia Archaeologica, Jahrgang 11, Heft 43/44, S. 117–138, Zürich 1980.

STRAHM, Christian: Renzenbühl und Ringoldswil. Die Fundgeschichte zweier frühbronzezeitlicher Komplexe. Jahrbuch des Bernischen Historischen Museums in Bern, Band 48, S. 321–371, Bern 1968.

STRAHM, Christian: Das Beil von Thun-Renzenbühl. Helvetia Archaeologica, Jahrgang 3, Heft 12, S. 99–112, Zürich 1972.

STRAHM, Christian: Der Übergang vom Spätneolithikum zur Frühbronzezeit in der Schweiz. Preistoria Alpina, Band 10, S. 21–42, Trento 1974.

TSCHUMI, Otto: Das bronzezeitliche Gräberfeld von Allmendingen-Thun (Wilerhölzli). 1920–1933. Jahrbuch des Bernischen Historischen Museums in Bern, Jahrgang 13, S. 84–86, Bern 1933.

TSCHUMI, Otto: Urgeschichte des Kantons Bern, Bern 1953.

VERHOEVEN, Peter/SUTER, Peter J./FRANCUZ, John: Erlach-Heidenweg 1992. Herstellung und Datierung des (früh)bronzezeitlichen Einbaumes. Archäologie im Kanton Bern. Fundberichte und Aufsätze, Band 3 B, S. 313–329, Bern 1994.

VIOLLIER, David: Un groupe de tutuli hallstattiensis. A propos des plaques ajourées avec cercles concentriques mobiles. Anzeiger für Schweizerische Altertumskunde, Band 12, S. 257–265, Zürich 1910.

VOGT, Emil: Die Gliederung der schweizerischen Frühbronzezeit. Festschrift für Otto Tschumi, S. 53–69, Frauenfeld 1948.

WINIGER, Josef: Die prähistorische Besiedlungsstruktur der Bielerseelandschaft. Aus: HÖNEISEN, Markus (Herausgeber): Die ersten Bauern. Pfahlbaufunde Europas, Band 1, S. 297–306, Zürich 1990.

Die Arbon-Kultur

BILL, Jakob: Zum Depotfund von Salez. Jahresbericht des Instituts für Vorgeschichte Frankfurt 1977, S. 200–206, Frankfurt/Main 1977.

BILL, Jakob: Goldenes Bronzezeitalter. Die Bronzezeit im Kanton Luzern. Archäologische Schriften Luzern 6, Luzern 1995.

BOSCH, Reinhold: Pfahlbauausgrabung in Baldegg. Ur-Schweiz, Jahrgang 3, Nr. 3/4, S. 34–46, Basel 1939.

BÜRGI, Zahai: Die prähistorische Besiedlung von Toos-Waldi. Archäologie der Schweiz, Band 5, Heft 2, S. 82–88, Basel 1982.

FISCHER, Franz: Die frühbronzezeitliche Ansiedlung in der Bleiche bei Arbon TG. Schriften zur Ur- und Frühgeschichte der Schweiz, Band 17, Basel 1971.

GALLAY, Gretel: Das Ende der Frühbronzezeit im Schweizer Mittelland. Jahrbuch der Schweizerischen Gesellschaft für Ur- und Frühgeschichte, Band 56, S. 115–138, Basel 1971.

GROSS, Eduard/BROMBACHER, Christoph/DICK, Martin/DIGGELMANN, Kurt/HARDMEYER, Barbara/JAGHER, Reto/RITZMANN, Christoph/RUCKSTUHL, Beatrice/RUOFF, Ulrich/SCHIBLER, Jörg/VAUGHAN, Patrick C./WYPRÄCHTIGER, Kurt: Zürich »Mozartstraße«. Neolithische und bronzezeitliche Ufersiedlungen, Band 1, Berichte der Zürcher Denkmalpflege, Zürich 1987.

GROSS, Eduard/RITZMANN, Christoph: Die neolithischen und bronzezeitlichen Siedlungen im Zürcher Seefeld. Aus: HÖNEISEN, Markus (Herausgeber): Die ersten Bauern. Pfahlbaufunde Europas, Band 1, S. 161–176, Zürich 1990.

GROSS, Eduard/RUOFF, Ulrich: Das Leben in neolithischen und bronzezeitlichen Dörfern am Zürich- und Greifensee. Archäologie der Schweiz, Band 13, Heft 2, S. 101–112, Basel 1990.

GUYAN, Walter Ulrich: Siedlung, Wirtschaft und Verkehr der Bronzezeit. Aus: DRACK, Walter (Herausgeber): Die Bronzezeit der Schweiz. Repertorium der Ur- und Frühgeschichte der Schweiz, S. 29–34, Zürich 1956.

HARDMEYER, Barbara/BÜRGI, Jost: Der Goldbecher von Eschenz. Zeitschrift für Schweizerische Archäologie und Kunstgeschichte, Band 32, S. 109–120, Zürich 1975.

HASENFRATZ, Albin: Die Pfahlbauten im südlichen Bodenseeraum. Aus: HÖNEISEN, Markus (Herausgeber): Die ersten Bauern. Pfahlbaufunde Europas, Band 1, S. 201–206, Zürich 1990.

HOCHULI, Stefan: Arbon-Bleiche. Die neolithischen und bronzezeitlichen Seeufersiedlungen. Ausgrabungen 1885–1991, Archäologie im Thurgau, Band 2, Frauenfeld 1994.

HOCHULI, Stefan: Die Frühbronzezeit in der Zentral- und Ostschweiz. Aus: Anfänge der Bronzezeit zwischen Rhone und Aare, Ausstellungskatalog, S. 41–60, Biel 1995.

HOCHULI, Stefan/KÖNINGER, Joachim/RUOFF, Ulrich: Der absolut-chronologische Rahmen der Frühbronzezeit in der Ostschweiz und in Südwestdeutschland. Archäologisches Korrespondenzblatt, Jahrgang 24, Heft 2, S. 269–282, Mainz 1994.

KELLER-TARNUZZER, Karl: Arbon: Pfahlbau Bleiche. Jahrbuch der Schweizerischen Gesellschaft für Ur- und Frühgeschichte, Band 36, S. 19–26, Basel 1945.

KELLER-TARNUZZER, Karl/REINERTH, Hans: Urgeschichte des Thurgaus, Frauenfeld 1925.

KÖNINGER, Joachim: Bodman-Schachen I. Die frühbronzezeitlichen Ufersiedlungen (Tauchsondagen 1982–1984 und 1986), ungedruckte Disseration, Freiburg/Breisgau 1993.

MESSIKOMER, Jakob: Der neu entdeckte Pfahlbau Bleiche-Arbon. Antiqua, Band 11, Basel 1885.

PÁSZTHORY, Katharine: Der bronzezeitliche Arm- und Beinschmuck in der Schweiz. Prähistorische Bronzefunde X, Band 3, München 1985.

PRIMAS, Margarita: Untersuchungen zu den Bestattungssitten der ausgehenden Kupfer- und der frühen Bronzezeit. Grabbau, Bestattungsformen und

Beigabensitten im südlichen Mitteleuropa. 58. Bericht der Römisch-Germanischen Kommission, S. 1–160, Frankfurt/Main 1978.
PRIMAS, Margarita: Urgeschichte des Zürichseegebietes im Überblick: Von der Steinzeit bis zur Früheisenzeit. Helvetia Archaeologica, Jahrgang 12, Heft 45/48, S. 5–18, Zürich 1981.
PRIMAS, Margarita: Die Bronzezeit im Spiegel ihrer Siedlungen. Aus: HÖNEISEN, Markus (Herausgeber): Die ersten Bauern. Pfahlbaufunde Europas, Band 1, S. 73–80, Zürich 1990.
RUOFF, Ulrich: Die frühbronzezeitliche Siedlung in Meilen-Schellen, Kanton Zürich. Tauchgrabungen 1985. Jahrbuch der Schweizerischen Gesellschaft für Ur- und Frühgeschichte, Band 70, S. 51–64, Basel 1987.
RUOFF, Ulrich: Die Ufersiedlungen am Zürichsee. Aus: HÖNEISEN, Markus (Herausgeber): Die ersten Bauern. Pfahlbaufunde Europas, Band 1, S. 145–160, Zürich 1990.
RUOFF, Ulrich/RYCHNER, Valentin: Die Bronzezeit im schweizerischen Mittelland. Chronologie, S. 73–79, Basel 1986.
SANGMEISTER, Edward: Die Sonderstellung der schweizerischen Frühbronzezeit-Kultur. Helvetia Antiqua. Festschrift Emil Vogt, Band 17, S. 65–74, Zürich 1966.
SIEGFRIED-WEISS, Anita/ZÜRCHER, Andreas: Die neolithische und bronzezeitliche Besiedlung im Kanton Zürich. Archäologie der Schweiz, Band 13, Heft 2, S. 47–66, Basel 1990.
SITTERDING, Madeleine: Die bronzezeitliche Höhensiedlung von Waldi bei Toos. Bericht über die Ausgrabungen 1971–1972. Jahrbuch der Schweizerischen Gesellschaft für Ur- und Frühgeschichte, Band 58, S. 19–39, Basel 1975.
SPECK, Josef: Pfahlbauten: Dichtung oder Wahrheit? Ein Querschnitt durch 125 Jahre Forschungsgeschichte. Helvetia Archaeologica, Jahrgang 12, Heft 45/48, S. 98–138, Zürich 1981.
STÖCKLI, Werner E.: Geschichte des Neolithikums in der Schweiz. Aus: Die Schweiz vom Paläolithikum bis zum frühen Mittelalter. Vom Neandertaler bis zu Karl dem Großen, S. 19–52, Zürich 1995.
STRAHM, Christian: Die frühe Bronzezeit im Mittelland und Jura. Aus: Ur- und frühgeschichtliche Archäologie der Schweiz, Band III, Die Bronzezeit, S. 5–26, Basel 1971.
STRAHM, Christian: Der Übergang vom Spätneolithikum zur Frühbronzezeit in der Schweiz. Preistoria Alpina, Band 10, S. 21–42, Trento 1974.
STRAHM, Christian: Siedlungsarchäologische Untersuchungen im Alpenvorland. Archäologische Nachrichten aus Baden, Heft 38/39, S. 4–10, Freiburg/Breisgau 1987.
VOGT, Emil: Die Gliederung der schweizerischen Frühbronzezeit. Festschrift für Otto Tschumi, S. 53–69, Frauenfeld 1948.
WINIGER, Josef/HASENFRATZ, Albin: Ufersiedlungen am Bodensee. Antiqua, Band 10, Basel 1985.
WYSS, René: Die frühe Bronzezeit. Aus: DRACK, Walter (Herausgeber): Die Bronzezeit der Schweiz, Repertorium der Ur- und Frühgeschichte der Schweiz, S. 5–10, Zürich 1956.
WYSS, René: Die Eroberung der Alpen durch den Bronzezeitmenschen. Zeitschrift für Schweizerische Archäologie und Kunstgeschichte, Band 28, S. 130–145, Zürich 1971.
WYSS, René: Siedlungswesen und Verkehrswege. Aus: Ur- und frühgeschichtliche Archäologie der Schweiz, Band 3, Die Bronzezeit, S. 103–122, Zürich 1971.
WYSS, René: Technik, Wirtschaft, Handel. Ur- und frühgeschichtliche Archäologie der Schweiz, Band 3, Die Bronzezeit, S. 123–144, Zürich 1971.

Die Inneralpine Bronzezeit in der Frühbronzezeit

BILL, Jakob: Der Beginn der Bronzezeit im Fürstentum Liechtenstein. Helvetia Archaeologica, Jahrgang 9, Heft 34/36, S. 113–119, Zürich 1978.
BURKART, Walo/VOGT, Emil: Die bronzezeitliche Scheibennadel von Mutta bei Fellers (Kanton Graubünden). Zeitschrift für schweizerische Archäologie und Kunstgeschichte, Band 6, S. 65–74, Zürich 1944.
CONRAD, Hans: Beitrag zur Frage der urgeschichtlichen Besiedlung des Engadins. Jahresbericht der historisch-antiquarischen Gesellschaft von Graubünden, Band 70, S. 5–40, Chur 1940.
CONRAD, Hans: Überblick über die Geschichte des Engadins. Bündner Monatsblatt, S. 228–231, Chur 1962.
GOOP, Adulf Peter: Liechtenstein gestern und heute, Vaduz 1973.
HEIERLI, Jakob/OECHSLI, Wilhelm: Urgeschichte Graubündens (mit Einschluß der Römerzeit). Mitteilungen der Antiquarischen Gesellschaft, Band 24, S. 1–80, Zürich 1903.

MARXER, Felix: Archäologie in Liechtenstein. Helvetia Archaeologica, Jahrgang 9, Heft 34/36, S. 75–88, Zürich 1978.
PRIMAS, Margarita: Urgeschichtliche Funde aus Graubünden. Aus: ERB, Hans: Das Rätische Museum, ein Spiegel von Bündens Kultur und Geschichte, S. 26–32, Chur 1979.
RAGETH, Jürg: Die bronzezeitliche Siedlung auf dem Padnal bei Savognin (Oberhalbstein, GR). Grabungen 1971 und 1972. Jahrbuch der Schweizerischen Gesellschaft für Ur- und Frühgeschichte, Band 59, S. 123–179, Basel 1976.
RAGETH, Jürg: Die wichtigsten Resultate der Ausgrabungen in der bronzezeitlichen Siedlung auf dem Padnal bei Savognin (Oberhalbstein, GR). Jahrbuch der Schweizerischen Gesellschaft für Ur- und Frühgeschichte, Band 69, S. 63–103, Frauenfeld 1986.
RAGETH, Jürg: Die Bronzezeit in Graubünden. Chronologie, S. 80–90, Basel 1986.
RAGETH, Jürg: Neue Funde der Bronzezeit aus Graubünden. Bündner Monatsblatt, S. 71–86, Chur 1991.
SWOZILEK, Helmut: Die vorgeschichtlichen Funde von Schellenberg/Borscht (Fürstentum Liechtenstein), Dissertation, Innsbruck 1971.
WYSS, René: Die Höhensiedlung Motta Vallac im Oberhalbstein (Salouf, GR). Archäologie der Schweiz, Band 5, Heft 2, S. 77–81, Zürich 1982.
WYSS, René: Die frühe Besiedlung der Alpen aus archäologischer Sicht. Siedlungsforschung. Archäologie – Geschichte – Geographie, Band 8, S. 69–86, Bonn 1990.
ZINDEL, Christian: Der bündnerische Raum in vorrömischer Zeit. Aus: Die Römer in Graubünden, Terra Grischuna, S. 3–6, Bottmingen 1985.
ZÜRCHER, Andreas C.: Urgeschichtliche Fundstellen Graubündens. Schriftenreihe des Rätischen Museums Chur, Band 27, Chur 1982.

Die Mittelbronzezeit in Deutschland

GOLDMANN, Klaus: Die mittlere Bronzezeit als Problem der Begriffs- und Zeitbestimmung. Aus: Beiträge zur Geschichte und Kultur der mitteleuropäischen Bronzezeit, Teil I, S. 165–168, Berlin/Nitra 1990.
LAUX, Friedrich: Zur älteren und mittleren Bronzezeit in Niedersachsen. Aus: Beiträge zur Geschichte und Kultur der mitteleuropäischen Bronzezeit, Teil II, S. 275–294, Berlin/Nitra 1990.
RIECKHOFF, Sabine: Im Zeichen des Schwertes. Mittlere und Späte Bronzezeit (1600–750 v. Chr.). Aus: Faszination Archäologie, S. 63–80, Regensburg 1990.
RÖSLER, Horst: Mittlere Bronzezeit im Süden. Aus: HERRMANN, Joachim (Herausgeber): Archäologie in der Deutschen Demokratischen Republik. Denkmale und Funde 1, S. 95–97, Stuttgart 1989.
SCHINDLER, Reinhard: Ältere und mittlere Bronzezeit (1800–1200 v. Chr.). Aus: Führer durch das Landesmuseum Trier, S. 12, Trier 1986.
STEIN, Frauke: Steinzeit und Bronzezeit im Saarland. Führer zu vor- und frühgeschichtlichen Denkmälern. Band 5. Saarland, S. 12–17, Mainz 1966.
STRUVE, Karl W.: Die ältere und mittlere Bronzezeit (Periode II–III). Aus: STRUVE, Karl W./HINGST, Hans/JANKUHN, Herbert: Von der Bronzezeit zur Völkerwanderungszeit, S. 27–96, Neumünster 1979.
TORBRÜGGE, Walter: Die mittlere Bronzezeit in Bayern. Aus: Beiträge zur Geschichte und Kultur der mitteleuropäischen Bronzezeit, Teil II, S. 495–514, Berlin/Nitra 1990.
WEBER, Gesine: Die Hügelgräberbronzezeit. Aus: Händler, Krieger, Bronzegießer. Bronzezeit in Nordhessen. Vor- und Frühgeschichte im Hessischen Landesmuseum in Kassel, Heft 3, S. 70–101, Kassel 1992.

Die Hügelgräber-Kultur

ANKEL, Cornelius: Siedlungsspuren der Hügelgräber-Bronzezeit in Hessen. Fundberichte aus Hessen, 2. Jahrgang, S. 114–122, Bonn 1962.
BEHM-BLANCKE, Günter: Höhlen, Heiligtümer, Kannibalen. Archäologische Forschungen im Kyffhäuser, Leipzig 1958.
BEHRENS, Gustav: Hügelgräber-Kultur (Bronzezeitliche) Süddeutschlands. Aus: EBERT, Max (Herausgeber): Reallexikon der Vorgeschichte, S. 401, Berlin 1926.
BERGER, Arthur: Der Hesselberg I. Funde und Grabungen bis 1985. Materialhefte zur Bayerischen Vorgeschichte, Reihe A, Band 66, Kallmünz 1994.
BIEL, Jörg: Vorgeschichtliche Höhensiedlungen in Südwürttemberg-Hohenzollern. Forschungen und Berichte zur Vor- und Frühgeschichte in Baden-Württemberg, Band 24, Stuttgart 1987.

LITERATURVERZEICHNIS

CHLINGENSPERG ZU BERG, Max von: Der Knochenhügel am Langackertal und die vorgeschichtliche Herdstelle am Eisenbichl bei Reichenhall in Oberbayern. Mitteilungen der Anthropologischen Gesellschaft in Wien, Band 34, S. 53–70, Wien 1904.

CORNELIUS, Hans V./PESCHECK, Christian: Zeugnis einer prähistorischen Schußverletzung in Mainfranken. Mainfränkisches Jahrbuch für Geschichte und Kunst, Band 9, S. 127–132, Würzburg 1958.

CZARNETZKI, Alfred: Skelettreste aus den Grabhügeln bei Wilsingen, Kreis Münsingen. Fundberichte aus Baden-Württemberg, Band 1, S. 205–212, Stuttgart 1974.

DEHN, Wolfgang: Ein Brucherzfund der Hügelgräberbronzezeit von Bühl, Ldkr. Nördlingen (Bayern). Germania, Jahrgang 30, S. 174–187, Frankfurt/Main 1952.

DEHN, Wolfgang: Der Stätteberg bei Unterhausen, Ldkr. Neuburg a. d. Donau. Grabung 1951. Germania, Jahrgang 30, S. 280–287, Frankfurt/Main 1952.

DRIESCH, Angela von den: Tierknochenfunde aus Karlstein, Ldkr. Berchtesgadener Land. Bayerische Vorgeschichtsblätter, Jahrgang 44, S. 149–170, München 1979.

ECKRICH, Lorenz: Der Goldene Hut von Schifferstadt. Verein für Heimatpflege Schifferstadt. Beiträge zur Ortskunde, o. J.

ENGELHARDT, Bernd: Ausgrabungen am Main-Donau-Kanal. Archäologie und Geschichte im Herzen Bayerns, Gräfelfing 1987.

FEUSTEL, Rudolf: Bronzezeitliche Hügelgräberkultur im Gebiet von Schwarza (Südthüringen). Veröffentlichungen des Museums für Ur- und Frühgeschichte Thüringens, Band 1, S. 1–104, Weimar 1958.

FEUSTEL, Rudolf: Funde der Hügelgräberbronzezeit in Südthüringen. Ausgrabungen und Funde, Band 3, Heft 4/5, S. 239–241, Berlin 1958.

FEUSTEL, Rudolf: Hügelgräber bei Jüchsen, Kr. Meiningen. Ausgrabungen und Funde, Band 5, Heft 5, S. 229–231, Berlin 1960.

FEUSTEL, Rudolf: Zur bronzezeitlichen Hügelgräberkultur in Südthüringen. Alt-Thüringen, Band 28, S. 53–123, Weimar 1995.

FEUSTEL, Rudolf/FARKE, Heidemarie/BLUMENSTEIN, Gerhard: Rekonstruktion eines Kolliers aus der bronzezeitlichen Hügelgräberkultur. Ausgrabungen und Funde, Band 15, Heft 5, S. 247–251, Berlin 1970.

GERSBACH, Egon: Die mittelbronzezeitlichen Wehranlagen der Heuneburg bei Hundersingen a. d. Donau. Archäologisches Korrespondenzblatt, Jahrgang 3, S. 417–422, Mainz 1973.

HERRMANN, Fritz-Rudolf/JOCKENHÖVEL, Albrecht: Bronzezeitliche Grabhügel mit Pfostenringen bei Edelsberg, Kreis Limburg-Weilburg. Fundberichte aus Hessen 1975, 15. Jahrgang, S. 87–127, Wiesbaden 1975.

HOCHSTETTER, Alix: Die Hügelgräberbronzezeit in Niederbayern. Materialhefte zur Bayerischen Vorgeschichte, Band 41, Kallmünz 1980.

HOLSTE, Fritz: Die Bronzezeit im nordmainischen Hessen, Vorgeschichtliche Forschungen, Heft 12, S. 1–196, Berlin 1939.

HOLSTE, Fritz: Die bronzezeitlichen Vollgriffschwerter Bayerns. Münchner Beiträge, Band 4, München 1953.

HOLSTE, Fritz/JORNS, Werner: Der Grabhügel von Molzbach. Germania, Jahrgang 19, S. 4–12, Frankfurt/Main 1935.

HOPPE, Michael: Die mittelbronze- und frühlatènezeitliche Siedlung am Rabenhof bei Freystadt-Thannhausen, Lkr. Neumarkt i. d. Oberpfalz. Archäologie am Main-Donau-Kanal 4, Buch am Erlbach 1994.

HUNDT, Hans-Jürgen: Katalog Straubing II. Die Funde der Hügelgräberbronzezeit und der Urnenfelderzeit. Materialhefte zur Bayerischen Vorgeschichte, Band 19, Kallmünz 1964.

HUNDT, Hans-Jürgen: Die mitteleuropäischen Flügelnadeln der älteren Bronzezeit. Jahrbuch des Römisch-Germanischen Zentralmuseums Mainz 1972, S. 1–38, Mainz 1974.

JOCKENHÖVEL, Albrecht: Die Rasiermesser in Mitteleuropa (Süddeutschland, Tschechoslowakei, Österreich, Schweiz). Prähistorische Bronzefunde VIII, Band 1, München 1971.

JOCKENHÖVEL, Albrecht: Zoomorphe Kleinplastiken der Hügelgräberzeit von Frankfurt/Main-Schwanheim. Fundberichte aus Hessen 1979/80, 19./20. Jahrgang, S. 507–520, Wiesbaden 1980.

JOCKENHÖVEL, Albrecht: Bemerkungen zur Siedlungsweise der Hügelgräberbronzezeit im Rhein-Main-Gebiet. Nassauische Annalen, Band 102, S. 1–11, Wiesbaden 1991.

JOCKENHÖVEL, Albrecht: Räumliche Mobilität von Personen in der mittleren Bronzezeit des westlichen Europa. Germania, Jahrgang 69, 1. Halbband, S. 49–62, Frankfurt/Main 1991.

KEEFER, Erwin: Die bronzezeitliche »Siedlung Forschner« bei Bad Buchau, Kr. Biberach. Berichte zu Ufer- und Moorsiedlungen Südwestdeutschlands, S. 37–52, Stuttgart 1984.

KEEFER, Erwin: Die bronzezeitliche »Siedlung Forschner«. Aus: Die Suche nach der Vergangenheit. 120 Jahre Archäologie am Federsee, S. 84–85, Stuttgart 1992.

KILIAN-DIRLMEIER, Imma: Gürtelhaken, Gürtelbleche und Blechgürtel der Bronzezeit in Mitteleuropa (Ostfrankreich, Schweiz, Süddeutschland, Österreich, Tschechoslowakei, Ungarn, Nordwest-Jugoslawien). Prähistorische Bronzefunde XII, Band 2, München 1975.

KIMMIG, Wolfgang: Ein Hortfund der frühen Hügelgräberbronzezeit von Ackenbach, Kreis Überlingen. Jahrbuch des Römisch-Germanischen Zentralmuseums Mainz 1955, S. 55–75, Mainz 1955.

KÖSTER, Hans: Die mittlere Bronzezeit im nördlichen Rheintalgraben. Antiquitas, Reihe 2, Band 6, Bonn 1968.

KRAFT, Georg: Die Kultur der Bronzezeit in Süddeutschland, Augsburg 1926.

KRAHE, Günther: Das Grab eines bronzezeitlichen »Prominenten« von Untermeitingen, Landkreis Augsburg, Schwaben. Das archäologische Jahr in Bayern 1989, S. 66–71, Stuttgart 1990.

KRÄMER, Werner: Prähistorische Brandopferplätze. Helvetia Antiqua. Festschrift Emil Vogt, Band 17, S. 111–122, Zürich 1966.

KUBACH, Wolf: Hügelgräberbronzezeit in Osthessen und Südthüringen – Gemeinsamkeiten und Unterschiede. Aus: Beiträge zur Geschichte und Kultur der mitteleuropäischen Bronzezeit, Teil I, S. 249–273, Berlin/Nitra 1990.

KUBACH-RICHTER, Isa: Verbreitungsbilder bronzezeitlichen Arm- und Beinschmucks am Übergang von der Hügelgräber- zur Urnenfelderzeit – Beispiele für regional begrenztes Bronzehandwerk und weiträumige Kontakte. Aus: Beiträge zur Geschichte und Kultur der mitteleuropäischen Bronzezeit, Teil I, S. 229–247, Berlin/Nitra 1990.

KUNTER, Manfred: Ein neuer Grabfund aus der jüngeren Hügelbronzezeit Hessens. Anthropologische Bearbeitung. Bonner Hefte zur Vorgeschichte, Band 4, S. 33–38, Bonn 1973.

LUDWIG-LUKANOW, Sigrid: Die Bronzezeit im Ries. Aus: Führer zu vor- und frühgeschichtlichen Denkmälern, Band 40. Nördlingen, Bopfingen, Oettingen, Harburg, S. 116–136, Mainz 1979.

LUDWIG-LUKANOW, Sigrid: Hügelgräberbronzezeit und Urnenfelderkultur im Nördlinger Ries. Materialhefte zur Bayerischen Vorgeschichte, Reihe A, Band 48, Kallmünz 1983.

MOSER, Manfred: Schachthöhlen als Kult- und Opferstätten. Die Höhle, Zeitschrift für Karst- und Höhlenfunde, 19. Jahrgang, Heft 1, S. 6–20, Wien 1968.

NAUE, Julius: Die Hügelgräber zwischen Ammer- und Staffelsee, Stuttgart 1887.

PESCHECK, Christian: Bronzezeit: Aus: Vor- und Frühzeit Unterfrankens. Eine kurze Einführung und zugleich ein Wegweiser für die vorgeschichtliche Abteilung des Mainfränkischen Museums Würzburg, S. 22–24, Würzburg 1967.

PINSKER, Bernhard: Die Siedlungskeramik der mittleren Bronzezeit am nördlichen Oberrhein. Materialien zur Vor- und Frühgeschichte von Hessen, Band 13, Wiesbaden 1993.

PIRLING, Renate/WELS-WEYRAUCH, Ulrike/ZÜRN, Hartwig: Die mittlere Bronzezeit auf der Schwäbischen Alb. Prähistorische Bronzefunde XX, Band 3, München 1980.

QUILLFELDT, Ingeborg von: Die Vollgriffschwerter in Süddeutschland. Prähistorische Bronzefunde IV, Band 11, Stuttgart 1995.

RADEMACHER, Carl: Die Kerbschnittkeramik. Mannus, Band 18, S. 14–32, Leipzig 1926.

REIM, Hartmann: Die mittlere Bronzezeit in Württemberg. Aus: PLANCK, Dieter (Herausgeber): Archäologie in Württemberg. Ergebnisse und Perspektiven archäologischer Forschung von der Altsteinzeit bis zur Neuzeit. Festschrift zum 25jährigen Gründungsjubiläum der Gesellschaft für Vor- und Frühgeschichte in Württemberg und Hohenzollern, S. 141–169, Stuttgart 1988.

REINECKE, Paul: Zur Chronologie der zweiten Hälfte des Bronzealters in Süd- und Norddeutschland. Correspondenzblatt der Deutschen Gesellschaft für Anthropologie, Ethnologie und Urgeschichte, 33. Jahrgang, Nr. 3, S. 17–22 und S. 27–32, München 1902.

REINECKE, Paul: Zwei Grabfunde der älteren Bronzezeit aus Oberbayern. Altbayerische Monatsschrift, Jahrgang 5, S. 110–118, München 1905.

REINECKE, Paul: Chronologische Übersicht der vor- und frühgeschichtlichen Zeiten, mit besonderer Berücksichtigung Süddeutschlands. Der bayerische Vorgeschichtsfreund, Band 1/2, S. 18–25, München 1921/22.

REISENHAUER, Hansjörg: Bronze- und urnenfelderzeitliche Siedlungsstellen im unteren Pegnitztal. Abhandlungen der Naturhistorischen Gesellschaft Nürnberg, Band 36, Nürnberg 1976.

REISENHAUER, Hansjörg: Bronzezeitliche Funde aus dem Brunnerschacht bei Vorra, Ldkr. Nürnberger Land. Aus: SCHRÖTER, Peter (Herausgeber): 75 Jahre Anthropologische Staatssammlung München 1902–1977, S. 97–104, München 1977.

RIETH, Adolf: Vorgeschichte der Schwäbischen Alb unter besonderer Berücksichtigung des Fundbestandes der mittleren Alb. Mannus-Bücherei, Band 61, Leipzig 1938.

RIETH, Adolf: Württembergische Goldfunde der Hügelgräberbronzezeit, Germania, Jahrgang 23, S. 147–149, Frankfurt/Main 1939.

RIND, Michael M.: Zum Stand der Ausgrabungen auf dem Weltenburger Frauenberg, Stadt Kelheim. Aus: Scherben, Schädel, Schratzellöcher. Archäologie im Landkreis Kelheim 1991–93, Regensburg 1994.

RIND, Michael M.: Die älteste Tonpfeife Bayerns aus einer bronzezeitlichen Siedlung im Baugebiet Bad Abbach, »Heidfeld«, Gemeinde Bad Abbach, Landkreis Kelheim, Niederbayern. Das archäologische Jahr in Bayern 1993, S. 60–61, Stuttgart 1994.

RITTERSHOFER, Karl Friedrich: Der Hortfund von Bühl und seine Beziehungen. Bericht der Römisch-Germanischen Kommission 1983, S. 139–145, Frankfurt/Main 1984.

SCHÄRL, Walter: Die Zusammensetzung der bayerischen Beamtenschaft von 1806 bis 1918. Aus: SPINDLER, Max: Münchner Historische Studien, Abteilung Bayerische Geschichte, Band I, S. 213, Kallmünz 1955.

SCHAUER, Peter: Die Schwerter in Süddeutschland, Österreich und der Schweiz. Prähistorische Bronzefunde IV, Band 2, München 1971.

SCHAUER, Peter: Frühe Griffzungenschwerter. Jahrbuch des Römisch-Germanischen Zentralmuseums Mainz 1972, S. 39–62, Mainz 1974.

SCHAUER, Peter: Die Goldblechkegel der Bronzezeit. Ein Beitrag zur Kulturverbindung zwischen Orient und Europa, Bonn 1986.

SCHAUER, Peter: Schutz- und Angriffswaffen bronzezeitlicher Krieger im Spiegel ausgewählter Grabfunde Mitteleuropas. Aus: Beiträge zur Geschichte und Kultur der mitteleuropäischen Bronzezeit, Teil II, S. 381–410, Berlin/Nitra 1990.

SCHINDLER, Reinhard: Führer durch das Landesmuseum für Vor- und Frühgeschichte Saarbrücken, Saarbrücken 1965.

SCHMEIDL, Hans: Der bronzezeitliche Prügelweg im Agathazeller Moor. Bayerische Vorgeschichtsblätter, Jahrgang 27, S. 131–142, München 1962.

SCHMOTZ, Karl: Goldgegenstände aus bronzezeitlichen Gräbern Niederbayerns. Das archäologische Jahr in Bayern 1983, S. 51–52, Stuttgart 1984.

SCHMOTZ, Karl: Zum Stand der Forschung im bronzezeitlichen Gräberfeld von Deggendorf-Fischerdorf. Archäologisches Korrespondenzblatt, Jahrgang 15, S. 313–323, Mainz 1985.

SCHWIDETZKY, Ilse: Zur Anthropologie der jüngeren Hügelgräberbronzezeit Starkenburgs. Germania, Jahrgang 28, S. 187–196, Frankfurt/Main 1944–1950.

SPINDLER, Konrad: Die Archäologie des Frauenberges von den Anfängen bis zur Gründung des Klosters Weltenburg, Regensburg 1981.

STADELMANN, Jutta: Der Runde Berg bei Urach. Eine bronze- und urnenfelderzeitliche Höhensiedlung. Ein Überblick über das Fundgut der Grabungskampagnen 1967–1974. Archäologisches Korrespondenzblatt, Jahrgang 10, S. 33–38, Mainz 1980.

STARY, Peter F.: Das spätbronzezeitliche Häuptlingsgrab von Hagenau, Kreis Regensburg. Aus: SPINDLER, Konrad: Vorzeit zwischen Main und Donau. Erlanger Forschungen, Reihe A, Band 26, S. 46–97, Erlangen 1980.

STEINHAUSEN, Josef: Archäologische Siedlungskunde des Trierer Landes, Trier 1936.

TORBRÜGGE, Walter: Die Bronzezeit in der Oberpfalz, S. 7–240, Kallmünz 1959.

TORBRÜGGE, Walter: Zum Übergang von der frühen zur mittleren Bronzezeit in Süddeutschland. Archäologisches Korrespondenzblatt, Jahrgang 9, S. 23–34, Mainz 1979.

UENZE, Otto: Hirten und Salzsieder (Bronzezeit). Vorgeschichte von Nordhessen. Dritter Teil, Marburg/Lahn 1960.

VIZDAL, Jaroslav: Erste bildliche Darstellung eines zweirädrigen Wagens vom Ende der mittleren Bronzezeit in der Slowakei. Slovenská archaeológia, S. 223–231, Nitra-Hrad 1972.

WAGNER, Karl Heinz: Bronzezeitliche Grabhügel von Giershofen, Kr. Neuwied. Nachrichtenblatt für Deutsche Vorzeit, 13. Jahrgang, S. 105–107, Leipzig 1937.

WAHLE, Ernst: Schatzfund der Bronzezeit von Griesheim, Bez.-A. Offenburg. Badische Fundberichte, Band 1, S. 44–46, Heidelberg 1925.

WEGNER, Günter: Flußfunde. Aus: BECK, Heinrich/JANKUHN, Herbert/STEUER, Heiko/TIMPE, Dieter/WENSKUS, Reinhard: Reallexikon der Germanischen Altertumskunde, zweite Auflage, Band 9, S. 263–276, Berlin/New York 1995.

WELS-WEYRAUCH, Ulrike: Schmuckausstattungen aus Frauengräbern der jüngeren Hügelgräberbronzezeit in Deutschland (14. Jahrhundert v. Chr.). Ausgrabungen in Deutschland, Teil 3, S. 301–303, Mainz 1975.

ZIEGERT, Helmut: Zur Chronologie und Gruppengliederung der westlichen Hügelgräberkultur. Berliner Beiträge zur Vor- und Frühgeschichte, Band 7, Berlin 1963.

Die ältere Bronzezeit in Nordrhein-Westfalen

ASCHEMEYER, Hans: Ein bronzezeitlicher Hortfund von Olfen, Kr. Lüdinghausen. Germania, Jahrgang 37, Heft 1–4, S. 271–272, Frankfurt/Main 1953.

BÉRENGER, Daniel: Vor 3400 Jahren: Das Grab einer vornehmen Frau bei Werther und die Bronzezeit im Ravensberger Land. Ravensberger Blätter, Heft 2, S. 5–9, Bielefeld 1989.

BÉRENGER, Daniel: Die bronzezeitliche Totenhütte von Borchen-Etteln, Kr. Paderborn. Archäologie in Deutschland, Heft 3, S. 51, Stuttgart 1991.

DOMS, Anton: Ein Steinhügelgrab der älteren Bronzezeit in Paderborn-Neuenbeken. Ausgrabungen und Funde in Westfalen-Lippe 1983, Band 1, S. 33–44, Münster 1984.

DRENHAUS, Ulrich: Skelettfunde der älteren Bronzezeit aus Wünnenberg-Haaren, Kreis Paderborn (Westfalen). Fundberichte aus Hessen 1979/80, Festschrift für Ulrich Fischer, 19./20. Jahrgang, S. 449–464, Wiesbaden 1980.

DRIEHAUS, Jürgen: Ein bronzezeitliches Vollgriffschwert aus der Niers. Bonner Jahrbücher, Band 168, S. 330–369, Bonn 1968.

GÜNTHER, Klaus: Steinzeit und ältere Bronzezeit im Westfälischen Landesmuseum für Vor- und Frühgeschichte. Landschaftsverband Westfalen-Lippe, Band 1, Münster 1979.

GÜNTHER, Klaus/BÉRENGER, Daniel: Bronzezeitliche Grabhügel auf der Paderborner Hochfläche. Fundberichte aus Hessen, 19./20. Jahrgang 1979/80, Festschrift für Ulrich Fischer, S. 369–422, Wiesbaden 1980.

HOFFMANN, Hugo: Stand und Aufgaben der vor- und frühgeschichtlichen Forschung in Westfalen II. Westfälische Bronzezeitgruppen. Ältere Bronzezeit. Westfälische Forschungen, Band 1, S. 358–391, Münster 1938.

HÖMBERG, Philipp: Bibliographie zur Vor- und Frühgeschichte Westfalens. Münstersche Beiträge zur Vor- und Frühgeschichte Westfalens. Veröffentlichungen des Seminars für Vor- und Frühgeschichte der Universität, herausgegeben von Kurt Tackenberg und Karl J. Narr, Band 5, Hildesheim 1969.

JOACHIM, Hans-Eckart: Ein nordisches Vollgriffschwert aus Garzweiler, Kr. Grevenbroich. Das Rheinische Landesmuseum Bonn, S. 65–66, Bonn 1973.

JOACHIM, Hans-Eckart: Neue Metallfunde der Bronze- und Urnenfelderzeit vom Niederrhein. Bonner Jahrbücher, Band 173, S. 257–266, Bonn 1973.

JOACHIM, Hans-Eckart: Ältere Bronzezeit. Aus: Rheinisches Landesmuseum Bonn. Auswahlkatalog, 1 Urgeschichte, S. 52–56, Bonn 1977.

JOACHIM, Hans-Eckart: Waffen und Geräte der Bronzezeit und Hallstattzeit im Rheinland. Aus: HELLENKEMPER, Hansgerd/HORN, Heinz Günter/KOSCHIK, Harald/TRIER, Bendix (Herausgeber): Archäologie in Nordrhein-Westfalen. Schriften zur Bodendenkmalpflege in Nordrhein-Westfalen, Band 1, S. 154–155, Mainz 1990.

LANGE, Walter R.: Vor- und Frühgeschichte im Weserbergland bei Höxter. Einführung in die Vor- und Frühgeschichte Westfalens, Heft 3, S. 20–32, Münster 1981.

REICHMANN, Christoph: Ein bronzezeitliches Gehöft bei Telgte, Kr. Warendorf. Archäologisches Korrespondenzblatt, Jahrgang 12, S. 437–449, Mainz 1982.

SCHUMACHER-MATTHÄUS, Gisela: »Bronze«zeit in Westfalen? Aus: HELLENKEMPER, Hansgerd/HORN, Heinz Günter/KOSCHIK, Harald/TRIER, Bendix (Herausgeber): Archäologie in Nordrhein-Westfalen. Schriften zur Bodendenkmalpflege in Nordrhein-Westfalen, Band 1, S. 156–161, Mainz 1990.

STIEREN, August: Die vorgeschichtlichen Denkmäler des Kreises Büren. Mitteilungen der Altertums-Kommission für Westfalen, Band 7, S. 16–51, Münster 1922.

SUDHOLZ, Gisela: Die ältere Bronzezeit zwischen Niederrhein und Mittel-

weser. Münstersche Beiträge zur Vorgeschichtsforschung, Band 1, Hildesheim 1964.
USLAR, Rafael: Der Goldbecher von Fritzdorf bei Bonn. Germania, Jahrgang 33, Heft 4, S. 319–323, Frankfurt/Main 1955.

Die Lüneburger Gruppe in der älteren Bronzezeit

ASMUS, Wolfgang Dietrich: Untersuchung des steinbronzezeitlichen »Opfersteines« von Melzingen, Kr. Uelzen. Germania, Jahrgang 36, Heft 1/2, S. 179–180, Frankfurt/Main 1958.
ASSENDORP, Joost: Das Totenhaus von Eitzen I, Ldkr. Uelzen. Ausgrabungen in Niedersachsen. Archäologische Denkmalpflege 1979–1984. Herausgegeben von der Archäologischen Denkmalpflege im Institut für Denkmalpflege, Niedersächsisches Landesverwaltungsamt, durch Klemens Wilhelmi. Berichte zur Denkmalpflege in Niedersachen, Beiheft 1, S. 160–163, Stuttgart 1985.
BUCHHOLZ, Hans-Günter: »Schalensteine« in Griechenland, Anatolien und Zypern. Aus: LORENZ, Herbert: Studien zur Bronzezeit. Festschrift für Wilhelm Albert von Brunn, S. 63–94, Mainz 1981.
DRESCHER, Hans: Zur Verwendung von Bronzewerkzeugen in der älteren Bronzezeit. Hammaburg, Jahrgang 5/6, S. 23–29, Hamburg 1956/58.
HAEVERNICK, Thea Elisabeth: Die Perlen aus bronzezeitlichen Hügelgräbern von Uelzen-Ripdorf und Uelzen-Molzen, Kreis Uelzen. Neue Ausgrabungen und Forschungen in Niedersachsen, Band 15, S. 53–58, Hildesheim 1982.
KRÜGER, Franz: Scheiterhaufengräber der älteren Bronzezeit in Melbeck (Ldkr. Lüneburg). Festblätter des Museumsvereins für das Fürstentum Lüneburg, Lüneburg 1935.
KUNTER, Kari: Zum Arm- und Beinschmuck der älteren Lüneburger Bronzezeit. Offa, Jahrgang 30, 5–39, Neumünster 1973.
LAUX, Friedrich: Der Hortfund von Karwitz, Kr. Lüchow-Dannenberg. Lüneburger Blätter, Band 18, S. 13–31, Lüneburg 1967.
LAUX, Friedrich: Ältere und mittlere Bronzezeit. Aus: Die Bronzezeit in der Lüneburger Heide. Veröffentlichungen der urgeschichtlichen Sammlungen des Landesmuseums zu Hannover, Band 18, S. 103–126, Hildesheim 1971.
LAUX, Friedrich: Die Fibeln in Niedersachsen. Prähistorische Bronzefunde XIV, Band 1, S. 1–65, München 1973.
LAUX, Friedrich: Die Nadeln in Niedersachsen. Prähistorische Bronzefunde XIII, Band 4, München 1977.
LAUX, Friedrich: Bronzezeitliche Kulturerscheinungen im Lüneburger Gebiet und in den angrenzenden Landschaften. Archäologisches Korrespondenzblatt, Jahrgang 13, S. 75–84, Mainz 1983.
LAUX, Friedrich: Flügelhauben und andere Kopfbedeckungen der bronzezeitlichen Lüneburger Gruppe. Hammaburg, N. F., Band 6, S. 49–76, Neumünster 1984.
LAUX, Friedrich: Bronzezeitliche Tracht und Bewaffnung. Aus: Führer zu archäologischen Denkmälern in Deutschland, Band 9. Landkreis Soltau-Fallingbostel, S. 77–96, Stuttgart 1984.
LAUX, Friedrich: Die Bronzezeit. Aus: Führer zu archäologischen Denkmälern in Deutschland, Band 13. Hannoversches Wendland, S. 67–85, Stuttgart 1986.
LAUX, Friedrich: Zur älteren und mittleren Bronzezeit in Niedersachsen. Aus: Beiträge zur mitteleuropäischen Bronzezeit, Teil II, S. 276, Berlin/Nitra 1990.
LAUX, Friedrich/HARCK, Ole: Studien zur Bronzezeitchronologie an der Niederelbe. Neue Ausgrabungen und Forschungen in Niedersachsen, Band 17, S. 61–106, Hildesheim 1986.
LIENAU, Martin: Über stelenartige Grabsteine, Sonnenkult und Opferstätten, Anzeichen von Menschenopfern, sowie über mehrfache Bestattungen in stein- und bronzezeitlichen Grabhügeln der Lüneburger Gegend im Anschluß an 2 auch durch die Funde interessante Grabhügel der älteren Bronzezeit. Mannus, Band 5, S. 195–234, Würzburg 1913.
MATTHÄUS, Hartmut: Neues zur Bronzetasse aus Dohnsen, Kr. Celle. Die Kunde, N. F., Band 28/29, S. 51–69, Hannover 1977/78.
MERHART, Gero von: Friedrich Holste. Nachrichtenblatt für Deutsche Vorzeit, 18. Jahrgang, Heft 5–6, S. 113–115, Leipzig 1942.
PIESKER, Hans: Urfibeln des Lüneburger Typus. Hannoversche Fibeln der II. Bronzezeitperiode. Marburger Studien, Festschrift für Gero von Merhardt, S. 193–201, Darmstadt 1938.
PIESKER, Hans: Bronzezeitliche Untersuchungen auf dem Truppenübungsplatz Bergen, Kreis Celle. Nachrichtenblatt für Deutsche Vorzeit, Jahrgang 15, Heft 7/8, S. 187–199, Leipzig 1939.
PIESKER, Hans: Die vielrippigen Armbänder der älteren Bronzezeit. Ein Beitrag zu den Problemen des bronzezeitlichen Lüneburger Formenkreises mit einem Exkurs zur Radnadelfrage. Lüneburger Blätter, Band 5, S. 96–135, Lüneburg 1954.
PIESKER, Hans: Untersuchungen zur älteren Lüneburgischen Bronzezeit, Lüneburg 1958.
PIESKER, Hans: Die Absatzbeile vom osthannoverschen und nordischen Typus im Lüneburgischen. Studien aus Alteuropa I, Beihefte Bonner Jahrbücher, S. 176–188, Köln/Graz 1964.
PRÜSSING, Peter: Die Messer im nördlichen Westdeutschland (Schleswig-Holstein, Hamburg und Niedersachsen). Prähistorische Bronzefunde VII, Band 3, München 1992.
SCHIRNIG, Heinz: Funde von Gürtelhaken der frühen und älteren Bronzezeit in Niedersachsen. Nachrichten aus Niedersachsens Urgeschichte, Band 39, S. 239–241, Hildesheim 1970.
SCHÜNEMANN, Detlef: Neue Rillensteine von der unteren Aller. Zur Deutung der Rillen- und Rinnensteine. Perspektiven und denkmalpflegerische Aufgaben. Die Kunde, N. F., Band 38, S. 73–100, Hannover 1987.
SCHÜNEMANN, Detlef: Neues von Rillen- und Rinnensteinen. Versuch einer Gruppenbildung anhand exakter Profilvermessungen. Die Kunde, N. F., Band 43, S. 67–97, Hannover 1992.
SPROCKHOFF, Ernst: Eine mykenische Bronzetasse von Dohnsen, Kreis Celle. Germania, Jahrgang 39, S. 11–22, Frankfurt/Main 1961.
VOSS, Klaus Ludwig: Frühbronzezeitliche Grabhügel bei Wittenwater, Kreis Uelzen. Nachrichten aus Niedersachsens Urgeschichte, Band 30, S. 73–75, Hildesheim 1961.
VOSS, Klaus Ludwig: Der Schwarze Berg bei Wittenwater, Kreis Uelzen – ein siebenperiodiger Fundplatz. Nachrichten aus Niedersachsens Urgeschichte, Band 33, S. 78–85, Hildesheim 1964.
WEGEWITZ, Willi: Ein Totenhaus unter einem bronzezeitlichen Hügelgrabe in der Feldmark Sottorf, Kreis Harburg. Nachrichtenblatt für Deutsche Vorzeit, Jahrgang 12, Heft 2, S. 33–39, Leipzig 1936.
WEGEWITZ, Willi: Vorläufiger Bericht über die Untersuchung eines Totenhauses der älteren Bronzezeit in der Feldmark Sottorf, Kreis Harburg. Die Kunde, Band 4, S. 138–144, Hannover 1936.
WEGEWITZ, Willi: Totenhäuser und andere Grabformen der älteren Bronzezeit im Niederelbegebiet. Die Kunde, Band 9, S. 75–82, Hannover 1941.
WEGEWITZ, Willi: Ein Grabfund aus der älteren Bronzezeit aus Dangersen im Kreise Harburg. Harburger Jahrbuch, Band 3, S. 250–256, Hamburg-Harburg 1949.
WEGEWITZ, Willi: Rillen- und Rinnensteine: Wenig beachtete Denkmäler der Vorzeit. Archäologisches Korrespondenzblatt, Jahrgang 13, S. 355–358, Mainz 1983.

Die Stader Gruppe in der älteren Bronzezeit

AUST, Hans: Die Steinkiste von Flögeln. Die Kunde, N. F., Band 9, S. 142–145, Hannover 1958.
CASSAU, Adolf: Ein Steinkammergrab in Hagenah (Kreis Stade). Stader Archiv, N. F., Band 22, S. 52–63, Stade 1932.
CASSAU, Adolf: Drei bronzezeitliche Grabfunde in den Kreisen Stade und Bremervörde. Nachrichten aus Niedersachsens Urgeschichte, Band 7, S. 39–58, Hildesheim 1933.
CASSAU, Adolf: Ein frühbronzezeitlicher und endsteinzeitlicher Wagenradfund in Beckdorf, Kreis Stade. Nachrichten aus Niedersachsens Urgeschichte, Nr. 12, S. 63–71, Hildesheim 1938.
DEICHMÜLLER, Jürgen: Die Steinkiste von Hagenah. Stader Jahrbuch, S. 41–44, Stade 1965.
FISCHER, Ulrich: Zu der bronzezeitlichen Holzschale von Heerstedt im Kreis Wesermünde. Jahrbuch des Römisch-Germanischen Zentralmuseums Mainz 1954, Band 1, S. 15–27, Mainz 1954.
HAHNE, Hans: Bericht über die Ausgrabung eines Hügels bei Anderlingen, Kreis Bremervörde. Jahrbuch des Provinzial-Museums zu Hannover, S. 13–23, Hannover 1908.
JACOB-FRIESEN, Gernot: Die kulturelle und zeitliche Einordnung der Funde von Westersode. Die Kunde, N. F., Band 7, Seite 12–15, Hannover 1956.
KERSTEN, Karl: Über Steinkisten und Baumsarggräber. Offa, Band 6/7, S. 80–83, Neumünster 1944.
KLENCK, Wilhelm: Brand- und Körperbestattungen in einem bronzezeitlichen Hügelgrab bei Westersode, Kreis Land Hadeln. Die Kunde, N. F., Band 7, Heft 1–2, S. 5–12, Hannover 1956.

LAUX, Friedrich: Bronzezeitliche Männergräber aus Niedersachsen. Inventaria Archaeologica, Deutschland, Heft 17, Bonn 1973.

LAUX, Friedrich: Zur älteren und mittleren Bronzezeit in Niedersachsen. Aus: Beiträge zur mitteleuropäischen Bronzezeit, Teil II, S. 280, Berlin/Nitra 1990.

LAUX, Friedrich: Unbekannte und wenig beachtete Steinkisten aus dem Bereich der bronzezeitlichen Stader Gruppe. Die Kunde, Festschrift zum 65. Geburtstag von Gernot Jacob-Friesen, N. F., Band 41/42, S. 193–210, Hannover 1990/91.

LUCKE, Arne Benno: Die Besiedlung des südlichen Niederelbegebietes in der jüngeren Bronzezeit. Zur inneren Gliederung und Gruppenabgrenzung, Dissertation, Hamburg 1981.

MÖTEFINDT, Hugo: Der Dolmen von Lange, Kr. Lehe. Jahrbuch der Männer vom Morgenstern, Band 16, S. 135–141, Bremerhaven 1914.

MÜLLER-BRAUEL, Hans: Ein bronzezeitlicher Hügel mit sächsischer Nachbestattung bei Anderlingen. Prähistorische Zeitschrift, Jahrgang 5. 1./2. Heft, S. 222–227, Berlin 1913.

MÜLLER-BRAUEL, Hans: Die vorgeschichtlichen Denkmäler des Kreises Lehe. Jahrbuch der Männer vom Morgenstern, Jahrgang 16, S. 28–132, Bremerhaven 1914.

REDLICH, Clara: Der »Dreigötterstein« von Anderlingen, Kreis Bremervörde. Nachrichten aus Niedersachsens Urgeschichte, Band 32, S. 34–40, Hildesheim 1963.

SCHÜNEMANN, Detlef: Ein älterbronzezeitlicher Tonlöffel aus einem Hügelgrab bei Holtum-Geest, Kreis Verden. Nachrichten aus Niedersachsens Urgeschichte, Band 38, S. 131–132, Hildesheim 1969.

SCHÜNEMANN, Detlef: Die ältere und mittlere Bronzezeit im Kreis Verden. Urgeschichte des Kreises Verden. Teil V. Nachrichten aus Niedersachsens Urgeschichte, Band 44, S. 35–85, Hildesheim 1971.

SCHÜNEMANN, Detlef/PÖHL, Jörg/SCHUMANN, Joachim/FREESE, Heinz Dieter: Ein älterbronzezeitliches Totenhaus bei Baden, Stadt Achim, Kreis Verden. Nachrichten aus Niedersachsens Urgeschichte, Band 44, S. 341–344, Hildesheim 1975.

SPROCKHOFF, Ernst: Palaeogentilismus Bremensis von Martin Mushard, Pastor zu Geestendorf. Jahrbuch des Provinzialmuseums Hannover 1927, N. F., Band 3, S. 41–172, Hannover 1928.

TROMNAU, Gernot: Ein bronzezeitlicher Langhügel in der Fischbeker Heide bei Hamburg. Archäologisches Korrespondenzblatt, Jahrgang 7, S. 101–105, Mainz 1977.

WEGEWITZ, Willi: Ein Klappstuhl aus der älteren Bronzezeit aus Daensen, Kreis Harburg. Urgeschichtsstudien beiderseits der Niederelbe, S. 80–99, Hildesheim 1959.

WEGEWITZ, Willi: Die Gräber der Stein- und Bronzezeit im Gebiet der Niederelbe (Die Kreise Stade und Harburg). Veröffentlichungen der urgeschichtlichen Sammlungen des Landesmuseums zu Hannover, Band 11, Hildesheim 1949.

WEGEWITZ, Willi: Der Rillenstein vom Forsthaus Hollenbeck, Kreis Stade. Stader Jahrbuch, S. 7–23, Stade 1982.

WEGEWITZ, Willi: Der Klappstuhl von Daensen. Aus: Rund um den Kiekeberg. Vorgeschichte einer Landschaft an der Niederelbe, Hammaburg, Band 8, S. 36–37, Neumünster 1988.

Die Südhannoversche Gruppe

BARNER, Wilhelm: Urgeschichte des Leineberglandes, Hildesheim 1934.

COSACK, Erhard: Das Hügelgräberfeld im Osterholz bei Nordstemmen. Führer zu vor- und frühgeschichtlichen Denkmälern, Band 49. Hannover, Nienburg, Hildesheim, Alfeld. Teil II: Exkursionen, S. 285–288, Mainz 1981.

HÖCKMANN, Olaf: Schalenstein und Hügelgräber von Wiershausen. Aus: Führer zu archäologischen Denkmälern, Band 16. Göttingen und das Göttinger Becken, S. 153–156, Mainz 1970.

HOLSTE, Fritz: Die ältere Bronzezeit im Leinetal. Die Kunde, Band 2, S. 11–14, Hannover 1934.

HOLSTE, Fritz: Zur älteren Bronzezeit Südhannovers. Mannus, Band 26, S. 46–54, Leipzig 1934.

JÜNEMANN, Friedrich Bertram: Urgeschichtliche Denkmalpflege im Kreis Minden, Hannoversch Münden 1954.

LAUX, Friedrich: Die Bronzezeit im mittleren Niedersachsen. Aus: Führer zu vor- und frühgeschichtlichen Denkmälern, Band 48. Hannover, Nienburg, Hildesheim, Alfeld, Teil I: Einführende Aufsätze, S. 74–90, Mainz 1981.

LAUX, Friedrich: Zur älteren und mittleren Bronzezeit in Niedersachsen. Aus: Beiträge zur mitteleuropäischen Bronzezeit, Teil II, S. 283, Berlin/Nitra 1990.

MAIER, Reinhard: Untersuchung zweier Hügelgräber in der Gemarkung Werder, Kr. Hildesheim-Marienburg. Nachrichten aus Niedersachsens Urgeschichte, Band 38, S. 124–131, Hildesheim 1969.

MÜLLER, Johannes Heinrich/REIMERS, Jacobus: Vor- und frühgeschichtliche Alterthümer der Provinz Hannover, Hannover 1893.

PFAFF, Emanuel: Die prähistorischen Wohn- und Grabstätten von Hildesheim und Umgebung. Mitteilungen aus dem Roemer-Museum, Hildesheim, Nr. 25, Hildesheim 1914.

Die Oldenburg-emsländische Gruppe

DRESCHER, Hans: Das Profil der Sonnenscheibe von Moordorf. Die Kunde, N. F., Band 14, S. 112–114, Hannover 1963.

HAYEN, Hajo: Moorforschung 1975. Oldenburger Jahrbuch, 75./76. Band für 1975/76, S. 252–254, Oldenburg 1978.

JACOB-FRIESEN, Gernot: Zur Goldscheibe von Moordorf, Kreis Aurich. Nachrichten aus Niedersachsens Urgeschichte, Band 37, S. 3–5, Hildesheim 1968.

JACOB-FRIESEN, Karl Hermann: Die Goldscheibe von Moordorf bei Aurich mit ihren britischen und nordischen Parallelen. Jahrbuch für prähistorische & ethnographische Kunst, S. 25–44, Leipzig 1931.

KROPF, Walter: Die Goldscheibe von Moordorf in Ostfriesland. Germanen-Erbe, 1. Jahrgang, Band 12, S. 299–301, Leipzig 1936.

LAUX, Friedrich: Ein unbekannter Hortfund aus der Gegend von Wildeshausen in Oldenburg. Archäologische Mitteilungen aus Nordwestdeutschland, Band 5, S. 11–18, Oldenburg 1982.

LAUX, Friedrich: Ein Absatzbeil nordwestspanischer Herkunft aus Wildeshausen, Ldkr. Oldenburg. Archäologische Mitteilungen aus Nordwestdeutschland, Band 7, S. 11–18, Oldenburg 1984.

LINKE, Friedrich-Albert/SCHWARZ, Wolfgang: Zu einer Rettungsgrabung in Wiesens (Stadt Aurich), Ostfriesland. Berichte zur Denkmalpflege in Niedersachsen, 1. Jahrgang, Heft 2, S. 14–16, Hannover 1981.

MARSCHALLECK, Karl Heinz: Der Sonnenstein von Horsten (Kreis Wittmund). Ein neuer Vorgeschichtsfund in Ostfriesland. Ostfriesland, Zeitschrift für Kultur, Wirtschaft und Verkehr, Leer o. J.

METZLER, Alf/WILBERTZ, Otto Mathias: Zur Ur- und Frühgeschichte im Landkreis Oldenburg anhand der archäologischen Geländedenkmale. Oldenburger Jahrbuch 1987, Band 87, S. 213–241, Oldenburg 1987.

NOWOTHNIG, Walter: Zur Deutung der kreisverzierten Steine von Beckstedt und Harpstedt, Kreis Grafschaft Hoya. Die Kunde, N. F., Band 7, S. 91–95, Hannover 1956.

SCHWARZ, Wolfgang: Bedeutende Funde aus der Urgeschichte Ostfrieslands. I. Die Goldscheibe von Moordorf. Mitteilungen der Arbeitsgruppen der Ostfriesischen Landschaft, Heft 1, S. 26–30, Aurich 1974.

SCHWARZ, Wolfgang: Ostfriesische Fundchronik 1982 und 1983. Jahrbuch der Gesellschaft für vaterländische Altertümer zu Emden, Band 63/64, S. 157–158, Abb. 4, Emden 1984.

SCHWARZ, Wolfgang: Die Urgeschichte in Ostfriesland, Leer 1985.

SPROCKHOFF, Ernst: Niedersachsens Bedeutung für die Bronzezeit Westeuropas. Zur Verankerung einer neuen Kulturprovinz. 31. Bericht der Römisch-Germanischen Kommission 1941, II. Teil, S. 1–138, Frankfurt/Main 1942.

DE WALL, Karl-Heinz: Landkreis Wittmund, Jever 1977.

WEGNER, Günter: Ein Grabhügelfeld der älteren Bronzezeit in Kirchhatten, Landkreis Oldenburg. Oldenburger Jahrbuch 1978/79, Band 78/79, S. 267–291, Oldenburg 1979.

WILHELMI, Klemens: Siedlungsarchäologische Bezüge zwischen den nördlichen Niederlanden und Nordwestdeutschland von 1500 vor bis Chr. Geb. Nachrichten aus Niedersachsens Urgeschichte, Band 50, S. 1–42, Hildesheim 1981.

WILHELMI, Klemens: Pfostengesäumte Zugänge älterbronzezeitlicher Grabanlagen in Nordwestdeutschland und den Niederlanden sowie ihre Vorläufer in England. Archäologisches Korrespondenzblatt, Jahrgang 15, S. 151–156, Mainz 1985.

WILHELMI, Klemens: Älterbronzezeitliche Grabanlagen mit Pfostenzuwegung in Westniedersachsen und ihre englischen Muster. Ausgrabungen in Niedersachsen. Archäologische Denkmalpflege 1979–1984. Herausgegeben von der Archäologischen Denkmalpflege im Institut für Denkmalpflege, Niedersächsisches Landesverwaltungsamt, durch Klemens Wilhelmi. Berichte zur Denkmalpflege in Niedersachsen, Beiheft 1, S. 163–167, Stuttgart 1985.

Die nordische ältere Bronzezeit

ANER, Ekkehard/KERSTEN, Karl: Die Funde der älteren Bronzezeit des nordischen Kreises in Dänemark, Schleswig-Holstein und Niedersachsen. Band 4. Südschleswig-Ost. Die Kreise Schleswig-Flensburg und Rendsburg-Eckernförde (nördlich des Nord-Ostsee-Kanals), København/Neumünster 1978.

ANER, Ekkehard/KERSTEN, Karl: Die Funde der älteren Bronzezeit des nordischen Kreises in Dänemark, Schleswig-Holstein und Niedersachsen, Band 5. Südschleswig-West, Nordfriesland, København/Neumüster 1979.

ASMUS, Wolfgang Dietrich: Bronzezeit im Norden und östlichen Mittelmeerraum. Die Kunde, N. F., Band 13/14, S. 81–95, Hannover 1979.

BELTZ, Robert: Die Vorgeschichte von Mecklenburg, Berlin 1899.

BELTZ, Robert: Die bronzezeitlichen Dosen und Becken aus Mecklenburg. Prähistorische Zeitschrift, Band 13/14, S. 98–127, Berlin 1921/22.

BRØNDSTED, Johannes: Nordische Vorzeit. Band 2. Bronzezeit in Dänemark, Neumüster 1962.

HACHMANN, Rolf: Süddeutsche Hügelgräber- und Urnenfelderkulturen und ältere Bronzezeit im westlichen Ostseegebiet. Offa, Jahrgang 15, S. 42–76, Neumünster 1956.

HANDELMANN, Gottfried Heinrich: Eine bronzene Dose mit Deckel. Mittheilungen zur Alterthumskunde der Herzogthümer Schleswig, Holstein und Lauenburg. 23. Bericht der Königlichen Schleswig-Holstein-Lauenburgischen Gesellschaft für die Sammlung und Erhaltung vaterländischer Alterthümer, S. 50–61, Kiel 1863.

HUNDT, Hans-Jürgen: Die Bronzedosen der älteren Bronzezeit Mecklenburgs. Germania, Jahrgang 28, Heft 3/4, S. 197–209, Frankfurt/Main 1944–1950.

JACOB-FRIESEN, Gernot: Bronzezeitliche Lanzenspitzen Norddeutschlands und Skandinaviens. Veröffentlichungen der urgeschichtlichen Sammlungen des Landesmuseums zu Hannover, Band 17, Hildesheim 1967.

JUST, Friedrich: Das Hügelgrab von Wendelstorf, Kreis Bad Doberan. Bodendenkmalpflege in Mecklenburg, Jahrbuch 1956, S. 28–52, Schwerin 1958.

JUST, Friedrich: Lederreste aus der älteren Bronzezeit in Mecklenburg. Bodendenkmalpflege in Mecklenburg, Jahrbuch 1966, S. 201–206, Schwerin 1967.

KEILING, Horst: Bronzezeitliche Bronzefunde aus dem Bezirk Schwerin. Bodendenkmalpflege in Mecklenburg, Jahrbuch 1980, S. 21–60, Berlin 1981.

KEILING, Horst: Die Kulturen der mecklenburgischen Bronzezeit. Archäologische Funde und Denkmale aus dem Norden der DDR. Herausgegeben vom Museum für Ur- und Frühgeschichte Schwerin, Museumskatalog 6, Schwerin 1987.

KERSTEN, Karl: Zur älteren nordischen Bronzezeit. Veröffentlichungen der schleswig-holsteinischen Universitätsgesellschaft, Forschungen zur Vor- und Frühgeschichte aus dem Museum vorgeschichtlicher Altertümer in Kiel, Band 3, Neumünster 1935.

KERSTEN, Karl: Der Fund eines Baumsarges bei Harrislee, Kreis Flensburg. Nachrichtenblatt für Deutsche Vorzeit, Band 18, Heft 3/4, S. 83–89, Leipzig 1942.

KERSTEN, Karl: Die Funde der älteren Bronzezeit in Pommern. 7. Beiheft zum Atlas der Urgeschichte, Hamburg 1958.

KERSTEN, Karl: Einige dosenförmige Buckelortbänder aus Nordschleswig und Holstein. Offa, Jahrgang 17/18, S. 125–130, Neumünster 1959/1961.

KOSSACK, Georg: Beiträge zur Ur- und Frühgeschichte Mecklenburgs. Ein Forschungsbericht. Offa, Jahrgang 23, S. 7–72, Neumünster 1966.

LAUX, Friedrich: Bronzezeitliche Bewaffnung an der Niederelbe (1400 bis 1200 v. Chr.). Faltblätter des Helms-Museums, Nr. 27, Hamburg 1977.

LAUX, Friedrich: Reiche Männergräber aus Gülzow, Kreis Herzogtum Lauenburg. Ein Beitrag zur regionalen Gruppengliederung im südlichen Holstein während der älteren und mittleren Bronzezeit. Offa, Jahrgang 46, S. 51–72, Neumünster 1989.

LISCH, Georg Christian Friedrich: Kegelgräber von Alt-Samnit. Jahrbücher des Vereins für mecklenburgische Geschichte und Altertumskunde, Band 12, S. 407–409, Schwerin 1847.

MASTALER, Wilhelm: Ein Flintschlagplatz der älteren Bronzezeit bei Bellin, Kreis Güstrow. Informationen des Bezirksarbeitskreises für Ur- und Frühgeschichte Schwerin, Heft 30, S. 11–19, Schwerin 1990.

MÜLLER, Sophus: Entstehung und erste Entwicklung der Europäischen Bronzekultur beleuchtet durch die älteren Bronzefunde im südöstlichen Europa. Deutsche Ausgabe von Johanna Mestorf, Braunschweig 1884.

OTTENJANN, Helmut: Die nordischen Vollgriffschwerter der älteren und mittleren Bronzezeit. Römisch-Germanische Forschungen, Band 30, S. 1–121, Berlin 1969.

RÖSCHMANN, Jacob: Ein Grabfund der älteren Bronzezeit von Süderschmedeby, Kreis Flensburg. Offa, Jahrgang 10, S. 2–4, Neumüster 1952.

SCHOKNECHT, Ulrich: Ein bronzenes Vollgriffschwert der Periode II aus Alt Tellin, Kreis Demmin, und die mecklenburgischen Vollgriffschwerter der frühen und älteren Bronzezeit. Bodendenkmalpflege in Mecklenburg, Jahrbuch 1972, S. 45–83, Schwerin 1973.

SCHUBART, Hermannfried: Die Funde der älteren Bronzezeit in Mecklenburg. Offa-Bücher, Band 26, Neumünster 1972.

SCHULDT, Ewald: Mecklenburg urgeschichtlich, Schwerin 1954.

SPROCKHOFF, Ernst: Die germanischen Griffzungenschwerter. Römisch-Germanische Forschungen, Band 9, Berlin/Leipzig 1931.

SPROCKHOFF, Ernst: Fremdlinge in Holstein. Offa, Jahrgang 9, S. 20–27, Neumünster 1951.

SPROCKHOFF, Ernst: Nordische Bronzezeit und frühes Griechentum. Jahrbuch des Römisch-Germanischen Zentralmuseums Mainz 1954, S. 28–110, Mainz 1954.

STRUVE, Karl W.: Ein älterbronzezeitlicher Hortfund mit Gußformen aus Rendsburg. Offa, Jahrgang 19, S. 119–131, Neumünster 1962.

STRUVE, Karl W.: Die Bronzezeit. Aus: Geschichte Schleswig-Holsteins, Band 2, S. 3–146, Neumünster 1979.

STRUVE, Karl W.: Die Kultur der Bronzezeit in Schleswig-Holstein. Schleswig-Holsteinisches Landesmuseum für Vor- und Frühgeschichte in Schleswig, Wegweiser durch die Sammlung, Neumünster 1982.

STRUVE, Karl W.: Zwei getriebene Bronzetassen der älteren Bronzezeit aus Schleswig-Holstein. Offa, Jahrgang 40, S. 241–256, Neumünster 1983.

TIDOW, Klaus: Frühgeschichtliche Wollgewebe aus Norddeutschland – und ihre Verbreitung und Herstellung. Aus: FANSA, Mamoun: Experimentelle Archäologie in Deutschland. Archäologische Mitteilungen aus Nordwestdeutschland, S. 410–417, Oldenburg 1990.

WERNER, Wolfgang M.: Klappschemel der Bronzezeit. Germania, Jahrgang 65, 1. Halbband, S. 29–65, Frankfurt/Main 1987.

WILLROTH, Karl-Heinz: Zu den Meißeln der älteren nordischen Bronzezeit. Offa, Jahrgang 42, S. 393–430, Neumünster 1985.

WILLROTH, Karl-Heinz: Schleswig-Holstein während der älteren Bronzezeit – Anmerkungen zur Gliederung der Grabfunde der Perioden II und III. Aus: Beiträge zur Geschichte und Kultur der mitteleuropäischen Bronzezeit, Teil II, S. 537–555, Berlin/Nitra 1990.

Die ältere Bronzezeit im westlichen Brandenburg

BOHM, Waldtraut: Die ältere Bronzezeit in der Mark Brandenburg. Vorgeschichtliche Forschungen, Heft 9, Berlin 1935.

BOHM, Waldtraut: Die Vorgeschichte des Kreises Westprignitz, Leipzig 1937.

BREDDIN, Rolf: Untersuchung einer älterbronzezeitlichen Grabhügelgruppe von Sadenbeck, Kr. Pritzwalk. Veröffentlichungen des Museums für Ur- und Frühgeschichte Potsdam, Band 12, S. 59–80, Potsdam 1978.

BREDDIN, Rolf: Ein älterbronzezeitlicher Hort von Roskow, Kreis Brandenburg. Ausgrabungen und Funde, Band 34, Heft 2, S. 52–57, Berlin 1989.

BREDDIN, Rolf: Zur Hügelgräberbronzezeit in der Prignitz. Aus: Beiträge zur Geschichte und Kultur der mitteleuropäischen Bronzezeit, Teil I, S. 75–86, Berlin/Nitra 1990.

BREDDIN, Rolf: Eine älterbronzezeitliche Schmuckplatte aus dem Havelland. Ausgrabungen und Funde, Band 38, Heft 2, S. 81–86, Berlin 1993.

FRIEDEL, Ernst: Die Fundstücke aus den Kegelgräbern bei Weitgendorf, am Wege nach Schmarsow. Zeitschrift für Ethnologie, zehnter Jahrgang, S. 435–436, Berlin 1878.

HORST, Fritz: Das mittelbronzezeitliche Hügelgräberfeld von Weitgendorf, Kr. Pritzwalk. Veröffentlichungen des Museums für Ur- und Frühgeschichte Potsdam, Band 21, S. 131–144, Berlin 1987.

PETSCH, Hermann: Die Ältere Bronzezeit in Mitteldeutschland, Borna 1940.

STEPHAN, Eberhard: Die ältere Bronzezeit in der Altmark. Veröffentlichungen des Landesmuseums für Vorgeschichte in Halle, Band 15, S. 1–68, Halle/Saale 1956.

VOGT, Inken: Der Hortfund von Spandau. Prähistorische Archäologie im Raum Berlin, S. 81–99, Berlin 1991.

Die Vorlausitzer Kultur

BIERBAUM, Georg: Der Bronzefund von Medingen, Amtshauptmannschaft Großenhain. Sitzungsberichte und Abhandlungen der Naturwissenschaftlichen Gesellschaft Isis in Dresden, S. 183–194, Dresden 1934.

BIERBAUM, Georg: Die Prunkaxt von Meißen. Sachsens Vorzeit, 1. Jahrgang, 2. Teil, S. 81–87, Leipzig 1937.

BILLIG, Gerhard: Medingen – Hort oder Grab? Zur Situation um die Anfänge der Lausitzer Kultur in Mittelsachsen. Aus: Beiträge zur Geschichte und Kultur der mitteleuropäischen Bronzezeit, Teil I, S. 45–53, Berlin/Nitra 1990.

BOHM, Waldtraut: Die ältere Bronzezeit in der Mark Brandenburg. Vorgeschichtliche Forschungen, Heft 9, Berlin 1935.

COBLENZ, Werner: Grabfunde der Mittelbronzezeit in Sachsen. Veröffentlichungen des Landesmuseums für Vorgeschichte Dresden, Dresden 1952.

COBLENZ, Werner: Bemerkungen zum Forschungsstand über die Vorlausitzer Kultur nördlich vom Erzgebirge und Lausitzer Bergland. Kommission für das Äneolithikum und die ältere Bronzezeit, S. 185–196, Nitra 1958.

COBLENZ, Werner: Vorläufer und Anfänge der Lausitzer Kultur im Süden der DDR. Aus: Beiträge zur Geschichte und Kultur der mitteleuropäischen Bronzezeit, Teil I, S. 101–117, Berlin/Nitra 1990.

EGGERS, Hans Jürgen: Das Gräberfeld von Wartin-Grünz, Kreis Randow. Aus: 11. Beiheft zum Atlas der Urgeschichte, Pommersche Funde und Ausgrabungen aus den 30er und 40er Jahren, S. 39–60, Hamburg 1969.

GEDL, Marek: Die klassische Phase der Vorlausitzer Kultur. Aus: Beiträge zur Geschichte und Kultur der mitteleuropäischen Bronzezeit, Teil I, S. 153–164, Berlin/Nitra 1990.

GEDL, Marek: Die Vorlausitzer Kultur. Prähistorische Bronzefunde XXI, Band 2, Stuttgart 1992.

GÖTZE, Alfred: Die vor- und frühgeschichtlichen Denkmäler des Kreises Lebus. Beihefte zu Die Kunstdenkmäler der Provinz Brandenburg, Band 4, Teil 1, Berlin 1920.

GÖTZE, Alfred: Die vor- und frühgeschichtlichen Denkmäler der Stadt Frankfurt a. O. Beihefte zu Die Kunstdenkmäler der Provinz Brandenburg, Band 4, Teil 2, Berlin 1920.

GÜHNE, Arndt/SIMON, Klaus: Frühe Siedlungen am Elbübergang in Dresden-Neustadt. Arbeits- und Forschungsberichte zur sächsischen Bodendenkmalpflege, Band 30, S. 187–343, Berlin 1986.

GRÜNBERG, Walter: Rasiermesser mit Pferdekopf in lausitzischen Gräbern. Marburger Studien zur Vor- und Frühgeschichte, Festschrift für Gero von Merhart, S. 70–76, Darmstadt 1938.

JACOB, Karl Hermann: Zur Prähistorie Nordwest-Sachsens. Nova Acta, Abh. der Kaiserl. Leop. Carol. Deutschen Akademie der Naturforscher, Band XCN, Nr. 2, Halle/Saale 1911.

KOSTRZEWSKI, Józef: Z badań nad osadnictwem wczesnej i środkowej epoki bronzowej na ziemiach polskich. Przegląd Archaeologiczny, Band 2, S. 161–218, Poznań 1924.

PETSCH, Hermann: Die Ältere Bronzezeit in Mitteldeutschland, Borna 1940.

Die Mittelbronzezeit in Österreich

NEUGEBAUER, Johannes-Wolfgang: Die mittlere Bronzezeit. Aus: Die Bronzezeit im Osten Österreichs. Forschungsberichte zur Ur- und Frühgeschichte, Band 13, S. 39–43, Sankt Pölten 1987.

NEUGEBAUER, Johannes-Wolfgang: Frühe und mittlere Bronzezeit. Aus: Archäologie in Niederösterreich. St. Pölten und das Traisental, S. 72–78, Sankt Pölten 1993.

Die Hügelgräber-Kultur

BARTH, Fritz Eckart: Bronzezeitliche Graphittonkeramik vom Salzbergtal bei Hallstatt. Annalen des Naturhistorischen Museums Wien, Reihe A, Band 85, S. 19–26, Wien 1983.

BAUER, Kurt/WOLFF, Petra: Faunistische Untersuchungen am ausgegrabenen Knochenmaterial von Pitten, Niederösterreich. Mitteilungen der Prähistorischen Kommission der Österreichischen Akademie der Wissenschaften, Band 21/22, S. 13–231, Wien 1982–1985.

BENKOVSKY-PIVOVAROVÁ, Zoja: Zur kulturellen Stellung des »Rollerfundes« von Mistelbach im Rahmen der entstehenden Hügelgräberkultur. Istrazivanja, Band 5, S. 17–25, Novi Sad 1976.

BENKOVSKY-PIVOVAROVÁ, Zoja: Zur kulturellen Stellung der Hügelgräberkultur im Osten Österreichs. Festschrift für Wilhelm Albert von Brunn, S. 3–20, Mainz 1981.

BENKOVSKY-PIVOVAROVÁ, Zoja: Das Bronzeinventar des mittelbronzezeitlichen Gräberfeldes von Pitten, Niederösterreich. Mitteilungen der Prähistorischen Kommission der Österreichischen Akademie der Wissenschaften, Band 21/22, S. 23–105, Wien 1982–1985.

BERG, Friedrich: Mittelbronzezeitliche Grabfunde aus Maiersch und Theras, Niederösterreich. Archaeologia Austriaca, Heft 27, S. 21–51, Wien 1960.

DONEUS, Michael: Zum mittelbronzezeitlichen Keramikdepot von Maisbirbaum, Gem. Ernstbrunn, pol. Bez. Korneuburg, Niederösterreich. Archaeologia Austriaca, Heft 75, S. 107–128, Wien 1991.

EIBNER, Clemens: Ein mittelbronzezeitlicher Gefäßverwahrfund von Schrattenberg, p. B. Mistelbach, N.Ö., zur Interpretation der sogenannten Töpfereiwarenlager. Archaeologia Austriaca, Heft 46, S. 19–52, Wien 1969.

EIBNER, Clemens: Kupfererzbergbau in Österreichs Alpen. Südosteuropa zwischen 1600 und 1200 v. Chr. Aus: HÄNSEL, Bernhard (Herausgeber): Prähistorische Archäologie in Südosteuropa, S. 399–408, Berlin 1982.

GROSSSCHMIDT, Karl: Ein mittelbronzezeitlicher Leichenbrand aus Rabensburg, Niederösterreich. Mikroradiographien als Nachweis für die Verbrennungstemperatur. Fundberichte aus Österreich 1991, Band 30, S. 71–75, Wien 1992.

HAMPL, Franz/KERCHLER, Helga/BENKOVSKY-PIVOVAROVÁ, Zoja: Das mittelbronzezeitliche Gräberfeld von Pitten in Niederösterreich. Ergebnisse der Ausgrabungen des Niederösterreichischen Landesmuseums in den Jahren 1967 bis 1973 mit Beiträgen über Funde aus anderen urzeitlichen Perioden. Band 1. Fundberichte und Tafeln. Mitteilungen der Prähistorischen Kommission der Österreichischen Akademie der Wissenschaften, Band 19/20, Wien 1978–1981.

HAMPL, Franz/KERCHLER, Helga/BENKOVSKY-PIVOVAROVÁ, Zoja: Das mittelbronzezeitliche Gräberfeld von Pitten in Niederösterreich. Ergebnisse der Ausgrabungen des Niederösterreichischen Landesmuseums in den Jahren 1967 bis 1973 mit Beiträgen über Funde aus anderen urzeitlichen Perioden. Band 2. Auswertung. Mitteilungen der Prähistorischen Kommission der Österreichischen Akademie der Wissenschaften, Band 21/22, Wien 1982–1985.

HEBERT, Bernhard: Höring-Forstgarten – Eine bronzezeitliche Siedlung am Stadtrand von Deutschlandsberg. Archäologie Österreichs, Band 2, S. 41, Wien 1991.

HELL, Martin: Eine bronzezeitliche Höhensiedlung bei St. Johann im Pongau in Salzburg und ihre Beziehungen zum alpinen Kupferbergbau. Mitteilungen der Anthropologischen Gesellschaft in Wien, Band 51, S. 194–202, Wien 1921.

HELL, Martin: Hügelgräber und Siedlungen der Bronzezeit aus Grödig. Archaeologia Austriaca, Heft 21, S. 10–23, Wien 1957.

HELL, Martin: Die urzeitliche Opferstelle in Morzg bei Salzburg. Archaeologia Austriaca, Heft 55, S. 100–114, Wien 1974.

HOERNES, Moritz/MENGHIN, Oswald: Urgeschichte der bildenden Kunst in Europa, 3. Auflage, S. 825, Wien 1925.

KAUS, Margarete: Die mittelbronzezeitlichen Hügelgräber von Sieggraben-Bahnwald. Wissenschaftliche Arbeiten aus dem Burgenland, Band 69, S. 43–54, Eisenstadt 1984.

KAUS, Margarete: Die mittelbronzezeitlichen Gräber von Neudörfl. Wissenschaftliche Arbeiten aus dem Burgenland, Band 71, S. 76–84, Eisenstadt 1985.

KOVÁCS, Tibor: Füzesabony-Kultur. Aus: TASIC, Nikola (Herausgeber): Kulturen der Frühbronzezeit des Karpatenbeckens und Nordbalkans, S. 235–256, Belgrad 1984.

KRÄMER, Walter: Die Vollgriffschwerter in Österreich und der Schweiz. Prähistorische Bronzefunde IV, Band 10, München 1985.

KRIEGLER, Karl: Bronzezeitliche Funde aus Niederösterreich. Wiener Prähistorische Zeitschrift, 12. Jahrgang, S. 107–111, Wien 1925.

KRIEGLER, Karl: Neue Bronzezeitfunde aus Wetzleinsdorf (Niederösterreich). Wiener Prähistorische Zeitschrift, 13. Jahrgang, S. 98–101, Wien 1926.

LAUE, Sigrid: Das namengebende Schwert vom »Typ Sauerbrunn«. Wissenschaftliche Arbeiten aus dem Burgenland, Band 71, S. 57–63, Eisenstadt 1985.

LEBZELTER, Viktor: Ein Kinderschädel vom Aunjetitzer Typus aus einem Grabe bei Wetzleinsdorf (Niederösterreich). Wiener Prähistorische Zeitschrift, 12. Jahrgang, S. 112–115, Wien 1925.

MAURER, Hermann: Ein mittelbronzezeitlicher textilartiger Abdruck von Weitersfeld, pol. Bezirk Horn, Horner Schriften zur Ur- und Frühgeschichte, Band 3, S. 127–128, Horn 1981.

MOOSLEITNER, Fritz: Ein Urnenfriedhof der Mittleren Bronzezeit in Schernberg. Archäologie Österreichs, Band 2, Heft 2, S. 37–38, Wien 1991.

MOZSOLICS, Amália: Die Ausgrabungen in Tószeg im Jahre 1948. Acta Archaeologica Academiae Scientarium Hungaricae, Band 2, S. 66, Budapest 1952.

NEBEHAY, Stefan: Vorbericht über die Notgrabungen 1972–1978 in Wetzleinsdorf, Gem. Großrußbach. Fundberichte aus Österreich 1979, Band 18, S. 179–186, Wien 1979.

NESTOR, Ion: Der Stand der Vorgeschichtsforschung in Rumänien. 22. Bericht der Römisch-Germanischen Kommission 1932, S. 89–92, Berlin 1933.

NEUGEBAUER, Johannes-Wolfgang: Fundmaterialien aus der ältesten Stufe der Hügelgräberbronzezeit aus dem Raume von Mannersdorf am Leithagebirge. Fundberichte aus Österreich, Band 19, S. 157–201, Wien 1981.

NEUGEBAUER, Johannes-Wolfgang: Eine mittelbronzezeitliche Siedlungsgrube aus Trasdorf, p. B. Tulln, NÖ. Archaeologia Austriaca, Heft 47, S. 9–43, Wien 1970.

PATAY, Pál: Frühbronzezeitliche Kulturen in Ungarn. Dissertationes Pannonicae, Serie II, Band 13, S. 91–102, Budapest 1938.

PATZELT, Gernot: Die Gletscher der Venedigergruppe. Die Geschichte ihrer Schwankungen seit dem Beginn der postglazialen Wärmezeit, Innsbruck 1967.

PATZELT, Gernot: Die postglazialen Gletscher- und Klimaschwankungen in der Venedigergruppe (Hohe Tauern, Ostalpen). Zeitschrift für Geomorphologie, Supplement-Band 16, S. 25–72, Berlin/Stuttgart 1973.

SCHULTZ, Michael/TESCHLER-NICOLA, Maria: Zwei gut geheilte, seltene Frakturen aus dem mittelbronzezeitlichen Gräberfeld von Pitten, Niederösterreich. Archaeologia Austriaca, Heft 68, S. 57–62, Wien 1984.

STROH, Franz: Ein Depotfund der Bronzezeit vom Kürnberg bei Linz a. D. Oberösterreich. Archaeologia Austriaca, Heft 19/20, S. 158–162, Wien 1956.

STUCHLÍK, Stanislav: Die Věteřov-Gruppe und die Entstehung der Hügelgräberkultur in Mähren. Prähistorische Zeitschrift, Band 67, S. 15–42, Berlin 1992.

TESCHLER-NICOLA, Maria: Die Körper- und Brandbestattungen des mittelbronzezeitlichen Gräberfeldes von Pitten, Niederösterreich. Demographische und anthropologische Analyse. Mitteilungen der Prähistorischen Kommission der Österreichischen Akademie der Wissenschaften, Band 21/22, S. 127–272, Wien 1982–1985.

TESCHLER-NICOLA, Maria: Die mittelbronzezeitlichen Skelettreste aus Neudörfl. Wissenschaftliche Arbeiten aus dem Burgenland, Band 71, S. 85–88, Eisenstadt 1985.

TOMPA, Ferenc von: 25 Jahre Urgeschichtsforschung in Ungarn 1912–1936. 24./25. Bericht der Römisch-Germanischen Kommission 1934/35, S. 90–98, Berlin 1937.

URBAN, Otto: Zwei weitere bronzezeitliche Körpergräber aus Wetzleinsdorf, NÖ. Fundberichte aus Österreich, Band 19, S. 293–303, Wien 1981.

VAHLKAMP, Guido: Das mittelbronzezeitliche Vollgriffschwert aus Au am Leithagebirge. Archäologisches Korrespondenzblatt, Band 10, S. 139–146, Mainz 1980.

VAHLKAMP, Guido: Das mittelbronzezeitliche Vollgriffschwert aus Zurndorf. Wissenschaftliche Arbeiten aus dem Burgenland, Band 69, S. 38–42, Eisenstadt 1984.

WILLVONSEDER, Kurt: Die mittlere Bronzezeit in Österreich, Leipzig 1937.

WINDL, Helmut: »Fürsten« der Bronzezeit in Pitten. Sonderausstellung im Museum für Urgeschichte in Asparn an der Zaya vom 1. April bis 31. Oktober 1983. Katalog des Niederösterreichischen Landesmuseums, Neue Folge 135, Wien 1983.

Die Inneralpine Bronzezeit in der Mittelbronzezeit

FETZ, Hermann: Koblach-Kadel, Schnittpunkt zweier Kulturgebiete. Jahrbuch Vorarlberger Landesmuseumsverein, S. 9–42, Bregenz 1988.

LUNZ, Raimo: Studien zur End-Bronzezeit und älteren Eisenzeit im Südalpenraum. Origines, Firenze 1974.

RAGETH, Jürg: Die wichtigsten Resultate der Ausgrabungen in der bronzezeitlichen Siedlung auf dem Padnal bei Savognin (Oberhalbstein GR). Jahrbuch der Schweizerischen Gesellschaft für Ur- und Frühgeschichte, Band 69, S. 63–103, Basel 1986.

STAUFFER-ISENRING, Lotti: Die Siedlungsreste von Scuol Munt Baselgia (Unterengadin GR). Ein Beitrag zur inneralpinen Bronze- und Eisenzeit. Antiqua, Band 9, Veröffentlichungen der Schweizerischen Gesellschaft für Ur- und Frühgeschichte, Basel 1983.

ZEMMER-PLANK, Liselotte: Neufunde bronzener Vollgriffschwerter aus Tirol und Salzburg. Schild von Steier, Band 15/16, Festschrift für Walter Modrijan, S. 23–32, Graz 1978/79.

Die Mittelbronzezeit in der Schweiz

BOCKSBERGER, Olivier-Jean: Age du Bronze en Valais et dans le Chablais vaudois, Lausanne 1964.

MILLOTTE, Jacques Pierre: Le Jura et les Plaines de la Saône aux âges des métaux, Paris 1963.

OSTERWALDER, Christin: Die mittlere Bronzezeit im schweizerischen Mittelland und Jura. Monographien zur Ur- und Frühgeschichte der Schweiz, Band 19, Basel 1971.

Die Hügelgräber-Bronzezeit

BAUER, Irmgard/FORT-LINKSFEILER, Daniela/RUCKSTUHL, Beatrice/HASENFRATZ, Albin/HAUSER, Claire/MATTER, Annamaria: Bronzezeitliche Landsiedlungen und Gräber. Berichte der Zürcher Denkmalpflege, Band 11, Zürich 1992.

BILL, Jakob: Das Schwertdepot von Oberillau. Helvetia Archaeologica, Jahrgang 15, Heft 57/60, S. 25–32, Zürich 1984.

BROGLI, Werner: Die bronzezeitliche Fundstelle »Uf Wigg« bei Zeiningen AG. Jahrbuch der Schweizerischen Gesellschaft für Ur- und Frühgeschichte, Band 63, S. 77–91, Basel 1980.

FREI, Benedikt: Durchbrochene Armbänder der Hügelgräberbronzezeit. Germania, Jahrgang 33, Heft 4, S. 324–333, Frankfurt/Main 1955.

GRAF, Markus: Ein mittelbronzezeitliches Kriegergrab aus Rafz im Kanton Zürich. Archäologie der Schweiz, Band 16, Heft 1, S. 12–16, Basel 1993.

MÜLLER, Felix: Ein mittelbronzezeitlicher Hortfund aus Allschwil BL. Archäologie der Schweiz, Band 5, Heft 3, S. 170–177, Basel 1982.

MÜLLER, Felix: Ein keltisches Oppidum auf der Sissacher Fluh? Archäologie der Schweiz, Band 8, Heft 2, S. 73–79, Basel 1985.

MÜLLER-BECK, Hansjürgen: Ein westeuropäisches Vollgriffschwert aus Thun (Berner Oberland). Germania, Jahrgang 37, Heft 1–4, S. 90–95, Frankfurt/Main 1959.

OSTERWALDER, Christin: Die mittlere Bronzezeit im Mittelland und Jura. Aus: Ur- und frühgeschichtliche Archäologie der Schweiz, Band 3, S. 27–40, Basel 1971.

RUDIN-LALONDE, Kurt: Pratteln BL – Meierhofweg. Eine Fundstelle der Mittelbronze- und der Spätlatènezeit. Archäologie der Schweiz, Band 8, Heft 2, S. 58–61, Basel 1985.

SCHAUER, Peter: Die Schwerter in Süddeutschland, Österreich und der Schweiz I. Prähistorische Bronzefunde IV, Band 2, München 1971.

VOGT, Emil: Die Sissacherfluh (Sissach, Baselland). Jahrbuch der Schweizerischen Gesellschaft für Urgeschichte, Band 28, S. 20–23, Frauenfeld 1936.

VOGT, Emil: Die bronzezeitlichen Grabhügel von Weiningen (Kt. Zürich). Zeitschrift für schweizerische Archäologie und Kunst, Band 10, S. 28–42, Zürich 1948/49.

VOGT, Emil: Die mittlere Bronzezeit in der Schweiz. Aus: DRACK, Walter (Herausgeber): Die Bronzezeit in der Schweiz. Repertorium der Ur- und Frühgeschichte der Schweiz, S. 11–16, Zürich 1956.

WYSS, René: Siedlungswesen und Verkehrswege. Ur- und frühgeschichtliche Archäologie der Schweiz, Band III, Die Bronzezeit, S. 103–122, Zürich 1971.

WYSS, René: Technik, Wirtschaft, Handel. Ur- und frühgeschichtliche Archäologie der Schweiz, Band III, Die Bronzezeit, S. 123–144, Zürich 1971.

Die Inneralpine Bronzezeit in der Mittelbronzezeit

BISCHOF, Nicolin: Oberingenieur Hans Conrad zum Gedenken. Bündner Monatsblatt, S. 246–248, Chur 1961.

BURKART, Walo: Bronzezeitliche Mahlsteine von Mutta/Fellers und Cresta/Cazis (Kanton Graubünden). Jahrbuch der Schweizerischen Gesellschaft für Urgeschichte, Band 35, S. 136–139, Frauenfeld 1944.

BURKART, Walo: Crestaulta. Eine bronzezeitliche Hügelsiedlung bei Surin im Lugnez. Monographien zur Ur- und Frühgeschichte der Schweiz, Band 5, Basel 1946.

BURKART, Walo: Die Grabstätten der Crestaulta-Siedler. Ur-Schweiz, Jahrgang 12, Nr. 2, S. 5–9, Basel 1948.

BURKART, Walo: Die bronzezeitliche Teilnekropole am Cresta Petschna. Ur-Schweiz, Jahrgang 13, Nr. 3, S. 33–39, Basel 1949.

CONRAD, Hans: Die urgeschichtliche Siedlung von Mottata im Unterengadin. Bündner Jahrbuch, S. 99–104, Chur 1961.

FISCHER, Calista: Das Geheimnis der Mauritiusquelle. Aus: Die Bronzezeit, das erste goldene Zeitalter Europas. Europäisches Erbe, Nr. 2, S. 18–20, Straßburg 1994.

HEIERLI, Jakob: Die bronzezeitliche Quellfassung von St. Moritz. Anzeiger für Schweizerische Altertumskunde, Band 9, S. 265–278, Zürich 1907.

NAULI, Silvester: Eine bronzezeitliche Anlage in Cunter/Caschlings. Helvetia Archaeologica, Jahrgang 8, Heft 29/30, S. 25–34, Zürich 1977.

NAULI, Silvester: Zur Urgeschichte und römischen Epoche im Engadin. Aus: CONRAD, Hans: Schriften zur urgeschichtlichen und römischen Besiedlung des Engadins, S. 57–61, Lavin/Pontresina 1981.

NAULI, Silvester/RAGETH, Jürg: Katalog der urgeschichtlichen und römischen Fundstellen im Engadin und Münstertal. Aus: CONRAD, Hans: Schriften zur urgeschichtlichen und römischen Besiedlung des Engadins, S. 115–134, Lavin/Pontresina 1981.

RAGETH, Jürg: Die bronzezeitliche Siedlung auf dem Padnal bei Savognin. Helvetia Archaeologica, Jahrgang 8, Heft 29/30, S. 12–24, Zürich 1977.

RAGETH, Jürg: Die bronzezeitliche Siedlung auf dem Padnal bei Savognin (Oberhalbstein, GR). Grabung 1973. Jahrbuch der Schweizerischen Gesellschaft für Ur- und Frühgeschichte, Band 60, S. 43–101, Basel 1977.

RAGETH, Jürg: Die bronzezeitliche Siedlung auf dem Padnal bei Savognin (Oberhalbstein, GR). Grabung 1974. Jahrbuch der Schweizerischen Gesellschaft für Ur- und Frühgeschichte, Band 61, S. 7–63, Basel 1978.

RAGETH, Jürg: Die bronzezeitliche Siedlung auf dem Padnal bei Savognin (Oberhalbstein, GR). Grabung 1975. Jahrbuch der Schweizerischen Gesellschaft für Ur- und Frühgeschichte, Band 62, S. 29–76, Basel 1979.

RAGETH, Jürg: Die bronzezeitliche Siedlung auf dem Padnal bei Savognin (Oberhalbstein, GR). Grabungen 1981 und 1982. Jahrbuch der Schweizerischen Gesellschaft für Ur- und Frühgeschichte, Band 68, S. 65–122, Basel 1985.

RAGETH, Jürg: Eine bronzezeitliche Zisterne bei Savognin. Helvetia Archaeologica, Jahrgang 16, Heft 63/64, S. 81–90, Zürich 1985.

RAGETH, Jürg: Die wichtigsten Resultate der Ausgrabungen in der bronzezeitlichen Siedlung auf dem Padnal bei Savognin (Oberhalbstein GR). Jahrbuch der Schweizerischen Gesellschaft für Ur- und Frühgeschichte, Band 69, S. 63–103, Basel 1986.

WYSS, René: Die Eroberung der Alpen durch den Bronzezeitmenschen. Zeitschrift für Schweizerische Archäologie und Kunstgeschichte, Band 28, S. 130–145, Zürich 1971.

WYSS, René: Motta Vallac, eine bronzezeitliche Höhensiedlung im Oberhalbstein. Helvetia Archaeologica, Jahrgang 8, Heft 29/30, S. 35–55, Zürich 1977.

WYSS, René: Prähistorische Kupfererzgewinnung in den Schweizer Alpen. Zeitschrift für Schweizerische Archäologie und Kunstgeschichte, Band 50, S. 195–212, Zürich 1993.

ZINDEL, Christian: Zwei frühe Rasiermesser aus Graubünden. Archäologie der Schweiz, Band 2, Heft 2, S. 78–80, Basel 1979.

ZÜRCHER, Andreas: Funde der Bronzezeit aus St. Moritz. Helvetia Archaeologica, Jahrgang 3, Heft 9, S. 21–28, Zürich 1972.

Die Spätbronzezeit in Deutschland

FILIP, Jan: Urnenfelderkultur. Aus: FILIP, Jan (Herausgeber): Enzyklopädisches Handbuch zur Ur- und Frühgeschichte Europas, Band 2, S. 1555, Stuttgart 1969.

HORST, Fritz: Die Stämme der Lausitzer Kultur und des Nordens in der jüngeren Bronzezeit. Aus: HERRMANN, Joachim (Herausgeber): Archäologie in der Deutschen Demokratischen Republik, Denkmale und Funde, Band 1, S. 98–105, Stuttgart 1989.

JOCKENHÖVEL, Albrecht: Die Bronzezeit. Aus: FRITZ, Rudolf-Herrmann/JOCKENHÖVEL, Albrecht (Herausgeber): Die Vorgeschichte Hessens, S. 195–243, Stuttgart 1990.

KOLLING, Alfons: Späte Bronzezeit an Saar und Mosel, Saarbrücken 1968.

METZLER, Alf/WILBERTZ, Otto Mathias: Bronzezeit. Aus: HÄSSLER, Hans-Jürgen (Herausgeber): Ur- und Frühgeschichte Niedersachsens, S. 155–192, Stuttgart 1991.

PESCHEL, Karl: Die Gliederung der jüngeren Bronzezeit in Thüringen. Aus: COBLENZ, Werner/HORST, Fritz (Herausgeber): Mitteleuropäische Bronzezeit. Beiträge zur Archäologie und Geschichte, S. 87–120, Berlin 1978.

SCHINDLER, Reinhard: Jüngere Bronzezeit (1200–700 v. Chr.). Aus: Führer durch das Rheinische Landesmuseum Trier, S. 13–14, Trier 1968.

SCHMIDT, Berthold: Die jungbronzezeitlichen Stämme im Elbe-Saale-Gebiet. Aus: COBLENZ, Werner/HORST, Fritz (Herausgeber): Mitteleuropäische Bronzezeit. Beiträge zur Archäologie und Geschichte, S. 122, Berlin 1978.

STRUVE, Karl W.: Die jüngere Bronzezeit. Geschichte Schleswig-Holsteins. Aus: STRUVE, Karl W./HINGST, Hans/JANKUHN, Herbert: Von der Bronzezeit zur Völkerwanderungszeit, Band 2, S. 97–144, Neumünster 1979.

WAGNER, Karin: Studien über Kulturgruppierungen der Urnenfelderzeit im Saale-Unstrut-Gebiet. Jahresschrift für mitteldeutsche Vorgeschichte, Band 66, S. 31–49, Halle/Saale 1983.

WEBER, Gesine: Die Urnenfelderzeit. Aus: Händler, Krieger, Bronzegießer. Bronzezeit in Nordhessen. Vor- und Frühgeschichte im Hessischen Landesmuseum in Kassel, Heft 3, S. 102–133, Kassel 1992.

Die Urnenfelder-Kultur

ABELS, Björn-Uwe: Die vor- und frühgeschichtlichen Geländedenkmäler Unterfrankens. Materialhefte zur Bayerischen Vorgeschichte, Reihe B, Band 6, Kallmünz 1979.

ABELS, Björn-Uwe: Ein urnenfelderzeitliches Adelsgrab aus Eggolsheim, Ldkr. Forchheim. Archäologisches Korrespondenzblatt, Jahrgang 13, S. 345–354, Mainz 1983.

ABELS, Björn-Uwe: Die Heunischenburg bei Kronach. Archäologische Denkmäler in Oberfranken, Kronach 1988.

ABELS, Björn-Uwe: Die Heunischenburg, eine urnenfelderzeitliche Befestigung in Nordbayern. Aus: DANNHEIMER, Hermann/GEBHARD, Rupert (Herausgeberin): Das keltische Jahrtausend, S. 83–87, München 1993.

ABELS, Björn-Uwe: Überblick über die Besiedlung der Ehrenbürg in vorgeschichtlicher Zeit. Bericht der Bayerischen Bodendenkmalpflege, Band 30/31, S. 102–121, München 1994.

AMBS, Richard: Neu-Ulm – eine Landschaft und ihre Geschichte. Aus: TREU, Barbara (Herausgeberin): Stadt Neu-Ulm 1869–1994. Texte und Bilder zur Geschichte, S. 37–88, Neu-Ulm 1994.

BAHN, Bernd W.: Der große Gleichberg bei Römhild, Kr. Meiningen, und seine urnenfelderzeitliche Wallanlage. Ausgrabungen und Funde, Band 22, Heft 4, S. 175–182, Berlin 1977.

BAHN, Bernd W.: Ein halbes Jahrhundert für die Steinsburg. Zum 30. Todestag von Prof. Alfred Götze. Ausgrabungen und Funde, Band 24, Heft 5, S. 212–217, Berlin 1979.

BAHN, Bernd W.: Urnenfelderzeitliche Wallanlagen auf dem Großen Gleichberg bei Römhild, Kreis Meiningen. Aus: CHROPOVSKY, Bohuslav/HERRMANN, Joachim (Herausgeber): Beiträge zum bronzezeitlichen Burgenbau in Mitteleuropa, S. 71–79, Nitra 1982.

BAUER, Sibylle: Wasserfahrzeuge aus Bayerns Vorzeit. Das archäologische Jahr in Bayern 1981, S. 80–82, Stuttgart 1982.

BECK, Adelheid: Beiträge zur frühen und älteren Urnenfelderkultur im nordwestlichen Alpenvorland. Prähistorische Bronzefunde XX, Band 2, München 1980.

BERG, Axel von: Untersuchungen zur Urnenfelderkultur im Neuwieder Becken und in angrenzenden Landschaften, Marburg 1987.

BERG, Axel von: Bemerkungen zur Chronologie der Urnenfelderzeit im Neuwieder Becken. Berichte zur Archäologie an Mittelrhein und Mosel, Band 2, S. 63–144, Trier 1990.

BERGMANN, Joseph: Ein Brandgräberfeld der jüngeren Bronzezeit von Vollmarshausen im Ldkr. Kassel. Aus: Ausgrabungen in Deutschland, Teil 1, Vorgeschichte – Römerzeit, S. 134–154, Mainz 1975.

BETZLER, Paul: Die Fibeln in Süddeutschland, Österreich und der Schweiz. Prähistorische Bronzefunde XIV, Band 1, München 1974.

BIEHN, Heinz: Urnenfeldergrab von Gau-Algesheim, Rheinhessen, Germania, Jahrgang 20, Heft 2, S. 87–89, Frankfurt/Main 1936.

BIEL, Jörg: Die bronze- und urnenfelderzeitlichen Höhensiedlungen in Südwürttemberg. Archäologisches Korrespondenzblatt, Jahrgang 10, S. 23–32, Mainz 1980.

BIRKNER, Hugo: Ein urnenfelderzeitliches Steinkammergrab von Bruchköbel bei Hanau. Prähistorische Zeitschrift, Band 34/35, erste Hälfte, S. 266–272, Berlin 1950.

CHRISTLEIN, Rainer/BRAASCH, Otto: Das unterirdische Bayern. 7000 Jahre Geschichte und Archäologie im Luftbild, Stuttgart 1982.

CZARNETZKI, Alfred: Demographie des Gräberfeldes von Vollmarshausen, Kr. Kassel. Aus: BERGMANN, Joseph: Ein Gräberfeld der jüngeren Bronze- und älteren Eisenzeit bei Vollmarshausen, Kr. Kassel. Kasseler Beiträge zur Vor- und Frühgeschichte, Band 5, S. 422–427, Kassel 1982.

DÄMMER, Heinz-Werner/REIM, Hartmann/TAUTE, Wolfgang: Probegrabungen in der Burghöhle von Dietfurt im oberen Donautal. Fundberichte aus Baden-Württemberg, Band 1, S. 1–25, Stuttgart 1974.

DEHN, Rolf: Die Urnenfelderkultur in Nordwürttemberg. Forschungen und Berichte zur Vor- und Frühgeschichte in Nordwürttemberg, Band 1, Stuttgart 1982.

DEHN, Rolf: Eine Höhensiedlung der jüngeren Urnenfelderkultur auf dem Burgberg bei Burkheim, Gemeinde Vogtsburg, Kreis Breisgau-Hochschwarzwald. Archäologische Ausgrabungen in Baden-Württemberg 1984, S. 53–56, Stuttgart 1985.

DEHN, Rolf: Die Abfallgrube eines Töpfers der Urnenfelderzeit. Aus: PLANCK, Dieter (Herausgeber): Der Keltenfürst von Hochdorf. Methoden und Ergebnisse der Landesarchäologie, S. 317–318, Stuttgart 1985.

DEHN, Rolf: Zum Fortgang der Grabungen in der urnenfelderzeitlichen Höhensiedlung auf dem Burgberg bei Burkheim, Gemeinde Vogtsburg, Kreis Breisgau-Hochschwarzwald. Archäologische Ausgrabungen in Baden-Württemberg 1988, S. 58–62, Stuttgart 1989.

DEHN, Wolfgang: Kreuznach. Katalog West- und Süddeutscher Altertumssammlungen, Berlin 1941.

DIEHL, Wilhelm: Bemerkungen zu einem in der Mainzer Zeitschrift 50 (1955), S. 101 f., behandelten Fundobjekt (Feuerbock). Mainzer Zeitschrift, Jahrgang 81, S. 227–228, Mainz 1986.

DIEHL, Wilhelm: Mond-Idole aus gebranntem Ton mit zoomorphen Verzierungen – die ältesten stammen aus Rheinland-Pfalz. Mainzer Zeitschrift, Jahrgang 82, S. 252–257, Mainz 1987.

DIEMER, Georg: Urnenfelderzeitliche Depotfunde und neue Grabungsbefunde vom Bullenheimer Berg: Ein Vorbericht. Archäologisches Korrespondenzblatt, Jahrgang 15, S. 55–65, Mainz 1985.

DIEMER, Georg: »Tonstempel« und »Sonnenscheiben« der Urnenfelderkultur in Süddeutschland. Mainfränkische Studien. Aus Frankens Frühzeit. Festgabe für Peter Endrich, Band 37, S. 37–63, Würzburg 1986.

DIEMER, Georg/JANSSEN, Walter/WAMSER, Ludwig: Ausgrabungen und Funde auf dem Bullenheimer Berg, Gemeinde Ippesheim, Mittelfranken, und Gemeinde Seinsheim, Unterfranken. Das archäologische Jahr in Bayern 1981, S. 94–95, Stuttgart 1982.

DIETRICH, Hanns/SORGE, Gabriele: Eine urnenfelderzeitliche Siedlung bei Graben, Landkreis Augsburg, Schwaben. Das archäologische Jahr in Bayern 1991, S. 75–76, Stuttgart 1992.

DOBIAT, Claus: Grabhügel der Urnenfelderzeit auf den Lahnbergen bei Marburg. Führungsblatt zu der Grabhügelgruppe im Neuen Botanischen Garten bei Marburg, Kreis Marburg-Biedenkopf. Archäologische Denkmäler in Hessen, Wiesbaden 1986.

DOBIAT, Claus: Die »Marburger Gruppe«. Zum Stand der urnenfelderzeitlichen Forschung in Mittelhessen. Marburger Studien zur Vor- und Frühgeschichte, Band 7, Gedenkschrift Gero von Merhart, S. 17–44, Marburg 1986.

DOBIAT, Claus: Forschungen zu Grabhügelgruppen der Urnenfelderzeit im Marburger Raum. Marburger Studien zur Vor- und Frühgeschichte, Band 17, Marburg 1994.

DOHLE, Gisela: Die Urnenfelderkultur im Neuwieder Becken. Jahrbuch für Geschichte und Kunst des Mittelrheins, Beiheft 2, Neuwied 1969.

DÖRRLAMM, Rolf: Von der Steinzeitvenus bis zur Jupitersäule, Mainz 1982.

ECKSTEIN, Michael: Flachgräber der frühen Urnenfelderkultur bei Bruck, Ldkr. Neuburg a. d. Donau. Germania, Jahrgang 41, S. 77–84, Frankfurt/Main 1963.

EGGERT, Manfred K. H.: Die Urnenfelderkultur in Rheinhessen. Geschichtliche Landeskunde. Veröffentlichungen des Instituts für geschichtliche Landeskunde an der Universität Mainz, Band 13, Wiesbaden 1976.

EIBNER, Clemens: Die urnenfelderzeitlichen Sauggefäße. Ein Beitrag zur morphologischen und ergologischen Umschreibung. Prähistorische Zeitschrift, Band 48, S. 144–199, Berlin 1973.

ENGELHARDT, Bernd: Ein Gefäßdepot aus der urnenfelderzeitlichen Siedlung von Altdorf, Landkreis Landshut, Niederbayern. Das archäologische Jahr in Bayern 1983, S. 58–60, Stuttgart 1984.

FEGER, Rosemarie/NADLER, Martin/VOSS, Eberhard: Beobachtungen zur urnenfelderzeitlichen Frauentracht. Vorbericht zur Ausgrabung 1983/84 in Grundfeld, Ldkr. Lichtenfels, Oberfranken. Germania, Jahrgang 63, 1. Halbband, S. 1–16, Frankfurt/Main 1985.

FILIP, Jan: Wagner, Ernst (1832–1920). Aus: FILIP, Jan (Herausgeber): Enzyklopädisches Handbuch zur Ur- und Frühgeschichte Europas, Band 2, S. 1613, Stuttgart 1969.

GANSLMEIER, Robert: Anmerkungen zu seltenen Bestattungsformen. Eine Körperbestattung der Urnenfelderzeit von Altdorf, Ldkr. Landshut, Niederbayern. Bayerische Vorgeschichtsblätter, Jahrgang 53, S. 17–46, München 1988.

GEBHARD, Rupert: Neue Hortfunde vom Bullenheimer Berg. Gemeinde Ippesheim, Landkreis Neustadt a. d. Aisch-Bad Windsheim, Mittelfranken, und Gemeinde Seinsheim, Landkreis Kitzingen, Unterfranken. Das archäologische Jahr in Bayern 1990, S. 52–55, Stuttgart 1991.

GECK, Susanne/SELIGER, Christoph: Die urnenfelderzeitliche Siedlung von Straubing-Öberau. Stadt Straubing, Niederbayern. Das archäologische Jahr in Bayern 1990, S. 47–50, Stuttgart 1991.

GERSBACH, Egon: Vollgriffdolchformen der frühen Urnenfelderzeit nördlich und südlich der Alpen. Jahrbuch der Schweizerischen Gesellschaft für Urgeschichte, Band 49, S. 6–24, Basel 1962.

GERSBACH, Egon: Urgeschichte des Hochrheins. Funde und Fundstellen in den Landkreisen Säckingen und Waldshut. Badische Fundberichte, Sonderheft 11, Freiburg/Breisgau 1966.

GÖBEL, Jochen/REISENHAUER, Hansjörg: Spätbronzezeitliche Siedlungsreste von Behringersdorf, Landkreis Nürnberger Land. 74. Jahresbericht der Bayerischen Bodendenkmalpflege, Band 11/12, S. 61–74, München 1970/71.

GOLLUB, Siegfried: Neue Funde der Urnenfelderkultur im Bitburger Land. Trierer Zeitschrift, 32. Jahrgang, S. 7–29, Trier 1969.

GOLLUB, Siegfried: Eine neu entdeckte Befestigung der Bronzezeit bei Ernzen. Kurtrierisches Jahrbuch, 10. Jahrgang, S. 5–14, Trier 1970.

GRIMMER-DEHN, Beate: Die Urnenfelderkultur im südöstlichen Oberrheingraben. Materialhefte zur Vor- und Frühgeschichte in Baden-Württemberg, Band 15, Stuttgart 1991.

HAEVERNICK, Thea-Elisabeth: Zum »ältesten Glas in Europa«. Bonner Jahrbücher, Band 178, S. 111–113, Bonn 1978.

HANSEN, Sven: Studien zu Metalldeponierungen während der Urnenfelderzeit im Rhein-Main-Gebiet. Universitätsforschungen zur prähistorischen Archäologie, Band 5, Bonn 1991.

HENNIG, Hilke: Die Grab- und Hortfunde der Urnenfelderkultur aus Ober- und Mittelfranken. Materialhefte zur Bayerischen Vorgeschichte, Band 23, Kallmünz 1970.

HENNIG, Hilke: Spätbronzezeitliche Gräber aus dem Behringsdorfer Forst, Landkreis Lauf a. d. Pegnitz. Jahresberichte der Bayerischen Bodendenkmalpflege, Band 11/12, S. 19–60, München 1970/71.

HENNIG, Hilke: Das Donautal bei Regensburg vor 3000 Jahren. Ausstellungskatalog der Prähistorischen Staatssammlung München, Band 7, München 1980.

HENNIG, Hilke: Urnenfelderzeitliche Grabfunde aus dem Obermaingebiet. Aus: SPINDLER, Konrad (Herausgeber): Vorzeit zwischen Main und Donau. Erlanger Forschungen, Reihe A, Band 26, S. 98–155, Erlangen 1980.

HENNIG, Hilke: Einige Bemerkungen zu den Urnenfeldern im Regensburger Raum. Archäologisches Korrespondenzblatt, Jahrgang 16, S. 289–301, Mainz 1986.

HERRMANN, Fritz-Rudolf: Die Funde der Urnenfelderkultur in Mittel- und Südhessen. Römisch-Germanische Forschungen, Band 27, Berlin 1966.

HERRMANN, Fritz-Rudolf: Ein neuer Hortfund und andere Neufunde der Spätbronzezeit vom Hesselberg (Mittelfranken). Archäologisches Korrespondenzblatt, Jahrgang 3, S. 423–429, Mainz 1973.

HERRMANN, Fritz-Rudolf: Hausgrundrisse aus einer urnenfelderzeitlichen Siedlung von Künzing (Niederbayern). Aus: Ausgrabungen in Deutschland, Teil 1, Vorgeschichte – Römerzeit, S. 155–170, Mainz 1975.

HOCK, Georg: Helme der frühen Hallstattzeit. Mitteilungen des Germanischen Nationalmuseums Nürnberg für das Jahr 1911, S. 3–10, Nürnberg 1912.

HOLSTE, Friedrich: Der Bronzefund von Winklsaß, B.-A. Mallersdorf, Niederbayern. Bayerische Vorgeschichtsblätter, Heft 13, S. 1–23, München 1936.

HOLSTE, Friedrich: Zur Bedeutung und Zeitstellung der sog. »thrako-kimmerischen« Pferdegeschirrbronzen. Ein Urnengrab von Steinkirchen, Landkreis Deggendorf. Wiener Prähistorische Zeitschrift, Jahrgang 27, S. 7–32, Wien 1940.

HORNUNG, Hermann: Der Hesselberg, der heilige Berg der Franken. Germanen-Erbe, 4. Jahrgang, S. 98–107, Leipzig 1939.

HUNDT, Hans-Jürgen: Spätbronzezeitliches Doppelgrab in Frankfurt-Berkersheim. Germania, Jahrgang 36, Heft 3/4, S. 344–361, Frankfurt/Main 1958.

HUNDT, Hans-Jürgen: Ein spätbronzezeitliches Adelsgrab von Behringersdorf, Landkreis Lauf a. d. Pegnitz. Jahresbericht der Bayerischen Bodendenkmalpflege 15/16, S. 42–57, München 1974/75.

HUNDT, Hans-Jürgen/ANKNER, Dietrich: Die Bronzeräder von Haßloch. Mitteilungen des Historischen Vereins der Pfalz, Band 67, S. 14–46, Speyer 1969.

HÜTTEL, Hans-Georg: Bronzezeitliche Trensen in Mittel- und Osteuropa. Prähistorische Bronzefunde XVI, Band 2, München 1981.

JACOB-FRIESEN, Gernot: Zwei bemerkenswerte Bronzen der Urnenfelderzeit »aus dem Rhein bei Mainz«. Jahrbuch des Römisch-Germanischen Zentralmuseums Mainz 1972, S. 45–62, Mainz 1974.

JANSSEN, Walter: Hortfunde der jüngeren Bronzezeit aus Nordbayern. Einführung in die Problematik. Archäologisches Korrespondenzblatt, Jahrgang 15, S. 45–54, Mainz 1985.

JANSSEN, Walter: Der Bullenheimer Berg. Aus: DANNHEIMER, Hermann/GEBHARD, Rupert (Herausgeber): Das keltische Jahrtausend, S. 75–82, Mainz 1993.

JOACHIM, Hans-Eckart: Ein urnenfelderzeitliches Kindergrab mit vogelförmigem Sauggefäß und Rassel aus Niedermendig, Kreis Mayen-Koblenz. Archäologisches Korrespondenzblatt, Jahrgang 1, S. 161–163, Mainz 1971.

JOCKENHÖVEL, Albrecht: Westeuropäische Bronzen aus der späten Urnenfelderzeit in Südwestdeutschland. Archäologisches Korrespondenzblatt, Jahrgang 2, S. 103–109, Mainz 1972.

JOCKENHÖVEL, Albrecht: Urnenfelderzeitliche Barren als Grabbeigabe. Archäologisches Korrespondenzblatt, Jahrgang 3, S. 23–28, Mainz 1973.

JOCKENHÖVEL, Albrecht: Zu befestigten Siedlungen der Urnenfelderzeit aus Süddeutschland. Fundberichte aus Hessen, Band 14, S. 19–62, Wiesbaden 1975.

JOCKENHÖVEL, Albrecht: Bronzezeitliche Höhensiedlungen in Hessen. Archäologisches Korrespondenzblatt, Jahrgang 10, S. 39–47, Mainz 1980.

JOCKENHÖVEL, Albrecht: Struktur und Organisation der Metallverarbeitung in urnenfelderzeitlichen Siedlungen Süddeutschlands. Veröffentlichungen des Museums für Ur- und Frühgeschichte Potsdam, Band 20, S. 213–234, Potsdam 1986.

JOCKENHÖVEL, Albrecht: Bemerkungen zur Frage der Metallverarbeitung in der »Wasserburg« Buchau. Germania, Jahrgang 64, 2. Halbband, S. 565–572, Frankfurt/Main 1986.

JOCKENHÖVEL, Albrecht: Bronzezeitlicher Burgenbau in Mitteleuropa. Untersuchungen zur Struktur frühmetallzeitlicher Gesellschaften. Aus: Orientalisch-ägäische Einflüsse in der europäischen Bronzezeit, S. 209–228, Bonn 1990.

JORNS, Werner: Die Kammhelme von Biebesheim. Zur Fundstelle der Kammhelme. Fundberichte aus Hessen, 12. Jahrgang, Festschrift für Helmut Schoppa, S. 76–85, Wiesbaden 1974.

KELLER, Erwin: Ein Dorf der Urnenfelderzeit in Unterhaching, Landkreis München, Oberbayern. Das archäologische Jahr in Bayern 1980, S. 72–73, Stuttgart 1981.

KELLER, Erwin: Der große Kreis von Eching. Das archäologische Jahr in Bayern 1980, S. 102–103, München 1981.

KIMMIG, Wolfgang: Die Urnenfelderkultur in Baden untersucht auf Grund der Gräberfunde. Römisch-Germanische Forschungen, Band 14, Berlin 1940.

KIMMIG, Wolfgang: Ein Grabfund der jüngeren Urnenfelderzeit von Singen am Hohentwiel. Prähistorische Zeitschrift, Band 34/34, S. 288–313, Berlin 1950.

KIMMIG, Wolfgang: Ein Grabfund der jüngeren Urnenfelderzeit (Hallstatt B3) mit Eisenschwert von Singen am Hohentwiel. Frühes Eisen in Europa. Festschrift für Walter Guyan zu seinem 70. Geburtstag, S. 37–44, Schaffhausen 1981.

KIMMIG, Wolfgang: Bemerkungen zur Terminologie der Urnenfelderkultur im Raum nordwestlich der Alpen. Archäologisches Korrespondenzblatt, Jahrgang 12, S. 33–45, Mainz 1982.

KIMMIG, Wolfgang: Die »Wasserburg Buchau«, eine spätbronzezeitliche Siedlung. Materialhefte zur Vor- und Frühgeschichte in Baden-Württemberg, Band 16, Stuttgart 1992.

KNEIPP, Jürgen: Ein bronzezeitliches »Brotlaibidol« aus der Wetterau. Archäologisches Korrespondenzblatt, Jahrgang 16, S. 407–411, Mainz 1986.

KOSSACK, Georg: Studien zum Symbolgut der Urnenfelder- und Hallstattzeit Mitteleuropas. Römisch-Germanische Forschungen, Band 20, Berlin 1954.

KRAFT, Georg: Beiträge zur Kenntnis der Urnenfelderkultur in Südwestdeutschland (»Hallstatt A«). Bonner Jahrbücher, 131. Jahrgang, S. 154–212, Bonn 1926.

KRAHE, Günther: Beinschiene der Urnenfelderzeit von Schäfstall, Stadt Donauwörth. Landkreis Donau-Ries, Schwaben. Das archäologische Jahr in Bayern 1980, S. 76–77, Stuttgart 1981.

KRAUSE, Rüdiger: Hausgrundrisse der Urnenfelderkultur von Riesbürg-Pflaumloch, Ostalbkreis. Archäologische Ausgrabungen in Baden-Württemberg 1989, S. 85–88, Stuttgart 1990.

KRAUSE, Rüdiger: Vom Ipf zum Goldberg. Archäologische Wanderungen am Westrand des Rieses. Führer zu archäologischen Denkmälern in Baden-Württemberg, Band 16, Stuttgart 1992.

KREUTLE, Rainer: Spätbronzezeit und Urnenfelderzeit in Württemberg. Aus: PLANCK, Dieter (Herausgeber): Archäologie in Württemberg. Ergebnisse und Perspektiven archäologischer Forschung von der Altsteinzeit bis zur Neuzeit. Festschrift zum 25jährigen Gründungsjubiläum der Gesellschaft für Vor- und Frühgeschichte in Württemberg und Hohenzollern, S. 171–197, Stuttgart 1988.

KRIEGER, Albert: Ernst Wagner †. Ein Nachruf. Zeitschrift für die Geschichte des Oberrheins, S. 446–448, Heidelberg 1920.

KUBACH, Wolf: Die Nadeln in Hessen und Rheinhessen. Prähistorische Bronzefunde XIII, Band 3, München 1977.

KUBACH, Wolf: Die Stufe Wölfersheim im Rhein-Main-Gebiet. Prähistorische Bronzefunde XXI, Band 1, München 1984.

KUBACH-RICHTER, Isa: Amulettbeigaben in bronzezeitlichen Kindergräbern. Jahresbericht des Instituts für Vorgeschichte der Universität Frankfurt am Main 1978–79, S. 127–178, München 1980.

KUNTER, Kari: Die Urnenfelderbronzezeit im Kreis Gießen. Inventar der urgeschichtlichen Geländedenkmäler und Funde des Stadt- und Landkreises Gießen. Aus: JORNS, Werner (Herausgeber): Materialien zur Vor- und Frühgeschichte Hessens, Verein von Altertumsfreunden im Regierungs-Bezirk Darmstadt e. V. Band 1, S. 97–148, Frankfurt/Main 1976.

LANG, Amei: Güterverteilung in der Urnenfelderzeit. Aus: DANNHEIMER, Hermann/GEBHARD, Rupert (Herausgeber): Das keltische Jahrtausend, S. 194–196, Mainz 1993.

LEJA, Ferdinand: Vorgeschichtliche Funde aus dem Kleebergschacht im Bärnhofer Wald, Ldkr. Amberg-Sulzbach (Oberpfalz). Abhandlungen der Naturhistorischen Gesellschaft Nürnberg e. V., Band 41, S. 5–72, Nürnberg 1987.

LEJA, Ferdinand: Ungewöhnliche urnenfelderzeitliche Skelettfunde in der Höhle von Loch. Gemeinde Königstein, Landkreis Amberg-Sulzbach. Das archäologische Jahr in Bayern 1990, S. 50–52, Stuttgart 1991.

LEJA, Ferdinand: Rabenfels und Neutrasfelsen – zwei weitere vorgeschichtliche Felsturm-Opferplätze in der Frankenalb, Bericht der Bayerischen Bodendenkmalpflege, Band 34/35, S. 46–66, München 1995.

LETZNER, Kai/MAIER, Ursula: Neue spätbronzezeitliche Paddelfunde aus dem Federseemoor bei Oggelshausen, Kreis Biberach. Archäologische Ausgrabungen in Baden-Württemberg 1990, S. 63–67, Stuttgart 1991.

LUDWIG-LUKANOW, Sigrid: Hügelgräberbronzezeit und Urnenfelderkultur im Nördlinger Ries. Materialhefte für Bayerische Vorgeschichte, Reihe A, Band 48, Kallmünz 1983.

MAIER, Rudolf Albert: Urgeschichtliche Opferreste aus einer Felsspalte und einer Schachthöhle der Fränkischen Alb. Germania, Jahrgang 55, 1.–2. Halbband, S. 21–32, Frankfurt/Main 1977.

MAISANT, Hermann: Der Kreis Saarlouis in vor- und frühgeschichtlicher Zeit. Saarbrücker Beiträge zur Altertumskunde, Band 9, S. 214, Bonn 1971.

MANDERA, Heinz-Eberhard: Ein urnenfelderzeitlicher »Feuerbock« mit Tierkopfende aus Wiesbaden-Erbenheim. Germania, Jahrgang 40, S. 287–292, Frankfurt/Main 1962.

MANDERA, Heinz-Eberhard: Einige Bemerkungen zur Deutung bronzezeitlicher Horte. Archäologisches Korrespondenzblatt, Jahrgang 15, S. 187–193, Mainz 1985.

MARINGER, Johannes: Flußopfer und Flußverehrung in vorgeschichtlicher Zeit. Germania, Jahrgang 52, 2. Halbband, S. 309–318, Frankfurt/Main 1974.

MENGHIN, Wilfried: Magisches Gold. Kultgerät der späten Bronzezeit. Germanisches Nationalmuseum Nürnberg, Nürnberg 1977.

MÜLLER, Matthias: Die Urnenfelderkultur im Fuldaer Becken. Ungedruckte Magisterarbeit, Frankfurt/Main 1982.

MÜLLER, Uwe: Studien zu den Gebäuden der späten Bronzezeit und der Urnenfelderzeit im erweiterten Mitteleuropa. Dissertation, Berlin 1986.

MÜLLER-KARPE, Hermann: Gräber der Urnenfelder- und Frühhallstattkultur in der Marburger Gegend. Aus: Hessische Funde von der Altsteinzeit bis zum frühen Mittelalter. Schriften zur Urgeschichte II, S. 29–45, Kassel 1949.

MÜLLER-KARPE, Hermann: Das Urnenfeld von Kelheim. Materialhefte zur bayerischen Vorgeschichte, Band 1, Kallmünz 1952.

MÜLLER-KARPE, Hermann: Das urnenfelderzeitliche Wagengrab von Hart a. d. Alz. Bayerische Vorgeschichtsblätter, Jahrgang 21, S. 46–75, München 1956.

MÜLLER-KARPE, Hermann: Münchener Urnenfelder, Kallmünz 1957.

MÜLLER-KARPE, Hermann: Beiträge zur Chronologie der Urnenfelderzeit nördlich und südlich der Alpen. Römisch-Germanische Forschungen, Band 22, Berlin 1959.

MÜLLER-KARPE, Hermann: Das urnenfelderzeitliche Toreutengrab von Steinkirchen, Niederbayern. Germania, Jahrgang 47, S. 86–91, Frankfurt/Main 1969.

MÜLLER-KARPE, Hermann: Zur urnenfelderzeitlichen Besiedlung der Gegend von Steinkirchen, Niederbayern. Ausgrabungen in Deutschland, Teil 1, Vorgeschichte – Römerzeit, S. 171–186, Mainz 1975.

NADLER, Martin: Urnenfelderzeitliche Deponierungen auf der Ehrenbürg,

Gemeinde Wiesenthau-Schlaifhausen, Landkreis Forchheim, Oberfranken. Das archäologische Jahr in Bayern 1988, S. 60–62, Stuttgart 1989.

NADLER, Martin: Urnenfelderzeit. Aus: Führer zu archäologischen Denkmälern in Deutschland, Band 20. Fränkische Schweiz, S. 52–64, Stuttgart 1990.

NADLER, Martin: Eine Opfergrube der späten Urnenfelderzeit aus Hohentrüdingen, Gemeinde Heidenheim, Landkreis Weißenburg-Gunzenhausen, Mittelfranken. Das archäologische Jahr in Bayern 1990, S. 55–57, Stuttgart 1991.

NASS, Karl: Die Nordgrenze der Urnenfelderkultur in Hessen, Marburg 1952.

OEFTIGER, Claus/MÜLLER, Dieter: Vor- und frühgeschichtliche Befestigungen 2. Der Zargenbuckel bei Schöntal-Aschhausen (Hohenlohekreis), Stuttgart 1993.

PARE, Christopher F. E.: Der Zeremonialwagen der Urnenfelderzeit – seine Entstehung, Form und Verbreitung. Aus: Vierrädrige Wagen der Hallstattzeit, S. 25–67, Mainz 1987.

PARET, Oscar: Die Einbäume im Federseeried und im übrigen Europa. Prähistorische Zeitschrift, Band 21, 1./2. Heft, S. 76–116, Berlin 1930.

PARET, Oscar: Ein Sammelfund von steinernen Bronzegußformen aus der späten Bronzezeit. Germania, Jahrgang 32, Heft 1/2, S. 7–10, Frankfurt/Main 1954.

PÄTZOLD, Johannes/UENZE, Hans Peter: Vor- und Frühgeschichte im Landkreis Griesbach, Kallmünz 1963.

PAULÍK, Jozef: Panzer der jüngeren Bronzezeit aus der Slowakei. 49. Bericht der Römisch-Germanischen Kommission 1968, S. 41–61, Frankfurt/Main 1970.

PESCHECK, Christian: Ein Kammhelm aus dem oberen Maintal. Jahrbuch des Römisch-Germanischen Zentralmuseums Mainz 1964, S. 34–36, Mainz 1968.

PESCHECK, Christian: Das Kultwagengrab von Acholshausen. Mainfränkisches Jahrbuch für Geschichte und Kunst, Band 23, S. 1–13, Würzburg 1971.

PESCHECK, Christian: Ein reicher Grabfund mit Kesselwagen aus Unterfranken. Germania, Jahrgang 50, S. 29–56, Frankfurt/Main 1972.

PESCHEL, Karl: Höhensiedlungen Thüringens im Wandel von der Urnenfelder- zur Hallstattzeit. Steinsburg – Dohlenstein – Hasenburg. Veröffentlichungen des Museums für Ur- und Frühgeschichte Potsdam, Band 20, S. 29–48, Potsdam 1986.

PLEINER, Radomír: Über das Eisen der Bronzezeit. Veröffentlichungen des Museums für Ur- und Frühgeschichte Potsdam, Band 20, S. 237–240, Potsdam 1986.

PRESSMAR, Emma: Elchinger Kreuz, Ldkr. Neu-Ulm, Siedlungsgrabung mit urnenfelderzeitlichem Töpferofen. Katalog der prähistorischen Staatssammlung München, Nummer 19, Kallmünz 1979.

PRIMAS, Margarita: Die Sicheln in Mitteleuropa I (Österreich, Schweiz, Süddeutschland). Prähistorische Bronzefunde XXIII, Band 2, München 1986.

QUITTA, Hans: Urnenfelderkultur. Aus: HERRMANN, Joachim (Herausgeber): Lexikon früher Kulturen, Band 2, S. 368, Leipzig 1984.

RADUNZ, Konrad: Urnenfelderzeitliche Bestattungssitten im Gräberfeld von Grundfeld (Reundorf), Ldkr. Staffelstein/Ofr. Bayerische Vorgeschichtsblätter, Jahrgang 31, S. 49–67, München 1966.

RASCHKE, Georg: Ein Goldfund der Bronzezeit von Etzelsdorf-Buch bei Nürnberg (Goldblechbekrönung). Germania, Jahrgang 32, Heft 1/2, S. 1–6, Berlin 1954.

REINECKE, Paul: Zum Bronzedepotfunde von Wonsheim in Rheinhessen. Mainzer Zeitschrift, Jahrgang 1, S. 36–37, Mainz 1906.

REINECKE, Paul: Der Bamberger Bronzeschildfund. Jahrbuch des Römisch-Germanischen Zentralmuseums Mainz 1956, 3. Jahrgang, S. 23–27, Mainz 1956.

RICHTER, Isa: Der Arm- und Beinschmuck der Bronze- und Urnenfelderzeit in Hessen und Rheinhessen. Prähistorische Bronzefunde X, Band 1, München 1970.

RIEDER, Karl Heinz: Die urnenfelderzeitliche Nekropole von Zuchering, Stadt Ingolstadt, Oberbayern. Das archäologische Jahr in Bayern 1984, S. 56–57, Stuttgart 1985.

RIND, Michael M.: Die urnenfelderzeitliche Siedlung von Dietfurt/Oberpfalz. British Archaeological Reports, International Series, Oxford 1987.

ROCHNA, Otto: Ein Gräberfeld der jüngeren Urnenfelderkultur (Ha B) von Altessing, Ldkr. Kelheim. Bayerische Vorgeschichtsblätter, Jahrgang 30, S. 105–134, München 1965.

ROTH, Helmut: Ein Ledermesser der atlantischen Bronzezeit aus Mittelfranken. Archäologisches Korrespondenzblatt, Jahrgang 4, S. 37–47, Mainz 1974.

RUPPEL, Thomas: Die Urnenfelderzeit in der Niederrheinischen Bucht, Köln 1990.

SCHAAF, Ulrich: Ein bronzezeitliches Sistrum aus Rheinhessen. Jahrbuch des Römisch-Germanischen Zentralmuseums Mainz, 31. Jahrgang, S. 237–246, Mainz 1984.

SCHATZ, Cornelia: Ein außergewöhnlicher Fund im urnenfelderzeitlichen Gräberfeld von Zuchering, Stadt Ingolstadt, Oberbayern. Das archäologische Jahr in Bayern 1991, S. 78–80, Stuttgart 1992.

SCHAUER, Peter: Die Schwerter in Süddeutschland, Österreich und der Schweiz I (Griffplatten-, Griffangel- und Griffzungenschwerter). Prähistorische Bronzefunde IV, Band 2, München 1971.

SCHAUER, Peter: Kontinentaleuropäische Bronzelanzenspitzen vom Typ Enfield. Archäologisches Korrespondenzblatt, Jahrgang 3, S. 293–298, Mainz 1973.

SCHAUER, Peter: Die Bewaffnung der Adelskrieger der späten Bronze- und Früheisenzeit. Ausgrabungen in Deutschland, Teil 3, S. 306–312, Mainz 1975.

SCHAUER, Peter: Eine urnenfelderzeitliche Kampfesweise. Archäologisches Korrespondenzblatt, Jahrgang 9, S. 69–80, Mainz 1979.

SCHAUER, Peter: Urnenfelderzeitliche Helmformen und ihre Vorbilder. Fundberichte aus Hessen 1979/80, Festschrift für Ulrich Fischer, 19./20. Jahrgang, S. 521–543, Wiesbaden 1980.

SCHAUER, Peter: Der Rundschild der Bronze- und frühen Eisenzeit. Jahrbuch des Römisch-Germanischen Zentralmuseums Mainz 1980, Jahrgang 27, S. 196–248, Mainz 1980.

SCHAUER, Peter: Urnenfelderzeitliche Opferplätze in Höhlen und Felsspalten. Festschrift für Wilhelm Albert von Brunn, S. 403–418, Mainz 1981.

SCHAUER, Peter: Die Beinschienen der späten Bronze- und frühen Eisenzeit. Jahrbuch des Römisch-Germanischen Zentralmuseums Mainz 1982, Jahrgang 29, S. 100–155, Mainz 1982.

SCHAUER, Peter: Befestigte Höhen der Urnenfelderzeit und der älteren Eisenzeit in Süddeutschland. Aus: DANNHEIMER, Hermann/GEBHARD, Rupert (Herausgeber): Das keltische Jahrtausend, S. 62–74, Mainz 1993.

SCHAUER, Peter: Stand und Aufgaben der Urnenfelderforschung in Süddeutschland. Aus: Beiträge zur Urnenfelderzeit nördlich und südlich der Alpen, S. 121–199, Bonn 1995.

SCHIEK, Siegwalt: Ein Brandgrab der frühen Urnenfelderkultur von Mengen, Kr. Saalgau. Germania, Jahrgang 40, S. 130–141, Frankfurt/Main 1962.

SCHMEIDL, Hans/KOSSACK, Georg: Archäologische und paläobotanische Untersuchungen an der »Römerstraße« in den Rottauer Filzen, Ldkr. Traunstein. Jahresbericht der Bayerischen Bodendenkmalpflege 1967/68, Band 8/9, S. 9–36, München 1971.

SCHMOTZ, Karl: Der Natternberg im Stadtgebiet von Deggendorf und seine Umgebung. Archäologische Forschungen im Landkreis Deggendorf. Sonderheft des Deggendorfer Geschichtsvereins zum 2. Niederbayerischen Archäologentag, S. 11–22, Deggendorf 1982.

SCHMOTZ, Karl: Ein Bestattungsplatz der Urnenfelderzeit von Natternberg, Stadt Deggendorf, Niederbayern. Das archäologische Jahr in Bayern 1981, S. 90–91, Stuttgart 1982.

SCHMOTZ, Karl: Das urnenfelder- und hallstattzeitliche Gräberfeld von Künzing, Landkreis Deggendorf, Niederbayern. Das archäologische Jahr in Bayern 1984, S. 61–62, Stuttgart 1985.

SCHMOTZ, Karl: Eine Nekropole der Urnenfelder- und Hallstattzeit in Künzing, Lkr. Deggendorf. Ostbairische Grenzmarken, Band 28, S. 128–151, Passau 1986.

SCHNITZLER, Ludwig: Aus Bad Säckingens Vor- und Frühgeschichte. Regio Basiliensis, Jahrgang 33, Heft 1, S. 9–16, Basel 1992.

SCHÖBEL, Gunter: Die spätbronzezeitliche Siedlung von Unteruhldingen, Bodenseekreis. Archäologische Ausgrabungen in Baden-Württemberg 1983, S. 71–74, Stuttgart 1984.

SCHÖBEL, Gunter: Tauchsondage in der spätbronzezeitlichen Siedlung Burg, Gemeinde Hagnau, Bodenseekreis. Archäologische Ausgrabungen in Baden-Württemberg 1986, S. 54–60, Stuttgart 1987.

SCHÖBEL, Gunter: Ein Flötenfragment aus der spätbronzezeitlichen Siedlung Hagnau-Burg, Bodenseekreis. Archäologische Nachrichten aus Baden, Band 38/39, S. 84–87, Freiburg/Breisgau 1987.

SCHOPPER, Franz: Das urnenfelder- und hallstattzeitliche Gräberfeld von Künzing, Lkr. Deggendorf, Niederbayern, Materialien zur Bronzezeit in Bayern 1, Regensburg 1995.

SCHULTZE-MOTEL, Jürgen/GALL, Werner: Prähistorische Kulturpflanzenreste aus Thüringen. Alt-Thüringen, Band 9, S. 7–15, Weimar 1967.

SCHÜTZ-TILLMANN, Cornelia: Späte Bronzezeit und Urnenfelderzeit. Aus: RIEDER, Karl Heinz/TILLMANN, Andreas (Herausgeber): Archäologie um Ingolstadt. Die archäologischen Untersuchungen beim Bau der B 16 und der Bahnverlegung, S. 89–112, Kipfenberg 1995.

SEEWALD, Christa: Die urnenfelderzeitliche Besiedlung der ehemaligen Rheininsel von Säckingen und ihrer Umgebung. Badische Fundberichte, Band 21, S. 93–127, Freiburg/Breisgau 1958.

SEYLER, Robert: Die befestigte Höhensiedlung auf dem Großen Stiefel bei St. Ingbert. 11. Bericht der Staatlichen Denkmalpflege im Saarland 1964, S. 87–119, Saarbrücken 1964.

SIMON, Klaus: Höhensiedlungen der Urnenfelder- und Hallstattzeit in Thüringen. Alt-Thüringen, Band 20, S. 23–80, Weimar 1984.

SPERBER, Lothar: Untersuchungen zur Chronologie der Urnenfelderkultur im nördlichen Alpenvorland von der Schweiz bis Oberösterreich. Antiquitas, Reihe 3, Bonn 1987.

SPERBER, Lothar: Bemerkungen zur sozialen Bewertung von goldenem Trachtschmuck und Schwert in der Urnenfelderkultur. Archäologisches Korrespondenzblatt, Jahrgang 22, S. 63–77, Mainz 1992.

STEMMERMANN, Paul Hans: Das Bronzedepot von Weinheim-Nächstenbach. Badische Fundberichte, Band 3, S. 1–13, Freiburg/Breisgau 1933.

STROH, Armin: Der Maximilianfelsen im Landkreis Eschenbach (Oberpfalz). Zu einer neuen Gattung obertägiger Bodendenkmäler. Aus Bayerns Frühzeit. Festschrift für Friedrich Wagner. Schriftenreihe für Bayerische Landesgeschichte 62, S. 45–49, München 1962.

STROH, Armin: Der Maifelsen bei Essing im Ldkr. Kelheim (Niederbayern). Fundberichte aus Schwaben, Festschrift Gustav Riek, N. F. 17, S. 184–186, Stuttgart 1965.

TORBRÜGGE, Walter: Vollgriffschwerter der Urnenfelderzeit. Zur methodischen Darstellung einer Denkmälergruppe. Bayerische Vorgeschichtsblätter, Jahrgang 30, S. 71–105, München 1965.

USLAR, Rafael von: Tönerne Menschenfigürchen der Urnenfelderkultur. Jahrbuch des Römisch-Germanischen Zentralmuseums Mainz 1964, S. 132–137, Mainz 1966.

VOLLRATH, Friedrich: Aus der Vorgeschichte von Mittelfranken. Abhandlungen der Naturhistorischen Gesellschaft Nürnberg, Band 30, Nürnberg 1961/62.

VORLAUF, Dirk: Ein bronzenes, zweischneidiges »Rasiermesser« der älteren Urnenfelderzeit im archäologischen Experiment. Aus: FANSA, Mamoun (Herausgeber): Experimentelle Archäologie in Deutschland. Archäologische Mitteilungen aus Norddeutschland, Beiheft 4, S. 371–376, Oldenburg 1990.

WAGNER, Ernst: Hügelgräber und Urnen-Friedhöfe in Baden mit besonderer Berücksichtigung ihrer Thongefässe, Karlsruhe 1885.

WÄHREN, Max: Identifizierung von gesäuertem Brot in Knochenasche-Kristallen einer urnenfelderzeitlichen Bestattung in Bellenberg, Ldkr. Neu-Ulm. Kataloge der Prähistorischen Staatssammlung München, Nr. 23, München 1989.

WEGNER, Günter: Die vorgeschichtlichen Flußfunde aus dem Main und aus dem Rhein bei Mainz. Materialhefte zur Bayerischen Vorgeschichte, Reihe A, Band 30, Kallmünz 1976.

WELS-WEYRAUCH, Ulrike: Die Anhänger in Südbayern. Prähistorische Bronzefunde XI, Band 5, Stuttgart 1991.

WILBERTZ, Otto Mathias: Die Urnenfelderkultur in Unterfranken. Materialhefte zur Bayerischen Vorgeschichte, Reihe A, Band 49, Kallmünz 1982.

WINGHART, Stefan: Eine urnenfelderzeitliche Siedlung mit Gräberfeld von Eching, Landkreis Freising, Oberbayern. Das archäologische Jahr in Bayern 1984, S. 57–59, Stuttgart 1985.

WINGHART, Stefan: Das Wagengrab von Poing. Archäologie in Deutschland, Heft 4, S. 45–46, Stuttgart 1990.

WINGHART, Stefan: Das Wagengrab von Poing, Lkr. Ebersberg, und der Beginn der Urnenfelderzeit in Südbayern. Aus: DANNHEIMER, Hermann/GEBHARD, Rupert (Herausgeber): Das keltische Jahrtausend, S. 88–93, Mainz 1993.

WOCHER, Hildegard: Ein spätbronzezeitlicher Grabfund von Kreßbronn, Kreis Tettnang. Germania, Jahrgang 43, S. 16–32, Frankfurt/Main 1965.

ZIMMERMANN, W. Haio: Urgeschichtliche Opferfunde aus Flüssen, Mooren, Quellen und Brunnen Südwestdeutschlands. Neue Ausgrabungen und Forschungen in Niedersachsen, Band 6, S. 53–92, Hildesheim 1970.

ZYLMANN, Detert: Die Urnenfelderkultur in der Pfalz. Grab- und Depotfunde, Einzelfunde aus Metall. Veröffentlichung der Pfälzischen Gesellschaft zur Förderung der Wissenschaften in Speyer, Band 72, Speyer 1983.

ZYLMANN, Detert: Ein Bestattungsplatz der Urnenfelderkultur von Undenheim, Landkreis Mainz-Bingen. Mainzer Zeitschrift, Band 82, S. 199–210, Mainz 1987.

Die ältere Niederrheinische Grabhügel-Kultur

ASCHEMEYER, Hans: Die Gräber der jüngeren Bronzezeit im westlichen Westfalen. Bodenaltertümer Westfalens, Band 9, Münster 1966.

BEST, Werner: Ein bronzezeitlicher Friedhof und eine eisenzeitliche Siedlung in Nordrheda-Ems, Kr. Gütersloh. Ravensburger Blätter, Heft 2, S. 10–14, Bielefeld 1989.

DEHN, Wolfgang: Ein Gräberfeld der älteren Eisenzeit von Laufeld. Trierer Zeitschrift, 11. Jahrgang, Beiheft, S. 1–49, Trier 1936.

FILIP, Jan: Kersten, Walter. Aus: FILIP, Jan (Herausgeber): Enzyklopädisches Handbuch zur Ur- und Frühgeschichte Europas, Band 1, S. 596, Stuttgart 1966.

HOFFMANN, Hugo: Stand und Aufgaben der vor- und frühgeschichtlichen Forschung in Westfalen III. Westfälische Bronzezeitgruppen. Jüngere Bronzezeit. Westfälische Forschungen, 2. Band, S. 86–99, Münster 1939.

HÖMBERG, Philipp: Bibliographie zur Vor- und Frühgeschichte Westfalens. Münstersche Beiträge zur Vor- und Frühgeschichte Westfalens. Veröffentlichungen des Seminars für Vor- und Frühgeschichte der Universität, Band 5, Hildesheim 1969.

JOACHIM, Hans-Eckart: Jüngere Bronzezeit. Aus: Rheinisches Landesmuseum Bonn. Auswahlkatalog, 1 Urgeschichte, S. 56–58, Bonn 1977.

JOACHIM, Hans-Eckart: Waffen und Geräte der Bronzezeit und Hallstattzeit im Rheinland. Aus: HELLENKEMPER, Hansgerd/HORN, Heinz Günter/KOSCHIK, Harald/TRIER, Bendix (Herausgeber): Archäologie in Nordrhein-Westfalen. Schriften zur Bodendenkmalpflege in Nordrhein-Westfalen, Band 1, S. 154–156, Köln 1990.

JOCKENHÖVEL, Albrecht: Eine Bronzeamphore des 8. Jahrhunderts v. Chr. von Gevelinghausen, Kr. Meschede (Sauerland). Germania, Jahrgang 52, 1. Halbband, S. 16–47, Frankfurt/Main 1974.

JOCKENHÖVEL, Albrecht: Die Rasiermesser in Westeuropa (Westdeutschland, Niederlande, Belgien, Luxemburg, Frankreich, Großbritannien und Irland). Prähistorische Bronzefunde VIII, Band 3, München 1980.

KERSTEN, Walter: Germanen im Rheinlande. 1. Germanische Kulturen in vorgeschichtlicher Zeit. Rheinischer Verein für Denkmalpflege und Heimatschutz, Jahrgang 29, S. 41–58, Düsseldorf 1936.

KERSTEN, Walter: Die niederrheinische Grabhügelkultur. Bonner Jahrbücher, Jahrgang 148, S. 5–80, Bonn 1948.

KRAUSE, Elmar-Björn: Methodische Überlegungen zur regionalen Differenzierung archäologischer Fundgruppen unter besonderer Berücksichtigung der spätbronze- und früheisenzeitlichen Besiedlung des Niederrheingebietes. Archäologie im Ruhrgebiet, S. 105–116, Gelsenkirchen 1991.

KRAUSE, Günter: Vor- und Frühgeschichte des unteren Niederrheins. Rudolf Stampfuß zum Gedächtnis. Quellenschriften zur westdeutschen Vor- und Frühgeschichte, Band 10, Bonn 1982.

KRAUSE, Günter: Zur Bronze- und Eisenzeit im Lippemündungsgebiet. Aus: PRIEUR, Jutta (Herausgeberin): Studien und Quellen zur Geschichte von Wesel. Band 13, S. 21–42, Wesel 1991.

LANGE, Walter R.: Einflüsse der Urnenfelderkultur auf den Urnenfriedhöfen Ostwestfalens. Archäologisches Korrespondenzblatt, Jahrgang 13, S. 219–231, Mainz 1983.

LANTING, Jan Nanning: Der Urnenfriedhof von Neuwarendorf, Stadt Warendorf. Ausgrabungen und Funde in Westfalen-Lippe, Band 4, S. 105–108, Münster 1986.

RADEMACHER, Carl: Über die niederrheinische Bronzezeit. Mannus, Band 5, S. 53–57, Würzburg 1913.

REICHMANN, Christoph: Der spätbronze- und früheisenzeitliche Kreisgrabenfriedhof in der Winkelhauser Heide bei Rhede. Unser Bocholt. Zeitschrift für Kultur und Heimatpflege, herausgegeben vom Verein für Heimatpflege e. V., 31. Jahrgang, S. 28–33, Heft 3/4, Bocholt 1980.

RUPPEL, Thomas: Zum Beginn der Spätbronzezeit im Niederrheinischen Raum. Ausgrabungen und Funde in Westfalen-Lippe, Band 3, S. 9–25, Mainz 1985.

RUPPEL, Thomas: Die Urnenfelderzeit in der Niederrheinischen Bucht. Rheinische Ausgrabungen, Band 30, Bonn 1990.

RUPPEL, Thomas: Stand und Aufgaben der Spätbronzezeitforschung im niederrheinischen Raum. Beiträge zur Urnenfelderzeit nördlich und südlich der

Alpen. Römisch-Germanisches Zentralmuseum, Forschungsinstitut für Vor- und Frühgeschichte, Monographien, Band 35, S. 109–120, Mainz 1995.

SCHOENFELDER, Uwe: Untersuchungen an Gräberfeldern der späten Bronze- und beginnenden Eisenzeit am unteren Niederrhein. Studies in Modern Archaeology, Vol. 5, Bonn 1992.

SCHUMACHER-MATTHÄUS, Gisela: Bronze»zeit« in Westfalen? Aus: HELLENKEMPER, Hansgerd/HORN, Heinz Günter/KOSCHIK, Harald/TRIER, Bendix (Herausgeber): Archäologie in Nordrhein-Westfalen. Schriften zur Bodendenkmalpflege in Nordrhein-Westfalen, S. 156–161, Köln 1990.

SCHWELLNUS, Winrich: Archäologische Untersuchungen im Rheinischen Braunkohlengebiet 1977–1981. Rheinische Ausgrabungen, Band 24, S. 1–31, Bonn 1983.

SIMONS, Angela: Bronze- und eisenzeitliche Besiedlung in den Rheinischen Lößbörden. Archäologische Siedlungsmuster im Braunkohlengebiet. British Archaeological Reports, International Series, Oxford 1989.

STAMPFUSS, Rudolf: Beiträge zur Nordgruppe der Urnenfelderkultur. Mannus, 5. Ergänzungsband, S. 50–100, Leipzig 1927.

WÄHREN, Max: Das Brot in der Bronzezeit und älteren Vorrömischen Eisenzeit nördlich der Alpen unter besonderer Berücksichtigung von Brotfunden aus Kreisgrabenfriedhöfen des Münsterlandes. Ausgrabungen in Westfalen-Lippe, Band 5, S. 23–71, Münster 1987.

WAND-SERVER, Gabriele: Die jungbronzezeitlichen Gräberfelder von Gladbeck, Herne und Recklinghausen. Bodenaltertümer Westfalens, Band 22, Münster 1985.

WILHELMI, Klemens: Siedlungs- und Bestattungsplätze der Bronze- und Eisenzeit bei Telgte, Kr. Münster. Archäologisches Korrespondenzblatt, Jahrgang 4, S. 213–222, Mainz 1974.

WILHELMI, Klemens: Neue bronzezeitliche Langgräben in Westfalen. Westfälische Forschungen, 17. Band, S. 47–66, Münster 1975.

WILHELMI, Klemens: Zwei bronzezeitliche Kreisgrabenfriedhöfe bei Telgte, Kreis Warendorf. Bodenaltertümer Westfalens, Band 17, Münster 1981.

WILHELMI, Klemens: Die jüngere Bronzezeit zwischen Niederrhein und Mittelweser. Kleine Schriften aus dem Vorgeschichtlichen Seminar Marburg, Heft 15, Marburg 1983.

WILHELMI, Klemens: Ein Bernstein-Bronze-Pektorale der Urnenfelderzeit aus Telgte an der Ems? Archäologisches Korrespondenzblatt, Jahrgang 21, S. 53–58, Mainz 1991.

WILHELMI, Klemens: Grabhügel der Bronze- und Eisenzeit bei Leschede, Lkr. Emsland, in Relation zum Raum zwischen Harz und Ijssel, Oberems und Ruhr, Schottland und Harz. Helinium 31/2, S. 213–272, Wetteren 1991.

Die Lüneburger Gruppe in der mittleren Bronzezeit

KERSTEN, Karl: Das Totenhaus von Grünhof-Tesperhude, Kreis Herzogtum Lauenburg. Offa, Jahrgang 1, S. 56–87, Neumünster 1936.

KÖRNER, Gerhard: Ein bronzezeitlicher Mehrperiodenhügel bei Deutsch-Evern im Landkreis Lüneburg. Nachrichten aus Niedersachsens Urgeschichte, Band 28, S. 3–19, Hildesheim 1959.

LAUX, Friedrich: Die Bronzezeit in der Lüneburger Heide. Veröffentlichungen der urgeschichtlichen Sammlungen des Landesmuseums zu Hannover, Band 18, Hildesheim 1971.

LAUX, Friedrich: Das Hügelgräberfeld von Deutsch-Evern. Lüneburger Blätter, Band 23, S. 77–100, Lüneburg 1977.

LAUX, Friedrich: Bemerkungen zu den mittelbronzezeitlichen Lüneburger Frauentrachten vom Typ Deutsch Evern. Studien zur Bronzezeit. Festschrift für Wilhelm Albert von Brunn, S. 251–275, Mainz 1981.

LAUX, Friedrich: Einflüsse aus dem Lausitzer Kulturkreis auf die bronzezeitlichen und früheisenzeitlichen Kulturen der Lüneburger Heide und des übrigen Niedersachsens. Forschungen zur Problematik der Lausitzer Kultur, S. 157–170, Wrocław 1988.

LAUX, Friedrich: Zur älteren und mittleren Bronzezeit in Niedersachsen. Aus: Beiträge zur mitteleuropäischen Bronzezeit, Teil II, S. 287, Berlin/Nitra 1990.

LAUX, Friedrich/HARCK, Ole: Studien zur Bronzezeitchronologie an der Niederelbe. Neue Ausgrabungen und Forschungen in Niedersachsen, Band 17, S. 61–106, Hildesheim 1986.

SOMMERFELD, Christoph: Ein mittelbronzezeitlicher Hortfund aus Hitzacker, Ldkr. Lüchow-Dannenberg. Berichte zur Denkmalpflege in Niedersachsen, 14. Jahrgang, Heft 1, S. 9–15, Hannover 1994.

SPROCKHOFF, Ernst: Jungbronzezeitliche Hortfunde Norddeutschlands (Periode IV). Kataloge des Römisch-Germanischen Zentralmuseums Mainz, Nr. 12, Mainz 1937.

Die Allermündungs-Gruppe in der mittleren Bronzezeit

LAUX, Friedrich: Die mittlere Bronzezeit. Aus: Führer zu vor- und frühgeschichtlichen Denkmälern, Band 48. Hannover, Nienburg, Hildesheim, Alfeld, Teil I: Einführende Aufsätze, S. 82–85, Mainz 1981.

LAUX, Friedrich: Zur älteren und mittleren Bronzezeit in Niedersachsen. Aus: Beiträge zur mitteleuropäischen Bronzezeit, Teil II, S. 290, Berlin/Nitra 1990.

METZLER, Alf: Walsrode: Westenholz SFA. Bronzezeitlicher Grabhügel. Aus: HÄSSLER, Hans-Jürgen (Herausgeber): Ur- und Frühgeschichte in Niedersachsen, S. 538, Stuttgart 1991.

SCHÜNEMANN, Detlef: Eine bronzezeitliche Lanzenspitze in einem Urnengrab bei Tüchten, Gem. Bassen, Kr. Verden. Nachrichten aus Niedersachsens Urgeschichte, Band 35, S. 75–77, Hildesheim 1966.

Die Stader Gruppe in der mittleren Bronzezeit

BOHLS, Jan: Der Debstedter Galgenberg. Jahresbericht der Männer vom Morgenstern, Band 14/15, 1911/13, S. 234–242, Bremerhaven 1913.

DEICHMÜLLER, Jürgen: Ein Palisadenhügel mit Baumsargbestattung im Totenhaus bei Tarmstedt, Kreis Bremervörde. Neue Ausgrabungen und Forschungen in Niedersachsen, Band 38, S. 48–57, Hildesheim 1969.

LAUX, Friedrich: Die Nadeln in Niedersachsen. Prähistorische Bronzefunde XIII, Band 4, S. 12, München 1976.

LAUX, Friedrich: Ein Frauengrab aus Lüllau, Gem. Jesteburg, Kr. Harburg. Bemerkungen zur Differenzierung bronzezeitlicher Brandbestattungen in der Lüneburger Heide. Hammaburg, Neue Folge, Band 3/4, S. 44, Hamburg 1976/77.

LAUX, Friedrich: Zur älteren und mittleren Bronzezeit in Niedersachsen. Aus: Beiträge zur mitteleuropäischen Bronzezeit, Teil II, S. 275, Berlin/Nitra 1990.

SCHINKEL, Martin: Grabungsresultate bei der Durchforschung des Spanger Berges (Ritzebüttel). Jahrbuch der Männer vom Morgenstern, Band 13, 1910/11, S. 182–191, Bremerhaven 1912.

WENDOWSKI-SCHÜNEMANN, Andreas: Die Funde aus dem bronzezeitlichen Grabhügel »Spanger Berg« in Holte-Spangen, Stadt Cuxhaven. Jahrbuch der Männer vom Morgenstern, Band 70, S. 9–18, Bremerhaven 1991.

Die Lüneburger Gruppe in der jüngeren Bronzezeit

ASMUS, Wolfgang Dietrich: Die Bildzeichnung des spätbronzezeitlichen Prunkmessers von Gödenstorf, Kr. Harburg. Nachrichten aus Niedersachsens Urgeschichte, Band 41, S. 34–44, Hildesheim 1972.

DRESCHER, Hans: Die Knöpfe des Hortfundes aus Hagen, Kreis Lüneburg. Offa, Jahrgang 15, S. 83–92, Neumünster 1956.

ELLMERS, Dietrich: Kultbarken, Fähren, Fischerboote, vorgeschichtliche Einbäume in Niedersachsen. Die Kunde, N. F., Band 24, S. 23–62, Hannover 1973.

GEBERS, Wilhelm: Jungbronzezeitliche und eisenzeitliche Getreidevorratshaltung in Rullstorf, Ldkr. Lüneburg – ein Zeugnis ungewöhnlicher urgeschichtlicher Vorratswirtschaft. Ausgrabungen in Niedersachsen. Archäologische Denkmalpflege 1979–1984. Herausgegeben von der Archäologischen Denkmalpflege im Institut für Denkmalpflege, Niedersächsisches Landesverwaltungsamt, durch Klemens Wilhelmi. Berichte zur Denkmalpflege in Niedersachsen, Beiheft 1, S. 146–150, Stuttgart 1985.

GEBERS, Wilhelm: Neue Ergebnisse zu den jungbronzezeitlichen Grab- und Beigabensitten auf einem Urnenfriedhof bei Rullstorf, Landkreis Lüneburg. Ausgrabungen in Niedersachsen. Archäologische Denkmalpflege 1979–1984. Herausgegeben von der Archäologischen Denkmalpflege im Institut für Denkmalpflege, Niedersächsisches Landesverwaltungsamt, durch Klemens Wilhelmi. Berichte zur Denkmalpflege in Niedersachsen, Beiheft 1, S. 168–173, Stuttgart 1985.

HARCK, Ole: Nordostniedersachsen vom Beginn der jüngeren Bronzezeit bis zum frühen Mittelalter, Hildesheim 1973.

HELMES, Menne: Die Deutung der Darstellungen auf Bronzemessern aus Niedersachsen. Mannus, Band 29, S. 327–336, Leipzig 1937.

JACOB-FRIESEN, Karl Hermann: Verzierte Bronzemesser aus Niedersachsen und ihre kultische Bedeutung. Altschlesien, Band 4, S. 364–375, Breslau 1934.

KRÜGER, Franz: Zwei neue germanische Friedhöfe der ausgehenden Bronzezeit bei Lüneburg. Germania, Jahrgang 21, S. 220–229, Frankfurt/Main 1937.

LAUX, Friedrich: Die Bronzezeit in der Lüneburger Heide. Veröffentlichungen der urgeschichtlichen Sammlungen des Landesmuseums zu Hannover, Band 18, Hildesheim 1971.

LAUX, Friedrich: Die Fibeln in Niedersachsen. Prähistorische Bronzefunde XIV, Band 1, München 1973.

LAUX, Friedrich: Das Hügelgräberfeld von Deutsch-Evern. Lüneburger Blätter, Band 23, S. 77–100, Lüneburg 1977.

LAUX, Friedrich/HARCK, Ole: Studien zur Bronzezeitchronologie an der Niederelbe. Neue Ausgrabungen und Forschungen in Niedersachsen, Band 17, S. 61–106, Hildesheim 1986.

SPROCKHOFF, Ernst: Niedersächsische Depotfunde der jüngeren Bronzezeit. Veröffentlichung der urgeschichtlichen Sammlungen des Provinzial-Museums zu Hannover, Band 2, Hildesheim und Leipzig 1932.

WEGEWITZ, Willi: Die Urnenfriedhöfe der jüngeren Bronzezeit, der frühen und der vorrömischen Eisenzeit im Kreis Harburg, Hildesheim 1977.

Die Stader Gruppe in der jüngeren Bronzezeit

AUST, Hans: Grab- und Siedlungsfunde der jüngeren Bronze- und frühen Eisenzeit aus Meckelstedt. Jahrbuch der Männer vom Morgenstern, Band 45, S. 335–364, Bremerhaven 1964.

BRANDT, Karl Heinz: Jüngere Bronzezeit – 1100 bis 700 v. Chr. Aus: Focke-Museum Bremen. Vor- und Frühgeschichte des Bremer Raumes im Gang durch die Schausammlung, S. 24–28, Bremen 1982.

CLAUS, Martin: Die Lappenschalen der jüngeren Bronzezeit in Niedersachsen. Nachrichten aus Niedersachsens Urgeschichte, Band 21, S. 3–54, Hildesheim 1952.

DEHNKE, Rudolf: Eine spätbronzezeitliche Kultanlage mit Feuerstellen in Bötersen, Kr. Rotenburg (Wümme). Nachrichten aus Niedersachsens Urgeschichte, Band 36, S. 116–120, Hildesheim 1967.

DEICHMÜLLER, Jürgen: Eine jungbronzezeitliche »Lanzette« von Barchel, Kr. Bremervörde. Nachrichten aus Niedersachsens Urgeschichte, Band 38, S. 119–122, Hildesheim 1969.

DEICHMÜLLER, Jürgen: Ein Radiokarbon-Datum für die Bronzeräder von Stade. Archäologisches Korrespondenzblatt, Jahrgang 4, S. 223–224, Mainz 1974.

DIECK, Alfred: Tatauierung in vor- und frühgeschichtlicher Zeit. Archäologisches Korrespondenzblatt, Jahrgang 6, S. 169–173, Mainz 1976.

FÖRST, Elke: Die spätbronzezeitliche Siedlung Rodenkirchen-Hahnenknooper Mühle, Gemeinde Stadland, Ldkr. Wesermarsch – ein Vorbericht. Oldenburger Jahrbuch 1985, S. 227–240, Oldenburg 1985.

GRENZ, Rudolf: Die Bestattungssitten auf dem jungbronzezeitlichen Urnenfriedhof von Unterstedt, Kr. Rotenburg (Wümme). Rotenburger Schriften, Sonderheft 6, Rotenburg 1965.

GRENZ, Rudolf: Die Grabungsbefunde auf dem jungbronzezeitlichen Urnenfriedhof von Unterstedt, Kr. Rotenburg (Wümme). Rotenburger Schriften, Sonderheft 14, Rotenburg 1970.

JACOB-FRIESEN, Gernot: Eine reiche Bestattung der jüngeren Bronzezeit aus Alfstedt, Kreis Bremervörde. Nachrichten aus Niedersachsens Urgeschichte, Band 27, S. 48–71, Hildesheim 1958.

JACOB-FRIESEN, Karl Hermann: Die Bronzeräder von Stade. Prähistorische Zeitschrift, Band 18, 3./4. Heft, S. 154–186, Berlin 1927.

LUCKE, Arne Benno: Die Besiedlung des südlichen Niederelbegebietes in der jüngeren Bronzezeit. Zur inneren Gliederung und Gruppenabgrenzung. Dissertationsdruck, Hamburg 1981.

SCHÜNEMANN, Detlef: Ein spätbronzezeitlicher Bildstein in Gerkenhof, Gem. Schafwinkel. Kr. Verden. Nachrichten aus Niedersachsens Urgeschichte, Band 35, S. 81–84, Hildesheim 1966.

SCHÜNEMANN, Detlef: Ein Urnenfriedhof der jüngeren Bronzezeit bei Daverden, Kr. Verden (II. Teil). Nachrichten aus Niedersachsens Urgeschichte, Band 36, S. 136–144, Hildesheim 1968.

SCHÜNEMANN, Detlef: Zum spätbronzezeitlichen Bildstein von Gerkenhof, Kr. Verden – neue Hinweise für seine Echtheit. Nachrichten aus Niedersachsens Urgeschichte, Band 41, S. 201–202, Hildesheim 1972.

SCHÜNEMANN, Detlef/HASSELHOF, Dieter: Der Giersberg bei Armsen, Gemeinde Kirchlinteln im Landkreis Verden – eine »sakrale Stätte« der jüngeren Bronzezeit. Die Kunde, N. F., Band 38, S. 101–128, Hannover 1987.

TACKENBERG, Kurt: Die zweihenkeligen Terrinen der jüngeren Bronze- und älteren Eisenzeit im Gebiet zwischen Ems- und Elbemündung. Aus: SCHWANTES, Gustav (Herausgeber): Urgeschichtsstudien beiderseits der Niederelbe. Festschrift für Karl Hermann Jacob-Friesen. Darstellungen aus Niedersachsens Urgeschichte, Band 4, S. 153–187, Hildesheim 1939.

TACKENBERG, Kurt: Die jüngere Bronzezeit in Niedersachsen, Teil 1: Die Bronzen. Veröffentlichungen der urgeschichtlichen Sammlungen des Landesmuseums zu Hannover, Band 19, Hildesheim 1971.

TACKENBERG, Kurt: Ein Ledermesser von Beckdorf, Kreis Stade. Archäologisches Korrespondenzblatt, Jahrgang 5, S. 195–196, Mainz 1975.

TEMPEL, Wolf-Dieter: Jüngere Bronzezeit und frühe Eisenzeit. Aus: Führer zu archäologischen Denkmälern in Deutschland, Band 4. Landkreis Rotenburg (Wümme), S. 81–103, Mainz 1984.

ZIMMERMANN, W. Haio: Ein Hortfund mit goldblechbelegter Plattenfibel und Goldarmreif vom Eekhöltjen bei Flögeln (Niedersachsen). Germania, Jahrgang 54, 1. Halbband, S. 1–16, Frankfurt/Main 1976.

ZIMMERMANN, W. Haio: Haus, Hof und Siedlungsstruktur auf der Geest vom Neolithikum bis in das Mittelalter. Aus: DANNENBERG, Hans-Eckhard/SCHULZE, Heinz-Joachim: Geschichte des Landes zwischen Elbe und Weser, Band 1, Vor- und Frühgeschichte, Stade, Schriftenreihe des Landschaftsverbandes der ehemaligen Herzogtümer Bremen und Verden, Band 7, S. 251–288, Stade 1995.

Die Ems-Hunte-Gruppe in der jüngeren Bronzezeit

CLAUS, Martin: Die Lappenschalen der jüngeren Bronzezeit in Niedersachsen. Nachrichten aus Niedersachsens Urgeschichte, Band 21, S. 3–54, Hildesheim 1952.

DEITERING, Albert Hermann: Ueber die in dem ehemaligen Gogerichts-Bezirke von Emsbueren befindlichen Huenensteine, Grabhuegel, samt den in und um denselben gefundenen altdeutschen Geraethschaften. Archiv für Geschichte und Alterthumskunde Westphalens, Band 2, S. 321–330, Hamm 1828.

FRIEDERICHS, Axel: Düstrup und Galgenesch, zwei Gräberfelder der ausgehenden Bronze- und beginnenden Eisenzeit im Stadtgebiet von Osnabrück. Die Urnenfriedhöfe in Niedersachsen, Band 15, Hildesheim 1992.

FRÖHLICH, Siegfried: Die urgeschichtliche Besiedlung auf dem Hörtel in den Gemarkungen Leschede und Bernte, Gde. Emsbüren, Ldkr. Emsland, einschließlich eines Vorberichtes über die Ausgrabungen in den Jahren 1986 und 1987. Aus: KALTOFEN, Andrea/FRÖHLICH, Siegfried: Ausgegrabene Vergangenheit. 9000 Jahre Besiedlung im Emsbürener Raum (Ausstellung des Landkreises Emsland in Emsbüren vom 8. bis 30. Oktober 1988). Hefte zur Archäologie des Emslandes 1, S. 52–60, Meppen 1988.

FRÖHLICH, Siegfried: Die Ausgrabungen auf dem Hörtel bei Leschede im Jahre 1986. Jahrbuch des emsländischen Heimatbundes, Band 34, S. 298–304, Sögel 1988.

FRÖHLICH, Siegfried: Zum Grabhügelfeld von Emsbüren. Archäologie in Deutschland, Heft 4, S. 45–46, Stuttgart 1990.

HÄHNEL, Elsa: Jungbronzezeitliche und früheisenzeitliche Bestattungsformen und Friedhöfe in Südoldenburg. Oldenburger Jahrbuch 1970, S. 79–104, Oldenburg 1972.

KALTOFEN, Andrea: Die archäologischen Funde im Raum Emsbüren. Aus: KALTOFEN, Andrea/FRÖHLICH, Siegfried: Ausgegrabene Vergangenheit. 9000 Jahre Besiedlung im Emsbürener Raum (Ausstellung des Landkreises Emsland in Emsbüren vom 8. bis 30. Oktober 1988). Hefte zur Archäologie des Emslandes 1, S. 38–51, Meppen 1988.

METZLER, Alf/WILBERTZ, Otto Mathias: Bronzezeit: Aus: HÄSSLER, Hans-Jürgen (Herausgeber): Ur- und Frühgeschichte in Niedersachsen, S. 159, Stuttgart 1991.

MÖSER, Justus: Osnabrückische Geschichte, Osnabrück 1768.

OTTENJANN, Helmut: Neue Grabfunde bestätigen das Vorhandensein einer Hase-Hunte Kulturprovinz in vorgeschichtlicher Zeit. Heimatkalender für das Oldenburger Münsterland, S. 45–50, Vechta/Oldenburg 1957.

PETERS, Hans-Günther: Hügelgräber der Jüngeren Bronzezeit in Voxtrup-Düstrup, Kr. Osnabrück. Nachrichten aus Niedersachsens Urgeschichte, Band 40, S. 259–265, Hildesheim 1971.

PETERS, Hans-Günther: Das Hügelgräberfeld von Osnabrück-Düstrup. Neue Ausgrabungen und Forschungen in Niedersachsen, Band 78, S. 1–23, Hildesheim 1973.

SCHLÜTER, Wolfgang: Die jüngere Bronzezeit und die frühe Eisenzeit. Aus: Die Vor- und Frühgeschichte der Stadt und des Landkreises Osnabrück. Führer zu vor- und frühgeschichtlichen Denkmälern, Band 42. Das Osnabrücker Land, Teil I: Einführende Aufsätze, S. 91–105, Mainz 1979.

SCHLÜTER, Wolfgang: Gräberfelder der Bronze- und Eisenzeit in der Gemarkung Druchhorn, Gemeinde Ankum, Kreis Osnabrück. Neue Ausgrabungen und Forschungen in Niedersachsen, Band 13, S. 111–156, Hildesheim 1979.

SCHWARZ, Wolfgang: Bedeutende Funde aus der Urgeschichte Ostfrieslands.

II. Die Goldschalen von Terheide. Mitteilungen der Arbeitsgruppen der Ostfriesischen Landschaft, Jahrgang 8, Heft 2, S. 62–63, Aurich 1977.
SPROCKHOFF, Ernst: Niedersachsens Bedeutung für die Bronzezeit Westeuropas. Zur Verankerung einer neuen Kulturprovinz. 31. Bericht der Römisch-Germanischen Kommission 1941, II. Teil, S. 1–138, Frankfurt/Main 1942.
TACKENBERG, Kurt: Die zweihenkeligen Terrinen der jüngeren Bronze- und älteren Eisenzeit im Gebiet zwischen Ems- und Elbemündung. Aus: SCHWANTES, Gustav (Herausgeber): Urgeschichtsstudien beiderseits der Niederelbe. Festschrift für Karl Hermann Jacob-Friesen. Darstellungen aus Niedersachsens Urgeschichte, Band 4, S. 153–187, Hildesheim 1939.
TACKENBERG, Kurt: Die jüngere Bronzezeit in Niedersachsen, Teil 1: Die Bronzen. Veröffentlichungen der urgeschichtlichen Sammlungen des Landesmuseums zu Hannover, Band 19, Hildesheim 1971.
WALTHER, Elsa: Die Grabfunde der jüngeren Bronze- und älteren Eisenzeit in Südoldenburg. Ungedruckte Dissertation, Münster 1968.
WEGNER, Günter: Die jüngere Bronzezeit (1100–700 v. Chr.). Aus: OTTENJANN, Helmut: Archäologische Bodenfunde aus dem Oldenburger Münsterland. Ausstellungsdorf Museumsdorf Cloppenburg, Niedersächsisches Freilichtmuseum, Cloppenburg 1985.
WILHELMI, Klemens: Grabhügel der Bronze- und Eisenzeit bei Leschede, Lkr. Emsland, in Relation zum Raum zwischen Harz und Ijssel, Oberems und Ruhr, Schottland und Harz. Helinium 31/2, S. 213–272, Wetteren 1991.
ZOLLER, Dieter: Gräberfelder und Bestattungsbräuche der jüngeren Bronze- und älteren Eisenzeit im Oldenburger Geestgebiet. Neue Ausgrabungen und Forschungen in Niedersachsen, Band 2, S. 102–131, Hildesheim 1965.

Die jüngere Bronzezeit im südlichen Niedersachsen
BEHRE, Karl-Ernst: Zwei jungbronzezeitliche Getreidefunde aus Niedersachsen. Nachrichten aus Niedersachsens Urgeschichte, Band 51, S. 281–292, Hildesheim 1982.
BUSCH, Ralf: Die spätbronzezeitliche Siedlung an der Walkemühle in Göttingen. Teil I: Archäologische Untersuchungen. Göttinger Schriften zur Vor- und Frühgeschichte, Band 16, Neumünster 1975.
BUSCH, Ralf: Der Depotfund von Watenstedt, Kreis Helmstedt. Archaeologia Austriaca, Beiheft 13, Festschrift für Richard Pittioni, I Urgeschichte, S. 336–341, Wien 1976.
CLAUS, Martin: Die Lappenschalen der jüngeren Bronzezeit in Niedersachsen. Nachrichten aus Niedersachsens Urgeschichte, Band 21, S. 3–54, Hildesheim 1952.
COSACK, Erhard: Das Hügelgräberfeld im Osterholz bei Nordstemmen. Aus: Führer zu vor- und frühgeschichtlichen Denkmälern, Band 49. Hannover, Nienburg, Hildesheim, Alfeld, S. 285–288, Mainz 1981.
COSACK, Erhard/KULLIG, Claus G.: Ein Getreidefund der jüngeren Bronzezeit bei Harkenbleck, Gemeinde Hemmingen, Ldkr. Hannover. Ausgrabungen in Niedersachsen. Archäologische Denkmalpflege 1979–1984. Herausgegeben von der Archäologischen Denkmalpflege im Institut für Denkmalpflege, Niedersächsisches Landesverwaltungsamt, durch Klemens Wilhelmi. Berichte zur Denkmalpflege in Niedersachsen, Beiheft 1, S. 144–146, Stuttgart 1985.
DIECK, Alfred: Weinvorkommen an der Mittelweser in der Spätbronzezeit, Frühlatènezeit und Spätlatènezeit. Die Kunde, N. F., Band 27, S. 89–91, Mainz 1975/76.
DRESCHER, Hans: Die Gießereifunde der Siedlungsgrabung an der Walkemühle in Göttingen. Neue Ausgrabungen und Forschungen in Niedersachsen, Band 18, S. 147–166, Hildesheim 1988.
GENSEN, Rolf: Typengruppen in der jungbronzezeitlichen und eisenzeitlichen Keramik zwischen Niederrhein und Weser. Germania, Jahrgang 41, S. 243–259, Frankfurt/Main 1963.
GROTE, Klaus: Hemeln in der Ur- und Frühgeschichte. Aus: 1150 Jahre Hemeln, S. 21–36, Münden 1984.
GROTE, Klaus: Die Abris im südlichen Leinebergland bei Göttingen. Archäologische Befunde zum Leben unter Felsschutzdächern in urgeschichtlicher Zeit. Teil I, 1 Archäologischer Teil – Text, Oldenburg 1993.
HEAVERNICK, Thea Elisabeth: Zu dem Bronzebecken von Winzlar. Die Kunde, N. F., Band 23, S. 87–88, Hannover 1972.
JACOB-FRIESEN, Karl-Hermann: Der Bronzegießereifund von Schinna, Kreis Nienburg. Die Kunde, Band 8, S. 108–118, Hannover 1940.
KURTH, Gottfried/MAY, Eberhard/SITZENSTOCK, Wolfgang: Erste Befunde an den spätbronzezeitlichen Menschenresten aus der Gemarkung Runstedt, Krs. Helmstedt. Festschrift Kurt Gerhard zum 60. Geburtstag. Beiträge zur prähistorischen Anthropologie und Urgeschichte Europas, S. 113–124, Zürich 1972.
LAUX, Friedrich: Die jüngere Bronzezeit. Aus: Führer zu vor- und frühgeschichtlichen Denkmälern, Band 48. Hannover, Nienburg, Hildesheim, Alfeld, Teil I: Einführende Aufsätze, S. 86–87, Mainz 1981.
MAIER, Reinhard/LINKE, Friedrich-Albert: Die Lichtensteinhöhle bei Dorste, Stadt Osterode am Harz. Ausgrabungen in Niedersachsen. Archäologische Denkmalpflege 1979–1984. Herausgegeben von der Archäologischen Denkmalpflege im Institut für Denkmalpflege, Niedersächsisches Landesverwaltungsamt, durch Klemens Wilhelmi. Berichte zur Denkmalpflege in Niedersachsen, Beiheft 1, S. 150–154, Stuttgart 1985.
MENTE, Hugo/KOSSINNA, Gustav: Ein Depotfund der jüngeren Bronzezeit aus dem hannoverschen Wendlande. Mannus, Band 6, S. 192–201, Würzburg 1914.
NIQUET, Franz: Eine Siedlung der jüngeren Bronzezeit am südlichen Elz auf der Gemarkung Runstedt, Kr. Helmstedt. Nachrichten aus Niedersachsens Urgeschichte, Band 36, S. 137, Hildesheim 1967.
SPROCKHOFF, Ernst: Niedersachsens Bedeutung für die Bronzezeit Westeuropas. Zur Verankerung einer neuen Kulturprovinz. Berichte der Römisch-Germanischen Kommission, Band 31, Teil 1, Berlin 1941.
STEPHAN, Hans-Georg: Jungbronze-/früheisenzeitlicher Urnenfriedhof bei Jühnde, Kr. Göttingen. Nachrichten aus Niedersachsens Urgeschichte, Band 48, S. 201–203, Hildesheim 1981.
TACKENBERG, Kurt: Die jüngere Bronzezeit in Nordwestdeutschland. Teil I: Die Bronzen. Veröffentlichungen der urgeschichtlichen Sammlungen des Landesmuseums zu Hannover, Band 19, Hildesheim 1971.
VOGES, Theodor: Der Depotfund von Watenstedt. Nachrichten über deutsche Alterthumsfunde, Ergänzungsblätter zur Zeitschrift für Ethnologie, zwölfter Jahrgang, Heft 6, S. 81–90, Berlin 1901.
VOSS, Klaus Ludwig: Eine reiche Brandbestattung der jüngeren Bronzezeit von Winzlar, Kreis Nienburg/Weser. Neue Ausgrabungen und Forschungen in Niedersachsen, Band 7, S. 81–90, Hildesheim 1972.
WENDORFF, Christina: Die Grabfunde der ausgehenden Bronze- und älteren vorrömischen Eisenzeit im nordwestlichen Harzvorland. Neue Ausgrabungen und Forschungen in Niedersachsen, Band 15, S. 215–362, Hildesheim 1983.
WILLERDING, Ulrich: Methodische Probleme bei der Untersuchung und Auswertung von Pflanzenfunden in vor- und frühgeschichtlichen Siedlungen. Nachrichten aus Niedersachsens Urgeschichte, Band 40, S. 180–198, Hildesheim 1971.
WINTER, Hildegard: Das jungbronze- und früheisenzeitliche Gräberfeld von Jühnde, Ldkr. Göttingen. Nachrichten aus Niedersachsens Urgeschichte, Band 57, S. 55–140, Hildesheim 1988.

Die nordische mittlere Bronzezeit
BELTZ, Robert: Die Gräber der älteren Bronzezeit in Meklenburg. Erster Teil. Jahrbücher des Vereins für meklenburgische Geschichte der Alterthumskunde, Band 67, S. 83–196, Schwerin 1902.
BOKELMANN, Klaus: Ein bronzezeitlicher Hausgrundriß bei Handewitt, Kreis Schleswig-Flensburg. Offa, Jahrgang 34, S. 82–89, Neumünster 1977.
CLAUSEN, Ingo: Zwei Grabhügel der mittleren Bronzezeit bei Wittenborn, Kreis Segeberg. Offa, Jahrgang 47, S. 85–107, Neumünster 1990.
FILIP, Jan: Peckatel. Aus: FILIP, Jan (Herausgeber): Enzyklopädisches Handbuch zur Ur- und Frühgeschichte Europas, Band 2, S. 1010, Stuttgart 1969.
HINZ, Hermann: Die vor- und frühgeschichtlichen Denkmäler und Funde in Schleswig-Holstein. Veröffentlichungen des Landesamtes für Vor- und Frühgeschichte in Schleswig, Band III: Nordfriesisches Festland (Kreis Husum und Südtondern-Festland), Neumünster 1974.
HUNDT, Hans-Jürgen: Eine gegossene Bronzetasse der älteren Bronzezeit. Offa, Jahrgang 16, S. 29–40, Neumünster 1957/58.
JUST, Friedrich: Das Hügelgrab von Neu Grebs, Kreis Ludwigslust. Bodendenkmalpflege in Mecklenburg, Jahrbuch 1968, S. 191–210, Schwerin 1970.
KERSTEN, Karl: Einige Funde der Ilmenaukultur in Schleswig-Holstein. Offa, Jahrgang 11, S. 10–24, Neumünster 1952.
KERSTEN, Karl: Fund einer mittelbronzezeitlichen Urne bei Norddorf auf Amrum. Offa, Jahrgang 17/18, S. 131–132, Neumünster 1959/1961.
KÜHL, Joachim: Bericht über die Untersuchung eines Grabhügels der älteren Bronzezeit bei Gülzow, Kr. Herzogtum Lauenburg. Die Heimat, Zeitschrift für Natur- und Landeskunde von Schleswig-Holstein und Hamburg, 83. Jahrgang, S. 113–116, Neumünster 1976.

Laux, Friedrich: Reiche Männergräber aus Gülzow, Kreis Herzogtum Lauenburg. Ein Beitrag zur regionalen Gruppengliederung im südlichen Holstein während der älteren und mittleren Bronzezeit. Offa, Jahrgang 46, S. 51–72, Neumünster 1989.

Mangelsdorf, Günter: Ein Goldarmband der Hügelgräberbronzezeit aus Schlagtow, Kr. Greifswald. Ausgrabungen und Funde, Band 33, Heft 3, S. 117–120, Berlin 1988.

Ottenjann, Helmut: Die nordischen Vollgriffschwerter der älteren und mittleren Bronzezeit. Römisch-Germanische Forschungen, Band 30, Berlin 1969.

Rennebach, Günter: Ein bronzezeitliches Frauengrab von Serrahn, Kreis Güstrow. Bodendenkmalpflege in Mecklenburg, Jahrbuch 1984, S. 77–95, Berlin 1985.

Schoknecht, Ulrich: Bronzezeitliche Flachgräber der Periode III von Gielow, Kreis Malchin. Bodendenkmalpflege in Mecklenburg, Jahrbuch 1965, Schwerin 1966.

Sprockhoff, Ernst: Zur Handelsgeschichte der germanischen Bronzezeit. Vorgeschichtliche Forschungen, Heft 7, Berlin 1930.

Die nordische jüngere Bronzezeit

Agde, Hellmut: Der germanische Ring von Roga. Mannus, 28. Jahrgang, Heft 2, S. 153–160, Leipzig 1936.

Albrecht, Martin: Anthropomorphe Darstellungen der jüngeren Bronzezeit aus dem nördlichen Mittel- und südlichen Nordeuropa. Aus: Coblenz, Werner/Horst, Fritz (Herausgeber): Mitteleuropäische Bronzezeit, Beiträge zur Archäologie und Geschichte, S. 315–323, Berlin 1978.

Baudou, Evert: Die regionale und chronologische Einteilung der jüngeren Bronzezeit im Nordischen Kreis. Acta Universitatis Stockholmiensis, Studies in North-European Archaeology 1, Stockholm 1960.

Bohm, Waldtraut: Das bronzezeitliche Dorf Viesecke, Kr. Westprignitz. Berliner Jahrbuch für Vor- und Frühgeschichte, Band 4, S. 175–193, Berlin 1964.

Brandt, Jürgen/Kluck, Lothar: Zwei jungbronzezeitliche Fundkomplexe aus Muchow, Kreis Ludwigslust. Bodendenkmalpflege in Mecklenburg, Jahrbuch 1988, S. 109–118, Berlin 1989.

Bräuer, Günter: Anthropologische Untersuchungen an den Leichenbränden des bronzezeitlichen Urnenfriedhofs Bad Oldesloe-Poggensee, Kreis Stormarn. Offa, Jahrgang 36, S. 45–51, Neumünster 1979.

Breddin, Rolf: Untersuchung eines spätbronzezeitlichen Grabhügelfeldes der Seddiner Gruppe bei Nettelbeck, Kr. Pritzwalk. Veröffentlichungen des Museums für Ur- und Frühgeschichte Potsdam, Band 17, S. 49–72, Potsdam 1983.

Buck, Dietmar-Wilfried/Wetzel, Günter: Eine Siedlung der jüngeren Bronzezeit von Zitz, Kr. Brandenburg-Land. Ausgrabungen und Funde, Band 11, Heft 3, S. 138–141, Berlin 1966.

Fenske, Reiner: Ein jungbronzezeitliches Gräberfeld mit Kalkbrennofen von Warlin, Kreis Neubrandenburg. Bodendenkmalpflege in Mecklenburg, Jahrbuch 1984, S. 101–141, Berlin 1985.

Geisler, Horst: Eine anthropomorphe Kleinplastik aus Schwedt, Bez. Frankfurt/O. Ausgrabungen und Funde, Band 35, Heft 4, S. 68–71, Berlin 1990.

Gralow, Klaus-Dieter: Ein Bronzefund von der jungbronzezeitlichen Siedlung bei Warlow, Kreis Ludwigslust. Ausgrabungen und Funde, Band 30, Heft 3, S. 117–119, Berlin 1985.

Heidelk-Schacht, Sigrid: Das Urnengräberfeld der ausgehenden Bronzezeit bei Dammwolde, Kreis Röbel – Bericht einer alten Ausgrabung. Mitteilungen des Bezirksausschusses für Ur- und Frühgeschichte Neubrandenburg, Band 3, S. 11–25, Neubrandenburg 1986.

Heussner, Karl-Uwe: Zwei bronzezeitliche Scheibenräder von Kühlungsborn, Kreis Bad Doberan. Bodendenkmalpflege in Mecklenburg, Jahrbuch 1985, S. 125–131, Berlin 1986.

Hingst, Hans: Eine bronzezeitliche Siedlung bei Schmalstede, Kr. Rendsburg-Eckernförde. Offa, Jahrgang 30, S. 194–204, Neumünster 1973.

Hingst, Hans: Grabhügelfelder der jüngeren Bronze- und frühen Eisenzeit. Offa, Jahrgang 33, S. 66–122, Neumünster 1976.

Hoffmann, Hugo: Die Gräber der jüngeren Bronzezeit in Holstein. Vor- und frühgeschichtliche Untersuchungen aus dem Museum vorgeschichtlicher Altertümer in Kiel (Neue Folge) 2, Neumünster 1938.

Hollnagel, Adolf: Zwei Bronzeschöpfgefäße aus Güstrow. Bodendenkmalpflege in Mecklenburg, Jahrbuch 1953, S. 51–56, Schwerin 1953.

Horst, Fritz: Ausgrabungen auf dem jungbronzezeitlichen Burgwall von Gühlen-Glienicke (Boltenmühle), Kr. Neuruppin, 1960. Ausgrabungen und Funde, Band 6, Heft 3, S. 125–133, Berlin 1961.

Horst, Fritz: Die jüngere Bronzezeit im Havelgebiet, Dissertation, Berlin 1966.

Horst, Fritz: Untersuchungen auf der jungbronze- und jastorfzeitlichen Siedlung von Zedau, Kr. Osterburg (Altmark). Ausgrabungen und Funde, Band 16, Heft 1, S. 22–26, Berlin 1971.

Horst, Fritz: Untersuchungen auf dem jungbronze- und jastorfzeitlichen Fundplatz von Osterburg, Ot. Zedau. Ausgrabungen und Funde, Band 21, Heft 1–4, S. 74–75, Berlin 1976.

Horst, Fritz: Die jungbronzezeitlichen Stämme im nördlichen Teil der DDR. Aus: Coblenz, Werner/Horst, Fritz (Herausgeber): Mitteleuropäische Bronzezeit. Beiträge zur Archäologie und Geschichte. S. 137–194, Berlin 1978.

Hundt, Hans-Jürgen: Ein Hortfund der Periode IV von Bäk, Kreis Herzogtum Lauenburg. Offa, Jahrgang 9, S. 40–46, Neumünster 1951.

Hundt, Hans-Jürgen: Versuch zur Deutung der Depotfunde der nordischen jüngeren Bronzezeit unter besonderer Berücksichtigung Mecklenburgs. Jahrbuch des Römisch-Germanischen Zentralmuseums Mainz 1955, S. 95–140, Mainz 1955.

Keiling, Horst: Das jungbronzezeitliche Gräberfeld auf der »Dehms« von Blievenstorf, Kr. Ludwigslust. Ausgrabungen und Funde, Band 9, Heft 4, S. 198–201, Berlin 1964.

Keiling, Horst: Der jungbronzezeitliche Bestattungsplatz auf der »Dehms« von Blievenstorf, Kreis Ludwigslust. Bodendenkmalpflege in Mecklenburg, Jahrbuch 1964, S. 39–151, Schwerin 1965.

Keiling, Horst: Jungbronzezeitfunde vom Voßberg bei Groß-Gottschow, Kr. Perleberg. Ausgrabungen und Funde, Band 10, Heft 4, S. 174–182, Berlin 1965.

Keiling, Horst: Der jungbronzezeitliche Urnenfriedhof von Leezen, Kr. Schwerin. Ausgrabungen und Funde, Band 12, Heft 4, S. 189–193, Berlin 1967.

Keiling, Horst: Ein jungbronzezeitliches Urnengrab von Repzin, Kr. Parchim. Ausgrabungen und Funde, Band 14, Heft 4, S. 168–175, Berlin 1969.

Keiling, Horst: Weitere jungbronzezeitliche Grabfunde von der »Dehms« bei Blievenstorf, Kreis Ludwigslust. Bodendenkmalpflege in Mecklenburg, Jahrbuch 1968, S. 211–264, Schwerin 1970.

Keiling, Horst: Die Untersuchung von zwei jungbronzezeitlichen Grabhügeln bei Granzin, Kreis Hagenow. Bodendenkmalpflege in Mecklenburg, Jahrbuch 1978, S. 37–52, Berlin 1979.

Keiling, Horst: Zum Formenschatz der Perioden IV und V sowie dem Ende der Bronzezeit (P VI, 1). Aus: Die Kulturen der mecklenburgischen Bronzezeit. Archäologische Funde und Denkmale aus dem Norden der DDR, Museumskatalog 6, S. 41–43, Schwerin 1987.

Keiling, Horst: Ein neuer jungbronzezeitlicher Urnenfriedhof bei Grebs, Kr. Ludwigslust. Ausgrabungen und Funde, Band 32, Heft 3, S. 125–129, Berlin 1987.

Kühl, Ingrid: Beigaben aus Geweih und Knochen in jungbronzezeitlichen Leichenbränden Schleswig-Holsteins. Offa, Jahrgang 46, S. 73–93, Neumünster 1989.

Kunkel, Otto: Pommersche Urgeschichte in Bildern. Schriften aus dem Provinzialmuseum Pommerscher Altertümer in Stettin, Stettin 1931.

Lampe, Willi: Eine jungbronzezeitliche Siedlungsgrube mit anthropomorpher Figur aus Putbus, Kr. Rügen. Ausgrabungen und Funde, Band 22, Heft 3, S. 108–117, Berlin 1977.

Lampe, Willi: Ein jungbronzezeitlicher Hortfund mit Pferdegeschirr aus Ückeritz, Kreis Wolgast. Bodendenkmalpflege in Mecklenburg, Jahrbuch 1977, S. 51–62, Berlin 1978.

Lampe, Willi: Ückeritz. Ein jungbronzezeitlicher Hortfund von der Insel Usedom. Beiträge zur Ur- und Frühgeschichte der Bezirke Rostock, Schwerin und Neubrandenburg, Band 15, Berlin 1982.

Laux, Friedrich: Ernst Sprockhoff und Olaf Höckmann, Die gegossenen Bronzebecken der nordischen Bronzezeit. Germania, Jahrgang 60, 1. Halbband, S. 252–257, Frankfurt/Main 1982.

Matthes, Walter: Urgeschichte des Kreises Ostprignitz, Leipzig 1929.

May, Jens/Schmidt, Klaus-Jürgen: Ein jungbronzezeitliches Metallgefäßdepot von Herzberg, Kr. Neuruppin. Ausgrabungen und Funde, Band 38, Heft 2, S. 73–80, Berlin 1993.

Menke, Manfred: Die jüngere Bronzezeit in Holstein. Offa-Bücher, Band 25, Neumünster 1972.

Müller, Christian: Ergebnisse der anthropologischen Untersuchung der jungbronzezeitlichen Leichenbrände von Granzin, Kreis Hagenow. Bodendenkmalpflege in Mecklenburg, Jahrbuch 1978, S. 105–113, Berlin 1979.

MÜLLER, Christian: Zur Anthropologie der jungbronzezeitlichen Leichenbrände von Warlin, Kreis Neubrandenburg. Bodendenkmalpflege in Mecklenburg, Jahrbuch 1985, S. 143–151, Berlin 1985.
RENNEBACH, Günter: Rettungsgrabung auf der bronzezeitlichen Nekropole im Toddiner Forst, Gemarkung Granzin, Kreis Hagenow. Bodendenkmalpflege in Mecklenburg, Jahrbuch 1978, S. 53–103, Berlin 1979.
SCHACHT, Sigrid: Eine jungbronzezeitliche Siedlung mit Tonrädern bei Levitzow, Kreis Teterow. Bodendenkmalpflege in Mecklenburg, Jahrbuch 1987, S. 115–130, Berlin 1988.
SCHACHT, Sigrid: Bütow, Kreis Röbel – Siedlung oder Kultstätte der Jungbronzezeit? Bodendenkmalpflege in Mecklenburg, Jahrbuch 1979, S. 59–82, Berlin 1980.
SCHACK, Kurt: Urnengräber der jüngeren Bronzezeit von Malk-Göhren, Kreis Ludwigslust. Bodendenkmalpflege in Mecklenburg, Jahrbuch 1955, S. 90–191, Schwerin 1957.
SCHMIDT, Hubert: Die Luren von Daberkow, Kr. Demmin. Ein Beitrag zur Geschichte von Formen und Technik in der Bronzezeit. Prähistorische Zeitschrift, Band 7, 3./4. Heft, S. 85–179, Leipzig 1915/16.
SCHMIDT, Jens-Peter: Studien zur jüngeren Bronzezeit in Schleswig-Holstein und dem nordelbischen Hamburg. Universitätsforschungen zur prähistorischen Archäologie, Band 15, Teil 1: Text und Karten, Bonn 1993.
SCHMIDT, Jens-Peter: Studien zur jüngeren Bronzezeit in Schleswig-Holstein und dem nordelbischen Hamburg. Universitätsforschungen zur prähistorischen Archäologie, Band 15, Teil 2: Katalog und Tafeln, Bonn 1993.
SCHNEIDER, Renate-Ursula: Zur Südabgrenzung des Bereichs der nordischen Bronzezeit in Periode IV nach Montelius. Dissertation, Hamburg 1971.
SCHNEIDER, Renate-Ursula: Jungbronzezeitliche Siedlungen in Hamburg-Boberg und Hamburg-Lohbrügge. Hammaburg, N.F., Band 1, S. 109–111, Hamburg 1974.
SCHOKNECHT, Ulrich: Ein Gräberfeld der jüngeren Bronzezeit von Waren. Bodendenkmalpflege in Mecklenburg, Jahrbuch 1959, S. 67–86, Schwerin 1960.
SCHOKNECHT, Ulrich: Ein bronzezeitlicher Hortfund der Periode V von Murchin, Kreis Anklam. Bodendenkmalpflege in Mecklenburg, Jahrbuch 1974, S. 45–172, Schwerin 1975.
SCHUBART, Hermanfrid: Ausgrabungen in der jungbronzezeitlichen Höhensiedlung von Kratzeburg, Kr. Neustrelitz, 1957. Ausgrabungen und Funde, Band 3, Heft 2, S. 67–75, Berlin 1958.
SCHUBART, Hermanfrid: Jungbronzezeitliche Burgwälle in Mecklenburg. Prähistorische Zeitschrift, Band 39, S. 143–175, Berlin 1961.
SPROCKHOFF, Ernst: Jungbronzezeitliche Hortfunde Norddeutschlands (Periode IV). Kataloge des Römisch-Germanischen Zentralmuseums Mainz, Nr. 12, Mainz 1937.
SPROCKHOFF, Ernst: Pfahlbaubronzen in der Südzone des Nordischen Kreises während der jüngeren Bronzezeit. Archaeologia Geographica, Band 2, S. 120–128, Hamburg 1951.
SPROCKHOFF, Ernst: Das bronzene Zierband von Kronshagen bei Kiel. Eine Ornamentstudie zur Vorgeschichte der Vogelsonnenbarke. Offa, Jahrgang 14, Neumünster 1955.
SPROCKHOFF, Ernst: Jungbronzezeitliche Hortfunde der Südzone des nordischen Kreises (Periode V). Katalog des Römisch-Germanischen Zentralmuseums zu Mainz, Nr. 16, Mainz 1956.
SPROCKHOFF, Ernst/HÖCKMANN, Olaf: Die gegossenen Bronzebecken der jüngeren nordischen Bronzezeit. Kataloge vor- und frühgeschichtlicher Altertümer, Band 19, Mainz 1979.
STANGE, Günther: Eine jungbronzezeitliche Feuerstellenreihe auf dem Gelände des spätlatène-frühkaiserlichen Gräberfeldes von Badow, Kr. Gadebusch. Informationen des Bezirksarbeitskreises für Ur- und Frühgeschichte Schwerin, Heft 25, S. 78, Schwerin 1985.
TEICHERT, Manfred: Die Tierreste von den jungbronzezeitlichen Burgwällen Kratzeburg und Gühlen-Glienicke. Prähistorische Zeitschrift, Band 42, S. 107–142, Berlin 1964.
TROMNAU, Gernot: Der Urnenfriedhof aus der jüngeren Bronzezeit von Bad Oldesloe-Poggensee, Kreis Stormarn. Offa, Jahrgang 46, S. 33–44, Neumünster 1979.
UNVERZAGT, Wilhelm: Ausgrabungen in spätbronzezeitlichen und frühbronzezeitlichen Burgen des unteren Odergebietes. Ausgrabungen und Funde, Band 3, Heft 2, S. 64–67, Berlin 1958.
WEISS, Walter: Bronzezeitliche Tiergefäße aus der Uckermark. Ausgrabungen und Funde, Band 19, Heft 3, S. 128–131, Berlin 1974.
WÜSTEMANN, Harry: Das Königsgrab von Seddin, Kreis Perleberg, und das kulturelle Gepräge seines zeitlichen Horizontes. Ungedruckte Dissertation, Berlin 1966.
WÜSTEMANN, Harry: Zur Sozialstruktur im Seddiner Kulturgebiet. Zeitschrift für Archäologie, Band 8, S. 67–107, Berlin 1974.

Die Unstrut-Gruppe

AGDE, Hellmut: Kultur der thüringischen Steinpackungsgräber der Bronzezeit, Halle/Wittenberg 1935.
BAHN, Bernd W.: Neue Gräberfelder und Siedlungen der Urnenfelderzeit von Melchendorf, Stkr. Erfurt. Ausgrabungen und Funde, Band 28, Heft 5, S. 231–237, Berlin 1983.
BARTHEL, Sonja: Unstrut-Gruppe. Aus: Typentafeln zur Ur- und Frühgeschichte der DDR, Weimar 1972.
BEHM-BLANCKE, Günter: Ernst Lehmann †. Alt-Thüringen, Band 1, 1953/54, S. 337–338, Weimar 1955.
BEHM-BLANCKE, Günter: Höhlen, Heiligtümer, Kannibalen. Archäologische Forschungen im Kyffhäuser, Leipzig 1958.
BRUNN, Wilhelm Albert von: Probleme thüringischer Burgwälle. Germania, Jahrgang 27, S. 113–184, Frankfurt/Main 1943.
BRUNN, Wilhelm Albert von: Der Schatz von Frankleben und die mitteldeutschen Sichelfunde. Prähistorische Zeitschrift, Band 36, S. 1–70, Berlin 1958.
ECKARDT, Christine: Der Bronzefund von Schmiedehausen, Kr. Apolda. Alt-Thüringen, Band 6, S. 300–310, Weimar 1963.
FEUSTEL, Rudolf: Ein Bronztassen-Depot aus dem Orlagau. Ausgrabungen und Funde, Band 12, Heft 5, S. 258–262, Berlin 1967.
FISCHER, August: Zur Vorgeschichte der Stadt Pößneck und ihrer Umgebung, Heft 6 der Schriften des Vereins für Meininger Geschichte und Landeskunde, Pößneck 1889.
FRÖHLICH, Siegfried: Studien zur mittleren Bronzezeit zwischen Thüringer Wald und Altmark, Leipziger Tieflandsbucht und Oker. Veröffentlichungen des Braunschweigischen Landesmuseums, Braunschweig 1983.
KAUFMANN, Hans: Die vorgeschichtliche Besiedlung des Orlagaus, Leipzig 1963.
LAPPE, Ursula R.: Eine urnenfelderzeitliche Siedlung von Weimar-Belvedere. Ausgrabungen und Funde, Band 23, Heft 5, S. 224–232, Berlin 1978.
LAPPE, Ursula R.: Die Urnenfelderzeit in Ostthüringen und im Vogtland. I: Katalog und Tafeln. Weimarer Monographien zur Ur- und Frühgeschichte, Band 7, Weimar 1982.
LAPPE, Ursula R.: Die Urnenfelderzeit in Ostthüringen und im Vogtland. II: Auswertung. Weimarer Monographien zur Ur- und Frühgeschichte, Band 6, Weimar 1986.
LAPPE, Ursula R.: Die Besiedlung Ostthüringens während der jüngeren Urnenfelderzeit. Veröffentlichungen des Museums für Ur- und Frühgeschichte Potsdam, Band 20, S. 53–62, Potsdam 1986.
LEHMANN, Ernst: Unsere Heimat in vorgeschichtlicher Zeit. Mitteilungen des Vereins für die Geschichte und Altertumskunde von Erfurt, Heft 34, S. 205, Erfurt 1927.
LEHMANN, Ernst: Der bronzezeitliche Friedhof auf dem Erfurter Flughafen. Mannus, Band 20, S. 54–78, Leipzig 1928.
LEHMANN, Ernst: Knowiser Kultur in Thüringen und vorgeschichtlicher Kannibalismus. Mannus, VII. Ergänzungsband, S. 107–122, Leipzig 1929.
LEHMANN, Ernst: Ein neuer bronzezeitlicher Grabfund von Waltersleben mit Geweberesten. Mitteilungen des Vereins für die Geschichte und Altertumskunde von Erfurt, Band 46, S. 9–17, Erfurt 1930.
LEHMANN, Wolfram: Altertumsforscher Ernst Lehmann (1893–1950). Erfurter Heimatbrief, Nr. 44, S. 44–46, Erfurt 1982.
LIMPERT, Wilhelm: Der Bronzeschatzfund von Bothenheilingen (Kr. Langensalza). Jahresschrift für die Vorgeschichte der sächsisch-thüringischen Länder, Band 19, S. 45–54, Halle/Saale 1931.
MANIA, Dietrich: Eine jungbronzezeitliche und eine jüngere Befestigungsanlage auf der »Altenburg« bei Nebra (Unstrut). Jahresschrift für mitteldeutsche Vorgeschichte, Band 55, S. 169–188, Halle/Saaale 1971.
MÖBES, Günter: Vorgeschichtliche und mittelalterliche Wagenspuren in den Kreisen Sömmerda und Weimar. Ausgrabungen und Funde, Band 31, Heft 5, S. 213–216, Berlin 1986.
NEUMANN, Gotthard: Der Burgwall auf dem Johannisberge bei Jena-Lobeda. Kurzbericht über die Ausgrabung des Vorgeschichtlichen Museums der Universität Jena 1957. Ausgrabungen und Funde, Band 4, S. 246–251, Berlin 1959.
NEUMANN, Gotthard: Der Burgwall auf dem Johannisberge bei Jena-Lobeda.

Kurzbericht über die Ausgrabung des Vorgeschichtlichen Museums der Universität Jena 1959. Ausgrabungen und Funde, Band 5, S. 246–251, Berlin 1960.

Peschel, Karl: Die vor- und frühgeschichtliche Besiedlung des Dohlensteines bei Kahla-Löbschütz, Ldkr. Jena. Ungedruckte Diplomarbeit, Jena 1956.

Peschel, Karl: Unstrutgruppe und Hügelgräbergrundlage. Aus: Coblenz, Werner/Horst, Fritz (Herausgeber): Mitteleuropäische Bronzezeit. Beiträge zur Archäologie und Geschichte, S. 91–105, Berlin 1978.

Schmidt, Berthold: Unstrutgruppe. Die jungbronzezeitlichen Stämme im Elbe-Saale-Gebiet. Aus: Coblenz, Werner/Horst, Fritz (Herausgeber): Mitteleuropäische Bronzezeit. Beiträge zur Archäologie und Geschichte, S. 134, Berlin 1978.

Schmidt, Berthold: Zur Lage neolithischer und bronzezeitlicher Hügelgräber und Hügelgräberfelder im Gelände. Ausgrabungen und Funde, Band 31, Heft 4, S. 164–166, Berlin 1986.

Schultze-Motel, Jürgen: Jungbronzezeitliche Kulturpflanzenreste aus Nebra (Unstrut). Jahresschrift für mitteldeutsche Vorgeschichte, Band 57, S. 127–137, Halle/Saale 1973.

Schumacher-Matthäus, Gisela/Wilbertz, Otto Mathias: Wilhelm Albert von Brunn (1911–1988). Prähistorische Zeitschrift, Band 64, S. 1–4, Berlin 1989.

Simon, Klaus: Ur- und frühgeschichtliche Höhensiedlungen auf dem Jenzig bei Jena. Alt-Thüringen, Band 9, S. 16–94, Weimar 1967.

Speitel, Eva: Der Übergang von der Hügelgräberkultur zur Unstrutgruppe in Thüringen. Aus: Beiträge zur Geschichte und Kultur der mitteleuropäischen Bronzezeit, Teil II, S. 443–467, Berlin/Nitra 1990.

Trebge, Friedrich Wilhelm: Gründer und bedeutende Mitglieder des Vogtländischen Altertumsforschenden Vereins zu Hohenleuben: Diakonus Wilhelm Börner (1788 bis 1855), Dr. Wilhelm Adler (1788 bis 1858). Jahrbuch des Museums Hohenleuben-Reichenfels, Heft 33, S. 75–80, Hohenleuben 1988.

Wagner, Karin: Studien über Kulturgruppierungen der Urnenfelderzeit im Saale-Unstrut-Gebiet. Jahresschrift für mitteldeutsche Vorgeschichte, Band 66, S. 31–49, Halle/Saale 1983.

Walther, Wulf/Schwedler, Ingolf: Der »Häufler« bei Altengottern – Ein bedeutender ur- und frühgeschichtlicher Fundplatz im Kreis Mühlhausen. Mühlhäuser Beiträge, Heft 13, S. 7–17, Mühlhausen 1990.

Waniczek, Klaus: Altfunde vom Gleitsch bei Saalfeld-Obernitz. Rudolstädter Heimathefte, 36. Jahrgang, Heft 1/2, S. 36–43, Rudolstadt 1990.

Zschiesche, Paul: Grabstätte aus der Bronzezeit bei Waltersleben, Kreis Erfurt. Mitteilungen des Vereins für die Geschichte und Altertumskunde, Band 5, S. 287–291, Erfurt 1887.

Zschiesche, Paul: Gräberfeld aus der Bronzezeit bei Waltersleben, Kreis Erfurt. Jahresschrift für die Vorgeschichte der sächsisch-thüringischen Länder, Band 1, S. 116–124, Halle/Saale 1902.

Die Helmsdorfer Gruppe

Grössler, Hermann: Steinkistengräber der älteren Bronzezeit auf dem Säringsberge bei Helmsdorf im Mansfelder Seekreis. Jahresschrift für die Vorgeschichte der sächsisch-thüringischen Länder, Band 8, S. 87–111, Halle/Saale 1909.

Lechler, Jörg: Das Gräberfeld auf dem Sehringsberge bei Helmsdorf. Mannus, Band 16 (1924), S. 385–451, Leipzig 1925.

Müller, Hanns-Hermann: Bemalter Wandverputz aus einer Siedlungsgrube der späten Bronzezeit von Rottelsdorf, Kr. Eisleben. Ausgrabungen und Funde, Band 4, Heft 1, S. 15–18, Berlin 1959.

Schmidt, Berthold: Ein jungbronzezeitliches Steinpackungsgrab mit Hakenspiralen von Beesenstedt, Saalkreis. Ausgrabungen und Funde, Band 9, Heft 1, S. 29–32, Berlin 1964.

Schmidt, Berthold: Eine Glasperle aus einem Steinpackungsgrab der jüngeren Bronzezeit von Beesenstedt, Saalkreis. Ausgrabungen und Funde, Band 12, Heft 1, S. 26, Berlin 1967.

Schmidt, Berthold: Ein Hügelgräberfeld der jüngeren Bronzezeit bei Westerhausen, Kreis Quedlinburg. Jahresschrift für mitteldeutsche Vorgeschichte, Band 51, S. 165–191, Halle/Saale 1967.

Schmidt, Berthold: Befestigung und frühgeschichtliche Siedlungen in Bösenburg, Kr. Eisleben. Vorbericht. Ausgrabungen und Funde, Band 16, Heft 1, S. 34–37, Berlin 1972.

Schmidt, Berthold: Helmsdorfer Gruppe. Die jungbronzezeitlichen Stämme im Elbe-Saale-Gebiet. Aus: Coblenz, Werner/Horst, Fritz (Herausgeber): Mitteleuropäische Bronzezeit. Beiträge zur Archäologie und Geschichte, S. 127–134, Berlin 1978.

Schmidt, Berthold: Jungbronzezeitliche Burgen und Höhensiedlungen im nordöstlichen und östlichen Harzvorland. Aus: Chropovsky, Bohuslav/Herrmann, Joachim (Herausgeber): Beiträge zum bronzezeitlichen Burgenbau in Mitteleuropa, S. 345–354, Nitra 1982.

Schmidt, Berthold/Nitzschke, Waldemar: Die Hakenspiralen und ihre Bedeutung für die jüngere Bronzezeit Mitteldeutschlands. Ausgrabungen und Funde, Band 17, Heft 1, S. 27–28, Berlin 1972.

Schmidt, Berthold/Nitzschke, Waldemar: Bestattungssitten der spätbronzezeitlichen Helmsdorfer- und Saalemündungsgruppe. Ausgrabungen und Funde, Band 19, Heft 1, S. 6–17, Berlin 1974.

Schmidt, Berthold/Nitzschke, Waldemar: Ringwall und Gräberfeld der jüngeren Bronzezeit von Bösenburg-Rottelsdorf, Kr. Eisleben. Ausgrabungen und Funde, Band 21, Heft 1–4, S. 68–69, Berlin 1976.

Schmidt, Berthold/Nitzschke, Waldemar: Jungbronzezeitliche Höhensiedlungen auf den Gegensteinen bei Ballenstedt/Harz. Ausgrabungen und Funde, Band 22, Heft 5, S. 209–211, Berlin 1977.

Schmidt, Berthold/Nitzschke, Waldemar: Ein jungbronzezeitliches Gräberfeld der Helmsdorfer Gruppe bei Bösenburg, Kr. Eisleben. Ausgrabungen und Funde, Band 24, Heft 4, S. 167–171, Berlin 1979.

Schmidt, Berthold/Schultze-Motel, Jürgen/Kruse, Joachim: Früheisenzeitliche Vorratsgrube auf der Bösenburg, Kr. Eisleben. Ausgrabungen und Funde, Band 10, Heft 1, S. 29–31, Berlin 1965.

Schmidt, Erika: Zur jungbronzezeitlichen Besiedlung des Köthener Landes. Ausgrabungen und Funde, Band 23, Heft 4, S. 173–179, Berlin 1978.

Die Saalemündungs-Gruppe

Billig, Gerhard: Eine Siedlung mit Bronzebecken und Plattenfibel aus der jüngsten Bronzezeit bei Schadeleben, Kreis Aschersleben. Jahresschrift für mitteldeutsche Vorgeschichte, Band 67, S. 117–142, Halle/Saale 1984.

Brunn, Wilhelm Albert von: Steinpackungsgräber von Köthen. Ein Beitrag zur Kultur der Bronzezeit Mitteldeutschlands, Berlin 1954.

Brunn, Wilhelm Albert von: Zu den spätbronzezeitlichen Steinkisten mit Wandbemalung im unteren Saalegebiet. Jahresschrift für mitteldeutsche Vorgeschichte, Band 36, S. 207–212, Halle/Saale 1962.

Brunn, Wilhelm Albert von: Mitteldeutsche Hortfunde der jüngeren Bronzezeit. Römisch-Germanische Forschungen, Band 29, Berlin 1968.

Fleischhauer, Johannes: Ein Bronzefund von Schadeleben Kr. Aschersleben. Ausgrabungen und Funde, Band 8, Heft 1, S. 36–38, Berlin 1963.

Hinze, Hans-Peter: Katalog der archäologischen Landesaufnahme der Gemarkungen Großkühnau, Kleinkühnau und Ziebigk, Dessau 1990.

Hoffmann, Wilhelm: Ein Bronzefund aus der jüngsten Bronzezeit aus Calbe, Kr. Schönebeck. Jahresschrift für mitteldeutsche Vorgeschichte, Band 43, S. 222–227, Halle/Saale 1959.

Kaufmann, Dieter: Kultgegenstand oder Blasebalgdüse? Ausgrabungen und Funde, Band 23, Heft 4, S. 170–173, Berlin 1978.

Kunkel, Otto: Hellmut Agde. Nachrichtenblatt für Deutsche Vorzeit, 16. Jahrgang, Heft 2/3, S. 42–44, Leipzig 1940.

Marschall, Otto: Briquetagefunde am ehemaligen Salzigen See bei Erdeborn, Kr. Eisleben. Ausgrabungen und Funde, Band 22, Heft 5, S. 213–220, Berlin 1970.

Matthias, Waldemar: Das mitteldeutsche Briquetage – Formen, Verbreitung und Verwendung. Jahresschrift für mitteldeutsche Vorgeschichte, Band 45, S. 119–225, Halle/Saale 1961.

Schmidt, Berthold: Saalemündungsgruppe. Die jungbronzezeitlichen Stämme im Elbe-Saale-Gebiet. Aus: Coblenz, Werner/Horst, Fritz (Herausgeber): Mitteleuropäische Bronzezeit. Beiträge zur Archäologie und Geschichte, S. 124–127, Berlin 1978.

Schröter, Erhard: Ein spätbronzezeitliches Stiergefäß von der Schalkenburg bei Quenstedt, Kr. Hettstedt. Ausgrabungen und Funde, Band 28, Heft 4, S. 189–191, Berlin 1983.

Seelmann, Hans: Vorgeschichtliche Funde aus der Umgebung von Dessau. Anhaltische Geschichtsblätter, 1. Heft, S. 27–28, Dessau 1925.

Stahlhofen, Heribert: Ein Bronzedepotfund von Wallwitz, Kr. Burg. Ausgrabungen und Funde, Band 22, Heft 5, S. 211–213, Berlin 1977.

Stahlhofen, Heribert: Eine spätbronzezeitliche Webstuhlgrube in Wallwitz, Kr. Burg. Ausgrabungen und Funde, Band 23, Heft 4, S. 179–183, Berlin 1978.

Die Lausitzer Kultur

Agde, Hellmut: Lausitzer Grabhügel bei Falkenberg, Kreis Liebenwerda. Jahresschrift für Vorgeschichte der sächsisch-thüringischen Länder, Band 24, S. 173–183, Halle/Saale 1936.

LITERATURVERZEICHNIS

ALBRECHT, Martin: Zur Bronzeverarbeitung während der Mittelbronzezeit im Elbe-Oder-Raum. Aus: Beiträge zur Geschichte und Kultur der mitteleuropäischen Bronzezeit, Teil I, S. 9–20, Berlin/Nitra 1990.

ANDREE, Christian: Rudolf Virchow als Prähistoriker. Band 1. Virchow als Begründer der neueren deutschen Ur- und Frühgeschichtswissenschaft, Köln 1976.

BAUMANN, Willfried/DUNKEL, Rolf: Die Ausgrabung eines jungbronzezeitlichen »Vorhallenhauses« bei Taucha, Kr. Leipzig. Ausgrabungen und Funde, Band 14, Heft 2, S. 79–82, Berlin 1969.

BEHRENS, Hermann: Die Tonfigur eines Katers aus einem Hügelgrab der jüngeren Bronzezeit. Jahresschrift für mitteldeutsche Vorgeschichte, Band 36, S. 82–86, Halle/Saale 1952.

BESTEHORN, Friedrich: Der Kultwagen von Potsdam-Eiche. Kultische Umfahrt vor 3000 Jahren. Germanen-Erbe, 2. Jahrgang, Heft 4, S. 105–109, Leipzig 1937.

BIERBAUM, Georg: Gußformen aus Sachsen. Arbeits- und Forschungsberichte zur sächsischen Bodendenkmalpflege, Band 5, S. 176–184, Dresden 1956.

BILLIG, Gerhard: Notgrabungen in lausitzischen Siedlungen der Dresdener Gegend. Ausgrabungen und Funde, Band 1, Heft 2, S. 79–80, Berlin 1966.

BOHM, Waldtraut: Die ältere Bronzezeit in der Mark Brandenburg, S. 96, Karte 6, Berlin/Leipzig 1935.

BÖNISCH, Eberhard: Ein Grab mit Tonrädern vom bronzezeitlichen Gräberfeld Saalhausen, Kr. Senftenberg. Ausgrabungen und Funde, Band 24, Heft 2, S. 74–79, Berlin 1979.

BÖNISCH, Eberhard: Das jungbronzezeitliche Gräberfeld der Lausitzer Kultur Saalhausen 2, Kr. Senftenberg. Veröffentlichungen des Museums für Ur- und Frühgeschichte Potsdam, Band 24, S. 63–169, Potsdam 1990.

BÖNISCH, Eberhard: Holzkistengräber, Steinkreise und urgeschichtliche Grabstörungen auf jüngstbronzezeitlichen Bestattungsplätzen in der Niederlausitz. Arbeits- und Forschungsberichte zur sächsischen Bodendenkmalpflege, Band 37, S. 105–116, Stuttgart 1995.

BÖNISCH, Eberhard/WETZEL, Günther: Die Gräberfelder der Lausitzer Kultur von Saalhausen, Kr. Senftenberg. Ausgrabungen und Funde, Band 27, Heft 2, S. 52–57, Berlin 1982.

BREDDIN, Rolf: Das bronzezeitliche Hügelgräberfeld von Lüsse, Kr. Belzig. Veröffentlichungen des Museums für Ur- und Frühgeschichte Potsdam, Band 1, S. 39–59, Potsdam 1962.

BREDDIN, Rolf: Siedlung und Gräberfeld der Lausitzer Kultur von Tornow, Kr. Calau. Ausgrabungen und Funde, Band 21, Heft 1–4, S. 67, Berlin 1976.

BREDDIN, Rolf: Die mittel- und jungbronzezeitlichen Stämme im südlichen Teil der DDR. Aus: COBLENZ, Werner/HORST, Fritz (Herausgeber): Mitteleuropäische Bronzezeit. Beiträge zur Archäologie und Geschichte, S. 71–86, Berlin 1978.

BREDDIN, Rolf: Die Ausgrabungen auf dem bronzezeitlichen Hügelgräberfeld von Tornow, Kreis Calau. Ein Beitrag zum Grabkult der Lausitzer Kultur. Aus: COBLENZ, Werner/HORST, Fritz (Herausgeber): Mitteleuropäische Bronzezeit. Beiträge zur Archäologie und Geschichte, S. 299–305, Berlin 1978.

BREDDIN, Rolf: Ein Tiergrab mit Bronzepfeilspitzen von Tornow, Kr. Calau. Ausgrabungen und Funde, Band 25, Heft 2, S. 72–76, Berlin 1980.

BREDDIN, Rolf: Die bronzezeitlichen Lausitzer Gräberfelder von Tornow. Veröffentlichungen des Museums für Ur- und Frühgeschichte Potsdam, Band 23, S. 97–145, Potsdam 1989.

BREDDIN, Rolf: Die bronzezeitlichen Lausitzer Gräberfelder von Tornow, Kr. Calau. Veröffentlichungen des Brandenburgischen Landesmuseums für Ur- und Frühgeschichte, Band 26, Berlin 1992.

BRUNN, Wilhelm Albert von: Der heilige Hain bei Falkenberg. Mitteldeutsche Volkheit, 6. Jahrgang, Heft 1/2, S. 15–23, Halle/Saale 1939.

BRUNN, Wilhelm Albert von: Zur Nordwestgrenze der Lausitzer Kultur. Prähistorische Zeitschrift, Band 38, S. 72–89, Berlin 1960.

BUCK, Dietmar-Wilfried: Befestigte Siedlungen der Lausitzer Kultur im Norden der DDR. Aus: CHROPOVSKY, Bohuslav/HERRMANN, Joachim (Herausgeber): Beiträge zum bronzezeitlichen Burgenbau in Mitteleuropa, S. 97–118, Nitra 1982.

BUCK, Dietmar-Wilfried: Schmuck- und Trachtgegenstände der Lausitzer Kultur aus Silber, Blei, Messing. Ausgrabungen und Funde, Band 31, Heft 2, S. 60–68, Berlin 1986.

BUCK, Dietmar-Wilfried: Siedlungswesen und sozialökonomische Verhältnisse bei den Stämmen der Lausitzer Gruppe. Veröffentlichungen des Museums für Ur- und Frühgeschichte Potsdam, Band 20, S. 277–301, Potsdam 1986.

BUCK, Dietmar-Wilfried: Zur chronologischen Gliederung der Lausitzer Gruppe. Veröffentlichungen des Museums für Ur- und Frühgeschichte Potsdam, Band 23, S. 75–95, Potsdam 1989.

BUSSE, Hermann: Neue und ältere Ausgrabungen von vorgeschichtlichen Einzelfunden, Gräberfeldern und Wohnplätzen bei Woltersdorf, Kreis Nieder-Barnim. Zeitschrift für Ethnologie, S. 436–501, Berlin 1911.

COBLENZ, Werner: Der Bronzegefäßfund von Dresden-Dobritz. Arbeits- und Forschungsberichte zur sächsischen Bodendenkmalpflege, Band 2, S. 135–161, Dresden 1951.

COBLENZ, Werner: Grabfunde der Mittelbronzezeit Sachsens. Veröffentlichungen des Landesmuseums für Vorgeschichte Dresden, Band 1, Dresden 1952.

COBLENZ, Werner: Die Bedeutung des Pfaffensteins und der Dresden-Dobritzer Siedlung für die Kulturströme in der Jungbronzezeit Sachsens. Dresdener Wissenschaftliche Museen, S. 99–130, Dresden 1956.

COBLENZ, Werner: Die Ausgrabungen auf dem Burgwall von Nieder-Neundorf. Arbeits- und Forschungsberichte zur sächsischen Bodendenkmalpflege, Band 11/12, S. 9–15, Dresden 1963.

COBLENZ, Werner: Zur Stellung der Oberlausitz im Paßland Sachsen. Jahrbuch des Römisch-Germanischen Zentralmuseums Mainz, Festschrift für Ernst Wahle, 11. Jahrgang, S. 115–125, Mainz 1964.

COBLENZ, Werner: Burgen der Lausitzer Kultur in Sachsen. Studien aus Alteuropa, S. 189, Köln/Graz, 1964.

COBLENZ, Werner: Die befestigte Siedlung der Lausitzer Kultur auf dem Schafberg bei Löbau. Arbeits- und Forschungsberichte zur sächsischen Bodendenkmalpflege, Band 14/15, S. 95–132, Dresden 1966.

COBLENZ, Werner: Lausitzer Brandgrab mit Bernsteinperlen und »Urnenharz« aus Nieschütz, Kr. Meißen. Ausgrabungen und Funde, Band 12, Heft 2, S. 73–77, Berlin 1967.

COBLENZ, Werner: Bemerkungen zum Stand der Forschungen über die Lausitzer Kultur. Arbeits- und Forschungsberichte zur sächsischen Bodendenkmalpflege, Beiheft 7, S. 11–24, Dresden 1969.

COBLENZ, Werner: Gräberfeld Niederkaina, Kr. Bautzen. Ausgrabungen und Funde, Band 21, Heft 1–4, S. 70–71, Berlin 1976.

COBLENZ, Werner: Burgen und befestigte Siedlungen der Bronze- und frühen Eisenzeit. Ausgrabungen und Funde, Band 21, Heft 1–4, S. 76–80, Berlin 1976.

COBLENZ, Werner: Ein Trinkhornendbeschlag aus Hahnefeld, Kreis Oschatz. Archaeologia Austriaca, Beiheft 13, Festschrift für Richard Pittioni, I. Urgeschichte, S. 349–361, Wien 1976.

COBLENZ, Werner: Neue bronzezeitliche Siedlungsgruben mit Brandspuren aus Zauschwitz, Kr. Borna. Ausgrabungen und Funde, Band 23, Heft 1, S. 13–26, Berlin 1978.

COBLENZ, Werner: Zu den befestigten Siedlungen der Lausitzer Kultur in der DDR. Aus: COBLENZ, Werner/HORST, Fritz (Herausgeber): Mitteleuropäische Bronzezeit. Beiträge zur Archäologie und Geschichte, S. 239–253, Berlin 1978.

COBLENZ, Werner: Bronzezeitliche Höhensiedlung auf dem Oybin mit Zugangssperre. Arbeits- und Forschungsberichte zur sächsischen Bodendenkmalpflege, Band 27/28, S. 93–123, Dresden 1984.

COBLENZ, Werner: Bemerkungen zu den offenen und befestigten Siedlungen sowie den Gräberfeldern im Bereich der sächsisch-lausitzischen Gruppe. Veröffentlichungen des Museums für Ur- und Frühgeschichte Potsdam, Band 20, S. 99–111, Potsdam 1986.

DALITZ, Birgit: Morphologische Leichenbranduntersuchung zum Gräberfeld Saalhausen 2, Kr. Senftenberg. Veröffentlichungen des Museums für Ur- und Frühgeschichte Potsdam, Band 24, S. 171–178, Potsdam 1990.

GANDERT, Otto-Friedrich: Lausitzer Opferbecher. Jahresschrift für die Vorgeschichte der sächsisch-thüringischen Länder, Band 24, S. 184–192, Halle/Saale 1936.

GARDAWSKI, Aleksander: Lausitzer Kultur oder »Lausitzer Stil«? Arbeits- und Forschungsberichte zur sächsischen Bodendenkmalpflege, Band 20/21, S. 131–149, Dresden 1976.

GEHRKE, Wolfgang: Ein bronzezeitliches Gräberfeld in Berlin-Rudow. Ausgrabungen in Berlin, Band 1, S. 17–60, Berlin 1970.

GEISLER, Horst: Notbergung auf dem Burgwall bei Lossow, Kr. Eisenhüttenstadt. Ausgrabungen und Funde, Band 14, Heft 3, S. 132–140, Berlin 1969.

GEISLER, Horst: Die Opferschächte von Frankfurt/O.-Lossow. Aus: COBLENZ, Werner/HORST, Fritz (Herausgeber): Mitteleuropäische Bronzezeit. Beiträge zur Archäologie und Geschichte, S. 307–313, Berlin 1978.

GEISLER, Horst: Spätbronzezeitliche Tongußformen von Frankfurt/O.-Lossow. Veröffentlichungen des Museums für Ur- und Frühgeschichte Potsdam, Band 20, S. 235–236, Potsdam 1986.

GOLDMANN, Klaus: Zur Umweltgestaltung während der Spätbronzezeit Mitteleuropas. Veröffentlichungen des Museums für Ur- und Frühgeschichte Potsdam, Band 20, S. 137–141, Potsdam 1986.

GRIMM, Hans: Einige Ergebnisse der anthropologischen Analyse von Leichenbränden des Flachgräberfeldes von Tornow, Kr. Calau. Veröffentlichungen des Museums für Ur- und Frühgeschichte Potsdam, Band 20, S. 151–156, Potsdam 1986.

HÄSSLER, Hans-Jürgen: Grabkeramik der Lausitzer Kultur. Faltblätter des Helms-Museums, Nr. 11, Hamburg 1974.

HEIDENREICH, Peter/KERNDL, Alfred: Ein bronzezeitlicher Opferplatz im Groß-Glienicker See, Berlin-Spandau. Ausgrabungen in Berlin, Band 4, S. 36–49, Berlin 1973.

HERRMANN, Joachim: Burgen und befestigte Siedlungen der jüngeren Bronzezeit und frühen Eisenzeit in Mitteleuropa. Aus: OTTO, Karl-Heinz/HERRMANN, Joachim (Herausgeber): Siedlung, Burg und Stadt. Studien zu ihren Anfängen. Festschrift für Paul Grimm. Deutsche Akademie der Wissenschaften zu Berlin. Schriften der Sektion für Vor- und Frühgeschichte, Band 25, S. 56–94, Berlin 1969.

HERRMANN, Joachim: Burgen und befestigte Siedlungen der jüngeren Bronzezeit und frühen Eisenzeit. Aus: HERRMANN, Joachim (Herausgeber): Archäologie in der Deutschen Demokratischen Republik. Denkmale und Funde, S. 106–119, Leipzig 1989.

HEUSSNER, Uwe/VOGT, Heinz-Joachim: Ein spätbronzezeitliches Bodenbaugerät vom Grunde des Scharmützelsees Gemarkung Buckow bei Bollersdorf, Kr. Strausberg. Ausgrabungen und Funde, Band 28, Heft 2, S. 75–79, Berlin 1983.

HOFFMANN, Wilhelm: Zwei Grabhügel der jüngeren Bronzezeit aus dem Staatsforst Annaburg, Forstbezirk Rosenfeld, Kreis Torgau. Jahresschrift für mitteldeutsche Vorgeschichte, Band 38, S. 105–111, Halle/Saale 1954.

HORST, Fritz: Jungbronzezeitliche Formenkreise im Mittelelb-Havelgebiet. Jahresschrift für mitteldeutsche Vorgeschichte, Band 56, S. 97–165, Abb. 19, Halle/Saale 1972.

HORST, Fritz: Die jungbronzezeitlichen Stämme im nördlichen Teil der DDR. Aus: COBLENZ, Werner/HORST, Fritz (Herausgeber): Mitteleuropäische Bronzezeit. Beiträge zur Archäologie und Geschichte, S. 137–194, Berlin 1978.

HORST, Fritz: Zum Stand der Erforschung des jungbronzezeitlichen Siedlungswesens auf dem Gebiet der DDR. Aus: COBLENZ, Werner/HORST, Fritz (Herausgeber): Mitteleuropäische Bronzezeit. Beiträge zur Archäologie und Geschichte, S. 231–238, Berlin 1978.

HORST, Fritz: Ein jungbronzezeitliches Fernhandelszentrum im Gebiet von Brandenburg/Havel. Veröffentlichungen des Museums für Ur- und Frühgeschichte Potsdam, Band 20, S. 267–275. Berlin 1986.

HORST, Fritz: Die Stämme der Lausitzer Kultur und des Nordens in der jüngeren Bronzezeit. Aus: HERRMANN, Joachim (Herausgeber): Archäologie in der Deutschen Demokratischen Republik, Denkmale und Funde, Band 1, S. 98–105, Stuttgart 1989.

HORST, Fritz: Die Bronzeverarbeitung bei den Lausitzer Stämmen des Elbe-Oder-/Neiße-Gebiets während der mittleren Bronzezeit. Aus: Beiträge zur Geschichte und Kultur der mitteleuropäischen Bronzezeit, Teil I, S. 165–168, Berlin/Nitra 1990.

KERNDL, Alfred: Ein urnenfelderzeitlicher Opferplatz im Groß-Glienicker See, Berlin-Spandau. Archäologisches Korrespondenzblatt, Jahrgang 3, S. 309–312, Mainz 1973.

KIEKEBUSCH, Albert: Die Ausgrabung eines bronzezeitlichen Dorfes bei Buch in der Nähe von Berlin. Prähistorische Zeitschrift, II. Band, 4. Heft, S. 371–406, Berlin 1910.

KIEKEBUSCH, Albert: Das Königsgrab von Seddin. Führer zur Urgeschichte, Band 1, Augsburg 1928.

KLEEMANN, Otto: Der Bronzefund von Weißig und seine Bedeutung für die Kulturgruppenforschung Ostmitteleuropas. Prähistorische Zeitschrift, Band 32/33, S. 60–168, Berlin 1942.

KOSSINNA, Gustav: Die goldenen »Eidringe« und die jüngere Bronzezeit in Ostdeutschland. Mannus, Band 8, S. 1–133, Würzburg 1917.

KROITZSCH, Klaus: Funde von der bronzezeitlichen Wallanlage Goldkuppe-Heinrichsburg bei Diesbar-Seußlitz, Kr. Riesa. Ausgrabungen und Funde, Band 18, Heft 2, S. 80–93, Berlin 1973.

KROITZSCH, Klaus/SIMON, Lothar: Zum Siedlungsgebiet der Lausitzer Kultur im Gebiet um Radeberg. Ausgrabungen und Funde, Band 17, Heft 2, S. 75–82, Berlin 1972.

KRÜGEL, Max: Flachgräberfeld und Siedlung der jüngeren Bronzezeit auf dem »Werder« bei Buckow, Kreis Lebus. Mannus, Band 15, S. 92–109, Leipzig 1923.

MIRTSCHIN, Alfred: Die bronzenen Deckel und Gefäße aus dem Gröbauer Hafen. Unsere Heimat, Blätter zur Pflege der Heimatliebe, der Heimatforschung und des Heimatschutzes, 4. Jahrgang, Nr. 29, Riesaer Tageblatt, Riesa, 11. Juli 1931.

MOSCHKAU, Rudolf: Ein fossiler Seeigel mit künstlichem Anschliff als bronzezeitliche Grabbeigabe und die volkskundliche Überlieferung. Studien zur Lausitzer Kultur, Forschungen zur Vor- und Frühgeschichte, Nr. 3, S. 152–162, Leipzig 1958.

MÜLLER, Adriaan von: Jahrtausende unter dem Pflaster von Berlin, München 1973.

PESCHEL, Karl: Zur Westgrenze der Lausitzer Kultur in Thüringen. Beiträge zur Lausitzer Kultur, S. 161–178, Berlin 1969.

PESCHEL, Karl: Osterländische Gruppe der Lausitzer Kultur. Aus: COBLENZ, Werner/HORST, Fritz (Herausgeber): Mitteleuropäische Bronzezeit. Beiträge zur Archäologie und Geschichte, S. 105–108, Berlin 1978.

PIETZSCH, Artur: Bronzeschmelzstätten auf der Heidenschanze in Dresden-Coschütz. Arbeits- und Forschungsberichte zur sächsischen Bodendenkmalpflege, Band 19, S. 35–68, Dresden 1971.

PRIEBE, Hans: Burgen der Lausitzer Kultur in der Provinz Sachsen. Mitteldeutsche Volkheit, Heft 9, S. 11–17, Halle/Saale 1942.

REICH, Christine: Der Hortfund von Spindlersfeld. Prähistorische Archäologie im Raum Berlin, S. 57–79, Berlin 1991.

RÖSLER, Horst: Eine mittelbronzezeitliche Opferstelle auf dem Gräberfeld der Lausitzer Kultur von Drehna, Kr. Luckau. Ausgrabungen und Funde, Band 28, Heft 5, S. 57–64, Berlin 1983.

SCHMID, Elisabeth: Die Bärenkralle in vor- und frühgeschichtlicher Zeit. Sachsens Vorzeit, 5. Jahrgang 1941, S. 37–50, Leipzig 1942.

SCHMIDT, Berthold: Ausgrabungen an der Westgrenze der Lausitzer Kultur. Ausgrabungen und Funde, Band 13, Heft 1, S. 45–46, Berlin 1968.

SCHMIDT, Berthold: Bestattungsformen der Lausitzer Kultur zwischen Mulde, Elbe und Fläming. Ausgrabungen und Funde, Band 15, Heft 1, S. 35–37, Berlin 1970.

SCHMIDT, Berthold: Westgruppe der Lausitzer Kultur. Die jungbronzezeitlichen Stämme im Elbe-Saale-Gebiet. Aus: COBLENZ, Werner/HORST, Fritz (Herausgeber): Mitteleuropäische Bronzezeit. Beiträge zur Archäologie und Geschichte, S. 122, Berlin 1978.

SCHMIDT, Berthold: Zur Westgruppe der Lausitzer Kultur. Beiträge zur Ur- und Frühgeschichte, Teil 1, Festschrift für Werner Coblenz, S. 285–297, Abb. 1, Berlin 1981.

SCHMIDT, Berthold/GÖRICKE, Günter: Gräber, Siedlungen und Befestigungen der Westgruppe der Lausitzer Kultur. Ausgrabungen und Funde, Band 30, Heft 4, S. 182–185, Berlin 1985.

SCHNEIDER, Johannes: Die Keramik des Aurither Stils westlich der Oder. Forschungen zur Vor- und Frühgeschichte. Studien zur Lausitzer Kultur, Nr. 3, S. 5–70, Leipzig 1958.

SCHULTZ, Hans Adolf: Eine bronzezeitliche Siedlungsanlage in Nieder-Neundorf, Kreis Rothenburg. Nachrichtenblatt für Deutsche Vorzeit, Jahrgang 13, Heft 10/11, S. 283–285, Leipzig 1937.

SEYER, Heinz: Ausgrabungen auf dem jungbronzezeitlichen Gräberfeld bei Berlin-Rahnsdorf. Ausgrabungen und Funde, Band 12, Heft 3, S. 147–150, Berlin 1967.

SPROCKHOFF, Ernst: Die Spindlersfelder Fibel. Ein Beitrag zum Verlauf der germanisch-illyrischen Grenze in Ostdeutschland. Marburger Studien, Festschrift für Gero von Merhart, S. 205–233, Darmstadt 1938.

SPROCKHOFF, Ernst: Das Lausitzer Tüllenbeil. Prähistorische Zeitschrift, Band 33/34, S. 76–131, Berlin 1950.

TEICHERT, Lothar: Zu Fragen der Haustierhaltung in einer Siedlung der späten Lausitzer Kultur bei Lübbenau, Kr. Calau. Ausgrabungen und Funde, Band 18, Heft 3, S. 134–139, Berlin 1973.

TEICHERT, Lothar: Die Tierreste der späten Lausitzer Kultur bei Lübben-Steinkirchen und Lübbenau, Kr. Calau. Veröffentlichungen des Museums für Ur- und Frühgeschichte Potsdam, Band 10, S. 107–130, Potsdam 1976.

TEICHERT, Lothar: Tierknochenuntersuchung der spätbronzezeitlichen Siedlung Zitz, Lkr. Brandenburg, im Vergleich zu Ergebnissen einiger zeitgleicher Funde. Veröffentlichungen des Museums für Ur- und Frühgeschichte, Potsdam, Band 20, S. 163–173, Potsdam 1986.

TEICHERT, Lothar: Tierleichenbrandreste mit einer durchlochten Bärenkralle vom bronzezeitlichen Gräberfeld Saalhausen 2, Kr. Senftenberg. Veröffent-

lichungen des Museums für Ur- und Frühgeschichte Potsdam, Band 24, S. 179–184, Potsdam 1990.
TEICHERT, Manfred/TEICHERT, Lothar: Osteoarchäozoologische Untersuchung der Tierleichenbrandreste von einem Lausitzer Hügelgräberfeld bei Tornow, Kreis Calau. Veröffentlichungen des Museums für Ur- und Frühgeschichte Potsdam, Band 10, S. 101–106, Potsdam 1976.
VOELKEL, Gerhard: Ein Gefäß vom Lausitzer Typ aus dem Kreise Lüchow-Dannenberg. Die Kunde, N. F., Band 8, S. 75–76, Hannover 1957.
VOGT, Heinz-Joachim: Funde von der früheisenzeitlichen Siedlung bei Bollersdorf, Kr. Strausberg. Ausgrabungen und Funde, Band 20, Heft 3, S. 142–145, Berlin 1975.
VOSS, Albert: Der Aurither Typus. Aus: Keramische Stilarten der Provinz Brandenburg. Zeitschrift für Ethnologie, 35. Jahrgang, Heft 2/3, S. 179–184, Berlin 1903.
WARNKE, Dieter: Die Ausgrabungen auf dem Lütjenberg bei Tornow, Kreis Calau, im Jahre 1967. Ausgrabungen und Funde, Band 13, Heft 3, S. 121–125, Berlin 1968.
WEBER, Rolf/RICHTER, Johannes: Zur ursprünglichen Vegetation und zum Kulturpflanzenanbau im jungbronzezeitlichen Altsiedelgebiet des mittleren Vogtlandes. Arbeits- und Forschungsberichte zur sächsischen Bodendenkmalpflege, Band 13, S. 223–256, Dresden 1964.
WEISE, Hanspeter: Gräberfelder und Siedlung der Lausitzer Kultur von Weinböhla, Kreis Meißen. Arbeits- und Forschungsberichte zur sächsischen Bodendenkmalpflege, Band 29, S. 29–236, Dresden 1968.
WETZEL, Günter: Zwei neuentdeckte Burgwälle im Bezirk Cottbus. Ausgrabungen und Funde, Band 32, Heft 2, S. 66, Berlin 1987.

Die Spätbronzezeit in Österreich

LEITNER, Walter: Die späte Bronzezeit und die Urnenfelderkultur. Aus: FONTANA, Josef/HAIDER, Peter W./LEITNER, Walter/MÜHLBERGER, Georg/PALME, Rudolf/PARTEL, Othmar/RIEDMANN, Josef: Geschichte des Landes Tirol, Band 1, S. 76–82, Bozen 1985.
LOCHNER, Michaela: Späte Bronzezeit, Urnenfelderzeit. Aktueller Überblick über die Urnenfelderkultur im Osten Österreichs. Aus: NEUGEBAUER, Johannes-Wolfgang (Herausgeber): Bronzezeit in Ostösterreich. Wissenschaftliche Schriftenreihe Niederösterreich, Band 16, 195–224, Wien 1994.
NEUGEBAUER, Johannes-Wolfgang: Späte Bronzezeit = Urnenfelderkultur 1300/1250–750/700 v. Chr. Aus: Urgeschichte in Niederösterreich, Wissenschaftliche Schriftenreihe Niederösterreich, Heft 39/40, S. 31–36, Sankt Pölten/Wien 1983.
PENNINGER, Ernst: Urnenfelderzeit (1250–750 v. Chr.). Aus: DOPSCH, Heinz (Herausgeber): Geschichte Salzburgs. Band I. Vorgeschichte, Altertum, Mittelalter, I. Teil, S. 43–50, Salzburg 1981.
PITTIONI, Richard: Die späte Bronzezeit. Aus: Urgeschichte. Allgemeine Urgeschichte und Urgeschichte Österreichs, S. 167–174, Leipzig und Wien 1937.

Die Urnenfelder-Kultur

ANGELI, Wilhelm: Grabfunde der älteren Urnenfelderzeit aus Niederösterreich. Mitteilungen der Anthropologischen Gesellschaft in Wien, Band 90, S. 112–114, Wien 1960.
BARTH, Fritz Eckart: Ein Füllort des 12. Jahrhunderts v. Chr. im Hallstätter Salzberg. Mitteilungen der Anthropologischen Gesellschaft in Wien, Band 123/124, S. 27–38, Wien 1993/94.
BAS, Franjo: Der Ringwall vom Bubenberg (Novine). Carinthia, Jahrgang 193, S. 181–190, Klagenfurt 1953.
BREITINGER, Emil: Das Kalvarium unter dem späturnenfelderzeitlichen Wall von Stillfried an der March. Forschungen in Stillfried, Band 2, S. 86–100, Wien 1976.
BREITINGER, Emil: Skelette aus einer späturnenfelderzeitlichen Speichergrube in der Wallburg von Stillfried an der March, NÖ. Forschungen in Stillfried, Band 4, S. 45–106, Wien 1980.
BURBÖCK, Odo/EBNER, Fritz/KRAMER, Diether/MODRIJAN, Walter: Heiliger Berg, urnenfelderzeitliche Siedlung. Schild von Steier, Band 17, Graz 1976.
DOBIAT, Claus: Der Burgstallkogel bei Kleinklein. I. Die Ausgrabungen der Jahre 1982 und 1984. Marburger Studien zur Vor- und Frühgeschichte, Band 13, Marburg 1990.
EIBNER, Clemens: Die urnenfelderzeitliche Wallburg und das Gräberfeld (»In der Gans«/Burenberg). Aus: Stillfried an der March von der Eiszeit bis zur Gegenwart. Katalog des Niederösterreichischen Landesmuseums, S. 38–42, Horn o. J.
EIBNER, Clemens: Beigaben- und Bestattungssitten der frühen Urnenfelderkultur in Süddeutschland und Österreich. Dissertation zur Erlangung des Doktorgrades an der Philosophischen Fakultät der Universität Wien, Wien 1966.
EIBNER, Clemens: Das späturnenfelderzeitliche Gräberfeld von St. Andrä v. d. Hgt., p. B. Tulln, NÖ. Aussagewert und Aussagegrenzen von Brandbestattungen für eine historische Interpretation. Archaeologia Austriaca, Beiheft 12, Wien 1974.
EIBNER, Clemens: Die Erforschung der Urnenfelderzeit in den letzten fünfundzwanzig Jahren. Mitteilungen der Österreichischen Arbeitsgemeinschaft für Ur- und Frühgeschichte, Band 25, Teil 2, S. 91–102, Wien 1974–1975.
EIBNER, Clemens: Eine späturnenfelderzeitliche Grube unter den Aufschüttungen des Westwalles von Stillfried. Zum Befund einer Schädeldeposition. Forschungen in Stillfried, Band 2, S. 70–85, Wien 1976.
EIBNER, Clemens: Die Mehrfachbestattung aus einer Grube unter dem urnenfelderzeitlichen Wall in Stillfried an der March, NÖ. Forschungen in Stillfried, Band 4, S. 107–142, Wien 1980.
ENGELHARDT, Kristin: Fels am Wagram, p. B. Tulln, NÖ. Monographie einer bronzezeitlichen Fundstelle, Dissertation, Wien 1973.
EPPEL, Franz: Das urnenfelderzeitliche Grabfeld von Unter-Radl, B. H. St. Pölten. Archaeologia Austriaca, Heft 2, S. 33–63, Wien 1949.
ERBACH-SCHÖNBERG, Monika-Cytha zu: Bemerkungen zu urnenfelderzeitlichen Deponierungen in Oberösterreich. Archäologisches Korrespondenzblatt, Jahrgang 15, S. 163–176, Mainz 1985.
ERBACH-SCHÖNBERG, Monika-Cytha zu: Stand und Aufgaben der Urnenfelderforschung in Oberösterreich. Aus: Beiträge zur Urnenfelderzeit nördlich und südlich der Alpen. S. 307–322, Bonn 1995.
ERTL, Rudolf: Ein bemerkenswerter urnenfelderzeitlicher Lanzenspitzenfund aus dem oberen Mölltal. Carinthia, Jahrgang 167, S. 19–21, Klagenfurt 1977.
FACSAR, Géza/JEREM, Erzsébet: Zum urgeschichtlichen Weinbau in Mitteleuropa. Rebkernfunde von Vitis vinifera L. aus der urnenfelder-, hallstatt- und latènezeitlichen Siedlung Sopron-Krautacker. Wissenschaftliche Arbeiten aus dem Burgenland, Band 71, S. 121–144, Eisenstadt 1985.
FELGENHAUER, Fritz: Geschichte der prähistorisch-archäologischen Erforschung von Stillfried. Forschungen in Stillfried, Band 1, S. 7–31, Wien 1974.
FILIP, Jan: Urnenfelderkultur. Aus: FILIP, Jan (Herausgeber): Enzyklopädisches Handbuch zur Ur- und Frühgeschichte Europas, Band 2, S. 1555, Stuttgart 1969.
GAISBERGER, Josef: Altertümer aus dem Strombette der Donau. Jahresbericht des Museums Francisco Carolinum, S. 157–176, Linz 1858.
GIRTLER, Roland: Ein urnenfelderzeitlicher Verwahrfund aus Schiltern, p. B. Korneuburg, G. B. Langenlois, NÖ. Archaeologia Austriaca, Heft 48, S. 1–7, Wien 1970.
GULDER, Alois: Die urnenfelderzeitliche »Frauenkröte« von Maissau in Niederösterreich und ihr geistesgeschichtlicher Hintergrund. Mitteilungen der österreichischen Akademie der Wissenschaften, 10. Band, Wien 1960–62.
HAUTMANN, Friedrich: Ein hallstättischer Depotfund aus Wöllersdorf im Stadtmuseum Wiener-Neustadt. Wiener Prähistorische Zeitschrift, 11. Jahrgang, S. 61–68, Wien 1924.
HELL, Martin: Grabfunde der Urnenfelderkultur aus Morzg bei Salzburg. Wiener Prähistorische Zeitschrift, 15. Jahrgang, S. 111–115, Wien 1928.
HELL, Martin: Salzburgs Urnenfelderkultur in Grabfunden. Wiener Prähistorische Zeitschrift, 25. Jahrgang, S. 84–108, Wien 1938.
HELL, Martin: Neue Gräber der Urnenfelderkultur von Salzburg-Morzg. Archaeologia Austriaca, Heft 1, S. 44–56, Wien 1948.
HELL, Martin: Neufunde der Urnenfelderzeit im salzburgischen Pongau. Archaeologia Austriaca, Heft 7, S. 59–69, Wien 1950.
HELL, Martin: Bronzenadeln als Weihegaben in salzburgischen Mooren. Germania, Jahrgang 31, S. 50–54, Frankfurt/Main 1953.
HELL, Martin: Der Brandstattbühel, eine Höhensiedlung der Urnenfelder- und Latènezeit bei Schwarzach in Salzburg. Archaeologia Austriaca, Heft 24, S. 15–34, Wien 1958.
HELL, Martin: Urnenfelderzeitliche Gräber bei St. Georgen im salzburgischen Pinzgau. Archaeologia Austriaca, Heft 25, S. 118–129, Wien 1959.
HELL, Martin: Grabfunde der Urnenfelderzeit aus dem Oberpinzgau in Salzburg. Archaeologia Austriaca, Heft 28, S. 61–70, Wien 1960.

HELL, Martin: Die Urnengräber Nr. 12 und 13 aus Salzburg-Morzg, Land Salzburg. Archaeologia Austriaca, Heft 33, S. 1–9, Wien 1963.

HETZER, Kurt/WILLVONSEDER, Kurt: Das Urnenfeld von Groß-Enzersdorf (Wien, 22. Bezirk). Archaeologia Austriaca, Heft 9, S. 52–76, Wien 1952.

HILD, Adolf: Die Urnenfelderkultur der Heidenburg bei Göfis. Prähistorische Zeitschrift, Jahrgang 24/25, erster Teil, S. 272–287, Berlin 1934/35.

HOFMANN, Elise: Pflanzliche Reste aus Urnen und dem Urnengrabfeld im Gebiet des Welser Flughafens. Archaeologia Austriaca, Heft 7, S. 57–58, Wien 1950.

HÖGLINGER, Peter: Ein Depotfund aus Oberösterreich. Archäologie Österreichs, Band 2, Heft 2, S. 35–37, Wien 1991.

HÖGLINGER, Peter: Das urnenfelderzeitliche Gräberfeld von Obereching, Land Salzburg. Archäologie in Salzburg, Band 2, S. 1–207, Salzburg 1993.

KASTNER, Josef Fritz: Die urgeschichtliche Besiedlung des Südostabhanges des Wienerwaldes im Wiener Gemeindegebiete. Wiener Prähistorische Zeitschrift, 10. Jahrgang, S. 77–84, Wien 1913.

KAUS, Karl: Das Hallstatt-A-Gräberfeld von Getzersdorf, p. B. St. Pölten. Archaeologia Austriaca, Heft 50, S. 68–112, Wien 1971.

KAUS, Karl: Urgeschichtlicher und römischer Weinbau im Burgenland. Pannonische Blätter, Edition II, Eisenstadt 1986.

KAUS, Margarete: Das Gräberfeld der jüngeren Urnenfelderzeit von Stillfried an der March. Ergebnisse der Ausgrabungen 1975–1977. Forschungen in Stillfried, Band 6, Wien 1984.

KAUS, Margarete: Eine älterurnenfelderzeitliche Hundebestattung aus Neusiedl an der Zaya, NÖ. Mitteilungen der Österreichischen Arbeitsgemeinschaft für Ur- und Frühgeschichte, Band 35, S. 5–20, Wien 1985.

KAUS, Margarete: Das frühurnenfelderzeitliche Steinkistengrab von Sommerein-Stockäcker. Archäologie Österreichs, Band 2, Heft 2, S. 27–30, Wien 1991.

KERN, Anton: Die urgeschichtlichen Funde vom Oberleiserberg, MG Ernstbrunn. Die unstratifizierten Bestände aus Privatsammlungen, Bundes-, Landes- und Heimatmuseen, Dissertation, Wien 1987.

KNEIDINGER, Josef: Der Greiner Strudel als urgeschichtliche Fundstätte. Mitteilungen der Anthropologischen Gesellschaft in Wien, Band 42, S. 278–290, Wien 1942.

KRAMER, Diether: Untersuchungen zur ältesten Besiedlungsgeschichte der Steiermark. Mit besonderer Berücksichtigung der mittelsteirischen Höhensiedlungen. Dissertation, Salzburg 1981.

KRAMER, Diether/URBAN, Otto H.: Die prähistorische Höhensiedlung auf dem Kulm bei Weiz, Oststeiermark. Archaeologia Austriaca, Heft 71, S. 101–120, Wien 1987.

KUNTER, Manfred: Ergebnisse der anthropologischen Untersuchung von urnenfelderzeitlichen Leichenbränden aus dem Gräberfeld von Obereching. Aus: HÖGLINGER, Peter: Das urnenfelderzeitliche Gräberfeld von Obereching. Archäologie in Salzburg, Band 2, S. 208–216, Salzburg 1993.

LAUERMANN, Ernst: Archäologische Grabungen in Unterhautzenthal 1990. Archäologie Österreichs, Band 2, Heft 2, Wien 1991.

LOCHNER, Michaela: Das frühurnenfelderzeitliche Gräberfeld von Baierdorf, Niederösterreich – eine Gesamtdarstellung. Archaeologia Austriaca, Heft 70, S. 263–293, Wien 1986.

LOCHNER, Michaela: Ein urnenfelderzeitliches Keramikdepot aus Oberravelsbach, Niederösterreich. Archaeologia Austriaca, Heft 70, S. 295–315, Wien 1986.

LOCHNER, Michaela: Ein Gräberfeld der älteren Urnenfelderzeit aus Horn, Niederösterreich. Archaeologia Austriaca, Heft 74, S. 137–220, Wien 1991.

LOCHNER, Michaela: Studien zur Urnenfelderkultur im Waldviertel (Niederösterreich). Mitteilungen der Prähistorischen Kommission, Band 25, Wien 1991.

MARINGER, Johannes: Flußopfer und Flußverehrung in vorgeschichtlicher Zeit. Germania, Jahrgang 52, 2. Halbband, S. 309–318, Frankfurt/Main 1974.

MODRIJAN, Walter: Der urnenfelderzeitliche Grabfund aus Wörschach im Ennstal und die steirischen Schwerter der Periode Hallstatt A. Schild von Steier, Band 2, S. 24–48, Graz 1953.

MOOSLEITNER, Fritz: Ein urnenfelderzeitlicher Depotfund aus Saalfelden, Land Salzburg. Archäologisches Korrespondenzblatt, Jahrgang 12, S. 457–475, Mainz 1982.

MOOSLEITNER, Fritz: Rettungsgrabung in Salzburg-Maxglan. Archäologie Österreichs, Band 4, Heft 2, S. 10–20, Wien 1993.

NEUGEBAUER, Johannes-Wolfgang: Das Rätsel der Urnenfelderkultur. Aus: Österreichs Urzeit. Bärenjäger, Bauern, Bergleute, S. 198–201, Wien/München 1990.

NEUGEBAUER, Johannes-Wolfgang: Der Übergang von der Urnenfelder- zur Hallstattkultur am Beispiel des Siedlungs- und Bestattungsplatzes von Franzhausen im Unteren Traisental, Niederösterreich. Aus: Internationales Symposium Die Osthallstattkultur, Sopron, 10.–14. Mai 1994, S. 27–29, Budapest 1994.

NEUNINGER, Heinz/PITTIONI, Richard: Woher stammen die blauen Glasperlen der Urnenfelderkultur? Archaeologia Austriaca, Heft 26, S. 52–66, Wien 1959.

PERSY, Alexandrine: Eine neue urnenfelderzeitliche Beinschiene aus Niederösterreich. Archaeologia Austriaca, Heft 32, S. 37–48, Wien 1962.

PITTIONI, Richard: Die Funde von Seeboden am Millstätter See, Kärnten. Carinthia, Jahrgang 128, S. 190–196, Klagenfurt 1938.

PITTIONI, Richard: Der Goldfund von Rothengrub (N. Ö.) und seine wirtschaftsgeschichtliche Verankerung. Archaeologia Austriaca, Heft 11, S. 89–99, Wien 1952.

POLLAK, Marianne: Flußfunde aus der Donau bei Grein und den oberösterreichischen Zuflüssen der Donau. Archaeologia Austriaca, Heft 70, S. 1–85, Wien 1986.

PRÜSSING, Gerlinde: Die Bronzegefäße in Österreich. Prähistorische Bronzefunde II, Band 5, Stuttgart 1991.

PUCHER, Erich: Untersuchungen an Tierskeletten aus der Urnenfelderkultur von Stillfried an der March (Niederösterreich). Forschungen in Stillfried, Band 7, S. 23–116, Wien 1986.

PUCHER, Erich: Das Skelett eines verkrüppelten Hundes aus der Urnenfelderkultur von Neusiedl a. d. Zaya (Niederösterreich). Annalen des Naturhistorischen Museums Wien, Band 88/89, S. 315–322, Wien 1986.

PUCHER, Erich: Tierskelette aus den urnenfelderzeitlichen Gruben von Stillfried. Veröffentlichungen des Museums für Ur- und Frühgeschichte Stillfried, Sonderband 3, S. 159–165, Wien 1988.

ROIDTNER, Joseph: Die Fundplätze der keltischen, römischen und altdeutschen Waffen, Münzen und Gerätschaften am Donaustrudel und Wirbel. Jahresbericht des Museums Francisco Carolinum, Band 30, S. 1–26, Linz 1871.

SCHAUER, Peter: Walter Torbrügge 16. 8. 1923 – 3. 2. 1994. Bayerische Vorgeschichtsblätter, Jahrgang 59, S. 5–10, München 1994.

SAUTER, Fritz/WURST, Fritz/HOKE, Ernst: Inhaltsuntersuchung einer späturnenfelderzeitlichen Deckeldose aus Stillfried. Forschungen in Stillfried, Band 2, S. 101–109, Wien 1976.

SCHMIDT, Walter: Der frühhallstättische Hortfund von Schöneberg in der Steiermark. Germania, Jahrgang 24, Heft 1, S. 195–204, Berlin 1940.

SPÖTTL, Ignaz: Das Urnen-Grabfeld von Hadersdorf am Kamp in Niederösterreich. Mitteilungen der Anthropologischen Gesellschaft in Wien, Band 19, Wien 1899.

STROHSCHNEIDER, Margarete: Die Bronzetasse aus Stillfried. Forschungen in Stillfried, Band 1, S. 61–68, Wien 1974.

STROHSCHNEIDER, Margarete: Das späturnenfelderzeitliche Gräberfeld von Stillfried. Forschungen in Stillfried, Band 2, S. 31–69, Wien 1976.

SZOMBATHY, Josef: Der Bronzedepotfund aus Wöllersdorf. Mitteilungen der kk. Zentral-Kommission, 3. Folge, Band 4, S. 39–45, Wien 1905.

TORBRÜGGE, Walter: Vor- und frühgeschichtliche Flußfunde. Bericht der Römisch-Germanischen Kommission 1970/71. Band 51/52. S. 1–146, Frankfurt/Main 1972.

TRNKA, Gerhard: Der Burgstall von Schiltern. Eine späturnenfelder-/frühhallstattzeitliche Abschnittsbefestigung im unteren Waldviertel. Archaeologia Austriaca, Heft 67, S. 129–172, Wien 1983.

TRNKA, Gerhard/LADENBAUER-OREL, Herta: Das urnenfelderzeitliche Gräberfeld von Gusen in Oberösterreich. Archaeologia Austriaca, Heft 76, S. 47–112, Wien 1992.

URBAN, Otto H.: Ein zweites urnenfelderzeitliches Bronzedepot von Linz-Freinberg. Archäologie Österreichs, Band 2, Heft 2, S. 37–38, Wien 1991.

VIERTLER, Johann: Ein urnenfelderzeitliches Depot von Kupfergußkuchen in Zensweg bei St. Veit an der Glan. Carinthia, Jahrgang 163, S. 9–12, Klagenfurt 1973.

WILLVONSEDER, Kurt: Die Kultur der süddeutschen Urnenfelder in Österreich. Germania, Jahrgang 18, S. 182–189, Frankfurt/Main 1934.

WINKLER, Eike-Meinrad/GROSSSCHMIDT, Karl: Symptome einer Hungerosteopathie an einem Skelett aus einer urnenfelderzeitlichen Siedlungsgrube in Mannersdorf am Leithagebirge, NÖ. Fundberichte aus Österreich, Band 26, S. 95–102, Wien 1987.

ZSCHOCKE, Karl/PREUSCHEN, Ernst: Das urzeitliche Bergbaugebiet von Mühlbach-Bischofshofen. Materialien zur Urgeschichte Österreichs, Wien 1932.

Die Nordtiroler Urnenfelder-Zeit

EGG, Markus: Spätbronze- und eisenzeitliche Bewaffnung im mittleren Alpenraum. Aus: Die Räter I Reti, S. 401–438, Bozen 1992.

KYRLE, Georg: Höttinger Kultur. Aus: EBERT, Max (Herausgeber): Reallexikon der Vorgeschichte, fünfter Band, S. 395, Berlin 1926.

KYRLE, Georg: Die Höttinger Kultur in ihrer Beziehung zu den endbronzezeitlichen Kupferbergwerken der nördlichen Ostalpen. Wiener Prähistorische Zeitschrift, 19. Jahrgang, S. 9–24, Wien 1932.

LEITNER, Walter: Die Fundstellen vom Montikel bei Bludenz. Dissertation, Innsbruck 1976.

LEITNER, Walter: Die späte Bronzezeit und die Urnenfelderkultur. Aus: FONTANA, Josef/HAIDER, Peter W./LEITNER, Walter/MÜHLBERGER, Georg/PALME, Rudolf/PARTELI, Othmar/RIEDMANN, Josef: Geschichte des Landes Tirol, Band 1, S. 76–82, Bozen 1985.

MENGHIN, Osmund/KNEUSSL, Werner: Ein Riegseeschwert vom Piller in Tirol. Bayerische Vorgeschichtsblätter, Jahrgang 34, Heft 1/2, S. 30–35, München 1969.

MERHART, Gero von: Karl Heinz Wagner. Bayerische Vorgeschichtsblätter, Jahrgang 17, S. 93, München 1948.

MILTNER, Franz: Ein Urnenfeld in Imst (Tirol). Wiener Prähistorische Zeitschrift, 28. Jahrgang, S. 128–144, Wien 1941.

PREUSCHEN, Ernst/PITTIONI, Richard: Untersuchungen im Bergbaugebiete Kelchalpe bei Kitzbühel in Tirol. Erster Bericht über die Arbeiten 1931–1936 zur Urgeschichte des Kupferbergbauwesens in Tirol. Mitteilungen der Prähistorischen Kommission der Akademie der Wissenschaften, 3. Band, Nr. 1–3, Wien 1937.

SCHERNTHANNER, Alexander: Beschreibung einiger prähistorischer Ausgrabungen in Tirol. Mitteilungen der Anthropologischen Gesellschaft, 13. Band, 6. Heft, S. 59–62, Wien 1893.

SPERBER, Lothar: Zur Spätbronzezeit im alpinen Inn- und Rheintal. Aus: Die Räter I Reti, S. 53–90, Bozen 1992.

SYDOW, Wilhelm: Eine urnenfelderzeitliche Siedlung in Karrösten, BH Imst. Fundberichte aus Österreich 1980, Band 19, S. 235–247, Wien 1981.

VOGL, Konrad: Bergbau und urgeschichtliche Funde um Kitzbühel (Nordtirol). Wiener Prähistorische Zeitschrift, 16. Jahrgang, S. 34–39, Wien 1929.

WAGNER, Karl Heinz: Nordtiroler Urnenfelder. Römisch-Germanische Forschungen, Band 15, Berlin 1943.

ZEMMER-PLANK, Liselotte: Stand und Aufgaben der Urnenfelderforschung in Tirol. Neue Funde und Befunde. Aus: Beiträge zur Urnenfelderzeit nördlich und südlich der Alpen, S. 287–306, Bonn 1995.

Die Čaka-Kultur

FILIP, Jan: Čaka. Aus: FILIP, Jan (Herausgeber): Enzyklopädisches Handbuch zur Ur- und Frühgeschichte Europas, Band I, S. 195–196, Stuttgart 1966.

FOLTINY, Stephan: Ein Grabfund der Urnenfelderzeit aus Pöttsching im Burgenland. Archaeologia Austriaca, Heft 40, S. 67–76, Wien 1966.

KAUS, Karl: Das Kriegergrab von Siegendorf. Aus: Siegendorf im Burgenland, Festschrift 1975, S. 42–51, Siegendorf 1975.

NEUGEBAUER, Johannes-Wolfgang: Der Krieger von Siegendorf. Aus: Österreichs Urzeit. Bärenjäger, Bauern, Bergleute, S. 201–203, Wien/München 1990.

TOČÍK, Anton/PAULÍK, Jozef: Die Ausgrabung eines Grabhügels in Čaka in den Jahren 1950–51. Slovenská Archaeológia, Band 8, S. 59–124, Nitra-Hrad 1960.

TOMPA, Ferenc von: 25 Jahre Urgeschichtsforschung in Ungarn 1912–1936. 24./25. Bericht der Römisch-Germanischen Kommission 1934/35, S. 90–98, Berlin 1937.

WILLVONSEDER, Kurt: Das Steinkistengrab der älteren Urnenfelderzeit von Illmitz im Burgenland. Wiener Prähistorische Zeitschrift, 25. Jahrgang, S. 109–128, Wien 1938.

Die Laugen-Melaun-Gruppe

DOLENZ, Hans: Urnenfelderzeitliche und Melauner Keramik aus Warmbad Villach (Villach-Stadt). Carinthia, Jahrgang 151, S. 383–398, Klagenfurt 1961.

EGGER, Adrian: Vorgeschichtliche Ortsbeschreibung des Natzberges bei Brixen. Forschungen und Mitteilungen zur Geschichte Tirols und Vorarlbergs, S. 129–146, Innsbruck 1917.

EISENSTECKEN, Otto: Opferstätte Roterd am Schlern. Der Schlern, Jahrgang 57, S. 614, Bozen 1983.

GLEIRSCHNER, Paul: Die Laugen-Melaun-Gruppe. Aus: Die Räter I Reti, S. 117–134, Bozen 1992.

KROMER, Karl: Vorbericht über die Ausgrabungen in der Gärtnerei Gamberoni in Eppan 1979. Der Schlern, Jahrgang 54, S. 212–218, Bozen 1980.

LANG, Amei: Laugener Keramik. Germania, Jahrgang 60, 1. Halbband, S. 13–37, Frankfurt/Main 1982.

LEITNER, Walter: Neufunde der Laugen-Melauner Kultur aus St. Pauls/Eppan bei Bozen. Archäologisches Korrespondenzblatt, Jahrgang 12, S. 187–193, Mainz 1982.

LEITNER, Walter: Die Laugen/Melauner Kultur. Aus: FONTANA, Josef/HAIDER, Peter W./LEITNER, Walter/MÜHLBERGER, Georg/PALME, Rudolf/PARTEL, Othmar/RIEDMANN, Josef: Geschichte des Landes Tirol, Band 1, S. 76–82, Bozen 1985.

LEITNER, Walter: Eppan-St. Pauls, eine Siedlung der späten Bronzezeit. Ein Beitrag zur inneralpinen Laugen/Melaun-Kultur. Archaeologia Austriaca, Heft 72, S. 1–90, Wien 1988.

LUNZ, Reimo: Bemerkungen zu einer »kritischen Revision« des Melauner Problems. Der Schlern, Jahrgang 46, S. 27–32, Bozen 1972.

LUNZ, Reimo: Archäologie Südtirols. Teil 1: Von den Jägern des Mesolithikums (um 7000 v. Chr.) bis zum Ende des Weströmischen Reiches (476 n. Chr.). Archäologisch-historische Forschungen in Tirol, Band 7, Calliano 1981.

LUNZ, Reimo: Pfatten. Ur- und Frühgeschichte. Aus: Dorfbuch Pfatten, S. 53–179, Bozen 1992.

MAGGETTI, Marino/MARRO, Christian/STAUFFER, Lotti/PRIMAS, Margarita: Mineralogisch-petrographische Untersuchungen an Laugener Keramik – ein Beitrag zum Keramikimport im alpinen Raum. Archäologisches Korrespondenzblatt, Jahrgang 9, S. 393–400, Mainz 1979.

MAYR, Paul: Der »Laugener Schalenstein« von Serso im Fersental. Der Schlern, Jahrgang 43, S. 7–17, Bozen 1969.

MAYR, Paul: Die neuen Funde vom Schlern und die alpine Retardierung. Der Schlern, Jahrgang 46, S. 4–14, Bozen 1972.

MERHART, Gero von: Archäologisches zur Frage der Illyrer in Tirol. Wiener Prähistorische Zeitschrift, 14. Jahrgang, S. 65–118, Wien 1927.

PITTIONI, Richard: Bemerkungen zum »Melauner Problem«. Jahrbuch des Vorarlberger Landesmuseumsvereins 1958/59, S. 218–227, Bregenz 1959/60.

WOLFSGRUBER, Karl: Prälat Adrian Egger zum Gedenken. Der Schlern, Jahrgang 27, S. 150–151, Bozen 1953.

Die Spätbronzezeit in der Schweiz

PRIMAS, Margarita: Der Beginn der Spätbronzezeit im Mittelland und Jura. Aus: Ur- und frühgeschichtliche Archäologie der Schweiz, Band 3, Die Bronzezeit, S. 55–70, Basel 1971.

SPECK, Josef: Die späte Bronzezeit. Aus: DRACK, Walter (Herausgeber): Die Bronzezeit der Schweiz. Repertorium der Ur- und Frühgeschichte der Schweiz, S. 17–27, Zürich 1956.

Die Urnenfelder-Kultur

ARNOLD, Béat: Strukturanalyse der spätbronzezeitlichen Seeufersiedlung Auvernier-Nord. Archäologisches Korrespondenzblatt, Jahrgang 11, S. 37–50, Mainz 1981.

ARNOLD, Béat: Navigation sur les lacs suisses au Bronze final. Helvetia Archaeologica, Jahrgang 16, Heft 63/64, S. 91–117, Zürich 1985.

AULER, Jost: Zur Nachbildung und Funktion bronzezeitlicher Tüllenharpunen. Ein Beitrag zur experimentellen Archäologie. Archäologisches Korrespondenzblatt, Jahrgang 23, S. 197–206, Mainz 1993.

BAUER, Irmgard: Kultur- und Sammelpflanzen der späten Bronzezeit. Schriften des Kantonalen Museums für Urgeschichte Zug 41, Zug 1991.

BAUER, Irmgard: Kleidung und Schmuck in der Urgeschichte. Schriften des Kantonalen Museums für Urgeschichte Zug 42, Zug 1992.

BAUER, Irmgard/FRASCOLI, Lotti/PANTLI, Heinz/SIEGFRIED, Anita/WEIDMANN, Thierry/WINDLER, Renata: Üetliberg, Uto-Kulm. Ausgrabungen 1980–1989. Berichte der Zürcher Denkmalpflege, Archäologische Monographien 9, Zürich 1991.

BAUER, Irmgard/SCHOCH, Werner H.: Geräte und Werkzeuge aus Holz in der Bronzezeit. Schriften des Kantonalen Museums für Urgeschichte Zug 43, Zug 1993.

BERNATZKY-GOETZE, Monika: Mörigen. Die spätbronzezeitlichen Funde. Antiqua, Veröffentlichung der Schweizerischen Gesellschaft für Ur- und Frühgeschichte, Band 16, Basel 1987.

BOSCH, Reinhold: Über das Moordorf Riesi am Hallwilersee. Anzeiger für Schweizerische Altertumskunde, 26. Band, S. 73–85, Zürich 1924.

BRAUN, Gisela: Die Funde der spätbronzezeitlichen Station Uerschhausen-Horn TG. Aus: HÖNEISEN, Markus (Herausgeber): Die ersten Bauern. Pfahlbaufunde Europas, Band 1, S. 227–230, Zürich 1990.

BUCHILLER, Carmen: Quelques considérations sur la »pignée de char étrusque« d'Autaux FR. Archäologie der Schweiz, Band 15, Heft 2, S. 75–79, Basel 1992.

DRACK, Walter: Der Bönistein ob Zeiningen, eine spätbronzezeitliche und späthallstättische Höhensiedlung des Juras. Beiträge zur Kulturgeschichte, Festschrift Reinhold Bosch zu seinem sechzigsten Geburtstag, S. 99–116, Aarau 1947.

DRACK, Walter: Spuren von urnenfelderzeitlichen Wagengräbern aus der Schweiz. Jahrbuch der Schweizerischen Gesellschaft für Urgeschichte, Band 48, S. 74–77, Basel 1960/61.

EBERSCHWEILER, Beat: Die neolithischen und bronzezeitlichen Ufersiedlungen an Greifensee und Pfäffikersee. Aus: HÖNEISEN, Markus (Herausgeber): Die ersten Bauern. Pfahlbaufunde Europas, Band 1, S. 73–80, Zürich 1990.

EBERSCHWEILER, Beat: Blockbauten im spätbronzezeitlichen Dorf von Greifensee-Böschen. Aus: HÖNEISEN, Markus (Herausgeber): Die ersten Bauern. Pfahlbaufunde Europas, Band 1, S. 193–200, Zürich 1990.

EBERSCHWEILER, Beat/RIETHMANN, Peter/RUOFF, Ulrich: Greifensee-Böschen ZH: Ein spätbronzezeitliches Dorf. Jahrbuch der Schweizerischen Gesellschaft für Ur- und Frühgeschichte, Band 70, S. 77–100, Basel 1987.

EGGER, Heinz: Dendrochronologische Analyse spätbronzezeitlicher Einbäume aus dem Raume Jura-Südfuß. Helvetia Archaeologica, Jahrgang 16, Heft 63/64, S. 118–122, Zürich 1985.

EGLOFF, Michel: Versunkene Dörfer der Urnenfelderzeit im Neuenburger See. Archäologisches Korrespondenzblatt, Jahrgang 11, S. 55–63, Mainz 1981.

FELLENBERG, Edmund von: Die beiden Einbäume von Vingelz. Mitteilungen der Antiquarischen Gesellschaft, 19. Band, S. 57–61, Zürich 1876.

FISCHER, Calista: Zinnachweis auf Keramik der Spätbronzezeit. Archäologie der Schweiz, Band 16, Heft 1, S. 17–24, Basel 1993.

FREI, Benedikt: Zeugen der älteren Urnenfelderzeit aus dem Bereich des oberen Alpenrheins. Helvetia Antiqua. Festschrift für Emil Vogt, S. 87–96, Zürich 1966.

GERSBACH, Egon: Ein Beitrag zur Untergliederung der jüngeren Urnenfelderzeit (Ha B) im Raume der südwestdeutsch-schweizerischen Gruppen. Jahrbuch der Schweizerischen Gesellschaft für Urgeschichte, Band 41, S. 175–191, Basel 1951.

GERSBACH, Egon: Die urnenfelderzeitliche Höhensiedlung auf dem Kestenberg ob Möriken, Kanton Aargau/Schweiz. Archäologisches Korrespondenzblatt, Jahrgang 12, S. 179–186, Mainz 1982.

GERSTER, Alban: Siedlung aus der späten Bronzezeit auf dem Roc de Courroux im Berner Jura. Jahrbuch des Bernischen Historischen Museums in Bern, 6. Jahrgang 1926, S. 37–46, Bern 1927.

GROSS, Eduard/BROMBACHER, Christoph/DICK, Martin/DIGGELMANN, Kurt/HARDMEYER, Barbara/JAGHER, Reto/RITZMANN, Christoph/RUCKSTUHL, Beatrice/RUOFF, Ulrich/SCHIBLER, Jörg/VAUGHAN, Patrick C./WYPRÄCHTIGER, Kurt: Zürich »Mozartstraße«. Neolithische und bronzezeitliche Ufersiedlungen. Band 1. Berichte der Zürcher Denkmalpflege, Zürich 1987.

HAEVERNICK, Thea Elisabeth: Urnenfelderzeitliche Glasperlen. Zeitschrift für Schweizerische Archäologie und Kunstgeschichte, Band 35, S. 145–157, Zürich 1978.

HASENFRATZ, Albin: Zu den spätbronzezeitlichen Befestigungen auf dem Risibuck bei Rudolfingen ZH. Archäologie der Schweiz, Band 9, Heft 2, S. 47–51, Zürich 1986.

HASENFRATZ, Albin: Zur spätbronzezeitlichen Siedlung Uerschhausen TG. Aus: HÖNEISEN, Markus (Herausgeber): Die ersten Bauern. Band 1, Pfahlbaufunde Europas, S. 221–225, Zürich 1990.

HÖCKMANN, Olaf: Zu dem gegossenen Bronzebecken von Corcelettes. Germania, Jahrgang 51, S. 417–436, Frankfurt/Main 1973.

HÖCKMANN, Olaf: Zu einem Bruchstück eines nordischen gegossenen Bronzebeckens aus Corcelettes in der Schweiz. Ein Definitionsversuch. Archäologisches Korrespondenzblatt, Jahrgang 6, S. 137–140, Mainz 1976.

HOLSTEIN, Dieter: Die bronzezeitlichen Funde aus dem Kanton Basel-Stadt. Materialhefte zur Archäologie in Basel. Basler Zeitschrift für Geschichte und Altertumskunde, Heft 7, Basel 1991.

KOSSACK, Georg: Kultgerät, Weihegabe und Amulett aus spätbronzezeitlichen Seeufersiedlungen. Archäologie der Schweiz, Band 13, Heft 2, S. 89–100, Basel 1990.

LAUR-BELART, Rudolf: Ein Helm der Urnenfelderzeit aus Basels Umgebung. Jahrbuch der Schweizerischen Gesellschaft für Urgeschichte, Band 40, S. 202–208, Frauenfeld 1949/50.

LAUR-BELART, Rudolf: Lehrgrabung auf dem Kestenberg. Ur-Schweiz, Jahrgang 15, Nr. 3, S. 33–52, Basel 1951.

LAUR-BELART, Rudolf: Kestenberg II. Ur-Schweiz, Jahrgang 16, Nr. 4, S. 75–96, Basel 1952.

LAUR-BELART, Rudolf: Kestenberg III. Ur-Schweiz, Jahrgang 19, Nr. 1, S. 1–28, Basel 1955.

MOTTIER, Yvette: Die Bronzepanzer von Fillinges aus der späten Bronzezeit. Helvetia Archaeologica, Jahrgang 19, Heft 76, S. 110–145, Zürich 1988.

MÜLLER, Felix: Argumente zu einer Deutung von »Pfahlbaubronzen«. Jahrbuch der Schweizerischen Gesellschaft für Ur- und Frühgeschichte, Band 76, S. 71–92, Basel 1993.

NEUBAUER, Wolfgang: Flums-Gräplang. Eine spätbronzezeitliche Siedlung in der Schweiz, Rehberg Ost, Grabung 1967–1982, Diplomarbeit, Wien 1992.

PRIMAS, Margarita: Neue Untersuchungen urnenfelderzeitlicher Siedlungsfunde in der Nordostschweiz. Archäologisches Korrespondenzblatt, Jahrgang 12, S. 47–54, Mainz 1982.

PRIMAS, Margarita: Stand und Aufgaben der Urnenfelderforschung in der Schweiz. Aus: Beiträge zur Urnenfelderzeit nördlich und südlich der Alpen, S. 201–223, Bonn 1995.

PRIMAS, Margarita/RUOFF, Ulrich: Die bronzezeitliche Inselsiedlung »Großer Hafner« im Zürichsee (Schweiz). Tauchgrabung 1978–1979. Germania, Jahrgang 59, 1. Halbband, S. 31–50, Frankfurt/Main 1981.

PUGIN, Christiane/CORBOUD, Pierre/CASTELLA, Anne-Catherine: Une roue du Bronze final sur la station littorale Corcelettes (Grandson VD). Archäologie der Schweiz, Band 11, Heft 4, S. 146–154, Basel 1988.

RAGETH, Jürg: Spätbronzezeitliche Siedlungsreste von Villa-Pleif (Lugnez, GR). Bündner Monatsblatt, S. 293–333, Chur 1987.

RUOFF, Ulrich: Die Phase der entwickelten und ausgedehnten Spätbronzezeit im Mittelland und Jura. Aus: Ur- und frühgeschichtliche Archäologie der Schweiz, Band 3, S. 71–86, Basel 1971.

RUOFF, Ulrich: Zur Frage der Kontinuität zwischen Bronze- und Eisenzeit in der Schweiz, Basel 1974.

RUOFF, Ulrich: Die Ufersiedlungen an Zürich- und Greifensee. Helvetia Archaeologica, Jahrgang 12, Heft 45/48, S. 19–61, Zürich 1981.

RYCHNER, Valentin: Auvernier 1968–1975. Le mobilier métallique du Bronze final, Lausanne 1987.

SARBACH, Hans: Neue mittel- und spätbronzezeitliche Funde von Spiez (Berner Oberland). Jahrbuch des Bernischen Historischen Museums in Bern, Jahrgang 37/38, 1957/58, S. 239–249, Bern 1961.

SARBACH, Hans: Das Eggli bei Spiez (Berner Oberland), eine Kultstätte der Urnenfelder- und Hallstattzeit. Jahrbuch des Bernischen Historischen Museums in Bern, Jahrgang 41/42, 1961/62, S. 478–487, Bern 1963.

SCHLAGINHAUFEN, Otto: Über die menschlichen Skelettreste aus dem Pfahlbau am Alpenquai in Zürich. Vierteljahrsschrift der Naturforschenden Gesellschaft Zürich, Jahrgang 62, S. 488–500, Zürich 1917.

SCHLAGINHAUFEN, Otto: Die anthropologischen Funde aus den Pfahlbauten der Schweiz. Mitteilungen der Antiquarischen Gesellschaft in Zürich, Band 29, Heft 4, S. 220–241, Zürich 1924.

SITTERDING, Madeleine: Eine spätbronzezeitliche Siedlung am Nussbaumersee. Helvetia Archaeologica, Jahrgang 3, Heft 9, S. 13–20, Zürich 1972.

SPECK, Josef: Die spätbronzezeitliche Siedlung Zug »Sumpf«. Ergebnisse der Sommergrabung 1952. Ur-Schweiz, Jahrgang 17, Nr. 3/4, S. 51–67, Basel 1953.

SPECK, Josef: Zwei neue Amulettypen aus spätbronzezeitlichen Ufersiedlungen der Zentralschweiz. Helvetia Archaeologica, Jahrgang 11, Heft 42, S. 46–53, Zürich 1980.

SPECK, Josef: Ein seltener Werkzeugtyp der Spätbronzezeit. Zeitschrift für Schweizerische Archäologie und Kunstgeschichte, Band 42, S. 281–288, Zürich 1985.

SPROCKHOFF, Ernst: Ein Geschenk aus dem Norden. Helvetia Antiqua. Festschrift für Emil Vogt, S. 101–110, Zürich 1966.

STEINHAUSER-ZIMMERMANN, Regula: Zur Siedlungsgeschichte des Montlingerberges im st. gallischen Rheintal. Aus: Die Räter I Reti, S. 331–336, Bozen 1992.

STEINHAUSER-ZIMMERMANN, Regula: Der Montlingerberg im Kanton St. Gal-

len (Schweiz). Funde und Grabungen 1898–1960, Dissertation, Sankt Gallen o. J.
TSCHUMI, Otto: Der Bronzedepotfund von Wabern (Amtsbezirk Köniz). Anzeiger für Schweizerische Altertumskunde, NF. 20, S. 69–79, Zürich 1918.
TSCHUMI, Otto: Die Ausgrabung der bronzezeitlichen Höhensiedlung und -festung »Bürg« bei Faulensee, Gemeinde Spiez. Jahrbuch des Bernischen Historischen Museums in Bern, 16. Jahrgang 1936, S. 51–52, Bern 1937.
TSCHUMI, Otto: »Bürg« bei Spiez. Ur-Schweiz, Jahrgang 2, Nr. 1, S. 31–33, Basel 1938.
TSCHUMI, Otto: Die Ausgrabung einer Höhensiedlung der Stein- und Bronzezeit auf der »Bürg« bei Spiez. Jahrbuch des Bernischen Historischen Museums in Bern, 18. Jahrgang, S. 109–119, Bern 1939.
UNZ, Christoph: Die spätbronzezeitliche Keramik in Südwestdeutschland, in der Schweiz und in Ostfrankreich. Prähistorische Zeitschrift, Band 48, S. 1–124, Berlin 1973.
UNZ, Christoph: Das spätbronzezeitliche Frauengrab von Binningen BL. Archäologie der Schweiz, Band 5, Heft 4, S. 194–201, Basel 1982.
VOGT, Emil: Der Zierstil der späten Pfahlbaubronzen. Zeitschrift für Schweizerische Archäologie und Kunstgeschichte, Band 4, Heft 4, S. 193–206, Zürich 1942.
WÄHREN, Max: Brot und Gebäck von der Jungsteinzeit bis zur Römerzeit. Helvetia Archaeologica, Jahrgang 20, Heft 79, S. 82–110, Zürich 1989.
WEIDMANN, Thierry: Keramische Gußformen aus der spätbronzezeitlichen Seerandsiedlung Zug »Sumpf«. Jahrbuch der Schweizerischen Gesellschaft für Ur- und Frühgeschichte, Band 65, S. 69–81, Basel 1982.
WEIDMANN, Thierry: Ein reicher Ringfund aus Sursee. Helvetia Archaeologica, Jahrgang 14, Heft 55/56, S. 179–191, Zürich 1983.
WICK, Peter: Urgeschichtlicher Passverkehr. Helvetia Archaeologica, Jahrgang 8, Heft 31, S. 93–96, Zürich 1977.
WYSS, René: Siedlungswesen und Verkehrswege. Ur- und frühgeschichtliche Archäologie der Schweiz, Band 3, Die Bronzezeit, S. 103–122, Basel 1971.
WYSS, René: Technik, Wirtschaft, Handel. Ur- und frühgeschichtliche Archäologie der Schweiz, Band 3, Die Bronzezeit, S. 123–144, Basel 1971.
ZIMMERMANN, Karl: Spulennadeln aus der Bronzezeit im Bernischen Historischen Museum. Jahrbuch des Bernischen Historischen Museums in Bern, 49./50. Jahrgang 1969/70, S. 231–250, Bern 1972.

Die Laugen-Melaun-Gruppe

BURKART, Walo: Bronzedepotfund in Graubünden. Ur-Schweiz, Jahrgang 9, Nr. 1, S. 18–19, Basel 1945.
CONRAD, Hans: Beitrag zur Frage der urgeschichtlichen Besiedlung des Engadins. Jahresbericht der Historisch-Antiquarischen Gesellschaft von Graubünden, Band 70, S. 5–40, Chur 1940.
DEFUNS, Alois/GAUDENZ, Gian: Chur, Sennhof 1984/Karlihof 1986–87: spätbronzezeitliche, eisenzeitliche und römische Befunde. Jahrbuch der Schweizerischen Gesellschaft für Ur- und Frühgeschichte, Band 71, S. 187–188, Basel 1988.
FORRER, Robert: Passfunde aus der Bronzezeit im Canton Graubünden. Antiqua, Nr. 1/2, S. 3–7, Zürich 1887.
FREI, Benedikt: Die Höhensiedlung Montlingerberg. Ur-Schweiz, Jahrgang 16, Nr. 1, S. 18–29, Basel 1952.
FREI, Benedikt: Zur Datierung der Melauner Keramik. Zeitschrift für Schweizerische Archäologie und Kunstgeschichte, Band 15, S. 129–173, Zürich 1954/55.
FREI, Benedikt: Oberriet (Bez. Oberrheintal, St. Gallen). Jahrbuch der Schweizerischen Gesellschaft für Ur- und Frühgeschichte, Band 44, S. 146–151, Frauenfeld 1954/55.
FREI, Benedikt: Die Ausgrabungen auf der Mottata bei Ramosch im Unterengadin 1956–1958. Jahrbuch der Schweizerischen Gesellschaft für Ur- und Frühgeschichte, Band 47, S. 34–45, Basel 1958/59.
FREI, Benedikt: Urgeschichtliche Räter im Egadin und Rheintal? Jahrbuch der Schweizerischen Gesellschaft für Ur- und Frühgeschichte, Band 55, S. 135–140, Basel 1970.
FREI, Benedikt: Die späte Bronzezeit im alpinen Raum. Aus: Ur- und frühgeschichtliche Archäologie der Schweiz, Band 3, Die Bronzezeit, S. 87–102, Basel 1971.
KELLER-TARNUZZER, Karl: Der Bronzedepotfund von Schiers (Graubünden). Anzeiger für Schweizerische Altertumskunde, 37. Band, S. 81–89, Zürich 1935.
KOSSACK, Georg: Gero v. Merhart und sein akademischer Unterricht in Marburg. Marburger Studien zur Vor- und Frühgeschichte, Band 7, Festschrift für Gero von Merhart, S. 1–15, Marburg 1986.
OEGGL, Klaus: Botanische Untersuchungen zur menschlichen Besiedlung im mittleren Alpenraum während der Bronze- und Eisenzeit. Aus: Die Räter I Reti, S. 709–721, Bozen 1992.
RAGETH, Jürg: Der Lago di Ledro im Trentino und seine Beziehungen zu den alpinen und mitteleuropäischen Kulturen. 55. Bericht der Römisch-Germanischen Kommission, S. 73–259, Frankfurt/Main 1974.
RIEDEL, Alfredo: Zur spätbronze- und eisenzeitlichen Fauna im Rätergebiet. Aus: Die Räter I Reti, S. 701–708, Bozen 1992.
STAUFFER, Lotti/MAGETTI, Marino/MARRO, Christian: Formenwandel und Produktion der alpinen Laugener Keramik. Archäologie der Schweiz, Band 2, Heft 3, S. 130–137, Basel 1979.
STAUFFER-ISENRING, Lotti: Die Siedlungsreste von Scoul-Munt Baselgia (Unterengadin GR). Ein Beitrag zur inneralpinen Bronze- und Eisenzeit. Antiqua, Band 9, Basel 1983.
VONBANK, Elmar: Laugener und Melauner Keramik im Fürstentum Liechtenstein. Helvetia Archaeologica, Jahrgang 8, Heft 34/36, S. 131–136, Zürich 1977.

Sie benannten eine Kultur der Bronzezeit

BIERBAUM, Georg: Bibliographie zur Vor- und Frühgeschichte Land Sachsen, Band 2, Teil 3b. Aus: JAHN, Martin (Herausgeber): Bibliographie zur Vor- und Frühgeschichte Mitteldeutschlands. Abhandlungen der Sächsischen Akademie der Wissenschaften zu Leipzig, Band 55, Heft 1b, Leipzig 1984.
FILIP, Jan (Herausgeber): Enzyklopädisches Handbuch zur Ur- und Frühgeschichte Europas, Band 1 und 2, Stuttgart 1966 und 1969.
GUMMEL, Hans: Forschungsgeschichte in Deutschland, Berlin 1938.
HACHMANN, Rudolf: Ausgewählte Bibliographie zur Vorgeschichte von Mitteleuropa, Stuttgart 1984.
KÜHN, Herbert: Geschichte der Vorgeschichtsforschung, Berlin 1976.
PITTIONI, Richard: Bibliographie zur Urgeschichte Österreichs. Archiv für Bibliographie, Beiheft 9, Linz 1931.
REITINGER, Josef: Bibliographie zur Ur- und Frühgeschichte Österreichs, Band 2, Wien 1965.
WAGNER, Friedrich: Bibliographie der Bayerischen Vor- und Frühgeschichte 1884–1959, herausgegeben von der Kommission für Bayerische Landesgeschichte bei der Bayerischen Akademie der Wissenschaften, Band 6, Wiesbaden 1964.

Zeugen der Bronzezeit in Museen

BÄR, Willi/BENTMANN, Reinhard/DAVITT, Hans-Udo/GERLACH, Walter/GOEBEL, Wulf-Norbert/KLOFT, Wolfgang/KÜHN, Rainer/MENNE, Yvonne/OBERLÄNDER, Harry/SCHULER, Wolfgang/WETH, Hayo: Der deutsche Museumsführer, Frankfurt/Main 1979.
EGG, Markus/PARE, Christopher: Die Metallzeiten in Europa und im Vorderen Orient. Die Abteilung Vorgeschichte im Römisch-Germanischen Zentralmuseum. Kataloge vor- und frühgeschichtlicher Altertümer, Band 26, Mainz 1995.
GUT, Andreas: Die archäologische Sammlung der Städtischen Sammlungen in Biberach. Aus: BC – Heimatkundliche Blätter für den Kreis Biberach, 17. Jahrgang, Sonderheft Nr. 1, S. 49–74, Biberach 1994.
LAPAIRE, Claude/SCHÄRER, Martin R.: Schweizer Museumsführer, Bern 1980.
LIPPERT, Andreas: Reclams Archäologieführer Österreich und Südtirol, Stuttgart 1985.
SCHÖBEL, Gunter: Pfahlbaumuseum Unteruhldingen. Führer Unteruhldingen 1994.
STEPHAN, Peter: Die deutschen Museen, Braunschweig 1983.
WURLITZER, Bernd: Museen, Galerien, Sammlungen, Gedenkstätten, Berlin, Leipzig 1983.

Bildquellenverzeichnis

Zeichenerklärung

l	=	links	u	=	unten
o	=	oben	ul	=	unten links
ol	=	oben links	ur	=	unten rechts
or	=	oben rechts	ml	=	Mitte links
r	=	rechts	mr	=	Mitte rechts

Originalzeichnungen

Friederike Hilscher-Ehlert, Königswinter (S. 23u, 55o, 57o, 88ur, 117or, 129o, 143ol, 152o, 171o, 183o, 191, 196ur, 209o, 213o, 233o, 254o, 266o (Entwurf: Hans Stölzl, Bayerisches Landesamt für Denkmalpflege, München: 277o), 295o, 301u, 329o, 348ol, 367o, 393or, 419u. Beratung: Professor Dr. Hans-Eckart Joachim, Rheinisches Landesmuseum, Bonn; Dr. Friedrich Laux, Hamburger Museum für Archäologie/Helms-Museum, Hamburg-Harburg; Dr. Johannes-Wolfgang Neugebauer, Bundesdenkmalamt Wien, Abteilung für Bodendenkmale; Dr. Stefan Winghart, Bayerisches Landesamt für Denkmalpflege, München.

Reproduktionen von Zeichnungen

Archiv für Kunst und Geschichte, Berlin (S. 41or, 248u, 325ul); Bernisches Historisches Museum, Bern (S. 144ur); Hamburger Museum für Archäologie/Helms-Museum, Hamburg-Harburg (Entwurf: Dr. Friedrich Laux, Ausführung: Emilio Sanchez: S. 202/203); Landesamt für Denkmalpflege, Archäologische Denkmalpflege, Mainz (Zeichnung: Irene Bell: S. 281o); Museum für Urgeschichte des Landes Niederösterreich, Asparn an der Zaya (S. 386ol); Niedersächsisches Landesmuseum, Hannover, Urgeschichtsabteilung (S. 311u); Reproduktionen aus Jacob Alt: Donau-Ansichten vom Ursprunge bis zum Ausflusse ins Meer (Herausgeber: Adolf Kunike), Wien 1824 (S. 399o, 399u); Reproduktion aus Gustav Behrens: XIII. Jahresbericht des Röm.-Germ. Zentral-Museums zu Mainz für die Zeit vom 1. April 1935 bis 31. März 1936. Mainzer Zeitschrift, Jahrgang 31, S. 74, Mainz 1936 (S. 364ol); Reproduktion aus Gustav Karl Ferdinand Baron von Bonstetten: Second Supplément au Recueil d'Antiquités Suisses, Lausanne 1867 (S. 434o); Reproduktion aus Karl Heinz Brandt: Vor- und Frühgeschichte des Bremer Raumes im Gang durch die Schausammlung, Bremen 1982 (S. 25, Abb. 21) S. 340, (S. 26, Abb. 23) S. 316ol; Reproduktion aus Rudolf Feustel: Bronzezeitliche Hügelgräberkultur im Gebiet von Schwarza (Südthüringen). Veröffentlichungen des Museums für Ur- und Frühgeschichte Thüringens, Band 1, Weimar 1958 (S. 168ul); Reproduktion aus Rudolf Feustel: Ein Bronzetassen-Depot aus dem Orlagau. Ausgrabungen und Funde, Jahrgang 12, Heft 5, Tafel 45, Berlin 1967 (S. 357or); Reproduktion aus Otto Friedrich Gandert: Lausitzer Opferbecher. Jahresschrift für die Vorgeschichte der sächsisch-thüringischen Länder, Band 24, S. 184, Halle/Saale 1936 (S. 380ol); Reproduktion aus Marija Gimbutas: Bronze age cultures in Central and Eastern Europe, S. 260, Paris-London 1965 (S. 100ol); Reproduktion aus Hermann Größler: Das Fürstengrab im großen Galgenhügel am Paulsschachte bei Helmsdorf (im Mansfelder Seekreise). Jahresschrift für die Vorgeschichte der sächsisch-thüringischen Länder, Band 6, Tafel I, Halle/Saale 1907 (Foto: Landesamt für archäologische Denkmalpflege Sachsen-Anhalt, Landesmuseum für Vorgeschichte, Halle/Saale: S. 53ul); Reproduktion aus Klaus Günther: Steinzeit und ältere Bronzezeit im Westfälischen Landesmuseum für Vor- und Frühgeschichte. Aus: Bendix Trier (Herausgeber): Einführung in die Vor- und Frühgeschichte Westfalens, Heft 1, S. 62, Abb. 50, Münster 1979 (S. 188ol); Reproduktion aus Hans Hahne: Das vorgeschichtliche Europa. Kulturen, Völker und Rassen. Monographien zur Weltgeschichte, Band 30, Tafel 19, Bielefeld/Leipzig 1935 (Zeichnung: Karl Jensen, nach W. Dreyer: Nordens Oldtid, Kopenhagen: S. 215ol); Reproduktion aus Fritz Horst: Die jungbronzezeitlichen Stämme im nördlichen Teil der DDR. Aus: Werner Coblenz/Fritz Horst: Mitteleuropäische Bronzezeit. Beiträge zur Archäologie und Geschichte, S. 157, Berlin 1978 (S. 340o, 340l); Reproduktion aus Karl Hermann Jacob-Friesen: Einführung in Niedersachsens Urgeschichte, II. Teil Bronzezeit, Veröffentlichungen des Landesmuseums zu Hannover, Band 15, Hildesheim 1963 (S. 373, Abb. 370) S. 195o, (S. 297, Abb. 276) S. 197ur, (S. 253, Abb. 229) S. 210ol, (S. 355, Abb. 353) S. 313ur, (S. 339, Abb. 333) S. 317u (Reproduktionen: Sascha Kopp, Mainz); Reproduktion aus Ferdinand Keller: Pfahlbauten. Siebenter Bericht, Tafel VI, Abb. 8 (S. 432ol); Reproduktion aus Karl Keller-Tarnuzzer: Arbon: Pfahlbau Bleiche, Jahrbuch der Schweizerischen Gesellschaft für Ur- und Frühgeschichte, Band 36, S. 19–26, Basel 1945 (S. 153ur); Reproduktion aus Karl Kersten: Das Totenhaus von Grünhof-Tesperhude, Kreis Herzogtum Lauenburg. Offa, Band 1, S. 70, Neumünster 1936 (S. 302ur); Reproduktion aus Imma Kilian-Dirlmeier: Gürtelhaken, Gürtelbleche und Blechgürtel der Bronzezeit in Mitteleuropa (Ostfrankreich, Schweiz, Süddeutschland, Österreich, Tschechoslowakei, Ungarn, Nordwest-Jugoslawien). Prähistorische Bronzefunde XII, Band 2, München 1975 (Tafel 7, Abb. 65) S. 7ml, 170ur, (Tafel 38/39, Abb. 403) S. 254o, (Tafel 36/37, Abb. 397) S. 235o, (Tafel 10, Abb. 88) S. 385or; Reproduktion aus Joachim Köninger: Aspekte frühbronzezeitlicher Kulturen in Süddeutschland. Aus: Anfänge der Bronzezeit zwischen Rhone und Aare, S. 72, Abb. 26b, Biel 1995 (S. 67u); Reproduktion aus Gustaf Kossinna: Die deutsche Vorgeschichte, eine hervorragend nationale Wissenschaft, 8. Auflage, S. 65, Abb. 140, Leipzig 1941 (Reproduktion: Sascha Kopp, Mainz: S. 29or); Reproduktion aus Georg Kraft: Die Kultur der Bronzezeit in Süddeutschland, Augsburg 1926 (S. 172or); Reproduktion aus Willi Lampe: Ein jungbronzezeitlicher Hortfund von der Insel Usedom. Beiträge zur Ur- und Frühgeschichte der Bezirke Rostock, Schwerin und Neubrandenburg, Band 15, S. 45, Abb. 13b, Berlin 1982 (S. 352or); Reproduktion aus Friedrich Laux: Die Fibeln in Niedersachsen XIV, Band 1, München 1973 (Tafel 23, Abb. 128) S. 189u, (Tafel 58, Abb. 3) S. 198o, (Tafel 54, Abb. 9) S. 299o, (Tafel 22, Abb. 122) S. 300o, (Tafel 42, Abb. 224) S. 309ur; Reproduktion aus Jörg Lechler: 5000 Jahre Deutschland. Germanisches Leben in 620 Bildern (Zeichnungen: Wilhelm Petersen, Neubabelsberg), Leipzig 1936 (S. 94, Abb. 279) S. 22o, (S. 108, Abb. 334) S. 35ul, (S. 97, Abb. 283) S. 37o, (S. 91, Abb. 275) S. 58ol, (S. 48, Abb. 108) S. 46u, (S. 47, Abb. 103) S. 52o, (S. 55, Abb. 126) S. 211or, (S. 70, Abb. 163) S. 341u, (S. 59, Abb. 137) S. 360o, (S. 120, Abb. 392) S. 363or, (S. 63, Abb. 152) S. 366ul, (S. 78, Abb. 251) S. 373ur (Reproduktionen: Klaus Benz, Mainz); Reproduktion aus Ernst Probst: Deutschland in der Steinzeit, S. 408, München 1991 (Zeichnung: Fritz Wendler, Weyarn: 79o); Reproduktion aus Hans Reinerth: Das Federseemoor als Siedlungsland des Vorzeitmenschen. Führer zur Urgeschichte, Band 9, S. 145, Abb. 66, Leipzig 1936 (S. 265o); Reproduktion aus Elisabeth Ruttkay: Zur Deutung der Depotfunde vom Typus Tolnanémedi im Zusammenhang mit dem Idol von Babska. Annalen des Naturhistorischen Museums Wien, Band 85A, Tafel 2, Wien 1983 (Zeichnung: Walter Strasil-N.: S. 125ur); Reproduktion aus Peter Schauer: Goldene Kultdenkmäler der Bronzezeit. Jahresgabe für die Freunde des Römisch-Germanischen Zentralmuseums Mainz, S. 27, Abb. 17, Mainz (S. 275ur); Reproduktion aus Gunter S. Schöbel: Ein Flötenfragment aus der spätbronzezeitlichen Siedlung Hagnau-Burg, Bodenseekreis. Archäologische Nachrichten aus Baden, Heft 38/39, S. 86, Abb. 2, Freiburg/Breisgau 1987 (S. 280u); Reproduktion aus Carl Schuchhardt: Deutsche Vor- und Frühgeschichte in Bildern, Tafel 27, Abb. 129, München/Berlin 1936 (Reproduktion: Klaus Benz, Mainz: S. 108ol); Reproduktin aus Karl Schumacher: Handbücher des römisch-germanischen Central-Museums, Nr. 1. Siedelungs- und Kulturgeschichte der Rheinlande von der Urzeit bis in das Mittelalter. I. Band: Die Vorrömische Zeit, Tafel 20, Mainz 1921 (Reproduktion: Klaus Benz, Mainz: S. 31u); Reproduktion aus Heribert Stahlhofen: Eine spätbronzezeitliche Webstuhlgrube in Wallwitz, Kr. Burg. Ausgrabungen und Funde, Jahrgang 23, Heft 4, S. 179–183, Halle/Saale 1978 (S. 363ol); Reproduktion aus Jørn Street-Jensen: Christian Jürgensen Thomsen und Ludwig-Lindenschmit: Eine Gelehrtenkorrespondenz aus der Frühzeit der Altertumskunde (1853–1864), Mainz 1985 (S. 24ol); Reproduktion aus René Wyss: Siedlungswesen und Verkehrswege. Aus: Archäologie der Schweiz, Band III, Die Bronzezeit, S. 111, Abb. 8, Basel 1971 (S. 249or); Schweizerisches Landesmuseum, Zürich (Neg.-Nr. CO-1732) S. 114/115; Reproduktion aus René Wyss: Technik, Wirtschaft, Handel. Ur- und frühgeschichtliche Archäologie der Schweiz, Band III, Die Bronzezeit, S. 135, Abb. 17, Fig. 4, Basel 1971 (S. 413u); Staatliches Museum für Naturkunde und Vorgeschichte, Oldenburg (S. 318ol).

BILDQUELLENVERZEICHNIS

Karten

Rainer Veit, Mainz (nach Rüdiger Krause: Der Beginn der Metallzeiten. Aus: Dieter Planck [Herausgeber]: Archäologie in Württemberg. Ergebnisse und Perspektiven archäologischer Forschung von der Altsteinzeit bis zur Neuzeit. Festschrift zum 25jährigen Gründungsjubiläum der Gesellschaft für Vor- und Frühgeschichte in Württemberg und Hohenzollern, S. 115, Stuttgart 1988) S. 45; (nach Gesine Weber: Händler, Krieger, Bronzegießer, Bronzezeit in Nordhessen, Vor- und Frühgeschichte im Hessischen Landesmuseum in Kassel, Heft 3, S. 57) S. 85; (nach Gesine Weber: Händler, Krieger, Bronzegießer, Bronzezeit in Nordhessen, Vor- und Frühgeschichte im Hessischen Landesmuseum in Kassel, Heft 3, S. 71, sowie nach Hans-Jürgen Häßler [Herausgeber]: Ur- und Frühgeschichte in Niedersachsen, S. 157, Stuttgart 1991 [Entwurf: Alf Metzler, Otto Mathias Wilbertz], und nach Angaben von Dr. Friedrich Laux, Hamburger Museum für Archäologie/Helms-Museum, Hamburg-Harburg) S. 169; (nach Gesine Weber: Händler, Krieger, Bronzegießer, Bronzezeit in Nordhessen, Vor- und Frühgeschichte im Hessischen Landesmuseum in Kassel, Heft 3, S. 103, Kassel 1992, und nach Angaben von Dr. Friedrich Laux, Hamburger Museum für Archäologie/Helms-Museum, Hamburg-Harburg) S. 259; (nach Gesine Weber: Händler, Krieger, Bronzegießer, Bronzezeit in Nordhessen, Vor- und Frühgeschichte im Hessischen Landesmuseum in Kassel, Heft 3, S. 103, Kassel 1992, sowie nach Hans-Jürgen Häßler [Herausgeber]: Ur- und Frühgeschichte in Niedersachsen, S. 15, Stuttgart 1991 [Entwurf: Alf Metzler, Otto Mathias Wilbertz], und nach Angaben von Dr. Friedrich Laux, Hamburger Museum für Archäologie/Helms-Museum, Hamburg-Harburg) S. 308; (nach Johannes-Wolfgang Neugebauer: Bronzezeit in Ostösterreich, Wissenschaftliche Schriftenreihe Niederösterreich, S. 21, Abb. 4, Sankt Pölten/Wien 1994) S. 99u; (nach Angaben von Dr. Johannes-Wolfgang Neugebauer, Bundesdenkmalamt Wien) S. 127u, 228u, 232o, 384o; (nach Albert Hafner: Die Frühe Bronzezeit in der Westschweiz, Befunde und Funde aus Siedlungen, Gräbern und Horten der entwickelten Frühbronzezeit. Seeufersiedlungen am Bielersee, Band 5, Bern 1995) S. 142u; nach Angaben von Ernst Probst, Mainz-Kostheim (S. 442); nach Angaben von Dr. Jürg Rageth, Archäologischer Dienst Graubünden, Haldenstein, S. 242u, 414u.

Farbaufnahmen

Dr. Frank Andraschko, Universität Hamburg, Archäologisches Institut (S. 201o); Archäologisches Landesmuseum der Christian-Albrechts-Universität Kiel, Schleswig (S. 204ul, 333or, 371r); Archiv für Kunst und Geschichte, Berlin (S. 280, 248u); Bayerisches Landesamt für Denkmalpflege, Archäologische Außenstelle für Oberfranken, Memmelsdorf bei Bamberg (S. 290u); Bildarchiv Preußischer Kulturbesitz, Berlin (S. 336o, Foto: Jürgen Liepe: S. 334/335); Brandenburgisches Landesmuseum für Ur- und Frühgeschichte, Potsdam (Foto: Detlef Sommer: S. 371ul); Herbert Fasching, Sankt Pölten (S. 113u); Harald Fricke, Büro für Angewandte Archäologie, Detmold (S. 201u); Germanisches Nationalmuseum, Nürnberg (S. 333l); Historisches Museum der Pfalz, Speyer (S. 157, 370u); Margarete Jarmer, Jarmer's Fotostudio, Eggenburg (S. 245u); Landesamt für archäologische Denkmalpflege Sachsen-Anhalt, Landesmuseum für Vorgeschichte, Halle/Saale (S. 69, 359u); Landesamt für Bodendenkmalpflege Mecklenburg-Vorpommern und Archäologisches Landesmuseum, Schloß Wiligrad, Lübstorf (S. 371ol, 372); Landesdenkmalamt Baden-Württemberg, Außenstelle Tübingen, Archäologische Denkmalpflege (S. 72); Professor Dr. Walter Leitner, Institut für Ur- und Frühgeschichte, Universität Innsbruck (S. 422u); Mainfränkisches Museum, Würzburg (S. 370o); Mecklenburgisches Landeshauptarchiv, Schwerin, Gemälde von Theodor Fischer, gen. Fischer-Poisson 1854 (S. 28ul); Musée Cantonal d'Archéologie, Neuenburg (S. 424u); Museum Burghalde, Lenzburg (S. 423u); Museum für die Urgeschichte des Landes Niederösterreich, Asparn an der Zaya (S. 245o, 246l, 246r, 247o); Naturhistorisches Museum, Wien, Prähistorische Abteilung (S. 42l); Dr. Johannes-Wolfgang Neugebauer, Bundesdenkmalamt Wien (S. 113o, 247u); Niedersächsisches Landesmuseum, Hannover, Urgeschichts-Abteilung (S. 158o, 158u, 204o, 204ur, 336u); Pfahlbaumuseum Unteruhldingen, Freilichtmuseum und Forschungsinstitut (S. 290o); Prähistorische Staatssammlung, München (S. 25, 26, 27, 333ul); Rätisches Museum, Chur (S. 116o, 248o, 424o); Rheinisches Landesmuseum, Bonn (S. 160); Römisch-Germanisches Zentralmuseum, Mainz (S. 28ur); Wolfram Schmidt, Regensburg (Fotos aus Sabine Rieckhoff: Faszination Archäologie, Regensburg 1990: [S. 183] S. 70, [S. 187] S. 71; Foto: Dr. Eckehart Schubert, Römisch-Germanische Kommission des Deutschen Archäologischen Instituts, Frankfurt/Main (S. 422o); Schweizerisches Landesmuseum, Zürich (Neg.-Nr. DIA-9793) S. 116u, (Neg.-Nr. CO-3164) S. 423o; Städtische Museen, Aschaffenburg (S. 292u); Westfälisches Museum für Archäologie, Münster (S. 369); Württembergisches Landesmuseum, Stuttgart (S. 159, 289, 291, 292o).

Schwarzweißaufnahmen

Amt für Archäologie des Kantons Thurgau, Frauenfeld (S. 70l, 151ur, 154ol, 154ur, 155o); Antikvarisk-topografiska Arkivet, Stockholm (S. 446or); Dr. Walpurga Antl-Weiser, Stillfried-Grub (S. 138ul); Archäologischer Dienst des Kantons Bern (S. 147ol); Archäologischer Dienst Graubünden, Haldenstein (S. 164ol, 165ul, 166ol, 252u, 253o, 253ur, 254ul, 255ul, 256ol, Foto: Christian Zindel: S. 166or); Archäologisches Landesmuseum der Christian-Albrechts-Universität Kiel, Schleswig (S. 93ol, 93or, 94ol, 212ol, 213or, 215ur, 216or, 218ol, 326ul, 327ul, 341or, 342l, 346ul); Archäologisches Landesmuseum Mecklenburg-Vorpommern, Lübstorf (S. 90ul, 90ur, 91, 92ol, 92ur, 328or, 330o, 339, 466o, Foto: Achim Bote für: S. 326or, 327or, 350o, Foto: Sabine Suhr: S. 328ur, 349or); Archäologisches Museum der Stadt Donauwörth (S. 273or); Archeologicky ústav Akademie věd ČR, Prag (S. 444or, 446u/2.v.l.); Archiv für Kunst und Geschichte, Berlin (Foto: Erich Lessing: S. 39u, 40ur, 420l); Bayerisches Landesamt für Denkmalpflege, Archäologische Außenstelle für Oberfranken, Memmelsdorf bei Bamberg (S. 178ur, 261ol, 274l); Bayerisches Landesamt für Denkmalpflege, Archäologische Außenstelle Landshut (S. 178ol); Bayerisches Landesamt für Denkmalpflege, München (S. 57ur, 58or, 59ul, 276ol, 276ur); Bayerische Staatsbibliothek, München (S. 170ol); Michael Behns, Lüneburg (S. 298ul, 309or); Dr. Zoja Benkovsky-Pivovarová, Maria-Enzersdorf (S. 444o/2.v.l.); Klaus Benz, Mainz (S. 42ur, 227or, 381o, 409or, 439or); Bernisches Historisches Museum, Bern (S. 7ul, 146ur, 250u, 415or, 426ol, 433o); Bezirksmuseum Mödling (S. 96ur); Bildarchiv Preußischer Kulturbesitz, Berlin (S. 222ol, 351or, 376o, 377or); Brandenburgisches Landesmuseum für Ur- und Frühgeschichte, Schloß Babelsberg, Potsdam (Foto: Detlef Sommer: S. 33o, 220ur, 221or, 221ur, 222or, 347ul, 375or, 379o, Foto: Karin Sommer: S. 347ul); Braunschweigisches Landesmuseum, Braunschweig (S. 480, Foto: Dr. Franz Niquet: S. 53or); Ulrich von Brunn, Erfurt (S. 444o/2.v.r.); Rudolf W. Burkart, Chur (S. 163or); Rosemarie Coblenz, Dresden (S. 223ul); Commune de Lutry (S. 150o); Denkmalpflege des Kantons Zürich (S. 156l, 243r, 244ol); Focke-Museum, Bremer Landesmuseum für Kunst- und Kulturgeschichte, Bremen (S. 312or, 312ur, 314ol); Professor Dr. Jerzy Fogel, Adam Mickiewiecz Universität zur Poznán, Prähistorisches Institut (S. 445or); Fotohaus Karg, Kufstein (S. 107or); Frankfurter Rundschau (Foto: Harald H. Schröder, Frankfurt/Main: S. 65ol); Gäubodenmuseum Straubing (S. 61ur); Generallandesarchiv Karlsruhe (S. 448u/2.v.l.); Germanisches Nationalmuseum, Nürnberg (S. 287r); Dr. Albert Hafner, Biel (S. 444u/2.v.l.); Hamburger Museum für Archäologie/Helms-Museum, Hamburg-Harburg (S. 21ur, 194ol, 194ur, 195ur, 197ol, 299u, 300ul, 307ur, 378ol, Foto: Rüdiger Articus: S. 194ur); Theo Hinrichs, Friedeburg-Horsten (S. 210or); Historisches Museum der Pfalz, Speyer (S. 81or); Historisches Museum, Köthen, Archiv Prähistorische Sammlungen (Foto: Jan William Howard: S. 364ur, 365ol); Historisches Museum, Sankt Gallen (S. 251or, 416ol, 437or, 437ur); Höbarth-Museum, Horn (S. 238ur, 396u, 400ol, 400or); Marlies Horst, Berlin (S. 337or); Margarete Jarmer, Jarmer's Fotostudio, Eggenburg (S. 100or, 387ur); Kantonales Museum für Archäologie, Sitten (S. 149or, Foto: Photostudio Heinz Preisig, Sitten: S. 141u, 145or, 147ur, 148u); Kantonales Museum für Urgeschichte, Zug (417or, Foto: Res Eichenberger: S. 425ur); Wolfgang Knust, Oldenburg (S. 87o, 322ol); Dr. Joachim Köninger, Freiburg/Breisgau (Foto: Matthias Seitz, Rottenburg/Neckar: S. 445o/2.v.r.); Sascha Kopp, Mainz (S. 80ul, 280ol); Dr. Rüdiger Krause, Landesdenkmalamt Baden-Württemberg, Archäologische Denkmalpflege (S. 445u/2.v.l.); Kulturhistorisches Museum, Magdeburg (Foto: Jutta Rödling: S. 365ur); Landesamt für Archäologie mit Landesmuseum für Vorgeschichte, Dresden (S. 50ol, 50ml, 50ul, 54ol, 223ul, 224ol, 224ur, 225r, 226o, 374ol, 378ul); Landesamt für archäologische Denkmalpflege Sachsen-Anhalt, Landesmuseum für Vorgeschichte, Halle/Saale (S. 2, 47or, 49u, 354ol, 355, 356o, 359u, 361or, Foto: Lothar Bieler: S. 343o, 361u, 362l, Foto: Erika Hunold: S. 51or); Landesamt für Bodendenkmalpflege Mecklenburg-Vorpommern, Archäologisches Landesmuseum, Schloß Wiligrad, Lübstorf (S. 36ol, 90ul, 90ur, 92ur, 345ol, Foto: Sabine Suhr: S. 91, 92ol, 344ur, 346o); Landesamt für Denkmalpflege Rheinland-Pfalz, Abteilung Archäologische Denkmalpflege, Amt Koblenz (Foto: Fotostudio Baumann, Höhr-Grenzhausen: S. 174ur); Landesamt für Vor- und Frühgeschichte von Schleswig-Holstein, Schleswig (S. 331or); Landesbildstelle Baden, Karlsruhe (S. 167ur, 257or, 261or); Landesdenkmalamt Baden-Württemberg, Archäologische Denkmalpflege, Pfahlbauarchäologie Bodensee-Oberschwaben, Gaienhofen-Hemmenhofen (S. 73or); Landesdenkmalamt Baden-Württemberg, Archäologische Denkmalpflege, Stuttgart (S. 62ur, 76ur, 77ol, 77ur, Luftbild Otto Braasch: S. 30o); Landesdenkmalamt Baden-Württemberg, Außenstelle Tübingen, Archäologische Denkmalpflege (S. 73ur, 74ol); Landesdenkmalamt Baden-Württemberg, Außenstelle Freiburg, Archäologische Denkmalpflege (S. 63r, 64ol, 64ur); Landesmuseum Mainz (S. 80o, 81ul, 82u, 268o, 272ol, 272ur, 285ol, 286ol); Landkreis Göttingen, Denkmalpflege (S. 206ur, 324ol); Dr. Friedrich Laux, Hamburger Museum für Archäologie/Helms-Museum, Hamburg-Harburg (S. 445u/2.v.r.); Wolfram Lehmann, Erfurt (S. 353or); Professor Dr. Walter Leitner, Institut für Ur- und Frühgeschichte, Universität Innsbruck (S. 411ol, 411ur, 444ul); Ferdinand Leja, Bayerisches Landesamt für Denkmalpflege, Außenstelle Nürnberg der Abteilung für Vor- und Frühgeschichte (S. 181or, 284ur); Dr. Arne Lucke, Kreisarchäologie Lüchow (Foto: Ingo Rohrbein: S. 446ol); Moravské zemske muzeum, Brno (S. 448o/2.v.r.); Dipl.-Ing. Manfred Moser, Regensburg (S. 288ol); Musée Cantonal d'Archéologie et d'Histoire, Lausanne (Foto: Photo Fibbi-Aeppli, Grandson: S. 146ol, 148ol); Musée Cantonal d'Archéologie, Neuenburg (S. 430o); Musée d'Art et d'Histoire, Genf (Foto: B. Jacob Descombs: S. 429or); Museum der Stadt Villach (S. 412ol); Museum für Urgeschichte des Landes Niederösterreich, Asparn an der Zaya (S. 128or, 231ml, 231ur, 238ol, Foto: Dr. Ernst Lauermann, S. 104ol); Museum Quedlinburg (S. 362or); Museum Schwab, Biel (Foto: Daniel Müller: S. 250ol, 431ul, 431or); Museum Torgau (Foto: Hans Plohoff, Torgau: S. 379ur); Museum Wiesbaden (S. 43ul, 60l, 82ol, 179or, 269ur); Peter Naeve, Borgstedtfelde (S. 217or); Naturhistorisches Museum, Wien, Erste Zoologische Abteilung (Foto: Alice Schumacher, Wien: S. 32ul); Naturhistorisches Museum, Wien, Prähistorische Abteilung (S. 70r, 123u, 124ul, 125ol, 139or, 230or, 394o, 395ul, 439ul, Foto: Margarethe Hohnecker: S. 97ol, 138or, 139ur, 230ul, Foto: Alice Schumacher, Wien: S. 124ur); Dr. Johannes-Wolfgang Neugebauer, Klosterneuburg (S. 96ur, 97ur, 118ol, 121ur, 122or, 124ol, 126ol, 128ur, 134o, 136ur, 396ol, 446ul, Foto: Johann Penz: S. 128ol); Dr. Christine Neugebauer-Maresch, Klosterneuburg (S. 60r, 95or, 118ul, 119ur); Niederlausitzer Landesmuseum, Cottbus (Foto: Detlef Sommer, Potsdam: S. 377ul, 377ur, 379or); Niedersächsisches Institut für historische Küstenforschung, Wilhelmshaven (S. 315o); Niedersächsisches Landesmuseum. Hannover, Urgeschichtsabteilung (S. 80l, 84u, 89or, 190ol, 192or, 193ul, 199ur, 207ul, 303or, 304ul, 304or, 310o, 323o); Niedersächsisches Landesverwaltungsamt, Institut für Denkmalpflege, Hannover, Archäologisches Archiv (Foto: Christa Susanne Fuchs: S. 205ur, 311or, 321o, 322ur); Marta Novotna, Nitra (S. 448or); Oberösterreichisches Landesmuseum, Prähistorische Abteilung, Linz (S. 109o, 390o); Pfahlbaumuseum Unteruhldingen, Freilichtmuseum und Forschungsinstitut (S. 262ol, 262ur, 264ur, 267or, Fotos: Dominik Stroner: S. 263ol, 263ur, 264ol); Philipps-Universität Marburg, Fachbereich Altertumswissenschaften, Vorgeschichtliches Seminar (S. 444u/2.v.r., 445ol, 446o/2.v.r., 448u/2.v.r.); Photo-Simonis, Wien (S. 447ol); Prähistorisches Museum, Hallstatt (S. 383ur, 395or); Prähistorische Staatssammlung, München (S. 59or, 66or, 133ur, 173ur, 176or, 177ul, 260ur, 270ol, Foto: Manfred Eberlein: S. 283ul, Foto: Dr. Hermann Dannheimer: S. 283or, 283ur); Karl Pröglhöf, Niederösterreichische Nachrichten, Redaktion Krems (S. 103or); Dr. Jürg Rageth, Archäologischer Dienst Graubünden, Haldenstein (S. 447o/2.v.r.); Lotti Rathgeber (geb. Piesker), Hermannsburg (S. 86ol); Rätisches Museum, Chur (S. 241r, 255or, 438ol); Rheinisches Landesmuseum, Bonn (S. 185o, 186ol, 269o, 293or); Römisch-Germanisches Zentralmuseum, Mainz (S. 56ul, 219o, 347or, 447o/2.v.r., 448ol, Foto: Volker Iserhardt: S. 175o, 279o); Rosgartenmuseum, Konstanz (S. 278ur); Dr.-Ing. Dr. phil. Walter E. W. Ruckdeschel, München (S. 447or); Dr. Elisabeth Ruttkay, Naturhistorisches Museum, Wien (S. 447ul);

Sächsische Landesbibliothek, Abteilung Deutsche Fotothek, Dresden (S. 368ol); Salzburger Museum Carolino Augusteum, Salzburg (S. 234ur, 239or, 385u, 389ul, 389or, 391or, 394ul, Foto: Oskar Anrather: S. 397o, Foto: Rupert Poschacher: S. 392ur); Professor Dr. Edward Sangmeister, Freiburg/Breisgau (S. 447u/2.v.l.); Professor Dr. Wolfgang Schlüter, Kulturgeschichtliches Museum, Archäologische Abteilung, Osnabrück (S. 447u/2.v.r.); Dr. Bernhard Schmidt, Halle/Saale (S. 447ur); Wolfram Schmidt, Fotografie, Regensburg (Foto aus Sabine Rieckhoff: Faszination Archäologie, S. 195, Regensburg 1990) S. 181ul; Dipl.-Ing. Reinhard Schneider, Staatliches Museum für Naturkunde und Vorgeschichte, Oldenburg (S. 86ur, 208ul); Alice Schumacher, Wien (S. 95ul, 102o, 111or, 119or, 120or, 124ur, 131u, 135or, 136ol, 137o, 229o, 257); Dr. Detlef Schünemann, Verden/Aller (S. 314ur); Schwedenspeicher-Museum, Stade (Foto: Hinrich Blendermann: S. 305or, 306l, 312ol, 313o); Schweizerisches Landesmuseum, Zürich (Neg.-Nr. 130039) S. 8ul, 413or, (Neg.-Nr. 11122.P) S. 162, (Neg.-Nr. 126195) S. 165o, (DIA-18481) S. 241l, (DIA-18484) S. 249ur, (Neg.-Nr. 5528.P) S. 418o, (DIA-17025) S. 427, (Neg.-Nr. 4631.P) S. 428o, (Neg.-Nr. 130601) S. 429ul, (DIA-17026) S. 435or; Slovenske Narodné Múzeum, Archeologické Múzeum, Bratislava (S. 408ul, 408ur, Foto: Irena Kovačovska: S. 446ur; Staatliches Museum für Naturkunde und Vorgeschichte, Oldenburg (S. 319o); Stadtarchiv Worms (S. 78ul, 79ul, 83ol, 445o/2.v.l.); Stadtbibliothek Erfurt (S. 353ul, 358ol); Städtische Kunstsammlungen, Römisches Museum Augsburg (S. 275ol); Städtische Museen Quedlinburg (S. 362or); Städtische Sammlungen (Braith-Mali-Museum), Biberach an der Riß (S. 68ol); Städtisches Museum Göttingen, Fotoarchiv (S. 206l); Stadtmuseum im Lauinger »Heimathaus«, Lauingen/Donau (S. 75ur, 76ol); Stadtmuseum Linz (S. 105ul); Steiermärkisches Landesmuseum Joanneum, Graz (S. 387ol); Professor Dr. Christian Strahm, Albert-Ludwigs-Universität Freiburg, Institut für Ur- und Frühgeschichte, Freiburg/Breisgau (S. 445ul, 448o/2.v.l.); Thüringisches Landesamt für Archäologische Denkmalpflege, Weimar (S. 180o, 357ul); Tiroler Landesmuseum Ferdinandeum, Innsbruck (S. 108ur, 110ul, 240ul, 382u, 401or, 402l, 403ol, 403ur, 404u, 405o, 406o, 407or); Ulmer Museum (Foto: Gottfried Planck, Stuttgart: S. 271or); Universität Wien, Institut für Ur- und Frühgeschichte (S. 133o, 446o/2.v.l., Porträt von Wilhelm Kaufmann 1968: S. 448ur); Verbandsgemeinde Alsenz-Obermoschel (S. 83ur); Wayne State University, Archives of Labor and Urban Affairs, Detroit (S. 445ur); Hannsjürgen Werner, Neutraubling (S. 60ur, 61ol); Westfälisches Museum für Archäologie, Amt für Bodendenkmalpflege, Außenstelle Bielefeld (S. 186ur, 187or, 187ur, Foto: Dr. Werner Best: S. 297or); Westfälisches Museum für Archäologie, Münster (S. 184ur, 294ol, 294u, 296ol); Württembergisches Landesmuseum, Stuttgart (S. 278ol, 444ur).

Reproduktionen von Schwarzweißaufnahmen

Reproduktion aus Bruno Hollmann: Robert Beltz †. Nachrichtenblatt für Deutsche Vorzeit, 18. Jahrgang, Heft 3–4, Tafel 28, Leipzig 1942 (Reproduktion: Sascha Kopp, Mainz: S. 325or); Reproduktion aus Otto Kunkel: Hellmut Agde geboren 2. IX. 1909 in Halle a. d. S., gefallen 12. V. 1940 am Etzelberg. Nachrichtenblatt für Deutsche Vorzeit, Tafel 10, Leipzig 1940 (Reproduktion: Sascha Kopp, Mainz: S. 444ol); Reproduktion aus Gustaf Kossinna: Die deutsche Vorgeschichte, eine hervorragend nationale Wissenschaft, 8. Auflage, Leipzig 1941, (S. 52, Abb. 129) S. 29or, (S. 56, Abb. 130) S. 258ul (Reproduktionen: Klaus Benz, Mainz); Reproduktion aus: Urgeschichte – Römerzeit – Mittelalter. Materialien zur Archäologie und Landeskunde des Burgenlandes II mit kultur- und naturwissenschaftlichen Beiträgen. Festschrift Alois J. Ohrenberger, Eisenstadt 1985 (Reproduktion: Dr. Johannes-Wolfgang Neugebauer, Klosterneuburg: S. 446u/2.v.r.); Reproduktion aus: Zeitschrift für Ethnologie, Band 34, Tafel 13, Berlin 1902 (Reproduktion: Klaus Benz, Mainz: S. 448ul).

Fundstätten- und Ortsregister

Aufgeführt sind nur Fundstätten und Orte in Deutschland, Österreich, der Schweiz und Liechtenstein. Die Fundstätten und Orte im Anhang sind nicht berücksichtigt. *Kursive* Ziffern verweisen auf Abbildungen beziehungsweise Bildlegenden.

Deutschland

A

Aachen 293
Abri Bürgerthal IV (Reinhausen) 324, *324*
Achim 199
Achmer 208
Acholshausen 285, 330, *368*
Ackenbachhof (Homberg) 175
Acker Fornefett (Keltenborn) *206*
Adendorf 307
Adlerberg (Worms) 78, *79*, *80*, 81, *81*, 82, 83, *83*, 285
Agathazeller Moor (Immenstadt) 177
Agendorf 172
Ahlerstedt 199
Ahneby *93*, 216
Ahrenshöft 327
Aislingen 279
Aken 365
Albersdorf 344, 349, 351
Albstadt 176, 178
Albstadt-Pfeffingen 271
Alfstedt *311*, 313, 314
Alpsee (Immenstadt) 57
Alsenborn 270
Alsenz 83, *83*
Altdorf 281, 284, 287
Alteglofsheim 58, 59, 60, *68*
Alten-Buseck 269
Altenburg (Kreis Bernburg) 364, 365
Altenburg (Nebra/Unstrut) 354, 357
Altengottern 357
Altenmedingen-Haaßel 190
Altensittenbach 266
Alter Gleisberg/Mönchsberg (Graitschen) 354
Altessing 266
Altmühltal (Schulerloch) 61
Alt Plestin 340
Alt Steinbeck 300
Alt-Sammit 217, 326
Alt Sührkow 214
Alzey 81
Alzey-Dautenheim 267, 285
Alzey (Wartberg) 79, *80*, 280
Am Langberg (Hamburg-Lohbrügge) 337
Amelinghausen 189
Ammerbuch-Rensten (Kirchberg) 68
Ammersee 57, *57*, 58, 60, 61, *170*
Anderlingen 196, 197, 198, 199, *199*
Anzing 56
Appeln 313
Appenstetten 174
Archsum (Möllenknob) 338
Armsen 316
Armstorf 196, 197, 198
Arnsberg (Bayern) 57
Aschaffenburg-Strietwald *288*
Aschersleben 54, 364
Aschhausen-Schöntal (Zargenbuckel) 263
Asselfingen (Bärenhöhle/Hohlenstein) 270, *273*
Aub 278
Auleben 356
Aurich (Tannenhausener Moor) 84, 89

B

Baalberge (»Langer Berg«) 365
Bad Abbach-Heidfeld 174
Bad Bevensen-Gollern *299*
Bad Buchau (»Wasserburg« bzw. »Siedlung Forschner«) 67, *68*, *73*, 173, 260, 262, *262*, 263, *263*, 264, *265*, 268, 270, 274, 275, 276, *278*, 279, 285, 287, *288*
Bad Doberan 217
Bad Driburg 297
Bad Frankenhausen 54, *351*, 358
Bad Frankenhausen (Kyffhäuser) 54, 182, *357*, 358
Bad Homburg 265, 270
Bad Homburg (Bleibeskopf) 265
Bad Kösen 47
Bad Kreuznach 80
Bad Kreuznach (Martinsberg) 266, 267, 268, 280
Bad Nauheim 26, 266, 272, 273, 282
Bad Nauheim-Steinfurth 182
Bad Oldesloe 332, 344, 345
Bad Oldesloe-Poggensee 215
Bad Reichenhall 58, *59*, 275
Bad Reichenhall (Eisenbühl) 181, 284
Bad Reichenhall (Karlstein) *59*, 275, 285
Bad Reichenhall (Langackertal) 181, 284
Bad Rothenfelde 318
Bad Säckingen 263, 269, 270
Baden (Kreis Verden) 199
Badow 352
Bagemühl 92
Bahnsen 304
Baiersdorf (Mark-Forst) 282, *283*
Bäk 338, 341
Bakum 318
Balingen (Lochenstein) 68
Ballenstedt/Harz (Großer Gegenstein) 360
Ballenstedt/Harz (Kleiner Gegenstein) 359, 360
Bamberg-Gaustadt 271
Barbing 281
Barchel 312
Bärenhöhle (Erpfingen) 173
Bärenhöhle im Hollenstein (Asselfingen) 270, *271*
Barglay siehe Wildeshausen-Barglay
Barnekow *328*, 330
Barnstorfer Moor 208, *322*, *322*
Bartow 352
Basedow 338, 344
Bautzen 375
Baven 86, 87, 88, 89, *89*
Bebensee 546
Bechelsdorf 196, 212
Beckdorf 198, 199, *312*, 313
Beesenstedt 361
Behringersdorf 273, 278
Beldorf 218, *218*
Belgern-Liebersee 378
Bellenberg 267
Bellenberg (Forst Schieder) 187
Bellin 214
Belm 318
Bennewitz 49
Bensheim-Auerbach 281

Berg Oybin (Oybin) 368, 373, *378*
Bergen-Dohnsen 192, *193*
Bergheim (»Rauher Forst«) 173
Beringstedt 332, 342, 344, 350, *368*
Berlin-Buch 366, 374, 378
Berlin-Lichterfelde 265, 366, 367, *367*, 374, 380
Berlin-Rahnsdorf 379
Berlin-Rudow 379
Berlin-Spandau 221, *222*, *222*
Berlin-Spandau (Groß-Glienicker See) 380
Berlin-Spindlerfeld 375, *376*
Berlin-Tegel 377
Bermatingen 73
Bernhaupten 58
Beuron (Paulushöhle) 272
Beverungen-Herstelle 185
Beyern-Löhsten 375, 378, *379*
Biberach (»Siedlung Forschner« bzw. »Wasserburg«) siehe Bad Buchau
Biebesheim 271
Biegen 221, 226
Bingen 271, *272*, 275, 283
Birgelen 293
Birkeneck 260
Bischoffingen 65
Bischofswerda-Belmsdorf 377
Bleckmar 189, *190*, 192
Bleibeskopf (Bad Homburg) 265
Blengow *93*, 94, 218, 329
Bliedersdorf 195
Blievenstorf 332, 340, 344
Blievenstorf (»Dehms«) 349
Blödesheim siehe Hochborn
Bochin 347
Bocholt 294
Bockel 86
Bockenem-Werder 205, *205*
Bodman-Ludwigshafen 74
Bodman-Schachen 62, 66, 67, 173
Bogen (Bogenberg) 263, 265
Bogenberg (Bogen) 263, 265
Bogenberg (Straubing) 57, 173
Bokhorst 344
Bölkendorf 225
Bollersdorf (Scharmützelsee) 367
Bonn 293
Bonstorf-Hetendorf 192, *193*
Bopfingen 30
Borchen-Etteln 185, 188
Bordesholm 216, 217, 342, 344
Bordesholm-Schmalstede 212
Borgdorf 344
Borgstedtfelde *217*, 218
Borna-Eula 223
Börnecke 54
Bornhöved *326*, 344
Börnsen 349
Börstel 317
Bösel 309
Bösenburg siehe Rottelsdorf-Bösenburg
Bothenheiligen 354, *354*
Bramstedt (Türlürsberg) 199
Brandenburg/Havel 377
Braunsbedra 354, 356, *356*
Breisach 257, 268
Breisach (Münsterberg) 268
Bremen *312*, 313, 315
Bremen-Vegesack 314
Brenz 338
Bresch 222, 348
Bresegard 346

Bruchköbel 267, 282
Bruck 276
Bruckhausen 186
Brunnerschacht (Vorra) 174, 182
Bubenheim 173
Buch 286
Buchenbrücken 275
Buchholz 86
Buckow (Scharmützelsee) 374
Buckow (Werder) 374, 375
Budenheim 283
Buendorf *309*
Bühl 175, 176
Bühl (Wiershausen) 206, *206*
Buigen (Herbrechtingen) 265
Bullenheim (Bullenheimer Berg) 264, 268, 269, 276, 283, 285, 332
Bullenheimer Berg (Bullenheim) 264, 268, 269, 276, 283, 285, 332
Bunsow 218, 342
Büppel 208
Burg (Kreis Spree-Neiße) 224, 367, 373, 378, 380, 381
Burgberg (Burkheim) 263, 265, 275
Burgberg (Löbsal) 368
Burgberg (Quedlinburg) 359
Burgberg (Rottelsdorf-Bösenburg) 359
Burghöhle (Dietfurt) 68, 89, 173
Burgholzhausen 354
Burgkirchen/Alz (Margarethenberg) 57
Burgsdorf 360
Burgstemmern 321
Burk 50, 51, 53, *54*
Burkheim 269, 279
Burkheim (Burgberg) 263, 265, 275
Buschschlaghöhle (Rohrbach) 57
Bütow 352
Butzbach 174, 266
Buxtehude *196*, 197

C

Calbe/Saale 364, 365, *365*
Calenberg 304
Cammerbusch 86
Canitz 377
Caputh *332*, 351
Caputh (Lienewitzer Forst) 351
Cattenbühl 320
Celle 193
Christgarten (Weiherberg) 181, 182, 284
Cloppenburg-Ambühren 207
Collenbey (Schkopau) 358
Colmrade-Beckstedt 209, *210*
Coswig 380, *380*
Coswig-Kötitz 374
Cuxhaven (Galgenberg) 306

D

Dabel 326, 329
Daberkow 348
Daensen *196*, *196*, 197, 212
Dahlen 93
Dahmen 344
Dammwolde 349
Damsdorf 221
Darmstadt-Arheiligen (Forsthaus Bayerseich) 176, 178, 180
Darmstadt-Wixhausen siehe Wixhausen
Daudieck 199
Dautenheim 83
Daverden 312
Debstedt 514
Debstedt (Galgenberg) 305

FUNDSTÄTTEN- UND ORTSREGISTER

Deggendorf-Fischerdorf 174, 179, 180
»Dehms« (Blievenstorf) 349
Delbrück 187
Delitzsch 50, 51
Demmin 348
Depenau 351
Deschka 374
Dessau-Großkühnau 364, *364*
Deutsch Evern 298, *298*, 299, *299*, 300, 302, 304, 310
Deutsch Evern (Flur Am Wandelfeld) 302
Dexheim 81, *82*
Diebeshöhle (Uftrungen) 47, 54, 55
Diensdorf 224, *379*
Diepholz 89
Diesbar (Goldkuppe-Heinrichsburg) 368, 374, *374*
Diesbar-Seußlitz 368, 374
Diesbar-Seußlitz (Rauhe Furt) 368
Dieskau 49, *49*, 50, 51, 53
Dietersheim 181
Dietfurt 68, 89, 173, 182, 261, 274, 285, 288
Dietfurt (Burghöhle) 68, 89, 173
Dietldorf 278
Dietzenbach 266, 273, 282
Dingelstedt *51*, 52
Dinklar (Ilseforst) 205
Dithmarschen 346
Dittenheim (Gelbe Bürg) 173, 264
Dobbin 326, *338*
Döbeln-Masten 47, 48
Dobeneck 373, 374
Döblin 326
Dohlenstein (Jena) 354
Dohna 47
Döhren siehe Hannover-Döhren
Domberg (Freising) 68
Domenberg (Koblenz) 264
Donauwörth (Schäfstall) 272, *273*
Donnersberg (Pfalz) 80
Donsen/Wohlde-Roxhüllen 84, 86
Dormettingen 179
Dornsode 196, 197, 198
Dorste (Lichtensteinhöhle) *322*, 324
Dötlingen-Buschheide 317, 318
Drage 212
Drantum 318
Drehna 380
Dreieich 282
Dreifaltigkeitsberg (Spaichingen) 263
»Dreischeuwer« (Hemeln) 205
Dreitzsch 556, 557
Dresden 224
Dresden-Coschütz 368, *368*, 373, 375
Dresden-Coschütz (Heidenschanze) 368, *368*, 373, 375, 377
Dresden-Dobritz 376, 380
Dresden-Fiedlerplatz 224, *225*
Dresden-Gostritz 47, 53
Dresden-Neustadt 223
Dresden-Tolkewitz 225
Drossen (Polen) 380, *381*
Druchhorn 318
Duisburg-Rheinhausen 207

E
Eberstadt 260
Eberswalde-Finow *332*, 351
Ebing 271
Ebingen 178
Eching 261, 285
Efringen-Kirchen 65
Egg-Obere Güll 67, *67*
Eggolsheim 282
Ehrenbürg (Schlaifhausen) *178*, 261, 268
Eichede 344
Eichleben (Frankfurt/Main-Oberrad) 179
Eime (Gut Heinsen) 323

Einsiedelbuckel (Passau) 57
Eisenberg (Pöhl) 368
Eisenbühl (Bad Reichenhall) 181, 284
Eitting-Moos 61
Eitzen 193
Eldena 346
Elferdingen 303, *303*, 304
Elsaß *65*
Elstertrebnitz-Eulau 226
Elsterwerda 375
Emkendorf 337
Emkendorf-Kleinvollstedt 342, 344
Emmendorf 309, 315
Emsbüren 319
Emsbüren (Nattenberg) 317, *317*
Enzweiler 261
Erdeborn (Salziger See) 364
Erdinger Moos 61
Ergolding 177, *178*, 287
Erfurt-Flughafen 353, *353*, 356
Erfurt-Gispersleben 48
Erfurt-Melchendorf 354, 356
Erfurt-Nord 354, 357, *358*
Erfurt-Nord (Roter Berg) 357
Erfurt-Steiger 356
Erfurt-Walterleben 353, *353*
Erfurt-Walterleben (»Toter Mann«) 357
Erlangen 282
Erlangen-Stadtwald 282
Erlensee-Langendiebach 273
Erlingshofen 269, *270*
Ernzen (Langenberg) 264, 265
Erpen 317
Erpfingen (Bärenhöhle) 173
Esbeck 47, 304
Escheburg 331
Eschollbrücken 283
Essel 196, 197, 199
Essing (Schellnecker Wänd) 284
Essinger Forst (Silberloch) 57
Ettringen 270
Etzelsdorf 38, 181, 286, 287, 332
Eula 224

F
Fahrenkrug 88
Falkenberg/Elster (Forst Schweinert) 377, *377*, 378
Falkenberg/Elster 374, 376, 377, 378, *379*
Fallingbostel 84, 86, 88, *88*, 200
Farven 305
Federsee (Bad Buchau) 67, 68, 73, 173, 177, 262, 265, 274, 288
Felsenberg (Pößneck-Öpitz) 354
Felsenloch (Plech) 287, 288
Fischbach 80
Fischbeker Heide (Hamburg) 199
Flensburg (Margarethenberg) 215
Flensburg (Nonnenberg) 215
Flieth 221
Flögeln 314, 315, *315*
Flur Am Wandelfeld (Deutsch Evern) 302
Flur Scherbes (Fuldaer Land) 182
Forchheim 264, 268, 282
Forst 49
Forst Köschingen (Kasing) 182
Forst Mühlhardt (Mauern) 180
Forst Schieder (Bellenberg) 187
Forst Schweinert (Falkenberg/Elster) 377, *377*, 378
Forsthaus Bayerseich (Darmstadt-Arheiligen) 176, 178, 180
Frankfurt/Main 181, 275, 282
Frankfurt/Main-Berkersheim 260, 278
Frankfurt/Main-Grindbrunnen 270
Frankfurt/Main-Heddernheim 275, 279
Frankfurt/Main-Höchst 286
Frankfurt/Main-Oberrad (Eichlehen) 179
Frankfurt/Main-Schwanheim 173, 174, 179

Frankfurt/Oder 226, 380, 381, *381*
Frankfurt/Oder-Güldendorf 224
Frankfurt/Oder-Lossow (»Schwedenschanze«) 373, *373*, 375
Frankleben 354
Frauenberg (Weltenburg) 57
Freiburg/Breisgau (Schauinsland) 64
Freienfelde 345
Freienwill 211
Freimersheim 285
Freising (Domberg) 68
Freist-Elben 46, 53
Freiwalde 373
Freystadt-Thannhausen (Rabenhof) 172
Fridolfing 287
Friedberg-Ockstadt 286
Friedeburg-Horsten 209, 210, *210*
Friedenfelde 345
Friedrichsruhe 215, 217, 273, 326, *326*, 327, 328, 329, *330*, 338
Friedrichsruhe (Glockenberg) 327
Fritzdorf siehe Wachtberg-Fritzdorf
Fuchsstadt 273
Fuderheuberg (Mauthausen) 58
Fuldaer Land (Flur Scherbes) 182
Fürstenau 318

G
Gabow 343
Gächingen 173
Gädebehn 328, 329
Gadebusch 348, *350*
Gadeland 214
Gägelow 92
Gaimersheim 57
Galgenberg (Cuxhaven) 306
Galgenberg (Debstedt) 305
Galgenberg (Großwirschleben) 365
Gambach 286
Gammersham 58
Gammertingen 285, *288*
Ganzlin 340
Garbsen 323
Garlsdorf 377
Garlstedt 50, 315
Garzweiler 186
Gau-Algesheim 267, *268*, 273
Gau-Bickelheim *43*, 64
Gäufelden-Tailfingen 76
Gauingen-Hochberg 168
Gauting 174, 266, 284
Geesthacht-Hasenthal 349
Gehülz 264, 265, 266, 274, 288
Gehülz (Heunischenburg) 264, 265, 266, 271, 274, 288
Gelbe Bürg (Dittenheim) 173, 261, 264
Geltofing 57
Gemmingen 260
Gemmrigheim 76
Gensingen 179
Gerkenhof 314, 315
Gerlingen 76
Gernlinden 58, 60, 266, 275, 281
Geroldsee-Krumpenwinn (Höhlen Altes Haus, Lohberg) 57
Geroldshausen 260
Gielow 326, 332
Giersberg 316
Giersberg (Armsen) 316
Giershofen 180
Gießen-Trieb 180
Gilching 60
Gladbeck 294, 297
Gladbeck-Ellinghorst 294, 295
Glasow-Streithof 348, 349
Glauberg (Glauburg) 265
Glauberg (Glauburg) 265
Gleesen (Heiligenberg) 317
Gleichberge (Römhild) 265, 365
Gleina 48
Gleitsch (Saalfeld) 554

Glienicke 226
Glockenberg (Friedrichsruhe) 327
Glum 88
Glüsing 200, 219
Gödenstorf 193, 309, *310*
Göhlen 349
Gohlis 374
Göhrichsfelsen (Niederlommatzsch) 368
Goldbach 279
Goldbeck 199
Goldberg 346
Goldberg (Rottelsdorf-Bösenburg) 354, 360, 362
Goldenstedt-Rethwisch 315, 318, *319*
Goldkuppe-Heinrichsburg (Diesbar) 368, 374, *374*
Gölenkamp (Spöllberg) 200, 207
Gollern-Osterberg 298
Göllstein (Pfalz) 80
Golm (Kaminke) 338
Goloring (Koberner Wald) 285
Gönnebek 327, 330, *332*, 344
Göpfelsteinhöhle (Veringenstadt) 173
Görzke 381
Gosberg 282
Gotha (Gräfentonna) 48
Gotha (Wandersleben) 48
Göttingen 320
Göttingen (Walkemühle) 320, 321
Grabe 47
Graben 266
Grabow 218
Gräfentonna 48
Graitschen (Alter Gleisberg/Mönchsberg) 354
Gramzow 340, 352
Granzin 214, 344, *344*, 346
Grasdorf 304
Grebbin 218
Grebs 326, 330, 344
Grefrath-Oedt 185, *185*, 186
Greißing 266
Griesheim 81, 181
Gronau 321
Großbrembach 44, 46, 47, 53, 356
Große Birg (Kochel) 173, 263
Großenaspe 346, *346*
Großengstingen *156*
Großen-Linden 172
Großenlüder-Unterbinbach 171
Großer Gegenstein (Ballenstedt/Harz) 360
Großer Knetzberg 264
Großer Stiefel (Sankt Ingbert) 264
Groß-Gerau 81
Groß-Glienicker See (Berlin-Spandau) 380
Groß Gottschow 344, 349
Groß Gottschow (Voßberg) 337, 349
Groß Heins 198
Groß Upahl 337, 344
Groß-Rohrheim 263, 276
Groß-Schwechten 50
Groß-Stavern 208
Groß-Winternheim *81*
Großwirschleben 364
Großwirschleben (Galgenberg) 365
Groten Heesen (Hamburg-Boberg) 337
Grundfeld 277, 278
Grünheide-Altbuchhorst 374
Grünhof-Tesperhude 302, *302*
Grünwald 260, 266, 270, 279
Guben 49
Guben-Bresinchen *33*, 49
Gühlen-Glienicke (Weilickenberg) 338, 340, 342
Gülzow 215, 326, 331, *331*
Günstrow-Heidelberg 344
Günzburg (Reisenburg) 57
Güstrow (Heidberge) 344
Gut Heinsen (Eime) 523

H

Haag (Kreis Weißenburg-Gunzenhausen) 278
Haag/Amper 61
Haarsdorf 298
Häcklinger Moor (Melbeck) 307
Hader 276
Hadersbach 287
Hagen (Lüneburg) *309*
Hagenah (Heinbockel) 196, 198, *198*, 199
Hagenau (Regenstauf) 168, 176, 179, *181*
Hagenow-Granzin 327, 332, 337, 349
Hagnau-Burg 262, 278, 280, *280*
Hahnefeld 374
Hahnenknooper Mühle (Rodenkirchen) 311, *313*
Haimbach 286
Haimbach (Haimberg) 265
Haimberg (Haimbach) 265
Halberstadt 48
Halle/Saale 47, *47*, 49, 51, 364
Halle/Saale-Kanena 49, 364
Haltern-Flaesheim 188
Hamburg 337, *378*
Hamburg-Boberg (Groten Heesen) 337
Hamburg-Fischbek 298, *300*
Hamburg (Fischbeker Heide) 199
Hamburg-Lohbrügge (Am Langberg) 337
Hamburg-Lohbrügge (Höperfeld) 337
Hamburg-Marmstorf 193
Hamburg-Sande 84
Hamm 296
Hanau 267, 273, 275, 282
Handeloh 194, *194*
Handewitt 325
Hangen-Weisheim 270
Hannover 302, 321
Hannover-Döhren 304, 321, 323
Hannover-Engesode 323
Hannover-Ricklingen 321, 323
Hannover-Wülfel 321
Hanselberg (Wallerfangen) 275
Harkenbleck 320, *321*
Harmhausen 207
Harpstedt 209
Harrislee 211, 212, *212*, 215, 217
Harsefeld 199, *311*, 313, 315, 316
Harsefeld (Hoher Kamp) 316
Hart/Alz 267, 273, 275, 276, 282
Hasenberg (Pevestorf) 309
Haßloch 276, *368*
Hatzenhof 61
Heek 296
Heerstedt 196, 197, *197*, 198, 199
Heeßel 315
Heidberge (Güstrow) 344
Heiden 188, 296, 297
Heidenau 198
Heidenschanze (Dresden-Coschütz) 373, 375, 377
Heidenstein (Neuessing) 57
Heilbronn 282
Heilbronn-Horkheim 64, 76
Heilbronn-Neckargartach 269, *288*
Heiligenberg (Gleesen) 317
Heiligenthal-Helmsdorf (Sehringsberg) 359, *359*, 362
Heinbockel (Hagenah) 196, 198, 199
Heitbrack 299
Helgoland 86, 87
Helmsdorf siehe Heiligenthal
Helmsdorf/Augsdorf 51, *52*, 53
Hemeln (»Dreischeuwer«) 205
Hemmingen 320, *321*
Hemmoor 306
Hengstberg (Wardböhmen) 193, 194
Herbrechtingen (Buigen) 265
Herbsleben 54
Hermannsburg 86, 87
Herne-Baukau 294, 295
Herzberg 344
Herzsprung 343, *343*
Heskem 267
Hesselberg (Wassertrüdingen) 264, 267, 269, 278
Heubach (Höhle Haus) 68
Huneburg (Hundersingen) 173
Heunischenburg (Gehülz) 264, 265, *266*, 271, *274*, 288
Hienheimer Forst (Maihöhle) 57
Hildesheim 321
Hittfeld 340
Hittfeld-Karoxbostel 338
Hitzacker 301, 309
Hitzacker-Bahrendorf 307, *307*
Hochborn (Blödesheim) 286, *286*
Hochstadt/Main 272, 325
Hof zum Felde 348
Höfen 278
Hofheim/Taunus 78, 80, 81, 82, *82*
Hohenaverbergen 199
Hohenstein 180
Hohentrüdingen 284
Hoher Kamp (Harsfeld) 316
Hoher Stein (Schwabthal) 284
»Hohes Feld« (Wiepenkathen) 305, *305*, 306
Hohlach 270
Höhle Haus (Heubach) 68
Höhle Lautereck (Lautrach) 173, 174
Höhlen Altes Haus, Lohberg (Geroldsee-Krumpenwinn) 57
Hollenbeck 199
Hollingstedt 212
Holsthum 278
Holtum-Geest 197, 314
Holtumer Moor (Kirchlinteln) 311
Holzalfingen 171
Homberg (Ackenbachhof) 175
Honings 282
Höperfeld (Hamburg-Lohbrügge) 337
Hoppingen 266
Hoppingen (Rollenberg) 181, 182, 284
Horath 275
Hormersdorf (Ittlinger-Bach-Tal) 287, 288
Hornburg 52
Horneburg 199
Hornstorf 331
Hörtel (Leschede) 319
Hüfingen *261*, 278
Hülsten 185
Hülsten (Radberg) 186, 188
Hundersingen 171
Hundersingen-Weidenhang 178, 180
Hünfeld-Molzbach 170, *171*, 172, 179
Husum 326
Huttenheim *167*

I

Ichtershausen 354
Icking-Irschenhausen 182, 284
Ilseforst (Dinklar) 205
Ilvesheim 260, 279
Immenstadt (Agathazeller Moor) 177
Immenstadt (Alpsee) 57
Indling (Pockinger Heide) 271
Ingelheim *81*
Ingolstadt 57, *57*, 59, 261
Ipf *30*
Ittelsburg 58
Ittlinger-Bach-Tal (Hormersdorf) 287, 288
Itzehoe 211, 332, *368*
Itzehoe-Beringstedt *368*

J

Jasmund 92
Jemgum 319
Jena-Dohlenstein 354
Jena-Kunitz 354
Jena-Lobeda (Johannisberg) 354
Jena-Münchenroda 356
Jena-Wenigenjena (Jenzig) 354
Jena-Wöllnitz 354, 357
Jenzig (Jena-Wenigenjena) 354
Jesteburg 302
Jethausen 208
Johannisberg (Jena-Lobeda) 354
Jüchsen 170
Jühnde 323
Jülchendorf 346
Jungfernhöhle (Tiefenellern) 284

K

Kadelburg 65
Kahla-Löbschütz 354
Kaisborstel 337
Kaiserslautern 272
Kallmünz (Schloßberg) 57, 173, 263
Kalt 281
Kaminke (Golm) 338
Kampen 211, 216, 218
Karbow 344
Karlstein (Bad Reichenhall) 59, 275, 285
Karwitz 192
Kasing (Forst Köschingen) 182
Katzensteig (Mergenthau) 263
Kay-Mühlham 59
Keelbek 338
Kehmstedt *354*, 356
Kelheim (Langquaid) 56, 61, 263, 281, 285
Kelheim/Weltenburg 268
Kellinghusen 327
Keltenborn (Acker Fornefett) 206
Kemmitzenstein (Kümmersreuth) 284
Kemnitz 345
Kerßenbrock 318
Kiel 341, 344
Kinderhöhle (Ith/Kreis Minden) 54
Kirchanschöring 61
Kirchberg (Ammerbuch-Reusten) 68
Kirchbichl *176*
Kirchhatten 207, 208
Kirchlinteln (Holtumer Moor) 311
Klebs 365
Kleebergschacht (Königstein) 287
Kleinaitingen 60, 61
Klein 344
Klein-Döbbern 378, *379*
Kleiner Gegenstein (Ballenstedt/Harz) 359, 360
Klein-Gerau 81, 82
Klein Krams 337, 338, *338*
Klein Luckow 338, 344
Klein-Meinsdorf 218
Klein Retzow-Dammerow *326*
Klein Zastrow 346, *347*, 350
Klings/Rhön 171
Kluess 344
Klütberg (Landesbergen) 323
Kmehlen-Grävernitz 375
Knutbühren 206, *206*
Knutbühren (Maschholz) 206
Kobern 266, 268, 285
Koberner Wald (Goloring) 285
Koblenz (Dommelberg) 264
Kochel (Große Birg) 173, 263
Köllme 48
Kölln-Reisik 332
Königsbronn 275, *288*
Königsbrunn 56
Königstein (Kleebergschacht) 287
Konstanz-Langenrain 262
Koppenow (Polen) 345
Kösching 61
Kottenheim 270
Krakow 328
Kratzeburg 338, 340, 342, 344
Krausnick 374
Krautheim 51
Krempel 512
Kreßbronn 269, 272
Kreßbronn-Hemigkofen 272
Kretzschau-Groitzschen 354
Kronshagen 341, 344
Kronwinkl 60, 81
Krottensee (Rabenfelsen) 284, *284*
Krottorf 364
Kühlstellenhöhle (Winterlingen) 173
Kühlungsborn 345
Kümmersreuth (Kemmitzenstein) 284
Künsebeck 188
Künzing 261, 281, 282
Künzing-Umspannwerk 265
Kürnach 269
Kutenholz 196, 197, 199
Kyffhäuser (Bad Frankenhausen) 54, 174, 182, *357*, 358
Kyhna *50*, 51

L

Laatzen 303, *304*
Laatzen (Mastbruchholz) 304
Labehn 345
Lachen-Speyerdorf 268
Ladenburg 178
Lahde 188
Landau-Wollmesheim 272, 282
Landesbergen 302, 321
Landesbergen (Klütberg) 323
Landsberg/Lech 66
Landsberg/Lech (Schloßberg) 68
Landshut 81, 174, 287
Langackertal (Bad Reichenhall) 181, 284
Langen (Kreis Cuxhaven) 197, 198, 199
Langenberg (Ernzen) 264, 265
Langendamm 86
Langendorf 351
Langengeisling 270, 276
Langenpreising 56
Langenstein 47
»Langer Berg« (Baalberge) 365
Langewahl-Streitberg 224
Langquaid 56, 58, 59
Langsur 270
Lauf 260
Laufdorf 280
Laufeld 293
Lauffen 76
Lauingen/Donau 75, *75*, 76
Lautrach (Höhle Lautereck) 173, 174
Leezen 349
Lehnstedt (Lehnstedter Moor) 314, *314*
Lehnstedter Moor (Lehnstedt) 314, *314*
Lehrte 299
Lehrte-Ahlten 304
Lehsen 215
Leipzig 373
Leipzig-Thekla 377
Lemberg (Stuttgart-Weil im Dorf) 263
Lemmersdorf 92
Lenzersilge 337, 338, 340
Leschede (Hörtel) 319
Letter 321, 323
Leubingen siehe Sömmerda-Leubingen
Leuna 54
Levitzow 344, 345
Lichtenau 273
Lichtenmoor (Steimbke) 320
Lichtenstein-Holzalfingen 171
Lichtensteinhöhle (Dorste) 322, 324
Lichterfelde 220
Lienewitzer Forst (Caputh) 351
Lintig 196
Lippe 187
Löbau (Schafberg) 368
Löbsal 47
Löbsal (Burgberg) 368
Loccum siehe Rehberg-Loccum
Loch 288

Lochenstein (Balingen) 68
Lochham 88, 171
Lohnde 320
Lohne 317, 318, *318*
Löhne-Obernbeck 297
Looft 327
Löptin 327, *327*
Lorscher Wald (Kreis Bergstraße) 273, 274, 276
Lorup 156, 208
Lossow (»Schwedenschanze«) 375
Löwenstedt 326
Lübbenau 374
Lübtheen 345
Lübz 327, 328, 330, 344, 346
Lübzin *34*, 348
Luckow 344
Lüdershagen 349
Ludwigshafen-Mundenheim 80, *81*
Luitpoldpark (München-Schwabing) 58
Lüllau 302
Lüneburg 299
Lünow 220
Lupberghöhle (Trondorf) 287, 288
Lüsse 374, 381
Lüssow 300
»Lütjenberg« (Tornow) 367
Lütjenbornhold 344
Lütjenburg 300
Luttum 88

M
Magdeburg 54, *363*
Maifelsen (Neuessing) 284
Maihöhle (Hienheimer Forst) 57
Maikammer (Wetterkreuzberg) 283, 284
Mainkofen 279
Maintal-Hochstadt 286
Mainz 179, *179*, 181, 186, 257, 271, 273, 283
Mainz-Hechtsheim 285, *285*
Mainz-Kostheim 271, 272, 281
Malchin 90, 92, 93, 346
Malching 57, 61
Malk-Göhren 349
Mangolding 56, 60
Mannhagen 332, 345
Mannheim 279, 374
Mannheim-Seckenheim 278
Mansfelder Land 46, 53
Marbeck 294
Marburg 266, 273, 281, 282
Margarethenberg (Burgkirchen/Alz) 57
Margarethenberg (Flensburg) 215
Mark-Forst (Baiersdorf) 282, *283*
Marnbach *173*
Martinsberg (Bad Kreuznach) 266, 267, 268, 280
Marzahne 220, 224
Maschholz (Knutbühren) 206
Mastbruchholz (Laatzen) 304
Mauthausen (Fuderheuberg) 58
Maximiliansfelsen (Kreis Amberg-Sulzbach) 284
Mechtersen 193
Meckelstedt 196, 197, 198, 316
Medingen 224, *224*
Mehrstetten 171, 176, 178, 181
Meissen (Kreis Minden) 300
Meißen *226*
Melbeck 194
Melbeck (Häckliger Moor) 307
Meldorf 337, 346
Melz 90, 93
Melzingen 195, *195*
Memmelsdorf 278
Mendig 267, *269*
Mengen 275, 276
Mergenthau (Katzensteig) 263
Merzingen 266
Messel 82

Mestlin *326*
Metzendorf-Woxdorf 84
Meyenburg-Schabernack 220, 221, 377
Mildenitz-Hornshagen 92
Minden 318
Mintraching 59, 60, *60*, 61, *61*
Mittenwalde 229
Möllenknob (Archsum) 338
Molzen 192
Mönchsdeggingen 266
Monsheim 81
Moordorf *200*, 210
Morsum 213, 217
Motzenstein (Wattendorf) 284
Muchow 349, 352
Muckenwinkling 172
Mülheim-Kärlich *174*
München Englschalking 56, 60, 266, 267
München-Schwabing (Luitpoldpark) 58, 68
Münchingen 268
Münchsmünster 275
Münsingen 171
Münster-Gittrup 297
Münsterberg (Breisach) 268
Münzenberg 275
Märchin 341, 342
Müritz (Wendhof) 93, 94
Müssen 331
Mutterstadt 174
Mützlitz 220
Mutzschen 47

N
Nabburg 174
Nähermemmingen 76
Nasensteinhöhle (Ith, Kreis Minden) 54
Natendorf 298
Nattenberg (Emsbüren) 317, *317*
Natternberg 281
Nebel 211, 212, 216, 219, 327
Nebra/Unstrut (Altenburg) 354, 357
Neckargartach siehe Heilbronn-Neckargartach
Neckarsulm 269
Negernbötel *215*
Nehren 179
Nersingen 168, 170, 174
Nettelbeck 342
Neu Grebs 216
Neu-Ulm 267
Neubauhof 90, 92, 94
Neuburg (Stadtberg) 263
Neuendorf am Damm/Karritz 365
Neuenkirchen 205
Neuenstein-Obergeis 170
Neuessing (Heidenstein) 57
Neuessing (Maifelsen) 284
Neuessing (Schulerloch) 57
Neuhaldensleben 54
Neuhausen auf den Fildern 68
Neumünster 346
Neumünster-Falderaschule 349
Neumünster-Tungendorf 344, 349
Neusetz 270
Neustadt/Holstein 327
Neutras (Neutrasfelsen) 284
Neutrasfelsen (Neutras) 284
Neuwarendorf 297
Nidderau-Heldenbergen 273, 274
Niederkaina (Schafberg) 378
Niederlandin 226
Niederlommatzsch (Göhrichfelsen) 368
Nieder-Neundorf 367
Niedernberg 275
Nieder-Olm 178, 270, 279
Nienburg 86, 304, 321
Niendorf 198, 196, 212
Nienhagen 48
Nienstedt 53
Nierstein 78, 80, 81, 83

Nieschütz 377, 379
Nipmerow 215
Nohra (Kreis Nordhausen) 54
Nohra (Kreis Weimarer Land) 54
Nonnenberg (Flensburg) 215
Norddorf 325, 330
Nordhausen-Sundhausen 47
Nordheringen 296
Nordrheda siehe Rheda-Wiedenbrück
Nordstemmen (Osterholz) 206
Nörvenich 186
Nuttelm 327

O
Oberaudorf (Wasserfeldbühel) 181, 182, 284
Oberhaching 59
Oberkehle (Polen) 380
Obermoschel 83
Obernau 266, 270
Ober-Olm 79, 81
Oberrimsingen 65
Obertraubling 269
Ochsenfurth 273
Ochsenfurt-Acholshausen 368
Ockenhausen/Oltmannsfehn 86, 88
Ockstadt 273
Ödenwaldstetten 180
Oelixdorf 218
Oerel 314
Offenau 278
Offenbach-Hainbachkopf 178
Oggelshausen 274
Ohrte 318
Oldenburg (Oldenburg) 317, 318
Oldenburg (Ostholstein) *341*, 342
Oldendorf 189
Olderuper Moor (Kreis Husum) 352
Olfen 186, *187*
Olsberg-Gevelinghausen 297, 368
Onstmettingen 176
Opfingen 269
Oranienburg 342
Örlenbach 279
Osnabrück 317
Osnabrück-Galgenesch 318
Osterburg-Zedau 337, 338, 340, 351, 352
Osterholz (Garlstedt) 50
Osterholz (Nordstemmen) 206
Osterholz-Scharmbeck 299
Osternienburg 364, *364*, 365
Osteroden 318
Ottenbüttel 212
Ottersberg 197
Oybin (Berg Oybin) 368, 373, 378
Oyle 321
Oyten 303, 304

P
Paderborn-Neuenbeken 184
Pahlen 332
Pantelitz 92
Panten-Mannhagen 349
Passau 57, 61, 283
Passau (Einsiedelbuckel) 57
Pattensen-Schulenburg 89, *156*
Paulushöhle (Beuron) 272
Pausnitz-Walzig 224
Päwesin 220
Pegau-Zauschwitz 374
Penkhof (Wendelinsberg) 174, 175
Penzlin 338
Perdoel 214
Perleberg 337, 338
Pestrup 319
Petershagen-Hävern 184, 294, *294* 296
Petershagen-Lahde 297
Petterweil 279
Pevestorf (Hasenberg) 309
Pfaffendorf (Pfaffenstein) 368, 373

Pfaffenstein (Pfaffendorf) 368, 373
Pfalz (Donnersberg) 80
Pfalz (Göllstein) 80
Pflaumheim 179
Pfullingen 271
Pfungstadt 283
Pfützthal 365
Pirna-Copitz 374
Planitz-Deila 224, *224*
Plate-Peckatel 215, 217, 327, *329*, 330, *368*
Plau 346
Plauen 374
Plech (Felsenloch) 287
Pöcking 58
Pockinger Heide (Indling) 271
Pöhl (Eisenberg) 368, 373
Pohnsdorf 343
Poing 56, 60, 61, 275, 276, *276*, 277, 282
Pölitz 326
Polleben 359, 361
Poltnitz 214
Polzen 375
Pörndorf 174, 178
Pößneck-Öpitz (Felsenberg) 354
Pößneck-Schlettwein 354, 356, *357*
Potsdam-Eiche 368, 380, 381
Potsdam-Nedlitz 55
Potsdam-Sacrow (»Römerschanze«) 373
Preist/Kyll 269
Premnitz *340*
Pritzerber See 220
Progress 300
Prützke 221
Puddemin 218
Pulsnitz-Friedersdorf 375, *376*
Puschwitz 377
Pustohl 94
Putbus 346

Q
Quedlinburg 50, 361
Quedlinburg (Burgberg) 359
Quelkhorn 197, 198, 199
Quenstedt (Schalkenburg) 47, 359, 360, 361, 362, *362*
Querfurt 47

R
Rabenfelsen (Krottensee) 284, *284*
Rabenhof (Freystadt-Thannhausen) 172
Rachelburg (Kreis Rosenheim) 277
Radberg (Hülsten) 186, 188
Raddusch 380
Raisting 57, 58, 60, 61
Rakow 328, *328*
Ramsdorf 212, 214, 327
Rasthof *94*
Ratzeburger See 338, 341
Rauhe Furt (Elbe) 375
»Rauher Forst« (Bergheim) 173
Ravensburg (Veitsberg) 68
Rebenstorf 309
Recklinghausen-Röllinghausen 294, 295
Regensburg 56, 60, 168
Regensburg-Hochweg 58
Regenstauf (Hagenau) 168, 176, 179, *181*
Rehburg-Loccum-Winzlar 321, 323, *323*
Rehlingen 261
Rehna 93
Reidewitz 46, 53, 54
Reinhausen (Abri Bürgerthal IV) 324, *324*
Reinheim 286
Reisenzburg (Günzburg) 57
Remseck-Aldingen 62, 67, 77, *77*
Remseck-Hochberg 76
Rendsburg 213, *213*, 346
Reutlingen 73, 74, 170, 171
Rheda-Wiedenbrück 296, 297, *297*
Rhede 294, *294*, 295, 296, *296*

Rhede (Winkelhauser Heide) 294
Rheinbach 186
Rheine-Mesum 296
Rheinsheim *167*
Rhena 93
Rhinow 221
Riesa 376
Riesbürg-Pflaumloch 261
Rietzenneuendorf 221
Ringgau-Netra 179
Rodenkirchen (Hahnenknooper Mühle) 311, 313
Roga 342, 344, 345, *346*, 348
Rollenberg (Hoppingen) 181, 182, 284
Rolofshagen 213
»Römerschanze« (Potsdam-Sacrow) 373
Römhild (Gleichberge) 265
Rosenheim 58
Roseninsel (Starnberger See) 57, 263, 274
Roskow 220, 221
Rossow 340
Roter Berg (Erfurt-Nord) 357
Rötha-Geschweitz 374
Rothenstein (Stübig) 284
Rothesteinhöhle (Ith) 54
Rottau (Rottauer Filzen) 275
Rottauer Filzen (Rottau) 275
Rottelsdorf-Bösenburg 359, *361*, 362
Rottelsdorf-Bösenburg (Burgberg) 359
Rottelsdorf-Bösenburg (Goldberg) 360, 362
Rottenburg 73
Rottenburg-Kiebingen 73, *73*
Rottenburg-Lindele 74, *74*
Ruchow 216, 327
Rückersdorf 174, 266
Rullstorf 309, 310
Runder Berg (Urach) 173
Runstedt 320

S
Saalfeld 171
Saalfeld (Gleitsch) 354
Saalhausen 366, 374, 376, *377*, 379
Saarlouis 269, 270, 272, 277
Saarlouis-Roden 277
Sachsenburg 48, 175
Sachsenwald (Hamburg) *378*
Sadenbeck 220, *220*, 221, *221*, 222
Saerbeck 296
Salzenforst 226
Salziger See (Erdeborn) 364
Sandkrug 217
Sankt Ingbert (Großer Stiefel) 264
Schadeleben 564
Schafberg (Löbau) 368
Schafberg (Niederkaina) 378
Schäfstall (Donauwörth) 272, *273*
Schafwinkel *314*, 315
Schaliß *338*
Schalkenburg (Quenstedt) 47, 359, 360, 361, 362, *362*
Schalkholz 343
Scharmbeck 299
Scharmützelsee (Bollersdorf) 367, 374
Schauinsland (Freiburg/Breisgau) 64
Schellnacker Wänd (Essing) 284
Schifferstadt 38, *156*, 182, 183, *183*, 267, 279
Schifferstadt-Iggelheim 285
Schinna 321
Schiphorst 343
Schkopau 354
Schkopau (Collenbey) 358
Schkortleben 358
Schlagtow 328, *368*
Schlaifhausen (Ehrenbürg) *178*, 261, 268
Schleswig 326
Schleswig-Klappschau 326
Schlieben 373
Schloßberg (Kallmünz) 57, 173, 263

Schloßberg (Landsberg/Lech) 68
Schlüpfelberg (Sulzberg) 173
Schmalkalden-Meiningen (Jüchsen) 170
Schmalkalden-Meiningen (Schwarza) 172
Schmalstede 340
Schmiedehausen 356
Schollen-Neuschollen 349
Schöna-Kolpien 224
Schönbrunn 278
Schöneberg 345
Schöningen 44, 47, 304
Schöningstedt 218
Schönteichen-Biehla 226
Schönwerda 47
Schraden 380
Schuby 218
Schulerloch (Neuessing) 57, 61
Schülldorf 218
Schutschur 193
Schwaan 212
Schwäbisch Gmünd (Höhle Haus bei Heubach) 68
Schwabthal (Hoher Stein) 284
Schwarza 168, 172, 175, 179, *180*
Schwarzenbek 332, 349
Schwarzer Berg (Wittenwater) 190, 193
Schwarzhofen 175
Schwarzhofen-Zangenstein 175
Schwasdorf 215
»Schwedenschanze« (Frankfurt/Oder-Lossow) 373, *373*, 375
Schwedt/Oder 346, *347*
Schwerin-Gädebehn 328
Schwetzingen 287
Schwimmbach-Appenstetten 174
Schwonau 326
Seddin 337, 341, 345, 350, *351*
Seebach 50
Seehausen 54
Seelow 224
Segeberg 327
Sehlde 323
Sehlen 300
Sehlsdorf 342
Sehlstorf 345
Sehringsberg (Heiligenthal-Helmsdorf) 359, *359*, 362
Sengkofen 57, 281
Serrahn 326, 328, 330
Settenbeck 316
»Siedlung Forschner« siehe Bad Buchau
Siefersheim 279, 280, *280*
Sigmaringen 62
Silberloch (Essinger Forst) 57
Singen am Hohentwiel 62, *62*, 63, *63*, 64, *64*, 65, 77, 270, 282
Singenbach-Weilerau 177
Slate 216, 217, 327
Sögel 84, 86
Sömmerda-Leubingen 40, 46, *46*, 50, 51, 53, 54, *55*, 68
Sophienhof *92*
Sörnewitz 386
Sottorf 193
Spahn 86
Spaichingen (Dreifaltigkeitsberg) 263
Spangen (Spanger Berg) 306
Spanger Berg (Spangen) 306
Spatzenhausen 176, *176*
Spergau 321
Speyer 78, 374
Speyerdorf 279
Spöllberg (Gölenkamp) 207
Spree-Neiße 49
Springe 321
Stade 313, 314, 345
Stadelhofen (Wüstenstein) 284
Stadland 211
Stadtallendorf 278, 286
Stadtberg (Neuburg) 263
Staffelsee 170

Starnberger See (Roseninsel) 57, 263, 274
Staßfurt-Leopoldshall 364
Stätteberg (Unterhausen) 173
Staupen (Westewitz) 368
Stechow 221
Steimbke (Lichtenmoor) 320
Steinburg-Eichede 338, 344
Steinfurth 267
Steinkirchen 269, 275
Steinsburg siehe Römhild (Gleichberge)
Stelle-Ashausen 338
Sternberg 346
Stetten 170
Stettfeld *167*
Stettin 343
Stöbnig 374
Stoffersberg *177*
Stölln 343
Stolzenau 320
Stradow 224
Stralsund 351
Straßfurt-Leopoldshalle 364
Straßgräbchen 374
Straßkirchen 266, 267
Straubing 56, *56*, 57, 58, *58*, 105, 174, 278
Straubing-Alburger Hochweg 60
Straubing-Bogen (Bogenberg) 173
Straubing (Bogenberg) 57
Straubing (Kiesgrube und Ziegelei Dendl) 57, 58, 267
Straubing-Kreuzbreite 265
Straubing-Öberau 265
Straubing (Schwaigersche Kiesgrube) 174, 178
Straubing (Ziegelei Jungmeier) 57, 58, 59, 60
Straubing (Ziegelei Mayr) 278
Straubing (Ziegelei Ortler) 59, 60
Stübig (Rothenstein) 284
Stüdenitz 221
Stülow 215
Stuttgart-Bad Cannstatt 76
Stuttgart-Weil im Dorf (Lemberg) 263
Südbostel 190, *190*
Südbrookmerland 200, 210
Südergellersen 304
Süderschmedeby 218, 338
Suhl *168*
Sulingen-Vorwohlde 89, 207, 208
Sulzbürg (Schlüpfelberg) 173
Sulzheim-Alitzheim 270
Sundhausen 47, 49, 50
Süßenmühle 262

T
Tacherting *170*, 174
Taltitz 373
Tangendorf 302, 307, 310
Tannenhausener Moor (Kreis Aurich) 84, 89
Tarbeck 327
Tarmstedt 195, 306
Taucha 373
Taxölderner Forst (Kreis Schwandorf) 175
Telgte-Raestrup 184, 296, 297
Telgte-Wöste 184, 185, 200, 296
Tennsbüttel-Röst 327, 342, *342*
Teterow 347
Thale 50
Thann 266
Thonberg 271
Tiefenellern (Jungfernhöhle) 284
Timmenrode 359
Tinnum 214, 216, 525
Toppenstedt 87, 192, 307
Tornow 347, 366, 367, 374, 377, 379, 381, *381*
Tornow (»Lütjenberg«) 367

»Toter Mann« (Erfurt-Waltersleben) 357
Tremmersdorf 174
Tremsbüttel 332
Treuchtlingen 75, 76
Treuchtlingen-Wettelsheim 75, 76
Trondorf (Lupberghöhle) 287, *288*
Tübingen-Weilheim 68, 73
Tüchten (Oyten) 304
Tünsdorf 176
Türlürsberg (Bramstedt) 199
Tüschau 309
Twietfort 93, 94

U
Ückeritz 344, *345*, 352, *352*
Uelzen 328, 331
Uetz 337, 338
Uetzingen-Elferdingen 303, *303*, 304
Uftrungen (Diebeshöhle) 47, 54
Ulm-Ehrenstein (Schloßberg) 68
Undenheim 270, 281, *281*
Unterbrunnham 170, 174
Unterelchingen 267
Unterföhring 61
Unterglauheim 274, 275
Unterhaching 261, 267, 270, 278, 279
Unterhausen (Stätteberg) 173, 181, 182, 263, 284
Untermeitingen 180, 181
Unterstedt 316
Unterteutschenthal 46, 47
Unteruhldingen 262
Upflamör 181
Urach 275
Urach (Runder Berg) 173, 263
Usedom *345*, 352
Utersum 216

V
Varel 208, *208*
Veitsberg (Ravensburg) 68
Veldensteiner Forst (Felsenloch) 288
Verden 88
Veringenstadt 62
Veringenstadt (Göpfelsteinhöhle) 173
Vettweiß 294
Viernheim 273
Viesecke 337
Vietgest 346
Vorland 213
Vorra (Brunnerschacht) 174, 182
Voßberg (Groß Gottschow) 337, 349
Voxtrup-Düstrup 317, 318, 319

W
Wachtberg-Fritzdorf *156*, 161, 186
Wacken 342, 344
Wahlitz 53
Wakendorf *90*
Walberla siehe Ehrenbürg (Schlaifhausen)
Waldalgesheim *279*
Waldshut (Kadelburg) 65
Waldsieversdorf 375
Walkemühle (Göttingen) 520, 321
Walle 31, 207, *207*, 213
Wallerfangen 270, 275, 286
Wallerfangen (Hanselberg) 275
Wallersdorf 287
Wallwitz 363, *363*, 364
Walsrode-Westenholz 303, 304
Walsrode-Westenholz (Wittenberg) 304
Wandersleben 48
Wardböhmen 189, *189*, 192
Wardböhmen (Hengstberg) 193, 194
Wardenburg *87*
Waren 349
Warlin 332, 338
Warlow 332
Warrenzin 94

Wartberg (Alzey) 79, *80*, *200*
Wartin 224, 226
Wasserfeldbühel (Oberaudorf) 181, 182, 284
Watenstedt 321
Wattendorf (Motzenstein) 284
Wehdel 314
Weiherberg (Christgarten) 181, 182, 284
Weil im Schönbuch 73
Weil/Rhein 271
Weilickenberg (Gühlen-Glienicke) 338, 340, 342
Weimar-Belvedere 353, 354
Weinbach-Edelsberg 179, 180
Weinböhla 377
Weinheim/Bergstraße 269
Weinheim-Nächstenbach 277
Weinstadt-Endersbach 76
Weisweiler 293
Weißig 375
Weitgendorf 220, 222
Weltenburg (Frauenberg) 57, 173
Wendelinsberg (Penkhof) 174, 175
Wendelstorf 212, 337, 344
Wendhof 93, 94
Wendisch Evern 302
Werbig 221, 224
Werder 225, 323, 375
Wergzahna 374, 381
Werlaburgdorf 46, 47, 48, 53, *53*
Werpeloh 86
Werther 184
Wesenstedt-Harmhausen 208
Wessel 225
Westensee *93*
Westerhausen 194, 361, 362, *362*
Westerholt 208
Westeroden 318
Westerholt-Terheide 319, *332*
Westersode 306
Westerwanna 312, 314
Westewitz (Staupen) 368
Westhofen 81, 82
Wetterkreuzberg (Maikammer) 283, 284
Wieck 212
Wiepenkathen 197
Wiepenkathen (»Hohes Feld«) 305, *305*, *306*
Wiershausen (Bühl) 206, *206*
Wiesbaden *171*, *179*, 271, 281, 314
Wiesbaden-Doltheim 269
Wiesbaden-Erbenheim 285
Wiesbaden-Schierstein 269
Wiesens 208, 209, *209*, 319
Wildenroth/Amper 287
Wildeshausen-Barglay *84*, 86, 207, 317, 319
Wildschwaige *260*
Wilmersdorf *226*
Wilsickow 224
Wilsingen 170, 171, 174, 178
Winkelhauser Heide (Rhede) 294
Winklsaß 272
Winterlingen (Kühlstellenhöhle) 173
Wintersdorf 279
Wismar 346, 347, *349*
Wittbeck 219
Wittenberg (Walsrode-Westenholz) 304
Wittenborn 346
Wittenburg 217
Wittenwater (Schwarzer Berg) 190, 193
Witzhave 328
Witzhofen-Wielenbach 287
Wixhausen 170, *171*, 178
Wolfenhagen 346
Wolfsberg siehe Heunischenburg bzw. Gehülz
Wollbach 270
Wollin 220, *221*
Wollmesheim siehe Landau-Wollmesheim

Wonsheim 271
Woosten 346
Worms 78, 279
Worms (Adlerberg) 78, *78*, 79, *79*, 80, 81, *81*, 82, *83*, 285
Wozeten 326
Wulfen 364
Wünnenberg-Haaren 184, 185, 187, 188
Wünnenberg-Leiberg 186, *186*, *187*, 188
Würzburg 79
Wüstenstein (Stadelhofen) 284
Wustrow 348

X

Xanten 185

Z

Zachow *328*
Zangenstein 175
Zargenbuckel (Aschhausen-Schöntal) 263
Zibühl 352
Ziesendorf 218
Zittau 368, 373
Zittau-Oybin *378*
Zitz 338, 340, 374
Zitzbühl 352
Zuchering 57, *57*, 58, 261, 275, 277, 278, 281, 282
Zwenkau 377
Zwiefalten 181

Österreich

A

Absam 240
Absberg 392
Abtsdorf I (Attersee) 138, *138*, 140
Alberndorf 132
Albrechtsberg (Loosdorf) 391
Aldrans 401
Alland (Buchberg) 387
Alhartsberg (»Türkenschanze«) 135
Ampass (Kirchbühel) 240
Amras 405
Angath 404
Asparn an der Zaya 88
Attersee 138, *138*, 139, *139*
Au (Leithagebirge) 255

B

Bad Fischau (Hofmannshöhle) 124
Baden (Königshöhle) 96, 128
Baden (Winschloch) 135
Baierdorf 395, 396
Bärnbach (Heiliger Berg) 384, 387, 398
»Berglitzl« (Gusen) 105, 109, 110
Bernhardsthal 101, 103
Biberg (Saalfelden) 239
Bings 403
Bischofshofen 105, 106, 107, 108, *108*
Bischofshofen (Götschenberg/Einödberg) 106, 107
Bischofshofen (Haidberg) 106
Bischofshofen (Pongauer Burg/Ruine Bachsfall) 106, 234
Bischofshofen (Roter Felsen/Götschenberg) 105
Bischofshofen (Sinnhubschlößl) 108, 129
Blauer Bruch (Kaisersteinbruch) 388
Bludenz (Montikel) 411
Bludenz-Exerzierplatz 387
Böheimkirchen 127, 129, 134, 135
Böheimkirchen-Hochfeld 95, 128, 135, *135*, 136, *136*, 137, *137*
Bramburg (Oberpinzgau) 385
Brandloch (Maiersdorf) 235
Brandstattbühel (Schwarzach) 385, 390, 391

Breccienkammer (Sieding) 388
Brixen (Südtirol) 410
Brixlegg siehe Schwaz-Brixlegg
Bruck an der Leitha 124, 125
Brunnenthal 392, 393
Buch 390
Buchberg (Alland) 387
Buchberg (Großraßberg) 254
Buchberg (Wiesing) 105, 106
Bucklige Welt 389
Buhuberg (Waidendorf) 131, 132, *133*, 134
Bullendorf 102, *102*
Burgberg (Pitten) 234
Burgschleinitz 388, 392, 394
Burgstall (Purbach) 387
Burgstall (Schiltern) 386, 389
Burgstall (Schlern/Südtirol) 412
Burgstall (Völs/Südtirol) 412
Burgstallkogel (Kleinklein) 384, 387, 388

C

Čaka (Slowakei) *408*
Carnuntum 124, *125*
»Christian-Tusch-Werk, alter Grubenoffen« (Hallstatt) 393

D

Deutschkreuz 125, 129
Deutschlandsberg 253
»Die Gans« (Stillfried) 396
Donnerskirchen 390
Dorf *385*
Dorfheim (Saalfelden) 239
Draßburg 128, 129, 390
Draßburg (Taborac) 128
Dürnkrut 129

E

Edelseeäcker (Leithaprodersdorf) 391, 396
Eggenburg 103
Eichenbrunn (Haslerberg) 100
Einödberg (Götschenberg) 107
Eppan-Sankt Pauls (Südtirol) 410, 411, *411*, 412
Ernstbrunn 255
Ernstbrunn (Oberleiserberg) 132, 386

F

Feldkirch-Altenstadt 411, 412, *420*
Fellers *112*
Fels am Wagram 100, 103, 104, 396
Fels am Wagram (Flur Kogel) 104
Feuersbrunn 102, 103
Fischamend 123
Flechnerwerk (Hallstatt) 393
Flur »In Lüssen« (Großweikersdorf) 131, 132, 133, 134
Flur Kalkofen (Herzogenburg-Nord) 136, 137
Flur Kogel (Fels am Wagram) 104
Flur Oberfeld (Roggendorf) 100
Flur Quadenhügel (Theras) 236, 238
Flur Schmiedafeld (Roggendorf) 100
Flur Steinleithen (Roggendrof) 101, 102, 103, 104
Flur Stockäcker (Sommerein) 391, 394
Flur Todtenweg (Großmugl) 101
Flur Unteres Marchfeld (Waidendorf) 132
Flur Vierhappen (Zwingendorf) 103
Föllik (Großhöflein) 123, 128, 129, *129*, 130, 409
Fötzberg (Tacken) 387, 398
Franzhausen 122, 391, 392, 396
Franzhausen I 111, 112, *112*, 117, *117*, 118, 119, 120, *120*, 121
Franzhausen II *111*, 118, *118*, 119, 120, 121, *121*, 122, 136, 137
Franzhausen III 121

Frauenhügel (Mattersburg) 130
Freinberg (Linz) 387, 390, 391
Friebritz 100, 104
Froschberg (Linz) 106
»Fuchsenlochhöhle« (Illmitz) 409
Fügen 401, 407

G

Gaindorf 103, 104
Gainfarn (Merkensteiner Höhle) 128, 135
Gaishorn 389
Gallbrunn 96
Gars am Kamp 384, 385, 386, 388, 389, 392
Gattendorf 123, 124, 126
Gaubitsch 104
Gederdorf 119
Gemeinlebarn 111, 118, *236*, 386, 388, 396
Gemeinlebarn A 111, 112, 117, 118, 119, 120, 121
Gemeinlebarn B 121
Gemeinlebarn C 122
Gemeinlebarn F 111, *112*, 134, 136, 137
Gemeinlebarn I 118
Georgenberg 254
Getzersdorf 255, 396
Gmunden 139
Gobelsburg 103, *103*
Göfis (Heidenburg) 387, 398
Göfis (Hochwindenkopf) 387
Goiserberg (Morzg) 239, 398
Gollig 129
Götschenberg/Einödberg (Bischofshofen) 107
Göttlesbrunn 124
Gräberfeld Kienbichl (Kufstein) 403, 404
Grafenberg 256
Grein siehe Greiner Strudel
Greiner Strudel 398, *399*
Grillenberg-Steindorf (Steinberghöhle) 128
Grödig 253
Groß-Enzersdorf 388, 391, 394, 396
Großhöflein (Föllik) 123, 128, 129, *129*, 130, 409
Großmugl 100, 392
Großmugl (Flur Todtenweg) 101
Großraßberg (Buchberg) 254
Großweikersdorf 103, 104, 131
Großweikersdorf (Flur »In Lüssen«) 131, 132, 133, 134
Großweikersdorf (Hausberg) 131, 132, 133, 134
Grünbach am Schneeberg 386, 391
Grünbach am Schneeberg (Hausstein) 128
Grünbach am Schneeberg (Hohe Wand) 386
Grünerwerk (Hallstatt) 385, 393
Gschleirsbühel (Matrei/Brenner) 105, 106, 240, *240*, 402, 405
Guntramsdorf 129, 136, *136*
Gusen 253, 236, 391, 396, 392, 396
Gusen (»Berglitzl«) 105, 109, 110

H

Hadersdorf am Kamp 388, 390, 396, 397
Haid 105, *109*, 110
Haidach 392
Haidberg (Bischofshofen) 106
Hainburg (Pfaffenberg) 124
Hainburg-Teichtal 123, *123*, 124, *124*, 125, 126, *126*
Haindorf 258
Hall 240
Hallstatt 236, 383, 393, *395*, 439
Hallstatt (»Christian-Tusch-Werk, alter Grubenoffen«) 393
Hallstatt (Flechnerwerk) 393

Hallstatt (Grünerwerk) 385, 393
Hallstatt-Rudolfsturm 390
Hartberg (Ringkogel) 387
Haslau-Regelsbrunn 392
Haslerberg (Eichenbrunn) 100
Haugsdorf 101
Hausberg (Großweikersdorf) 131
Hausberg (Oberschoderlee) 100
Hausstein (Grünbach am Schneeberg) 128
Heidenburg (Göfis) 387, 398
»Heidenstatt« (Limberg) 132, 387
Heiligenblut 392
Heiliger Berg (Bärnbach) 384, 387, 398
Heinburg-Pfaffenberg 124
Helenatal (Siegenfeld) 389
Hellbrunnerberg (Salzburg) 106, 239
Herrnbaumgarten 101
Herzogbirbaum 104
Herzogenburg 388
Herzogenburg (Flur Kalkofen) 136, 137
Hettmannsdorf 236
Hirschwang 389
Hoarachkogel (Spielfeld) 387, 398
Hochwindenkopf (Göfis) 387
Hofmannshöhle (Bad Fischau) 124
Hohe Wand (Grünbach am Schneeberg) 386
Hohe Wand (Maiersdorf) 235
Hollabrunn 103, 104
Holzleiten 110
»Holzwiese« (Thunau am Kamp) 386, 387, 388
Horn 235, 388, 391, 395, 396, 396
Hörsching 105, 106, *109*, 110
Hörsching (Haid) 105, 110
Hörsching (Rudelsdorf) 110
Hötting siehe Innsbruck-Hötting
Hyänenhöhle (Kufstein) 109

I
Ibmermoor 398
Illmitz 394, 409, *409*
Illmitz (»Fuchsenlochhöhle«) 409
Imst 401, 403, 404, 407
Innsbruck-Amras 401, 404, 405
Innsbruck-Hötting 401, *401*, 404, 405, 406, 407
Innsbruck-Hötting-Allerheiligenhöfe 407
Innsbruck-Mühlau 401, 402, 404, 405, 406, 407, *407*, 411
Innsbruck-Wilten 401, 405, *405*, 406, *406*, 407
Inzersdorf/Traisen 392

J
Jenbach 106
Jennyberg (Mödling) 96, *96*, 97, *97*, 98
Jetzelsdorf 101, 104
Johannisfeld (Volders) 240
Johnsbach 389
Jois 96, *97*, 98, 123, 125, 126
Judendorf 391

K
Kadel 240
Kaisersteinbruch (Blauer Bruch) 388
Kammerl (Attersee) 139, *139*
Kammerwandhöhle (Reichenau an der Rax) 388, 389
Kapelln 389
Kapfing 401, 407
Kappeln 389
Karrösten 401, 402
Katilsköpfle (Nüziders) 387
Katzentauern (Saalfelden) *234*
Kelchalpe (Kitzbühel) 107, 401, 402, *403*, *404*
Kiblitz 235
Kirchbühel (Ampass) 240

Kirchenbergheide 100, 103
Kirchhügel (Stillfried) 383
Kitzbühel 107, *403*, 404, *404*
Kitzbühel (Kelchalpe) 107, 401, 402, *403*, *404*
Kitzbühel (Kupferplatte) 402
Kitzbühel-Lebenberg 404
Klagenfurt (Sattnitzmoor) 110
Kleinklein (Burgstallkogel) 384, 387, 388
Klinglberg (Sankt Veit im Pongau) 105, 108, 109
Klosterneuburg *128*
Koblach 240, 388
Koblach (Rheinbalme) 411
Koblach (Sattelbergköpfle) 387
Kollnbrunn 100
Königsberg (Roggendorf) 102
Königsberg (Tieschen) 387, 398
Königshöhle (Baden) 96, 128
Korneuburg 385, *386*
Korneuburg-Unterhautzenthal 386
Krems 119
Krinne 411
Kuchl 234
Kufstein 105, 106, *107*, 108, *108*, 109, 110, *110*, 407
Kufstein (Gräberfeld Kienbichl) *403*, 404
Kufstein (Hyänenhöhle) 109
Kufstein (Tischoferhöhle) 105, 106, *107*, 108, *108*, 110, *110*
Kulm (Weiz) 387, 398
Kumenberg (Sankt Andrä-Wördern) 135
Kundl-Lus 402
Kupferplatte (Kitzbühel) 402
Kürnberg 235
Kutatsch (Südtirol) 412

L
Ladendorf 131
Langenlois 103
Laugen (Südtirol) 410, *411*, 412, 436
Leithagebirge 123, 126, 229, 234, 235
Leithaprodersdorf 96, 97, 98, 123
Leithaprodersdorf (Edelseeäcker) 391, 396
Leobersdorf 384
Leombach 385, 389, *390*, 393
Leopoldsberg (Wien) 387, 396
Leopoldskroner Moor (Salzburg) 398
Limberg (»Heidenstatt«) 132, 387
Linz 106, 138, 235, 388, 392
Linz (Freinberg) 387, *390*, 391
Linz (Froschberg) 106
Linz-Sankt Peter 105, *105*, 107, 109, 110
Linz-Wahringer Straße 392
Löbben 231
Loosdorf (Albrechtsberg) 391
Luco siehe Laugen

M
Magnesitfeld (Saalfelden) 390, *391*, 393, *394*, 397
Maiersch 236, *238*, 396
Maiersdorf (Brandloch) 235
Maiersdorf (Hohe Wand) 235
Maisbirbaum 235, *244*
Maissau 399, *400*
Malleiten (Steinerner Stadel) 135
Mannersdorf am Leithagebirge 123, 126, 130, 229, 234, 384, 386, 388
Matrei/Brenner 401, 405, 406, 407
Matrei/Brenner (Gschleirsbühel) 105, 106, 240, *240*, 402, 405
Matrei/Brenner (Mühlbachl) 401, 405, 406, 407
Matrei/Brenner (Schwemmäcker) 401, 402
Mattersburg (Frauenhügel) 130
Mattsee 398
Mautern 388
Melaun (Südtirol) 410, *411*, 436

Melk (Spielberg) 120, 122
Meluno siehe Melaun
Merkensteiner Höhle (Gainfarn) 128, 135
Michelsberg (Stockerau) 100, 101
Michelstetten 386
Millstädter See (Seeboden) 392
Misling II (Attersee) 138
Mistelbach 228, 229, *229*
Mitterberg (Mühlbach-Bischofshofen) 107, 108, *108*, 235, 389, 391, 401, 405
Mittersil 389
Mödling *244*
Mondsee 139
Montikel (Bludenz) 411
Moor Pabing (Saalfelden) 398
Morzg 109, 233, 398
Morzg (Goiserberg) 239, 398
Mühlbach am Hochkönig 107, 108, *108*, 389, *389*, 391, 401, 405
Mühlbach-Bischofshofen siehe Mühlbach am Hochkönig bzw. Bischofshofen
Mühlbach-Bischofshofen (Mitterberg) 389
Mühlbachl (Matrei/Brenner) 401, 405, 406, 407
Munderfing 390

N
Natters (Sonnenburger Hügel) 401, 403, *403*, 411
Nausiedl am See 132
Neckenmarkt 233
Neubau 110
Neuburg-Horst 388
Neudorf *101*, 102
Neudörfl 232, 233, 236, 238, *238*
Neusiedl an der Zaya 388
Niederkreuzstätten 101
Niederrußbach 100, 102
Nöten 391
Nüziders (Katilsköpfle) 387

O
Obereching 235, 385, 391, 394, 396, 398
Oberfeld (Roggendorf) 100
Oberleiserberg (Ernstbrunn) 132, 386
Oberndorf/Ebene 111, 117, 122
Oberschoderlee 101
Oberschoderlee (Hausberg) 100
Oberwölz 385, *387*
Oberwölz (Schönberg) 387
Oggau 124, 126
Oggau-Seegasse 124, 126
Ossarn 118, 122
Ottmanach 385

P
Pabingen 398
Pamhagen 592
Parndorf 123
Paß Lueg 391, *392*
Patsch 240
Patzmannsdorf 102
Paudorf 396
Peigarten 101, 103
Pellendorf 96, 97
Pfaffenberg (Hainburg) 124
Pfaffstätten 102
Pfatten (Südtirol) 412
Piller 382, 407
Pitten 230, 231, *231*, 252, 233, 254, *234*, 235, 236, 238, 244, 382, 388, 396
Pitten (Burgberg) 234
Plörg (Völs/Südtirol) 412
Pongauer Burg/Ruine Bachsfall (Bischofshofen) 106, 234
Pottenbrunn 122
Poysbrunn *131*, 132, 133, 134
Poysdorf 131, 234

Pranhartsberg 102
Prigglitz 389, 392
Pulkau 101
Purbach (Burgstall) 387
Pürzgau *385*
Putzing (Wartberg) 102

R
Rabensburg 233
Ragelsdorf 118, *119*
Rainberg (Salzburg) 105, 234, 387, 392
Rassing 389
Ravelsbach 388, 395, 396
Raxberg 389
Regelsbrunn 228, 230, *230*, 231
Reichenau an der Rax (Kammerwandhöhle) 388, 389
Rein 389
Reinberg 392
Retz 132
Rheinbalme (Koblach) 411
Riegersburg (Tacken) 387
Riess-Lehen 389
Ringkogel (Hartberg) 387
Roggendorf 100, 102, 103, 236, 392
Roggendorf (Flur Oberfeld) 100
Roggendorf (Flur Schmiedafeld) 100
Roggendorf (Flur Steinleithen) 101, 102, 103, 104
Roggendorf (Kirchenbergheide) 100, 103
Roggendorf (Königsberg) 102
Roggendorf-Raffelsfeld 104
Röschitz 100
Rotenturm 390
Roter Felsen/Götschenberg (Bischofshofen) 105
Roterdespitze (Völs/Südtirol) 412
Rothengrub an der Schneebergbahn 385, 394, *420*
Rudelsdorf 106, 110

S
Saalfelden (Biberg) 239
Saalfelden (Dorfheim) 239
Saalfelden (Katzentauern) 234, *234*
Saalfelden (Magnesitfeld) 390, *391*, 393, *394*, 397
Saalfelden (Moor Pabing) 398
Saalfelden-Taxau 238, 239
Salzburg (Hellbrunnerberg) 106, 239
Salzburg-Itzling 106
Salzburg (Leopoldskroner Moor) 398
Salzburg-Liefering 105
Salzburg-Maxglan 106, 109, 233, 235, 238, *239*, 384, 385, *385*, 387, 391, 392, 395, 398
Salzburg (Rainberg) 105, 234, 387, 392
Salzburg (Untersberger Moor) 392, 398
Salzburg (Zehnemoor) 398
Sankt Andrä-Wördern 135, 394, 396, 397, *397*, 399
Sankt Andrä-Wördern (Kumenberg) 135
Sankt Georgen am Leithagebirge 126, 388
Sankt Georgen im Pinzgau 388
Sankt Johann im Pongau 107, 108, 385
Sankt Johann im Pongau-Hubbauer 234
Sankt Margarethen 98
Sankt Martin 407
Sankt Nikolaus 129
Sankt Peter am Hart 391
Sankt Pölten (Unterradlberg) 122
Sankt Veit an der Glan 390
Sankt Veit im Pongau (Klinglberg) 105, 108, 109, 234
Sattelbergköpfle (Koblach) 387
Sattnitzmoor (Klagenfurt) 110
Sauerbrunn 230
»Schanze« (Thunau am Kamp) 386
Scharfling (Mondsee) 138

Schernberg 236, 238
Schiltern (Burgstall) 118, 134, 386, 389
Schleinbach 99, 100, 101, 103, 104
Schlern (Völs/Südtirol) 412, *420*
Schneeberggebiet 389
Schönberg 385, *387*
Schrattenberg 238
Schrick *95*, 100, 101, 102
Schuschenwald (Siegendorf) 408, 409
Schwadorf 409
Schwarzach 234
Schwarzach (Brandstattbühel) 383, 388, 390, 391
Schwaz 277, 401, 402, 403, 404, 407
Schwaz-Brixlegg 402
Schwaz (Sankt Martin) 407
Schwechat 123
Schwemmäcker (Matrei/Brenner) 401, *402*
Seeboden (Millstädter See) 392
Seewalchen (Attersee) 139, *139*
Sieding 233, *235*, 389
Sieding (Breccienkammer) 388
Siegendorf 96, 97
Siegendorf (Schuschenwald) 408, 409
Siegenfeld (Helenatal) 389
Sieggraben 238
Sinnhubschlößl (Bischofshofen) 108, 129
Sipbachzell 385, 389, *390*, 393
Sistrans 401, 405, 406, 407, 411
Slowakei 408
Sommerein 123, 392, 394, *396*
Sommerein (Flur Stockäcker) 391, 394
Sonnenburg siehe Natters (Sonnenburger Hügel)
Sonnenburger Hügel (Natters) 401, 403
Spielberg (Melk) 120, 122
Spielfeld (Hoarachkogel) 387, 398
Spitz 119, 122
Spitz-Singerriedl 103
Staatz *101*, 102
Staatz (Neudorf) 102
Stanz 404
Station See (Mondsee) 139
Statzendorf 137
Staudach 393, *395*
Steinberghöhle (Grillenberg-Steindorf) 128
Steinerner Stadel (Malleiten) 135
Steinleithen 103
Stetten (Teiritzberg) 391
Stillfried 100, 104, 383, 384, 386, 388, 390, 392, 393, *394*, 396, 397, 398, 400
Stillfried-Auhagen 99, 100, 101, 103
Stillfried (»Die Gans«) 396
Stillfried (Kirchhügel) 383
Stillfried-Ziegelei 101, 102, 103
Stockerau 100, 101
Stockerau (Michelsberg) 100, 101
Stockern 392
Straßengel 391
Strettweg *439*
Strublehen 389
Stuhlfelden 107, 389
Südtirol *411*

T

Taborac (Draßburg) 128
Tacken (Fötzberg) 387, 398
Tacken (Riegersburg) 387
Teiritzberg (Stetten) 391
Telfs 401, 403, 405, 406, 407
Terlan (Südtirol) *411*
Thaur 401
Theras (Flur Quadenhügel) 236, 238
Thunau am Kamp 386, 387, 394, *396*
Thunau am Kamp (»Holzwiese«) 386, *387*, 388

Thunau am Kamp (»Schanze«) 386
Tieschen (Königsberg) 387, 398
Tischoferhöhle (Kufstein) 105, 106, *107*, 108, *108*, 110, *110*
Trasdorf 112, *118*, 133, 234
Traun 110, 388
Trausdorf/Wulka 96, 97
Treffelsdorf 385
Tulfes 404
Tulln 112
»Türkenschanze« (Allhartsberg) 135

U

Unterhautzenthal 100, 101, 103, 104, *104*, 386
Unternalb 132, 392, 394, 396
Unterradl 392, 394, 396
Unterradlberg (Sankt Pölten) 122
Untersberger Moor (Salzburg) 392, 398
Unterwinden 117
Unterwölbing 111, 112, 118, 119, 120, 122

V

Viehhofen 107, 389
Volders 401, 402, 403, 405, 406
Volders (Johannisfeld) 240
Völs 240, 402, 405, 406, 407
Völs/Südtirol (Burgstall) 412
Völs/Südtirol (Plörg) 412
Völs/Südtirol (Roterdespitze) 412
Völs/Südtirol (Schlern) 412
Vösendorf 388, 396

W

Wachsberg (Wollmannsdorf) 132, *134*
Waidendorf 103, 131
Waidendorf (Buhuberg) 131, 132, *133*, 134
Waidendorf (Flur Unteres Marchfeld) 132
Warmbad-Villach 412, *412*
Wartberg (Putzing) 102
Weitersfeld 235
Weiz (Kulm) 387, 398
Wels 383, 396
Wels-Haidfeld 396
Werfen 389
Westendorf 407
Wetzleinsdorf 228, 229, 230
Weyregg (Attersee) 138
Wien-Aspern 388
Wien (Leopoldsberg) 387, 396
Wiener Neustadt 391
Wieselfeld 391
Wiesing (Buchberg) 105, 106
Wilhelmsdorf 101
Winklarn 233, 236, 238
Winpassing 134
Winschloch (Baden) 135
Wöllersdorf 391
Wollmannsdorf (Wachsberg) 132, *134*
Wörgl (Tirol) 108, 401, 404
Wörgl-Kirchbichl 401
Wörschach 392
Wulkaprodersdorf 124
Würnitz 99, 103, 104

Y

Ybbs 135

Z

Zehnemoor (Salzburg) 398
Zellerndorf 103, 104, 234
Zensweg 390
Zilligtal 409
Zirl 401, 406, 407
Zseliezovce (Slowakei) *408*
Zurndorf 236
Zwingendorf 99, 103
Zwingendorf (Flur Vierhappen) 103

Schweiz

A

Aare 415
Aathal-Seegräben 419
Aegerten 429
Aesch 251
Aigle (Plan d'Essert) 149
Allschwil 250
Alp Grindel (Schattenhalb) 251
Alp Wallabütz-Matt (Mels) 429
Andelfingen-Auf Bollen 414, 434
Arbedo-Castione 161, *163*
Arbon-Bleiche 66, 151, *151*, 153, *153*, 154, *154*, 155, 161
Ardez 436, 438
Attinghausen (Engelberger Tal) 251
Au 249
Autavaux 432
Auvernier 415, 416, 420, *420*, 426, 428, 429, 430, *430*, 431, 435
Auvernier-Nord 416, 428
Auvernier-Ost 429
Ayent (Les Places) 144, 149

B

Baar 429
Baldegg 153, 154, 155, 417
Barmaz (Le Refugue) 419
Barmaz I (Collombey-Muraz) 147, 149
Basel-Elisabethenschanze 426
Basel (Hechtliacker) 243
Basel (Münsterhügel) 417
Basel-Rheingasse 417
Belp 415
Bergün *420*
Beringen 250, 420
Bern-Kirchenfeld 431
Bevaix 430
Bex 147, 429
Biel 430
Bieler See *419*
Binningen 415, 432, 433, *434*
Bischofstein (Böckten) 417
Böckten (Bischofstein) 417
Bönistein (Zeiningen) 418
Böschen 417, 426
Broc 155
Brügg 146, 429
»Bürg« (Spiez) 243, 244, *250*, 251, 419, 431
Burghügel (Gräplang) 419, 420
Burghügel (Steinsberg) 456

C

Caschligns 255
Castione 426
Cazis (Cresta) 163, 164, *165*, 252, 253
Cham-Oberwil 244
Chambovey (Massongex) 149
Chamoson (»Les Lumères«) 417
Chantarella (Sankt Moritz) 256
Chasseur siehe Sitten-Petit Chasseur
Chevroux 432
Chinechäle (Gsäßfluh) 242, 249
Chringe (Giswil) 251
Chur-Sennhof/Karlihof 436
Chur-Welschdörfli 144
Collombey-Muraz 146, 147
Collombey-Muraz (Barmaz I) 147, 149
Concise 420, 433, 435
Conthey 141, 145, 147, 428
Conthey (Erde) 149
Conthey (Sensine) 149
Cortaillod 415, 426, 429, 430, 431, *431*
Cortaillod-Ost 416
Crap Carschenna (Sils) 166, *166*
Cressier 251
Cresta (Cazis) 163, 164, *165*, 252, 253
Cresta Petschna (Surin) *241*, 255

Crestaulta (Lumbrein-Surin) 163, 164, *164*, 244, 252, 253, *255*
Crête-des-Barmes (Saint-Léonard) 147
Crête-Plane (Siders) 149
Crettaz-Polet (Sembrancher) 144, 146, 244
Cunter 252, 253, 254

D

Dailleypaß (Sembrancher) 249
Dämpfelsmatt (Kerns) 156
Davos (Flüelapaß) 430
Delsberg (Roc de Courroux) 414, 415, 419, 426
Dietikon 249
Disentis 161
Domat/Ems 436, 438
Donath 163, 164, 165, 166

E

Ebersberg (Flaach) 417
Ecublens 148
Egg (Wenslingen) 243
»Eggli« (Spiez) 251, 435
Elgg-Ettenbühl 435
Engelberger Tal (Attinghausen) 251
Enney (Mont Afflon) 149
Erde (Conthey) 149
Erlach 430
Erlach-Heidenweg 146, *147*
Erlenbach-Winkel *156*, 161
Eschenz 161, 249, 429
Estavayer-le-Lac 415, 416, 420, 426, 432, 431, 433

F

Fällanden-Hinterdorf 425
Fellers-Falera (Mutta/Muota) *112*, 163, 164, 165, 166
Flaach (Ebersberg) 417
Flüelapaß (Davos) 430
Flums 153, 154, 419, 420
Flums (Burghügel Gräplang) 419, 420
Forel 415
Freimettigen 426
Frutigen (Zismaegg) 251
Fully (Ville-de-Gru) 149

G

Gals 430, 431
Gams 155
Gelterkinden 420
Genf *428*, 429
Genf-Eaux 428
Genf-Eaux-Vives 249
Genfer See 144, *144*
Giswil (Chringe) 251
Grächen (Hannigalp) 147, 430
Grächen (Hannigpaß) 251
Grandson-Corcelettes *413*, 415, 416, 425, 426, 428, 429, 430, 431, 432, 433, 434
Gräplang 153, 154
Gräplang (Burghügel) 419, 420
Grenchen 249
Grepault (Trun) 163
Grimisuat-Chaplan 149
Grimsel-Hospiz (Guttannen) 251
Gsäßfluh (Chinechäle) 242, 249
Guévaux 428
Guttannen (Grimsel-Hospiz) 251

H

Halbinsel Horn (Uerschhausen) 425, 426, 432
Hannigalp (Grächen) 147, 430
Hannigpaß (Grächen) 251
Haumessergrund (Zürich-Wollishofen) 432
Hauterive-Champréveyres 416, *420*, 426, 428, 432, 435
Hechtliacker (Basel) 243

FUNDSTÄTTEN- UND ORTSREGISTER

Heidnischbühl (Raron) 144, 149
Hitzkirch (»Moos«) 428
Hof 244
Hombrechtikon 430, 431

I

Iddaburg (Kirchberg) 425

J

Jörgenberg 164
Jörgenberg (Waltensburg) 163, 252

K

Kaisten 431
Kasteltschuggen (Zeneggen) 244, 249
Kerns-Dämpfelsmatt 156
Kestenberg/Chestenberg (Möriken) 418, 420, *420*, 425, 426
Kirchberg (Iddaburg) 425
Kloster Glattburg (Oberbüren) 414
Klosters (Schlappinier Joch) 165
Köniz-Wabern 426, *426*

L

L'Asse 430
La George (Yvorne) 149
»La Grande Cité« (Morges/Waadt) 144, 428
Ladir 166
Lalden 144
Lausanne 148
»Le Briez« (Vuadens) 425
Le Landeron 416, 425
Le Lessus siehe Ollon-Le Lessus
Le Refuge (Barmaz) 419
Lens 415
»Les Lumères« (Chamoson) 417
Les Places (Ayent) 144, 149
Lessus (Saint-Triphon) 145, 249
Leytron 147, *148*
Lieli *250*, 250
Löhningen 161
Lugnez 163, *164*
Luissel 429
Lumbrein 244, *255*, 255
Lüscherz 144, 431
Lüscherz-Fluhstation 144
Lutry 150, *150*

M

Maladers (Tummihügel) 164, 252
Massongex (Chambovey) 149
Mauritiusquelle (Sankt Moritz) 255, 435
Meikirch 249, 250
Meilen-Schellen 153, 432
Mels 155, 251, *251*
Mels (Alp Wallabütz-Matt) 429
Mels-Heiligkreuz 415
Mont Afflon (Enney) 149
Montagna ob Schiers 438
Montlinger Berg (Oberriet) 415, *416*, 418, 426, 430, 437, *437*, 438
»Moos« (Hitzkirch) 428
Morges (»la Grande Cité«) 144, 428
Morges (»Station les Roseaux«) 144, 145
Mörigen 144, 243, *413*, 415, *415*, 416, 420, 426, 428, *428*, 429, 430, 431, 432, 433, 435
Möriken 155, *420*
Möriken (Kestenberg/Chestenberg) 418, 420, *420*, 425, 426
Mot la Cresta siehe Savognin (Padnal)
Mottata (Ramosch) 254, 436, 438
Motta-Vallac (Salouf) 112, 163, 164, 165
Münsterhügel (Basel) 417
Muri 426
Murten 243
Mutta/Muota (Fellers-Falera) 112, 163, 164, 165, 166
Muttenz-Wartenberg 151

N

Neftenbach (»Steinmöri«) 425
Neftenbach-Zürichstraße 425
Neuenburger See *420*
Neunkirch 420
Neyruz 145
Nidau 144, 420, 426, 429
Niederurnen 429

O

Oberbüren (Kloster Glattburg) 414
Oberhalbstein 252, 253, 254, 256
Oberillau 249, 250, *250*
Obermeilen 155
Oberriet (Montlinger Berg) 415, *416*, 418, 426, 430, 437, *437*, 438
Oberrisch/Aabach 153
Oberwil (Zwergliloch) 249
Ollon-Le Lessus 149, 250, 251, 426, 435
Onnens 416
Ormont-Dessus 430
Orpund 146, 433, 435
Ossingen 435

P

Padnal (Savognin) 164, 165, *165*, 252, 252, 253, 254, *254*, 255, 256
Palü Lunga/Alp Discholas (Ramosch) 256
Pfeffingen (Schalberg) 417, 435
Pfyn 243
Plan d'Essert (Aigle) 149
Pleif 417
Pleun da Buora (Ruschein) 164, 252, 253
Port 420
Poschiavo 256
Pratteln 249

R

Rafz 243, *243*, 244
Ramosch (Mottata) 254, 436, 438
Ramosch (Palü Lunga/Alp Discholas) 256
Rances 243
Rapperswil 250
Raron (Heidnischbühl) 144, 149, 435
Reckenholz (Zürich-Affoltern) 243, 249
Riddes *426*, 432
Rimspitschen (Santa Maria) 255
Risibuck (Trüllikon-Rudolfingen) 419
Roc de Courroux (Delsberg) 414, 415, 419, *419*
Rothengrub an der Schneebergbahn 420
Rümlang 155, 161
Ruschein 166
Ruschein (Pleun da Buora) 164, 252, 253

S

Saillon 147
Saillon-La Crettaz 149
Saint-Aubin 426
Saint-Léonard (Crête-des-Barmes) 147
Saint-Léonard (Sur-le-Grand-Pré) 144, 417
Saint-Luc (Hotel Bella Tola) 435
Saint-Martin-Le Jordil 148
Saint-Sulpice 431
Saint-Triphon 145, 249
Salez 155
Salouf (Motta Vallac) 163, 164, 253
Sankt Moritz (Chantarella) 256
Sankt Moritz (Mauritiusquelle) 255, 435
Sankt-Peters-Insel (Twann/Bieler See) 415, 420, 430, 433, *433*
Santa Maria (Rimspitschen) 255
Savièse 144
Savognin 252
Savognin (Padnal) 164, 165, *165*, 252, 252, 253, 254, *254*, 256
Schalberg (Pfeffingen) 417, 435

Scharans *255*
Schattenhalb (Alp Grindel) 251
Schlappinier Joch (Klosters) 165
Schuls-Kirchhügel 436, 437, 438, *438*
Scuol-Munt Baselgia siehe Schuls-Kirchhügel
Seengen-Riesi 417
Sembrancher (Crettaz-Polet) 144, 146, 244
Sembrancher (Dailleypaß) 249
Sensine (Conthey) 149
Senweid 155
Siders 147, 148, *148*, 428
Siders (Crête-Plane) 149
Siders-Gerunden 435
Siders-Muraz 432, 433, 435
Sierre siehe Siders
Sigriswil-Ringoldswil 145
Sils (Crap Carschenna) 166, *166*
Silvaplana 165
Sion siehe Sitten
Sissach (Sissacher Fluh) 244, 249, 417
Sissacher Fluh (Sissach) 244, 249, 417
Sitten 141
Sitten-Avenue Saint-François 428
Sitten-Petit Chasseur 142, 143, *143*, 144, 145, 147, 148, 149, *149*
Sitten-Rue Lausanne 434
Spiez (»Bürg«) 243, 244, *250*, 251, 419, 431
Spiez (»Eggli«) 251, 435
Spiez-Einingen (Holleeweg) 148
Stallikon (Üetliberg) 417
»Station les Roseaux« (Morges) 144, 145, *146*
Steinhausen-Sennweid 153
»Steinmöri« (Neftenbach) 425
Steinsberg (Burghügel) 436, 438
Südtirol
Suot Chastè siehe Steinsberg (Burghügel)
Sur-le-Grand-Pré (Saint-Léonard) 144, 417
Surin (Cresta Petschna) *241*, 255, 253, 255, *255*
Surin (Crestaulta) 163, 164, *164*, 253, 255
Sursee 434
Susch 436
Sutz-Lattrigen 144, 415

T

Täuffelen 144
Thayngen 243, 250
Thun 249
Thun-Renzenbühl 143, 144, 146, *146*, 149
Thun-Wiler 143
Thun-Wiler (Wilerhölzli) 147
Tomülpaß (Vals) 430
Toos-Waldi 152, 155, *155*, 156
Tourbillon 420
Trüllikon-Rudolfingen (Risibuck) 419
Trun (Grepault) 163, 252, 253
Tummihügel (Maladers) 164, 252
Twann/Bieler See (Sankt-Peters-Insel) 415, 420, 430, 431, 432, 433, *433*

U

Uerschhausen 415, 416, 420
Uerschhausen (Halbinsel Horn) 415, 416, 420, 425, 426, 432
Üetliberg (Stallikon) 417
»Uf Wigg« (Zeiningen) 244
Unterlunkhofen 153

V

Valeria 420
Valla 417
Vallamand/Les Ferrages 432
Vals (Tomülpaß) 430

Varen 249, *249*
Vella 417
Villars-le-Comte 249, 250
Ville-de-Gru (Fully) 149
Villinger *429*
Villinges (Département Haute-Savoie) *429*
Vingelz 144, 430
Vuadens 415
Vuadens (»Le Briez«) 425
Vuilly-le-Bas 429, 432
Vuilly-le-Haut 432

W

Waldi siehe Toos-Waldi
Wallishofen *420*
Waltensburg 164
Waltensburg (Jörgenberg) 163, 252
Wangen/Aare 243, 415
Wartenberg (ob Mutenz) 151
Weiningen 161, *241*, 251
Wenslingen (Egg) 243
Wiedlibach 415
Wilerhölzli (Thun-Wiler) 147
Wingreis 430
Winterthur-Wölfingen 426
Wittnau (Wittnauer Horn) 418, 431
Wollishofen siehe Zürich-Wollishofen

Y

Yvorne (La George) 149

Z

Zeiningen (Bönistein) 418
Zeiningen (»Uf Wigg«) 244
Zeneggen (Kasteltschuggen) 244, 249
Zernez 253
Zismaegg (Frutigen) 251
Zug-Galgen 153
Zug-Im Sumpf 415, 417, *417*, 420, 425, *425*, 426, 428, 431, 433
Zürich-Affoltern (Reckenholz) 243, 249
Zürich-Alpenquai 414, 417, 420, 425, 426, 428, *429*, 431, 435
Zürich-Großer Hafner 417, 420, 426, 432, 433, 434, *435*
Zürich-Haumesser *426*, 431
Zürich-Hirslanden 415
Zürich-Mozartstraße 151, 152, *152*, 154, 161, 420
Zürich-Seefeld 431
Zürich-Utoquai 420
Zürich-Wollishofen 420, 426, 429, 430
Zürich-Wollishofen (Haumessergrund) 432
Zurzach 249
Zwergliloch (Oberwil) 249

Liechtenstein

Balzers (Gutenberg) 437
Bendern 437
Borscht (Schellenberg) 154, 249
Eschen 437
Eschnerberg 437, 438
Gamprein 249
Gutenberg (Balzers) 437
Haldenstein 436
»Im Feld« (Nendeln) 437
Krüppel ob Schaan 437
Lutzengüetle 437
Malanser 243, 437
Nendeln 155
Nendeln (»Im Feld«) 437
Runder Bühel (Vaduz) 435
Schellenberg (Borscht) 154
Vaduz (Runder Bühel) 435

Personenregister

A
Abels, Björn-Uwe 264, 271
Åberg, Nils 167
Achab (israel. König) 42
Aeschlimann, Serge 144
Agamemnon (griech. Mythol.) 30
Agde, Hellmut 363, 444
Ahmose (ägypt. König) 40
Amenophis I. (ägypt. König) 40
Amenophis IV. (ägypt. König) 37, 40, *40*, 283
Amschler, J. Wolfgang 128
Amun Re siehe Amenophis IV.
Angeli, Wilhelm 96, *97*
Anittu (Hethiterfürst) 39
Arnold, Béat 416
Asmus, Wolfgang Dietrich 194, 195, 200
Assur-Dan II. (assyr. König) 42
Assur-Ubalit I. (assyr. König) 40
Assurnasipal II. (assyr. König) 42, *42*
Auler, Jost 425

B
Bachelin, Rodolphe Auguste *112*
Bahn, Bernd W. 356
Baier, Rudolf 351
Bartels, Paul 78
Barth, Fritz Eckart 393
Bauer, Irmgard 420
Behm-Blancke, Günter 182, *357*, 358
Beltz, Robert *325*, 330
Beninger, Eduard 100, *100*, 386
Benkovsky-Pivovarová, Zoja 127, 130, 231, 444
Bérenger, Daniel 188
Bernatzky-Goetze, Monika 415
Bill, Jakob 434
Bocksberger, Olivier-Jean 143
Bohm, Waldtraut 220
Bóna, István 123
Bönisch, Eberhard 375, 379
Bonstetten, Gustav von 250
Brandt, Karl Heinz 321
Breddin, Rolf *375*
Breitinger, Emil 75, 122
Brogli, Werner 244
Brunn, Wilhelm Albert von 353, 394, 444
Buchholz, Hans-Günter 195
Buchtela, Karel 44, 444
Buddha, Siddhartha Gautama 440
Burkart, Walo 163, *163*
Busch, Ralf 321

C
Chaix, Louis 144
Chlingensperg zu Berg, Max von 284
Christlein, Rainer 43
Coblenz, Werner 223

D
Dalitz, Birgit 366
Danneil, Johann Friedrich *29*
David (Bibel, AT) 41
Deitering, Albert Hermann 318
Dieck, Alfred 89, 352
Dlapa, Rudolf *133*
Dobiat, Claus 273, 282
Drenhaus, Ulrich 184
Driehaus, Jürgen 140

E
Ebert, Max 172
Echnaton siehe Amenophis IV.
Eckrich, Joseph 182
Egg, Markus 403, 407
Egger, Adrian 410, 444
Ehgartner, Wilhelm 123
Eibner, Clemens 97, 107, 383, 397, 398, 399
Elias (Bibel, AT) 42
Erbach-Schönberg, Monika zu 398
Europa (griech. Mythol.) 39

F
Favre, Sébastien 147
Felgenhauer, Fritz 386
Feustel, Rudolf 168, *168*, 171
Fischer, Calista 255
Fischer, Ulrich 49, 52
Fitzka, Karl 229
Forrer, Robert 24
Forschner, Heinrich 68
Frei, Benedikt 410, 437, *437*
Frickhinger, Ernst 182
Friesinger, Herwig 238, 386

G
Gaisberger, Joseph 398
Gallay, Alain 143, 148
Gallay, Gretel 65, *65*, 166
Gandert, Otto-Friedrich 380
Gedl, Marek 225
Geimer, Jakob 182
Gerhardt, Kurt 62
Geyh, Mebus 322
Gordon Childe, Vere 273
Graichen, Gisela 284
Grimm, Paul 54
Grimschl, Robert 209
Gross, Eduard 152
Größler, Hermann *53*
Grote, Klaus 320
Grüner, Wenzel 393
Grünewald, Ursula 79
Günther, Klaus 187
Guyan, Walter Ulrich 414

H
Hachmann, Rolf 84
Hachmann, Rudolf 43
Hafner, Albert 142, 143, 145, 444
Hahne, Hans 200
Hahnel, Bernhard 132
Hammurabi (Amoriterkönig) 39
Hampel, Jozef 393
Hampl, Franz *238*
Hatschepsut (ägypt. König) 40
Hattusili I. (Hethiterkönig) 40
Häusler, Alexander 170
Hayen, Hajo 321
Hensel, Witold 226
Herakles (Herkules; griech. Mythol.) 29
Herrmann, Bernd 296
Herrmann, Fritz-Rudolf 267
Hicke, Wilfried 123
Hilscher-Ehlert, Friederike 22
Hiram von Tyros (phön. König) 41
Höbarth, Josef 256, *238*
Hochuli, Stefan 161
Holste, Friedrich 56, 62, 168, 171, 173, 189, 251, 444
Homer (griech. Dichter) 30, 41
Horst, Fritz *337*, 338, 352
Hundt, Hans-Jürgen 48, 56, 127, 270, 273, 277

I
Iesebel (israel. Königin) 42

J
Jacob-Friesen, Gernot 273
Jacob-Friesen, Karl Hermann 200, *313*, 314
Jahn, Martin 54
Janssen, Walter 285
Jehu (israel. König) 42
Jensen, Karl 215
Joachim, Hans-Eckert 184
Jockenhövel, Albrecht 170, 177, 179
Joesting, Friedrich 55
Joram (israel. König) 42
Junghans, Siegfried 62, 444
Jürgensen Thomsen, Christian 23, *24*, 29, 346

K
Kaus, Karl 409
Kaus, Margarete 391
Keefer, Erwin 68
Keiling, Horst 349, 350
Keim, Josef 60
Keller, Erwin 261
Keller, Ferdinand 432, *432*
Keller-Tarnuzzer, Karl 151, *151*, 153, *153*
Kerndl, Alfred 380
Kersten, Karl *302*, 331
Kersten, Walter 293, 445
Kiekebusch, Albert 350, 366, 378
Kimmig, Wolfgang 258
Kneidinger, Josef 398
Knorr, Friedrich 212
Koehl, Karl 78, *78*, 79, 83, *83*, 445
Köninger, Joachim 66, 151, 445
Konfuzius 440
Konstantin (röm. Kaiser) 24
Körner, Gerhard 302
Kostrzewski, Jósef 223, 445
Kraft, Georg 142, *172*, 258, 445
Krahuletz, Johann *387*
Krause, Rüdiger 62, 63, 65, 73, 77, 445
Kritscher, Herbert 397
Kühl, Joachim 331
Kyrle, Georg 398

L
Labarna I. (Hethiterkönig) 40
Laotse 440
Lauermann, Ernst 103
Laux, Friedrich 84, 189, 190, 193, 196, 205, 207, 211, 298, 301, 303, 305, 311, 328, 331, 344, 445
Lebzelter, Viktor 228
Lechler, Jörg 22, *37*, 359, 445
Lehmann, Ernst 353, *353*, 354, 357, 358
Leja, Ferdinand 284
Lindenschmit, Ludwig der Ältere *24*, 183
Lisch, Georg Christian Friedrich 24
Lucke, Arne 196, 311, 446
Lunz, Raimo 240

M
Magetti, Marion 437
Mahavira, Vardhamana 440
Mahr, Adolf 231
Maier, Rudolf Albert 61
Mandera, Heinz-Eberhard 52, 285
Mania, Dietrich 354, 357
Maringer, Johannes 398
Marro, Christian 437
Marschallek, Karl Heinz 210
Maurer, Hermann 103
Menghin, Osmund 410
Menghin, Oswald 99, 123, 446
Mentuhotep I. (ägypt. König) 39
Merhart, Gero von 410, 446
Minos (griech. Mythol.) 39
Miske, Kálmán von 123
Montelius, Oscar 24, 43, 49, 90, 167, *167*, 257, 258, 303, 446
Moosleitner, Fritz 233, 239, 384, 387
Morlot, Karl Adolph von 144
Mortillet, Gabriel de 144
Möser, Justus 319
Moses (Bibel, AT) 41, *41*
Mottier, Yvette 435
Much, Matthäus *138*, 139, 140, 229, 230, 396
Müller, Adriaan von 366
Müller, Detlef W. 48
Müller, Sophus 172
Müller-Brauel, Hans 209
Müller-Karpe, Hermann 260
Mursilis I. (Hethiterkönig) 40
Mushard, Martin 199

N
Naue, Julius 24, 168, *170*, 172
Nebukadnezar I. (babylon. König) 41
Neugebauer, Johannes-Wolfgang 118, 121, 127, 134, 231, 446
Neugebauer-Maresch, Christine 127, *128*
Niederle, Lubor 44, 446
Nofretete (ägypt. Königin) 37, 40

O
Odoaker (germ. Heerführer) 24
Offenberger, Johann 138, 139
Ohrenberger, Alois 96, 409, 446
Omri (israel. König) 42

P
Paret, Oscar 262
Pászthory, Katharine 434
Patay, Pál 123
Patzelt, Gernot 251
Paulík, Jozef 408, 446
Perini, Renato 410
Pertlwieser, Manfred 110
Pescheck, Christian 285
Peschel, Karl 353
Petersen, Wilhelm *244*
Phiops II. (ägypt. König) 39
Piesker, Hans *86*, 87
Pirchl, Josef *108*
Pittioni, Richard 111, 127, 140, 228, 258, 383, 447
Priamos (griech. Mythol.) 39
Primas, Margarita 105, 119
Pucher, Erich 96, 106, 132, 388

R
Rageth, Jürg 163, 240, 410, 436, 447
Ramses II. (ägypt. König) 41
Ramses III. (ägypt. König) 41
Redlich, Clara 200
Reichmann, Christoph 294, 296
Reim, Hartmann 73, 74
Reinecke, Paul 24, 43, 56, 79, 105, 167, 168, 215, 227, 228, 242, 257, 259, 267, 382, 447
Reinerth, Hans 262, *265*
Renken, Gerd 210

PERSONENREGISTER

Rennebach, Günter 349
Rind, Michael M. 174
Riordáin, Seán P. 50
Ritzmann, Christoph 152
Roidtner, Joseph 398
Roller, Felix 229
Romulus Augustus (röm. Kaiser) 24
Ruckdeschel, Walter 75, 76, 447
Ruttkay, Elisabeth 96, 138, 139, 447
Rýzner, Čeněk 44

S
Salomo (Bibel, AT) 41, 42
Samuabum (Amoriterkönig) 39
Sangmeister, Edward 62, 447
Sarbach, Hans 251
Saul (Bibel, AT) 41
Sauter, Fritz 127
Schauberger, Othmar 393
Schauer, Peter 183, 273
Scheschonk I. (ägypt. König) 42
Schlaginhaufen, Otto 163, 414
Schlicht, Elisabeth 86
Schlicht, Friedrich 86
Schliemann, Heinrich 41, 351
Schlüter, Wolfgang 317, 447
Schmidt, Berthold 359, 362, 447
Schmidt, Ludwig *195*
Schneider, Reinhard 321
Schröter, Peter 56, 168
Schubert, Eckehart 119
Schuchhardt, Carl von 351, 373
Schultz, Michael 55
Schultz, Walther 363
Schumacher, Karl *31*
Schünemann, Detlef 194, 315, 316
Schütz-Tillmann, Cornelia 275
Schwantes, Gustav 172
Seewald, Otto 395
Seracsin, Alexander Ritter von 97, 98
Sesostris III. (ägypt. Pharao) *39*
Simon, Klaus 47, 223
Simons, Angela 293
Sisak siehe Scheschonk I.
Skribany, Franz *90*
Sommerfeld, Christoph 301, 348, 349
Speck, Josef 417
Speck, Michael 417, *417*
Sperber, Lothar 183, 405, 406, 407, 411
Sperker, Gertrude *103*
Splieth, Wilhelm 218
Sprockhoff, Ernst 84, 86, 185, 273, 327, 448
Stahlhofen, Heribert 363
Stauffer(-Isenring), Lotti 240, 410, 437
Stengel, Karl von 182
Stifft-Gottlieb, Angela 100
Strahm, Christian 23, 62, 66, 143, 151, 448
Stroh, Armin 284
Suppiluliuma I. (Hethiterkönig) 40
Szombathy, Josef 111

T
Tackenberg, Kurt 189
Teschler-Nicola, Maria 100, 111, 130
Thomsen, Christian Jürgensen 23, *24, 29*, 346
Thutmosis I. (ägypt. König) 40
Thutmosis II. (ägypt. König) 40
Thutmosis III. (ägypt. König) 40
Tiglatpileser I. (assyr. König) 41
Tihelka, Karel 131, 440
Tischler, Otto 258, *258*
Tocík, Anton 408, 448
Tömördy, Franz 130
Töpfer, Volker 354
Torbrügge, Walter 398
Trnka, Gerhard 48, 100, 386, 396
Tutanchamun (ägypt. König) 212

U
Ullrich, Herbert 44
Urnammu (sumer. König) 39
Urschnitz, Maria 401

V
Varus, Publius Quinctilius 319
Virchow, Rudolf 345, 366, 440
Vogt, Emil 142, 244, 432
Vonbank, Elmar 412
Vorlauf, Dirk 261

W
Wagner, Ernst 258, 383, 414, 448
Wagner, Karl Heinz 401, 448
Wahle, Ernst 196
Währen, Max 266, 294, 425
Waurick, Götz 21
Wegewitz, Willi 194, *195*
Wegner, Günter 181
Weidemann, Konrad 21
Weiss, Johannes 425
Wels-Weyrauch, Ulrike 177
Wendelberger, Gustav 96, 138, 139
Wendler, Fritz *79*
Werner, Hannsjürgen 60
Wilbertz, Otto Mathias 317, 323
Wilhelmi, Klemens 296, 319
Willvonseder, Kurt 120, 127, 140, 448
Winghart, Stefan 261, 276
Winkler, Eike-Meinrad 112, 401
Wüstemann, Harry 50
Wyss, René 156

Z
Zemmer-Planck, Liselotte 106, 240
Zeus (griech. Mythol.) 39
Zickbauer, Rudolf *134*
Zoller, Dieter 318
Zündel, Ambros 122
Zürcher, Andreas C. 163, 165
Zylmann, Detert 270, 281

Pflanzen- und Tierregister

Ausgewiesen sind Pflanzen- und Tiernamen des Haupttextes. Bezeichnungen für Gattung, Art und Unterart sind *kursiv* gehalten, ebenso Seitenzahlen, die sich auf Abbildungen beziehungsweise Bildlegenden beziehen.

A

Abies (Tanne) 164, 174, 393, 402
Abies alba (Weißtanne) 151, 154, 383, 414, 416
Acer (Ahorn) 154, 320, 393
Ackerbohne (bzw. Pferde- oder Saubohne) 31, 265, 266, 321, 338, 354, 360, 373, 374, 380, 388, 393, 420
Ackerbohnen-Käfer 338
Adler 78, 340
Aegopis verticillus (Glanzschnecke, Große) 232
Aethusa cynapium (Hundspetersilie) 420
Agrostemma githago (Kornrade) 320, 373
Ahorn 154, 320, 393
Alces alces (Elch) 35, 106, 232, 313, 340
Alnus (Erle) 78, 88, 152, 154, 174, 198, 252, 262, 320
Ampferknöterich 373
Ananchytus (Seeigel) 377
Anas platyrhynchos (Stockente) 132
Anodonta cygnea (Teichmuschel) 356
Apfelbaum 360
Apodemus flavicollis (Gelbhalsmaus) 232
Apodemus sylvaticus (Waldmaus) 232
Aquila clanga (Schelladler) 437
Aquila pomarina (Schreiadler) 437
Arve siehe Zirbelkiefer
Athene noctua (Steinkauz) 232
Atriplex hastata (Spießmelde) 373
Auerhahn 106, 437
Auerochse (bzw. Ur) 29, 132, 288, 340, 414, 437
Avena (Hafer) 254
Avena fatua (Flughafer) 420
Avena sativa (Saathafer) 309, 373

B

Bär siehe Braunbär
Beifuß 380
Betula betula (Birke) 88, 174, 252, 320
Biber 132, 154, 278, 319, 320, 321, 340, 420, 425
Biene 360
Bilsenkraut 384
Birke 88, 174, 252, 320
Birkhuhn 393, *396*
Bisamratte 420
Bos (Rind) 31, 32, 33, 35, 47, 51, 57, *57*, 66, 80, 101, 106, 117, 121, 124, 128, *129*, 130, 164, 132, 144, 149, 154, 174, 180, 182, 190, 212, 234, 249, 254, 266, 288, 319, 320, 321, 338, 360, 374, 379, 380, 388, 398, 402, 411, 412, 420, 437
Bos bonasus (Wisent) 106, 340, 437
Bos primigenius (Auerochse bzw. Ur) 29, 132, 288, 340, 414, 437
Bradybaena fruticum (Strauchschnecke) 232
Brassica oleracea (Kohl) 31, 425
Braunbär (bzw. Bär) 29, 35, 106, 110, 118, 151, 154, 266, 340, 374, 383, 388, 401, 405, 411, 425, 437
Brombeere 31, 154, 420
Bromus secalinus (Roggentrespe) 229, 320, 354, 373
Buche 66, 151, 152, 154, 173, 174, 262, 414
Buchecker 320, 321
Bufo bufo (Erdkröte) 399
Bufo viridis (Wechselkröte) 232

C

Camelina sativa (Leindotter) 31, 354
Canis (Hund) 32, 57, 64, 96, 101, 106, 110, 117, 124, 132, 154, 174, 180, 182, 207, 212, 234, 249, 254, 288, 301, 320, 321, 338, 374, 379, 388, 398, 411, 412, 420
Canis lupus (Wolf) 29, 64, 106, 110, 118, 132, 232, 326, 340, 383, 388
Cannabis sativa (Hanf) 174
Capra (Ziege) 52, 57, *57*, 66, 80, 101, 106, 117, 121, 124, 128, *129*, 130, 132, 154, 164, 174, 182, 212, 234, 249, 266, 320, 321, 338, 340, 374, 380, 388, 398, 402, 411, 412, 420, 437
Capra ibex (Steinbock) 106, 437
Capreolus capreolus (Reh) 48, 101, 132, 151, 154, 232, 235, 266, 313, 320, 321, 340, 360, 388, 414, 426
Cardium (Herzmuschel) 120
Carex (Segge) 174
Carpinus betulus (Hainbuche) 320
Castor fiber (Biber) 132, 154, 278, 319, 320, 321, 340, 420, 425
Cepaea vindobonensis (Schnirkelschnecke, Wiener) 232
Cerithium vulgatum (Turmschnecke) 81, 110, 120
Cervus elaphus (Rothirsch) 29, 48, 58, 90, 101, 106, 118, 151, 154, 235, 266, 288, 319, 320, 321, 340, 360, 374, 379, 380, 388, 401, 411, 414, 425, 426, 437
Chenopodium album (Gänsefuß, Weißer) 338, 373
Coccothraustes coccothraustes (Kernbeißer) 242
Columbella 60, 81, 118
Columbella rustica (Täubchenschnecke) 59, 81, 110, 117, 120, 147
Cornus mas (Kornelkirsche) 31
Corvus corone (Rabenkrähe) 242
Corylus avellana (Haselnuß) 31, 66, 154, 174, 320, 321, 305, 402, 420, 425
Crataegus laevigata (Weißdorn) 320
Cricetus cricetus (Hamster) 232, 235
Cygnus cygnus (Singschwan) 380

D

Dachs 340
Dama dama (Damhirsch) 106
Damhirsch 106
Daucus carota (Möhre) 31
Dentalium (Zahnschnecke) 60, 118, 119, 120, 125
Dentalium dentale (Zahnschneckenart) 120
Dentalium vulgare (Zahnschneckenart) 120
Dinkel (bzw. Spelt) 31, 57, 66, 106, 154, 174, 212, 265, 338, 360, 373, 420
Discus rotundatus (Schlüsselschnecke) 232
Döbel 321

E

Eber 180
Echinochloa crusgalli (Hühnerhirse) 388
Edelhirsch siehe Rothirsch
Eibe 393
Eiche 53, 78, 146, 173, 174, 188, 262, 274, 374, 414, 416, 430
Eichel 31, 267, 340, 347
Eichhörnchen 340
Einkorn 31, 47, 57, 66, 101, 154, 174, 229, 254, 296, 320, 354, 360, 373, 420
Elch 35, 106, 232, 313, 340
Emmer 31, 47, 57, 66, 101, 154, 174, 212, 229, 254, 265, 266, 320, 338, 354, 360, 373, 388, 420
Emys orbicularis (Sumpfschildkröte, Europäische) 132
Equus (Pferd) 31, 32, *32*, 33, 35, 48, 57, 80, 101, 106, 118, 124, 128, *129*, 130, 132, 154, 174, 212, 234, 249, 266, 319, 320, 321, 338, 340, 344, *352*, 364, *365*, 374, 376, *377*, 379, 380, 411, 412, 420
Erbse 31, 229, 254, 320, 354, 373, 388, 420
Erdbeere siehe Walderdbeere
Erdkröte 399
Erinaceus europaeus (Igel) 106, 340, 437
Erle 78, 88, 152, 154, 174, 198, 252, 262, 320
Esche 173, 174, 273, 274, 320, 416
Esox lucius (Hecht) 321, 340, 420

F

Fagus (Buche) 66, 151, 152, 154, 173, 174, 262, 414
Fagus sylvatica (Rotbuche) 320, 321, 383
Feldhase siehe Hase
Feldmaus 232
Feldsalat 374, 420
Felis silvestris (Wildkatze) 242, 340, 378, 379, *379*
Fichte 154, 164, 174, 252, 383, 393, 402
Fischotter 420
Fissurella (Schlitznapfschnecke) 75, 76
Flachs (bzw. Lein) 31, 66, 106, 207, 260, 360, 401, 415
Flohknöterich 338
Flughafer 420
Flußmuschel 58, 118, 121, 132, 285
Flußmuschel, Gemeine 132
Föhre 430
Forelle 420
Fragaria vesca (Erdbeere bzw. Walderdbeere) 66, 154, 420
Fraxinus excelsior (Esche) 173, 174, 273, 274, 320, 416
Fuchs 35, 106, 340, 380, 388, 414

G

Galeopsis tetrahit (Hanfnessel) 420
Galium aparine (Klettenlabkraut) 373
Galium mollugo (Labkraut, Gemeines) 229
Gänsefuß, Weißer 338, 373
Gelbhalsmaus 232
Gemse 106, 254, 340, 411, 437
Gerste 66, 265, 321, 296, 354, 360, 373, 388, 393, 420
Gerste, mehrzeilige 31, 47, 57, 154, 212, 320
Gerste, sechszeilige 132
Gerste, vierzeilige siehe Saatgerste
Glanzschnecke, Große 232
Grus grus (Kranich) 35, 38, 132

H

Hafer 254
Hagebutte 154
Hahnenfuß 420
Hahnenfuß, Kriechender 373
Hainbuche 320
Hamster 232, 235
Hanf 174
Hanfnessel 420
Hase (bzw. Feldhase) 106, 132, 152, 174, 288, 340, 388
Haselnuß 31, 66, 154, 174, 320, 321, 305, 402, 420, 425
Hausmaus 232
Hauspferd siehe Pferd
Hausrind siehe Rind
Hausschwein siehe Schwein
Haustier siehe Hund, Pferd, Rind, Schaf, Schwein, Ziege
Hecht 321, 340, 420
Heilbutt 35
Herzmuschel 120
Himbeere 31, 154, 320
Hirsch 35, 340, *341*
Hirse 264, 321
Holunder, Schwarzer 31, 66
Hordeum vulgare bzw. *Hordeum vulgare polystichum* bzw. *Hordeum vulgare* var. *nudum* (Gerstenarten) 31, 47, 57, 66, 132, 154, 212, 214, 265, 296, 309, 319, 320, 321, 338, 340, 354, 360, 373, 388, 393, 420
Hühnerhirse 388
Hund 32, 57, 64, 96, 101, 106, 110, 117, 124, 132, 154, 174, 180, 182, 207, 212, 234, 249, 254, 288, 301, 320, 321, 338, 374, 379, 388, 398, 411, 412, 420
Hundspetersilie 420
Hyoscyamus (Bilsenkraut) 384

I

Igel 106, 340, 437
Iltis 340
Iris (Schwertlilie) 311

J

Juniperus sabina (Sadebaum bzw. Stinkwacholder) 330

K

Karpfen 420
Kaurimuschel 430
Kernbeißer 242
Kiefer 164, 174
Klettenlabkraut 373
Kohl 31, 425
Kolbenhirse 31, 393, 420
Kormoran 154
Kornelkirsche 31
Kornrade 320, 373
Kranich 35, 38, 132
Kuh siehe Rind

L

Labkraut, Gemeines 229
Lachs 35
Lapogus mutus (Schneehuhn) 106
Lärche 252, 414
Larix (Lärche) 252, 414
Ledum (Porst) 213
Lein siehe Flachs
Leindotter 31, 354
Leinsamen 266

543

Lens culinaris (Linse) 31, 229, 265, 354, 373, 380, 388, 420
Lepus europaeus (Hase bzw. Feldhase) 106, 132, 152, 174, 288, 340, 388
Leuciscus cephalus (Döbel) 321
Liebstöckel 380
Linde 78, 174, 393
Linse 31, 229, 265, 354, 373, 380, 388, 420
Linum usitatissimum (Flachs bzw. Lein) 31, 66, 106, 207, 260, 360, 401, 415
Löwe 29
Luchs 340
Lucioperca lucioperca (Zander) 340
Lutreola lutreola (Nerz) 313
Lycopus europaeus (Uferwolfstrapp) 373
Lyurus tetrix (Birkhuhn) 395, *396*

M

Malermuschel 132, 360
Malus sylvestris (Wildapfel) 31, 66, 154, 212, 267, 320, 340, 393, 420, 425
Marder 340
Martes foina (Steinmarder) 437
Melde 380
Microtus avalis (Feldmaus) 232
Mohn (bzw. Schlafmohn) 31, 66, 154, 174, 229, 264
Möhre 31
Moosbeere 213
Möwe 340
Mus musculus (Hausmaus) 232

N

Nachtschatten, Bittersüßer 420
Nacktgerste 31, 132, 154, 212, 214, 265, 309, 319, 320, 338, 340, 373, 420
Nadelschnecke 277
Najas marina (Nixenkraut) 420
Nerz 313
Nixenkraut 420
Nüßlisalat 420

O

Ovis (Schaf) 32, 37, 57, 66, 80, 84, 106, 117, 121, 124, 128, 132, 144, 149, 154, 164, 174, 182, 185, 189, 190, 196, 212, 254, 249, 254, 266, 288, 319, 320, 321, 338, 340, 364, 374, 379, 380, 388, 398, 402, 411, 412, 420, 437

P

Panicum miliaceum (Rispenhirse) 31, 265, 266, 320, 354, 360, 373, 388, 420
Panthera leo (Löwe) 29
Papaver somniferum (Mohn bzw. Schlafmohn) 31, 66, 154, 174, 229, *264*
Pappel 66, 146, 414, 426, 430
Pferd 31, 32, *32*, 33, 35, 48, 57, 80, 101, 106, 118, 124, 128, *129*, 130, 132, 154, 174, 212, 234, 249, 266, 319, 320, 321, 338, 340, 344, *352*, 364, 374, 376, *377*, 379, 380, 411, 414, 420
Pferdebohne siehe Ackerbohne
Phalacrocorax carbo (Kormoran) 154
Picea abies (Fichte) 154, 164, 174, 252, 383, 393, 402
Pinus (Kiefer) 164, 174
Pinus cembra (Zirbelkiefer bzw. Arve) 383
Pisum sativum (Erbse) 31, 229, 254, 320, 354, 373, 388, 420

Polygonum aviculare (Vogelknöterich) 338, 373
Polygonum convolvulus (Windenknöterich) 320, 354, 373
Polygonum lapathifolium (Ampferknöterich) 373
Polygonum persicaria (Flohknöterich) 338
Populus (Pappel) 66, 146, 414, 426, 430
Porst 213
Preiselbeere 213
Prunus avivum (Vogelkirsche) 393
Prunus spinosa (Schlehe) 31, 66, 154, 374
Pyrus pyraster (Wildbirne) 31, 320

Q

Quercus (Eiche) 53, 78, 146, 173, 174, 188, 262, 274, 374, 414, 416, 430
Quercus petraea (Traubeneiche) 320
Quercus robur (Stieleiche) 212, 320, 383

R

Rabenkrähe 242
Ranunculus lingua (Hahnenfuß) 420
Ranunculus repens (Hahnenfuß, Kriechender) 373
Reh 48, 101, 132, 151, 154, 232, 235, 266, 313, 320, 321, 340, 360, 388, 414, 426
Rind 31, 32, 33, 35, 47, 51, 57, *57*, 66, 80, 101, 106, 117, 121, 124, 128, *129*, 130, 164, 132, 144, 149, 154, 174, 180, 182, 190, 212, 213, 234, 249, 254, 266, 288, 319, 320, 321, 338, 360, 374, 379, 380, 388, 398, 402, 411, 412, 420, 437
Ringdrossel 242
Rispenhirse 31, 265, 266, 320, 354, 360, 373, 388, 420
Robbe 35
Roggentrespe 229, 320, 354, 373
Rosa arvensis (Hagebutte) 154
Rotbuche 320, 383
Rotfuchs 288
Rothirsch (bzw. Edelhirsch) 29, 48, 58, 90, 101, 106, 118, 151, 154, 235, 266, 288, 319, 320, 321, 340, 360, 374, 379, 380, 388, 401, 411, 414, 425, 426, 437
Rubus fruticosus (Brombeere) 31, 154, 420
Rubus idaeus (Himbeere) 31, 154, 320
Rupicapra rupicapra (Gemse) 106, 254, 340, 411, 437

S

Saatgerste (bzw. Gerste, vierzeilige) 132, 420
Saathafer 309, 373
Saatweizen 31, 132, 265, 373, 420
Sadebaum (bzw. Stinkwacholder) 330
Salamander 378
Salamandra salamandra (Salamander) 378
Salix (Weide) 152, 320, *428*
Sambucus ebulus (Zwergholunder) 420
Sambucus nigra (Schwarzer Holunder) 31, 66
Saubohne siehe Ackerbohne
Schaf 32, 37, 57, 66, 80, 84, 106, 117, 121, 124, 128, 132, 144, 149, 154, 164, 174, 182, 185, 189, 190, 196, 212, 234, 249, 254, 266, 288, 319, 320, 321, 338, 340, 364, 374, 379, 380, 388, 398, 402, 411, 412, 420, 437
Schelladler 437

Schlafmohn siehe Mohn
Schlange 35
Schlehe 31, 66, 154, 374
Schlitznapfschnecke 75, *76*
Schlüsselschnecke 232
Schneehuhn 106
Schnirkelschnecke, Wiener 232
Schreiadler 437
Schwalbe 35
Schwan 340
Schwarzerle 393
Schwein (bzw. Hausschwein) 32, 35, 37, 57, 66, 101, 106, 110, 117, 121, 124, 132, 144, 149, 154, 164, 174, 182, 212, 234, 249, 254, 266, 288, 319, 320, 321, 338, 340, 374, 379, 380, 388, 398, 402, 411, 412, 420, 437
Schwertlilie 341
Scirpus lacustris (Seebinse) 420
Seebinse 420
Seeigel 377
Segge 420
Setaria italica (Kolbenhirse) 31, 393, 420
Silurus glanis (Wels) 132, 340, 420
Singschwan 380
Solanum dulcamara (Nachtschatten, Bittersüßer) 420
Sorbus (Vogelbeere) 273, 320, 402
Spelt siehe Dinkel
Spelzgerste 254
Spießmelde 373
Steinbock 106, 437
Steinkauz 232
Steinmarder 437
Stieleiche 212, 320, 383
Stinkwacholder siehe Sadebaum
Stockente 132
Strauchschnecke 232
Stute siehe Pferd
Sumpfschildkröte, Europäische 132
Sus (Schwein bzw. Hausschwein) 32, 37, 57, 66, 101, 106, 110, 117, 121, 124, 132, 144, 149, 154, 164, 174, 182, 212, 234, 249, 254, 266, 288, 319, 320, 321, 338, 340, 374, 379, 380, 388, 398, 402, 411, 412, 420, 437
Sus scrofa (Wildschwein) 29, 58, 96, 128, 154, 106, 132, 151, 288, 321, 340, 374, 401, 414, 437, 425

T

Tanne 164, 174, 393, 402
Täubchenschnecken 59, 81, 110, 117, 120
Teichmuschel 356
Tetrao urogallus (Auerhahn) 106, 437
Tilia (Linde) 78, 174, 393
Triticum dicoccon bzw. *Triticum dicoccum* (Emmer) 31, 47, 57, 66, 101, 132, 154, 174, 212, 229, 254, 265, 266, 320, 338, 354, 360, 373, 388, 420
Triticum monococcum (Einkorn) 31, 47, 57, 66, 101, 154, 174, 229, 254, 296, 320, 354, 360, 373, 420
Triticum spelta (Dinkel bzw. Spelt) 31, 57, 66, 106, 154, 174, 212, 265, 338, 360, 373, 420
Trauben siehe Wein, Wilder
Traubeneiche 320
Triticum aestivum (Saatweizen) 31, 132, 265, 373, 420
Triticum aestivum ssp. *compactum* (Zwergweizen) 132, 174, 265

Turdus torquatus (Ringdrossel) 242
Turmschnecken 81, 110, 120

U

Uferwolfstrapp 373
Ulme 78
Ulmus (Ulme) 78
Unio crassus (Flußmuschel, Gemeine) 132
Unio pictorum (Malermuschel) 132, 360
Unio tumidus (Flußmuschel) 58, 118, 121, 132, 285
Ur siehe Auerochse
Ursus arctos (Braunbär bzw. Bär) 29, 106, 110, 118, 151, 154, 266, 340, 374, 383, 388, 401 405, 411, 414, 425, 437

V

Vaccinium oxycoccus (Moosbeere) 213
Vaccinium vitisidaea (Preiselbeere) 213
Valerianella locusta (Feldsalat) 374
Valerianella olitoria (Nüßlisalat) 420
Vicia faba (Ackerbohne) 31, 265, 266, 321, 338, 354, 360, 373, 374, 380, 388, 393, 420
Vitis sylvestris (Wein, Wilder) 31, 118, 320, 374, 388
Vogel 288, 379
Vogelbeere 273, 320, 402
Vogelkirsche 393
Vogelknöterich 338, 373
Vulpes vulpes (Fuchs) 35, 106, 340, 380, 388, 414

W

Wal 35
Walderdbeere (bzw. Erdbeere) 66, 154, 420
Waldmaus 232
Wasservögel *275*, 411
Wechselkröte 232
Weide 152, 320, *428*
Wein, Wilder 31, 118, 320, 374, 388
Weißdorn 320
Weißtanne 151, 154, 383, 414, 416
Weizen 132, 213, 254, 321, 380, 388
Wels 132, 340, 420
Wiesel 340
Wildapfel 31, 66, 154, 212, 267, 320, 340, 393, 420, 425
Wildbirne 31, 320
Wildgras 66
Wildkatze 242, 340, 378, 379, *379*
Wildschwein 29, 58, 96, 128, 154, 106, 132, 151, 288, 321, 340, 374, 401, 414, 437, 425
Windenknöterich 320, 354, 373
Wisent 106, 340, 437
Wolf 29, 64, 106, 110, 118, 132, 232, 326, 340, 383, 388

Z

Zahnschnecke 60, 118, 119, 120, 125
Zander 340
Ziege 32, 37, 57, 66, 80, 101, 106, 117, 121, 124, 128, *129*, 130, 132, 154, 164, 174, 182, 212, 234, 249, 266, 320, 321, 338, 340, 374, 380, 388, 398, 402, 411, 412, 420, 437
Zirbelkiefer 164, 252, 383
Zwergholunder 420
Zwergweizen 132, 174, 265

Sachregister

A

Aare-Rhône-Gruppe siehe Gruppen und Kulturen
Abbaufeld *108*
Abfalldeponie 411
Abfallgrube 47, 100, 103, 117, 122, 268, 338, 354, 367, 387
Abguß *213*
Abraumhalde 389, 402
Absatzbeil siehe Beile und Äxte
Abschlag 135, 426
Abschlagschaber 214
Abschnittsbefestigung siehe Befestigung
Abschnittswall siehe Befestigung
Abszeß 332
Abwanderung 383
Achskappe 276, *276*
Achsnagel 276, *276*
Achtkantschwert siehe Schwerter
Acker 31, 185, 249, 325, 417
Ackerbau 30, 57, 101, 106, 144, 173, 185, 190, 207, 212, 223, 230, 234, 254, 264, 265, 296, 318, 320, 338, 359, 373, 374, 379, 388, 420
Ackerbauer 131, 163, 205, 207, *213*, 249, 294, 303, 309, 313, 337, 354
Ackerunkraut 229, 354, 373
Adelsgrab siehe Bestattungssitten und Gräber
»Adelskeramik« 267
Adlerberg (Typ Adlerberg) siehe Typenbezeichnungen
Adlerberg-Kultur siehe Gruppen und Kulturen
Adlerberg-Tasse 75, 80, *81*
Adorant siehe Betender
Ahle 97, 135, 391
Ahnenbild 150
Ahnenkult 137, 287
Ahnenverehrung siehe Ahnenkult
»Akropolis« 47
Albert-Ludwigs-Universität, Freiburg/Breisgau 66, 151
Aldrans (Typ Aldrans) siehe Typenbezeichnungen
Allermündungs-Gruppe siehe Gruppen und Kulturen
Allumiere (Typ Allumiere) siehe Typenbezeichnung
Alpine Gruppe siehe Gruppen und Kulturen
Alpiner Typ siehe Typenbezeichnungen
Alpweidennutzung siehe Alpwirtschaft
Alpwirtschaft 249, 438
Altar 148, 218, 287
Altarschmuck 33
ältere Bronzezeit siehe Klassifizierungen, zeitliche
ältere Frühbronzezeit siehe Klassifizierungen, zeitliche
ältere Hügelgräber-Bronzezeit siehe Klassifizierungen, zeitliche
ältere Mittelbronzezeit siehe Klassifizierungen, zeitliche
ältere Niederrheinische Grabhügel-Kultur siehe Gruppen und Kulturen
Alteuropäer 258
Altmärker Gruppe siehe Gruppen und Kulturen
Altmetall 269, 340, 375
Altmetalldepot siehe Depot
Altmetallsammlung siehe Depot

Amboß 49, 340, 426, *426*
Amphibolit 109
Amphore 124, 129, 130, 132, 177, 223, 224, 235, 267, 364, 374, 380, 383
Amt für Archäologie des Kantons Thurgau 151, *154*, *155*
Amulett 61, 179, 344, 351, 357, 379, 433
Anämie 111
Anderlingen-Heerstedt-Gruppe siehe Gruppen und Kulturen
Andronovo-Kultur siehe Gruppen und Kulturen
Angel 340, *419*
Angelhaken 135, *135*, 144, 154, 174, 235, 266, 374, 388, 411, 420
Angriff (siehe auch Überfall) 106, 173, 249, 360, 418
Anhänger (siehe auch Schmuck) 35, 88, 93, 97, 102, 110, 119, 124, 125, *125*, 143, 144, 147, 166, 174, 177, 178, 208, 215, 216, 223, 235, 236, 251, *261*, 268, 278, 283, 300, 345, *361*, *362*, 375, 377, 394, 396, 405, *412*, *425*, *426*, 432, 438
Anhänger, doppelt verkehrt-herzförmiger *139*
Anhänger, verkehrt-herzförmiger 135, 140, 236, *238*
Anschmieden (von Schmuckstücken) 300, *301*, 304, 331
Antennenschwert siehe Schwerter
Antimon 63, 155
Apa/Hajdúsámson (Typ Apa/Hajdúsámson) siehe Typenbezeichnungen
Arbeitshütte 261
Arbon-Kultur (bzw. Gruppe) siehe Gruppen und Kulturen
Archäologischer Dienst Graubünden, Chur 165, 253, 436
Archäologisches Freilichtmuseum, Oerlinghausen 200
Archäologisches Landesamt Baden-Württemberg 73, 74
Archäologisches Landesmuseum der Christian-Albrechts-Universität Kiel, Schleswig 93, 94, 200, 212, 213, 215, 216, 218, 326, 327, 332, 342, 346, 368
Archäologisches Landesmuseum Mecklenburg-Vorpommern, Lübstorf 36, 90, 92, 326, 327, 328, 329, 338, 344, 345, 346, 349, 350, 368
Archäologisches Landesmuseum, Bozen 411
Archäologisches Museum der Stadt Donauwörth 273
Armband 51, 175, 179, *179*, 186, *251*, 299, 303, 304, 328, 331, 351, 432, 434
Armberge 177, 179, 221, 224, 278, 364
Armmanschette 100, 342, 345
Armreif 61, 110, 125, 132, 135, 147, 207, 230, 236, 270, 309, 389, 393, 405, *412*, 426, *426*
Armreif mit Endspirale 140
Armring siehe Ringe
Armschutzplatte 75, 80, *82*, 118
Armspange 163, 251
Armspirale siehe Spiralen
Armstulpe 73, 102, 303, 341
Arsen 63, 155
Arsenbronze 48, 58
Arthritis 62, 233
Artrose 170
Asenkofen (Typ Asenkofen) siehe Typenbezeichnungen

Astragali (Orakelknochen) 279, 395, 406, 438
»atlantischer Dolch« siehe Dolche
Attersee-Gruppe siehe Gruppen und Kulturen
Au (Typ Au) siehe Typenbezeichnungen
Aufsatz *345*
Augenperle 432
Aunjetitzer Kultur siehe Gruppen und Kulturen
Aunjetitz (Typ Aunjetitz) siehe Typenbezeichnungen
Aurither Gruppe siehe Gruppen und Kulturen
Ausfallpforte 264
Ausgrabung *207*, *208*, *253*, *331*, 86
Auvernier-Schwert siehe Schwerter
Auvernier (Typ Auvernier) siehe Typenbezeichnungen
Axt siehe Beile und Äxte
Axtdolch siehe Dolche

B

Bachmann-Museum, Bremervörde *311*
Backgemeinschaft 340
Backherdplatte 265
Backofen 32, 244, 337, 340, 386, 420
Badener Kultur siehe Gruppen und Kulturen
Badezimmer 30
Badisches Landesmuseum, Karlsruhe *167*
Bahrendorf (Typ Bahrendorf) siehe Typenbezeichnungen
Baierdorf (Typ Baierdorf) siehe Typenbezeichnungen
Baierdorf-Lednice-Stufe siehe Kulturstufen
Baierdorf-Velatitz-Stufe siehe Kulturstufen
Bandelier 192
Bank 100
Bannkreis 350
Bärenzahn 110, 143, 144, 147, 166, 174, 178
Barren 48, 51, 58, 64, 73, 93, 215, 269, 315, 426
Barrendepot siehe Depot
Barrenring siehe Ringe
Basaltlava 270
Bauchlage 54
Bauer 38, 360
Baumsarg siehe Bestattungssitten und Gräber
Bauopfer siehe Opfer und Beigaben
Bayerische Gruppe siehe Gruppen und Kulturen
Bayerisches Landesamt für Denkmalpflege, München 57, 58, *276*
Becher 58, 97, 132, 155, *173*, 185, 190, 213, 267, 365, 411, *425*, *425*, 437
Befestigung 30, *30*, 47, 67, 68, 100, 124, 128, 132, 153, 156, 223, 234, 261, 263, 264, *266*, 275, 338, 354, 359, 360, 367, 368, *373*, 375, 386, 418, 437
Beigabe siehe Opfer und Beigaben
Beigefäß 282, 310, 318, 348, 349, *349*, 356, 376, 378
Beile und Äxte
– Absatzbeil 36, 58, 84, 132, 135, 176, 184, 190, 192, 197, *198*, 205, 207, 208, 211, *213*, 214, 219, 224, 235, *236*, 250, 251, 299, 303, 313, 326, 331, 364, 375

– Axt 35, 51, 80, 135, 270, 318
– baltische Streitaxt 526
– Beil 24, 35, 50, 51, 80, 109, 132, 135, 155, *146*, 155, 175, 176, 181, 182, *196*, 197, 213, *222*, 224, 269, 270, 285, 284, 298, 313, 326, 331, 349, 364, 375, 377, 389, 390, 395, 402
– Dolchaxt 36
– Doppelaxt 49, 145
– Flachbeil 92, 109, 235
– Flügelbeil 426, 428
– Geweihaxt 321, *341*, 342
– Hammerbeil 132
– Knickrandbeil 58
– Kommandoaxt 221
– Langquaid-Beil 58, *59*, 73, 155, 164, 249
– Lappenabsatzbeil 269
– Lappenaxt 426
– Lappenbeil 36, 176, 270, 310, 313, 318, 320, 342, 345, 354, 364, 389, 391, 398, 404
– Löffelbeil 136
– Miniaturaxt 118
– Möhliner Beil 249
– Montlinger Axt 438
– Nackenkammaxt 132
– Nackenknaufaxt 145
– Nackenscheibenaxt 226, 236, *236*
– Neyruz Beil 145, 149, 155
– Prozessionsaxt 350
– Prunkaxt 136
– Prunkbeil 58
– Querbeil 426
– Randleistenbeil 32, 35, 48, 49, 51, 53, 73, 84, 87, 92, 93, *93*, 94, 101, 118, 140, 144, 145, 155, 175, 176, 180, 181, 184, 185, *186*, 221, 222, 224, 235, 250
– Rillenbeil 49
– Salez-Beil 63, 155
– Schafthalsaxt *112*
– Schaftlappenbeil 145, 254
– Schaftlochaxt 92, 145, 398
– Schaftröhrenaxt 92, 132, *134*, 136, *177*
– Spatelbeil 125
– Steinaxt 53, 94, 215, 318, 326, 354
– Steinbeil 155, 214
– Streitaxt 36, 92, 118, 122, 135, 224, 249, 314, 343
– Trapezbeil 270
– Tüllenbeil 36, 213, 269, 270, 309, 310, 313, 318, *319*, 320, 326, 342, 345, 350, 354, 375, 391, 426, 428
– Wurfbeil 192
– Zierbeil *439*
Beilhieb 112
Beilklinge 59, *146*, 349
Beinberge 175, 177, 178, 179, 181, 278, *327*, 328, 329, auch Beinfessel 181
Beinring siehe Ringe
Beinschiene 21, 35, 36, 268, 271, 272, *273*, 383, 391, *393*, 405, 428
Beinspirale siehe Spiralen
Beischlafhaltung 54
Belagerung 42
Beleuchtung 395, *403*
Bemalung 350, 360, 365, 425
Beraubungsschacht 357
Bergdorf 253
Berge 177
Bergheiligtum 412, *420*, 438
Berghütte 244
Bergkristall 109, 146, 295

SACHREGISTER

Bergleute 235
Bergopfer siehe Opfer und Beigaben
Bergsiedlung 105
Bergung 147
Bernisches Historisches Museum, Bern *146, 250, 415, 426, 430, 433, 434*
Bernstein 33, 51, 59, 64, 87, 89, 120, 125, 143, 146, 147, 153, 161, 177, 178, 213, 226, 251, 277, 296, 342, 345, 377, 405, 432
Bernsteinknopf 211, 216
Bernsteinperle 34, *50*, 51, 54, 59, 88, *112*, 161, 168, 177, 178, 179, 182, 208, 215, 216, 251, 255, 277, 278, 281, 297, 314, 329, 377, 432, 405, 430, 434
Bernsteinring siehe Ringe
Bernsteinschieber 177, 178, 179, 432
Besatzstück *332*
Besenstrichmuster siehe Besenstrichornament
Besenstrichornament 175, 307, 340
Besitzzeichen 402
Bestattung siehe Bestattungssitten und Gräber
Bestattungssitte siehe Bestattungssitten und Gräber
Bestattungssitten und Gräber
– Adelsgrab 273
– Baumsarg 29, 37, 61, 64, 73, 81, 86, 103, 110, 121, 126, 166, 179, 184, 187, 188, 193, 198, 199, 207, 208, 211, 212, 217, 244, 251, 302, 304, 305, 306, 330
– Bestattung *76, 83, 129, 143*, 277
– Bestattungssitte 36, 168, 192, 200
– birituelles Grab 396
– Bohlensarg 193, 217
– Brandbestattung 37, 61, 122, 126, 137, 179, 180, 193, 206, 217, 225, 230, 236, 240, 293, 294, 295, *295*, 297, 298, 302, 304, 307, 330, 356, 361, 365, 378, 395, 396, 435
– Brandgrab 188, 251, 258, 260, 280, 282, 307, 407, 415
– Brandgrubengrab 180
– Brandschüttungsgrab 280, 295, 395
– »Brandskelettgrab« 188
– Bronzeurne 345
– Buckelurne 307
– Doppelbaumsarg 208
– Doppelbestattung 82, 103, 104, *104*, 121, 126, 128, 168, 182, 187, 193, 260, 302, 353, 366
– Doppelgrab 331, *331*
– Erdgrab 52, 378
– Erdgrubengrab 53, *53*
– Familiengrab *53*
– Flachgrab 52, 60, 61, 98, 103, 143, 168, 179, 222, 280, 309, 316, 318, 323, 330, 356, 378
– Frauengrab *122, 147, 180, 192, 300, 434*
– »Fürstengrab« *46*, 51, 52, 53, 54, *55*, 67, 149, 171, 282, 316, 408, *408, 439*
– Gesichtsurne 313, 316, 356
– Glockengrab 280, 348
– Grab 128, 187, 188, 282, 297
– Grabhügel *53, 55*, 61, 76, 187, *188*, 192, 198, *206*, 217, 222, 236, 306, 316, 318, 350, 408
– Grabkammer 103, 170, 199, 280, 281, 282, 350, 398
– Grabschacht 208
– Großsteingrab 142, 148, 217, 319
– Häuptlingsgrab 171
– Hockerbestattung 37, 110, 124, 126
– Holzkistengrab 378
– Holzsarg 103, 110, 214, 225, 330
– Hügelgrab 221, 228, 280, 318, 330, 356, 378
– Kindergrab 118, 121, 178, 326, 342, 388, 395
– »Königsgrab« 315, 316, 345, 350

– Körperbestattung *112*, 126, 166, 180, 188, 193, 199, 217, 225, 230, 236, 281, 306, 330, 369, 396, 408
– Körpergrab 251, 330, 356
– Kreisgrab *282, 297*
– Kriegergrab 243
– Langhügel 199, 208, 318
– Leichenbranddeponierung 180
– Leichenbrandschüttung 349
– Leichenfahrt 276
– Leichenschmaus 340, 378
– Leichenzerstückelung 236, 353
– Männergrab *299*
– Mehrfachbestattung/-beisetzung 53, 75, 76, 103, 104, 121, 236, 302, 383, 397
– Nachbestattung 217, 218, 236, 280, 362
– »Pithos«-Bestattung 54, 61, 130, 238, *239*, 281
– »Pommersche Hausurne« 349
– Pseudo-Glockengrab 280
– Rundhügel 208, 318
– Säulchenurne *403*
– Schachtgrab 236
– Schädelbestattung 84, *283, 287*, 349, 365
– Schädeldeponierung *381*
– Scheingrab 98, 349, 378
– Scheiterhaufengrab 194
– Schlüssellochgrab *297*
– Sonderbestattung 104
– Steineinbauten 75, 76
– Steinkammer 52, 61, 76
– Steinkammergrab 273, *359*
– Steinkiste 302, 316, 356, 361, 365
– Steinkistengrab 50, *51*, 52, *54*, 69, 65, 103, *103*, 149, *149*, 166, 196, 197, 198, *198*, 266, 267, 280, 282, 285, 357, 363, 364, 391, 394, *396*, 408, *409*, 434, 435
– Steinpackung 126, 222, 225, 302, 316, 331, 348, *358*
– Steinpackungsgrab 52, 64, 76, 81, 356, 361, 362, 365
– Steinplattengrab 148
– Totenbrett 110, 179
– Totenfeier 61, 98, 102, 110, 121, *121*, 180, 188, 225, 236, 349, 378, 397
– Totenhaus 37, *46*, 52, 53, *55*, 89, 104, 188, 193, 199, 226, 280, 281, *281*, 282, 302, *302*, 306, 348
– Totenhütte siehe Totenhaus
– Urne 37, 61, 217, 222, 238, 258, 280, 282, *288*, 294, 297, 304, 307, 310, 313, 316, 317, 318, 323, 330, 344, 348, 350, *351*, 365, 374, 378, *378*, 383, 395, 406, 412, 435
– Urnenbestattung 188
– Urnengrab 180, 280, 407, 414
– Wagengrab 260, 275, 276, 282, 431
– Zeichensteingrab 282
– Zentralgrab 179, 222, 362
– Zentralbestattung 208
– Zylinderhalsurne 318, 388
Bestattungsplatz *107*
Bestrafung 122
Betender (Adorant/Orant) 147, 200
Beutel 172, 348
Bevölkerungsdichte 366
Bevölkerungsrückgang 223
Bevölkerungswachstum 258, 277
Bezirksmuseum Mödling *96*
Bienenhonig 190
Bienenkorb *360*, 374
Bienenwachs 190, 374
Biesenbrow (Typ Biesenbrow) siehe Typenbezeichnungen
Bildstein *198*, 199, 200, 365
Billendorfer Gruppe (bzw. Kultur) siehe Gruppen und Kulturen
Binninger Nadel siehe Nadeln
Binninger Stufe siehe Kulturstufen

birituelles Grab siehe Bestattungssitten und Gräber
Birkenrinde 318
Birkenrindenschachtel 374
Bißanomalie 89
Bißspur 379
Blasebalg 132, *365*, 426
Blasebalgdüse 364
Blashorn siehe Lure
Blasrohr 48, 175
Blattgold 226
Blech (Bronzeblech) 432
–anhänger 64
–armreif 147
–band 59
–buckel 278
–fingerringe siehe Ringe
–gürtel 179, 233, *234, 235*
–hülse 281, *345*
–hütchen 235
–manschette 95, 102
–perle 281
–röhrchen 59, 60, *60*, 75, 110, 148, 189, 205
–röllchen 82, 110, 278, 281
–schmuck 389
–spirale siehe Spiralen
–tutulus 175
–zierscheibe 60
Blockbau 249
Blockbautechnik 173, 256, 262, 410, 419
Blockbauweise siehe Blockbautechnik
Blockhaus 173, 244, 387, 417, *420*
Blockhütte 401, 402
Blueina-Kopčany-Stufe siehe Kulturstufen
Bluse 34, 168, 172, 211
Bluterguß 112
Blutrache 397
»Blutrille« 195, *195*
Blutvergiftung 78
Bogen (Waffe) 35, 36, 50, 75, 78, 80, 86, 90, *149*, 165, *166*, 171, 176, 190, 205, 207, 221, 224, 235, 271, 298, 309, 313, 326, 331, 340, 343, 354, 404, 411, 428, 430
Bogenfibel siehe Fibeln
Bogenkratzer 133
Bogenstrich 185
Böheimkircher (Typ Böheimkirchen) siehe Typenbezeichnungen
Böheimkircher Gruppe siehe Gruppen und Kulturen
Böheimkircher Gruppe der Věteřov-Kultur siehe Gruppen und Kulturen
Bohlensarg siehe Bestattungssitten und Gräber
Bohlenweg 86, 88, 173, 208, *208*, 274
Bohrer 109
Boot 331
Bootsanlegestelle 208, *208*, 274
Bootsmodell 274
Borotice (Typ Borotice) siehe Typenbezeichnungen
»böser Blick« 54
Brand (siehe auch Feuer) 30, 68, 106, 153, 164, 172, 249, 252, 262, 264, 265, 309, 367, 410, 417
Brandbestattung siehe Bestattungssitten und Gräber
Brandenburgisches Landesmuseum für Ur- und Frühgeschichte, Potsdam 33, *220, 221*, 240, *347, 368, 375*
Brandgrab siehe Bestattungssitten und Gräber
Brandgräberfeld *240*, 323
Brandgrubengrab siehe Bestattungssitten und Gräber
Brandopfer siehe Opfer und Beigaben
Brandopferplatz 181, 239, 284, 352, 398, 411, 412, 438
Brandschüttung 240

Brandschüttungsgrab siehe Bestattungssitten und Gräber
»Brandskelettgrab« siehe Bestattungssitten und Gräber
Bratspieß 285
Braunschweigisches Landesmuseum, Wolfenbüttel *48*
Brei 31, 374, 393
Breisgau-Museum, Breisach 257
Bretterboden 144, 164
Brillenanhänger siehe Anhänger (Schmuck)
Brillennadel siehe Nadeln
Brillenspirale siehe Spiralen
»Briquetage« 51, 321
British Museum, London *42*
Brno-Obřany-Stufe siehe Kulturstufen
Bronze 21, 23, 32, 33, 51, 55, 63, 101, 125, 126, 161, 268, 277, 411, 430, 432
Bronzeobjekte (siehe auch entsprechende Stichwörter):
–ahle 221
–amphore *297, 368*
–anlagerung 267
–aufsatz 276
–barren 32, 268, 375, 402
–becher *344*, 297, 342
–becken *275*
–beschlag 197
–blech 34, *148*
–blechamphore 344
–blechband 277
–blechglied 109
–depot 363, 375, 385, 389, 390
–dolch siehe Dolche
–draht 34, 88, 212, 361
–drahtröllchen 81
–eimer 268, 273, *275*, 392
–fibel siehe Fibeln
–figur 346
–gefäß *23*, 277, 297
–gehänge 269
–gürtel *163*
–gußform *270*
–helm 342
–hülse 393, *394*
–hütchen 307
–kamm 337
–kessel 344, *344*, 389
–knauf 196, 212
–knebel 431
–knopf 225, 299, 307, *307*, 332
–messer *368*
–nadel siehe Nadeln
–nagel 393
–nieten 364
–ortband 327
–panzer 36, 408, 428, *429*
–perle 54, 95, 104, 119, 432
–pickel 402
–plastik 377, *377*, 378, 380
–rad 276, 277, 345, *368*
–ring siehe Ringe
–röhrchen 192
–röllchen 208
–schale 350
–scheibe 192
–schild *342*, 343
–sieb 376
–spirale siehe Spiralen
–spiralröllchen 277
–stift 197
–tasse 192, *193*, 236, 268, 273, 309, 327, *327, 330*, 345, 356, *356*, 357, 364, *365*, 375, 376, 389, 405, *406*
–trommel 217
–trompete 348
–tropfen 255
–tülle *288*
Bronzegießer 131, 153, 164, 205, 268, 321, 337, 375, 389, 428, 438

546

SACHREGISTER

Bronzeguß 48, 73, 167, 175, 224
Bronzeschmelzstätte 373, 375
Bronzeurne siehe Gräber und Bestattungen
Bronzezeit A bis D siehe Klassifizierungen, zeitliche
»Bronzezeitburg« siehe »Wallburg«
Brot 32, 140, 174, 266, 294, *294*, 296, 374, 425
»Brotlaib-Idol« 48, 67, 118, *118*, 127, 129, 134, 137, 182, 267
Brotstempel 267
Brucherz (-fund/-stück) 321, 375, *376*
Brücke 165, 262
Brunnen 265, 366, 367, 380
Brustpanzer 391, *393*, 428
Brustschmuck 420
Buchse 88
Buckelgefäß 340
Buckelkeramik 374
Buckelurne siehe Bestattungssitten und Gräber
Bügelplattenfibel siehe Fibeln
Bundesdenkmalamt Wien 138, *112*, *122*, *124*, *126*
Bündnerische Bronzezeit siehe Klassifizierungen, zeitliche
»Burg« (siehe auch »Wallburg«) 29, 47, 57, 163, 173, 260, 261, 263, 294, 337, 338, 354, 367, 373
Burgenländisches Landesmuseum Eisenstadt 130, *409*
»Burgmauer« 288
»Bürstenschädel« 233

C

C14-Methode 62, 93, 140, 214, 374
Cairns 149
Čaka-Kultur siehe Gruppen und Kulturen
Cape 189
Civilisation rhodanienne siehe Gruppen und Kulturen
Clanzeichen 394
Cortaillod (Typ Cortaillod) siehe Typenbezeichnungen
Creme 329
Crestaulta-Kultur siehe Gruppen und Kulturen
Cribra cranii 401
Cribra orbitalia 55, 111, 131, 154, 233, 332, 384, 401

D

Dahlenburg (Typ Dahlenburg) siehe Typenbezeichnungen
Dahlenburger Kurzschwert siehe Schwerter
Damenhutzierden 120
Dämon 200
Dankopfer siehe Opfer und Beigaben
Decke 207, 211
Deckel 129
Deckeldose *81*, 388
Deckplatte *51*
Deckschale 323, 348
Deichsel 33
Deichselwagen 376, 380, *381*
Dengeln 172
Département d'Anthropologie, Genf 145
Depot 32, 33, 48, 49, 50, 58, 61, 64, 73, 81, 93, 97, 101, 102, 118, 119, 129, 145, 149, 161, 174, 175, 179, 181, 186, 192, 194, 212, 215, 220, 221, 225, 229, 235, 238, 249, 250, 264, 269, 270, 272, 273, 274, 277, 278, 283, 284, 301, 303, 307, 310, 314, 318, 319, 321, 323, 332, 338, 340, 342, 343, 344, 349, 350, 352, 354, 356, 364, 375, 377, 389, 404, 413, 426, 438
Deutsch Evern (Typ Deutsch Evern) siehe Typenbezeichnungen
Diabas 269
»Diadem« 96, 97, 110, 117, 119, 120, 175, 215, 224, 226, 231, 236, 244, 277, 278, 341, 342, 345, 346, 348, 415, 433
Diener 194, 302
Dithmarscher Gruppe siehe Gruppen und Kulturen
Dolchaxt siehe Beile und Äxte
Dolche
– 21, 35, 36, 49, 50, *50*, 52, 53, 58, 64, 65, 68, 73, 76, 77, *77*, 80, 87, 89, 92, 101, 109, 118, 124, 129, 132, 135, 144, 145, 155, 175, 176, 180, 181, 184, 185, 186, 190, 192, 197, 198, *198*, 205, 206, 211, 214, 218, 219, 221, 222, *222*, 224, 225, 226, 235, 244, 249, 255, 260, 268, 271, 272, 282, 298, 303, *304*, *305*, 313, 343, 391, 404, 409, 428, 429, 435, 438
– »atlantischer Dolch« 62, *63*
– Axtdolch 36
– Dolchstab 36
– Feuersteindolch 36, 49, 86, 89, 93, 94, 101, 119, 214
– »Fischschwanzdolch« 90, 92, 110, 214
– Griffangeldolch 140, 330
– Griffplattendolch 135, 140, 244, 404
– Griffzungendolch 389, 409, 429
– Kupferdolch 58, 59, 61, 62, 75, 101
– Langdolch 230, 302, 327, 331
– Miniaturdolch 58
– Möriger Dolch 314
– Peschiera-Dolch 314, 329, 391
– Stabdolch 36, 49, 50, 68, 73, 76, 92, 93, 93, 94, 102, 124, 145, 249
– triangulärer Dolch 36, 50, 145
– Tüllendolch 272
– Vollgriffdolch *43*, 92, 94, *98*, *141*, 145, 214, 235, 272
Dolchmesser 395
Dolchscheide siehe Scheide (Schwert- bzw. Dolch-)
Dolchstab siehe Dolche
Dolium 280
Dolmen siehe Bestattungssitten und Gräber, Großsteingrab
Dolomit 109
Doppelaxt siehe Beile und Äxte
Doppelbaumsarg siehe Bestattungssitten und Gräber
Doppelbeisetzung siehe Bestattungssitten und Gräber
Doppelbestattung siehe Bestattungssitten und Gräber
Doppeldraht 351, 365
Doppelflügelnadel siehe Nadeln
Doppelgefäß 364
Doppelgrab siehe Bestattungssitten und Gräber
Doppelhenkelkrug 124
Doppelknopf 272, *326*, 327, 331, 332
Doppelkoni 307, 318, 321, 340, 354, 361, 364, 383, 388
Doppelkonusgefäß siehe Doppelkoni
Doppelkreisgraben 284, 285
Doppelnadel siehe Nadeln
Doppelradnadel siehe Nadeln
Doppelspiralanhänger *163*
Doppelspiralhaken 432
Dorf 29, *57*, 153, 249, 360
Dorfältester 338
Dorfgasse 165
Dorfplatz 261, 418
Dorfzaun 262
Dorfzentrum 264
Dörmte (Typ Dörmte) siehe Typenbezeichnungen
Dornauszieher 172
Dornpfeilspitze 176, 430
Dörrobst 212

Dose 80, 329
Draht 389
Drahtgehänge 434
Drahtröhrchen 136
Drahtröllchen 278, 279, 433
Drahtschmuck 102, 389
Drahtspirale siehe Spiralen
Drahtziehgerät 426
Dräßburger Kultur siehe Gruppen und Kulturen
»Dreigötterstein« 200
Dreiperiodensystem *24*, 29
»Dreiwirbel« 315, 346
Dreiwulstschwert siehe Schwerter
Dresden-Osternienburg (Typ Osternienburg-Dresden) siehe Typenbezeichnungen
Dresdener Gruppe siehe Gruppen und Kulturen
Dungschicht 419
Dürreperiode 285, 366
Düse *365*, 426

E

Eberskelett 180
Eberzahn 96, 110, 125, 155, 166, 174, 178, 278, 438
»echter Pfahlbau« *151*
Egolzwiler Kultur siehe Gruppen und Kulturen
Ehebruch 122
»Eidring« siehe Ringe
Eimer 108, 273, 376, *390*, 392
Einadel siehe Nadeln
Einbaum 34, 93, 110, 146, *147*, 177, 206, 274, 276, 331, 340, 392, *419*, 430
Einheirat 170, 189, 205, 300, 304, 331
Einhub *75*
Einwanderung 168, 223, 410
Einzelgehöft 29
Einzelgrab-Kultur siehe Gruppen und Kulturen
Eisen 23, 89, 270, 340, 388, 391, 426, 430, 439
Eisenlanze 426
Eisenmangel 55
Eisenmangel-Anämie 384
Eisennadel siehe Nadeln
Eisenring 391
Eisenschwert siehe Schwerter
Eisentrense 275
Eisenzeit siehe Klassifizierungen, zeitliche
Eitopf 354
El-Argar-Kultur siehe Gruppen und Kulturen
Elb-Havel-Gruppe siehe Gruppen und Kulturen
Elbe-Elster-Gruppe siehe Gruppen und Kulturen
Elbe-Mulde-Gruppe siehe Gruppen und Kulturen
Elfenbein 35, 79
Ems-Hunte-Gruppe siehe Gruppen und Kulturen
»Ems-Weser-Kreis« siehe Gruppen und Kulturen
Enfield (Typ Enfield) siehe Typenbezeichnungen
Entenkopf *95*
entwickelte Hügelgräber-Bronzezeit siehe Klassifizierungen, zeitliche
entwickelte Frühbronzezeit siehe Klassifizierungen, zeitliche
Entzündung 78, 99, 112, 170
»Epoque morgienne« siehe Klassifizierungen, zeitliche
Erdbrücke 378
Erdgrab siehe Bestattungssitten und Gräber
Erdmantel *238*

Erdwall siehe Befestigung
Erdgrubengrab siehe Bestattungssitten und Gräber
Erlach (Typ Erlach) siehe Typenbezeichnungen
Erntedankopfer siehe Opfer und Beigaben
Erntevorrat 185
Ersatzleib 150
Erzsucher 32, 156, 388, 438
Exkremente 393
Expedition 32, 34, 48
Experimentierphase 143

F

Fabeltier 317
Fackel 358
Faden 93, 207, 211, 216
Fahlerzkupfer 63
Fahrweg 356
Falle 340
»falsches Gewölbe« 350, 361
Faltenrock 189
Familiengrab siehe Bestattungssitten und Gräber
Farbe 80, 129, 346, 360
Farbstempel 267
Fayence 35, 51, 64, 161, 432
Fayenceperle 161, 178, 432
Feder 391
Federseemuseum, Bad Buchau 278
Federspirale siehe Spiralen
Fehlbrand 268
Fehlguß 250, 426
Feinkeramik 58, 174, 267
Feinmeißel 389
Feld 51
Fell 214, 385
Fellmütze 393
Felsbild siehe Felszeichnung
Felsgestein 49, 80, 92, 318, 321, 354, 364
Felssturz 47
Felsturm-Opferplatz 284
Felszeichnung 33, 34, 35, *35*, 38, 50, 73, 94, *147*, 166, *166*, 181, 200, 210, 212, 217, 218, 315, 350, 352, 361
Fesselung 60, 64, 171
Feuer (siehe auch Brand) 98, 106, 135, 144, 149, 244, 360, 379
»Feuerbock« 283, *285*, *285*, 398, 410, 411, 420, 435
Feuerbühne *108*
Feuergott 200
Feuergrube 354
Feuerheiligtum 352
Feuerkult 350
Feuerschlagbesteck 214
Feuerschlagstein 86, 185, 214
Feuersetzmethode 107, 235
Feuerspur 358
Feuerstein 49, 59, 80, 86, 87, 89, 90, *90*, 109, 129, 146, 174, 176, 185, 190, 205, 207, 208, 214, 221, 235, 302, 321, 327, 331, 337, 345, 430
–dolch siehe Dolche
–klinge 59, 133, 176, 426
–messer 176
–pfeilspitze 59, *84*, 94, 214, 221, 244
–schläger 214
–sichel 212, 320
Feuerstelle 106, 184, 208, 225, 240, 254, 325, 349, 352, 364, 383, 416, 417
Feuervergoldung 185, *185*, 186
Feuerzeichen 458
Fibel von Flögeln siehe Fibeln
Fibeln
– 170, 196, 197, 216, 260, *261*, 281, 283, 298, 301, 309, 325, 327, 329, 337, 349, 377, 383, 385, 393, 396, 411, 415, 430, 432, 434, 438
– Bogenfibel 385, 438

SACHREGISTER

- Bügelplattenfibel 307, *307, 309*
- Fibel von Flögeln *315*
- Flachkopffibel 196
- Gewandfibel 190, 300, 301, 304
- Goldblechfibel 315
- Goldfibel 329, *332*
- Haarknotenfibel 298, 299, 302, 303, 304, 307, 309
- Harfenfibel 383
- Möriger Fibel *415*
- »Lüneburger Fibel« *189*
- Plattenfibel 298, *300*, 314, 318
- Posamenteriefibel 409
- Raupenfibel *415*
- Rundkopffibel 196
- Sanduhrfibel *198*
- Spindlersfelder Fibel *261*, 375
- Spiralbrillenfibel 383
- Spiralplattenfibel 298, 299, *299*, 300, 302, 328, 331, 345, 363, 375

Figur *347*
Filz 189
Findling 194, 199
Fingerberge 192, 329
Fingernageleindruck 340
Fingerreif 110
Fingerspirale siehe Spiralen
Fingertupfen 175, 185
Fingertupfleiste 145, *425*
Fischdarstellung *316*
Fischfang 96, 144, 174, 235, 249, 266, 313, 338, 374, 388, 411, *419*, 420
»Fischschwanzdolch« siehe Dolche
Flachbeil siehe Beile und Äxte
Flachgrab siehe Bestattungssitten und Gräber
Flachgräberfeld 332, 396
Flachkopffibel siehe Fibeln
Flachlandsiedlung *57*, 96, 106, 131, 172, 235, 243, 261, 386
Flachs 105
Flachshechel 49
Fladenbrot 358, 425
Fläming-Gruppe siehe Gruppen und Kulturen
Flechtbandmuster *307*
Flechtwand 89, 117, 153, 262, 309, 320, 386
Flechtwerk 100, 132, 144, 172, 173, 410, 417
Flechtzaun 153
Fleischbeigabe siehe Opfer und Beigaben
Fleischerhaken 270
Fleischermesser 396
Fleischopfer siehe Opfer und Beigaben
Floß 206, 331
Flöte 35, 378, 395, *396*
Flügelbeil siehe Beile und Äxte
Flügelhaube 88, 189, *190*, 192, *194*, 205
Flügelnadel siehe Nadeln
Flurumgang *38*
Flußfund *181*
Flüssigkeitsopfer siehe Opfer und Beigaben
Flußmuschel 267
Flußopfer siehe Opfer und Beigaben
Flußübergang 251, 398
Focke-Museum, Bremer Landesmuseum für Kunst- und Kulturgeschichte *312, 314, 316*
Förderstollen *108*
Formenkreis Adlerberg-Singen siehe Gruppen und Kulturen
»Formenkreis der Unterweser« siehe Gruppen und Kulturen
Fossil 81, 278
Fötus 281
Frankenwaldmuseum, Kronach *274*
Fransenanhänger 394
Fransenmuster 48
Fransenrock 211

Frau 168, 190
Frauengrab siehe Bestattungssitten und Gräber
»Frauenkröte« 398, 399, *400*
Frauentracht *117, 171*
Freilichtmuseum Unteruhldingen 262
Fremdmetall-Gruppe siehe Gruppen und Kulturen
Friedhof *238, 297*
Friedrichsruher Typ siehe Typenbezeichnungen
Fruchtbarkeitsgott 351
Fruchtbarkeitskult 37, 287, 350, 379
Fruchtbarkeitsritus siehe Fruchtbarkeitskult
Fruchtbarkeitszeichen 350
Fruchtbier 213
Frühbronzezeit siehe Klassifizierungen, zeitliche
frühe Bronzezeit siehe Klassifizierungen, zeitliche
frühe Eisenzeit siehe Klassifizierungen, zeitliche
frühe Mittelbronzezeit siehe Klassifizierungen, zeitliche
frühe vorrömische Eisenzeit siehe Klassifizierungen, zeitliche
Fuchsstadt (Typ Fuchsstadt) siehe Typenbezeichnungen
Fulda-Gruppe siehe Gruppen und Kulturen
Furchenzeichnung *218*
»Fürst« 21, 47, 50, 51, 52, 53, 98, 168, 172, 175, 176, 179, 260, 386, 397, 408
»Fürstengrab« siehe Bestattungssitten und Gräber
Fußdarstellung 218, 350
Fußgefäß 235
Fußring siehe Ringe
Fußschüssel 238, 409
Futteral 172, 260, 401
Füzesabony-Otomani-Kultur siehe Gruppen und Kulturen

G

Gagat 59, 64
Gagatperle 432, 434
Garnison 264
Gáta-Kultur siehe Gruppen und Kulturen
Gáta-Typ siehe Typenbezeichnung
Gattendorfer Typ siehe Typenbezeichnungen
Gebißstange 275, *276*
Gebißteil 275
Gedächtnisopfer siehe Opfer und Beigaben
Gefäß 33, 174, 344
Gefäßdeckel 267
Gefäßdepot siehe Depot
Gehängekette *434*
Gehöft 100, 117, 190, 262, 296, *360*
Geld 175
Gelenkschaden 170
Gemeinlebarn (Typ Gemeinlebarn) siehe Typenbezeichnungen
Generalkonservatorium der Kunstdenkmale und Altertümer Bayerns, München 55
Germane 200, 211, *325*, 332, 351, 440
Germanisches Nationalmuseum, Nürnberg *287, 332*
Gerüst 107, 389
Geschirropfer siehe Opfer und Beigaben
Gesichtsurne siehe Bestattungssitten und Gräber
Getreide 31, 47, 57, 64, 66, 101, 132, 154, 174, 190, 212, 220, 229, 234, 249, 254, 263, 265, 296, 303, 309, 319, 320, *321*, 338, 354, 360, 373, 374, 380, 388, 420

Getreideanbau 326
Getreidefund *361*
Getreidespeicher 152, 309
Gewalttat 111, 170, 184, 187, 398
Gewandblech *120*
Gewandfibel siehe Fibeln
Gewandnadel siehe Nadeln
Gewandspange 216, 393
Geweih 31, 35, 49, 80, 92, 97, 118, 133, 146, 155, 224, 255, 268, 270, 321, 326, 337, 342, 375, 426, 430
Geweihaxt siehe Beile und Äxte
Geweihgerät 342
Geweihhacke 155, 420
Geweihhammer 288, *354*
Geweihknebel 214, 236, *250*, 275, 344, 345, 392, 431
Geweihperle 432
Gewitterzauber 285
Gewürz 380
gezackte Nadel siehe Nadeln
Gießereidepot siehe Depot
Gießereiwerkstatt *107*
Gift 151, 273
Girlandenleiste 411
Girlandenmuster 101
Glas 125, 153, 277, 405, 432
Glasperle 120, 125, 168, 177, 178, 205, 215, 236, 251, 277, 278, 299, 301, 302, 361, 377, 405, 430, 432, 434
Glättstein 411
Gleichberechtigung 55, 214
Glimmerschiefer 269
Glockenbecher-Kultur siehe Gruppen und Kulturen
Glockengrab siehe Bestattungssitten und Gräber
Gneis 375
Gold 33, 38, 49, 51, 53, 60, 118, 119, 125, 146, *146*, 153, 161, 177, 179, 186, 208, 213, 215, 251, 277, 279, 282, 285, 299, 314, 328, 345, 351, 405, 432, 452, 439
- armband 327, *368*
- armreif 315
- armring siehe Ringe
- barren 351
- becher *156*, 161, 186, 188, *200*, 207, 274, *275*, 283
- blech *124*, 125, *156*, 196, 215, 278, 309, 314, 318, 326, 351, 415, 433, *434*
- blechfibel siehe Fibeln
- blechröhrchen 178, 179, 434
- blechröllchen 279, 433
- blechscheibe *407*
- draht 35, 58, 60, *124*, 125, 161, 179, 208, 216, 251, 274, 277, 326, 327, 330, 393
- drahtring siehe Ringe
- drahtspirale siehe Spiralen
- fibel siehe Fibeln
- fingerring siehe Ringe
- folie 406
- fund 68, *332*
- gefäß 38, 219, 277, 286, 319, *332*, 350, 351, 364, 375, 376
- kegel 181, *182*, 286
- kollier 279
- lockenring siehe Ringe
- lunula 89
- nadel siehe Nadeln
- nagel 149
- niete 185
- reif 185
- ring siehe Ringe
- schale 218, 319, 327, 331, *332*, 351
- schatz *332*, 351
- scheibe 120, 179, *200*, 210, 218, 219, 283
- scheibenanhänger 279
- schmuck 34, 51, 60, 89, 110, 118, *156*, 208, 215, 331, 365, 394, 405
- spiraldraht 351

- spirale siehe Spiralen
- überzug 161
Goldbeck-Daudieck Gruppe siehe Gruppen und Kulturen
»goldener Hut« 38, *156*, 181, 182, *183*, 283, 286, *287*, 332
»goldenes Zeitalter« 21, 34, 359
Götterfigur 279
Gottheit 38, *181*
Göttin 332
Grab siehe Bestattungssitten und Gräber
Grabanlage siehe Gräberfeld
Grabbeigabe siehe Opfer und Grabbeigaben
Grabeinfriedung 283
Graben 21, 29, 47, 100, 124, 135, 173, 254, 262, 263, 294, 297, 338, 354, 360, 363, 366, 367, *367*, 386, 418
Gräberfeld 60, 62, 64, 76, 77, *79*, 81, 96, 103, 110, 137, 188, 206, 208, *209*, 226, 236, 255, 281, 294, 295, 302, 317, 318, 319, 349, 353, 356, 359, 378, 383, 401, 401, 406, 413
Grabhügel siehe Besttungssitten und Gräber
Grabhügelbronzezeit siehe Klassifizierungen, zeitliche
Grabkammer siehe Bestattungssitten und Gräber
Grabplatte 409
Grabräuber 61, 76, 103, 121, 126, 137, 148, 180, 236, 357, 379, 394, 398
Grabräuberei siehe Grabräuber
Grabschacht siehe Bestattungssitten und Gräber
Grabsittenkreis siehe Gruppen und Kulturen
Granit 49, 209, 220, 426
Graphit 388
Graphitschmelztiegel 269
Grapitierung 425
Grassoden 79
Graviergerät 426
Gravur 150
Griff 432
Griffangeldolch siehe Dolche
Griffangelmesser 326, 428
Griffangelschwert siehe Schwerter
Griffdornmesser 281, 391, 428
Griffdornschwert siehe Schwerter
Griffplattendolch siehe Dolche
Griffplattenmesser 428
Griffplattenschwert siehe Schwerter
Griffzungendolch siehe Dolche
Griffzungenmesser 270, *271*, 326, 379, 389, 391, 403, *405*, 428
Griffzungensichel 270, 428
Griffzungenschwert siehe Schwerter
Grobkeramik 58, 174
Großgefäß 267
Großherzogliche Sammlungen, Schwerin 24
großnordischer Kreis siehe Klassifizierungen, zeitliche
Großpolnische Kultur mit Textilkeramik siehe Gruppen und Kulturen
Großsteingrab siehe Bestattungssitten und Gräber
Grube 105, 131, 320, 337, 354
Grubenhütte 47
Grubenofen 269
Grundriß 29, 47, 63, 66, *121*, *165*, 184, 199, 223, 253, 261, *262*, 264, 294, 296, 309, 320, 325, 337, 364, 373, 386, 416, 436, 437
Grundschicht 111
Grundschule Friedburg-Holsten *210*
Grünstein 133, 426
Gruppen und Kulturen
- Aare-Rhône-Gruppe 141, 143, 144, 145, 242

SACHREGISTER

– Adlerberg-Kultur 32, 43, 59, 75, 76, 78, 79, *83*
– Allermündungs-Gruppe 205, 257, 303, 304
– Alpine Gruppe 142
– ältere niederrheinische Grabhügel-Kultur 293, *293*, 295
– Altmärker Gruppe 300
– Anderlingen-Heerstedt-Gruppe 198
– Andronovo-Kultur 33
– Arbon-Kultur (bzw. -Gruppe) 43, 66, *66*, 74, 141, 151, *154*, 242
– Attersee-Gruppe 95, 138, *138*, *139*, 140
– Aunjetitzer Kultur 29, 30, 32, *33*, 34, 36, 43, *43*, 44, *46*, 48, *53*, *54*, 59, 67, 68, *68*, 84, 92, 93, 95, 99, 118, 124, 131, 143, 145, 161, 223
– Aurither Gruppe 366
– Badener Kultur 96
– Bayerische Gruppe 177
– Billendorfer Gruppe (bzw. Kultur) 257, 367, 439
– Böheimkirchener Gruppe 227
– Böheimkirchener Gruppe der Věteřov-Kultur 95, 121, 122, *122*, 134, 138
– Čaka-Kultur 382, 408
– Civilisation rhodanienne 142
– Crestaulta-Kultur 163, *164*, 241
– Dithmarscher Gruppe 198
– Draßburger Kultur 95, 128
– Dresdener Gruppe 366
– Egolzwiler Kultur 153, 416
– Einzelgrabkultur 84, 127, 318
– El-Argar-Kultur 30
– Elb-Havel-Gruppe 332, 363
– Elbe-Elster-Gruppe 366, *375*
– Elbe-Mulde-Gruppe 366
– Ems-Hunte-Gruppe 257, 310, 317
– »Ems-Weser-Kreis« 317
– Fläming-Gruppe 366
– »Formenkreis Adlerberg-Singen« 62
– »Formenkreis der Unterweser« 317
– Fremdmetall-Gruppe 65
– Fulda-Gruppe 176
– Füzesabony-Otomani-Kultur 229
– Gáta-Kultur 123
– Glockenbecher Kultur 44, 78, 80, 97, *97*, 99, 142, *149*, 161
– Goldbeck-Daudieck-Gruppe 198
– Grabsittenkreis 52, 76, 84
– Großpolnische Kultur mit Textilkeramik 223
– Hallstatt-Kultur 29, 439, *439*
– Hase-Hunte-Kulturprovinz 317
– Hausurnen-Kultur 257
– Helmsdorfer Gruppe 257, 359, *359*, 361, 363
– Hockergräber-Kultur 37
– Hötting-Morzg-Gruppe 388
– Höttinger Kultur 401
– Hügelgräber-Kultur 24, 32, 37, 44, 164, 167, *167*, 168, 169, *170*, *171*, *173*, *174*, *181*, 205, 212, 214, 221, 223, 227, 228, *238*, 241, *241*, 242, 244, 353
– Ilmenauer Kultur 189
– Inneralpine Keramik der älteren Bronzezeit 240
– Inneralpine Bronzezeit-Kultur 105, *112*, 141, 163, *163*, *164*, *165*, 227, 240, 241, 244, 252, *254*, *255*, 401, 410, 413, 436
– jüngere niederrheinische Grabhügel-Kultur 293
– Kerbschnitt-Gruppe 293
– Knovízer Kultur 300, 353, 354, 357, 369, 388, 395
– »Kultur der inkrustierten Keramik« 124
– »Kultur der thüringischen Steinpackungsgräber« 353
– »Kultur des Friedhofs auf dem Erfurter Flughafen« 353

– Kultur mit Litzenkeramik 95, 127
– Kulturprovinz Mittelelbe 300
– Kulturprovinz Saale 300
– Latène-Kultur 439
– Laufelder Gruppe 293
– Laugenkultur 410
– Laugen-Melaun-Gruppe (bzw. -Kultur) 163, 382, 398, 405, 410, *411*, *412*, 413, 418, 419, *420*, 430, 436, *437*, 439
– Lausitzer Kultur 32, 167, 223, 257, 297, 298, 300, 302, 307, 318, 320, 323, 345, 353, 354, 357, 365, 364, 366, *367*, *368*, *373*, *374*, *375*, 376, *378*, 439
– Lausitzisch-sächsische Gruppe 366
– Leitha-Gruppe 96
– Leithaprodersdorf-Gruppe 95, 96, *96*, *97*, 123, 126
– »lepontischer Kreis« 436
– Leubinger Kultur 44
– Linzer Gruppe 105
– Lüneburger Gruppe 35, 167, 168, 170, 179, 189, *192*, *194*, 199, 205, 258, 298, 300, 310, 363
– Maďarovce-Kultur 124, 131, 136, 229
– Mecklenburger Gruppe 300
– Melauner Kultur 410
– Metallgruppe 49
– Minoische Kultur 30, 35, 37
– mitteldanubische Hügelgräber-Kultur 231
– Mittelminoische Kultur 34
– Mondsee-Gruppe 138
– Mönitzer Kultur 44
– Mosonska-Kultur 123
– Mykenische Kultur 29, 30, 33, 36, 37, 48, 51, *172*, *193*
– Nagyrév-Kultur 97, 408
– Neckar-Gruppe 43, 76, 77, *77*
– Neißemündungs-Gruppe 366
– Neubrandenburgische Gruppe 332
– Niederlausitzer Gruppe 366, *375*
– Niederrheinische Grabhügel-Kultur 257
– Nordischer Kreis 43, 90, 167, 196, 211, 297, 303, 325, 332, 351
– Nordpannonische Kultur 124
– Nordtiroler Urnenfeld-Kultur 382, *382*, 388, 401, *403*, 439
– Oberbayerische Gruppe 168
– Oberlausitzer Gruppe 366
– Oberpfälzische Gruppe 177
– Oberpfälzisch-böhmische Gruppe 168
– Oberrhein-Hochrhein-Gruppe 43, 65
– Ockergrab-Kultur 33
– Oldenburg-emsländische Gruppe 167, 207
– Osterländische Gruppe 353, 354, 357, 366
– Podliszki-Kultur 223
– Prignitz-Gruppe 332
– Rhein-Main-Gruppe 168, 176, 177
– Rhin-Gruppe 332
– Rhône-Kultur (bzw. -Gruppe) 32, 142, 241, 242
– Ries-Gruppe 43, 75, 81
– Rügener Gruppe 332
– Saalemündungs-Gruppe 257, 359, 361, 363, *364*, 365
– Saône-Jura-Gruppe 141, 143
– Schlesisch-großpolnische Hügelgräber-Kultur 223
– Schlesische Hügelgräber-Kultur 223
– Schliebener Gruppe 366, *375*
– Schnurkeramische Kultur 44, 127, 187
– Seddiner Gruppe 332
– Segeberger Gruppe 211, 325, 327
– Singener Gruppe (bzw. Kultur) 32, 43, 62, 65, 75
– Sögel-Wohlde-Kreis 21, 43, 84, 86, 89, 93, *156*, 200
– Sögeler Kreis 84

– Spindlersfelder Kreis (bzw. Gruppe) 300, 363, 366, *376*
– Stader Gruppe *34*, 167, 176, 196, 211, 257, 305, 310, 311
– Straubinger Kultur 32, 43, 44, 56, *56*, *58*, *68*, 73, 75, 81, 95, 105
– sudeto-danubische Gruppe 231
– Südgruppe 317
– Südhannoversche Gruppe 167, 205, 206
– Südholsteinische Gruppe 328
– Thuner Gruppe 143
– Uckermärkisch-westpommersche Gruppe 332
– Úněticer Kultur 44
– Unstrut-Gruppe 257, 353, 357, 359
– Unterweser-Gruppe 311
– Unterwölblinger Gruppe (bzw. Kultur) 68, 95, 111, *112*, 117, 118, 122, *122*, 134
– Urnenfeld-Kultur 24, 29, 32, 37, 38, 206, 257, *257*, 258, 267, 274, 280, 284, 288, 293, 296, 297, 305, 307, 317, 318, 320, 323, 326, 332, 342, 344, 345, 346, 353, 364, *364*, 366, 368, 378, 382, 383, *393*, 413, 414, *414*, *420*, 436, 439
– Ursac-Kultur 229
– Usedom-Wolliner-Gruppe 332
– Vatya-Kultur 229
– Verbreitung 44, 85, 99, 127, 142, 169, 228, 232, 242, 259, 308, 384, 414
– Verdener Gruppe 311
– Věteřov-Kultur 127, *131*, 132, *133*, 134, 137, 227, 228, 231
– Villanova-Kultur 271, 430, 434
– Vorlausitzer Gruppe (bzw. Kultur) 167, 223, *223*, 224, 366
– Walliser Kultur 142
– »Walterslebener Gruppe« 353, *353*, 357
– Werra-Fulda-Gruppe 168, 177, 178
– Wesermünder Gruppe 311
– Wessex-Kultur 32, 161
– Westholsteinische Gruppe 211, 325
– Westmecklenburgische Gruppe 211
– Wieselburger Kultur 95, 97, 98, 123, *123*, 124, *124*, 126, *126*, 128, 231
– Wohlde-Kreis 84
– Württembergische Gruppe 168, 177
Guntramsdorf-Draßburg (Typ Guntramsdorf-Draßburg) siehe Typenbezeichnungen
Gürtel 34, *51*, 52, 123, 150, 161, 171, 179, 211, 260, 325, 328, 331, 332, 341, 347, 358, 433
–beschlag 385
–blech *42*, 100, 102, 171, 172, 260, 278, 389
–buckel 317, *318*, 341
–dose 217, *216*, 314, 326, 332, 344
–haken 34, 105, *105*, 144, 149, 171, 243, *244*, 260, 298, 311, 317, 320, 385, *385*, 401, 415
–kette 415
–platte *105*, 390, *391*
–scheibe 190, 212, 220, *221*, 303
–schließe 177, 401
–schmuck 177, 216, 317, 323
Gusen (Typ Gusen) siehe Typenbezeichnungen
Guß 263
Gußbrocken 58, 250, 269, 321, 345, 426
Gußform 23, 48, 58, 88, 97, 108, *108*, 109, 131, 132, 135, 164, *165*, 190, 205, 213, *213*, 235, *254*, *256*, 268, 269, 285, *254*, *256*, 288, 321, 340, 354, 373, 375, 378, *425*, 426, 433
Gußhaut 268
Gußklumpen 175, 270
Gußkuchen 108, 109, 205, 268, 340, 351, 389, 390, 438
Gußlöffel 269, 426
Gußnaht 48, 268, 318, 375
Gußtiegel 48, 67, 164, 175, 244, 264, 268, 282

Gußtrichter 269
Gußtropfen 155, 164
Gußzapfen 268, 375

H

Haar 211
Haarknotenfibel siehe Fibeln
Haarlockenring siehe Ringe
Haarnadel siehe Nadel
Haarnetz 147, 211
Haarrolle 211
Haarspange *147*, 147
Haarspirale siehe Spiralen
Haarzopf 352
Hacke 153, 176, 321
Hafen 274
Haifischzahn 278
Haken 270, 281
Hakenkopfnadel siehe Nadeln
Hakenpflug 31, 190, 207, *207*, 212
Hakenschlüssel 420
Hakenspirale siehe Spiralen
Halbmondmesser 214
Halbrundschaber 214
Hallstatt A bis D siehe Klassifizierungen, zeitliche
Hallstatt-Kultur siehe Gruppen und Kulturen
Hallstatt-Zeit siehe Klassifizierungen, zeitliche
Halskette 34, 51, 60, 75, 88, 93, 97, 110, 119, 120, 125, *125*, 147, 156, 166, 174, 178, 179, 205, *205*, 208, 216, 251, 282, 300, 301, 314, 345, 377, 394, 405, 432
Halskragen 89, 147, *148*, *156*, 177, 178, 179, 190, 192, 198, 205, 215, 221, 300, 301, 303, *304*, 307, *307*, 309, 318, 328, 345
Halsring siehe Ringe
Halsringbarren 94
»Halsringgöttin« 332
Hämatom 112
Hamburger Museum für Archäologie/Helms-Museum, Hamburg-Harburg 21, 194, 205, 378
Hammer 108, 133, 155, 221, 269, 426, 438
Hammerbeil siehe Beile und Äxte
Handdarstellung 218, 350
Handel 24, 32
Handelsnetz 277
Handelsroute 277
Handhaspel *108*
Handleder 393
Händler 24, 97, 101, 102, 146, 161, 186, 268, 301, 354, 389, 457
Handmühle 32
Handwerk 24
Handwerker 337
Hängebecken 314, *314*, 317, 318, 323, *323*, 341, 344, 351, 364, 376, 430
Hängegefäß 341, 349
Hängescheibe 190, 192
Harfenfibel siehe Fibeln
Harpune 340
Harris-Linie 112, 131, 401
Hase-Hunte-Kulturprovinz siehe Gruppen und Kulturen
Haslau-Regelsbrunn (Typ Haslau-Regelsbrunn) siehe Typenbezeichnungen
Haube 55, 59, 75, 79, *80*, 96, 97, 123, 144, *190*, 192, 198
Haufendorf 337
Häuptling 21, 29, 94, 104, 126, 130, 166, 168, 172, 175, 196, *196*, 260, 262, 298, 330, 338, 350, 418
Häuptlingsfrau 192
Häuptlingsgrab siehe Bestattungssitten und Gräber
Hauptwall siehe Befestigung
Haus 29, 47, *57*, 62, 66, 180, 184, *200*,

549

SACHREGISTER

261, 285, 309, 311, 325, 363, 366, 416, 436
»Haus des Bronzegießers« *263*
»Haus des Häuptlings« *262, 264*
»Haus des Töpfers« *263*
Hausgrundriß siehe Grundriß
Haustier 32, 33, 47, 57, 66, 80, 84, 96, 101, 106, 131, 144, 149, 164, 182, 185, 189, 190, 196, 207, 212, 234, 239, 249, 251, 254, 263, 266, 284, 319, 321, 338, *360,* 364, 374, 388, 398, 402, 411, 420, 437
Hausurnen-Kultur siehe Gruppen und Kulturen
Hauttumor 100
Hecke 31
Hegau-Museum, Singen *62, 63, 64*
Heide 190
Heidegebirge 393
»heiliger Berg der Franken« 264
heiliger Bezirk 208
»heiliger Wagen« 314
»heiliges Geld« 61
»heiliges Pferd« *352*
»heiliger Schild« *38*
»heiliges Zeichen« 94, 352, 433
Heiligtum 285, 287, 288
Heilsbeschwörung 200
Heilssymbol 279, 351
Heilwasser 435
Heimatmuseum Bernhardsthal 103
Heimatmuseum Dahlenburg *309*
Heimatmuseum der Festung Kufstein *108, 110*
Heimatmuseum Guntramsdorf *136*
Heimatmuseum Kitzbühel *403, 404*
Heimatmuseum Langenlois 103
Heimatmuseum Mannersdorf am Leithagebirge *396*
Heimatmuseum Mistelbach *102,* 229
Heimatmuseum Pitten *234*
Heimatmuseum Saalfelden *397*
Heimatmuseum Traismauer *236*
Heimatmuseum Verden/Aller *314*
Heirat 29
Heiratsgruppe 328
Heiratssitte 331
Helm 21, 33, 35, 36, 268, 271, *272,* 283, *312, 313,* 342, 356, 375, 383, 389, 391, *392, 393,* 404, 428
Helmsdorfer-Gruppe siehe Gruppen und Kulturen
Helmste (Typ Helmste) siehe Typenbezeichnungen
Henkel 104, 321
Henkelgefäß 331
Henkelkanne 58
Henkelkrug 238, 361, 411, *420,* 437, *437*
Henkelschale 388
Henkeltasse 80, 97, 101, 107, 185, 388, 402
Henkelterrine 224
Henkeltopf 97, 101, 118, 284, 340, *412,* 425
Herd 173, 337, 367, 373, 387, 416
Herdeinfassung 321
Herdplatte 174
Herdstein 193
Herdstelle 164, *165,* 184, 223, 240, 243, 244, 309, 321, 325, 338, 366, 367, 398, 437
Herrengehöft 262
Herrensitz 386
Herzsprung-Schale *342*
Herzsprung-Schild *343*
Hiebmesser 411
Hiebschwert siehe Schwerter
Hiebspur 122
Hiebverletzung (bzw. Schlagverletzung) 112, 182, 332, 400
Hiebwaffe 50, 176, 192, 429

»himmlisches Eisen« 439
»Hinkelstein« 83
Hinrichtung 171
Hirnhautentzündung 135, 112
Hirschbestattung 386
Hirschdarstellung *340*
Hirschgeweih 80, 349
Hirschgeweihaxt siehe Beile und Äxte, Geweihaxt
Hirschgeweihhacke 59, 118
Hirschgeweihknebel *155*
Hirschhaar 207
Hirsebrei 266, 374
Hirte 156, 173
Hirtenbauer 437
Hirtenstabnadel siehe Nadeln
Historischer Verein Straubing 60
Historisches Museum, Bamberg *178*
Historisches Museum, Basel 428
Historisches Museum der Pfalz in Speyer *81,* 156, *183, 368*
Historisches Museum der Stadt Sankt Pölten *119*
Historisches Museum, Köthen *364, 365*
Historisches Museum, Sankt Gallen *251, 416, 437*
Höbarth-Museum, Horn *238, 396, 400*
Hochbronzezeit siehe Klssifizierungen, zeitliche
Hochzeit 189, 300, 406
Hockerbestattung siehe Bestattungssitten und Gräber
»Hockerfacette« 55, 111, 296
Hockergräber-Bronzezeit siehe Klasifizierungen, zeitliche
Hockergräber-Kultur siehe Gruppen und Kulturen
Hockerstellung 60, 74, 76, 147
Höhensiedlung 46, 56, 57, 66, 68, 96, 100, 105, 128, 131, 135, 144, 153, *155,* 163, *164,* 172, 173, 233, *234,* 243, 244, 253, *254,* 260, 261, 263, *288,* 354, 359, 366, 367, 368, *368,* 373, 375, 387, 398, 415, 417, 435, 437
Höhle 46, 54, 57, 65, 68, 106, 110, 144, 173, 243, 261, 284, 287, 297, 358, 387, 412
Höhlenheiligtum 283
Holunderbeere 151
Holz 31, 79, 93, 97, 155, 235, 268, 326
—becher 89
—boden 153, 419
—deckel 330
—eimer 107
—Erde-Mauer 264, 373
—Erde-Wall 360
—flöte 280, *280*
—, fossiles 432
—gefäß 86, *154,* 155, 175, 185, 207, 360
—griff 17
—kästchen 302, 318, 434
—kiste 179, 379
—kistengrab siehe Bestattungssitten und Gräber
—kübel 393
—perle 432
—pfahl 282
—pflug 373
—regal 117
—reifen 276
—sarg siehe Bestattungssitten und Gräber
—schachtel 186
—schale 196, 197, *197,* 426, 430
—schalenbauweise 367
—schaufel 108, *389*
—scheide 197, 214, 235, 272, 327
—schild 176
—stab 426
—turm 264
—verschalung 53
Homosexuelle 170

Honig 374, 380
Horizont Weiningen 251
Horkheimer Nadel siehe Nadeln
Hornblendeschiefer 89, 118
Hörnerknaufschwert siehe Schwerter
»Hortgeld« 32
Hose 34
Hostomice (Typ Hostomice) siehe Typenbezeichnungen
Hötting-Morzg-Gruppe siehe Gruppen und Kulturen
Höttinger Kultur siehe Gruppen und Kulturen
Hötting (Typ Hötting) siehe Typenbezeichnungen
Hügelgräber-Bronzezeit siehe Klassifizierungen, zeitliche
Hügelgräber-Kultur siehe Gruppen und Kulturen
Hügelgräberfeld 356
Hügelschüttung 126
Hülsenfrucht 31, 229, 265, 354, 373, 374, 388, 420
Hülsenkopfnadel siehe Nadeln
Hülsennadel siehe Nadeln
Hulterstadt (Typ Hulterstadt) siehe Typenbezeichnungen
Hundebiß 132
Hundezahn 110, 117, 178
Hüne 264
Hunger 44
Hungerosteopathie 112, 384
Hunne 264
Hut *143,* 144
Hütte (siehe auch Haus) 30, 55, 79, 106, 149, 253, *262,* 597
Hüttenlehm 56, 96, 106, 117, 131, 153, 172, 173, 320, 354, 373, 401, *401,* 410, 417, 436
Hydrocephalus siehe Wasserkopf
Hyperostose 233

I

Idol *125*
Illertissen (Typ Illertissen) siehe Typenbezeichnungen
Illyrer 440
Ilmenau-Kultur siehe Gruppen und Kulturen
Imkerei 374
Import *43,* 59, 87, 92, 93, 110, 129, 145, 146, 164, 177, 178, 184, 186, 192, 213, 214, 221, 224, 249, 251, 260, 270, 272, 277, 297, 298, 301, 303, 305, 307, *312, 313,* 323, 342, 344, 345, 351, 354, 356, 361, 364, *364,* 375, 388, 411, 418, 430
»industrielle Phase« siehe Klassifizierungen, zeitliche
Infektionskrankheit 112
Initiationsfeier 29
Inneralpine Bronzezeit siehe Klassifizierungen, zeitliche
Inneralpine Bronzezeit-Kultur siehe Gruppen und Kulturen
Inneralpine Keramik der älteren Bronzezeit siehe Gruppen und Kulturen
Inselsiedlung 261, 263
Israeliten *41*

J

Jagd 30, 48, 58, 66, 90, 96, 101, 154, 156, 174, 176, 190, 207, 254, 266, 321, 338, 374, 388, 401, 420, 438
Jagdbeute 106, 340
Jagdbeuterest 106, 132, 154, 235, 313, 319, 340, 401, 425
Jagdkult 400
Jagdwaffe 271, 313
Jagdwild 321
Jäger *31,* 156, 400
Jaspis 129

Jenišovice (Typ Jenišovice) siehe Typenbezeichnungen
Jenišovice-Kirkendrup-Typ siehe Typenbezeichnungen
Jenseitsausstattung siehe Opfer und Beigaben
Jevičko (Typ Jevičko) siehe Typenbezeichnungen
Joch 33
Jugendliche 111
jüngere Bronzezeit siehe Klassifizierungen, zeitliche
Jüngere Frühbronzezeit siehe Klassifizierungen, zeitliche
jüngere Hügelgräber-Bronzezeit siehe Klassifizierungen, zeitliche
jüngere Niederrheinische Grabhügel-Kultur siehe Gruppen und Kulturen
jüngere vorrömische Eisenzeit siehe Klassifizierungen, zeitliche
Jungsteinzeit siehe Klassifizierungen, zeitliche

K

Kalender 399
»Kalenderschale« 398
Kalottenschale 145
Kalziummangel 184
Kamm 34, 212, *261,* 311, 329, 337, 350, 415
Kammhelm siehe Helm
Kammstrich 340
Kammstrichverzierung 425
Kampf 156, 176, 193, 236, 378, 398, 405, 409
Kampftrophäe 287
Kanal 410, *411*
Kanalisationsmauer *411*
Kanne 224, 229, 230, 235, 340, 352, 364, 380
Kannelure 340, 411
Kannelurenstein 268, 269, 426
Kannibalismus 54, 110, 122, 134, 219, 287, 357, *357,* 358, 365, 438
Kantonales Museum für Achäologie, Sitten *141, 147, 148, 149*
Kantonales Museum für Urgeschichte, Zug *417, 437*
kapatenländische Form *177*
Kappe 112, 135, 147, 189
Karies 29, 44, 55, 62, 78, 99, 112, 170, 184, 229, 233, 383, 414
Karpfenzungenschwert siehe Schwerter
Karren 51, 275
Käse 174
Kasten 278, 402
Kastenbauweise 373, *373*
Kastration 106
Katastrophenhorizont 362
Katzenfigur 378
Kegelhalsgefäß 267, 324, 374, 388
Kegelkopfnadel siehe Nadeln
Kelle 224
Keller 106
Kellergrube 100, 337, 354
Kelten 436, 439
Kenotaph siehe Bestattungssitten und Gräber, Scheingrab
Keramik (siehe auch Tongefäß) 35, 48, *48,* 53, 66, 68, 80, 92, 97, 101, *131,* 139, 145, 152, 168, 174, 190, 213, 222, 223, 229, 240, 253, 267, 321, 353, 359, 361, 364, 367, 374, 377, 402, 409, 411, 425, 430, 436
Keramikamulett 278
Keramikdepot 96, 97, 124, *229,* 238, 340, 388
Kerbholz 402, *404*
Kerbleiste 58, 175
Kerbreihe 155
Kerbschnitt 175, 249

Kerbschnitt-Gruppe siehe Gruppen und Kulturen
Kerbschnittasse 174
Kerbschnittmuster 425
Kerbschnittverzierung 293
Kerbstempelung 411
Kernspaltflöte 396
Kesselwagen 283, 285, 329, 330, 368
Kette 244, 432
Kettfaden 363
Keule 50, 133, 182, 224, 270, 438
Keulenkopf 222, 270
Kieferbruch 75
Kiefernholz 379
Kieferveränderung 366
Kiesel 89
Kieselschiefer 322
kimbrischer Typ siehe Typenbezeichnungen
Kimmerier 275, 386, 388, 392, 394
Kind 111, 112, 130, 281
Kindergrab siehe Bestattungssitten und Gräber
Kinderspielzeug 179, 267, 274, 280, 345, 376, 434
Kindersterblichkeit 332, 363
Kinnbart 346
Kirkendrup (Typ Kirkendrup) siehe Typenbezeichnungen
Kittel 211
Klammer 268
Klapper 280, 378
Klapperblech 196, 275, 314, 330, 345, 345, 352
Klapperblechanhänger 374
Klappergerät siehe Sistrum
Klapperring 286
Klapperschmuck 276
Klappschemel siehe Klappstuhl
Klappstuhl 196, 196, 197, 212, 276
Klassifizierungen, zeitliche
– ältere Bronzezeit 24, 156, 167, 169, 184, 188, 189, 196, 200, 205, 207, 220, 223, 318
– ältere Frühbronzezeit 44, 99, 141
– ältere Hügelgräber-Bronzezeit 231
– ältere Mittelbronzezeit 228
– Bronzezeit A 29, 43, 95
– Bronzezeit B 29, 167, 227, 241
– Bronzezeit C 29, 167, 227, 241
– Bronzezeit D 29, 257, 260, 272, 382, 413, 425, 428
– Bündnerische Bronzezeit 163, 241
– Eisenzeit 24, 24, 293, 437
– entwickelte Frühbronzezeit 141
– entwickelte Hügelgräber-Bronzezeit 231
– »Epoque morgienne« 144
– Frühbronzezeit 24, 29, 68, 95, 107, 140, 141, 150
– frühe Mittelbronzezeit 57, 240
– frühe vorrömische Eisenzeit 439
– Grabhügel-Bronzezeit 168
– großnordischer Kreis 332
– Hallstatt-Zeit 24, 42, 249, 393, 435, 439
– Hallstatt A 24, 257, 260, 293, 382, 413, 425, 428, 432
– Hallstatt B 24, 257, 260, 293, 382, 413, 425, 428, 429
– Hallstatt C 24, 293
– Hallstatt D 24
– Hochbronzezeit 167
– Höckergräber-Bronzezeit 29, 37, 167
– Hügelgräber-Bronzezeit 29, 37, 84, 227, 228, 229, 231, 234, 241, 244, 284, 409
– »industrielle Phase« 24
– Inneralpine Bronzezeit 163
– jüngere Bronzezeit 24, 257, 308, 311, 317, 320, 324, 359, 366
– jüngere Frühbronzezeit 57, 85, 127, 142, 241, 242

– jüngere Hügelgräber-Bronzezeit 231, 232
– jüngere vorrömische Eisenzeit 439
– Jungsteinzeit 48, 90, 150, 188, 195
– Kupferzeit 32, 140
– Latène-Zeit 393, 439
– Lüneburger Bronzezeit 189
– »Metallikum« 24
– Mittelbronzezeit 29, 32, 156, 167, 168, 169, 227, 233, 241, 242, 257, 385
– mittlere Bronzezeit 24, 205, 257, 259, 298, 303, 305, 331, 366
– mittlere Hügelgräber-Bronzezeit 231, 232
– nordische ältere Bronzezeit 167, 211, 213
– nordische Bronzezeit 24, 32, 34, 37, 38, 84, 257, 313, 314, 318, 348, 439
– nordische junge Bronzezeit 36, 43, 90
– nordische jüngere Bronzezeit 257, 296, 302, 332, 332, 337, 338, 340, 341, 346, 363, 368
– nordische jüngste Bronzezeit 439
– nordische mittlere Bronzezeit 257, 325, 332, 368
– Periode I 24, 43, 84, 90
– Periode II 24, 84
– Periode III 24
– Periode IV 24
– Periode V 24
– Periode VI 24
– Spätbronzezeit 29, 167, 257, 259, 297, 308, 382, 384, 404, 413, 414, 420
– Steinzeit 23, 24
– Urnenfelder-Zeit 24, 30, 37, 281, 298, 389, 393, 414, 437, 473
Kleeblattnadel siehe Nadeln
Kleidung 21, 34, 46, 75, 78, 84, 96, 100, 105, 117, 123, 135, 143, 144, 151, 171, 184, 189, 190, 196, 205, 207, 211, 215, 216, 217, 220, 223, 243, 260, 278, 296, 303, 311, 332, 353, 363, 385, 401, 415, 432, 436
Kleingefäß 267, 340
Klentnice I siehe Kulturstufen
Klentnice II siehe Kulturstufen
Klima 29, 31, 173, 258
Klimaänderung 231, 242, 260, 416
Klinge 133, 184, 321
Klopfstein 49, 109, 155, 244, 321, 411, 426
Knebel 269, 270, 345, 345, 376, 392
Knickrandbeil siehe Beile und Äxte
Knickwandkrug 154
Knickwandschale 267
Knickwandtasse 145
Knöchelband 175, 177, 181
Knochen 35, 49, 80, 92, 97, 101, 126, 133, 147, 155, 161, 165, 224, 255, 270, 277, 326, 342, 343, 375, 391, 396, 430, 432
–ahle 254
–anhänger 117, 400, 432
–armring siehe Ringe
–ausbruch 75
–bruch 112
–gerät 342
–griff 391
–hammer 182, 391
–kamm 337
–knopf 77, 81, 147
–marksentzündung 100, 112
–meißel 59
–nadel siehe Nadeln
–perle 81, 278, 393, 394, 432
–pfriem 59, 101, 109, 155, 176, 354
–platte 377
–ring siehe Ringe
–schaber 109
–scheibe 62, 119
–spatel 155
–spitze 109

–werkzeug 133
–wucherung 62
Knopf 64, 190, 220, 220, 277, 309, 309, 321, 332, 345, 345, 346, 349, 353, 385, 393, 405
Knopfsichel 212, 220, 250, 270, 283, 309, 321, 338, 345, 354, 364, 375, 428
Knorpelschädigung 99
Knovizer Kultur siehe Gruppen und Kulturen
Köcher 86, 190, 273, 351
Kochgefäß 48
Kochstein 185, 244, 254
Kochtopf 240, 425
Köhler 235
Kolbenkopfnadel siehe Nadeln
Kollier 179
Kommandoaxt siehe Beile und Äxte
»Königsgrab« siehe Bestattungssitten und Gräber
Kontrollzeichen 402
Kopfband 145, 148, 149
Kopfbedeckung 190, 383
Kopfhaube siehe Haube
Kopfnadel siehe Nadeln
Kopftuch 168, 172
Kopfzierde 120
Korb 302, 429
Korbgeflecht 428
Kornstich 175
Körperbemalung 76
Körperbestattung siehe Bestattungssitten und Gräber
Körperbindung 243
Körperhöhe 29, 44, 55, 62, 75, 78, 99, 105, 111, 163, 168, 232, 243, 260, 332, 366, 383
Körperpflege 212, 294, 295, 307
Kostümbild 325
Krahuletz-Museum, Eggenburg 101, 103, 244
Krankheit 29, 44, 62, 78, 111, 131, 170, 232, 296, 301, 332, 366
Krapelna (Typ Krapelna) siehe Typenbezeichnungen
Kratzer 109, 426
Kreisauge 175, 341
Kreisaugendekor 341
Kreisgrab siehe Bestattungssitten und Gräber
Kreisgraben 180, 188, 208, 285, 293, 295, 323, 361, 362
Kreisgrabenanlage 100, 104
Kreisgrabenfriedhof 293, 318
Kreismuster 190
Kreisornament 285
Kreuz 375, 380
Kreuzbalkenkopfnadel siehe Nadeln
Kreuzmuster 147
Krieg 54, 55, 68, 264, 275, 354, 436
Krieger 35, 37, 42, 50, 79, 145, 143, 176, 197, 198, 207, 211, 214, 236, 271, 313, 327, 338, 342, 352, 375, 391, 393, 409
Kriegergrab siehe Bestattungssitten und Gräber
Kriegszug 258
»Krinoline« 54
Křtěnov (Typ Křtěnov) siehe Typenbezeichnungen
Krug 48, 58, 66, 118, 124, 129, 130, 132, 155, 174, 175, 224, 267, 374, 388, 402, 405, 411, 437
»Krummschwert« siehe Schwerter
Kugelkopfnadel siehe Nadeln
Kult 37, 150, 188, 206, 251, 316, 352, 365, 381, 435
–bau 209, 286
–becher 380
–bild 183
–feuer 208, 412
–figur 283

–handlung 412
–mahl 182, 239
–nische 199
–objekt 48, 156, 267, 274, 283, 287, 332, 376, 380, 435
–platz 110, 149, 150, 150, 153, 182, 251, 352, 398, 412, 420
–stätte siehe Kultplatz
»Kultur der inkrustierten Kultur« siehe Gruppen und Kulturen
»Kultur der thüringischen Steinpackungsgräber« siehe Gruppen und Kulturen
»Kultur des Friedhofs auf dem Erfurter Flughafen« siehe Gruppen und Kulturen
Kultur mit Litzenkeramik siehe Gruppen und Kulturen
Kulturstufen
– Baierdorf-Lednice 383
– Baierdorf-Velatitz 395, 396
– Binninger 432
– Blučina-Kopčany 383
– Brno-Obřany 383
– Klentnice I 383
– Klentnice II 383
– Langquaid 43, 56, 58, 59, 155
– Oblekovide 383
– Očkov 383
– Podol-Stillfrieder 383, 396
– Podoli 383
– Pro-Aunjetitz 99
– Sögeler 84
– Trassem-Langquaid-Tinsdakl 56
– Velatice 383
Kultur von Unterwölbling siehe Gruppen und Kulturen, Unterwölblinger Gruppe
Kulturgefälle 257
Kulturgeschichtliches Museum, Osnabrück 156, 207
Kulturhistorisches Museum, Magdeburg 365
Kulturprovinz Mittelelbe siehe Gruppen und Kulturen
Kulturprovinz Saale siehe Gruppen und Kulturen
Kultwagen 38, 38, 285, 287, 288, 313, 314, 368, 380, 439
»Kümmerkeramik« 35, 185, 196, 207, 220
Kumpf 190
Kunst 51, 124, 134, 136, 179, 217, 274, 309, 315, 317, 346, 365, 378, 394, 399, 411, 434
Kupfer 21, 23, 32, 33, 48, 55, 59, 63, 80, 97, 101, 108, 124, 125, 126, 140, 161, 213, 235, 374, 430
–adertauschierung 272
–band 146
–bergbau 107, 388, 389
–bergwerk 108
–blech 81
–dolch siehe Dolche
–erz 48, 58, 107, 144, 145, 163, 235, 359, 389, 404
–schiefer 47
–schlacke 269
–vorkommen 80
Kupferzeit siehe Klassifizierungen, zeitliche
Kurd (Typ Kurd) siehe Typenbezeichnungen
Kurzschwert siehe Schwerter
Kurzschwertklinge 186

L

Lagerstätte 47, 73, 402
Lampe 344
Landesamt für Denkmalpflege Rheinland-Pfalz 174

SACHREGISTER

Landesdenkmalamt Baden-Württemberg 280
Landesmuseum Ferdinandeum, Innsbruck 382
Landesmuseum für Vorgeschichte, Dresden *50, 224, 225, 226, 374, 378*
Landesmuseum für Vorgeschichte, Halle/Saale *47, 49, 68, 342, 354, 356, 359, 362, 362*
Landesmuseum Mainz *80, 81, 82, 268, 272, 285, 286*
Landesmuseum Schwerin *325*
Landgraben 295
Langbett 293
Langdolch siehe Dolche
Langgraben 293, 294
Langhaus 117, 360
Langhügel siehe Bestattungssitten und Gräber
Langmeißel 255
Langquaid-Beil siehe Beile und Äxte
Langquaid-Stufe siehe Kulturstufen
Langschwert siehe Schwerter
Lanze 224, 235, 249, 271, 272, 273, 298, 303, 304, 313, 318, 326, 331, 354, 356, 391, *393*, 404, 428
Lanzenschuh 341
Lanzenspitze 35, 36, *59*, 86, 92, 145, 155, 165, 175, 176, 180, 184, 185, 205, 206, 211, 218, 221, *222*, 250, 269, 270, *274, 275*, 282, 283, 285, *299*, 302, 304, *304*, 306, 307, *312*, 314, 318, 321, 331, 342, 343, 349, *354*, 356, 363, *375*, 379, 383, 389, 391, 392, 396, 409, 411, *426*, 429
»Lanzette« *312*, 318
Lappenabsatzbeil siehe Beile und Äxte
Lappenaxt siehe Beile und Äxte
Lappenbeil siehe Beile und Äxte
Lappenhammer 428
Lappenpickel 389, 393
Lappenschale 321
Latène-Kultur siehe Gruppen und Kulturen
Latène-Zeit siehe Klassifizierungen, zeitliche
Laubwald 173, 414
Laufelder Gruppe siehe Gruppen und Kulturen
Läuferstein *47*, 249, 318, 326
Laugen-Melaun-Gruppe (bzw. -Kultur) siehe Gruppen und Kulturen
Laugener Keramik *437*
»Laugenkultur« siehe Gruppen und Kulturen
Lausitzer Kultur siehe Gruppen und Kulturen
Lausitzisch-sächsische Gruppe siehe Gruppen und Kulturen
Lebenserwartung 111, 134, 232
Leder 176, 189, 214, 385, 401
−beutel 302, 318
−gürtel 117, 214, 327, 394, 415
−koller 271
−messer 270, *312*, 313
−panzer 36, 271
−riemen 299
−scheide 317
Lehmentnahmegrube 293
Lehmform 48
Lehmfußboden 373
»Leibwächter« 65, 194
Leichenbranddeponierung siehe Bestattungssitten und Gräber
Leichenbrandschüttung siehe Bestattungssitten und Gräber
Leichenfahrt siehe Bestattungssitten und Gräber
Leichenschmaus siehe Bestattungssitten und Gräber
Leichenzerstückelung siehe Bestattungssitten und Gräber

Leinen 363, 385
Leinöl 266
Leiterband 175
Leitha-Gruppe siehe Gruppen und Kulturen
Leithaprodersdorf-Tasse 97
Leithaprodersdorf-Gruppe siehe Gruppen und Kulturen
Leubinger Kultur siehe Gruppen und Kulturen
Leuchtspan 393, 402, *403*
Liane 154
Libation siehe Opfer und Beigaben, Flüssigkeitsopfer
Linienband 183
Liptauer Schwert siehe Schwerter
Liptauer Typ siehe Typenbezeichnungen
Litze *128*
»Litzenkeramik« 127, 231
Litzenverzierung *128*
Löbben-Schwankung 231, 242
Lochhalsnadel siehe Nadeln
Lochham-Horizont 171
Lochsichel 269, 270, 285
Lochtenne 410
Lockenring siehe Ringe
Lockenspirale siehe Spiralen
Locktier 400
Löffel 101, 124, 190, 340, 388
Löffelbeil siehe Beile und Äxte
Loggie des Vatikans *41*
Lokalgruppe 168, 189, 196, 205, 211, 310, 325
Loretto-Leithaprodersdorf (Typ Loretto-Leithaprodersdorf) siehe Typenbezeichnungen
Lößboden 80
Ludwig-Maximilians-Universität, München 75
Ludwig-Roselius-Museum für Frühgeschichte, Worpswede bei Bremen *209, 210*
Lumbrein (Typ Lumbrein) siehe Typenbezeichnungen
»Lüneburger Bronzezeit« siehe Klassifizierungen, zeitliche
Lüneburger Fibel siehe Fibeln
Lüneburger Flügelhaube siehe Haube
Lüneburger Gruppe siehe Gruppen und Kulturen
Lunula *64, 64*, 89, 161
Lunulaanhänger *163*
Lure 21, *30*, 35, *36*, 315, *341, 347, 348, 349, 350, 351, 352*
Lurenbläser 352
Lurengießer *341*

M

Mäander 425
Mad'arovce-Kultur siehe Gruppen und Kulturen
Magerung 175
Magie *296*
Mahlstein *47, 57, 59*, 106, 133, 154, 155, 165, 172, 190, 193, 212, 220, 223, 249, 254, 265, 266, 270, 318, 320, 321, *373, 374, 374*, 426
Mahlsteinplatte siehe Mahlstein
Mainfränkisches Museum, Würzburg *368*
Maisbirbaum-Zohor (Typ Maisbirbaum-Zohor) siehe Typenbezeichnungen
Malader (Typ Maladers) siehe Typenbezeichnungen
Malchin (Typ Malchin) siehe Typenbezeichnungen
»Malteserkreuz« 236, *244*
Mangelerkrankung 332, 401

Männergrab siehe Bestattungssitten und Gräber
Manschette 102
Manschettenarmband (siehe auch Stulpe) 34, *92, 93, 94*, 164, 299, 328, 331
Manschettenarmring siehe Ringe
Mantel 143, 190, 207
Maske 200
Massenproduktion 426, *426*
Maßsystem 24
Materiallager 250
Matrei (Typ Matrei) siehe Typenbezeichnungen
Matte 311
Mauer 50, 47, 68, *73*, 130, 173, 240, 261, 265, 253, 368, 373
Mecklenburger Gruppe siehe Gruppen und Kulturen
mecklenburgische Plattenfibel siehe Fibeln
Medizin 206
Medizinmann 46, 75, 112, 171
Megaron 100, 104
Mehl 32, 266
Mehrfachbeisetzung/-bestattung siehe Bestattungssitten und Gräber Meißel 35, 53, 118, 132, 133, 155, 185, 213, 244, 249, 250, 259, 270, 282, 285, 321, 331, 341, 343, 390, 411, 426
»Melauner Kultur« siehe Gruppen und Kulturen
Mels-Rixheimer Horizont 432
Menhir 38, 54, 74, *74*, 83, *83*, *150, 150*, 183
Meningiom 78
Meningoenzephalitis 112
Menschendarstellung *314*
Menschenfigur siehe Menschengestalt
Menschengestalt *149*, 198. 280, 342
Menschenhaar 312, 358
Menschenjagd 55
Menschenopfer siehe Opfer und Beigaben
Messer 21, 51, 176, 197, 213, 221, 235, 260, 268, 269, *282*, 283, 309, 312, 313, 321, 326, 330, 332, 341, 342, *342*, 344, 349, 350, 354, *375*, 377, 389, 390, 391, 402, *403*, 411, 412, 426, *434*, 435
Metallbeigabe siehe Opfer und Beigaben
Metalldepot siehe Depot
»Metallgruppe« siehe Gruppen und Kulturen
Metallhandwerk 23, 213
Metallhandwerker 24, 107, 109, 118, 135, 155, 175, 205, 254, 269, 375
»Metallikum« siehe Klassifizierungen, zeitliche
Metallimport 341
Metallnadel siehe Nadeln
Metallpferd 219
Metastasen 44
Meteor-Eisen 439
Mineralogisch-Petrographisches Institut der Universität Freiburg (Schweiz) 437
Miniaturaxt siehe Beile und Äxte
Miniaturdolch siehe Dolche
Miniaturrad 136
Miniaturschwert siehe Schwerter
Miniaturwagen 376, 380
Minoische Kultur siehe Gruppen und Kulturen
Mischwald 174
Mischwesen 278, 280, 285
Mistelbach-Regelsbrunn (Typ Mistelbach-Regelsbrunn) siehe Typenbezeichnungen
Mittelbronzezeit siehe Klassifizierungen, zeitliche
Mitteldanubische Hügelgräber Kultur siehe Gruppen und Kulturen

Mittelminoische-Kultur siehe Gruppen und Kulturen
mittlere Bronzezeit siehe Klassifizierungen, zeitliche
mittlere Hügelgräber-Bronzezeit siehe Klassifizierungen, zeitliche
Mobilität 177
Modell *73*
Möhliner Beil siehe Beile und Äxte
Mohnkopfnadel siehe Nadeln
Mondgott 200
»Mond-Idol« *285*, 398
Mondkalender 285, *285*
Mondsee-Gruppe siehe Gruppen und Kulturen
Mondsymbol 286
Mönitzer Kultur siehe Gruppen und Kulturen
Monogamie 168
Montlinger Axt siehe Beile und Äxte
Moor 398
Moorbau 262
Moorleiche 84, 89
Mooropfer siehe Opfer und Beigaben
Morgenstern-Museum, Bremerhaven *197*
Mörigen (Typ Mörigen) siehe Typenbezeichnungen
Mörigen-Schwert siehe Schwerter
Möriger Fibel siehe Fibeln
Möriger Schwert siehe Schwerter
Möriger Dolch siehe Dolche
Mosaikstandarte *39*
Mosonska-Kultur siehe Gruppen und Kulturen
Mühlau (Typ Mühlau) siehe Typenbezeichnungen
Muschelanhänger 81
Muschelopfer siehe Opfer und Beigaben
Muschelschale *59*, 102, 110, 119, 146, *356*, 432
Musée Cantonal d'Archéologie et d'Historie, Lausanne *146, 148*
Musée Cantonal d'Archéologie, Neuenburg *420, 430*
Musée d'Art et d'Histoire, Genf *429*
Museum Alzey 80, 280
Museum Bad Kreuznach 279
Museum Burghalde, Lenzburg *420*
Museum Carolino Augusteum, Salzburg *385, 389, 391, 392, 394*
Museum der Stadt Poysdorf *131*
Museum der Stadt Regensburg *61, 68, 181, 288*
Museum der Stadt Tulln *118*
Museum Engiadinais, Sankt Moritz *256*
Museum für Archäologie, Hamburg-Harburg *194, 197, 299, 300, 307*
Museum für das Fürstentum Lüneburg, Lüneburg *198, 298, 299, 300, 309*
Museum für Ur- und Frühgeschichte, Freiburg *261*
Museum für Ur- und Frühgeschichte Thüringens, Weimar *180*
Museum für Urgeschichte des Landes Niederösterreich, Asparn an der Zaya *95, 128, 135, 136, 137, 231, 235, 244, 386*
Museum für Vor- und Frühgeschichte, Berlin *219, 332, 351, 376, 377*
Museum Mödling *244*
Museum Mondsee *139*
Museum Neuruppin *381*
Museum Quedlinburg *362*
Museum Schwab, Biel *250, 431*
Museum Stettin *345*
Museum Torgau *379*
Museum Ulm *271*
Museum Vaterländischer Alterthümer zu Kiel *212*
Museum Wiesbaden *43, 82, 179, 269*
Museum Worms *273*
Musikant 315, *348*

Musikinstrument 21, *36*, 217, 280, 347, *348, 349, 350, 394, 396*, 435
Mütze 34, 211, *212*
Mykenische Kultur siehe Gruppen und Kulturen
»mykenisches Ornament« *136*

N

Nabe 269, 314
Nabenbruchstück 277
Nabenring 276
Nabentopf 393, *394*
Nachahmung 307, 317
Nachbestattung siehe Bestattungssitten und Gräber
Nachbildung *406*
Nackenkammaxt siehe Beile und Äxte
Nackenknaufaxt siehe Beile und Äxte
Nackenscheibenaxt siehe Beile und Äxte
Nackenstütze 285
Nadeln
— 51, 53, 56, 60, 64, 65, 76, 77, 78, 81, *84*, 97, 104, 105, 109, 117, 119, 125, 135, 143, 147, 151, 161, 165, 171, 175, 177, 178, 179, 181, 184, 186, 190, 198, 205, 208, 212, 216, 220, 221, 225, 226, 233, 236, 243, 255, 260, 271, 278, 283, 298, *299*, 300, 301, 302, 303, 304, 305, 306, *307*, 310, 312, 316, 317, 318, 323, 325, 327, 329, 330, 332, 342, 349, 356, 375, 378, 379, 385, 389, 393, 398, 412, 415, *432, 434*, 438
— böhmische Ösennadel 102
— Binninger Nadel 432
— Brillennadel 178
— Doppelflügelnadel 164, *164, 241*, 255
— Doppelnadel 300
— Doppelradnadel 184, 205, 298, 303
— Einadel 353
— Eisennadel 341, 350
— Flügelnadel 145, 147, 148, *148*, 164
— Gewandnadel 179, 186, *243*, 260, 269, 296, 320, 331
— gezackte Nadel 432
— Goldnadel 323
— Haarnadel 229, 230
— Hakenkopfnadel 105
— Hirtenstabnadel 224, *224*
— Horkheimer Nadel *63*, 64, 65, 81
— Hülsenkopfnadel 60, 102, 105, 126, 236
— Hülsennadel 161
— Kegelkopfnadel 140, 148, 161, 233, 236, 255
— Kleeblattnadel *148*
— Knochennadel 49, 54, 60, 75, 81, 98, 109, 117, 119, *119*, 123, 126
— Kolbenkopfnadel 233, 236, 298, 393
— Kolbennadel 171
— Kopfnadel 434
— Kreuzbalkenkopfnadel 298, *299*, 331
— Kugelkopfnadel 60, 105, 119, 126, 135, 136, 140, 233, *236*, 278, 298, 317, 393, 401, 426, 438
— Lochhalsnadel 171, 233, 236
— Metallnadel 119
— Mohnkopfnadel *260*, 278, 393, 401, 432
— Nagelkopfnadel 206, 393, 411
— Nähnadel 34, 230, 260, 269, 270, 385, 391, 396, 401, 403, 415, 426
— Ösenkopfnadel 58, 60, 145, 148, 161, *224*, 224
— Petschaftskopfnadel 233, 236
— Pilskopfnadel 255
— Plattenkopfnadel 353
— Prunknadel 179, *181*
— Radnadel 81, 88, *167*, 170, 172, 177, 178, 179, 181, 186, 190, 192, 198, 205, 216, 221
— Randleistennadel *249*
— Rautennadel 145, 148
— Ringkopfnadel 161, *249*
— Rippenkopfnadel 393
— Rippennadel 255
— Rollenkopfnadel 75, 102, 140, 148, 161, *163*, 236, 255, 281, 353, 354, 393
— Rollennadel 79, *80*, 98, 119, *309*, 320
— Ruderkopfnadel 105
— Rudernadel 60, *63*, 64, 65, 75, 77, 81, *82*, 119, 161
— Säbelnadel 81
— Schälchennadel 337
— Scheibenkopfnadel 60, 75, *101*, 102, 164, 177, 190, 221, 296, 317
— Scheibennadel 64, 65, 75, *112*, 119, *147*, 161, 190, 192, 216, 337
— Schleifenkopfnadel 105, *120*
— Schleifennadel 51, 64, 81, 119, 126, 161
— Sichelnadel *230*, 230
— Spindelkopfnadel *224*, 225
— Spiralkopfnadel 236
— Spiralnadel 119
— Spulennadel 432
— Spundkopfnadel 224
— Tätowiernadel 118, 172, 179, 180, 212, 307, 312
— Trompetenkopfnadel 171, 251, 401, *402*
— Turbankopfnadel 278
— Vasenkopfnadel 296, 317, 320, 323, 393, 401
— Vasennadel 337, 354
— Warzenkopfnadel 312, 313, 337
— Weitgendorfer Nadel *328*, 329
— Wetzleinsdorfer Nadel 229
— Zargenkopfnadel *224*, 225, 226
— Zwiebelkopfnadel 393, 458
— »zyprische Schleifenandel« 46, *50*, 51
Nadelschoner 225
Nadelschützer 393
Nagel *146*, 269, 272, 393, 432
Nagelkopfnadel siehe Nadeln
Nagelreiniger 212
Nagyrév-Kultur siehe Gruppen und Kulturen
Nähnadel siehe Nadeln
Nahrung 118, 374
Napf 48, 80, 101, 145, 185, 190, 267, 284, 323, 340, 354, 365
Nasennebenhöhlen-Entzündung 112
Nationalmuseum, Kairo 40
Nationalmuseum, Kopenhagen 368
Nationalmuseum Saint-Germain-en-Laye, Paris 275
Naturhistorisches Museum, Wien *32, 97, 123, 124, 125, 138, 230, 394, 395, 420*, 439
Neckar-Gruppe siehe Gruppen und Kulturen
Neißemündungs-Gruppe siehe Gruppen und Kulturen
Netz 340, 420
Netzsenker 154, 249, 388, 420
Netzschwimmer 154
Neubrandenburger Gruppe siehe Gruppen und Kulturen
Neyruz (Typ Neyruz) siehe Typenbezeichnungen
Neyruz-Beil siehe Beile und Äxte
Nickel 63, 155
Niederlausitzer Gruppe siehe Gruppen und Kulturen
Niederlausitzer Landesmuseum, Cottbus *377, 379*
Niederösterreichisches Landesmuseum *238*
Niederrheinische Grabhügel-Kultur siehe Gruppen und Kulturen
Niedersächsisches Institut für historische Küstenforschung, Wilhelmshaven *315*
Niedersächsisches Landesamt für Bodenforschung, Hannover 322
Niedersächsisches Landesmuseum, Hannover *84, 89, 156, 189, 190, 192, 193, 198*, 200, 207, *207*, 303, 304, 310, 311, *315, 315, 323, 332*
Niedersächsisches Landesverwaltungsamt, Institut für Denkmalpflege, Hannover 205, *321*
Nierenknaufschwert siehe Schwerter
Niete *184*, 268
Nietstab 393
Nipperwiese (Typ Nipperwiese) siehe Typenbezeichnungen
Nippzange siehe Pinzette
Nomade 34, 223
Noppenohrring siehe Ringe
Noppenring siehe Ringe
norddeutscher Typ siehe Typenbezeichnungen
nordische ältere Bronzezeit siehe Klassifizierungen, zeitliche
nordische Bronzezeit siehe Klassifizierungen, zeitliche
nordische jüngere Bronzezeit siehe Klassifizierungen, zeitliche
nordische mittlere Bronzezeit siehe Klassifizierungen, zeitliche
Nordpannonische Kultur siehe Gruppen und Kulturen
Nordtiroler Urnenfeld-Kultur siehe Gruppen und Kulturen
Nortyckener Typ siehe Typenbezeichnungen
Nußschale 213

O

Oberarmberge 192
Oberbayerische Gruppe siehe Gruppen und Kulturen
Oberklasse siehe Oberschicht
Oberlandmuseum, Bad Freienwalde 343
Oberlausitzer Gruppe siehe Gruppen und Kulturen
Oberlippenbart 346
Oberösterreichisches Landesmuseum, Linz *109*, 390
Oberpfälzisch-böhmische Gruppe siehe Gruppen und Kulturen
Oberpfälzische Gruppe siehe Gruppen und Kulturen
Oberrhein-Hochrhein-Gruppe siehe Gruppen und Kulturen
Oberschicht 111, 112, 143, 189, 192, 196, 301
Oblekovide-Stufe siehe Kulturstufen
Ockergrab-Kultur siehe Gruppen und Kulturen
Ockerklumpen 76
Očkov-Stufe siehe Kulturstufen
Oder-Elbe-Typ siehe Typenbezeichnungen
Ofen siehe Herdstelle
Ohrlöffel 212
Ohrring siehe Ringe
Okarina 378
Öl 31, 354
Oldenburg-emsländische Gruppe siehe Gruppen und Kulturen
Omphalosboden 80, 236
Operation 29
Opfer und Beigaben
— Bauopfer 223, 256, 363
— Beigabe 21, 53, 62, 64, 65, 76, 89, 94, 98, 103, 118, 121, 147, 148, 155, 197, 198, 205, 218, 240, *249*, 268, 280, 282, 307, 310, 316, 323, 330, 331, 349, 397, 398, 406
— Bergopfer 283
— Brandopfer 283
— Dankopfer 146, 156
— Erntedankopfer 316
— Fleischbeigabe 180, 207, 388
— Fleischopfer 149
— Flüssigkeitsopfer 195
— Flußopfer 61, 181, 283, 398
— Gedächtnisopfer 397
— Geschirropfer 284, 285, 357
— Grabbeigabe 77, 107, 118, 126, 166, 196, 208, 218, 236, 243, 251, 285, 294, 298, 302, 304, 307, 361, 365, 379, 384, 391, 396, 409
— Jenseitsausstattung 51
— Menschenopfer 21, 37, 54, 55, 82, 104, 110, 134, 181, 182, 260, 283, 284, 287, 288, 324, 357, 365, 380, 398, 400, 435, 440
— Metallbeigabe 121
— Moorpfer 283
— Muschelopfer 219
— Opfer siehe Opfergabe
— Opferfeuer 219, 318, 352, 380, 412, *420*
— Opfergabe 22, 37, 40, 61, 89, 92, 97, *101*, 145, 149, 161, 175, 176, 181, 185, 186, 188, 194, 200, 222, 226, 230, 251, 256, 271, 284, 286, 301, *324*, 329, 350, 351, 358, 363, 364, 380, 398, 405, 435
— Ringopfer 350
— Sachopfer 181, 255, 260, 269, 380, 398, 435
— Selbstausstattung 309, 351
— Speisebeigabe 61, 174, 185, 230, 294
— Speiseopfer 182, 284, 350, 351, 365, 380
— Sühneopfer 181, 399
— Tieropfer 179, 181, 260, 283, 380, 398, 435
— Totenopfer 104
— Trankspende 97, 238, 284
— Waffenbeigabe 331
— Waffengabe, symbolische 313
— Weihegabe 94, 146, 149, 161, 181, 194, 256, 283, 285, 350, 351, 356, 363, 365, 398, 407, 435
Opfer
— becher 380
— fest 174
— feuer siehe Opfer und Beigaben
— fund 283
— gabe siehe Opfer und Beigaben
— gefäß 380
— grube 301, 324, 360
— mahl 380
— platz 350, 380, 398, 435
— schacht 284
— schüssel 200
— stein 150, 195, *195*
— szene 439
— tier 284, 365, 380, 400
Orakelknochen siehe Astragali
Orakelstein 295
Orant siehe Betender
Ornament 251
Ortband 214, 255, 270, 305, *305*, 330
Ortsteinband 217
Ösenhalsreifen 119, *120*
Ösenhalsring siehe Ringe
Ösenkopfnadel siehe Nadeln
Ösennadel, böhmische siehe Nadeln
Ösenring siehe Ringe
Ösenringbarren 73
Osteomylitis 100, 112
Osterländische Gruppe siehe Gruppen und Kulturen
Osternienburg-Dresden (Typ Osternienburg-Dresden) siehe Typenbezeichnungen
Osthannover-Typ siehe Typenbezeichnungen

P

Paddel 214, 274, 315, 430, 431
Padnal (Typ Padnal) siehe Typenbezeichnungen
Palette 415, *416*
Palisade (siehe auch Befestigung) 21, 29, 67, 68, *73*, 100, 124, 128, 130, 135, 138,

SACHREGISTER

151, *152*, 153, 173, 262, *262*, 263, 264, *266*, 282, 367, 368, 386, 419
Palisadengraben 306
Palisadenzaun siehe Palisade
Panflöte 378
Panzer 35, 271, 272, 383, 404, *408*, 428
Parasitenbefall 401
Parierbruch 112
Parodontose 44, 29
Paste 175
Paßburg 373
Paßfund 430
Patinaspur 229
Pektorale 296, 394
Periode I bis VI siehe Klassifizierungen, zeitliche
Perle 110, 345
Perücke 211
Peschiera-Dolch siehe Dolche
Petschaftskopfnadel siehe Nadeln
Pfahl 121
Pfahlbau-Tönnchen 301, 432
»Pfahlbaudorf« siehe Seeufersiedlung
Pfahlbaumuseum, Unteruhldingen *263*, *264*, 288
Pfahlbauoppenperle 432
»Pfahlbauperle« 432
Pfahlbauplattform *153*
»Pfahlbauten« siehe Seeufersiedlung
Pfatten (Typ Pfatten) siehe Typenbezeichnungen
Pfeil 36, 50, 75, 78, 80, 86, 90, 165, *166*, 171, 176, 190, 205, 207, 221, 224, 235, 271, 298, 309, 313, 326, 340, 345, 354, 404, 411, 428
Pfeilköcher 273
Pfeilschaft 86, 331
Pfeilschaftglätter 49, 50, 59
Pfeilschuß 78, 170, 388
Pfeilspitze 35, 59, 61, 75, 80, 86, 89, 90, 109, 129, 155, 165, 170, 175, 176, 178, 190, 205, 207, 208, 214, 221, 224, 255, *255*, 264, 269, 270, 273, 302, 307, 312, 322, 326, 327, 331, 342, 343, 354, 375, *378*, 388, 389, 390, 392, 404, 430
Pferdedarstellung 316
Pferdegeschirr 21, 134, 136, 177, *178*, 214, 236, 251, 264, 269, 270, 274, 275, 276, 344, *345*, 349, 352, *394*
Pferdehaar 211
Pferdekopf 174, *365*
Pferdekopfgriff 223
Pferdetrense siehe Trense
Pferdezaumzeug siehe Zaumzeug
Pflaster 199, 226, 243
Pflug 31, 35, 207, 212, *213*, 374
Pflüger 352
Pflugspur 31, 144, 212, *213*, 325
Pfostenavenue 208, *209*, 297, 319
Pfostenbau 261
Pfostenbauweise 229, 311
Pfostendoppelreihe 208, 297, 319
Pfostengrube 104, 338, 437
Pfostenhaus 173, 364, 367
Pfostenkranz *188*, 208
Pfostenkreis 188, 193
Pfostenloch 96, 106, 117, 126, 131, 144, 154, 163, 185, 223, 225, 229, 233, 240, 244, 253, 281, 320, 354, 359, 363, 366, 373, 386, 417, 436, 373
Pfostenring 180, 187, 188, 319
Pfostensetzung 293, 318
Pfostenspeicherbau 367
Pfostenstellung siehe Pfostensetzung
Pfostentechnik 410
Pfriem 49, 62, 65, 80, 109, 118, 132, 133, 135, 155, 165, 172, 212, 312, 316, 318, 331, 337, 342, 391
Phalere 276, 283, 356
Phalluskult 194
Phantasietier 317

Pickel 107, 108, 393
Pilzkopfnadel siehe Nadeln
Pinge 107
Pinzette 34, 172, 212, 220, 233, *233*, 294, 295, 296, 307, 310, 312, 316, 317, 318, 320, 323, 325, 329, 330, 331, 337, *337*, *338*, 349, 350
Pithos 58
Pithos-Bestattungen siehe Bestattungssitten und Gräber
Pitten-Siedlungs-Typ siehe Typenbezeichnungen
Planierung 285
Plastik 411
Plättchen *82*
Platte 129
Plattenfibel siehe Fibeln
Plattenkopfnadel siehe Nadeln
Plattform 153
Podliszki-Kultur siehe Gruppen und Kulturen
Podol-Stillfrieder Stufe siehe Kulturstufen
Podoler Stil 388
Podoli-Stufe siehe Kulturstufen
Pokal 364, *364*
Politur 101, 175
Pollen 78, 106
Polygonalhügel 188
»Pommersche Hausurne« siehe Bestattungssitten und Gräber
Porphyrstein 49, *314*, 315
Posamenteriefibel siehe Fibeln
Poterne 264
Prähistorische Staatssammlung, München *59*, *60*, *66*, *68*, *173*, *176*, *177*, *178*, 260, 261, 270, 283, 332
Prähistorisches Museum, Hallstatt *383*, *395*
Prestigewaffe 145
Priester 21, 29, 34, *38*, 54, 94, 104, 166, *166*, 210, 219, 260, 284, 285, 286, 306, 330, 338, 351
Priesterin 193, 332
Prignitz-Gruppe siehe Gruppen und Kulturen
»Prinzessin von Fallingbostel« *21*, 84, 88, *88*, 200
Proaunjetitz-Stufe siehe Kulturstufen
Proteinmangel 112
Proto-Illyrer 258
Prozession 38, 94, 200, 276
Prozessionsaxt siehe Beile und Äxte
Prozessionswagen 350, 352, *352*
Prunkaxt siehe Beile und Äxte
Prunkbeil siehe Beile und Äxte
Prunkfahrzeug 275, *277*
Prunkkeramik 412
Prunkmesser 313
Prunknadel siehe Nadel
Prunkwaffe 50, 94, 132, 144
Pseudo-Glockengrab siehe Bestattungssitten und Gräber
Punktstempel 145
Punktstich 175
Punze 155, 269
Punzstift 375, 426
Puschkin-Museum, Moskau *222*, *332*
Pyritknolle 86, 214

Q
Quarz 145
Quarzit 133
Quastengürtel 211
Querbeil siehe Beile und Äxte
Quirl 402

R
Rachitis 111
Rad 314
Radanhänger 236

Rädchen 250
Radiokarbon-Methode siehe C14-Methode
Radiokohlenstoff-Methode siehe C14-Methode
Radkreuz 218, 357, 375
Radkreuzmuster 361
Radnadel siehe Nadeln
Radscheibe 177
Radspur 51
Radsymbol *217*, 218, 347
Rahmengriffmesser *175*, 302, 306, 326
Rammsporn 214
Randleistenbeil siehe Beile und Äxte
Randleistennadel siehe Nadeln
Randmeißel 92
Rapier siehe Schwerter
Rasiermesser 34, *34*, *35*, *139*, 140, 172, 179, 196, 220, 223, 233, *233*, 243, 252, *252*, 254, 260, 268, 269, 270, 282, 285, 294, 295, 296, 297, 307, 309, 310, *310*, *311*, 312, 315, 316, *316*, 317, *317*, 318, *319*, 320, 323, 324, 325, 330, 331, 337, 344, 349, 350, 354, 383, 385, 389, 391, 396, 401, 409, 412, 415, 430
Rasiermesseranhänger 452
Raspel 426, 435
Rassel 267, 280
Räter 436, 440
Rätisches Museum, Chur 112, 241, 244, 252, 254, 255, 256, 420, 438
Räuchergefäß 152
Rauhtopf 340
Raupenfibel siehe Fibeln
Rautennadel siehe Nadeln
Regelsbrunner Typ (Typ Regelsbrunn) siehe Typenbezeichnungen
Regenrinne 410
Regenzauber 285, *329*, 330
Rehhaar 261
Reibstein 49, 109
»reiche Frau« 24
»reicher Stil« 425
Reihensiedlung 253
Reinigungsritus 149
»Reisekoffer« 345
Reiter 35, *166*
Reiterspiele 37
Reitpferd siehe Reittier
Reittier 36, 48, 51, 214, 251, 275, 344, 365, 376, 392, 431
Rekonstruktion 21, 56, 100, 108, 117, 152, 153, 168, 171, 188, 194, 197, 200, 249, 254, 263, 264, 265, 281, 288, 302, 313, 322, 352, 363, 408, 420, 426, 431, 432, 435
Religion 54, 440
Rennwagen 352
Reparatur 172, 260, 296, 416
Rettungsgrabung 238
Rhein-Main-Gruppe siehe Gruppen und Kulturen
Rheinisches Landesmuseum, Bonn *156*, *185*, *186*, 269, *293*
Rhin-Gruppe siehe Gruppen und Kulturen
Rhône-Kultur (bzw. -Gruppe) siehe Gruppen und Kulturen
Rhône-Typ siehe Typenbezeichnungen
Riegelschloß *418*, 419
Riegsee-Typ (Typ Riegsee) siehe Typenbezeichnungen
Riegsee-Gürtelblech 401
Riegsee-Messer 391
Riegsee-Schwert siehe Schwerter
Riemendurchlaß 393
Riemenverteiler 275
Ries-Gruppe siehe Gruppen und Kulturen
Rillenbeil siehe Beile und Äxte

Rillenhammer 165, 318
Rillenstein (Rinnenstein) 194, *194*, *195*, 199, 270
Rinde 79
Rindervogel 285
Rinderzahn 57
Ringabrollung 354
Ringbarren 101, 108
Ringe
– 102, 109, 136, 216, 224, 269, 270, 278, 284, 328, 342, 345, 349, 356, 365, 375, 379, 389, 396, 412
– Armring 34, 48, 51, 58, 60, 75, 77, 84, 93, 97, 98, 120, 136, 156, 177, 178, 179, 184, 187, 186, 189, 190, 198, 205, 208, 215, 216, 221, 222, 224, 229, 235, 250, 255, 260, 269, 281, 283, 299, 300, 300, 301, *301*, 302, 303, 307, *307*, 309, 314, 327, 328, 331, *332*, 342, 345, *346*, 351, 354, 356, 363, 375, 377, 397, 416, 420, 426, 432, 434, *434*
– Barrenring 102, 124
– Beinring 48, 51, 189, *241*, 251, 299, 300, *300*, 303, 304, *327*, 328, 331, 354, 426, 432
– Bernsteinring 60, 342
– Blechfingerring 75
– Bronzering 224, 277, 281, *395*
– »Eidring« 309, 345, 346, *346*, 372
– Fingerring 35, 89, 110, 120, 178, 192, 197, 208, 215, 216, 229, 236, 251, 277, 299, 306, 327, 328, 405, 433
– Fußring 198
– Goldarmring 179, 250, 345
– Golddrahtring 179
– Goldfingerring 216
– Goldlockenring *124*
– Goldring 58, 172, *187*, 198, 278
– Haarlockenring 215, *215*
– Halsring 34, 48, 51, 60, 77, 93, 147, 192, 198, 205, 277, 299, 300, *300*, *301*, 307, 320, 328, 332, 341, 342, *345*, 346, 347, 351, 354, 356, 454
– Knochenarmring 318
– Knochenring 59, 60, 75, 76, 77, 79, 80, 81, 89, 109, 110, 117, 119, *136*
– Lockenring 58, 120, 215
– Manschettenarmring 94, 216
– Noppenohrring 110
– Noppenring 51, 53, 58, 60, 102, 110, 112, 119, *120*, *124*, 125, 136, 179, *181*, 186, 365
– Ohrring 64, 81, 110, 119, 125, 147, *147*, 277, 332, 394, 432
– Ösenhalsring 48, 49, 60, 61, 64, 73, 74, 75, 81, *82*, 93, 94, 102, 110, 119, 125, 145, 148, 164, 215, 342
– Ösenring 64
– Schaukelring 283
– Schläfenring 119, 125
– Schleifenring 51, 59, 102, 104, 125, 278, 279
– Spiralarmring 216
– Spiralfingerring 81, *82*, 215, 216, 278, 329, 330, 342
– Spiralring 60, 102, 119, 198
– Wendelring 377
Ringgriffmesser 273, 428
Ringkopfnadel siehe Nadeln
Ringmauer 265
Ringopfer siehe Opfer und Beigaben
Ringperle 393, 394, 432
Ringscheibe 270
Ringstielmesser 316
Rinnenstein siehe Rillenstein
Rippenamboß 269
Rippenbruch 384
Rippenkopfnadel siehe Nadeln
Rippennadel siehe Nadeln
Rippenverzierung 215
Ritualgerät 415, *416*

SACHREGISTER

Rixheim-Schwert siehe Schwerter
Rock 34, *168*, 172, 190, 200, 205, 347, 433
Rodung 249, 417
Rohgoldbarren 351
Rohkupfer 402
Röhrchen 432
Rohrkolben 79
Rollenkopfnadel siehe Nadeln
Rollennadel siehe Nadeln
»Rollerfund« 228, *229*
Rollsteinpackung 395
Römisch-Germanisches Zentralmuseum, Mainz 24, 31, 42, 55, 127, 168, *175*, 271, *279*, 347, *381*, 409, *439*
Roseaux (Typ Roseaux) siehe Typenbezeichnungen
Rosgarten-Museum, Konstanz 74, *278*
Roskow (Typ Roskow) siehe Typenbezeichnungen
Rost 410
Röstofen 321
Roteisenstein 331
Rötelklumpen 76
Rothirschgeweih siehe Hirschgeweih
Rückenlage 149, 179, 187, 193
Rückenschmerzen 44
Ruder 214, 315
Ruderkopfnadel siehe Nadeln
Rudernadel siehe Nadeln
Rügener Gruppe siehe Gruppen und Kulturen
Rührstein 255
Rundhaus siehe Haus
Rundhügel siehe Bestattungssitten und Gräber
Rundkopffibel siehe Fibeln
Rundschild 271, 283, *314*, 315, 391, 404, 409

S

Saalemündungs-Gruppe siehe Gruppen und Kulturen
Saatgut 33
Säbelnadel siehe Nadeln
Sachopfer siehe Opfer und Beigaben
sächsischer Typ siehe Typenbezeichnungen
Säge 109, 155, 176, 316, 350, 341, 354, 364, 375, 426, 428
Sägeblatt 270, 391, 426
Saiteninstrument 315
Salbe 330
Salez-Beil siehe Beile und Äxte
Saltaleoni 59
Salz 33, 49, 51, 236, 323, 345, 393, 398
Salzbergwerk 393
Salzgewinnung 321, 364
Salzhandel 321
Salzsiedersiedlung 364
Sammlung Löning, Lathen *317*
Sammlung Rudolf Dlapa, Wien *133*
Sammlung vorgeschichtlicher Altertümer der Universität Greifswald *347*
Sandale 172, 211
Sandstein 49, 89, *108*, 155, 235, 268, 269, 342, 394, 426
Sanduhrfibel siehe Fibeln
Sanduhrschild 391
Saône-Jura-Gruppe siehe Gruppen und Kulturen
Sargschutz 331
Sarkom 44
Sauerbrunner Typ (Typ Sauerbrunn) siehe Typenbezeichnungen
Saugflasche 284, 402
Sauggefäß 267, *269*, 361, *362*, 364, 374, 388, 395
Säulchenurne siehe Bestattungssitten und Gräber
Säule 287
Säulengefäß 267

Säulenguß *268*
Schaber 109, 155, 426
Schachtel 213
Schachtgrab siehe Bestattungssitten und Gräber
Schädel 75, 84
Schädelamulett 283, 287, *288*
Schädelbecher 137, *137*, 288
Schädelbestattung siehe Bestattungssitten und Gräber
Schädeldeponierung siehe Bestattungssitten und Gräber
Schädelbruch 112
Schädelform 111
Schädeloperation siehe Trepanation
Schafleder 196
Schafthalsaxt siehe Beile und Äxte
Schaftlappenbeil siehe Beile und Äxte
Schaftlochaxt siehe Beile und Äxte
Schaftröhrenaxt siehe Beile und Äxte
Schäftungsdorn 273
Schafwolle 105, 144, 171, 189, 207, 223, 260, 320, 363, 384, 385, 401, 415, 436
Schälchen 267, 280
Schälchengrube 218
Schälchennadel siehe Nadeln
Schälchenstein 206
Schale (siehe auch Keramik bzw. Gefäß) 48, 58, 80, 92, 94, 97, 101, 107, 155, 174, 190, 213, 235, 238, 267, 280, 321, 323, *332*, 340, 348, 354, 361, 364, 374, *378*, *379*, 388, 411, 425, 437
Schalenknaufschwert siehe Schwerter
Schalensieb 238
Schalenstein 166, *206*, 350, 412
Schallblech 270, 283, 286
Schallinstrument 200
Schamane 65
Schaufel 393
Schaukelring siehe Ringe
Scheibe 68
Scheibenanhänger *163*, 177, *178*, 192
Scheibenknaufschwert siehe Schwerter
Scheibenknebel 133
Scheibenkopfnadel siehe Nadeln
Scheibennadel siehe Nadeln
Scheibenrad 33, *87*, 88, 214, 275, 276, *278*, 305, 322, 345, 431
Scheibenspirale siehe Spiralen
Scheide (Schwert- bzw. Dolch-) 176, 214, 305, *305*, 306, 317, 327, 404, 429
Scheingrab siehe Bestattungssitten und Gräber
Scheiterhaufen 188, 193, 222, 240, 255, 258, 266, 280, 295, 298, 302, 304, 305, 307, 316, 318, 330, 340, 348, 349, 356, 366, 378, 379, 383, 394, 395, 406, 408, 412, 435, 438
Scheiterhaufengrab siehe Bestattungssitten und Gräber
Scherben 284
Scherbenpackung 378
Scherbenpflaster 378, 397, 400
Scherbenstreuung 64
Schiff 33, 34, 35, *35*, 38, 352
Schiffahrt 214, 344, 399
Schiffsdarstellung (bzw. -motiv/-szene) 34, *310*, 311, 312, 313, 315, 316, 317, *317*, 332, 337, 344
Schiffsmotiv siehe Schiffsdarstellung
Schiffssymbol 347
Schiffsszene siehe Schiffsdarstellung
Schild 21, 35, 36, 271, *272*, 343, 383, 391, *393*, 394, 428
Schilf 53, 79
Schlacke 390
Schläfenring siehe Ringe
Schlägel *389*
Schlagstein 89, 174, 221, 411
Schlagverletzung siehe Hiebverletzung
Schleier 189

Schleifen 172
Schleifenkopfnadel siehe Nadeln
Schleifenring siehe Ringe
Schleifstein 109, 133, 270, *299*, 318, 321, 391, 411
Schlesisch-großpolnische Hügelgräber-Kultur siehe Gruppen und Kulturen
Schlesische Hügelgräber-Kultur siehe Gruppen und Kulturen
Schlesischer Typ siehe Typenbezeichnungen
Schleuderstein 270
Schliebener Gruppe siehe Gruppen und Kulturen
Schlitten 34, 134
»Schlittknochen« 133
Schlittschuh 134
Schlüssel 418
»Schlüsselbart« 297
Schlüssellochgrab siehe Bestattungssitten und Gräber
Schlüssellochgraben 295, 297, 319, 323
Schmelzdüse 390
Schmelzhypoplasie 112
Schmelzkuchenstück 402
Schmelzofen 108, 244, 364
Schmelzplatz 108, 373, 375, 388, 402
Schmelztiegel 175, 269, 426
Schmelztröpfchen 268
Schmelzwanne 269
Schmied 270
Schminkstift 329
Schmuck 21, 23, 32, 33, 34, *49*, 51, *56*, 59, 60, 62, 64, 68, 73, 75, 77, 88, *88*, 92, 93, 97, 101, 102, 103, 109, *109*, 110, *112*, 118, *120*, 132, 136, 140, 143, 149, *156*, 161, 168, 175, *178*, 180, 184, 189, *192*, 196, 205, 206, *215*, 218, 222, 224, *241*, 244, 250, *251*, 253, 255, 269, 277, 298, 303, 305, 307, 312, 318, *319*, 321, 323, 331, *331*, 332, *332*, 340, 344, 345, 294, 296, 356, 361, 390, 405, 426, *426*, 432, *433*, 435, 438
–beigabe siehe Opfer und Beigaben
–dose 328, 330, 365, 434, *435*
–geld 215, 432
–kette 420
–mode 177
–platte 244
–scheibe 51, 198, 220, *221*, 344, 345, 352, 356
–schnecke 278
Schnabelschuh 385
Schneckengehäuse 59, 76, 81, 110, 118, 119, 125, 146, 161
Schneckenschale 432
Schnittspur 288, 358
Schnur 128, 208, 212, 358, 425, 428, 432
Schnurkeramische Kultur siehe Gruppen und Kulturen
Schnurrock 332, 350
Schöpfgefäß 273, 321, 344
Schöpfkelle 129, 356, *356*
Schöpfschale 38
Schrägkannelur 307
Schrämspur 393
Schrift 24, 440
Schuh 34
Schuhgefäß 385, *386*
Schultertuch 84, 88, *168*, 172
Schulterumhang 211
Schulterwulstamphore 354
Schurz 211
Schürze 34
Schüssel 58, 97, 104, 107, 118, 129, 130, 132, 155, 174, 190, 235, 240, 313, 361, 388, 409, 411, 420, 437
Schutzwaffe 271
Schwarz-Rot-Malerei 425
Schwarzachtaler Heimatmuseum, Neunburg vorm Wald *175*

Schwedenspeicher-Museum, Stade *198*, *199*, 305, 306, 312, *312*, *313*
Schwefelkreis 185, 221
Schweinezahn 110
Schweizer Typ siehe Typenbezeichnungen
Schweizerisches Landesmuseum, Zürich *112*, *142*, *163*, 241, 243, 244, 249, 413, 418, 426, 428, 429, 435
Schwerter
– 21, 23, 24, 35, 36, 175, 181, 184, 185, 192, 197, 205, 211, 213, 214, 218, 221, 222, 224, 226, 230, 240, 245, *250*, 255, 260, 268, 269, 270, 271, 282, 305, 313, *314*, 318, 326, 327, 331, 343, 345, 349, 354, *354*, 356, 375, *393*, 398, 403, 406, 426, 428, 435
– Achtkantschwert 176, 221, 272, 305, *306*
– Antennenschwert 36, 272, 283, 343, 345, 354, *354*, 383, 391, 403, *413*, 429
– Auvernierschwert 36, 272, 283, 343, 345, 354, 429
– Brillenschwert 60
– Dahlenburger Kurzschwert 303, *304*, 307
– Dreiwulstschwert 36, 272, 282, 343, 391, 403
– Eisenschwert 270
– Griffangelschwert 176, 283, 306, 313, 318, 342, 429
– Griffdornschwert 36
– Griffplattenschwert 36, 176, 197, *236*, 331
– Griffzungenschwert 36, 176, 186, 192, 197, 255, 269, 272, 283, 299, 305, 313, 326, 383, 391, 396, 403, 409
– Hiebschwert 36
– Hörnerknaufschwert 343
– Karpfenzungenschwert 272
– »Krummschwert« 214
– Kurzschwert 84, 86, *86*, 87, 89, *89*, 176, 184, 186, 221, 235, 298, 304, *304*, 307, 309, 327, 331
– Langschwert 176, 192, 197, 207, 298
– Liptauer Schwert 383
– Miniaturschwert 350
– Mörigen-Schwert 36, 272, 275, 343, 345, 354, *354*, 391, 429
– Nierenknaufschwert 343
– Rapierschwert 36, 89
– Riegsee-Schwert 272, 305, *382*, 383, 391, 403, 407, 429
– Rixheim-Schwert 272, 429, 432
– Schalenknaufschwert 36, 272, 403
– Scheibenknaufschwert 36
– Sögel-Schwert 87
– Spatzenhausener Schwert 176
– Stichschwert 36, 391
– Vollgriffschwert 36, 176, 185, 197, 214, 219, 221, 235, 245, 270, 326, 327, 403, *413*, 426, 429, 430
– Wohlde-Schwert 87
»Schwertfeger« 270
Schwertgehänge 404
Schwertgriff 176, 185, *186*, 269
Schwertgürtung 275
Schwertklinge 249, 390
Schwertortband 326
Schwertscheide siehe Scheide (Schwert- bzw. Dolch-)
Schwirrholz 348, *350*
Seddiner Gruppe siehe Gruppen und Kulturen
Segeberger Gruppe siehe Gruppen und Kulturen
»Seelenloch« 295, 296, 348, 394, 409
Seelenthron 150
Seeufersiedlung 29, 57, 62, 66, 67, *67*, *112*, 138, 143, *146*, 151, *151*, *152*, 153, *154*, 173, 243, 260, 261, 262, 278, 280, 404, 410, 413, 415, 416, 431, 432, 435

555

SACHREGISTER

Seherin 193
Seil 393
Selbstausstattung siehe Opfer und Beigaben
Semnonen 351
Serpentin 109, 235
Seuche 397
Sichel 23, 31, 57, 101, 132, 133, 135, 140, 174, 175, 176, 185, 220, 221, 234, 236, 249, 255, 265, 266, 267, 269, 270, 284, 303, 309, 320, 321, 338, 342, 354, 363, 373, 374, 375, 389, 390, 391, 420, 426
Sicheleinsatz 321
Sichelmarken 32
Sichelmesser 326
Sichelnadel siehe Nadeln
Sieb 224, 273, 274, 376, 388
Siebeinsatz 321
Siebgefäß 101, 118, 132, 174, 174, 235, 267, 340, 374
Siebschale 267
Siedegefäß 321
Siedlung 21, 29, 30, 46, 55, 62, 79, 84, 96, 100, 123, 128, 144, 190, 205, 225, 229, 235, 240, 243, 252, 285, 293, 311, 317, 320, 354, 359, 363, 367, 368, 401, 411
»Siedlung Forschner« 68, 73
Siedlungsgrube 103, 122, 132, 134, 144, 179, 266, 340, 353, 374
Silber 33, 51, 63, 64, 65, 125, 155, 351
Silbergefäß 161
Singener Gruppe (bzw. Kultur) siehe Gruppen und Kulturen
Sinnbild 183
Sistrum 286, 286
Sitzwanne 30
Skalp 350
Skalpieren 89, 352
Skelett 181
Sklave 33, 358
Sögel (Typ Sögel) siehe Typenbezeichnungen
Sögel-Wohlde-Kreis siehe Gruppen und Kulturen
Sögel-Schwert siehe Schwerter
Sögeler Kreis siehe Gruppen und Kulturen
Sögeler Stufe siehe Kulturstufen
Sonderbestattung siehe Bestattungssitten und Gräber
Sonnenbarke 274, 275
Sonnendarstellung 316
Sonnenfinsternis 399
Sonnengott 200
Sonnenkalender 285, 285
Sonnenkult 21, 37, 38, 181, 182, 193, 200, 209, 210, 212, 218, 219, 226, 282, 345, 350, 352, 407, 435
»Sonnenkultlinie« 166
Sonnenmotiv 267, 269
Sonnenrad 282, 346, 380
Sonnenscheibe 38, 286, 350, 435
»Sonnenstein« 209, 210, 210
Sonnensymbol 33, 38, 73, 207, 210, 217, 218, 219, 226, 274, 275, 282, 283, 285, 286, 287, 327, 332, 344, 346, 347, 350, 357, 394, 406, 407, 409, 430, 433, 435, 438, 438
Sonnenwagen 38, 210, 212, 219
Sonnenwende 38
Sonnenzeichen 350
Spangenbarren 61, 73, 108, 135
Spanschachtel 217, 358, 376
Spätbronzezeit siehe Klassifizierungen, zeitliche
Spatel 133
Spatelbeil siehe Beile und Äxte
Spatzendorfer Typ (Typ Spatzendorf) siehe Typenbezeichnungen
Spatzenhausener Schwert siehe Schwerter

Spatzenhausener Typ (Typ Spatzenhausen) siehe Typenbezeichnungen
Speer 35, 183, 214, 271, 298, 340, 343
Speerspitze 214, 303, 426
Speerwall siehe Befestigung
Speichenrad 33, 208, 214, 277, 304, 313, 322, 322, 345, 431
Speicher 184, 338
Speichergrube 293, 386
Speiseabfall 132, 154, 354
Speisebeigabe siehe Opfer und Beigaben
Speiseopfer siehe Opfer und Beigaben
Speisereste 58, 106, 338, 420
Spiegel 415, 416
Spielknochen 458
Spielwürfel 395, 406
Spielzeug siehe Kinderspielzeug
Spindelkopfnadel siehe Nadeln
Spindlersfelder Fibel siehe Fibeln
Spindlersfelder Gruppe (bzw. Kreis) siehe Gruppen und Kulturen
Spinnwirtel 34, 117, 131, 171, 225, 260, 320, 337, 379, 384, 395, 401, 414
Spiralanhänger 255, 433
Spiralarmband 230
Spiralarmreif 119, 119
Spiralarmring siehe Ringe
Spiralbrillenfibel siehe Fibeln
Spiraldrahtröllchen 208
Spiralen
– 87, 102, 216, 332, 345, 405
– Armspirale 34, 64, 64, 65, 77, 93, 102, 102, 109, 110, 125, 175, 177, 178, 179, 186, 192, 205, 221, 222, 230, 230, 236, 244, 251, 294, 341, 345, 377
– Beinspirale 177, 178, 178
– Blechspirale 230
– Brillenspirale 92, 92, 119, 125, 177, 178, 179, 216, 375, 432
– Bronzespirale 136, 251, 278, 294, 317, 361
– Drahtspirale 215, 278, 279, 330
– Federspirale 432
– Fingerspirale 327, 377
– Golddrahtspirale 251, 365
– Goldspirale 74, 179, 187, 302, 351, 379
– Haarspirale 299
– Hakenspirale 356, 361
– Lockenspirale 51, 177, 179, 198, 215, 251, 331, 377
– Scheibenspirale 432
Spiralfingerring siehe Ringe
Spiralgehänge 236
Spiralgriff 342
Spiralkopfnadel siehe Nadeln
Spiralnadel siehe Nadeln
Spiralplatte 328
Spiralplattenfibel siehe Fibel
Spiralring siehe Ringe
Spiralröhrchen 235, 236
Spiralröllchen 50, 51, 58, 59, 93, 102, 104, 110, 125, 136, 163, 148, 178, 179, 192, 205, 205, 208, 216, 244, 277, 327, 331, 345, 375, 405, 409
Spiraltutulus 59, 60, 60, 110
Spiralverzierung 215
Spondylitis 170, 233
Spondylose 401
Spondylosis deformans 384
Sprache 211, 258
Spulenadel siehe Nadeln
Spundkopfnadel siehe Nadeln
Spurweite 319
Staatliches Museum für Naturkunde und Vorgeschichte, Oldenburg 87, 318, 319, 322
Stab 428
Stabbarren 269
Stabdolch siehe Dolche
Stabdolchklinge 43, 49, 73
Stabkrücke 322

Stabperle 110
Stachelscheibe 175, 177, 236, 244, 255
Stader Gruppe siehe Gruppen und Kulturen
Stade (Typ Stade) siehe Typenbezeichnungen
Städtische Kunstsammlung, Römisches Museum, Augsburg 275
Städtisches Museum, Halberstadt 51
Stadtmuseum im Lauinger »Heimathaus«, Lauingen/Donau 75, 76
Stadtmuseum Linz 105
Stall 30, 100, 261, 311, 419
Stamm 211
»Stammesfürst« 24
Stammesmutter 65
Ständerbau 386, 417
Ständertechnik 410
Standesabzeichen 502
Stangenbarren 58, 68
Stangenknebel 134, 275
Stangenknebeltrense 344
Statuenmenhir 73, 142
Statussymbol 36, 124, 156, 175
Steckamboß 389
Steiermärkisches Landesmuseum Joanneum, Graz 387, 439
Steigbügelring 390, 397
Steigeisen 385, 387
Stein 35, 49, 118, 125, 133, 155, 224, 249, 255, 268, 270, 296, 321, 342, 375, 391, 411, 426
–abdeckung 225
–anhänger 432
–axt siehe Beile und Äxte
–beil siehe Beile und Äxte
–»damm« 349
–einbauten siehe Bestattungssitten und Gräber
–einfassungen 76
–Erde-Wall siehe Befestigung
–fundament 240, 265
–hammer 375, 375
–kammer siehe Bestattungssitten und Gräber
–kammergrab siehe Bestattungssitten und Gräber
–keil 49
–kiste siehe Bestattungssitten und Gräber
–kistengrab siehe Bestattungssitten und Gräber
–kranz 64, 193, 208, 222, 222, 225, 226, 282, 349
–kreis 38, 180, 187, 188, 217, 282, 316, 330, 331, 379, 412
–kreisanlage 38
–mantel 238
–mauer 128, 153, 163, 172, 173, 187, 264, 266
–packung siehe Bestattungssitten und Gräber
–packungsgrab siehe Bestattungssitten und Gräber
–perle 93, 432
–pflaster 76, 77, 222, 222, 225, 262, 310, 316, 330, 361, 378, 387, 437
–pflasterung siehe Steinpflaster
–plastik 346, 347
–platte 358
–plattengrab siehe Bestattungssitten und Gräber
–scheibe 438
–schutz 280
–setzung 62, 65, 349
–sichel 313, 319
–stele 68
–werkzeug 438
Steinzeit siehe Klassifizierungen, zeitliche
Stele 121, 137, 149, 179, 222, 362, 409

»Stempel« 48, 249, 267, 269
Stempeldekor 173
Stempelmuster 411
Steppe 96, 366
Sterbealter siehe Lebenserwartung
Sternmotiv 197, 197, 408, 408
Sternmuster 220, 224, 332, 330, 356, 364, 365
Stichschwert siehe Schwerter
Stichwaffe 87, 186, 192, 214, 327
Stiergestalt 362
Stierkopf 285
Stiftsmuseum Aschaffenburg 288
Stilwechsel 374
Stillfried-Hostomitz-Typ siehe Typenbezeichnungen
Stirnband 215
Stirnblech 120
Stoff 46
Stoffbeutel 302
Stoffgürtel 211, 415
Stoffwechselerkrankung 233
Stollenarmband 192, 205, 206, 303, 303
Stoßlanze 273, 303
Strachotín-Velké-Hostěrádky-Typ siehe Typenbezeichnungen
»strahlenförmiger« Einstrich 118
Straubinger Kultur siehe Gruppen und Kulturen
Streitaxt siehe Beile und Äxte
Streitaxt, baltische siehe Beile und Äxte
Streitwagen 32, 33, 35, 36, 55, 432, 432
Strichmuster 210
»Stufe von Trassem-Langquaid-Tinsdahl« siehe Kulturstufen
Stulpe (siehe auch Manschettenarmband) 92, 93, 216
Südergellersen-Bahnsen (Typ Südergellersen-Bahnsen) siehe Typenbezeichnungen
sudeto-danubische Gruppe siehe Gruppen und Kulturen
»Südgruppe« siehe Gruppen und Kulturen
Südhannover-Typ siehe Typenbezeichnungen
Südhannoversche Gruppe siehe Gruppen und Kulturen
Südholsteinische Gruppe siehe Gruppen und Kulturen
Sühneopfer siehe Opfer und Beigaben
Symbol 120, 394
Symbolzeichen 380
Syrinx 378

T

Tagebau 107
Talsiedlung (siehe auch Siedlung) 277, 387, 436, 437
Tannenzweigmuster 185, 340
Tanz 35, 200, 280, 348, 435
Tänzer 352
Tanzplatz 282
Tasche 123, 331
Tasse 92, 94, 97, 104, 118, 118, 121, 132, 144, 155, 174, 213, 235, 240, 260, 280, 284, 321, 354, 356, 361, 364, 365, 388, 396, 402, 425
Tätowieren siehe Tätowierung
Tätowiernadel siehe Nadeln
Tätowierstift 62, 84, 89, 307, 312, 316
Tätowierung 80, 88
Tauchgrabung 144
»Tauchsieder« 244
Tauchuntersuchung 67
Tausch 32, 48, 51, 58, 59, 64, 75, 81, 92, 101, 117, 118, 124, 146, 161, 163, 177, 187, 189, 206, 213, 251, 255, 270, 296, 297, 301, 304, 307, 323, 329, 345, 363, 375, 377, 405, 430
Tauschgeschäft siehe Tausch

Tauschhandel siehe Tausch
Technische Hochschule, Wien 127
Teller 174, 175, 280, 354
Tempel 104
Terontola (Typ Terontola) siehe Typenbezeichnungen
Terrassensiedlung (siehe auch Siedlung) 417
Terrine 190, 221, 224, 307, 313, 318, 340, 352, 354, 356, 361, 365
Textilabdruck 223
Thraker 275, 386, 388, 592, *394*
thrako-kimmerisches Pferdegeschirr 392
Thrombose 78
Thuner Gruppe siehe Gruppen und Kulturen
Thüringisches Landesamt für Archäologische Denkmalpflege, Weimar *357*
Tiegelschmelzverfahren 48, 268
Tierfigur 179, 378, 434
Tierknochen 411
Tierkopfgriff *311*
Tierzahn 110, 119, 166, 277, 405
Tintinnabulum 286
Tiroler Landesmuseum Ferdinandeum, Innsbruck *401, 402, 403, 405, 406, 407*
Todesfolge 37
Toilettegerät 89, *331*, 331, 312, 317, 325, 337
Tolmanédi (Typ Tolmanédi) siehe Typenbezeichnungen
Ton 432, 437
–düse 48, 175, 268, 426
–figur *379*
–form 267
–gefäß (siehe auch Keramik) 35, *58*, 66, 75, 80, 92, 97, 102, 104, 106, *123*, 124, *128*, *138*, 172, 185, *187*, 196, 207, 208, 213, 225, 235, 244, 249, *255*, 257, 267, 281, *282*, *293*, 307, 313, 318, *319*, 321, *325*, 332, 340, 345, *353*, 364, 366, 377, 378, 383, 396, 398, 405, 409, 411, 420, 425
–horn 361, 364, *365*
–klapper 211
–lampe 386, 420
–leiste 235
–löffel 174, 190, *190*, 197
–matrize 267
–nagel 350
–perle 377, 432
–pyramide 229
–rad 134, 136, 345, 376, 377, 431
–rassel *280*
–ring (Gewicht) 436
–schale 95, 136, *136*, 364
–scheibe 321, 269
–stempel 267, 284
–stütze 321
–teller 364
–vogel 283
–»zylinder« 230
Topf 58, 101, 107, 121, 124, 129, 132, *145*, 145, 213, 221, 224, 229, 235, 361, 409, 425
Topfdeckel 132
Töpfer 48, 97, 101, 118, 132, 155, 190, 235, 243, 268, 321, *363*, 374, 388, 437
Töpferei 235, 340, 374, 425
Töpferofen 106, 155, 175, 190, 264, 267, 373, 388, 410, 425
Tor 47, 153, 264, 366, 586, 437
»Tor zur Unterwelt« 598
Toreut 269
Torgasse 264, *266*
Torques siehe Ringe, Halsring
Torsionsmuster 411
Totemtier 328, 381
Totenbrett siehe Bestattungssitten und Gräber
Totenfahrzeug 314

Totenfeier siehe Bestattungssitten und Gräber
Totenfolge 82, 148, 194, 302, 310
Totenfurcht 76
Totenhaus siehe Bestattungssitten und Gräber
Totenhütte siehe Bestattungssitten und Gräber, Totenhaus
Totenkult 181, 193
Totenlade 52
Totenopfer siehe Opfer und Beigaben
Totenschatz 351
Totenschmaus siehe Bestattungssitten und Gräber, Leichenschmaus
Totentracht 329
Tötungsspur 288
Trachtenkreis 300
Trachtenzubehör *307*
Trägerrock 190
Tragsack 393, *395*
Trankspende siehe Opfer und Beigaben
Transvestit 170
Trapezbeil siehe Beile und Äxte
Trausdorf-Tasse 96, 97
Treffpunkt 288
Treiben 263, 268, 269, 351
Treibhammer 389, *426*
Treibtechnik siehe Treiben
Trense 134, 177, *178*, 270, 276, 342, 365, 390, 392
Trensenknebel 51, 136, 156, 251, 275
Trensenstange 345, *345*
Trepanation (Schädeloperation) 29, 46, 55, 75, 100, 112, 131, 171 331, 384
trianguläirer Dolch siehe Dolche
Trichter *128*
–gefäß 267
–halsschale 284
–halstasse 124
–randflasche 425
–randgefäß 425
–schale 361, 364
Trinkbecher 430
Trinkgefäß 269, 378
Trinkhorn 374
Trockenmauer 265, 419
Trockenphase 260
Trommel 33, 35, 102, 217
Trompetenkopfnadel siehe Nadeln
Tuch 189
Tülle 275, 285, 288
Tüllenamboß 389, 391
Tüllenbeil siehe Beile und Äxte
Tüllendolch siehe Dolche
Tüllengriffmesser 318
Tüllenhammer 268, 321, 340, 389, 391, 428
Tüllenharpune 420
Tüllenhorn 276, 431
Tüllenknauf 132
Tüllenlanzenspitze siehe Lanzenspitze
Tüllenmeißel *102*, 152, 213, 221, 270, 309, 342, 426
Tüllenmesser 426, 428
Tüllenpfeilspitze siehe Pfeilspitze
Tüllenpickel 389
Tumor 44
Tupfenleiste 58
Tür 419
Turbankopfnadel siehe Nadeln
Turm 300, 106
Tutulus 60, 64, 119, 178, 179, 216, 235, 236, *244*, 307, 375, 389
Typenbezeichnungen (Typ)
–Adlerberg 80
–Aldrans 403
–Allumiere 430
–Alpiner 74, 145
–Apa/Haidúsámson 215
–Asenkofen 236
–Au 255

–Aunjetitz *90*, 92, 404
–Auvernier 318, *354*, 429, *430*
–Bahrendorf 307, *307*, 309
–Baierdorf 391
–Biesenbrow 376
–Böheimkirchen 140
–Borotice 95, 100, 102
–Cortaillod 434
–Dahlenburg 221
–Deutsch Evern 298, 302, 304, 307, 331
–Dörmte 307, *307*, 309, *309*
–Enfield 273
–Erlach 403
–Friedrichsruhe 273, *327*, 329, 376, 392
–Fuchsstadt 273, 309, 344, 356, 375, 376, 381, 392, 405
–Gáta 123
–Gattendorf 123
–Gemeinlebarn 112, 136
–Guntramsdorf-Draßburg 127
–Gusen 253, 392, 396
–Haslau-Regelsbrunn 273
–Helmste 87
–Hostomice 273
–Hulterstadt 331
–Illertissen 403
–Jenišovice 273, 344, 376, 391, 405
–Jenišovice-Kirkendrup 356, *357*
–Jevičko 391
–kimbrischer 316
–Kirkendrup 273, 344, 376, 391, 405
–Krapelna 390, *391*
–Křtěnov 152, *134*, 136
–Kurd 273, 376, 389, *390*, 391
–Liptau 326
–Loretto-Leithaprodersdorf 96
–Lumbrein *241*, 255
–Lüneburg 303
–Maisbirbaum-Zohor 231
–Maladers 252
–Malchin 90, 92
–Matrei 403, *405*
–Mistelbach-Regelsbrunn 227, 228, 229, 231
–Mörigen 270, 403, *413*, 415, *415*, 429
–Mühlau 403
–Neyruz 145, 155
–Nipperwiese 271, *272*, 343
–norddeutscher 92
–Nortycken 326
–Oder-Elbe 58
–Osternienburg-Dresden 356, 376
–Osthannoverscher 190, 197, 205
–Padnal 136, *139*, 252, *252*, 254
–Pfatten 403
–Pitten-Siedlung 231
–Regelsbrunn 230
–Rhône 145
–Riegsee 36, *272*, 385, 389, 429
–Rixheim 272, 429, 430
–Roskow 221
–Roseaux 145, *146*
–sächsischer 92
–Sauerbrunn 230
–schlesischer 224, *224*
–Sögel *84*, 86, 87, 89
–Spatzenhausen 176, 240
–Stade 277
–Statzendorf 255
–Stillfried-Hostomitz 392
–Strachotín-Velké-Hostérádky 231
–Südergellersen-Bahnsen 304
–Südhannoverscher 205
–Terontola 391
–Tiengau 249
–Tolmanédi 124
–Únětice 44
–Untereberfing 415
–Unterwölbling 103
–Velem-Szentvid 406

–Wangen 415
–Weltenburg 404
–Wieterschau 151
–Wohlde 86, 87, 89, *89*
–Zürcher 403

U
Überbiß 170
Überfall (siehe auch Angriff) 122, 262, 410, 418
Überschwemmung 153, 173, 181, 416
Uckermärkisch-westpommersche Gruppe siehe Gruppen und Kulturen
Umhang 189, 190, 211
Umschnürung 83
Umzug 286
Únětice (Typ Únětice) siehe Typenbezeichnungen
Únětice-Kultur siehe Gruppen und Kulturen
Unfall 398
Unkrautsamen 320, *320*, 361
Unruhe 258, 263, 305, 383
Unstrut-Gruppe siehe Gruppen und Kulturen
Untereberfing (Typ Untereberfing) siehe Typenbezeichnungen
Unterkiefer 57
Unterlieger 47
Untertagebau 107, *403*
Unterweser-Gruppe siehe Gruppen und Kulturen
Unterwölbling (Typ Unterwölbling) siehe Typenbezeichnungen
Unterwölblinger Gruppe (bzw. Kultur) siehe Gruppen und Kulturen
Unterwölblinger Tasse *111*, 118
»Urgermane« 211
Urne siehe Bestattungssitten und Gräber
Urnenbestattung siehe Bestattungssitten und Gräber
Urnenfeld 258, 280, 348, 349, 378, 414
Urnenfeld-Kultur siehe Gruppen und Kulturen
Urnenfelder-Zeit siehe Klassifizierungen, zeitliche
Urnenfriedhof 258, *258*, 349
Urnengrab siehe Bestattungssitten und Gräber
Urnenharz 379
Urzeitmuseum, Nußdorf an der Traisen *111*, 118, 119, 120
Usedom-Wolliner-Gruppe siehe Gruppen und Kulturen

V
Vaphiobecher 48
Vasenkopfnadel siehe Nadeln
Vasennadel siehe Nadeln
Vatya-Kultur siehe Gruppen und Kulturen
Velatice-Stufe siehe Kulturstufen
Velem-Szentvid-Typ siehe Typenbezeichnungen
Verbrennung 300, *301*
Verbrennungsplatz 406
Verdener Gruppe siehe Gruppen und Kulturen
Verhüttungsplatz 388, 402
Verletzung 36, 46, 54, 55, 62, 75, 80, 122, 255, 300, *301*, 398, 414
»verlorene Form« 175, 190, 268
Vermischung 383
Versammlungshaus 209
Verschnürung 76
Verzierung 48, 58, 63, 80, 87, 89, 92, 101, 127, *128*, 145, 155, 186, 175, 176, 183, 192, 216, 224, 235, 411, 360, 366, 375, 380, 251, 273, 282, 353

SACHREGISTER

Větěřov-Kultur siehe Gruppen und Kulturen
Viehhaltung siehe Viehzucht
Viehbox 185
Viehstand 153
Viehzucht 31, 101, 106, 223, 254, 303, 318, 338, 359, 374, 379, 420
Viehzüchter *31*, 131, 153, 163, 173, 205, 207, 294, 313, 320, 337, 354
Villanova-Kultur siehe Gruppen und Kulturen
Villanova-Rasiermesser 430
Vitamin-C-Mangel 233
Vogelbarke 297, *395*
Vogelfigur 269, 276, 279, 346
Vogelgefäß 435
Vogelgestalt siehe Vogelfigur
Vogelkopf *250*, 285, 342, 346
Vogelplastik 378, *379*
Vogelsonnenbarke 297
Volk 211, 258
Völkerwanderung 258, 341
Vollgriffdolch siehe Dolche
Vollgriffmesser 294, *294*, 296, 326, 428
Vollgriffschwert siehe Schwerter
Vorarlberger Landesmuseum, Bregenz *420*
Vorhalle 337
Vorhallenhaus 100, 104, 121, *121*, 373
Vorhof 297, 319
Vorlausitzer Gruppe (bzw. Kultur) siehe Gruppen und Kulturen
Vorratsgefäß 48, 57, 58, 129, 132, 155, 173, 240, 254, 280, 338, 348, 351, 354, 364, 366, 425, 437
Vorratsgrube 100, 106, 212, 320, 338, 359, 360, 363, 366, 386
Vorratshaus 261, *264*
Vorwall siehe Befestigung
Vulkanausbruch 29

W

Wachsform 267
»Wack« *83*
Waffe 21, 23, 32, 33, 35, 36, 48, 62, 76, 77, 80, 87, 92, 97, 101, 107, 109, 118, 124, 129, 132, 136, 140, 149, *149*, 155, 175, 176, 181, 185, 196, 197, 205, 206, 214, *215*, 218, 221, 222, 240, 244, 249, 253, 269, 272, 294, 298, 305, 306, 307, 323, 331, *331*, 340, 345, 361, 367, *390*, 395, 398, 403, 404, 409, 426
Waffenbeigabe siehe Opfer und Beigaben
Waffengabe, symbolische siehe Opfer und Beigaben
Waffengurt 272
Waffenimport 164, 207, 240
Waffenkombination 211, 298, 326, 331
Wagen 24, 33, 35, *74*, 38, 87, 88, 134, 177, 208, 214, 218, 236, 274, 275, 276, 277, 304, 314, 345, *394*, 431
–beschlag 390, 392, 393, 432
–grab siehe Bestattungssitten und Gräber
–kasten 276, *276*, 432
–klappe 356
–modell 33, 137
–rad 21, *87*, *136*, 198, 274, *431*
–spur 319, 356
Wald 29, 66, 96, 106, 151, 383
Waldhütung 321
Wall (siehe auch Befestigung) 21, 29, 47, 57, 100, 124, 128, 135, 154, 173, 254, 263, 264, 316, 338, 354, 359, 360, 363, 366, 367, 373, 386, 418
»Wallburg« (»Burg«) *30*, 338, 354, 360, 368, 386, 418
Walliser Gruppe siehe Gruppen und Kulturen
»Walterslebener Gruppe« siehe Gruppen und Kulturen
Wams 401
Wand 67
Wanderhandwerker 32, 63, 301
Wanderschmied 186
Wandertöpfer 438
Wanderung 258, 298, 383
Wandstein 280
Wangener Typ siehe Typenbezeichnungen
Wangenklappe 375, 391, *392*
Ware, mittelfeine 174
Warmwasserheizung 30
Warzenkopfnadel siehe Nadeln
»Wasserburg« 262, *262*, 265, 288
Wasserkopf (Hydrocephalus) 112, 135, 233
Wassertrog 431
Wasservogel 275, 411
Webgewicht 34, 48, 46, 55, 56, 67, 105, 131, 260, 320, 337, 353, 354, 360, 363, 384, 388, 410, 414, 436
Webstuhl 34, 46, 260, 265, 353, 363, *363*, 384, 415
Webstuhlgewicht siehe Webgewicht
Webstuhlgrube 265, 367
Weg 274, 282, 297
Wegebau 177, 198
Wegkreuzung 319
Wehrgang 262
Wehrturm 262
Weichteiltumor 112
Weide 417
Weidefläche 154
Weidenkorb 420
Weidewirtschaft 66
Weihegabe siehe Opfer und Beigaben
Wein 267
Weinservice 273
Weintraube 320
Weitgendorfer Nadel siehe Nadeln
Weizenbrot 425
Weltenburg (Typ Weltenburg) siehe Typenbezeichnungen
Weltsäule 150
Wendelring siehe Ringe
Wendepflug 319
Werkstatt 100, 153, 185, 303, 327, 338, *341*, *363*, 377, 386
Werkzeug 21, 23, 49, 32, 33, 73, 77, 92, 101, 107, 109, 118, 129, 131, 132, 140, 155, 175, 176, 185, 190, 197, 213, 214, 218, 221, 222, 235, 249, 253, 269, 270, 272, 277, 294, 312, 313, 318, 323, 326, 337, 340, 343, 345, 364, 367, 375, *390*, 391, 403, 404, 411, 426, 437
Werra-Fulda-Gruppe siehe Gruppen und Kulturen
Wesermünder Gruppe siehe Gruppen und Kulturen
Wessex-Kultur siehe Gruppen und Kulturen
Westfälisches Museum für Archäologie, Münster 184, 186, 187, 294, 296, 368
Westfälisches Schulmuseum, Dortmund 244
Westholsteinische Gruppe siehe Gruppen und Kulturen
Westmecklenburgische Gruppe siehe Gruppen und Kulturen
Wettkampfszene 42
Wetzleinsdorfer Nadel siehe Nadeln
Wetzstein 86, 109, 155, 176, 270, 342, 391
Widerhaken 273
Wieselburger Kultur siehe Gruppen und Kulturen
Wieterschau-Typus siehe Typenbezeichnungen
Wildwasserregulierung *411*
Winddüse 108
Windfang 338
Wintervorrat 213
Wirbelentzündung 170
Wirbelsäulenleiden 384
Wirbelschaden 170
Wirtschaftsgebäude 117, 410
Wirtschaftsgefäß 411, 425
Witwe 182, 350
Witwentötung 187
Wohlde (Typ Wohlde) siehe Typenbezeichnungen
Wohlde-Schwert siehe Schwerter
Wohlder Kreis siehe Gruppen und Kulturen
Wohn-Stallhaus 184
»Wohngrubenhaus« *100*
Wohnhaus (siehe auch Haus) 152, 261, 366, *366*, *367*, 387, 410, 418
Wolfszahn 110, 236
Wolle 32, 84, 189
Wollgewebe 207, 214
Wollrock 211
Würdezeichen 94, 118, 136, 146, 156
Wurfbeil siehe Beile und Äxte
Wurfspeer 273, 303
Wurfwaffe 192
Württembergische Gruppe siehe Gruppen und Kulturen
Württembergisches Landesmuseum, Stuttgart *73*, *77*, 156, 288
Wurzelmarkentzündung 112
Wurzelspitzenprozeß 55

X

X-Beine 46

Z

Zahlungsmittel 101
Zahnanhänger 432
Zahnfäule 112
Zahnschmelzstörung 112
Zahnstein 44, 55, 99, 170
Zahnverlust 366
Zahnwurzelabszeß 112, 184
Zahnwurzelmißbildung 366
Zargenkopfnadel siehe Nadeln
Zaumzeug 376, *377*, 392, 395, 431
Zaun 31, 153, 338, *360*, 367, *367*, 417
Zehrener Quarzporphyr 374, *374*
»Zeichenstein« *283*
Zeichensteingrab siehe Bestattungssitten und Gräber
Zentralbestattung siehe Bestattungssitten und Gräber
Zentralgrab siehe Bestattungssitten und Gräber
Zeremonialgerät 36, 50, 94, 124, 146
Zeremonialgewand 284, *332*
Zeremonialtrommel 217
Zeremonialwagen 432
Zeremonie 183, *329*, 348
Zerstückelung 182, 287
Zickzackmuster 216
Ziehmesser 428
Zierband 341, 345
Zierbeil siehe Beile und Äxte
Zierbuckel 270, 278
Ziernagel 176, 212
Zierscheibe 59, *101*, 102, 177, 178, 220, 253, 275, 278, 279, 375, *394*, 405
Ziertechnik 263
Zimmerleute 235, 419
Zinn 21, 23, 32, 33, 48, 63, 145, 146, 161, 213, 267, 389, 430, 434
–ablagerung 375
–barren 269
–bronze 48, 77
–folie 388, 425
–scheibe 327
–seifen 375
Zipfelschale 340
Zirkel 285, *286*
Ziseliergerät 269, 426
Zisterne 252, *253*, 254, 368
Zopf 112, 172, 350
Zuckerhutsymbol 287, *287*
Zugarm 276
Zügelring 275
Zugtier 31, 33, 212, 214, 236, 275, 344, 365, 376, 392, 431
Zunderschwamm 86
Zungensichel 270, 354
Zürcher Typ siehe Typenbezeichnungen
Zuwanderer 401, 406
Zweiter Weltkrieg 34
Zwiebelkopfnadel siehe Nadeln
Zylindergefäß 267
Zylinderhalsgefäß 340, 383, 388
Zylinderhalsterrine 361, 364, 365, 380
Zylinderhalsurne siehe Bestattungssitten und Gräber
»zyprische Schleifennadel« siehe Nadeln

Die neuesten Entdeckungen

Zu Seite 121: Im Herbst 1994 konnte vor geplanten Hausbauten im Ortszentrum von Gemeinlebarn (Niederösterreich) eine umfangreiche Rettungsgrabung durch das Bundesdenkmalamt Wien unter Leitung des Prähistorikers Johannes-Wolfgang Neugebauer durchgeführt werden. Dabei kamen im Bereich der seit 1885 bekannten sogenannten Nekropole Gemeinlebarn A mehr als 60 weitere, reich ausgestattete frühbronzezeitliche Hockergräber der Unterwölblinger Gruppe zum Vorschein. Außerdem bestätigte die Rettungsgrabung die alte Annahme des ersten Ausgräbers von Gemeinlebarn A, Josef Szombathy (1853 bis 1943) aus Wien, daß dieser Friedhof wahrscheinlich viel mehr als die bis dahin bekannten Bestattungen umfaßte. Nach Ansicht von Johannes-Wolfgang Neugebauer sind in Gemeinlebarn A vermutlich ähnlich viele Hockerbestattungen vorgenommen worden wie auf den in den 1980er und 1990er Jahren untersuchten Gräberfeldern Franzhausen I und II mit insgesamt mehr als 2100 Beisetzungen.

Zu Seite 121: Bis Ende 1995 hat man bei Rettungsgrabungen des Bundesdenkmalamts Wien unter Leitung von Johannes-Wolfgang Neugebauer im Bereich des Schotterabbaus der Firma Kies-Union in Franzhausen, Marktgemeinde Nußdorf ob der Traisen (Niederösterreich), über 2100 frühbronzezeitliche Gräber der Unterwölblinger Gruppe freigelegt. Da im Areal der Gräberfelder Franzhausen I und II weitere Funde zu erwarten sind, werden die Ausgrabungen des Bundesdenkmalamts Wien in den nächsten Jahren laufend fortgesetzt.

Zu Seite 178: Bei Ausgrabungen auf einem ungefähr vier Hektar großen Gelände der Firma Audi in Ingolstadt (Oberbayern) wurde im Juni 1996 ein Depot der mittelbronzezeitlichen Hügelgräber-Kultur (Stufe B) geborgen. In einem durch einen Pflug gekappten Tongefäß von etwa 40 Zentimeter Durchmesser fand sich neben zwei bronzenen Beinbergen eine große Anzahl von Bernsteinperlen. Die insgesamt ungefähr 2800 Perlen unterschiedlicher Größe gehörten wohl zu einem einzigen Kollier. Dazu zählten unter anderem auch 65 größere, zentral durchlochte Bernsteinscheiben, von denen die stattlichste einen Durchmesser von etwa sechs Zentimetern hat. Die Masse der Perlen besteht aus zylinderförmigen Objekten von drei bis sieben Millimeter Größe. Ergänzt wird der Bestand durch sechs Bernsteinschieber, von denen vier dreimal und zwei viermal durchbohrt sind, sowie einen stabförmigen Schieber mit 17 Bohrungen. Die Lage des Depotfunds auf einer Landzunge unmittelbar vor einem Moor (Augraben) sowie intensive Abnutzungsspuren am Beinschmuck legen eine Deutung als Opferdeponierung zumindest nahe, vermutet der Prähistoriker Karl Heinz Rieder aus Ingolstadt.

Zu Seite 229: Im Frühjahr 1996 wurde in der Ortsgemeinde Reichersdorf, Marktgemeinde Nußdorf ob der Traisen (Niederösterreich) beim Schotterabbau die bisher größte Siedlung der mittelbronzezeitlichen Hügelgräber-Kultur entdeckt. Bei Untersuchungen des Bundesdenkmalamts Wien unter Leitung von Johannes-Wolfgang Neugebauer sind auf bislang 30 000 Quadratmeter Fläche die Grundrisse von zahlreichen, etwa 20 Meter langen und sechs Meter breiten Wohnhäusern sowie von Gewerbebauten, Vorrats- und Lehmentnahmegruben freigelegt worden. Verzierte Keramikbruchstücke und Bronzeobjekte sichern die Datierung an den Beginn der Mittelbronzezeit beziehungsweise zur Zeit der Kulturstufe Mistelbach-Regelsbrunn.

Zu Seite 349: Im Mai 1995 wurden die mehrjährigen archäologischen Untersuchungen des Landesamts für Bodendenkmalpflege in Mecklenburg-Vorpommern unter Leitung des Prähistorikers Jürgen Brandt auf dem Flachgräberfeld aus der nordischen jüngeren Bronzezeit von Grebs im Kreis Ludwigslust abgeschlossen. Das mit insgesamt 183 Bestattungen belegte Gräberfeld ist damit der erste komplett untersuchte Friedhof auf dem Gebiet dieses Landes. Als außerordentlich selten im gesamten norddeutschen Raum gilt die Aufdeckung eines vier mal drei Meter großen Grundrisses eines von Osten nach Westen ausgerichteten sogenannten »Totenhauses« an der Peripherie des Gräberfelds: Es war bis dahin das einzige seiner Art in Mecklenburg-Vorpommern. Ein weiteres »Totenhaus«, das in diesem Buch erwähnt und ebenfalls als das erste bezeichnet wird, kam erst später im Sommer 1995 in Glasow-Streithof (Kreis Uecker-Randow) in Mecklenburg-Vorpommern zum Vorschein (s. S. 348). Das ehemals auf sechs Pfosten stehende »Totenhaus« von Grebs enthielt neben den Resten einer Feuerstelle auch Keramik, Knochenpartikel und ein Bronzefragment. Es diente vermutlich zur Aufnahme der mit der Asche des Verstorbenen gefüllten Urne, bevor diese auf dem dazugehörigen Friedhof beigesetzt wurde.